中国海关报关实用手册

《中国海关报关实用手册》编写组

2017

中国海关出版社

图书在版编目（CIP）数据

中国海关报关实用手册.2017/《中国海关报关实用手册》编写组编写.
—北京：中国海关出版社，2017.1
ISBN 978-7-5175-0191-6

Ⅰ.①中…　Ⅱ.①中…　Ⅲ.①进出口贸易—海关手续—中国—2017—手册
Ⅳ.①F752.5-62

中国版本图书馆 CIP 数据核字（2016）第 314698 号

中国海关报关实用手册（2017）
ZHONGGUO HAIGUAN BAOGUAN SHIYONG SHOUCE（2017）

作　　者：《中国海关报关实用手册》编写组
责任编辑：普　娜　左桂月　李　多
出版发行：中国海关出版社
社　　址：北京市朝阳区东四环南路甲 1 号　　邮政编码：100023
网　　址：www.hgcbs.com.cn；www.hgbookvip.com
编 辑 部：01065194242-7527（电话）　　01065194231（传真）
发 行 部：01065194221/4227/4238/4246（电话）　　01065194233（传真）
社办书店：01065195616（电话）　　01065195127（传真）
http://store.hgbookvip.com（网址）
印　　刷：北京市梓耕印刷有限公司　　经　　销：新华书店
开　　本：880mm×1230mm　1/16
印　　张：68　　字　　数：3400 千字
版　　次：2017 年 1 月第 1 版
印　　次：2017 年 1 月第 1 次印刷
书　　号：ISBN 978-7-5175-0191-6
定　　价：280.00 元

前　言

《中国海关报关实用手册》（下称《报关手册》）出版二十余年来，以其突出的权威性、准确性、时效性、针对性，成为海关工作人员、进出口企业报关员、预录入企业操作员必备的工具手册，也日益成为与进出口有关的企事业单位了解海关业务，对进出口贸易进行成本核算的重要参考资料。

2017年版《报关手册》重点对海关最新进出口商品编码及各类通关业务参数作汇总；综合分类表增加了8位商品编号和品名；将协定税率和特惠税率合并为一个表，方便读者查询和对比；增加了信息技术产品最惠国税率；同时，就海关监管操作、现场通关、商品归类、规范申报、补充申报等通关政策调整情况作出解读，以期实现贴近通关监管实际、传递政策调整信息、方便读者参考查阅、帮助提高通关效率的目标。

2017年版《报关手册》的主要内容有：海关通关实务指南、海关新近规章解读、海关主要通关规定，海关通关系统常用代码表及说明，10位海关商品编号、商品名称及备注、关税税率、进口环节增值税和消费税税率、海关统计计量单位、出口退税率、进出口监管证件代码、进出口商品暂定税率，各种最新区域或双边协定税率，进口商品从量税、复合税税率，关税配额商品进口税率，进口关税与进口环节代征税计税常数表等。其中，出口退税率仅供进出口企业和报关企业参考，具体商品的退税率应以税务机关实际执行为准。

为方便读者使用，《报关手册》将在“海关知库”（www. customskb. com）上推出增值服务活动，读者凭《报关手册》封面防伪标上的激活码，即可免费享受在线查询、获取关税税率及监管条件等动态变化信息、在线咨询等服务（详见网站）。

《报关手册》所列商品编号、商品名称、关税税率、监管证件代码和进口环节代征税税率及进出口法律法规的截止日期为2016年12月31日。上述内容如有与国家进出口法律法规不一致之处，以法规条文为准。

《中国海关报关实用手册》编写组

2016年12月31日

光盘安装说明

本书所赠光盘是一个在 Windows 环境下运行的软件，现将有关软硬件条件及注意事项说明如下：

运行光盘所需条件

一、硬件条件

用户计算机配置应符合以下条件：

1. CPU 采用 pentium Ⅱ 及以上为宜；
2. 内存不低于 64M，128M 及以上效果更佳；
3. 光盘驱动器。

二、软件条件

1. 操作系统应当 Windows98、WindowsMe、Windows2000、WindowsNT 或更高版本；
2. Internet Explorer 5.5 及以上版本；
3. Ms xml 3.0 。

注 意 事 项

1. 本光盘无须安装，把光盘放入光驱中便可直接运行。
2. 如果 Internet Explorer 低于 5.5 版本，第一次放入光盘，会提示安装 IE 5.5，点击确定后，依照提示安装即可。安装完毕，系统将自动重启。
3. 第一次运行光盘，系统还会自动检测机器是否有 Ms xml 3.0 环境，若没有，光盘会自动安装。安装完毕，便可正常运行。

目　录

海关通关实务指南

海关监管通关指南

进出口货物申报管理指南

什么是申报?

申报是指进出口货物的收发货人或受委托的报关企业，依照《中华人民共和国海关法》（以下简称《海关法》）以及有关法律、行政法规和规章的要求，在规定的期限、地点，采用电子数据报关单和纸质报关单的形式，向海关报告实际进出口货物的情况，并接受海关审核的行为。

申报是进出口货物收发货人履行海关手续的必要环节之一。从法律意义上讲，申报意味着收发货人向海关报告进出口货物的实际情况，申请海关按其申报的内容放行进出口货物。因此，申报不仅是收发货人必须履行的法定义务，也是海关确认进出口货物合法性的先决条件。

根据《海关法》的规定，进出口货物的收发货人应当向海关如实申报，交验进出口许可证件和有关单证。如实申报是指进出口货物的收发货人或受委托的报关企业在向海关申请办理货物通关手续时，按规定的格式真实、准确地填报与进出口货物有关的各项内容。如实申报不仅是货物快捷通关的前提，同时也是进出口货物申报人的法定义务。进出口货物的收发货人、受委托的报关企业应当对申报内容的真实性、准确性、完整性和规范性承担相应的法律责任。

什么是规范申报？海关对商品规范申报有何要求?

为规范进出口企业申报行为，根据《海关法》和《中华人民共和国海关进出口货物报关单填制规范》（以下简称《报关单填制规范》），海关总署编制了《中华人民共和国海关进出口商品规范申报目录》（以下简称《商品规范申报目录》），并以海关总署公告形式对外发布。进出口货物收发货人或其代理人应当严格按照《商品规范申报目录》中所列商品申报要素的内容填制报关单。

具备申报资格需满足哪些条件?

根据《海关法》的规定，进出口货物的收发货人，可以自行向海关申报，也可以选择委托报关企业向海关申报。向海关办理申报手续的进出口货物收发货人、受委托的报关企业应当预先在海关依法办理注册登记手续，否则，海关不接受其申报。

海关在接受申报时，首先审核报关单位是否符合以下条件：

1. 进出口货物的报关单位是有权经营进出口业务的企业；
2. 有权经营进出口业务的企业已向海关办理了报关注册登记手续；
3. 专门或代理从事办理报关手续的专业报关企业、代理报关企业，已向海关办理了报关注册登记手续。

申报有哪些主要方式？

办理进出口货物的海关申报手续，应当采用纸质报关单和电子数据报关单的申报形式。

纸质报关单申报形式是指进出口货物的收发货人、受委托的报关企业，按照《报关单填制规范》的要求填制纸质报关单，备齐随附单证，向海关当面递交单证的申报方式。进出口货物纸质报关单是收发货人向海关递交的报告货物情况的法律文书，是海关依法监管货物进出口的重要凭证。进出口货物的收发货人或受委托的报关企业必须按照《报关单填制规范》的要求如实、准确地填写，并对所填制内容的真实性、准确性、合法性、完整性负责。

电子数据申报形式是指进出口货物的收发货人、受委托的报关企业备齐随附单证，通过计算机系统，按照《报关单填制规范》的要求录入进出口货物报关单电子数据，通过中国电子口岸将数据传输至海关通关作业系统的申报方式。进出口货物的收发货人或受委托的报关企业在向海关进行纸质报关单申报的同时，应当以电子数据报关单形式向海关申报。特殊情况下，经海关同意，可以先采用纸质报关单形式申报，事后补报电子数据，补报的电子数据应当与纸质报关单内容相一致。

电子数据报关单与纸质报关单具有相同的法律效力。进出口货物的收发货人或受委托的报关企业必须承担因电子数据申报不实而引起的相关法律责任。因此，报关单位在向海关传输电子数据前应当认真核查所申报内容是否规范、准确，交验单证和随附单据是否齐全、有效，是否与申报内容相符。

进出口货物的申报期限有多长？

进口货物的收货人、受委托的报关企业应当自运输工具申报进境之日起 14 日内向海关申报。进口转关运输货物的收货人、受委托的报关企业应当自运输工具申报进境之日起 14 日内向进境地海关办理转关运输手续，有关货物应当自运抵指运地之日起 14 日内向指运地海关申报。

出口货物的发货人、受委托的报关企业，除海关特准外，应当在货物运抵海关监管区后、装货的 24 小时以前向海关申报。

进口货物逾期未申报需承担哪些法律后果？

根据《中华人民共和国海关征收进口货物滞报金办法》的有关规定，进口货物的收货人超过规定期限向海关申报产生滞报，由海关依法征收滞报金。征收进口货物滞报金应当按日计征，以运输工具申报进境之日起第 15 日为起征日，以海关接受申报之日为截止日，滞报金起征日遇有休息日或者法定节假日的，顺延至休息日或者法定节假日之后的第一个工作日。除另有规定外，起征日和截止日均计入滞报期间。滞报金的日征收金额为进口货物完税价格的 0.5‰，以人民币“元”为计征单位，不足人民币 1 元的部分免予计征。滞报金的起征点为人民币 50 元。

进口货物的收货人自运输工具申报进境之日起超过 3 个月未向海关申报的，其进口货物由海关提取依法变卖处理，所得价款在扣除运输、装卸、储存等费用和税款后，尚有余款的，自货物依法变卖之日起 1 年内，经收货人申请，予以发还，其中属于国家对进口有限制性规定，应当提交许可证件而不能提供的，不予发还。逾期无人申请或不予发还的，上缴国库。

如何确定申报日期？

申报日期是指申报数据被海关接受的日期。无论是以电子数据报关单形式申报还是以纸质报关单形式申报，海关以接受申报数据的日期作为接受申报日期。

以电子数据报关单形式申报的，申报日期为海关通关作业系统接受申报数据时记录的日期，该日期将反馈给报关数据发送单位，或公布于海关业务现场，或通过公共信息系统发布。

以纸质报关单形式申报的，申报日期为海关接受纸质报关单并对报关单进行登记处理的日期。

除此之外，以下几种特殊情况申报日期的确定原则是：

1. 电子数据报关单经过海关计算机检查被退回的，视为海关不接受申报，进出口货物的收发货人、受委托的报关企业应当按照要求修改后重新申报，申报日期为海关接受重新申报的日期。

2. 海关计算机系统已接受申报的报关单电子数据，经人工审核后，需要对部分申报内容进行修改的，进出口货物收发货人、受委托的报关企业应当按照海关规定进行修改并重新发送，申报日期仍为海关原接受申报的日期。

3. 以纸质报关单形式申报的，海关审结电子数据报关单后，进出口货物收发货人、受委托的报关企业未在规定期限或核准的期限内递交纸质报关单的，海关删除电子数据报关单，收发货人或报关企业应当重新申报，由此产生的滞报金按照《中华人民共和国海关征收进口货物滞报金办法》的规定办理。

进出口货物收发货人如何委托报关企业办理报关手续？

进出口货物的收发货人可以自行向海关申报，也可以委托报关企业向海关申报。进出口货物收发货人委托报关企业向海关办理申报手续，应办理委托手续，与报关企业签订载有明确委托事项的委托文件，并提供委托报关事项的真实情况。

委托文件应当使用规范统一的代理报关委托文书。代理报关委托文书纸质格式包括报关委托书、委托报关协议两个文本。进出口货物收发货人与受委托的报关企业也可以通过《代理报关委托书/委托报关协议》管理系统签订电子代理报关委托文书。报关委托书主要是明确双方的法律地位和责任，侧重于确立委托关系，是进出口货物收发货人单方面授权的法律文书；委托报关协议侧重于履行“合理审查”职责、为填制报关单作准备，进出口货物收发货人要如实提供委托报关事项的真实情况，报关企业要认真履行“合理审查”的法律义务。

报关企业接受进出口货物收发货人的委托，以自己的名义或以委托人的名义向海关申报的，应当向海关提交由委托人签署的授权委托书，并按照委托书的授权范围办理有关海关手续。

报关企业对进出口货物收发货人提供情况的“合理审查”包括哪些内容？

报关企业接受进出口货物收发货人的委托办理报关手续时，应当对委托人所提供情况的真实性、准确性、完整性进行合理审查，审查内容包括：

1. 证明进出口货物实际情况的有关资料，包括进出口货物的品名、规格、用途、产地、贸易方式等；
2. 有关进出口货物的合同、发票、运输单据、装箱单等商业单据；
3. 进出口所需要的许可证件及随附单证；
4. 海关要求的加工贸易手册（纸质或电子数据）以及其他进出口单证。

此外，报关企业还应当向其委托人了解买卖双方是否具有关联关系，对货物的处置、使用是否有特殊的限制条件等情况，以便向海关如实申报。

报关企业对进出口货物收发货人所提供情况的真实性、准确性、完整性未能履行合理审查义务，致使其申报的内容不真实、不合法的，应承担相应的法律责任。根据《中华人民共和国海关行政处罚实施条例》（以下简称《海关行政处罚实施条例》）的规定，报关企业、报关人员对委托人所提供情况的真实性未进行合理审查，或者因工作疏忽致使发生申报不实情形的，海关可以对报关企业处货物价值10%以下的罚款，暂停其6个月以内从事报关业务或者执业；情节严重的，撤销其报关注册登记。

进口货物收货人能否在申报前查看货物或提取货样？

进口货物的收货人在向海关申报前，因确定货物的品名、规格、型号、归类等原因，可以向海关提出查看货物或者提取货样的书面申请。经海关审核同意的，派员到场实际监管。

进口货物的收货人查看货物或提取货样时，由海关开具取样记录和取样清单。提取货样的货物涉及动植物及其产品以及其他须依法提供检疫证明的，应当按照国家有关法律规定，在取得主管部门签发的书面批准证明后提取。提取货样后，到场实际监管的海关工作人员和进口货物的收货人应当在取样记录和取样清单上签字确认。

进出口货物的收发货人或报关企业办理申报手续时需向海关递交哪些报关单证？

以纸质报关单形式申报的，进出口货物的收发货人、受委托的报关企业应当自接到海关“现场交单”或“放行交单”通知之日起10日内，持纸质报关单并备齐随附单证，向货物所在地海关递交书面单证并办理相关海关手续。

进出口货物的收发货人、受委托的报关企业到海关现场办理接单审核、征收税费及验放手续时，应当向海关递交与电子数据报关单内容相一致的纸质报关单、国家实行进出口管理的许可证件及海关要求的随附单证等。进出口货物报关单应当随附的主要单证包括：

1. 贸易合同；
2. 商业发票；
3. 装箱清单；
4. 载货清单（舱单）；
5. 提（运）单；
6. 代理报关授权委托协议；
7. 进出口许可证件；
8. 海关要求的加工贸易手册（纸质或电子数据）；
9. 其他需要提供的进出口有关单证。

货物实际进出口前，海关已对该货物作出预归类决定的，进出口货物的收发货人、受委托的报关企业在货物实际进出口申报时应当向海关提交“预归类决定书”。

适用通关作业无纸化作业模式的进出口货物的收发货人、受委托的报关企业可选择通关作业无纸化作业方式。根据《海关总署关于深入推进通关作业无纸化改革工作有关事项的公告》（海关总署公告2014年第25号）的有关规定，通关作业无纸化报关单需要上传电子随附单证，包括：

1. 进口货物

（1）加工贸易及保税类报关单：合同、装箱清单、载货清单（舱单）等随附单证企业在申报时可不向海关提交，海关审核时如需要再提交。

（2）非加工贸易及保税类报关单：装箱清单、载货清单（舱单）等随附单证企业在申报时可不向海关提交，海关审核时如需要再提交。

（3）京津冀海关实施区域通关一体化改革的报关单：合同、装箱清单、载货清单（舱单）等随附单证企业在申报时可不向海关提交，海关审核时如需要再提交。

2. 出口货物

出口货物各类报关单，企业向海关申报时，合同、发票、装箱清单、载货清单（舱单）等随附单证可不提交，海关审核时如需要再提交。

报关单申报的商品编码与所附许可证商品编码不一致时如何处理？

当报关单申报的商品编码与所附许可证商品编码不一致时，在电子审单环节判断出商品编号与许可证不符，转入人工审单环节，海关关员对报关单作退单处理，并要求货主去相应许可证发证机关换领许可证，再行申报。若有特殊情况，可酌情处理。

什么是“属地申报、口岸验放”通关模式？

“属地申报、口岸验放”是指符合海关规定条件的守法水平较高的企业，在其货物进出口时，可以自主选择向属地海关申报，并在口岸海关办理货物验放手续的一种通关模式。

“属地申报、属地放行”是“属地申报、口岸验放”通关模式的一种方式，是指符合海关规定条件的高资信企业，在其货物进出口时，可以自主选择向属地海关申报，并在属地海关办理货物放行手续。

什么是“属地海关”？什么是“口岸海关”？

“属地海关”是指进出口货物的收发货人或其代理人所在地直属海关、隶属海关，“口岸海关”是指进出口货物实际进出境地直属海关、隶属海关。

企业怎么申请采用“属地申报、口岸验放”通关模式？

凡企业拟采用“属地申报、口岸验放”通关模式的，需向属地海关提出书面申请，直属海关根据海关对企业分类管理评定标准等对申请企业进行审核，并提出是否同意的书面答复意见。同时，适用企业须与属地海关签署关企合作备忘录。

对于企业管理类别调整，不再符合适用“属地申报、口岸验放”通关模式条件的，海关将取消企业适用“属地申报、口岸验放”通关模式的资格。适用“属地申报、属地放行”方式的AA企业①，如涉嫌违法违规情事被海关立案的，自立案之日起，暂停其适用“属地申报、属地放行”方式的资格。

什么情况下不适用“属地申报、口岸验放”通关模式？

对因海关规定或国家许可证件管理，须在属地或口岸进行申报并办理验放手续的进出口货物，不适用“属地申报、口岸验放”通关模式。

对需查验的、法律法规规定须在属地或货物实际进出境地海关申报并办理验放手续的进出口货物，以及口岸海关未实现出口运抵报告和进口理货报告电子数据传输的进出口货物，不适用“属地申报、属地放行”方式。

“许可证件”不包括“入（出）境货物通关单”。

“属地申报、口岸验放”通关模式下，对于海关布控查验货物，是属地海关还是口岸海关实施？

海关根据企业的守法程度和进出口货物风险甄别结果，对适用“属地申报、口岸验放”通关模式的进出口货物进行布控

---

① 根据《中华人民共和国海关企业信用管理暂行办法》，文中AA类企业为高级认证企业，A类企业为一般认证企业。

查验。如需在属地海关进行查验的，则由口岸海关通过转关方式将货物转至属地海关，企业在属地海关办理查验手续；如需在口岸海关进行查验的，企业则在口岸办理查验手续。

对于“属地申报、口岸验放”的货物，是否需要海关监管车辆承运？

不需要，“属地申报、口岸验放”的优势之一即企业无须使用海关监管车辆运输，可自行选择使用成本相对比较低的社会车辆承运，同时也不用办理转关手续，直接在口岸验放，故大大提高了通关效率。

“属地申报、口岸验放”通关模式下，出口货物运抵口岸海关监管场所后需要退关的，企业需办理什么手续？

首先发货人或其代理人向口岸海关申请，口岸海关出具货物未实际出境证明（注明报关单、提运单等信息）。然后向属地海关提交退关申请，属地海关根据货物未实际出境证明办理出口货物退关手续，出具出口退关证明（注明报关单、手册等删改情况）。口岸海关凭出口退关证明，准予出口货物退关。

“属地申报、口岸验放”通关模式下，出口货物因船期或航班等原因落装、改配的，企业需办理什么手续？

发货人或其代理人向口岸海关提交舱单电子数据变更申请，口岸海关依据申请按有关规定办理舱单电子数据变更手续。舱单变更手续办结后，发货人或其代理人向属地海关提交报关单电子数据修改申请，属地海关依据申请按有关规定办理报关单电子数据修改手续。

进出口货物收发货人或报关企业办结海关手续后可以向海关申请签发哪些单据？

进出口货物的收发货人、受委托的报关企业在办结海关手续后，可以向海关申请签发下列单据：

1. 用于办理出口退税的出口货物报关单证明联；
2. 用于办理付汇的进口货物报关单证明联（仅限外汇管理局核定的货物贸易外汇管理 B 类和 C 类的企业）；
3. 用于办理收汇的出口货物报关单证明联（仅限外汇管理局核定的货物贸易外汇管理 B 类和 C 类的企业）；
4. 用于办理加工贸易核销的海关核销联。

进出口货物的收发货人、受委托的报关企业在申领报关单证明联、海关核销联时，应当按照海关要求提供有效证明。

海关已签发的报关单证明联、海关核销联因遗失和损毁等特殊情况需要补签的，进出口货物的收发货人、受委托的报关企业应当自原证明联、核销联签发之日起 1 年内向海关提出书面申请，并随附有关证明材料，经海关审核同意后，可予以补签。海关在证明联、核销联上注明“补签”字样。

海关接受进出口货物申报后，收发货人或报关企业在哪些情况下可以申请修改或撤销报关单证？

申报是进出口货物收发货人在办理货物通关手续时履行海关义务的一种法律行为。进出口货物的申报自被海关接受时起，申报单证即产生法律效力，对进出口货物的收发货人或受委托的报关企业具有约束力，原则上申报内容不得修改，报关单证亦不得撤销。但对以下几种情形，进出口货物收发货人或受委托的报关企业可以向海关递交书面申请，经海关审核批准后，可以对报关单证进行修改或撤销：

1. 由于报关人员操作或书写失误造成申报的报关单内容有误，并且未发现有走私违规或者其他违法嫌疑的；
2. 出口货物放行后，由于装运、配载等原因造成原申报货物部分或全部退关、变更运输工具的；
3. 进出口货物在装载、运输、存储过程中因溢短装、不可抗力的灭失短损等原因造成原申报数据与实际货物不符的；
4. 根据贸易惯例先行采用暂时价格成交，实际结算时按商检品质认定或国际市场实际价格付款方式需要修改原申报数据的；
5. 由于计算机、网络系统等方面的原因导致电子数据申报错误的。

除常规申报外，还有哪些特殊申报方式？

所谓“常规申报”，是指进口货物的收货人或受委托的报关企业在装载货物的运输工具申报进境后，出口货物的发货人或受委托的报关企业在货物运抵海关监管区后、装货的 24 小时前，逐批逐票货物向海关进行申报的方式。

除常规申报方式外，为了提高通关效率，方便企业合法进出，经海关批准，进出口货物的收发货人或受委托的报关企业还可以采用以下特殊的申报方式：

1. 提前申报

经海关批准，进出口货物的收发货人、受委托的报关企业可以在取得提（运）单或载货清单（舱单）数据后，向海关提前申报。

在进出口货物的品名、规格、数量等已确定无误的情况下，经批准的企业可以在进口货物起运后、抵港前或出口货物运抵海关监管场所前3日内，提前向海关办理报关手续，并按照海关要求交验有关随附单证、进出口货物批准文件及其他需要提供的证明文件。

进口提前申报货物因故未到或者所到货物与提前申报内容不一致的，进口货物的收货人或其代理人需向海关提交说明材料，有关报关单修改或撤销按照《中华人民共和国海关进出口货物报关单修改和撤销管理办法》（海关总署令第220号）及相关规定办理。

出口提前申报货物因故未在海关规定的期限内运抵海关监管场所的，海关撤销原提前申报的报关单。运抵海关监管场所的货物因故与提前申报内容不一致的，出口货物的发货人或其代理人需向海关提交说明材料，有关报关单修改或撤销按照《中华人民共和国海关进出口货物报关单修改和撤销管理办法》（海关总署令第220号）及相关规定办理。

进出口货物许可证件在海关接受申报之日应当有效。货物提前申报之后、实际进出之前国家贸易管制政策发生调整的，适用货物实际进出之日的贸易管制政策。

提前申报的进口货物，应当适用装载该货物的运输工具申报进境之日实施的税率和汇率；提前申报的进口转关货物，应当适用装载该货物的运输工具抵达指运地之日实施的税率。提前申报的出口货物，适用海关接受申报之日实施的汇率和税率；提前申报的出口转关货物，应当适用起运地海关接受该货物申报出口之日实施的税率。

进出海关特殊监管区域货物和转关货物的提前申报比照上述要求办理，提前申报转关货物的转关手续按照《中华人民共和国海关关于转关货物监管办法》（海关总署令第89号）有关规定办理。

2. 集中申报

集中申报是为满足进出口货物收发货人在同一口岸进出口货物品种相对固定、批次多、通关时效要求高的特殊需求，经海关事先核准，进出口货物收发货人先以集中申报清单申报，再以报关单形式集中办理海关手续的特殊通关方式。

根据《中华人民共和国海关进出口货物集中申报管理办法》（海关总署令第169号）的规定，经海关备案，下列进出口货物可以适用集中申报通关方式：

（1）图书、报纸、期刊类出版物等时效性较强的货物；

（2）危险品或者鲜活、易腐、易失效等不宜长期保存的货物；

（3）公路口岸进出境的保税货物。

集中申报企业应当向海关提供有效担保，并在每次货物进、出口时，按照要求填制货物集中申报清单，向海关报告货物的进出口日期、运输工具名称、提（运）单号、税号、品名、规格型号、价格、原产地、数量、重量、收（发）货单位等海关监管所需信息，海关可准许先予查验和提取货物。集中申报企业提取货物后，应当在规定期限内向海关办理集中申报及征税、放行等海关手续。集中申报的进出口货物的税率、汇率的适用，按照《中华人民共和国进出口关税条例》（以下简称《关税条例》）的有关规定办理。

3. 补充申报

补充申报是指进出口货物的收发货人、受委托的报关企业，由于受海关进出口货物报关单格式、栏目所限不能完成全部申报事项，可在规定的期限和地点，在报关单之外采用补充申报单的形式向海关进一步申报，并接受海关审核。目前，补充申报的范围主要包括价格补充申报、归类补充申报、原产地补充申报和知识产权补充申报。

补充申报是对报关单申报内容的有效补充，不得与报关单填报的内容相抵触。补充申报单与报关单具有相同的法律效力。进出口货物的收发货人、受委托的报关企业应当按照要求如实、完整地填制补充申报单，并对补充申报内容的真实性、准确性、完整性、规范性承担相应的法律责任。

补充申报按照申报环节不同可分为进出口货物收发货人、报关企业向海关申报时的主动补充申报，进出口货物收发货人、报关企业申报后未办结海关手续前的补充申报和海关后续管理中要求的补充申报。

4. 定期申报

经电缆、管道、运输带或者其他特殊运输方式输送进出口的货物，经海关同意，进出口货物的收发货人、受委托的报关企业可以定期向指定海关申报。

通关中的补充申报包括哪些内容？

进出口货物向海关申报后未办结海关手续前，海关可以要求进出口货物收发货人、报关企业补充申报。在此期间，进出口货物收发货人、报关企业认为有必要主动补充申报的，海关可以接受其补充申报，并按报关单修改程序办理，同时应要求提供书面说明。

海关在审核申报价格过程中有以下情形的，可以要求补充申报：

1. 经审查，认为买卖双方的特殊关系可能影响到成交价格的；

2. 经审查，对进口货物申报价格是否满足成交价格成立条件有怀疑的；

3. 经审查，发现进口货物可能存在间接支付货款或存在《中华人民共和国海关审定进出口货物完税价格办法》（以下简称《审价办法》）第十一条规定的未包括在进口货物实付、应付价格中的费用或者价值的；

4. 经审查，发现出口货物可能存在间接支付货款或对出口关税是否已经从申报价格中扣除有怀疑的；

5. 海关认为其他需要对进出口货物的价格补充申报的。

海关在审核归类过程中有以下情形的，可以要求补充申报：

1. 认为申报内容与随附单证资料不足以确定归类，需进一步补充说明的；

2. 发现申报内容与随附单证资料不一致，不能确定归类的；

3. 对商品属性存有疑问，需要进出口货物收发货人、报关企业作进一步说明的；

4. 海关认为其他需要对进出口货物的归类补充申报的。

海关在审核进出口货物原产地的过程中，可以要求补充申报：

1. 进出口优惠贸易协定项下的货物，进出口货物收发货人、报关企业向海关提交原产地证书、原产地声明等单证的相关内容不完整（须核查的除外）或者相关内容需要进一步补充说明的；

2. 进出口货物在查验过程中，海关对货物原产地相关信息需要进出口货物收发货人、报关企业进一步补充解释或说明的；

3. 涉及反倾销货物，进出口货物收发货人、报关企业未提交原产地证书的或者已提交原产地证书但原产地证书显示货物的原产地不是被诉国家的；

4. 海关认为其他需要对进出口货物的原产地补充申报的。

现场其他作业环节在工作中认为需要补充申报的，可以通过现场接单审核岗位要求进出口货物收发货人、报关企业进行补充申报。

后续管理的补充申报包括哪些内容?

进出口货物办结海关手续后，海关在后续管理中可要求进出口货物收发货人、报关企业补充申报。在此期间，海关不接受进出口货物收发货人、报关企业的主动补充申报。

海关对已放行货物有以下情形之一的，可以就价格要求进出口货物收发货人、报关企业进行补充申报：

1. 申报价格或已审定的完税价格是否已包括各项应计入完税价格的有关费用；

2. 成交价格是否受到特殊关系的影响；

3. 交易中是否存在影响成交价格的特殊安排；

4. 是否存在分次付汇或多渠道付汇未向海关申报的情况；

5. 其他需要补充申报的情况。

海关对已放行货物有以下情形之一的，可以就归类要求进出口货物收发货人、报关企业进行补充申报：

1. 随附资料不完善需附加说明的；

2. 申报内容与随附单证资料不一致的；

3. 其他需要补充申报的情况。

海关对已放行货物有以下情形之一的，可以就原产地要求进出口货物收发货人、报关企业进行补充申报：

1. 涉及反倾销的货物没有按照有关规定要求进行补充申报的；

2. 进出口货物收发货人、报关企业已提交的相关材料不足以确认货物的原产地的；

3. 其他需要补充申报的情况。

后续管理中对进出口货物收发货人、报关企业提交的补充申报单，由要求补充申报的部门进行编号，并在补充申报单“海关批注”栏填写处置意见。

海关如何告知进出口货物收发货人、报关企业进行补充申报?

海关要求补充申报的，应当通知进出口货物收发货人、报关企业，进出口货物收发货人、报关企业在收到海关通知之日起5个工作日内向海关办理补充申报手续，海关行政法规和规章另有规定的除外。

进出口货物收发货人、报关企业在规定时限内未能按要求进行补充申报的，海关可根据已掌握的信息，按照有关规定确定进口货物的完税价格、商品编码和原产地。

海关监管通关管理指南

为什么说通关监管是海关职责任务中最基本、最核心的业务？

通关监管是海关职责任务中最基本、最核心的业务，是海关全部监督管理工作的基础，其他任务均由通关监管派生而来。海关通关监管具有再管理性，即海关要执行或监督执行国家其他对外贸易管理法规，贯彻实施国家对外贸易管制政策及各项管理制度，如进出口货物许可管理、配额管理、食品卫生检疫、动植物检疫、进出口商品检验检疫、药品检验、文物管理、濒危物种管理、金银管制、外汇管理、知识产权保护及对民用枪支弹药、无线电器材、通讯设备、音像制品、印刷品的进出境管理等，以及《中华人民共和国对外贸易法》（以下简称《对外贸易法》）、《中华人民共和国商标法》、《中华人民共和国专利权法》、《中华人民共和国实施国际著作权条约的规定》、《中华人民共和国邻海及毗连区法》、《中华人民共和国核出口管制条例》等适用于海关执行的50多项法律、法规。上述货物、物品必须首先经过主管部门的审核批准，然后凭有效单证向海关申报，海关通过审核报关单证，查验进出口货物，在确认单证相符、单货相符后，予以结关放行。因此，海关是国家对进出口活动各项行政管理的最后审查机关，在进出关境这一环节维护国家与全社会在政治、经济、文化道德、公众健康等方面的根本利益。

什么是海关监管？其管理宗旨是什么？

按照世界海关组织海关术语词汇表中的定义，海关监管是指“为确保海关负责执行的法律、法规的实施而采取的措施”。根据《海关法》的有关规定，海关监管是指海关在实际进出关境的环节上，依据《海关法》和其他有关法律法规的规定，将国家贸易政策主管部门的行政审批、许可、鉴定与进出关境活动当事人或其代理人的申报或申请和实际进出关境的活动三者有机联系起来，进行审核、检查、核对或查验，确定运输工具、货物、物品的进出境活动是否合法或合理，以保障有关当事人的合法权益，维护正常的进出口秩序的行政执法行为或行政执法活动。海关监管旨在维护进出境正常秩序，保证运输工具、货物、物品合法进出，防止违法违规进出境，并为海关征税、统计、缉私工作提供必要和切实可靠的原始单证及资料线索，其根本目的是实施对进出关境活动的宏观控制，维护国家主权和利益，促进对外开放，适应社会主义市场经济的发展需要。

海关监管包括哪些环节？各环节的具体工作内容是什么？

海关监管是一个由前期管理、现场监管、后续管理三个部分构成的紧密联系、协调配合的完整体系，这是通常所说的“大监管”概念；海关监管工作则通常是指现场监管这一部分，因为海关通关监管是现场监管的实体，所以在很大程度上又认定海关通关监管就是海关监管工作，这是“小监管”概念。在海关管理实践中，海关监管的前期管理、现场管理、后续管理是三个相互衔接、紧密联系的阶段。

1. 前期管理阶段的工作内容

（1）通过办理有关进出境业务企业的注册手续，由海关确认其经营或报关资格。例如，办理报关单位的注册登记手续，外商投资企业的注册登记手续，进出境运输企业的注册登记手续等。

（2）通过办理货物物品进出境前的备案或审批手续，确认货物物品进出境的合法条件和货物适用的海关监管方式。例如，进出口货物许可证及进出口批文的备案，进口货物减免税审批手续等。

（3）通过受理货物的进出境预申报，确认分类管理的具体方式。

2. 现场监管阶段的工作内容

（1）办理基本手续。按照先后顺序排列为：受理申报（初审和审单）—选择查验（或检查）—复核放行。几乎所有的货物物品在进出境时都必须通过这三个基本环节的监管。

（2）办理特殊手续。其主要包括转关运输手续和担保手续。是否要办理转关运输手续，取决于货物是否需要在指运地或启运地报关并具备海关监管条件；是否要办理担保手续，则要看货物物品进出境前的申报情况、担保人的愿望及担保条件等。

3. 后续管理阶段的工作内容

（1）稽查，自进出口货物放行之日起三年内或者在保税货物、减免税进口货物的海关监管期限内及其后的三年内，海关可以对与进出口货物直接有关的企业、单位的会计账簿、会计凭证、报关单证，以及其他有关资料和有关进出口货物实施稽查。

（2）核查，包括定期或不定期地核查有关企业向海关报送的反映进出境业务经营情况的报表，并根据监管需要进一步核查企业会计账册，必要时还可以清查实物的实存数。

（3）监督使用，主要是监督有关货物在境内的使用是否符合海关限定的条件。

（4）按实际去向办理海关手续，对保税或暂准进出境的货物在复出（进）口时或者经批准转为正式进出口时，均须办理相应的手续。

（5）核销或监管时限到期结案，对在确定实际去向后须办理相应手续的货物，必须在办理核销手续后方能解除监管。对享受关税减免优惠进境的货物在海关规定的监管年限到期后，也应在办理核销手续后解除海关监管。

前期管理、现场监管、后续管理三阶段构成了海关监管工作的整体，三个阶段在海关监管工作中前后照应、按序衔接、互为补充，海关监管的所有活动都贯穿其中。

海关现行便捷通关措施主要包括哪些方面？

1. 提前申报，货到验放。实行舱单（载货清单）、报关单电子数据提前申报，货物运抵海关监管场所后即可办理查验、放行手续。

2. 担保验放，便捷通关。守法资信好的大型高新技术生产企业向海关申请担保验放后，海关先验放货物，企业可在 10 天内交单补充申报，缴纳税费结关。

3. 量身定做，简化手续。对符合条件的从事加工贸易的大型高新技术生产企业，可以进一步实行联网监管等便捷措施。对于资信度高、规模较大的高新技术生产企业，海关甚至可以为其“量身定做”便捷通关方式，以提供最大限度的通关便利。

4. 预约通关，上门验放。企业可实行 24 小时预约通关、上门验放、加急通关等，部分海关还实行“5+2”工作制度，全天候为企业提供通关服务。

什么是分类通关？

分类通关是海关以企业守法管理为核心，以风险分析为手段，对诚信守法企业的低风险报关单（货物）由计算机快速验放，提高通关效率，对高风险报关单（货物）实施重点审核和查验，加强实际监管的通关监管模式。这一模式实现了有效监管与高效运作的统一，切实提高了海关执法能力和水平。

分类通关包含哪些基本模式？

分类通关有四个基本模式：

1. 低风险快速放行

对经海关 H2010 通关系统风险分析或经专业审单确定为低风险的货物，不涉及许可证件和税费的，或者涉及通关单并且通关单联网比对正常的，海关计算机系统完成电子审核后，自动放行。

2. 低风险单证审核

对经海关 H2010 通关系统风险分析或经专业审单确定为低风险，但涉及许可证件管理或征收税费要求的货物，申报人现场递交纸质单证。现场海关接单审核岗位关员根据风险提示审核纸质报关单及随附单证（发票、提运单、装箱清单、许可证件等），完成许可证件核注、税费征收及放行作业。

3. 中风险单证审核

对经海关 H2010 通关系统风险分析，被风险甄别为中风险的相应报关单，将由接单现场实施“单证审核”作业模式。

4. 高风险重点审核

对经海关 H2010 通关系统风险分析或经专业审单确定为高风险的货物（包括预定式、预警式布控，专业审单布控，随机布控等），由现场接单审核/选择查验岗位关员根据风险提示或专业审单审核结果，对报关单及随附单证进行重点审核，选择高风险货物布控查验。

分类通关的适用范围包括哪些方面？

海关总署 2012 年在全国海关全面推行分类通关改革。全国海关各业务现场，根据不同风险判别结果，按照“低风险快速放行”、“低风险单证审核”和“高风险重点审核”三种作业方式对所有进出口货物实现差别化管理。

为深化分类通关改革，进一步按风险等级优化海关监管资源配置，加强中风险报关单风险防控，2014 年，海关总署决定调整分类通关分拣作业模式，将中风险报关单逐步纳入接单现场“单证审核”作业模式。

分类通关作业基本模式与原有通关作业模式有什么区别？

分类通关作业基本模式是将风险管理的理念贯穿于原无纸通关和有纸通关两种通关作业模式全过程。分类通关是在系统风险分析的基础上将所有接受申报的报关单按风险高低进行分类，并在完成电子审单、专业审单后，在现场作业环节根据风险分析及审单结果将报关单分为“低风险快速放行”、“低风险单证审核”、“中风险单证审核”、“高风险重点审核”四类，其中

"低风险快速放行"的报关单根据单证管理方式又分为"现场交单"、"无纸通关、事后交单"和"无纸通关、单证暂存"三类。根据《海关总署关于开展报关单证企业暂存试点的公告》（海关总署公告 2010 年第 59 号），海关总署决定在全国海关出口货物领域和部分海关进口货物领域开展报关单证企业暂存试点。

"低风险快速放行"的作业流程是怎样的?

"低风险快速放行"是指对经 H2010 系统风险分析或经海关专业审单确定为低风险的货物（含海关特殊监管区域和保税监管场所的货物），不涉及许可证件和税费的，或仅涉及通关单并且通关单联网比对正常的，计算机系统完成电子审核后，自动放行。

其业务流程为：

1. 申报人向海关申报报关单电子数据；

2. H2010 系统完成电子审单后，经风险分析或经海关专业审单确定为低风险或未知风险且符合快速放行条件的，系统自动放行；

3. H2010 系统向监管场所和申报人发送海关放行信息。

对于纸质报关单证，由申报人自主从以下两种方式中选择其一：

一是"事后交单"。申报人（A 类及以上）可按照规定要求在货物放行之日 10 天内向海关递交单证，现场海关通过 H2010 系统按一定比例随机抽核纸质单证。

二是"现场交单"。申报人按照规定要求在货物放行前向海关递交单证，现场海关设置专门岗位抽核部分纸质单证。

"低风险单证审核"的作业流程是什么?

"低风险单证审核"是指对经 H2010 系统风险分析或经海关专业审单确定为低风险但涉及许可证件管理或征收税费要求的货物，现场接单审核岗位关员根据风险提示审核电子或纸质报关单及随附单证（发票、提运单、装箱清单、许可证件等），完成许可证件核注、税费征收及放行作业。

其业务流程为：

1. 申报人向海关申报报关单电子数据；

2. H2010 系统完成电子审单后，经风险分析或经海关专业审单确定为低风险且符合需人工审核电子或纸面单证的，H2010 系统向申报人发送现场交单回执；

3. 海关按相关审核要求进行审核并征收税费、核注许可证件后直接完成验放作业，对审核过程中有疑问的，可退回企业修改或布控查验核实；

4. H2010 系统向监管场所和申报人发送海关放行信息。

"中风险单证审核"的作业流程是怎样的?

"中风险单证审核"是指对经 H2010 系统风险分析或经海关专业审单确定为未知风险的货物，现场接单审核岗位关员根据风险提示审核电子或纸质报关单及随附单证（发票、提运单、装箱清单、许可证件等），完成许可证件核注、税费征收及放行作业。

其业务流程为：

1. 申报人向海关申报报关单电子数据；

2. H2010 系统完成电子审单后，经风险分析或经海关专业审单确定为未知风险且符合需人工审核电子或纸面单证的，H2010 系统向申报人发送现场交单回执；

3. 海关按相关审核要求进行审核并征收税费、核注许可证件后直接完成验放作业，对审核过程中有疑问的，可退回企业修改或布控查验核实；

4. H2010 系统向监管场所和申报人发送海关放行信息。

"高风险重点审核"的作业流程是什么?

"高风险重点审核"是指对经 H2010 系统风险分析或经海关专业审单确定为高风险的货物（包括被高风险参数捕中及预定式布控、预警式布控、专业审单布控捕中的报关单涉及的货物），由现场接单审核或选择查验岗位关员根据风险提示或专业审单审核结果对报关单及随附单证进行重点审核，选择高风险货物布控查验。

其业务流程为：

1. 申报人向海关申报报关单电子数据。

2. H2010 系统完成电子审单后，经 H2010 系统风险分析或经海关专业审单确定为高风险的，系统向申报人发送现场交单回执。

3. 海关收取报关单证，根据相关风险提示或专业审单审核结果进行重点审核。对审核有疑问的，进行布控查验；对审核无疑问的，征收税费、核注许可证件后完成验放作业。

4. H2010 系统向监管场所和申报人发送海关放行信息。

什么是通关作业无纸化?

通关作业无纸化是指海关以企业分类管理和风险分析为基础，按照风险等级对进出口货物实施分类，运用信息化技术改变海关验核进出口企业递交纸质的报关单及随附单证的做法，直接对企业通过中国电子口岸录入申报的报关单及随附单证的电子数据进行无纸审核、验放处理的通关作业方式。

通关作业无纸化改革试点范围有哪些?

2012 年 8 月 1 日起，通关作业无纸化在北京等 12 个直属海关开展相关试点工作，试点企业包括全部海关管理类别为 AA 类（高级认证企业）、A 类（一般认证企业）的进出口企业和报关企业。①

详见《海关总署关于开展通关作业无纸化改革试点的公告》（海关总署公告 2012 年第 38 号）。

2013 年 5 月 1 日起，海关总署决定在全国海关深化通关作业无纸化改革试点工作，试点范围扩大至海关管理类别为 B 类及以上企业。

详见《海关总署关于深化通关作业无纸化改革试点工作的公告》（海关总署公告 2013 年第 19 号）。

2014 年 4 月 1 日起，海关总署决定在全国海关深入推进通关作业无纸化改革工作，将试点范围扩大至全国海关的全部通关业务现场，并试点简化随附单证。

详见《海关总署关于深入推进通关作业无纸化改革工作有关事项的公告》（海关总署公告 2014 年第 25 号）。

企业如何取得无纸通关业务资格?

企业应按规定向主管地海关提出申请，主管地海关提出初步审核意见后报直属海关审批。直属海关审批同意后，企业、海关、中国电子口岸数据中心三方签订无纸通关协议书。

办理报关时如何确定货物报关单是否适用“无纸通关”?

企业可通过海关报关大厅的“H2010 通关管理系统”项下的“海关信息查询”功能查询该报关单的具体状态，如系统显示的海关提示信息为“无纸审结”，且报关单状态信息显示为“电脑确定无纸验放方式”，即报关单适用“无纸通关”。

什么是“无纸通关、事后交单”作业模式?

经海关审核准予适用“无纸通关、事后交单”通关方式的企业采取“无纸报关”方式录入报关单向海关申报，经海关审核满足计算机自动放行条件的，货物放行后 10 天内向海关递交纸质报关单证。

什么是“无纸通关、单证暂存”作业模式?

“单证暂存”分为进出口货物收发货人“自行暂存”和报关企业“集中代存”两种类型：

1. A 类（一般认证企业）及以上类别进出口货物收发货人申请并经注册地海关认证和验收后，可自行暂存在注册地海关申报的报关单证。

2. A 类（一般认证企业）及以上类别报关企业申请并经海关认证和验收后，可暂存其代理的注册地在本关区（指企业注册地所在直属海关）范围内的 A 类（一般认证企业）及以上类别进出口货物收发货人（须代理报关企业与被代理进出口货物收发货人签订代理协议）在报关企业主管地海关申报的报关单证。

对符合条件并经海关认证的企业申报的报关单，除不符合单证暂存条件（如涉及国家政策法规或贸易管制限制等）外，由海关 H2010 系统自动完成审核、验放手续，企业凭系统反馈的验放回执直接办理提/发货手续，报关单证由企业暂存。

---

① 根据《中华人民共和国海关企业信用管理暂行办法》，文中 AA 类企业为高级认证企业，A 类企业为一般认证企业。

企业怎样选择纸质报关单证的交单方式？

纸质报关单证有“事后交单”和“现场交单”两种方式供企业自主选择。

1. “事后交单”，即经海关审核准予适用“事后交单”通关方式的企业采取“无纸报关”方式录入报关单向海关申报，经海关核准放行后，报关人在规定期限内向海关递交纸质报关单证。

2. “现场交单”，即企业按照《中华人民共和国海关进出口货物申报管理规定》（海关总署令第103号）要求，在货物放行前向海关递交纸质报关单证。

说明：

第一，涉及许可证件的进出口货物不适用“事后交单”通关方式。

第二，试点海关范围内A类（一般认证企业）及以上的进出口企业和代理报关企业，可以向注册地海关申请适用“事后交单”通关方式。

经海关审核准予适用“事后交单”通关方式的进出口企业需要委托报关企业代理报关的，应当委托经海关审核准予适用“事后交单”通关方式的报关企业。

第三，A类（一般认证企业）及以上企业经注册地海关同意，并与海关、电子口岸签订协议书后，可在全国试点海关范围内适用“事后交单”通关方式。

第四，适用“事后交单”通关方式的企业应当自货物放行之日起10日内到海关办理交单验核等相关手续。

海关对企业暂存单证如何实施后续管理？

海关对企业暂存单证的及时性、完整性情况实施实地检查。对于年入库报关单量达1万份及以上的暂存企业，主管地海关每年对其单证管理状况进行检查；对于年入库报关单量少于1万份的暂存企业，主管地海关不定期实施抽查。检查和抽查以实地为主，核查所存单证的完整性及与海关电子数据的一致性。

与报关单对应的通关单数据如何查询？

企业取得通关单后，进出口货物的经营单位或报检企业可通过中国电子检验检疫业务网（www.eciq.cn）查询通关单状态信息，状态信息分为“已发送电子口岸”、“电子口岸已收到”、“海关已入库”、“海关已核注”、“海关已核销”、“海关未能正常核销”、“通关单已过期”。

具体通关单状态信息注释如下：

“已发送电子口岸”，指国家质检总局已将通关单电子数据发送给电子口岸。

“电子口岸已收到”，指电子口岸已收到国家质检总局发送的通关单电子数据。

“海关已入库”，指海关已成功接收通关单电子数据，企业可根据通关单电子数据办理报关手续。

“海关已核注”，指该份通关单对应的报关单已申报成功。

“海关已核销”，指该份通关单对应的报关单已结关。

“海关未能正常核销”，指海关核销通关单电子数据不成功。

“通关单已过期”，指该份通关单超过有效期，无法使用。

什么是关检合作“三个一”？

关检合作“三个一”是指关检合作“一次申报、一次查验、一次放行”。“一次申报”即“一次录入、分别申报”，是指企业只需一次录入申报数据，分别向海关和检验检疫部门发送；“一次查验”即“一次开箱，关检依法查验/检验检疫”，是指关检双方依法需要对同一批货物实施查验/检验检疫的，海关与检验检疫部门按照各自职责共同进行查验/检验检疫；“一次放行”即“关检联网核放”，是指对于运抵口岸的货物，海关和检验检疫部门分别发出核放信息，企业凭关检的核放信息办理货物提离手续。

关检合作“三个一”的适用范围是什么？

根据《海关总署 质检总局关于全面推进关检合作“三个一”的通知》（署监发〔2014〕161号），自2014年8月1日起，逐步将关检合作“三个一”全面推行到全国所有直属海关和检验检疫部门、所有通关现场、所有依法需要报关报检的货物和物品，让关检便利措施最大限度惠及企业。

“一次申报”的具体流程是什么？

在“一次申报”环节，具体流程为：

1. 关检双方共同开发“一次申报”系统，统一“一次录入”界面；企业通过申报软件一次性录入申报数据。
2. 企业将申报数据分别发送给海关 H2010 通关管理系统和检验检疫业务管理系统。
3. 企业申报后，申报数据发生更改的，海关、检验检疫部门应及时相互通报更改后的申报数据。

“一次查验”的具体流程是什么？

在“一次查验”环节，具体流程为：

1. 海关、检验检疫部门对需要查验/检验检疫的货物，分别发出查验、检验检疫的指令；
2. 对同一批货物，海关和检验检疫部门都发出指令并对碰成功的，关检双方按照各自职责共同进行查验/检验检疫；
3. 对于信息对碰不成功的货物，海关、检验检疫部门各自进行查验/检验检疫。

“一次放行”的具体流程是什么？

在“一次放行”环节，具体流程为：

1. 海关和检验检疫部门分别发送对货物的核放信息；
2. 企业及其代理人凭海关和检验检疫部门的核放信息办理货物提离手续。

什么是市场采购贸易方式？

市场采购贸易方式是指由符合条件的经营者在经国家商务主管等部门认定的市场集聚区内采购的，单票报关单商品货值 15 万（含 15 万）美元以下并在采购地办理出口商品通关手续的贸易方式。

以下出口商品不适用市场采购贸易方式：

1. 国家禁止、限制出口的商品；
2. 未在经认定的市场聚集区内采购的商品；
3. 未经市场采购商品认定体系确认的商品；
4. 使用现金结算的商品；
5. 贸易管制主管部门确定的不适用市场采购贸易方式的商品。

如何取得市场采购贸易资格？承担哪些义务？

从事市场采购贸易的对外贸易经营者，应当在向市场所在地商务主管部门办理市场采购贸易经营者备案登记后，按照《中华人民共和国海关对报关单位注册登记管理规定》（海关总署令第 221 号）在海关注册登记。

对外贸易经营者对其代理出口商品的真实性、合法性承担责任，负责对代理出口商品信息在市场采购商品认定体系中的录入，并通过认定体系提交商户予以确认。

以市场采购贸易方式出口的商品有何申报要求？

以市场采购贸易方式出口的商品，申报时在报关单“贸易方式”栏应填写“市场采购”，代码“1039”（目前仅限于在义乌市市场集聚区内采购的出口商品）。报关单“发货单位”栏除应填写对外贸易经营者单位名称外，需一并在“备注栏”填写采购人的身份信息（姓名、国籍和身份证或护照号码）。

申报时除按规定提交相关纸质报关单证或电子数据信息外，一并提交完整的装箱清单、商户与采购人进行商品交易的原始单据、采购人身份证件复印件等纸质单证或电子数据信息。

市场采购贸易方式出口商品如何简化申报？

以市场采购贸易方式出口的商品，每票报关单随附的商品清单所列品种在 10 种以上的，可按以下方式实行简化申报：

1. 对符合规定的商品，以《中华人民共和国进出口税则》（以下简称《税则》）中“章”为单位进行归并；
2. 每“章”按价值最大商品的税号作为归并后的税号，价值、数量等也相应归并。

有下列情形之一的商品不适用简化申报：

1. 属于出口货物通关单管理的；

2. 需征收出口关税的；

3. 海关另有规定不适用简化申报的。

适用简化申报措施的商品，对外贸易经营者及其代理人在向海关申报时应当提交市场采购贸易出口商品清单。

市场采购贸易出口商品应当在符合《中华人民共和国海关监管场所管理办法》规定要求的海关监管场所内办理商品出口手续。监管场所经营单位发现涉嫌走私违规行为的，应当主动报告海关。

市场采购贸易出口商品如何办理转关出口手续？

对于跨关区转关出口的市场采购贸易出口商品，应当由在海关注册登记的承运人承运。对外贸易经营者或其代理人应当在采购地海关办理转关出口手续，并在出境地海关办理转关核销手续。

企业如何向海关申领出口退税报关单证明联？

出口企业自营或委托出口的货物，除另有规定外，可在货物报关办理完结关手续后按照《出口退税报关单管理办法》（海关总署令第16号）的规定向海关办理申领出口退税报关单证明联手续。企业凭海关签发的出口报关单证明联等手续向国家税务管理部门申请办理出口货物退（免）税手续。出口企业申领出口退税报关单证明联，应于海关放行货物之日起15日内（第15日为法定节假日时顺延）办理完毕。海关放行货物之日指装载出口货物的运输工具办结海关手续之日。出口退税报关单数据实行联网核查制度，出口退税报关单证明联与报关单电子信息应当一致。

出口退税报关单证明联如何签发？

根据《出口退税报关单管理办法》及其他有关规定，出口货物实际离境后，海关收到出口理货报告后5个工作日内完成出口货物结关作业，签发出口退税报关单证明联。转关运输出口货物，起运地海关收到出境地海关回执后5个工作日内，签发出口退税报关单。

出口退税适用范围是什么？

1. 下列出口货物免、抵、退，海关签发出口退税报关单证明联：

（1）对外承包工程公司运出境外用于对外承包项目的货物；

（2）对外承接修理修配业务的企业用于修理修配境外货物的维修物品及其劳务费用；

（3）外轮供应公司、远洋运输供应公司供给外轮、远洋国轮等国际航行运输工具收取外汇的货物；

（4）利用国际金融组织或外国政府贷款，采取国际招标方式，国内企业中标销售的机电产品、建筑材料；

（5）企业在国内采购运往境外作为境外投资的货物；

（6）利用中国政府的援外优惠贷款和援外合资合作基金，凭商务部“援外任务批件或函”以一般贸易出口的货物；

（7）国家经贸委下达计划内出口的原油；

（8）软件企业出口的软件产品；

（9）出口民用枪支弹药和民用爆破器材；

（10）出口新造集装箱，生产企业按规定运抵海关指定场所；

（11）出口样品、展品，在境外销售并收汇；

（12）进料加工出口货物；

（13）出境免税店经销国产品试行退税。

试行国产品退税的经营单位限国家旅游局所属中国免税品（集团）总公司（以下简称中免公司）及日上免税行（中国）有限公司（以下简称日上公司）统一管理的出境口岸免税店，供应对象为已办完出境手续即将出境的旅客。中免公司、日上公司统一采购并报关进入海关监管仓库专供出境免税店销售的商品视同实际出口，海关予以签发出口退税报关单。

2. 以下出口货物不予签发退税报关单证明联：

（1）国家禁止出口的货物，包括天然牛黄、麝香、白金等。

（2）糖。

（3）海关特殊监管区域、保税监管场所进口仓储、转口贸易货物复运出境。

（4）来料加工出口货物。

（5）没有实际离境的出口货物。

①一般贸易出口货物在境内销售给加工贸易企业加工产品复出口；

②加工贸易结转保税货物。

出口退税货物办理退运进境有何要求?

出口货物退运进境，报关单位应向海关出具主管其出口退税的地（市）国家税务局签发的“出口商品退运已补税证明”，证明其货物未办理出口退税或所退税款已退回税务机关，海关方予办理该批货物的退运手续。

海关是如何支持跨境贸易人民币结算的?

自2009年国务院第56次常务会议决定在上海、广东开展跨境贸易人民币结算试点以来，海关采取多项措施，积极配合中国人民银行等相关部门开展工作，大力支持跨境贸易人民币结算工作的推广。

2009年7月1日，中国人民银行、财政部、商务部、海关总署、国家税务总局、中国银监会等六部委共同制定和公布实施的《跨境贸易人民币结算试点管理办法》规定：“国家允许指定的、有条件的企业在自愿的基础上以人民币进行跨境贸易的结算，支持商业银行为企业提供跨境贸易人民币结算服务。”为配合中国人民银行做好跨境贸易人民币结算试点工作，海关及时调整海关通关作业制度，允许以人民币申报，不提供出口外汇核销单，修改海关通关作业系统，满足跨境贸易人民币结算申报要求。同时，海关总署推动采用人民币计价公布海关统计数据，积极配合中国人民银行开展简化出口货物贸易人民币结算企业管理工作，与中国人民银行开展数据联网传输，不断完善跨境贸易人民币结算试点的报关服务。

跨境贸易人民币结算对于有效减少企业汇兑成本、降低汇率风险和简化贸易手续等有着重要意义。

什么是边境小额贸易?

边境小额贸易是指沿陆地边境线经国家批准对外开放的边境县（旗）、边境城市辖区内（以下简称边境地区），经批准有边境小额贸易经营权的企业，通过国家指定的陆地边境口岸，与毗邻国家边境地区的企业或其他贸易机构之间进行的贸易活动。

边境小额贸易企业总数的核定依据是什么?

1. 商务部将根据各边境省、自治区边境地区的国民生产总值和进出口贸易额及边境地区的实际情况，核定各边境省、自治区边境小额贸易企业总数。

2. 已在边境地区工商行政管理部门登记注册，并已经商务部批准获得进出口经营权的外贸公司、易货贸易公司、边贸公司和自营进出口的生产企业，均可在批准的经营范围内经营边境小额贸易。

申请边境小额贸易企业要具备哪些条件?

1. 首先应是在边境地区工商行政管理部门登记注册的企业法人；
2. 注册资金不得少于50万元人民币；
3. 须有固定的营业场所和开展边贸必备的设施和资金；
4. 有健全的组织机构和适应经营边贸的业务人员。

边境小额贸易有哪些优惠政策?

发展初期，国家给予边境小额贸易进口货物关税、增值税减半政策。随着我国加入世界贸易组织和边境贸易的发展，为遵循世界贸易组织规则，经国务院批准，自2008年11月1日起，对边境小额贸易采取中央专项转移支付的办法替代进口税收减半政策，并提出执行当年（2008年）全年按20亿元掌握，实际执行期为两个月，以后年度在此基础上建立与口岸过货量等因素挂钩的适度增长机制（目前控制在22亿元人民币）。具体办法则交由财政部会同有关部门另行制定。

什么是边民互市贸易?

边民互市贸易是指边境地区边民在边境线20公里以内经政府批准的开放点或指定的集市上，在不超过规定的金融或数量范围内进行的商品交换活动。

开展边民互市贸易应符合哪些条件?

1. 互市地点应设在陆路、界河边境线附近；
2. 互市地点应由边境省、自治区人民政府批准；

3. 边民互市贸易区（点）应有明确的界线；
4. 边民互市贸易区（点）的海关监管设施符合海关要求。

边民互市贸易有哪些优惠政策?

按照国发〔1996〕2号文件规定，边民互市贸易区（点）的设立，由边境省、自治区人民政府批准；互市贸易进口商品每人每日在1000元以内免征进口关税和进口环节税。1998年，中央将互市贸易的免税额度提高到每人每日3000元。自2008年11月1日起，根据国函〔2008〕92号文规定，边民通过互市贸易携带的生活用品每人每日在人民币8000元以下的，免征进口关税和进口环节税；超过人民币8000元的，对超出部分按照规定征收进口关税和进口环节税。

什么是"单一窗口"?

单一窗口是使国际贸易和运输相关各方在单一登记点递交满足全部进口、出口和转口相关监管规定的标准资料和单证的一项措施。如果为电子报文，则只需一次性地提交各项数据。

"单一窗口"的运行模式有哪些?

目前国际上比较流行的"单一窗口"主要分三种模式：

一是"单一机构"模式。如瑞典等，由一个机构来处理进出口业务，系统在收到企业进出口贸易申报数据后，直接进行各项业务处理。

二是"单一系统"模式。如美国等，只进行相关国际贸易电子数据的集中收集和分发，数据发往各政府部门系统进行业务处理。

三是"公共平台"模式。以新加坡为代表，实现了申报数据的收集和反馈，企业仅需要填制一张电子表格就可以向不同的政府部门申报，申报内容经各政府部门业务系统处理后，自动反馈结果到企业的计算机中。

"单一窗口"的优势有哪些?

国际贸易"单一窗口"的优势是整体提升政府和贸易商国际竞争力。根据美国、新加坡和其他国家总结的经验，可归纳为五项优势：提高效益，减少负担，数据准确，效率提升，程序便利。

暂时进出境货物管理指南

海关对进出境快件的监管办法是什么?

海关目前对进出境快件监管主要依据2006年修订的《中华人民共和国海关对进出境快件监管办法》（海关总署令第147号）。

哪些货物可以申请办理暂时进出境手续?

符合以下条件的货物可向海关申请办理暂时进出境手续：

1. 在展览会、交易会、会议及类似活动中展示或者使用的货物；
2. 文化、体育交流活动中使用的表演、比赛用品；
3. 进行新闻报道或者摄制电影、电视节目使用的仪器、设备及用品；
4. 开展科研、教学、医疗活动使用的仪器、设备及用品；
5. 上述1~4项所列活动中使用的交通工具及特种车辆；
6. 货样；
7. 慈善活动使用的仪器、设备及用品；
8. 供安装、调试、检测、修理设备时使用的仪器及工具；
9. 盛装货物的容器；
10. 旅游用自驾交通工具及其用品；
11. 工程施工中使用的设备、仪器及其用品；
12. 海关批准的其他暂时进出境货物。

使用货物暂准进口单证册暂时进境的货物限于我国加入的有关货物暂准进口的国际公约中规定的货物。

展览会、交易会、会议及类似活动是指什么？

展览会、交易会、会议及类似活动是指：

1. 贸易、工业、农业、工艺展览会及交易会、博览会；
2. 因慈善目的而组织的展览会或者会议；
3. 为促进科技、教育、文化、体育交流，开展旅游活动或者民间友谊活动而组织的展览会或者会议；
4. 国际组织或者国际团体组织代表会议；
5. 政府举办的纪念性代表大会。

在商店或者其他营业场所以销售国外货物为目的而组织的非公共展览会不属于展览会、交易会、会议及类似活动。

进出境展览会应如何办理备案？

境内展览会的办展人及出境举办或者参加展览会的办展人、参展人，应当在展览品进境或者出境 20 日前，向主管地海关提交有关部门备案证明或者批准文件及展览品清单等相关单证办理备案手续。

哪些货物可以列入展览品？

展览品包括以下五类货物：

1. 展览会展示的货物；
2. 为了示范展览会展出的机器或者器具所使用的货物；
3. 设置临时展台的建筑材料及装饰材料；
4. 宣传展示货物的电影片、幻灯片、录像带、录音带、说明书、广告、光盘、显示器材等；
5. 其他用于展览会展示的货物。

什么是展览用品？

下列在境内展览会期间供消耗、散发的用品属展览用品，可由海关根据展览会性质、参展商规模、观众人数等情况，对其数量和总值进行核定，在合理范围内的，按照有关规定免征进口关税和进口环节税：

1. 在展览活动中的小件样品，包括原装进口的或者在展览期间用进口的散装原料制成的食品或者饮料的样品。

上述样品应符合以下条件：

（1）由参展人免费提供并在展览期间专供免费分送给观众使用或者消费的；

（2）单价较低，作广告样品用的；

（3）不适用于商业用途，并且单位容量明显小于最小零售包装容量的；

（4）食品及饮料的样品虽未按照小于最小零售包装分发，却是在活动中消耗掉的。

2. 为展出的机器或者部件进行操作示范被消耗或者损坏的物料。
3. 布置、装饰临时展台消耗的低值货物。
4. 展览期间免费向观众散发的有关宣传品。
5. 供展览会使用的档案、表格及其他文件。

在商场举办的品牌展示活动中展出的进境展示品是否能够列入展览品？

不能列入展览品。在商店或者其他营业场所以销售国外货物为目的而组织的非公共展览会不属于展览会、交易会、会议及类似活动。

展览品暂时进口如何提交担保？

ATA 单证册项下暂时进出境货物，由中国国际商会向海关总署提供总担保。

除另有规定外，非 ATA 单证册项下暂时进出境货物进出口货物收发货人应当按照海关要求向主管地海关提交相当于税款的保证金或者海关依法认可的其他担保。

在海关指定场所或者海关派专人监管的场所举办的展览会，经主管地直属海关批准，可以就参展的展览品免于向海关提交担保。

暂时进出境货物的期限如何计算?

暂时进出境货物的期限如下:

1. 暂时进出境货物应当在进出境之日起 6 个月内复运出境或者复运进境。

2. 因特殊情况需要延长期限的,ATA 单证册持证人、非 ATA 单证册项下暂时进出境货物进出口货物收发货人应当在规定期限届满 30 日前向货物暂时进出境申请核准地海关提出延期申请,并提交“货物暂时进/出境延期申请书”及相关申请材料。经直属海关批准可以延期,延期最多不超过 3 次,每次延长期限不超过 6 个月。

3. 国家重点工程、国家科研项目使用的暂时进出境货物,以及参加展期在 24 个月以上的展览会的展览品,在 18 个月延长期限届满后仍需要延期的,由主管地直属海关报海关总署审批。

暂时进出境货物的征税管理规定有哪些?

经海关批准的下列暂时进出境货物,在进境或者出境时向海关缴纳相当于税款的保证金或者提供其他担保的,可以暂不缴纳关税。在规定期限内未复运出境或者进境的,海关应当依法征收关税:

1. 在展览会、交易会、会议及类似活动中展示或者使用的货物;
2. 文化、体育交流活动中使用的表演、比赛用品;
3. 进行新闻报道或者摄制电影、电视节目使用的仪器、设备及用品;
4. 开展科研、教学、医疗活动使用的仪器、设备及用品;
5. 本款第 1~4 项活动中使用的交通工具及特种车辆;
6. 货样;
7. 供安装、调试、检测设备时使用的仪器和工具;
8. 盛装货物的容器;
9. 其他用于非商业目的的货物。

暂时进出境货物未在规定期限内复运出境或者复运进境,且纳税义务人未在规定期限届满前向海关申报办理进出口及纳税手续的,海关除按照规定征收应缴纳的税款外,还应当自规定期限届满之日起至纳税义务人申报纳税之日止按日加收应缴纳税款万分之五的滞纳金。

上述第一款范围以外的其他暂准进境货物,海关应当按照该货物的完税价格和其在境内滞留时间与折旧时间的比例,按照审定进出口货物完税价格的有关规定和海关接受该货物申报进出境之日适用的计征汇率、税率,审核确定其完税价格,按月征收税款,或者在规定期限内货物复运出境或者复运进境时征收税款。规定期限届满后不再复运出境或者复运进境的,纳税义务人应当在规定期限届满前向海关申报办理进出口及纳税手续,缴纳剩余税款。

计征税款的期限为 60 个月。不足 1 个月但超过 15 天的,按 1 个月计征;不超过 15 天的,免于计征。计征税款的期限自货物放行之日起计算。

按月征收税款的计算公式为:

每月关税税额=关税总额×(1/60)

每月进口环节代征税税额=进口环节代征税总额×(1/60)

暂时进境的展览品在非展出期间如何管理?

进境展览品在非展出期间应当存放在海关指定的监管场所,未经海关批准,不得移出。因特殊原因确需移出的,应当经主管地直属海关批准。

进境展览品经海关批准同意移出指定监管场所,但是进境时未向海关提交担保的,应当另外提供相应担保。

进出口货物查验管理指南

什么是货物查验?

货物查验是指海关为确定进出口货物收发货人向海关申报的内容是否与进出口货物的真实情况相符,或者为确定商品的归类、价格、原产地等,依法对进出口货物进行实际核查的执法行为。

海关查验如何执行回避制度?

海关查验实行回避制度。查验人员执行查验任务时,有下列情形之一的,应当回避:

1. 涉及本人利害关系的；

2. 涉及与本人有夫妻关系、直系血亲关系、三代以内旁系血亲关系及近姻亲关系的亲属人员的利害关系的；

3. 其他可能影响公正执行公务的。

查验人员有应当回避情形的，本人应当申请回避；利害关系人有权申请查验人员回避；其他人员可以向海关提供查验人员需要回避的情况。

海关根据查验人员本人或者利害关系人的申请，经审查后作出是否回避的决定，也可以不经申请直接作出回避决定。

海关对实施查验的场所有何要求？

查验应当在海关监管区内实施。

因货物易受温度、静电、粉尘等自然因素影响，不宜在海关监管区内实施查验，或者因其他特殊原因，需要在海关监管区外查验的，经进出口货物收发货人或者其代理人书面申请，海关可以派员到海关监管区外实施查验。

海关查验是否收费？

海关实施查验不收取任何费用。

海关决定实施查验后如何告知进出口货物收发货人？

对需查验的货物，现场海关应当在货物运抵海关监管区后、实施查验前以签发“海关查验通知书”等形式，通知进出口货物收发货人或者其代理人到场并做好查验准备。

海关查验中，进出口货物收发货人有何义务？

海关对进出口货物实施查验时，进出口货物收发货人或其代理人应当履行以下义务：

1. 进出口货物应当接受海关查验；

2. 海关查验货物时，进出口货物收发货人或者其代理人应当到场，负责按照海关要求搬移货物，开拆和重封货物的包装，并如实回答查验人员的询问及提供必要的资料；

3. 因进出口货物所具有的特殊属性，容易因开启、搬运不当等原因导致货物损毁，需要查验人员在查验过程中予以特别注意的，进出口货物收发货人或者其代理人应当在海关实施查验前声明；

4. 查验结束后，对查验人员填写的查验记录，在场的进出口货物收发货人或者其代理人应当签名确认。

如果进出口货物收发货人或者其代理人拒绝在海关查验记录上签名，海关如何处理？

查验结束后，进出口货物收发货人或者其代理人在海关查验记录上拒不签名的，查验人员应当在查验记录中予以注明，并由货物所在监管场所的经营人签名证明。

在何种情形下，海关对进出口货物可以优先安排查验？

对于危险品或者鲜活、易腐、易烂、易失效、易变质等不宜长期保存的货物，以及因其他特殊情况需要紧急验放的货物，经进出口货物收发货人或者其代理人申请，海关可以优先安排查验。

海关查验方式有哪些？

海关实施查验可以彻底查验，也可以抽查。按照操作方式，查验可以分为机检查验和人工查验。人工查验包括外形查验、开箱查验等方式。

海关可以根据货物情况及实际执法需要，确定具体的查验方式。

什么是彻底查验？什么是抽查？什么是机检查验？

彻底查验是指逐件开拆包装，验核货物实际状况的查验方式。抽查是指按照一定比例有选择地对确定查验的货物中的部分货物开拆包装，验核货物实际状况。机检查验是指以利用技术检查设备为主，对货物实际状况进行验核的查验方式。

什么是开箱查验？什么是外形查验？什么是掏箱作业？

开箱查验，是指将货物从集装箱、货柜车厢等箱（厢）体中取出并拆除外包装后，对货物实际状况进行验核的查验方式。

外形查验是指对外部特征直观，易于判断基本属性的货物的包装、唛头和外观等状况进行验核的查验方式。掏箱作业是指在实施查验前，对集装箱或集装箱式货车车厢实施验、解封，并对所载的进出口货物按查验要求进行监卸的过程。

海关结束查验后，对进出口货物如何处理?

海关结束查验后，对查验未发现申报异常的进出口货物，在进出口货物收发货人缴清税款或者提供担保后，办理放行手续；经查验发现货物申报与实际状况不符的，进出口货物收发货人或其代理人应当配合海关按规定程序移交海关缉私、法规、通关等相关部门处理。

在何种情形下，海关可以对已查验进出口货物进行开验?

有下列情形之一的，海关可以对已查验货物进行开验：

1. 经初次查验未能查明货物的真实属性，需要对已查验货物的某些性状作进一步确认的；
2. 货物涉嫌走私违规，需要重新查验的；
3. 进出口货物收发货人对海关查验结论有异议，提出复验要求并经海关同意的；
4. 其他海关认为必要的情形。

已经参加过查验的查验人员不得参加对同一票货物的复验。

在何种情形下，海关可以对进出口货物实施径行开验?

有下列情形之一的，海关可以在进出口货物收发货人或其代理人不在场的情况下，对进出口货物实施径行开验：

1. 进出口货物有违法嫌疑的；
2. 经海关通知查验，进出口货物收发货人或其代理人届时未到场的。

海关径行开验时，存放货物的海关监管场所经营人、运输工具负责人应当到场协助，并在查验记录上签名确认。

进出口货物收发货人应如何协助海关对进出口货物进行取样化验?

海关对进出口货物的属性、成分、含量、结构、品质、规格等无法确认的，可以组织化验。海关组织化验时，应当提取货物样品。

海关取样时，进出口货物收发货人或其代理人应当到场协助，负责搬移货物，开拆和重封货物的包装；对取样有特定要求的，进出口货物收发货人或其代理人应给予专业技术协助；所取样品应具有代表性，取样方法、取样量应与送验目的相适应。

取样应使用清洁容器或物料包装，在包装容器或样品上贴注标签的同时，需在包装容器的封口处施加经海关取样人员和进出口货物收发货人或其代理人双方签字的样品封条，当场封存。样品一式两份，一份送抵海关化验中心或者委托化验机构，另一份留存海关备查。

海关取样人员应按规定的格式和要求填写“海关进出口货物化验取样记录单”，并于“备注”栏中注明所取两份平行样品的封条完整及封条编号等信息，由进出口货物收发货人或其代理人签字确认。

进出口货物收发货人或其代理人拒不到场或者海关认为必要时，可以径行取样。海关径行取样时，应通知存放货物的海关监管场所经营人、运输工具负责人到场协助，并在“海关进出口货物化验取样记录单”上签字确认。

海关对进出口货物取样化验的，进出口货物收发货人或其代理人应当按照海关要求及时提供样品的相关单证和技术资料，并对其真实性和有效性负责。进出口货物收发货人或其代理人按海关要求提供的有关单证和技术资料，凡涉及样品的商业秘密，经进出口货物收发货人或其代理人的书面申请，海关应当依法予以保护。

转关货物办理查验业务有何特别规定?

海关对转关货物的查验，由指运地（进口转关货物运抵报关的地点）或起运地（出口转关货物报关发运的地点）海关实施。进境地（货物进入关境的口岸）或出境地（货物离开关境的口岸）海关认为必要时也可实施查验。

海关查验时损坏被查验的货物，应如何实施海关行政赔偿?

根据《海关法》、《中华人民共和国海关行政赔偿办法》的规定，海关在依法查验进出口货物时，损坏被查验的货物的，应当赔偿当事人的实际损失。实施查验的海关为赔偿义务机关。

海关应当在货物受损程度确定后，以海关依法审定的完税价格为基数，确定赔偿金额。赔偿的金额，应当根据被损坏的货物或其部件受损耗程度或修理费用确定，必要时，可以凭公证机构出具的鉴定证明确定。

海关人员在查验货物时损坏被查验货物的，应当如实填写“海关查验货物、物品损坏报告书”一式两份，由查验关员和当事人双方签字，一份交当事人，一份留海关存查。

海关依法径行开验、复验或者提取货样时，应当会同有关货物、物品保管人员共同进行。如造成货物、物品损坏，查验人员应当请在场的保管人员作为见证人在“海关查验货物、物品损坏报告书”上签字，并及时通知当事人。

实施查验的海关应当自损坏被查验的货物、物品之日起2个月内确定赔偿金额，并填制“海关损坏货物、物品赔偿通知单”送达当事人。

当事人对赔偿有异议的，可以在收到通知单之日起60日内向作出赔偿决定的海关的上一级海关申请行政复议，对复议决定不服的，可以在收到复议决定之日起15日内向人民法院提起诉讼，也可以自收到通知单之日起3个月内直接向人民法院提起诉讼。

在何种情形下，被查验的货物发生损坏，海关不承担赔偿责任？

有下列情形之一的，被查验的货物发生损坏，海关不承担赔偿责任：

1. 海关工作人员与行使职权无关的个人行为；
2. 因公民、法人和其他组织自己的行为致使损害发生的；
3. 因不可抗力造成损害后果的；
4. 由于当事人或其委托的人搬移、开拆、重封包装或保管不善造成的损失；
5. 易腐、易失效货物在海关正常工作程序所需要时间内（含代保管期间）所发生的变质或失效，当事人事先未向海关声明或者海关已采取了适当的措施仍不能避免的；
6. 海关正常检查产生的不可避免的磨损和其他损失；
7. 在海关查验之前所发生的损坏和海关查验之后发生的损坏；
8. 海关为化验、取证等目的而提取的货样；
9. 法律规定的其他情形。

因公民、法人和其他组织的过错致使损失扩大的，海关对扩大部分不承担赔偿责任。

因查验产生海关行政赔偿的，对当事人领取赔款有何规定？

因查验产生海关行政赔偿的，当事人应当自收到“海关损坏货物、物品赔偿通知单”之日起3个月内向海关领取赔款，或将银行账号通知海关划拨。逾期无正当理由不向海关领取赔款、不将银行账号通知海关划拨的，不再赔偿。

海关查验人员在查验过程中违反规定行使职权，应承担何种法律责任？

查验人员在查验过程中，违反规定，利用职权为自己或者他人谋取私利，索取、收受贿赂，滥用职权，故意刁难，拖延查验的，按照有关规定，依法给予行政处分；有违法所得的，依法没收违法所得；构成犯罪的，依法追究刑事责任。

进出口货物收发货人不按照规定接受海关对进出口货物的查验，应承担何种法律责任？

根据《海关法》、《海关行政处罚实施条例》，进出口货物收发货人不按照有关规定接受海关对进出口货物查验的，予以警告，可以处以5万元以下罚款，有违法所得的，没收违法所得。

进出境运输工具海关监管指南

《海关法》中的“进出境运输工具”包括哪些？

《海关法》中的“进出境运输工具”包括用以载运人员、货物、物品进出境的各种船舶、航空器、铁路列车、公路车辆及驮畜。

运输工具负责人包括哪些？

包括进出境运输工具的所有企业、经营企业，船长、机长、汽车驾驶员、列车长，以及上述企业或者人员授权的代理人。

运输工具服务企业包括哪些？

包括为进出境运输工具提供《中华人民共和国海关进出境运输工具监管办法》（海关总署令第196号）第二十九条规定的

物料或者接受运输工具（包括工作人员及所载旅客）消耗产生的废、旧物品的企业。

根据海关总署令第196号要求，哪些管理对象需到海关备案？

进出境运输工具、进出境运输工具负责人和进出境运输工具服务企业应当在经营业务所在地的直属海关或者经直属海关授权的隶属海关备案。

进出境运输工具在办结海关出境或者续驶手续后，其驶离时限有什么规定？

进出境运输工具在办结海关出境或者续驶手续后的24小时未能驶离的，运输工具负责人应当重新办理有关手续。

海关对渔船和从事海上作业的特种船舶有哪些管理规定？

沿海运输船舶、渔船和从事海上作业的特种船舶，未经海关同意，不得载运或者换取、买卖、转让进出境货物、物品。

运输工具作为货物以租赁或其他贸易方式进出口的，如何办理海关手续？

除按照海关总署署令第196号的规定办理进出境运输工具进境或者出境手续外，还应当按照有关规定办理进出境运输工具进出口报关手续。

对专门参与走私的进出境运输工具如何处理？

对专门或者多次用于走私的运输工具，海关予以没收；藏匿走私货物、物品的特制设备，海关根据《海关行政处罚实施条例》进行处理。

集装箱船舶负责人何时应当将船舶预计抵达境内目的港的时间通知海关？

集装箱船舶进口货物装船的24小时以前，船舶负责人应当将船舶预计抵达境内目的港的时间通知中国海关。

“进出境船舶”具体包括哪些？

进出境船舶具体包括机动与非机动的进出我国关境的海、国界江河上来往的船舶，转运、驳运进境旅客或货物的船舶，兼营境内外旅客或货物运输的船舶及其他进出境船舶。

什么是国际航行船舶？

国际航行船舶，是指进出我国关境在国际上运营的境内船舶和境外船舶。

非集装箱船舶负责人何时应当将船舶预计抵达境内目的港的时间通知海关？

非集装箱船舶抵达境内第一目的港的24小时以前，船舶负责人应当将船舶预计抵达境内目的港的时间通知海关。

船舶是否需要抵港申报？

船舶抵港以前，船舶负责人应当将船舶进境时间、抵达目的港的时间和停靠位置通知海关。船舶抵达设立海关的地点时，船舶负责人应当向海关进行船舶抵港申报。船舶负责人也可以在运输工具进境前提前向海关办理申报手续。

国际航行船舶离港的时间应在何时通知海关？

船舶负责人应当在船舶驶离设立海关的地点的2小时以前将驶离时间以电子数据形式通知海关；对临时出境的船舶，船舶负责人可以在其驶离设立海关的地点以前将驶离时间通知海关。

兼营船舶改营国际运输，手续怎样办理？

兼营船舶在卸完国内运输货物后，才能申请改营国际运输，由海关在签证簿上批注签章。经海关核准改为经营国内运输的船舶，如需要改航国外、经营国际运输时，航方或其代理人应在装出口货物或无出口货物开航前24小时前向海关提出书面申报，并交验签证簿。

什么是内外贸同船运输？

内外贸同船运输指从事承运海关监管货物的船舶，同时承载内贸和外贸集装箱货物的运输。

海关对开展内外贸集装箱同船运输及中国籍国际航行船舶承运转关运输货物的航运企业和船舶及其货物有何要求？

开展内外贸集装箱同船运输及中国籍国际航行船舶承运转关运输货物的企业必须资信良好，取得交通运输部集装箱外贸内支线运输经营资格和国际集装箱班轮运输经营资格，其船舶在海关办理了备案手续（不包括来往港澳小型船舶）。同船运输及中国籍国际航行船舶承运的转关运输货物仅限于集装箱运输货物。

同船运输集装箱箱体应符合什么标准？

同船运输集装箱箱体应当符合《中华人民共和国海关对用于装载海关监管货物的集装箱和集装箱式货车车厢的监管办法》（海关总署令第110号）的标准。

什么叫来往香港、澳门小型船舶？

来往香港、澳门小型船舶（以下简称来往港澳小型船舶），是指经交通运输部或者其授权部门批准，专门来往于内地和香港、澳门之间，在境内注册从事货物运输的机动或者非机动船舶。

来往港澳小型船舶进出境时，在何处办理手续？

下列来往港澳小型船舶进出境时，应当向指定的小型船舶中途监管站办理舱单确认和关封制作手续：

1. 来往于香港与珠江水域的小型船舶向大铲岛中途监管站办理；
2. 来往于香港、澳门与磨刀门水道的小型船舶向湾仔中途监管站办理；
3. 来往于香港、澳门与珠江口、磨刀门水道以西广东、广西、海南沿海各港口的小型船舶向桂山岛中途监管站办理；
4. 来往于香港、澳门与珠江口以东广东、福建及以北沿海各港口的小型船舶向大三门岛中途监管站办理；
5. 来往于香港与深圳赤湾、蛇口、妈湾、盐田港的小型船舶，直接在口岸海关办理进出境申报手续。

来往港澳小型船舶备案手续如何办理？

来往港澳小型船舶应当由所属的船舶运输企业（以下简称运输企业）向运输企业工商注册所在地的直属海关或者其授权的隶属海关办理备案手续；海关对来往港澳小型船舶实行联网备案管理，数据资料共享。

海关对来往港澳小型船舶实行年审管理。未办理年审或者年审不符合《中华人民共和国海关关于来往香港、澳门小型船舶及所载货物、物品管理办法》（海关总署令第112号）规定的小型船舶不得继续从事进出境运输业务。

来往港澳小型船舶的情况发生变化是否需要办理变更手续？

在海关备案的来往港澳小型船舶名称、船体结构、经营航线、法定代表人、地址、企业性质等内容发生变更的，运输企业应当持书面申请和有关批准文件到备案海关办理变更手续。

来往港澳小型船舶可以兼营境内运输吗？可以混装吗？可以随时停泊吗？

来往港澳小型船舶不得同船装载进出口货物与非进出口货物。进境来往港澳小型船舶自进境后至办结海关手续前，出境来往港澳小型船舶自起运港办理海关手续后至出境前，未经海关批准，不得中途停泊、装卸货物和物品或者上下人员。

来往港澳的客船是否需要办理中途监管手续？

由于来往港澳的客船是固定航次的班轮，有固定航线、固定时间、固定码头，并且考虑其运营目的主要是载客，因此，来往港澳的客船进出境时，可直接向驶入或驶离口岸的海关办理手续，无需办理中途监管手续。

什么是国际运输民用航空器？

国际运输民用航空器是指进出我国关境在国际上运营的境内运输民用航空器和境外运输民用航空器，不包括国家元首和政府首脑乘坐的专机。

海关对国际民航机降停或起飞的预报、确报有何要求？

1. 航程 4 小时以下的，航空器起飞前；航程超过 4 小时的，航空器抵达境内第一目的港的 4 小时以前，航空港、站应当将航空器预计抵达境内目的港的时间通知海关。

2. 航空器抵达境内目的港以前，民用航空企业应当将航空器确切的抵达时间通知海关；抵港时应当向海关进行航空器进境申报。也可以在航空器进境前提前向海关办理申报手续。

国际民航机离港的时间应在何时通知海关？

民用航空企业应当在航空器驶离出境始发港的 2 小时以前将驶离时间以电子数据形式通知海关。对临时出境的航空器，民用航空企业可以在其驶离设立海关的地点以前将驶离时间通知海关。

我国的国际民航机能否在国内、内地航段上载运国内、内地客货业务？

可以。航空公司要求在新开航的国际和地区航班国内、内地航段载运国内、内地客货业务的，应经民航总局批准后，由航空公司向海关总署提出书面申请，同时抄送始发（到达）站和经停站海关。海关总署同意后，正式行文批复有关航空公司并通知有关海关。

进出境列车具体包括哪些车辆？

进出境列车是指载运进出口货物或过境货物、物品，载运进出关境或过境旅客的中国或外国籍列车，包括机车、客车、货车、邮政车、行李车、发电车、守车和轨道车等。

海关对进境列车到站时间的预报、确报有何要求？

1. 铁路列车抵达境内第一目的站的 2 小时以前，进境车站负责人应当将列车预计抵达车站的时间通知海关。

2. 列车到站以前，车站负责人应当将列车确切的到站时间通知海关。列车到站时，列车长应当向海关进行列车到站申报，也可以在列车进境前由车站提前向海关办理申报手续。

进出境列车的离境时间应何时通知海关？

车站负责人应当在列车驶离出境车站的 2 小时以前将驶离时间通知海关。对临时追加的列车，车站负责人应当在列车驶离出境车站以前将驶离时间通知海关。

什么是来往港澳货运车辆？什么是来往港澳公路货运企业？

来往港澳货运车辆是指依照规定在海关备案的来往港澳公路货运车辆，包括专业运输企业的车辆和生产型企业的自用车辆。

来往港澳公路货运企业是指依照规定在海关备案的从事来往港澳公路货物运输业务的企业，包括专业运输企业和生产型企业。

来往港澳货运车辆应当符合什么条件？

来往港澳货运车辆应当为集装箱式货车或者集装箱牵引车，并应当符合下列条件：

1. 车辆的类型、牌名、车身颜色、发动机号码、车身号码、车辆牌号等应当与公安交通车管部门核发的证件所列内容相符；

2. 集装箱式货车的车厢监管标准应当按照署令第 110 号的有关规定执行；如有特殊需要加开侧门的，应当经海关批准，并符合海关监管要求；

3. 集装箱式货车或者集装箱牵引车应当使用海关的电子关锁，并可以安装符合海关要求的车载收发信装置；

4. 车辆的油箱和备用轮胎等装备以原车出厂时的配置为准，不得擅自改装或者加装。

港/澳籍进出境车辆进境后，多长时间内必须出境？

港/澳籍进出境车辆进境后，应当在 3 个月内复出境；特殊情况下，经海关同意，可以在车辆备案有效期内予以适当延期。

来往港澳公路货运车辆遭遇特殊情况，海关有哪些监管规定？

因特殊原因，车辆在境内运输途中需要更换或者驾驶员需要更换的，驾驶员或者货运企业应当立即报告附近海关，在海关监管下更换。

海关监管货物在境内运输途中，发生损坏或者灭失的，驾驶员或者货运企业应当立即向附近海关报告。除不可抗力外，货运企业应当承担相应的税款及其他法律责任。

境内公路承运海关监管货物的运输企业应具备哪些条件？

境内公路承运海关监管货物的运输企业应具备以下条件：

1. 从事货物运输业务1年以上，注册资金不低于200万元人民币；
2. 按照《海关法》第六十七、六十八条规定，有具备履行海关事务担保能力的法人、其他组织或者公民提供的担保；
3. 企业财务制度和账册管理符合国家有关规定；
4. 企业资信良好，在从事运输业务中没有违法前科。

境内公路承运海关监管货物的车辆应具备哪些条件？

承运海关监管货物的车辆应为厢式货车或集装箱拖头车，经海关批准也可以为散装货车。上述车辆应当具备以下条件：

1. 必须为运输企业的自有车辆，其“机动车辆行驶证”的车主列名必须与所属运输企业名称一致；
2. 厢式货车的厢体必须与车架固定一体，厢体必须为金属结构，无暗格，无隔断，具有施封条件，车厢连接的螺丝均须焊死，车厢两车门之间须以钢板相卡，保证施封后无法开启；
3. 有特殊需要，需加开侧门的，须经海关批准，并符合海关监管要求；
4. 集装箱拖头车必须承运符合国际标准的集装箱；
5. 散装货车只能承运不具备加封条件的大宗散装货物，如矿砂、粮食及超大型机械设备等；
6. 从事特种货物运输的车辆须递交主管部门的批准证件。

境内承运海关监管货物运输车辆注册时，对于运输危险品的车辆需要提供“易燃易爆化学物品准运证”吗？

不需要。需要提供由当地地（市）级道路运政管理机关审核并加盖“道路危险货物运输专用章”的“道路运输经营许可证”和“道路运输营运证”的复印件。

运输企业及驾驶员发生走私违规情事的，应承担何种法律责任？

运输企业、驾驶员发生走私违规情事的，由海关按《海关法》和《海关行政处罚实施条例》的有关规定进行处罚。处罚分为警告、暂停、取消三种类型。构成犯罪的，依法追究刑事责任。

运输企业、车辆需要年审吗？

运输企业、车辆必须按期参加年审，年审工作于每年5月底前完成。对逾期不办理年审或年审不合格的运输企业、车辆，海关暂停其办理承运海关监管货物的手续；逾期3个月未年审的，海关视其自动放弃承运海关监管货物资格，并予注销，收回有关证件。

什么是长江驳运船舶？长江驳运船舶可以混装吗？

长江驳运船舶是指航行于长江承运海关监管货物的机动和非机动船舶。驳船在同一航次中，未经海关同意，不得将海关监管货物与非监管货物同舱混装。

对暂时进境的外国集装箱和集装箱式货车车厢，海关有哪些管理规定？

暂时进境的外国集装箱和集装箱式货车车厢应于入境之日起6个月内复运出境。如因特殊情况不能按期复运出境的，营运人应当向暂时进境地海关提出延期申请，经海关核准后可以延期，但延长期不得超过3个月，逾期应按规定向海关办理进口及纳税手续。

海关对进出境的空集装箱如何监管?

承载集装箱或者集装箱式货车车厢的运输工具在进出境时，承运人、营运人或者其代理人应当向海关申报并递交载货清单（舱单）。海关对之进行监管，并依据载货清单（舱单）信息进行空箱查验。

什么是舱单？舱单的适用范围包括哪些?

舱单是进出境运输工具舱单的简称，是指反映进出境运输工具所载货物、物品及旅客信息的载体，包括原始舱单、预配舱单、装（乘）载舱单。

进出境运输工具载有货物、物品的，舱单内容应当包括总提（运）单及其项下的分提（运）单信息。

舱单的适用范围包括进出境船舶、航空器、铁路列车及公路车辆舱单的管理。

海关对舱单管理的依据文件有哪些?

海关对舱单管理的依据文件有：

1.《中华人民共和国海关进出境运输工具舱单管理办法》（海关总署令第 172 号）；

2.《中华人民共和国海关关于超期未报关进口货物、误卸或者溢卸的进境货物和放弃进口货物的处理办法》（海关总署令第 91 号）；

3.《海关总署关于调整进出境水运和空运运输工具货运舱单等电子数据格式的公告》（海关总署公告 2010 年第 70 号）；

4.《海关总署关于公布进出境和境内承运海关监管货物的水运、空运运输工具传输数据项的公告》（海关总署公告 2008 年第 80 号）；

5.《海关总署关于发布进出境水运和空运货物舱单电子传输报文的公告》（海关总署公告 2010 年第 77 号）；

6.《海关总署关于进出境船舶所载货物、物品舱单传输的有关问题的公告》（海关总署公告 2008 年第 97 号）；

7.《海关总署关于进出境航空器载运货物、物品舱单传输的有关问题的公告》（海关总署公告 2008 年第 101 号）；

8.《海关总署关于实施〈进出境运输工具舱单管理办法〉有关事宜的公告》（海关总署公告 2008 年第 102 号）；

9.《海关总署关于进出境航空器所载旅客舱单传输有关问题的公告》（海关总署公告 2009 年第 41 号 ）；

10.《海关总署关于公布进出境及境内承运海关监管货物的水运和空运运输工具电子传输报文格式的公告》（海关总署公告 2008 年第 88 号）；

11.《海关总署关于进出境运输工具载运货物、物品舱单及相关电子数据传输有关事项的公告》（海关总署公告 2009 年第 22 号）；

12.《海关总署关于启用航空旅客舱单电子数据正式接收地址的公告》（海关总署公告 2011 年第 18 号）。

舱单传输时间是怎样认定的?

海关接受舱单申报时间，不是以舱单申报人发送数据时间为准，是以海关确认接受原始舱单（或预配舱单）传输为确认申报时间。

舱单涉及商业秘密的应该怎样处理?

舱单涉及商业秘密的，舱单传输人可以书面向海关提出为其保守商业秘密的要求，并具体列明需要保密的内容。

海关按照国家有关规定承担保密义务，妥善保管舱单传输人及相关义务人提供的涉及商业秘密的资料。

海关对舱单编号及保存期限有哪些规定?

海关对舱单编号及保存期限的规定为：舱单中的提（运）单编号 2 年内不得重复；自海关接受舱单等电子数据之日起 3 年内，舱单传输人、海关监管场所经营人、理货部门应当妥善保管纸质舱单、理货报告、运抵报告及相关账册等资料。

舱单及相关数据传输人在没有办理备案手续的情况下能否传输舱单数据?

没有备案的情况下不能传输舱单数据，因为备案是舱单数据传输的必备条件。

出口货物发货人需要备案吗?

不需要。海关在接收出口货物发货人首次传输装箱清单时，对出口货物发货人实施自动备案管理。

什么是原始舱单？

原始舱单是指舱单传输人向海关传输的反应进境运输工具装载货物、物品或者承载旅客信息的舱单。

海关对运输工具载有货物、物品的舱单数据传输的时限有什么规定？

1. 船舶运输：

（1）集装箱货物，在开始装船的 24 小时以前；

（2）非集装箱货物，在抵达境内第一目的港的 24 小时以前；

（3）集装箱货物与非集装箱货物混装的，应当按照第（1）、（2）项分别传输；

（4）来往港澳小型船舶承载的货物，在开始装载货物的 2 小时以前；

（5）调拨进境的空箱，在船舶抵达目的港以前；

（6）临时计划转运货物进境，由进境地海关审核同意后，可在船舶抵港以前；

（7）进境航程 24 小时以内的近洋运输非集装箱船舶，在船舶抵达境内第一目的港以前；

（8）集装箱货物经境外港口转运的，在最后一个境外转运港装船的 24 小时以前。

2. 航空运输：航程 4 小时以下的，航空器起飞前；航程超过 4 小时的，航空器抵达境内第一目的港的 4 小时以前。

3. 铁路运输：铁路列车抵达境内第一目的站的 2 小时以前。

4. 公路运输：公路车辆抵达境内第一目的站的 1 小时以前。

舱单传输人应当在进境货物、物品运抵目的港（站）以前向海关传输原始舱单的其他数据。

海关审核原始舱单后的反馈结果有哪些？舱单传输人该怎样处理？

进境运输工具载有货物、物品的，海关接受原始舱单数据后，对原始舱单信息进行风险分析和评估，并向舱单传输人反馈审核结果。反馈结果包括接受传输、不接受传输及原因、不准予装载、不准予卸载、请等待海关人工审核等信息。舱单传输人应当按照海关反馈的不接受传输的原因进行核查、更正，并重新传输舱单数据。

原始舱单同一总提单项下的所有分提单数据能否多次分批传输？

原始舱单同一总提单项下的所有分提单数据应一次性传输。

对于在境外一个装货港装载的运输工具承运至境内两个以上卸货港的，舱单传输人该如何向海关传输进口原始舱单电子数据？

对于在境外一个装货港装载的运输工具承运至境内两个以上卸货港的，舱单传输人可以根据海关总署令第 172 号的有关规定，一次传输境内所有卸货港的电子数据。

什么是理货报告？海关对理货报告的传输时限要求有哪些？

理货报告是指海关监管场所经营人或者理货部门对进出境运输工具所载货物、物品的实际装卸情况予以核对、确认的记录。

理货部门或者海关监管场所经营人应当在进境运输工具卸载货物、物品完毕后的 6 小时以内以电子数据方式向海关提交理货报告。需要二次理货的，经海关同意，可以在进境运输工具卸载货物、物品完毕后的 24 小时以内以电子数据方式向海关提交理货报告。

对于有溢卸、短卸、理货异常情况的，运输工具负责人应当如何处理？

对于有溢卸、短卸、理货异常情况的，运输工具负责人应在卸载货物、物品完毕后的 48 小时内，向海关提交书面情况说明及相关证明材料。涉及理货报告错误的，应当随附理货部门的书面报告。

什么是分拨？如何办理分拨手续？

分拨是指海关监管场所经营人将进境货物、物品从一海关监管场所运至另一海关监管场所的行为。分拨手续办理方法如下：

1. 舱单传输人应当以电子数据方式向海关提出分拨货物、物品申请，经海关同意后方可分拨；

2. 分拨货物、物品运抵海关监管场所时，海关监管场所经营人应当以电子数据方式向海关提交分拨货物、物品运抵报告；

3. 在分拨货物、物品拆分完毕后的 2 小时以内，理货部门或者海关监管场所经营人应当以电子数据方式向海关提交分拨货物、物品理货报告；

4. 分拨货物、物品提交理货报告后，海关即可办理货物、物品的查验、放行手续。

什么是疏港分流？如何办理疏港分流手续？

疏港分流是指为防止货物、物品积压和阻塞港口，根据港口行政管理部门的决定，将相关货物、物品疏散到其他海关监管场所的行为。疏港分流手续办理方法如下：

1. 海关监管场所经营人应当以电子数据方式向海关提出疏港分流申请，经海关同意后方可疏港分流；

2. 疏港分流完毕后，海关监管场所经营人应当以电子数据方式向海关提交疏港分流货物、物品运抵报告；

3. 疏港分流货物、物品提交运抵报告后，海关即可办理货物、物品的查验、放行手续。

什么是装箱清单？海关对装箱清单有哪些监管规定？

装箱清单是指反映以集装箱运输的出境货物、物品在装箱以前的实际装载信息的单据。海关对装箱清单的监管规定有：

1. 以集装箱运输的货物、物品，出口货物发货人应当在货物、物品装箱以前，按照海关总署令第 172 号规定的内容、格式向海关传输装箱清单电子数据；

2. 一个集装箱装载多票出口货物、物品的，应当一次性向海关传输装箱清单电子数据；

3. 出口货物在出境地海关办理申报手续的，出口货物发货人应当向出境地海关传输装箱清单电子数据；

4. 出口转关货物，出口货物发货人应当向起运地海关传输装箱清单电子数据。

什么是预配舱单？海关对预配舱单数据传输时限有何要求？

预配舱单是指反映出境运输工具预计装载货物、物品或者乘载旅客信息的舱单。海关对预配舱单数据传输时限规定如下：

1. 预配舱单主要数据的传输时限：出境运输工具预计载有货物、物品的，舱单传输人应当在办理货物、物品申报手续以前向海关传输预配舱单主要数据。

2. 预配舱单其他数据的传输时限：

（1）集装箱船舶装船的 24 小时以前；

（2）非集装箱船舶在开始装载货物、物品的 2 小时以前；

（3）同一船舶载有集装箱货物和非集装箱货物进境的，应当按照第（1）、（2）项分别传输；

（4）来往港澳小型船舶在开始装载货物、物品的 4 小时以前；

（5）调拨出境的空箱，在空箱装船的 2 小时以前；

（6）临时计划转运货物出境，在转运货物出境装船前的 2 小时以前；

（7）航空器在开始装载货物、物品的 4 小时以前；

（8）铁路列车在开始装载货物、物品的 2 小时以前；

（9）公路车辆在开始装载货物、物品的 1 小时以前。

3. 出境运输工具预计载有旅客的，舱单传输人应当在出境旅客开始办理登机（船、车）手续的 1 小时以前向海关传输预配舱单电子数据。

什么是运抵报告？出境货物应该怎样递交运抵报告？

运抵报告是指进出境货物、物品运抵海关监管场所时，海关监管场所经营人向海关提交的反映货物、物品实际到货情况的记录。

出境货物、物品运抵海关监管场所时，海关监管场所经营人应当以电子数据方式向海关提交运抵报告。

海关对出境货物运抵报告有哪些监管规定？

海关对出境货物运抵报告的监管规定有：

1. 出口货物全部运抵海关监管场所后，监管场所经营人应当以总运单或分运单为单元传输运抵报告电子数据。

2. 海关接受运抵报告电子数据后，与预配舱单进行核对。运抵报告电子数据与预配舱单电子数据校验相符的，海关向运抵报告传输人、舱单传输人反馈正常到货信息。

3. 运抵报告电子数据与预配舱单电子数据核对不符的，海关以电子数据方式向运抵报告提交人、舱单传输人反馈不符信息，并应当要求舱单传输人或监管场所经营人提交书面情况说明及相关证明材料。

4. 海关审核情况正常的，可接受舱单传输人或舱单相关数据传输义务人提出的申请，对相关电子数据进行修改或删除。

5. 出口货物采取边运抵边装船的，经海关船边实际验核后，即视为货物运抵，并向海关传输运抵报告。运抵报告传输后，货物、物品应当在 3 日内装载完毕。

6. 正常到货的，海关方予办理对应货物、物品的查验、放行手续。

什么是装（乘）载舱单？海关对装（乘）载舱单数据传输时限有何要求？

装（乘）载舱单是指反映出境运输工具实际配载货物、物品或者载有旅客信息的舱单。海关对装（乘）载舱单数据传输的时限要求有：

1. 舱单传输人应当在运输工具开始装载货物、物品的 30 分钟以前向海关传输装载舱单电子数据；

2. 舱单传输人应当在旅客办理登机（船、车）手续后、运输工具上客以前向海关传输乘载舱单电子数据。

有哪些情形海关不接受装载舱单电子数据传输？

有以下情形之一的，海关不接受装载舱单电子数据的传输：

1. 装载舱单中没有总运单运抵报告电子数据的；

2. 总运单未经海关放行；

3. 装载舱单件数、重量大于运抵报告件数、重量；

4. 装载舱单未按规定时限传输。

海关接受装（乘）载舱单电子数据传输后，有什么反馈信息？

海关接受装（乘）载舱单电子数据传输后，对装载舱单电子数据进行审核：

1. 审核通过的，海关以电子数据方式向监管场所经营人、舱单传输人反馈同意装载信息；

2. 对决定不准予装载货物、物品或者上客的，海关以电子数据方式（以总运单为单元）通知舱单传输人，并告知不准予装载货物、物品或者上客的理由；

3. 因故无法以电子数据方式通知的，海关应以传真、电话、当面通知等方式通知舱单传输人，并派员实地监管。

乘载舱单与结关申请不相符的，其核查原因的期限是多久？

运输工具负责人应当在出境运输工具结关完毕后的 24 小时内向海关报告乘载舱单与结关申请不相符的原因。

舱单变更的方式有几种？有什么主要区别？

舱单变更的方式主要有直接准予变更和海关审核变更两种。已经传输的舱单电子数据需要变更的，舱单传输人可以在原始舱单和预配舱单规定的传输时限以前直接予以变更；在原始舱单和预配舱单规定的传输时限后，需经海关审核同意，方可进行变更。

对出境来往港澳小型船舶，舱单及相关数据传输有什么要求？

出境来往港澳小型船舶，舱单传输人在开始装载货物、物品的 4 小时前向海关传输预配舱单电子数据。出境接受海关中途监管站监管的来往港澳小型船舶，海关监管场所经营人、理货部门应当在船舶起航以前向海关传输理货报告电子数据。

来往港澳小型船舶舱单电子数据应包括哪些内容？

舱单电子数据应当包括以下内容：运输工具名称、运输工具编号、航次号、国籍、装货港、指运港、提（运）单号、收货人或者发货人、货物名称、货物件数和重量、集装箱号、集装箱尺寸等。

出口转关货物，舱单是否向主管地海关传输？

出口转关货物，除装箱清单外，舱单及相关电子数据传输人应当向出境地海关传输舱单及相关电子数据。

舱单传输人和舱单相关电子数据传输义务人可以通过哪些途径向海关传输电子数据？

舱单传输人和舱单相关电子数据传输义务人可以自主选择以下途径向海关传输电子数据：

1. 中国电子口岸数据中心（热线服务电话：010-95198）；
2. 全国海关信息中心（热线服务电话：010-65193355）；
3. 各直属海关对外接入局域网（包括地方电子口岸）。

海关执行的国家贸易管制措施指南

什么是海关贸易管制措施？

《海关法》从法律上赋予了海关实施贸易管制，监管进出口活动的权力与义务。《海关法》第四十条规定：国家对进出境货物、物品有禁止性或限制性规定的，海关依据法律、行政法规、国务院的规定或者国务院有关部门依据法律、行政法规授权作出的规定实施监管。

海关贸易管制是指海关依据《海关法》赋予的权力，参与国家宏观经济政策制定、微观经济协调，并通过制定相关管理制度和规范在进出境环节落实国家贸易政策，对执法效能分析和评估的行为。

海关贸易管制制度的法律体系包括哪些内容？

海关根据法律、行政法规和规章对进出境货物履行监督管理职责，形成了以《海关法》、《对外贸易法》、《中华人民共和国货物进出口管理条例》为主的贸易管制法律体系。其主要包括：

法律：

《对外贸易法》
《海关法》
《中华人民共和国进出口商品检验法》
《中华人民共和国进出境动植物检疫法》
《中华人民共和国固体废物污染环境防治法》
《中华人民共和国国境卫生检疫法》
《中华人民共和国野生动物保护法》
《中华人民共和国药品管理法》
《中华人民共和国文物保护法》
……

行政法规：

《中华人民共和国货物进出口管理条例》
《中华人民共和国技术进出口管理条例》
《中华人民共和国核出口管制条例》
《中华人民共和国核两用品及相关技术出口管制条例》
《易制毒化学品管理条例》
《中华人民共和国导弹及相关物项和技术出口管制条例》
《中华人民共和国生物两用品及相关设备和技术出口管制条例》
《中华人民共和国监控化学品管理条例》
《中华人民共和国野生植物保护条例》
《中华人民共和国陆生野生动物保护实施条例》
《中华人民共和国水生野生动物保护实施条例 》
《中华人民共和国濒危野生动植物进出口管理条例》
《农药管理条例》
《兽药管理条例》
《麻醉药品和精神药品管理条例》
《音像制品管理条例》
《民用爆炸物品安全管理条例》
《中华人民共和国军品出口管理条例》
《中华人民共和国进出口商品检验法实施条例》
……

除此之外，海关贸易管制法律体系中还包括禁止进（出）口货物目录、货物进（出）口许可证管理办法及目录等部门规章及规范性文件300余件，以及与贸易管制有关的国际公约及议定书等。

许可证件的法律规定是什么?

《海关法》对进口货物的收货人或出口货物的发货人提交许可证件作出了明确规定：

1.《海关法》第二十四条规定："进口货物的收货人、出口货物的发货人应当向海关如实申报，交验进出口许可证件和有关单证。国家限制进出口的货物，没有进出口许可证件的，不予放行，具体处理办法由国务院规定。"此项规定，要求进出口货物的收发货人在向海关申报货物进出口时，如果所申报的货物属于国家限制进出口的，应当向海关交验有关许可证件，不能提交进出口许可证件的，海关不予放行货物。

2.《海关法》第四十条规定："国家对进出境货物、物品有禁止性或限制性规定的，海关依据法律、行政法规、国务院的规定或者国务院有关部门依据法律、行政法规授权作出的规定实施监管。"该规定一方面明确海关是依据法律、行政法规和部门规章对进出境货物、物品采取禁止或限制措施；另一方面明确了对进出境货物、物品实施禁止或限制规定时，需要经过立法程序对外发布。

3.《海关法》第六十六条规定："国家对进出境货物、物品有限制性规定，应当提供许可证件而不能提供的，以及法律、行政法规规定不得担保的其他情形，海关不得办理担保放行。"

海关贸易管制措施的实现方式是什么?

海关执行的部分贸易管制措施通过细化、分解贸易管制商品目录，在海关H2010通关系统中对7500多项商品设置了30种监管证件代码，占全部海关商品编号的62%。

为构建进出口许可证件从申领、发证、验证到核查、核销的严密高效管理模式，海关总署积极推进与许可证件主管部门的电子数据联网工作。目前，已实现进出口许可证、两用物项和技术进出口许可证、固体废物进口许可证、有毒化学品进出口环境管理放行通知单、农药进出口登记管理放行通知单、自动进口许可证、密码产品和含有密码技术设备进口许可证及入/出境货物通关单等电子数据联网，为科学、规范管理和便捷通关提供了条件。

海关实施贸易管制的监管证件有哪些?

1. 禁止进出口货物

禁止进出口货物是指商务部会同国务院其他有关部门依法制定、调整并公布禁止进口货物目录，以及其他法律、行政法规规定禁止进口的货物，包括国家规定停止进口的商品、执行联合国安理会有关决议规定禁止进出口的商品等。禁止进口商品监管证件代码为"9"，禁止出口商品监管证件代码为"8"，旧机电产品禁止进口监管证件代码为"6"。截至2016年年底，禁止进口货物目录共发布6批，禁止出口货物目录共发布5批。其他法律、行政法规等规定禁止进出口的，从其规定。

2. 进口许可证（监管证件代码"1"）

进口许可证是指商务部及其授权发证机构依法对实行数量限制或其他限制的进口货物颁发准予进口的许可证件。对国家规定有数量限制的进口货物，实行配额管理；其他限制进口货物，实行许可证管理。实行进口许可证管理的货物为两大类，即环境保护部、商务部、海关总署令2014年第26号《消耗臭氧层物质进出口管理办法》规定的消耗臭氧层物质和商务部、海关总署、质检总局令2008年第5号《重点旧机电产品进口管理办法》规定的重点旧机电产品。具体管理目录详见年度《进口许可证管理货物目录》。

3. 出口许可证（监管证件代码"4"，加工贸易出口许可证监管证件代码"x"，边境小额贸易出口许可证监管证件代码"y"）

出口许可证是指商务部授权发证机关依法对实行数量限制或其他限制的出口货物签发的准予出口的许可证件。国家规定有数量限制的限制出口货物，实行配额和招标管理；其他限制出口货物，实行许可证管理。具体管理目录详见年度《出口许可证管理货物目录》。

4. 两用物项和技术进口许可证（监管证件代码"2"）

两用物项和技术进口许可证是指商务部及其授权发证机关签发的准予进口《两用物项和技术进口许可证管理目录》中商品的许可证件，包括监控化学品、易制毒化学品和放射性同位素三大类。具体管理目录详见年度《两用物项和技术进出口许可证管理目录》。进口放射性同位素需按《放射性同位素与射线装置安全和防护条例》和《两用物项和技术进出口许可证管理办法》有关规定，报环境保护部审批后，在商务部配额许可证事务局申领两用物项和技术进口许可证，进口经营者持两用物项和技术进口许可证向海关办理进口手续。

5. 两用物项和技术出口许可证［监管证件代码"3"，部分易制毒化学品向特定国家（地区）出口的两用物项和技术出口许可证监管证件代码“G”]

两用物项和技术出口许可证是指商务部授权发证机关准予两用物项和技术出口签发的许可证件。其中，向特定国家（地区）出口氯化铵等17种易制毒化学品为定向出口。纳入《两用物项和技术出口许可证管理目录》的两用物项和技术类别包括核、核两用品及相关技术、生物两用品及相关设备和技术、监控化学品、有关化学品及相关设备和技术、导弹及相关物项和技术、易制毒化学品、部分无人驾驶航空飞行器和高性能计算机等两用物项和技术。受《中华人民共和国导弹及相关物项和技术出口管制条例》管制，用于民用航空用途的民用航空零部件出口按《民用航空零部件出口分类管理办法》实行许可证件分类管理制度。具体管理目录详见年度《两用物项和技术进出口许可证管理目录》。

6. 自动进口许可证（监管证件代码“7”，机电产品自动进口许可证监管证件代码为“O”，加工贸易自动进口许可证监管证件代码为“v”）

自动进口许可证是指商务部授权发证机构依法对实行自动进口许可管理的货物颁发的准予进口的许可证件。其中，属加工贸易“自动进口许可证”管理的商品有原油和成品油。具体管理目录详见年度《自动进口许可管理货物目录》。

7. 入境货物通关单（监管证件代码“A”）、出境货物通关单（监管证件代码“B”）、毛坯钻石入/出境货物通关单（监管证件代码“D”）

入/出境货物通关单是指国家质检总局授权的出入境检验检疫机构依法对列入《出入境检验检疫机构实施检验检疫的进出境商品目录》（简称《检验检疫法检目录》），以及虽未列入《检验检疫法检目录》，但国家有关法律、行政法规明确规定由出入境检验检疫机构实施检验检疫的进出境货物及特殊物品等签发的证明进出口货物收发货人或其代理人已办理报验手续的证明文书。其中，监管证件代码“D”专指《金伯利进程国际证书制度》规定的毛坯钻石进出境需提交的“入/出境货物通关单”。

实行入境货物通关单管理的货物主要包括五类：列入《检验检疫法检目录》的进境货物；进口可用做原料的固体废物；进口旧机电产品；进口捐赠的医疗器械，以及其他未列入《检验检疫法检目录》，但国家有关法律、行政法规规定由出入境检验检疫机构负责检验检疫的入境货物及特殊物品等。

实行出境货物通关单管理的货物主要包括三类：列入《检验检疫法检目录》的出境货物，对外经济技术援助物资及人道主义紧急救灾援助物资，以及其他未列入《检验检疫法检目录》，但国家有关法律、行政法规明确由出入境检验检疫机构负责检验检疫的出境货物及特殊物品等。

具体管理目录详见年度调整的《出入境检验检疫机构实施检验检疫的进出境商品目录》。

8. 濒危物种允许出口证明书（监管证件代码“E”）、濒危物种允许进口证明书（监管证件代码“F”）

濒危物种允许进/出口证明书是指对纳入《进出口野生动植物种商品目录》管理范围的野生动植物及其制品实施进/出口许可管理，国家濒管办及其授权办事处签发准予进/出口的许可证件。濒危物种允许进/出口证明书包括“濒危野生动植物种国际贸易公约允许进/出口证明书”及“中华人民共和国濒危物种进出口管理办公室野生动植物种允许进/出口证明书”。

《进出口野生动植物种商品目录》所列野生动植物或其产品以一般贸易、无偿捐赠、无偿提供、旅客携带、交换、邮寄及其他各种方式进出口的，海关均按规定进行监管。进出口《进出口野生动植物种商品目录》中适用“濒危野生动植物种国际贸易公约允许进/出口证明书”及“中华人民共和国濒危物种进出口管理办公室野生动植物种允许进/出口证明书”管理以外的其他野生动植物及相关货物或物品，适用“非《进出口野生动植物种商品目录》物种证明”管理。详见国家林业局、海关总署令2014年第34号《野生动植物进出口证书管理办法》。

具体管理目录详见《进出口野生动植物种商品目录》。

按照《进出口野生动植物种商品目录》的制定原则，“非《进出口野生动植物种商品目录》物种证明”的适用范围一般包括：一是进出口属于CITES公约规定免管或者豁免的野生动植物及其产品；二是出口人工培植来源的非CITES公约附录所列，但与国家重点保护同名的野生植物及其产品；三是进口和再出口非CITES公约附录所列，但与国家重点保护同名的野生动植物及其产品；四是进出口属于未拆分出非濒危物种且带有监管条件的海关商品编号管理的非CITES附录所列、非国家重点保护的野生动植物及其产品。

国家濒管办或者其办事处在办理进出口野生动植物及其产品的行政许可证件时，要严格依照《进出口野生动植物种商品目录》审查申请人填报的海关商品编号。对不属于允许进出口证明书管理范畴，且申报内容与所填报的海关商品编号含义在物种种类、濒危程度或者生物学特性等方面不一致的，一律不予核发“非《进出口野生动植物种商品目录》物种证明”。对确实不需要办理行政许可证件但海关存疑的野生动植物进出口申请，国家濒管办或者其办事处应当依申请人申请及时出具《不予受理行政许可申请通知书》，明确告知不属于允许进出口证明书和物种证明管理范畴。海关参考《不予受理行政许可申请通知书》确定9、10位海关商品编号和商品核验。海关在查验放行相关野生动植物及其产品时，对是否属于野生动植物进出口证书受理范围存疑的，应当按照《野生动植物进出口证书管理办法》第三十七条的规定，可以征求国家濒管办或者其办事处意见。国家濒管办或者其办事处应当及时予以回复。

9. 精神药物进出口准许证（监管证件代码“I”）

精神药物进出口准许证是指国家食品药品监督管理总局依法对直接作用于中枢神经系统使之兴奋或抑制，连续使用能产生依赖性的精神药品实施进出口监督管理，签发准予精神药物进出口的许可证件。

具体管理目录详见《精神药品品种目录》。

10. 黄金及黄金制品进出口准许证或批件（监管证件代码“J”）

黄金及黄金制品进出口准许证或批件是指中国人民银行总行或其授权的中国人民银行分支机构依法对列入《黄金及黄金制品进出口管理商品目录》的进出口黄金及其制品实施监督管理并签发准予进出口的许可证件。进出口黄金及黄金制品范围详见《黄金及黄金制品进出口管理商品目录》。

11. 药品进（出）口准许证（监管证件代码“L”）

药品进（出）口准许证是指国家食品药品监督管理部门授权机构依法对列入兴奋剂目录的蛋白同化制剂、肽类激素等供医疗使用的兴奋剂实施进出口管理，签发准予进出口的许可证件。兴奋剂是指兴奋剂目录所列的禁用物质，包括蛋白同化制剂品种、肽类激素品种、麻醉药品品种、刺激剂（含精神药品）品种、药品类易制毒化学品品种、医疗用毒性药品品种及其他品种兴奋剂。对兴奋剂目录中第七类“其他品种”，海关暂不按照兴奋剂实行管理。具体管理措施详见《蛋白同化制剂和肽类激素进出口管理办法》，具体管理目录详见兴奋剂目录公告。

12. 密码产品和含有密码技术设备进口许可证（监管证件代码“M”）

密码产品和含有密码技术设备进口许可证是指国家密码管理局依法对不涉及国家秘密内容的信息进行加密保护或者安全认证所使用的密码技术和密码产品进口实施监督管理，签发准予进口商用密码产品和含有密码技术设备的许可证件。

密码产品和含有密码技术的设备进口管理范围详见《密码产品和含有密码技术的设备进口管理目录》。

13. 固体废物进口许可证（监管证件代码“P”）

固体废物进口许可证是指国家环境保护部授权发证机关依法对可用做原料的废物进口实施监督管理，签发准予进口固体废物的许可证件。固体废物进口许可证全称为“限制进口类可用做原料的固体废物进口许可证”。

固体废物是指在生产、生活和其他活动中产生的丧失原有利用价值或者虽未丧失利用价值但被抛弃或者放弃的固态、半固态和置于容器中的气态的物品、物质，以及法律、法规及规章规定纳入固体废物管理的物品、物质。

国家对可用做原料的废物进口实行分类管理，分为限制进口类可用做原料的固体废物及非限制进口类固体废物。进口可用做原料的固体废物管理范围详见《限制进口类可用做原料的固体废物目录》及《非限制进口类固体废物目录》。

自 2015 年 1 月 1 日起，固体废物进口许可证的报关凭证联不再由人工加盖“环境保护部废物进口审批专用章”，改为套印“环境保护部废物进口审批专用章”形式。

14. 进口药品通关单（监管证件代码“Q”）

进口药品通关单是指国家食品药品监督管理总局及其授权发证机关依法对进口药品实施监督管理所签发的准予药品进口的许可证件。列入“进口药品通关单”管理的药品是指用于预防、治疗、诊断人的疾病，有目的地调节人的生理机能并规定有适应症或者功能主治、用法和用量的物质，包括中药材、中药饮片、中成药、化学原料药及其制剂、抗生素、生化药品、放射性药品、血清、疫苗、血液制品和诊断药品等。2015 年 1 月 29 日《海关总署关于明确人体组织器官进口有关问题的通知》（署监函〔2015〕46 号）中，针对人供体角膜等人体组织器官进口报关手续过程中存在企业无法取得上述货物的“进口药品通关单”（Q 证）问题，允许以下四种情况免于验核“进口药品通关单”：（1）涉及我国人类遗传资源的国际合作项目中人类遗传资源材料的出口、出境，海关验核人类遗传资源管理办公室核发的出口、出境证明办理出口报关手续；（2）人体血液、组织器官进出口审批属卫生计生委行政许可事项，在相关行政制度改革尚未完成前，上述货物进口时，海关验核“入境货物通关单”办理进口报关手续；（3）国家食品药品监督管理总局已明确人体血液、组织器官进口不按照进口药品管理，上述货物进口时，海关可不再验核“进口药品通关单”；（4）军队医疗机构办理人体血液、组织器官进口报关手续的，海关验核军队卫生主管部门出具的相关进口批件，并按照上述要求办理进口报关手续。具体管理目录详见国家食品药品监督管理总局、海关总署发布的《进口药品目录》。

15. 进口兽药通关单（监管证件代码“R”）

进口兽药通关单是指农业部或兽药进口口岸所在地省级人民政府兽医行政管理部门对列入《进口兽药管理目录》的进口兽药实施监督管理，签发准予进口的许可证件。兽药是指用于预防、治疗、诊断动物疾病或者有目的地调节动物生理机能的物质（含药物饲料添加剂），主要包括血清制品、疫苗、诊断制品、微生态制品、中药材、中成药、化学药品、抗生素、生化药品、放射性药品及外用杀虫剂、消毒剂等。

16. 农药进/出口登记管理放行通知单（监管证件代码“S”）

农药进/出口登记管理放行通知单是指农业部及其授权发证机关依法对纳入《中华人民共和国进出口农药管理名录》范围

的进出口农药实施登记管理签发的证明文件。农药是指用于预防、消灭或者控制危害农业、林业的病、虫、草和其他有害生物，以及有目的地调节植物、昆虫生长的化学合成或者来源于生物、其他天然物质的一种物质或者几种物质的混合物及其制剂。具体管理目录详见《进出口农药管理名录》。

17. 银行调运外币现钞进出境证明文件/银行调运人民币现钞进出境许可证（监管证件代码“T”）

银行调运外币现钞进出境证明文件/银行调运人民币现钞进出境许可证是指国家外汇管理局及其授权的地方外汇管理局、中国人民银行总行及其授权的分行依法对银行调运进出境在流通中使用的货币现钞实施监督管理，签发准予调运外币/人民币进出境的许可证件。调运进出境的货币现钞是指在流通中使用的外币和人民币，包括各种面额的纸币和硬币。

18. 麻醉药品进出口准许证（监管证件代码“W”）

麻醉药品进出口准许证是指国家药品监督管理部门依法对连续使用后易使身体产生依赖性、能成瘾癖的麻醉药品实施进出口监督管理，签发准予麻醉药品进出口的许可证件。麻醉药品包括阿片类、可卡因类、大麻类、合成麻醉药类及其他易成瘾癖的药品、药用原植物及其制剂。具体管理目录详见《麻醉药品品种目录》。

19. 有毒化学品进出口环境管理放行通知单（监管证件代码“X”）

有毒化学品进出口环境管理放行通知单是指国家环境保护部门依法对纳入《中国严格限制进出口的有毒化学品目录》管理的化学品实施进出口环境管理，签发准予有关化学品进出口的许可证件。具体管理目录详见《中国严格限制进出口的有毒化学品目录》。

20. 音像制品进口批准单或节目提取单（监管证件代码“Z”）

音像制品进口批准文件是指国家新闻出版、广播电影电视主管部门及授权机构依法对进口音像制品、广播电影电视节目、加工贸易项下只读类光盘及赴境外加工光盘并返回境内等实施监督管理，签发准予音像制品进口的许可证件。音像制品进口批准文件对应的许可证件为：新闻出版广电总局签发的“音像制品（成品）进口批准单”、“音像制品（版权引进）批准单”，省级新闻出版广电行政主管部门签发的“加工贸易项下光盘进出口批准证”、“赴境外加工光盘进口备案证明”，新闻出版广电总局或各省、自治区、直辖市广播影视厅局签发的“进口广播电影电视节目带（片）提取单”。

赴境外加工光盘类产品（含黑胶唱片）并返回境内的，须向所在地省级新闻出版广电行政主管部门提供拟入境产品的内容进行备案。备案后，省级新闻出版广电行政主管部门开具“赴境外加工光盘进口备案证明”。出版单位向海关办理赴境外加工并返回国内光盘类产品（商品编码为8523499000或8523801100）进口报关纳税手续时，须交验“赴境外加工光盘进口备案证明”，海关按现行规定办理验放手续。

音像制品是指载有内容的录音带、录像带、唱片、激光唱盘、激光视盘等（不包括非贸易性的音像制品），具体管理范围详见《音像制品进口管理目录》。广播电台、电视台、有线广播电视台、教育电视台、中国电影集团公司、中国电影资料馆及广播电视节目制作经营机构从国外及我国港、澳、台地区进口录有内容的电影胶片、录音带、录像带、唱片、激光唱片、激光视盘等，具体管理范围详见《关于加强广播电视节目电影片进口管理的通知》（广发社字〔2000〕91号）。

21. 合法捕捞产品通关证明（监管证件代码“U”）

合法捕捞产品通关证明是农业部依据我国加入相关国际渔业组织的承诺规定，对纳入《实施合法捕捞证明的水产品清单》的部分水产品签发合法捕捞产品进出口的许可证件。根据农业部、海关总署公告（第1696号），对金枪鱼等4类水产品进口实施“合法捕捞产品通关证明”制度；根据农业部、海关总署公告（第2146号），对从俄罗斯进口的狭鳕等水产品实施“合法捕捞产品通关证明”制度。为加强对合法捕捞产品进口监管，有效防范和打击非法捕鱼活动，提高通关效率，农业部、海关总署决定实施“合法捕捞产品通关证明”联网核查系统，对有关水产品实行电子数据联网核查，自2014年11月1日起，农业部不再签发纸质“合法捕捞产品通关证明”，海关凭电子数据接受企业报关。根据《海关总署办公厅关于农业部启用“农业部渔业渔政管理局合法捕捞产品证明专用章”的通知》（海关总署办公厅署办监函〔2014〕15号），农业部渔业局现已更名为农业部渔业渔政管理局，自2014年6月1日起正式启用“农业部渔业渔政管理局合法捕捞产品证明专用章”，原“农业部渔业局合法捕捞产品证明专用章”不再使用。

22. 放射性药品进出口批件

放射性药品进出口批件是指国家药品监督管理部门依法对用于临床诊断或者治疗的放射性核素制剂或者其标记药物实施进出口管理，签发准予进出口的批准文件。放射性药品包括裂变制品、堆照制品、加速器制品、放射性同位素发生器及其配套药盒、放射性免疫分析药盒等。

23. 民用爆炸物品进/出口审批单

民用爆炸物品进/出口审批单是指国家民用爆破器材行业行政主管部门依法对民用爆破器材产品及生产所需的具有爆炸危险属性的原材料（含半成品）的进出口实行统一管理，签发准予进出口的批准文件。民用爆炸物品是指用于非军事目的、列入民用爆炸物品品名表的各类火药、炸药及其制品和雷管、导火索等点火、起爆器材。民用爆炸物品管理范围详见“民用爆炸物品品名表”。

24. 人类遗传资源出口、出境证明

人类遗传资源出口、出境证明是指国务院科学技术行政主管部门和卫生行政主管部门依法对人类遗传资源材料及人类遗传资源信息资料实行出口管理，签发准许出口、出境的批准文件。人类遗传资源是指含有人体基因组、基因及其产物的器官、组织、细胞、血液、制备物、重组脱氧核糖核酸（DNA）构建体等遗传材料及相关的信息资料。2015 年 9 月 30 日，监管司关于转发《科技部办公厅关于实施人类遗传资源采集、收集、买卖、出口、出境行政许可的通知》（国科办社〔2015〕46 号）的通知（监管函〔2015〕310 号）中明确，科技部对原人类遗传资源行政许可进行了规范和完善，经中央编办批准，该项行政许可更名为“人类遗传资源采集、收集、买卖、出口、出境审批”，科技部从 2015 年 10 月 1 日开始，正式受理更名后的行政许可审批，原“涉及人类遗传资源的国际合作项目审批”已纳入更名后的行政许可，要求按照《海关总署关于转发〈科学技术部卫生部人类遗传资源管理暂行办法〉的通知》（署监〔1998〕470 号）的规定，做好人类遗传资源的出境监管工作。

25. 人体血液、组织器官进出口批件

人体血液、组织器官进出口批件是指卫生行政主管部门依法对人体血液、组织器官实行进出口管理，签发准予进出口的批件或证书。人体血液包括全血、血浆等。人体血液、组织器官进出口审批属卫生计生委行政许可事项，在相关行政制度改革尚未完成前，自 2015 年 1 月 29 日起，上述货物进口时，海关验核入境货物通关单办理进口报关手续，可不再验核进口药品通关单。军队医疗机构办理人体血液、组织器宫进口报关手续的，海关验核军队卫生主管部门出具的相关进口批件，并按照上述要求办理进口报关手续。

26. 钟乳石出口批件

钟乳石出口批件是指国土资源行政主管部门授权机构依法对具有特殊科学研究和观赏价值的钟乳石实施出口管理，签发准予出口的批准文件。钟乳石是指碳酸盐岩地区洞穴内在漫长地质历史和特定地质条件下形成的石钟乳、石笋、石柱等不同形态碳酸钙沉淀物的总称，系在地球演化的漫长地质历史时期，由于各种内外地质动力作用，形成、发展并遗留下来的珍贵的、不可再生的地质自然遗迹。

27. 技术进出口许可证

技术进出口许可证是指国家对外贸易主管部门授权发证机构依法对限制进出口技术实施进出口许可管理，签发准予进出口的许可证件。技术进出口，是指从我国境外向我国境内，或者从我国境内向我国境外，通过贸易、投资或者经济技术合作的方式转移技术的行为，包括专利权转让、专利申请权转让、专利实施许可、技术秘密转让、技术服务和其他方式的技术转移。技术进出口分为禁止进出口技术、限制进出口技术和自由进出口技术，具体目录详见《中国禁止进口限制进口技术目录》、《中国禁止出口限制出口技术目录》。凡进出口列入《中国禁止进口限制进口技术目录》和《中国禁止出口限制出口技术目录》中限制进出口技术的，应办理由国家对外贸易主管部门授权发证机构颁发的技术进出口许可证。

28. 技术进出口合同登记证

技术进出口合同登记证是指国家对外贸易主管部门授权发证机构依法对自由进出口技术实施合同登记管理，签发准予进出口的许可证件。

29. 高新技术产品出口确认证明

出口列入《中国高新技术产品出口目录》的高新技术产品，由科学技术主管部门或商务部进行确认，开具高新技术产品出口确认证明。

30. 古人类化石和古脊椎动物化石出境批件（国家文物局出境批件）、古生物化石出口/出境证明（国土资源部出境证明）

古人类化石和古脊椎动物化石指古猿化石、古人类化石及其与人类活动有关的第四纪古脊椎动物化石，古人类化石和古脊椎动物化石分为珍贵化石和一般化石，其中珍贵化石分为三级，一、二、三级化石和一般化石的保护和管理，按照国家有关一、二、三级文物和一般文物保护管理的规定实施。依据《古人类化石和古脊椎动物化石保护管理办法》，除出境展览或者因特殊需要经国务院批准出境外，古人类化石和古脊椎动物化石不得出境。古人类化石和古脊椎动物化石出境展览，由国家文物局签发出境批件，按照国家有关文物出境展览的管理规定实施管理。古人类化石和古脊椎动物化石临时进境，按照国家有关文物临时进境的管理规定实施管理。

古生物化石是指地质时期形成并赋存于地层中的动物、植物等遗体化石或者遗迹化石。依据《古生物化石保护条例》、《古生物化石管理办法》及《古生物化石保护条例实施办法》对古生物化石实行出口/出境管理，因科学研究、教学、科普展览等，需将古生物化石运送出境的，由国土资源部发放出境证明。对临时入境、复带出境的古生物化石的查验、复验，由国土资源部指定的机构负责；查验、复验相符的，由国土资源部发放出境证明。其中规定：未命名的古生物化石不得出境。

重点保护古生物化石符合下列条件之一，经国务院国土资源主管部门批准，方可出境：

（1）因科学研究需要与国外有关研究机构进行合作的；

（2）因科学、文化交流需要在境外进行展览的。

一般保护古生物化石经所在地省、自治区、直辖市人民政府国土资源主管部门批准，方可出境。

31. 军品出口许可证

军品出口许可证是指国家军品出口主管部门依法对列入军品出口管理清单范围内的军品及纳入军品管理的货物出口实施监督管理，签发准予出口的许可证件。军品出口，是指用于军事目的的装备、专用生产设备及其他物资、技术和有关服务的贸易性出口。警用装备的出口适用《中华人民共和国军品出口管理条例》。军品出口管理清单内的军品包括轻武器，火炮及其他发射装置，弹药、地雷、水雷、炸弹、反坦克导弹及其他爆炸装置，坦克、装甲车辆及其他军用车辆，军事工程装备与设备，军用舰船及其专用装备与设备，军用航空飞行器及其专用装备与设备，火箭、导弹、军用卫星及其辅助设备，军用电子产品及火控、测距、光学、制导与控制装置，火炸药、推进剂、燃烧剂及相关化合物，军事训练设备，核、生、化武器防护装备与设备，后勤装备、物资及其他辅助军事装备，以及其他产品共十四大类。

32. 美术品进出口批准文件

美术品进出口批准文件是文化部门为加强美术品进出口经营活动管理准予美术品进出口的批准文件。美术品是指艺术创作者以线条、色彩或者其他方式创作的具有审美意义的造型艺术作品，包括绘画、书法、雕塑、摄影、装置等作品，以及艺术创作者许可并签名的、数量在200件以内的复制品；不包括工业化批量生产的工艺美术产品，不包括文物。具体详见《美术品进出口管理暂行规定》（文市发〔2009〕21号）。根据海关总署《关于美术品进出口管理有关问题的通知》，文化部将美术品进出口经营活动审批下放至省级文化行政部门。美术品进出口单位在办理美术品进出口手续时，海关需验核省级文化行政部门批准文件。

监管证件在报关单上的填报要求是什么？

1. 在报关单“许可证号”栏目填写的监管证件种类

“许可证号”栏目填报以下由商务部及其授权发证机关签发的进（出）口货物许可证的监管证件代码。

（1）进口许可证（监管证件代码“1”）；

（2）两用物项和技术进口许可证（监管证件代码“2”）；

（3）两用物项和技术出口许可证（监管证件代码“3”）；

（4）出口许可证（监管证件代码“4”）；

（5）两用物项和技术出口许可证（定向）（监管证件代码“G”）；

（6）出口许可证（加工贸易）（监管证件代码“x”）；

（7）出口许可证（边境小额贸易）（监管证件代码“y”）。

2. 在报关单“随附单据”栏目填报的监管证件种类

除“许可证号”栏目填报的进（出）口许可证外的其他监管证件代码在报关单“随附单据”栏目填报。

（1）自动进口许可证监管证件代码（监管证件代码“7”）；

（2）入境货物通关单（监管证件代码“A”）；

（3）出境货物通关单（监管证件代码“B”）；

（4）毛坯钻石用出/入境货物通关单（监管证件代码“D”）；

（5）濒危物种允许出口证明书（监管证件代码“E”）；

（6）濒危物种允许进口证明书（监管证件代码“F”）；

（7）精神药物进出口准许证（监管证件代码“I”）；

（8）黄金及黄金制品进出口准许证或批件（监管证件代码“J”）；

（9）药品进/出口准许证（蛋白同化制剂、肽类激素）（监管证件代码“L”）；

（10）密码产品和含有密码技术设备进口许可证（监管证件代码“M”）；

（11）自动进口许可证（机电产品）（监管证件代码“O”）；

（12）固体废物进口许可证（监管证件代码“P”）；

（13）进口药品通关单（监管证件代码“Q”）；

（14）进口兽药通关单（监管证件代码“R”）；

（15）农药进/出口登记管理放行通知单（监管证件代码“S”）；

（16）银行调运外币现钞进出境证明文件/银行调运人民币现钞进出境许可证（监管证件代码“T”）；

（17）合法捕捞产品通关证明（监管证件代码“U”）；

（18）麻醉药品进出口准许证（监管证件代码“W”）；

（19）有毒化学品进出口环境管理放行通知单（监管证件代码“X”）；

（20）音像制品进口批准单或节目提取单（监管证件代码“Z”）；

(21) 自动进口许可证（加工贸易）(监管证件代码“v”)。

3. 在报关单“备注”栏目填报的监管证件种类

进出口 H2010 通关管理系统中海关暂未设置监管证件代码且属于许可证件管理的货物，应在报关单“备注”栏目填写批件类型及批件号。

(1) 放射性药品进出口批件；

(2) 民用爆炸物品进／出口审批单；

(3) 人类遗传资源出口、出境证明；

(4) 人体血液进出口批件；

(5) 钟乳石出口批件；

(6) 技术进出口许可证；

(7) 技术进出口合同登记证；

(8) 高新技术产品出口确认证明；

(9) 古人类化石和古脊椎动物化石出境批件（国家文物局出境批件)、古生物化石出口/出境证明（国土资源部出境证明)；

(10) 军品出口许可证；

(11) 美术品进出口批准文件。

违反贸易管制措施的法律责任是什么？

《海关法》第八十二条、第八十三条规定：违反国家有关禁止性、限制性管理规定，采取伪、瞒报等行为，运输、邮寄、携带国家禁止或限制进出境货物、物品的，属于违法行为，海关依法追究当事人的责任；构成走私犯罪的，依法追究其刑事责任。

《海关行政处罚实施条例》第七条（二）项、第九条（二）项规定构成走私行为的，由海关依法没收涉案货物及违法所得，并可处等值的罚款。对于不构成走私行为的，依照本条例第十三条、第十四条、第十五条（三）等规定予以行政处罚。

《对外贸易法》第六十一条规定：违反国家禁限规定，受到海关行政处罚或受到刑事处罚的，自处罚生效之日起三年内，国家对外经贸主管部门或其他部门，不予受理违法行为人进出口配额或许可证件的申请，或者禁止违法行为人在一年以上三年以下的期限内从事有关货物或技术的进出口经营活动。

出入境旅客行李物品和个人邮递物品海关管理指南

我国禁止进境物品有哪些？

我国禁止进境物品包括：

1. 各种武器、仿真武器、弹药及爆炸物品；

2. 伪造的货币及伪造的有价证券；

3. 对中国政治、经济、文化、道德有害的印刷品、胶卷、照片、唱片、影片、录音带、录像带、激光视盘、计算机存储介质及其他物品；

4. 各种烈性毒药；

5. 鸦片、吗啡、海洛因、大麻，以及其他能使人成瘾的麻醉品、精神药物；

6. 带有危险性病菌、害虫及其他有害生物的动物、植物及其产品；

7. 有碍人畜健康的、来自疫区的，以及其他能传播疾病的食品、药品或其他物品。

我国禁止出境物品有哪些？

我国禁止出境物品包括：

1. 列入禁止进境范围的所有物品；

2. 内容涉及国家秘密的手稿、印刷品、胶卷、照片、唱片、影片、录音带、录像带、激光视盘、计算机存储介质及其他物品；

3. 珍贵文物及其他禁止出境的文物；

4. 濒危的和珍贵的动物、植物（均含标本）及其种子和繁殖材料。

我国限制进境物品主要包括哪些？

我国限制进境物品主要包括：

1. 无线电收发信机、通信保密机；
2. 烟、酒；
3. 濒危的和珍贵的动物、植物（均含标本）及其种子和繁殖材料；
4. 国家货币；
5. 海关限制进境的其他物品。

我国限制出境物品主要包括哪些？

我国限制出境物品主要包括：

1. 金、银等贵重金属及其制品；
2. 国家货币；
3. 外币及其有价证券；
4. 无线电收发机、通信保密机；
5. 贵重中药材；
6. 一般文物；
7. 海关限制出境的其他物品。

进出境旅客应当如何申报？

《中华人民共和国海关关于进出境旅客通关的规定》（海关总署令第55号）中明确规定，“申报”系指进出境旅客为履行中华人民共和国海关法规规定的义务，对其携运进出境的行李物品实际情况依法向海关所作的书面申明。旅客申报一般指书面申报。

如果进出境旅客携运须向海关申报的行李物品，应在口岸进出境通道内的海关专门设立的申报台前，向海关递交《中华人民共和国海关进出境旅客行李物品申报单》或海关规定的其他申报单证，如实申报其所携运进出的行李物品，经由实施“申报”通道（又称“红色通道”）的验放制度的海关进出境。

如果旅客没有携运须向海关申报的行李物品，应选择“无申报”通道（又称“绿色通道”）。

运输方式为空运时，如何办理进出境个人物品的通关手续？

1. 空运进境物品

旅客收到航空公司提货通知后，由本人或代理人向机场海关非贸专窗提交预录入申请并打印申报单证，申请时须提交下列单证：

（1）提货通知单、运单和物品清单；

（2）旅客有效护照及其复印件（代办提货的，还应提交经旅客本人签名的委托书，交验代办人的身份证件及复印件）；

（3）旅客入境时经入境地海关签章的“进出境旅客行李物品申报单”；

（4）常驻人员除提供以上资料外，还须提供经海关批准进境的“自用物品申请表”批文；

（5）若旅客委托非贸专业报关公司代理报关的，该公司还应提交由双方签章的委托书；

（6）其他应向海关提供的单证或批件。

海关审核其申报单证，对分运行李进行检查。对其中超出自用合理数量的物品征收行邮税；对其中限制进境物品，在旅客提交有关部门的进口许可证件后放行；对其中夹带的违禁品不予放行。最后在“进出境旅客行李物品申报单”上批注验放情况并签章。

2. 空运出境物品

旅客或其代理人向机场海关申报，提交下列单证：

（1）行李托运单、物品清单；

（2）旅客出境机票、旅客有效护照及复印件（代办提货的，还应提交经旅客本人签名的委托书，交验代办人的身份证件及复印件）；

（3）常驻人员除提供以上资料外，还须提供经海关批准出境的“自用物品申请表”批文；

（4）其他应向海关提供的单证或批件。

海关根据有关规定验放行李物品，在托运书上签章交旅检或其代理人到民航办理托运手续。

运输方式为海运时，如何办理进出境个人物品的通关手续?

1. 海运进境物品

旅客收到提货通知后，由本人或代理人向海关申报，如委托代理报关的，须提供经物品所有人签名的委托书，并提交下列单证：

（1）物品所有人的有效护照；

（2）经物品所有人签名的“进出境旅客行李物品申报单”；

（3）提货单；

（4）发票；

（5）由物品所有人签名的装箱清单或物品明细单；

（6）常驻人员除提供以上资料外，还须提供经海关批准进境的“自用物品申请表”批文；

（7）其他应向海关提供的单证或批件。

海关对其申报单证进行审核，视情况进行查验。对应税商品征收行邮税，对其中超出自用合理数量的物品责令退运；对其中限制进境物品，在旅客提交有关部门的批准文件后放行；对其中夹带的违禁品予以没收并出具“海关扣留凭单”。最后在“进出境旅客行李物品申报单”上批注验放情况并签章。

2. 海运出境物品

旅客必须委托经海关核准的非贸代理报关公司（名单附后）办理，并提供经物品所有人签名的委托书。申报时应提交下列单证：

（1）物品所有人的有效护照；

（2）经物品所有人签名的“进出境旅客行李物品申报单”；

（3）签证（移民签证）；

（4）出境机票；

（5）由物品所有人签名的物品清单；

（6）常驻人员除提供以上资料外，还须提供经海关批准出境的“自用物品申请表”批文；

（7）其他应向海关提供的单证或批件。

海关对申报单证进行审核，视情况开展查验，并在“进出境旅客行李物品申报单”上批注验放情况并签章。对其中违反国家进出境管理规定的物品予以扣留或退运；对其中情况正常的，准予运入监管仓库，在出运时予以实物放行。

运输方式为邮运时，如何办理进出境个人物品的通关手续?

进境邮包运抵海关指定监管场所后，海关进行监管，在“分离运输行李”邮包的包裹单上加盖“面洽”印章，由邮局通知收件人（即旅客本人）。收件人持“面洽”通知单、经入境地海关签章的“进出境旅客境行李物品申报单”和本人有效护照到海关驻邮局办事处办理验放手续。

海关对邮包进行检查。对其中物品办理征免税手续；对其中限制进境物品验核旅客提交的有关部门的进口许可证件；对其中夹带的违禁品予以没收并出具“海关扣留凭单”。最后在“进出境旅客境行李物品申报单”上批注验放情况并签章。

携带物品入境时如何缴纳行邮税?

根据《旅客进出境行李物品分类表》，国外购买物品，除自用合理数量外，其余不视为旅客行李物品，不属于行邮物品征税范畴，须按进出口货物管理规定提交相关部门的许可证件，正式报关进口。如果进境居民旅客携带在境外获取的行李物品（非明确限量物品及非20种不予免税商品）总值超出5000元人民币或非居民旅客携带拟留在中国境内的行李物品总值超出2000元人民币，携带物品为非整体性可分割物品，对超额部分进行征税；携带物品为整体性不可分割物品，则按照物品总价进行征税。如果携带多类商品，其各类价格以海关审定的完税价格为准，海关会根据《旅客进出境行李物品分类表》及现场查验情况做出征税意见。（征税范畴并非无限量，旅客携带行李涉税、限量物品达到规定数额并且无申报通关被查获的，海关可予以行政立案处罚甚至刑事立案移交司法处理。）

携带物品入境时的免税额是多少？超出如何纳税？

根据《海关法》，进出境携带物品，符合自用合理数量的视为行李物品；超出自用合理数量范围的视为货物，不属于行邮物品征税范畴，须按进出口货物管理规定正式报关进口。

符合自用合理数量的，进境居民旅客携带在境外获取的行李物品（20种不予免税商品除外）总值超出5000元人民币或非居民旅客携带拟留在中国境内的行李物品总值超出2000元人民币，对超额部分进行征税，携带物品为整体性不可分割物品则按照物品总价进行征税。如果携带多类商品，其各类价格以海关审定的完税价格为准，海关根据《旅客进出境行李物品分类表》及现场查验情况做出征税意见。

出境旅客携带复入境物品如何办理通关手续？

出境旅客携带须复带进境的单价超过5000元人民币的照相机、摄像机、手提电脑等旅行自用物品，应填写申报单向海关申报，并将有关物品交海关验核，在复进境时凭申报单证向海关申报，方可免税携带进境。在进境时海关认可的有效单证是申报单等具有法律效力的单证。

不予免税的20种商品是指什么？

不予免税的20种商品分别为：电视机、摄像机、录像机、放像机、音响设备、空调器、电冰箱（电冰柜）、洗衣机、照相机、复印机、程控电话交换机、微型计算机及外设、电话机、无限寻呼系统、传真机、电子计算器、打字机及文字处理机、家具、灯具和餐料。

海关总署公告2010年第43号主要有哪些规定？

海关总署公告2010年第43号规定，个人邮寄进境物品，海关依法征收进口税，但应征进口税税额在人民币50元（含50元）以下的，海关予以免征。个人寄自或寄往港、澳、台地区的物品，每次限值为800元人民币；寄自或寄往其他国家和地区的物品，每次限值为1000元人民币。个人邮寄进出境物品超出规定限值的，应办理退运手续或者按照海关规定办理通关手续。但邮包内仅有一件物品且不可分割的，虽超出规定限值，经海关审核确属个人自用的，可以按照个人物品规定办理通关手续。

如何解释进出境旅客携带行李物品的“自用合理”规定？

根据海关规定，“自用”是指旅客本人自用或馈赠亲友而非为出售或出租；“合理数量”是指海关根据旅客旅行目的和居留时间所规定的正常数量。

海外高层次人才私人物品入境有何规定？

根据《中华人民共和国海关对高层次留学人才回国和海外科技专家来华工作进出境物品管理办法》（海关总署令第154号，简称《管理办法》）、《海关总署关于实施〈中华人民共和国海关对高层次留学人才回国和海外科技专家来华工作进出境物品管理办法〉有关问题的通知》文件规定，高层次人才的身份一律由人事部、教育部或其授权部门认定，具体是指人事部专业技术人员管理司、教育部国际交流合作司以及各省、自治区和直辖市人民政府人事、教育主管部门。《管理办法》第三、四条分别明确，高层次人才进境工作和生活需要合理数量的科研、教学物品和个人生活用品，除机动车辆和国家规定应当征税的品种外，海关均予以免税验放。

旅客携带奶粉进境海关有哪些规定？

海关对旅客携带的奶粉按照“自用、合理数量原则”验放。具体数量由现场关员根据旅客的旅行目的地、进出境频率等情况加以把握。对超出规定免税限值但仍在自用合理数量范围内的，可选择退运或征税放行。奶粉按照200元人民币/千克作为完税价格，税率为10%。

邮寄奶粉进境海关有哪些规定？

根据海关总署2010年第43号的有关规定，所有邮递进境的物品海关均征收其进口税，但应征进口税税额在人民币50元（含50元）以下的，海关予以免征。个人寄自或寄往港、澳、台地区的物品，每次限值为800元人民币；寄自或寄往其他国家和地区的物品，每次限值为1000元人民币。奶粉的完税价格为200元人民币/千克，税率为10%。

个人能否从境外携带水果入境?

国家法律明确规定，禁止个人携带水果进境。

留学生回国，自用个人物品如何办理报关手续?

如果通过货运渠道，应委托报关公司办理通关手续。如果为分运行李或个人携带的话，可自行或委托他人办理通关手续。

进境旅客携带图书如何办理通关手续?

根据《中华人民共和国海关进出境印刷品及音像制品监管办法》的规定，个人自用进境印刷品及音像制品在下列规定数量以内的，海关予以免税验放：

1. 单行本发行的图书、报纸、期刊类出版物每人每次 10 册（份）以下；
2. 单碟（盘）发行的音像制品每人每次 20 盘以下；
3. 成套发行的图书类出版物，每人每次 3 套以下；
4. 成套发行的音像制品，每人每次 3 套以下。

个人收藏的邮票出境海关有哪些规定?

根据《文物出境审核标准》，1911 年以前的邮票和邮品禁止出境；1949 年以前的珍贵邮票禁止出境。因此，若旅客携带个人收藏的邮票出境，应主动向海关申报。经海关验核，对不属于禁止出境的邮票，且每种数量合理的，海关予以放行。

个人携带野生动物制品入境有哪些规定?

我国是濒危野生动植物物种国际贸易公约的成员国，我国对《濒危野生动植物物种国际贸易公约》等国际公约及《中华人民共和国野生动物保护法》、《中华人民共和国森林法》、《中华人民共和国野生植物保护条例》等法律法规规定保护的野生动物及其产品的进出口实行允许进出口证明书管理制度。旅客携带野生动植物或其产品出入境，应凭我国濒危物种进出口管理办公室或其办事处签发的允许进出口证明到出入境地海关办理进口手续，否则不能携带进出境。

个人携带古玩饰品进境有哪些规定?

根据海关相关规定，入境旅客带进文物，数量不受限制，海关准予进境。如果携带入境后须再次复带出境，请在进境时填写“旅客行李物品申报单”向海关申报，以便复出境时凭以放行。

携带文物出境有哪些限制?

1. 出境文物禁限规定主要有：

（1）以 1949 年为主要标准线：凡 1949 年（含）以前生产、制作的具有一定历史、艺术、科学价值的文物，原则上禁止出境。其中，1911 年（含）前生产、制作的文物一律禁止出境。

（2）少数民族文物以 1966 年为主要标准线：凡 1966 年（含）以前生产、制作的有代表性的少数民族文物禁止出境。

（3）现存我国的外国文物、图书与我国的文物、图书一样的分类标准。

（4）凡有损国家、民族利益，或者有可能引起不良社会影响的文物，不论年限，一律禁止出境。

（5）其他文物如经文物进出境机构审核确实具有重大历史、艺术、科学价值，应禁止出境。

2. 海关审核出境文物手续：自 2009 年 7 月 1 日起，文物出境时，海关凭 2009 版的文物出境许可证和火漆印章标识放行。文物复仿制品，凭文物复仿制品证明和出境标识放行。

（1）审核文物进出境审核鉴定机构资质：国家文物局授予全国 14 个“国家文物鉴定管理处”审核资质。

（2）审核一式三联的 2009 版文物出境许可证：包括“国家文物鉴定管理处”印章、文物照片与实物对比、开具的有效期限（3 个月内）。

（3）审核各管理处钤盖的 2009 版火漆印章：包括文物出境的宋体汉字、英文简称和各管理处编号。

象牙及其制品能否携带入境？

我国对受保护的野生动物或其产品的进出口实行允许进出口证明书管理制度。旅客携带野生动植物或其产品入境，应凭我国濒危物种进出口管理办公室或其办事处签发的允许进出口证明到入境地海关办理进口手续。象牙及其制品属于受保护的野生动物产品，旅客携带入境时，应按规定办理相关手续。旅客对收藏品是否属于国家文物有疑问，应向有资质的文物鉴定部门进行咨询。

携带黄金如何进出境？

进境旅客携带进境金银及其制品，数量不受限制，但重量超出50克的，必须向海关申报。在自用、合理数量范围内的，海关查验放行；超出自用、合理数量范围内的，视同进口货物，须向海关交验中国人民银行总行的批准件，由海关依照《税则》予以征税放行。

企业进境黄金按照货物进境有关手续办理，须向海关交验中国人民银行总行的批准件，由海关依照《税则》予以征税放行。

个人携带（佩带）出境黄金饰品重量限50克；超出50克的，持个人所在单位或者城镇街道办事处、乡（农村公社）人民政府以上机关证明，到当地中国人民银行或其委托机构，验明所带金银及其饰品名称、数量后，申领“携带金银出境许可证”，海关凭以查验放行。

名家书画如何办理进出境手续？

1. 暂时进境文物系指因修复、展览、销售、拍卖等原因暂时携带、运输、邮寄文物进境，待有关活动结束后复运出境的文物。

2. 携带、运输、邮寄暂时进境文物进境，应在进境时向海关书面申报，并报明有关文物需要复运出境。进境地海关将有关文物加封后，交由当事人送往国家文物局指定的文物出境鉴定站办理复出境手续。

3. 文物出境鉴定站在验核海关封志完好无损后，对每件暂时进境文物钤盖编号为“C”字头的火漆标志，并同时开具“文物出境许可证”。暂时进境文物复运出境时，海关凭上述火漆标志和许可证放行。

4. 国家文物局指定下列文物出境鉴定站办理暂时进境文物复出境手续：国家文物出境鉴定北京站、天津站、上海站、广东站、江苏站、浙江站、福建站、云南站。

5. 进境时未申报、海关封志出现破损或进境后未办理复出境鉴定手续的文物，另按《中华人民共和国海关对旅客携运和个人邮寄文物出口的管理规定》办理出境手续。

管制刀具如何定义？

凡符合下列标准之一的可以认定为管制刀具，进境时由公安部门依据限管规定予以收缴：

1. 匕首：带有刀柄、刀格和血槽，刀尖角度小于60度的单刃、双刃或多刃尖刀。
2. 三棱刮刀：具有三个刀刃的机械加工用刀具。
3. 有自锁装置的弹簧刀（跳刀）：刀身展开或弹出后，可被刀柄内的弹簧或卡锁固定自锁的折叠刀具。
4. 其他相类似的单刃、双刃、三棱尖刀：刀尖角度小于60度，刀身长度超过150毫米的各类单刃、双刃和多刃刀具。
5. 其他刀尖角度大于60度，刀身长度超过220毫米的各类单刃、双刃和多刃刀具。

玩具仿真枪、汽枪入境有何管理规定？

玩具仿真枪和汽枪（及其配件），经海关查验认定属非仿真枪支的，可以携带入境；若海关查验认定属仿真枪则禁止入境，并予以没收。所称仿真武器系指具有攻击、防卫等性能的下列物品：

1. 各种类型仿真手枪式电击、催泪器；
2. 各种类型的仿真枪械及弹药；
3. 具有攻击、防卫性能的其他仿真武器、弹药；
4. 上述以外的其他类似械具。

运输、携带、邮寄仿真武器进出境主动向海关申报的，予以退运；未向海关申报的，予以没收，并按《海关法》和《海关行政处罚实施条例》的有关规定处罚。走私仿真武器进出境，情节严重构成犯罪的，依法追究其刑事责任。

进出境旅客可以携带的货币限值多少？

旅客出入境可以携带的额度为20000元人民币。《携带外币现钞出入境管理暂行办法》规定，入出境人员携带外币现钞超过等值5000美元的应当向海关书面申报，海关审核无误后正常放行，当天多次往返及短期内多次往返者除外。

非居民长期旅客如何把自用物品运进国内？

根据海关总署令第194号《中华人民共和国海关对非居民长期旅客进出境自用物品监管办法》规定，非居民长期旅客申请进境自用物品，应当向主管海关交验下列单证：

1. 身份证件（一般为2份材料，非港澳台地区的外籍人员，提交中华人民共和国主管部门颁发的“外国（地区）企业常驻代表机构工作证”（以下简称“工作证”）、“中华人民共和国外国人就业证”（以下简称“就业证”）、“中华人民共和国外国专家证”（以下简称“专家证”）三者其中一种的原复件，以及进出境使用的护照原复件；港澳地区人员，提交“港澳居民来往内地通行证”（即港澳居民暂住证）、“工作证”、“就业证”或“专家证”的一种）；台湾居民提交“台湾居民来往大陆通行证”（有居留签注的，往来签注的不可以）、“工作证”、“就业证”或“专家证”的一种）；

2. 长期居留证件（中华人民共和国主管部门签发的“中华人民共和国外国人长期居留证”、“华侨、港澳地区人员暂住证”等准予在境内长期居留的证件）；

3. “中华人民共和国海关进出境自用物品申请表”（以下简称“申请表”）；

4. 提（运）单、装箱单等相关单证。

经主管海关审核批准后，进境地海关凭主管海关的审批单证和其他相关单证予以验放，并且将物品验放结果在“申请表”的回执联上批注，并退主管海关备核。

非居民长期旅客把自用物品运进国内时关税如何征收？对申请进境物品的次数有要求吗？

对申请进境物品的次数没有要求。但是根据海关总署令第194号的规定，非居民长期旅客在取得境内长期居留证件后方可申请自用物品，首次申请进境的自用物品海关予以免税，但按照本规定进境的机动车辆和国家规定应当征税的20种商品除外；再次申请进境的自用物品，一律征税。

物品的归类和完税价格按照海关总署公告2007年第25号（海关总署关于修订《入境旅客行李物品和个人邮递物品进口税税则归类表》和《入境旅客行李物品和个人邮递物品完税价格表》的公告）执行。

在中国留学的国外留学生如何申请将个人物品运回国？

若是在境内居留一年以上的留学生，需要向当地海关非贸监管部门递交以下材料申请办理关封：

1. 有效护照（护照上加贴了公安出入境管理部门出具的非居民长期居留证明，时间跨度在一年以上包含一年）；
2. 学生证原件及复印件；
3. 装箱清单；
4. “中华人民共和国海关进出境自用物品申请表”（经本人签名）；
5. 若委托他人代办，需要递交经本人签名的委托书。

之后可以凭关封到物品进出境地口岸办理分离运输行李手续。

在中国逗留一年以上的非居民长期旅客自用安家物品入境有何规定？

根据现行规定，经中华人民共和国政府主管部门批准，在中国逗留一年以上的非居民长期旅客，可以运进安家物品，限自用、合理数量。电器、家具等海关停止减免税的20种不予免税商品需要缴纳进口关税，其他生活用品按照个人自用合理范畴原则办理验放。非居民长期旅客取得境内长期居留证后方可申请进境自用物品，申请进境自用物品应当向海关交验下列单证：身份证件、长期居留证件、“中华人民共和国海关进出境自用物品申请表”、提运单、装箱单等相关单证。进境自用物品以个人自用、合理数量为限，超出个人自用、合理数量的自用物品和国家规定应当征税的20种商品需缴纳税金；不符合常驻人员身份的人员不可以进境汽车；首次申请进境的自用物品海关按上述规定办理，再次申请进境的自用物品，一律予以征税。

外国专家自用安家物品入境有何规定？

根据《中华人民共和国海关对高层次留学人才回国和海外科技专家来华工作进出境物品管理办法》（海关总署令第154号）第五条第三款的规定，回国定居或者来华工作连续1年以上的高层次人才进境自用物品的，应当填写“中华人民共和国海关进出境自用物品申请表”，并提交本人有效入出境身份证件、境内长期居留证件或者“回国（来华）定居专家证”，由本人或者委托他人向主管海关提出书面申请。

长期居住国内的外籍人员进口自用书籍和 DVD 有何数量限制?

《中华人民共和国海关进出境印刷品及音像制品监管办法》(海关总署令第 161 号)规定:

1. 个人免税限量为:单行本发行的图书、报纸、期刊类出版物每人每次 10 册(份)以下;单碟(盘)发行的音像制品每人每次 20 盘以下;成套发行的图书类出版物,每人每次 3 套以下;成套发行的音像制品,每人每次 3 套以下。

2. 需要按照进口货物依法办理相关手续的情形:个人携带、邮寄单行本发行的图书、报纸、期刊类出版物进境,每人每次超过 50 册(份)的;个人携带、邮寄单碟(盘)发行的音像制品进境,每人每次超过 100 盘的;个人携带、邮寄成套发行的图书类出版物进境,每人每次超过 10 套的;个人携带、邮寄成套发行的音像制品进境,每人每次超过 10 套的。

3. 免税限量与按进口货物申报限量之间的,按照《入境旅客行李物品和个人邮递物品进口税税则归类表》及《入境旅客行李物品和个人邮递物品完税价格表》的规定计征进口物品税,书籍税率为 10%,DVD 盘税率为 20%。

留学人员回国购买免税国产汽车应提交什么材料?

根据《中华人民共和国海关对回国服务的留学人员购买免税国产汽车管理办法》(署监二〔1992〕1678 号文)规定,留学人员回国购买免税国产汽车所需资料(正本及复印件):

1. 留学人员的有效护照;
2. 驻外使馆出具的"留学回国人员证明";
3. 公安部门出具的境内居留证明(身份证、户口本);
4. 留学人员提供的境外毕(结)业证书或者国外大学的邀请函,国内教育主管部门的认证材料;
5. "进出境自用物品申请表";
6. 海关认为需要提供的其他单证。

留学人员符合什么条件可以向海关提出购买免税国产汽车的申请?

凡在国外正规大学(学院)注册学习和进修(包括出国进修、合作研究)期限不少于一学年,学成后在外停留时间不超过两年的留学人员,可以且必须自入境之日起一年内向海关提出购买国产免税小汽车的申请。但是符合条件的留学人员必须在汽车生产厂家购买车辆,不能在 4S 店购买。

外企非居民征税进口的汽车是否属于海关监管车辆?征税进口的车辆是否可在国内转卖?

常驻人员征税进境的机动车辆自进境之日起一年内属于海关监管车辆。在海关监管期限内,征税进口车辆的所有人可在征得海关同意,办妥有关备案手续的前提下将车辆转让给具有同样资质人员(常驻人员,且未使用其车辆指标),其他情况下不得转让。一年后常驻人员向海关申请办理解除监管证明后,可以正常转让车辆,并且其不属于海关监管车辆。

常驻人员进口车辆有何规定?

常驻人员可以申请进境机动车辆,每人限 1 辆。根据海关总署公告 2010 年第 32 号,自 2010 年 7 月 1 日起,除按有关政府间协定可以免税进境机动车辆外,其他常驻机构和常驻人员不得进境旧机动车辆,对旧机动车辆进境申请海关不予受理。但 2010 年 7 月 1 日以前已按有关规定向海关申请进境机动车辆的,可不受此款限制。

进出口关税征收和管理指南

海关依据哪些法律法规对进出口货物实施税收征管?

海关对进出口货物进行关税征收和管理的主要法律、法规和规章如下:

1.《海关法》;

2.《关税条例》及《税则》;

3.《中华人民共和国进出口货物原产地条例》(以下简称《原产地条例》);

4.《中华人民共和国海关事务担保条例》(以下简称《海关事务担保条例》);

5.《中华人民共和国反倾销条例》;

6.《中华人民共和国反补贴条例》;

7.《中华人民共和国保障措施条例》;

8.《中华人民共和国海关进出口货物征税管理办法》(海关总署令第124号)(以下简称《征管办法》);

9.《审价办法》;

10.《中华人民共和国海关进出口货物商品归类管理规定》(海关总署令第158号)(以下简称《归类管理规定》);

11.《中华人民共和国海关化验管理办法》(海关总署令第176号);

12.《关于非优惠原产地规则中实质性改变标准的规定》(海关总署令第122号);

13.《中华人民共和国海关进出口货物优惠原产地管理规定》(海关总署令第181号);

14.《中华人民共和国海关进出口货物减免税管理办法》(海关总署令第179号)(以下简称《减免税管理办法》);

15.《中华人民共和国海关税收保全和强制措施暂行办法》(海关总署令第184号)(以下简称《海关税收保全和强制措施暂行办法》)。

税款缴纳的基本流程

进出口货物的收发货人或其代理人在规定的期限、地点(指设有海关的各类地点),采用电子数据报关单和纸质报关单形式,向海关申报进出口货物的实际情况,接受海关审核,并对所申报内容的真实性、准确性承担法律责任。海关审核进出口货物报关单证,从正确计征税款角度讲,重点审核的是进出口货物的商品名称、商品编号、规格型号、价格、原产地、数量等。单证审结完毕后,计算机系统自动生成税费信息(如果进出口货物的收发货人或其代理人已经申请了电子支付税款功能,此时,计算机系统自动进行税款的预扣)。进出口货物的收发货人或其代理人在海关现场交单后,海关打印“海关税款缴款书”等税费单证,此时选择电子支付税款方式的,计算机系统自动完成税款实扣和核销工作;选择柜台支付税款方式的,则由进出口货物的收发货人或其代理人持“海关税款缴款书”到银行缴款,并将加盖银行业务印章的“海关税款缴款书”交海关作为税款核销和货物放行的凭证,海关完成人工税款核销后,将货物作放行处理(含单证放行和实货放行手续)。

纳税义务人在向海关申报时,应当提交哪些单证?

申报进出口应税货物在提交单证方面的要求比较严格。按照《征管办法》第五条规定,“纳税义务人进出口货物时应当依法向海关办理申报手续,按照规定提交有关单证。海关认为必要时,纳税义务人还应当提供确定商品归类、完税价格、原产地等所需的相关资料。提供的资料为外文的,海关需要时,纳税义务人应当提供中文译文并对译文内容负责。进出口减免税货物的,纳税义务人还应当提交主管海关签发的‘进出口货物征免税证明’”。这项规定包含以下应注意的内容:

1.“按照规定提交有关单证”是指按照《中华人民共和国海关进出口货物申报管理规定》第二十七条所列的合同、发票、装箱清单、载货清单(舱单)、提(运)单、代理报关授权委托协议、进出口许可证件、加工贸易手册及其他进出口有关单证。这些单证可以满足海关对大多数进出口货物的报关审核需要。

2. 对于一些比较复杂、特殊的货物而言,由于涉及影响商品归类、海关估价、原产地认定等方面的因素较多,为了准确计征税款,仅根据上述单证有时还不能作出正确判断,往往需要纳税义务人进一步提供产品的说明资料、与进出口货物有关的反映买卖双方关系及交易活动的资料等,以便于海关正确审核商品归类,确定商品完税价格和原产地。因此,纳税义务人除按照规定提交有关单证外,在海关认为必要时,还应当提供确定商品归类、完税价格、原产地等所需的相关资料。

3. 关于提供中文译文的要求。考虑到海关人员受到专业知识、外语水平及语种等因素的限制,特别是在通关环节受到通关时效要求的限制，直接阅读各类专业性外文资料，有时可能会产生理解上的偏差，甚至错误，从而影响对商品归类、完税价格等的正确审定，给国家或纳税义务人的利益造成损失。因此，在需要时，要求纳税义务人提供中文译文并对译文内容负责，这不但可以提高通关效率，减少差错，也有利于避免产生纳税争议。

纳税义务人在向海关申报时，应当申报哪些涉税内容？

按照《征管办法》第六条规定，纳税义务人应如实申报的涉税内容，主要包括进出口货物的商品名称、商品编号、规格型号、价格、原产地、数量等。

在申报这些内容时，纳税义务人应当按照商品归类、审价和原产地方面的法律法规及海关规章正确填写申报内容，如申报商品编号，应当按照《税则》及归类总规则、类注、章注、子目注释，《中华人民共和国海关进出口税则——统计目录商品及品目注释》、《中华人民共和国海关进出口税则——统计目录本国子目注释》等确定；在确定申报价格时，应当按照《关税条例》、《审价办法》等确定；在填报原产地时，应当按照《原产地条例》、《关于非优惠原产地规则中实质性改变标准的规定》或相应的优惠贸易安排中有关原产地的规定等确定填报内容。

由于影响商品归类、完税价格、原产地确定的因素较多，而受报关单格式、栏目所限，很多征税所需要了解的情况无法在报关单上充分反映出来，因此在必要时，需由纳税义务人在补充申报单中填报与申报货物有关的更为详细的情况，以便于海关人员据此分析、确定进出口货物的商品归类、完税价格或原产地等。例如，买卖双方是否存在特殊关系，是否存在特许权使用费，是否有间接支付的款项，卖方是否需将部分转售收益返还买方，或申报货物更为详细的规格、型号、成分、含量、技术参数、加工工序、加工增值等情况。因此《征管办法》第七条规定“为审核确定进出口货物的商品归类、完税价格、原产地等，海关可以要求纳税义务人按照有关规定进行补充申报。纳税义务人认为必要时，也可以主动要求进行补充申报。”

补充申报通常适用于以下几种情形：

1. 海关事先作出明确规定，对某类货物必须在填写报关单向海关申报的同时，填写补充申报单进行补充申报；
2. 海关在审核报关单的过程中要求纳税义务人填写补充申报单进行补充申报；
3. 在货物放行后，海关对申报内容进一步进行审核或核查，发现申报内容不完整，而要求纳税义务人填写补充申报单进行补充申报。

补充申报应当按照海关要求进行，如果纳税义务人认为在报关单上填写的内容不够详尽，不能全面反映进口或出口货物的情况，可能会造成海关作出与纳税义务人预期结果不同的决定的，也可以主动要求进行补充申报。

补充申报单具有与报关单申报同等的法律效力。纳税义务人在进行补充申报时应当填写格式化的补充申报单，并对补充申报的内容承担相应的法律责任。如果纳税义务人不如实填报有关内容，海关将依法对其进行处罚。通常情况下，纳税义务人进行补充申报后，海关通常不再要求纳税义务人进一步提供相关资料，除非补充申报单的内容仍然不能满足海关审核确定商品归类、完税价格和原产地等的需要。

纳税义务人认为原申报有误，要求重新申报，更改错误，不属于补充申报。

海关总署公告 2009 年第 49 号对补充申报的主体、适用情形及单证格式作了明确规定。

海关是不是只能按照纳税义务人申报的内容核定商品编号、完税价格、原产地并计征税款？

查验、化验、检验、核查是海关审定商品归类、完税价格、原产地经常使用的手段。例如审定商品完税价格，在很多情况下，仅仅审核纳税义务人提交的报关单和其他单证资料，并不足以确定商品完税价格。还需要采取查验（验估）或核查手段，通过实地查看货物，进一步查阅与进出口货物有关的合同、发票、账册、结付汇凭证、单据、业务函电和其他反映买卖双方关系及交易活动的资料，才能够最终确定商品完税价格。

如果海关经审核认为需要对货物进行化验、检验的，可以委托海关化验机构进行化验、检验，也可以委托具有资质的其他商品化验或者检验机构进行化验、检验。如果出现两个鉴定结果不相同的情况，应当以海关认可的鉴定结果作为确定商品归类、完税价格、原产地等的依据。

对纳税义务人申报的进出口货物税则号列有误，纳税义务人申报的进出口货物价格不符合成交价格条件或者成交价格不能确定的情形，海关将按照《归类管理规定》及商品归类的有关规则重新确定商品的税则号列，按照《审价办法》规定的成交价格估价方法以外的其他估价方法和相关规定审查确定进出口货物的完税价格。

如果纳税义务人申报的进出口货物原产地有误，海关还将通过审核纳税义务人提供的原产地证明，对货物进行实际查验或者审核其他相关单证等方法，按照海关原产地管理的有关规定重新确定进出口货物原产地。

如何确定进出口货物应当适用的税率?

1. 关税税率适用的基本原则

根据《关税条例》第九条规定，我国进口关税设置最惠国税率、协定税率、特惠税率、普通税率和关税配额税率等税率，对进口货物在一定期限内可以实行暂定税率。出口关税设置出口税率，对出口货物在一定期限内可以实行暂定税率。

关税税率适用的基本原则是：

(1) 原产于共同适用最惠国待遇条款的世界贸易组织成员的进口货物，原产于与中华人民共和国签订含有相互给予最惠国待遇条款的双边贸易协定的国家或者地区的进口货物，以及原产于中华人民共和国境内的进口货物，适用最惠国税率。

(2) 原产于与中华人民共和国签订含有关税优惠条款的区域性贸易协定的国家或者地区的进口货物，适用协定税率。

(3) 原产于与中华人民共和国签订含有特殊关税优惠条款的贸易协定的国家或者地区的进口货物，适用特惠税率。

(4) 原产于上述以外的国家或者地区的进口货物及原产地不明的进口货物，适用普通税率。

(5) 适用最惠国税率的进口货物有暂定税率的，应当适用暂定税率；适用协定税率、特惠税率的进口货物有暂定税率的，应当从低适用税率；适用普通税率的进口货物，不适用暂定税率。

(6) 出口货物适用出口税率。适用出口税率的出口货物有暂定税率的，应当适用暂定税率。

(7) 按照国家规定实行关税配额管理的进口货物，关税配额内的，适用关税配额税率；关税配额外的，其税率的适用按照上述 (1) ~ (5) 项的规定执行。

(8) 按照有关法律、行政法规的规定对进口货物采取反倾销、反补贴、保障措施的，其税率的适用按照《中华人民共和国反倾销条例》、《中华人民共和国反补贴条例》和《中华人民共和国保障措施条例》的有关规定执行。

(9) 任何国家或者地区违反与中华人民共和国签订或者共同参加的贸易协定及相关协定，对中华人民共和国在贸易方面采取禁止、限制、加征关税或者其他影响正常贸易的措施的，对原产于该国家或地区的进口货物可以征收报复性关税，适用报复性关税税率。

2. 关税税率适用的时间

《关税条例》第十五条规定，进出口货物，应当适用海关接受该货物申报进口或者出口之日实施的税率。对于一些特定情形，按以下规定执行：

(1) 进口货物到达前，经海关核准先行申报的，应当适用装载该货物的运输工具申报进境之日实施的税率。

(2) 进口转关运输货物，应当适用指运地海关接受该货物申报进口之日实施的税率；货物运抵指运地前，经海关核准先行申报的，应当适用装载该货物的运输工具抵达指运地之日实施的税率。

(3) 出口转关运输货物，应当适用起运地海关接受该货物申报出口之日实施的税率。

(4) 经海关批准，实行集中申报的进出口货物，应当适用每次货物进出口时海关接受该货物申报之日实施的税率。

(5) 因超过规定期限未申报而由海关依法变卖的进口货物，其税款计征应当适用装载该货物的运输工具申报进境之日实施的税率。

(6) 因纳税义务人违反规定需要追征税款的进出口货物，应当适用违反规定的行为发生之日实施的税率；行为发生之日不能确定的，适用海关发现该行为之日实施的税率。

(7) 已申报进境并放行的保税货物、减免税货物、租赁货物或者已申报进出境并放行的暂时进出境货物，有下列情形之一需缴纳税款的，应当适用海关接受纳税义务人再次填写报关单申报办理纳税及有关手续之日实施的税率：

①保税货物经批准不复运出境的；

②保税仓储货物转入国内市场销售的；

③减免税货物经批准转让或者移作他用的；

④可暂不缴纳税款的暂时进出境货物，经批准不复运出境或者进境的；

⑤租赁进口货物，分期缴纳税款的。

以外币计价的进出口货物如何确定汇率的适用?

《关税条例》第三十八条规定：进出口货物的成交价格及有关费用以外币计价的，以中国人民银行公布的基准汇率折合为人民币计算其完税价格；以基准汇率币种以外的外币计价的，按照国家有关规定套算为人民币计算其完税价格。适用汇率的日期由海关总署规定。

根据上述规定，《征管办法》第十六条进一步明确规定：海关按照进出口货物适用税率之日所适用的计征汇率折合为人民币计算其完税价格。海关每月使用的计征汇率为上一个月第 3 个星期三（第 3 个星期三为法定节假日的，顺延采用第 4 个星期三）中国人民银行公布的外币对人民币的基准汇率；以基准汇率币种以外的外币计价的，采用同一时间中国银行公布的现汇买入价和现汇卖出价的中间值。

缴纳税款的期限应当怎样计算?

《海关法》第六十条规定，“进出口货物的纳税义务人，应当自海关填发税款缴款书之日起 15 日内缴纳税款；逾期缴纳的，由海关征收滞纳金。”据此，《关税条例》第三十七条第一款进一步明确规定，“纳税义务人应当自海关填发税款缴款书之日起 15 日内向指定银行缴纳税款。纳税义务人未按期缴纳税款的，从滞纳税款之日起，按日加收滞纳税款万分之五的滞纳金。”

考虑到缴款期限届满之日可能恰好是星期六、星期日等休息日或者法定节假日（如春节、“十一”等），为保障纳税义务人的合法权益，《征管办法》第二十条第二款规定：“缴款期限届满日遇星期六、星期日等休息日或者法定节假日的，应当顺延至休息日或者法定节假日之后的第一个工作日。国务院临时调整休息日与工作日的，海关应当按照调整后的情况计算缴款期限。”

需要说明的是，在法律文书中表述的“之日起”，在实际计算时应从“之日”的下一日开始计算，即缴款期限应当从海关填发税款缴款书的次日起连续计算 15 日。其中的星期六、星期日或者法定节假日不得扣除。但如果缴款期限的最后一日是星期六、星期日或者法定节假日，则缴款期限应顺延至该星期六、星期日或者法定节假日过后的第一个工作日。如果遇到国务院临时调整休息日与工作日，则应当按照调整后的情况计算缴款期限。例如，缴款期限的最后一天是 9 月 30 日，而该日恰好是星期日。国务院决定将 9 月 29 日和 30 日与 10 月 4 日和 5 日调换，即 9 月 29 日和 30 日成为工作日，如果纳税义务人在 9 月 30 日未缴纳税款，则从 10 月 1 日开始即形成滞纳。

纳税义务人丢失税款缴款书怎么办?

纳税义务人缴纳税款前遗失税款缴款书的，应及时向填发海关提出书面补发申请，以避免造成税款滞纳。为尽可能保证纳税义务人能在缴款期限内及时缴纳税款，《征管办法》第二十三条规定，海关应自接到纳税义务人的申请之日起 2 个工作日内审核确认并予以补发，补发的税款缴款书内容应当与原税款缴款书完全一致。对于因纳税义务人遗失税款缴款书造成滞纳税款的，海关不能免除其缴纳滞纳金的义务。

对于纳税义务人缴纳税款后遗失税款缴款书，需要海关确认其已缴纳税款的，《征管办法》第二十三条也作出了明确规定，即纳税义务人缴纳税款后遗失税款缴款书的，可以自缴纳税款之日起 1 年内向填发海关提出确认其已缴清税款的书面申请，海关经审查核实后，应当予以确认，但不再补发税款缴款书。这主要是考虑到补发的税款缴款书没有加盖银行已收讫税款的印章，并不能证明纳税义务人已缴清税款，所以补发税款缴款书是没有意义的。

哪些进出口货物可以减免税?

《海关法》第五十六条规定下列进出口货物、进出境物品，可以减征或免征其关税：

1. 无商业价值的广告品和货样；
2. 外国政府、国际组织无偿赠送的物资；
3. 在海关放行前遭受损坏或者损失的货物；
4. 规定数额以内的物品；
5. 法律规定减征、免征关税的其他货物、物品；
6. 中华人民共和国缔结或者参加的国际条约规定减征、免征关税的货物、物品。

《关税条例》第四十五条进一步规定，对关税税额在 50 元人民币以下的一票货物、无商业价值的广告品和货样、外国政府和国际组织无偿赠送的物资、在海关放行前损失的货物、进出境运输工具装载的途中必需的燃料、物料和饮料免征其关税；在海关放行前遭受损坏的货物，可以根据海关认定的受损程度减征其关税。《关税条例》第五十七条规定，海关总署规定数额以内的个人自用进境物品免征其进口税。

另外，根据《海关法》的有关规定，《关税条例》第四十六条规定，特定地区、特定企业或者有特定用途的进出口货物减征或者免征其关税，以及临时减征或者免征其关税，按照国务院的有关规定执行。《减免税管理办法》第二十六条规定，在进口减免税货物的海关监管年限内，未经海关许可，减免税申请人不得擅自将减免税货物转让、抵押、质押、移作他用或者进行其他处置。

为了促进我国经济、社会的发展，国务院制定了一系列进口税收优惠政策。这些税收优惠政策，绝大多数都具有明确的指向，即规定了可以享受税收优惠政策的企事业单位、商品以及相关条件。为了正确执行国家进口税收优惠政策，海关需要审核确认进口有关货物的单位（货物所有人）是否具备享受相关税收优惠政策的资格，以及相关进口货物是否符合政策规定的减免税条件。但审核确认上述情况需要一定时间，在进口通关环节的有限时间内难以完成，为了不影响进口减免税货物单位的生产、科研等活动，需提前进行上述审核确认工作。

《关税条例》第四十八条对此作出规定："纳税义务人进出口减免税货物的，除另有规定外，应当在进出口该货物之前，按照规定持有关文件向海关办理减免税审批手续。"这里所称"审批"，实际就是上述审核确认工作。另外需要说明的是，并不是所有进出口减免税货物都要事前进行审批，例如《海关法》、《关税条例》规定的关税税额在50元人民币以下的一票货物、无商业价值的广告品和货样、在海关放行前遭受损坏或者损失的货物等。

哪些情形可以申请凭税款担保先放行货物？

根据《海关法》、《关税条例》、《海关事务担保条例》、《征管办法》、《减免税管理办法》等的有关规定，在涉及海关税收方面，有下列情形之一的，当事人可以在办结海关手续前向海关申请提供税款担保，要求提前放行货物：

1. 进出口货物的商品归类、完税价格、原产地尚未确定的；
2. 正在海关办理减免税审批手续的，或有关进出口税收优惠政策已经国务院批准，具体实施措施尚未明确，海关总署已确认减免税申请人属于享受该政策范围的；
3. 在纳税期限内税款尚未缴纳的；
4. 暂时进出境的；
5. 进境修理和出境加工的（按保税货物实施管理的除外）；
6. 其他按照有关规定需要提供税款担保的。

按照规定，为提前放行货物提供的担保，担保金额不得超过可能承担的最高税款总额。考虑到确认当事人货币外财产的实际价值及有效性、信用度等需要相关单位出具认定意见，且不能超过应缴税款金额，其过程较为复杂，花费时间较长，为便于当事人及时凭税款担保提取货物，同时又能保证海关税款安全，避免发生欠税情况，《征管办法》第七十八条第二款规定："税款担保一般应为保证金、银行或者非银行金融机构的保函，但另有规定的除外。"

海关税收强制措施的具体方式是什么？

根据《海关法》第六十条的规定，如果进出口货物的纳税义务人、担保人在超过缴款期限3个月仍未缴纳税款的，海关可以采取强制措施，具体方式分为3种：一是书面通知纳税义务人、担保人的开户银行或其他金融机构从其存款中扣缴税款；二是将应税货物依法变卖，以变卖所得抵缴税款；三是扣留并依法变卖纳税义务人、担保人价值相当于应纳税款的其他货物或者财产，以变卖所得抵缴税款。2009年公布实施的《海关税收保全和强制措施暂行办法》第十一条对上述规定作了进一步明确，即进出口货物的纳税义务人、担保人自规定的纳税期限届满之日起超过3个月仍未缴纳税款的，海关可以依次采取上述强制措施。

自2012年1月1日起施行的《行政强制法》第五条规定"行政强制的设定和实施，应当适当"，这是关于行政强制适当原则的规定。适当原则是行政法领域中的一项普遍原则。根据这一原则，在实施强制手段时，在达到行政目的的前提下，应当采用对当事人损害最小的措施。因此，在海关实施税收强制措施时，如果当事人向海关提出不按上述强制措施的顺序而直接采用后面某项强制措施的书面申请的，海关在保证税款安全的情况下，可以同意当事人的申请，直接采用其要求的强制措施。

滞纳金如何计算？

根据《海关法》、《关税条例》的有关规定，纳税义务人未在规定的纳税期限内缴纳税款的，从滞纳税款之日起，按日加收滞纳税款万分之五的滞纳金。海关税收强制措施的实施时间是在纳税期限届满之日起超过3个月，此时必定已产生了滞纳金。因此，《海关法》第六十条第二款规定，海关采取强制措施时，对前款所列纳税义务人、担保人未缴纳的滞纳金同时强制执行。据此，《海关税收保全和强制措施暂行办法》第十三条明确规定，海关采取税收强制措施，滞纳金按照自规定的纳税期限届满之日起至扣缴税款之日计征，并同时扣缴。另外，根据《行政强制法》第四十五条规定，滞纳金的数额不得超出金钱给付义务的数额，即不得超过应当缴纳的税款金额。

海关新近规章解读

《中华人民共和国海关监管场所管理办法》及解读

中华人民共和国海关监管场所管理办法

［2008年1月4日海关总署令第171号发布，自2008年3月1日起施行。根据《海关总署关于公布〈海关总署关于修改部分规章的决定〉的令》（署令〔2015〕227号）第一次修正］

第一章 总 则

第一条 为了规范海关对监管场所的管理，根据《中华人民共和国海关法》（以下简称《海关法》）和有关法律、行政法规的规定，制定本办法。

第二条 本办法所称监管场所是指进出境运输工具或者境内承运海关监管货物的运输工具进出、停靠，以及从事进出境货物装卸、储存、交付、发运等活动，办理海关监管业务，符合海关设置标准的特定区域。

第三条 监管场所的设立以及海关对监管场所的监督管理适用本办法。

海关对免税商店的管理另按照有关规定执行。

第四条 海关对监管场所实行统一编码、计算机联网和分类管理。

第五条 监管场所经营企业（以下简称经营企业）或者管理者应当按照《中华人民共和国海关监管场所设置标准》（以下简称《设置标准》，见附件）建设监管场所，配备相应设备，并为海关提供查验场地和办公设施。

第二章 监管场所的设立

第六条 申请设立监管场所的企业（以下简称申请企业）应当具备以下条件：

（一）经工商行政管理部门注册登记，具有独立企业法人资格；

（二）具有专门储存货物的营业场所，拥有营业场所的土地使用权。租赁他人土地、场所经营的，租期不得少于5年；

（三）经营液/气体化工品、易燃易爆危险品等特殊许可货物仓储的，应当持有特殊经营许可批件。

第七条 申请企业应当向直属海关提交以下书面材料：

（一）“中华人民共和国海关监管场所注册登记申请书”；

（二）企业法人营业执照复印件；

（三）税务登记证复印件；

（四）法定代表人身份证件复印件；

（五）场地所有权或者使用权证明复印件；

（六）存放液/气体化工品、易燃易爆危险品等特殊许可货物的，应当提供特殊经营许可批件的复印件；

（七）场所平面图和建筑设计图。

提交上述材料复印件的，应当同时提供原件供海关验核。

第八条 直属海关依据《中华人民共和国行政许可法》和《中华人民共和国海关实施〈中华人民共和国行政许可法〉办法》的有关规定，受理、审查经营监管场所的申请。

申请企业符合法定条件的，直属海关应当制发“中华人民共和国海关批准设立监管场所决定书”（以下简称“批准设立决定书”）；申请企业不符合法定条件的，直属海关应当制发“中华人民共和国海关不予批准设立监管场所决定书”，并说明理由。

第九条 申请企业应当自海关制发“批准设立决定书”之日起1年内向直属海关申请验收，直属海关根据《设置标准》规定的条件对监管场所进行验收。申请企业无正当理由逾期未申请验收或者经验收不合格的，“批准设立决定书”自动失效。

监管场所验收合格，经直属海关注册登记并制发“中华人民共和国海关监管场所注册登记证书”（以下简称“注册登记证书”）后，可以投入运营，“注册登记证书”自制发之日起有效期为3年。

第十条 本办法施行前已经海关批准设立的监管场所，其经营企业应当自本办法施行之日起1年内向直属海关提交本办法第七条规定的申请材料，申领“批准设立决定书”。

经营企业应当自海关制发“批准设立决定书”之日起1年内向直属海关申请验收。直属海关根据《设置标准》规定的条件对监管场所进行验收。验收合格的，直属海关予以注册登记并制发“注册登记证书”。

经营企业无正当理由逾期没有提交申请材料或者没有申请验收，以及验收不合格的，直属海关注销相关企业的监管场所经营资格。

因特殊情况需要申请延期验收的，经营企业应当向直属海关提出延期验收申请，经直属海关同意可以延期验收，但是最长延长期限不得超过1年。

第十一条 经营企业需要变更企业业务范围、监管场所面积等的，应当填写“中华人民共和国海关监管场所变更申请书”，向直属海关提出申请，并提交有关材料。

第十二条 经营企业需要延续“注册登记证书”有效期的，应当在“注册登记证书”有效期届满30日前向直属海关提出延续申请，并提交“中华人民共和国海关监管场所延续申请书”。

符合延续条件的，直属海关应当在“注册登记证书”有效期届满前作出准予延续的决定，延续“注册登记证书”有效期3年。

不符合延续条件的，直属海关应当作出不予延续的决定。

第十三条 经营企业终止经营监管场所的，应当向直属海关提出书面申请，并交回“注册登记证书”。

第十四条 直属海关依据《中华人民共和国行政许可法》和《中华人民共和国海关实施〈中华人民共和国行政许可法〉办法》的有关规定，办理监管场所的变更、延续与注销手续。

第三章 海关对监管场所的监督管理

第十五条 海关采取视频监控、实地核查等方式对进出监管场所的运输工具、货物等实施监管。

第十六条 经营企业应当按照海关规定的样式制作监管场所标志牌，悬挂在监管场所入口处显著位置。

第十七条 监管场所内只能存放海关监管货物。

监管场所内液/气体化工品、易燃易爆危险品、有毒及放射性货物应当带有明显标志，并不得与其他类货物一起存放。

第十八条 经营企业应当依据海关监管要求设置相对独立的海关查验场地。

第十九条 经营企业应当按照海关要求发送和接收电子数据。海关有权查阅监管场所的货物进出和存储等情况的纸质单证或者电子账册。

第二十条 根据海关监管需要，经营企业应当在监管场所出入通道设置卡口，派员值守，并配备相应设备，与海关计算机联网。

对集中在同一个封闭区域内分散经营的监管场所，经营企业可以在进出通道设置统一卡口，并设置独立的海关集中查验场地。

海关认为必要时，可以派员实施卡口监管，核实、放行海关监管运输工具、货物。

第二十一条 经营企业应当凭海关纸质放行凭证和电子放行信息放行海关监管的运输工具、货物。

第二十二条 海关检查运输工具或者查验货物时，经营企业应当按照海关要求，将货物移至相应的场地，并应当为海关检查运输工具或者查验货物、提取货样提供条件。

海关径行开验、复验或者提取货样时，经营企业应当派员到场协助，并应当在相关单据上签字。

第二十三条 经营企业应当及时将监管场所内存放超过3个月的货物情况向海关报告，并协助海关办理相关手续。

第二十四条 经营企业终止监管场所经营或者监管场所被海关注销经营资格的，应当按照海关要求对监管场所内存放的海关监管货物作出处置。

第二十五条 经营企业应当建立健全与海关监管有关的人员管理、单证管理、设备管理、安全保卫和值班等制度。

监管场所应当配备相应管理人员，管理人员应当接受海关业务培训，并熟悉海关规定。

除安全保卫人员和值班人员外，其他人员不得在监管场所内居住。

第四章 附 则

第二十六条 违反本办法，构成走私行为、违反海关监管规定行为或者其他违反海关法行为的，由海关依照《海关法》和《中华人民共和国海关行政处罚实施条例》的有关规定予以处理；构成犯罪的，依法追究刑事责任。

第二十七条 本办法由海关总署负责解释。

第二十八条 本办法自 2008 年 3 月 1 日起施行。

附件：中华人民共和国海关监管场所设置标准

附件

中华人民共和国海关监管场所设置标准

一、码头类监管场所设置标准

（一）一般型码头（如：综合货运码头、集装箱码头、散杂货码头等）设置标准

1. 具有独立的封闭区域；

2. 设立隔离围网（墙），高度不低于 2.5 米；

3. 建立通道出入卡口，配置符合海关监管要求的卡口设备（电子栏杆、电子读写设备、电子识别设备、电子监控设备、电子地磅等）并与海关联网；

4. 配备电子计算机管理系统，并与海关电子计算机联网，能按照海关要求的格式实现相关电子数据的传送、交换，海关可进入监管场所电子计算机管理系统查询、统计运输工具、货物的停靠、存储位置及相关处理情况；

5. 安装具有存储功能（存储时间不少于 3 个月）的视频监控系统，供海关对监管场所进行监控，监管场所灯光及监控系统应当满足海关实施全方位 24 小时监控需要；

6. 具有专门储存、堆放、装卸海关监管货物的仓库、场地及设施，并设置明显区分标志；

7. 提供满足海关查验货物要求的场地，并配备便于海关实施查验的相关设备；

8. 根据海关需要，提前预留大型集装箱检查设备等所需的场地和设施；

9. 提供存放海关扣留货物的仓库；

10. 为海关提供必要的办公场所。办公场所应具备网络、通讯、取暖、降温、休息和卫生等条件。

（二）专用型码头（如：化工品专用码头、粮油专用码头、煤炭专用码头、散装水泥专用码头、散装矿产品专用码头、船舶修理专用码头等）设置标准

1. 具有独立的封闭区域；

2. 设立隔离围网（墙），高度不低于 2.5 米；

3. 建立出入通道卡口，配置符合海关监管要求的设备（电子栏杆、电子监控设备、电子地磅等）并与海关联网；

4. 配备电子计算机管理系统，并与海关电子计算机联网，能按照海关要求的格式实现相关电子数据的传送、交换，海关可进入监管场所电子计算机管理系统查询、统计运输工具、货物的停靠、存储位置及相关处理情况；

5. 安装具有存储功能（储存时间不少于 3 个月）的视频监控系统，供海关对监管场所进行监控，监管场所灯光及监控系统应当满足海关实施全方位 24 小时监控需要；

6. 具有储存、堆放、装卸海关监管货物的专用设施，并设置明显区分标志；

7. 为海关监管提供相应的安全防护设备；

8. 为海关提供必要的办公场所。办公场所应具备网络、通讯、取暖、降温、休息和卫生等条件。

二、公路转关监管点（如：陆路口岸车检场、直通式监管点、转关车检场、国际物流中心等）设置标准

（一）具有独立的封闭区域；

（二）设立隔离围网（墙），高度不低于 2.5 米；

（三）建立通道出入卡口，配置符合海关监管要求的卡口设备（电子栏杆、电子读写设备、电子识别设备、电子监控设备、电子地磅等）并与海关联网；

（四）配备电子计算机管理系统，并与海关电子计算机联网，能按照海关要求的格式实现相关电子数据的传送、交换，海关可进入监管场所电子计算机管理系统查询、统计运输工具、货物的停靠、存储位置及相关处理情况；

（五）安装具有存储功能（储存时间不少于3个月）的视频监控系统，供海关对监管场所进行监控，监管场所灯光及监控系统应当满足海关实施全方位24小时监控需要；

（六）具有专门储存、堆放、装卸海关监管货物的仓库、场地及设施，并设置明显区分标志；

（七）提供满足海关查验货物要求的场地，并配备便于海关实施查验的相关设备；

（八）提供存放海关扣留货物的仓库；

（九）根据海关需要，提前预留大型集装箱检查设备等所需的场地和设施；

（十）为海关提供必要的办公场所。办公场所应具备网络、通讯、取暖、降温、休息和卫生等条件。

三、陆路边境口岸监管场所（如：陆路边境口岸车检场、陆路边境口岸海关监管点、陆路边境口岸海关查验场等）设置标准

（一）设立在国家正式批准对外开放的陆路边境口岸海关监管区内，并具有独立的封闭区域；

（二）建立通道出入卡口，配置符合海关监管要求的卡口设备（电子栏杆、电子监控设备、电子地磅等）并与海关联网；

（三）配备电子计算机管理系统，并与海关电子计算机联网，能按照海关要求的格式实现相关电子数据的传送、交换，海关可进入监管场所电子计算机管理系统查询、统计运输工具、货物的停靠、存储位置及相关处理情况；

（四）具有专门储存、堆放、装卸海关监管货物的仓库、场地及设施，并设置明显区分标志；

（五）提供满足海关查验货物要求的场地，并配备便于海关实施查验的相关设备；

（六）根据海关需要，提前预留大型集装箱检查设备等所需的场地和设施；

（七）安装具有存储功能（储存时间不少于3个月）的视频监控系统，供海关对监管场所进行监控，监管场所灯光及监控系统应当满足海关实施全方位24小时监控需要；

（八）提供存放海关扣留货物的仓库；

（九）为海关提供必要的办公场所。办公场所应具备网络、通讯、取暖、降温、休息和卫生等条件。

四、货栈类监管场所设置标准

（一）空运货栈设置标准

1. 具有独立的封闭区域；

2. 设立隔离围网（墙），高度不低于2.5米；

3. 建立通道出入卡口，配置符合海关监管要求的卡口设备（电子栏杆、电子读写设备、电子识别设备、电子监控设备、电子地磅等）并与海关联网；

4. 配备电子计算机管理系统，并与海关电子计算机联网，能按照海关要求的格式实现相关电子数据的传送、交换，海关可进入监管场所电子计算机管理系统查询、统计运输工具、货物的停靠、存储位置及相关处理情况；

5. 安装具有存储功能（储存时间不少于3个月）的视频监控系统，供海关对监管场所进行监控，监管场所灯光及监控系统须满足海关实施全方位24小时监控需要；

6. 具有储存、堆放、装卸海关监管货物的仓库、场地及设施，监管货物按照进口、出口、暂扣、特殊库进行分类存放，不同类别货物应当隔离，并设置明显区分标志；

7. 提供满足海关查验货物要求的场地，并配备便于海关实施查验的相关设备；

8. 为海关提供必要的办公场所。办公场所应具备网络、通讯、取暖、降温、休息和卫生等条件。

（二）铁路货栈设置标准

1. 具有独立的封闭区域；

2. 设立隔离围网（墙），高度不低于2.5米；

3. 建立通道出入卡口，配置符合海关监管要求的设备（电子栏杆、电子监控设备、电子地磅等）并与海关联网；

4. 配备电子计算机管理系统，并与海关电子计算机联网，能按照海关要求的格式实现相关电子数据的传送、交换，海关可进入监管场所电子计算机管理系统查询、统计运输工具、货物的停靠、存储位置及相关处理情况；

5. 安装具有存储功能（储存时间不少于3个月）的视频监控系统，供海关对监管场所进行监控，监管场所灯光及监控系统应当满足海关实施全方位24小时监控需要；

6. 具有专门储存、堆放、装卸海关监管货物的仓库、场地及设施，并设置明显区分标志；
7. 提供满足海关查验货物要求的场地，并配备便于海关实施查验的相关设备；
8. 根据海关需要，提前预留大型集装箱检查设备等所需的场地和设施；
9. 提供存放海关扣留货物的仓库；
10. 为海关提供必要的办公场所。办公场所应具备网络、通讯、取暖、降温、休息和卫生等条件。

五、堆场类监管场所设置标准

（一）综合性货运堆场（如：集装箱堆场、散杂货堆场等）设置标准
1. 具有独立的封闭区域；
2. 设立隔离围网（墙），高度不低于2.5米；
3. 建立通道出入卡口，配置符合海关监管要求的卡口设备（电子栏杆、电子读写设备、电子识别设备、电子监控设备、电子地磅等）并与海关联网；
4. 配备电子计算机管理系统，并与海关电子计算机联网，能按照海关要求的格式实现相关电子数据的传送、交换，海关可进入监管场所电子计算机管理系统查询、统计运输工具、货物的停靠、存储位置及相关处理情况；
5. 安装具有存储功能（储存时间不少于3个月）的视频监控系统，供海关对监管场所进行监控，监管场所灯光及监控系统应当满足海关实施全方位24小时监控需要；
6. 具有专门储存、堆放、装卸海关监管货物的仓库、场地及设施，并设置明显区分标志；
7. 提供满足海关查验货物要求的场地，并配备便于海关实施查验的相关设备；
8. 提供存放海关扣留货物的仓库；
9. 根据海关需要，提前预留大型集装箱检查设备等所需的场地和设施。自行安装的货物检查设备应与海关联网；
10. 为海关提供必要的办公场所。办公场所应具备网络、通讯、取暖、降温、休息和卫生等条件。
（二）新造集装箱专用堆场设置标准
1. 具有独立的封闭区域；
2. 设立隔离围网（墙），高度不低于2.5米；
3. 建立通道出入卡口，配置符合海关监管要求的卡口设备（电子栏杆、电子监控设备等）并与海关联网；
4. 配备电子计算机管理系统，并与海关电子计算机联网，能按照海关要求的格式实现相关电子数据的传送、交换，海关可进入监管场所电子计算机管理系统查询、统计运输工具、货物的停靠、存储位置及相关处理情况；
5. 安装具有存储功能（储存时间不少于3个月）的视频监控系统，供海关对监管场所进行监控，监管场所灯光及监控系统应当满足海关实施全方位24小时监控需要；
6. 为海关提供必要的办公场所。办公场所应具备网络、通讯、取暖、降温、休息和卫生等条件。

六、仓库类监管场所（如：综合性仓库、航空食品供应库、进口分拨库、出口拼装库、展览品监管仓库等）设置标准

（一）具有独立的封闭区域；
（二）建立通道出入卡口，配置符合海关监管要求的卡口设备（电子栏杆、电子读写设备、电子识别设备、电子监控设备、电子地磅等）并与海关联网；
（三）配备电子计算机管理系统，并与海关电子计算机联网，能按照海关要求的格式实现相关电子数据的传送、交换，海关可进入监管场所电子计算机管理系统查询、统计运输工具、货物的停靠、存储位置及相关处理情况；
（四）安装具有存储功能（储存时间不少于3个月）的视频监控系统，供海关对监管场所进行监控，监管场所灯光及监控系统应当满足海关实施全方位24小时监控需要；
（五）提供满足海关查验货物要求的场地，并配备便于海关实施查验的相关设备；
（六）提供存放海关扣留货物的仓库；
（七）为海关提供必要的办公场所。办公场所应具备网络、通讯、取暖、降温、休息和卫生等条件。

七、储罐类监管场所（如液/气体专用储罐堆场等）设置标准

（一）具有独立的封闭区域；
（二）建立通道出入卡口，配置符合海关监管要求的卡口设备（电子栏杆、电子监控设备等）并与海关联网；
（三）配备电子计算机管理系统，并与海关电子计算机联网，能按照海关要求的格式实现相关电子数据的传送、交换，海

关可进入监管场所电子计算机管理系统查询、统计运输工具、货物的停靠、存储位置及相关处理情况；

（四）安装具有存储功能（储存时间不少于3个月）的视频监控系统，供海关对监管场所进行监控，监管场所灯光及监控系统应当满足海关实施全方位24小时监控需要；

（五）储罐应当安装符合海关要求的测量仪器，确保采集数据原始、真实、准确，并与海关联网；

（六）为海关监管提供相应的安全防护设备；

（七）为海关提供必要的办公场所。办公场所应具备网络、通讯、取暖、降温、休息和卫生等条件。

八、快件类监管场所设置标准

（一）具有独立的封闭区域；

（二）建立通道出入卡口，配置符合海关监管要求的设备（电子栏杆、电子读写设备、电子识别设备、电子监控设备、小型电子地磅等）并与海关联网；

（三）配备电子计算机管理系统，并与海关电子计算机联网，能按照海关要求的格式实现相关电子数据的传送、交换，海关可进入监管场所电子计算机管理系统查询、统计运输工具、货物的停靠、存储位置及相关处理情况；

（四）具备自动传输和分拣设备；

（五）安装具有存储功能（储存时间不少于3个月）的视频监控系统，供海关对监管场所进行监控，监管场所灯光及监控系统应当满足海关实施全方位24小时监控需要；

（六）具有专门储存、堆放、装卸海关监管货物的仓库、场地及设施，并设置明显区分标志；

（七）提供满足海关查验货物要求的场地，并配备便于海关实施查验的相关设备；

（八）根据海关需要，提前预留海关监管设备所需的场地和设施；

（九）提供存放海关扣留货物的仓库；

（十）为海关提供必要的办公场所。办公场所应具备网络、通讯、取暖、降温、休息和卫生等条件。

九、边民互市贸易类监管场所（如：边民互市点、边民互市区、边贸市场等）设置标准

（一）具有明确的界线，建有隔离围网（墙），高度不低于2.5米；

（二）建立通道出入卡口。具备条件时应当配置符合海关监管要求的卡口设备（电子栏杆、电子地磅、电子监控设备等）并与海关联网；

（三）具备条件时应当安装具有存储功能（储存时间不少于3个月）的视频监控系统，供海关对监管场所进行监控，监管场所灯光及监控系统应当满足海关实施全方位24小时监控需要；

（四）为海关提供适当的办公场所和条件。办公场所应当具备网络、通讯、取暖、降温、休息和卫生等条件。

十、台轮停泊点类监管场所设置标准

（一）具有独立的封闭区域；

（二）设立隔离围网（墙），高度不低于2.5米；

（三）建立通道出入卡口。具备条件时应当配置符合海关监管要求的卡口设备（电子栏杆、电子地磅、电子监控设备等）并与海关联网；

（四）具备条件时应当安装具有存储功能（储存时间不少于3个月）的视频监控系统，供海关对监管场所进行监控，监管场所灯光及监控系统应当满足海关实施全方位24小时监控需要；

（五）为海关提供相应的办公场所和条件。办公场所应具备网络、通讯、取暖、降温、休息和卫生等条件。

十一、旅客通关类监管场所（如：出入境旅客陆运、海运、空运港站旅检现场）设置标准

（一）具有独立的封闭区域；

（二）在出境或者入境封闭区域建立出入通道，并分别设置“申报通道”、“无申报通道”、“外交礼遇通道”和“工作人员通道”；

（三）各通道之间相互隔离，符合海关监管要求。各通道内应预留必要的电源、网络接口；

（四）“申报通道”和“无申报通道”纵向划分为申报区、查验区和处理区；

（五）安装具有存储功能（储存时间不少于3个月）的视频监控系统，供海关对监管场所进行监控，监管场所灯光及监控系统应当满足海关实施全方位24小时监控需要；

（六）为海关提供旅客行李查验台、海关法规公告栏（包括电子公告屏），安装海关通道标志及现场隔离设施等；

（七）在出港实行开放式布局，配备具有远程判图和操控的行李系统和五级安检系统。建有相应的网络、设备，实时、准确提供中转旅客电子信息；

（八）为海关提供存放扣留货物、物品的库房；

（九）为海关提供专门开展海关征税、询问、视频监控、毒品检测、印刷品音像制品审查的工作场所及设施。办公场所应当具备网络、通讯、取暖、降温、休息和卫生等条件。

十二、国际邮件类监管场所（如：国际邮件互换局、国际邮件交换站等）设置标准

（一）具有独立的封闭区域；

（二）配备电子计算机管理系统，并与海关电子计算机联网，能按照海关要求的格式实现相关电子数据的传送、交换，海关可进入监管场所电子计算机管理系统查询、统计运输工具、货物的停靠、存储位置及相关处理情况；

（三）安装具有存储功能（储存时间不少于3个月）的视频监控系统，供海关对监管场所进行监控，监管场所灯光及监控系统应当满足海关实施全方位24小时监控需要；

（四）具有专门储存、堆放、装卸海关监管邮件的仓库、场地及设施，并设置明显区分标志；

（五）有满足海关查验邮件要求的场地；

（六）邮件分拣及X光机检查设备应当与海关联网；

（七）根据海关需要，提供海关检查设备所需的场地和设施；

（八）为海关提供存放扣留邮件的库房；

（九）为海关提供接受报关、视频监控、毒品检测、印刷品音像制品审查的工作场所。办公场所应当具备网络、通讯、取暖、降温、休息和卫生等条件。

十三、监管场所内查验场地设置标准

（一）封闭式查验场房。地面高度适合集装箱或者集装箱厢式货车的对接，对接门的尺寸能满足封闭对接需要，方便搬运叉车上下作业。

建设有车辆停靠区、掏箱区、货检X光机检查区，并应当配备相应的装卸设备。

（二）平台式查验场地。查验平台高度适合集装箱车或者集装箱厢式货车的停靠，方便搬运叉车上下作业。

建设有车辆停靠区、掏箱区、货检X光机检查区，并应当配备相应的装卸设备。

《中华人民共和国海关监管场所管理办法》解读

《中华人民共和国海关监管场所管理办法》（海关总署令第171号）于2008年1月4日经海关总署署务会议审议通过，自2008年3月1日起施行。

《海关法》第一百条明确了"海关监管区"的概念："海关监管区，是指设立海关的港口、车站、机场、国界孔道、国际邮件互换局（交换站）和其他有海关监管业务的场所，以及虽未设立海关，但是经国务院批准的进出境地点。"海关监管场所包含在海关监管区的范围以内，是办理海关业务的重要场所。

《海关法》第六条赋予了海关可以行使的权利：

1. 在海关监管区和海关附近沿海沿边规定地区，检查有走私嫌疑的运输工具和有藏匿走私货物、物品嫌疑的场所，检查走私嫌疑人的身体；对有走私嫌疑的运输工具、货物、物品和走私犯罪嫌疑人，经直属海关关长或者其授权的隶属海关关长批准，可以扣留；对走私犯罪嫌疑人，扣留时间不超过二十四小时，在特殊情况下可以延长至四十八小时。

2. 在海关监管区和海关附近沿海沿边规定地区以外，海关在调查走私案件时，对有走私嫌疑的运输工具和除公民住处以外的有藏匿走私货物、物品嫌疑的场所，经直属海关关长或者其授权的隶属海关关长批准，可以进行检查，有关当事人应当到场；当事人未到场的，在有见证人在场的情况下，可以径行检查；对其中有证据证明有走私嫌疑的运输工具、货物、物品，可以扣留。

3. 海关附近沿海沿边规定地区的范围，由海关总署和国务院公安部门会同有关省级人民政府确定。

《中华人民共和国海关监管场所管理办法》第二条进一步明确了"监管场所"的定义："本办法所称监管场所是指进出境运输工具或者境内承运海关监管货物的运输工具进出、停靠，以及从事进出境货物装卸、储存、交付、发运等活动，办理海关监管业务，符合海关设置标准的特定区域。"在明确了监管场所定义的基础上，该办法对海关监管工作做出了以下几方面贡献：

一、统一规范了监管场所设立行为

自该办法实施之日起，申请设立监管场所必须向海关提交相应的书面材料，直属海关依据《中华人民共和国行政许可法》和《中华人民共和国海关实施〈中华人民共和国行政许可法〉办法》的有关规定，受理、审查经营监管场所的申请。符合法定条件的，予以批准；申请企业不符合法定条件的，不予批准并说明理由。

二、完善了监管场所管理的法律依据

该办法的出台，弥补了监管场所管理方面的制度空白，对《海关法》是一个重要的细化和落实。自此，关于监管场所的设立条件、建设标准、申请、变更和注销程序、日常管理、法律责任都有了明确的要求，对统一、规范执法建立了良好的基础。

三、细化了监管场所的日常管理要求

该办法对监管场所的日常监督管理进行了细化，包括视频监控要求、标志悬挂、货物存放、查验场地、电子数据传输、卡口值守、卡口核放、查验取样、超期货物、处置货物和健全场所经营管理制度等方面都做出了详细的要求。

四、明确了各类监管场所的设立标准

该办法很重要的一个贡献就是明确了监管场所的设置标准，作为货运渠道主要的监管场所，重点从封闭区域、围网、卡口、计算机联网、视频监控存储、仓储、查验、扣留仓库、办公场所等方面针对每类场所制定了详细具体的标准。给参与监管场所建设的经营人提出了具体的操作要求，也是海关验收货运渠道监管场所的要求。

《中华人民共和国海关进出口货物商品归类管理规定》及解读

中华人民共和国海关进出口货物商品归类管理规定

第一条 为了规范进出口货物的商品归类，保证商品归类结果的准确性和统一性，根据《中华人民共和国海关法》（以下简称《海关法》）、《中华人民共和国进出口关税条例》（以下简称《关税条例》）及其他有关法律、行政法规的规定，制定本规定。

第二条 本规定所称的商品归类是指在《商品名称及编码协调制度公约》商品分类目录体系下，以《中华人民共和国进出口税则》为基础，按照《进出口税则商品及品目注释》、《中华人民共和国进出口税则本国子目注释》以及海关总署发布的关于商品归类的行政裁定、商品归类决定的要求，确定进出口货物商品编码的活动。

第三条 进出口货物收发货人或者其代理人（以下简称收发货人或者其代理人）对进出口货物进行商品归类，以及海关依法审核确定商品归类，适用本规定。

第四条 进出口货物的商品归类应当遵循客观、准确、统一的原则。

第五条 进出口货物的商品归类应当按照收发货人或者其代理人向海关申报时货物的实际状态确定。以提前申报方式进出口的货物，商品归类应当按照货物运抵海关监管场所时的实际状态确定。法律、行政法规和海关总署规章另有规定的，按照有关规定办理。

第六条 收发货人或者其代理人应当按照法律、行政法规规定以及海关要求如实、准确申报其进出口货物的商品名称、规格型号等，并且对其申报的进出口货物进行商品归类，确定相应的商品编码。

第七条 由同一运输工具同时运抵同一口岸并且属于同一收货人、使用同一提单的多种进口货物，按照商品归类规则应当归入同一商品编码的，该收货人或者其代理人应当将有关商品一并归入该商品编码向海关申报。法律、行政法规和海关总署规章另有规定的，按照有关规定办理。

第八条 收发货人或者其代理人向海关提供的资料涉及商业秘密，要求海关予以保密的，应当事前向海关提出书面申请，并且具体列明需要保密的内容，海关应当依法为其保密。

收发货人或者其代理人不得以商业秘密为理由拒绝向海关提供有关资料。

第九条 海关应当依法对收发货人或者其代理人申报的进出口货物商品名称、规格型号、商品编码等进行审核。

第十条 海关在审核收发货人或者其代理人申报的商品归类事项时，可以依照《海关法》和《关税条例》的规定行使下列权力，收发货人或者其代理人应当予以配合：

（一）查阅、复制有关单证、资料；

（二）要求收发货人或者其代理人提供必要的样品及相关商品资料；

（三）组织对进出口货物实施化验、检验，并且根据海关认定的化验、检验结果进行商品归类。

第十一条 海关可以要求收发货人或者其代理人提供确定商品归类所需的资料，必要时可以要求收发货人或者其代理人补充申报。

收发货人或者其代理人隐瞒有关情况，或者拖延、拒绝提供有关单证、资料的，海关可以根据其申报的内容依法审核确定进出口货物的商品归类。

第十二条 海关经审核认为收发货人或者其代理人申报的商品编码不正确的，可以根据《中华人民共和国海关进出口货物征税管理办法》有关规定，按照商品归类的有关规则和规定予以重新确定，并且根据《中华人民共和国海关进出口货物报关单修改和撤销管理办法》等有关规定通知收发货人或者其代理人对报关单进行修改、删除。

第十三条 收发货人或者其代理人申报的商品编码需要修改的，应当按照《中华人民共和国海关进出口货物报关单修改和撤销管理办法》等规定向海关提出申请。

第十四条 海关对货物的商品归类审核完毕前，收发货人或者其代理人要求放行货物的，应当按照海关事务担保的有关规定提供担保。

国家对进出境货物有限制性规定，应当提供许可证件而不能提供的，以及法律、行政法规规定不得担保的其他情形，海关不得办理担保放行。

第十五条 在海关注册登记的进出口货物经营单位（以下简称申请人），可以在货物实际进出口的45日前，向直属海关申请就其拟进出口的货物预先进行商品归类（以下简称预归类）。

第十六条 申请人申请预归类的，应当填写并且提交“中华人民共和国海关商品预归类申请表”（格式文本见附件1）。

预归类申请应当向拟实际进出口货物所在地的直属海关提出。

第十七条 直属海关经审核认为申请预归类的商品归类事项属于《中华人民共和国进出口税则》、《进出口税则商品及品目注释》、《中华人民共和国进出口税则本国子目注释》以及海关总署发布的关于商品归类的行政裁定、商品归类决定有明确规定的，应当在接受申请之日起15个工作日内制发“中华人民共和国海关商品预归类决定书”（以下简称“预归类决定书”，格式文本见附件2），并且告知申请人。

第十八条 申请人在制发“预归类决定书”的直属海关所辖关区进出口“预归类决定书”所述商品时，应当主动向海关提交“预归类决定书”。

申请人实际进出口“预归类决定书”所述商品，并且按照“预归类决定书”申报的，海关按照“预归类决定书”所确定的归类意见审核放行。

第十九条 “预归类决定书”内容存在错误的，作出“预归类决定书”的直属海关应当立即制发“中华人民共和国海关商品预归类决定书撤销通知单”（以下简称“通知单”，格式文本见附件3），通知申请人停止使用该“预归类决定书”。

作出“预归类决定书”所依据的有关规定发生变化导致有关的“预归类决定书”不再适用的，作出“预归类决定书”的直属海关应当制发“通知单”，或者发布公告，通知申请人停止使用有关的“预归类决定书”。

第二十条 直属海关经审核认为申请预归类的商品归类事项属于《中华人民共和国进出口税则》、《进出口税则商品及品目注释》、《中华人民共和国进出口税则本国子目注释》以及海关总署发布的关于商品归类的行政裁定、商品归类决定没有明确规定的，应当在接受申请之日起7个工作日内告知申请人按照规定申请行政裁定。

第二十一条 海关总署可以依据有关法律、行政法规规定，对进出口货物作出具有普遍约束力的商品归类决定。

进出口相同货物，应当适用相同的商品归类决定。

第二十二条 商品归类决定由海关总署对外公布。

第二十三条 作出商品归类决定所依据的法律、行政法规以及其他相关规定发生变化的，商品归类决定同时失效。

商品归类决定失效的，应当由海关总署对外公布。

第二十四条 海关总署发现商品归类决定存在错误的，应当及时予以撤销。

撤销商品归类决定的，应当由海关总署对外公布。被撤销的商品归类决定自撤销之日起失效。

第二十五条 因商品归类引起退税或者补征、追征税款以及征收滞纳金的，按照有关法律、行政法规以及海关总署规章的规定办理。

第二十六条 违反本规定，构成走私行为、违反海关监管规定行为或者其他违反《海关法》行为的，由海关依照《海关法》和《中华人民共和国海关行政处罚实施条例》的有关规定予以处理；构成犯罪的，依法追究刑事责任。

第二十七条 本规定由海关总署负责解释。

第二十八条 本规定自2007年5月1日起施行。2000年2月24日海关总署令第80号发布的《中华人民共和国海关进出口商品预归类暂行办法》同时废止。

附件：1. 中华人民共和国海关商品预归类申请表

2. 中华人民共和国海关商品预归类决定书

3. 中华人民共和国海关商品预归类决定书撤销通知单

附件 1

中华人民共和国海关商品预归类申请表

（　　）关预归类申请______号

申请人：	
企业代码：	
通讯地址：	
联系电话：	
商品名称（中、英文）：	
其他名称：	
商品描述（规格、型号、结构原理、性能指标、功能、用途、成份、加工方法、分析方法等）：	
进出口计划（进出口日期、口岸、数量等）：	
随附资料清单（有关资料请附后）：	
此前如就相同商品持有海关商品预归类决定书的，请注明决定书编号：	
申请人（章） 年　月　日	海关（章）： 签收人： 接受日期：　年　月　日

注：1. 填写此申请表前应阅读《中华人民共和国进出口货物商品归类管理规定》；
2. 本申请表一式两份，申请人和海关各一份；
3. 本申请表加盖申请人和海关印章方为有效。

附件 2

中华人民共和国海关商品预归类决定书

（　　）关预归类书______号

申请人：
企业代码：
通讯地址：
联系电话：
商品名称（中、英文）：
其他名称：
申请表编号：（　　）关预归类申请______号　受理日期：　年　月　日
此前就相同商品持有海关商品预归类决定书的，请注明决定书编号：

<table>
<tr><td colspan="2">商品描述：</td></tr>
<tr><td>商品归类编码：</td><td>海关（章）：

年　月　日</td></tr>
</table>

注：1. 本决定书一式两份，申请人和海关各一份；
2. 本决定书加盖海关印章有效；
3. 本决定书涂改无效。

附件3

中华人民共和国海关商品预归类决定书撤销通知单

__________单位（公司）：

根据《中华人民共和国海关进出口货物商品归类管理规定》的规定，海关现通知你单位（公司），由于__________调整的原因，____________商品预归类决定书撤销。你单位（公司）应当停止使用上述预归类决定书进行申报，并且可以依照《中华人民共和国海关进出口货物商品归类管理规定》的规定到相关海关另行申请预归类。

海关（章）

____年____月____日

《中华人民共和国海关进出口货物商品归类管理规定》解读

中华人民共和国海关总署于2007年2月14日以海关总署令第158号对外公布了《中华人民共和国进出口货物商品归类管理规定》（以下简称《归类管理规定》），并于2007年5月1日正式实施。

加入世界贸易组织以来，中国经济的高速发展，无论是本国企业还是外国企业对贸易便利化的需求进一步提升。世界贸易规则对包括海关在内的政府行政管理提出了统一、规范、透明、高效的要求，《归类管理规定》正是在这个背景下出台的，通过明确和细化海关与纳税义务人的权利与义务，并为纳税义务人提供了更加公开、透明、便利的商品归类服务，确保进一步提升贸易便利化，降低纳税义务人的贸易成本。因此，《归类管理规定》的出台是我国履行WTO规则的一个重要体现。

为帮助海关和社会各有关方面更好地理解《归类管理规定》的背景和条款内容，现就《归类管理规定》作简要介绍：

一、《归类管理规定》出台的重要性与意义

进出口商品归类工作是海关各项业务工作的基础，几乎涉及全部海关业务，如关税征管、海关统计、贸易管制、海关缉私等方面。在《海关法》中的第四十二条规定："进出口货物的商品归类按照国家有关商品归类的规定确定。"因此，《归类管理规定》的出台具有十分重要的意义。

近年来，随着中国海关商品归类工作的不断开展和探索，商品归类工作的思路日趋成熟，管理模式不断完善。海关也在总结工作成果的基础上对归类工作体系、规章制度等方面进行了较大的调整，如根据海关总署令第80号对相对人实施了约束性预归类制度、商品归类决定对外公告制度、进出口商品规范申报制度等，这些制度的实施对管理相对人的义务和法律责任以及海关开展相关工作带来了很大的影响。

另外，海关也进一步转变职能，尽可能的为纳税义务人提供便捷通关，比如部分海关推出的电子预归类等，取得了很好的效果和社会影响。因此，《归类管理规定》的出台是在总结上述各项制度实施经验的基础上，系统地阐明了归类工作制度的法律地位，弥补部分商品归类制度在法规上的缺陷，进而提升了现有归类体系的法律层次。

二、条款解读

第一条 本条是关于《归类管理规定》立法目的和立法依据的规定。本条旨在说明《归类管理规定》规范的社会行为关

系，它是对进出口贸易过程中，确定海关商品归类的法律规范。通过此条款的规定，明确了《归类管理规定》的法律渊源是《海关法》和《关税条例》，强调了海关商品归类工作是纳税义务人根据海关商品归类的法律要求如实申报，海关根据商品归类的法律要求准确作出商品归类审核结果并保证结果统一性的行政行为。其中，《海关法》中第四十二条规定"进出口货物的商品归类按照国家有关商品归类规定确定"，《关税条例》中第三十一条规定"纳税义务人应当按照《税则》规定的目录条文和归类总规则、类注、章注、子目注释以及其他归类注释，对其申报的进出口货物进行商品归类，并归入相应的税则号列；海关应当依法审核确定该货物的商品归类"。上述两款明确规定了商品归类工作的工作依据，纳税义务人有义务按照国家有关商品归类的依据对其申报的进出口货物进行商品归类，以及海关是审核商品归类的法律赋予海关的神圣职责。

第二条 本条明确规定了商品归类的定义及进行商品归类的法律依据。此次在《归类管理规定》中是第一次对商品归类进行了完整的定义并呈现在海关的规章中。《归类管理规定》中关于商品归类的定义采用了中性的写法，也就是说海关、纳税义务人都必须按照定义的规定，依照条文中所列的法律依据开展商品归类工作。同时，在该条文中还明确了开展商品归类的法律依据，分别是《税则》、《进出口税则商品及品目注释》（以下简称《注释》）、《中华人民共和国进出口税则本国子目注释》（以下简称《本国子目注释》），以及海关总署发布的归类决定、归类裁定，上述规定是对《关税条例》的第三十一条"纳税义务人应当按照《税则》规定的目录条文和归类总规则、类注、章注、子目注释以及其他归类注释……"中提及商品归类的法律依据进行了细化和明确。

第三条 本条是关于《归类管理规定》适用范围的规定。本条旨在说明哪些情况下，开展商品归类工作需要适用本规定。根据本条的规定，进出口货物的商品归类适用本规定，进出境物品的归类并不适用本规定。同时，本条还特别规定了海关与纳税义务人在进行商品归类工作中所承担的义务。

第四条 本条是关于商品归类原则的规定。本条旨在说明纳税义务人和海关在进行商品归类工作是应坚持的指导思想和原则，即开展商品归类工作的过程中，所运用的依据必须是《归类管理规定》中列明的法律依据，对于进出口货物的属性认定也是要求从客观的角度出发，并保证商品归类的结果是准确的，相同商品的归类结果是统一的。

第五条 本条是关于确定进出口货物报验状态的规定。进行商品归类的基础是确定商品的报验状态，因此本条旨在明确报验状态的确定方法。海关总署公告 2002 年第 37 号对如何确定进出口货物报验状态进行了规定，在上述公告中除规定了一般贸易进出口货物报验状态的确定原则外，还对加工贸易和减免税货物报验状态的确定原则进行了规定。但随着我国对外贸易政策的不断调整，需要海关对确定商品的报验状态应有更加明确的规定，《归类管理规定》对报验状态的规定就是在此背景下做出的。《归类管理规定》规定了进出口货物报验状态确定的基本原则，同时为适应贸易发展的需要，《归类管理规定》还明确了除确定进出口货物报验状态的基本规定外的特殊规定由相应的法律、规章等单独规定。

第六条 本条是关于纳税义务人向海关进行申报进出口货物商品归类相关内容的原则规定。由于本规定是规范商品归类工作，调整商品归类工作流程的规章，因此本条主要从商品归类工作的角度提出纳税义务人应如实申报的内容，即进出口货物的商品名称、规格型号等商品属性的要素。而除此之外，此条还特别明确了纳税义务人必须要了解和掌握有关商品归类的行政法规和海关规章，并负有确定商品编码及向海关正确申报的义务。

第七条 本条是关于合并归类的要求。根据贸易的实际需要及交通运输实际情况等因素，许多商品在进出口过程中存在着以零部件的形式进口。当在同一运输工具上装载的零部件能够构成整体基本特征时，其运用的归类规则必须是将其按照整体归类，这也可以视作为《协调制度》归类总规则的一种延伸。海关和纳税义务人均不能因监管条件或税赋水平等问题将已构成整体特征的各项零部件分别按照零部件单独归类。但是，考虑到目前仓单管理的实际问题，实施合并归类必须要满足四个"同一"的条件。

第八条 本条是关于保密规定的条款。根据《海关法》、《关税条例》的规定，本条明确了海关有保守纳税义务人商业秘密的责任，同时增加了纳税义务人不得以商业秘密为理由拒绝向海关提供有关资料的条款。

海关作为国家的进出关境监督管理机关，在从事商品归类工作的过程中，因工作上的需要会接触到并掌握着大量的进出口企业的商业秘密。虽然《海关法》第七十二条、《关税条例》第七条都有海关应对纳税义务人的商业秘密予以保密的规定，但都比较原则。另外由于商品归类工作会更多涉及商品资料，因此在《归类管理规定》中对保守纳税义务人商业秘密作出较为具体的规定，明确海关应当按照国家有关规定承担保密义务，妥善保管涉及商业秘密的资料，强调了除法律、行政法规另有规定外，不得对外提供。

在实际工作中，有些纳税义务人以商业秘密为由拒绝向海关提供有关信息资料，影响到海关正确履行相关职责；有些纳税义务人则对海关能否真正为其保守商业秘密存有疑虑。为此，本条一方面规定海关应当承担保密义务；另一方面规定纳税义务人具有要求海关为其保守商业秘密的权利，但同时强调纳税义务人不得以商业秘密为由拒绝向海关提供有关资料。从法律规定上较好地保证了海关履行职责的需要和纳税义务人的切身利益。

关于商业秘密，《中华人民共和国反不正当竞争法》的第十条作了如下法律定义：商业秘密是指不为公众所知悉，能为权利人带来经济利益，具有实用性并经权利人采取保密措施的技术信息和经营信息。这一定义明确了构成商业秘密的四个要件：

一是不为公众所知悉；二是能够带来经济利益；三是具有现实的或潜在的实用价值；四是采取了保密措施。对于进出口货物来说，产品的成分、加工工艺等涉及商品属性的情况，都可能是纳税义务人的商业秘密。因此，除另有规定外，一般情况下海关对纳税义务人提交的有关单证和资料都不应擅自对外提供。

第九条　本条是对海关进行商品归类工作原则的规定。《归类管理规定》中第六条要求纳税义务人按照有关法律、行政法规和海关规章的规定如实向海关申报商品归类的信息，本条则要求海关按照有关法律、行政法规和海关规章的规定审核纳税义务人的申报内容。《归类管理规定》分别明确了双方在申报和审核方面各自的义务，而申报和审核所依据的规定基本是相同的，当然，海关审核还要遵守内部的有关操作规定。同时，本条还明确规定了海关在商品归类工作中所负的责任是对纳税义务人申报有关商品归类的信息进行审核。虽然根据实际工作的需要，海关可以为纳税义务人提供关于进行商品归类的指导，但是进行商品归类审核才是海关应付的职责。

本条强调海关应审核的是商品名称、规格型号、商品编码等，这是因为上述各项是商品归类申报的关键因素，同时也是容易发生申报错误的项目。此外，海关总署发布有关报关单填制规范及进出口商品规范申报等规定，也要求海关不但要审核纳税义务人申报的商品编码，同时还要对申报的有关商品的规格型号等信息进行审核。

第十条　本条是关于海关审核确定进出口货物的商品归类时所具有的权力。

商品归类工作的重点是通过分析商品的属性，然后根据归类规则，依照《归类管理规定》第二条中所列的法律依据对商品进行归类。相对于纳税义务人，海关对于需要进行归类商品的信息了解是十分有限的，因此为海关审核商品归类提供必要的商品信息收集手段是十分重要的。《海关法》第六条赋予海关查阅、复制有关资料的权利。在《归类管理规定》中，针对商品归类的工作特性，在此条款中明确了海关可以为了解商品属性而查阅、复制能够证明商品属性的资料和单证，还可以采取收集资料及实货认知等多种手段。

对货物的化验、检验，应选择经国家认证具有资质的商品化验、检验机构进行。没有资质的机构的化验、检验结果，法律上不被认可。实际工作中应当注意，不能认为只有海关系统的化验机构和质量检验检疫部门的检验机构才具有资质，更不能认为只有海关系统的化验机构作出的化验、检验结论才能作为依据。根据本条的规定，海关可以组织化验、检验，其含义是海关可以委托本系统的化验机构进行化验、检验，也可以委托具有资质的其他商品化验或检验机构进行化验、检验。如果出现两个鉴定结果不相同的情况时，应当以海关认可的鉴定结果作为确定商品归类的依据。即使其中一个是由海关系统的化验机构作出的鉴定结论，也应该本着科学的态度，实事求是地选择、认可更为准确的鉴定结果。

第十一条　本条是关于补充申报的条款。补充申报的目的是为了正确确定商品归类。由于影响商品归类的因素较多，而受报关单格式、栏目所限，很多商品归类所需要了解的情况无法在报关单上充分反映出来，因此在必要时，需由纳税义务人通过补充申报的方式向海关提供与申报货物有关的更为详细的情况，以便于海关人员据此分析、确定进出口货物的商品归类。例如，申报货物更为详细的规格、型号、成分、含量、技术参数、加工工序等情况。

与海关要求纳税义务人提供进出口货物的有关材料不同，补充申报属于正规的申报范畴。纳税义务人须填写补充申报单，并对补充申报的内容承担相应的法律责任。补充申报单具有与报关单同等的法律效力，如果纳税义务人不如实填报有关内容，海关将依法对其进行处罚。通常情况下，纳税义务人进行补充申报后，海关一般可不再要求纳税义务人进一步提供相关资料，除非补充申报单的内容仍然不能满足海关审核确定商品归类、完税价格和原产地等的需要。

补充申报的目的主要是为了弥补报关单申报内容不够详细的不足，使海关人员能够得到有关进出口货物的更多的信息，以便于正确确定相关货物的商品归类。因此，海关人员在根据纳税义务人补充申报的信息审核确定进出口货物的商品归类时，可以不对补充申报单的内容是否真实、正确作进一步实质性审核。但如果事后海关发现补充申报单的内容申报不实或故意伪瞒报的，可以根据有关规定对纳税义务人进行处罚。目前海关总署正在抓紧制定补充申报办法。

本条还对收发货人或其代理人故意隐瞒或拒绝提供有关资料的情况作出了处理方法。由于海关只有获取足够多的商品资料，才能做出准确的商品归类结果，以保证海关对进出口货物进行正确的监管。若由于收发货人或其代理人的原因导致了海关执法困难，那么海关为保证正确执法则会通过其他手段，依法审核确定商品归类。

第十二条　本条是对经海关审核认为纳税义务人申报商品归类错误情况的处理原则。《归类管理规定》作为海关一项关于商品归类工作的规章制度，与其他各项规章制度共同构建了海关的行政法规体系，在这个体系中各项法规规定的侧重点不同，《归类管理规定》对于涉及其他法规的规定，均采用指向性的写法。该条款对经海关审核发现纳税义务人申报有误或不符合有关规定而不能接受申报，应如何处置作出了规定。

第十三条　本条是对纳税义务人认为其商品归类有误情况的处理原则。同第十二条相同，本条款也采用了指向性的写法。本条规定，如果纳税义务人认为在报关单上填写的商品归类内容不准确，可以主动要求进行修改并重新申报，这种情况不属于补充申报。而具体的实施原则，本条则指向了《中华人民共和国海关进出口货物报关单修改和撤销管理办法》进行处置。

第十四条　本条是对因商品归类问题而引发的担保处理原则。货物实际进出口时，如果纳税义务人在海关对货物的商品归类审核完毕前，要求海关先放行货物，则应当向海关提供担保。但是，对于贸易管制类的商品，不在担保的范围内。具体的担保形式、操作方法等问题，海关总署目前正在进行制定海关担保条例。

第十五条 本条是对预归类的定义。为了给纳税义务人提供贸易便利化及降低其贸易成本，海关总署曾于2000年对外公布了约束性预归类的实施办法。近年来，随着我国经济的高速发展及经济全球化进程的进一步加快，原有的办法在一定程度上不能满足贸易形势发展的需要，存在执法随意性大、手续繁琐等弊端。

在吸收海关总署令第80号发布的《中华人民共和国海关进出口商品预归类暂行办法》内容的基础上，《归类管理规定》对预归类进行了重新的定义，对预归类的办理流程进行了重新构建。

预归类被设置为低于法律补充而高于一般性归类咨询的法律层级。预归类由纳税义务人启动，适用于法律法规已有明确规定的商品归类事项，其所载明的内容是法律法规所明确的或运用基本法律法规规则可以归入唯一商品编码的事项，在性质上属于指引性文件。相对人持有并提供“预归类决定书”的，就可以得到快速通关的便利，由于有明确规定的预归类申请能够及时由直属海关作出处理，基本可以满足企业对预归类货物快速通关的要求。同时，预归类的实施扩大了预归类的适用范围，使其包括加工贸易。另外，除了将没有明确规定的疑难问题提交到海关总署，大部分预归类申请能够及时由直属海关作出处理，满足了企业对预归类货物快速通关的要求。判定某项商品的归类是否属于明确规定的依据是《归类管理规定》第二条所列内容及最基本的商品归类规则。

预归类定义中还规定了申请预归类的条件，为保证海关公共资源能够得到有效的应用，《归类管理规定》中特别规定在货物实际进出口的45日前向海关申请预归类这一限定条件。根据这一条件，纳税义务人必须要向海关提供申请预归类的商品确属拟进出口货物的证明材料。

第十六条 本条对申请预归类的手续进行了规定，即通过向拟实际进出口货物所在地的直属海关递交填制好的格式化文书。与原先使用的约束性预归类相比，调整后的预归类需要向拟实际进出口货物所在地的直属海关进行申请。这是由于“预归类决定书”便捷通关的优惠措施只是在做出预归类的直属海关内有效。

第十七条 本条对海关制发“预归类决定书”的流程进行了规定。在制发“预归类决定书”的过程中，海关要对申请预归类决定的商品事项进行审核，判定申请预归类的事项是否在《税则》、《注释》等本条目中列明的法规中有明确规定。对于有明确规定的具体理解，其判定标准是：只有在商品归类定义中列明的才是有明确法律依据的商品归类事项，也就是说商品满足在《税则》条文中有具体列名的或由税则结构可以直接推出的；商品属《税则注释》通过具体列举方式列出的品目商品范围，且本国子目未对HS品目作进一步细分的；或本国子目对HS品目作进一步细分，且由税则结构可以直接推出的；商品与《本国子目注释》中所述商品相同的；商品与海关总署发布的关于商品归类的行政裁定、商品归类决定中所述商品相同的四项条件的就是有明确规定的商品归类事项。

为保证纳税义务人的贸易可预见性，《归类管理规定》特别规定了海关审核的时限。在接到纳税义务人提交的预归类申请后，海关将根据商品归类的审核要求进行初审。经审核，申请符合作出预归类的要求后，海关则接受预归类申请，并通过审核对申请事项属于明确规定的事项，在接受申请之日起15个工作日内制发“预归类决定书”。若海关经审核后认为预归类申请的事项不属于有明确规定的事项，则将按照《归类管理规定》第二十条的有关规定进行处理。

第十八条 本条是对“预归类决定书”应用的规定。预归类与业务咨询有着本质的区别。业务咨询的答复往往是口头的，即使有书面的，也仍然是仅供纳税义务人参考，最终要以货物实际进出口时的审核确定为准。预归类则完全不同，纳税义务人是以书面形式向海关提出预归类的申请，海关作出预归类决定后也是以书面形式告知纳税义务人。在货物实际进出口向海关申报时，只要实际进出口的货物与预归类提出时的情况完全一样，海关应当接受纳税义务人申报的商品归类事项。预审核决定与咨询答复的法律地位完全不同。因此，预审核应严格按规定程序、要求进行。

第十九条 本条是对错误或不再适用的“预归类决定书”处理的规定。“预归类决定书”不再适用有两种情况：“预归类决定书”所载内容错误或因依据发生变化导致预归类不再适用。对于“预归类决定书”所载内容存在错误的情况，根据错误发生的原因分为：因进出口货物收发货人或其代理人的原因导致做出的“预归类决定书”错误的和因海关审核原因造成“预归类决定书”错误的。对于上述因第一种原因造成的“预归类决定书”错误，则“预归类决定书”应被视为无效，一切因使用错误“预归类决定书”造成的损失均按照有关规定进行处理；对于因海关原因造成“预归类决定书”错误的，海关则应承但相应的责任。对于已制发的错误“预归类决定书”，海关应立即撤销“预归类决定书”。

另外，由于“预归类决定书”在性质上属于指引性文件，作为预归类援引的法律依据发生变化时，预归类是在对应的法规发生变化时立即失效，海关可以通过制发“预归类决定书撤销通知单”告知申请人，同时海关也可以根据同时失效的“预归类决定书”的数量，通过发布公告的方式告知相对人。但不论以何种形式通知相对人，相对人都有义务在“预归类决定书”依据的归类规定发生变化后，停止使用原“预归类决定书”。

第二十条 本条是对申请预归类的事项不属于有明确规定事项情况的处理。

对于经海关审核后认为是没有明确规定的预归类申请事项，海关应将有关结果反馈给纳税义务人，同时海关将建议纳税义务人对有关商品作出归类裁定。作为提高贸易预知性的另一手段，海关行政裁定是指海关在货物实际进出口前，应对外贸易经营者的申请，依据有关海关法律、行政法规和规章，对与实际进出口活动有关的海关事务作出的具有普遍约束力的决定。具体的实施办法可以按照《中华人民共和国海关行政裁定管理暂行办法》办理。

第二十一条 本条是明确了归类决定的定义。

商品归类决定的法律地位为商品归类的法律依据，可以视为对《税则》、《注释》以及《本国子目注释》的补充。商品归类行政决定由海关启动，不是针对具体的相对人作出，而是抽象行政行为。商品归类决定既可以适用法律法规无明确规定的事项，也可以是针对有明确规定的归类事项。

第二十二条 本条明确了海关总署是对外发布商品归类决定的单位。由于海关是商品归类决定的制定单位，自然由海关总署对外发布和解释商品归类决定。

第二十三条 本条是对归类决定失效情况的规定。由于商品归类决定也是依照有关商品归类的法律、行政法规等做出的，因此当归类决定援引的法律或法规发生变化的时候，其做出的解释相应的也会失去效力。但是由于商品归类决定作为法律依据，其生效与失效都要依照有关法律程序来进行。《归类管理规定》规定，在商品归类决定援引或依据的法规发生变化时，商品归类决定自动失效。海关总署作为做出商品归类的单位，应当将失效的归类决定及时对外公布。

第二十四条 本条是对错误的商品归类决定的处置原则。海关总署作为商品归类决定的做出单位，当发现做出的商品归类决定存在错误，应及时撤销商品归类决定，避免因错误商品归类决定造成的损失。

由于商品归类决定作为行政行为，其起效和失效均需要制发单位对外正式公布，因此其失效时间也就为撤销决定的公布时间。

第二十五条 本条是对因商品归类引发的税款计征等问题的处理原则。由于海关总署对因通关环节发生退补税问题的处理方法有明确的规定，因此本着运用更明确规定处理的原则，此条款规定了因商品归类引发的税款计征等问题按照相应的规定进行处理。

第二十六条 本条是关于法律责任的原则性规定，明确了违反《归类管理规定》规定行为的处罚依据。

本条规定可分为两个层次理解：首先违反本规定，已构成违反海关监管规定的行为或走私行为的，按照《海关法》、《中华人民共和国海关行政处罚实施条例》和其他有关法律、行政法规的规定处罚；其次违反本规定，构成犯罪的，应依法追究其刑事责任。

第二十七条 本条明确了《归类管理规定》的解释权。根据“谁立法，谁解释”的原则，由于《归类管理规定》是属于海关总署制定的部门规章，故应由海关总署负责解释。

第二十八条 本条是对《归类管理规定》施行日期的规定。另外，由于在《归类管理规定》中对预归类的流程等问题进行了重新的规定，因此海关总署令第 80 号发布的《中华人民共和国海关进出口商品预归类暂行办法》中对预归类的规定便失效了。本条采取明令废止的方式，宣布由海关总署发布的《中华人民共和国海关进出口商品预归类暂行办法》同时废止。

《中华人民共和国海关办理行政处罚简单案件程序规定》及解读

中华人民共和国海关办理行政处罚简单案件程序规定

第一条　为了规范海关办理行政处罚简单案件程序，根据《中华人民共和国行政处罚法》（以下简称《行政处罚法》）、《中华人民共和国海关法》、《中华人民共和国海关行政处罚实施条例》（以下简称《处罚条例》），制定本规定。

第二条　简单案件是指海关在行邮、快件、货管、保税监管等业务现场以及其他海关监管、统计业务中发现的违法事实清楚、违法情节轻微，经现场调查后，可以当场制发行政处罚告知单的违反海关监管规定案件。

第三条　简单案件程序适用于以下案件：

（一）适用《处罚条例》第十五条第一、二项规定进行处理的；

（二）适用《处罚条例》第二十条至第二十三条规定进行处理的；

（三）违反海关监管规定携带货币进出境，金额折合人民币 20 万元以下的；

（四）其他违反海关监管规定案件货物价值在人民币 20 万元以下，物品价值在人民币 5 万元以下的。

第四条　适用简单案件程序办理案件的，海关应当告知当事人。当事人应当根据海关要求提交有关单证材料。

第五条　适用简单案件程序办理案件的，海关应当当场立案，立即开展调查取证工作。

第六条　海关进行现场调查后，应当当场制发行政处罚告知单，并将行政处罚告知单交由当事人或者其代理人当场签收。

符合《行政处罚法》第三十三条规定的简单案件，可以不制发行政处罚告知单。

第七条　海关依法作出行政处罚决定或者不予行政处罚决定的，应当制发行政处罚决定书或者不予行政处罚决定书，送达当事人或者其代理人。

有下列情形之一的，海关可以当场制发行政处罚决定书，并当场送达当事人或者其代理人：

（一）当事人对被告知的事实、理由以及依据无异议，并填写“放弃陈述、申辩、听证权利声明”的；

（二）当事人对海关告知的内容提出陈述、申辩意见，海关能够当场进行复核且当事人对当场复核意见无异议的。

第八条　适用简单案件程序办理的案件，海关应当在立案后 5 个工作日以内制发行政处罚决定书。

第九条　适用简单案件程序办理的案件有下列情形之一的，海关应当终止适用简单案件程序，适用一般程序规定办理，并告知当事人：

（一）海关发现新的违法事实，认为案件需要进一步调查取证的；

（二）当事人对海关告知的内容提出陈述、申辩意见，海关无法当场进行复核的；

（三）海关当场复核后，当事人对海关的复核意见仍然不服的；

（四）当事人向海关提出听证申请的。

第十条　本规定中的“以下”、“以内”，均包括本数在内。

第十一条　本规定由海关总署负责解释。

第十二条　本规定自 2010 年 4 月 1 日起施行。

《中华人民共和国海关办理行政处罚简单案件程序规定》解读

《中华人民共和国海关办理行政处罚简单案件程序规定》（以下简称《规定》）已于 2010 年 2 月 23 日经海关总署署务会议审议通过，于 2010 年 3 月 1 日对外公布，自 2010 年 4 月 1 日起施行。现就其中的有关内容作以下说明。

一、基本背景

近年来，随着进出口贸易量的不断增长和海关业务领域的逐步拓展，海关行政处罚案件数量呈现增长态势，2009 年全国海关立案查处的违规类行政处罚案件超过 38000 起。如果按照普通案件办理程序办理所有案件，不仅加剧了海关现场人员不足与案件数量增长的矛盾，而且案件办理周期过长，当事人反映比较强烈，对海关进一步提高办案效率的呼声较高。部分海关针对一些案值较小、事实清楚、证据确凿的简单案件，通过简化内部审批程序，缩短办案周期，得到当事人的普遍好评。2007

年出台的《中华人民共和国海关办理行政处罚案件程序规定》（海关总署令第 159 号）对简单案件的处理程序作了原则规定，但对简单案件程序的适用范围、简单案件的办理时限及具体办理程序等问题未作出明确规定，在实践中难以有效地统一和规范简单案件的办理程序。在海关查处的案件中，符合简单案件标准，可以适用简单案件程序办理的案件数量占有较大的比例，其中 2009 年可以适用简单案件程序办理的案件为 12972 起，占案件总数的 34%。因此，出台《规定》，对海关办理行政处罚简单案件程序作出明确规定，有利于统一和规范简单案件办理程序，防范执法风险，保证海关执法一致性，同时也有利于提高执法效率，维护当事人的合法权益。

二、简单案件的基本特征

简单案件办理程序是对《行政处罚法》规定的一般行政处罚案件办理程序的简化，实质上简化的是海关办理行政处罚案件的内部审批环节，对于与当事人直接相关的程序，如制发告知单、制发处罚决定书、送达等，海关不能随意简化。从《规定》第二条“简单案件”的定义可以看出，简单案件应当具备以下几个特征：一是案件违法事实清楚，违法情节轻微；二是能够当场制发行政处罚告知单；三是属于违反海关监管规定的案件，走私案件不能列入简单案件。

三、可以适用简单案件程序的案件

《规定》第三条规定的可以适用简单案件程序办理的案件主要包括两类：一类是不以涉案货物、物品价值作为罚款基数，可以直接依据《海关行政处罚实施条例》规定的罚款幅度进行处罚的案件，包括适用《海关行政处罚实施条例》第十五条第一、二项及第二十条至第二十三条规定进行处理的案件；另一类是案值较小的案件，包括违反海关监管规定超过国家规定限额携带货币进出境，涉案金额折合人民币 20 万元以下的案件，以及其他涉案货物价值在人民币 20 万元以下，涉案物品价值在人民币 5 万元以下的案件。

需要说明的是，符合上述规定的案件不一定最终都适用简单案件程序进行办理。《规定》第九条规定了在以下 4 种情况下，海关应当终止适用简单案件程序，适用一般程序规定办理，并告知当事人：一是海关发现新的违法事实，认为案件需要进一步调查取证的；二是当事人对海关告知的内容提出陈述、申辩意见，海关无法当场进行复核的；三是海关当场复核后，当事人对海关的复核意见仍然不服的；四是当事人向海关提出听证申请的。

四、关于简单案件程序的告知

一是《规定》第四条规定的适用简单案件程序的告知。这一告知发生在简单案件程序启动之前，主要是为了有效维护当事人的知情权和参与权。《规定》没有要求这一告知必须采用书面形式，但如果在告知适用简单案件程序的同时，要求当事人提供有关单证材料的，则海关应当通过书面形式予以告知。通常情况下，当事人根据要求提供的单证材料主要是为了便于海关当场开展调查并制发处罚告知单，主要包括“放弃陈述、申辩（听证）声明”，授权委托书，申报单证及随附单证，当事人陈述材料，当事人的营业执照或身份证件材料，涉案货物、物品的化验报告，鉴定结论，以及其他有关材料。

二是《规定》第六条规定的处罚告知。简单案件程序的处罚告知与一般办案程序的处罚告知除了前者在时间上必须做到当场制发行政处罚告知单外，两者在告知的形式、签收等其他方面并无区别，海关应当严格按照《行政处罚法》和《中华人民共和国海关办理行政处罚案件程序规定》履行告知义务。《规定》第六条第二款还规定了一种可以不制发行政处罚告知单的情形，即对公民处以 50 元以下，对法人或者其他组织处以 1000 元以下罚款或者警告行政处罚的简单案件，可以不进行书面告知。但此种情形下海关仍然要履行告知义务，作出处罚之前，应当通过其他形式（包括口头方式）告知当事人作出行政处罚决定的事实、理由和依据，并告知当事人依法享有的权利。

三是《规定》第九条规定的终止适用简单案件程序的告知。这一告知发生在简单案件程序启动之后，只要出现了该条规定的 4 种情形之一的，海关就应当终止适用简单案件程序。《规定》没有要求这一告知必须采用书面形式，但从前后一致的角度上说，终止适用简单案件程序的告知在形式上应当与适用简单案件程序的告知保持一致。

五、海关“当场”作出的行为

一是当场立案。《规定》第五条对此作了明确。

二是当场开展调查取证工作。虽然《规定》第五条规定的是“立即开展调查取证工作”，但在办案顺序上，调查取证发生在前，处罚告知发生在后，由于简单案件必须当场制发处罚告知单，因此当场开展调查取证工作应属题中应有之义。

三是当场制发行政处罚告知单。《规定》第二条、第六条对此作了明确。

四是当场送达行政处罚告知单。《规定》第六条虽然没有明确要求当场送达行政处罚告知单，但规定了海关应将行政处罚告知单交由当事人或者其代理人当场签收，由于送达与签收属于互相衔接和呼应的行为，当事人当场签收的前提是海关必须当场送达。

五是部分案件当场作出处罚决定。《规定》第六条第二款规定具备下列两种情形之一的，海关可以当场制发行政处罚决定书：当事人对被告知的事实、理由及依据无异议，并填写“放弃陈述、申辩、听证权利声明”；当事人对海关告知的内容提出陈述、申辩意见，海关能够当场进行复核且当事人对当场复核意见无异议的。

六、关于办案期限

我国现行法律法规对行政处罚案件的办案期限没有作出明确规定，但海关行政处罚案件的调查期限一般不超过3个月。经过立法调研并结合部分海关办理简单案件的实践经验，《规定》第九条规定“适用简单案件程序办理的案件，海关应当在立案后5个工作日以内制发行政处罚决定书”，这一规定既可以有效保证办案质量，同时也充分考虑了不同关区的执法实践。

海关主要通关规定

进出口货物价格、归类、原产地补充申报规定

（海关总署公告　2009年第49号）

为规范进出口申报行为，确保申报行为的准确性和有效性，根据《中华人民共和国海关法》、《中华人民共和国进出口关税条例》、《中华人民共和国进出口货物原产地条例》、《中华人民共和国海关进出口货物申报管理规定》及其他有关法律、行政法规及规章的规定，现就进出口货物价格、归类、原产地补充申报有关问题公告如下：

一、本公告所称的补充申报是指进出口货物的收发货人、受委托的报关企业（以下分别简称收发货人、报关企业）依照海关有关行政法规和规章的要求，在《中华人民共和国海关进（出）口货物报关单》（以下简称报关单）之外采用补充申报单的形式，向海关进一步申报为确定货物完税价格、商品归类、原产地等所需信息的行为。《中华人民共和国海关进出口货物优惠原产地管理规定》（海关总署令第181号）规定的补充申报，按照该署令办理。

二、有下列情形的，收发货人、报关企业应当向海关进行补充申报：

（一）海关对申报时货物的价格、商品编码等内容进行审核时，为确定申报内容的完整性和准确性，要求进行补充申报的。

海关对申报货物的原产地进行审核时，为确定货物原产地准确性，要求收发货人提交原产地证书，并进行补充申报的。

（二）海关对已放行货物的价格、商品编码和原产地等内容进行进一步核实时，要求进行补充申报的。

三、收发货人、报关企业可以主动向海关进行补充申报，并在递交报关单时一并提交补充申报单。

四、补充申报的申报单包括《中华人民共和国海关进出口货物价格补充申报单》（见附件1）、《中华人民共和国海关进出口货物商品归类补充申报单》（见附件2）、《中华人民共和国海关进出口货物原产地补充申报单》（见附件3）以及海关行政法规和规章规定的其他补充申报单证。

收发货人、报关企业应按要求如实、完整地填写补充申报单，并对补充申报内容的真实性、准确性承担相应的法律责任。补充申报的内容是对报关单申报内容的有效补充，不得与报关单填报的内容相抵触。

五、根据本公告第二条的规定需要进行补充申报的，海关应当书面通知收发货人、报关企业，收发货人、报关企业应当在收到海关书面通知之日起5个工作日内向海关办理补充申报手续，海关行政法规和规章另有规定的除外。

收发货人、报关企业在规定时限内未能按要求进行补充申报的，海关可根据已掌握的信息，按照有关规定确定进口货物的完税价格、商品编码和原产地。

六、本公告内容自2009年10月1日起实行。海关总署公告2007年第51号同时废止。

特此公告。

附件：1.《中华人民共和国海关进出口货物价格补充申报单》样式及填报说明

2.《中华人民共和国海关进出口货物商品归类补充申报单》样式及填报说明

3.《中华人民共和国海关进出口货物原产地补充申报单》样式及填报说明

二〇〇九年八月十日

附件 1

中华人民共和国海关进出口货物价格补充申报单

补充申报单编号：

<table>
<tr><td>报关单号</td><td colspan="3">报关单第　　项商品</td></tr>
<tr><td>商品名称</td><td></td><td>商品编码</td><td></td></tr>
<tr><td>规格型号</td><td colspan="3"></td></tr>
<tr><td>品　　牌</td><td>中文：</td><td colspan="2">英文：</td></tr>
<tr><td rowspan="2">买　　方</td><td>名称：</td><td colspan="2">联系人：</td></tr>
<tr><td>地址：</td><td colspan="2">电话：</td></tr>
<tr><td rowspan="2">卖　　方</td><td>名称：</td><td colspan="2">联系人：</td></tr>
<tr><td>地址：</td><td colspan="2">电话：</td></tr>
<tr><td rowspan="2">生产厂商</td><td>名称：</td><td colspan="2">联系人：</td></tr>
<tr><td>地址：</td><td colspan="2">电话：</td></tr>
<tr><td>合同协议号</td><td></td><td>签约日期</td><td></td></tr>
<tr><td>发票编号</td><td></td><td>发票日期</td><td></td></tr>
<tr><td colspan="4">进口货物部分</td></tr>
<tr><td rowspan="19">一、买卖双方之间的关系</td><td colspan="3">（一）买卖双方之间存在以下关系：</td></tr>
<tr><td colspan="3">[　　] 买卖双方为同一家族成员；</td></tr>
<tr><td colspan="3">[　　] 买卖双方互为商业上的高级职员或董事；</td></tr>
<tr><td colspan="3">[　　] 一方直接或间接地受另一方控制；</td></tr>
<tr><td colspan="3">[　　] 买卖双方都直接或间接地受第三方控制；</td></tr>
<tr><td colspan="3">[　　] 买卖双方共同直接或间接地控制第三方；</td></tr>
<tr><td colspan="3">[　　] 一方直接或间接地拥有控制或持有对方 5%或以上的公开发行的有表决权的股票或股份；</td></tr>
<tr><td colspan="3">[　　] 一方是另一方雇员、高级职员或董事；</td></tr>
<tr><td colspan="3">[　　] 买卖双方是同一合伙的成员。</td></tr>
<tr><td colspan="3">以上关系是否影响进口货物的成交价格？　　□是　　□否</td></tr>
<tr><td colspan="3">如有影响，那么进口货物的成交价格</td></tr>
<tr><td colspan="3">[　　] 与同时或大约同时向境内无特殊关系的买方出售的相同或类似货物的成交价格相近；</td></tr>
<tr><td colspan="3">[　　] 与同时或大约同时相同或类似货物的倒扣价格相近；</td></tr>
<tr><td colspan="3">[　　] 与同时或大约同时相同或类似货物的计算价格相近；</td></tr>
<tr><td colspan="3">[　　] 没有以上相近的价格。</td></tr>
<tr><td colspan="3">如有以上相近的价格，请提供相关证明资料。</td></tr>
<tr><td colspan="3">（二）买卖双方无以上任何一种关系。　　□是　　□否</td></tr>
</table>

<table>
<tr><td rowspan="7">二、交易的条件</td><td>（一）买方处置或使用货物时是否受到除行政法规规定的限制以及对货物销售地域限制以外的限制？ □是 □否</td></tr>
<tr><td>（二）货物的价格是否受到使货物的成交价格无法确定的条件或因素的影响？ □是 □否</td></tr>
<tr><td>如果上述任一问题的回答为“是”，请说明限制、条件或因素的内容：
[ ]</td></tr>
<tr><td>如果影响货物成交价格的条件或因素可以以客观量化数据表示，请将其填写在三（二）栏中。</td></tr>
<tr><td>（三）买方是否应直接或间接支付与进口货物有关并作为货物销售条件的特许权使用费？ □是 □否</td></tr>
<tr><td>（四）卖方是否直接或间接从买方对该货物进口后销售、处置或者使用所得中获得收益？ □是 □否</td></tr>
<tr><td>如存在以上特许权使用费和收益的支付，且其金额在进口时不能确定的，请说明：
[ ]</td></tr>
</table>

<table>
<tr><td colspan="3" rowspan="2">三、费用状况</td><td colspan="3">币 制</td></tr>
<tr><td>单位金额</td><td>总金额</td><td>备注</td></tr>
<tr><td colspan="3">（一）发票价格</td><td></td><td></td><td></td></tr>
<tr><td colspan="3">（二）间接支付的货款</td><td></td><td></td><td></td></tr>
<tr><td rowspan="12">（三）未包括在发票价格中的费用和价值</td><td rowspan="3">1. 买方负担的费用：</td><td>（1）除购货佣金以外的佣金和经纪费</td><td></td><td></td><td></td></tr>
<tr><td>（2）与该货物视为一体的容器费用</td><td></td><td></td><td></td></tr>
<tr><td>（3）包装材料和包装劳务费用</td><td></td><td></td><td></td></tr>
<tr><td rowspan="4">2. 与进口货物的生产和销售有关的，由买方以免费或者以低于成本的方式提供的货物或服务：</td><td>（1）进口货物包含的材料、部件、零件和类似货物</td><td></td><td></td><td></td></tr>
<tr><td>（2）在生产进口货物过程中使用的工具、模具和类似货物</td><td></td><td></td><td></td></tr>
<tr><td>（3）在生产进口货物过程中消耗的材料</td><td></td><td></td><td></td></tr>
<tr><td>（4）在境外进行的为生产进口货物所需的工程设计、技术研发、工艺及制图等相关服务</td><td></td><td></td><td></td></tr>
<tr><td colspan="2">3. 特许权使用费 — 参见第二（三）栏</td><td></td><td></td><td></td></tr>
<tr><td colspan="2">4. 卖方直接或间接从买方对货物进口后转售、处置或使用所得中获得的收益 — 参见第二（四）栏</td><td></td><td></td><td></td></tr>
<tr><td rowspan="3">5. 货物运抵境内输入地点起卸前的费用：</td><td>（1）运输费用</td><td></td><td></td><td></td></tr>
<tr><td>（2）运输相关费用</td><td></td><td></td><td></td></tr>
<tr><td>（3）保险费</td><td></td><td></td><td></td></tr>
</table>

出口货物部分

<table>
<tr><td rowspan="2"></td><td colspan="3">币制</td></tr>
<tr><td>单位金额</td><td>总金额</td><td>备注</td></tr>
<tr><td>一、发票价格</td><td></td><td></td><td></td></tr>
<tr><td>二、间接收取的货款</td><td></td><td></td><td></td></tr>
<tr><td colspan="4">三、出口关税是否已经从申报价格中扣除？ □是 □否</td></tr>
</table>

其他需要说明的情况（可另附页）

<table>
<tr><td>申报申明：对本申报单各项填报内容及所附单证的真实性和完整性承担法律责任，并愿意提供与海关估价有关的其他任何资料或单证，如有不实，由海关按有关规定处理。</td><td rowspan="8">海关批注：</td></tr>
<tr><td>对以上申报内容是否需要海关予以保密？
□是　　□ 否</td></tr>
<tr><td></td></tr>
<tr><td>申报人签名：
填制日期：</td></tr>
<tr><td>单位地址：
申报单位：</td></tr>
<tr><td>邮编：
□进出口货物收发货人</td></tr>
<tr><td>电话：
□ 委托申报的报关企业</td></tr>
<tr><td>（盖章）</td></tr>
</table>

填报说明

一、总体说明：

（一）《中华人民共和国海关进出口货物价格补充申报单》（简称《价格补充申报单》）应由货物收发货人或其委托的报关企业填写。

（二）每一张《价格补充申报单》应填写一项商品，对应一份报关单，海关另做要求的除外。一份报关单中涉及多项商品需进行补充申报，一张报关单可对应多份《价格补充申报单》。

（三）补充申报单编号栏由海关填写。

（四）凡《价格补充申报单》中有“□”符号的选择项目，根据选择情况在“是”或“否”后面的“□”中打“√”号。

（五）在《中华人民共和国海关审定进出口货物完税价格办法》中已有解释的有关概念在以下说明中不再重复解释。

（六）阅读本说明以后，仍无法准确填报的，请及时向海关人员询问。

二、表头栏目填报说明：

（一）“补充申报单编号”由海关编号，申报单位无需填写。

（二）“报关单号”应填写补充申报单所对应的报关单编号。

（三）“报关单第　项”是指作补充申报的商品在报关单中的排列序号，该项目与报关单中该商品的“项号”一致。

（四）“商品名称”为补充申报的货物规范的中英文商品名称，内容应与报关单相应项目相符。

（五）“商品编码”按海关规定的商品归类规则确定的货物的商品编码，该项目应与报关单填报内容一致。

（六）“规格型号”应尽可能详细，内容应与报关单相应项目相符。

（七）“品牌”应填写补充申报商品的中英文品牌。

（八）“买方”应填写中英文全名，主要办公地点地址、联系人姓名以及联系电话。

（九）“卖方”应填写中英文全名，主要办公地点地址、联系人姓名以及联系电话。

（十）“生产厂商”指货物的生产企业，该栏须填写其中英文全名，主要办公地点地址、联系人姓名以及联系电话。

（十一）“合同协议号”应与报关单填报内容一致

（十二）“签约日期”指贸易合同签订的日期。

（十三）“发票编号”指卖方销售有关货物开出的商业发票编号。

（十四）“发票日期”指卖方开具发票的日期。

三、进口货物部分填报说明：

（一）第一栏“买卖双方之间的关系”

1. 第（一）栏 买卖双方之间如果存在该栏目所列举的 8 种关系之一的，请在相应的关系类型前□中用“√”标记，并进一步回答“以上关系是否影响进口货物的成交价格”。

2. 如果买卖双方之间存在的关系影响了进口货物的成交价格，应进一步回答其成交价格与所列举的3种价格中的哪一个相近，如有相近价格的，请提供相关证明材料；如果没有相近价格的，应在相应选项前用“√”标识。

3. 如果买卖双方之间没有以上任何一种关系的，应填写第（二）栏，并用“√”标记。

（二）第二栏“交易的条件”

1. 第（一）栏 如果买方在处置或者使用进口货物时，受到非列举限制项目之外的限制，应选择“是”；否则，应选择“否”。

2. 第（二）栏如果货物的价格受到使货物的成交价格无法确定的条件或因素的影响的，包括货物的价格是以约定的定价公式来确定而在进口时结算价格尚未确定的，应选择“是”；如果没有，应选择“否”。

3. 第（一）栏和第（二）栏两个问题中任何一个回答为“是”的，都需要加以说明。如可以客观量化数据表示的，应将有关数据填写在第三（二）栏。

4. 第（三）栏如果在申报价格外买方还需要向卖方支付与进口货物相关，并且作为该货物销售条件的特许权使用费的，应选择“是”，并将有关数据填写第三（三）栏第3项中；如果没有，应选择“否”。

5. 第（四）栏如果卖方获得因买方销售、处置或者使用进口货物而产生的任何收益，不管是直接的还是间接的，应选择“是”，并填写第三（三）栏第4项。

6. 如果存在第（三）栏和第（四）栏所指的特许权费和收益支付，且其金额在进口时尚不能确定的，应进行详细说明。

（三）第三栏“费用状况”

该栏目为进口货物成交价格的各种费用调整项目申报栏，每一个费用项目都应当填报“单位金额”、“总金额”和“备注”三个栏目。

1. “币制”是指买方支付费用时采用的货币。以下各费用栏目申报的“单位金额”、“总金额”在填报时应采用统一的币制，如实际支付采用多种不同币制的，在申报时应换算为统一的币制。

2. “单位金额”是指按照公认会计原则分摊到每件补充申报货物上的费用。“总金额”是指补充申报货物在该费用项目下的费用总额。

3. 如果在费用项目下没有费用产生，或者虽然有费用产生但无法提供客观可量化数据的，应在“单位金额”和“总金额”中填写“/”表明无数据填报，并在“备注”栏中注明无申报的原因。

4. 第（一）栏“发票价格”指进行补充申报的该项商品在向海关申报随附商业发票上的总金额。

5. 第（二）栏“间接支付的货款”指未包含在发票金额内的，买方根据卖方的要求支付给第三方，或者冲抵买卖双方之间的其他资金往来的款项。

6. 第（三）栏第2项（1）、（2）、（3）、（4）四项费用应采用合理方式，按公认的会计原则分摊到补充申报的货物上，并在“备注”栏中注明分摊方法，提供分摊计算说明。

7. 第（三）栏第3项“特许权使用费”在补充申报时未能确定的，应在“备注”栏注明，并提供有关资料和说明。

8. 如果能确定“特许权使用费”金额但需要进行分摊的，应采用合理方式，按公认的会计原则分摊到补充申报的货物上，并在“备注”栏中注明分摊方法，提供分摊计算说明。

9. 第（三）栏第4项有关收益在补充申报时未能确定的，应在“备注”栏注明，并提供有关资料和说明。

10. 第（三）栏第5项（2）应包括货物运抵境内输入地点起卸前发生的与货物运输有关的搬运费、仓储费以及滞期费等。

四、出口货物部分填报说明

（一）第（一）栏“发票价格”指进行补充申报的该项商品在向海关申报随附商业发票上的总金额。

（二）第（二）栏“间接收取的货款”指未包含在发票金额内的，买方根据卖方的要求支付给第三方，或者冲抵买卖双方之间的其他资金往来的款项。

（三）第（三）栏，如果在向海关申报时，出口关税已经从申报价格中扣除的，应选择“是”；否则，应选择“否”。

五、其他

（一）如以上栏目还未能充分说明补充申报货物成交价格情况的，可以在“其他需要说明的情况”栏进行说明，空间不足的还可另附页说明。

（二）“申报人签字”由货物收发货人或其委托申报的报关企业授权填报本《补充申报单》的人签字；申报单位盖章应加盖申报人单位公章，受委托申报的报关企业填报该表时必须提交书面委托书。

（三）“对以上申报内容是否需要海关予以保密？”是填报人对于补充申报内容保密要求的选项。如填报人认为本表填报内容涉及商业秘密，可以要求海关对其填报内容予以保密。

（四）海关批注栏指供海关内部作业时签注的总栏目，由海关关员填写。

附件 2

中华人民共和国海关进出口货物商品归类补充申报单

补充申报单编号：

<table>
<tr><td>报关单号</td><td colspan="3"></td><td colspan="2">报关单第　　项商品</td></tr>
<tr><td>商品名称</td><td></td><td>商品编号</td><td colspan="3"></td></tr>
<tr><td>规格型号</td><td colspan="5"></td></tr>
<tr><td>品　牌</td><td colspan="2">中文：</td><td colspan="3">英文：</td></tr>
<tr><td rowspan="2">买　方</td><td colspan="2">名称：</td><td colspan="3">联系人：</td></tr>
<tr><td colspan="2">地址：</td><td colspan="3">电话：</td></tr>
<tr><td rowspan="2">卖　方</td><td colspan="2">名称：</td><td colspan="3">联系人：</td></tr>
<tr><td colspan="2">地址：</td><td colspan="3">电话：</td></tr>
<tr><td rowspan="2">生产厂商</td><td colspan="2">名称：</td><td colspan="3">联系人：</td></tr>
<tr><td colspan="2">地址：</td><td colspan="3">电话：</td></tr>
<tr><td>合同协议号</td><td></td><td>签约日期</td><td colspan="3"></td></tr>
<tr><td>发票编号</td><td></td><td>发票日期</td><td colspan="3"></td></tr>
<tr><td>商品其他名称</td><td colspan="2"></td><td>进/出口国（地区）
海关商品编码</td><td colspan="2"></td></tr>
<tr><td colspan="6">该商品是否取得过海关预归类决定书？　　□是　　□否
如选择“是”，请填写以下 3 项。</td></tr>
<tr><td>预归类决定书
编号</td><td></td><td>预归类决定书
商品编码</td><td></td><td>作出预归类决定的
直属海关</td><td></td></tr>
<tr><td colspan="6">该商品是否曾被海关取样化验？　　□是　　□否</td></tr>
<tr><td colspan="6">请按以下选中项填写相关说明：
□a 成分及比例　□b 原料及组成　□c 生产/加工工艺　□d 构成　□e 技术参数　□f 具体规格
□g 工作原理　□h 车型、排量　□i 功能　□j 用途　□k 加工程度　□l 性能指标　□m 其他信息</td></tr>
<tr><td colspan="6"></td></tr>
<tr><td colspan="6">请在此填写（请注明上述相应选项项号，也可在本申报单后随附）：</td></tr>
<tr><td colspan="5">申报申明：对本申报单各项填报内容及所附单证的真实性和完整性承担法律责任，并愿意提供与海关归类有关的其他任何资料和单证，如有不实，由海关按有关规定处理。
对上申报内容是否需要海关予以保密？　　□是　　□否
申报人签名：　　填报日期：
单位地址：　　申报单位：
邮编：　　□ 进出口货物收发货人；
电话：　　□ 委托申报的报关企业
（盖章）</td><td>海关批注：</td></tr>
</table>

填报说明

一、总体说明：

（一）《中华人民共和国海关进出口货物商品归类补充申报单》（以下简称《归类补充申报单》）应当由进出口货物收货人或者其委托的报关企业填写。

（二）每一份《归类补充申报单》只能填写一项商品，对应一份报关单。如一份报关单中涉及多项商品需要进行补充申报原产地情况的，一份报关单可以对应多份《归类补充申报单》。

（三）除特殊说明的栏目外，《归类补充申报单》每一栏目均应填写。

（四）凡《归类补充申报单》中有“□”符号的选择项目，根据实际情况在选择项目前面的“□”中打“√”号。

（五）在已有法规中已有对商品归类相关的解释、概念在以下说明中不再重复解释。

（六）阅读本说明后，仍然无法准确填报的，请及时向海关有关工作人员询问。

二、具体栏目填报说明：

（一）“补充申报单编号”由海关填写。

（二）“报关单号”应填写补充申报单所对应的报关单编号。

（三）“报关单第　项”是指作补充申报的商品在报关单中的排列序号，该项目与报关单中该商品的“项号”一致。

（四）“商品名称”为补充申报的进口货物规范的中英文商品名称，内容应当与报关单相应项目相符。

（五）“商品编码”应填报由《中华人民共和国进出口税则》确定的进出口货物的税则号列和《中华人民共和国海关统计商品目录》确定的商品编码，以及符合海关监管要求的附加编号组成的10位商品编码，该项目应与报关单填报内容一致。

（六）“规格型号”内容应当与报关单相应栏目相符，但应当比报关单所填报的规格型号内容更详细全面。

（七）“品牌”栏根据实际情况，有中英文的则填写中英文，仅有一种的则填一种。

以上“规格型号”、“品牌”栏要求填写的项目较多，如果填写空间不够，应当选择能够反映进出口货物特征的主要项目填写。对部分重点商品海关将以清单形式明确商品规格型号及品牌的填制规范。

（八）“买方”是指直接与境外的卖方谈判达成交易，自行或者委托具有对外贸易经营权的企业与卖方签订并实际执行合同的我国境内法人或其他组织。买方也就是成交单位，同时也可以是经营单位。该栏目必须填写中英文全名，主要办公地点地址、联系人姓名以及联系电话。

（九）“卖方”指与买方谈判达成交易，并直接与成交单位或与成交单位委托的经营单位签订进口货物销售合同的境外法人或其他组织。卖方就是成交外商，也可以是生产厂商。该栏目必须填写中英文全名，主要办公地点地址、联系人姓名以及联系电话。

（十）“生产厂商”指进口货物的生产企业，该栏目必须填写其中英文全名、主要办公地点地址、联系人姓名以及联系电话。

（十一）“合同协议号”应与报关单填报内容一致。

（十二）“发票编号”填写生产厂商销售货物开出的商业发票编号。如果涉及反倾销商品，本栏目必须填写原产商发票。

（十三）“商品其他名称”填写除《报关单》中商品名称以外的其他名称：如俗名、习惯称谓、商业名称、外文名称等。

（十四）“进/出口国（地区）海关商品编码”填写进出口该商品的国家或地区海关确定的商品编码，如果不清楚可以不填。

（十五）“该商品是否取得过海关预归类决定书”栏，应根据实际选择，如果该商品曾取得过海关的预归类决定书，还应填写“预归类决定书编号”“商品编码”“作出预归类决定的海关”相关内容。

（十六）“该商品是否曾被海关取样化验”栏，请根据实际选择。

（十七）“请按选中项填写相关说明”栏，请根据海关要求或企业希望主动提供资料的实际情况进行选择，并在空白栏处按选中项目的字母顺序逐项如实填写，也可在申报单后随附提供。

（十八）“申报申明”栏中，申报人签字由进出口货物收货人或者其委托的报关企业填报人签字；申报单位盖章应当加盖申报人单位公章，报关企业填报该表时必须提交由进出口货物收发货人出具的书面委托书。

（十九）“海关批注”栏指供海关内部作业时签注的总栏目，由海关关员手工填写在纸质《补充申报单》上。

附件 3

中华人民共和国海关进出口货物原产地补充申报单

补充申报单编号：

报关单号		报关单 第 项商品	
商品名称（中英文）		商品编号	
规格型号		标记唛头	
品 牌	中文：	英文：	
买 方	名称：	联系人：	
	地址：	电话：	
买 方	名称：	联系人：	
	地址：	电话：	
生产厂家	名称：	联系人：	
	地址：	电话：	
合同协议号		签约日期	
发票编号		发票日期	
运输方式	☐ 联运 ☐ 空运 ☐ 海运 ☐ 陆运		
直接运输	☐ 是 ☐否	中转国（地区）	
到货口岸		申报口岸	
提单编号			
原产国（地区）		原产国（地区）标记的位置	☐ 外包装 ☐ 内包装 ☐ 产品本体 ☐ 无
原产地证书签发机构及所在国家（地区）		原产地证书编号	
适用的原产地标准	☐完全获得 ☐税号改变 ☐制造或加工工序 ☐从价百分比 ☐混合标准 ☐其他标准		
其他需要说明的情况（针对上述项目需要进一步说明的）：			
申报申明：对本申报单各项填报内容及所附单证的真实性和完整性承担法律责任，并愿意提供与海关归类有关的其他任何资料和单证，如有不实，由海关按有关规定处理。 对上申报内容是否需要海关予以保密？ ☐是 ☐ 否 申报人签名： 填报日期： 单位地址： 申报单位： 邮编： ☐ 进出口货物收发货人； 电话： ☐ 委托申报的报关企业 （盖章）			海关批注：

填报说明

一、总体说明：

（一）《中华人民共和国海关进出口货物原产地补充申报单》（以下简称《原产地补充申报单》）应当由进出口货物收货人或者其委托的报关企业填写。

（二）每一份《原产地补充申报单》只能填写一项商品，对应一份报关单。如一份报关单中涉及多项商品需要进行补充申报原产地情况的，一份报关单可以对应多份《原产地补充申报单》。

（三）除特殊说明的栏目外，《原产地补充申报单》每一栏目均应填写。

（四）凡《原产地补充申报单》中有“□”符号的选择项目，根据实际情况在选择项目前面的“□”中打“√”号。

（五）在原产地相关管理规定中已有解释的有关概念在以下说明中不再重复解释。

（六）阅读本说明后，仍然无法准确填报的，请及时向海关有关工作人员询问。

二、具体栏目填报说明：

（一）“补充申报单编号”由海关填写。

（二）“报关单号”应填写补充申报单所对应的报关单编号。

（三）“报关单 第 项”是指作补充申报的商品在报关单中的排列序号，该项目与报关单中该商品的“项号”一致。

（四）“商品名称”为补充申报的进口货物规范的中英文商品名称，内容应当与报关单相应项目相符。

（五）“商品编码”应填报由《中华人民共和国进出口税则》确定的进出口货物的税则号列和《中华人民共和国海关统计商品目录》确定的商品编码，以及符合海关监管要求的附加编号组成的10位商品编码，该项目应与报关单填报内容一致。

（六）“规格型号”内容应当与报关单相应栏目相符，但应当比报关单所填报的规格型号内容更详细全面。

（七）“标记唛头”指标记唛码中除图形以外的文字、数字。

（八）“品牌”栏根据实际情况，有中英文的则填写中英文，仅有一种的则填一种。

以上“规格型号”、“品牌”栏要求填写的项目较多，如果填写空间不够，应当选择能够反映进出口货物特征的主要项目填写。对部分重点商品海关将以清单形式明确商品规格型号及品牌的填制规范。

（九）“买方”是指直接与境外的卖方谈判达成交易，自行或者委托具有对外贸易经营权的企业与卖方签订并实际执行合同的我国境内法人或其他组织。买方也就是成交单位，同时也可以是经营单位。该栏目必须填写中英文全名，主要办公地点地址、联系人姓名以及联系电话。

（十）“卖方”指与买方谈判达成交易，并直接与成交单位或与成交单位委托的经营单位签订进口货物销售合同的境外法人或其他组织。卖方就是成交外商，也可以是生产厂商。该栏目必须填写中英文全名，主要办公地点地址、联系人姓名以及联系电话。

（十一）“生产厂商”指进口货物的生产企业，该栏目必须填写其中英文全名、主要办公地点地址、联系人姓名以及联系电话。

（十二）“合同协议号”应与报关单填报内容一致。

（十三）“发票编号”填写生产厂商销售货物开出的商业发票编号。如果涉及反倾销商品，本栏目必须填写原产商发票。

（十四）“运输方式”栏，按照实际情况在“□”内打“√”，如果是采用“联运”方式的，除了在“联运”前的“□”内打“√”外，还要确定具体的运输方式，如海陆联运的，则选“联运”、“海运”、“陆运”三个选项。

（十五）“直接运输”栏，按照实际情况在“□”内打“√”，如非直接运输，还应在“中转国（地区）”栏中，填写实际中转国（地区）名称。

（十六）“中转国（地区）”指货物在运输过程中因需要而中间停留、变换运输工具或方式的国家或地区，有多个则填写多个。

（十七）“到货口岸”指进口货物到达我国关境的第一个口岸。

（十八）“申报口岸”指进口货物办理报关手续的口岸。

（十九）“提单编号”填写进口货物运输全过程中所有的提单编号。

（二十）“原产国（地区）”指依据《中华人民共和国进出口货物原产地条例》、《中华人民共和国海关关于执行〈非优惠原产地规则中实质性改变标准〉的规定》以及海关总署关于各项优惠贸易协定原产地管理规章规定的原产地确定标准填报。

（二十一）“原产地证书签发机构及所在国家（地区）”按实际情况如实填写，有中英文的则按中英文填写。如果涉及反倾销商品，本栏目必须填写。

（二十二）“适用原产地标准”栏应当依据《中华人民共和国进出口货物原产地条例》（国务院令第416号）和《中华人

民共和国海关关于〈关于非优惠原产地规则中实质性改变标准的规定〉》(海关总署令第 122 号) 的有关规定进行选择。

(二十三)“其他需要说明的情况”栏填写在其他栏目中不能说明清楚的问题，空间不足的还可另附页说明。

(二十四)“申报申明”栏中，申报人签字由进出口货物收货人或者其委托的报关企业填报人签字；申报单位盖章应当加盖申报人单位公章，报关企业填报该表时必须提交由进出口货物收发货人出具的书面委托书。

(二十五)“海关批注”栏指供海关内部作业时签注的总栏目，由海关关员手工填写在纸质《补充申报单》上。

海关总署关于启用补充申报管理系统的公告

（海关总署公告 2012年第42号）

为配合通关作业无纸化改革，提高通关效率，进一步规范进出口补充申报行为，根据海关总署公告2009年第49号，海关总署开发了补充申报管理系统（以下简称系统），对通关过程的补充申报进行电子化管理。现就启用系统的相关问题公告如下：

一、进出口货物的收发货人、受委托的报关企业（以下分别简称收发货人、报关企业）主动向海关进行补充申报的，应在向海关申报电子数据报关单时，一并通过系统向海关申报电子数据补充申报单。

二、海关在对进出口货物申报时的价格、商品编码、原产地等内容审核的过程中，要求收发货人、报关企业进行补充申报的，可通过系统发送电子指令通知收发货人、报关企业向海关申报电子数据补充申报单。

三、收发货人、报关企业应当在收到海关补充申报电子指令之日起5个工作日内，通过系统向海关申报电子数据补充申报单。法律、行政法规和海关规章另有规定的除外。

四、电子数据补充申报单经海关审核通过后，收发货人、报关企业应当打印纸质补充申报单（一式两份）签名盖章后递交现场海关。适用通关作业无纸化通关方式申报的补充申报单，无需递交纸质补充申报单。

五、电子数据补充申报单的修改、撤销等比照报关单的有关管理规定办理。

六、海关对已放行货物的价格、商品编码、原产地等内容进行进一步核实时，要求收发货人、报关企业进行补充申报的，应当制发《补充申报通知书》（具体格式见附件）书面通知收发货人、报关企业。收发货人、报关企业采用纸质补充申报单进行申报。

七、本公告内容自2012年9月20日起执行。

特此公告。

附件：补充申报通知书

二〇一二年八月二十八日

附件

补充申报通知书

________________：

为进一步确定进出口货物的完税价格、商品归类、原产地，请对编号为________________报关单的第______项商品办理补充申报手续。请填写：

□《进出口货物价格补充申报单》

□《进出口货物归类补充申报单》

□《进口货物原产地补充申报单》

并于　　年　　月　　日前向我关提交。逾期未提交的，我关将根据有关规定进行处置。

____________海关（印）

经办人：　　　　日期：

回　执

我司于　　年　　月　　日收到关于编号为________________报关单的第______项商品的《补充申报通知书》，我司将于　　年　　月　　日前向海关提交有关补充申报单。

经办人：____________单位（印）

海关通关系统常用代码表及说明

监管方式代码表及说明

监管方式代码表

监管方式代码	监管方式简称	监管方式全称
0110	一般贸易	一般贸易
0130	易货贸易	易货贸易
0139	旅游购物商品	用于旅游者 5 万美元以下的出口小批量订货
0200	料件销毁	加工贸易料件、残次品（折料）销毁
0214	来料加工	来料加工装配贸易进口料件及加工出口货物
0245	来料料件内销	来料加工料件转内销
0255	来料深加工	来料深加工结转货物
0258	来料余料结转	来料加工余料结转
0265	来料料件复出	来料加工复运出境的原进口料件
0300	来料料件退换	来料加工料件退换
0314	加工专用油	国营贸易企业代理来料加工企业进口柴油
0320	不作价设备	加工贸易外商提供的不作价进口设备
0345	来料成品减免	来料加工成品凭征免税证明转减免税
0400	边角料销毁	加工贸易边角料、副产品（按状态）销毁
0420	加工贸易设备	加工贸易项下外商提供的进口设备
0444	保区进料成品	按成品征税的保税区进料加工成品转内销货物
0445	保区来料成品	按成品征税的保税区来料加工成品转内销货物
0446	加工设备内销	加工贸易免税进口设备转内销
0456	加工设备结转	加工贸易免税进口设备结转
0466	加工设备退运	加工贸易免税进口设备退运出境
0500	减免设备结转	用于监管年限内减免税设备的结转
0513	补偿贸易	补偿贸易
0544	保区进料料件	按料件征税的保税区进料加工成品转内销货物
0545	保区来料料件	按料件征税的保税区来料加工成品转内销货物
0615	进料对口	进料加工（对口合同）

监管方式代码	监管方式简称	监管方式全称
0642	进料以产顶进	进料加工成品以产顶进
0644	进料料件内销	进料加工料件转内销
0654	进料深加工	进料深加工结转货物
0657	进料余料结转	进料加工余料结转
0664	进料料件复出	进料加工复运出境的原进口料件
0700	进料料件退换	进料加工料件退换
0715	进料非对口	进料加工（非对口合同）
0744	进料成品减免	进料加工成品凭征免税证明转减免税
0815	低值辅料	低值辅料
0844	进料边角料内销	进料加工项下边角料转内销
0845	来料边角料内销	来料加工项下边角料内销
0864	进料边角料复出	进料加工项下边角料复出口
0865	来料边角料复出	来料加工项下边角料复出口
1039	市场采购	市场采购
1139	国轮油物料	中国籍运输工具境内添加的保税油料、物料
1200	保税间货物	海关保税场所及保税区域之间往来的货物
1210	保税电商	保税跨境贸易电子商务
1215	保税工厂	保税工厂
1233	保税仓库货物	保税仓库进出境货物
1234	保税区仓储转口	保税区进出境仓储转口货物
1239	保税电商 A	保税跨境贸易电子商务 A
1300	修理物品	进出境修理物品
1371	保税维修	保税维修
1427	出料加工	出料加工
1500	租赁不满 1 年	租期不满 1 年的租赁贸易货物
1523	租赁贸易	租期在 1 年及以上的租赁贸易货物
1616	寄售代销	寄售、代销贸易
1741	免税品	免税品
1831	外汇商品	免税外汇商品
2025	合资合作设备	合资合作企业作为投资进口设备物品
2225	外资设备物品	外资企业作为投资进口的设备物品
2439	常驻机构公用	外国常驻机构进口办公用品
2600	暂时进出货物	暂时进出口货物
2700	展览品	进出境展览品
2939	陈列样品	驻华商业机构不复运出口的进口陈列样品
3010	货样广告品	进出口的货样广告品
3039	货样广告品 B	无经营权单位进出口的货样广告品
3100	无代价抵偿	无代价抵偿进出口货物

监管方式代码	监管方式简称	监管方式全称
3239	零售电商	跨境电子商务零售
3339	其他进出口免费	其他进出口免费提供货物
3410	承包工程进口	对外承包工程进口物资
3422	对外承包出口	对外承包工程出口物资
3511	援助物资	国家和国际组织无偿援助物资
3611	无偿军援	无偿军援
3612	捐赠物资	进出口捐赠物资
3910	军事装备	军事装备
4019	边境小额	边境小额贸易（边民互市贸易除外）
4039	对台小额	对台小额贸易
4139	对台小额商品交易市场	进入对台小额商品交易专用市场的货物
4200	驻外机构运回	我驻外机构运回旧公用物品
4239	驻外机构购进	我驻外机构境外购买运回国的公务用品
4400	来料成品退换	来料加工成品退换
4500	直接退运	直接退运
4539	进口溢误卸	进口溢卸、误卸货物
4561	退运货物	因质量不符、延误交货等原因退运进出境货物
4600	进料成品退换	进料成品退换
5000	料件进出区	料件进出海关特殊监管区域
5010	特殊区域研发货物	海关特殊监管区域与境外之间进出的研发货物
5014	区内来料加工	海关特殊监管区域与境外之间进出的来料加工货物
5015	区内进料加工货物	海关特殊监管区域与境外之间进出的进料加工货物
5033	区内仓储货物	加工区内仓储企业从境外进口的货物
5034	区内物流货物	海关特殊监管区域与境外之间进出的物流货物
5100	成品进出区	成品进出海关特殊监管区域
5200	区内边角调出	用于区内外非实际进出境货物
5300	设备进出区	设备及物资进出海关特殊监管区域
5335	境外设备进区	海关特殊监管区域从境外进口的设备及物资
5361	区内设备退运	海关特殊监管区域设备及物资退运境外
6033	物流中心进出境货物	保税物流中心与境外之间进出仓储货物
9600	内贸货物跨境运输	内贸货物跨境运输
9610	电子商务	跨境贸易电子商务
9639	海关处理货物	海关变卖处理的超期未报货物、走私违规货物
9700	后续补税	无原始报关单的后续补税
9739	其他贸易	其他贸易
9800	租赁征税	租赁期 1 年及以上的租赁贸易货物的租金
9839	留赠转卖物品	外交机构转售境内或国际活动留赠放弃特批货物
9900	其他	其他

监管方式代码表说明

进出口货物海关监管方式（以下简称监管方式），即现行进出口货物报关单“监管方式”，是以国际贸易中进出口货物的交易方式为基础，结合海关对进出口货物的征税、统计及监管条件综合设定的海关对进出口货物的管理方式。

由于海关对不同监管方式下进出口货物的监管、征税、统计作业的要求不尽相同，因此为满足海关管理的要求，H2010 通关管理系统的监管方式代码采用四位数字结构，其中前两位是按海关监管要求和计算机管理需要划分的分类代码，后两位为海关统计代码。

●一般贸易

一、定义与代码

一般贸易是指我国境内有进出口经营权的企业单边进口或单边出口的贸易。

本监管方式代码“0110”，简称“一般贸易”。

二、适用范围

（一）本监管方式包括：

1. 以正常交易方式成交的进出口货物。

2. 贷款援助的进出口货物。

3. 外商投资企业进口供加工内销产品的料件。

4. 外商投资企业用国产原材料加工成品出口或采购产品出口。

5. 供应外国籍船舶、飞机等运输工具的国产燃料、物料及零配件。

6. 保税仓库进口供应给中国籍国际航行运输工具使用的燃料、物料等保税货物。

7. 境内企业在境外投资以实物投资带出的设备、物资。

8. 来料养殖、来料种植进出口货物。

（二）本监管方式不适用：

1. 进出口货样广告品，监管方式为“货样广告品”（3010）、“货样广告品 B”（3039）。

2. 没有对外贸易经营资格的单位获准临时进出口货物，监管方式为“其他贸易”（9739）。

3. 境外劳务合作项目，对方以实物产品抵偿我劳务人员工资所进口的货物（如钢材、木材、化肥、海产品等），对外承包工程期间在国外获取及在境外购买的设备、物资等，监管方式为“承包工程进口”（3410）。

●易货贸易

一、定义与代码

易货贸易是指不通过货币媒介而直接用出口货物交换进口货物的贸易。

本监管方式代码“0130”，简称“易货贸易”。

二、适用范围

本监管方式仅适用于易货贸易经营企业在核准的范围内易货贸易进出口货物。

以下情况不适用本监管方式：

（一）对台小额贸易中签订易货合同的贸易，监管方式为“对台小额”（4039）。

（二）边境小额贸易企业易货贸易进出口货物，监管方式为“边境小额”（4019）。

●旅游购物商品

一、定义与代码

旅游购物商品是指境外旅游者用自带外汇购买的或委托境内企业托运出境 5 万美元以下的旅游商品或小批量订货。

本监管方式代码“0139”，简称“旅游购物商品”。

二、适用范围

以下情况不适用本监管方式：

（一）出口 5 万美元以上的旅游购物商品。出口旅游商品 5 万美元以上的，有进出口经营权的企业，按“一般贸易”（0110）申报出口；没有进出口经营权的企业，按“其他贸易”（9739）申报出口。

（二）入境旅游者（包括外籍运输工具服务人员）自带出境用外汇购买的旅游纪念品、工艺品、中药材和中成药，由出境地海关旅检部门按照规定限值、限量办理。

●加工贸易料件、成品放弃

一、定义与代码

（一）加工贸易料件放弃是指加工贸易企业来料加工或进料加工进口的料件，不再用于加工成品出口，主动放弃交由海关处理。

本监管方式代码“0200”，简称“料件销毁”。

（二）加工贸易成品放弃是指加工贸易企业来料加工或进料加工生产的成品因故不再出口，主动放弃交由海关处理。

本监管方式代码“0400”，简称“边角料销毁”。

二、适用范围

（一）料件放弃包括：加工贸易进口料件、剩余料件和边角料。

（二）成品放弃包括：加工贸易进口料件加工的成品、半成品、残次品。

●来料加工

一、定义与代码

来料加工是指进口料件由境外企业提供，经营企业不需要付汇进口，按照境外企业的要求进行加工或者装配，只收取加工费，制成品由境外企业销售的经营活动。

本监管方式代码“0214”，简称“来料加工”。

二、适用范围

（一）本监管方式包括：

1. 来料加工项下进口的料件和加工出口的成品。

2. 设立保税工厂的加工贸易企业来料加工进口料件和出口成品。

（二）以下情况不适用本监管方式：

1. 国营企业代理来料加工企业进口加工生产用柴油，监管方式为“加工专用油”（0314）。

2. 由特定企业以加工贸易进口原油加工成品油，不返销出境，供应国内市场的，监管方式为“进料以产顶进”（0642）。

3. 进口5000美元以下的78种列名辅料，监管方式为“低值辅料”（0815）。

●加工贸易保税货物深加工结转

一、定义与代码

加工贸易保税货物深加工结转是指来料加工、进料加工经营企业将保税进口料件加工的产品不直接出口，在境内结转给另一个加工贸易企业再加工后复出口。

来料深加工结转货物监管方式代码“0255”，简称“来料深加工”。

进料深加工结转货物监管方式代码“0654”，简称“进料深加工”。

二、适用范围

（一）本监管方式适用：

1. 非海关特殊监管区域加工贸易经营企业之间来料、进料深加工货物结转。

2. 非海关特殊监管区域加工贸易经营企业转自海关特殊监管区域加工贸易经营企业加工的货物。

（二）本监管方式不适用：

1. 保税区、保税物流园区等海关特殊监管区域之间结转的货物，监管方式为“保税间货物”（1200）。

2. 出口加工区企业生产的产品结转至其他出口加工区或非海关特殊监管区域加工复出口，加工区企业转出、转入报关单监管方式为“成品进出区”（5100）。

3. 经营企业进料加工产品转给享受减免税优惠的企业，监管方式为“进料成品减免”（0744）。

●加工贸易余料结转

加工贸易余料结转是指加工贸易企业在经营来料加工、进料加工的加工复出口业务过程中剩余的、可以继续用于加工制成品的加工贸易进口料件，结转到同一经营单位、同一加工企业、同样进口料件和同一加工监管方式的另一个加工贸易合同项下继续加工复出口。

来料余料结转监管方式代码“0258”，简称“来料余料结转”。

进料余料结转监管方式代码“0657”，简称“进料余料结转”。

●加工贸易料件复出

一、定义与代码

加工贸易料件复出是指来料加工、进料加工进口的保税料件因品质、规格等原因退运，以及加工过程中产生的剩余料件、边角料、废料退运出境。

来料加工料件复出监管方式代码“0265”，简称“来料料件复出”。

来料加工边角料复出监管方式代码“0865”，简称“来料边角料复出”。

进料加工料件复出监管方式代码“0664”，简称“进料料件复出”。

进料加工边角料复出监管方式代码“0864”，简称“进料边角料复出”。

二、适用范围

（一）加工贸易料件复出适用：

1. 来料加工、进料加工进口的保税料件因品质、规格等原因退运，以及加工过程中产生的剩余料件、边角料、废料退运出境。

2. 经营企业因加工贸易出口产品售后服务需要，申请出口加工贸易手册项下进口的保税料件。

（二）本监管方式不适用：

加工贸易进口料件、剩余料件及边角料、废料复运出境后更换同类货物进口，监管方式为“来料料件退换”（0300）、“进料料件退换”（0700）。

●加工贸易货物退换

一、定义与代码

（一）加工贸易料件退换

加工贸易料件退换是指来料、进料加工进口的保税料件因品质、规格等原因退运出境，更换料件复进口。

来料加工料件退换监管方式代码“0300”，简称“来料料件退换”。

进料加工料件退换监管方式代码“0700”，简称“进料料件退换”。

（二）加工贸易成品退换

加工贸易成品退换是指来料、进料加工出口的成品因品质、规格或其他原因退运进境，经加工、维修或更换同类商品复出口。

来料加工成品退换监管方式代码“4400”，简称“来料成品退换”。

进料加工成品退换监管方式代码“4600”，简称“进料成品退换”。

二、适用范围

本监管方式不适用于来料加工、进料加工过程中产生的剩余料件、边角料、废料退运出境，以及进口料件因品质、规格等原因退运出境且不再更换同类货物进境。这几类货物分别适用以下监管方式：来料料件复出（0265）、来料边角料复出（0865）、进料料件复出（0664）、进料边角料复出（0864）。

●加工贸易保税货物转内销

包括以下监管方式：来料料件内销（0245）、来料成品减免（0345）、进料料件内销（0644）、进料成品减免（0744）、进料边角料内销（0844）、来料边角料内销（0845）。

一、定义与代码

（一）加工贸易保税料件转内销是指经营企业来料、进料加工过程中产生的剩余料件或用剩余料件生产的制成品、半成品、残次品及受灾保税货物，经批准转为国内销售，不再加工复出口，包括海关事后发现有关企业擅自转内销并准予补办进口手续的货物。

来料加工料件转内销监管方式代码“0245”，简称“来料料件内销”。

进料加工料件转内销监管方式代码“0644”，简称“进料料件内销”。

（二）加工贸易保税货物减免是指来料、进料加工成品在境内销售给凭征免税证明进口货物的企业。

来料加工成品转减免监管方式代码“0345”，简称“来料成品减免”。

进料加工成品转减免监管方式代码“0744”，简称“进料成品减免”。

（三）加工贸易边角料内销是指经批准在境内销售的来料、进料加工过程中有形损耗产生的、仍有商业价值的边角料，包括来料、进料加工副产品。

来料加工边角料转内销监管方式代码“0845”，简称“来料边角料内销”。

进料加工边角料转内销监管方式代码“0844”，简称“进料边角料内销”。

二、适用范围

（一）加工贸易保税货物内销监管方式适用于边角料、剩余料件、残次品、副产品和受灾保税货物。

1. 边角料，是指加工贸易企业经营来料加工、进料加工业务，在海关核定的单耗内、加工过程中产生的、无法再用于加工该合同项下出口制成品的数量合理的废、碎及下脚料件。

2. 剩余料件，是指加工贸易企业在经营业务过程中剩余的、可以继续用于加工制成品的加工贸易进口料件。

3. 残次品，是指加工贸易企业经营来料加工、进料加工业务，在生产过程中产生的有严重缺陷或者达不到出口合同标准，无法复出口的制品（包括完成品和未完成品）。

4. 副产品，是指加工贸易企业经营来料加工、进料加工业务，在加工生产出口合同规定的制成品（即主产品）过程中同时产生的且出口合同未规定应当复出口的一个或者一个以上的其他产品。

5. 受灾保税货物，是指加工贸易企业经营业务过程中，因不可抗力原因或者其他经海关审核认可的正当理由造成灭失、短少、损毁等导致无法复出口的保税进口料件和制品。

（二）以下情况不适用加工贸易保税货物转内销的监管方式：

1. 特定企业以加工贸易的方式进口原油炼制成品油，不返销出境而供应国内市场，监管方式为“进料以产顶进”（0642）。

2. 保税区、出口加工区加工贸易转内销货物，监管方式为“保区进料料件”（0544）、“保区来料料件”（0545）。

3. 企业擅自内销加工贸易保税货物，按走私或违规处理的。

●加工专用油

加工专用油是指指定国营贸易企业代理来料加工企业进口来料加工生产用柴油。

本监管方式代码“0314”，简称“加工专用油”。

●加工贸易设备

包括以下监管方式：不作价设备（0320）、加工贸易设备（0420）、加工设备内销（0446）、加工设备结转（0456）、加工设备退运（0466）。

一、定义与代码

（一）外商提供的加工贸易不作价设备是指境外企业与境内企业开展来料、进料加工业务，外商免费向境内加工贸易经营单位提供加工生产所需设备，境内经营单位不需支付外汇、不需用加工费或差价偿还。

外商提供的加工贸易不作价设备监管方式代码“0320”，简称“不作价设备”。

（二）加工贸易设备是指来料加工、进料加工贸易项下外商作价提供、不扣减企业投资总额的进口设备。

加工贸易设备监管方式代码“0420”，简称“加工贸易设备”。

（三）加工贸易设备转内销是指在海关监管期内的加工贸易免税进口设备经批准转售给境内非加工贸易企业。

加工贸易设备转内销监管方式代码“0446”，简称“加工设备内销”。

（四）加工贸易设备结转是指海关监管期内的加工贸易免税进口设备经批准转让给另一加工企业，或从本企业一本《加工贸易手册》结转入另一本《加工贸易手册》。

加工贸易设备结转监管方式代码“0456”，简称“加工设备结转”。

（五）加工贸易设备退运是指加工贸易免税进口设备退运出境。

加工贸易设备退运监管方式代码“0466”，简称“加工设备退运”。

二、适用范围

以下情况不适用本监管方式：

（一）暂时进口（期限在半年以内）加工贸易生产所需

不作价设备（限模具、单台设备），按暂时进口货物办理。

（二）外商投资企业投资总额内资金进口的设备，监管方式“合资合作设备”（2025）、“外资设备物品”（2225）。

（三）外商投资企业自有资金（投资总额以外）进口设备，监管方式“一般贸易”（0110）。

（四）出口加工区的设备进口、退运及结转，分别适用“境外设备进区”（代码 5335）、“区内设备退运”（代码 5361）和“设备进出区”（代码 5300）。

●监管年限内减免税设备结转

一、定义与代码

监管年限内减免税设备结转是指进口企业在减免税设备监管年限内转让给另一享受减免税待遇的企业。

本监管方式代码“0500”，简称“减免设备结转”。

二、适用范围

本监管方式不适用于加工贸易项下进口设备结转给另一加工贸易企业，监管方式为“加工设备结转”（0456）。

●保税区加工贸易内销货物

保税区进料加工、来料加工的加工成品不复运出境，转为国内使用，按征税方式区分，适用以下监管方式：

一、区内加工企业来料、进料加工全部用境外运入料件加工的制成品销往非保税区，以及来料、进料加工内销制成品所含进口料件的品名、数量、价值难以区分的，按照制成品征税，监管方式为：

（一）按成品征税的保税区来料加工成品转内销货物，监管方式代码“0445”，简称“保区来料成品”。

（二）按成品征税的保税区进料加工成品转内销货物，监管方式代码“0444”，简称“保区进料成品”。

二、区内企业来料、进料加工用含有部分境外运入料件加工的制成品销往非保税区时，对其制成品按照所含进口料件征税，监管方式为：

（一）按料件征税的保税区来料加工成品转内销货物，监管方式代码“0545”，简称“保区来料料件”。

（二）按料件征税的保税区进料加工成品转内销货物，监管方式代码“0544”，简称“保区进料料件”。

●补偿贸易

一、定义与代码

补偿贸易是指由境外厂商提供或者利用国外出口信贷进口生产技术或设备，我方企业（包括外商投资企业）进行生产，以返销其产品的方式分期偿还对方技术、设备价款或贷款本息的交易方式。包括经经贸主管部门批准，使用该企业（包括企业联合体）所生产的其他产品返销给对方，进行间接补偿。

补偿贸易偿还对方技术、设备价款或贷款本息的方式一般有两种：

（一）产品出口先偿还设备价款，还清本息后再出口收汇。

（二）设备价款本息在每批出口货物价款中扣还一部分，直到还清为止。

本监管方式代码“0513”，简称“补偿贸易”。

二、适用范围

本监管方式包括补偿贸易中对方有偿或免费提供的机器设备、模具等。

本监管方式不包括：

（一）直接用国内产品同国外厂商交换设备、料件或成品，以货换货，监管方式为“易货贸易”（0130）。

（二）出口产品收取外汇，监管方式为“一般贸易”（0110）。

（三）在补偿贸易合同中同时订有来料加工合同的，来料加工合同部分，监管方式为“来料加工”（0214）。

●进料加工贸易

一、定义与代码

进料加工贸易，是指进口料件由经营企业付汇进口，制成品由经营企业外销出口的经营活动。

进料加工贸易按照对外签约形式分为“进料加工非对口合同”和“进料加工对口合同”。

进料加工非对口合同是指我方有外贸进出口经营权的企业动用外汇购买进口原料、材料、元器件、零部件、配套件和包装物料（以下简称料件），加工成品或半成品再返销出口的交易形式。

本监管方式代码“0715”，简称“进料非对口”。

进料加工对口合同是指买卖双方分别签订进出口对口合同，料件进口时，我方先付料件款，加工成品出口时再向对方收取出口成品款项的交易形式，包括动用外汇的对口合同或不同客户的对口的联号合同，以及对开信用证的对口合同。

本监管方式代码“0615”，简称“进料对口”。

境外客户为境内企业加工复出口产品提供进口 5000 美元及以下、数量零星的辅料或包装物料，以及数量合理直接用于服装生产车间的小型易耗性生产工具。

本监管方式代码“0815”，简称“低值辅料”。

二、适用范围

（一）本监管方式包括：

1. 进料加工项下进口料件和加工出口产品。

2. 设立保税工厂的加工贸易企业进料加工进口料件和出口成品。

（二）本监管方式不适用出口加工区加工贸易进出口货物，其监管方式为“区内进料加工货物”（5015）。

●加工贸易成品油以产顶进

加工贸易成品油以产顶进是指特定企业以加工贸易形式进口原油，加工供国内市场的成品油。

本监管方式代码“0642”，简称“进料以产顶进”。

●国轮油物料

一、定义与代码

国轮油物料指中国籍国际航行的运输工具在境内添加的保税仓库进口仓储的油料、物料。

本监管方式代码“1139”，简称“国轮油物料”。

二、适用范围

本监管方式适用于从保税仓库提取，供应航行国际航线的中国籍船舶、民用航空器等运输工具的进口燃料、物料及零配件等。

本监管方式不适用从设在非海关特殊监管区域的保税仓库提取，供应航行国际航线的外国籍船舶、飞机等运输工具的进口燃料、物料，监管方式为“保税仓库货物”（1233）。

●保税区间及保税仓库间货物结转

一、定义与代码

保税区间及保税仓库间货物结转是指保税区、保税物流园区、出口加工区、出口监管仓库、保税仓库、保税物流中心（A、B型）等海关特殊监管区域、保税监管场所间往来的货物。

本监管方式代码“1200”，简称“保税间货物”。

二、适用范围

本监管方式不适用出口加工区间结转货物，不同出口加工区企业结转货物适用“成品进出区”（5100）和“料件进出区”（5000）。

●保税仓库进出境仓储、转口货物

一、定义与代码

保税仓库进出境仓储及转口货物，指从境外进口直接存入保税仓库和保税仓库出境的仓储、转口货物，以及出口监管仓库出境的货物。

本监管方式代码“1233”，简称“保税仓库货物”。

二、适用范围

（一）本监管方式适用于经批准设立的保税仓库进出境和出口监管仓库出境货物。包括从保税仓库提取用于外国籍国际航行运输工具的物料。

（二）下列情况不适用本监管方式：

1. 保税仓库、出口监管仓库进口自用的货架、办公用品、管理用具、运输车辆、搬运、起重和包装设备，以及改装用的机器等，监管方式为“一般贸易”（0110）。

2. 从保税仓库提取用于本国籍运输工具或用于维修境内设备的仓储货物，按进口申报，监管方式为“一般贸易”（0110）。

3. 保税仓库进境货物销往境内，按货物运出保税仓库的实际用途填报相应的监管方式。

4. 境内存入出口监管仓库和出口监管仓库退仓货物，分各种监管方式。

5. 保税区、保税物流中心进出境仓储、转口货物，监管方式分别为“保税区仓储转口”（1234）、“物流中心进出境货物”（6033）。

6. 保税仓库货物出仓运往境内其他地方转为正式进口的，在仓库主管海关办结出仓报关手续，填制出口报关单，监管方式填写“1200”，进口报关单按实际进口监管方式填报。

7. 保税仓库寄售维修零部件申请免税出仓的，进口报关单贸易方式应为“无代价抵偿货物”（代码为“3100”）。

●保税区进出境仓储、转口货物

一、定义与代码

保税区进出境仓储、转口货物是指从境外存入保税区、保税物流园区和从保税区、保税物流园区运出境的仓储、转口货物。

本监管方式代码“1234”，简称“保税区仓储转口”。

二、适用范围

下列情况不适用本监管方式：

（一）保税区、保税物流园区除仓储、转口货物以外的其他进出境货物，按实际监管方式填报。

（二）从境内非海关特殊监管区域、保税监管场所运入保税区、保税物流园区的货物，按实际监管方式填报。

从境内非海关特殊监管区域、保税监管场所运入保税区、保税物流园区的货物退回境内，按实际监管方式填报。

（三）从保税区、保税物流园区运往境内非海关特殊监管区域、保税监管场所的货物，按实际监管方式填报。

●寄售代销贸易

一、定义与代码

寄售代销贸易是指寄售人把货物运交事先约定的代销人，由代销人按照事先约定或根据寄售代销协议规定的条件，在当地市场代为销售，所得货款扣除代销人的佣金和其他费用后，按协议规定方式将余款付给寄售人的交易形式。寄售人与代销人之间不是买卖关系，而是委托关系，代销人对货物没有所有权。

本监管方式代码“1616”，简称“寄售代销”。

二、适用范围

本监管方式包括寄售代销贸易进出口的货物及进口寄售货物的增发部分。

本监管方式不包括：

（一）经营寄售代销业务的企业，接受国外免费提供的样品，监管方式应为“货样广告品B”（3039）。

（二）委托我驻港澳机构代销的鲜活商品，监管方式应为“一般贸易”（0110）。

●进出境修理物品

一、定义与代码

进出境修理物品是指进境或出境维护修理的货物、物品。

本监管方式代码“1300”，简称“修理物品”。

二、适用范围

本监管方式适用于各类进出境维修的货物，以及修理货物维修所用的原材料、零部件。

以下情况不适用本监管方式：

（一）按加工贸易保税货物管理的进境维修业务。

（二）加工贸易进口料件和出口成品进出境维修，分别适用来料料件退换（0300）、来料成品退换（4400）、进料料件退换（0700）、进料成品退换（4600）。

●出料加工贸易

一、定义及代码

出料加工贸易是指境内企业将境内原辅料、零部件、元器件或半成品交由境外厂商按我方要求进行加工或装配，成品复运进口，我方支付加工费的交易方式。

本监管方式代码“1427”，简称“出料加工”。

二、适用范围

本监管方式不包括：

（一）运往境外维修的货物，以及石化生产过程中所需催化剂需运至国外添加氢以增加活性后复运进境继续投入生产使用，不改变其物理和化学性质，未产生新的产品，监管方式为“修理物品”（1300）。

（二）出料加工，原则上不改变原出口货物的物理形态。对完全改变原出口货物的物理形态如出口废钢进口钢材，出口废铝进口铝合金板材等，不属出料加工，应按一般贸易货物办理进出口手续。

●租赁贸易

一、定义及代码

租赁贸易是指经营租赁业务的企业与外商签订国际租赁合同项下境内企业租赁进口或出租出口的货物。

租赁期在 1 年及以上的进出口货物，监管方式代码“1523”，简称“租赁贸易”。

租赁期在 1 年及以上的进出口货物分期办理征税手续时，每期征税适用监管方式代码“9800”，简称“租赁征税”。

租赁期不满 1 年的进出口货物，监管方式代码“1500”，简称“租赁不满 1 年”。

二、适用范围

以下情况不适用本监管方式：

（一）经营租赁业务的企业进口自用的设备、办公用品，监管方式为“一般贸易”（0110）。

（二）加工贸易租赁进口的机器设备，监管方式应为“加工贸易设备”（0420）。

（三）补偿贸易租借进口的货物，监管方式应为“补偿贸易”（0513）。

（四）“租赁贸易”（1523）期满复运出（进）口的货物，监管方式为“退运货物”（4561），“租赁不满 1 年”（1500）期满复运出（进）境的货物，监管方式为“租赁不满 1 年”（1500）。

●免税品

一、定义及代码

免税品是指设在国际机场、港口、车站和过境口岸的免税品商店进口，按有关规定销售给办完出境手续的旅客的免税商品，供外国籍船员和我国远洋船员购买送货上船出售的免税商品，供外交人员购买的免税品，以及在我国际航机、国际班轮上向国际旅客出售的免税商品。

本监管方式代码“1741”，简称“免税品”。

二、适用范围

（一）本监管方式适用于：

1. 范围：进出境口岸免税店、运输工具免税店、市内免税店、外交人员免税店和供船免税店等五类免税店进口核定品种的免税品。

2. 供应对象：办结出境手续的出境旅客、国际航行运输工具服务人员、外交人员。

（二）本监管方式不适用：

1. 境内免税外汇商店销售给为我出国人员、华侨的免税外汇商品，监管方式为“外汇商品”（1831）。

2. 经营免税品业务的单位进口的供维修使用的零部件、工具、展台、货架，监管方式为“一般贸易”（0110）。

3. 免税品退运出境，监管方式为“其他”（9900）。

●免税外汇商品

一、定义及代码

免税外汇商品是指由经批准的经营单位进口，销售专供入境的我国特定出国人员和驻华外交人员的免税外汇商品。

本监管方式代码“1831”，简称“外汇商品”。

二、适用范围

（一）本监管方式适用：

1. 免税外汇商品供应对象是指我国驻外外交机构人员、留学人员、访问学者、赴境外劳务人员、援外人员和远洋船员。

2. 上述人员用结存外汇在境内免税外汇商品店购买限定品种的免税外汇商品。

3. 专供外国驻华外交人员免税商品的特定公司进口的免税外汇商品。

（二）本监管方式不适用：

1. 设在国际机场、港口、车站和过境口岸的免税品商店所进口的，按有关规定销售给办结出境手续的旅客的免税商品，供外国籍船员和我国远洋船员购买送货上船出售的免税商品，供外交人员购买的免税品，以及在我国际航机、国际班轮上向国际旅客出售的免税商品。监管方式为“免税品”（1741）。

2. 经营免税外汇商品的单位进口供商品维修用的零部件、工具和商场自用的货架、手推车等。监管方式为“一般贸易”（0110）。

3. 因故经批准转内销进口免税外汇商品，监管方式为“一般贸易”（0110）。

4. 免税外汇商品退运出境，监管方式为“退运货物”（4561）。

●**外商投资企业作为投资进口的设备、物品**

一、定义及代码

外商投资企业作为投资进口的设备、物品是指外商投资企业投资总额内的资金（包括中方投资）进口的机器设备、零部件和其他建厂（场）物料，安装、加固机器所需材料，以及进口本企业自用合理数量的交通工具、生产用车辆、办公用品（设备）（以下简称“设备物品”）。

中外合资、合作企业进口设备、物品，监管方式代码“2025”，简称“合资合作设备”；外商独资企业（以下简称“外资企业”）进口设备、物品，监管方式代码“2225”，简称“外资设备物品”。

二、适用范围

（一）外商投资企业是指中外合资企业、中外合作企业、外商独资企业，包括华侨、港、澳、台同胞投资企业。

（二）设备是指外商投资企业在其投资总额内进口本企业自用的机器设备、零部件和其他物料［指建厂（场）及安装、加固机器所需材料］及生产用车辆。

（三）物品是指外商投资企业进口自用合理数量的办公用品（设备）和交通工具。

（四）下列情况不适用本监管方式：

1. 鼓励类和限制类外商投资企业、外商投资研究开发中心、先进技术型和产品出口型外商投资企业，以及符合中西部省、自治区、直辖市利用外资优势产业和优势项目目录的项目、企业自有资金（投资总额以外，具体是指企业储备基金、发展基金、折旧和税后利润），在原批准的生产经营范围内，对设备进行更新维修，进口国内不能生产或性能不能满足需要的自用设备及其配套的技术、配件、备件，监管方式为“一般贸易”（0110）。

2. 外商投资企业经营来料加工、进料加工、租赁贸易等进口的设备、物品，分别适用“不作价设备”（0320）、“加工贸易设备”（0420）、“租赁不满1年”（1500）、“租赁贸易”（1523）。

3. 外国常驻机构进口自用合理数量的公用物品，监管方式为“常驻机构公用”（2439）。

4. 没有实际进出境，在境内结转的减免税设备，监管方式为“减免设备结转”（0500）。

●**退运货物**

一、定义及代码

退运货物是指原进出口货物因残损、短少、品质不良或者规格不符、延误交货或其他原因退运出、进境的货物。

本监管方式代码“4561”，简称“退运货物”。

二、适用范围

（一）本监管方式适用以下监管方式进出口货物退运出、进境：

代码	名称	代码	名称
0110	一般贸易	3039	货样广告品 B
0130	易货贸易	3339	其他进出口免费
0139	旅游购物商品	3410	承包工程进口
1523	租赁贸易	3422	对外承包出口
1616	寄售代销	3511	援助物资
2025	合资合作设备	3612	捐赠物资
2225	外资设备物品	4019	边境小额
1831	外汇商品	4039	对台小额
3010	货样广告品	9739	其他贸易

（二）本监管方式不适用：

1. 货物进境后、放行结关前退运的货物，监管方式为“直接退运”（4500）。

2. 加工贸易进出口货物退运，监管方式为“来料料件退换”（0300）、“进料料件退换”（0700）、“来料成品退换”（4400）、“进料成品退换”（4600）。

3. 加工贸易设备退运，监管方式为“加工设备退运”（0466）。

4. “租赁不满1年”（1500）、“免税品”（1741）退运出境，监管方式为“其他”（9900）。

5. 出口加工区进口设备退运出境，监管方式为“区内设备退运”（5361）。

6. 进出口无代价抵偿货物，被更换的原进口货物退运出境，监管方式为“其他”（9900）。

●**外国常驻机构进出境公用物品**

一、定义及代码

外国常驻机构进出境公用物品是指境外（地区）企业、新闻机构、经贸机构、文化团体及其他境外（地区）法人经我国政府主管部门批准，在境内设立的常驻代表机构为开展公务活动所需进出境的物品。

本监管方式代码“2439”，简称“常驻机构公用”。

二、适用范围

（一）本监管方式包括常驻机构进境自用且数量合理的办公用机器设备、家具、文具、机动车辆等及复运出境的原进境的公用物品。

（二）本监管方式适用于以下机构：

1. 外国企业和其他经济组织常驻机构。

2. 外国民间经济贸易团体常驻机构。

3. 外国常驻新闻机构。

4. 其他外国常驻机构。

5. 华侨、港澳同胞、台湾同胞经营的企业常驻机构。

（三）下列监管业务不适用本监管方式：

1. 外国驻中国使馆、领馆，联合国及其专门机构，以及其他与中国政府签有协议的国际组织驻中国代表机构进出境物品填报“外国使领馆公私用物品进出境申报单”。

2. 外国人员子女学校进出境物品，监管方式为“其他贸易”（9739）。

3. 常驻机构人员进境自用的汽车，监管方式为“其他贸易”（9739）。

4. 外国驻华使、领馆在我国内购运出境的货物，监管方式为“其他”（9900）。

5. 暂时进出境的公用物品，监管方式为“暂时进出货物”（2600）。

●暂时进出境货物

一、定义及代码

暂时进出境货物是指经海关批准，暂时进出关境并且在规定的期限内复运出境、进境的货物。

本监管方式代码“2600”，简称“暂时进出货物”。

二、适用范围

（一）本监管方式包括：

1. 文化、体育交流活动中使用的表演、比赛用品。

2. 进行新闻报道或者摄制电影、电视节目使用的仪器、设备及用品。

3. 开展科研、教学、医疗活动使用的仪器、设备及用品。

4. 在本款第1~3项所列活动中使用的交通工具及特种车辆。

5. 货样。

6. 慈善活动使用的仪器、设备及用品。

7. 供安装、调试、检测、修理设备时使用的仪器及工具。

8. 盛装货物的容器。

9. 旅游用自驾交通工具及其用品。

10. 工程施工中使用的设备、仪器及其用品。

11. 海关批准的其他暂时进出境货物。

（二）以下情况不适用本监管方式：

1. 进出境展览品，监管方式为“展览品”（2700）。

2. 驻华商业机构不复运出口的进口陈列样品，监管方式为“陈列样品”（2939）。

3. 对外承包工程出口物资，监管方式为“对外承包出口”（3422）。

4. 进出境修理物品，监管方式为“修理物品”（1300）。

5. 租赁贸易进出口货物，监管方式为“租期不满1年”（1500）、“租赁贸易”（1523）。

6. 企业使用旧钢瓶容器进口燃料、物料，按进口燃料、物料的监管方式申报，报关单“包装种类”栏目填报“旧钢瓶”。旧钢瓶容器凭“入境货物通关单”验放，复运出境时监管方式填报“其他”（9900）。

7. 从境外暂时进境的货物转入保税区、出口加工区等海关特殊监管区域和保税监管场所的，不属于复运出境。

8. 用于装载海关监管货物的进出境集装箱。

9. 享有外交特权和豁免的外国驻华机构或者人员暂时进出境物品。

●进出境展览品

一、定义及代码

进出境展览品是指外国来华或我国为到国外举办经济、文化、科技等展览或参加博览会而进出口的展览品及展览品有关的宣传品、布置品、招待品、小卖品和其他物品。

本监管方式代码“2700”，简称“展览品”。

二、适用范围

（一）进出境展览品主要包括：

1. 在展览会、交易会、会议及类似活动中展示或者使用的货物，包括：

（1）为了示范展览会展出机器或者器具所使用的货物；

（2）设置临时展台的建筑材料及装饰材料；

（3）宣传展示货物的电影片、幻灯片、录像带、录音带、说明书、广告、光盘、显示器材等。

2. 上述所列活动中使用的交通工具及特种车辆。

3. 其他经海关批准用于展示的进出境货物、物品。

（二）以下情况不适用本监管方式：

1. ATA单证册项下的暂准进出口展览品，持证人免填报关单。

2. 不复运出（进）境而留在国内（外）销售的进出境展览品，按实际监管方式填报。

3. 在商店或者其他营业场所以销售国外货物为目的而组织的非公共展览会。

●货样、广告品

一、定义及代码

进出口货样是指专供订货参考的进出口货物样品；广告品是指用以宣传有关商品的进出口广告宣传品。

有进出口经营权的企业价购或价售进出口货样广告品，监管方式代码“3010”，简称“货样广告品”。

没有进出口经营权的企业（单位）进出口及免费提供进出口的货样广告品，监管方式代码“3039”，简称“货样广告品B”。

二、适用范围

上述监管方式除以上定义所述范围外，还包括寄售代销贸易中外商免费提供的货样广告品。

下列情况不适用本监管方式：

（一）暂时进出口的货样、广告品，监管方式为“暂时进出货物”（2600）。

（二）驻华商业机构不复运出口的进口陈列样品，监管方式应为“陈列样品”（2939）。

●无代价抵偿进出口货物

一、定义及代码

无代价抵偿货物是指进出口货物海关放行后，因残损、短少、品质不良或者规格不符原因，由进出口货物的发货人、承运人或保险公司免费补偿或更换的与原货物相同或者与合同规定相符的货物。

本监管方式代码“3100”，简称“无代价抵偿”。

二、适用范围

下列情况不适用本监管方式：

（一）来料加工、进料加工贸易进口料件和出口成品因残损、短少、品质不良或者规格不符原因，由进出口货物的发货人、承运人或保险公司免费补偿或更换的与原货物相同或者与合同规定相符的货物，分别适用具体列名的料件或成品退换的监管方式。

（二）与无代价抵偿进出口货物相关的原进出口货物退运出、进境，监管方式为“其他”（9900）。

●其他免费提供的进出口货物

一、定义及代码

其他免费提供货物指除已具体列名的礼品、无偿援助和赠送物资、捐赠物资、无代价抵偿进口货物、国外免费提供的货样、广告品等及归入列名监管方式的免费提供货物以外，进出口其他免费提供的货物。

本监管方式代码“3339”，简称“其他进出口免费”。

二、适用范围

（一）本监管方式包括：

1. 外商在经贸活动中赠送的物品。

2. 外国人捐赠品。

3. 驻外中资机构向国内单位赠送的物资。

4. 经贸活动中，由外商免费提供的试车材料、消耗性物品等。

（二）下列情况不适用本监管方式：

1. 保税仓库中由外商免费提供进口的机械设备、手工工具、运输工具、办公用品等，监管方式为“其他贸易”（9739）。

2. 免税店由外商免费提供进口的货架、柜台、手推车等，监管方式为“其他贸易”（9739）。

3. 来料加工、进料加工贸易项下外商免费提供的机械设备，监管方式为“不作价设备”（0320）。

4. 免费提供进出口的货样广告品，监管方式为“货样广告品 B”（3039）。

5. 国家和国际组织无偿援助物资，监管方式为“援助物资”（3511）。

6. 捐赠物资，监管方式为“捐赠物资”（3612）。

7. 无代价抵偿进出口货物，监管方式为“无代价抵偿”（3100）。

●对外承包工程进出口物资

一、定义及代码

对外承包工程出口物资是指经商务部批准的有对外承包工程经营权的公司为承包国外建设工程和开展劳务合作等对外合作项目而出口的设备、物资。

承包工程出口物资监管方式代码“3422”，简称“对外承包出口”。

对外承包工程进口物资是指承包工程期间在国外获取的设备、物资，以及境外劳务合作项目对方以实物产品抵偿我劳务人员工资所进口的货物。

监管方式代码“3410”，简称“承包工程进口”。

二、适用范围

（一）本监管方式不包括我劳务人员带出的自用生活物资，监管方式为“其他”（9900）。

（二）援外成套项目出口的货物应根据无偿援助或贷款援助，监管方式代码分别选用“援助物资”（3511）或“一般贸易”（0110）。

（三）边境地区有对外经济技术合作经营权的企业与毗邻国家边境地区开展承包工程和劳务合作项下出口的工程设备、物资（包括在外购买及换回的）运回境内时，监管方式代码“边境小额”（4019）。

（四）承包工程结束后复运进境原从国内运出的承包工程项下的设备、物资，监管方式为“退运货物”（4561）。

●国家或国际组织无偿援助和赠送的物资

一、定义及代码

国家或国际组织无偿援助和赠送的物资是指我国根据两国政府间的协议或临时决定，对外提供无偿援助的物资、捐赠品，或我国政府、组织基于友好关系向对方国家政府、组织赠送的物资，以及我国政府、组织接受国际组织、外国政府、组织无偿援助、捐赠或赠送的物资。

本监管方式代码“3511”，简称“援助物资”。

二、适用范围

（一）有关名词：

外国政府，是指外国国家的中央政府。

国际组织，是指联合国各专门机构，以及长期与我国有合作关系的其他国际组织。

国际条约，是指依据《中华人民共和国缔结条约程序法》以“中华人民共和国”、“中华人民共和国政府”及“中华人民共和国政府部门”名义同外国缔结协定或协议及参加的国际条约。

（二）以下情况不适用本监管方式：

1. 贷款援助的进出口货物（包括我方利用贷款或援助款项自行采购进口的货物），监管方式为“一般贸易”（0110）。

2. 来（出）访的团体和人员相互馈赠的礼品，监管方式为“其他”（9900）。

3. 经济贸易往来关系赠送的物资，监管方式为“其他进出口免费”（3339）。

4. 随援外物资一并出口或另外发运的批量出口的生活物资，应按照“其他贸易”（9739）报关。

5. 以扶贫、慈善、救灾为目的，向我国境内或向境外捐赠的直接用于扶贫、救灾、兴办公益福利事业的物资，监管方式为“捐赠物资”（3612）。

●进出口捐赠物资

一、定义及代码

进出口捐赠物资是指境外捐赠人以扶贫、慈善、救灾为目的，向我国境内捐赠的直接用于扶贫、救灾、兴办公益福利事业的物资，以及境内捐赠人以扶贫、慈善、救灾为目的，向境外捐赠的直接用于扶贫、救灾、兴办公益福利事业的物资。

本监管方式代码“3612”，简称“捐赠物资”。

二、适用范围

（一）本监管方式适用范围：

1. 捐赠人

（1）境外捐赠人，包括华侨，港、澳、台同胞，外籍人，包括法人。

（2）境内捐赠人，包括法人。

2. 扶贫、慈善公益性事业的物资

（1）新的衣服、被褥、鞋帽、帐篷、手套、睡袋、毛毯及其他维持基本生活的必需用品等。

（2）食品类及饮用品（调味品、水产品、水果、饮料、烟酒等除外）。

（3）医疗类，包括直接用于治疗特困患者疾病或贫困地区治疗地方病，以及基本医疗卫生、公共环境卫生所需的基本医疗药品、基本医疗器械、医疗书籍和资料。

（4）直接用于公共图书馆、公共博物馆、各类职业学校、高中、初中、小学、幼儿园教育的教学仪器、器材、图书、资料和一般学习用品。

（5）直接用于环境保护的专用仪器。

（6）经国务院批准的其他直接用于扶贫、慈善事业的物资。

3. 受赠人和使用人

受赠人是指国务院有关部门和各省、自治区、直辖市人民政府，以及从事人道救助和以发展扶贫、慈善事业为宗旨的全国性的社会团体。包括中国红十字会总会、全国妇女联合会、中国残疾人联合会、中华慈善总会、中国初级卫生保健基金会和宋庆龄基金会。

使用人（使用单位）是指捐赠物资的直接使用者或负责分配该捐赠物资的单位或个人。

（二）下列情况不适用本监管方式：

1. 国家间、国际组织无偿援助和赠送的物资，监管方式为“援助物资”（3511）。

2. 经贸往来中赠送的物品、外国人捐赠品、我驻外（包括驻港、澳）中资机构向国内单位赠送的物资等，监管方式为“其他进出口免费”（3339）。

●边境小额贸易

一、定义及代码

边境小额贸易指我国沿陆地边境线经国家批准对外开放的边境县（旗）、边境城市辖区内（以下简称边境地区），经批准有边境小额贸易经营权的企业，通过国家指定的陆地边境口岸，与毗邻国家边境地区的企业或其他贸易机构进行的贸易活动。

本监管方式代码“4019”，简称“边境小额”。

二、适用范围

（一）本监管方式包括：

1. 边境地区有对外经济技术合作经营权的企业与我国毗邻国家边境地区以易货贸易、现汇贸易形式开展的边境小额贸易。

2. 边境地区有对外经济技术合作经营权的企业与我国毗邻国家边境地区经济合作（工程承包、劳务输出）项下进出口物资及原出口工程设备、物资（包括在境外购买及换回的）运回境内。

（二）下列情况不适用本监管方式：

1. 边民互市贸易（互市进口商品），每人每日价值人民币3000元以下免征进口关税和进口环节税，超出部分照章征税，监管方式为“其他贸易”（9739）。

2. 未获准经营边境小额贸易的企业进出口货物。

3. 对台湾居民同大陆对台小额贸易公司成交用台湾船只直接运进产自台湾的产品和运出大陆产品到台湾，监管方式为“对台小额”（4039）。

●对台小额

一、定义及代码

对台湾小额贸易是指台湾地区居民与大陆经批准的企业依照有关规定进行的货物交易。

本监管方式代码“4039”，简称“对台小额”。

二、适用范围

本监管方式不适用于进入厦门大嶝对台小额商品交易市场的人员带出台湾产品，每人每日价值人民币3000元以下免征进口关税和进口环节税，超出部分照章征税，监管方式为“其他贸易”（9739）。

●对台小额商品交易市场

一、定义及代码

对台小额商品交易市场是经国家批准设立，用于开展对台民间小额商品交易活动，并实行封闭管理的特定区域，以下简称“交易市场”。

本监管方式代码“4139”，简称“对台小额商品交易市场”。

二、适用范围

本监管方式仅限于厦门大嶝对台小额商品交易市场。

下列情况不适用本监管方式：

（一）对台湾居民同大陆对台小额贸易公司成交用台湾船只直接运进产自台湾的产品和运出大陆产品到台湾，监管方式为“对台小额”（4039）。

（二）我国沿陆地边境线经国家批准对外开放的边境县（旗）、边境城市辖区内（以下简称边境地区）经批准有边境小额贸易经营权的企业，通过国家指定的陆地边境口岸，与毗邻国家边境地区的企业或其他贸易机构进行的贸易活动，监管方式为“边境小额”（4019）。

●驻外机构运回旧公用物品

一、定义及代码

驻外机构运回旧公用物品是指我驻各国（地区）使、领馆，驻国外、港澳地区的经济、贸易机构，驻国际组织代表处等我驻外机构更新且闲置不用而运回或因机构撤销而运回的物品，包括临时出国展览团、考察团等运回的生产资料和公用物品。

本监管方式代码“4200”，简称“驻外机构运回”。

二、适用范围

本监管方式不适用于暂时进出境公用物品。

●直接退运货物

一、定义及代码

直接退运货物是指进口货物收发货人、原运输工具负责人或者其代理人（以下统称当事人）在有关货物进境后、办结海关放行手续前，因海关责令或有正当理由获准退运境外的货物。

本监管方式代码“4500”，简称“直接退运”。

二、适用范围

（一）在货物进境后、办结海关放行手续前，有下列情形之一的，当事人可以向海关申请办理直接退运手续：

1. 因国家贸易管理政策调整，收货人无法提供相关证件的；

2. 属于错发、误卸或者溢卸货物，能够提供发货人或者承运人书面证明文书的；

3. 收发货人双方协商一致同意退运，能够提供双方同意退运的书面证明文书的；

4. 有关贸易发生纠纷，能够提供法院判决书、仲裁机构仲裁决定书或者无争议的有效货物所有权凭证的；

5. 货物残损或者国家检验检疫不合格，能够提供国家检验检疫部门根据收货人申请而出具的相关检验证明文书的。

（二）在货物进境后、办结海关放行手续前，有下列情形之一依法应当退运的，由海关责令当事人将进口货物直接退运境外：

1. 进口国家禁止进口的货物，经海关依法处理后的；

2. 违反国家检验检疫政策法规，经国家检验检疫部门处理并且出具“检验检疫处理通知书”或者其他证明文书后的；

3. 未经许可擅自进口属于限制进口的固体废物用做原料，经海关依法处理后的；

4. 违反国家有关法律、行政法规，应当责令直接退运的其他情形。

（三）保税区、出口加工区及其他海关特殊监管区域和保税监管场所进口货物的直接退运。

（四）下列情况不适用本监管方式：

1. 放行后的进口货物退运出境，监管方式为“退运货物”（4561）。

2. 进口转关货物在进境地海关放行后，当事人申请办理退运手续的，应当按照一般退运手续办理。

●料件进出海关特殊监管区域

料件进出海关特殊监管区域适用于海关特殊监管区域内保税加工、保税物流或研发企业与境内（区外）之间进出的料件，包括此类料件在境内的退运、退换。

本监管方式代码“5000”，简称“料件进出区”。

●海关特殊监管区域与境外之间进出的研发货物

海关特殊监管区域与境外之间进出的研发货物适用于海关特殊监管区域内企业从境外购进的用于研发的料件、成品，或研发后将上述货物退回境外，但不包括企业自用或其他用途的设备。

本监管方式代码“5010”，简称“特殊区域研发货物”。

●海关特殊监管区域与境外之间进出的来料加工货物

海关特殊监管区域与境外之间进出的来料加工货物适用于海关特殊监管区域内企业在来料加工贸易业务项下的料件从境外进口及制成品出境。

本监管方式代码“5014”，简称“区内来料加工”。

●海关特殊监管区域与境外之间进出的进料加工货物

海关特殊监管区域与境外之间进出的进料加工货物适用于海关特殊监管区域区内企业在进料加工贸易业务项下的料件从境外进口及制成品出境。

本监管方式代码“5015”，简称“区内进料加工货物”。

●海关特殊监管区域与境外之间进出的物流货物

海关特殊监管区域与境外之间进出的物流货物适用于海关特殊监管区域内企业从境外运进或运往境外的仓储、分拨、配送、转口货物，包括流通领域的物流货物及供区内加工生产用的仓储货物。

本监管方式代码“5034”，简称“区内物流货物”。

●成品进出海关特殊监管区域

成品进出海关特殊监管区域适用于海关特殊监管区域内保税加工、保税物流或研发企业与境内（区外）之间进出的成品，包括此类成品在境内的退运、退换。

本监管方式代码“5100”，简称“成品进出区”。

●设备及物资进出海关特殊监管区域

设备及物资进出海关特殊监管区域适用于海关特殊监管区域内企业从境内（区外）购进的自用设备、物资，或将此类设备、物资销往区外，结转到同一海关特殊监管区域或另一海关特殊监管区域的企业，以及在境内的退运、退换。

本监管方式代码“5300”，简称“设备进出区”。

●海关特殊监管区域从境外进口的设备及物资

海关特殊监管区域从境外进口的设备及物资适用于海关特殊监管区域内企业从境外进口用于区内业务所需的设备、物资，以及区内企业和行政管理机构自用合理数量的办公用品等。

监管方式代码“5335”，简称“境外设备进区”。

●海关特殊监管区域设备及物资退运境外

海关特殊监管区域设备及物资退运境外适用于海关特殊监管区域内企业将监管方式代码“5335”项下的设备、物资退运境外。

本监管方式代码“5361”，简称“区内设备退运”。

●物流中心进出境货物

一、定义及代码

保税物流中心进出境仓储货物是指从境外直接存入保税物流中心（A、B型）和从保税物流中心（A、B型）运出境的仓储、转口货物。

本监管方式代码“6033”，简称“物流中心进出境货物”。

二、适用范围

（一）保税物流中心（A型）是指经海关批准，由中国境内企业法人经营，专门从事保税仓储物流业务的海关监管场所。

保税物流中心（A型）按照服务范围分为公用型物流中心和自用型物流中心。

1. 公用型物流中心是指由专门从事仓储物流业务的中国境内企业法人经营，向社会提供保税仓储物流综合服务的海关监管场所。

2. 自用型物流中心是指中国境内企业法人经营，仅向本企业或者本企业集团内部成员提供保税仓储物流服务的海关监管场所。

（二）保税物流中心（B型）（以下简称物流中心）是指经海关批准，由中国境内一家企业法人经营、多家企业进入并从事保税仓储物流业务的海关集中监管场所。

（三）下列情况不适用本监管方式：

1. 从境内（海关特殊监管区域除外）运入保税物流中心（A、B型）货物和从保税物流中心（A、B型）提取运往境内的货物。

2. 保税物流中心（A、B型）与保税区、出口加工区、保税物流园区、保税仓库、出口监管仓库及保税物流中心（A、B型）之间等海关特殊监管区域或保税监管场所之间往来的货物，监管方式填报“保税间货物”（1200）。

3. 保税仓库进出境仓储、转口货物，监管方式为“保税仓库货物”（1233）。

4. 保税区、保税物流园区进出境仓储、转口货物，监管方式为“保税区仓储转口”（1234）。

●内贸货物跨境运输

一、定义及代码

内贸货物跨境运输是指国内贸易货物由我国关境内一口岸起运，通过境外运至我国关境内另一口岸的业务，以下简称“跨境运输”。

本监管方式代码“9600”，简称“内贸货物跨境运输”。

二、适用范围

经海关总署批准的进出境口岸、所经境外口岸、运输方式等实行跨境运输的货物。

●海关处理货物

一、定义及代码

海关处理货物是指由海关提取变卖处理的超期未报关进口货物及误卸、溢卸货物、放弃进口货物，以及走私违规案件查处的货物。

本监管方式代码“9639”，简称“海关处理货物”。

二、适用范围

本监管方式适用以下定义的货物：

（一）超期未报关货物，是指进口货物的收货人自运输工具申报进境之日起超过3个月未向海关申报，由海关提取依法变卖处理的进口货物。

超期未报关货物还包括保税货物、暂时进口货物超过规定的期限3个月，未向海关办理复运出境或者其他有关手续，以及过境、转运和通运货物超过规定的期限3个月，未运输出境，由海关提取依法变卖处理。

（二）误卸、溢卸货物，是指未列入进境运输工具载货清单、运单申报进境的误卸或者溢卸的货物，运输工具负责人或进口货物收货人未向海关办理退运出境或申报进口手续，由海关提取依法变卖处理的进口货物。

（三）放弃进口货物，是指进口货物的收货人或其所有人声明放弃，由海关提取依法变卖处理的进口货物。

（四）超期未报关进口货物及误卸或者溢卸进口货物属于危险品或者鲜活、易腐、易烂、易失效、易变质、易贬值等不宜长期保存的货物的，海关根据实际情况，提前提取依法变卖处理。

（五）进出境物品所有人声明放弃的物品，在海关规定期限内未办理海关手续或者无人认领的物品，以及无法投递又无法退回的进境邮递物品，由海关提取依法变卖处理。

（六）走私违法案件予以没收，由海关依法变卖处理的货物。

●无原始报关单的后续补税

无原始报关单的后续补税是指无法获得原始报关单的后续退补税货物，包括调查、稽查补税及审价、归类等各种原因的后续退补税货物。

本监管方式代码“9700”，简称“后续补税”。

●**其他贸易**

一、定义及代码

其他贸易是指除本章上述各节列名的监管方式以外，列入海关“其他贸易”统计的进出口货物。

本监管方式代码“9739”，简称“其他贸易”。

二、适用范围

（一）本监管方式适用：

1. 我国境内经批准临时进出口货物的机关、团体、学校、企事业单位等进出口货物、物品。

2. 外国驻华使、领馆在我国内购买货物出口。

3. 外商投资企业外方常驻人员和外国驻华机构的常驻人员，以及持有长期居留证件和来华定居的引进专家等进口自用汽车。

4. 进入厦门大嶝对台小额商品交易市场的人员带出台湾产品，每人每日价值人民币1000元以下免征进口关税和进口环节税，超出部分照章征税，监管方式为“其他贸易”。

5. 外国企业常驻我国办事机构进口不复运出境的陈列用企业产品样品。

6. 未列入运输工具进口载货清单、提（运）单，或多于进口载货清单、提（运）单所列数量的货物，运输工具负责人或溢卸货物的收货人申请办理进口溢卸货物。

（二）本监管方式不包括：

1. 入境旅客在境内购买5万美元以内的旅游商品托运出境，监管方式为“旅游购物商品”（0139）。

2. 本国籍运输工具在境内添加进口保税油、物料，监管方式为“国轮油物料”（1139）。

3. 外国常驻机构进口办公用品，监管方式为“常驻机构公用”（2439）。

4. 驻华商业机构进口不复运出口的陈列样品，监管方式为“陈列样品”（2939）。

5. 对台湾小额贸易，监管方式为“对台小额”（4039）。

6. 没有进出口经营权的企业或单位进出口货样广告品，监管方式为“货样广告品B”（3039）。

7. 除援助、捐赠以外进出口其他免费提供的货物，监管方式为“其他进出口免费”（3339）。

8. 我国驻外机构在境外购买的公务用品、机动车辆运回境内，监管方式为“驻外机构购进”（4239）。

9. 海关拍卖处理超期未报货物、走私违规货物，监管方式为“海关处理货物”（9639）。

10. 驻华外交机构转售境内非外交机构或个人，国际文体交流活动进口物品获准留赠或放弃，监管方式为“留赠转卖物品”（9839）。

●**留赠转卖物品**

留赠转卖物品是指外国（地区）驻我国外交机构转售境内非外交机构或国际文体活动留赠、放弃的特批进口物品。

本监管方式代码“9839”，简称“留赠转卖物品”。

●**其他**

一、定义及代码

指除已具体列名监管方式以外其他不列入海关统计的进出境货物、物品。

本监管方式代码“9900”，简称“其他”。

二、适用范围

（一）从货运渠道进出境的个人行李物品。

（二）中国驻外国使领馆出口公务或自用物品。

（三）在境内结转的进出口货物：

1. 以出顶进货物，指经批准在国内以外汇向有关进出口公司购买出口商品顶替其应进口的同一商品。

2. 供应国内外汇免税商店并收取外汇的出口商品。

3. 经批准将来料加工、进料加工贸易项下加工的成品转为免税外汇商品。

4. 经批准内销征税的进口免税品。

（四）边民互市贸易进出境货物。

（五）我国远洋渔业企业进口自捕水产品。

（六）国有文物收藏单位经国家文物局核准后，接受境外捐赠、归还和从境外追索的文物进口。

国有文物收藏单位系指经国家文物局审核批准从事文物收藏和研究的博物馆（院）、展览馆、研究所（院）等单位。

（七）与无代价抵偿进出口货物相关的原进口货物退运出境或原出口货物退运进境。

（八）我国各银行总行调运进出境的人民币、外币现钞。

征免性质代码表及说明

征免性质代码表

征免性质代码	征免性质简称	征免性质全称
101	一般征税	一般征税进出口货物
118	整车征税	构成整车特征的汽车零部件纳税
119	零部件征税	不构成整车特征的汽车零部件纳税
201	无偿援助	无偿援助进出口物资
299	其他法定	其他法定减免税进出口货物
301	特定区域	特定区域进口自用物资及出口货物
307	保税区	保税区进口自用物资
399	其他地区	其他执行特殊政策地区出口货物
401	科教用品	大专院校及科研机构进口科教用品
402	示范平台用品	
403	技术改造	企业技术改造进口货物
405	科技开发用品	科学研究、技术开发机构进口科技开发用品
406	重大项目	国家重大项目进口货物
407	动漫用品	动漫开发生产用品
408	重大技术装备	生产重大技术装备进口关键零部件及原材料
409	科技重大专项	科技重大专项进口关键设备、零部件和原材料
412	基础设施	通信、港口、铁路、公路、机场建设进口设备
413	残疾人	残疾人组织和企业进出口货物
417	远洋渔业	远洋渔业自捕水产品
418	国产化	国家定点生产小轿车和摄录机企业进口散件
419	整车特征	构成整车特征的汽车零部件进口
422	集成电路	集成电路生产企业进口货物
423	新型显示器件	新型显示器件生产企业进口物资
499	ITA 产品	非全税号信息技术产品
501	加工设备	加工贸易外商提供的不作价进口设备
502	来料加工	来料加工装配和补偿贸易进口料件及出口成品
503	进料加工	进料加工贸易进口料件及出口成品
506	边境小额	边境小额贸易进口货物
510	港澳 OPA	港澳在内地加工的纺织品获证出口
601	中外合资	中外合资经营企业进出口货物

征免性质代码	征免性质简称	征免性质全称
602	中外合作	中外合作经营企业进出口货物
603	外资企业	外商独资企业进出口货物
605	勘探开发煤层气	勘探开发煤层气
606	海洋石油	勘探、开发海洋石油进口货物
608	陆上石油	勘探、开发陆上石油进口货物
609	贷款项目	利用贷款进口货物
611	贷款中标	国际金融组织贷款、外国政府贷款中标机电设备零部件
698	公益收藏	国有公益性收藏单位进口藏品
704	花卉种子	花卉种子
705	科普影视	科普影视
707	博览会留购展品	博览会留购展品
789	鼓励项目	国家鼓励发展的内外资项目进口设备
799	自有资金	外商投资额度外利用自有资金进口设备、备件、配件
801	救灾捐赠	救灾捐赠进口物资
802	慈善捐赠	境外捐赠人无偿向我境内受赠人捐赠的直接用于慈善事业的免税进口物资
803	抗艾滋病药物	进口抗艾滋病病毒药物
811	种子种源	进口种子（苗）、种畜（禽）、鱼种（苗）和种用野生动植物种源
818	中央储备粮油	中央储备粮油免征进口环节增值税政策
819	科教图书	进口科研教学用图书资料
898	国批减免	国务院特准减免税的进出口货物
899	选择征税	选择征税
997	自贸协定	
998	内部暂定	享受内部暂定税率的进出口货物
999	例外减免	例外减免税进出口货物

征免性质代码表说明

征免性质是指海关对进出口货物实施征、减、免税管理的性质类别。

征免性质分为照章征税、法定减免税、特定减免税和临时减免税四部分。其中特定减免税又分为按地区实施的税收政策、按用途实施的税收政策、按贸易性质实施的税收政策、按企业性质和资金来源实施的税收政策等五类。

一份报关单只允许填报一种征免性质，涉及多个征免性质的，应分单填报。

●一般征税进出口货物

一、定义及代码

一般征税进出口货物指海关根据《海关法》、《关税条例》（国务院令第 392 号）、《进出口税则》及其他法律、行政法规、规章的规定征收进出口关税、进口环节税的进出口货物。

本征免性质代码“101”，简称“一般征税”。

二、适用范围

本征免性质限于海关依据法律、行政法规、规章规定的法定税率征收进出口关税、进口环节税的进出口货物，包括按照公开暂定、关税配额、反倾销、反补贴、保障措施等税率、税额征税或补税的进出口货物。

执行ITA税率的货物（征免性质代码“499”）不适用本征免性质。

●无偿援助进出口物资

一、定义及代码

无偿援助进出口物资指外国政府、国际组织对我国无偿赠送及我国履行国际条约规定进口的物资，或我国对国外无偿援助或赠送的物资。

本征免性质代码“201”，简称“无偿援助”。

二、适用范围

（一）本征免性质所称外国政府是指外国国家的中央政府；国际组织是指联合国各专门机构，以及长期与我国有合作关系的其他国际组织；国际条约是指依据《中华人民共和国缔结条约程序法》以“中华人民共和国”、“中华人民共和国政府”、“中华人民共和国政府部门”名义同外国缔结协定或协议，以及参加的国际条约。

（二）免税范围

1. 根据中国与外国政府、国际组织间的协定或协议，由外国政府、国际组织直接无偿赠送的物资，或由其提供无偿赠款，由我国受赠单位按照协定或协议规定用途自行采购进口的物资。

2. 外国地方政府或民间组织受外国政府委托无偿赠送的物资。

3. 国际组织成员受国际组织委托无偿赠送的物资。

4. 我国履行国际条约规定免税进口的物资。

（三）外国民间团体、企业、友好人士和华侨、香港居民，以及台湾、澳门同胞及外籍华人无偿向我境内受灾地区捐赠的直接用于救灾的物资（征免性质代码“801”），境外捐赠人无偿向我国境内捐赠的直接用于扶贫、慈善事业的进口物资（征免性质代码“802”）不适用本征免性质。

●其他法定减免税进出口货物

一、定义及代码

其他法定减免税进出口货物指海关依照《海关法》、《关税条例》，对除无偿援助进出口物资外的其他实行法定减免税的进出口货物，以及根据有关规定按非全额货值征税的部分进出口货物。

本征免性质代码“299”，简称“其他法定”。

二、适用范围

本征免性质仅限无代价抵偿货物，货样和广告品，暂时进出境货物，展览会货物，退运货物，残损货物，进出境运输工具装载的途中必需的燃料、物料和饮食用品，我国缔结或者参加的国际条约规定减免税款的货物，因不可抗力因素造成的受灾保税货物等不按“进出口货物征免税证明”管理的减免税货物。

●保税区进口自用物资

一、定义及代码

保税区进口自用物资是指对保税区单独实施征减免税政策的进口自用物资。

本征免性质代码“307”，简称“保税区”。

二、适用范围

本征免性质仅限保税区进口的自用物资，包括区内生产性基础设施建设物资，区内企业自用的生产、管理设备和自用合理数量的办公用品，建设生产厂房、仓储设施所需的物资设备，保税区行政管理机构自用合理数量的管理设备和办公用品等。

保税区内加工贸易进出口货物、仓储货物、转口货物和外商投资企业按照外商投资企业进口税收政策进口的设备等不适用本征免性质。

●其他执行特殊政策地区进出口货物

一、定义及代码

其他执行特殊政策地区进出口货物指除保税区外单独实施特殊税收政策地区进出口的货物。

本征免性质代码“399”，简称“其他地区”。

二、适用范围

（一）本征免性质仅限出口加工区、保税港区、综合保税区、珠澳跨境工业园区等海关特殊监管区进口的基建、生产和管理设备、物资，区内出口货物，以及从境内区外进入上述海关特殊监管区（包括中哈霍尔果斯国际边境合作中心）的基建物资或区内生产企业在国内采购用于生产出口产品的原材料。

（二）本征免性质不适用：

1. 特殊区域内加工贸易进出口货物、仓储货物、转口货物和外商投资企业按照外商投资企业进口税收政策进口的设备等。

2. 保税区进口自用物资，征免性质代码“307”。

●大专院校及科研机构进口科教用品

一、定义及代码

科教用品指为促进科学研究和教育事业的发展，推动科教兴国战略的实施，科学研究机构和学校以科学研究和教学为目的，在合理数量范围内进口国内不能生产或者性能不能满足需要的科学研究和教学用品。

科技开发用品指为鼓励科学研究和技术开发，促进科技进步，科学研究、技术开发机构在2010年12月31日前，在合理数量范围内进口国内不能生产或者性能不能满足需要的科技开发用品。

本征免性质代码“401”，简称“科教用品”。

二、适用范围

（一）本征免性质所称科研机构和学校是指：

1. 国务院部委、直属机构和省、自治区、直辖市、计划单列市所属专门从事科学研究工作的各类科研院所。

2. 国家承认学历的实施专科及以上高等学历教育的高等学校。

3. 财政部会同国务院有关部门核定的其他科学研究机构和学校。

（二）本征免性质所称科学研究、技术开发机构是指：

1. 科技部会同财政部、海关总署和国家税务总局核定的科技体制改革过程中转制为企业和进入企业的主要从事科学研究和技术开发工作的机构。

2. 国家发展和改革委员会会同财政部、海关总署和国家税务总局核定的国家工程研究中心。

3. 国家发展和改革委员会会同财政部、海关总署、国家税务总局和科技部核定的企业技术中心。

4. 科技部会同财政部、海关总署和国家税务总局核定的国家重点实验室和国家工程技术研究中心。

5. 财政部会同国务院有关部门核定的其他科学研究、技术开发机构。

（三）具体免税范围限于《免税进口科学研究和教学用品清单》和《免税进口科技开发用品清单》。

（四）国家鼓励发展的内外资项目进口设备（征免性质代码“789”）不适用本征免性质。

●国家重大项目进口货物

一、定义及代码

国家重大项目进口货物指经国务院批准的国家重大建设项目项下进口的设备，以及安装所需材料等。

本征免性质代码“406”，简称“重大项目”。

二、适用范围

（一）本征免性质仅限1996年4月1日前经国务院批准可行性研究报告中列明减免税条款或另有减免税批准文件的重大建设项目。

（二）利用政府贷款、世界银行贷款等外资贷款建设的重大项目（征免性质代码“609”）不适用于本征免性质。

●残疾人组织和企业进出口货物

一、定义及代码

进口残疾人专用品和专用设备指为支持残疾人康复工作、帮助残疾人自立免税进口的残疾人专用品和有关福利机构、康复机构、企业按照国家有关规定免税进口的国内不能生产的残疾人专用设备及专用生产设备。

本征免性质代码“413”，简称“残疾人”。

二、适用范围

（一）本征免性质仅限进口的残疾人专用品和残疾人福利机构、康复机构、企业进口的残疾人专用设备及专用生产设备。

（二）免税货物范围

1. 残疾人个人专用品

（1）假肢及其零部件：上肢假肢，包括部分手、前臂、上臂、假手、肘关节；下肢假肢，包括部分足、小腿、大腿、膝关节等。

（2）假眼。

（3）假鼻。

（4）内脏托带：肾托、胃托、疝气带、疝气腰带等。

（5）矫形器：包括脊柱、上肢、下肢、功能性电子刺激器和复合力源矫形器系统等。

（6）矫形鞋：成品矫形鞋、订做的矫形鞋、适配的标准鞋。

（7）非机动助行器：包括单臂操作助行器（手杖、肘拐、前臂支撑拐、腋拐、三脚及多脚拐杖等）、双臂操作助行器（助行架、轮式助行架、助行椅、助行台等）及助行器的附件等。

（8）代步工具（不包括汽车、摩托车）：包括轮椅车（手动、电动、机动）、残疾人专业自行车（如手摇三轮车、串翼自行车、助行自行车手扒推轮椅等）。

（9）辅助器具：移动用辅助器具、翻身用辅助器具（如翻身垫、翻身床单、翻身毯等）、升降用辅助器具（如轮椅爬楼梯装置、升降架等）。

（10）生活自助具：包括残疾人专用服装（如轮椅使用者的连裤服、雨衣、手套，鞋和靴的防滑装置等），安全防护辅助器具（如用于头部、面部、上肢、下肢及全身的防护装置等），穿脱衣服的辅助器具，画图和书写辅助器具（如书写板、书写框等），日常生活用辅助器具（如罐头开启器、防洒碗等）。

（11）专用卫生用品。

（12）视力残疾者用盲杖。

（13）导盲镜。

（14）助视器。

（15）盲人阅读器：电子盲文书写器、手动盲文书写器等。

（16）语言、听力残疾者用的语言训练器：言语训练辅助器具。

（17）智力残疾者用的行为训练器。

（18）生活能力训练用品。

2. 残疾人专用设备和专用生产设备

（1）残疾人康复及专用设备：包括床旁监护设备、中心监护设备、生化分析仪和超声诊断仪。

（2）残疾人特殊教育设备和职业教育设备：指对残疾人进行义务教育、学历教育、职业教育所需的各类设备（如聋人助听设备、智力残疾检测设备等）。

（3）残疾人职业能力评估测试设备（如手腕作业检查盘、注意力集中能力测试仪等）。

（4）残疾人专用劳动设备和劳动保护设备（如某种肢残人操作的特殊机床、聋人专用的特殊报警装置等），以及为残疾人就业设立的福利企业进口的适合残疾人操作的生产设备。

（5）残疾人文体活动专用设备：指残疾人进行文化、娱乐、体育活动和体育竞赛所需的专用设备（如各种运动轮椅、盲人门球等）。

（6）假肢专用生产、装配、检测设备，包括假肢专用铣磨机、假肢专用真空成型机、假肢专用平板加热器和假肢综合检测仪。

（7）听力残疾者用的助听器：包括各类助听器等。

（三）境外捐赠人无偿向我国境内捐赠的直接用于扶贫、慈善事业的进口物资（征免性质代码“802”）不适用本征免性质。

●远洋渔业自捕水产品

一、定义及代码

远洋渔业自捕水产品是指根据国家远洋渔业企业运回自捕水产品的原产地规则，我国远洋渔业企业在公海或按照有关协议规定，在国外海域捕获并运回国内销售的自捕水产品及其加工制品，视同国内产品，免征关税和进口环节税。

本征免性质代码“417”，简称“远洋渔业”。

二、适用范围

本征免性质仅限经农业部批准，获得“农业部远洋渔业企业资格证书”的我国远洋渔业企业。

运回的水产品及其加工制品限于在公海或按照有关协议规定，在国外海域自捕，并符合原产地规则的认定。

●集成电路生产企业进口货物

一、定义及代码

集成电路生产企业进口货物是指在中国境内设立的经审核符合条件的集成电路生产企业进口国内无法生产的自用生产性原材料、消耗品、净化室专用建筑材料、配套系统和集成电路生产设备零、配件。

本征免性质代码“422”，简称“集成电路”。

二、适用范围

本征免性质仅适用于集成电路线宽小于0.8微米（含）集成电路生产企业进口自用生产性原材料、消耗品，集成电路线宽小于0.25微米或投资额超过80亿元的集成电路生产企业进口自用生产性原材料、消耗品、净化室专用建筑材料、配套系统和集成电路生产设备零、配件。

●新型显示器件生产企业进口物资

一、定义及代码

薄膜晶体管液晶显示器件生产企业进口货物是指薄膜晶体管液晶显示器件生产企业进口国内不能生产的净化室专用建筑材料、配套系统，以及维修用的生产设备零部件、自用生产性原材料和消耗品。

本征免性质代码“423”，简称“新型显示器件”。

二、适用范围

本征免性质仅适用于经国务院有关部门共同审核确定，可享受本税收政策的薄膜晶体管液晶显示器件生产企业（以下简称“膜晶显生产企业”）进口国内不能生产的净化室专用建筑材料、配套系统，以及维修用的生产设备零部件、自用生产性原材料和消耗品。

第一批符合条件的膜晶显生产企业是：北京京东方光电科技有限公司（以下简称京东方）、上海广电NEC液晶显示器公司（以下简称上广电）和吉林北方彩晶数码电子有限公司。

●非全税号信息技术产品

一、定义及代码

非全税号信息技术产品是指为执行“信息技术产品协议”，海关核定用途后执行ITA税率的部分用于信息技术产品生产的商品。

本征免性质代码“499”，简称“ITA产品”。

二、适用范围

本征免性质仅适用于进口《进出口税则》所列的ITA产品。

●加工贸易外商提供的不作价进口设备

一、定义及代码

加工贸易外商提供的不作价进口设备是指与经营企业开展加工贸易（包括来料加工、进料加工）的境外企业，以免费即不需经营企业付汇进口、也不需用加工费或差价偿还方式，向经营企业提供的加工生产所需设备。

本征免性质代码“501”，简称“加工设备”。

二、适用范围

（一）本征免性质仅适用于加工贸易项下境外企业免费提供的不作价进口设备。

（二）本征免性质不适用按暂时进出口货物监管（监管方式为“暂时进出货物”，代码“2600”）的加工贸易生产所需的不作价设备（限模具、单台设备），征免性质为“其他法定”（299）。

●来料加工装配和补偿贸易进口料件及出口成品

一、定义及代码

来料加工贸易进口料件及出口成品是指由境外企业提供，经营企业不需要付汇进口的来料加工业务所需全部或部分原辅材料、零部件、元器件和包装物料（以下简称料件），以及经加工或者装配后复出口的成品。

本征免性质代码“502”，简称“来料加工”。

二、适用范围

（一）本征免性质仅限来料加工项下进口的用于加工复出口成品所需的料件，以及经加工或者装配后复出口的成品。

（二）进口料件或制成品内销的，不适用本征免性质，征免性质为“一般征税”（101）。

●进料加工贸易进口料件及出口成品

一、定义及代码

进料加工贸易进口料件及出口成品是指经营企业付汇进口的进料加工所需的全部或者部分原辅材料、零部件、元器件、包装物料（以下简称料件），以及经过加工或者装配后复出口的成品。

本征免性质代码“503”，简称“进料加工”。

二、适用范围

（一）本征免性质仅限进料加工项下进口的用于加工复出口成品所需的料件，以及经加工后复出口的成品。

（二）进口料件或制成品内销的，按规定不予保税备案的消耗性物料，不适用本征免性质。征免性质为“一般征税”（101）。

●边境小额贸易进口货物

一、定义及代码

边境小额贸易进口货物是指我国边境地区经批准有小额贸易经营权的企业通过国家指定的陆路边境口岸，进口原产于毗邻国家的货物，包括边境地区开展易货贸易、现汇贸易、互利经济合作（工程承包、劳务输出），以及以除边民互市贸易以外的其他各类边境贸易形式进口的货物。

本征免性质代码“506”，简称“边境小额”。

二、适用范围

（一）本征免性质适用于边境小额贸易企业通过国家指定的陆路边境口岸进口原产于毗邻国家的货物及边境地区外经贸企业与毗邻国家边境地区开展承包工程和劳务合作项下换回的原产于毗邻国家的物资。

（二）本征免性质不适用于边民互市贸易、通过边境口岸进口第三国贸易的商品。

●外商投资企业进出口货物

一、定义及代码

外商投资企业进出口货物指1997年12月31日前按国家规定程序批准设立的国内企业与境外企业在中国境内合资经营的企业、合作经营的企业，以及境外企业在中国境内独资经营的企业在投资总额内进口的设备，以及外商投资企业（不受批准时间限制）生产的出口产品（加工贸易除外）。

中外合资经营企业进出口货物征免性质代码“601”，简称“中外合资”。

中外合作经营企业进出口货物征免性质代码“602”，简称“中外合作”。

外商独资企业进出口货物征免性质代码“603”，简称“外资企业”。

二、适用范围

（一）征免性质“601”、“602”、“603”适用以下经批准设立的外商投资企业、外商投资项目在项目额度或投资总额内进口的自用设备及其按照合同随设备进口的技术及配套件、备件，以及所有外商投资企业生产（加工贸易除外）的出口产品：

1. 1996年3月31日前成立的外商投资企业，包括依法批准增资及原外经贸部颁发批准证书的外商投资企业。

2. 1995年10月1日至1996年3月31日依照程序经原外经贸部、原国家计委、原国家经贸委备案审核合格并经海关总署关税司转发各海关清单内的外商投资企业。

3. 1995年9月30日前地方依法审批报原外经贸部备案的外商投资企业。

4. 1996年4月1日至1997年12月31日按国家规定程序批准设立的外商投资项目。

（二）本征免性质不适用：

1. 外商投资企业开展加工贸易进口的不作价设备，征免性质代码“501”。

2. 国家鼓励发展的外资项目项下进口的货物，征免性质代码“789”。

3. 外商投资额度外利用自有资金进口的货物，征免性质代码“799”。

●勘探开发煤层气

一、定义及代码

勘探开发煤层气进口物资指勘探开发煤层气项目的单位在我国境内进行煤层气勘探开发所需进口的设备、仪器、零附件和专用工具。

本征免性质代码“605”，简称“勘探开发煤层气”。

二、适用范围

勘探开发煤层气所需进口物资的免税政策执行期限为“十一五”期间。

勘探开发煤层气项目的单位为中联煤层气有限责任公司及其他经财政部商海关总署和税务总局审核认定的单位。

具体免税范围限于国内不能生产或国内产品性能不能满足要求，并直接用于勘探开发作业的设备、仪器、零附件和专用工具。上述物资应符合《勘探开发煤层气免税进口物资清单》。

●勘探、开发海洋、陆上石油进口货物

一、定义及代码

勘探、开发海洋、陆上石油进口货物指在我国海洋或陆上特定地区进行石油开采作业所需进口的设备、仪器、零附件和专用工具。

海洋指我国内海、领海、大陆架及其他海洋资源管辖海域，包括浅海滩涂。

陆上特定地区指我国领土内的沙漠、戈壁荒漠和中外合作开采经国家批准的陆上石油中标区块。

勘探、开发海洋石油进口货物征免性质代码“606”，简称“海洋石油”。

勘探、开发陆上石油进口货物征免性质代码“608”，简称“陆上石油”。

二、适用范围

勘探、开发海洋、陆上石油所需进口货物的免税政策执行期限为“十一五”期间。

具体免税范围限于国内不能生产或性能不能满足要求，并直接用于开采作业的设备、仪器、零附件、专用工具。上述物资应符合《开采海洋石油（天然气）免税进口物资清单》或《开采陆上特定地区石油（天然气）免税进口物资清单》。

●利用贷款进口货物

一、定义及代码

外国政府贷款和国际金融组织贷款项目进口设备指于

1997 年 12 月 31 日前按国家规定程序批准的利用外国政府贷款和国际金融组织（世界银行、亚洲开发银行、联合国农业发展基金）贷款项目所进口的自用设备，以及按合同随设备进口的技术及数量合理的配套件、备件。

本征免性质代码“609”，简称“贷款项目”。

二、适用范围

（一）本征免性质仅限 1997 年 12 月 31 日前按国家规定程序批准的利用外国政府贷款和国际金融组织贷款项目。

（二）本征免性质不适用：

1. 利用国际金融组织贷款、外国政府贷款生产中标机电设备所需进口的零部件，征免性质代码“611”。

2. 纳入国家鼓励发展内外资项目的利用外国政府贷款和国际金融组织贷款项目，征免性质代码“789”。

●国际、金融组织贷款、外国政府贷款中标机电设备零部件

一、定义及代码

国际金融组织贷款、外国政府贷款中标机电设备零部件指国内中标单位利用国际金融组织贷款、外国政府贷款，为生产中标机电设备而进口国内不能生产或性能不能满足需要的零部件。

本征免性质代码“611”，简称“贷款中标”。

二、适用范围

（一）本征免性质适用于利用国际金融组织贷款、外国政府贷款（世界银行贷款、亚洲开发银行贷款、日本国际协力银行贷款，以及上述组织的赠款）为生产中标机电设备所需进口的零部件。

中标机电设备限于在国际招标中国内企业直接中标、中外联合中标生产的机电设备，以及中标的境外企业、国内企业将中标项目再分包给国内其他企业制造的机电设备，不包括《外商投资项目不予免税的进口商品目录》中所列设备。

（二）本征免性质不适用于 1997 年 12 月 31 日前按国家规定程序批准的利用外国政府贷款和国际金融组织贷款项目，征免性质代码“609”。

●国家鼓励发展的内外资项目进口设备

一、定义及代码

国家鼓励发展的内外资项目进口设备指自 1998 年 1 月 1 日起对按国家规定程序审批并出具确认书的国家鼓励发展的国内投资项目和外商投资项目，以及从 1999 年 9 月 1 日起，按国家规定程序审批的外商投资研究开发中心，中西部省、自治区、直辖市利用外资优势产业和优势项目目录的项目，在投资总额内进口的自用设备，以及按合同随设备进口的技术及数量合理的配套件、备件。

本征免性质代码“789”，简称“鼓励项目”。

二、适用范围

（一）本征免性质适用于 1998 年 1 月 1 日后国家鼓励发展的国内投资项目和外商投资项目，以及从 1999 年 9 月 1 日起，按国家规定程序审批的外商投资研究开发中心，中西部省、自治区、直辖市利用外资优势产业和优势项目目录的项目，在投资总额内进口的自用设备，以及按合同随设备进口的技术及数量合理的配套件、备件。

（二）本征免性质不适用：

1. 1997 年 12 月 31 日前批准设立的外商投资企业进口货物，征免性质代码“601”、“602”、“603”。

2. 1997 年 12 月 31 日前按国家规定程序批准的利用外国政府贷款和国际金融组织贷款项目，征免性质代码“609”。

3. 外商投资企业投资额度外利用自有资金进口货物，征免性质代码“799”。

●外商投资额度外利用自有资金进口设备、备件、配件

一、定义及代码

外商投资额度外利用自有资金进口设备、备件、配件是指已设立的鼓励类和原限制乙类外商投资企业、外商投资研究开发中心、先进技术型和产品出口型外商投资企业技术改造，在投资总额以外利用自有资金，在原批准的生产经营范围内进口国内不能生产或性能不能满足需要的自用设备及其配套的技术、配件、备件。

本征免性质代码“799”，简称“自有资金”。

二、适用范围

（一）本征免性质适用于已设立的鼓励类和原限制乙类外商投资企业、外商投资研究开发中心、先进技术型和产品出口型外商投资企业（以下简称“五类企业”）技术改造，在投资总额以外利用自有资金，在原批准的生产经营范围内进口国内不能生产或性能不能满足需要的自用设备及其配套的技术、配件、备件。

1. 资金来源

“五类企业”投资总额以外的自有资金，具体是指企业储备基金、发展基金、折旧和税后利润。

2. 进口商品用途

在原批准的生产经营范围内，对本企业原有设备更新（不包括成套设备和生产线）或维修。

成套设备是指以完成某零、部件或产品生产加工或装配全部过程所有工序所需的全部设备。生产线是指用于完成某种产品一道或多道工序的、有一定节拍要求的、以一定方式连续生产的设备组合。

3. 进口商品范围

国内不能生产或性能不能满足需要的设备（即不属于《国内投资项目不予免税的进口商品目录》的商品），以及与上述设备配套的技术、配件、备件，包括随设备进口或单独进口的。

（二）本征免性质不适用：

1. 1997 年 12 月 31 日前批准设立的外商投资企业进口货物，征免性质代码“601”、“602”、“603”。

2. 国家鼓励发展的外资项目项下进口货物，征免性质代码“789”。

●**救灾捐赠进口物资**

一、定义及代码

救灾捐赠进口物资指外国民间团体、企业、友好人士和华侨、香港居民，以及台湾、澳门同胞及外籍华人无偿向我境内受灾地区捐赠的直接用于救灾的物资。

本征免性质代码“801”，简称“救灾捐赠”。

二、适用范围

本征免性质适用范围：

（一）外国民间团体、企业、友好人士和华侨、香港居民，以及台湾、澳门同胞及外籍华人无偿向我境内受灾地区捐赠的直接用于救灾的物资。

（二）享受救灾捐赠物资进口免税的区域限于新华社对外发布和民政部《中国灾情信息》公布的受灾地区。

●**境外捐赠人无偿向我境内受赠人捐赠的直接用于慈善事业的免税进口物资**

一、定义代码

扶贫、慈善性捐赠物资是指境外捐赠人无偿向我国境内捐赠的直接用于扶贫、慈善事业的进口物资。

本征免性质代码“802”，简称“慈善捐赠”。

二、适用范围

（一）本征免性质适用于境外捐赠人无偿向我国境内捐赠的直接用于扶贫、慈善事业的进口物资。

1. 境外捐赠人应为中华人民共和国关境外的自然人、法人或者其他组织。

2. 受赠人应为国务院有关部门和各省、自治区、直辖市人民政府，以及从事人道救助和以发展扶贫、慈善事业为宗旨的全国性的社会团体，包括中国红十字会总会、全国妇女联合会、中国残疾人联合会、中华慈善总会、中国初级卫生保健基金会和宋庆龄基金会。

3. 使用人应为捐赠物资的直接使用者或负责分配该捐赠物资的单位或个人。

（二）扶贫、慈善公益性事业物资包括：

1. 新的衣服、被褥、鞋帽、帐篷、手套、睡袋、毛毯及其他维持基本生活的必需用品等。

2. 食品类及饮用品（调味品、水产品、水果、饮料、烟酒等除外）。

3. 医疗类包括直接用于治疗特困患者疾病或贫困地区治疗地方病及基本医疗卫生、公共环境卫生所需的基本医疗药品、基本医疗器械、医疗书籍和资料。

其中，“基本医疗药品”是指用于急救、治疗、防疫、消毒、抗菌等用途的药品和人体移植用的器官，但不包括保健药和营养药；“基本医疗器械”是指诊疗器械、手术器械、卫生检测器械、伤残修复器械、防疫防护器械、消毒灭菌器械。

4. 直接用于公共图书馆、公共博物馆、各类职业学校、高中、初中、小学、幼儿园教育的教学仪器、教材、图书、资料和一般学习用品。

其中，“公共图书馆和公共博物馆”是指经省级以上文化行政管理部门认定、向社会开放的县（市）级以上单位管理的公益性图书馆或经省级以上文物行政管理部门认定、向公众开放的县（市）级以上单位管理的各类公益性博物馆；“教学仪器”是指《扶贫、慈善性捐赠物资免征进口税收暂行办法》规定的学校、幼儿园专用于教学的检验、观察、计量、演示用的仪器和器具；“一般学习用品”是指《扶贫、慈善性捐赠物资免征进口税收暂行办法》规定的学校、幼儿园教学和学生专用的文具、教具、婴幼儿玩具、标本、模型、切片、各类学习软件、实验室用器皿和试剂、学生服装（含鞋帽）和书包等。

5. 直接用于环境保护的专用仪器。具体是指环保系统专用的空气质量与污染源废气监测仪器及治理设备、环境水质与污水监测仪器及治理设备、环境污染事故应急监测仪器、固体废物监测仪器及处置设备、辐射防护与电磁辐射监测仪器及设备、生态保护监测仪器及设备、噪声及振动监测仪器和实验室通用分析仪器及设备。

6. 经国务院批准的其他直接用于扶贫、慈善事业的物资。

上述物资不包括国家停止减免税的20种商品、汽车、生产性设备、生产性原材料及半成品等。

捐赠物资应为新品，在捐赠物资内不得夹带有害环境、公共卫生和社会道德及政治渗透等违禁物品。

（三）本征免性质不适用：

1. 无偿援助物资，征免性质代码“201”。

2. 残疾人专用品、残疾人专用设备及专用生产设备，征免性质代码“413”。

●**进口抗艾滋病病毒药物**

进口抗艾滋病病毒药品指对卫生部委托进口的抗艾滋病病毒药物免征进口关税和进口环节增值税政策。

本征免性质代码“803”，简称“抗艾滋病药物”。

●**进口种子（苗）、种畜（禽）、鱼种（苗）和种用野生动植物种源**

享受进口税收优惠政策的进口种子（苗）、种畜（禽）、鱼种（苗）和种用野生动植物种源指根据规定进口种子（苗）、种畜（禽）、鱼种（苗）和种用野生动植物种源免征进口环节增值税政策。

本征免性质代码“811”，简称“种子种源”。

●**中央储备粮油免征进口环节增值税政策**

中央储备粮油免征进口环节增值税政策指对中储粮总公司及其子公司在免税进口额度范围内进口的粮油，予以免征进口环节增值税。

本征免性质代码“818”，简称“中央储备粮油”。

●**进口科研教学用图书资料**

一、定义及代码

进口科研教学用图书资料指根据规定对中国图书进出口（集团）总公司等7家图书进出口公司为科研单位、大专院校进口用于科研、教学的图书、文献、报刊及其他资料（包括只读光盘、缩微平片、胶卷、地球资料卫星照片、科技和教学声像制品）免征进口环节增值税。

本征免性质代码“819”，简称“科教图书”。

二、适用范围

享受该项进口税收优惠政策的企业为中国图书进出口（集团）总公司及其具有独立法人资格的子公司、中国经济图书进出口公司、中国教育图书进出口公司、中国出版对外贸易总公司、北京中科进出口有限责任公司、中国科技资料进出口总公司和中国国际图书贸易集团有限公司等 7 家图书进出口公司。

●国务院特准减免税的进出口货物

一、定义及代码

国务院特准减免税的进出口货物指经国务院特案批准予以减免税的进出口货物。

本征免性质代码“898”，简称“国批减免”。

二、适用范围

本征免性质仅限国务院特案批准予以减免税的特殊行业或进出口货物，如国家计划内进口的化肥、饲料、图书资料、种子（苗）、种畜（禽）、鱼苗和非盈利性种用野生动植物、航空公司进口或租赁的飞机等。

●例外减免税进出口货物

一、定义及代码

例外减免税进出口货物指无法归入以上各类列名征免性质的减免税进出口货物。

本征免性质代码“999”，简称“例外减免”。

二、管理规定

（一）按海关总署文件或通知的具体内容执行。

（二）减免税办理程序：

申请减免税的企业或单位持批准文件和其他有关单证，到所在地海关办理减免税审批手续。

海关核发“进出口货物征免税证明”，进出口地海关凭以办理货物的减免税手续。

征减免税方式代码表及说明

征减免税方式代码表

征减免税方式代码	征减免税方式名称
1	照章征税
2	折半征税
3	全免
4	特案
5	随征免性质
6	保证金
7	保函
8	折半补税
9	全额退税

征减免税方式代码表说明

征减免税方式是指进出口货物征税、减税、免税或特案处理的方式。

一、征减免税方式的分类

征减免税方式分为照章征税、折半征税、全免、特案、随征免性质、保证金、保函、折半补税、全额退税，各种方式分别用不同的代码标定。

二、征减免税方式代码说明

（一）征减免税方式分为照章征税、折半征税、全免、特案、随征免性质、保证金、保函、折半补税及出口全额退税九种。

（二）征减免税方式代码表说明

照章征税：代码“1”，进出口货物依照法定税率计征各类税、费。

折半征税：代码“2”，依照海关签发的“进出口货物征免税证明”或海关总署的通知，对进出口货物依照法定税率折半征收税款。

全免：代码“3”，依照海关签发的“进出口货物征免税证明”或其他有关规定，对进出口货物免征关税和增值税，消费税是否免征依批文规定办理。

特案：代码“4”，依照海关签发的“进出口货物征免税证明”或其他有关规定所规定的税率或完税价计征关税、增值税和消费税。

随征免性质：代码“5”，用于特定监管方式进出口的货物按特殊计税公式或税率计征关税、增值税和消费税。

保证金：代码“6”，经海关准予担保放行的货物收取保证金。

保函：代码“7”，经海关准予担保放行的货物凭保证函办理。

运输方式代码表及说明

运输方式代码表

运输方式代码	运输方式名称	运输方式代码	运输方式名称
0	非保税区	8	保税仓库
1	监管仓库	9	其他运输
2	水路运输	A	全部运输方式
3	铁路运输	H	边境特殊海关作业区
4	公路运输	W	物流中心
5	航空运输	X	物流园区
6	邮件运输	Y	保税港区
7	保税区	Z	出口加工区

运输方式代码表说明

一、定义

运输方式包括实际运输方式和海关规定的特殊运输方式，前者指货物实际进出境的运输方式，按进出境所使用的运输工具分类；后者指货物无实际进出境的运输方式，按货物在境内的流向分类。

二、运输方式分类说明

（一）水路运输：代码“2”，指利用船舶在国内外港口之间，通过固定的航区和航线进行货物运输的一种方式。

（二）铁路运输：代码“3”，指利用铁路承担进出口货物运输的一种方式。

（三）公路运输：代码“4”，指利用汽车承担进出口货物运输的一种方式。

（四）航空运输：代码“5”，指利用航空器承运进出口货物的一种方式。

（五）邮件运输：代码“6”，指通过邮局寄运货物进出口的一种方式。

（六）其他运输：代码“9”，除上述几种运输方式以外的货物进出口运输方式。如利用人扛、驮畜、输油管道、输水管道和输电网等方式进出口货物的运输方式。

（七）用于标志境内进出和退回保税区或保税仓库等区域的运输方式代码如下：

非保税区：代码“0”，指境内非保税区运入保税区和保税区退区（退运境内）货物。

监管仓库：代码“1”，指境内存入出口监管仓和出口监管仓退仓货物。

保税区：代码“7”，指保税区运往境内非保税区货物。

保税仓库：代码“8”，指保税仓库转内销货物。

边境特殊海关作业区：代码“H”，指境内运入深港西部通道港方口岸区的货物。

综合实验区：代码“T”，用于横琴新区或平潭综合实验区区内企业按选择性征关税的货物和上述区域与境内区外间经指定申报通道往来的货物（即二线区外申报时使用）。横琴新区与平潭综合实验区与境外之间进出的货物、与境内特殊监管区域或保税监管场所间流转的保税货物，以及区内加工企业与区外加工企业间往来的保税货物，其报关单或备案清单的运输方式应按《海关总署关于修订〈中华人民共和国海关进出口货物报关单填制规范〉的公告》（公告〔2009〕6号）和《海关总署关于海关特殊监管区域管理问题的公告》（公告〔2010〕22号）申报。

物流中心：代码“W”，指从境内运入保税物流中心或从保税物流中心运往境内非保税物流中心的货物。

物流园区：代码“X”，指从境内运入保税物流园区或从园区运往境内的货物。

保税港区：代码“Y”，指从保税港区（不包括直通港区）运往区外和区外运入保税港区的货物。

出口加工区：代码“Z”，指出口加工区运往境内加工区外和区外运入出口加工区的货物。

关区代码表及说明

关区代码表

关区代码	关区名称	关区简称	关区代码	关区名称	关区简称
0000	**海关总署/全部关区**	**海关总署**	0204	东港海关	东港海关
0100	**北京关区**	**北京关区**	0205	津塘沽办	津塘沽办
0101	机场单证	机场单证	0206	津驻邮办	津驻邮办
0102	京监管处	京监管处	0207	津机场办	津机场办
0103	京关展览	京关展览	0208	津保税区	津保税区
0104	京一处	京一处	0209	蓟县海关	蓟县海关
0105	京二处	京二处	0210	武清海关	武清海关
0106	京关关税	京关关税	0211	津加工区	津加工区
0107	机场库区	机场库区	0212	天津保税物流园区	津物流园
0108	京通关处	京通关处	0213	天津东疆保税港区	天津东疆
0109	机场旅检	机场旅检	0214	天津滨海新区综合保税区	津滨综保
0110	平谷海关	平谷海关	0215	天津机场海关快件监管中心	津机快件
0111	京五里店	京五里店	0216	天津经济技术开发区保税物流中心	津开物流
0112	京邮办处	京邮办处	0217	天津东疆保税港区海关（港区）	东疆港区
0113	京中关村	京中关村	0218	静海海关	静海海关
0114	京国际局	京国际局	0219	天津海关驻北辰办事处	津北辰办
0115	京东郊站	京东郊站	0220	津关税处	津关税处
0116	京信	京信	0221	天津海关驻宁河办事处	津宁河办
0117	京开发区	京开发区	**0400**	**石家庄区**	**石家庄区**
0118	十八里店	十八里店	0401	石家庄关	石家庄关
0119	机场物流	机场物流	0402	秦皇岛关	秦皇岛关
0121	京稽查处	京稽查处	0403	唐山海关	唐山海关
0123	机场调技	机场调技	0404	廊坊海关	廊坊海关
0124	北京站	北京站	0405	保定海关	保定海关
0125	西客站	西客站	0406	中华人民共和国邯郸海关	邯郸海关
0126	京加工区	京加工区	0407	秦加工区	秦加工区
0127	京快件	京快件	0408	中华人民共和国沧州海关	沧州海关
0128	京顺义办	京顺义办	0409	廊坊海关驻出口加工区办事处	廊加工区
0129	北京海关天竺综合保税区	京关天竺	0410	石家庄海关驻机场办事处	石机场办
0130	北京亦庄保税物流中心	亦庄物流	0411	中华人民共和国张家口海关	张家口关
0200	**天津关区**	**天津关区**	0412	石家庄海关驻曹妃甸港区办事处	石关曹办
0201	天津海关	天津海关	0413	邢台海关	邢台海关
0202	新港海关	新港海关	0414	曹妃甸综合保税区	曹综保区
0203	津开发区	津开发区	0415	衡水海关	衡水海关

关区代码	关区名称	关区简称
0416	石家庄国际快件监管中心	石关快件
0417	中华人民共和国承德海关	承德海关
0418	石家庄综合保税区	石综保区
0500	**太原海关**	**太原海关**
0501	并关监管	并关监管
0502	太原机场海关	并机场关
0503	大同海关	大同海关
0504	侯马海关	侯马海关
0505	山西方略保税物流中心	方略物流
0506	太原武宿综合保税区	太原综保
0507	运城海关	运城海关
0508	晋城海关	晋城海关
0600	**满洲里关**	**满洲里关**
0601	海拉尔关	海拉尔关
0602	额尔古纳	额尔古纳
0603	满十八里	满十八里
0604	满赤峰办	满赤峰办
0605	满通辽办	满通辽办
0606	满哈沙特	满哈沙特
0607	满室韦	满室韦
0608	满互贸区	满互贸区
0609	满铁路	满铁路
0610	满市区	满市区
0611	满洲里海关驻西郊机场办事处	满关机办
0612	阿尔山海关	阿尔山关
0613	赤峰保税物流中心	赤峰物流
0615	满洲里综合保税区	满综保区
0700	**呼特关区**	**呼特关区**
0701	呼和浩特	呼和浩特
0702	二连海关	二连海关
0703	包头海关	包头海关
0704	呼关邮办	呼关邮办
0705	二连公路	二连公路
0706	包头海关驻国际集装箱中转站办事处	包头箱站
0707	额济纳海关	额济纳关
0708	乌拉特海关	乌拉特关
0709	满都拉口岸	满达口岸
0710	东乌海关	东乌海关
0711	呼和浩特海关驻白塔机场办事处	呼关机办
0712	呼和浩特海关驻出口加工区办事处	呼加工区
0713	鄂尔多斯海关	鄂尔多斯
0714	集宁海关	集宁海关
0800	**沈阳关区**	**沈阳关区**
0801	沈阳海关	沈阳海关
0802	锦州海关	锦州海关
0803	沈驻邮办	沈驻邮办
0804	沈驻抚顺	沈驻抚顺
0805	沈开发区	沈开发区
0806	沈驻辽阳	沈驻辽阳
0807	沈机场办	沈机场办
0808	沈阳综合保税区海关	沈综保区
0809	沈阳国际快件监管中心	沈快件
0810	葫芦岛关	葫芦岛关
0811	沈阳海关驻辽宁沈阳出口加工区办事处	辽沈加区
0812	沈阳海关驻张士出口加工区办事处	沈张出加
0813	沈阳保税物流中心	沈阳物流
0900	**大连海关**	**大连海关**
0901	大连港湾海关	大连港湾
0902	大连机场	大连机场
0903	连开发区	连开发区
0904	连加工区	连加工区
0905	大窑湾海关驻北良港办事处	窑北良办
0906	连保税区	连保税区
0907	大连保税物流园区	连物流园
0908	连大窑湾	连大窑湾
0909	大连邮办	大连邮办
0910	大连大窑湾保税港区	连保税港
0911	大连长兴岛海关	长兴岛关
0912	大连国际快件监管中心	大连快件
0915	庄河海关	庄河海关
0917	大连海关驻旅顺办事处	大连旅办
0930	丹东海关	丹东海关
0931	大连海关驻本溪办事处	大连本办
0932	太平湾海关	丹太平湾
0940	营口海关	营口海关
0941	盘锦海关	盘锦海关
0950	鲅鱼圈关	鲅鱼圈关
0951	营口港保税物流中心	营港物流
0960	大东港关	大东港关
0980	鞍山海关	鞍山海关
1500	**长春关区**	**长春关区**
1501	长春海关	长春海关

关区代码	关区名称	关区简称	关区代码	关区名称	关区简称
1502	长开发区	长开发区	1906	牡丹江关	牡丹江关
1503	长白海关	长白海关	1907	东宁海关	东宁海关
1504	临江海关	临江海关	1908	逊克海关	逊克海关
1505	图们海关	图们海关	1909	齐齐哈尔	齐齐哈尔
1506	通化海关	通化海关	1910	大庆海关	大庆海关
1507	珲春海关	珲春海关	1911	密山海关	密山海关
1508	吉林海关	吉林海关	1912	虎林海关	虎林海关
1509	延吉海关	延吉海关	1913	富锦海关	富锦海关
1510	长春兴隆综合保税区	长春综保	1914	抚远海关	抚远海关
1511	长春机办	长春机办	1915	漠河海关	漠河海关
1515	图们车办	图们车办	1916	萝北海关	萝北海关
1516	通海关村	通海关村	1917	嘉荫海关	嘉荫海关
1517	珲长岭子	珲长岭子	1918	饶河海关	饶河海关
1518	吉林海关驻车站办事处	吉关车办	1919	哈内陆港	哈内陆港
1519	延吉三合	延吉三合	1920	哈开发区	哈开发区
1521	一汽场站	一汽场站	1921	黑龙江绥芬河综合保税区	绥综保区
1525	图们桥办	图们桥办	1922	哈关邮办	哈关邮办
1526	通集青石	通集青石	1923	哈关车办	哈关车办
1527	珲春圈河	珲春圈河	1924	哈关机办	哈关机办
1528	吉林市保税物流中心（B 型）	吉林物流	1925	绥关公路	绥关公路
1529	延吉南坪	延吉南坪	**2200**	**上海海关**	**上海海关**
1531	长春东站	长春东站	2201	浦江海关	浦江海关
1536	通化海关驻集安车站办事处	通集铁路	2202	吴淞海关	吴淞海关
1537	珲沙坨子	珲沙坨子	2203	上海虹桥机场海关	虹桥机场
1539	延开山屯	延开山屯	2204	闵开发区	闵开发区
1547	珲加工区	珲加工区	2205	上海车站海关	车站海关
1549	延古城里	延古城里	2206	沪邮局办	沪邮局办
1557	珲春海关驻车站办事处	珲春车办	2207	洋山海关	洋山海关
1559	延吉邮办	延吉邮办	2208	宝山海关	宝山海关
1569	延吉海关驻机场办事处	延吉机办	2209	龙吴海关	龙吴海关
1579	延吉空港海关快件监管中心	延关快件	2210	浦东海关	浦东海关
1591	长春邮办	长春邮办	2211	卢湾监管	卢湾监管
1593	长白邮办	长白邮办	2212	奉贤海关	奉贤海关
1595	图们邮办	图们邮办	2213	莘庄海关	莘庄海关
1596	通集邮办	通集邮办	2214	漕河泾发	漕河泾发
1900	**哈尔滨区**	**哈尔滨区**	2215	上海西北物流园区	西北物流
1901	哈尔滨关	哈尔滨关	2216	上海浦东机场综合保税区	浦机综保
1902	绥关铁路	绥关铁路	2217	嘉定海关	嘉定海关
1903	黑河海关	黑河海关	2218	外高桥关	外高桥关
1904	同江海关	同江海关	2219	杨浦监管	杨浦监管
1905	佳木斯关	佳木斯关	2220	金山海关	金山海关

关区代码	关区名称	关区简称	关区代码	关区名称	关区简称
2221	松江海关	松江海关	2311	徐州海关	徐州海关
2222	青浦海关	青浦海关	2312	江阴海关	江阴海关
2223	南汇海关	南汇海关	2313	张保税区	张保税区
2224	崇明海关	崇明海关	2314	苏工业区	苏工业区
2225	外港海关	外港海关	2315	淮安海关	淮安海关
2226	贸易网点	贸易网点	2316	泰州海关	泰州海关
2227	普陀区站	普陀区站	2317	禄口机办	禄口机办
2228	长宁区站	长宁区站	2318	南京现场	南京现场
2229	航交办	航交办	2319	如皋海关	如皋海关
2230	徐汇区站	徐汇区站	2320	无锡海关驻机场办事处	锡关机办
2231	洋山海关驻市内报关点	洋山市内	2321	常溧阳办	常溧阳办
2232	嘉定海关驻出口加工区办事处	嘉定出口	2322	镇丹阳办	镇丹阳办
2233	浦东机场	浦东机场	2323	金陵海关	金陵海关
2234	沪钻交所	沪钻交所	2324	常熟海关	常熟海关
2235	松江加工	松江加工	2325	昆山海关	昆山海关
2236	洋山海关驻芦潮港铁路集装箱中心站监管点	洋山芦潮	2326	吴江海关	吴江海关
			2327	太仓海关	太仓海关
2237	上海松江出口加工区 B 区	松江 B 区	2328	苏吴县办	苏吴县办
2238	上海青浦出口加工区	青浦加工	2329	启东海关	启东海关
2239	上海闵行出口加工区	闵行加工	2330	泰州海关驻泰兴办事处	泰泰兴办
2240	上海漕河泾出口加工区	漕河泾加	2331	锡宜兴办	锡宜兴办
2241	沪业一处	沪业一处	2332	锡锡山办	锡锡山办
2242	沪业二处	沪业二处	2333	南通关办	南通关办
2243	沪业三处	沪业三处	2335	昆山加工	昆山加工
2244	上海快件	上海快件	2336	苏园加工	苏园加工
2245	沪金桥办	沪金桥办	2337	连开发办	连开发办
2246	上海保税物流园区	保税物流	2338	苏关邮办	苏关邮办
2247	上海海关驻化学工业区办事处	沪化工区	2339	南通海关驻出口加工区办事处	南通加工
2248	洋山海关（港区）	洋山港区	2340	无锡海关驻出口加工区办事处	无锡加工
2249	洋山海关（保税）	洋山保税	2341	连云港海关驻连云港出口加工区办事处	连关加工
2300	**南京海关**	**南京海关**	2342	南京海关驻江苏南京出口加工区办事处	南京加工
2301	连云港关	连云港关	2343	南京海关驻江苏南京出口加工区（南区）办事处	宁南加工
2302	南通海关	南通海关			
2303	苏州海关	苏州海关	2344	苏州海关驻苏州高新区出口加工区办事处	苏高加工
2304	无锡海关	无锡海关			
2305	张家港关	张家港关	2345	镇江海关驻镇江出口加工区办事处	镇江加工
2306	常州海关	常州海关	2346	苏州工业园区海关保税物流中心	苏园物流
2307	镇江海关	镇江海关	2347	苏州工业园区海关驻苏州工业园区出口加工区 B 区办事处	苏园 B 区
2308	新生圩关	新生圩关			
2309	盐城海关	盐城海关	2348	张家港保税物流园区	张物流园
2310	扬州海关	扬州海关	2349	南京海关驻邮局办事处	宁关邮办

关区代码	关区名称	关区简称	关区代码	关区名称	关区简称
2350	苏州高新区保税物流中心（B 型）	苏高物流	2391	徐州保税物流中心	徐州物流
2351	南京海关驻江宁经济技术开发区办事处	江宁办	2392	南通海关驻海门办事处	通海门办
2352	南京龙潭保税物流中心（B 型）	龙潭物流	**2900**	**杭州关区**	**杭州关区**
2353	常州海关驻出口加工区办事处	常关出加	2901	杭州海关	杭州海关
2354	扬州海关驻出口加工区办事处	扬关出加	2903	温州海关	温州海关
2355	常熟海关驻出口加工区办事处	常熟出加	2904	舟山海关	舟山海关
2356	吴江海关驻出口加工区办事处	吴江出加	2905	台州海关	台州海关
2357	常州海关驻武进办事处	常关武办	2906	绍兴海关	绍兴海关
2358	苏州工业园综合保税区	苏园保税	2907	湖州海关	湖州海关
2359	苏州海关驻吴中出口加工区办事处	吴中出加	2908	嘉兴海关	嘉兴海关
2360	盐城海关驻大丰港办事处	盐关港办	2909	杭经开关	杭经开关
2361	淮安海关驻出口加工区办事处	淮关出加	2910	杭州萧山机场海关	杭州机场
2362	江阴保税物流中心	澄关物流	2911	杭关邮办	杭关邮办
2363	太仓保税物流中心	太仓物流	2912	杭关萧办	杭关萧办
2364	江苏武进出口加工区	武进出加	2915	丽水海关	丽水海关
2365	张家港保税港区	张保税港	2916	杭州萧山机场海关快件监管中心	杭州快件
2366	中华人民共和国宿迁海关	宿迁海关	2917	衢州海关	衢州海关
2367	泰州海关驻出口加工区办事处	泰出加区	2918	杭关余办	杭关余办
2368	苏州高新技术产业开发区综合保税区	苏高综保	2919	杭富阳办	杭富阳办
2369	昆山综合保税区	昆山综保	2920	金华海关	金华海关
2370	连云港保税物流中心	连关物流	2921	义乌海关	义乌海关
2371	盐城海关驻机场办事处	盐机场办	2922	金华海关驻永康办事处	金关永办
2372	盐城综合保税区	盐城综保	2923	义乌保税物流中心	义乌物流
2373	淮安综合保税区	淮安综保	2928	杭州跨境电子商务海关监管中心	杭关电商
2374	无锡高新区综合保税区	锡高综保	2931	温关邮办	温关邮办
2375	靖江海关	靖江海关	2932	温经开关	温经开关
2376	南通综合保税区	南通综保	2933	温关机办	温关机办
2377	南京综合保税区（龙潭片）	龙潭综保	2934	温关鳌办	温关鳌办
2378	南京综合保税区（江宁片）	江宁综保	2935	温州海关驻瑞安办事处	温关瑞办
2379	苏州海关驻相城办事处	苏相城办	2936	温州海关驻乐清办事处	温关乐办
2380	太仓港综合保税区	太仓综保	2937	温州保税物流中心（B 型）	温州物流
2381	苏州工业园综合保税区贸易功能区	苏园贸易	2941	舟山海关驻嵊泗办事处	舟关嵊办
2382	盐城海关驻东台办事处	盐东台办	2942	舟山海关金塘监管科	舟关金塘
2383	如东海关	如东海关	2943	舟山海关驻舟山港综合保税区办事处	舟关综保
2384	如皋港保税物流中心	如皋物流	2951	台州海关驻临海办事处	台关临办
2385	泰州综合保税区	泰州综保	2952	台州海关驻温岭办事处	台关温办
2386	镇江综合保税区	镇江综保	2953	台州海关驻玉环办事处	台关玉办
2387	常州综合保税区	常州综保	2961	绍兴海关驻上虞办事处	绍关虞办
2388	武进综合保税区	武进综保	2962	绍兴海关驻诸暨办事处	绍关诸办
2389	常熟综合保税区	常熟综保	2963	绍兴海关驻新嵊办事处	绍关新办
2390	吴江综合保税区	吴江综保	2971	湖州海关驻安吉办事处	湖关安办

关区代码	关区名称	关区简称
2972	湖州海关驻德清办事处	湖关德办
2981	嘉关乍办	嘉关乍办
2982	嘉兴海关驻嘉善办事处	嘉关善办
2983	嘉兴海关驻出口加工区办事处	嘉兴加工
2984	嘉兴海关驻海宁办事处	嘉关宁办
2985	嘉兴海关驻桐乡办事处	嘉兴桐办
2986	嘉兴海关驻出口加工区（B）区办事处	嘉加 B 区
2991	杭州经济技术开发区海关驻出口加工区办事处	杭加工区
2992	杭州保税物流中心（B 型）	杭州物流
3100	**宁波关区**	**宁波关区**
3101	宁波海关	宁波海关
3102	镇海海关	镇海海关
3103	甬开发区	甬开发区
3104	北仑海关	北仑海关
3105	甬保税区	甬保税区
3106	大榭海关	大榭海关
3107	甬驻余办	甬驻余办
3108	甬驻慈办	甬驻慈办
3109	宁波机场海关	甬机场关
3110	象山海关	象山海关
3111	宁波保税区海关驻出口加工区办事处	甬加工区
3112	宁波保税物流园区	甬物流区
3113	浙江慈溪出口加工区	慈加工区
3114	宁波海关驻鄞州办事处	甬驻鄞办
3115	宁波海关驻鄞州办事处栎社保税物流中心	栎社物流
3116	宁波梅山保税港区港口功能区	梅山港区
3117	宁波梅山保税港区保税加工物流功能区	梅山保税
3118	宁波栎社国际机场快件监管中心	宁波快件
3119	宁波海关驻邮局办事处	甬驻邮办
3120	宁波镇海保税物流中心（B 型）	镇海物流
3300	**合肥海关**	**合肥海关**
3301	芜湖海关	芜湖海关
3302	安庆海关	安庆海关
3303	马鞍山海关	马鞍山关
3304	黄山海关	黄山海关
3305	蚌埠海关	蚌埠海关
3306	铜陵海关	铜陵海关
3307	阜阳海关	阜阳海关
3308	池州海关	池州海关
3309	滁州海关	滁州海关
3310	合肥现场	合肥现场
3311	合肥海关驻新桥机场办事处	合肥机场
3312	芜湖海关驻出口加工区办事处	芜关加办
3313	合肥出口加工区	合关加办
3315	宣城海关	宣城海关
3316	蚌埠（皖北）保税物流中心（B 型）	蚌埠物流
3317	合肥综合保税区	合肥综保
3318	合肥海关驻淮南办事处	驻淮南办
3319	宿州海关	宿州海关
3500	**福州关区**	**福州关区**
3501	马尾海关	马尾海关
3502	福清海关	福清海关
3503	宁德海关	宁德海关
3504	三明海关	三明海关
3505	福保税区	福保税区
3506	莆田海关	莆田海关
3507	福州长乐机场海关	机场海关
3508	福州新港	福州新港
3509	福关邮办	福关邮办
3510	南平海关	南平海关
3511	武夷山关	武夷山关
3512	黄岐对台小额贸易监管点	黄岐监管
3513	福现业处	福现业处
3515	平潭港区港口功能区	平潭港区
3516	平潭海关	平潭海关
3520	福州出口加工区海关	福州加工
3521	福清出口加工区海关	福清加工
3522	福州保税物流园区	福物流园
3523	福州保税港区（江阴）保税功能区	福保税港
3700	**厦门关区**	**厦门关区**
3701	厦门海关	厦门海关
3702	泉州海关	泉州海关
3703	漳州海关	漳州海关
3704	东山海关	东山海关
3705	泉州海关驻石狮办事处	泉石狮办
3706	龙岩海关	龙岩海关
3707	泉州海关驻肖厝办事处	泉肖厝办
3708	厦门海沧保税港区港口功能区	海沧港区
3709	厦门海沧保税港区保税加工物流功能区	海沧保税
3710	厦高崎办	厦高崎办

关区代码	关区名称	关区简称	关区代码	关区名称	关区简称
3711	厦门东渡海关	东渡海关	4207	淄博海关	淄博海关
3712	厦海沧办	厦海沧办	4208	烟台海关驻出口加工区 B 区办事处	烟加 B 区
3713	厦驻邮办	厦驻邮办	4209	荣成海关	荣成海关
3714	象屿保税	象屿保税	4210	青保税区	青保税区
3715	高崎机场海关	机场海关	4211	济宁海关	济宁海关
3716	厦同安办	厦同安办	4212	泰安海关	泰安海关
3717	象屿保税物流园区	厦物流园	4213	临沂海关	临沂海关
3718	泉州出口加工区	泉州加工	4214	青前湾港	青前湾港
3719	厦门加工	厦门加工	4215	青菏泽办	青菏泽办
3720	厦门火炬（翔安）保税物流中心	厦门物流	4216	东营海关	东营海关
3722	厦门海关驻同安办事处大嶝监管科	大嶝监管	4217	青枣庄办	青枣庄办
3723	泉州海关驻晋江办事处	泉晋江办	4218	青开发区	青开发区
3724	厦门海关驻国际邮轮港办事处	邮轮办	4219	烟台海关驻蓬莱办事处	烟关蓬办
3725	厦门海关驻翔安办事处	厦翔安办	4220	青机场关	青机场关
3777	厦稽查处	厦稽查处	4221	烟机场办	烟机场办
3788	厦侦查局	厦侦查局	4222	烟台海关驻莱州办事处	烟关莱办
4000	**南昌关区**	**南昌关区**	4223	青邮局办	青邮局办
4001	南昌海关	南昌海关	4224	烟台海关驻长岛办事处	烟关长办
4002	九江海关	九江海关	4225	威开发区	威开发区
4003	赣州海关	赣州海关	4226	青岛海关驻聊城办事处	青聊城办
4004	景德镇关	景德镇关	4227	青岛大港	青岛大港
4005	吉安海关	吉安海关	4228	烟关快件	烟关快件
4006	昌北机办	昌北机办	4229	德州海关	德州海关
4007	南昌海关驻高新技术产业开发区办事处	洪关高新	4230	青岛保税物流园区	青物流园
4008	南昌海关驻龙南办事处	洪关龙南	4231	烟开发区	烟开发区
4009	新余海关	新余海关	4232	日岚山办	日岚山办
4010	九江海关驻出口加工区办事处	浔关区办	4233	济南海关驻机场办事处	济机场办
4011	南昌海关驻出口加工区办事处	洪关区办	4234	济南海关驻出口加工区办事处	济加工区
4012	赣州海关驻出口加工区办事处	虔关区办	4235	济南海关驻邮局办事处	济邮局办
4013	上饶海关	上饶海关	4236	荣成海关驻龙眼港办事处	荣龙眼办
4014	南昌保税物流中心	南昌物流	4237	现场业务处	现场业务
4015	井冈山出口加工区	吉井加工	4238	威海关驻威海邮局办事处	威海快件
4016	鹰潭海关	鹰潭海关	4239	潍诸城办	潍诸城办
4017	赣州综合保税区	赣州综保	4240	青岛海关快件监管中心	青关快件
4200	**青岛海关**	**青岛海关**	4241	烟加工区	烟加工区
4201	烟台海关	烟台海关	4242	威加工区	威加工区
4202	日照海关	日照海关	4243	济宁海关驻曲阜办事处	济曲阜办
4203	烟台海关驻龙口办事处	烟关龙办	4244	青岛海关驻滨州办事处	青滨州办
4204	威海海关	威海海关	4245	烟台海关驻邮局办事处	烟台邮办
4205	济南海关	济南海关	4246	青加工区	青加工区
4206	潍坊海关	潍坊海关	4247	威海海关驻机场办事处	威机场办

关区代码	关区名称	关区简称	关区代码	关区名称	关区简称
4248	青岛海关驻莱芜办事处	青莱芜办	4609	郑州海关驻商丘办事处	郑关商办
4249	潍坊海关驻出口加工区办事处	潍加工区	4610	周口海关	周口海关
4250	青岛西海岸出口加工区	青西加区	4611	河南保税物流中心	河南物流
4251	淄博保税物流中心	淄博物流	4612	郑州新郑综合保税区	新郑综保
4253	日照保税物流中心	日照物流	4613	郑州海关航空进出境快件监管中心	郑州空港
4254	青岛保税物流中心	青岛物流	4614	焦作海关	焦作海关
4255	潍坊海关驻寿光办事处	潍寿光办	4615	三门峡海关	三门峡关
4256	威海国际物流园快件监管中心	威港快件	4616	新乡海关	新乡海关
4257	临沂综合保税区	临综保区	4617	信阳海关	信阳海关
4258	青岛前湾保税港区	青保税港	4618	鹤壁海关	鹤壁海关
4259	黄岛海关快件监管中心	黄关快件	4619	河南德众保税物流中心	德众物流
4260	青岛国际陆港快件监管中心	青港快件	4620	郑州综保区口岸作业区	口岸作业区
4300	**济南海关**	**济南海关**	4621	中华人民共和国许昌海关	许昌海关
4301	现场业务处	现场业务	4622	南阳卧龙综合保税区	南阳综保
4302	济南海关驻机场办事处	济机场办	**4700**	**武汉海关**	**武汉海关**
4303	济南综合保税区	济综保区	4701	宜昌海关	宜昌海关
4305	济南海关驻邮局办事处	济邮局办	4702	荆州海关	荆州海关
4310	潍坊海关	潍坊海关	4703	襄阳海关	襄阳海关
4311	潍诸城办	潍诸城办	4704	黄石海关	黄石海关
4312	潍坊综合保税区	潍综保区	4705	武汉沌口	武汉沌口
4313	潍坊海关驻寿光办事处	潍寿光办	4706	宜三峡办	宜三峡办
4320	淄博海关	淄博海关	4707	鄂加工区	鄂加工区
4321	淄博保税物流中心	淄博物流	4708	武汉海关现场业务处	武业务处
4330	泰安海关	泰安海关	4709	武汉海关驻江汉办事处东西湖保税物流中心	武江物流
4341	济南海关驻机场办事处快件现场	济关快件			
4350	东营海关	东营海关	4710	武关货管	武关货管
4351	东营综合保税区	东营综保	4711	武关江岸	武关江岸
4360	济南海关驻聊城办事处	济聊城办	4712	武关机场	武关机场
4370	德州海关	德州海关	4713	武关邮办	武关邮办
4380	济南海关驻滨州办事处	济滨州办	4716	十堰海关	十堰海关
4381	滨州保税物流中心	滨州物流	4718	武汉东湖新技术开发区海关	东湖海关
4390	济南海关驻莱芜办事处	济莱芜办	4719	武汉东湖综合保税区	东湖综保
4600	**郑州关区**	**郑州关区**	4720	黄石棋盘洲保税物流中心	黄石物流
4601	郑州海关	郑州海关	4721	武汉海关驻仙桃办事处	武仙桃办
4602	洛阳海关	洛阳海关	4722	武汉东湖综合保税区口岸作业区	东湖陆港
4603	南阳海关	南阳海关	4723	宜昌三峡保税物流中心（B 型）	宜昌物流
4604	郑州机办	郑州机办	**4900**	**长沙关区**	**长沙关区**
4605	郑州邮办	郑州邮办	4901	衡阳海关	衡阳海关
4606	郑铁东办	郑铁东办	4902	岳阳海关	岳阳海关
4607	安阳海关	安阳海关	4903	长沙海关驻郴州办事处	湘关郴办
4608	郑州海关驻出口加工区办事处	郑加工区	4904	常德海关	常德海关

关区代码	关区名称	关区简称	关区代码	关区名称	关区简称
4905	长沙海关	长沙海关	5132	花都码头	花都码头
4906	株洲海关	株洲海关	5133	广州海关中新知识城	穗知识城
4907	韶山海关	韶山海关	5134	穗保税处	穗保税处
4908	湘关机办	湘关机办	5135	广州海关现场业务处驻市政务中心监管点	穗现场处
4909	株洲海关驻醴陵办事处	株关醴办			
4910	长沙海关驻郴州出口加工区办事处	郴加工区	5136	穗统计处	穗统计处
4911	长沙海关驻永州办事处	湘关永办	5137	穗价格处	穗价格处
4913	长沙金霞保税物流中心	金霞物流	5138	高明食出	高明食出
4914	张家界海关	张家界关	5139	穗监管处	穗监管处
4915	衡阳综合保税区	衡阳综保	5140	穗关税处	穗关税处
4916	长沙星沙海关	星沙海关	5141	广州机场	广州机场
4917	湘潭综合保税区	湘潭综保	5142	民航快件	民航快件
4918	星沙海关驻浏阳办事处	星关浏办	5143	广州车站	广州车站
4919	岳阳城陵矶综合保税区	岳阳综保	5144	广州白云机场综合保税区	穗机综保
5000	**广东分署**	**广东分署**	5145	广州邮办	广州邮办
5100	**广州海关**	**广州海关**	5146	驻会展中心办事处	穗关会展
5101	内港新风	内港新风	5147	穗邮办监	穗邮办监
5103	清远海关	清远海关	5148	穗大郎站	穗大郎站
5104	清远英德	清远英德	5149	大铲海关	大铲海关
5105	广州海关现场业务处	广州现场	5150	顺德海关	顺德海关
5106	南沙海关散货码头监管科	南沙散货	5151	顺德海关加工贸易监管科	顺德保税
5107	肇庆高新区大旺进出境货运车辆检查场	肇庆大旺	5152	顺德食出	顺德食出
5108	肇庆德庆	肇庆德庆	5153	顺德车场	顺德车场
5109	内港滘心	内港滘心	5154	北窖车场	北窖车场
5110	南海海关	南海海关	5155	顺德旅检	顺德旅检
5111	南海官窑	南海官窑	5157	顺德陈村港澳货柜车检查场	陈村车场
5112	南海九江	南海九江	5158	顺德勒流	顺德勒流
5113	南海北村	南海北村	5160	番禺海关	番禺海关
5114	南海平洲	南海平洲	5161	沙湾车场	沙湾车场
5116	南海业务	南海业务	5162	番禺旅检	番禺旅检
5117	桂江货柜车场	桂江车场	5163	番禺货柜	番禺货柜
5118	平洲旅检	平洲旅检	5164	番禺船舶	番禺船舶
5119	南海三山	南海三山	5165	南沙海关保税港区监管点	南沙保税
5120	广州内港	广州内港	5166	南沙海关南沙港区监管点	南沙新港
5121	内港芳村	内港芳村	5167	南沙货港	南沙货港
5122	内港洲嘴	内港洲嘴	5168	南沙海关汽车码头监管点	南沙汽车
5123	内港四仓	内港四仓	5169	南沙海关	南沙海关
5125	从化海关	从化海关	5170	肇庆海关	肇庆海关
5126	内港赤航	内港赤航	5171	肇庆高要	肇庆高要
5130	广州萝岗	广州萝岗	5172	肇庆车场	肇庆车场
5131	花都海关	花都海关	5173	肇庆新港	肇庆新港

关区代码	关区名称	关区简称	关区代码	关区名称	关区简称
5174	肇庆旅检	肇庆旅检	5216	黄埔海关驻沙田办事处	埔沙田办
5175	肇庆码头	肇庆码头	5217	东莞海关寮步车检场	寮步车场
5176	肇庆四会	肇庆四会	5218	新塘海关江龙车检场	江龙车场
5177	肇庆三榕	肇庆三榕	5219	广州保税物流园区	埔物流园
5178	云浮海关	云浮海关	5220	东莞保税物流中心（B 型）	东莞物流
5179	罗定海关	罗定海关	5221	新塘车检场	新塘车场
5180	佛山海关	佛山海关	**5300**	**深圳海关**	**深圳海关**
5181	高明海关	高明海关	5301	皇岗海关	皇岗海关
5182	佛山澜石	佛山澜石	5302	罗湖海关	罗湖海关
5183	三水码头	三水码头	5303	沙头角关	沙头角关
5184	佛山窖口	佛山窖口	5304	蛇口海关	蛇口海关
5185	佛山海关快件监管现场	佛山快件	5305	深关现场	深关现场
5186	佛山保税	佛山保税	5306	笋岗海关	笋岗海关
5187	佛山车场	佛山车场	5307	南头海关	南头海关
5188	佛山火车	佛山火车	5308	沙湾海关	沙湾海关
5189	佛山新港	佛山新港	5309	布吉海关	布吉海关
5190	韶关海关	韶关海关	5310	淡水办	淡水办
5191	韶关乐昌	韶关乐昌	5311	深关车站	深关车站
5192	三水海关	三水海关	5312	深监管处	深监管处
5193	三水车场	三水车场	5313	深调查局	深调查局
5194	三水港	三水港	5314	深关邮办	深关邮办
5195	审单中心	审单中心	5315	惠东海关	惠东海关
5196	云浮新港	云浮新港	5316	大鹏海关	大鹏海关
5197	广州联邦快递亚太转运中心	转运中心	5317	深关机场	深关机场
5198	穗河源关	穗河源关	5318	梅林海关	梅林海关
5199	穗技术处	穗技术处	5319	同乐海关	同乐海关
5200	**黄埔关区**	**黄埔关区**	5320	文锦渡关	文锦渡关
5201	黄埔老港海关	埔老港关	5321	福保税关	福保税关
5202	黄埔新港海关	埔新港关	5322	沙保税关	沙保税关
5203	新塘海关	新塘海关	5323	深审单处	深审单处
5204	东莞海关	东莞海关	5324	深审价办	深审价办
5205	太平海关	太平海关	5325	深关税处	深关税处
5206	惠州海关	惠州海关	5326	深数统处	深数统处
5207	黄埔海关驻凤岗办事处	埔凤岗办	5327	深法规处	深法规处
5208	黄埔海关驻广州经济技术开发区办事处（广州保税区海关）	埔开发区	5328	深规范处	深规范处
			5329	深保税处	深保税处
5210	埔红海办	埔红海办	5330	盐保税关	盐保税关
5211	河源海关	河源海关	5331	三门岛办	三门岛办
5212	新沙海关	新沙海关	5332	深财务处	深财务处
5213	黄埔海关驻长安办事处	埔长安办	5333	深侦查局	深侦查局
5214	黄埔海关驻常平办事处	埔常平办	5334	深稽查处	深稽查处

关区代码	关区名称	关区简称	关区代码	关区名称	关区简称
5335	深技术处	深技术处	5794	万山海关桂山中途监管站	桂山中途
5336	深办公室	深办公室	5795	横琴海关	横琴海关
5337	大亚湾核	大亚湾核	5796	澳门大学新校区临时监管区	澳大校区
5338	惠州港关	惠州港关	5798	拱行监邮	拱行监邮
5339	深加工区	深加工区	5799	拱行监处	拱行监处
5340	深关特办	深关特办	**6000**	**汕头海关**	**汕头海关**
5341	深惠州关	深惠州关	6001	汕关货一	汕关货一
5342	深红海办	深红海办	6002	汕关货二	汕关货二
5343	深圳盐田港保税物流园区	深盐物流	6003	汕关行邮	汕关行邮
5344	惠州港海关驻大亚湾石化区办事处	惠石化办	6004	汕关机场	汕关机场
5345	深圳湾海关	深圳湾关	6006	汕关保税	汕关保税
5346	深圳机场海关快件监管中心	深机快件	6007	汕关业务	汕关业务
5348	大铲湾海关	深关大铲	6008	汕保税区	汕保税区
5349	深圳前海湾保税港区口岸作业区	前海港区	6009	汕关邮包	汕关邮包
5350	大运物资通关服务中心	大运通关	6011	揭阳海关	揭阳海关
5351	深圳前海湾保税港区保税功能区	前海保税	6012	汕关普宁	汕关普宁
5352	深圳盐田综合保税区	深盐综保	6013	澄海海关	澄海海关
5700	**拱北关区**	**拱北关区**	6014	广澳海关	广澳海关
5701	拱稽查处	拱稽查处	6015	南澳海关	南澳海关
5710	拱关闸办	拱关闸办	6018	汕关惠来	汕关惠来
5720	中山海关	中山海关	6019	汕关联成	汕关联成
5721	中山港	中山港	6020	汕关港口	汕关港口
5724	中石岐办	中石岐办	6021	潮州海关	潮州海关
5725	坦洲货场	坦洲货场	6022	饶平海关	饶平海关
5726	中山保税物流中心	中山物流	6023	潮州海润快件监管中心	饶平快件
5727	中小榄办	中小榄办	6028	潮阳海关	潮阳海关
5728	中山海关驻神湾港办事处	神湾办	6031	汕尾海关	汕尾海关
5729	中山国际快件监管中心	中山快件	6032	汕关海城	汕关海城
5730	拱香洲办	拱香洲办	6033	汕关陆丰	汕关陆丰
5740	湾仔海关	湾仔海关	6038	汕头海关外砂快件监管中心	汕关快件
5741	湾仔船舶	湾仔船舶	6041	梅州海关	梅州海关
5750	九洲海关	九洲海关	6042	梅州兴宁	梅州兴宁
5760	拱白石办	拱白石办	**6400**	**海口关区**	**海口关区**
5770	斗门海关	斗门海关	6401	海口港海关	海口港
5771	斗井岸办	斗井岸办	6402	三亚海关	三亚海关
5772	斗平沙办	斗平沙办	6403	八所海关	八所海关
5780	高栏海关	高栏海关	6404	洋浦经济开发区海关	洋浦区关
5790	拱监管处	拱监管处	6405	海保税区	海保税区
5791	珠澳跨境工业区珠海园区海关办事机构	拱跨工区	6406	清澜海关	清澜海关
5792	拱保税区	拱保税区	6407	美兰机场	美兰机场
5793	万山海关	万山海关	6408	洋浦保税港区海关	洋浦港区

关区代码	关区名称	关区简称	关区代码	关区名称	关区简称
6409	海口综合保税区海关	海口综保	6867	鹤山稽查	鹤山稽查
6410	马村港监管点	马村监管	6870	阳江海关	阳江海关
6411	海口海关现场业务处	海口现场	6871	阳江港	阳江港
6700	**湛江关区**	**湛江关区**	6872	阳江车场	阳江车场
6701	湛江海关	湛江海关	6877	阳江稽查	阳江稽查
6702	茂名海关	茂名海关	**7200**	**南宁关区**	**南宁关区**
6703	徐闻海关	徐闻海关	7201	邕州海关	邕州海关
6704	湛江南油	湛江南油	7202	北海海关	北海海关
6705	湛江水东	湛江水东	7203	梧州海关	梧州海关
6706	湛江吴川	湛江吴川	7204	桂林海关	桂林海关
6707	湛江廉江	湛江廉江	7205	柳州海关	柳州海关
6708	湛江高州	湛江高州	7206	防城海关	防城海关
6709	湛江信宜	湛江信宜	7207	东兴海关	东兴海关
6710	东海岛组	东海岛组	7208	凭祥海关	凭祥海关
6711	霞山海关	霞山海关	7209	贵港海关	贵港海关
6712	湛江霞海	湛江霞海	7210	水口海关	水口海关
6713	湛江机场	湛江机场	7211	龙邦海关	龙邦海关
6714	湛江博贺	湛江博贺	7212	钦州海关	钦州海关
6715	湛江进出境快件监管中心	湛江快件	7213	桂林机办	桂林机办
6716	湛江保税物流中心	湛江物流	7214	北海海关驻出口加工区办事处	北海加工
6800	**江门关区**	**江门关区**	7215	广西钦州保税港区	南关钦保
6810	江门海关	江门海关	7216	南宁保税物流中心	南宁物流
6811	江门高沙	江门高沙	7217	广西钦州保税港（口岸）	钦保口岸
6812	江门外海	江门外海	7218	南宁海关驻玉林办事处	玉林办
6813	江门旅检	江门旅检	7219	广西凭祥综合保税区	南凭综保
6816	江门市进出境货运车辆检查场	江门车场	7220	友谊关口岸	友谊关
6817	江门保税	江门保税	**7900**	**成都关区**	**成都关区**
6820	新会海关	新会海关	7901	成都海关	成都海关
6821	新会港	新会港	7902	成都双流机场海关	蓉机场关
6827	新会稽查	新会稽查	7903	乐山海关	乐山海关
6830	台山海关	台山海关	7904	攀枝花关	攀枝花关
6831	台公益港	台公益港	7905	绵阳海关	绵阳海关
6837	台山稽查	台山稽查	7906	成关邮办	成关邮办
6840	开平海关	开平海关	7907	成都自贡	成都自贡
6841	开平码头	开平码头	7908	成都加工	成都加工
6847	开平稽查	开平稽查	7909	成都公路国际物流中心监管场站	公路场站
6850	恩平海关	恩平海关	7910	成都双流机场海关非邮政快件监管点	蓉机快件
6851	恩平港	恩平港	7911	成都海关驻泸州办事处	泸州办
6857	恩平稽查	恩平稽查	7912	成都海关驻宜宾办事处	宜宾办
6860	鹤山海关	鹤山海关	7913	成都海关驻南充办事处	南充办
6861	鹤山码头	鹤山码头	7914	绵阳出口加工区	绵阳出口

关区代码	关区名称	关区简称
7915	成都保税物流中心（B 型）	成都物流
7916	成都高新综合保税区	成都综保
7917	遂宁海关	遂宁海关
7918	德阳海关	德阳海关
7919	成都空港海关	成都空港
7920	成都空港保税物流中心	成空物流
7921	泸州港保税物流中心	泸州物流
7922	成都高新综合保税区双流园区	成综双流
7923	宜宾港保税物流中心	宜宾物流
7924	成都铁路保税物流中心	成铁物流
7925	天府新区海关	天府新关
8000	**重庆关区**	**重庆关区**
8001	重庆海关	重庆海关
8002	南坪开发	南坪开发
8003	重庆江北机场海关	重庆机场
8004	重庆邮办	重庆邮办
8005	万州海关	万州海关
8006	重庆海关驻车站办事处	重庆铁路
8007	九龙坡港	九龙坡港
8008	渝加工区	渝加工区
8009	重庆海关驻涪陵办事处	渝涪陵办
8010	重庆两路寸滩保税港区水港功能区	寸滩水港
8011	重庆江北机场国际快件中心	渝关快件
8012	重庆两路寸滩保税港区保税加工物流功能区	重庆保税
8013	重庆西永综合保税区	西永综保
8014	重庆西永海关	西永海关
8015	两路寸滩保税港区贸易功能区	渝贸园区
8016	重庆铁路保税物流中心	渝铁物流
8300	**贵阳海关**	**贵阳海关**
8301	贵阳总关	贵阳总关
8302	贵阳海关驻机场办事处	贵关机办
8303	中华人民共和国遵义海关	遵义海关
8304	贵阳海关驻高新技术产业开发区办事处贵阳综合保税区功能区	贵阳综保
8305	贵阳海关驻高新技术产业开发区办事处贵阳综合保税区作业区	贵阳高新
8306	贵阳海关驻高新技术产业开发区办事处贵安综合保税区功能区	贵安综保
8307	贵阳海关驻高新技术产业开发区办事处贵安综合保税区作业区	贵安新区
8308	中华人民共和国六盘水海关	六盘水关
8600	**昆明关区**	**昆明关区**
8601	昆明海关	昆明海关
8602	畹町海关	畹町海关
8603	瑞丽海关	瑞丽海关
8604	章凤海关	章凤海关
8605	盈江海关	盈江海关
8606	孟连海关	孟连海关
8607	南伞海关	南伞海关
8608	孟定海关	孟定海关
8609	打洛海关	打洛海关
8610	腾冲海关	腾冲海关
8611	沧源海关	沧源海关
8612	勐腊海关	勐腊海关
8613	河口海关	河口海关
8614	金水河关	金水河关
8615	天保海关	天保海关
8616	田蓬海关	田蓬海关
8617	大理海关	大理海关
8618	芒市海关	芒市海关
8619	保山监管	保山监管
8620	昆明机场	昆明机场
8621	昆明邮办	昆明邮办
8622	西双版纳	西双版纳
8623	昆丽江办	昆丽江办
8624	思茅海关	思茅海关
8625	河口海关驻山腰办事处	河口山腰
8626	六库监管	六库监管
8627	昆明海关现场业务处开发区监管科	昆明高新
8628	云南昆明出口加工区	昆明加工
8629	昆明海关驻香格里拉办事处	昆明香办
8631	勐康海关	勐康海关
8632	昆明国际快件监管中心	昆明快件
8633	红河综合保税区	红河综保
8800	**拉萨海关**	**拉萨海关**
8801	聂拉木关	聂拉木关
8802	日喀则关	日喀则关
8803	狮泉河关	狮泉河关
8804	拉萨机办	拉萨机办
8805	拉萨现场	拉萨现场
8808	吉隆海关	吉隆海关

关区代码	关区名称	关区简称
9000	**西安关区**	**西安关区**
9001	西安综合保税区口岸作业区	西安陆港
9002	咸阳机场	咸阳机场
9003	宝鸡海关	宝鸡海关
9004	西安海关邮局办事处	西关邮办
9005	陕西西安出口加工区 A 区	陕加工 A
9006	陕西西安出口加工区 B 区	陕加工 B
9007	西安综合保税区	西安综保
9008	西安高新综合保税区	高新综保
9009	西安高新综合保税区口岸作业区	西安高新
9010	延安海关	延安海关
9011	渭南海关	渭南海关
9012	榆林海关	榆林海关
9013	陕西西咸保税物流中心（B 型）	西咸物流
9400	**乌关区**	**乌关区**
9401	乌鲁木齐海关现场业务处	乌关现场
9402	霍尔果斯	霍尔果斯
9403	吐尔尕特	吐尔尕特
9404	阿拉山口	阿拉山口
9405	塔城海关	塔城海关
9406	伊宁海关	伊宁海关
9407	吉木乃办	吉木乃办
9408	喀什海关	喀什海关
9409	红其拉甫	红其拉甫
9410	乌鲁木齐海关隶属阿勒泰海关	阿勒泰关
9411	塔克什肯	塔克什肯
9412	乌拉斯太	乌拉斯太
9413	老爷庙	老爷庙
9414	红山嘴	红山嘴
9415	伊尔克什	伊尔克什
9416	库尔勒办	库尔勒办
9417	乌鲁木齐机场海关	乌机场关
9418	乌鲁木齐海关驻出口加工区办事处	乌加工区
9419	都拉塔海关	都拉塔关
9420	乌鲁木齐海关驻车站办事处	乌关车办
9421	霍尔果斯国际边境合作中心海关	霍中心 A
9422	石河子海关	石河子关
9423	阿拉山口综合保税区	山口综保
9424	喀什综合保税区	喀什综保
9425	卡拉苏海关	卡拉苏关
9426	奎屯保税物流中心	奎屯物流
9427	中哈霍尔果斯国际边境合作中心中方配套区	中哈合作中心配套区
9428	中国邮政速递物流股份有限公司海关快件监管中心	乌关快件
9500	**兰州关区**	**兰州关区**
9501	兰州海关	兰州海关
9502	酒泉海关	酒泉海关
9503	甘肃机场集团空港国际物流中心海关监管组	兰州空港
9504	武威保税物流中心	武威物流
9505	兰州海关驻天水监管组	天水监管
9506	金昌海关	金昌海关
9507	兰州海关驻兰州新区综合保税区监管组	兰州综保
9600	**银川海关**	**银川海关**
9601	银川海关业务现场	银川现场
9602	银川海关驻机场办事处	银机办
9603	银川海关驻惠农监管组	惠农监管
9604	银川综合保税区	银川综保
9700	**西宁关区**	**西宁关区**
9701	西宁海关现场	西宁海关
9702	青海曹家堡保税物流中心（B 型）	青海物流
9900	**政法司**	**政法司**

关区代码表说明

一、关区代码表用于填报进出口报关单的进出口口岸海关的名称。

关区代码表由两部分组成，即关区代码和关区名称。

关区代码由四位数字组成，前两位采用海关统计的直属海关关别代码，后两位为隶属海关的代码。关区名称即各口岸海关中文名称。

二、使用关区代码时应注意的问题

代码表中只有直属海关关别和代码的，可以填报直属海关名称和代码（见例 1）；如果有隶属海关关别和代码，则必须填报隶属海关关别和代码（见例 2）。

例 1：在太原海关办理货物进出口报关手续，本栏目可填报“太原海关”，代码“0500”。

例 2：在上海浦江海关办理货物进出口报关手续，本栏目不得填报“上海海关”、代码“2200”，必须填报“上海浦江海关”、代码“2201”。

国内地区代码表及说明

国内地区代码表

国内地区代码	国内地区名称	国内地区简称	国内地区性质标记
11013	中关村国家自主创新示范区（东城园）		
11019	东城区		9
11023	中关村国家自主创新示范区（西城园）		
11029	西城区		9
11039	崇文区		9
11049	宣武区		9
11053	中关村国家自主创新示范区（朝阳园）		B
11059	朝阳区		9
11063	中关村国家自主创新示范区（丰台园）		B
11069	丰台区		9
11073	中关村国家自主创新示范区（石景山园）		
11079	石景山		9
11083	中关村国家自主创新示范区（海淀园）		B
11089	海淀区其他		9
11093	中关村国家自主创新示范区（门头沟园）		
11099	门头沟		9
11103	中关村国家自主创新示范区（房山园）		
11109	房山		9
11113	中关村国家自主创新示范区（顺义园）		
11115	北京天竺出口加工区		
11116	北京天竺综合保税区		
11119	顺义		9
11123	中关村国家自主创新示范区（昌平园）		B
11129	昌平		9
11132	北京经济技术开发区		3
11133	中关村国家自主创新示范区（大兴-亦庄园）		B
11139	大兴其他		9
1113W	北京亦庄保税物流中心		
11143	中关村国家自主创新示范区（通州园）		
11149	通县		9
11153	中关村国家自主创新示范区（怀柔园）		
11159	怀柔		9
11163	中关村国家自主创新示范区（平谷园）		
11169	平谷		9
11173	中关村国家自主创新示范区（延庆园）		
11179	延庆		9
11183	中关村国家自主创新示范区（密云园）		
11189	密云		9
11909	北京其他		9
12019	和平区		2
12029	河东区		2
12039	河西区		2
12043	天津新技术产业园区		B
12049	南开区其他		2
12059	河北区		2
12069	红桥区		2
12072	天津经济技术开发区		3
12074	天津港保税区		A
12075	天津出口加工区		
12076	天津东疆保税港区		2
12077	天津保税物流园		2
12079	滨海新区（塘沽其他）		2
1207W	天津经济技术开发区保税物流中心		
12089	滨海新区（汉沽）		2
12099	滨海新区（大港）		2
12106	天津滨海新区综合保税区		6
12109	东丽区		2
12119	西青区		2
12129	津南区		2
12139	北辰区		2
12149	宁河县		2
12159	武清县		2

国内地区代码	国内地区名称	国内地区简称	国内地区性质标记	国内地区代码	国内地区名称	国内地区简称	国内地区性质标记
12169	静海县		2	15023	包头高新技术产业开发区		B
12179	宝坻县		2	15029	包头其他		
12189	蓟县		2	15039	乌海		
12909	天津其他		2	15049	赤峰		
13013	石家庄高新技术产业开发实验区		B	1504W	赤峰保税物流中心		
				15059	二连		2
13016	石家庄综合保税区			15066	满洲里综合保税区		
13019	石家庄其他		2	15069	满洲里		2
13022	曹妃甸经济技术开发区			15079	呼伦贝尔盟		
13026	曹妃甸综合保税区			15089	哲里木盟		
13029	唐山			15099	兴安盟		
13032	秦皇岛经济技术开发区		3	15109	乌兰察布盟		
13035	河北秦皇岛出口加工区		2	15119	巴彦淖尔市		
13039	秦皇岛其他		2	15129	伊克昭盟		
13049	邯郸			15139	阿拉善盟		
13059	邢台			15149	锡林郭勒盟		
13063	保定高新技术产业开发区		B	15909	内蒙古其他		
13069	保定其他			21012	沈阳经济技术开发区		3
13079	张家口			21013	沈阳南湖科技开发区		B
13089	承德			21015	辽宁沈阳、张士出口加工区		
13099	沧州			21016	沈阳综合保税区		
13105	河北廊坊出口加工区			21019	沈阳其他		
13109	廊坊			21022	大连经济技术开发区		3
13119	衡水			21023	大连高新技术产业园区		B
13129	武安			21024	大连大窑湾保税区		A
13909	河北其他			21025	辽宁大连出口加工区		
14012	山西太原经济技术开发区		3	21026	大窑湾保税港区		
14013	太原高新技术产业开发区		B	21027	大连保税物流园区		2
14016	太原武宿综合保税区			21029	大连其他		2
14019	太原其他		2	21033	鞍山高新技术产业开发区		B
14022	大同经济技术开发区		2	21039	鞍山其他		
14029	大同			21049	抚顺		
14039	阳泉			21059	本溪		
14049	长治			21069	丹东		
14059	晋城			21079	锦州		
14069	朔州			21089	营口		
14079	雁北			2108W	营口港保税物流中心		
14089	忻州			21099	阜新		
14099	吕梁			21109	辽阳		
14102	晋中经济技术开发区		2	21119	盘锦		
14109	晋中			21129	铁岭		
14119	临汾			21139	朝阳		
1411W	山西方略保税物流中心			21149	葫芦岛市		
14129	运城			21159	瓦房店		
14139	古交			21169	海城		
14909	山西其他			21179	兴城		
15015	内蒙古呼和浩特出口加工区			21189	铁法		
15019	呼和浩特			21199	北票		

国内地区代码	国内地区名称	国内地区简称	国内地区性质标记
21209	开源		
21909	辽宁其他		
22012	长春经济技术开发区		3
22013	长春南湖—南岭新技术产业园区		B
22016	长春兴隆综合保税区		
22019	长春其他		2
22023	吉林高新技术产业开发区		B
22029	吉林其他		
22039	四平		
22049	辽源		
22059	通化		
22069	白山		
22075	吉林珲春出口加工区		
22079	珲春		2
22089	图们		
22099	白城		
22109	延边		
22119	公主岭		
22129	梅河口		
22139	集安		
22149	桦甸		
22159	九台		
22169	蛟河		
22179	松原		
22189	延吉市		
22909	吉林其他		
23012	哈尔滨经济技术开发区		3
23013	哈尔滨高技术开发区		B
23019	哈尔滨其他		2
23029	齐齐哈尔		
23039	鸡西		
23049	鹤岗		
23059	双鸭山		
23063	大庆高新技术产业开发区		B
23069	大庆其他		
23079	伊春		
23089	佳木斯		
23099	七台河		
23109	牡丹江		
23119	黑河		2
23126	绥芬河综合保税区		
23129	绥芬河		2
23139	松花江		
23149	绥化		
23159	大兴安岭		
23169	阿城		
23179	同江		
23189	富锦		
23199	铁力		
23209	密山		
23909	黑龙江其他		
31019	黄浦		2
31029	南市		2
31039	卢湾		2
31043	上海漕河泾新技术开发区		B
31049	徐汇其他		2
31052	上海经济技术开发区		3
31059	长宁		2
31069	静安		2
31079	普陀		2
3107W	上海西北物流园区保税物流中心		
31089	闸北		2
31099	虹口		2
31109	杨浦		2
31112	上海闵行经济技术开发区		2
31113	上海浦江高科技园区		B
31115	上海漕河泾出口加工区		2
31119	闵行其他		2
31129	宝山		2
31145	上海嘉定出口加工区		2
31149	嘉定		2
31159	川沙		2
31162	上海闵行经济技术开发区(临港新城)		3
31166	洋山保税港区		2
31169	南汇		2
31175	上海闵行出口加工区		2
31179	奉贤		2
31185	上海松江出口加工区		
31189	松江		2
31199	金山		2
31205	上海青浦出口加工区		2
31209	青浦		2
31219	崇明		2
31222	上海浦东新区		3
31224	上海外高桥保税区		A
31225	上海金桥出口加工区南区		
31226	上海浦东机场综合保税区		2
31227	上海保税物流园区		2
31229	浦东其他		2
31909	上海其他		2
32013	南京浦口高新技术外向型开发区		B
32015	江苏南京出口加工区		

国内地区代码	国内地区名称	国内地区简称	国内地区性质标记	国内地区代码	国内地区名称	国内地区简称	国内地区性质标记
32016	南京综合保税区			32157	张家港保税物流园		
32019	南京其他			32159	张家港其他		
3201W	南京龙潭港保税物流中心			32169	江阴		
32023	无锡高新技术产业开发区		B	3216W	江阴保税物流中心		
32025	江苏无锡出口加工区			32179	宿迁		
32026	无锡高新区综合保税区			32189	丹阳		
32029	无锡其他			32199	东台		
32039	徐州			32209	兴化		
3203W	徐州保税物流中心（B 型）			32229	宜兴		
32043	常州高新技术产业开发区		B	32235	江苏昆山出口加工区		
32045	江苏常州出口加工区			32236	昆山综合保税区		
32046	常州综合保税区			32239	昆山		
32049	常州其他			32249	启东		
32052	苏州工业园区		3	32255	江苏吴江出口加工区		
32053	苏州高新技术产业开发区		B	32256	吴江综合保税区		
32055	江苏苏州工业园区加工区			32259	吴江市		
32056	苏州工业园综合保税区、苏州高新综保区			32266	太仓港综合保税区		
				32269	太仓市		
32059	苏州其他			3226W	太仓保税物流中心		
32062	南通经济技术开发区		3	32546	武进综合保税区		
32065	江苏南通出口加工区			32909	江苏其他		
32066	南通综合保税区			33012	杭州经济技术开发区		3
32069	南通其他		2	33013	杭州高新技术产业开发区		B
3206W	如皋港保税物流中心（B 型）			33015	浙江杭州出口加工区		
				33019	杭州其他		
32072	连云港经济技术开发区		3	33022	宁波经济技术开发区		3
32075	江苏连云港出口加工区		2	33023	宁波高新技术产业开发区		3
32079	连云港其他		2	33024	宁波北仑港保税区		A
3207W	连云港保税物流中心			33025	浙江宁波出口加工区		2
32085	江苏省淮安出口加工区			33026	宁波梅山保税港区		2
32086	淮安综合保税区			33027	宁波保税物流园		2
32089	淮安市			33029	宁波其他		2
32096	盐城综合保税区			3302W	宁波栎社保税物流中心		
32099	盐城			33032	温州经济技术开发区		3
32105	江苏扬州出口加工区			33039	温州其他		2
32109	扬州			3303W	温州保税物流中心（B 型）		
32115	江苏镇江出口加工区			33045	浙江嘉兴出口加工区		
32116	镇江综合保税区			33046	嘉兴综合保税区		
32119	镇江			33049	嘉兴		
32125	江苏泰州出口加工区			33059	湖州		
32126	泰州综合保税区			33069	绍兴		
32129	泰州			33072	金华经济技术开发区		3
32139	仪征			33079	金华		
32145	江苏常熟出口加工区			33089	衢州		
32146	常熟综合保税区			33096	舟山港综合保税区		
32149	常熟			33099	舟山		
32154	江苏张家港保税区		A	33109	丽水		
32156	张家港保税港区			33119	台州		

国内地区代码	国内地区名称	国内地区简称	国内地区性质标记
33129	余姚		
33139	海宁		
33149	兰溪		
33159	瑞安		
33169	萧山		
3316W	杭州保税物流中心		
33179	江山		
33189	义乌		
3318W	义乌保税物流中心		
33199	东阳		
33205	浙江慈溪出口加工区		
33209	慈溪		
33219	奉化		
33229	诸暨		
33239	黄岩		
3352W	宁波镇海保税物流中心（B型）		
33909	浙江其他		
34012	合肥经济技术开发区		3
34013	合肥科技工业园区		B
34015	安徽合肥出口加工区		5
34016	合肥综合保税区		
34019	合肥其他		2
34022	芜湖经济技术开发区		3
34023	芜湖高新技术产业开发区		
34025	安徽芜湖出口加工区		
34026	芜湖综合保税区		
34029	芜湖其他		2
34033	蚌埠高新技术产业开发区		
34039	蚌埠		
3403W	蚌埠（皖北）保税物流中心		
34042	安徽淮南经济技术开发区		
34049	淮南		
34052	马鞍山经济技术开发区		3
34053	马鞍山慈湖高新技术产业开发区		
34059	马鞍山		
34069	淮北		
34072	铜陵经济技术开发区		3
34079	铜陵		
34082	安庆桐城经济技术开发区		3
34089	安庆		
34099	黄山		
34109	阜阳		
34119	宿州		
34122	滁州经济技术开发区		3
34129	滁州		
34132	安徽六安经济技术开发区		
34139	六安		
34142	宣城宁国经济技术开发区		
34149	宣城		
34159	巢湖		
34162	池州经济技术开发区		3
34169	池州		
34179	亳州		
34909	安徽其他		
35012	福州经济技术开发区		3
35013	福州科技园区		B
35014	福建马尾保税区		A
35015	福建福州、福清出口加工区		8
35016	福州保税港区		
35017	福州保税物流园区		2
35019	福州其他		2
35021	厦门特区		1
35023	厦门火炬高技术产业开发区		B
35024	厦门象屿保税区		A
35025	福建厦门出口加工区		
35026	厦门海沧保税港区		
35027	厦门象屿保税物流园		1
35029	厦门其他		2
3502W	厦门火炬（翔安）保税物流中心		
35039	莆田		8
35049	三明		
35055	福建泉州出口加工区		8
35059	泉州		8
35069	漳州		8
35079	南平		8
35089	宁德		8
35099	龙岩		8
35109	永安		8
35119	石狮		8
35128	平潭综合试验区		8
35129	平潭		
35909	福建其他		8
36012	南昌经济技术开发区		3
36013	南昌高新技术产业开发区		B
36015	江西南昌出口加工区		
36019	南昌其他		
3601W	南昌保税物流中心		
36023	景德镇高新技术产业开发区		B
36029	景德镇		
36032	萍乡经济技术开发区		3
36039	萍乡		
36042	九江经济技术开发区		3
36045	江西九江出口加工区		2

国内地区代码	国内地区名称	国内地区简称	国内地区性质标记	国内地区代码	国内地区名称	国内地区简称	国内地区性质标记
36049	九江		2	37109	威海其他		
36053	新余高新技术产业开发区		B	37119	日照		
36059	新余			3711W	日照保税物流中心		
36063	鹰潭高新技术产业开发区			37129	山东省滨州其他	滨州其他	
36069	鹰潭			3712W	鲁中运达保税物流中心		
36072	赣州经济技术开发区		3	37139	德州		
36075	江西赣州出口加工区			37149	聊城		
36076	赣州综合保税区			37156	临沂综合保税区		
36079	赣州			37159	临沂		
36082	宜春经济技术开发区			37169	菏泽		
36089	宜春			37179	青州		
36092	上饶经济技术开发区		3	37189	龙口		
36099	上饶			37199	曲阜		
36102	井冈山经济技术开发区		3	37209	莱芜		
36105	井冈山出口加工区			37219	新泰		
36109	吉安			37229	胶州		
36119	抚州			37239	诸城		
36129	瑞昌			37249	莱阳		
36909	江西其他			37259	滕州		
37013	济南高技术产业开发区		B	37269	文登		
37015	山东济南出口加工区			37279	荣城		
37016	济南综合保税区			37289	即墨		
37019	济南其他			37299	平度		
37022	青岛经济技术开发区		3	37909	山东其他		
37023	青岛高新技术产业开发区		B	41012	郑州经济技术开发区		2
37024	青岛保税区		A	41013	郑州高新技术开发区		B
37025	山东青岛出口加工区			41015	河南郑州出口加工区		
37026	青岛前湾保税港区		2	41016	新郑综合保税区		
37027	青岛保税物流园		2	41018	郑州航空港经济综合实验区		
37029	青岛其他		2	41019	郑州其他		2
3702W	青岛保税物流中心			4101W	河南保税物流中心		
37033	淄博高新技术产业开发区		B	41029	开封		
37039	淄博			41033	洛阳高新技术产业开发区		B
3703W	淄博保税物流中心			41039	洛阳其他		
37049	枣庄			41049	平顶山		
37056	东营综合保税区			41059	安阳		
37059	东营			41069	鹤壁		
37062	烟台经济技术开发区		3	41079	新乡		
37065	山东烟台出口加工区			41089	焦作		
37069	烟台其他		2	4108W	河南德众保税物流中心		
37073	潍坊高新技术产业开发区		B	41099	濮阳		
37075	山东潍坊出口加工区			41109	许昌		
37076	潍坊综合保税区			41119	漯河		
37079	潍坊其他			41129	三门峡		
37089	济宁			41139	商丘		
37099	泰安			41149	周口		
37103	威海火炬高技术产业开发区		B	41159	驻马店		
37105	山东威海出口加工区			41169	南阳		

国内地区代码	国内地区名称	国内地区简称	国内地区性质标记
41179	信阳		
41189	义马		
41199	汝州		
41209	济源		
41219	禹州		
41229	卫辉		
41239	辉县		
41249	泌阳		
41909	河南其他		
42012	武汉经济技术开发区		3
42013	武汉东湖新技术开发区		B
42015	湖北武汉出口加工区		
42016	武汉东湖综合保税区		
42019	武汉其他		2
4201W	武汉东西湖保税物流中心		
42022	黄石经济技术开发区		3
42029	黄石		
4202W	黄石棋盘洲保税物流中心		
42039	十堰		
42049	沙市		
42059	宜昌		
4205W	宜昌三峡保税物流中心（B型）		
42062	襄阳经济技术开发区		3
42063	襄阳高新技术产业开发区		B
42069	襄阳其他		
42079	鄂州		
42089	荆门		
42099	黄冈		
42109	孝感		
42119	咸宁		
42122	荆州经济技术开发区		3
42129	荆州		
42139	郧阳		
42149	鄂西		
42159	随州		
42169	老河口		
42179	枣阳		
42189	神农架		
42909	湖北其他		
43012	长沙经济技术开发区		
43013	长沙科技开发区		B
43019	长沙其他		2
4301W	长沙金霞保税物流中心		
43023	株州高新技术产业开发区		B
43029	株州其他		
43032	湘潭经济技术开发区		
43033	湘潭高新技术产业开发区		
43036	湘潭综合保税区		
43039	湘潭		
43043	衡阳高新技术产业开发区		
43046	衡阳综合保税区		
43049	衡阳		
43059	邵阳		
43066	岳阳城陵矶综合保税区		
43069	岳阳		2
43072	常德经济技术开发区		
43079	常德		
43089	张家界		
43093	益阳高新技术产业开发区		
43099	益阳		
43109	娄底		
43115	湖南郴州出口加工区		
43119	郴州		
43129	永州		
43139	怀化		
43149	湘西		
43159	醴陵		
43169	湘乡		
43179	耒阳		
43189	汨罗		
43199	津市		
43202	浏阳经济技术开发区		
43209	浏阳其他		
43909	湖南其他		
44012	广州经济技术开发区		3
44013	广州天河高新技术产业开发区		B
44014	广州保税区		A
44015	广东广州出口加工区		
44016	广州白云机场综合保税区		
44017	广州保税物流园区		7
44019	广州其他		2
44029	韶关		7
44031	深圳特区		1
44033	深圳科技工业园		B
44034	福田盐田沙头角保税区		A
44035	广东深圳出口加工区		
44036	深圳前海湾保税港区		
44037	深圳盐田保税物流园		1
44039	深圳其他		7
4403W	深圳机场保税物流中心		
44041	珠海特区		1
44043	珠海高新技术产业开发区		B
44044	珠海保税区		A
44045	珠澳跨境工业区珠海园区		7

国内地区代码	国内地区名称	国内地区简称	国内地区性质标记
44048	珠海横琴新区		
44049	珠海其他		7
44051	汕头特区		1
44054	汕头保税区		A
44059	汕头其他		7
44063	佛山高新技术产业开发区		B
44069	佛山其他		7
44079	江门		7
44082	湛江经济技术开发区		3
44089	湛江其他		2
4408W	湛江保税物流中心（B 型）		
44099	茂名		7
44129	肇庆		7
44133	惠州高新技术产业开发区		B
44139	惠州其他		7
44149	梅州		7
44159	汕尾		7
44169	河源		7
44179	阳江		7
44189	清远		7
44193	东莞松山湖高新技术产业开发区		
44199	东莞		7
4419W	东莞保税物流中心		
44203	中山火炬高技术产业开发区		B
44209	中山其他		7
4420W	中山保税物流中心		
44219	潮州		7
44229	顺德		7
4422W	佛山国通保税物流中心（B 型）		
44235	广东南沙出口加工区		7
44236	广州南沙保税港区		
44239	番禺		7
44249	揭阳		7
44289	南海		7
44299	云浮市		7
44306	广州南沙保税港区		
44309	南沙其他		
44536	深圳盐田综合保税区（一期）		
4469W	东莞清溪保税物流中心（B 型）		
44909	广东其他		7
45013	南宁高新技术产业开发区		B
45019	南宁其他		2
4501W	南宁保税物流中心		
45029	柳州		
45033	桂林高新技术产业开发区		B
45039	桂林其他		
45049	梧州		
45055	广西北海出口加工区		
45059	北海		2
45069	玉林		
45079	百色		
45089	河池		
45096	广西钦州保税港区		
45099	钦州		
45106	广西凭祥综合保税区		
45109	凭祥		2
45119	东兴		2
45129	防城港市		
45139	贵港市		
45149	崇左		
45159	来宾		
45169	贺州		
45909	广西其他		
46011	海口		1
46013	海南国际科技园区		B
46014	海南海口保税区		A
46016	海口综合保税区		1
46021	三亚		5
46031	三沙		
46041	五指山		
46051	琼海		
46061	儋州		
46062	洋浦经济开发区		
46066	洋浦保税港区		
46071	文昌		
46081	万宁		
46091	东方		
46101	定安		
46111	屯昌		
46121	澄迈		
46131	临高		
46141	白沙		
46151	昌江		
46161	乐东		
46171	陵水		
46181	保亭		
46191	琼中		
46901	海南其他		1
46902	海南洋浦经济技术开发区		3
46906	海南洋浦保税港区		5
50012	万州经济技术开发区		
50019	万州区		
50029	涪陵区		

国内地区代码	国内地区名称	国内地区简称	国内地区性质标记
50039	渝中区		
50049	大渡口区		
50052	重庆两江新区江北区		3
50056	重庆两路寸滩保税港区（水港）		
50059	江北区		
50066	重庆西永综合保税区		
50069	沙坪坝区		
5006W	重庆铁路保税物流中心		
50073	重庆高新技术产业开发区		B
50079	九龙坡区		
50082	重庆经济技术开发区		3
50089	南岸区		
50092	重庆两江新区北碚区		3
50099	北碚区		
50109	万盛区		
50119	双桥区		
50122	重庆两江新区渝北区		3
50125	重庆出口加工区		
50126	重庆两路寸滩保税港区（空港）		
50129	渝北区		
50139	巴南区		
5015W	泸州港保税物流中心		
50212	长寿经济技术开发区		2
50219	长寿县		
50229	綦江区		
50239	潼南县		
50249	重庆市铜梁区	铜梁区	
50259	大足区		
50269	荣昌县		
50279	重庆市璧山区	璧山区	
50289	梁平县		
50299	城口县		
50309	丰都县		
50319	垫江县		
50329	武隆县		
50339	忠县		
50349	开县		
50359	云阳县		
50369	奉节县		
50379	巫山县		
50389	巫溪县		
50399	黔江		
50409	石柱土家族自治县		
50419	秀山土家族苗族自治县		
50429	酉阳土家族苗族自治县		
50439	彭水苗族土家族自治县		
50819	江津区		
50829	合川区		
50839	永川区		
50849	南川区		
51012	成都经济技术开发区		3
51013	成都高新技术产业开发区		B
51015	四川成都出口加工区		
51016	成都高新综合保税区		
51019	成都其他		2
5101W	成都空港保税物流中心		
51039	自贡		
51049	攀枝花		
51059	泸州		
5105W	泸州港保税物流中心（B型）		
51069	德阳		
51072	绵阳经济技术开发区		
51073	绵阳高新技术产业开发区		B
51075	四川绵阳出口加工区		
51079	绵阳其他		
51082	广元经济技术开发区		
51089	广元		
51099	遂宁		
51109	内江		
51113	乐山高新技术产业开发区		
51119	乐山		
51142	宜宾临港经济开发区		
51149	宜宾		
5114W	宜宾港保税物流中心（B型）		
51159	南充		
51169	达县		
51179	雅安		
51189	阿坝		
51199	甘孜		
51209	凉山		
51229	广汉		
51239	江油		
51249	都江堰		
51259	峨眉山		
51269	资阳	资阳	
51279	眉山	眉山	
51289	广安	广安	
51299	巴中	巴中	
5151W	成都铁路保税物流中心（B型）		
51909	四川其他		
52013	贵阳高新技术产业开发区		B

国内地区代码	国内地区名称	国内地区简称	国内地区性质标记	国内地区代码	国内地区名称	国内地区简称	国内地区性质标记
52016	贵阳综合保税区			54909	西藏其他		6
52019	贵阳其他		2	61012	陕西航天经济技术开发区		
52029	六盘水			61013	西安新技术产业开发区		B
52039	遵义			61015	陕西西安出口加工区		
52049	铜仁			61016	西安综合保税区和西安高新综合保税区		
52059	黔西南						
52069	毕节			61019	西安其他		2
52079	安顺			61029	铜川		
52089	黔东南			61033	宝鸡高新技术产业开发区		B
52099	黔南			61039	宝鸡其他		
52502	贵阳贵安新区			61049	咸阳		
52506	贵安综合保税区			6104W	陕西西咸保税物流中心		
52909	贵州其他			61059	渭南		
53012	昆明经济技术开发区		3	61062	汉中经济技术开发区		
53013	昆明高新技术产业开发区		B	61069	汉中		
53015	云南昆明出口加工区			61079	安康		
53019	昆明其他			61089	商洛		
53029	东川			61099	延安		
53039	昭通			61109	榆林		
53042	曲靖经济技术开发区		3	61909	陕西其他		
53049	曲靖			62013	兰州宁卧庄新技术产业开发区		B
53059	楚雄						
53069	玉溪			62016	兰州新区综合保税区		
53072	云南省蒙自经济技术开发区			62019	兰州其他		2
53076	云南红河综合保税区			62029	嘉峪关		
53079	红河			62039	金昌		
53089	文山			62049	白银		
53099	普洱			62059	天水		
53109	西双版纳			62069	酒泉		
53119	大理			62079	张掖		
53129	保山			62089	武威		
53139	德宏			6208W	武威保税物流中心		
53149	丽江			62099	定西		
53159	怒江			62109	陇南		
53169	迪庆			62119	平凉		
53179	临沧			62129	庆阳		
53189	畹町		2	62139	临夏		
53199	瑞丽		2	62149	甘南		
53209	河口		2	62909	甘肃其他		
53909,	云南其他			63012	西宁经济技术开发区		3
54012	拉萨经济技术开发区			63013	青海高新技术产业开发区		B
54019	拉萨		6	63019	西宁		2
54029	昌都		6	63029	海东		
54039	山南		6	6302W	青海曹家堡保税物流中心(B型)		
54049	日喀则		6				
54059	那曲		6	63039	海北		
54069	阿里		6	63049	黄南		
54079	林芝		6	63059	海南		

国内地区代码	国内地区名称	国内地区简称	国内地区性质标记	国内地区代码	国内地区名称	国内地区简称	国内地区性质标记
63069	果洛			65049	巴音		9
63079	玉树			65059	阿克苏		9
63089	海西			65069	克孜		9
63909	青海其他			65076	喀什综合保税区		
64012	银川经济技术开发区		3	65079	喀什		9
64016	银川综合保税区			65089	和田		9
64019	银川		2	65095	中哈霍尔果斯国际边境合作中心中方配套区（一期）		
64029	石嘴山			65099	伊宁		9
64039	吴中			6509A	中哈霍尔果斯国际边境合作中心中方配套区（一期）		
64049	固原			6509W	奎屯保税物流中心		
64059	中卫			65109	塔城		2
64909	宁夏其他			65119	阿勒泰		9
65012	乌鲁木齐经济技术开发区		3	65122	石河子经济技术开发区		3
65013	乌鲁木齐高新技术产业开发区		B	65129	石河子		9
65015	新疆乌鲁木齐出口加工区		9	65219	吐鲁番		9
65019	乌鲁木齐其他		9	65229	哈密		9
65029	克拉玛依		9	65239	昌吉回族自治州		9
65036	阿拉山口综合保税区			65909	新疆其他		9
65039	博乐		9				

国内地区代码表说明

国内地区代码表用于填报进出口报关单的境内目的地和境内货源地。

国内地区代码表由5位数字组成：

（一）第一至四位为行政区划代码：

1. 第一、二位表示省、自治区、直辖市。

例如：北京市11、广东省44

2. 第三、四位表示省辖市（地区、省直辖行政单位），包括省会城市、计划单列城市、沿海开放城市。

例如，北京市东城区1101、广州市4401、深圳4403。

（二）第五位为省辖市（地区、省直辖行政单位）经济区划代码：

代码“1”：经济特区，例如，深圳市44031，厦门市35021。

代码“2”：经济技术开发区，包括上海浦东新区、海南洋浦经济开发区。

代码“3”：高新技术产业开发区。

代码“4”：保税区。

代码“5”：出口加工区。

代码“6”：保税港区。

代码“7”：保税物流园区。

代码“9”：其他地区。

代码“W”：保税物流中心。

结汇方式代码表及说明

结汇方式代码表

结汇方式代码	结汇方式名称	结汇方式代码	结汇方式名称
1	信汇	6	信用证
2	电汇	7	先出后结
3	票汇	8	先结后出
4	付款交单	9	其他
5	承兑交单		

结汇方式代码表说明

一、定义

结汇方式是出口货物发货人或其代理通过银行收结外汇的方式。

二、结汇方式代码表结构及说明

（一）结汇方式代码表由两部分组成，即结汇方式代码和结汇方式名称。

（二）结汇方式代码分为汇付、托收、信用证和其他。

1. 汇付包括：

（1）信汇：代码“1”，指买方将货款交给进口地银行，由银行开具付款委托书，邮寄出口地银行，委托其向卖方付款。

（2）电汇：代码“2”，指进口地银行应买方申请，直接用电报发出付款委托书，委托出口地银行向卖方付款。

（3）票汇：代码“3”，指买方向进口地银行购买银行汇票径寄卖方，由卖方或其指定的人持票向出口地有关银行取款。

汇付从时间上分预付和后付。预付即卖方装运货物前，买方先将货款汇结卖方；后付即卖方先交货，在买方收到货物或单据后才汇付货款。

2. 托收包括：

（1）付款交单（D/P）：代码“4”，指卖方托收时指示托收行，只有在买方付清货款时才交出单据。

（2）承兑交单（D/A）：代码“5”，指买方承兑汇票后即可取得单据，提取货物，待汇票到期时才付货款。

3. 信用证（L/C）：代码“6”，是银行在买卖双方之间保证付款的凭证。银行根据买方的申请书，向卖方开出保证付款的信用证，即只要卖方提交符合信用证要求的单据，银行就保证付款。

4. 先出后结：代码“7”。

5. 先结后出：代码“8”。

6. 其他：代码“9”，指除上述以外的结汇方式。

监管证件代码表及说明

监管证件代码表

监管证件代码	监管证件名称	监管证件简称	监管证件代码	监管证件名称	监管证件简称
1	进口许可证		P	固体废物进口许可证	
2	两用物项和技术进口许可证		Q	进口药品通关单	
3	两用物项和技术出口许可证		R	进口兽药通关单	
4	出口许可证		S	农药进出口登记管理放行通知单	
6	旧机电产品禁止进口		T	银行调运现钞进出境许可证	
7	自动进口许可证		U	合法捕捞产品通关证明	
8	禁止出口商品		W	麻醉药品进出口准许证	
9	禁止进口商品		X	有毒化学品环境管理放行通知单	
A	入境货物通关单		Y	原产地证明	
B	出境货物通关单		Z	音像制品进口批准单或节目提取单	
D	出/入境货物通关单（毛坯钻石用）		c	内销征税联系单	
E	濒危物种允许出口证明书		e	关税配额外优惠税率进口棉花配额证	
F	濒危物种允许进口证明书		h	核增核扣表	
G	两用物项和技术出口许可证（定向）		q	国别关税配额证明	
I	精神药物进（出）口准许证		r	预归类标志	
J	黄金及黄金制品进出口准许证或批件		t	关税配额证明	
K	深加工结转申请表		v	自动进口许可证（加工贸易）	
L	药品进出口准许证		x	出口许可证（加工贸易）	
M	密码产品和设备进口许可证		y	出口许可证（边境小额贸易）	
O	自动进口许可证（新旧机电产品）				

监管证件代码表说明

一、定义

监管证件名称代码是海关依据我国外贸法律、法规及规章，为便于实施计算机系统管理和便捷通关需求，对实行禁止进出口及进出口许可证件管理的货物在海关管理环节须验核的各种进出口许可证件的分类标志。其总和称为监管证件名称代码表。

监管证件代码及《商品综合分类表》中有关“监管条件”的设置仅为辅助性、参考性提示。国家对进出境货物有禁止性或限制性规定的，应以法律、法规规定为准。

二、监管证件名称代码表结构

监管证件名称代码表由两部分组成，即监管证件代码和监管证件名称。例如：代码“1”，为进口许可证，如果某一商品编号后注有监管证件“1”，则说明在一般贸易项下进口该种商品需申领进口许可证。

三、监管证件名称代码说明

（一）代码“1”——进口许可证：指商务部配额许可证事务局或其授权机关签发的进口许可证。

（二）代码“2”——两用物项和技术进口许可证：指列入《两用物项和技术进口许可证管理目录》的商品，进口时由商务部签发两用物项和技术进口许可证。

（三）代码“3”——两用物项和技术出口许可证：根据商务部会同海关总署联合发布的《两用物项和技术进出口许可证管理办法》，由商务部授权的发证机构签发两用物项和技术出口许可证。

（四）代码“4”——出口许可证：指商务部配额许可证事务局或其授权机关签发的出口许可证。

（五）代码“6”——旧机电产品禁止进口：商品编码后面有此代码的商品，其旧品禁止进口。

（六）代码“7”——自动进口许可证：指进口商品实行自动进口许可管理，由商务部及其授权机构按职责分工签发自动进口许可证。

（七）代码“8”——禁止出口商品：指国务院授权商务部门会同有关部门，依照《中华人民共和国对外贸易法》等有关法律法规，制定、调整并公布的禁止出口货物目录所列商品及法律、法规等规定禁止出口的商品。商品编码后有此代码的商品禁止出口。

（八）代码“9”——禁止进口商品：指国务院授权商务部门会同有关部门，依照《中华人民共和国对外贸易法》等有关法律法规，制定、调整并公布的禁止进口货物目录所列商品及法律、法规等规定禁止进口的商品。商品编码后有此代码的商品禁止进口。

（九）代码“A”——入境货物通关单：指国家质量监督检验检疫机构根据《中华人民共和国进出口商品检验法》、《中华人民共和国动植物检疫法》和《中华人民共和国食品安全法》等有关法律、法规，对列入《出入境检验检疫机构实施检验检疫的进出境商品目录》的进口商品签发的入境货物通关单。

（十）代码“B”——出境货物通关单：指国家质量监督检验检疫机构根据《中华人民共和国进出口商品检验法》、《中华人民共和国动植物检疫法》和《中华人民共和国食品安全法》等有关法律、法规，对列入《出入境检验检疫机构实施检验检疫的进出境商品目录》的出口商品签发的出境货物通关单。

（十一）代码“D”——出/入境货物通关单：为履行我国国际义务，制止“冲突钻石”非法交易，国家质检总局、海关总署等六部委联合发布 2002 年第 132 号公告，对毛坯钻石进出口实施管理，毛坯钻石进出口时，授权检验检疫机构签发出/入境货物通关单。

（十二）代码“E”——濒危物种允许出口证明书：指根据《中华人民共和国野生动物保护法》及相关法律法规，对列入《濒危野生动植物种国际贸易公约》及《国家重点保护野生动物名录》、《国家重点保护野生植物名录》货物，出口时由国家濒危物种进出口管理办公室或其办事机构签发允许出口证明书。

（十三）代码“F”——濒危物种允许进口证明书：指根据《中华人民共和国野生动物保护法》及相关法律法规，对列入《濒危野生动植物种国际贸易公约》及《国家重点保护野生动物名录》货物，进口时由国家濒危物种进出口管理办公室或其办事机构签发允许进口证明书。

（十四）代码“G”——两用物项和技术出口许可证（定向）：指列入《向特定国家（地区）出口易制毒化学品管理目录》的商品，向特定国家出口时由商务部签发易制毒化学品定向出口许可证。

（十五）代码“I”——精神药物进（出）口准许证：根据《中华人民共和国药品管理法》和《麻醉药品和精神药品管理条例》等相关法律法规，国家对精神药品的进（出）口实行进（出）口准许证管理制度。

对列入《精神药品品种目录》的商品，国家食品药品监督管理总局核发精神药品进（出）口准许证或携带麻醉药品、精神药品证明。

（十六）代码“J”——黄金及黄金制品进出口准许证或批件：指根据《中华人民共和国金银管理条例》及相关法律法规，对进出口黄金及其制品，由中国人民银行授权发证机构签发的准许进出境证件。

（十七）代码“L”——药品进出口准许证：根据《中华人民共和国反兴奋剂条例》，国家食品药品监督管理部门依法对列入兴奋剂目录的蛋白同化制剂、肽类激素等供医疗使用的兴奋剂实施进出口管理，签发准予进出口的许可证件。

（十八）代码“M”——密码产品和设备进口许可证：根据《商用密码管理条例》，对列入《密码产品和含有密码技术的设备进口管理目录》的商品，由国家密码管理局签发进口许可证件。

（十九）代码“O”——自动进口许可证（新旧机电产品）：根据商务部、海关总署、国家质检总局《机电产品进口管理办法》和《机电产品进口自动许可实施办法》，进口实行自动进口许可管理的机电产品，进口单位应当在办理海关报关手续前，向商务部或地方外经贸主管机构、部门机电办申领自动进口许可证。

（二十）代码“P”——固体废物进口许可证：根据《中华人民共和国固体废物污染环境防治法》和《固体废物进口管理办法》及相关法律法规，对列入《限制进口类可用做原料的固体废物目录》的进口商品，由国家环境保护部签发固体废物进口许可证。

（二十一）代码“Q”——进口药品通关单：根据《中华人民共和国药品管理法》及相关法律法规，对列入《进口药品管理目录》的药品，国家食品药品监督管理总局及其授权机构签发进口药品通关单。

（二十二）代码“R”——进口兽药通关单：根据《兽

药管理条例》，农业部或兽药进口口岸所在地省级人民政府兽医行政管理部门对列入《进口兽药管理目录》的进口兽药实施监督管理，签发进口兽药通关单。

（二十三）代码“S”——农药进出口登记管理放行通知单：根据《农药管理条例》及有关法律法规，《中华人民共和国进出口农药管理名录》的商品进出口时，农业部签发农药进出口登记管理放行通知单。

（二十四）代码“T”——银行调运现钞进出境许可证：指国家外汇管理局和中国人民银行根据《银行调运外币现钞进出境管理规定》及相关法律法规，对银行调运进出境的外币和人民币现钞签发的许可证件。

（二十五）代码“U”——合法捕捞产品通关证明：进口“实施合法捕捞证明的水产品清单”所列的鱼类，由农业部签发“合法捕捞产品通关证明”。

（二十六）代码“W”——麻醉药品进出口准许证：根据《中华人民共和国药品管理法》和《麻醉药品和精神药品管理条例》等相关法律法规，国家对麻醉药品的进（出）口实行进（出）口准许证管理制度。

对列入“麻醉药品品种目录”的商品，国家食品药品监督管理总局核发麻醉药品进（出）口准许证或携带麻醉药品、精神药品证明。

（二十七）代码“X”——有毒化学品环境管理放行通知单：指列入《中国严格限制进出口的有毒化学品目录》的进出口化学品，由国家环境保护部签发的放行通知单。

（二十八）代码“Y”——原产地证明：是指受惠国（地区）政府指定部门签发的证明该货物原产于该国（地区）的证明文书。

（二十九）代码“Z”——音像制品进口批准单或节目提取单：指国家实行进口管理的音像制品，由新闻出版广电总局签发的进口音像制品批准单或广播电影电视管理部门签发的进口广播电影电视节目带（片）提取单，以及省级新闻出版广电行政主管部门签发的“加工贸易项下光盘进出口批准证”，对赴境外加工光盘类产品并返回境内的，由省级新闻出版广电行政主管部门开具“赴境外加工光盘进口备案证明”。

（三十）代码“e”——关税配额外优惠税率进口棉花配额证：指对于一定数量的关税配额外报关进口的棉花，按“暂定优惠关税税率”征收进口关税，由国家发展改革委授权机构出具关税配额外优惠关税税率进口棉花配额证。

（三十一）代码“q”——国别关税配额证明：进口原产于新西兰并享受协定税率的羊毛或毛条时，应单独向海关申报，并按照海关总署令第175号规定提交原产地证明文件和商务部及其授权机构签发的在备注栏注明“新西兰羊毛、毛条国别配额”字样的农产品进口关税配额证，该证简称“国别关税配额证明”。

（三十二）代码“t”——关税配额证明：指列入实施《关税配额商品进口配额表》的商品，进口时由商务部签发关税配额证明。

（三十三）代码“v”——自动进口许可证（加工贸易）：适用于加工贸易方式下自动进口许可证管理的商品。

（三十四）代码“x”——出口许可证（加工贸易）：适用于加工贸易方式下出口许可证管理的商品。

（三十五）代码“y”——出口许可证（边境小额贸易）：边境小额贸易项下需凭出口许可证办理有关手续。

用途代码表及说明

用途代码表

用途代码	用途	用途代码	用途
01	外贸自营内销	07	收保证金
02	特区内销	08	免费提供
03	其他内销	09	作价提供
04	企业自用	10	货样、广告品
05	加工返销	11	其他
06	借用	13	以产顶进

用途代码表说明

一、定义

指进口货物的实际用途，以此对征免税和监管条件进行辅助检查和处理。

二、用途分类代码及说明

（一）外贸自营内销：代码“01”，指有外贸进出口经营权的企业，在其经营范围内以正常方式成交的进口货物。

（二）特区内销：代码“02”，指特区内有外贸进出口经营权的企业在其经营范围内进口在特区内销售的货物。

（三）其他内销：代码“03”，指进料加工转内销部分、来料加工转内销货物及外商投资企业进口供加工内销产品的料件。

（四）企业自用：代码“04”，指进口供本单位（企业）自用的货物，如外商投资企业及特区内的企业、事业和机关单位进口自用的机器设备等。

（五）加工返销：代码“05”，指来料加工、进料加工、补偿贸易和外商投资企业为履行产品出口合同从国外进口料件，用于在国内加工后返销到境外。

（六）借用：代码“06”，指从境外租借进口，在规定的使用期满后退运出境外的进口货物，如租赁贸易进口货物。

（七）收保证金：代码“07”，指由担保人向海关缴纳现金的一种担保形式。

（八）免费提供：代码“08”，指免费提供的进口货物，如无偿援助、捐赠、礼品等进口货物。

（九）作价提供：代码“09”，指我方与外商签订合同（协议），规定由外商作价提供进口的货物，事后由我方支付或从我方出口货物款中或出口加工成品的加工费中扣除，如来料加工贸易进口设备等。

（十）货样、广告品：代码“10”，指进口专供订货参考的货物样品及用以宣传有关商品内容的广告宣传品。

（十一）其他：代码“11”，指用途代码表中未具体列名的其他用途。

（十二）以产顶进：代码“13”，指经国家有关经贸部门审批，对目前国内尚无法加工生产，需在境外购买的商品，可准许在境内的三资企业购买以替代进口。

其他代码表

货币代码表

货币代码	货币符号	英文名称	货币名称	货币代码	货币符号	英文名称	货币名称
110	HKD		港币	305	FRF		法国法郎
116	JPY		日本元	307	ITL		意大利里拉
121	MOP		澳门元	312	ESP		西班牙比赛塔
129	PHP		菲律宾比索	315	ATS		奥地利先令
132	SGD		新加坡元	318	FIM		芬兰马克
133	KRW		韩国圆	326	NOK		挪威克朗
136	THB		泰国铢	330	SEK		瑞典克朗
142	CNY		人民币	331	CHF		瑞士法郎
300	EUR		欧元	501	CAD		加拿大元
302	DKK		丹麦克朗	502	USD		美元
303	GBP		英镑	601	AUD		澳大利亚元
304	DEM		德国马克	609	NZD		新西兰元

成交方式代码表

成交方式代码	成交方式名称
1	CIF
2	C&F
3	FOB
4	C&I
5	市场价
6	垫仓

计量单位代码表

计量单位代码	计量单位名称	计量单位代码	计量单位名称	计量单位代码	计量单位名称	计量单位代码	计量单位名称
001	台	038	万个	079	短担	135	捆
002	座	039	具	080	两	136	袋
003	辆	040	百副	081	市担	139	粒
004	艘	041	百支	083	盎司	140	盒
005	架	042	百把	084	克拉	141	合
006	套	043	百个	085	市尺	142	瓶
007	个	044	百片	086	码	143	千支
008	只	045	刀	088	英寸	144	万双
009	头	046	疋	089	寸	145	万粒
010	张	047	公担	095	升	146	千粒
011	件	048	扇	096	毫升	147	千米
012	支	049	百枝	097	英加仑	148	千英尺
013	枝	050	千只	098	美加仑	149	百万贝可
014	根	051	千块	099	立方英尺	163	部
015	条	052	千盒	101	立方尺	164	亿株
016	把	053	千枝	110	平方码		
017	块	054	千个	111	平方英尺		
018	卷	055	亿支	112	平方尺		
019	副	056	亿个	115	英制马力		
020	片	057	万套	116	公制马力		
021	组	058	千张	118	令		
022	份	059	万张	120	箱		
023	幅	060	千伏安	121	批		
025	双	061	千瓦	122	罐		
026	对	062	千瓦时	123	桶		
027	棵	063	千升	124	扎		
028	株	067	英尺	125	包		
029	井	070	吨	126	箩		
030	米	071	长吨	127	打		
031	盘	072	短吨	128	筐		
032	平方米	073	司马担	129	罗		
033	立方米	074	司马斤	130	匹		
034	筒	075	斤	131	册		
035	千克	076	磅	132	本		
036	克	077	担	133	发		
037	盆	078	英担	134	枚		

国别(地区)代码表

国家(地区)代码	国际标准英文简称	中文国家(地区)名称	英文国家(地区)名称	优惠/普通税率标记	船舶吨税优/普标记
101	AFG	阿富汗	Afghanistan	L	H
102	BHR	巴林	Bahrian	L	H
103	BGD	孟加拉国	Bangladesh	L	L
104	BTN	不丹	Bhutan	H	H
105	BRN	文莱	Brunei	L	H
106	MMR	缅甸	Myanmar	L	H
107	KHM	柬埔寨	Cambodia	L	H
108	CYP	塞浦路斯	Cyprus	L	L
109	PRK	朝鲜	Korea, DPR	L	L
110	HKG	香港	Hong Kong	L	L
111	IND	印度	India	L	L
112	IDN	印度尼西亚	Indonesia	L	L
113	IRN	伊朗	Iran	L	L
114	IRQ	伊拉克	Iraq	L	H
115	ISR	以色列	Israel	L	L
116	JPN	日本	Japan	L	L
117	JOR	约旦	Jordan	L	H
118	KWT	科威特	Kuwait	L	H
119	LAO	老挝	Lao PDR	L	H
120	LBN	黎巴嫩	Lebanon	L	L
121	MAC	澳门	Macau	L	L
122	MYS	马来西亚	Malaysia	L	L
123	MDV	马尔代夫	Maldives	L	H
124	MNG	蒙古	Mongolia	L	L
125	NPL	尼泊尔联邦民主共和国	Nepal, FDR	L	H
126	OMN	阿曼	Oman	L	L
127	PAK	巴基斯坦	Pakistan	L	L
128	PSE	巴勒斯坦	Palestine	H	H
129	PHL	菲律宾	Philippines	L	L
130	QAT	卡塔尔	Qatar	L	H
131	SAU	沙特阿拉伯	Saudi Arabia	L	H
132	SGP	新加坡	Singapore	L	L
133	KOR	韩国	Korea, Rep.	L	L
134	LKA	斯里兰卡	Sri Lanka	L	L
135	SYR	叙利亚	Syrian Arab Republic	L	H
136	THA	泰国	Thailand	L	L
137	TUR	土耳其	Turkey	L	L

国家(地区)代码	国际标准英文简称	中文国家(地区)名称	英文国家(地区)名称	优惠/普通税率标记	船舶吨税优/普标记
138	ARE	阿联酋	United Arab Emirates	L	H
139	YEM	也门	Yemen	L	L
141	NVM	越南	Viet Nam	L	L
142	CHN	中国	China	L	L
143	TWN	台澎金马关税区	Taiwan, Prov.of China	L	H
144	TLS	东帝汶	Timor-Leste	L	H
145	KAZ	哈萨克斯坦	Kazakhstan	L	H
146	KGZ	吉尔吉斯斯坦	Kyrgyzstan	L	H
147	TJK	塔吉克斯坦	Tajikistan	L	H
148	TKM	土库曼斯坦	Turkmenistan	L	H
149	UZB	乌兹别克斯坦	Uzbekistan	L	H
199		亚洲其他国家(地区)	Oth. Asia nes		H
201	DZA	阿尔及利亚	Algeria	L	L
202	AGO	安哥拉	Angola	L	H
203	BEN	贝宁	Benin	L	H
204	BWA	博茨瓦纳	Botswana	L	H
205	BDI	布隆迪	Burundi	L	H
206	CMR	喀麦隆	Cameroon	L	H
207		加那利群岛	Canary Islands	H	H
208	CPV	佛得角	Cape Verde	L	H
209	CAF	中非	Central African Republic.	L	H
210		塞卜泰(休达)	Ceuta	H	H
211	TCD	乍得	Chad	L	H
212	COM	科摩罗	Comoros	H	H
213	COG	刚果(布)	Congo	L	L
214	DJI	吉布提	Djibouti	L	H
215	EGY	埃及	Egypt	L	L
216	GNQ	赤道几内亚	Equatorial Guinea	L	H
217	ETH	埃塞俄比亚	Ethiopia	L	L
218	GAB	加蓬	Gabon	L	H
219	GMB	冈比亚	Gambia	L	H
220	GHA	加纳	Ghana	L	L
221	GIN	几内亚	Guinea	L	H
222	GNB	几内亚比绍	Guinea-Bissau	L	H
223	CIV	科特迪瓦	Cote d'lvoire	L	H
224	KEN	肯尼亚	Kenya	L	L
225	LBR	利比里亚	Liberia	L	L
226	LBY	利比亚	Libyan Arab Jamahiriya	L	H
227	MDG	马达加斯加	Madagascar	L	H
228	MWI	马拉维	Malawi	L	H
229	MLI	马里	Mali	L	H

国家(地区)代码	国际标准英文简称	中文国家(地区)名称	英文国家(地区)名称	优惠/普通税率标记	船舶吨税优/普标记
230	MRT	毛里塔尼亚	Mauritania	L	H
231	MUS	毛里求斯	Mauritius	L	H
232	MAR	摩洛哥	Morocco	L	L
233	MOZ	莫桑比克	Mozambique	L	H
234	NAM	纳米比亚	Namibia	L	H
235	NER	尼日尔	Niger	L	H
236	NGA	尼日利亚	Nigeria	L	H
237	REU	留尼汪	Reunion	H	H
238	RWA	卢旺达	Rwanda	L	H
239	STP	圣多美和普林西比	Sao Tome and Principe	H	H
240	SEN	塞内加尔	Senegal	L	H
241	SYC	塞舌尔	Seychelles	H	H
242	SLE	塞拉利昂	Sierra Leone	L	H
243	SOM	索马里	Somalia	L	H
244	ZAF	南非	South Africa	L	L
245	ESH	西撒哈拉	Western Sahara	H	H
246	SDN	苏丹	Sudan	L	L
247	TZA	坦桑尼亚	Tanzania	L	H
248	TGO	多哥	Togo	L	H
249	TUN	突尼斯	Tunisia	L	L
250	UGA	乌干达	Uganda	L	H
251	BFA	布基纳法索	Burkina Faso	L	H
252	COD	刚果(金)	Congo,DR	L	L
253	ZMB	赞比亚	Zambia	L	H
254	ZWE	津巴布韦	Zimbabwe	L	H
255	LSO	莱索托	Lesotho	L	H
256		梅利利亚	Melilla	H	H
257	SWZ	斯威士兰	Swaziland	L	H
258	ERI	厄立特里亚	Eritrea	L	H
259	MYT	马约特	Mayotte	L	H
260		南苏丹共和国	Republic of South Sudan	L	H
299		非洲其他国家(地区)	Oth. Afr. nes		H
301	BEL	比利时	Belgium	L	L
302	DNK	丹麦	Denmark	L	L
303	GBR	英国	United Kingdom	L	L
304	DEU	德国	Germany	L	L
305	FRA	法国	France	L	L
306	IRL	爱尔兰	Ireland	L	L
307	ITA	意大利	Italy	L	L
308	LUX	卢森堡	Luxembourg	L	L
309	NLD	荷兰	Netherlands	L	L

国家(地区)代码	国际标准英文简称	中文国家(地区)名称	英文国家(地区)名称	优惠/普通税率标记	船舶吨税优/普标记
310	GRC	希腊	Greece	L	L
311	PRT	葡萄牙	Portugal	L	L
312	ESP	西班牙	Spain	L	L
313	ALB	阿尔巴尼亚	Albania	L	L
314	AND	安道尔	Andorra	H	H
315	AUT	奥地利	Austria	L	L
316	BGR	保加利亚	Bulgaria	L	L
318	FIN	芬兰	Finland	L	L
320	GIB	直布罗陀	Gibraltar	H	L
321	HUN	匈牙利	Hungary	L	L
322	ISL	冰岛	Iceland	L	H
323	LIE	列支敦士登	Liechtenstein	L	H
324	MLT	马耳他	Malta	L	L
325	MCO	摩纳哥	Monaco	L	H
326	NOR	挪威	Norway	L	L
327	POL	波兰	Poland	L	L
328	ROM	罗马尼亚	Romania	L	L
329	SMR	圣马力诺	San Marino	L	H
330	SWE	瑞典	Sweden	L	L
331	CHE	瑞士	Switzerland	L	H
334	EST	爱沙尼亚	Estonia	L	L
335	LVA	拉脱维亚	Latvia	L	L
336	LTU	立陶宛	Lithuania	L	L
337	GEO	格鲁吉亚	Georgia	L	L
338	ARM	亚美尼亚	Armenia	L	H
339	AZE	阿塞拜疆	Azerbai jan	L	H
340	BLR	白俄罗斯	Belarus	L	H
343	MDA	摩尔多瓦	Moldova	L	H
344	RUS	俄罗斯联邦	Russian Federation	L	L
347	UKR	乌克兰	Ukraine	L	L
349		塞尔维亚和黑山		H	H
350	SVN	斯洛文尼亚	Slovenia	L	L
351	HRV	克罗地亚	Croatia	L	L
352	CZE	捷克	Czech Republic	L	L
353	SVK	斯洛伐克	Slovakia	L	L
354	MKD	前南马其顿	Macedonia, FYR	L	H
355	BIH	波黑	Bosnia and Hercegovina	L	H
356	VAT	梵蒂冈城国	Vatican City State	H	H
357	FRO	法罗群岛	Faroe Islands	L	H
358	SRB	塞尔维亚	Serbia	L	H
359	MNE	黑山	Montenegro	L	H

国家(地区)代码	国际标准英文简称	中文国家(地区)名称	英文国家(地区)名称	优惠/普通税率标记	船舶吨税优/普标记
399		欧洲其他国家(地区)	Oth. Eur. nes		H
401	ATG	安提瓜和巴布达	Antigua & Barbuda	L	H
402	ARG	阿根廷	Argentina	L	L
403	ABW	阿鲁巴	Aruba	H	H
404	BHS	巴哈马	Bahamas	H	L
405	BRB	巴巴多斯	Barbados	L	H
406	BLZ	伯利兹	Belize	L	H
408	BOL	多民族玻利维亚国	Estado Plurinacional de Bolivia	L	H
409		博内尔	Bonaire	H	H
410	BRA	巴西	Brazil	L	L
411	CYM	开曼群岛	Cayman Islands	H	L
412	CHL	智利	Chile	L	L
413	COL	哥伦比亚	Colombia	L	H
414	DMA	多米尼克	Dominica	L	H
415	CRI	哥斯达黎加	Costa Rica	L	H
416	CUB	古巴	Cuba	L	L
417		库腊索岛	Curacao	H	H
418	DOM	多米尼加共和国	Dominican Republic	L	H
419	ECU	厄瓜多尔	Ecuador	L	H
420	GUF	法属圭亚那	French Guiana	H	H
421	GRD	格林纳达	Grenada	L	H
422	GLP	瓜德罗普	Guadeloupe	H	H
423	GTM	危地马拉	Guatemala	L	H
424	GUY	圭亚那	Guyana	L	H
425	HTI	海地	Haiti	L	H
426	HND	洪都拉斯	Honduras	L	H
427	JAM	牙买加	Jamaica	L	H
428	MTQ	马提尼克	Martinique	H	H
429	MEX	墨西哥	Mexico	L	L
430	MSR	蒙特塞拉特	Montserrat	H	H
431	NIC	尼加拉瓜	Nicaragua	L	H
432	PAN	巴拿马	Panama	L	H
433	PRY	巴拉圭	Paraguay	L	H
434	PER	秘鲁	Peru	L	L
435	PRI	波多黎各	Puerto Rico	L	H
436		萨巴	Saba	H	H
437	LCA	圣卢西亚	Saint Lucia	L	H
438		圣马丁岛	Saint Martin Islands	H	H
439	VCT	圣文森特和格林纳丁斯	Saint Vincent and Grenadines	L	H
440	SLV	萨尔瓦多	El Salvador	L	H
441	SUR	苏里南	Suriname	L	H

国家(地区)代码	国际标准英文简称	中文国家(地区)名称	英文国家(地区)名称	优惠/普通税率标记	船舶吨税优/普标记
442	TTO	特立尼达和多巴哥	Trinidad and Tobago	L	H
443	TCA	特克斯和凯科斯群岛	Turks and Caicos Islands	H	H
444	URY	乌拉圭	Uruguay	L	H
445	VEN	委内瑞拉	Venezuela	L	H
446	VGB	英属维尔京群岛	Virgin Islands, British	H	H
447	KNA	圣其茨和尼维斯	Saint Kitts and Nevis	L	H
448	SPM	圣皮埃尔和密克隆	Saint.Pierre and Miquelon	L	H
449	ANT	荷属安地列斯	Netherlands Antilles	H	H
499		拉丁美洲其他国家(地区)	Oth. L.Amer. nes		H
501	CAN	加拿大	Canada	L	L
502	USA	美国	United States	L	L
503	GRL	格陵兰	Greenland	L	H
504	BMU	百慕大	Bermuda	H	L
599		北美洲其他国家(地区)	Oth. N.Amer. nes		H
601	AUS	澳大利亚	Australia	L	H
602	COK	库克群岛	Cook Islands	L	H
603	FJI	斐济	Fiji	L	H
604		盖比群岛	Gambier Islands	H	H
605		马克萨斯群岛	Marquesas Islands	H	H
606	NRU	瑙鲁	Nauru	H	H
607	NCL	新喀里多尼亚	New Caledonia	L	H
608	VUT	瓦努阿图	Vanuatu	L	H
609	NZL	新西兰	New Zealand	L	L
610	NFK	诺福克岛	Norfolk Island	H	H
611	PNG	巴布亚新几内亚	Papua New Guinea	L	H
612		社会群岛	Society Islands	H	H
613	SLB	所罗门群岛	Solomon Islands	L	H
614	TON	汤加	Tonga	L	H
615		土阿莫土群岛	Tuamotu Islands	H	H
616		土布艾群岛	Tubai Islands	H	H
617	WSM	萨摩亚	Samoa	L	H
618	KIR	基里巴斯	Kiribati	H	H
619	TUV	图瓦卢	Tuvalu	H	H
620	FSM	密克罗尼西亚联邦	Micronesia, Fs	L	H
621	MHL	马绍尔群岛	Marshall Islands	H	H
622	PLW	帕劳	Palau	H	H
623	PYF	法属波利尼西亚	French Polynesia	L	H
625	WLF	瓦利斯和浮图纳	Wallis and Futuna	L	H
699		大洋洲其他国家(地区)	Oth. Ocean. nes		H
701		国(地)别不详	Countries(reg.) unknown	H	H
702		联合国及机构和国际组织	UN and oth. int'l org.		
999		中性包装原产国别	Conutries of Neutral Package	H	H

地区性质代码表

地区性质代码	地区性质名称
1	经济特区
2	沿海开放城市
3	经济技术开发区
4	经济开放区
5	海南省
6	西藏自治区
7	广东省
8	福建省
9	北京市、新疆
A	保税工业区
B	新技术开发园区

企业性质代码表

企业性质代码	企业性质简称
1	国有
2	合作
3	合资
4	独资
5	集体
6	私营
7	个体工商户
8	报关
9	其他

海关通关系统《商品综合分类表》

使 用 说 明

为便于读者查阅，现将《商品综合分类表》的有关栏目说明如下：

一、《商品综合分类表》的第一列为“商品编号”，其前八位代码与《税则》中的税则号列和《统计商品目录》中的商品编号完全一致，第九、十位代码是根据进口环节税、进出口暂定税和贸易管制的需要而增设的。商品编号未增列第九位、第十位时，用“00”补齐十位。

“商品编号”栏有“暂”标志的，表示：

1. 该项商品实施年度暂定税率，凡从世贸组织成员方或与我国有双边互惠协议的国家或地区进口的货物，即按暂定税率征税，从其他国家或地区进口的货物仍按规定的普通税率征税。

2. “暂”后面数字为暂定税率。例如，1801000000^暂2 即该商品编号的进口暂定税率为2%。

二、《商品综合分类表》的第二列为“商品名称及备注”，它是为适应通关系统的需要，由《税则》和《统计商品目录》中的“货品名称”缩减而成，括号内的文字是对该商品名称的补充描述。

三、《商品综合分类表》的第三列为“进口关税税率”，栏内数字表示为关税税率的百分比。对从世贸组织成员方或与我国订有关税互惠协议的国家或地区进口的货物，按最惠国税率征税，对从其他国家或地区进口的货物按普通税率征税。

进口关税税额＝到岸价格×进口关税税率

$$出口关税税额=\frac{离岸价格}{1+出口关税税率}\times出口关税税率$$

四、“进口关税税率”中的最惠国税率下，“/”左边的税率截止日期为2017年6月30日，“/”右边的税率截止日期为2999年12月31日。

五、《商品综合分类表》的第四列为“增值税率”，有13和17两种，栏内数字相应地表示为该项商品的进口环节增值税税率为13%或17%。

增值税税额＝（到岸价格+关税税额+消费税税额）×增值税税率

六、《商品综合分类表》的第五列为出口退税率。本书所列出口退税率仅供读者参考。由于在税务部门办理出口退税时，有些商品按照税务部门10位以上的商品编号（如11位商品编号）进行增值税的退税，而海关系统中的商品编号为10位，因此，若出现本书所列的10位商品编号的退税率与最终税务部门实际退税率不一致的情况，均以税务部门的实际退税为准。

七、《商品综合分类表》的第六列为“计量单位”。该栏目中出现两个计量单位时，中间以“/”分隔，左边为第一计量单位，右边为第二计量单位。

八、《商品综合分类表》的第七列为“监管条件”。该栏目的代码表示该项商品在一般贸易进出口时需要向海关提交的监管证件。具体代码所代表的证件请查阅《监管证件代码表》。

商品归类总规则

货品在本税则目录上的归类,应遵循以下原则:

规则一 类、章及分章的标题,仅为查找方便而设;具有法律效力的归类,应按税目条文和有关类注或章注确定,如税目、类注或章注无其他规定,按以下规则确定。

规则二 (一)税目所列货品,应视为包括该项货品的不完整品或未制成品,只要在进口或出口时该项不完整品或未制成品具有完整品或制成品的基本特征;还应视为包括该项货品的完整品或制成品(或按本款可作为完整品或制成品归类的货品)在进口或出口时的未组装件或拆散件。

(二)税目中所列材料或物质,应视为包括该种材料或物质与其他材料或物质混合或组合的物品。税目所列某种材料或物质构成的货品,应视为包括全部或部分由该种材料或物质构成的货品。由一种以上材料或物质构成的货品,应按规则三归类。

规则三 当货品按规则二(二)或由于其他原因看起来可归入两个或两个以上税目时,应按以下规则归类:

(一)列名比较具体的税目,优先于列名一般的税目。但是,如果两个或两个以上税目都仅述及混合或组合货品所含的某部分材料或物质,或零售的成套货品中的某些货品,即使其中某个税目对该货品描述得更为全面、详细,这些货品在有关税目的列名应视为同样具体。

(二)混合物、不同材料构成或不同部件组成的组合物以及零售的成套货品,如果不能按照规则三(一)归类时,在本款可适用的条件下,应按构成货品基本特征的材料或部件归类。

(三)货品不能按照规则三(一)或(二)归类时,应按号列顺序归入其可归入的最末一个税目。

规则四 根据上述规则无法归类的货品,应归入与其最相类似的货品的税目。

规则五 除上述规则外,本规则适用于下列货品的归类:

(一)制成特殊形状仅适用于盛装某个或某套物品并适合长期使用的照相机套、乐器盒、枪套、绘图仪器盒、项链盒及类似容器,如果与所装物品同时进口或出口,并通常与所装物品一同出售的,应与所装物品一并归类。但本款不适用于本身构成整个货品基本特征的容器。

(二)除规则五(一)规定的以外,与所装货品同时进口或出口的包装材料或包装容器,如果通常是用来包装这类货品的,应与所装货品一并归类。但明显可重复使用的包装材料和包装容器可不受本款限制。

规则六 货品在某一税目项下各子目的法定归类,应按子目条文或有关的子目注释以及以上各条规则来确定,但子目的比较只能在同一数级上进行。除本税则目录条文另有规定的以外,有关的类注、章注也适用于本规则。

第一类 活动物;动物产品

注释:

一、本类所称的各属种动物,除条文另有规定的以外,均包括其幼仔在内。

二、除条文另有规定的以外,本手册所称干的产品,均包括经脱水、蒸发或冷冻干燥的产品。

第一章 活动物

注释:

本章包括所有活动物,但下列各项除外:

一、品目03.01、03.06、03.07或03.08的鱼、甲壳动物、软体动物及其他水生无脊椎动物;

二、品目30.02的培养微生物及其他产品;

三、品目95.08的动物。

商品编号	商品名称及备注	进口关税税率(%) 最惠国	进口关税税率(%) 普通	增值税率(%)	出口退税率(%)	计量单位	监管条件
0101	马、驴、骡						
01012100	--改良种用						
0101210010	改良种用濒危野马	0	0	13	0	千克/头	AFEB
0101210090	其他改良种用马	0	0	13	5	千克/头	AB
01012900	--其他						
0101290010	非改良种用濒危野马	10	30	13	0	千克/头	AFEB
0101290090	非改良种用其他马	10	30	13	5	千克/头	AB
01013010	---改良种用						
0101301010	改良种用的濒危野驴	0	0	13	0	千克/头	AFEB
0101301090	改良种用的其他驴	0	0	13	5	千克/头	AB
01013090	---其他						
0101309010	非改良种用濒危野驴	10	30	13	0	千克/头	AFEB
0101309090	非改良种用其他驴	10	30	13	5	千克/头	AB
01019000	-其他						
0101900000	骡	10	30	13	5	千克/头	AB
0102	牛						
01022100	--改良种用						
0102210000	改良种用家牛	0	0	13	5	千克/头	AB
01022900	--其他						
0102290000	非改良种用家牛	10	30	13	5	千克/头	4xAB
01023100	--改良种用						
0102310010	改良种用濒危水牛	0	0	13	0	千克/头	ABEF
0102310090	改良种用其他水牛	0	0	13	5	千克/头	AB
01023900	--其他						
0102390010	非改良种用濒危水牛	10	30	13	0	千克/头	4ABEFx
0102390090	非改良种用其他水牛	10	30	13	5	千克/头	4ABx
01029010	---改良种用						
0102901010	改良种用濒危野牛	0	0	13	0	千克/头	AFEB
0102901090	其他改良种用牛	0	0	13	5	千克/头	AB
01029090	---其他						

商品编号	商品名称及备注	进口关税税率(%)		增值税率(%)	出口退税率(%)	计量单位	监管条件
		最惠国	普通				
0102909010	非改良种用濒危野牛	10	30	13	0	千克/头	4xABFE
0102909090	非改良种用其他牛	10	30	13	5	千克/头	4xAB
0103	**猪**						
01031000	-改良种用						
0103100010	改良种用的鹿豚、姬猪	0	0	13	5	千克/头	AFEB
0103100090	其他改良种用的猪	0	0	13	5	千克/头	AB
01039110	---重量<10千克						
0103911010	重量<10千克的其他野猪(改良种用的除外)	10	50	13	5	千克/头	4xABFE
0103911090	重量<10千克的其他猪(改良种用的除外)	10	50	13	5	千克/头	4xAB
01039120	---10千克≤重量<50千克						
0103912010	10千克≤重量<50千克的其他野猪(改良种用的除外)	10	50	13	5	千克/头	4xABFE
0103912090	10千克≤重量<50千克的其他猪(改良种用的除外)	10	50	13	5	千克/头	4xAB
01039200	--重量≥50千克						
0103920010	重量≥50千克的其他野猪(改良种用的除外)	10	50	13	5	千克/头	4xABFE
0103920090	重量≥50千克的其他猪(改良种用的除外)	10	50	13	5	千克/头	4xAB
0104	**绵羊、山羊**						
01041010	---改良种用						
0104101000	改良种用的绵羊	0	0	13	5	千克/头	AB
01041090	---其他						
0104109000	其他绵羊(改良种用的除外)	10	50	13	5	千克/头	AB
01042010	---改良种用						
0104201000	改良种用的山羊	0	0	13	5	千克/头	AB
01042090	---其他						
0104209000	非改良种用山羊	10	50	13	5	千克/头	AB
0105	**家禽,即鸡、鸭、鹅、火鸡及珍珠鸡**						
01051110	---改良种用						
0105111000	重量≤185克的改良种用鸡	0	0	13	5	千克/只	AB
01051190	---其他						
0105119000	重量≤185克的其他鸡(改良种用的除外)	10	50	13	5	千克/只	AB
01051210	---改良种用						
0105121000	重量≤185克的改良种用火鸡	0	0	13	5	千克/只	AB
01051290	---其他						
0105129000	重量≤185克的其他火鸡(改良种用的除外)	10	50	13	5	千克/只	AB
01051310	---改良种用						
0105131000	重量≤185克的改良种用鸭	0	0	13	5	千克/只	AB
01051390	---其他						
0105139000	重量≤185克的其他鸭(改良种用的除外)	10	50	13	5	千克/只	AB
01051410	---改良种用						
0105141000	重量≤185克的改良种用鹅	0	0	13	5	千克/只	AB
01051490	---其他						
0105149000	重量≤185克的其他鹅(改良种用的除外)	10	50	13	5	千克/只	AB
01051510	---改良种用						
0105151000	重量≤185克的改良种用珍珠鸡	0	0	13	5	千克/只	AB
01051590	---其他						
0105159000	重量≤185克的其他珍珠鸡(改良种用的除外)	10	50	13	5	千克/只	AB
01059410	---改良种用						

商品编号	商品名称及备注	进口关税税率(%)		增值税率(%)	出口退税率(%)	计量单位	监管条件
		最惠国	普通				
0105941000	重量>185克的改良种用鸡	0	0	13	5	千克/只	4xAB
01059490	---其他						
0105949000	重量>185克的其他鸡(改良种用的除外)	10	50	13	5	千克/只	4xAB
01059910	---改良种用						
0105991000	重量>185克的其他改良种用家禽	0	0	13	5	千克/只	AB
01059991	----鸭						
0105999100	重量>185克的非改良种用鸭	10	50	13	5	千克/只	AB
01059992	----鹅						
0105999200	重量>185克的非改良种用鹅	10	50	13	5	千克/只	AB
01059993	----珍珠鸡						
0105999300	重量>185克的非改良种用珍珠鸡	10	50	13	5	千克/只	4xAB
01059994	----火鸡						
0105999400	重量>185克的非改良种用火鸡	10	50	13	5	千克/只	AB
0106	**其他活动物**						
01061110	---改良种用						
0106111000	改良种用灵长目哺乳动物(包括人工驯养、繁殖的)	0	0	13	5	千克/只	AFEB
01061190	---其他						
0106119000	其他灵长目哺乳动物(包括人工驯养、繁殖的)	10	50	13	5	千克/只	AFEB
01061211	----改良种用						
0106121100[暂0]	改良种用鲸、海豚及鼠海豚(鲸目哺乳动物);改良种用海牛及儒艮(海牛目哺乳动物)(包括人工驯养、繁殖的)	10	50	13	5	千克/只	AFEB
01061219	----其他						
0106121900	非改良种用鲸、海豚及鼠海豚(鲸目哺乳动物);非改良种用海牛及儒艮(海牛目哺乳动物)(包括人工驯养、繁殖的)	10	50	13	5	千克/只	AFEB
01061221	----改良种用						
0106122100	改良种用海豹、海狮及海象(鳍足亚目哺乳动物)(包括人工驯养、繁殖的)	0	0	13	5	千克/只	AFEB
01061229	----其他						
0106122900	非改良种用海豹、海狮及海象(鳍足亚目哺乳动物)(包括人工驯养、繁殖的)	10	50	13	5	千克/只	ABEF
01061310	---改良种用						
0106131010	改良种用濒危骆驼及其他濒危骆驼科动物(包括人工驯养、繁殖的)	0	0	13	0	千克/只	ABFE
0106131090	其他改良种用骆驼及其他骆驼科动物	0	0	13	5	千克/只	AB
01061390	---其他						
0106139010	其他濒危骆驼及其他濒危骆驼科动物(包括人工驯养、繁殖的)	10	50	13	0	千克/只	AFEB
0106139090	其他骆驼及其他骆驼科动物	10	50	13	5	千克/只	AB
01061410	---改良种用						
0106141010	改良种用濒危野兔(包括人工驯养、繁殖的)	0	0	13	0	千克/只	ABEF
0106141090	改良种用家兔及其他改良种用野兔	0	0	13	5	千克/只	AB
01061490	---其他						
0106149010	其他濒危野兔(包括人工驯养、繁殖的)	10	50	13	0	千克/只	AFEB
0106149090	其他家兔及野兔	10	50	13	5	千克/只	AB
01061910	---改良种用						
0106191010	其他改良种用濒危哺乳动物(包括人工驯养、繁殖的)	0	0	13	0	千克/只	ABFE
0106191090	其他改良种用哺乳动物	0	0	13	5	千克/只	AB
01061990	---其他						
0106199010	其他濒危哺乳动物(包括人工驯养、繁殖的)	10	50	13	0	千克/只	AFEB
0106199090	其他哺乳动物	10	50	13	5	千克/只	AB

商品编号	商品名称及备注	进口关税税率(%)		增值税率(%)	出口退税率(%)	计量单位	监管条件
		最惠国	普通				
01062011	----鳄鱼苗						
0106201100	改良种用鳄鱼苗(包括人工驯养、繁殖的)	0	0	13	5	千克/只	AFEB
01062019	----其他						
0106201900	其他改良种用爬行动物(包括人工驯养、繁殖的)	0	0	13	5	千克/只	FEAB
01062020	---食用						
0106202010	食用蛇(包括人工驯养、繁殖的)	10	50	13	5	千克/只	AFEB
0106202021	食用濒危龟鳖(包括人工驯养、繁殖的)	10	50	13	0	千克/只	ABFE
0106202029	其他食用龟鳖(包括人工驯养、繁殖的)	10	50	13	5	千克/只	AB
0106202090	其他食用爬行动物(包括人工驯养、繁殖的)	10	50	13	5	千克/只	FEAB
01062090	---其他						
0106209000	其他爬行动物(包括人工驯养、繁殖的)	10	50	13	5	千克/只	FEAB
01063110	---改良种用						
0106311000	改良种用猛禽(包括人工驯养、繁殖的)	0	0	13	5	千克/只	AFEB
01063190	---其他						
0106319000	其他猛禽(包括人工驯养、繁殖的)	10	50	13	5	千克/只	ABFE
01063210	---改良种用						
0106321010	改良种用虎皮鹦鹉	0	0	13	5	千克/只	AB
0106321020	改良种用鸡尾鹦鹉	0	0	13	5	千克/只	AB
0106321090	改良种用其他鹦形目的鸟(包括人工驯养、繁殖的)	0	0	13	5	千克/只	ABFE
01063290	---其他						
0106329010	非改良种用虎皮鹦鹉	10	50	13	5	千克/只	AB
0106329020	非改良种用鸡尾鹦鹉	10	50	13	5	千克/只	AB
0106329090	非改良种用其他鹦形目的鸟(包括人工驯养、繁殖的)	10	50	13	5	千克/只	ABFE
01063310	---改良种用						
0106331010	改良种用濒危鸵鸟(包括人工驯养、繁殖的)	0	0	13	0	千克/只	ABFE
0106331090	其他改良种用鸵鸟和改良种用鸸鹋	0	0	13	5	千克/只	AB
01063390	---其他						
0106339010	其他濒危鸵鸟(包括人工驯养、繁殖的)	10	50	13	0	千克/只	ABFE
0106339090	其他鸵鸟、鸸鹋	10	50	13	5	千克/只	AB
01063910	---改良种用						
0106391010	其他改良种用濒危鸟(包括人工驯养、繁殖的)	0	0	13	0	千克/只	ABFE
0106391090	其他改良种用的鸟	0	0	13	5	千克/只	AB
01063921	----乳鸽						
0106392100	食用乳鸽	10	50	13	5	千克/只	AB
01063923	----野鸭						
0106392300	食用野鸭	10	50	13	5	千克/只	FEAB
01063929	----其他						
0106392910	其他食用濒危鸟(包括人工驯养、繁殖的)	10	50	13	0	千克/只	ABFE
0106392990	其他食用鸟	10	50	13	5	千克/只	AB
01063990	---其他						
0106399010	其他濒危鸟(包括人工驯养、繁殖的)	10	50	13	0	千克/只	ABFE
0106399090	其他鸟	10	50	13	5	千克/只	AB
01064110	---改良种用						
0106411000	改良种用蜂	0	0	13	5	千克/只	AB
01064190	---其他						
0106419001	赤眼蜂	10	50	13	5	千克/只	ABS

商品编号	商 品 名 称 及 备 注	进口关税税率(%)		增值税率(%)	出口退税率(%)	计量单位	监管条件
		最惠国	普通				
0106419090	其他蜂	10	50	13	5	千克/只	AB
01064910	---改良种用						
0106491010	其他改良种用濒危昆虫(包括人工驯养、繁殖的)	0	0	13	0	千克/只	ABFE
0106491090	其他改良种用非濒危昆虫	0	0	13	5	千克/只	AB
01064990	---其他						
0106499001	捕食螨	10	50	13	5	千克/只	ABS
0106499010	其他濒危昆虫(包括人工驯养、繁殖的)	10	50	13	0	千克/只	ABFE
0106499090	其他非濒危昆虫	10	50	13	5	千克/只	AB
01069011	----蛙苗						
0106901110	改良种用濒危蛙苗	0	0	13	0	千克/只	ABFE
0106901190	其他改良种用蛙苗	0	0	13	5	千克/只	AB
01069019	----其他						
0106901910	其他改良种用濒危动物(包括人工驯养、繁殖的)	0	0	13	0	千克/只	ABFE
0106901990	其他改良种用动物	0	0	13	5	千克/只	AB
01069090	---其他						
0106909010	其他濒危动物(包括人工驯养、繁殖的)	10	50	13	0	千克/只	ABFE
0106909090	其他动物	10	50	13	5	千克/只	AB

第二章　肉及食用杂碎

注释：

本章不包括：

一、品目02.01至02.08或02.10的不适合供人食用的产品；

二、动物的肠、膀胱、胃（品目05.04）或动物血（品目05.11、30.02）；

三、品目02.09所列产品以外的动物脂肪（第十五章）。

商品编号	商 品 名 称 及 备 注	进口关税税率（%）		增值税率（%）	出口退税率（%）	计量单位	监管条件
		最惠国	普通				
0201	**鲜、冷牛肉**						
02011000	-整头及半头						
0201100010	整头及半头鲜或冷藏的野牛肉	20	70	13	5	千克	4ABEFx
0201100090	其他整头及半头鲜或冷藏的牛肉	20	70	13	5	千克	4ABx
02012000	-带骨肉						
0201200010	鲜或冷藏的带骨野牛肉	12	70	13	5	千克	47ABEFx
0201200090	其他鲜或冷藏的带骨牛肉	12	70	13	5	千克	47ABx
02013000	-去骨肉						
0201300010	鲜或冷藏的去骨野牛肉	12	70	13	5	千克	47ABEFx
0201300090	其他鲜或冷藏的去骨牛肉	12	70	13	13	千克	47ABx
0202	**冻牛肉**						
02021000	-整头及半头						
0202100010	冻藏的整头及半头野牛肉	25	70	13	5	千克	4ABEFx
0202100090	其他冻藏的整头及半头牛肉	25	70	13	5	千克	4ABx
02022000	-带骨肉						
0202200010	冻藏的带骨野牛肉	12	70	13	5	千克	47ABEFx
0202200090	其他冻藏的带骨牛肉	12	70	13	5	千克	47ABx
02023000	-去骨肉						
0202300010	冻藏的去骨野牛肉	12	70	13	5	千克	47ABEFx
0202300090	其他冻藏的去骨牛肉	12	70	13	13	千克	47ABx
0203	**鲜、冷、冻猪肉**						
02031110	---乳猪						
0203111010	鲜或冷藏整头及半头野乳猪肉	20	70	13	5	千克	4ABEFx
0203111090	其他鲜或冷藏的整头及半头乳猪肉	20	70	13	5	千克	4ABx
02031190	---其他						
0203119010	其他鲜或冷藏整头及半头野猪肉	20	70	13	5	千克	4ABEFx
0203119090	其他鲜或冷藏的整头及半头猪肉	20	70	13	5	千克	4ABx
02031200	--带骨的前腿、后腿及其肉块						
0203120010	鲜或冷的带骨野猪前腿、后腿及肉块	20	70	13	5	千克	47ABEFx
0203120090	鲜或冷的带骨猪前腿、后腿及其肉块	20	70	13	5	千克	47ABx
02031900	--其他						
0203190010	其他鲜或冷藏的野猪肉	20	70	13	5	千克	47ABEFx
0203190090	其他鲜或冷藏的猪肉	20	70	13	5	千克	47ABx
02032110	---乳猪						
0203211010	冻整头及半头野乳猪肉	12	70	13	5	千克	4ABEFx
0203211090	冻整头及半头乳猪肉	12	70	13	5	千克	4ABx
02032190	---其他						

商品编号	商品名称及备注	进口关税税率(%) 最惠国	进口关税税率(%) 普通	增值税率(%)	出口退税率(%)	计量单位	监管条件
0203219010	其他冻整头及半头野猪肉	12	70	13	5	千克	47ABEFx
0203219090	其他冻整头及半头猪肉	12	70	13	5	千克	47ABx
02032200	--带骨的前腿、后腿及其肉块						
0203220010	冻带骨野猪前腿、后腿及肉	12	70	13	5	千克	47ABEFx
0203220090	冻藏的带骨猪前腿、后腿及其肉块	12	70	13	5	千克	47ABx
02032900	--其他						
0203290010	冻藏野猪其他肉	12	70	13	5	千克	47ABEFx
0203290090	其他冻藏猪肉	12	70	13	5	千克	47ABx
0204	**鲜、冷、冻绵羊肉或山羊肉**						
02041000	-鲜或冷的整头及半头羔羊						
0204100000	鲜或冷藏的整头及半头羔羊肉	15	70	13	5	千克	7AB
02042100	--整头及半头						
0204210000	鲜或冷藏的整头及半头绵羊肉	23	70	13	5	千克	7AB
02042200	--带骨肉						
0204220000	鲜或冷藏的带骨绵羊肉	15	70	13	5	千克	7AB
02042300	--去骨肉						
0204230000	鲜或冷藏的去骨绵羊肉	15	70	13	5	千克	7AB
02043000	-冻的整头及半头羔羊						
0204300000	冻藏的整头及半头羔羊肉	15	70	13	5	千克	7AB
02044100	--整头及半头						
0204410000	冻藏的整头及半头绵羊肉	23	70	13	5	千克	7AB
02044200	--带骨肉						
0204420000	冻藏的其他带骨绵羊肉	12	70	13	5	千克	7AB
02044300	--去骨肉						
0204430000	冻藏的其他去骨绵羊肉	15	70	13	13	千克	7AB
02045000	-山羊肉						
0204500000	鲜或冷藏、冻藏的山羊肉	20	70	13	13	千克	7AB
0205	**鲜、冷、冻马、驴、骡肉**						
02050000	鲜、冷、冻马、驴、骡肉						
0205000010	鲜、冷或冻的濒危野马、野驴肉	20	70	13	0	千克	ABFE
0205000090	鲜、冷或冻的马、驴、骡肉	20	70	13	5	千克	AB
0206	**鲜、冷、冻牛、猪、绵羊、山羊、马、驴、骡的食用杂碎**						
02061000	-鲜、冷牛杂碎						
0206100000	鲜或冷藏的牛杂碎	12	70	13	5	千克	4ABx
02062100	--舌						
0206210000	冻牛舌	12	70	13	5	千克	47ABx
02062200	--肝						
0206220000	冻牛肝	12	70	13	5	千克	47ABx
02062900	--其他						
0206290000	其他冻牛杂碎	12	70	13	5	千克	47ABx
02063000	-鲜、冷猪杂碎						
0206300000	鲜或冷藏的猪杂碎	20	70	13	5	千克	4ABx
02064100	--肝						
0206410000	冻猪肝	20	70	13	5	千克	47ABx
02064900	--其他						
0206490000	其他冻猪杂碎	12	70	13	5	千克	47ABx

商品编号	商品名称及备注	进口关税税率(%)		增值税率(%)	出口退税率(%)	计量单位	监管条件
		最惠国	普通				
02068000	-其他鲜或冷杂碎						
0206800010	鲜或冷的羊杂碎	20	70	13	5	千克	AB
0206800090	鲜或冷的马、驴、骡杂碎	20	70	13	5	千克	AB
02069000	-其他冻杂碎						
0206900010	冻藏的羊杂碎	18	70	13	5	千克	7AB
0206900090	冻藏的马、驴、骡杂碎	18	70	13	5	千克	AB
0207	**品目01.05所列家禽的鲜、冷、冻肉及食用杂碎**						
02071100	--整只,鲜或冷的						
0207110000	鲜或冷藏的整只鸡	20	70	13	5	千克	4xAB
02071200	--整只,冻的						
0207120000	冻的整只鸡	见附表2	见附表2	13	5	千克	4x7AB
02071311	----带骨的						
0207131100	鲜或冷的带骨的鸡块	20	70	13	13	千克	4xAB
02071319	----其他						
0207131900	其他鲜或冷的鸡块	20	70	13	13	千克	4xAB
02071321	----翼(不包括翼尖)						
0207132100	鲜或冷的鸡翼(不包括翼尖)	20	70	13	13	千克	4xAB
02071329	----其他						
0207132900	其他鲜或冷的鸡杂碎	20	70	13	5	千克	AB4x
02071411	----带骨的						
0207141100	冻的带骨鸡块(包括鸡胸脯、鸡大腿等)	见附表2	见附表2	13	13	千克	7AB4x
02071419	----其他						
0207141900	冻的不带骨鸡块(包括鸡胸脯、鸡大腿等)	见附表2	见附表2	13	13	千克	7AB4x
02071421	----翼(不包括翼尖)						
0207142100	冻的鸡翼(不包括翼尖)	见附表2	见附表2	13	13	千克	7AB4x
02071422	----鸡爪						
0207142200	冻的鸡爪	见附表2	见附表2	13	5	千克	7AB4x
02071429	----其他						
0207142900	冻的其他食用鸡杂碎(包括鸡翼尖、鸡肝等)	见附表2	见附表2	13	5	千克	7AB4x
02072400	--整只,鲜或冷的						
0207240000	鲜或冷的整只火鸡	20	70	13	5	千克	AB
02072500	--整只,冻的						
0207250000	冻的整只火鸡	20	70	13	5	千克	AB
02072600	--块及杂碎,鲜或冷的						
0207260000	鲜或冷的火鸡块及杂碎(肥肝除外)	20	70	13	5	千克	AB
02072700	--块及杂碎,冻的						
0207270000	冻的火鸡块及杂碎(肥肝除外)	10	70	13	5	千克	AB
02074100	--整只,鲜或冷的						
0207410000	鲜或冷的整只鸭	20	70	13	5	千克	AB
02074200	--整只,冻的						
0207420000	冻的整只鸭	20	70	13	5	千克	AB
02074300	--肥肝,鲜或冷的						
0207430000	鲜或冷的鸭肥肝	20	70	13	5	千克	AB
02074400	--其他,鲜或冷的						
0207440000	鲜或冷的鸭块及食用杂碎(肥肝除外)	20	70	13	5	千克	AB
02074500	--其他,冻的						

商品编号	商品名称及备注	进口关税税率(%)		增值税率(%)	出口退税率(%)	计量单位	监管条件
		最惠国	普通				
0207450000	冻的鸭块及食用杂碎	20	70	13	5	千克	AB
02075100	--整只,鲜或冷的						
0207510000	鲜或冷的整只鹅	20	70	13	5	千克	AB
02075200	--整只,冻的						
0207520000	冻的整只鹅	20	70	13	5	千克	AB
02075300	--肥肝,鲜或冷的						
0207530000	鲜或冷的鹅肥肝	20	70	13	5	千克	AB
02075400	--其他,鲜或冷的						
0207540000	鲜或冷的鹅块及食用杂碎(肥肝除外)	20	70	13	5	千克	AB
02075500	--其他,冻的						
0207550000	冻的鹅块及食用杂碎	20	70	13	5	千克	AB
02076000	-珍珠鸡						
0207600000	鲜、冷、冻的整只珍珠鸡、珍珠鸡块及食用杂碎	20	70	13	5	千克	AB
0208	**其他鲜、冷、冻肉及食用杂碎**						
02081010	---鲜、冷兔肉,兔头除外						
0208101000	鲜或冷的家兔肉(不包括兔头)	20	70	13	5	千克	AB
02081020	---冻兔肉,兔头除外						
0208102000	冻家兔肉(不包括兔头)	20	70	13	5	千克	AB
02081090	---其他						
0208109010	鲜、冷或冻的濒危野兔肉及其食用杂碎(不包括兔头)	20	70	13	0	千克	ABFE
0208109090	鲜、冷或冻家兔食用杂碎	20	70	13	5	千克	AB
02083000	-灵长目的						
0208300000	鲜、冷或冻的灵长目动物肉及食用杂碎	23	70	13	5	千克	ABFE
02084000	-鲸、海豚及鼠海豚(鲸目哺乳动物)的;海牛及儒艮(海牛目哺乳动物)的;海豹、海狮及海象(鳍足亚目哺乳动物)的						
0208400000	鲜、冷或冻的鲸、海豚及鼠海豚(鲸目哺乳动物)的,鲜、冷或冻的海牛及儒艮(海牛目哺乳动物)的,鲜、冷或冻的海豹、海狮及海象(鳍足亚目哺乳动物)的肉及食用杂碎(鲜、冷或冻的鲸、海豚、鼠海豚、海牛、儒艮、海豹、海狮及海象的肉及食用杂碎)	23	70	13	5	千克	ABFE
02085000	-爬行动物(包括蛇及龟鳖)的						
0208500000	鲜、冷或冻的爬行动物肉及食用杂碎	23	70	13	5	千克	ABFE
02086000	-骆驼及其他骆驼科动物的						
0208600010	鲜、冷或冻的濒危野生骆驼及其他濒危野生骆驼科动物的肉及食用杂碎	23	70	13	0	千克	ABFE
0208600090	其他鲜、冷或冻骆驼及其他骆驼科动物的肉及食用杂碎	23	70	13	5	千克	AB
02089010	---乳鸽的						
0208901000	鲜、冷或冻的乳鸽肉及其杂碎	20	70	13	5	千克	AB
02089090	---其他						
0208909010	其他鲜、冷或冻的濒危野生动物肉	23	70	13	0	千克	ABFE
0208909090	其他鲜、冷或冻肉及食用杂碎	23	70	13	5	千克	AB
0209	**未炼制或用其他方法提取的不带瘦肉的肥猪肉、猪脂肪及家禽脂肪,鲜、冷、冻、干、熏、盐腌或盐渍的**						
02091000	-猪的						
0209100000	未炼制或用其他方法提取的不带瘦肉的肥猪肉、猪脂肪(包括鲜、冷、冻、干、熏、盐制的)	20	70	13	5	千克	AB
02099000	-其他						
0209900000	未炼制或用其他方法提取的家禽脂肪(包括鲜、冷、冻、干、熏、盐制的)	20	70	13	5	千克	AB
0210	**肉及食用杂碎,干、熏、盐腌或盐渍的;可供食用的肉或杂碎的细粉、粗粉**						
02101110	---带骨的腿						

商品编号	商品名称及备注	进口关税税率(%)		增值税率(%)	出口退税率(%)	计量单位	监管条件
		最惠国	普通				
0210111010	干、熏、盐制的带骨鹿豚、姬猪腿	25	80	13	5	千克	ABFE
0210111090	其他干、熏、盐制的带骨猪腿	25	80	13	5	千克	AB
02101190	---其他						
0210119010	干、熏、盐制的带骨鹿豚、姬猪腿肉块	25	80	13	5	千克	ABFE
0210119090	其他干、熏、盐制的带骨猪腿肉	25	80	13	5	千克	AB
02101200	--腹肉(五花肉)						
0210120010	干、熏、盐制的鹿豚、姬猪腹肉(指五花肉)	25	80	13	5	千克	ABFE
0210120090	其他干、熏、盐制的猪腹肉(指五花肉)	25	80	13	5	千克	AB
02101900	--其他						
0210190010	干、熏、盐制的鹿豚、姬猪其他肉	25	80	13	5	千克	ABFE
0210190090	其他干、熏、盐制的其他猪肉	25	80	13	5	千克	AB
02102000	-牛肉						
0210200010	干、熏、盐制的濒危野牛肉	25	80	13	0	千克	ABFE
0210200090	干、熏、盐制的其他牛肉	25	80	13	5	千克	AB
02109100	--灵长目的						
0210910000	干、熏、盐制的灵长目动物肉及食用杂碎	25	80	13	5	千克	ABFE
02109200	--鲸、海豚及鼠海豚(鲸目哺乳动物)的;海牛及儒艮(海牛目哺乳动物)的;海豹、海狮及海象(鳍足亚目哺乳动物)的						
0210920000	干、熏、盐制的鲸、海豚及鼠海豚(鲸目哺乳动物)的,干、熏、盐制的海牛及儒艮(海牛目哺乳动物)的,干、熏、盐制的海豹、海狮及海象(鳍足亚目哺乳动物)的肉及食用杂碎(包括可供食用的肉或杂碎的细粉、粗粉)	25	80	13	5	千克	ABFE
02109300	--爬行动物(包括蛇及龟鳖)的						
0210930000	干、熏、盐制的爬行动物肉及食用杂碎(包括食用的肉及杂碎的细粉、粗粉)	25	80	13	5	千克	ABFE
02109900	--其他						
0210990010	干、熏、盐制的其他濒危动物肉及杂碎(包括可供食用的肉或杂碎的细粉、粗粉)	25	80	13	0	千克	ABFE
0210990090	干、熏、盐制的其他肉及食用杂碎(包括可供食用的肉或杂碎的细粉、粗粉)	25	80	13	5	千克	AB

第三章　鱼、甲壳动物、软体动物及其他水生无脊椎动物

注释：

一、本章不包括：

（一）品目01.06的哺乳动物；

（二）品目01.06的哺乳动物的肉（品目02.08或02.10）；

（三）因品种或鲜度不适合供人食用的死鱼（包括鱼肝、鱼卵及鱼精等）、死甲壳动物、死软体动物及其他死水生无脊椎动物（第五章），不适合供人食用的鱼、甲壳动物、软体动物、其他水生无脊椎动物的粉、粒（品目23.01）；

（四）鲟鱼子酱及用鱼卵制成的鲟鱼子酱代用品（品目16.04）。

二、本章所称"团粒"，是指直接挤压或加入少量黏合剂制成的粒状产品。

商品编号	商品名称及备注	进口关税税率（%）		增值税率（%）	出口退税率（%）	计量单位	监管条件
		最惠国	普通				
0301	活鱼						
03011100	--淡水鱼						
0301110010	观赏用濒危淡水鱼	17.5	80	13	0	千克	ABFE
0301110090	观赏用其他淡水鱼	17.5	80	13	5	千克	AB
03011900	--其他						
0301190010	观赏用濒危非淡水鱼	17.5	80	13	0	千克	ABFE
0301190090	其他观赏用非淡水鱼	17.5	80	13	5	千克	AB
03019110	---鱼苗						
0301911000	鳟鱼（河鳟、虹鳟、克拉克大麻哈鱼、阿瓜大麻哈鱼、吉雨大麻哈鱼、亚利桑那大麻哈鱼、金腹大麻哈鱼）的鱼苗	0	0	13	5	千克	AB
03019190	---其他						
0301919000	其他活鳟鱼（河鳟、虹鳟、克拉克大麻哈鱼、阿瓜大麻哈鱼、吉雨大麻哈鱼、亚利桑那大麻哈鱼、金腹大麻哈鱼）	10.5	40	13	5	千克	AB
03019210	---鱼苗						
0301921010	花鳗鲡鱼苗	0	0	13	0	千克	ABE
0301921020	欧洲鳗鲡鱼苗	0	0	13	0	千克	ABEF
0301921090	其他鳗鱼（鳗鲡属）苗	0	0	13	0	千克	AB
03019290	---其他						
0301929010	花鳗鲡	10	40	13	5	千克	ABE
0301929020	欧洲鳗鲡	10	40	13	5	千克	ABEF
0301929090	其他活鳗鱼（鳗鲡属）	10	40	13	5	千克	AB
03019310	---鱼苗						
0301931000	鲤科鱼（鲤属、鲫属、草鱼、鲢属、鲮属、青鱼、卡特拉鲃、野鲮属、哈氏纹唇鱼、何氏细须鲃、鲂属）鱼苗	0	0	13	5	千克	AB
03019390	---其他						
0301939000	其他鲤科鱼（鲤属、鲫属、草鱼、鲢属、鲮属、青鱼、卡特拉鲃、野鲮属、哈氏纹唇鱼、何氏细须鲃、鲂属）	10.5	40	13	5	千克	AB
03019410	---鱼苗						
0301941000	大西洋及太平洋蓝鳍金枪鱼鱼苗	0	0	13	5	千克	AB
03019491	----大西洋蓝鳍金枪鱼						
0301949100	大西洋蓝鳍金枪鱼	10.5	40	13	5	千克	AB
03019492	----太平洋蓝鳍金枪鱼						
0301949200	太平洋蓝鳍金枪鱼	10.5	40	13	5	千克	AB
03019510	---鱼苗						
0301951000	南方蓝鳍金枪鱼（Thunnus maccoyii）苗	0	0	13	5	千克	AB

商品编号	商品名称及备注	进口关税税率(%)		增值税率(%)	出口退税率(%)	计量单位	监管条件
		最惠国	普通				
03019590	---其他						
0301959000	其他南方蓝鳍金枪鱼(Thunnus maccoyii)	10.5	40	13	5	千克	AB
03019911	----鲈鱼						
0301991100	鲈鱼种苗	0	0	13	5	千克	AB
03019912	----鲟鱼						
0301991200	鲟鱼种苗	0	0	13	5	千克	ABFE
03019919	----其他						
0301991910	其他濒危鱼苗	0	0	13	0	千克	ABFE
0301991990	其他鱼苗	0	0	13	5	千克	AB
03019991	----罗非鱼						
0301999100	活罗非鱼	10.5	40	13	5	千克	AB
03019992	----鲀						
0301999200	活的鲀	10.5	40	13	5	千克	AB
03019993	----其他鲤科鱼						
0301999310	活的濒危鲤科鱼	10.5	40	13	0	千克	ABFE
0301999390	活的其他鲤科鱼[鲤科鱼(鲤属、鲫属、草鱼、鲢属、鲮属、青鱼、卡特拉鲃、野鲮属、哈氏纹唇鱼、何氏细须鲃、鲂属)除外]	10.5	40	13	5	千克	AB
03019999	----其他						
0301999910	其他濒危活鱼	10.5	40	13	0	千克	ABFE
0301999990	其他活鱼	10.5	40	13	5	千克	AB
0302	**鲜、冷鱼,但品目03.04的鱼片及其他鱼肉除外**						
03021100	--鳟鱼(河鳟、虹鳟、克拉克大麻哈鱼、阿瓜大麻哈鱼、吉雨大麻哈鱼、亚利桑那大麻哈鱼、金腹大麻哈鱼)						
0302110000	鲜或冷鳟鱼(河鳟、虹鳟、克拉克大麻哈鱼、阿瓜大麻哈鱼、吉雨大麻哈鱼、亚利桑那大麻哈鱼、金腹大麻哈鱼)(编号030291至030299的可食用鱼杂碎除外)	12	40	13	5	千克	AB
03021300	--大麻哈鱼[红大麻哈鱼、细磷大麻哈鱼、大麻哈鱼(种)、大鳞大麻哈鱼、银大麻哈鱼、马苏大麻哈鱼、玫瑰大麻哈鱼]						
0302130000	鲜或冷的大麻哈鱼[红大麻哈鱼、细磷大麻哈鱼、大麻哈鱼(种)、大鳞大麻哈鱼、银大麻哈鱼、马苏大麻哈鱼、玫瑰大麻哈鱼](编号030291至030299的可食用鱼杂碎除外)	10	40	13	5	千克	ABU
03021410	---大西洋鲑鱼						
0302141000	鲜或冷大西洋鲑鱼(编号030291至030299的可食用鱼杂碎除外)	10	40	13	5	千克	AB
03021420	---多瑙哲罗鱼						
0302142000	鲜或冷多瑙哲罗鱼(编号030291至030299的可食用鱼杂碎除外)	10	40	13	5	千克	AB
03021900	--其他						
0302190010	鲜或冷川陕哲罗鲑(编号030291至030299的可食用鱼杂碎除外)	12	40	13	5	千克	ABE
0302190020	鲜或冷秦岭细鳞鲑(编号030291至030299的可食用鱼杂碎除外)	12	40	13	5	千克	ABE
0302190090	其他鲜或冷鲑科鱼(编号030291至030299的可食用鱼杂碎除外)	12	40	13	5	千克	AB
03022100	--庸鲽鱼(马舌鲽、庸鲽、狭鳞庸鲽)						
0302210010	鲜或冷大西洋庸鲽(庸鲽)(编号030291至030299的可食用鱼杂碎除外)	12	40	13	5	千克	ABU
0302210020	鲜或冷马舌鲽(编号030291至030299的可食用鱼杂碎除外)	12	40	13	5	千克	ABU
0302210090	其他鲜或冷庸鲽鱼(编号030291至030299的可食用鱼杂碎除外)	12	40	13	5	千克	AB
03022200	--鲽鱼(鲽)						
0302220000	鲜或冷鲽鱼(鲽)(编号030291至030299的可食用鱼杂碎除外)	12	40	13	5	千克	AB
03022300	--鳎鱼(鳎属)						
0302230000	鲜或冷鳎鱼(鳎属)(编号030291至030299的可食用鱼杂碎除外)	12	40	13	5	千克	AB
03022400	--大菱鲆(瘤棘鲆)						

商品编号	商品名称及备注	进口关税税率(%)		增值税率(%)	出口退税率(%)	计量单位	监管条件
		最惠国	普通				
0302240000	鲜或冷大菱鲆(瘤棘鲆)(编号030291至030299的可食用鱼杂碎除外)	12	40	13	5	千克	AB
03022900	--其他						
0302290010	鲜或冷的亚洲箭齿鲽(编号030291至030299的可食用鱼杂碎除外)	12	40	13	5	千克	ABU
0302290090	其他鲜或冷比目鱼(鲽科、鲆科、舌鳎科、鳎科、菱鲆科、刺鲆科)(编号030291至030299的可食用鱼杂碎除外)	12	40	13	5	千克	AB
03023100	--长鳍金枪鱼						
0302310000	鲜或冷长鳍金枪鱼(编号030291至030299的可食用鱼杂碎除外)	12	40	13	5	千克	AB
03023200	--黄鳍金枪鱼						
0302320000	鲜或冷黄鳍金枪鱼(编号030291至030299的可食用鱼杂碎除外)	12	40	13	5	千克	AB
03023300	--鲣鱼或狐鲣						
0302330000	鲜或冷鲣鱼或狐鲣(鲣)(编号030291至030299的可食用鱼杂碎除外)	12	40	13	5	千克	AB
03023400	--大眼金枪鱼						
0302340000	鲜或冷大眼金枪鱼(编号030291至030299的可食用鱼杂碎除外)	12	40	13	5	千克	AB
03023510	---大西洋蓝鳍金枪鱼						
0302351000	鲜或冷大西洋蓝鳍金枪鱼(编号0302.91至0302.99的可食用鱼杂碎除外)	12	40	13	5	千克	ABU
03023520	---太平洋蓝鳍金枪鱼						
0302352000	鲜或冷太平洋蓝鳍金枪鱼(编号0302.91至0302.99的可食用鱼杂碎除外)	12	40	13	5	千克	AB
03023600	--南方蓝鳍金枪鱼						
0302360000	鲜或冷南方金枪鱼(编号030291至030299的可食用鱼杂碎除外)	12	40	13	5	千克	AB
03023900	--其他						
0302390000	其他鲜或冷金枪鱼(金枪鱼属)(编号030291至030299的可食用鱼杂碎除外)	12	40	13	5	千克	AB
03024100	--鲱鱼(大西洋鲱鱼、太平洋鲱鱼)						
0302410010	鲜或冷太平洋鲱鱼(编号030291至030299的可食用鱼杂碎除外)	12	40	13	5	千克	ABU
0302410090	鲜或冷大西洋鲱鱼(编号030291至030299的可食用鱼杂碎除外)	12	40	13	5	千克	AB
03024200	--鳀鱼(鳀属)						
0302420000	鲜或冷鳀鱼(鳀属)(编号0302.91至0302.99的可食用鱼杂碎除外)	12	40	13	5	千克	AB
03024300	--沙丁鱼(沙丁鱼、沙瑙鱼属)、小沙丁鱼属、黍鲱或西鲱						
0302430000	鲜或冷沙丁鱼(沙丁鱼、沙瑙鱼属)、小沙丁鱼属、黍鲱或西鲱(编号030291至030299的可食用鱼杂碎除外)	12	40	13	5	千克	AB
03024400	--鲭鱼[大西洋鲭、澳洲鲭(鲐)、日本鲭(鲐)]						
0302440000	鲜或冷鲭鱼[大西洋鲭、澳洲鲭(鲐)、日本鲭(鲐)](编号030291至030299的可食用鱼杂碎除外)	12	40	13	5	千克	AB
03024500	--对称竹荚鱼、新西兰竹荚鱼及竹荚鱼(竹荚鱼属)						
0302450000	鲜或冷对称竹荚鱼、新西兰竹荚鱼及竹荚鱼(竹荚鱼属)(编号030291至030299的可食用鱼杂碎除外)	12	40	13	5	千克	AB
03024600	--军曹鱼						
0302460000	鲜或冷军曹鱼(编号030291至030299的可食用鱼杂碎除外)	12	40	13	5	千克	AB
03024700	--剑鱼						
0302470000	鲜或冷剑鱼(编号030291至030299的可食用鱼杂碎除外)	12	40	13	5	千克	ABU
03024900	--其他						
0302490000	鲜或冷其他03024项下的鱼[印度鲭(羽鳃鲐属)、马鲛鱼(马鲛属)、鲹鱼(鲹属)、银鲳(鲳属)、秋刀鱼、圆鲹(圆鲹属)、多春鱼(毛鳞鱼)、鲔鱼、狐鲣(狐鲣属)、枪鱼、旗鱼、四鳍旗鱼(旗鱼科),但编号030291至030299的可食用鱼杂碎除外]	12	40	13		千克	AB
03025100	--鳕鱼(大西洋鳕鱼、格陵兰鳕鱼、太平洋鳕鱼)						
0302510000	鲜或冷鳕鱼(大西洋鳕鱼、格陵兰鳕鱼、太平洋鳕鱼)(编号030291至030299的可食用鱼杂碎除外)	12	40	13	5	千克	AB

商品编号	商品名称及备注	进口关税税率(%)		增值税率(%)	出口退税率(%)	计量单位	监管条件
		最惠国	普通				
03025200	--黑线鳕鱼(黑线鳕)						
0302520000	鲜或冷黑线鳕鱼(黑线鳕)(编号030291至030299的可食用鱼杂碎除外)	12	40	13	5	千克	AB
03025300	--绿青鳕鱼						
0302530000	鲜或冷绿青鳕鱼(编号030291至030299的可食用鱼杂碎除外)	12	40	13	5	千克	AB
03025400	--狗鳕鱼(无须鳕属、长鳍鳕属)						
0302540000	鲜或冷狗鳕鱼(无须鳕属、长鳍鳕属)(编号030291至030299的可食用鱼杂碎除外)	12	40	13	5	千克	AB
03025500	--狭鳕鱼						
0302550000	鲜或冷狭鳕鱼(编号030291至030299的可食用鱼杂碎除外)	12	40	13	5	千克	ABU
03025600	--蓝鳕鱼(小鳍鳕、南蓝鳕)						
0302560000	鲜或冷蓝鳕鱼(小鳍鳕、南蓝鳕)(编号030291至030299的可食用鱼杂碎除外)	12	40	13	5	千克	AB
03025900	--其他						
0302590000	其他鲜或冷犀鳕科、多丝真鳕科、鳕科、长尾鳕科、黑鳕科、无须鳕科、深海鳕科及南极鳕科鱼(编号030291至030299的可食用鱼杂碎除外)	12	40	13	5	千克	AB
03027100	--罗非鱼(口孵非鲫属)						
0302710000	鲜或冷罗非鱼(口孵非鲫属)(编号030291至030299的可食用鱼杂碎除外)	12	40	13	5	千克	AB
03027200	--鲶鱼(鲑鲶属、鲶属、胡鲶属、真鮰属)						
0302720000	鲜或冷鲶鱼(鲑鲶属、鲶属、胡鲶属、真鮰属)(编号030291至030299的可食用鱼杂碎除外)	12	40	13	5	千克	AB
03027300	--鲤科鱼(鲤属、鲫属、草鱼、鲢属、鳙属、青鱼、卡特拉鲃、野鲮属、哈氏纹唇鱼、何氏细须鲃、鲂属)						
0302730000	鲜或冷鲤科鱼(鲤属、鲫属、草鱼、鲢属、鳙属、青鱼、卡特拉鲃、野鲮属、哈氏纹唇鱼、何氏细须鲃、鲂属)(编号030291至030299的可食用鱼杂碎除外)	12	40	13	5	千克	AB
03027400	--鳗鱼(鳗鲡属)						
0302740010	鲜或冷花鳗鲡(编号030291至030299的可食用鱼杂碎除外)	12	40	13	5	千克	ABE
0302740020	鲜或冷欧洲鳗鲡(编号030291至030299的可食用鱼杂碎除外)	12	40	13	5	千克	ABEF
0302740090	其他鲜或冷鳗鱼(鳗鲡属)(编号030291至030299的可食用鱼杂碎除外)	12	40	13	5	千克	AB
03027900	--其他						
0302790001	鲜或冷尼罗河鲈鱼(尼罗尖吻鲈)(编号030291至030299的可食用鱼杂碎除外)	12	40	13	5	千克	AB
0302790090	鲜或冷的黑鱼(鳢属)(编号030291至030299的可食用鱼杂碎除外)	12	40	13	5	千克	AB
03028100	--角鲨及其他鲨鱼						
0302810010	鲜或冷濒危鲨鱼(编号030291至030299的可食用鱼杂碎除外)	12	40	13	0	千克	ABEF
0302810090	鲜或冷其他鲨鱼(编号030291至030299的可食用鱼杂碎除外)	12	40	13	5	千克	AB
03028200	--魟鱼及鳐鱼(鳐科)						
0302820000	鲜或冷魟鱼及鳐鱼(鳐科)(编号030291至030299的可食用鱼杂碎除外)	12	40	13	5	千克	AB
03028300	--南极犬牙鱼(南极犬牙鱼属)						
0302830000	鲜或冷南极犬牙鱼(南极犬牙鱼属)(编号030291至030299的可食用鱼杂碎除外)	12	40	13	5	千克	ABU
03028400	--尖吻鲈鱼(舌齿鲈属)						
0302840000	鲜或冷尖吻鲈鱼(舌齿鲈属)(编号030291至030299的可食用鱼杂碎除外)	12	40	13	5	千克	AB
03028500	--菱羊鲷(鲷科)						
0302850000	鲜或冷菱羊鲷(鲷科)(编号030291至030299的可食用鱼杂碎除外)	12	40	13	5	千克	AB
03028910	---带鱼						
0302891000	鲜或冷带鱼(编号030291至030299的可食用鱼杂碎除外)	12	40	13	5	千克	AB
03028920	---黄鱼						
0302892000	鲜或冷黄鱼(编号030291至030299的可食用鱼杂碎除外)	12	40	13	5	千克	AB
03028930	---鲳鱼						
0302893000	鲜或冷鲳鱼(编号030291至030299的可食用鱼杂碎除外)	12	40	13	5	千克	AB

商品编号	商品名称及备注	进口关税税率(%)		增值税率(%)	出口退税率(%)	计量单位	监管条件
		最惠国	普通				
03028940	---鲀						
0302894000	鲜或冷的鲀(编号030291至030299的可食用鱼杂碎除外)	12	40	13	5	千克	AB
03028990	---其他						
0302899001	鲜或冷的其他鲈鱼(编号030291至030299的可食用鱼杂碎除外)	12	40	13	5	千克	AB
0302899010	其他未列名濒危鲜或冷鱼(编号030291至030299的可食用鱼杂碎除外)	12	40	13	0	千克	ABFE
0302899020	鲜或冷的平鲉属(编号030291至030299的可食用鱼杂碎除外)	12	40	13	5	千克	ABU
0302899030	鲜或冷的鲳鲉属(叶鳍鲉属)(编号030291至030299的可食用鱼杂碎除外)	12	40	13	5	千克	ABU
0302899090	其他鲜或冷鱼(编号030291至030299的可食用鱼杂碎除外)	12	40	13	5	千克	AB
03029100	--鱼肝、鱼卵及鱼精						
0302910010	鲜或冷濒危鱼种的肝、鱼卵及鱼精	12	50	13		千克	ABFE
0302910090	其他鲜或冷鱼肝、鱼卵及鱼精	12	50	13		千克	AB
03029200	--鲨鱼翅						
0302920010	鲜或冷濒危鲨鱼翅	12	40	13		千克	ABFE
0302920090	其他鲜或冷鲨鱼翅	12	40	13		千克	AB
03029900	--其他						
0302990010	其他鲜或冷可食用濒危鱼杂碎	10	40	13		千克	ABFE
0302990090	其他鲜或冷可食用其他鱼杂碎	10	40	13		千克	ABU
0303	**冻鱼,但品目03.04的鱼片及其他鱼肉除外**						
03031100	--红大麻哈鱼						
0303110000	冻红大麻哈鱼(但编号030391至030399的可食用鱼杂碎除外)	10	40	13	13	千克	AB
03031200	--其他大麻哈鱼[细磷大麻哈鱼、大麻哈鱼(种)、大鳞大麻哈鱼、银大麻哈鱼、马苏大麻哈鱼、玫瑰大麻哈鱼]						
0303120000	其他冻大麻哈鱼[细磷大麻哈鱼、大麻哈鱼(种)、大鳞大麻哈鱼、银大麻哈鱼、马苏大麻哈鱼、玫瑰大麻哈鱼](但编号030391至030399的可食用鱼杂碎除外)	10	40	13	13	千克	ABU
03031300	--大西洋鲑鱼及多瑙哲罗鱼						
0303130000	冻大西洋鲑鱼及多瑙哲罗鱼(但编号030391至030399的可食用鱼杂碎除外)	10	40	13	13	千克	AB
03031400	--鳟鱼(河鳟、虹鳟、克拉克大麻哈鱼、阿瓜大麻哈鱼、吉雨大麻哈鱼、亚利桑那大麻哈鱼、金腹大麻哈鱼)						
0303140000	冻鳟鱼(河鳟、虹鳟、克拉克大麻哈鱼、阿瓜大麻哈鱼、吉雨大麻哈鱼、亚利桑那大麻哈鱼、金腹大麻哈鱼)(但编号030391至030399的可食用鱼杂碎除外)	12	40	13	13	千克	AB
03031900	--其他						
0303190010	冻川陕哲罗鲑(但编号030391至030399的可食用鱼杂碎除外)	10	40	13	13	千克	ABE
0303190020	冻秦岭细鳞鲑(但编号030391至030399的可食用鱼杂碎除外)	10	40	13	13	千克	ABE
0303190090	其他冻鲑科鱼(但编号030391至030399的可食用鱼杂碎除外)	10	40	13	13	千克	AB
03032300	--罗非鱼(口孵非鲫属)						
0303230000	冻罗非鱼(口孵非鲫属)(但编号030391至030399的可食用鱼杂碎除外)	10	40	13	13	千克	AB
03032400	--鲶鱼(鲑鲶属、鲶属、胡鲶属、真鮰属)						
0303240000	冻鲶鱼(鲑鲶属、鲶属、胡鲶属、真鮰属)(但编号030391至030399的可食用鱼杂碎除外)	10	40	13	13	千克	AB
03032500	--鲤科鱼(鲤属、鲫属、草鱼、鲢属、鲮属、青鱼、卡特拉鲃、野鲮属、哈氏纹唇鱼、何氏细须鲃、鲂属)						
0303250000	冻鲤科鱼(鲤属、鲫属、草鱼、鲢属、鲮属、青鱼、卡特拉鲃、野鲮属、哈氏纹唇鱼、何氏细须鲃、鲂属)(但编号030391至030399的可食用鱼杂碎除外)	10	40	13	13	千克	AB
03032600	--鳗鱼(鳗鲡属)						
0303260010	冻花鳗鲡(但编号030391至030399的可食用鱼杂碎除外)	12	40	13	13	千克	ABE
0303260020	冻欧洲鳗鲡(但编号030391至030399的可食用鱼杂碎除外)	12	40	13	13	千克	ABEF

商品编号	商 品 名 称 及 备 注	进口关税税率（%）		增值税率（%）	出口退税率（%）	计量单位	监管条件
		最惠国	普通				
0303260090	其他冻鳗鱼（鳗鲡属）（但编号030391至030399的可食用鱼杂碎除外）	12	40	13	13	千克	AB
03032900	--其他						
0303290001	冻尼罗河鲈鱼（尼罗尖吻鲈）（但编号030391至030399的可食用鱼杂碎除外）	10	40	13	13	千克	AB
0303290090	冻黑鱼（鳢属）（但编号030391至030399的可食用鱼杂碎除外）	10	40	13	13	千克	AB
03033110	---格陵兰庸鲽鱼						
0303311000暂5	冻格陵兰庸鲽鱼（马舌鲽）（但编号030391至030399的可食用鱼杂碎除外）	10	40	13	13	千克	AB
03033190	---其他						
0303319010	冻大西洋庸鲽（庸鲽）（但编号030391至030399的可食用鱼杂碎除外）	10	40	13	13	千克	ABU
0303319090	其他冻庸鲽鱼（但编号030391至030399的可食用鱼杂碎除外）	10	40	13	13	千克	AB
03033200	--鲽鱼（鲽）						
0303320000暂2	冻鲽鱼（鲽）（但编号030391至030399的可食用鱼杂碎除外）	12	40	13	13	千克	AB
03033300	--鳎鱼（鳎属）						
0303330000	冻鳎鱼（鳎属）（但编号030391至030399的可食用鱼杂碎除外）	12	40	13	13	千克	AB
03033400	--大菱鲆（瘤棘鲆）						
0303340000	冻大菱鲆（瘤棘鲆）（但编号030391至030399的可食用鱼杂碎除外）	10	40	13	13	千克	AB
03033900	--其他						
0303390010	冻亚洲箭齿鲽（但编号030391至030399的可食用鱼杂碎除外）	10	40	13	13	千克	ABU
0303390090	其他冻比目鱼（鲽科、鲆科、舌鳎科、鳎科、菱鲆科、刺鲆科）（但编号030391至030399的可食用鱼杂碎除外）	10	40	13	13	千克	AB
03034100	--长鳍金枪鱼						
0303410000暂6	冻长鳍金枪鱼（但编号030391至030399的可食用鱼杂碎除外）	12	40	13	13	千克	AB
03034200	--黄鳍金枪鱼						
0303420000暂6	冻黄鳍金枪鱼（但编号030391至030399的可食用鱼杂碎除外）	12	40	13	13	千克	AB
03034300	--鲣鱼或狐鲣						
0303430000	冻鲣鱼或狐鲣（鲣）（但编号030391至030399的可食用鱼杂碎除外）	12	40	13	13	千克	AB
03034400	--大眼金枪鱼						
0303440000暂6	冻大眼金枪鱼（但编号030391至030399的可食用鱼杂碎除外）	12	40	13	13	千克	ABU
03034510	---大西洋蓝鳍金枪鱼						
0303451000暂6	冻大西洋蓝鳍金枪鱼（但编号030391至030399的可食用鱼杂碎除外）	12	40	13	13	千克	ABU
03034520	---太平洋蓝鳍金枪鱼						
0303452000暂6	冻太平洋蓝鳍金枪鱼（但编号030391至030399的可食用鱼杂碎除外）	12	40	13	13	千克	AB
03034600	--南方蓝鳍金枪鱼						
0303460000暂6	冻南方蓝鳍金枪鱼（但编号030391至030399的可食用鱼杂碎除外）	12	40	13	13	千克	AB
03034900	--其他						
0303490000	其他冻金枪鱼（金枪鱼属）（但编号030391至030399的可食用鱼杂碎除外）	12	40	13	13	千克	AB
03035100	--鲱鱼（大西洋鲱鱼、太平洋鲱鱼）						
0303510010暂2	冻太平洋鲱鱼（但编号030391至030399的可食用鱼杂碎除外）	10	40	13	13	千克	ABU
0303510090暂2	冻大西洋鲱鱼（但编号030391至030399的可食用鱼杂碎除外）	10	40	13	13	千克	AB
03035300	--沙丁鱼（沙丁鱼、沙瑙鱼属）、小沙丁鱼属、黍鲱或西鲱						
0303530000	冻沙丁鱼（沙丁鱼、沙瑙鱼属）、小沙丁鱼属、黍鲱或西鲱（但编号030391至030399的可食用鱼杂碎除外）	12	40	13	13	千克	AB
03035400	--鲭鱼［大西洋鲭、澳洲鲭（鲐）、日本鲭（鲐）］						
0303540000	冻鲭鱼［大西洋鲭、澳洲鲭（鲐）、日本鲭（鲐）］（但编号030391至030399的可食用鱼杂碎除外）	10	40	13	13	千克	AB
03035500	--对称竹荚鱼、新西兰竹荚鱼及竹荚鱼（竹荚鱼属）						

商品编号	商品名称及备注	进口关税税率(%)		增值税率(%)	出口退税率(%)	计量单位	监管条件
		最惠国	普通				
0303550000	冻对称竹荚鱼、新西兰竹荚鱼及竹荚鱼(竹荚鱼属)(但编号030391至030399的可食用鱼杂碎除外)	10	40	13	13	千克	AB
03035600	--军曹鱼						
0303560000	冻军曹鱼(但编号030391至030399的可食用鱼杂碎除外)	10	40	13	13	千克	AB
03035700	--剑鱼						
0303570000	冻剑鱼(但编号030391至030399的可食用鱼杂碎除外)	10	40	13	13	千克	ABU
03035900	--其他						
0303590000	其他冻03035项下的鱼[鳀鱼(鳀属)、印度鲭(羽鳃鲐属)、马鲛鱼(马鲛属)、鲹鱼(鲹属)、银鲳(鲳属)、秋刀鱼、圆鲹(圆鲹属)、多春鱼(毛鳞鱼)、鲔鱼、狐鲣(狐鲣属)、枪鱼、旗鱼、四鳍旗鱼(旗鱼科),但编号030391至030399的可食用鱼杂碎除外]	10	40	13		千克	AB
03036300	--鳕鱼(大西洋鳕鱼、格陵兰鳕鱼、太平洋鳕鱼)						
0303630000[暂2]	冻鳕鱼(大西洋鳕鱼、格陵兰鳕鱼、太平洋鳕鱼)(但编号030391至030399的可食用鱼杂碎除外)	10	40	13	13	千克	AB
03036400	--黑线鳕鱼(黑线鳕)						
0303640000	冻黑线鳕鱼(黑线鳕)(但编号030391至030399的可食用鱼杂碎除外)	12	40	13	13	千克	AB
03036500	--绿青鳕鱼						
0303650000	冻绿青鳕鱼(但编号030391至030399的可食用鱼杂碎除外)	12	40	13	13	千克	AB
03036600	--狗鳕鱼(无须鳕属、长鳍鳕属)						
0303660000	冻狗鳕鱼(无须鳕属、长鳍鳕属)(但编号030391至030399的可食用鱼杂碎除外)	12	40	13	13	千克	AB
03036700	--狭鳕鱼						
0303670000[暂5]	冻狭鳕鱼(但编号030391至030399的可食用鱼杂碎除外)	10	40	13	13	千克	ABU
03036800	--蓝鳕鱼(小鳍鳕、南蓝鳕)						
0303680000	冻蓝鳕鱼(小鳍鳕、南蓝鳕)(但编号030391至030399的可食用鱼杂碎除外)	10	40	13	13	千克	AB
03036900	--其他						
0303690000	冻的其他犀鳕科、多丝真鳕科、鳕科、长尾鳕科、黑鳕科、无须鳕科、深海鳕科及南极鳕科鱼(但编号030391至030399的可食用鱼杂碎除外)	10	40	13	13	千克	AB
03038100	--角鲨及其他鲨鱼						
0303810010	冻濒危鲨鱼(但编号030391至030399的可食用鱼杂碎除外)	12	40	13	0	千克	ABFE
0303810090	冻其他鲨鱼(但编号030391至030399的可食用鱼杂碎除外)	12	40	13	13	千克	AB
03038200	--魟鱼及鳐鱼(鳐科)						
0303820000	冻魟鱼及鳐鱼(鳐科)(但编号030391至030399的可食用鱼杂碎除外)	10	40	13	13	千克	AB
03038300	--南极犬牙鱼(南极犬牙鱼属)						
0303830000	冻南极犬牙鱼(南极犬牙鱼属)(但编号030391至030399的可食用鱼杂碎除外)	10	40	13	13	千克	ABU
03038400	--尖吻鲈鱼(舌齿鲈属)						
0303840000	冻尖吻鲈鱼(舌齿鲈属)(但编号030391至030399的可食用鱼杂碎除外)	12	40	13	13	千克	AB
03038910	---带鱼						
0303891000[暂5]	冻带鱼(但编号030391至030399的可食用鱼杂碎除外)	10	40	13	13	千克	AB
03038920	---黄鱼						
0303892000	冻黄鱼(但编号030391至030399的可食用鱼杂碎除外)	10	40	13	13	千克	AB
03038930	---鲳鱼						
0303893000	冻鲳鱼(但编号030391至030399的可食用鱼杂碎除外)	10	40	13	13	千克	AB
03038990	---其他						
0303899001	其他冻鲈鱼(但编号030391至030399的可食用鱼杂碎除外)	10	40	13	13	千克	AB
0303899010	其他未列名濒危冻鱼(但编号030391至030399的可食用鱼杂碎除外)	10	40	13	0	千克	ABFE
0303899020	冻平鲉属(但编号030391至030399的可食用鱼杂碎除)	10	40	13	13	千克	ABU
0303899030	冻鲉鲉属(叶鳍鲉属)(但编号030391至030399的可食用鱼杂碎除外)	10	40	13	13	千克	ABU

商品编号	商品名称及备注	进口关税税率(%) 最惠国	普通	增值税率(%)	出口退税率(%)	计量单位	监管条件
0303899090	其他未列名冻鱼(但编号030391至030399的可食用鱼杂碎除外)	10	40	13	13	千克	AB
03039100	--鱼肝、鱼卵及鱼精						
0303910010	冻濒危鱼种的肝、鱼卵及鱼精	10	50	13		千克	ABFE
0303910090	其他冻鱼肝、鱼卵及鱼精	10	50	13		千克	AB
03039200	--鲨鱼翅						
0303920010	冻濒危鲨鱼翅	12	40	13		千克	ABFE
0303920090	其他冻鲨鱼翅	12	40	13		千克	AB
03039900	--其他						
0303990010	其他冻可食用濒危鱼杂碎	10	40	13		千克	ABFE
0303990090	其他冻可食用其他鱼杂碎	10	40	13		千克	ABU
0304	**鲜、冷、冻鱼片及其他鱼肉(不论是否绞碎)**						
03043100	--罗非鱼(口孵非鲫属)						
0304310000	鲜或冷的罗非鱼(口孵非鲫属)的鱼片	12	70	13	5	千克	AB
03043200	--鲶鱼(鲑鲶属、鲶属、胡鲶属、真鮰属)						
0304320000	鲜或冷的鲶鱼(鲑鲶属、鲶属、胡鲶属、真鮰属)的鱼片	12	70	13	5	千克	AB
03043300	--尼罗河鲈鱼(尼罗尖吻鲈)						
0304330000	鲜或冷的尼罗河鲈鱼(尼罗尖吻鲈)的鱼片	12	70	13	5	千克	AB
03043900	--其他						
0304390010	鲜或冷的花鳗鲡鱼片	12	70	13	5	千克	ABE
0304390020	鲜或冷的欧洲鳗鲡鱼片	12	70	13	5	千克	ABEF
0304390090	鲜或冷的鲤科鱼(鲤属、鲫属、草鱼、鲢属、鲮属、青鱼、卡特拉鲃、野鲮属、哈氏纹唇鱼、何氏细须鲃、鲂属)、其他鳗鱼(鳗鲡属)及黑鱼(鳢属)的鱼片	12	70	13	5	千克	AB
03044100	--大麻哈鱼[红大麻哈鱼、细磷大麻哈鱼、大麻哈鱼(种)、大鳞大麻哈鱼、银大麻哈鱼、马苏大麻哈鱼、玫瑰大麻哈鱼]、大西洋鲑鱼及多瑙哲罗鱼						
0304410000	鲜或冷的大麻哈鱼[红大麻哈鱼、细磷大麻哈鱼、大麻哈鱼(种)、大鳞大麻哈鱼、银大麻哈鱼、马苏大麻哈鱼、玫瑰大麻哈鱼]、大西洋鲑鱼及多瑙哲罗鱼的鱼片	12	70	13	5	千克	AB
03044200	--鳟鱼(河鳟、虹鳟、克拉克大麻哈鱼、阿瓜大麻哈鱼、吉雨大麻哈鱼、亚利桑那大麻哈鱼、金腹大麻哈鱼)						
0304420000	鲜或冷的鳟鱼(河鳟、虹鳟、克拉克大麻哈鱼、阿瓜大麻哈鱼、吉雨大麻哈鱼、亚利桑那大麻哈鱼、金腹大麻哈鱼)的鱼片	12	70	13	5	千克	AB
03044300	--比目鱼(鲽科、鲆科、舌鳎科、鳎科、菱鲆科、刺鲆科)						
0304430000	鲜或冷的比目鱼(鲽科、鲆科、舌鳎科、鳎科、菱鲆科、刺鲆科)的鱼片	12	70	13	5	千克	AB
03044400	--犀鳕科、多丝真鳕科、鳕科、长尾鳕科、黑鳕科、无须鳕科、深海鳕科及南极鳕科鱼						
0304440000	鲜或冷的犀鳕科、多丝真鳕科、鳕科、长尾鳕科、黑鳕科、无须鳕科、深海鳕科及南极鳕科鱼的鱼片	12	70	13	5	千克	AB
03044500	--剑鱼						
0304450000	鲜或冷的剑鱼鱼片	12	70	13	5	千克	ABU
03044600	--南极犬牙鱼(南极犬牙鱼属)						
0304460000	鲜或冷的南极犬牙鱼(南极犬牙鱼属)的鱼片	12	70	13	5	千克	ABU
03044700	--角鲨及其他鲨鱼						
0304470010	鲜或冷的濒危鲨鱼的鱼片	12	70	13		千克	ABFE
0304470090	鲜或冷的其他鲨鱼的鱼片	12	70	13		千克	AB
03044800	--魟鱼及鳐鱼(鳐科)						
0304480010	鲜或冷的濒危魟鱼及鳐鱼的鱼片	12	70	13		千克	ABFE
0304480090	鲜或冷的其他魟鱼及鳐鱼的鱼片	12	70	13		千克	AB
03044900	--其他						

商品编号	商品名称及备注	进口关税税率(%)		增值税率(%)	出口退税率(%)	计量单位	监管条件
		最惠国	普通				
0304490010	鲜或冷的其他濒危鱼的鱼片	12	70	13	0	千克	ABFE
0304490090	鲜或冷的其他鱼的鱼片	12	70	13	5	千克	AB
03045100	--罗非鱼(口孵非鲫属)、鲶鱼(鮰鲶属、鲶属、胡鲶属、真鮰属)、鲤科鱼(鲤属、鲫属、草鱼、鲢属、鲮属、青鱼、卡特拉鲃、野鲮属、哈氏纹唇鱼、何氏细须鲃、鲂属)、鳗鱼(鳗鲡属)、尼罗河鲈鱼(尼罗尖吻鲈)及黑鱼(鳢属)						
0304510010	鲜或冷的花鳗鲡的鱼肉(不论是否绞碎)	12	70	13	5	千克	ABE
0304510020	鲜或冷的欧洲鳗鲡的鱼肉(不论是否绞碎)	12	70	13	5	千克	ABEF
0304510090	鲜或冷的罗非鱼(口孵非鲫属)、鲶鱼(鮰鲶属、鲶属、胡鲶属、真鮰属)、鲤科鱼(鲤属、鲫属、草鱼、鲢属、鲮属、青鱼、卡特拉鲃、野鲮属、哈氏纹唇鱼、何氏细须鲃、鲂属)、其他鳗鱼(鳗鲡属)、尼罗河鲈鱼(尼罗尖吻鲈)及黑鱼(醴属)的鱼肉	12	70	13	5	千克	AB
03045200	--鲑科鱼						
0304520000	鲜或冷的鲑科鱼的鱼肉(不论是否绞碎)	12	70	13	5	千克	AB
03045300	--犀鳕科、多丝真鳕科、鳕科、长尾鳕科、黑鳕科、无须鳕科、深海鳕科及南极鳕科鱼						
0304530000	鲜或冷的犀鳕科、多丝真鳕科、鳕科、长尾鳕科、黑鳕科、无须鳕科、深海鳕科及南极鳕科鱼的鱼肉(不论是否绞碎)	12	70	13	5	千克	AB
03045400	--剑鱼						
0304540000	鲜或冷的剑鱼鱼肉(不论是否绞碎)	12	70	13	5	千克	ABU
03045500	--南极犬牙鱼(南极犬牙鱼属)						
0304550000	鲜或冷的南极犬牙鱼(南极犬牙鱼属)鱼的鱼肉(不论是否绞碎)	12	70	13	5	千克	ABU
03045600	--角鲨及其他鲨鱼						
0304560010	鲜或冷的濒危鲨鱼肉(不论是否绞碎)	12	70	13		千克	ABEF
0304560090	鲜或冷的其他鲨鱼肉(不论是否绞碎)	12	70	13		千克	AB
03045700	--魟鱼及鳐鱼(鳐科)						
0304570010	鲜或冷的濒危魟鱼及鳐鱼的鱼肉(不论是否绞碎)	12	70	13		千克	ABEF
0304570090	鲜或冷的其他魟鱼及鳐鱼的鱼肉(不论是否绞碎)	12	70	13		千克	AB
03045900	--其他						
0304590010	鲜或冷的其他濒危鱼的鱼肉(不论是否绞碎)	12	70	13	0	千克	ABEF
0304590090	鲜或冷的其他鱼的鱼肉(不论是否绞碎)	12	70	13	5	千克	AB
03046100	--罗非鱼(口孵非鲫属)						
0304610000	冻罗非鱼(口孵非鲫属)鱼片	10	70	13	13	千克	AB
03046211	----斑点叉尾鮰鱼						
0304621100	冻斑点叉尾鮰鱼鱼片(斑点叉尾鮰鱼亦称沟鲶,属于鲇形目、叉尾鮰科、叉尾鮰属)	10	70	13	13	千克	AB
03046219	----其他						
0304621900	冻的其他叉尾鮰鱼片	10	70	13	13	千克	AB
03046290	---其他						
0304629000	冻的其他鲶鱼(鮰鲶属、鲶属、胡鲶属、真鮰属)鱼片	10	70	13	13	千克	AB
03046300	--尼罗河鲈鱼(尼罗尖吻鲈)						
0304630000	冻的尼罗河鲈鱼(尼罗尖吻鲈)鱼片	10	70	13	13	千克	AB
03046900	--其他						
0304690010	冻的花鳗鲡鱼片	10	70	13	13	千克	ABE
0304690020	冻的欧洲鳗鲡鱼片	10	70	13	13	千克	ABEF
0304690090	冻的鲤科鱼(鲤属、鲫属、草鱼、鲢属、鲮属、青鱼、卡特拉鲃、野鲮属、哈氏纹唇鱼、何氏细须鲃、鲂属)、其他鳗鱼(鳗鲡属)及黑鱼(鳢属)的鱼片	10	70	13	13	千克	AB
03047100	--鳕鱼(大西洋鳕鱼、格陵兰鳕鱼、太平洋鳕鱼)						
0304710000	冻的鳕鱼(大西洋鳕鱼、格陵兰鳕鱼、太平洋鳕鱼)鱼片	10	70	13	13	千克	AB
03047200	--黑线鳕鱼(黑线鳕)						

商品编号	商品名称及备注	进口关税税率(%)		增值税率(%)	出口退税率(%)	计量单位	监管条件
		最惠国	普通				
0304720000	冻的黑线鳕鱼(黑线鳕)鱼片	10	70	13	13	千克	AB
03047300	--绿青鳕鱼						
0304730000	冻的绿青鳕鱼鱼片	10	70	13	13	千克	AB
03047400	--狗鳕鱼(无须鳕属、长鳍鳕属)						
0304740000	冻的狗鳕鱼(无须鳕属、长鳍鳕属)鱼片	10	70	13	13	千克	AB
03047500	--狭鳕鱼						
0304750000	冻的狭鳕鱼鱼片	10	70	13	13	千克	AB
03047900	--其他						
0304790000	冻的犀鳕科、多丝真鳕科、鳕科、长尾鳕科、黑鳕科、无须鳕科、深海鳕科及南极鳕科鱼的鱼片	10	70	13	13	千克	AB
03048100	--大麻哈鱼[红大麻哈鱼、细磷大麻哈鱼、大麻哈鱼(种)、大鳞大麻哈鱼、银大麻哈鱼、马苏大麻哈鱼、玫瑰大麻哈鱼]、大西洋鲑鱼及多瑙哲罗鱼						
0304810000	冻的大麻哈鱼[红大麻哈鱼、细磷大麻哈鱼、大麻哈鱼(种)、大鳞大麻哈鱼、银大麻哈鱼、马苏大麻哈鱼、玫瑰大麻哈鱼]、大西洋鲑鱼及多瑙哲罗鱼鱼片	10	70	13	13	千克	AB
03048200	--鳟鱼(河鳟、虹鳟、克拉克大麻哈鱼、阿瓜大麻哈鱼、吉雨大麻哈鱼、亚利桑那大麻哈鱼、金腹大麻哈鱼)						
0304820000	冻的鳟鱼(河鳟、虹鳟、克拉克大麻哈鱼、阿瓜大麻哈鱼、吉雨大麻哈鱼、亚利桑那大麻哈鱼、金腹大麻哈鱼) 鱼片	10	70	13	13	千克	AB
03048300	--比目鱼(鲽科、鲆科、舌鳎科、鳎科、菱鲆科、刺鲆科)						
0304830000	冻的比目鱼(鲽科、鲆科、舌鳎科、鳎科、菱鲆科、刺鲆科) 鱼片	10	70	13	13	千克	AB
03048400	--剑鱼						
0304840000	冻剑鱼鱼片	10	70	13	13	千克	ABU
03048500	--南极犬牙鱼(南极犬牙鱼属)						
0304850000	冻南极犬牙鱼(南极犬牙鱼属)鱼片	10	70	13	13	千克	ABU
03048600	--鲱鱼(大西洋鲱鱼、太平洋鲱鱼)						
0304860000	冻的鲱鱼(大西洋鲱鱼、太平洋鲱鱼)鱼片	10	70	13	13	千克	AB
03048700	--金枪鱼(金枪鱼属)、鲣鱼或狐鲣(鲣)						
0304870000	冻的金枪鱼(金枪鱼属)、鲣鱼或狐鲣(鲣)鱼片	10	70	13	13	千克	AB
03048800	--角鲨、其他鲨鱼、魟鱼及鳐鱼(鳐科)						
0304880010	冻的濒危鲨鱼、魟鱼及鳐鱼的鱼片	10	70	13		千克	ABEF
0304880090	冻的其他鲨鱼、魟鱼及鳐鱼的鱼片	10	70	13		千克	AB
03048900	--其他						
0304890010	冻的其他濒危鱼片	10	70	13	0	千克	ABEF
0304890090	冻的其他鱼片	10	70	13	13	千克	AB
03049100	--剑鱼						
0304910000	其他冻剑鱼(Xiphias gladius)肉(不论是否绞碎)	10	70	13	13	千克	ABU
03049200	--南极犬牙鱼(南极犬牙鱼属)						
0304920000	其他冻南极犬牙鱼(Toothfish, Dissostichus spp.)肉(不论是否绞碎)	10	70	13	13	千克	ABU
03049300	--罗非鱼(口孵非鲫属)、鲶鱼(鲑鲶属、鲶属、胡鲶属、真鮰属)、鲤科鱼(鲤属、鲫属、草鱼、鲢属、鲮属、青鱼、卡特拉鲃、野鲮属、哈氏纹唇鱼、何氏细须鲃、鲂属)、鳗鱼(鳗鲡属)、尼罗河鲈鱼(尼罗尖吻鲈)及黑鱼(鳢属)						
0304930010	冻的花鳗鲡鱼肉(不论是否绞碎)	10	70	13	13	千克	ABE
0304930020	冻的欧洲鳗鲡鱼肉(不论是否绞碎)	10	70	13	13	千克	ABEF
0304930090	冻的罗非鱼(口孵非鲫属)、鲶鱼(鲑鲶属、鲶属、胡鲶属、真鮰属)、鲤科鱼(鲤属、鲫属、草鱼、鲢属、鲮属、青鱼、卡特拉鲃、野鲮属、哈氏纹唇鱼、何氏细须鲃、鲂属)、其他鳗鱼(鳗鲡属)、尼罗河鲈鱼(尼罗尖吻鲈)及黑鱼(鳢属)鱼肉(不论是否绞碎)	10	70	13	13	千克	AB

商品编号	商品名称及备注	进口关税税率(%)		增值税率(%)	出口退税率(%)	计量单位	监管条件
		最惠国	普通				
03049400	--狭鳕鱼						
0304940000	冻的狭鳕鱼鱼肉(不论是否绞碎)	10	70	13	13	千克	AB
03049500	--犀鳕科、多丝真鳕科、鳕科、长尾鳕科、黑鳕科、无须鳕科、深海鳕科及南极鳕科鱼,狭鳕鱼除外						
0304950000	冻的犀鳕科、多丝真鳕科、鳕科、长尾鳕科、黑鳕科、无须鳕科、深海鳕科及南极鳕科鱼的鱼肉(狭鳕鱼除外,不论是否绞碎)	10	70	13	13	千克	AB
03049600	--角鲨及其他鲨鱼						
0304960010	冻的濒危鲨鱼肉(不论是否绞碎)	10	70	13		千克	ABFE
0304960090	冻的其他鲨鱼肉(不论是否绞碎)	10	70	13		千克	AB
03049700	--魟鱼及鳐鱼(鳐科)						
0304970010	冻的濒危魟鱼及鳐鱼的鱼肉(不论是否绞碎)	10	70	13		千克	ABFE
0304970090	冻的其他魟鱼及鳐鱼的鱼肉(不论是否绞碎)	10	70	13		千克	AB
03049900	--其他						
0304990010	冻的其他濒危鱼的鱼肉(不论是否绞碎)	10	70	13	0	千克	ABFE
0304990090	其他冻鱼肉(不论是否绞碎)	10	70	13	13	千克	AB
0305	**干、盐腌或盐渍的鱼;熏鱼,不论在熏制前或熏制过程中是否烹煮;适合供人食用的鱼的细粉、粗粉及团粒**						
03051000	-适合供人食用的鱼的细粉、粗粉及团粒						
0305100000	供人食用的鱼粉及团粒	10	80	13	13	千克	AB
03052000	-干、熏、盐腌或盐渍的鱼肝、鱼卵及鱼精						
0305200010	干、熏、盐制的濒危鱼种肝、卵及鱼精	10	80	13	0	千克	ABFE
0305200090	其他干、熏、盐制的鱼肝、鱼卵及鱼精	10	80	13	13	千克	AB
03053100	--罗非鱼(口孵非鲫属)、鲶鱼(鲑鲶属、鲶属、胡鲶属、真鮰属)、鲤科鱼(鲤属、鲫属、草鱼、鲢属、鲮属、青鱼、卡特拉鲃、野鲮属、哈氏纹唇鱼、何氏细须鲃、鲂属)、鳗鱼(鳗鲡属)、尼罗河鲈鱼(尼罗尖吻鲈)及黑鱼(鳢属)						
0305310010	干、盐腌或盐渍的花鳗鲡鱼片(熏制的除外)	10	80	13	13	千克	ABE
0305310020	干、盐腌或盐渍的欧洲鳗鲡鱼片(熏制的除外)	10	80	13	13	千克	ABEF
0305310090	干、盐腌或盐渍的罗非鱼(口孵非鲫属)、鲶鱼(鲑鲶属、鲶属、胡鲶属、真鮰属)、鲤科鱼(鲤属、鲫属、草鱼、鲢属、鲮属、青鱼、卡特拉鲃、野鲮属、哈氏纹唇鱼、何氏细须鲃、鲂属)、鳗鱼(鳗鲡属)、尼罗河鲈鱼(尼罗尖吻鲈)及黑鱼(鳢属)的鱼片(熏制的除外)	10	80	13	13	千克	AB
03053200	--犀鳕科、多丝真鳕科、鳕科、长尾鳕科、黑鳕科、无须鳕科、深海鳕科及南极鳕科鱼						
0305320000	干、盐腌或盐渍的犀鳕科、多丝真鳕科、鳕科、长尾鳕科、黑鳕科、无须鳕科、深海鳕科及南极鳕科的鱼片(熏制的除外)	10	80	13	13	千克	AB
03053900	--其他						
0305390010	干、盐腌或盐渍的濒危鱼类的鱼片(熏制的除外)	10	80	13	0	千克	ABEF
0305390090	其他干、盐腌或盐渍的鱼片(熏制的除外)	10	80	13	13	千克	AB
03054110	---大西洋鲑鱼						
0305411000	熏大西洋鲑鱼及鱼片(食用杂碎除外)	14	80	13	13	千克	AB
03054120	---大麻哈鱼及多瑙哲罗鱼						
0305412000	熏大麻哈鱼、多瑙哲罗鱼及鱼片(食用杂碎除外)	14	80	13	13	千克	AB
03054200	--鲱鱼(大西洋鲱鱼、太平洋鲱鱼)						
0305420000	熏制鲱鱼(大西洋鲱鱼、太平洋鲱鱼)及鱼片(食用杂碎除外)	16	80	13	13	千克	AB
03054300	--鳟鱼(河鳟、虹鳟、克拉克大麻哈鱼、阿瓜大麻哈鱼、吉雨大麻哈鱼、亚利桑那大麻哈鱼、金腹大麻哈鱼)						
0305430000	熏制鳟鱼(河鳟、虹鳟、克拉克大麻哈鱼、阿瓜大麻哈鱼、吉雨大麻哈鱼、亚利桑那大麻哈鱼、金腹大麻哈鱼)及鱼片(食用杂碎除外)	14	80	13	13	千克	AB

商品编号	商品名称及备注	进口关税税率(%)		增值税率(%)	出口退税率(%)	计量单位	监管条件
		最惠国	普通				
03054400	--罗非鱼(口孵非鲫属)、鲶鱼(𩷶鲶属、鲶属、胡鲶属、真鮰属)、鲤科鱼(鲤属、鲫属、草鱼、鲢属、鲮属、青鱼、卡特拉鲃、野鲮属、哈氏纹唇鱼、何氏细须鲃、鲂属)、鳗鱼(鳗鲡属)、尼罗河鲈鱼(尼罗尖吻鲈)及黑鱼(鳢属)						
0305440010	熏制花鳗鲡及鱼片(食用杂碎除外)	14	80	13	13	千克	ABE
0305440020	熏制欧洲鳗鲡及鱼片(食用杂碎除外)	14	80	13	13	千克	ABEF
0305440090	熏制罗非鱼(口孵非鲫属)、鲶鱼(𩷶鲶属、鲶属、胡鲶属、真鮰属)、鲤科鱼(鲤属、鲫属、草鱼、鲢属、鲮属、青鱼、卡特拉鲃、野鲮属、哈氏纹唇鱼、何氏细须鲃、鲂属)、鳗鱼(鳗鲡属)、尼罗河鲈鱼(尼罗尖吻鲈)及黑鱼(鳢属)(食用杂碎除外)	14	80	13	13	千克	AB
03054900	--其他						
0305490020	熏制其他濒危鱼及鱼片(食用杂碎除外)	14	80	13	0	千克	ABEF
0305490090	其他熏鱼及鱼片(食用杂碎除外)	14	80	13	13	千克	AB
03055100	--鳕鱼(大西洋鳕鱼、格陵兰鳕鱼、太平洋鳕鱼)						
0305510000	干鳕鱼(大西洋鳕鱼、格陵兰鳕鱼、太平洋鳕鱼),食用杂碎除外(不论是否盐腌,但熏制的除外)	16	80	13	13	千克	AB
03055200	--罗非鱼(口孵非鲫属)、鲶鱼(𩷶鲶属、鲶属、胡鲶属、真鮰属)、鲤科鱼(鲤属、鲫属、草鱼、鲢属、鲮属、青鱼、卡特拉鲃、野鲮属、哈氏纹唇鱼、何氏细须鲃、鲂属)、鳗鱼(鳗鲡属)、尼罗河鲈鱼(尼罗尖吻鲈)及黑鱼(鳢属)						
0305520000	干罗非鱼(口孵非鲫属)、鲶鱼(𩷶鲶属、鲶属、胡鲶属、真鮰属)、鲤科鱼(鲤属、鲫属、草鱼、鲢属、鲮属、青鱼、卡特拉鲃、野鲮属、哈氏纹唇鱼、何氏细须鲃、鲂属)、鳗鱼(鳗鲡属)、尼罗河鲈鱼(尼罗尖吻鲈)及黑鱼(鳢属)	16	80	13		千克	AB
03055300	--犀鳕科、多丝真鳕科、鳕科、长尾鳕科、黑鳕科、无须鳕科、深海鳕科及南极鳕科鱼,鳕鱼(大西洋鳕鱼、格陵兰鳕鱼、太平洋鳕鱼)除外						
0305530000	干犀鳕科、多丝真鳕科、鳕科、长尾鳕科、黑鳕科、无须鳕科、深海鳕科及南极鳕科鱼,鳕鱼(大西洋鳕鱼、格陵兰鳕鱼、太平洋鳕鱼)除外	16	80	13		千克	AB
03055400	--鲱鱼(大西洋鲱鱼、太平洋鲱鱼)、鳀鱼(鳀属)、沙丁鱼(沙丁鱼、沙瑙鱼属)、小沙丁鱼属、黍鲱或西鲱、鲭鱼[大西洋鲭、澳洲鲭(鲐)、日本鲭(鲐)]、印度鲭(羽鳃鲐属)、马鲛鱼(马鲛属)、对称竹荚鱼、新西兰竹荚鱼及竹荚鱼(竹荚鱼属)、鲹鱼(鲹属)、军曹鱼、银鲳(鲳属)、秋刀鱼、圆鲹(圆鲹属)、多春鱼(毛鳞鱼)、剑鱼、鲔鱼、狐鲣(狐鲣属)、枪鱼、旗鱼、四鳍旗鱼(旗鱼科)						
0305540000	干鲱鱼(大西洋鲱鱼、太平洋鲱鱼)、鳀鱼(鳀属)、沙丁鱼(沙丁鱼、沙瑙鱼属)、小沙丁鱼属、黍鲱或西鲱、鲭鱼[大西洋鲭、澳洲鲭(鲐)、日本鲭(鲐)][包括印度鲭(羽鳃鲐属)]、马鲛鱼(马鲛属)、对称竹荚鱼、新西兰竹荚鱼及竹荚鱼(竹荚鱼属)、鲹鱼(鲹属)、军曹鱼、银鲳(鲳属)、秋刀鱼、圆鲹(圆鲹属)、多春鱼(毛鳞鱼)、剑鱼、鲔鱼、狐鲣(狐鲣属)、枪鱼 、旗鱼、四鳍旗鱼(旗鱼科)	16	80	13		千克	AB
03055910	---海龙、海马						
0305591000	干海马、干海龙,食用杂碎除外(不论是否盐腌,但熏制的除外)	2	20	13	13	千克	FEAB
03055990	---其他						
0305599010	其他濒危干鱼,食用杂碎除外(不论是否盐腌,但熏制的除外)	16	80	13	0	千克	AFEB
0305599090	其他干鱼,食用杂碎除外(不论是否盐腌,但熏制的除外)	16	80	13	13	千克	AB
03056100	--鲱鱼(大西洋鲱鱼、太平洋鲱鱼)						
0305610000	盐腌及盐渍的鲱鱼(大西洋鲱鱼、太平洋鲱鱼),食用杂碎除外(干或熏制的除外)	16	80	13	13	千克	AB
03056200	--鳕鱼(大西洋鳕鱼、格陵兰鳕鱼、太平洋鳕鱼)						
0305620000	盐腌及盐渍鳕鱼(大西洋鳕鱼、格陵兰鳕鱼、太平洋鳕鱼),食用杂碎除外(干或熏制的除外)	16	80	13	13	千克	AB
03056300	--鳀鱼(鳀属)						
0305630000	盐腌及盐渍的鳀鱼(鳀属),食用杂碎除外(干或熏制的除外)	16	80	13	13	千克	AB

商品编号	商品名称及备注	进口关税税率(%) 最惠国	进口关税税率(%) 普通	增值税率(%)	出口退税率(%)	计量单位	监管条件
03056400	--罗非鱼(口孵非鲫属)、鲶鱼(鲑鲶属、鲶属、胡鲶属、真鮰属)、鲤科鱼(鲤属、鲫属、草鱼、鲢属、鲮属、青鱼、卡特拉鲃、野鲮属、哈氏纹唇鱼、何氏细须鲃、鲂属)、鳗鱼(鳗鲡属)、尼罗河鲈鱼(尼罗尖吻鲈)及黑鱼(鳢属)						
0305640010	盐腌及盐渍的花鳗鲡,食用杂碎除外(干或熏制的除外)	16	80	13	13	千克	ABE
0305640020	盐腌及盐渍的欧洲鳗鲡,食用杂碎除外(干或熏制的除外)	16	80	13	13	千克	ABEF
0305640090	盐腌及盐渍的罗非鱼(口孵非鲫属)、鲶鱼(鲑鲶属、鲶属、胡鲶属、真鮰属)、鲤科鱼(鲤属、鲫属、草鱼、鲢属、鲮属、青鱼、卡特拉鲃、野鲮属、哈氏纹唇鱼、何氏细须鲃、鲂属)、其他鳗鱼(鳗鲡属)、尼罗河鲈鱼(尼罗尖吻鲈)及黑鱼(鳢属),食用杂碎除外(干或熏制的除外)	16	80	13	13	千克	AB
03056910	---带鱼						
0305691000	盐腌及盐渍的带鱼,食用杂碎除外(干或熏制的除外)	16	80	13	13	千克	AB
03056920	---黄鱼						
0305692000	盐腌及盐渍的黄鱼,食用杂碎除外(干或熏制的除外)	16	80	13	13	千克	AB
03056930	---鲳鱼						
0305693000	盐腌及盐渍的鲳鱼,食用杂碎除外(干或熏制的除外)	16	80	13	13	千克	AB
03056990	---其他						
0305699010	盐腌及盐渍的其他濒危鱼,食用杂碎除外(干或熏制的除外)	16	80	13	0	千克	ABFE
0305699090	盐腌及盐渍的其他鱼,食用杂碎除外(干或熏制的除外)	16	80	13	13	千克	AB
03057100	--鲨鱼翅						
0305710010	濒危鲨鱼鱼翅(不论是否干制、盐腌、盐渍和熏制)	15	80	13	0	千克	ABEF
0305710090	其他鲨鱼鱼翅(不论是否干制、盐腌、盐渍和熏制)	15	80	13	13	千克	AB
03057200	--鱼头、鱼尾、鱼鳔						
0305720010	濒危鱼的鱼头、鱼尾、鱼鳔(不论是否干制、盐腌、盐渍和熏制)	16	80	13	0	千克	ABEF
0305720090	其他鱼的鱼头、鱼尾、鱼鳔(不论是否干制、盐腌、盐渍和熏制)	16	80	13	13	千克	AB
03057900	--其他						
0305790010	其他濒危可食用鱼杂碎(不论是否干制、盐腌、盐渍和熏制)	16	80	13	0	千克	ABEF
0305790090	其他可食用鱼杂碎(不论是否干制、盐腌、盐渍和熏制)	16	80	13	13	千克	AB
0306	**带壳或去壳的甲壳动物,活、鲜、冷、冻、干、盐腌或盐渍的;熏制的带壳或去壳甲壳动物,不论在熏制前或熏制过程中是否烹煮;蒸过或用水煮过的带壳甲壳动物,不论是否冷、冻、干、盐腌或盐渍的;适合供人食用的甲壳动物的细粉、粗粉及团粒**						
03061100	--岩礁虾和其他龙虾(真龙虾属、龙虾属、岩龙虾属)						
0306110000	冻岩礁虾和其他龙虾(真龙虾属、龙虾属、岩龙虾属)	10	70	13	13	千克	AB
03061200	--螯龙虾(螯龙虾属)						
0306120000	冻螯龙虾(螯龙虾属)	10	70	13	13	千克	AB
03061410	---梭子蟹						
0306141000	冻梭子蟹	10	70	13	13	千克	AB
03061490	---其他						
0306149011[暂5]	冻的金霸王蟹(帝王蟹)	10	70	13	13	千克	ABU
0306149019	冻的毛蟹、仿石蟹(仿岩蟹)、堪察加拟石蟹、短足拟石蟹、扁足拟石蟹、雪蟹、日本雪蟹	10	70	13	13	千克	ABU
0306149090	其他冻蟹	10	70	13	13	千克	AB
03061500	--挪威海螯虾						
0306150000	冻挪威海螯虾	16	70	13	13	千克	AB
03061611	----虾仁						
0306161100	冻冷水小虾虾仁	8	70	13	13	千克	AB
03061612	----其他,北方长额虾						
0306161210[暂2]	冻煮北方长额虾(虾仁除外)	5	70	13	13	千克	AB

商品编号	商品名称及备注	进口关税税率(%)		增值税率(%)	出口退税率(%)	计量单位	监管条件
		最惠国	普通				
0306161290	其他冻北方长额虾(虾仁除外)	5	70	13	13	千克	AB
03061619	----其他						
0306161900	其他冻冷水小虾	5	70	13	13	千克	AB
03061621	----虾仁						
0306162100	冻冷水对虾仁	8	70	13	13	千克	AB
03061629	----其他						
0306162900	其他冻冷水对虾	5	70	13	13	千克	AB
03061711	----虾仁						
0306171100	其他冻小虾仁	8	70	13	13	千克	AB
03061719	----其他						
0306171900	其他冻小虾	5	70	13	13	千克	AB
03061721	----虾仁						
0306172100	其他冻对虾仁	8	70	13	13	千克	AB
03061729	----其他						
0306172900	其他冻对虾	5	70	13	13	千克	AB
03061911	----虾仁						
0306191100	冻淡水小龙虾仁	16	70	13	13	千克	AB
03061919	----其他						
0306191900	冻带壳淡水小龙虾	16	70	13	13	千克	AB
03061990	---其他						
0306199000	其他冻甲壳动物	16	70	13	13	千克	AB
03063110	---种苗						
0306311000	岩礁虾和其他龙虾(真龙虾属、龙虾属、岩龙虾属)种苗	0	0	13		千克	AB
03063190	---其他						
0306319000暂10	活、鲜或冷的带壳或去壳岩礁虾和其他龙虾(真龙虾属、龙虾属、岩龙虾属)	15	70	13		千克	AB
03063210	---种苗						
0306321000	螯龙虾(螯龙虾属)种苗	0	0	13		千克	AB
03063290	---其他						
0306329000暂10	活、鲜或冷的带壳或去壳螯龙虾(螯龙虾属)	15	70	13		千克	AB
03063310	---种苗						
0306331000	蟹种苗	0	0	13		千克	AB
03063391	----中华绒螯蟹						
0306339100	活、鲜或冷的带壳或去壳中华绒螯蟹	14	70	13		千克	AB
03063392	----梭子蟹						
0306339200	活、鲜或冷的带壳或去壳梭子蟹	14	70	13		千克	AB
03063399	----其他						
0306339911暂7	活金霸王蟹(帝王蟹)	14	70	13		千克	ABU
0306339919	活、鲜或冷的毛蟹、仿石蟹(仿岩蟹)、堪察加拟石蟹、短足拟石蟹、扁足拟石蟹、雪蟹、日本雪蟹,鲜或冷的金霸王蟹(帝王蟹)	14	70	13		千克	ABU
0306339990	其他活、鲜或冷的带壳或去壳蟹	14	70	13		千克	AB
03063410	---种苗						
0306341000	挪威海螯虾种苗	0	0	13		千克	AB
03063490	---其他						
0306349000	其他活、鲜或冷的带壳或去壳挪威海螯虾	14	70	13		千克	AB
03063510	---种苗						
0306351000	冷水小虾及对虾(长额虾属、褐虾)种苗	0	0	13		千克	AB

商品编号	商品名称及备注	进口关税税率(%)		增值税率(%)	出口退税率(%)	计量单位	监管条件
		最惠国	普通				
03063520	---鲜、冷对虾						
0306352000	鲜、冷的带壳或去壳冷水对虾	15	70	13		千克	AB
03063590	---其他						
0306359001	活、鲜或冷的其他冷水小虾	12	70	13		千克	AB
0306359090	其他活的冷水对虾	12	70	13		千克	AB
03063610	---种苗						
0306361000	其他小虾及对虾种苗	0	0	13		千克	AB
03063620	---鲜、冷对虾						
0306362000	其他鲜、冷带壳或去壳对虾	15	70	13		千克	AB
03063690	---其他						
0306369001	其他鲜、冷小虾	12	70	13		千克	AB
0306369090	其他活的小虾及对虾	12	70	13		千克	AB
03063910	---种苗						
0306391000	其他甲壳动物种苗	0	0	13		千克	AB
03063990	---其他						
0306399000	其他活、鲜、冷的带壳或去壳甲壳动物	14	70	13		千克	AB
03069100	--岩礁虾及其他龙虾(真龙虾属、龙虾属、岩龙虾属)						
0306910000	干、盐腌或盐渍的岩礁虾及其他龙虾(真龙虾属、龙虾属、岩龙虾属)(包括熏制的带壳或去壳的,不论在熏制前或熏制过程中是否烹煮;蒸过或用水煮过的带壳的)	15	70	13		千克	AB
03069200	--螯龙虾(螯龙虾属)						
0306920000	干、盐腌或盐渍的其他螯龙虾(螯龙虾属)(包括熏制的带壳或去壳的,不论在熏制前或熏制过程中是否烹煮;蒸过或用水煮过的带壳的)	15	70	13		千克	AB
03069310	---中华绒螯蟹						
0306931000	干、盐腌或盐渍的其他中华绒螯蟹(包括熏制的带壳或去壳的,不论在熏制前或熏制过程中是否烹煮;蒸过或用水煮过的带壳的)	14	70	13		千克	AB
03069320	---梭子蟹						
0306932000	干、盐腌或盐渍的其他梭子蟹(包括熏制的带壳或去壳的,不论在熏制前或熏制过程中是否烹煮;蒸过或用水煮过的带壳的)	14	70	13		千克	AB
03069390	---其他						
0306939000	干、盐腌或盐渍的其他蟹(包括熏制的带壳或去壳的,不论在熏制前或熏制过程中是否烹煮;蒸过或用水煮过的带壳的)	14	70	13		千克	AB
03069400	--挪威海螯虾						
0306940000	干、盐腌或盐渍的挪威海螯虾(包括熏制的带壳或去壳的,不论在熏制前或熏制过程中是否烹煮;蒸过或用水煮过的带壳的)	14	70	13		千克	AB
03069510	---冷水小虾及对虾(长额虾属、褐虾)						
0306951000	干、盐腌或盐渍的冷水小虾及对虾(长额虾属、褐虾)(包括熏制的带壳或去壳的,不论在熏制前或熏制过程中是否烹煮;蒸过或用水煮过的带壳的)	12	70	13		千克	AB
03069590	---其他小虾及对虾						
0306959000	干、盐腌或盐渍的其他小虾及对虾(包括熏制的带壳或去壳的,不论在熏制前或熏制过程中是否烹煮;蒸过或用水煮过的带壳的)	12	70	13		千克	AB
03069900	--其他,包括适合供人食用的甲壳动物的细粉、粗粉及团粒						
0306990000	活、鲜、冷、干、盐腌或盐渍的其他甲壳动物(包括熏制的带壳或去壳的,不论在熏制前或熏制过程中是否烹煮;蒸过或用水煮过的带壳的)	14	70	13		千克	AB
0307	**带壳或去壳的软体动物,活、鲜、冷、冻、干、盐腌或盐渍的;熏制的带壳或去壳软体动物,不论在熏制前或熏制过程中是否烹煮;适合供人食用的软体动物的细粉、粗粉及团粒**						
03071110	---种苗						

商品编号	商品名称及备注	进口关税税率(%)		增值税率(%)	出口退税率(%)	计量单位	监管条件
		最惠国	普通				
0307111000	牡蛎(蚝)种苗	0	0	13	5	千克	AB
03071190	---其他						
0307119000	其他活、鲜、冷的牡蛎(蚝)	14	70	13	5	千克	AB
03071200	--冻的						
0307120000	冻的牡蛎(蚝)	14	70	13		千克	AB
03071900	--其他						
0307190000	其他干、盐腌或盐渍牡蛎(蚝)(包括熏制的带壳或去壳的,不论在熏制前或熏制过程中是否烹煮)	14	70	13	5	千克	AB
03072110	---种苗						
0307211010	大珠母贝种苗	0	0	13	5	千克	ABE
0307211090	其他扇贝种苗(包括海扇种苗)	0	0	13	5	千克	AB
03072190	---其他						
0307219010	其他活、鲜、冷大珠母贝	14	70	13	5	千克	ABE
0307219090	其他活、鲜、冷扇贝(包括海扇,种苗除外)	14	70	13	5	千克	AB
03072200	--冻的						
0307220000	其他冻的扇贝(包括海扇)	14	80	13		千克	AB
0307220010	冻的大珠母贝	14	80	13		千克	AB
0307220090	其他冻的扇贝(包括海扇)	14	80	13		千克	AB
03072900	--其他						
0307290010	其他干、盐腌或盐渍的大珠母贝(包括熏制的带壳或去壳的,不论在熏制前或熏制过程中是否烹煮)	14	80	13	13	千克	ABE
0307290090	其他干、盐腌或盐渍的扇贝(包括海扇;包括熏制的带壳或去壳的,不论在熏制前或熏制过程中是否烹煮)	14	80	13	13	千克	AB
03073110	---种苗						
0307311000	贻贝种苗	0	0	13	5	千克	AB
03073190	---其他						
0307319001	鲜、冷贻贝	14	70	13	5	千克	AB
0307319090	其他活贻贝	14	70	13	5	千克	AB
03073200	--冻的						
0307320000	冻贻贝	14	70	13		千克	AB
03073900	--其他						
0307390000	其他干、盐腌或盐渍的贻贝(包括熏制的带壳或去壳的,不论在熏制前或熏制过程中是否烹煮)	14	70	13	13	千克	AB
03074210	---种苗						
0307421000	墨鱼及鱿鱼种苗	0	0	13		千克	AB
03074291	----墨鱼(乌贼属、巨粒僧头乌贼、耳乌贼属)及鱿鱼(柔鱼属、枪乌贼属、双柔鱼属、拟乌贼属)						
0307429100	其他活、鲜、冷的墨鱼(乌贼属、巨粒僧头乌贼、耳乌贼属)及鱿鱼(柔鱼属、枪乌贼属、双柔鱼属、拟乌贼属)	12	70	13		千克	AB
03074299	----其他						
0307429900	其他活、鲜、冷的墨鱼及鱿鱼	14	70	13		千克	AB
03074310	---墨鱼(乌贼属、巨粒僧头乌贼、耳乌贼属)及鱿鱼(柔鱼属、枪乌贼属、双柔鱼属、拟乌贼属)						
0307431000	冻的墨鱼(乌贼属、巨粒僧头乌贼、耳乌贼属)及鱿鱼(柔鱼属、枪乌贼属、双柔鱼属、拟乌贼属)	12	70	13		千克	AB
03074390	---其他						

商品编号	商 品 名 称 及 备 注	进口关税税率(%)		增值税率(%)	出口退税率(%)	计量单位	监管条件
		最惠国	普通				
0307439000	其他冻的墨鱼及鱿鱼	10	70	13		千克	AB
03074910	---墨鱼(乌贼属、巨粒僧头乌贼、耳乌贼属)及鱿鱼(柔鱼属、枪乌贼属、双柔鱼属、拟乌贼属)						
0307491000	其他干、盐制的墨鱼(乌贼属、巨粒僧头乌贼、耳乌贼属)及鱿鱼(柔鱼属、枪乌贼属、双柔鱼属、拟乌贼属)(包括熏制的带壳或去壳的,不论在熏制前或熏制过程中是否烹煮)	12	70	13		千克	AB
03074990	---其他						
0307499000	其他干、盐制的墨鱼及鱿鱼(包括熏制的带壳或去壳的,不论在熏制前或熏制过程中是否烹煮)	10	70	13		千克	AB
03075100	--活、鲜或冷的						
0307510000	活、鲜、冷章鱼	17	70	13	5	千克	AB
03075200	--冻的						
0307520000	冻的章鱼	17	70	13		千克	AB
03075900	--其他						
0307590000	其他干、盐制的章鱼(包括熏制的,不论在熏制前或熏制过程中是否烹煮)	17	70	13	13	千克	AB
03076010	---种苗						
0307601010	濒危蜗牛及螺种苗,海螺除外	0	0	13	0	千克	ABFE
0307601090	其他蜗牛及螺种苗,海螺除外	0	0	13	5	千克	AB
03076090	---其他						
0307609010	其他濒危蜗牛及螺,海螺除外	14	70	13	0	千克	ABFE
0307609090	其他活、鲜、冷、冻、干、盐腌或盐渍的蜗牛及螺,海螺除外(包括熏制的带壳或去壳的,不论在熏制前或熏制过程中是否烹煮)	14	70	13	5	千克	AB
03077110	---种苗						
0307711010	砗磲的种苗	0	0	13	5	千克	ABEF
0307711090	蛤、鸟蛤及舟贝(蚶科、北极蛤科、鸟蛤科、斧蛤科、缝栖蛤科、蛤蜊科中带蛤科、海螂科、双带蛤科、截蛏科、竹蛏科、帘蛤科)的种苗	0	0	13	5	千克	AB
03077191	----蛤						
0307719100	活、鲜、冷蛤	14	70	13	5	千克	AB
03077199	----其他						
0307719910	活、鲜、冷砗磲	14	70	13	5	千克	ABEF
0307719920	活、鲜、冷的粗饰蚶	14	70	13	5	千克	ABU
0307719990	活、鲜、冷鸟蛤及舟贝(蚶科、北极蛤科、鸟蛤科、斧蛤科、缝栖蛤科、蛤蜊科中带蛤科、海螂科、双带蛤科、截蛏科、竹蛏科、帘蛤科)	14	70	13	5	千克	AB
03077200	--冻的						
0307720010	冻的砗磲	10	70	13		千克	ABEF
0307720020	冻的粗饰蚶	10	70	13		千克	ABU
0307720090	冻的其他蛤、鸟蛤及舟贝(蚶科、北极蛤科、鸟蛤科、斧蛤科、缝栖蛤科、蛤蜊科、中带蛤科、海螂科、双带蛤科、截蛏科、竹蛏科、帘蛤科)	10	70	13		千克	AB
03077900	--其他						
0307790010	干、盐制的砗磲(包括熏制的带壳或去壳的,不论在熏制前或熏制过程中是否烹煮)	10	70	13		千克	AB
0307790020	干、盐制的粗饰蚶(包括熏制的带壳或去壳的,不论在熏制前或熏制过程中是否烹煮)	10	70	13		千克	AB
0307790090	干、盐制其他蛤、鸟蛤及舟贝(蚶科、北极蛤科、鸟蛤科、斧蛤科、缝栖蛤科、蛤蜊科、中带蛤科、海螂科、双带蛤科、截蛏科、竹蛏科、帘蛤科)(包括熏制的带壳或去壳的,不论在熏制前或熏制过程中是否烹煮)	10	70	13		千克	AB
03078110	---种苗						
0307811000	鲍鱼(鲍属)种苗	0	0	13	5	千克	AB
03078190	---其他						

商品编号	商品名称及备注	进口关税税率(%)		增值税率(%)	出口退税率(%)	计量单位	监管条件
		最惠国	普通				
0307819000	活、鲜、冷的鲍鱼(鲍属)	14	80	13	5	千克	AB
03078210	---种苗						
0307821000	凤螺(凤螺属)种苗	0	0	13		千克	AB
03078290	---其他						
0307829000	活、鲜或冷的其他凤螺(凤螺属)	14	70	13		千克	AB
03078300	--冻的鲍鱼(鲍属)						
0307830000	冻的鲍鱼(鲍属)	10	80	13		千克	AB
03078400	--冻的凤螺(凤螺属)						
0307840000	冻的凤螺(凤螺属)	10	70	13		千克	AB
03078700	--其他鲍鱼(鲍属)						
0307870000	干、盐腌或盐渍的鲍鱼(鲍属)(包括熏制的带壳或去壳的,不论在熏制前或熏制过程中是否烹煮)	10	80	13		千克	AB
03078800	--其他凤螺(凤螺属)						
0307880000	干、盐腌或盐渍的凤螺(凤螺属)(包括熏制的带壳或去壳的,不论在熏制前或熏制过程中是否烹煮)	10	70	13		千克	AB
03079110	---种苗						
0307911010	濒危软体动物的种苗	0	0	13	0	千克	ABEF
0307911090	其他软体动物的种苗	0	0	13	5	千克	AB
03079190	---其他						
0307919010	其他活、鲜、冷的濒危软体动物	14	70	13	0	千克	ABEF
0307919020	活、鲜、冷蚬属	14	70	13	5	千克	ABU
0307919030[暂10]	活、鲜或冷的象拔蚌	14	70	13	5	千克	AB
0307919090	其他活、鲜、冷的软体动物	14	70	13	5	千克	AB
03079200	--冻的						
0307920010	其他冻的濒危软体动物	10	70	13		千克	ABEF
0307920020	冻的蚬属	10	70	13		千克	ABU
0307920090	其他冻的软体动物	10	70	13		千克	AB
03079900	--其他						
0307990010	其他干、盐腌或盐渍的濒危软体动物(包括供人食用的软体动物粉、团粒,甲壳动物除外;包括熏制的带壳或去壳的,不论在熏制前或熏制过程中是否烹煮)	10	70	13	0	千克	ABEF
0307990020	干、盐腌或盐渍蚬属(包括供人食用的软体动物粉、团粒,甲壳动物除外;包括熏制的带壳或去壳的,不论在熏制前或熏制过程中是否烹煮)	10	70	13	13	千克	ABU
0307990090	其他干、盐腌或盐渍软体动物(包括供人食用的软体动物粉、团粒,甲壳动物除外;包括熏制的带壳或去壳的,不论在熏制前或熏制过程中是否烹煮)	10	70	13	13	千克	AB
0308	**不属于甲壳动物及软体动物的水生无脊椎动物,活、鲜、冷、冻、干、盐腌或盐渍的;熏制的不属于甲壳动物及软体动物的水生无脊椎动物,不论在熏制前或熏制过程中是否烹煮;适合供人食用的不属于甲壳动物及软体动物的水生无脊椎动物的细粉、粗粉及团粒**						
03081110	---种苗						
0308111010	暗色刺参的种苗	0	0	13	5	千克	ABEF
0308111090	其他海参(仿刺参、海参纲)的种苗	0	0	13	5	千克	AB
03081190	---其他						
0308119010	活、鲜或冷的暗色刺参	14	70	13	5	千克	ABEF
0308119020	活、鲜或冷的刺参	14	70	13	5	千克	ABU
0308119090	活、鲜或冷的其他海参(仿刺参、海参纲)	14	70	13	5	千克	AB
03081200	--冻的						
0308120010	冻的暗色刺参	10	80	13		千克	ABEF

商品编号	商品名称及备注	进口关税税率(%)		增值税率(%)	出口退税率(%)	计量单位	监管条件
		最惠国	普通				
0308120020	冻的其他刺参	10	80	13		千克	ABU
0308120090	冻的其他海参(仿刺参、海参纲)	10	80	13		千克	AB
03081900	--其他						
0308190010	干、盐腌或盐渍暗色刺参(包括熏制的,不论在熏制前或熏制过程中是否烹煮;适合供人食用的细粉、粗粉及团粒)	10	80	13	13	千克	ABEF
0308190020	干、盐腌或盐渍的其他刺参(包括熏制的,不论在熏制前或熏制过程中是否烹煮;适合供人食用的细粉、粗粉及团粒)	10	80	13	13	千克	ABU
0308190090	干、盐腌或盐渍的其他海参(仿刺参、海参纲)(包括熏制的,不论在熏制前或熏制过程中是否烹煮;适合供人食用的细粉、粗粉及团粒)	10	80	13	13	千克	AB
03082110	---种苗						
0308211000	海胆(球海胆属、拟球海胆、智利海胆、食用正海胆)的种苗	0	0	13	5	千克	AB
03082190	---其他						
0308219010	活、鲜或冷的食用海胆纲	14	70	13	5	千克	ABU
0308219090	其他活、鲜或冷的海胆	14	70	13	5	千克	AB
03082200	--冻的						
0308220010	冻食用海胆纲	10	70	13		千克	ABU
0308220090	其他冻海胆	10	70	13		千克	AB
03082900	--其他						
0308290010	干、盐制食用海胆纲(包括熏制的,不论在熏制前或熏制过程中是否烹煮;适合供人食用的细粉、粗粉及团粒)	10	70	13	13	千克	ABU
0308290090	其他干、盐制海胆(包括熏制的,不论在熏制前或熏制过程中是否烹煮;适合供人食用的细粉、粗粉及团粒)	10	70	13	13	千克	AB
03083011	----种苗						
0308301100	海蜇(海蜇属)的种苗	0	0	13	5	千克	AB
03083019	----其他						
0308301900	活、鲜或冷的海蜇(海蜇属)	14	70	13	5	千克	AB
03083090	---其他						
0308309000	冻、干、盐制海蜇(海蜇属)(包括熏制的,不论在熏制前或熏制过程中是否烹煮;适合供人食用的细粉、粗粉及团粒)	10	70	13	13	千克	AB
03089011	----种苗						
0308901110	其他濒危水生无脊椎动物的种苗	0	0	13	0	千克	ABFE
0308901190	其他水生无脊椎动物的种苗(甲壳动物及软体动物除外)	0	0	13	5	千克	AB
03089012	----沙蚕,种苗除外						
0308901200	活、鲜或冷的沙蚕,种苗除外	14	70	13	5	千克	AB
03089019	----其他						
0308901910	活、鲜或冷的其他濒危水生无脊椎动物(甲壳动物及软体动物除外)	14	70	13	0	千克	ABFE
0308901990	活、鲜或冷的其他水生无脊椎动物(甲壳动物及软体动物除外)	14	70	13	5	千克	AB
03089090	---其他						
0308909010	其他冻、干、盐制濒危水生无脊椎动物,包括供人食用的水生无脊椎动物粉、团粒(包括熏制的,不论在熏制前或熏制过程中是否烹煮)	10	70	13	0	千克	ABFE
0308909090	其他冻、干、盐制水生无脊椎动物,包括供人食用的水生无脊椎动物粉、团粒(包括熏制的,不论在熏制前或熏制过程中是否烹煮)	10	70	13	13	千克	AB

第四章　乳品；蛋品；天然蜂蜜；其他食用动物产品

注释：

一、所称"乳"，是指全脂乳及半脱脂或全脱脂的乳。

二、品目04.05所称：

（一）"黄油"，指从乳中提取的天然黄油，乳清黄油及调制黄油（淡的，加盐或酸败的，包括罐装黄油），按重量计乳脂含量在80%及以上，但不超过95%，乳的无脂固形物最大含量不超过2%，以及水的最大含量不超过16%，黄油中不含添加的乳化剂，但可含有氯化钠、食用色素、中和盐及无害乳酸菌的培养物。

（二）"乳酱"，是一种油包水型可涂抹的乳状物，乳脂是该制品所含的唯一的脂肪，按重量计其含量在39%及以上，但小于80%。

三、乳清经浓缩并加入乳或乳脂制成的产品，若同时具有下列三种特性，则视为乳酪归入品目04.06：

（一）按干重计乳脂含量在5%及以上的；

（二）按重量计干质成分至少为70%，但不超过85%的；

（三）已成形或可以成形的。

四、本章不包括：

（一）按重量计乳糖含量（以干燥无水乳糖计）超过95%的乳清制品（品目17.02）；

（二）以一种物质（例如，油酸酯）代替乳中一种或多种天然成分（例如，丁酸酯）而制得的产品（品目19.01或21.06）；或

（三）白蛋白（包括按重量计干质成分的乳清蛋白含量超过80%的两种或两种以上的乳清蛋白浓缩物）（品目35.02）及球蛋白（品目35.04）。

子目注释：

一、子目0404.10所称"改性乳清"，是指由乳清成分构成的制品，即全部或部分去除乳糖、蛋白或矿物质的乳清、加入天然乳清成分的乳清及由混入天然乳清成分制成的产品。

二、子目0405.10所称"黄油"不包括脱水黄油及印度酥油（子目0405.90）。

商品编号	商品名称及备注	进口关税税率(%)		增值税率(%)	出口退税率(%)	计量单位	监管条件
		最惠国	普通				
0401	**未浓缩及未加糖或其他甜物质的乳及奶油**						
04011000	-按重量计脂肪含量≤1%						
0401100000	脂肪含量≤1%未浓缩的乳及奶油（脂肪含量按重量计，本编号货品不得加糖和其他甜物质）	15	40	17	5	千克	7AB
04012000	-按重量计1%<脂肪含量≤6%						
0401200000	1%<脂肪含量≤6%的未浓缩的乳及奶油（脂肪含量按重量计，本编号货品不得加糖和其他甜物质）	15	40	17	5	千克	7AB
04014000	-按重量计6%<脂肪含量≤10%						
0401400000	6%<脂肪含量≤10%的未浓缩的乳及奶油（脂肪含量按重量计，本编号货品不得加糖和其他甜物质）	15	40	17	5	千克	7AB
04015000	-按重量计脂肪含量>10%						
0401500000	脂肪含量>10%未浓缩的乳及奶油（脂肪含量按重量计，本编号货品不得加糖和其他甜物质）	15	40	17	5	千克	7AB
0402	**浓缩、加糖或其他甜物质的乳及奶油**						
04021000	-粉状、粒状或其他固体形状，按重量计脂肪含量≤1.5%						
0402100000	脂肪含量≤1.5%固状乳及奶油（指粉状、粒状或其他固体状态，浓缩，加糖或其他甜物质）	10	40	17	15	千克	7AB
04022100	--未加糖或其他甜物质						
0402210000	脂肪含量>1.5%未加糖固状乳及奶油（指粉状、粒状或其他固体状态，浓缩，未加糖或其他甜物质）	10	40	17	15	千克	7AB
04022900	--其他						
0402290000	脂肪含量>1.5%的加糖固状乳及奶油（指粉状、粒状或其他固体状态，浓缩，加糖或其他甜物质）	10	40	17	15	千克	7AB
04029100	--未加糖或其他甜物质						
0402910000	浓缩但未加糖的非固状乳及奶油（未加其他甜物质）	10	90	17	5	千克	AB
04029900	--其他						

商品编号	商品名称及备注	进口关税税率(%)		增值税率(%)	出口退税率(%)	计量单位	监管条件
		最惠国	普通				
0402990000	浓缩并已加糖的非固状乳及奶油(加其他甜物质)	10	90	17	5	千克	AB
0403	**酪乳、结块的乳及奶油、酸乳、酸乳酒及其他发酵或酸化的乳和奶油,不论是否浓缩、加糖、加其他甜物质、加香料、加水果、加坚果或加可可**						
04031000	-酸乳						
0403100000	酸乳	10	90	17	15	千克	AB
04039000	-其他						
0403900000	酪乳及其他发酵或酸化的乳及奶油(不论是否浓缩,加糖或其他甜物质、香料、水果等)	20	90	17	15	千克	AB
0404	**乳清,不论是否浓缩、加糖或其他甜物质;其他税号未列名的含天然乳的产品,不论是否加糖或其他甜物质**						
04041000	-乳清及改性乳清,不论是否浓缩、加糖或其他甜物质						
0404100000[暂2]	乳清及改性乳清(不论是否浓缩、加糖或其他甜物质)	6	30	17	15	千克	AB
04049000	-其他						
0404900000	其他编号未列名的含天然乳的产品(不论是否浓缩、加糖或其他甜物质)	20	90	17	15	千克	AB
0405	**黄油及其他从乳中提取的脂和油;乳酱**						
04051000	-黄油						
0405100000	黄油	10	90	17	15	千克	AB
04052000	-乳酱						
0405200000	乳酱	10	90	17	15	千克	AB
04059000	-其他						
0405900000	其他从乳中提取的脂和油	10	90	17	15	千克	AB
0406	**乳酪及凝乳**						
04061000	-鲜乳酪(未熟化或未固化的),包括乳清乳酪、凝乳						
0406100000	鲜乳酪(未熟化或未固化的)(包括乳清乳酪、凝乳)	12	90	17	15	千克	AB
04062000	-各种磨碎或粉化的乳酪						
0406200000	各种磨碎或粉化的乳酪	12	90	17	15	千克	AB
04063000	-经加工的乳酪,但磨碎或粉化的除外						
0406300000	经加工的乳酪(但磨碎或粉化的除外)	12	90	17	15	千克	AB
04064000	-蓝纹乳酪和娄地青霉生产的带有纹理的其他乳酪						
0406400000	蓝纹乳酪和娄地青霉生产的带有纹理的其他乳酪	15	90	17	15	千克	AB
04069000	-其他乳酪						
0406900000	其他乳酪	12	90	17	15	千克	AB
0407	**带壳禽蛋,鲜、腌制或煮过的**						
04071100	--鸡的						
0407110010	孵化用受精的濒危鸡的蛋	0	0	13	0	千克/个	AFEB
0407110090	孵化用受精的其他鸡的蛋	0	0	13	5	千克/个	AB
04071900	--其他						
0407190010	其他孵化用受精濒危禽蛋	0	0	13	0	千克/个	AFEB
0407190090	其他孵化用受精禽蛋	0	0	13	5	千克/个	AB
04072100	--鸡的						
0407210000	其他带壳的鸡的鲜蛋	20	80	13	5	千克/个	AB
04072900	--其他						
0407290010	其他鲜的带壳濒危禽蛋	20	80	13	0	千克/个	ABFE
0407290090	其他鲜的带壳禽蛋	20	80	13	5	千克/个	AB
04079010	---咸蛋						
0407901000	带壳咸蛋	20	90	13	5	千克/个	AB

商品编号	商品名称及备注	进口关税税率(%)		增值税率(%)	出口退税率(%)	计量单位	监管条件
		最惠国	普通				
04079020	---皮蛋						
0407902000	带壳皮蛋	20	90	13	5	千克/个	AB
04079090	---其他						
0407909010	其他腌制或煮过的带壳濒危野鸟蛋	20	90	13	0	千克/个	ABFE
0407909090	其他腌制或煮过的带壳禽蛋	20	90	13	5	千克/个	AB
0408	**去壳禽蛋及蛋黄,鲜、干、冻、蒸过或水煮、制成型或用其他方法保藏的,不论是否加糖或其他甜物质**						
04081100	--干的						
0408110000	干蛋黄	20	90	13	5	千克	AB
04081900	--其他						
0408190000	其他蛋黄	20	90	13	5	千克	AB
04089100	--干的						
0408910000	干的其他去壳禽蛋	20	90	13	5	千克	AB
04089900	--其他						
0408990000	其他去壳禽蛋	20	90	13	5	千克	AB
0409	**天然蜂蜜**						
04090000	天然蜂蜜						
0409000000	天然蜂蜜	15	80	13	5	千克	AB
0410	**其他编号未列名的食用动物产品**						
04100010	---燕窝						
0410001000	燕窝	25	80	17	5	千克	AB
04100041	----鲜蜂王浆						
0410004100	鲜蜂王浆	15	70	13	5	千克	AB
04100042	----鲜蜂王浆粉						
0410004200	鲜蜂王浆粉	15	70	17	5	千克	AB
04100043	----蜂花粉						
0410004300	蜂花粉	20	70	17	5	千克	AB
04100049	----其他						
0410004900	其他蜂产品	20	70	17	5	千克	AB
04100090	---其他						
0410009010	其他编号未列名濒危野生动物产品(食用)	20	70	17	0	千克	ABFE
0410009090	其他编号未列名的食用动物产品	20	70	17	5	千克	AB

第五章　其他动物产品

注释：

一、本章不包括：

（一）食用产品（整个或切块的动物肠、膀胱和胃，以及液态或干制的动物血除外）；

（二）生皮或毛皮（第四十一章、第四十三章），但品目05.05的货品及品目05.11的生皮或毛皮的边角废料仍归入本章；

（三）马毛及废马毛以外的动物纺织原料（第十一类）；

（四）供制帚、制刷用的成束、成簇的材料（品目96.03）。

二、仅按长度而未按发根和发梢整理的人发，视为未加工品，归入品目05.01。

三、本手册所称"兽牙"，是指象、河马、海象、一角鲸和野猪的长牙、犀角及其他动物的牙齿。

四、本协调制度所称"马毛"，是指马科、牛科动物的鬃毛和尾毛。品目05.11主要包括马毛及废马毛，不论是否制成带衬垫或不带衬垫的毛片。

商品编号	商品名称及备注	进口关税税率（%）		增值税率（%）	出口退税率（%）	计量单位	监管条件
		最惠国	普通				
0501	**未经加工的人发，不论是否洗涤；废人发**						
05010000	未经加工的人发，不论是否洗涤；废人发						
0501000000	未经加工的人发；废人发（不论是否洗涤）	15	90	17	15	千克	9B
0502	**猪鬃、猪毛；獾毛及其他制刷用兽毛；上述鬃毛的废料**						
05021010	---猪鬃						
0502101000	猪鬃	20	90	13	5	千克	AB
05021020	---猪毛						
0502102000	猪毛	20	90	13	5	千克	AB
05021030	---废料						
0502103000	猪鬃或猪毛的废料	20	90	13	5	千克	9B
05029011	----山羊毛						
0502901100	山羊毛	20	90	13	5	千克	AB
05029012	----黄鼠狼尾毛						
0502901200	黄鼠狼尾毛	20	90	13	5	千克	ABEF
05029019	----其他						
0502901910	濒危獾毛及其他制刷用濒危兽毛	20	90	13	0	千克	ABFE
0502901990	其他獾毛及其他制刷用兽毛	20	90	13	5	千克	AB
05029020	---废料						
0502902010	濒危獾毛及其他制刷濒危兽毛废料	20	90	13	0	千克	BEF
0502902090	其他獾毛及其他制刷用兽毛的废料	20	90	13	5	千克	9B
0504	**整个或切块的动物（鱼除外）的肠、膀胱及胃，鲜、冷、冻、干、熏、盐腌或盐渍的**						
05040011	----盐渍猪肠衣（猪大肠头除外）						
0504001100	整个或切块盐渍的猪肠衣（猪大肠头除外）	20	90	13	13	千克	AB
05040012	----盐渍绵羊肠衣						
0504001200	整个或切块盐渍的绵羊肠衣	18	90	13	13	千克	AB
05040013	----盐渍山羊肠衣						
0504001300	整个或切块盐渍的山羊肠衣	18	90	13	13	千克	AB
05040014	----盐渍猪大肠头						
0504001400	整个或切块盐渍的猪大肠头	20	90	13	13	千克	AB
05040019	----其他						
0504001900	整个或切块的其他动物肠衣（包括鲜、冷、冻、干、熏、盐腌或盐渍的，鱼除外）	18	90	13	13	千克	AB
05040021	----冷、冻的鸡胗						
0504002100	冷、冻的鸡肫（即鸡胃）	见附表2	见附表2	13	5	千克	7AB

商品编号	商品名称及备注	进口关税税率(%)		增值税率(%)	出口退税率(%)	计量单位	监管条件
		最惠国	普通				
05040029	----其他						
0504002900	整个或切块的其他动物的胃(包括鲜、冷、冻、干、熏、盐腌或盐渍的,鱼除外)	20	90	13	5	千克	AB
05040090	---其他						
0504009000	整个或切块的其他动物肠、膀胱(包括鲜、冷、冻、干、熏、盐腌或盐渍的,鱼除外)	20	80	13	5	千克	AB
0505	**带有羽毛或羽绒的鸟皮及鸟体其他部分;羽毛及不完整羽毛(不论是否修边)、羽绒,仅经洗涤、消毒或为了保藏而作过处理,但未经进一步加工;羽毛或不完整羽毛的粉末及废料**						
05051000	-填充用羽毛;羽绒						
0505100010[暂2]	填充用濒危野生禽类羽毛、羽绒(仅经洗涤、消毒等处理,未进一步加工)	10	100	13	0	千克	ABFE
0505100090[暂2]	其他填充用羽毛、羽绒(仅经洗涤、消毒等处理,未进一步加工)	10	100	13	5	千克	AB
05059010	---羽毛或不完整羽毛的粉末及废料						
0505901000	羽毛或不完整羽毛的粉末及废料	10	35	13	5	千克	9AB
05059090	---其他						
0505909010	其他濒危野生禽类羽毛、羽绒(包括带有羽毛或羽绒的鸟皮及鸟体的其他部分)	10	90	13	0	千克	AFEB
0505909090	其他羽毛,羽绒(包括带有羽毛或羽绒的鸟皮及鸟体的其他部分)	10	90	13	0	千克	AB
0506	**骨及角柱,未经加工或经脱脂、简单整理(但未切割成形)、酸处理或脱胶;上述产品的粉末及废料**						
05061000	-经酸处理的骨胶原及骨						
0506100000	经酸处理的骨胶原及骨	12	50	17	0	千克	AB
05069011	----含牛羊成分的						
0506901110	含牛羊成分的骨废料(未经加工或仅经脱脂等加工的)	12	35	17	0	千克	9AB
0506901190	含牛羊成分的骨粉(未经加工或仅经脱脂等加工的)	12	35	17	0	千克	AB
05069019	----其他						
0506901910	其他骨废料(未经加工或仅经脱脂等加工的)	12	35	17	0	千克	9AB
0506901990	其他骨粉(未经加工或仅经脱脂等加工的)	12	35	17	0	千克	AB
05069090	---其他						
0506909011[暂12]	已脱胶的虎骨(指未经加工或经脱脂等加工的)	12	50	13	0	千克	89
0506909019	未脱胶的虎骨(指未经加工或经脱脂等加工的)	12	50	13	0	千克	89
0506909021[暂12]	已脱胶的豹骨(指未经加工或经脱脂等加工的)	12	50	13	0	千克	ABFE
0506909029	未脱胶的豹骨(指未经加工或经脱脂等加工的)	12	50	13	0	千克	ABFE
0506909031[暂12]	已脱胶的濒危野生动物的骨及角柱(不包括虎骨、豹骨,指未经加工或经脱脂等加工的)	12	50	13	0	千克	AFEB
0506909039	未脱胶的濒危野生动物的骨及角柱(不包括虎骨、豹骨,指未经加工或经脱脂等加工的)	12	50	13	0	千克	AFEB
0506909091[暂12]	已脱胶的其他骨及角柱(不包括虎骨、豹骨,指未经加工或经脱脂等加工的)	12	50	13	0	千克	AB
0506909099	未脱胶的其他骨及角柱(不包括虎骨、豹骨,指未经加工或经脱脂等加工的)	12	50	13	0	千克	AB
0507	**兽牙、龟壳、鲸须、鲸须毛、角、鹿角、蹄、甲、爪及喙,未经加工或仅简单整理但未切割成形;上述产品的粉末及废料**						
05071000	-兽牙;兽牙粉末及废料						
0507100010	犀牛角	10	30	13	5	千克	89
0507100020	其他濒危野生兽牙、兽牙粉末及废料	10	30	13	0	千克	AFEB
0507100030	其他兽牙	10	30	13	5	千克	AB
0507100090	其他兽牙粉末及废料	10	30	13	5	千克	9AB
05079010	---羚羊角及其粉末和废料						
0507901000	羚羊角及其粉末和废料	3	14	13	5	千克	ABFE
05079020	---鹿茸及其粉末						
0507902000	鹿茸及其粉末	11	30	13	5	千克	ABFE
05079090	---其他						

商品编号	商品名称及备注	进口关税税率(%)		增值税率(%)	出口退税率(%)	计量单位	监管条件
		最惠国	普通				
0507909000	龟壳、鲸须、鲸须毛、鹿角及其他角(包括蹄、甲、爪及喙及其粉末和废料)	10	50	13	5	千克	AFEB
0508	**珊瑚及类似品,未经加工或仅简单整理但未经进一步加工;软体动物壳、甲壳动物壳、棘皮动物壳、墨鱼骨,未经加工或仅简单整理但未切割成形,上述壳、骨的粉末及废料**						
05080010	---粉末及废料						
0508001010	濒危珊瑚及濒危水产品的粉末、废料(包括介、贝、棘皮动物壳,不包括墨鱼骨的粉末、废料)	12	35	13	0	千克	AFEB
0508001090	其他水产品壳、骨的粉末及废料(包括介、贝壳,棘皮动物壳,墨鱼骨的粉末及废料)	12	35	13	5	千克	AB
05080090	---其他						
0508009010	濒危珊瑚及濒危水产品的壳、骨(包括介、贝、棘皮动物的壳,不包括墨鱼骨)	12	50	13	0	千克	AFEB
0508009090	其他水产品的壳、骨(包括介、贝、棘皮动物的壳,墨鱼骨)	12	50	13	5	千克	AB
0510	**龙涎香、海狸香、灵猫香及麝香;斑蝥;胆汁,不论是否干制;供配制药用的腺体及其他动物产品,鲜、冷、冻或用其他方法暂时保藏的**						
05100010	---黄药						
0510001010	牛黄	3	14	13	5	千克	8A
0510001020	猴枣	3	14	13	5	千克	QAFEB
0510001090	其他黄药(不包括牛黄)	3	14	13	5	千克	AFEB
05100020	---龙涎香、海狸香、灵猫香						
0510002010	海狸香、灵猫香	7	50	13	5	千克	AFEB
0510002020	龙涎香	7	50	13	5	千克	AB
05100030	---麝香						
0510003000	麝香	7	20	13	0	千克	8AF
05100040	---斑蝥						
0510004000	斑蝥	7	50	13	5	千克	QAB
05100090	---其他						
0510009010	其他濒危野生动物胆汁及其他产品(不论是否干制;鲜、冷、冻或用其他方法暂时保藏的)	6	20	13	0	千克	AFEB
0510009090	胆汁,配药用腺体及其他动物产品(不论是否干制;鲜、冷、冻或用其他方法暂时保藏的)	6	20	13	5	千克	AB
0511	**其他编号未列名的动物产品;不适合供人食用的第一章或第三章的死动物**						
05111000	-牛的精液						
0511100010	濒危野生牛的精液	0	0	13	0	千克	ABFE
0511100090	其他牛的精液	0	0	13	5	千克	AB
05119111	----受精鱼卵						
0511911110[暂0]	濒危鱼的受精卵	12	35	13	0	千克	ABFE
0511911190[暂0]	其他受精鱼卵	12	35	13	5	千克	AB
05119119	----其他						
0511911910	濒危鱼的非食用产品(包括鱼肚)	12	35	13	0	千克	ABFE
0511911990	其他鱼的非食用产品(包括鱼肚)	12	35	13	5	千克	AB
05119190	---其他						
0511919010	濒危水生无脊椎动物产品(包括甲壳动物、软体动物、第三章的死动物)	12	35	13	0	千克	ABFE
0511919090	其他水生无脊椎动物产品(包括甲壳动物、软体动物、第三章的死动物)	12	35	13	5	千克	AB
05119910	---动物精液(牛的精液除外)						
0511991010	濒危野生动物精液(牛的精液除外)	0	0	13	0	千克	AFEB
0511991090	其他动物精液(牛的精液除外)	0	0	13	5	千克	AB
05119920	---动物胚胎						
0511992010	濒危野生动物胚胎	0	0	13	0	千克	AFEB
0511992090	其他动物胚胎	0	0	13	5	千克	AB

商品编号	商品名称及备注	进口关税税率(%)		增值税率(%)	出口退税率(%)	计量单位	监管条件
		最惠国	普通				
05119930	---蚕种						
0511993000	蚕种	0	0	13	5	千克	AB
05119940	---马毛及废马毛,不论是否制成有或无衬垫的毛片						
0511994010	废马毛(不论是否制成有或无衬垫的毛片)	15	90	13	5	千克	9B
0511994090	其他马毛(不论是否制成有或无衬垫的毛片)	15	90	13	5	千克	AB
05119990	---其他						
0511999010	其他编号未列名濒危野生动物产品(包括不适合供人食用的第一章的死动物)	12	35	13	0	千克	AFEB
0511999090	其他编号未列名的动物产品(包括不适合供人食用的第一章的死动物)	12	35	13	5	千克	AB

第二类　植物产品

注释：

一、本类所称"团粒"，是指直接挤压或加入按重量计比例不超过3%的黏合剂制成的粒状产品。

第六章　活树及其他活植物；鳞茎、根及类似品；插花及装饰用簇叶

注释：

一、除品目06.01的菊苣植物及其根以外，本章只包括通常由苗圃或花店供应为种植或装饰用的活树及其他货品（包括植物秧苗）；但不包括马铃薯、洋葱、青葱、大蒜及其他第七章的产品。

二、品目06.03、06.04的各种货品，包括全部或部分用这些货品制成的花束、花篮、花圈及类似品，不论是否有其他材料制成的附件。但这些货品不包括品目97.01的拼贴画或类似的装饰板。

商品编号	商品名称及备注	进口关税税率(%)		增值税率(%)	出口退税率(%)	计量单位	监管条件
		最惠国	普通				
0601	**鳞茎、块茎、块根、球茎、根颈及根茎，休眠、生长或开花的；菊苣植物及其根，但品目12.12的根除外**						
06011010	---番红花球茎						
0601101000	休眠的番红花球茎	4	14	13	5	个/千克	AB
06011021	----种用						
0601102100	种用休眠的百合球茎	0	0	13	0	个/千克	AB
06011029	----其他						
0601102900	其他休眠的百合球茎	5	40	13	0	个/千克	AB
06011091	----种用						
0601109110	种用休眠的兰花块茎(包括球茎、根颈及根茎)	0	0	13	5	个/千克	AFEB
0601109191	种用休眠其他濒危植物鳞茎等(包括球茎、根颈、根茎、鳞茎、块茎、块根)	0	0	13	0	个/千克	ABFE
0601109199	种用休眠的其他鳞茎、块茎、块根(包括球茎、根颈及根茎)	0	0	13	5	个/千克	AB
06011099	----其他						
0601109910	其他休眠的兰花块茎(包括球茎、根颈及根茎)	5	40	13	5	个/千克	AFEB
0601109991	其他休眠濒危植物鳞茎等(包括球茎、根颈、根茎、鳞茎、块茎、块根)	5	40	13	0	个/千克	AFEB
0601109999	其他休眠的其他鳞茎、块茎、块根(包括球茎、根颈及根茎)	5	40	13	5	个/千克	AB
06012000	-生长或开花的鳞茎、块茎、块根、球茎、根颈及根茎；菊苣植物及其根						
0601200010	生长或开花的兰花块茎(包括球茎、根颈及根茎)	15	80	13	5	个/千克	AFEB
0601200020	生长或开花的仙客来鳞茎	15	80	13	5	个/千克	AFEB
0601200091	生长或开花的其他濒危植物鳞茎等(包括球茎、根颈、根茎、鳞茎、块茎、块根、菊苣植物)	15	80	13	0	个/千克	AFEB
0601200099	生长或开花的其他鳞茎及菊苣植物(包括块茎、块根、球茎、根颈及根茎，品目12.12的根除外)	15	80	13	5	个/千克	AB
0602	**其他活植物(包括其根)、插枝及接穗；蘑菇菌丝**						
06021000	-无根插枝及接穗						
0602100010	濒危植物的无根插枝及接穗	0	0	13	0	株/千克	ABFE
0602100090	其他无根插枝及接穗	0	0	13	5	株/千克	AB
06022010	---种用苗木						
0602201000	食用水果及坚果树的种用苗木(包括食用果灌木种用苗木)	0	0	13	0	株/千克	AB

商品编号	商品名称及备注	进口关税税率(%)		增值税率(%)	出口退税率(%)	计量单位	监管条件
		最惠国	普通				
06022090	---其他						
0602209000	其他食用水果、坚果树及灌木(不论是否嫁接)	10	80	13	5	株/千克	AB
06023010	---种用						
0602301000	种用杜鹃(不论是否嫁接)	0	0	13	5	株/千克	AB
06023090	---其他						
0602309000	其他杜鹃(不论是否嫁接)	15	80	13	5	株/千克	AB
06024010	---种用						
0602401000	种用玫瑰(不论是否嫁接)	0	0	13	5	株/千克	AB
06024090	---其他						
0602409000	其他玫瑰(不论是否嫁接)	15	80	13	5	株/千克	AB
06029010	---蘑菇菌丝						
0602901000	蘑菇菌丝	0	0	13	5	千克	AB
06029091	----种用苗木						
0602909110	种用兰花	0	0	13	0	株/千克	AFEB
0602909120	种用红豆杉苗木	0	0	13	0	株/千克	AFEB
0602909191	其他濒危植物种用苗木	0	0	13	0	株/千克	AFEB
0602909199	其他种用苗木	0	0	13	0	株/千克	AB
06029092	----兰花						
0602909200	其他兰花(种用除外)	10	80	13	5	株/千克	ABFE
06029093	----菊花						
0602909300	其他菊花(种用除外)	10	80	13	0	株/千克	AB
06029094	----百合						
0602909410	芦荟(种用除外)	10	80	13	5	株/千克	ABEFQ
0602909490	其他百合(种用除外)	10	80	13	0	株/千克	AB
06029095	----康乃馨						
0602909500	其他康乃馨(种用除外)	10	80	13	5	株/千克	AB
06029099	----其他						
0602909910	苏铁(铁树)类	10	80	13	5	株/千克	ABFE
0602909920	仙人掌(包括仙人球、仙人柱、仙人指)	10	80	13	5	株/千克	ABFE
0602909930	红豆杉(种用除外)	10	80	13	0	株/千克	ABFE
0602909991	其他濒危活植物(种用除外)	10	80	13	0	株/千克	AFEB
0602909999	其他活植物(种用除外)	10	80	13	5	株/千克	AB
0603	**制花束或装饰用的插花及花蕾,鲜、干、染色、漂白、浸渍或用其他方法处理的**						
06031100	--玫瑰						
0603110000	鲜的玫瑰(制花束或装饰用的)	10	100	13	5	千克/枝	AB
06031200	--康乃馨						
0603120000	鲜的康乃馨(制花束或装饰用的)	10	100	13	5	千克/枝	AB
06031300	--兰花						
0603130000	鲜的兰花(制花束或装饰用的)	10	100	13	5	千克/枝	ABEF
06031400	--菊花						
0603140000	鲜的菊花(制花束或装饰用的)	10	100	13	5	千克/枝	AB
06031500	--百合花(百合属)						
0603150000	鲜的百合花(百合属)(制花束或装饰用的)	10	100	13	5	千克/枝	AB
06031900	--其他						
0603190010	鲜的濒危植物插花及花蕾(制花束或装饰用的)	10	100	13	0	千克/枝	ABFE
0603190090	其他鲜的插花及花蕾(制花束或装饰用的)	10	100	13	5	千克/枝	AB

商品编号	商品名称及备注	进口关税税率(%)		增值税率(%)	出口退税率(%)	计量单位	监管条件
		最惠国	普通				
06039000	-其他						
0603900010	干或染色等加工濒危植物插花及花蕾(制花束或装饰用的,鲜的除外)	23	100	17	0	千克/枝	ABFE
0603900090	其他干或染色等加工的插花及花蕾(制花束或装饰用的,鲜的除外)	23	100	17	5	千克/枝	AB
0604	**制花束或装饰用的不带花及花蕾的植物枝、叶或其他部分,草、苔藓及地衣,鲜、干、染色、漂白、浸渍或用其他方法处理的**						
06042010	---苔藓及地衣						
0604201000	鲜的苔藓及地衣	23	100	13	5	千克	AB
06042090	---其他						
0604209010	其他鲜濒危植物枝、叶或其他部分,草(枝、叶或其他部分是指制花束或装饰用并且不带花及花蕾)	10	100	13	0	千克	ABFE
0604209090	其他鲜植物枝、叶或其他部分,草(枝、叶或其他部分是指制花束或装饰用并且不带花及花蕾)	10	100	13	5	千克	AB
06049010	---苔藓及地衣						
0604901000	其他苔藓及地衣	23	100	13	5	千克	AB
06049090	---其他						
0604909010	其他染色或经加工濒危植物枝、叶或其他部分,草等(枝、叶或其他部分是指制花束或装饰用并且不带花及花蕾)	10	100	17	0	千克	ABFE
0604909090	其他染色或加工的植物枝、叶或其他部分,草(枝、叶或其他部分是指制花束或装饰用并且不带花及花蕾)	10	100	17	5	千克	AB

第七章　食用蔬菜、根及块茎

注释：

一、本章不包括品目12.14的草料。

二、品目07.09、07.10、07.11及07.12所称"蔬菜"，包括食用的蘑菇、块菌、油橄榄、刺山柑、菜葫芦、南瓜、茄子、甜玉米、辣椒、茴香菜、欧芹、细叶芹、龙蒿、水芹、甜菜乔栾那。

三、品目07.12包括干制的归入品目07.01至07.11的各种蔬菜，但下列各项除外：

（一）作蔬菜用的脱荚干豆（品目07.13）；

（二）品目11.02至11.04所列形状的甜玉米；

（三）马铃薯细粉、粗粉、粉末、粉片、颗粒及团粒（品目11.05）；

（四）用品目07.13的干豆制成的细粉、粗粉及粉末（品目11.06）。

四、本章不包括辣椒干及辣椒粉（品目09.04）。

商品编号	商品名称及备注	进口关税税率(%)		增值税率(%)	出口退税率(%)	计量单位	监管条件
		最惠国	普通				
0701	**鲜或冷藏的马铃薯**						
07011000	-种用						
0701100000	种用马铃薯	13	70	13	0	千克	AB
07019000	-其他						
0701900000	其他鲜或冷藏的马铃薯	13	70	13	0	千克	AB
0702	**鲜或冷藏的番茄**						
07020000	鲜或冷藏的番茄						
0702000000	鲜或冷藏的番茄	13	70	13	0	千克	AB
0703	**鲜或冷藏的洋葱、青葱、大蒜、韭葱及其他葱属蔬菜**						
07031010	---洋葱						
0703101000	鲜或冷藏的洋葱	13	70	13	0	千克	AB
07031020	---青葱						
0703102000	鲜或冷藏的青葱	13	70	13	0	千克	AB
07032010	---蒜头						
0703201000	鲜或冷藏的蒜头	13	70	13	0	千克	AB
07032020	---蒜薹及蒜苗(青蒜)						
0703202000	鲜或冷藏的蒜薹及蒜苗(包括青蒜)	13	70	13	0	千克	AB
07032090	---其他						
0703209000	鲜或冷藏的其他大蒜(包括切片、切碎、切丝、捣碎、磨碎、去皮等)	13	70	13	0	千克	AB
07039010	---韭葱						
0703901000	鲜或冷藏的韭葱	13	70	13	0	千克	AB
07039020	---大葱						
0703902000	鲜或冷藏的大葱	13	70	13	0	千克	AB
07039090	---其他						
0703909000	鲜或冷藏的其他葱属蔬菜	13	70	13	0	千克	AB
0704	**鲜或冷藏的卷心菜、菜花、球茎甘蓝、羽衣甘蓝及类似的食用芥菜类蔬菜**						
07041000	-菜花及硬花甘蓝						
0704100001	鲜、冷硬花甘蓝	10	70	13	0	千克	AB
0704100002	鲜、冷花椰菜(花椰菜也叫菜花)	10	70	13	0	千克	AB
07042000	-抱子甘蓝						
0704200000	鲜或冷藏的抱子甘蓝	13	70	13	0	千克	AB
07049010	---卷心菜						
0704901000	鲜或冷藏的卷心菜(学名结球甘蓝，又名圆白菜、洋白菜，属十字花科芸薹属甘蓝变种)	13	70	13	0	千克	AB

商品编号	商品名称及备注	进口关税税率(%)		增值税率(%)	出口退税率(%)	计量单位	监管条件
		最惠国	普通				
07049020	---西兰花						
0704902000	鲜或冷藏的西兰花(西兰花,又称青花菜、绿菜花,属十字花科芸薹属甘蓝变种)	13	70	13	0	千克	AB
07049090	---其他						
0704909001	鲜、冷其他甘蓝	13	70	13	0	千克	AB
0704909090	鲜或冷藏的其他食用芥菜类蔬菜	13	70	13	0	千克	AB
0705	**鲜或冷藏的莴苣及菊苣**						
07051100	--结球莴苣(包心生菜)						
0705110000	鲜或冷藏的结球莴苣(包心生菜)	10	70	13	0	千克	AB
07051900	--其他						
0705190000	鲜或冷藏的其他莴苣	10	70	13	0	千克	AB
07052100	--维特罗夫菊苣						
0705210000	鲜或冷藏的维特罗夫菊苣	13	70	13	0	千克	AB
07052900	--其他						
0705290000	鲜或冷藏的其他菊苣	13	70	13	0	千克	AB
0706	**鲜或冷藏的胡萝卜、萝卜、色拉甜菜根、婆罗门参、块根芹、小萝卜及类似的食用根茎**						
07061000	-胡萝卜及萝卜						
0706100001	鲜、冷胡萝卜	13	70	13	0	千克	AB
0706100090	鲜或冷藏的萝卜	13	70	13	0	千克	AB
07069000	-其他						
0706900000	鲜或冷藏的小萝卜及类似食用根茎(包括色拉甜菜根、婆罗门参、块根芹)	13	70	13	0	千克	AB
0707	**鲜或冷藏的黄瓜及小黄瓜**						
07070000	鲜或冷藏的黄瓜及小黄瓜						
0707000000	鲜或冷藏的黄瓜及小黄瓜	13	70	13	0	千克	AB
0708	**鲜或冷藏的豆类蔬菜,不论是否脱荚**						
07081000	-豌豆						
0708100000	鲜或冷藏的豌豆(不论是否脱荚)	13	70	13	0	千克	AB
07082000	-豇豆属及菜豆属						
0708200000	鲜或冷藏的豇豆及菜豆(不论是否脱荚)	13	70	13	0	千克	AB
07089000	-其他豆类蔬菜						
0708900000	鲜或冷藏的其他豆类蔬菜(不论是否脱荚)	13	70	13	0	千克	AB
0709	**鲜或冷藏的其他蔬菜**						
07092000	-芦笋						
0709200000	鲜或冷藏的芦笋	13	70	13	0	千克	AB
07093000	-茄子						
0709300000	鲜或冷藏的茄子	13	70	13	0	千克	AB
07094000	-芹菜,但块根芹除外						
0709400000	鲜或冷藏的芹菜(块根芹除外)	10	70	13	0	千克	AB
07095100	--伞菌属蘑菇						
0709510000	鲜或冷藏的伞菌属蘑菇	13	90	13	0	千克	AB
07095910	---松茸						
0709591000	鲜或冷藏的松茸	13	90	13	0	千克	ABE
07095920	---香菇						
0709592000	鲜或冷藏的香菇	13	90	13	0	千克	AB
07095930	---金针菇						
0709593000	鲜或冷藏的金针菇	13	90	13	0	千克	AB
07095940	---草菇						

商品编号	商品名称及备注	进口关税税率(%)		增值税率(%)	出口退税率(%)	计量单位	监管条件
		最惠国	普通				
0709594000	鲜或冷藏的草菇	13	90	13	0	千克	AB
07095950	---口蘑						
0709595000	鲜或冷藏的口蘑	13	90	13	0	千克	AB
07095960	---块菌						
0709596000	鲜或冷藏的块菌	13	90	13	5	千克	AB
07095990	---其他						
0709599000	鲜或冷藏的其他蘑菇	13	90	13	0	千克	AB
07096000	-辣椒,包括甜椒						
0709600000	鲜或冷藏的辣椒(包括甜椒)	13	70	13	0	千克	AB
07097000	-菠菜						
0709700000	鲜或冷藏的菠菜	13	70	13	0	千克	AB
07099100	--洋蓟						
0709910000	鲜或冷藏的洋蓟	13	70	13	5	千克	AB
07099200	--油橄榄						
0709920000	鲜或冷藏的油橄榄	13	70	13	5	千克	AB
07099300	--南瓜、笋瓜及瓠瓜(南瓜属)						
0709930000	鲜或冷藏的南瓜、笋瓜及瓠瓜(南瓜属)	13	70	13	0	千克	AB
07099910	---竹笋						
0709991010	鲜或冷藏的酸竹笋	13	70	13	0	千克	ABE
0709991090	鲜或冷藏的其他竹笋	13	70	13	0	千克	AB
07099990	---其他						
0709999001	鲜或冷藏的丝瓜	13	70	13	0	千克	AB
0709999002	鲜或冷藏的青江菜	13	70	13	0	千克	AB
0709999003	鲜或冷藏的小白菜	13	70	13	0	千克	AB
0709999004	鲜或冷藏的苦瓜	13	70	13	0	千克	AB
0709999005	鲜或冷藏的山葵	13	70	13	0	千克	AB
0709999010	鲜或冷藏的莼菜	13	70	13	0	千克	ABE
0709999090	鲜或冷藏的其他蔬菜	13	70	13	0	千克	AB
0710	**冷冻蔬菜(不论是否蒸煮)**						
07101000	-马铃薯						
0710100000	冷冻马铃薯(不论是否蒸煮)	13	70	13	0	千克	AB
07102100	--豌豆						
0710210000	冷冻豌豆(不论是否蒸煮)	13	70	13	0	千克	AB
07102210	---红小豆(赤豆)						
0710221000	冷冻的红小豆(赤豆)(不论是否蒸煮)	13	70	13	0	千克	AB
07102290	---其他						
0710229000	冷冻豇豆及菜豆(不论是否蒸煮)	13	70	13	0	千克	AB
07102900	--其他						
0710290000	冷冻其他豆类蔬菜(不论是否蒸煮)	13	70	13	0	千克	AB
07103000	-菠菜						
0710300000	冷冻菠菜(不论是否蒸煮)	13	70	13	0	千克	AB
07104000	-甜玉米						
0710400000	冷冻甜玉米(不论是否蒸煮)	10	70	13	0	千克	AB
07108010	---松茸						
0710801000	冷冻松茸(不论是否蒸煮)	13	70	13	0	千克	ABE
07108020	---蒜薹及蒜苗(青蒜)						

商品编号	商品名称及备注	进口关税税率(%)		增值税率(%)	出口退税率(%)	计量单位	监管条件
		最惠国	普通				
0710802000	冷冻蒜薹及蒜苗(包括青蒜)(不论是否蒸煮)	13	70	13	0	千克	AB
07108030	---蒜头						
0710803000	冷冻蒜头(不论是否蒸煮)	13	70	13	0	千克	AB
07108040	---牛肝菌						
0710804000	冷冻牛肝菌(不论是否蒸煮)	13	70	13	0	千克	AB
07108090	---其他						
0710809010	冷冻的大蒜瓣(不论是否蒸煮)	13	70	13	0	千克	AB
0710809020	冷冻的香菇(不论是否蒸煮)	13	70	13	0	千克	AB
0710809030	冷冻莼菜(不论是否蒸煮)	13	70	13	0	千克	ABE
0710809090	冷冻的未列名蔬菜(不论是否蒸煮)	13	70	13	0	千克	AB
07109000	-什锦蔬菜						
0710900000	冷冻什锦蔬菜(不论是否蒸煮)	10	70	13	0	千克	AB
0711	**暂时保藏(例如,使用二氧化硫气体、盐水、亚硫酸水或其他防腐液)的蔬菜,但不适于直接食用的**						
07112000	-油橄榄						
0711200000	暂时保藏的油橄榄(用二氧化硫气体、盐水等物质处理,但不适于直接食用的)	13	70	13	5	千克	AB
07114000	-黄瓜及小黄瓜						
0711400000	暂时保藏的黄瓜及小黄瓜(用二氧化硫气体、盐水等物质处理,但不适于直接食用的)	13	70	13	5	千克	AB
07115112	----白蘑菇						
0711511200	盐水小白蘑菇(洋蘑菇)(指小白蘑菇,不适于直接食用的)	13	90	13	5	千克	AB
07115119	----其他						
0711511900	盐水的其他伞菌属蘑菇(不适于直接食用的)	13	90	13	5	千克	AB
07115190	---其他						
0711519000	暂时保藏的其他伞菌属蘑菇(不适于直接食用的)	13	90	13	5	千克	AB
07115911	----松茸						
0711591100	盐水松茸(不适于直接食用的)	13	90	13	5	千克	EAB
07115919	----其他						
0711591910	盐水的香菇(不适于直接食用的)	13	90	13	5	千克	AB
0711591990	盐水的其他非伞菌属蘑菇及块菌(不适于直接食用的)	13	90	13	5	千克	AB
07115990	---其他						
0711599010	暂时保藏的香菇(用二氧化硫气体等物质处理,但不适于直接食用的)	13	90	13	5	千克	AB
0711599090	暂时保藏的蘑菇及块菌(用二氧化硫气体等物质处理,但不适于直接食用的)	13	90	13	5	千克	AB
07119031	----竹笋						
0711903110	盐水酸竹笋(不适于直接食用的)	13	70	13	5	千克	ABE
0711903190	其他盐水竹笋(不适于直接食用的)	13	70	13	5	千克	AB
07119034	----大蒜						
0711903410	盐水简单腌制的大蒜头、大蒜瓣(无论是否去皮,但不适于直接食用)	13	70	13	5	千克	AB
0711903490	盐水简单腌制的其他大蒜(不含蒜头、蒜瓣,无论是否去皮,但不适于直接食用)	13	70	13	5	千克	AB
07119039	----其他						
0711903900	盐水的其他蔬菜及什锦蔬菜(不适于直接食用的)	13	70	13	5	千克	AB
07119090	---其他						
0711909000	暂时保藏的其他蔬菜及什锦蔬菜(用二氧化硫气体等物质处理,但不适于直接食用的)	13	90	13	5	千克	AB
0712	**干蔬菜,整个、切块、切片、破碎或制成粉状,但未经进一步加工的**						
07122000	-洋葱						
0712200000	干制洋葱(整个、切块、切片、破碎或制成粉状,但未经进一步加工的)	13	80	13	0	千克	AB
07123100	--伞菌属蘑菇						

商品编号	商品名称及备注	进口关税税率(%)		增值税率(%)	出口退税率(%)	计量单位	监管条件
		最惠国	普通				
0712310000	干伞菌属蘑菇(整个、切块、切片、破碎或制成粉状,但未经进一步加工的)	13	80	13	0	千克	AB
07123200	--木耳						
0712320000	干木耳(整个、切块、切片、破碎或制成粉状,但未经进一步加工的)	13	100	13	0	千克	AB
07123300	--银耳						
0712330000	干银耳(白木耳)(整个、切块、切片、破碎或制成粉状,但未经进一步加工的)	13	90	13	0	千克	AB
07123910	---香菇						
0712391000	干制香菇(整个、切块、切片、破碎或制成粉状,但未经进一步加工的)	13	100	13	0	千克	AB
07123920	---金针菇						
0712392000	干制金针菇(整个、切块、切片、破碎或制成粉状,但未经进一步加工的)	13	100	13	0	千克	AB
07123930	---草菇						
0712393000	干制草菇(整个、切块、切片、破碎或制成粉状,但未经进一步加工的)	13	100	13	0	千克	AB
07123940	---口蘑						
0712394000	干制口蘑(整个、切块、切片、破碎或制成粉状,但未经进一步加工的)	13	100	13	0	千克	AB
07123950	---牛肝菌						
0712395000	干制牛肝菌(整个、切块、切片、破碎或制成粉状,但未经进一步加工的)	13	100	13	0	千克	AB
07123991	----羊肚菌						
0712399100	干制羊肚菌(整个、切块、切片、破碎或制成粉状,但未经进一步加工的)	13	100	13		千克	AB
07123999	----其他						
0712399910	干制松茸(整个、切块、切片、破碎或制成粉状,但未经进一步加工的)	13	100	13		千克	ABE
0712399990	其他干制蘑菇及块菌(整个、切块、切片、破碎或制成粉状,但未经进一步加工的)	13	100	13		千克	AB
07129010	---笋干丝						
0712901010	酸竹笋干丝	13	80	13	0	千克	ABE
0712901090	其他笋干丝	13	80	13	0	千克	AB
07129020	---紫萁(薇菜干)						
0712902000	紫萁(薇菜干)(整条、切段、破碎或制成粉状,但未经进一步加工的)	13	80	13	0	千克	AB
07129030	---金针菜(黄花菜)						
0712903000	干金针菜(黄花菜)(整条、切段、破碎或制成粉状,但未经进一步加工的)	13	80	13	0	千克	AB
07129040	---蕨菜						
0712904000	蕨菜干(整个、切段、破碎或制成粉状,但未经进一步加工的)	13	80	13	0	千克	AB
07129050	---大蒜						
0712905010	干燥或脱水的大蒜头、大蒜瓣(无论是否去皮)	13	80	17	0	千克	AB
0712905090	干燥或脱水的其他大蒜(不含蒜头、蒜瓣,无论是否去皮)	13	80	17	0	千克	AB
07129091	----辣根						
0712909100	干辣根(整个、切块、切片、破碎或制成粉状,但未经进一步加工的)	13	80	13	0	千克	AB
07129099	----其他						
0712909910	干莼菜(整个、切块、切片、破碎或制成粉状,但未经进一步加工的)	13	80	13	0	千克	ABE
0712909990	干制的其他蔬菜及什锦蔬菜(整个、切块、切片、破碎或制成粉状,但未经进一步加工的)	13	80	13	0	千克	AB
0713	**脱荚的干豆,不论是否去皮或分瓣**						
07131010	---种用						
0713101000	种用干豌豆(不论是否去皮或分瓣)	0	0	13	0	千克	AB
07131090	---其他						
0713109000	其他干豌豆(不论是否去皮或分瓣)	5	20	13	0	千克	AB
07132010	---种用						
0713201000	种用干鹰嘴豆(不论是否去皮或分瓣)	0	0	13	5	千克	AB
07132090	---其他						
0713209000	其他干鹰嘴豆(不论是否去皮或分瓣)	7	20	13	5	千克	AB

商品编号	商品名称及备注	进口关税税率(%)		增值税率(%)	出口退税率(%)	计量单位	监管条件
		最惠国	普通				
07133110	---种用						
0713311000	种用干绿豆(不论是否去皮或分瓣)	0	0	13	5	千克	AB
07133190	---其他						
0713319000	其他干绿豆(不论是否去皮或分瓣)	3	11	13	5	千克	AB
07133210	---种用						
0713321000	种用红小豆(赤豆)(不论是否去皮或分瓣)	0	0	13	5	千克	AB
07133290	---其他						
0713329000	其他干赤豆(不论是否去皮或分瓣)	3	14	13	5	千克	AB
07133310	---种用						
0713331000	种用干芸豆(不论是否去皮或分瓣)	0	0	13	0	千克	AB
07133390	---其他						
0713339000	其他干芸豆(不论是否去皮或分瓣)	7.5	20	13	0	千克	AB
07133400	--巴姆巴拉豆						
0713340000	干巴姆巴拉豆(不论是否去皮或分瓣)	7	20	13	5	千克	AB
07133500	--牛豆(豇豆)						
0713350000	干牛豆(豇豆)(不论是否去皮或分瓣)	7	20	13	5	千克	AB
07133900	--其他						
0713390000	其他干豇豆属及菜豆属(不论是否去皮或分瓣)	7	20	13	0	千克	AB
07134010	---种用						
0713401000	种用干扁豆(不论是否去皮或分瓣)	0	0	13	0	千克	AB
07134090	---其他						
0713409000	其他干扁豆(不论是否去皮或分瓣)	7	20	13	0	千克	AB
07135010	---种用						
0713501000	种用干蚕豆(不论是否去皮或分瓣)	0	0	13	5	千克	AB
07135090	---其他						
0713509000	其他干蚕豆(不论是否去皮或分瓣)	7	20	13	5	千克	AB
07136010	---种用						
0713601000	种用干木豆(木豆属)(不论是否去皮或分瓣)	0	0	13	5	千克	AB
07136090	---其他						
0713609000	其他干木豆(木豆属)(不论是否去皮或分瓣)	7	20	13	5	千克	AB
07139010	---种用干豆						
0713901000	种用干豆(不论是否去皮或分瓣)	0	0	13	0	千克	AB
07139090	---其他						
0713909000	其他干豆(不论是否去皮或分瓣)	7	20	13	0	千克	AB
0714	**鲜、冷、冻或干的木薯、竹芋、兰科植物块茎、菊芋、甘薯及含有高淀粉或菊粉的类似根茎,不论是否切片或制成团粒;西谷茎髓**						
07141010	---鲜的						
0714101000	鲜木薯(不论是否切片)	10	30	13	5	千克	7AB
07141020	---干的						
0714102000	干木薯(不论是否切片或制成团粒)	5	30	13	5	千克	7AB
07141030	---冷或冻的						
0714103000	冷或冻的木薯(不论是否切片或制成团粒)	10	80	13	5	千克	7AB
07142011	----种用						
0714201100	鲜种用甘薯	0	50	13	0	千克	AB
07142019	----其他						
0714201900	其他非种用鲜甘薯(不论是否切片)	13	50	13	0	千克	AB

商品编号	商 品 名 称 及 备 注	进口关税税率(%)		增值税率(%)	出口退税率(%)	计量单位	监管条件
		最惠国	普通				
07142020	---干的						
0714202000	干甘薯(不论是否切片或制成团粒)	13	50	13	0	千克	AB
07142030	---冷或冻的						
0714203000	冷或冻的甘薯(不论是否切片或制成团粒)	13	80	13	0	千克	AB
07143000	-山药						
0714300000	鲜、冷、冻或干的山药(不论是否切片或制成团粒)	13	50	13	0	千克	AB
07144000	-芋头(芋属)						
0714400001	鲜、冷芋头(芋属)(不论是否切片或制成团粒;芋头又称芋艿,为天南星科芋属植物,分旱芋、水芋)	13	50	13	0	千克	AB
0714400090	冻、干的芋头(芋属)(不论是否切片或制成团粒;芋头又称芋艿,为天南星科芋属植物,分旱芋、水芋)	13	50	13	0	千克	AB
07145000	-箭叶黄体芋(黄肉芋属)						
0714500000	鲜、冷、冻或干的箭叶黄体芋(黄肉芋属)(不论是否切片或制成团粒,鲜、冷、冻或干的)	13	50	13	5	千克	AB
07149010	---荸荠						
0714901000	鲜、冷、冻、干的荸荠(不论是否切片或制成团粒)	13	50	13	0	千克	AB
07149021	----种用						
0714902100	种用藕(不论是否去皮或分瓣)	0	0	13	0	千克	AB
07149029	----其他						
0714902900	鲜、冷、冻、干的非种用藕(不论是否切片或制成团粒)	13	50	13	0	千克	AB
07149090	---其他						
0714909010	鲜、冷、冻、干的兰科植物块茎	13	50	13	0	千克	ABFE
0714909091	含高淀粉或菊粉其他濒危类似根茎(包括西谷茎髓,不论是否切片或制成团粒,鲜、冷、冻或干的)	13	50	13	0	千克	ABFE
0714909099	含有高淀粉或菊粉的其他类似根茎(包括西谷茎髓,不论是否切片或制成团粒,鲜、冷、冻或干的)	13	50	13	0	千克	AB

第八章　食用水果及坚果；甜瓜或柑橘属水果的果皮

注释：

一、本章不包括非供食用的坚果或水果。

二、冷藏的水果和坚果应按相应的鲜果品目归类。

三、本章的干果可以部分复水或为下列目的进行其他处理：

（一）为保藏或保持其稳定性（例如，经适度热处理或硫化处理、添加山梨酸或山梨酸钾）；

（二）改进或保持其外观（例如，添加植物油或少量葡萄糖浆）。

但必须保持干果的特征。

商品编号	商品名称及备注	进口关税税率（%）		增值税率（%）	出口退税率（%）	计量单位	监管条件
		最惠国	普通				
0801	**鲜或干的椰子、巴西果及腰果，不论是否去壳或去皮**						
08011100	--干的						
0801110000	干的椰子（不论是否去壳或去皮）	12	80	13	5	千克	AB
08011200	--未去内壳（内果皮）						
0801120000	鲜的未去内壳（内果皮）椰子	12	80	13	5	千克	AB
08011910	---种用						
0801191000	种用椰子	0	0	13	5	千克	AB
08011990	---其他						
0801199000	其他鲜椰子	12	80	13	5	千克	AB
08012100	--未去壳						
0801210000	鲜或干的未去壳巴西果	10	80	13	5	千克	AB
08012200	--去壳						
0801220000	鲜或干的去壳巴西果	10	80	13	5	千克	AB
08013100	--未去壳						
0801310000[暂10]	鲜或干的未去壳腰果	20	70	13	5	千克	AB
08013200	--去壳						
0801320000	鲜或干的去壳腰果	10	70	13	5	千克	AB
0802	**鲜或干的其他坚果，不论是否去壳或去皮**						
08021100	--未去壳						
0802110000[暂10]	鲜或干的未去壳扁桃仁	24	70	13	5	千克	AB
08021200	--去壳						
0802120000	鲜或干的去壳扁桃仁	10	70	13	5	千克	AB
08022100	--未去壳						
0802210000	鲜或干的未去壳榛子	25	70	13	5	千克	AB
08022200	--去壳						
0802220000	鲜或干的去壳榛子	10	70	13	5	千克	AB
08023100	--未去壳						
0802310000	鲜或干的未去壳核桃	25	70	13	5	千克	AB
08023200	--去壳						
0802320000	鲜或干的去壳核桃	20	70	13	5	千克	AB
08024110	---板栗						
0802411000	鲜或干的未去壳板栗	25	70	13	5	千克	AB
08024190	---其他						
0802419000[暂20]	鲜或干的其他未去壳栗子（板栗除外）（不论是否去壳或去皮）	25	70	13	5	千克	AB
08024210	---板栗						
0802421000	鲜或干的去壳板栗（不论是否去皮 ）	25	70	13	5	千克	AB

商品编号	商品名称及备注	进口关税税率(%)		增值税率(%)	出口退税率(%)	计量单位	监管条件
		最惠国	普通				
08024290	---其他						
0802429000暂20	鲜或干的其他去壳栗子(板栗除外)(不论是否去皮)	25	70	13	5	千克	AB
08025100	--未去壳						
0802510000暂5	鲜或干的未去壳阿月浑子果(开心果)	10	70	13	5	千克	AB
08025200	--去壳						
0802520000暂5	鲜或干的去壳阿月浑子果(开心果)	10	70	13	5	千克	AB
08026110	---种用						
0802611000	鲜或干的种用未去壳马卡达姆坚果(夏威夷果)	0	70	13	5	千克	AB
08026190	---其他						
0802619000暂19	鲜或干的其他未去壳马卡达姆坚果(夏威夷果)	24	70	13	5	千克	AB
08026200	--去壳						
0802620000暂19	鲜或干的去壳马卡达姆坚果(夏威夷果)(不论是否去皮)	24	70	13	5	千克	AB
08027000	-可乐果(可乐果属)						
0802700000	鲜或干的可乐果(可乐果属)(不论是否去壳或去皮)	24	70	13	5	千克	AB
08028000	-槟榔果						
0802800001	鲜的槟榔果(不论是否去壳或去皮)	10	30	13	5	千克	AB
0802800090	干的槟榔果(不论是否去壳或去皮)	10	30	13	5	千克	AB
08029020	---白果						
0802902000暂20	鲜或干的白果(不论是否去壳或去皮)	25	70	13	5	千克	ABE
08029030	---松子仁						
0802903010	鲜或干的红松子仁	25	70	13	5	千克	ABE
0802903020	鲜或干的其他濒危松子仁	25	70	13	0	千克	ABEF
0802903090	鲜或干的其他松子仁	25	70	13	5	千克	AB
08029090	---其他						
0802909010	鲜或干的榧子、红松子(不论是否去壳或去皮)	24	70	13	5	千克	ABE
0802909020	鲜或干的其他濒危松子(不论是否去壳或去皮)	24	70	13	0	千克	ABEF
0802909030	鲜或干的巨籽棕(海椰子)果仁	24	70	13	5	千克	ABEF
0802909040暂10	鲜或干的碧根果(不论是否去壳或去皮)	24	70	13	5	千克	AB
0802909090	鲜或干的其他坚果(不论是否去壳或去皮)	24	70	13	5	千克	AB
0803	**鲜或干的香蕉,包括芭蕉**						
08031000	-芭蕉						
0803100000	鲜或干的芭蕉	10	40	13	5	千克	AB
08039000	-其他						
0803900000	鲜或干的香蕉	10	40	13	5	千克	AB
0804	**鲜或干的椰枣、无花果、菠萝、鳄梨、番石榴、芒果及山竹果**						
08041000	-椰枣						
0804100000	鲜或干的椰枣	15	40	13	5	千克	AB
08042000	-无花果						
0804200000	鲜或干的无花果	30	70	13	5	千克	AB
08043000	-菠萝						
0804300001	鲜菠萝	12	80	13	5	千克	AB
0804300090	干菠萝	12	80	13	5	千克	AB
08044000	-鳄梨						
0804400000暂10	鲜或干的鳄梨	25	80	13	5	千克	AB
08045010	---番石榴						
0804501001	鲜番石榴	15	80	13	5	千克	AB

商品编号	商品名称及备注	进口关税税率(%)		增值税率(%)	出口退税率(%)	计量单位	监管条件
		最惠国	普通				
0804501090	干番石榴	15	80	13	5	千克	AB
08045020	---芒果						
0804502001	鲜芒果	15	80	13	5	千克	AB
0804502090	干芒果	15	80	13	5	千克	AB
08045030	---山竹果						
0804503000	鲜或干的山竹果	15	80	13	5	千克	AB
0805	**鲜或干的柑橘属水果**						
08051000	-橙						
0805100000	鲜或干的橙	11	100	13	5	千克	AB
08052110	---蕉柑						
0805211000	鲜或干的蕉柑	12	100	13		千克	AB
08052190	---其他						
0805219000	鲜或干的柑橘(包括小蜜橘及萨摩蜜柑橘)	12	100	13		千克	AB
08052200	--克里曼丁橘						
0805220000	鲜或干的克里曼丁橘	12	100	13		千克	AB
08052900	--其他						
0805290000	鲜或干的韦尔金橘及其他类似的杂交柑橘	12	100	13		千克	AB
08054000	-葡萄柚,包括柚						
0805400001	鲜葡萄柚,包括鲜柚	12	100	13	5	千克	AB
0805400090	干葡萄柚,包括干柚	12	100	13	5	千克	AB
08055000	-柠檬及酸橙						
0805500000	鲜或干的柠檬及酸橙	11	100	13	5	千克	AB
08059000	-其他						
0805900000	鲜或干的其他柑橘属水果	30	100	13	5	千克	AB
0806	**鲜或干的葡萄**						
08061000	-鲜的						
0806100000	鲜葡萄	13	80	13	5	千克	AB
08062000	-干的						
0806200000	葡萄干	10	80	13	5	千克	AB
0807	**鲜的甜瓜(包括西瓜)及木瓜**						
08071100	--西瓜						
0807110000	鲜西瓜	25	70	13	5	千克	AB
08071910	---哈蜜瓜						
0807191000	鲜哈密瓜	12	70	13	5	千克	AB
08071920	---罗马甜瓜及加勒比甜瓜						
0807192000	鲜罗马甜瓜及加勒比甜瓜	12	70	13	5	千克	AB
08071990	---其他						
0807199000	其他鲜甜瓜	12	70	13	5	千克	AB
08072000	-木瓜						
0807200000	鲜木瓜	25	70	13	5	千克	AB
0808	**鲜的苹果、梨及榅桲**						
08081000	-苹果						
0808100000	鲜苹果	10	100	13	5	千克	AB
08083010	---鸭梨及雪梨						
0808301000	鲜鸭梨及雪梨	12	100	13	5	千克	AB
08083020	---香梨						

商品编号	商品名称及备注	进口关税税率(%)		增值税率(%)	出口退税率(%)	计量单位	监管条件
		最惠国	普通				
0808302000	鲜香梨	12	100	13	5	千克	AB
08083090	---其他						
0808309000	其他鲜梨	10	100	13	5	千克	AB
08084000	-榅桲						
0808400000	鲜榅桲(QUINCES)	16	100	13	5	千克	AB
0809	**鲜的杏、樱桃、桃(包括油桃)、梅及李**						
08091000	-杏						
0809100000	鲜杏	25	70	13	5	千克	AB
08092100	--欧洲酸樱桃						
0809210000	鲜欧洲酸樱桃	10	70	13	5	千克	AB
08092900	--其他						
0809290000	其他鲜樱桃	10	70	13	5	千克	AB
08093000	-桃,包括油桃						
0809300000	鲜桃,包括鲜油桃	10	70	13	5	千克	AB
08094000	-梅及李						
0809400001	鲜梅	10	70	13	5	千克	AB
0809400090	鲜李子	10	70	13	5	千克	AB
0810	**其他鲜果**						
08101000	-草莓						
0810100000	鲜草莓	14	80	13	5	千克	AB
08102000	-木莓、黑莓、桑葚及罗甘莓						
0810200000	鲜的木莓、黑莓、桑葚及罗甘莓	25	80	13	5	千克	AB
08103000	-黑、白或红的穗醋栗(加仑子)及醋栗						
0810300000	鲜的黑、白或红的穗醋栗(加仑子)及醋栗	25	80	13	5	千克	AB
08104000	-蔓越橘及越橘						
0810400010[暂15]	鲜蔓越橘	30	80	13	5	千克	AB
0810400090	越橘	30	80	13	5	千克	AB
08105000	-猕猴桃						
0810500000	鲜猕猴桃	20	80	13	5	千克	AB
08106000	-榴莲						
0810600000	鲜榴莲	20	80	13	5	千克	AB
08107000	-柿子						
0810700000	鲜柿子	20	80	13	5	千克	AB
08109010	---荔枝						
0810901000	鲜荔枝	30	80	13	5	千克	AB
08109030	---龙眼						
0810903000	鲜龙眼	12	80	13	5	千克	AB
08109040	---红毛丹						
0810904000	鲜红毛丹	20	80	13	5	千克	AB
08109050	---番荔枝						
0810905000	鲜蕃荔枝	20	80	13	5	千克	AB
08109060	---杨桃						
0810906000	鲜杨桃	20	80	13	5	千克	AB
08109070	---莲雾						
0810907000	鲜莲雾	20	80	13	5	千克	AB
08109080	---火龙果						

商品编号	商品名称及备注	进口关税税率(%)		增值税率(%)	出口退税率(%)	计量单位	监管条件
		最惠国	普通				
0810908000	鲜火龙果	20	80	13	5	千克	AB
08109090	---其他						
0810909001	鲜枣	20	80	13	5	千克	AB
0810909002	鲜枇杷	20	80	13	5	千克	AB
0810909010	鲜的翅果油树果	20	80	13	5	千克	ABE
0810909090	其他鲜果	20	80	13	5	千克	AB
0811	**冷冻水果及坚果,不论是否蒸煮、加糖或其他甜物质**						
08111000	-草莓						
0811100000	冷冻草莓	30	80	13	5	千克	AB
08112000	-木莓、黑莓、桑葚、罗甘莓、黑、白或红的穗醋栗(加仑子)及醋栗						
0811200000	冷冻木莓、黑莓、桑葚、罗甘莓,黑、白或红的穗醋栗(加仑子)及醋栗	30	80	13	5	千克	AB
08119010	---栗子,未去壳						
0811901000	未去壳的冷冻栗子	30	80	13	5	千克	AB
08119090	---其他						
0811909010	冷冻的白果	30	80	13	5	千克	ABE
0811909021	冷冻的红松子(不论是否去壳或去皮)	30	80	13	5	千克	ABE
0811909022	冷冻的其他濒危松子(不论是否去壳或去皮)	30	80	13	0	千克	ABEF
0811909030	冷冻的榧子	30	80	13	5	千克	ABE
0811909040	冷冻的翅果油树果	30	80	13	5	千克	ABE
0811909050	冷冻的巨籽棕(海椰子)果仁	30	80	13	5	千克	ABEF
0811909090	其他未列名冷冻水果及坚果	30	80	13	5	千克	AB
0812	**暂时保藏(例如,使用二氧化硫气体、盐水、亚硫酸水或其他防腐液)的水果及坚果,但不适于直接食用的**						
08121000	-樱桃						
0812100000	暂时保藏的樱桃(用二氧化硫气体、盐水等物质处理,但不适于直接食用的)	30	80	13	5	千克	AB
08129000	-其他						
0812900010	暂时保存的白果(用二氧化硫气体、盐水等物质处理,但不适于直接食用的)	25	80	13	5	千克	ABE
0812900021	暂时保存的红松子(用二氧化硫气体、盐水等物质处理,但不适于直接食用的)	25	80	13	5	千克	ABE
0812900022	暂时保存的其他濒危松子(用二氧化硫气体、盐水等物质处理,但不适于直接食用的)	25	80	13	0	千克	ABEF
0812900030	暂时保存的榧子(用二氧化硫气体、盐水等物质处理,但不适于直接食用的)	25	80	13	5	千克	ABE
0812900040	暂时保存的翅果油树果(用二氧化硫气体、盐水等物质处理,但不适于直接食用的)	25	80	13	5	千克	ABE
0812900050	暂时保存的巨籽棕(海椰子)果仁(用二氧化硫气体、盐水等物质处理,但不适于直接食用的)	25	80	13	5	千克	ABEF
0812900090	暂时保存的其他水果及坚果(用二氧化硫气体、盐水等物质处理,但不适于直接食用的)	25	80	13	5	千克	AB
0813	**品目08.01至08.06以外的干果;本章的什锦坚果或干果**						
08131000	-杏						
0813100000	杏干(品目08.01至08.06的干果除外)	25	70	13	5	千克	AB
08132000	-梅及李						
0813200000	梅干及李干(品目08.01至08.06的干果除外)	25	70	13	5	千克	AB
08133000	-苹果						
0813300000	苹果干(品目08.01至08.06的干果除外)	25	70	13	5	千克	AB
08134010	---龙眼干、肉						
0813401000	龙眼干、肉(品目08.01至08.06的干果除外)	20	70	13	5	千克	AB
08134020	---柿饼						
0813402000	柿饼(品目08.01至08.06的干果除外)	25	70	13	5	千克	AB
08134030	---红枣						

商品编号	商 品 名 称 及 备 注	进口关税税率(%)		增值税率(%)	出口退税率(%)	计量单位	监管条件
		最惠国	普通				
0813403000	干红枣(品目08.01至08.06的干果除外)	25	70	13	5	千克	AB
08134040	---荔枝干						
0813404000	荔枝干(品目08.01至08.06的干果除外)	25	70	13	5	千克	AB
08134090	---其他						
0813409010	翅果油树干果	25	70	13	5	千克	ABE
0813409090	其他干果(品目08.01至08.06的干果除外)	25	70	13	5	千克	AB
08135000	-本章的什锦坚果或干果						
0813500000	本章的什锦坚果或干果(品目08.01至08.06的干果除外)	18	70	13	5	千克	AB
0814	**柑橘属水果或甜瓜(包括西瓜)的果皮,鲜、冻、干或用盐水、亚硫酸水或其他防腐液暂时保藏的**						
08140000	柑橘属水果或甜瓜(包括西瓜)的果皮,鲜、冻、干或用盐水、亚硫酸水或其他防腐液暂时保藏的						
0814000000	柑橘属水果或甜瓜(包括西瓜)的果皮(仅包括鲜、冻、干或暂时保藏的)	25	70	13	5	千克	AB

第九章　咖啡、茶、马黛茶及调味香料

注释：

一、品目09.04至09.10所列产品的混合物，应按下列规定归类：

(一)同一品目的两种或两种以上产品的混合物仍应归入该品目；

(二)不同品目的两种或两种以上产品的混合物应归入品目09.10。

品目09.04至09.10的产品[或上述(一)或(二)项的混合物]如加添了其他物质，只要所得的混合物保持了原产品的基本特性，其归类应不受影响。基本特性已经改变的，则不应归入本章；构成混合调味品的，应归入品目21.03。

二、本章不包括荜澄茄椒或品目12.11的其他产品。

商品编号	商 品 名 称 及 备 注	进口关税税率(%)		增值税率(%)	出口退税率(%)	计量单位	监管条件
		最惠国	普通				
0901	**咖啡，不论是否焙炒或浸除咖啡碱；咖啡豆荚及咖啡豆皮；含咖啡的咖啡代用品**						
09011100	--未浸除咖啡碱						
0901110000	未浸除咖啡碱的未焙炒咖啡	8	50	17	5	千克	AB
09011200	--已浸除咖啡碱						
0901120000	已浸除咖啡碱的未焙炒咖啡	8	50	17	5	千克	AB
09012100	--未浸除咖啡碱						
0901210000	未浸除咖啡碱的已焙炒咖啡	15	80	17	15	千克	AB
09012200	--已浸除咖啡碱						
0901220000	已浸除咖啡碱的已焙炒咖啡	15	80	17	15	千克	AB
09019010	---咖啡豆荚及咖啡豆皮						
0901901000	咖啡豆荚及咖啡豆皮	10	30	17	5	千克	AB
09019020	---含咖啡的咖啡代用品						
0901902000	含咖啡的咖啡代用品	30	80	17	15	千克	AB
0902	**茶，不论是否加香料**						
09021010	---花茶						
0902101000	每件净重≤3千克的花茶(未发酵的，净重指内包装)	15	100	13	5	千克	AB
09021090	---其他						
0902109000	每件净重≤3千克的其他绿茶(未发酵的，净重指内包装)	15	100	13	5	千克	AB
09022010	---花茶						
0902201000	每件净重>3千克的花茶(未发酵的，净重指内包装)	15	100	13	5	千克	AB
09022090	---其他						
0902209000	每件净重>3千克的其他绿茶(未发酵的，净重指内包装)	15	100	13	5	千克	AB
09023010	---乌龙茶						
0902301000	每件净重≤3千克的乌龙茶(净重指内包装)	15	100	13	5	千克	AB
09023020	---普洱茶						
0902302000	每件净重≤3千克的普洱茶(净重指内包装)	15	100	13	5	千克	AB
09023090	---其他						
0902309000	红茶(内包装每件净重≤3千克)(包括其他半发酵茶)	15	100	13	5	千克	AB
09024010	---乌龙茶						
0902401000	每件净重>3千克的乌龙茶(净重指内包装)	15	100	13	5	千克	AB
09024020	---普洱茶						
0902402000	每件净重>3千克的普洱茶(净重指内包装)	15	100	13	5	千克	AB
09024090	---其他						
0902409000	红茶(内包装每件净重>3千克)(包括其他半发酵茶)	15	100	13	5	千克	AB
0903	**马黛茶**						
09030000	马黛茶						

商品编号	商品名称及备注	进口关税税率(%)		增值税率(%)	出口退税率(%)	计量单位	监管条件
		最惠国	普通				
0903000000	马黛茶	10	100	13	15	千克	AB
0904	**胡椒;辣椒干及辣椒粉**						
09041100	--未磨						
0904110010	毕拔	20	70	13	5	千克	QAB
0904110090	未磨胡椒(毕拔除外)	20	70	13	5	千克	AB
09041200	--已磨						
0904120000	已磨胡椒	20	70	13	15	千克	AB
09042100	--干,未磨						
0904210000	干且未磨辣椒	20	70	13	0	千克	AB
09042200	--已磨						
0904220000	已磨辣椒	20	70	13	15	千克	AB
0905	**香子兰豆**						
09051000	-未磨						
0905100000	未磨的香子兰豆	15	50	13	5	千克	AB
09052000	-已磨						
0905200000	已磨的香子兰豆	15	50	13	5	千克	AB
0906	**肉桂及肉桂花**						
09061100	--锡兰肉桂						
0906110000	未磨锡兰肉桂	5	50	13	5	千克	AB
09061900	--其他						
0906190000	其他未磨肉桂及肉桂花	5	50	13	5	千克	AB
09062000	-已磨						
0906200000	已磨肉桂及肉桂花	15	50	13	15	千克	QAB
0907	**丁香(母丁香、公丁香及丁香梗)**						
09071000	-未磨						
0907100000	未磨的丁香(母丁香、公丁香及丁香梗)	3	14	13	5	千克	QAB
09072000	-已磨						
0907200000	已磨的丁香(母丁香、公丁香及丁香梗)	3	14	13	5	千克	QAB
0908	**肉豆蔻、肉豆蔻衣及豆蔻**						
09081100	--未磨						
0908110000	未磨的肉豆蔻	8	30	13	5	千克	QABE
09081200	--已磨						
0908120000	已磨的肉豆蔻	8	30	13	5	千克	QABE
09082100	--未磨						
0908210000	未磨的肉豆蔻衣	8	30	13	5	千克	ABE
09082200	--已磨						
0908220000	已磨的肉豆蔻衣	8	30	13	5	千克	ABE
09083100	--未磨						
0908310000	未磨的豆蔻	3	14	13	5	千克	QABE
09083200	--已磨						
0908320000	已磨的豆蔻	3	14	13	15	千克	QABE
0909	**茴芹子、八角茴香、小茴香子、芫荽子、枯茗子及蒿子;杜松果**						
09092100	--未磨						
0909210000	未磨的芫荽子	15	50	13	5	千克	AB
09092200	--已磨						
0909220000	已磨的芫荽子	15	50	13	15	千克	AB

商品编号	商品名称及备注	进口关税税率(%)		增值税率(%)	出口退税率(%)	计量单位	监管条件
		最惠国	普通				
09093100	--未磨						
0909310000	未磨的枯茗子	15	50	13	5	千克	AB
09093200	--已磨						
0909320000	已磨的枯茗子	15	50	13	15	千克	AB
09096110	---八角茴香						
0909611000	未磨的八角茴香	20	90	13	5	千克	QAB
09096190	---其他						
0909619010	未磨的小茴香子;未磨的杜松果	15	50	13	5	千克	QAB
0909619090	未磨的茴芹子;未磨的贳蒿子	15	50	13	5	千克	AB
09096210	---八角茴香						
0909621000	已磨的八角茴香	20	90	13	15	千克	QAB
09096290	---其他						
0909629010	已磨的小茴香子;已磨的杜松果	15	50	13	15	千克	QAB
0909629090	已磨的茴芹子;已磨的贳蒿子	15	50	13	15	千克	AB
0910	**姜、番红花、姜黄、麝香草、月桂叶、咖喱及其他调味香料**						
09101100	--未磨						
0910110000	未磨的姜	15	50	13	0	千克	AB
09101200	--已磨						
0910120000	已磨的姜	15	50	13	5	千克	AB
09102000	-番红花						
0910200000	番红花(西红花)	2	14	13	5	千克	QAB
09103000	-姜黄						
0910300000	姜黄	15	50	13	5	千克	QAB
09109100	--本章注释一(二)所述的混合物						
0910910000	混合调味香料[本章注释一(二)所述的混合物]	15	50	17	15	千克	AB
09109900	--其他						
0910990000	其他调味香料	15	50	17	5	千克	AB

第十章　谷　　物

注释：

一、(一)本章各品目所列产品必须带有谷粒，不论是否成穗或带秆。

(二)本章不包括已去壳或经其他加工的谷物。但去壳、碾磨、磨光、上光、半熟或破碎的稻米仍应归入品目10.06。

二、品目10.05不包括甜玉米(第七章)。

子目注释：

所称"硬粒小麦"，是指硬粒小麦属的小麦及以该属具有相同染色体数目(28)的小麦种间杂交所得的小麦。

商品编号	商品名称及备注	进口关税税率(%)		增值税率(%)	出口退税率(%)	计量单位	监管条件
		最惠国	普通				
1001	小麦及混合麦						
10011100	--种用						
1001110001	种用硬粒小麦(配额内)	1	180	13	0	千克	4xABty
1001110090	种用硬粒小麦(配额外)	65	180	13	0	千克	4xABy
10011900	--其他						
1001190001	其他硬粒小麦(配额内)	1	180	13	0	千克	4xABty
1001190090	其他硬粒小麦(配额外)	65	180	13	0	千克	4xABy
10019100	--种用						
1001910001	其他种用小麦及混合麦(配额内)	1	180	13	0	千克	4xABty
1001910090	其他种用小麦及混合麦(配额外)	65	180	13	0	千克	4xABy
10019900	--其他						
1001990001	其他小麦及混合麦(配额内)	1	180	13	0	千克	4xABty
1001990090	其他小麦及混合麦(配额外)	65	180	13	0	千克	4xABy
1002	黑麦						
10021000	-种用						
1002100000	种用黑麦	0	0	13	0	千克	AB
10029000	-其他						
1002900000	其他黑麦	3	8	13	0	千克	AB
1003	大麦						
10031000	-种用						
1003100000	种用大麦	0	160	13	0	千克	7AB
10039000	-其他						
1003900000	其他大麦	3	160	13	0	千克	7AB
1004	燕麦						
10041000	-种用						
1004100000	种用燕麦	0	0	13	0	千克	AB
10049000	-其他						
1004900000	其他燕麦	2	8	13	0	千克	AB
1005	玉米						
10051000	-种用						
1005100001	种用玉米(配额内)	1	180	13	0	千克	4xAByt
1005100090	种用玉米(配额外)	20	180	13	0	千克	4xABy
10059000	-其他						
1005900001	其他玉米(配额内)	1	180	13	0	千克	4xAByt
1005900090	其他玉米(配额外)	65	180	13	0	千克	4xABy
1006	稻谷、大米						

商品编号	商品名称及备注	进口关税税率(%)		增值税率(%)	出口退税率(%)	计量单位	监管条件
		最惠国	普通				
10061011	----籼米						
1006101101	种用籼米稻谷(配额内)	1	180	13	0	千克	4xAByt
1006101190	种用籼米稻谷(配额外)	65	180	13	0	千克	4xABy
10061019	----其他						
1006101901	其他种用稻谷(配额内)	1	180	13	0	千克	4xAByt
1006101990	其他种用稻谷(配额外)	65	180	13	0	千克	4xABy
10061091	----籼米						
1006109101	其他籼米稻谷(配额内)	1	180	13	0	千克	4xAByt
1006109190	其他籼米稻谷(配额外)	65	180	13	0	千克	4xABy
10061099	----其他						
1006109901	其他稻谷(配额内)	1	180	13	0	千克	4xAByt
1006109990	其他稻谷(配额外)	65	180	13	0	千克	4xABy
10062010	---籼米						
1006201001	籼米糙米(配额内)	1	180	13	0	千克	4xAByt
1006201090	籼米糙米(配额外)	65	180	13	0	千克	4xABy
10062090	---其他						
1006209001	其他糙米(配额内)	1	180	13	0	千克	4xAByt
1006209090	其他糙米(配额外)	65	180	13	0	千克	4xABy
10063010	---籼米						
1006301001	籼米精米[不论是否磨光或上光(配额内)]	1	180	13	0	千克	4xAByt
1006301090	籼米精米[不论是否磨光或上光(配额外)]	65	180	13	0	千克	4xABy
10063090	---其他						
1006309001	其他精米[不论是否磨光或上光(配额内)]	1	180	13	0	千克	4xAByt
1006309090	其他精米[不论是否磨光或上光(配额外)]	65	180	13	0	千克	4xABy
10064010	---籼米						
1006401001	籼米碎米(配额内)	1	180	13	0	千克	4xAByt
1006401090	籼米碎米(配额外)	65	180	13	0	千克	4xABy
10064090	---其他						
1006409001	其他碎米(配额内)	1	180	13	0	千克	4xAByt
1006409090	其他碎米(配额外)	65	180	13	0	千克	4xABy
1007	**食用高粱**						
10071000	-种用						
1007100000	种用食用高粱	0	0	13	0	千克	7AB
10079000	-其他						
1007900000	其他食用高粱	2	8	13	0	千克	7AB
1008	**荞麦、谷子及加那利草子;其他谷物**						
10081000	-荞麦						
1008100000	荞麦	2	8	13	0	千克	AB
10082100	--种用						
1008210000	种用谷子	2	8	13	0	千克	AB
10082900	--其他						
1008290000	其他谷子	2	8	13	0	千克	AB
10083000	-加那利草子						
1008300000	加那利草子	2	8	13	5	千克	AB
10084010	---种用						
1008401000	种用直长马唐(马唐属)	0	0	13	0	千克	AB

商品编号	商品名称及备注	进口关税税率(%)		增值税率(%)	出口退税率(%)	计量单位	监管条件
		最惠国	普通				
10084090	---其他						
1008409000	其他直长马唐(马唐属)	3	8	13	0	千克	AB
10085010	---种用						
1008501000	种用昆诺阿藜	0	0	13	0	千克	AB
10085090	---其他						
1008509000	其他昆诺阿藜	3	8	13	0	千克	AB
10086010	---种用						
1008601000	种用黑小麦	0	0	13	0	千克	AB
10086090	---其他						
1008609000	其他黑小麦	3	80	13	0	千克	AB
10089010	---种用						
1008901000	其他种用谷物	0	0	13	0	千克	AB
10089090	---其他						
1008909000	其他谷物	3	8	13	0	千克	AB

第十一章　制粉工业产品；麦芽；淀粉；菊粉；面筋

注释：

一、本章不包括：

（一）作为咖啡代用品的焙制麦芽（品目09.01或21.01）；

（二）品目19.01的经制作的细粉、粗粒、粗粉或淀粉；

（三）品目19.04的玉米片及其他产品；

（四）品目20.01、20.04或20.05的经加工或保藏的蔬菜；

（五）药品（第三十章）；

（六）具有芳香料制品或化妆盥洗品性质的淀粉（第三十三章）。

二、（一）下表所列谷物碾磨产品按干制品重量计如果同时符合以下两个条件，应归入本章。但是，整粒、滚压、制片或磨碎的谷物胚芽均归入品目11.04：

1. 淀粉含量（按修订的尤艾斯旋光法测定）超过表列第（2）栏的比例；

2. 灰分含量（除去任何添加的矿物质）不超过表列第（3）栏的比例。否则，应归入品目23.02。

（二）符合上述规定归入本章的产品，如果用表列第（4）或第（5）栏规定孔径的金属丝网筛过筛，其通过率按重量计不低于表列比例的，应归入品目11.01或11.02。否则，应归入品目11.03或11.04。

谷　　物 （1）	淀粉含量 （2）	灰分含量 （3）	通过下列孔径筛子的比率	
			315微米 （4）	500微米 （5）
小麦及黑麦	45%	2.5%	80%	-
大麦	45%	3%	80%	-
燕麦	45%	5%	80%	-
玉米及高粱	45%	2%	-	90%
大米	45%	1.6%	80%	-
荞麦	45%	4%	80%	-

三、品目11.03所称"粗粒"及"粗粉"，是指谷物经碾碎所得的下列产品：

（一）玉米产品，用2毫米孔径的金属丝网筛过筛后，通过率按重量计不低于95%的；

（二）其他谷物产品，用1.25毫米孔径的金属丝网筛过筛后，通过率按重量计不低于95%的。

商品编号	商品名称及备注	进口关税税率（%）		增值税率（%）	出口退税率（%）	计量单位	监管条件
		最惠国	普通				
1101	**小麦或混合麦的细粉**						
11010000	小麦或混合麦的细粉						
1101000001	小麦或混合麦的细粉（配额内）	6	130	13	13	千克	4ABtxy
1101000090	小麦或混合麦的细粉（配额外）	65	130	13	13	千克	4ABxy
1102	**其他谷物细粉，但小麦或混合麦的细粉除外**						
11022000	-玉米细粉						
1102200001	玉米细粉（配额内）	9	130	13	0	千克	4ABtxy
1102200090	玉米细粉（配额外）	40	130	13	0	千克	4ABxy
11029011	----籼米的						
1102901101	籼米大米细粉（配额内）	9	130	13	0	千克	4ABtxy
1102901190	籼米大米细粉（配额外）	40	130	13	0	千克	4ABxy
11029019	----其他						
1102901901	其他大米细粉（配额内）	9	130	13	0	千克	4ABtxy
1102901990	其他大米细粉（配额外）	40	130	13	0	千克	4ABxy
11029090	---其他						
1102909000	其他谷物细粉	5	14	13	0	千克	AB
1103	**谷物的粗粒、粗粉及团粒**						
11031100	--小麦的						
1103110001	小麦粗粒及粗粉（配额内）	9	130	13	13	千克	4ABtxy
1103110090	小麦粗粒及粗粉（配额外）	65	130	13	13	千克	4ABxy
11031300	--玉米的						
1103130001	玉米粗粒及粗粉（配额内）	9	130	13	0	千克	4ABtxy
1103130090	玉米粗粒及粗粉（配额外）	65	130	13	0	千克	4ABxy
11031910	---燕麦的						
1103191000	燕麦粗粒及粗粉	5	14	13	0	千克	AB

商品编号	商品名称及备注	进口关税税率(%)		增值税率(%)	出口退税率(%)	计量单位	监管条件
		最惠国	普通				
11031921	----籼米的						
1103192101	籼米大米粗粒及粗粉(配额内)	9	70	13	0	千克	4ABtxy
1103192190	籼米大米粗粒及粗粉(配额外)	10	70	13	0	千克	4ABxy
11031929	----其他						
1103192901	其他大米粗粒及粗粉(配额内)	9	70	13	0	千克	4ABtxy
1103192990	其他大米粗粒及粗粉(配额外)	10	70	13	0	千克	4ABxy
11031990	---其他						
1103199000	其他谷物粗粒及粗粉	5	14	13	0	千克	AB
11032010	---小麦的						
1103201001	小麦团粒(配额内)	10	180	13	13	千克	4ABtxy
1103201090	小麦团粒(配额外)	65	180	13	13	千克	4ABxy
11032090	---其他						
1103209000	其他谷物团粒	20	50	13	0	千克	AB
1104	**经其他加工的谷物(例如,去壳、滚压、制片、制成粒状、切片或粗磨),但品目10.06的稻谷、大米除外;谷物胚芽,整粒、滚压、制片或磨碎的**						
11041200	--燕麦的						
1104120000	滚压或制片的燕麦	20	50	17	0	千克	AB
11041910	---大麦的						
1104191000	滚压或制片的大麦	20	50	17	0	千克	AB
11041990	---其他						
1104199010	滚压或制片的玉米	20	50	17	0	千克	4ABxy
1104199090	滚压或制片的其他谷物	20	50	17	0	千克	AB
11042200	--燕麦的						
1104220000	经其他加工的燕麦	20	50	17	0	千克	AB
11042300	--玉米的						
1104230001	经其他加工的玉米(配额内)	10	180	13	0	千克	4ABtxy
1104230090	经其他加工的玉米(配额外)	65	180	13	0	千克	4ABxy
11042910	---大麦的						
1104291000	经其他加工的大麦	65	114	13	0	千克	AB
11042990	---其他						
1104299000	经其他加工的其他谷物	20	50	13	0	千克	AB
11043000	-谷物胚芽,整粒、滚压、制片或磨碎的						
1104300000	整粒或经加工的谷物胚芽(经加工是指滚压、制片或磨碎)	20	50	17	0	千克	AB
1105	**马铃薯的细粉、粗粉、粉末、粉片、颗粒及团粒**						
11051000	-细粉、粗粉及粉末						
1105100000	马铃薯细粉、粗粉及粉末	15	50	17	15	千克	AB
11052000	-粉片、颗粒及团粒						
1105200000	马铃薯粉片、颗粒及团粒	15	50	17	15	千克	AB
1106	**用品目07.13的干豆或品目07.14的西谷茎髓及植物根茎、块茎制成的细粉、粗粉及粉末;用第八章的产品制成的细粉、粗粉及粉末**						
11061000	-用品目07.13的干豆制成的						
1106100000	干豆细粉、粗粉及粉末(干豆仅指品目07.13所列的干豆)	10	30	17	15	千克	AB
11062000	-用品目07.14的西谷茎髓及植物根茎、块茎制成的						
1106200000	西谷茎髓粉、木薯粉及类似粉(仅包括品目07.14所列货品的粉)	20	50	17	15	千克	AB
11063000	-用第八章的产品制成的						
1106300000	水果及坚果的细粉、粗粉及粉末(仅包括第八章所列货品的粉)	20	80	17	5	千克	AB

商品编号	商品名称及备注	进口关税税率(%)		增值税率(%)	出口退税率(%)	计量单位	监管条件
		最惠国	普通				
1107	**麦芽,不论是否焙制**						
11071000	-未焙制						
1107100000	未焙制麦芽	10	50	17	15	千克	AB
11072000	-已焙制						
1107200000	已焙制麦芽	10	50	17	15	千克	AB
1108	**淀粉;菊粉**						
11081100	--小麦淀粉						
1108110000	小麦淀粉	20	50	17	0	千克	AB
11081200	--玉米淀粉						
1108120000	玉米淀粉	20	50	17	13	千克	AB
11081300	--马铃薯淀粉						
1108130000	马铃薯淀粉	15	50	17	15	千克	AB
11081400	--木薯淀粉						
1108140000	木薯淀粉	10	50	17	15	千克	AB
11081900	--其他						
1108190000	其他淀粉	20	50	17	15	千克	AB
11082000	-菊粉						
1108200000	菊粉	20	50	17	15	千克	AB
1109	**面筋,不论是否干制**						
11090000	面筋,不论是否干制						
1109000000	面筋(不论是否干制)	18	80	17	15	千克	AB

第十二章 含油子仁及果实；杂项子仁及果实；工业用或药用植物；稻草、秸秆及饲料

注释：

一、品目 12.07 主要包括棕榈果及棕榈仁、棉子、蓖麻子、芝麻、芥子、红花子、罂粟子、牛油树果，但不包括品目 08.01 或 08.02 的产品及油橄榄（第七章或第二十章）。

二、品目 12.08 不仅包括未脱脂的细粉和粗粉，而且包括部分或全部脱脂及用其本身的油料全部或部分复脂的细粉和粗粉，但不包括品目 23.04 至 23.06 的残渣。

三、甜菜子、草子及其他草本植物种子、观赏用花的种子、蔬菜种子、林木种子、果树种子、巢菜子（蚕豆除外）、羽扇豆属植物种子，可一律视为种植用种子，归入品目 12.09。

但是，下列各项即使作种子用，也不归入品目 12.09：

（一）第七章作蔬菜用的豆类或甜玉米；

（二）第九章的调味香料及其他产品；

（三）第十章的谷物；

（四）品目 12.01 至 12.07 或 12.11 的产品。

四、品目 12.11 主要包括下列植物或这些植物的某部分：

罗勒、琉璃苣、人参、海索草、甘草、薄荷、迷迭香、芸香、鼠尾草及苦艾。

但品目 12.11 不包括：

（一）第三十章的药品；

（二）第三十三章的芳香料制品及化妆盥洗品；

（三）品目 38.08 的杀虫剂、杀菌剂、除草剂、消毒剂及类似产品。

五、品目 12.12 的“海草及其他藻类”不包括：

（一）品目 21.02 的已死的单细胞微生物；

（二）品目 30.02 的培养微生物；

（三）品目 31.01 或 31.05 的肥料。

子目注释：

子目 1205.10 所称“低芥子酸油菜子”，是指所获取的固定油中芥子酸含量按重量计低于 2%，以及所得的固体成分每克葡萄糖苷酸（酯）含量低于 30 微摩尔的油菜子。

商品编号	商品名称及备注	进口关税税率（%） 最惠国	进口关税税率（%） 普通	增值税率（%）	出口退税率（%）	计量单位	监管条件
1201	**大豆，不论是否破碎**						
12011000	-种用						
1201100000	种用大豆	0	180	13	0	千克	7AB
12019010	---黄大豆						
1201901000	非种用黄大豆（不论是否破碎）	3	180	13	0	千克	7AB
12019020	---黑大豆						
1201902000	非种用黑大豆（不论是否破碎）	3	180	13	0	千克	7AB
12019030	---青大豆						
1201903000	非种用青大豆（不论是否破碎）	3	180	13	0	千克	7AB
12019090	---其他						
1201909000	非种用其他大豆（不论是否破碎）	3	180	13	0	千克	7AB
1202	**未焙炒或未烹煮的花生，不论是否去壳或破碎**						
12023000	-种用						
1202300000	种用花生	0	0	13	0	千克	AB
12024100	--未去壳						
1202410000	其他未去壳花生（未焙炒或未烹煮的）	15	70	13	0	千克	AB
12024200	--去壳，不论是否破碎						
1202420000	其他去壳花生，不论是否破碎（未焙炒或未烹煮的）	15	70	13	0	千克	AB
1203	**干椰子肉：**						
12030000	干椰子肉						
1203000000	干椰子肉	15	30	13	5	千克	AB
1204	**亚麻子，不论是否破碎**						
12040000	亚麻子，不论是否破碎						
1204000000	亚麻子（不论是否破碎）	15	70	13	5	千克	AB
1205	**油菜子，不论是否破碎**						

商品编号	商品名称及备注	进口关税税率(%)		增值税率(%)	出口退税率(%)	计量单位	监管条件
		最惠国	普通				
12051010	---种用						
1205101000	种用低芥子酸油菜子	0	80	13	0	千克	7AB
12051090	---其他						
1205109000	其他低芥子酸油菜子(不论是否破碎)	9	80	13	5	千克	7AB
12059010	---种用						
1205901000	其他种用油菜子	0	80	13	0	千克	7AB
12059090	---其他						
1205909000	其他油菜子(不论是否破碎)	9	80	13	5	千克	7AB
1206	**葵花子,不论是否破碎**						
12060010	---种用						
1206001000	种用葵花子	0	0	13	5	千克	AB
12060090	---其他						
1206009000	其他葵花子(不论是否破碎)	15	70	13	5	千克	AB
1207	**其他含油子仁及果实,不论是否破碎**						
12071010	---种用						
1207101010	种用濒危棕榈果及棕榈仁	0	0	13	0	千克	ABEF
1207101090	其他种用棕榈果及棕榈仁	0	0	13	5	千克	AB
12071090	---其他						
1207109010	其他濒危棕榈果及棕榈仁(不论是否破碎)	10	70	13	0	千克	ABEF
1207109090	其他棕榈果及棕榈仁(不论是否破碎)	10	70	13	5	千克	AB
12072100	--种用						
1207210000	种用棉子	0	0	13	5	千克	AB
12072900	--其他						
1207290000	其他棉子(不论是否破碎)	15	70	13	5	千克	AB
12073010	---种用						
1207301000	种用蓖麻子	0	0	13	5	千克	AB
12073090	---其他						
1207309000	其他蓖麻子(不论是否破碎)	15	70	13	5	千克	AB
12074010	---种用						
1207401000	种用芝麻(不论是否破碎)	0	0	13	5	千克	AB
12074090	---其他						
1207409000	其他芝麻(不论是否破碎)	10	70	13	5	千克	AB
12075010	---种用						
1207501000	种用芥子(不论是否破碎)	0	0	13	5	千克	AB
12075090	---其他						
1207509000	其他芥子(不论是否破碎)	15	70	13	5	千克	AB
12076010	---种用						
1207601000	种用红花子	0	0	13	5	千克	AB
12076090	---其他						
1207609000	其他红花子(不论是否破碎)	20	70	13	5	千克	AB
12077010	---种用						
1207701000	种用甜瓜的子(包括西瓜属和甜瓜属的子)	0	0	13	0	千克	AB
12077091	----黑瓜子						
1207709100	非种用黑瓜子或其他黑瓜子(不论是否破碎)	20	80	13	5	千克	AB
12077092	----红瓜子						
1207709200	非种用红瓜子或其他红瓜子(不论是否破碎)	20	80	13	5	千克	AB

商品编号	商品名称及备注	进口关税税率(%)		增值税率(%)	出口退税率(%)	计量单位	监管条件
		最惠国	普通				
12077099	----其他						
1207709900	其他甜瓜的子(包括西瓜属和甜瓜属的子;不论是否破碎)	30	70	13	5	千克	AB
12079100	--罂粟子						
1207910000	罂粟子(不论是否破碎)	20	70	13	5	千克	AB
12079910	---种用						
1207991000	其他种用含油子仁及果实	0	0	13	5	千克	AB
12079991	----牛油树果						
1207999100	牛油树果(不论是否破碎)	20	70	13	5	千克	AB
12079999	----其他						
1207999900	其他含油子仁及果实(不论是否破碎)	10	70	13	5	千克	AB
1208	**含油子仁或果实的细粉及粗粉,但芥子粉除外**						
12081000	-大豆粉						
1208100000	大豆粉	9	70	17	0	千克	AB
12089000	-其他						
1208900000	其他含油子仁或果实的细粉及粗粉(芥子粉除外)	15	80	17	15	千克	AB
1209	**种植用的种子、果实及孢子**						
12091000	-糖甜菜子						
1209100000	糖甜菜子	0	0	13	5	千克	AB
12092100	--紫苜蓿子						
1209210000	紫苜蓿子	0	0	13	0	千克	AB
12092200	--三叶草子						
1209220000	三叶草子	0	0	13	0	千克	AB
12092300	--羊茅子						
1209230000	羊茅子	0	0	13	0	千克	AB
12092400	--草地早熟禾子						
1209240000	草地早熟禾子	0	0	13	0	千克	AB
12092500	--黑麦草种子						
1209250000	黑麦草种子	0	0	13	0	千克	AB
12092910	---甜菜子,糖甜菜子除外						
1209291000	甜菜子,糖甜菜子除外	0	0	13	5	千克	AB
12092990	---其他						
1209299000	其他饲料植物种子	0	0	13	0	千克	AB
12093000	-草本花卉植物种子						
1209300010	濒危草本花卉植物种子	0	0	13	0	千克	AFEB
1209300090	其他草本花卉植物种子	0	0	13	0	千克	AB
12099100	--蔬菜种子						
1209910000	蔬菜种子	0	0	13	0	千克	AB
12099900	--其他						
1209990010	其他种植用濒危种子、果实及孢子	0	0	13	0	千克	AFEB
1209990090	其他种植用的种子、果实及孢子	0	0	13	0	千克	AB
1210	**鲜或干的啤酒花,不论是否研磨或制成团粒;蛇麻腺**						
12101000	-啤酒花,未经研磨也未制成团粒						
1210100000	未研磨也未制成团粒的啤酒花(鲜或干的)	20	50	17	15	千克	AB
12102000	-啤酒花,经研磨或制成团粒;蛇麻腺						
1210200000	已研磨或制成团粒的啤酒花(包括蛇麻腺,鲜或干的)	10	50	17	15	千克	AB

商品编号	商品名称及备注	进口关税税率(%)		增值税率(%)	出口退税率(%)	计量单位	监管条件
		最惠国	普通				
1211	**主要用做香料、药料、杀虫、杀菌或类似用途的植物或这些植物的某部分(包括子仁及果实),鲜、冷、冻或干的,不论是否切割、压碎或研磨成粉**						
12112010	---西洋参						
1211201000	鲜、冷、冻或干的西洋参(不论是否切割、压碎或研磨成粉)	7.5	70	13	5	千克	AQBFE
12112020	---野山参(西洋参除外)						
1211202000	鲜、冷、冻或干的野山参(不论是否切割、压碎或研磨成粉)	20	90	13	5	千克	ABEF
12112091	----鲜的						
1211209100	其他鲜人参(不论是否切割、压碎或研磨成粉)	20	50	13	5	千克	AB
12112099	----其他						
1211209900	其他冷、冻或干的人参(不论是否切割、压碎或研磨成粉)	20	50	13	5	千克	ABQ
12113000	-古柯叶						
1211300010	药用古柯叶(不论是否切割、压碎或研磨成粉)	9	50	13	5	千克	ABW
1211300020	做香料用古柯叶(不论是否切割、压碎或研磨成粉)	9	50	13	5	千克	AB
1211300090	杀虫杀菌用古柯叶(不论是否切割、压碎或研磨成粉)	9	50	13	5	千克	AB
12114000	-罂粟秆						
1211400010	药用罂粟秆(不论是否切割、压碎或研磨成粉)	9	50	13	5	千克	AB
1211400020	做香料用罂粟秆(不论是否切割、压碎或研磨成粉)	9	50	13	5	千克	AB
1211400090	杀虫杀菌用罂粟秆(不论是否切割、压碎或研磨成粉)	9	50	13	5	千克	AB
12115000	-麻黄						
1211500011	药料用麻黄草粉	9	30	13		千克	23AQB
1211500019	药料用麻黄草	9	30	13		千克	8AQ
1211500021	香料用麻黄草粉	9	30	13		千克	23AB
1211500029	香料用麻黄草	9	30	13		千克	8A
1211500091	其他用麻黄草粉	9	30	13		千克	23AB
1211500099	其他用麻黄草	9	30	13		千克	8A
12119011	----当归						
1211901100	鲜、冷、冻或干的当归(不论是否切割、压碎或研磨成粉)	6	30	13	5	千克	AQB
12119012	----三七(田七)						
1211901200	鲜、冷、冻或干的三七(田七)(不论是否切割、压碎或研磨成粉)	6	20	13	5	千克	AQB
12119013	----党参						
1211901300	鲜、冷、冻或干的党参(不论是否切割、压碎或研磨成粉)	6	20	13	5	千克	AQB
12119014	----黄连						
1211901400	鲜、冷、冻或干的黄连(不论是否切割、压碎或研磨成粉)	6	20	13	5	千克	AQB
12119015	----菊花						
1211901500	鲜、冷、冻或干的菊花(不论是否切割、压碎或研磨成粉)	6	20	13	0	千克	AQB
12119016	----冬虫夏草						
1211901600	鲜、冷、冻或干的冬虫夏草(不论是否切割、压碎或研磨成粉)	6	20	13	5	千克	AQBE
12119017	----贝母						
1211901700	鲜、冷、冻或干的贝母(不论是否切割、压碎或研磨成粉)	6	20	13	5	千克	AQB
12119018	----川芎						
1211901800	鲜、冷、冻或干的川芎(不论是否切割、压碎或研磨成粉)	6	20	13	5	千克	AQB
12119019	----半夏						
1211901900	鲜、冷、冻或干的半夏(不论是否切割、压碎或研磨成粉)	6	20	13	5	千克	AQB
12119021	----白芍						
1211902100	鲜、冷、冻或干的白芍(不论是否切割、压碎或研磨成粉)	6	20	13	5	千克	AQB
12119022	----天麻						

商品编号	商品名称及备注	进口关税税率(%)		增值税率(%)	出口退税率(%)	计量单位	监管条件
		最惠国	普通				
1211902200	鲜、冷、冻或干的天麻(不论是否切割、压碎或研磨成粉)	6	20	13	5	千克	AQBFE
12119023	----黄芪						
1211902300	鲜、冷、冻或干的黄芪(不论是否切割、压碎或研磨成粉)	6	30	13	5	千克	AQB
12119024	----大黄、籽黄						
1211902400	鲜、冷、冻或干的大黄、籽黄(不论是否切割、压碎或研磨成粉)	6	20	13	5	千克	AQB
12119025	----白术						
1211902500	鲜、冷、冻或干的白术(不论是否切割、压碎或研磨成粉)	6	20	13	5	千克	AQB
12119026	----地黄						
1211902600	鲜、冷、冻或干的地黄(不论是否切割、压碎或研磨成粉)	6	20	13	5	千克	AQB
12119027	----槐米						
1211902700	鲜、冷、冻或干的槐米(不论是否切割、压碎或研磨成粉)	6	20	13	5	千克	AQB
12119028	----杜仲						
1211902800	鲜、冷、冻或干的杜仲(不论是否切割、压碎或研磨成粉)	6	20	13	5	千克	ABQ
12119029	----茯苓						
1211902900	鲜、冷、冻或干的茯苓(不论是否切割、压碎或研磨成粉)	6	20	13	5	千克	AQB
12119031	----枸杞						
1211903100	鲜、冷、冻或干的枸杞(不论是否切割、压碎或研磨成粉)	6	30	13	5	千克	AQB
12119032	----大海子						
1211903200	鲜、冷、冻或干的大海子(不论是否切割、压碎或研磨成粉)	6	20	13	5	千克	AQB
12119033	----沉香						
1211903300	鲜、冷、冻或干的沉香(不论是否切割、压碎或研磨成粉)	3	20	13	5	千克	AQFEB
12119034	----沙参						
1211903400	鲜、冷、冻或干的沙参(不论是否切割、压碎或研磨成粉)	6	20	13	5	千克	AQB
12119035	----青蒿						
1211903500	鲜、冷、冻或干的青蒿(不论是否切割、压碎或研磨成粉)	6	20	13	0	千克	AB
12119036	----甘草						
1211903600[暂0]	鲜、冷、冻或干的甘草(不论是否切割、压碎或研磨成粉)	6	30	13	5	千克	AQB4xy
12119037	----黄芩						
1211903700	鲜、冷、冻或干的黄芩(不论是否切割、压碎或研磨成粉)	6	20	13	5	千克	ABQ
12119038	----椴树(欧椴)花及叶						
1211903810	海南椴、紫椴(籽椴)花及叶(不论是否切割、压碎或研磨成粉)	6	30	13	5	千克	ABEQ
1211903890	其他椴树(欧椴)花及叶	6	30	13	5	千克	ABQ
12119039	----其他						
1211903930	大麻	6	20	13	5	千克	AWB
1211903940	罂粟壳	6	20	13	5	千克	AWB
1211903950	鲜、冷、冻或干的木香(不论是否切割、压碎或研磨成粉)	6	20	13	5	千克	ABFE
1211903960	鲜、冷、冻或干的黄草及枫斗(石斛)(不论是否切割、压碎或研磨成粉)	6	20	13	5	千克	ABFE
1211903970	鲜、冷、冻或干的苁蓉(不论是否切割、压碎或研磨成粉)	6	20	13	5	千克	ABFE
1211903981[暂1]	鲜或干的红豆杉皮、枝叶等(不论是否切割、压碎或研磨成粉)	6	20	13	0	千克	ABFE
1211903989	冷或冻的红豆杉皮、枝叶等(不论是否切割、压碎或研磨成粉)	6	20	13	0	千克	ABFE
1211903991	其他主要用做药料鲜、冷、冻或干的濒危植物(包括其某部分,不论是否切割、压碎或研磨成粉)	6	20	13	0	千克	ABFE
1211903992	加纳籽、车前子壳粉、育亨宾皮(包括其某部分,不论是否切割、压碎或研磨成粉)	6	20	13	5	千克	AB
1211903993	恰特草(Catha edulis Forssk,包括其某部分,不论是否切割、压碎或研磨成粉)	6	20	13	5	千克	ABI
1211903999	其他主要用做药料的鲜、冷、冻或干的植物(包括其某部分,不论是否切割、压碎或研磨成粉)	6	20	13	5	千克	ABQ

商品编号	商品名称及备注	进口关税税率(%)		增值税率(%)	出口退税率(%)	计量单位	监管条件
		最惠国	普通				
12119050	---主要用做香料的植物及其某部分						
1211905030	香料用沉香木及拟沉香木(包括其某部分,不论是否切割、压碎或研磨成粉)	8	50	13	0	千克	ABFE
1211905091	其他主要用做香料的濒危植物(包括其某部分,不论是否切割、压碎或研磨成粉)	8	50	13	0	千克	ABFE
1211905099	其他主要用做香料的植物(包括其某部分,不论是否切割、压碎或研磨成粉)	8	50	13	5	千克	AB
12119091	----鱼藤根、除虫菊						
1211909100	鲜、冷、冻或干的鱼藤根、除虫菊(不论是否切割、压碎或研磨成粉)	3	11	13	5	千克	ABS
12119099	----其他						
1211909991	其他鲜、冷、冻或干的杀虫、杀菌用濒危植物(不论是否切割、压碎或研磨成粉)	9	30	13	0	千克	ABFE
1211909999	其他鲜、冷、冻或干的杀虫、杀菌用植物(不论是否切割、压碎或研磨成粉)	9	30	13	5	千克	AB
1212	**鲜、冷、冻或干的刺槐豆、海草及其他藻类、甜菜及甘蔗,不论是否碾磨;主要供人食用的其他编号未列名的果核、果仁及植物产品(包括未焙制的菊苣根)**						
12122110	---海带						
1212211000	适合供人食用的鲜、冷、冻或干的海带(不论是否碾磨)	20	70	13	0	千克	AB
12122120	---发菜						
1212212000	适合供人食用的鲜、冷、冻或干的发菜(不论是否碾磨)	20	70	13	5	千克	8A
12122131	----干的						
1212213100	适合供人食用的干的裙带菜(不论是否碾磨)	15	70	13	5	千克	AB
12122132	----鲜的						
1212213200	适合供人食用的鲜的裙带菜(不论是否碾磨)	15	70	13	5	千克	AB
12122139	----其他						
1212213900	适合供人食用的冷、冻的裙带菜(不论是否碾磨)	15	70	13	5	千克	AB
12122141	----干的						
1212214100	适合供人食用的干的紫菜(不论是否碾磨)	15	70	13	0	千克	AB
12122142	----鲜的						
1212214200	适合供人食用的鲜的紫菜(不论是否碾磨)	15	70	13	0	千克	AB
12122149	----其他						
1212214900	适合供人食用的冷、冻紫菜(不论是否碾磨)	15	70	13	0	千克	AB
12122161	----干的						
1212216100	适合供人食用的干的麒麟菜(不论是否碾磨)	15	70	13	5	千克	AB
12122169	----其他						
1212216900	适合供人食用的鲜、冷或冻的麒麟菜(不论是否碾磨)	15	70	13	5	千克	AB
12122171	----干的						
1212217100	适合供人食用的干的江蓠(不论是否碾磨)	15	70	13	5	千克	AB
12122179	----其他						
1212217900	适合供人食用的鲜、冷或冻的江蓠(不论是否碾磨)	15	70	13	5	千克	AB
12122190	---其他						
1212219000暂2	其他适合供人食用的鲜、冷、冻或干海草及藻类(不论是否碾磨)	15	70	13	5	千克	AB
12122910	---马尾藻						
1212291000暂2	不适合供人食用的鲜、冷、冻或干的马尾藻(不论是否碾磨)	15	70	13	5	千克	AB
12122990	---其他						
1212299000暂2	其他不适合供人食用的鲜、冷、冻或干海草及藻类(不论是否碾磨)	15	70	13	5	千克	AB
12129100	--甜菜						
1212910000	鲜、冷、冻或干的甜菜(不论是否碾磨)	20	70	13	5	千克	AB
12129200	--刺槐豆						
1212920000	鲜、冷、冻或干的刺槐豆(不论是否碾磨)	20	70	13	5	千克	AB
12129300	--甘蔗						

商品编号	商品名称及备注	进口关税税率(%)		增值税率(%)	出口退税率(%)	计量单位	监管条件
		最惠国	普通				
1212930000	鲜、冷、冻或干的甘蔗(不论是否碾磨)	20	70	13	5	千克	AB
12129400	--菊苣根						
1212940000	菊苣根(不论是否碾磨)	20	70	13	5	千克	AB
12129911	----苦杏仁						
1212991100	苦杏仁	20	80	13	5	千克	QAB
12129912	----甜杏仁						
1212991200	甜杏仁	20	80	13	5	千克	AB
12129919	----其他						
1212991900	其他杏核,桃、梅或李的核及核仁(杏仁除外,包括油桃)	20	80	13	5	千克	AB
12129993	----白瓜子						
1212999300	白瓜子	20	80	13	5	千克	AB
12129994	----莲子						
1212999400	莲子	20	80	13	5	千克	AB
12129996	----甜叶菊叶						
1212999600	甜叶菊叶	30	70	13	5	千克	AB
12129999	----其他						
1212999910	其他供人食用濒危植物产品(包括未焙制的菊苣根,包括果核、仁等)	30	70	13	0	千克	ABFE
1212999990	其他供人食用果核、仁及植物产品(包括未焙制的菊苣根)	30	70	13	5	千克	AB
1213	**未经处理的谷类植物的茎、秆及谷壳,不论是否切碎、碾磨、挤压或制成团粒**						
12130010	---未经处理的稻草的茎、秆						
1213001000	未经处理的稻草的茎、秆(不论是否切碎、碾磨、挤压或制成团粒)	12	35	13	5	千克	AB
12130090	---其他						
1213009000	未经处理谷类植物的茎、秆及谷壳(不论是否切碎、碾磨、挤压或制成团粒)	12	35	13	5	千克	AB
1214	**芜菁甘蓝、饲料甜菜、饲料用根、干草、紫苜蓿、三叶草、驴喜豆、饲料羽衣甘蓝、羽扇豆、巢菜及类似饲料,不论是否制成团粒**						
12141000	-紫苜蓿粗粉及团粒						
1214100000	紫苜蓿粗粉及团粒	5	35	0	0	千克	AB
12149000	-其他						
1214900001[暂7]	其他紫苜蓿(粗粉及团粒除外)	9	35	0	0	千克	AB
1214900002[暂4]	以除紫苜蓿外的禾本科和豆科为主的多种混合天然饲草	9	35	0	0	千克	AB
1214900090	芜菁甘蓝、饲料甜菜、其他植物饲料(包括饲料用根、干草、三叶草、驴喜豆等,不论是否制成团粒)	9	35	0	0	千克	AB

第十三章　虫胶；树胶、树脂及其他植物液、汁

注释：

品目13.02主要包括甘草、除虫菊、啤酒花、芦荟的浸膏及鸦片，但不包括：

一、按重量计蔗糖含量在10%以上或制成糖食的甘草浸膏（品目17.04）；

二、麦芽膏（品目19.01）；

三、咖啡精、茶精、马黛茶精（品目21.01）；

四、构成含酒精饮料的植物的汁、液（第二十二章）；

五、樟脑、甘草甜及品目29.14或29.38的其他产品；

六、罂粟秆浓缩物，按重量计生物碱含量不低于50%（品目29.39）；

七、品目30.03或30.04的药品及品目30.06的血型试剂；

八、鞣料或染料的浸膏（品目32.01或32.03）；

九、精油、浸膏、净油、香膏提取的油树脂及精油的水质馏出液或其水溶液，饮料制造业用的以芳香物质为基料的制剂（第三十三章）；

十、天然橡胶、巴拉塔胶、古塔波胶、银胶菊胶、糖胶树胶或类似的天然树胶（品目40.01）。

子目注释：

子目1302.1100的鸦片，我国禁止进口。

商品编号	商品名称及备注	进口关税税率(%)		增值税率(%)	出口退税率(%)	计量单位	监管条件
		最惠国	普通				
1301	**虫胶；天然树胶、树脂、树胶脂及油树脂（例如，香树脂）**						
13012000	-阿拉伯胶						
1301200000	阿拉伯胶	15	40	13	5	千克	AB
13019010	---胶黄耆树胶（卡喇杆胶）						
1301901000	胶黄耆树胶	15	40	13	5	千克	AB
13019020	---乳香、没药及血竭						
1301902000	乳香、没药及血竭	3	17	13	5	千克	ABQ
13019030	---阿魏						
1301903000	阿魏	3	17	13	5	千克	AB
13019040	---松脂						
1301904010	濒危松科植物的松脂	15	45	13	0	千克	ABE
1301904090	其他松脂	15	45	13	5	千克	AB
13019090	---其他						
1301909010	龙血树脂、大戟脂、愈疮树脂	15	45	13	5	千克	ABFE
1301909020	大麻脂	15	45	13	5	千克	ABW
1301909091	其他濒危植物的天然树胶、树脂[包括天然树胶、树脂及其他油树脂（例如，香树脂）]	15	45	13	0	千克	ABFE
1301909099	其他天然树胶、树脂[包括天然树胶、树脂及其他油树脂（例如，香树脂）]	15	45	13	5	千克	AB
1302	**植物液汁及浸膏；果胶、果胶酸盐及果胶酸酯；从植物产品制得的琼脂、其他胶液及增稠剂，不论是否改性**						
13021100	--鸦片						
1302110000	鸦片液汁及浸膏（也称阿片）	0	0	0	15	千克	9BW
13021200	--甘草的						
1302120000[暂0]	甘草液汁及浸膏	6	20	17	15	千克	4xABy
13021300	--啤酒花的						
1302130000	啤酒花液汁及浸膏	10	80	17	15	千克	AB
13021400	--麻黄的						
1302140011	供制农药用麻黄浸膏及浸膏粉	20	80	17		千克	23AB
1302140012	供制医药用麻黄浸膏及浸膏粉	20	80	17		千克	Q23AB
1302140019	其他麻黄浸膏及浸膏粉	20	80	17		千克	23AB
1302140020	麻黄液汁	20	80	17		千克	Q23AB
13021910	---生漆						
1302191000	生漆	20	90	17	5	千克	AB

商品编号	商品名称及备注	进口关税税率(%) 最惠国	进口关税税率(%) 普通	增值税率(%)	出口退税率(%)	计量单位	监管条件
13021920	---印楝素						
1302192000	印楝素	3	11	17	5	千克	ABS
13021930	---除虫菊的或含鱼藤酮植物根茎的						
1302193000	除虫菊或含鱼藤酮植物根茎的液汁及浸膏	3	11	17	15	千克	ABS
13021940	---银杏的						
1302194000	银杏的液汁及浸膏	20	80	17	15	千克	ABE
13021990	---其他						
1302199001	苦参碱	20	80	17	15	千克	ABS
1302199013	供制农药用的濒危植物液汁及浸膏	20	80	17	0	千克	ABFE
1302199019	供制农药用的其他植物液汁及浸膏	20	80	17	15	千克	AB
1302199095	红豆杉液汁及浸膏	20	80	17	15	千克	ABFE
1302199096	黄草汁液及浸膏	20	80	17	15	千克	ABFE
1302199097	其他濒危植物液汁及浸膏	20	80	17	0	千克	ABFE
1302199099	其他植物液汁及浸膏	20	80	17	15	千克	AB
13022000	-果胶、果胶酸盐及果胶酸酯						
1302200000	果胶、果胶酸盐及果胶酸酯	20	80	17	15	千克	AB
13023100	--琼脂						
1302310000	琼脂	10	80	17	15	千克	AB
13023200	--从刺槐豆、刺槐豆子或瓜尔豆制得的胶液及增稠剂,不论是否改性						
1302320000	刺槐豆胶液及增稠剂(从刺槐豆、刺槐豆子或瓜尔豆制得的,不论是否改性)	15	80	17	15	千克	AB
13023911	----卡拉胶						
1302391100	卡拉胶(不论是否改性)	15	80	17	15	千克	AB
13023912	----褐藻胶						
1302391200	褐藻胶(不论是否改性)	15	80	17	15	千克	AB
13023919	----其他						
1302391900	海草及其他藻类胶液及增稠剂(不论是否改性)	15	80	17	15	千克	AB
13023990	---其他						
1302399010	未列名濒危植物胶液及增稠剂	15	80	17	0	千克	ABFE
1302399090	其他未列名植物胶液及增稠剂	15	80	17	15	千克	AB

第十四章　编结用植物材料；其他植物产品

注释：

一、本章不包括归入第十一类的下列产品：

主要供纺织用的植物材料或植物纤维，不论其加工程度如何；或经过处理使其只能作为纺织原料用的其他植物材料。

二、品目14.01主要包括竹子（不论是否劈开、纵锯、切段、圆端、漂白、磨光、染色或进行不燃处理）、劈开的柳条、芦苇及类似品和藤心、藤丝、藤片，但不包括木片条（品目44.04）。

三、品目14.04不包括木丝（品目44.05）及供制帚、制刷用成束、成簇的材料（品目96.03）。

商品编号	商品名称及备注	进口关税税率（%）		增值税率（%）	出口退税率（%）	计量单位	监管条件
		最惠国	普通				
1401	**主要作编结用的植物材料（例如，竹、藤、芦苇、灯芯草、柳条、酒椰叶，已净、漂白或染色的谷类植物的茎秆，椴树皮）**						
14011000	-竹						
1401100010	酸竹	10	70	13	5	千克	ABE
1401100090	其他竹	10	70	13	5	千克	AB
14012000	-藤						
1401200010	濒危藤	10	35	13	0	千克	ABFE
1401200090	其他藤	10	35	13	5	千克	AB
14019010	---谷类植物的茎秆（麦秸除外）						
1401901000	谷类植物的茎秆（麦秸除外）（已净、漂白或染色的）	10	70	13	5	千克	AB
14019020	---芦苇						
1401902000	芦苇（已净、漂白或染色的）	10	70	13	5	千克	AB
14019031	----蔺草						
1401903100	蔺草（已净、漂白或染色的）	10	70	13	5	千克	AB4xy
14019039	----其他						
1401903900	其他灯芯草属植物材料（已净、漂白或染色的）	10	70	13	5	千克	AB
14019090	---其他						
1401909000	未列名主要作编结用的植物材料（已净、漂白或染色的）	10	70	13	5	千克	AB
1404	**其他编号未列名的植物产品**						
14042000	-棉短绒						
1404200000	棉短绒	4	30	13	5	千克	AB
14049010	---主要供染料、鞣料用的植物原料						
1404901000	主要供染料或鞣料用的植物原料	5	45	13	5	千克	AB
14049090	---其他						
1404909010[暂8]	椰糠（条/块）	15	70	13	5	千克	AB
1404909090	其他编号未列名植物产品	15	70	13	5	千克	AB

第三类　动、植物油、脂及其分解产品；精制的食用油脂；动、植物蜡

第十五章　动、植物油、脂及其分解产品；精制的食用油脂；动、植物蜡

注释：

一、本章不包括：

（一）品目 02.09 的猪脂肪及家禽脂肪；

（二）可可脂、可可油（品目 18.04）；

（三）按重量计品目 04.05 所列产品的含量超过 15% 的食品（通常归入第二十一章）；

（四）品目 23.01 的油渣或品目 23.04 至 23.06 的残渣；

（五）第六类的脂肪酸、精制蜡、药品、油漆、清漆、肥皂、香水、化妆品、盥洗品、磺化油及其他货品；

（六）从油类提取的油膏（品目 40.02）。

二、品目 15.09 不包括用溶剂提取的橄榄油（品目 15.10）。

三、品目 15.18 不包括变性的油、脂及其分离品，这些货品应归入其相应的未变性油、脂及其分离品的品目。

四、皂料、油脚、硬脂沥青、甘油沥青及羊毛脂残渣，归入品目 15.22。

子目注释：

子目 1514.11 及 1514.19 所称“低芥子酸菜子油”，是指按重量计芥子酸含量低于 2% 的固定油。

商品编号	商品名称及备注	进口关税税率（%）		增值税率（%）	出口退税率（%）	计量单位	监管条件
		最惠国	普通				
1501	**猪脂肪（包括已炼制的猪油）及家禽脂肪，但品目 02.09 及 15.03 的货品除外**						
15011000	-猪油						
1501100000	猪油（但品目 02.09 及 15.03 的货品除外）	10	35	17	15	千克	AB
15012000	-其他猪脂肪						
1501200000	其他猪脂肪（但品目 02.09 及 15.03 的货品除外）	10	35	17	15	千克	AB
15019000	-其他						
1501900000	家禽脂肪（但品目 02.09 及 15.03 的货品除外）	10	35	17	15	千克	AB
1502	**牛、羊脂肪，但品目 15.03 的货品除外**						
15021000	-牛、羊油脂						
1502100000[暂2]	牛、羊油脂（但品目 15.03 的货品除外）	8	30	17	15	千克	AB
15029000	-其他						
1502900000[暂4]	其他牛、羊脂肪（但品目 15.03 的货品除外）	8	70	17	5	千克	AB
1503	**猪油硬脂、液体猪油、油硬脂、食用或非食用脂油，未经乳化、混合或其他方法制作**						
15030000	猪油硬脂、液体猪油、油硬脂、食用或非食用脂油，未经乳化、混合或其他方法制作						
1503000000	未经制作的猪油硬脂、油硬脂等（包括液体猪油及脂油，未经乳化、混合或其他方法制作）	10	30	17	15	千克	AB
1504	**鱼或海生哺乳动物的油、脂及其分离品，不论是否精制，但未经化学改性**						
15041000	-鱼肝油及其分离品						
1504100010	濒危鱼鱼肝油及其分离品	12	30	17	0	千克	ABEF
1504100090	其他鱼鱼肝油及其分离品	12	30	17	15	千克	AB
15042000	-除鱼肝油以外的鱼油、脂及其分离品						
1504200011[暂6]	濒危鱼油软胶囊（鱼肝油除外）	12	50	17	0	千克	ABEF
1504200019	濒危鱼其他鱼油、脂及其分离品（鱼肝油除外）	12	50	17	0	千克	ABEF
1504200091[暂6]	其他鱼油软胶囊（鱼肝油除外）	12	50	17	0	千克	AB
1504200099	其他鱼油、脂及其分离品（鱼肝油除外）	12	50	17	0	千克	AB

商品编号	商品名称及备注	进口关税税率(%)		增值税率(%)	出口退税率(%)	计量单位	监管条件
		最惠国	普通				
15043000	-海生哺乳动物的油、脂及其分离品						
1504300010	濒危哺乳动物的油、脂及其分离品(仅指海生)	14.4	50	17	0	千克	ABFE
1504300090	其他海生哺乳动物油、脂及其分离品	14.4	50	17	15	千克	AB
1505	**羊毛脂及从羊毛脂制得的脂肪物质(包括纯净的羊毛脂)**						
15050000	羊毛脂及从羊毛脂制得的脂肪物质(包括纯净的羊毛脂)						
1505000000	羊毛脂及羊毛脂肪物质(包括纯净的羊毛脂)	20	70	17	15	千克	AB
1506	**其他动物油、脂及其分离品,不论是否精制,但未经化学改性**						
15060000	其他动物油、脂及其分离品,不论是否精制,但未经化学改性						
1506000010	其他濒危动物为原料制取的脂肪(包括河马、熊、野兔、海龟为原料的及海龟蛋油)	20	70	17	0	千克	ABFE
1506000090	其他动物油、脂及其分离品(不论是否精制,但未经化学改性)	20	70	17	15	千克	AB
1507	**豆油及其分离品,不论是否精制,但未经化学改性**						
15071000	-初榨的,不论是否脱胶						
1507100000	初榨的豆油(但未经化学改性)	9	190	13	0	千克	7AB
15079000	-其他						
1507900000	精制的豆油及其分离品(包括初榨豆油的分离品,但未经化学改性)	9	190	13	0	千克	7AB
1508	**花生油及其分离品,不论是否精制,但未经化学改性**						
15081000	-初榨的						
1508100000	初榨的花生油(但未经化学改性)	10	100	13	0	千克	AB
15089000	-其他						
1508900000	精制的花生油及其分离品(包括初榨花生油的分离品,但未经化学改性)	10	100	13	0	千克	AB
1509	**油橄榄油及其分离品,不论是否精制,但未经化学改性**						
15091000	-初榨的						
1509100000	初榨油橄榄油(但未经化学改性)	10	30	13	0	千克	7AB
15099000	-其他						
1509900000	精制的油橄榄油及其分离品(包括初榨油橄榄油的分离品,但未经化学改性)	10	30	17	0	千克	7AB
1510	**其他橄榄油及其分离品,不论是否精制,但未经化学改性,包括掺有品目15.09的油或分离品的混合物**						
15100000	其他橄榄油及其分离品,不论是否精制,但未经化学改性,包括掺有品目15.09的油或分离品的混合物						
1510000000	其他橄榄油及其分离品(不论是否精制,但未经化学改性,包括掺有品目15.09的油或分离品的混合物)	10	30	17	0	千克	7AB
1511	**棕榈油及其分离品,不论是否精制,但未经化学改性**						
15111000	-初榨的						
1511100000	初榨的棕榈油(但未经化学改性)	9	60	13	0	千克	7AB
15119010	---棕榈液油(熔点19℃~24℃)						
1511901000	棕榈液油(熔点为19℃~24℃,未经化学改性)	9	60	13	0	千克	7AB
15119020	---棕榈硬脂(熔点44℃~56℃)						
1511902001暂2	固态棕榈硬脂(50℃≤熔点≤56℃,未经化学改性)	8	60	13	0	千克	7AB
1511902090	棕榈硬脂(44℃≤熔点<50℃,未经化学改性)	8	60	13	0	千克	AB
15119090	---其他						
1511909000	其他精制棕榈油(包括棕榈油的分离品,但未经化学改性)	9	60	17	0	千克	7AB
1512	**葵花油、红花油或棉子油及其分离品,不论是否精制,但未经化学改性**						
15121100	--初榨的						
1512110000	初榨的葵花油和红花油(但未经化学改性)	9	160	13	0	千克	AB
15121900	--其他						

商品编号	商品名称及备注	进口关税税率(%)		增值税率(%)	出口退税率(%)	计量单位	监管条件
		最惠国	普通				
1512190000	精制的葵花油和红花油及其分离品(包括初榨葵花油和红花油的分离品,但未经化学改性)	9	160	17	0	千克	AB
15122100	--初榨的,不论是否去除棉子酚						
1512210000	初榨的棉子油(不论是否去除棉子酚)	10	70	13	0	千克	AB
15122900	--其他						
1512290000	精制的棉子油及其分离品(包括初榨棉子油的分离品,但未经化学改性)	10	70	17	0	千克	AB
1513	**椰子油、棕榈仁油或巴巴苏棕榈果油及其分离品,不论是否精制,但未经化学改性**						
15131100	--初榨的						
1513110000	初榨椰子油(但未经化学改性)	9	40	13	0	千克	AB
15131900	--其他						
1513190000	其他椰子油及其分离品(包括初榨椰子油的分离品,但未经化学改性)	9	40	13	0	千克	AB
15132100	--初榨的						
1513210000	初榨棕榈仁油或巴巴苏棕榈果油(未经化学改性)	9	40	13	0	千克	AB
15132900	--其他						
1513290000	精制的棕榈仁油或巴巴苏棕榈果油(包括分离品,但未经化学改性,初榨的除外)	9	40	17	0	千克	AB
1514	**菜子油或芥子油及其分离品,不论是否精制,但未经化学改性**						
15141100	--初榨的						
1514110000	初榨的低芥子酸菜子油(但未经化学改性)	9	170	13	0	千克	7AB
15141900	--其他						
1514190000	其他低芥子酸菜子油(包括其分离品,但未经化学改性)	9	170	13	0	千克	7AB
15149110	---菜子油						
1514911000	初榨的非低芥子酸菜子油(但未经化学改性)	9	170	13	0	千克	7AB
15149190	---芥子油						
1514919000	初榨的芥子油(但未经化学改性)	9	170	13	0	千克	7AB
15149900	--其他						
1514990000	精制非低芥子酸菜子油、芥子油(包括其分离品,但未经化学改性)	9	170	17	0	千克	7AB
1515	**其他固定植物油、脂(包括希蒙得木油)及其分离品,不论是否精制,但未经化学改性**						
15151100	--初榨的						
1515110000	初榨亚麻子油(但未经化学改性)	15	30	13	0	千克	AB
15151900	--其他						
1515190000	精制的亚麻子油及其分离品(包括初榨亚麻子油的分离品,但未经化学改性)	15	30	17	0	千克	AB
15152100	--初榨的						
1515210000	初榨的玉米油(但未经化学改性)	10	160	13	0	千克	AB
15152900	--其他						
1515290000	精制的玉米油及其分离品(包括初榨玉米油的分离品,但未经化学改性)	10	160	17	0	千克	AB
15153000	-蓖麻油及其分离品						
1515300000	蓖麻油及其分离品(不论是否精制,但未经化学改性)	10	70	17	5	千克	AB
15155000	-芝麻油及其分离品						
1515500000	芝麻油及其分离品(不论是否精制,但未经化学改性)	12	20	13	0	千克	AB
15159010	---希蒙得木油(霍霍巴油)及其分离品						
1515901000	希蒙得木油及其分离品(不论是否精制,但未经化学改性)	20	70	17	5	千克	AB
15159020	---印楝油及其分离品						
1515902000	印楝油及其分离品(不论是否精制,但未经化学改性)	20	70	17	5	千克	ABS
15159030	---桐油及其分离品						
1515903000	桐油及其分离品(不论是否精制,但未经化学改性)	20	70	17	5	千克	AB
15159090	---其他						

商品编号	商品名称及备注	进口关税税率(%)		增值税率(%)	出口退税率(%)	计量单位	监管条件
		最惠国	普通				
1515909010	红松子油(不论是否精制,但未经化学改性)	20	70	17	0	千克	ABE
1515909090	其他固定植物油、脂及其分离品(不论是否精制,但未经化学改性)	20	70	17	0	千克	AB
1516	**动、植物油、脂及其分离品,全部或部分氢化、相互酯化、再酯化或反油酸化,不论是否精制,但未经进一步加工**						
15161000	-动物油、脂及其分离品						
1516100000	氢化、酯化或反油酸化动物油、脂(包括其分离品,不论是否精制,但未经进一步加工)	5	70	17	15	千克	AB
15162000	-植物油、脂及其分离品						
1516200000	氢化、酯化或反油酸化植物油、脂(包括其分离品,不论是否精制,但未经进一步加工)	25	70	17	0	千克	AB
1517	**人造黄油;本章各种动、植物油、脂及其分离品混合制成的食用油、脂或制品,但品目15.16的食用油、脂及其分离品除外**						
15171000	-人造黄油,但不包括液态的						
1517100000	人造黄油(但不包括液态的)	30	80	17	0	千克	AB
15179010	---起酥油						
1517901001	动物油脂制造的起酥油(品目15.16的食用油、脂及其分离品除外)	25	70	17	15	千克	AB
1517901090	植物油脂制造的起酥油(品目15.16的食用油、脂及其分离品除外)	25	70	13	0	千克	AB
15179090	---其他						
1517909001	其他混合制成的动物质食用油脂或制品(品目15.16的食用油、脂及其分离品除外)	25	70	17	15	千克	AB
1517909090	其他混合制成的植物质食用油脂或制品(品目15.16的食用油、脂及其分离品除外)	25	70	13	0	千克	AB
1518	**动、植物油、脂及其分离品,经过熟炼、氧化、脱水、硫化、吹制或在真空、惰性气体中加热聚合及用其他化学方法改性的,但品目15.16的产品除外;本章各种油、脂及其分离品混合制成的其他编号未列名的非食用油、脂或制品**						
15180000	动、植物油、脂及其分离品,经过熟炼、氧化、脱水、硫化、吹制或在真空、惰性气体中加热聚合及其他化学方法改性的,但品目15.16的产品除外;本章各种油、脂及其分离品混合制成的其他编号未列名的非食用油、脂或制品						
1518000000	化学改性的动、植物油、脂(包括其分离品及本章油脂混合制成的非食用油脂或制品,品目15.16的产品除外)	10	70	17	15	千克	AB
1520	**粗甘油;甘油水及甘油碱液**						
15200000	粗甘油;甘油水及甘油碱液						
1520000000[暂6]	粗甘油,甘油水及甘油碱液	20	50	17	15	千克	AB
1521	**植物蜡(甘油三酯除外)、蜂蜡、其他虫蜡及鲸蜡,不论是否精制或着色**						
15211000	-植物蜡						
1521100010	小烛树蜡	20	80	17	15	千克	ABEF
1521100090	其他植物蜡	20	80	17	15	千克	AB
15219010	---蜂蜡						
1521901000	蜂蜡(不论是否精制或着色)	20	80	17	15	千克	AB
15219090	---其他						
1521909010	鲸蜡(不论是否精制或着色)	20	80	17	15	千克	AFEB
1521909090	其他虫蜡(不论是否精制或着色)	20	80	17	15	千克	AB
1522	**油鞣回收脂;加工处理油脂物质及动、植物蜡所剩的残渣**						
15220000	油鞣回收脂;加工处理油脂物质及动、植物蜡所剩的残渣						
1522000000	油鞣回收脂(包括加工处理油脂物质及动、植物蜡所剩的残渣)	20	50	17	15	千克	9

第四类 食品；饮料、酒及醋；烟草、烟草及烟草代用品的制品

注释：

本类所称"团粒"，是指直接挤压或加入按重量计比例不超过3%的黏合剂制成的粒状产品。

第十六章 肉、鱼、甲壳动物、软体动物及其他水生无脊椎动物的制品

注释：

一、本章不包括用第二章、第三章及品目05.04所列方法制作或保藏的肉、食用杂碎、鱼、甲壳动物、软体动物或其他水生无脊椎动物。

二、本章的食品按重量计必须含有20%以上的香肠、肉、食用杂碎、动物血、鱼、甲壳动物、软体动物或其他水生无脊椎动物及其混合物。对于含有两种或两种以上前述产品的食品，则应按其中重量最大的产品归入第十六章的相应品目，但本条规定不适用于品目19.02的包馅食品或品目21.03、21.04的食品。

子目注释：

一、子目1602.10的"均化食品"，是指用肉、食用杂碎或动物血经精细均化制成适合供婴幼儿食用或营养用的零售包装食品（每件净重不超过250克）。为了调味、保藏或其他目的，均化食品中可以加入少量其他配料，还可以含有少量可见的肉粒或食用杂碎粒。归类时该子目优先于品目16.02的其他子目。

二、品目16.04或16.05项下各子目所列的是鱼、甲壳动物、软体动物及其他水生无脊椎动物的俗名，它们与第三章中相同名称的鱼、甲壳动物、软体动物及其他水生无脊椎动物种类范围相同。

商品编号	商品名称及备注	进口关税税率(%)		增值税率(%)	出口退税率(%)	计量单位	监管条件
		最惠国	普通				
1601	**肉、食用杂碎或动物血制成的香肠及类似产品；用香肠制成的食品**						
16010010	---用天然肠衣做外包装的香肠及类似产品						
1601001010	濒危野生动物肉、杂碎、血制天然肠衣香肠（含品目02.08的野生动物，包括类似品）	15	90	17	0	千克	ABFE
1601001090	其他动物肉，杂碎及血制天然肠衣香肠（包括类似品）	15	90	17	15	千克	AB
16010020	---其他香肠及类似产品						
1601002010	濒危野生动物肉、杂碎、血制其他肠衣香肠（含品目02.08的野生动物，包括类似品）	15	90	17	0	千克	ABFE
1601002090	其他动物肉、杂碎及血制其他肠衣香肠（包括类似品）	15	90	17	15	千克	AB
16010030	---用香肠制成的食品						
1601003010	用含濒危野生动物成分的香肠制的食品（含品目02.08的野生动物）	15	90	17	0	千克	ABFE
1601003090	用含其他动物成分的香肠制的食品	15	90	17	5	千克	AB
1602	**其他方法制作或保藏的肉、食用杂碎或动物血**						
16021000	-均化食品						
1602100010	含濒危野生动物成分的均化食品（指用肉、食用杂碎或动物血经精细均化制成，零售包装）	15	90	17	0	千克	ABFE
1602100090	其他动物肉或食用杂碎的均化食品（指用肉、食用杂碎或动物血经精细均化制成，零售包装）	15	90	17	15	千克	AB
16022000	-动物肝						
1602200010	制作或保藏的濒危动物肝（第二、三章所列方法制作或保藏的除外）	15	90	17	0	千克	ABEF
1602200090	制作或保藏的其他动物肝（第二、三章所列方法制作或保藏的除外）	15	90	17	15	千克	AB
16023100	--火鸡的						
1602310000	制作或保藏的火鸡肉及杂碎（第二、三章所列方法制作或保藏的除外）	15	90	17	15	千克	AB
16023210	---罐头						

商品编号	商品名称及备注	进口关税税率(%)		增值税率(%)	出口退税率(%)	计量单位	监管条件
		最惠国	普通				
1602321000	鸡罐头	15	90	17	15	千克	AB
16023291	----鸡胸肉						
1602329100	其他方法制作或保藏的鸡胸肉(第二、三章所列方法制作或保藏的除外)	15	90	17	15	千克	AB
16023292	----鸡腿肉						
1602329200	其他方法制作或保藏的鸡腿肉(第二、三章所列方法制作或保藏的除外)	15	90	17	15	千克	AB
16023299	----其他						
1602329900	其他方法制作或保藏的其他鸡产品(第二、三章所列方法制作或保藏的除外,鸡胸肉、鸡腿肉除外)	15	90	17	15	千克	AB
16023910	---罐头						
1602391000	其他家禽肉及杂碎的罐头	15	90	17	15	千克	AB
16023991	----鸭的						
1602399100	其他方法制作或保藏的鸭(第二、三章所列方法制作或保藏的除外)	15	90	17	5	千克	AB
16023999	----其他						
1602399900	其他方法制作或保藏的其他家禽肉及杂碎(第二、三章所列方法制作或保藏的除外,鸡、鸭除外)	15	90	17	15	千克	AB
16024100	--后腿及其肉块						
1602410010	制作或保藏的鹿豚、姬猪后腿及肉块	15	90	17	15	千克	ABFE
1602410090	制作或保藏的猪后腿及其肉块	15	90	17	15	千克	AB
16024200	--前腿及其肉块						
1602420010	制作或保藏的鹿豚、姬猪前腿及肉块	15	90	17	15	千克	ABFE
1602420090	制作或保藏的猪前腿及其肉块	15	90	17	15	千克	AB
16024910	---罐头						
1602491010	其他含鹿豚、姬猪肉及杂碎的罐头	15	90	17	15	千克	ABFE
1602491090	其他猪肉及杂碎的罐头	15	90	17	15	千克	AB
16024990	---其他						
1602499010	制作或保藏的其他鹿豚、姬猪肉及杂碎(包括血等)	15	90	17	15	千克	ABFE
1602499090	制作或保藏的其他猪肉、杂碎、血	15	90	17	15	千克	AB
16025010	---罐头						
1602501010	含濒危野牛肉的罐头	12	90	17	0	千克	ABFE
1602501090	其他牛肉及牛杂碎罐头(含野牛肉的除外)	12	90	17	15	千克	AB
16025090	---其他						
1602509010	其他制作或保藏的濒危野牛肉、杂碎(包括血等)	12	90	17	0	千克	ABFE
1602509090	其他制作或保藏的牛肉、杂碎、血	12	90	17	15	千克	AB
16029010	---罐头						
1602901010	其他濒危野生动物肉及杂碎罐头	15	90	17	0	千克	ABFE
1602901090	其他肉及杂碎罐头	15	90	17	15	千克	AB
16029090	---其他						
1602909010	制作或保藏的其他濒危野生动物肉(包括杂碎、血)	15	90	17	0	千克	ABFE
1602909090	经制作或保藏的其他肉、杂碎及血	15	90	17	15	千克	AB
1603	**肉、鱼、甲壳动物、软体动物或其他水生无脊椎动物的精及汁**						
16030000	肉、鱼、甲壳动物、软体动物或其他水生无脊椎动物的精及汁						
1603000010	含濒危野生动物及鱼类成分的肉(指品目02.08及编号030192野生动物及鱼类)	23	90	17	0	千克	ABFE
1603000090	肉及水产品的精、汁(水产品指鱼、甲壳动物、软体动物或其他水生无脊椎动物)	23	90	17	15	千克	AB
1604	**制作或保藏的鱼;鲟鱼子酱及鱼卵制的鲟鱼子酱代用品**						
16041110	---大西洋鲑鱼						

商品编号	商品名称及备注	进口关税税率(%)		增值税率(%)	出口退税率(%)	计量单位	监管条件
		最惠国	普通				
1604111000	制作或保藏的大西洋鲑鱼(整条或切块,但未绞碎)	12	90	17	15	千克	AB
16041190	---其他						
1604119010	制作或保藏的川陕哲罗鲑鱼(整条或切块,但未绞碎)	12	90	17	15	千克	ABE
1604119020	制作或保藏的秦岭细鳞鲑鱼(整条或切块,但未绞碎)	12	90	17	15	千克	AEB
1604119090	制作或保藏的其他鲑鱼	12	90	17	15	千克	AB
16041200	--鲱鱼						
1604120000	制作或保藏的鲱鱼(整条或切块,但未绞碎)	12	90	17	15	千克	AB
16041300	--沙丁鱼、小沙丁鱼属、黍鲱或西鲱						
1604130000	制作或保藏的沙丁鱼、小沙丁鱼属、黍鲱或西鲱(整条或切块,但未绞碎)	5	90	17	15	千克	AB
16041400	--金枪鱼、鲣鱼及狐鲣(狐鲣属)						
1604140000	制作或保藏的金枪鱼、鲣鱼及狐鲣(狐鲣属)(整条或切块,但未绞碎)	5	90	17	15	千克	AB
16041500	--鲭鱼						
1604150000	制作或保藏的鲭鱼(整条或切块,但未绞碎)	12	90	17	15	千克	AB
16041600	--鳀鱼						
1604160000	制作保藏的醍鱼(Anchovies)(整条或切块,但未绞碎)	12	90	17	15	千克	AB
16041700	--鳗鱼						
1604170010	制作或保藏的花鳗鲡(整条或切块,但未绞碎)	12	90	17	15	千克	ABE
1604170020	制作或保藏的欧洲鳗鲡(整条或切块,但未绞碎)	12	90	17	15	千克	ABEF
1604170090	其他制作或保藏的鳗鱼(整条或切块,但未绞碎)	12	90	17	15	千克	AB
16041800	--鲨鱼翅						
1604180010	制作或保藏的濒危鲨鱼鱼翅(整条或切块,但未绞碎)	12	90	17		千克	AFEB
1604180090	制作或保藏的其他鲨鱼鱼翅(整条或切块,但未绞碎)	12	90	17		千克	AB
16041920	---罗非鱼						
1604192000	制作或保藏的罗非鱼(整条或切块,但未绞碎)	12	90	17	15	千克	AB
16041931	----斑点叉尾鮰鱼						
1604193100	制作或保藏的斑点叉尾鱼(整条或切块,但未绞碎)	12	90	17	15	千克	AB
16041939	----其他						
1604193900	制作或保藏的其他叉尾鱼(整条或切块,但未绞碎)	12	90	17	15	千克	AB
16041990	---其他						
1604199010	制作或保藏的濒危鱼类(整条或切块,但未绞碎)	12	90	17	0	千克	AFEB
1604199090	制作或保藏的其他鱼(整条或切块,但未绞碎)	12	90	17	15	千克	AB
16042011	----鱼翅						
1604201110	濒危鲨鱼鱼翅罐头	12	90	17	0	千克	ABFE
1604201190	其他鲨鱼鱼翅罐头	12	90	17	15	千克	AB
16042019	----其他						
1604201910	非整条或切块的濒危鱼罐头(鱼翅除外)	12	90	17	0	千克	ABFE
1604201990	非整条或切块的其他鱼罐头(鱼翅除外)	12	90	17	15	千克	AB
16042091	----鱼翅						
1604209110	制作或保藏的濒危鲨鱼鱼翅(非整条、非切块、非罐头)	12	90	17	0	千克	ABFE
1604209190	制作或保藏其他鲨鱼鱼翅(非整条、非切块、非罐头)	12	90	17	15	千克	AB
16042099	----其他						
1604209910	其他制作或保藏的濒危鱼(非整条、非切块、非罐头,鱼翅除外)	12	90	17	0	千克	ABFE
1604209990	其他制作或保藏的鱼(非整条、非切块、非罐头 ,鱼翅除外)	12	90	17	15	千克	AB
16043100	--鲟鱼子酱						

商品编号	商品名称及备注	进口关税税率(%)		增值税率(%)	出口退税率(%)	计量单位	监管条件
		最惠国	普通				
1604310000	鲟鱼子酱	12	90	17	15	千克	ABFE
16043200	--鲟鱼子酱代用品						
1604320000	鲟鱼子酱代用品	12	90	17	15	千克	AB
1605	**制作或保藏的甲壳动物、软体动物及其他水生无脊椎动物**						
16051000	-蟹						
1605100000	制作或保藏的蟹	5	90	17	15	千克	AB
16052100	--非密封包装						
1605210000	制作或保藏的非密封包装小虾及对虾	5	90	17	15	千克	AB
16052900	--其他						
1605290000	其他制作或保藏的小虾及对虾	5	90	17	15	千克	AB
16053000	-龙虾						
1605300000	制作或保藏的龙虾	5	90	17	15	千克	AB
16054011	----虾仁						
1605401100	制作或保藏的淡水小龙虾仁	5	90	17	15	千克	AB
16054019	----其他						
1605401900	制作或保藏的带壳淡水小龙虾	5	90	17	15	千克	AB
16054090	---其他						
1605409000	制作或保藏的其他甲壳动物	5	90	17	15	千克	AB
16055100	--牡蛎						
1605510000	制作或保藏的牡蛎(蚝)	5	90	17	15	千克	AB
16055200	--扇贝,包括海扇						
1605520010	制作或保藏的大珠母贝	5	90	17	15	千克	ABE
1605520090	其他制作或保藏的扇贝,包括海扇	5	90	17	15	千克	AB
16055300	--贻贝						
1605530000	制作或保藏的贻贝	5	90	17	15	千克	AB
16055400	--墨鱼及鱿鱼						
1605540000	制作或保藏的墨鱼及鱿鱼	5	90	17	15	千克	AB
16055500	--章鱼						
1605550000	制作或保藏的章鱼	5	90	17	15	千克	AB
16055610	---蛤						
1605561000	制作或保藏的蛤	5	90	17	5	千克	AB
16055620	---鸟蛤及舟贝						
1605562010	制作或保藏的砗磲	5	90	17	15	千克	ABEF
1605562090	其他制作或保藏的鸟蛤及舟贝	5	90	17	15	千克	AB
16055700	--鲍鱼						
1605570000	制作或保藏的鲍鱼	5	90	17	15	千克	AB
16055800	--蜗牛及螺,海螺除外						
1605580010	制作或保藏的濒危蜗牛及螺,海螺除外	5	90	17	0	千克	ABFE
1605580090	其他制作或保藏的蜗牛及螺,海螺除外	5	90	17	15	千克	AB
16055900	--其他						
1605590010	其他制作或保藏的濒危软体动物	5	90	17	0	千克	ABFE
1605590090	其他制作或保藏的软体动物	5	90	17	15	千克	AB
16056100	--海参						
1605610010	制作或保藏的暗色刺参	5	90	17	15	千克	ABFE
1605610090	其他制作或保藏的海参	5	90	17	15	千克	AB
16056200	--海胆						

商品编号	商品名称及备注	进口关税税率(%)		增值税率(%)	出口退税率(%)	计量单位	监管条件
		最惠国	普通				
1605620000	制作或保藏的海胆	5	90	17	15	千克	AB
16056300	--海蜇						
1605630000	制作或保藏的海蜇	15	90	17	5	千克	AB
16056900	--其他						
1605690010	其他制作或保藏的濒危水生无脊椎动物	5	90	17	0	千克	ABFE
1605690090	其他制作或保藏的水生无脊椎动物	5	90	17	15	千克	AB

第十七章　糖及糖食

注释：

本章不包括：

一、含有可可的糖食（品目 18.06）；

二、品目 29.40 的化学纯糖（蔗糖、乳糖、麦芽糖、葡萄糖及果糖除外）及其他产品；

三、第三十章的药品及其他产品。

子目注释：

一、子目 1701.12、1701.13 及 1701.14 所称“原糖”，是指按重量计干燥状态的蔗糖含量对应的旋光读数低于 99.5°的糖。

二、子目 1701.13 仅包括非离心甘蔗糖，其按重量计干燥状态的蔗糖含量对应的旋光读数不低于 69°但低于 93°。该产品仅含肉眼不可见的不规则形状天然他形微晶，外被糖蜜残余及其他甘蔗成分。

商品编号	商品名称及备注	进口关税税率（%）		增值税率（%）	出口退税率（%）	计量单位	监管条件
		最惠国	普通				
1701	**固体甘蔗糖、甜菜糖及化学纯蔗糖**						
17011200	--甜菜糖						
1701120001	未加香料或着色剂的甜菜原糖［按重量计干燥状态的糖含量低于旋光读数 99.5 度（配额内）］	15	125	17	15	千克	ABt
1701120090	未加香料或着色剂的甜菜原糖［按重量计干燥状态的糖含量低于旋光读数 99.5 度（配额外）］	50	125	17	15	千克	7AB
17011300	--本章子目注释二所述的甘蔗糖						
1701130001	未加香料或着色剂的本章子目注释二所述的甘蔗原糖［按重量计干燥状态的蔗糖含量对应的旋光读数不低于 69 度，但低于 93 度（配额内）］	15	125	17	15	千克	ABt
1701130090	未加香料或着色剂的本章子目注释二所述的甘蔗原糖［按重量计干燥状态的蔗糖含量对应的旋光读数不低于 69 度，但低于 93 度（配额外）］	50	125	17	15	千克	7AB
17011400	--其他甘蔗糖						
1701140001	未加香料或着色剂其他甘蔗原糖［按重量计干燥状态的糖含量低于旋光读数 99.5 度（配额内）］	15	125	17	15	千克	ABt
1701140090	未加香料或着色剂其他甘蔗原糖［按重量计干燥状态的糖含量低于旋光读数 99.5 度（配额外）］	50	125	17	15	千克	7AB
17019100	--加有香料或着色剂						
1701910001	加有香料或着色剂的糖［指甘蔗糖、甜菜糖及化学纯蔗糖（配额内）］	15	125	17	15	千克	ABt
1701910090	加有香料或着色剂的糖［指甘蔗糖、甜菜糖及化学纯蔗糖（配额外）］	50	125	17	15	千克	7AB
17019910	---砂糖						
1701991010	砂糖（配额内）	15	125	17	15	千克	ABt
1701991090	砂糖（配额外）	50	125	17	15	千克	7AB
17019920	---绵白糖						
1701992001	绵白糖（配额内）	15	125	17	15	千克	BAt
1701992090	绵白糖（配额外）	50	125	17	15	千克	7AB
17019990	---其他						
1701999001	其他精制糖（配额内）	15	125	17	15	千克	ABt
1701999090	其他精制糖（配额外）	50	125	17	15	千克	7AB
1702	**其他固体糖，包括化学纯乳糖、麦芽糖、葡萄糖及果糖；未加香料或着色剂的糖浆；人造蜜，不论是否掺有天然蜂蜜；焦糖**						
17021100	--按重量计干燥无水乳糖含量≥99%						
1702110000	无水乳糖（按重量计干燥无水乳糖含量≥99%）	10	80	17	15	千克	AB
17021900	--其他						
1702190000	其他乳糖及乳糖浆	10	80	17	15	千克	AB

商品编号	商品名称及备注	进口关税税率(%)		增值税率(%)	出口退税率(%)	计量单位	监管条件
		最惠国	普通				
17022000	-槭糖及槭糖浆						
1702200000	槭糖及槭糖浆	30	80	17	15	千克	AB
17023000	-葡萄糖及葡萄糖浆,不含果糖或按重量计干燥状态的果糖含量<20%						
1702300000	低果糖含量的葡萄糖及糖浆(仅指按重量计干燥状态的果糖含量<20%的葡萄糖)	30	80	17	15	千克	BA
17024000	-葡萄糖及葡萄糖浆,按重量计 20%≤干燥状态的果糖含量<50%,转化糖除外						
1702400000	中果糖含量的葡萄糖及糖浆(仅指干燥果糖重量在 20%~50%的葡萄糖,转化糖除外)	30	80	17	15	千克	BA
17025000	-化学纯果糖						
1702500000	化学纯果糖	30	80	17	15	千克	AB
17026000	-其他果糖及果糖浆,按重量计干燥状态的果糖含量>50%,转化糖除外						
1702600000	其他果糖及糖浆(仅指干燥果糖重量>50%的,转化糖除外)	30	80	17	15	千克	BA
17029000	-其他,包括转化糖及其他按重量计干燥状态的果糖含量>50%的糖及糖浆混合物						
1702900010	人造蜜	30	80	17	15	千克	AB
1702900090	其他固体糖,焦糖(包括转化糖及按重量计干燥状态果糖含量为 50%的糖、糖浆)	30	80	17	15	千克	AB
1703	**制糖后所剩的糖蜜**						
17031000	-甘蔗糖蜜						
1703100000	甘蔗糖蜜	8	50	17	15	千克	B9
17039000	-其他						
1703900000	其他糖蜜	8	50	17	15	千克	B9
1704	**不含可可的糖食(包括白巧克力)**						
17041000	-口香糖,不论是否裹糖						
1704100000	口香糖(不论是否裹糖)	12	50	17	15	千克	AB
17049000	-其他						
1704900000	其他不含可可的糖食(包括白巧克力)	10	50	17	15	千克	AB

第十八章 可可及可可制品

注释：

一、本章不包括品目04.03、19.01、19.04、19.05、21.05、22.02、22.08、30.03、30.04的制品。

二、品目18.06包括含有可可的糖食及注释一以外的其他含可可的食品。

商品编号	商品名称及备注	进口关税税率(%)		增值税率(%)	出口退税率(%)	计量单位	监管条件
		最惠国	普通				
1801	**整颗或破碎的可可豆，生的或焙炒的**						
18010000	整颗或破碎的可可豆，生的或焙炒的						
1801000000[暂2]	生或焙炒的整颗或破碎的可可豆	8	30	17	5	千克	AB
1802	**可可荚、壳、皮及废料**						
18020000	可可荚、壳、皮及废料						
1802000000	可可荚、壳、皮及废料	10	30	17	5	千克	AB
1803	**可可膏，不论是否脱脂**						
18031000	-未脱脂						
1803100000	未脱脂可可膏	10	30	17	15	千克	AB
18032000	-全脱脂或部分脱脂						
1803200000	全脱脂或部分脱脂的可可膏	10	30	17	15	千克	AB
1804	**可可脂、可可油**						
18040000	可可脂、可可油						
1804000010	可可脂	22	70	17	15	千克	AB
1804000090	可可油	22	70	17	15	千克	AB
1805	**未加糖或其他甜物质的可可粉**						
18050000	未加糖或其他甜物质的可可粉						
1805000000	未加糖或其他甜物质的可可粉	15	40	17	15	千克	AB
1806	**巧克力及其他含可可的食品**						
18061000	-加糖或其他甜物质的可可粉						
1806100000	含糖或其他甜物质的可可粉	10	50	17	15	千克	AB
18062000	-其他重量>2千克的块状或条状含可可食品，或液状、膏状、粉状、粒状或其他散装形状的含可可食品，容器包装或内包装每件净重>2千克的						
1806200000	每件净重>2千克的含可可食品	10	50	17	15	千克	AB
18063100	--夹心						
1806310000	其他夹心块状或条状的含可可食品(每件净重≤2千克)	8	50	17	15	千克	AB
18063200	--不夹心						
1806320000	其他不夹心块状或条状含可可食品(每件净重≤2千克)	10	50	17	15	千克	AB
18069000	-其他						
1806900000	其他巧克力及含可可的食品(每件净重≤2千克)	8	50	17	15	千克	AB

第十九章　谷物、粮食粉、淀粉或乳的制品；糕饼点心

注释：

一、本章不包括：

（一）按重量计含香肠、肉、食用杂碎、动物血、鱼、甲壳动物、软体动物、其他水生无脊椎动物及其混合物超过 20%的食品（第十六章），但品目 19.02 的包馅食品除外；

（二）用粮食粉或淀粉制的专作动物饲料用的饼干及其他制品（品目 23.09）；

（三）第三十章的药品及其他产品。

二、品目 19.01 所称：

（一）"粗粒"是指第十一章谷物的粗粒；

（二）"细粉"及"粗粉"，是指：

1. 第十一章谷物的细粉及粗粉；

2. 其他章植物的细粉、粗粉及粉末，但不包括干蔬菜、马铃薯和干豆类的细粉、粗粉及粉末（应分别归入品目 07.12、11.05 和 11.06）。

三、品目 19.04 不包括按重量计全脱脂可可含量超过 6%或用巧克力完全包裹的食品及其他含可可的食品（品目 18.06）。

四、品目 19.04 所称"其他方法制作的"，是指制作或加工程度超过第十章或第十一章各品目或注释所规定范围的。

商品编号	商品名称及备注	进口关税税率（%）		增值税率（%）	出口退税率（%）	计量单位	监管条件
		最惠国	普通				
1901	**麦精；细粉、粗粒、粗粉、淀粉或麦精制的其他编号未列名的食品，不含可可或按重量计全脱脂可可含量低于 40%；品目 04.01 至 04.04 所列货品制的其他编号未列名的食品，不含可可或按重量计全脱脂可可含量低于 5%**						
19011010	---配方奶粉						
1901101000[暂5]	供婴幼儿食用的零售包装配方奶粉（按重量计全脱脂可可含量<5%乳品制）	15	40	17	15	千克	7AB
19011090	---其他						
1901109000[暂5]	其他供婴幼儿食用的零售包装食品（按重量计全脱脂可可含量<40%粉、淀粉或麦精制，按重量计全脱脂可可含量<5%乳品制）	15	40	17	15	千克	AB
19012000	-供烘焙品目 19.05 所列面包糕饼用的调制品及面团						
1901200000	供烘焙品目 19.05 所列面包糕饼用的调制品及面团（按重量计全脱脂可可含量<40%粉、淀粉或麦精制，按重量计全脱脂可可含量<5%乳品制）	25	80	17	5	千克	AB
19019000	-其他						
1901900000[暂5]	麦精、粮食粉等制食品及乳制食品（按重量计全脱脂可可含量<40%粉、淀粉、麦精制，按重量计全脱脂可可含量<5%乳品制）	10	80	17	15	千克	AB
1902	**面食，不论是否煮熟、包馅（肉馅或其他馅）或其他方法制作，例如，通心粉、意大利面条、面条、汤团、馄饨、饺子、奶油面卷；古斯古斯面食，不论是否制作**						
19021100	--含蛋						
1902110000	未包馅或未制作的含蛋生面食	15	80	17	5	千克	AB
19021900	--其他						
1902190000	其他未包馅或未制作的生面食	15	80	17	5	千克	AB
19022000	-包馅面食，不论是否烹煮或经其他方法制作						
1902200000	包馅面食（不论是否烹煮或经其他方法制作）	15	80	17	5	千克	AB
19023010	---米粉干						
1902301000	米粉干	15	80	17	5	千克	AB
19023020	---粉丝						
1902302000	粉丝	15	80	17	15	千克	AB
19023030	---即食或快熟面条						
1902303000	即食或快熟面条	15	80	17	5	千克	AB
19023090	---其他						
1902309000	其他面食	15	80	17	5	千克	AB
19024000	-古斯古斯面食						

商品编号	商品名称及备注	进口关税税率(%)		增值税率(%)	出口退税率(%)	计量单位	监管条件
		最惠国	普通				
1902400000	古斯古斯面食(古斯古斯粉是一种经热处理的硬麦粗粉)	25	80	17	5	千克	AB
1903	**珍粉及淀粉制成的珍粉代用品,片、粒、珠、粉或类似形状的**						
19030000	珍粉及淀粉制成的珍粉代用品,片、粒、珠、粉或类似形状的						
1903000000	珍粉及淀粉制成的珍粉代用品(片、粒、珠、粉或类似形状的)	15	80	17	15	千克	AB
1904	**谷物或谷物产品经膨化或烘炒制成的食品(例如,玉米片);其他编号未列名的预煮或经其他方法制作的谷粒(玉米除外)、谷物片或经其他加工的谷粒(细粉、粗粒及粗粉除外)**						
19041000	-谷物或谷物产品经膨化或烘炒制成的食品						
1904100000	膨化或烘炒谷物制成的食品	25	80	17	15	千克	AB
19042000	-未烘炒谷物片制成的食品及未烘炒的谷物片与烘炒的谷物片或膨化的谷物混合制成的食品						
1904200000	未烘炒谷物片制成的食品(包括未烘炒谷物片与烘炒谷物片或膨化谷物混合制成食品)	30	80	17	15	千克	AB
19043000	-碾碎的干小麦						
1904300000	碾碎的干小麦	30	80	17	15	千克	AB
19049000	-其他						
1904900000	预煮或经其他方法制作的谷粒(包括其他经加工的谷粒(除细粉、粗粒及粗粉),玉米除外)	30	80	17	15	千克	AB
1905	**面包、糕点、饼干及其他烘焙糕饼,不论是否含可可;圣餐饼、装药空囊、封缄、糯米纸及类似制品**						
19051000	-黑麦脆面包片						
1905100000	黑麦脆面包片	20	80	17	15	千克	AB
19052000	-姜饼及类似品						
1905200000	姜饼及类似品	20	80	17	15	千克	AB
19053100	--甜饼干						
1905310000	甜饼干	15	80	17	15	千克	AB
19053200	--华夫饼干及圣餐饼						
1905320000	华夫饼干及圣餐饼	15	80	17	15	千克	AB
19054000	-面包干、吐司及类似的烤面包						
1905400000	面包干、吐司及类似的烤面包	20	80	17	15	千克	AB
19059000	-其他						
1905900000	其他面包、糕点、饼干及烘焙糕饼(包括装药空囊、封缄、糯米纸及类似制品)	20	80	17	15	千克	AB

第二十章　蔬菜、水果、坚果或植物其他部分的制品

注释：

一、本章不包括：

（一）用第七章、第八章或第十一章所列方法制作或保藏的蔬菜、水果或坚果；

（二）按重量计含香肠、肉、食用杂碎、动物血、鱼、甲壳动物、软体动物、其他水生无脊椎动物及其混合物超过20%的食品（第十六章）；

（三）品目19.05的烘焙糕饼及其他制品；

（四）品目21.04的均化混合食品。

二、品目20.07及20.08不包括制成糖食的果冻、果膏、糖衣杏仁或类似品（品目17.04）及巧克力糖食（品目18.06）。

三、品目20.01、20.04及20.05仅分别包括用本章注释一（一）以外的方法制作或保藏的第七章或品目11.05、11.06的产品（第八章产品的细粉、粗粉除外）。

四、干重量在7%及以上的番茄汁归入品目20.02。

五、品目20.07所称"烹煮的"是指，在常压或减压下，通过减少水分或其他方法增加产品黏稠度的热处理。

六、品目20.09所称"未发酵及未加酒精的水果汁"，是指按容量计酒精浓度（标准见第二十二章注释二）不超过0.5%的水果汁。

子目注释：

一、子目2005.10所称"均化蔬菜"，是指蔬菜经精细均化制成适合供婴幼儿食用或营养用的零售包装食品（每件净重不超过250克）。为了调味、保藏或其他目的，均化蔬菜中可以加入少量其他配料，还可以含有少量可见的蔬菜粒。归类时，子目2005.10优先于品目20.05的其他子目。

二、子目2007.10所称"均化食品"，是指果实经精细均化制成适合供婴幼儿食用或营养用的零售包装食品（每件净重不超过250克）。为了调味、保藏或其他目的，均化食品中可以加入少量其他配料，还可以含有少量可见的果粒。归类时，子目2007.10优先于品目20.07的其他子目。

三、子目2009.12、2009.21、2009.31、2009.41、2009.61及2009.71所称"白利糖度值"，是指直接从白利糖度计读取的度数或在20℃时从折射计读取的以蔗糖百分比含量计的折射率，在其他温度下读取的数值应折算为20℃时的折射率。

商品编号	商品名称及备注	进口关税税率（%）		增值税率（%）	出口退税率（%）	计量单位	监管条件
		最惠国	普通				
2001	**蔬菜、水果、坚果及植物的其他食用部分，用醋或醋酸制作或保藏的**						
20011000	-黄瓜及小黄瓜						
2001100000	用醋或醋酸制作的黄瓜及小黄瓜	25	70	17	5	千克	AB
20019010	---大蒜						
2001901010	用醋或醋酸腌制的大蒜头、大蒜瓣（无论是否加糖或去皮）	25	70	17	5	千克	AB
2001901090	用醋或醋酸腌制的其他大蒜（不含蒜头、蒜瓣，无论是否加糖或去皮）	25	70	17	5	千克	AB
20019090	---其他						
2001909010	用醋或醋酸制作或保藏的松茸	25	70	17	5	千克	ABE
2001909020	用醋或醋酸制作或保藏的酸竹笋	25	70	17	5	千克	ABE
2001909030	用醋或醋酸制作或保藏的芦荟	25	70	17	5	千克	ABFE
2001909040	用醋或醋酸制作或保藏的仙人掌植物	25	70	17	5	千克	ABFE
2001909050	用醋或醋酸制作或保藏的莼菜	25	70	17	5	千克	ABE
2001909090	用醋制作的其他果、菜及食用植物（包括用醋酸制作或保藏的）	25	70	17	5	千克	AB
2002	**番茄，用醋或醋酸以外的其他方法制作或保藏的**						
20021010	---罐头						
2002101000	非用醋制作的整个或切片番茄罐头	19	80	17	15	千克	AB
20021090	---其他						
2002109000	非用醋制作的其他整个或切片番茄	25	70	17	5	千克	AB
20029011	----重量≤5千克的						
2002901100	重量≤5千克的番茄酱罐头	20	80	17	15	千克	AB
20029019	----重量>5千克的						
2002901900	重量>5千克的番茄酱罐头	20	80	17	15	千克	AB
20029090	---其他						
2002909000	非用醋制作的绞碎番茄（用醋或醋酸以外其他方法制作或保藏的）	18	70	17	5	千克	AB
2003	**蘑菇及块菌，用醋或醋酸以外的其他方法制作或保藏的**						

商品编号	商品名称及备注	进口关税税率(%)		增值税率(%)	出口退税率(%)	计量单位	监管条件
		最惠国	普通				
20031011	----小白蘑菇						
2003101100	小白蘑菇罐头(指洋蘑菇,用醋或醋酸以外其他方法制作或保藏的)	25	90	17	15	千克	AB
20031019	----其他						
2003101900	其他伞菌属蘑菇罐头(用醋或醋酸以外其他方法制作或保藏的)	25	90	17	15	千克	AB
20031090	---其他						
2003109000	非用醋制作的其他伞菌属蘑菇(用醋或醋酸以外其他方法制作或保藏的)	25	90	17	5	千克	AB
20039010	---罐头						
2003901010	非用醋制作的香菇罐头[用醋或醋酸以外其他方法制作或保藏的(非伞菌属蘑菇)]	25	90	17	15	千克	AB
2003901020	非用醋制作的松茸罐头(用醋或醋酸以外其他方法制作或保藏的)	25	90	17	15	千克	ABE
2003901090	非用醋制作的其他蘑菇罐头[用醋或醋酸以外其他方法制作或保藏的(非伞菌属蘑菇)]	25	90	17	15	千克	AB
20039090	---其他						
2003909010	非用醋制作的其他香菇[用醋或醋酸以外其他方法制作或保藏的(非伞菌属蘑菇)]	25	90	17	5	千克	AB
2003909020	非用醋制作的其他松茸(用醋或醋酸以外其他方法制作或保藏的)	25	90	17	5	千克	ABE
2003909090	非用醋制作的其他蘑菇[用醋或醋酸以外其他方法制作或保藏的(非伞菌属蘑菇)]	25	90	17	5	千克	AB
2004	**其他冷冻蔬菜,用醋或醋酸以外的其他方法制作或保藏的,但品目20.06的产品除外**						
20041000	-马铃薯						
2004100000	非用醋制作的冷冻马铃薯(品目20.06的货品除外)	13	70	17	5	千克	AB
20049000	-其他蔬菜及什锦蔬菜						
2004900010	非用醋制作的冷冻松茸	25	70	17	5	千克	ABE
2004900020	非用醋制作的冷冻酸竹笋	25	70	17	5	千克	ABE
2004900030	非用醋制作的冷冻芦荟	25	70	17	5	千克	ABFE
2004900040	非用醋制作的冷冻仙人掌植物	25	70	17	5	千克	ABFE
2004900090	非用醋制作的其他冷冻蔬菜(品目20.06的货品除外)	25	70	17	5	千克	AB
2005	**其他未冷冻蔬菜,用醋或醋酸以外的其他方法制作或保藏的,但品目20.06的产品除外**						
20051000	-均化蔬菜						
2005100000	非用醋制作的未冷冻均化蔬菜	25	70	17	15	千克	AB
20052000	-马铃薯						
2005200000	非用醋制作的未冷冻马铃薯	15	70	17	5	千克	AB
20054000	-豌豆						
2005400000	非用醋制作的未冷冻豌豆	25	70	17	5	千克	AB
20055111	----赤豆馅						
2005511100	非用醋制作的赤豆馅罐头	25	80	17	15	千克	AB
20055119	----其他						
2005511900	其他非用醋制作的脱荚豇豆及菜豆罐头	25	80	17	15	千克	AB
20055191	----赤豆馅						
2005519100	非用醋制作的赤豆馅,罐头除外	25	70	17	15	千克	AB
20055199	----其他						
2005519900	非用醋制作的其他脱荚豇豆及菜豆,罐头除外	25	70	17	5	千克	AB
20055910	---罐头						
2005591000	非用醋制作的其他豇豆及菜豆罐头	25	80	17	15	千克	AB
20055990	---其他						
2005599000	非用醋制作的其他豇豆及菜豆	25	70	17	5	千克	AB
20056010	---罐头						
2005601000	非用醋制作的芦笋罐头	25	80	17	15	千克	AB
20056090	---其他						
2005609000	非用醋制作的其他芦笋	25	70	17	5	千克	AB

商品编号	商品名称及备注	进口关税税率(%)		增值税率(%)	出口退税率(%)	计量单位	监管条件
		最惠国	普通				
20057000	-油橄榄						
2005700000	非用醋制作的未冷冻油橄榄	10	70	17	5	千克	AB
20058000	-甜玉米						
2005800000	非用醋制作的未冷冻甜玉米	10	80	17	5	千克	AB
20059110	---竹笋罐头						
2005911010	非用醋制作的酸竹笋罐头	25	80	17	15	千克	ABE
2005911090	非用醋制作的其他竹笋罐头	25	80	17	15	千克	AB
20059190	---其他						
2005919010	非用醋制作的酸竹笋	25	70	17	5	千克	ABE
2005919090	非用醋制作的其他竹笋	25	70	17	5	千克	AB
20059920	---蚕豆罐头						
2005992000	非用醋制作的蚕豆罐头	25	80	17	15	千克	AB
20059940	---榨菜						
2005994000	榨菜	25	70	17	5	千克	AB
20059950	---咸蕨菜						
2005995000	咸蕨菜	25	70	17	5	千克	AB
20059960	---咸藠头						
2005996000	咸荞(藠)头	25	70	17	5	千克	AB
20059991	----罐头						
2005999100	其他蔬菜及什锦蔬菜罐头(非用醋制作)	25	70	17	15	千克	AB
20059999	----其他						
2005999910	非用醋制作的仙人掌	25	70	17	5	千克	ABFE
2005999920	非用醋制作的芦荟	25	70	17	5	千克	ABFE
2005999990	非用醋制作的其他蔬菜及什锦蔬菜	25	70	17	5	千克	AB
2006	**糖渍蔬菜、水果、坚果、果皮及植物的其他部分(沥干、糖渍或裹糖的)**						
20060010	---蜜枣						
2006001000	蜜枣	30	90	17	15	千克	AB
20060020	---橄榄						
2006002000	糖渍制橄榄	30	90	17	15	千克	AB
20060090	---其他						
2006009010	糖渍制松茸	30	90	17	15	千克	ABE
2006009090	其他糖渍蔬菜,水果,坚果,果皮(包括糖渍植物的其他部分)	30	90	17	15	千克	AB
2007	**烹煮的果酱、果冻、柑橘酱、果泥及果膏,不论是否加糖或其他甜物质**						
20071000	-均化食品						
2007100000	烹煮的果子均化食品(包括果酱、果冻、果泥、果膏)	30	80	17	15	千克	AB
20079100	--柑橘属水果的						
2007910000	烹煮的柑橘属水果(包括果酱、果冻、果泥、果膏)	30	80	17	15	千克	AB
20079910	---罐头						
2007991000	其他烹煮的果酱、果冻罐头(包括果泥、果膏)	5	80	17	15	千克	AB
20079990	---其他						
2007999000	其他烹煮的果酱、果冻(包括果泥、果膏)	5	80	17	15	千克	AB
2008	**用其他方法制作或保藏的其他编号未列名水果、坚果及植物的其他食用部分,不论是否加酒、加糖或其他甜物质**						
20081110	---花生米罐头						
2008111000	花生米罐头	30	90	17	15	千克	AB
20081120	---烘焙花生						

商品编号	商品名称及备注	进口关税税率(%)		增值税率(%)	出口退税率(%)	计量单位	监管条件
		最惠国	普通				
2008112000	烘焙花生	30	80	17	15	千克	AB
20081130	---花生酱						
2008113000	花生酱	30	90	17	15	千克	AB
20081190	---其他						
2008119000	其他非用醋制作的花生(用醋或醋酸以外其他方法制作或保藏的)	30	80	17	5	千克	AB
20081910	---核桃仁罐头						
2008191000	核桃仁罐头	20	90	17	15	千克	AB
20081920	---其他果仁罐头						
2008192000	其他果仁罐头	13	90	17	15	千克	AB
20081991	----栗仁						
2008199100	栗仁(用醋或醋酸以外其他方法制作或保藏的)	10	80	17	5	千克	AB
20081992	----芝麻						
2008199200	芝麻(用醋或醋酸以外其他方法制作或保藏的)	10	80	17	5	千克	AB
20081999	----其他						
2008199910	其他方法制作或保藏的红松子仁(用醋或醋酸以外其他方法制作或保藏的)	10	80	17	0	千克	ABE
2008199990	未列名制作或保藏的坚果及其他子仁(用醋或醋酸以外其他方法制作或保藏的)	10	80	17	5	千克	AB
20082010	---罐头						
2008201000	菠萝罐头	15	90	17	15	千克	AB
20082090	---其他						
2008209000	非用醋制作的其他菠萝(用醋或醋酸以外其他方法制作或保藏的)	15	80	17	5	千克	AB
20083010	---罐头						
2008301000	柑橘属水果罐头	20	90	17	15	千克	AB
20083090	---其他						
2008309000	非用醋制作的其他柑橘属水果(用醋或醋酸以外其他方法制作或保藏的)	20	80	17	5	千克	AB
20084010	---罐头						
2008401000	梨罐头	20	90	17	15	千克	AB
20084090	---其他						
2008409000	非用醋制作的其他梨(用醋或醋酸以外其他方法制作或保藏的)	20	80	17	5	千克	AB
20085000	-杏						
2008500000	非用醋制作的杏(用醋或醋酸以外其他方法制作或保藏的)	20	90	17	5	千克	AB
20086010	---罐头						
2008601000	非用醋制作的樱桃罐头(用醋或醋酸以外其他方法制作或保藏的)	20	90	17	15	千克	AB
20086090	---其他						
2008609000	非用醋制作的樱桃,罐头除外(用醋或醋酸以外其他方法制作或保藏的)	20	90	17	5	千克	AB
20087010	---罐头						
2008701000	桃罐头,包括油桃罐头	10	90	17	15	千克	AB
20087090	---其他						
2008709000	非用醋制作的其他桃,包括油桃(用醋或醋酸以外其他方法制作或保藏的)	20	80	17	5	千克	AB
20088000	-草莓						
2008800000	非用醋制作的草莓(用醋或醋酸以外其他方法制作或保藏的)	15	90	17	5	千克	AB
20089100	--棕榈芯						
2008910000	非用醋制作的棕榈芯(用醋或醋酸以外其他方法制作或保藏的)	5	80	17	5	千克	AB
20089300	--蔓越橘(大果蔓越橘、小果蔓越橘、越橘)						
2008930000	非用醋制作的蔓越橘(大果蔓越橘、小果蔓越橘、越橘)(用醋或醋酸以外其他方法制作或保藏的)	15	80	17	5	千克	AB
20089700	--什锦果实						

商品编号	商品名称及备注	进口关税税率(%)		增值税率(%)	出口退税率(%)	计量单位	监管条件
		最惠国	普通				
2008970000	非用醋制作的什锦果实(用醋或醋酸以外其他方法制作或保藏的)	10	80	17	5	千克	AB
20089910	---荔枝罐头						
2008991000	荔枝罐头	20	90	17	15	千克	AB
20089920	---龙眼罐头						
2008992000	龙眼罐头	15	80	17	15	千克	AB
20089931	----调味紫菜						
2008993100	调味紫菜	15	90	17	15	千克	AB
20089932	----盐腌海带						
2008993200	盐腌海带	15	80	17	5	千克	AB
20089933	----盐腌裙带菜						
2008993300	盐腌裙带菜	15	80	17	5	千克	AB
20089939	----其他						
2008993900	海草及其他藻类制品	15	80	17	5	千克	AB
20089940	---清水马蹄罐头						
2008994000	清水荸荠(马蹄)罐头	25	80	17	15	千克	AB
20089990	---其他						
2008999000	未列名制作或保藏的水果、坚果(包括植物的其他食用部分)	15	80	17	5	千克	AB
2009	**未发酵及未加酒精的水果汁(包括酿酒葡萄汁)、蔬菜汁,不论是否加糖或其他甜物质**						
20091100	--冷冻的						
2009110000	冷冻的橙汁(未发酵及未加酒精的,不论是否加糖或其他甜物质)	7.5	90	17	15	千克	AB
20091200	--非冷冻的,白利糖度值≤20 的						
2009120000	非冷冻白利糖浓度≤20 的橙汁(未发酵及未加酒精的,不论是否加糖或其他甜物质)	30	90	17	15	千克	AB
20091900	--其他						
2009190000	非冷冻白利糖浓度>20 的橙汁(未发酵及未加酒精的,不论是否加糖或其他甜物质)	30	90	17	15	千克	AB
20092100	--白利糖度值≤20 的						
2009210000	白利糖浓度≤20 的葡萄柚(包括柚)汁(未发酵及未加酒精的,不论是否加糖或其他甜物质)	15	90	17	15	千克	AB
20092900	--其他						
2009290000	白利糖浓度>20 的葡萄柚(包括柚)汁(未发酵及未加酒精的,不论是否加糖或其他甜物质)	15	90	17	15	千克	AB
20093110	---柠檬汁						
2009311000	白利糖浓度≤20 的柠檬汁(未发酵及未加酒精的,不论是否加糖或其他甜物质)	18	90	17	15	千克	AB
20093190	---其他						
2009319000	其他未混合的白利糖浓度≤20 的柑橘属果汁(未发酵及未加酒精的,柠檬汁除外)	18	90	17	15	千克	AB
20093910	---柠檬汁						
2009391000	白利糖浓度>20 的柠檬汁(未发酵及未加酒精的,不论是否加糖或其他甜物质)	18	90	17	15	千克	AB
20093990	---其他						
2009399000	其他未混合白利糖浓度>20 的柑橘属果汁(未发酵及未加酒精的,柠檬汁除外)	18	90	17	15	千克	AB
20094100	--白利糖度值≤20 的						
2009410000	白利糖浓度≤20 的菠萝汁(未发酵及未加酒精的,不论是否加糖或其他甜物质)	10	90	17	15	千克	AB
20094900	--其他						
2009490000	白利糖浓度>20 的菠萝汁(未发酵及未加酒精的,不论是否加糖或其他甜物质)	10	90	17	15	千克	AB
20095000	-番茄汁						
2009500000	番茄汁(未发酵及未加酒精的,不论是否加糖或其他甜物质)	30	80	17	15	千克	AB
20096100	--白利糖度值≤30 的						

商品编号	商品名称及备注	进口关税税率(%)		增值税率(%)	出口退税率(%)	计量单位	监管条件
		最惠国	普通				
2009610000	白利糖浓度≤30的葡萄汁(包括酿酒葡萄汁)(未发酵及未加酒精的,不论是否加糖或其他甜物质)	20	90	17	15	千克	AB
20096900	--其他						
2009690000	白利糖浓度>30的葡萄汁(包括酿酒葡萄汁)(未发酵及未加酒精的,不论是否加糖或其他甜物质)	20	90	17	15	千克	AB
20097100	--白利糖度值≤20的						
2009710000	白利糖浓度≤20的苹果汁(未发酵及未加酒精的,不论是否加糖或其他甜物质)	20	90	17	15	千克	AB
20097900	--其他						
2009790000	白利糖浓度>20的苹果汁(未发酵及未加酒精的,不论是否加糖或其他甜物质)	20	90	17	15	千克	AB
20098100	--蔓越橘汁(大果蔓越橘、小果蔓越橘、越橘)						
2009810000	未混合蔓越橘汁(大果蔓越橘、小果蔓越橘、越橘)(未发酵及未加酒精的,不论是否加糖或其他甜物质)	20	90	17	15	千克	AB
20098912	----芒果汁						
2009891200	未混合芒果汁(未发酵及未加酒精的,不论是否加糖或其他甜物质)	20	90	17	15	千克	AB
20098913	----西番莲果汁						
2009891300	未混合西番莲果汁(未发酵及未加酒精的,不论是否加糖或其他甜物质)	20	90	17	15	千克	AB
20098914	----番石榴果汁						
2009891400	未混合番石榴果汁(未发酵及未加酒精的,不论是否加糖或其他甜物质)	20	90	17	15	千克	AB
20098915	----梨汁						
2009891500	未混合梨汁(未发酵及未加酒精的,不论是否加糖或其他甜物质)	20	90	17	15	千克	AB
20098919	----其他						
2009891900	其他未混合的水果汁(未发酵及未加酒精的,不论是否加糖或其他甜物质)	20	90	17	15	千克	AB
20098920	---蔬菜汁						
2009892000	其他未混合的蔬菜汁(未发酵及未加酒精的,不论是否加糖或其他甜物质)	20	80	17	15	千克	AB
20099010	---水果汁						
2009901000	混合水果汁(未发酵及未加酒精的,不论是否加糖或其他甜物质)	20	90	17	15	千克	AB
20099090	---其他						
2009909000	混合蔬菜汁、水果与蔬菜的混合汁(未发酵及未加酒精的,不论是否加糖或其他甜物质)	20	80	17	15	千克	AB

第二十一章　杂项食品

注释：

一、本章不包括：

（一）品目07.12的什锦蔬菜；

（二）含咖啡的焙炒咖啡代用品（品目09.01）；

（三）加香料的茶（品目09.02）；

（四）品目09.04至09.10的调味香料或其他产品；

（五）按重量计含香肠、肉、食用杂碎、动物血、鱼、甲壳动物、软体动物、其他水生无脊椎动物及其混合物超过20%的食品（第十六章），但品目21.03或21.04的产品除外；

（六）品目30.03或30.04的药用酵母及其他产品；

（七）品目35.07的酶制品。

二、上述注释一（二）所述咖啡代用品的精汁归入品目21.01。

三、品目21.04所称"均化混合食品"，是指两种或两种以上的基本配料，例如，肉、鱼、蔬菜或果实等，经精细均化制成适合供婴幼儿食用或营养用的零售包装食品（每件净重不超过250克）。为了调味、保藏或其他目的，可以加入少量其他配料，还可以含有少量可见的小块配料。

商品编号	商品名称及备注	进口关税税率（%）		增值税率（%）	出口退税率（%）	计量单位	监管条件
		最惠国	普通				
2101	**咖啡、茶、马黛茶的浓缩精汁及以其为基本成分或以咖啡、茶、马黛茶为基本成分的制品；烘焙菊苣和其他烘焙咖啡代用品及其浓缩精汁**						
21011100	--浓缩精汁						
2101110000	咖啡浓缩精汁	17	130	17	15	千克	AB
21011200	--以浓缩精汁或咖啡为基本成分的制品						
2101120000	以咖啡为基本成分的制品（包括以咖啡浓缩精汁为基本成分的制品）	30	130	17	15	千克	AB
21012000	-茶、马黛茶浓缩精汁及以其为基本成分或以茶、马黛茶为基本成分的制品						
2101200000	茶、马黛茶浓缩精汁及其制品	32	130	17	15	千克	AB
21013000	-烘焙菊苣和其他烘焙咖啡代用品及其浓缩精汁						
2101300000	烘焙咖啡代用品及其浓缩精汁	32	130	17	15	千克	AB
2102	**酵母（活性或非活性）；已死的其他单细胞微生物（不包括品目30.02的疫苗）；发酵粉**						
21021000	-活性酵母						
2102100000	活性酵母	25	80	17	15	千克	AB
21022000	-非活性酵母；已死的其他单细胞微生物						
2102200000	非活性酵母，已死单细胞微生物（品目30.02疫苗除外）	25	70	13	15	千克	AB
21023000	-发酵粉						
2102300000	发酵粉	25	70	17	15	千克	AB
2103	**调味汁及其制品；混合调味品；芥子粉及其调制品**						
21031000	-酱油						
2103100000[暂15]	酱油	28	90	17	15	千克	AB
21032000	-番茄沙司及其他番茄调味汁						
2103200000	番茄沙司及其他番茄调味汁	15	90	17	15	千克	AB
21033000	-芥子粉及其调制品						
2103300000	芥子粉及其调味品	15	70	17	15	千克	AB
21039010	---味精						
2103901000	味精	21	130	17	13	千克	AB
21039020	---别特酒（Aromatic bit-ters），按体积计酒精含量44.2%～49.2%，按重量计含1.5%～6%的香料、各种配料及4%～10%的糖						
2103902000	别特酒（Aromatic bitters，仅做烹饪用，不适于饮用）	21	90	17	15	千克	AB
21039090	---其他						
2103909000	其他调味品	21	90	17	5	千克	AB
2104	**汤料及其制品；均化混合食品**						

商品编号	商品名称及备注	进口关税税率(%)		增值税率(%)	出口退税率(%)	计量单位	监管条件
		最惠国	普通				
21041000	-汤料及其制品						
2104100000	汤料及其制品	15	90	17	15	千克	AB
21042000	-均化混合食品						
2104200000	均化混合食品	32	90	17	15	千克	AB
2105	**冰淇淋及其他冰制食品,不论是否含可可**						
21050000	冰淇淋及其他冰制食品,不论是否含可可						
2105000000	冰淇淋及其他冰制食品(不论是否含可可)	19	90	17	15	千克	AB
2106	**其他编号未列名的食品**						
21061000	-浓缩蛋白质及人造蛋白物质						
2106100000	浓缩蛋白质及人造蛋白物质	10	90	17	15	千克	AB
21069010	---制造碳酸饮料的浓缩物						
2106901000	制造碳酸饮料的浓缩物	35	100	17	15	千克	AB
21069020	---制造饮料用的复合酒精制品						
2106902000	制造饮料用的复合酒精制品	20	180	17	15	千克	AB
21069030	---蜂王浆制剂						
2106903010	含濒危植物成分的蜂王浆制剂	3	80	17	0	千克	ABFE
2106903090	其他蜂王浆制剂	3	80	17	15	千克	AB
21069040	---椰子汁						
2106904000	椰子汁	10	90	17	15	千克	AB
21069050	---海豹油胶囊						
2106905010	濒危海豹油胶囊	20	90	17	0	千克	ABEF
2106905090	其他海豹油胶囊	20	90	17	15	千克	AB
21069090	---其他						
2106909001[暂5]	乳蛋白部分水解配方、乳蛋白深度水解配方、氨基酸配方、无乳糖配方特殊婴幼儿奶粉	20	90	17	15	千克	AB
2106909011	含濒危鱼软骨素胶囊	20	90	17	0	千克	ABEF
2106909019	含濒危动植物成分的其他编号未列名食品	20	90	17	0	千克	ABEF
2106909090	其他编号未列名的食品	20	90	17	5	千克	AB

第二十二章　饮料、酒及醋

注释：

一、本章不包括：

（一）本章的产品（品目22.09的货品除外）经配制后，用于烹饪而不适于作为饮料的制品（通常归入品目21.03）；

（二）海水（品目25.01）；

（三）蒸馏水、导电水及类似的纯净水（品目28.53）；

（四）按重量计浓度超过10%的醋酸（品目29.15）；

（五）品目30.03或30.04的药品；

（六）芳香料制品及盥洗品（第三十三章）。

二、本章及第二十章和第二十一章所称“按容量计酒精浓度”，应是温度在20℃时测得的浓度。

三、品目22.02所称“无酒精饮料”，是指按容量计酒精浓度不超过0.5%的饮料。含酒精饮料应分别归入品目22.03至22.06或品目22.08。

子目注释：

子目号2204.10所称“汽酒”，是指温度在20℃时装在密封容器中超过大气压力3巴及以上的酒。

商品编号	商品名称及备注	进口关税税率（%）		增值税率（%）	出口退税率（%）	计量单位	监管条件
		最惠国	普通				
2201	**未加糖或其他甜物质及未加味的水，包括天然或人造矿泉水及汽水；冰及雪**						
22011010	---矿泉水						
2201101000	未加糖及未加味的矿泉水（包括天然或人造矿泉水）	20	90	17	0	升/千克	AB
22011020	---汽水						
2201102000	未加糖及未加味的汽水	20	90	17	15	升/千克	AB
22019011	----已包装						
2201901100	已包装的天然水（未加味、加糖或其他甜物质）	10	30	17	0	千升/千克	AB
22019019	----其他						
2201901900	其他天然水（未加味、加糖或其他甜物质）	10	30	17	0	千升/千克	
22019090	---其他						
2201909000	其他水、冰及雪（未加味、加糖或其他甜物质）	10	30	17	0	千升/千克	AB
2202	**加味、加糖或其他甜物质的水，包括矿泉水及汽水，其他无酒精饮料，但不包括品目20.09的水果汁或蔬菜汁**						
22021000	-加味、加糖或其他甜物质的水，包括矿泉水及汽水						
2202100010	含濒危动植物成分的加味、加糖或其他甜物质的水（包括矿泉水及汽水）	20	100	17	0	升/千克	ABEF
2202100090	其他加味、加糖或其他甜物质的水（包括矿泉水及汽水）	20	100	17	15	升/千克	AB
22029100	--无醇啤酒						
2202910011	含濒危动植物成分散装无醇啤酒	35	100	17		升/千克	ABEF
2202910019	其他散装无醇啤酒	35	100	17		升/千克	AB
2202910091	含濒危动植物成分其他包装无醇啤酒	35	100	17		升/千克	ABEF
2202910099	其他包装无醇啤酒	35	100	17		升/千克	AB
22029900	--其他						
2202990011[暂20]	其他含濒危动植物成分散装无酒精饮料（不包括品目20.09的水果汁或蔬菜汁）	35	100	17		升/千克	ABEF
2202990019[暂20]	其他散装无酒精饮料（不包括品目20.09的水果汁或蔬菜汁）	35	100	17		升/千克	AB
2202990091[暂20]	其他含濒危动植物成分其他包装无酒精饮料（不包括品目20.09的水果汁或蔬菜汁）	35	100	17		升/千克	ABEF
2202990099[暂20]	其他包装无酒精饮料（不包括品目20.09的水果汁或蔬菜汁）	35	100	17		升/千克	AB
2203	**麦芽酿造的啤酒**						
22030000	麦芽酿造的啤酒						
2203000000	麦芽酿造的啤酒	见附表2	见附表2	17	15	升/千克	AB
2204	**鲜葡萄酿造的酒，包括加酒精的；品目20.09以外的酿酒葡萄汁**						
22041000	-汽酒						
2204100000	葡萄汽酒	14	180	17	15	升/千克	AB

商品编号	商品名称及备注	进口关税税率(%)		增值税率(%)	出口退税率(%)	计量单位	监管条件
		最惠国	普通				
22042100	--装入两升及以下容器的						
2204210000	小包装的鲜葡萄酿造的酒(小包装指装入两升及以下容器的)	14	180	17	15	升/千克	AB
22042200	--装入两升以上但不超过10升容器的						
2204220000	中等包装鲜葡萄酿造的酒(中等包装是指装入两升以上但不超过10升容器的)	20	180	17		升/千克	AB
22042900	--其他						
2204290000	其他包装鲜葡萄酿造的酒(其他包装指装入10升以上容器的)	20	180	17	15	升/千克	AB
22043000	-其他酿酒葡萄汁						
2204300000	其他酿酒葡萄汁(品目20.09以外的)	30	90	17	15	升/千克	AB
2205	**味美思酒及其他加植物或香料的用鲜葡萄酿造的酒**						
22051000	-装入两升及以下容器的						
2205100000	小包装的味美思酒及类似酒(两升及以下容器包装,加植物或香料的用鲜葡萄酿造的酒)	65	180	17	15	升/千克	AB
22059000	-其他						
2205900000	其他包装的味美思酒及类似酒(两升以上容器包装,加植物或香料的用鲜葡萄酿造的酒)	65	180	17	15	升/千克	AB
2206	**其他发酵饮料(例如,苹果酒、梨酒、蜂蜜酒、清酒);其他品目未列名的发酵饮料的混合物及发酵饮料与无酒精饮料的混合物**						
22060010	---黄酒						
2206001000	黄酒(以稻米、黍米、玉米、小米、小麦等为主要原料,经进一步加工制成)	40	180	17	15	升/千克	AB
22060090	---其他						
2206009000	其他发酵饮料(未列名发酵饮料混合物及发酵饮料与无酒精饮料的混合物)	40	180	17	15	升/千克	AB
2207	**未改性乙醇,按容量计酒精浓度在80%及以上;任何浓度的改性乙醇及其他酒精**						
22071000	-未改性乙醇,按容量计酒精浓度≥80%						
2207100000	酒精浓度≥80%的未改性乙醇	40	100	17	13	升/千克	ABG
22072000	-任何浓度的改性乙醇及其他酒精						
2207200010	任何浓度的改性乙醇	30	80	17	0	升/千克	ABG
2207200090	任何浓度的其他酒精	30	80	17	0	升/千克	ABG
2208	**未改性乙醇,按容量计酒精浓度在80%以下;蒸馏酒、利口酒及其他酒精饮料**						
22082000	-蒸馏葡萄酒制得的烈性酒						
2208200010	装入200升及以上容器的蒸馏葡萄酒制得的烈性酒	10	180	17	15	升/千克	AB
2208200090	其他蒸馏葡萄酒制得的烈性酒	10	180	17	15	升/千克	AB
22083000	-威士忌酒						
2208300000	威士忌酒	10	180	17	15	升/千克	AB
22084000	-朗姆酒及蒸馏已发酵甘蔗产品制得的其他烈性酒						
2208400000	朗姆酒及蒸馏已发酵甘蔗产品制得的其他烈性酒	10	180	17	15	升/千克	AB
22085000	-杜松子酒						
2208500000	杜松子酒	10	180	17	15	升/千克	AB
22086000	-伏特加酒						
2208600000	伏特加酒	10	180	17	15	升/千克	AB
22087000	-利口酒及柯迪尔酒						
2208700000	利口酒及柯迪尔酒	10	180	17	15	升/千克	AB
22089010	---龙舌兰酒						
2208901010	濒危龙舌兰酒	10	180	17	0	升/千克	ABFE
2208901090	其他龙舌兰酒	10	180	17	15	升/千克	AB
22089020	---白酒						
2208902000	白酒	10	180	17	15	升/千克	AB

商品编号	商品名称及备注	进口关税税率(%)		增值税率(%)	出口退税率(%)	计量单位	监管条件
		最惠国	普通				
22089090	---其他						
2208909001	酒精浓度<80%的未改性乙醇	10	180	17	15	升/千克	AB
2208909021	含濒危野生动植物成分的薯类蒸馏酒	10	180	17	0	升/千克	ABEF
2208909029	其他薯类蒸馏酒	10	180	17	15	升/千克	AB
2208909091	含濒危野生动植物成分的其他蒸馏酒及酒精饮料	10	180	17	0	升/千克	ABEF
2208909099	其他蒸馏酒及酒精饮料	10	180	17	15	升/千克	AB
2209	**醋及用醋酸制得的醋代用品**						
22090000	醋及用醋酸制得的醋代用品						
2209000000[暂15]	醋及用醋酸制得的醋代用品	20	70	17	15	升/千克	AB

第二十三章　食品工业的残渣及废料;配制的动物饲料

注释:

品目23.09包括其他品目未列名的配制动物饲料,这些饲料是由动、植物原料加工而成的,并且已改变了原料的基本特性,但加工过程中的植物废料、植物残渣及副产品除外。

子目注释:

子目2306.41所称"低芥子酸油菜子",是指第十二章子目注释一所定义的油菜子。

商品编号	商品名称及备注	进口关税税率(%)		增值税率(%)	出口退税率(%)	计量单位	监管条件
		最惠国	普通				
2301	**不适于供人食用的肉、杂碎、鱼、甲壳动物、软体动物或其他水生无脊椎动物的渣粉及团粒;油渣**						
23011011	----含牛羊成分的						
2301101100	含牛羊成分的肉骨粉(不适于供人食用的)	2	11	13	15	千克	AB
23011019	----其他						
2301101900	其他肉骨粉(不适于供人食用的)	2	11	13	15	千克	AB
23011020	---油渣						
2301102000	油渣(不适于供人食用的)	5	50	13	0	千克	AB
23011090	---其他						
2301109000	其他不适于供人食用的肉渣粉(包括杂碎渣粉)	5	30	13	0	千克	AB
23012010	---饲料用鱼粉						
2301201000	饲料用鱼粉	2	11	0	0	千克	AB
23012090	---其他						
2301209000	其他不适于供人食用的水产品渣粉	5	30	0	0	千克	AB
2302	**谷物或豆类植物在筛、碾或其他加工过程中所产生的糠、麸及其他残渣,不论是否制成团粒**						
23021000	-玉米的						
2302100000	玉米糠、麸及其他残渣	5	30	0	0	千克	AB
23023000	-小麦的						
2302300000	小麦糠、麸及其他残渣	3	30	0	0	千克	AB
23024000	-其他谷物的						
2302400000	其他谷物糠、麸及其他残渣	5	30	0	0	千克	AB
23025000	-豆类植物的						
2302500000	豆类植物糠、麸及其他残渣	5	30	13	0	千克	AB
2303	**制造淀粉过程中的残渣及类似的残渣,甜菜渣、甘蔗渣及制糖过程中的其他残渣,酿造及蒸馏过程中的糟粕及残渣,不论是否制成团粒**						
23031000	-制造淀粉过程中的残渣及类似的残渣						
2303100000	制造淀粉过程中的残渣及类似品	5	30	13	13	千克	AB
23032000	-甜菜渣、甘蔗渣及制糖过程中的其他残渣						
2303200000	甜菜渣、甘蔗渣及类似残渣	5	30	13	0	千克	AB
23033000	-酿造及蒸馏过程中的糟粕及残渣						
2303300010	玉米酒糟	5	30	0	0	千克	7AB
2303300090	其他酿造及蒸馏过程中的糟粕及残渣	5	30	0	0	千克	AB
2304	**提炼豆油所得的油渣饼及其他固体残渣,不论是否碾磨或制成团粒**						
23040010	---油渣饼						
2304001000	提炼豆油所得的油渣饼(豆饼)	5	30	13	13	千克	7AB

商品编号	商品名称及备注	进口关税税率(%)		增值税率(%)	出口退税率(%)	计量单位	监管条件
		最惠国	普通				
23040090	---其他						
2304009000	提炼豆油所得的其他固体残渣(不论是否研磨或制成团)	5	30	13	13	千克	7AB
2305	**提炼花生油所得的油渣饼及其他固体残渣,不论是否碾磨或制成团粒**						
23050000	提炼花生油所得的油渣饼及其他固体残渣,不论是否碾磨或制成团粒						
2305000000	花生饼及类似油渣	5	30	0	0	千克	AB
2306	**品目23.04或23.05以外的提炼植物油脂所得的油渣饼及其他固体残渣,不论是否碾磨或制成团粒**						
23061000	-棉子的						
2306100000	棉子油渣饼及固体残渣(品目23.04或23.05以外提炼植物油脂所得的)	5	30	0	13	千克	AB
23062000	-亚麻子的						
2306200000	亚麻子油渣饼及固体残渣(品目23.04或23.05以外提炼植物油脂所得的)	5	30	0	13	千克	AB
23063000	-葵花子的						
2306300000	葵花子油渣饼及固体残渣(品目23.04或23.05以外提炼植物油脂所得的)	5	30	0	13	千克	AB
23064100	--低芥子酸的						
2306410000	低芥子酸油菜子油渣饼及固体残渣(品目23.04或23.06以外提炼植物油脂所得的)	5	30	0	13	千克	AB
23064900	--其他						
2306490000	其他油菜子油渣饼及固体残渣(品目23.04或23.05以外提炼植物油脂所得的)	5	30	0	13	千克	AB
23065000	-椰子或干椰肉的						
2306500000	椰子或干椰肉油渣饼及固体残渣(品目23.04或23.05以外提炼植物油脂所得的)	5	30	13	13	千克	AB
23066000	-棕榈果或棕榈仁的						
2306600010	濒危棕榈果或濒危棕榈仁油渣饼及固体残渣(品目23.04或23.05以外提炼植物油脂所得的)	5	30	13	0	千克	ABEF
2306600090	其他棕榈果或其他棕榈仁油渣饼及固体残渣(品目23.04或23.05以外提炼植物油脂所得的)	5	30	13	13	千克	AB
23069000	-其他						
2306900000	其他油渣饼及固体残渣(品目23.04或23.05以外提炼植物油脂所得的)	5	30	13	0	千克	AB
2307	**葡萄酒渣;粗酒石**						
23070000	葡萄酒渣;粗酒石						
2307000000	葡萄酒渣、粗酒石	5	30	0	0	千克	AB
2308	**动物饲料用的其他编号未列名的植物原料、废料、残渣及副产品,不论是否制成团粒**						
23080000	动物饲料用的其他编号未列名的植物原料、废料、残渣及副产品,不论是否制成团粒						
2308000000	其他饲料用植物产品(包括废料、残渣及副产品)	5	35	13	0	千克	AB
2309	**配制的动物饲料**						
23091010	---罐头						
2309101000[暂4]	狗食或猫食罐头	15	90	13	13	千克	AB
23091090	---其他						
2309109000[暂4]	其他零售包装的狗食或猫食	15	90	13	13	千克	AB
23099010	---制成的饲料添加剂						
2309901000	制成的饲料添加剂	5	14	17	13	千克	AB
23099090	---其他						
2309909000[暂4]	其他配制的动物饲料	6.5	14	13	0	千克	AB

第二十四章　烟草、烟草及烟草代用品的制品

注释：

本章不包括药用卷烟(第三十章)。

子目注释：

子目2403.11所称“水烟料”，是指由烟草和甘油混合而成用水烟筒吸用的烟草，不论是否含有芳香油及提取物、糖蜜或糖，也不论是否用水果调味，但供在水烟筒中吸用的非烟草产品除外。

商品编号	商品名称及备注	进口关税税率(%)		增值税率(%)	出口退税率(%)	计量单位	监管条件
		最惠国	普通				
2401	**烟草；烟草废料**						
24011010	---烤烟						
2401101000	未去梗的烤烟	10	70	17	5	千克	7AB
24011090	---其他						
2401109000	其他未去梗的烟草	10	70	17	5	千克	7AB
24012010	---烤烟						
2401201000	部分或全部去梗的烤烟	10	70	17	5	千克	7AB
24012090	---其他						
2401209000	部分或全部去梗的其他烟草	10	70	17	15	千克	7AB
24013000	-烟草废料						
2401300000	烟草废料	10	70	17	5	千克	AB7
2402	**烟草或烟草代用品制成的雪茄烟及卷烟**						
24021000	-烟草制的雪茄烟						
2402100000	烟草制的雪茄烟	25	180	17	0	千克/千支	7AB
24022000	-烟草制的卷烟						
2402200000	烟草制的卷烟	25	180	17	0	千克/千支	7AB
24029000	-其他						
2402900001	烟草代用品制的卷烟	25	180	17	0	千克/千支	7AB
2402900009	烟草代用品制的雪茄烟	25	180	17	0	千克/千支	7AB
2403	**其他烟草及烟草代用品的制品；“均化”或“再造”烟草；烟草精汁**						
24031100	--本章子目注释所述的水烟料						
2403110000	供吸用的本章子目注释所述的水烟料(不论是否含有任何比例的烟草代用品)	57	180	17	15	千克	7AB
24031900	--其他						
2403190000	其他供吸用的烟草(不论是否含有任何比例的烟草代用品)	57	180	17	15	千克	7AB
24039100	--“均化”或“再造”烟草						
2403910010[暂40]	再造烟草	57	180	17	15	千克	AB7
2403910090	均化烟草	57	180	17	15	千克	AB7
24039900	--其他						
2403990010	烟草精汁	57	180	17	15	千克	7AB
2403990090	其他烟草及烟草代用品的制品	57	180	17	15	千克	AB

第五类 矿 产 品

第二十五章 盐;硫磺;泥土及石料;石膏料、石灰及水泥

注释:

一、除条文及注释四另有规定的以外,本章各品目只包括原产状态的矿产品,或只经过洗涤(包括用化学物质清除杂质而未改变产品结构的)、破碎、磨碎、研粉、淘洗、筛分以及用浮选、磁选和其他机械物理方法(不包括结晶法)精选过的货品,但不得经过焙烧、煅烧、混合或超过品目所列的加工范围。

本章产品可含有添加的抗尘剂,但所加剂料并不使原产品改变其一般用途而适用于某些特殊用途。

二、本章不包括:

(一)升华硫磺、沉淀硫磺及胶态硫磺(品目28.02);

(二)土色料,按重量计三氧化二铁含量在70%及以上(品目28.21);

(三)第三十章的药品及其他产品;

(四)芳香料制品及化妆盥洗品(第三十三章);

(五)长方砌石、路缘石、扁平石(品目68.01)、镶嵌石或类似石料(品目68.02)及铺屋顶、饰墙面或防潮用的板石(品目68.03);

(六)宝石或半宝石(品目71.02或71.03);

(七)每颗重量不低于2.5克的氯化钠或氧化镁培养晶体(光学元件除外)(品目38.24);氯化钠或氧化镁制的光学元件(品目90.01);

(八)台球用粉块(品目95.04);

(九)书写或绘画用粉笔及裁缝划粉(品目96.09)。

三、既可归入品目25.17又可归入本章其他品目的产品,应归入品目25.17。

四、品目25.30主要包括:未膨胀的蛭石、珍珠岩及绿泥石;不论是否煅烧或混合的土色料;天然云母氧化铁;海泡石(不论是否磨光成块);琥珀;模制后未经进一步加工的片、条、杆或类似形状的粘聚海泡石及粘聚琥珀;黑玉;菱锶矿(不论是否煅烧),但不包括氧化锶;陶器、砖或混凝土的碎块。

商品编号	商品名称及备注	进口关税税率(%)		增值税率(%)	出口退税率(%)	计量单位	监管条件
		最惠国	普通				
2501	**盐(包括精制盐及变性盐)及纯氯化钠,不论是否为水溶液,也不论是否添加抗结块剂或松散剂;海水**						
25010011	----食用盐						
2501001100	食用盐	0	0	13	13	千克	AB
25010019	----其他						
2501001900	其他盐	0	0	17	13	千克	AB
25010020	---纯氯化钠						
2501002000	纯氯化钠	3	35	17	13	千克	
25010030	---海水						
2501003000	海水	0	0	17	0	千克	
2502	**未焙烧的黄铁矿**						
25020000	未焙烧的黄铁矿						
2502000000[暂2]	未焙烧的黄铁矿	3	20	17	0	千克	
2503	**各种硫磺,但升华硫磺、沉淀硫磺及胶态硫磺除外**						
25030000	各种硫磺,但升华硫磺、沉淀硫磺及胶态硫磺除外						
2503000000[暂1]	各种硫磺(升华硫磺、沉淀硫磺及胶态硫磺除外)	3	17	17	0	千克	AB
2504	**天然石墨**						
25041010	---粉片						
2504101000[暂1]	鳞片状天然石墨	3	30	17	0	千克	
25041091	----球化石墨						
2504109100	球化石墨(天然石墨经球化加工、分级得到的产品,直径<120微米)	3	30	17	13	千克	
25041099	----其他						
2504109900	其他粉末状天然石墨	3	30	17	0	千克	
25049000	-其他						

商品编号	商品名称及备注	进口关税税率(%)		增值税率(%)	出口退税率(%)	计量单位	监管条件
		最惠国	普通				
2504900000	其他天然石墨	3	30	17	0	千克	
2505	**各种天然砂,不论是否着色,但第二十六章的含金属矿砂除外**						
25051000	-硅砂及石英砂						
2505100000暂1	硅砂及石英砂(不论是否着色)	3	40	17	0	千克	48xy
25059000	-其他						
2505900010暂1	标准砂(不论是否着色,第二十六章的金属矿砂除外)	3	40	17	0	千克	4xy
2505900090暂1	其他天然砂(不论是否着色,第二十六章的金属矿砂除外)	3	40	17	0	千克	48xy
2506	**石英(天然砂除外);石英岩,不论是否粗加修整或仅用锯或其他方法切割成矩形(包括正方形)的板、块**						
25061000	-石英						
2506100000暂1	石英(天然砂除外)	3	40	17	0	千克	
25062000	-石英岩						
2506200000暂1	石英岩(不论是否粗加修整或仅用锯或其他方法切割成矩形板或块)	3	40	17	0	千克	
2507	**高岭土及类似土,不论是否煅烧**						
25070010	---高岭土						
2507001000暂1	不论是否煅烧的高岭土	3	50	17	0	千克	
25070090	---其他						
2507009000暂1	不论是否煅烧的其他高岭土类似土	3	50	17	0	千克	
2508	**其他黏土(不包括品目68.06的膨胀黏土)、红柱石、蓝晶石及硅线石,不论是否煅烧;富铝红柱石;火泥及第纳斯土**						
25081000	-膨润土						
2508100000	膨润土,不论是否煅烧	3	50	17	0	千克	
25083000	-耐火黏土						
2508300000暂1	耐火黏土,不论是否煅烧(包括矾土、焦宝石及其他耐火黏土)	3	20	17	0	千克	4xy
25084000	-其他黏土						
2508400000	其他黏土,不论是否煅烧	3	50	17	0	千克	
25085000	-红柱石、蓝晶石及硅线石						
2508500000暂3	红柱石、蓝晶石及硅线石,不论是否煅烧	3	40	17	0	千克	
25086000	-富铝红柱石						
2508600000暂3	富铝红柱石	3	40	17	0	千克	
25087000	-火泥及第纳斯土						
2508700000	火泥及第纳斯土	3	20	17	0	千克	
2509	**白垩**						
25090000	白垩						
2509000000	白垩	3	45	17	0	千克	
2510	**天然磷酸钙、天然磷酸铝钙及磷酸盐白垩**						
25101010	---磷灰石						
2510101000暂0	未碾磨磷灰石	3	11	17	0	千克	4xy
25101090	---其他						
2510109000暂3	其他未碾磨天然磷酸钙(包括天然磷酸铝钙及磷酸盐白垩,磷灰石除外)	3	20	17	0	千克	4xy
25102010	---磷灰石						
2510201000暂0	已碾磨磷灰石	3	11	17	0	千克	4xy
25102090	---其他						
2510209000暂3	其他已碾磨天然磷酸钙(包括天然磷酸铝钙及磷酸盐白垩,磷灰石除外)	3	20	17	0	千克	4xy
2511	**天然硫酸钡(重晶石);天然碳酸钡(毒重石),不论是否煅烧,但品目28.16的氧化钡除外**						

商品编号	商品名称及备注	进口关税税率(%)		增值税率(%)	出口退税率(%)	计量单位	监管条件
		最惠国	普通				
25111000	-天然硫酸钡(重晶石)						
2511100000	天然硫酸钡(重晶石)	3	45	17	0	千克	
25112000	-天然碳酸钡(毒重石)						
2511200000[暂3]	天然碳酸钡(毒重石)(不论是否煅烧,但品目28.16的氧化钡除外)	3	45	17	0	千克	
2512	**硅质化石粗粉(例如,各种硅藻土)及类似的硅质土,不论是否煅烧,其表观比重不超过1**						
25120010	---硅藻土						
2512001000	硅藻土(不论是否煅烧,表观比重≤1)	3	40	17	0	千克	AB
25120090	---其他						
2512009000	其他硅质化石粗粉及类似的硅质土(不论是否煅烧,表观比重≤1)	3	40	17	0	千克	
2513	**浮石;刚玉岩;天然刚玉砂;天然石榴石及其他天然磨料,不论是否热处理**						
25131000	-浮石						
2513100000	浮石	3	35	17	0	千克	
25132000	-刚玉岩、天然刚玉砂、天然石榴石及其他天然磨料						
2513200000	刚玉岩、天然刚玉砂等天然磨料(包括天然石榴石及其他天然磨料)	3	17	17	0	千克	
2514	**板岩,不论是否粗加修整或仅用锯或其他方法切割成矩形(包括正方形)的板、块**						
25140000	板岩,不论是否粗加修整或仅用锯或其他方法切割成矩形(包括正方形)的板、块						
2514000000	板岩(不论是否粗加修整或仅用锯或其他方法切割成矩形板或块)	3	50	17	0	千克	
2515	**大理石、石灰华及其他石灰质碑用或建筑用石,表观比重为2.5及以上,蜡石,不论是否粗加修整或仅用锯或其他方法切割成矩形(包括正方形)的板、块**						
25151100	--原状或粗加修整						
2515110000[暂0]	原状或粗加修整的大理石及石灰华	4	80	17	0	千克	
25151200	--用锯或其他方法切割成矩形,包括正方形						
2515120000[暂0]	矩形大理石及石灰华(用锯或其他方法切割成矩形)	4	80	17	0	千克	
25152000	-其他石灰质碑用或建筑用石;蜡石						
2515200000[暂0]	其他石灰质碑用或建筑用石,蜡石	3	50	17	0	千克	
2516	**花岗岩、斑岩、玄武岩、砂岩及其他碑用或建筑用石,不论是否粗加修整或仅用锯或其他方法切割成矩形(包括正方形)的板、块**						
25161100	--原状或粗加修整						
2516110000[暂0]	原状或粗加修整花岗岩	4	50	17	0	千克	A
25161200	--仅用锯或其他方法切割成矩形,包括正方形						
2516120000[暂0]	矩形花岗岩(用锯或其他方法切割成矩形)	4	50	17	0	千克	A
25162000	-砂岩						
2516200001[暂0]	原状或粗加修整砂岩	3	50	17	0	千克	A
2516200090[暂0]	矩形(包括正方形)砂岩(用锯或其他方法切割成矩形的板、块)	3	50	17	0	千克	
25169000	-其他碑用或建筑用石						
2516900000[暂0]	其他碑用或建筑用石	3	50	17	0	千克	
2517	**通常作混凝土粒料、铺路、铁道路基或其他路基用的卵石、砾石及碎石,圆石子及燧石,不论是否热处理;矿渣、浮渣及类似的工业残渣,不论是否混有本品目第一部分所列的材料;沥青碎石;品目25.15、25.16所列各种石料的碎粒、碎屑及粉末,不论是否热处理**						
25171000	-通常作混凝土粒料、铺路、铁道路基或其他路基用的卵石、砾石及碎石,圆石子及燧石,不论是否热处理						
2517100000	卵石,砾石及碎石,圆石子及燧石(通常作混凝土粒料、铺路或其他路基用,不论是否热处理)	4	50	17	0	千克	
25172000	-矿渣、浮渣及类似的工业残渣,不论是否混有编号251710所列的材料						
2517200000	矿渣、浮渣及类似的工业残渣(不论是否混有编号25171000所列的材料)	3	50	17	0	千克	9
25173000	-沥青碎石						

商品编号	商品名称及备注	进口关税税率(%)		增值税率(%)	出口退税率(%)	计量单位	监管条件
		最惠国	普通				
2517300000	沥青碎石	3	50	17	0	千克	9
25174100	--大理石						
2517410000	大理石碎粒、碎屑及粉末(不论是否热处理)	3	50	17	0	千克	
25174900	--其他						
2517490000	品目25.15及25.16所列其他石碎粒等(不论是否热处理)	3	50	17	0	千克	
2518	**白云石,不论是否煅烧或烧结、粗加修整或仅用锯或其他方法切割成矩形(包括正方形)的板、块;夯混白云石**						
25181000	-未煅烧或烧结的白云石						
2518100000[暂0]	未煅烧或烧结的白云石(不论是否粗加修整或仅用锯或其他方法切割成矩形板、块)	3	40	17	0	千克	
25182000	-已煅烧或烧结的白云石						
2518200000[暂0]	已煅烧或烧结的白云石(不论是否粗加修整或仅用锯或其他方法切割成矩形板、块)	3	40	17	0	千克	
25183000	-夯混白云石						
2518300000[暂0]	夯混白云石(包括沥青白云石)	3	40	17	0	千克	
2519	**天然碳酸镁(菱镁矿);熔凝镁氧矿;烧结镁氧矿,不论烧结前是否加入少量其他氧化物;其他氧化镁,不论是否纯净**						
25191000	-天然碳酸镁(菱镁矿)						
2519100000[暂1]	天然碳酸镁(菱镁矿)	3	40	17	0	千克	y4x
25199010	---熔凝镁氧矿						
2519901000[暂1]	熔凝镁氧矿(电熔镁,包括喷补料)	3	40	17	0	千克	y4x
25199020	---烧结镁氧矿(重烧镁)						
2519902000[暂1]	烧结镁氧矿(重烧镁)(包括喷补料)	3	40	17	0	千克	y4x
25199030	---碱烧镁(轻烧镁)						
2519903000[暂1]	碱烧镁(轻烧镁)	3	40	17	0	千克	y4x
25199091	----化学纯氧化镁						
2519909100	化学纯氧化镁	3	35	17	0	千克	AB
25199099	----其他						
2519909910[暂1]	其他氧化镁含量≥70%的矿产品	3	40	17	0	千克	4xy
2519909990	其他氧化镁	3	40	17	0	千克	
2520	**生石膏;硬石膏;熟石膏(由煅烧的生石膏或硫酸钙构成),不论是否着色,也不论是否带有少量促凝剂或缓凝剂**						
25201000	-生石膏;硬石膏						
2520100000	生石膏,硬石膏	5	80	17	0	千克	
25202010	---牙科用						
2520201000	牙科用熟石膏(不论是否着色或带有少量促凝剂或缓凝剂)	5	40	17	0	千克	
25202090	---其他						
2520209000	其他熟石膏(不论是否着色或带有少量促凝剂或缓凝剂)	5	80	17	0	千克	
2521	**石灰石助熔剂;通常用于制造石灰或水泥的石灰石及其他钙质石**						
25210000	石灰石助熔剂;通常用于制造石灰或水泥的石灰石及其他钙质石						
2521000000	石灰石助熔剂、石灰石及其他钙石	5	50	17	0	千克	
2522	**生石灰、熟石灰及水硬石灰,但品目28.25的氧化钙及氢氧化钙除外**						
25221000	-生石灰						
2522100000	生石灰	5	80	17	0	千克	
25222000	-熟石灰						
2522200000	熟石灰	5	80	17	0	千克	
25223000	-水硬石灰						
2522300000	水硬石灰	5	80	17	0	千克	

商品编号	商品名称及备注	进口关税税率(%)		增值税率(%)	出口退税率(%)	计量单位	监管条件
		最惠国	普通				
2523	**硅酸盐水泥、矾土水泥、矿渣水泥、富硫酸盐水泥及类似的水凝水泥,不论是否着色,包括水泥熟料**						
25231000	-水泥熟料						
2523100000	水泥熟料	8	30	17	0	千克	
25232100	--白水泥,不论是否人工着色						
2523210000	白水泥,不论是否人工着色	6	30	17	0	千克	
25232900	--其他						
2523290000	其他硅酸盐水泥	8	30	17	0	千克	A
25233000	-矾土水泥						
2523300000	矾土水泥	6	30	17	0	千克	
25239000	-其他水凝水泥						
2523900000	其他水凝水泥	8	30	17	0	千克	A
2524	**石棉**						
25241000	-青石棉						
2524100000	青石棉	5	30	17	0	千克	89
25249010	---长纤维的						
2524901010	长纤维阳起石石棉(包括长纤维铁石棉、透闪石石棉及直闪石石棉)	5	30	17	0	千克	89
2524901090	其他长纤维石棉	5	30	17	0	千克	
25249090	---其他的						
2524909010	其他阳起石石棉(包括其他铁石棉、透闪石石棉及直闪石石棉)	5	35	17	0	千克	89
2524909090	其他石棉	5	35	17	0	千克	
2525	**云母,包括云母片;云母废料**						
25251000	-原状云母及劈开的云母片						
2525100000暂1	原状云母及劈开的云母片	5	30	17	0	千克	
25252000	-云母粉						
2525200000	云母粉	5	30	17	0	千克	
25253000	-云母废料						
2525300000	云母废料(指云母机械加工产生的边角料)	5	30	17	0	千克	9
2526	**天然冻石,不论是否粗加修整或仅用锯或其他方法切割成矩形(包括正方形)的板、块;滑石**						
25261010	---冻石						
2526101000	未破碎及未研粉的天然冻石(不论是否粗加修整或仅用锯或其他方法切割成矩形板、块)	3	50	17	0	千克	
25261020	---滑石						
2526102000暂1	未破碎及未研粉的滑石(不论是否粗加修整或仅用锯或其他方法切割成矩形板、块)	3	50	17	0	千克	4xy
25262010	---冻石						
2526201000	已破碎或已研粉的天然冻石	3	50	17	0	千克	
25262020	---滑石						
2526202001暂1	滑石粉(体积百分比≥90%的产品颗粒度≤18 微米的)	3	50	17	0	千克	4ABxy
2526202090暂1	已破碎或已研粉的其他天然滑石	3	50	17	0	千克	4xy
2528	**天然硼酸盐及其精矿(不论是否煅烧),但不包括从天然盐水析离的硼酸盐;天然粗硼酸,含硼酸干重不超过 85%**						
25280010	---天然硼砂及其精矿(不论是否煅烧)						
2528001000暂0	天然硼砂及其精矿(不论是否煅烧,不含从天然盐水析离的硼酸盐)	3	30	17	0	千克	A
25280090	---其他						
2528009000暂0	其他天然硼酸盐及精矿;天然粗硼酸,含硼酸干重≤85%	5	30	17	0	千克	

商品编号	商品名称及备注	进口关税税率(%)		增值税率(%)	出口退税率(%)	计量单位	监管条件
		最惠国	普通				
2529	**长石;白榴石;霞石及霞石正长岩;萤石(氟石)**						
25291000	-长石						
2529100000[暂1]	长石	3	50	17	0	千克	
25292100	--按重量计氟化钙含量≤97%						
2529210000	按重量计氟化钙含量≤97%的萤石	3	50	17	0	千克	4xy
25292200	--按重量计氟化钙含量>97%						
2529220000	按重量计氟化钙含量>97%的萤石	3	50	17	0	千克	4xy
25293000	-白榴石;霞石及霞石正长岩						
2529300000	白榴石,霞石及霞石正长岩	5	50	17	0	千克	
2530	**其他编号未列名的矿产品**						
25301010	---绿泥石						
2530101000[暂5]	未膨胀的绿泥石	5	30	17	0	千克	
25301020	---未膨胀的蛭石和珍珠岩						
2530102000	未膨胀的蛭石及珍珠岩	5	30	17	0	千克	
25302000	-硫镁矾矿及泻盐矿(天然硫酸镁)						
2530200000	硫镁矾矿及泻盐矿(天然硫酸镁)	3	30	17	0	千克	
25309010	---矿物性药材						
2530901000	矿物性药材	3	30	17	0	千克	
25309020	---稀土金属矿						
2530902000	其他稀土金属矿	0	0	17	0	千克	4Bxy
25309091	----硅灰石						
2530909100	硅灰石	3	50	17	0	千克	
25309099	----其他						
2530909901[暂1]	天青石	3	50	17	0	千克	
2530909902[暂0]	锂辉石矿	3	50	17	0	千克	
2530909910[暂1]	废镁砖	3	50	17	0	千克	49xy
2530909920	叶蜡石	3	50	17	0	千克	
2530909930[暂1]	未煅烧的水镁石	3	50	17	0	千克	4xy
2530909992	其他品目未列名氧化镁含量≥70%的矿产品	3	50	17	0	千克	
2530909999	其他矿产品	3	50	17	0	千克	

第二十六章　矿砂、矿渣及矿灰

注释：

一、本章不包括：

(一)供铺路用的矿渣及类似的工业废渣(品目25.17)；

(二)天然碳酸镁(菱镁矿)，不论是否煅烧(品目25.19)；

(三)主要含有石油的石油储罐的淤渣(品目27.10)；

(四)第三十一章的碱性熔渣；

(五)矿物棉(品目68.06)；

(六)贵金属或包贵金属的废碎料；主要用于回收贵金属的含贵金属或贵金属化合物的其他废碎料(品目71.12)；

(七)通过熔炼所产生的铜锍、镍锍或钴锍(第十五类)。

二、品目26.01至26.17所称"矿砂"，是指冶金工业中提炼汞、品目28.44的金属，以及第十四类、第十五类金属的矿物，即使这些矿物不用于冶金工业，也包括在内。但品目26.01至26.17不包括不是以冶金工业正常加工方法处理的各种矿物。

三、品目26.20仅适用于：

(一)在工业上提炼金属或作为生产金属化合物基本原料的矿渣、矿灰及残渣，但焚化城市垃圾所产生的灰、渣除外(品目26.21)；

(二)含有砷的矿渣、矿灰及残渣，不论其是否含有金属，用于提取或生产砷、金属及其化合物。

子目注释：

一、子目2620.21所称"含铅汽油的淤渣及含铅抗震化合物的淤渣"，是指含铅汽油及含铅抗震化合物(例如，四乙基铅)储罐的淤渣，主要含有铅、铅化合物以及铁的氧化物；

二、含有砷、汞、铊及其混合物的矿渣、矿灰及残渣，用于提取或生产砷、汞、铊及其化合物，归入子目2620.60。

商品编号	商品名称及备注	进口关税税率(%) 最惠国	进口关税税率(%) 普通	增值税率(%)	出口退税率(%)	计量单位	监管条件
2601	**铁矿砂及其精矿，包括焙烧黄铁矿**						
26011110	---平均粒度<0.8毫米的						
2601111000暂0	未烧结铁矿砂及其精矿(平均粒度<0.8毫米的，焙烧黄铁矿除外)	0	0	17	0	千克	7A
26011120	---0.8毫米≤平均粒度≤6.3毫米的						
2601112000暂0	未烧结铁矿砂及其精矿(0.8毫米≤平均粒度≤6.3毫米的，焙烧黄铁矿除外)	0	0	17	0	千克	7A
26011190	---其他						
2601119000暂0	平均粒度>6.3毫米的未烧结铁矿砂及其精矿(焙烧黄铁矿除外)	0	0	17	0	千克	7A
26011200	--已烧结						
2601120000暂0	已烧结铁矿砂及其精矿(焙烧黄铁矿除外)	0	0	17	0	千克	7A
26012000	-焙烧黄铁矿						
2601200000暂0	焙烧黄铁矿	0	0	17	0	千克	7A
2602	**锰矿砂及其精矿，包括以干重计含锰量在20%及以上的锰铁矿及其精矿**						
26020000	锰矿砂及其精矿，包括以干重计含锰量≥20%的锰铁矿及其精矿						
2602000000	锰矿砂及其精矿(包括以干重计含锰量≥20%的锰铁矿及其精矿)	0	0	17	0	千克	A
2603	**铜矿砂及其精矿**						
26030000	铜矿砂及其精矿						
2603000010	铜矿砂及其精矿(黄金价值部分)	0	0	0	0	千克	7A
2603000090	铜矿砂及其精矿(非黄金价值部分)	0	0	17	0	千克	7A
2604	**镍矿砂及其精矿**						
26040000	镍矿砂及其精矿						
2604000001暂0	镍矿砂及其精矿(黄金价值部分)	0	0	0	0	千克	
2604000090暂0	镍矿砂及其精矿(非黄金价值部分)	0	0	17	0	千克	
2605	**钴矿砂及其精矿**						
26050000	钴矿砂及其精矿						
2605000001	钴矿砂及其精矿(黄金价值部分)	0	0	0	0	千克	
2605000090	钴矿砂及其精矿(非黄金价值部分)	0	0	17	0	千克	
2606	**铝矿砂及其精矿**						

商品编号	商品名称及备注	进口关税税率(%)		增值税率(%)	出口退税率(%)	计量单位	监管条件
		最惠国	普通				
26060000	铝矿砂及其精矿						
2606000000	铝矿砂及其精矿	0	0	17	0	千克	47xy
2607	**铅矿砂及其精矿**						
26070000	铅矿砂及其精矿						
2607000001	铅矿砂及其精矿(黄金价值部分)	0	0	0	0	千克	A
2607000090	铅矿砂及其精矿(非黄金价值部分)	0	0	17	0	千克	A
2608	**锌矿砂及其精矿**						
26080000	锌矿砂及其精矿						
2608000001 暂0	灰色饲料氧化锌[氧化锌(ZnO)含量>80%]	0	0	17	0	千克	A
2608000090	其他锌矿砂及其精矿	0	0	17	0	千克	A
2609	**锡矿砂及其精矿**						
26090000	锡矿砂及其精矿						
2609000000 暂0	锡矿砂及其精矿	0	0	17	0	千克	4xy
2610	**铬矿砂及其精矿**						
26100000	铬矿砂及其精矿						
2610000000	铬矿砂及其精矿	0	0	17	0	千克	A
2611	**钨矿砂及其精矿**						
26110000	钨矿砂及其精矿						
2611000000	钨矿砂及其精矿	0	0	17	0	千克	4xy
2612	**铀或钍矿砂及其精矿**						
26121000	-铀矿砂及其精矿						
2612100000 暂0	铀矿砂及其精矿	0	0	17	0	千克	
26122000	-钍矿砂及其精矿						
2612200000	钍矿砂及其精矿	0	0	17	0	千克	4xy
2613	**钼矿砂及其精矿**						
26131000	-已焙烧						
2613100000	已焙烧钼矿砂及其精矿	0	0	17	0	千克	4xy
26139000	-其他						
2613900000	其他钼矿砂及其精矿	0	0	17	0	千克	4xy
2614	**钛矿砂及其精矿**						
26140000	钛矿砂及其精矿						
2614000000 暂0	钛矿砂及其精矿	0	0	17	0	千克	
2615	**铌、钽、钒或锆矿砂及其精矿**						
26151000	-锆矿砂及其精矿						
2615100000 暂0	锆矿砂及其精矿	0	0	17	0	千克	
26159010	---水合钽铌原料(钽铌矿富集物)						
2615901000	水合钽铌原料(钽铌矿富集物)	0	0	17	0	千克	
26159090	---其他						
2615909010	铌、钽精矿及其矿砂	0	0	17	0	千克	
2615909090	钒矿砂;钒精矿	0	0	17	0	千克	
2616	**贵金属矿砂及其精矿**						
26161000	-银矿砂及其精矿						
2616100000 暂0	银矿砂及其精矿	0	0	17	0	千克	
26169000	-其他						
2616900001 暂0	黄金矿砂	0	0	0	0	千克	
2616900009 暂0	其他贵金属矿砂及其精矿	0	0	17	0	千克	

商品编号	商品名称及备注	进口关税税率(%)		增值税率(%)	出口退税率(%)	计量单位	监管条件
		最惠国	普通				
2617	**其他矿砂及其精矿**						
26171010	---生锑(锑精矿,选矿产品)						
2617101000	生锑(锑精矿,选矿产品)	0	0	17	0	千克	4xy
26171090	---其他						
2617109001	其他锑矿砂及其精矿(黄金价值部分)	0	0	0	0	千克	4xy
2617109090	其他锑矿砂及其精矿(非黄金价值部分)	0	0	17	0	千克	4xy
26179010	---朱砂(辰砂)						
2617901000[暂3]	朱砂(辰砂)	3	14	17	0	千克	X
26179090	---其他						
2617909000[暂0]	其他矿砂及其精矿	0	0	17	0	千克	
2618	**冶炼钢铁所产生的粒状熔渣(熔渣砂)**						
26180010	---主要含锰						
2618001001[暂1]	主要含锰的冶炼钢铁产生的粒状熔渣,含锰量>25%(包括熔渣砂)	4	35	17	0	千克	AP
2618001090[暂4]	其他主要含锰的冶炼钢铁产生的粒状熔渣(包括熔渣砂)	4	35	17	0	千克	9A
26180090	---其他						
2618009000[暂4]	其他的冶炼钢铁产生的粒状熔渣(包括熔渣砂)	4	35	17	0	千克	9A
2619	**冶炼钢铁所产生的熔渣、浮渣(粒状熔渣除外)、氧化皮及其他废料**						
26190000	冶炼钢铁所产生的熔渣、浮渣(粒状熔渣除外)、氧化皮及其他废料						
2619000010[暂4]	轧钢产生的氧化皮	4	35	17	0	千克	AP
2619000021[暂1]	冶炼钢铁所产生的含钒浮渣、熔渣,五氧化二钒含量>20%(冶炼钢铁所产生的粒状熔渣除外)	4	35	17	0	千克	AP
2619000029[暂4]	其他冶炼钢铁所产生的含钒浮渣、熔渣(冶炼钢铁所产生的粒状熔渣除外)	4	35	17	0	千克	AP
2619000030[暂4]	含铁>80%的冶炼钢铁产生的渣钢铁	4	35	17	0	千克	AP
2619000090[暂4]	冶炼钢铁产生的其他熔渣、浮渣及其他废料(冶炼钢铁所产生的粒状熔渣除外)	4	35	17	0	千克	9A
2620	**含有金属、砷及其化合物的矿渣、矿灰及残渣(冶炼钢铁所产生的灰、渣除外)**						
26201100	--含硬锌						
2620110000	含硬锌的矿渣、矿灰及残渣(冶炼钢铁所产生灰、渣除外)	4	35	17	0	千克	9
26201900	--其他						
2620190000	其他主要含锌的矿渣、矿灰及残渣(冶炼钢铁所产生灰、渣除外)	4	35	17	0	千克	9
26202100	--含铅汽油的淤渣及含铅抗震化合物的淤渣						
2620210000[暂4]	含铅汽油淤渣及含铅抗震化合物的淤渣	4	35	17	0	千克	9
26202900	--其他						
2620290000[暂4]	其他主要含铅的矿渣、矿灰及残渣(冶炼钢铁所产生灰、渣除外)	4	35	17	0	千克	9
26203000	-主要含铜						
2620300000[暂4]	主要含铜的矿渣、矿灰及残渣(冶炼钢铁所产生灰、渣除外)	4	35	17	0	千克	9
26204000	-主要含铝						
2620400000	主要含铝的矿渣、矿灰及残渣(冶炼钢铁所产生灰、渣除外)	4	35	17	0	千克	9
26206000	-含砷、汞、铊及其混合物,用于提取或生产砷、汞、铊及其化合物						
2620600000[暂4]	含砷、汞、铊及混合物矿渣、矿灰与残渣(用于提取或生产砷、汞、铊及其化合物)	4	35	17	0	千克	9
26209100	--含锑、铍、镉、铬及其混合物						
2620910000[暂4]	含锑、铍、镉、铬及混合物的矿渣、矿灰及残渣	4	35	17	0	千克	9
26209910	---主要含钨						
2620991000	其他主要含钨的矿渣、矿灰及残渣	4	35	17	0	千克	y4x9
26209990	---其他						
2620999011[暂1]	含其他金属及其化合物的矿渣、矿灰及残渣,五氧化二钒>20%(冶炼钢铁所产生的及含钒废催化剂除外)	4	35	17	0	千克	AP

商品编号	商品名称及备注	进口关税税率(%)		增值税率(%)	出口退税率(%)	计量单位	监管条件
		最惠国	普通				
2620999019暂4	含其他金属及其化合物的矿渣、矿灰及残渣,10%<五氧化二钒≤20%(冶炼钢铁所产生的及含钒废催化剂除外)	4	35	17	0	千克	AP
2620999020暂4	含铜>10%的铜冶炼转炉渣及火法精炼渣、其他铜冶炼渣	4	35	17	0	千克	9
2620999090暂4	含其他金属及其化合物的矿渣、矿灰及残渣(冶炼钢铁所产生灰、渣除外)	4	35	17	0	千克	9
2621	**其他矿渣及矿灰,包括海藻灰(海草灰);焚化城市垃圾所产生的灰、渣**						
26211000	-焚化城市垃圾所产生的灰、渣						
2621100000	焚化城市垃圾所产生的灰、渣	4	35	17	0	千克	9
26219000	-其他						
2621900010	海藻灰及其他植物灰(包括稻壳灰)	4	35	17	0	千克	9
2621900090	其他矿渣及矿灰	4	35	17	0	千克	9

第二十七章　矿物燃料、矿物油及其蒸馏产品;沥青物质;矿物蜡

注释:

一、本章不包括:

(一)单独的已有化学定义的有机化合物,但纯甲烷及纯丙烷应归入品目27.11;

(二)品目30.03及30.04的药品;

(三)品目33.01、33.02及38.05的不饱和烃混合物。

二、品目27.10所称"石油及从沥青矿物提取的油类",不仅包括石油、从沥青矿物提取的油及类似油,还包括那些用任何方法提取的主要含有不饱和烃混合物的油,但其非芳族成分的重量必须超过芳族成分。然而,它不包括温度在300℃时,压力转为1013毫巴后减压蒸馏出以体积计小于60%的液体合成聚烯烃(第三十九章)。

三、品目27.10所称"废油",是指主要含石油及从沥青矿物提取的油类(参见本章注释二)的废油,不论其是否与水混合。它们包括:

(一)不再适于作为原产品使用的废油(例如,用过的润滑油、液压油、变压器油);

(二)石油储罐的淤渣油,主要含废油及高浓度的在生产原产品时使用的添加剂(例如,化学品);

(三)水乳浊液状或与水混合的废油,例如,浮油、清洗油罐所得的油或机械加工中已用过的切削油。

子目注释:

一、子目2701.11所称"无烟煤",是指含挥发物(以干燥、无矿物质计)不超过14%的煤。

二、子目2701.12所称"烟煤",是指含挥发物(以干燥、无矿物质计)超过14%,并且热值(以潮湿、无矿物质计)等于或大于5833大卡/千克的煤。

三、子目2707.10、2707.20、2707.30、2707.40所称"粗苯"、"粗甲苯"、"粗二甲苯"、"萘",是分别指按重量计苯、甲苯、二甲苯、萘的含量在50%以上的产品。

四、子目2710.12所称"轻油及其制品",是指根据ISO 3405方法(等同于ASTM D 86方法),温度在210℃时以体积计馏出量(包括损耗)在90%及以上的产品。

五、品目27.10的子目所称"生物柴油",是指从动植物油脂(不论是否使用过)得到的用做燃料的脂肪酸单烷基酯。

商品编号	商品名称及备注	进口关税税率(%)		增值税率(%)	出口退税率(%)	计量单位	监管条件
		最惠国	普通				
2701	**煤;煤砖、煤球及用煤制成的类似固体燃料**						
27011100	--无烟煤						
2701110010[暂3]	无烟煤(不论是否粉化,但未制成型)	3	20	17	0	千克	47Axy
2701110090[暂3]	无烟煤滤料	3	20	17	0	千克	7A
27011210	---炼焦煤						
2701121000[暂3]	未制成型的炼焦煤(不论是否粉化)	3	20	17	0	千克	47Axy
27011290	---其他						
2701129000[暂6]	其他烟煤(不论是否粉化,但未制成型)	6	20	17	0	千克	47Axy
27011900	--其他煤						
2701190000[暂5]	其他煤(不论是否粉化,但未制成型)	5	20	17	0	千克	47Axy
27012000	-煤砖、煤球及用煤制成的类似固体燃料						
2701200000[暂5]	煤砖、煤球及类似用煤制固体燃料	5	50	17	0	千克	
2702	**褐煤,不论是否制成型,但不包括黑玉**						
27021000	-褐煤,不论是否粉化,但未制成型						
2702100000[暂3]	褐煤(不论是否粉化,但未制成型)	3	20	17	0	千克	4Axy
27022000	-制成型的褐煤						
2702200000[暂3]	制成型的褐煤	3	20	17	0	千克	A
2703	**泥煤(包括肥料用泥煤),不论是否制成型**						
27030000	泥煤(包括肥料用泥煤),不论是否制成型						
2703000010[暂5]	泥炭(草炭)[沼泽(湿地)中,地上植物枯死、腐烂堆积而成的有机矿体(不论干湿)]	5	20	17	0	千克	8AB
2703000090[暂5]	泥煤(包括肥料用泥煤)(不论是否制成型)	5	20	17	0	千克	AB
2704	**煤、褐煤或泥煤制成的焦炭及半焦炭,不论是否制成型;甑炭**						
27040010	---焦炭及半焦炭						
2704001000[暂0]	焦炭或半焦炭(煤、褐煤或泥煤制成的,不论是否成型)	5	11	17	0	千克	4xy
27040090	---其他						

商品编号	商品名称及备注	进口关税税率(%)		增值税率(%)	出口退税率(%)	计量单位	监管条件
		最惠国	普通				
2704009000暂0	甑炭	5	11	17	0	千克	
2705	**煤气、水煤气、炉煤气及类似气体,但石油气及其他烃类气除外**						
27050000	煤气、水煤气、炉煤气及类似气体,但石油气及其他烃类气除外						
2705000010暂1	煤气	5	20	13	0	千克	AB
2705000090暂1	水煤气、炉煤气及类似气体(石油气及其他烃类气除外)	5	20	13	0	千克	
2706	**从煤、褐煤或泥煤蒸馏所得的焦油及其他矿物焦油,不论是否脱水或部分蒸馏,包括再造焦油**						
27060000	从煤、褐煤或泥煤蒸馏所得的焦油及其他矿物焦油,不论是否脱水或部分蒸馏,包括再造焦油						
2706000001暂1	含蒽油≥50%及沥青≥40%的“炭黑油”	6	30	17	0	千克	
2706000090暂1	其他从煤、褐煤或泥煤蒸馏所得的焦油及矿物焦油(不论是否脱水或部分蒸馏,包括再造焦油)	6	30	17	0	千克	AB
2707	**蒸馏高温煤焦油所得的油类及其他产品;芳族成分重量超过非芳族成分的类似产品**						
27071000	-粗苯						
2707100000暂6	粗苯	6	20	17	0	千克	AB
27072000	-粗甲苯						
2707200000	粗甲苯	6	30	17	0	千克	
27073000	-粗二甲苯						
2707300000暂2	粗二甲苯	6	20	17	0	千克	
27074000	-萘						
2707400000	萘	7	30	17	0	千克	AB
27075000	-其他芳烃混合物,根据ISO3405方法(等同于ASTM D 86方法),温度在250℃时的馏出量以体积计(包括损耗)≥65%						
2707500000	其他芳烃混合物[根据ISO 3405方法(等同于ASTM D 86方法),温度在250℃时的馏出量以体积计(包括损耗)≥65%]	7	30	17	0	千克	
27079100	--杂酚油						
2707910000	杂酚油	7	30	17	0	千克	
27079910	---酚						
2707991000	酚	7	30	17	0	千克	
27079990	---其他						
2707999000	蒸馏煤焦油所得的其他产品(包括芳族成分重量超过非芳族成分的其他类似产品)	7	30	17	0	千克	
2708	**从煤焦油或其他矿物焦油所得的沥青及沥青焦**						
27081000	-沥青						
2708100000	沥青	7	35	17	0	千克	
27082000	-沥青焦						
2708200001暂3	针状沥青焦	6	11	17	0	千克	
2708200090	其他沥青焦	6	11	17	0	千克	
2709	**石油原油及从沥青矿物提取的原油**						
27090000	石油原油及从沥青矿物提取的原油						
2709000000暂0	石油原油(包括从沥青矿物提取的原油)	见附表2	见附表2	17	0	千克	4x7AByv
2710	**石油及从沥青矿物提取的油类,但原油除外;以上述油为基本成分(按重量计不低于70%)的其他编号未列名制品;废油**						
27101210	---车用汽油及航空汽油						
2710121000暂1	车用汽油及航空汽油,不含生物柴油	5	14	17	17	千克/升	47ABvy
27101220	---石脑油						
2710122000暂0	石脑油,不含生物柴油	6	20	17	0	千克/升	47ABvy

商品编号	商品名称及备注	进口关税税率(%)		增值税率(%)	出口退税率(%)	计量单位	监管条件
		最惠国	普通				
27101230	---橡胶溶剂油、油漆溶剂油、抽提溶剂油						
2710123000	橡胶溶剂油、油漆溶剂油、抽提溶剂油,不含生物柴油	6	30	17	0	千克/升	
27101291	----壬烯						
2710129101暂4	壬烯,不含生物柴油(碳九异构体混合物含量>90%)	9	20	17	0	千克	4Ay
2710129190	其他壬烯,不含生物柴油	9	20	17	0	千克	4Ay
27101299	----其他						
2710129910暂5	异戊烯同分异构体混合物,不含生物柴油	9	20	17	0	千克	4Ay
2710129990	其他轻油及制品,不含生物柴油(包括按重量计含油≥70%的制品)	9	20	17	0	千克	4Ay
27101911	----航空煤油						
2710191100暂0	航空煤油,不含生物柴油	9	14	17	17	千克/升	47ABvy
27101912	----灯用煤油						
2710191200	灯用煤油,不含生物柴油	9	14	17	0	千克/升	47ABvy
27101919	----其他						
2710191910暂2	正构烷烃(C9~C13),不含生物柴油	6	20	17	0	千克/升	4y
2710191990	其他煤油馏分的油及制品,不含生物柴油	6	20	17	0	千克/升	4ABy
27101922	----5~7号燃料油						
2710192200暂1	5~7号燃料油,不含生物柴油	6	20	17	0	千克/升	7ABv
27101923	----柴油						
2710192300暂1	柴油	6	11	17	17	千克/升	47ABvy
27101929	----其他						
2710192910暂0	蜡油,不含生物柴油(350℃以下馏出物体积<20%,550℃以下馏出物体积>80%)	6	20	17	0	千克/升	7ABv
2710192990	其他燃料油,不含生物柴油	6	20	17	0	千克/升	7ABv
27101991	----润滑油						
2710199100	润滑油,不含生物柴油	6	17	17	0	千克/升	4Axy
27101992	----润滑脂						
2710199200	润滑脂,不含生物柴油	6	17	17	0	千克/升	4Axy
27101993	----润滑油基础油						
2710199300	润滑油基础油,不含生物柴油	6	17	17	0	千克/升	4xy
27101994	----液体石蜡和重质液体石蜡						
2710199400	液体石蜡和重质液体石蜡,不含生物柴油	6	20	17	0	千克	AB
27101999	----其他						
2710199900	其他重油;其他重油制品,不含生物柴油(包括按重量计含油≥70%的制品)	6	20	17	0	千克/升	B
27102000	-石油及从沥青矿物提取的油类(但原油除外)及以上述油为基本成分(按重量计≥70%)的其他品目未列名制品,含有生物柴油,但废油除外						
2710200000	石油及从沥青矿物提取的油类(但原油除外)及以上述油为基本成分(按重量计≥70%)的其他品目未列名制品(含生物柴油<30%,废油除外)	6	20	17	0	千克/升	4Ay
27109100	--含多氯联苯(PCBs)、多氯三联(PCTs)或多溴联苯(PBBs)的						
2710910000	含多氯联苯、多溴联苯的废油(包括含多氯三联苯的废油)	6	20	17	0	千克	9
27109900	--其他						
2710990000	其他废油	6	20	17	0	千克	9
2711	**石油气及其他烃类气**						
27111100	--天然气						
2711110000	液化天然气	0	20	13	0	千克	4ABy
27111200	--丙烷						
2711120000暂1	液化丙烷	5	20	13	0	千克	AB
27111310	---直接灌注香烟打火机及类似打火器用,其包装容器的容积>300立方厘米						

商品编号	商品名称及备注	进口关税税率(%)		增值税率(%)	出口退税率(%)	计量单位	监管条件
		最惠国	普通				
2711131000	直接灌注香烟打火机等用液化丁烷(包装容器容积>300立方厘米)	11	80	17	0	千克	
27111390	---其他						
2711139000[暂1]	其他液化丁烷	5	20	13	0	千克	
27111400	--乙烯、丙烯、丁烯及丁二烯						
2711140010	液化的乙烯	5	20	17	0	千克	AB
2711140090	液化的丙烯、丁烯及丁二烯	5	20	17	0	千克	
27111910	---直接灌注香烟打火机及类似打火器用的燃料,其包装容器的容积>300立方厘米						
2711191000	其他直接灌注打火机等用液化燃料(包装容器容积>300立方厘米)	10	80	17	0	千克	
27111990	---其他						
2711199010	其他液化石油气	3	20	13	0	千克	AB
2711199090	其他液化烃类气	3	20	13	0	千克	
27112100	--天然气						
2711210000	气态天然气	0	20	13	0	千克	AB
27112900	--其他						
2711290010	其他气态石油气	6	20	13	0	千克	AB
2711290090	其他气态烃类气	6	20	13	0	千克	
2712	**凡士林;石蜡、微晶石蜡、疏松石蜡、地蜡、褐煤蜡、泥煤蜡、其他矿物蜡及用合成或其他方法制得的类似产品,不论是否着色**						
27121000	-凡士林						
2712100000	凡士林	8	45	17	0	千克	AB
27122000	-石蜡,按重量计含油量<0.75%						
2712200000	石蜡,不论是否着色(按重量计含油量<0.75%)	8	45	17	0	千克	4ABx
27129010	---微晶石蜡						
2712901000	微晶石蜡	8	45	17	0	千克	4ABx
27129090	---其他						
2712909000	其他矿物蜡,不论是否着色(包括疏松石蜡、地蜡、褐煤蜡、泥煤蜡等)	8	45	17	0	千克	
2713	**石油焦、石油沥青及其他石油或从沥青矿物提取的油类的残渣**						
27131110	---硫的重量百分比<3%的						
2713111000	硫的重量百分比<3%的未煅烧石油焦	3	11	17	0	千克	
27131190	---其他						
2713119000	其他未煅烧石油焦	3	11	17	0	千克	
27131210	---硫的重量百分比<0.8%的						
2713121000	已煅烧石油焦(硫的重量百分比<0.8%)	3	11	17	0	千克	
27131290	---其他						
2713129000	其他已煅烧石油焦	3	11	17	0	千克	
27132000	-石油沥青						
2713200000	石油沥青	8	35	17	0	千克	
27139000	-其他石油或从沥青矿物提取的油类的残渣						
2713900000	其他石油等矿物油类的残渣	6	35	17	0	千克	9
2714	**天然沥青(地沥青);沥青页岩、油页岩及焦油砂;沥青岩**						
27141000	-沥青页岩、油页岩及焦油砂						
2714100000	沥青页岩、油页岩及焦油砂	6	20	17	0	千克	
27149010	---天然沥青(地沥青)						
2714901000[暂4]	天然沥青(地沥青)	8	35	17	0	千克	
27149020	---乳化沥青						
2714902000	乳化沥青	0	20	17	0	千克	

商品编号	商品名称及备注	进口关税税率(%)		增值税率(%)	出口退税率(%)	计量单位	监管条件
		最惠国	普通				
27149090	---其他						
2714909000	沥青岩	3	20	17	0	千克	
2715	**以天然沥青(地沥青)、石油沥青、矿物焦油或矿物焦油沥青为基本成分的沥青混合物(例如,沥青胶黏剂、稀释沥青)**						
27150000	以天然沥青(地沥青)、石油沥青、矿物焦油或矿物焦油沥青为基本成分的沥青混合物(例如,沥青胶黏剂、稀释沥青)						
2715000000	以天然沥青等为基本成分的沥青混合物(包括石油沥青、矿物焦油、矿物焦油沥青等的沥青混合物)	8	35	17	0	千克	
2716	**电力**						
27160000	电力						
2716000000	电力	0	8	17	17	千瓦时	

第六类　化学工业及其相关工业的产品

注释：

一、(一)凡符合品目28.44、28.45规定的货品(放射性矿砂除外)，应分别归入这两个品目而不归入本手册的其他品目。

(二)除上述(一)款另有规定的以外，凡符合品目28.43、28.46或28.52规定的货品，应分别归入以上品目而不归入本类的其他品目。

二、除上述注释一另有规定的以外，凡由于按一定剂量或作为零售包装而可归入品目30.04、30.05、30.06、32.12、33.03、33.04、33.05、33.06、33.07、35.06、37.07及38.08的货品，应分别归入以上品目，而不归入本手册的其他品目。

三、由两种或两种以上单独成分配套的货品，其部分或全部成分属于本类范围以内，混合后则构成第六类或第七类的货品，应按混合后产品归入相应的品目，但其组成成分必须同时符合下列条件：

(一)其包装形式足以表明这些成分不需经过改装就可一起使用的；

(二)一起进口或出口的；

(三)这些成分的属性及相互比例足以表明是相互配用的。

第二十八章　无机化学品；贵金属、稀土金属、放射性元素及其同位素的有机及无机化合物

注释：

一、除条文另有规定的以外，本章各品目只适用于：

(一)单独的化学元素及单独的已有化学定义的化合物，不论是否含有杂质；

(二)上述(一)款产品的水溶液；

(三)溶于其他溶剂的上述(一)款产品，但该产品处于溶液状态只是为了安全或运输所采取的正常必要方法，其所用溶剂并不使该产品改变其一般用途而适合于某些特殊用途；

(四)为了保存或运输需要，加入稳定剂(包括抗结块剂)的上述(一)、(二)、(三)款产品；

(五)为了便于识别或安全起见，加入抗尘剂或着色剂的上述(一)、(二)、(三)、(四)款产品，但所加剂料并不使原产品改变其一般用途而适合于某些特殊用途。

二、除以有机物质稳定的连二亚硫酸盐及次硫酸盐(品目28.31)，无机碱的碳酸盐及过碳酸盐(品目28.36)，无机碱的氰化物、氧氰化物及氰络合物(品目28.37)，无机碱的雷酸盐、氰酸盐及硫氰酸盐(品目28.42)，品目28.43至28.46及28.52的有机产品，以及碳化物(品目28.49)之外，本章仅包括下列碳化合物：

(一)碳的氧化物，氰化氢及雷酸、异氰酸、硫氰酸及其他简单或络合氰酸(品目28.11)；

(二)碳的卤氧化物(品目28.12)；

(三)二硫化碳(品目28.13)；

(四)硫代碳酸盐、硒代碳酸盐、碲代碳酸盐、硒代氰酸盐、碲代氰酸盐、四氰硫基二氨基络酸盐及其他无机碱络合氰酸盐(品目28.42)；

(五)用尿素固化的过氧化氢(品目28.47)、氧硫化碳、硫代羰基卤化物、氰、卤化氰、氨基氰及其金属衍生物(品目28.53)，不论是否纯净，但氰氨化钙除外(第三十一章)。

三、除第六类注释一另有规定的以外，本章不包括：

(一)氯化钠或氧化镁(不论是否纯净)及第五类的其他产品；

(二)上述注释二所述以外的有机—无机化合物；

(三)第三十一章注释二、三、四、五所述的产品；

(四)品目32.06的用做发光剂的无机产品；品目32.07的搪瓷玻璃料及其他玻璃，呈粉、粒或粉片状的；

(五)人造石墨(品目38.01)；品目38.13的灭火器的装配药及已装药的灭火弹；品目38.24的零售包装的除墨剂；品目38.24的每颗重量不少于2.5克的碱金属或碱土金属卤化物的培养晶体(光学元件除外)；

(六)宝石或半宝石(天然、合成或再造)及这些宝石、半宝石的粉末(品目71.02至71.05)，第七十一章的贵金属及贵金属合金；

(七)第十五类的金属(不论是否纯净)、金属合金或金属陶瓷，包括硬质合金物(与金属烧结的金属碳化物)；

(八)光学元件，例如用碱金属或碱土金属卤化物制成的(品目90.01)。

四、由本章第二分章的非金属酸和第四分章的金属酸所构成的已有化学定义的络酸，应归入品目28.11。

五、品目28.26至28.42只适用于金属盐、铵盐及过氧酸盐。除条文另有规定的以外，复盐及络盐应归入品目28.42。

六、品目28.44只适用于：

(一)锝(原子序数43)、钷(原子序数61)、钋(原子序数84)及原子序数大于84的所有化学元素；

(二)天然或人造放射性同位素(包括第十四类及第十五类的贵金属和贱金属的放射性同位素)，不论是否混合；

(三)上述元素或同位素的无机或有机化合物，不论是否已有化学定义或是否混合；

(四)含有上述元素或同位素及其无机或有机化合物并且具有某种放射性强度超过74贝克勒尔/克(0.002微居里/克)的合金、分散体(包括金属陶瓷)、陶瓷产品及混合物；

(五)核反应堆已耗尽(已辐照)的燃料元件(释热元件)；

(六)放射性的残渣，不论是否有用。

品目28.44、28.45及本注释所称“同位素”是指：

1. 单独的核素，但不包括自然界中以单一同位素状态存在的核素；

2. 同一元素的同位素混合物，其中一种或几种同位素已被浓缩，即人工地改变了该元素同位素的自然构成。

七、品目28.53包括按重量计含磷量超过15%的磷化铜(磷铜)。

八、经掺杂用于电子工业的化学元素(例如，硅、硒)，如果拉制后未经加工或呈圆筒形、棒形，应归入本章；如果已切成圆片、薄片或类似形状，则归入品目38.18。

子目注释：

子目2852.10所称“已有化学定义”是指符合第二十八章注释一(一)至(五)或第二十九章注释一(一)至(八)规定的汞的无机或有机化合物。

商品编号	商品名称及备注	进口关税税率(%)		增值税率(%)	出口退税率(%)	计量单位	监管条件
		最惠国	普通				
2801	**氟、氯、溴及碘**						
28011000	-氯						
2801100000	氯	5.5	80	17	0	千克	AB
28012000	-碘						
2801200000	碘	5.5	30	17	0	千克	G
28013010	---氟						
2801301000	氟	5.5	30	17	0	千克	AB
28013020	---溴						
2801302000[暂1]	溴	5.5	30	17	0	千克	AB
2802	**升华硫磺、沉淀硫磺;胶态硫磺**						
28020000	升华硫磺、沉淀硫磺;胶态硫磺						
2802000000[暂1]	升华、沉淀、胶态硫磺	5.5	17	17	0	千克	AB
2803	**碳(炭黑及其他编号未列名的其他形态的碳)**						
28030000	碳(炭黑及其他编号未列名的其他形态的碳)						
2803000000	碳(包括碳黑及其他品目未列名的其他形态的碳)	5.5	35	17	0	千克	
2804	**氢、稀有气体及其他非金属**						
28041000	-氢						
2804100000	氢	5.5	30	17	0	千克/立方米	AB
28042100	--氩						
2804210000	氩	5.5	30	17	0	千克/立方米	AB
28042900	--其他						
2804290000	其他稀有气体	5.5	30	17	0	千克/立方米	
28043000	-氮						
2804300000	氮	5.5	30	17	0	千克/立方米	AB
28044000	-氧						
2804400000	氧	5.5	80	17	0	千克/立方米	AB
28045000	-硼;碲						
2804500001[暂0]	碲	5.5	17	17	13	千克	
2804500010	颗粒<500 微米的硼及其合金(含量≥97%,不论球形,椭球体,雾化,片状,研碎金属燃料)	5.5	17	17	13	千克	3
2804500020	能量密度>40 兆焦耳/千克的硼浆(硼溶于溶剂形成的硼浆)	5.5	17	17	13	千克	3
2804500090	其他硼	5.5	17	17	13	千克	
28046117	----直径≥30 厘米的						
2804611700	电子工业用直径≥30 厘米单晶硅棒(按重量计含硅量≥99.99%)	4	11	17	17	千克	
28046119	----其他						
2804611900	电子工业用 7.5 厘米≤直径<30 厘米单晶硅棒(按重量计含硅量≥99.99%)	4	11	17	0	千克	
28046120	---经掺杂用于电子工业的其他单晶硅棒						
2804612000	电子工业用直径<7.5 厘米单晶硅棒(按重量计含硅量≥99.99%)	4	17	17	0	千克	
28046190	---其他						
2804619011	含硅量>99.9999999%的多晶硅废碎料(太阳能级多晶硅除外)	4	30	17	0	千克	9
2804619012	含硅量>99.9999999%的太阳能级多晶硅	4	30	17	0	千克	
2804619013	含硅量>99.9999999%的太阳能级多晶硅废碎料	4	30	17	0	千克	AP
2804619019	其他含硅量>99.9999999%的多晶硅(太阳能级多晶硅除外)	4	30	17	0	千克	
2804619091	其他含硅量≥99.99%的硅废碎料(太阳能级多晶硅除外)	4	30	17	0	千克	9

商品编号	商品名称及备注	进口关税税率(%)		增值税率(%)	出口退税率(%)	计量单位	监管条件
		最惠国	普通				
2804619092	含硅量≥99.99%的太阳能级多晶硅	4	30	17	0	千克	
2804619093	含硅量≥99.99%的太阳能级多晶硅废碎料	4	30	17	0	千克	AP
2804619099	其他含硅量≥99.99%的硅(太阳能级多晶硅除外)	4	30	17	0	千克	
28046900	--其他						
2804690000	其他含硅量<99.99%的硅	4	30	17	0	千克	
28047010	---黄磷(白磷)						
2804701000	黄磷(白磷)	5.5	30	17	0	千克	AB
28047090	---其他						
2804709010[暂5.5]	红磷	5.5	30	17	0	千克	ABG
2804709090[暂5.5]	其他磷	5.5	30	17	0	千克	
28048000	-砷						
2804800000	砷	5.5	30	17	0	千克	ABX
28049010	---经掺杂用于电子工业的晶体棒						
2804901000	经掺杂用于电子工业的硒晶体棒	4	17	17	0	千克	
28049090	---其他						
2804909000[暂0]	其他硒	5.5	30	17	13	千克	
2805	**碱金属、碱土金属;稀土金属、钪及钇,不论是否相互混合或相互熔合;汞**						
28051100	--钠						
2805110000	钠	5.5	30	17	0	千克	AB
28051200	--钙						
2805120010[暂1]	高纯度钙[金属杂质(除镁外)含量<1‰,硼含量小于十万分之一]	5.5	30	17	0	千克	3A
2805120090[暂1]	其他钙	5.5	30	17	0	千克	
28051910	---锂						
2805191000[暂1]	锂	5.5	30	17	0	千克	AB
28051990	---其他						
2805199000[暂1]	其他碱金属及碱土金属	5.5	30	17	0	千克	
28053011	----钕						
2805301100[暂0]	钕(未相互混合或相互熔合)	5.5	30	17	0	千克	4Bxy
28053012	----镝						
2805301200[暂0]	镝(未相互混合或相互熔合)	5.5	30	17	0	千克	4Bxy
28053013	----铽						
2805301300[暂0]	铽(未相互混合或相互熔合)	5.5	30	17	0	千克	4Bxy
28053014	----镧						
2805301400[暂0]	镧(未相互混合或相互熔合)	5.5	30	17	0	千克	4Bxy
28053015	----铈						
2805301510[暂0]	颗粒<500微米的铈及其合金(含量≥97%,不论球形、椭球体、雾化、片状、研碎金属燃料;未相互混合或相互熔合)	5.5	30	17	0	千克	3B
2805301590[暂0]	其他金属铈(未相互混合或相互熔合)	5.5	30	17	0	千克	4Bxy
28053016	----镨						
2805301600[暂0]	金属镨(未相互混合或相互熔合)	5.5	30	17	0	千克	4Bxy
28053017	----钇						
2805301700[暂0]	金属钇(未相互混合或相互熔合)	5.5	30	17	0	千克	4Bxy
28053019	----其他						
2805301900[暂0]	其他稀土金属(未相互混合或相互熔合)	5.5	30	17	0	千克	4Bxy
28053021	----电池级						
2805302100[暂0]	其他电池级的稀土金属、钪及钇(已相互混合或相互熔合)	5.5	30	17	0	千克	4Bxy

商品编号	商品名称及备注	进口关税税率(%)		增值税率(%)	出口退税率(%)	计量单位	监管条件
		最惠国	普通				
28053029	----其他						
2805302900[暂0]	其他稀土金属、钪及钇(已相互混合或相互熔合)	5.5	30	17	0	千克	4Bxy
28054000	-汞						
2805400000	汞	5.5	17	17	0	千克	ABX
2806	**氯化氢(盐酸);氯磺酸**						
28061000	-氯化氢(盐酸)						
2806100000	氯化氢(盐酸)	5.5	80	17	0	千克	23AB
28062000	-氯磺酸						
2806200000	氯磺酸	5.5	40	17	0	千克	AB
2807	**硫酸;发烟硫酸**						
28070000	硫酸;发烟硫酸						
2807000010[暂1]	硫酸	5.5	35	17	0	千克	32
2807000090[暂1]	发烟硫酸	5.5	35	17	0	千克	AB
2808	**硝酸;磺硝酸**						
28080000	硝酸;磺硝酸						
2808000010	红发烟硝酸	5.5	40	17	0	千克	3A
2808000090	磺硝酸及其他硝酸	5.5	40	17	0	千克	
2809	**五氧化二磷;磷酸;多磷酸,不论是否已有化学定义**						
28091000	-五氧化二磷						
2809100000	五氧化二磷	1	8	17	0	千克	AB
28092011	----食品级磷酸						
2809201100	食品级磷酸(食品级磷酸的具体技术指标参考 GB3149-2004)	1	8	17	0	千克	AB
28092019	----其他						
2809201900	其他磷酸及偏磷酸、焦磷酸(食品级磷酸除外)	1	8	17	0	千克	B
28092090	---其他						
2809209000	其他多磷酸	5.5	35	17	0	千克	
2810	**硼的氧化物;硼酸**						
28100010	---硼的氧化物						
2810001000	硼的氧化物	5.5	30	17	0	千克	
28100020	---硼酸						
2810002000	硼酸	5.5	30	17	0	千克	AB
2811	**其他无机酸及非金属无机氧化物**						
28111100	--氟化氢(氢氟酸)						
2811110000	氢氟酸	5.5	35	17	0	千克	3AB
28111200	--氰化氢(氢氰酸)						
2811120000	氢氰酸(包括氰化氢)	5.5	35	17		千克	23
28111920	---硒化氢						
2811192000	硒化氢	5.5	35	17	0	千克	AB
28111990	---其他						
2811199010	氢碘酸	5.5	35	17	0	千克	ABG
2811199020	砷酸、焦砷酸、偏砷酸	5.5	35	17	0	千克	X
2811199090	其他无机酸	5.5	35	17	0	千克	AB
28112100	--二氧化碳						
2811210000	二氧化碳	5.5	30	17	0	千克	AB
28112210	---硅胶						
2811221000	二氧化硅硅胶	5.5	30	17	9	千克	AB

商品编号	商品名称及备注	进口关税税率(%)		增值税率(%)	出口退税率(%)	计量单位	监管条件
		最惠国	普通				
28112290	---其他						
2811229000	其他二氧化硅	5.5	30	17	9	千克	AB
28112900	--其他						
2811290010	三氧化二砷、五氧化二砷[亚砷(酸)酐,砒霜,白砒,氧化亚砷,砷(酸)酐,三氧化砷]	5.5	30	17	0	千克	X
2811290020	四氧化二氮	5.5	30	17	0	千克	3A
2811290090	其他非金属无机氧化物	5.5	30	17	0	千克	
2812	**非金属卤化物及卤氧化物**						
28121100	--碳酰二氯(光气)						
2812110000	碳酰二氯(光气)	5.5	30	17		千克	23
28121200	--氧氯化磷						
2812120000	氧氯化磷(即磷酰氯,三氯氧磷)	5.5	30	17		千克	23
28121300	--三氯化磷						
2812130000	三氯化磷	5.5	30	17		千克	23AB
28121400	--五氯化磷						
2812140000	五氯化磷	5.5	30	17		千克	23AB
28121500	---氯化硫						
2812150000	一氯化硫(氯化硫)	5.5	30	17		千克	23AB
28121600	--二氯化硫						
2812160000	二氯化硫	5.5	30	17		千克	23AB
28121700	--亚硫酰氯						
2812170000	亚硫酰氯	5.5	30	17		千克	23AB
28121900	--其他						
2812190010[暂2]	氯化亚砜(亚硫酰氯,氧氯化硫)	5.5	30	17		千克	23AB
2812190020	三氯化砷	5.5	30	17		千克	23AB
2812190091	其他非金属氯化物	5.5	30	17		千克	
2812190099	其他非金属氯氧化物	5.5	30	17		千克	
28129011	----三氟化氮						
2812901100	三氟化氮	5.5	30	17	9	千克	AB
28129019	----其他						
2812901910	三氟化氯	5.5	30	17	0	千克	3A
2812901920	三氟化砷(氟化亚砷)	5.5	30	17	0	千克	X
2812901930	硫酰氟	5.5	30	17	0	千克	S
2812901990	其他氟化物及氟氧化物	5.5	30	17	0	千克	
28129090	---其他						
2812909010	三溴化砷、三碘化砷(溴化亚砷、化亚砷)	5.5	30	17	0	千克	X
2812909090	其他非金属卤化物及卤氧化物	5.5	30	17	0	千克	
2813	**非金属硫化物;商品三硫化二磷**						
28131000	-二硫化碳						
2813100000	二硫化碳	5.5	30	17	0	千克	ABX
28139000	-其他						
2813900010	五硫化二磷	5.5	30	17	0	千克	23
2813900020	三硫化二磷	5.5	30	17	0	千克	AB
2813900090	其他非金属硫化物	5.5	30	17	0	千克	
2814	**氨及氨水**						
28141000	-氨						
2814100000[暂0]	氨	5.5	35	17	0	千克	AB

商品编号	商品名称及备注	进口关税税率(%) 最惠国	进口关税税率(%) 普通	增值税率(%)	出口退税率(%)	计量单位	监管条件
28142000	-氨水						
2814200010[暂0]	氨水(含量≥10%)	5.5	35	17	0	千克	AB
2814200090[暂0]	其他氨水	5.5	35	17	0	千克	
2815	**氢氧化钠(烧碱);氢氧化钾(苛性钾);过氧化钠及过氧化钾**						
28151100	--固体						
2815110000	固体氢氧化钠	10	35	17	0	千克	ABG
28151200	--水溶液(氢氧化钠浓溶液及液体烧碱)						
2815120000	氢氧化钠水溶液,液体烧碱	8	35	17	0	千克	ABG
28152000	-氢氧化钾(苛性钾)						
2815200000	氢氧化钾(苛性钾)	5.5	30	17	13	千克	AB
28153000	-过氧化钠及过氧化钾						
2815300000	过氧化钠及过氧化钾	5.5	30	17	0	千克	AB
2816	**氢氧化镁及过氧化镁;锶或钡的氧化物、氢氧化物及过氧化物**						
28161000	-氢氧化镁及过氧化镁						
2816100010	过氧化镁	5.5	30	17	0	千克	AB
2816100090	氢氧化镁	5.5	30	17	0	千克	
28164000	-锶或钡的氧化物、氢氧化物及过氧化物						
2816400000[暂2]	锶或钡的氧化物、氢氧化物(及其过氧化物)	5.5	30	17	0	千克	
2817	**氧化锌及过氧化锌**						
28170010	---氧化锌						
2817001000	氧化锌	5.5	40	17	0	千克	AB
28170090	---过氧化锌						
2817009000	过氧化锌	5.5	30	17	0	千克	AB
2818	**人造刚玉,不论是否已有化学定义;氧化铝;氢氧化铝**						
28181010	---棕刚玉						
2818101000	棕刚玉(不论是否已有化学定义)	5.5	20	17	0	千克	
28181090	---其他						
2818109000	其他人造刚玉(不论是否已有化学定义,棕刚玉除外)	5.5	20	17	0	千克	
28182000	-氧化铝,但人造刚玉除外						
2818200000[暂0]	氧化铝,但人造刚玉除外	8	30	17	0	千克	7
28183000	-氢氧化铝						
2818300000	氢氧化铝	5.5	30	17	0	千克	
2819	**铬的氧化物及氢氧化物**						
28191000	-三氧化铬						
2819100000	三氧化铬	5.5	20	17	0	千克	AB
28199000	-其他						
2819900000	其他铬的氧化物及氢氧化物	5.5	30	17	0	千克	
2820	**锰的氧化物**						
28201000	-二氧化锰						
2820100000	二氧化锰	5.5	40	17	0	千克	
28209000	-其他						
2820900000	其他锰的氧化物	5.5	30	17	0	千克	
2821	**铁的氧化物及氢氧化物;土色料,按重量计三氧化二铁含量在70%及以上**						
28211000	-铁的氧化物及氢氧化物						
2821100000	铁的氧化物及氢氧化物	5.5	30	17	0	千克	
28212000	-土色料						

商品编号	商品名称及备注	进口关税税率(%) 最惠国	普通	增值税率(%)	出口退税率(%)	计量单位	监管条件
2821200000	土色料(三氧化二铁含量≥0%)	5.5	45	17	0	千克	
2822	**钴的氧化物及氢氧化物;商品氧化钴**						
28220010	---四氧化三钴						
2822001000暂2	四氧化三钴	5.5	30	17	13	千克	4xy
28220090	---其他						
2822009000暂2	其他钴的氧化物及氢氧化物(包括商品氧化钴,但四氧化三钴除外)	5.5	30	17	0	千克	4xy
2823	**钛的氧化物**						
28230000	钛的氧化物						
2823000000	钛的氧化物	5.5	30	17	0	千克	
2824	**铅的氧化物;铅丹及铅橙**						
28241000	-一氧化铅(铅黄、黄丹)						
2824100000	一氧化铅(铅黄,黄丹)	5.5	30	17	0	千克	ABX
28249010	---铅丹及铅橙						
2824901000	铅丹及铅橙[四氧化(三)铅](红丹)	5.5	45	17	0	千克	ABX
28249090	---其他						
2824909000	其他铅的氧化物	5.5	30	17	0	千克	
2825	**肼(联氨)、胲(羟胺)及其无机盐;其他无机碱;其他金属氧化物、氢氧化物及过氧化物**						
28251010	---水合肼						
2825101010	纯度≥70%的水合肼	5.5	30	17	0	千克	3A
2825101090	纯度<70%的水合肼	5.5	30	17	0	千克	AB
28251020	---硫酸羟胺						
2825102000	硫酸羟胺	5.5	30	17	0	千克	AB
28251090	---其他						
2825109000	其他肼、胲及其无机盐	5.5	30	17	0	千克	
28252010	---氢氧化锂						
2825201000	氢氧化锂	5.5	30	17	0	千克	AB
28252090	---其他						
2825209000	锂的氧化物	5.5	30	17	0	千克	
28253010	---五氧化二钒						
2825301000	五氧化二钒	5.5	30	17	0	千克	4ABxy
28253090	---其他						
2825309000	其他钒的氧化物及氢氧化物	5.5	30	17	0	千克	4xy
28254000	-镍的氧化物及氢氧化物						
2825400000暂2	镍的氧化物及氢氧化物	5.5	30	17	13	千克	
28255000	-铜的氧化物及氢氧化物						
2825500000	铜的氧化物及氢氧化物	5.5	30	17	0	千克	
28256000	-锗的氧化物及二氧化锆						
2825600001	锗的氧化物	5.5	30	17	0	千克	4xy
2825600090	二氧化锆	5.5	30	17	0	千克	3
28257000	-钼的氧化物及氢氧化物						
2825700000	钼的氧化物及氢氧化物	5.5	30	17	0	千克	4xy
28258000	-锑的氧化物						
2825800000	锑的氧化物	5.5	30	17	0	千克	4xBy
28259011	----钨酸						
2825901100	钨酸	5.5	30	17	0	千克	4xy
28259012	----三氧化钨						

商品编号	商品名称及备注	进口关税税率(%)		增值税率(%)	出口退税率(%)	计量单位	监管条件
		最惠国	普通				
2825901200	三氧化钨	5.5	30	17	0	千克	4xy
28259019	----其他						
2825901910	蓝色氧化钨	5.5	30	17	0	千克	4xy
2825901990	其他钨的氧化物及氢氧化物	5.5	30	17	0	千克	
28259021	----三氧化二铋						
2825902100	三氧化二铋	5.5	30	17	13	千克	4ABxy
28259029	----其他						
2825902900	其他铋的氧化物及氢氧化物	5.5	30	17	0	千克	4ABxy
28259031	----二氧化锡						
2825903100	二氧化锡	5.5	30	17	0	千克	4ABxy
28259039	----其他						
2825903900	其他锡的氧化物及氢氧化物	5.5	30	17	0	千克	4ABxy
28259041	----一氧化铌						
2825904100	一氧化铌	5.5	30	17	0	千克	A
28259049	----其他						
2825904900	其他铌的氧化物及氢氧化物	5.5	30	17	0	千克	AB
28259090	---其他						
2825909000	其他金属的氧化物及氢氧化物	5.5	30	17	0	千克	AB
2826	**氟化物;氟硅酸盐、氟铝酸盐及其他氟络盐**						
28261210	---无水氟化铝						
2826121000	无水氟化铝	5.5	30	17	0	千克	
28261290	---其他						
2826129000	其他氟化铝	5.5	30	17	0	千克	
28261910	---铵的氟化物						
2826191010	氟化氢铵	5.5	30	17	0	千克	3A
2826191090	其他铵的氟化物	5.5	30	17	0	千克	
28261920	---钠的氟化物						
2826192010	氟化钠	5.5	30	17	0	千克	3AB
2826192020	氟化氢钠	5.5	30	17	0	千克	3A
2826192090	其他钠的氟化物	5.5	30	17	0	千克	
28261990	---其他						
2826199010	氟化钾	5.5	30	17	0	千克	3A
2826199020	氟化氢钾	5.5	30	17	0	千克	3A
2826199030	氟化铅,四氟化铅,氟化镉	5.5	30	17	0	千克	X
2826199090	其他氟化物	5.5	30	17	0	千克	
28263000	-六氟铝酸钠(人造冰晶石)						
2826300000	六氟铝酸钠(人造冰晶石)	5.5	30	17	13	千克	
28269010	---氟硅酸盐						
2826901000	氟硅酸盐	5.5	30	17	0	千克	
28269020	---六氟磷酸锂						
2826902000	六氟磷酸锂	5.5	30	17	13	千克	
28269090	---其他						
2826909010	氟钽酸钾	5.5	30	17	0	千克	
2826909030	氟硼酸铅,氟硼酸镉	5.5	30	17	0	千克	X
2826909090	氟铝酸盐及其他氟络盐	5.5	30	17	0	千克	
2827	**氯化物、氯氧化物及氢氧基氯化物;溴化物及溴氧化物;碘化物及碘氧化物**						

商品编号	商品名称及备注	进口关税税率(%)		增值税率(%)	出口退税率(%)	计量单位	监管条件
		最惠国	普通				
28271010	---肥料用						
2827101000	肥料用氯化铵	4	11	17	0	千克	G
28271090	---其他						
2827109000	非肥料用氯化铵	5.5	30	17	0	千克	G
28272000	-氯化钙						
2827200000	氯化钙	5.5	50	17	9	千克	AB
28273100	--氯化镁						
2827310000	氯化镁	5.5	30	17	0	千克	AB
28273200	--氯化铝						
2827320000	氯化铝	5.5	30	17	0	千克	
28273500	--氯化镍						
2827350000	氯化镍	5.5	30	17	0	千克	AB
28273910	---氯化锂						
2827391000	氯化锂	5.5	30	17	0	千克	
28273920	---氯化钡						
2827392000	氯化钡	5.5	30	17	0	千克	AB
28273930	---氯化钴						
2827393000	氯化钴	5.5	30	17	0	千克	4ABxy
28273990	---其他						
2827399000	其他氯化物	5.5	30	17	0	千克	AB
28274100	--铜的氯氧化物及氢氧基氯化物						
2827410000	铜的氯氧化物及氢氧基氯化物	5.5	30	17	0	千克	
28274910	---锆的氯氧化物及氢氧基氯化物						
2827491000	锆的氯氧化物及氢氧基氯化物	5.5	30	17	0	千克	
28274990	---其他						
2827499000	其他氯氧化物及氢氧基氯化物	5.5	30	17	0	千克	
28275100	--溴化钠及溴化钾						
2827510000	溴化钠及溴化钾	5.5	30	17	0	千克	
28275900	--其他						
2827590000	其他溴化物及溴氧化物	5.5	30	17	0	千克	
28276000	-碘化物及碘氧化物						
2827600000	碘化物及碘氧化物	5.5	30	17	0	千克	AB
2828	**次氯酸盐;商品次氯酸钙;亚氯酸盐;次溴酸盐**						
28281000	-商品次氯酸钙及其他钙的次氯酸盐						
2828100000	商品次氯酸钙及其他钙的次氯酸盐	12	80	17	5	千克	
28289000	-其他						
2828900000	次溴酸盐、亚氯酸盐、其他次氯酸盐	5.5	30	17	0	千克	AB
2829	**氯酸盐及高氯酸盐;溴酸盐及过溴酸盐;碘酸盐及高碘酸盐**						
28291100	--氯酸钠						
2829110000	氯酸钠	12	30	17	0	千克	AB
28291910	---氯酸钾(洋硝)						
2829191000	氯酸钾(洋硝)	5.5	20	17	0	千克	9B
28291990	---其他						
2829199000	其他氯酸盐	5.5	30	17	0	千克	
28299000	-其他						
2829900010	颗粒<500微米的球形高氯酸铵	5.5	30	17	0	千克	3A

商品编号	商品名称及备注	进口关税税率(%)		增值税率(%)	出口退税率(%)	计量单位	监管条件
		最惠国	普通				
2829900090	其他高氯酸盐、溴酸盐等(包括过溴酸盐、碘酸盐及高碘酸盐)	5.5	30	17	0	千克	
2830	**硫化物;多硫化物,无论是否已有化学定义**						
28301010	---硫化钠						
2830101000	硫化钠	5.5	40	17	0	千克	3AB
28301090	---其他						
2830109000	其他钠的硫化物	5.5	30	17	0	千克	
28309020	---硫化锑						
2830902000	硫化锑	5.5	45	17	0	千克	B
28309030	---硫化钴						
2830903000	硫化钴	5.5	30	17	0	千克	
28309090	---其他						
2830909000	其他硫化物、多硫化物	5.5	30	17	0	千克	
2831	**连二亚硫酸盐及次硫酸盐**						
28311010	---钠的连二亚硫酸盐						
2831101000	钠的连二亚硫酸盐	5.5	30	17	0	千克	AB
28311020	---钠的次硫酸盐						
2831102000	钠的次硫酸盐	5.5	30	17	0	千克	
28319000	-其他						
2831900000	其他连二亚硫酸盐及次硫酸盐	5.5	30	17	0	千克	
2832	**亚硫酸盐;硫代硫酸盐**						
28321000	-钠的亚硫酸盐						
2832100000	钠的亚硫酸盐	5.5	30	17	0	千克	
28322000	-其他亚硫酸盐						
2832200000	其他亚硫酸盐	5.5	30	17	0	千克	AB
28323000	-硫代硫酸盐						
2832300000	硫代硫酸盐	5.5	30	17	0	千克	
2833	**硫酸盐;矾;过硫酸盐**						
28331100	--硫酸钠						
2833110000	硫酸二钠	5.5	40	17	0	千克	4xy
28331900	--其他						
2833190000	钠的其他硫酸盐	5.5	30	17	0	千克	
28332100	--硫酸镁						
2833210000	硫酸镁	5.5	30	17	0	千克	AB
28332200	--硫酸铝						
2833220000	硫酸铝	5.5	30	17	0	千克	
28332400	--镍的硫酸盐						
2833240000	镍的硫酸盐	5.5	30	17	0	千克	
28332500	--铜的硫酸盐						
2833250000	铜的硫酸盐	5.5	30	17	0	千克	
28332700	--硫酸钡						
2833270000	硫酸钡	5.5	30	17	0	千克	G
28332910	---硫酸亚铁						
2833291000	硫酸亚铁	5.5	45	17	0	千克	AB
28332920	---铬的硫酸盐						
2833292000	铬的硫酸盐	5.5	30	17	0	千克	
28332930	---硫酸锌						

商品编号	商品名称及备注	进口关税税率(%)		增值税率(%)	出口退税率(%)	计量单位	监管条件
		最惠国	普通				
2833293000	硫酸锌	5.5	30	17	5	千克	AB
28332990	---其他						
2833299010	硫酸钴	5.5	30	17	0	千克	4ABxy
2833299090	其他硫酸盐	5.5	30	17	0	千克	AB
28333010	---钾铝矾						
2833301000	钾铝矾	5.5	45	17	0	千克	
28333090	---其他						
2833309000	其他矾	5.5	30	17	0	千克	
28334000	-过硫酸盐						
2833400000	过硫酸盐	5.5	30	17	0	千克	
2834	**亚硝酸盐;硝酸盐**						
28341000	-亚硝酸盐						
2834100000	亚硝酸盐	5.5	30	17	0	千克	AB
28342110	---肥料用						
2834211000[暂1]	肥料用硝酸钾	4	11	17	0	千克	AB
28342190	---其他						
2834219000	非肥料用硝酸钾	5.5	30	17	0	千克	AB
28342910	---硝酸钴						
2834291000	硝酸钴	5.5	30	17	0	千克	AB
28342990	---其他						
2834299001[暂2]	硝酸钡	5.5	30	17	0	千克	AB
2834299090	其他硝酸盐	5.5	30	17	0	千克	
2835	**次磷酸盐、亚磷酸盐及磷酸盐;多磷酸盐,无论是否已有化学定义**						
28351000	-次磷酸盐及亚磷酸盐						
2835100000	次磷酸盐及亚磷酸盐	5.5	20	17	0	千克	
28352200	--磷酸一钠及磷酸二钠						
2835220000	磷酸一钠及磷酸二钠	5.5	20	17	0	千克	
28352400	--钾的磷酸盐						
2835240000	钾的磷酸盐	5.5	20	17	0	千克	
28352510	---饲料级的						
2835251000	饲料级的正磷酸氢钙(磷酸二钙)	5.5	20	17	0	千克	AB
28352520	---食品级的						
2835252000	食品级的正磷酸氢钙(磷酸二钙)	5.5	20	17	5	千克	AB
28352590	---其他						
2835259000	其他正磷酸氢钙(磷酸二钙)	5.5	20	17	0	千克	
28352600	--其他磷酸钙						
2835260000	其他磷酸钙	5.5	20	17	0	千克	
28352910	---磷酸三钠						
2835291000	磷酸三钠	5.5	20	17	0	千克	AB
28352990	---其他						
2835299000	其他磷酸盐	5.5	20	17	0	千克	A
28353110	---食品级的						
2835311000	食品级的三磷酸钠(三聚磷酸钠)	5.5	20	17	13	千克	AB
28353190	---其他						
2835319000	其他三磷酸钠(三聚磷酸钠)	5.5	20	17	13	千克	
28353911	----食品级的						

商品编号	商品名称及备注	进口关税税率(%) 最惠国	普通	增值税率(%)	出口退税率(%)	计量单位	监管条件
2835391100	食品级的六偏磷酸钠	5.5	20	17	9	千克	AB
28353919	----其他						
2835391900	其他六偏磷酸钠	5.5	20	17	0	千克	
28353990	---其他						
2835399000	其他多磷酸盐	5.5	20	17	0	千克	
2836	**碳酸盐;过碳酸盐;含氨基甲酸铵的商品碳酸铵**						
28362000	-碳酸钠(纯碱)						
2836200000	碳酸钠(纯碱)	5.5	35	17	9	千克	AG
28363000	-碳酸氢钠(小苏打)						
2836300000	碳酸氢钠(小苏打)	5.5	45	17	9	千克	ABG
28364000	-钾的碳酸盐						
2836400000	钾的碳酸盐	5.5	30	17	0	千克	
28365000	-碳酸钙						
2836500000	碳酸钙	5.5	45	17	0	千克	AB
28366000	-碳酸钡						
2836600000[暂1]	碳酸钡	5.5	40	17	0	千克	
28369100	--锂的碳酸盐						
2836910000[暂2]	锂的碳酸盐	5.5	30	17	0	千克	
28369200	--锶的碳酸盐						
2836920000[暂2]	锶的碳酸盐	5.5	30	17	0	千克	
28369910	---碳酸镁						
2836991000	碳酸镁	5.5	45	17	0	千克	AB
28369930	---碳酸钴						
2836993000[暂2]	碳酸钴	5.5	30	17	0	千克	4xy
28369940	---商品碳酸铵及其他铵的碳酸盐						
2836994000	商品碳酸铵及其他铵的碳酸盐	5.5	30	17	0	千克	
28369950	---碳酸锆						
2836995000	碳酸锆	5.5	30	17	0	千克	AB
28369990	---其他						
2836999000	其他碳酸盐及过碳酸盐	5.5	30	17	13	千克	A
2837	**氰化物、氧氰化物及氰络合物**						
28371110	---氰化钠						
2837111000	氰化钠(山奈)	5.5	20	17	0	千克	X23AB
28371120	---氧氰化钠						
2837112000	氧氰化钠	5.5	30	17	0	千克	
28371910	---氰化钾						
2837191000	氰化钾	5.5	20	17	0	千克	23XAB
28371990	---其他						
2837199011	氰化锌,氰化亚铜,氰化铜(氰化高铜)	5.5	30	17	0	千克	X
2837199012	氰化镍,氰化钙(氰化亚镍)	5.5	30	17	0	千克	X
2837199013	氰化钡,氰化镉,氰化铅	5.5	30	17	0	千克	X
2837199014	氰化钴[氰化钴(II)、氰化钴(III)]	5.5	30	17	0	千克	X
2837199090	其他氰化物及氧氰化物	5.5	30	17	0	千克	
28372000	-氰络合物						
2837200011	氰化镍钾、氰化钠铜锌(氰化钾镍、镍氰化钾、铜盐)	5.5	30	17	0	千克	X

商品编号	商品名称及备注	进口关税税率(%)		增值税率(%)	出口退税率(%)	计量单位	监管条件
		最惠国	普通				
2837200012	氰化亚铜(三)钠、氰化亚铜(三)钾(紫铜盐、紫铜矾、氰化铜钠、氰化亚铜钾、亚铜氰化钾)	5.5	30	17	0	千克	X
2837200090	其他氰络合物	5.5	30	17	0	千克	
2839	**硅酸盐;商品碱金属硅酸盐**						
28391100	--偏硅酸钠						
2839110000	偏硅酸钠	5.5	40	17	0	千克	AB
28391910	---硅酸钠						
2839191000	硅酸钠	5.5	30	17	0	千克	A
28391990	---其他						
2839199000	其他钠盐	5.5	30	17	0	千克	
28399000	-其他						
2839900001[暂2]	锆的硅酸盐	5.5	30	17	0	千克	
2839900010	硅酸铅	5.5	30	17	0	千克	X
2839900090	其他硅酸盐;商品碱金属硅酸盐	5.5	30	17	0	千克	
2840	**硼酸盐及过硼酸盐**						
28401100	--无水四硼酸钠						
2840110000[暂2]	无水四硼酸钠	5.5	20	17	0	千克	
28401900	--其他						
2840190000[暂2]	其他四硼酸钠	5.5	20	17	0	千克	
28402000	-其他硼酸盐						
2840200010	硼酸锌	5.5	30	17	0	千克	S
2840200090	其他硼酸盐	5.5	30	17	0	千克	
28403000	-过硼酸盐						
2840300000	过硼酸盐	5.5	30	17	0	千克	
2841	**金属酸盐及过金属酸盐**						
28413000	-重铬酸钠						
2841300000	重铬酸钠	5.5	20	17	0	千克	AB
28415000	-其他铬酸盐及重铬酸盐;过铬酸盐						
2841500000	其他铬酸盐及重铬酸盐,过铬酸盐	5.5	30	17	0	千克	
28416100	--高锰酸钾						
2841610000	高锰酸钾	5.5	30	17	0	千克	23AB
28416910	---锰酸锂						
2841691000	锰酸锂	5.5	30	17	13	千克	
28416990	---其他						
2841699000	亚锰酸盐,其他锰酸盐及其他高锰酸盐	5.5	30	17	0	千克	
28417010	---钼酸铵						
2841701000	钼酸铵	5.5	30	17	0	千克	4xy
28417090	---其他						
2841709000	其他钼酸盐	5.5	30	17	0	千克	4xy
28418010	---仲钨酸铵						
2841801000	仲钨酸铵	5.5	30	17	0	千克	4xy
28418020	---钨酸钠						
2841802000	钨酸钠	5.5	30	17	0	千克	4xy
28418030	---钨酸钙						
2841803000	钨酸钙	5.5	30	17	0	千克	4xy
28418040	---偏钨酸铵						

商品编号	商品名称及备注	进口关税税率(%)		增值税率(%)	出口退税率(%)	计量单位	监管条件
		最惠国	普通				
2841804000	偏钨酸铵	5.5	30	17	0	千克	4xy
28418090	---其他						
2841809000	其他钨酸盐	5.5	30	17	0	千克	
28419000	-其他						
2841900010[暂2]	钴酸锂	5.5	30	17	13	千克	
2841900020[暂0]	铼酸盐	5.5	30	17	0	千克	
2841900090	其他金属酸盐及过金属酸盐	5.5	30	17	0	千克	
2842	**其他无机酸盐或过氧酸盐(包括不论是否已有化学定义的硅铝酸盐),但叠氮化物除外**						
28421000	-硅酸复盐及硅酸络盐(包括不论是否已有化学定义的硅铝酸盐)						
2842100000	硅酸复盐及硅酸络盐(包括不论是否已有化学定义的硅铝酸盐)	5.5	30	17	0	千克	AB
28429011	----硫氰酸钠						
2842901100	硫氰酸钠	5.5	30	17	0	千克	
28429019	----其他						
2842901910	其他硫氰酸盐	5.5	30	17	0	千克	AB
2842901990	雷酸盐及氰酸盐	5.5	30	17	0	千克	
28429020	---碲化镉						
2842902000	碲化镉	5.5	30	17	0	千克	ABX
28429030	---锂镍钴锰氧化物						
2842903000	锂镍钴锰氧化物	5.5	30	17	13	千克	AB
28429040	---磷酸铁锂						
2842904000	磷酸铁锂	5.5	30	17	0	千克	A
28429050	---硒酸盐及亚硒酸盐						
2842905000	硒酸盐及亚硒酸盐	5.5	30	17	0	千克	AB
28429090	---其他						
2842909013	亚砷酸钠,亚砷酸钾,亚砷酸钙(偏亚砷酸钠)	5.5	30	17	13	千克	X
2842909014	亚砷酸锶、亚砷酸钡、亚砷酸铁	5.5	30	17	13	千克	X
2842909015	亚砷酸铜、亚砷酸锌、亚砷酸铅(亚砷酸氢铜)	5.5	30	17	13	千克	X
2842909016	亚砷酸锑,砷酸铵,砷酸氢二铵	5.5	30	17	13	千克	X
2842909017	砷酸钠,砷酸氢二钠,砷酸二氢钠(砷酸三钠)	5.5	30	17	13	千克	X
2842909018	砷酸钾,砷酸二氢钾,砷酸镁	5.5	30	17	13	千克	X
2842909019	砷酸钙,砷酸钡,砷酸铁(砷酸三钙)	5.5	30	17	13	千克	X
2842909021	砷酸亚铁、砷酸铜、砷酸锌	5.5	30	17	13	千克	X
2842909022	砷酸铅,砷酸锑,偏砷酸钠	5.5	30	17	13	千克	X
2842909023	硒化铅,硒化镉	5.5	30	17	13	千克	X
2842909090	其他无机酸盐及过氧酸盐(叠氮化物除外)	5.5	30	17	13	千克	AB
2843	**胶态贵金属;贵金属的无机或有机化合物,不论是否已有化学定义;贵金属汞齐**						
28431000	-胶态贵金属						
2843100000	胶态贵金属	5.5	30	17	0	克	
28432100	--硝酸银						
2843210000	硝酸银	5.5	30	17	0	克	AB
28432900	--其他						
2843290010	氰化银、氰化银钾、亚砷酸银(银氰化钾、砷酸银)	5.5	30	17	0	克	X
2843290090	其他银化合物(不论是否已有化学定义)	5.5	30	17	0	克	
28433000	-金化合物						
2843300010	氰化金、氰化金钾(含金40%)等[包括氰化亚金(I)钾(含金68.3%)、氰化亚金(III)钾(含金57%)]	5.5	30	17	0	克	JX

商品编号	商品名称及备注	进口关税税率(%)		增值税率(%)	出口退税率(%)	计量单位	监管条件
		最惠国	普通				
2843300090	其他金化合物(不论是否已有化学定义)	5.5	30	17	0	克	
28439000	-其他贵金属化合物;贵金属汞齐						
2843900010	氯化钯	5.5	30	17	0	克	G
2843900020	氯化铂	5.5	30	17	0	克	4xy
2843900030	其他铂化合物	5.5	30	17	0	克	4xy
2843900090	其他贵金属化合物,贵金属汞齐(不论是否已有化学定义)	5.5	30	17	0	克	4xy
2844	**放射性化学元素及放射性同位素(包括可裂变或可转换的化学元素及同位素)及其化合物;含上述产品的混合物及残渣**						
28441000	-天然铀及其化合物;含天然铀或天然铀化合物的合金、分散体(包括金属陶瓷)、陶瓷产品及混合物						
2844100010[暂0]	天然铀及其化合物	5.5	30	17	0	克/百万贝可	23
2844100090	含天然铀或天然铀化合物的合金、分散体(包括金属陶瓷)、陶瓷产品及混合物	5.5	30	17	0	克/百万贝可	23
28442000	-U235浓缩铀及其化合物;钚及其化合物;含U235浓缩铀、钚或它们的化合物的合金、分散体(包括金属陶瓷)、陶瓷产品及混合物						
2844200010[暂0]	含U235浓度<5%的低浓铀及其化合物	5.5	30	17	0	克/百万贝可	23
2844200090	其他U235浓缩铀、钚及其化合物(包括其合金、分散体、陶瓷产品及混合物)	5.5	30	17	0	克/百万贝可	23
28443000	-U235贫化铀及其化合物;钍及其化合物;含U235贫化铀、钍或它们的化合物的合金、分散体(包括金属陶瓷)、陶瓷产品及混合物						
2844300000	U235贫化铀、钍及其化合物(包括其合金、分散体、陶瓷产品及混合物)	5.5	30	17	0	克/百万贝可	23
28444010	---镭及镭盐						
2844401010	镭-226及其化合物、混合物(两用物项管制商品)	4	14	17	0	克/百万贝可	23
2844401090	其他镭及镭盐	4	14	17	0	克/百万贝可	2
28444020	---钴及钴盐						
2844402000	放射性钴及放射性钴盐(包括其合金、分散体、陶瓷产品等)	4	14	17	0	克/百万贝可	2
28444090	---其他						
2844409010	铀-233及其化合物(包括呈金属、合金、化合物或浓缩物形态的各种材料)	5.5	30	17	0	克/百万贝可	23
2844409020	氚、氚化物和氚的混合物,以及含有上述任何一种物质的产品[氚-氢原子比>1‰的,不包括含氚(任何形态)量<1.48×10^{3}GBq的产品]	5.5	30	17	0	克/百万贝可	23
2844409030	氦-3(3He)、含有氦-3的混合物(不包括氦-3的含量<1克的产品)	5.5	30	17	0	克/百万贝可	3
2844409040	发射α粒子,其α半衰期为10天或更长但小于200年的放射性核素(1. 单质;2. 含有α总活度为37GBq/kg或更大的任何这类放射性核素的化合物;3. 含有α总活度为37GBq/kg或更大的任何这类放射性核素的混合物;4. 含有任何上述物质的产品,不包括所含α活度小于3.7GBq的产品)	5.5	30	17	0	克/百万贝可	23
2844409090	其他放射性元素、同位素及其化合物(编号284410、284420、284430以外的放射性元素,同位素)	5.5	30	17	0	克/百万贝可	2
28445000	-核反应堆已耗尽(已辐照)的燃料元件(释热元件)						
2844500000	核反应堆已耗尽的燃料元件	5.5	30	17	0	克	
2845	**品目28.44以外的同位素;这些同位素的无机或有机化合物,不论是否已有化学定义**						
28451000	-重水(氧化氘)						
2845100000	重水(氧化氘)	5.5	30	17	0	克	3
28459000	-其他						
2845900010	除重水外的氘及氘化物	5.5	30	17	0	克	3
2845900020	硼-10同位素及其化合物、混合物(硼-10同位素占硼总量>20%的硼及其化合物、混合物)	5.5	30	17	0	克	3
2845900030	富集锂-6同位素及其化合物混合物[富集锂-6同位素指锂-6同位素富集度>7.5%(按原子数计)]	5.5	30	17	0	克	3

商品编号	商品名称及备注	进口关税税率(%) 最惠国	进口关税税率(%) 普通	增值税率(%)	出口退税率(%)	计量单位	监管条件
2845900090	其他同位素及其他化合物(品目28.44以外的同位素)	5.5	30	17	0	克	
2846	**稀土金属、钇、钪及其混合物的无机或有机化合物**						
28461010	---氧化铈						
2846101000[暂0]	氧化铈	5.5	30	17	0	千克	4Bxy
28461020	---氢氧化铈						
2846102000[暂0]	氢氧化铈	5.5	30	17	0	千克	4Bxy
28461030	---碳酸铈						
2846103000[暂0]	碳酸铈	5.5	30	17	0	千克	4Bxy
28461090	---其他						
2846109010[暂0]	氰化铈	5.5	30	17	0	千克	4BXxy
2846109090[暂0]	铈的其他化合物	5.5	30	17	0	千克	4Bxy
28469011	----氧化钇						
2846901100[暂0]	氧化钇	5.5	30	17	0	千克	4xBy
28469012	----氧化镧						
2846901200[暂0]	氧化镧	5.5	30	17	0	千克	4Bxy
28469013	----氧化钕						
2846901300[暂0]	氧化钕	5.5	30	17	0	千克	4Bxy
28469014	----氧化铕						
2846901400[暂0]	氧化铕	5.5	30	17	0	千克	4Bxy
28469015	----氧化镝						
2846901500[暂0]	氧化镝	5.5	30	17	0	千克	4Bxy
28469016	----氧化铽						
2846901600[暂0]	氧化铽	5.5	30	17	0	千克	4Bxy
28469017	----氧化镨						
2846901700[暂0]	氧化镨	5.5	30	17	0	千克	4Bxy
28469019	----其他						
2846901920[暂0]	氧化铒	5.5	30	17	0	千克	4Bxy
2846901930[暂0]	氧化钆	5.5	30	17	0	千克	4Bxy
2846901940[暂0]	氧化钐	5.5	30	17	0	千克	4Bxy
2846901970[暂0]	氧化镱	5.5	30	17	0	千克	4Bxy
2846901980[暂0]	氧化钪	5.5	30	17	0	千克	4Bxy
2846901991[暂0]	灯用红粉	5.5	30	17	0	千克	4Bxy
2846901992[暂0]	按重量计中重稀土总含量≥30%的其他氧化稀土(灯用红粉、氧化铈除外)	5.5	30	17	0	千克	4Bxy
2846901999[暂0]	其他氧化稀土(灯用红粉、氧化铈除外)	5.5	30	17	0	千克	4Bxy
28469021	----氯化铽						
2846902100[暂0]	氯化铽	5.5	30	17	0	千克	4Bxy
28469022	----氯化镝						
2846902200[暂0]	氯化镝	5.5	30	17	0	千克	4Bxy
28469023	----氯化镧						
2846902300[暂0]	氯化镧	5.5	30	17	0	千克	4Bxy
28469024	----氯化钕						
2846902400[暂0]	氯化钕	5.5	30	17	0	千克	4Bxy
28469025	----氯化镨						
2846902500[暂0]	氯化镨	5.5	30	17	0	千克	4Bxy
28469026	----氯化钇						
2846902600[暂0]	氯化钇	5.5	30	17	0	千克	4Bxy

商品编号	商品名称及备注	进口关税税率(%) 最惠国	普通	增值税率(%)	出口退税率(%)	计量单位	监管条件
28469028	----混合氯化稀土						
2846902800暂0	混合氯化稀土	5.5	30	17	0	千克	4Bxy
28469029	----其他						
2846902900暂0	其他未混合氯化稀土	5.5	30	17	0	千克	4Bxy
28469031	----氟化铽						
2846903100暂0	氟化铽	5.5	30	17	0	千克	4Bxy
28469032	----氟化镝						
2846903200暂0	氟化镝	5.5	30	17	0	千克	4Bxy
28469033	----氟化镧						
2846903300暂0	氟化镧	5.5	30	17	0	千克	4ABxy
28469034	----氟化钕						
2846903400暂0	氟化钕	5.5	30	17	0	千克	4Bxy
28469035	----氟化镨						
2846903500暂0	氟化镨	5.5	30	17	0	千克	4Bxy
28469036	----氟化钇						
2846903600暂0	氟化钇	5.5	30	17	0	千克	4Bxy
28469039	----其他						
2846903900暂0	其他氟化稀土	5.5	30	17	0	千克	4Bxy
28469041	----碳酸镧						
2846904100暂0	碳酸镧	5.5	30	17	0	千克	4Bxy
28469042	----碳酸铽						
2846904200暂0	碳酸铽	5.5	30	17	0	千克	4Bxy
28469043	----碳酸镝						
2846904300暂0	碳酸镝	5.5	30	17	0	千克	4Bxy
28469044	----碳酸钕						
2846904400暂0	碳酸钕	5.5	30	17	0	千克	4Bxy
28469045	----碳酸镨						
2846904500暂0	碳酸镨	5.5	30	17	0	千克	4Bxy
28469046	----碳酸钇						
2846904600暂0	碳酸钇	5.5	30	17	0	千克	4Bxy
28469048	----混合碳酸稀土						
2846904810暂0	按重量计中重稀土总含量≥30%的混合碳酸稀土	5.5	30	17	0	千克	4Bxy
2846904890暂0	其他混合碳酸稀土	5.5	30	17	0	千克	4Bxy
28469049	----其他						
2846904900暂0	其他未混合碳酸稀土	5.5	30	17	0	千克	4Bxy
28469091	----镧的其他化合物						
2846909100暂0	镧的其他化合物	5.5	30	17	0	千克	4Bxy
28469092	----钕的其他化合物						
2846909200暂0	钕的其他化合物	5.5	30	17	0	千克	4Bxy
28469093	----铽的其他化合物						
2846909300暂0	铽的其他化合物	5.5	30	17	0	千克	4Bxy
28469094	----镝的其他化合物						
2846909400暂0	镝的其他化合物	5.5	30	17	0	千克	4Bxy
28469095	----镨的其他化合物						
2846909500暂0	镨的其他化合物	5.5	30	17	0	千克	4Bxy
28469096	----钇的其他化合物						

商品编号	商品名称及备注	进口关税税率(%) 最惠国	进口关税税率(%) 普通	增值税率(%)	出口退税率(%)	计量单位	监管条件
2846909601[暂0]	LED用荧光粉(成分含钇的其他化合物)	5.5	30	17	0	千克	B
2846909690[暂0]	钇的其他化合物	5.5	30	17	0	千克	4Bxy
28469099	----其他						
2846909901[暂0]	LED用荧光粉(成分含稀土金属、钪的其他化合物,铈的化合物除外)	5.5	30	17	0	千克	B
2846909910[暂0]	按重量计中重稀土总含量≥30%的稀土金属、钪的其他化合物(铈的化合物除外)	5.5	30	17	0	千克	4Bxy
2846909990[暂0]	其他稀土金属、钪的其他化合物(铈的化合物除外)	5.5	30	17	0	千克	4Bxy
2847	**过氧化氢,不论是否用尿素固化**						
28470000	过氧化氢,不论是否用尿素固化						
2847000000	过氧化氢(不论是否用尿素固化)	5.5	30	17	0	千克	AB
2849	**碳化物,不论是否已有化学定义**						
28491000	-碳化钙						
2849100000	碳化钙	5.5	45	17	0	千克	AB
28492000	-碳化硅						
2849200000	碳化硅	5.5	30	17	0	千克	4xy
28499010	---碳化硼						
2849901000	碳化硼	5.5	30	17	0	千克	
28499020	---碳化钨						
2849902000	碳化钨	5.5	30	17	0	千克	4xy
28499090	---其他						
2849909000	其他碳化物	5.5	30	17	0	千克	
2850	**氢化物、氮化物、叠氮化物、硅化物及硼化物,不论是否已有化学定义,但可归入品目28.49的碳化物除外**						
28500011	----氮化锰						
2850001100	氮化锰	5.5	30	17	0	千克	
28500012	----氮化硼						
2850001200	氮化硼	5.5	30	17	0	千克	
28500019	----其他						
2850001900	其他氮化物(包括叠氮化物)	5.5	30	17	0	千克	
28500090	---其他						
2850009010	砷化氢(砷烷、砷化三氢、胂)	5.5	30	17	0	千克	X
2850009090	其他氢化物、硅化物等(包括硼化物可归入品目28.49的碳化物除外)	5.5	30	17	0	千克	
2852	**汞的无机或有机化合物,汞齐除外**						
28521000	-已有化学定义的						
2852100000	汞的无机或有机化合物,汞齐除外,已有化学定义的	5.5	30	17	0	千克	X
28529000	-其他						
2852900000	其他汞的无机或有机化合物,汞齐除外,已有化学定义的除外	5.5	30	17	0	千克	X
2853	**磷化物,不论是否已有化学定义,但磷铁除外;其他无机化合物(包括蒸馏水、导电水及类似的纯净水);液态空气(不论是否除去稀有气体);压缩空气;汞齐,但贵金属汞齐除外**						
28531000	-氯化氰						
2853100000	氯化氰	5.5	30	17		千克	23AB
28539010	---饮用蒸馏水						
2853901000	饮用蒸馏水	5.5	70	17		千克	AB
28539030	---镍钴锰氢氧化物						
2853903000	镍钴锰氢氧化物	6.5	30	17		千克	
28539040	---磷化物,不论是否已有化学定义,但不包括磷铁						
2853904010	磷化铝,磷化锌	5.5	20	17		千克	S

商品编号	商品名称及备注	进口关税税率(%)		增值税率(%)	出口退税率(%)	计量单位	监管条件
		最惠国	普通				
2853904090	其他磷化物(不论是否已有化学定义,但不包括磷铁)	5.5	20	17		千克	
28539090	---其他						
2853909010	饮用纯净水	5.5	30	17		千克	AB
2853909021	氰,氰化碘,氰化溴,铅汞齐(包括氰气、碘化氰、溴化氰)	5.5	30	17		千克	X
2853909022	砷化锌,砷化镓	5.5	30	17		千克	X
2853909090	其他无机化合物、压缩空气等(包括单氰胺、导电水、液态空气、汞齐等,贵金属汞齐除外)	5.5	30	17		千克	

第二十九章　有机化学品

注释：

一、除条文另有规定的以外，本章各品目只适用于：

（一）单独的已有化学定义的有机化合物，不论是否含有杂质；

（二）同一有机化合物的两种或两种以上异构体的混合物（不论是否含有杂质），但无环烃异构体的混合物（立体异构体除外），不论是否饱和，应归入第二十七章；

（三）品目 29.36 至 29.39 的产品，品目 29.40 的糖醚、糖缩醛、糖酯及其盐类和品目 29.41 的产品，不论是否已有化学定义；

（四）上述（一）、（二）、（三）款产品的水溶液；

（五）溶于其他溶剂的上述（一）、（二）、（三）款的产品，但该产品处于溶液状态只是为了安全或运输所采取的正常必要方法，其所用溶剂并不使该产品改变其一般用途而适合于某些特殊用途；

（六）为了保存或运输的需要，加入了稳定剂（包括抗结块剂）的上述（一）、（二）、（三）、（四）、（五）各款产品；

（七）为了便于识别或安全起见，加入抗尘剂、着色剂或气味剂的上述（一）、（二）、（三）、（四）、（五）、（六）各款产品，但所加剂料并不使原产品改变其一般用途而适用于某些特殊用途；

（八）为生产偶氮染料而稀释至标准浓度的下列产品：重氮盐，用于重氮盐、可重氮化的胺及其盐类的耦合剂。

二、本章不包括：

（一）品目 15.04 的货品及品目 15.20 的粗甘油；

（二）乙醇（品目 22.07 或 22.08）；

（三）甲烷及丙烷（品目 27.11）；

（四）第二十八章注释二所述的碳化合物；

（五）品目 30.02 的免疫制品；

（六）尿素（品目 31.02 或 31.05）；

（七）植物性或动物性着色料（品目 32.03）、合成有机着色料、用做荧光增白剂或发光体的合成有机产品（品目为 32.04）及零售包装的染料或其他着色料（品目 32.12）；

（八）酶（品目 35.07）；

（九）聚乙醛、六亚甲基四胺（乌洛托品）及类似物质，制成片、条或类似形状作为燃料用的，以及包装容器的容积不超过 300 立方厘米的直接灌注香烟打火机及类似打火器用的液体燃料或液化气体燃料（品目 36.06）；

（十）灭火器的装配药及已装药的灭火弹（品目 38.13）；零售包装的除墨剂（品目 38.24）；或

（十一）光学元件，例如，用酒石酸乙二胺制成的（品目 90.01）。

三、可以归入本章两个或两个以上品目的货品，应归入有关品目中的最后一个品目。

四、品目 29.04 至 29.06、29.08 至 29.11 及 29.13 至 29.20 的卤化、磺化、硝化或亚硝化衍生物均包括复合衍生物，例如，卤磺化、卤硝化、磺硝化及卤磺硝化衍生物。硝基及亚硝基不作为品目 29.29 的含氮基官能团。

品目 29.11、29.12、29.14、29.18 及 29.22 所称"含氧基"，仅限于品目 29.05 至 29.20 的各种含氧基（其特征为有机含氧基）。

五、（一）本章第一分章至第七分章的酸基有机化合物与这些分章的有机化合物构成的酯，应归入上述分章有关品目中的最后一个品目。

（二）乙醇与本章第一分章至第七分章的酸基有机化合物所构成的酯，应按有关酸基化合物归类。

（三）除第六类注释一及第二十八章注释二另有规定的以外：

1. 第一分章至第十分章及品目 29.42 的有机化合物的无机盐，例如，含酸基、酚基或烯醇基的化合物及有机碱的无机盐，应归入相应的有机化合物的品目；

2. 第一分章至第十分章及品目 29.42 的有机化合物之间生成的盐，应按生成该盐的碱或酸（包括酚基或烯醇基化合物）归入本章有关品目中的最后一个品目；

3. 除第十一分章或品目 29.41 的产品外，配位化合物应按该化合物所有金属键（金属-碳键除外）"断开"所形成的片段归入第二十九章有关品目中的最后一个品目。

（四）金属醇化物应按相应的醇归类，但乙醇除外（品目 29.05）。

（五）羧酸酰卤化物应按相应的酸归类。

六、品目 29.30 及 29.31 的化合物是指有机化合物，其分子中除含氢、氧或氮原子外，还含有与碳原子直接连接的其他非金属或金属原子（例如，硫、砷或铅）。

品目 29.30（有机硫化合物）及品目 29.31（其他有机—无机化合物）不包括某些磺化或卤化衍生物（含复合衍生物）。这些衍生物分子中除氢、氧、氮之外，只有具有磺化或卤化衍生物（或复合衍生物）性质的硫原子或卤素原子与碳原子直接连接。

七、品目 29.32、29.33 及 29.34 不包括三节环环氧化物、过氧化酮、醛或硫醛的环聚合物、多元羧酸酐、多元醇或酚与多元酸构成的环酯及多元酸酰亚胺。

本条规定只适用于由本条所列环化功能形成环内杂原子的化合物。

八、品目 29.37 所称：

（一）"激素"包括激素释放因子、激素刺激和释放因子、激素抑制剂以及激素抗体；

（二）"主要起激素作用的"，不仅适用于激素衍生物以及主要起激素作用的结构类似物，也适用于在本品目所列产品合成过程中主要用做中间体的激素衍生物以及结构类似物。

子目注释：

一、属于本章任一品目项下的一种（组）化合物的衍生物，如果该品目其他子目未明确将其包括在内，而且有关的子目中又无列名为"其他"的子目，则应与该种（组）化合物归入同一子目。

二、第二十九章注释三不适用于本章的子目。

商品编号	商品名称及备注	进口关税税率(%)		增值税率(%)	出口退税率(%)	计量单位	监管条件
		最惠国	普通				
2901	**无环烃**						
29011000	-饱和						
2901100000	饱和无环烃	2	30	17	9	千克	
29012100	--乙烯						
2901210000暂1	乙烯	2	20	17	9	千克	AB
29012200	--丙烯						
2901220000暂1	丙烯	2	20	17	9	千克	AB
29012310	---1-丁烯						
2901231000	1-丁烯	2	20	17	9	千克	AB
29012320	---2-丁烯						
2901232000	2-丁烯	2	20	17	9	千克	AB
29012330	---2-甲基丙烯						
2901233000	2-甲基丙烯	2	20	17	9	千克	
29012410	---1,3-丁二烯						
2901241000	1,3-丁二烯	2	20	17	13	千克	AB
29012420	---异戊二烯						
2901242000	异戊二烯	2	20	17	9	千克	
29012910	---异戊烯						
2901291000	异戊烯	2	30	17	9	千克	AB
29012920	---乙炔						
2901292000	乙炔	2	45	17	9	千克	AB
29012990	---其他						
2901299010	诱虫烯	2	30	17	9	千克	S
2901299090	其他不饱和无环烃	2	30	17	9	千克	
2902	**环烃**						
29021100	--环已烷						
2902110000	环已烷	2	30	17	9	千克	AB
29021910	---蒎烯						
2902191000	蒎烯	2	30	17	9	千克	
29021920	---4-烷基-4'-烷基双环已烷						
2902192000	4-烷基-4'-烷基双环已烷	2	30	17	9	千克	
29021990	---其他						
2902199011	1-甲基环丙烯	2	30	17	9	千克	S
2902199012	d-柠檬烯	2	30	17	9	千克	
2902199090	其他环烷烃、环烯及环萜烯	2	30	17	9	千克	
29022000	-苯						
2902200000暂2	苯	2	20	17	0	千克	AB
29023000	-甲苯						
2902300000	甲苯	2	30	17	13	千克	23AB
29024100	--邻二甲苯						
2902410000	邻二甲苯	2	20	17	9	千克	
29024200	--间二甲苯						
2902420000	间二甲苯	2	20	17	9	千克	
29024300	--对二甲苯						
2902430000	对二甲苯	2	20	17	13	千克	
29024400	--混合二甲苯异构体						

商品编号	商品名称及备注	进口关税税率(%)		增值税率(%)	出口退税率(%)	计量单位	监管条件
		最惠国	普通				
2902440000	混合二甲苯异构体	2	20	17	13	千克	
29025000	-苯乙烯						
2902500000	苯乙烯	2	30	17	9	千克	AB
29026000	-乙苯						
2902600000	乙苯	2	30	17	9	千克	AB
29027000	-异丙基苯						
2902700000	异丙基苯	2	30	17	9	千克	AB
29029010	---四氢萘						
2902901000	四氢萘	2	11	17	9	千克	
29029020	---精萘						
2902902000	精萘	2	35	17	9	千克	AB
29029030	---十二烷基苯						
2902903000	十二烷基苯	2	30	17	9	千克	
29029040	---4-(4'-烷基环己基)环己基乙烯						
2902904000	4-(4'-烷基环己基)环己基乙烯	2	30	17	13	千克	
29029090	---其他						
2902909000	其他环烃	2	30	17	9	千克	
2903	**烃的卤化衍生物**						
29031100	---一氯甲烷及氯乙烷						
2903110000	一氯甲烷及氯乙烷	5.5	30	17	9	千克	
29031200	--二氯甲烷						
2903120001	纯度≥99%的二氯甲烷	8	30	17	9	千克	X
2903120090	其他二氯甲烷	8	30	17	9	千克	X
29031300	--氯仿(三氯甲烷)						
2903130000	三氯甲烷(氯仿)	10	30	17	9	千克	23XAB
29031400	--四氯化碳						
2903140010	非用于清洗剂的四氯化碳	8	30	17	9	千克	49Bxy
2903140090	用于清洗剂的四氯化碳	8	30	17	9	千克	89
29031500	--1,2-二氯乙烷						
2903150000[暂1]	1,2-二氯乙烷(ISO)	5.5	30	17	0	千克	ABX
29031910	---1,1,1-三氯乙烷(甲基氯仿)						
2903191010	1,1,1-三氯乙烷(甲基氯仿)(用于清洗剂的除外)	8	30	17	0	千克	14ABxy
2903191090	1,1,1-三氯乙烷(甲基氯仿)(用于清洗剂的)	8	30	17	0	千克	18A
29031990	---其他						
2903199000	其他无环烃的饱和氯化衍生物	5.5	30	17	9	千克	
29032100	--氯乙烯						
2903210000[暂1]	氯乙烯	5.5	30	17	9	千克	AB
29032200	--三氯乙烯						
2903220000	三氯乙烯	8	30	17	9	千克	ABX
29032300	--四氯乙烯(全氯乙烯)						
2903230000	四氯乙烯	5.5	30	17	9	千克	ABX
29032910	---3-氯-1-丙烯(氯丙烯)						
2903291000	3-氯-1-丙烯(氯丙烯)	5.5	30	17	9	千克	
29032990	---其他						
2903299010	1,1-二氯乙烯	5.5	30	17	9	千克	X
2903299090	其他无环烃的不饱和氯化衍生物	5.5	30	17	9	千克	

商品编号	商品名称及备注	进口关税税率(%)		增值税率(%)	出口退税率(%)	计量单位	监管条件
		最惠国	普通				
29033100	--1,2-二溴乙烷(ISO)						
2903310000	1,2-二溴乙烷(ISO)	5.5	30	17	0	千克	89
29033910	---1,1,3,3,3-五氟-2三氟甲基-1-丙烯(全氟异丁烯;八氟异丁烯)						
2903391000	1,1,3,3,3-五氟-2-三氟甲基-1-丙烯(全氟异丁烯;八氟异丁烯)	5.5	30	17	9	千克	23
29033990	---其他						
2903399010	二溴甲烷	5.5	30	17	9	千克	AB
2903399020	溴甲烷(别名甲基溴)	5.5	30	17	0	千克	14ABxy
2903399030	碘甲烷	5.5	30	17	13	千克	AB
2903399090	其他无环烃的氟化、溴化或碘化衍生物	5.5	30	17	13	千克	
29037100	---一氯二氟甲烷						
2903710000	一氯二氟甲烷	5.5	30	17	13	千克	14ABxy
29037200	--二氯三氟乙烷						
2903720000	二氯三氟乙烷	5.5	30	17	9	千克	14xy
29037300	--二氯一氟乙烷						
2903730000	二氯一氟乙烷	5.5	30	17	9	千克	14xy
29037400	---一氯二氟乙烷						
2903740000	一氯二氟乙烷	5.5	30	17	9	千克	14xy
29037500	--二氯五氟丙烷						
2903750010	1,1,1,2,2-五氟-3,3-二氯丙烷	5.5	30	17	9	千克	14xy
2903750020	1,1,2,2,3-五氟-1,3-二氯丙烷	5.5	30	17	9	千克	14xy
2903750090	其他二氯五氟丙烷	5.5	30	17	9	千克	14xy
29037600	--溴氯二氟甲烷、溴三氟甲烷及二溴四氟乙烷						
2903760010	溴氯二氟甲烷(Halon-1211)	5.5	30	17	9	千克	14xy
2903760020	溴三氟甲烷(Halon-1301)	5.5	30	17	9	千克	14ABxy
2903760030	二溴四氟乙烷	5.5	30	17	9	千克	
29037710	---三氯氟甲烷						
2903771000	三氯氟甲烷(CFC-11)	5.5	30	17	9	千克	14xy
29037720	---其他仅含氟和氯的甲烷、乙烷及丙烷的全卤化物						
2903772011	二氯二氟甲烷(CFC-12)	5.5	30	17	9	千克	14ABxy
2903772012	三氯三氟乙烷,用于清洗剂除外(CFC-113)	5.5	30	17	9	千克	14xy
2903772013	三氯三氟乙烷,用于清洗剂(CFC-113)	5.5	30	17	9	千克	89
2903772014	二氯四氟乙烷(CFC-114)	5.5	30	17	9	千克	14ABxy
2903772015	一氯五氟乙烷(CFC-115)	5.5	30	17	9	千克	14ABxy
2903772016	一氯三氟甲烷(CFC-13)	5.5	30	17	9	千克	14ABxy
2903772090	其他仅含氟和氯的甲烷、乙烷及丙烷的全卤化物	5.5	30	17	9	千克	
29037790	---其他						
2903779000	其他无环烃全卤化物(指仅含氟和氯的)	5.5	30	17	13	千克	
29037800	--其他全卤化衍生物						
2903780000	其他无环烃全卤化衍生物(指含两种或两种以上不同卤素的)	5.5	30	17	9	千克	
29037910	---其他仅含氟和氯的甲烷、乙烷及丙烷的卤化衍生物						
2903791011	一氟二氯甲烷	5.5	30	17	9	千克	14xy
2903791012	1,1,1,2-四氟-2-氯乙烷	5.5	30	17	9	千克	14xy
2903791013	三氟一氯乙烷	5.5	30	17	9	千克	14xy
2903791014	1-氟-1,1-二氯乙烷	5.5	30	17	9	千克	14xy
2903791015	1,1-二氟-1-氯乙烷	5.5	30	17	9	千克	14xy
2903791090	其他仅含氟和氯的甲烷、乙烷及丙烷的卤化衍生物	5.5	30	17	9	千克	14xy

商品编号	商品名称及备注	进口关税税率(%)		增值税率(%)	出口退税率(%)	计量单位	监管条件
		最惠国	普通				
29037990	---其他						
2903799010	二溴氯丙烷(1,2-二溴-3-氯丙烷)	5.5	30	17	9	千克	89
2903799021	其他仅含溴、氟的甲烷、乙烷和丙烷	5.5	30	17	9	千克	14xy
2903799090	其他无环烃卤化衍生物(含二种或二种以上不同卤素的其他无环烃卤化衍生物)	5.5	30	17	9	千克	
29038100	--1,2,3,4,5,6-六氯环已烷[六六六(ISO)],包括林丹(ISO,INN)						
2903810010	林丹(ISO,INN)	5.5	30	17	0	千克	S
2903810020	α-六氯环已烷、β-六氯环已烷	5.5	30	17	0	千克	89
2903810090	其他1,2,3,4,5,6-六氯环已烷[六六六(ISO)](混合异构体)	5.5	30	17	0	千克	X
29038200	--艾氏剂(ISO)、氯丹(ISO)及七氯(ISO)						
2903820010	艾氏剂(ISO)及七氯(ISO)	5.5	30	17	0	千克	89
2903820090	氯丹(ISO)(别名八氯化甲桥茚)	5.5	30	17	0	千克	89
29038300	--灭蚁灵(ISO)						
2903830000	灭蚁灵	5.5	30	17		千克	89
29038900	--其他						
2903890010	毒杀芬	5.5	30	17	0	千克	89
2903890020	六溴环十二烷	5.5	30	17	13	千克	X
2903890090	其他环烷烃、环烯烃或环萜烯烃的卤化衍生物	5.5	30	17	13	千克	
29039110	---邻二氯苯						
2903911000	邻二氯苯	5.5	30	17	9	千克	
29039190	---其他						
2903919010	1,4-二氯苯(又称对二氯苯)	5.5	30	17	9	千克	S
2903919090	氯苯	5.5	30	17	9	千克	AB
29039200	--六氯苯(ISO)及滴滴涕(ISO,INN)[1,1,1-三氯-2,2-双(4-氯苯基)乙烷]						
2903920000	六氯苯(ISO)及滴滴涕(ISO,INN)[六氯苯别名过氯苯,滴滴涕别名1,1,1-三氯-2,2-双(4-氯苯基)乙烷]	5.5	30	17	0	千克	89
29039300	--五氯苯(ISO)						
2903930000	五氯苯	5.5	30	17		千克	89
29039400	--六溴联苯						
2903940000	六溴联苯	5.5	30	17		千克	
29039910	---对氯甲苯						
2903991000	对氯甲苯	5.5	30	17	9	千克	AB
29039920	---3,4-二氯三氟甲苯						
2903992000	3,4-二氯三氟甲苯	5.5	30	17	9	千克	
29039930	---4-(4'-烷基苯基)-1-(4'-烷基苯基)-2-氟苯						
2903993000	4-(4'-烷基苯基)-1-(4'-烷基苯基)-2-氟苯	5.5	30	17	13	千克	
29039990	---其他						
2903999010	多氯联苯、多溴联苯	5.5	30	17	9	千克	89
2903999030	多氯三联苯(PCT)	5.5	30	17	9	千克	X
2903999040	稗草烯	5.5	30	17	0	千克	S
2903999090	其他芳烃卤化衍生物	5.5	30	17	9	千克	
2904	**烃的磺化、硝化或亚硝化衍生物,不论是否卤化**						
29041000	-仅含磺基的衍生物及其盐和乙酯						
2904100000	仅含磺基的衍生物及其盐和乙酯	5.5	30	17	9	千克	
29042010	---硝基苯						
2904201000	硝基苯	5.5	20	17	9	千克	AB
29042020	---硝基甲苯						

商品编号	商品名称及备注	进口关税税率(%)		增值税率(%)	出口退税率(%)	计量单位	监管条件
		最惠国	普通				
2904202000	硝基甲苯	5.5	30	17	9	千克	
29042030	---二硝基甲苯						
2904203000	二硝基甲苯	5.5	20	17	9	千克	AB
29042040	---三硝基甲苯(TNT)						
2904204000	三硝基甲苯(TNT)	5.5	40	17	9	千克	AB
29042090	---其他						
2904209010	六硝基芪	5.5	30	17	9	千克	3
2904209020	4-硝基联苯	5.5	30	17	9	千克	X
2904209090	其他仅含硝基或亚硝基衍生物	5.5	30	17	9	千克	
29043100	--全氟辛基磺酸						
2904310000	全氟辛基磺酸	5.5	30	17		千克	X
29043200	--全氟辛基磺酸铵						
2904320000	全氟辛基磺酸铵	5.5	30	17		千克	X
29043300	--全氟辛基磺酸锂						
2904330000	全氟辛基磺酸锂	5.5	30	17		千克	X
29043400	--全氟辛基磺酸钾						
2904340000	全氟辛基磺酸钾	5.5	30	17		千克	X
29043500	--其他全氟辛基磺酸盐						
2904350000	其他全氟辛基磺酸盐	5.5	30	17		千克	
29043600	--全氟辛基磺酰氟						
2904360000	全氟辛基磺酰氟	5.5	30	17		千克	X
29049100	--三氯硝基甲烷(氯化苦)						
2904910000	三氯硝基甲烷(氯化苦)	5.5	30	17		千克	23S
29049900	--其他						
2904990011	氯硝丙烷	5.5	30	17		千克	S
2904990012	四氯硝基苯	5.5	30	17		千克	S
2904990013	五氯硝基苯	5.5	30	17		千克	S
2904990090	其他烃的磺化、硝化、亚硝化衍生物(不论是否卤化)	5.5	30	17		千克	
2905	**无环醇及其卤化、磺化、硝化或亚硝化衍生物**						
29051100	--甲醇						
2905110000	甲醇	5.5	30	17	13	千克	AB
29051210	---丙醇						
2905121000[暂3]	正丙醇	5.5	30	17	9	千克	AB
29051220	---异丙醇						
2905122000	异丙醇	5.5	30	17	9	千克	ABG
29051300	--正丁醇						
2905130000	正丁醇	5.5	30	17	13	千克	AB
29051410	---异丁醇						
2905141000	异丁醇	5.5	30	17	9	千克	
29051420	---仲丁醇						
2905142000	仲丁醇	5.5	30	17	9	千克	
29051430	---叔丁醇						
2905143000	叔丁醇	5.5	30	17	9	千克	
29051610	---正辛醇						
2905161000	正辛醇	5.5	30	17	13	千克	
29051690	---其他						

商品编号	商品名称及备注	进口关税税率(%)		增值税率(%)	出口退税率(%)	计量单位	监管条件
		最惠国	普通				
2905169000	辛醇的异构体	5.5	30	17	9	千克	
29051700	--十二醇、十六醇及十八醇						
2905170000	十二醇、十六醇及十八醇	7	30	17	9	千克	
29051910	---3,3-二甲基丁-2-醇(频哪基醇)						
2905191000	3,3-二甲基丁-2-醇(频哪基醇)	5.5	30	17	9	千克	23
29051990	---其他						
2905199010	三十烷醇	5.5	30	17	13	千克	S
2905199090	其他饱和一元醇	5.5	30	17	13	千克	
29052210	---香叶醇、橙花醇(3,7-二甲基-2,6-辛二烯-1-醇)						
2905221000	香叶醇、橙花醇(3,7-二甲基-2,6-辛二烯-1-醇)	5.5	30	17	9	千克	
29052220	---香茅醇(3,7-二甲基-6辛烯-1-醇)						
2905222000	香茅醇(3,7-二甲基-6-辛烯-1-醇)	5.5	30	17	9	千克	
29052230	---芳樟醇						
2905223000	芳樟醇	5.5	30	17	13	千克	AB
29052290	---其他						
2905229000	其他无环萜烯醇	5.5	30	17	9	千克	
29052900	--其他						
2905290000	其他不饱和一元醇	5.5	30	17	9	千克	
29053100	--1,2-乙二醇						
2905310000	1,2-乙二醇	5.5	30	17	9	千克	
29053200	--1,2-丙二醇						
2905320000[暂3]	1,2-丙二醇	5.5	30	17	9	千克	
29053910	---2,5-二甲基己二醇						
2905391000	2,5-二甲基己二醇	4	11	17	9	千克	
29053990	---其他						
2905399001[暂3]	1,3-丙二醇	5.5	30	17	9	千克	AB
2905399002	1,4-丁二醇	5.5	30	17	9	千克	AB
2905399010	驱蚊醇	5.5	30	17	9	千克	S
2905399090	其他二元醇	5.5	30	17	9	千克	AB
29054100	--2-乙基-2-(羟甲基)丙烷-1,3-二醇(三羟甲 基丙烷)						
2905410000	三羟甲基丙烷[2-乙基-2-(羟甲基)丙烷-1,3-二醇]	5.5	30	17	9	千克	
29054200	--季戊四醇						
2905420000	季戊四醇	5.5	30	17	13	千克	
29054300	--甘露糖醇						
2905430000	甘露糖醇	8	30	17	13	千克	AB
29054400	--山梨醇						
2905440000	山梨醇	14	40	17	13	千克	
29054500	--丙三醇(甘油)						
2905450000[暂3]	丙三醇(甘油)	14	50	17	13	千克	AB
29054910	---木糖醇						
2905491000	木糖醇	5.5	30	17	9	千克	AB
29054990	---其他						
2905499000	其他多元醇	5.5	30	17	9	千克	
29055100	--乙氯维诺(INN)						
2905510000	乙氯维诺(INN)	5.5	30	17	9	千克	I
29055900	--其他						

商品编号	商品名称及备注	进口关税税率(%)		增值税率(%)	出口退税率(%)	计量单位	监管条件
		最惠国	普通				
2905590010	乙氯维诺的盐	5.5	30	17	9	千克	I
2905590020	2-氯乙醇	5.5	30	17	9	千克	3A
2905590040	鼠甘伏	5.5	30	17	9	千克	S
2905590090	其他无环醇的卤化、磺化等衍生物	5.5	30	17	9	千克	
2906	**环醇及其卤化、磺化、硝化或亚硝化衍生物**						
29061100	--薄荷醇						
2906110000	薄荷醇	5	70	17	13	千克	
29061200	--环己醇、甲基环己醇及二甲基环己醇						
2906120010	甲基环己醇	5.5	30	17	9	千克	AB
2906120090	环己醇、二甲基环己醇	5.5	30	17	9	千克	
29061310	---固醇						
2906131000[暂3]	固醇	5.5	30	17	9	千克	
29061320	---肌醇						
2906132000	肌醇	5.5	30	17	9	千克	AB
29061910	---萜品醇						
2906191000	萜品醇	5.5	30	17	9	千克	
29061990	---其他						
2906199011	5α-雄烷-3α, 17α-二醇(阿法雄烷二醇)[包括5α-雄烷-3β, 17β-二醇(倍他雄烷二醇)]	5.5	30	17	13	千克	L
2906199012	雄甾-4-烯-3α, 17α-二醇[4-雄烯二醇(3α, 17α)]{包括雄甾-4-烯-3α, 17β-二醇[4-雄烯二醇(3α, 17β)]}	5.5	30	17	13	千克	L
2906199013	雄甾-5-烯-3α, 17α-二醇[5-雄烯二醇(3α, 17α)]{包括雄甾-5-烯-3α, 17β-二醇[5-雄烯二醇(3α, 17β)]	5.5	30	17	13	千克	L
2906199090	其他环烷醇,环烯醇及环萜烯醇	5.5	30	17	13	千克	
29062100	--苄醇						
2906210000	苄醇	5	30	17	9	千克	
29062910	---2-苯基乙醇						
2906291000	2-苯基乙醇	5.5	30	17	9	千克	
29062990	---其他						
2906299010	三氯杀螨醇、杀螨醇	5.5	30	17	9	千克	S
2906299090	其他芳香醇	5.5	30	17	9	千克	
2907	**酚;酚醇**						
29071110	---苯酚						
2907111000	苯酚	5.5	30	17	13	千克	AB
29071190	---其他						
2907119000	苯酚的盐	5.5	30	17	9	千克	
29071211	----间甲酚						
2907121100[暂3]	间甲酚	5.5	30	17	9	千克	
29071212	----邻甲酚						
2907121200[暂3]	邻甲酚	5.5	30	17	9	千克	
29071219	----其他						
2907121900	其他甲酚	5.5	30	17	9	千克	AB
29071290	---其他						
2907129000	甲酚的盐	5.5	30	17	9	千克	
29071310	---壬基酚						
2907131000	壬基酚、对壬基酚、支链-4-壬基酚(包括4-壬基苯酚、壬基苯酚)	5.5	30	17	9	千克	ABX

商品编号	商品名称及备注	进口关税税率(%)		增值税率(%)	出口退税率(%)	计量单位	监管条件
		最惠国	普通				
29071390	---其他						
2907139000	辛基酚及其异构体(包括辛基酚及其异构体的盐和壬基酚盐)	5.5	30	17	9	千克	
29071510	---2-萘酚(β-萘酚)						
2907151000	β-萘酚(2-萘酚)	5.5	30	17	9	千克	
29071590	---其他						
2907159000	其他萘酚及萘酚盐	5.5	30	17	9	千克	AB
29071910	---邻仲丁基酚、邻异丙基酚						
2907191010[暂2]	邻异丙基(苯)酚	4	11	17	9	千克	AB
2907191090[暂2]	邻仲丁基酚	4	11	17	9	千克	
29071990	---其他						
2907199012	邻烯丙基苯酚及盐	5.5	30	17	0	千克	S
2907199090	其他一元酚	5.5	30	17	9	千克	
29072100	--间苯二酚及其盐						
2907210001	间苯二酚	5.5	30	17	9	千克	
2907210090	间苯二酚盐	5.5	30	17	9	千克	
29072210	---对苯二酚						
2907221000	对苯二酚	5.5	30	17	9	千克	
29072290	---其他						
2907229000	对苯二酚的盐	5.5	30	17	9	千克	
29072300	--4,4'-异亚丙基联苯酚(双酚A,二苯基酚丙烷)及其盐						
2907230001	双酚A(4,4-异亚丙基联苯酚)	5.5	30	17	9	千克	
2907230090	双酚A的盐(4,4-异亚丙基联苯酚的盐)	5.5	30	17	9	千克	
29072910	---邻苯二酚						
2907291000	邻苯二酚	4	11	17	9	千克	
29072990	---其他						
2907299001	特丁基对苯二酚	5.5	30	17	9	千克	AB
2907299010	毒菌酚	5.5	30	17	0	千克	S
2907299090	其他多元酚;酚醇	5.5	30	17	9	千克	AB
2908	**酚及酚醇的卤化、磺化、硝化或亚硝化衍生物**						
29081100	--五氯苯酚(ISO)						
2908110000	五氯苯酚(五氯酚)	5.5	30	17	0	千克	ABX
29081910	---对氯苯酚						
2908191000	对氯苯酚	4	11	17	9	千克	
29081990	---其他						
2908199021	格螨酯	5.5	30	17	0	千克	S
2908199022	双氯酚	5.5	30	17	0	千克	S
2908199023	五氯酚钠	5.5	30	17	0	千克	S
2908199090	其他仅含卤素取代基的衍生物及盐	5.5	30	17	9	千克	
29089100	--地乐酚(ISO)及其盐						
2908910000	地乐酚及其盐和酯	5.5	30	17	0	千克	89
29089200	--4,6-二硝基邻甲酚[二硝酚(ISO)]及其盐						
2908920000	4,6-二硝基邻甲酚[二硝酚(ISO)]及其盐	5.5	30	17	9	千克	89
29089910	---对硝基酚、对硝基酚钠						
2908991010	4-硝基苯酚(对硝基苯酚)	5.5	30	17	9	千克	X
2908991090	对硝基苯酚钠	5.5	30	17	0	千克	S
29089990	---其他						

商品编号	商品名称及备注	进口关税税率(%)		增值税率(%)	出口退税率(%)	计量单位	监管条件
		最惠国	普通				
2908999021	芬螨酯	5.5	30	17	0	千克	S
2908999022	消螨酚	5.5	30	17	0	千克	S
2908999023	戊硝酚	5.5	30	17	0	千克	S
2908999024	特乐酚	5.5	30	17	0	千克	S
2908999090	其他酚及酚醇的卤化等衍生物(包括其磺化、硝化或亚硝化衍生物)	5.5	30	17	9	千克	
2909	**醚、醚醇、醚酚、醚醇酚、过氧化醇、过氧化醚、过氧化酮(不论是否已有化学定义)及其卤化、磺化、硝化或亚硝化衍生物**						
29091100	--乙醚						
2909110000	乙醚	5.5	30	17	9	千克	23AB
29091910	---甲醚						
2909191000	甲醚	5.5	30	17	13	千克	
29091990	---其他						
2909199011	八氯二丙醚	5.5	30	17	13	千克	S
2909199012	二氯异丙醚	5.5	30	17	13	千克	S
2909199090	其他无环醚及其卤化等衍生物(包括其磺化、硝化或亚硝化衍生物)	5.5	30	17	13	千克	
29092000	-环烷醚、环烯醚或环萜烯醚及其卤化、磺化、硝化或亚硝化衍生物						
2909200000	环烷醚、环烯醚或环萜烯醚及其卤化、磺化、硝化或亚硝化衍生物	5.5	30	17	9	千克	
29093010	---1-烷氧基-4-(4-乙烯基环己基)-2,3-二氟苯						
2909301000	1-烷氧基-4-(4-乙烯基环己基)-2,3-二氟苯	5.5	30	17	9	千克	
29093090	---其他						
2909309011	甲氧滴滴涕、除草醚	5.5	30	17	0	千克	S
2909309012	醚菊酯、苄螨醚、三氟醚	5.5	30	17	9	千克	S
2909309013	氯苯甲醚、甲氧除草醚	5.5	30	17	9	千克	S
2909309014	三氟硝草醚、草枯醚	5.5	30	17	9	千克	S
2909309015	氟除草醚、乙氧氟草醚	5.5	30	17	9	千克	S
2909309016	四溴二苯醚、五溴二苯醚、六溴二苯醚、七溴二苯醚	5.5	30	17	9	千克	89
2909309090	其他芳香醚及其卤化、磺化、硝化衍生物(包括其亚硝化衍生物)	5.5	30	17	9	千克	
29094100	--2,2'-氧联二乙醇(二甘醇)						
2909410000[暂3]	2,2'-氧联二乙醇(二甘醇)	5.5	30	17	9	千克	
29094300	--乙二醇或二甘醇的单丁醚						
2909430000	乙二醇或二甘醇的单丁醚	5.5	30	17	9	千克	
29094400	--乙二醇或二甘醇的其他单烷基醚						
2909440000	乙二醇或二甘醇的其他单烷基醚	5.5	30	17	9	千克	
29094910	---间苯氧基苄醇						
2909491000	间苯氧基苄醇	4	11	17	9	千克	
29094990	---其他						
2909499000	其他醚醇及其衍生物(包括其卤化、磺化、硝化或亚硝化衍生物)	5.5	30	17	9	千克	
29095000	-醚酚、醚醇酚及其卤化、磺化、硝化或亚硝化衍生物						
2909500000	醚酚、醚醇酚及其衍生物(包括其卤化、磺化、硝化或亚硝化衍生物)	5.5	30	17	9	千克	
29096000	-过氧化醇、过氧化醚、过氧化酮及其卤化、磺化、硝化或亚硝化衍生物						
2909600000	过氧化醇、过氧化醚、过氧化酮(含其卤化、磺化、硝化或亚硝化衍生物)	5.5	30	17	9	千克	
2910	**三节环环氧化物、环氧醇、环氧酚、环氧醚及其卤化、磺化、硝化或亚硝化衍生物**						
29101000	-环氧乙烷(氧化乙烯)						
2910100000	环氧乙烷	5.5	30	17	13	千克	XAB
29102000	-甲基环氧乙烷(氧化丙烯)						
2910200000	甲基环氧乙烷(氧化丙烯)	5.5	30	17	0	千克	

商品编号	商品名称及备注	进口关税税率(%)		增值税率(%)	出口退税率(%)	计量单位	监管条件
		最惠国	普通				
29103000	-1-氯-2,3-环氧丙烷(表氯醇)						
2910300000	1-氯-2,3-环氧丙烷(表氯醇)(环氧氯丙烷)	5.5	30	17	0	千克	AB
29104000	-狄氏剂(ISO,INN)						
2910400000	狄氏剂(ISO、INN)	5.5	30	17	0	千克	89
29105000	-异狄氏剂(ISO)						
2910500000	异狄氏剂	5.5	30	17		千克	89
29109000	-其他						
2910900020	灭草环	5.5	30	17	13	千克	S
2910900090	三节环环氧化物,环氧醇(酚,醚)(包括其卤化、磺化、硝化或亚硝化的衍生物)	5.5	30	17	13	千克	
2911	**缩醛及半缩醛,不论是否含有其他含氧基,及其卤化、磺化、硝化或亚硝化衍生物**						
29110000	缩醛及半缩醛,不论是否含有其他含氧基,及其卤化、磺化、硝化或亚硝化衍生物						
2911000000	缩醛、半缩醛、不论是否含有其他含氧基(包括其卤化、磺化、硝化或亚硝化的衍生物)	5.5	30	17	9	千克	
2912	**醛,不论是否含有其他含氧基;环聚醛;多聚甲醛**						
29121100	--甲醛						
2912110000	甲醛	5.5	30	17	9	千克	AB
29121200	--乙醛						
2912120000	乙醛	5.5	30	17	9	千克	ABX
29121900	--其他						
2912190001[暂3]	乙二醛	5.5	30	17	9	千克	
2912190030	丙烯醛	5.5	30	17	9	千克	X
2912190090	其他无环醛(指不含其他含氧基)	5.5	30	17	9	千克	
29122100	--苯甲醛						
2912210000	苯甲醛	5.5	30	17	9	千克	
29122910	---铃兰醛(对叔丁基-α-甲基-氧化肉桂醛)						
2912291000	铃兰醛(即对叔丁基-α-甲基-氧化肉桂醛)	5.5	30	17	9	千克	
29122990	---其他						
2912299000	其他环醛(指不含其他含氧基)	5.5	30	17	13	千克	
29124100	--香草醛(3-甲氧基-4-羟基苯甲醛)						
2912410000	香草醛(3-甲氧基-4-羟基苯甲醛)	5.5	30	17	13	千克	
29124200	--乙基香草醛(3-乙氧基-4-羟基苯甲醛)						
2912420000	乙基香草醛	5.5	30	17	13	千克	
29124910	---醛醇						
2912491000	醛醇(指不含其他含氧基)	5.5	30	17	13	千克	
29124990	---其他						
2912499000	其他醛醚、醛酚(包括含其他含氧基的醛)	5.5	30	17	9	千克	
29125000	-环聚醛						
2912500010	四聚乙醛	5.5	30	17	9	千克	S
2912500090	其他环聚醛	5.5	30	17	9	千克	
29126000	-多聚甲醛						
2912600000	多聚甲醛	5.5	30	17	9	千克	AB
2913	**品目 29.12 所列产品的卤化、磺化、硝化或亚硝化衍生物**						
29130000	品目 29.12 所列产品的卤化、磺化、硝化或亚硝化衍生物						
2913000010	三氯乙醛	5.5	30	17	9	千克	ABG
2913000090	品目 29.12 所列产品的其他衍生物(指卤化、磺化、硝化或亚硝化的衍生物)	5.5	30	17	9	千克	
2914	**酮及醌,不论是否含有其他含氧基,及其卤化、磺化、硝化或亚硝化衍生物**						
29141100	--丙酮						

商品编号	商品名称及备注	进口关税税率(%)		增值税率(%)	出口退税率(%)	计量单位	监管条件
		最惠国	普通				
2914110000	丙酮(二甲基甲酮、二甲酮、醋酮、木酮)	5.5	20	17	13	千克	23AB
29141200	--丁酮[甲基乙基(甲)酮]						
2914120000	丁酮[甲基乙基(甲)酮](甲乙酮)	5.5	30	17	9	千克	23
29141300	--4-甲基-2-戊酮[甲基异丁基(甲)酮]						
2914130000	4-甲基-2-戊酮[甲基异丁基(甲)酮]	5.5	30	17	9	千克	AB
29141900	--其他						
2914190010	频哪酮	5.5	30	17	9	千克	23
2914190090	其他不含其他含氧基的无环酮	5.5	30	17	9	千克	
29142200	--环已酮及甲基环已酮						
2914220000	环已酮及甲基环已酮	5.5	30	17	9	千克	AB
29142300	--芷香酮及甲基芷香酮						
2914230000	芷香酮及甲基芷香酮	5.5	30	17	9	千克	
29142910	---樟脑						
2914291000	樟脑	5.5	40	17	9	千克	B
29142990	---其他						
2914299000	其他环烷酮、环烯酮或环萜烯酮(指不含其他含氧基的)	5.5	30	17	13	千克	
29143100	--苯丙酮(苯基丙-2-酮)						
2914310000	苯丙酮(苯基丙-2-酮)	5.5	30	17	9	千克	23
29143910	---苯乙酮						
2914391000	苯乙酮	4	11	17	9	千克	
29143990	---其他						
2914399011	杀鼠酮	5.5	30	17	9	千克	S
2914399012	鼠完	5.5	30	17	0	千克	S
2914399013	敌鼠	5.5	30	17	9	千克	S
2914399014	邻氯苯基环戊酮	5.5	30	17	9	千克	23
2914399090	其他不含其他含氧基的芳香酮	5.5	30	17	13	千克	
29144000	-酮醇及酮醛						
2914400010	敌鼠钠	5.5	30	17	0	千克	S
2914400020	表雄酮(3β-羟基-5α-雄烷-17-酮)、表睾酮	5.5	30	17	9	千克	L
2914400090	其他酮醇及酮醛	5.5	30	17	9	千克	
29145011	----覆盆子酮						
2914501100	覆盆子酮	5.5	30	17	9	千克	
29145019	----其他						
2914501900	其他酮酚	5.5	30	17	9	千克	
29145020	---2-羟基-4-甲氧基二苯甲酮						
2914502000	2-羟基-4-甲氧基二苯甲酮	5.5	30	17	9	千克	
29145090	---其他						
2914509011	苯草酮,双炔酰菌胺	5.5	30	17	9	千克	S
2914509012	甲氧虫酰肼	5.5	30	17	9	千克	S
2914509090	含其他含氧基的酮	5.5	30	17	9	千克	
29146100	--蒽醌						
2914610000	蒽醌	5.5	30	17	9	千克	
29146200	--辅酶Q10[癸烯醌(INN)]						
2914620000	辅酶Q10	5.5	30	17		千克	
29146900	--其他						
2914690010	大黄素甲醚	5.5	30	17		千克	S

商品编号	商品名称及备注	进口关税税率(%)		增值税率(%)	出口退税率(%)	计量单位	监管条件
		最惠国	普通				
2914690090	其他醌	5.5	30	17		千克	
29147100	--十氯酮(ISO)						
2914710000	十氯酮	5.5	30	17		千克	89
29147900	--其他						
2914790011	氯鼠酮、苯茵酮、茚草酮	5.5	30	17		千克	S
2914790012	二氯萘醌	5.5	30	17		千克	S
2914790013	四氯对醌	5.5	30	17		千克	S
2914790014	六氯丙酮	5.5	30	17		千克	S
2914790015	氯敌鼠钠盐	5.5	30	17		千克	S
2914790016	1-苯基-2-溴-1-丙酮	5.5	30	17		千克	23
2914790090	其他酮及醌的卤化、磺化衍生物(包括硝化或亚硝化衍生物)	5.5	30	17		千克	
2915	**饱和无环一元羧酸及其酸酐、酰卤化物、过氧化物和过氧酸,以及它们的卤化、磺化、硝化或亚硝化衍生物**						
29151100	--甲酸						
2915110000	甲酸	5.5	40	17	9	千克	AB
29151200	--甲酸盐						
2915120000	甲酸盐	5.5	30	17	9	千克	
29151300	--甲酸酯						
2915130000	甲酸酯	5.5	30	17	9	千克	
29152111	----食品级的						
2915211100	食品级冰乙酸(冰醋酸)(GB1903-2008)	5.5	30	17	9	千克	ABG
29152119	----其他						
2915211900	其他冰乙酸(冰醋酸)	5.5	30	17	9	千克	G
29152190	---其他						
2915219010	乙酸溶液,10%<含量≤80%	5.5	50	17	9	千克	ABG
2915219020	乙酸,含量>80%	5.5	50	17	9	千克	ABG
2915219090	其他乙酸	5.5	50	17	9	千克	ABG
29152400	--乙酸酐						
2915240000	乙酸酐(醋酸酐)	5.5	50	17	9	千克	23AB
29152910	---乙酸钠						
2915291000	乙酸钠	5.5	50	17	9	千克	ABG
29152990	---其他						
2915299011	乙酸铜	5.5	50	17	9	千克	
2915299023	乙酸铅(醋酸铅)	5.5	50	17	9	千克	X
2915299090	其他乙酸盐	5.5	50	17	9	千克	AB
29153100	--乙酸乙酯						
2915310000	乙酸乙酯	5.5	30	17	9	千克	ABG
29153200	--乙酸乙烯酯						
2915320000	乙酸乙烯酯	5.5	30	17	13	千克	AB
29153300	--乙酸(正)丁酯						
2915330000	乙酸正丁酯	5.5	30	17	9	千克	AB
29153600	--地乐酚(ISO)乙酸酯						
2915360000	地乐酚(ISO)乙酸酯	5.5	30	17	0	千克	S
29153900	--其他						
2915390011	三氯杀虫酯	5.5	30	17	13	千克	S
2915390013	特乐酯	5.5	30	17	13	千克	S

商品编号	商品名称及备注	进口关税税率(%)		增值税率(%)	出口退税率(%)	计量单位	监管条件
		最惠国	普通				
2915390014	灭螨醌	5.5	30	17	0	千克	S
2915390015	信铃酯	5.5	30	17	13	千克	S
2915390016	种衣酯	5.5	30	17	13	千克	S
2915390090	其他乙酸酯	5.5	30	17	13	千克	AB
29154000	-一氯代乙酸、二氯乙酸或三氯乙酸及其盐和酯						
2915400010	一氯醋酸钠	5.5	30	17	0	千克	
2915400090	其他一氯代乙酸的盐和酯(包括二氯乙酸或三氯乙酸的盐和酯)	5.5	30	17	9	千克	
29155010	---丙酸						
2915501000[暂3]	丙酸	5.5	30	17	9	千克	AB
29155090	---其他						
2915509000	丙酸盐和酯	5.5	30	17	9	千克	AB
29156000	-丁酸、戊酸及其盐和酯						
2915600000	丁酸、戊酸及其盐和酯	5.5	30	17	9	千克	
29157010	---硬脂酸						
2915701000	硬脂酸(以干燥重量计,纯度≥90%)	7	50	17	9	千克	AB
29157090	---其他						
2915709000	棕榈酸及其盐和酯、硬脂酸盐、酯	5.5	30	17	13	千克	
29159000	-其他						
2915900011	茅草枯	5.5	30	17	0	千克	S
2915900012	抑草蓬	5.5	30	17	0	千克	S
2915900013	四氟丙酸	5.5	30	17	9	千克	S
2915900020	氟乙酸钠	5.5	30	17	9	千克	89
2915900090	其他饱和无环一元羧酸及其酸酐[(酰卤、过氧)化物,过氧酸及其卤化、硝化、磺化、亚硝化衍生物]	5.5	30	17	9	千克	AB
2916	**不饱和无环一元羧酸、环一元羧酸及其酸酐、酰卤化物、过氧化物和过氧酸,以及它们的卤化、磺化、硝化或亚硝化衍生物**						
29161100	--丙烯酸及其盐						
2916110000	丙烯酸及其盐	6.5	30	17	9	千克	
29161210	---丙烯酸甲酯						
2916121000	丙烯酸甲酯	6.5	30	17	9	千克	AB
29161220	---丙烯酸乙酯						
2916122000	丙烯酸乙酯	6.5	30	17	9	千克	AB
29161230	---丙烯酸丁酯						
2916123001	丙烯酸正丁酯	6.5	30	17	9	千克	AB
2916123090	丙烯酸异丁酯	6.5	30	17	9	千克	AB
29161240	---丙烯酸异辛酯						
2916124000	丙烯酸异辛酯	6.5	30	17	9	千克	
29161290	---其他						
2916129000	其他丙烯酸酯	6.5	30	17	9	千克	
29161300	--甲基丙烯酸及其盐						
2916130010	甲基丙烯酸	6.5	80	17	13	千克	AB
2916130090	甲基丙烯酸盐	6.5	80	17	13	千克	
29161400	--甲基丙烯酸酯						
2916140000	甲基丙烯酸酯	6.5	80	17	13	千克	
29161500	--油酸、亚油酸或亚麻酸及其盐和酯						
2916150000	油酸、亚油酸或亚麻酸及其盐和酯	6.5	30	17	9	千克	

商品编号	商品名称及备注	进口关税税率(%)		增值税率(%)	出口退税率(%)	计量单位	监管条件
		最惠国	普通				
29161600	--乐杀螨						
2916160000	乐杀螨(ISO)	6.5	30	17	0	千克	S
29161900	--其他						
2916190011	烯虫乙酯	6.5	30	17	9	千克	S
2916190012	烯虫炔酯	6.5	30	17	9	千克	S
2916190013	消螨普	6.5	30	17	9	千克	S
2916190090	其他不饱和无环一元羧酸(包括其酸酐、酰卤化物、过氧化物和过氧酸及它们的衍生物)	6.5	30	17	9	千克	AB
29162010	---二溴菊酸、DV 菊酸甲酯						
2916201000	DV 菊酸甲酯、二溴菊酸	4	11	17	9	千克	
29162090	---其他						
2916209021	苄菊酯、苯醚菊酯(包括右旋苯醚菊酯、富右旋反式苯醚菊酯)	6.5	30	17	9	千克	S
2916209022	苄烯菊酯、氯菊酯(包括生物氯菊酯)	6.5	30	17	9	千克	S
2916209023	氯烯炔菊酯、联苯菊酯	6.5	30	17	9	千克	S
2916209024	七氟菊酯、四氟苯菊酯、五氟苯菊酯、七氟甲醚菊酯(包括甲氧苄氟菊酯、氯氟醚菊酯)	6.5	30	17	9	千克	S
2916209025	戊菊酯、环螨酯	6.5	30	17	9	千克	S
2916209026	四氟甲醚菊酯、烯炔菊酯、四氟醚菊酯(包括右旋烯炔菊酯、富右旋反式烯炔菊酯)	6.5	30	17	9	千克	S
2916209027	炔丙菊酯(包括右旋炔丙菊酯、富右旋反式炔丙菊酯)	6.5	30	17	9	千克	S
2916209028	氯丙炔菊酯(包括右旋反式氯丙炔菊酯)	6.5	30	17	9	千克	S
2916209090	其他(环烷、环烯、环萜烯)一元羧酸(包括酸酐、酰卤化物、过氧化物和过氧酸及其衍生物)	6.5	30	17	9	千克	AB
29163100	--苯甲酸及其盐和酯						
2916310000	其他苯甲酸及其盐和酯	6.5	30	17	9	千克	AB
29163200	--过氧化苯甲酰及苯甲酰氯						
2916320000	过氧化苯甲酰及苯甲酰氯	6.5	30	17	9	千克	AB
29163400	--苯乙酸及其盐						
2916340010	苯乙酸	6.5	30	17	9	千克	23
2916340090	苯乙酸盐	6.5	30	17	9	千克	
29163910	---邻甲基苯甲酸						
2916391000	邻甲基苯甲酸	6.5	30	17	9	千克	
29163920	---布洛芬						
2916392000	布洛芬	6.5	30	17	9	千克	
29163990	---其他						
2916399012	草芽畏、燕麦酯	6.5	30	17	9	千克	S
2916399013	5-硝基邻甲氧基苯酚钠	6.5	30	17	0	千克	S
2916399014	对氯苯氧乙酸及其盐	6.5	30	17	9	千克	S
2916399015	三碘苯甲酸	6.5	30	17	0	千克	S
2916399016	萘乙酸	6.5	30	17	9	千克	S
2916399017	伐草克	6.5	30	17	9	千克	S
2916399018	α-萘乙酸及其盐	6.5	30	17	9	千克	S
2916399090	其他芳香一元羧酸	6.5	30	17	9	千克	
2917	**多元羧酸及其酸酐、酰卤化物、过氧化物和过氧酸,以及它们的卤化、磺化、硝化或亚硝化衍生物**						
29171110	---草酸						
2917111000	草酸	6.5	40	17	9	千克	
29171120	---草酸钴						
2917112000	草酸钴	9	30	17	9	千克	4xy

商品编号	商品名称及备注	进口关税税率(%)		增值税率(%)	出口退税率(%)	计量单位	监管条件
		最惠国	普通				
29171190	---其他						
2917119000	其他草酸盐和酯	6.5	30	17	9	千克	
29171200	--己二酸及其盐和酯						
2917120001	己二酸	6.5	30	17	13	千克	AB
2917120090	己二酸盐和酯	6.5	30	17	13	千克	AB
29171310	---癸二酸及其盐和酯						
2917131000	癸二酸及其盐和酯	6.5	30	17	9	千克	
29171390	---其他						
2917139000	壬二酸及其盐和酯	6.5	30	17	9	千克	
29171400	--马来酐						
2917140000	马来酐	6.5	30	17	9	千克	
29171900	--其他						
2917190010	驱虫特、硝苯菌酯	6.5	30	17	0	千克	S
2917190090	其他无环多元羧酸	6.5	30	17	9	千克	
29172010	---四氢苯酐						
2917201000	四氢苯酐	4	11	17	9	千克	
29172090	---其他						
2917209010	驱蚊灵	6.5	30	17	0	千克	S
2917209090	其他(环烷、环烯、环萜烯)多元羧酸	6.5	30	17	9	千克	AB
29173200	--邻苯二甲酸二辛酯						
2917320000	邻苯二甲酸二辛酯	6.5	30	17	9	千克	
29173300	--邻苯二甲酸二壬酯及邻苯二甲酸二癸酯						
2917330000	邻苯二甲酸二壬酯等(包括邻苯二甲酸二癸酯)	6.5	30	17	9	千克	
29173410	---邻苯二甲酸二丁酯						
2917341010	驱蚊叮	6.5	30	17	0	千克	S
2917341090	其他邻苯二甲酸二丁酯	6.5	30	17	9	千克	
29173490	---其他						
2917349000	其他邻苯二甲酸酯	6.5	30	17	9	千克	
29173500	--邻苯二甲酸酐						
2917350000	邻苯二甲酸酐(苯酐)	6.5	30	17	9	千克	AB
29173611	----精对苯二甲酸						
2917361100	精对苯二甲酸[白色针状结晶或粉末,密度1.510,主要技术指标为4-羧基苯甲醛(4-CBA)≤25PPM]	6.5	30	17	13	千克	
29173619	----其他						
2917361900	其他对苯二甲酸	6.5	30	17	9	千克	
29173690	---其他						
2917369000	对苯二甲酸盐	6.5	30	17	9	千克	
29173700	--对苯二甲酸二甲酯						
2917370000	对苯二甲酸二甲酯	6.5	30	17	9	千克	
29173910	---间苯二甲酸						
2917391000	间苯二甲酸	6.5	30	17	9	千克	
29173990	---其他						
2917399011	酞菌酯	6.5	30	17	9	千克	S
2917399012	氯酞酸甲酯	6.5	30	17	9	千克	S
2917399013	氯酞酸	6.5	30	17	9	千克	S
2917399090	其他芳香多元羧酸	6.5	30	17	9	千克	

商品编号	商品名称及备注	进口关税税率(%)		增值税率(%)	出口退税率(%)	计量单位	监管条件
		最惠国	普通				
2918	**含附加含氧基的羧酸及其酸酐、酰卤化物、过氧化物和过氧酸,以及它们的卤化、磺化、硝化或亚硝化衍生物**						
29181100	--乳酸及其盐和酯						
2918110000	乳酸及其盐和酯	6.5	30	17	13	千克	AB
29181200	--酒石酸						
2918120000	酒石酸	6.5	35	17	9	千克	AB
29181300	--酒石酸盐及酒石酸酯						
2918130000	酒石酸盐及酒石酸酯	6.5	30	17	9	千克	AB
29181400	--柠檬酸						
2918140000	柠檬酸	6.5	35	17	13	千克	4ABxy
29181500	--柠檬酸盐及柠檬酸酯						
2918150000	柠檬酸盐及柠檬酸酯	6.5	30	17	13	千克	4ABxy
29181600	--葡糖酸及其盐和酯						
2918160000	葡糖酸及其盐和酯	6.5	30	17	13	千克	
29181700	--2,2-二苯基-2-羟基乙酸(二苯基乙醇酸)						
2918170000	2,2-二苯基-2-羟基乙酸(二苯羟乙酸;二苯乙醇酸)	6.5	30	17		千克	23
29181800	--乙酯杀螨醇(ISO)						
2918180000	乙酯杀螨醇(包括其酸酐、酰卤化物、过氧化物和过氧酸及其衍生物)	6.5	30	17	0	千克	S
29181900	--其他						
2918190010	二苯乙醇酸甲酯(包括其酸酐,酰卤化物,过氧化物和过氧酸及其衍生物)	6.5	30	17		千克	23
2918190030	γ-羟基丁酸及其盐	6.5	30	17		千克	I
2918190041	丙酯杀螨醇	6.5	30	17		千克	S
2918190042	溴螨酯	6.5	30	17		千克	S
2918190043	苆丁酯	6.5	30	17		千克	S
2918190044	整形醇	6.5	30	17		千克	S
2918190090	其他含醇基但不含其他含氧基羧酸(包括其酸酐,酰卤化物,过氧化物和过氧酸及其衍生物)	6.5	30	17		千克	
29182110	---水杨酸、水杨酸钠						
2918211000	水杨酸、水杨酸钠	6.5	20	17	9	千克	
29182190	---其他						
2918219000	其他水杨酸盐	6.5	30	17	9	千克	
29182210	---邻乙酰水杨酸(阿司匹林)						
2918221000	邻乙酰水杨酸(阿司匹林)	6	20	17	9	千克	
29182290	---其他						
2918229000	邻乙酰水杨酸盐和酯	6.5	30	17	9	千克	
29182300	--水杨酸的其他酯及其盐						
2918230000	水杨酸其他酯及其盐	6.5	30	17	9	千克	
29182900	--其他						
2918290000	其他含酚基但不含其他含氧基羧酸(包括其酸酐、酰卤化物、过氧化物和过氧酸及其衍生物)	6.5	30	17	9	千克	AB
29183000	-含醛基或酮基但不含其他含氧基的羧酸及其酸酐、酰卤化物、过氧化物和过氧酸,以及它们的衍生物						
2918300011	除虫菊素Ⅰ、除虫菊素Ⅱ	6.5	30	17	9	千克	S
2918300012	瓜叶菊素Ⅰ、瓜叶菊素Ⅱ	6.5	30	17	9	千克	S
2918300013	茉酮菊素Ⅰ、茉酮菊素Ⅱ	6.5	30	17	9	千克	S
2918300014	环戊烯丙菊酯	6.5	30	17	9	千克	S

商品编号	商品名称及备注	进口关税税率(%)		增值税率(%)	出口退税率(%)	计量单位	监管条件
		最惠国	普通				
2918300015	调环酸、抗倒酯、环虫菊酯	6.5	30	17	9	千克	S
2918300016	烯丙菊酯等(包括右旋烯丙菊酯、富右旋反式烯丙菊酯、右旋反式烯丙菊酯)	6.5	30	17	9	千克	S
2918300017	Es-生物烯丙菊酯、生物烯丙菊酯等(包括S-生物烯丙菊酯)	6.5	30	17	9	千克	S
2918300018	乙酰氟菊酯	6.5	30	17	9	千克	S
2918300090	其他含醛基或酮基不含其他含氧基羧酸(包括酸酐、酰卤化物、过氧化物和过氧酸及其衍生物)	6.5	30	17	9	千克	
29189100	--2,4,5-涕(ISO)(2,4,5-三氯苯氧基乙酸)及其盐或酯						
2918910000	2,4,5-涕(ISO)(2,4,5-三氯苯氧乙酸)及其盐或酯	6.5	30	17	0	千克	89
29189900	--其他						
2918990021	2,4-滴、2,4-滴丙酸、2,4-滴丁酸等(包括精2,4-滴丙酸、苯醚菌酯)	6.5	30	17	13	千克	S
2918990022	2甲4氯、2甲4氯丙酸等(包括精2甲4氯丙酸)	6.5	30	17	13	千克	S
2918990023	2甲4氯丁酸	6.5	30	17	13	千克	S
2918990024	麦草畏、杀草畏	6.5	30	17	13	千克	S
2918990025	禾草灵、乳氟禾草灵	6.5	30	17	13	千克	S
2918990026	氟萘禾草灵、甲羧除草醚	6.5	30	17	13	千克	S
2918990027	三氟羧草醚、乙羧氟草醚	6.5	30	17	13	千克	S
2918990028	氟乳醚、调果酸、座果酸	6.5	30	17	13	千克	S
2918990029	增糖酯、S-诱抗素(包括烯虫酯)	6.5	30	17	13	千克	S
2918990030	调环酸钙	6.5	30	17	13	千克	S
2918990041	2甲4氯异辛酯	6.5	30	17	13	千克	S
2918990090	其他含其他附加含氧基羧酸(包括其酸酐、酰卤化物、过氧化物和过氧酸及其衍生物)	6.5	30	17	13	千克	
2919	**磷酸酯及其盐,包括乳磷酸盐,以及它们的卤化、磺化、硝化或亚硝化衍生物**						
29191000	-三(2,3-二溴丙基)磷酸酯						
2919100000	三(2,3-二溴丙基)磷酸酯	6.5	30	17	9	千克	89
29199000	-其他						
2919900020	磷酸三丁酯	6.5	30	17	9	千克	3
2919900031	敌敌钙、敌敌畏	6.5	30	17	9	千克	S
2919900032	速灭磷、二溴磷	6.5	30	17	9	千克	S
2919900033	巴毒磷、杀虫畏	6.5	30	17	0	千克	S
2919900034	毒虫畏、甲基毒虫畏	6.5	30	17	0	千克	S
2919900035	庚烯磷、特普	6.5	30	17	0	千克	S
2919900036	三乙膦酸铝、乙膦酸	6.5	30	17	9	千克	S
2919900037	氯瘟磷、伐草磷	6.5	30	17	0	千克	S
2919900090	其他磷酸酯及其盐(包括乳磷酸盐)(包括它们的卤化、磺化、硝化或亚硝化衍生物)	6.5	30	17	9	千克	AB
2920	**其他非金属无机酸酯(不包括卤化氢的酯)及其盐,以及它们的卤化、磺化、硝化或亚硝化衍生物**						
29201100	--对硫磷(ISO)及甲基对硫磷(ISO)						
2920110000	对硫磷(ISO)及甲基对硫磷(ISO)	6.5	30	17	0	千克	X
29201900	--其他						
2920190012	氯氧磷、虫螨畏	6.5	30	17	0	千克	S
2920190013	杀螟硫磷、除线磷	6.5	30	17	9	千克	S
2920190014	异氯磷、皮蝇磷	6.5	30	17	9	千克	S
2920190015	溴硫磷、乙基溴硫磷、硝虫硫磷	6.5	30	17	9	千克	S
2920190017	碘硫磷、苯稻瘟净	6.5	30	17	0	千克	S
2920190018	甲基立枯磷、克菌磷	6.5	30	17	9	千克	S
2920190019	速杀硫磷、丰丙磷	6.5	30	17	9	千克	S

商品编号	商品名称及备注	进口关税税率(%)		增值税率(%)	出口退税率(%)	计量单位	监管条件
		最惠国	普通				
2920190090	其他硫代磷酸酯及其盐(包括它们的卤化、磺化、硝化或亚硝化衍生物)	6.5	30	17	9	千克	
29202100	--亚磷酸二甲酯						
2920210000	亚磷酸二甲酯	6.5	30	17		千克	23
29202200	--亚磷酸二乙酯						
2920220000	亚磷酸二乙酯	6.5	30	17		千克	23
29202300	--亚磷酸三甲酯						
2920230000	亚磷酸三甲酯	6.5	30	17		千克	23AB
29202400	--亚磷酸三乙酯						
2920240000	亚磷酸三乙酯	6.5	30	17		千克	23AB
29202910	---其他亚磷酸酯						
2920291000	其他亚磷酸酯	6.5	30	17		千克	
29202990	---其他						
2920299010	浸种磷	6.5	30	17		千克	S
2920299090	其他亚磷酸酯及其盐,以及它们的卤化、磺化、硝化或亚硝化衍生物	6.5	30	17		千克	
29203000	-硫丹						
2920300000	硫丹	6.5	30	17		千克	S
29209000	-其他						
2920900011[暂2]	碳酸二苯酯	6.5	30	17		千克	
2920900012	治螟磷	6.5	30	17		千克	S
2920900013	消螨通	6.5	30	17		千克	S
2920900014	炔螨特	6.5	30	17		千克	S
2920900015	赛松	6.5	30	17		千克	S
2920900016	三乙基砷酸酯	6.5	30	17		千克	X
2920900090	其他无机酸酯(不包括卤化氢的酯)(包括其盐,以及它们的卤化、磺化、硝化或亚硝化衍生物)	6.5	30	17		千克	
2921	**氨基化合物**						
29211100	--甲胺、二甲胺或三甲胺及其盐						
2921110010	二甲胺	6.5	30	17	9	千克	23
2921110020	二甲胺盐酸盐	6.5	30	17	9	千克	23
2921110030	甲胺盐	6.5	30	17	9	千克	
2921110090	甲胺、三甲胺及其盐,其他二甲胺盐	6.5	30	17	9	千克	AB
29211200	--2-(N,N-二甲基氨基)氯乙烷盐酸盐						
2921120000	2-(N,N-二甲基氨基)氯乙烷盐酸盐	6.5	30	17		千克	
29211300	--2-(N,N-二乙基氨基)氯乙烷盐酸盐						
2921130000	2-(N,N-二乙基氨基)氯乙烷盐酸盐	6.5	30	17		千克	
29211400	--2-(N,N-二异丙基氨基)氯乙烷盐酸盐						
2921140000	2-(N,N-二异丙基氨基)氯乙烷盐酸盐	6.5	30	17		千克	
29211910	---二正丙胺						
2921191000	二正丙胺	4	11	17	9	千克	AB
29211920	---异丙胺						
2921192000[暂2]	异丙胺	6.5	30	17	9	千克	
29211930	---N,N-二(2-氯乙基)乙胺						
2921193000	N,N-二(2-氯乙基)乙胺	6.5	30	17	9	千克	32
29211940	---N,N-二(2-氯乙基)甲胺						
2921194000	N,N-二(2-氯乙基)甲胺	6.5	30	17	9	千克	32
29211950	---三(2-氯乙基)胺						

商品编号	商品名称及备注	进口关税税率(%)		增值税率(%)	出口退税率(%)	计量单位	监管条件
		最惠国	普通				
2921195000	三(2-氯乙基)胺	6.5	30	17	9	千克	32
29211960	---二烷(甲、乙、正丙或异丙)氨基乙基-2-氯及其质子化盐						
2921196000	二烷氨基乙基-2-氯及相应质子盐(其中烷基指甲、乙、正丙或异丙基)	6.5	30	17	9	千克	23
29211990	---其他						
2921199011	三乙胺(单一成分,用做点火剂)	6.5	30	17	9	千克	3A
2921199020	二异丙胺	6.5	30	17	9	千克	3
2921199031	2-氨基丁烷	6.5	30	17	0	千克	S
2921199033	胺鲜酯	6.5	30	17	9	千克	S
2921199090	其他无环单胺及其衍生物及其盐	6.5	30	17	9	千克	
29212110	---乙二胺						
2921211000	乙二胺	6.5	30	17	9	千克	
29212190	---其他						
2921219000	乙二胺盐	6.5	30	17	9	千克	
29212210	---己二酸己二胺盐(尼龙-6,6盐)						
2921221000	己二酸己二胺盐(尼龙-6,6盐)	6.5	20	17	9	千克	
29212290	---其他						
2921229000	六亚甲基二胺及其他盐	6.5	30	17	9	千克	
29212900	--其他						
2921290010	辛菌胺	6.5	30	17	9	千克	S
2921290090	其他无环多胺及其衍生物(包括它们的盐)	6.5	30	17	9	千克	
29213000	-环烷单胺或多胺、环烯单胺或多胺、环萜烯单胺或多胺及其衍生物,以及它们的盐						
2921300010	丙己君及其盐	6.5	30	17	9	千克	I
2921300030	氨基羧酸环丙烷	6.5	30	17	9	千克	S
2921300040	乙撑亚胺	6.5	30	17	9	千克	AB
2921300090	其他环(烷、烯、萜烯)单胺或多胺(包括其衍生物及它们的盐)	6.5	30	17	9	千克	
29214110	---苯胺						
2921411000	苯胺	6.5	20	17	9	千克	ABX
29214190	---其他						
2921419000	苯胺盐	6.5	30	17	9	千克	
29214200	--苯胺衍生物及其盐						
2921420012	敌锈钠	6.5	30	17	9	千克	S
2921420013	苯草醚	6.5	30	17	9	千克	S
2921420090	其他苯胺衍生物及其盐	6.5	30	17	9	千克	
29214300	--甲苯胺及其衍生物,以及它们的盐						
2921430001	间甲苯胺或对甲苯胺	6.5	30	17	9	千克	
2921430010	氟乐灵	6.5	30	17	9	千克	S
2921430020	邻甲苯胺	6.5	30	17	9	千克	
2921430031	溴鼠胺	6.5	30	17	0	千克	S
2921430032	乙丁氟灵	6.5	30	17	9	千克	S
2921430033	氯乙氟灵	6.5	30	17	9	千克	S
2921430034	环丙氟灵	6.5	30	17	9	千克	S
2921430035	乙丁烯氟灵	6.5	30	17	9	千克	S
2921430036	地乐灵	6.5	30	17	9	千克	S
2921430037	氯乙灵	6.5	30	17	9	千克	S
2921430038	氟节胺	6.5	30	17	9	千克	S
2921430090	甲苯胺盐、甲苯胺衍生物及其盐	6.5	30	17	9	千克	

商品编号	商品名称及备注	进口关税税率(%)		增值税率(%)	出口退税率(%)	计量单位	监管条件
		最惠国	普通				
29214400	--二苯胺及其衍生物,以及它们的盐						
2921440000	二苯胺及其衍生物,以及它们的盐	6.5	30	17	17	千克	
29214500	--1-萘胺(α-萘胺)、2-萘胺(β-萘胺)及其衍生物,以及它们的盐						
2921450010	2-萘胺	6.5	30	17	9	千克	X
2921450090	1-萘胺和2-萘胺的衍生物及盐(包括1-萘胺)	6.5	30	17	9	千克	
29214600	--安非他明(INN)、苄非他明(INN)、右苯丙胺(INN)、乙非他明、芬坎法明(INN)、利非他明、左苯丙胺(INN)、美芬雷司(INN)、苯丁胺(INN),以及它们的盐						
2921460011	安非他明、苄非他明、右苯丙胺(包括它们的盐)	6.5	30	17	9	千克	I
2921460012	乙非他明、芬坎法明、利非他明(包括它们的盐)	6.5	30	17	9	千克	I
2921460013	左苯丙胺、美芬雷司、芬特明(包括它们的盐)	6.5	30	17	9	千克	I
29214910	---对异丙基苯胺						
2921491000	对异丙基苯胺	4	11	17	13	千克	
29214920	---二甲基苯胺						
2921492000	二甲基苯胺	6.5	20	17	13	千克	
29214930	---2,6-甲基乙基苯胺						
2921493000	2,6-甲基乙基苯胺	4	11	17	13	千克	
29214940	---2,6-二乙基苯胺						
2921494000	2,6-二乙基苯胺	6.5	20	17	13	千克	
29214990	---其他						
2921499011	异丙乐灵	6.5	30	17	13	千克	S
2921499012	仲丁灵	6.5	30	17	13	千克	S
2921499013	二甲戊灵	6.5	30	17	13	千克	S
2921499020	4-氨基联苯	6.5	30	17	13	千克	X
2921499031	乙环利定、二甲基安非他明(以及它们的盐)	6.5	30	17	13	千克	I
2921499032	芬氟拉明、右旋芬氟拉明(以及它们的盐)	6.5	30	17	13	千克	I
2921499090	其他芳香单胺及衍生物,以及它们的盐	6.5	30	17	13	千克	
29215110	---邻苯二胺						
2921511000	邻苯二胺	4	11	17	9	千克	
29215190	---其他						
2921519011	氨氟灵	6.5	30	17	9	千克	S
2921519012	氨氟乐灵	6.5	30	17	9	千克	S
2921519020	2,4-二氨基甲苯	6.5	30	17	17	千克	X
2921519090	间-、对-苯二胺、二氨基甲苯等(包括衍生物及它们的盐)	6.5	30	17	17	千克	
29215900	--其他						
2921590010	三氨基三硝基苯	6.5	30	17	9	千克	3
2921590020	联苯胺(4,4'-二氨基联苯)	6.5	30	17	9	千克	89
2921590031	4,4'-二氨基-3,3'-二氯二苯基甲烷	6.5	30	17	0	千克	X
2921590032	3,3'-二氯联苯胺	6.5	30	17	9	千克	X
2921590033	4,4'-二氨基二苯基甲烷	6.5	30	17	13	千克	X
2921590090	其他芳香多胺及衍生物,以及它们的盐	6.5	30	17	13	千克	
2922	**含氧基氨基化合物**						
29221100	--单乙醇胺及其盐						
2922110001	单乙醇胺	6.5	30	17	9	千克	AB
2922110090	单乙醇胺盐	6.5	30	17	9	千克	
29221200	--二乙醇胺及其盐						
2922120000	二乙醇胺及其他二乙醇胺盐	6.5	30	17	9	千克	

商品编号	商品名称及备注	进口关税税率(%)		增值税率(%)	出口退税率(%)	计量单位	监管条件
		最惠国	普通				
29221400	--右丙氧吩(INN)及其盐						
2922140000	右丙氧吩(INN)及其盐	6.5	30	17	9	千克	W
29221500	--三乙醇胺						
2922150000	三乙醇胺	6.5	30	17		千克	23AB
29221600	--全氟辛基磺酸二乙醇铵						
2922160000	全氟辛基磺酸二乙醇胺	6.5	30	17		千克	X
29221700	--甲基二乙醇胺和乙基二乙醇胺						
2922170000	甲基二乙醇胺和乙基二乙醇胺	6.5	30	17		千克	
29221800	--2-(N,N-二异丙基氨基)乙醇						
2922180000	2-(N,N-二异丙基氨基)乙醇	6.5	30	17		千克	
29221910	---乙胺丁醇						
2922191000	乙胺丁醇	6.5	30	17	13	千克	
29221921	----二甲氨基乙醇及其质子化盐						
2922192100	二甲氨基乙醇及其质子化盐	6.5	30	17	13	千克	
29221922	----二乙氨基乙醇及其质子化盐						
2922192210	2-二乙氨基乙醇(或称 N,N-二乙基乙醇胺)	6.5	30	17	9	千克	3
2922192290	二乙氨基乙醇的质子化盐	6.5	30	17	9	千克	
29221929	----其他						
2922192900	其他二烷氨基乙-2-醇及质子化盐(烷基指正丙或异丙基)	6.5	30	17	9	千克	23
29221930	---乙基二乙醇胺的盐						
2922193000	乙基二乙醇胺的盐	6.5	30	17	9	千克	23
29221940	---甲基二乙醇胺的盐						
2922194000	甲基二乙醇胺的盐	6.5	30	17	13	千克	23
29221950	---本芴醇						
2922195000	本芴醇	6.5	30	17	13	千克	
29221990	---其他						
2922199010	增产胺	6.5	30	17	13	千克	S
2922199020	克仑特罗	6.5	30	17	13	千克	L
2922199031	醋美沙朵、阿醋美沙朵、阿法美沙朵(以及它们的盐)	6.5	30	17	13	千克	W
2922199032	倍醋美沙多、倍他美沙多(以及它们的盐)	6.5	30	17	13	千克	W
2922199033	地美沙多、地美庚醇、诺美沙多(以及它们的盐)	6.5	30	17	13	千克	W
2922199041	三乙醇胺盐酸盐	6.5	30	17	13	千克	23
2922199049	其他三乙醇胺的盐	6.5	30	17	13	千克	
2922199090	其他氨基醇及其醚、酯和它们的盐(但含有一种以上含氧基的除外)	6.5	30	17	13	千克	
29222100	--氨基羟基萘磺酸及其盐						
2922210000	氨基羟基萘磺酸及其盐(但含有一种以上含氧基的除外)	6.5	30	17	13	千克	
29222910	---茴香胺、二茴香胺、氨基苯乙醚及其盐						
2922291000	茴香胺、二茴香胺、氨基苯乙醚等(但含有一种以上含氧基的除外)	6.5	30	17	13	千克	
29222990	---其他						
2922299011	布苯丙胺、二甲氧基乙基安非他明(以及它们的盐)	6.5	30	17	13	千克	I
2922299012	二甲氧基安非他明、副甲氧基安非他明(以及它们的盐)	6.5	30	17	13	千克	I
2922299013	二甲氧基甲苯异丙胺、三甲氧基安非他明(以及它们的盐)	6.5	30	17	13	千克	I
2922299014	2,5-二甲氧基-4-溴苯乙胺、地佐辛(以及它们的盐)	6.5	30	17	13	千克	I
2922299015	他喷他多(Tapentadol;CAS 号:175591-23-8)	6.5	30	17	13	千克	I
2922299016	2,5-二甲氧基-4-碘苯乙胺(2,5-Dimethoxy-4-iodophenethylamine;CAS 号:69587-11-7)	6.5	30	17	13	千克	I

商品编号	商品名称及备注	进口关税税率(%)		增值税率(%)	出口退税率(%)	计量单位	监管条件
		最惠国	普通				
2922299017	2,5-二甲氧基苯乙胺(2,5-Dimethoxy-phenethylamine;CAS 号:3600-86-0)	6.5	30	17	13	千克	I
2922299090	其他氨基(萘酚、酚)及醚、酯(包括它们的盐,但含有一种以上含氧基的除外)	6.5	30	17	13	千克	
29223100	--安非拉酮(INN)、美沙酮(INN)和去甲美沙酮(INN)以及它们的盐						
2922310010	安非拉酮及其盐	6.5	30	17	9	千克	I
2922310020	美沙酮、去甲美沙酮及它们的盐	6.5	30	17	9	千克	W
29223910	---4-甲基甲卡西酮						
2922391000	4-甲基甲卡西酮及其盐	6.5	30	17	9	千克	I
29223990	---其他						
2922399010	氯胺酮及其盐	6.5	30	17	9	千克	I
2922399020	灭藻醌	6.5	30	17	9	千克	S
2922399030	异美沙酮及其盐	6.5	30	17	9	千克	W
2922399040	甲卡西酮及其盐	6.5	30	17	9	千克	I
2922399050	4-甲基乙卡西酮(4-MEC)(4-Methylethcathinone;CAS 号:1225617-18-4)	6.5	30	17	9	千克	I
2922399090	其他氨基醛、氨基酮及其盐(包括氨基醌及其盐,但含有一种以上含氧基的除外)	6.5	30	17	9	千克	
29224110	---赖氨酸						
2922411000	赖氨酸	5	20	17	13	千克	AB
29224190	---其他						
2922419000[暂5]	赖氨酸酯和赖氨酸盐(包括赖氨酸酯的盐)	6	30	17	9	千克	AB
29224210	---谷氨酸						
2922421000[暂5]	谷氨酸	10	90	17	9	千克	A
29224220	---谷氨酸钠						
2922422000	谷氨酸钠	10	130	17	0	千克	A
29224290	---其他						
2922429000	其他谷氨酸盐	6.5	30	17	9	千克	A
29224310	---邻氨基苯甲酸(氨茴酸)						
2922431000	邻氨基苯甲酸(氨茴酸)	6.5	20	17	9	千克	23
29224390	---其他						
2922439000	邻氨基苯甲酸(氨茴酸)盐	6.5	30	17	9	千克	
29224400	--替利定(INN)及其盐						
2922440000	替利定(INN)及其盐	6.5	30	17	9	千克	W
29224911	----氨甲环酸						
2922491100	氨甲环酸	6.5	20	17	13	千克	AB
29224919	----其他						
2922491910	安咪奈丁	6.5	20	17	13	千克	I
2922491990	其他氨基酸	6.5	20	17	13	千克	AB
29224991	----普鲁卡因						
2922499100	普鲁卡因	6	20	17	13	千克	
29224999	----其他						
2922499911	草灭畏	6.5	30	17	9	千克	AS
2922499912	灭杀威、灭除威、混灭威等(害扑威、速灭威、残杀威、猛杀威)	6.5	30	17	9	千克	ABS
2922499913	兹克威、除害威	6.5	30	17	0	千克	ABS
2922499914	异丙威	6.5	30	17	9	千克	ABS
2922499915	仲丁威、畜虫威、合杀威	6.5	30	17	9	千克	ABS
2922499916	甲萘威、地麦威、蜱虱威	6.5	30	17	9	千克	AS
2922499917	除线威	6.5	30	17	9	千克	AS
2922499918	氨酰丙酸(盐酸盐)	6.5	30	17	9	千克	AS

商品编号	商品名称及备注	进口关税税率(%)		增值税率(%)	出口退税率(%)	计量单位	监管条件
		最惠国	普通				
2922499919	安咪奈丁的盐	6.5	20	17	13	千克	I
2922499990	其他氨基酸及其酯,以及它们的盐(含有一种以上含氧基的除外)	6.5	30	17	9	千克	AB
29225010	---对羟基苯甘氨酸及其邓钾盐						
2922501000	对羟基苯甘氨酸及其邓钾盐	6.5	30	17	13	千克	AB
29225020	---莱克多巴胺和盐酸莱克多巴胺						
2922502000	莱克多巴胺和盐酸莱克多巴胺	6.5	30	17	9	千克	89
29225090	---其他						
2922509010	曲马多	6.5	30	17	13	千克	I
2922509020[暂5]	苏氨酸	6.5	20	17	13	千克	A
2922509090	其他氨基醇酚、氨基酸酚(包括其他含氧基氨基化合物)	6.5	30	17	13	千克	A
2923	**季铵盐及季铵碱;卵磷脂及其他磷氨基类脂,不论是否已有化学定义**						
29231000	-胆碱及其盐						
2923100000	胆碱及其盐	6.5	30	17	9	千克	AB
29232000	-卵磷脂及其他磷氨基类脂						
2923200000	卵磷脂及其他磷氨基类脂	6.5	30	17	9	千克	AB
29233000	-全氟辛基磺酸四乙基铵						
2923300000	全氟辛基磺酸四乙基铵	6.5	30	17		千克	X
29234000	-全氟辛基磺酸二癸基二甲基铵						
2923400000	全氟辛基磺酸二癸基二甲基铵	6.5	30	17		千克	X
29239000	-其他						
2923900011	矮壮素	6.5	30	17	9	千克	S
2923900012	菊胺酯	6.5	30	17	9	千克	S
2923900090	其他季铵盐及季铵碱	6.5	30	17	9	千克	
2924	**羧基酰胺基化合物;碳酸酰胺基化合物**						
29241100	--甲丙氨酯(INN)						
2924110000	甲丙氨酯(INN)	6.5	30	17	9	千克	I
29241200	--氟乙酰胺(ISO)、久效磷(ISO)及磷胺(ISO)						
2924120010	氟乙酰胺(ISO)(氟乙酰胺别名敌蚜胺)	6.5	30	17	0	千克	89
2924120090	久效磷(ISO)及磷胺(ISO)	6.5	30	17	0	千克	X
29241910	---二甲基甲酰胺						
2924191000	二甲基甲酰胺	6.5	30	17	9	千克	
29241990	---其他						
2924199012	百治磷	6.5	30	17	0	千克	S
2924199013	溴乙酰胺	6.5	30	17	0	千克	S
2924199014	霜霉威	6.5	30	17	9	千克	S
2924199015	叶枯炔	6.5	30	17	0	千克	S
2924199016	二丙烯草胺	6.5	30	17	9	千克	S
2924199018	驱蚊酯	6.5	30	17	9	千克	S
2924199030	甲丙氨酯的盐	6.5	30	17	9	千克	I
2924199040	丙烯酰胺	6.5	30	17	9	千克	X
2924199090	其他无环酰胺(包括无环氨基甲酸酯)(包括其衍生物及其盐)	6.5	30	17	13	千克	
29242100	--酰脲及其衍生物,以及它们的盐						
2924210010	氟环脲	6.5	30	17	9	千克	S
2924210020	绿麦隆	6.5	30	17	9	千克	S
2924210090	其他酰脲及其衍生物,以及它们的盐	6.5	30	17	9	千克	
29242300	--2-乙酰氨基苯甲酸(N-乙酰邻氨基苯甲酸)及其盐						

商品编号	商品名称及备注	进口关税税率(%)		增值税率(%)	出口退税率(%)	计量单位	监管条件
		最惠国	普通				
2924230010	2-乙酰氨基苯甲酸、N-乙酰邻氨基苯酸(包括N-乙酰邻氨基苯甲酸)	6.5	30	17	9	千克	23
2924230090	2-乙酰氨基苯甲酸的盐	6.5	30	17	9	千克	
29242400	--炔己蚁胺(INN)						
2924240000	炔已蚁胺(INN)	6.5	30	17	9	千克	I
29242500	--甲草胺(ISO)						
2924250000	甲草胺	6.5	30	17		千克	S
29242910	---对乙酰氨基苯乙醚(非那西丁)						
2924291000	对乙酰氨基苯乙醚(非那西丁)	6	30	17	9	千克	Q
29242920	---对乙酰氨基酚(扑热息痛)						
2924292000	对乙酰氨基酚(扑热息痛)	6	30	17	9	千克	Q
29242930	---阿斯巴甜						
2924293000	阿斯巴甜	6.5	30	17	13	千克	
29242990	---其他						
2924299011	避蚊胺、灭锈胺、叶枯酞、水杨菌胺、氟丁酰草胺(包括苯酰菌胺)	6.5	30	17	13	千克	S
2924299012	萘草胺、新燕灵、非草隆、氯炔灵、苄草隆	6.5	30	17	13	千克	S
2924299013	燕麦灵、苄胺灵、特草灵、特胺灵、环丙酰亚胺	6.5	30	17	13	千克	S
2924299014	毒草胺、丁烯草胺、二氯己酰草胺	6.5	30	17	13	千克	S
2924299015	萘丙胺、牧草胺、溴丁酰草胺	6.5	30	17	13	千克	S
2924299016	氯甲酰草胺、麦草伏M、麦草伏	6.5	30	17	13	千克	S
2924299017	氯虫酰肼、异丙甲草胺、苯肽胺酸等(包括精异丙甲草胺、缬霉威)	6.5	30	17	13	千克	S
2924299018	灭害威	6.5	30	17	13	千克	S
2924299019	苯氧威	6.5	30	17	13	千克	S
2924299020	氟酰脲、环丙酰草胺、烯草胺	6.5	30	17	13	千克	S
2924299031	苯胺灵、苯霜灵、丙草胺、敌稗等(包括丙炔草胺、草不隆、草完隆、除虫脲、除幼脲)	6.5	30	17	13	千克	S
2924299032	敌草胺、敌草隆、二甲苯草胺等(包括丁草胺、丁酰草胺、二甲草胺、氟苯脲、氟草隆)	6.5	30	17	13	千克	S
2924299033	庚酰草胺、环丙草胺、环酰草胺等(包括氟虫脲、氟铃脲、氟酰胺、氟蚁灵、氟幼脲)	6.5	30	17	13	千克	S
2924299034	甲氯酰草胺、甲霜灵、环草隆等(包括环莠隆、甲氧隆、克草胺、枯草隆)	6.5	30	17	13	千克	S
2924299035	甲基杀草隆、枯莠隆、邻酰胺等(包括氯苯胺灵、麦草氟甲酯、麦草氟异丙酯)	6.5	30	17	13	千克	S
2924299036	灭草隆、灭幼脲、炔苯酰草胺等(包括麦锈灵、棉胺宁、灭草灵、炔草隆、杀草胺)	6.5	30	17	13	千克	S
2924299037	虱螨脲、双苯酰草胺、双酰草胺等(包括杀草隆、杀铃脲、杀螺胺、莎稗磷)	6.5	30	17	13	千克	S
2924299038	甜菜安、特丁草胺、乙氧苯胺等(包括甜菜宁、戊菌隆、酰草隆、乙草胺、乙霉威)	6.5	30	17	13	千克	S
2924299039	乙酰甲草胺、异丙隆、异草完隆等(包括异丙草胺、异丁草胺)	6.5	30	17	13	千克	S
2924299040	炔已蚁胺的盐	6.5	30	17	13	千克	I
2924299050	地恩丙胺及其盐	6.5	30	17	13	千克	W
2924299090	其他环酰胺(包括环氨基甲酸酯)(包括其衍生物及它们的盐)	6.5	30	17	13	千克	
2925	**羧基酰亚胺化合物(包括糖精及其盐)及亚胺基化合物**						
29251100	--糖精及其盐						
2925110000	糖精及其盐	9	90	17	9	千克	AB
29251200	--格鲁米特(INN)						
2925120000	格鲁米特(INN)	6.5	30	17	9	千克	I
29251900	--其他						
2925190010	格鲁米特的盐	6.5	30	17	9	千克	I
2925190021	腐霉利	6.5	30	17	9	千克	S
2925190022	菌核净、菌核利、甲菌利、乙菌利	6.5	30	17	9	千克	S
2925190023	氟烯草酸	6.5	30	17	9	千克	S
2925190024	胺菊酯(包括右旋胺菊酯、右旋反式胺菊酯、富右旋反式胺菊酯)	6.5	30	17	9	千克	S

商品编号	商品名称及备注	进口关税税率(%)		增值税率(%)	出口退税率(%)	计量单位	监管条件
		最惠国	普通				
2925190090	其他酰亚胺及其衍生物、盐	6.5	30	17	9	千克	
29252100	--杀虫脒(ISO)						
2925210000	杀虫脒(ISO)	6.5	30	17	0	千克	89
29252900	--其他						
2925290011	杀螨特、杀螨脒	6.5	30	17	9	千克	S
2925290012	单甲脒、伐虫脒、丙烷脒	6.5	30	17	9	千克	S
2925290013	烯肟菌胺、烯肟菌酯、醚菌酯	6.5	30	17	9	千克	S
2925290014	双胍辛胺、多果啶、双胍辛胺乙酸盐等(包括双胍三辛烷基苯磺酸盐)	6.5	30	17	9	千克	S
2925290015	禾草灭、氟草醚、增产肟	6.5	30	17	9	千克	S
2925290016	氯代水杨胺、双胍辛乙酸盐、顺己烯醇	6.5	30	17	9	千克	S
2925290020	羟亚胺及其盐	6.5	30	17	9	千克	23
2925290030	双甲脒	6.5	30	17	9	千克	S
2925290090	其他亚胺及其衍生物,以及它们的盐	6.5	30	17	9	千克	
2926	**腈基化合物**						
29261000	-丙烯腈						
2926100000[暂3]	丙烯腈(即2-丙烯腈、乙烯基氰)	6.5	30	17	13	千克	X
29262000	-1-氰基胍(双氰胺)						
2926200000	1-氰基胍(双氰胺)	6.5	30	17	13	千克	
29263000	-芬普雷司(INN)及其盐;美沙酮(INN)中间体(4-氰基-2-二甲氨基-4,4-二苯基丁烷)						
2926300010	美沙酮中间体(4-氰基-2-二甲氨基-4,4-二苯基丁烷)	6.5	30	17	9	千克	W
2926300020	芬普雷司及其盐	6.5	30	17	9	千克	I
29264000	-α-苯基乙酰基乙腈						
2926400000	α-苯基乙酰基乙腈	6.5	30	17		千克	
29269010	---对氯氰苄						
2926901000	对氯氰苄	4	11	17	9	千克	
29269020	---间苯二甲腈						
2926902000	间苯二甲腈	6.5	30	17	9	千克	
29269090	---其他						
2926909010	甲氰菊酯、S-氰戊菊酯、氯氟氰菊酯(包括氰氟虫腙)	6.5	30	17	9	千克	S
2926909020[暂1]	己二腈	6.5	30	17	9	千克	
2926909031	氯氰菊酯、氟氯氰菊酯等(包括高效氯氰菊酯、高效反式氯氰菊酯、高效氟氯氰菊酯)	6.5	30	17	9	千克	S
2926909032	杀螟腈、甲基辛硫磷等(包括敌草腈、碘苯腈、辛酰碘苯腈、溴苯腈、辛酰溴苯腈)	6.5	30	17	9	千克	S
2926909033	氯辛硫磷、戊氰威、苯醚氰菊酯等(包括稻瘟酰胺、丙螨氰、右旋苯醚氰菊酯)	6.5	30	17	9	千克	S
2926909034	戊烯氰氯菊酯、溴氯氰菊酯(包括高效氯氟氰菊酯、精高效氯氟氰菊酯)	6.5	30	17	9	千克	S
2926909035	溴氰菊酯、四溴菊酯、氰丙菊酯	6.5	30	17	9	千克	S
2926909036	氟氯苯菊酯、氰戊菊酯、乙氰菊酯	6.5	30	17	9	千克	S
2926909037	氟氰戊菊酯、溴氟菊酯、溴灭菊酯	6.5	30	17	9	千克	S
2926909038	氰菌胺、百菌清、霜脲氰、溴菌腈	6.5	30	17	9	千克	S
2926909039	氟胺氰菊酯、氰氟草酯(包括富右旋反式苯氰菊酯)	6.5	30	17	9	千克	S
2926909041	氰烯菌酯	6.5	30	17	9	千克	S
2926909050	辛硫磷	6.5	30	17	9	千克	S
2926909060	丁氟螨酯	6.5	30	17	9	千克	S
2926909070	3-氧-2-苯基丁腈	6.5	30	17	9	千克	23
2926909090	其他腈基化合物	6.5	30	17	9	千克	
2927	**重氮化合物、偶氮化合物及氧化偶氮化合物**						
29270000	重氮化合物、偶氮化合物及氧化偶氮化合物						

商品编号	商品名称及备注	进口关税税率(%)		增值税率(%)	出口退税率(%)	计量单位	监管条件
		最惠国	普通				
2927000010	敌磺钠(包括氧化偶氮化合物)	6.5	30	17	9	千克	S
2927000090	其他重氮化合物、偶氮化合物等(包括氧化偶氮化合物)	6.5	30	17	9	千克	
2928	**肼(联氨)及胲(羟胺)的有机衍生物**						
29280000	肼(联氨)及胲(羟胺)的有机衍生物						
2928000010	偏二甲肼	6.5	20	17	9	千克	3
2928000020	甲基肼	6.5	20	17	9	千克	3A
2928000031	抑食肼、虫酰肼、丁酰肼、联苯肼酯(包括肟菌酯、苯氧菌胺)	6.5	20	17	9	千克	S
2928000032	绿谷隆、溴谷隆、利谷隆、氯溴隆	6.5	20	17	9	千克	S
2928000033	溴酚肟、乙二肟	6.5	20	17	9	千克	S
2928000034	苯螨特	6.5	20	17	9	千克	S
2928000035	醌肟腙	6.5	20	17	9	千克	S
2928000036	三甲苯草酮	6.5	20	17	9	千克	S
2928000090	其他肼(联氨)及胲(羟胺)的有机衍生物	6.5	20	17	9	千克	
2929	**其他含氮基化合物**						
29291010	---2,4-和2,6-甲苯二异氰酸酯混合物(甲苯二异氰酸酯TDI)						
2929101000	甲苯二异氰酸酯(TDI)	6.5	30	17	9	千克	AB
29291020	---二甲苯二异氰酸酯(TODI)						
2929102000	二甲苯二异氰酸酯(TODI)	6.5	30	17	9	千克	
29291030	---二苯基甲烷二异氰酸酯(纯MDI)						
2929103000	二苯基甲烷二异氰酸酯(纯MDI)	6.5	30	17	13	千克	
29291040	---六亚甲基二异氰酸酯						
2929104000	六亚基甲烷二异氰酸酯	6.5	30	17	9	千克	
29291090	---其他						
2929109000	其他异氰酸酯	6.5	30	17	13	千克	
29299010	---环已基氨基磺酸钠(甜蜜素)						
2929901000	环已基氨基磺酸钠(甜蜜素)	9	90	17	9	千克	AB
29299020	---二烷(甲、乙、正丙或异丙)氨基膦酰二卤						
2929902000	二烷氨基膦酰二卤(其中烷基指甲、乙、正丙或异丙基)	6.5	30	17	9	千克	23
29299030	---二烷(甲、乙、正丙或异丙)氨基膦酸二烷(甲、乙、正丙或异丙)酯						
2929903000	二烷氨基膦酸二烷酯(其中烷基指甲、乙、正丙或异丙基)	6.5	30	17	9	千克	23
29299040	---乙酰甲胺磷						
2929904000	乙酰甲胺磷	6.5	30	17	9	千克	S
29299090	---其他						
2929909011	胺丙畏、胺草磷、抑草磷,丁苯草酮等(包括甲基胺草磷)	6.5	30	17	9	千克	S
2929909012	异柳磷、甲基异柳磷、丙胺氟磷等	6.5	30	17	0	千克	S
2929909013	八甲磷、育畜磷、甘氨硫磷等(包括甲氟磷、毒鼠磷、水胺硫磷)	6.5	30	17	9	千克	S
2929909090	其他含氮基化合物	6.5	30	17	9	千克	
2930	**有机硫化合物**						
29302000	-硫代氨基甲酸盐(或酯)及二硫代氨基甲酸盐						
2930200011	禾草丹、杀螟丹	6.5	30	17	9	千克	S
2930200012	威百亩、代森钠、丙森锌、福美铁等(包括福美锌、代森福美锌、安百亩)	6.5	30	17	9	千克	S
2930200013	燕麦敌、野麦畏、硫草敌	6.5	30	17	9	千克	S
2930200014	苄草丹、戊草丹、坪草丹、仲草丹	6.5	30	17	9	千克	S
2930200015	丁草敌、克草敌、茵草敌、灭草敌等(包括环草敌)	6.5	30	17	9	千克	S
2930200016	硫菌威、菜草畏	6.5	30	17	9	千克	S
2930200090	其他硫代氨基甲酸盐(或酯)(包括二硫代氨基甲酸盐)	6.5	30	17	9	千克	

商品编号	商品名称及备注	进口关税税率(%)		增值税率(%)	出口退税率(%)	计量单位	监管条件
		最惠国	普通				
29303000	-一硫化二烃氨基硫羰、二硫化二烃氨基硫羰及四硫化二烃氨基硫羰						
2930300010	福美双	6.5	30	17	9	千克	S
2930300090	其他一硫化二烃氨基硫羰等(包括二硫化二烃氨基硫羰及四硫化二烃氨基硫羰)	6.5	30	17	9	千克	
29304000	-甲硫氨酸(蛋氨酸)						
2930400000[暂5]	甲硫氨酸(蛋氨酸)	6.5	30	17	13	千克	A
29306000	-2-(N,N-二乙基氨基)乙硫醇						
2930600000	2-(N,N-二乙基氨基)乙硫醇	6.5	30	17		千克	
29307000	-二(2-羟乙基)硫醚[硫二甘醇(INN)]						
2930700000	硫二甘醇[二(2-羟乙基)硫醚、硫代双乙醇]	6.5	30	17		千克	23
29308000	-涕灭威(ISO)、敌菌丹(ISO)及甲胺磷(ISO)						
2930800010	甲胺磷(ISO)	6.5	30	17		千克	X
2930800020	敌菌丹(ISO)	6.5	30	17		千克	S
2930800030	涕灭威(ISO)	6.5	30	17		千克	S
29309010	---双巯丙氨酸(胱氨酸)						
2930901000	双巯丙氨酸(胱氨酸)	6.5	30	17	9	千克	A
29309020	---二硫代碳酸酯(或盐)[黄原酸酯(或盐)]						
2930902000	二硫代碳酸酯(或盐)[黄原酸酯(或盐)]	6.5	30	17	13	千克	
29309090	---其他						
2930909011	烯禾啶、双环磺草酮、氟虫酰胺、氟苯虫酰胺	6.5	30	17	9	千克	S
2930909013	2-氯乙基氯甲基硫醚	6.5	30	17	9	千克	32
2930909014	二(2-氯乙基)硫醚(即芥子气)	6.5	30	17	9	千克	32
2930909015	二(2-氯乙硫基)甲烷	6.5	30	17	9	千克	32
2930909016	1,2-二(2-氯乙硫基)乙烷(即倍半芥气)	6.5	30	17	9	千克	32
2930909017	1,3-二(2-氯乙硫基)正丙烷	6.5	30	17	9	千克	32
2930909018	1,4-二(2-氯乙硫基)正丁烷	6.5	30	17	9	千克	32
2930909019	1,5-二(2-氯乙硫基)正戊烷	6.5	30	17	9	千克	32
2930909021	二(2-氯乙硫基甲基)醚	6.5	30	17	9	千克	32
2930909022	二(2-氯乙硫基乙基)醚(即氧芥气)	6.5	30	17	9	千克	32
2930909023	胺吸膦(硫代磷酸二乙基-S-2-二乙氨基乙酯及烷基化或质子化盐)	6.5	30	17	9	千克	23
2930909024	烷基氨基乙-2-硫醇及相应质子盐	6.5	30	17	9	千克	23
2930909026	烷基硫代膦酸烷S-2-二烷氨基乙酯(包括相应烷基化盐、质子化盐,烷基指甲、乙、正丙、异丙基)	6.5	30	17	9	千克	23
2930909027	含一磷原子与甲、乙、丙基结合化合物(不包括地虫磷)	6.5	30	17	9	千克	23
2930909028	内吸磷	6.5	30	17	9	千克	X
2930909031	4-甲基硫基安非他明	6.5	30	17	9	千克	I
2930909032	莫达非尼	6.5	30	17	9	千克	I
2930909051	甲基硫菌灵、硫菌灵、苯螨醚等(包括乙蒜素、敌灭生、丁酮威、丁酮砜威、棉铃威)	6.5	30	17	9	千克	S
2930909052	灭多威、乙硫苯威等(包括杀线威、甲硫威、多杀威、涕灭砜威、硫双威)	6.5	30	17	0	千克	S
2930909053	丁醚脲、久效威、苯硫威等(包括敌螨特、2甲4氯乙硫酯)	6.5	30	17	9	千克	S
2930909054	杀虫双、杀虫单、灭虫脲等(包括避虫醇、烯虫硫酯、三氯杀螨砜、杀螨醚、杀螨酯)	6.5	30	17	9	千克	S
2930909055	代森锌、代森锰、代森锰锌等(包括福美胂、福美甲胂、代森铵、代森联)	6.5	30	17	9	千克	S
2930909056	烯草酮、磺草酮、嗪草酸甲酯、硝磺草酮等(包括苯氟磺胺、甲磺乐灵、氯硫酰草胺、脱叶磷)	6.5	30	17	9	千克	S
2930909057	灭菌丹、克菌丹、杀螨硫醚等(包括氟杀螨、硫肟醚、莠不生)	6.5	30	17	9	千克	S
2930909058	稻瘟净、异稻瘟净、稻丰散等(包括敌瘟磷)	6.5	30	17	9	千克	S
2930909059	安妥、灭鼠特、二硫氰基甲烷等(包括灭鼠肼、氟硫隆)	6.5	30	17	9	千克	S

商品编号	商品名称及备注	进口关税税率(%)		增值税率(%)	出口退税率(%)	计量单位	监管条件
		最惠国	普通				
2930909061	马拉硫磷、苏硫磷、赛硫磷等(包括丙虫磷、双硫磷、亚砜磷、异亚砜磷)	6.5	30	17	9	千克	S
2930909062	丙溴磷、田乐磷、特丁硫磷等(包括硫丙磷、地虫硫膦、乙硫磷、丙硫磷、甲基乙拌磷)	6.5	30	17	9	千克	S
2930909063	乐果、益硫磷、氧乐果等(包括甲拌磷、乙拌磷、虫螨磷、果虫磷)	6.5	30	17	9	千克	S
2930909064	氯胺磷、家蝇磷、灭蚜磷等(包括安硫磷、四甲磷、丁苯硫磷、苯线磷、蚜灭磷)	6.5	30	17	9	千克	S
2930909065	硫线磷、氯甲硫磷、杀虫磺等(包括砜吸磷、砜拌磷、异拌磷、三硫磷、芬硫磷)	6.5	30	17	9	千克	S
2930909066	倍硫磷、甲基内吸磷、乙酯磷等(包括丰索磷、内吸磷、发硫磷)	6.5	30	17	9	千克	S
2930909067	灭线磷	6.5	30	17	9	千克	S
2930909091	DL-羟基蛋氨酸	6.5	30	17	9	千克	A
2930909099	其他有机硫化合物	6.5	30	17	13	千克	
2931	**其他有机—无机化合物**						
29311000	-四甲基铅及四乙基铅						
2931100000	四甲基铅及四乙基铅	6.5	30	17	9	千克	XAB
29312000	-三丁基锡化合物						
2931200000	三丁基锡化合物	6.5	30	17	0	千克	X
29313100	--甲基膦酸二甲酯						
2931310000	甲基膦酸二甲酯	6.5	30	17		千克	23
29313200	--丙基膦酸二甲酯						
2931320000	丙基膦酸二甲酯	6.5	30	17		千克	AB
29313300	--乙基膦酸二乙酯						
2931330000	乙基膦酸二乙酯	6.5	30	17		千克	23
29313400	--3-(三羟基硅烷基)丙基甲基膦酸钠						
2931340000	3-(三羟基硅烷基)丙基甲基膦酸钠	6.5	30	17		千克	AB
29313500	--1-丙基磷酸环酐						
2931350000	1-丙基磷酸环酐	6.5	30	17		千克	AB
29313600	--(5-乙基-2-甲基-2-氧代-1,3,2-二氧磷杂环己-5-基)甲基膦酸二甲酯						
2931360000	(5-乙基-2-甲基-2-氧代-1,3,2-二氧磷杂环己-5-基)甲基膦酸二甲酯(CAS 号:41203-81-0)	6.5	30	17		千克	23
29313700	--双[(5-乙基-2-甲基-2-氧代-1,3,2-二氧磷杂环己-5-基)甲基]甲基膦酸酯(阻燃剂 FRC-1)						
2931370000	双[(5-乙基-2-甲基-2-氧代-1,3,2-二氧磷杂环己-5-基)甲基]甲基膦酸酯(阻燃剂 FRC-1)(CAS 号:42595-45-9)	6.5	30	17		千克	AB
29313800	--甲基膦酸和脒基尿素(1:1)生成的盐						
2931380000	甲基膦酸和脒基尿素(1:1)生成的盐	6.5	30	17		千克	AB
29313910	---双甘膦						
2931391000	双甘膦	6.5	30	17		千克	AB
29313990	---其他						
2931399011	烷基亚膦酰烷基-2-二烷氨基乙酯(包括相应烷基化盐或质子化盐)	6.5	30	17		千克	23
2931399012	氯沙林、氯梭曼(氯沙林即甲基氯膦酸异丙酯,氯梭曼即甲基氯膦酸频那酯)	6.5	30	17		千克	23
2931399013	烷基氟膦酸烷酯,10 碳原子以下(烷基指甲、乙、正丙、异丙基,例如沙林、梭曼)	6.5	30	17		千克	23
2931399014	二烷氨基氰膦酸烷酯,10 碳原子以下(烷基指甲、乙、正丙、异丙基,例如塔崩)	6.5	30	17		千克	23
2931399015	烷基膦酰二氟(烷基指甲、乙、正丙、异丙基,例如,DF:甲基膦酰二氟)	6.5	30	17		千克	23
2931399016	草甘膦	6.5	30	17		千克	S
2931399017	草铵膦,草硫膦,杀木膦等(包括双丙氨膦,增甘膦及其盐)	6.5	30	17		千克	S
2931399018	三丁氯苄鏻	6.5	30	17		千克	S
2931399019	乙烯利	6.5	30	17		千克	S
2931399021	敌百虫、氟硅菊酯、毒壤膦等(包括苯硫膦、溴苯膦、苯腈膦、丁酯膦)	6.5	30	17		千克	S

商品编号	商品名称及备注	进口关税税率(%)		增值税率(%)	出口退税率(%)	计量单位	监管条件
		最惠国	普通				
2931399022	甲基膦酰二氯、丙基膦酸、甲基膦酸、甲基膦酸二聚乙二醇酯(CAS号:294675-51-7){甲基膦酸二[5-(5-乙基-2-甲基-2-氧代-1,3,2-二氧磷杂环己基)甲基]酯(CAS号:42595-45-9),地虫磷除外}	6.5	30	17		千克	23
2931399090	其他含磷原子的有机—无机化合物	6.5	30	17		千克	AB
29319000	-其他						
2931900001	六甲基环三硅氧烷(包括八甲基环四硅氧烷、十甲基环五硅氧烷、十二甲基环六硅氧烷)	6.5	30	17		千克	
2931900011	2-氯乙烯基二氯胂	6.5	30	17		千克	23
2931900012	二(2-氯乙烯基)氯胂	6.5	30	17		千克	23
2931900013	三(2-氯乙烯基)胂	6.5	30	17		千克	23
2931900014	锆试剂、二甲胂酸等(包括4-二甲氨基偶氮苯-4'-胂酸、卡可基酸、二甲基胂酸钠)	6.5	30	17		千克	X
2931900015	4-氨基苯胂酸钠、二氯化苯胂(对氨基苯胂酸钠、二氯苯胂、苯胂化二氯)	6.5	30	17		千克	X
2931900016	蒽醌-1-胂酸、三环锡(普特丹)等(包括月桂酸三丁基锡、醋酸三丁基锡)	6.5	30	17		千克	X
2931900017	硫酸三乙基锡、二丁基氧化锡等(包括氧化二丁基锡、乙酸三乙基锡、三乙基乙酸锡)	6.5	30	17		千克	X
2931900018	四乙基锡、乙酸三甲基锡(四乙锡,醋酸三甲基锡)	6.5	30	17		千克	X
2931900019	毒菌锡[三苯基羟基锡(含量>20%)]	6.5	30	17		千克	X
2931900021	乙酰亚砷酸铜、二苯(基)胺氯胂(祖母绿;翡翠绿;醋酸亚砷酸铜,吩吡嗪化氯;亚当氏气)	6.5	30	17		千克	X
2931900022	3-硝基-4-羟基苯胂酸(4-羟基-3-硝基苯胂酸)	6.5	30	17		千克	X
2931900023	乙基二氯胂、二苯(基)氯胂(包括二氯化乙基胂、氯化二苯胂)	6.5	30	17		千克	X
2931900024	甲(基)胂酸、丙(基)胂酸、二碘化苯胂(苯基二碘胂)	6.5	30	17		千克	X
2931900025	苯胂酸、2-硝基苯胂酸等(包括邻硝基苯胂酸、3-硝基苯胂酸、间硝基苯胂酸等)	6.5	30	17		千克	X
2931900026	4-硝基苯胂酸、2-氨基苯胂酸(对硝基苯胂酸、邻氨基苯胂酸)	6.5	30	17		千克	X
2931900027	3-氨基苯胂酸、4-氨基苯胂酸(间氨基苯胂酸、对氨基苯胂酸)	6.5	30	17		千克	X
2931900028	三苯锡、三苯基乙酸锡等(包括三苯基氯化锡、三苯基氢氧化锡、苯丁锡、三唑锡)	6.5	30	17		千克	S
2931900029	田安	6.5	30	17		千克	S
2931900031	乙烯硅	6.5	30	17		千克	S
2931900090	其他有机—无机化合物	6.5	30	17		千克	AB
2932	**仅含有氧杂原子的杂环化合物**						
29321100	--四氢呋喃						
2932110000	四氢呋喃	6	20	17	9	千克	AB
29321200	--2-糠醛						
2932120000	2-糠醛	6	20	17	9	千克	B
29321300	--糠醇及四氢糠醇						
2932130000	糠醇及四氢糠醇	6	20	17	9	千克	
29321400	--三氯蔗糖						
2932140000	三氯蔗糖	6.5	20	17		千克	
29321900	--其他						
2932190011	喃烯菊酯、炔呋菊酯等(包括甲呋炔菊酯、溴苄呋菊酯、右旋炔呋菊酯)	6.5	20	17	9	千克	S
2932190012	呋菌胺、酯菌胺、抑霉胺等(包括环菌胺、甲呋酰胺、二甲呋酰胺)	6.5	20	17	9	千克	S
2932190013	呋氧草醚、环庚草醚、呋草酮等(包括茵多酸)	6.5	20	17	9	千克	S
2932190014	楝素、呋霜灵等(包括呋菌隆、螺螨酯)	6.5	20	17	9	千克	S
2932190015	苄呋菊酯(包括右旋苄呋菊酯,生物苄呋菊酯)	6.5	20	17	9	千克	S
2932190016	呋虫胺	6.5	20	17	9	千克	S
2932190020	呋芬雷司	6.5	20	17	9	千克	I
2932190090	其他结构上有非稠合呋喃环化合物	6.5	20	17	9	千克	
29322010	---香豆素、甲基香豆素及乙基香豆素						

商品编号	商品名称及备注	进口关税税率(%)		增值税率(%)	出口退税率(%)	计量单位	监管条件
		最惠国	普通				
2932201000	香豆素、甲基香豆素及乙基香豆素	6.5	20	17	13	千克	
29322090	---其他内酯						
2932209011	杀鼠灵、克鼠灵、敌鼠灵、溴鼠灵等(包括氯灭鼠灵、氟鼠灵、鼠得克、杀鼠醚)	6.5	20	17	13	千克	S
2932209012	赤霉酸	6.5	20	17	13	千克	S
2932209013	蝇毒磷、茴蒿素、溴敌隆、呋酰胺等(包括四氯苯酞、畜虫磷)	6.5	20	17	13	千克	S
2932209014	丁香菌酯	6.5	20	17	13	千克	S
2932209015	甲氨基阿维菌素苯甲酸盐	6.5	20	17	13	千克	S
2932209016	阿维菌素	6.5	20	17	13	千克	S
2932209090	其他内酯	6.5	20	17	13	千克	
29329100	--4-丙烯基-1,2-亚甲二氧基苯(异黄樟脑)						
2932910000	4-丙烯基-1,2-亚甲二氧基苯(即异黄樟脑)	6.5	20	17	9	千克	23
29329200	--1-(1,3-苯并二口恶茂-5基)丙烷-2酮						
2932920000	1-(1,3-苯并二噁茂-5-基)丙烷-2-酮(即3,4-亚甲基二氧苯基-2-丙酮)	6.5	20	17	9	千克	23
29329300	--3,4-亚甲二氧基苯甲醛(胡椒醛)						
2932930000	3,4-亚甲二氧基苯甲醛(胡椒醛)(别名洋茉莉醛、天芥菜精)	6.5	20	17	13	千克	23
29329400	--4-烯丙基-1,2-亚甲二氧基苯(黄樟脑)						
2932940000	4-烯丙基-1,2-亚甲二氧基苯(即黄樟脑)	6.5	20	17	13	千克	23
29329500	--四氢大麻酚(所有的异构体)						
2932950000	四氢大麻酚(所有异构体)	6.5	20	17	9	千克	I
29329910	---7-羟基苯并呋喃(呋喃酚)						
2932991000	呋喃酚	4	11	17	13	千克	
29329920	---2,2'-双甲氧羰基-4,4'-双甲氧基-5,6,5',6'-双亚甲二氧基联苯(联苯双酯)						
2932992000	联苯双酯(即4,4'双甲氧基5,6,5'6'双次甲二氧基2,2'双甲氧羰基苯)	6.5	20	17	13	千克	
29329930	---蒿甲醚						
2932993000	蒿甲醚	6.5	20	17	13	千克	
29329990	---其他						
2932999011	克百威	6.5	20	17	13	千克	S
2932999012	二氧威、恶虫威、丙硫克百威等(包括丁硫克百威、呋线威)	6.5	20	17	13	千克	S
2932999013	因毒磷、敌恶磷、碳氯灵	6.5	20	17	13	千克	S
2932999014	增效特、增效砜、增效醚、增效酯等(包括增效环、增效散)	6.5	20	17	13	千克	
2932999015	吡喃灵、吡喃隆、乙氧呋草黄等(包括呋草黄、氟草肟)	6.5	20	17	13	千克	S
2932999016	避蚊酮、苯虫醚、鱼藤酮	6.5	20	17	13	千克	S
2932999017	调呋酸、芸薹素内酯	6.5	20	17	0	千克	S
2932999021	紫杉醇	6.5	20	17	0	千克	QFE
2932999022	三尖杉宁碱	6.5	20	17	13	千克	FE
2932999023	十去乙酰基巴卡丁三(红豆杉提取物10-DAB)	6.5	20	17	13	千克	FE
2932999024	十去乙酰基紫杉醇(红豆杉提取物10-DAT)	6.5	20	17	0	千克	FE
2932999025	巴卡丁三	6.5	20	17	13	千克	FE
2932999026	7-表紫杉醇	6.5	20	17	0	千克	FE
2932999027	10-去乙酰7-表紫杉醇	6.5	20	17	0	千克	FE
2932999028	7,10-双(三氯乙酰基)-10-去乙酰基巴卡丁三类似物	6.5	20	17	13	千克	EF
2932999029	多烯紫杉醇	6.5	20	17	0	千克	EF
2932999031	7,10-双(三氯乙酰基)-多西他赛	6.5	20	17	13	千克	EF
2932999040	替苯丙胺及其盐	6.5	20	17	13	千克	I
2932999051	(1,2-二甲基庚基)羟基四氢甲基二苯吡喃(包括六氢大麻酚)	6.5	20	17	13	千克	I
2932999052	甲羟芬胺、乙芬胺、羟芬胺	6.5	20	17	13	千克	I

商品编号	商品名称及备注	进口关税税率(%)		增值税率(%)	出口退税率(%)	计量单位	监管条件
		最惠国	普通				
2932999053	二亚甲基双氧安非他明及其盐(MDMA)	6.5	20	17	13	千克	I
2932999054	3,4-亚甲二氧基甲卡西酮(3,4-methylenedioxy-N-methylcathinone;CAS号:186028-79-5)	6.5	20	17	13	千克	I
2932999060	二恶英、呋喃(多氯二苯并对二恶英、多氯二苯并呋喃)	6.5	20	17	13	千克	89
2932999070	1,4-二噁烷	6.5	20	17	13	千克	X
2932999080	二氢黄樟素	6.5	20	17	13	千克	G
2932999091	其他濒危植物提取的仅含氧杂原子的杂环化合物	6.5	20	17	0	千克	EF
2932999092暂4	阿卡波糖水合物	6.5	20	17	0	千克	
2932999099	其他仅含氧杂原子的杂环化合物	6.5	20	17	13	千克	
2933	**仅含有氮杂原子的杂环化合物**						
29331100	--二甲基苯基吡唑酮(安替比林)及其衍生物						
2933110000	二甲基苯基吡唑酮及其衍生物(二甲基苯基吡唑酮即安替比林)	6.5	20	17	9	千克	
29331920	---安乃近						
2933192000	安乃近	6	20	17	9	千克	Q
29331990	---其他						
2933199011	吡硫磷、吡唑硫磷、敌蝇威、乙虫腈等(包括异索威、吡唑威)	6.5	20	17	13	千克	S
2933199012	氟虫腈、唑螨酯、吡螨胺等(包括吡唑醚菌酯)	6.5	20	17	13	千克	S
2933199013	吡草醚、吡唑草胺、氟氯草胺等(包括野燕枯、苄草唑、吡唑特、吡草酮)	6.5	20	17	13	千克	S
2933199014	吡唑萘菌胺(包括氟唑菌胺、乙唑螨腈、异丙吡草酯、唑虫酰胺)	6.5	20	17	13	千克	S
2933199015	苯并烯氟菌唑	6.5	20	17	13	千克	S
2933199090	其他结构上有非稠合吡唑环化合物	6.5	20	17	13	千克	
29332100	--乙内酰脲及其衍生物						
2933210000	乙内酰脲及其衍生物	6.5	30	17	9	千克	
29332900	--其他						
2933290011	异菌脲	6.5	20	17	13	千克	S
2933290012	抑霉唑、咪菌腈、咪菌酮、咪鲜胺等(包括克霉唑、咪鲜胺锰盐)	6.5	20	17	13	千克	S
2933290013	咪草酸、丁咪酰胺	6.5	20	17	13	千克	S
2933290014	果绿啶	6.5	20	17	13	千克	S
2933290015	氰菌唑	6.5	20	17	13	千克	S
2933290090	其他结构上有非稠合咪唑环化合物	6.5	20	17	13	千克	
29333100	--吡啶及其盐						
2933310010	吡啶	6	20	17	9	千克	AB
2933310090	吡啶盐	6	20	17	9	千克	
29333210	---六氢吡啶(哌啶)						
2933321000	哌啶(六氢吡啶)	4	11	17	9	千克	23
29333220	---六氢吡啶(哌啶)盐						
2933322000	哌啶(六氢吡啶)盐	6.5	20	17	9	千克	
29333300	--阿芬太尼(INN)、阿尼利定(INN)、苯氰米特(INN)、溴西泮(INN)、地芬诺新(INN)、地芬诺酯(INN)、地匹哌酮(INN)、芬太尼(INN)、凯托米酮(INN)、哌醋甲酯(INN)、喷他左辛(INN)、哌替啶(INN)、哌替啶中间体A(INN)、苯环利定(INN)(PCP)、苯哌利定(INN)、哌苯甲醇(INN)、哌氰米特(INN)、哌丙吡胺(INN)和三甲利定(INN),以及它们的盐						
2933330011	阿芬太尼、芬太尼(以及它们的盐)	6.5	20	17	9	千克	W
2933330012	哌替啶、地芬诺酯(以及它们的盐)	6.5	20	17	9	千克	W
2933330013	哌腈(氰)米特、丙吡兰(哌丙吡胺)(以及它们的盐)	6.5	20	17	9	千克	W
2933330021	哌醋甲酯、喷他左辛、溴西泮(以及它们的盐)	6.5	20	17	9	千克	I

商品编号	商品名称及备注	进口关税税率(%)		增值税率(%)	出口退税率(%)	计量单位	监管条件
		最惠国	普通				
2933330022	苯环利定、哌苯甲醇(以及它们的盐)	6.5	20	17	9	千克	I
2933330031	地匹哌酮、凯托米酮、地芬诺新(以及它们的盐)	6.5	20	17	9	千克	W
2933330032	哌替啶中间体A、苯哌利定、三甲利定(以及它们的盐)	6.5	20	17	9	千克	W
2933330033	阿尼利定、苯氰米特(以及它们的盐)	6.5	20	17	9	千克	W
29333910	---二苯乙醇酸-3-奎宁环脂						
2933391000	二苯乙醇酸-3-奎宁环酯(即BZ)	6.5	20	17	9	千克	23
29333920	---奎宁环-3-醇						
2933392000	奎宁环-3-醇	6.5	20	17	9	千克	23
29333990	---其他						
2933399021	精吡氟禾草灵、毒死蜱、二氯氨基吡啶羧酸(包括二氟吡隆、三氟甲吡醚、氯虫苯甲酰胺)	6.5	20	17	13	千克	S
2933399022	百草枯、啶虫脒	6.5	20	17	13	千克	S
2933399023	精喹禾灵	6.5	20	17	13	千克	S
2933399024	喹禾灵、氟吡禾灵、吡氟禾草灵等(包括炔禾灵、氟吡乙禾灵、氟吡菌胺、卤草啶)	6.5	20	17	13	千克	S
2933399025	高效氟吡甲禾灵、氟吡甲禾灵等(包括鼠特灵、灭鼠优、灭鼠安、氟鼠啶)	6.5	20	17	13	千克	S
2933399026	甲基毒死蜱、吡虫啉等(包括吡氯氰菊酯、啶蜱脲、氟啶脲、哒幼酮、吡丙醚)	6.5	20	17	13	千克	S
2933399027	驱蝇啶、烯啶虫胺	6.5	20	17	13	千克	S
2933399028	咪唑烟酸、甲咪唑烟酸、咪唑乙烟酸等(包括氨氯吡啶酸、三氯吡氧乙酸、氯氟吡氧乙酸、二氯吡啶酸)	6.5	20	17	13	千克	S
2933399029	炔草酸、哌草磷、哌草丹、稗草丹等(包括吡氟酰草胺、氟啶草酮、氟硫草啶、甲氧咪草烟)	6.5	20	17	13	千克	S
2933399030	3-羟基-1-甲基哌啶	6.5	20	17	13	千克	23
2933399040	3-奎宁环酮	6.5	20	17	13	千克	23
2933399051	甲哌鎓、抗倒胺、氯吡脲、吡啶醇	6.5	20	17	13	千克	S
2933399052	啶菌噁唑、苯锈啶、啶斑肟等(包括啶菌腈)	6.5	20	17	13	千克	S
2933399053	氟啶胺、氟啶虫酰胺、三氯甲基吡啶	6.5	20	17	13	千克	S
2933399054	咪唑嗪、丁硫啶、氯苯吡啶、哌丙灵	6.5	20	17	13	千克	S
2933399055	氟吡菌酰胺	6.5	20	17	13	千克	S
2933399056	氯啶菌酯	6.5	20	17	13	千克	S
2933399057	氯氨吡啶酸	6.5	20	17	13	千克	S
2933399058	哌壮素	6.5	20	17	13	千克	S
2933399060	啶氧菌酯(包括氟啶虫胺腈、环啶菌胺、四氯虫酰胺、溴氰虫酰胺、玉雄杀、氟吡菌胺)	6.5	20	17	13	千克	S
2933399071	乙酰阿法甲基芬太尼、烯丙罗定、阿法美罗定(以及它们的盐)	6.5	20	17	13	千克	W
2933399072	阿法甲基芬太尼、阿法罗定、苄替啶(以及它们的盐)	6.5	20	17	13	千克	W
2933399073	倍他羟基芬太尼、倍他羟基-3-甲基芬太尼、倍他美罗定(以及它们的盐)	6.5	20	17	13	千克	W
2933399074	倍他罗定、依托利定、羟哌替啶、美他佐辛(以及它们的盐)	6.5	20	17	13	千克	W
2933399075	3-甲基芬太尼、1-甲基-4-苯基-4-哌啶丙酸酯、诺匹哌酮(以及它们的盐)	6.5	20	17	13	千克	W
2933399076	对氟芬太尼、1-苯乙基-4-苯基-4-哌啶乙酸酯(以及它们的盐)	6.5	20	17	13	千克	W
2933399077	哌替啶中间体B、哌替啶中间体C(以及它们的盐)	6.5	20	17	13	千克	W
2933399078	非那丙胺、非那佐辛、匹米诺定、丙哌利定(以及它们的盐)	6.5	20	17	13	千克	W
2933399080	瑞芬太尼及其盐	6.5	20	17	13	千克	W
2933399090	其他结构上含有一个非稠合吡啶环(不论是否氢化)的化合物	6.5	20	17	13	千克	
29334100	--左非诺(INN)及其盐						
2933410000	左非诺(INN)及其盐	6.5	20	17	9	千克	W
29334900	--其他						
2933490011	丙烯酸喹啉酯、苯氧喹啉	6.5	20	17	13	千克	S
2933490012	咯喹酮	6.5	20	17	13	千克	S
2933490013	氯甲喹啉酸、乙氧喹啉	6.5	20	17	13	千克	S

商品编号	商品名称及备注	进口关税税率(%)		增值税率(%)	出口退税率(%)	计量单位	监管条件
		最惠国	普通				
2933490014	二氯喹啉酸	6.5	20	17	13	千克	S
2933490015	FG-4592(CAS号808118-40-3)(一种缺氧诱导因子—脯氨酸羟化酶抑制剂)	6.5	20	17	13	千克	L
2933490021	羟蒂巴酚、左美沙芬、左芬啡烷	6.5	20	17	13	千克	W
2933490022	去甲左啡诺、非诺啡烷、消旋甲啡烷、消旋啡烷	6.5	20	17	13	千克	W
2933490030	布托啡诺	6.5	20	17	13	千克	I
2933490090	其他含喹琳或异喹啉环系的化合物(但未进一步稠合的)	6.5	20	17	13	千克	
29335200	--丙二酰脲(巴比土酸)及其盐						
2933520000	丙二酰脲(巴比妥酸)及其盐	6.5	20	17	9	千克	
29335300	--阿洛巴比妥(INN)、异戊巴比妥(INN)、巴比妥(INN)、布他比妥(INN)、正丁巴比妥(INN)、环己巴比妥(INN)、甲苯巴比妥(INN)、戊巴比妥(INN)、苯巴比妥(INN)、仲丁巴比妥(INN)、司可巴比妥(INN)和乙烯比妥(INN),以及它们的盐						
2933530011	阿洛巴比妥、仲丁巴比妥(以及它们的盐)	6.5	20	17	9	千克	I
2933530012	乙烯比妥、布他比妥、丁巴比妥(以及它们的盐)	6.5	20	17	9	千克	I
2933530013	环己巴比妥、甲苯巴比妥(以及它们的盐)	6.5	20	17	9	千克	I
2933530014	司可巴比妥、异戊巴比妥(以及它们的盐)	6.5	20	17	9	千克	I
2933530015	戊巴比妥、苯巴比妥、巴比妥(以及它们的盐)	6.5	20	17	9	千克	I
29335400	--其他丙二酰脲(巴比土酸)的衍生物,以及它们的盐						
2933540000	其他丙二酰脲的衍生物及它们的盐	6.5	20	17	9	千克	
29335500	--氯普唑仑(INN),甲氯喹酮(INN),甲喹酮 (INN)和齐培丙醇(INN),以及它们的盐						
2933550011	甲氯喹酮、甲喹酮(以及它们的盐)	6.5	20	17	9	千克	I
2933550012	氯普唑仑、齐培丙醇 (以及它们的盐)	6.5	20	17	9	千克	I
29335910	---胞嘧啶						
2933591000	胞嘧啶	6.5	20	17	13	千克	
29335920	---环丙氟哌酸						
2933592000	环丙氟哌酸	6.5	20	17	9	千克	
29335990	---其他						
2933599011	嘧啶磷、甲基嘧啶磷、二嗪磷、双苯嘧草酮等(包括嘧啶氧磷、乙嘧硫磷)	6.5	20	17	13	千克	S
2933599012	烯腺嘌呤、苄腺嘌呤、丁基嘧啶磷、嘧啶肟草醚等(包括苄氨基嘌呤、羟烯腺嘌呤)	6.5	20	17	13	千克	S
2933599013	嘧草醚、双草醚、除草啶、环草啶等(包括异草啶、异丙酯草醚、嘧草硫醚、特草啶)	6.5	20	17	13	千克	S
2933599014	吡菌磷、嘧霉胺、嘧菌胺、嘧菌酯等(包括嘧菌环胺、嘧菌腙)	6.5	20	17	13	千克	S
2933599015	嘧啶威、抗蚜威、环虫腈、嘧螨醚等(包括嘧螨酯)	6.5	20	17	13	千克	S
2933599016	氯苯嘧啶醇、环丙嘧啶醇、呋嘧醇等(包括氟苯嘧啶醇)	6.5	20	17	13	千克	S
2933599017	氟蚁腙、鼠立死	6.5	20	17	13	千克	S
2933599018	二甲嘧酚、乙嘧酚、乙嘧酚磺酸酯	6.5	20	17	13	千克	S
2933599019	嗪氨灵、咪唑喹啉酸、丙酯草醚	6.5	20	17	13	千克	S
2933599020	氟丙嘧草酯、氯丙嘧啶酸	6.5	20	17	13	千克	S
2933599030	溴嘧草醚	6.5	20	17	13	千克	S
2933599040	唑嘧菌胺	6.5	20	17	13	千克	S
2933599051	依他喹酮(Etaqualone;CAS号:7432-25-9)	6.5	20	17	13	千克	I
2933599052	苄基哌嗪(Benzylpiperazine;CAS号:2759-28-6)	6.5	20	17	13	千克	I
2933599090	其他结构上有嘧啶环等的化合物(包括其他结构上有哌嗪环的化合物)	6.5	20	17	13	千克	
29336100	--三聚氰胺(蜜胺)						
2933610000	三聚氰胺(蜜胺)	6.5	20	17	9	千克	A
29336910	---三聚氰氯						
2933691000	三聚氰氯	6	20	17	9	千克	
29336921	----二氯异氰脲酸						

商品编号	商品名称及备注	进口关税税率(%)		增值税率(%)	出口退税率(%)	计量单位	监管条件
		最惠国	普通				
2933692100	二氯异氰脲酸	6.5	20	17	9	千克	
29336922	----三氯异氰脲酸						
2933692200	三氯异氰脲酸	6.5	20	17	9	千克	AB
29336929	----其他						
2933692910	二氯异氰尿酸钠	6.5	20	17	9	千克	AB
2933692990	其他异氰脲酸氯化衍生物	6.5	20	17	9	千克	
29336990	---其他						
2933699011	西玛津、莠去津、扑灭津、草达津等(包括特丁津、氰草津、环丙津、甘扑津、甘草津)	6.5	20	17	9	千克	S
2933699012	西草净、扑草净、敌草净、莠灭净等(包括特丁净、异丙净、异戊乙净、氰草净、氟草净、甲氧丙净)	6.5	20	17	9	千克	S
2933699013	扑灭通、仲丁通	6.5	20	17	9	千克	S
2933699014	丁嗪草酮、环嗪酮、嗪草酮等(包括苯嗪草酮、乙嗪草酮)	6.5	20	17	9	千克	S
2933699015	灭蚜硫磷、灭蝇胺、吡蚜酮等(包括敌菌灵)	6.5	20	17	9	千克	S
2933699016	三嗪氟草胺	6.5	20	17	9	千克	S
2933699090	其他结构上含非稠合三嗪环化合物	6.5	20	17	9	千克	
29337100	--6-己内酰胺						
2933710000	6-己内酰胺	9	35	17	9	千克	A
29337200	--氯巴占(INN)和甲乙哌酮(INN)						
2933720000	氯巴占和甲乙哌酮(INN)	9	15	17	9	千克	I
29337900	--其他内酰胺						
2933790010	氯巴占和甲乙哌酮的盐	9	20	17	9	千克	I
2933790020	灭菌磷、螺虫乙酯	9	20	17	9	千克	S
2933790030	佐匹克隆(Zopiclone;CAS 号:43200-80-2)	9	20	17	9	千克	I
2933790090	其他内酰胺	9	20	17	9	千克	
29339100	--阿普唑仑(INN)、卡马西泮(INN)、氯氮卓(INN)、氯硝西泮(INN)、氯拉卓酸、地洛西泮(INN)、地西泮(INN)、艾司唑仑(INN)、氯氟卓乙酯(INN)、氟地西泮(INN)、氟硝西泮(INN)、氟西泮(INN)、哈拉西泮(INN)、劳拉西泮(INN)、氯甲西泮(INN)、马吲哚(INN)、美达西泮(INN)、咪达唑仑(INN)、硝甲西泮(INN)、硝西泮(INN)、去甲西泮(INN)、奥沙西泮(INN)、匹那西泮(INN)、普拉西泮(INN)、吡咯戊酮(INN)、替马西泮(INN)、四氢西泮(INN)和三唑仑(INN),以及它们的盐						
2933910011	阿普唑仑、卡马西泮、氯氮卓(以及它们的盐)	6.5	20	17	13	千克	I
2933910012	氯硝西泮、氯拉卓酸、地洛西泮(以及它们的盐)	6.5	20	17	13	千克	I
2933910013	地西泮、艾司唑仑、氯氟卓乙酯(以及它们的盐)	6.5	20	17	13	千克	I
2933910014	氟地西泮、氟硝西泮、氟西泮(以及它们的盐)	6.5	20	17	13	千克	I
2933910015	哈拉西泮、劳拉西泮、氯甲西泮(以及它们的盐)	6.5	20	17	13	千克	I
2933910016	马吲哚、咪达唑仑、硝西泮(以及它们的盐)	6.5	20	17	13	千克	I
2933910017	奥沙西泮、匹那西泮、普拉西泮(以及它们的盐)	6.5	20	17	13	千克	I
2933910018	去甲西泮、三唑仑(以及它们的盐)	6.5	20	17	13	千克	I
2933910021	硝甲西泮、美达西泮 (以及它们的盐)	6.5	20	17	13	千克	I
2933910022	吡咯戊酮、替马西泮、四氢西泮(以及它们的盐)	6.5	20	17	13	千克	I
29339200	--甲基谷硫磷(ISO)						
2933920000	甲基谷硫磷(ISO)	6.5	20	17		千克	
29339900	--其他						
2933990011	抑芽丹、三唑磷、虫线磷、喹硫磷、唑啶草酮等(包括哒嗪硫磷、亚胺硫磷、氯亚胺硫磷、保棉磷、益棉磷、威菌磷)	6.5	20	17	13	千克	S

商品编号	商品名称及备注	进口关税税率(%)		增值税率(%)	出口退税率(%)	计量单位	监管条件
		最惠国	普通				
2933990012	氯唑磷、炔咪菊酯、吲哚酮草酯等(包括呋喃虫酰肼、唑蚜威、不育胺、虫螨腈、抗螨唑、四螨嗪)	6.5	20	17	13	千克	S
2933990013	多菌灵、苯菌灵、氰菌灵、麦穗宁、氟哒嗪草酯等(包括咪菌威、丙硫多菌灵、氟氯菌核利、哒菌酮、拌种咯、杀草强)	6.5	20	17	13	千克	S
2933990014	三唑酮、醚草敏、三唑醇、唑草酮等(包括四氯喹恶啉、己唑醇、腈苯唑、亚胺唑、四氟醚唑、氟环唑)	6.5	20	17	13	千克	S
2933990015	苄氯三唑醇、戊菌唑、粉唑醇等(包括联苯三唑醇、腈菌唑、环丙唑醇、烯唑醇、戊唑醇、氟硅唑)	6.5	20	17	13	千克	S
2933990016	环菌唑、叶菌唑、灭菌唑、种菌唑等(包括申嗪霉素、氟喹唑、哒螨灵、喹螨醚、氟草敏、氟咯草酮)	6.5	20	17	13	千克	S
2933990017	唑草酯、四环唑、恶草酸等(包括喹禾糠酯、哒草特、咯草隆、禾草敌、唑草胺、敌草快、氯草敏)	6.5	20	17	13	千克	S
2933990018	氟胺草唑、氨唑草酮、三氟苯唑等(包括吲哚丁酸、溴莠敏、吲熟酯、三唑磺、四唑酰草胺)	6.5	20	17	13	千克	S
2933990019	多效唑、烯效唑、抑芽唑等(包括叶枯净、叶锈特、吡喃草酮、吲哚乙酸)	6.5	20	17	13	千克	S
2933990021	氯尼他秦	6.5	20	17	13	千克	W
2933990022	依托尼秦	6.5	20	17	13	千克	W
2933990023	普罗庚嗪、布桂嗪	6.5	20	17	13	千克	W
2933990030	扎莱普隆、唑吡坦(以及它们的盐)	6.5	20	17	13	千克	I
2933990040	齐帕特罗	6.5	20	17	13	千克	L
2933990051	二甲基色胺、二乙基色胺	6.5	20	17	13	千克	I
2933990052	乙色胺、咯环利定	6.5	20	17	13	千克	I
2933990053	[1-(5-氟戊基)-1H-吲哚-3-基](2-碘苯基)甲酮{1-[(5-Fluoropentyl)-1H-indol-3-yl]-(2-iodophenyl)methanone;CAS 号:335161-03-0	6.5	20	17	13	千克	I
2933990054	1-(5-氟戊基)-3-(1-萘甲酰基)-1H-吲哚[1-(5-Fluoropentyl)-3-(1-naphthoyl)indole;CAS 号:335161-24-5]	6.5	20	17	13	千克	I
2933990055	1-戊基-3-(1-萘甲酰基)吲哚[1-Pentyl-3-(1-naphthoyl)indole;CAS 号:209414-07-3]	6.5	20	17	13	千克	I
2933990056	1-丁基-3-(1-萘甲酰基)吲哚[1-Butyl-3-(1-naphthoyl)indole;CAS 号:208987-48-8]	6.5	20	17	13	千克	I
2933990057	2-(2-甲氧基苯基)-1-(1-戊基-1H-吲哚-3-基)乙酮[2-(2-Methoxyphenyl)-1-(1-pentyl-1H-indol-3-yl)ethanone;CAS 号:864445-43-2]	6.5	20	17	13	千克	I
2933990060	(环)四亚甲基四硝胺(俗名奥托金 HMX)	6.5	20	17	13	千克	3
2933990070	(环)三亚甲基三硝基胺(俗名黑索金 RDX)	6.5	20	17	13	千克	3
2933990080	丁羟咯酮(包括杀雄啉、杀雄嗪酸、双唑草腈、唑酮草酯)	6.5	20	17	13	千克	S
2933990091[暂4]	阿托伐他汀钙	6.5	20	17	13	千克	
2933990099	其他仅含氮杂原子的杂环化合物	6.5	20	17	13	千克	
2934	**核酸及其盐,无论是否已有化学定义;其他杂环化合物**						
29341000	-结构上含有一个非稠合噻唑环(不论是否氢化)的化合物						
2934100011	噻螨酮	6.5	20	17	9	千克	S
2934100012	噻唑膦、噻唑硫磷	6.5	20	17	9	千克	S
2934100013	噻唑烟酸、噻唑菌胺	6.5	20	17	9	千克	S
2934100014	氯噻啉、氟螨噻	6.5	20	17	9	千克	S
2934100015	噻菌灵、噻菌胺、噻丙腈	6.5	20	17	9	千克	S
2934100016	噻呋酰胺、噻虫胺、噻虫嗪、噻虫啉	6.5	20	17	9	千克	S
2934100017	辛噻酮、拌种灵	6.5	20	17	9	千克	S
2934100018	稻瘟灵	6.5	20	17	9	千克	S
2934100019	甲噻诱胺	6.5	20	17	9	千克	S

商品编号	商品名称及备注	进口关税税率(%)		增值税率(%)	出口退税率(%)	计量单位	监管条件
		最惠国	普通				
2934100090	结构上含有非稠合噻唑环的化合物(非稠合噻唑环不论是否氢化)	6.5	20	17	9	千克	
29342000	-结构上含有一个苯并噻唑环系(不论是否氢化)的化合物,但未经进一步稠合的						
2934200011	噻螨威、噻霉酮	6.5	20	17	0	千克	S
2934200012	苯噻硫氰	6.5	20	17	9	千克	S
2934200013	烯丙苯噻唑	6.5	20	17	9	千克	S
2934200014	草除灵	6.5	20	17	9	千克	S
2934200015	噻唑禾草灵	6.5	20	17	9	千克	S
2934200016	苯噻隆	6.5	20	17	9	千克	S
2934200017	甲基苯噻隆	6.5	20	17	9	千克	S
2934200018	苯噻酰草胺	6.5	20	17	9	千克	S
2934200019	苯噻菌酯	6.5	20	17	13	千克	S
2934200090	其他含一个苯并噻唑环系的化合物	6.5	20	17	13	千克	
29343000	-结构上含有一个吩噻嗪环系(不论是否氢化)的化合物,但未经进一步稠合的						
2934300000	含一个吩噻嗪环系的化合物(吩噻嗪环系不论是否氢化,化合物未经进一步稠合的)	6.5	20	17	13	千克	
29349100	--阿米雷司(INN),溴替唑仑(INN),氯噻西泮(INN),氯恶唑仑(INN),右吗拉胺(INN),卤恶唑仑(INN),凯他唑仑(INN),美索卡(INN),恶唑仑(INN),匹莫林(INN),苯巴曲嗪(INN),芬美曲嗪(INN)和舒芬太尼(INN),以及它们的盐						
2934910011	阿米雷司、溴替唑仑、氯噻西泮(以及它们的盐)	6.5	20	17	13	千克	I
2934910012	氯恶唑仑、卤沙(恶)唑仑(以及它们的盐)	6.5	20	17	13	千克	I
2934910013	凯他唑仑、美索卡、奥沙(恶)唑仑(以及它们的盐)	6.5	20	17	13	千克	I
2934910014	匹莫林、苯甲曲嗪、芬美曲嗪(以及它们的盐)	6.5	20	17	13	千克	I
2934910020	右吗拉胺、舒芬太尼(以及它们的盐)	6.5	20	17	13	千克	W
29349910	---磺内酯及磺内酰胺						
2934991000	磺内酯及磺内酰胺	6.5	30	17	13	千克	
29349920	---呋喃唑酮						
2934992000	呋喃唑酮	6	20	17	13	千克	A
29349930	---核酸及其盐						
2934993000	核酸及其盐	6.5	35	17	13	千克	
29349940	---奈韦拉平、依发韦仑、利托那韦及它们的盐						
2934994000	奈韦拉平、依发韦仑、利托那韦及它们的盐	6.5	20	17	13	千克	
29349950	---克拉维酸及其盐						
2934995000	克拉维酸及其盐	6.5	20	17	13	千克	
29349960	---7-苯乙酰氨基-3-氯甲基-4-头孢烷酸对甲氧基苄酯、7-氨基头孢烷酸、7-氨基脱乙酰氧基头孢烷酸						
2934996000	7-苯乙酰氨基-3-氯甲基-4-头孢烷酸对甲氧基苄酯、7-氨基头孢烷酸、7-氨基脱乙酰氧基头孢烷酸	6	20	17	9	千克	
29349990	---其他						
2934999001	核苷酸类食品添加剂	6.5	20	17	13	千克	AB
2934999010	恶草酮、氟噻草胺、活化酯、高效二甲吩草胺(包括吡噻菌胺)	6.5	20	17	13	千克	S
2934999021	恶唑磷、蔬果磷、茂硫磷、除害磷等(包括甲基吡恶磷、丁硫环磷、硫环磷、杀扑磷、伏杀硫磷、地胺磷)	6.5	20	17	13	千克	S
2934999022	环线威、杀虫环、杀虫钉、多噻烷等(包括甲基硫环磷、噻嗪酮、恶虫酮、茚虫威)	6.5	20	17	13	千克	S
2934999023	恶唑禾草灵、毒鼠硅、噻鼠灵等(包括福拉比、噻节因、糠菌唑、精恶唑禾草灵)	6.5	20	17	13	千克	S
2934999024	代森硫、代森环、氟吗啉、咯菌腈等(包括稻瘟酯、烯酰吗啉、噻菌腈、土菌灵、恶霜灵、恶霉灵)	6.5	20	17	13	千克	S

商品编号	商品名称及备注	进口关税税率(%)		增值税率(%)	出口退税率(%)	计量单位	监管条件
		最惠国	普通				
2934999025	噻森铜、丙环唑、乙环唑等(包括噁唑菌酮、金核霉素、呋菌唑、叶枯唑、呋醚唑、苯醚甲环唑)	6.5	20	17	13	千克	S
2934999026	嗪草酸、噻氟隆、丁噻隆、异恶隆等(包括噻苯隆、磺噻隆、恶唑隆、异恶草醚、噻吩草胺、二甲吩草胺)	6.5	20	17	13	千克	S
2934999027	苯草灭、灭草松、灭草唑等(包括异噁草松、恶嗪草酮、环苯草酮、丙炔氟草胺)	6.5	20	17	13	千克	S
2934999028	丙炔恶草酮、噻草酮等(包括糠氨基嘌呤、苯螨噻、异恶酰草胺、异恶唑草酮)	6.5	20	17	13	千克	S
2934999029	炔丙恶唑草、噻唑锌等(包括噻菌茂、硅丰环)	6.5	20	17	13	千克	S
2934999031	多抗霉素、灰瘟素	6.5	20	17	13	千克	S
2934999032	三环唑、氧环唑	6.5	20	17	13	千克	S
2934999033	灭螨猛、克杀螨、螨蜱胺	6.5	20	17	13	千克	S
2934999034	二氰蒽醌、吗菌威	6.5	20	17	13	千克	S
2934999035	十二环吗啉、十三吗啉	6.5	20	17	13	千克	S
2934999036	杀螺吗啉、丁苯吗啉	6.5	20	17	13	千克	S
2934999037	喹菌酮、肼菌酮	6.5	20	17	13	千克	S
2934999038	萎锈灵、氧化萎锈灵	6.5	20	17	13	千克	S
2934999039	棉隆、乙烯菌核利	6.5	20	17	13	千克	S
2934999041	环酯草醚	6.5	20	17	13	千克	S
2934999042	噻菌铜	6.5	20	17	13	千克	S
2934999043	苯唑草酮	6.5	20	17	13	千克	S
2934999044	丁吡吗啉	6.5	20	17	13	千克	S
2934999045	环戊噁草酮	6.5	20	17	13	千克	S
2934999050	恶唑酰草胺(包括环氧虫啶、噻嗯菊酯、双苯噁唑酯 、乙螨唑、异恶氯草酮、唑啉草酯)	6.5	20	17	13	千克	S
2934999061	甲米雷司及其盐	6.5	20	17	13	千克	I
2934999062	替诺环定及其盐	6.5	20	17	13	千克	I
2934999071	硫代芬太尼、阿法甲基硫代芬太尼(以及它们的盐)	6.5	20	17	13	千克	W
2934999072	二乙噻丁、二甲噻丁、吗苯丁酯、乙甲噻丁(以及它们的盐)	6.5	20	17	13	千克	W
2934999073	呋替啶、左吗拉胺、3-甲基硫代芬太尼 (以及它们的盐)	6.5	20	17	13	千克	W
2934999074	吗拉胺中间体、吗哌利定、苯吗庚酮、消旋吗拉胺(以及它们的盐)	6.5	20	17	13	千克	W
2934999075	亚甲基二氧吡咯戊酮(Methylenedioxypyrovalerone;CAS 号:687603-6,6-3)	6.5	20	17	13	千克	I
2934999090	其他杂环化合物	6.5	20	17	13	千克	
2935	**磺(酰)胺**						
29351000	-N-甲基全氟辛基磺酰胺						
2935100000	N-甲基全氟辛基磺酰胺	6.5	35	17		千克	X
29352000	-N-乙基全氟辛基磺酰胺						
2935200000	N-乙基全氟辛基磺酰胺	6.5	35	17		千克	X
29353000	-N-乙基-N-(2-羟乙基)全氟辛基磺酰胺						
2935300000	N-乙基-N-(2-羟乙基)全氟辛基磺酰胺	6.5	35	17		千克	X
29354000	-N-(2-羟乙基)-N-甲基全氟辛基磺酰胺						
2935400000	N-(2-羟乙基)-N-甲基全氟辛基磺酰胺	6.5	35	17		千克	X
29355000	-其他全氟辛基磺酰胺						
2935500000	其他全氟辛基磺酰胺	6.5	35	17		千克	X
29359000	-其他						
2935900011	氟唑磺隆、氟吡磺隆、磺酰磺隆、氯酯磺草胺等(包括甲酰氨基嘧磺隆、乙氧磺隆、氯磺隆、甲磺隆、苯磺隆、胺苯磺隆)	6.5	35	17		千克	S
2935900012	醚苯磺隆、噻吩磺隆、醚磺隆、氟啶嘧磺隆等(包括氟胺磺隆、氟磺隆、甲嘧磺隆、氯嘧磺隆、氟嘧磺隆)	6.5	35	17		千克	S

商品编号	商品名称及备注	进口关税税率(%)		增值税率(%)	出口退税率(%)	计量单位	监管条件
		最惠国	普通				
2935900013	苄嘧磺隆、吡嘧磺隆、烟嘧磺隆、双氯磺草胺等(包括啶嘧磺隆、砜嘧磺隆、唑嘧磺隆)	6.5	35	17		千克	S
2935900014	四唑嘧磺隆、唑吡嘧磺隆、三氟甲磺隆等(包括氯吡嘧磺隆、酰嘧磺隆、环丙嘧磺隆、甲基二磺隆)	6.5	35	17		千克	S
2935900015	氟磺酰草胺、甲磺草胺、嘧苯胺磺隆等(包括唑嘧磺草胺、双氟磺草胺、五氟磺草胺)	6.5	35	17		千克	S
2935900016	氟磺胺草醚、磺草灵、吲唑磺菌胺等(包括单嘧磺酯、磺草唑胺、三氟啶磺隆钠)	6.5	35	17		千克	S
2935900017	磺草膦、氨磺乐灵、三氟啶磺隆、啶磺草胺等(包括甲基碘磺隆钠盐)	6.5	35	17		千克	S
2935900018	磺菌胺、增糖胺等(包括甲苯氟磺胺、氟虫胺)	6.5	35	17		千克	S
2935900019	畜蜱磷、伐灭磷、地散磷等(包括磺菌威、氰霜唑)	6.5	35	17		千克	S
2935900020	环氧嘧磺隆	6.5	35	17		千克	S
2935900031	苯嘧磺草胺	6.5	35	17		千克	S
2935900032	噻酮磺隆	6.5	35	17		千克	S
2935900033	磺胺嘧啶	6.5	35	17		千克	
2935900034	磺胺双甲基嘧啶	6.5	35	17		千克	A
2935900035	磺胺甲噁唑(磺胺甲基异噁唑、新诺明、新明磺)	6.5	35	17		千克	
2935900090	其他磺(酰)胺	6.5	35	17		千克	
2936	**天然或合成再制的维生素原和维生素(包括天然浓缩物)及其主要用做维生素的衍生物,上述产品的混合物,不论是否溶于溶剂**						
29362100	--维生素A及其衍生物						
2936210000	未混合的维生素A及其衍生物(不论是否溶于溶剂)	4	20	17	17	千克	AB
29362200	--维生素B_1及其衍生物						
2936220000	未混合的维生素B_1及其衍生物(不论是否溶于溶剂)	4	20	17	13	千克	AB
29362300	--维生素B_2及其衍生物						
2936230000	未混合的维生素B_2及其衍生物(不论是否溶于溶剂)	4	20	17	13	千克	AB
29362400	--D或DL-泛酸(维生素B_3或维生素B_5)及其衍生物						
2936240000	未混合的D或DL-泛酸及其衍生物(不论是否溶于溶剂)	4	20	17	13	千克	AB
29362500	--维生素B_6及其衍生物						
2936250000	未混合的维生素B_6及其衍生物(不论是否溶于溶剂)	4	20	17	13	千克	AB
29362600	--维生素B_{12}及其衍生物						
2936260000	未混合的维生素B_{12}及其衍生物(不论是否溶于溶剂)	4	20	17	13	千克	AB
29362700	--维生素C及其衍生物						
2936270010	未混合的维生素C原粉(不论是否溶于溶剂)	4	20	17	13	千克	4ABxy
2936270020	未混合的维生素C钙、维生素C钠(不论是否溶于溶剂)	4	20	17	13	千克	4ABxy
2936270030	颗粒或包衣维生素C(不论是否溶于溶剂)	4	20	17	13	千克	4ABxy
2936270090	维生素C酯类及其他(不论是否溶于溶剂)	4	20	17	13	千克	4ABxy
29362800	--维生素E及其衍生物						
2936280000	未混合的维生素E及其衍生物(不论是否溶于溶剂)	4	20	17	17	千克	AB
29362900	--其他维生素及其衍生物						
2936290010	胆钙化醇(不论是否溶于溶剂)	4	20	17	17	千克	ABS
2936290090	其他未混合的维生素及其衍生物(不论是否溶于溶剂)	4	20	17	17	千克	AB
29369010	---维生素AD3						
2936901000	维生素AD3(包括天然浓缩物、不论是否溶于溶剂)	4	20	17	13	千克	AB
29369090	---其他						
2936909000	维生素原、混合维生素原、其他混合维生素及其衍生物(包括天然浓缩物、不论是否溶于溶剂)	4	20	17	13	千克	AB
2937	**天然或合成再制的激素、前列腺素、血栓烷和白细胞三烯及它们的衍生物和结构类似物,包括主要用做激素的改性链多肽**						
29371100	--生长激素及其衍生物和结构类似物						

商品编号	商品名称及备注	进口关税税率(%)		增值税率(%)	出口退税率(%)	计量单位	监管条件
		最惠国	普通				
2937110010	生长激素(GH)	4	20	17	13	千克	L
2937110090	生长激素的衍生物和结构类似物	4	20	17	13	千克	
29371210	---重组人胰岛素及其盐						
2937121000	重组人胰岛素及其盐	4	20	17	17	千克	L
29371290	---其他						
2937129000	其他胰岛素及其盐	4	20	17	15	千克	L
29371900	--其他						
2937190013	绒促性素、促黄体生成素等[包括生长激素释放肽类(GHRPs)、普拉莫瑞林(生长激素释放肽-2)、CJC-1295(CAS号863288-34-0)、生长激素释放肽-6、生长激素释放激素及其类似物、生长激素促分泌剂]	4	20	17	13	千克	L
2937190015	促皮质素类等肽类激素[包括艾瑞莫瑞林、阿那瑞林、布舍瑞林、可的瑞林、海沙瑞林、伊莫瑞林、舍莫瑞林、替莫瑞林、戈那瑞林、葛瑞林(脑肠肽)及其模拟物类]	4	20	17	13	千克	L
2937190016	亮丙瑞林	4	20	17	13	千克	L
2937190090	其他多肽激素及衍生物和结构类似物(包括蛋白激素、糖蛋白激素及其衍生物和结构类似物)	4	20	17	13	千克	Q
29372100	--可的松、氢化可的松、脱氢可的松及脱氢皮质醇						
2937210000	可的松、氢化可的松等[包括脱氢皮(质甾)醇]	4	20	17	9	千克	Q
29372210	---地塞米松						
2937221000	地塞米松	4	30	17	9	千克	Q
29372290	---其他						
2937229000	其他肾上腺皮质激素的卤化衍生物	4	30	17	9	千克	Q
29372311	----孕马结合雌激素						
2937231100	孕马结合雌激素	4	30	17	13	千克	Q
29372319	----其他						
2937231900	其他动物源雌(甾)激素和孕激素	4	30	17	13	千克	Q
29372390	---其他						
2937239010	泽仑诺、孕三烯酮、替勃龙(包括四氢孕三烯酮)	4	30	17	13	千克	L
2937239090	其他雌(甾)激素及孕激素	4	30	17	13	千克	Q
29372900	--其他						
2937290011	1-雄烯二醇、1-雄烯二酮{包括雄甾-4-烯-3β,17α-二醇[4-雄烯二醇(3β, 17α)];雄甾-5-烯-3β,17α-二醇[5-雄烯二醇(3β, 17α)]	4	30	17	13	千克	L
2937290012	4-雄烯二醇、5-雄烯二酮{包括5α-雄烷-3α, 17β-二醇[雄烷二醇(3α, 17β)];5α-雄烷-3β, 17α-二醇[雄烷二醇(3β, 17α)];勃拉睾酮;5β-雄烷-3α, 17β-二醇[5β-雄烷二醇(3α, 17β)]	4	30	17	13	千克	L
2937290013	勃地酮、卡芦睾酮(包括勃二酮、氯司替勃)	4	30	17	13	千克	L
2937290014	达那唑、去氢氯甲睾酮(包括普拉睾酮、去氧甲睾酮)	4	30	17	13	千克	L
2937290015	双氢睾酮、屈他雄酮(包括表双氢睾酮、乙雌烯醇、氟甲睾酮、甲酰勃龙)	4	30	17	13	千克	L
2937290016	夫拉扎勃(包括4-羟基睾酮、3α-羟基-5α-雄烷-17-酮)	4	30	17	13	千克	L
2937290017	美雄诺龙、美睾酮、美雄酮(包括甲基屈他雄酮)	4	30	17	13	千克	L
2937290018	甲基-1-睾酮、甲睾酮、甲诺睾酮(包括甲二烯诺龙、去甲雄酮)	4	30	17	13	千克	L
2937290019	美替诺龙、美雄醇(包括美曲勃龙)	4	30	17	13	千克	L
2937290021	米勃酮、诺龙、诺勃酮、诺司替勃(包括19-去甲雄烯二酮、诺乙雄龙)	4	30	17	13	千克	L
2937290022	19-去甲胆烷醇酮(包括羟勃龙、氧雄龙)	4	30	17	13	千克	L
2937290023	羟甲睾酮、羟甲烯龙(包括前列他唑)	4	30	17	13	千克	L
2937290024	奎勃龙、司坦唑醇、司腾勃龙(包括1-睾酮、睾酮、群勃龙)	4	30	17	13	千克	L
2937290025	7α-羟基-普拉睾酮	4	30	17	13	千克	L

商品编号	商品名称及备注	进口关税税率(%)		增值税率(%)	出口退税率(%)	计量单位	监管条件
		最惠国	普通				
2937290026	7β-羟基-普拉睾酮	4	30	17	13	千克	L
2937290027	7-羰基-普拉睾酮	4	30	17	13	千克	L
2937290028	胆烷醇酮	4	30	17	13	千克	L
2937290031	雄甾-5-烯-3β,17β-二醇[5-雄烯二醇(3β, 17β)]	4	30	17	13	千克	L
2937290032	雄甾-4-烯-3,17-二酮(4-雄烯二酮)	4	30	17	13	千克	L
2937290033	勃雄二醇	4	30	17	13	千克	L
2937290034	雄酮	4	30	17	13	千克	L
2937290090	其他甾类激素及其衍生物和结构类似物	4	30	17	13	千克	Q
29375000	-前列腺素、血栓烷和白细胞三烯及其衍生物和结构类似物						
2937500000	前列腺素、血栓烷和白细胞三烯(包括它们的衍生物和结构类似物)	4	30	17	9	千克	
29379000	-其他						
2937900010	氨基酸衍生物	4	30	17	9	千克	ABQ
2937900090	其他激素及其衍生物和结构类似物	4	30	17	9	千克	Q
2938	**天然或合成再制的苷(配糖物)及其盐、醚、酯和其他衍生物**						
29381000	-芸香苷及其衍生物						
2938100000	芸香苷及其衍生物	6.5	20	17	9	千克	Q
29389010	---齐多夫定、拉米夫定、司他夫定、地达诺新及它们的盐						
2938901000	齐多夫定、拉米夫定、司他夫定、地达诺新及它们的盐	6.5	20	17	13	千克	
29389090	---其他						
2938909010	甘草酸粉	6.5	20	17	9	千克	y4x
2938909020	甘草酸盐类	6.5	20	17	9	千克	4ABxy
2938909030	甘草次酸及其衍生物	6.5	20	17	9	千克	y4x
2938909090	其他天然或合成再制的苷及其盐等(包括醚、酯和其他衍生物)	6.5	20	17	9	千克	
2939	**天然或合成再制的生物碱及其盐、醚、酯和其他衍生物**						
29391100	--罂粟秆浓缩物、丁丙诺啡(INN)、可待因、双氢可待因(INN)、乙基吗啡、埃托啡(INN)、海洛因、氢可酮(INN)、氢吗啡酮(INN)、吗啡、尼可吗啡(INN)、羟考酮(INN)、羟吗啡酮(INN)、福尔可定(INN)、醋氢可酮(INN)和蒂巴因,以及它们的盐						
2939110011	罂粟秆浓缩物	4	50	17	9	千克	W
2939110012	可待因、双氢可待因、乙基吗啡(以及它们的盐)	4	50	17	9	千克	W
2939110013	埃托啡、海洛因、氢可酮(以及它们的盐)	4	50	17	9	千克	W
2939110014	氢吗啡酮、吗啡、尼可吗啡(以及它们的盐)	4	50	17	9	千克	W
2939110015	羟考酮、羟吗啡酮、福尔可定(以及它们的盐)	4	50	17	9	千克	W
2939110016	醋氢可酮、蒂巴因(以及它们的盐)	4	50	17	9	千克	W
2939110020	丁丙诺啡及其盐	4	50	17	9	千克	I
29391900	--其他						
2939190010	二氢埃托啡及其盐	4	50	17	9	千克	W
2939190021	苄吗啡、可多克辛、地索吗啡、醋托啡(以及它们的盐)	4	50	17	9	千克	W
2939190022	双氢吗啡、氢吗啡醇、甲地索啡、甲二氢吗啡(以及它们的盐)	4	50	17	9	千克	W
2939190023	美托酮、吗啡-N-氧化物、麦罗啡、去甲吗啡 (以及它们的盐)	4	50	17	9	千克	W
2939190024	醋氢可待因、尼可待因、尼二氢可待因、去甲可待因 (以及它们的盐)	4	50	17	9	千克	W
2939190025	吗啡甲溴化物及其盐	4	50	17	9	千克	W
2939190030	纳布啡及其盐	4	50	17	9	千克	I
2939190040	奥列巴文(Oripavine;CAS 号:467-04-9)	4	50	17	9	千克	W
2939190090	其他鸦片碱及其衍生物,以及它们的盐	4	50	17	9	千克	Q
29392000	-金鸡纳生物碱及其衍生物,以及它们的盐						
2939200000	金鸡纳生物碱及其衍生物,以及它们的盐	4	20	17	9	千克	Q

商品编号	商品名称及备注	进口关税税率(%)		增值税率(%)	出口退税率(%)	计量单位	监管条件
		最惠国	普通				
29393000	-咖啡因及其盐						
2939300010	咖啡因	4	20	17	9	千克	ABI
2939300090	咖啡因的盐	4	20	17	9	千克	ABI
29394100	--麻黄碱及其盐						
2939410010	麻黄碱(麻黄素、盐酸麻黄碱)	4	20	17	9	千克	23Q
2939410020	硫酸麻黄碱	4	20	17	9	千克	23Q
2939410030	消旋盐酸麻黄碱	4	20	17	9	千克	23Q
2939410040	草酸麻黄碱	4	20	17	9	千克	23Q
2939410090	麻黄碱盐	4	20	17	9	千克	Q
29394200	--假麻黄碱及其盐						
2939420010	伪麻黄碱(伪麻黄素、盐酸伪麻黄碱)	4	20	17	9	千克	23Q
2939420020	硫酸伪麻黄碱	4	20	17	9	千克	23Q
2939420090	假麻黄碱盐(D-2-甲胺基-1-苯基丙醇)	4	20	17	9	千克	Q
29394300	--d-去甲假麻黄碱(INN)及其盐						
2939430000	d-去甲假麻黄碱(INN)及其盐	4	20	17	9	千克	I
29394400	--去甲麻黄碱及其盐						
2939440000	去甲麻黄碱及其盐	4	20	17	9	千克	23
29394900	--其他						
2939490010	盐酸甲基麻黄碱	4	20	17	9	千克	Q23
2939490020	消旋盐酸甲基麻黄碱	4	20	17	9	千克	Q23
2939490090	其他麻黄碱及其盐	4	20	17	9	千克	Q
29395100	--芬乙茶碱(INN)及其盐						
2939510000	芬乙茶碱及其盐	4	20	17	9	千克	I
29395900	--其他						
2939590000	其他茶碱和氨茶碱及其衍生物、盐	4	20	17	9	千克	Q
29396100	--麦角新碱(INN)及其盐						
2939610010	麦角新碱	4	20	17	9	千克	3Q2
2939610090	麦角新碱盐	4	20	17	9	千克	Q
29396200	--麦角胺(INN)及其盐						
2939620010	麦角胺	4	20	17	9	千克	3Q2
2939620090	麦角胺盐	4	20	17	9	千克	Q
29396300	--麦角酸及其盐						
2939630010	麦角酸	4	20	17	9	千克	3Q2
2939630090	麦角酸盐	4	20	17	9	千克	Q
29396900	--其他						
2939690010	麦角二乙胺及其盐	4	20	17	9	千克	I
2939690090	其他麦角生物碱及其衍生物(包括它们的盐)	4	20	17	9	千克	Q
29397110	---可卡因及其盐						
2939711000	可卡因及其盐	4	20	17		千克	W
29397190	---其他						
2939719011	左甲苯丙胺(以及它们的盐、酯及其衍生物)	4	20	17		千克	I
2939719012	去氧麻黄碱(以及它们的盐、酯及其衍生物)	4	20	17		千克	I
2939719013	去氧麻黄碱外消旋体(以及它们的盐、酯及其衍生物)	4	20	17		千克	I
2939719020	芽子碱及其盐	4	20	17		千克	W
29397910	---烟碱及其盐						
2939791010	烟碱	4	20	17		千克	ABQ

商品编号	商 品 名 称 及 备 注	进口关税税率(%)		增值税率(%)	出口退税率(%)	计量单位	监管条件
		最惠国	普通				
2939791090	烟碱盐	4	20	17		千克	Q
29397920	---番木鳖碱(士的年)及其盐						
2939792010	番木鳖碱	4	17	17		千克	ABQ
2939792090	番木鳖碱盐	4	17	17		千克	Q
29397990	---其他						
2939799011	卡西酮、麦司卡林(以及它们的盐)	4	20	17		千克	I
2939799012	赛洛新、赛洛西宾(以及它们的盐)	4	20	17		千克	I
2939799090	其他植物碱及其衍生物(包括植物碱的盐、酯及其衍生物)	4	20	17		千克	ABQ
29398000	-其他(相应子目,例如品目29.33和29.34项下的)						
2939800000	其他生物碱及其衍生物(包括生物碱的盐、酯及其衍生物)	4	20	17		千克	ABQ
2940	**化学纯糖,但蔗糖、乳糖、麦芽糖、葡萄糖及果糖除外;糖醚、糖缩醛和糖酯及其盐,但不包括品目29.37、29.38及29.39的产品**						
29400010	---木糖						
2940001000	木糖	6	30	17	13	千克	ABQ
29400090	---其他						
2940009000	其他化学纯糖、糖醚、糖酯及其盐(蔗糖、乳糖、麦芽糖、葡萄糖、品目29.37~29.39产品除外)	6	30	17	13	千克	ABQ
2941	**抗菌素**						
29411011	----氨苄青霉素						
2941101100	氨苄青霉素	6	20	17	13	千克	Q
29411012	----氨苄青霉素三水酸						
2941101200	氨苄青霉素三水酸	6	20	17	13	千克	Q
29411019	----其他						
2941101900	氨苄青霉素盐	6	20	17	13	千克	Q
29411091	----羟氨苄青霉素						
2941109100	羟氨苄青霉素	4	20	17	13	千克	Q
29411092	----羟氨苄青霉素三水酸						
2941109200	羟氨苄青霉素三水酸	4	20	17	13	千克	Q
29411093	----6-氨基青霉烷酸(6APA)						
2941109300	6氨基青霉烷酸(6APA)	4	20	17	13	千克	
29411094	----青霉素V						
2941109400	青霉素V	4	20	17	13	千克	Q
29411095	----磺苄青霉素						
2941109500	磺苄青霉素	4	20	17	13	千克	Q
29411096	----邻氯青霉素						
2941109600	邻氯青霉素	4	20	17	13	千克	Q
29411099	----其他						
2941109900	其他青霉素或衍生物及其盐(包括具有青霉烷酸结构和青霉素衍生物及其盐)	4	20	17	13	千克	4Qxy
29412000	-链霉素及其衍生物,以及它们的盐						
2941200011	硫酸链霉素	4	20	17	13	千克	QS
2941200090	其他链霉素及其衍生物、盐	4	20	17	13	千克	Q
29413011	----四环素						
2941301100	四环素	4	20	17	13	千克	Q
29413012	----四环素盐						
2941301200	四环素盐	4	20	17	13	千克	Q
29413020	---四环素衍生物及其盐						

商品编号	商品名称及备注	进口关税税率(%)		增值税率(%)	出口退税率(%)	计量单位	监管条件
		最惠国	普通				
2941302000	四环素衍生物及其盐	4	20	17	13	千克	Q
29414000	-氯霉素及其衍生物,以及它们的盐						
2941400000	氯霉素及其衍生物,以及它们的盐	4	20	17	13	千克	Q
29415000	-红霉素及其衍生物,以及它们的盐						
2941500000	红霉素及其衍生物、盐	4	20	17	13	千克	Q
29419010	---庆大霉素及其衍生物,以及它们的盐						
2941901000	庆大霉素及其衍生物、盐	4	20	17	13	千克	Q
29419020	---卡那霉素及其衍生物,以及它们的盐						
2941902000	卡那霉素及其衍生物、盐	4	20	17	13	千克	Q
29419030	---利福平及其衍生物,以及它们的盐						
2941903000	利福平及其衍生物、盐	4	20	17	13	千克	Q
29419040	---林可霉素及其衍生物,以及它们的盐						
2941904000	林可霉素及其衍生物、盐	4	20	17	13	千克	Q
29419052	----头孢氨苄及其盐						
2941905200	头孢氨苄及其盐	6	20	17	13	千克	Q
29419053	----头孢唑啉及其盐						
2941905300	头孢唑啉及其盐	6	20	17	13	千克	Q
29419054	----头孢拉啶及其盐						
2941905400	头孢拉啶及其盐	6	20	17	13	千克	Q
29419055	----头孢三嗪(头孢曲松)及其盐						
2941905500	头孢三嗪(头孢曲松)及其盐	6	20	17	13	千克	Q
29419056	----头孢哌酮及其盐						
2941905600	头孢哌酮及其盐	6	20	17	13	千克	Q
29419057	----头孢噻肟及其盐						
2941905700	头孢噻肟及其盐	6	20	17	13	千克	Q
29419058	----头孢克罗及其盐						
2941905800	头孢克罗及其盐	6	20	17	13	千克	Q
29419059	----其他						
2941905910	放线菌酮	6	20	17	13	千克	QS
2941905990	其他头孢菌素及其衍生物(包括它们的盐)	6	20	17	13	千克	Q
29419060	---麦迪霉素及其衍生物,以及它们的盐						
2941906000	麦迪霉素及其衍生物(包括它们的盐)	6	20	17	13	千克	Q
29419070	---乙酰螺旋霉素及其衍生物,以及它们的盐						
2941907000	乙酰螺旋霉素及其衍生物(包括它们的盐)	4	20	17	13	千克	Q
29419090	---其他						
2941909011	中生菌素	6	20	17	15	千克	QS
2941909012	春雷霉素	6	20	17	15	千克	QS
2941909090	其他抗菌素	6	20	17	15	千克	Q
2942	**其他有机化合物**						
29420000	其他有机化合物						
2942000000	其他有机化合物	6.5	30	17	9	千克	

第三十章　药　　品

注释：

一、本章不包括：

（一）食品及饮料（例如，营养品、糖尿病食品、强化食品、保健食品、滋补饮料及矿泉水），但不包括供静脉摄入用的滋养品（第四类）；

（二）用于帮助吸烟者戒烟的制剂，例如，片剂、咀嚼胶或透皮贴片（品目21.06或38.24）；

（三）经特殊煅烧或精细研磨的牙科用熟石膏（品目25.20）；

（四）适合医药用的精油水馏液及水溶液（品目33.01）；

（五）品目33.03至33.07的制品，不论是否具有治疗及预防疾病的作用；

（六）加有药料的肥皂及品目34.01的其他产品；

（七）以熟石膏为基本成分的牙科用制品（品目34.07）；或

（八）不作治疗及预防疾病用的血清蛋白（品目35.02）。

二、品目30.02所称的"免疫制品"是指直接参与免疫过程调节的多肽及蛋白质（品目29.37的货品除外），例如，单克隆抗体（MAB）、抗体片段、抗体偶联物及抗体片段偶联物、白介素、干扰素（IFN）、趋化因子及特定的肿瘤坏死因子（TNF）、生长因子（GF）、促红细胞生成素及集落刺激因子（CSF）。

三、品目30.03及30.04以及本章注释四（四）所述的非混合产品及混合产品，按下列规定处理：

（一）非混合产品：

1. 溶于水的非混合产品；

2. 第二十八章及第二十九章的所有货品；

3. 品目13.02的单一植物浸膏，只经标定或溶于溶剂的。

（二）混合产品：

1. 胶体溶液及悬浮液（胶态硫磺除外）；

2. 从植物性混合物加工所得的植物浸膏；

3. 蒸发天然矿质水所得的盐及浓缩物。

四、品目30.06仅适用于下列物品（这些物品只能归入品目30.06而不得归入本手册其他品目）：

（一）无菌外科肠线、类似的无菌缝合材料（包括外科或牙科用无菌可吸收缝线）及外伤创口闭合用的无菌黏合胶布；

（二）无菌昆布及无菌昆布塞条；

（三）外科或牙科用无菌吸收性止血材料；外科或牙科用无菌抗粘连阻隔材料，不论是否可吸收；

（四）用于病人的X光检查造影剂及其他诊断试剂，这些药剂是由单一产品配定剂量或由两种以上成分混合而成的；

（五）血型试剂；

（六）牙科粘固剂及其他牙科填料、骨骼粘固剂；

（七）急救药箱、药包；

（八）以激素、品目29.37的其他产品或杀精子剂为基本成分的化学避孕药物；

（九）专用于人类或作兽药用的凝胶制品，作为外科手术或体检时躯体部位的润滑剂，或者作为躯体和医疗器械之间的耦合剂；

（十）废药物，即因超过有效保存期等原因而不适于作原用途的药品；

（十一）可确定用于造口术的用具，即裁切成型的结肠造口术、回肠造口术、尿道造口术用袋及其具有黏性的片或底盘。

子目注释：

一、子目3002.13及3002.14所述的非混合产品、纯物质及混合产品，按下列规定处理：

（一）非混合产品或纯物质，不论是否含有杂质；

（二）混合产品：

1.上述（一）款所述的产品溶于水或其他溶剂的；

2.为保存或运输需要，上述（一）款及（二）1.项所述的产品加入稳定剂的；以及

3.上述（一）款、（二）1.项及（二）2.项所述的产品添加其他添加剂的。

二、子目3003.60和3004.60包括的药品含有与其他药用活性成分配伍的口服用青蒿素（INN），或者含有下列任何一种活性成分，不论是否与其他药用活性成分配伍：阿莫地喹（INN）、蒿醚林酸及其盐（INN）、双氢青蒿素（INN）、蒿乙醚（INN）、蒿甲醚（INN）、青蒿琥酯（INN）、氯喹（INN）、二氢青蒿素（INN）、苯芴醇（INN）、甲氟喹（INN）、哌喹（INN）、乙胺嘧啶（INN）或磺胺多辛（INN）。

商品编号	商品名称及备注	进口关税税率（%）		增值税率（%）	出口退税率（%）	计量单位	监管条件
		最惠国	普通				
3001	**已干燥的器官疗法用腺体及其他器官，不论是否制成粉末；器官疗法用腺体、其他器官及其分泌物的提取物；肝素及其盐；其他供治疗或预防疾病用的其他编号未列名的人体或动物制品**						
30012000	-腺体、其他器官及其分泌物的提取物						
3001200010	其他濒危野生动物腺体、器官（包括分泌物）	3	30	17	0	千克	AQFEB
3001200020	人类的腺体、器官及其分泌物提取物	3	30	17	15	千克	AQB
3001200090	其他腺体、器官及其分泌物提取物	3	30	17	15	千克	AQB
30019010	---肝素及其盐						
3001901000	肝素及其盐	3	30	17	15	千克	Q
30019090	---其他						
3001909010	蛇毒制品（供治疗或预防疾病用）	3	30	17	15	千克	AQFEB

商品编号	商品名称及备注	进口关税税率(%)		增值税率(%)	出口退税率(%)	计量单位	监管条件
		最惠国	普通				
3001909091	其他濒危动物制品(供治疗或预防疾病用)	3	30	17	0	千克	ABFEQ
3001909099	其他未列名的人体或动物制品(供治疗或预防疾病用)	3	30	17	13	千克	ABQ
3002	**人血;治病、防病或诊断用的动物血制品;抗血清、其他血份及免疫制品,不论是否修饰或通过生物工艺加工制得;疫苗、毒素、培养微生物(不包括酵母)及类似产品**						
30021100	--疟疾诊断试剂盒						
3002110000[暂0]	疟疾诊断试剂盒	3	20	17		千克	ABL
30021200	--抗血清及其他血份						
3002120011[暂0]	唾液酸促红素、促红素衍生肽、氨甲酰促红素、达促红素、促红素(EPO)类等促红素	3	20			千克	ABL
3002120012[暂0]	胰岛素样生长因子1(IGF-1)及其类似物	3	20			千克	ABL
3002120013[暂0]	机械生长因子类	3	20			千克	ABL
3002120014[暂0]	成纤维细胞生长因子类(FGFs)	3	20			千克	ABL
3002120015[暂0]	肝细胞生长因子(HGF)	3	20			千克	ABL
3002120016[暂0]	血小板衍生生长因子(PDGF)	3	20			千克	ABL
3002120017[暂0]	血管内皮生长因子(VEGF)	3	20			千克	ABL
3002120018[暂0]	转化生长因子-β(TGF-β)抑制剂类	3	20			千克	ABL
3002120019[暂0]	培尼沙肽、罗特西普	3	20			千克	ABL
3002120021[暂0]	缺氧诱导因子(HIF)激活剂类、缺氧诱导因子(HIF)稳定剂类	3	20			千克	ABL
3002120022[暂0]	EPO-Fc(IgG4)融合蛋白、EPO-Fc融合蛋白	3	20			千克	ABL
3002120090[暂0]	其他抗血清及其他血份	3	20			千克	ABL
30021300	--非混合的免疫制品,未配定剂量或制成零售包装						
3002130000[暂0]	非混合的免疫制品,未配定剂量或制成零售包装	3	20	17		千克	ABL
30021400	--混合的免疫制品,未配定剂量或制成零售包装						
3002140000[暂0]	混合的免疫制品,未配定剂量或制成零售包装	3	20	17		千克	ABL
30021500	--免疫制品,已配定剂量或制成零售包装						
3002150000[暂0]	免疫制品,已配定剂量或制成零售包装	3	20	17		千克	ABL
30021900	--其他						
3002190000[暂0]	其他抗血清、其他血份及免疫制品,不论是否修饰或通过生物工艺加工制得	3	20	17		千克	ABL
30022000	-人用疫苗						
3002200000[暂0]	人用疫苗	3	20	17	17	千克	QAB
30023000	-兽用疫苗						
3002300000	兽用疫苗	3	20	17	17	千克	R
30029010	---石房蛤毒素						
3002901000	石房蛤毒素	3	20	17	15	千克	23Q
30029020	---蓖麻毒素						
3002902000	蓖麻毒素	3	20	17	15	千克	23Q
30029030	---细菌及病毒						
3002903010	两用物项管制细菌及病毒	3	20	17	17	千克	3AB
3002903020	苏云金杆菌	3	20	17	17	千克	ABS
3002903030	枯草芽孢杆菌	3	20	17	17	千克	ABS
3002903090	其他细菌及病毒	3	20	17	17	千克	AB
30029040	---遗传物质和基因修饰生物体						
3002904010[暂0]	两用物项管制遗传物质和基因修饰生物体	3	20	17	17	千克	3AB
3002904090[暂0]	其他遗传物质和基因修饰生物体	3	20	17	17	千克	AB
30029090	---其他						
3002909011[暂0]	濒危动物血制品	3	20	17	0	千克	ABQFE
3002909019[暂0]	其他人血制品、动物血制品	3	20	17	17	千克	ABQ

商品编号	商品名称及备注	进口关税税率(%)		增值税率(%)	出口退税率(%)	计量单位	监管条件
		最惠国	普通				
3002909021[暂0]	噬菌核霉	3	20	17	17	千克	ABS
3002909022[暂0]	淡紫拟青霉	3	20	17	17	千克	ABS
3002909023[暂0]	哈茨木霉菌	3	20	17	17	千克	ABS
3002909024[暂0]	寡雄腐霉	3	20	17	17	千克	ABS
3002909091[暂0]	两用物项管制毒素	3	20	17	17	千克	3AB
3002909099[暂0]	人血、其他毒素等[包括培养微生物(不包括酵母)及类似产品]	3	20	17	17	千克	AB
3003	**两种或两种以上成分混合而成的治病或防病用药品(不包括品目30.02、30.05或30.06的货品),未配定剂量或制成零售包装**						
30031011	----氨苄青霉素						
3003101100	氨苄青霉素(未配定剂量或非零售包装)	6	30	17	15	千克	Q
30031012	----羟氨苄青霉素						
3003101200	羟氨苄青霉素(未配定剂量或非零售包装)	6	30	17	15	千克	Q
30031013	----青霉素V						
3003101300	青霉素V(未配定剂量或非零售包装)	6	30	17	15	千克	Q
30031019	----其他						
3003101900	其他青霉素(未配定剂量或非零售包装)	6	30	17	15	千克	Q
30031090	---其他						
3003109000	其他含有青霉素或链霉素的混合药(未配定剂量或非零售包装,混合指含两种或两种以上成分)	6	30	17	15	千克	Q
30032011	----头孢噻肟						
3003201100	头孢噻肟(未配定剂量或非零售包装)	6	30	17	15	千克	Q
30032012	----头孢他啶						
3003201200	头孢他啶(未配定剂量或非零售包装)	6	30	17	15	千克	Q
30032013	----头孢西丁						
3003201300	头孢西丁(未配定剂量或非零售包装)	6	30	17	15	千克	Q
30032014	----头孢替唑						
3003201400	头孢替唑(未配定剂量或非零售包装)	6	30	17	15	千克	Q
30032015	----头孢克罗						
3003201500	头孢克罗(未配定剂量或非零售包装)	6	30	17	15	千克	Q
30032016	----头孢呋辛						
3003201600	头孢呋辛(未配定剂量或非零售包装)	6	30	17	15	千克	Q
30032017	----头孢三嗪(头孢曲松)						
3003201700	头孢三嗪(头孢曲松)(未配定剂量或非零售包装)	6	30	17	15	千克	Q
30032018	----头孢哌酮						
3003201800	头孢哌酮(未配定剂量或非零售包装)	6	30	17	15	千克	Q
30032019	----其他						
3003201900	其他头孢菌素(未配定剂量或非零售包装)	6	30	17	15	千克	Q
30032090	---其他						
3003209000	含有其他抗菌素的混合药品(未配定剂量或非零售包装,混合指含两种或两种以上成分)	6	30	17	15	千克	Q
30033100	--含有胰岛素						
3003310000	含有胰岛素的混合药品(不含抗菌素且未配定剂量或非零售包装,混合指含两种或两种以上成分)	5	30	17	15	千克	Q
30033900	--其他						
3003390000	其他含品目29.37激素等的混合药(不含抗菌素且未配定剂量或非零售包装,混合指含两种或两种以上成分)	6	30	17	15	千克	Q

商品编号	商品名称及备注	进口关税税率(%)		增值税率(%)	出口退税率(%)	计量单位	监管条件
		最惠国	普通				
30034100	--含有麻黄碱及其盐						
3003410000	含有麻黄碱及其盐的混合药品(未配定剂量或非零售包装,混合指含两种或两种以上成分)	5	35	17		千克	Q
30034200	--含有伪麻黄碱(INN)及其盐						
3003420000	含有伪麻黄碱(INN)及其盐的混合药品(未配定剂量或非零售包装,混合指含两种或两种以上成分)	5	30	17		千克	Q
30034300	--含有去甲麻黄碱及其盐						
3003430000	含有去甲麻黄碱及其盐的混合药品(未配定剂量或非零售包装,混合指含两种或两种以上成分)	5	35	17		千克	Q
30034900	--其他						
3003490010	含奎宁或其盐的混合药品(未配定剂量或非零售包装,混合指含两种或两种以上成分)	5	35	17		千克	Q
3003490090	含其他生物碱及衍生物的混合药品(未配定剂量或非零售包装,混合指含两种或两种以上成分)	5	30	17		千克	Q
30036010	---含有青蒿素及其衍生物						
3003601000	含有青蒿素及其衍生物的混合药品(未配定剂量或非零售包装,混合指含两种或两种以上成分)	5	30	17		千克	Q
30036090	---其他						
3003609010	含有磺胺类的混合药品(未配定剂量或非零售包装,混合指含两种或两种以上成分)	5	30	17		千克	Q
3003609020	含濒危动植物的混合药品(未配定剂量或非零售包装,混合指含两种或两种以上成分)	5	30	17		千克	EFQ
3003609090	其他含有本章子目注释二所列抗疟疾活性成分的混合药品(未配定剂量或非零售包装,混合指含两种或两种以上成分)	5	30	17		千克	Q
30039000	-其他						
3003900010	含紫杉醇的混合药品(未配定剂量或非零售包装,混合指含两种或两种以上成分)	5	30	17		千克	EFQ
3003900020	其他含未列名濒危动植物混合药品(未配定剂量或非零售包装,混合指含两种或两种以上成分)	5	30	17		千克	EFQ
3003900030	其他含磺胺类的混合药品(未配定剂量或非零售包装,混合指含两种或两种以上成分)	5	30	17		千克	Q
3003900090	其他含未列名成分混合药品(未配定剂量或非零售包装,混合指含两种或两种以上成分)	5	30	17		千克	Q
3004	**由混合或非混合产品构成的治病或防病用药品(不包括品目30.02、30.05或30.06的货品),已配定剂量(包括制成皮肤摄入形式的)或制成零售包装**						
30041011	----氨苄青霉素制剂						
3004101110	兽用普鲁卡因青霉素、奈夫西林钠制剂(包括制成零售包装)	6	30	17	15	千克	R
3004101190	氨苄青霉素制剂(包括制成零售包装)	6	30	17	15	千克	Q
30041012	----羟氨苄青霉素制剂						
3004101200	羟氨苄青霉素制剂(包括制成零售包装)	6	30	17	15	千克	Q
30041013	----青霉素V制剂						
3004101300	青霉素V制剂(包括制成零售包装)	6	30	17	15	千克	Q
30041019	----其他						
3004101900	其他已配剂量青霉素制剂(包括制成零售包装)	6	30	17	15	千克	Q
30041090	---其他						
3004109000	已配剂量含有青霉素或链霉素药品(包括制成零售包装)	6	30	17	15	千克	Q
30042011	----头孢噻肟制剂						
3004201100	已配剂量头孢噻肟制剂(包括制成零售包装)	6	30	17	15	千克	Q
30042012	----头孢他啶制剂						
3004201200	已配剂量头孢他啶制剂(包括制成零售包装)	6	30	17	15	千克	Q
30042013	----头孢西丁制剂						

商品编号	商品名称及备注	进口关税税率(%)		增值税率(%)	出口退税率(%)	计量单位	监管条件
		最惠国	普通				
3004201300	已配剂量头孢西丁制剂(包括制成零售包装)	6	30	17	15	千克	Q
30042014	----头孢替唑制剂						
3004201400	已配剂量头孢替唑制剂(包括制成零售包装)	6	30	17	15	千克	Q
30042015	----头孢克罗制剂						
3004201500	已配剂量头孢克罗制剂(包括制成零售包装)	6	30	17	15	千克	Q
30042016	----头孢呋辛制剂						
3004201600	已配剂量头孢呋辛制剂(包括制成零售包装)	6	30	17	15	千克	Q
30042017	----头孢三嗪(头孢曲松)制剂						
3004201700	已配剂量头孢三嗪(头孢曲松)制剂(包括制成零售包装)	6	30	17	15	千克	Q
30042018	----头孢哌酮制剂						
3004201800	已配剂量头孢哌酮制剂(包括制成零售包装)	6	30	17	15	千克	Q
30042019	----其他						
3004201911	兽用已配剂量的头孢氨苄、头孢噻呋钠制剂(包括零售包装的制成品)	6	30	17	15	千克	R
3004201912	兽用已配剂量的头孢噻呋晶体、硫酸头孢喹肟制剂(包括零售包装的制成品)	6	30	17	15	千克	R
3004201990	其他已配剂量头孢菌素制剂(包括零售包装的制成品)	6	30	17	15	千克	Q
30042090	---其他						
3004209011	兽用已配剂量的土霉素、延胡索酸泰妙菌素、泰拉霉素制剂(包括制成零售包装)	6	30	17	15	千克	R
3004209012	兽用已配剂量的氟苯尼考、多拉菌素、硫酸庆大霉素制剂(包括制成零售包装)	6	30	17	15	千克	R
3004209013	兽用已配剂量的硫酸双羟链霉素制剂(包括制成零售包装)	6	30	17	15	千克	R
3004209090	已配剂量含有其他抗菌素的药品(包括制成零售包装)	6	30	17	15	千克	Q
30043110	---含有重组人胰岛素的						
3004311010	已配剂量含重组人胰岛素的单方制剂(包括零售包装)	5	30	17	15	千克	L
3004311090	已配剂量含重组人胰岛素的其他药品(不含抗菌素,包括零售包装)	5	30	17	15	千克	Q
30043190	---其他						
3004319010	其他已配剂量含胰岛素的单方制剂(包括零售包装)	5	30	17	15	千克	L
3004319090	其他已配剂量含胰岛素的其他药品(不含抗菌素,包括零售包装)	5	30	17	15	千克	Q
30043200	--含有皮质甾类激素及其衍生物或结构类似物						
3004320011	已配剂量含1-雄烯二醇或1-雄烯二酮的单方制剂(包括其衍生物及结构类似物,包括零售包装)	5	30	17	15	千克	L
3004320012	已配剂量含甲酰勃龙的单方制剂(包括其衍生物及结构类似物,包括零售包装)	5	30	17	15	千克	L
3004320013	已配剂量含雄甾-4-烯-3β, 17α-二醇[4-雄烯二醇(3β, 17α)]的单方制剂(包括其衍生物及结构类似物,包括零售包装)	5	30	17	15	千克	L
3004320014	已配剂量含雄甾-5-烯-3β, 17α-二醇[5-雄烯二醇(3β, 17α)]的单方制剂(包括其衍生物及结构类似物,包括零售包装)	5	30	17	15	千克	L
3004320015	已配剂量含4-雄烯二醇或乙雌烯醇的单方制剂(包括其衍生物及结构类似物,包括零售包装)	5	30	17	15	千克	L
3004320016	已配剂量含5-雄烯二酮的单方制剂(包括其衍生物及结构类似物,包括零售包装)	5	30	17	15	千克	L
3004320017	已配剂量含5α-雄烷-3α, 17β-二醇[雄烷二醇(3α, 17β)]或5β-雄烷-3α, 17β-二醇[5β-雄烷二醇(3α, 17β)]的单方制剂(包括其衍生物及其结构类似物,包括零售包装)	5	30	17	15	千克	L
3004320018	已配剂量5α-雄烷-3β, 17α-二醇[雄烷二醇(3β, 17α)]的单方制剂(包括其衍生物及结构类似物,包括零售包装)	5	30	17	15	千克	L
3004320019	已配剂量含勃拉睾酮的单方制剂(包括其衍生物及结构类似物,包括零售包装)	5	30	17	15	千克	L
3004320021	已配剂量含勃地酮的单方制剂(包括其衍生物及结构类似物,包括零售包装)	5	30	17	15	千克	L
3004320022	已配剂量含勃二酮的单方制剂(包括其衍生物及结构类似物,包括零售包装)	5	30	17	15	千克	L
3004320023	已配剂量含卡芦睾酮或达那唑的单方制剂(包括其衍生物及结构类似物,包括零售包装)	5	30	17	15	千克	L

商品编号	商品名称及备注	进口关税税率(%)		增值税率(%)	出口退税率(%)	计量单位	监管条件
		最惠国	普通				
3004320024	已配剂量含氯司替勃的单方制剂(包括其衍生物及结构类似物,包括零售包装)	5	30	17	15	千克	L
3004320025	已配剂量含去氢氯甲睾酮的单方制剂(包括其衍生物及结构类似物,包括零售包装)	5	30	17	15	千克	L
3004320028	已配剂量含普拉睾酮或屈他雄酮的单方制剂(包括其衍生物及结构类似物,包括零售包装)	5	30	17	15	千克	L
3004320029	已配剂量含去氧甲睾酮或双氢睾酮的单方制剂(包括其衍生物及结构类似物,包括零售包装)	5	30	17	15	千克	L
3004320031	已配剂量含表双氢睾酮或氟甲睾酮的单方制剂(包括其衍生物及结构类似物,包括零售包装)	5	30	17	15	千克	L
3004320032	已配剂量含夫拉扎勃的单方制剂(包括其衍生物及结构类似物,包括零售包装)	5	30	17	15	千克	L
3004320033	已配剂量含孕三烯酮或4-羟基睾酮的单方制剂(包括其衍生物及结构类似物,包括零售包装)	5	30	17	15	千克	L
3004320034	含3α-羟基-5α-雄烷-17-酮的单方制剂(包括其衍生物及结构类似物,已配剂量或制成零售包装)	5	30	17	15	千克	L
3004320035	已配剂量含美睾酮或美雄酮的单方制剂(包括其衍生物及结构类似物,包括零售包装)	5	30	17	15	千克	L
3004320036	已配剂量含甲基屈他雄酮的单方制剂(包括其衍生物及结构类似物,包括零售包装)	5	30	17	15	千克	L
3004320037	已配剂量含甲二烯诺龙的单方制剂(包括其衍生物及结构类似物,包括零售包装)	5	30	17	15	千克	L
3004320038	已配剂量含甲基-1-睾酮或甲诺睾酮的单方制剂(包括其衍生物及结构类似物,包括零售包装)	5	30	17	15	千克	L
3004320039	已配剂量含美曲勃龙的单方制剂(包括其衍生物及结构类似物,包括零售包装)	5	30	17	15	千克	L
3004320041	已配剂量含美雄诺龙或美替诺龙的单方制剂(包括其衍生物及结构类似物,包括零售包装)	5	30	17	15	千克	L
3004320042	已配剂量含美雄醇或甲睾酮或米勃酮的单方制剂(包括其衍生物及结构类似物,包括零售包装)	5	30	17	15	千克	L
3004320043	已配剂量含诺龙或诺勃酮或诺司替勃的单方制剂(包括其衍生物及结构类似物,包括零售包装)	5	30	17	15	千克	L
3004320044	已配剂量含19-去甲雄烯二酮的单方制剂(包括其衍生物及结构类似物,包括零售包装)	5	30	17	15	千克	L
3004320045	已配剂量含去甲雄酮或诺乙雄龙的单方制剂(包括其衍生物及结构类似物,包括零售包装)	5	30	17	15	千克	L
3004320046	已配剂量含19-去甲胆烷醇酮的单方制剂(包括其衍生物及结构类似物,包括零售包装)	5	30	17	15	千克	L
3004320047	已配剂量含羟勃龙或氧雄龙的单方制剂(包括其衍生物及结构类似物,包括零售包装)	5	30	17	15	千克	L
3004320048	已配剂量含羟甲睾酮或羟甲烯龙的单方制剂(包括其衍生物及结构类似物,包括零售包装)	5	30	17	15	千克	L
3004320049	已配剂量含前列他唑的单方制剂(包括其衍生物及结构类似物,包括零售包装)	5	30	17	15	千克	L
3004320051	含奎勃龙或替勃龙或群勃龙的单方制剂(包括其衍生物及结构类似物,已配剂量或制成零售包装)	5	30	17	15	千克	L
3004320052	已配剂量含司坦唑醇或司腾勃龙的单方制剂(包括其衍生物及结构类似物,包括零售包装)	5	30	17	15	千克	L
3004320053	已配剂量含1-睾酮或睾酮的单方制剂(包括其衍生物及结构类似物,包括零售包装)	5	30	17	15	千克	L
3004320054	已配剂量含四氢孕三烯酮或泽仑诺的单方制剂(包括其衍生物及结构类似物,包括零售包装)	5	30	17	15	千克	L
3004320060	兽用已配剂量倍他米松戊酸酯制剂(包括其衍生物及结构类似物,包括零售包装)	5	30	17	15	千克	R
3004320071	已配剂量含雄甾-5-烯-3β, 17β-二醇[5-雄烯二醇(3β, 17β)]的单方制剂(包括其衍生物及结构类似物,不含抗菌素,包括零售包装)	5	30	17	15	千克	L
3004320072	已配剂量含雄甾-4-烯-3,17-二酮(4-雄烯二酮)的单方制剂(包括其衍生物及结构类似物,不含抗菌素,包括零售包装)	5	30	17	15	千克	L

商品编号	商品名称及备注	进口关税税率(%)		增值税率(%)	出口退税率(%)	计量单位	监管条件
		最惠国	普通				
3004320073	已配剂量含勃雄二醇的单方制剂(包括其衍生物及结构类似物,不含抗菌素,包括零售包装)	5	30	17	15	千克	L
3004320074	已配剂量含7α-羟基-普拉睾酮的单方制剂(包括其衍生物及结构类似物,不含抗菌素,包括零售包装)	5	30	17	15	千克	L
3004320075	已配剂量含7β-羟基-普拉睾酮的单方制剂(包括其衍生物及结构类似物,不含抗菌素,包括零售包装)	5	30	17	15	千克	L
3004320076	已配剂量含7-羰基-普拉睾酮的单方制剂(包括其衍生物及结构类似物,不含抗菌素,包括零售包装)	5	30	17	15	千克	L
3004320077	已配剂量含胆烷醇酮的单方制剂(包括其衍生物及结构类似物,不含抗菌素,包括零售包装)	5	30	17	15	千克	L
3004320090	已配剂量含其他皮质甾类激素的药品(包括其衍生物及结构类似物,不含抗菌素,包括零售包装)	5	30	17	15	千克	Q
30043900	--其他						
3004390011	已配剂量含克仑特罗的单方制剂(包括零售包装)	5	30	17	15	千克	L
3004390022	已配剂量含生长激素(GH)的单方制剂(包括零售包装)	5	30	17	15	千克	L
3004390025	已配剂量含绒促性素、促黄体生成素等的单方制剂[包括含生长激素释放肽类(GH-RPs)、普拉莫瑞林(生长激素释放肽-2)、CJC-1295(CAS号863288-34-0)、生长激素释放肽-6、生长激素释放激素及其类似物、生长激素促分泌剂,零售包装]	5	30	17	15	千克	L
3004390026	已配剂量含促皮质素类等肽类激素的单方制剂[包括零售包装,以及已配剂量或零售包装的艾瑞莫瑞林、阿那瑞林、布舍瑞林、可的瑞林、海沙瑞林、伊莫瑞林、舍莫瑞林、替莫瑞林、戈那瑞林、葛瑞林(脑肠肽)及其模拟物类的单方制剂]	5	30	17	15	千克	L
3004390027	已配剂量含亮丙瑞林的单方制剂	5	30	17	15	千克	L
3004390028	已配剂量含雄酮的单方制剂	5	30	17	15	千克	L
3004390030	兽用血促性素、绒促性素制剂(包括零售包装)	5	30	17	15	千克	R
3004390090	其他已配剂量含激素或品目29.37产品的药品(不含抗菌素,包括零售包装)	5	30	17	15	千克	Q
30044100	--含有麻黄碱及其盐						
3004410010	盐酸麻黄碱片、盐酸麻黄碱注射剂、硫酸麻黄碱片	5	30	17		千克	23Q
3004410020	其他含麻黄碱及其盐的单方制剂(已配定剂量或制成零售包装)	5	30	17		千克	I
3004410090	其他含有麻黄碱及其盐的药品(已配定剂量或制成零售包装)	5	30	17		千克	Q
30044200	--含有伪麻黄碱(INN)及其盐						
3004420010	盐酸伪麻黄碱片	5	30	17		千克	23Q
3004420020	其他含伪麻黄碱及其盐的单方制剂(已配定剂量或制成零售包装)	5	30	17		千克	I
3004420090	其他含有伪麻黄碱及其盐的药品(已配定剂量或制成零售包装)	5	30	17		千克	Q
30044300	--含有去甲麻黄碱及其盐						
3004430010	去甲麻黄碱及其盐的单方制剂(已配定剂量或制成零售包装)	5	30	17		千克	I
3004430090	其他含有去甲麻黄碱及其盐的药品(已配定剂量或制成零售包装)	5	30	17		千克	Q
30044900	--其他						
3004490010	含有奎宁或其盐的药品(已配定剂量或制成零售包装)	5	35	17		千克	Q
3004490020	含可待因及衍生物及盐的复方制剂(已配定剂量或制成零售包装)	5	30	17		千克	I
3004490031	丁丙诺啡透皮贴剂(包括其衍生物,已配定剂量或制成零售包装)	5	30	17		千克	I
3004490039	其他含生物碱类精神药品的单方制剂(包括其衍生物,已配定剂量或制成零售包装)	5	30	17		千克	I
3004490040	含生物碱类麻醉药品的单方制剂(包括其衍生物,已配定剂量或制成零售包装)	5	30	17		千克	W
3004490050	吗啡阿托品注射液	5	30	17		千克	W
3004490061	含有氨酚氢可酮片或其盐	5	30	17		千克	I

商品编号	商品名称及备注	进口关税税率(%)		增值税率(%)	出口退税率(%)	计量单位	监管条件
		最惠国	普通				
3004490062	含有麦角胺咖啡因片/安钠咖或其盐	5	30	17		千克	I
3004490063	阿桔片、复方甘草片(含阿片粉,已配定剂量或制成零售包装)	5	30	17		千克	I
3004490070	氨酚双氢可待因片	5	30	17		千克	I
3004490090	其他含有生物碱及其衍生物的药品(已配定剂量或制成零售包装)	5	30	17		千克	Q
30045000	-其他,含有维生素或品目 29.36 所列产品						
3004500000	已配剂量含有维生素等的其他药品(包括含有品目 29.36 所列产品的,包括零售包装)	6	40	17	15	千克	Q
30046010	---含有青蒿素及其衍生物						
3004601000	含有青蒿素及其衍生物的药品(已配定剂量或制成零售包装)	4	30	17		千克	Q
30046090	---其他						
3004609010	含有磺胺类的混合药品(已配定剂量或制成零售包装)	4	30	17		千克	Q
3004609021	含濒危动植物成分的中式成药(已配定剂量或零售包装)	4	30	17		千克	EFQ
3004609029	含其他成分的中式成药(已配定剂量或零售包装)	4	30	17		千克	Q
3004609030	其他含濒危野生动植物成分的药品(已配定剂量或零售包装)	4	30	17		千克	EFQ
3004609090	其他含有本章子目注释二所列抗疟疾活性成分的药品(已配定剂量或零售包装)	4	30	17		千克	Q
30049010	---含有磺胺类						
3004901000	已配剂量含有磺胺类的药品(包括零售包装)	6	40	17	17	千克	Q
30049020	---含有联苯双酯						
3004902000	含联苯双酯的药品(包括零售包装)	4	30	17	17	千克	Q
30049051	----中药酒						
3004905110	含濒危动植物成分的中药酒(已配定剂量或零售包装)	3	30	17	0	千克	FE
3004905190	含其他成分的中药酒(已配定剂量或零售包装)	3	30	17	15	千克	
30049052	----片仔癀						
3004905200	片仔癀(已配定剂量或零售包装)	3	30	17	17	千克	QFE
30049053	----白药						
3004905310	含天然麝香的白药(已配定剂量或零售包装)	3	30	17	17	千克	FEQ
3004905390	含人工麝香的白药(已配定剂量或零售包装)	3	30	17	17	千克	Q
30049054	----清凉油						
3004905400	清凉油(已配定剂量或零售包装)	3	30	17	17	千克	Q
30049055	----安宫牛黄丸						
3004905510	含天然麝香的安宫牛黄丸(已配定剂量或零售包装)	3	30	17	0	千克	QFE
3004905590	其他安宫牛黄丸(已配定剂量或零售包装)	3	30	17	15	千克	Q
30049059	----其他						
3004905910	含濒危动植物成分的中式成药(已配定剂量或零售包装)	3	30	17	0	千克	QFE
3004905990	含其他成分的中式成药(已配定剂量或零售包装)	3	30	17	15	千克	Q
30049090	---其他						
3004909010	含濒危野生动植物成分的药品(已配定剂量或零售包装,不含紫杉醇)	4	30	17	0	千克	FEQ
3004909020	含紫杉醇成分的药品(已配定剂量或制成零售包装)	4	30	17	0	千克	EFQ
3004909030	其他含第二十九章麻醉药品的单方制剂(已配定剂量或制成零售包装)	4	30	17	15	千克	W
3004909041	地芬诺酯复方制剂(已配定剂量或制成零售包装)	4	30	17	15	千克	I
3004909049	其他含第二十九章精神药品的单方制剂(已配定剂量或制成零售包装)	4	30	17	15	千克	I
3004909050	含右丙氧芬及其盐的复方制剂(已配定剂量或制成零售包装)	4	30	17	15	千克	I
3004909060	复方樟脑酊(含阿片酊、樟脑、苯甲酸、八角茴香油等,包括零售包装)	4	30	17	15	千克	W
3004909071	已配剂量含雄甾-4-烯-3α, 17β-二醇[4-雄烯二醇(3α, 17β)]的单方制剂(包括零售包装)	4	30	17	15	千克	L

商品编号	商品名称及备注	进口关税税率(%) 最惠国	普通	增值税率(%)	出口退税率(%)	计量单位	监管条件
3004909072	已配剂量含雄甾-5-烯-3α，17α-二醇[5-雄烯二醇(3α，17α)]的单方制剂(包括零售包装)	4	30	17	15	千克	L
3004909073	已配剂量含雄甾-5-烯-3α，17β-二醇[5-雄烯二醇(3α，17β)]的单方制剂(包括零售包装)	4	30	17	15	千克	L
3004909074	已配剂量含5α-雄烷-3α，17α-二醇(阿法雄烷二醇)或雄甾-4-烯-3α，17α-二醇[4-雄烯二醇(3α，17α)]的单方制剂(包括零售包装)	4	30	17	15	千克	L
3004909075	已配剂量含5α-雄烷-3β，17β-二醇(倍他雄烷二醇)的单方制剂(包括零售包装)	4	30	17	15	千克	L
3004909077	含表雄酮(3β-羟基-5α-雄烷-17-酮)的单方制剂(已配剂量或制成零售包装)	4	30	17	15	千克	L
3004909078	已配剂量含齐帕特罗的单方制剂(包括零售包装)	4	30	17	15	千克	L
3004909079	已配剂量含表睾酮的单方制剂(包括零售包装)	4	30	17	15	千克	L
3004909081	兽用已配剂量含右旋糖苷铁、替泊沙林、布他磷制剂(包括零售包装)	4	30	17	15	千克	R
3004909082	兽用已配剂量含硝碘酚腈、氰尼辛葡甲胺、美洛昔康制剂(包括零售包装)	4	30	17	15	千克	R
3004909091	含FG-4592(CAS号:808118-40-3,一种缺氧诱导因子—脯氨酸羟化酶抑制剂)的已配定剂量的制剂(包括零售包装)	4	30	17	15	千克	Q
3004909099	其他已配定剂量的药品(包括零售包装)	4	30	17	15	千克	Q
3005	**软填料、纱布、绷带及类似物品(例如,敷料、橡皮膏、泥罨剂),经过药物浸涂或制成零售包装供医疗、外科、牙科或兽医用**						
30051010	---橡皮膏						
3005101000	橡皮膏(制成零售包装供医疗、外科、牙科或兽医用)	5	70	17	15	千克	
30051090	---其他						
3005109000	其他胶粘敷料及有胶粘涂层的物品(经药物浸涂或制成零售包装,供医疗、外科、牙科或兽医用)	5	35	17	15	千克	
30059010	---药棉、纱布、绷带						
3005901000	药棉、纱布、绷带(经药物浸涂或制成零售包装,供医疗、外科、牙科或兽医用)	5	70	17	15	千克	
30059090	---其他						
3005909000	其他软填料及类似物品(经药物浸涂或制成零售包装,供医疗、外科、牙科或兽医用)	5	35	17	15	千克	
3006	**本章注释四所规定的医药用品**						
30061000	-无菌外科肠线、类似的无菌缝合材料(包括外科或牙科用无菌可吸收缝线)及外伤创口闭合用的无菌黏合胶布;无菌昆布及无菌昆布塞条;外科或牙科用无菌吸收性止血材料;外科或牙科用无菌抗粘连阻隔材料,不论是否可吸收						
3006100000	无菌外科肠线、类似的无菌缝合材料,无菌昆布及其塞条(无菌吸收性止血材料,无菌抗粘连阻隔材料,外伤创口闭合用无菌粘合胶布)	5	30	17	15	千克	
30062000	-血型试剂						
3006200000	血型试剂	3	20	17	15	千克	AB
30063000	-X光检查造影剂;用于病人的诊断试剂						
3006300000	X光检查造影剂、诊断试剂	4	30	17	15	千克	ABQ
30064000	-牙科粘固剂及其他牙科填料;骨骼粘固剂						
3006400000	牙科粘固剂及其他牙科填料(包括骨骼粘固剂)	5	30	17	15	千克	
30065000	-急救药箱、药包						
3006500000	急救药箱、药包	5	30	17	15	千克	
30066010	---以激素为基本成分的避孕药						
3006601000	以激素为基本成分的避孕药	0	0	0	0	千克	Q
30066090	---其他						
3006609000	其他化学避孕药(以品目29.37的其他产品或杀精子剂为基本成分)	0	0	0	0	千克	Q
30067000	-专用于人类或作兽药用的凝胶制品,作为外科手术或体检时躯体部位的润滑剂,或者作为躯体和医疗器械之间的耦合剂						

商品编号	商品名称及备注	进口关税税率(%)		增值税率(%)	出口退税率(%)	计量单位	监管条件
		最惠国	普通				
3006700000	医用凝胶制品、润滑剂、耦合剂(用于人类或作兽药用,或外科手术、体检时用)	6.5	30	17	15	千克	
30069100	--可确定用于造口术的用具						
3006910000	可确定用于造口术的用具	10	80	17	15	千克	
30069200	--废药物						
3006920000	废药物(超过有效保存期等原因而不适于原用途的药品)	5	30	17	15	千克	9

第三十一章　肥　　料

注释：

一、本章不包括：

（一）品目05.11的动物血；

（二）单独的已有化学定义的化合物［符合下列注释二（一）、三（一）、四（一）或五所规定的化合物除外］；

（三）品目38.24的每颗重量不低于2.5克的氯化钾培养晶体（光学元件除外）、氯化钾光学元件（品目90.01）。

二、品目31.02只适用于下列货品，但未制成品目31.05所述形状或包装：

（一）符合下列任何一条规定的货品：

1. 硝酸钠，不论是否纯净；
2. 硝酸铵，不论是否纯净；
3. 硫酸铵及硝酸铵的复盐，不论是否纯净；
4. 硫酸铵，不论是否纯净；
5. 硝酸钙及硝酸铵的复盐（不论是否纯净）或硝酸钙及硝酸铵的混合物；
6. 硝酸钙及硝酸镁的复盐（不论是否纯净）或硝酸钙及硝酸镁的混合物；
7. 氰氨化钙，不论是否纯净或用油处理；
8. 尿素，不论是否纯净。

（二）由上述（一）款任何货品互相混合的肥料。

（三）由氯化铵或上述（一）或（二）款任何货品与白垩、石膏或其他无肥效无机物混合而成的肥料。

（四）由上述（一）2或8项的货品或其混合物溶于水或液氨的液体肥料。

三、品目31.03只适用于下列货品，但未制成品目31.05所述形状或包装：

（一）符合下列任何一条规定的货品：

1. 碱性熔渣；
2. 品目25.10的天然磷酸盐，已焙烧或经过超出清除杂质范围的热处理；
3. 过磷酸钙（一过磷酸钙、二过磷酸钙或三过磷酸钙）；
4. 磷酸氢钙，按干燥无水产品重量计含氟量不低于0.2%。

（二）由上述（一）款的任何货品互相混合的肥料，不论含氟量多少。

（三）由上述（一）或（二）款的任何货品与白垩、石膏或其他无肥效无机物混合而成的肥料，不论含氟量多少。

四、品目31.04只适用于下列货品，但未制成品目31.05所述形状或包装：

（一）符合下列任何一条规定的货品：

1. 天然粗钾盐（例如，光卤石、钾盐镁矾及钾盐）；
2. 氯化钾，不论是否纯净，但上述注释一（三）所述的产品除外；
3. 硫酸钾，不论是否纯净；
4. 硫酸镁钾，不论是否纯净。

（二）由上述（一）款任何货品互相混合的肥料。

五、磷酸二氢铵及磷酸氢二铵（不论是否纯净）及其相互之间的混合物应归入品目31.05。

六、品目31.05所称"其他肥料"，仅适用于其基本成分至少含有氮、磷、钾中一种肥效元素的肥料用产品。

商品编号	商品名称及备注	进口关税税率(%)		增值税率(%)	出口退税率(%)	计量单位	监管条件
		最惠国	普通				
3101	**动物或植物肥料，不论是否相互混合或经化学处理；动物产品经混合或化学处理制成的肥料**						
31010011	----鸟粪						
3101001100	未经化学处理的鸟粪	3	11	13	0	千克	AB
31010019	----其他						
3101001910	未经化学处理的森林凋落物（包括腐叶、腐根、树皮、树叶、树根等森林腐殖质）	6.5	30	13	0	千克	8AB
3101001990	未经化学处理的其他动植物肥料	6.5	30	13	0	千克	AB
31010090	---其他						
3101009010	经化学处理的含动物源性成分（如粪、羽毛等）动植物肥料	4	11	13	0	千克	AB
3101009020	经化学处理的森林凋落物（包括腐叶、腐根、树皮、树叶、树根等森林腐殖质）	4	11	13	0	千克	8AB
3101009090	经化学处理的其他动植物肥料	4	11	13	0	千克	AB
3102	**矿物氮肥及化学氮肥**						
31021000	-尿素，不论是否水溶液						
3102100010	尿素（配额内，不论是否水溶液）	4	150	13	0	千克	tA
3102100090	尿素（配额外，不论是否水溶液）	50	150	13	0	千克	A
31022100	--硫酸铵						
3102210000	硫酸铵	4	11	13	0	千克	7AB
31022900	--其他						
3102290000	硫酸铵和硝酸铵的复盐及混合物	4	11	13	0	千克	7
31023000	-硝酸铵，不论是否水溶液						

商品编号	商品名称及备注	进口关税税率(%)		增值税率(%)	出口退税率(%)	计量单位	监管条件
		最惠国	普通				
3102300000	硝酸铵(不论是否水溶液)	4	11	13	0	千克	9
31024000	-硝酸铵与碳酸钙或其他无肥效无机物的混合物						
3102400000	硝酸铵与碳酸钙等的混合物(包括硝酸铵与其他无效肥及无机物的混合物)	4	11	13	0	千克	7
31025000	-硝酸钠						
3102500000	硝酸钠	4	11	13	0	千克	7AB
31026000	-硝酸钙和硝酸铵的复盐及混合物						
3102600000	硝酸钙和硝酸铵的复盐及混合物	4	11	13	0	千克	7
31028000	-尿素及硝酸铵混合物的水溶液或氨水溶液						
3102800000	尿素及硝酸铵混合物的水溶液(包括氨水溶液)	4	11	13	0	千克	7
31029010	---氰氨化钙						
3102901000	氰氨化钙	4	11	13	0	千克	7AB
31029090	---其他						
3102909000	其他矿物氮肥及化学氮肥(包括上述编号未列名的混合物)	4	11	13	0	千克	7
3103	**矿物磷肥及化学磷肥**						
31031110	---重过磷酸钙						
3103111000[暂1]	重过磷酸钙[按重量计五氧化二磷(P_2O_5)含量≥35%]	4	11	13		千克	7A
31031190	---其他						
3103119000[暂1]	其他按重量计五氧化二磷(P_2O_5)含量≥35%的过磷酸钙	4	11	13		千克	7A
31031900	--其他						
3103190000[暂1]	其他过磷酸钙	4	11	13		千克	7A
31039000	-其他						
3103900000[暂1]	其他矿物磷肥或化学磷肥	4	11	13	0	千克	7
3104	**矿物钾肥及化学钾肥**						
31042020	---纯氯化钾						
3104202000	纯氯化钾(按重量计氯化钾含量≥99.5%)	3	11	13	0	千克	7A
31042090	---其他						
3104209000[暂1]	其他氯化钾	3	11	13	0	千克	7AB
31043000	-硫酸钾						
3104300000[暂1]	硫酸钾	3	11	13	0	千克	7A
31049010	---光卤石、钾盐及其他天然粗钾盐						
3104901000[暂1]	光卤石、钾盐及其他天然粗钾盐	3	11	13	0	千克	7
31049090	---其他						
3104909000[暂1]	其他矿物钾肥及化学钾肥	3	11	13	0	千克	7
3105	**含氮、磷、钾中两种或三种肥效元素的矿物肥料或化学肥料;其他肥料;制成片及类似形状或每包毛重不超过10千克的本章各项货品**						
31051000	-制成片及类似形状或每包毛重不超过10千克的本章各项货品						
3105100010[暂1]	制成片状及类似形状或零售包装的硝酸铵(零售包装每包毛重≤10千克)	4	11	13	0	千克	9
3105100090[暂1]	制成片状及类似形状或零售包装的第三十一章其他货品(零售包装每包毛重≤10千克)	4	11	13	0	千克	7
31052000	-含氮、磷、钾三种肥效元素的矿物肥料或化学肥料						
3105200010[暂1]	化学肥料或矿物肥料(配额内,含氮、磷、钾三种肥效元素)	4	150	13	0	千克	At
3105200090[暂50]	化学肥料或矿物肥料(配额外,含氮、磷、钾三种肥效元素)	50	150	13	0	千克	A
31053000	-磷酸氢二铵						
3105300010	磷酸氢二铵(配额内)	4	150	13	0	千克	ABt
3105300090	磷酸氢二铵(配额外)	50	150	13	0	千克	AB
31054000	-磷酸二氢铵及磷酸二氢铵与磷酸氢二铵的混合物						
3105400000[暂1]	磷酸二氢铵(包括磷酸二氢铵与磷酸氢二铵的混合物)	4	11	13	0	千克	7A

商品编号	商品名称及备注	进口关税税率(%)		增值税率(%)	出口退税率(%)	计量单位	监管条件
		最惠国	普通				
31055100	--含有硝酸盐及磷酸盐						
3105510000暂1	含有硝酸盐及磷酸盐的肥料(包括矿物肥料或化学肥料)	4	11	13	0	千克	7A
31055900	--其他						
3105590000暂1	其他含氮、磷两种元素肥料(包括矿物肥料或化学肥料)	4	11	13	0	千克	7A
31056000	-含磷、钾两种肥效元素的矿物肥料或化学肥料						
3105600000暂1	含磷、钾两种元素的肥料(包括矿物肥料或化学肥料)	4	11	13	0	千克	7A
31059010	---有机—无机复混肥料						
3105901000暂4	有机—无机复混肥料	4	11	13		千克	7A
31059090	---其他						
3105909000暂1	其他肥料	4	11	13		千克	7A

第三十二章　鞣料浸膏及染料浸膏；鞣酸及其衍生物；染料、颜料及其他着色料；油漆及清漆；油灰及其他类似胶粘剂；墨水、油墨

注释：

一、本章不包括：

（一）单独的已有化学定义的化学元素及化合物（品目32.03及32.04的货品、品目32.06的用做发光体的无机产品、品目32.07所述形状的熔融石英或其他熔融硅石制成的玻璃及品目32.12的零售形状或零售包装的染料及其他着色料除外）；

（二）品目29.36至29.39、29.41及35.01至35.04的鞣酸盐及其他鞣酸衍生物；

（三）沥青胶黏剂（品目27.15）。

二、品目32.04包括生产偶氮染料用的稳定重氮盐与耦合物的混合物。

三、品目32.03、32.04、32.05及32.06也包括以着色料为基本成分的制品（例如，品目32.06包括以品目25.30或第二十八章的颜料、金属粉片及金属粉末为基本成分的制品）。该制品是用做原材料着色剂的拼料。但以上品目不包括分散在非水介质中呈液状或浆状的制漆用颜料，例如，品目32.12的瓷漆及品目32.07、32.08、32.09、32.10、32.12、32.13及32.15的其他制品。

四、品目32.08包括由品目39.01至39.13所列产品溶于挥发性有机溶剂的溶液（胶棉除外），但溶剂重量必须超过溶液重量的50%。

五、本章所称"着色料"，不包括作为油漆填料的产品，不论这些产品能否用于水浆涂料的着色。

六、品目32.12所称"压印箔"，只包括用以压印诸如书本封面或帽带之类的薄片，这些薄片由以下材料构成：

（一）金属粉（包括贵金属粉）或颜料经胶水、明胶及其他黏合剂凝结而成的；

（二）金属（包括贵金属）或颜料沉积于任何材料衬片上的。

商品编号	商品名称及备注	进口关税税率（%）		增值税率（%）	出口退税率（%）	计量单位	监管条件
		最惠国	普通				
3201	**植物鞣料浸膏；鞣酸及其盐、醚、酯和其他衍生物**						
32011000	-坚木浸膏						
3201100000	坚木浸膏	5	35	17	0	千克	
32012000	-荆树皮浸膏						
3201200000	荆树皮浸膏	6.5	35	17	0	千克	
32019010	---其他鞣料浸膏						
3201901010	其他濒危植物鞣料浸膏	6.5	40	17	0	千克	FE
3201901090	其他植物鞣料浸膏	6.5	40	17	0	千克	
32019090	---其他						
3201909000	鞣酸及其盐、醚、酯和其他衍生物	6.5	35	17	0	千克	
3202	**有机合成鞣料；无机鞣料；鞣料制剂，不论是否含有天然鞣料；预鞣用酶制剂**						
32021000	-有机合成鞣料						
3202100000	有机合成鞣料	6.5	35	17	0	千克	
32029000	-其他						
3202900010暂3	无铬鞣料（不论是否含有天然鞣料，包括预鞣用酶制剂）	6.5	35	17	0	千克	
3202900090	其他无机鞣料、鞣料制剂等（不论是否含有天然鞣料，包括预鞣用酶制剂）	6.5	35	17	0	千克	
3203	**动植物质着色料（包括染料浸膏，但动物炭黑除外），不论是否已有化学定义；本章注释三所述的以动植物质着色料为基本成分的制品**						
32030011	----天然靛蓝及以其为基本成分的制品						
3203001100	天然靛蓝及以其为基本成分的制品	6.5	80	17	0	千克	AB
32030019	----其他						
3203001910	濒危植物质着色料及制品（制品是指以植物质着色料为基本成分的）	6.5	45	17	0	千克	ABEF
3203001990	其他植物质着色料及制品（制品是指以植物质着色料为基本成分的）	6.5	45	17	13	千克	AB
32030020	---动物质着色料及以其为基本成分的制品						
3203002000	动物质着色料及制品（制品是指以动物质着色料为基本成分的）	6.5	50	17	13	千克	A

商品编号	商品名称及备注	进口关税税率(%)		增值税率(%)	出口退税率(%)	计量单位	监管条件
		最惠国	普通				
3204	**有机合成着色料,不论是否已有化学定义;本章注释三所述的以有机合成着色料为基本成分的制品;用做荧光增白剂或发光体的有机合成产品,不论是否已有化学定义**						
32041100	--分散染料及以其为基本成分的制品						
3204110000	分散染料及以其为基本成分的制品,不论是否有化学定义	6.5	35	17	0	千克	AB
32041200	--酸性染料(不论是否预金属络合)及以其为基本成分的制品;媒染染料及以其为基本成分的制品						
3204120000	酸性染料及制品、媒染染料及制品(包括以酸性染料或媒染染料为基本成分的制品,不论是否有化学定义)	6.5	35	17	0	千克	AB
32041300	--碱性染料及以其为基本成分的制品						
3204130000	碱性染料及以其为基本成分的制品	6.5	35	17	0	千克	AB
32041400	--直接染料及以其为基本成分的制品						
3204140000	直接染料及以其为基本成分的制品	6.5	35	17	0	千克	AB
32041510	---合成靛蓝(还原靛蓝)						
3204151000	合成靛蓝(还原靛蓝)	6.5	35	17	0	千克	AB
32041590	---其他						
3204159000	其他还原染料及以其为基本成分品(包括颜料用的)	6.5	35	17	0	千克	
32041600	--活性染料及以其为基本成分的制品						
3204160000	活性染料及以其为基本成分的制品(不论是否有化学定义)	6.5	35	17	0	千克	
32041700	--颜料及以其为基本成分的制品						
3204170000	颜料及以其为基本成分的制品	6.5	35	17	0	千克	
32041911	----硫化黑(硫化青)及以其为基本成分的制品						
3204191100	硫化黑及以其为基本成分的制品(硫化黑即硫化青)	6.5	35	17	0	千克	
32041919	----其他						
3204191900	其他硫化染料及以其为基本成分品	6.5	35	17	0	千克	
32041990	---其他						
3204199000	其他着色料组成的混合物	6.5	35	17	0	千克	AB
32042000	-用做荧光增白剂的有机合成产品						
3204200000	用做荧光增白剂的有机合成产品	6.5	40	17	0	千克	A
32049010	---生物染色剂及染料指示剂						
3204901000	生物染色剂及染料指示剂	6.5	20	17	0	千克	
32049020	---胡萝卜素及类胡萝卜素						
3204902000	胡萝卜素及类胡萝卜素	6.5	20	17	0	千克	
32049090	---其他						
3204909000	其他用做发光体的有机合成产品	6.5	40	17	0	千克	
3205	**色淀;本章注释三所述的以色淀为基本成分的制品**						
32050000	色淀;本章注释三所述的以色淀为基本成分的制品						
3205000000	色淀及以色淀为基本成分的制品	6.5	35	17	0	千克	AB
3206	**其他着色料;本章注释三所述的制品,但品目32.03、32.04及32.05的货品除外;用做发光体的无机产品,不论是否已有化学定义**						
32061110	---钛白粉						
3206111000	钛白粉	6.5	30	17	0	千克	4xy
32061190	---其他						
3206119000	其他干量计二氧化钛≥80%的颜料	6.5	30	17	0	千克	
32061900	--其他						
3206190000	其他二氧化钛为基料的颜料及制品	10	30	17	0	千克	
32062000	-以铬化合物为基本成分的颜料及制品						

商品编号	商品名称及备注	进口关税税率(%)		增值税率(%)	出口退税率(%)	计量单位	监管条件
		最惠国	普通				
3206200000	铬化合物为基本成分的颜料及制品	6.5	35	17	0	千克	
32064100	--群青及以其为基本成分的制品						
3206410000	群青及以其为基本成分的制品	6.5	35	17	0	千克	
32064210	---锌钡白						
3206421000	锌钡白	6.5	30	17	0	千克	
32064290	---其他						
3206429000	其他以硫化锌为基本成分的颜料(包括制品)	6.5	30	17	0	千克	
32064911	----以钒酸铋为基本成分的颜料及制品						
3206491100	以钒酸铋为基本成分的颜料及制品	6.5	35	17	0	千克	
32064919	----其他						
3206491900	其他以铋化合物为基本成分的颜料及制品	6.5	35	17	0	千克	
32064990	---其他						
3206499000	其他无机着色料及其制品	6.5	35	17	0	千克	
32065000	-用做发光体的无机产品						
3206500000	用做发光体的无机产品	6.5	35	17	0	千克	
3207	**陶瓷、搪瓷及玻璃工业用的调制颜料、遮光剂、着色剂、珐琅和釉料、釉底料(泥釉)、光瓷釉以及类似产品;搪瓷玻璃料及其他玻璃,呈粉、粒或粉片状的**						
32071000	-调制颜料、遮光剂、着色剂及类似制品						
3207100000	调制颜料,遮光剂,着色剂及类似品	5	50	17	0	千克	
32072000	-珐琅和釉料、釉底料(泥釉)及类似制品						
3207200000	珐琅和釉料、釉底料及类似制品	5	50	17	0	千克	
32073000	-光瓷釉及类似制品						
3207300000	光瓷釉及类似制品	5	50	17	0	千克	
32074000	-搪瓷玻璃料及其他玻璃,呈粉、粒或粉片状的						
3207400000	呈粉、粒状搪瓷玻璃料及其他玻璃	5	50	17	0	千克	
3208	**以合成聚合物或化学改性天然聚合物为基本成分的油漆及清漆(包括瓷漆及大漆),分散于或溶于非水介质的;本章注释四所述溶液**						
32081000	-以聚酯为基本成分						
3208100010	分散于或溶于非水介质的聚酯油漆及清漆,施工状态下挥发性有机物含量>420克/升[以聚酯为基本成分的(包括瓷漆及大漆)]	10	50	17	0	千克	A
3208100090	其他分散于或溶于非水介质的聚酯油漆及清漆,以聚酯为基本成分的本章注释四所述溶液[以聚酯为基本成分的(包括瓷漆及大漆)]	10	50	17	0	千克	A
32082010	---以丙烯酸聚合物为基本成分						
3208201011[暂6]	分散于或溶于非水介质的光导纤维用涂料,施工状态下挥发性有机物含量>420克/升(主要成分为聚胺酯丙烯酸酯类化合物,以丙烯酸聚合物为基本成分)	10	50	17	0	千克	A
3208201019[暂6]	其他分散于或溶于非水介质的光导纤维用涂料(主要成分为聚胺酯丙烯酸酯类化合物,以丙烯酸聚合物为基本成分)	10	50	17	0	千克	A
3208201091	其他以丙烯酸聚合物为基本成分的油漆、清漆等,施工状态下挥发性有机物含量>420克/升(分散于或溶于非水质的以丙烯酸聚合物为基本成分,包括瓷漆及大漆)	10	50	17	0	千克	A
3208201099	其他以丙烯酸聚合物为基本成分的油漆、清漆等,以丙烯酸聚合物为基本成分的本章注释四所述溶液(分散于或溶于非水质的以丙烯酸聚合物为基本成分,包括瓷漆及大漆)	10	50	17	0	千克	A
32082020	---以乙烯聚合物为基本成分						
3208202010	溶于非水介质的聚乙烯油漆及清漆,施工状态下挥发性有机物含量>420克/升[以乙烯聚合物为基本成分(包括瓷漆及大漆)]	10	50	17	0	千克	A
3208202090	其他分散于或溶于非水介质的以乙烯聚合物为基本成分的油漆及清漆,以乙烯聚合物基本成分的本章注释四所述溶液[以乙烯聚合物为基本成分(包括瓷漆及大漆)]	10	50	17	0	千克	A

商品编号	商品名称及备注	进口关税税率(%) 最惠国	进口关税税率(%) 普通	增值税率(%)	出口退税率(%)	计量单位	监管条件
32089010	---以聚胺酯类化合物为基本成分						
3208901011[暂6]	分散于或溶于非水介质的光导纤维用涂料,施工状态下挥发性有机物含量>420克/升(主要成分为聚胺酯丙烯酸酯类化合物,以聚胺酯类化合物为基本成分)	10	50	17	0	千克	A
3208901019[暂6]	其他分散于或溶于非水介质的光导纤维用涂料(主要成分为聚胺酯丙烯酸酯类化合物,以聚胺酯类化合物为基本成分)	10	50	17	0	千克	A
3208901091	其他聚胺酯油漆、清漆等,施工状态下挥发性有机物含量>420克/升(溶于非水介质以聚胺酯类化合物为基本成分,含瓷漆及大漆)	10	50	17	0	千克	A
3208901099	其他聚胺酯油漆、清漆等,以聚氨酯类化合物为基本成分的本章注释四所述溶液(分散于或溶于非水介质以聚胺酯类化合物为基本成分,含瓷漆及大漆)	10	50	17	0	千克	A
32089090	---其他						
3208909010	分散于或溶于非水介质其他油漆、清漆溶液,施工状态下挥发性有机物含量>420克/升(包括以聚合物为基本成分的漆,本章注释四所述溶液)	10	50	17	0	千克	A
3208909090	分散于或溶于非水介质其他油漆、清漆溶液,其他本章注释四所述溶液(包括以聚合物为基本成分的漆,本章注释四所述溶液)	10	50	17	0	千克	A
3209	**以合成聚合物或化学改性天然聚合物为基本成分的油漆及清漆(包括瓷漆及大漆),分散于或溶于水介质的**						
32091000	-以丙烯酸聚合物或乙烯聚合物为基本成分						
3209100010	溶于水介质的聚丙烯酸油漆及清漆,施工状态下挥发性有机物含量>420克/升[以聚丙烯酸或聚乙烯为基本成分的(包括瓷漆及大漆)]	10	50	17	0	千克	A
3209100090	其他溶于水介质的聚丙烯酸油漆及清漆[以聚丙烯酸或聚乙烯为基本成分的(包括瓷漆及大漆)]	10	50	17	0	千克	A
32099010	---以环氧树脂为基本成分						
3209901010	以环氧树脂为基本成分的油漆及清漆,施工状态下挥发性有机物含量>420克/升(包括瓷漆及大漆,分散于或溶于水介质)	10	50	17	0	千克	A
3209901090	其他以环氧树脂为基本成分的油漆及清漆(包括瓷漆及大漆,分散于或溶于水介质)	10	50	17	0	千克	A
32099020	---以氟树脂为基本成分						
3209902010	以氟树脂为基本成分的油漆及清漆,施工状态下挥发性有机物含量>420克/升(包括瓷漆及大漆,分散于或溶于水介质)	10	50	17	0	千克	A
3209902090	其他以氟树脂为基本成分的油漆及清漆(包括瓷漆及大漆,分散于或溶于水介质)	10	50	17	0	千克	A
32099090	---其他						
3209909010	溶于水介质其他聚合物油漆及清漆,施工状态下挥发性有机物含量>420克/升(以合成聚合物或化学改性天然聚合物为基本成分的)	10	50	17	0	千克	A
3209909090	溶于水介质其他聚合物油漆及清漆,施工状态下挥发性有机物含量≤420克/升(以合成聚合物或化学改性天然聚合物为基本成分的)	10	50	17	0	千克	A
3210	**其他油漆及清漆(包括瓷漆、大漆及水浆涂料);加工皮革用的水性颜料**						
32100000	其他油漆及清漆(包括瓷漆、大漆及水浆涂料);加工皮革用的水性颜料						
3210000011[暂6]	其他光导纤维用涂料,施工状态下挥发性有机物含量>420克/升	10	50	17	0	千克	
3210000019[暂6]	其他光导纤维用涂料,施工状态下挥发性有机物含量≤420克/升	10	50	17	0	千克	
3210000091	其他油漆及清漆,皮革用水性颜料,施工状态下挥发性有机物含量>420克/升(包括非聚合物为基料的瓷漆、大漆及水浆涂料)	10	50	17	0	千克	
3210000099	其他油漆及清漆,皮革用水性颜料,施工状态下挥发性有机物含量≤420克/升(包括非聚合物为基料的瓷漆、大漆及水浆涂料)	10	50	17	0	千克	
3211	**配制的催干剂**						
32110000	配制的催干剂						
3211000000	配制的催干剂	10	50	17	0	千克	

商品编号	商品名称及备注	进口关税税率(%)		增值税率(%)	出口退税率(%)	计量单位	监管条件
		最惠国	普通				
3212	**制造油漆(含瓷漆)用的颜料(包括金属粉末或金属粉片),分散于非水介质中呈液状或浆状的;压印箔;零售形状及零售包装的染料或其他着色料**						
32121000	-压印箔						
3212100000	压印箔	15	80	17	0	千克	
32129000	-其他						
3212900000	制漆用颜料及零售包装染料、色料(制漆用颜料指溶于非水介质中呈液状或浆状的)	10	50	17	0	千克	
3213	**艺术家、学生和广告美工用的颜料、调色料、文娱颜料及类似品,片状、管装、罐装、瓶装、扁盒装以及类似形状或包装的**						
32131000	-成套的颜料						
3213100000	成套的颜料(艺术家、学生和广告美工用的)	10	70	17	13	千克	
32139000	-其他						
3213900000	非成套颜料、调色料及类似品(片状、管装、罐装、瓶装、扁盒装等类似形状或包装的)	10	70	17	13	千克	
3214	**安装玻璃用油灰、接缝用油灰、树脂胶泥、嵌缝胶及其他类似胶黏剂;漆工用填料;非耐火涂面制剂,涂门面、内墙、地板、天花板等用**						
32141010	---半导体器件封装材料						
3214101000	半导体器件封装材料	9	70	17	13	千克	
32141090	---其他						
3214109000	其他安装玻璃用油灰等;漆工用填料(包括接缝用油灰、树脂胶泥、嵌缝胶及其他胶粘剂)	9	70	17	13	千克	
32149000	-其他						
3214900010	非耐火涂面制剂,施工状态下挥发性有机物含量>420克/升(涂门面、内墙、地板、天花板等用)	9	70	17	0	千克	
3214900090	其他非耐火涂面制剂(涂门面、内墙、地板、天花板等用)	9	70	17	0	千克	
3215	**印刷油墨、书写或绘图墨水及其他墨类,不论是否固体或浓缩**						
32151100	--黑色						
3215110010	黑色,用于装入编号844331、844332或844339所列设备的工程形态的固体油墨	5.4/4.3*	45	17	0	千克	AB
3215110090	其他黑色印刷油墨(不论是否固体或浓缩)	6.5	45	17	0	千克	AB
32151900	--其他						
3215190010	其他用于装入编号844331、844332或844339所列设备的工程形态的固体油墨	5.4/4.3*	45	17	0	千克	
3215190090	其他印刷油墨(不论是否固体或浓缩)	6.5	45	17	0	千克	
32159010	---书写墨水						
3215901000	书写墨水(不论是否固体或浓缩)	6.5	70	17	13	千克	
32159020	---水性喷墨墨水						
3215902000	水性喷墨墨水	10	70	17	13	千克	
32159090	---其他						
3215909000	其他绘图墨水及其他墨类(不论是否固体或浓缩)	10	70	17	13	千克	

* 最惠国税率中,"/"左边的税率截止日期为2017年6月30日,"/"右边的税率截止日期为2999年12月31日。

第三十三章　精油及香膏；芳香料制品及化妆盥洗品

注释：

一、本章不包括：

（一）品目13.01及13.02的天然油树脂及植物浸膏；

（二）品目34.01的肥皂及其他产品；

（三）品目38.05的脂松节油、木松节油和硫酸盐松节油及其他产品。

二、品目33.02所称“香料”，仅指品目33.01的物质、从这些物质离析出来的香料组分及合成芳香剂。

三、品目33.03至33.07主要包括适合做这些品目所列用途的零售包装产品，不论其是否混合（精油水馏液及水溶液除外）。

四、品目33.07所称“芳香料制品及化妆盥洗品”，主要适用于下列产品：香袋；通过燃烧散发香气的制品；香纸及用化妆品浸渍或涂布的纸；隐形眼镜片或假眼用的溶液；用香水或化妆品浸渍、涂布、包覆的絮胎、毡呢及无纺织物；动物用盥洗品。

商品编号	商品名称及备注	进口关税税率（%）		增值税率（%）	出口退税率（%）	计量单位	监管条件
		最惠国	普通				
3301	**精油（无萜或含萜），包括浸膏及净油；香膏；提取的油树脂；用花香吸取法或浸渍法制成的含浓缩精油的脂肪、固定油、蜡及类似品；精油脱萜时所得的萜烯副产品；精油水馏液及水溶液**						
33011200	--橙油						
3301120000	橙油（包括浸膏及净油）	20	80	17	9	千克	A
33011300	--柠檬油						
3301130000	柠檬油（包括浸膏及净油）	20	80	17	9	千克	A
33011910	---白柠檬油（酸橙油）						
3301191000	白柠檬油（酸橙油）（包括浸膏及净油）	20	80	17	9	千克	A
33011990	---其他						
3301199000	其他柑橘属果实的精油（包括浸膏及净油）	20	80	17	9	千克	A
33012400	--胡椒薄荷油						
3301240000	胡椒薄荷油（包括浸膏及净油）	20	90	17	9	千克	A
33012500	--其他薄荷油						
3301250000[暂5]	其他薄荷油（包括浸膏及净油）	15	90	17	13	千克	A
33012910	---樟脑油						
3301291000	樟脑油（包括浸膏及精油）	20	90	17	9	千克	ABE
33012920	---香茅油						
3301292000	香茅油（包括浸膏及净油）	15	70	17	9	千克	A
33012930	---茴香油						
3301293000	茴香油（包括浸膏及净油）	20	80	17	9	千克	A
33012940	---桂油						
3301294000	桂油（包括浸膏及净油）	20	80	17	9	千克	A
33012950	---山苍子油						
3301295000	山苍子油（包括浸膏及净油）	20	80	17	9	千克	A
33012960	---桉叶油						
3301296000	桉叶油（包括浸膏及净油）	20	80	17	9	千克	AB
33012991	----老鹳草油（香叶油）						
3301299100	老鹳草油（香叶油）（包括浸膏及精油）	20	80	17	9	千克	A
33012999	----其他						
3301299910[暂7]	黄樟油	15	80	17	9	千克	23A
3301299991	其他濒危植物精油（柑橘属果实除外）（包括浸膏及净油）	15	80	17	0	千克	AFE
3301299999	其他非柑橘属果实的精油（包括浸膏及净油）	15	80	17	9	千克	A

商品编号	商品名称及备注	进口关税税率(%)		增值税率(%)	出口退税率(%)	计量单位	监管条件
		最惠国	普通				
33013010	---鸢尾凝脂						
3301301000[暂10]	鸢尾凝脂(香膏类)	20	80	17	13	千克	
33013090	---其他						
3301309010	其他濒危植物香膏	20	80	17	0	千克	FE
3301309090	其他香膏	20	80	17	9	千克	
33019010	---提取的油树脂						
3301901010	濒危植物提取的油树脂	20	80	17	0	千克	FE
3301901090	其他提取的油树脂	20	80	17	9	千克	
33019020	---柑橘属果实的精油脱萜的萜烯副产品						
3301902000	柑橘属果实精油脱萜的萜烯副产品	20	80	17	9	千克	
33019090	---其他						
3301909000	吸取浸渍法制成含浓缩精油的脂肪(含固定油、蜡及类似品,精油水溶液及水馏液)	20	80	17	9	千克	
3302	**工业原料用的混合香料以及以一种或多种香料为基本成分的混合物(包括酒精溶液);生产饮料用的以香料为基本成分的其他制品**						
33021010	---生产饮料用的以香料为基本成分的制品,按容量计酒精浓度≤0.5%的						
3302101000	以香料为基本成分的制品(生产饮料用,按容量计酒精浓度≤0.5%)	15	90	17	13	千克	A
33021090	---其他						
3302109001	生产食品、饮料用混合香料及制品(含以香料为基本成分的混合物,按容量计酒精浓度>0.5%)	15	130	17	13	千克	A
3302109090	其他生产食品用混合香料及制品(含以香料为基本成分的混合物)	15	130	17	13	千克	A
33029000	-其他						
3302900000	其他工业用混合香料及香料混合物(以一种或多种香料为基本成分的混合物)	10	130	17	13	千克	
3303	**香水及花露水**						
33030000	香水及花露水						
3303000010	包装标注含量以重量计的香水及花露水	0	10	17	13	千克/件	
3303000020	包装标注含量以体积计的香水及花露水	10	150	17	13	千克/件	
3304	**美容品或化妆品及护肤品(药品除外),包括防晒油或晒黑油;指(趾)甲化妆品**						
33041000	-唇用化妆品						
3304100011	包装标注含量以重量计的含濒危植物成分唇用化妆品	10	150	17	0	千克/件	ABEF
3304100012	包装标注含量以体积计的含濒危植物成分唇用化妆品	10	150	17	0	千克/件	ABEF
3304100013	包装标注规格为“片”或“张”的含濒危植物成分唇用化妆品	10	150	17	0	千克/件	ABEF
3304100091	包装标注含量以重量计的其他唇用化妆品	10	150	17	0	千克/件	AB
3304100092	包装标注含量以体积计的其他唇用化妆品	10	150	17	0	千克/件	AB
3304100093	包装标注规格为“片”或“张”的其他唇用化妆品	10	150	17	0	千克/件	AB
33042000	-眼用化妆品						
3304200011	包装标注含量以重量计的含濒危植物成分眼用化妆品	10	150	17	0	千克/件	ABEF
3304200012	包装标注含量以体积计的含濒危植物成分眼用化妆品	10	150	17	0	千克/件	ABEF
3304200013	包装标注规格为“片”或“张”的含濒危植物成分眼用化妆品	10	150	17	0	千克/件	ABEF
3304200091	包装标注含量以重量计的其他眼用化妆品	10	150	17	0	千克/件	AB
3304200092	包装标注含量以体积计的其他眼用化妆品	10	150	17	0	千克/件	AB
3304200093	包装标注规格为“片”或“张”的其他眼用化妆品	10	150	17	0	千克/件	AB
33043000	-指(趾)甲化妆品						
3304300001[暂10]	包装标注含量以重量计的指(趾)甲化妆品	15	150	17	13	千克/件	AB
3304300002[暂10]	包装标注含量以体积计的指(趾)甲化妆品	15	150	17	13	千克/件	AB
3304300003[暂10]	包装标注规格为“片”或“张”的指(趾)甲化妆品	15	150	17	13	千克/件	AB
33049100	--粉,不论是否压紧						

商品编号	商品名称及备注	进口关税税率(%)		增值税率(%)	出口退税率(%)	计量单位	监管条件
		最惠国	普通				
3304910000	包装标注含量以重量计的粉,不论是否压紧	10	150	17	13	千克/件	AB
33049900	--其他						
3304990011[暂2]	包装标注含量以重量计的护肤品(包括防晒油或晒黑油,但药品除外)	6.5	150	17	0	千克/件	AB
3304990012[暂2]	包装标注含量以体积计的护肤品(包括防晒油或晒黑油,但药品除外)	6.5	150	17	0	千克/件	AB
3304990013[暂2]	包装标注规格为"片"或"张"的护肤品(包括防晒油或晒黑油,但药品除外)	6.5	150	17	0	千克/件	AB
3304990092	包装标注含量以重量计的其他含濒危植物成分美容品或化妆品	6.5	150	17	0	千克/件	ABFE
3304990093	包装标注含量以体积计的其他含濒危植物成分美容品或化妆品	6.5	150	17	0	千克/件	ABFE
3304990094	包装标注规格为"片"或"张"的其他含濒危植物成分美容品或化妆品	6.5	150	17	0	千克/件	ABFE
3304990096	包装标注含量以重量计的其他美容品或化妆品	6.5	150	17	0	千克/件	AB
3304990097	包装标注含量以体积计的其他美容品或化妆品	6.5	150	17	0	千克/件	AB
3304990098	包装标注规格为"片"或"张"的其他美容品或化妆品	6.5	150	17	0	千克/件	AB
3305	**护发品**						
33051000	-洗发剂(香波)						
3305100010	含濒危植物成分的洗发剂	6.5	150	17	0	千克	ABFE
3305100090	其他洗发剂(香波)	6.5	150	17	13	千克	AB
33052000	-烫发剂						
3305200000[暂10]	烫发剂	15	150	17	13	千克	AB
33053000	-定型剂						
3305300000[暂10]	定型剂	15	150	17	13	千克	AB
33059000	-其他						
3305900000	其他护发品	10	150	17	13	千克	AB
3306	**口腔及牙齿清洁剂,包括假牙模膏及粉;清洁牙缝用的纱线(牙线),单独零售包装的**						
33061010	---牙膏						
3306101010	含濒危植物成分牙膏	10	150	17	0	千克	ABEF
3306101090	其他牙膏	10	150	17	13	千克	AB
33061090	---其他						
3306109000	其他洁齿品	10	150	17	9	千克	
33062000	-清洁牙缝用的纱线(牙线)						
3306200000	清洁牙缝用的纱线(牙线)	10	70	17	9	千克	
33069000	-其他						
3306900000	其他口腔及牙齿清洁剂(包括假牙模膏及粉)	10	70	17	9	千克	AB
3307	**剃须用制剂、人体除臭剂、沐浴用制剂、脱毛剂和其他税号未列名的芳香料制品及化妆盥洗品;室内除臭剂,不论是否加香水或消毒剂**						
33071000	-剃须用制剂						
3307100000	剃须用制剂	10	150	17	13	千克	AB
33072000	-人体除臭剂及止汗剂						
3307200000	人体除臭剂及止汗剂	10	150	17	13	千克	AB
33073000	-香浴盐及其他沐浴用制剂						
3307300000	香浴盐及其他沐浴用制剂	10	150	17	13	千克	AB
33074100	--神香及其他通过燃烧散发香气的制品						
3307410000	神香及其他通过燃烧散发香气制品	10	150	17	9	千克	
33074900	--其他						
3307490000	其他室内除臭制品(不论是否加香水或消毒剂)	10	150	17	9	千克	
33079000	-其他						
3307900000	其他编号未列名的芳香料制品(包括化妆盥洗品)	9	150	17	13	千克	

第三十四章 肥皂、有机表面活性剂、洗涤剂、润滑剂、人造蜡、调制蜡、光洁剂、蜡烛及类似品、塑型用膏、"牙科用蜡"及牙科用熟石膏制剂

注释:

一、本章不包括:

(一)用做脱模剂的食用动植物油、脂混合物或制品(品目15.17);

(二)单独的已有化学定义的化合物;

(三)含肥皂或其他有机表面活性剂的洗发剂、洁齿品、剃须膏及沐浴用制剂(品目33.05、33.06及33.07)。

二、品目34.01所称"肥皂",只适用于水溶性肥皂。品目34.01的肥皂及其他产品可以含有添加料(例如,消毒剂、磨料粉、填料或药料)。含磨料粉的产品,只有条状、块状或模制形状可以归入品目34.01。其他形状的应作为"去污粉及类似品"归入品目34.05。

三、品目34.02所称"有机表面活性剂",是指温度在20℃时与水混合配成0.5%浓度的水溶液,并在同样温度下搁置1小时后与下列规定相符的产品:

(一)成为透明或半透明的液体或稳定的乳浊液而未离析出不溶解物质;

(二)将水的表面张力降低到每厘米45达因及以下。

四、品目34.03所称"石油及从沥青矿物提取的油类",适用于第二十七章注释二所规定的产品。

五、品目34.04所称"人造蜡及调制蜡",仅适用于:

(一)用化学方法生产的具有蜡质特性的有机产品,不论是否为水溶性的;

(二)各种蜡混合制成的产品;

(三)以一种或几种蜡为基本原料并含有油脂、树脂、矿物质或其他原料的具有蜡质特性的产品。

本品目不包括:

(一)品目15.16、38.23或34.02的产品,不论是否具有蜡质特性;

(二)品目15.21的未混合的动物蜡或未混合的植物蜡,不论是否精制或着色;

(三)品目27.12的矿物蜡或类似产品,不论是否相互混合或仅经着色;

(四)混合、分散或溶解于液体溶剂的蜡(品目34.05、38.09等)。

商品编号	商品名称及备注	进口关税税率(%)		增值税率(%)	出口退税率(%)	计量单位	监管条件
		最惠国	普通				
3401	**肥皂;作肥皂用的有机表面活性产品及制品,条状、块状或模制形状的,不论是否含有肥皂;洁肤用的有机表面活性产品及制品,液状或膏状并制成零售包装的,不论是否含有肥皂;用肥皂或洗涤剂浸渍、涂面或包覆的纸、絮胎、毡呢及无纺织物**						
34011100	--盥洗用(包括含有药物的产品)						
3401110000	盥洗用皂及有机表面活性产品(包括含有药物的产品、呈条状、块状或模制形状)	10	130	17	13	千克	AB
34011910	---洗衣皂						
3401191000	洗衣皂(呈条状、块状或模制形状的)	10	80	17	13	千克	
34011990	---其他						
3401199000暂10	其他有机表面活性产品及制品(包括用肥皂或洗涤剂浸、涂或包覆的纸、絮胎及无纺织物)	15	130	17	13	千克	
34012000	-其他形状的肥皂						
3401200000暂10	其他形状的肥皂(除条状、块状或模制形状以外的)	15	130	17	13	千克	
34013000	-洁肤用的有机表面活性产品及制品,液状或膏状并制成零售包装的,不论是否含有肥皂						
3401300000	洁肤用有机表面活性产品及制品(液状或膏状并制成零售包装的,不论是否含有肥皂)	10	130	17	13	千克	AB
3402	**有机表面活性剂(肥皂除外);表面活性剂制品、洗涤剂(包括助洗剂)及清洁剂,不论是否含有肥皂,但品目34.01的产品除外**						
34021100	--阴离子型						
3402110000	阴离子型有机表面活性剂(不论是否零售包装,肥皂除外)	6.5	30	17	13	千克	
34021200	--阳离子型						
3402120000	阳离子型有机表面活性剂(不论是否零售包装,肥皂除外)	6.5	30	17	13	千克	
34021300	--非离子型						
3402130010	含有壬基酚聚氧乙烯醚的有机表面活性剂(不论是否零售包装,肥皂除外)	6.5	30	17	13	千克	X
3402130090	其他非离子型有机表面活性剂(不论是否零售包装,肥皂除外)	6.5	30	17	13	千克	
34021900	--其他						
3402190000	其他有机表面活性剂(不论是否零售包装,肥皂除外)	6.5	30	17	13	千克	

商品编号	商品名称及备注	进口关税税率(%)		增值税率(%)	出口退税率(%)	计量单位	监管条件
		最惠国	普通				
34022010	---合成洗涤粉						
3402201000	零售包装的合成洗涤粉	10	80	17	13	千克	
34022090	---其他						
3402209000	其他零售包装有机表面活性剂制品(包括洗涤剂及清洁剂,不论是否含有肥皂)	10	80	17	13	千克	
34029000	-其他						
3402900001 暂7	十二烷基苯磺酸钙甲醇溶液(非零售包装,十二烷基苯磺酸钙含量>70%)	9	80	17	13	千克	
3402900090	非零售包装有机表面活性剂制品(包括洗涤剂及清洁剂,不论是否含有肥皂)	9	80	17	13	千克	
3403	**润滑剂(包括以润滑剂为基本成分的切削油制剂、螺栓或螺母松开剂、防锈或防腐蚀制剂及脱模剂)及用于纺织材料、皮革、毛皮或其他材料油脂处理的制剂,但不包括以石油或从沥青矿物提取的油类为基本成分(按重量计不低于70%)的制剂**						
34031100	--处理纺织材料、皮革、毛皮或其他材料的制剂						
3403110000 暂8	含有石油类的处理纺织等材料制剂[指含石油或沥青矿物油(重量<70%)的制剂]	10	50	17	9	千克	
34031900	--其他						
3403190000 暂8	其他含有石油或矿物提取油类制剂[指含石油或沥青矿物油(重量<70%)的制剂]	10	50	17	9	千克	
34039100	--处理纺织材料、皮革、毛皮或其他材料的制剂						
3403910000 暂8	其他处理纺织等材料的制剂(包括处理皮革、毛皮或其他材料的制剂)	10	50	17	9	千克	
34039900	--其他						
3403990000	其他润滑剂(含油<70%)(包括以润滑剂为基本成分的切削油制剂、螺栓松开剂等)	10	50	17	9	千克	
3404	**人造蜡及调制蜡**						
34042000	-聚氧乙烯(聚乙二醇)蜡						
3404200000	聚乙二醇蜡	10	70	17	9	千克	
34049000	-其他						
3404900000	其他人造蜡及调制蜡	10	70	17	0	千克	
3405	**鞋靴、家具、地板、车身、玻璃或金属用的光洁剂、擦洗膏、去污粉及类似制品(包括用这类制剂浸渍、涂面或包覆的纸、絮胎、毡呢、无纺织物、泡沫塑料或海绵橡胶),但不包括品目34.04的蜡**						
34051000	-鞋靴或皮革用的上光剂及类似制品						
3405100000	鞋靴或皮革用的上光剂及类似制品	10	80	17	9	千克	
34052000	-保养木制家具、地板或其他木制品用的上光剂及类似制品						
3405200000	保养木制品的上光剂及类似制品(指保养木家具、地板或其他木制品的上光剂及类似制品)	10	80	17	9	千克	
34053000	-车身用的上光剂及类似制品,但金属用的光洁剂除外						
3405300000	车身用的上光剂及类似制品(但金属用的光洁剂除外)	10	80	17	9	千克	
34054000	-擦洗膏、去污粉及类似制品						
3405400000	擦洗膏、去污粉及类似品	10	80	17	9	千克	
34059000	-其他						
3405900000	其他玻璃或金属用的光洁剂(不包括擦洗膏、去污粉及类似制品)	10	80	17	9	千克	
3406	**各种蜡烛及类似品**						
34060000	各种蜡烛及类似品						
3406000010	含濒危动物成分的蜡烛及类似品	10	130	17	0	千克	EF
3406000090	其他各种蜡烛及类似品	10	130	17	17	千克	
3407	**塑型用膏,包括供儿童娱乐用的在内;通称为"牙科用蜡"或"牙科造形膏"的制品,成套、零售包装或制成片状、马蹄形、条状及类似形状的;以熟石膏(煅烧石膏或硫酸钙)为基本成分的牙科用其他制品**						
34070010	---牙科用蜡及造型膏						
3407001000	牙科用蜡及造型膏(成套、零售包装或制成片状、马蹄形、条状及类似形状的)	6.5	30	17	9	千克	

商品编号	商 品 名 称 及 备 注	进口关税税率(%)		增值税率(%)	出口退税率(%)	计量单位	监管条件
		最惠国	普通				
34070020	---以熟石膏为基本成分的牙科用其他制品						
3407002000	以熟石膏为成分的牙科用其他制品(包括以煅石膏或硫酸钙为基本成分的)	6.5	40	17	9	千克	
34070090	---其他						
3407009000	其他塑型用膏(包括供儿童娱乐用物品)	10	100	17	9	千克	

第三十五章　蛋白类物质;改性淀粉;胶;酶

注释:

一、本章不包括:

(一)酵母(品目 21.02);

(二)第三十章的血份(非治病、防病用的血清白蛋白除外)、药品及其他产品;

(三)预鞣用酶制剂(品目 32.02);

(四)第三十四章的加酶的浸透剂、洗涤剂及其他产品;

(五)硬化蛋白(品目 39.13);

(六)印刷工业用的明胶产品(第四十九章)。

二、品目 35.05 所称"糊精",是指淀粉的降解产品,其还原糖含量以右旋糖的干重量计不超过 10%。

如果还原糖含量超过 10%,应归入品目 17.02。

商品编号	商品名称及备注	进口关税税率(%)		增值税率(%)	出口退税率(%)	计量单位	监管条件
		最惠国	普通				
3501	**酪蛋白、酪蛋白酸盐及其他酪蛋白衍生物;酪蛋白胶**						
35011000	-酪蛋白						
3501100000	酪蛋白	10	35	17	13	千克	AB
35019000	-其他						
3501900000	酪蛋白酸盐及其衍生物,酪蛋白胶	10	35	17	13	千克	AB
3502	**白蛋白(包括按重量计干质成分的乳清蛋白含量超过 80% 的两种或两种以上的乳清蛋白浓缩物)、白蛋白盐及其他白蛋白衍生物**						
35021100	--干的						
3502110000	干的卵清蛋白	10	80	17	13	千克	AB
35021900	--其他						
3502190000	其他卵清蛋白	10	80	17	13	千克	AB
35022000	-乳白蛋白,包括两种或两种以上的乳清蛋白浓缩物						
3502200000	乳白蛋白(包括两种或两种以上乳清蛋白浓缩物)	10	35	17	13	千克	AB
35029000	-其他						
3502900000	其他白蛋白及白蛋白盐(包括白蛋白衍生物)	10	35	17	13	千克	AB
3503	**明胶(包括长方形、正方形明胶薄片,不论是否表面加工或着色)及其衍生物;鱼鳔胶;其他动物胶,但不包括品目 35.01 的酪蛋白胶**						
35030010	---明胶及其衍生物						
3503001001[暂5]	明胶	12	35	17	13	千克	AB
3503001090	明胶的衍生物(包括长方形、正方形明胶薄片,不论是否表面加工或着色)	12	35	17	13	千克	AB
35030090	---其他						
3503009000	鱼鳔胶、其他动物胶(但不包括品目 35.01 的酪蛋白胶)	12	50	17	13	千克	AB
3504	**蛋白胨及其衍生物;其他税号未列名的蛋白质及其衍生物;皮粉,不论是否加入铬矾**						
35040010	---蛋白胨						
3504001000	蛋白胨	3	11	17	13	千克	AB
35040090	---其他						
3504009000	其他编号未列名蛋白质及其衍生物[包括蛋白胨的衍生物及皮粉(不论是否加入铬矾)]	8	35	17	13	千克	AB
3505	**糊精及其他改性淀粉(例如,预凝化淀粉或酯化淀粉);以淀粉、糊精或其他改性淀粉为基本成分的胶**						
35051000	-糊精及其他改性淀粉						
3505100000[暂6]	糊精及其他改性淀粉	12	50	17	13	千克	A
35052000	-胶						
3505200000	以淀粉糊精等为基本成分的胶	20	50	17	13	千克	A

商品编号	商品名称及备注	进口关税税率(%)		增值税率(%)	出口退税率(%)	计量单位	监管条件
		最惠国	普通				
3506	**其他编号未列名的调制胶及其他调制黏合剂;适于作胶或黏合剂用的产品,零售包装每件净重不超过1千克**						
35061000	-适于作胶或黏合剂用的产品,零售包装每件净重≤1千克						
3506100010	硅酮结构密封胶(零售包装每件净重≤1千克)	10	90	17	13	千克	A
3506100090	其他适于作胶或黏合剂的零售产品(零售包装每件净重≤1千克)	10	90	17	13	千克	
35069110	---以聚酰胺为基本成分的						
3506911000	以聚酰胺为基本成分的黏合剂	10	90	17	13	千克	
35069120	---以环氧树脂为基本成分的						
3506912000	以环氧树脂为基本成分的黏合剂	10	90	17	13	千克	
35069190	---其他						
3506919010	非零售,硅酮结构密封胶	10	90	17	13	千克	A
3506919020	专门或主要用于显示屏或触摸屏制造的光学透明膜黏合剂和光固化液体黏合剂[包括以人造树脂(环氧树脂除外)为基本成分的]	7.5/5*	90	17	13	千克	
3506919090	其他以橡胶或塑料为基本成分的黏合剂[包括以人造树脂(环氧树脂除外)为基本成分的]	10	90	17	13	千克	
35069900	--其他						
3506990000	其他编号未列名的调制胶、黏合剂	10	90	17	13	千克	
3507	**酶;其他税号未列名的酶制品**						
35071000	-粗制凝乳酶及其浓缩物						
3507100000	粗制凝乳酶及其浓缩物	6	30	17	13	千克	AB
35079010	---碱性蛋白酶						
3507901000	碱性蛋白酶	6	30	17	13	千克	AB
35079020	---碱性脂肪酶						
3507902000	碱性脂肪酶	6	30	17	13	千克	AB
35079090	---其他						
3507909000	其他编号未列名的酶制品	6	30	17	13	千克	AB

* 最惠国税率中,"/"左边的税率截止日期为2017年6月30日,"/"右边的税率截止日期为2999年12月31日。

第三十六章 炸药;烟火制品;火柴;引火合金;易燃材料制品

注释:

一、本章不包括单独的已有化学定义的化合物,但下列注释二(一)、(二)所述物品除外。

二、品目36.06所称"易燃材料制品",只适用于:

(一)聚乙醛、六甲撑四胺及类似物质,已制成片、棒或类似形状做燃料用的;以酒精为基本成分的固体或半固体燃料及类似的配制燃料;

(二)直接灌注香烟打火机及类似打火器用的液体燃料或液化气体燃料,其包装容器的容积不超过300立方厘米;

(三)树脂火炬、引火物及类似品。

商品编号	商品名称及备注	进口关税税率(%)		增值税率(%)	出口退税率(%)	计量单位	监管条件
		最惠国	普通				
3601	**发射药**						
36010000	发射药						
3601000010	模压的胶质推进剂	9	50	17	0	千克	3
3601000020	含硝化粘接剂及铝粉>5%的推进剂	9	50	17	0	千克	3
3601000090	其他发射药	9	50	17	0	千克	
3602	**配制炸药,但发射药除外**						
36020010	---硝铵炸药						
3602001010	符合特定标准的硝铵炸药(硝胺类物质>2%,或密度>1.8克/立方厘米、爆速>8000米/秒)	9	50	17	0	千克	3
3602001090	其他硝铵炸药,但发射药除外	9	50	17	0	千克	
36020090	---其他						
3602009010	符合特定标准的其他配制炸药[含有超过2%(按重量计)的下述任何一种物质:(环)四亚甲基四硝胺(HMX)、(环)三亚甲基三硝基胺(RDX)、三氨基三硝基苯(TATB)、氨基二硝基苯并氧化呋咱或7-氨基-4,6-硝基苯并呋咱-1-氧化物、六硝基芪(HNS)等,或晶体密度>1.8克/立方厘米、爆速>8000米/秒的各种炸药)	9	50	17	0	千克	3
3602009090	其他配制炸药,但发射药除外	9	50	17	0	千克	
3603	**安全导火索;导爆索;火帽或雷管;引爆器;电雷管**						
36030000	安全导火索;导爆索;火帽或雷管;引爆器;电雷管						
3603000010	爆炸桥	9	50	17	0	千克	3
3603000020	爆炸桥丝	9	50	17	0	千克	3
3603000030	冲击片	9	50	17	0	千克	3
3603000040	爆炸箔起爆器	9	50	17	0	千克	3
3603000050	使用单个或多个雷管的装置(由单一点火信号同时起爆,不包括仅使用起药的雷管)	9	50	17	0	千克	3
3603000060	炸药雷管点火装置(用于引爆上述品目36.03各编号列名的爆炸配件的雷管)	9	50	17	0	千克	3
3603000090	其他安全导火索、导爆索等引爆器件(包括火帽或雷管、引爆器、电雷管)	9	50	17	0	千克	
3604	**烟花、爆竹、信号弹、降雨火箭、浓雾信号弹及其他烟火制品**						
36041000	-烟花、爆竹						
3604100000	烟花、爆竹	6	130	17	13	千克	AB
36049000	-其他						
3604900000	信号弹、降雨火箭及其他烟火制品(包括浓雾信号弹)	6	100	17	13	千克	
3605	**火柴,但品目36.04的烟火制品除外**						
36050000	火柴,但品目36.04的烟火制品除外						
3605000000	火柴,但品目36.04的烟火制品除外	6	100	17	0	千克	
3606	**各种形状的铈铁及其他引火合金;本章注释二所述的易燃材料制品**						

商品编号	商品名称及备注	进口关税税率(%)		增值税率(%)	出口退税率(%)	计量单位	监管条件
		最惠国	普通				
36061000	-直接灌注香烟打火机及类似打火器用的液体燃料或液化气体燃料,其包装容器的容积≤300立方厘米						
3606100000	打火机等用液体或液化气体燃料(其包装容器的容积≤300立方厘米)	10	80	17	0	千克	
36069011	----已切成形可直接使用						
3606901100	已切成形可直接使用的铈铁(包括其他引火合金)	9	80	17	0	千克	
36069019	----其他						
3606901900	未切成形不可直接使用的铈铁(包括其他引火合金)	9	50	17	0	千克	
36069090	---其他						
3606909000	其他易燃材料制品(本章注释二所述的)	9	80	17	0	千克	

第三十七章　照相及电影用品

注释：

一、本章不包括废碎料。

二、本章所称"摄影"，是指光或其他射线作用于感光面上直接或间接形成可见影像的过程。

商品编号	商品名称及备注	进口关税税率(%)		增值税率(%)	出口退税率(%)	计量单位	监管条件
		最惠国	普通				
3701	**未曝光的摄影感光硬片及平面软片，用纸、纸板及纺织物以外任何材料制成；未曝光的一次成像感光平片，不论是否分装**						
37011000	-X 光用						
3701100000[暂10]	未曝光的 X 光感光硬片及平面软片	20	40	17	13	千克/平方米	
37012000	-一次成像平片						
3701200000	未曝光的一次成像感光平片(平面，不论是否分装)	5	40	17	13	千克	
37013021	----激光照排片						
3701302100	未曝光照相制版用激光照排片(任何一边>255 毫米)	7.5/5*	50	17	13	千克/平方米	
37013022	----PS 版						
3701302200	未曝光照相制版用 PS 版(任何一边>255 毫米)	7.5/5*	50	17	13	千克/平方米	
37013024	----CTP 版						
3701302400	未曝光照相制版用 CTP 版(任何一边>255 毫米)	7.5/5*	50	17	13	千克/平方米	
37013025	----柔性印刷版						
3701302500	柔性印刷版(厚度<3 毫米的)(任何一边>255 毫米)	7.5/5*	50	17	13	千克/平方米	
37013029	----其他						
3701302900	其他未曝光照相制版用感光硬软片(任何一边>255 毫米)	7.5/5*	50	17	13	千克/平方米	
37013090	---其他						
3701309000	未曝光其他用途的感光硬片及软片(平面软片，任何一边>255 毫米)	15/10*	70	17	13	千克/平方米	
37019100	--彩色摄影用						
3701910000	其他用未曝光彩色硬片及平面软片(边长≤255 毫米)	22	70	17	13	千克	
37019920	---照相制版用						
3701992001[暂5]	石英玻璃基质的未曝光感光硬片	8.8/7.5*	40	17	13	千克/平方米	
3701992090	照相制版用其他未曝光软片及硬片(非彩色摄影用，边长≤255 毫米)	8.8/7.5*	40	17	13	千克/平方米	
37019990	---其他						
3701999000	其他用未曝光软片及硬片(非彩色摄影用，边长≤255 毫米)	21.9/18.8*	70	17	13	千克/平方米	
3702	**成卷的未曝光摄影感光胶片，用纸、纸板及纺织物以外任何材料制成；未曝光的一次成像感光卷片**						
37021000	-X 光用						
3702100000	成卷的未曝光的 X 光感光胶片	10	40	17	13	千克/平方米	
37023110	----一次成像卷片						
3702311000	未曝光无齿孔彩色窄一次成像感光卷片(窄胶卷指宽度≤105 毫米，彩色摄影用)	5	40	17	13	个/平方米	
37023190	---其他						
3702319000	其他未曝光无齿孔彩色窄胶卷(窄胶卷指宽度≤105 毫米，彩色摄影用)	见附表 2	见附表 2	17	13	个/平方米	
37023210	----一次成像卷片						
3702321000	照相制版涂卤化银液无齿孔窄一次成像感光卷片(成卷未曝光感光胶片，窄胶卷指宽度≤105 毫米)	5	40	17	13	千克/平方米	

* 最惠国税率中，"/"左边的税率截止日期为 2017 年 6 月 30 日，"/"右边的税率截止日期为 2999 年 12 月 31 日。

商品编号	商品名称及备注	进口关税税率(%)		增值税率(%)	出口退税率(%)	计量单位	监管条件
		最惠国	普通				
37023220	---照相制版用						
3702322000	照相制版涂卤化银液无齿孔窄胶卷(成卷未曝光感光胶片,窄胶卷指宽度≤105毫米)	见附表2	见附表2	17	13	千克/平方米	
37023290	---其他						
3702329000	其他涂卤化银乳液无齿孔窄胶卷(成卷未曝光感光胶片,窄胶卷指宽度≤105毫米)	见附表2	见附表2	17	13	千克/平方米	
37023920	---照相制版用						
3702392000	照相制版用其他无齿孔窄感光胶卷(成卷未曝光感光胶片,窄胶卷指宽度≤105毫米)	见附表2	见附表2	17	13	千克/平方米	
37023990	---其他						
3702399000	其他用无齿孔窄感光胶卷(成卷未曝光感光胶片,窄胶卷指宽度≤105毫米)	见附表2	见附表2	17	13	千克/平方米	
37024100	--彩色摄影用,宽度>610毫米,长度>200米						
3702410000	未曝光无齿孔宽长彩色胶卷(宽长胶卷指宽度>610毫米,长度>200米)	见附表2	见附表2	17	13	千克/平方米	
37024221	----印刷电路板制造用光致抗蚀干膜						
3702422100	印刷电路板制造用光致抗蚀干膜(指宽度>610毫米,长度>200米)	见附表2	见附表2	17	13	千克/平方米	
37024229	----其他						
3702422900	照相制版其他未曝光无齿宽长胶卷(宽长指宽度>610毫米,长度>200米,非彩色摄影用)	见附表2	见附表2	17	13	千克/平方米	
37024292	----红色或红外激光胶片						
3702429201[暂0]	未曝光红色或红外激光胶片(宽长胶卷指宽度>800毫米,长度>1000米)	见附表2	见附表2	17	13	千克/平方米	
3702429290	其他未曝光红色或红外激光胶片(610毫米< 宽度 ≤ 800毫米, 200米<长度≤1000米)	见附表2	见附表2	17	13	千克/平方米	
37024299	----其他						
3702429900	其他未曝光无齿孔宽长胶卷(宽长胶卷指宽度>610毫米,长度>200米,非彩色摄影用)	见附表2	见附表2	17	13	千克/平方米	
37024321	----激光照排片						
3702432100	照相制版用激光照排片(宽度>610毫米,长度≤200米)	见附表2	见附表2	17	13	千克/平方米	
37024329	----其他						
3702432900	其他照相制版用未曝光无齿孔胶卷(指宽度>610毫米,长度≤200米)	见附表2	见附表2	17	13	千克/平方米	
37024390	---其他						
3702439000	其他用未曝光无齿孔中长胶卷(中长胶卷指宽度>610毫米,长度≤200米)	见附表2	见附表2	17	13	千克/平方米	
37024421	----激光照排片						
3702442100	照相制版用未曝光激光照排片(105毫米<宽度≤610毫米)	见附表2	见附表2	17	13	千克/平方米	
37024422	----印刷电路板制造用光致抗蚀干膜						
3702442200	印刷电路板制造用光致抗蚀干膜(105毫米<宽度≤610毫米)	见附表2	见附表2	17	13	千克/平方米	
37024429	----其他						
3702442900	其他照相制版用无齿孔未曝光胶卷(105毫米<宽度≤610毫米)	见附表2	见附表2	17	13	千克/平方米	
37024490	---其他						
3702449000	其他用无齿孔未曝光中宽胶卷(中宽胶卷指105毫米<宽度≤610毫米)	见附表2	见附表2	17	13	千克/平方米	
37025200	--宽度≤16毫米						
3702520000	未曝光中窄彩色胶卷(中窄胶卷指宽度≤16毫米)	见附表2	见附表2	17	13	米/平方米	
37025300	--幻灯片用,16毫米<宽度≤35毫米,长度≤30米						
3702530000	幻灯片用未曝光彩色摄影胶卷(16毫米<宽度≤35毫米,长度≤30米)	见附表2	见附表2	17	13	米/平方米	
37025410	---宽度=35毫米,长度≤2米						
3702541000	非幻灯片用彩色摄影胶卷(宽度=35毫米,长度≤2米)	见附表2	见附表2	17	13	米/平方米	
37025490	---其他						
3702549000	其他非幻灯片用彩色摄影胶卷(16毫米<宽度≤35毫米,长度≤30米)	见附表2	见附表2	17	13	米/平方米	
37025520	---电影胶片						
3702552000	未曝光的彩色电影胶卷(16毫米<宽度≤35毫米,长度>30米)	见附表2	见附表2	17	13	米/平方米	
37025590	---其他						
3702559000	其他未曝光窄长彩色胶卷(窄长胶卷指16毫米<宽度≤35毫米,长度>30米)	见附表2	见附表2	17	13	米/平方米	

商品编号	商品名称及备注	进口关税税率(%)		增值税率(%)	出口退税率(%)	计量单位	监管条件
		最惠国	普通				
37025620	---电影胶片						
3702562000	未曝光的中宽彩色电影胶卷(中宽胶卷指宽度>35 毫米)	见附表2	见附表2	17	13	米/平方米	
37025690	---其他						
3702569000	其他未曝光的中宽彩色胶卷(中宽胶卷指宽度>35 毫米)	见附表2	见附表2	17	13	米/平方米	
37029600	--宽度≤35 毫米,长度≤30 米						
3702960000	宽度≤35 毫米,长度≤30 米有齿孔未曝光非彩色胶卷(用纸、纸板及纺织物以外任何材料制成)	见附表2	见附表2	17	13	米/平方米	
37029700	--宽度≤35 毫米,长度>30 米						
3702970000	宽度≤35 毫米,长度>30 米有齿孔未曝光非彩色胶卷(用纸、纸板及纺织物以外任何材料制成)	见附表2	见附表2	17	13	米/平方米	
37029800	--宽度>35 毫米						
3702980000	宽度>35 毫米有齿孔未曝光非彩色胶卷(用纸、纸板及纺织物以外任何材料制成)	见附表2	见附表2	17	13	米/平方米	
3703	**未曝光的摄影感光纸、纸板及纺织物**						
37031010	---感光纸及纸板						
3703101000	成卷未曝光的宽幅感光纸及纸板(宽幅指成卷宽度>610 毫米)	18	100	17	13	千克	
37031090	---其他						
3703109000	成卷未曝光的宽幅感光布(宽幅指成卷宽度>610 毫米)	18	70	17	13	千克	
37032010	---感光纸及纸板						
3703201000	未曝光的彩色感光纸及纸板(成卷的宽幅感光纸及纸板除外)	35	100	17	13	千克	
37032090	---其他						
3703209000	未曝光的彩色感光布(成卷的宽幅感光布除外)	18	70	17	13	千克	
37039010	---感光纸及纸板						
3703901000	其他未曝光的非彩色感光纸及纸板(成卷的宽幅感光纸及纸板除外)	35	100	17	13	千克	
37039090	---其他						
3703909000	其他未曝光的非彩色感光布(成卷的宽幅感光布除外)	18	70	17	13	千克	
3704	**已曝光未冲洗的摄影硬片、软片、纸、纸板及纺织物**						
37040010	---电影胶片						
3704001000	已曝光未冲洗的电影胶片	6.5	30	17	13	千克	Z
37040090	---其他						
3704009000	其他已曝光未冲洗的摄影硬、软片(包括已曝光未冲洗的感光纸、纸板及纺织物)	18	70	17	13	千克	
3705	**已曝光已冲洗的摄影硬片及软片,但电影胶片除外**						
37050010	---教学专用幻灯片						
3705001000	已冲洗的教学专用幻灯片	0	0	17		千克	
37050021	----书籍、报刊的						
3705002100	书籍、报刊用的已曝光已冲洗的缩微胶片	0	0	17		千克	
37050029	----其他						
3705002900	已曝光已冲洗的其他缩微胶片	3/2*	14	17		千克	
37050090	---其他						
3705009000	已冲洗的其他摄影硬、软片(电影胶片除外)	13.5/9*	70	17		千克	
3706	**已曝光已冲洗的电影胶片,不论是否配有声道或仅有声道**						
37061010	---教学专用						
3706101000	已冲洗的教学专用中宽电影胶片(中宽胶片指宽度≥35 毫米,不论是否配有声道或仅有声道)	0	0	17	17	千克/米	Z
37061090	---其他						

* 最惠国税率中,"/"左边的税率截止日期为 2017 年 6 月 30 日,"/"右边的税率截止日期为 2999 年 12 月 31 日。

商品编号	商品名称及备注	进口关税税率(%)		增值税率(%)	出口退税率(%)	计量单位	监管条件
		最惠国	普通				
3706109000	已冲洗的其他中宽电影胶片(中宽胶片指宽度≥35毫米,不论是否配有声道或仅有声道)	5	14	17	17	千克/米	Z
37069010	---教学专用						
3706901000	教学专用其他已冲洗的电影胶片(宽度<35毫米)	0	0	17	17	千克/米	Z
37069090	---其他						
3706909000	其他已冲洗的电影胶片(宽度<35毫米)	4	14	17	17	千克/米	Z
3707	**摄影用化学制剂(不包括上光漆、胶水、黏合剂及类似制剂);摄影用未混合产品,定量包装或零售包装可立即使用的**						
37071000	-感光乳液						
3707100001[暂4]	不含银的感光乳液剂	8	35	17	13	千克	
3707100090	其他感光乳液	8	35	17	13	千克	
37079010	---冲洗照相胶卷及相片用						
3707901000	冲洗胶卷及相片用化学制剂(包括摄影用未混合产品,定量或零售包装即可使用的)	14/12*	100	17	13	千克	
37079020	---复印机用						
3707902000[暂8]	复印机用化学制剂(不包括上光漆、胶水、黏合剂及类似制剂)	8.8/7.5*	45	17	13	千克	
37079090	---其他						
3707909000	其他摄影用化学制剂(包括摄影用未混合产品)	7/6*	35	17	13	千克	

* 最惠国税率中,"/"左边的税率截止日期为2017年6月30日,"/"右边的税率截止日期为2999年12月31日。

第三十八章　杂项化学产品

注释：

一、本章不包括：

(一)单独的已有化学定义的元素及化合物，但下列各项除外：

1. 人造石墨(品目38.01)；

2. 制成品目38.08所述的形状或包装的杀虫剂、杀鼠剂、杀菌剂、除草剂、抗萌剂、植物生长调节剂、消毒剂及类似产品；

3. 灭火器的装配药及已装药的灭火弹(品目38.13)；

4. 下列注释二所规定的检定参照物；

5. 下列注释三(一)及三(三)所规定的产品。

(二)化学品与食物或其他营养物质的混合物，配制食品用的(一般归入品目21.06)。

(三)含有金属、砷及其混合物，并符合第二十六章注释三(一)或三(二)的规定的矿渣、矿灰和残渣(包括淤渣，但下水道淤泥除外)(品目26.20)。

(四)药品(品目30.03及30.04)。

(五)用于提取贱金属或生产贱金属化合物的废催化剂(品目26.20)，主要用于回收贵金属的废催化剂(品目71.12)，或某种形态(例如，精细粉末或纱网纱)的金属或金属合金催化剂(第十四类或第十五类)。

二、(一)品目38.22所称的"检定参照物"，是指附有证书的参照物，该证书标明了参照物属性的指标、确定这些指标的方法以及与每一指标相关的确定度，这些参照物适用于分析、校准和比较。

(二)除第二十八章和二十九章的产品外，检定参照物在本手册中应优先归入品目38.22。

三、品目38.24包括不归入本手册其他品目的下列货品：

(一)每颗重量不小于2.5克的氧化镁、碱金属或碱土金属卤化物制成的培养晶体(光学元件除外)；

(二)杂醇油、骨焦油；

(三)零售包装的除墨剂；

(四)零售包装的蜡纸改正液、其他改正液及改正带(品目96.12的产品除外)；以及

(五)可熔性陶瓷测温器(例如塞格测温锥)。

四、本手册所称"城市垃圾"，是指从家庭、宾馆、餐馆、医院、商店、办公室等收集来的废物、马路和人行道的垃圾以及建筑垃圾或废墟废物。城市垃圾通常含有大量各种各样的材料，例如，塑料、橡胶、木材、纸张、纺织品、玻璃、金属、食物、破碎家具和其他已损坏或被丢弃的物品，但不包括：

(一)已从垃圾中分拣出来的单独的材料或物品，例如，塑料、橡胶、木材、纸张、纺织品、玻璃、金属的废品及用尽的电池，这些材料或物品应归入本手册中适当品目；

(二)工业废物；

(三)第三十章注释四(十)所规定的废药物；

(四)本章注释六(一)所规定的医疗废物。

五、品目38.25所称"下水道游泥"，是指城市污水处理厂产生的淤渣，包括预处理的废物、刷洗污垢和性质不稳定的淤泥。但适合作为肥料用的性质稳定的淤泥除外(第三十一章)。

六、品目38.25所称"其他废物"适用于：

(一)医疗废物，即医学研究、诊断、治疗以及其他内科、外科、牙科或兽医治疗所产生的被污染的废物，通常含有病菌和药物，需作专门处理(例如，脏的敷料、用过的手套及注射器)；

(二)废有机溶剂；

(三)废的金属酸洗液、液压油、制动油及防冻液；

(四)其他化学工业及相关工业的废物。

但不包括主要含有石油及从沥青矿物提取的油类的废油(品目27.10)。

七、品目38.26所称的"生物柴油"，是指从动植物油脂(不论是否使用过)得到的用做燃料的脂肪酸单烷基酯。

子目注释：

一、子目3808.52及3808.59仅包括品目38.08的货品，含有一种或多种下列物质：甲草胺(ISO)、涕灭威(ISO)、艾氏剂(ISO)、谷硫磷(ISO)、乐杀螨(ISO)、毒杀芬(ISO)、敌菌丹(ISO)、氯丹(ISO)、杀虫脒(ISO)、乙酯杀螨醇(ISO)、滴滴涕(ISO,INN)[1,1,1-三氯-2,2-双(4-氯苯基)乙烷]、狄氏剂(ISO,INN)、4,6-二硝基邻甲酚[二硝酚(ISO)]及其盐、地乐酚(ISO)及其盐或酯、硫丹(ISO)、1,2-二溴乙烷(ISO)、1,2-二氯乙烷(ISO)、氟乙酰胺(ISO)、七氯(ISO)、六氯苯(ISO)、1,2,3,4,5,6-六氯环己烷[六六六(ISO)]，包括林丹(ISO,INN)、汞化合物、甲胺磷(ISO)、久效磷(ISO)、环氧乙烷(氧化乙烯)、对硫磷(ISO)、甲基对硫磷(ISO)、五溴二苯醚及八溴二苯醚、五氯苯酚(ISO)及其盐或酯、全氟辛基磺酸及其盐、全氟辛基磺胺、全氟辛基磺酰氯、磷胺(ISO)、2,4,5-涕(ISO)(2,4,5-三氯苯氧基乙酸)及其盐或酯、三丁基锡化合物。

子目3808.59还包括含有苯菌灵(ISO)、克百威(ISO)及福美双(ISO)混合物的粉状制剂。

二、子目3808.61至3808.69仅包括品目38.08项下含有下列物质的货品：α-氯氰菊酯(ISO)、恶虫威(ISO)、联苯菊酯(ISO)、虫螨腈(ISO)、氟氯氰菊酯(ISO)、溴氰菊酯(INN,ISO)、醚菊酯(INN)、杀螟硫磷(ISO)、高效氯氟氰菊酯(ISO)、马拉硫磷(ISO)、甲基嘧啶磷(ISO)、或残杀威(ISO)。

三、子目3824.81至3824.88仅包括含有下列一种或多种物质的混合物及制品：环氧乙烷(氧化乙烯)、多溴联苯(PBBs)、多氯联苯(PCBs)、多氯三联苯(PCTs)、三(2,3-二溴丙基)磷酸酯、艾氏剂(ISO)、毒杀芬(ISO)、氯丹(ISO)、十氯酮(ISO)、滴滴涕(ISO,INN)[1,1,1-三氯-2,2-双(4—氯苯基)乙烷]、狄氏剂(ISO,INN)、硫丹(ISO)、异狄氏剂(ISO)、七氯(ISO)、灭蚁灵(ISO)、1,2,3,4,5,6-六氯环己烷[六六六(ISO)]，包括林丹(ISO,INN)、五氯苯(ISO)、六氯苯(ISO)、全氟辛基磺酸及其盐、全氟辛基磺胺、全氟辛基磺酰氯，或四、五、六、七或八溴联苯醚。

四、子目3825.41和3825.49所称"废有机溶剂"，是指主要含有有机溶剂的废物，不适合再作原产品使用，不论其是否用于回收溶剂。

商品编号	商品名称及备注	进口关税税率(%)		增值税率(%)	出口退税率(%)	计量单位	监管条件
		最惠国	普通				
3801	**人造石墨;胶态或半胶态石墨;以石墨或其他碳为基本成分的糊状、块状、板状制品或其他半制品**						
38011000	-人造石墨						
3801100010[暂3]	核级石墨(纯度高于百万分之五硼当量,密度大于1.50克/立方厘米)	6.5	30	17	0	千克	3
3801100020[暂3]	人造细晶粒整体石墨(20℃下的密度、拉伸断裂应变、热膨胀系数符合特殊要求)	6.5	30	17	0	千克	3
3801100090[暂3]	其他人造石墨	6.5	30	17	0	千克	3
38012000	-胶态或半胶态石墨						
3801200000	胶态或半胶态石墨	6.5	30	17	0	千克	
38013000	-电极用碳糊及炉衬用的类似糊						
3801300000	电极用碳糊及炉衬用的类似糊	6.5	35	17	0	千克	
38019010	---表面处理的球化石墨						
3801901000	表面处理的球化石墨	6.5	35	17	13	千克	3
38019090	---其他						
3801909000	其他以石墨或其他碳为基料的制品(呈糊状、块状、板状的制品或其他半制品)	6.5	35	17	0	千克	3
3802	**活性炭;活性天然矿产品;动物炭黑,包括废动物炭黑**						
38021010	---木质的						
3802101000	木质的活性炭	6.5	20	17	0	千克	G
38021090	---其他						
3802109000	其他活性炭	6.5	20	17	0	千克	G
38029000	-其他						
3802900010	濒危动物炭黑(包括废动物炭黑)	10	45	17	0	千克	FE
3802900090	活性天然矿产品;其他动物炭黑(包括废动物炭黑)	10	45	17	0	千克	
3803	**妥尔油,不论是否精炼**						
38030000	妥尔油,不论是否精炼						
3803000000	妥尔油,不论是否精炼	6.5	35	17	0	千克	
3804	**木浆残余碱液,不论是否浓缩、脱糖或经化学处理,包括木素磺酸盐,但不包括品目38.03的妥尔油**						
38040000	木浆残余碱液,不论是否浓缩、脱糖或经化学处理,包括木素磺酸盐,但不包括品目38.03的妥尔油						
3804000010	未经浓缩、脱糖或经过化学处理的木浆残余碱液(妥尔油除外)	6.5	35	17	0	千克	9
3804000090	经浓缩、脱糖或经过化学处理的木浆残余碱液,包括木素磺酸盐(妥尔油除外)	6.5	35	17	0	千克	
3805	**脂松节油、木松节油和硫酸盐松节油及其他萜烯油,用蒸馏或其他方法从针叶木制得;粗制二聚戊烯;亚硫酸盐松节油及其他粗制对异丙基苯甲烷;以α萜品醇为基本成分的松油**						
38051000	-脂松节油、木松节油和硫酸盐松节油						
3805100000	松节油(包括脂松节油、木松节油和硫酸盐松节油)	6.5	50	17	0	千克	AB
38059010	---松油						
3805901000	以α萜品醇为基本成分的松油	6.5	50	17	0	千克	AB
38059090	---其他						
3805909000	粗制二聚戊烯、亚硫酸盐松节油等(包括其他粗制对异丙基苯甲烷及其他萜烯油)	6.5	50	17	0	千克	
3806	**松香和树脂酸及其衍生物;松香精及松香油;再熔胶**						
38061010	---松香						
3806101000	松香(包括松香渣)	10	70	17	0	千克	
38061020	---树脂酸						
3806102000	树脂酸	10	70	17	0	千克	
38062010	---松香盐及树脂酸盐						

商品编号	商品名称及备注	进口关税税率(%)		增值税率(%)	出口退税率(%)	计量单位	监管条件
		最惠国	普通				
3806201000	松香盐及树脂酸盐	6.5	40	17	13	千克	
38062090	---其他						
3806209000	松香或树脂酸衍生物的盐(松香加合物的盐除外)	6.5	40	17	13	千克	
38063000	-酯胶						
3806300000	酯胶	6.5	50	17	0	千克	AB
38069000	-其他						
3806900000	其他松香及树脂酸衍生物(包括松香精及松香油;再熔胶)	6.5	40	17	0	千克	
3807	**木焦油;精制木焦油;木杂酚油;粗木精;植物沥青;以松香、树脂酸或植物沥青为基本成分的啤酒桶沥青及类似制品**						
38070000	木焦油;精制木焦油;木杂酚油;粗木精;植物沥青;以松香、树脂酸或植物沥青为基本成分的啤酒桶沥青及类似制品						
3807000000	木焦油木杂酚油粗木精植物沥青等(包括以松香、树脂酸植物沥青为基料的啤酒桶沥青及类似)	6.5	35	17	0	千克	
3808	**杀虫剂、杀鼠剂、杀菌剂、除草剂、抗萌剂、植物生长调节剂、消毒剂及类似产品,零售形状、零售包装或制成制剂及成品(例如,经硫磺处理的带子、杀虫灯芯、蜡烛及捕蝇纸)**						
38085200	--DDT(ISO)[滴滴涕(INN)],每包净重≤300克						
3808520000	DDT(ISO)[滴滴涕(INN)],每包净重≤300克	9	35	13		千克	S
38085910	---零售包装的						
3808591010	零售包装的含一种第三十八章子目注释一所列物质的货品	9	35	13		千克	S
3808591090	零售包装的含多种第三十八章子目注释一所列物质的货品	9	35	13		千克	X
38085990	---其他						
3808599010	非零售包装的含有一种第三十八章子目注释一所列物质的货品	5	11	13		千克	AS
3808599090	非零售包装的含多种第三十八章子目注释一所列物质的货品	5	11	13		千克	X
38086100	--每包净重≤300克						
3808610000	含第三十八章子目注释二所列物质的货品,每包净重≤300克	10	35	13		千克	AS
38086200	--每包300克<净重≤7.5千克						
3808620000	含第三十八章子目注释二所列物质的货品,每包300克<净重≤7.5千克	10	35	13		千克	AS
38086900	--其他						
3808690000	其他含第三十八章子目注释二所列物质的货品	6	11	13		千克	AS
38089111	----蚊香						
3808911100	蚊香(不含有一种或多种第三十八章子目注释一所列物质的货品)	10	80	17	5	千克	AS
38089112	----生物杀虫剂						
3808911200	零售包装的生物杀虫剂	10	35	13	5	千克	AS
38089119	----其他						
3808911900	零售包装的其他杀虫剂成药	10	35	13	5	千克	AS
38089190	---其他						
3808919000	非零售包装杀虫剂成药	6	11	13	5	千克	AS
38089210	---零售包装						
3808921000	零售包装的杀菌剂成药	9	35	17	5	千克	S
38089290	---其他						
3808929010	非零售包装的医用杀菌剂	6	11	17	5	千克	
3808929021	经农药杀菌剂浸渍的纸质水果套袋	6	11	17	5	千克	S
3808929029	非零售包装的其他农用杀菌剂成药	6	11	13	5	千克	S
3808929090	非零售包装的非农用杀菌剂成药(包括非医用杀菌剂)	6	11	13	5	千克	
38089311	----零售包装						
3808931100	零售包装的除草剂成药	9	35	13	5	千克	AS

商品编号	商品名称及备注	进口关税税率(%)		增值税率(%)	出口退税率(%)	计量单位	监管条件
		最惠国	普通				
38089319	----其他						
3808931910	非零售包装百草枯母液	5	11	13	5	千克	AS
3808931990	其他非零售包装的除草剂成药	5	11	13	5	千克	AS
38089391	----零售包装						
3808939100	零售包装抗萌剂及植物生长调节剂	9	35	13	5	千克	S
38089399	----其他						
3808939900	非零售抗萌剂及植物生长调节剂	6	14	13	5	千克	S
38089400	--消毒剂						
3808940010	医用消毒剂	9	35	17	5	千克	
3808940020	兽用已配剂量含戊二醛、癸甲溴铵消毒剂等(包括复方煤焦油酸溶液消毒防腐药)	9	35	13	5	千克	R
3808940090	其他非医用消毒剂	9	35	13	5	千克	
38089910	---零售包装						
3808991000	零售包装的杀鼠剂及其他农药(包括类似品)	9	35	13	5	千克	S
38089990	---其他						
3808999000	非零售包装的杀鼠剂及其他农药(包括类似品)	9	14	13	5	千克	S
3809	**纺织、造纸、制革及类似工业用的其他税号未列名的整理剂、染料加速着色或固色助剂及其他产品和制剂(例如,修整剂及媒染剂)**						
38091000	-以淀粉物质为基本成分						
3809100000	以淀粉为基料的纺织等工业用制剂(纺织、造纸、制革等工业用整理剂、固色剂及其他制剂)	10	35	17	0	千克	
38099100	--纺织工业及类似工业用						
3809910000	纺织工业用其他未列名产品和制剂(包括整理剂、染料加速着色或固色助剂及其他制剂)	6.5	35	17	0	千克	
38099200	--造纸工业及类似工业用						
3809920000	造纸工业用其他未列名产品和制剂(包括整理剂、染料加速着色或固色助剂及其他制剂)	6.5	35	17	0	千克	
38099300	--制革工业及类似工业用						
3809930000	制革工业用其他未列名产品和制剂(包括整理剂、染料加速着色或固色助剂及其他制剂)	6.5	35	17	0	千克	
3810	**金属表面酸洗剂;焊接用的焊剂及其他辅助剂;金属及其他材料制成的焊粉或焊膏;作焊条芯子或焊条涂料用的制品**						
38101000	-金属表面酸洗剂;金属及其他材料制成的焊粉或焊膏						
3810100000	金属表面酸洗剂焊粉或焊膏(金属及其他材料制成的焊粉或焊膏)	6.5	35	17	13	千克	
38109000	-其他						
3810900000	焊接用的焊剂及其他辅助剂等(包括作焊条芯子或焊条涂料用的制品)	6.5	35	17	0	千克	
3811	**抗震剂、抗氧剂、防胶剂、黏度改良剂、防腐蚀制剂及其他配制添加剂,用于矿物油(包括汽油)或与矿物油同样用途的其他液体**						
38111100	--以铅化合物为基本成分						
3811110000	以铅化合物为基本成分的抗震剂	6.5	35	17	0	千克	X
38111900	--其他						
3811190000	其他抗震剂	6.5	35	17	0	千克	
38112100	--含有石油或从沥青矿物提取的油类						
3811210000	含有石油的润滑油添加剂(包括含有从沥青矿物提取的油类的润滑油添加剂)	6.5	35	17	0	千克	
38112900	--其他						
3811290000	不含石油的润滑油添加剂	6.5	35	17	0	千克	
38119000	-其他						

商品编号	商品名称及备注	进口关税税率(%)		增值税率(%)	出口退税率(%)	计量单位	监管条件
		最惠国	普通				
3811900000	其他矿物油用的配制添加剂(抗氧剂、防胶剂、黏度改良剂、防腐剂及其他配制添加剂)	6.5	35	17	0	千克	
3812	**配制的橡胶促进剂;其他税号未列名的橡胶或塑料用复合增塑剂;橡胶或塑料用抗氧制剂及其他复合稳定剂**						
38121000	-配制的橡胶促进剂						
3812100000	配制的橡胶促进剂	6	20	17	13	千克	
38122000	-橡胶或塑料用复合增塑剂						
3812200000	橡胶或塑料用复合增塑剂	6.5	35	17	5	千克	
38123100	--2,2,4-三甲基-1,2-二氢化喹啉(TMQ)低聚体混合物						
3812310000	2,2,4-三甲基-1,2-二氢化喹啉(TMQ)低聚体混合物	6	20	17		千克	
38123910	---其他橡胶防老剂						
3812391000	其他橡胶防老剂	6	20	17		千克	
38123990	---其他						
3812399000	其他橡胶或塑料用抗氧制剂及其他复合稳定剂	6.5	35	17		千克	
3813	**灭火器的装配药;已装药的灭火弹**						
38130010	---灭火器的装配药						
3813001000	灭火器的装配药	6.5	35	17	0	千克	
38130020	---已装药的灭火弹						
3813002000	已装药的灭火弹	10	70	17	0	千克	
3814	**其他编号未列名的有机复合溶剂及稀释剂;除漆剂**						
38140000	其他编号未列名的有机复合溶剂及稀释剂;除漆剂						
3814000000	有机复合溶剂及稀释剂,除漆剂(指其他编号未列名的)	10	50	17	0	千克	
3815	**其他编号未列名的反应引发剂、反应促进剂、催化剂**						
38151100	--以镍及其化合物为活性物的						
3815110000	以镍为活性物的载体催化剂(包括以镍化合物为活性物的)	6.5	35	17	0	千克	
38151200	--以贵金属及其化合物为活性物的						
3815120010[暂4]	载铂催化剂(为了从重水中回收氚或为了生产重水而专门设计或制备,用于加速氢和水之间的氢同位素交换反应)	6.5	35	17	0	千克	3
3815120090[暂4]	其他以贵金属为活性物的载体催化剂	6.5	35	17	0	千克	
38151900	--其他						
3815190000	其他载体催化剂	6.5	35	17	0	千克	
38159000	-其他						
3815900000	其他未列名的反应引发剂、促进剂(包括反应催化剂)	6.5	35	17	0	千克	
3816	**耐火的水泥、灰泥、混凝土及类似耐火混合制品,但品目38.01的产品除外**						
38160000	耐火的水泥、灰泥、混凝土及类似耐火混合制品,但品目38.01的产品除外						
3816000000	耐火水泥、灰泥及类似耐火材料(耐火混凝土及类似耐火混合制品,但品目38.01的产品除外)	6.5	35	17	0	千克	
3817	**混合烷基苯及混合烷基萘,但品目27.07及29.02的货品除外**						
38170000	混合烷基苯及混合烷基萘,但品目27.07及29.02的货品除外						
3817000000	混合烷基苯和混合烷基萘(品目27.07及29.02的货品除外)	6.5	35	17	13	千克	
3818	**经掺杂用于电子工业的化学元素,已切成圆片、薄片或类似形状;经掺杂用于电子工业的化合物**						
38180011	----直径≤15.24厘米						
3818001100	7.5厘米≤直径≤15.24厘米单晶硅片(经掺杂用于电子工业的)	0	11	17	13	千克/片	
38180019	----其他						
3818001900	直径>15.24厘米的单晶硅片(经掺杂用于电子工业的)	0	11	17	13	千克/片	
38180090	---其他						

商品编号	商品名称及备注	进口关税税率(%)		增值税率(%)	出口退税率(%)	计量单位	监管条件
		最惠国	普通				
3818009000	其他经掺杂用于工业的晶体切片(包括经掺杂用于电子工业的化学元素及化合物)	0	17	17	13	千克	
3819	**闸用液压油及其他液压传动用液体,不含石油或从沥青矿物提取的油类,或者按重量计石油或从沥青矿物提取的油类含量低于70%**						
38190000	闸用液压油及其他液压传动用液体,不含石油或从沥青矿物提取的油类,或者按重量计石油或从沥青矿物提取的油类含量<70%						
3819000000	闸用液压油及其他液压传动用液体(按重量计石油或从矿物提取的油类含量<70%)	6.5	35	17	0	千克	
3820	**防冻剂及解冻剂**						
38200000	防冻剂及解冻剂						
3820000000	防冻剂及解冻剂	10	35	17	0	千克	
3821	**制成的供微生物(包括病毒及类似品)或植物、人体、动物细胞生长或维持用的培养基**						
38210000	制成的供微生物(包括病毒及类似品)或植物、人体、动物细胞生长或维持用的培养基						
3821000000	制成的供微生物(包括病毒及类似品)生长或维持用培养基(及制成的供植物、人体或动物细胞生长或维持用的培养基)	3	11	17	0	千克	
3822	**附于衬背上的诊断或实验用试剂及不论是否附于衬背上的诊断或实验用配制试剂,但品目30.02及30.06的货品除外;检定参照物**						
38220010	---附于衬背上的						
3822001000	附于衬背上的诊断或实验用试剂(包括不论是否附于衬背上的诊断或实验用配制试剂)	4	35	17	13	千克	AB
38220090	---其他						
3822009000	其他诊断或实验用配制试剂	5	35	17	13	千克	AB
3823	**工业用单羧脂肪酸;精炼所得的酸性油;工业用脂肪醇**						
38231100	--硬脂酸						
3823110000	硬脂酸	16	50	17	13	千克	
38231200	--油酸						
3823120000暂8	油酸	16	50	17	9	千克	A
38231300	--妥尔油脂肪酸						
3823130000	妥尔油脂肪酸	16	50	17	0	千克	
38231900	--其他						
3823190001暂5	植物酸性油(酸性油仅指精炼所得的)	16	50	17	0	千克	
3823190090	其他工业用单羧脂肪酸、酸性油(酸性油仅指精炼所得的)	16	50	17	0	千克	
38237000	-工业用脂肪醇						
3823700000暂9	工业用脂肪醇	13	50	17	0	千克	
3824	**铸模及铸芯用黏合剂;其他税号未列名的化学工业及其相关工业的化学产品及配制品(包括由天然产品混合组成的)**						
38241000	-铸模及铸芯用黏合剂						
3824100000	铸模及铸芯用黏合剂	6.5	35	17	5	千克	
38243000	-自身混合或与金属黏合剂混合的未烧结金属碳化物						
3824300010	混合的未烧结金属碳化钨(包括自身混合或与金属黏合剂混合的)	6.5	35	17	0	千克	4xy
3824300090	其他混合的未烧结金属碳化物(包括自身混合或与金属黏合剂混合的)	6.5	35	17	0	千克	
38244010	---高效减水剂						
3824401000	高效减水剂	6.5	35	17	13	千克	
38244090	---其他						
3824409000	其他水泥、灰泥及混凝土用添加剂	6.5	35	17	0	千克	
38245000	-非耐火的灰泥及混凝土						
3824500000	非耐火的灰泥及混凝土	6.5	35	17	0	千克	
38246000	-编号290544以外的山梨醇						
3824600000	编号290544以外的山梨醇	14	40	17	0	千克	

商品编号	商品名称及备注	进口关税税率(%)		增值税率(%)	出口退税率(%)	计量单位	监管条件
		最惠国	普通				
38247100	--含全氯氟烃(CFCs)的,不论是否含氢氯氟烃(HCFCs)、全氟烃(PFCs)或氢氟烃(HFCs)						
3824710011	二氯二氟甲烷和二氟乙烷的混合物(R-500)	6.5	35	17	0	千克	14ABxy
3824710012	一氯二氟甲烷和二氯二氟甲烷的混合物(R-501)	6.5	35	17	0	千克	14xy
3824710013	一氯二氟甲烷和一氯五氟乙烷的混合物(R-502)	6.5	35	17	0	千克	14ABxy
3824710014	三氟甲烷和一氯三氟甲烷的混合物(R-503)	6.5	35	17	0	千克	14ABxy
3824710015	二氟甲烷和一氯五氟乙烷的混合物(R-504)	6.5	35	17	0	千克	14xy
3824710016	二氯二氟甲烷和一氟一氯甲烷的混合物(R-505)	6.5	35	17	0	千克	14xy
3824710017	一氟一氯甲烷和二氯四氟乙烷的混合物(R-506)	6.5	35	17	0	千克	14xy
3824710018	二氯二氟甲烷和二氯四氟乙烷的混合物(R-400)	6.5	35	17	0	千克	14xy
3824710090	其他含甲烷、乙烷或丙烷的全氯氟烃(CFCs)混合物[不论是否含甲烷、乙烷或丙烷的氢氯氟烃(HCFCs)、全氟烃(PFCs)或氢氟烃(HFCs)]	6.5	35	17	0	千克	
38247200	--含溴氯二氟甲烷、溴三氟甲烷或二溴四氟乙烷的						
3824720000	含溴氯二氟甲烷、溴三氟甲烷或二溴四氟乙烷的混合物	6.5	35	17	0	千克	
38247300	--含氢溴氟烃(HBFCs)的						
3824730000	含甲烷、乙烷或丙烷的氢溴氟烃(HBFCs)的混合物	6.5	35	17	0	千克	
38247400	--含氢氯氟烃(HCFCs)的,不论是否含全氟烃(PFCs)或氢氟烃(HFCs),但不含全氯氟烃(CFCs)						
3824740011	二氟一氯甲烷、二氟乙烷和一氯四氟乙烷的混合物(R-401)	6.5	35	17	13	千克	14xy
3824740012	五氟乙烷、丙烷和二氟一氯甲烷的混合物(R402)	6.5	35	17	13	千克	14xy
3824740013	丙烷、二氟一氯甲烷和八氟丙烷的混合物(R403)	6.5	35	17	13	千克	14xy
3824740014	二氟一氯甲烷、二氟乙烷、一氯二氟乙烷和八氟环丁烷的混合物(R405)	6.5	35	17	13	千克	14xy
3824740015	二氟一氯甲烷、2-甲基丙烷(异丁烷)和一氯二氟乙烷的混合物(R406)	6.5	35	17	13	千克	14xy
3824740016	五氟乙烷、三氟乙烷和二氟一氯甲烷的混合物(R408)	6.5	35	17	13	千克	14xy
3824740017	二氟一氯甲烷、一氯四氟乙烷和一氯二氟乙烷的混合物(R409)	6.5	35	17	13	千克	14xy
3824740018	丙烯、二氟一氯甲烷和二氟乙烷的混合物(R411)	6.5	35	17	13	千克	14xy
3824740019	二氟一氯甲烷、八氟丙烷和一氯二氟乙烷的混合物(R412)	6.5	35	17	13	千克	14xy
3824740021	二氟一氯甲烷、一氯四氟乙烷、一氯二氟乙烷和2-甲基丙烷的混合物(R414)	6.5	35	17	13	千克	14xy
3824740022	二氟一氯甲烷和二氟乙烷的混合物(R415)	6.5	35	17	13	千克	14xy
3824740023	四氟乙烷、一氯四氟乙烷和丁烷的混合物(R416)	6.5	35	17	13	千克	14xy
3824740024	丙烷、二氟一氯甲烷和二氟乙烷的混合物(R418)	6.5	35	17	13	千克	14xy
3824740025	二氟一氯甲烷和八氟丙烷的混合物(R509)	6.5	35	17	13	千克	14xy
3824740026	二氟一氯甲烷和一氯二氟乙烷的混合物	6.5	35	17	13	千克	14xy
3824740090	其他含甲烷、乙烷或丙烷的氢氯氟烃混合物(不论是否含甲烷、乙烷或丙烷的全氟烃或氢氟烃,但不含全氯氟烃)	6.5	35	17	13	千克	14xy
38247500	--含四氯化碳的						
3824750000	含四氯化碳的混合物	6.5	35	17	0	千克	
38247600	--含1,1,1-三氯乙烷(甲基氯仿)的						
3824760000	含1,1,1-三氯乙烷(甲基氯仿)的混合物	6.5	35	17	0	千克	
38247700	--含溴化甲烷(甲基溴)或溴氯甲烷的						
3824770000	含溴化甲烷(甲基溴)或溴氯甲烷的混合物	6.5	35	17	0	千克	
38247800	--含全氟烃(PFCs)或氢氟烃(HFCs)的,但不含全氯氟烃(CFCs)或氢氯氟烃(HCFCs)的						
3824780000	含甲、乙或丙烷的全氟烃(PFCs)或氢氟烃(HFCs)混合物[但不含甲烷、乙烷或丙烷的全氯氟烃(CFCs)或氢氯氟烃(HCFCs)的混合物]	6.5	35	17	13	千克	
38247900	--其他						

商品编号	商品名称及备注	进口关税税率(%)		增值税率(%)	出口退税率(%)	计量单位	监管条件
		最惠国	普通				
3824790000	其他含甲烷、乙烷或丙烷的卤化衍生物的混合物	6.5	35	17	0	千克	
38248100	--含环氧乙烷(氧化乙烯)的						
3824810000	含环氧乙烷(氧化乙烯)的混合物	6.5	35	17	0	千克	
38248200	--含多氯联苯(PCBs)、多氯三联苯(PCTs)或多溴联苯(PBBs)的						
3824820000	含多氯联苯(PCBs)、多氯三联苯(PCTs)或多溴联苯(PBBs)的混合物	6.5	35	17	0	千克	X
38248300	--含三(2,3-二溴丙基)磷酸酯的						
3824830000	含三(2,3-二溴丙基)磷酸酯的混合物	6.5	35	17	0	千克	
38248400	--含艾氏剂(ISO)、毒杀芬(ISO)、氯丹(ISO)、十氯酮(ISO)、DDT(ISO)[滴滴涕(INN)、1,1,1-三氯-2,2-双(4-氯苯基)乙烷]、狄氏剂(ISO,INN)、硫丹(ISO)、异狄氏剂(ISO)、七氯(ISO)或灭蚁灵(ISO)的						
3824840000	含艾氏剂(ISO)、毒杀芬(ISO)、氯丹(ISO)、十氯酮(ISO)、DDT(ISO)[滴滴涕(INN)、1,1,1-三氯-2,2-双(4-氯苯基)乙烷]、狄氏剂(ISO,INN)、硫丹(ISO)、异狄氏剂(ISO)、七氯(ISO)或灭蚁灵(ISO)的	6.5	35	17		千克	
38248500	--含1,2,3,4,5,6-六氯环己烷[六六六(ISO)],包括林丹(ISO,INN)的						
3824850000	含1,2,3,4,5,6-六氯环己烷[六六六(ISO)],包括林丹(ISO,INN)的	6.5	35	17		千克	
38248600	--含五氯苯(ISO)或六氯苯(ISO)的						
3824860000	含五氯苯(ISO)或六氯苯(ISO)的	6.5	35	17		千克	
38248700	--含全氟辛基磺酸及其盐,全氟辛基磺胺或全氟辛基磺酰氯的						
3824870000	含全氟辛基磺酸及其盐,全氟辛基磺胺或全氟辛基磺酰氯的	6.5	35	17		千克	
38248800	--含四、五、六、七或八溴联苯醚的						
3824880000	含四、五、六、七或八溴联苯醚的	6.5	35	17		千克	
38249100	--主要由(5-乙基-2-甲基-2氧代-1,3,2-二氧磷杂环己-5-基)甲基膦酸二甲酯和双[(5-乙基-2-甲基-2氧代-1,3,2-二氧磷杂环己-5-基)甲基]甲基膦酸酯(阻燃剂FRC-1)组成的混合物及制品						
3824910000	主要由(5-乙基-2-甲基-2氧代-1,3,2-二氧磷杂环己-5-基)甲基膦酸二甲酯和双[(5-乙基-2-甲基-2氧代-1,3,2-二氧磷杂环己-5-基)甲基]甲基膦酸酯(阻燃剂FRC-1)组成的混合物及制品	6.5	35	17		千克	
38249910	---杂醇油						
3824991000	杂醇油	6.5	40	17		千克	
38249920	---除墨剂、蜡纸改正液及类似品						
3824992000	除墨剂、蜡纸改正液及类似品	9	80	17		千克	
38249930	---增炭剂						
3824993000	增炭剂	6.5	35	17		千克	
38249991	----按重量计滑石含量>50%的混合物						
3824999100	按重量计滑石含量>50%的混合物	6.5	35	17		千克	4xy
38249992	----按重量计氧化镁含量>70%的混合物						
3824999200	按重量计氧化镁含量>70%的混合物	6.5	35	17		千克	4xy
38249993	----表面包覆钴化物的氢氧化镍(掺杂碳)						
3824999300	表层包覆钴化合物的氢氧化镍(掺杂碳)	6.5	35	17		千克	
38249999	----其他						
3824999910	粗制碳化硅[其中碳化硅含量>15%(按重量计)]	6.5	35	17		千克	y4x
3824999920	混胺(二甲胺和三乙胺混合物的水溶液)	6.5	35	17		千克	3
3824999930	氰化物的混合物	6.5	35	17		千克	X
3824999940	膨胀石墨	6.5	35	17		千克	3
3824999950	环状膦酸酯A和环状膦酸酯B的混合物	6.5	35	17		千克	23
3824999960[暂0]	高钛渣(二氧化钛质量百分含量>70%的)	6.5	35	17		千克	

商品编号	商品名称及备注	进口关税税率(%)		增值税率(%)	出口退税率(%)	计量单位	监管条件
		最惠国	普通				
3824999970	核苷酸类食品添加剂	6.5	35	17		千克	AB
3824999980[暂3]	按重量计氧化锌含量在50%及以上的混合物	6.5	35	17		千克	
3824999990	其他编号未列名的化工产品[包括水解物或水解料、DMC(六甲基环三硅氧烷、八甲基环四硅氧烷、十甲基环五硅氧烷、十二甲基环六硅氧烷中任何2种、3种或4种组成的混合物)]	6.5	35	17		千克	
3825	**其他编号未列名的化学工业及其相关工业的副产品;城市垃圾;下水道淤泥;本章注释六所规定的其他废物**						
38251000	-城市垃圾						
3825100000	城市垃圾(包括未经分拣的混合生活垃圾)	6.5	35	17	0	千克	9
38252000	-下水道淤泥						
3825200000	下水道淤泥	6.5	35	17	0	千克	9
38253000	-医疗废物						
3825300000	医疗废物	6.5	35	17	0	千克	9
38254100	--卤化物的						
3825410000	废卤化物的有机溶剂	6.5	35	17	0	千克	9
38254900	--其他						
3825490000	其他废有机溶剂	6.5	35	17	0	千克	9
38255000	-废的金属酸液、液压油、制动油及防冻液						
3825500000	废的金属酸洗液、液压油及制动油(还包括废的防冻液)	6.5	35	17	0	千克	9
38256100	--主要含有有机成分的						
3825610000	主要含有有机成分的化工废物(其他化学工业及相关工业的废物)	6.5	35	17	0	千克	9
38256900	--其他						
3825690000	其他化工废物(其他化学工业及相关工业的废物)	6.5	35	17	0	千克	9
38259000	-其他						
3825900010	浓缩糖蜜发酵液	6.5	35	17	0	千克	AB
3825900090	其他商品编号未列名化工副产品及废物	6.5	35	17	0	千克	9
3826	**生物柴油及其混合物,不含或含有按重量计低于70%的石油或从沥青矿物提取的油类**						
38260000	生物柴油及其混合物,不含或含有按重量计低于70%的石油或从沥青矿物提取的油类						
3826000001	纯生物柴油	6.5	35	17	0	千克/升	
3826000090	其他生物柴油及其混合物	6.5	35	17	0	千克/升	

第七类　塑料及其制品；橡胶及其制品

注释：

一、由两种或两种以上单独成分配套的货品，其部分或全部成分属于本类范围以内，混合后则构成第六类或第七类的货品，应按混合后产品归入相应的品目，但其组成成分必须同时符合下列条件：

（一）其包装形式足以表明这些成分不需经过改装就可以一起使用的；

（二）一起进口或出口的；

（三）这些成分的属性及相互比例足以表明是相互配用的。

二、除品目39.18或39.19的货品外，印有花纹、文字、图画的塑料、橡胶及其制品，如果所印花纹、字画作为其主要用途，应归入第四十九章。

第三十九章　塑料及其制品

注释：

一、本手册所称"塑料"，是指品目39.01至39.14的材料，这些材料能够在聚合时或聚合后在外力（一般是热力和压力，必要时加入溶剂或增塑剂）作用下通过模制、浇铸、挤压、滚轧或其他工序制成一定的形状，成形后除去外力，其形状仍保持不变。

本手册所称"塑料"，还应包括钢纸，但不包括第十一类的纺织材料。

二、本章不包括：

（一）品目27.10或34.03的润滑剂；

（二）品目27.12或34.04的蜡；

（三）单独的已有化学定义的有机化合物（第二十九章）；

（四）肝素及其盐（品目30.01）；

（五）品目39.01至39.13所列任何产品溶于挥发性有机溶剂的溶液（火胶棉除外），但溶剂的重量必须超过溶液重量的50%（品目32.08）；品目32.12的压印箔；

（六）有机表面活性剂或品目34.02的制剂；

（七）再熔胶及酯胶（品目38.06）；

（八）配制的添加剂，用于矿物油（包括汽油）或与矿物油同样用途的其他液体（品目38.11）；

（九）以第三十九章的聚乙二醇、聚硅氧烷或其他聚合物为基本成分的液压用液体（品目38.19）；

（十）有塑料衬背的诊断或实验用试剂（品目38.22）；

（十一）第四十章规定的合成橡胶及其制品；

（十二）鞍具及挽具（品目42.01）、品目42.02的衣箱、提箱、手提包及其他容器；

（十三）第四十六章的缏条、编结品及其他制品；

（十四）品目48.14的壁纸；

（十五）第十一类的货品（纺织原料及纺织制品）；

（十六）第十二类的物品（例如，鞋靴、帽类、雨伞、阳伞、手杖、鞭子、马鞭及其零件）；

（十七）品目71.17的仿首饰；

（十八）第十六类的物品（机器、机械器具或电气器具）；

（十九）第十七类的航空器零件及车辆零件；

（二十）第九十章的物品（例如，光学元件、眼镜架及绘图仪器）；

（二十一）第九十一章的物品（例如，钟壳及表壳）；

（二十二）第九十二章的物品（例如，乐器及其零件）；

（二十三）第九十四章的物品（例如，家具、灯具、照明装置、灯箱及活动房屋）；

（二十四）第九十五章的物品（例如，玩具、游戏品及运动用品）；

（二十五）第九十六章的物品（例如，刷子、纽扣、拉链、梳子、烟斗的嘴及柄、香烟嘴及类似品、保温瓶的零件及类似品、钢笔、活动铅笔、独脚架、双脚架、三角架及类似品）。

三、品目39.01至39.11仅适用于化学合成的下列货品：

（一）温度在300℃时，压力转为1013毫巴后减压蒸馏出以体积计小于60%的液体合成聚烯烃（品目39.01及39.02）；

（二）非高度聚合的苯并呋喃—茚式树脂（品目39.11）；

（三）平均至少有五个单体单元的其他合成聚合物；

（四）聚硅氧烷（品目39.10）；

（五）甲阶酚醛树脂（品目39.09）及其他预聚物。

四、所称"共聚物"，包括在整个聚合物中按重量计没有一种单体单元的含量在95%及以上的各种聚合物。

在本章中，除条文另有规定以外，共聚物（包括共缩聚物、共加聚物、嵌段共聚物及接枝共聚合物）及聚合物混合体应按聚合物中重量最大的那种共聚单体单元所构成的聚合物的品目归类。在本注释中，归入同一品目的聚合物的共聚单体单元应作为一种单体单元对待。

如果没有任何一种共聚单体单元重量为最大，共聚物或聚合物混合体应按号列顺序归入其可归入的最后一个品目。

五、化学改性聚合物，即聚合物主链上的支链通过化学反应发生了变化的聚合物，应按未改性的聚合物的相应品目归类。本规定不适用于接枝共聚物。

六、品目39.01至39.14所称"初级形状"，只限于下列各种形状：

（一）液状及糊状，包括分散体（乳浊液及悬浮液）及溶液；

（二）不规则形状的块，团、粉（包括压型粉）、颗粒、粉片及类似的散装形状。

七、品目39.15不适用于已制成初级形状的单一的热塑材料废碎料及下脚料（品目39.01至39.14）。

八、品目39.17所称"管子"，是指通常用于输送或供给气体或液体的空心制品或半制品（例如，肋纹浇花软管、多孔管），还包括香肠用肠衣及其他扁平管。除肠衣及扁平管外，内截面如果不呈圆形、椭圆形、矩形（其长度不超过宽度的1.5倍）或正几何形，则不能视为管子，而应作为异型材。

九、品目39.18所称"塑料糊墙品"，适用于墙壁或天花板装饰用的宽度不小于45厘米的成卷产品，这类产品是将塑料牢固地附着在除纸张以外任何材料的衬背上，并且在塑料面起纹、压花、着色、印制图案或用其他方法装饰。

十、品目39.20及39.21所称"板、片、膜、箔、扁条"，只适用于未切割或仅切割成矩形（包括正方形，含切割后即可供使用的），但未经进一步加工的板、片、膜、箔、扁条(第五十四章的物品除外)及正几何形块,不论是否经过印制或其他表面加工。

十一、品目39.25只适用于第二分章以前各品目未包括的下列物品:

(一)容量超过300升的囤、柜(包括化粪池)、罐、桶及类似容器;

(二)用于地板、墙壁、隔墙、天花板或屋顶等方面的结构件;

(三)槽管及其附件;

(四)门、窗及其框架和门槛;

(五)阳台、栏杆、栅栏、栅门及类似品;

(六)窗板、百叶窗(包括威尼斯式百叶窗)或类似品及其零件、附件;

(七)商店、工棚、仓库等用的拼装式固定大型货架;

(八)建筑用的特色(例如,凹槽、圆顶及鸽棚式)装饰件;

(九)固定装于门窗、楼梯、墙壁或建筑物其他部位的附件及架座,例如,球形把手、拉手、挂钩、托架、毛巾架、开关板及其他护板。

子目注释:

一、属于本章任一品目项下的聚合物(包括共聚物)及化学改性聚合物应按下列规则归类:

(一)在同一组子目中有一个其他子目的:

1.子目所列聚合物名称冠有"聚(多)"的(例如,聚乙烯及聚酰胺-6,6),是指列名的该种聚合物单体单元含量在整个聚合物中按重量计必须占95%及以上。

2.子目3901.30、3901.40、3903.20、3903.30及3904.30所列的共聚物,如果该种共聚单体单元含量在整个聚合物中按重量计占95%及以上,应归入上述子目。

3.化学改性聚合物如未在其他子目具体列名,应归入列明为"其他"的子目内。

4.不符合上述1、2、3款规定的聚合物,应按聚合物中重量最大的那种单体单元(与其他各种单一的共聚单体单元相比)所构成的聚合物归入该级其他相应子目。为此,归入同一子目的聚合物单体单元应作为一种单体单元对待。只有在同级子目中的聚合物共聚单体单元才可以进行比较。

(二)在同一组子目中没有"其他"子目的:

1. 聚合物应按聚合物中重量最大的那种单体单元(与其他各种单一的共聚单体单元相比)所构成的聚合物归入该组其他相应子目。为此,归入同一子目的聚合物单体单元应作为一种单体单元对待。只有在同一组子目中的聚合物共聚单体单元才可以进行比较;

2. 化学改性聚合物应按相应的未改性聚合物的子目归类。

聚合物混合体应按单体单元比例相等、种类相同的聚合物归入相应子目。

二、子目3920.43所称增塑剂,包括次级增塑剂。

商品编号	商品名称及备注	进口关税税率(%)		增值税率(%)	出口退税率(%)	计量单位	监管条件
		最惠国	普通				
3901	**初级形状的乙烯聚合物**						
39011000	-聚乙烯,比重<0.94						
3901100001[暂3]	初级形状比重<0.94的聚乙烯(进口CIF价>3800美元/吨)	6.5	45	17	13	千克	
3901100090	初级形状比重<0.94的聚乙烯	6.5	45	17	13	千克	
39012000	-聚乙烯,比重≥0.94						
3901200001[暂3]	初级形状比重≥0.94的聚乙烯(进口CIF价>3800美元/吨)	6.5	45	17	13	千克	
3901200090	初级形状比重≥0.94的聚乙烯	6.5	45	17	13	千克	
39013000	-乙烯-乙酸乙烯酯共聚物						
3901300000	初级形状乙烯—乙酸乙烯酯共聚物	6.5	45	17	5	千克	
39014010	---乙烯-丙烯共聚物(乙丙橡胶)						
3901401000	乙烯-丙烯共聚物(乙丙橡胶),比重<0.94(初级形状,乙烯单体单元的含量大于丙烯单体单元)	6.5	45	17		千克	
39014020	---线型低密度聚乙烯						
3901402000	线型低密度聚乙烯,比重<0.94(初级形状的)	6.5	45	17		千克	
39014090	---其他						
3901409000	其他乙烯-α-烯烃共聚物,比重<0.94	6.5	45	17		千克	
39019010	---乙烯-丙烯共聚物(乙丙橡胶)						
3901901000	其他乙烯-丙烯共聚物(乙丙橡胶)(初级形状,乙烯单体单元的含量大于丙烯单体单元)	6.5	45	17	5	千克	
39019090	---其他						
3901909000	其他初级形状的乙烯聚合物	6.5	45	17	13	千克	
3902	**初级形状的丙烯或其他烯烃聚合物**						
39021000	-聚丙烯						
3902100010[暂3]	电工级初级形状聚丙烯树脂(灰分含量≤30ppm)	6.5	45	17	13	千克	
3902100090	其他初级形状的聚丙烯	6.5	45	17	13	千克	
39022000	-聚异丁烯						
3902200000	初级形状的聚异丁烯	6.5	45	17	5	千克	AB

商品编号	商品名称及备注	进口关税税率(%)		增值税率(%)	出口退税率(%)	计量单位	监管条件
		最惠国	普通				
39023010	---乙烯-丙烯共聚物(乙丙橡胶)						
3902301000	乙烯—丙烯共聚物(乙丙橡胶)(丙烯单体单元的含量大于乙烯单体单元)	6.5	45	17	5	千克	
39023090	---其他						
3902309000	其他初级形状的丙烯共聚物	6.5	45	17	5	千克	
39029000	-其他						
3902900010	端羧基聚丁二烯,CTPB(做粘接剂或燃料)	6.5	45	17	5	千克	3
3902900020	端羟基聚丁二烯,HTPB(做粘接剂或燃料)	6.5	45	17	5	千克	3
3902900090	其他初级形状的烯烃聚合物	6.5	45	17	5	千克	
3903	**初级形状的苯乙烯聚合物**						
39031100	--可发性的						
3903110000	初级形状的可发性聚苯乙烯	6.5	45	17	5	千克	
39031910	---改性的						
3903191000	改性的初级形状的非可发性的聚苯乙烯	6.5	45	17	13	千克	
39031990	---其他						
3903199000	其他初级形状的聚苯乙烯	6.5	45	17	5	千克	
39032000	-苯乙烯-丙烯腈(SAN)共聚物						
3903200000	初级形状苯乙烯—丙烯腈共聚物	12	45	17	5	千克	
39033010	---改性的						
3903301000	改性的丙烯腈—丁二烯—苯乙烯共聚物(初级形状的ABS树脂)	6.5	45	17	13	千克	
39033090	---其他						
3903309000	其他丙烯腈—丁二烯—苯乙烯共聚物(初级形状的ABS树脂)	6.5	45	17	5	千克	
39039000	-其他						
3903900000	初级形状的其他苯乙烯聚合物	6.5	45	17	5	千克	
3904	**初级形状的氯乙烯或其他卤化烯烃聚合物**						
39041010	---糊树脂						
3904101000	聚氯乙烯糊树脂(纯指未掺其他物质)	6.5	45	17	13	千克	
39041090	---其他						
3904109001	聚氯乙烯纯粉(纯指未掺其他物质)	6.5	45	17	13	千克	
3904109090	其他初级形状的纯聚氯乙烯(纯指未掺其他物质)	6.5	45	17	13	千克	
39042100	--未塑化						
3904210000	初级形状未塑化的聚氯乙烯	6.5	45	17	13	千克	
39042200	--已塑化						
3904220000	初级形状已塑化的聚氯乙烯	6.5	45	17	13	千克	
39043000	-氯乙烯-乙酸乙烯酯共聚物						
3904300000	氯乙烯-乙酸乙烯酯共聚物(初级形状的)	9	45	17	5	千克	
39044000	-其他氯乙烯共聚物						
3904400000	初级形状的其他氯乙烯共聚物	12	45	17	5	千克	
39045000	-偏二氯乙烯聚合物						
3904500000	初级形状的偏二氯乙烯聚合物	6.5	45	17	5	千克	
39046100	--聚四氟乙烯						
3904610000	初级形状的聚四氟乙烯	10	45	17	13	千克	
39046900	--其他						
3904690000	初级形状的其他氟聚合物	6.5	45	17	13	千克	
39049000	-其他						
3904900000	初级形状的其他卤化烯烃聚合物	10	45	17	5	千克	
3905	**初级形状的乙酸乙烯酯或其他乙烯酯聚合物;初级形状的其他乙烯基聚合物**						

商品编号	商品名称及备注	进口关税税率(%)		增值税率(%)	出口退税率(%)	计量单位	监管条件
		最惠国	普通				
39051200	--水分散体						
3905120000	聚乙酸乙烯酯的水分散体	10	45	17	5	千克	
39051900	--其他						
3905190000	其他初级形状聚乙酸乙烯酯	10	45	17	5	千克	
39052100	--水分散体						
3905210000	乙酸乙烯酯共聚物的水分散体	10	45	17	5	千克	
39052900	--其他						
3905290000	其他初级形状的乙酸乙烯酯共聚物	10	45	17	5	千克	
39053000	-聚乙烯醇,不论是否含有未水解的乙酸酯基						
3905300000	初级形状的聚乙烯醇(不论是否含有未水解的乙酸酯基)	14	45	17	5	千克	AB
39059100	--共聚物						
3905910000	其他乙烯酯或乙烯基的共聚物(初级形状的)	10	45	17	5	千克	
39059900	--其他						
3905990000	其他乙烯酯或乙烯基的聚合物(初级形状的,共聚物除外)	10	45	17	5	千克	
3906	**初级形状的丙烯酸聚合物**						
39061000	-聚甲基丙烯酸甲酯						
3906100000	初级形状的聚甲基丙烯酸甲酯	6.5	45	17	13	千克	
39069010	---聚丙烯酰胺						
3906901000	聚丙烯酰胺	6.5	45	17	5	千克	AB
39069090	---其他						
3906909000	其他初级形状的丙烯酸聚合物	6.5	45	17	13	千克	
3907	**初级形状的聚缩醛、其他聚醚及环氧树脂;初级形状的聚碳酸酯、醇酸树脂、聚烯丙基酯及其他聚酯**						
39071010	---聚甲醛						
3907101000	初级形状的聚甲醛	6.5	45	17	13	千克	
39071090	---其他						
3907109000	其他初级形状的聚缩醛(聚甲醛除外)	6.5	45	17	5	千克	
39072010	---聚四亚甲基醚二醇						
3907201000暂3	聚四亚甲基醚二醇	6.5	45	17	5	千克	
39072090	---其他						
3907209000	初级形状的其他聚醚	6.5	45	17	13	千克	
39073000	-环氧树脂						
3907300001暂4	初级形状溴质量≥18%或进口 CIF 价>3800 美元/吨的环氧树脂(如溶于溶剂,以纯环氧树脂折算溴的百分比含量)	6.5	45	17	5	千克	A
3907300090	初级形状的环氧树脂(溴重量百分比含量<18%)	6.5	45	17	5	千克	AB
39074000	-聚碳酸酯						
3907400000暂3	初级形状的聚碳酸酯	6.5	45	17	13	千克	
39075000	-醇酸树脂						
3907500000	初级形状的醇酸树脂	10	45	17	5	千克	AB
39076110	---切片						
3907611000	聚对苯二甲酸乙二酯切片,黏数在 78 毫升/克或以上	6.5	45	17		千克	
39076190	---其他						
3907619000	其他初级形状聚对苯二甲酸乙二酯,黏数在 78 毫升/克或以上	6.5	45	17		千克	
39076910	---切片						
3907691000	其他聚对苯二甲酸乙二酯切片,黏数在 78 毫升/克以下	6.5	45	17		千克	
39076990	---其他						

商品编号	商品名称及备注	进口关税税率(%)		增值税率(%)	出口退税率(%)	计量单位	监管条件
		最惠国	普通				
3907699000	其他初级形状聚对苯二甲酸乙二酯,黏数在78毫升/克以下	6.5	45	17		千克	
39077000	-聚乳酸						
3907700000[暂3]	初级形状的聚乳酸	6.5	45	17	5	千克	
39079100	--不饱和						
3907910000	初级形状的不饱和聚酯	6.5	45	17	5	千克	
39079910	---聚对苯二甲酸丁二酯						
3907991001	未经增强或改性的初级形状PBT树脂	6.5	45	17	13	千克	
3907991090	其他聚对苯二甲酸丁二酯	6.5	45	17	13	千克	
39079991	----聚对苯二甲酸-己二醇-丁二醇酯						
3907999110	初级形状的热塑性液晶聚对苯二甲酸-己二醇-丁二醇酯	5.4/4.3*	45	17	5	千克	AB
3907999190	其他初级形状的聚对苯二甲酸-己二醇-丁二醇酯	6.5	45	17	5	千克	AB
39079999	----其他						
3907999910	初级形状的热塑性液晶其他聚酯	5.4/4.3*	45	17	5	千克	AB
3907999990	初级形状的其他聚酯	6.5	45	17	5	千克	AB
3908	**初级形状的聚酰胺**						
39081011	----聚酰胺-6,6切片						
3908101101	聚酰胺-6,6切片	6.5	45	17	13	千克	
3908101190	改性聚酰胺-6,6切片(经螺杆二次混炼加入玻璃纤维、矿物质、增韧剂、阻燃剂的改性聚酰胺-6,6切片)	6.5	45	17	13	千克	
39081012	----聚酰胺-6切片						
3908101200	聚酰胺-6切片(锦纶6切片)	6.5	45	17	13	千克	
39081019	----其他						
3908101900	其他聚酰胺切片(包括聚酰胺-11、-12、-6,9、-6,10、-6,12)	6.5	45	17	13	千克	
39081090	---其他						
3908109000	其他初级形状的聚酰胺-6,6等(包括聚酰胺-6、-6,9、-6,10、-6,12、-11、-12)	6.5	45	17	5	千克	
39089010	---芳香族聚酰胺及其共聚物						
3908901000	初级形状的芳香族聚酰胺及其共聚物	10	45	17	5	千克	
39089020	---半芳香族聚酰胺及其共聚物						
3908902000	初级形状的半芳香族聚酰胺及其共聚物	10	45	17	5	千克	
39089090	---其他						
3908909000	初级形状的其他聚酰胺	10	45	17	5	千克	
3909	**初级形状的氨基树脂、酚醛树脂及聚氨酯类**						
39091000	-尿素树脂;硫尿树脂						
3909100000	初级形状的尿素树脂及硫尿树脂	6.5	45	17	5	千克	
39092000	-蜜胺树脂						
3909200000	初级形状的蜜胺树脂	6.5	45	17	5	千克	
39093100	--聚(亚甲基苯基异氰酸酯)(粗MDI、聚合MDI)						
3909310000	聚(亚甲基苯基异氰酸酯)(聚合MDI或粗MDI)	6.5	35	17		千克	
39093900	--其他						
3909390000	其他初级形状的氨基树脂	6.5	45	17		千克	AB
39094000	-酚醛树脂						
3909400000	初级形状的酚醛树脂	6.5	45	17	5	千克	AB
39095000	-聚氨基甲酸酯						
3909500000	初级形状的聚氨基甲酸酯	6.5	45	17	13	千克	AB

* 最惠国税率中,"/"左边的税率截止日期为2017年6月30日,"/"右边的税率截止日期为2999年12月31日。

商品编号	商品名称及备注	进口关税税率(%)		增值税率(%)	出口退税率(%)	计量单位	监管条件
		最惠国	普通				
3910	**初级形状的聚硅氧烷**						
39100000	初级形状的聚硅氧烷						
3910000000	初级形状的聚硅氧烷	6.5	45	17	13	千克	
3911	**初级形状的石油树脂、苯并呋喃-茚树脂、多萜树脂、多硫化物、聚砜及本章注释三所规定的其他税号未列名产品**						
39111000	-石油树脂、苯并呋喃树脂、茚树脂、苯并呋喃-茚树脂及多萜树脂						
3911100000	初级形状的石油树脂等(等指苯并呋喃树脂、茚树脂、苯并呋喃—茚树脂及多萜树脂)	6.5	45	17	5	千克	
39119000	-其他						
3911900001[暂3]	芳基酸与芳基胺预缩聚物	6.5	45	17	5	千克	
3911900003[暂3]	改性三羟乙基脲酸酯类预缩聚物	6.5	45	17	5	千克	
3911900004	聚苯硫醚	6.5	45	17	13	千克	
3911900005[暂3]	偏苯三酸酐和异氰酸预缩聚物	6.5	45	17	5	千克	
3911900090	其他初级形状的多硫化物、聚砜等(等包括本章注释三所规定的其他编号未列名产品)	6.5	45	17	13	千克	
3912	**初级形状的其他税号未列名的纤维素及其化学衍生物**						
39121100	--未塑化						
3912110000	初级形状的未塑化醋酸纤维素	6.5	40	17	0	千克	
39121200	--已塑化						
3912120000	初级形状的已塑化醋酸纤维素	6.5	40	17	0	千克	
39122000	-硝酸纤维素(包括胶棉)						
3912200000	初级形状的硝酸纤维素(包括棉胶)	6.5	45	17	0	千克	
39123100	--羧甲基纤维素及其盐						
3912310000	初级形状的羧甲基纤维素及其盐	6.5	45	17	0	千克	
39123900	--其他						
3912390000	初级形状的其他纤维素醚	6.5	45	17	0	千克	
39129000	-其他						
3912900000	初级形状的其他未列名的纤维素(包括化学衍生物)	6.5	45	17	0	千克	
3913	**初级形状的其他税号未列名的天然聚合物(例如,藻酸)及改性天然聚合物(例如,硬化蛋白、天然橡胶的化学衍生物)**						
39131000	-藻酸及其盐和酯						
3913100000	初级形状的藻酸及盐和酯	10	45	17	0	千克	AB
39139000	-其他						
3913900011	香菇多糖	6.5	50	17	13	千克	S
3913900090	其他初级形状的未列名天然聚合物[包括改性天然聚合物(如硬化蛋白)]	6.5	50	17	13	千克	
3914	**初级形状的离子交换剂,以品目39.01至39.13的聚合物为基本成分的**						
39140000	初级形状的离子交换剂,以品目39.01至39.13的聚合物为基本成分的						
3914000000	初级形状的离子交换剂(以品目39.01至39.13的聚合物为基本成分的)	6.5	45	17	5	千克	
3915	**塑料的废碎料及下脚料**						
39151000	-乙烯聚合物的						
3915100000	乙烯聚合物的废碎料及下脚料	6.5	50	17	0	千克	AP
39152000	-苯乙烯聚合物的						
3915200000	苯乙烯聚合物的废碎料及下脚料	6.5	50	17	0	千克	AP
39153000	-氯乙烯聚合物的						
3915300000	氯乙烯聚合物的废碎料及下脚料	6.5	50	17	0	千克	AP
39159010	---聚对苯二甲酸乙二酯的						
3915901000	聚对苯二甲酸乙二酯废碎料及下脚料	6.5	50	17	0	千克	AP
39159090	---其他						

商品编号	商品名称及备注	进口关税税率(%)		增值税率(%)	出口退税率(%)	计量单位	监管条件
		最惠国	普通				
3915909000	其他塑料的废碎料及下脚料	6.5	50	17	0	千克	AP
3916	**塑料制的单丝(截面直径超过1毫米)、条、杆、型材及异型材,不论是否经表面加工,但未经其他加工**						
39161000	-乙烯聚合物制						
3916100000	乙烯聚合物制单丝、条、杆及型材(包括异型材,单丝截面直径>1毫米)	10	45	17	13	千克	
39162010	---异型材						
3916201000	氯乙烯聚合物制异型材	10	45	17	13	千克	
39162090	---其他						
3916209000	其他氯乙烯聚合物制单丝、条、杆及型材(单丝截面直径>1毫米)	10	45	17	13	千克	
39169010	---聚酰胺制						
3916901000	聚酰胺制的单丝、条、杆及型材(包括异型材,单丝截面直径>1毫米)	10	45	17	13	千克	
39169090	---其他						
3916909000	其他塑料制单丝、条、杆及型材(包括异型材,单丝截面直径>1毫米)	10	45	17	13	千克	
3917	**塑料制的管子及其附件(例如,接头、肘管、法兰)**						
39171000	-硬化蛋白或纤维素材料制的人造肠衣(香肠用肠衣)						
3917100000	硬化蛋白或纤维素材料制人造肠衣(香肠用肠衣)	10	50	17	13	千克	A
39172100	--乙烯聚合物制						
3917210000	乙烯聚合物制的硬管	10	45	17	13	千克	
39172200	--丙烯聚合物制						
3917220000	丙烯聚合物制的硬管	10	45	17	13	千克	
39172300	--氯乙烯聚合物制						
3917230000	氯乙烯聚合物制的硬管	10	45	17	13	千克	
39172900	--其他塑料制						
3917290000	其他塑料制的硬管	10	45	17	13	千克	
39173100	--软管,爆破压力≥27.6兆帕斯卡						
3917310000	塑料制的软管(最小爆破压力为27.6兆帕)	10	45	17	13	千克	
39173200	--其他未装有附件的管子,未经加强也未与其他材料合制						
3917320000	其他未装有附件的塑料制管子(未经加强也未与其他材料合制)	6.5	45	17	13	千克	
39173300	--其他装有附件的管子,未经加强也未与其他材料合制						
3917330000	其他装有附件的塑料管子(未经加强也未与其他材料合制)	6.5	45	17	13	千克	
39173900	--其他						
3917390000	塑料制的其他管子(经加强或与其他材料合制的)	6.5	45	17	13	千克	
39174000	-管子附件						
3917400000	塑料制的管子附件(如接头、衬管及法兰等)	10	45	17	13	千克	
3918	**块状或成卷的塑料铺地制品,不论是否胶粘;本章注释九所规定的塑料糊墙品**						
39181010	---糊墙品						
3918101000	氯乙烯聚合物制糊墙品(本章注释九所规定的糊墙品)	10	45	17	13	千克	
39181090	---其他						
3918109000	氯乙烯聚合物制的铺地制品(块状或成卷的,不论是否胶粘)	10	45	17	13	千克	
39189010	---糊墙品						
3918901000	其他塑料制的糊墙品(成卷或块状的)	10	45	17	13	千克	
39189090	---其他						
3918909000	其他塑料制的铺地制品(成卷或块状的,不论是否胶粘)	10	45	17	13	千克	
3919	**自粘的塑料板、片、膜、箔、带、扁条及其他扁平形状材料,不论是否成卷**						
39191010	---丙烯酸树脂类为基本成分						

商品编号	商 品 名 称 及 备 注	进口关税税率(%)		增值税率(%)	出口退税率(%)	计量单位	监管条件
		最惠国	普通				
3919101000	丙烯酸树脂类为主的自粘塑料板等(含片、膜、箔、带、扁条及其他扁平形状材料,成卷的,宽≤20厘米)	6.5	45	17	13	千克	
39191091	----胶囊型反光膜						
3919109100	宽度≤20厘米的胶囊型反光膜	6.5	45	17	13	千克	
39191099	----其他						
3919109900	其他宽度≤20厘米的自粘塑料板片等(包括膜、箔、带、扁条及其他扁平形状材料,成卷的)	6.5	45	17	13	千克	
39199010	---胶囊型反光膜						
3919901000	其他胶囊型反光膜	6.5	45	17	13	千克	
39199090	---其他						
3919909010	半导体晶圆制造用自粘式圆形抛光垫	5.4/4.3*	45	17	13	千克	
3919909090	其他自粘塑料板、片、膜等材料(包括箔、带、扁条及其他扁平形状材料,不论是否成卷)	6.5	45	17	13	千克	
3920	**其他非泡沫塑料的板、片、膜、箔及扁条,未用其他材料强化、层压、支撑或用类似方法合制**						
39201010	---乙烯聚合物制电池隔膜						
3920101000[暂3]	乙烯聚合物制电池隔膜	6.5	45	17	13	千克	
39201090	---其他						
3920109010	农用非泡沫聚乙烯薄膜(未用其他材料强化、层压、支撑或用类似方法合制)	6.5	45	13	0	千克	
3920109090	其他非泡沫乙烯聚合物板、片、膜、箔及扁条(未用其他材料强化、层压、支撑或用类似方法合制,非农用)	6.5	45	17	13	千克	
39202010	---丙烯聚合物制电池隔膜						
3920201000	丙烯聚合物制电池隔膜	6.5	45	17	13	千克	
39202090	---其他						
3920209010	农用非泡沫聚丙烯薄膜(未用其他材料强化、层压、支撑或用类似方法合制)	6.5	45	13	0	千克	
3920209090	非泡沫丙烯聚合物板、片、膜、箔及扁条(未用其他材料强化、层压、支撑或用类似方法合制,非农用)	6.5	45	17	5	千克	
39203000	-苯乙烯聚合物制						
3920300000	非泡沫苯乙烯聚合物板、片、膜、箔、扁条(未用其他材料强化、层压、支撑或用类似方法合制)	6.5	45	17	13	千克	
39204300	--按重量计增塑剂含量≥6%						
3920430010	农用软质聚氯乙烯薄膜(增塑剂含量≥6%,未用其他材料强化、层压、支撑)	6.5	45	13	0	千克	
3920430090	氯乙烯聚合物板、片、膜、箔及扁条(增塑剂含量≥6%,未用其他材料强化、层压、支撑)	6.5	45	17	0	千克	
39204900	--其他						
3920490010	其他农用软质聚氯乙烯薄膜(非泡沫料的,未用其他材料强化、层压、支撑)	6.5	45	13	0	千克	
3920490090	其他氯乙烯聚合物板、片、膜、箔及扁条(非泡沫料的,未用其他材料强化、层压、支撑,非农用)	6.5	45	17	5	千克	
39205100	--聚甲基丙烯酸甲酯制						
3920510000	聚甲基丙烯酸甲酯板、片、膜、箔及扁条(非泡沫料的,未用其他材料强化、层压、支撑)	6.5	45	17	13	千克	
39205900	--其他						
3920590000	其他丙烯酸聚合物板、片、膜、箔及扁条(非泡沫料的,未用其他材料强化、层压、支撑)	6.5	45	17	13	千克	
39206100	--聚碳酸酯制						
3920610000	聚碳酸酯制板、片、膜、箔、扁条(非泡沫料的,未用其他材料强化、层压、支撑)	6.5	45	17	13	千克	
39206200	--聚对苯二甲酸乙二酯制						

* 最惠国税率中,"/"左边的税率截止日期为2017年6月30日,"/"右边的税率截止日期为2999年12月31日。

商品编号	商品名称及备注	进口关税税率(%) 最惠国	普通	增值税率(%)	出口退税率(%)	计量单位	监管条件
3920620000	聚对苯二甲酸乙二酯板、片、膜等(包括箔及扁条,非泡沫料,未用其他材料强化、层压、支撑)	6.5	45	17	13	千克	
39206300	--不饱和聚酯制						
3920630000	不饱和聚酯板、片、膜、箔及扁条(非泡沫料的,未用其他材料强化、层压、支撑)	10	45	17	13	千克	
39206900	--其他聚酯制						
3920690000	其他聚酯板、片、膜、箔及扁条(非泡沫料的,未用其他材料强化、层压、支撑)	10	45	17	13	千克	
39207100	--再生纤维素制						
3920710000	再生纤维素制板、片、膜、箔及扁条(非泡沫料的,未用其他材料强化、层压、支撑)	6.5	45	17	13	千克	
39207300	--乙酸纤维素制						
3920730000	醋酸纤维素制板、片、膜、箔及扁条(非泡沫料,未用其他材料强化、层压、支撑)	6.5	45	17	13	千克	
39207900	--其他纤维素衍生物制						
3920790000	其他纤维素衍生物制板、片、膜箔及扁条(非泡沫料的,未用其他村料强化、层压、支撑)	10	45	17	13	千克	
39209100	--聚乙烯醇缩丁醛制						
3920910001[暂3]	聚乙烯醇缩丁醛膜(厚度≤3毫米)(非泡沫料的,未用其他材料强化、层压、支撑)	6.5	45	17	13	千克	
3920910090	聚乙烯醇缩丁醛板、片、箔、扁条及厚度>3毫米的膜(非泡沫料的,未用其他材料强化、层压、支撑)	6.5	45	17	13	千克	
39209200	--聚酰胺制						
3920920000	聚酰胺板、片、膜、箔、扁条(非泡沫料的,未用其他材料强化、层压、支撑)	10	45	17	13	千克	
39209300	--氨基树脂制						
3920930000	氨基树脂板、片、膜、箔、扁条(非泡沫料的,未用其他材料强化、层压、支撑)	6.5	45	17	13	千克	
39209400	--酚醛树脂制						
3920940000	酚醛树脂板、片、膜、箔、扁条(非泡沫料的,未用其他材料强化、层压、支撑)	10	45	17	13	千克	
39209910	---聚四氟乙烯制						
3920991000	聚四氟乙烯制非泡沫塑料板、片、箔(含膜及扁条,未用其他材料层压、支撑或类似方法合制)	6.5	45	17	13	千克	
39209990	---其他塑料制						
3920999001[暂3]	聚酰亚胺膜,厚度≤0.03毫米(未用其他材料强化、层压、支撑)	6.5	45	17	13	千克	
3920999090	其他非泡沫塑料板、片、膜、箔、扁条(未用其他材料强化、层压、支撑)	6.5	45	17	13	千克	
3921	**其他塑料板、片、膜、箔、扁条**						
39211100	--苯乙烯聚合物制						
3921110000	泡沫聚苯乙烯板、片、带、箔、扁条	10	45	17	13	千克	
39211210	---人造革及合成革						
3921121000	泡沫聚氯乙烯人造革及合成革	9	70	17	13	千克/米	
39211290	---其他						
3921129000	泡沫聚氯乙烯板、片、带、箔、扁条	6.5	45	17	13	千克	
39211310	---人造革及合成革						
3921131000	泡沫聚氨酯制人造革及合成革	9	70	17	13	千克/米	
39211390	---其他						
3921139000	泡沫聚氨酯板、片、带、箔、扁条	6.5	45	17	13	千克	
39211400	--再生纤维素制						
3921140000	泡沫再生纤维素板、片、膜、箔、扁条	10	45	17	13	千克	
39211910	---人造革及合成革						
3921191000	其他泡沫塑料制人造革及合成革	9	45	17	13	千克/米	
39211990	---其他						
3921199000	其他泡沫塑料板、片、膜、箔、扁条	6.5	45	17	13	千克	
39219020	---聚乙烯嵌有玻璃纤维的板、片						

商品编号	商品名称及备注	进口关税税率(%)		增值税率(%)	出口退税率(%)	计量单位	监管条件
		最惠国	普通				
3921902000	以聚乙烯为基本成分的板、片(以玻璃纤维加强的)	6.5	45	17	13	千克	
39219030	---聚异丁烯为基本成分的附有人造毛毡的板、片、卷材						
3921903000	聚异丁烯为基本成分的板、片、卷材(附有人造毛毡的)	6.5	45	17	13	千克	
39219090	---其他						
3921909001[暂5]	离子交换膜	6.5	45	17	13	千克	
3921909010	两用物项管制结构复合材料的层压板(用纤维和丝材增强而制成的各种预浸件和预成形件,其中增强材料的比拉伸强度 >7.62×10⁴ 米和比模量>3.18×10⁶ 米)	6.5	45	17	13	千克	3
3921909090	未列名塑料板、片、膜、箔、扁条(离子交换膜、两用物项管制结构复合材料的层压板除外)	6.5	45	17	13	千克	
3922	**塑料浴缸、淋浴盘、洗涤槽、盥洗盆、坐浴盆、便盆、马桶座圈及盖、抽水箱及类似卫生洁具**						
39221000	-浴缸、淋浴盘、洗涤槽及盥洗盆						
3922100000	塑料浴缸,淋浴盘,洗涤槽及盥洗盆	10	80	17	13	千克	
39222000	-马桶座圈及盖						
3922200000	塑料马桶座圈及盖	10	80	17	13	千克	
39229000	-其他						
3922900000	塑料便盆、抽水箱等类似卫生洁具	10	80	17	13	千克	
3923	**供运输或包装货物用的塑料制品;塑料制的塞子、盖子及类似品**						
39231000	-盒、箱(包括板条箱)及类似品						
3923100010	具有特定形状或装置,供运输或包装半导体晶圆、掩模或光罩的塑料盒、箱、板条箱及类似物品	7.5/5*	80	17	13	千克	
3923100090	其他塑料制盒、箱及类似品(包括塑料制板条箱,供运输或包装货物用的)	10	80	17	13	千克	
39232100	--乙烯聚合物制						
3923210000	乙烯聚合物制袋及包(供运输或包装货物用的)	10	80	17	13	千克	
39232900	--其他塑料制						
3923290000	其他塑料制的袋及包(供运输或包装货物用的)	10	80	17	13	千克	
39233000	-坛、瓶及类似品						
3923300000	塑料制坛、瓶及类似品(供运输或包装货物用的)	6.5	80	17	13	千克	
39234000	-卷轴、纡子、筒管及类似品						
3923400000	塑料制卷轴、纡子、筒管及类似品	10	35	17	13	千克	
39235000	-塞子、盖子及类似品						
3923500000	塑料制塞子、盖子及类似品	10	80	17	13	千克	
39239000	-其他						
3923900000	供运输或包装货物用其他塑料制品	10	80	17	13	千克	
3924	**塑料制的餐具、厨房用具、其他家庭用具及卫生或盥洗用具**						
39241000	-餐具及厨房用具						
3924100000	塑料制餐具及厨房用具	10	80	17	13	千克	A
39249000	-其他						
3924900000	塑料制其他家庭用具及卫生或盥洗用具	10	80	17	13	千克	A
3925	**其他编号未列名的建筑用塑料制品**						
39251000	-囤、柜、罐、桶及类似容器,容积>300 升						
3925100000	塑料制囤、柜、罐、桶及类似容器(容积>300 升)	10	80	17	13	千克	
39252000	-门、窗及其框架、门槛						
3925200000	塑料制门、窗及其框架、门槛	10	80	17	13	千克	
39253000	-窗板、百叶窗(包括威尼斯式百叶窗)或类似制品及其零件						
3925300000	塑料制窗板、百叶窗及类似制品(包括威尼斯式百叶窗和塑料制窗零件)	10	80	17	13	千克	
39259000	-其他						

商品编号	商品名称及备注	进口关税税率(%)		增值税率(%)	出口退税率(%)	计量单位	监管条件
		最惠国	普通				
3925900000	其他未列名的建筑用塑料制品	10	80	17	13	千克	
3926	**其他塑料制品及品目 39.01 至 39.14 所列其他材料的制品**						
39261000	-办公室或学校用品						
3926100000	办公室或学校用塑料制品	10	80	17	13	千克	
39262011	----聚氯乙烯制						
3926201100	聚氯乙烯制手套(包括分指手套、连指手套及露指手套)	10	90	17	13	千克/双	
39262019	----其他						
3926201900	其他塑料制手套(包括分指手套、连指手套及露指手套)(聚氯乙烯制除外)	10	90	17	13	千克/双	
39262090	---其他						
3926209000	其他塑料制衣服及衣着附件(手套(包括分指手套、连指手套及露指手套)除外)	10	90	17	13	千克	
39263000	-家具、车厢或类似品的附件						
3926300000	塑料制家具、车厢及类似品的附件	10	80	17	13	千克	
39264000	-小雕塑品及其他装饰品						
3926400000	塑料制小雕塑品及其他装饰品	10	100	17	13	千克	
39269010	---机器及仪器用零件						
3926901000	塑料制机器及仪器用零件	10	35	17	13	千克	
39269090	---其他						
3926909010	两用物项管制结构复合材料的预成形件和制品(用纤维和丝材增强而制成的各种预浸件和预成形件,其中增强材料的比拉伸强度>7.62×10^4米和比模量>3.18×10^6米)	10	80	17	13	千克	3
3926909020暂0	聚氨酯制避孕套	10	80	17	13	千克	
3926909090	其他塑料制品(包括品目 39.01~39.14 所列材料的制品)	10	80	17	13	千克	

第四十章　橡胶及其制品

注释：

一、除条文另有规定的以外，本手册所称“橡胶”，是指不论是否硫化或硬化的下列产品：天然橡胶、巴拉塔胶、古塔波胶、银胶菊胶、糖胶树胶及类似的天然树胶、合成橡胶、从油类中提取的油膏以及上述物品的再生品。

二、本章不包括：

（一）第十一类的货品（纺织原料及纺织制品）；

（二）第六十四章的鞋靴及其零件；

（三）第六十五章的帽类及其零件（包括游泳帽）；

（四）第十六类硬质橡胶制的机械器具、电气器具及其零件（包括各种电气用品）；

（五）第九十章、第九十二章、第九十四章或第九十六章的物品；

（六）第九十五章的物品（运动用分指手套、连指手套、露指手套及品目 40.11 至 40.13 的制品除外）。

三、品目 40.01 至 40.03 及 40.05 所称“初级形状”，只限于下列形状：

（一）液状及糊状，包括胶乳（不论是否预硫化）及其他分散体和溶液；

（二）不规则形状的块、团、包、粉、粒、碎屑及类似的散装形状。

四、本章注释一和品目 40.02 所称“合成橡胶”，适用于：

（一）不饱和合成物质，即用硫磺硫化能使其不可逆地变为非热塑物质，这种物质能在温度 18℃至 29℃之间被拉长到其原长度的 3 倍而不致断裂，拉长到原长度的 2 倍时，在 5 分钟内能回复到不超过原长度的 1.5 倍。为了进行上述试验，可以加入交联所需的硫化活化剂或促进剂；也允许含有注释五（二）2 及 3 所述的物质。但不能加入非交联所需的物质，例如，增量剂、增塑剂及填料；

（二）聚硫橡胶（TM）；

（三）与塑料接枝共聚或混合而改性的天然橡胶、解聚天然橡胶以及不饱和合成物质与饱和合成高聚物的混合物，但这些产品必须符合以上（一）款关于硫化、延伸及回复的要求。

五、（一）品目 40.01 及 40.02 不适用于任何凝结前或凝结后与下列物质相混合的橡胶或橡胶混合物：

1. 硫化剂、促进剂、防焦剂或活性剂（为制造预硫胶乳所加入的除外）；

2. 颜料或其他着色料，但仅为易于识别而加入的除外；

3. 增塑剂或增量剂（用油增量的橡胶中所加的矿物油除外）、填料、增强剂、有机溶剂或其他物质，但以下注释（二）所述的除外。

（二）含有下列物质的橡胶或橡胶混合物，只要仍具有原料的基本特性，应归入品目 40.01 或 40.02：

1. 乳化剂或防粘剂；

2. 少量的乳化剂分解产品；

3. 微量的下列物质：热敏剂（一般为制造热敏胶乳用）、阳离子表面活性剂（一般为制造阳性胶乳用）、抗氧剂、凝固剂、碎裂剂、抗冻剂、胶溶剂、保存剂、稳定剂、黏度控制剂或类似的特殊用途添加剂。

六、品目 40.04 所称“废碎料及下脚料”，是指在橡胶或橡胶制品生产或加工过程中由于切割、磨损或其他原因所造成的没有使用价值的废橡胶及下脚料。

七、全部用硫化橡胶制成的线，其任一截面的尺寸超过 5 毫米的，应作为带、杆或型材及异型材归入品目 40.08。

八、品目 40.10 包括用橡胶浸渍、涂布、包覆或层压的织物制成的或用橡胶浸渍、涂布、包覆或套裹的纱线或绳制成的传动带、输送带。

九、品目 40.01、40.02、40.03、40.05 及 40.08 所称“板”、“片”、“带”，仅指未切割或只简单切割成矩形（包括正方形）的板、片、带及正几何形块，不论是否具有成品的特征，也不论是否经过印制或其他表面加工，但未切割成其他形状或进一步加工。

品目 40.08 所称“杆”或“型材及异型材”，仅指不论是否切割成一定长度或表面加工，但未经进一步加工的该类产品。

商品编号	商品名称及备注	进口关税税率（%）		增值税率（%）	出口退税率（%）	计量单位	监管条件
		最惠国	普通				
4001	**天然橡胶、巴拉塔胶、古塔波胶、银胶菊胶、糖胶树胶及类似的天然树胶，初级形状或板、片、带**						
40011000	-天然胶乳，不论是否预硫化						
4001100000[暂10]	天然胶乳（不论是否预硫化）	20	40	17	5	千克	AB
40012100	--烟胶片						
4001210000[暂20]	天然橡胶烟胶片	20	40	17	5	千克	AB
40012200	--技术分类天然橡胶（TSNR）						
4001220000[暂20]	技术分类天然橡胶（TSNR）［初级形状（胶乳，烟胶片除外）或板、片、带］	20	40	17	5	千克	
40012900	--其他						
4001290000	其他初级形状的天然橡胶（胶乳除外的初级形状或板、片、带状）	20	40	17	5	千克	
40013000	-巴拉塔胶、古塔波胶、银胶菊胶、糖胶树胶及类似的天然树胶						
4001300000	巴拉塔胶等及类似的天然树胶（包括古塔波胶、糖胶树胶等，胶乳外的初级形状或板、片、带）	20	40	17	5	千克	
4002	**合成橡胶及从油类提取的油膏，初级形状或板、片、带；品目 40.01 所列产品与本编号所列产品的混合物，初级形状或板、片、带**						

商品编号	商品名称及备注	进口关税税率(%)		增值税率(%)	出口退税率(%)	计量单位	监管条件
		最惠国	普通				
40021110	---羧基丁苯橡胶						
4002111000	羧基丁苯橡胶胶乳	7.5	14	17	5	千克	
40021190	---其他						
4002119000	其他胶乳	7.5	14	17	5	千克	
40021911	----未经任何加工的丁苯橡胶(溶聚的除外)						
4002191100	初级形状未经任何加工丁苯橡胶(溶聚的除外)(胶乳除外)	7.5	14	17	13	千克	
40021912	----充油丁苯橡胶(溶聚的除外)						
4002191200	初级形状充油丁苯橡胶(溶聚的除外)(胶乳除外)	7.5	14	17	5	千克	
40021913	----热塑丁苯橡胶						
4002191300	初级形状热塑丁苯橡胶(胶乳除外)	7.5	14	17	5	千克	
40021914	----充油热塑丁苯橡胶						
4002191400	初级形状充油热塑丁苯橡胶(胶乳除外)	7.5	14	17	5	千克	
40021915	----未经任何加工的溶聚丁苯橡胶						
4002191500	初级形状未经任何加工的溶聚丁苯橡胶(胶乳除外)	7.5	14	17	13	千克	
40021916	----充油溶聚丁苯橡胶						
4002191600	初级形状充油溶聚丁苯橡胶(胶乳除外)	7.5	14	17	5	千克	
40021919	----其他						
4002191900	其他初级形状羧基丁苯橡胶等(胶乳除外)	7.5	14	17	5	千克	
40021990	---其他						
4002199001	简单处理的丁苯橡胶,热塑或充油热塑丁苯橡胶除外(指为便于运输,对初级形状进行压缩、挤压等简单成型处理)	7.5	35	17	5	千克	
4002199090	其他丁苯橡胶及羧基丁苯橡胶板、片、带(4002199001 项下的除外)	7.5	35	17	0	千克	
40022010	---初级形状的						
4002201000	初级形状的丁二烯橡胶	7.5	14	17	5	千克	
40022090	---其他						
4002209000	丁二烯橡胶板、片、带	7.5	35	17	0	千克	
40023110	---初级形状的						
4002311000	初级形状的异丁烯-异戊二烯橡胶	6	14	17	5	千克	
40023190	---其他						
4002319000	异丁烯—异戊二烯橡胶板、片、带	7.5	35	17	0	千克	
40023910	---初级形状的						
4002391000	初级形状的其他卤代丁基橡胶	7.5	14	17	5	千克	
40023990	---其他						
4002399000	卤代丁基橡胶板、片、带	7.5	35	17	0	千克	
40024100	--胶乳						
4002410000	氯丁二烯橡胶胶乳	7.5	14	17	5	千克	
40024910	---初级形状的						
4002491000	初级形状的氯丁二烯橡胶(胶乳除外)	7.5	14	17	5	千克	
40024990	---其他						
4002499000	氯丁二烯橡胶板、片、带	7.5	35	17	0	千克	
40025100	--胶乳						
4002510000	丁腈橡胶胶乳	7.5	14	17	5	千克	
40025910	---初级形状的						
4002591000	初级形状的丁腈橡胶(胶乳除外)	7.5	14	17	5	千克	
40025990	---其他						
4002599000	丁腈橡胶板、片、带	7.5	35	17	0	千克	

商品编号	商 品 名 称 及 备 注	进口关税税率(%)		增值税率(%)	出口退税率(%)	计量单位	监管条件
		最惠国	普通				
40026010	---初级形状的						
4002601000	初级形状的异戊二烯橡胶	3	14	17	5	千克	
40026090	---其他						
4002609000	异戊二烯橡胶板、片、带	5	35	17	0	千克	
40027010	---初级形状的						
4002701000	初级形状的乙丙非共轭二烯橡胶	7.5	14	17	5	千克	
40027090	---其他						
4002709000	乙丙非共轭二烯橡胶板、片、带	7.5	35	17	0	千克	
40028000	-品目40.01所列产品与本编号所列产品的混合物						
4002800000	天然橡胶与合成橡胶的混合物	7.5	35	17	0	千克	
40029100	--胶乳						
4002910000	本编号其他未列名的胶乳	7.5	14	17	0	千克	
40029911	----初级形状的						
4002991100	其他初级形状的合成橡胶	7.5	14	17	13	千克	
40029919	----其他						
4002991900	其他合成橡胶板、片、带(胶乳除外)	7.5	35	17	0	千克	
40029990	---其他						
4002999000	从油类提取的油膏	4	14	17	0	千克	
4003	**再生橡胶,初级形状或板、片、带**						
40030000	再生橡胶,初级形状或板、片、带						
4003000000	初级形状或板、片、带状再生橡胶	8	30	17	13	千克	
4004	**橡胶(硬质橡胶除外)的废碎料、下脚料及其粉、粒**						
40040000	橡胶(硬质橡胶除外)的废碎料、下脚料及其粉、粒						
4004000010	废轮胎及其切块	8	30	17	0	千克	9
4004000020	硫化橡胶废碎料、下脚料及其粉、粒(硬质橡胶的除外)(不包括符合GB/T19208标准的硫化橡胶粉产品)	8	30	17	0	千克	9
4004000090	未硫化橡胶废碎料、下脚料及其粉、粒	8	30	17	0	千克	9
4005	**未硫化的复合橡胶,初级形状或板、片、带**						
40051000	-与炭黑或硅石混合						
4005100000	与炭黑等混合的未硫化复合橡胶(包括与硅石混合,初级形状或板、片、带)	8	35	17	0	千克	A
40052000	-溶液;编号400510以外的分散体						
4005200000	未硫化的复合橡胶溶液及分散体(分散体指编号400510以外的)	8	35	17	0	千克	A
40059100	--板、片、带						
4005910000	其他未硫化的复合橡胶板、片、带	8	35	17	0	千克	A
40059900	--其他						
4005990000	其他未硫化的初级形状复合橡胶	8	35	17	0	千克	A
4006	**其他形状(例如,杆、管或型材及异型材)的未硫化橡胶及未硫化橡胶制品(例如,盘、环)**						
40061000	-轮胎翻新用胎面补料胎条						
4006100000	未硫化轮胎翻新用胎面补料胎条	8	35	17	0	千克	
40069010	---其他形状的未硫化橡胶						
4006901000	未硫化橡胶的杆、管、型材及异型材(初级形状或板、片、带以外形状)	8	35	17	0	千克	
40069020	---未硫化橡胶制品						
4006902000	未硫化橡胶制品(盘、环等)	14	80	17	0	千克	
4007	**硫化橡胶线及绳**						
40070000	硫化橡胶线及绳						
4007000000	硫化橡胶线及绳	14	80	17	9	千克	

商品编号	商品名称及备注	进口关税税率(%)		增值税率(%)	出口退税率(%)	计量单位	监管条件
		最惠国	普通				
4008	**硫化橡胶(硬质橡胶除外)制的板、片、带、杆或型材及异型材**						
40081100	--板、片、带						
4008110000	海绵硫化橡胶制的板、片及带	8	35	17	9	千克	
40081900	--其他						
4008190000	海绵硫化橡胶制型材、异型材及杆	8	35	17	9	千克	
40082100	--板、片、带						
4008210000	非海绵硫化橡胶制板、片及带	8	35	17	9	千克	
40082900	--其他						
4008290000	非海绵硫化橡胶型材、异型材及杆	8	35	17	9	千克	
4009	**硫化橡胶(硬质橡胶除外)制的管子,不论是否装有附件(例如,接头、肘管、法兰)**						
40091100	--未装有附件						
4009110000	未加强或其他材料合制硫化橡胶管(不带附件、硬质橡胶除外)	10.5	40	17	9	千克	
40091200	--装有附件						
4009120000	未加强或其他材料合制硫化橡胶管(装有附件、硬质橡胶除外)	10	40	17	9	千克	
40092100	--未装有附件						
4009210000	加强或只与金属合制的硫化橡胶管(不带附件、硬质橡胶除外)	10.5	40	17	9	千克	
40092200	--装有附件						
4009220000	加强或只与金属合制的硫化橡胶管(装有附件、硬质橡胶除外)	10	40	17	9	千克	
40093100	--未装有附件						
4009310000	加强或与纺织材料合制硫化橡胶管(不带附件、硬质橡胶除外)	10.5	40	17	9	千克	
40093200	--装有附件						
4009320000	加强或与纺织材料合制硫化橡胶管(装有附件、硬质橡胶除外)	10	40	17	9	千克	
40094100	--未装有附件						
4009410000	加强或与其他材料合制硫化橡胶管(不带附件、硬质橡胶除外)	10.5	40	17	9	千克	
40094200	--装有附件						
4009420000	加强或与其他材料合制硫化橡胶管(装有附件、硬质橡胶除外)	10	40	17	9	千克	
4010	**硫化橡胶制的传动带或输送带及带料**						
40101100	--仅用金属加强的						
4010110000	金属加强的硫化橡胶输送带(包括带料)	10	35	17	9	千克	
40101200	--仅用纺织材料加强的						
4010120000	纺织材料加强的硫化橡胶输送带(包括带料)	10	35	17	9	千克	
40101900	--其他						
4010190000	其他硫化橡胶制的输送带及带料	10	35	17	9	千克	
40103100	--梯形截面的环形传动带(三角带),V形肋状的,60厘米<周长≤180厘米						
4010310000	60厘米<周长≤180厘米的V形肋状三角带(硫化橡胶制梯形截面的环形传动带,不论是否开槽)	8	35	17	9	千克	
40103200	--梯形截面的环形传动带(三角带),60厘米<周长≤180厘米,V形肋状的除外						
4010320000	60厘米<周长≤180厘米三角带(硫化橡胶制梯形截面的环形传动带,V形肋状带除外)	8	35	17	9	千克	
40103300	--梯形截面的环形传动带(三角带),V形肋状的,180厘米<周长≤240厘米						
4010330000	180厘米<周长≤240厘米V形肋状带(硫化橡胶制梯形截面的环形传动带)	8	35	17	9	千克	
40103400	--梯形截面的环形传动带(三角带),180厘米<周长≤240厘米,V形肋状的除外						
4010340000	180厘米<周长≤240厘米V形肋状带除外(硫化橡胶制梯形截面的环形传动带)	8	35	17	9	千克	
40103500	--环形同步带,60厘米<周长≤150厘米						
4010350000	60厘米<周长≤150厘米的环形同步带(硫化橡胶制)	10	35	17	9	千克	
40103600	--环形同步带,150厘米<周长≤198厘米						
4010360000	150厘米<周长≤198厘米的环形同步带(硫化橡胶制)	10	35	17	9	千克	

商品编号	商品名称及备注	进口关税税率(%)		增值税率(%)	出口退税率(%)	计量单位	监管条件
		最惠国	普通				
40103900	--其他						
4010390000	其他硫化橡胶制的传动带及带料	8	35	17	9	千克	
4011	**新的充气橡胶轮胎**						
40111000	-机动小客车(包括旅行小客车及赛车)用						
4011100000	机动小客车用新的充气轮胎(橡胶轮胎,包括旅行小客车及赛车用)	10	50	17	9	千克/条	A
40112000	-客运机动车辆或货运机动车辆用						
4011200010[暂8]	断面宽度≥30 英寸客或货车用新充气橡胶轮胎(指机动车辆用橡胶轮胎,断面宽度≥30 英寸)	10	50	17	9	千克/条	A
4011200090	其他客或货车用新充气橡胶轮胎(指机动车辆用橡胶轮胎)	10	50	17	9	千克/条	A
40113000	-航空器用						
4011300000	航空器用新的充气橡胶轮胎	1	11	17	9	千克/条	
40114000	-摩托车用						
4011400000	摩托车用新的充气橡胶轮胎	15	80	17	9	千克/条	A
40115000	-自行车用						
4011500000	自行车用新的充气橡胶轮胎	20	80	17	13	千克/条	
40117010	---人字形胎面或类似胎面						
4011701010[暂8]	断面宽度≥24 英寸人字形轮胎(新充气橡胶轮胎,含胎面类似人字形的,农林车辆及机器用)	17.5	50	17		千克/条	A
4011701090	其他人字形胎面轮胎(新充气橡胶轮胎,含胎面类似人字形的,农林车辆及机器用)	17.5	50	17		千克/条	A
40117090	---其他						
4011709000	其他新的充气橡胶轮胎(非人字形胎面,农林车辆及机器用)	25	50	17		千克/条	
40118011	----辋圈尺寸≤61 厘米						
4011801110	断面宽度≥24 英寸人字形轮胎(建筑业、采矿业或工业搬运车辆及机器用,辋圈≤61 厘米,新充气橡胶胎,含类似人字形)	17.5	50	17		千克/条	A
4011801190	其他人字形胎面轮胎(建筑业、采矿业或工业搬运车辆及机器用,辋圈≤61 厘米,新充气橡胶胎,含类似人字形)	17.5	50	17		千克/条	A
40118012	----辋圈尺寸>61 厘米						
4011801210[暂8]	断面宽度≥24 英寸人字形子轮胎(建筑业、采矿业或工业搬运车辆及机器用,辋圈>61 厘米,新充气橡胶胎,含类似人字形)	17.5	50	17		千克/条	A
4011801290	其他人字形胎面轮胎(建筑业、采矿业或工业搬运车辆及机器用,辋圈>61 厘米,新充气橡胶胎,含类似人字形)	17.5	50	17		千克/条	A
40118091	----辋圈尺寸≤61 厘米						
4011809100	建筑业、采矿业或工业搬运车辆及机器用,辋圈≤61 厘米的非人字面的新充气橡胶胎	25	50	17		千克/条	
40118092	----辋圈尺寸>61 厘米						
4011809210[暂8]	其他断面宽度≥24 英寸轮胎(建筑业、采矿业或工业搬运车辆及机器用,辋圈>61 厘米,新充气橡胶胎,非人字形胎面)	25	50	17		千克/条	
4011809290	其他新的充气橡胶轮胎(建筑业、采矿业或工业搬运车辆及机器用,辋圈>61 厘米,新充气橡胶胎,非人字形胎面)	25	50	17		千克/条	
40119010	---人字形胎面或类似胎面的						
4011901010[暂8]	断面宽度≥30 英寸人字形轮胎(其他用途,新充气橡胶轮胎,含胎面类似人字形的)	17.5	50	17		千克/条	A
4011901090	其他人字形胎面轮胎(其他用途,新充气橡胶轮胎,含胎面类似人字形的)	17.5	50	17		千克/条	A
40119090	---其他						
4011909010[暂8]	其他断面宽度≥30 英寸轮胎(其他用途,新充气橡胶轮胎,非人字形胎面)	25	50	17		千克/条	
4011909090	其他新的充气橡胶轮胎(其他用途,新充气橡胶轮胎,非人字形胎面)	25	50	17		千克/条	
4012	**翻新的或旧的充气橡胶轮胎;实心或半实心橡胶轮胎、橡胶胎面及橡胶轮胎衬带**						
40121100	--机动小客车(包括旅行小客车及赛车)用						

商品编号	商品名称及备注	进口关税税率(%)		增值税率(%)	出口退税率(%)	计量单位	监管条件
		最惠国	普通				
4012110000	机动小客车用翻新轮胎(包括旅行小客车及赛车用翻新轮胎)	20	50	17	9	千克/条	A
40121200	--机动大客车或货运机动车辆用						
4012120000	机动大客车或货运车用翻新轮胎	20	50	17	9	千克/条	A
40121300	--航空器用						
4012130000[暂4]	航空器用翻新轮胎	20	50	17	9	千克/条	
40121900	--其他						
4012190000	其他翻新轮胎	20	50	17	9	千克/条	
40122010	---汽车用						
4012201000	汽车用旧的充气橡胶轮胎	25	50	17	9	千克/条	A
40122090	---其他						
4012209000	其他用途旧的充气橡胶轮胎	25	80	17	9	千克/条	
40129010	---航空器用						
4012901000	航空器用实心或半实心橡胶轮胎(包括橡胶胎面及橡胶轮胎衬带)	3	11	17	9	千克	
40129020	---汽车用						
4012902000	汽车用实心或半实心轮胎	22	50	17	9	千克	A
40129090	---其他						
4012909000	其他用实心或半实心轮胎	22	50	17	9	千克	
4013	**橡胶内胎**						
40131000	-机动小客车(包括旅行小客车及赛车)、客运、机动车辆或货运机动车辆用						
4013100000	汽车用橡胶内胎[机动小客车(包括旅行小客车及赛车)、客运车或货运车用]	15	50	17	9	千克/条	A
40132000	-自行车用						
4013200000	自行车用橡胶内胎	15	80	17	13	千克/条	
40139010	---航空器用						
4013901000	航空器用橡胶内胎	3	11	17	9	千克/条	
40139090	---其他						
4013909000	其他用橡胶内胎	15	50	17	9	千克/条	
4014	**硫化橡胶(硬质橡胶除外)制的卫生及医疗用品(包括奶嘴),不论是否装有硬质橡胶制的附件**						
40141000	-避孕套						
4014100000	硫化橡胶制避孕套	0	0	0	0	千克	
40149000	-其他						
4014900000	硫化橡胶制其他卫生及医疗用品(包括奶嘴,不论有无硬质橡胶配件,硬化橡胶的除外)	17.5	50	17	9	千克	A
4015	**硫化橡胶(硬质橡胶除外)制的衣着用品及附件(包括分指手套、连指手套及露指手套)**						
40151100	--外科用						
4015110000	硫化橡胶制外科用手套(硬化橡胶的除外)	8	30	17	13	千克/双	
40151900	--其他						
4015190000	硫化橡胶制其他手套(硬化橡胶的除外)	18	80	17	13	千克/双	
40159010	---医疗用						
4015901000	医疗用硫化橡胶衣着用品及附件(硬化橡胶的除外)	8	30	17	9	千克	
40159090	---其他						
4015909000	其他硫化橡胶制衣着用品及附件(硬化橡胶的除外)	15	90	17	9	千克	
4016	**硫化橡胶(硬质橡胶除外)的其他制品**						
40161010	---机器及仪器用零件						
4016101000	硫化海绵橡胶制机器及仪器用零件(硬质橡胶的除外)	8	30	17	9	千克	
40161090	---其他						
4016109000	硫化海绵橡胶制其他制品(硬质橡胶的除外)	15	80	17	9	千克	

商品编号	商品名称及备注	进口关税税率(%)		增值税率(%)	出口退税率(%)	计量单位	监管条件
		最惠国	普通				
40169100	--铺地制品及门垫						
4016910000	硫化橡胶制铺地制品及门垫(硬质橡胶的除外)	18	80	17	9	千克	
40169200	--橡皮擦						
4016920000	硫化橡胶制橡皮擦	18	80	17	9	千克	
40169310	---机器及仪器用						
4016931000	其他硫化橡胶制密封制品(硫化橡胶密封圈,机器、仪器用,硬质橡胶的除外)	8	30	17	9	千克	
40169390	---其他						
4016939000	硫化橡胶制其他用垫片、垫圈(包括密封垫,硬质橡胶除外)	15	80	17	9	千克	
40169400	--船舶或码头的碰垫,不论是否可充气						
4016940000	硫化橡胶制船舶或码头的碰垫(不论是否可充气,硬质橡胶除外)	18	80	17	9	千克	
40169500	--其他可充气制品						
4016950001[暂9]	硫化橡胶制液压隔离式蓄能器用胶囊	18	80	17	9	千克	
4016950090	硫化橡胶制其他可充气制品	18	80	17	9	千克	
40169910	---机器及仪器用零件						
4016991001[暂4]	奶衬(硬质橡胶除外)	8	30	17	9	千克	
4016991090	硫化橡胶制机器及仪器用其他零件(硬质橡胶除外)	8	30	17	9	千克	
40169990	---其他						
4016999001[暂5]	动车组用胶囊,外风挡板(硬质橡胶除外)	10	80	17	9	千克	
4016999090	其他未列名硫化橡胶制品(硬质橡胶除外)	10	80	17	9	千克	
4017	**各种形状的硬质橡胶(例如,纯硬质胶),包括废碎料;硬质橡胶制品**						
40170010	---各种形状的硬质橡胶,包括废碎料						
4017001010	各种形状的硬质橡胶废碎料	8	35	17	9	千克	9
4017001090	各种形状的硬质橡胶	8	35	17	9	千克	
40170020	---硬质橡胶制品						
4017002000	硬质橡胶制品	15	90	17	9	千克	

第八类　生皮、皮革、毛皮及其制品；鞍具及挽具；旅行用品、手提包及类似容器；动物肠线（蚕胶丝除外）制品

第四十一章　生皮(毛皮除外)及皮革

注释：

一、本章不包括：

（一）生皮的边角废料（品目05.11）；

（二）品目05.05或67.01的带羽毛或羽绒的整张或部分鸟皮；

（三）带毛生皮或已鞣的带毛皮张（第四十三章）；但下列动物的带毛生皮应归入第四十一章：牛（包括水牛）、马、绵羊及羔羊（不包括阿斯特拉罕、喀拉科尔、波斯羔羊或类似羔羊，印度、中国或蒙古羔羊）、山羊或小山羊（不包括也门或蒙古山羊及小山羊）、猪（包括野猪）、小羚羊、瞪羚、骆驼（包括单峰骆驼）、驯鹿、麋、鹿、狍或狗。

二、（一）品目41.04至41.06不包括经逆鞣（包括预鞣）加工的皮（酌情归入品目41.01至41.03）；

（二）品目41.04至41.06所称"坯革"，包括在干燥前经复鞣、染色或加油（加脂）的皮。

三、本手册所称"再生皮革"，仅指品目41.15的皮革。

商品编号	商品名称及备注	进口关税税率(%) 最惠国	进口关税税率(%) 普通	增值税率(%)	出口退税率(%)	计量单位	监管条件
4101	生牛皮(包括水牛皮)、生马皮(鲜的、盐腌的、干的、石灰浸渍的、浸酸的或以其他方法保藏,但未鞣制、未经羊皮纸化处理或进一步加工的),不论是否去毛或剖层						
41012011	----经逆鞣处理的						
4101201110	规定重量退鞣未剖层整张濒危生野牛皮(指每张,简单干燥≤8千克,干盐渍≤10千克,鲜或湿盐≤16千克)	8	17	13	0	千克/张	ABFE
4101201190	规定重量未剖层退鞣处理整张生牛皮(包括水牛皮)(指每张,简单干燥≤8千克,干盐渍≤10千克,鲜或湿盐≤16千克)	8	17	13	0	千克/张	AB
41012019	----其他						
4101201910	规定重量非退鞣未剖层整张濒危生野牛皮(指每张,简单干燥≤8千克,干盐渍≤10千克,鲜或湿盐≤16千克)	5	17	13	0	千克/张	ABFE
4101201990	规定重量非退鞣未剖层处理整张生牛皮(包括水牛皮)(指每张,简单干燥≤8千克,干盐渍≤10千克,鲜或湿盐≤16千克)	5	17	13	0	千克/张	AB
41012020	---马皮						
4101202010	规定重量未剖层整张濒危生野马皮(指每张,简单干燥≤8千克,干盐渍≤10千克,鲜或湿盐≤16千克)	5	30	13	0	千克/张	ABFE
4101202090	规定重量未剖层整张生马皮(指每张,简单干燥≤8千克,干盐渍≤10千克,鲜或湿盐≤16千克)	5	30	13	0	千克/张	AB
41015011	----经逆鞣处理的						
4101501110	重量>16千克退鞣整张濒危生野牛皮	8.4	17	13	0	千克/张	ABFE
4101501190	重量>16千克退鞣处理整张生牛皮(包括水牛皮)	8.4	17	13	0	千克/张	AB
41015019	----其他						
4101501910	重量>16千克非退鞣整张濒危生野牛皮	5	17	13	0	千克/张	ABFE
4101501990	重量>16千克非退鞣处理整张生牛皮(包括水牛皮)	5	17	13	0	千克/张	AB
41015020	---马皮						
4101502010	重量>16千克整张濒危生野马皮	5	30	13	0	千克/张	ABFE
4101502090	重量>16千克整张生马皮	5	30	13	0	千克/张	AB

商品编号	商品名称及备注	进口关税税率(%)		增值税率(%)	出口退税率(%)	计量单位	监管条件
		最惠国	普通				
41019011	----经逆鞣处理的						
4101901110	其他退鞣处理濒危生野牛皮(包括整张或半张的背皮及腹皮)	8.4	17	13	0	千克	FEAB
4101901190	其他退鞣处理生牛皮(包括整张或半张的背皮及腹皮)	8.4	17	13	0	千克	AB
41019019	----其他						
4101901910	其他濒危生野牛皮(包括整张或半张的背皮及腹皮)	5	17	13	0	千克	FEAB
4101901990	其他生牛皮(包括整张或半张的背皮及腹皮)	5	17	13	0	千克	AB
41019020	---马皮						
4101902010	其他濒危生野马皮(包括整张或半张的背皮及腹皮)	5	30	13	0	千克	FEAB
4101902090	其他生马皮(包括整张或半张的背皮及腹皮)	5	30	13	0	千克	AB
4102	**绵羊或羔羊生皮(鲜的、盐腌的、干的、石灰浸渍的、浸酸的或经其他方法保藏,但未鞣制、未经羊皮纸化处理或进一步加工的),不论是否带毛或剖层,但本章注释一(三)所述不包括的生皮除外**						
41021000	-带毛						
4102100000	带毛的绵羊或羔羊生皮[本章注释一(三)所述不包括的生皮除外]	7	30	13	0	千克/张	AB
41022110	---经逆鞣处理的						
4102211000	浸酸退鞣不带毛绵羊或羔羊生皮[本章注释一(三)所述不包括的生皮除外]	14	30	13	0	千克/张	AB
41022190	---其他						
4102219000	浸酸非退鞣不带毛绵羊或羔羊生皮[本章注释一(三)所述不包括的生皮除外]	9	30	13	0	千克/张	AB
41022910	---经逆鞣处理的						
4102291000	其他不带毛退鞣绵羊或羔羊生皮[浸酸的及本章注释一(三)所述不包括的生皮除外]	14	30	13	0	千克/张	AB
41022990	---其他						
4102299000	其他不带毛非退鞣绵羊或羔羊生皮[浸酸的及本章注释一(三)所述不包括的生皮除外]	7	30	13	0	千克/张	AB
4103	**其他生皮(鲜的、盐腌的、干的、石灰浸腌的、浸酸的或以其他方法保藏,但未鞣制、未经羊皮纸化处理或进一步加工的),不论是否去毛或剖层,但本章注释一(二)或(三)所述不包括的生皮除外**						
41032000	-爬行动物皮						
4103200000	爬行动物的生皮	9	30	13	0	千克/张	FEAB
41033000	-猪皮						
4103300010	生鹿豚、姬猪皮	9	30	13	0	千克/张	ABFE
4103300090	生猪皮	9	30	13	0	千克/张	AB
41039011	----经逆鞣处理的						
4103901100	退鞣山羊板皮[本章注释一(三)所述不包括的生皮除外]	14	35	13	0	千克/张	AB
41039019	----其他						
4103901900	非退鞣山羊板皮[本章注释一(三)所述不包括的生皮除外]	9	35	13	0	千克/张	AB
41039021	----经逆鞣处理的						
4103902100	其他退鞣山羊或小山羊皮[山羊板皮及本章注释一(三)所述不包括的生皮除外]	14	30	13	0	千克/张	AB
41039029	----其他						
4103902900	其他非退鞣山羊或小山羊皮[山羊板皮及本章注释一(三)所述不包括的生皮除外]	9	30	13	0	千克/张	AB
41039090	---其他						
4103909010	其他濒危野生动物生皮[本章注释一(二)或(三)所述不包括的生皮除外]	9	30	13	0	千克/张	ABEF
4103909090	其他生皮[本章注释一(二)或(三)所述不包括的生皮除外]	9	30	13	0	千克/张	AB
4104	**经鞣制的不带毛牛皮(包括水牛皮)、马皮及其坯革,不论是否剖层,但未经进一步加工**						
41041111	----蓝湿的						
4104111110[暂3]	蓝湿濒危野牛皮(全粒面未剖或粒面剖层,经鞣制不带毛)	7	17	17	0	千克	ABFE
4104111190[暂3]	全粒面未剖层或粒面剖层蓝湿牛皮(经鞣制不带毛)	7	17	17	0	千克	AB
41041119	----其他						

商品编号	商品名称及备注	进口关税税率(%)		增值税率(%)	出口退税率(%)	计量单位	监管条件
		最惠国	普通				
4104111910	湿濒危野牛皮(全粒面未剖或粒面剖层,经鞣制不带毛)	8	35	17	0	千克	EF
4104111990	全粒面未剖层或粒面剖层湿牛皮(经鞣制不带毛)	8	35	17	0	千克	
41041120	---马皮						
4104112010	湿濒危野马皮(全粒面未剖或粒面剖层,经鞣制不带毛)	5	35	17	0	千克	EF
4104112090	全粒面未剖层或粒面剖层湿马皮(经鞣制不带毛)	5	35	17	0	千克	
41041911	----蓝湿的						
4104191110[暂3]	其他蓝湿濒危野牛皮(经鞣制不带毛)	6	17	17	0	千克	ABFE
4104191190[暂3]	其他蓝湿牛皮(经鞣制不带毛)	6	17	17	0	千克	AB
41041919	----其他						
4104191910	其他湿濒危野牛皮(经鞣制不带毛)	7	35	17	0	千克	EF
4104191990	其他湿牛皮(经鞣制不带毛)	7	35	17	0	千克	
41041920	---马皮						
4104192010[暂5]	其他湿濒危野马皮(经鞣制不带毛)	7	35	17	0	千克	EF
4104192090[暂5]	其他湿马皮(经鞣制不带毛)	7	35	17	0	千克	
41044100	--全粒面未剖层革;粒面剖层革						
4104410010[暂3]	濒危野牛马干革(全粒面未剖或粒面剖层,经鞣制不带毛)	5	35	17	0	千克	EF
4104410090[暂3]	全粒面未剖层或粒面剖层干革(经鞣制不带毛)	5	35	17	0	千克	
41044910	---机器带用牛、马皮革						
4104491010	其他机器带用濒危野牛马皮革(经鞣制不带毛)	5	20	17	0	千克	FE
4104491090	其他机器带用牛马皮革(经鞣制不带毛)	5	20	17	0	千克	
41044990	---其他						
4104499010	其他濒危野牛马皮革(经鞣制不带毛)	7	35	17	0	千克	EF
4104499090	其他牛马皮革(经鞣制不带毛)	7	35	17	0	千克	
4105	**经鞣制的不带毛绵羊或羔羊皮革及其坯革,不论是否剖层,但未经进一步加工**						
41051010	---蓝湿的						
4105101000[暂10]	蓝湿绵羊或羔羊皮(经鞣制不带毛)	14	50	17	0	千克	AB
41051090	---其他						
4105109000	其他绵羊或羔羊湿革(经鞣制不带毛)	10	50	17	0	千克	
41053000	-干革(坯革)						
4105300000	绵羊或羔羊干革(经鞣制不带毛)	8	50	17	0	千克	
4106	**经鞣制的其他不带毛动物皮革及其坯革,不论是否剖层,但未经进一步加工**						
41062100	--湿革(包括蓝湿皮)						
4106210001[暂10]	蓝湿山羊皮(经鞣制不带毛)	14	50	17	0	千克	
4106210090	其他山羊或小山羊湿革(经鞣制不带毛)	14	50	17	0	千克	
41062200	--干革(坯革)						
4106220000	山羊或小山羊干革(经鞣制不带毛)	14	50	17	0	千克	
41063110	---蓝湿的						
4106311010[暂10]	蓝湿鹿豚、姬猪皮(经鞣制不带毛)	14	50	17	0	千克	FEAB
4106311090[暂10]	其他蓝湿猪皮(经鞣制不带毛)	14	50	17	0	千克	AB
41063190	---其他						
4106319010	鹿豚、姬猪湿革(经鞣制不带毛)	14	50	17	0	千克	EF
4106319090	其他猪湿革(经鞣制不带毛)	14	50	17	0	千克	
41063200	--干革(坯革)						
4106320010	鹿豚、姬猪干革(经鞣制不带毛,坯革)	14	50	17	0	千克	EF
4106320090	其他猪干革(经鞣制不带毛,坯革)	14	50	17	0	千克	
41064000	-爬行动物的						

商品编号	商品名称及备注	进口关税税率(%)		增值税率(%)	出口退税率(%)	计量单位	监管条件
		最惠国	普通				
4106400000	爬行动物皮革(经鞣制不带毛)	14	50	17	0	千克	FE
41069100	--湿革(包括蓝湿皮)						
4106910010	其他濒危野生动物湿革(经鞣制不带毛)	14	50	17	0	千克	FE
4106910090	其他动物湿革(经鞣制不带毛)	14	50	17	0	千克	
41069200	--干革(坯革)						
4106920010	其他濒危野生动物干革(经鞣制不带毛)	14	50	17	0	千克	FE
4106920090	其他动物干革(经鞣制不带毛)	14	50	17	0	千克	
4107	**经鞣制或半硝处理后进一步加工的不带毛的牛皮革(包括水牛皮革)及马皮革,包括羊皮纸化处理的皮革,不论是否剖层,但品目41.14的皮革除外**						
41071110	---牛皮						
4107111010	全粒面未剖层整张濒危野牛皮(经鞣制或半硝后进一步加工,羊皮纸化处理)	8	50	17	0	千克/张	FE
4107111090	全粒面未剖层整张牛皮(经鞣制或半硝后进一步加工,羊皮纸化处理)	8	50	17	0	千克/张	
41071120	---马皮						
4107112010	全粒面未剖层整张濒危野马皮(经鞣制或半硝后进一步加工,羊皮纸化处理)	5	50	17	0	千克/张	FE
4107112090	全粒面未剖层整张马皮(经鞣制或半硝后进一步加工,羊皮纸化处理)	5	50	17	0	千克/张	
41071210	---牛皮						
4107121010暂6	粒面剖层整张濒危野牛皮(经鞣制或半硝后进一步加工,羊皮纸化处理)	8	50	17	0	千克/张	FE
4107121090暂6	粒面剖层整张牛皮(经鞣制或半硝后进一步加工,羊皮纸化处理)	8	50	17	0	千克/张	
41071220	---马皮						
4107122010	粒面剖层整张濒危野马皮(经鞣制或半硝后进一步加工,羊皮纸化处理)	5	50	17	0	千克/张	FE
4107122090	粒面剖层整张马皮(经鞣制或半硝后进一步加工,羊皮纸化处理)	5	50	17	0	千克/张	
41071910	---机器带用						
4107191010	其他机器带用整张濒危野牛马皮革(经鞣制或半硝后进一步加工,羊皮纸化处理)	5	50	17	0	千克/张	FE
4107191090	其他机器带用整张牛马皮革(经鞣制或半硝后进一步加工,羊皮纸化处理)	5	50	17	0	千克/张	
41071990	---其他						
4107199010	其他整张濒危野牛马皮革(经鞣制或半硝后进一步加工,羊皮纸化处理)	7	50	17	0	千克/张	EF
4107199090	其他整张牛马皮革(经鞣制或半硝后进一步加工,羊皮纸化处理)	7	50	17	0	千克/张	
41079100	--全粒面未剖层革						
4107910010	全粒面未剖层非整张濒危野牛马皮(经鞣制或半硝后进一步加工,羊皮纸化处理)	5	50	17	0	千克	EF
4107910090	全粒面未剖层非整张革(经鞣制或半硝后进一步加工,羊皮纸化处理)	5	50	17	0	千克	
41079200	--粒面剖层革						
4107920010	粒面剖层非整张濒危野牛马皮革(经鞣制或半硝后进一步加工,羊皮纸化处理)	5	50	17	0	千克	FE
4107920090	粒面剖层非整张革(经鞣制或半硝后进一步加工,羊皮纸化处理)	5	50	17	0	千克	
41079910	---机器带用						
4107991010	其他机器带用非整张濒危野牛马皮(经鞣制或半硝后进一步加工,羊皮纸化处理)	5	50	17	0	千克	FE
4107991090	其他机器带用非整张牛马皮革(经鞣制或半硝后进一步加工,羊皮纸化处理)	5	50	17	0	千克	
41079990	---其他						
4107999010	其他非整张濒危野牛马皮革(经鞣制或半硝后进一步加工,羊皮纸化处理)	7	50	17	0	千克	EF
4107999090	其他非整张牛马皮革(经鞣制或半硝后进一步加工,羊皮纸化处理)	7	50	17	0	千克	
4112	**经鞣制或半硝处理后进一步加工的不带毛的绵羊或羔羊皮革,包括羊皮纸化处理的,不论是否剖层,但品目41.14的皮革除外**						
41120000	经鞣制或半硝处理后进一步加工的不带毛的绵羊或羔羊皮革,包括羊皮纸化处理的,不论是否剖层,但品目41.14的皮革除外						
4112000000	加工的绵羊或羔羊皮革(经鞣制或半硝后进一步加工,不带毛,羊皮纸化处理)	8	50	17	0	千克	
4113	**经鞣制或半硝处理后进一步加工的不带毛的其他动物皮革,包括羊皮纸化处理的,不论是否剖层,但品目41.14的皮革除外**						

商品编号	商品名称及备注	进口关税税率(%)		增值税率(%)	出口退税率(%)	计量单位	监管条件
		最惠国	普通				
41131000	-山羊或小山羊皮的						
4113100000	加工的山羊或小山羊皮革(经鞣制或半硝后进一步加工,不带毛,羊皮纸化处理)	14	50	17	0	千克	
41132000	-猪皮的						
4113200010	加工的鹿豚、姬猪皮革(经鞣制或半硝后进一步加工,不带毛,羊皮纸化处理)	14	50	17	0	千克	EF
4113200090	加工的猪皮革(经鞣制或半硝后进一步加工,不带毛,羊皮纸化处理)	14	50	17	0	千克	
41133000	-爬行动物皮的						
4113300000	加工的爬行动物皮革(经鞣制或半硝后进一步加工,不带毛,羊皮纸化处理)	14	50	17	0	千克	FE
41139000	-其他						
4113900010	加工的其他濒危野生动物皮革(经鞣制或半硝后进一步加工,不带毛,羊皮纸化处理)	14	50	17	0	千克	FE
4113900090	加工的其他动物皮革(经鞣制或半硝后进一步加工,不带毛,羊皮纸化处理)	14	50	17	0	千克	
4114	**油鞣皮革(包括结合鞣制的油鞣皮革);漆皮及层压漆皮;镀金属皮革**						
41141000	-油鞣皮革(包括结合鞣制的油鞣皮革)						
4114100010	油鞣其他濒危野生动物皮革(包括结合鞣制的油鞣皮革)	14	50	17	0	千克	FE
4114100090	油鞣其他动物皮革(包括结合鞣制的油鞣皮革,野生动物皮革除外)	14	50	17	0	千克	
41142000	-漆皮及层压漆皮;镀金属皮革						
4114200000	漆皮及层压漆皮;镀金属皮革	10	50	17	0	千克	
4115	**以皮革或皮革纤维为基本成分的再生皮革,成块、成张或成条的,不论是否成卷;皮革或再生皮革的边角废料,不适宜作皮革制品用;皮革粉末**						
41151000	-以皮革或皮革纤维为基本成分的再生皮革,成块、成张或成条,不论是否成卷						
4115100000	再生皮革(以皮革或皮革纤维为基本成分,成块、张、条,不论是否成卷)	14	50	17	0	千克	
41152000	-皮革或再生皮革的边角废料,不适宜作皮革制品用;皮革粉末						
4115200010	皮革废渣、灰渣、淤渣及粉末	14	50	17	0	千克	9
4115200090	成品皮革、皮革制品或再生皮革的边角料(经过筛选的,面积≥200平方厘米的皮革边角料,用于手套、配饰、玩具等的加工)	14	50	17	0	千克	9

第四十二章　皮革制品；鞍具及挽具；旅行用品、手提包及类似容器；动物肠线（蚕胶丝除外）制品

注释：

一、本章所称的“皮革”包括油鞣皮革（含结合鞣制的油鞣皮革）、漆皮、层压漆皮和镀金属皮革。

二、本章不包括：

（一）外科用无菌肠线或类似的无菌缝合材料（品目30.06）；

（二）以毛皮或人造毛皮衬里或做面（仅饰边的除外）的衣服及衣着附件（分指手套、连指手套及露指手套除外）（品目43.03或43.04）；

（三）网线袋及类似品（品目56.08）；

（四）第六十四章的物品；

（五）第六十五章的帽类及其零件；

（六）品目66.02的鞭子、马鞭或其他物品；

（七）袖扣、手镯或其他仿首饰（品目71.17）；

（八）单独进口或出口的挽具附件或装饰物，例如，马镫、马嚼子、马铃铛及类似品、带扣（一般归入第十五类）；

（九）弦线、鼓面皮或类似品及其他乐器零件（品目92.09）；

（十）第九十四章的物品（例如，家具、灯具及照明装置）；

（十一）第九十五章的物品（例如，玩具、游戏品及运动用品）；

（十二）品目96.06的纽扣、揿扣、纽扣芯或这些物品的其他零件、纽扣坯。

三、（一）除上述注释二所规定的以外，品目42.02也不包括：

1. 非供长期使用的带把手塑料薄膜袋，不论是否印制（品目39.23）；

2. 编结材料制品（品目46.02）。

（二）品目42.02及42.03的制品，如果装有用贵金属、包贵金属、天然或养殖珍珠、宝石或半宝石（天然、合成或再造）制的零件，即使这些零件不是仅作为小配件或小饰物的，只要其未构成物品的基本特征，仍应归入上述品目；但如果这些零件已构成物品的基本特征，则应归入第七十一章。

四、品目42.03所称“衣服及衣着附件”，主要适用于分指手套、连指手套及露指手套（包括运动手套及防护手套）、围裙及其他防护用衣着、裤吊带、腰带、子弹带及腕带，但不包括表带（品目91.13）。

商品编号	商品名称及备注	进口关税税率（%）		增值税率（%）	出口退税率（%）	计量单位	监管条件
		最惠国	普通				
4201	**各种材料制成的鞍具及挽具（包括缰绳、挽绳、护膝垫、口套、鞍褥、马褡裢、狗外套及类似品），适合各种动物用**						
42010000	各种材料制成的鞍具及挽具（包括缰绳、挽绳、护膝垫、口套、鞍褥、马褡裢、狗外套及类似品），适合各种动物用						
4201000010	濒危野生动物材料制的鞍具及挽具（适合各种动物用）	20	100	17	0	千克	FE
4201000090	各种材料制成的鞍具及挽具（野生动物材料制的除外，适合各种动物用）	20	100	17	13	千克	
4202	**衣箱、提箱、小手袋、公文箱、公文包、书包、眼镜盒、望远镜盒、照相机套、乐器盒、枪套及类似容器；旅行包、食品或饮料保温包、化妆包、帆布包、手提包、购物袋、钱夹、钱包、地图盒、烟盒、烟袋、工具包、运动包、瓶盒、首饰盒、粉盒、刀叉餐具盒及类似容器，用皮革或再生皮革、塑料片、纺织材料、钢纸或纸板制成，或者全部或主要用上述材料或纸包覆制成**						
42021110	---衣箱						
4202111010暂10	以含濒危野生动物皮革或再生皮革作面的衣箱	15	100	17	0	千克/个	FE
4202111090暂10	其他以皮革或再生皮革作面的衣箱	15	100	17	15	千克/个	
42021190	---其他						
4202119010	以濒危野生动物皮革或再生皮革作面的箱包（包括提箱、小手袋、公文包、书包及类似容器，但不包括衣箱）	10	100	17	0	千克/个	FE
4202119090	其他以皮革或再生皮革作面的箱包（包括提箱、小手袋、公文包、书包及类似容器，但不包括衣箱）	10	100	17	15	千克/个	
42021210	---衣箱						
4202121000暂10	以塑料或纺织材料作面的衣箱	20	100	17	15	千克/个	
42021290	---其他						
4202129000	以塑料或纺织材料作面的其他箱包（包括提箱、小手袋、公文箱、公文包、书包及类似容器）	20	100	17	15	千克/个	
42021900	--其他						
4202190000	以钢纸或纸板作面的衣箱等（包括提箱、小手袋、公文箱、公文包、书包及类似容器）	20	100	17	15	千克/个	

商品编号	商品名称及备注	进口关税税率(%)		增值税率(%)	出口退税率(%)	计量单位	监管条件
		最惠国	普通				
42022100	--以皮革或再生皮革作面						
4202210010	以濒危野生动物皮革或再生皮革作面的手提包(不论是否有背带,包括无把手的)	10	100	17	0	千克/个	FE
4202210090	其他以皮革或再生皮革作面的手提包(不论是否有背带,包括无把手的)	10	100	17	15	千克/个	
42022200	--以塑料片或纺织材料作面						
4202220000	以塑料片或纺织材料作面的手提包(不论是否有背带,包括无把手的)	10	100	17	15	千克/个	
42022900	--其他						
4202290000暂10	以钢纸或纸板作面的手提包(不论是否有背带,包括无把手的)	20	100	17	15	千克/个	
42023100	--以皮革或再生皮革作面						
4202310010	以濒危野生动物皮革或再生皮革作面的钱包等物品(指通常置于口袋或手提包内的物品)	10	100	17	0	千克/个	FE
4202310090	以皮革或再生皮革作面钱包等物品(指通常置于口袋或手提包内的物品)	10	100	17	15	千克/个	
42023200	--以塑料片或纺织材料作面						
4202320000	塑料片或纺织材料作面的钱包等物品(指通常置于口袋或手提包内的物品)	20	100	17	15	千克/个	
42023900	--其他						
4202390000	以钢纸或纸板作面的钱包等物品(指通常置于口袋或手提包内的物品)	20	100	17	15	千克/个	
42029100	--以皮革或再生皮革作面						
4202910010	濒危野生动物皮革或再生皮革作面的其他容器	10	100	17	0	千克/个	FE
4202910090	其他皮革或再生皮革作面其他容器	10	100	17	15	千克/个	
42029200	--以塑料片或纺织材料作面						
4202920000	塑料片或纺织材料作面的其他容器	10	100	17	15	千克/个	
42029900	--其他						
4202990000	以钢纸或纸板作面的其他容器	20	100	17	15	千克/个	
4203	**皮革或再生皮革制的衣服及衣着附件**						
42031000	-衣服						
4203100010	濒危野生动物皮革制的衣服(包括再生野生动物皮革制作的)	10	100	17	0	千克/件	EF
4203100090	皮革或再生皮革制的衣服(野生动物皮革制作的除外)	10	100	17	13	千克/件	
42032100	--专供运动用						
4203210010	濒危野生动物皮革制的运动手套(包括再生野生动物皮革制作的)	20	100	17	0	千克/双	FE
4203210090	皮革或再生皮革制专供运动用手套(包括连指或露指的,野生动物皮革制作的除外)	20	100	17	13	千克/双	
42032910	---劳保手套						
4203291010	濒危野生动物皮革制的劳保手套(包括再生野生动物皮革制作的)	20	100	17	0	千克/双	FE
4203291090	皮革或再生皮革制的劳保手套(野生动物皮革制作的除外)	20	100	17	13	千克/双	
42032990	---其他						
4203299010	濒危野生动物皮革制的其他手套(包括再生野生动物皮革制作的)	20	100	17	0	千克/双	FE
4203299090	皮革或再生皮革制的其他手套(包括连指或露指的)	20	100	17	13	千克/双	
42033010	---腰带						
4203301010	濒危野生动物皮革制的腰带(包括再生野生动物皮革制作的)	10	100	17	0	千克	FE
4203301090	其他动物皮革制的腰带(包括再生动物皮革制作的)	10	100	17	13	千克	
42033020	---子弹带						
4203302010	濒危野生动物皮革制的子弹带(包括再生野生动物皮革制作的)	10	100	17	0	千克	FE
4203302090	其他动物皮革制的子弹带(包括再生动物皮革制作的)	10	100	17	13	千克	
42034000	-其他衣着附件						
4203400010	濒危野生动物皮革制的衣着附件(包括再生野生动物皮革制作的)	20	100	17	0	千克	FE
4203400090	皮革或再生皮革制的其他衣着附件	20	100	17	13	千克	
4205	**皮革或再生皮革的其他制品**						
42050010	---坐具套						

商品编号	商品名称及备注	进口关税税率(%)		增值税率(%)	出口退税率(%)	计量单位	监管条件
		最惠国	普通				
4205001010	濒危野生动物皮革制的坐具套(包括再生野生动物皮革制作的)	12	100	17	0	千克	FE
4205001090	其他动物皮革制的坐具套(包括再生皮革制作的)	12	100	17	13	千克	
42050020	---机器、机械器具或其他专门技术用途的						
4205002010	濒危野生动物皮革制工业用皮革或再生皮革制品(工业用指机器、机械器具或其他专门技术用途的)	8	35	17	0	千克	FE
4205002090	其他工业用皮革或再生皮革制品(工业用指机器、机械器具或其他专门技术用途的)	8	35	17	13	千克	
42050090	---其他						
4205009010	濒危野生动物皮革的其他制品(包括再生野生动物皮革制作的)	12	100	17	0	千克	FE
4205009020	皮革或再生皮革制宠物用品	12	100	17	13	千克	AB
4205009090	皮革或再生皮革的其他制品	12	100	17	13	千克	
4206	**肠线(蚕胶丝除外)、肠膜、膀胱或筋腱制品**						
42060000	肠线(蚕胶丝除外)、肠膜、膀胱或筋腱制品						
4206000000	肠线、肠膜、膀胱或筋腱制品(不包括外科用无菌肠线或制成乐器弦的肠线,蚕胶丝除外)	20	90	17	5	千克	

第四十三章　毛皮、人造毛皮及其制品

注释：

一、本手册所称"毛皮"，是指已鞣的各种动物的带毛毛皮，但不包括品目43.01的生毛皮。

二、本章不包括：

（一）带羽毛或羽绒的整张或部分鸟皮（品目05.05或67.01）；

（二）第四十一章的带毛生皮［见该章注释一（三）］；

（三）用皮革与毛皮或用皮革与人造毛皮制成的分指手套、连指手套及露指手套（品目42.03）；

（四）第六十四章的物品；

（五）第六十五章的帽类及其零件；

（六）第九十五章的物品（例如，玩具、游戏品及运动用品）。

三、品目43.03包括加有其他材料缝合的毛皮和毛皮部分品，以及缝合成衣服、衣服部分品、衣着附件或其他制品的毛皮和毛皮部分品。

四、以毛皮或人造毛皮衬里或做面（仅饰边的除外）的衣服及衣着附件（不包括注释二所述的货品），应分别归入品目43.03或43.04，但毛皮或人造毛皮仅作为装饰的除外。

五、本手册所称"人造毛皮"，是指以毛、发或其他纤维粘附或缝合于皮革、织物或其他材料之上而构成的仿毛皮，但不包括以机织或针织方法制得的仿毛皮（一般应归入品目58.01或60.01）。

商品编号	商品名称及备注	进口关税税率（%）		增值税率（%）	出口退税率（%）	计量单位	监管条件
		最惠国	普通				
4301	**生毛皮（包括适合加工皮货用的头、尾、爪及其他块、片），但品目41.01、41.02或41.03的生皮除外**						
43011000	-整张水貂皮，不论是否带头、尾或爪						
4301100000暂10	整张生水貂皮（不论是否带头、尾或爪）	15	100	13	0	千克	AB
43013000	-下列羔羊的整张毛皮，不论是否带头、尾或爪：阿斯特拉罕、喀拉科尔、波斯羔羊及类似羔羊、印度、中国或蒙古羔羊						
4301300000	阿斯特拉罕等羔羊的整张生毛皮（还包括喀拉科尔、波斯、印度、中国或蒙古等羔羊）	20	90	13	0	千克	AB
43016000	-整张狐皮，不论是否带头、尾或爪						
4301600010暂15	整张濒危生狐皮（不论是否带头、尾或爪）	20	100	13	0	千克/张	AFEB
4301600090暂15	其他整张生狐皮（不论是否带头、尾或爪）	20	100	13	0	千克/张	AB
43018010	---整张兔皮，不论是否带头、尾或爪						
4301801010	整张生濒危野兔皮（不论是否带头、尾或爪）	20	90	13	0	千克/张	AFEB
4301801090	整张生兔皮（不论是否带头、尾或爪）	20	90	13	0	千克/张	AB
43018090	---其他						
4301809010	整张的其他生濒危野生动物毛皮（不论是否带头、尾或爪，包括整张濒危生海豹皮）	20	90	13	0	千克/张	ABEF
4301809090	整张的其他生毛皮（不论是否带头、尾或爪，包括整张生海豹皮）	20	90	13	0	千克/张	AB
43019010	---黄鼠狼尾						
4301901000	未鞣制的黄鼠狼尾	20	50	13	0	千克	ABEF
43019090	---其他						
4301909010	其他濒危野生动物未鞣头尾（加工皮货用，包括爪及其他块、片）	20	90	13	0	千克	ABFE
4301909090	适合加工皮货用的其他未鞣头、尾（包括爪及其他块、片）	20	90	13	0	千克	AB
4302	**未缝制或已缝制（不加其他材料）的已鞣毛皮（包括头、尾、爪及其他块、片），但品目43.03的货品除外**						
43021100	--水貂皮						
4302110000	已鞣未缝制的整张水貂皮（不论是否带头、尾或爪）	12	130	17	5	千克/张	
43021910	---灰鼠皮、白鼬皮、其他貂皮、狐皮、水獭皮、旱獭皮及猞猁皮						
4302191010	已鞣未缝制的濒危狐皮（兰狐皮、银狐皮除外）	10	130	17	0	千克/张	EF
4302191020	已鞣未缝制的兰狐皮、银狐皮	10	130	17	5	千克/张	

商品编号	商品名称及备注	进口关税税率(%)		增值税率(%)	出口退税率(%)	计量单位	监管条件
		最惠国	普通				
4302191090	已鞣未缝制的其他贵重濒危动物毛皮(灰鼠皮、白鼬皮、其他貂皮、水獭皮、旱獭皮、猞猁皮)	10	130	17	0	千克/张	EF
43021920	---兔皮						
4302192010	已鞣未缝制的整张濒危野兔皮(不论是否带头、尾或爪)	10	100	17	0	千克/张	FE
4302192090	已鞣未缝制的整张兔皮(不论是否带头、尾或爪)	10	100	17	5	千克/张	
43021930	---下列羔羊皮:阿斯特拉罕、喀拉科尔、波斯羔羊及类似羔羊、印度、中国或蒙古羔羊						
4302193000	已鞣未缝制阿斯特拉罕等羔羊皮(还包括喀拉科尔、波斯、印度、中国或蒙古羔羊皮)	20	100	17	5	千克/张	
43021990	---其他						
4302199010	已鞣未缝制其他濒危野生动物毛皮	10	100	17	0	千克/张	EF
4302199090	已鞣未缝制的其他毛皮	10	100	17	5	千克/张	
43022000	-未缝制的头、尾、爪及其他块、片						
4302200010	已鞣未缝濒危野生动物头、尾、爪等(包括块、片)	20	100	17	0	千克	EF
4302200090	已鞣未缝制的头、尾、爪及其他块、片	20	100	17	0	千克	
43023010	---灰鼠、白鼬、貂、狐、水獭、旱獭及猞猁的整张毛皮及其块、片						
4302301010	已鞣已缝制貂皮、狐皮及其块、片(兰狐、银狐、水貂、艾虎的整张毛皮及块、片除外)	20	130	17	5	千克	EF
4302301090	已鞣已缝制的贵重濒危动物毛皮及其块、片(灰鼠皮、白鼬皮、其他貂皮、水獭皮、旱獭皮、猞猁皮及块、片)	20	130	17	0	千克	EF
43023090	---其他						
4302309010	已鞣缝的其他整张濒危野生毛皮(包括块、片)	20	100	17	0	千克	EF
4302309090	已鞣已缝制的其他整张毛皮及块、片	20	100	17	5	千克	
4303	**毛皮制的衣服、衣着附件及其他物品**						
43031010	---毛皮衣服						
4303101010[暂10]	濒危野生动物毛皮衣服	23	150	17	0	千克/件	EF
4303101090[暂10]	其他毛皮衣服	23	150	17	13	千克/件	
43031020	---毛皮衣着附件						
4303102010	濒危野生动物毛皮衣着附件	18	150	17	0	千克	EF
4303102090	其他毛皮衣着附件	18	150	17	13	千克	
43039000	-其他						
4303900010	濒危野生动物毛皮制其他物品	18	150	17	0	千克	EF
4303900090	其他毛皮制物品	18	150	17	13	千克	
4304	**人造毛皮及其制品**						
43040010	---人造毛皮						
4304001000	人造毛皮	18	130	17	13	千克	
43040020	---人造毛皮制品						
4304002000	人造毛皮制品	18	150	17	13	千克	

第九类　木及木制品；木炭；软木及软木制品；稻草、秸秆、针茅或其他编结材料制品；篮筐及柳条编结品

第四十四章　木及木制品；木炭

注释：

一、本章不包括：

（一）主要做香料、药料、杀虫、杀菌或类似用途的木片、刨花、木碎、木粒或木粉（品目12.11）；

（二）竹或主要做编织用的其他木质材料，呈原木状，不论是否经劈开、纵锯或切段（品目14.01）；

（三）主要做染料或鞣料用的木片、刨花、木粒或木粉（品目14.04）；

（四）活性炭（品目38.02）；

（五）品目42.02的物品；

（六）第四十六章的货品；

（七）第六十四章的鞋靴及其零件；

（八）第六十六章的货品（例如，伞、手杖及其零件）；

（九）品目68.08的货品；

（十）品目71.17的仿首饰；

（十一）第十六类或第十七类的货品（例如，机器零件，机器及器具的箱、罩、壳，车辆部件）；

（十二）第十八类的货品（例如，钟壳、乐器及其零件）；

（十三）火器的零件（品目93.05）；

（十四）第九十四章的物品（例如，家具、灯具及照明器具、活动房屋）；

（十五）第九十五章的物品（例如，玩具、游戏品及运动用品）；

（十六）第九十六章的物品（例如，烟斗及其零件、纽扣、铅笔、独脚架、双脚架、三脚架及类似品），但品目96.03所列物品的木身及木柄除外；

（十七）第九十七章的物品（例如，艺术品）。

二、本章所称"强化木"，是指经过化学或物理方法处理（对于多层黏合木材，其处理应超出一般黏合需要），从而增加了密度或硬度并改善了机械强度、抗化学或抗电性能的木材。

三、品目44.14至44.21适用于木质碎料板或类似木质材料板、纤维板、层压板或强化木的制品。

四、品目44.10、44.11或44.12的产品，可以加工成品目44.09所述的各种形状，也可以加工成弯曲、瓦楞、多孔或其他形状（正方形或矩形除外），以及经其他任何加工，但未具有其他品目所列制品的特性。

五、品目44.17不包括装有第八十二章注释一所述材料制成的刀片、工作刃、工作面或其他工作部件的工具。

六、除上述注释一及其他另有规定的以外，本章品目中所称"木"，也包括竹及其他木质材料。

子目注释：

一、子目4401.31所称"木屑棒"是指由木材加工业、家具制造业及其他木材加工活动中产生的副产品（例如，刨花、锯末及碎木片）直接压制而成或加入按重量计不超过3%的黏合剂后粘聚而成的产品。此类产品呈圆柱状，其直径不超过25毫米，长度不超过100毫米。

商品编号	商品名称及备注	进口关税税率（%）		增值税率（%）	出口退税率（%）	计量单位	监管条件
		最惠国	普通				
4401	薪柴（圆木段、块、枝、成捆或类似形状）；木片或木粒；锯末、木废料及碎片，不论是否粘结成圆木段、块、片或类似形状						
44011100	--针叶木						
4401110000	针叶木薪柴（圆木段、块、枝，成捆或类似形状）	0	70	17		千克	AB
44011200	--非针叶木						
4401120000	非针叶木薪柴（圆木段、块、枝，成捆或类似形状）	0	70	17		千克	AB
44012100	--针叶木						
4401210010暂0	濒危针叶木木片或木粒	0	8	17	0	千克	ABFE
4401210090暂0	其他针叶木木片或木粒	0	8	17	0	千克	AB
44012200	--非针叶木						
4401220010暂0	濒危非针叶木木片或木粒	0	8	17	0	千克	ABFE
4401220090暂0	其他非针叶木木片或木粒	0	8	17	0	千克	AB
44013100	--木屑棒						
4401310000	木屑棒	0	8	17	0	千克	AB

商品编号	商 品 名 称 及 备 注	进口关税税率(%)		增值税率(%)	出口退税率(%)	计量单位	监管条件
		最惠国	普通				
44013900	--其他						
4401390000	其他锯末、木废料及碎片(粘结成圆木段、块、片或类似形状)	0	8	17	0	千克	AB
44014000	-锯末、木废料及碎片,未粘结的						
4401400000	锯末、木废料及碎片(未粘结成圆木段、块、片或类似形状)	0	8	17		千克	AB
4402	**木炭(包括果壳炭及果核炭),不论是否结块**						
44021000	-竹的						
4402100000	竹炭	10.5	70	17	0	千克	
44029000	-其他						
4402900010	以木材为原料直接烧制的木炭	10.5	70	17	0	千克	8
4402900090	其他木炭(包括果壳炭及果核炭,不论是否结块)	10.5	70	17	0	千克	
4403	**原木,不论是否去皮、去边材或粗锯成方**						
44031100	--针叶木						
4403110010	油漆、着色剂等处理的红豆杉原木(包括用杂酚油或其他防腐剂处理)	0	8	13		千克/立方米	8AF
4403110020	油漆、着色剂等处理的其他濒危针叶木原木(包括用杂酚油或其他防腐剂处理)	0	8	13		千克/立方米	8AF
4403110090	其他油漆、着色剂等处理的针叶木原木(包括用杂酚油或其他防腐剂处理)	0	8	13		千克/立方米	8A
44031200	--非针叶木						
4403120010	油漆、着色剂等处理的濒危非针叶木原木(包括用杂酚油或其他防腐剂处理)	0	8	13		千克/立方米	8AF
4403120090	其他油漆、着色剂等处理的非针叶木原木(包括用杂酚油或其他防腐剂处理)	0	8	13		千克/立方米	8A
44032110	---红松和樟子松						
4403211010	截面尺寸≥15 厘米的红松原木(用油漆、着色剂、杂酚油或其他防腐剂处理的除外)	0	8	13		千克/立方米	8AEF
4403211090	截面尺寸≥15 厘米的樟子松原木(用油漆、着色剂、杂酚油或其他防腐剂处理的除外)	0	8	13		千克/立方米	8A
44032120	---辐射松						
4403212000	截面尺寸≥15 厘米的辐射松原木(用油漆、着色剂、杂酚油或其他防腐剂处理的除外)	0	8	13		千克/立方米	8A
44032130	---落叶松						
4403213000	截面尺寸≥15 厘米的落叶松原木(用油漆、着色剂、杂酚油或其他防腐剂处理的除外)	0	8	13		千克/立方米	8A
44032140	---花旗松						
4403214000	截面尺寸≥15 厘米的花旗松原木(用油漆、着色剂、杂酚油或其他防腐剂处理的除外)	0	8	13		千克/立方米	8A
44032190	---其他						
4403219010	截面尺寸≥15 厘米的濒危松木原木(用油漆、着色剂、杂酚油或其他防腐剂处理的除外)	0	8	13		千克/立方米	8AF
4403219090	截面尺寸≥15 厘米的其他松木原木(用油漆、着色剂、杂酚油或其他防腐剂处理的除外)	0	8	13		千克/立方米	8A
44032210	---红松和樟子松						
4403221010	截面尺寸<15 厘米的红松原木(用油漆、着色剂、杂酚油或其他防腐剂处理的除外)	0	8	13		千克/立方米	8AEF
4403221090	截面尺寸<15 厘米的樟子松原木(用油漆、着色剂、杂酚油或其他防腐剂处理的除外)	0	8	13		千克/立方米	8A
44032220	---辐射松						
4403222000	截面尺寸<15 厘米的辐射松原木(用油漆、着色剂、杂酚油或其他防腐剂处理的除外)	0	8	13		千克/立方米	8A
44032230	---落叶松						
4403223000	截面尺寸<15 厘米的落叶松原木(用油漆、着色剂、杂酚油或其他防腐剂处理的除外)	0	8	13		千克/立方米	8A
44032240	---花旗松						
4403224000	截面尺寸<15 厘米的花旗松原木(用油漆、着色剂、杂酚油或其他防腐剂处理的除外)	0	8	13		千克/立方米	8A
44032290	---其他						
4403229010	截面尺寸<15 厘米的濒危其他松木原木(用油漆、着色剂、杂酚油或其他防腐剂处理的除外)	0	8	13		千克/立方米	8AF
4403229090	截面尺寸<15 厘米的其他松木原木(用油漆、着色剂、杂酚油或其他防腐剂处理的除外)	0	8	13		千克/立方米	8A
44032300	--冷杉和云杉,截面尺寸≥15 厘米						
4403230010	截面尺寸≥15 厘米的濒危云杉和冷杉原木(用油漆、着色剂、杂酚油或其他防腐剂处理的除外)	0	8	13		千克/立方米	8AF

商品编号	商品名称及备注	进口关税税率(%)		增值税率(%)	出口退税率(%)	计量单位	监管条件
		最惠国	普通				
4403230090	截面尺寸≥15厘米的其他云杉和冷杉原木(用油漆、着色剂、杂酚油或其他防腐剂处理的除外)	0	8	13		千克/立方米	8A
44032400	--其他冷杉和云杉						
4403240010	截面尺寸<15厘米的濒危云杉和冷杉原木(用油漆、着色剂、杂酚油或其他防腐剂处理的除外)	0	8	13		千克/立方米	8AF
4403240090	截面尺寸<15厘米的其他云杉和冷杉原木(用油漆、着色剂、杂酚油或其他防腐剂处理的除外)	0	8	13		千克/立方米	8A
44032500	--其他,截面尺寸≥15厘米						
4403250010	截面尺寸≥15厘米的红豆杉原木(用油漆、着色剂、杂酚油或其他防腐剂处理的除外)	0	8	13		千克/立方米	8AF
4403250020	截面尺寸≥15厘米的其他濒危针叶木原木(用油漆、着色剂、杂酚油或其他防腐剂处理的除外)	0	8	13		千克/立方米	8AF
4403250090	截面尺寸≥15厘米的其他针叶木原木(用油漆、着色剂、杂酚油或其他防腐剂处理的除外)	0	8	13		千克/立方米	8A
44032600	--其他						
4403260010	截面尺寸<15厘米的红豆杉原木(用油漆、着色剂、杂酚油或其他防腐剂处理的除外)	0	8	13		千克/立方米	8AF
4403260020	截面尺寸<15厘米的其他濒危针叶木原木(用油漆、着色剂、杂酚油或其他防腐剂处理的除外)	0	8	13		千克/立方米	8AF
4403260090	截面尺寸<15厘米的其他针叶木原木(用油漆、着色剂、杂酚油或其他防腐剂处理的除外)	0	8	13		千克/立方米	8A
44034100	--深红色红柳桉木、浅红色红柳桉木及巴栲红柳桉木						
4403410000	其他红柳桉木原木(指深红色红柳桉木、浅红色红柳桉及巴栲红色红柳桉木)	0	8	13	0	千克/立方米	8A
44034910	---柚木						
4403491000	其他柚木原木(用油漆、着色剂、杂酚油或其他防腐剂处理的除外)	0	35	13	0	千克/立方米	8A
44034920	---奥克曼(奥克榄)						
4403492000	其他奥克曼 OKOUME 原木(奥克榄 Aukoumed klaineana)	0	35	13	0	千克/立方米	8A
44034930	---龙脑香木(克隆)						
4403493000	其他龙脑香木、克隆原木(龙脑香木 Dipterocarpus spp. ,克隆 Keruing)	0	35	13	0	千克/立方米	8A
44034940	---山樟(香木)						
4403494000	其他山樟 Kapur 原木(香木 Dryobalanops spp.)	0	35	13	0	千克/立方米	8A
44034950	---印加木(波罗格)						
4403495000	其他印加木 Intsia spp. 原木(波罗格 Mengaris)	0	35	13	0	千克/立方米	8A
44034960	---大干巴豆(门格里斯或康派斯)						
4403496000	其他大干巴豆 Koompassia spp. (门格里斯 Mengaris 或康派斯 Kempas)	0	35	13	0	千克/立方米	8A
44034970	---异翅香木						
4403497000	其他异翅香木 Anisopter spp.	0	35	13	0	千克/立方米	8A
44034980	---红木						
4403498010	濒危热带红木原木(用油漆、着色剂、杂酚油或其他防腐剂处理的除外)	0	35	13		千克/立方米	8AEF
4403498090	其他热带红木原木(用油漆、着色剂、杂酚油或其他防腐剂处理的除外)	0	35	13		千克/立方米	8A
44034990	---其他						
4403499010	南美蒺藜木(玉檀木)原木(用油漆、着色剂、杂酚油或其他防腐剂处理的除外)	0	8	13	0	千克/立方米	8AEF
4403499020	其他濒危热带原木(用油漆、着色剂、杂酚油或其他防腐剂处理的除外)	0	8	13	0	千克/立方米	8AF
4403499090	其他热带原木(用油漆、着色剂、杂酚油或其他防腐剂处理的除外)	0	8	13	0	千克/立方米	8A
44039100	--栎木(橡木)						
4403910010	蒙古栎原木(用油漆、着色剂、杂酚油或其他防腐剂处理的除外)	0	8	13	0	千克/立方米	8AEF
4403910090	其他栎木(橡木)原木(用油漆、着色剂、杂酚油或其他防腐剂处理的除外)	0	8	13	0	千克/立方米	8A
44039300	--水青冈木(山毛榉木),截面尺寸≥15厘米						

商品编号	商品名称及备注	进口关税税率(%)		增值税率(%)	出口退税率(%)	计量单位	监管条件
		最惠国	普通				
4403930000	水青冈木(山毛榉木),截面尺寸≥15厘米(用油漆、着色剂、杂酚油或其他防腐剂处理的除外)	0	8	13		千克/立方米	8A
44039400	--其他水青冈木(山毛榉木)						
4403940000	其他水青冈木(山毛榉木)(用油漆、着色剂、杂酚油或其他防腐剂处理的除外)	0	8	13		千克/立方米	8A
44039500	--桦木,截面尺寸≥15厘米						
4403950010	濒危的桦木,截面尺寸≥15厘米(用油漆、着色剂、杂酚油或其他防腐剂处理的除外)	0	8	13		千克/立方米	8AF
4403950090	其他桦木,截面尺寸≥15厘米(用油漆、着色剂、杂酚油或其他防腐剂处理的除外)	0	8	13		千克/立方米	8A
44039600	--其他桦木						
4403960010	濒危的桦木,截面尺寸≤15厘米(用油漆、着色剂、杂酚油或其他防腐剂处理的除外)	0	8	13		千克/立方米	8AF
4403960090	其他桦木,截面尺寸≤15厘米(用油漆、着色剂、杂酚油或其他防腐剂处理的除外)	0	8	13		千克/立方米	8A
44039700	--杨木						
4403970000	杨木(用油漆、着色剂、杂酚油或其他防腐剂处理的除外)	0	8	13		千克/立方米	8A
44039800	--桉木						
4403980000	桉木(用油漆、着色剂、杂酚油或其他防腐剂处理的除外)	0	8	13		千克/立方米	8A
44039930	---红木,但编号44034980所列热带红木除外						
4403993010	濒危红木原木,但编号44034980所列热带红木除外(用油漆、着色剂、杂酚油或其他防腐剂处理的除外)	0	35	13	0	千克/立方米	8AEF
4403993090	其他红木原木,但编号44034980所列热带红木除外(用油漆、着色剂、杂酚油或其他防腐剂处理的除外)	0	35	13	0	千克/立方米	8A
44039940	---泡桐木						
4403994000	泡桐木原木(用油漆、着色剂、杂酚油或其他防腐剂处理的除外)	0	8	13	0	千克/立方米	8A
44039950	---水曲柳						
4403995000	水曲柳原木(用油漆、着色剂、杂酚油或其他防腐剂处理的除外)	0	8	13	0	千克/立方米	8AF
44039960	---北美硬阔叶木(包括樱桃木、黑胡桃木、槭木)						
4403996000	北美硬阔叶木(包括樱桃木、黑胡桃木、槭木)	0	8	13	0	千克/立方米	8A
44039980	---其他未列名的温带非针叶木						
4403998010	其他未列名温带濒危非针叶木原木(用油漆、着色剂、杂酚油或其他防腐剂处理的除外)	0	8	13	0	千克/立方米	8AF
4403998090	其他未列名温带非针叶木原木(用油漆、着色剂、杂酚油或其他防腐剂处理的除外)	0	8	13	0	千克/立方米	8A
44039990	---其他						
4403999012	沉香木及拟沉香木原木(用油漆、着色剂、杂酚油或其他防腐剂处理的除外)	0	8	13	0	千克/立方米	8AEF
4403999019	其他未列名濒危非针叶原木(用油漆、着色剂、杂酚油或其他防腐剂处理的除外)	0	8	13	0	千克/立方米	8AEF
4403999090	其他未列名非针叶原木(用油漆、着色剂、杂酚油或其他防腐剂处理的除外)	0	8	13	0	千克/立方米	8A
4404	**箍木;木劈条;已削尖但未经纵锯的木桩;粗加修整但未经车圆、弯曲或其他方式加工的木棒,适合制手杖、伞柄、工具把柄及类似品;木片条及类似品**						
44041000	-针叶木的						
4404100010	濒危针叶木的箍木等及类似品(包括木劈条、棒及类似品)	8	50	17	0	千克	ABFE
4404100090	其他针叶木的箍木等及类似品(包括木劈条、棒及类似品)	8	50	17	0	千克	AB
44042000	-非针叶木的						
4404200010	濒危非针叶木箍木等(包括木劈条、棒及类似品)	8	50	17	0	千克	ABFE
4404200090	其他非针叶木箍木等(包括木劈条、棒及类似品)	8	50	17	0	千克	AB
4405	**木丝;木粉**						
44050000	木丝;木粉						
4405000000	木丝及木粉	8	40	17	0	千克	AB
4406	**铁道及电车道枕木**						
44061100	--针叶木						
4406110000	未浸渍的铁道及电车道针叶木枕木	0	14	17		千克/立方米	4ABxy

商品编号	商品名称及备注	进口关税税率(%)		增值税率(%)	出口退税率(%)	计量单位	监管条件
		最惠国	普通				
44061200	--非针叶木						
4406120000	未浸渍的铁道及电车道非针叶木枕木	0	14	17		千克/立方米	4ABxy
44069100	--针叶木						
4406910010	濒危已浸渍针叶木铁道及电车道枕木	0	14	17		千克/立方米	FE
4406910090	其他已浸渍的针叶木铁道及电车道枕木	0	14	17		千克/立方米	
44069200	--非针叶木						
4406920010	濒危已浸渍非针叶木铁道及电车道枕木	0	14	17		千克/立方米	FE
4406920090	其他已浸渍的非针叶木铁道及电车道枕木	0	14	17		千克/立方米	
4407	**经纵锯、纵切、刨切或旋切的木材,不论是否刨平、砂光或端部接合,厚度>6毫米**						
44071110	---红松和樟子松						
4407111011	端部接合的红松厚板材(经纵锯、纵切、刨切或旋切的,厚度>6毫米)	0	14	17		千克/立方米	ABEF
4407111019	端部接合的樟子松厚板材(经纵锯、纵切、刨切或旋切的,厚度>6毫米)	0	14	17		千克/立方米	AB
4407111091	非端部接合的红松厚板材(经纵锯、纵切、刨切或旋切的,厚度>6毫米)	0	14	17		千克/立方米	4ABEFxy
4407111099	非端部接合的樟子松厚板材(经纵锯、纵切、刨切或旋切的,厚度>6毫米)	0	14	17		千克/立方米	4ABxy
44071120	---辐射松						
4407112010	端部接合的辐射松厚板材(经纵锯、纵切、刨切或旋切的,厚度>6毫米)	0	14	17		千克/立方米	AB
4407112090	非端部接合的辐射松厚板材(经纵锯、纵切、刨切或旋切的,厚度>6毫米)	0	14	17		千克/立方米	4ABxy
44071130	---花旗松						
4407113010	端部接合的花旗松厚板材(经纵锯、纵切、刨切或旋切的,厚度>6毫米)	0	14	17		千克/立方米	AB
4407113090	非端部接合的花旗松厚板材(经纵锯、纵切、刨切或旋切的,厚度>6毫米)	0	14	17		千克/立方米	4ABxy
44071190	---其他						
4407119011	端部接合其他濒危松木厚板材(经纵锯、纵切、刨切或旋切的,厚度>6毫米)	0	14	17		千克/立方米	ABEF
4407119019	端部接合其他松木厚板材(经纵锯、纵切、刨切或旋切的,厚度>6毫米)	0	14	17		千克/立方米	AB
4407119091	非端部接合其他濒危松木厚板材(经纵锯、纵切、刨切或旋切的,厚度>6毫米)	0	14	17		千克/立方米	4ABEFxy
4407119099	非端部接合的其他松木厚板材(经纵锯、纵切、刨切或旋切的,厚度>6毫米)	0	14	17		千克/立方米	4ABxy
44071200	--冷杉及云杉						
4407120011	端部接合的濒危云杉及冷杉厚板材(经纵锯、纵切、刨切或旋切的,厚度>6毫米)	0	14	17		千克/立方米	ABEF
4407120019	端部接合的其他云杉及冷杉厚板材(经纵锯、纵切、刨切或旋切的,厚度>6毫米)	0	14	17		千克/立方米	AB
4407120091	非端部接合濒危云杉及冷杉厚板材(经纵锯、纵切、刨切或旋切的,厚度>6毫米)	0	14	17		千克/立方米	4ABEFxy
4407120099	非端部接合其他云杉及冷杉厚板材(经纵锯、纵切、刨切或旋切的,厚度>6毫米)	0	14	17		千克/立方米	4ABxy
44071900	--其他						
4407190011	端部接合其他濒危针叶木厚板材(经纵锯、纵切、刨切或旋切的,厚度>6毫米)	0	14	17		千克/立方米	ABEF
4407190019	端部接合其他针叶木厚板材(经纵锯、纵切、刨切或旋切的,厚度>6毫米)	0	14	17		千克/立方米	AB
4407190091	非端部接合其他濒危针叶木厚板材(经纵锯、纵切、刨切或旋切的,厚度>6毫米)	0	14	17		千克/立方米	4ABEFxy
4407190099	非端部接合的其他针叶木厚板材(经纵锯、纵切、刨切或旋切的,厚度>6毫米)	0	14	17		千克/立方米	4ABxy
44072100	--美洲桃花心木						
4407210010	端部接合美洲桃花心木(经纵锯、纵切、刨切或旋切的,厚度>6毫米)	0	14	17	0	千克/立方米	FEAB
4407210090	非端部接合美洲桃花心木(经纵锯、纵切、刨切或旋切的,厚度>6毫米)	0	14	17	0	千克/立方米	4ABEFxy
44072200	--苏里南肉豆蔻木、细孔绿心樟及美洲轻木						
4407220010	端部接合的苏里南肉豆蔻木、细孔绿心樟及美洲轻木(经纵锯、纵切、刨切或旋切的,厚度>6毫米)	0	14	17	0	千克/立方米	AB
4407220090	非端部接合的苏里南肉豆蔻木、细孔绿心樟及美洲轻木(经纵锯、纵切、刨切或旋切的,厚度>6毫米)	0	14	17	0	千克/立方米	4ABxy
44072500	--深红色红柳桉木、浅红色红柳桉木及巴栲红柳桉木						
4407250010	端部接合的红柳桉木板材(指深红色、浅红色及巴栲红柳桉木,厚度>6毫米)	0	14	17	0	千克/立方米	AB

商品编号	商品名称及备注	进口关税税率(%)		增值税率(%)	出口退税率(%)	计量单位	监管条件
		最惠国	普通				
4407250090	非端部接合的红柳桉木板材(指深红色、浅红色及巴栲红柳桉木,经纵锯、纵切、刨切或旋切的,厚度>6毫米)	0	14	17	0	千克/立方米	y4xAB
44072600	--白柳桉木、白色红柳桉木、白色柳桉木、黄色红柳桉木及阿兰木						
4407260010	端部接合的白柳桉、其他柳桉木和阿兰木板材(经纵锯、纵切、刨切或旋切的,厚度>6毫米)	0	14	17	0	千克/立方米	AB
4407260090	非端部接合的白柳桉、其他柳桉木和阿兰木板材(经纵锯、纵切、刨切或旋切的,厚度>6毫米)	0	14	17	0	千克/立方米	y4xAB
44072700	--沙比利						
4407270010	端部接合的沙比利木板材(经纵锯、纵切、刨切或旋切的,厚度>6毫米)	0	40	17	0	千克/立方米	AB
4407270090	非端部接合的沙比利木板材(经纵锯、纵切、刨切或旋切的,厚度>6毫米)	0	40	17	0	千克/立方米	4ABxy
44072800	--伊罗科木						
4407280010	端部接合的伊罗科木板材(经纵锯、纵切、刨切或旋切的,厚度>6毫米)	0	14	17	0	千克/立方米	AB
4407280090	非端部接合的伊罗科木板材(经纵锯、纵切、刨切或旋切的,厚度>6毫米)	0	14	17	0	千克/立方米	4ABxy
44072910	---柚木						
4407291010	端部接合的柚木板材(经纵锯、纵切、刨切或旋切的,厚度>6毫米)	0	40	17	0	千克/立方米	AB
4407291090	非端部接合的柚木板材(经纵锯、纵切、刨切或旋切的,厚度>6毫米)	0	40	17	0	千克/立方米	y4xAB
44072920	---非洲桃花心木						
4407292010	端部接合的非洲桃花心木板材(经纵锯、纵切、刨切或旋切的,厚度>6毫米)	0	40	17	0	千克/立方米	AB
4407292090	非端部接合的非洲桃花心木板材(经纵锯、纵切、刨切或旋切的,厚度>6毫米)	0	40	17	0	千克/立方米	AB
44072930	---波罗格						
4407293010	端部接合的波罗格 Merban 板材(经纵锯、纵切、刨切或旋切的,厚度>6毫米)	0	40	17	0	千克/立方米	AB
4407293090	非端部接合的波罗格 Merban 板材(经纵锯、纵切、刨切或旋切的,厚度>6毫米)	0	40	17	0	千克/立方米	AB
44072940	---红木						
4407294011	端部接合濒危热带红木厚板材(经纵锯、纵切、刨切或旋切的,厚度>6毫米)	0	40	17	0	千克/立方米	FEAB
4407294019	端部接合其他热带红木厚板材(经纵锯、纵切、刨切或旋切的,厚度>6毫米)	0	40	17	0	千克/立方米	AB
4407294091	非端部接合濒危热带红木厚板材(经纵锯、纵切、刨切或旋切的,厚度>6毫米)	0	40	17	0	千克/立方米	4ABEFxy
4407294099	非端部接合其他热带红木厚板材(经纵锯、纵切、刨切或旋切的,厚度>6毫米)	0	40	17	0	千克/立方米	4ABxy
44072990	---其他						
4407299011	端部接合拉敏木厚板材(经纵锯、纵切、刨切或旋切的,厚度>6毫米)	0	14	17	0	千克/立方米	FEAB
4407299012	端部接合的南美蒺藜木(玉檀木)厚板材(经纵锯、纵切、刨切或旋切的,厚度>6毫米)	0	14	17	0	千克/立方米	FEAB
4407299013	端部接合其他未列名濒危热带木厚板材(经纵锯、纵切、刨切或旋切的,厚度>6毫米)	0	14	17	0	千克/立方米	FEAB
4407299019	端部接合其他未列名热带木厚板材(经纵锯、纵切、刨切或旋切的,厚度>6毫米)	0	14	17	0	千克/立方米	AB
4407299091	非端部接合的南美蒺藜木(玉檀木)厚板材(经纵锯、纵切、刨切或旋切的,厚度>6毫米)	0	14	17	0	千克/立方米	y4xAFEB
4407299092	非端部接合其他未列名濒危热带木板材(经纵锯、纵切、刨切或旋切的,厚度>6毫米)	0	14	17	0	千克/立方米	y4xAFEB
4407299099	非端部接合其他未列名热带木板材(经纵锯、纵切、刨切或旋切的,厚度>6毫米)	0	14	17	0	千克/立方米	y4xAB
44079100	--栎木(橡木)						
4407910011	端部接合的蒙古栎厚板材(经纵锯、纵切、刨切或旋切的,厚度>6毫米)	0	14	17	0	千克/立方米	ABEF
4407910019	端部接合的其他栎木(橡木)厚板材(经纵锯、纵切、刨切或旋切的,厚度>6毫米)	0	14	17	0	千克/立方米	AB
4407910091	非端部接合的蒙古栎厚板材(经纵锯、纵切、刨切或旋切的,厚度>6毫米)	0	14	17	0	千克/立方米	4ABEFxy
4407910099	非端部接合的其他栎木(橡木)厚板材(经纵锯、纵切、刨切或旋切的,厚度>6毫米)	0	14	17	0	千克/立方米	y4xAB
44079200	--水青冈木(山毛榉木)						
4407920010	端部接合的水青冈木(山毛榉木)厚板材(经纵锯、纵切、刨切或旋切的,厚度>6毫米)	0	14	17	0	千克/立方米	ABE
4407920090	非端部接合的水青冈木(山毛榉木)厚板材(经纵锯、纵切、刨切或旋切的,厚度>6毫米)	0	14	17	0	千克/立方米	4ABExy
44079300	--槭木(枫木)						
4407930010	端部接合的槭木(枫木)厚板材(经纵锯、纵切、刨切或旋切,厚度>6毫米)	0	14	17	0	千克/立方米	AB
4407930090	非端部接合的槭木(枫木)厚板材(经纵锯、纵切、刨切或旋切,厚度>6毫米)	0	14	17	0	千克/立方米	4ABxy

商品编号	商 品 名 称 及 备 注	进口关税税率(%)		增值税率(%)	出口退税率(%)	计量单位	监管条件
		最惠国	普通				
44079400	--樱桃木						
4407940010	端部接合的樱桃木厚板材(经纵锯、纵切、刨切或旋切,厚度>6毫米)	0	14	17	0	千克/立方米	AB
4407940090	非端部接合的樱桃木厚板材(经纵锯、纵切、刨切或旋切,厚度>6毫米)	0	14	17	0	千克/立方米	4ABxy
44079500	--白蜡木						
4407950011	端部接合的水曲柳厚板材(经纵锯、纵切、刨切或旋切的,厚度>6毫米)	0	14	17	0	千克/立方米	ABEF
4407950019	端部接合的其他白蜡木厚板材(经纵锯、纵切、刨切或旋切的,厚度>6毫米)	0	14	17	0	千克/立方米	AB
4407950091	非端部接合的水曲柳厚板材(经纵锯、纵切、刨切或旋切的,厚度>6毫米)	0	14	17	0	千克/立方米	4ABEFxy
4407950099	非端部接合的其他白蜡木厚板材(经纵锯、纵切、刨切或旋切的,厚度>6毫米)	0	14	17	0	千克/立方米	4ABxy
44079600	--桦木						
4407960011	端部接合的濒危桦木板材(经纵锯、纵切、刨切或旋切,厚度>6毫米)	0	14	17		千克/立方米	ABEF
4407960019	端部接合的其他桦木厚板材(经纵锯、纵切、刨切或旋切,厚度>6毫米)	0	14	17		千克/立方米	AB
4407960091	非端部结合的濒危桦木厚板材(经纵锯、纵切、刨切或旋切,厚度>6毫米)	0	14	17		千克/立方米	4ABEFxy
4407960099	非端部接合的其他桦木厚板材(经纵锯、纵切、刨切或旋切,厚度>6毫米)	0	14	17		千克/立方米	4ABxy
44079700	--杨木						
4407970010	端部接合的杨木厚板材(经纵锯、纵切、刨切或旋切,厚度>6毫米)	0	14	17		千克/立方米	AB
4407970090	非端部接合的杨木厚板材(经纵锯、纵切、刨切或旋切,厚度>6毫米)	0	14	17		千克/立方米	4ABxy
44079910	---红木,但编号44072940所列热带红木除外						
4407991011	端部接合濒危红木厚板材,但编号44072940所列热带红木除外(经纵锯、纵切、刨切或旋切的,厚度>6毫米)	0	40	17	0	千克/立方米	AFEB
4407991019	端部接合其他红木厚板材,但编号44072940所列热带红木除外(经纵锯、纵切、刨切或旋切的,厚度>6毫米)	0	40	17	0	千克/立方米	AB
4407991091	非端部接合濒危红木厚板材,但编号44072940所列热带红木除外(经纵锯、纵切、刨切或旋切的,厚度>6毫米)	0	40	17	0	千克/立方米	y4xAFEB
4407991099	非端部接合其他红木厚板材,但编号44072940所列热带红木除外(经纵锯、纵切、刨切或旋切的,厚度>6毫米)	0	40	17	0	千克/立方米	4ABxy
44079920	---泡桐木						
4407992010	端部接合的泡桐木厚板材(经纵锯、纵切、刨切或旋切的,厚度>6毫米)	0	14	17	13	千克/立方米	AB
4407992090	非端部接合的泡桐木厚板材(经纵锯、纵切、刨切或旋切的,厚度>6毫米)	0	14	17	13	千克/立方米	AB
44079930	---北美硬阔叶木(含黑胡桃木)						
4407993010	端部接合的北美硬阔叶材厚板材(含黑胡桃木,纵锯、纵切、刨切或旋切,厚度>6毫米)	0	14	17	0	千克/立方米	AB
4407993090	非端部接合的北美硬阔叶材厚板材(含黑胡桃木,纵锯、纵切、刨切或旋切,厚度>6毫米)	0	14	17	0	千克/立方米	AB
44079980	---其他温带非针叶木						
4407998011	端部接合其他温带濒危非针叶板材(纵锯、纵切、刨切或旋切的,厚度>6毫米)	0	14	17	0	千克/立方米	FEAB
4407998019	端部接合的其他温带非针叶厚板材(纵锯、纵切、刨切或旋切的,厚度>6毫米)	0	14	17	0	千克/立方米	AB
4407998091	非端部结合其他温带濒危非针叶厚板材(纵锯、纵切、刨切或旋切的,厚度>6毫米)	0	14	17	0	千克/立方米	4ABEFxy
4407998099	非端部接合的其他温带非针叶厚板材(纵锯、纵切、刨切或旋切的,厚度>6毫米)	0	14	17	0	千克/立方米	4ABxy
44079990	---其他						
4407999012	端部接合的沉香木及拟沉香木厚板材(经纵锯、纵切、刨切或旋切的,厚度>6毫米)	0	14	17	0	千克/立方米	AFEB
4407999015	端部接合的其他濒危木厚板材(经纵锯、纵切、刨切或旋切的,厚度>6毫米)	0	14	17	0	千克/立方米	AFEB
4407999019	端部接合的其他木厚板材(经纵锯、纵切、刨切或旋切的,厚度>6毫米)	0	14	17	0	千克/立方米	AB
4407999092	非端部接合的沉香木及拟沉香木厚板材(经纵锯、纵切、刨切或旋切的,厚度>6毫米)	0	14	17	0	千克/立方米	y4xAFEB
4407999095	非端部接合的其他濒危木厚板材(经纵锯、纵切、刨切或旋切的,厚度>6毫米)	0	14	17	0	千克/立方米	y4xAFEB
4407999099	非端部接合的其他木厚板材(经纵锯、纵切、刨切或旋切的,厚度>6毫米)	0	14	17	0	千克/立方米	y4xAB
4408	**饰面用单板(包括刨切积层木获得的单板)、制胶合板或类似多层板用单板以及其他经纵锯、刨切或旋切的木材,不论是否刨平、砂光、拼接或端部接合,厚度不超过6毫米**						
44081011	----用胶合板等多层板制的						

商品编号	商品名称及备注	进口关税税率(%)		增值税率(%)	出口退税率(%)	计量单位	监管条件
		最惠国	普通				
4408101110	胶合板等多层板制濒危针叶木单板(厚度≤6毫米,饰面用)	8	40	17	0	千克	ABFE
4408101190	其他胶合板等多层板制针叶木单板(厚度≤6毫米,饰面用)	8	40	17	0	千克	AB
44081019	----其他						
4408101910	其他饰面濒危针叶木单板(厚度≤6毫米)	4	40	17	0	千克	ABFE
4408101990	其他饰面针叶木单板(厚度≤6毫米)	4	40	17	0	千克	AB
44081020	---制胶合板用单板						
4408102010	制胶合板用濒危针叶木单板(厚度≤6毫米)	4	17	17	0	千克	ABFE
4408102090	其他制胶合板用针叶木单板(厚度≤6毫米)	4	17	17	0	千克	AB
44081090	---其他						
4408109010	其他濒危针叶木单板材(经纵锯、刨切或旋切的,厚度≤6毫米)	4	30	17	0	千克	ABFE
4408109090	其他针叶木单板材(经纵锯、刨切或旋切的,厚度≤6毫米)	4	30	17	0	千克	AB
44083111	----用胶合板等多层板制的						
4408311100	胶合板多层板制饰面红柳桉木单板(指深红色、浅红色红柳桉木及巴栲红柳桉木,厚度≤6毫米)	10	40	17	0	千克	AB
44083119	----其他						
4408311900	其他饰面用红柳桉木单板(深红色、浅红色红柳桉木及巴栲红柳桉木,厚度≤6毫米)	4	40	17	0	千克	AB
44083120	---制胶合板用单板						
4408312000	红柳桉木制的胶合板用单板(深红色、浅红色红柳桉木及巴栲红柳桉木,厚度≤6毫米)	4	17	17	0	千克	AB
44083190	---其他						
4408319000	红柳桉木制的其他单板(深红色、浅红色红柳桉木及巴栲红柳桉木,厚度≤6毫米)	4	30	17	0	千克	AB
44083911	----用胶合板等多层板制的						
4408391110	胶合板多层板制饰面桃花心木单板(厚度≤6毫米)	10	40	17	0	千克	ABFE
4408391120	胶合板多层板制饰面拉敏木单板(厚度≤6毫米)	10	40	17	0	千克	ABFE
4408391130	厚度≤6毫米胶合板多层板制饰面濒危热带木单板	10	40	17	0	千克	ABFE
4408391190	厚度≤6毫米胶合板多层板制饰面热带木单板	10	40	17	0	千克	AB
44083919	----其他						
4408391910	其他饰面用桃花心木单板(厚度≤6毫米)	4	40	17	0	千克	ABFE
4408391920	其他饰面用拉敏木单板(厚度≤6毫米)	4	40	17	0	千克	ABFE
4408391930	厚度≤6毫米其他濒危热带木制饰面用单板	4	40	17	0	千克	ABFE
4408391990	厚度≤6毫米其他热带木饰面用单板	4	40	17	0	千克	AB
44083920	---制胶合板用单板						
4408392010	其他桃花心木制的胶合板用单板(厚度≤6毫米)	4	17	17	0	千克	ABFE
4408392020	其他拉敏木制的胶合板用单板(厚度≤6毫米)	4	17	17	0	千克	ABFE
4408392030	其他濒危热带木制的胶合板用单板(厚度≤6毫米)	4	17	17	0	千克	ABFE
4408392090	其他列名热带木制的胶合板用单板(厚度≤6毫米)	4	17	17	0	千克	AB
44083990	---其他						
4408399010	其他桃花心木制的其他单板(厚度≤6毫米)	4	30	17	0	千克	ABFE
4408399020	其他拉敏木制的其他单板(厚度≤6毫米)	4	30	17	0	千克	ABFE
4408399030	其他列名濒危热带木制的其他单板(厚度≤6毫米)	4	30	17	0	千克	ABFE
4408399090	其他列名的热带木制的其他单板(厚度≤6毫米)	4	30	17	0	千克	AB
44089011	----用胶合板等多层板制的						
4408901110	胶合板多层板制饰面濒危木单板(厚度≤6毫米)	4	40	17	0	千克	ABFE
4408901190	胶合板多层板制饰面其他木单板(厚度≤6毫米,针叶木、热带木除外)	4	40	17	0	千克	AB
44089012	----温带非针叶木制						
4408901210[暂1]	温带濒危非针叶木制饰面用木单板(厚度≤6毫米,针叶木、热带木除外)	3	40	17	0	千克	ABFE
4408901290[暂1]	其他温带非针叶木制饰面用木单板(厚度≤6毫米,针叶木、热带木除外)	3	40	17	0	千克	AB

商品编号	商品名称及备注	进口关税税率(%)		增值税率(%)	出口退税率(%)	计量单位	监管条件
		最惠国	普通				
44089013	----竹制						
4408901310	濒危竹制饰面用单板(厚度≤6毫米)	4	40	17	0	千克	ABE
4408901390	其他竹制饰面用单板(厚度≤6毫米)	4	40	17	0	千克	AB
44089019	----其他						
4408901911暂1	家具饰面用濒危木单板(厚度≤6毫米)	3	40	17	0	千克	ABFE
4408901919暂1	其他家具饰面用单板(厚度≤6毫米)	3	40	17	0	千克	AB
4408901991	其他饰面用濒危木单板(厚度≤6毫米)	3	40	17	0	千克	ABFE
4408901999	其他饰面用单板(厚度≤6毫米)	3	40	17	0	千克	AB
44089021	----温带非针叶木制						
4408902110	温带濒危非针叶木制胶合板用单板(厚度≤6毫米)	3	17	17	0	千克	ABFE
4408902190	其他温带非针叶木制胶合板用单板(厚度≤6毫米)	3	17	17	0	千克	AB
44089029	----其他						
4408902911暂1	其他濒危木制胶合板用旋切单板(厚度≤6毫米)	3	17	17	0	千克	ABFE
4408902919	其他濒危木制胶合板用其他单板(厚度≤6毫米,旋切单板除外)	3	17	17	0	千克	ABFE
4408902991暂1	其他木制胶合板用旋切单板(厚度≤6毫米)	3	17	17	0	千克	AB
4408902999	其他木制胶合板用其他单板(厚度≤6毫米,旋切单板除外)	3	17	17	0	千克	AB
44089091	----温带非针叶木制						
4408909110	温带濒危非针叶木制其他单板材(经纵锯、刨切或旋切的,厚度≤6毫米)	3	30	17	0	千克	ABFE
4408909190	温带非针叶木制其他单板材(经纵锯、刨切或旋切的,厚度≤6毫米)	3	30	17	0	千克	AB
44089099	----其他						
4408909910	其他濒危木制的其他单板材(经纵锯、刨切或旋切的,厚度≤6毫米)	3	30	17	0	千克	ABFE
4408909990	其他木材,但针叶木热带木除外(经纵锯、刨切或旋切的,厚度≤6毫米)	3	30	17	0	千克	AB
4409	**任何一边、端或面制成连续形状(舌榫、槽榫、半槽榫、斜角、V形接头、珠榫、缘饰、刨圆及类似形状)的木材(包括未装拼的拼花地板用板条及缘板),不论其任意一边或面是否刨平、砂光或端部接合**						
44091010	---地板条(块)						
4409101010暂7.5	一边或面制成连续形状的濒危针叶木制地板条、块(包括未装拼的拼花地板用板条及缘板)	7.5	50	17	0	千克	ABFE
4409101090暂7.5	一边或面制成连续形状的其他针叶木地板条、块(包括未装拼的拼花地板用板条及缘板)	7.5	50	17	0	千克	AB
44091090	---其他						
4409109010	一边或面制成连续形状濒危针叶木材	7.5	50	17	0	千克	ABFE
4409109090	其他一边或面制成连续形状的针叶木材	7.5	50	17	0	千克	AB
44092110	---地板条(块)						
4409211010	一边或面制成连续形状的濒危竹地板条(块)(包括未装拼的拼花竹地板用板条及缘板)	4	50	17	0	千克	ABE
4409211090	一边或面制成连续形状的竹地板条(块)(包括未装拼的拼花竹地板用板条及缘板)	4	50	17	13	千克	AB
44092190	---其他						
4409219010	一边或面制成连续形状的其他濒危竹材	4	50	17	0	千克	ABE
4409219090	一边或面制成连续形状的其他竹材	4	50	17	13	千克	AB
44092210	---地板条(块)						
4409221010	一边或面制成连续形状的拉敏木地板条、块(包括未装拼的拉敏木拼花地板用板条及缘板)	4	50	17		千克	ABFE
4409221020	一边或面制成连续形状的桃花心木地板条、块(包括未装拼的桃花心木拼花地板用板条及缘板)	4	50	17		千克	ABFE
4409221030	一边或面制成连续形状的其他濒危热带木地板条、块(包括未装拼的其他濒危热带木拼花地板用板条及缘板)	4	50	17		千克	ABFE

商品编号	商 品 名 称 及 备 注	进口关税税率(%)		增值税率(%)	出口退税率(%)	计量单位	监管条件
		最惠国	普通				
4409221090	一边或面制成连续形状的其他热带木地板条、块(包括未装拼的其他热带木拼花地板用板条及缘板)	4	50	17		千克	AB
44092290	---其他						
4409229010	一边或面制成连续形状的拉敏木	4	50	17		千克	ABFE
4409229020	一边或面制成连续形状的桃花心木	4	50	17		千克	ABFE
4409229030	一边或面制成连续形状的其他濒危热带木	4	50	17		千克	ABFE
4409229090	一边或面制成连续形状的其他热带木	4	50	17		千克	AB
44092910	---地板条(块)						
4409291030[暂4]	一边或面制成连续形状的其他濒危木地板条、块(包括未装拼的其他濒危木拼花地板用板条及缘板)	4	50	17	0	千克	ABFE
4409291090[暂4]	一边或面制成连续形状的其他非针叶木地板条、块(包括未装拼的其他非针叶木拼花地板用板条及缘板)	4	50	17	0	千克	AB
44092990	---其他						
4409299030	一边或面制成连续形状的其他濒危木	4	50	17	0	千克	ABFE
4409299090	一边或面制成连续形状的其他非针叶木材	4	50	17	0	千克	AB
4410	**碎料板、定向刨花板(OSB)及类似板(例如,华夫板),木或其他木质材料制,不论是否用树脂或其他有机黏合剂黏合**						
44101100	--碎料板						
4410110000	木制碎料板(不论是否用树脂或其他有机黏合剂黏合)	4	40	17	9	千克	AB
44101200	--定向刨花板						
4410120000	木制定向刨花板(OSB)(不论是否用树脂或其他有机黏合剂黏合)	4	40	17	9	千克	AB
44101900	--其他						
4410190000	其他木制板(不论是否用树脂或其他有机黏合剂黏合)	4	40	17	9	千克	AB
44109011	----麦稻秸秆制						
4410901100	麦稻秸秆制碎料板(不论是否用树脂或其他有机黏合剂黏合)	7.5	40	17	9	千克	AB
44109019	----其他						
4410901900	其他碎料板(不论是否用树脂或其他有机黏合剂黏合)	7.5	40	17	9	千克	AB
44109090	---其他						
4410909000	其他板(不论是否用树脂或其他有机黏合剂黏合)	7.5	40	17	9	千克	AB
4411	**木纤维板或其他木质材料纤维板,不论是否用树脂或其他有机黏合剂黏合**						
44111211	----未经机械加工或盖面的						
4411121100	密度>0.8克/立方厘米且厚度≤5毫米的中密度纤维板(未经机械加工或盖面的)	4	40	17	9	千克	AB
44111219	----其他						
4411121900	密度>0.8克/立方厘米且厚度≤5毫米的其他中密度纤维板	7.5	40	17	9	千克	AB
44111221	----辐射松制的						
4411122100	辐射松制的0.5克/立方厘米<密度≤0.8克/立方厘米且厚度≤5毫米的中密度纤维板	4	40	17	9	千克	AB
44111229	----其他						
4411122900	0.5克/立方厘米<密度≤0.8克/立方厘米且厚度≤5毫米的其他中密度纤维板(辐射松制的除外)	4	40	17	9	千克	AB
44111291	----未经机械加工或盖面的						
4411129100	未经机械加工或盖面的其他厚度≤5毫米的中密度纤维板	7.5	40	17	9	千克	AB
44111299	----其他						
4411129900	其他厚度≤5毫米的中密度纤维板	4	40	17	9	千克	AB
44111311	----未经机械加工或盖面的						
4411131100	密度>0.8克/立方厘米且5毫米<厚度≤9毫米的中密度纤维板(未经机械加工或盖面的)	4	40	17	9	千克	AB

商品编号	商 品 名 称 及 备 注	进口关税税率(%) 最惠国	进口关税税率(%) 普通	增值税率(%)	出口退税率(%)	计量单位	监管条件
44111319	----其他						
4411131900	密度>0.8 克/立方厘米且 5 毫米<厚度≤9 毫米的其他中密度纤维板	7.5	40	17	9	千克	AB
44111321	----辐射松制的						
4411132100	辐射松制的 0.5 克/立方厘米<密度≤0.8 克/立方厘米且 5 毫米<厚度≤9 毫米中密度纤维板	4	40	17	9	千克	AB
44111329	----其他						
4411132900	0.5 克/立方厘米<密度≤0.8 克/立方厘米且 5 毫米<厚度≤9 毫米其他中密度纤维板(辐射松制的除外)	4	40	17	9	千克	AB
44111391	----未经机械加工或盖面的						
4411139100	未机械加工或盖面的其他 5 毫米<厚度≤9 毫米中密度纤维板	7.5	40	17	9	千克	AB
44111399	----其他						
4411139900	其他 5 毫米<厚度≤9 毫米中密度纤维板	4	40	17	9	千克	AB
44111411	----未经机械加工或盖面的						
4411141100	密度>0.8 克/立方厘米且厚度>9 毫米的中密度纤维板(未经机械加工或盖面的)	4	40	17	9	千克	AB
44111419	----其他						
4411141900	密度>0.8 克/立方厘米且厚度>9 毫米的其他中密度纤维板	7.5	40	17	9	千克	AB
44111421	----辐射松制的						
4411142100	辐射松制的 0.5 克/立方厘米<密度≤0.8 克/立方厘米且厚度>9 毫米中密度纤维板	4	40	17	9	千克	AB
44111429	----其他						
4411142900	0.5 克/立方厘米<密度≤0.8 克/立方厘米且厚度>9 毫米其他中密度纤维板(辐射松制的除外)	4	40	17	9	千克	AB
44111491	----未经机械加工或盖面的						
4411149100	未经机械加工或盖面的其他厚度>9 毫米中密度纤维板	7.5	40	17	9	千克	AB
44111499	----其他						
4411149900	其他厚度>9 毫米的中密度纤维板	4	40	17	9	千克	AB
44119210	---未经机械加工或盖面的						
4411921000	密度>0.8 克/立方厘米的未经机械加工或盖面的其他纤维板	4	40	17	9	千克	AB
44119290	---其他						
4411929000	密度>0.8 克/立方厘米的其他纤维板	7.5	40	17	9	千克	AB
44119310	---辐射松制的						
4411931000	辐射松制的 0.5 克/立方厘米<密度≤0.8 克/立方厘米的其他纤维板	4	40	17	9	千克	AB
44119390	---其他						
4411939000	0.5 克/立方厘米<密度≤0.8 克/立方厘米的其他纤维板(辐射松制的除外)	4	40	17	9	千克	AB
44119410	---0.35 克/立方厘米<密度≤0.5 克/立方厘米						
4411941000	0.35 克/立方厘米<密度≤0.5 克/立方厘米的其他纤维板	7.5	40	17	9	千克	AB
44119421	----未经机械加工或盖面的						
4411942100	密度≤0.35 克/立方厘米的未经机械加工或盖面的木纤维板	7.5	40	17	9	千克	AB
44119429	----其他						
4411942900	密度≤0.35 克/立方厘米的其他木纤维板	4	40	17	9	千克	AB
4412	**胶合板、单板饰面板及类似的多层板**						
44121011	----至少有一表层是热带木						
4412101111	至少有一表层为濒危热带木薄板制濒危竹胶合板(每层厚度≤6 毫米)	12	30	17	0	千克/立方米	ABFE
4412101119	至少有一表层为濒危热带木薄板制其他竹胶合板(每层厚度≤6 毫米)	12	30	17	0	千克/立方米	ABFE
4412101191	至少有一表层是其他热带木薄板制濒危竹胶合板(每层厚度≤6 毫米)	12	30	17	0	千克/立方米	ABEF
4412101199	至少有一表层是其他热带木薄板制其他竹胶合板(每层厚度≤6 毫米)	12	30	17	9	千克/立方米	AB
44121019	----其他						

商品编号	商品名称及备注	进口关税税率(%)		增值税率(%)	出口退税率(%)	计量单位	监管条件
		最惠国	普通				
4412101911	至少有一表层为濒危非针叶木薄板胶合板(至少有一表层为温带非针叶木制,每层厚度≤6毫米)	4	30	17	0	千克/立方米	ABFE
4412101919	其他至少有一表层为非针叶木薄板胶合板(至少有一表层为温带非针叶木制,每层厚度≤6毫米)	4	30	17	9	千克/立方米	AB
4412101921	濒危竹地板层叠胶合而成的多层板(每层厚度≤6毫米)	4	30	17	0	千克/立方米	ABE
4412101929	其他竹地板层叠胶合而成的多层板(每层厚度≤6毫米)	4	30	17	13	千克/立方米	AB
4412101991	其他濒危竹胶合板(每层厚度≤6毫米)	4	30	17	0	千克/立方米	ABE
4412101999	其他竹胶合板(每层厚度≤6毫米)	4	30	17	13	千克/立方米	AB
44121020	---其他,至少有一表层是非针叶木						
4412102011	至少有一表层是濒危非针叶木的濒危竹制多层板(每层厚度≤6毫米)	10	30	17	0	千克/立方米	ABFE
4412102019	至少有一表层是其他非针叶木的其他濒危竹制多层板(每层厚度≤6毫米)	10	30	17	0	千克/立方米	ABEF
4412102091	至少有一表层是濒危非针叶木的其他竹制多层板(每层厚度≤6毫米)	10	30	17	0	千克/立方米	ABEF
4412102099	至少有一表层是其他非针叶木的其他竹制多层板(每层厚度≤6毫米)	10	30	17	9	千克/立方米	AB
44121091	----至少有一层是热带木						
4412109110	至少有一层是热带木的濒危竹制多层板	8	30	17	0	千克/立方米	ABEF
4412109190	至少有一层是热带木的其他竹制多层板	8	30	17	9	千克/立方米	AB
44121092	----至少含有一层木碎料板						
4412109210	至少含有一层木碎料板的濒危竹制多层板	10	30	17	0	千克/立方米	ABEF
4412109290	至少含有一层木碎料板的其他竹制多层板	10	30	17	9	千克/立方米	AB
44121099	----其他						
4412109910	其他濒危竹制多层板	4	30	17	0	千克/立方米	ABE
4412109990	其他竹制多层板	4	30	17	13	千克/立方米	AB
44123100	--至少有一表层是热带木						
4412310010	至少有一表层为桃花心木薄板制胶合板(每层厚度≤6毫米)	12	30	17	5	千克/立方米	ABFE
4412310020	至少有一表层为拉敏木薄板制胶合板(每层厚度≤6毫米)	12	30	17	5	千克/立方米	ABFE
4412310030	至少有一表层为濒危热带木薄板制胶合板(每层厚度≤6毫米)	12	30	17	0	千克/立方米	ABFE
4412310090	至少有一表层是其他热带木制的胶合板(每层厚度≤6毫米,竹制除外)	12	30	17	9	千克/立方米	AB
44123300	--其他,至少有一表层是下列非针叶木:桤木、白蜡木、水青冈木(山毛榉木)、桦木、樱桃木、栗木、榆木、桉木、山核桃、七叶树、椴木、槭木、栎木(橡木)、悬铃木、杨木、刺槐木、鹅掌楸或核桃木						
4412330010	至少有一表层是濒危的下列非针叶木:桤木、白蜡木、水青冈木(山毛榉木)、桦木、樱桃木、栗木、榆木、桉木、山核桃、七叶树、椴木、槭木、栎木(橡木)、悬铃木、杨木、刺槐木、鹅掌楸或核桃木薄板制胶合板(每层厚度≤6毫米,竹制除外)	4	30	17		千克/立方米	ABFE
4412330090	至少有一表层是下列非针叶木:桤木、白蜡木、水青冈木(山毛榉木)、桦木、樱桃木、栗木、榆木、桉木、山核桃、七叶树、椴木、槭木、栎木(橡木)、悬铃木、杨木、刺槐木、鹅掌楸或核桃木薄板制胶合板(每层厚度≤6毫米,竹制除外)	4	30	17		千克/立方米	AB
44123410	---其他,至少有一表层是温带非针叶木(编号44123300的非针叶木除外)						
4412341010	至少有一表层是濒危温带非针叶木薄板制胶合板(每层厚度≤6毫米,竹制除外)	4	30	17		千克/立方米	ABEF
4412341090	至少有一表层是其他温带非针叶木薄板制胶合板(每层厚度≤6毫米,竹制除外)	4	30	17		千克/立方米	AB
44123490	---其他						
4412349010	至少有一表层是濒危其他非针叶胶合板(每层厚度≤6毫米,竹制除外)	4	30	17		千克/立方米	ABEF
4412349090	至少有一表层是其他非针叶胶合板(每层厚度≤6毫米,竹制除外)	4	30	17		千克/立方米	AB
44123900	--其他,上下表层均为针叶木						
4412390010	其他濒危薄板制胶合板,上下表层均为针叶木(每层厚度≤6毫米,竹制除外)	4	30	17	0	千克/立方米	ABFE
4412390090	其他薄板制胶合板,上下表层均为针叶木(每层厚度≤6毫米,竹制除外)	4	30	17	9	千克/立方米	AB
44129410	---至少有一表层是非针叶木						

商品编号	商品名称及备注	进口关税税率(%)		增值税率(%)	出口退税率(%)	计量单位	监管条件
		最惠国	普通				
4412941010	至少有一表层是桃花心木的木块芯胶合板等(还包括侧板条芯胶合板及板条芯胶合板)	10	30	17	5	千克/立方米	ABFE
4412941020	至少有一表层是拉敏木的木块芯胶合板等(还包括侧板条芯胶合板及板条芯胶合板)	10	30	17	5	千克/立方米	ABFE
4412941030	至少有一表层是濒危热带木的木块芯胶合板等(还包括侧板条芯胶合板及板条芯胶合板)	10	30	17	0	千克/立方米	ABFE
4412941040	至少有一表层是濒危非针叶木的木块芯胶合板等(还包括侧板条芯胶合板及板条芯胶合板)	10	30	17	0	千克/立方米	ABFE
4412941090	至少有一表层是非针叶木的木块芯胶合板等(还包括侧板条芯胶合板及板条芯胶合板)	10	30	17	9	千克/立方米	AB
44129491	----至少有一层是热带木						
4412949110	至少有一层是濒危热带木的针叶木面木块芯胶合板等(还包括侧板条芯胶合板及板条芯胶合板)	8	30	17	0	千克/立方米	ABFE
4412949190	至少有一层是热带木的针叶木面木块芯胶合板等(还包括侧板条芯胶合板及板条芯胶合板)	8	30	17	9	千克/立方米	AB
44129492	----其他,至少含有一层木碎料板						
4412949210	至少含有一层木碎料板的濒危针叶木面木块芯胶合板等(还包括侧板条芯胶合板及板条芯胶合板)	10	30	17	0	千克/立方米	ABFE
4412949290	至少含有一层木碎料板的针叶木面木块芯胶合板等(还包括侧板条芯胶合板及板条芯胶合板)	10	30	17	9	千克/立方米	AB
44129499	----其他						
4412949910	其他濒危针叶木面木块芯胶合板等(还包括侧板条芯胶合板及板条芯胶合板)	4	30	17	0	千克/立方米	ABEF
4412949990	其他针叶木面木块芯胶合板等(还包括侧板条芯胶合板及板条芯胶合板)	4	30	17	9	千克/立方米	AB
44129910	---至少有一表层是非针叶木						
4412991010	至少有一表层是桃花心木的多层板	10	30	17	0	千克/立方米	ABFE
4412991020	至少有一表层是拉敏木的多层板	10	30	17	0	千克/立方米	ABFE
4412991030	至少有一表层是濒危热带木的多层板	10	30	17	0	千克/立方米	ABFE
4412991040	其他至少有一表层是濒危非针叶木的多层板	10	30	17	0	千克/立方米	ABFE
4412991090	其他至少有一表层是非针叶木的多层板	10	30	17	9	千克/立方米	AB
44129991	----至少有一层是热带木						
4412999110	其他至少有一层是濒危热带木的针叶木面多层板	8	30	17	0	千克/立方米	ABFE
4412999190	其他至少有一层是热带木的针叶木面多层板	8	30	17	9	千克/立方米	AB
44129992	----其他,至少含有一层木碎料板						
4412999210	其他至少含有一层木碎料板的濒危针叶木面多层板	10	30	17	0	千克/立方米	ABFE
4412999290	其他至少含有一层木碎料板的针叶木面多层板	10	30	17	9	千克/立方米	AB
44129999	----其他						
4412999910	其他濒危针叶木面多层板	4	30	17	0	千克/立方米	ABFE
4412999990	其他针叶木面多层板	4	30	17	9	千克/立方米	AB
4413	**强化木,成块、板、条或异型的**						
44130000	强化木,成块、板、条或异型的						
4413000000	强化木(成块、板、条或异型的)	6	20	17	9	千克	AB
4414	**木制的画框、相框、镜框及类似品**						
44140010	---辐射松制的						
4414001000	辐射松木制的画框、相框、镜框及类似品	20	100	17	5	千克	AB
44140090	---其他						
4414009010	拉敏木制画框、相框、镜框及类似品	20	100	17	0	千克	ABFE
4414009020	濒危木制画框、相框、镜框及类似品	20	100	17	0	千克	ABFE
4414009090	其他木制的画框、相框、镜框及类似品	20	100	17	0	千克	AB

商品编号	商品名称及备注	进口关税税率(%) 最惠国	进口关税税率(%) 普通	增值税率(%)	出口退税率(%)	计量单位	监管条件
4415	**包装木箱、木盒、板条箱、圆桶及类似的包装容器;木制电缆卷筒;木托板、箱形托盘及其他装载用木板;木制的托盘护框**						
44151000	-箱、盒、板条箱、圆桶及类似的包装容器;电缆卷筒						
4415100010	拉敏木制木箱及类似包装容器(电缆卷筒)	7.5	80	17	5	千克/件	ABFE
4415100020	濒危木制木箱及类似包装容器(电缆卷筒)	7.5	80	17	0	千克/件	ABFE
4415100090	木箱及类似的包装容器,电缆卷筒	7.5	80	17	9	千克/件	AB
44152010	---辐射松制的						
4415201000	辐射松木制托板、箱形托盘及其他装载用辐射松木板(包括辐射松木制托盘护框)	7.5	80	17	5	千克/件	AB
44152090	---其他						
4415209010	拉敏木托板、箱形托盘及装载木板(包括拉敏木制托盘护框)	7.5	80	17	5	千克/件	ABFE
4415209020	濒危木托板、箱形托盘及装载木板(包括濒危木制托盘护框)	7.5	80	17	0	千克/件	ABFE
4415209090	其他木制托板、箱形托盘及其他装载木板(包括其他木制托盘护框)	7.5	80	17	9	千克/件	AB
4416	**木制大桶、琵琶桶、盆和其他木制箍桶及其零件,包括桶板**						
44160010	---辐射松制的						
4416001000	辐射松木制大桶、琵琶桶、盆和其他箍桶及其零件(包括辐射松木制桶板)	16	80	17	0	千克	AB
44160090	---其他						
4416009010	拉敏木制大桶、琵琶桶、盆和其他箍桶及其零件(包括拉敏木制桶板)	16	80	17	0	千克	ABFE
4416009020	濒危木制大桶、琵琶桶、盆和其他箍桶及其零件(包括濒危木制桶板)	16	80	17	0	千克	ABFE
4416009090	其他木制大桶、琵琶桶、盆和其他箍桶及其零件(包括其他木制桶板)	16	80	17	0	千克	AB
4417	**木制的工具、工具支架、工具柄、扫帚及刷子的身及柄;木制鞋靴楦及楦头**						
44170010	---辐射松制的						
4417001000	辐射松木制工具、工具支架、工具柄、扫帚及刷子的身及柄(包括辐射松木制鞋靴楦及楦头)	16	80	17	0	千克	AB
44170090	---其他						
4417009010	拉敏木制工具、工具支架、工具柄、扫帚及刷子的身及柄(包括拉敏木制鞋靴楦及楦头)	16	80	17	0	千克	ABFE
4417009020	濒危木制工具、工具支架、工具柄、扫帚及刷子的身及柄(包括濒危木制鞋靴楦及楦头)	16	80	17	0	千克	ABFE
4417009090	其他木制工具、工具支架、工具柄、扫帚及刷子的身及柄(包括其他木制鞋靴楦及楦头)	16	80	17	0	千克	AB
4418	**建筑用木工制品,包括蜂窝结构木镶板、已装拼的地板、木瓦及盖屋板**						
44181010	---辐射松制的						
4418101000	辐射松木制的木窗、落地窗及其框架	4	70	17	5	千克	AB
44181090	---其他						
4418109010	拉敏木制木窗、落地窗及其框架	4	70	17	5	千克	ABFE
4418109020	濒危木制木窗、落地窗及其框架	4	70	17	0	千克	ABFE
4418109090	其他木制木窗、落地窗及其框架	4	70	17	9	千克	AB
44182000	-门及其框架和门槛						
4418200010	拉敏木制的木门及其框架和门槛	4	70	17	5	千克	ABFE
4418200020	濒危木制的木门及其框架和门槛	4	70	17	0	千克	ABFE
4418200090	木门及其框架和门槛	4	70	17	9	千克	AB
44184000	-水泥构件的模板						
4418400000	水泥构件的木模板	4	70	17	9	千克	AB
44185000	-木瓦及盖屋板						
4418500000	木瓦及盖屋板	7.5	70	17	9	千克	AB
44186000	-柱和梁						
4418600010	濒危木制柱和梁	4	70	17	0	千克	FEAB
4418600090	其他木制柱和梁	4	70	17	9	千克	AB
44187310	---马赛克地板用						

商品编号	商品名称及备注	进口关税税率(%)		增值税率(%)	出口退税率(%)	计量单位	监管条件
		最惠国	普通				
4418731000	已装拼的竹的或至少顶层(耐磨层)是竹的马赛克地板	4	70	17		千克	AB
44187320	---其他,竹制多层的						
4418732000	已装拼的竹制多层地板	4	70	17		千克	AB
44187390	---其他						
4418739000	已装拼的竹制其他地板	4	70	17		千克	AB
44187400	--其他,马赛克地板用						
4418740010	已装拼的拉敏木制马赛克地板	4	70	17		千克	ABFE
4418740020	已装拼的其他濒危木制马赛克地板	4	70	17		千克	ABFE
4418740090	已装拼的其他木制马赛克地板	4	70	17		千克	AB
44187500	--其他,多层的						
4418750010	已装拼的拉敏木制多层地板	4	70	17		千克	ABFE
4418750020	已装拼的其他濒危木制多层地板	4	70	17		千克	ABFE
4418750090	已装拼的其他木制多层地板	4	70	17		千克	AB
44187900	--其他						
4418790010	已装拼的拉敏木制其他地板	4	70	17		千克	ABFE
4418790020	已装拼的其他濒危木制地板	4	70	17		千克	ABFE
4418790090	已装拼的木制其他地板	4	70	17		千克	AB
44189100	--竹的						
4418910010	濒危竹制其他建筑用木工制品(包括蜂窝结构的木镶板)	4	70	17		千克	ABE
4418910090	其他竹制其他建筑用木工制品(包括蜂窝结构的木镶板)	4	70	17		千克	AB
44189900	--其他						
4418990010	拉敏木制其他建筑用木工制品(包括蜂窝结构的木镶板)	4	70	17		千克	FEAB
4418990020	濒危木制其他建筑用木工制品(包括蜂窝结构的木镶板)	4	70	17		千克	FEAB
4418990090	其他建筑用木工制品(包括蜂窝结构的木镶板)	4	70	17		千克	AB
4419	**木制餐具及厨房用具**						
44191100	--切面包板、砧板及类似板						
4419110000	竹制的切面包板、砧板及类似板	0	100	17		千克	AB
44191210	----一次性筷子						
4419121010	酸竹制一次性筷子	0	100	17		千克	ABE
4419121090	其他竹制一次性筷子	0	100	17		千克	AB
44191290	---其他						
4419129000	竹制的其他筷子	0	100	17		千克	AB
44191900	--其他						
4419190000	竹制的其他餐具及厨房用具	0	100	17		千克	AB
44199010	----一次性筷子						
4419901000[暂0]	木制一次性筷子	0	100	17		千克	AB
44199090	---其他						
4419909010	拉敏木制的其他餐具及厨房用具	0	100	17		千克	FEAB
4419909020	濒危木制的其他餐具及厨房用具	0	100	17		千克	FEAB
4419909090	其他木制其他餐具及厨房用具	0	100	17		千克	AB
4420	**镶嵌木(包括细工镶嵌木);装珠宝或刀具用的木制盒子和小匣子及类似品;木制小雕像及其他装饰品;第九十四章以外的木制家具**						
44201011	----木刻						
4420101120	濒危木制的木刻	0	100	17	0	千克	FEAB
4420101190	其他木刻	0	100	17	9	千克	AB
44201012	----竹刻						

商品编号	商品名称及备注	进口关税税率(%)		增值税率(%)	出口退税率(%)	计量单位	监管条件
		最惠国	普通				
4420101200	竹刻	0	100	17	9	千克	AB
44201020	---木扇						
4420102020	濒危木制的木扇	0	100	17	0	千克	FEAB
4420102090	木扇	0	100	17	9	千克	AB
44201090	---其他						
4420109030	沉香木及拟沉香木制其他小雕像及其他装饰品	0	100	17	0	千克	FEAB
4420109040	其他濒危木制其他小雕像及其他装饰品	0	100	17	0	千克	FEAB
4420109090	其他木制小雕像及其他装饰品	0	100	17	13	千克	AB
44209010	---镶嵌木						
4420901010	拉敏木制的镶嵌木	0	45	17	5	千克	FEAB
4420901020	濒危木制的镶嵌木	0	45	17	0	千克	FEAB
4420901090	镶嵌木	0	45	17	13	千克	AB
44209090	---其他						
4420909010	拉敏木盒及类似品,非落地木家具(前者用于装珠宝或家具,后者不包括第九十四章的家具)	0	100	17	5	千克	FEAB
4420909020	濒危木盒及类似品,非落地木家具(前者用于装珠宝或家具,后者不包括第九十四章的家具)	0	100	17	0	千克	FEAB
4420909090	木盒子及类似品,非落地式木家具(前者用于装珠宝或家具,后者不包括第九十四章的家具)	0	100	17	9	千克	AB
4421	**其他木制品**						
44211000	-衣架						
4421100010	拉敏木制木衣架	0	90	17	5	千克	FEAB
4421100020	濒危木制木衣架	0	90	17	0	千克	FEAB
4421100090	木衣架	0	90	17	9	千克	AB
44219110	---圆签、圆棒、冰果棒、压舌片及类似一次性制品						
4421911010	酸竹制圆签、圆棒、冰果棒、压舌片及类似一次性制品	0	35	17		千克	ABE
4421911090	其他竹制圆签、圆棒、冰果棒、压舌片及类似一次性制品	0	35	17		千克	AB
44219190	---其他						
4421919010	其他未列名的濒危竹制品	0	90	17		千克	FEAB
4421919090	其他未列名的竹制品	0	35	17		千克	AB
44219910	---木制圆签、圆棒、冰果棒、压舌片及类似一次性制品						
4421991010[暂0]	拉敏木制圆签、圆棒、冰果棒、压舌片及类似一次性制品	0	35	17		千克	FEAB
4421991020[暂0]	濒危木制圆签、圆棒、冰果棒、压舌片及类似一次性制品	0	35	17		千克	FEAB
4421991090[暂0]	其他木制圆签、圆棒、冰果棒、压舌片及类似一次性制品	0	35	17		千克	AB
44219990	---其他						
4421999010	拉敏木制的未列名的木制品	0	35	17		千克	FEAB
4421999020	濒危木制的未列名的木制品	0	35	17		千克	FEAB
4421999090	未列名的木制品	0	35	17		千克	AB

第四十五章　软木及软木制品

注释：

本章不包括：

一、第六十四章的鞋靴及其零件；

二、第六十五章的帽类及其零件；

三、第九十五章的物品（例如，玩具、游戏品及运动用品）。

商品编号	商品名称及备注	进口关税税率（%）		增值税率（%）	出口退税率（%）	计量单位	监管条件
		最惠国	普通				
4501	**未加工或简单加工的天然软木；软木废料；碎的、粒状的或粉状的软木**						
45011000	-未加工或简单加工的天然软木						
4501100000[暂1]	未加工或简单加工的天然软木	6	17	17	0	千克	AB
45019010	---软木废料						
4501901000	软木废料	0	17	17	0	千克	AB
45019020	---碎的、粒状的或粉状的软木（软木碎、软木粒或软木粉）						
4501902000	碎的、粒状的或粉状的软木（软木碎、软木粒或软木粉）	0	17	17	0	千克	AB
4502	**天然软木，除去表皮或粗切成方形，或成长方块、正方块、板、片或条状（包括作塞子用的方块坯料）**						
45020000	天然软木，除去表皮或粗切成方形，或成长方块、正方块、板、片或条状（包括作塞子用的方块坯料）						
4502000000	块、板、片或条状的天然软木（包括作塞子用的方块坯料）	8	30	17	0	千克	AB
4503	**天然软木制品**						
45031000	-塞子						
4503100000[暂4]	天然软木塞子	8	50	17	0	千克	AB
45039000	-其他						
4503900000	其他天然软木制品	10.5	50	17	0	千克	AB
4504	**压制软木（不论是否使用黏合剂压成）及其制品**						
45041000	-块、板、片及条；任何形状的砖、瓦；实心圆柱体，包括圆片						
4504100010[暂4]	压制软木塞（包括任何形状的压制软木的砖、瓦、实心圆柱体、圆片）	8.4	30	17	0	千克	AB
4504100090	块、板、片及条状压制软木，压制软木塞除外（包括任何形状的压制软木的砖、瓦、实心圆柱体、圆片）	8.4	30	17	0	千克	AB
45049000	-其他						
4504900000	其他压制软木及其制品（不论是否使用黏合剂压成）	0	50	17	0	千克	AB

第四十六章　稻草、秸秆、针茅或其他编结材料制品;篮筐及柳条编结品

注释:

一、本章所称"编结材料",是指其状态或形状适于编结、交织或类似加工的材料,包括稻草、秸秆、柳条、竹、藤、灯芯草、芦苇、木片条、其他植物材料扁条(例如,树皮条、狭叶、酒椰叶纤维或其他从阔叶获取的条)、未纺的天然纺织纤维、塑料单丝及扁条、纸带,但不包括皮革、再生皮革、毡呢或无纺织物的扁条、人发、马毛、纺织粗纱或纱线以及第五十四章的单丝和扁条。

二、本章不包括:

(一)品目48.14的壁纸;

(二)不论是否编结而成的线、绳、索、缆(品目56.07);

(三)第六十四章和第六十五章的鞋靴、帽类及其零件;

(四)编结而成的车辆或车身(第八十七章);

(五)第九十四章的物品(例如,家具、灯及灯具)。

三、品目46.01所称"平行连结的成片编结材料、缏条或类似的编结材料产品",是指编结材料、缏条及类似的编结材料产品平行排列连结成片的制品,其连结材料不论是否纺制的纺织材料。

商品编号	商品名称及备注	进口关税税率(%)		增值税率(%)	出口退税率(%)	计量单位	监管条件
		最惠国	普通				
4601	**用编结材料编成的缏条及类似产品,不论是否缝合成宽条;平行连结或编织的成片编结材料、缏条或类似的编结材料产品,不论是否制成品(例如,席子、席料、帘子)**						
46012100	--竹制的						
4601210000	竹制的席子、席料及帘子	9	90	17	13	千克/张	AB
46012200	--藤制的						
4601220000	藤制的席子、席料及帘子	9	100	17	13	千克/张	AB
46012911	----灯心草属材料制的						
4601291111	蔺草制的提花席、双苜席、垫子(单位面积>1平方米,不论是否包边)	9	90	17	13	千克/张	4ABxy
4601291112	蔺草制的其他席子(单位面积>1平方米,不论是否包边)	9	90	17	13	千克/张	4ABxy
4601291119	蔺草制的其他席子、席料及帘子(单位面积≤1平方米,不论是否包边)	9	90	17	13	千克/张	AB
4601291190	其他灯心草属材料制的席子等(包括席子、席料、帘子、垫子)	9	90	17	13	千克/张	AB
46012919	----其他						
4601291900	其他草制的席子、席料及帘子	9	90	17	13	千克/张	AB
46012921	----苇帘						
4601292100	苇帘	9	90	17	13	千克/张	AB
46012929	----其他						
4601292900	芦苇制的席子、席料	9	90	17	13	千克/张	AB
46012990	---其他						
4601299000	其他植物材料制席子、席料及帘子	9	90	17	13	千克/张	AB
46019210	---缏条及类似产品,不论是否缝合成宽条						
4601921000	竹制缏条及类似产品(不论是否缝合成宽条)	9	100	17	13	千克	AB
46019290	---其他						
4601929000	竹制的其他编结材料产品	9	90	17	13	千克	AB
46019310	---缏条及类似产品,不论是否缝合成宽条						
4601931000	藤制的缏条及类似产品(不论是否缝合成宽条)	9	100	17	13	千克	AB
46019390	---其他						
4601939000	藤制的其他编结材料产品	9	90	17	13	千克	AB
46019411	----缏条(绳)						
4601941100	稻草制的缏条(绳)及类似产品(不论是否缝合成宽条)	10	90	17	13	千克	AB
46019419	----其他						
4601941900	稻草制的其他编结材料产品	10	90	17	13	千克	AB

商品编号	商品名称及备注	进口关税税率(%)		增值税率(%)	出口退税率(%)	计量单位	监管条件
		最惠国	普通				
46019491	----缏条及类似产品,不论是否缝合成宽条						
4601949100	其他植物材料制缏条及类似产品(不论是否缝合成宽条)	9	100	17	13	千克	AB
46019499	----其他						
4601949900	其他植物编结材料产品	9	90	17	13	千克	AB
46019910	---缏条及类似产品,不论是否缝合成宽条						
4601991000	非植物材料制缏条及类似产品(不论是否缝合成宽条)	9	90	17	13	千克	
46019990	---其他						
4601999000	其他非植物编结材料产品	9	90	17	13	千克	
4602	**用编结材料直接编成或用品目46.01所列货品制成的篮筐、柳条编结品及其他制品;丝瓜络制品**						
46021100	--竹制的						
4602110000	竹编制的篮筐及其他制品	9	100	17	13	千克	AB
46021200	--藤制的						
4602120000	藤编制的篮筐及其他制品	9	100	17	13	千克	AB
46021910	---草制的						
4602191000	草编制的篮筐及其他制品	9	100	17	13	千克	AB
46021920	---玉米皮制的						
4602192000	玉米皮编制的篮筐及其他制品	9	100	17	13	千克	AB
46021930	---柳条制的						
4602193000	柳条编制的篮筐及其他制品	9	100	17	13	千克	AB
46021990	---其他						
4602199000	其他植物材料编制篮筐及其他制品	9	100	17	13	千克	AB
46029000	-其他						
4602900000	其他编结材料制品及其他制品(非植物材料制的)	9	100	17	13	千克	

第十类　木浆及其他纤维状纤维素浆；回收（废碎）纸或纸板；纸、纸板及其制品

第四十七章　木浆及其他纤维状纤维素浆；回收（废碎）纸或纸板

注释：

品目47.02所称"化学木浆，溶解级"，是指温度在20℃时浸入含18%氢氧化钠的苛性碱溶液内，1小时后，按重量计含有92%及以上的不溶级分的烧碱木浆或硫酸盐木浆，或者含有88%及以上的不溶级分的亚硫酸盐木浆。对于亚硫酸盐木浆，按重量计灰分含量不得超过0.15%。

商品编号	商品名称及备注	进口关税税率(%)		增值税率(%)	出口退税率(%)	计量单位	监管条件
		最惠国	普通				
4701	**机械木浆**						
47010000	机械木浆						
4701000000[暂0]	机械木浆	0	8	17	0	千克	
4702	**化学木浆，溶解级**						
47020000	化学木浆，溶解级						
4702000001[暂0]	用于生产粘胶等化学纤维（不含醋酸纤维）的化学木浆，溶解级［3.7分升/克≤浆粕的黏度<6.4分升/克，或者350毫升/克≤浆粕的黏度<700毫升/克，α纤维素含量（R18，硫酸盐法）<95.5%，或者α纤维素含量（R18，亚硫酸盐法）<94%，灰分≤0.15%］	0	8	17	0	千克	
4702000090[暂0]	其他化学木浆，溶解级	0	8	17	0	千克	
4703	**碱木浆或硫酸盐木浆，但溶解级的除外**						
47031100	--针叶木的						
4703110000[暂0]	未漂白针叶木碱木浆或硫酸盐木浆（溶解级的除外）	0	8	17	0	千克	
47031900	--非针叶木的						
4703190000[暂0]	未漂白非针叶木碱木浆等（包括硫酸盐木浆，但溶解级的除外）	0	8	17	0	千克	
47032100	--针叶木的						
4703210001[暂0]	用于生产粘胶等化学纤维（不含醋酸纤维）的漂白针叶木碱木浆或硫酸盐木浆（包括半漂白的，溶解级的除外）［3.7分升/克≤浆粕的黏度<6.4分升/克，或者350毫升/克≤浆粕的黏度<700毫升/克，88%≤α纤维素含量（R18，硫酸盐法）<95.5%，灰分≤0.15%］	0	8	17	0	千克	
4703210090[暂0]	其他漂白针叶木碱木浆或硫酸盐木浆（包括半漂白的，溶解级的除外）	0	8	17	0	千克	
47032900	--非针叶木的						
4703290000[暂0]	漂白非针叶木碱木浆或硫酸盐木浆（包括半漂白的，溶解级的除外）	0	8	17	0	千克	
4704	**亚硫酸盐木浆，但溶解级的除外**						
47041100	--针叶木的						
4704110000[暂0]	未漂白的针叶木亚硫酸盐木浆（溶解级的除外）	0	8	17	0	千克	
47041900	--非针叶木的						
4704190000[暂0]	未漂白的非针叶木亚硫酸盐木浆（溶解级的除外）	0	8	17	0	千克	
47042100	--针叶木的						
4704210000[暂0]	漂白的针叶木亚硫酸盐木浆（包括半漂白的，溶解级的除外）	0	8	17	0	千克	

商品编号	商品名称及备注	进口关税税率(%)		增值税率(%)	出口退税率(%)	计量单位	监管条件
		最惠国	普通				
47042900	--非针叶木的						
4704290000暂0	漂白的非针叶木亚硫酸盐木浆(包括半漂白的,溶解级的除外)	0	8	17	0	千克	
4705	**用机械与化学联合制浆法制得的木浆**						
47050000	用机械与化学联合制浆法制得的木浆						
4705000000暂0	机械与化学联合制浆法制的木浆	0	8	17	0	千克	
4706	**从回收(废碎)纸或纸板提取的纤维浆或其他纤维状纤维素浆**						
47061000	-棉短绒纸浆						
4706100001	用于生产粘胶等化学纤维(不含醋酸纤维)的棉短绒浆粕[3.7分升/克≤浆粕的黏度<6.4分升/克,或者350毫升/克≤浆粕的黏度<700毫升/克,α纤维素含量(R18,硫酸盐法)<95.5%,或者α纤维素含量(R18,亚硫酸盐法)<94%,灰分≤0.15%]	0	8	17	13	千克	
4706100090	其他棉短绒纸浆	0	8	17	13	千克	
47062000	-从回收(废碎)纸或纸板提取的纤维浆						
4706200000暂0	从回收纸或纸板提取的纤维浆	0	8	17	0	千克	
47063000	-其他,竹浆						
4706300001暂0	用于生产粘胶等化学纤维(不含醋酸纤维)的其他纤维状纤维素竹浆(包括机械浆、化学浆、半化学浆)[3.7分升/克≤浆粕的粘度<6.4分升/克,或者350毫升/克≤浆粕的黏度<700毫升/克,α纤维素含量(R18,硫酸盐法)<95.5%,或者α纤维素含量(R18,亚硫酸盐法)<94%,灰分≤0.15%]	0	8	17	0	千克	
4706300090暂0	其他纤维状纤维素竹浆(包括机械浆、化学浆、半化学浆)	0	8	17	0	千克	
47069100	--机械浆						
4706910000暂0	其他纤维状纤维素机械浆	0	8	17	0	千克	
47069200	--化学浆						
4706920000暂0	其他纤维状纤维素化学浆	0	8	17	0	千克	
47069300	--用机械和化学联合法制得的浆						
4706930000暂0	用机械和化学联合法制得的其他纤维状纤维素浆	0	8	17	0	千克	
4707	**回收(废碎)纸或纸板**						
47071000	-未漂白的牛皮纸或纸板及瓦楞纸或纸板						
4707100000	回收(废碎)的未漂白牛皮、瓦楞纸或纸板	0	8	17	0	千克	ABP
47072000	-主要由漂白化学木浆制成未经本体染色的其他纸和纸板						
4707200000	回收(废碎)的漂白化学木浆制的纸和纸板(未经本体染色)	0	8	17	0	千克	ABP
47073000	-主要由机械浆制成的纸或纸板(例如,报纸、杂志及类似印刷品)						
4707300000	回收(废碎)的机械木浆制的纸或纸板(例如,废报纸、杂志及类似印刷品)	0	8	17	0	千克	ABP
47079000	-其他,包括未分选的废碎品						
4707900010	回收(废碎)墙(壁)纸、涂蜡纸、浸蜡纸、复写纸(包括未分选的废碎品)	0	8	17	0	千克	9AB
4707900090	其他回收纸或纸板(包括未分选的废碎品)	0	8	17	0	千克	ABP

第四十八章　纸及纸板;纸浆、纸或纸板制品

注释:

一、除条文另有规定的以外,本章所称"纸"包括"纸板"(不考虑其厚度或每平方米重量)。

二、本章不包括:

(一)第三十章的物品;

(二)品目32.12的压印箔;

(三)香纸及用化妆品浸渍或涂布的纸(第三十三章);

(四)肥皂或洗涤剂浸渍、覆盖或涂布的纸或纤维素絮纸(品目34.01)和用光洁剂、擦光膏及类似制剂浸渍、覆盖或涂布的纸或纤维素絮纸(品目34.05);

(五)品目37.01至37.04的感光纸或感光纸板;

(六)用诊断或实验用试剂浸渍的纸(品目38.22);

(七)第三十九章的用纸强化的层压塑料板,用塑料覆盖或涂布的单层纸或纸板(塑料部分占总厚度的一半以上),以及上述材料的制品,但品目48.14的壁纸除外;

(八)品目42.02的物品(例如,旅行用品);

(九)第四十六章的物品(编结材料制品);

(十)纸纱线或纸纱线纺织物(第十一类);

(十一)第六十四章或第六十五章的物品;

(十二)品目68.05的砂纸或品目68.14的用纸或纸板衬底的云母(但涂布云母粉的纸及纸板归入本章);

(十三)用纸或纸板衬底的金属箔(通常为第十四类或第十五类);

(十四)品目92.09的制品;

(十五)第九十五章的物品(例如,玩具、游戏品及运动用品);或

(十六)第九十六章的物品[例如,纽扣、卫生巾(护垫)及止血塞、婴儿尿布及尿布衬里]。

三、除注释七另有规定的以外,品目48.01至48.05包括经研光、高度研光、釉光或类似处理、仿水印、表面施胶的纸及纸板;同时还包括用各种方法本体着色或染成斑纹的纸、纸板、纤维素絮纸及纤维素纤维网纸。除品目48.03另有规定的以外,上述品目不适用于经过其他方法加工的纸、纸板、纤维素絮纸或纤维素纤维网纸。

四、本章所称"新闻纸",是指所含用机械或化学—机械方法制得的木纤维不少于全部纤维重量的50%的未经涂布的报刊用纸,未施胶或微施胶,每面粗糙度[帕克印刷表面粗糙度(1兆帕)]超过2.5微米,每平方米重量不小于40克,但不超过65克,并且仅适用于下列规格的纸:

(一)成条或成卷,宽度超过28厘米;或

(二)成张矩形(包括正方形),一边超过28厘米,另一边超过15厘米(以未折叠计)。

五、品目48.02所称"书写、印刷或类似用途的纸及纸板"及"未打孔的穿孔卡片纸及穿孔纸带纸",是指主要用漂白纸浆或用机械或化学—机械方法制得的纸浆制成的纸及纸板,并且符合下列任一标准:

每平方米重量不超过150克的纸或纸板:

(一)用机械或化学—机械方法制得的纤维含量在10%及以上,并且

1. 每平方米重量不超过80克;或

2. 本体着色。

(二)灰分含量在8%以上,并且

1. 每平方米重量不超过80克;或

2. 本体着色。

(三)灰分含量在3%以上,亮度在60%及以上。

(四)灰分含量在3%以上,但不超过8%,亮度低于60%,耐破指数等于或小于2.5千帕斯卡·平方米/克。

(五)灰分含量在3%及以下,亮度在60%及以上,耐破指数等于或小于2.5千帕斯卡·平方米/克。

每平方米重量超过150克的纸或纸板:

(一)本体着色;或

(二)亮度在60%及以上,并且

1. 厚度在225微米及以下;或

2. 厚度在225微米以上,但不超过508微米,灰分含量在3%以上;

(三)亮度低于60%,厚度不超过254微米,灰分含量在8%以上。

品目48.02不包括滤纸及纸板(含茶袋纸)或毡纸及纸板。

六、本章所称"牛皮纸及纸板",是指所含用硫酸盐法或烧碱法制得的纤维不少于全部纤维重量的80%的纸及纸板。

七、除品目条文另有规定的以外,符合品目48.01至48.11中两个或两个以上品目所规定的纸、纸板、纤维素絮纸及纤维素纤维网纸,应按号列顺序归入有关品目中的最末一个品目。

八、品目48.03至48.09仅适用于下列规格的纸、纸板、纤维素絮纸及纤维素纤维网纸:

(一)成条或成卷,宽度超过36厘米;或

(二)成张矩形(包括正方形),一边超过36厘米,另一边超过15厘米(以未折叠计)。

九、品目48.14所称"壁纸及类似品",仅限于:

(一)适合做墙壁或天花板装饰用的成卷纸张,宽度不小于45厘米,但不超过160厘米:

1. 起纹、压花、染面、印有图案或经其他装饰的(例如,起绒),不论是否用透明的防护塑料涂布或覆盖;

2. 表面饰有木粒或草粒而凹凸不平的;

3. 表面用塑料涂布或覆盖并起纹、压花、染面、印有图案或经其他装饰的;

4. 表面用不论是否平行连结或编织的编结材料覆盖的。

(二)适于装饰墙壁或天花板用的经上述加工的纸边及纸条,不论是否成卷。

(三)由几幅拼成的壁纸,成卷或成张,贴到墙上可组成印制的风景或图案。

既可做铺地制品,也可做壁纸的以纸或纸板为底的产品,

应归入品目 48.23。

十、品目 48.20 不包括切成一定尺寸的活页纸张或卡片，不论是否印制、压花、打孔。

十一、品目 48.23 主要适用于提花机或类似机器用的穿孔纸或卡片，以及纸花边。

十二、除品目 48.14 及 48.21 的货品外，印有图案、文字或图画的纸、纸板、纤维素絮纸及其制品，如果所印图案、文字或图画作为其主要用途，应归入第四十九章。

子目注释：

一、子目 4804.11 及 4804.19 所称"牛皮衬纸"，是指所含用硫酸盐法或烧碱法制得的木纤维不少于全部纤维重量的 80% 的成卷机器上光或砑光纸及纸板，每平方米重量超过 115 克，并且最低缪伦耐破度符合下表所示（其他重量的耐破度可参照下表换算）：

重 量（克/平方米）	最低耐破度（千帕斯卡）
115	393
125	417
200	637
300	824
400	961

二、子目 4804.21 及 4804.29 所称"袋用牛皮纸"，是指所含用硫酸盐法或烧碱法制得的木纤维不少于全部纤维重量的 80% 的成卷机器上光纸，每平方米重量不小于 60 克，但不超过 115 克，并且符合下列一种规格：

（一）缪伦耐破指数不小于 3.7 千帕斯卡 · 平方米/克，并且横向伸长率大于 4.5%，纵向伸长率大于 2%；

（二）至少能达到下表所示的最小撕裂度和抗张强度（其他重量的可参照下表换算）：

重 量（克/平方米）	最小撕裂度（毫牛顿）		最小抗张强度（千牛顿/米）	
	纵 向	纵向加横向	横 向	纵向加横向
60	700	1510	1.9	6
70	830	1790	2.3	7.2
80	965	2070	2.8	8.3
100	1230	2635	3.7	10.6
115	1425	3060	4.4	12.3

三、子目 4805.11 所称"半化学的瓦楞纸"，是指所含用机械和化学联合法制得的未漂白硬木纤维不少于全部纤维重量的 65% 的成卷纸张，并且在温度为 23℃ 和相对湿度为 50% 时，经过 30 分钟的瓦楞芯纸平压强度测定（CMT30），抗压强度超过 1.8 牛顿/克/平方米。

四、子目 4805.12 包括主要用机械和化学联合法制得的草浆制成的成卷纸张，每平方米重量在 130 克及以上，并且在温度为 23℃ 和相对湿度为 50% 时，经过 30 分钟的瓦楞芯纸平压强度测定（CMT30），抗压强度超过 1.4 牛顿/克/平方米。

五、子目 4805.24 及 4806.25 包括全部或主要用回收（废碎）纸及纸板制得的浆制成的纸及纸板。强韧箱纸板也可以有一面用染色纸或由漂白或未漂白的非再生浆制得的纸做表层。这些产品缪伦耐破指数不小于 2 千帕斯卡·平方米/克。

六、子目 4805.30 所称"亚硫酸盐包装纸"，是指所含用亚硫酸盐法制得的木纤维超过全部纤维重量的 40% 的机器砑光纸，灰分含量不超过 8%，并且缪伦耐破指数不小于 1.47 千帕斯卡·平方米/克。

七、子目 4810.22 所称"轻质涂布纸"，是指双面涂布纸，其每平方米总重量不超过 72 克，每面每平方米的涂层重量不超过 15 克，原纸中所含用机械方法制得的木纤维不少于全部纤维重量的 50%。

商品编号	商 品 名 称 及 备 注	进口关税税率（%）		增值税率（%）	出口退税率（%）	计量单位	监管条件
		最惠国	普通				
4801	**成卷或成张的新闻纸**						
48010010	---成卷的						
4801001000	成卷的新闻纸	5	30	17		千克	
48010090	---其他						
4801009000	成张及其他的新闻纸	5	30	17		千克	
4802	**书写、印刷或类似用途的未经涂布的纸及纸板、未打孔的穿孔卡片及穿孔纸带纸、成卷或成张矩形（包括正方形），任何尺寸，但品目 48.01 或 48.03 的纸除外；手工制纸及纸板**						
48021010	---宣纸						
4802101000	宣纸	7.5	70	17	13	千克	
48021090	---其他						
4802109000	其他手工制纸及纸板	7.5	70	17	13	千克	
48022010	---照相原纸						
4802201000[暂5]	照相原纸（未经涂布的，成卷或成张）	7.5	40	17	0	千克	
48022090	---其他						

商品编号	商品名称及备注	进口关税税率(%)		增值税率(%)	出口退税率(%)	计量单位	监管条件
		最惠国	普通				
4802209000	其他光、热、电敏纸,纸板的原纸[未经涂布的,成卷或成张(包括原纸板)]	7.5	40	17	0	千克	
48024000	-壁纸原纸						
4802400000	壁纸原纸(未经涂布的,成卷或成张)	7.5	40	17	0	千克	
48025400	--每平方米重量<40克						
4802540000	书写、印刷等用未涂布薄纸或纸板(每平方米重<40克,机械或化学—机械法制得的纤维含量≤10%)	7.5	30	17	0	千克	
48025500	--40克≤每平方米重≤150克,成卷						
4802550010	40克≤每平方米重≤150克的胶版纸(成卷,机械或化学—机械法制得的纤维含量≤10%)	5	30	17	0	千克	
4802550090	40克≤每平方米重≤150克未涂布中厚纸(书写、印刷用,成卷,含机械或化学—机械法制纤维≤10%)	5	30	17	0	千克	
48025600	--40克≤每平方米重≤150克,一边≤435毫米,另一边≤297毫米(以未折叠计)成张的						
4802560010	成张40克≤每平方米重≤150克胶版纸(长≤435毫米,宽≤297毫米,含机械或化学—机械法制纤维≤10%)	5	30	17	0	千克	
4802560090	40克≤每平方米重≤150克未涂布纸,成张(书写、印刷,长≤435毫米,宽≤297毫米,含机械或半化学浆≤10%)	5	30	17	0	千克	
48025700	--其他,40克≤每平方米重≤150克						
4802570010	其他40克≤每平方米重≤150克的胶版纸(机械或化学—机械法制得的纤维含量≤10%)	5	30	17	0	千克	
4802570090	其他40克≤每平方米≤150克未涂中厚纸(书写、印刷用,含机械或化学—机械法制纤维≤10%)	5	30	17	0	千克	
48025800	--每平方米重量>150克						
4802580000	书写、印刷等用未涂布厚纸(板)(每平方米重量>150克,机械或化学—机械法制得的纤维含量≤10%)	5	30	17	0	千克	
48026100	--成卷的						
4802610000	成卷书写、印刷用未涂布纸(机械或化学—机械法制得的纤维含量>10%)	5	30	17		千克	
48026200	--成张的,一边≤435毫米,另一边≤297毫米(以未折叠计)						
4802620000	成张书写、印刷用未涂布纸(长≤435毫米,宽≤297毫米,含机械或化学—机械法制纤维>10%)	5	30	17	0	千克	
48026900	--其他						
4802690000	其他书写、印刷用未涂布纸(机械或化学—机械法制得的纤维含量>10%)	5	30	17		千克	
4803	**卫生纸、面巾纸、餐巾纸及家庭或卫生用的类似纸、纤维素絮纸和纤维素纤维网纸,不论是否起纹、压花、打孔、染面、饰面或印花,成卷或成张的**						
48030000	卫生纸、面巾纸、餐巾纸及家庭或卫生用的类似纸、纤维素絮纸和纤维素纤维网纸,不论是否起纹、压花、打孔、染面、饰面或印花,成卷或成张的						
4803000000	卫生纸、面巾纸、餐巾纸及类似纸(成条或成卷,宽>36厘米,或一边>36厘米,一边>15厘米的成张矩形)	7.5	40	17	0	千克	A
4804	**成卷或成张的未经涂布的牛皮纸及纸板,但不包括品目48.02或48.03的货品**						
48041100	--未漂白						
4804110000	未漂白的牛皮挂面纸	5	30	17	0	千克	
48041900	--其他						
4804190000	漂白的牛皮挂面纸(成卷或成张的及未经涂布的)	5	30	17	0	千克	
48042100	--未漂白						
4804210000	未漂白的袋用牛皮纸(成卷或成张的及未经涂布的)	5	30	17	0	千克	
48042900	--其他						

商品编号	商 品 名 称 及 备 注	进口关税税率(%)		增值税率(%)	出口退税率(%)	计量单位	监管条件
		最惠国	普通				
4804290000	漂白的袋用牛皮纸(成卷或成张的及未经涂布的)	5	30	17	0	千克	
48043100	--未漂白						
4804310020	未漂白的其他薄牛皮纸及纸板[抗张指数(横向+纵向)≥69N·m/g,撕裂指数(纵向)≥10mN·m^2/g,抗张能量吸收指数(横向)≥1.0J/g,抗张能量吸收指数(纵向)≥0.8J/g,透气度≥3.4μm/(Pa·s),伸长率(纵向)≥2%](薄纸指每平方米重≤150克,成卷或成张未经涂布的)	2	30	17	0	千克	
4804310090	未漂白的其他薄牛皮纸及纸板(薄纸指每平方米重≤150克,成卷或成张未经涂布的)	2	30	17	0	千克	
48043900	--其他						
4804390000	每平方米重量≤150克的其他牛皮纸及纸板	2	30	17	0	千克	
48044100	--未漂白						
4804410090	未漂白的其他中厚牛皮纸及纸板(中厚指150克<每平方米重<225克,成卷或成张未涂布的)	2	30	17	0	千克	
48044200	--本体均匀漂白,所含用化学方法制得的木纤维超过全部纤维重量的95%						
4804420000	本体均匀漂白的中厚牛皮纸及纸板(中厚指150克<每平方米重<225克,成卷或成张未经涂布的)	5	30	17	0	千克	
48044900	--其他						
4804490000	其他漂白的中厚牛皮纸及纸板(中厚指150克<每平方米重<225克,成卷或成张未经涂布)	2	30	17	0	千克	
48045100	--未漂白						
4804510090	未漂白的其他厚牛皮纸及纸板(厚纸指每平方米重≥225克,成卷或成张未经涂布的)	2	30	17	0	千克	
48045200	--本体均匀漂白,所含用化学方法制得的木纤维超过全部纤维重量的95%						
4804520000	本体均匀漂白的厚牛皮纸及纸板(厚纸指每平方米重≥225克,成卷或成张未经涂布的)	5	30	17	0	千克	
48045900	--其他						
4804590000	其他漂白的厚牛皮纸及纸板(厚纸指每平方米重≥225克,成卷或成张未经涂布的)	2	30	17	0	千克	
4805	**成卷或成张的其他未经涂布的纸及纸板,加工程度不超过本章注释三所列范围**						
48051100	--半化学的瓦楞原纸						
4805110000	半化学的瓦楞原纸(成卷或成张的及未经涂布)	7.5	30	17	0	千克	
48051200	--草浆瓦楞原纸						
4805120000	草浆瓦楞原纸(成卷或成张的及未经涂布)	7.5	30	17	0	千克	
48051900	--其他						
4805190000	其他瓦楞原纸(成卷或成张的及未经涂布)	7.5	30	17	0	千克	
48052400	--每平方米重量≤150克						
4805240000	强韧箱纸板(再生挂面纸板)(成卷或成张的及未经涂布,每平方米重≤150g)	7.5	30	17	0	千克	
48052500	--每平方米重量>150克						
4805250000	强韧箱纸板(再生挂面纸板)(成卷或成张的及未经涂布,每平方米重量>150克)	7.5	30	17	0	千克	
48053000	-亚硫酸盐包装纸						
4805300000	亚硫酸盐包装纸(成卷或成张的及未经涂布)	7.5	30	17	0	千克	
48054000	-滤纸及纸板						
4805400000	滤纸及纸板(成卷或成张的及未经涂布)	7.5	30	17	0	千克	
48055000	-毡纸及纸板						
4805500000	毡纸及纸板(成卷或成张的及未经涂布)	7.5	30	17	0	千克	
48059110	---电解电容器原纸						
4805911000	电解电容器原纸(每平方米重量≤150克,成卷或成张的)	7.5	30	17	0	千克	
48059190	---其他						
4805919000	其他未经涂布薄纸及纸板(薄纸指每平方米重量≤150克,成卷或成张的)	7.5	30	17	0	千克	
48059200	--150克<每平方米重<225克						

商品编号	商品名称及备注	进口关税税率(%)		增值税率(%)	出口退税率(%)	计量单位	监管条件
		最惠国	普通				
4805920000	其他未经涂布中厚纸及纸板(中厚指150<每平方米重量<225克,成卷或成张的)	7.5	30	17	0	千克	
48059300	--每平方米重量≥225克						
4805930000	其他未经涂布厚纸及纸板(厚纸指每平方米重量≥225克,成卷或成张的)	7.5	30	17	0	千克	
4806	**成卷或成张的植物羊皮纸、防油纸、描图纸、半透明纸及其他高光泽透明或半透明纸**						
48061000	-植物羊皮纸						
4806100000	植物羊皮纸(成卷或成张的)	7.5	40	17	0	千克	
48062000	-防油纸						
4806200000	防油纸(成卷或成张的)	7.5	40	17	0	千克	
48063000	-描图纸						
4806300000	描图纸(成卷或成张的)	7.5	30	17	0	千克	
48064000	-高光泽透明或半透明纸						
4806400000暂5	高光泽透明或半透明纸(成卷或成张的)	7.5	40	17	0	千克	
4807	**成卷或成张的复合纸及纸板(用黏合剂黏合各层纸或纸板制成),未经表面涂布或未浸渍,不论内层是否有加强材料**						
48070000	成卷或成张的复合纸及纸板(用黏合剂黏合各层纸或纸板制成),未经表面涂布或未浸渍,不论内层是否有加强材料						
4807000000暂5	成卷或成张的复合纸及纸板(未经表面涂布或未浸渍,不论内层是否有加强材料)	7.5	40	17	0	千克	
4808	**成卷或成张的瓦楞纸及纸板(不论是否与平面纸胶合)、皱纹纸及纸板、压纹纸及纸板、穿孔纸及纸板,但品目48.03的纸除外**						
48081000	-瓦楞纸及纸板,不论是否穿孔						
4808100000	瓦楞纸及纸板(成卷或成张的,不论是否穿孔)	7.5	30	17	0	千克	
48084000	-皱纹牛皮纸,不论是否压花或穿孔						
4808400000	皱纹牛皮纸,不论是否压花或穿孔(成卷或成张的)	7.5	40	17	0	千克	
48089000	-其他						
4808900000	其他皱纹纸及纸板,压纹纸及纸板(包括穿孔纸及纸板)	7.5	40	17	0	千克	
4809	**复写纸、自印复写纸及其他拷贝或转印纸(包括涂布或浸渍的油印蜡纸或胶印版纸),不论是否印制,成卷或成张的**						
48092000	-自印复写纸						
4809200000	大张(卷)的自印复写纸[成卷(宽>36厘米),成张(至少有一边>36厘米)]	7.5	40	17	0	千克	
48099000	-其他						
4809900000	其他大张(卷)的复写纸及类似拷贝纸或转印纸[成卷(宽>36厘米),成张(至少有一边>36厘米)]	7.5	40	17	0	千克	
4810	**成卷或成张矩形(包括正方形)的任何尺寸的单面或双面涂布高岭土或其他无机物质(不论是否加黏合剂)的纸及纸板,但未涂布其他涂料,不论是否染面、饰面或印花**						
48101300	--成卷的						
4810130001	成卷的铜版纸(所含用机械或化学—机械法制得的纤维≤10%)	5	40	17	0	千克	
4810130090	涂无机物的其他书写、印刷或类似用途纸、纸板(成卷的,所含用机械或化学—机械法制得的纤维≤10%)	5	40	17	0	千克	
48101400	--成张的,一边≤435毫米,另一边≤297毫米(以未折叠计)						
4810140000	成张的书写、印刷的纸及纸板(一边≤435毫米,另一边≤297毫米,机械或化学—机械纤维≤10%)	5	40	17	0	千克	
48101900	--其他						
4810190000	其他书写、印刷或类似用途的纸及纸板(所含用机械或化学—机械法制得的纤维≤10%)	5	40	17	0	千克	
48102200	--轻质涂布纸						
4810220000	书写、印刷用途的轻质涂布纸(所含用机械或化学—机械法制得的纤维>10%)	5	40	17	0	千克	
48102900	--其他						

商品编号	商品名称及备注	进口关税税率(%)		增值税率(%)	出口退税率(%)	计量单位	监管条件
		最惠国	普通				
4810290000	涂无机物的其他书写、印刷用途的纸及纸板(所含用机械或化学—机械法制得的纤维>10%)	5	40	17	0	千克	
48103100	--本体均匀漂白,所含用化学方法制得的木纤维超过全部纤维重量的95%,每平方米重量≤150克						
4810310010	涂无机物的白板纸、白卡纸(薄纸指重量≤150克/平方米,含用化学方法制得木纤维)	5	40	17	0	千克	
4810310090	涂无机物的薄漂白牛皮纸及纸板(薄纸指重量≤150克/平方米,含用化学方法制得的木纤维)	5	40	17	0	千克	
48103200	--本体均匀漂白,所含用化学方法制得的木纤维超过全部纤维重量的95%,每平方米重量>150克						
4810320010	涂无机物的白板纸、白卡纸(厚纸指重量>150克/平方米,含用化学方法制得的木纤维)	5	40	17	0	千克	
4810320090	涂无机物的厚漂白牛皮纸及纸板(厚纸指重量>150克/平方米,含用化学方法制得的木纤维)	5	40	17	0	千克	
48103900	--其他						
4810390000	涂无机物的其他牛皮纸及纸板(成卷或成张的)	5	40	17	0	千克	
48109200	--多层的						
4810920000	其他涂无机物的多层纸及纸板(成卷或成张的)	5	40	17	0	千克	
48109900	--其他						
4810990000	其他涂无机物的纸及纸板(成卷或成张的)	7.5	40	17	0	千克	
4811	**成卷或成张矩形(包括正方形)的任何尺寸的经涂布、浸渍、覆盖、染面、饰面或印花的纸、纸板、纤维素絮纸及纤维素纤维网纸,但品目48.03、48.09或48.10的货品除外**						
48111000	-焦油纸及纸板、沥青纸及纸板						
4811100000	焦油纸及纸板,沥青纸及纸板(成卷或成张的,品目48.03、48.09、48.10的货品除外)	7.5	40	17	0	千克	
48114100	--自粘的						
4811410000	自粘的胶粘纸及纸板(成卷或成张的,品目48.03、48.09、48.10的货品除外)	7.5	40	17	0	千克	
48114900	--其他						
4811490000	其他胶粘纸及纸板(成卷或成张的,品目48.03、48.09、48.10的货品除外)	7.5	40	17	0	千克	
48115110	---彩色相纸用双面涂塑纸						
4811511000[暂1]	漂白的彩色相纸用双面涂塑厚纸(每平方米重量>150克,成卷或成张的)	7.5	40	17	0	千克	
48115191	----纸塑铝复合材料						
4811519100	漂白的纸塑铝复合材料(厚纸指每平方米重量>150克,成卷或成张)	7.5	40	17	0	千克	
48115199	----其他						
4811519900	漂白的其他涂,浸,盖厚纸及纸板(厚纸指每平方米重量>150克,成卷或成张,包括以纸或纸板为底制成的铺地制品)	7.5	40	17	0	千克	
48115910	---绝缘纸及纸板						
4811591000	用塑料浸涂的绝缘纸及纸板(成卷或成张,任何尺寸的)	7.5	30	17	0	千克	
48115991	----镀铝的						
4811599100	镀铝的用塑料涂布、浸渍的其他纸及纸板(成卷或成张,任何尺寸的,包括以纸或纸板为底制成的铺地制品)	7.5	40	17	0	千克	
48115999	----其他						
4811599900	用塑料涂布、浸渍的其他纸及纸板(成卷或成张,任何尺寸的,包括以纸或纸板为底制成的铺地制品)	7.5	40	17	0	千克	
48116010	---绝缘纸及纸板						
4811601000	用蜡或油等涂布的绝缘纸及纸板(指用石蜡、硬脂精、油或甘油涂布的,成卷或成张)	7.5	30	17	0	千克	
48116090	---其他						
4811609000	用蜡或油等涂布的其他纸及纸板(用石蜡、硬脂精、油或甘油涂布,成卷或成张,包括以纸或纸板为底制成的铺地制品)	7.5	40	17	0	千克	

商品编号	商品名称及备注	进口关税税率(%)		增值税率(%)	出口退税率(%)	计量单位	监管条件
		最惠国	普通				
48119000	-其他纸、纸板、纤维素絮纸及纤维素纤维网纸						
4811900000	其他经涂布、浸渍、覆盖的纸及纸板(包括纤维素絮纸及纤维素纤维网纸,成卷或成张,包括以纸或纸板为底制成的铺地制品)	7.5	40	17	0	千克	
4812	**纸浆制的滤块、滤板及滤片**						
48120000	纸浆制的滤块、滤板及滤片						
4812000000	纸浆制的滤块,滤板及滤片	7.5	40	17	0	千克	
4813	**卷烟纸,不论是否切成一定尺寸、成小本或管状**						
48131000	-成小本或管状						
4813100000	成小本或管状的卷烟纸	7.5	100	17	0	千克	7
48132000	-宽度≤5厘米成卷的						
4813200000	宽度≤5厘米成卷的卷烟纸	7.5	100	17	0	千克	7
48139000	-其他						
4813900000	其他卷烟纸(不论是否切成一定尺寸,品目48.13未具体列名的)	7.5	100	17	0	千克	7
4814	**壁纸及类似品;窗用透明纸**						
48142000	-用塑料涂面或盖面的壁纸及类似品,起纹、压花、着色、印刷图案或经其他装饰						
4814200000	用塑料涂面或盖面的壁纸及类似品(包括起纹、压花、着色、印刷图案或经其他装饰)	7.5	50	17	13	千克	
48149000	-其他						
4814900010	用木粒或草粒等饰面的壁纸	7.5	50	17	0	千克	A
4814900090	其他壁纸及类似品,窗用透明纸	7.5	50	17	0	千克	
4816	**复写纸、自印复写纸及其他拷贝或转印纸(不包括品目48.09的纸)、油印蜡纸或胶印版纸,不论是否盒装**						
48162000	-自印复写纸						
4816200000	小卷(张)自印复写纸(不包括品目48.09的纸,宽度≤36厘米,不论是否盒装)	7.5	70	17	0	千克	
48169010	---热敏转印纸						
4816901000	小卷(张)热敏转印纸(不包括品目48.09的纸,宽度≤36厘米,不论是否盒装)	7.5	40	17	0	千克	
48169090	---其他						
4816909000	复写纸及其他拷贝纸或转印纸、油印蜡纸或胶印版纸(不包括品目48.09的纸,宽度≤36厘米,不论是否盒装)	7.5	70	17	0	千克	
4817	**纸或纸板制的信封、封缄信片、素色明信片及通信卡片;纸或纸板制的盒子、袋子及夹子,内装各种纸制文具**						
48171000	-信封						
4817100000	信封	7.5	80	17	13	千克	
48172000	-封缄信片、素色明信片及通信卡片						
4817200000	封缄信片、素色明信片及通信卡片	7.5	80	17	13	千克	
48173000	-纸或纸板制的盒子、袋子及夹子,内装各种纸制文具						
4817300000	纸或纸板制的盒子、袋子及夹子(内装各种纸制文具的)	7.5	80	17	13	千克	
4818	**卫生纸及类似纸、家庭或卫生用纤维素絮纸及纤维素纤维网纸,成卷宽度不超过36厘米或切成一定尺寸或形状的;纸浆、纸、纤维素絮纸或纤维素纤维网纸制的手帕、面巾、台布、餐巾、床单及类似的家庭、卫生或医院用品、衣服及衣着附件**						
48181000	-卫生纸						
4818100000	小卷(张)卫生纸(成卷或矩形成张的,宽度≤36厘米,或制成特殊形状的)	7.5	80	17	5	千克	A
48182000	-纸手帕及纸面巾						
4818200000	小卷(张)纸手帕及纸面巾(成卷或矩形成张的,宽度≤36厘米,或制成特殊形状的)	7.5	90	17	5	千克	A
48183000	-纸台布及纸餐巾						
4818300000	小卷(张)纸台布及纸餐巾(成卷或矩形成张的,宽度≤36厘米,或制成特殊形状的)	7.5	90	17	5	千克	A
48185000	-衣服及衣着附件						

商品编号	商品名称及备注	进口关税税率(%)		增值税率(%)	出口退税率(%)	计量单位	监管条件
		最惠国	普通				
4818500000	纸制衣服及衣着附件(纸浆、纸、纤维素絮纸和纤维素纤维网纸制的)	7.5	90	17	13	千克	A
48189000	-其他						
4818900000	纸床单及类似家庭、卫生、医院用品(纸浆、纸、纤维素絮纸和纤维素纤维网纸制的)	7.5	90	17	13	千克	A
4819	**纸、纸板、纤维素絮纸或纤维素纤维网纸制的箱、盒、匣、袋及其他包装容器;纸或纸板制的卷宗盒、信件盘及类似品,供办公室、商店及类似场所使用的**						
48191000	-瓦楞纸或纸板制的箱、盒、匣						
4819100000	瓦楞纸或纸板制的箱、盒、匣	5	80	17	13	千克	
48192000	-非瓦楞纸或纸板制的可折叠箱、盒、匣						
4819200000	非瓦楞纸或纸板制可折叠箱、盒、匣	5	80	17	13	千克	
48193000	-底宽≥40 厘米的纸袋						
4819300000	底宽≥40 厘米的纸袋	7.5	80	17	13	千克	
48194000	-其他纸袋,包括锥形袋						
4819400000	其他纸袋(包括锥形袋)	7.5	80	17	13	千克	
48195000	-其他包装容器,包括唱片套						
4819500000	其他纸包装容器(包括唱片套)	7.5	80	17	13	千克	A
48196000	-办公室、商店及类似场所使用的卷宗盒、信件盘、存储盒及类似品						
4819600000	纸卷宗盒、信件、盘存储盒及类似品(办公室、商店及类似场所使用的)	7.5	80	17	13	千克	
4820	**纸或纸板制的登记本、账本、笔记本、订货本、收据本、信笺本、记事本、日记本及类似品、练习本、吸墨纸本、活动封面(活页及非活页)、文件夹、卷宗皮、多联商业表格纸、页间夹有复写纸的本及其他文具用品;纸或纸板制的样品簿、粘贴簿及书籍封面**						
48201000	-登记本、账本、笔记本、订货本、收据本、信笺本、记事本、日记本及类似品						
4820100000	登记本、账本、笔记本等及类似品(包括订货本、收据本、信笺本、记事本、日记本)	7.5	80	17	13	千克	
48202000	-练习本						
4820200000	练习本	7.5	80	17	13	千克	
48203000	-活动封面(书籍封面除外)、文件夹及卷宗皮						
4820300000	纸制活动封面、文件夹及卷宗皮	7.5	80	17	13	千克	
48204000	-多联商业表格纸、页间夹有复写纸的本						
4820400000	多联商业表格纸(本)(包括页间夹有复写纸的本)	7.5	80	17	13	千克	
48205000	-样品簿及粘贴簿						
4820500000	纸制样品簿及粘贴簿	7.5	80	17	13	千克	
48209000	-其他						
4820900000	其他纸制文具用品	7.5	80	17	13	千克	
4821	**纸或纸板制的各种标签,不论是否印制**						
48211000	-印制						
4821100000	纸或纸板印制的各种标签	7.5	50	17	13	千克	
48219000	-其他						
4821900000	纸或纸板制的其他各种标签	7.5	50	17	13	千克	
4822	**纸浆、纸或纸板(不论是否穿孔或硬化)制的筒管、卷轴、纡子及类似品**						
48221000	-纺织纱线用						
4822100000	纺织纱线用纸制的筒管、卷轴、纡子(包括类似品)	7.5	35	17	13	千克	
48229000	-其他						
4822900000	纸制的其他筒管、卷轴、纡子(包括类似品)	7.5	70	17	13	千克	
4823	**切成一定尺寸或形状的其他纸、纸板、纤维素絮纸及纤维素纤维网纸;纸浆、纸、纸板、纤维素絮纸及纤维素纤维网纸制的其他物品**						
48232000	-滤纸及纸板						
4823200000	切成形的滤纸及纸板	7.5	30	17	13	千克	

商品编号	商 品 名 称 及 备 注	进口关税税率(%)		增值税率(%)	出口退税率(%)	计量单位	监管条件
		最惠国	普通				
48234000	-已印制的自动记录器用打印纸卷、纸张及纸盘						
4823400000	已印制的自动记录器用打印纸(切成一定尺寸或形状的打印纸卷、纸张及纸盘)	7.5	30	17	13	千克	
48236100	--竹浆纸制						
4823610000	竹浆纸制的盘、碟、盆、杯及类似品	7.5	90	17	13	千克	A
48236910	---非木植物浆制						
4823691000	其他非木植物浆纸制的盘、碟、盆、杯及类似品	7.5	90	17	13	千克	A
48236990	---其他						
4823699000	其他纸制的盘、碟、盆、杯及类似品	7.5	90	17	13	千克	A
48237000	-压制或模制纸浆制品						
4823700000	压制或模制纸浆制品	7.5	90	17	13	千克	
48239010	---以纸或纸板为底制成的铺地制品						
4823901000	其他以纸或纸板为底制成的铺地制品	7.5	90	17	0	千克	
48239020	---神纸及类似用品						
4823902000	神纸及类似用品	7.5	180	17	13	千克	
48239030	---纸扇						
4823903000	纸扇	7.5	90	17	13	千克	
48239090	---其他						
4823909000	其他纸及纸制品(包括纤维素絮纸及纤维素纤维网纸制的其他物品)	7.5	90	17	13	千克	

第四十九章　书籍、报纸、印刷图画及其他印刷品；手稿、打字稿及设计图纸

注释：

一、本章不包括：

（一）透明基的照相负片或正片（第三十七章）；

（二）立体地图、设计图表或地球仪、天体仪，不论是否印刷（品目90.23）；

（三）第九十五章的扑克牌或其他物品；

（四）雕版画、印刷画、石印画的原本（品目97.02），品目97.04的邮票、印花税票、纪念封、首日封、邮政信笺及类似品，以及第九十七章的超过100年的古物或其他物品。

二、第四十九章所称"印刷"，也包括用胶版复印机、油印机印制，在自动数据处理设备控制下打印绘制，压印、冲印、感光复印、热敏复印或打字。

三、用纸以外材料装订成册的报纸、杂志和期刊，以及一期以上装订在同一封面里的成套报纸、杂志和期刊，应归入品目49.01，不论是否有广告材料。

四、品目49.01还包括：

（一）附有说明文字，每页编有号数以便装订成一册或几册的整集印刷复制品，例如，美术作品、绘画；

（二）随同成册书籍的图画附刊；

（三）供装订书籍或小册子用的散页、集页或书帖形式的印刷品，已构成一部作品的全部或部分。

但没有说明文字的印刷图画或图解，不论是否散页或书帖形式，应归入品目49.11。

五、除本章注释三另有规定的以外，品目49.01不包括主要做广告用的出版物（例如，小册子、散页印刷品、商业目录、同业公会出版的年鉴、旅游宣传品），这类出版物应归入品目49.11。

六、品目49.03所称"儿童图画书"，是指以图画为主、文字为辅，供儿童阅览的书籍。

商品编号	商品名称及备注	进口关税税率（%）		增值税率（%）	出口退税率（%）	计量单位	监管条件
		最惠国	普通				
4901	**书籍、小册子、散页印刷品及类似印刷品，不论是否单张**						
49011000	-单张的，不论是否折叠						
4901100000	单张的书籍，小册子及类似印刷品（不论是否折叠，还包括散页印刷品）	0	0	13	0	千克	
49019100	--字典或百科全书及其连续出版的分册						
4901910000	字典、百科全书（包括连续出版的分册）	0	0	13	0	千克	
49019900	--其他						
4901990000	其他书籍、小册子及类似的印刷品（非单张的）	0	0	13	0	千克	
4902	**报纸、杂志及期刊，不论有无插图或广告材料**						
49021000	-每周至少出版四次						
4902100000	每周至少出版四次的报纸、杂志（包括期刊，不论有无插图或广告材料）	0	0	13	13	千克	
49029000	-其他						
4902900000	其他报纸、杂志及期刊（不论有无插图或广告材料）	0	0	13	13	千克	
4903	**儿童图画书、绘画或涂色书**						
49030000	儿童图画书、绘画或涂色书						
4903000000	儿童图画书、绘画或涂色书	0	0	13	0	千克	
4904	**乐谱原稿或印本，不论是否装订或印有插图**						
49040000	乐谱原稿或印本，不论是否装订或印有插图						
4904000000	乐谱原稿或印本（不论是否装订或印有插图）	0	0	13	0	千克	
4905	**各种印刷的地图、水道图及类似图表，包括地图册、挂图、地形图及地球仪、天体仪**						
49051000	-地球仪、天体仪						
4905100000	地球仪、天体仪	0	0	17	13	千克	
49059100	--成册的						
4905910000	成册的各种印刷的地图及类似图表（包括水道图、地图册、地形图）	0	0	17	0	千克	
49059900	--其他						

商品编号	商品名称及备注	进口关税税率(%)		增值税率(%)	出口退税率(%)	计量单位	监管条件
		最惠国	普通				
4905990000	其他各种印刷的地图及类似图表(包括水道图、挂图、地形图,成册的除外)	0	0	17	0	千克	
4906	**手绘的建筑、工程、工业、商业、地形或类似用途的设计图纸原稿;手稿;用感光纸照相复印或用复写纸誊写的上述物品复制件**						
49060000	手绘的建筑、工程、工业、商业、地形或类似用途的设计图纸原稿;手稿;用感光纸照相复印或用复写纸誊写的上述物品复制件						
4906000000	设计图纸原稿或手稿及其复制件(手绘的建筑、工程、工业、商业、地形或类似用途的)	0	0	17	13	千克	
4907	**在承认或将承认其面值的国家流通或新发行并且未经使用的邮票、印花税票及类似票证;印有邮票或印花税票的纸品;钞票;空白支票;股票、债券及类似所有权凭证**						
49070010	---邮票						
4907001000	新的邮票(包括印花税票、空白支票、债券及类似的所有权凭证)	7.5	50	17	13	千克	
49070020	---钞票						
4907002000	新的钞票	0	50	17	13	千克	
49070030	---证券凭证						
4907003000	证券凭证(包括印花税票、空白支票、债券及类似的所有权凭证)	0	50	17	13	千克	
49070090	---其他						
4907009011[暂0]	特许权使用凭证(包括软件升级许可证、软件用户许可证等,但游戏软件升级许可证、游戏软件用户许可证除外)	6.3	50	17	13	千克	
4907009019	其他给予存取、安装、复制或使用软件(含游戏)、数据、互联网内容物(含游戏内或应用程序内内容物)、服务或电信服务(含移动服务)权利的印刷品(特许权使用凭证除外)	6.3/5*	50	17	13	千克	
4907009090	其他印有邮票等的其他纸品(包括印有印花税票的纸品)	7.5	50	17	13	千克	
4908	**转印贴花纸(移画印花法用图案纸)**						
49081000	-釉转印贴花纸(移画印花法用图案纸)						
4908100000	釉转印贴花纸(移画印花法用图案纸)	7.5	50	17	13	千克	
49089000	-其他						
4908900000	其他转印贴花纸(移画印花法用图案纸)	7.5	50	17	13	千克	
4909	**印刷或有图画的明信片;印有个人问候、祝贺、通告的卡片,不论是否有图画、带信封或饰边**						
49090010	---印刷或有图画的明信片						
4909001000	印刷或有图画的明信片	7.5	50	17	13	千克	
49090090	---其他						
4909009000	其他致贺或通告卡片(贺卡及类似卡片,不论是否有图画、带信封或饰边)	7.5	50	17	13	千克	
4910	**印刷的各种日历,包括日历芯**						
49100000	印刷的各种日历,包括日历芯						
4910000000	印刷的各种日历(包括日历芯)	7.5	50	17	13	千克	
4911	**其他印刷品,包括印刷的图片及照片**						
49111010	---无商业价值的						
4911101000	无商业价值的广告品及类似印刷品(包括无商业价值的商品目录)	0	0	17	13	千克	
49111090	---其他						
4911109000	其他商业广告品及类似印刷品(包括商品目录)	7.5	50	17	13	千克	
49119100	--图片、设计图样及照片						
4911910000	印刷的图片、设计图样及照片	7.5	50	17	13	千克	
49119910	---纸质的						
4911991010	给予存取、安装、复制或使用软件(含游戏)、数据、互联网内容物(含游戏内或应用程序内内容物)、服务或电信服务(含移动服务)权利的印刷品	6.3/5*	50	17	13	千克	

* 最惠国税率中,"/"左边的税率截止日期为 2017 年 6 月 30 日,"/"右边的税率截止日期为 2999 年 12 月 31 日。

商品编号	商 品 名 称 及 备 注	进口关税税率(%)		增值税率(%)	出口退税率(%)	计量单位	监管条件
		最惠国	普通				
4911991090	其他纸质的印刷品	7.5	50	17	13	千克	
49119990	---其他						
4911999010	给予存取、安装、复制或使用软件(含游戏)、数据、互联网内容物(含游戏内或应用程序内内容物)、服务或电信服务(含移动服务)权利的印刷品	6.3/5*	50	17	13	千克	
4911999090	其他印刷品	7.5	50	17	13	千克	

* 最惠国税率中,“/”左边的税率截止日期为2017年6月30日,“/”右边的税率截止日期为2999年12月31日。

第十一类 纺织原料及纺织制品

注释：

一、本类不包括：

（一）制刷用的动物鬃、毛（品目05.02）；马毛及废马毛（品目05.11）；

（二）人发及人发制品（品目05.01、67.03或67.04），但通常用于榨油机或类似机器的滤布除外（品目59.11）；

（三）第十四章的棉短绒或其他植物材料；

（四）品目25.24的石棉、品目68.12或68.13的石棉制品或其他产品；

（五）品目30.05或30.06的物品；品目33.06的用于清洁牙缝的纱线（牙线），单独零售包装的；

（六）品目37.01至37.04的感光布；

（七）截面尺寸超过1毫米的塑料单丝和表面宽度超过5毫米的塑料扁条及类似品（例如，人造草）（第三十九章），以及上述单丝或扁条的缏条、织物、篮筐或柳条编结品（第四十六章）；

（八）第三十九章的用塑料浸渍、涂布、包覆或层压的机织物、针织物或钩编织物、毡呢或无纺织物及其制品；

（九）第四十章的用橡胶浸渍、涂布、包覆或层压的机织物、针织物或钩编织物、毡呢或无纺织物及其制品；

（十）带毛皮张（第四十一章或第四十三章）、品目43.03或43.04的毛皮制品、人造毛皮及其制品；

（十一）品目42.01或42.02的用纺织材料制成的物品；

（十二）第四十八章的产品或物品（例如，纤维素絮纸）；

（十三）第六十四章的鞋靴及其零件、护腿、裹腿及类似品；

（十四）第六十五章的发网、其他帽类及其零件；

（十五）第六十七章的货品；

（十六）涂有研磨料的纺织材料（品目68.05），以及品目68.15的碳纤维及其制品；

（十七）玻璃纤维及其制品，但可见底布的玻璃线刺绣品除外（第七十章）；

（十八）第九十四章的物品（例如，家具、寝具、灯具及照明装置）；

（十九）第九十五章的物品（例如，玩具、游戏品、运动用品及网具）；

（二十）第九十六章的物品[例如，刷子、旅行用成套缝纫用具、拉链、打字机色带、卫生巾（护垫）及止血塞、婴儿尿布及尿布衬里]；或

（二十一）第九十七章的物品。

二、（一）可归入第五十章至第五十五章及品目58.09或59.02的由两种或两种以上纺织材料混合制成的货品，应按其中重量最大的那种纺织材料归类。当没有一种纺织材料的重量较大时，应按可归入的有关品目中最后一个品目所列的纺织材料归类。

（二）应用上述规定时：

1. 马毛粗松螺旋花线（品目51.10）和含金属纱线（品目56.05）均应作为一种单一的纺织材料，其重量应为它们在纱线中的合计重量；在机织物的归类中，金属线应作为一种纺织材料；

2. 在选择合适的品目时，应首先确定章，然后再确定该章的有关品目，至于不归入该章的其他材料可不予考虑；

3. 当归入第五十四章及第五十五章的货品与其他章的货品进行比较时，应将这两章作为一个单一的章对待；

4. 同一章或同一品目所列各种不同的纺织材料应作为单一的纺织材料对待。

（三）上述（一）、（二）两款规定亦适用于以下注释三、四、五或六所述纱线。

三、（一）本类的纱线（单纱、多股纱线或缆线）除下列（二）款另有规定的以外，凡符合以下规格的应作为"线、绳、索、缆"：

1. 丝或绢丝纱线，细度在20000分特以上。

2. 化学纤维纱线（包括第五十四章的用两根及以上单丝纺成的纱线），细度在10000分特以上。

3. 大麻或亚麻纱线：

（1）加光或上光的，细度在1429分特及以上。

（2）未加光或上光的，细度在20000分特以上。

4. 三股或三股以上的椰壳纤维纱线。

5. 其他植物纤维纱线，细度在20000分特以上。

6. 用金属线加强的纱线。

（二）下列各项不按上述（一）款规定办理：

1. 羊毛或其他动物毛纱线及纸纱线，但用金属线加强的纱线除外。

2. 第五十五章的化学纤维长丝丝束及第五十四章的未加捻或捻度每米少于5转的复丝纱线。

3. 品目50.06的蚕胶丝及第五十四章的单丝。

4. 品目56.05的含金属纱线；但用金属线加强的纱线按上述（一）款6项规定办理。

5. 品目56.06的绳绒线、粗松螺旋花线及纵行起圈纱线。

四、（一）除下列（二）款另有规定的以外，第五十章、第五十一章、第五十二章、第五十四章和第五十五章所称"供零售用"纱线，是指以下列方式包装的纱线（单纱、多股纱线或缆线）：

1. 绕在纸板、线轴、纱管或类似芯子上，其重量（含线芯）符合下列规定：

（1）丝、绢丝或化学纤维长丝纱线，不超过85克。

（2）其他纱线，不超过125克。

2. 绕成团、绞或束，其重量符合下列规定：

（1）细度在3000分特以下的化学纤维长丝纱线，丝或绢丝纱线，不超过85克。

（2）细度在2000分特以下的任何其他纱线，不超过125克。

（3）其他纱线，不超过500克。

3. 绕成绞或束，每绞或每束中有若干用线分开的小绞或小束，每小绞或小束的重量相等，并且符合下列规定：

（1）丝、绢丝或化学纤维长丝纱线，不超过85克。

（2）其他纱线，不超过125克。

（二）下列各项不按上述（一）款规定办理：

1. 各种纺织材料制的单纱，但下列两种除外：

（1）未漂白的羊毛或动物细毛单纱。

（2）漂白、染色或印色的羊毛或动物细毛单纱，细度在5000分特以上。

2. 未漂白的多股纱线或缆线：

（1）丝或绢丝制的，不论何种包装。

（2）除羊毛或动物细毛外其他纺织材料制，成绞或成束的。

3. 漂白、染色或印色丝或绢丝制的多股纱线或缆线，细度在133分特及以下。

4. 任何纺织材料制的单纱、多股纱线或缆线：

（1）交叉绕成绞或束的。

(2)绕于纱芯上或以其他方式卷绕,明显用于纺织工业的(例如,绕于纱管、加捻管、纬纱管、锥形筒管或锭子上的或者绕成蚕茧状以供绣花机使用的纱线)。

五、品目52.04、54.01及55.08所称"缝纫线",是指下列多股纱线或缆线:

(一)绕于芯子(例如,线轴、纱管)上,重量(包括纱芯)不超过1000克;

(二)经上浆用做缝纫线的;

(三)终捻为反手(Z)捻的。

六、本类所称"高强力纱",是指断裂强度大于下列标准的纱线:

尼龙、其他聚酰胺或聚酯制的单纱——60厘牛顿/特克斯;

尼龙、其他聚酰胺或聚酯制的多股纱线或缆线——53厘牛顿/特克斯;

粘胶纤维制的单纱、多股纱线或缆线——27厘牛顿/特克斯。

七、本类所称"制成的",是指:

(一)裁剪成除正方形或长方形以外的其他形状的;

(二)呈制成状态,无需缝纫或其他进一步加工(或仅需剪断分隔联线)即可使用的(例如,某些抹布、毛巾、台布、方披巾、毯子);

(三)裁剪成一定尺寸,至少有一边为带有可见的锥形或压平形的热封边,其余各边经本注释其他各项所述加工,但不包括为防止剪边脱纱而用热切法或其他简单方法处理的织物;

(四)已缝边或滚边,或者在任一边带有结制的流苏,但不包括为防止剪边脱纱而锁边或用其他简单方法处理的织物;

(五)裁剪成一定尺寸并经抽纱加工的;

(六)缝合、胶合或用其他方法拼合而成的(将两段或两段以上同样料子的织物首尾连接而成的匹头,以及由两层或两层以上的织物,不论中间有无胎料,层叠而成的匹头除外);

(七)针织或钩编成一定形状,不论报验时是单件还是以若干件相连成幅的。

八、对于第五十章至第六十章:

(一)第五十章至第五十五章及第六十章,除条文另有规定以外的第五十六章至第五十九章,不适用于上述注释七所规定的制成货品;

(二)第五十章至第五十五章及第六十章不包括第五十六章至第五十九章的货品。

九、第五十章至第五十五章的机织物包括由若干层平行纱线以锐角或直角相互层叠,在纱线交叉点黏合剂或以热黏合法黏合而成的织物。

十、用纺织材料和橡胶线制成的弹性产品归入本类。

十一、本类所称"浸渍",包括"浸泡"。

十二、本类所称"聚酰胺",包括"芳族聚酰胺"。

十三、本类及本手册所称"弹性纱线"是指合成纤维纺织材料制成的长丝纱线(包括单丝,变形纱线除外)。这些纱线可拉伸至原长的3倍而不断裂,并可在拉伸至原长2倍后5分钟内回复到不超过原长度1.5倍。

十四、除条文另有规定的以外,各种服装即使成套包装供零售用,也应按各自品目分别归类。

本注释所称"纺织服装",是指品目61.01至61.14及品目62.01至62.11所列的各种服装。

子目注释:

一、本类及本手册所用有关名词解释如下:

(一)未漂白纱线:

1. 带有纤维自然色泽并且未经漂染(不论是否整体染色)或印色的纱线;

2. 从回收纤维制得,色泽未定的纱线(本色纱)。

这种纱线可用无色浆料或易褪色染料(可轻易地用肥皂洗去)处理,如果是化学纤维纱线,则整体用消光剂(例如二氧化钛)进行处理。

(二)漂白纱线:

1. 经漂白加工、用漂白纤维制得或经染白(除条文另有规定的以外)(不论是否整体染色)及用白浆料处理的纱线;

2. 用未漂白纤维和漂白纤维混纺的制得的纱线;

3. 用未漂白纱和漂白纱纺成多股纱线或缆线。

(三)着色(染色或印色)纱线:

1. 染成彩色(不论是否整体染色,但白色或易褪色除外)或印色的纱线,以及用染色或印色纤维纺制的纱线;

2. 用各色染色纤维混合纺制或用未漂白或漂白纤维与着色纤维混合制得的纱线(夹色纱或混色纱),以及用一种或几种颜色间隔印色而获得点纹印迹的纱线;

3. 用已经印色的纱条或粗纱纺制的纱线;

4. 用未漂白纱和漂白纱与着色纱纺成的多股纱线或缆线。

上述定义作相应调整后适用于第五十四章的单丝、扁条或类似产品。

(四)未漂白机织物:

用未漂白纱线织成后未经漂白、染色或印花的机织物。这类织物可用无色浆料或易褪色染料处理。

(五)漂白机织物:

1. 经漂白、染白或用白浆料处理(除条文另有规定的以外)的成匹机织物;

2. 用漂白纱线织成的机织物;

3. 用未漂白纱线和漂白纱线织成的机织物;

(六)染色机织物:

1. 除条文另有规定的以外,染成白色以外的其他单一颜色或用白色以外的其他有色整理剂处理的成匹机织物;

2. 用单一颜色的着色纱线织成的机织物。

(七)色织机织物:

除印花机织物以外的下列机织物:

1. 用各种不同颜色纱线或同一颜色不同深浅(纤维的自然色彩除外)纱线织成的机织物;

2. 用未漂白或漂白与着色纱线织成的机织物;

3. 用夹色纱线或混色纱线织成的机织物。

不论何种情况,布边或布头的纱线均可忽略不计。

(八)印花机织物:

成匹印花的机织物,不论是否用各色纱线织成。

(用刷子或喷枪、经转印纸转印、植绒或蜡防印花等方法印成花纹图案的机织物亦可视为印花机织物)。

上述各类纱线或织物如经丝光工艺处理并不影响其归类。

上述(四)至(八)的定义在作必要修改后适用于针织或钩编织物。

(九)平纹组织:

每根纬纱在并排的经纱间上下交错而过,而每根经纱也在并排的纬纱间上下交错而过的织物组织。

二、(一)含有两种或两种以上纺织材料的第五十六章至第六十三章的产品,应根据本类注释二对第五十章至第五十五章或品目58.09的此类纺织材料产品归类的规定来确定归类。

(二)运用本条规定时:

1. 应酌情考虑按归类总规则第三条来确定归类。

2. 对由底布和绒面或毛圈面构成的纺织品,在归类时可不考虑底布的属性。

3. 对品目58.10的刺绣品及其制品归类时应只考虑底布的属性,但不见底布的刺绣品及其制品根据绣线的属性确定归类。

第五十章 蚕 丝

商品编号	商品名称及备注	进口关税税率(%)		增值税率(%)	出口退税率(%)	计量单位	监管条件
		最惠国	普通				
5001	**适于缫丝的蚕茧**						
50010010	---适于缫丝的桑蚕茧						
5001001000	适于缫丝的桑蚕茧	6	70	17	5	千克	AB
50010090	---其他						
5001009000	适于缫丝的其他蚕茧	6	70	17	5	千克	AB
5002	**生丝(未加捻)**						
50020011	----厂丝						
5002001100	未加捻的桑蚕厂丝	9	80	17	15	千克	AB
50020012	----土丝						
5002001200	未加捻的桑蚕土丝	9	80	17	15	千克	AB
50020013	----双宫丝						
5002001300	未加捻的桑蚕双宫丝	9	80	17	15	千克	AB
50020019	----其他						
5002001900	其他未加捻的桑蚕丝	9	80	17	15	千克	AB
50020020	---柞蚕丝						
5002002000	未加捻柞蚕丝	9	80	17	15	千克	AB
50020090	---其他						
5002009000	未加捻其他生丝	9	80	17	15	千克	AB
5003	**废丝(包括不适于缫丝的蚕茧、废纱及回收纤维)**						
50030011	----下茧、茧衣、长吐、滞头						
5003001100	未梳的下茧、茧衣、长吐、滞头	9	70	17	13	千克	AB
50030012	----回收纤维						
5003001200	未梳的回收纤维	9	70	17	13	千克	AB
50030019	----其他						
5003001900	其他未梳废丝(包括不适于缫丝的废纱)	9	70	17	13	千克	AB
50030091	----绵球						
5003009100	绵球	9	70	17	13	千克	AB
50030099	----其他						
5003009900	其他废丝(包括不适于缫丝的蚕茧、废纱及回收纤维)	9	70	17	13	千克	AB
5004	**丝纱线(绢纺纱线除外),非供零售用**						
50040000	丝纱线(绢纺纱线除外),非供零售用						
5004000000	非供零售用丝纱线(绢纺纱线除外)	6	90	17	17	千克	
5005	**绢纺纱线,非供零售用**						
50050010	---䌷丝纱线						
5005001000	非供零售用䌷丝纱线	6	90	17	17	千克	
50050090	---其他						
5005009000	非供零售用其他绢纺纱线(含丝及绢丝)	6	90	17	17	千克	
5006	**丝纱线及绢纺纱线,供零售用;蚕胶丝**						
50060000	丝纱线及绢纺纱线,供零售用;蚕胶丝						
5006000000	零售用丝纱线、绢纺纱线;蚕胶丝(含丝及绢丝)	6	100	17	17	千克	
5007	**丝或绢丝机织物**						
50071010	---未漂白(包括未练白或练白)或漂白						

商品编号	商品名称及备注	进口关税税率(%)		增值税率(%)	出口退税率(%)	计量单位	监管条件
		最惠国	普通				
5007101000	未漂白或漂白的䌷丝机织物(未练白或练白)	10	130	17	17	米/千克	
50071090	---其他						
5007109000	其他䌷丝机织物	10	130	17	17	米/千克	
50072011	----未漂白(包括未练白或练白)或漂白						
5007201100	未漂白或漂白的桑蚕丝机织物(包括未练白或练白的,按重量计丝或绢丝含量≥85%)	10	130	17	17	米/千克	
50072019	----其他						
5007201900	其他桑蚕丝机织物(按重量计丝或绢丝含量≥85%)	10	130	17	17	米/千克	
50072021	----未漂白(包括未练白或练白)或漂白						
5007202100	未漂白或漂白的柞蚕丝机织物(包括未练白或练白的,按重量计丝或绢丝含量≥85%)	10	130	17	17	米/千克	
50072029	----其他						
5007202900	其他柞蚕丝机织物(按重量计丝或绢丝含量≥85%)	10	130	17	17	米/千克	
50072031	----未漂白(包括未练白或练白)或漂白						
5007203100	未漂白或漂白的绢丝机织物(包括未练白或练白的,按重量计丝或绢丝含量≥85%)	10	130	17	17	米/千克	
50072039	----其他						
5007203900	其他绢丝机织物(按重量计丝或绢丝含量≥85%)	10	130	17	17	米/千克	
50072090	---其他						
5007209000	其他丝机织物(按重量计丝或绢丝含量≥85%)	10	130	17	17	米/千克	
50079010	---未漂白(包括未练白或练白)或漂白						
5007901000	未漂白或漂白其他丝机织物(未练白或练白,含丝及绢丝<85%,)	10	130	17	17	米/千克	
50079090	---其他						
5007909000	其他丝机织物(含丝及绢丝<85%)	10	130	17	17	米/千克	

第五十一章　羊毛、动物细毛或粗毛;马毛纱线及其机织物

注释:

本手册所称:

一、"羊毛",是指绵羊或羔羊身上长的天然纤维;

二、"动物细毛",是指下列动物的毛:羊驼、美洲驼、驼马、骆驼(包括单峰骆驼)、牦牛、安哥拉山羊、西藏山羊、喀什米尔山羊及类似山羊(普通山羊除外)、家兔(包括安哥拉兔)、野兔、海狸、河狸鼠或麝鼠;

三、"动物粗毛",是指以上未提及的其他动物的毛,但不包括制刷用鬃、毛(品目05.02)及马毛(品目05.11)。

商品编号	商 品 名 称 及 备 注	进口关税税率(%)		增值税率(%)	出口退税率(%)	计量单位	监管条件
		最惠国	普通				
5101	**未梳的羊毛**						
51011100	--剪羊毛						
5101110001	未梳的含脂剪羊毛(配额内)	1	50	13	5	千克	tAB
5101110090	未梳的含脂剪羊毛(配额外)	38	50	13	5	千克	AB
51011900	--其他						
5101190001	未梳的其他含脂羊毛(配额内)	1	50	13	5	千克	tAB
5101190090	未梳的其他含脂羊毛(配额外)	38	50	13	5	千克	AB
51012100	--剪羊毛						
5101210001	未梳的脱脂剪羊毛(未碳化)(配额内)	1	50	17	13	千克	tAB
5101210090	未梳的脱脂剪羊毛(未碳化)(配额外)	38	50	17	13	千克	AB
51012900	--其他						
5101290001	未梳的其他脱脂羊毛(未碳化)(配额内)	1	50	17	13	千克	tAB
5101290090	未梳的其他脱脂羊毛(未碳化)(配额外)	38	50	17	13	千克	AB
51013000	-碳化羊毛						
5101300001	未梳碳化羊毛(配额内)	1	50	17	13	千克	tAB
5101300090	未梳碳化羊毛(配额外)	38	50	17	13	千克	AB
5102	**未梳的动物细毛或粗毛**						
51021100	--克什米尔山羊的						
5102110000	未梳喀什米尔山羊的细毛	9	45	17	0	千克	AB
51021910	---兔毛						
5102191010	未梳濒危兔毛	9	50	17	0	千克	ABFE
5102191090	其他未梳兔毛	9	50	17	5	千克	AB
51021920	---其他山羊绒						
5102192000	其他未梳山羊绒	9	45	17	0	千克	AB
51021930	---骆驼毛、骆驼绒						
5102193010	未梳濒危野生骆驼科动物毛、绒	9	45	17	0	千克	FEAB
5102193090	其他未梳骆驼毛、绒	9	45	17	5	千克	AB
51021990	---其他						
5102199010	未梳的其他濒危野生动物细毛	9	45	17	0	千克	FEAB
5102199090	未梳的其他动物细毛	9	45	17	5	千克	AB
51022000	-粗毛						
5102200010	未梳的濒危野生动物粗毛	9	50	17	0	千克	FEAB
5102200090	未梳的其他动物粗毛	9	50	17	5	千克	AB
5103	**羊毛或动物细毛或粗毛的废料,包括废纱线,但不包括回收纤维**						
51031010	---羊毛落毛						
5103101001	羊毛落毛(配额内)	1	50	17	5	千克	tAB

商品编号	商品名称及备注	进口关税税率(%)		增值税率(%)	出口退税率(%)	计量单位	监管条件
		最惠国	普通				
5103101090	羊毛落毛(配额外)	38	50	17	5	千克	AB
51031090	---其他						
5103109010	其他濒危野生动物细毛的落毛	9	50	17	0	千克	FEAB
5103109090	其他动物细毛的落毛	9	50	17	5	千克	ABP
51032010	---羊毛废料						
5103201000	羊毛废料(包括废纱线,不包括回收纤维)	13.5	20	17	5	千克	AB
51032090	---其他						
5103209010	其他濒危野生动物细毛废料(包括废纱线,不包括回收纤维)	9	50	17	0	千克	FEAB
5103209090	其他动物细毛废料(包括废纱线,不包括回收纤维)	9	50	17	5	千克	ABP
51033000	-动物粗毛废料						
5103300010	濒危野生动物粗毛废料(包括废纱线,不包括回收纤维)	9	50	17	0	千克	FEAB
5103300090	其他动物粗毛废料(包括废纱线,不包括回收纤维)	9	50	17	5	千克	ABP
5104	**羊毛或动物细毛或粗毛的回收纤维**						
51040010	---羊毛的回收纤维						
5104001000	羊毛的回收纤维	15	20	17	5	千克	AB
51040090	---其他						
5104009010	其他濒危野生动物细毛(包括粗毛回收纤维)	5	50	17	0	千克	FEAB
5104009090	其他动物细毛或粗毛的回收纤维	5	50	17	13	千克	ABP
5105	**已梳的羊毛及动物细毛或粗毛(包括精梳片毛)**						
51051000	-粗梳羊毛						
5105100001	粗梳羊毛(配额内)	3	50	17	13	千克	tAB
5105100090	粗梳羊毛(配额外)	38	50	17	13	千克	AB
51052100	--精梳片毛						
5105210001	精梳羊毛片毛(配额内)	3	50	17	13	千克	tAB
5105210090	精梳羊毛片毛(配额外)	38	50	17	13	千克	AB
51052900	--其他						
5105290001	羊毛条及其他精梳羊毛(配额内)	3	50	17	13	千克	tAB
5105290090	羊毛条及其他精梳羊毛(配额外)	38	50	17	13	千克	AB
51053100	--克什米尔山羊的						
5105310000	已梳喀什米尔山羊的细毛	5	50	17	0	千克	AB
51053910	---兔毛						
5105391010	已梳濒危兔毛	5	70	17	0	千克	ABFE
5105391090	其他已梳兔毛	5	70	17	13	千克	AB
51053921	----无毛山羊绒						
5105392100	其他已梳无毛山羊绒	5	50	17	0	千克	AB
51053929	----其他						
5105392900	其他已梳山羊绒	5	50	17	0	千克	AB
51053990	---其他						
5105399010	其他已梳濒危野生动物细毛	5	50	17	13	千克	ABEF
5105399090	其他已梳动物细毛	5	50	17	13	千克	AB
51054000	-已梳动物粗毛						
5105400010	其他已梳濒危野生动物粗毛	5	50	17	0	千克	FEAB
5105400090	其他已梳动物粗毛	5	50	17	13	千克	AB
5106	**粗梳羊毛纱线,非供零售用**						
51061000	-按重量计羊毛含量≥85%						
5106100000	非零售用粗梳羊毛纱线(按重量计羊毛含量≥85%)	5	70	17	17	千克	

商品编号	商品名称及备注	进口关税税率(%)		增值税率(%)	出口退税率(%)	计量单位	监管条件
		最惠国	普通				
51062000	-按重量计羊毛含量<85%						
5106200000	非零售用粗梳混纺羊毛纱线(混纺以羊毛纱线为主,但羊毛含量<85%)	5	70	17	17	千克	
5107	**精梳羊毛纱线,非供零售用**						
51071000	-按重量计羊毛含量≥85%						
5107100000	非供零售用精梳纯羊毛纱线(按重量计羊毛含量≥85%)	5	70	17	17	千克	
51072000	-按重量计羊毛含量<85%						
5107200000	非供零售用精梳混纺羊毛纱线(混纺以羊毛纱线为主,但羊毛含量<85%)	5	70	17	17	千克	
5108	**动物细毛(粗梳或精梳)纱线,非供零售用**						
51081011	----山羊绒的						
5108101100	非供零售用粗梳山羊绒纱线(按重量计山羊绒含量≥85%)	5	70	17	17	千克	
51081019	----其他						
5108101910	非供零售用粗梳其他濒危动物细毛纱线(按重量计其他动物细毛含量≥85%)	5	70	17	0	千克	FE
5108101990	非供零售用粗梳其他动物细毛纱线(按重量计其他动物细毛含量≥85%)	5	70	17	17	千克	
51081090	---其他						
5108109010	非供零售用粗梳其他濒危动物细毛纱线(按重量计其他粗梳动物细毛含量<85%)	5	70	17	0	千克	FE
5108109090	非供零售用粗梳其他动物细毛纱线(按重量计其他粗梳动物细毛含量<85%)	5	70	17	17	千克	
51082011	----山羊绒的						
5108201100	非供零售用精梳山羊绒纱线(按重量计山羊绒含量≥85%)	5	70	17	17	千克	
51082019	----其他						
5108201910	非供零售用精梳其他濒危动物细毛纱线(按重量计其他动物细毛含量≥85%)	5	70	17	0	千克	FE
5108201990	非供零售用精梳其他动物细毛纱线(按重量计其他动物细毛含量≥85%)	5	70	17	17	千克	
51082090	---其他						
5108209010	非供零售用精梳其他濒危动物细毛纱线(按重量计其他精梳动物细毛含量<85%)	5	70	17	0	千克	FE
5108209090	非供零售用精梳其他动物细毛纱线(按重量计其他精梳动物细毛含量<85%)	5	70	17	17	千克	
5109	**羊毛或动物细毛的纱线,供零售用**						
51091011	----山羊绒的						
5109101100	零售用山羊绒纱线(按重量计山羊绒含量≥85%)	6	80	17	17	千克	
51091019	----其他						
5109101900	零售用其他动物细毛纱线(按重量计其他动物细毛含量≥85%)	6	80	17	17	千克	
51091090	---其他						
5109109000	零售用羊毛纱线(按重量计羊毛含量≥85%)	6	80	17	17	千克	
51099011	----山羊绒的						
5109901100	零售用混纺山羊绒纱线(混纺以羊毛纱线为主,但羊毛含量<85%)	6	80	17	17	千克	
51099019	----其他						
5109901900	零售用混纺其他动物细毛纱线(混纺以羊毛纱线为主,但羊毛含量<85%)	6	80	17	17	千克	
51099090	---其他						
5109909000	零售用混纺羊毛纱线(混纺以羊毛纱线为主,但羊毛含量<85%)	6	80	17	17	千克	
5110	**动物粗毛或马毛的纱线(包括马毛粗松螺旋花线),不论是否供零售用**						
51100000	动物粗毛或马毛的纱线(包括马毛粗松螺旋花线),不论是否供零售用						
5110000010	濒危动物粗毛的纱线(包括马毛粗松螺旋花线,不论是否供零售用)	6	70	17	0	千克	FE
5110000090	其他动物粗毛或马毛的纱线(包括马毛粗松螺旋花线,不论是否供零售用)	6	70	17	17	千克	
5111	**粗梳羊毛或粗梳动物细毛的机织物**						
51111111	----山羊绒的						
5111111100	每平方米重≤300克山羊绒机织物(按重量计粗梳山羊绒含量≥85%)	10	130	17	17	米/千克	
51111119	----其他						
5111111900	每平方米重≤300克其他动物细毛机织物(按重量计其他粗梳动物细毛含量≥85%)	10	130	17	17	米/千克	

商品编号	商品名称及备注	进口关税税率(%)		增值税率(%)	出口退税率(%)	计量单位	监管条件
		最惠国	普通				
51111190	---其他						
5111119000	每平方米重≤300克羊毛机织物(按重量计粗梳羊毛含量≥85%)	10	130	17	17	米/千克	
51111911	----山羊绒的						
5111191100	每平方米重量>300克山羊绒机织物(按重量计粗梳山羊绒含量≥85%)	10	130	17	17	米/千克	
51111919	----其他						
5111191900	每平方米重量>300克其他动物细毛机织物(按重量计其他粗梳动物细毛含量≥85%)	10	130	17	17	米/千克	
51111990	---其他						
5111199000	每平方米重量>300克羊毛机织物(按重量计粗梳羊毛含量≥85%)	10	130	17	17	米/千克	
51112000	-其他,主要或仅与化学纤维长丝混纺						
5111200000	其他主要或仅与化学纤维长丝混纺的粗梳羊毛或粗梳动物细毛的机织物(粗梳羊毛或动物细毛含量<85%)	10	130	17	17	米/千克	
51113000	-其他,主要或仅与化学纤维短纤混纺						
5111300000	其他主要或仅与化学纤维短纤混纺的粗梳羊毛或粗梳动物细毛的机织物(粗梳羊毛或动物细毛含量<85%)	10	130	17	17	米/千克	
51119000	-其他						
5111900000	其他粗梳羊毛或粗梳动物细毛的机织物(与其他混纺,粗梳羊毛或动物细毛含量<85%)	10	130	17	17	米/千克	
5112	**精梳羊毛或精梳动物细毛的机织物**						
51121100	--每平方米重量≤200克						
5112110000	每平方米重量≤200克的精梳羊毛或精梳动物细毛的机织物(精梳羊毛或动物细毛含量≥85%)	10	130	17	17	米/千克	
51121900	--其他						
5112190000	每平方米重量>200克的精梳羊毛或精梳动物细毛的机织物(精梳羊毛或动物细毛含量≥85%)	10	130	17	17	米/千克	
51122000	-其他,主要或仅与化学纤维长丝混纺						
5112200000	主要或仅与化学纤维长丝混纺的精梳羊毛或精梳动物细毛的机织物(精梳羊毛或动物细毛含量<85%)	10	130	17	17	米/千克	
51123000	-其他,主要或仅与化学纤维短纤混纺						
5112300000	主要或仅与化学纤维短纤混纺的精梳羊毛或精梳动物细毛的机织物(精梳羊毛或动物细毛含量<85%)	10	130	17	17	米/千克	
51129000	-其他						
5112900000	与其他纤维混纺的精梳羊毛或精梳动物细毛的机织物(精梳羊毛或动物细毛含量<85%)	10	130	17	17	米/千克	
5113	**动物粗毛或马毛的机织物**						
51130000	动物粗毛或马毛的机织物						
5113000000	动物粗毛或马毛的机织物	10	130	17	17	米/千克	

第五十二章 棉 花

子目注释：

子目5209.42及5211.42所称“粗斜纹布(劳动布)”，是指用不同颜色的纱线织成的三线或四线斜纹织物，包括破斜纹组织的织物，这种织物以经纱为面，经纱染成一种相同的颜色，纬纱未漂白或经漂白、染成灰色或比经纱稍浅的颜色。

商品编号	商品名称及备注	进口关税税率(%)		增值税率(%)	出口退税率(%)	计量单位	监管条件
		最惠国	普通				
5201	**未梳的棉花**						
52010000	未梳的棉花						
5201000001	未梳的棉花[包括脱脂棉花(配额内)]	1	125	13	13	千克	t4xAB
5201000080	未梳的棉花[包括脱脂棉花(关税配额外暂定)]	0	0	13	13	千克	4ABex
5201000090	未梳的棉花[包括脱脂棉花(配额外)]	40	125	13	13	千克	4xAB
5202	**废棉(包括废棉纱线及回收纤维)**						
52021000	-废棉纱线(包括废棉线)						
5202100000	废棉纱线(包括废棉线)	10	30	17	13	千克	AP
52029100	--回收纤维						
5202910000	棉的回收纤维	10	30	17	13	千克	ABP
52029900	--其他						
5202990000	其他废棉	10	30	17	13	千克	ABP
5203	**已梳的棉花**						
52030000	已梳的棉花						
5203000001	已梳的棉花(配额内)	1	125	17	13	千克	t4xAB
5203000090	已梳的棉花(配额外)	40	125	17	13	千克	4xAB
5204	**棉制缝纫线，不论是否供零售用**						
52041100	--按重量计含棉量≥85%						
5204110000	非零售棉缝纫线(按重量计含棉量≥85%)	5	40	17	17	千克	
52041900	--其他						
5204190000	非零售棉缝纫线(按重量计含棉量<85%)	5	40	17	17	千克	
52042000	-供零售用						
5204200000	零售用棉制缝纫线	5	50	17	17	千克	
5205	**棉纱线(缝纫线除外)，按重量计含棉量在85%及以上，非供零售用**						
52051100	--细度在714.29分特及以上(不超过14公支)						
5205110000	非零售粗梳粗支纯棉单纱(粗支指单纱细度≥714.29分特，含棉量≥85%)	5	40	17	17	千克	
52051200	--细度在714.29分特以下，但不细于232.56分特(超过14公支，但不超过43公支)						
5205120000	非零售粗梳中支纯棉单纱(中支指单纱细度为232.56~714.29分特，含棉量≥85%)	5	40	17	17	千克	
52051300	--细度在232.56分特以下，但不细于192.31分特(超过43公支，但不超过52公支)						
5205130000	非零售粗梳细支纯棉单纱(细支指单纱细度为192.31~232.56分特，含棉量≥85%)	5	40	17	17	千克	
52051400	--细度在192.31分特以下，但不细于125分特(超过52公支，但不超过80公支)						
5205140000	非零售粗梳较细支纯棉单纱(较细支指单纱细度为125~192.31分特，含棉量≥85%)	5	40	17	17	千克	
52051500	--细度在125分特以下(超过80公支)						
5205150000	非零售粗梳特细支纯棉单纱(特细支指单纱细度<125分特，含棉量≥85%)	5	40	17	17	千克	
52052100	--细度在714.29分特及以上(不超过14公支)						
5205210000	非零售精梳粗支纯棉单纱(粗支指单纱细度≥714.29分特，含棉量≥85%)	5	40	17	17	千克	
52052200	--细度在714.29分特以下，但不细于232.56分特(超过14公支，但不超过43公支)						

商品编号	商品名称及备注	进口关税税率(%)		增值税率(%)	出口退税率(%)	计量单位	监管条件
		最惠国	普通				
5205220000	非零售精梳中支纯棉单纱(中支指单纱细度为232.56~714.29分特,含棉量≥85%)	5	40	17	17	千克	
52052300	--细度在232.56分特以下,但不细于192.31分特(超过43公支,但不超过52公支)						
5205230000	非零售精梳细支纯棉单纱(细支指单纱细度为192.31~232.56分特,含棉量≥85%)	5	40	17	17	千克	
52052400	--细度在192.31分特以下,但不细于125分特(超过52公支,但不超过80公支)						
5205240000	非零售精梳较细支纯棉单纱(较细支指单纱细度为125~192.31分特,含棉量≥85%)	5	40	17	17	千克	
52052600	--细度在125分特以下,但不细于106.38分特(超过80公支,但不超过94公支)						
5205260000	非零售精梳特细支纯棉单纱(特细支指单纱细度为106.38~125分特,含棉量≥85%)	5	40	17	17	千克	
52052700	--细度在106.38分特以下,但不细于83.33分特(超过94公支,但不超过120公支)						
5205270000	非零售精梳超特细支纯棉单纱(超特细支指单纱细度为83.33~106.38分特,含棉量≥85%)	5	40	17	17	千克	
52052800	--细度在83.33分特以下(超过120公支)						
5205280000	非零售精梳微支纯棉单纱(微支指单纱细度<83.33分特,含棉量≥85%)	5	40	17	17	千克	
52053100	--每根单纱细度在714.29分特及以上(每根单纱不超过14公支)						
5205310000	非零售粗梳粗支纯棉多股纱(粗支指单纱细度≥714.29分特,含棉量≥85%)	5	40	17	17	千克	
52053200	--每根单纱细度在714.29分特以下,但不细于232.56分特(每根单纱超过14公支,但不超过43公支)						
5205320000	非零售粗梳中支纯棉多股纱(中支指单纱细度为232.56~714.29分特,含棉量≥85%)	5	40	17	17	千克	
52053300	--每根单纱细度在232.56分特以下,但不细于192.31分特(每根单纱超过43公支,但不超过52公支)						
5205330000	非零售粗梳细支纯棉多股纱(细支指单纱细度为192.31~232.56分特,含棉量≥85%)	5	40	17	17	千克	
52053400	--每根单纱细度在192.31分特以下,但不细于125分特(每根单纱超过52公支,但不超过80公支)						
5205340000	非零售粗梳较细支纯棉多股纱(较细支指单纱细为125~192.31分特,含棉量≥85%)	5	40	17	17	千克	
52053500	--每根单纱细度在125分特以下(每根单纱超过80公支)						
5205350000	非零售粗梳特细支纯棉多股纱(特细支指单纱细度<125分特,含棉量≥85%)	5	40	17	17	千克	
52054100	--每根单纱细度在714.29分特及以上(每根单纱不超过14公支)						
5205410000	非零售精梳粗支纯棉多股纱(粗支指单纱细度≥714.29分特,含棉量≥85%)	5	40	17	17	千克	
52054200	--每根单纱细度在714.29分特以下,但不细于232.56分特(每根单纱超过14公支,但不超过43公支)						
5205420000	非零售精梳中支纯棉多股纱(中支指单纱细度为232.56~714.29分特,含棉量≥85%)	5	40	17	17	千克	
52054300	--每根单纱细度在232.56分特以下,但不细于192.31分特(每根单纱超过43公支,但不超过52公支)						
5205430000	非零售精梳细支纯棉多股纱(细支指单纱细度为192.31~232.56分特,含棉量≥85%)	5	40	17	17	千克	
52054400	--每根单纱细度在192.31分特以下,但不细于125分特(每根单纱超过52公支,但不超过80公支)						
5205440000	非零售精梳较细支纯棉多股纱(较细支指单纱细度为125~192.31分特,含棉量≥85%)	5	40	17	17	千克	
52054600	--每根单纱细度在125分特以下,但不细于106.38分特(每根单纱超过80公支,但不超过94公支)						
5205460000	非零售精梳特细支纯棉多股纱(特细支指单纱细度为106.38~125分特,含棉量≥85%)	5	40	17	17	千克	
52054700	--每根单纱细度在106.38分特以下,但不细于83.33分特(每根单纱超过94公支,但不超过120公支)						
5205470000	非零售精梳超特细支多股纱(超特细支指单纱细度为83.33~106.38分特,含棉量≥85%)	5	40	17	17	千克	
52054800	--每根单纱细度在83.33分特以下(每根单纱超过120公支)						
5205480000	非零售精梳微支纯棉多股纱(微支指单纱细度<83.33分特,含棉量≥85%)	5	40	17	17	千克	
5206	**棉纱线(缝纫线除外),按重量计含棉量在85%以下,非供零售用**						

商品编号	商品名称及备注	进口关税税率(%)		增值税率(%)	出口退税率(%)	计量单位	监管条件
		最惠国	普通				
52061100	--细度在714.29分特及以上(不超过14公支)						
5206110000	非零售粗梳粗支混纺棉单纱(粗支指单纱细度≥714.29分特,含棉量<85%)	5	40	17	17	千克	
52061200	--细度在714.29分特以下,但不细于232.56分特(超过14公支,但不超过43公支)						
5206120000	非零售粗梳中支混纺棉单纱(中支指单纱细度为232.56~714.29分特,含棉量<85%)	5	40	17	17	千克	
52061300	--细度在232.56分特以下,但不细于192.31分特(超过43公支,但不超过52公支)						
5206130000	非零售粗梳细支混纺棉单纱(细支指单纱细度为192.31~232.56分特,含棉量<85%)	5	40	17	17	千克	
52061400	--细度在192.31分特以下,但不细于125分特(超过52公支,但不超过80公支)						
5206140000	非零售粗梳较细支混纺棉单纱(较细支指单纱细为125~192.31分特,含棉量<85%)	5	40	17	17	千克	
52061500	--细度在125分特以下(超过80公支)						
5206150000	非零售粗梳特细支混纺棉单纱(特细支指单纱细度<125分特,含棉量<85%)	5	40	17	17	千克	
52062100	--细度在714.29分特及以上(不超过14公支)						
5206210000	非零售精梳粗支混纺棉单纱(粗支指单纱细度≥714.29分特,含棉量<85%)	5	40	17	17	千克	
52062200	--细度在714.29分特以下,但不细于232.56分特(超过14公支,但不超过43公支)						
5206220000	非零售精梳中支混纺棉单纱(中支指单纱细度为232.56~714.29分特,含棉量<85%)	5	40	17	17	千克	
52062300	--细度在232.56分特以下,但不细于192.31分特(超过43公支,但不超过52公支)						
5206230000	非零售精梳细支混纺棉单纱(细支指单纱细度为192.31~232.56分特,含棉量<85%)	5	40	17	17	千克	
52062400	--细度在192.31分特以下,但不细于125分特(超过52公支,但不超过80公支)						
5206240000	非零售精梳较细支混纺棉单纱(较细支指单纱细度为125~192.31分特,含棉量<85%)	5	40	17	17	千克	
52062500	--细度在125分特以下(超过80公支)						
5206250000	非零售精梳特细支混纺棉单纱(特细支指单纱细度<125分特,含棉量<85%)	5	40	17	17	千克	
52063100	--每根单纱细度在714.29分特及以上,(每根单纱不超过14公支)						
5206310000	非零售粗梳粗支混纺棉多股纱或缆线(粗支指单纱细度≥714.29分特,含棉量<85%)	5	40	17	17	千克	
52063200	--每根单纱细度在714.29分特以下,但不细于232.56分特(每根单纱超过14公支,但不超过43公支)						
5206320000	非零售粗梳中支混纺棉多股纱或缆线(中支指单纱细度为232.56~714.29分特,含棉量<85%)	5	40	17	17	千克	
52063300	--每根单纱细度在232.56分特以下,但不细于192.31分特(每根单纱超过43公支,但不超过52公支)						
5206330000	非零售粗梳细支其他混纺棉多股纱或缆线(细支指单纱细度为192.31~232.56分特,含棉量<85%)	5	40	17	17	千克	
52063400	--每根单纱细度在192.31分特以下,但不细于125分特(每根单纱超过52公支,但不超过80公支)						
5206340000	非零售粗梳较细混纺棉多股纱或缆线(较细支指单纱细度为125~192.31分特,含棉量<85%)	5	40	17	17	千克	
52063500	--每根单纱细度在125分特以下(每根单纱超过80公支)						
5206350000	非零售粗梳特细混纺棉多股纱或缆线(特细支指单纱细度<125分特,含棉量<85%)	5	40	17	17	千克	
52064100	--每根单纱细度在714.29分特及以上(每根单纱不超过14公支)						
5206410000	非零售精梳粗支混纺棉多股纱(粗支指单纱细度≥714.29分特,含棉量<85%)	5	40	17	17	千克	
52064200	--每根单纱细度在714.29分特以下,但不细于232.56分特(每根单纱超过14公支,但不超过43公支)						
5206420000	非零售精梳中支混纺棉多股纱(中支指单纱细度为232.56~714.29分特,含棉量<85%)	5	40	17	17	千克	
52064300	--每根单纱细度在232.56分特以下,但不细于192.31分特(每根单纱超过43公支,但不超过52公支)						
5206430000	非零售精梳细支混纺棉多股纱(细支指单纱细度为192.31~232.56分特,含棉量<85%)	5	40	17	17	千克	
52064400	--每根单纱细度在192.31分特以下,但不细于125分特(每根单纱超过52公支,但不超过80公支)						

商品编号	商品名称及备注	进口关税税率(%)		增值税率(%)	出口退税率(%)	计量单位	监管条件
		最惠国	普通				
5206440000	非零售精梳较细混纺棉多股纱(较细支指单纱细度为125~192.31分特,含棉量<85%)	5	40	17	17	千克	
52064500	--每根单纱细度在125分特以下(每根单纱超过80公支)						
5206450000	非零售精梳特细混纺棉多股纱(特细支指单纱细度<125分特,含棉量<85%)	5	40	17	17	千克	
5207	**棉纱线(缝纫线除外),供零售用**						
52071000	-按重量计含棉量在85%及以上						
5207100000	供零售用纯棉纱线(纯棉纱线指按重量计含棉量≥85%,缝纫线除外)	6	50	17	17	千克	
52079000	-其他						
5207900000	供零售用混纺棉纱线(混棉纱线指按重量计含棉量<85%,缝纫线除外)	6	50	17	17	千克	
5208	**棉机织物,按重量计含棉量在85%及以上,每平方米重量不超过200克**						
52081100	--平纹机织物,每平方米重量≤100克						
5208110000	未漂白棉平纹机织物(每平方米重量≤100克,含棉量≥85%)	10	70	17	17	米/千克	
52081200	--平纹机织物,每平方米重量超过100克						
5208120000	未漂白棉平纹机织物(100g<每平方米重量≤200g,含棉85%及以上)	10	70	17	17	米/千克	
52081300	--三线或四线斜纹机织物,包括双面斜纹机织物						
5208130000	未漂白全棉三、四线斜纹布(每平方米重量≤200克,含棉量≥85%,包括双面斜纹机织物)	10	70	17	17	米/千克	
52081900	--其他机织物						
5208190000	未漂白的其他棉机织物(每平方米重量≤200克,含棉量≥85%)	10	70	17	17	米/千克	
52082100	--平纹机织物,每平方米重量≤100克						
5208210010	漂白全棉平纹府绸及细平布(每平方米重量≤100克,含棉量≥85%)	10	70	17	17	米/千克	A
5208210020	漂白全棉平纹机织平布(每平方米重量≤100克,68号及以下)	10	70	17	17	米/千克	A
5208210030	漂白全棉平纹奶酪布(每平方米重量≤100克,含棉量≥85%)	10	70	17	17	米/千克	A
5208210040	漂白全棉平纹印染用布(每平方米重量≤100克,43~68号)	10	70	17	17	米/千克	A
5208210050	漂白全棉平纹巴里纱及薄细布(每平方米重量≤100克,69号及以上)	10	70	17	17	米/千克	A
5208210060	漂白全棉医用纱布(每平方米重量≤100克,含棉量≥85%)	10	70	17	17	米/千克	A
52082200	--平纹机织物,每平方米重量超过100克						
5208220010	漂白全棉平纹府绸及细平布(100克<每平方米重量≤200克,含棉量≥85%)	10	70	17	17	米/千克	A
5208220020	漂白全棉平纹机织平布(100克<每平方米重量≤200克,68号及以下)	10	70	17	17	米/千克	A
5208220030	漂白全棉平纹奶酪布(100克<每平方米重量≤200克,含棉量≥85%)	10	70	17	17	米/千克	A
5208220040	漂白全棉平纹印染用布(100克<每平方米重量≤200克,43~68号)	10	70	17	17	米/千克	A
5208220050	漂白全棉巴里纱及薄细布(100克<每平方米重量≤200克,69号及以上)	10	70	17	17	米/千克	A
52082300	--三线或四线斜纹机织物,包括双面斜纹机织物						
5208230000	漂白的全棉三、四线斜纹布(每平方米重量≤200克,含棉量≥85%,包括双面斜纹机织物)	12	70	17	17	米/千克	A
52082900	--其他机织物						
5208290010	漂白其他全棉机织缎布(每平方米重量≤200克,含棉量≥85%)	10	70	17	17	米/千克	A
5208290020	漂白其他全棉机织斜纹布(每平方米重量≤200克,含棉量≥85%)	10	70	17	17	米/千克	A
5208290030	漂白其他全棉机织牛津布(每平方米重量≤200克,含棉量≥85%)	10	70	17	17	米/千克	A
5208290090	漂白其他全棉机织物(每平方米重量≤200克,含棉量≥85%)	10	70	17	17	米/千克	A
52083100	--平纹机织物,每平方米重量不超过100克						
5208310010	染色全棉手工织布(每平方米重量≤100克,含棉量≥85%)	10	70	17	17	米/千克	A
5208310091	染色全棉平纹府绸及细平布(每平方米重量≤100克,含棉量≥85%)	10	70	17	17	米/千克	A
5208310092	染色全棉平纹机织平布(每平方米重量≤100克,68号及以下)	10	70	17	17	米/千克	A
5208310093	染色全棉平纹奶酪布(每平方米重量≤100克,含棉量≥85%)	10	70	17	17	米/千克	A
5208310094	染色全棉平纹印染用布(每平方米重量≤100克,43~68号)	10	70	17	17	米/千克	A
5208310095	染色全棉巴里纱及薄细布(每平方米重量≤100克,69号及以上)	10	70	17	17	米/千克	A

商品编号	商品名称及备注	进口关税税率(%)		增值税率(%)	出口退税率(%)	计量单位	监管条件
		最惠国	普通				
52083200	--平纹机织物,每平方米重量>100 克						
5208320010	染色全棉手工织布(100 克<每平方米重量≤200 克,含棉量≥85%)	10	70	17	17	米/千克	A
5208320091	染色全棉平纹府绸及细平布(100 克<每平方米重量≤200 克,含棉量≥85%)	10	70	17	17	米/千克	A
5208320092	染色全棉平纹机织平布(100 克<每平方米重量≤200 克,68 号及以下)	10	70	17	17	米/千克	A
5208320093	染色全棉平纹奶酪布(100 克<每平方米重量≤200 克,含棉量≥85%)	10	70	17	17	米/千克	A
5208320094	染色全棉平纹印染用布(100 克<每平方米重量≤200 克,43~68 号)	10	70	17	17	米/千克	A
5208320095	染色全棉巴里纱及薄细布(100 克<每平方米重量≤200 克,69 号及以上)	10	70	17	17	米/千克	A
52083300	--三线或四线斜纹机织物,包括双面斜纹机织物						
5208330000	染色的全棉三、四线斜纹布(每平方米重量≤200 克,含棉量≥85%,包括双面斜纹机织物)	10	70	17	17	米/千克	A
52083900	--其他机织物						
5208390010	染色其他全棉机织缎布(每平方米重量≤200 克,含棉量≥85%)	10	70	17	17	米/千克	A
5208390020	染色其他全棉机织斜纹布(每平方米重量≤200 克,含棉量≥85%)	10	70	17	17	米/千克	A
5208390030	染色其他全棉机织牛津布(每平方米重量≤200 克,含棉量≥85%)	10	70	17	17	米/千克	A
5208390090	染色其他全棉机织物(每平方米重量≤200 克,含棉量≥85%)	10	70	17	17	米/千克	A
52084100	--平纹机织物,每平方米重量≤100 克						
5208410010	色织的全棉手工织布(每平方米重量≤100 克,含棉量≥85%)	10	70	17	17	米/千克	A
5208410090	色织的全棉平纹机织物(每平方米重量≤100 克,含棉量≥85%)	10	70	17	17	米/千克	A
52084200	--平纹机织物,每平方米重量>100 克						
5208420010	色织的全棉手工织布(100 克<每平方米重量≤200 克,含棉量≥85%)	10	70	17	17	米/千克	A
5208420090	色织的全棉平纹机织物(100 克<每平方米重量≤200 克,含棉量≥85%)	10	70	17	17	米/千克	A
52084300	--三线或四线斜纹机织物,包括双面斜纹机织物						
5208430000	色织的全棉三、四线斜纹布(每平方米重量≤200 克,含棉量≥85%,包括双面斜纹机织物)	10	70	17	17	米/千克	A
52084900	--其他机织物						
5208490010	色织的其他全棉提花机织物(每平方米重量≤200 克,含棉量≥85%)	10	70	17	17	米/千克	A
5208490090	色织的其他全棉机织物(每平方米重量≤200 克,含棉量≥85%)	10	70	17	17	米/千克	A
52085100	--平纹机织物,每平方米重量≤100 克						
5208510010	印花全棉手工织布(每平方米重量≤100 克,含棉量≥85%)	10	70	17	17	米/千克	A
5208510091	印花全棉平纹府绸及细平布(每平方米重量≤100 克,含棉量≥85%)	10	70	17	17	米/千克	A
5208510092	印花全棉平纹机织平布(每平方米重量≤100 克,68 号及以下)	10	70	17	17	米/千克	A
5208510093	印花全棉平纹奶酪布(每平方米重量≤100 克,含棉量≥85%)	10	70	17	17	米/千克	A
5208510094	印花全棉平纹印染用布(每平方米重量≤100 克,43~68 号)	10	70	17	17	米/千克	A
5208510095	印花全棉平纹巴里纱及薄细布(每平方米重量≤100 克,69 号及以上)	10	70	17	17	米/千克	A
52085200	--平纹机织物,每平方米重量>100 克						
5208520010	印花的全棉手工织布(100 克<每平方米重量≤200 克,含棉量≥85%)	10	70	17	17	米/千克	A
5208520091	印花的全棉平纹府绸及细平布(100 克<每平方米重量≤200 克,含棉量≥85%)	10	70	17	17	米/千克	A
5208520092	印花的全棉平纹机织平布(100 克<每平方米重量≤200 克,68 号及以下)	10	70	17	17	米/千克	A
5208520093	印花的全棉平纹奶酪布(100 克<每平方米重量≤200 克,含棉量≥85%)	10	70	17	17	米/千克	A
5208520094	印花的全棉平纹印染用布(100 克<每平方米重量≤200 克,43~68 号)	10	70	17	17	米/千克	A
5208520095	印花的全棉巴里纱及薄细布(100 克<每平方米重量≤200 克,69 号及以上)	10	70	17	17	米/千克	A
52085910	---三线或四线斜纹机织物,包括双面斜纹机织物						
5208591000	印花的全棉三、四线斜纹布(每平方米重量≤200 克,含棉量≥85%,包括双面斜纹机织物)	10	70	17	17	米/千克	A
52085990	---其他						
5208599010	印花其他全棉机织缎布(每平方米重量≤200 克,含棉量≥85%)	10	70	17	17	米/千克	A

商品编号	商品名称及备注	进口关税税率(%)		增值税率(%)	出口退税率(%)	计量单位	监管条件
		最惠国	普通				
5208599020	印花其他全棉机织斜纹布(每平方米重量≤200克,含棉量≥85%)	10	70	17	17	米/千克	A
5208599030	印花其他全棉机织牛津布(每平方米重量≤200克,含棉量≥85%)	10	70	17	17	米/千克	A
5208599090	印花其他全棉机织物(每平方米重量≤200克,含棉量≥85%)	10	70	17	17	米/千克	A
5209	**棉机织物,按重量计含棉量在85%及以上,每平方米重量超过200克**						
52091100	--平纹机织物						
5209110000	未漂白的棉平纹机织物(指每平方米重量>200克,含棉量≥85%)	10	70	17	17	米/千克	
52091200	--三线或四线斜纹机织物,包括双面斜纹机织物						
5209120000	未漂白的全棉三、四线斜纹布(指每平方米重量>200克,含棉量≥85%,包括双面斜纹机织物)	10	70	17	17	米/千克	
52091900	--其他机织物						
5209190000	未漂白的其他棉机织物(指每平方米重量>200克,含棉量≥85%)	10	70	17	17	米/千克	
52092100	--平纹机织物						
5209210000	漂白的棉平纹机织物(指每平方米重超过200克,含棉量≥85%)	12	70	17	17	米/千克	
52092200	--三线或四线斜纹机织物,包括双面斜纹机织物						
5209220000	漂白的全棉三、四线斜纹布(指每平方米重量>200克,含棉量≥85%,包括双面斜纹机织物)	12	70	17	17	米/千克	
52092900	--其他机织物						
5209290000	漂白的其他棉机织物(指每平方米重量>200克,含棉量≥85%)	12	70	17	17	米/千克	
52093100	--平纹机织物						
5209310010	染色全棉手工织布(指每平方米重量>200克,含棉量≥85%)	10	70	17	17	米/千克	A
5209310091	染色全棉平纹府绸及细平布(指每平方米重量>200克,含棉量≥85%)	10	70	17	17	米/千克	A
5209310092	染色的全棉平纹机织平布(指每平方米重量>200克,含棉量≥85%)	10	70	17	17	米/千克	A
5209310093	染色的全棉平纹机织帆布(指每平方米重量>200克,含棉量≥85%)	10	70	17	17	米/千克	A
52093200	--三线或四线斜纹机织物,包括双面斜纹机织物						
5209320000	染色的全棉三、四线斜纹布(指每平方米重量>200克,含棉量≥85%,包括双面斜纹机织物)	10	70	17	17	米/千克	A
52093900	--其他机织物						
5209390010	染色的其他全棉机织缎布(指每平方米重量>200克,含棉量≥85%)	10	70	17	17	米/千克	A
5209390020	染色的其他全棉机织斜纹布(指每平方米重量>200克,含棉量≥85%)	10	70	17	17	米/千克	A
5209390030	染色的其他全棉机织帆布(指每平方米重量>200克,含棉量≥85%)	10	70	17	17	米/千克	A
5209390090	染色的其他全棉机织物(指每平方米重量>200克,含棉量≥85%)	10	70	17	17	米/千克	A
52094100	--平纹机织物						
5209410010	色织的全棉手工织布(指每平方米重量>200克,含棉量≥85%)	10	70	17	17	米/千克	A
5209410090	色织的全棉平纹机织物(指每平方米重量>200克,含棉量≥85%)	10	70	17	17	米/千克	A
52094200	--粗斜纹布(劳动布)						
5209420010	色织全棉蓝粗斜纹布(劳动布)(指每平方米重量>200克,含棉量≥85%)	10	70	17	17	米/千克	A
5209420090	色织其他全棉粗斜纹布(劳动布)(指每平方米重量>200克,含棉量≥85%)	10	70	17	17	米/千克	A
52094300	--其他三线或四线斜纹机织物,包括双面斜纹机织物						
5209430000	其他色织的全棉三、四线斜纹布(指每平方米重量>200克,含棉量≥85%,包括双面斜纹机织物)	10	70	17	17	米/千克	A
52094900	--其他机织物						
5209490010	色织的其他全棉提花机织物(指每平方米重量>200克,含棉量≥85%)	10	70	17	17	米/千克	A
5209490090	色织的其他全棉机织物(指每平方米重量>200克,含棉量≥85%)	10	70	17	17	米/千克	A
52095100	--平纹机织物						
5209510010	印花全棉手工织布(指每平方米重量>200克,含棉量≥85%)	10	70	17	17	米/千克	A
5209510091	印花全棉平纹府绸及细平布(指每平方米重量>200克,含棉量≥85%)	10	70	17	17	米/千克	A

商品编号	商品名称及备注	进口关税税率(%)		增值税率(%)	出口退税率(%)	计量单位	监管条件
		最惠国	普通				
5209510092	印花全棉平纹机织平布(指每平方米重量>200克,含棉量≥85%)	10	70	17	17	米/千克	A
5209510093	印花全棉平纹机织帆布(指每平方米重量>200克,含棉量≥85%)	10	70	17	17	米/千克	A
52095200	--三线或四线斜纹机织物,包括双面斜纹机织物						
5209520000	印花的全棉三、四线斜纹布(指每平方米重量>200克,含棉量≥85%,双面斜纹布)	10	70	17	17	米/千克	A
52095900	--其他机织物						
5209590010	印花的其他全棉机织缎布(指每平方米重量>200克,含棉量≥85%)	10	70	17	17	米/千克	A
5209590020	印花的其他全棉机织斜纹布(指每平方米重量>200克,含棉量≥85%)	10	70	17	17	米/千克	A
5209590030	印花的其他全棉机织帆布(指每平方米重量>200克,含棉量≥85%)	10	70	17	17	米/千克	A
5209590090	印花的其他全棉机织物(指每平方米重量>200克,含棉量≥85%)	10	70	17	17	米/千克	A
5210	**棉机织物,按重量计含棉量在85%以下,主要或仅与化学纤维混纺,每平方米重量不超过200克**						
52101100	--平纹机织物						
5210110011[暂6]	未漂白与聚酯短纤混纺的棉制府绸(指每平方米重量≤200克,含棉量<85%,含平细布)	12	90	17	17	米/千克	
5210110012[暂6]	未漂白与聚酯短纤混纺棉机织平布(指每平方米重量≤200克,68号及以下,含棉量<85%)	12	90	17	17	米/千克	
5210110013[暂6]	未漂白与聚酯短纤混纺棉奶酪布(指每平方米重量≤200克,含棉量<85%)	12	90	17	17	米/千克	
5210110014[暂6]	未漂白与聚酯短纤混纺棉印染用布(指每平方米重量≤200克,43~68号,含棉量<85%)	12	90	17	17	米/千克	
5210110015[暂6]	未漂白与聚酯短纤混纺棉巴里纱(指每平方米重量≤200克,69号及以上,含棉量<85%,含薄细布)	12	90	17	17	米/千克	
5210110091[暂6]	未漂白与其他化纤混纺棉府绸(指每平方米重量≤200克,含棉量<85%,含细平布)	12	90	17	17	米/千克	
5210110092[暂6]	未漂白与其他化纤混纺棉机织平布(指每平方米重量≤200克,68号及以下,含棉量<85%)	12	90	17	17	米/千克	
5210110093[暂6]	未漂白与其他化纤混纺棉奶酪布(指每平方米重量≤200克,含棉量<85%)	12	90	17	17	米/千克	
5210110094[暂6]	未漂白与其他化纤混纺棉印染用布(指每平方米重量≤200克,43~68号,含棉量<85%)	12	90	17	17	米/千克	
5210110095[暂6]	未漂白与其他化纤混纺棉巴里纱(指每平方米重量≤200克,69号及以上,含棉量<85%,含薄细布)	12	90	17	17	米/千克	
52101910	---三线或四线斜纹机织物,包括双面斜纹机织物						
5210191000	未漂白与化纤混纺3/4线或双面棉斜纹机织物(每平方米重量≤200克,含棉量<85%)	12	90	17	17	米/千克	
52101990	---其他						
5210199011[暂6]	其他未漂白与聚酯短纤混纺的缎布(每平方米重量≤200克,含棉量<85%)	12	90	17	17	米/千克	
5210199012[暂6]	其他未漂白与聚酯短纤混纺斜纹布(每平方米重量≤200克,含棉量<85%)	12	90	17	17	米/千克	
5210199013[暂6]	其他未漂白与聚酯短纤混纺牛津布(每平方米重量≤200克,含棉量<85%)	12	90	17	17	米/千克	
5210199019[暂6]	其他未漂白与聚酯短纤混纺棉布(每平方米重量≤200克,含棉量<85%)	12	90	17	17	米/千克	
5210199091[暂6]	其他未漂白与其他化纤混纺缎布(每平方米重量≤200克,含棉量<85%)	12	90	17	17	米/千克	
5210199092[暂6]	其他未漂白与其他化纤混纺斜纹布(每平方米重量≤200克,含棉量<85%)	12	90	17	17	米/千克	
5210199093[暂6]	其他未漂白与其他化纤混牛津布(每平方米重量≤200克,含棉量<85%)	12	90	17	17	米/千克	
5210199099[暂6]	其他未漂白与其他化纤混纺棉布(每平方米重量≤200克,含棉量<85%)	12	90	17	17	米/千克	
52102100	--平纹机织物						
5210210000	漂白与化纤混纺棉平纹机织物(每平方米重量≤200克,含棉量<85%)	14	90	17	17	米/千克	
52102910	---三线或四线斜纹机织物,包括双面斜纹机织物						
5210291000	漂白与化纤混纺3/4线或双面棉斜纹机织物(每平方米重量≤200克,含棉量<85%)	14	90	17	17	米/千克	
52102990	---其他						
5210299000	漂白与化纤混纺棉机织物(每平方米重量≤200克,含棉量<85%)	14	90	17	17	米/千克	
52103100	--平纹机织物						
5210310000	染色与化纤混纺棉平纹机织物(每平方米重量≤200克,含棉量<85%)	10	90	17	17	米/千克	
52103200	--三线或四线斜纹机织物,包括双面斜纹机织物						

商品编号	商品名称及备注	进口关税税率(%)		增值税率(%)	出口退税率(%)	计量单位	监管条件
		最惠国	普通				
5210320000	染色与化纤混纺的3/4线斜纹棉机织物(每平方米重量≤200克,含棉量<85%,含双面斜纹机织物)	10	90	17	17	米/千克	
52103900	--其他机织物						
5210390000	其他染色与化纤混纺棉机织物(每平方米重≤200克,含棉量<85%)	10	90	17	17	米/千克	
52104100	--平纹机织物						
5210410000	色织与化纤混纺棉平纹机织物(每平方米重≤200克,含棉量<85%)	10	90	17	17	米/千克	
52104910	---三线或四线斜纹机织物,包括双面斜纹机织物						
5210491000	色织化纤混纺3/4斜纹棉机织物(每平方米重量≤200克,含棉量<85%,含双面斜纹机织物)	10	90	17	17	米/千克	
52104990	---其他						
5210499000	其他色织与化纤混纺棉机织物(每平方米重量≤200克,含棉量<85%)	10	90	17	17	米/千克	
52105100	--平纹机织物						
5210510000	印花与化纤混纺棉平纹机织物(每平方米重量≤200克,含棉量<85%)	10	90	17	17	米/千克	
52105910	---三线或四线斜纹机织物,包括双面斜纹机织物						
5210591000	印花与化纤混纺3/4线斜纹棉机织物(每平方米重量≤200克,含棉量<85%,含双面斜纹机织物)	10	90	17	17	米/千克	
52105990	---其他						
5210599000	其他印花与化纤混纺棉机织物(每平方米重量≤200克,含棉量<85%)	10	90	17	17	米/千克	
5211	**棉机织物,按重量计含棉量在85%以下,主要或仅与化学纤维混纺,每平方米重量超过200克**						
52111100	--平纹机织物						
5211110011[暂6]	未漂白与聚酯短纤混纺棉府绸(每平方米重量>200克,含棉量<85%,含细平布)	12	90	17	17	米/千克	
5211110012[暂6]	未漂白与聚酯短纤混纺棉机织平布(每平方米重量>200克,含棉量<85%)	12	90	17	17	米/千克	
5211110019[暂6]	未漂白与聚酯短纤混纺棉平纹帆布(每平方米重量>200克,含棉量<85%)	12	90	17	17	米/千克	
5211110091[暂6]	未漂白与其他化纤混纺棉府绸(每平方米重量>200克,含棉量<85%,含细平布)	12	90	17	17	米/千克	
5211110092[暂6]	未漂白与其他化纤混纺棉机织平布(每平方米重量>200克,含棉量<85%)	12	90	17	17	米/千克	
5211110099[暂6]	未漂白与其他化纤混纺棉平纹帆布(每平方米重量>200克,含棉量<85%)	12	90	17	17	米/千克	
52111200	--三线或四线斜纹机织物,包括双面斜纹机织物						
5211120010[暂6]	未漂白聚酯短纤混纺斜纹棉布(每平方米重量>200克,含棉量<85%,三、四线斜纹布,双面斜纹布)	12	90	17	17	米/千克	
5211120090[暂6]	未漂白其他化纤混纺斜纹棉布(每平方米重量>200克,含棉量<85%,三、四线斜纹布,双面斜纹布)	12	90	17	17	米/千克	
52111900	--其他机织物						
5211190000	其他未漂白与化纤混纺棉机织物(每平方米重量>200克,含棉量<85%)	12	90	17	17	米/千克	
52112000	-漂白						
5211200000	漂白主要或仅与其他化纤混纺的棉机织布(每平方米重量>200克,含棉量<85%)	14	90	17	17	米/千克	
52113100	--平纹机织物						
5211310000	染色与化纤混纺的平纹机织物(每平方米重量>200克,含棉量<85%)	10	90	17	17	米/千克	
52113200	--三线或四线斜纹机织物,包括双面斜纹机织物						
5211320000	染色与化纤混纺3/4线斜纹棉机织物(每平方米重量>200克,含棉量<85%,含双面斜纹布)	10	90	17	17	米/千克	
52113900	--其他机织物						
5211390000	其他染色与化纤混纺棉机织物(每平方米重量>200克,含棉量<85%)	10	90	17	17	米/千克	
52114100	--平纹机织物						
5211410000	色织与化纤混纺平纹棉机织物(每平方米重量>200克,含棉量<85%)	10	90	17	17	米/千克	
52114200	--粗斜纹布(劳动布)						

商品编号	商品名称及备注	进口关税税率(%)		增值税率(%)	出口退税率(%)	计量单位	监管条件
		最惠国	普通				
5211420010	色织与化纤混纺蓝色粗斜纹棉布(每平方米重量>200克,含棉量<85%)	10	90	17	17	米/千克	
5211420090	色织与化纤混纺非蓝色粗斜纹棉布(每平方米重量>200克,含棉量<85%)	10	90	17	17	米/千克	
52114300	--其他三线或四线斜纹机织物,包括双面斜纹机织物						
5211430000	色织与化纤混纺3/4线斜纹棉机织物(每平方米重量>200克,含棉量<85%,含双面斜纹机织物)	10	90	17	17	米/千克	
52114900	--其他机织物						
5211490000	其他色织与化纤混纺棉机织物(每平方米重量>200克,含棉量<85%)	10	90	17	17	米/千克	
52115100	--平纹机织物						
5211510000	印花与化纤混纺的平纹机织物(每平方米重量>200克,含棉量<85%)	10	90	17	17	米/千克	
52115200	--三线或四线斜纹机织物,包括双面斜纹机织物						
5211520000	印花与化纤混纺3/4线斜纹棉机织物(每平方米重量>200克,含棉量<85%,含双面斜纹机织物)	10	90	17	17	米/千克	
52115900	--其他机织物						
5211590000	其他印花与化纤混纺棉机织物(每平方米重量>200克,含棉量<85%)	10	90	17	17	米/千克	
5212	**其他棉机织物**						
52121100	--未漂白						
5212110000	未漂白的其他混纺棉机织物(每平方米重量≤200克)	12	80	17	17	米/千克	
52121200	--漂白						
5212120000	漂白的其他混纺棉机织物(每平方米重量≤200克)	14	80	17	17	米/千克	
52121300	--染色						
5212130000	染色的其他混纺棉机织物(每平方米重量≤200克)	10	80	17	17	米/千克	
52121400	--色织						
5212140000	色织的其他混纺棉机织物(每平方米重量≤200克)	10	80	17	17	米/千克	
52121500	--印花						
5212150000	印花的其他混纺棉机织物(每平方米重量≤200克)	10	80	17	17	米/千克	
52122100	--未漂白						
5212210011[暂6]	未漂白其他混纺棉布(每平方米重量>200克,与36%及以上精梳羊毛或动物细毛混纺)	12	80	17	17	米/千克	
5212210019[暂6]	未漂白其他混纺棉布(每平方米重量>200克,与36%及以下精梳羊毛或动物细毛混纺)	12	80	17	17	米/千克	
5212210021[暂6]	未漂白其他混纺棉布(每平方米重量>200克,与36%及以上其他羊毛或动物细毛混纺)	12	80	17	17	米/千克	
5212210029[暂6]	未漂白其他混纺棉布(每平方米重量>200克,与36%及以下其他羊毛或动物细毛混纺)	12	80	17	17	米/千克	
5212210030[暂6]	未漂白其他混纺府绸及平细布(每平方米重量>200克,与化纤以外其他纤维混纺)	12	80	17	17	米/千克	
5212210040[暂6]	未漂白其他混纺棉机织平布(每平方米重量>200克,与化纤以外其他纤维混纺)	12	80	17	17	米/千克	
5212210050[暂6]	未漂白其他混纺棉帆布(每平方米重量>200克,与化纤以外其他纤维混纺)	12	80	17	17	米/千克	
5212210060[暂6]	未漂白其他混纺棉缎布(每平方米重量>200克,与化纤以外其他纤维混纺)	12	80	17	17	米/千克	
5212210070[暂6]	未漂白其他混纺斜纹棉布(每平方米重量>200克,与化纤以外其他纤维混纺)	12	80	17	17	米/千克	
5212210090[暂6]	未漂白其他混纺棉布(每平方米重量>200克,与化纤以外其他纤维混纺)	12	80	17	17	米/千克	
52122200	--漂白						
5212220000	漂白的其他混纺棉机织物(每平方米重量>200克)	14	80	17	17	米/千克	
52122300	--染色						
5212230000	染色的其他混纺棉机织物(每平方米重量>200克)	10	80	17	17	米/千克	
52122400	--色织						
5212240000	色织的混纺棉机织物(每平方米重量>200克)	10	80	17	17	米/千克	
52122500	--印花						
5212250000	印花的其他混纺棉机织物(每平方米重量>200克)	10	80	17	17	米/千克	

第五十三章　其他植物纺织纤维;纸纱线及其机织物

商品编号	商品名称及备注	进口关税税率(%)		增值税率(%)	出口退税率(%)	计量单位	监管条件
		最惠国	普通				
5301	**亚麻,生的或经加工但未纺制的;亚麻短纤及废麻(包括废麻纱线及回收纤维)**						
53011000	-生的或经沤制的亚麻						
5301100000	生的或沤制的亚麻	6	30	17	5	千克	AB
53012100	--破开的或打成的						
5301210000[暂1]	破开或打成的亚麻	6	30	17	5	千克	AB
53012900	--其他						
5301290000	栉梳或经其他加工未纺制的亚麻	6	30	17	5	千克	AB
53013000	-亚麻短纤及废麻						
5301300000[暂1]	亚麻短纤及废麻(包括废麻纱线及回收纤维)	6	30	17	5	千克	AB
5302	**大麻,生的或经加工但未纺制的;大麻短纤及废麻(包括废麻纱线及回收纤维)**						
53021000	-生的或经沤制的大麻						
5302100000	生的或经沤制的大麻	6	30	17	5	千克	AB
53029000	-其他						
5302900000	加工未纺的大麻、大麻短纤及废麻(包括废麻纱线及回收纤维)	6	30	17	5	千克	AB
5303	**黄麻及其他纺织用韧皮纤维(不包括亚麻、大麻及苎麻),生的或经加工但未纺制的;上述纤维的短纤及废麻(包括废纱线及回收纤维)**						
53031000	-生的或经沤制的黄麻及其他纺织用韧皮纤维						
5303100000	生或沤制黄麻,其他纺织韧皮纤维(不包括亚麻,大麻,苎麻)	5	20	13	5	千克	AB
53039000	-其他						
5303900000	加工未纺的黄麻及纺织用韧皮纤维(包括短纤、废麻、废纱线及回收纤维,不含亚麻、大麻、苎麻)	5	30	17	5	千克	AB
5305	**椰壳纤维、蕉麻(马尼拉麻)、苎麻及其他税号未列名的纺织用植物纤维,生的或经加工但未纺制的;上述纤维的短纤、落麻及废料(包括废纱线及回收纤维)**						
53050011	----生的						
5305001100	生的苎麻	5	30	17	5	千克	AB
53050012	----经加工但未纺制的						
5305001200	经加工未纺制的苎麻	5	30	17	5	千克	AB
53050013	----短纤及废料						
5305001300	苎麻短纤及废麻(包括废纱线及回收纤维)	5	30	17	5	千克	AB
53050019	----其他						
5305001900	经加工的未列名纺织用苎麻纤维(包括短纤、落麻、废料、废纱线及回收纤维)	5	20	17	5	千克	AB
53050020	---蕉麻						
5305002000	生的或经加工未纺制的蕉麻(包括短纤、落麻、废料、废蕉麻纱线及回收纤维)	3	20	17	5	千克	AB
53050091	----西沙尔麻及其他纺织用龙舌兰类纤维						
5305009100	生的或经加工、未纺制的西沙尔麻及纺织用龙舌兰纤维(包括短纤、落麻、废料、废纱线及回收纤维)	5	30	17	5	千克	AB
53050092	----椰壳纤维						
5305009200	生的或经加工、未纺制的椰壳纤维(包括短纤、落麻、废料、废椰壳纱线及回收纤维)	5	30	17	5	千克	AB
53050099	----其他						
5305009900	生的或经加工的未列名纺织用植物纤维(包括短纤、落麻、废料、废纱线及回收纤维)	5	30	17	5	千克	AB
5306	**亚麻纱线**						
53061000	-单纱						
5306100000	亚麻单纱	6	50	17	17	千克	

商品编号	商品名称及备注	进口关税税率(%) 最惠国	进口关税税率(%) 普通	增值税率(%)	出口退税率(%)	计量单位	监管条件
53062000	-多股纱线或缆线						
5306200000[暂5]	亚麻多股纱线或缆线	10	50	17	17	千克	
5307	**黄麻纱线或品目53.03的其他纺织用韧皮纤维纱线**						
53071000	-单纱						
5307100000	黄麻及其他纺织用韧皮纤维单纱	6	35	17	17	千克	
53072000	-多股纱线或缆线						
5307200000	黄麻及其他韧皮纤维多股纱或缆线	6	35	17	17	千克	
5308	**其他植物纺织纤维纱线;纸纱线**						
53081000	-椰壳纤维纱线						
5308100000	椰壳纤维纱线	6	45	17	17	千克	
53082000	-大麻纱线						
5308200000	大麻纱线	6	45	17	17	千克	
53089011	----按重量计苎麻含量≥85%的未漂白或漂白纱线						
5308901100	漂白或未漂白的纯苎麻纱线(纯按重量计苎麻含量≥85%)	6	50	17	17	千克	
53089012	----按重量计苎麻含量≥85%的色纱线						
5308901200	纯苎麻色纱线(纯按重量计苎麻含量≥85%)	6	50	17	17	千克	
53089013	----按重量计苎麻含量<85%的未漂白或漂白纱线						
5308901300	漂白或未漂白其他苎麻纱线(按重量计苎麻含量<85%)	6	50	17	17	千克	
53089014	----按重量计苎麻含量<85%的色纱线						
5308901400	其他苎麻色纱线(按重量计苎麻含量<85%)	6	50	17	17	千克	
53089091	----纸纱线						
5308909100	纸纱线	6	70	17	17	千克	
53089099	----其他						
5308909900	其他植物纺织纤维纱线	6	45	17	17	千克	
5309	**亚麻机织物**						
53091110	---未漂白						
5309111000	未漂白的纯亚麻机织物(按重量计亚麻含量≥85%)	10	80	17	17	米/千克	
53091120	---漂白						
5309112000	漂白的纯亚麻机织物(按重量计亚麻含量≥85%)	10	80	17	17	米/千克	
53091900	--其他						
5309190000	其他全亚麻机织物(按重量计亚麻含量≥85%)	10	80	17	17	米/千克	
53092110	---未漂白						
5309211000	未漂白的混纺亚麻机织物(亚麻含量<85%)	10	80	17	17	米/千克	
53092120	---漂白						
5309212000	漂白的混纺亚麻机织物(亚麻含量<85%)	10	80	17	17	米/千克	
53092900	--其他						
5309290000	其他混纺亚麻机织物(亚麻含量<85%)	10	80	17	17	米/千克	
5310	**黄麻或品目53.03的其他纺织用韧皮纤维机织物**						
53101000	-未漂白						
5310100000	未漂白黄麻或其他韧皮纤维机织物	10	40	17	17	米/千克	
53109000	-其他						
5310900000	其他黄麻机织物或其他韧皮纤维机织物	10	40	17	17	米/千克	
5311	**其他纺织用植物纤维机织物;纸纱线机织物**						
53110012	----按重量计苎麻含量≥85%的未漂白机织物						
5311001200	未漂白的苎麻机织物(苎麻含量≥85%)	10	80	17	17	米/千克	
53110013	----按重量计苎麻含量≥85%的其他机织物						

商品编号	商 品 名 称 及 备 注	进口关税税率(%)		增值税率(%)	出口退税率(%)	计量单位	监管条件
		最惠国	普通				
5311001300	其他苎麻机织物(苎麻含量≥85%)	12	80	17	17	米/千克	
53110014	----按重量计苎麻含量<85%的未漂白机织物						
5311001400	未漂白的苎麻机织物(苎麻含量<85%)	10	80	17	17	米/千克	
53110015	----按重量计苎麻含量<85%的其他机织物						
5311001500	其他苎麻机织物(指按重量计苎麻含量<85%)	12	80	17	17	米/千克	
53110020	---纸纱线的						
5311002000	纸纱线机织物	10	90	17	17	米/千克	
53110030	---大麻的						
5311003000	大麻机织物	10	50	17	17	米/千克	
53110090	---其他						
5311009000	其他纺织用植物纤维其他机织物	10	50	17	17	米/千克	

第五十四章　化学纤维长丝；化学纤维纺织材料制扁条及类似品

注释：

一、本手册所称"化学纤维"，是指通过下列任一方法加工制得的有机聚合物的短纤或长丝：

（一）将有机单体物质加以聚合而制成的聚合物，例如，聚酰胺、聚酯、聚烯烃、聚氨基甲酸酯；或通过上述加工得到的聚合物经化学改性制得（例如，聚乙酸乙烯酯水解制得的聚乙烯醇）；或

（二）将天然有机聚合物（例如，纤维素）溶解或化学处理制成聚合物，例如，铜铵纤维或粘胶纤维；或将天然有机聚合物（例如，纤维素、酪蛋白及其他蛋白质或藻酸）经化学改性制成聚合物，例如，醋酸纤维素纤维或藻酸盐纤维。

对于化学纤维，所称"合成"，是指（一）款所述的纤维；所称"人造"，是指（二）款所述的纤维。品目54.04或54.05的扁条及类似品不视作化学纤维。

对于纺织材料，所称"化学纤维"、"合成纤维"及"人造纤维"，其含义应与上述解释相同。

二、品目54.02及54.03不适用于第五十五章的合成纤维或人造纤维的长丝丝束。

商品编号	商品名称及备注	进口关税税率（%）		增值税率（%）	出口退税率（%）	计量单位	监管条件
		最惠国	普通				
5401	**化学纤维长丝纺制的缝纫线，不论是否供零售用**						
54011010	---非供零售用						
5401101000	非供零售用合成纤维长丝缝纫线	5	70	17	17	千克	
54011020	---供零售用						
5401102000	供零售用合成纤维长丝缝纫线	5	90	17	17	千克	
54012010	---非供零售用						
5401201000	非供零售用人造纤维长丝缝纫线	5	35	17	17	千克	
54012020	---供零售用						
5401202000	供零售用人造纤维长丝缝纫线	5	90	17	17	千克	
5402	**合成纤维长丝纱线（缝纫线除外），非供零售用，包括细度在67分特以下的合成纤维单丝**						
54021110	---聚间苯二甲酰间苯二胺纺制						
5402111000	聚间苯二甲酰间苯二胺纺制的高强力纱（非供零售用）	5	70	17	17	千克	A
54021120	---聚对苯二甲酰对苯二胺纺制						
5402112000	聚对苯二甲酰对苯二胺纺制的高强力纱（非供零售用）	5	70	17	17	千克	A
54021190	---其他						
5402119000	其他芳香族聚酰胺纺制的高强力纱（非供零售用）	5	70	17	17	千克	A
54021910	---聚酰胺-6（尼龙-6）纺制的						
5402191000	聚酰胺-6（尼龙-6）纺制高强力纱（非供零售用）	5	70	17	17	千克	A
54021920	---聚酰胺-6,6（尼龙-6,6）纺制的						
5402192000	聚酰胺-6,6（尼龙6,6）纺制的高强力纱（非供零售用）	5	70	17	17	千克	A
54021990	---其他						
5402199000	其他尼龙或其他聚酰胺制高强力纱（非供零售用）	5	70	17	17	千克	A
54022000	-聚酯高强力纱，不论是否经变形加工						
5402200010	非零售聚酯高强力纱，不论是否经变形加工（单丝/未捻或捻度<5转/米的复丝单纱）	5	70	17	17	千克	A
5402200020	非零售聚酯高强力纱，不论是否经变形加工（捻度≥5转/米的复丝单纱）	5	70	17	17	千克	A
5402200090	非零售聚酯高强力多股纱，不论是否经变形加工	5	70	17	17	千克	A
54023111	----聚酰胺-6（尼龙-6）纺制						
5402311100	聚酰胺-6（尼龙-6）纺制弹力丝（非供零售用，指每根单纱细度≤50特）	5	80	17	17	千克	A
54023112	----聚酰胺-6,6（尼龙-6,6）纺制						
5402311200	聚酰胺-6,6纺制的弹力丝（非供零售用，尼龙-6,6，指每根单纱细度≤50特）	5	80	17	17	千克	A
54023113	----芳香族聚酰胺纺制						

商品编号	商品名称及备注	进口关税税率(%)		增值税率(%)	出口退税率(%)	计量单位	监管条件
		最惠国	普通				
5402311300	芳香族聚酰胺纺制弹力丝(非供零售用,指每根单纱细度≤50特)	5	80	17	17	千克	A
54023119	----其他						
5402311900	其他尼龙或其他聚酰胺制弹力丝(指每根单纱细度≤50特,非供零售用)	5	80	17	17	千克	A
54023190	---其他						
5402319000	非零售其他细尼龙变形纱线(指每根单纱细度≤50特,包括其他聚酰胺变形丝)	5	70	17	17	千克	A
54023211	----聚酰胺-6(尼龙-6)纺制						
5402321100	聚酰胺-6(尼龙-6)纺制的弹力丝(指每根单纱细度>50特, 非供零售用)	5	80	17	17	千克	
54023212	----聚酰胺-6,6(尼龙-6,6)纺制						
5402321200	聚酰胺-6,6纺制的弹力丝(指每根单纱细度>50特, 尼龙-6,6,非供零售用)	5	80	17	17	千克	
54023213	----芳香族聚酰胺纺制						
5402321300	芳香族聚酰胺纺制的弹力丝(指每根单纱细度>50特, 非供零售用)	5	80	17	17	千克	
54023219	----其他						
5402321900	其他尼龙或其他聚酰胺制弹力丝(指每根单纱细度>50特,非供零售用)	5	80	17	17	千克	
54023290	---其他						
5402329000	非零售其他粗尼龙变形纱线(粗指每根单纱细度>50特,包括其他聚酰胺变形丝)	5	70	17	17	千克	
54023310	---弹力丝						
5402331000	非零售聚酯弹力丝	5	90	17	17	千克	A
54023390	---其他						
5402339000	非零售聚酯变形纱线	5	70	17	17	千克	A
54023400	--聚丙烯纺制						
5402340000	聚丙烯长丝变形纱线(非供零售用)	5	70	17	17	千克	
54023900	--其他						
5402390000	其他合成纤维长丝变形纱线(非供零售用)	5	70	17	17	千克	
54024410	---氨纶纱线						
5402441000	氨纶弹性单纱(未加捻或捻度≤50转/米,非供零售用)	5	70	17	17	千克	
54024490	---其他						
5402449000	其他合成纤维长丝弹性单纱(非供零售用,未加捻或捻度≤50转/米)	5	70	17	17	千克	A
54024510	---聚酰胺-6(尼龙-6)纺制的						
5402451000	聚酰胺-6(尼龙-6)纺制的其他单纱(非供零售用,未加捻或捻度≤50转/米)	5	70	17	17	千克	
54024520	---聚酰胺-6,6(尼龙-6,6)纺制的						
5402452000	聚酰胺-6,6(尼龙-6,6)纺制的其他单纱(非供零售用,未加捻或捻度≤50转/米)	5	70	17	17	千克	
54024530	---芳香族聚酰胺纺制的						
5402453000	芳香族聚酰胺纺制的其他单纱(非供零售用,未加捻或捻度≤50转/米)	5	70	17	17	千克	
54024590	---其他						
5402459000	其他尼龙或其他聚酰胺单纱纺制的其他单纱(非供零售用,未加捻或捻度≤50转/米)	5	70	17	17	千克	
54024600	--其他,部分定向聚酯纱线						
5402460000	其他部分定向聚酯单纱(非供零售用,未加捻或捻度≤50转/米)	5	70	17	17	千克	A
54024700	--其他,聚酯纱线						
5402470000	其他聚酯单纱(非供零售用,未加捻或捻度≤50转/米)	5	70	17	17	千克	A
54024800	--其他,聚丙烯纱线						
5402480000	其他聚丙烯单纱(非供零售用,未加捻或捻度≤50转/米)	5	70	17	17	千克	
54024910	---断裂强度≥22cN/dtex,且初始模量≥750cN/dtex的聚乙烯纱线						
5402491000	聚乙烯长丝纱线(单纱)(断裂强度≥22cN/dtex,且初始模量≥ 750cN/dtex,非供零售用,未加捻或捻度≤50转/米,缝纫线除外)	5	70	17	17	千克	
54024990	---其他						
5402499001	非弹性氨纶单纱(非供零售用,未加捻或捻度≤50转/米,缝纫线除外)	5	70	17	17	千克	

商品编号	商品名称及备注	进口关税税率(%)		增值税率(%)	出口退税率(%)	计量单位	监管条件
		最惠国	普通				
5402499090	其他合成纤维长丝单纱(非供零售用,未加捻或捻度≤50转/米,缝纫线除外)	5	70	17	17	千克	
54025110	---聚酰胺-6(尼龙-6)制						
5402511000	聚酰胺-6(尼龙-6)纺制的单纱(指捻度>50转/米, 非供零售用)	5	70	17	17	千克	
54025120	---聚酰胺-6,6(尼龙-6,6)制						
5402512000	聚酰胺-6,6纺制的单纱(指捻度>50转/米,尼龙-6,6, 非供零售用)	5	70	17	17	千克	
54025130	---芳香族聚酰胺制						
5402513000	芳香族聚酰胺纺制的单纱(指捻度>50转/米, 非供零售用)	5	70	17	17	千克	
54025190	---其他						
5402519000	其他尼龙或其他聚酰胺单纱(指捻度>50转/米, 非供零售用)	5	70	17	17	千克	
54025200	--聚酯纱线						
5402520000	非零售加捻的其他聚酯纱线(加捻指捻度>50转/米)	5	70	17	17	千克	
54025300	--聚丙烯纱线						
5402530000	聚丙烯纱线(捻度>50转/米,非供零售用)	5	70	17		千克	
54025920	---断裂强度≥22cN/dtex,且初始模量≥750cN/dtex的聚乙烯纱线						
5402592000	聚乙烯长丝纱线(单纱)(断裂强度≥22cN/dtex,且初始模量≥ 750cN/dtex,非供零售用,捻度>50转/米,缝纫线除外)	5	70	17	17	千克	
54025990	---其他						
5402599000	其他合成纤维长丝纱线(捻度>50转/米,非供零售用)	5	70	17	17	千克	
54026110	---聚酰胺-6(尼龙-6)制						
5402611000	聚酰胺-6(尼龙-6)纺制的纱线(包括多股纱线或缆线, 非供零售用)	5	70	17	17	千克	
54026120	---聚酰胺-6,6(尼龙-6,6)制						
5402612000	聚酰胺-6,6纺制的纱线(包括多股纱线或缆线,尼龙-6,6, 非供零售用)	5	70	17	17	千克	
54026130	---芳香族聚酰胺制						
5402613000	芳香族聚酰胺纺制的纱线(包括多股纱线或缆线, 非供零售用)	5	70	17	17	千克	
54026190	----其他						
5402619000	其他尼龙或其他聚酰胺纺制纱线(包括多股纱线或缆线, 非供零售用)	5	70	17	17	千克	
54026200	--聚酯纺制						
5402620000	非零售聚酯多股纱线(包括缆线)	5	70	17	17	千克	
54026300	--聚丙烯纺制						
5402630000	聚丙烯纱线(包括多股纱线或缆线,非供零售用)	5	70	17		千克	
54026920	---氨纶纱线						
5402692000	氨纶纱线(包括多股纱线或缆线,非供零售用)	5	70	17	17	千克	
54026990	---其他						
5402699000	其他合成纤维长丝多股纱线或缆线(非供零售用)	5	70	17	17	千克	
5403	**人造纤维长丝纱线(缝纫线除外),非供零售用,包括细度在67分特以下的人造纤维单丝**						
54031000	-粘胶纤维纺制的高强力纱						
5403100000	非零售粘胶纤维高强力纱	5	35	17	17	千克	
54033110	---竹制						
5403311000	非零售竹制粘胶纤维单纱(未捻或捻度≤120转/米的单纱,包括变形纱线)	5	35	17	17	千克	
54033190	---其他						
5403319000	其他非零售粘胶纤维单纱(未捻或捻度≤120转/米的单纱,包括变形纱线)	5	35	17	17	千克	
54033210	---竹制						

商品编号	商品名称及备注	进口关税税率(%)		增值税率(%)	出口退税率(%)	计量单位	监管条件
		最惠国	普通				
5403321000	非零售的竹制粘胶纤维单纱(加捻捻度>120转/米,包括变形纱线)	5	35	17	17	千克	
54033290	---其他						
5403329000	其他非零售粘胶纤维单纱(加捻捻度>120转/米,包括变形纱线)	5	35	17	17	千克	
54033310	---二醋酸纤维纺制						
5403331010	非零售二醋酸纤维单纱(单丝、未捻或捻度<5转/米的复丝单纱,包括变形纱线)	5	40	17	17	千克	A
5403331020	非零售二醋酸纤维单纱(5转/米≤捻度≤250转/米,包括变形纱线)	5	40	17	17	千克	A
5403331090	非零售二醋酸纤维单纱(捻度>250转/米)	5	40	17	17	千克	A
54033390	---其他						
5403339000	非零售其他醋酸纤维单纱	5	35	17	17	千克	
54033900	--其他						
5403390000	非零售其他人纤长丝单纱	5	35	17	17	千克	
54034100	--粘胶纤维纺制						
5403410000	非零售粘胶长丝多股纱线或缆线(包括变形纱线)	5	35	17	17	千克	
54034200	--醋酸纤维纺制						
5403420000	非零售醋酸长丝多股纱线或缆线(包括变形纱线)	5	35	17	17	千克	
54034900	--其他						
5403490000	非零售其他人造纤维长丝多股纱或缆线(包括变形纱线)	5	35	17	17	千克	
5404	**截面尺寸不超过1毫米,细度在67分特及以上的合成纤维单丝;表观宽度不超过5毫米的合成纤维纺织材料制扁条及类似品(例如,人造草)**						
54041100	--弹性单丝						
5404110010	细度≥67分特的涤纶纤维弹性单丝(截面尺寸≤1毫米,细度<67分特的合成纤维单丝归入品目54.02)	5	80	17	17	千克	
5404110090	细度≥67分特的其他合成纤维弹性单丝(截面尺寸≤1毫米,细度<67分特的合成纤维单丝归入品目54.02)	5	80	17	17	千克	
54041200	--其他,聚丙烯单丝						
5404120000	细度≥67分特的其他聚丙烯单丝(截面尺寸≤1毫米,细度<67分特的合成纤维单丝归入品目54.02)	5	80	17	17	千克	
54041900	--其他						
5404190010	细度≥67分特的涤纶纤维单丝(截面尺寸≤1毫米,细度<67分特的合成纤维单丝归入品目54.02)	5	80	17	17	千克	
5404190090	细度≥67分特的其他合成纤维单丝(截面尺寸≤1毫米,细度<67分特的合成纤维单丝归入品目54.02)	5	80	17	17	千克	
54049000	-其他						
5404900000	其他合成纺织材料制扁条及类似品(表观宽度≤5毫米,例如人造草)	5	80	17	17	千克	
5405	**截面尺寸不超过1毫米,细度在67分特及以上的人造纤维单丝;表观宽度不超过5毫米的人造纤维纺织材料制扁条及类似品(例如,人造草)**						
54050000	截面尺寸≤1毫米,细度≥67分特的人造纤维单丝;表观宽度≤5毫米的人造纤维纺织材料制扁条及类似品(例如,人造草)						
5405000000	细度≥67分特其他人造纤维单丝及其扁条(单丝截面尺寸≤1毫米,扁条及其类似品宽度≤5毫米)	5	80	17	17	千克	
5406	**化学纤维长丝纱线(缝纫线除外),供零售用**						
54060010	---合成纤维长丝纱线						
5406001000	供零售用合成纤维长丝纱线(缝纫线除外)	5	90	17	17	千克	
54060020	---人造纤维长丝纱线						
5406002000	供零售用人造纤维长丝纱线(缝纫线除外)	5	90	17	17	千克	

商品编号	商 品 名 称 及 备 注	进口关税税率(%)		增值税率(%)	出口退税率(%)	计量单位	监管条件
		最惠国	普通				
5407	**合成纤维长丝纱线的机织物,包括品目54.04所列材料的机织物**						
54071010	---尼龙或其他聚酰胺高强力纱纺制						
5407101000	高强力纱纺制机织物(由尼龙或其他聚酰胺高强力纱纺制的)	10	130	17	17	米/千克	A
54071020	---聚酯高强力纱纺制						
5407102010	聚酯高强力纱纺制机织物(重量≤170克/平方米)	10	130	17	17	米/千克	A
5407102090	聚酯高强力纱纺制机织物(重量>170克/平方米)	10	130	17	17	米/千克	A
54072000	-扁条及类似品的机织物						
5407200000	合成纤维扁条及类似品机织物	10	130	17	17	米/千克	
54073000	-第十一类注释九所列的机织物						
5407300000	平行纱线相互层叠并粘合织物(第十一类注释九所列的机织物)	10	130	17	17	米/千克	
54074100	--未漂白或漂白						
5407410000	未漂白的或漂白的尼龙或其他聚酰胺长丝机织物(尼龙或其他聚酰胺长丝含量≥85%)	10	130	17	17	米/千克	
54074200	--染色						
5407420000	染色的纯尼龙机织物(按重量计尼龙或其他聚酰胺长丝含量≥85%)	10	130	17	17	米/千克	
54074300	--色织						
5407430000	色织的纯尼龙机织物(按重量计尼龙或其他聚酰胺长丝含量≥85%)	10	130	17	17	米/千克	
54074400	--印花						
5407440000	印花的纯尼龙机织物(按重量计尼龙或其他聚酰胺长丝含量≥85%)	10	130	17	17	米/千克	
54075100	--未漂白或漂白						
5407510000	未漂白或漂白纯聚酯变形长丝机织物(聚酯变形长丝含量≥85%)	10	130	17	17	米/千克	
54075200	--染色						
5407520000	染色的聚酯变形长丝机织物(聚酯变形长丝含量≥85%)	10	130	17	17	米/千克	
54075300	--色织						
5407530000	色织的聚酯变形长丝机织物(聚酯变形长丝含量≥85%)	10	130	17	17	米/千克	
54075400	--印花						
5407540000	印花的聚酯变形长丝机织物(聚酯变形长丝含量≥85%)	10	130	17	17	米/千克	
54076100	--按重量计聚酯非变形长丝含量≥85%						
5407610000	聚酯非变形长丝机织物(聚酯非变形长丝含量≥85%)	10	130	17	17	米/千克	
54076900	--其他						
5407690000	其他聚酯长丝机织物(聚酯长丝含量≥85%)	10	130	17	17	米/千克	
54077100	--未漂白或漂白						
5407710000	未漂白或漂白其他纯合成纤维长丝机织物(按重量计其他合成纤维长丝含量≥85%)	10	130	17	17	米/千克	
54077200	--染色						
5407720000	染色的其他纯合成纤维长丝布(纯合成纤维布指按重量计其他合成纤维长丝含量≥85%)	10	130	17	17	米/千克	
54077300	--色织						
5407730000	色织的其他纯合成纤维长丝布(纯合成纤维布指按重量计其他合成纤维长丝含量≥85%)	10	130	17	17	米/千克	
54077400	--印花						
5407740000	印花的其他纯合成纤维长丝布(纯合成纤维布指按重量计其他合成纤维长丝含量≥85%)	10	130	17	17	米/千克	
54078100	--未漂白或漂白						
5407810000	未漂白或漂白与棉混纺其他合成纤维长丝机织物(按重量计其他合成纤维长丝含量<85%)	10	130	17	17	米/千克	
54078200	--染色						
5407820000	染色的与棉混纺其他合成纤维长丝机织物(按重量计其他合成纤维长丝含量<85%)	10	130	17	17	米/千克	

商品编号	商品名称及备注	进口关税税率(%) 最惠国	进口关税税率(%) 普通	增值税率(%)	出口退税率(%)	计量单位	监管条件
54078300	--色织						
5407830000	色织的与棉混纺其他合成纤维长丝机织物(按重量计其他合成纤维长丝含量<85%)	10	130	17	17	米/千克	
54078400	--印花						
5407840000	印花的与棉混纺其他合成纤维长丝机织物(按重量计其他合成纤维长丝含量<85%)	10	130	17	17	米/千克	
54079100	--未漂白或漂白						
5407910000	未漂白或漂白的其他混纺合成纤维长丝机织物(按重量计其他合成纤维长丝含量<85%)	10	130	17	17	米/千克	
54079200	--染色						
5407920000	染色的其他混纺合成纤维长丝机织物(按重量计其他合成纤维长丝含量<85%)	10	130	17	17	米/千克	
54079300	--色织						
5407930000	色织的其他混纺合成纤维长丝机织物(按重量计其他合成纤维长丝含量<85%)	10	130	17	17	米/千克	
54079400	--印花						
5407940000	印花的其他混纺合成纤维长丝机织物(按重量计其他合成纤维长丝含量<85%)	10	130	17	17	米/千克	
5408	**人造纤维长丝纱线的机织物,包括品目54.05所列材料的机织物**						
54081000	-粘胶纤维高强力纱的机织物						
5408100000	粘胶纤维高强力纱的机织物	10	130	17	17	米/千克	
54082110	---粘胶纤维制						
5408211000	未漂白或漂白粘胶长丝机织物(按重量计粘胶纤维长丝、扁条或类似品含量≥85%)	12	130	17	17	米/千克	
54082120	---醋纤纤维制						
5408212000	未漂白或漂白醋酸长丝机织物(按重量计醋酸纤维长丝、扁条或类似品含量≥85%)	12	130	17	17	米/千克	
54082190	---其他						
5408219000	未漂白或漂白其他纯人造纤维长丝机织物(包括扁条布,按重量计其他人造纤维长丝含量≥85%)	12	130	17	17	米/千克	
54082210	---粘胶纤维制						
5408221000	染色的粘胶长丝机织物(按重量计粘胶纤维长丝、扁条或类似品含量≥85%)	10	130	17	17	米/千克	
54082220	---醋纤纤维制						
5408222000	染色的醋酸长丝机织物(按重量计醋酸纤维长丝、扁条或类似品含量≥85%)	10	130	17	17	米/千克	
54082290	---其他						
5408229000	染色的其他人造纤维长丝机织物(按重量计其他人造纤维长丝、扁条含量≥85%)	10	130	17	17	米/千克	
54082310	---粘胶纤维制						
5408231000	色织的粘胶长丝机织物(按重量计粘胶纤维长丝、扁条或类似品含量≥85%)	10	130	17	17	米/千克	
54082320	---醋纤纤维制						
5408232000	色织的醋酸长丝机织物(按重量计醋酸纤维长丝、扁条或类似品含量≥85%)	10	130	17	17	米/千克	
54082390	---其他						
5408239000	色织的其他人造纤维长丝机织物(按重量计其他人造纤维长丝,扁条含量≥85%)	10	130	17	17	米/千克	
54082410	---粘胶纤维制						
5408241000	印花的粘胶长丝机织物(按重量计粘胶纤维长丝、扁条或类似品含量≥85%)	10	130	17	17	米/千克	
54082420	---醋纤纤维制						
5408242000	印花的醋酸长丝机织物(按重量计醋酸纤维长丝、扁条或类似品含量≥85%)	10	130	17	17	米/千克	
54082490	---其他						
5408249000	其他印花人造纤维长丝,扁条机织物(按重量计人造纤维长丝、扁条或类似品含量≥85%)	10	130	17	17	米/千克	
54083100	--未漂白或漂白						
5408310000	未漂白或漂白人造纤维长丝其他混纺机织物(按重量计人造纤维长丝、扁条或类似品含量<85%)	10	130	17	17	米/千克	
54083200	--染色						

商品编号	商品名称及备注	进口关税税率(%)		增值税率(%)	出口退税率(%)	计量单位	监管条件
		最惠国	普通				
5408320000	染色的人造纤维长丝其他机织物(按重量计人造纤维长丝、扁条或类似品含量<85%)	10	130	17	17	米/千克	
54083300	--色织						
5408330000	色织的人造纤维长丝其他机织物(按重量计人造纤维长丝、扁条或类似品含量<85%)	10	130	17	17	米/千克	
54083400	--印花						
5408340000	印花的人造纤维长丝其他机织物(按重量计人造纤维长丝、扁条或类似品含量<85%)	10	130	17	17	米/千克	

第五十五章　化学纤维短纤

注释：

品目55.01和55.02仅适用于每根与丝束长度相等的平行化学纤维长丝丝束。前述丝束应同时符合下列规格：

一、丝束长度超过2米；

二、捻度每米少于5转；

三、每根长丝细度在67分特以下；

四、合成纤维长丝丝束，须经拉伸处理，即本身不能被拉伸至超过本身长度的1倍；

五、丝束总细度大于20000分特。

丝束长度不超过2米的归入品目55.03或55.04。

商品编号	商品名称及备注	进口关税税率(%)		增值税率(%)	出口退税率(%)	计量单位	监管条件
		最惠国	普通				
5501	**合成纤维长丝丝束**						
55011000	-尼龙或其他聚酰胺制						
5501100000	尼龙或其他聚酰胺长丝丝束	5	70	17	17	千克	
55012000	-聚酯制						
5501200000	聚酯长丝丝束	5	70	17	17	千克	
55013000	-聚丙烯腈或变性聚丙烯腈制						
5501300010	聚丙烯腈制长丝丝束(不包括变性聚丙烯腈制)	5	35	17	17	千克	
5501300090	变性聚丙烯腈长丝丝束	5	35	17	17	千克	
55014000	-聚丙烯制						
5501400000	聚丙烯长丝丝束	5	70	17	17	千克	
55019000	-其他						
5501900000	其他合成纤维长丝丝束	5	70	17	17	千克	
5502	**人造纤维长丝丝束**						
55021010	---二醋酸纤维丝束						
5502101000	二醋酸纤维丝束	3	40	17		千克	7
55021090	---其他						
5502109000	其他醋酸纤维丝束	5	35	17		千克	
55029000	-其他						
5502900000	其他人造纤维长丝丝束	5	35	17		千克	
5503	**合成纤维短纤，未梳或未经其他纺前加工**						
55031110	---聚间苯二甲酰间苯二胺纺制						
5503111000	未梳的聚间苯二甲酰间苯二胺纺制的短纤(包括未经其他纺前加工的)	5	70	17	17	千克	
55031120	---聚对苯二甲酰对苯二胺纺制						
5503112000	未梳的聚对苯二甲酰对苯二胺纺制的短纤(包括未经其他纺前加工的)	5	70	17	17	千克	
55031190	---其他						
5503119000	未梳的其他芳香族聚酰胺纺制的短纤(包括未经其他纺前加工的)	5	70	17	17	千克	
55031900	--其他						
5503190000	未梳的尼龙或其他聚酰胺短纤(包括未经其他纺前加工的)	5	70	17	17	千克	
55032000	-聚酯制						
5503200000	未梳的聚酯短纤(包括未经其他纺前加工的)	5	70	17	17	千克	
55033000	-聚丙烯腈或变性聚丙烯腈制						
5503300010	未梳或未经其他纺前加工的聚丙烯腈制短纤维(不包括变性聚丙烯腈制)	5	35	17	17	千克	
5503300090	未梳或未经其他纺前加工的变性聚丙烯腈制短纤维	5	35	17	17	千克	
55034000	-聚丙烯制						

商品编号	商 品 名 称 及 备 注	进口关税税率(%)		增值税率(%)	出口退税率(%)	计量单位	监管条件
		最惠国	普通				
5503400000	未梳的聚丙烯短纤(包括未经其他纺前加工的)	5	70	17	17	千克	
55039010	---聚苯硫醚制						
5503901000	未梳的聚苯硫醚短纤(包括未经其他纺前加工的)	5	70	17	17	千克	
55039090	---其他						
5503909000	未梳的其他合成纤维短纤(包括未经其他纺前加工的)	5	70	17	17	千克	
5504	**人造纤维短纤,未梳或未经其他纺前加工**						
55041010	---竹制						
5504101000	未梳的竹制粘胶短纤(包括未经其他纺前加工的)	5	35	17	17	千克	
55041021	----阻燃的						
5504102100	未梳的木制阻燃粘胶短纤(包括未经其他纺前加工的)	5	35	17	17	千克	
55041029	----其他						
5504102900	其他未梳的木制非阻燃粘胶短纤	5	35	17	17	千克	
55041090	---其他						
5504109000	其他未梳的粘胶短纤(包括未经其他纺前加工的)	5	35	17	17	千克	
55049000	-其他						
5504900000	未梳的其他人造纤维短纤(包括未经其他纺前加工的)	5	35	17	17	千克	
5505	**化学纤维废料(包括落绵、废纱及回收纤维)**						
55051000	-合成纤维的						
5505100000	合成纤维废料(包括落绵、废纱及回收纤维)	5	70	17	17	千克	AP
55052000	-人造纤维的						
5505200000	人造纤维废料(包括落绵、废纱及回收纤维)	5	70	17	17	千克	AP
5506	**合成纤维短纤,已梳或经其他纺前加工**						
55061011	----聚间苯二甲酰间苯二胺纺制						
5506101100	已梳聚间苯二甲酰间苯二胺纺制的短纤(包括经其他纺前加工的)	5	70	17	17	千克	
55061012	----聚对苯二甲酰对苯二胺纺制						
5506101200	已梳聚对苯二甲酰对苯二胺纺制的短纤(包括经其他纺前加工的)	5	70	17	17	千克	
55061019	----其他						
5506101900	其他已梳芳香族聚酰胺纺制的短纤(包括经其他纺前加工的)	5	70	17	17	千克	
55061090	---其他						
5506109000	其他已梳的尼龙或其他聚酰胺短纤(包括经其他纺前加工的)	5	70	17	17	千克	
55062000	-聚酯制						
5506200000	已梳的聚酯短纤(包括经其他纺前加工的)	5	70	17	17	千克	
55063000	-聚丙烯腈或变性聚丙烯腈制						
5506300010	已梳或经其他纺前加工的聚丙烯腈制短纤(不包括变性聚丙烯腈制)	5	35	17	17	千克	
5506300090	已梳或经其他纺前加工的变性聚丙烯腈制短纤	5	35	17	17	千克	
55064000	-聚丙烯制						
5506400000	已梳的聚丙烯短纤(包括经其他纺前加工的)	5	70	17		千克	
55069010	---聚苯硫醚制						
5506901000	已梳的聚苯硫醚短纤(包括经其他纺前加工的)	5	70	17	17	千克	
55069090	---其他						
5506909000	已梳的其他合成纤维短纤(包括经其他纺前加工的)	5	70	17	17	千克	
5507	**人造纤维短纤,已梳或经其他纺前加工**						
55070000	人造纤维短纤,已梳或经其他纺前加工						
5507000000	已梳的人造纤维短纤(包括经其他纺前加工的)	5	35	17	17	千克	
5508	**化学纤维短纤纺制的缝纫线,不论是否供零售用**						
55081000	-合成纤维短纤纺制						

商品编号	商品名称及备注	进口关税税率(%)		增值税率(%)	出口退税率(%)	计量单位	监管条件
		最惠国	普通				
5508100000	合成纤维短纤制缝纫线	5	90	17	17	千克	
55082000	-人造纤维短纤纺制						
5508200000	人造纤维短纤制缝纫线	5	70	17	17	千克	
5509	**合成纤维短纤纺制的纱线(缝纫线除外),非供零售用**						
55091100	--单纱						
5509110000	非零售纯尼龙短纤单纱(纯指按重量计尼龙或其他聚酰胺短纤含量≥85%)	5	90	17	17	千克	
55091200	--多股纱线或缆线						
5509120000	非零售纯尼龙短纤多股纱线(包括缆线,纯指按重量计尼龙或其他聚酰胺短纤含量≥85%)	5	90	17	17	千克	
55092100	--单纱						
5509210000	非零售纯聚酯短纤单纱(纯指按重量计聚酯短纤含量≥85%)	5	90	17	17	千克	
55092200	--多股纱线或缆线						
5509220000	非零售聚酯短纤多股纱线或缆线(聚酯短纤含量≥85%,缝纫线除外)	5	90	17	17	千克	
55093100	--单纱						
5509310000	非零售纯聚丙烯腈短纤单纱(纯指按重量计聚丙烯腈或变性聚丙烯腈短纤含量≥85%)	5	90	17	17	千克	
55093200	--多股纱线或缆线						
5509320000	非零售纯聚丙烯腈短纤多股纱线(包括缆线,纯指按重量计聚丙烯腈或其变性短纤含量≥85%)	5	90	17	17	千克	
55094100	--单纱						
5509410000	非零售纯合成纤维短纤单纱(纯指按重量计其他合成纤维短纤含量≥85%)	5	90	17	17	千克	
55094200	--多股纱线或缆线						
5509420000	非零售纯合成纤维短纤多股纱线(包括缆线,纯指按重量计含其他合成纤维≥85%)	5	90	17	17	千克	
55095100	--主要或仅与人造纤维短纤混纺						
5509510000	非零售与人造纤维短纤混纺聚酯短纤纱(混纺指按重量计聚酯短纤含量<85%)	5	90	17	17	千克	
55095200	--主要或仅与羊毛或动物细毛混纺						
5509520000	非零售与毛混纺聚酯短纤纱线(混纺指按重量计聚酯短纤含量<85%)	5	90	17	17	千克	
55095300	--主要或仅与棉混纺						
5509530000	非零售与棉混纺聚酯短纤纱线(混纺指按重量计聚酯短纤含量<85%)	5	90	17	17	千克	
55095900	--其他						
5509590000	非零售与其他混纺聚酯短纤纱线(混纺指按重量计聚酯短纤含量<85%)	5	90	17	17	千克	
55096100	--主要或仅与羊毛或动物细毛混纺						
5509610000	非零售与毛混纺腈纶短纤纱线(混纺指按重量计聚丙烯腈及其变性短纤含量<85%)	5	90	17	17	千克	
55096200	--主要或仅与棉混纺						
5509620000	非零售与棉混纺腈纶短纤纱线(混纺指按重量计聚丙烯腈及其变性短纤含量<85%)	5	90	17	17	千克	
55096900	--其他						
5509690000	非零售与其他混纺腈纶短纤纱线(混纺指按重量计聚丙烯腈及其变性短纤含量<85%)	5	90	17	17	千克	
55099100	--主要或仅与羊毛或动物细毛混纺						
5509910000	非零售与毛混纺其他合成纤维短纤纱线(混纺指按重量计其他合成纤维短纤含量<85%)	5	90	17	17	千克	
55099200	--主要或仅与棉混纺						
5509920000	非零售与棉混纺其他合成纤维短纤纱线(混纺指按重量计其他合成纤维短纤含量<85%)	5	90	17	17	千克	
55099900	--其他						
5509990000	非零售与其他混纺合成纤维短纤纱线(混纺指按重量计其他合成纤维短纤含量<85%)	5	90	17	17	千克	
5510	**人造纤维短纤纺制的纱线(缝纫线除外),非供零售用**						
55101100	--单纱						

商品编号	商 品 名 称 及 备 注	进口关税税率(%)		增值税率(%)	出口退税率(%)	计量单位	监管条件
		最惠国	普通				
5510110000	非零售其他纯人造纤维短纤单纱(纯指按重量计其纤维短纤含量≥85%)	5	70	17	17	千克	
55101200	--多股纱线或缆线						
5510120000	非零售其他纯人造纤维短纤多股纱线(包括缆线,纯指按重量计其他人造纤维短纤含量≥85%)	5	70	17	17	千克	
55102000	-其他纱线,主要或仅与羊毛或动物细毛混纺						
5510200000	非零售与毛混纺其他人造纤维短纤纱线(混纺指按重量计其他人造纤维短纤含量<85%)	5	70	17	17	千克	
55103000	-其他纱线,主要或仅与棉混纺						
5510300000	非零售与棉混纺其他人造纤维短纤纱线(混纺指按重量计其他人造纤维短纤含量<85%)	5	70	17	17	千克	
55109000	-其他						
5510900000	非零售与其他混纺人造纤维短纤纱线(混纺指按重量计其他人造纤维短纤含量<85%)	5	70	17	17	千克	
5511	**化学纤维短纤纺制的纱线(缝纫线除外),供零售用**						
55111000	-按重量计合成纤维短纤含量≥85%						
5511100000	零售用纯合成纤维短纤纱线(纯指按重量计其他合成纤维短纤含量≥85%)	5	90	17	17	千克	
55112000	-按重量计合成纤维短纤含量<85%						
5511200000	零售用混纺合成纤维短纤纱线(混纺指按重量计其他合成纤维含量<85%)	5	90	17	17	千克	
55113000	-人造纤维短纤纺制						
5511300000	零售用人造纤维短纤纱线	5	90	17	17	千克	
5512	**合成纤维短纤纺制的机织物,按重量计合成纤维短纤含量≥85%**						
55121100	--未漂白或漂白						
5512110000	未漂或漂白聚酯短纤机织物(按重量计聚酯短纤含量≥85%)	15	130	17	17	米/千克	
55121900	--其他						
5512190000	聚酯短纤其他机织物(按重量计聚酯短纤含量≥85%)	10	130	17	17	米/千克	
55122100	--未漂白或漂白						
5512210000	未漂白或漂白腈纶短纤机织物(按重量计腈纶短纤含量≥85%)	13	130	17	17	米/千克	
55122900	--其他						
5512290000	腈纶短纤其他机织物(按重量计腈纶短纤含量≥85%)	10	130	17	17	米/千克	
55129100	--未漂白或漂白						
5512910000	未漂白或漂白其他合成纤维短纤其他机织物(按重量计其他合成纤维短纤含量≥85%)	18	130	17	17	米/千克	
55129900	--其他						
5512990000	其他合成纤维短纤其他机织物(按重量计其他合成纤维短纤含量≥85%)	10	130	17	17	米/千克	
5513	**合成纤维短纤纺制的机织物,按重量计合成纤维短纤含量在85%以下,主要或仅与棉混纺,每平方米重量不超过170克**						
55131110	---未漂白						
5513111000	与棉混纺未漂白聚酯短纤平纹机织物(聚酯短纤含量<85%)	16	130	17	17	米/千克	
55131120	---漂白						
5513112010	与棉混纺漂白聚酯短纤平纹府绸(含聚酯短纤<85%,每平方米重量≤170克,含细平布)	15	130	17	17	米/千克	A
5513112020	与棉混纺漂白聚酯短纤机织平布(混纺为含聚酯短纤<85%,轻质指每平方米重量≤170克)	15	130	17	17	米/千克	A
5513112030	与棉混纺漂白聚酯平纹印染用布(混纺为含聚酯短纤<85%,轻质指每平方米重量≤170克)	15	130	17	17	米/千克	A
5513112040	与棉混纺漂白聚酯短纤平纹奶酪布等(含聚酯短纤<85%,每平方米重量≤170克,含薄细布、巴里纱)	15	130	17	17	米/千克	A
55131210	---未漂白						

商品编号	商品名称及备注	进口关税税率(%)		增值税率(%)	出口退税率(%)	计量单位	监管条件
		最惠国	普通				
5513121000	与棉混纺未漂白的轻质聚酯斜纹布(混纺为含聚酯短纤<85%,轻质指每平方米重量≤170克)	16	130	17	17	米/千克	
55131220	---漂白						
5513122000	与棉混纺漂白的轻质聚酯斜纹布(混纺为含聚酯短纤<85%,轻质指每平方米重量≤170克)	18	130	17	17	米/千克	
55131310	---未漂白						
5513131000	与棉混纺未漂白聚酯短纤其他机织物(聚酯短纤含量<85%)	16	130	17	17	米/千克	
55131320	---漂白						
5513132000	与棉混纺漂白聚酯短纤其他机织物(聚酯短纤含量<85%)	18	130	17	17	米/千克	
55131900	--其他机织物						
5513190000	与棉混纺的未漂白或漂白的其他合成纤维短纤机织物(其他合成纤维短纤含量<85%)	18	130	17	17	米/千克	
55132100	--聚酯短纤纺制的平纹机织物						
5513210000	与棉混纺染色聚酯短纤平纹机织物(聚酯短纤含量<85%)	10	130	17	17	米/千克	
55132310	---聚酯短纤纺制的三线或四线斜纹机织物,包括双面斜纹机织物						
5513231000	与棉混纺染色的轻质聚酯斜纹机织物(包括三线或四线、双面斜纹机织物,聚酯短纤<85%,轻质指每平方米重量≤170克)	10	130	17	17	米/千克	
55132390	---其他						
5513239000	与棉混纺染色聚酯短纤其他机织物(混纺为含聚酯短纤<85%,每平方米重量≤170克)	10	130	17	17	米/千克	
55132900	--其他机织物						
5513290000	与棉混纺染色其他合成纤维短纤其他布(其他合成纤维短纤含量<85%)	10	130	17	17	米/千克	
55133100	--聚酯短纤纺制的平纹机织物						
5513310000	与棉混纺色织的聚酯短纤平纹布(含聚酯短纤<85%,每平方米重量≤170克)	10	130	17	17	米/千克	
55133910	---聚酯短纤纺制的三线或四线斜纹机织物,包括双面斜纹机织物						
5513391000	与棉混纺色织的聚酯短纤三或四线斜纹布(含聚酯短纤<85%,每平方米重量≤170克,包括双面斜纹机织物)	10	130	17	17	米/千克	
55133920	---其他聚酯短纤纺制的机织物						
5513392000	与棉混纺色织聚酯短纤其他机织物(混纺为含聚酯短纤<85%,每平方米重量≤170克)	10	130	17	17	米/千克	
55133990	---其他						
5513399000	与棉混纺色织其他合成纤维短纤其他布(混纺为含其他合成纤维短纤<85%,每平方米重量≤170克)	10	130	17	17	米/千克	
55134100	--聚酯短纤纺制的平纹机织物						
5513410000	与棉混纺印花聚酯短纤平纹机织物(聚酯短纤含量<85%,每平方米重量≤170克)	10	130	17	17	米/千克	
55134910	---聚酯短纤纺制的三线或四线斜纹机织物,包括双面斜纹机织物						
5513491000	与棉混纺印花的轻质聚酯三或四线斜纹布(混纺为含聚酯短纤<85%,轻质指每平方米重量≤170克,包括双面斜纹机织物)	10	130	17	17	米/千克	
55134920	---其他聚酯短纤纺制的机织物						
5513492000	与棉混纺印花聚酯短纤其他机织物(混纺为含聚酯短纤<85%,每平方米重量≤170克)	10	130	17	17	米/千克	
55134990	---其他						
5513499000	与棉混纺印花其他合成纤维短纤其他布(混纺为含其他合成纤维短纤<85%,轻质指每平方米重量≤170克)	10	130	17	17	米/千克	
5514	**合成纤维短纤纺制的机织物,按重量计合成纤维短纤含量在85%以下,主要或仅与棉混纺,每平方米重量超过170克**						
55141110	---未漂白						
5514111000	与棉混纺未漂白聚酯短纤平纹机织物(聚酯短纤含量<85%,每平方米重量>170克)	16	130	17	17	米/千克	
55141120	---漂白						
5514112000	与棉混纺漂白聚酯短纤平纹机织物(聚酯短纤含量<85%,每平方米重量>170克)	18	130	17	17	米/千克	

商品编号	商品名称及备注	进口关税税率(%)		增值税率(%)	出口退税率(%)	计量单位	监管条件
		最惠国	普通				
55141210	---未漂白						
5514121000	与棉混纺未漂白的重质聚酯斜纹布(混纺为含聚酯短纤<85%,重质指每平方米重量>170克)	16	130	17	17	米/千克	
55141220	---漂白						
5514122000	与棉混纺漂白的聚酯短纤斜纹布(含聚酯短纤<85%,每平方米重量>170克)	18	130	17	17	米/千克	
55141911	----未漂白						
5514191100	与棉混纺未漂白聚酯短纤其他机织物(混纺为含聚酯短纤<85%,每平方米重量>170克)	16	130	17	17	米/千克	
55141912	----漂白						
5514191200	与棉混纺漂白聚酯短纤其他机织物(混纺为含聚酯短纤<85%,每平方米重量>170克)	18	130	17	17	米/千克	
55141990	---其他						
5514199000	与棉混纺未漂白或漂白其他合成纤维短纤布(其他合成纤维短纤<85%,每平方米重量>170克,指其他机织物)	16	130	17	17	米/千克	
55142100	--聚酯短纤纺制的平纹机织物						
5514210000	与棉混纺染色聚酯短纤平纹机织物(聚酯短纤含量<85%,每平方米重量>170克)	10	130	17	17	米/千克	
55142200	--聚酯短纤纺制的三线或四线斜纹机织物,包括双面斜纹机织物						
5514220000	与棉混纺染色的重质聚酯斜纹布(混纺为含聚酯短纤<85%,重质指每平方米重量>170克)	10	130	17	17	米/千克	
55142300	--其他聚酯短纤纺制的机织物						
5514230000	与棉混纺染色聚酯短纤其他机织物(聚酯短纤含量<85%,每平方米重量>170克)	10	130	17	17	米/千克	
55142900	--其他机织物						
5514290000	与棉混纺染色其他合成纤维短纤其他机织物(混纺为其他合成纤维短纤含量<85%,重质指每平方米重量>170克)	10	130	17	17	米/千克	
55143010	---聚酯短纤纺制的平纹机织物						
5514301000	与棉混纺色织的重质聚酯平纹布(混纺为含聚酯短纤<85%,重质指每平方米重量>170克)	10	130	17	17	米/千克	
55143020	---聚酯短纤纺制的三线或四线斜纹机织物,包括双面斜纹机织物						
5514302000	与棉混纺色织聚酯短纤三四线斜纹布(聚酯短纤<85%,每平方米重量>170克,包括双面斜纹机织物)	10	130	17	17	米/千克	
55143030	---其他聚酯短纤纺制的机织物						
5514303000	与棉混纺色织聚酯短纤其他机织物(混纺为含聚酯短纤<85%,每平方米重量>170克)	10	130	17	17	米/千克	
55143090	---其他机织物						
5514309000	与棉混纺色织合成纤维短纤其他机织物(混纺为含其他合成纤维短纤<85%,每平方米重量>170克)	10	130	17	17	米/千克	
55144100	--聚酯短纤纺制的平纹机织物						
5514410000	与棉混纺印花聚酯短纤平纹机织物(混纺为聚酯短纤含量<85%,重质指每平方米重量>170克)	10	130	17	17	米/千克	
55144200	--聚酯短纤纺制的三线或四线斜纹机织物,包括双面斜纹机织物						
5514420000	与棉混纺印花的重质聚酯斜纹布(混纺为含聚酯短纤<85%,重质指每平方米重量>170克)	10	130	17	17	米/千克	
55144300	--其他聚酯短纤纺制的机织物						
5514430000	与棉混纺印花聚酯短纤其他机织物(混纺为聚酯短纤含量<85%,重质指每平方米重量>170克)	10	130	17	17	米/千克	
55144900	--其他机织物						
5514490000	与棉混纺印花其他合成纤维短纤其他机织物(混纺为其他合成纤维短纤含量<85%,重质指每平方米重量>170克)	10	130	17	17	米/千克	
5515	**合成纤维短纤纺制的其他机织物**						

商品编号	商 品 名 称 及 备 注	进口关税税率(%)		增值税率(%)	出口退税率(%)	计量单位	监管条件
		最惠国	普通				
55151100	--主要或仅与粘胶纤维短纤混纺						
5515110000	主要或仅与粘胶纤维短纤混纺聚酯短纤其他机织物(聚酯短纤含量<85%,主要或仅与粘胶纤维短纤混纺)	10	130	17	17	米/千克	
55151200	--主要或仅与化学纤维长丝混纺						
5515120000	主要或仅与化学纤维长丝混纺聚酯短纤其他机织物(聚酯短纤含量<85%,与化学纤维长丝混纺)	10	130	17	17	米/千克	
55151300	--主要或仅与羊毛或动物细毛混纺						
5515130000	主要或仅与羊毛或动物细毛混纺聚酯短纤其他机织物(聚酯短纤含量<85%)	10	130	17	17	米/千克	
55151900	--其他						
5515190000	其他聚酯短纤其他机织物(聚酯短纤含量<85%,与其他纤维混纺)	10	130	17	17	米/千克	
55152100	--主要或仅与化学纤维长丝混纺						
5515210000	主要或仅与化学纤维长丝混纺腈纶短纤机织物(腈短纤含量<85%,主要或仅与化学纤维长丝混纺)	10	130	17	17	米/千克	
55152200	--主要或仅与羊毛或动物细毛混纺						
5515220000	主要或仅与羊毛或动物细毛混纺腈纶短纤机织物(腈短纤含量<85%)	12	130	17	17	米/千克	
55152900	--其他						
5515290000	其他腈纶短纤与其他纤维混纺机织物(腈短纤含量<85%,与其他纤维混纺)	10	130	17	17	米/千克	
55159100	--主要或仅与化学纤维长丝混纺						
5515910000	主要或仅与化学纤维长丝混纺其他合成纤维短纤其他机织物(与化学纤维长丝混纺,合成纤维短纤含量<85%)	10	130	17	17	米/千克	
55159900	--其他						
5515990000	其他合成纤维短纤其他机织物(合成纤维短纤含量<85%,与其他纤维混纺)	10	130	17	17	米/千克	
5516	**人造纤维短纤纺制的机织物**						
55161100	--未漂白或漂白						
5516110000	未漂白或漂白的纯人造纤维短纤机织物(按重量计人造纤维短纤含量≥85%)	12	130	17	17	米/千克	
55161200	--染色						
5516120000	染色的纯人造纤维短纤布(纯人造纤维布指按重量计人造纤维短纤含量≥85%)	10	130	17	17	米/千克	
55161300	--色织						
5516130000	色织的纯人造纤维短纤布(纯人造纤维布指按重量计人造纤维短纤含量≥85%)	10	130	17	17	米/千克	
55161400	--印花						
5516140000	印花的纯人造纤维短纤布(纯人造纤维布指按重量计人造纤维短纤含量≥85%)	10	130	17	17	米/千克	
55162100	--未漂白或漂白						
5516210000	未漂白或漂白的人造纤维短纤机织物(人造纤维短纤含量<85%,与化学纤维长丝混纺)	12	130	17	17	米/千克	
55162200	--染色						
5516220000	染色人造纤维短纤机织物(人造纤维短纤含量<85%,与化学纤维长丝混纺)	10	130	17	17	米/千克	
55162300	--色织						
5516230000	色织人造纤维短纤机织物(人造纤维短纤含量<85%,与化学纤维长丝混纺)	10	130	17	17	米/千克	
55162400	--印花						
5516240000	印花人造纤维短纤机织物(人造纤维短纤含量<85%,与化学纤维长丝混纺)	10	130	17	17	米/千克	
55163100	--未漂白或漂白						
5516310000	未漂白或漂白人造纤维短纤机织物(按重量计人造纤维短纤含量<85%,主要或仅与羊毛或动物细毛混纺)	12	130	17	17	米/千克	
55163200	--染色						
5516320000	染色人造纤维短纤机织物(按重量计人造纤维短纤含量<85%,主要或仅与羊毛或动物细毛混纺)	10	130	17	17	米/千克	
55163300	--色织						

商品编号	商 品 名 称 及 备 注	进口关税税率(%)		增值税率(%)	出口退税率(%)	计量单位	监管条件
		最惠国	普通				
5516330000	色织人造纤维短纤机织物(按重量计人造纤维短纤含量<85%,主要或仅与羊毛或动物细毛混纺)	10	130	17	17	米/千克	
55163400	--印花						
5516340000	印花人造纤维短纤机织物(按重量计人造纤维短纤含量<85%,主要或仅与羊毛或动物细毛混纺)	10	130	17	17	米/千克	
55164100	--未漂白或漂白						
5516410000	与棉混纺的未漂白或漂白人造纤维短纤机织物(按重量计人造纤维短纤含量<85%,主要或仅与棉混纺)	12	130	17	17	米/千克	
55164200	--染色						
5516420000	与棉混纺的染色人造纤维短纤机织物(按重量计人造纤维短纤含量<85%,主要或仅与棉混纺)	12	130	17	17	米/千克	
55164300	--色织						
5516430000	与棉混纺的色织人造纤维短纤机织物(按重量计人造纤维短纤含量<85%,主要或仅与棉混纺)	10	130	17	17	米/千克	
55164400	--印花						
5516440000	与棉混纺的印花人造纤维短纤机织物(按重量计人造纤维短纤含量<85%,主要或仅与棉混纺)	10	130	17	17	米/千克	
55169100	--未漂白或漂白						
5516910000	未漂或漂白人造纤维短纤其他机织物(与其他纤维混纺,人造纤维短纤含量<85%)	12	130	17	17	米/千克	
55169200	--染色						
5516920000	染色人造纤维短纤其他机织物(与其他纤维混纺,人造纤维短纤含量<85%)	10	130	17	17	米/千克	
55169300	--色织						
5516930000	色织人造纤维短纤其他机织物(与其他纤维混纺,人造纤维短纤含量<85%)	10	130	17	17	米/千克	
55169400	--印花						
5516940000	印花人造纤维短纤府绸、细平布、平布、印染用布、奶酪布、帆布、缎纹或斜纹机织物、牛津布(与其他纤维混纺,人造纤维短纤含量<85%)	10	130	17	17	米/千克	

第五十六章　絮胎、毡呢及无纺织物；特种纱线；线、绳、索、缆及其制品

注释：

一、本章不包括：

（一）用各种物质或制剂（例如，第三十三章的香水或化妆品、品目34.01的肥皂或洗涤剂、品目34.05的光洁剂及类似制剂、品目38.09的织物柔软剂）浸渍、涂布、包覆的絮胎、毡呢或无纺织物，其中的纺织材料仅作为承载介质；

（二）品目58.11的纺织产品；

（三）以毡呢或无纺织物为底的砂布及类似品（品目68.05）；

（四）以毡呢或无纺织物为底的粘聚或复制云母（品目68.14）；

（五）以毡呢或无纺织物为底的金属箔（通常归入第十四类或第十五类）；或

（六）品目96.19的卫生巾（护垫）及止血塞、婴儿尿布及尿布衬里和类似品。

二、所称"毡呢"，包括针刺机制毡呢以及纤维本身通过缝编工序增强了抱合力的纺织纤维网状织物。

三、品目56.02及56.03分别包括用各种性质（紧密结构或泡沫状）的塑料或橡胶浸渍、涂布、包覆或层压的毡呢及无纺织物。

品目56.03还包括用塑料或橡胶作黏合材料的无纺织物。

但品目56.02及56.03不包括：

（一）用塑料或橡胶浸渍、涂布、包覆或层压，按重量计纺织材料含量在50%及以下的毡呢或者完全嵌入塑料或橡胶之内的毡呢（第三十九章或第四十章）；

（二）完全嵌入塑料或橡胶之内的无纺织物，以及用肉眼可辨别出两面都用塑料或橡胶涂布、包覆的无纺织物，涂布或包覆所引起的颜色变化可不予考虑（第三十九章或第四十章）；

（三）与毡呢或无纺织物混制的泡沫塑料或海绵橡胶板、片或扁条，纺织材料仅在其中起增强作用（第三十九章或第四十章）。

四、品目56.04不包括用肉眼无法辨别出是否经过浸渍、涂布或包覆的纺织纱线或品目54.04或54.05的扁条及类似品（通常归入第五十章至第五十五章）；运用本条规定，可不考虑浸渍、涂布或包覆所引起的颜色变化。

商品编号	商品名称及备注	进口关税税率（%）		增值税率（%）	出口退税率（%）	计量单位	监管条件
		最惠国	普通				
5601	**纺织材料絮胎及其制品；长度不超过5毫米的纺织纤维（纤维屑）、纤维粉末及球结**						
56012100	--棉制						
5601210000	棉制的絮胎及絮胎制品	10	50	17	17	千克	
56012210	---卷烟滤嘴						
5601221000	化学纤维制的卷烟滤嘴	12	100	17	17	千克	7
56012290	---其他						
5601229000	化学纤维制的絮胎及絮胎制品	12	100	17	17	千克	
56012900	--其他						
5601290000	其他纺织材料制絮胎及制品	10	90	17	17	千克	
56013000	-纤维屑、纤维粉末及球结						
5601300010[暂5]	由两种或以上有机聚合物纺制的纤维（横截面为皮芯结构或并列结构或海岛结构，长度≤5毫米）	10	100	17	17	千克	
5601300090	纺织纤维屑，纤维粉末及球结（纺织纤维长度≤5毫米）	10	100	17	17	千克	
5602	**毡呢，不论是否浸渍、涂布、包覆或层压**						
56021000	-针刺机制毡呢及纤维缝编织物						
5602100000	针刺机制毡呢及纤维缝编织物（不论是否浸渍、涂布、包覆或层压）	10	100	17	17	千克	
56022100	--羊毛或动物细毛制						
5602210000	羊毛及动物细毛制其他毡呢（未浸渍、涂布、包覆或层压）	10	100	17	17	千克	
56022900	--其他纺织材料制						
5602290000	其他纺织材料制其他毡呢（未浸渍、涂布、包覆或层压）	10	100	17	17	千克	
56029000	-其他						
5602900000	其他纺织材料制其他毡呢（浸渍、涂布、包覆或层压）	10	100	17	17	千克	
5603	**无纺织物，不论是否浸渍、涂布、包覆或层压**						
56031110	---经浸渍、涂布、包覆或层压						

商品编号	商 品 名 称 及 备 注	进口关税税率(%)		增值税率(%)	出口退税率(%)	计量单位	监管条件
		最惠国	普通				
5603111000	化学纤维长丝制无纺织物(浸渍、涂布、包覆或层压,每平方米重量≤25克)	10	70	17	17	千克	
56031190	---其他						
5603119000	其他化学纤维长丝制无纺织物(每平方米重量≤25克)	10	130	17	17	千克	
56031210	---经浸渍、涂布、包覆或层压						
5603121000	25克<每平方米重量≤70克浸渍长丝无纺布(浸渍包括涂布、包覆或压层;长丝指化纤长丝)	10	70	17	17	千克	
56031290	---其他						
5603129000	25克<每平方米重量≤70克其他长丝无纺布(长丝指化纤长丝)	10	130	17	17	千克	
56031310	---经浸渍、涂布、包覆或层压						
5603131000	70克<每平方米重量≤150克浸渍长丝无纺(浸渍包括涂布、包覆或压层;长丝指化纤长丝)	10	70	17	17	千克	
56031390	---其他						
5603139000	70<每平方米重量≤150克其他长丝无纺(长丝指化纤长丝)	10	130	17	17	千克	
56031410	---经浸渍、涂布、包覆或层压						
5603141000	每平方米重量>150克经浸渍长丝无纺布(浸渍包括涂布、包覆或压层;长丝指化纤长丝)	10	70	17	17	千克	
56031490	---其他						
5603149000	每平方米重量>150克的其他长丝无纺布(长丝指化纤长丝)	10	130	17	17	千克	
56039110	---经浸渍、涂布、包覆或层压						
5603911010[暂5]	每平方米重量≤25克经浸渍的乙烯聚合物制电池隔膜基布(浸渍包括涂布、包覆或压层)	10	70	17	17	千克	
5603911090	每平方米重量≤25克经浸渍其他无纺布(浸渍包括涂布、包覆或压层)	10	70	17	17	千克	
56039190	---其他						
5603919000	每平方米重量≤25克的其他无纺布	10	85	17	17	千克	
56039210	---经浸渍、涂布、包覆或层压						
5603921010[暂5]	25克<每平方米重量≤70克浸渍的乙烯聚合物制电池隔膜基布(浸渍包括涂布、包覆或压层)	10	70	17	17	千克	
5603921090	25克<每平方米重量≤70克浸渍其他无纺布(浸渍包括涂布、包覆或压层)	10	70	17	17	千克	
56039290	---其他						
5603929000	25克<每平方米重量≤70克其他无纺布	10	85	17	17	千克	
56039310	---经浸渍、涂布、包覆或层压						
5603931010[暂5]	70克<每平方米重量≤150克浸渍的乙烯聚合物制电池隔膜基布(浸渍包括涂布、包覆或压层)	10	70	17	17	千克	
5603931090	70克<每平方米重量≤150克浸渍其他无纺布(浸渍包括涂布、包覆或压层)	10	70	17	17	千克	
56039390	---其他						
5603939000	70克<每平方米重量≤150克的其他无纺布	10	85	17	17	千克	
56039410	---经浸渍、涂布、包覆或层压						
5603941000	其他材料制无纺织物(浸渍、涂布、包覆或压层,每平方米重量>150克)	10	70	17	17	千克	
56039490	---其他						
5603949000	其他材料制无纺织物(每平方米重量>150克)	10	85	17	17	千克	
5604	**用纺织材料包覆的橡胶线及绳;用橡胶或塑料浸渍、涂布、包覆或套裹的纺织纱线及品目54.04或54.05的扁条及类似品**						
56041000	-用纺织材料包覆的橡胶线及绳						
5604100000	用纺织材料包覆的橡胶线及绳	5	80	17	17	千克	
56049000	-其他						
5604900000	其他纺织纱线及品目54.04或54.05的扁条及类似品(用橡胶或塑料浸渍、涂布、包覆、套裹)	5	80	17	17	千克	

商品编号	商品名称及备注	进口关税税率(%)		增值税率(%)	出口退税率(%)	计量单位	监管条件
		最惠国	普通				
5605	**含金属纱线,不论是否螺旋花线,由纺织纱线或品目54.04或54.05的扁条及类似品与金属线、扁条或粉末混合制得或用金属包覆制得**						
56050000	含金属纱线,不论是否螺旋花线,由纺织纱线或品目54.04或54.05的扁条及类似品与金属线、扁条或粉末混合制得或用金属包覆制得						
5605000000	含金属纱线,不论是否螺旋花线,由纺织纱线或品目54.04或54.05的扁条及类似品与金属线、扁条或粉末混合制得或用金属包覆制得	5	70	17	17	千克	
5606	**粗松螺旋花线,品目54.04或54.05的扁条及类似品制的螺旋花线(品目56.05的货品及马毛粗松螺旋花线除外);绳绒线(包括植绒绳绒线);纵行起圈纱线**						
56060000	粗松螺旋花线,品目54.04或54.05的扁条及类似品制的螺旋花线(品目56.05的货品及马毛粗松螺旋花线除外);绳绒线(包括植绒绳绒线);纵行起圈纱线						
5606000000	绳绒线及粗松螺旋花线(包括纵行起圈纱线,但品目56.05的货品及马毛粗松线除外)	5	70	17	17	千克	
5607	**线、绳、索、缆,不论是否编织或编结而成,也不论是否用橡胶或塑料浸渍、涂布、包覆或套裹**						
56072100	--包扎用绳						
5607210000	西沙尔麻或其他纺织用龙舌兰类纤维纺制包扎用绳(农机用,可编织或编结,可用橡胶或塑料浸涂包套)	5	50	17	17	千克	
56072900	--其他						
5607290000	剑麻或龙舌兰纤维制其他线、绳、索、缆(可编织或编结,可用橡胶或塑料浸渍、涂布、包覆、套裹)	5	50	17	17	千克	
56074100	--包扎用绳						
5607410000	聚乙烯或聚丙烯纺制包扎用绳(可编织或编结,可用橡胶或塑料浸渍、涂布、包覆、套裹)	5	100	17	17	千克	
56074900	--其他						
5607490000	其他聚乙烯或聚丙烯制线绳索缆(可编织或编结,可用橡胶或塑料浸渍、涂布、包覆、套裹)	5	100	17	17	千克	
56075000	-其他合成纤维纺制						
5607500000	其他合成纤维制线绳索缆(不论是否编织或编结而成,可用橡胶或塑料浸渍、涂布、包覆、套裹)	5	100	17	17	千克	
56079010	---蕉麻(马尼拉麻)或其他硬质(叶)纤维纺制						
5607901000	蕉麻或硬质(叶)纤维制线、绳、索、缆(可编织或编结,可用橡胶或塑料浸渍、涂布、包覆、套裹)	5	50	17	17	千克	
56079090	---其他						
5607909000	其他纺织材料制线、绳、索、缆(可编织或编结,可用橡胶或塑料浸渍、涂布、包覆、套裹)	5	100	17	17	千克	
5608	**线、绳或索结制的网料;纺织材料制成的渔网及其他网**						
56081100	--制成的渔网						
5608110000	化学纤维材料制成的渔网	10	50	17	17	千克	
56081900	--其他						
5608190000	化学纤维材料制成的网料和其他网(包括化学纤维线、绳、索结制的网料,罗网及篓状网除外)	12	100	17	17	千克	
56089000	-其他						
5608900000	其他纺织纤维制成的渔网、其他网及网料(罗网及篓状网除外)	10	100	17	17	千克	
5609	**用纱线、品目54.04或54.05的扁条及类似品或线、绳、索、缆制成的其他编号未列名物品**						
56090000	用纱线、品目54.04或54.05的扁条及类似品或线、绳、索、缆制成的其他编号未列名物品						
5609000000	用纱线、扁条、绳、索、缆制其他物品(扁条及类似品指品目54.04或54.05的物品)	10	100	17	17	千克	

第五十七章　地毯及纺织材料的其他铺地制品

注释：

一、本章所称"地毯及纺织材料的其他铺地制品"，是指使用时以纺织材料作面的铺地制品，也包括具有纺织材料铺地制品特征但作其他用途的物品。

二、本章不包括铺地制品衬垫。

商品编号	商品名称及备注	进口关税税率(%)		增值税率(%)	出口退税率(%)	计量单位	监管条件
		最惠国	普通				
5701	**结织栽绒地毯及纺织材料的其他结织栽绒铺地制品，不论是否制成的**						
57011000	-羊毛或动物细毛制						
5701100000	羊毛或动物细毛制的结织栽绒地毯(包括羊毛或动物细毛制的其他结织栽绒铺地制品)	14	130	17	17	千克/平方米	
57019010	---化学纤维制						
5701901000	化学纤维制的结织栽绒地毯(包括化学纤维制的结织栽绒铺地制品)	16	130	17	17	千克/平方米	
57019020	---丝制						
5701902000	丝制结织栽绒铺地制品(其他铺地制品，未簇绒或未植绒，不论是否制成)	14	100	17	17	千克/平方米	
57019090	---其他						
5701909000	其他纺织材料制结织栽绒地毯(包括其他纺织材料制结织栽绒铺地制品)	14	100	17	17	千克/平方米	
5702	**机织地毯及纺织材料的其他机织铺地制品，未簇绒或未植绒，不论是否制成的，包括"开来姆"、"苏麦克"、"卡拉马尼"及类似的手织地毯**						
57021000	-"开来姆"、"苏麦克"、"卡拉马尼"及类似的手织地毯						
5702100000	"开来姆"、"苏麦克"、"卡拉马尼"地毯(包括类似的手织地毯)	14	130	17	17	千克/平方米	
57022000	-椰壳纤维制的铺地制品						
5702200000	椰壳纤维制的铺地制品(未簇绒或未植绒，不论是否制成的)	14	100	17	17	千克/平方米	
57023100	--羊毛或动物细毛制						
5702310000	未制成的羊毛起绒地毯及铺地制品(包括动物细毛制，未簇绒或未植绒)	10	130	17	17	千克/平方米	
57023200	--化学纤维制						
5702320000	未制成的化纤起绒地毯及铺地制品(未簇绒或未植绒)	16	130	17	17	千克/平方米	
57023900	--其他纺织材料制						
5702390000	其他纺织料未制成起绒铺地制品(未簇绒或未植绒)	14	100	17	17	千克/平方米	
57024100	--羊毛或动物细毛制						
5702410000	制成的羊毛起绒地毯及铺地制品(包括动物细毛制，未簇绒或未植绒)	10	130	17	17	千克/平方米	
57024200	--化学纤维制						
5702420000	制成的化纤起绒地毯及铺地制品(未簇绒或未植绒)	10	130	17	17	千克/平方米	
57024900	--其他纺织材料制						
5702490000	其他纺织材料制成的起绒铺地制品	14	100	17	17	千克/平方米	
57025010	---羊毛或动物细毛制						
5702501000	未制成羊毛非起绒地毯及铺地制品(包括动物细毛制，未簇绒或未植绒)	14	130	17	17	千克/平方米	
57025020	---化学纤维制						
5702502000	未制成化纤非起绒地毯及铺地制品(未簇绒或未植绒)	16	130	17	17	千克/平方米	
57025090	---其他纺织材料制						
5702509000	未制成其他纺织料制非起绒铺地制品	14	100	17	17	千克/平方米	
57029100	--羊毛或动物细毛制						
5702910000	制成的毛制非起绒铺地制品(指羊毛或动物细毛)	14	130	17	17	千克/平方米	
57029200	--化学纤维制						
5702920000	制成的化纤非起绒地毯及铺地制品(未簇绒或未植绒)	16	130	17	17	千克/平方米	
57029900	--其他纺织材料制						

商品编号	商品名称及备注	进口关税税率（%）		增值税率（%）	出口退税率（%）	计量单位	监管条件
		最惠国	普通				
5702990000	制成的其他纺织材料制非起绒铺地制品	14	100	17	17	千克/平方米	
5703	**簇绒地毯及纺织材料的其他簇绒铺地制品,不论是否制成的**						
57031000	-羊毛或动物细毛制						
5703100000	羊毛簇绒地毯及其他簇绒铺地制品(包括动物细毛制,不论是否制成)	14	130	17	17	千克/平方米	
57032000	-尼龙或其他聚酰胺制						
5703200000	尼龙簇绒地毯及其他簇绒铺地制品(包括其他聚酰胺制,不论是否制成)	10	130	17	17	千克/平方米	
57033000	-其他化学纤维制						
5703300000	化纤簇绒地毯及其他簇绒铺地制品(尼龙制的除外,不论是否制成)	10	130	17	17	千克/平方米	
57039000	-其他纺织材料制						
5703900000	其他簇绒地毯及其他簇绒铺地制品(羊毛、化纤制除外,不论是否制成)	14	100	17	17	千克/平方米	
5704	**毡呢地毯及纺织材料的其他毡呢铺地制品,未簇绒或未植绒,不论是否制成的**						
57041000	-最大表面面积≤0.3 平方米						
5704100000	毡呢铺地制品,最大面积≤0.3 平方米(未簇绒或未植绒)	14	130	17	17	千克/平方米	
57042000	-0.3 平方米<最大表面面积≤1 平方米						
5704200000	毡呢铺地制品,0.3 平方米<最大面积≤1 平方米(未簇绒或未植绒)	10	130	17		千克/平方米	
57049000	-其他						
5704900000	毡呢铺地制品,最大面积>1 平方米(未簇绒或未植绒)	10	130	17	17	千克/平方米	
5705	**其他地毯及纺织材料的其他铺地制品,不论是否制成的**						
57050010	---羊毛或动物细毛制						
5705001000	羊毛制其他地毯及其他铺地制品(包括动物细毛制,不论是否制成的)	14	130	17	17	千克/平方米	
57050020	---化学纤维制						
5705002000	化纤制其他地毯及其他铺地制品(不论是否制成的)	10	130	17	17	千克/平方米	
57050090	---其他						
5705009000	其他纺织材料制未列名地毯及铺地制品	14	100	17	17	千克/平方米	

第五十八章　特种机织物;簇绒织物;花边;装饰毯;装饰带;刺绣品

注释:

一、本章不适用于经浸渍、涂布、包覆或层压的第五十九章注释一所述的纺织物或第五十九章的其他货品。

二、品目58.01也包括因未将浮纱割断而使表面无竖绒的纬起绒织物。

三、品目58.03所称"纱罗",是指经线全部或部分由地经纱和绞经纱构成的织物,其中绞经纱绕地经纱半圈、一圈或几圈而形成圈状,纬纱从圈中穿过。

四、品目58.04不适用于品目56.08的线、绳、索结制的网状织物。

五、品目58.06所称"狭幅机织物",是指:

(一)幅宽不超过30厘米的机织物,不论是否织成或从宽幅料剪成,但两侧必须有织成的、胶粘的或用其他方法制成的布边;

(二)压平宽度不超过30厘米的圆筒机织物;

(三)折边的斜裁滚条布,其未折边时的宽度不超过30厘米。

流苏状的狭幅织物归入品目58.08。

六、品目58.10所称"刺绣品",除了一般纺织材料绣线绣制的刺绣品外,还包括在可见底布上用金属线或玻璃线刺绣的刺绣品,也包括用珠片、饰珠或纺织材料或其他材料制的装饰用花纹图案所缝绣的贴花织物。但不包括手工针绣嵌花装饰毯(品目58.05)。

七、除品目58.09的产品外,本章还包括金属线制的用于衣着、装饰及类似用途的物品。

商品编号	商品名称及备注	进口关税税率(%)		增值税率(%)	出口退税率(%)	计量单位	监管条件
		最惠国	普通				
5801	**起绒机织物及绳绒织物,但品目58.02或58.06的织物除外**						
58011000	-羊毛或动物细毛制						
5801100000	毛制起绒机织物及绳绒织物(品目58.02或58.06的织物除外)	10	130	17	17	米/千克	
58012100	--不割绒的纬起绒织物						
5801210000	不割绒的棉制纬起绒织物(品目58.02或58.06的织物除外)	12	70	17	17	米/千克	
58012200	--割绒的灯芯绒						
5801220000	割绒的棉制灯芯绒(品目58.02或58.06的织物除外)	10	70	17	17	米/千克	
58012300	--其他纬起绒织物						
5801230000	其他棉制纬起绒织物(品目58.02或58.06的织物除外)	10	70	17	17	米/千克	
58012600	--绳绒织物						
5801260000	棉制绳绒织物(品目58.02或58.06的织物除外)	10	70	17	17	米/千克	
58012710	---不割绒的(棱纹绸)						
5801271000	棉制不割绒的经起绒织物(棱纹绸)(品目58.02或58.06的织物除外)	10	70	17	17	米/千克	
58012720	---割绒的						
5801272000	棉制割绒的经起绒织物(品目58.02或58.06的织物除外)	10	70	17	17	米/千克	
58013100	--不割绒的纬起绒织物						
5801310000	不割绒的化纤制纬起绒织物(品目58.02或58.06的织物除外)	10	130	17	17	米/千克	
58013200	--割绒的灯芯绒						
5801320000	割绒的化纤制灯芯绒(品目58.02或58.06的织物除外)	10	130	17	17	米/千克	
58013300	--其他纬起绒织物						
5801330000	其他化纤纬起绒织物(品目58.02或58.06的织物除外)	10	130	17	17	米/千克	
58013600	--绳绒织物						
5801360000	化纤绳绒织物(品目58.02或58.06的织物除外)	10	130	17	17	米/千克	
58013710	---不割绒的(棱纹绸)						
5801371000	化纤制不割绒经起绒织物(棱纹绸)(品目58.02或58.06的织物除外)	10	130	17	17	米/千克	
58013720	---割绒的						
5801372000	化纤制割绒的经起绒织物(品目58.02或58.06的织物除外)	10	130	17	17	米/千克	
58019010	---丝及绢丝制						
5801901000	丝及绢丝制起绒机织物及绳绒织物(品目58.02或58.06的织物除外)	10	130	17	17	米/千克	

商品编号	商品名称及备注	进口关税税率(%) 最惠国	进口关税税率(%) 普通	增值税率(%)	出口退税率(%)	计量单位	监管条件
58019090	---其他						
5801909000	其他材料制起绒机织物及绳绒织物(品目58.02或58.06的织物除外)	10	80	17	17	米/千克	
5802	**毛巾织物及类似的毛圈机织物,但品目58.06的狭幅织物除外;簇绒织物,但品目57.03的产品除外**						
58021100	--未漂白						
5802110000	未漂棉毛巾织物及类似毛圈机织物(品目58.06的狭幅织物除外)	12	70	17	17	米/千克	
58021900	--其他						
5802190000	其他棉毛巾织物及类似毛圈机织物(品目58.06的狭幅织物除)	10	70	17	17	米/千克	
58022010	---丝及绢丝制						
5802201000	丝及绢丝毛巾织物及类似毛圈织物(品目58.06的狭幅织物除外)	12	130	17	17	米/千克	
58022020	---羊毛或动物细毛制						
5802202000	羊毛等毛巾织物及类似毛圈机织物(指羊毛或动物细毛制,品目58.06的狭幅织物除外)	12	130	17	17	米/千克	
58022030	---化学纤维制						
5802203000	化纤毛巾织物及类似毛圈机织物(品目58.06的狭幅织物除外)	14	130	17	17	米/千克	
58022090	---其他						
5802209000	其他材料毛巾织物及类似毛圈织物(品目58.06的狭幅织物除外)	12	80	17	17	米/千克	
58023010	---丝及绢丝制						
5802301000	丝及绢丝制簇绒织物(品目57.03的产品除外)	10	130	17	17	米/千克	
58023020	---羊毛或动物细毛制						
5802302000	羊毛或动物细毛制簇绒织物(品目57.03的产品除外)	10	130	17	17	米/千克	
58023030	---棉或麻制						
5802303000	棉或麻制簇绒织物(品目57.03的产品除外)	10	70	17	17	米/千克	
58023040	---化学纤维制						
5802304000	化学纤维制簇绒织物(品目57.03的产品除外)	10	130	17	17	米/千克	
58023090	---其他纺织材料制						
5802309000	其他纺织材料制簇绒织物(品目57.03的产品除外)	10	80	17	17	米/千克	
5803	**纱罗,但品目58.06的狭幅织物除外**						
58030010	---棉制						
5803001000	棉制纱罗(品目58.06的狭幅织物除外)	10	70	17	17	米/千克	
58030020	---丝及绢丝制						
5803002000	丝及绢丝制纱罗(品目58.06的狭幅织物除外)	10	130	17	17	米/千克	
58030030	---化学纤维制						
5803003000	化学纤维制纱罗(品目58.06的狭幅织物除外)	10	130	17	17	米/千克	
58030090	---其他纺织材料制						
5803009000	其他纺织材料制纱罗(品目58.06的狭幅织物除外)	10	80	17	17	米/千克	
5804	**网眼薄纱及其他网眼织物,但不包括机织物、针织物或钩编织物;成卷、成条或成小块图案的花边,但品目60.02至60.06的织物除外**						
58041010	---丝及绢丝制						
5804101000	丝及绢丝网眼薄纱及其他网眼织物(不包括机织物、针织物或钩编织物)	10	130	17	17	千克	
58041020	---棉制						
5804102000	棉制网眼薄纱及其他网眼织物(不包括机织物、针织物或钩编织物)	10	70	17	17	千克	
58041030	---化学纤维制						
5804103000	化纤制网眼薄纱及其他网眼织物(不包括机织物、针织物或钩编织物)	12	130	17	17	千克	
58041090	---其他纺织材料制						
5804109000	其他材料制网眼薄纱及其他网眼织物(不包括机织物、针织物或钩编织物)	10	90	17	17	千克	
58042100	--化学纤维制						

商品编号	商品名称及备注	进口关税税率(%)		增值税率(%)	出口退税率(%)	计量单位	监管条件
		最惠国	普通				
5804210000	化纤机制花边(成卷、成条或成小块图案的,但品目60.02的织物除外)	10	130	17	17	千克	
58042910	---丝及绢丝制						
5804291000	丝及绢丝机制花边(成卷、成条或成小块图案的,但品目60.02的织物除外)	10	130	17	17	千克	
58042920	---棉制						
5804292000	棉机制花边(成卷、成条或成小块图案的,但品目60.02的织物除外)	10	70	17	17	千克	
58042990	---其他						
5804299000	其他纺织材料制机制花边(成卷、成条或成小块图案的,但品目60.02的织物除外)	10	90	17	17	千克	
58043000	-手工制花边						
5804300000	手工制花边(成卷、成条或成小块图案的,但品目6002的织物除外)	10	100	17	17	千克	
5805	**"哥白林"、"弗朗德"、"奥步生"、"波威"及类似式样的手织装饰毯,以及手工针绣嵌花装饰毯(例如,小针脚或十字绣),不论是否制成的**						
58050010	---手工针绣嵌花装饰毯						
5805001000	手工针绣嵌花装饰毯(不论是否制成的)	12	130	17	17	平方米/千克	
58050090	---其他						
5805009000	其他手织装饰毯(包括"哥白林"、"弗朗德"、"奥步生"、"波威"及类似式样的,不论是否制成的)	12	130	17	17	平方米/千克	
5806	**狭幅机织物,但品目58.07的货品除外;用黏合剂黏合制成的有经纱而无纬纱的狭幅织物(包扎匹头用带)**						
58061010	---棉或麻制						
5806101000	棉或麻制狭幅起绒机织物及绳绒织物(包括狭幅毛巾织物及类似毛圈织物,品目58.07的货品除外)	10	70	17	17	千克	
58061090	---其他纺织材料制						
5806109000	其他材料狭幅起绒织物及绳绒织物(包括狭幅毛巾织物及类似毛圈织物,品目58.07的货品除外)	10	80	17	17	千克	
58062000	-按重量计弹性纱线或橡胶线含量≥5%的其他机织物						
5806200000	含弹性纱线≥5%狭幅织物(包括含橡胶线,品目58.07的货品除外)	10	100	17	17	千克	
58063100	--棉制						
5806310000	棉制未列名狭幅机织物(品目58.07的货品除外)	10	70	17	17	千克	
58063200	--化学纤维制						
5806320000	化纤制狭幅机织物(品目58.07的货品除外)	10	130	17	17	千克	
58063910	---丝及绢丝制						
5806391000	含丝量≥85%的其他狭幅机织物(品目58.07的货品除外)	10	130	17	17	千克	
58063920	---羊毛或动物细毛制						
5806392000	羊毛制其他狭幅机织物(品目58.07的货品除外)	10	130	17	17	千克	
58063990	---其他						
5806399000	其他材料制其他狭幅机织物(品目58.07的货品除外)	10	80	17	17	千克	
58064010	---棉或麻制						
5806401000	棉或麻黏合有经纱无纬纱狭幅织物(包括扎匹头用带,品目58.07的货品除外)	10	70	17	17	千克	
58064090	---其他纺织材料制						
5806409000	其他材料黏合有经无纬狭幅织物(包括扎匹头用带,品目58.07的货品除外)	10	80	17	17	千克	
5807	**非绣制的纺织材料制标签、徽章及类似品,成匹、成条或裁成一定形状或尺寸**						
58071000	-机织						
5807100000	纺织材料制机织非绣制标签、徽章及类似品(包括徽章及类似品,成匹、成条或裁成一定形状或尺寸)	10	100	17	17	千克	
58079000	-其他						

商品编号	商品名称及备注	进口关税税率(%)		增值税率(%)	出口退税率(%)	计量单位	监管条件
		最惠国	普通				
5807900000	纺织材料制非机织非绣制标签、徽章及类似品(包括徽章及类似品,成匹、成条或裁成一定形状或尺寸)	10	100	17	17	千克	
5808	**成匹的编带;非绣制的成匹装饰带,但针织或钩编的除外;流苏、绒球及类似品**						
58081000	-成匹的编带						
5808100020	蕉麻或苎麻制成匹的编带(适合制造或装饰帽类用)	10	100	17	17	千克	A
5808100090	其他纺织材料制成匹的编带	10	100	17	17	千克	
58089000	-其他						
5808900000	非绣制的成匹装饰带,但针织或钩编的除外;流苏、绒球及类似品	10	100	17	17	千克	
5809	**其他编号未列名的金属线机织物及品目56.05所列含金属纱线的机织物,用于衣着、装饰及类似用途**						
58090010	---与棉混制						
5809001000	金属线及含金属纱线与棉混制的布(用于衣着、装饰及类似用途,布指机织物)	10	90	17	17	米/千克	
58090020	---与化学纤维混制						
5809002000	金属线及含金属纱线与化纤混制布(用于衣着、装饰及类似用途,布指机织物)	10	130	17	17	米/千克	
58090090	---其他						
5809009000	金属线与其他纤维混制的布(含金属纱线,用于衣着、装饰及类似用途,布指机织物)	10	100	17	17	米/千克	
5810	**成匹、成条或成小块图案的刺绣品**						
58101000	-不见底布的刺绣品						
5810100000	不见底布的刺绣品(成匹、成条或成小块图案)	10	130	17	17	千克	
58109100	--棉制						
5810910000	棉制见底布的刺绣品(成批、成条或成小块图案)	10	130	17	17	千克	
58109200	--化学纤维制						
5810920000	化学纤维制见底布刺绣品(成匹、成条或成小块图案)	10	130	17	17	千克	
58109900	--其他纺织材料制						
5810990000	其他纺织材料制见底布刺绣品(成匹、成条或成小块图案)	10	130	17	17	千克	
5811	**用一层或几层纺织材料与胎料经绗缝或其他方法组合制成的被褥状纺织品,但品目58.10的刺绣品除外**						
58110010	---丝及绢丝制						
5811001000	丝及绢丝制被褥状纺织品(经绗缝等法用一层或几层织物与胎料组合,不含品目58.10刺绣品)	10	130	17	17	千克	
58110020	---羊毛或动物细毛制						
5811002000	羊毛或动物细毛制被褥状纺织品(经绗缝等法用一层或几层织物与胎料组合,不含品目58.10刺绣品)	10	130	17	17	千克	
58110030	---棉制						
5811003000	棉制被褥状纺织品(经绗缝等法用一层或几层织物与胎料组合,不含品目58.10刺绣品)	10	80	17	17	千克	
58110040	---化学纤维制						
5811004000	化学纤维制被褥状纺织品(经绗缝等法用一层或几层织物与胎料组合,不含品目58.10刺绣品)	12	130	17	17	千克	
58110090	---其他纺织材料制						
5811009000	其他纺织材料制被褥状纺织品(经绗缝等法用一层或几层织物与胎料组合,不含品目58.10刺绣品)	10	90	17	17	千克	

第五十九章　浸渍、涂布、包覆或层压的纺织物；工业用纺织制品

注释：

一、除条文另有规定的以外，本章所称"纺织物"，仅适用于第五十章至第五十五章、品目58.03及58.06的机织物、品目58.08的成匹编带和装饰带及品目60.02至60.06的针织物或钩编织物。

二、品目59.03适用于：

（一）用塑料浸渍、涂布、包覆或层压的纺织物，不论每平方米重量多少以及塑料的性质如何（紧密结构或泡沫状的），但下列各项除外：

1. 用肉眼无法辨别出是否经过浸渍、涂布、包覆或层压的织物（通常归入第五十章至第五十五章、第五十八章或第六十章）；但由于浸渍、涂布、包覆或层压所引起的颜色变化可不予考虑；

2. 温度在15℃~30℃时，用手工将其绕于直径7毫米的圆柱体上会发生断裂的产品（通常归入第三十九章）；

3. 纺织物完全嵌入塑料内或在其两面均用塑料完全包覆或涂布，而这种包覆或涂布用肉眼是能够辨别出的产品（但由于包覆或涂布所引起的颜色变化可不予考虑）（第三十九章）；

4. 用塑料部分涂布或包覆并由此而形成图案的织物（通常归入第五十章至第五十五章、第五十八章或第六十章）；

5. 与纺织物混制而其中纺织物仅起增强作用的泡沫塑料板、片或带（第三十九章）；

6. 品目58.11的纺织品。

（二）由品目56.04的用塑料浸渍、涂布、包覆或套裹的纱线、扁条或类似品制成的织物。

三、品目59.05所称"糊墙织物"，是指以纺织材料做面，固定在一衬背上或在背面进行处理（浸渍或涂布以便于裱糊），适于装饰墙壁或天花板，且宽度不小于45厘米的成卷产品。

但本品目不适用于以纺织纤维屑或粉末直接粘于纸上（品目48.14）或布底上（通常归入品目59.07）的糊墙物品。

四、品目59.06所称"用橡胶处理的纺织物"是指：

（一）用橡胶浸渍、涂布、包覆或层压的纺织物：

1. 每平方米重量不超过1500克；

2. 每平方米重量超过1500克，按重量计纺织材料含量在50%以上；

（二）由品目56.04的用橡胶浸渍、涂布、包覆或套裹的纱线、扁条或类似品制成的织物；

（三）平行纺织纱线经橡胶黏合的织物，不论每平方米重量多少。

但本品目不包括与纺织物混制而其中纺织物仅起增强作用的海绵橡胶板、片或带（第四十章），也不包括品目58.11的纺织品。

五、品目59.07不适用于：

（一）用肉眼无法辨别出是否经过浸渍、涂布或包覆的织物（通常归入第五十章至第五十五章、第五十八章或第六十章），但由于浸渍、涂布或包覆所引起的颜色变化可不予考虑；

（二）绘有图画的织物（作为舞台、摄影布景或类似品的已绘制的画布除外）；

（三）用短绒、粉末、软木粉或类似品部分覆面并由此而形成图案的织物，但仿绒织物仍归入本品目；

（四）以淀粉或类似物质为基本成分的正常浆料上浆整理的织物；

（五）以纺织物为底的木饰面板（品目44.08）；

（六）以纺织物为底的砂布及类似品（品目68.05）；

（七）以纺织物为底的粘聚或复制云母片（品目68.14）；

（八）以纺织物为底的金属箔（通常为第十四类或第十五类）。

六、品目59.10不适用于：

（一）厚度小于3毫米的纺织材料制传动带或输送带；

（二）用橡胶浸渍、涂布、包覆或层压的织物制成的或用橡胶浸渍、涂布、包覆或套裹的纱线或绳制成的传动带及运输带（品目40.10）。

七、品目59.11适用于下列不能归入第十一类其他品目的货品：

（一）下列成匹的、裁成一定长度或仅裁成矩形（包括正方形）的纺织产品（具有品目59.08至59.10所列产品特征的产品除外）：

1. 用橡胶、皮革或其他材料涂布、包覆或层压的做针布用的纺织物、毡呢及毡呢衬里机织物，以及其他专门技术用途的类似织物，包括用橡胶浸渍的用于包覆纺锤（织轴）的狭幅丝绒织物；

2. 筛布；

3. 用于榨油机器或类似机器的纺织材料制或人发制滤布；

4. 用多股经纱或纬纱平织而成的纺织物，不论是否毡化、浸渍或涂布，通常用于机械或其他专门技术用途；

5. 专门技术用途的增强纺织物；

6. 工业上做填塞或润滑材料的线绳、编带及类似品，不论是否涂布、浸渍或用金属加强。

（二）专门技术用途的纺织制品（品目59.08至59.10的货品除外），例如，造纸机器或类似机器（如制浆机或制石棉水泥的机器）用的环状或装有连接装置的纺织物或毡呢、密封垫、垫圈、抛光盘及其他机器零件。

商品编号	商品名称及备注	进口关税税率（%） 最惠国	进口关税税率（%） 普通	增值税率（%）	出口退税率（%）	计量单位	监管条件
5901	**用胶或淀粉物质涂布的纺织物，作书籍封面及类似用途的；描图布；制成的油画布；作帽里的硬衬布及类似硬挺纺织物**						
59011010	---棉或麻制						
5901101010	胶或淀粉涂布的棉纺织物（作书籍封面，棉织物重≥50%，经漂染印花）	10	80	17	17	千克	
5901101090	胶或淀粉涂布的麻及其他棉纺织（作书籍封面及类似用途的）	10	80	17	17	千克	
59011020	---化学纤维制						

商品编号	商品名称及备注	进口关税税率(%)		增值税率(%)	出口退税率(%)	计量单位	监管条件
		最惠国	普通				
5901102010	胶或淀粉涂布的涤棉短纤混纺织品(书籍封面及类似用途,聚酯短纤棉混纺漂染织物重>50%)	10	130	17	17	千克	
5901102090	胶或淀粉涂布的其他化纤纺织物(作书籍封面及类似用途的)	10	130	17	17	千克	
59011090	---其他						
5901109010	用胶或淀粉涂布的精梳毛纺织物(书籍封面及类似用途,精梳羊毛或动物细毛织物重≥50%)	10	100	17	17	千克	
5901109090	用胶或淀粉涂布的其他纺织物(作书籍封面及类似用途的)	10	100	17	17	千克	
59019010	---制成的油画布						
5901901000	其他纺织物制成的油画布(织物重≥50%)	10	50	17	17	千克	
59019091	----棉或麻制						
5901909110	棉制描图布、帽里硬衬布等(包括类似硬挺纺织物,棉织物重≥50%,经漂染、印花)	10	80	17	17	千克	
5901909190	麻及其他棉制描图布、帽里硬衬布(包括类似硬挺纺织物)	10	80	17	17	千克	
59019092	----化学纤维制						
5901909210	聚酯短纤与棉混纺织物制描图布(含帽里硬衬类似硬挺纺织物,织物重≥50%,经漂染、印花)	10	130	17	17	千克	
5901909290	其他化纤制描图布、帽里硬衬布等(包括类似硬挺纺织物)	10	130	17	17	千克	
59019099	----其他						
5901909910	精梳毛纺织物制描图布、帽里硬衬(包括类似硬挺纺织物,精梳羊毛或动物细毛织物重≥50%)	10	100	17	17	千克	
5901909990	其他纺织物制描图布、帽里硬衬布(包括类似硬挺纺织物)	10	100	17	17	千克	
5902	**尼龙或其他聚酰胺、聚酯或粘胶纤维高强力纱制的帘子布**						
59021010	---聚酰胺-6(尼龙-6)制						
5902101000	聚酰胺-6(尼龙-6)制的帘子布	10	40	17	17	千克	
59021020	---聚酰胺-6,6(尼龙-6,6)制						
5902102000	聚酰胺-6,6(尼龙-6,6)制的帘子布	10	40	17	17	千克	
59021090	---其他						
5902109000	其他聚酰胺制的帘子布	10	40	17	17	千克	
59022000	-聚酯制						
5902200000	聚酯高强力纱制的帘子布	10	40	17	17	千克	
59029000	-其他						
5902900000	粘胶纤维高强力纱制帘子布	10	40	17	17	千克	
5903	**用塑料浸渍、涂布、包覆或层压的纺织物,但品目59.02的货品除外**						
59031010	---绝缘布或带						
5903101000	用聚氯乙烯浸渍的其他绝缘布或带	10	40	17	17	千克	
59031020	---人造革						
5903102000	用聚氯乙烯浸渍的其他人造革	10	70	17	17	千克/米	
59031090	---其他						
5903109000	聚氯乙烯浸渍的其他纺织物(包括用聚氯乙烯涂布、包覆或层压的)	10	90	17	17	千克	
59032010	---绝缘布或带						
5903201000	聚氨基甲酸酯浸渍其他绝缘布或带	10	40	17	17	千克	
59032020	---人造革						
5903202000	用聚氨基甲酸酯浸渍的其他人造革	10	70	17	17	千克/米	
59032090	---其他						
5903209000	用聚氨基甲酸酯浸渍的其他纺织物(包括用聚氨基甲酸酯涂布、包覆或层压的)	10	90	17	17	千克	
59039010	---绝缘布或带						
5903901000	用其他塑料浸渍的绝缘布或带	10	40	17	17	千克	

商品编号	商品名称及备注	进口关税税率(%)		增值税率(%)	出口退税率(%)	计量单位	监管条件
		最惠国	普通				
59039020	---人造革						
5903902000	用其他塑料浸渍的人造革	10	70	17	17	千克/米	
59039090	---其他						
5903909000	用其他塑料浸渍的其他纺织物(包括用其他塑料涂布、包覆或层压的)	10	90	17	17	千克	
5904	**列诺伦(亚麻油地毡),不论是否剪切成形;以织物为底布经涂布或覆面的铺地制品,不论是否剪切成形**						
59041000	-列诺伦(亚麻油地毡)						
5904100000	列诺伦(亚麻油地毡)(不论是否剪切成形)	14	90	17	17	千克/平方米	
59049000	-其他						
5904900000	以纺织物为底涂布或覆面的铺地品(不论是否剪切成形)	14	90	17	17	千克/平方米	
5905	**糊墙织物**						
59050000	糊墙织物						
5905000000	糊墙织物	10	80	17	17	千克/平方米	
5906	**用橡胶处理的纺织物,但品目59.02的货品除外**						
59061010	---绝缘带						
5906101000	用橡胶处理宽≤20厘米的纺织绝缘带(纺织物胶粘绝缘带)	10	40	17	17	千克	
59061090	---其他						
5906109000	用橡胶处理宽≤20厘米的其他纺织物胶粘带	10	100	17	17	千克	
59069100	--针织或钩编的						
5906910000	用橡胶处理的针织或钩编其他纺织物	10	130	17	17	千克	
59069910	---绝缘布或带						
5906991000	用橡胶处理的绝缘布或带(非针织或钩编,宽>20厘米)	10	40	17	17	千克	
59069990	---其他						
5906999000	用橡胶处理的其他纺织物(非针织或钩编,宽>20厘米)	10	100	17	17	千克	
5907	**用其他材料浸渍、涂布或包覆的纺织物;作舞台、摄影布景或类似用途的已绘制画布**						
59070010	---绝缘布或带						
5907001000	其他材料浸涂纺织绝缘布或带(用橡胶、塑料、浆料以外材料浸涂或包覆)	10	40	17	17	千克	
59070020	---已绘制画布						
5907002000	其他材料浸涂已绘制画布(用橡胶、塑料、浆料以外材料浸涂或包覆)	10	50	17	17	千克	
59070090	---其他						
5907009000	用其他材料浸涂的纺织物(用橡胶、塑料、浆料以外材料浸涂或包覆)	10	100	17	17	千克	
5908	**用纺织材料机织、编结或针织而成的灯芯、炉芯、打火机芯、烛芯或类似品;煤气灯纱筒及纱罩,不论是否浸渍**						
59080000	用纺织材料机织、编结或针织而成的灯芯、炉芯、打火机芯、烛芯或类似品;煤气灯纱筒及纱罩,不论是否浸渍						
5908000000	灯芯、炉芯等和煤气灯纱筒及纱罩(包括打火机芯、烛芯或类似品,用纺织材料机织、编结、针织)	10	70	17	17	千克	
5909	**纺织材料制的水龙软管及类似的管子,不论有无其他材料作衬里、护套或附件**						
59090000	纺织材料制的水龙软管及类似的管子,不论有无其他材料作衬里、护套或附件						
5909000000	纺织材料制水龙软管及类似管子(不论有无其他材料作衬里、护套或附件)	8	35	17	17	千克	
5910	**纺织材料制的传动带或输送带及带料,不论是否用塑料浸渍、涂布、包覆或层压,也不论是否用金属或其他材料加强**						
59100000	纺织材料制的传动带或输送带及带料,不论是否用塑料浸渍、涂布、包覆或层压,也不论是否用金属或其他材料加强						
5910000000	纺织材料制的传动带或输送带及带料(不论是否用塑料浸渍、涂布、包覆、层压或用金属等加强)	8	35	17	17	千克	

商品编号	商品名称及备注	进口关税税率(%)		增值税率(%)	出口退税率(%)	计量单位	监管条件
		最惠国	普通				
5911	**本章注释七所规定的作专门技术用途的纺织产品及制品**						
59111010	---用橡胶浸渍的、用于包覆纺锤(织轴)的狭幅丝绒织物						
5911101000	包覆纺锤用浸胶的狭幅丝绒织物(包括用橡胶、皮革等材料包覆、压层的毡呢及类似织物)	8	75	17	17	千克	
59111090	---其他						
5911109000	其他起绒狭幅织物(包括用橡胶、皮革等材料包覆、压层的毡呢及类似织物)	8	35	17	17	千克	
59112000	-筛布,不论是否制成的						
5911200010	丝制筛布(不论是否制成的)	8	35	17	17	千克	
5911200090	其他纺织材料制筛布(不论是否制成的,刻版筛网印布除外)	8	35	17	17	千克	
59113100	--每平方米重量<650 克						
5911310000	轻的环状或有连接装置的布或毡呢(每平方米重量<650 克,用于造纸机器或类似机器)	8	35	17	17	千克	
59113200	--每平方米重量≥650 克						
5911320000	重的环状或有连接装置的布或毡呢(每平方米重量≥650 克,用于造纸机器或类似机器)	8	35	17	17	千克	
59114000	-用于榨油机器或类似机器的滤布,包括人发制滤布						
5911400000	用于榨油机器或类似机器的滤布(包括人发制滤布)	8	35	17	17	千克	
59119000	-其他						
5911900010	半导体晶圆制造用自粘式圆形抛光垫(见第五十九章注释七)	6.7/5.3*	35	17	17	千克	
5911900090	其他专门技术用途纺织产品及制品(见第五十九章注释七)	8	35	17	17	千克	

* 最惠国税率中,"/"左边的税率截止日期为 2017 年 6 月 30 日,"/"右边的税率截止日期为 2999 年 12 月 31 日。

第六十章　针织物及钩编织物

注释：

一、本章不包括：

（一）品目58.04的钩编花边；

（二）品目58.07的针织或钩编的标签、徽章及类似品；

（三）第五十九章的经浸渍、涂布、包覆或层压的针织物及钩编织物。但经浸渍、涂布、包覆或层压的起绒针织物及起绒钩编织物仍归入品目60.01。

二、本章还包括用金属线制的用于衣着、装饰或类似用途的织物。

三、本手册所称“针织物”，包括由纺织纱线用链式针法构成的缝编织物。

子目注释：

子目6005.35包括由聚乙烯单丝或涤纶复丝制成的织物，重量不小于30克/平方米，但不超过55克/平方米，网眼尺寸不小于20孔/平方厘米，但不超过100孔/平方厘米，并且用α—氯氰菊酯（ISO）、虫螨腈（ISO）、溴氰菊酯（INN，ISO）、高效氯氟氰菊酯（ISO）、除虫菊酯（ISO）或甲基嘧啶磷（ISO）浸渍或涂层。

商品编号	商品名称及备注	进口关税税率（%）		增值税率（%）	出口退税率（%）	计量单位	监管条件
		最惠国	普通				
6001	**针织或钩编的起绒织物，包括“长毛绒”织物及毛圈织物**						
60011000	-“长毛绒”织物						
6001100000	针织或钩编“长毛绒”织物	10	130	17	17	米/千克	
60012100	--棉制						
6001210000	棉制针织或钩编的毛圈绒头织物	10	70	17	17	米/千克	
60012200	--化学纤维制						
6001220000	化纤制针织或钩编毛圈绒头织物	10	130	17	17	米/千克	
60012900	--其他纺织材料制						
6001290000	其他材料制针织或钩编毛圈绒头织物	12	130	17	17	米/千克	
60019100	--棉制						
6001910000	棉制针织或钩编起绒织物	10	70	17	17	米/千克	
60019200	--化学纤维制						
6001920000	化纤制针织或钩编起绒织物	10	130	17	17	米/千克	
60019900	--其他纺织材料制						
6001990000	其他纺材制针织或钩编起绒织物	12	130	17	17	米/千克	
6002	**宽度不超过30厘米，按重量计弹性纱线或橡胶线含量在5%及以上的针织物或钩编织物，但品目60.01的货品除外**						
60024010	---棉制						
6002401000	棉制宽≤30厘米弹性针织或钩编织物（按重量计弹性纱线含量≥5%且不含橡胶线）	10	70	17	17	米/千克	
60024020	---丝及绢丝制						
6002402000	丝及绢丝制宽≤30厘米针织或钩编织物（按重量计弹性纱线含量≥5%且不含橡胶线）	10	130	17	17	米/千克	
60024030	---合成纤维制						
6002403000	合成纤维制宽≤30厘米针织或钩编织物（按重量计弹性纱线含量≥5%且不含橡胶线）	10	130	17	17	米/千克	
60024040	---人造纤维制						
6002404000	人造纤维制宽≤30厘米针织或钩编织物（按重量计弹性纱线含量≥5%且不含橡胶线）	10	130	17	17	米/千克	
60024090	---其他						
6002409000	其他纺织材料宽≤30厘米针织或钩编织物（按重量计弹性纱线含量≥5%且不含橡胶线）	10	130	17	17	米/千克	
60029010	---棉制						
6002901000	棉制宽≤30厘米弹性针织或钩编织物（按重量计含弹性纱线或橡胶线≥5%）	10	70	17	17	米/千克	
60029020	---丝及绢丝制						
6002902000	丝及绢丝宽≤30厘米针织或钩编织物（按重量计含弹性纱线或橡胶线≥5%）	10	130	17	17	米/千克	
60029030	---合成纤维制						

商品编号	商品名称及备注	进口关税税率(%)		增值税率(%)	出口退税率(%)	计量单位	监管条件
		最惠国	普通				
6002903000	合成纤维制宽≤30 厘米针织或钩编织物(按重量计含弹性纱线或橡胶线≥5%)	10	130	17	17	米/千克	
60029040	---人造纤维制						
6002904000	人造纤维制宽≤30 厘米针织或钩编织物(按重量计含弹性纱线或橡胶线≥5%)	10	130	17	17	米/千克	
60029090	---其他						
6002909000	其他纺织材料宽≤30 厘米针织或钩编织物(按重量计含弹性纱线或橡胶线≥5%)	10	130	17	17	米/千克	
6003	**宽度不超过 30 厘米的针织或钩编织物,但品目 60.01 或 60.02 的货品除外**						
60031000	-羊毛或动物细毛制						
6003100000	毛制宽度≤30 厘米针织或钩编织物(按重量计弹性纱线或橡胶线含量<5%)	10	130	17	17	米/千克	
60032000	-棉制						
6003200000	棉制宽度≤30 厘米针织或钩编织物(按重量计弹性纱线或橡胶线含量<5%)	10	70	17	17	米/千克	
60033000	-合成纤维制						
6003300000	合成纤维制宽度≤30 厘米针织或钩编织物(按重量计弹性纱线或橡胶线含量<5%)	10	130	17	17	米/千克	
60034000	-人造纤维制						
6003400000	人造纤维制宽度≤30 厘米针织或钩编织物(按重量计弹性纱线或橡胶线含量<5%)	10	130	17	17	米/千克	
60039000	-其他						
6003900000	其他纺织材料制宽度≤30 厘米针织或钩编织物(按重量计弹性纱线或橡胶线含量<5%)	10	130	17	17	米/千克	
6004	**宽度超过 30 厘米,按重量计弹性纱线或橡胶线含量在 5%及以上的针织物或钩编织物,但品目 60.01 的货品除外**						
60041010	---棉制						
6004101000	棉制宽度>30 厘米弹性针织或钩编织物(按重量计弹性纱线含量≥5%且不含橡胶线)	10	70	17	17	米/千克	
60041020	---丝及绢丝制						
6004102000	丝及绢丝宽度>30 厘米针织或钩编织物(按重量计弹性纱线含量≥5%且不含橡胶线)	10	130	17	17	米/千克	
60041030	---合成纤维制						
6004103000	合成纤维制宽度>30 厘米针织或钩编织物(按重量计弹性纱线含量≥5%且不含橡胶线)	10	130	17	17	米/千克	
60041040	---人造纤维制						
6004104000	人造纤维制宽度>30 厘米针织或钩编织物(按重量计弹性纱线含量≥5%且不含橡胶线)	10	130	17	17	米/千克	
60041090	---其他						
6004109000	其他纺织材料制宽度>30 厘米针织或钩编织物(按重量计弹性纱线含量≥5%且不含橡胶线)	10	130	17	17	米/千克	
60049010	---棉制						
6004901000	棉制宽度>30 厘米弹性针织或钩编织物(按重量计含弹性纱线或橡胶线≥5%)	10	70	17	17	米/千克	
60049020	---丝及绢丝制						
6004902000	丝及绢丝宽度>30 厘米针织或钩编织物(按重量计含弹性纱线或橡胶线≥5%)	10	130	17	17	米/千克	
60049030	---合成纤维制						
6004903000	合成纤维制宽度>30 厘米针织或钩编织物(按重量计含弹性纱线或橡胶线≥5%)	10	130	17	17	米/千克	
60049040	---人造纤维制						
6004904000	人造纤维制宽度>30 厘米针织或钩编织物(按重量计含弹性纱线或橡胶线≥5%)	10	130	17	17	米/千克	
60049090	---其他						
6004909000	其他纺织材料制宽度>30 厘米针织或钩编织物(按重量计含弹性纱线或橡胶线≥5%)	10	130	17	17	米/千克	
6005	**经编针织物(包括由镶边针织机织成的),但品目 60.01 至 60.04 的货品除外**						
60052100	--未漂白或漂白						
6005210000	漂白或未漂白棉制经编织物(包括由花边针织机织成的经编织物)	10	70	17	17	米/千克	
60052200	--染色						
6005220000	染色棉制经编织物(包括由花边针织机织成的经编织物)	10	70	17	17	米/千克	
60052300	--色织						
6005230000	色织棉制经编织物(包括由花边针织机织成的经编织物)	10	70	17	17	米/千克	

商品编号	商品名称及备注	进口关税税率(%)		增值税率(%)	出口退税率(%)	计量单位	监管条件
		最惠国	普通				
60052400	--印花						
6005240000	印花棉制经编织物(包括由花边针织机织成的经编织物)	10	70	17	17	米/千克	
60053500	--本章子目注释一所列织物						
6005350000	本章子目注释一所列织物(包括由花边针织机织成的经编织物)	10	130	17		米/千克	
60053600	--其他,未漂白或漂白						
6005360000	其他漂白或未漂白合成纤维制经编织物(包括由花边针织机织成的经编织物)	10	130	17		米/千克	
60053700	--其他,染色						
6005370000	其他染色合成纤维制经编织物(包括由花边针织机织成的经编织物)	10	130	17		米/千克	
60053800	--其他,色织						
6005380000	其他色织合成纤维制经编织物(包括由花边针织机织成的经编织物)	10	130	17		米/千克	
60053900	--其他,印花						
6005390000	其他印花合成纤维制经编织物(包括由花边针织机织成的经编织物)	10	130	17		米/千克	
60054100	--未漂白或漂白						
6005410000	漂白或未漂白人造纤维制经编织物(包括由花边针织机织成的经编织物)	10	130	17	17	米/千克	
60054200	--染色						
6005420000	染色人造纤维制经编织物(包括由花边针织机织成的经编织物)	10	130	17	17	米/千克	
60054300	--色织						
6005430000	色织人造纤维制经编织物(包括由花边针织机织成的经编织物)	10	130	17	17	米/千克	
60054400	--印花						
6005440000	印花人造纤维制经编织物(包括由花边针织机织成的经编织物)	10	130	17	17	米/千克	
60059010	---羊毛或动物细毛制						
6005901000	羊毛或动物细毛制经编织物(包括由花边针织机织成的经编织物)	12	130	17	17	米/千克	
60059090	---其他						
6005909000	其他纺织材料制经编织物(包括由花边针织机织成的经编织物)	12	130	17	17	米/千克	
6006	**其他针织或钩编织物**						
60061000	-羊毛或动物细毛制						
6006100000	毛制其他针织或钩编织物(羊毛或动物细毛制)	12	130	17	17	米/千克	
60062100	--未漂白或漂白						
6006210000	棉制其他漂或未漂针织或钩编织物(漂白或未漂白)	10	70	17	17	米/千克	
60062200	--染色						
6006220000	棉制其他染色针织或钩编织物	10	70	17	17	米/千克	
60062300	--色织						
6006230000	棉制其他色织针织或钩编织物	10	70	17	17	米/千克	
60062400	--印花						
6006240000	棉制其他印花针织或钩编织物	10	70	17	17	米/千克	
60063100	--未漂白或漂白						
6006310000	合成纤维制其他针织或钩编织物(漂白或未漂白)	10	130	17	17	米/千克	
60063200	--染色						
6006320000	合成纤维其他染色针织或钩编织物(染色)	10	130	17	17	米/千克	
60063300	--色织						
6006330000	合成纤维其他色织针织或钩编织物(色织)	10	130	17	17	米/千克	
60063400	--印花						
6006340000	合成纤维制其他针织或钩编织物(印花)	10	130	17	17	米/千克	
60064100	--未漂白或漂白						
6006410000	人造纤维制其他针织或钩编织物(漂白或未漂白)	10	130	17	17	米/千克	
60064200	--染色						

商品编号	商品名称及备注	进口关税税率(%)		增值税率(%)	出口退税率(%)	计量单位	监管条件
		最惠国	普通				
6006420000	人造纤维制其他针织或钩编织物(染色)	10	130	17	17	米/千克	
60064300	--色织						
6006430000	人造纤维制其他针织或钩编织物(色织)	10	130	17	17	米/千克	
60064400	--印花						
6006440000	人造纤维制其他针织或钩编织物(印花)	10	130	17	17	米/千克	
60069000	-其他						
6006900000	其他纺材制其他针织或钩编织物	12	130	17	17	米/千克	

第六十一章　针织或钩编的服装及衣着附件

注释：

一、本章仅适用于制成的针织品或钩编织品。

二、本章不包括：

(一)品目62.12的货品；

(二)品目63.09的旧衣着或其他旧物品；

(三)矫形器具、外科手术带、疝气带及类似品(品目90.21)。

三、品目61.03及61.04所称：

(一)“西服套装”，是指面料用相同的织物制成的两件套或三件套的下列成套服装：

—— 一件人体上半身穿着的外套或短上衣，除袖子外，应由四片或四片以上面料组成；也可附带一件西服背心，这件背心的前片面料应与套装其他各件的面料相同，后片面料则应与外套或短上衣的衬里料相同；以及

—— 一件人体下半身穿着的服装，即不带背带或护胸的长裤、马裤、短裤(游泳裤除外)、裙子或裙裤。

西服套装各件面料质地、颜色及构成必须完全相同，其款式也必须相同，尺寸大小也须相互般配。但套装的各件可以有不同织物的滚边(在缝口上缝入长条织物)。

如果数件人体下半身穿着的服装同时报验(例如，两条长裤、长裤与短裤、裙子或裙裤与长裤)，构成西服套装下装的应是一条长裤，对于女式西服套装，应是裙子或裙裤；其他服装应分别归类。

所称“西服套装”，包括不论是否完全符合上述条件的下列配套服装：

1. 常礼服，由一件后襟下垂并下端开圆弧形叉的素色短上衣和一条条纹长裤组成；

2. 晚礼服(燕尾服)，一般用黑色织物制成，上衣前襟较短且不闭合，背后有燕尾；

3. 无燕尾套装夜礼服，其中上衣款式与普通上衣相似(可以更为显露衬衣前胸)，但有光滑丝质或仿丝质的翻领。

(二)“便服套装”，是指面料相同并作零售包装的下列成套服装(西服套装及品目61.07、61.08或61.09的物品除外)：

—— 一件人体上半身穿着的服装，但套头衫及背心除外，因为套头衫可在两件套服装中作为内衣，背心也可作为内衣；以及

—— 一件或两件不同的人体下半身穿着的服装，即长裤、护胸背带工装裤、马裤、短裤(游泳裤除外)、裙子或裙裤。

便服套装各件面料质地、款式、颜色及构成必须相同；尺寸大小也须相互般配。所称“便服套装”，不包括品目61.12的运动服及滑雪服。

四、品目61.05及61.06不包括在腰围以下有口袋的服装、带有罗纹腰带及以其他方式收紧下摆的服装或其织物至少在10厘米×10厘米的面积内沿各方向的直线长度上平均每厘米少于10针的服装。品目61.05不包括无袖服装。

五、品目61.09不包括带有束带、罗纹腰带或其他方式收紧下摆的服装。

六、对于品目61.11：

(一)所称“婴儿服装及衣着附件”，是指用于身高不超过86厘米幼儿的服装；

(二)既可归入品目61.11，也可归入本章其他品目的物品，应归入品目61.11。

七、品目61.12所称“滑雪服”，是指从整个外观和织物质地来看，主要在滑雪(速度滑雪或高山滑雪)时穿着的下列服装或成套服装：

(一)“滑雪连身服”，即上下身连在一起的单件服装；除袖子和领子外，滑雪连身服可有口袋或脚带；或

(二)“滑雪套装”，即由两件或三件构成一套并作零售包装的下列服装：

一件用一条拉链扣合的带风帽的厚夹克、防风衣、防风短上衣或类似的服装，可以附带一件背心(滑雪背心)；以及一条不论是否过腰的长裤、一条马裤或一条护胸背带工装裤。

“滑雪套装”也可由一件类似以上(一)款所述的连身服和一件可套在连身服外面的有胎料背心组成。

“滑雪套装”各件颜色可以不同，但面料质地、款式及构成必须相同；尺寸大小也须相互般配。

八、既可归入品目61.13，也可归入本章其他品目的服装，除品目61.11所列的仍归入该品目外，其余的应一律归入品目61.13。

九、本章的服装，凡门襟为左压右的，应视为男式；右压左的，应视为女式。但本规定不适用于其式样已明显为男式或女式的服装。

无法区别是男式还是女式的服装，应按女式服装归入有关品目。

十、本章物品可用金属线制成。

商品编号	商品名称及备注	进口关税税率(%)		增值税率(%)	出口退税率(%)	计量单位	监管条件
		最惠国	普通				
6101	**针织或钩编的男式大衣、短大衣、斗篷、短斗篷、带风帽的防寒短上衣(包括滑雪短上衣)、防风衣、防风短上衣及类似品，但品目61.03的货品除外**						
61012000	-棉制						
6101200000	棉制针织或钩编的男式大衣、短大衣、斗篷、短斗篷、带风帽的防寒短上衣(包括滑雪短上衣)、防风衣、防风短上衣及类似品	17.5	90	17	17	件/千克	
61013000	-化学纤维制						
6101300000	化纤制针织或钩编的男式大衣、短大衣、斗篷、短斗篷、带风帽的防寒短上衣(包括滑雪短上衣)、防风衣、防风短上衣及类似品	17.5	130	17	17	件/千克	
61019010	---羊毛或动物细毛制						

商品编号	商品名称及备注	进口关税税率(%)		增值税率(%)	出口退税率(%)	计量单位	监管条件
		最惠国	普通				
6101901010暂13	毛制针织或钩编非手工制男式防风衣(包括防寒短上衣、防风短上衣及类似品)	25	130	17	17	件/千克	
6101901090暂13	毛制针织或钩编其他男大衣、斗篷、防风衣等(包括防寒短上衣、防风短上衣、短大衣、短斗篷及类似品)	25	130	17	17	件/千克	
61019090	---其他纺织材料制						
6101909000	其他纺织材料制男大衣、斗篷、防风衣等(包括防寒短上衣、防风短上衣、短大衣、短斗篷及类似品)	17.5	130	17	17	件/千克	
6102	**针织或钩编的女式大衣、短大衣、斗篷、短斗篷、带风帽的防寒短上衣(包括滑雪短上衣)、防风衣、防风短上衣及类似品,但品目61.04的货品除外**						
61021000	-羊毛或动物细毛制						
6102100010暂13	毛制针织或钩编女式大衣等(包括短大衣、斗篷、短斗篷及类似品,雨衣除外)	25	130	17	17	件/千克	
6102100021暂13	毛制针织或钩编手工制女式防风衣(包括防寒短上衣、防风短上衣及类似品)	25	130	17	17	件/千克	
6102100029暂13	毛制针织或钩编女式防风衣(包括防寒短上衣、防风短上衣及类似品)	25	130	17	17	件/千克	
6102100030暂13	毛制针织或钩编女式雨衣	25	130	17	17	件/千克	
61022000	-棉制						
6102200000	棉制针织或钩编的女式大衣、短大衣、斗篷、短斗篷、带风帽的防寒短上衣(包括滑雪短上衣)、防风衣、防风短上衣及类似品(品目61.04的货品除外)	17.5	90	17	17	件/千克	
61023000	-化学纤维制						
6102300000	化学纤维制针织或钩编的女式大衣、短大衣、斗篷、短斗篷、带风帽的防寒短上衣(包括滑雪短上衣)、防风衣、防风短上衣及类似品(品目61.04的货品除外)	17.5	130	17	17	件/千克	
61029000	-其他纺织材料制						
6102900000	其他纺织材料制针织或钩编的女式大衣、短大衣、斗篷、短斗篷、带风帽的防寒短上衣(包括滑雪短上衣)、防风衣、防风短上衣及类似品(品目61.04的货品除外)	20	130	17	17	件/千克	
6103	**针织或钩编的男式西服套装、便服套装、上衣、长裤、护胸背带工装裤、马裤及短裤(游泳裤除外)**						
61031010	---羊毛或动物细毛制						
6103101000	毛制针织或钩编男式西服套装	25	130	17	17	套/千克	
61031020	---合成纤维制						
6103102000	合成纤维制针织或钩编男式西服套装	25	130	17	17	套/千克	
61031090	---其他纺织材料制						
6103109000	其他纺织材料制针织或钩编男式西服套装	17.5	130	17	17	套/千克	
61032200	--棉制						
6103220000	棉制针织或钩编男式便服套装	20	90	17	17	套/千克	
61032300	--合成纤维制						
6103230000	其他合成纤维制针织或钩编其他男便服套装	25	130	17	17	套/千克	
61032910	---羊毛或动物细毛制						
6103291000	毛制针织或钩编男式便服套装	25	130	17	17	套/千克	
61032990	---其他纺织材料制						
6103299000	其他纺织料针织或钩编男便服套装	25	130	17	17	套/千克	
61033100	--羊毛或动物细毛制						
6103310000	毛制针织或钩编男式上衣	16	130	17	17	件/千克	
61033200	--棉制						
6103320000	棉制针织或钩编男式上衣	16	90	17	17	件/千克	
61033300	--合成纤维制						
6103330000	合成纤维制针织或钩编男式上衣	19	130	17	17	件/千克	
61033900	--其他纺织材料制						
6103390000	其他纺织材料制针织或钩编男式上衣	16	130	17	17	件/千克	

商品编号	商品名称及备注	进口关税税率(%)		增值税率(%)	出口退税率(%)	计量单位	监管条件
		最惠国	普通				
61034100	--羊毛或动物细毛制						
6103410000	毛制长裤、护胸背带工装裤、马裤及短裤	16	130	17	17	条/千克	
61034200	--棉制						
6103420012	棉制针织钩编男童非保暖背带工装裤(2~7号男童护胸背带工装裤)	16	90	17	17	条/千克	A
6103420021	棉制针织或钩编男童游戏套装长裤(指男童8~18号)	16	90	17	17	条/千克	A
6103420029	棉制针织或钩编其他男童游戏套装裤(包括长裤、马裤、短裤)	16	90	17	17	条/千克	A
6103420090	棉制针织或钩编其他男裤等(包括马裤、短裤及其他长裤)	16	90	17	17	条/千克	
61034300	--合成纤维制						
6103430090	其他合成纤维制针织或钩编其他男裤(包括马裤、短裤及其他长裤)	17.5	130	17	17	条/千克	
6103430092	其他合成纤维制男童游戏套装长裤(针织或钩编,指男童8~18号)	17.5	130	17	17	条/千克	A
6103430093	其他合成纤维制男童游戏套装长裤(针织或钩编,包括马裤、短裤及其他长裤)	17.5	130	17	17	条/千克	A
61034900	--其他纺织材料制						
6103490013	丝制针织或钩编其他男童长裤、马裤(丝及绢丝含量≥70%)	16	130	17	17	条/千克	A
6103490023	人造纤维制针织或钩编其他男童长裤、马裤(含毛≥23%)	16	130	17	17	条/千克	A
6103490026	其他人造纤维制针织或钩编其他男童长裤(包括马裤)	16	130	17	17	条/千克	A
6103490051	其他纺织材料制其他男童长裤马裤(针织或钩编,棉限内)	16	130	17	17	条/千克	A
6103490052	其他纺织材料制其他男童长裤马裤(针织或钩编,羊毛限内)	16	130	17	17	条/千克	A
6103490053	其他纺织材料制其他男童长裤马裤(针织或钩编,化纤限内)	16	130	17	17	条/千克	A
6103490059	其他纺织材料制其他男童长裤马裤(针织或钩编)	16	130	17	17	条/千克	A
6103490090	其他纺织材料制针织或钩编其他男式长裤、护胸背带工装裤、马裤及短裤	16	130	17	17	条/千克	
6104	**针织或钩编的女式西服套装、便服套装、上衣、连衣裙、裙子、裙裤、长裤、护胸背带工装裤、马裤及短裤(游泳服除外)**						
61041300	--合成纤维制						
6104130000	合成纤维制针织或钩编女西服套装	25	130	17	17	套/千克	
61041910	---羊毛或动物细毛制						
6104191000	毛制针织或钩编女式西服套装	17.5	130	17	17	套/千克	
61041920	---棉制						
6104192000	棉针织或钩编女西服套装	17.5	90	17	17	套/千克	
61041990	---其他						
6104199000	其他纺织材料制针织或钩编女式西服套装	17.5	130	17	17	套/千克	
61042200	--棉制						
6104220000	棉针织或钩编女便服套装	17.5	90	17	17	套/千克	
61042300	--合成纤维制						
6104230000	合成纤维制针织或钩编女便服套装	25	130	17	17	套/千克	
61042910	---羊毛或动物细毛制						
6104291000	毛制针织或钩编女式便服套装	17.5	130	17	17	套/千克	
61042990	---其他						
6104299000	其他纺织材料制针织或钩编其他女式便服套装	15	130	17	17	套/千克	
61043100	--羊毛或动物细毛制						
6104310000	毛制针织或钩编女式上衣	16	130	17	17	件/千克	
61043200	--棉制						
6104320000	棉制针织或钩编女式上衣	16	90	17	17	件/千克	
61043300	--合成纤维制						
6104330000	合成纤维制针织或钩编女式上衣	19	130	17	17	件/千克	
61043900	--其他纺织材料制						
6104390000	其他纺织材料制针织或钩编女式上衣	16	130	17	17	件/千克	

商品编号	商品名称及备注	进口关税税率(%)		增值税率(%)	出口退税率(%)	计量单位	监管条件
		最惠国	普通				
61044100	--羊毛或动物细毛制						
6104410000	毛制针织或钩编连衣裙	16	130	17	17	件/千克	
61044200	--棉制						
6104420000	棉制针织或钩编连衣裙	16	90	17	17	件/千克	
61044300	--合成纤维制						
6104430000	合成纤维制针织或钩编连衣裙	17.5	130	17	17	件/千克	
61044400	--人造纤维制						
6104440000	人造纤维制针织或钩编连衣裙	16	130	17	17	件/千克	
61044900	--其他纺织材料制						
6104490000	其他纺织材料制针织或钩编连衣裙	16	130	17	17	件/千克	
61045100	--羊毛或动物细毛制						
6104510000	毛制针织或钩编裙子及裙裤	14	130	17	17	件/千克	
61045200	--棉制						
6104520000	棉制针织裙子及裙裤	14	90	17	17	件/千克	
61045300	--合成纤维制						
6104530000	合成纤维制针织或钩编裙子及裙裤	16	130	17	17	件/千克	
61045900	--其他纺织材料制						
6104590000	其他纺织材料制针织或钩编裙子及裙裤	14	130	17	17	件/千克	
61046100	--羊毛或动物细毛制						
6104610000	毛制针织或钩编女长裤、护胸背带工装裤、马裤及短裤	16	130	17	17	条/千克	
61046200	--棉制						
6104620030	棉制针织或钩编女童游戏套装长裤(指女童7~16号,包括马裤)	16	90	17	17	条/千克	A
6104620040	棉制针织或钩编其他女童游戏套装裤(包括马裤、短裤、非保暖护胸背带工装裤及其他长裤)	16	90	17	17	条/千克	A
6104620090	棉制针织或钩编其他女裤	16	90	17	17	条/千克	
61046300	--合成纤维制						
6104630090	其他合成纤维制针织或钩编女裤	17.5	130	17	17	条/千克	
6104630091	其他合成纤维制女童游戏套装长裤、马裤(针织或钩编,指女童7~16号)	17.5	130	17	17	条/千克	A
6104630092	其他合成纤维制女童游戏套装裤(针织或钩编,包括短裤及其他长裤)	17.5	130	17	17	条/千克	A
61046900	--其他纺织材料制						
6104690000	其他纺织材料制针织或钩编女裤	16	130	17	17	条/千克	
6105	**针织或钩编的男衬衫**						
61051000	-棉制						
6105100011	棉制针织或钩编男童游戏套装衬衫(不带缝制领,指男童8~18号)	16	90	17	17	件/千克	A
6105100019	棉制其他男童游戏套装衬衫(针织或钩编)	16	90	17	17	件/千克	A
6105100090	其他棉制针织或钩编其他男衬衫	16	90	17	17	件/千克	
61052000	-化学纤维制						
6105200021	化纤针织或钩编男童游戏套装衬衫(不带缝制领,指男童8~18号)	17.5	130	17	17	件/千克	A
6105200029	化纤制其他男童游戏套装衬衫(针织或钩编)	17.5	130	17	17	件/千克	A
6105200090	其他化学纤维制针织或钩编其他男衬衫	17.5	130	17	17	件/千克	
61059000	-其他纺织材料制						
6105900000	其他纺织材料制针织或钩编男衬衫	16	130	17	17	件/千克	
6106	**针织或钩编的女衬衫**						
61061000	-棉制						
6106100010	棉制针织或钩编女童游戏套装衬衫	16	90	17	17	件/千克	A
6106100090	棉制针织或钩编其他女衬衫	16	90	17	17	件/千克	

商品编号	商品名称及备注	进口关税税率(%)		增值税率(%)	出口退税率(%)	计量单位	监管条件
		最惠国	普通				
61062000	-化学纤维制						
6106200020	其他化纤制女童游戏套装衬衫(针织或钩编)	17.5	130	17	17	件/千克	A
6106200090	其他化纤针织或钩编未列名女衬衫(针织或钩编)	17.5	130	17	17	件/千克	
61069000	-其他纺织材料制						
6106900000	其他纺织材料制针织或钩编女衬衫	16	130	17	17	件/千克	
6107	**针织或钩编的男式内裤、三角裤、长睡衣、睡衣裤、浴衣、晨衣及类似品**						
61071100	--棉制						
6107110000	棉制针织或钩编男内裤及三角裤	14	90	17	17	件/千克	A
61071200	--化学纤维制						
6107120000	化纤制针织或钩编男内裤及三角裤	16	130	17	17	件/千克	A
61071910	---丝及绢丝制						
6107191010	丝及绢丝制男内裤及三角裤(含丝≥70%,针织或钩编)	14	130	17	17	件/千克	A
6107191090	其他丝及绢丝制男内裤及三角裤(含丝<70%,针织或钩编)	14	130	17	17	件/千克	A
61071990	---其他						
6107199010	羊毛或动物细毛制男内裤及三角裤(针织或钩编)	14	130	17	17	件/千克	A
6107199090	其他纺织材料制男内裤及三角裤(针织或钩编)	14	130	17	17	件/千克	A
61072100	--棉制						
6107210000	棉制针织或钩编男长睡衣及睡衣裤	14	90	17	17	件/千克	A
61072200	--化学纤维制						
6107220000	化纤制针织或钩编男睡衣裤(包括长睡衣)	16	130	17	17	件/千克	A
61072910	---丝及绢丝制						
6107291010	丝及绢丝制针织或钩编男睡衣裤(含丝≥70%,包括长睡衣)	14	130	17	17	件/千克	A
6107291090	其他丝及绢丝制针织或钩编男睡衣裤(含丝<70%,包括长睡衣)	14	130	17	17	件/千克	A
61072990	---其他						
6107299000	其他纺织材料制针织或钩编男睡衣裤(包括长睡衣)	14	130	17	17	件/千克	A
61079100	--棉制						
6107910010	棉制针织或钩编其他睡衣裤	14	90	17	17	件/千克	A
6107910090	棉制针织或钩编男浴衣、晨衣等(包括类似品)	14	90	17	17	件/千克	A
61079910	---化学纤维制						
6107991000	化学纤维制其他男睡衣裤、浴衣、晨衣等(包括类似品)	16	130	17	17	件/千克	A
61079990	---其他						
6107999000	其他纺织材料制其他男睡衣裤、浴衣、晨衣等(包括类似品,针织或钩编)	14	130	17	17	件/千克	A
6108	**针织或钩编的女式长衬裙、衬裙、三角裤、短衬裤、睡衣、睡衣裤、浴衣、晨衣及类似品**						
61081100	--化学纤维制						
6108110000	化纤制针织或钩编长衬裙及衬裙	16	130	17	17	件/千克	
61081910	---棉制						
6108191000	棉制针织或钩编女式长衬裙及衬裙	14	90	17	17	件/千克	
61081920	---丝及绢丝制						
6108192000	丝及绢丝制女式长衬裙及衬裙	14	130	17	17	件/千克	
61081990	---其他						
6108199000	其他纺织材料制女式长衬裙及衬裙(针织或钩编)	14	130	17	17	件/千克	
61082100	--棉制						
6108210000	棉制针织或钩编女三角裤及短衬裤	14	90	17	17	件/千克	A
61082200	--化学纤维制						
6108220010	化纤制一次性女三角裤及短衬裤(针织或钩编)	16	130	17	17	件/千克	A
6108220090	化纤制其他女三角裤及短衬裤(针织或钩编)	16	130	17	17	件/千克	A

商品编号	商品名称及备注	进口关税税率(%)		增值税率(%)	出口退税率(%)	计量单位	监管条件
		最惠国	普通				
61082910	---丝及绢丝制						
6108291010	丝及绢丝制女三角裤及短衬裤(针织或钩编,含丝≥70%)	14	130	17	17	件/千克	A
6108291090	其他丝及绢丝制女三角裤及短衬裤(针织或钩编,含丝<70%)	14	130	17	17	件/千克	A
61082990	---其他						
6108299010	羊毛制女三角裤及短衬裤(针织或钩编)	14	130	17	17	件/千克	A
6108299090	其他纺织材料制女三角裤及短衬裤(针织或钩编)	14	130	17	17	件/千克	A
61083100	--棉制						
6108310000	棉制针织或钩编女睡衣及睡衣裤	14	90	17	17	件/千克	A
61083200	--化学纤维制						
6108320000	化纤制针织或钩编女睡衣及睡衣裤	16	130	17	17	件/千克	A
61083910	---丝及绢丝制						
6108391010	丝及绢丝制女睡衣及睡衣裤(针织或钩编,含丝≥70%)	14	130	17	17	件/千克	A
6108391090	其他丝及绢丝制女睡衣及睡衣裤(针织或钩编,含丝<70%)	14	130	17	17	件/千克	A
61083990	---其他						
6108399010	羊毛或动物细毛制女睡衣及睡衣裤(针织或钩编)	14	130	17	17	件/千克	A
6108399090	其他纺织材料制女睡衣及睡衣裤(针织或钩编)	14	130	17	17	件/千克	A
61089100	--棉制						
6108910010	棉制针织或钩编女内裤、内衣	14	90	17	17	件/千克	A
6108910090	其他棉制针织或钩编女浴衣、晨衣等(包括类似品)	14	90	17	17	件/千克	A
61089200	--化学纤维制						
6108920010	化纤制针织或钩编女内裤、内衣	16	130	17	17	件/千克	A
6108920090	其他化纤制针织或钩编女浴衣、晨衣等(包括类似品)	16	130	17	17	件/千克	A
61089900	--其他纺织材料制						
6108990010	丝及绢丝制女浴衣、晨衣等(针织或钩编,包括类似品,含丝≥70%)	14	130	17	17	件/千克	A
6108990020	羊毛或动物细毛制女浴衣、晨衣等(针织或钩编,包括类似品)	14	130	17	17	件/千克	A
6108990090	其他纺织材料制女浴衣、晨衣等(针织或钩编,包括类似品)	14	130	17	17	件/千克	A
6109	**针织或钩编的T恤衫、汗衫及其他背心**						
61091000	-棉制						
6109100010	棉制针织或钩编T恤衫、汗衫等(内衣式,包括其他背心)	14	90	17	17	件/千克	A
6109100021	其他棉制针织或钩编男式T恤衫(内衣除外)	14	90	17	17	件/千克	A
6109100022	其他棉制针织或钩编女式T恤衫(内衣除外)	14	90	17	17	件/千克	A
6109100091	其他棉制男式汗衫及其他背心(针织或钩编,内衣除外,包括男童8~18号)	14	90	17	17	件/千克	A
6109100092	其他棉制男式汗衫及其他背心(针织或钩编,内衣除外)	14	90	17	17	件/千克	A
6109100099	其他棉制女式汗衫及其他背心(针织或钩编,内衣除外)	14	90	17	17	件/千克	A
61099010	---丝及绢丝制						
6109901011	丝及绢丝针织或钩编T恤衫、汗衫、背心(内衣式,含丝≥70%)	14	130	17	17	件/千克	A
6109901019	其他丝及绢丝针织或钩编T恤衫、背心(包括汗衫,内衣式,含丝<70%)	14	130	17	17	件/千克	A
6109901021	丝及绢丝针织钩编汗衫、背心(内衣除外,含丝≥70%,男童8~18号,女童7~16号)	14	130	17	17	件/千克	A
6109901029	其他丝及绢丝针织钩编汗衫、背心(内衣除外,含丝<70%,男童8~18号,女童7~16号)	14	130	17	17	件/千克	A
6109901091	其他丝及绢丝针织或钩编T恤衫、汗衫(含丝≥70%,包括其他背心)	14	130	17	17	件/千克	A
6109901099	其他丝及绢丝针织或钩编T恤衫、汗衫(含丝<70%,包括其他背心)	14	130	17	17	件/千克	A
61099090	---其他						
6109909011	毛制针织或钩编T恤衫、汗衫等(内衣式,长袖衫)	14	130	17	17	件/千克	A
6109909012	毛制针织或钩编男式T恤衫、汗衫(内衣式,长袖衫除外)	14	130	17	17	件/千克	A
6109909013	毛制针织或钩编女式T恤衫、汗衫(内衣式,长袖衫除外)	14	130	17	17	件/千克	A
6109909021	毛制针织或钩编男式其他T恤衫(内衣除外)	14	130	17	17	件/千克	A

商品编号	商品名称及备注	进口关税税率(%)		增值税率(%)	出口退税率(%)	计量单位	监管条件
		最惠国	普通				
6109909022	毛制针织或钩编女式其他T恤衫(内衣除外)	14	130	17	17	件/千克	A
6109909031	毛制男式汗衫及其他背心(针织或钩编,内衣除外,含男童8~18号)	14	130	17	17	件/千克	A
6109909032	其他毛制男式汗衫及其他背心(针织或钩编,内衣除外)	14	130	17	17	件/千克	A
6109909033	其他毛制女式汗衫及其他背心(针织或钩编,内衣除外)	14	130	17	17	件/千克	A
6109909040	化纤制针织或钩编内衣	14	130	17	17	件/千克	A
6109909050	化纤制针织或钩编T恤衫(内衣除外)	14	130	17	17	件/千克	A
6109909060	化纤针织或钩编汗衫及其他背心(内衣除外)	14	130	17	17	件/千克	A
6109909091	其他纺织材料制T恤衫、汗衫等(针织或钩编,内衣式,包括其他背心)	14	130	17	17	件/千克	A
6109909092	其他纺织材料制针织或钩编汗衫及其他背心(内衣除外,包括男童8~18号,女童7~16号)	14	130	17	17	件/千克	A
6109909093	其他纺织材料制针织或钩编T恤衫、汗衫(内衣除外,包括其他背心)	14	130	17	17	件/千克	A
6110	**针织或钩编的套头衫、开襟衫、背心及类似品**						
61101100	--羊毛制						
6110110000	羊毛制针织或钩编的套头衫、开襟衫、马甲(背心)及类似品	14	130	17	17	件/千克	
61101200	--克什米尔山羊细毛制						
6110120011[暂7]	喀什米尔山羊细毛制手工起绒男套头衫(针织或钩编,包括开襟衫、外穿背心及类似品)	14	130	17	17	件/千克	
6110120019[暂7]	喀什米尔山羊细毛制起绒男套头衫(针织或钩编,包括开襟衫、外穿背心及类似品)	14	130	17	17	件/千克	
6110120021[暂7]	喀什米尔山羊细毛制手工起绒女套头衫(针织或钩编,包括开襟衫、外穿背心及类似品)	14	130	17	17	件/千克	
6110120029[暂7]	喀什米尔山羊细毛制起绒女套头衫(针织或钩编,包括开襟衫、外穿背心及类似品)	14	130	17	17	件/千克	
6110120031[暂7]	喀什米尔山羊细毛制手工非起绒男套头衫(针织或钩编,包括开襟衫、外穿背心及类似品)	14	130	17	17	件/千克	
6110120039[暂7]	喀什米尔山羊细毛制非起绒男套头衫(针织或钩编,包括开襟衫、外穿背心及类似品)	14	130	17	17	件/千克	
6110120041[暂7]	喀什米尔山羊细毛制手工非起绒女套头衫(针织或钩编,包括开襟衫、外穿背心及类似品)	14	130	17	17	件/千克	
6110120049[暂7]	喀什米尔山羊细毛制非起绒女套头衫(针织或钩编,包括开襟衫、外穿背心及类似品)	14	130	17	17	件/千克	
61101910	---其他山羊细毛制						
6110191000	其他山羊细毛制针织或钩编的套头衫、开襟衫、马甲(背心)及类似品	14	130	17	17	件/千克	
61101920	---兔毛制						
6110192000	其他兔毛制针织或钩编的套头衫、开襟衫、马甲(背心)及类似品	14	130	17	17	件/千克	
61101990	---其他						
6110199000	其他动物细毛制针织或钩编的套头衫、开襟衫、马甲(背心)及类似品	14	130	17	17	件/千克	
61102000	-棉制						
6110200011	棉制儿童游戏套装紧身衫及套头衫(针织起绒,轻薄细针翻领、开领、高领,含亚麻<36%)	14	90	17	17	件/千克	A
6110200012	棉制其他起绒儿童游戏套头衫等(针织钩编,包括开襟衫、背心及类似品,含亚麻<36%)	14	90	17	17	件/千克	A
6110200051	其他棉制儿童游戏套装紧身及套头衫(针织、非起绒,轻薄细针,翻领、开领、高领)	14	90	17	17	件/千克	A
6110200052	其他棉制儿童游戏套装套头衫等(针织或钩编、非起绒,包括开襟衫、背心及类似品)	14	90	17	17	件/千克	A
6110200090	其他棉制针织或钩编的套头衫、开襟衫、马甲(背心)及类似品	14	90	17	17	件/千克	
61103000	-化学纤维制						
6110300011	化纤制儿童游戏套装紧身衫及套头衫(针织起绒,轻薄细针,翻领、开领、高领,含毛<23%,含丝<30%)	16	130	17	17	件/千克	A
6110300012	化纤制起绒儿童游戏套装及套头衫等(针织或钩编,包括开襟衫、背心及类似品,含毛<23%,含丝<30%)	16	130	17	17	件/千克	A
6110300041	化纤其他童游戏套装紧身及套头衫(针织非起绒,轻薄细针,翻领、开领、高领)	16	130	17	17	件/千克	A
6110300042	化纤制其他童游戏套装套头衫等(针织或钩编,非起绒,包括开襟衫、背心及类似品)	16	130	17	17	件/千克	A
6110300090	其他化学纤维制针织或钩编的套头衫、开襟衫、马甲(背心)及类似品	16	130	17	17	件/千克	

商品编号	商品名称及备注	进口关税税率(%)		增值税率(%)	出口退税率(%)	计量单位	监管条件
		最惠国	普通				
61109010	---丝及绢丝制						
6110901000	丝及绢丝制针织或钩编的套头衫、开襟衫、马甲(背心)及类似品	14	130	17	17	件/千克	
61109090	---其他						
6110909000	其他纺织材料制针织或钩编的套头衫、开襟衫、马甲(背心)及类似品	14	130	17	17	件/千克	
6111	**针织或钩编的婴儿服装及衣着附件**						
61112000	-棉制						
6111200010	棉制针织或钩编婴儿袜	14	90	17	17	千克	A
6111200020	棉制婴儿分指、连指、露指手套(针制或钩编)	14	90	17	17	千克	A
6111200040	棉制针织婴儿外衣、雨衣、滑雪装(针制或钩编,包括夹克类似品)	14	90	17	17	千克	A
6111200050	棉制针织钩编婴儿其他服装	14	90	17	17	千克	A
6111200090	棉制针织钩编婴儿衣着附件	14	90	17	17	千克	A
61113000	-合成纤维制						
6111300010	合成纤维制针织或钩编婴儿袜	16	130	17	17	千克	A
6111300020	合成纤维制婴儿分指、连指及露指手套(针制或钩编)	16	130	17	17	千克	A
6111300040	合成纤维婴制儿外衣、雨衣、滑雪装(针制或钩编,包括夹克类似服装)	16	130	17	17	千克	A
6111300050	合成纤维制针织或钩编婴儿其他服装(包括衣着附件)	16	130	17	17	千克	A
6111300090	合成纤维制针织或钩编婴儿衣着附件	16	130	17	17	千克	A
61119010	---羊毛或动物细毛制						
6111901000	毛制针织或钩编婴儿服装及衣着附件(羊毛或动物细毛制)	14	130	17	17	千克	A
61119090	---其他						
6111909010	人造纤维制针织或钩编婴儿袜	14	130	17	17	千克	A
6111909090	其他纺织材料制婴儿服装及衣着附件(针织或钩编,)	14	130	17	17	千克	A
6112	**针织或钩编的运动服、滑雪服及游泳服**						
61121100	--棉制						
6112110000	棉制针织或钩编运动服	16	90	17	17	套/千克	
61121200	--合成纤维制						
6112120000	合成纤维制针织或钩编运动服	17.5	130	17	17	套/千克	
61121900	--其他纺织材料制						
6112190000	其他纺织材料制针织或钩编运动服	16	130	17	17	套/千克	
61122010	---棉制						
6112201000	棉制针织或钩编滑雪服	16	90	17	17	套/千克	
61122090	---其他						
6112209000	其他纺织材料制针织或钩编滑雪服	19	130	17	17	套/千克	
61123100	--合成纤维制						
6112310000	合成纤维制针织或钩编男式游泳服	17.5	130	17	17	件/千克	A
61123900	--其他纺织材料制						
6112390000	其他材料制针织或钩编男式游泳服	16	130	17	17	件/千克	A
61124100	--合成纤维制						
6112410000	合成纤维制针织或钩编女式游泳服	17.5	130	17	17	件/千克	A
61124900	--其他纺织材料制						
6112490000	其他纺织材料制针织或钩编女游泳服	16	130	17	17	件/千克	A
6113	**用品目59.03、59.06或59.07的针织物或钩编织物制成的服装**						
61130000	用品目59.03、59.06或59.07的针织物或钩编织物制成的服装						
6113000000	用品目59.03、59.06或59.07的针织物或钩编织物制成的服装	16	130	17	17	件/千克	
6114	**针织或钩编的其他服装**						
61142000	-棉制						

商品编号	商品名称及备注	进口关税税率(%)		增值税率(%)	出口退税率(%)	计量单位	监管条件
		最惠国	普通				
6114200011	棉制针织或钩编儿童非保暖连身裤	16	90	17	17	件/千克	A
6114200021	棉制针织或钩编男成人及男童TOPS(指8~18号男童TOPS)	16	90	17	17	件/千克	A
6114200022	棉制针织或钩编其他男童TOPS	16	90	17	17	件/千克	A
6114200040	棉制针织或钩编夏服、水洗服(包括女成人、女童及男童)	16	90	17	17	件/千克	A
6114200090	棉制针织或钩编其他服装	16	90	17	17	件/千克	
61143000	-化学纤维制						
6114300021	化学纤维制针织或钩编男成人及男TOPS(指8~18号男童TOPS)	17.5	130	17	17	件/千克	A
6114300022	化学纤维制针织或钩编其他男童TOPS	17.5	130	17	17	件/千克	A
6114300090	化学纤维制针织或钩编其他服装	17.5	130	17	17	件/千克	
61149010	---羊毛或动物细毛制						
6114901000	毛制针织或钩编其他服装(指羊毛或动物细毛)	16	130	17	17	件/千克	
61149090	---其他						
6114909000	其他纺织材料制其他服装	16	130	17	17	件/千克	
6115	**针织或钩编的连裤袜、紧身裤袜、长筒袜、短袜及其他袜类,包括渐紧压袜类(例如,用以治疗静脉曲张的长筒袜)和无外绱鞋底的鞋类**						
61151000	-渐紧压袜类(例如,用以治疗静脉曲张的长筒袜)						
6115100000	渐紧压袜类(例如用以治疗静脉曲张的长筒袜,针织或钩编)	16	130	17	17	双/千克	
61152100	--每根单丝细度<67分特的合成纤维制						
6115210000	每根单丝细度<67分特的合成纤维制连裤袜及紧身裤袜(针织或钩编)	16	130	17	17	双/千克	
61152200	--每根单丝细度≥67分特的合成纤维制						
6115220000	每根单丝细度≥67分特的合成纤维制连裤袜及紧身裤袜(针织或钩编)	16	130	17	17	双/千克	
61152910	---棉制						
6115291000	棉制针织或钩编连裤袜及紧身裤袜	14	90	17	17	双/千克	
61152990	---其他						
6115299000	其他纺织材料制针织或钩编连裤袜及紧身裤袜(除合成纤维、棉外其他纺织材料制)	14	130	17	17	双/千克	
61153000	-其他女式长筒袜或中筒袜,每根单丝细度<67分特						
6115300000	其他材料制女式长筒袜或中筒袜(单丝细度<67分特)	14	130	17	17	双/千克	
61159400	--羊毛或动物细毛制						
6115940000	毛制针织或钩编短袜及其他袜类	14	130	17	17	双/千克	
61159500	--棉制						
6115950011	棉制针织或钩编矫正袜(外科用带压缩刻度)	14	90	17	17	双/千克	
6115950019	棉制针织或钩编短袜及其他袜类	14	90	17	17	双/千克	
61159600	--合成纤维制						
6115960000	合成纤维制短袜及其他袜类(针织或钩编)	16	130	17	17	双/千克	
61159900	--其他纺织材料制						
6115990000	其他纺织材料制短袜及其他袜类(针织或钩编)	14	130	17	17	双/千克	
6116	**针织或钩编的分指手套、连指手套及露指手套**						
61161000	-用塑料或橡胶浸渍、涂布或包覆的						
6116100000	塑料或橡胶浸渍的手套	14	130	17	17	双/千克	
61169100	--羊毛或动物细毛制						
6116910000	毛制其他针织或钩编手套	14	130	17	17	双/千克	
61169200	--棉制						
6116920000	棉制其他针织或钩编手套(非运动手套)	14	90	17	17	双/千克	
61169300	--合成纤维制						
6116930010	合成纤维制其他针织或钩编手套(含羊毛或动物细毛≥23%)	16	130	17	17	双/千克	
6116930090	合成纤维制其他针织或钩编手套(含羊毛或动物细毛<23%)	16	130	17	17	双/千克	

商品编号	商品名称及备注	进口关税税率(%)		增值税率(%)	出口退税率(%)	计量单位	监管条件
		最惠国	普通				
61169900	--其他纺织材料制						
6116990000	其他纺织材料制其他针织或钩编手套	14	130	17	17	双/千克	
6117	**其他制成的针织或钩编的衣着附件;服装或衣着附件的针织或钩编的零件**						
61171011	----山羊绒制						
6117101100	山羊绒制披巾、头巾、围巾、披纱、面纱及类似品(针织或钩编)	14	130	17	17	条/千克	
61171019	----其他						
6117101900	其他动物细毛制披巾、头巾、围巾、披纱、面纱及类似品(针织或钩编)	14	130	17	17	条/千克	
61171020	---羊毛制						
6117102000	羊毛制披巾、头巾、围巾、披纱、面纱及类似品(针织或钩编)	14	130	17	17	条/千克	
61171090	---其他						
6117109000	其他纺织材料制披巾、头巾、围巾、披纱、面纱及类似品(针织或钩编)	14	130	17	17	条/千克	
61178010	---领带及领结						
6117801000	领带及领结(针织或钩编)	14	130	17	17	千克/条	
61178090	---其他						
6117809000	其他衣着附件(针织或钩编)	14	130	17	17	千克	
61179000	-零件						
6117900000	服装或衣着附件的零件(针织或钩编)	14	130	17	17	千克	

第六十二章　非针织或非钩编的服装及衣着附件

注释：

一、本章仅适用于除絮胎以外任何纺织物的制成品，但不适用于针织品或钩编织品（品目62.12的除外）。

二、本章不包括：

（一）品目63.09的旧衣服及其他旧物品；

（二）矫形器具、外科手术带、疝气带及类似品（品目90.21）。

三、品目62.03及62.04所称：

（一）"西服套装"，是指面料用完全相同织物制成的两件套或三件套的下列成套服装：

—— 一件人体上半身穿着的外套或短上衣，除袖子外，应由四片或四片以上面料组成；也可附带一件西服背心，这件背心的前片面料应与套装其他各件的面料相同，后片面料则应与外套或短上衣的衬里料相同；以及

—— 一件人体下半身穿着的服装，即不带背带或护胸的长裤、马裤、短裤（游泳裤除外）、裙子或裙裤。

西服套装各件面料质地、颜色及构成必须完全相同，其款式、尺寸大小也须相互般配，但套装的各件可以有不同织物的滚边（缝入夹缝中的成条织物）。如果数件人体下半身穿着的服装同时进口或出口（例如，两条长裤、长裤与短裤、裙子或裙裤与长裤），构成西服套装下装的应是一条长裤，对于女式西服套装，应是裙子或裙裤；其他服装应分别归类。

所称"西服套装"，包括不论是否完全符合上述条件的下列配套服装：

1. 常礼服，由一件后襟下垂并下端开圆弧形叉的素色短上衣和一条条纹长裤组成；

2. 晚礼服（燕尾服），一般用黑色织物制成，上衣前襟较短且不闭合，背后有燕尾；

3. 无燕尾套装夜礼服，其中上衣款式与普通上衣相似（可以更为显露衬衣前胸），但有光滑丝质或仿丝质的翻领。

（二）"便服套装"，是指面料相同并做零售包装的下列成套服装（西服套装及品目62.07或62.08的物品除外）：

—— 一件人体上半身穿着的服装，但背心除外，因为背心可作为内衣；以及

—— 一件或两件不同的人体下半身穿着的服装，即长裤、护胸背带工装裤、马裤、短裤（游泳裤除外）、裙子或裙裤。

便服套装各件面料质地、款式、颜色及构成必须相同；尺寸大小也须相互般配。所称"便服套装"不包括品目62.11的运动服及滑雪服。

四、对于品目62.09：

（一）所称"婴儿服装及衣着附件"，是指用于身高不超过86厘米幼儿的服装；

（二）既可归入品目62.09，也可归入本章其他品目的物品，应归入品目62.09；

五、既可归入品目62.10，也可归入本章其他品目的服装，除品目62.09所列的仍归入该品目外，其余的应一律归入品目62.10。

六、品目62.11所称"滑雪服"，是指从整个外观和织物质地来看，主要在滑雪（速度滑雪和高山滑雪）时穿着的下列服装或成套服装：

（一）"滑雪连身服"，即上下身连在一起的单件服装；除袖子和领子外，滑雪连身服可有口袋或脚带；或

（二）"滑雪套装"，即由两件或三件构成一套并作零售包装的下列服装：

一件用一条拉链扣合的带风帽的厚夹克、防风衣、防风短上衣或类似的服装，可以附带一件背心；以及一条不论是否过腰的长裤、一条马裤或一条护胸背带工装裤。

"滑雪套装"也可由一件类似以上（一）款所述的连身服和一件可套在连身服外面的有胎料背心组成。

"滑雪套装"各件颜色可以不同，但面料质地、款式及构成必须相同；尺寸大小也须相互般配。

七、正方形或近似正方形的围巾及围巾式样的物品，如果每边均不超过60厘米，应作为手帕归类（品目62.13）。任何一边超过60厘米的手帕，应归入品目62.14。

八、本章的服装，凡门襟为左压右的，应视为男式；右压左的，应视为女式。但本规定不适用于其式样已明显为男式或女式的服装。无法区别是男式还是女式的服装，应按女式服装归入有关品目。

九、本章物品可用金属线制成。

商品编号	商 品 名 称 及 备 注	进口关税税率（%）		增值税率（%）	出口退税率（%）	计量单位	监管条件
		最惠国	普通				
6201	**男式大衣、短大衣、斗篷、短斗篷、带风帽的防寒短上衣（包括滑雪短上衣）、防风衣、防风短上衣及类似品，但品目62.03的货品除外**						
62011100	--羊毛或动物细毛制						
6201110010暂8	毛制男式雨衣（羊毛或动物细毛制）	16	130	17	17	件/千克	
6201110090暂8	毛制男式大衣、斗篷及类似品（含短大衣、短斗篷，羊毛或动物细毛制）	16	130	17	17	件/千克	
62011210	---羽绒服						
6201121000	棉制男式羽绒大衣等及类似品（包括羽绒雨衣、短大衣、斗篷、短斗篷）	16	90	17	17	件/千克	
62011290	---其他						
6201129010暂8	棉制男式雨衣	16	90	17	17	件/千克	
6201129020暂8	棉制男式连风帽派克大衣等（含带风帽的防寒短上衣、防风衣、防风短上衣及类似品）	16	90	17	17	件/千克	
6201129090暂8	棉制男式大衣、斗篷及类似品（包括短大衣、短斗篷）	16	90	17	17	件/千克	

商品编号	商品名称及备注	进口关税税率(%)		增值税率(%)	出口退税率(%)	计量单位	监管条件
		最惠国	普通				
62011310	---羽绒服						
6201131000	化纤制男羽绒大衣等及类似品(包括羽绒雨衣、短大衣、斗篷、短斗篷)	17.5	130	17	17	件/千克	
62011390	---其他						
6201139000	化纤制男大衣、斗篷及类似品(包括短大衣、短斗篷,含羊毛或动物细毛36%及以上);化纤制男式连风帽派克大衣等(带风帽防寒短上衣/防风衣等);化纤制雨衣	17.5	130	17	17	件/千克	
62011900	--其他纺织材料制						
6201190000	其他材料制男大衣、雨衣(含短大衣、斗篷、短斗篷及类似品)	16	100	17	17	件/千克	
62019100	--羊毛或动物细毛制						
6201910000	毛制男式防寒短上衣(羊毛或动物细毛制,含滑雪短上衣、防风衣、防风短上衣及类似品)	16	130	17	17	件/千克	
62019210	---羽绒服						
6201921000	棉制男式羽绒防寒短上衣、防风衣(包括羽绒滑雪短上衣、防风短上衣及类似品)	16	90	17	17	件/千克	
62019290	---其他						
6201929000	棉制男式防寒短上衣(含滑雪短上衣、防风衣、防风短上衣及类似品)	16	90	17	17	件/千克	
62019310	---羽绒服						
6201931000	化学纤维制男式羽绒防寒短上衣防风衣(包括羽绒滑雪短上衣、防风短上衣及类似品)	17.5	130	17	17	件/千克	
62019390	---其他						
6201939000	化学纤维制男式防寒短上衣(含滑雪短上衣、防风衣、防风短上衣及类似品)	17.5	130	17	17	件/千克	
62019900	--其他纺织材料制						
6201990000	其他材料制男士防寒短上衣(含滑雪短上衣、防风衣、防风短上衣及类似品)	16	100	17	17	件/千克	
6202	**女式大衣、短大衣、斗篷、短斗篷、带风帽的防寒短上衣(包括滑雪短上衣)、防风衣、防风短上衣及类似品,但品目62.04的货品除外**						
62021100	--羊毛或动物细毛制						
6202110010[暂8]	毛制女式雨衣(羊毛或动物细毛制)	16	130	17	17	件/千克	
6202110090[暂8]	毛制女式大衣、斗篷及类似品等(包括短大衣、短斗篷,羊毛或动物细毛制)	16	130	17	17	件/千克	
62021210	---羽绒服						
6202121000	棉制女式羽绒大衣等及类似品(包括羽绒雨衣、短大衣、斗篷、短斗篷)	16	90	17	17	件/千克	
62021290	---其他						
6202129010[暂8]	棉制女式雨衣	16	90	17	17	件/千克	
6202129020[暂8]	棉制女式连风帽派克大衣等(含带风帽的防寒短上衣、防风衣、防风短上衣及类似品)	16	90	17	17	件/千克	
6202129090[暂8]	棉制女式大衣、斗篷及类似品(包括短大衣、短斗篷)	16	90	17	17	件/千克	
62021310	---羽绒服						
6202131000	化纤制女羽绒大衣等及类似品(包括羽绒雨衣、短大衣、斗篷、短斗篷)	19	130	17	17	件/千克	
62021390	---其他						
6202139000	化学纤维制女式雨衣、连风帽派克大衣、大衣、斗篷及类似品(含大衣、短斗篷、带风帽防寒上衣、防风衣及类似品)	19	130	17	17	件/千克	
62021900	--其他纺织材料制						
6202190000	其他材料制女雨衣、大衣、斗篷及类似品(含短大衣、斗篷、短斗篷)	16	100	17	17	件/千克	
62029100	--羊毛或动物细毛制						
6202910000	毛制女式其他防寒短上衣(羊毛或动物细毛制)	16	130	17	17	件/千克	
62029210	---羽绒服						
6202921000	棉制女式羽绒防寒短上衣、防风衣(包括羽绒滑雪短上衣、防风短上衣及类似品)	16	90	17	17	件/千克	
62029290	---其他						
6202929000	棉制女式其他防寒短上衣(含滑雪短上衣、防风衣、防风短上衣及类似品)	16	90	17	17	件/千克	
62029310	---羽绒服						
6202931000	化纤制女式羽绒防寒短上衣等(包括羽绒滑雪短上衣、防风衣、防风短上衣及类似品)	17.5	130	17	17	件/千克	

商品编号	商品名称及备注	进口关税税率(%)		增值税率(%)	出口退税率(%)	计量单位	监管条件
		最惠国	普通				
62029390	---其他						
6202939000	化学纤维制女式其他防寒短上衣(含滑雪短上衣、防风衣、防风短上衣及类似品)	17.5	130	17	17	件/千克	
62029900	--其他纺织材料制						
6202990000	其他材料制女式其他防寒短上衣(含滑雪短上衣、防风衣、防风短上衣及类似品)	16	100	17	17	件/千克	
6203	**男式西服套装、便服套装、上衣、长裤、护胸背带工装裤、马裤及短裤(游泳裤除外)**						
62031100	--羊毛或动物细毛制						
6203110000[暂10]	毛制男式西服套装(羊毛或动物细毛制)	17.5	130	17	17	套/千克	
62031200	--合成纤维制						
6203120010	合成纤维制男式西服套装(含羊毛或动物细毛≥36%)	17.5	130	17	17	套/千克	
6203120090	其他合成纤维制男式西服套装	17.5	130	17	17	套/千克	
62031910	---丝及绢丝制						
6203191000	丝及绢丝制男式西服套装	17.5	100	17	17	套/千克	
62031990	---其他						
6203199000	其他材料制其他男式西服套装	17.5	100	17	17	套/千克	
62032200	--棉制						
6203220000	棉制男式便服套装	17.5	90	17	17	套/千克	
62032300	--合成纤维制						
6203230000	合成纤维制男式便服套装	17.5	130	17	17	套/千克	
62032910	---丝及绢丝制						
6203291000	丝制男式便服套装	17.5	130	17	17	套/千克	
62032920	---羊毛或动物细毛制						
6203292000	羊毛或动物细毛制男式便服套装(羊毛或动物细毛制)	17.5	130	17	17	套/千克	
62032990	---其他						
6203299000	其他材料制其他男式便服套装	17.5	100	17	17	套/千克	
62033100	--羊毛或动物细毛制						
6203310010[暂8]	毛制男式西服式上衣(羊毛或动物细毛制)	16	130	17	17	件/千克	
6203310090[暂8]	毛制男式其他上衣(羊毛或动物细毛制)	16	130	17	17	件/千克	
62033200	--棉制						
6203320010	棉制工业及职业用男式上衣	16	90	17	17	件/千克	
6203320090	棉制其他男式上衣	16	90	17	17	件/千克	
62033300	--合成纤维制						
6203330000	合成纤维制男式上衣	17.5	130	17	17	件/千克	
62033910	---丝及绢丝制						
6203391010	丝制男式上衣(含丝≥70%)	16	130	17	17	件/千克	
6203391090	丝制男式上衣(含丝<70%)	16	130	17	17	件/千克	
62033990	---其他						
6203399000	其他材料制男式上衣	16	100	17	17	件/千克	
62034100	--羊毛或动物细毛制						
6203410022	毛制男式长裤、马裤(羊毛或动物细毛制,含8~18号男童)	16	130	17	17	条/千克	A
6203410029	毛制其他男童长裤、马裤(羊毛或动物细毛制)	16	130	17	17	条/千克	A
6203410090	毛制其他男式长裤、护胸背带工装裤、马裤及短裤	16	130	17	17	条/千克	
62034210	---阿拉伯裤						
6203421000	棉制男式阿拉伯裤	16	90	17	17	条/千克	
62034290	---其他						
6203429015	棉制其他男童护胸背带工装裤(带防寒衬里)	16	90	17	17	条/千克	A
6203429019	棉制其他男童护胸背带工装裤	16	90	17	17	条/千克	A

商品编号	商 品 名 称 及 备 注	进口关税税率(%)		增值税率(%)	出口退税率(%)	计量单位	监管条件
		最惠国	普通				
6203429049	棉制其他男童长裤、马裤(游戏装,不带防寒衬里)	16	90	17	17	条/千克	A
6203429062	棉制男式长裤、马裤(非游戏装,不带防寒衬里,含8~18号男童)	16	90	17	17	条/千克	A
6203429069	棉制其他男童长裤、马裤(非游戏装,不带防寒衬里)	16	90	17	17	条/千克	A
6203429090	棉制其他男式长裤、护胸背带工装裤、马裤及短裤	16	90	17	17	条/千克	
62034310	---阿拉伯裤						
6203431000	合成纤维制男式阿拉伯裤	17.5	130	17	17	条/千克	
62034390	---其他						
6203439015	其他合成纤维制男童护胸背带工装裤(带防寒衬里)	17.5	130	17	17	条/千克	A
6203439019	其他合成纤维制男童护胸背带工装裤	17.5	130	17	17	条/千克	A
6203439049	其他合成纤维制男童长裤、马裤(不带防寒衬里,含羊毛或动物细毛≥36%)	17.5	130	17	17	条/千克	A
6203439061	其他合成纤维制男式长裤、马裤(不带防寒衬里,游戏装,含8~18号男童)	17.5	130	17	17	条/千克	A
6203439069	其他合成纤维制其他男童长裤、马裤(不带防寒衬里,游戏装)	17.5	130	17	17	条/千克	A
6203439082	其他合成纤维制男童长裤、马裤(不带防寒衬里,非游戏装和滑雪裤,指8~18号男童)	17.5	130	17	17	条/千克	A
6203439089	其他合成纤维制其他男童长裤、马裤(不带防寒衬里,非游戏装和滑雪裤)	17.5	130	17	17	条/千克	A
6203439090	合成纤维制其他男式长裤、护胸背带工装裤、马裤及短裤	17.5	130	17	17	条/千克	
62034910	---阿拉伯裤						
6203491000	其他材料制男式阿拉伯裤	16	100	17	17	条/千克	
62034990	---其他						
6203499012	人造纤维制男童护胸背带工装裤(带防寒衬里)	16	100	17	17	条/千克	A
6203499019	人造纤维制男童护胸背带工装裤	16	100	17	17	条/千克	A
6203499090	其他材料制其他男式长裤、护胸背带工装裤、马裤及短裤	16	100	17	17	条/千克	
6204	**女式西服套装、便服套装、上衣、连衣裙、裙子、裙裤、长裤、护胸背带工装裤、马裤及短裤(游泳服除外)**						
62041100	--羊毛或动物细毛制						
6204110000暂10	毛制女式西服套装(羊毛或动物细毛制)	17.5	130	17	17	套/千克	
62041200	--棉制						
6204120010	含裤子的棉制女式西服套装	17.5	90	17	17	套/千克	
6204120090	不含裤子的棉制女式西服套装	17.5	90	17	17	套/千克	
62041300	--合成纤维制						
6204130010	合成纤维制女式西服套装(含羊毛或动物细毛≥36%)	17.5	130	17	17	套/千克	
6204130090	其他合成纤维制女式西服套装	17.5	130	17	17	套/千克	
62041910	---丝及绢丝制						
6204191000	丝及绢丝制女式西服套装	17.5	100	17	17	套/千克	
62041990	---其他						
6204199000	其他材料制其他女式西服套装	17.5	100	17	17	套/千克	
62042100	--羊毛或动物细毛制						
6204210000	羊毛或动物细毛制女式便服套装	17.5	130	17	17	套/千克	
62042200	--棉制						
6204220000	棉制女式便服套装	17.5	90	17	17	套/千克	
62042300	--合成纤维制						
6204230000	合成纤维制女式便服套装	20	130	17	17	套/千克	
62042910	---丝及绢丝制						
6204291010	丝制女式便服套装(含丝及绢丝≥70%)	20	130	17	17	套/千克	
6204291090	丝制其他女式便服套装(含丝及绢丝<70%)	20	130	17	17	套/千克	
62042990	---其他						
6204299000	其他材料制女式便服套装	14	100	17	17	套/千克	

商品编号	商品名称及备注	进口关税税率(%) 最惠国	进口关税税率(%) 普通	增值税率(%)	出口退税率(%)	计量单位	监管条件
62043100	--羊毛或动物细毛制						
6204310000[暂8]	毛制女式上衣(羊毛或动物细毛制)	16	130	17	17	件/千克	
62043200	--棉制						
6204320010	棉制女式上衣(工业及职业用)	16	90	17	17	件/千克	
6204320090	棉制其他女式上衣	16	90	17	17	件/千克	
62043300	--合成纤维制						
6204330000	合成纤维制女式上衣	17.5	130	17	17	件/千克	
62043910	---丝及绢丝制						
6204391010	丝制女式上衣(含丝及绢丝≥70%)	16	130	17	17	件/千克	
6204391090	丝制其他女式上衣(含丝及绢丝<70%)	16	130	17	17	件/千克	
62043990	---其他						
6204399000	其他材料制女式上衣	16	100	17	17	件/千克	
62044100	--羊毛或动物细毛制						
6204410000	毛制女式连衣裙(羊毛或动物细毛制)	16	130	17	17	件/千克	
62044200	--棉制						
6204420000	棉制女式连衣裙	16	90	17	17	件/千克	
62044300	--合成纤维制						
6204430010	合成纤维制女式连衣裙(含羊毛或动物细毛≥36%)	17.5	130	17	17	件/千克	
6204430090	合成纤维制其他女式连衣裙	17.5	130	17	17	件/千克	
62044400	--人造纤维制						
6204440010	人造纤维制女式连衣裙(含羊毛或动物细毛≥36%)	16	130	17	17	件/千克	
6204440090	人造纤维制其他女式连衣裙	16	130	17	17	件/千克	
62044910	---丝及绢丝制						
6204491010	丝制女式连衣裙(含丝及绢丝≥70%)	16	130	17	17	件/千克	
6204491090	丝制其他女式连衣裙(含丝及绢丝<70%)	16	130	17	17	件/千克	
62044990	---其他						
6204499000	其他材料制女式连衣裙	16	100	17	17	件/千克	
62045100	--羊毛或动物细毛制						
6204510000	毛制女式裙子及裙裤(羊毛或动物细毛制)	14	130	17	17	件/千克	
62045200	--棉制						
6204520000	棉制女式裙子及裙裤	14	90	17	17	件/千克	
62045300	--合成纤维制						
6204530010	合成纤维制女式裙子及裙裤(含羊毛或动物细毛≥36%)	16	130	17	17	件/千克	
6204530090	合成纤维制其他女式裙子及裙裤	16	130	17	17	件/千克	
62045910	---丝及绢丝制						
6204591010	丝制女式裙子及裙裤(含丝≥70%)	14	130	17	17	件/千克	
6204591090	其他丝制女式裙子及裙裤(含丝<70%)	14	130	17	17	件/千克	
62045990	---其他						
6204599000	其他材料制女式裙子及裙裤	14	100	17	17	件/千克	
62046100	--羊毛或动物细毛制						
6204610000	毛制长裤、护胸背带工装裤、马裤及短裤	16	130	17	17	条/千克	
62046200	--棉制						
6204620000	棉制长裤、护胸背带工装裤、马裤及短裤	16	90	17	17	条/千克	
62046300	--合成纤维制						
6204630000	合成纤维制长裤、护胸背带工装裤、马裤及短裤	17.5	130	17	17	条/千克	
62046900	--其他纺织材料制						

商品编号	商品名称及备注	进口关税税率(%)		增值税率(%)	出口退税率(%)	计量单位	监管条件
		最惠国	普通				
6204690000	其他材料制长裤、护胸背带工装裤、马裤及短裤	16	100	17	17	条/千克	
6205	男衬衫						
62052000	-棉制						
6205200010	不带特制领的棉制男成人衬衫(含男童8~18号衬衫)	16	90	17	17	件/千克	A
6205200091	其他棉制男童游戏套装衬衫(不包括长衬衫)	16	90	17	17	件/千克	A
6205200099	其他棉制男式衬衫	16	90	17	17	件/千克	A
62053000	-化学纤维制						
6205300011	不带特制领的化学纤维制男式衬衫(含羊毛或动物细毛≥36%,含男童8~18号衬衫)	16	130	17	17	件/千克	A
6205300019	不带特制领的化纤制其他男童衬衫(含羊毛或动物细毛≥36%)	16	130	17	17	件/千克	A
6205300091	化学纤维制其他男成人及男童衬衫(不带特制领,男童衬衫指8~18号)	16	130	17	17	件/千克	A
6205300092	化学纤维制其他男童游戏套装衬衫	16	130	17	17	件/千克	A
6205300099	化纤制其他男成人衬衫	16	130	17	17	件/千克	A
62059010	---丝及绢丝制						
6205901011	不带特制领的丝制非针织男式衬衫(含丝≥70%,含男童8~18号衬衫)	16	130	17	17	件/千克	A
6205901019	丝制非针织其他男式衬衫(含丝≥70%)	16	130	17	17	件/千克	A
6205901021	丝制其他非针织男式衬衫(棉限内,不带特制领的,含男童8~18号衬衫)	16	130	17	17	件/千克	A
6205901029	丝制其他非针织其他男式衬衫(棉限内)	16	130	17	17	件/千克	A
6205901031	丝制其他非针织男式衬衫(羊毛限内,不带特制领的,含男童8~18号衬衫)	16	130	17	17	件/千克	A
6205901039	丝制其他非针织其他男式衬衫(羊毛限内)	16	130	17	17	件/千克	A
6205901041	丝制非针织男式衬衫(化纤限内,不带特制领的,含男童8~18号衬衫)	16	130	17	17	件/千克	A
6205901049	丝制其他非针织其他男式衬衫(化纤限内)	16	130	17	17	件/千克	A
6205901091	未列名丝制非针织男式衬衫(含丝<70%,不带特制领的,含男童8~18号衬衫)	16	130	17	17	件/千克	A
6205901099	未列名丝制非针织其他男式衬衫(含丝<70%)	16	130	17	17	件/千克	A
62059020	---羊毛或动物细毛制						
6205902000	羊毛或动物细毛制男式衬衫(含男童8~18号衬衫)	16	100	17	17	件/千克	A
62059090	---其他						
6205909011	其他纺织材料制男式衬衫(棉限内,不带特制领的,含男童8~18号衬衫)	16	100	17	17	件/千克	A
6205909019	其他纺织材料制其他男式衬衫(棉纤限内)	16	100	17	17	件/千克	A
6205909021	其他纺织材料制男式衬衫(羊毛限内,不带特制领的,含男童8~18号衬衫)	16	100	17	17	件/千克	A
6205909029	其他纺织材料制其他男式衬衫(羊毛限内)	16	100	17	17	件/千克	A
6205909031	其他纺织材料制男式衬衫(化纤限内,不带特制领的,含男童8~18号衬衫)	16	100	17	17	件/千克	A
6205909039	其他纺织材料制其他男式衬衫(化纤限内)	16	100	17	17	件/千克	A
6205909091	未列名纺织材料制男式衬衫(不带特制领的,含男童8~18号衬衫)	16	100	17	17	件/千克	A
6205909099	未列名纺织材料制其他男式衬衫	16	100	17	17	件/千克	A
6206	女衬衫						
62061000	-丝及绢丝制						
6206100011	丝及绢丝制女式衬衫(棉限内,成人及7~16号女童衬衫)	16	130	17	17	件/千克	A
6206100019	丝及绢丝制其他女童衬衫(棉限内)	16	130	17	17	件/千克	A
6206100021	丝及绢丝制女式衬衫(羊毛限内,成人及7~16号女童衬衫)	16	130	17	17	件/千克	A
6206100029	丝及绢丝制其他女童衬衫(羊毛限内)	16	130	17	17	件/千克	A
6206100031	丝及绢丝制女式衬衫(化纤限内,成人及7~16号女童衬衫)	16	130	17	17	件/千克	A
6206100039	丝及绢丝制其他女童衬衫(化纤限内)	16	130	17	17	件/千克	A
6206100041	丝制女成人及7~16号女童衬衫(含丝≥70%)	16	130	17	17	件/千克	A
6206100049	其他丝及绢丝制女童衬衫(含丝≥70%)	16	130	17	17	件/千克	A
6206100091	丝制女成人及7~16号女童衬衫(含丝<70%)	16	130	17	17	件/千克	A
6206100099	其他丝及绢丝制女童衬衫(含丝<70%)	16	130	17	17	件/千克	A

商品编号	商品名称及备注	进口关税税率(%)		增值税率(%)	出口退税率(%)	计量单位	监管条件
		最惠国	普通				
62062000	-羊毛或动物细毛制						
6206200010	毛制女成人及7~16号女童衬衫	16	130	17	17	件/千克	A
6206200090	其他羊毛或动物细毛制女童衬衫	16	130	17	17	件/千克	A
62063000	-棉制						
6206300010	棉制女成人及7~16号女童衬衫	16	90	17	17	件/千克	A
6206300020	棉制女童游戏套装衫(含游戏套装衬衫)	16	90	17	17	件/千克	A
6206300090	其他棉制女式衬衫	16	90	17	17	件/千克	A
62064000	-化学纤维制						
6206400011	化学纤维制女成人及女童衬衫(含羊毛或动物细毛≥36%,成人及7~16号女童衬衫)	17.5	130	17	17	件/千克	A
6206400019	化学纤维制女成人及女童衬衫(含羊毛或动物细毛≥36%)	17.5	130	17	17	件/千克	A
6206400020	化纤制女成人及7~16号女童衬衫	17.5	130	17	17	件/千克	A
6206400030	化学纤维制女童游戏套装衫	17.5	130	17	17	件/千克	A
6206400090	其他化学纤维制女式衬衫	17.5	130	17	17	件/千克	A
62069000	-其他纺织材料制						
6206900010	其他纺织材料制女式衬衫(棉限内)	16	100	17	17	件/千克	A
6206900020	其他纺织材料制女式衬衫(羊毛限内)	16	100	17	17	件/千克	A
6206900030	其他纺织材料制女式衬衫(化纤限内)	16	100	17	17	件/千克	A
6206900091	其他纺织材料制女成人及女童衬衫(女童衬衫指7~16号)	16	100	17	17	件/千克	A
6206900099	其他纺织材料制女成人及女童衬衫	16	100	17	17	件/千克	A
6207	**男式背心及其他内衣、内裤、三角裤、长睡衣、睡衣裤、浴衣、晨衣及类似品**						
62071100	--棉制						
6207110000	棉制男式内裤及三角裤	14	90	17	17	件/千克	A
62071910	---丝及绢丝制						
6207191010	含丝≥70%男式内裤及三角裤	14	130	17	17	件/千克	A
6207191090	含丝<70%男式内裤及三角裤	14	130	17	17	件/千克	A
62071920	---化学纤维制						
6207192000	化纤制男式内裤及三角裤	16	130	17	17	件/千克	A
62071990	---其他						
6207199010	毛制男式内裤及三角裤	14	100	17	17	件/千克	A
6207199090	其他材料制男式内裤及三角裤	14	100	17	17	件/千克	A
62072100	--棉制						
6207210000	棉制男式长睡衣及睡衣裤	14	90	17	17	件/千克	A
62072200	--化学纤维制						
6207220000	化纤制男式长睡衣及睡衣裤	16	130	17	17	件/千克	A
62072910	---丝及绢丝制						
6207291011	含丝≥70%男式长睡衣、睡衣裤(含8~18号男童长睡衣、睡衣裤)	14	130	17	17	件/千克	A
6207291019	含丝<70%男式长睡衣、睡衣裤(含8~18号男童长睡衣、睡衣裤)	14	130	17	17	件/千克	A
6207291091	其他含丝≥70%男童长睡衣、睡衣裤	14	130	17	17	件/千克	A
6207291099	其他含丝<70%男童长睡衣、睡衣裤	14	130	17	17	件/千克	A
62072990	---其他						
6207299010	毛制男式长睡衣及睡衣裤	14	100	17	17	件/千克	A
6207299091	其他材料制男式长睡衣及睡衣裤(含8~18号男童长睡衣及睡衣裤)	14	100	17	17	件/千克	A
6207299099	其他材料制男童长睡衣及睡衣裤	14	100	17	17	件/千克	A
62079100	--棉制						
6207910011	棉制男式内衣式背心	14	90	17	17	件/千克	A
6207910012	棉制男式非内衣式背心(男成人及8~18号男童背心)	14	90	17	17	件/千克	A

商品编号	商品名称及备注	进口关税税率(%)		增值税率(%)	出口退税率(%)	计量单位	监管条件
		最惠国	普通				
6207910019	棉制其他男童非内衣式背心	14	90	17	17	件/千克	A
6207910091	棉制男式浴衣、晨衣及类似品	14	90	17	17	件/千克	A
6207910092	棉制男式睡衣、睡裤(男成人及8~18号男童背心)	14	90	17	17	件/千克	A
6207910099	棉制男式其他内衣(男成人及8~18号男童背心)	14	90	17	17	件/千克	A
62079910	---丝及绢丝制						
6207991011	丝制男式内衣式背心(含丝≥70%)	14	130	17	17	件/千克	A
6207991019	丝制其他男式内衣式背心	14	130	17	17	件/千克	A
6207991021	丝制男式非内衣式背心(含丝≥70%)	14	130	17	17	件/千克	A
6207991029	丝制其他男式非内衣式背心	14	130	17	17	件/千克	A
6207991091	丝制男睡衣、浴衣、晨衣及类似品(含丝≥70%)	14	130	17	17	件/千克	A
6207991099	丝制其他男睡衣、浴衣、晨衣(含类似品)	14	130	17	17	件/千克	A
62079920	---化学纤维制						
6207992011	化学纤维制男式内衣式背心	16	130	17	17	件/千克	A
6207992012	化学纤维制男式非内衣式背心(男成人及8~18号男童背心)	16	130	17	17	件/千克	A
6207992019	化学纤维制其他男式非内衣式背心	16	130	17	17	件/千克	A
6207992021	化纤制男式浴衣、晨衣(含羊毛或动物细毛≥36%,含类似品)	16	130	17	17	件/千克	A
6207992029	其他化纤制男浴衣、晨衣(含类似品)	16	130	17	17	件/千克	A
6207992091	化纤制男睡衣、睡裤(含类似品)	16	130	17	17	件/千克	A
6207992099	化纤制男式其他内衣(含类似品)	16	130	17	17	件/千克	A
62079990	---其他						
6207999011	毛制男式内衣式背心	14	100	17	17	件/千克	A
6207999012	毛制男式非内衣式背心(男成人及8~18号男童背心)	14	100	17	17	件/千克	A
6207999013	毛制其他男式非内衣式背心	14	100	17	17	件/千克	A
6207999019	毛制男睡衣、浴衣、晨衣及类似品	14	100	17	17	件/千克	A
6207999091	其他材料制男式内衣式背心	14	100	17	17	件/千克	A
6207999092	其他材料制男式非内衣式背心	14	100	17	17	件/千克	A
6207999099	其他材料制男睡衣、浴衣、晨衣(含类似品)	14	100	17	17	件/千克	A
6208	**女式背心及其他内衣、长衬裙、衬裙、三角裤、短衬裤、睡衣、睡衣裤、浴衣、晨衣及类似品**						
62081100	--化学纤维制						
6208110000	化纤制长衬裙及衬裙	16	130	17	17	件/千克	
62081910	---丝及绢丝制						
6208191000	丝制女式长衬裙及衬裙	14	130	17	17	件/千克	
62081920	---棉制						
6208192000	棉制长衬裙及衬裙	14	90	17	17	件/千克	
62081990	---其他						
6208199010	毛制女式长衬裙及衬裙	14	100	17	17	件/千克	
6208199090	其他材料制女式长衬裙及衬裙	14	100	17	17	件/千克	
62082100	--棉制						
6208210000	棉制女式睡衣及睡衣裤	14	90	17	17	件/千克	A
62082200	--化学纤维制						
6208220000	化纤制女式睡衣及睡衣裤	16	130	17	17	件/千克	A
62082910	---丝及绢丝制						
6208291010	含丝及绢丝≥70%女式睡衣及睡衣裤	14	130	17	17	件/千克	A
6208291090	含丝及绢丝<70%女式睡衣及睡衣裤	14	130	17	17	件/千克	A
62082990	---其他						
6208299010	毛制女式睡衣及睡衣裤	14	100	17	17	件/千克	A

商品编号	商品名称及备注	进口关税税率(%)		增值税率(%)	出口退税率(%)	计量单位	监管条件
		最惠国	普通				
6208299090	其他材料制女式睡衣及睡衣裤	14	100	17	17	件/千克	A
62089100	--棉制						
6208910010	棉制女式内衣式背心、三角裤等(包括短衬裤)	14	90	17	17	件/千克	A
6208910021	棉制女式非内衣式背心(女成人及7~16号女童背心)	14	90	17	17	件/千克	A
6208910029	棉制其他女式非内衣式背心	14	90	17	17	件/千克	A
6208910090	棉制女式浴衣、晨衣及类似品	14	90	17	17	件/千克	A
62089200	--化学纤维制						
6208920010	化纤制女式内衣式背心、三角裤(含短衬裤)	16	130	17	17	件/千克	A
6208920021	化纤制女式非内衣式背心(女成人及7~16号女童背心)	16	130	17	17	件/千克	A
6208920029	化纤制其他女式非内衣式背心	16	130	17	17	件/千克	A
6208920090	化纤制女式浴衣、晨衣及类似品	16	130	17	17	件/千克	A
62089910	---丝及绢丝制						
6208991011	丝制女内衣式背心、三角裤等(含丝及绢丝≥70%,包括短衬裤)	14	130	17	17	件/千克	A
6208991019	丝制女内衣式背心、三角裤等(含丝及绢丝< 70%,包括短衬裤)	14	130	17	17	件/千克	A
6208991021	丝制女式非内衣式背心(含丝及绢丝≥70%)	14	130	17	17	件/千克	A
6208991029	丝制女式非内衣式背心(含丝<70%)	14	130	17	17	件/千克	A
6208991091	丝制女式浴衣、晨衣及类似品(含丝及绢丝≥70%)	14	130	17	17	件/千克	A
6208991099	丝制女式浴衣、晨衣及类似品(含丝及绢丝<70%)	14	130	17	17	件/千克	A
62089990	---其他						
6208999011	毛制女式内衣式背心、三角裤等(包括短衬裤)	14	100	17	17	件/千克	A
6208999012	毛制女式非内衣式背心(女成人及7~16号女童背心)	14	100	17	17	件/千克	A
6208999013	毛制其他女式非内衣式背心	14	100	17	17	件/千克	A
6208999019	毛制女式浴衣、晨衣及类似品	14	100	17	17	件/千克	A
6208999090	其他材料制女式背心、三角裤、短衬裤、浴衣、晨衣及类似品	14	100	17	17	件/千克	A
6209	**婴儿服装及衣着附件**						
62092000	-棉制						
6209200000	棉制婴儿服装及衣着附件	14	90	17	17	千克	A
62093000	-合成纤维制						
6209300010	合成纤维制婴儿手套、袜子(含分指、连指及露指手套,长袜、短袜及其他袜)	16	130	17	17	千克	A
6209300020	合成纤维制婴儿外衣、雨衣、滑雪装(包括夹克类似服装)	16	130	17	17	千克	A
6209300030	合成纤维制婴儿其他服装(含裤子、衬衫、裙子、睡衣、内衣等)	16	130	17	17	千克	A
6209300090	合成纤维制婴儿衣着附件	16	130	17	17	千克	A
62099010	---羊毛或动物细毛制						
6209901000	羊毛或动物细毛制婴儿服装衣及衣着附件	14	130	17	17	千克	A
62099090	---其他纺织材料制						
6209909000	其他纺织材料制婴儿服装及衣着附件(除棉、合成纤维、羊毛或动物细毛外其他纺织材料制)	14	100	17	17	千克	A
6210	**用品目56.02、56.03、59.03、59.06或59.07的织物制成的服装**						
62101010	---羊毛或动物细毛制						
6210101000	毛制用品目56.02或56.03的织物制成的服装(羊毛或动物细毛制)	16	130	17	17	件/千克	
62101020	---棉或麻制						
6210102000	棉或麻制用品目56.02或56.03的织物制成的服装	16	90	17	17	件/千克	
62101030	---化学纤维制						
6210103000	化学纤维制用品目56.02或56.03的织物制成的服装	17.5	130	17	17	件/千克	
62101090	---其他纺织材料制						
6210109000	其他纺织材料制用品目56.02或56.03的织物制成的服装	16	100	17	17	件/千克	

商品编号	商 品 名 称 及 备 注	进口关税税率(%)		增值税率(%)	出口退税率(%)	计量单位	监管条件
		最惠国	普通				
62102000	-编号 620111 至 620119 所列类型的其他服装						
6210200000	编号 620111~620119 所列类型的其他服装	16	100	17	17	件/千克	
62103000	-编号 620211 至 620219 所列类型的其他服装						
6210300000	编号 620211~620219 所列类型的其他服装	16	100	17	17	件/千克	
62104000	-其他男式服装						
6210400000	用塑料等处理的其他纺织材料制男服装(含用橡胶及其他材料处理的织物)	16	100	17	17	件/千克	
62105000	-其他女式服装						
6210500000	用塑料等处理的其他纺织材料制女服装(含用橡胶及其他材料处理的其他纺织材料制女服装)	16	100	17	17	件/千克	
6211	**运动服、滑雪服及游泳服;其他服装**						
62111100	--男式						
6211110010	羊毛或动物细毛制男式游泳服	16	130	17	17	件/千克	A
6211110041	丝制男式游泳服(含丝≥70%)	16	130	17	17	件/千克	A
6211110049	丝制男式游泳服(含丝<70%)	16	130	17	17	件/千克	A
6211110090	其他纺织材料制男式游泳服	16	130	17	17	件/千克	A
62111200	--女式						
6211120010	羊毛或动物细毛制女式游泳服	16	130	17	17	件/千克	A
6211120041	丝制女式游泳服(含丝≥70%)	16	130	17	17	件/千克	A
6211120049	丝制女式游泳服(含丝<70%)	16	130	17	17	件/千克	A
6211120090	其他纺织材料制女式游泳服	16	130	17	17	件/千克	A
62112010	---棉制						
6211201000	棉制滑雪套装	16	90	17	17	套/千克	
62112090	---其他纺织材料制						
6211209000	其他纺织材料制滑雪服	19	130	17	17	套/千克	
62113210	---阿拉伯袍						
6211321000	棉制男式阿拉伯袍	16	90	17	17	件/千克	
62113220	---运动服						
6211322000	棉制男式运动服	16	90	17	17	套/千克	
62113290	---其他						
6211329000	棉制男式其他服装	16	90	17	17	件/千克	
62113310	---阿拉伯袍						
6211331000	化纤制男式阿拉伯袍	17.5	130	17	17	件/千克	
62113320	---运动服						
6211332000	化学纤维制男式运动服	18	130	17	17	套/千克	
62113390	---其他						
6211339000	化学纤维制男式其他服装	17.5	130	17	17	件/千克	
62113910	---丝及绢丝制						
6211391000	丝或绢丝制男式其他服装	16	130	17	17	件/千克	
62113920	---羊毛或动物细毛制						
6211392000	毛制男式其他服装	16	130	17	17	件/千克	
62113990	---其他						
6211399000	其他纺织材料制男式其他服装	16	100	17	17	件/千克	
62114210	---运动服						
6211421000	棉制其他女式运动服	16	90	17	17	套/千克	
62114290	---其他						
6211429000	棉制女式其他服装	16	90	17	17	件/千克	

商品编号	商品名称及备注	进口关税税率(%)		增值税率(%)	出口退税率(%)	计量单位	监管条件
		最惠国	普通				
62114310	---运动服						
6211431000	化学纤维制其他女式运动服	17.5	130	17	17	套/千克	
62114390	---其他						
6211439000	化纤制其他女式服装	17.5	130	17	17	件/千克	
62114910	---丝及绢丝制						
6211491000	丝制女式服装	16	130	17	17	件/千克	
62114990	---其他						
6211499000	其他纺织材料制女式似服	16	100	17	17	件/千克	
6212	**胸罩、束腰带、紧身胸衣、吊裤带、吊袜带、束袜带和类似品及其零件,不论是否针织或钩编的**						
62121010	---化学纤维制						
6212101000	化纤制其他胸罩(不论是否针织或钩编)	16	130	17	17	件/千克	A
62121090	---其他纺织材料制						
6212109010	毛制其他胸罩(不论是否针织或钩编)	14	100	17	17	件/千克	A
6212109020	棉制其他胸罩(不论是否针织或钩编)	14	100	17	17	件/千克	A
6212109031	丝制胸罩(不论是否针织或钩编,含丝≥70%)	14	100	17	17	件/千克	A
6212109039	丝制其他胸罩(不论是否针织或钩编,含丝<70%)	14	100	17	17	件/千克	A
6212109090	其他纺织材料制其他胸罩(不论是否针织或钩编)	14	100	17	17	件/千克	A
62122010	---化学纤维制						
6212201000	化纤制束胸带及腹带(不论是否针织或钩编)	16	130	17	17	件/千克	A
62122090	---其他纺织材料制						
6212209010	毛制束胸带及腹带(不论是否针织或钩编)	14	100	17	17	件/千克	A
6212209020	棉制束腰带及腹带(不论是否针织或钩编)	14	100	17	17	件/千克	A
6212209031	丝制束腰带及腹带(不论是否针织或钩编,含丝≥70%)	14	100	17	17	件/千克	A
6212209039	丝制束腰带及腹带(不论是否针织或钩编,含丝<70%)	14	100	17	17	件/千克	A
6212209090	其他材料制束胸带及腹带(不论是否针织或钩编)	14	100	17	17	件/千克	A
62123010	---化学纤维制						
6212301000	化纤制紧身胸衣(不论是否针织或钩编)	16	130	17	17	件/千克	A
62123090	---其他纺织材料制						
6212309010	毛制紧身胸衣(不论是否针织或钩编)	14	100	17	17	件/千克	A
6212309020	棉制紧身胸衣(不论是否针织或钩编)	14	100	17	17	件/千克	A
6212309031	丝制紧身胸衣(不论是否针织或钩编,含丝≥70%)	14	100	17	17	件/千克	A
6212309039	丝制其他紧身胸衣(不论是否针织或钩编,含丝<70%)	14	100	17	17	件/千克	A
6212309090	其他材料制紧身胸衣(不论是否针织或钩编)	14	100	17	17	件/千克	A
62129010	---化学纤维制						
6212901000	化纤制吊裤带、吊袜带等(不论是否针织或钩编,含化纤与橡胶、塑料制的)	16	130	17	17	件/千克	
62129090	---其他纺织材料制						
6212909000	其他材料制的吊裤带、吊袜带、束袜带等(不论是否针织或钩编)	14	100	17	17	件/千克	
6213	**手帕**						
62132010	---刺绣的						
6213201000	棉制刺绣手帕	14	90	17	17	条/千克	
62132090	---其他						
6213209000	其他棉制手帕	14	90	17	17	条/千克	
62139020	---刺绣的						
6213902000	其他纺织材料制刺绣手帕	14	100	17	17	条/千克	
62139090	---其他						

商品编号	商品名称及备注	进口关税税率(%)		增值税率(%)	出口退税率(%)	计量单位	监管条件
		最惠国	普通				
6213909000	其他材料制手帕	14	100	17	17	条/千克	
6214	**披巾、领巾、围巾、披纱、面纱及类似品**						
62141000	-丝或绢丝制						
6214100010暂8	含丝≥70%的披巾、头巾、围巾(包括披纱、面纱等及类似品)	14	130	17	17	条/千克	
6214100090暂8	含丝<70%的披巾、头巾、围巾(包括披纱、面纱等及类似品)	14	130	17	17	条/千克	
62142010	---羊毛制						
6214201000暂8	羊毛制披巾、头巾、围巾及类似品(包括披纱、面纱等)	14	130	17	17	条/千克	
62142020	---山羊绒制						
6214202000暂8	山羊绒制披巾、头巾、围巾及类似品(包括披纱、面纱等)	14	130	17	17	条/千克	
62142090	---其他						
6214209000	其他动物细毛制披巾、头巾、围巾及类似品(包括披纱、面纱等)	14	130	17	17	条/千克	
62143000	-合成纤维制						
6214300000	合成纤维制披巾、头巾及类似品(包括围巾、披纱、面纱等)	16	130	17	17	条/千克	
62144000	-人造纤维制						
6214400000	人造纤维制披巾、头巾及类似品(包括围巾、披纱、面纱等)	14	130	17	17	条/千克	
62149000	-其他纺织材料制						
6214900010	棉制披巾、头巾及类似品(包括围巾、披纱、面纱)	14	100	17	17	条/千克	
6214900090	其他材料制披巾、头巾及类似品(包括围巾、披纱、面纱及类似品)	14	100	17	17	条/千克	
6215	**领带及领结**						
62151000	-丝或绢丝制						
6215100000	丝及绢丝制领带及领结(非丝纺织材料含量≥50%;或非丝纺织材料含量<50%,外层织物含丝≥70%)	14	130	17	17	条/千克	
62152000	-化学纤维制						
6215200000	化纤制领带及领结	16	130	17	17	条/千克	
62159000	-其他纺织材料制						
6215900000	其他材料制的领带及领结	14	100	17	17	条/千克	
6216	**分指手套、连指手套及露指手套**						
62160000	分指手套、连指手套及露指手套						
6216000000	分指手套、连指手套及露指手套	14	100	17	17	双/千克	
6217	**其他制成的衣着附件;服装或衣着附件的零件,但品目62.12的货品除外**						
62171010	---袜子及袜套						
6217101000	非针织非钩编袜子及袜套	14	130	17	17	千克/双	
62171020	---和服腰带						
6217102000	非针织非钩编和服腰带	14	100	17	17	千克/条	
62171090	---其他						
6217109000	其他服装或衣着附件(指非针织非钩编)	14	100	17	17	千克	
62179000	-零件						
6217900000	服装或衣着零件(指非针织非钩编)	14	100	17	17	千克	

第六十三章　其他纺织制成品；成套物品；旧衣着及旧纺织品；碎织物

注释：

一、第一分章仅适用于各种纺织物制成的物品。

二、第一分章不包括：

(一)第五十六章至第六十二章的货品；

(二)品目63.09的旧衣着或其他旧物品。

三、品目63.09仅适用于下列货品：

(一)纺织材料制品：

1. 衣着和衣着附件及其零件；

2. 毯子及旅行毯；

3. 床上、餐桌、盥洗及厨房用的织物制品；

4. 装饰用织物制品，但品目57.01至57.05的地毯及品目58.05的装饰毯除外。

(二)用石棉以外其他任何材料制成的鞋帽类。

上述物品只有同时符合下列两个条件才能归入本品目：

1. 必须明显看得出穿用过；

2. 必须以散装、捆装、袋装或类似大包装形式进口或出口。

子目注释：

子目6304.20包括用α—氯氰菊酯(ISO)、虫螨腈(ISO)、溴氰菊酯(INN，ISO)、高效氯氟氰菊酯(ISO)、除虫菊酯(ISO)或甲基嘧啶磷(ISO)浸渍或涂层的经编针织物制品。

商品编号	商品名称及备注	进口关税税率(%)		增值税率(%)	出口退税率(%)	计量单位	监管条件
		最惠国	普通				
6301	**毯子及旅行毯**						
63011000	-电暖毯						
6301100000	电暖毯	16	100	17	17	条/千克	A
63012000	-羊毛或动物细毛制的毯子(电暖毯除外)及旅行毯						
6301200010[暂8]	毛制毯子及旅行毯(羊毛或动物细毛制，非电暖的，长度≤3米)	16	130	17	17	条/千克	
6301200020[暂8]	其他毛制毯子及旅行毯(羊毛或动物细毛制，非电暖的，长度>3米)	16	130	17	17	条/千克	
63013000	-棉制的毯子(电暖毯除外)及旅行毯						
6301300000	棉制毯子及旅行毯	16	90	17	17	条/千克	
63014000	-合成纤维制的毯子(电暖毯除外)及旅行毯						
6301400000	合成纤维制毯子及旅行毯	17.5	130	17	17	条/千克	
63019000	-其他毯子及旅行毯						
6301900000	其他纺织材料制毯子及旅行毯(非电暖的)	16	90	17	17	条/千克	
6302	**床上、餐桌、盥洗及厨房用的织物制品**						
63021010	---棉制						
6302101000	棉制针织或钩编的床上用织物制品	14	90	17	17	条/千克	
63021090	---其他纺织材料制						
6302109000	其他材料制床上用织物制品(指针织或钩编类制品)	14	130	17	17	条/千克	
63022110	---床单						
6302211000	棉制印花床单	14	90	17	17	条/千克	
63022190	---其他						
6302219000	其他棉制印花床上用织物制品	14	90	17	17	条/千克	
63022210	---床单						
6302221000	化纤制印花床单	16	130	17	17	条/千克	
63022290	---其他						
6302229000	化学纤维制其他印花床用织物制品	16	130	17	17	条/千克	
63022910	---丝及绢丝制						
6302291000	丝及绢丝制印花床上用织物制品	14	130	17	17	条/千克	
63022920	---麻制						
6302292000	麻制印花床上用织物制品	14	90	17	17	条/千克	

商品编号	商品名称及备注	进口关税税率(%)		增值税率(%)	出口退税率(%)	计量单位	监管条件
		最惠国	普通				
63022990	---其他						
6302299000	其他材料制印花床上用织物制品	14	100	17	17	条/千克	
63023110	---刺绣的						
6302311000	棉制刺绣其他床上用织物制品	14	90	17	17	条/千克	
63023191	----床单						
6302319100	棉制其他床单	14	90	17	17	条/千克	
63023192	----毛巾被						
6302319200	棉制其他毛巾被	14	90	17	17	条/千克	
63023199	----其他						
6302319900	棉制其他床上用织物制品	14	90	17	17	条/千克	
63023210	---刺绣的						
6302321000	化学纤维制刺绣其他床上用织物制品	16	130	17	17	条/千克	
63023290	---其他						
6302329000	化学纤维制其他床上用织物制品	16	130	17	17	条/千克	
63023910	---丝及绢丝制						
6302391010	丝及绢丝制其他床上用织物制品(含丝≥85%)	14	130	17	17	条/千克	
6302391090	丝及绢丝制其他床上用织物制品(含丝<85%)	14	130	17	17	条/千克	
63023921	----刺绣的						
6302392110	亚麻或苎麻制其他床上用织物制品(刺绣的)	14	90	17	17	条/千克	
6302392190	其他麻制其他床上用织物制品(刺绣的)	14	90	17	17	条/千克	
63023929	----其他						
6302392910	亚麻或苎麻制其他床上用织物制品	14	90	17	17	条/千克	
6302392990	其他麻制其他床上用织物制品	14	90	17	17	条/千克	
63023991	----刺绣的						
6302399110	毛制刺绣床上用织物制品	14	100	17	17	条/千克	
6302399190	其他材料制刺绣床上用织物制品	14	100	17	17	条/千克	
63023999	----其他						
6302399910	毛制非刺绣床上用织物制品	14	100	17	17	条/千克	
6302399990	其他材料制其他床上用织物制品	14	100	17	17	条/千克	
63024010	---手工制						
6302401000	手工制餐桌用织物制品(指针织或钩编类的)	14	100	17	17	件/千克	
63024090	---其他						
6302409000	其他餐桌用织物制品(针织或钩编的,非手工)	14	100	17	17	件/千克	
63025110	---刺绣的						
6302511000	棉制刺绣其他餐桌用织物制品	14	90	17	17	件/千克	
63025190	---其他						
6302519000	棉制其他餐桌用织物制品	14	90	17	17	件/千克	
63025310	---刺绣的						
6302531000	化学纤维制刺绣其他餐桌织物制品	14	130	17	17	件/千克	
63025390	---其他						
6302539010	化纤无纺织物制餐桌用织物制品	16	130	17	17	件/千克	
6302539090	化学纤维制其他餐桌用织物制品	16	130	17	17	件/千克	
63025911	----刺绣的						
6302591100	亚麻制刺绣其他餐桌用织物制品	14	90	17	17	件/千克	
63025919	----其他						
6302591900	亚麻制其他餐桌用织物制品	14	90	17	17	件/千克	

商品编号	商品名称及备注	进口关税税率(%) 最惠国	进口关税税率(%) 普通	增值税率(%)	出口退税率(%)	计量单位	监管条件
63025990	---其他						
6302599010	羊毛或动物细毛制餐桌用织物制品	14	100	17	17	件/千克	
6302599090	其他纺织材料制餐桌用织物制品	14	100	17	17	件/千克	
63026010	---浴巾						
6302601010	棉制针织或钩编毛巾织物浴巾(含类似毛圈织物的制品)	14	90	17	17	条/千克	
6302601090	棉制非针织或非钩编毛巾织物浴巾(含类似毛圈织物的制品)	14	90	17	17	条/千克	
63026090	---其他						
6302609000	棉制盥洗及厨房用棉制毛巾制品或类似的毛圈织物的制品(含类似毛圈织物的制品,非针织或非钩编)	14	90	17	17	条/千克	
63029100	--棉制						
6302910000	棉制盥洗及厨房织物制品(毛巾织物或类似毛圈织物的除外)	14	90	17	17	条/千克	
63029300	--化学纤维制						
6302930010	化纤无纺织物制盥洗及厨房制品	16	130	17	17	条/千克	
6302930090	化学纤维制其他盥洗及厨房织物制品	16	130	17	17	条/千克	
63029910	---亚麻制						
6302991000	亚麻制盥洗及厨房织物制品	14	90	17	17	条/千克	
63029990	---其他						
6302999010	毛制盥洗及厨房用织物制品	14	100	17	17	条/千克	
6302999090	其他材料制盥洗及厨房织物制品	14	100	17	17	条/千克	
6303	**窗帘(包括帷帘)及帐幔;帘帷或床帷**						
63031210	---针织的						
6303121010	合成纤维制针织百叶窗、卷帘和窗幔	16	130	17	17	千克	
6303121090	其他合成纤维制针织窗帘等(包括帷帘、帐幔、帘帷及床帷)	16	130	17	17	千克	
63031220	---钩编的						
6303122010	合成纤维制钩编百叶窗、卷帘和窗幔	16	130	17	17	千克	
6303122090	其他合成纤维制钩编的窗帘等(包括帷帘、帐幔、帘帷及床帷)	16	130	17	17	千克	
63031931	----针织的						
6303193100	棉制针织的窗帘等(包括帷帘、帐幔、帘帷及床帷)	14	90	17	17	千克	
63031932	----钩编的						
6303193200	棉制钩编的窗帘等(包括帷帘、帐幔、帘帷及床帷)	14	90	17	17	千克	
63031991	----针织的						
6303199100	其他纺织材料制针织的窗帘等(包括帷帘、帐幔、帘帷及床帷)	14	130	17	17	千克	
63031992	----钩编的						
6303199200	其他纺织材料制钩编的窗帘等(包括帷帘、帐幔、帘帷及床帷)	14	130	17	17	千克	
63039100	--棉制						
6303910010	棉制非针织网眼窗帘(包括帷帘、帐幔、帘帷及床帷)	14	90	17	17	千克	
6303910090	棉制非针织非钩编窗帘(包括帷帘、帐幔、帘帷及床帷)	14	90	17	17	千克	
63039200	--合成纤维制						
6303920010	合成纤维百叶窗、卷帘和窗幔(非针织非钩编)	16	130	17	17	千克	
6303920090	其他合成纤维制非针织非钩编窗帘等(包括帷帘、帐幔、帘帷及床帷)	16	130	17	17	千克	
63039900	--其他纺织材料制						
6303990000	其他纺织材料制非针织非钩编窗帘(包括帷帘、帐幔、帘帷及床帷)	14	100	17	17	千克	
6304	**其他装饰用织物制品,但品目94.04的货品除外**						
63041121	----手工制						
6304112100	手工针织床罩	14	100	17	17	件/千克	
63041129	----其他						

商品编号	商品名称及备注	进口关税税率(%) 最惠国	进口关税税率(%) 普通	增值税率(%)	出口退税率(%)	计量单位	监管条件
6304112900	非手工针织床罩	14	100	17	17	件/千克	
63041131	----手工制						
6304113100	手工钩编床罩	14	100	17	17	件/千克	
63041139	----其他						
6304113900	非手工钩编床罩	14	100	17	17	件/千克	
63041910	---丝及绢丝制						
6304191010	丝及绢丝制非针织非钩编床罩(含丝≥85%)	14	130	17	17	件/千克	
6304191090	丝及绢丝制非针织非钩编床罩(含丝<85%)	14	130	17	17	件/千克	
63041921	----刺绣的						
6304192100	棉或麻制非针织非钩编刺绣床罩	14	90	17	17	件/千克	
63041929	----其他						
6304192900	棉或麻制其他非针织非钩编床罩	14	90	17	17	件/千克	
63041931	----刺绣的						
6304193100	化学纤维制非针织非钩编刺绣床罩	16	130	17	17	件/千克	
63041939	----其他						
6304193900	化学纤维制其他非针织非钩编床罩	16	130	17	17	件/千克	
63041991	----刺绣的						
6304199110	毛制非针织非钩编刺绣床罩(羊毛或动物细毛制)	14	100	17	17	件/千克	
6304199190	其他纺织材料制非针织刺绣床罩(含非钩编的)	14	100	17	17	件/千克	
63041999	----其他						
6304199910	毛制其他非针织非钩编床罩(羊毛或动物细毛制)	14	100	17	17	件/千克	
6304199990	其他材料制非针织非钩编其他床罩	14	100	17	17	件/千克	
63042010	---手工制						
6304201000	手工制的本章子目注释一所列的蚊帐	14	100	17		件/千克	
63042090	---其他						
6304209000	其他本章子目注释一所列的蚊帐	14	100	17		件/千克	
63049121	----手工制						
6304912100	手工针织其他装饰制品	14	100	17	17	千克	
63049129	----其他						
6304912900	非手工针织其他装饰制品	14	100	17	17	千克	
63049131	----手工制						
6304913100	手工钩编的其他装饰制品	14	100	17	17	千克	
63049139	----其他						
6304913900	非手工钩编的其他装饰制品	14	100	17	17	千克	
63049210	---刺绣的						
6304921000	棉制非针织的其他刺绣装饰制品(非钩编)	14	90	17	17	千克	
63049290	---其他						
6304929000	棉制非针织或钩编的其他装饰制品	14	90	17	17	千克	
63049310	---刺绣的						
6304931000	合成纤维制其他刺绣装饰制品(指非针织非钩编装饰制品)	16	130	17	17	千克	
63049390	---其他						
6304939000	合成纤维制其他非针织装饰制品(包括非钩编装饰制品)	16	130	17	17	千克	
63049910	---丝及绢丝制						
6304991010	丝制非针织非钩编的装饰制品(含绢丝制品,含丝≥85%)	14	130	17	17	千克	
6304991090	丝制非针织非钩编的装饰制品(含绢丝制品,含丝<85%)	14	130	17	17	千克	
63049921	----刺绣的						

商品编号	商品名称及备注	进口关税税率(%)		增值税率(%)	出口退税率(%)	计量单位	监管条件
		最惠国	普通				
6304992110	亚麻或苎麻非针织其他刺绣装饰品(含非钩编制品)	14	90	17	17	千克	
6304992190	其他麻制非针织其他刺绣装饰品(包括非钩编的)	14	90	17	17	千克	
63049929	----其他						
6304992910	亚麻或苎麻制其他非针织的装饰品(含非钩编制品)	14	90	17	17	千克	
6304992990	其他麻制其他非针织的装饰制品(含非钩编制品)	14	90	17	17	千克	
63049990	---其他						
6304999000	其他纺织材料制非针织非钩编装饰品	14	100	17	17	千克	
6305	**货物包装用袋**						
63051000	-黄麻或品目53.03的其他韧皮纺织纤维制						
6305100010	黄麻制旧的货物包装袋(含品目53.03的其他韧皮纤维制)	10	40	17	17	条/千克	
6305100090	黄麻制其他货物包装袋(含品目53.03的其他韧皮纤维制)	10	40	17	17	条/千克	
63052000	-棉制						
6305200000	棉制货物包装袋	16	90	17	17	条/千克	
63053200	--散装货物储运软袋						
6305320000	化学纤维制散装货物储运软袋(扁条及类似材料制成,散装货物周转用)	16	100	17	17	条/千克	
63053300	--其他,聚乙烯、聚丙烯扁条或类似材料制						
6305330010	聚乙烯或聚丙烯制其他货物包装袋(针织或钩编的,用扁条及类似材料制成)	16	100	17	17	条/千克	
6305330090	聚乙烯或聚丙烯制其他货物包装袋(非针织或钩编的,用扁条及类似材料制成)	16	100	17	17	条/千克	
63053900	--其他						
6305390000	其他化学纤维制货物包装袋	16	100	17	17	条/千克	
63059000	-其他纺织材料制						
6305900000	其他纺织材料制货物包装袋	14	90	17	17	条/千克	
6306	**油苫布、天篷及遮阳篷;帐篷;风帆;野营用品**						
63061200	--合成纤维制						
6306120000	合成纤维制油苫布、天篷及遮阳篷	16	130	17	17	件/千克	
63061910	---麻制						
6306191000	麻制油苫布、天篷及遮阳篷	14	80	17	17	件/千克	
63061920	---棉制						
6306192000	棉制油毡布、天篷及遮阳篷	14	80	17	17	件/千克	
63061990	---其他						
6306199010	人造纤维制油苫布、天篷及遮阳篷	14	100	17	17	件/千克	
6306199090	其他材料制油苫布、天篷及遮阳篷	14	100	17	17	件/千克	
63062200	--合成纤维制						
6306220010	合成纤维制移动帐篷	16	130	17	17	件/千克	
6306220090	合成纤维制帐篷	16	130	17	17	件/千克	
63062910	---棉制						
6306291000	棉制帐篷	14	80	17	17	件/千克	
63062990	---其他						
6306299000	其他纺织材料制帐篷	14	100	17	17	件/千克	
63063010	---合成纤维制						
6306301000	合成纤维制风帆	16	130	17	17	件/千克	
63063090	---其他纺织材料制						
6306309000	其他纺织材料制风帆	14	100	17	17	件/千克	
63064010	---棉制						
6306401000	棉制充气褥垫	14	80	17	17	件/千克	
63064020	---化学纤维制						

商品编号	商品名称及备注	进口关税税率(%)		增值税率(%)	出口退税率(%)	计量单位	监管条件
		最惠国	普通				
6306402000	化学纤维制充气褥垫	16	130	17	17	件/千克	
63064090	---其他						
6306409000	其他纺织材料制充气褥垫	14	100	17	17	件/千克	
63069010	---棉制						
6306901000	棉制其他野营用品	14	80	17	17	件/千克	
63069020	---麻制						
6306902000	麻制其他野营用品	14	80	17	17	件/千克	
63069030	---化学纤维制						
6306903000	化学纤维制其他野营用品	16	130	17	17	件/千克	
63069090	---其他						
6306909000	其他材料制其他野营用品	14	100	17	17	件/千克	
6307	**其他制成品,包括服装裁剪样**						
63071000	-擦地布、擦碗布、抹布及类似擦拭用布						
6307100000	擦地布、擦碗布、抹布及类似擦拭用布	14	130	17	17	千克	
63072000	-救生衣及安全带						
6307200000	救生衣及安全带	14	70	17	17	千克/件	
63079000	-其他						
6307900000	纺织材料制未列名制品	14	100	17	17	千克	
6308	**由机织物及纱线构成的零售包装成套物品,不论是否带附件,用以制作小地毯、装饰毯、绣花台布、餐巾或类似的纺织物品**						
63080000	由机织物及纱线构成的零售包装成套物品,不论是否带附件,用以制作小地毯、装饰毯、绣花台布、餐巾或类似的纺织物品						
6308000000	由机织物及纱线构成的零售包装成套物品,不论是否带附件,用以制作小地毯、装饰毯、绣花台布、餐巾或类似的纺织物品	14	130	17	17	千克	
6309	**旧衣物**						
63090000	旧衣物						
6309000000	旧衣物	14	130	17	0	千克	9
6310	**新或旧的破、碎织物,线、绳、索、缆的废、碎料以及线、绳、索、缆或纺织材料的破旧制品**						
63101000	-经分拣的						
6310100010	新的或未使用过的纺织材料制经分拣的碎织物等(新的或未使用过的,包括废线、绳、索、缆及其制品)	14	50	17	17	千克	AP
6310100090	其他纺织材料制经分拣的碎织物等(包括废线、绳、索、缆及其制品)	14	50	17	17	千克	9
63109000	-其他						
6310900010	新的或未使用过的纺织材料制其他碎织物等(新的或未使用过的,包括废线、绳、索、缆及其制品)	14	50	17	17	千克	AP
6310900090	其他纺织材料制碎织物等(包括废线、绳、索、缆及其制品)	14	50	17	17	千克	9

第十二类 鞋、帽、伞、杖、鞭及其零件；已加工的羽毛及其制品；人造花；人发制品

第六十四章 鞋靴、护腿和类似品及其零件

注释：

一、本章不包括：

（一）易损材料（例如，纸或塑料薄膜）制无外绱鞋底的一次性脚套或鞋套。这些产品应按其构成材料归类；

（二）纺织材料制的鞋靴，没有用粘、缝或其他方法将外底装或绱在鞋面上的纺织材料制鞋靴（第十一类）；

（三）品目63.09的旧鞋靴；

（四）石棉制品（品目68.12）；

（五）矫形鞋靴或其他矫形器具及其零件（品目90.21）；

（六）玩具鞋及装有冰刀或轮子的滑冰鞋；护胫或类似的运动防护服装（第九十五章）。

二、品目64.06所称"零件"，不包括鞋钉、护鞋铁掌、鞋眼、鞋钩、鞋扣、编带、鞋带、绒球或其他装饰物（应分别归入相应品目）及品目96.06的纽扣或其他货品。

三、本章所称：

（一）"橡胶"及"塑料"，包括肉眼可辨其外表有一层橡胶或塑料的机织物或其他纺织产品，但颜色的变化不予考虑；

（二）"皮革"，是指品目41.07及41.12至41.14的货品。

四、除本章注释三另有规定的以外：

（一）鞋面的材料应以占表面面积最大的那种材料为准，计算表面面积可不考虑附件及加固件，例如，护踝、裹边、饰物、扣子、拉襻、鞋眼或类似附属件；

（二）外底的主要材料应以与地面接触最广的那种材料为准，计算接触面时可不考虑鞋底钉、铁掌或类似附属件。

子目注释：

子目号6402.12、6402.19、6403.12、6403.19及6404.11所称"运动鞋靴"，仅适用于：

（一）带有或可装鞋底钉、止滑柱、夹钳、马蹄掌或类似品的体育专用鞋靴；

（二）滑冰靴、滑雪靴及越野滑雪用鞋靴、滑雪板靴、角力靴、拳击靴及赛车鞋。

商品编号	商品名称及备注	进口关税税率(%) 最惠国	进口关税税率(%) 普通	增值税率(%)	出口退税率(%)	计量单位	监管条件
6401	**橡胶或塑料制外底及鞋面的防水鞋靴，其鞋面不是用缝、铆、钉、旋、塞或类似方法固定在鞋底上的**						
64011010	---橡胶制鞋面的						
6401101000	橡胶制鞋面的装金属护头的防水鞋靴（鞋面与鞋底非用缝铆钉旋塞等类似方法连结的）	24	100	17	15	千克/双	
64011090	---塑料制鞋面的						
6401109000	塑料制鞋面的装金属护头的防水鞋靴（鞋面与鞋底非用缝铆钉旋塞等类似方法连结的）	24	100	17	15	千克/双	
64019210	---橡胶制鞋面的						
6401921000	橡胶制鞋面的中、短筒防水靴（未过膝，鞋面与鞋非用缝铆钉旋塞等类似方法连结的）	24	100	17	15	千克/双	
64019290	---塑料制鞋面的						
6401929000	塑料制鞋面的中、短筒防水靴（未过膝，鞋面与鞋非用缝铆钉旋塞等类似方法连结的）	24	100	17	15	千克/双	
64019900	--其他						
6401990000	其他橡胶塑料制外底及鞋面防水靴（鞋面与鞋底非用缝、铆、钉、旋、塞等类似方法连结的）	24	100	17	15	千克/双	
6402	**橡胶或塑料制外底及鞋面的其他鞋靴**						
64021200	--滑雪靴、越野滑雪鞋靴及滑雪板靴						
6402120010	含濒危动物毛皮橡胶、塑料底及面滑雪靴（包括越野滑雪鞋靴及滑雪板靴）	10	100	17	0	千克/双	EF
6402120090	其他橡胶、塑料底及面滑雪靴（包括越野滑雪鞋靴及滑雪板靴）	10	100	17	15	千克/双	
64021900	--其他						
6402190010	含濒危动物毛皮其他运动鞋靴（橡胶、塑料制底及面）	24	100	17	0	千克/双	EF
6402190090	橡胶、塑料制底及面的其他运动鞋靴	24	100	17	15	千克/双	

商品编号	商品名称及备注	进口关税税率(%)		增值税率(%)	出口退税率(%)	计量单位	监管条件
		最惠国	普通				
64022000	-用栓塞方法将鞋面条带装配在鞋底上的鞋						
6402200000	将鞋面条带栓塞在鞋底上的鞋(橡胶或塑料制外底及鞋面)	24	100	17	15	千克/双	
64029100	--短筒靴(过踝)						
6402910000暂12	其他橡胶、塑料短筒靴(过踝)(橡胶或塑料制外底及鞋面,防水及运动鞋靴除外,包括其他装金属护鞋头的橡胶、塑料鞋靴)	24	100	17	15	千克/双	
64029910	---橡胶制鞋面的						
6402991000暂12	其他橡胶制鞋面的鞋靴(橡胶制外底及鞋面,防水及运动鞋靴除外,包括其他装金属护鞋头的橡胶、塑料鞋靴)	24	100	17	15	千克/双	
64029921	----以机织物或其他纺织材料作衬底的						
6402992100	其他以机织物或其他纺织材料做衬底的鞋靴(塑料制鞋面,防水及运动鞋靴除外,包括其他装金属护鞋头的橡胶、塑料鞋靴)	24	100	17	15	千克/双	
64029929	----其他						
6402992900	其他塑料制鞋面的鞋靴(塑料制鞋面,防水及运动鞋靴除外,包括其他装金属护鞋头的橡胶、塑料鞋靴)	24	100	17	15	千克/双	
6403	**橡胶、塑料、皮革或再生皮革制外底,皮革制鞋面的鞋靴**						
64031200	--滑雪靴、越野滑雪鞋靴及滑雪板靴						
6403120010	濒危野生动物皮革制鞋面的滑雪靴	24	100	17	15	千克/双	EF
6403120090	其他皮革制鞋面的滑雪靴(包括橡胶、塑料、皮革制外底和越野滑雪鞋靴及板靴)	24	100	17	15	千克/双	
64031900	--其他						
6403190010	濒危野生动物皮革制鞋面其他运动鞋靴	15	100	17	15	千克/双	EF
6403190090	皮革制鞋面的其他运动鞋靴(橡胶、塑料、皮革或再生皮革制外底)	15	100	17	15	千克/双	
64032000	-皮革制外底,由交叉于脚背并绕大脚趾的皮革条带构成鞋面的鞋						
6403200010	濒危野生动物皮革条带为鞋面的皮底鞋	24	100	17	15	千克/双	EF
6403200090	其他皮革条带为鞋面的皮底鞋(皮革条带交叉于脚背并绕大脚趾的)	24	100	17	15	千克/双	
64034000	-装有金属防护鞋头的其他鞋靴						
6403400010	其他含濒危野生动物皮革面鞋靴(装有金属护鞋头的)	24	100	17	15	千克/双	FE
6403400090	装有金属护鞋头的其他皮革面鞋靴(橡胶、塑料、皮革或再生皮革制外底)	24	100	17	15	千克/双	
64035111	----小于24厘米的						
6403511110	濒危野生动物皮革制外底,皮革面过脚踝但低于小腿的短筒靴(内底长度<24厘米,运动用靴除外)	10	100	17	15	千克/双	FE
6403511190	皮革制外底,皮革面过脚踝但低于小腿的短筒靴(内底长度<24厘米,运动用靴除外)	10	100	17	15	千克/双	
64035119	----其他						
6403511910	其他野生动物皮革制外底,皮革面过脚踝但低于小腿短筒靴(运动用靴除外)	10	100	17	15	千克/双	EF
6403511990	其他皮革制外底,皮革面过脚踝但低于小腿短筒靴(运动用靴除外)	10	100	17	15	千克/双	
64035191	----小于24厘米的						
6403519110	濒危野生动物皮革制外底的皮革面短筒靴(内底长度<24厘米,运动用靴除外)	10	100	17	15	千克/双	EF
6403519190	皮革制外底的皮革面短筒靴(过踝)(内底长度<24厘米,运动用靴除外)	10	100	17	15	千克/双	
64035199	----其他						
6403519910	濒危野生动物皮革制外底的皮革面短筒靴(运动用靴除外)	10	100	17	15	千克/双	FE
6403519990	皮革制外底的皮革面短筒靴(过踝)(运动用靴除外)	10	100	17	15	千克/双	
64035900	--其他						
6403590010	濒危野生动物皮革制外底的皮革面其他鞋(包括靴,运动用鞋靴除外)	10	100	17	15	千克/双	EF
6403590090	皮革制外底的皮革面其他鞋靴(运动用鞋靴除外)	10	100	17	15	千克/双	
64039111	----小于24厘米的						
6403911110	其他濒危野生动物皮革制面过脚踝但低于小腿的短筒靴(内底<24厘米,橡胶、塑料、再生皮革制外底,运动用靴除外)	10	100	17	15	千克/双	EF

商品编号	商品名称及备注	进口关税税率(%)		增值税率(%)	出口退税率(%)	计量单位	监管条件
		最惠国	普通				
6403911190	其他皮革制面过脚踝但低于小腿的短筒靴(内底<24厘米,橡胶、塑料、再生皮革制外底,运动用靴除外)	10	100	17	15	千克/双	
64039119	----其他						
6403911910	其他濒危野生动物皮革制面过脚踝但低于小腿的短筒靴(橡胶、塑料、再生皮革制外底,运动用靴除外)	10	100	17	15	千克/双	EF
6403911990	其他皮革制面过脚踝但低于小腿的短筒靴(橡胶、塑料、再生皮革制外底,运动用靴除外)	10	100	17	15	千克/双	
64039191	----小于24厘米的						
6403919110	其他濒危野生皮革制面的短筒靴(过踝)(内底<24厘米,橡胶、塑料、再生皮革制外底,运动用靴除外)	10	100	17	15	千克/双	EF
6403919190	其他皮革制面的短筒靴(过踝)(内底<24厘米,橡胶、塑料、再生皮革制外底,运动用靴除外)	10	100	17	15	千克/双	
64039199	----其他						
6403919910	其他濒危野生皮革制面的短筒靴(过踝)(橡胶、塑料、再生皮革制外底,运动用靴除外)	10	100	17	15	千克/双	EF
6403919990	其他皮革制面的短筒靴(过踝)(橡胶、塑料、再生皮革制外底,运动用靴除外)	10	100	17	15	千克/双	
64039900	--其他						
6403990010	濒危野生动物皮革制面的其他鞋靴(橡胶、塑料、再生皮革制外底,运动用鞋靴除外)	10	100	17	15	千克/双	EF
6403990090	其他皮革制面的其他鞋靴(橡胶、塑料、再生皮革制外底,运动用鞋靴除外)	10	100	17	15	千克/双	
6404	**橡胶、塑料、皮革或再生皮革制外底,用纺织材料制鞋面的鞋靴**						
64041100	--运动鞋靴;网球鞋、篮球鞋、体操鞋、训练鞋及类似鞋						
6404110000暂12	纺织材料制鞋面的运动鞋靴(橡胶或塑料制外底,包括球类、体操、训练鞋及类似鞋)	24	100	17	15	千克/双	
64041910	---拖鞋						
6404191000	纺织材料制鞋面胶底的拖鞋(拖鞋,指没有后帮(带),露趾或不露趾的、日常穿用的鞋)	24	100	17	15	千克/双	
64041990	---其他						
6404199000	纺织材料制鞋面胶底的其他鞋靴(橡胶或塑料制外底,运动用鞋靴除外)	24	100	17	15	千克/双	
64042010	---拖鞋						
6404201000	纺织材料制鞋面皮革底的拖鞋(拖鞋,指没有后帮(带),露趾或不露趾的、日常穿用的鞋)	24	100	17	15	千克/双	
64042090	---其他						
6404209000	纺织材料制鞋面皮革底的其他鞋靴(皮革或再生皮革制外底,包括运动用鞋靴)	24	100	17	15	千克/双	
6405	**其他鞋靴**						
64051010	---橡胶、塑料、皮革及再生皮革制外底的						
6405101000暂12	再生皮革制面的,橡胶、塑料、皮革及再生皮革制外底的其他鞋靴	24	100	17	15	千克/双	
64051090	---其他材料制外底的						
6405109010暂12	濒危野生动物皮革制面的其他鞋靴(外底用橡胶、塑料、皮革及再生皮革以外材料制成)	24	100	17	15	千克/双	EF
6405109090暂12	其他皮革或再生皮革制面的其他鞋靴(外底用橡胶、塑料、皮革及再生皮革以外材料制成)	24	100	17	15	千克/双	
64052000	-纺织材料制鞋面的						
6405200010暂12	羊毛毡呢制内底及鞋面的鞋靴(外底用橡胶、塑料、皮革或再生皮革制以外材料制成)	22	100	17	15	千克/双	
6405200090暂12	纺织材料制鞋面的其他鞋靴(外底用橡胶、塑料、皮革或再生皮革制以外材料制成)	22	100	17	15	千克/双	
64059010	---橡胶、塑料、皮革及再生皮革制外底的						
6405901000	其他材料制面的橡胶、塑料、皮革及再生皮革制外底的鞋靴(面用皮革、再生皮革及纺织材料以外的材料制成)	15	100	17	15	千克/双	
64059090	---其他材料制外底的						
6405909000	其他材料制面的非橡胶、塑料、皮革及再生皮革制外底的鞋靴(面用皮革、再生皮革及纺织材料以外的材料制成)	15	100	17	15	千克/双	

商品编号	商品名称及备注	进口关税税率(%) 最惠国	进口关税税率(%) 普通	增值税率(%)	出口退税率(%)	计量单位	监管条件
6406	**鞋靴零件(包括鞋面,不论是否带有除外底以外的其他鞋底);活动式鞋内底、跟垫及类似品;护腿、裹腿和类似品及其零件**						
64061000	-鞋面及其零件,但硬衬除外						
6406100010	含濒危野生动物皮的鞋面及其零件	15	90	17	15	千克	FE
6406100090	其他鞋面及其零件(不包括硬衬及毡呢制品)	15	90	17	15	千克	
64062010	---橡胶制的						
6406201000	橡胶制的外底及鞋跟	15	90	17	15	千克	
64062020	---塑料制的						
6406202000	塑料制的外底及鞋跟	15	90	17	15	千克	
64069010	---木制						
6406901000	其他木制鞋靴零件、活动式鞋内底等(包括跟垫及类似品,护腿、裹腿和类似品及其零件)	15	90	17	15	千克	A
64069091	----活动式鞋内底、跟垫及类似品						
6406909100	其他材料制活动式鞋内底、跟垫及类似品	15	90	17	15	千克	
64069092	----护腿、裹腿和类似品及其零件						
6406909200	其他材料制护腿、裹腿和类似品及其零件	15	90	17	15	千克	
64069099	----其他						
6406909900	其他材料制其他鞋靴零件	15	90	17	15	千克	

第六十五章　帽类及其零件

注释：

一、本章不包括：

（一）品目63.09的旧帽类；

（二）石棉制帽类（品目68.12）；

（三）第九十五章的玩偶帽、其他玩具帽或狂欢节用品。

二、品目65.02不包括缝制的帽坯，但仅将条带缝成螺旋形的除外。

商品编号	商品名称及备注	进口关税税率（%）		增值税率（%）	出口退税率（%）	计量单位	监管条件
		最惠国	普通				
6501	**毡呢制的帽坯、帽身及帽兜，未楦制成形，也未加帽边；毡呢制的圆帽片及制帽用的毡呢筒（包括裁开的毡呢筒）**						
65010000	毡呢制的帽坯、帽身及帽兜，未楦制成形，也未加帽边；毡呢制的圆帽片及制帽用的毡呢筒（包括裁开的毡呢筒）						
6501000000	毡呢制帽坯及圆帽片（包括帽身、帽兜及不论是否裁开的制帽毡呢筒）	22	100	17	15	千克	
6502	**编结的帽坯或用任何材料的条带拼制而成的帽坯，未楦制成形，也未加帽边、衬里或装饰物**						
65020000	编结的帽坯或用任何材料的条带拼制而成的帽坯，未楦制成形，也未加帽边、衬里或装饰物						
6502000000	编结或用条带拼制的帽坯（未楦制成形，未加帽边、衬里或装饰物）	20	100	17	15	千克	
6504	**编结帽或用任何材料的条带拼制而成的帽类，不论有无衬里或装饰物**						
65040000	编结帽或用任何材料的条带拼制而成的帽类，不论有无衬里或装饰物						
6504000000	编结或用条带拼制成的帽类（不论有无衬里或饰物）	20	130	17	15	个/千克	
6505	**针织或钩编的帽类，用成匹的花边、毡呢或其他纺织物（条带除外）制成的帽类，不论有无衬里或装饰物；任何材料制的发网，不论有无衬里或装饰物**						
65050010	---发网						
6505001000	发网（不论有无衬里或装饰物）	10	130	17	15	个/千克	
65050020	---钩编的帽类						
6505002000	钩编的帽类	20	130	17	15	个/千克	
65050091	----用品目65.01的帽身、帽兜或圆帽片制成的毡呢帽类，无论有无衬里或装饰物						
6505009100	成品毡呢制帽类（用品目65.01的帽身、帽兜或圆帽片制成，不论有无衬里或装饰物）	22	130	17	15	个/千克	
65050099	----其他						
6505009900	针织帽类及用其他纺织物（条带除外）制成帽类（包括用成匹的花边、毡呢制成的，不论有无衬里或装饰物）	20	130	17	15	个/千克	
6506	**其他帽类，不论有无衬里或装饰物**						
65061000	-安全帽						
6506100010	防护罩（带有能够滤除生物因子滤器的面罩）	10	100	17	15	个/千克	3
6506100090	其他安全帽（不论有无衬里或饰物）	10	100	17	15	个/千克	
65069100	--橡胶或塑料制						
6506910000	橡胶或塑料制帽类（不论有无衬里或饰物，不包括安全帽）	10	100	17	15	个/千克	
65069910	---皮革制						
6506991010	野生动物皮革制帽类	10	130	17	15	个/千克	EF
6506991090	其他皮革制帽类	10	130	17	15	个/千克	
65069920	---毛皮制						
6506992010	野生动物毛皮制的帽类（无论有无衬里或饰物）	10	130	17	15	个/千克	EF
6506992090	其他毛皮制的帽类（无论有无衬里或饰物）	10	130	17	15	个/千克	
65069990	---其他						
6506999000	其他材料制的未列名帽类（不论有无衬里或饰物）	24	100	17	15	个/千克	

商品编号	商 品 名 称 及 备 注	进口关税税率(%)		增值税率(%)	出口退税率(%)	计量单位	监管条件
		最惠国	普通				
6507	**帽圈、帽衬、帽套、帽帮、帽骨架、帽舌及帽颏带**						
65070000	帽圈、帽衬、帽套、帽帮、帽骨架、帽舌及帽颏带						
6507000010	含野生动物成分的帽类附件(指帽圈、衬、套、帮、骨架、舌及颏带)	24	100	17	15	千克	FE
6507000090	其他帽类附件(指帽圈、衬、套、帮、骨架、舌及颏带)	24	100	17	15	千克	

第六十六章　雨伞、阳伞、手杖、鞭子、马鞭及其零件

注释：

一、本章不包括：

（一）丈量用杖及类似品（品目90.17）；

（二）火器手杖、刀剑手杖、灌铅手杖及类似品（第九十三章）；

（三）第九十五章的货品（例如，玩具雨伞、玩具阳伞）。

二、品目66.03不包括纺织材料制的零件、附件及装饰品或者任何材料制的罩套、流苏、鞭梢、伞套及类似品。此类货品即使与品目66.01或66.02的物品一同进口或出口，只要未装配在一起，则不应视为上述品目所列物品的组成零件，而应分别归入各有关品目。

商品编号	商 品 名 称 及 备 注	进口关税税率（%）		增值税率（%）	出口退税率（%）	计量单位	监管条件
		最惠国	普通				
6601	**雨伞及阳伞（包括手杖伞、庭园用伞及类似伞）**						
66011000	-庭园用伞及类似伞						
6601100000	庭院用伞及类似品（玩具伞除外）	14	130	17	15	千克/把	
66019100	--折叠伞						
6601910000	折叠伞（玩具伞除外）	10	130	17	15	千克/把	
66019900	--其他						
6601990000	其他伞（玩具伞除外）	10	130	17	15	千克/把	
6602	**手杖、带座手杖、鞭子、马鞭及类似品**						
66020000	手杖、带座手杖、鞭子、马鞭及类似品						
6602000011	含野生动物成分的手杖、带座手杖（包括马鞭、鞭子及类似品）	10	130	17	15	千克/把	EF
6602000019	动植物材料制手杖、鞭子及类似品（包括带座手杖）	10	130	17	15	千克/把	
6602000090	其他手杖、带座手杖、鞭子及类似品	10	130	17	15	千克/把	
6603	**品目66.01或66.02所列物品的零件及装饰品**						
66032000	-伞骨，包括装在伞柄上的伞骨						
6603200000	伞骨（包括装在伞柄上的伞骨）	14	130	17	15	千克	
66039000	-其他						
6603900010	含野生动物成分的伞、手杖的零件及装饰品（包括鞭子的其他零件及饰品）	14	130	17	15	千克	EF
6603900090	伞、手杖及鞭子的其他零件及饰品（罩套、流苏、鞭梢及纺织材料制品除外）	14	130	17	15	千克	

第六十七章　已加工羽毛、羽绒及其制品;人造花;人发制品

注释:

一、本章不包括:

(一)人发制滤布(品目59.11);

(二)花边、刺绣品或其他纺织物制成的花卉图案(第十一类);

(三)鞋靴(第六十四章);

(四)帽类及发网(第六十五章);

(五)玩具、运动用品或狂欢节用品(第九十五章);

(六)羽毛掸帚、粉扑及人发制的筛子(第九十六章)。

二、品目67.01不包括:

(一)羽毛或羽绒仅在其中作为填充料的物品(例如,品目94.04的寝具);

(二)羽毛或羽绒仅作为饰物或填充料的衣服或衣着附件;

(三)品目67.02的人造花、叶及其部分品,以及它们的制成品。

三、品目67.02不包括:

(一)玻璃制品(第七十章);

(二)用陶器、石料、金属、木料或其他材料经模铸、锻造、雕刻、冲压或用其他方法整件制成形的人造花、叶或果实;用捆扎、胶粘及类似方法以外的其他方法将部分品组合而成的上述制品。

商品编号	商品名称及备注	进口关税税率(%)		增值税率(%)	出口退税率(%)	计量单位	监管条件
		最惠国	普通				
6701	**带羽毛或羽绒的鸟皮及鸟体其他部分、羽毛、部分羽毛、羽绒及其制品(品目05.05的货品和经加工的羽管及羽轴除外)**						
67010000	带羽毛或羽绒的鸟皮及鸟体其他部分、羽毛、部分羽毛、羽绒及其制品(品目05.05的货品和经加工的羽管及羽轴除外)						
6701000010	已加工野禽羽毛、羽绒及其制品	20	130	17	15	千克	AFEB
6701000090	其他已加工羽毛、羽绒及其制品(品目05.05的货品及经加工的羽管及羽轴除外)	20	130	17	15	千克	AB
6702	**人造花、叶、果实及其零件;用人造花、叶或果实制成的物品**						
67021000	-塑料制						
6702100000	塑料制花、叶、果实及其制品(包括花、叶、果实的零件)	20	130	17	15	千克	
67029010	---羽毛制						
6702901010	野禽羽毛制花、叶、果实及其制品	20	130	17	15	千克	AFEB
6702901090	其他羽毛制花、叶、果实及其制品(包括花、叶、果实的零件)	20	130	17	15	千克	AB
67029020	---丝及绢丝制						
6702902000	丝或绢丝制花、叶、果实及其制品(包括花、叶、果实的零件)	24	130	17	15	千克	
67029030	---化学纤维制						
6702903000	化学纤维制花、叶、果实及其制品(包括花、叶、果实的零件)	24	130	17	15	千克	
67029090	---其他						
6702909000	其他材料制花、叶、果实及其制品(包括花、叶、果实的零件)	20	130	17	15	千克	
6703	**经梳理、稀疏、脱色或其他方法加工的人发;作假发及类似品用的羊毛、其他动物毛或其他纺织材料**						
67030000	经梳理、稀疏、脱色或其他方法加工的人发;作假发及类似品用的羊毛、其他动物毛或其他纺织材料						
6703000000	经梳理、稀疏等方法加工的人发(包括作假发及类似品用羊毛、其他动物毛或其他纺织材料)	20	100	17	9	千克	
6704	**人发、动物毛或纺织材料制的假发、假胡须、假眉毛、假睫毛及类似品;其他税号未列名的人发制品**						
67041100	--整头假发						
6704110000	合成纺织材料制整头假发	25	130	17	9	千克	
67041900	--其他						
6704190000	合成纺织材料制其他假发、须等(不包括整头假发)	25	130	17	9	千克	

商品编号	商品名称及备注	进口关税税率(%)		增值税率(%)	出口退税率(%)	计量单位	监管条件
		最惠国	普通				
67042000	-人发制						
6704200000	人发制假发、须、眉及类似品(包括整头假发)	15	130	17	9	千克	
67049000	-其他材料制						
6704900000	其他材料制假发、须、眉及类似品(包括整头假发)	25	130	17	9	千克	

第十三类　石料、石膏、水泥、石棉、云母及类似材料的制品;陶瓷产品;玻璃及其制品

第六十八章　石料、石膏、水泥、石棉、云母及类似材料的制品

注释:

一、本章不包括:

(一)第二十五章的货品;

(二)品目48.10或48.11的经涂布、浸渍或覆盖的纸及纸板(例如,用云母粉或石墨涂布的纸及纸板、沥青纸及纸板);

(三)第五十六章或第五十九章的经涂布、浸渍或包覆的纺织物(例如,用云母粉、沥青涂布或包覆的织物);

(四)第七十一章的物品;

(五)第八十二章的工具及其零件;

(六)品目84.42的印刷用石板;

(七)绝缘子(品目85.46)或品目85.47绝缘材料制的零件;

(八)牙科用磨锉(品目90.18);

(九)第九十一章的物品(例如,钟及钟壳);

(十)第九十四章的物品(例如,家具、灯具及照明装置、活动房屋);

(十一)第九十五章的物品(例如,玩具、游戏品及运动用品);

(十二)用第九十六章注释二(二)所述材料制成的品目96.02的物品或品目96.06的物品(例如,纽扣)、品目96.09的物品(例如,石笔)、品目96.10的物品(例如,绘画石板)或品目96.20的物品(独脚架、双脚架、三脚架及类似品);或

(十三)第九十七章的物品(例如,艺术品)。

二、品目68.02所称"已加工的碑石或建筑用石",不仅适用于已加工的品目25.15、25.16的各种石料,也适用于所有经类似加工的其他天然石料(例如,石英岩、燧石、白云石及冻石),但不适用于板岩。

商品编号	商品名称及备注	进口关税税率(%)		增值税率(%)	出口退税率(%)	计量单位	监管条件
		最惠国	普通				
6801	**天然石料(不包括板岩)制的长方砌石、路缘石、扁平石**						
68010000	天然石料(不包括板岩)制的长方砌石、路缘石、扁平石						
6801000000	长方砌石、路缘石、扁平石[由天然石料(不包括板岩)所制]	12	70	17	0	千克	
6802	**已加工的碑石或建筑用石(不包括板岩)及其制品,但品目68.01的货品除外;天然石料(包括板岩)制的镶嵌石(马赛克)及类似品,不论是否有衬背;天然石料(包括板岩)制的人工染色石粒、石片及石粉**						
68021010	---大理石						
6802101000	大理石制砖、瓦、方块及类似品(不论是否为矩形,可置入边长<7厘米的方格)	24	90	17	0	千克	
68021090	---其他						
6802109000	其他石料制砖瓦、方块及类似品(可置入边长<7厘米的方格,板岩除外,但包括板岩制嵌石)	20	90	17	0	千克	
68022110	---大理石						
6802211000	经简单切削或锯开的大理石及制品(具有一个平面)	10	90	17	0	千克	
68022120	---石灰华						
6802212000	经简单切削或锯开的石灰华及制品(具有一个平面)	24	90	17	9	千克	
68022190	---其他						
6802219000	经简单切削或锯开的蜡石及制品(具有一个平面)	24	90	17	0	千克	
68022300	--花岗岩						
6802230000	经简单切削或锯开的花岗岩及制品(具有一个平面)	10	90	17	0	千克	A
68022910	---其他石灰石						
6802291000	经简单切削或锯开的其他石灰石(包括制品)	24	90	17	0	千克	
68022990	---其他						
6802299000	经简单切削或锯开的其他石及制品(不包括板岩及制品)	15	90	17	0	千克	
68029110	---石刻						

商品编号	商 品 名 称 及 备 注	进口关税税率(%)		增值税率(%)	出口退税率(%)	计量单位	监管条件
		最惠国	普通				
6802911000	大理石、石灰华及蜡石制石刻	24	90	17	13	千克	
68029190	---其他						
6802919000	其他已加工大理石及蜡石及制品(包括已加工石灰华及制品)	10	90	17	9	千克	
68029210	---石刻						
6802921000	其他石灰石制石刻	24	90	17	13	千克	
68029290	---其他						
6802929000	其他已加工石灰石及制品	10	90	17	9	千克	
68029311	----墓碑石						
6802931100	花岗岩制石刻墓碑石	24	90	17	13	千克	A
68029319	----其他						
6802931900	其他花岗岩制石刻	24	90	17	13	千克	A
68029390	---其他						
6802939000	其他已加工花岗岩及制品	10	90	17	9	千克	A
68029910	---石刻						
6802991000	其他石制成的石刻(不包括板岩制成的石刻)	24	90	17	13	千克	
68029990	---其他						
6802999000	其他已加工的石及制品(不包括板岩及制品)	24	90	17	9	千克	
6803	**已加工的板岩及板岩或粘聚板岩的制品**						
68030010	---板岩制						
6803001000	已加工板岩及板岩制品	20	80	17	5	千克	
68030090	---其他						
6803009000	粘聚板岩制品	20	80	17	5	千克	
6804	**未装支架的石磨、石碾、砂轮和类似品及其零件,用于研磨、磨刃、抛光、整形或切割,以及手用磨石、手用抛光石及其零件,用天然石料、粘聚的天然磨料、人造磨料或陶瓷制成,不论是否装有由其他材料制成的零件**						
68041000	-碾磨或磨浆用石磨、石碾						
6804100000	碾磨或磨浆用石磨、石碾	8	40	17	5	千克	
68042110	---砂轮						
6804211000	粘聚合成或天然金刚石制的砂轮	8	17	17	5	千克	
68042190	---其他						
6804219000	粘聚合成或天然金刚石制的其他石磨、石碾及类似品	8	17	17	5	千克	
68042210	---砂轮						
6804221000	其他砂轮(由其他粘聚磨料或陶瓷所制)	8	17	17	5	千克	
68042290	---其他						
6804229000	其他石磨、石碾及类似品(由其他粘聚磨料或陶瓷所制)	8	40	17	5	千克	
68042310	---砂轮						
6804231000	天然石料制的砂轮	8	17	17	5	千克	
68042390	---其他						
6804239000	天然石料制其他石磨、石碾等(包括类似品)	8	40	17	5	千克	
68043010	---琢磨油石						
6804301000	手用琢磨油石	8	17	17	5	千克	
68043090	---其他						
6804309000	手用其他磨石及抛光石	8	40	17	5	千克	
6805	**砂布、砂纸及以其他材料为底的类似品,不论是否裁切、缝合或用其他方法加工成形**						
68051000	-砂布						
6805100000	砂布(不论是否裁切、缝合或用其他方法加工成型)	8	40	17	5	千克	

商品编号	商品名称及备注	进口关税税率(%)		增值税率(%)	出口退税率(%)	计量单位	监管条件
		最惠国	普通				
68052000	-砂纸						
6805200000	砂纸(不论是否裁切、缝合或用其他方法加工成型)	8	40	17	5	千克	
68053000	-其他						
6805300000	不以布或纸为底的砂纸类似品	8	40	17	5	千克	
6806	**矿渣棉、岩石棉及类似的矿质棉;页状蛭石、膨胀黏土、泡沫矿渣及类似的膨胀矿物材料;具有隔热、隔音或吸音性能的矿物材料的混合物及制品,但品目68.11、68.12或第六十九章的货品除外**						
68061010	---硅酸铝纤维及其制品						
6806101000	硅酸铝纤维及其制品	10.5	40	17	5	千克	
68061090	---其他						
6806109001[暂5]	其他矿物纤维,渣球含量<5%	10.5	40	17	5	千克	
6806109090	其他矿渣棉、岩石棉及类似矿质棉(包括相互混合物,块状、成片或成卷)	10.5	40	17	5	千克	
68062000	-页状蛭石、膨胀黏土、泡沫矿渣及类似的膨胀矿物材料(包括其相互混合物)						
6806200000	页状硅石、膨胀黏土、泡沫矿渣(包括类似膨胀矿物材料及相互混合物)	10.5	40	17	0	千克	
68069000	-其他						
6806900000	其他矿物材料的混合物及制品(指具有隔热、隔音或吸音性能的矿物材料的混合物)	10	50	17	0	千克	
6807	**沥青或类似原料(例如,石油沥青或煤焦油沥青)的制品**						
68071000	-成卷						
6807100000	成卷的沥青或类似原料的制品(如石油沥青或煤焦油沥青)	12	50	17	0	千克	
68079000	-其他						
6807900000	其他形状的沥青或类似原料的制品(如石油沥青或煤焦油沥青)	12	50	17	0	千克	
6808	**镶板、平板、瓦、砖及类似品,用水泥、石膏及其他矿物黏合材料黏合植物纤维、稻草、刨花、木片屑、木粉、锯末或木废料制成**						
68080000	镶板、平板、瓦、砖及类似品,用水泥、石膏及其他矿物黏合材料黏合植物纤维、稻草、刨花、木片屑、木粉、锯末或木废料制成						
6808000000	镶板、平板、瓦、砖及类似品(以水泥等矿物为材料将植物纤维、稻草、刨花等黏合而成)	10.5	40	17	5	千克	
6809	**石膏制品及以石膏为基本成分的混合材料制品**						
68091100	--仅用纸、纸板贴面或加强的						
6809110000	未饰的石膏板、片、砖、瓦及类似品(包含以石膏为主成分的混合物制品,用纸,纸板贴面或加强)	28	100	17	5	千克	
68091900	--其他						
6809190000	以其他材料贴面加强的未饰石膏板(含片、砖、瓦及类似品,包含以石膏为主成分的混合物制品)	25	100	17	5	千克	
68099000	-其他制品						
6809900000	其他石膏制品(包括以石膏为主成分的混合材料制品)	25	100	17	5	千克	
6810	**水泥、混凝土或人造石制品,不论是否加强**						
68101100	--建筑用砖及石砌块						
6810110000	水泥制建筑用砖及石砌块(包括混凝土或人造石制,不论是否加强)	10.5	40	17	5	千克	
68101910	---人造石制						
6810191000	人造石制砖、瓦、扁平石(含类似品,不论是否加强)	10.5	70	17	5	千克	
68101990	---其他						
6810199000	水泥或混凝土制其他砖、瓦、扁平石(含类似品,不论是否加强)	10.5	70	17	5	千克	
68109110	---钢筋混凝土和预应力混凝土管、杆、板、桩等						
6810911000	钢筋混凝土和预应力混凝土管等(包括杆、板、桩等,无论是否加强)	10.5	40	17	5	千克	
68109190	---其他						
6810919000	水泥制建筑或土木工程用预制构件(包括混凝土或人造石制,不论是否加强)	10.5	40	17	5	千克	

商品编号	商品名称及备注	进口关税税率(%)		增值税率(%)	出口退税率(%)	计量单位	监管条件
		最惠国	普通				
68109910	---铁道用水泥枕						
6810991000	铁道用水泥枕	8	14	17	5	千克	
68109990	---其他						
6810999000	水泥,混凝土或人造石制其他制品	10.5	70	17	5	千克	
6811	**石棉水泥、纤维素水泥或类似材料的制品**						
68114010	---瓦楞板						
6811401000	含石棉的瓦楞板	5	40	17	5	千克	
68114020	---其他片、板、砖、瓦及类似制品						
6811402000	含石棉的片、板、砖、瓦及类似品	10.5	40	17	5	千克	
68114030	---管子及管子附件						
6811403000	含石棉的管子及管子附件	8	40	17	5	千克	
68114090	---其他制品						
6811409000	含石棉的其他制品	8.4	40	17	5	千克	
68118100	--瓦楞板						
6811810000	不含石棉的瓦楞板	5	40	17	5	千克	
68118200	--其他片、板、砖、瓦及类似制品						
6811820000	不含石棉的片、板、砖、瓦及类似品	10.5	40	17	5	千克	
68118910	---管子及管子附件						
6811891000	不含石棉的管子及管子附件	8	40	17	5	千克	
68118990	---其他						
6811899000	不含石棉的其他制品	8.4	40	17	5	千克	
6812	**已加工的石棉纤维;以石棉为基本成分或以石棉和碳酸镁为基本成分的混合物;上述混合物或石棉的制品(例如,纱线、机织物、服装、帽类、鞋靴、衬垫),不论是否加强,但品目68.11或68.13的货品除外**						
68128000	-青石棉的						
6812800000	青石棉或青石棉混合物及其制品(包含服装、衣着附件、帽及鞋靴、毡子、接合成纤维及其他青石棉制品)	10.5	40	17	5	千克	
68129100	--服装、衣着附件、帽类及鞋靴						
6812910000	其他石棉或石棉混合物制的服装(包含衣着附件、帽子及鞋靴)	10.5	40	17	5	千克	
68129200	--纸、麻丝板及毡子						
6812920000	其他石棉或石棉混合物制的纸、麻丝板(包含毡子)	10.5	40	17	5	千克	
68129300	--成片或成卷的压缩石棉纤维接合材料						
6812930000	成片或成卷的压缩石棉纤维接合材料(不含青石棉制品)	10.5	40	17	5	千克	
68129900	--其他						
6812990000	其他石棉或石棉混合物制品	10	40	17	5	千克	
6813	**以石棉、其他矿物质或纤维素为基本成分的未装配摩擦材料及其制品(例如,片、卷、带、盘、圈、垫及扇形),适于作制动器、离合器及类似品,不论是否与织物或其他材料结合而成**						
68132010	---闸衬、闸垫						
6813201000	含石棉的闸衬、闸垫(由石棉为基本成分的摩擦材料所制)	10	40	17	5	千克	
68132090	---其他						
6813209000	含石棉的摩擦材料及其他用于制动等用途的制品(摩擦材料由石棉为主原料构成)	12	40	17	5	千克	
68138100	--闸衬、闸垫						
6813810000	其他闸衬、闸垫(其他矿物或纤维素为基本成分的摩擦材料所制)	10	40	17	5	千克	
68138900	--其他						
6813890000	其他摩擦材料及用于制动等用途的制品(摩擦材料由其他矿物或纤维素为主原料构成)	12	40	17	5	千克	

商品编号	商品名称及备注	进口关税税率(%)		增值税率(%)	出口退税率(%)	计量单位	监管条件
		最惠国	普通				
6814	**已加工的云母及其制品，包括粘聚或复制的云母，不论是否附于纸、纸板或其他材料上**						
68141000	-粘聚或复制云母制的板、片、带，不论是否附于其他材料上						
6814100000	粘聚或复制云母制的板、片、带（不论是否附于其他材料上）	10.5	35	17	17	千克	
68149000	-其他						
6814900000	其他已加工的云母及其制品（包括粘聚或复制的云母及其他制品）	10.5	35	17	5	千克	
6815	**其他税号未列名的石制品及其他矿物制品（包括碳纤维及其制品和泥煤制品）**						
68151000	-非电器用的石墨或其他碳精制品						
6815100000	非电器用的石墨或其他碳精制品	15	70	17	0	千克	3
68152000	-泥煤制品						
6815200000	泥煤制品	15	70	17	0	千克	
68159100	--含有菱镁矿、白云石或铬铁矿的						
6815910000	含菱镁矿、白云石或铬铁矿的制品	15	70	17	0	千克	
68159920	---碳纤维						
6815992010	两用物项管制的碳纤维（比模量≥12.7×10^6m，或比抗拉强度≥23.5×10^4m）	17.5	70	17	9	千克	3
6815992090	其他碳纤维	17.5	70	17	9	千克	
68159931	----碳布						
6815993100	碳布	17.5	70	17	9	千克	
68159932	----碳纤维预浸料						
6815993210	两用物项管制的碳纤维预浸料（制品）	17.5	70	17	9	千克	3
6815993290	其他碳纤维预浸料（制品）	17.5	70	17	9	千克	
68159939	----其他						
6815993900	其他碳纤维制品	17.5	70	17	9	千克	
68159940	---玄武岩纤维及其制品						
6815994000	玄武岩纤维及其制品	17.5	70	17	0	千克	
68159990	---其他						
6815999000	其他未列名石制品及矿物制品	17.5	70	17	0	千克	

第六十九章　陶瓷产品

注释：

一、本章仅适用于成形后经过烧制的陶瓷产品。品目69.04至69.14仅适用于不能归入品目69.01至69.03的产品。

二、本章不包括：

(一)品目28.44的产品；

(二)品目68.04的物品；

(三)第七十一章的物品(例如，仿首饰)；

(四)品目81.13的金属陶瓷；

(五)第八十二章的物品；

(六)绝缘子(品目85.46)或绝缘材料制的配件(品目85.47)；

(七)假牙(品目90.21)；

(八)第九十一章的物品(例如，钟及钟壳)；

(九)第九十四章的物品(例如，家具、灯具及照明装置、活动房屋)；

(十)第九十五章的物品(例如，玩具、游戏品及运动用品)；

(十一)品目96.06的物品(例如，纽扣)或品目96.14的物品(例如，烟斗)；

(十二)第九十七章的物品(例如，艺术品)。

商品编号	商品名称及备注	进口关税税率(%)		增值税率(%)	出口退税率(%)	计量单位	监管条件
		最惠国	普通				
6901	**硅质化石粉(例如，各种硅藻土)或类似硅土制的砖、块、瓦及其他陶瓷制品**						
69010000	硅质化石粉(例如，各种硅藻土)或类似硅土制的砖、块、瓦及其他陶瓷制品						
6901000000	硅质化石粉或类似硅土制的砖、瓦(包括硅质化石粉或类似硅土制的其他陶瓷制品)	8	50	17	0	千克	
6902	**耐火砖、块、瓦及类似耐火陶瓷建材制品，但硅质化石粉及类似硅土制的除外**						
69021000	-单独或同时含有按重量计>50%的镁、钙或铬(分别以氧化镁、氧化钙及三氧化二铬的含量计)						
6902100000	镁、钙、铬含量>50%的耐火砖及类似品	8	30	17	0	千克	
69022000	-含有按重量计>50%的三氧化二铝、二氧化硅或其混合物或化合物						
6902200000	铝、硅含量>50%的耐火砖及类似品(指超过50%的三氧化二铝，二氧化硅等耐火陶瓷建材制品)	8	30	17	0	千克	
69029000	-其他						
6902900000	其他耐火砖及耐火陶瓷建材制品(包括类似耐火陶瓷制品，品目69.01的制品除外)	8	30	17	0	千克	
6903	**其他耐火陶瓷制品(例如，甑、坩埚、马弗罩、喷管、栓塞、支架、烤钵、管子、护套及棒条)，但硅质化石粉及类似硅土制的除外**						
69031000	-含有按重量计>50%的石墨、其他碳或其混合物						
6903100000	石墨含量>50%的其他耐火陶瓷制品(包括含>50%的其他碳及其混合物的制品)	8	20	17	0	千克	
69032000	-含有按重量计>50%的三氧化二铝或三氧化二铝和二氧化硅的混合物或化合物						
6903200000	氧化铝含量>50%的其他耐火陶瓷制品(氧化铝包括三氧化二铝和二氧化硅的混合物或化合物)	8	20	17	0	千克	
69039000	-其他						
6903900000	其他耐火陶瓷制品	8	20	17	9	千克	
6904	**陶瓷制建筑用砖、铺地砖、支撑或填充用砖及类似品**						
69041000	-建筑用砖						
6904100000	陶瓷制建筑用砖	15	90	17	9	千克/千块	
69049000	-其他						
6904900000	陶瓷制铺地砖，支撑或填充用砖(包括类似品)	24.5	90	17	9	千克	
6905	**屋顶瓦、烟囱罩、通风帽、烟囱衬壁、建筑装饰物及其他建筑用陶瓷制品**						
69051000	-屋顶瓦						
6905100000[暂15]	陶瓷制屋顶瓦	24.5	90	17	9	千克	
69059000	-其他						
6905900000	其他建筑用陶瓷制品(包括烟囱罩通风帽、烟囱衬壁、建筑装饰物)	24.5	90	17	9	千克	
6906	**陶瓷套管、导管、槽管及管子附件**						
69060000	陶瓷套管、导管、槽管及管子附件						

商品编号	商品名称及备注	进口关税税率(%)		增值税率(%)	出口退税率(%)	计量单位	监管条件
		最惠国	普通				
6906000000暂10	陶瓷套管、导管、槽管及管子配件	15	90	17	9	千克	
6907	**陶瓷贴面砖、铺面砖,包括炉面砖及墙面砖;陶瓷镶嵌砖(马赛克)及其类似品,不论是否有衬背;饰面陶瓷**						
69072110	---不论是否矩形,其最大表面积以可置入边长<7厘米的方格为限						
6907211000	不论是否矩形,其最大表面积以可置入边长<7厘米的方格的贴面砖、铺面砖,包括炉面砖及墙面砖,但编号690730和690740所列商品除外(按重量计吸水率≤0.5%)	17	100	17		千克/平方米	
69072190	---其他						
6907219000	其他贴面砖、铺面砖,包括炉面砖及墙面砖,但编号690730和690740所列商品除外(按重量计吸水率≤0.5%)	12	100	17		千克/平方米	
69072210	---不论是否矩形,其最大表面积以可置入边长<7厘米的方格为限						
6907221000	不论是否矩形,其最大表面积以可置入边长<7厘米的方格的贴面砖、铺面砖,包括炉面砖及墙面砖,但编号690730和690740所列商品除外(按重量计0.5%<吸水率≤10%)	17	100	17		千克/平方米	
69072290	---其他						
6907229000	其他贴面砖、铺面砖,包括炉面砖及墙面砖,但编号690730和690740所列商品除外(按重量计0.5%<吸水率≤10%)	12	100	17		千克/平方米	
69072310	---不论是否矩形,其最大表面积以可置入边长<7厘米的方格为限						
6907231000	不论是否矩形,其最大表面积以可置入边长<7厘米的方格的贴面砖、铺面砖,包括炉面砖及墙面砖,但编号690730和690740所列商品除外(按重量计吸水率>10%)	17	100	17		千克/平方米	
69072390	---其他						
6907239000	其他贴面砖、铺面砖,包括炉面砖及墙面砖,但编号690730和690740所列商品除外(按重量计吸水率>10%)	12	100	17		千克/平方米	
69073010	---不论是否矩形,其最大表面积以可置入边长<7厘米的方格为限						
6907301000	不论是否矩形,其最大表面积以可置入边长<7厘米的方格的镶嵌砖(马赛克)及其类似品,但编号690740的货品除外	17	100	17		千克/平方米	
69073090	---其他						
6907309000	其他镶嵌砖(马赛克)及其类似品,但编号690740的货品除外	12	100	17		千克/平方米	
69074010	---不论是否矩形,其最大表面积以可置入边长<7厘米的方格为限						
6907401000	不论是否矩形,其最大表面积以可置入边长<7厘米的方格的饰面陶瓷	17	100	17		千克/平方米	
69074090	---其他						
6907409000	其他饰面陶瓷	12	100	17		千克/平方米	
6909	**实验室、化学或其他专门技术用途的陶瓷器;农业用陶瓷槽、缸及类似容器;通常供运输及盛装货物用的陶瓷罐、坛及类似品**						
69091100	--瓷制						
6909110000	实验室、化学或其他技术用瓷器	8	30	17	13	千克	
69091200	--莫氏硬度为9或以上的物品						
6909120000	摩氏硬度≥9的技术用陶瓷器(实验室、化学或其他专门技术用途的)	8	30	17	13	千克	
69091900	--其他						
6909190000	其他实验室、化学用陶瓷器(包括其他技术用)	8	30	17	13	千克	
69099000	-其他						
6909900000暂15	农业、运输或盛装货物用陶瓷容器	21	90	17	9	千克	
6910	**陶瓷洗涤槽、脸盆、脸盆座、浴缸、坐浴盆、抽水马桶、水箱、小便池及类似的固定卫生设备**						
69101000	-瓷制						
6910100000	瓷制脸盆、浴缸及类似卫生器具(包括洗涤槽、抽水马桶、小便池等)	10	100	17	9	千克/件	
69109000	-其他						
6910900000	陶制脸盆、浴缸及类似卫生器具(包括洗涤槽、抽水马桶、小便池等)	10	100	17	9	千克/件	A
6911	**瓷餐具、厨房器具及其他家用或盥洗用瓷器**						

商品编号	商品名称及备注	进口关税税率(%)		增值税率(%)	出口退税率(%)	计量单位	监管条件
		最惠国	普通				
69111011	----骨瓷						
6911101100[暂8]	骨瓷餐具	12	100	17	13	千克	A
69111019	----其他						
6911101900[暂8]	其他瓷餐具	12	100	17	13	千克	A
69111021	----刀具						
6911102100[暂10]	瓷厨房刀具	15	100	17	13	千克	A
69111029	----其他						
6911102900[暂10]	其他瓷厨房器具	15	100	17	13	千克	A
69119000	-其他						
6911900000	其他家用或盥洗用瓷器	24.5	100	17	13	千克	
6912	**陶餐具、厨房器具及其他家用或盥洗用陶器**						
69120010	---餐具						
6912001000[暂10]	陶餐具	15	100	17	13	千克	A
69120090	---其他						
6912009000[暂10]	陶制厨房器具(包括家用或盥洗用的)	15	100	17	13	千克	A
6913	**塑像及其他装饰用陶瓷制品**						
69131000	-瓷制						
6913100000	瓷塑像及其他装饰用瓷制品	15	100	17	13	千克	
69139000	-其他						
6913900000	陶塑像及其他装饰用陶制品	15	100	17	13	千克	
6914	**其他陶瓷制品**						
69141000	-瓷制						
6914100000	其他瓷制品	24.5	100	17	9	千克	
69149000	-其他						
6914900000	其他陶制品	10	100	17	9	千克	

第七十章　玻璃及其制品

注释：

一、本章不包括：

（一）品目32.07的货品（例如，珐琅和釉料、搪瓷玻璃料及其他玻璃粉、粒或粉片）；

（二）第七十一章的物品（例如，仿首饰）；

（三）品目85.44的光缆、品目85.46的绝缘子或品目85.47所列绝缘材料制的零件；

（四）光导纤维、经光学加工的光学元件、注射用针管、假眼、温度计、气压计、液体比重计或第九十章的其他物品；

（五）有永久固定电光源的灯具及照明装置、灯箱标志或铭牌和类似品及其零件（品目94.05）；

（六）玩具、游戏品、运动用品、圣诞树装饰品及第九十五章的其他物品（供玩偶或第九十五章其他物品用的无机械装置的玻璃眼珠除外）；

（七）纽扣、保温瓶、香水喷雾器和类似的喷雾器及第九十六章的其他物品。

二、对于品目70.03、70.04及70.05：

（一）玻璃在退火前的各种处理都不视为“已加工”；

（二）玻璃切割成一定形状并不影响其作为板片归类；

（三）所称“吸收、反射或非反射层”，是指极薄的金属或化合物（例如，金属氧化物）镀层，该镀层可以吸收红外线等光线或可以提高玻璃的反射性能，同时仍然使玻璃具有一定程度的透明性或半透明性；或该镀层可防止光线在玻璃表面的反射。

三、品目70.06所述产品，不论是否具有制成品的特性仍归入该品目。

四、品目70.19所称“玻璃棉”，是指：

（一）按重量计二氧化硅的含量在60%及以上的矿质棉；

（二）按重量计二氧化硅的含量在60%以下，但碱性氧化物（氧化钾或氧化钠）的含量在5%以上或氧化硼的含量在2%以上的矿质棉。

不符合上述规定的矿质棉归入品目68.06。

五、本手册所称“玻璃”，包括熔融石英及其他熔融硅石。

子目注释：

子目7013.22、7013.33、7013.41及7013.91所称“铅晶质玻璃”，仅指按重量计氧化铅含量不低于24%的玻璃。

商品编号	商品名称及备注	进口关税税率（%）		增值税率（%）	出口退税率（%）	计量单位	监管条件
		最惠国	普通				
7001	**碎玻璃及废玻璃；玻璃块料**						
70010000	碎玻璃及废玻璃；玻璃块料						
7001000010	废碎玻璃	12	50	17	0	千克	9
7001000090	玻璃块料	12	50	17	0	千克	
7002	**未加工的玻璃球、棒及管（品目70.18的微型玻璃球除外）**						
70021000	-玻璃球						
7002100000	未加工的玻璃球（品目70.18的微型玻璃球除外）	12	50	17	0	千克	
70022010	---光导纤维预制棒						
7002201000	光导纤维预制棒	6	50	17	17	千克	
70022090	---其他						
7002209000	其他未加工的玻璃棒	12	50	17	0	千克	
70023110	---光导纤维用波导级石英玻璃管						
7002311000暂1	光导纤维用波导级石英玻璃管（未经加工，熔凝石英或其他熔凝硅石制）	5	17	17	13	千克	
70023190	---其他						
7002319000	熔凝石英或熔凝硅石制其他玻璃管	14	50	17	0	千克	
70023200	--温度在0℃~300℃时线膨胀系数≤5×10⁻⁶/开尔文的其他玻璃制						
7002320000	其他未加工的玻璃管（0℃~300℃时线膨胀系数≤5×10⁻⁶/开尔文的玻璃制）	12	50	17	13	千克	
70023900	--其他						
7002390001暂3	光通信用微光组件的玻璃毛细管、定位管（外径<3毫米）	12	50	17	13	千克	
7002390090	未列名、未加工的玻璃管	12	50	17	13	千克	
7003	**铸制或轧制玻璃板、片或型材及异型材，不论是否有吸收、反射或非反射层，但未经其他加工**						
70031200	--整块着色、不透明、镶色或具有吸收、反射或非反射层的						

商品编号	商品名称及备注	进口关税税率(%)		增值税率(%)	出口退税率(%)	计量单位	监管条件
		最惠国	普通				
7003120000	铸、轧制着色的非夹丝玻璃板、片(不透明,镶色或有吸收反射或非反射层的,未经其他加工)	15	50	17	0	千克/平方米	
70031900	--其他						
7003190001[暂3]	液晶或有机发光二极管(OLED)显示屏用原板玻璃,包括保护屏用含碱玻璃(铸、轧制的非夹丝玻璃板、片,未着色,透明及不具吸收层的,未经其他加工)	17.5	50	17	5	千克/平方米	
7003190090	铸、轧制的其他非夹丝玻璃板、片(未着色,透明及不具吸收层的,未经其他加工)	17.5	50	17	0	千克/平方米	
70032000	-夹丝玻璃板、片						
7003200000	铸、轧制的夹丝玻璃板、片(未经其他加工)	15	50	17	0	千克/平方米	
70033000	-型材及异型材						
7003300000	铸、轧制的玻璃型材及异型材(未经其他加工)	15	50	17	0	千克/平方米	
7004	**拉制或吹制玻璃板、片,不论是否有吸收、反射或非反射层,但未经其他加工**						
70042000	-整块着色、不透明、镶色或具有吸收、反射或非反射层的						
7004200000	拉、吹制的着色玻璃板、片(不透明,镶色或有吸收反射或非反射层的,未经其他加工)	17.5	50	17	0	千克/平方米	
70049000	-其他玻璃						
7004900001[暂9]	光学平板玻璃,厚度<0.7毫米(未着色,透明及不具吸收层的,未经其他加工)	17.5	50	17	0	千克/平方米	
7004900090	拉、吹制的其他玻璃板、片(未着色,透明及不具吸收层的,未经其他加工)	17.5	50	17	0	千克/平方米	
7005	**浮法玻璃板、片及表面研磨或抛光玻璃板、片,不论是否有吸收、反射或非反射层,但未经其他加工**						
70051000	-具有吸收、反射或非反射层的非夹丝玻璃						
7005100000	有吸收层非夹丝浮法或抛光玻璃板(包括有反射或非反射层的玻璃板、片)	15	50	17	0	千克/平方米	
70052100	--整块着色、不透明、镶色或仅表面研磨的						
7005210000	其他着色非夹丝浮法玻璃板、片(整块着色,不透明,镶色或仅表面研磨的)	15	50	17	0	千克/平方米	
70052900	--其他						
7005290002[暂3]	液晶或有机发光二极管(OLED)显示屏用原板玻璃,包括保护屏用含碱玻璃(非夹丝浮法玻璃板、片)	15	50	17	5	千克/平方米	
7005290090	其他非夹丝浮法玻璃板、片	15	50	17	0	千克/平方米	
70053000	-夹丝玻璃						
7005300000	夹丝浮法玻璃板、片(包括表面研磨或抛光的,不论是否有吸收或反射层)	17.5	50	17	0	千克/平方米	
7006	**经弯曲、磨边、镂刻、钻孔、涂珐琅或其他加工的品目70.03、70.04或70.05的玻璃,但未用其他材料镶框或装配**						
70060000	经弯曲、磨边、镂刻、钻孔、涂珐琅或其他加工的品目70.03、70.04或70.05的玻璃,但未用其他材料镶框或装配						
7006000001[暂4]	液晶玻璃基板,6代(1850毫米×1500毫米)以上,不含6代(经弯曲、磨边、镂刻、钻孔、涂珐琅等加工,未镶框或装配)	15	50	17	17	千克	
7006000002[暂6]	液晶玻璃基板,6代(1850毫米×1500毫米)及以下(经弯曲、磨边、镂刻、钻孔、涂珐琅等加工,未镶框或装配)	15	50	17	17	千克	
7006000090	经其他加工编号7003~7005的玻璃(经弯曲,磨边,镂刻,钻孔,涂珐琅等加工、未镶框或装配)	15	50	17	13	千克	
7007	**钢化或层压玻璃制的安全玻璃**						
70071110	---航空器、航天器及船舶用						
7007111001[暂1]	空载重量≥25吨飞机的挡风玻璃	2	11	17	13	千克	
7007111090	航空航天器及船舶用钢化安全玻璃(其他规格及形状适于安装在航空航天器及船上的)	2	11	17	13	千克	
70071190	---其他						
7007119000	车辆用钢化安全玻璃(规格及形状适于安装在车辆上的)	10	50	17	17	千克	A
70071900	--其他						
7007190000	其他钢化安全玻璃	14	50	17	13	千克/平方米	

商品编号	商品名称及备注	进口关税税率(%)		增值税率(%)	出口退税率(%)	计量单位	监管条件
		最惠国	普通				
70072110	---航空器、航天器及船舶用						
7007211000	航空航天器及船舶用层压安全玻璃(规格及形状适于安装在航空航天器及船上的)	2	11	17	13	千克	
70072190	---其他						
7007219000	车辆用层压安全玻璃(规格及形状适于安装在车辆上的)	20	50	17	17	千克	A
70072900	--其他						
7007290000	其他层压安全玻璃	14	50	17	13	千克/平方米	
7008	**多层隔温、隔音玻璃组件**						
70080010	---中空或真空隔温、隔音玻璃						
7008001000	中空或真空隔温、隔音玻璃组件	14	50	17	13	千克	
70080090	---其他						
7008009000	其他多层隔温、隔音玻璃组件	14	50	17	13	千克	
7009	**玻璃镜(包括后视镜),不论是否镶框**						
70091000	-车辆后视镜						
7009100000	车辆后视镜(不论是否镶框)	10	100	17	13	千克	
70099100	--未镶框						
7009910001[暂10]	槽式太阳能抛物面反射镜	21	70	17	13	千克	
7009910090	其他未镶框玻璃镜(包括后视镜)	21	70	17	13	千克	
70099200	--已镶框						
7009920000	其他镶框玻璃镜(包括后视镜)	12	100	17	13	千克	
7010	**玻璃制的坛、瓶、缸、罐、安瓿及其他容器,用于运输或盛装货物;玻璃制保藏罐;玻璃塞、盖及类似的封口器**						
70101000	-安瓿						
7010100000	玻璃安瓿	14	50	17	13	千克	
70102000	-塞、盖及类似的封口器						
7010200000	玻璃制的塞、盖及类似封口器	14	50	17	13	千克	
70109010	---超过1升						
7010901000	装运货物或保藏用的玻璃大容器(指容积>1升的坛、瓶、缸、罐及其他容器)	14	50	17	13	千克	
70109020	---超过0.33升,但不超过1升						
7010902000	装运货物或保藏用的玻璃中容器(指0.33升<容积≤1升的坛、瓶、缸、罐及其他容器)	14	50	17	13	千克	
70109030	---超过0.15升,但不超过0.33升						
7010903000	装运货物或保藏用的玻璃小容器(指0.15升<容积≤0.33升的坛、瓶、缸、罐及其他容器)	14	50	17	13	千克	
70109090	---不超过0.15升						
7010909000	装运货物或保藏用的玻璃特小容器(指容积≤0.15升的坛、瓶、缸、罐及其他容器)	14	50	17	13	千克	
7011	**制灯泡、阴极射线管及类似品用的未封口玻璃外壳(包括玻璃泡及管)及其玻璃零件,但未装有配件**						
70111000	-电灯用						
7011100000	电灯用未封口玻璃外壳及玻璃零件(未装有配件)	21	80	17	0	千克	
70112010	---显像管玻壳及其零件						
7011201000	显像管玻壳及其零件(未装有配件)	10	35	17	13	千克	6
70112090	---其他						
7011209001[暂6]	显示管玻壳及其零件(包括零件,但未装有配件)	10	35	17	5	千克	6
7011209090	其他阴极射线管用的未封口玻壳(包括零件,但未装有配件)	10	35	17	5	千克	6
70119010	---电子管用(阴极射线管用的除外)						
7011901000	电子管未封口玻璃外壳及玻璃零件(未装有配件)	8	35	17	5	千克	
70119090	---其他						

商品编号	商品名称及备注	进口关税税率(%) 最惠国	进口关税税率(%) 普通	增值税率(%)	出口退税率(%)	计量单位	监管条件
7011909000	其他类似品用未封口玻璃外壳零件(未装有配件)	21	80	17	0	千克	
7013	**玻璃器,供餐桌、厨房、盥洗室、办公室、室内装饰或类似用途(品目70.10或70.18的货品除外)**						
70131000	-玻璃陶瓷制						
7013100000	玻璃陶瓷制玻璃器皿(供餐桌、厨房、办公室及室内装饰等用)	24.5	100	17	13	千克	
70132200	--铅晶质玻璃制						
7013220000[暂15]	铅晶质玻璃制高脚杯(玻璃陶瓷制的除外)	24.5	100	17	13	千克	
70132800	--其他						
7013280000	其他玻璃制高脚杯(玻璃陶瓷制的除外)	8	100	17	13	千克	A
70133300	--铅晶质玻璃制						
7013330000[暂15]	铅晶质玻璃制其他杯(玻璃陶瓷制的除外)	24.5	100	17	13	千克	
70133700	--其他						
7013370000	其他玻璃杯(玻璃陶瓷制的除外)	8	100	17	13	千克	A
70134100	--铅晶质玻璃制						
7013410000[暂15]	铅晶质玻璃制餐桌、厨房用器皿(不包括杯子,玻璃陶瓷制的除外)	24.5	100	17	13	千克	A
70134200	--温度在0℃~300℃时线膨胀系数≤5×10^{-6}/开尔文的其他玻璃制						
7013420000	低膨胀系数玻璃制餐桌厨房用器皿(低膨胀系数指温度在0℃~300℃时膨胀系数≤5×10^{-6}/开尔文)	10	100	17	13	千克	A
70134900	--其他						
7013490000	其他玻璃制餐桌、厨房用器皿(不包括杯子,玻璃陶瓷制的除外)	10	100	17	13	千克	A
70139100	--铅晶质玻璃制						
7013910000	其他铅晶质玻璃器皿	10	100	17	13	千克	
70139900	--其他						
7013990000	其他玻璃器皿	10	100	17	13	千克	
7014	**未经光学加工的信号玻璃器及玻璃制光学元件(品目70.15的货品除外)**						
70140010	---光学仪器用光学元件毛坯						
7014001000	光学仪器用光学元件毛坯(未经光学加工的,品目7015的物品除外)	10	40	17	13	千克	
70140090	---其他						
7014009001[暂9]	滤波玻璃(带有抗红外和防反射薄膜的)	17.5	80	17	13	千克	
7014009090	其他未经光学加工的信号玻璃器(包括玻璃制光学元件,品目70.15的物品除外)	17.5	80	17	13	千克	
7015	**钟表玻璃及类似玻璃、视力矫正或非视力矫正眼镜用玻璃,呈弧面、弯曲、凹形或类似形状但未经光学加工的;制造上述玻璃用的凹面圆形及扇形玻璃**						
70151010	---变色镜片坯件						
7015101000	视力矫正眼镜用变色镜片坯件(未经光学加工的)	21	80	17	13	千克	
70151090	---其他						
7015109000	其他视力矫正眼镜用镜片坯件(未经光学加工的)	17.5	70	17	13	千克	
70159010	---钟表玻璃						
7015901000	钟表玻璃(未经光学加工的)	17.5	70	17	0	千克	
70159020	---平光变色镜片坯件						
7015902000	平光变色镜片坯件(未经光学加工的)	18	80	17	13	千克	
70159090	---其他						
7015909000	品目70.15的其他未经光学加工玻璃	12	80	17	0	千克	
7016	**建筑用压制或模制的铺面用玻璃块、砖、片、瓦及其他制品,不论是否夹丝;供镶嵌或类似装饰用的玻璃马赛克及其他小件玻璃品,不论是否有衬背;花饰铅条窗玻璃及类似品;多孔或泡沫玻璃块、板、片及类似品**						
70161000	-供镶嵌或类似装饰用的玻璃马赛克及其他小件玻璃品,不论是否有衬背						

商品编号	商品名称及备注	进口关税税率(%)		增值税率(%)	出口退税率(%)	计量单位	监管条件
		最惠国	普通				
7016100000	供镶嵌或装饰用玻璃马赛克(包括其他小件玻璃品,不论是否有衬背)	22	100	17	13	千克	
70169010	---花饰铅条窗玻璃及类似品						
7016901000	花饰铅条窗玻璃及类似品	24	90	17	13	千克	
70169090	---其他						
7016909000	建筑用压制或模制铺面玻璃块、砖(包括瓦等,不论是否夹丝及多孔或泡沫玻璃块、板等)	18	90	17	13	千克	
7017	**实验室、卫生及配药用的玻璃器,不论有无刻度或标量**						
70171000	-熔融石英或其他熔融硅石制						
7017100000	实验室、卫生及配药用玻璃器(熔凝石英或熔凝硅石制,不论有无刻度或标量)	0	30	17	13	千克	
70172000	-温度在0℃~300℃ 时线膨胀系数≤5×10^{-6}/开尔文的其他玻璃制						
7017200000	其他玻璃制实验室等用玻璃器(0℃~300℃时线膨胀系数≤5×10^{-6}/开尔文的玻璃制)	8	30	17	13	千克	
70179000	-其他						
7017900000	其他实验室、卫生及配药用玻璃器	8	30	17	13	千克	
7018	**玻璃珠、仿珍珠、仿宝石或仿半宝石和类似小件玻璃品及其制品,但仿首饰除外;玻璃假眼,但医用假眼除外;灯工方法制作的玻璃塑像及其他玻璃装饰品,但仿首饰除外;直径不超过1毫米的微型玻璃球**						
70181000	-玻璃珠、仿珍珠、仿宝石或仿半宝石及类似小件玻璃品						
7018100000	玻璃珠、仿珍珠及类似小件玻璃品(包括仿宝石,仿首饰除外)	10	100	17	13	千克	
70182000	-直径≤1毫米的微型玻璃球						
7018200001[暂5.5]	熔融球形二氧化硅微粉,直径≤100um	20	100	17	13	千克	
7018200090	其他直径≤1毫米的玻璃珠	20	100	17	13	千克	
70189000	-其他						
7018900000[暂10]	灯工方法制的玻璃塑像及玻璃饰品、玻璃假眼(仿首饰除外,医用假眼除外)	20	100	17	13	千克	
7019	**玻璃纤维(包括玻璃棉)及其制品(例如,玻璃纤维纱线及其织物)**						
70191100	--长度≤50毫米的短切纤维						
7019110010	两用物项管制的长度≤50毫米的短切玻璃纤维(比模量≥3.18×10^{6}米,比抗拉强度≥7.62×10^{4}米)	12	50	17	5	千克	3
7019110090	其他长度≤50毫米的短切玻璃纤维	12	50	17	5	千克	
70191200	--粗纱						
7019120020	两用物项管制的玻璃纤维粗纱(比模量≥3.18×10^{6}米,比抗拉强度≥7.62×10^{4}米)	12	50	17	5	千克	3
7019120090	其他玻璃纤维粗纱	12	50	17	5	千克	
70191900	--其他						
7019190012	玻璃纤维或纤丝材料(比模量≥3.18×10^{6}米,比抗拉强度≥7.62×10^{4}米)	10	50	17	5	千克	3
7019190090	其他玻璃梳条、纱线及短切纤维	10	50	17	5	千克	
70193100	--席						
7019310000	玻璃纤维(包括玻璃棉)制的席	5	40	17	5	千克	
70193200	--薄片(巴厘纱)						
7019320000	玻璃纤维(包括玻璃棉)制的薄片(也称巴厘纱)	14	40	17	5	千克	
70193910	---垫						
7019391000	玻璃纤维制的垫	10.5	40	17	5	千克	
70193990	---其他						
7019399000	其他玻璃纤维制的网、板及类似无纺产品	10.5	40	17	5	千克	
70194000	-粗纱机织物						
7019400000	玻璃纤维粗纱机织物	12	40	17	5	千克	
70195100	--宽度≤30厘米的						
7019510010	两用物项管制的宽度≤15毫米的玻璃纤维机织物	12	40	17	5	千克	3

商品编号	商品名称及备注	进口关税税率(%)		增值税率(%)	出口退税率(%)	计量单位	监管条件
		最惠国	普通				
7019510090	其他宽度≤30厘米的玻璃纤维机织物	12	40	17	5	千克	
70195200	--宽度>30厘米的长丝平纹织物,每平方米重量≤250克,单根纱线细度≤136特克斯						
7019520001[暂10]	覆铜板用玻璃纤维长丝平纹布,开纤或每平方米重量≤180克(宽度>30厘米,单根纱线细度≤136特)	12	40	17	5	千克	
7019520090	其他平方米重≤250克玻璃长丝平纹布(宽度>30厘米,单根纱线细度≤136特)	12	40	17	5	千克	
70195900	--其他						
7019590000	其他玻璃纤维机织物	12	40	17	5	千克	
70199010	---玻璃棉及其制品						
7019901000	玻璃棉及其制品	7	40	17	5	千克	
70199021	----每平方米重量<450克						
7019902100	玻璃纤维布浸胶制品(每平方米重量<450克)	7	40	17	5	千克	
70199029	----其他						
7019902900	其他玻璃纤维布浸胶制品(每平方米重量≥450克)	7	40	17	5	千克	
70199090	---其他						
7019909000	其他玻璃纤维及其制品	7	40	17	13	千克	
7020	**其他玻璃制品**						
70200011	----导电玻璃						
7020001100[暂7]	导电玻璃	10.5	40	17	13	千克	
70200012	----绝缘子用玻璃伞盘						
7020001200	绝缘子用玻璃伞盘	10.5	40	17	0	千克	
70200013	----熔融石英或其他熔融硅石制						
7020001301	半导体晶片生产用石英反应管及夹持器(熔融石英或其他熔融硅石制)(用于插入熔化和氧化炉内)	0	40	17	9	千克	
7020001390	熔融石英或其他熔融硅石制工业用其他玻璃制品(导电玻璃及绝缘子用玻璃伞盘除外)	10.5	40	17	9	千克	
70200019	----其他						
7020001901	半导体晶片生产用石英反应管及夹持器(用于插入熔化和氧化炉内)	0	40	17	0	千克	
7020001990	其他工业用玻璃制品	10.5	40	17	0	千克	
70200091	----保温瓶或其他保温容器用的玻璃胆						
7020009100	保温瓶或其他保温容器用玻璃胆	21	100	17	13	千克/个	A
70200099	----其他						
7020009901[暂4]	石英玻璃,平整度≤1微米	15	100	17	0	千克	
7020009990	其他非工业用玻璃制品	15	100	17	0	千克	

第十四类　天然或养殖珍珠、宝石或半宝石、贵金属、包贵金属及其制品；仿首饰；硬币

第七十一章　天然或养殖珍珠、宝石或半宝石、贵金属、包贵金属及其制品；仿首饰；硬币

注释：

一、除第六类注释一(一)及下列各款另有规定的以外，凡制品的全部或部分由下列物品构成，均应归入本章：

(一)天然或养殖珍珠、宝石或半宝石(天然、合成或再造)；

(二)贵金属或包贵金属。

二、(一)品目71.13、71.14及71.15不包括带有贵金属或包贵金属制的小附件或小装饰品[例如，交织字母、套、圈、套环)的制品，上述注释一(二)也不适用于这类制品]；

(二)品目71.16不包括含有贵金属或包贵金属(仅作为小附件或小装饰品的除外)的制品。

三、本章不包括：

(一)贵金属汞齐及胶态贵金属(品目28.43)；

(二)第三十章的外科用无菌缝合材料、牙科填料或其他货品；

(三)第三十二章的货品(例如，光瓷釉)；

(四)载体催化剂(品目38.15)；

(五)第四十二章注释三(二)所述的品目42.02或42.03的物品；

(六)品目43.03或43.04的物品；

(七)第十一类的货品(纺织原料及纺织制品)；

(八)第六十四章或第六十五章的鞋靴、帽类及其他物品；

(九)第六十六章的伞、手杖及其他物品；

(十)品目68.04或68.05及第八十二章含有宝石或半宝石(天然或合成)粉末的研磨材料制品；第八十二章装有宝石或半宝石(天然、合成或再造)工作部件的器具；第十六类的机器、机械器具、电气设备及其零件；然而，完全以宝石或半宝石(天然、合成或再造)制成的物品及其零件，除未安装的唱针用已加工蓝宝石或钻石外(品目85.22)，其余仍应归入本章；

(十一)第九十章、第九十一章或第九十二章的物品(科学仪器、钟表及乐器)；

(十二)武器及其零件(第九十三章)；

(十三)第九十五章注释二所述物品；

(十四)根据第九十六章注释四应归入该章的物品；

(十五)雕塑品原件(品目97.03)、收藏品(品目97.05)或超过100年的古物(品目97.06)，但天然或养殖珍珠、宝石及半宝石除外。

四、(一)所称“贵金属”，是指银、金及铂；

(二)所称“铂”，是指铂、铱、锇、钯、铑及钌；

(三)所称“宝石或半宝石”，不包括第九十六章注释二(二)所述任何物质。

五、含有贵金属的合金(包括烧结及化合的)，只要其中任何一种贵金属的含量达到合金重量的2%，即应视为本章的贵金属合金。贵金属合金应按下列规则归类：

(一)按重量计含铂量在2%及以上的合金，应视为铂合金；

(二)按重量计含金量在2%及以上，但不含铂或按重量计含铂量在2%以下的合金，应视为金合金；

(三)按重量计含银量在2%及以上的其他合金，应视为银合金。

六、除条文另有规定的以外，本手册所称贵金属应包括上述注释五所规定的贵金属合金，但不包括包贵金属或表面镀以贵金属的贱金属及非金属。

七、本手册所称“包贵金属”，是指以贱金属为底料，在其一面或多面用焊接、熔接、热轧或类似机械方法覆盖一层贵金属的材料。除条文另有规定的以外，也包括镶嵌贵金属的贱金属。

八、除第六类注释一(一)另有规定的以外，凡符合品目71.12规定的货品，应归入该品目而不归入本手册的其他品目。

九、品目71.13所称“首饰”，是指：

(一)个人用小饰物(例如，戒指、手镯、项圈、饰针、耳环、表链、表链饰物、垂饰、领带别针、袖扣、饰扣、宗教性或其他勋章及徽章)；

(二)通常放置在衣袋、手提包或佩戴在身上的个人用品(例如，烟盒、鼻烟盒、口香糖盒或药丸盒、粉盒、链袋或念珠)。

这些物品可以和下列物品组合或镶嵌下列物品，例如，天然或养殖珍珠、宝石或半宝石、合成或再造的宝石或半宝石、玳瑁壳、珍珠母、兽牙、天然或再生琥珀、黑玉或珊瑚。

十、品目71.14所称“金银器”，包括装饰品、餐具、梳妆用具、吸烟用具及类似的家庭、办公室或宗教用的其他物品。

十一、品目71.17所称“仿首饰”，是指不含天然或养殖珍珠、宝石或半宝石(天然、合成或再造)及贵金属或包贵金属(仅作为镀层或小附件、小装饰品的除外)的上述注释九(一)所述的首饰(不包括品目96.06的纽扣及其他物品或品目96.15的梳子、发夹及类似品)。

子目注释：

一、子目号7106.10、7108.11、7110.11、7110.21、7110.31及7110.41所称“粉末”，是指按重量计90%及以上可从网眼孔径为0.5毫米的筛子通过的产品；

二、子目号7110.11及7110.19所称“铂”，可不受本章注释四(二)的规定约束，不包括铱、锇、钯、铑及钌；

三、对于品目71.10项下的子目所列合金的归类，按其所含铂、钯、铑、铱、锇或钌中重量最大的一种金属归类。

商品编号	商品名称及备注	进口关税税率(%)		增值税率(%)	出口退税率(%)	计量单位	监管条件
		最惠国	普通				
7101	**天然或养殖珍珠,不论是否加工或分级,但未成串或镶嵌;天然或养殖珍珠,为便于运输而暂穿成串**						
71011011	----黑珍珠						
7101101100[暂0]	未分级的天然黑珍珠(不论是否加工,但未制成制品)	21	100	17	5	克	AB
71011019	----其他						
7101101900	其他未分级的天然珍珠(不论是否加工,但未制成制品)	21	100	17	5	克	AB
71011091	----黑珍珠						
7101109100[暂0]	其他天然黑珍珠(不论是否加工,但未制成制品)	21	130	17	5	克	AB
71011099	----其他						
7101109900	其他天然珍珠(不论是否加工,但未制成制品)	21	130	17	5	克	AB
71012110	---未分级						
7101211001[暂0]	未分级、未加工的养殖黑珍珠(未制成制品)	21	100	17	5	千克	AB
7101211090	其他未分级、未加工的养殖珍珠(未制成制品)	21	100	17	5	千克	AB
71012190	---其他						
7101219001[暂0]	其他未加工的养殖黑珍珠(未制成制品)	21	130	17	5	千克	AB
7101219090	其他未加工的养殖珍珠(未制成制品)	21	130	17	5	千克	AB
71012210	---未分级						
7101221001[暂0]	未分级、已加工的养殖黑珍珠(未制成制品)	21	100	17	5	千克	
7101221090	其他未分级,已加工的养殖珍珠(未制成制品)	21	100	17	5	千克	
71012290	---其他						
7101229001[暂0]	其他已加工的养殖黑珍珠(未制成制品)	21	130	17	5	千克	
7101229090	其他已加工的养殖珍珠(未制成制品)	21	130	17	5	千克	
7102	**钻石,不论是否加工,但未镶嵌**						
71021000	-未分级						
7102100000	未分级钻石(未镶嵌)	3	14	17	0	克拉	D
71022100	--未加工或经简单锯开、劈开或粗磨						
7102210000	工业用钻石(未加工或经简单锯开、劈开或粗磨未镶嵌)	0	14	17	5	克拉	D
71022900	--其他						
7102290000	工业用其他钻石(未镶嵌)	0	14	17	5	克拉	
71023100	--未加工或经简单锯开、劈开或粗磨						
7102310000	非工业用钻石(未加工或经简单锯开、劈开或粗磨,未镶嵌)	3	14	17	0	克拉	D
71023900	--其他						
7102390000	非工业用其他钻石(未镶嵌)	8	35	17	0	克拉	
7103	**宝石(钻石除外)或半宝石,不论是否加工或分级,但未成串或镶嵌;未分级的宝石(钻石除外)或半宝石,为便于运输而暂穿成串**						
71031000	-未加工或经简单锯开或粗制成形						
7103100000	未加工宝石或半宝石(经简单锯开或粗制成形,未成串或镶嵌)	3	14	17	5	千克	
71039100	--红宝石、蓝宝石、祖母绿						
7103910000	经其他加工的红宝石、蓝宝石、祖母绿(未成串或镶嵌)	8	35	17	5	克拉	
71039910	---翡翠						
7103991000	经其他加工的翡翠(未成串或镶嵌)	8	35	17	5	克拉	
71039920	---水晶						
7103992000	经其他加工的水晶(未成串或镶嵌)	8	35	17	5	克拉	
71039930	---碧玺						
7103993000	经其他加工的碧玺(未成串或镶嵌)	8	35	17	5	克拉	
71039940	---软玉						

商品编号	商品名称及备注	进口关税税率(%)		增值税率(%)	出口退税率(%)	计量单位	监管条件
		最惠国	普通				
7103994000	经其他加工的软玉(未成串或镶嵌)	8	35	17	5	克拉	
71039990	---其他						
7103999000	经其他加工的其他宝石或半宝石(未成串或镶嵌)	8	35	17	5	克拉	
7104	**合成或再造的宝石或半宝石,不论是否加工或分级,但未成串或镶嵌的;未分级的合成或再造的宝石或半宝石,为便于运输而暂穿成串**						
71041000	-压电石英						
7104100000	压电石英	6	14	17	5	克	
71042010	---钻石						
7104201000	未加工合成或再造钻石(经简单锯开或粗制成形,未成串或镶嵌)	0	14	17	0	克	
71042090	---其他						
7104209000	未加工合成或再造其他宝石、半宝石(经简单锯开或粗制成形,未成串或镶嵌)	0	14	17	5	克	
71049011	----钻石						
7104901100	其他工业用合成或再造的钻石	6	14	17	5	克	
71049012	----蓝宝石						
7104901201[暂1]	蓝宝石衬底(由人造刚玉加工而成)(厚度<0.5毫米)	6	14	17	13	克	
7104901290	其他工业用蓝宝石(合成或再造宝石、半宝石)	6	14	17	13	克	
71049019	----其他						
7104901900	其他工业用合成或再造宝石半宝石	6	14	17	5	克	
71049091	----钻石						
7104909100	其他非工业用合成钻石(未成串或镶嵌)	8	35	17	0	克	
71049099	----其他						
7104909900	其他非工业用合成宝石或半宝石(未成串或镶嵌)	8	35	17	5	克	
7105	**天然或合成的宝石或半宝石的粉末**						
71051010	---天然的						
7105101000	天然的钻石粉末	0	17	17	0	克拉	
71051020	---人工合成的						
7105102000	人工合成的钻石粉末	0	17	17	5	克拉	
71059000	-其他						
7105900000	其他天然或合成宝石或半宝石粉末	0	17	17	5	克	
7106	**银(包括镀金、镀铂的银),未锻造、半制成或粉末状**						
71061011	----平均粒径<3微米						
7106101100	平均粒径<3微米非片状银粉	0	0	17	0	克	4Axy
71061019	----其他						
7106101900	平均粒径≥3微米的非片状银粉	0	0	17	0	克	4Axy
71061021	----平均粒径<10微米						
7106102100	平均粒径<10微米片状银粉	0	0	17	0	克	4xy
71061029	----其他						
7106102900	平均粒径≥10微米的片状银粉	0	0	17	0	克	4xy
71069110	---纯度≥99.99%						
7106911000	纯度≥99.99%未锻造银(包括镀金、镀铂的银)	0	0	17	0	克	4xy
71069190	---其他						
7106919000	其他未锻造银(包括镀金、镀铂的银)	0	0	17	0	克	4xy
71069210	---纯度≥99.99%						
7106921000	纯度≥99.99%的半制成银(包括镀金、镀铂的银)	0	50	17	0	克	4xy
71069290	---其他						
7106929000	其他半制成银(包括镀金、镀铂的银)	0	50	17	0	克	4xy

商品编号	商品名称及备注	进口关税税率(%) 最惠国	进口关税税率(%) 普通	增值税率(%)	出口退税率(%)	计量单位	监管条件
7107	**以贱金属为底的包银材料**						
71070000	以贱金属为底的包银材料						
7107000000	以贱金属为底的包银材料	10.5	50	17	5	千克	
7108	**金(包括镀铂的金),未锻造、半制成或粉末状**						
71081100	--金粉						
7108110000	非货币用金粉	0	0	0	0	克	J
71081200	--其他未锻造形状						
7108120000	非货币用未锻造金(包括镀铂的金)	0	0	0	0	克	J
71081300	--其他半制成形状						
7108130000	非货币用半制成金(包括镀铂的金)	0	50	0	0	克	J
71082000	-货币用						
7108200000	货币用未锻造金(包括镀铂的金)	0	0	0	0	克	J
7109	**以贱金属或银为底的包金材料**						
71090000	以贱金属或银为底的包金材料						
7109000000	以贱金属或银为底的包金材料	10.5	50	17	5	克	
7110	**铂,未锻造、半制成或粉末状**						
71101100	--未锻造或粉末状						
7110110000	未锻造或粉末状铂	0	0	0	0	克	8x
71101910	---板、片						
7110191000	板、片状铂	0	0	0	0	克	8x
71101990	---其他						
7110199000	其他半制成铂	3	11	0	0	克	4xy
71102100	--未锻造或粉末状						
7110210000	未锻造或粉末状钯	0	10	17	0	克	4xy
71102910	---板、片						
7110291000	板、片状钯	0	0	17	0	克	4xy
71102990	---其他						
7110299000	其他半制成钯	3	11	17	0	克	4xy
71103100	--未锻造或粉末状						
7110310000	未锻造或粉末状铑	0	0	17	0	克	4xy
71103910	---板、片						
7110391000	板、片状铑	0	0	17	0	克	4xy
71103990	---其他						
7110399000	其他半制成铑	3	11	17	0	克	4xy
71104100	--未锻造或粉末状						
7110410000	未锻造或粉末状铱、锇、钌	0	0	17	0	克	4xy
71104910	---板、片						
7110491000	板、片状铱、锇、钌	0	0	17	0	克	4xy
71104990	---其他						
7110499000	其他半制成铱、锇、钌	3	11	17	0	克	4xy
7111	**以贱金属、银或金为底的包铂材料**						
71110000	以贱金属、银或金为底的包铂材料						
7111000000	以贱金属、银或金为底的包铂材料	3	11	17	0	克	4xy
7112	**贵金属或包贵金属的废碎料;含有贵金属或贵金属化合物的其他废碎料,主要用于回收贵金属**						
71123010	---含有银或银化合物的						

商品编号	商品名称及备注	进口关税税率(%)		增值税率(%)	出口退税率(%)	计量单位	监管条件
		最惠国	普通				
7112301000	含有银或银化合物的灰(主要用于回收银)	8	50	17	5	克	9
71123090	---其他						
7112309000	含其他贵金属或贵金属化合物的灰(主要用于回收贵金属)	6	50	17	0	克	9
71129110	---金及包金的废碎料						
7112911010	金的废碎料	0	0	17	0	克	A
7112911090	包金的废碎料(但含有其他贵金属的除外)	0	0	17	0	克	A
71129120	---含有金或金化合物的废碎料						
7112912000	含有金及金化合物的废碎料(但含有其他贵金属除外,主要用于回收金)	6	35	17	0	克	9
71129210	---铂及包铂的废碎料						
7112921000	铂及包铂的废碎料(但含有其他贵金属的除外)	0	0	17	0	克	4Axy
71129220	---含有铂或铂化合物的废碎料						
7112922001 暂0	铂含量>3%的其他含有铂或铂化合物的废碎料(但含有其他贵金属除外,主要用于回收铂)	6	35	17	0	克	4xy
7112922090	其他含有铂及铂化合物的废碎料(但含有其他贵金属除外,主要用于回收铂)	6	35	17	0	克	4xy
71129910	---含有银或银化合物的废碎料						
7112991000	含有银及银化合物的废碎料(主要用于回收银)	8	35	17	5	克	9
71129920	---含有其他贵金属或贵金属化合物的废碎料						
7112992000	含其他贵金属或贵金属化合物废碎料(主要用于回收贵金属)	6	35	17	0	克	9
71129990	---其他						
7112999000	其他贵金属或贵金属化合物废碎料(主要用于回收贵金属)	0	50	17	0	克	
7113	**贵金属或包贵金属制的首饰及其零件**						
71131110	---镶嵌钻石的						
7113111000	镶嵌钻石的银首饰及其零件(不论是否包、镀其他贵金属)	20	130	17	0	克	
71131190	---其他						
7113119010	镶嵌濒危物种制品的银首饰及零件(不论是否包、镀其他贵金属)	20	130	17	0	克	FE
7113119090	其他银首饰及其零件(不论是否包、镀其他贵金属)	20	130	17	5	克	
71131911	----镶嵌钻石的						
7113191100	镶嵌钻石的黄金制首饰及其零件(不论是否包、镀其他贵金属)	20	130	17	0	克	
71131919	----其他						
7113191910	镶嵌濒危物种制品的金首饰及零件(不论是否包、镀其他贵金属)	20	130	17	0	克	EF
7113191990	其他黄金制首饰及其零件(不论是否包、镀其他贵金属)	20	130	17	0	克	J
71131921	----镶嵌钻石的						
7113192100	镶嵌钻石的铂金制首饰及其零件(不论是否包、镀其他贵金属)	35	130	17	0	克	
71131929	----其他						
7113192910	镶嵌濒危物种制品的铂金首饰及零件(不论是否包、镀其他贵金属)	35	130	17	0	克	EF
7113192990	其他铂金制首饰及其零件(不论是否包、镀其他贵金属)	35	130	17	0	克	
71131991	----镶嵌钻石的						
7113199100	其他镶嵌钻石贵金属首饰及其零件(不论是否包、镀其他贵金属)	35	130	17	0	克	
71131999	----其他						
7113199910	镶嵌濒危物种制品的其他贵金属首饰(不论是否包、镀其他贵金属)	35	130	17	0	克	FE
7113199990	其他贵金属制首饰及其零件(不论是否包、镀其他贵金属)	35	130	17	0	克	
71132010	---镶嵌钻石的						
7113201000	镶嵌钻石贱金属为底包贵金属首饰(不论是否包、镀其他贵金属,包括零件)	35	130	17	0	克	
71132090	---其他						
7113209010	镶嵌濒危物种制品以贱金属为底的包贵金属制首饰(包括零件)	35	130	17	0	克	FE
7113209090	其他以贱金属为底的包贵金属制首饰(包括零件)	35	130	17	5	克	

商品编号	商品名称及备注	进口关税税率(%)		增值税率(%)	出口退税率(%)	计量单位	监管条件
		最惠国	普通				
7114	**贵金属或包贵金属制的金银器及其零件**						
71141100	--银制,不论是否包、镀其他贵金属						
7114110010	镶嵌濒危物种制品的银器及零件(不论是否包、镀贵金属)	35	100	17	0	克	FE
7114110090	其他银器及零件(不论是否包、镀贵金属)	35	100	17	5	克	
71141900	--其他贵金属制,不论是否包、镀贵金属						
7114190010	镶嵌濒危物种制品的金银器及零件(不论是否包、镀贵金属)	35	100	17	0	克	FE
7114190020	其他贵金属制金器及零件(工艺金章、摆件等,不论是否包、镀贵金属)	35	100	17	0	克	J
7114190090	其他贵金属制银器及零件(不论是否包、镀贵金属)	35	100	17	0	克	
71142000	-以贱金属为底的包贵金属制						
7114200010	以贱金属为底的包贵金属制金银器(镶嵌濒危物种制品,包括零件)	35	100	17	0	克	FE
7114200090	其他贱金属为底包贵金属制金银器(包括零件)	35	100	17	0	克	
7115	**贵金属或包贵金属的其他制品**						
71151000	-金属丝布或格栅形状的铂催化剂						
7115100000	金属丝布或格栅状的铂催化剂	3	11	17	0	克	4xy
71159010	---工业或实验室用						
7115901010[暂0]	银制工业、实验室用制品	3	11	17	5	克	
7115901020[暂0]	金制工业、实验室用制品	3	11	17	0	克	
7115901090[暂0]	其他工业、实验室用贵或包贵金制品	3	11	17	0	克	
71159090	---其他						
7115909000	其他用途的贵或包贵金属制品	35	100	17	0	克	
7116	**用天然或养殖珍珠、宝石或半宝石(天然、合成或再造)制成的物品**						
71161000	-天然或养殖珍珠制						
7116100000	天然或养殖珍珠制品	35	130	17	5	千克	
71162000	-宝石或半宝石(天然、合成或再造)制						
7116200000	宝石或半宝石制品(包括天然、合成或再造的)	35	130	17	0	千克	
7117	**仿首饰**						
71171100	--袖扣、饰扣						
7117110000	贱金属制袖扣、饰扣(不论是否镀贵金属)	35	130	17	9	千克	A
71171900	--其他						
7117190000	其他贱金属制仿首饰	17	130	17	9	千克	A
71179000	-其他						
7117900000	未列名材料制仿首饰	35	130	17	9	千克	A
7118	**硬币**						
71181000	-非法定货币的硬币(金币除外)						
7118100000	非法定货币的硬币(金币除外)	0	0	17	5	千克	
71189000	-其他						
7118900010	金质铸币(金质贵金属纪念币)	0	0	17	0	千克	J
7118900090	其他硬币	0	0	17	0	千克	

第十五类　贱金属及其制品

注释：

一、本类不包括：

（一）以金属粉末为基本成分的调制油漆、油墨或其他产品（品目32.07至32.10、32.12、32.13或32.15）；

（二）铈铁或其他引火合金（品目36.06）；

（三）品目65.06或65.07的帽类及其零件；

（四）品目66.03的伞骨及其他物品；

（五）第七十一章的货品（例如，贵金属合金、以贱金属为底的包贵金属、仿首饰）；

（六）第十六类的物品（机器、机械器具及电气设备）；

（七）已装配的铁路或电车轨道（品目86.08）或第十七类的其他物品（车辆、船舶、航空器）；

（八）第十八类的仪器及器具，包括钟表发条；

（九）做弹药用的铅弹（品目93.06）或第十九类的其他物品（武器、弹药）；

（十）第九十四章的物品（例如，家具、弹簧床垫、灯具及照明装置、灯箱标志、活动房屋）；

（十一）第九十五章的物品（例如，玩具、游戏品及运动用品）；

（十二）手用筛子、纽扣、钢笔、铅笔套、钢笔尖、独脚架、双脚架、三脚架及类似品或第九十六章的其他物品（杂项制品）；或

（十三）第九十七章的物品（例如，艺术品）。

十、本手册所称“通用零件”，是指：

（一）品目73.07、73.12、73.15、73.17或73.18的物品及其他贱金属制的类似品；

（二）贱金属制的弹簧及弹簧片，但钟表发条（品目91.14）除外；

（三）品目83.01、83.02、83.08、83.10的物品及品目83.06的贱金属制的框架及镜子。

第七十三章至第七十六章（品目73.15除外）及第七十八章至第八十二章所列货品的零件，不包括上述的通用零件。

除上段及第八十三章注释一另有规定的以外，第七十二章至第七十六章及第七十八章至第八十一章不包括第八十二章、第八十三章的物品。

三、本手册所称“贱金属”是指：铁及钢、铜、镍、铝、铅、锌、锡、钨、钼、钽、镁、钴、铋、镉、钛、锆、锑、锰、铍、铬、锗、钒、镓、铪、铟、铌、铼和铊。

四、本手册所称“金属陶瓷”，是指金属与陶瓷成分的极细微粒不均匀结合而成的产品。“金属陶瓷”包括硬质合金（金属碳化物与金属烧结而成）。

五、合金的归类规则（第七十二章、第七十四章所规定的铁合金及母合金除外）：

（一）贱金属的合金按其所含重量最大的金属归类；

（二）由本类的贱金属和非本类的元素构成的合金，如果所含贱金属的总重量等于或超过所含其他元素的总重量，应作为本类贱金属合金归类；

（三）本类所称“合金”，包括金属粉末的烧结混合物、熔化而得的不均匀紧密混合物（金属陶瓷除外）及金属间化合物。

六、除条文另有规定的以外，本手册所称的贱金属包括贱金属合金，这类合金应按上述注释五的规则进行归类。

七、复合材料制品的归类规则：

除各品目另有规定的以外，贱金属制品（包括根据“归类总规则”作为贱金属制品的混合材料制品）如果含有两种或两种以上贱金属的，按其所含重量最大的贱金属的制品归类。

为此：

（一）钢、铁或不同种类的钢铁，均视为一种金属；

（二）按照注释五的规定作为某一种金属归类的合金，应视为一种金属；

（三）品目81.13的金属陶瓷，应视为一种贱金属。

八、本类所用有关名词解释如下：

（一）废碎料

在金属生产或机械加工中产生的废料及碎屑以及因破裂、切断、磨损及其他原因而明显不能作为原物使用的金属货品。

（二）粉末

按重量计90%及以上可从网眼孔径为1毫米的筛子通过的产品。

第七十二章　钢　　铁

注释：

一、本章所述有关名词解释如下：

［本条注释（四）、（五）、（六）适用于本手册其他各章］

（一）生铁

无实用可锻性的铁碳合金、按重量计含碳量在2%以上并可含有一种或几种下列含量范围的其他元素：

铬不超过10%；

锰不超过6%；

磷不超过3%；

硅不超过8%；

其他元素合计不超过10%。

（二）镜铁

按重量计含锰量在6%以上，但不超过30%的铁碳合金、其他方面符合上述注释（一）款所列标准。

（三）铁合金

锭、块、团或类似初级形状、连续铸造而形成的各种形状及颗粒、粉末状的合金，不论是否烧结，通常用于其他合金生产过程中的添加剂或在黑色金属冶炼中作除氧剂、脱硫剂及类似用途、一般无实用可锻性、按重量计铁元素含量在4%及以上并含有下列一种或几种元素：

铬超过10%；

锰超过30%；

磷超过3%；

硅超过8%；

除碳以外的其他元素，合计超过10%，但最高含铜量不得超过10%。

（四）钢

除品目72.03以外的黑色金属材料（某些铸造而成的种类除外）具有实用可锻性，按重量计含碳量在2%及以下，但铬钢可具有较高的含碳量。

（五）不锈钢

按重量计含碳量在1.2%及以下，含铬量在10.5%及以上的合金钢，不论是否含有其他元素。

（六）其他合金钢

不符合以上不锈钢定义的钢，含有一种或几种按重量计符合下列含量比例的元素：

铝0.3%及以上；

硼0.0008%及以上；

铬0.3%及以上；

钴0.3%及以上；

铜0.4%及以上；

铅0.4%及以上；

锰1.65%及以上；

钼0.08%及以上；

镍0.3%及以上；

铌0.06%及以上；

硅0.6%及以上；

钛0.05%及以上；

钨0.3%及以上；

钒0.1%及以上；

锆0.05%及以上；

其他元素（硫、磷、碳及氮除外）单项含量在0.1%及以上。

（七）供再熔的碎料钢铁锭

粗铸成形无缩孔或冒口的锭块产品，表面有明显瑕疵，化学成分不同于生铁、镜铁及铁合金。

（八）颗粒

按重量计不到90%可从网眼孔径为1毫米的筛子通过，而90%及以上可从网眼孔径为5毫米的筛子通过的产品。

（九）半制成品

连续铸造的实心产品，不论是否初步热轧；其他实心产品，除经初步热轧或锻造粗制成形以外未经进一步加工，包括角材、型材及异型材的坯件。

本类产品不包括成卷的产品。

（十）平板轧材

截面为矩形（正方形除外）并且不符合以上第（九）款所述定义的下列形状实心轧制产品：

1. 层叠的卷材；

2. 平直形状，其厚度如果在4.75毫米以下，则宽度至少是厚度的10倍；其厚度如果在4.75毫米及以上，其宽度应超过150毫米，并且至少应为厚度的2倍。

平板轧材包括直接轧制而成并有凸起式样（例如，凹槽、肋条形、格槽、珠粒、菱形）的产品以及穿孔、抛光或制成瓦楞形的产品，但不具有其他品目所列制品或产品的特征。

各种规格的平板轧材（矩形或正方形除外），但不具有其他品目所列制品或产品的特征，都应作为宽度为600毫米及以上的产品归类。

（十一）不规则盘绕的热轧条、杆

经热轧不规则盘绕的实心产品，其截面为圆形、扇形、椭圆形、矩形（包括正方形）、三角形及其他外凸多边形（包括“扁圆形”及“变形矩形”，即相对两条边为弧拱形，另两条边为等长平行直线形）。

这类产品可带有在轧制过程中产生的凹痕、凸缘、槽沟或其他变形（钢筋）。

（十二）其他条、杆

不符合上述（九）、（十）、（十一）款或“丝”定义的实心产品，其全长截面均为圆形、扇形、椭圆形、矩形（包括正方形）、三角形或其他外凸多边形（包括“扁圆形”及“变形矩形，即相对两条边为弧拱形，另两条边为等长平行直线形）。这些产品可以：

1. 带有在轧制过程中产生的凹痕、凸缘、槽沟或其他变形（钢筋）；

2. 轧制后扭曲的。

（十三）角材、型材及异型材

不符合上述（九）、（十）、（十一）、（十二）款或“丝”定义但其全长截面均为同样形状的实心产品。

第七十二章不包括品目73.01或73.02的产品。

（十四）丝

不符合平板轧材定义但全长截面均为同样形状的盘卷冷成形实心产品。

（十五）空心钻钢

适合钻探用的各种截面的空心条、杆，其最大外形尺寸超过15毫米但不超过52毫米，最大内孔尺寸不超过最大外形尺寸的1/2。不符合本定义的钢铁空心条、杆应归入品目73.04。

二、用一种黑色金属包覆不同种类的黑色金属，应按其中重量最大的材料归类。

三、用电解沉积法、压铸法或烧结法所得的钢铁产品，应按其形状、成分及外观归入本章类似热轧产品的相应品目。

子目注释：

一、本章所用有关名词解释如下：

（一）合金生铁

按重量计含有一种或几种下列比例的元素的生铁：

铬0.2%以上；

铜0.3%以上；

镍0.3%以上；

0.1%以上的任何下列元素：铝、钼、钛、钨、钒。

（二）非合金易切削钢

按重量计含有一种或几种下列比例的元素的非合金钢：

硫0.08%及以上；

铅0.1%及以上；

硒0.05%以上；

碲0.01%以上；

铋0.05%以上。

（三）硅电钢

按重量计含硅量至少为0.6%但不超过6%，含碳量不超过0.08%的合金钢。这类钢还可含有按重量计不超过1%的铝，但所含其他元素的比例并不使其具有其他合金钢的特性。

（四）高速钢

不论是否含有其他元素，但至少含有按重量计合计含量在7%及以上的钼、钨、钒中两种元素的合金钢，按重量计其含碳量在0.6%及以上，含铬量为3%~6%。

（五）硅锰钢

按重量计同时含有下列元素的合金钢：

碳不超过0.7%；

锰0.5%及以上，但不超过1.9%；

硅0.6%及以上,但不超过2.3%;

所含其他元素的比例并不使其具有其他合金钢特性。

二、品目72.02项下的子目所列铁合金,应按照下列规则归类:

对于只有一种元素超出本章注释一(三)规定的最低百分比的铁合金,应作为二元合金归入相应的子目号。以此类推,如果有两种或三种合金元素超出了最低百分比的,则可分别作为三元或四元合金。

在运用本规定时,本章注释一(三)所述的未列名的"其他元素",按重量计单项含量必须超过10%。

商品编号	商品名称及备注	进口关税税率(%)		增值税率(%)	出口退税率(%)	计量单位	监管条件
		最惠国	普通				
7201	**生铁及镜铁,锭、块或其他初级形状**						
72011000	-非合金生铁,按重量计含磷量≤0.5%						
7201100010暂1	高纯生铁(含锰量<0.08%,含磷量<0.03%,含硫量<0.02%,含钛量<0.03%)	1	8	17	0	千克	
7201100090	非合金生铁,含磷量≤0.5%(含锰量<0.08%、含磷量<0.03%、含硫量<0.02%、含钛量<0.03%的高纯生铁除外)	1	8	17	0	千克	
72012000	-非合金生铁,按重量计含磷量>0.5%						
7201200000	非合金生铁,按重量计含磷量>0.5%	1	8	17	0	千克	
72015000	-合金生铁;镜铁						
7201500010	合金生铁	1	8	17	0	千克	
7201500090	镜铁	1	8	17	0	千克	
7202	**铁合金**						
72021100	--按重量计含碳量>2%						
7202110000	锰铁,按重量计含碳量>2%	2	11	17	0	千克	4xy
72021900	--其他						
7202190000	锰铁,按重量计含碳量≤2%	2	11	17	0	千克	4xy
72022100	--按重量计含硅量>55%						
7202210010暂2	硅铁,55%<含硅量≤90%	2	11	17	0	千克	4xy
7202210090暂2	硅铁,含硅量>90%	2	11	17	0	千克	4xy
72022900	--其他						
7202290010暂2	硅铁,30%≤含硅量≤55%	2	11	17	0	千克	4xy
7202290090暂2	硅铁,含硅量<30%	2	11	17	0	千克	4xy
72023000	-硅锰铁						
7202300000	硅锰铁	2	11	17	0	千克	4xy
72024100	--按重量计含碳量>4%						
7202410000暂0	铬铁,按重量计含碳量>4%	2	8	17	0	千克	4xy
72024900	--其他						
7202490000暂1	铬铁,按重量计含碳量≤4%	2	8	17	0	千克	4xy
72025000	-硅铬铁						
7202500000暂2	硅铬铁	2	11	17	0	千克	4xy
72026000	-镍铁						
7202600000暂0	镍铁	2	11	17	0	千克	4xy
72027000	-钼铁						
7202700000暂1	钼铁	2	11	17	0	千克	4xy
72028010	---钨铁						
7202801000暂1	钨铁	2	11	17	0	千克	4xy
72028020	---硅钨铁						
7202802000	硅钨铁	2	11	17	0	千克	4xy
72029100	--钛铁及硅钛铁						
7202910000暂2	钛铁及硅钛铁	2	11	17	0	千克	4xy
72029210	---按重量计含钒量≥75%						

商品编号	商品名称及备注	进口关税税率(%)		增值税率(%)	出口退税率(%)	计量单位	监管条件
		最惠国	普通				
7202921000	按重量含钒≥75%的钒铁	9	30	17	0	千克	4xy
72029290	---其他						
7202929000[暂9]	其他钒铁	9	30	17	0	千克	4xy
72029300	--铌铁						
7202930010[暂1]	铁钽铌合金(钽含量<10%)	2	11	17	0	千克	4xy
7202930090[暂1]	其他铌铁	2	11	17	0	千克	4xy
72029911	----速凝永磁片						
7202991100	钕铁硼合金速凝永磁片	2	11	17	0	千克	4xy
72029912	----磁粉						
7202991200	钕铁硼合金磁粉	2	11	17	0	千克	4xy
72029919	----其他						
7202991900	其他钕铁硼合金	2	11	17	0	千克	4xy
72029991	----按重量计稀土元素总含量>10%						
7202999110	按重量计中重稀土总含量≥ 30%的铁合金(按重量计稀土元素总含量>10%)	2	11	17	0	千克	4xy
7202999191	稀土硅铁合金(按重量计稀土元素总含量>10%)	2	11	17	0	千克	4xy
7202999199	其他按重量计稀土元素总含量>10%的铁合金	2	11	17	0	千克	4xy
72029999	----其他						
7202999900	其他铁合金	2	11	17	0	千克	4xy
7203	**直接从铁矿还原所得的铁产品及其他海绵铁产品,块、团、团粒及类似形状;按重量计纯度在 99.94% 及以上的铁,块、团、团粒及类似形状**						
72031000	-直接从铁矿还原所得的铁产品						
7203100010[暂0]	热压铁块	2	8	17	0	千克	
7203100090[暂2]	直接从铁矿还原的铁产品(铁团、铁粒及类似形状)	2	8	17	0	千克	
72039000	-其他						
7203900000[暂2]	其他海绵铁产品或纯度≥99.94%的铁(包括块、团、团粒及类似形状)	2	8	17	0	千克	
7204	**钢铁废碎料;供再熔的碎料钢铁锭**						
72041000	-铸铁废碎料						
7204100000[暂0]	铸铁废碎料	2	8	17	0	千克	A
72042100	--不锈钢废碎料						
7204210000	不锈钢废碎料	0	8	17	0	千克	AP
72042900	--其他						
7204290000	其他合金钢废碎料	0	8	17	0	千克	A
72043000	-镀锡钢铁废碎料						
7204300000[暂0]	镀锡钢铁废碎料	2	8	17	0	千克	A
72044100	--车、刨、铣、磨、锯、锉、剪、冲加工过程中产生的废料,不论是否成捆						
7204410000[暂0]	机械加工中产生的钢铁废料(机械加工指车、刨、铣、磨、锯、锉、剪、冲加工)	2	8	17	0	千克	A
72044900	--其他						
7204490010	废汽车压件	0	8	17	0	千克	AP
7204490020	以回收钢铁为主的废五金电器	0	8	17	0	千克	AP
7204490090	未列名钢铁废碎料	0	8	17	0	千克	A
72045000	-供再熔的碎料钢铁锭						
7204500000	供再熔的碎料钢铁锭	0	8	17	0	千克	A
7205	**生铁、镜铁及钢铁的颗粒和粉末**						
72051000	-颗粒						
7205100000	生铁、镜铁及钢铁颗粒	2	30	17	0	千克	
72052100	--合金钢的						

商品编号	商品名称及备注	进口关税税率(%)		增值税率(%)	出口退税率(%)	计量单位	监管条件
		最惠国	普通				
7205210000	合金钢粉末	2	17	17	0	千克	
72052900	--其他						
7205290000	生铁、镜铁及其他钢铁粉末	2	17	17	0	千克	
7206	**铁及非合金钢,锭状或其他初级形状(品目72.03的铁除外)**						
72061000	-锭状						
7206100000暂2	铁及非合金钢锭	2	11	17	0	千克	
72069000	-其他						
7206900000暂2	其他初级形状的铁及非合金钢	2	11	17	0	千克	
7207	**铁及非合金钢的半制成品**						
72071100	--矩形(包括正方形)截面,宽度小于厚度的两倍						
7207110000暂2	宽度小于厚度两倍的矩形截面钢坯(含碳量<0.25%)	2	11	17	0	千克	
72071200	--其他矩形(正方形除外)截面的						
7207120000暂2	其他矩形截面钢坯(含碳量<0.25%,正方形截面除外)	2	11	17	0	千克	
72071900	--其他						
7207190000暂2	其他含碳量<0.25%的钢坯	2	11	17	0	千克	
72072000	-按重量计含碳量≥0.25%						
7207200000暂2	含碳量≥0.25%的钢坯	2	11	17	0	千克	
7208	**宽度在600毫米及以上的铁或非合金钢平板轧材,经热轧,但未经包覆、镀层或涂层**						
72081000	-除热轧外未经进一步加工的卷材,已轧压花纹						
7208100000	轧有花纹的热轧卷材(除热轧外未进一步加工的)	5	14	17	0	千克	A
72082500	--厚度≥4.75毫米						
7208250000	厚度≥4.75毫米其他经酸洗的热轧卷材(除热轧外未进一步加工,宽度≥600毫米,未包、镀、涂层)	5	14	17	0	千克	A
72082610	---屈服强度>355牛顿/平方毫米						
7208261000	3毫米≤厚度<4.75毫米其他大强度热轧卷材(经酸洗,宽度≥600毫米,屈服强度>355牛顿/平方毫米)	5	14	17	0	千克	A
72082690	---其他						
7208269000	其他3毫米≤厚度<4.75毫米热轧卷材(经酸洗,宽度≥600毫米,屈服强度≤355牛顿/平方毫米)	5	14	17	0	千克	A
72082710	---厚度<1.5毫米						
7208271000	厚度<1.5毫米其他的热轧卷材(经酸洗,宽度≥600毫米,未包、镀、涂层)	5	14	17	0	千克	A
72082790	---其他						
7208279000	1.5毫米≤厚度<3毫米其他的热轧卷材(经酸洗,宽度≥600毫米,未包、镀、涂层)	5	14	17	0	千克	A
72083600	--厚度>10毫米						
7208360000	厚度>10毫米的其他热轧卷材(除热轧外未进一步加工,宽度≥600毫米,未包、镀、涂层)	6	14	17	0	千克	A
72083700	--4.75毫米≤厚度≤10毫米						
7208370000	4.75毫米≤厚度≤10毫米的其他热轧卷材(除热轧外未进一步加工,宽度≥600毫米,未包、镀、涂层)	5	14	17	0	千克	A
72083810	---屈服强度>355牛顿/平方毫米						
7208381000	3毫米≤厚度<4.75毫米的大强度卷材(宽度≥600毫米,屈服强度>355牛顿/平方毫米)	5	14	17	0	千克	A
72083890	---其他						
7208389000	其他3毫米≤厚度<4.75毫米的卷材(宽度≥600毫米,屈服强度≤355牛顿/平方毫米)	5	14	17	0	千克	A
72083910	---厚度<1.5毫米						

商品编号	商品名称及备注	进口关税税率(%)		增值税率(%)	出口退税率(%)	计量单位	监管条件
		最惠国	普通				
7208391000	厚度<1.5毫米的其他热轧卷材(除热轧外未进一步加工,宽度≥600毫米,未包、镀、涂层)	3	14	17	0	千克	A
72083990	---其他						
7208399000	1.5毫米≤厚度<3毫米的其他热轧卷材(除热轧外未进一步加工,宽度≥600毫米,未包、镀、涂层)	3	14	17	0	千克	A
72084000	-已轧压花纹的非卷材,除热轧外未经进一步加工						
7208400000	轧有花纹的热轧非卷材(除热轧外未进一步加工,宽度≥600毫米,未包、镀、涂层)	6	17	17	0	千克	A
72085110	---厚度>50毫米						
7208511000	厚度>50毫米的其他热轧非卷材(宽度≥600毫米,未包、镀、涂层)	6	17	17	0	千克	A
72085120	---20毫米<厚度≤50毫米						
7208512000	20毫米<厚度≤50毫米的其他热轧非卷材(宽度≥600毫米,未包、镀、涂层)	6	17	17	0	千克	A
72085190	---其他						
7208519000	10毫米<厚度≤20毫米的其他热轧非卷材(宽度≥600毫米,未包、镀、涂层)	6	17	17	0	千克	A
72085200	--4.75毫米≤厚度≤10毫米						
7208520000	4.75毫米≤厚度≤10毫米的热轧非卷材(除热轧外未进一步加工,宽度≥600毫米,未包、镀、涂层)	6	17	17	0	千克	A
72085310	---屈服强度>355牛顿/平方毫米						
7208531000	3毫米≤厚度<4.75毫米大强度热轧非卷材(宽度≥600毫米,屈服强度>355牛顿/平方毫米)	6	17	17	0	千克	A
72085390	---其他						
7208539000	其他3毫米≤厚度<4.75毫米的热轧非卷材(宽度≥600毫米,屈服强度≤355牛顿/平方毫米)	6	17	17	0	千克	A
72085410	---厚度<1.5毫米						
7208541000	厚度<1.5毫米的热轧非卷材(除热轧外未进一步加工,宽度≥600毫米,未包、镀、涂层)	6	17	17	0	千克	A
72085490	---其他						
7208549000	1.5≤厚度<3毫米的热轧非卷材(除热轧外未进一步加工,宽度≥600毫米,未包、镀、涂层)	6	17	17	0	千克	A
72089000	-其他						
7208900000	其他热轧铁或非合金钢宽平板轧材(除热轧外经进一步加工,宽度≥600毫米,未经包、渡、涂层)	6	17	17	0	千克	A
7209	**宽度在600毫米及以上的铁或非合金钢平板轧材,经冷轧,但未经包覆、镀层或涂层**						
72091510	---屈服强度>355牛顿/平方毫米						
7209151000	厚度≥3毫米的大强度冷轧卷材(宽度≥600毫米,屈服强度>355牛顿/平方毫米)	6	17	17	0	千克	A
72091590	---其他						
7209159000	其他厚度≥3毫米的冷轧卷材(宽度≥600毫米,屈服强度≤355牛顿/平方毫米)	6	17	17	13	千克	A
72091610	---屈服强度>275牛顿/平方毫米						
7209161000	1毫米<厚度<3毫米的大强度冷轧卷材(宽度≥600毫米,屈服强度>275牛顿/平方毫米)	6	17	17	13	千克	A
72091690	---其他						
7209169000	1毫米<厚度<3毫米小强度冷轧卷材(宽度≥600毫米,屈服强度≤275牛顿/平方毫米)	6	17	17	13	千克	A
72091710	---屈服强度>275牛顿/平方毫米						
7209171000	0.5毫米≤厚度≤1毫米大强度冷轧卷材(宽度≥600毫米,屈服强度>275牛顿/平方毫米)	3	17	17	13	千克	A
72091790	---其他						
7209179000	0.5毫米≤厚度≤1毫米小强度冷轧卷材(宽度≥600毫米,屈服强度≤275牛顿/平方毫米)	3	17	17	13	千克	A

商品编号	商品名称及备注	进口关税税率(%)		增值税率(%)	出口退税率(%)	计量单位	监管条件
		最惠国	普通				
72091810	---厚度<0.3 毫米						
7209181000[暂4]	厚度<0.3 毫米的非合金钢冷轧卷材(未进一步加工,宽度≥600 毫米,未包、镀、涂层)	6	17	17	13	千克	A
72091890	---其他						
7209189000	0.3 毫米≤厚度<0.5 毫米非合金钢冷轧卷材(未进一步加工,宽度≥600 毫米,未包、镀、涂层)	6	17	17	13	千克	A
72092500	--厚度≥3 毫米						
7209250000	厚度≥3 毫米的冷轧非卷材(除冷轧外未进一步加工,宽度≥600 毫米,未包、镀、涂层)	6	17	17	13	千克	A
72092600	--厚度超过 1 毫米,但小于 3 毫米						
7209260000	1 毫米<厚度<3 毫米的冷轧非卷材(除冷轧外未进一步加工,宽度≥600 毫米,未包、镀、涂层)	6	17	17	13	千克	A
72092700	--0.5 毫米≤厚度≤1 毫米						
7209270000	0.5 毫米≤厚度≤1 毫米的冷轧非卷材(未进一步加工,宽度≥600 毫米,未包、镀、涂层)	6	17	17	13	千克	A
72092800	--厚度<0.5 毫米						
7209280000	厚度<0.5 毫米的冷轧非卷材(除冷轧外未进一步加工,宽度≥600 毫米,未包、镀、涂层)	6	17	17	13	千克	A
72099000	-其他						
7209900000	其他冷轧铁或非合金钢宽平轧材(除冷轧外,未进一步加工,宽度≥600 毫米,未包、镀、涂层)	6	17	17	13	千克	A
7210	**宽度在 600 毫米及以上的铁或非合金钢平板轧材,经包覆、镀层或涂层**						
72101100	--厚度≥0.5 毫米						
7210110000	镀(涂)锡的非合金钢厚宽平板轧材(厚度≥0.5 毫米,宽度≥600 毫米)	10	20	17	13	千克	A
72101200	--厚度<0.5 毫米						
7210120000	镀(涂)锡的非合金钢薄宽平板轧材(厚度<0.5 毫米,宽度≥600 毫米)	5	20	17	13	千克	A
72102000	-镀或涂铅的,包括镀铅锡钢板						
7210200000	镀或涂铅的铁或非合金钢平板轧材(包括镀铅锡钢板,宽度≥600 毫米)	4	20	17	13	千克	
72103000	-电镀锌的						
7210300000	电镀锌的铁或非合金钢宽板材(宽度≥600 毫米)	8	20	17	13	千克	A
72104100	--瓦楞形						
7210410000	镀锌的瓦楞形铁或非合金钢宽板材(电镀锌的除外,宽度≥600 毫米)	8	20	17	13	千克	A
72104900	--其他						
7210490000	镀锌的其他形铁或非合金钢宽板材(电镀锌的除外,宽度≥600 毫米)	4	20	17	13	千克	A
72105000	-镀或涂氧化铬或铬及氧化铬的						
7210500000	镀或涂氧化铬的铁或非合金钢宽板材(宽度≥600 毫米)	8	20	17	13	千克	
72106100	--镀或涂铝锌合金的						
7210610000	镀或涂铝锌合金的铁宽平板轧材(包括非合金钢的,宽度≥600 毫米)	8	20	17	13	千克	
72106900	--其他						
7210690000	其他镀或涂铝的铁宽平板轧材(包括非合金钢的,宽度≥600 毫米)	8	20	17	13	千克	
72107010	---厚度<1.5 毫米						
7210701000	厚度<1.5 毫米的涂漆或涂塑的宽度≥600 毫米的铁或非合金钢平板轧材	4	20	17	13	千克	
72107090	---其他						
7210709000	其他涂漆或涂塑的宽度≥600 毫米的铁或非合金钢平板轧材	4	20	17	13	千克	
72109000	-其他						
7210900000	经包覆或涂镀其他材料的宽度≥600 毫米的铁或非合金钢平板轧材	8	20	17	13	千克	
7211	**宽度小于 600 毫米的铁或非合金钢平板轧材,但未经包覆、镀层或涂层**						
72111300	--经四面轧制或在闭合匣内轧制的非卷材,宽度>150 毫米,厚度≥4 毫米,未轧压花纹						
7211130000	未轧花纹的四面轧制的热轧非卷材(150 毫米<宽度<600 毫米,厚度≥4 毫米,未包、镀、涂层)	6	30	17	0	千克	A

商品编号	商品名称及备注	进口关税税率(%) 最惠国	进口关税税率(%) 普通	增值税率(%)	出口退税率(%)	计量单位	监管条件
72111400	--其他,厚度≥4.75毫米						
7211140000	厚度≥4.75毫米的其他热轧板材(宽度<600毫米,未包、镀、涂层)	6	30	17	0	千克	A
72111900	--其他						
7211190000	其他热轧铁或非合金钢窄板材(宽度<600毫米,未包、镀、涂层)	6	30	17	0	千克	A
72112300	--按重量计含碳量<0.25%						
7211230000	含碳量<0.25%的冷轧板材(宽度<600毫米,未包、镀、涂层)	6	30	17	0	千克	A
72112900	--其他						
7211290000	其他冷轧铁或非合金钢窄板材(宽度<600毫米,未经包、镀、涂层,含碳量≥0.25%)	6	30	17	0	千克	A
72119000	-其他						
7211900000	冷轧的铁或非合金钢其他窄板材(宽度<600毫米,未经包、镀、涂层)	6	30	17	0	千克	A
7212	**宽度小于600毫米的铁或非合金钢平板轧材,经包覆、镀层或涂层**						
72121000	-镀或涂锡的						
7212100000	镀(涂)锡的铁或非合金钢窄板材(宽度<600毫米)	5	20	17	0	千克	A
72122000	-电镀锌的						
7212200000	电镀锌的铁或非合金钢窄板材(宽度<600毫米)	8	20	17	0	千克	A
72123000	-用其他方法镀或涂锌的						
7212300000	其他镀或涂锌的铁窄板材(包括非合金钢的,宽度<600毫米)	8	20	17	0	千克	A
72124000	-涂漆或涂塑的						
7212400000	涂漆或涂塑的铁或非合金钢窄板材(宽度<600毫米)	4	20	17	0	千克	
72125000	-镀或涂其他材料的						
7212500000	涂镀其他材料的铁或非合金钢窄板材(宽度<600毫米)	8	20	17	0	千克	
72126000	-经包覆的						
7212600000	经包覆的铁或非合金钢窄板材(宽度<600毫米)	8	20	17	0	千克	
7213	**不规则盘卷的铁及非合金钢的热轧条、杆**						
72131000	-带有轧制过程中产生的凹痕、凸缘、槽沟及其他变形的						
7213100000[暂3]	铁或非合金钢制热轧盘条(带有轧制过程中产生的变形)	3	20	17	0	千克	A
72132000	-其他,易切削钢制						
7213200000[暂3]	其他易切削钢制热轧盘条(不带有轧制过程中产生的变形)	3	20	17	0	千克	A
72139100	--直径<14毫米圆形截面的						
7213910000[暂5]	圆截面直径<14毫米的其他热轧盘条(不带有轧制过程中产生的变形)	5	20	17	0	千克	A
72139900	--其他						
7213990000[暂5]	其他热轧盘条(不带有轧制过程中产生的变形)	5	20	17	0	千克	A
7214	**铁或非合金钢的其他条、杆,除锻造、热轧、热拉拔或热挤压外未经进一步加工,包括轧制后扭曲的**						
72141000	-锻造的						
7214100000	铁或非合金钢的锻造条、杆(除热加工外未进一步加工)	7	10	17	9	千克	A
72142000	-带有轧制过程中产生的凹痕、凸缘、槽沟或其他变形及轧制后扭曲的						
7214200000[暂3]	铁或非合金钢的热加工条、杆(带有轧制过程中产生变形,热加工指热轧、热拉拔或热挤压)	3	20	17	0	千克	A
72143000	-其他,易切削钢制						
7214300000[暂7]	易切削钢的热加工条、杆(不带有轧制过程中产生变形,热加工指热轧、热拉拔、热挤压)	7	20	17	0	千克	A
72149100	--矩形(正方形除外)截面的						
7214910000[暂3]	其他矩形截面的条、杆(正方形除外)	3	20	17	0	千克	A
72149900	--其他						
7214990000[暂3]	其他热加工条、杆	3	20	17	0	千克	A
7215	**铁及非合金钢的其他条、杆**						

商品编号	商品名称及备注	进口关税税率(%)		增值税率(%)	出口退税率(%)	计量单位	监管条件
		最惠国	普通				
72151000	-易切削钢制,除冷成形或冷加工外未经进一步加工						
7215100000[暂7]	其他易切削钢制冷加工条、杆(包括冷成形)	7	20	17	0	千克	A
72155000	-其他,除冷成形或冷加工外未经进一步加工						
7215500000[暂7]	其他冷加工或冷成形的条、杆	7	20	17	0	千克	A
72159000	-其他						
7215900000[暂3]	铁及非合金钢的其他条、杆	3	20	17	0	千克	A
7216	**铁或非合金钢的角材、型材及异型材**						
72161010	---H形钢						
7216101000	截面高度<80毫米H形钢(除热加工外未经进一步加工)	3	14	17	0	千克	A
72161020	---工字钢						
7216102000	截面高度<80毫米工字钢(除热加工外未经进一步加工)	3	14	17	0	千克	A
72161090	---其他						
7216109000	截面高度<80毫米槽钢(除热加工外未经进一步加工)	3	14	17	0	千克	A
72162100	--角钢						
7216210000	截面高度<80毫米角钢(除热加工外未经进一步加工)	6	17	17	0	千克	A
72162200	--丁字钢						
7216220000	截面高度<80毫米丁字钢(除热加工外未经进一步加工)	6	14	17	0	千克	A
72163100	--槽钢						
7216310000	截面高度≥80毫米槽钢(除热加工外未经进一步加工)	6	14	17	0	千克	A
72163210	---截面高度>200毫米						
7216321000	截面高度>200毫米工字钢(除热加工外未经进一步加工)	6	14	17	0	千克	A
72163290	---其他						
7216329000	80毫米≤截面高度≤200毫米工字钢(除热加工外未经进一步加工)	6	14	17	0	千克	A
72163311	----截面高度>800毫米						
7216331100	截面高度>800毫米H形钢(除热加工外未经进一步加工)	6	14	17	0	千克	A
72163319	----其他						
7216331900	200毫米<截面高度≤800毫米H形钢(除热加工外未经进一步加工)	6	14	17	0	千克	A
72163390	---其他						
7216339000	80毫米≤截面高度≤200毫米H形钢(除热加工外未经进一步加工)	6	14	17	0	千克	A
72164010	---角钢						
7216401000	截面高度≥80毫米角钢(除热加工外未经进一步加工)	3	17	17	0	千克	A
72164020	---丁字钢						
7216402000	截面高度≥80毫米丁字钢(除热加工外未经进一步加工)	3	14	17	0	千克	A
72165010	---乙字钢						
7216501000	乙字钢(除热加工外未经进一步加工)	6	14	17	0	千克	A
72165020	---球扁钢						
7216502000	球扁钢(除热加工外未经进一步加工)	3	20	17	0	千克	A
72165090	---其他						
7216509000	其他角材、型材及异型材(除热加工外未经进一步加工)	3	20	17	0	千克	A
72166100	--平板轧材制的						
7216610000	平板轧材制的角材、型材及异型材(除冷加工外未经进一步加工)	3	20	17	0	千克	A
72166900	--其他						
7216690000	冷加工的角材、型材及异型材(除冷加工外未经进一步加工)	3	20	17	0	千克	A
72169100	--平板轧材经冷成形或冷加工制的						
7216910000	其他平板轧材制角材、型材、异型材(冷成型或冷加工制的)	3	20	17	0	千克	A
72169900	--其他						

商品编号	商品名称及备注	进口关税税率(%)		增值税率(%)	出口退税率(%)	计量单位	监管条件
		最惠国	普通				
7216990000	其他角材、型材及异型材(除冷加工或热加工外经进一步加工)	3	20	17	0	千克	A
7217	**铁丝或非合金钢丝**						
72171000	-未经镀或涂层,不论是否抛光						
7217100000	未镀或涂层的铁或非合金钢丝(不论是否抛光)	8	40	17	0	千克	
72172000	-镀或涂锌的						
7217200000	镀或涂锌的铁或非合金钢丝	8	40	17	9	千克	
72173010	---镀或涂铜的						
7217301000	镀或涂铜的铁或非合金钢丝	8	40	17	9	千克	
72173090	---其他						
7217309000	镀或涂其他贱金属的铁或非合金钢丝	8	40	17	9	千克	
72179000	-其他						
7217900000	其他铁丝或非合金钢丝	8	40	17	0	千克	
7218	**不锈钢,锭状或其他初级形状;不锈钢半制成品**						
72181000	-锭状及其他初级形状						
7218100000暂2	不锈钢锭及其他初级形状产品	2	11	17	0	千克	
72189100	--矩形(正方形除外)截面的						
7218910000暂2	矩形截面的不锈钢半制成品(正方形截面除外)	2	11	17	0	千克	
72189900	--其他						
7218990000暂2	其他不锈钢半制成品	2	11	17	0	千克	
7219	**不锈钢平板轧材,宽度在600毫米及以上**						
72191100	--厚度>10毫米						
7219110000	厚度>10毫米热轧不锈钢卷板(除热轧外未经进一步加工,宽度≥600毫米)	4	14	17	13	千克	A
72191200	--4.75毫米≤厚度≤10毫米						
7219120000	4.75毫米≤厚度≤10毫米热轧不锈钢卷板(除热轧外未经进一步加工,宽度≥600毫米)	4	14	17	13	千克	A
72191312	----按重量计含锰量≥5.5%的铬锰系不锈钢						
7219131200暂4	3毫米≤厚度<4.75毫米未经酸洗的热轧不锈钢卷板(除热轧外未经进一步加工,宽度≥600毫米,含锰量≥5.5%铬锰系不锈钢)	4	14	17	0	千克	A
72191319	----其他						
7219131900	3毫米≤厚度<4.75毫米未经酸洗的其他热轧不锈钢卷板(除热轧外未经进一步加工,宽度≥600毫米)	4	14	17	13	千克	A
72191322	----按重量计含锰量≥5.5%的铬锰系不锈钢						
7219132200暂4	3毫米≤厚度<4.75毫米经酸洗的热轧不锈钢卷板(除热轧外未经进一步加工,宽度≥600毫米,含锰量≥5.5%铬锰系不锈钢)	4	14	17	0	千克	A
72191329	----其他						
7219132900	3毫米≤厚度<4.75毫米经酸洗的其他热轧不锈钢卷板(除热轧外未经进一步加工,宽度≥600毫米)	4	14	17	13	千克	A
72191412	----按重量计含锰量≥5.5%的铬锰系不锈钢						
7219141200暂4	厚度<3毫米未经酸洗的热轧不锈钢卷板(除热轧外未经进一步加工,宽度≥600毫米,含锰量≥5.5%铬锰系不锈钢)	4	14	17	0	千克	A
72191419	----其他						
7219141900	厚度<3毫米未经酸洗的其他热轧不锈钢卷板(除热轧外未经进一步加工,宽度≥600毫米)	4	14	17	13	千克	A
72191422	----按重量计含锰量≥5.5%的铬锰系不锈钢						
7219142200暂4	厚度<3毫米经酸洗的热轧不锈钢卷板(除热轧外未经进一步加工,宽度≥600毫米,含锰量≥5.5%铬锰系不锈钢)	4	14	17	0	千克	A

商品编号	商品名称及备注	进口关税税率(%)		增值税率(%)	出口退税率(%)	计量单位	监管条件
		最惠国	普通				
72191429	----其他						
7219142900	厚度<3毫米经酸洗的其他热轧不锈钢卷板(除热轧外未经进一步加工,宽度≥600毫米)	4	14	17	13	千克	A
72192100	--厚度>10毫米						
7219210000	厚度>10毫米热轧不锈钢平板(除热轧外未经进一步加工,宽度≥600毫米)	10	40	17	13	千克	A
72192200	--4.75毫米≤厚度≤10毫米						
7219220000	4.75毫米≤厚度≤10毫米热轧不锈钢平板(除热轧外未经进一步加工,宽度≥600毫米)	10	40	17	13	千克	A
72192300	--3毫米≤厚度<4.75毫米						
7219230000	3毫米≤厚度<4.75毫米热轧不锈钢平板(除热轧外未经进一步加工,宽度≥600毫米)	10	40	17	13	千克	A
72192410	---1毫米<厚度<3毫米						
7219241000	1毫米<厚度<3毫米热轧不锈钢平板(除热轧外未经进一步加工,宽度≥600毫米)	10	40	17	13	千克	A
72192420	---0.5毫米≤厚度≤1毫米						
7219242000	0.5毫米≤厚度≤1毫米热轧不锈钢平板(除热轧外未经进一步加工,宽度≥600毫米)	10	40	17	13	千克	A
72192430	---厚度<0.5毫米						
7219243000	厚度<0.5毫米热轧不锈钢平板(除热轧外未经进一步加工,宽度≥600毫米)	10	40	17	13	千克	A
72193100	--厚度≥4.75毫米						
7219310000	厚度≥4.75毫米冷轧不锈钢板(除冷轧外未经进一步加工,宽度≥600毫米)	10	40	17	13	千克	A
72193200	--3毫米≤厚度<4.75毫米						
7219320000	3毫米≤厚度<4.75毫米冷轧不锈钢板材(除冷轧外未经进一步加工,宽度≥600毫米)	10	40	17	13	千克	A
72193310	---按重量计含锰量≥5.5%的铬锰系不锈钢						
7219331000	1毫米<厚度<3毫米,按重量计含锰量≥5.5%的铬锰系不锈钢(除冷轧外未经进一步加工,宽度≥600毫米)	10	40	17	13	千克	A
72193390	---其他						
7219339000	其他1毫米<厚度<3毫米冷轧不锈钢板材(除冷轧外未经进一步加工,宽度≥600毫米)	10	40	17	13	千克	A
72193400	--0.5毫米≤厚度≤1毫米						
7219340000	0.5毫米≤厚度≤1毫米冷轧不锈钢板材(除冷轧外未经进一步加工,宽度≥600毫米)	10	40	17	13	千克	A
72193500	--厚度<0.5毫米						
7219350000	厚度<0.5毫米冷轧不锈钢板材(除冷轧外未经进一步加工,宽度≥600毫米)	10	40	17	13	千克	A
72199000	-其他						
7219900000	其他不锈钢冷轧板材(热轧或冷轧后经进一步加工,非卷材,宽度≥600毫米)	10	40	17	13	千克	A
7220	**不锈钢平板轧材,宽度小于600毫米**						
72201100	--厚度≥4.75毫米						
7220110000	热轧不锈钢带材厚度≥4.75毫米(除热轧外未经进一步加工,宽度<600毫米)	10	20	17	9	千克	A
72201200	--厚度<4.75毫米						
7220120000	热轧不锈钢带材厚度<4.75毫米(除热轧外未经进一步加工,宽度<600毫米)	10	20	17	9	千克	A
72202020	---厚度≤0.35毫米						
7220202000	厚度≤0.35毫米冷轧不锈钢带材(除冷轧外未经进一步加工,宽度<600毫米)	10	20	17	9	千克	A
72202030	---0.35毫米<厚度<3毫米						
7220203000	0.35毫米<厚度<3毫米的冷轧不锈钢带材(除冷轧外未经进一步加工,宽度<600毫米)	10	20	17	9	千克	A
72202040	---厚度≥3毫米						
7220204000	厚度≥3毫米的冷轧不锈钢带材(除冷轧外未经进一步加工,宽度<600毫米)	10	20	17	9	千克	A
72209000	-其他						
7220900000	其他不锈钢带材(热轧或冷轧后经进一步加工宽度<600毫米)	10	20	17	9	千克	A
7221	**不规则盘卷的不锈钢热轧条、杆**						
72210000	不规则盘卷的不锈钢热轧条、杆						

商品编号	商 品 名 称 及 备 注	进口关税税率(%)		增值税率(%)	出口退税率(%)	计量单位	监管条件
		最惠国	普通				
7221000000	不锈钢热轧条、杆(不规则盘卷的不锈钢热轧条、杆)	10	20	17	13	千克	A
7222	**不锈钢其他条、杆;不锈钢角材、型材及异型材**						
72221100	--圆形截面的						
7222110000	圆形截面的热加工不锈钢条、杆(除热加工外未经进一步加工)	10	40	17	5	千克	A
72221900	--其他						
7222190000	其他截面形状的热加工不锈钢条、杆(除热加工外未进一步加工)	10	40	17	5	千克	A
72222000	-条、杆,除冷成形或冷加工外未经进一步加工						
7222200000	冷成形或冷加工的不锈钢条、杆(除冷加工外未进一步加工的不锈钢条、杆)	10	40	17	5	千克	
72223000	-其他条、杆						
7222300000	其他不锈钢条、杆(除热加工或冷加工外未进一步加工的不锈钢条、杆)	10	40	17	5	千克	
72224000	-角材、型材及异型材						
7222400000	不锈钢角材、型材及异型材	10	17	17	5	千克	A
7223	**不锈钢丝**						
72230000	不锈钢丝						
7223000000	不锈钢丝	10	20	17	5	千克	
7224	**其他合金钢,锭状或其他初级形状;其他合金钢制的半制成品**						
72241000	-锭状及其他初级形状						
7224100000暂2	其他合金钢锭及其他初级形状	2	11	17	0	千克	
72249010	---单件重量≥10 吨的粗铸锻件坯						
7224901000暂2	粗铸锻件坯(单件重量≥10 吨)	2	11	17	0	千克	
72249090	---其他						
7224909010	其他合金钢圆坯,直径≥700 毫米(其他合金钢锭及其他初级形态的)	2	11	17	0	千克	
7224909090暂2	其他合金钢坯,直径≥700 毫米的合金钢圆坯除外(其他合金钢锭及其他初级形态的)	2	11	17	0	千克	
7225	**其他合金钢平板轧材,宽度在 600 毫米及以上**						
72251100	--取向性硅电钢						
7225110000	取向性硅电钢宽板(宽度≥600 毫米,按重量计含硅量至少为 0.6%,含碳量≤0.08%,可含有≤1%的铝,所含其他元素的比例并不使其具有其他合金钢的特性;厚度≤56 毫米;呈卷状的,则其可为任何宽度;呈板状的,则其宽度至少是厚度的 10 倍)	3	20	17	13	千克	A7
72251900	--其他						
7225190000	其他硅电钢宽板(宽度≥600 毫米)	6	20	17	13	千克	A
72253000	-其他卷材,除热轧外未经进一步加工						
7225300000	宽度≥600 毫米热轧其他合金钢卷材(除热轧外未经进一步加工)	3	14	17	9	千克	A
72254010	---工具钢						
7225401000	宽度≥600 毫米热轧工具钢材(除热轧外未经进一步加工)	3	17	17	13	千克	A
72254091	----含硼合金钢						
7225409100	宽度≥600 毫米热轧含硼合金钢材(除热轧外未经进一步加工)	3	17	17	0	千克	A
72254099	----其他						
7225409900	宽度≥600 毫米热轧其他合金钢材(除热轧外未经进一步加工)	3	17	17	13	千克	A
72255000	-其他,除冷轧外未经进一步加工						
7225500000	宽度≥600 毫米冷轧其他合金钢板材(除冷轧外未经进一步加工)	3	17	17	13	千克	A
72259100	--电镀或涂锌的						
7225910000	电镀锌的其他合金钢宽平板轧材(宽度≥600 毫米)	7	17	17	9	千克	A
72259200	--用其他方法镀或涂锌的						
7225920000	其他镀或涂锌的其他合金钢宽板材(宽度≥600 毫米)	7	17	17	9	千克	A
72259910	---高速钢制						
7225991000	宽度≥600 毫米的高速钢制平板轧材	3	17	17	9	千克	A

商品编号	商 品 名 称 及 备 注	进口关税税率(%) 最惠国	进口关税税率(%) 普通	增值税率(%)	出口退税率(%)	计量单位	监管条件
72259990	---其他						
7225999000	宽度≥600 毫米的其他合金钢平板轧材	7	17	17	9	千克	A
7226	**其他合金钢平板轧材,宽度小于 600 毫米**						
72261100	--取向性硅电钢						
7226110000	取向性硅电钢窄板(宽度<600 毫米,按重量计含硅量至少为 0.6%,含碳量≤0.08%,可含有≤1%的铝,所含其他元素的比例并不使其具有其他合金钢的特性;厚度≤56 毫米;呈卷状的,则其可为任何宽度;呈板状的,则其宽度至少是厚度的 10 倍)	3	20	17	13	千克	A
72261900	--其他						
7226190000	其他硅电钢窄板(宽度<600 毫米)	3	20	17	13	千克	A
72262000	-高速钢制						
7226200000	宽度<600 毫米的高速钢平板轧材	3	20	17	9	千克	A
72269110	---工具钢						
7226911000	宽度<600 毫米热轧工具钢材(除热轧外未经进一步加工)	3	20	17	9	千克	A
72269191	----含硼合金钢						
7226919100	宽度<600 毫米热轧含硼合金钢板材(除热轧外未经进一步加工)	3	20	17	0	千克	A
72269199	----其他						
7226919910	宽度<600 毫米的铁基非晶合金带材(除热轧外未经进一步加工)	3	20	17	9	千克	A
7226919990	宽度<600 毫米热轧其他合金钢板材(除热轧外未经进一步加工)	3	20	17	9	千克	A
72269200	--除冷轧外未经进一步加工						
7226920000	宽度<600 毫米冷轧其他合金钢板材(除冷轧外未经进一步加工)	3	20	17	9	千克	A
72269910	---电镀锌的						
7226991000	电镀锌的其他合金钢窄平板轧材(宽度<600 毫米)	7	20	17	9	千克	A
72269920	---用其他方法镀或涂锌的						
7226992000	用其他方法镀或涂锌的其他合金钢窄板材(宽度<600 毫米)	7	20	17	9	千克	A
72269990	---其他						
7226999001 暂4	铁镍合金带材(生产集成电路框架用)(宽度<600 毫米)	7	20	17	9	千克	A
7226999090	其他合金板材(宽度<600 毫米)	7	20	17	9	千克	A
7227	**不规则盘卷的其他合金钢热轧条、杆**						
72271000	-高速钢制						
7227100000	高速钢的热轧盘条(不规则盘卷的)	3	20	17	9	千克	A
72272000	-硅锰钢制						
7227200000	硅锰钢的热轧盘条(不规则盘卷的)	6	20	17	9	千克	A
72279010	---含硼合金钢制						
7227901000	不规则盘卷的含硼合金钢热轧条杆	3	20	17	0	千克	A
72279090	---其他						
7227909000	不规则盘卷的其他合金钢热轧条杆	3	20	17	9	千克	A
7228	**其他合金钢条、杆;其他合金钢角材、型材及异型材;合金钢或非合金钢制的空心钻钢**						
72281000	-高速钢条、杆						
7228100000	其他高速钢的条、杆	3	20	17	13	千克	A
72282000	-硅锰钢条、杆						
7228200000	其他硅锰钢的条、杆	6	20	17	0	千克	A
72283010	---含硼合金钢制						
7228301000	含硼合金钢热加工条、杆(除热轧、热拉拔或热挤压外未经进一步加工的)	3	20	17	0	千克	A
72283090	---其他						
7228309000	其他合金钢热加工条、杆(除热轧、热拉拔或热挤压外未经进一步加工的)	3	20	17	13	千克	A
72284000	-其他条、杆,除锻造外未经进一步加工						

商品编号	商品名称及备注	进口关税税率(%)		增值税率(%)	出口退税率(%)	计量单位	监管条件
		最惠国	普通				
7228400000	其他合金钢锻造条、杆(除锻造外未经进一步加工的)	3	20	17	13	千克	A
72285000	-其他条、杆,除冷成形或冷加工外未经进一步加工						
7228500000	其他合金钢冷成形或冷加工条、杆(除冷成形或冷加工外未进一步加工)	3	20	17	13	千克	A
72286000	-其他条、杆						
7228600000	其他合金钢条、杆(热加工或冷加工后经进一步加工)	3	20	17	9	千克	A
72287010	---履带板型钢						
7228701000	履带板合金型钢	6	17	17	9	千克	A
72287090	---其他						
7228709000	其他合金钢角材、型材及异型材	6	17	17	9	千克	A
72288000	-空心钻钢						
7228800000	其他合金钢空心钻钢(包括非合金钢)	7	35	17	13	千克	A
7229	**其他合金钢丝**						
72292000	-硅锰钢制						
7229200000	硅锰钢丝	7	20	17	0	千克	
72299010	---高速钢制						
7229901000	高速钢丝	3	20	17	13	千克	
72299090	---其他						
7229909000	其他合金钢丝	7	20	17	9	千克	

第七十三章　钢铁制品

注释：

一、本章所称"铸铁"，适用于经铸造而得的产品，按重量计其铁元素含量超过其他元素单项含量并与第七十二章注释一（四）所述的钢的化学成分不同。

二、本章所称"丝"，是指热或冷成形的任何截面形状的产品，但其截面尺寸均不超过16毫米。

商品编号	商品名称及备注	进口关税税率（%）		增值税率（%）	出口退税率（%）	计量单位	监管条件
		最惠国	普通				
7301	**钢铁板桩，不论是否钻孔、打眼或组装；焊接的钢铁角材、型材及异型材**						
73011000	-钢铁板桩						
7301100000	钢铁板桩（不论是否钻孔、扎眼或组装）	7	20	17	9	千克	
73012000	-角材、型材及异型材						
7301200000	焊接的钢铁角材、型材及异型材	7	30	17	9	千克	
7302	**铁道及电车道铺轨用钢铁材料（钢轨、护轨、齿轨、道岔尖轨、辙叉、尖轨拉杆及其他岔道段体、轨枕、鱼尾板、轨座、轨座楔、钢轨垫板、钢轨夹、底板、固定板及其他专门用于连接或加固路轨的材料）**						
73021000	-钢轨						
7302100000	钢轨	6	14	17	9	千克	A
73023000	-道岔尖轨、辙叉、尖轨拉杆及其他岔道段体						
7302300000	道岔尖轨、辙叉、尖轨拉杆（及其他岔道段体）	8	17	17	9	千克	A
73024000	-鱼尾板及钢轨垫板						
7302400000	钢铁制鱼尾板、钢轨垫板	7	17	17	9	千克	A
73029010	---轨枕						
7302901000	钢铁轨枕	6	14	17	9	千克	A
73029090	---其他						
7302909000	其他铁道电车道铺轨用钢铁材料	7	17	17	9	千克	A
7303	**铸铁管及空心异型材**						
73030010	---内径≥500毫米的圆形截面管						
7303001000	内径≥500毫米的铸铁圆形截面管	4	40	17	9	千克	
73030090	---其他						
7303009000	其他铸铁管及空心异型材	4	40	17	9	千克	
7304	**无缝钢铁管及空心异型材（铸铁的除外）**						
73041110	---215.9毫米≤外径≤406.4毫米						
7304111000	不锈钢制215.9毫米≤外径≤406.4毫米的管道管（石油或天然气无缝钢铁管道管）	5	17	17	13	千克	A
73041120	---114.3毫米<外径<215.9毫米						
7304112000	不锈钢制114.3毫米<外径<215.9毫米的管道管（石油或天然气无缝钢铁管道管）	5	17	17	13	千克	A
73041130	---外径≤114.3毫米						
7304113000	不锈钢制外径≤114.3毫米的管道管（石油或天然气无缝钢铁管道管）	5	17	17	13	千克	A
73041190	---其他						
7304119000	其他不锈钢制管道管（石油或天然气无缝钢铁管道管）	5	17	17	13	千克	A
73041910	---215.9毫米≤外径≤406.4毫米						
7304191000	其他215.9毫米≤外径≤406.4毫米的管道管（石油或天然气无缝钢铁管道管铸铁的除外）	5	17	17	13	千克	A
73041920	---114.3毫米<外径<215.9毫米						

商品编号	商品名称及备注	进口关税税率(%)		增值税率(%)	出口退税率(%)	计量单位	监管条件
		最惠国	普通				
7304192000	其他114.3毫米<外径<215.9毫米的管道管(石油或天然气无缝钢铁管道管铸铁的除外)	5	17	17	13	千克	A
73041930	---外径≤114.3毫米						
7304193000	其他外径≤114.3毫米的管道管(石油或天然气无缝钢铁管道管铸铁的除外)	5	17	17	13	千克	A
73041990	---其他						
7304199000	其他管道管(石油或天然气无缝钢铁管道管铸铁的除外)	5	17	17	13	千克	A
73042210	---外径≤168.3毫米						
7304221000	不锈钢制外径≤168.3毫米钻管(钻探石油及天然气用)	4	17	17	13	千克	A
73042290	---其他						
7304229000	其他不锈钢制钻管(钻探石油及天然气用)	4	17	17	13	千克	A
73042310	---外径≤168.3毫米						
7304231000	其他外径≤168.3毫米钻管(钻探石油及天然气用,铸铁的除外)	4	17	17	13	千克	A
73042390	---其他						
7304239000	其他钻管(钻探石油及天然气用铸铁的除外)	4	17	17	13	千克	A
73042400	--其他不锈钢管						
7304240000	其他不锈钢制钻探石油及天然气用的套管及导管	4	17	17	13	千克	A
73042910	---屈服强度<552兆帕的						
7304291000	屈服强度<552兆帕的其他钻探石油及天然气用的套管及导管(铸铁的除外)	4	17	17	13	千克	A
73042920	---552兆帕≤屈服强度<758兆帕的						
7304292000	552兆帕≤屈服强度<758兆帕的其他钻探石油及天然气用的套管及导管(铸铁的除外)	4	17	17	13	千克	A
73042930	---屈服强度≥758兆帕的						
7304293000	屈服强度≥758兆帕的其他钻探石油及天然气用的套管及导管(铸铁的除外)	4	17	17	13	千克	A
73043110	---锅炉管						
7304311000	冷轧的钢铁制无缝锅炉管(冷拔或冷轧的铁或非合金钢制的,包括内螺纹)	4	17	17	9	千克	A
73043120	---地质钻管、套管						
7304312000	冷轧的铁制无缝地质钻管、套管(冷拔或冷轧的铁或非合金钢制的)	8	17	17	9	千克	A
73043190	---其他						
7304319000	其他冷轧的铁制无缝圆形截面管(冷拔或冷轧的铁或非合金钢制的)	4	17	17	9	千克	A
73043910	---锅炉管						
7304391000	非冷拔或冷轧的铁制无缝锅炉管	4	17	17	9	千克	A
73043920	---地质钻管、套管						
7304392000	非冷轧的铁制无缝地质钻管、套管(非冷拔或冷轧的铁或非合金钢制的)	5	17	17	9	千克	A
73043990	---其他						
7304399000	非冷轧的铁制其他无缝管(非冷拔或冷轧的铁或非合金钢制的)	4	17	17	9	千克	A
73044110	---锅炉管						
7304411000	冷轧的不锈钢制无缝锅炉管(冷拔或冷轧的,包括内螺纹)	10	17	17	9	千克	A
73044190	---其他						
7304419000	冷轧的不锈钢制的其他无缝管(冷拔或冷轧的)	10	40	17	13	千克	A
73044910	---锅炉管						
7304491000	非冷轧(拔)不锈钢制无缝锅炉管(包括内螺纹)	10	17	17	13	千克	A
73044990	---其他						
7304499000	非冷轧的不锈钢制其他无缝管(冷拔或冷轧的除外)	10	40	17	9	千克	A
73045110	---锅炉管						
7304511001	高温承压用合金钢无缝钢管[外径≥127毫米,化学成分(wt%)中,0.07≤碳(C)含量≤0.13,8.5≤铬(Cr)含量≤9.5,0.3≤钼(Mo)含量≤0.6,1.5≤钨(W)含量≤2.0,抗拉强度≥620兆帕,屈服强度≥440兆帕]	4	17	17	9	千克	A

商品编号	商品名称及备注	进口关税税率(%)		增值税率(%)	出口退税率(%)	计量单位	监管条件
		最惠国	普通				
7304511090	冷轧的其他合金钢无缝锅炉管(冷拔或冷轧的,包括内螺纹)	4	17	17	9	千克	A
73045120	---地质钻管、套管						
7304512000	冷轧的其他合金钢无缝地质钻管、套管(冷拔或冷轧的)	4	17	17	9	千克	A
73045190	---其他						
7304519001	高温承压用合金钢无缝钢管[外径≥127毫米,化学成分(wt%)中,0.07≤碳(C)的含量≤0.13,8.5≤铬(Cr)的含量≤9.5,0.3≤钼(Mo)的含量≤0.6,1.5≤钨(W)的含量≤2.0,抗拉强度≥620兆帕,屈服强度≥440兆帕]	4	17	17	9	千克	A
7304519090	冷轧的其他合金钢制其他无缝管(冷拔或冷轧的)	4	17	17	9	千克	A
73045910	---锅炉管						
7304591001	高温承压用合金钢无缝钢管[外径≥127毫米,化学成分(wt%)中,0.07≤碳(C)的含量≤0.13,8.5≤铬(Cr)的含量≤9.5,0.3≤钼(Mo)的含量≤0.6,1.5≤钨(W)的含量≤2.0,抗拉强度≥620兆帕,屈服强度≥440兆帕]	4	17	17	9	千克	A
7304591090	非冷轧其他合金钢无缝锅炉管(非冷拔或冷轧的)	4	17	17	9	千克	A
73045920	---地质钻管、套管						
7304592000	非冷轧其他合金钢无缝地质钻管、套管(冷拔或冷轧的除外)	4	17	17	9	千克	A
73045990	---其他						
7304599001	高温承压用合金钢无缝钢管[外径≥127毫米,化学成分(wt%)中,0.07≤碳(C)的含量≤0.13,8.5≤铬(Cr)的含量≤9.5,0.3≤钼(Mo)的含量≤0.6,1.5≤钨(W)的含量≤2.0,抗拉强度≥620兆帕,屈服强度≥440兆帕]	4	17	17	9	千克	A
7304599090	非冷轧其他合金钢制无缝圆形截面管(非冷拔或冷轧的)	4	17	17	9	千克	A
73049000	-其他						
7304900000	未列名无缝钢铁管及空心异型材(铸铁除外)	4	17	17	9	千克	A
7305	**其他圆形截面钢铁管(例如,焊、铆及用类似方法接合的管),外径超过406.4毫米**						
73051100	--纵向埋弧焊接的						
7305110000	纵向埋弧焊接石油、天然气粗钢管(粗钢管指外径>406.4毫米)	7	17	17	13	千克	A
73051200	--其他纵向焊接的						
7305120000	其他纵向焊接石油、天然气粗钢管(粗钢管指外径>406.4毫米)	3	17	17	13	千克	A
73051900	--其他						
7305190000	其他石油、天然气粗钢管(粗钢管指外径>406.4毫米)	7	17	17	13	千克	A
73052000	-钻探石油或天然气用套管						
7305200000	其他钻探石油、天然气用粗套管(粗套管指外径>406.4毫米)	7	17	17	13	千克	A
73053100	--纵向焊接的						
7305310000	纵向焊接的其他粗钢铁管(粗钢铁管指外径>406.4毫米)	6	30	17	9	千克	A
73053900	--其他						
7305390000	其他方法焊接其他粗钢铁管(粗钢铁管指外径>406.4毫米)	6	30	17	9	千克	A
73059000	-其他						
7305900000	未列名圆形截面粗钢铁管(粗钢铁管指外径>406.4毫米)	6	30	17	9	千克	A
7306	**其他钢铁管及空心异型材(例如,辊缝、焊、铆及类似方法接合的)**						
73061100	--不锈钢焊缝管						
7306110000	不锈钢焊缝石油及天然气管道管	7	17	17	13	千克	A
73061900	--其他						
7306190000	非不锈钢焊缝石油及天然气管道管	7	17	17	13	千克	A
73062100	--不锈钢焊缝管						
7306210000	不锈钢焊缝钻探石油及天然气用套管及导管	3	17	17	13	千克	A
73062900	--其他						
7306290000	其他钻探石油及天然气用套管及导管	3	17	17	13	千克	A

商品编号	商 品 名 称 及 备 注	进口关税税率(%)		增值税率(%)	出口退税率(%)	计量单位	监管条件
		最惠国	普通				
73063011	----壁厚≤0.7毫米						
7306301100	其他铁或非合金钢圆形截面焊缝管,外径≤10毫米,壁厚度≤0.7毫米(细焊缝管指外径≤406.4毫米)	3	30	17	13	千克	
73063019	----其他						
7306301900	其他铁或非合金钢圆形截面焊缝管,外径≤10毫米,壁厚>0.7毫米(细焊缝管指外径≤406.4毫米)	3	30	17	9	千克	
73063090	---其他						
7306309000	其他铁或非合金钢圆形截面焊缝管,外径>10毫米(细焊缝管指外径≤406.4毫米)	3	30	17	9	千克	
73064000	-不锈钢的其他圆形截面焊缝管						
7306400000	不锈钢其他圆形截面细焊缝管(细焊缝管指外径≤406.4毫米)	6	30	17	9	千克	
73065000	-其他合金钢的圆形截面焊缝管						
7306500000	其他合金钢的圆形截面细焊缝管(细焊缝管指外径≤406.4毫米)	3	30	17	9	千克	
73066100	--矩形或正方形截面的						
7306610000	矩形或正方形截面的其他焊缝管	3	30	17	9	千克	
73066900	--其他非圆形截面的						
7306690000	其他非圆形截面的其他焊缝管	3	30	17	9	千克	
73069000	-其他						
7306900010	多壁式管道(直接与化学品接触表面由特殊耐腐蚀材料制成)	6	30	17	9	千克	3A
7306900090	未列名其他钢铁管及空心异型材	6	30	17	9	千克	A
7307	**钢铁管子附件(例如,接头、肘管、管套)**						
73071100	--无可锻性铸铁制						
7307110000	无可锻性铸铁制管子附件	5	20	17	9	千克	
73071900	--其他						
7307190000	可锻性铸铁及铸钢管子附件	8	20	17	9	千克	
73072100	--法兰						
7307210000	不锈钢制法兰	8.4	20	17	9	千克	
73072200	--螺纹肘管、弯管及管套						
7307220000	不锈钢制螺纹肘管、弯管、管套	8.4	20	17	9	千克	
73072300	--对焊件						
7307230000	不锈钢制对焊件	8.4	20	17	9	千克	
73072900	--其他						
7307290000	不锈钢制其他管子附件	8.4	20	17	9	千克	
73079100	--法兰						
7307910000	未列名钢铁制法兰(不锈钢除外)	7	20	17	9	千克	
73079200	--螺纹肘管、弯管及管套						
7307920000	未列名钢铁制螺纹肘管、弯管、管套(不锈钢除外)	4	20	17	9	千克	
73079300	--对焊件						
7307930000	未列名钢铁制对焊件(不锈钢除外)	7	20	17	9	千克	
73079900	--其他						
7307990000	未列名钢铁制其他管子附件(不锈钢除外)	4	20	17	9	千克	
7308	**钢铁结构体(品目94.06的活动房屋除外)及其部件(例如,桥梁及桥梁体段、闸门、塔楼、格构杆、屋顶、屋顶框架、门窗及其框架、门槛、百叶窗、栏杆、支柱及立柱);上述结构体用的已加工钢铁板、杆、角材、型材、异型材、管子及类似品**						
73081000	-桥梁及桥梁体段						
7308100000	钢铁制桥梁及桥梁体段	8	30	17	9	千克	
73082000	-塔楼及格构杆						

商品编号	商品名称及备注	进口关税税率(%)		增值税率(%)	出口退税率(%)	计量单位	监管条件
		最惠国	普通				
7308200000	钢铁制塔楼及格构杆	8.4	30	17	9	千克	
73083000	-门窗及其框架、门槛						
7308300000	钢铁制门窗及其框架、门槛	10	50	17	9	千克	
73084000	-脚手架、模板或坑道支撑用的支柱及类似设备						
7308400000	钢铁制脚手架模板坑凳用支柱及类似设备	8.4	30	17	9	千克	
73089000	-其他						
7308900000	其他钢铁结构体及部件(包括结构体用的已加工钢板、型材、管子及类似品)	4	30	17	9	千克	
7309	**盛装物料用的钢铁囤、柜、罐、桶及类似容器(装压缩气体或液化气体的除外),容积超过300升,不论是否衬里或隔热,但无机械或热力装置**						
73090000	盛装物料用的钢铁囤、柜、罐、桶及类似容器(装压缩气体或液化气体的除外),容积>300升,不论是否衬里或隔热,但无机械或热力装置						
7309000000	容积>300 升钢铁制盛物容器(容积>300 升的囤、柜、桶、罐、听及类似容器)	10.5	35	17	5	千克	
7310	**盛装物料用的钢铁柜、桶、罐、听、盒及类似容器(装压缩气体或液化气体的除外),容积不超过300升,不论是否衬里或隔热,但无机械或热力装置**						
73101000	-容积≥50 升						
7310100010	100 升<总容积≤300 升的容器(与所处理或盛放的化学品接触表面由特殊耐腐蚀材料制成)	10.5	40	17	5	千克	3
7310100090	50 升≤容积≤300 升的其他钢铁制盛物容器(钢铁柜、桶、罐、听及类似容器)	10.5	40	17	5	千克	
73102110	---易拉罐及罐体						
7310211000	容积<50 升的焊边或卷边接合钢铁易拉罐及罐体	17.5	70	17	5	千克	A
73102190	---其他						
7310219000	容积<50 升的其他焊边或卷边接合钢铁罐	17.5	70	17	5	千克	
73102910	---易拉罐及罐体						
7310291000	容积<50 升的其他易拉罐及罐体(焊边或卷边接合的除外)	17.5	70	17	9	千克	A
73102990	---其他						
7310299000	容积<50 升的其他盛物容器(钢铁柜、桶、罐、听及类似容器)	17.5	70	17	9	千克	A
7311	**装压缩气体或液化气体用的钢铁容器**						
73110010	---零售包装用						
7311001000	装压缩或液化气的钢铁容器(指零售包装用)	17.5	70	17	5	千克	6A
73110090	---其他						
7311009000	其他装压缩或液化气的容器(指非零售包装用)	8	17	17	13	千克	6A
7312	**非绝缘的钢铁绞股线、绳、缆、编带、吊索及类似品**						
73121000	-绞股线、绳、缆						
7312100000	非绝缘的钢铁绞股线、绳、缆	4	20	17	5	千克	A
73129000	-其他						
7312900000	非绝缘钢铁编带、吊索及类似品	4	20	17	5	千克	
7313	**带刺钢铁丝;围篱用的钢铁绞带或单股扁丝(不论是否带刺)及松绞的双股丝**						
73130000	带刺钢铁丝;围篱用的钢铁绞带或单股扁丝(不论是否带刺)及松绞的双股丝						
7313000000	带刺钢铁丝、围篱用钢铁绞带(还包括单股扁丝及松绞的双股丝)	7	70	17	5	千克	
7314	**钢铁丝制的布(包括环形带)、网、篱、格栅;网眼钢铁板**						
73141200	--不锈钢制的机器用环形带						
7314120000	不锈钢制的机器环形带	12	20	17	5	千克	
73141400	--不锈钢制的其他机织品						
7314140000	不锈钢制的其他机织品	12	20	17	5	千克	
73141900	--其他						
7314190000	其他钢丝制机织品	7	20	17	5	千克	

商品编号	商品名称及备注	进口关税税率(%)		增值税率(%)	出口退税率(%)	计量单位	监管条件
		最惠国	普通				
73142000	-交点焊接的网、篱及格栅,其丝的最大截面尺寸≥3 毫米,网眼尺寸≥100 平方厘米						
7314200000	交点焊接的粗钢铁丝网、篱及格栅(其丝的最大截面尺寸≥3 毫米,网眼尺寸≥100 平方厘米)	7	70	17	5	千克	
73143100	--镀或涂锌的						
7314310000	交点焊接的镀或涂锌细钢铁丝网、篱及格栅(其丝的最大截面尺寸<3 毫米,网眼尺寸<100 平方厘米)	7	70	17	5	千克	
73143900	--其他						
7314390000	交点焊接的其他细钢铁丝网、篱及格栅(其丝的最大截面尺寸<3 毫米,网眼尺寸<100 平方厘米)	7	70	17	5	千克	
73144100	--镀或涂锌的						
7314410000	镀或涂锌的钢铁丝网、篱及格栅	8	20	17	5	千克	
73144200	--涂塑的						
7314420000	涂塑的钢铁丝网、篱及格栅	8	20	17	5	千克	
73144900	--其他						
7314490000	其他钢铁丝网、篱及格栅	8	20	17	5	千克	
73145000	-网眼钢铁板						
7314500000	网眼钢铁板	8	70	17	5	千克	
7315	**钢铁链及其零件**						
73151110	---自行车用						
7315111000	自行车滚子链	12	80	17	13	千克	
73151120	---摩托车用						
7315112000	摩托车滚子链	12	80	17	13	千克	
73151190	---其他						
7315119000	其他滚子链(自行车链、摩托车链除外)	12	80	17	13	千克	
73151200	--其他链						
7315120000	其他铰接链(滚子链除外)	12	80	17	13	千克	
73151900	--零件						
7315190000	铰接链零件(包括自行车链、摩托车链、其他滚子链零件)	12	80	17	13	千克	
73152000	-防滑链						
7315200000	防滑链	12	80	17	13	千克	
73158100	--日字环节链						
7315810000	日字环节链	12	80	17	17	千克	
73158200	--其他焊接链						
7315820000	其他焊接链(日字环节链除外)	12	80	17	17	千克	
73158900	--其他						
7315890000	未列名链	12	80	17	13	千克	
73159000	-其他零件						
7315900000	非铰接链零件	10	80	17	13	千克	
7316	**钢铁锚、多爪锚及其零件**						
73160000	钢铁锚、多爪锚及其零件						
7316000000	钢铁锚、多爪锚及其零件	10	40	17	13	千克	
7317	**钢铁制的钉、平头钉、图钉、波纹钉、U 形钉(品目 83.05 的货品除外)及类似品,不论钉头是否用其他材料制成,但不包括铜头钉**						
73170000	钢铁制的钉、平头钉、图钉、波纹钉、U 形钉(品目 83.05 的货品除外)及类似品,不论钉头是否用其他材料制成,但不包括铜头钉						
7317000000	铁钉、图钉、平头钉及类似品(不论钉头是否用其他材料制成,但不包括铜头钉)	10	80	17	5	千克	

商品编号	商品名称及备注	进口关税税率(%)		增值税率(%)	出口退税率(%)	计量单位	监管条件
		最惠国	普通				
7318	**钢铁制的螺钉、螺栓、螺母、方头螺钉、钩头螺钉、铆钉、销、开尾销、垫圈(包括弹簧垫圈)及类似品**						
73181100	--方头螺钉						
7318110000	方头螺钉	10	80	17	5	千克	
73181200	--其他木螺钉						
7318120001	非用于民用航空器维护和修理的其他木螺钉(不包括不锈钢紧固件)	10	80	17	5	千克	
7318120090	其他木螺钉	10	80	17	5	千克	
73181300	--钩头螺钉及环头螺钉						
7318130000	钩头螺钉及环头螺钉	10	80	17	5	千克	
73181400	--自攻螺丝						
7318140001	非用于民用航空器维护和修理的自攻螺钉(不包括不锈钢紧固件)	10	80	17	5	千克	
7318140090	其他自攻螺钉	10	80	17	5	千克	
73181510	---抗拉强度≥800兆帕的						
7318151001	抗拉强度≥800兆帕,杆径>6毫米的其他螺钉及螺栓(不包括不锈钢紧固件)(不论是否带有螺母或垫圈,非用于民用航空器维护和修理的)	8	80	17	5	千克	
7318151090	其他抗拉强度≥800兆帕的螺钉及螺栓(不论是否带有螺母或垫圈)	8	80	17	5	千克	
73181590	---其他						
7318159001	杆径>6毫米的其他螺钉及螺栓(不包括不锈钢紧固件)(不论是否带有螺母或垫圈,非用于民用航空器维护和修理的)	8	80	17	5	千克	
7318159090	其他螺钉及螺栓(不论是否带有螺母或垫圈)	8	80	17	5	千克	
73181600	--螺母						
7318160000	螺母	8	80	17	5	千克	
73181900	--其他						
7318190000	未列名螺纹制品	5	80	17	5	千克	
73182100	--弹簧垫圈及其他防松垫圈						
7318210001	弹簧垫圈及其他防松垫圈(不包括不锈钢紧固件)(非用于民用航空器维护和修理的)	10	80	17	5	千克	
7318210090	其他弹簧垫圈及其他防松垫圈	10	80	17	5	千克	
73182200	--其他垫圈						
7318220001	其他垫圈(不包括不锈钢紧固件)(非用于民用航空器维护和修理的)	10	80	17	5	千克	
7318220090	其他垫圈	10	80	17	5	千克	
73182300	--铆钉						
7318230000	铆钉	10	80	17	5	千克	
73182400	--销及开尾销						
7318240000	销及开尾销	10	80	17	5	千克	
73182900	--其他						
7318290000	其他无螺纹紧固件	10	80	17	5	千克	
7319	**钢铁制的手工缝针、编织针、引针、钩针、刺绣穿孔锥及类似制品;其他税号未列名的钢铁制安全别针及其他别针**						
73194010	---安全别针						
7319401000	安全别针(钢铁制)	10	90	17	5	千克	
73194090	---其他						
7319409000	其他别针(钢铁制)	10	90	17	5	千克	
73199000	-其他						
7319900000	未列名钢铁制针及类似品	10	80	17	5	千克	
7320	**钢铁制弹簧及弹簧片**						
73201010	---铁道车辆用						

商品编号	商品名称及备注	进口关税税率(%)		增值税率(%)	出口退税率(%)	计量单位	监管条件
		最惠国	普通				
7320101000	铁道车辆用片簧及簧片	6	14	17	5	千克	
73201020	---汽车用						
7320102000	汽车用片簧及簧片	10	14	17	5	千克	
73201090	---其他						
7320109000	其他片簧及簧片	10	50	17	5	千克	
73202010	---铁道车辆用						
7320201000	铁道车辆用螺旋弹簧	6	14	17	5	千克	
73202090	---其他						
7320209000	其他螺旋弹簧	10	50	17	5	千克	
73209010	---铁道车辆用						
7320901000	铁道车辆用其他弹簧	6	14	17	5	千克	
73209090	---其他						
7320909000	其他弹簧	12	50	17	5	千克	
7321	**非电热的钢铁制家用炉、灶(包括附有集中供暖用的热水锅的炉)、烤肉架、烤炉、煤气灶、加热板和类似非电热的家用器具及其零件**						
73211100	--使用气体燃料或可使用气体燃料及其他燃料的						
7321110000	可使用气体燃料的家用炉灶	15	80	17	9	千克/个	6
73211210	---煤油炉						
7321121000	煤油炉	21	80	17	5	千克/个	
73211290	---其他						
7321129000	其他使用液体燃料的家用炉灶	21	80	17	9	千克/个	
73211900	--其他,包括使用固体燃料的						
7321190000	其他炊事器具及加热板,包括使用固体燃料的	21	80	17	9	千克/个	
73218100	--使用气体燃料或可使用气体燃料及其他燃料的						
7321810000	可使用气体燃料的其他家用器具	23	80	17	5	千克/个	6
73218200	--使用液体燃料的						
7321820000	使用液体燃料的其他家用器具	21	80	17	5	千克/个	
73218900	--其他,包括使用固体燃料的						
7321890000	其他器具,包括使用固体燃料的	21	80	17	9	千克/个	
73219000	-零件						
7321900000	非电热家用器具零件	12	80	17	9	千克	
7322	**非电热的钢铁制集中供暖用散热器及其零件;非电热的钢铁制空气加热器、暖气分布器(包括可分布新鲜空气或调节空气的)及其零件,装有电动风扇或鼓风机**						
73221100	--铸铁制						
7322110000	非电热铸铁制集中供暖用散热器(包括零件)	21	80	17	5	千克	
73221900	--其他						
7322190000	非电热钢制集中供暖用散热器(包括零件)	21	80	17	5	千克	
73229000	-其他						
7322900000	非电热空气加热器、暖气分布器(包括零件)	20	80	17	5	千克	
7323	**餐桌、厨房或其他家用钢铁器具及其零件;钢铁丝绒;钢铁制擦锅器、洗刷擦光用的块垫、手套及类似品**						
73231000	-钢铁丝绒;擦锅器及洗刷擦光用的块垫、手套及类似品						
7323100000	钢铁丝绒、擦锅器、洗擦用块垫等	14	80	17	5	千克	A
73239100	--铸铁制,未搪瓷						
7323910000[暂10]	餐桌、厨房等家用铸铁制器具(包括零件、非搪瓷的)	20	80	17	9	千克	A
73239200	--铸铁制,已搪瓷						

商品编号	商品名称及备注	进口关税税率(%)		增值税率(%)	出口退税率(%)	计量单位	监管条件
		最惠国	普通				
7323920000暂10	餐桌、厨房等家用铸铁制搪瓷器(包括零件、已搪瓷的)	20	100	17	9	千克	A
73239300	--不锈钢制						
7323930000	餐桌、厨房等家用不锈钢器具(包括零件、已搪瓷的)	12	80	17	9	千克	A
73239410	---面盆						
7323941000	面盆,钢铁制,已搪瓷(铸铁的除外)	20	100	17	9	千克	A
73239420	---烧锅						
7323942000暂10	烧锅,钢铁制,已搪瓷(铸铁的除外)	20	100	17	9	千克	A
73239490	---其他						
7323949000	其他餐桌、厨房等家用钢铁制搪器(铸铁除外)	20	100	17	9	千克	A
73239900	--其他						
7323990000	其他餐桌、厨房等用钢铁器具	20	80	17	9	千克	A
7324	**钢铁制卫生器具及其零件**						
73241000	-不锈钢制洗涤槽及脸盆						
7324100000暂10	不锈钢制洗涤槽及脸盆	18	80	17	9	千克	
73242100	--铸铁制,不论是否搪瓷						
7324210000	铸铁制浴缸(不论是否搪瓷)	10	100	17	9	千克	
73242900	--其他						
7324290000暂15	其他钢铁制浴缸(不论是否搪瓷)	30	100	17	9	千克	
73249000	-其他,包括零件						
7324900000暂15	其他钢铁制卫生器具及零件	25	100	17	9	千克	
7325	**其他钢铁铸造制品**						
73251010	---工业用						
7325101000	工业用无可锻性铸铁制品	7	40	17	5	千克	
73251090	---其他						
7325109000	其他无可锻性铸铁制品	20	90	17	5	千克	
73259100	--研磨机用的研磨球及类似品						
7325910000	可锻性铸铁及铸钢研磨机的研磨球(包括其类似品)	10.5	40	17	5	千克	
73259910	---工业用						
7325991000	工业用未列名可锻性铸铁制品(包括铸钢制品)	10.5	40	17	5	千克	
73259990	---其他						
7325999000	非工业用未列名可锻性铸铁制品(包括铸钢制品)	20	90	17	5	千克	
7326	**其他钢铁制品**						
73261100	--研磨机用的研磨球及类似品						
7326110000	钢铁制研磨机用研磨球及类似品(经锻造或冲压后,未经进一步加工)	10.5	40	17	5	千克	
73261910	---工业用						
7326191000	工业用未列名钢铁制品(经锻造或冲压后,未经进一步加工)	10.5	40	17	5	千克	
73261990	---其他						
7326199000	非工业用钢铁制品(经锻造或冲压后,未经进一步加工)	20	90	17	5	千克	
73262010	---工业用						
7326201000	工业用钢铁丝制品	10	40	17	5	千克	
73262090	---其他						
7326209000	非工业用钢铁丝制品	18	90	17	9	千克	

商品编号	商品名称及备注	进口关税税率(%)		增值税率(%)	出口退税率(%)	计量单位	监管条件
		最惠国	普通				
73269011	----钢铁纤维及其制品						
7326901100	其他工业用钢铁纤维及其制品	10.5	40	17	5	千克	
73269019	----其他						
7326901900	其他工业用钢铁制品	10.5	40	17	5	千克	
73269090	---其他						
7326909000	其他非工业用钢铁制品	8	90	17	9	千克	

第七十四章　铜及其制品

注释：

本章所用有关名词解释如下：

一、精炼铜

按重量计含铜量至少为99.85%的金属；或按重量计含铜量至少为97.5%，但其他各种元素的含量不超过下表中规定的限量的金属：

其他元素表

元	素	所含重量百分比
Ag	银	0.25
As	砷	0.5
Cd	镉	1.3
Cr	铬	1.4
Mg	镁	0.8
Pb	铅	1.5
S	硫	0.7
Sn	锡	0.8
Te	碲	0.8
Zn	锌	1
Zr	锆	0.3
其他元素(1)，每种		0.3

(1)其他元素，例如铝、铍、钴、铁、锰、镍、硅。

二、铜合金

除未精炼铜以外的金属物质，按重量计含铜量大于其他元素单项含量，但：

(一)按重量计至少有一种其他元素的含量超过上表中规定的限量；

(二)按重量计其他元素的总含量超过2.5%。

三、铜母合金

含有其他元素，但按重量计含铜量超过10%的合金，该合金无实用可锻性，通常用做生产其他合金的添加剂或用做冶炼有色金属的脱氧剂、脱硫剂及类似用途。但按重量计含磷量超过15%的磷化铜(磷铜)归入品目28.53。

四、条、杆

轧、挤、拔或锻制的实心产品，非成卷的，其全长截面均为圆形、椭圆形、矩形(包括正方形)、等边三角形或规则外凸多边形(包括相对两边为弧拱形，另外两边为等长平行直线的"扁圆形"及"变形矩形")。对于矩形(包括正方形)、三角形或多边形截面的产品，其全长边角可经磨圆。矩形(包括"变形矩形")截面的产品，其厚度应大于宽度的1/10。所述条、杆也包括同样形状及尺寸的铸造或烧结产品。该产品在铸造或烧结后再经加工(简单剪修或去氧化皮的除外)，但不具有其他品目所列制品或产品的特征。

线锭及坯段已具锥形尾端或经其他简单加工以便送入机器制成盘条或管子等的，仍应作为未锻轧铜归入品目74.03。

五、型材及异型材

轧、挤、拔、锻制的产品或其他成型产品，不论是否成卷，其全长截面相同，但与条、杆、丝、板、片、带、箔、管的定义不相符合。同时也包括同样形状的铸造或烧结产品。该产品在铸造或烧结后再经加工(简单剪修或去氧化皮的除外)，但不具有其他品目所列制品或产品的特征。

六、丝

盘卷的轧、挤或拔制实心产品，其全长截面均为圆形、椭圆形、矩形(包括正方形)、等边三角形或规则外凸多边形(包括相对两边为弧拱形，另外两边为等长平行直线的"扁圆形"及"变形矩形")。对于矩形(包括正方形)、三角形或多边形截面的产品，其全长边角可经磨圆。矩形(包括"变形矩形")截面的产品，其厚度应大于宽度的1/10。

七、板、片、带、箔

成卷或非成卷的平面产品(品目74.03的未锻轧产品除外)，截面均为厚度相同的实心矩形(不包括正方形)，不论边角是否磨圆(包括相对两边为弧拱形，另外两边为等长平行直线的"变形矩形")，并且符合以下规格：

(一)矩形(包括正方形)的，厚度不超过宽度的1/10；

(二)矩形或正方形以外形状的，任何尺寸，但不具有其他品目所列制品或产品的特征。

品目74.09及74.10还适用于具有花样(例如，凹槽、肋条形、格槽、珠粒及菱形)的板、片、带、箔以及穿孔、抛光、涂层或制成瓦楞形的这类产品，但不具有其他品目所列制品或产品的特征。

八、管

全长截面及管壁厚度相同并只有一个闭合空间的空心产品，成卷或非成卷的，其截面为圆形、椭圆形、矩形(包括正方形)、等边三角形或规则外凸多边形。对于截面为矩形(包括正方形)、等边三角形或规则外凸多边形的产品，不论全长边角是否磨圆，只要其内外截面为同一圆心并为同样形状及同一轴向，也可视为管子。上述截面的管子可经抛光、涂层、弯曲、攻丝、钻孔、缩腰、胀口、成锥形或装法兰、颈圈或套环。

子目注释：

本章所用有关名词解释如下：

一、铜锌合金(黄铜)

铜与锌的合金，不论是否含有其他元素。含有其他元素时：

按重量计含锌量应大于其他各种元素的单项含量；

按重量计含镍量应低于5%[参见铜镍锌合金(德银)]；

按重量计含锡量应低于3%[参见铜锡合金(青铜)]。

二、铜锡合金(青铜)

铜与锡的合金，不论是否含有其他元素。含有其他元素时，按重量计含锡量应大于其他各种元素的单项含量。当按重量计含锡量在3%及以上时，锌的含量可大于锡的含量，但必须小于10%。

三、铜镍锌合金(德银)

铜、镍、锌的合金，不论是否含有其他元素，按重量计含镍量在5%及以上[参见铜锌合金(黄铜)]。

四、铜镍合金

铜与镍的合金，不论是否含有其他元素，但按重量计含锌量不得大于1%。含有其他元素时，按重量计含镍量应大于其他各种元素的单项含量。

商品编号	商 品 名 称 及 备 注	进口关税税率(%)		增值税率(%)	出口退税率(%)	计量单位	监管条件
		最惠国	普通				
7401	**铜锍;沉积铜(泥铜)**						
74010000	铜锍;沉积铜(泥铜)						
7401000010	沉积铜(泥铜)	2	11	17	0	千克	9A
7401000090[暂0]	铜锍	2	11	17	0	千克	
7402	**未精炼铜;电解精炼用的铜阳极**						
74020000	未精炼铜;电解精炼用的铜阳极						
7402000001[暂0]	未精炼铜、电解精炼用铜阳极(含黄金价值部分)	2	11	0	0	千克	
7402000090[暂0]	未精炼铜、电解精炼用铜阳极(非黄金价值部分)	2	11	17	0	千克	
7403	**未锻轧的精炼铜及铜合金**						
74031111	----按重量计铜含量>99.9935%的						
7403111101[暂0]	高纯阴极铜(99.9935%<铜含量<99.9999%)(未锻轧的)	2	11	17	0	千克	
7403111190[暂0]	高纯阴极铜(铜含量≥99.9999%)(未锻轧的)	2	11	17	0	千克	
74031119	----其他						
7403111900[暂0]	其他精炼铜的阴极(未锻轧的)	2	11	17	0	千克	
74031190	---阴极型材						
7403119000[暂0]	精炼铜的阴极型材(未锻轧的)	2	11	17	0	千克	
74031200	--线锭						
7403120000[暂0]	精炼铜的线锭(未锻轧的)	2	11	17	0	千克	
74031300	--坯段						
7403130000[暂0]	精炼铜的坯段(未锻轧的)	2	11	17	0	千克	
74031900	--其他						
7403190000[暂0]	其他未锻轧的精炼铜	2	11	17	0	千克	
74032100	--铜锌合金(黄铜)						
7403210000[暂1]	未锻轧的铜锌合金(黄铜)	1	14	17	0	千克	
74032200	--铜锡合金(青铜)						
7403220000[暂1]	未锻轧的铜锡合金(青铜)	1	17	17	0	千克	
74032900	--其他铜合金(品目74.05的铜母合金除外)						
7403290000[暂1]	未锻轧的其他铜合金(铜母合金除外,包括未锻轧的白铜或德银)	1	17	17	0	千克	
7404	**铜废碎料**						
74040000	铜废碎料						
7404000010[暂0]	以回收铜为主的废电机等(包括废电机、电线、电缆、五金电器)	1.5	11	17	0	千克	AP
7404000090[暂0]	其他铜废碎料	1.5	11	17	0	千克	A
7405	**铜母合金**						
74050000	铜母合金						
7405000000[暂4]	铜母合金	4	17	17	0	千克	
7406	**铜粉及片状粉末**						
74061010	---精炼铜制						
7406101000	精炼铜制非片状粉末	3	14	17	0	千克	
74061020	---铜镍合金(白铜)或铜镍锌合金(德银)制						
7406102000	白铜或德银制非片状粉末	6	40	17	0	千克	
74061030	---铜锌合金(黄铜)制						
7406103000	铜锌合金(黄铜)制非片状粉末	6	30	17	0	千克	
74061040	---铜锡合金(青铜)制						
7406104000	铜锡合金(青铜)制非片状粉末	6	30	17	0	千克	
74061090	---其他铜合金制						
7406109000	其他铜合金制非片状粉末	6	30	17	0	千克	

商品编号	商品名称及备注	进口关税税率(%)		增值税率(%)	出口退税率(%)	计量单位	监管条件
		最惠国	普通				
74062010	---精炼铜制						
7406201000	精炼铜制片状粉末	4	14	17	0	千克	
74062020	---铜镍合金(白铜)或铜镍锌合金(德银)制						
7406202000	白铜或德银制片状粉末	6	40	17	0	千克	
74062090	---其他铜合金制						
7406209000	其他铜合金制片状粉末	6	30	17	0	千克	
7407	**铜条、杆、型材及异型材**						
74071010	---铬锆铜制						
7407101000[暂4]	铬锆铜制的条、杆、型材及异型材	4	14	17	9	千克	
74071090	---其他						
7407109000[暂4]	其他精炼铜条、杆、型材及异型材	4	14	17	0	千克	
74072111	----直线度≤0.5毫米/米						
7407211100[暂7]	铜锌合金(黄铜)条、杆(直线度≤0.5毫米/米)	7	20	17	9	千克	
74072119	----其他						
7407211900[暂7]	其他铜锌合金(黄铜)条、杆(直线度>0.5毫米/米)	7	20	17	9	千克	
74072190	---其他						
7407219000[暂7]	铜锌合金(黄铜)型材及异型材	7	20	17	9	千克	
74072900	--其他						
7407290000[暂7]	其他铜合金条、杆、型材及异型材(包括白铜或德银的条、杆、型材及异型材)	7	20	17	9	千克	
7408	**铜丝**						
74081100	--最大截面尺寸>6毫米						
7408110000[暂4]	最大截面尺寸>6毫米的精炼铜丝	4	14	17	9	千克	
74081900	--其他						
7408190001[暂2]	其他含氧量<5PPM的精炼铜丝(截面尺寸≤6毫米)	4	14	17	9	千克	
7408190090[暂4]	其他截面尺寸≤6毫米的精炼铜丝	4	14	17	9	千克	
74082100	--铜锌合金(黄铜)						
7408210000[暂7]	铜锌合金(黄铜)丝	7	20	17	9	千克	
74082210	---铜镍锌铅合金(加铅德银)						
7408221000[暂8]	铜镍锌铅合金(加铅德银)丝	8	40	17	9	千克	
74082290	---其他						
7408229000[暂8]	其他铜镍合金(白铜)丝或铜镍锌合金(德银)丝	8	40	17	0	千克	
74082900	--其他						
7408290000[暂7]	其他铜合金丝	7	20	17	9	千克	
7409	**铜板、片及带,厚度超过0.15毫米**						
74091110	---含氧量≤10PPM的						
7409111000[暂4]	成卷的精炼铜板、片、带(厚度>0.15毫米,含氧量≤10PPM的)	4	14	17	9	千克	
74091190	---其他						
7409119000[暂4]	其他成卷的精炼铜板、片、带(厚度>0.15毫米)	4	14	17	9	千克	
74091900	--其他						
7409190000[暂4]	其他精炼铜板、片、带(厚度>0.15毫米)	4	14	17	9	千克	
74092100	--盘卷的						
7409210000[暂7]	成卷的铜锌合金(黄铜)板、片、带(厚度>0.15毫米)	7	20	17	9	千克	
74092900	--其他						
7409290000[暂7]	其他铜锌合金(黄铜)板、片、带(厚度>0.15毫米)	7	20	17	9	千克	
74093100	--盘卷的						
7409310000[暂7]	成卷的铜锡合金(青铜)板、片、带(厚度>0.15毫米)	7	20	17	9	千克	

商品编号	商 品 名 称 及 备 注	进口关税税率(%) 最惠国	进口关税税率(%) 普通	增值税率(%)	出口退税率(%)	计量单位	监管条件
74093900	--其他						
7409390000[暂7]	其他铜锡合金板、片、带(厚度>0.15 毫米)	7	20	17	9	千克	
74094000	-铜镍合金(白铜)或铜镍锌合金(德银)制						
7409400000[暂7]	白铜或德银制板、片、带(厚度>0.15 毫米)	7	40	17	9	千克	
74099000	-其他铜合金制						
7409900000[暂7]	其他铜合金板、片、带(厚度>0.15 毫米)	7	20	17	9	千克	
7410	**铜箔(不论是否印花或用纸、纸板、塑料或类似材料衬背),厚度(衬背除外)不超过 0.15 毫米**						
74101100	--精炼铜制						
7410110000	无衬背的精炼铜箔(厚度≤0.15 毫米)	4	14	17	17	千克	
74101210	---铜镍合金(白铜)或铜镍锌合金(德银)						
7410121000	无衬背铜镍合金箔或铜镍锌合金箔(厚度≤0.15 毫米)	7	40	17	13	千克	
74101290	---其他						
7410129000	无衬背的其他铜合金箔(厚度≤0.15 毫米)	7	20	17	13	千克	
74102110	---印制电路用覆铜板						
7410211000	有衬背的精炼铜制印刷电路用覆铜板[厚度(衬背除外)≤0.15 毫米]	4	14	17	17	千克	
74102190	---其他						
7410219000	有衬背的其他精炼铜箔[厚度(衬背除外)≤0.15 毫米]	4	14	17	13	千克	
74102210	---铜镍合金(白铜)或铜镍锌合金(德银)						
7410221000	有衬背铜镍合金箔或铜镍锌合金箔[厚度(衬背除外)≤0.15 毫米]	7	40	17	13	千克	
74102290	---其他						
7410229000	有衬背的其他铜合金箔[厚度(衬背除外)≤0.15 毫米]	7	20	17	13	千克	
7411	**铜管**						
74111011	----带有螺纹或翅片的						
7411101100	外径≤25 毫米的带有内(外)螺纹或翅片的精炼铜管	4	14	17	13	千克	
74111019	----其他						
7411101901[暂2]	其他含氧量<5PPM,外径≤25 毫米的精炼铜管	4	14	17	13	千克	
7411101990	外径≤25 毫米的其他精炼铜管	4	14	17	13	千克	
74111020	---外径>70 毫米的						
7411102000	外径>70 毫米的精炼铜管	4	14	17	13	千克	
74111090	---其他						
7411109000	其他精炼铜管	4	14	17	13	千克	
74112110	---盘卷的						
7411211000	盘卷的铜锌合金(黄铜)管	7	20	17	13	千克	
74112190	---其他						
7411219000	其他铜锌合金(黄铜)管	7	20	17	13	千克	
74112200	--铜镍合金(白铜)或铜镍锌合金(德银)						
7411220000	白铜或德银管	7	40	17	13	千克	
74112900	--其他						
7411290000	其他铜合金管	7	20	17	13	千克	
7412	**铜制管子附件(例如,接头、肘管、管套)**						
74121000	-精炼铜制						
7412100000	精炼铜管子附件	4	14	17	0	千克	
74122010	---铜镍合金(白铜)或铜镍锌合金(德银)						
7412201000	铜镍合金或铜镍锌合金管子配件	7	40	17	0	千克	
74122090	---其他						

商品编号	商品名称及备注	进口关税税率(%)		增值税率(%)	出口退税率(%)	计量单位	监管条件
		最惠国	普通				
7412209000	其他铜合金管子配件	7	20	17	0	千克	
7413	**非绝缘的铜丝绞股线、缆、编带及类似品**						
74130000	非绝缘的铜丝绞股线、缆、编带及类似品						
7413000000	非绝缘的铜丝绞股线、缆、编带等	5	14	17	0	千克	A
7415	**铜制或钢铁制带铜头的钉、平头钉、图钉、U形钉(品目83.05的货品除外)及类似品;铜制螺钉、螺栓、螺母、钩头螺钉、铆钉、销、开尾销、垫圈(包括弹簧垫圈)及类似品**						
74151000	-钉、平头钉、图钉、U形钉及类似品						
7415100000	铜钉、平头钉、图钉、U形钉及类似品(包括钢铁制带铜头的)	8	80	17	0	千克	
74152100	--垫圈(包括弹簧垫圈)						
7415210000	铜垫圈(包括弹簧垫圈)	10	80	17	0	千克	
74152900	--其他						
7415290000	铜制其他无螺纹制品	10	80	17	0	千克	
74153310	---木螺钉						
7415331000	铜制木螺钉(包括钢铁制带铜头的)	8	80	17	0	千克	
74153390	---其他						
7415339000	铜制其他螺钉、螺栓、螺母(包括钢铁制带铜头的)	8	80	17	0	千克	
74153900	--其他						
7415390000	其他铜制螺纹制品	10	80	17	0	千克	
7418	**餐桌、厨房或其他家用铜制器具及其零件;铜制刷锅器、洗刷擦光用的块垫、手套及类似品;铜制卫生器具及其零件**						
74181010	---擦锅器及洗刷擦光用的块垫、手套及类似品						
7418101000	擦锅器及洗刷擦光用的块垫、手套(包括类似品,铜制)	18	80	17	9	千克	A
74181020	---非电热的铜制家用烹饪器具及其他零件						
7418102000	非电热的铜制家用烹饪器具及其零件	20	80	17	9	千克	A
74181090	---其他						
7418109000[暂10]	其他餐桌厨房等家用铜制器具及其零件	18	80	17	9	千克	A
74182000	-卫生器具及其零件						
7418200000[暂10]	铜制卫生器具及其零件	18	80	17	9	千克	
7419	**其他铜制品**						
74191000	-链条及其零件						
7419100000	铜链条及其零件	14	80	17	0	千克	
74199110	---工业用						
7419911000	工业用铸造、模压、冲压其他铜制品(未进一步加工)	10	40	17	0	千克	
74199190	---其他						
7419919000	非工业用铸造、模压、冲压铜制品(未进一步加工)	20	80	17	5	千克	
74199920	---铜弹簧						
7419992000	铜弹簧	10	40	17	5	千克	
74199930	---铜丝制的布(包括环形带)						
7419993000	铜丝制的布(包括环形带)	7	20	17	5	千克	
74199940	---铜丝制的网、格栅,网眼铜板						
7419994000	铜丝制的网、格栅、网眼铜板	8	20	17	5	千克	
74199950	---非电热的铜制家用供暖器具及其零件						
7419995000	非电热的铜制家用供暖器	20	80	17	5	千克	
74199991	----工业用						
7419999100	工业用其他铜制品	10	40	17	0	千克	
74199999	----其他						
7419999900	非工业用其他铜制品	20	80	17	5	千克	

第七十五章　镍及其制品

注释：

本章所用有关名词解释如下：

一、条、杆

轧、挤、拔或锻制的实心产品，非成卷的，其全长截面均为圆形、椭圆形、矩形（包括正方形）、等边三角形或规则外凸多边形（包括相对两边为弧拱形，另外两边为等长平行直线的"扁圆形"及"变形矩形"）。对于矩形（包括正方形）、三角形或多边形截面的产品，其全长边角可经磨圆。矩形（包括"变形矩形"）截面的产品，其厚度应大于宽度的1/10。所述条、杆也包括同样形状及尺寸的铸造或烧结产品。该产品在铸造或烧结后再经加工（简单剪修或去氧化皮的除外），但不具有其他品目所列制品或产品的特征。

二、型材及异型材

轧、挤、拔、锻制的产品或其他成型产品，不论是否成卷，其全长截面相同，但与条、杆、丝、板、片、带、箔、管的定义不相符合。同时也包括同样形状的铸造或烧结产品。该产品在铸造或烧结后再经加工（简单剪修或去氧化皮的除外），但不具有其他品目所列制品或产品的特征。

三、丝

盘卷的轧、挤或拔制实心产品，其全长截面均为圆形、椭圆形、矩形（包括正方形）、等边三角形或规则外凸多边形（包括相对两边为弧拱形，另外两边为等长平行直线的"扁圆形"及"变形矩形"）。对于矩形（包括正方形）、三角形或多边形截面的产品，其全长边角可经磨圆。矩形（包括"变形矩形"）截面的产品，其厚度应大于宽度的1/10。

四、板、片、带、箔

成卷或非成卷的平面产品（品目75.02的未锻轧产品除外），截面均为厚度相同的实心矩形（不包括正方形），不论边角是否磨圆（包括相对两边为弧拱形，另外两边为等长平行直线的"变形矩形"），并且符合以下规格：

（一）矩形（包括正方形）的，厚度不超过宽度的1/10；

（二）矩形或正方形以外形状的，任何尺寸，但不具有其他品目所列制品或产品的特征。

品目75.06还适用于具有花样（例如，凹槽、肋条形、格槽、珠粒及菱形）的板、片、带、箔以及穿孔、抛光、涂层或制成瓦楞形的这类产品，但不具有其他品目所列制品或产品的特征。

五、管

全长截面及管壁厚度相同并只有一个闭合空间的空心产品，成卷或非成卷的，其截面为圆形、椭圆形、矩形（包括正方形）、等边三角形或规则外凸多边形。对于截面为矩形（包括正方形）、等边三角形或规则外凸多边形的产品，不论全长边角是否磨圆，只要其内外截面为同一圆心并为同样形状及同一轴向，也可视为管子。上述截面的管子可经抛光、涂层、弯曲、攻丝、钻孔、缩腰、胀口、成锥形或装法兰、颈圈或套环。

子目注释：

一、本章所用有关名词解释如下：

（一）非合金镍

按重量计镍及钴的含量至少为99%的金属，但：

1. 按重量计含钴量不超过1.5%；
2. 按重量计其他各种元素的含量不超过下表中规定的限量：

其他元素表

元　　素	所含重量百分比
Fe　　铁	0.5
O　　氧	0.4
其他元素，每种	0.3

（二）镍合金

按重量计含镍量大于其他元素单项含量的金属物质，但：

1. 按重量计含钴量超过1.5%；
2. 按重量计至少有一种其他元素的含量超过上表中规定的限量；
3. 除镍及钴以外，按重量计其他元素的总含量超过1%。

二、子目号7508.10所称"丝"，不受本章注释三的限制，仅适用于任何截面形状，但截面直径不超过6毫米的产品，不论是否盘卷。

商品编号	商品名称及备注	进口关税税率（%）最惠国	进口关税税率（%）普通	增值税率（%）	出口退税率（%）	计量单位	监管条件
7501	**镍锍、氧化镍烧结物及镍冶炼的其他中间产品**						
75011000	-镍锍						
7501100000暂0	镍锍	3	11	17	0	千克	4xy
75012010	---镍湿法冶炼中间品						
7501201000暂0	镍湿法冶炼中间品	3	11	17	0	千克	4xy
75012090	---其他						
7501209000暂0	其他氧化镍烧结物、镍的其他中间产品	3	11	17	0	千克	4xy
7502	**未锻轧镍**						
75021010	---按重量计镍、钴总量≥99.99%的，但钴含量≤0.005%						
7502101000暂1	未锻轧非合金镍，按重量计镍、钴总量≥99.99%，但钴含量≤0.005%	3	11	17	0	千克	4xy
75021090	---其他						

商品编号	商品名称及备注	进口关税税率(%)		增值税率(%)	出口退税率(%)	计量单位	监管条件
		最惠国	普通				
7502109000[暂1]	其他未锻轧非合金镍	3	11	17	0	千克	4xy
75022000	-镍合金						
7502200000[暂3]	未锻轧镍合金	3	11	17	0	千克	4xy
7503	**镍废碎料**						
75030000	镍废碎料						
7503000000[暂1]	镍废碎料	1.5	11	17	0	千克	4Axy
7504	**镍粉及片状粉末**						
75040010	---非合金镍粉及片状粉末						
7504001000	非合金镍粉及片状粉末	4	17	17	0	千克	3
75040020	---合金镍粉及片状粉末						
7504002000	合金镍粉及片状粉末	4	17	17	0	千克	
7505	**镍条、杆、型材及异型材或丝**						
75051100	--非合金镍制						
7505110000	纯镍条、杆、型材	6	14	17	5	千克	
75051200	--镍合金制						
7505120000	合金镍条、杆、型材	6	14	17	13	千克	
75052100	--非合金镍制						
7505210000	纯镍丝	6	17	17	5	千克	
75052200	--镍合金制						
7505220000	合金镍丝	6	17	17	13	千克	
7506	**镍板、片、带、箔**						
75061000	-非合金镍制						
7506100000	纯镍板、片、带、箔	6	14	17	5	千克	
75062000	-镍合金制						
7506200000	镍合金板、片、带、箔	6	14	17	0	千克	
7507	**镍管及管子附件(例如,接头、肘管、管套)**						
75071100	--非合金镍制						
7507110000	纯镍管	6	17	17	0	千克	
75071200	--镍合金制						
7507120000	合金镍管	6	17	17	13	千克	
75072000	-管子附件						
7507200000	镍及镍合金管子附件	6	17	17	0	千克	
7508	**其他镍制品**						
75081010	---镍丝布						
7508101000	镍丝制的布	6	20	17	0	千克	
75081080	---其他工业用镍制品						
7508108000	工业用镍丝制的网及格栅	6	40	17	0	千克	
75081090	---其他						
7508109000	其他镍丝制的网及格栅	6	70	17	0	千克	
75089010	---电镀用镍阳极						
7508901000[暂4]	电镀用镍阳极	4	14	17	0	千克	
75089080	---其他工业用镍制品						
7508908000	其他工业用镍制品(镍丝布、网及格栅除外)	6	40	17	0	千克	
75089090	---其他						
7508909000	其他非工业用镍制品(镍丝布、网及格栅除外)	6	70	17	0	千克	

第七十六章　铝及其制品

注释：

本章所用有关名词解释如下：

一、条、杆

轧、挤、拔或锻制的实心产品，非成卷的，其全长截面均为圆形、椭圆形、矩形（包括正方形）、等边三角形或规则外凸多边形（包括相对两边为弧拱形，另外两边为等长平行直线的“扁圆形”及“变形矩形”）。对于矩形（包括正方形）、三角形或多边形截面的产品，其全长边角可经磨圆。矩形（包括“变形矩形”）截面的产品，其厚度应大于宽度的1/10。所述条、杆也包括同样形状及尺寸的铸造或烧结产品。该产品在铸造或烧结后再经加工（简单剪修或去氧化皮的除外），但不具有其他品目所列制品或产品的特征。

二、型材及异型材

轧、挤、拔、锻制的产品或其他成型产品，不论是否成卷，其全长截面相同，但与条、杆、丝、板、片、带、箔、管的定义不相符合。同时也包括同样形状的铸造或烧结产品。该产品在铸造或烧结后再经加工（简单剪修或去氧化皮的除外），但不具有其他品目所列制品或产品的特征。

三、丝

盘卷的轧、挤或拔制实心产品，其全长截面均为圆形、椭圆形、矩形（包括正方形）、等边三角形或规则外凸多边形（包括相对两边为弧拱形，另外两边为等长平行直线的“扁圆形”及“变形矩形”）。对于矩形（包括正方形）、三角形或多边形截面的产品，其全长边角可经磨圆。矩形（包括“变形矩形”）截面的产品，其厚度应大于宽度的1/10。

四、板、片、带、箔

成卷或非成卷的平面产品（品目76.01的未锻轧产品除外），截面均为厚度相同的实心矩形（不包括正方形），不论边角是否磨圆（包括相对两边为弧拱形，另外两边为等长平行直线的“变形矩形”），并且符合以下规格：

（一）矩形（包括正方形）的，厚度不超过宽度的1/10；

（二）矩形或正方形以外形状的，任何尺寸，但不具有其他品目所列制品或产品的特征。品目76.06和76.07还适用于具有花样（例如，凹槽、肋条形、格槽、珠粒及菱形）的板、片、带、箔以及穿孔、抛光、涂层或制成瓦楞形的这类产品，但不具有其他品目所列制品或产品的特征。

五、管

全长截面及管壁厚度相同并只有一个闭合空间的空心产品，成卷或非成卷的，其截面为圆形、椭圆形、矩形（包括正方形）、等边三角形或规则外凸多边形。对于截面为矩形（包括正方形）、等边三角形或规则外凸多边形的产品，不论全长边角是否磨圆，只要其内外截面为同一圆心并为同样形状及同一轴向，也可视为管子。上述截面的管子可经抛光、涂层、弯曲、攻丝、钻孔、缩腰、胀口、成锥形或装法兰、颈圈或套环。

子目注释：

一、本章所用有关名词解释如下：

（一）非合金铝

按重量计含铝量至少为99%的金属，但其他各种元素的含量不超过下表中规定的限量：

其他元素表

元　　素	所含重量百分比
Fe+Si（铁+硅）	1
其他元素（1），每种	0.1（2）

（1）其他元素，例如，铬、铜、镁、锰、镍、锌。

（2）含铜成分可大于0.1%，但不得大于0.2%，且铬和锰的含量均不得超过0.05%。

（二）铝合金

按重量计含铝量大于其他元素单项含量的金属物质，但：

1. 按重量计至少有一种其他元素或铁加硅的含量大于上表中规定的限量；
2. 按重量计其他元素的总含量超过1%。

二、子目号7616.91所称“丝”，不受本章注释三的限制，仅适用于任何截面形状、截面直径不超过6毫米的产品，不论是否盘卷。

商品编号	商品名称及备注	进口关税税率（%）		增值税率（%）	出口退税率（%）	计量单位	监管条件
		最惠国	普通				
7601	**未锻轧铝**						
76011010	---按重量计含铝量≥99.95%						
7601101000暂5	未锻轧非合金铝（按重量计含铝量≥99.95%）	5	14	17	0	千克	
76011090	---其他						
7601109000暂0	其他未锻轧非合金铝	5	14	17	0	千克	
76012000	-铝合金						
7601200010暂7	碱金属含量（Na+K+Ca）<10ppm，氢含量<0.12ml/100gAl的低碱精炼铝合金	7	14	17	0	千克	
7601200090暂7	其他未锻轧铝合金	7	14	17	0	千克	
7602	**铝废碎料**						
76020000	铝废碎料						

商品编号	商品名称及备注	进口关税税率(%)		增值税率(%)	出口退税率(%)	计量单位	监管条件
		最惠国	普通				
7602000010[暂0]	以回收铝为主的废电线等(包括废电线、电缆、五金电器)	1.5	14	17	0	千克	AP
7602000090[暂0]	其他铝废碎料	1.5	14	17	0	千克	A
7603	**铝粉及片状粉末**						
76031000	-非片状粉末						
7603100010	颗粒<500微米的微细球形铝粉(颗粒均匀,铝含量≥97%)	6	30	17	0	千克	3A
7603100090	其他非片状铝粉	6	30	17	0	千克	AB
76032000	-片状粉末						
7603200000	片状铝粉末	7	30	17	0	千克	
7604	**铝条、杆、型材及异型材**						
76041010	---铝条、杆						
7604101000[暂5]	非合金制铝条、杆	5	30	17	0	千克	
76041090	---其他						
7604109000[暂5]	非合金制铝型材、异型材	5	30	17	0	千克	
76042100	--空心异型材						
7604210000[暂5]	铝合金制空心异型材	5	30	17	13	千克	A
76042910	---铝合金条、杆						
7604291010[暂5]	柱形实心体铝合金[在293K(20℃)时的极限抗拉强度能达到460兆帕(0.46×10^9牛顿/平方米)或更大]	5	30	17	0	千克	3A
7604291090[暂5]	其他铝合金制条、杆	5	30	17	0	千克	A
76042990	---其他						
7604299000[暂5]	其他铝合金制型材、异型材	5	30	17	13	千克	A
7605	**铝丝**						
76051100	--最大截面尺寸>7毫米						
7605110000[暂8]	最大截面尺寸>7毫米的非合金铝丝	8	17	17	0	千克	
76051900	--其他						
7605190000[暂8]	最大截面尺寸≤7毫米的非合金铝丝	8	17	17	0	千克	
76052100	--最大截面尺寸>7毫米						
7605210000[暂8]	最大截面尺寸>7毫米的铝合金丝	8	17	17	0	千克	
76052900	--其他						
7605290000[暂8]	最大截面尺寸≤7毫米的铝合金丝	8	17	17	0	千克	
7606	**铝板、片及带,厚度超过0.2毫米**						
76061121	----铝塑复合的						
7606112100[暂6]	非合金铝制铝塑复合矩形板、片及带(包括正方形)(0.3毫米≤厚度≤0.36毫米)	6	50	17	13	千克	A
76061129	----其他						
7606112900[暂4]	其他非合金铝制矩形板、片及带(包括正方形)(0.3毫米≤厚度≤0.36毫米)	6	50	17	13	千克	A
76061191	----铝塑复合的						
7606119100[暂6]	0.2毫米<厚度<0.3毫米或厚>0.36毫米非合金铝制铝塑复合矩形板、片及带(包括正方形)	6	30	17	13	千克	A
76061199	----其他						
7606119900[暂6]	0.2毫米<厚度<0.3毫米或厚>0.36毫米非合金铝制矩形其他板、片及带(包括正方形)	6	30	17	13	千克	A
76061220	---厚度<0.28毫米						
7606122000[暂6]	铝合金制矩形的薄板、片及带(包括正方形,薄板指0.2毫米<厚度<0.28毫米)	6	30	17	13	千克	A
76061230	---0.28毫米≤厚度≤0.35毫米						
7606123000[暂6]	铝合金制矩形的中厚板、片及带(包括正方形,中厚板指0.28毫米≤厚度≤0.35毫米)	6	30	17	13	千克	A
76061251	----铝塑复合的						
7606125100[暂6]	0.35毫米<厚度≤4毫米铝合金制铝塑复合的矩形厚板、片及带(包括正方形)	6	50	17	13	千克	A

商品编号	商品名称及备注	进口关税税率(%)		增值税率(%)	出口退税率(%)	计量单位	监管条件
		最惠国	普通				
76061259	----其他						
7606125900[暂6]	其他0.35毫米<厚度≤4毫米铝合金制矩形厚板、片及带(包括正方形)	6	50	17	13	千克	A
76061290	---其他						
7606129000[暂6]	厚度>4毫米铝合金制矩形的厚板、片及带(包括正方形)	6	50	17	13	千克	A
76069100	--非合金铝制						
7606910000[暂6]	非合金铝制非矩形的板、片及带(厚度>0.2毫米)	6	30	17	13	千克	
76069200	--铝合金制						
7606920000[暂10]	铝合金制非矩形的板、片及带(厚度>0.2毫米)	10	30	17	13	千克	A
7607	**铝箔(不论是否印花或用纸、纸板、塑料或类似材料衬背),厚度(衬背除外)不超过0.2毫米**						
76071110	---厚度≤0.007毫米						
7607111000	轧制后未进一步加工的无衬背铝箔(厚度≤0.007毫米)	6	35	17	15	千克	
76071120	---0.007毫米<厚度≤0.01毫米						
7607112000	轧制后未进一步加工的无衬背铝箔(0.007毫米<厚度≤0.01毫米)	6	35	17	15	千克	
76071190	---其他						
7607119000	轧制后未进一步加工的无衬背铝箔(0.01毫米<厚度≤0.2毫米)	6	35	17	15	千克	
76071900	--其他						
7607190001[暂3]	化成箔(厚度≤0.2毫米)	6	35	17	15	千克	
7607190090	其他无衬背铝箔(厚度≤0.2毫米)	6	35	17	15	千克	
76072000	-有衬背						
7607200000	有衬背铝箔(厚度≤0.2毫米)	6	35	17	15	千克	
7608	**铝管**						
76081000	-非合金铝制						
7608100000	纯铝管	8	30	17	13	千克	
76082010	---外径≤10厘米的						
7608201010	外径≤10厘米的管状铝合金[在293K(20℃)时的极限抗拉强度能达到460兆帕(0.46×10^9牛顿/平方米)或更大]	8	30	17	13	千克	3A
7608201090	外径≤10厘米的其他合金制铝管	8	30	17	13	千克	A
76082091	----壁厚≤25毫米						
7608209110	外径>10厘米,壁厚度≤25毫米的管状铝合金[在293K(20℃)时的极限抗拉强度能达到460兆帕(0.46×10^9牛顿/平方米)或更大]	8	30	17	13	千克	3A
7608209190	外径>10厘米,壁厚度≤25毫米的其他合金制铝管	8	30	17	13	千克	A
76082099	----其他						
7608209910	外径>10厘米,其他管状铝合金[在293K(20℃)时的极限抗拉强度能达到460兆帕(0.46×10^9牛顿/平方米)或更大]	8	30	17	13	千克	3A
7608209990	外径>10厘米,其他合金制铝管	8	30	17	13	千克	A
7609	**铝制管子附件(例如,接头、肘管、管套)**						
76090000	铝制管子附件(例如,接头、肘管、管套)						
7609000000	铝制管子附件	8	35	17	13	千克	
7610	**铝制结构体(品目94.06的活动房屋除外)及其部件(例如,桥梁及桥梁体段、塔、格构杆、屋顶、屋顶框架、门窗及其框架、门槛、栏杆、支柱及立柱);上述结构体用的已加工铝板、杆、型材、异型材、管子及类似品**						
76101000	-门窗及其框架、门槛						
7610100000	铝制门窗及其框架、门槛	25	80	17	13	千克	
76109000	-其他						
7610900000	其他铝制结构体及其部件(包括结构体用的已加工铝板、型材、管子及类似品)	6	50	17	13	千克	

商品编号	商品名称及备注	进口关税税率(%)		增值税率(%)	出口退税率(%)	计量单位	监管条件
		最惠国	普通				
7611	**盛装物料用的铝制囤、柜、罐、桶及类似容器(装压缩气体或液化气体的除外),容积超过300升,不论是否衬里或隔热,但无机械或热力装置**						
76110000	盛装物料用的铝制囤、柜、罐、桶及类似容器(装压缩气体或液化气体的除外),容积>300升,不论是否衬里或隔热,但无机械可热力装置						
7611000000	容积>300升的铝制囤、罐等容器(盛装物料用的,装压缩气体或液化气体的除外)	12	35	17	13	千克	
7612	**盛装物料用的铝制桶、罐、听、盒及类似容器,包括软管容器及硬管容器(装压缩气体或液化气体的除外),容积不超过300升,不论是否衬里或隔热,但无机械或热力装置**						
76121000	-软管容器						
7612100000	铝制软管容器	12	50	17	13	千克	
76129010	---易拉罐及罐体						
7612901000	铝制易拉罐及罐体	30	100	17	13	千克	A
76129090	---其他						
7612909000	容积≤300升的铝制囤、罐等容器(盛装物料用的,装压缩气体或液化气体的除外)	12	70	17	13	千克	
7613	**装压缩气体或液化气体用的铝制容器**						
76130010	---零售包装用						
7613001000	零售包装装压缩、液化气体铝容器(铝及铝合金制)	12	70	17	13	千克	
76130090	---其他						
7613009000	非零售装装压缩、液化气体铝容器(铝及铝合金制)	6	17	17	13	千克	6
7614	**非绝缘的铝制绞股线、缆、编带及类似品**						
76141000	-带钢芯的						
7614100000	带钢芯的铝制绞股线、缆、编带(非绝缘的)	6	20	17	13	千克	A
76149000	-其他						
7614900000	不带钢芯的铝制绞股线、缆、编带(非绝缘的)	6	20	17	13	千克	
7615	**餐桌、厨房或其他家用铝制器具及其零件;铝制擦锅器、洗刷擦光用的块垫、手套及类似品;铝制卫生器具及其零件**						
76151010	---擦锅器、洗刷、擦光用的块垫、手套及类似品						
7615101000	擦锅器及洗刷擦光用的块垫、手套(包括类似品,铝制)	18	90	17	13	千克	A
76151090	---其他						
7615109010[暂10]	铝制高压锅	15	90	17	13	千克	A
7615109090[暂10]	其他餐桌厨房等家用铝制器具及其零件	15	90	17	13	千克	A
76152000	-卫生器具及其零件						
7615200000	铝制卫生器具及其零件	18	90	17	13	千克	
7616	**其他铝制品**						
76161000	-钉、平头钉、U形钉(品目83.05的货品除外)、螺钉、螺栓、螺母、钩头螺钉、铆钉、销、开尾销、垫圈及类似品						
7616100000	铝钉、螺钉、螺母、垫圈等紧固件	10	40	17	13	千克	
76169100	--铝丝制的布、网、篱及格栅						
7616910000	铝丝制的布、网、篱及格栅(包括栅栏)	10	40	17	13	千克	
76169910	---工业用						
7616991010	高度小于直径的柱形实心体铝合金[在293K(20℃)时的极限抗拉强度能达到460兆帕(0.46×10^9牛顿/平方米)或更大]	10	40	17	13	千克	3
7616991090	其他工业用铝制品(不包括铝丝布、网、格栅及栅栏)	10	40	17	13	千克	
76169990	---其他						
7616999000	其他非工业用铝制品(不包括铝丝布、网、格栅及栅栏)	15	80	17	13	千克	

第七十八章　铅及其制品

注释：

本章所用有关名词解释如下：

一、条、杆

轧、挤、拔或锻制的实心产品，非成卷的，其全长截面均为圆形、椭圆形、矩形（包括正方形）、等边三角形或规则外凸多边形（包括相对两边为弧拱形，另外两边为等长平行直线的"扁圆形"及"变形矩形"）。对于矩形（包括正方形）、三角形或多边形截面的产品，其全长边角可经磨圆。矩形（包括"变形矩形"）截面的产品，其厚度应大于宽度的1/10。所述条、杆也包括同样形状及尺寸的铸造或烧结产品。该产品在造铸或烧结后再经加工（简单剪修或去氧化皮的除外），但不具有其他品目所列制品或产品的特征。

二、型材及异型材

轧、挤、拔、锻制的产品或其他成型产品，不论是否成卷，其全长截面相同，但与条、杆、丝、板、片、带、箔、管的定义不相符合。同时也包括同样形状的铸造或烧结产品。该产品在铸造或烧结后再经加工（简单剪修或去氧化皮的除外），但不具有其他品目所列制品或产品的特征。

三、丝

盘卷的轧、挤或拔制实心产品，其全长截面均为圆形、椭圆形、矩形（包括正方形）、等边三角形或规则外凸多边形（包括相对两边为弧拱形，另外两边为等长平行直线的"扁圆形"及"变形矩形"）。对于矩形（包括正方形）、三角形或多边形截面的产品，其全长边角可经磨圆。矩形（包括"变形矩形"）截面的产品，其厚度应大于宽度的1/10。

四、板、片、带、箔

成卷或非成卷的平面产品（品目78.01的未锻轧产品除外），截面均为厚度相同的实心矩形（不包括正方形），不论边角是否磨圆（包括相对两边为弧拱形，另外两边为等长平行直线的"变形矩形"），并且符合以下规格：

（一）矩形（包括正方形）的，厚度不超过宽度的1/10；

（二）矩形或正方形以外形状的，任何尺寸，但不具有其他品目所列制品或产品的特征。

品目78.04还适用于具有花样（例如，凹槽、肋条形、格槽、珠粒及菱形）的板、片、带、箔以及穿孔、抛光、涂层或制成瓦楞形的这类产品，但不具有其他品目所列制品或产品的特征。

五、管

全长截面及管壁厚度相同并只有一个闭合空间的实心产品，成卷或非成卷的，其截面为圆形、椭圆形、矩形（包括正方形）、等边三角形或规则外凸多边形。对于截面为矩形（包括正方形）、等边三角形或规则外凸多边形的产品，不论全长边角是否磨圆，只要其内外截面为同一圆心并为同样形状及同一轴向，也可视为管子。上述截面的管子可经抛光、涂层、弯曲、攻丝、钻孔、缩腰、胀口、成锥形或装法兰、颈圈或套环。

子目注释：

本章所称"精炼铅"，是指：

按重量计含铅量至少为99.9%的金属，但其他各种元素的含量不超过下表中规定的限量：

其他元素表

元	素	所含重量百分比
Ag	银	0.02
As	砷	0.005
Bi	铋	0.05
Ca	钙	0.002
Cd	镉	0.002
Cu	铜	0.08
Fe	铁	0.002
S	硫	0.002
Sb	锑	0.005
Sn	锡	0.005
Zn	锌	0.002
其他（例如碲），每种		0.001

商品编号	商品名称及备注	进口关税税率（%）		增值税率（%）	出口退税率（%）	计量单位	监管条件
		最惠国	普通				
7801	**未锻轧铅**						
78011000	-精炼铅						
7801100000	未锻轧精炼铅	3	20	17	0	千克	
78019100	--按重量计所含其他元素是以锑为主的						
7801910000	未锻轧铅锑合金（锑元素在合金元素中是最主要的元素）	3	20	17	0	千克	
78019900	--其他						
7801990000	未锻轧的其他铅合金	3	20	17	0	千克	
7802	**铅废碎料**						
78020000	铅废碎料						
7802000000	铅废碎料	1.5	10	17	0	千克	9

商品编号	商品名称及备注	进口关税税率(%)		增值税率(%)	出口退税率(%)	计量单位	监管条件
		最惠国	普通				
7804	**铅板、片、带、箔;铅粉及片状粉末**						
78041100	--片、带及厚度(衬背除外)≤0.2毫米的箔						
7804110000	铅片、带及厚度≤0.2毫米的箔(铅箔衬背厚度不受0.2毫米限制)	6	30	17	5	千克	
78041900	--其他						
7804190000	铅及铅合金板(包括厚度>0.2毫米的箔)	6	30	17	0	千克	
78042000	-粉末及片状粉末						
7804200000	铅及铅合金粉末、片状粉末	6	35	17	0	千克	
7806	**其他铅制品**						
78060010	---铅条、杆、型材及异型材或丝						
7806001000	铅及铅合金条、杆、丝、型材、异型材	6	30	17	0	千克	
78060090	---其他						
7806009000	其他铅制品	6	40	17	0	千克	

第七十九章　锌及其制品

注释：

本章所用名词解释如下：

一、条、杆

轧、挤、拔或锻制的实心产品，非成卷的，其全长截面均为圆形、椭圆形、矩形（包括正方形）、等边三角形或规则外凸多边形（包括相对两边为弧拱形，另外两边为等长平行直线的"扁圆形"及"变形矩形"。对于矩形（包括正方形）、三角形或多边形截面的产品，其全长边角可经磨圆。矩形（包括"变形矩形"）截面的产品，其厚度应大于宽度的1/10。所述条、杆也包括同样形状及尺寸的铸造或烧结产品。该产品在铸造或烧结后再经加工（简单剪修或去氧化皮的除外），但不具有其他品目所列制品或产品的特征。

二、型材及异型材

轧、挤、拔、锻制的产品或其他成型产品，不论是否成卷，其全长截面相同，但与条、杆、丝、板、片、带、箔、管的定义不相符合。同时也包括同样形状的铸造或烧结产品。该产品在铸造或烧结后再经加工（简单剪修或去氧化皮的除外），但不具有其他品目所列制品或产品的特征。

三、丝

盘卷的轧、挤或拔制实心产品，其全长截面均为圆形、椭圆形、矩形（包括正方形）、等边三角形或规则外凸多边形（包括相对两边为弧拱形，另外两边为等长平行直线的"扁圆形"及"变形矩形"）。对于矩形（包括正方形）、三角形或多边形截面的产品，其全长边角可经磨圆。矩形（包括"变形矩形"）截面的产品，其厚度应大于宽度的1/10。

四、板、片、带、箔

成卷或非成卷的平面产品（品目79.01的未锻轧产品除外），截面均为厚度相同的实心矩形（不包括正方形），不论边角是否磨圆（包括相对两边为弧拱形，另外两边为等长平行直线的"变形矩形"），并且符合以下规格：

（一）矩形（包括正方形）的，厚度不超过宽度的1/10；

（二）矩形或正方形以外形状的，任何尺寸，但不具有其他品目所列制品或产品的特征。

品目79.05还适用于具有花样（例如，凹槽、肋条形、格槽、珠粒及菱形）的板、片、带、箔以及穿孔、抛光、涂层或制成瓦楞形的这类产品，但不具有其他品目所列制品或产品的特征。

五、管

全长截面及管壁厚度相同并只有一个闭合空间的空心产品，成卷或非成卷的，其截面为圆形、椭圆形、矩形（包括正方形）、等边三角形或规则外凸多边形。对于截面为矩形（包括正方形）、等边三角形或规则外凸多边形的产品，不论全长边角是否磨圆，只要其内外截面为同一圆心并为同样形状及同一轴向，也可视为管子。上述截面的管子可经抛光、涂层、弯曲、攻丝、钻孔、缩腰、胀口、成锥形或装法兰、颈圈或套环。

子目注释：

本章所述有关名词解释如下：

一、非合金锌

按重量计含锌量至少为97.5%的金属。

二、锌合金

按重量计含锌量大于其他元素单项含量的金属物质，但按重量计其他元素的总含量超过2.5%。

三、锌末

冷凝锌雾所得的锌末。该产品由球形微粒组成，比锌粉更为精细，按重量计至少80%的微粒可以通过孔径为63微米的筛子，而且必须含有按重量计至少为85%的金属锌。

商品编号	商品名称及备注	进口关税税率(%)		增值税率(%)	出口退税率(%)	计量单位	监管条件
		最惠国	普通				
7901	**未锻轧锌**						
79011110	---按重量计含锌量≥99.995%						
7901111000[暂1]	含锌量≥99.995%的未锻轧锌	3	20	17	0	千克	
79011190	---其他						
7901119000[暂1]	99.99%≤含锌量<99.995%的未锻轧锌	3	20	17	0	千克	
79011200	--按重量计含锌量<99.99%						
7901120000[暂1]	含锌量<99.99%的未锻轧锌	3	20	17	0	千克	
79012000	-锌合金						
7901200000[暂1]	未锻轧锌合金	3	20	17	0	千克	
7902	**锌废碎料**						
79020000	锌废碎料						
7902000000[暂1]	锌废碎料	1.5	20	17	0	千克	A
7903	**锌末、锌粉及片状粉末**						
79031000	-锌末						
7903100000	锌末（包括锌合金）	6	20	17	0	千克	A
79039000	-其他						

商品编号	商品名称及备注	进口关税税率(%)		增值税率(%)	出口退税率(%)	计量单位	监管条件
		最惠国	普通				
7903900010	颗粒<500微米的锌及其合金(含量≥97%,不论球形、椭球体、雾化、片状、研碎金属燃料)	6	20	17	0	千克	3A
7903900090	其他锌粉及片状粉末	6	20	17	0	千克	AB
7904	**锌条、杆、型材及异型材或丝**						
79040000	锌条、杆、型材及异型材或丝						
7904000000	锌及锌合金条、杆、型材、丝	6	30	17	0	千克	
7905	**锌板、片、带、箔**						
79050000	锌板、片、带、箔						
7905000000	锌板、片、带、箔	6	30	17	0	千克	
7907	**其他锌制品**						
79070020	---锌管及锌制管子附件(例如,接头、肘管、管套)						
7907002000	锌管及锌制管子附件(例如,接头、肘管、管套)	6	30	17	0	千克	
79070030	---电池壳体坯料						
7907003000	电池壳体坯料(锌饼)	6	40	17	0	千克	
79070090	---其他						
7907009000	其他锌制品	6	40	17	0	千克	

第八十章　锡及其制品

注释：

本章所用有关名词解释如下：

一、条、杆

轧、挤、拔或锻制的实心产品，非成卷的，其全长截面均为圆形、椭圆形、矩形（包括正方形）、等边三角形或规则外凸多边形（包括相对两边为弧拱形，另外两边为等长平行直线的"扁圆形"及"变形矩形"）。对于矩形（包括正方形）、三角形或多边形截面的产品，其全长边角可经磨圆。矩形（包括"变形矩形"）截面的产品，其厚度应大于宽度的1/10。所述条、杆也包括同样形状及尺寸的铸造或烧结产品。该产品在铸造或烧结后再经加工（简单剪修或去氧化皮的除外），但不具有其他品目所列制品或产品的特征。

二、型材及异型材

轧、挤、拔、锻制的产品或其他成型产品，不论是否成卷，其全长截面相同，但与条、杆、丝、板、片、带、箔、管的定义不相符合。同时也包括同样形状的铸造或烧结产品。该产品在铸造或烧结后再经加工（简单剪修或去氧化皮的除外），但不具有其他品目所列制品或产品的特征。

三、丝

盘卷的轧、挤或拔制实心产品，其全长截面均为圆形、椭圆形、矩形（包括正方形）、等边三角形或规则外凸多边形（包括相对两边为弧拱形，另外两边为等长平行直线的"扁圆形"及"变形矩形"）。对于矩形（包括正方形）、三角形或多边形截面的产品，其全长边角可经磨圆。矩形（包括"变形矩形"）截面的产品，其厚度应大于宽度的1/10。

四、板、片、带、箔

成卷或非成卷的平面产品（品目80.01的未锻轧产品除外），截面均为厚度相同的实心矩形（不包括正方形），不论边角是否磨圆（包括相对两边为弧拱形，另外两边为等长平行直线的"变形矩形"），并且符合以下规格：

（一）矩形（包括正方形）的，厚度不超过宽度的1/10；

（二）矩形或正方形以外形状的，任何尺寸，但不具有其他品目所列制品或产品的特征。

五、管

全长截面及管壁厚度相同并只有一个闭合空间的空心产品，成卷或非成卷的，其截面圆形、椭圆形、矩形（包括正方形）、等边三角形或规则外凸多边形。对于截面为矩形（包括正方形）、等边三角形或规则外凸多边形的产品，不论全长边角是否磨圆，只要其内外截面为同一圆心并为同样形状及同一轴向，也可视为管子。上述截面的管子可经抛光、涂层、弯曲、攻丝、钻孔、缩腰、胀口、成锥形或装法兰、颈圈或套环。

子目注释：

本章所用有关名词解释如下：

一、非合金锡

按重量计含锡量至少为99%的金属，但含铋量或含铜量不超过下表中规定的限量：

其他元素表

元　　素		所含重量百分比
Bi	铋	0.1
Cu	铜	0.4

二、锡合金

按重量计含锡量大于其他元素单项含量的金属物质，但：

（一）按重量计其他元素的总含量超过1%；

（二）按重量计含铋量或含铜量应等于或大于上表中规定的限量。

商品编号	商 品 名 称 及 备 注	进口关税税率(%) 最惠国	进口关税税率(%) 普通	增值税率(%)	出口退税率(%)	计量单位	监管条件
8001	**未锻轧锡**						
80011000	-非合金锡						
8001100000	未锻轧非合金锡	3	20	17	0	千克	4xy
80012010	---锡基巴毕脱合金						
8001201000	锡基巴毕脱合金	3	20	17	0	千克	4xy
80012021	----按重量计含铅量<0.1%的						
8001202100	按重量计含铅量<0.1%的焊锡	3	30	17	0	千克	4xy
80012029	----其他						
8001202900	其他焊锡	3	30	17	0	千克	4xy
80012090	---其他						
8001209000	其他锡合金	3	30	17	0	千克	4xy
8002	**锡废碎料**						
80020000	锡废碎料						
8002000000	锡废碎料	1.5	30	17	0	千克	4Axy
8003	**锡条、杆、型材及异型材或丝**						
80030000	锡条、杆、型材及异型材或丝						

商品编号	商品名称及备注	进口关税税率(%)		增值税率(%)	出口退税率(%)	计量单位	监管条件
		最惠国	普通				
8003000000	锡及锡合金条、杆、型材、丝	8	40	17	0	千克	4xy
8007	**其他锡制品**						
80070020	---锡板、片及带,厚度>0.2毫米						
8007002000	锡板、片及带,厚度>0.2毫米	8	40	17	0	千克	4xy
80070030	---锡箔(不论是否印花或用纸、纸板、塑料或类似材料衬背),厚度(衬背除外)≤0.2毫米;锡粉及片状粉末						
8007003000	锡箔,厚度(衬背除外)≤0.2毫米,锡粉及片状粉末(锡箔不论是否印花或用纸、纸板、塑料或类似材料衬背)	8	40	17	5	千克	
80070040	---锡管及管子附件(例如,接头、肘管、管套)						
8007004000	锡管及管子附件(例如,接头,肘管,管套)	8	45	17	0	千克	4xy
80070090	---其他						
8007009000	其他锡制品	8	80	17	0	千克	

第八十一章　其他贱金属、金属陶瓷及其制品

子目注释：

第七十四章注释中有关“条、杆”、“型材及异型材”、“丝”及“板、片、带、箔”的规定也适用于本章。

商品编号	商品名称及备注	进口关税税率(%) 最惠国	进口关税税率(%) 普通	增值税率(%)	出口退税率(%)	计量单位	监管条件
8101	**钨及其制品，包括废碎料**						
81011000	-粉末						
8101100010	颗粒<500 微米的钨及其合金(含量≥97%，不论球形、椭球体、雾化、片状、研碎金属燃料)	6	20	17	0	千克	3
8101100090	其他钨粉末	6	20	17	0	千克	4xy
81019400	--未锻轧钨，包括简单烧结而成的条、杆						
8101940000	未锻轧钨(包括简单烧结的条、杆)	3	20	17	0	千克	4xy
81019600	--丝						
8101960000	钨丝	8	20	17	5	千克	
81019700	--废碎料						
8101970000[暂1]	钨废碎料	3	20	17	0	千克	4APxy
81019910	---条、杆，但简单烧结而成的除外；型材及异型材，板、片、带、箔						
8101991000	锻轧钨条、杆；型材及异型材，板、片、带、箔(但简单烧结而成条、杆的除外)	5	30	17	0	千克	
81019990	---其他						
8101999000	其他钨制品	8	70	17	0	千克	
8102	**钼及其制品，包括废碎料**						
81021000	-粉末						
8102100000	钼粉	6	20	17	0	千克	4xy
81029400	--未锻轧钼，包括简单烧结而成的条、杆						
8102940000	未锻轧钼(包括简单烧结的条、杆)	3	20	17	0	千克	4xy
81029500	--条、杆，但简单烧结而成的除外；型材及异型材、板、片、带、箔						
8102950000	锻轧钼条、杆、型材(不包括简单烧结的条、杆)	8	30	17	0	千克	
81029600	--丝						
8102960000	钼丝	8	20	17	5	千克	
81029700	--废碎料						
8102970000	钼废碎料	3	20	17	0	千克	49xy
81029900	--其他						
8102990000	钼制品	8	70	17	0	千克	4xy
8103	**钽及其制品，包括废碎料**						
81032011	----松装密度<2.2 克/立方厘米的						
8103201100	松装密度<2.2 克/立方厘米的钽粉	6	14	17	13	千克	4xy
81032019	----其他						
8103201900	其他钽粉	6	14	17	0	千克	4xy
81032090	---其他						
8103209000	其他未锻轧钽，包括简单烧结而成的条、杆	6	14	17	0	千克	4xy
81033000	-废碎料						
8103300000[暂0]	钽废碎料	6	14	17	0	千克	4Axy

商品编号	商品名称及备注	进口关税税率(%)		增值税率(%)	出口退税率(%)	计量单位	监管条件
		最惠国	普通				
81039011	----直径<0.5毫米						
8103901100	直径<0.5毫米的钽丝	8	30	17	13	千克	4xy
81039019	----其他						
8103901900	其他钽丝	8	30	17	9	千克	4xy
81039090	---其他						
8103909010	钽坩埚(容积在50毫升至2升之间、钽纯度≥98%)	8	30	17	0	千克	3
8103909090	其他锻轧钽及其制品	8	30	17	9	千克	4xy
8104	**镁及其制品,包括废碎料**						
81041100	--按重量计含镁量至少为99.8%						
8104110000	含镁量≥99.8%的未锻轧镁	6	20	17	0	千克	
81041900	--其他						
8104190000	其他未锻轧的镁及镁合金	6	20	17	0	千克	
81042000	-废碎料						
8104200000	镁废碎料	1.5	20	17	0	千克	AP
81043000	-锉屑、车屑及颗粒,已按规格分级的;粉末						
8104300010	颗粒<500微米的镁及其合金(含量≥97%,不论球形、椭球体、雾化、片状、研碎金属燃料)	8	30	17	0	千克	3
8104300090	其他已分级的镁锉屑、车屑、颗粒;粉末	8	30	17	0	千克	
81049010	---锻轧镁						
8104901000	锻轧镁	8	30	17	0	千克	
81049020	---镁制品						
8104902010	镁金属基复合材料(包括各种结构件和制品、各种预成形件,其中增强材料的比拉伸强度>7.62×10^{4}米和比模量>3.18×10^{6}米)	8.4	70	17	5	千克	3
8104902090	其他镁制品	8.4	70	17	0	千克	
8105	**钴锍及其他冶炼钴时所得的中间产品;钴及其制品,包括废碎料**						
81052010	---钴湿法冶炼中间品						
8105201000[暂0]	钴湿法冶炼中间品	4	14	17	0	千克	4xy
81052020	---未锻轧钴						
8105202000	未锻轧钴	4	14	17	0	千克	4xy
81052090	---其他						
8105209001[暂0]	钴锍及其他冶炼钴时所得中间产品	4	14	17	0	千克	4xy
8105209010	钴≥99.5%的超细钴粉(费氏粒度0.8~1.5微米,松装密度0.4~0.8克/立方厘米)	4	14	17	0	千克	
8105209090	其他钴锍、粉末	4	14	17	0	千克	4xy
81053000	-废碎料						
8105300000	钴锍废碎料	4	14	17	0	千克	49xy
81059000	-其他						
8105900000	其他钴及制品	8	30	17	0	千克	4xy
8106	**铋及其制品,包括废碎料**						
81060010	---未锻轧铋;废碎料;粉末						
8106001011[暂1]	高纯度未锻轧的铋(纯度≥99.99%,含银量低于十万分之一)	3	20	17	0	千克	3
8106001019	高纯度未锻轧的铋废料、粉末(纯度≥99.99%,含银量低于十万分之一)	3	20	17	0	千克	3
8106001091[暂1]	其他未锻轧铋	3	20	17	0	千克	4xy
8106001092	其他未锻轧铋废碎料	3	20	17	0	千克	4APxy
8106001099	其他未锻轧铋粉末	3	20	17	0	千克	4xy
81060090	---其他						
8106009010	高纯度铋及铋制品(纯度≥99.99%,含银量低于十万分之一)	8	30	17	5	千克	3

商品编号	商 品 名 称 及 备 注	进口关税税率(%)		增值税率(%)	出口退税率(%)	计量单位	监管条件
		最惠国	普通				
8106009090	其他铋及铋制品	8	30	17	0	千克	4xy
8107	**镉及其制品,包括废碎料**						
81072000	-未锻轧镉;粉末						
8107200000	未锻轧镉、粉末	3	14	17	0	千克	
81073000	-废碎料						
8107300000	镉废碎料	3	14	17	0	千克	9
81079000	-其他						
8107900000	其他镉及镉制品	8	30	17	0	千克	
8108	**钛及其制品,包括废碎料**						
81082021	----海绵钛						
8108202100	未锻轧海绵钛	3	14	17	0	千克	4xy
81082029	----其他						
8108202910	颗粒<500 微米的钛及其合金(含量≥97%,不论球形、椭球体、雾化、片状、研碎金属燃料)	3	14	17	0	千克	3A
8108202990	其他未锻轧钛	3	14	17	0	千克	4xy
81082030	---粉末						
8108203000	钛的粉末	3	14	17	0	千克	4Axy
81083000	-废碎料						
8108300000	钛废碎料	3	14	17	0	千克	4APxy
81089010	---条、杆、型材及异型材						
8108901010	钛合金,实心圆柱体,包括锻件(20℃下极限抗拉强度≥900 兆帕,外径>75 毫米)	8	30	17	13	千克	3
8108901020	钛金属基复合材料的条、杆、型材及异型材(其中增强材料的比拉伸强度>7.62×10^6 米和比模量>3.18×10^7 米)	8	30	17	13	千克	3
8108901090	其他钛条、杆、型材及异型材	8	30	17	13	千克	
81089020	---丝						
8108902000	钛丝	8	30	17	13	千克	
81089031	----厚度≤0.8 毫米						
8108903100[暂4]	厚度≤0.8 毫米钛板、片、带、箔	8	30	17	13	千克	
81089032	----厚度>0.8 毫米						
8108903210[暂4]	钛金属基复合材料的板、片、带、箔(其中增强材料的比拉伸强度>7.62×10^4 米和比模量>3.18×10^7 米,厚度>0.8 毫米)	8	30	17	13	千克	3
8108903290[暂4]	其他厚度>0.8 毫米钛板、片、带、箔	8	30	17	13	千克	
81089040	---管						
8108904010	钛合金管(20℃下极限抗拉强度≥900 兆帕,外径>75 毫米)	8	30	17	13	千克	3
8108904090	其他钛管	8	30	17	13	千克	
81089090	---其他						
8108909000	其他钛及钛制品	8	30	17	13	千克	
8109	**锆及其制品,包括废碎料**						
81092000	-未锻轧锆;粉末						
8109200010	颗粒<500 微米的锆及其合金(含量≥97%,不论球形、椭球体、雾化、片状、研碎金属燃料)	3	20	17	0	千克	3A
8109200090	其他未锻轧锆;粉末	3	20	17	0	千克	3A
81093000	-废碎料						
8109300000	锆废碎料	3	20	17	0	千克	3AP
81099000	-其他						
8109900010	锆管(铪与锆重量比低于 1:500 的锆金属和合金的管或组件)	8	30	17	5	千克	3

商品编号	商品名称及备注	进口关税税率(%)		增值税率(%)	出口退税率(%)	计量单位	监管条件
		最惠国	普通				
8109900090	其他锻轧锆及锆制品	8	30	17	0	千克	3
8110	**锑及其制品,包括废碎料**						
81101010	---未锻轧锑						
8110101000[暂1]	未锻轧锑	3	30	17	0	千克	4xy
81101020	---粉末						
8110102000	锑粉末	3	30	17	0	千克	4Axy
81102000	-废碎料						
8110200000	锑废碎料	3	30	17	0	千克	49xy
81109000	-其他						
8110900000	其他锑及锑制品	8	40	17	0	千克	4xy
8111	**锰及其制品,包括废碎料**						
81110010	---未锻轧锰;废碎料;粉末						
8111001010	锰废碎料	3	20	17	0	千克	49xy
8111001090	未锻轧锰;粉末	3	20	17	0	千克	4Axy
81110090	---其他						
8111009000	其他锰及制品	8	30	17	0	千克	4xy
8112	**铍、铬、锗、钒、镓、铪、铟、铼、铌、铊及其制品,包括废碎料**						
81121200	--未锻轧铍;粉末						
8112120000	未锻轧铍、铍粉末	3	30	17	0	千克	3A
81121300	--废碎料						
8112130000	铍废碎料	3	30	17	0	千克	39
81121900	--其他						
8112190000	其他铍及其制品	8	30	17	0	千克	3
81122100	--未锻轧铬;粉末						
8112210000	未锻轧铬;铬粉末	3	20	17	0	千克	4xy
81122200	--废碎料						
8112220000	铬废碎料	3	20	17	0	千克	49xy
81122900	--其他						
8112290000	其他铬及其制品	3	20	17	0	千克	4xy
81125100	--未锻轧铊;粉末						
8112510000	未锻轧铊;铊粉末	3	20	17	0	千克	AB
81125200	--废碎料						
8112520000	铊废碎料	3	20	17	0	千克	9
81125900	--其他						
8112590000	其他铊及其制品	8	30	17	0	千克	
81129210	---锗						
8112921010	未锻轧锗废碎料	3	20	17	0	千克	4APxy
8112921090	未锻轧的锗;锗粉末	3	20	17	0	千克	4xy
81129220	---钒						
8112922001[暂0]	未锻轧、废碎料或粉末状的钒氮合金	3	20	17	0	千克	4xy
8112922010	未锻轧的钒废碎料	3	20	17	0	千克	4APxy
8112922090	未锻轧的钒;钒粉末	3	20	17	0	千克	4xy
81129230	---铟						
8112923010	未锻轧铟、铟粉末	3	20	17	0	千克	4xy
8112923090	未锻轧铟废碎料	3	20	17	0	千克	49xy
81129240	---铌						

商品编号	商 品 名 称 及 备 注	进口关税税率（%）		增值税率（%）	出口退税率（%）	计量单位	监管条件
		最惠国	普通				
8112924010[暂1]	铌废碎料	3	20	17	0	千克	4APxy
8112924090[暂1]	未锻轧的铌；铌粉末	3	20	17	0	千克	4xy
81129290	---其他						
8112929011	未锻轧的铪废碎料	3	20	17	0	千克	3AP
8112929019	未锻轧的铪；粉末	3	20	17	0	千克	3A
8112929091	未锻轧的镓、铼废碎料	3	20	17	0	千克	4APxy
8112929099	未锻轧的镓、铼；粉末	3	20	17	0	千克	4Axy
81129910	---锗						
8112991000	其他锗及其制品	3	20	17	5	千克	4xy
81129920	---钒						
8112992001[暂0]	其他钒氮合金	3	20	17	0	千克	4xy
8112992090	其他钒及其制品	3	20	17	0	千克	4xy
81129930	---铟						
8112993000	锻轧的铟及其制品	8	20	17	0	千克	4xy
81129940	---铌						
8112994000	锻轧的铌及其制品	8	20	17	0	千克	4xy
81129990	---其他						
8112999010	锻轧的铪及其制品	8	30	17	0	千克	3
8112999090	锻轧的镓、铼及其制品	8	30	17	0	千克	4xy
8113	**金属陶瓷及其制品，包括废碎料**						
81130010	---颗粒；粉末						
8113001010	颗粒或粉末状碳化钨废碎料	8.4	30	17	0	千克	AP
8113001090	颗粒或粉末状其他金属陶瓷及其制品	8.4	30	17	0	千克	
81130090	---其他						
8113009010	其他碳化钨废碎料，颗粒或粉末除外	8.4	30	17	0	千克	AP
8113009090	其他金属陶瓷及其制品，颗粒或粉末除外（包括废料）	8.4	30	17	0	千克	

第八十二章　贱金属工具、器具、利口器、餐匙、餐叉及其零件

注释：

一、除喷灯、轻便锻炉、带支架的砂轮、修指甲和修脚用器具及品目82.09的货品外，本章仅包括带有用下列材料制成的刀片、工作刃、工作面或其他工作部件的物品：

（一）贱金属；

（二）硬质合金或金属陶瓷；

（三）装于贱金属、硬质合金或金属陶瓷底座上的宝石或半宝石（天然、合成或再造）；

（四）附于贱金属底座上的磨料，当附上磨料后，所具有的切齿、沟、槽或类似结构仍保持其特性及功能。

二、本章所列物品的贱金属零件，应与该制品归入同一品目，但具体列名的零件及手工工具的工具夹具（品目84.66）除外。第十五类注释二所述的通用零件，均不归入本章。电动剃须刀及电动毛发推剪的刀头、刀片应归入品目85.10。

三、由品目82.11的一把或多把刀具与品目82.15至少数量相同的物品构成的成套货品应归入品目82.15。

商品编号	商品名称及备注	进口关税税率（%）		增值税率（%）	出口退税率（%）	计量单位	监管条件
		最惠国	普通				
8201	**锹、铲、镐、锄、叉及耙；斧子、钩刀及类似砍伐工具；各种修枝用剪刀；镰刀、秣刀、树篱剪、伐木楔子及其他农业、园艺或林业用手工工具**						
82011000	-锹及铲						
8201100010	含植物性材料的锹及铲	8	50	13	5	千克/把	AB
8201100090	其他锹及铲	8	50	13	5	千克/把	
82013000	-镐、锄及耙						
8201300010	含植物性材料的镐、锄、耙	8	50	13	5	千克/把	AB
8201300090	其他镐、锄、耙	8	50	13	5	千克/把	
82014000	-斧子、钩刀及类似砍伐工具						
8201400010	含植物性材料的砍伐工具（包括斧子、钩刀及类似砍伐工具）	8	50	13	5	千克/把	AB
8201400090	其他斧子、钩刀及类似砍伐工具	8	50	13	5	千克/把	
82015000	-修枝剪及类似的单手操作剪刀（包括家禽剪）						
8201500010	含植物性材料的单手操作农用剪（包括家禽剪）	8	50	13	5	千克/把	AB
8201500090	其他修枝剪等单手操作农用剪（包括家禽剪）	8	50	13	5	千克/把	
82016000	-树篱剪、双手修枝剪及类似的双手操作剪刀						
8201600010	含植物性材料的双手操作农用剪	8	50	13	5	千克/把	AB
8201600090	其他修枝等双手操作农用剪	8	50	13	9	千克/把	
82019010	---叉						
8201901010	含植物性材料的农业、园艺、林业用叉	8	50	13	5	千克/把	AB
8201901090	其他农业、园艺、林业用叉	8	50	13	5	千克/把	
82019090	---其他						
8201909010	含植物性材料的农业、园艺、林业用手工工具	8	50	13	5	千克/把	AB
8201909090	其他农业、园艺、林业用手工工具	8	50	13	5	千克/把	
8202	**手工锯；各种锯的锯片（包括切条、切槽或无齿锯片）**						
82021000	-手工锯						
8202100000	手工锯	8.4	50	17	9	千克/把	
82022010	---双金属带锯条						
8202201000	双金属带锯条	8	20	17	13	千克	
82022090	---其他						
8202209000	其他带锯片	8	20	17	9	千克	
82023100	--带有钢制工作部件						
8202310000	带有钢制工作部件的圆锯片（包括切条或切槽锯片）	8	20	17	9	千克	

商品编号	商品名称及备注	进口关税税率(%) 最惠国	进口关税税率(%) 普通	增值税率(%)	出口退税率(%)	计量单位	监管条件
82023910	---带有天然或合成金刚石、立方氮化硼制的工作部件						
8202391000	带有天然或合成金刚石、立方氮化硼制的工作部件的圆锯片(包括切条或切槽锯片,包括部件)	8	20	17	9	千克	
82023990	---其他						
8202399000	其他圆锯片,包括部件(包括切条或切槽锯片)	8	20	17	9	千克	
82024000	-链锯片						
8202400000	链锯片	8	20	17	9	千克	
82029110	---机械锯用						
8202911000	加工金属用的机械锯的直锯片	8	20	17	9	千克	
82029190	---其他						
8202919000	加工金属用的非机械锯的直锯片	8	50	17	9	千克	
82029910	---机械锯用						
8202991000	机械锯用的其他锯片	8.4	20	17	9	千克	
82029990	---其他						
8202999000	非机械锯用的其他锯片	10.5	50	17	9	千克	
8203	**钢锉、木锉、钳子(包括剪钳)、镊子、白铁剪、切管器、螺栓切头器、打孔冲子及类似手工工具**						
82031000	-钢锉、木锉及类似工具						
8203100000	钢锉、木锉及类似工具	10.5	50	17	9	千克/把	
82032000	-钳子(包括剪钳)、镊子及类似工具						
8203200000	钳子、镊子及类似工具	10.5	50	17	9	千克/把	
82033000	-白铁剪及类似工具						
8203300000	白铁剪及类似工具	10.5	50	17	9	千克/把	
82034000	-切管器、螺栓切头器、打孔冲子及类似工具						
8203400000	切管器、螺栓切头器、打孔冲子等	10.5	50	17	9	千克/把	
8204	**手动扳手及扳钳(包括转矩扳手,但不包括丝锥扳手);可互换的扳手套筒,不论是否带手柄**						
82041100	--固定的						
8204110000	固定式的手动扳手及板钳	10.5	50	17	9	千克/把	
82041200	--可调的						
8204120000	可调式的手动扳手及板钳	10	50	17	9	千克/把	
82042000	-可互换的扳手套筒,不论是否带手柄						
8204200000	可互换的扳手套筒(不论是否带手柄)	10	50	17	9	千克/套	
8205	**其他编号未列名的手工工具(包括玻璃刀);喷灯;台钳、夹钳及类似品,但作为机床或水射流切割机附件或零件的除外;砧;轻便锻炉;带支架的手摇或脚踏砂轮**						
82051000	-钻孔或攻丝工具						
8205100000	手工钻孔或攻丝工具	10	50	17	9	千克/个	
82052000	-锤子						
8205200000	手工锤子	10	50	17	9	千克/个	
82053000	-木工用刨子、凿子及类似切削工具						
8205300000	木工用刨子、凿子及类似切削工具	10.5	50	17	9	千克/个	
82054000	-螺丝刀						
8205400000	螺丝刀	10.5	50	17	9	千克/个	
82055100	--家用工具						
8205510000	其他家用手工工具	10.5	50	17	9	千克/个	
82055900	--其他						

商品编号	商品名称及备注	进口关税税率(%)		增值税率(%)	出口退税率(%)	计量单位	监管条件
		最惠国	普通				
8205590000	其他手工工具(包括玻璃刀)	10	50	17	9	千克/个	
82056000	-喷灯						
8205600000	喷灯	10	50	17	9	千克/个	
82057000	-台钳、夹钳及类似品						
8205700000	台钳、夹钳及类似品	10.5	50	17	9	千克/个	
82059000	-其他,包括由本品目项下两个或多个编号所列物品组成的成套货品						
8205900000	其他,包括由本品目项下两个或多个编号所列物品组成的成套货品(包括砧、轻便锻炉、带支架的手摇或脚踏砂轮)	10.5	50	17	9	千克	
8206	**由品目82.02至82.05中两个或多个编号所列工具组成的零售包装成套货品**						
82060000	由品目82.02至82.05中两个或多个编号所列工具组成的零售包装成套货品						
8206000000	成套工具组成的零售包装货品(由品目82.02至82.05中两个或多个品目所列工具组成的)	10.5	50	17	9	千克	
8207	**手工工具(不论是否有动力装置)及机床(例如,锻压、冲压、攻丝、钻孔、镗孔、铰孔及铣削、车削或上螺丝用的机器)的可互换工具,包括金属拉拔或挤压用模以及凿岩或钻探工具**						
82071300	--带有金属陶瓷制的工作部件						
8207130000	带金属陶瓷工作部件的凿岩工具(包括钻探工具)	8	20	17	13	千克	
82071910	---带有天然或合成金刚石、立方氮化硼制的工作部件						
8207191000	带金刚石等工作部件的凿岩工具(金刚石等包括立方氮化硼,本子目包括钻探工具)	8	20	17	13	千克	
82071990	---其他						
8207199000	带其他材料工作部件的凿岩工具(包括钻探工具)	8	20	17	13	千克	
82072010	---带有天然或合成金刚石、立方氮化硼制的工作部件						
8207201000	带金刚石等工作部件的金属拉拔模(金刚石等包括立方氮化硼,本子目包括金属挤压用模)	8	20	17	13	千克/套	
82072090	---其他						
8207209000	带其他材料工作部件的金属模(包括金属挤压用模)	8	20	17	13	千克/套	
82073000	-锻压或冲压工具						
8207300010暂6	加工小轿车车身冲压件用的4种关键模具(侧围外板、翼子板、拼接整体侧围内板、拼焊整体侧围加强板用模具)	8	20	17	13	千克	
8207300020暂6	加工小轿车车身冲压件用的4种特种模具(σb≥980牛顿/平方毫米的冷冲压、热成型、内高压成型和铝板用模具)	8	20	17	13	千克	
8207300090	其他锻压或冲压工具	8	20	17	13	千克	
82074000	-攻丝工具						
8207400000	攻丝工具	8	20	17	13	千克/件	
82075010	---带有天然或合成金刚石、立方氮化硼制的工作部件						
8207501000	带金刚石等工作部件的钻孔工具(凿岩或钻探用的除外,金刚石等包括立方氧化硼)	8	20	17	13	千克/件	
82075090	---其他						
8207509000	带其他材料工作部件的钻孔工具(凿岩或钻探用的除外)	8	20	17	13	千克/件	
82076010	---带有天然或合成金刚石、立方氮化硼制的工作部件						
8207601000	带金刚石等工作部件的镗孔工具(金刚石等包括立方氮化硼,本子目包括铰孔工具)	8	20	17	13	千克/件	
82076090	---其他						
8207609000	带其他材料工作部件的镗孔工具(包括铰孔工具)	8	20	17	13	千克/件	
82077010	---带有天然或合成金刚石、立方氮化硼制的工作部件						
8207701000	带有天然或合成金刚石、立方氮化硼制的工作部件的铣削工具	8	20	17	13	千克/件	
82077090	---其他						
8207709000	其他铣削工具	8	20	17	13	千克/件	

商品编号	商品名称及备注	进口关税税率(%)		增值税率(%)	出口退税率(%)	计量单位	监管条件
		最惠国	普通				
82078010	---带有天然或合成金刚石、立方氮化硼制的工作部件						
8207801000	带有天然或合成金刚石、立方氮化硼制的工作部件的车削工具	8	20	17	13	千克/件	
82078090	---其他						
8207809000	其他车削工具	8	20	17	13	千克/件	
82079010	---带有天然或合成金刚石、立方氮化硼制的工作部件						
8207901000	带金刚石工作部件的其他互换工具(金刚石包括立方氮化硼)	8	20	17	13	千克/件	
82079090	---其他						
8207909000	其他可互换工具(带有其他材料制的工作部件)	8	20	17	13	千克/件	
8208	**机器或机械器具的刀及刀片**						
82081011	----经镀或涂层的						
8208101100	经镀或涂层的硬质合金制的金工机械用刀及刀片(金属加工用)	8	20	17	13	千克	
82081019	----其他						
8208101900	其他硬质合金制的金工机械用刀及刀片(金属加工用)	8	20	17	13	千克	
82081090	---其他						
8208109000	其他金工机械用刀及刀片(金属加工用)	8	20	17	5	千克	
82082000	-木器加工用						
8208200000	木工机械用刀及刀片(木器加工用)	8	20	17	5	千克	
82083000	-厨房器具或食品工业机器用						
8208300000	厨房或食品加工机器用刀及刀片(厨房器具或食品加工机器用)	8	20	17	5	千克	A
82084000	-农业、园艺或林业机器用						
8208400000	农、林业机器用刀及刀片(农业、园艺、林业机器用)	8	20	13	5	千克	
82089000	-其他						
8208900000	其他机器或机械器具用刀及刀片(其他用途)	8	20	17	5	千克	
8209	**未装配的工具用金属陶瓷板、杆、刀头及类似品**						
82090010	---板						
8209001000	未装配的工具用金属陶瓷板	8	20	17	13	千克	
82090021	----晶粒度<0.8微米的						
8209002100	未装配的工具用金属陶瓷条、杆(晶粒度<0.8微米)	8	20	17	13	千克	
82090029	----其他						
8209002900	其他未装配的工具用金属陶瓷条、杆(晶粒度≥0.8微米)	8	20	17	13	千克	
82090030	---刀头						
8209003000	未装配的工具用金属陶瓷刀头	8	20	17	13	千克	
82090090	---其他						
8209009000	未装配的工具用金属陶瓷板、条、杆、刀头的类似品	8	20	17	13	千克	
8210	**用于加工或调制食品或饮料的手动机械器具,重量不超过10千克**						
82100000	用于加工或调制食品或饮料的手动机械器具,重量≤10千克						
8210000000	加工调制食品、饮料用手动机械(重量≤10千克)	18	80	17	5	千克/台	A
8211	**有刃口的刀及其刀片,不论是否有锯齿(包括整枝刀),但品目82.08的刀除外**						
82111000	-成套货品						
8211100000[暂10]	以刀为主的成套货品	18	80	17	9	千克/套	
82119100	--刃面固定的餐刀						
8211910000[暂10]	刃面固定的餐刀	18	80	17	9	千克/把	A
82119200	--刃面固定的其他刀						
8211920000	刃面固定的其他刀	12	80	17	9	千克/把	
82119300	--刃面不固定的刀						
8211930000[暂10]	刃面不固定的刀	18	80	17	9	千克/把	

商品编号	商品名称及备注	进口关税税率(%)		增值税率(%)	出口退税率(%)	计量单位	监管条件
		最惠国	普通				
82119400	--刀片						
8211940000	品目82.11所列刀的刀片	14	80	17	9	千克	
82119500	--贱金属制的刀柄						
8211950000	贱金属制的刀柄	12	80	17	5	千克	
8212	**剃刀及其刀片(包括未分开的刀片条)**						
82121000	-剃刀						
8212100000	剃刀	12	80	17	9	千克/把	
82122000	-安全刀片,包括未分开的刀片条						
8212200000	安全剃刀片(包括未分开的刀片条)	14	80	17	9	千克/片	
82129000	-其他零件						
8212900000	剃刀零件	12	80	17	9	千克	
8213	**剪刀、裁缝剪刀及类似品、剪刀片**						
82130000	剪刀、裁缝剪刀及类似品、剪刀片						
8213000000	剪刀、裁缝剪刀及类似品、剪刀片	12	80	17	9	千克	
8214	**其他利口器(例如,理发推剪、屠刀、砍骨刀、切肉刀、切菜刀、裁纸刀);修指甲及修脚用具(包括指甲锉)**						
82141000	-裁纸刀、开信刀、改错刀、铅笔刀及其刀片						
8214100000	裁纸刀、信刀、改错刀、铅笔刀及刀片	12	80	17	5	千克	
82142000	-修指甲及修脚用具(包括指甲锉)						
8214200000	修指 甲及修脚用具(包括指甲锉)	18	90	17	9	千克	
82149000	-其他						
8214900010	切菜刀等厨房用利口器	18	80	17	9	千克	A
8214900090	理发推子等其他利口器	18	80	17	9	千克	
8215	**餐匙、餐叉、长柄勺、漏勺、糕点夹、鱼刀、黄油刀、糖块夹及类似的厨房或餐桌用具**						
82151000	-成套货品,至少其中一件物品是镀贵金属的						
8215100000	成套含镀贵金属制厨房或餐桌用具(成套货品,至少其中一件是镀贵金属的)	18	80	17	5	千克	A
82152000	-其他成套货品						
8215200000	成套的其他厨房或餐桌用具(成套货品,没有一件是镀贵金属的)	18	80	17	9	千克	A
82159100	--镀贵金属的						
8215910000	非成套镀贵金属制厨房或餐桌用具(非成套货品,镀贵金属的)	18	80	17	5	千克	A
82159900	--其他						
8215990000[暂10]	其他非成套的厨房或餐桌用具(非成套货品,没镀贵金属的)	18	80	17	9	千克	A

第八十三章　贱金属杂项制品

注释：

一、在本章，贱金属零件应与制品一同归类。但品目73.12、73.15、73.17、73.18及73.20的钢铁制品或其他贱金属（第七十四章至第七十六章及第七十八章至第八十一章）制的类似物品不应视为本章制品的零件。

二、品目83.02所称"脚轮"，是指直径（对于有胎的，连胎计算在内，下同）不超过75毫米的或直径虽超过75毫米，但所装轮或胎的宽度必须小于30毫米的脚轮。

商品编号	商品名称及备注	进口关税税率（%）		增值税率（%）	出口退税率（%）	计量单位	监管条件
		最惠国	普通				
8301	**贱金属制的锁（钥匙锁、数码锁及电动锁）；贱金属制带锁的扣环及扣环框架；上述锁的贱金属制钥匙**						
83011000	-挂锁						
8301100000	挂锁	14	80	17	9	千克/把	
83012010	---中央控制门锁						
8301201000	机动车用中央控制门锁	10	80	17	13	千克/套	
83012090	---其他						
8301209000	其他机动车用锁	10	80	17	9	千克/套	
83013000	-家具用锁						
8301300000	家具用锁	14	80	17	9	千克/个	
83014000	-其他锁						
8301400000	其他锁	14	80	17	9	千克/个	
83015000	-带锁的扣环及扣环框架						
8301500000	带锁的扣环及扣环框架	14	80	17	9	千克	
83016000	-零件						
8301600000	锁零件	12	80	17	9	千克	
83017000	-钥匙						
8301700000	钥匙	10	80	17	9	千克	
8302	**用于家具、门窗、楼梯、百叶窗、车厢、鞍具、衣箱、盒子及类似品的贱金属附件及架座；贱金属制帽架、帽钩、托架及类似品；用贱金属做支架的小脚轮；贱金属制的自动闭门器**						
83021000	-铰链（折叶）						
8302100000	铰链（折叶）	10	80	17	5	千克	
83022000	-小脚轮						
8302200000	用贱金属做支架的小脚轮	12	80	17	9	千克	
83023000	-机动车辆用的其他附件及架座						
8302300000	机车用贱金属附件及架座	10	80	17	5	千克	
83024100	--建筑用						
8302410000	建筑用贱金属配件及架座	14	80	17	5	千克	
83024200	--其他，家具用						
8302420000	家具用贱金属配件及架座	12	80	17	5	千克	
83024900	--其他						
8302490000	其他用贱金属配件及架座	12	80	17	5	千克	
83025000	-帽架、帽钩、托架及类似品						
8302500000	帽架，帽钩，托架及类似品	14	80	17	9	千克	
83026000	-自动闭门器						
8302600000	自动闭门器	12	80	17	5	千克/个	

商品编号	商品名称及备注	进口关税税率(%)		增值税率(%)	出口退税率(%)	计量单位	监管条件
		最惠国	普通				
8303	**装甲或加强的贱金属制保险箱、保险柜及保险库的门和带锁保险储存橱、钱箱、契约箱及类似品**						
83030000	装甲或加强的贱金属制保险箱、保险柜及保险库的门和带锁保险储存橱、钱箱、契约箱及类似品						
8303000000	保险箱、柜、保险库的门(及带锁保险储存厨、钱箱、契约箱及类似品)	14	50	17	5	千克/个	
8304	**贱金属制的档案柜、卡片索引柜、文件盘、文件篮、笔盘、公章架及类似的办公用具,但品目94.03的办公室家具除外**						
83040000	贱金属制的档案柜、卡片索引柜、文件盘、文件篮、笔盘、公章架及类似的办公用具,但品目94.03的办公室家具除外						
8304000000	贱金属档案柜、文件箱等办公用具(品目94.03的办公室家具除外)	10.5	80	17	5	千克	
8305	**活页夹、卷宗夹的贱金属附件,贱金属制的信夹、信角、文件夹、索引标签及类似的办公用品;贱金属制的成条订书钉(例如,供办公室、室内装饰或包装用)**						
83051000	-活页夹或卷宗夹的附件						
8305100000	活页夹或宗卷夹的附件	10.5	80	17	5	千克	
83052000	-成条订书钉						
8305200000	成条订书钉	10.5	80	17	5	千克	
83059000	-其他,包括零件						
8305900000	信夹、信角、文件夹等办公用品及零件	10.5	80	17	5	千克	
8306	**非电动的贱金属铃、钟、锣及类似品;贱金属雕塑像及其他装饰品;贱金属相框或画框及类似框架;贱金属镜子**						
83061000	-铃、钟、锣及类似品						
8306100000	非电动铃、钟、锣及其类似品	8	80	17	5	千克	
83062100	--镀贵金属的						
8306210000	镀贵金属的雕塑像及其他装饰品(贱金属制)	8	100	17	5	千克	
83062910	---景泰蓝的						
8306291000	景泰蓝雕塑像及其他装饰品(贱金属制)	8	100	17	9	千克	
83062990	---其他						
8306299000	其他雕塑像及其他装饰品(贱金属制)	8	100	17	13	千克	
83063000	-相框、画框及类似框架;镜子						
8306300000	相框,画框及类似框架,镜子	8	100	17	5	千克	
8307	**贱金属软管,不论是否有附件**						
83071000	-钢铁制						
8307100000	钢铁制软管,可有配件	8.4	35	17	5	千克	
83079000	-其他贱金属制						
8307900000	其他贱金属软管,可有配件	8.4	35	17	5	千克	
8308	**贱金属制的扣、钩、环、眼及类似品,用于衣着或衣着附件、鞋靴、珠宝首饰、手表、书籍、天篷、皮革制品、旅行用品或马具或其他制成品;贱金属制的管形铆钉及开口铆钉;贱金属制的珠子及亮晶片**						
83081000	-钩、环及眼						
8308100000	贱金属制钩、环及眼	10.5	80	17	9	千克	
83082000	-管形铆钉及开口铆钉						
8308200000	贱金属制管形铆钉及开口铆钉	10.5	80	17	5	千克	
83089000	-其他,包括零件						
8308900000	贱金属制珠子及亮晶片	10.5	80	17	5	千克	
8309	**贱金属制的塞子、盖子(包括冠形瓶塞、螺口盖及倒水塞)、瓶帽、螺口塞、塞子帽、封志及其他包装用附件**						

商品编号	商 品 名 称 及 备 注	进口关税税率(%)		增值税率(%)	出口退税率(%)	计量单位	监管条件
		最惠国	普通				
83091000	-冠形瓶塞						
8309100000	贱金属制冠形瓶塞	18	90	17	5	千克	
83099000	-其他						
8309900000	盖子、瓶帽、螺口塞封志等包装用附件(贱金属制)	12	80	17	5	千克	
8310	**贱金属制的标志牌、铭牌、地名牌及类似品、号码、字母及类似标志,但品目94.05的货品除外**						
83100000	贱金属制的标志牌、铭牌、地名牌及类似品、号码、字母及类似标志,但品目94.05的货品除外						
8310000000	标志牌、铭牌、号码、字母等标志(贱金属制,品目94.05的货品除外)	18	80	17	5	千克	
8311	**贱金属或硬质合金制的丝、条、管、板、电极及类似品,以焊剂涂面或以焊剂为芯,用于焊接或沉积金属、硬质合金;贱金属粉粘聚而成的丝或条,供金属喷镀用**						
83111000	-以焊剂涂面的贱金属制电极,电弧焊用						
8311100000	以焊剂涂面的贱金属电极,电弧焊用	8	30	17	13	千克	
83112000	-以焊剂为芯的贱金属制焊丝,电弧焊用						
8311200000	以焊剂为芯的贱金属制焊丝(电弧焊用)	8	30	17	13	千克	
83113000	-以焊剂涂面或以焊剂为芯的贱金属条或丝,钎焊或气焊用						
8311300000	以焊剂涂面或作芯的贱金属条或丝(钎焊或气焊用)	8	30	17	13	千克	
83119000	-其他						
8311900000	贱金属粘聚成的丝或条(供金属喷镀用)	8	30	17	13	千克	

第十六类　机器、机械器具、电气设备及其零件；录音机及放声机、电视图像、声音的录制和重放设备及其零件、附件

注释：

一、本类不包括：

（一）第三十九章的塑料或品目40.10的硫化橡胶制的传动带、输送带；除硬质橡胶以外的硫化橡胶制的机器、机械器具、电气器具或其他专门技术用途的物品（品目40.16）；

（二）机器、机械器具或其他专门技术用途的皮革、再生皮革（品目42.05）或毛皮（品目43.03）的制品；

（三）各种材料（例如，第三十九章、第四十章、第四十四章、第四十八章及第十五类的材料）制的筒管、卷轴、纡子、锥形筒管、芯子、线轴及类似品；

（四）提花机及类似机器用的穿孔卡片（例如，归入第三十九章、第四十八章或第十五类的）；

（五）纺织材料制的传动带、输送带及带料（品目59.10）或技术上用的其他纺织材料制品（品目59.11）；

（六）品目71.02至71.04的宝石或半宝石（天然、合成或再造）或品目71.16的完全以宝石或半宝石制成的物品，但已加工未装配的唱针用蓝宝石和钻石除外（品目85.22）；

（七）第十五类注释二所规定的贱金属制通用零件（第十五类）及塑料制的类似品（第三十九章）；

（八）钻管（品目73.04）；

（九）金属丝、带制的环形带（第十五类）；

（十）第八十二章或第八十三章的物品；

（十一）第十七类的物品；

（十二）第九十章的物品；

（十三）钟、表或第九十一章的其他物品；

（十四）品目82.07的可互换工具及品目96.03的作为机器零件的刷子；类似的可互换工具应按其构成工作部件的材料归类（例如，归入第四十章、第四十二章、第四十三章、第四十五章、第五十九章或品目68.04、68.09）；

（十五）第九十五章的物品；

（十六）打字机色带或类似色带，不论是否带轴或装盒（应按其材料属性归类；如已上油或经其他方法处理能着色的，应归入品目96.12），或品目96.20的独脚架、双脚架、三脚架及类似品。

二、除本类注释一、第八十四章注释一及第八十五章注释一另有规定的以外，机器零件（不属于品目84.84、85.44、85.45、85.46或85.47所列物品的零件）应按下列规定归类：

（一）凡在第八十四章、第八十五章的品目（品目84.09、84.31、84.48、84.66、84.73、84.87、85.03、85.22、85.29、85.38及85.48除外）列名的货品，均应归入该两章的相应品目；

（二）专用于或主要用于某一种机器或同一品目的多种机器（包括品目84.79或85.43的机器）的零件，应与该种机器一并归类，或酌情归入品目84.09、84.31、84.48、84.66、84.73、85.03、85.22、85.29、85.38；但能同时主要用于品目85.17和85.25至85.28所列机器的零件，应归入品目85.17；

（三）所有其他零件应酌情归入品目84.09、84.31、84.48、84.66、84.73、85.03、85.22、85.29或85.38，如不能归入上述品目，则应归入品目84.87或85.48。

三、由两部及两部以上机器装配在一起形成的组合式机器，或具有两种及两种以上互补或交替功能的机器，除条文另有规定的以外，应按具有主要功能的机器归类。

四、由不同独立部件（不论是否分开或由管道、传动装置、电缆或其他装置连接）组成的机器（包括机组），如果组合后明显具有一种第八十四章或第八十五章某个品目所列功能，则全部机器应按其功能归入有关品目。

五、上述各注释所称“机器”，是指第八十四章或第八十五章各品目所列的各种机器、设备、装置及器具。

第八十四章　核反应堆、锅炉、机器、机械器具及其零件

注释：

一、本章不包括：

（一）石磨、石碾及第六十八章的其他物品；

（二）陶瓷材料制的机器或器具（例如泵）以及任何材料制机器或器具的陶瓷制零件（第六十九章）；

（三）实验室用玻璃器（品目70.17）；玻璃制的机器、器具或其他专门技术用途的物品及其零件（品目70.19或70.20）；

（四）品目73.21或73.22的物品或其他贱金属制的类似物品（第七十四章至第七十六章或第七十八章至第八十一章）；

（五）品目85.08的真空吸尘器；

（六）品目85.09的家用电动器具；品目85.25的数字照相机；

（七）第十七类物品用的散热器；或

（八）非机动的手工操作地板清扫器（品目96.03）。

二、除第十六类注释三及本章注释九另有规定以外，如果某种机器或器具既符合品目84.01至84.24或品目84.86中一个或几个品目的规定，又符合品目84.25至84.80中一个或几个品目的规定，则应酌情归入品目84.01至84.24或品目84.86中的相应品目，而不归入品目84.25至84.80中的有关品目。

但品目84.19不包括：

（一）催芽装置、孵卵器或育雏器（品目84.36）；

（二）谷物调湿机（品目84.37）；

（三）萃取糖汁的浸提装置（品目84.38）；

（四）纱线、织物及纺织制品的热处理机器（品目84.51）；

(五)温度变化(即使必不可少)仅作为辅助功能的机器、设备或实验室设备。

品目84.22不包括:

(一)缝合袋子或类似品用的缝纫机;

(二)品目84.72的办公室用机器。

品目84.24不包括:

(一)喷墨印刷(打印)机器(品目84.43);或

(二)水射流切割机(品目84.56)。

三、如果用于加工各种材料的某种机床既符合品目84.56的规定,又符合品目84.57、84.58、84.59、84.60、84.61、84.64或84.65的规定,则应归入品目84.56。

四、品目84.57仅适用于可以完成下列不同形式机器操作的金属加工机床,但车床(包括车削中心)除外:

(一)按照机械加工程序从刀具库中自动更换刀具(加工中心);

(二)同时或顺序地自动使用不同的动力头对固定不动的工件进行加工(单工位组合机床);

(三)自动将工件送向不同的动力头(多工位组合机床)。

五、(一)品目84.71所称"自动数据处理设备",是指具有如下功能的机器:

1. 存储处理程序及执行程序直接需要的起码的数据;

2. 按照用户的要求随意编辑程序;

3. 按照用户指令进行算术计算;以及

4. 在运行过程中,可不需人为干预而通过逻辑判断,执行一个处理程序,这个处理程序可改变计算机指令的执行。

(二)自动数据处理设备可以是一套由若干单独部件所组成的系统。

(三)除本注释(四)及(五)另有规定的以外,一个部件如果符合下列所有规定,即可视为自动数据处理系统的一部分:

1. 专用于或主要用于自动数据处理系统;

2. 可以直接或通过一个或几个其他部件同中央处理机相连接;

3. 能够以本系统所使用的方式(代码或信号)接收或传送数据。

自动数据处理设备的部件如果单独报验,应归入品目84.71。但是,键盘、X-Y坐标输入装置及盘(片)式存储部件,只要符合上述注释(三)2及(三)3所列的规定,应一律作为品目84.71的部件归类。

(四)品目84.71不包括单独报验的下述设备,即使它们符合上述注释五(三)的所有规定:

1. 打印机、复印机、传真机,不论是否组合式;

2. 发送或接收声音、图像或其他数据的设备,包括无线或有线网络(例如,局域网或广域网)通信设备;

3. 扬声器及传声器(麦克风);

4. 电视摄像机、数字照相机及视频摄录一体机;

5. 监视器及投影机,未装有电视接收装置。

(五)装有自动数据处理设备或与自动数据处理设备连接使用,但却从事数据处理以外的某项专门功能的机器,应按其功能归入相应的品目,对于无法按功能归类的,应归入未列名品目。

六、品目84.82还包括最大直径及最小直径与标称直径相差均不超过1%或0.05毫米(以相差数值较小的为准)的抛光钢珠,其他钢珠归入品目73.26。

七、具有一种以上用途的机器在归类时,其主要用途可作为唯一的用途对待。

除本章注释二、第十六类注释三另有规定的以外,凡任何品目都未列明其主要用途的机器,以及没有哪一种用途是主要用途的机器,均应归入品目84.79。品目84.79还包括将金属丝、纱线或其他各种材料以及它们的混合材料制成绳、缆的机器(例如,捻股机、绞扭机、制缆机)。

八、品目84.70所称"袖珍式"仅适用于外形尺寸不超过170毫米×100毫米×45毫米的机器。

九、(一)第八十五章注释九(一)及(二)也同样适用于本条注释及品目84.86中所称的"半导体器件"及"集成电路"。但本条注释及品目84.86所称"半导体器件",也包括光敏半导体器件及发光二极管(LED)。

(二)本条注释及品目84.86所称"平板显示器的制造",包括将各层基片制造成平板,但不包括玻璃的制造或将印刷电路板或其他电子元件装配在平板上。所称"平板显示"不包括阴极射线管技术。

(三)品目84.86也包括下列机器及装置,其专用或主要用于:

1. 制造或修补掩膜版及刻线;

2. 组装半导体器件或集成电路;

3. 升降、搬运、装卸单晶柱、晶圆、半导体器件、集成电路及平板显示器。

(四)除十六类注释一及第八十四章注释一另有规定的以外,符合品目84.86规定的机器及装置,应归入该品目而不归入本手册的其他品目。

子目注释:

一、子目8465.20所称"加工中心",仅适用于加工木材、软木、骨、硬质橡胶、硬质塑料或类似硬质材料的加工机床。这些设备可根据机械加工程序,从刀具库或类似装置中自动更换刀具,以完成不同形式的机械加工。

二、子目8471.49所称"系统",是指各部件符合第八十四章章注五(二)所列条件,并且至少由一个中央处理部件、一个输入部件(例如,键盘或扫描仪)和一个输出部件(例如,视频显示器或打印机)组成的自动数据处理设备。

三、子目8481.20所称"油压或气压传动阀",是指在液压或气压系统中专用于传递"流体动力"的阀门,其能源以加压流体(液体或气体)的形式供给。这些阀门可以具有各种形式(例如,减压阀、止回阀)。子目8481.20优先于品目84.81的所有其他子目。

四、子目8482.40仅包括滚柱直径相同,最大不超过5毫米,且长度至少是直径3倍的圆滚柱轴承,滚柱的两端可以磨圆。

商品编号	商品名称及备注	进口关税税率(%) 最惠国	进口关税税率(%) 普通	增值税率(%)	出口退税率(%)	计量单位	监管条件
8401	核反应堆;核反应堆的未辐照燃料元件(释热元件);同位素分离机器及装置						
84011000	-核反应堆						
8401100000	核反应堆	2	8	17	17	千克	3
84012000	-同位素分离机器、装置及其零件						
8401200000	同位素分离机器、装置及其零件	1	8	17	17	个/千克	3
84013010	---未辐照燃料元件						
8401301000	未辐照燃料元件(释热元件)	2	8	17	17	千克	

商品编号	商品名称及备注	进口关税税率(%)		增值税率(%)	出口退税率(%)	计量单位	监管条件
		最惠国	普通				
84013090	---未辐照燃料元件的零件						
8401309000	未辐照燃料元件(释热元件)的零件	1	8	17	17	千克	
84014010	---未辐照相关组件						
8401401000	核反应堆未辐照相关组件	1	8	17	17	千克	
84014020	---堆内构件						
8401402000	核反应堆堆内构件	1	8	17	17	千克	3
84014090	---其他						
8401409010	核反应堆压力容器(包括其顶板)(专门设计或制造来用于容纳核反应堆的堆芯)	1	8	17	17	千克	3
8401409020	核反应堆控制棒和设备(专用于核反应堆裂变控制棒、支承结构或悬吊结构等)	1	8	17	17	千克	3
8401409030	核反应堆压力管(专用于容纳核燃料元件和一次冷却剂的,压力>5.1兆帕)	1	8	17	17	千克	3
8401409090	其他核反应堆零件	1	8	17	17	千克	
8402	**蒸汽锅炉(能产生低压水蒸气的集中供暖用的热水锅炉除外);过热水锅炉**						
84021110	---蒸发量≥900吨/时的发电用锅炉						
8402111000	蒸发量≥900吨/时发电用蒸汽水管锅炉	3	11	17	17	台/千克	6A
84021190	---其他						
8402119000	其他蒸发量>45吨/时的蒸汽水管锅炉	14	35	17	17	台/千克	6A
84021200	--蒸发量≤45吨/时的水管锅炉						
8402120010	纸浆厂废料锅炉(蒸发≤45吨/时蒸汽水管锅炉)	5	35	17	17	台/千克	6A
8402120090	其他蒸发量未超45吨/时水管锅炉	5	35	17	17	台/千克	6A
84021900	--其他蒸汽锅炉,包括混合式锅炉						
8402190000	其他蒸汽锅炉(包括混合式锅炉)	5	35	17	17	台/千克	6A
84022000	-过热水锅炉						
8402200000	过热水锅炉	16	35	17	17	台/千克	6A
84029000	-零件						
8402900000	蒸汽锅炉及过热水锅炉的零件	2	11	17	17	千克	
8403	**集中供暖用的热水锅炉,但品目84.02的货品除外**						
84031010	---家用型						
8403101000	家用型热水锅炉(但品目84.02的货品除外)	10	80	17	17	台/千克	6A
84031090	---其他						
8403109000	其他集中供暖用的热水锅炉(但品目84.02的货品除外)	10	80	17	17	台/千克	6A
84039000	-零件						
8403900000	集中供暖用热水锅炉的零件	6	80	17	17	千克	
8404	**品目84.02或84.03所列锅炉的辅助设备(例 如,节热器、过热器、除灰器、气体回收器);水 蒸气或其他蒸汽动力装置的冷凝器**						
84041010	---品目84.02所列锅炉 的辅助设备						
8404101010暂5	使用(可再生)生物质燃料的非水管蒸汽锅炉的辅助设备(例如,节热器、过热器、除灰器、气体回收器)	7	35	17	17	千克	6
8404101090	其他蒸汽锅炉、过热水锅炉的辅助设备(例如,节热器、过热器、除灰器、气体回收器)	7	35	17	17	千克	6
84041020	---品目84.03所列锅炉 的辅助设备						
8404102000暂5	集中供暖用热水锅炉的辅助设备(例如,节热器、过热器、除灰器、气体回收器)	10	80	17	17	千克	6
84042000	-水蒸气或其他蒸汽动力装置的冷凝器						
8404200000暂5	水及其他蒸汽动力装置的冷凝器	14	35	17	17	千克	6
84049010	---编号84041020所列设备的零件						
8404901000暂5	集中供暖热水锅炉辅助设备的零件	10	80	17	17	千克	
84049090	---其他						

商品编号	商品名称及备注	进口关税税率（%）		增值税率（%）	出口退税率（%）	计量单位	监管条件
		最惠国	普通				
8404909010暂5	使用(可再生)生物质燃料的非水管蒸汽锅炉的辅助设备的零件；水蒸气或其他蒸汽动力装置的冷凝器的零件(编号84041010、84042000所列辅助设备的)	7	35	17	17	千克	
8404909090	其他辅助设备用零件(编号84041010、84042000所列辅助设备的)	7	35	17	17	千克	
8405	**煤气发生器，不论有无净化器；乙炔发生器及类似的水解气体发生器，不论有无净化器**						
84051000	-煤气发生器，不论有无净化器；乙炔发生器及类似的水解气体发生器，不论有无净化器						
8405100000	煤气、乙炔及类似水解气体发生器(不论有无净化器)	14	30	17	17	千克	A
84059000	-零件						
8405900000	煤气、乙炔等气体发生器的零件	8	30	17	17	千克	
8406	**汽轮机**						
84061000	-船舶动力用汽轮机						
8406100000	船舶动力用汽轮机	5	35	17	17	台/千瓦	
84068110	---输出功率≤100兆瓦的						
8406811000	40<功率≤100兆瓦的其他汽轮机(功率指输出功率)	5	35	17	17	台/千瓦	
84068120	---超过100兆瓦<输出功率≤350兆瓦的						
8406812000	100<功率≤350兆瓦的其他汽轮机(功率指输出功率)	5	35	17	17	台/千瓦	
84068130	---输出功率>350兆瓦的						
8406813000	功率>350兆瓦的其他汽轮机(功率指输出功率)	6	11	17	17	台/千瓦	
84068200	--输出功率≤40兆瓦的						
8406820000	功率≤40兆瓦的其他汽轮机(功率指输出功率)	5	35	17	17	台/千瓦	O
84069000	-零件						
8406900000	汽轮机用的零件	2	11	17	17	千克	
8407	**点燃往复式或旋转式活塞内燃发动机**						
84071010	---输出功率≤298千瓦						
8407101000	输出功率≤298千瓦航空器内燃引擎(指点燃往复式或旋转式)	2	11	17	17	台/千瓦	6
84071020	---输出功率>298千瓦						
8407102010	输出功率>298千瓦的无人驾驶航空飞行器、无人驾驶飞艇用高效率内燃引擎(设计或改型后用于在15420米以上高空飞行的吸气活塞式或转子式内燃发动机)	2	11	17	17	台/千瓦	36
8407102090	其他输出功率>298千瓦航空器内燃引擎(指点燃往复式或旋转式)	2	11	17	17	台/千瓦	6
84072100	--舷外发动机						
8407210000	船舶用舷外点燃式引擎(指点燃往复式或旋转式活塞内燃发动机)	8	35	17	17	台/千瓦	6
84072900	--其他						
8407290000	船舶用其他未列名点燃式引擎(指点燃往复式或旋转式活塞内燃发动机，舷外式的除外)	8	20	17	17	台/千瓦	6
84073100	--气缸容量(排量)≤50毫升						
8407310000	排量≤50毫升往复式活塞引擎(第八十七章所列车辆用的点燃往复式活塞发动机，排气量≤50毫升)	10	35	17	17	台/千瓦	y4xA6
84073200	--50毫升<气缸容量(排量)≤250毫升						
8407320000	50毫升<排量≤250毫升往复式活塞引擎(第八十七章所列车辆用的点燃往复式活塞发动机)	10	35	17	17	台/千瓦	y4xA6
84073300	--250毫升<气缸容量(排量)≤1000毫升						
8407330000	250毫升<排量≤1000毫升往复活塞引擎(第八十七章所列车辆的点燃往复式活塞发动机)	10	70	17	17	台/千瓦	AO6
84073410	---1000毫升<气缸容量(排量)≤3000毫升						
8407341000	1000毫升<排量≤3000毫升车辆的往复式活塞引擎(第八十七章所列车辆的点燃往复式活塞发动机)	10	70	17	17	台/千瓦	A6O
84073420	---气缸容量(排量)>3000毫升						
8407342010	排量≥5.9升的天然气发动机(第八十七章所列车辆用的点燃往复式活塞发动机)	10	35	17	17	台/千瓦	6O

商品编号	商品名称及备注	进口关税税率(%)		增值税率(%)	出口退税率(%)	计量单位	监管条件
		最惠国	普通				
8407342090	其他排量>3000毫升车用往复式活塞引擎(第八十七章所列车辆用的点燃往复式活塞发动机)	10	35	17	17	台/千瓦	60
84079010	---沼气发动机						
8407901000	沼气发动机	12	35	17	17	台/千瓦	6
84079090	---其他						
8407909010	转速<3600转/分汽油发动机(发电机用,立式输出轴汽油发动机除外)	18	35	17	17	台/千瓦	06
8407909020	转速<4650转/分汽油发动机(品目84.26、84.28~84.30所列机械用,立式输出轴汽油发动机除外)	18	35	17	17	台/千瓦	06
8407909031[暂9]	叉车用汽油发动机(800转/分≤转速≤3400转/分)(立式输出轴汽油发动机除外)	18	35	17	17	台/千瓦	06
8407909039	其他转速<4650转/分汽油发动机(品目84.27所列机械用,立式输出轴汽油发动机除外)	18	35	17	17	台/千瓦	06
8407909040[暂9]	立式输出轴汽油发动机(非第八十七章所列车辆用其他往复式活塞发动机)	18	35	17	17	台/千瓦	6
8407909090	其他往复或旋转式活塞内燃引擎(非第八十七章所列车辆用其他点燃往复式或旋转式活塞发动机)	18	35	17	17	台/千瓦	6
8408	**压燃式活塞内燃发动机(柴油或半柴油发动机)**						
84081000	-船舶发动机						
8408100000	船舶用柴油发动机(指压燃式活塞内燃发动机)	5	11	17	17	台/千瓦	06
84082010	---输出功率≥132.39千瓦(180马力)						
8408201001[暂4]	输出功率≥441千瓦的柴油发动机(600马力)	9	14	17	17	台/千瓦	06
8408201010	功率≥132.39千瓦拖拉机用柴油机	9	14	13	17	台/千瓦	6
8408201090	功率≥132.39千瓦其他用柴油机[指第八十七章车辆用压燃式活塞内燃发动机(132.39千瓦=180马力)]	9	14	17	17	台/千瓦	06
84082090	---其他						
8408209010	功率<132.39千瓦拖拉机用柴油机	25	35	13	13	台/千瓦	6
8408209020[暂20]	升功率≥50千瓦,输出功率<132.39千瓦的轿车用柴油发动机	25	35	17	17	台/千瓦	60
8408209090	功率<132.39千瓦其他用柴油机(指第八十七章车辆用压燃式活塞内燃发动机)	25	35	17	17	台/千瓦	60
84089010	---机车发动机						
8408901000	机车用柴油发动机(压燃式活塞内燃发动机)	6	11	17	17	台/千瓦	06
84089091	----输出功率≤14千瓦						
8408909111	功率≤14千瓦农业用单缸柴油机[非第八十七章车辆用压燃式活塞内燃发动机(14千瓦=19.05马力)]	5	35	13	13	台/千瓦	6
8408909119	功率≤14千瓦农业用柴油发动机[非第八十七章车辆用压燃式活塞内燃发动机(14千瓦=19.05马力)]	5	35	13	13	台/千瓦	6
8408909191	功率≤14千瓦其他用单缸柴油机[非第八十七章车辆用压燃式活塞内燃发动机(14千瓦=19.05马力)]	5	35	17	13	台/千瓦	6
8408909199	功率≤14千瓦其他用柴油发动机[非第八十七章车辆用压燃式活塞内燃发动机(14千瓦=19.05马力)]	5	35	17	13	台/千瓦	6
84089092	----14千瓦<输出功率<132.39千瓦(180马力)						
8408909210	转速<4650转/分柴油发动机,14<功率<132.39千瓦(品目84.26~84.30所列工程机械用)	8.4	35	17	17	台/千瓦	60
8408909220	14千瓦<功率<132.39千瓦的农业用柴油机[非第八十七章车辆用压燃式活塞内燃发动机(1千瓦=1.36马力)]	8.4	35	13	13	台/千瓦	6
8408909290	14千瓦<功率<132.39千瓦的其他用柴油机[非第八十七章车辆用压燃式活塞内燃发动机(1千瓦=1.36马力)]	8.4	35	17	17	台/千瓦	6
84089093	----输出功率≥132.39千瓦(180马力)						

商品编号	商品名称及备注	进口关税税率(%)		增值税率(%)	出口退税率(%)	计量单位	监管条件
		最惠国	普通				
8408909310	功率≥132.39千瓦的农业用柴油机[非第八十七章用压燃式活塞内燃发动机(132.39千瓦=180马力)]	5	14	13	17	台/千瓦	6
8408909390	功率≥132.39千瓦其他用柴油发动机[非第八十七章用压燃式活塞内燃发动机(132.39千瓦=180马力)]	5	14	17	17	台/千瓦	60
8409	**专用于或主要用于品目84.07或84.08所列发动机的零件**						
84091000	-航空器发动机用						
8409100000	航空器发动机用零件(指专用于或主要用于品目84.07或84.08所列航空器发动机的零件)	2	11	17	17	千克	
84099110	---船舶发动机用						
8409911000	船舶用点燃式发动机专用零件(指专用于或主要用于点燃式活塞内燃发动机的)	6	17	17	17	千克	
84099191	----电控燃油喷射装置						
8409919100	电控燃油喷射装置(指专用于或主要用于点燃式活塞内燃发动机的)	5	35	17	17	千克/套	0
84099199	----其他						
8409919920	废气再循环(EGR)装置(专用或主要用于内燃发动机)	5	35	17	17	千克	
8409919930	连杆(专用或主要用于内燃发动机)	5	35	17	17	千克	
8409919940	喷嘴(专用或主要用于内燃发动机)	5	35	17	17	千克	
8409919950	气门摇臂(专用或主要用于内燃发动机)	5	35	17	17	千克	
8409919990	其他点燃式活塞内燃发动机用零件	5	35	17	17	千克	
84099910	---船舶发动机用						
8409991000	其他船舶发动机专用零件	5	11	17	17	千克	
84099920	---机车发动机用						
8409992000	其他机车发动机专用零件	2	11	17	17	千克	
84099991	----输出功率≥132.39千瓦(180马力)的发动机用						
8409999100	其他功率≥132.39千瓦发动机的专用零件(132.39千瓦=180马力)	2	11	17	17	千克	
84099999	----其他						
8409999910[暂5]	电控柴油喷射装置及其零件(指品目84.08所列的其他发动机用)	8.4	35	17	17	千克	0
8409999990	其他发动机的专用零件(指品目84.07或84.08所列的其他发动机)	8.4	35	17	17	千克	
8410	**水轮机、水轮及其调节器**						
84101100	--功率≤1000千瓦						
8410110000	功率≤1000千瓦的水轮机及水轮	10	35	17	17	台/千克	
84101200	--1000千瓦<功率≤10000千瓦						
8410120000	1000千瓦<功率≤10000千瓦的水轮机及水轮	10	35	17	17	台/千克	
84101310	---功率>30000千瓦的冲击式水轮机及水轮						
8410131000	功率>30000千瓦冲击式水轮机及水轮	10	35	17	17	台/千克	
84101320	---功率>35000千瓦 的贯流式水轮机及水轮						
8410132000	功率>35000千瓦贯流水轮机及水轮	10	35	17	17	台/千克	
84101330	---功率>200000千瓦的水泵水轮机及水轮						
8410133000	功率>200000千瓦水泵式水轮机及水轮	10	35	17	17	台/千克	
84101390	---其他						
8410139000	功率>10000千瓦的其他水轮机及水轮	10	35	17	17	台/千克	
84109010	---调节器						
8410901000	水轮机及水轮的调节器	6	35	17	17	千克/套	
84109090	---其他						
8410909000	水轮机及水轮的其他零件(不包括调节器)	6	35	17	17	千克	
8411	**涡轮喷气发动机,涡轮螺桨发动机及其他燃气轮机**						
84111110	---涡轮风扇发动机						

商品编号	商品名称及备注	进口关税税率(%)		增值税率(%)	出口退税率(%)	计量单位	监管条件
		最惠国	普通				
8411111000	涡轮风扇发动机,推力≤25 千牛顿	1	11	17	17	台	3
84111190	---其他						
8411119000	其他涡轮喷气发动机,推力≤25 千牛顿	1	11	17	17	台	
84111210	---涡轮风扇发动机						
8411121000	涡轮风扇发动机,推力>25 千牛顿	1	11	17	17	台	3
84111290	---其他						
8411129010	小型燃烧率高轻型涡轮喷气发动机(推力≥90 千牛顿的涡轮喷气发动机)	1	11	17	17	台	3
8411129090	其他涡轮喷气发动机(推力>25 千牛顿)	1	11	17	17	台	
84112100	--功率≤1100 千瓦						
8411210000	功率≤1100 千瓦的涡轮螺桨发动机	2	11	17	17	台/千瓦	
84112210	---1100 千瓦<功率≤2238 千瓦						
8411221000	1100 千瓦<功率≤2238 千瓦涡轮螺桨引擎	2	11	17	17	台/千瓦	
84112220	---2238 千瓦<功率≤3730 千瓦						
8411222000	2238 千瓦<功率≤3730 千瓦涡轮螺桨引擎	2	11	17	17	台/千瓦	
84112230	---功率>3730 千瓦						
8411223000	功率>3730 千瓦涡轮螺桨引擎	2	11	17	17	台/千瓦	
84118100	--功率≤5000 千瓦						
8411810001[暂1]	涡轮轴航空发动机(功率≤5000 千瓦)	15	35	17	17	台/千瓦	
8411810090	功率≤5000 千瓦的其他燃气轮机	15	35	17	17	台/千瓦	
84118200	--功率>5000 千瓦						
8411820000	功率>5000 千瓦的其他燃气轮机	3	35	17	17	台/千瓦	0
84119100	--涡轮喷气发动机或涡轮螺桨发动机用						
8411910000	涡轮喷气或涡轮螺桨发动机用零件	1	11	17	17	千克	
84119910	---涡轮轴发动机用						
8411991010[暂1]	涡轮轴航空发动机用零件	5	35	17	17	千克	
8411991090	其他涡轮轴发动机用零件	5	35	17	17	千克	
84119990	---其他						
8411999000	其他燃气轮机用零件	5	35	17	17	千克	
8412	**其他发动机及动力装置**						
84121010	---航空器及航天器用						
8412101010	冲压喷气发动机(包括超燃冲压喷气发动机)	3	11	17	17	台/千克	3
8412101020	脉冲喷气发动机	3	11	17	17	台/千克	3
8412101030	组合循环发动机	3	11	17	17	台/千克	3
8412101090	其他航空、航天器用喷气发动机(涡轮喷气发动机除外)	3	11	17	17	台/千克	
84121090	---其他						
8412109000	非航空、航天器用喷气发动机(涡轮喷气发动机除外)	10	35	17	17	台/千克	
84122100	--直线作用(液压缸)的						
8412210000	直线作用的液压动力装置(液压缸)	12	35	17	17	台/千克	
84122910	---液压马达						
8412291000	液压马达	10	35	17	17	台/千克	
84122990	---其他						
8412299010[暂7]	抓桩器(抱桩器)	14	35	17	17	台/千克	0
8412299020[暂1]	压力值>20mpa 的飞机用液压作动器	14	35	17	17	台/千克	0
8412299090	其他液压动力装置	14	35	17	17	台/千克	0
84123100	--直线作用(气压缸)的						
8412310001[暂7]	三坐标测量机用平衡气缸	14	35	17	17	台/千克	

商品编号	商品名称及备注	进口关税税率(%)		增值税率(%)	出口退税率(%)	计量单位	监管条件
		最惠国	普通				
8412310090	其他直线作用的气压动力装置(气压缸)	14	35	17	17	台/千克	
84123900	--其他						
8412390000	其他气压动力装置	14	35	17	17	台/千克	O
84128000	-其他						
8412800010	液体火箭发动机(推力≥90千牛顿可贮存推进剂的)	10	35	17	17	台/千克	3
8412800020	固体火箭发动机(总冲≥1100千牛顿秒的)	10	35	17	17	台/千克	3
8412800090	其他发动机及动力装置	10	35	17	17	台/千克	
84129010	---编号84121010所列机器的零件						
8412901010	燃烧调节装置(冲压或脉冲喷气发动机的)	2	11	17	17	千克	3
8412901020	火箭发动机的壳体	2	11	17	17	千克	3
8412901090	航空、航天器用喷气发动机的零件(涡轮喷气发动机的零件,编号8412901010除外)	2	11	17	17	千克	
84129090	---其他						
8412909010[暂5]	风力发动机零件	8	35	17	17	千克	
8412909090	其他发动机及动力装置的零件	8	35	17	17	千克	
8413	**液体泵,不论是否装有计量装置;液体提升机**						
84131100	--分装燃料或润滑油的泵,用于加油站或车库						
8413110000[暂6]	分装燃料或润滑油的泵,用于加油站或车库(其装有或可装计量装置)	10	30	17	17	台/千克	
84131900	--其他						
8413190000[暂6]	其他装有或可装计量装置的泵	10	30	17	17	台/千克	
84132000	-手泵,但编号841311或841319的货品除外						
8413200000	手泵(但编号841311或841319的货品除外)	10	30	17	17	台/千克	
84133021	----输出功率≥132.39千瓦(180马力)的发动机用燃油泵						
8413302100	180马力及以上发动机用燃油泵(活塞式内燃发动机用的)	3	30	17	17	台/千克	
84133029	----其他						
8413302900	其他燃油泵(活塞式内燃发动机用的)	3	30	17	17	台/千克	
84133030	---润滑油泵						
8413303000	润滑油泵(活塞式内燃发动机用的)	3	30	17	17	台/千克	
84133090	---其他						
8413309000	冷却剂泵(活塞式内燃发动机用的)	3	30	17	17	台/千克	
84134000	-混凝土泵						
8413400000	混凝土泵	8	30	17	17	台/千克	
84135010	---气动式						
8413501010[暂6]	农业用气动往复式排液泵	10	40	13	13	台/千克	
8413501020[暂6]	气动式耐腐蚀波纹或隔膜泵(流量>0.6立方米/时,接触表面由特殊耐腐蚀材料制成)	10	40	17	17	台/千克	3
8413501090[暂6]	其他非农业用气动往复式排液泵	10	40	17	17	台/千克	
84135020	---电动式						
8413502010[暂6]	农业用电动往复式排液泵	10	40	13	13	台/千克	
8413502020[暂6]	电动式耐腐蚀波纹或隔膜泵(流量>0.6立方米/时,接触表面由特殊耐腐蚀材料制成)	10	40	17	17	台/千克	3
8413502030[暂6]	电动往复式排液多重密封泵(两用物项管制)	10	40	17	17	台/千克	3
8413502090[暂6]	其他非农业用电动往复式排液泵	10	40	17	17	台/千克	
84135031	----柱塞泵						
8413503101[暂6]	农业用柱塞泵	10	40	13	13	台/千克	
8413503190[暂6]	其他非农业用柱塞泵	10	40	17	17	台/千克	
84135039	----其他						
8413503901[暂6]	其他农业用液压往复式排液泵	10	40	13	13	台/千克	
8413503920[暂6]	液压式耐腐蚀波纹或隔膜泵(流量>0.6立方米/时,接触表面由特殊耐腐蚀材料制成)	10	40	17	17	台/千克	3

商品编号	商品名称及备注	进口关税税率(%)		增值税率(%)	出口退税率(%)	计量单位	监管条件
		最惠国	普通				
8413503990[暂6]	其他非农业用液压往复式排液泵	10	40	17	17	台/千克	
84135090	---其他						
8413509010[暂6]	其他农用往复式排液泵	10	40	13	13	台/千克	
8413509020[暂6]	其他耐腐蚀波纹或隔膜泵(流量>0.6立方米/时,接触表面由特殊耐腐蚀材料制成)	10	40	17	17	台/千克	3
8413509090[暂6]	其他非农用往复式排液泵	10	40	17	17	台/千克	
84136021	----电动式						
8413602101[暂6]	农业用电动齿轮泵(回转式排液泵)	10	40	13	13	台/千克	
8413602110[暂6]	电动齿轮多重密封泵(非农业用回转式排液泵)	10	40	17	17	台/千克	3
8413602190[暂6]	其他非农业用电动齿轮泵(回转式排液泵,多重密封泵除外)	10	40	17	17	台/千克	
84136022	----液压式						
8413602201[暂3]	农业用回转式液压油泵(输入转速>2000转/分,输入功率>190千瓦,最大流量>2×280升/分)	10	40	13	13	台/千克	
8413602202[暂3]	非农业用回转式液压油泵(输入转速>2000转/分,输入功率>190千瓦,最大流量>2×280升/分)	10	40	17	17	台/千克	
8413602210[暂6]	其他农业用液压齿轮泵(回转式排液泵)	10	40	13	13	台/千克	
8413602220[暂6]	液压齿轮多重密封泵(非农业用回转式排液泵)	10	40	17	17	台/千克	3
8413602290[暂6]	其他非农业用液压齿轮泵(回转式排液泵,多重密封泵除外)	10	40	17	17	台/千克	
84136029	----其他						
8413602901[暂6]	其他农业用齿轮泵(回转式排液泵)	10	40	13	13	台/千克	
8413602990[暂6]	其他非农业用齿轮泵(回转式排液泵)	10	40	17	17	台/千克	
84136031	----电动式						
8413603101[暂6]	农业用电动叶片泵(回转式排液泵)	10	40	13	13	台/千克	
8413603110[暂6]	电动叶片多重密封泵(非农业用回转式排液泵)	10	40	17	17	台/千克	3
8413603190[暂6]	其他非农业用电动叶片泵(回转式排液泵,多重密封泵除外)	10	40	17	17	台/千克	
84136032	----液压式						
8413603201[暂6]	农业用液压叶片泵(回转式排液泵)	10	40	13	13	台/千克	
8413603210[暂6]	液压叶片多重密封泵(非农业用回转式排液泵)	10	40	17	17	台/千克	3
8413603290[暂6]	其他非农业用液压叶片泵(回转式排液泵,多重密封泵除外)	10	40	17	17	台/千克	
84136039	----其他						
8413603901[暂6]	其他农业用叶片泵(回转式排液泵)	10	40	13	13	台/千克	
8413603990[暂6]	其他非农业用叶片泵(回转式排液泵)	10	40	17	17	台/千克	
84136040	---螺杆泵						
8413604001[暂6]	农业用螺杆泵(回转式排液泵)	10	40	13	13	台/千克	
8413604010[暂6]	螺杆多重密封泵(非农业用回转式排液泵)	10	40	17	17	台/千克	3
8413604090[暂6]	其他非农业用螺杆泵(回转式排液泵,多重密封泵除外)	10	40	17	17	台/千克	
84136050	---径向柱塞泵						
8413605001[暂6]	农业用径向柱塞泵(回转式排液泵)	10	40	13	13	台/千克	
8413605090[暂6]	其他非农业用径向柱塞泵(回转式排液泵)	10	40	17	17	台/千克	
84136060	---轴向柱塞泵						
8413606001[暂6]	农业用轴向柱塞泵(回转式排液泵)	10	40	13	13	台/千克	
8413606090[暂6]	其他非农业用轴向柱塞泵(回转式排液泵)	10	40	17	17	台/千克	
84136090	---其他						
8413609010[暂8]	农业用其他回转式排液泵	10	40	13	13	台/千克	
8413609090[暂8]	其他回转式排液泵	10	40	17	17	台/千克	
84137010	---转速≥10000转/分						
8413701010	农业用其他离心泵(转速≥10000转/分)	8	40	13	13	台/千克	

商品编号	商品名称及备注	进口关税税率(%)		增值税率(%)	出口退税率(%)	计量单位	监管条件
		最惠国	普通				
8413701020	液体推进剂用泵(转速≥10000转/分,出口压力≥7000千帕的)	8	40	17	17	台/千克	3
8413701030	离心泵多重密封泵(两用物项管制)	8	40	17	17	台/千克	3
8413701090	其他非农用离心泵(转速≥10000转/分)	8	40	17	17	台/千克	
84137091	----电动潜油泵及潜水电泵						
8413709110[暂8]	农业用电动潜油泵及潜水电泵(转速<10000转/分)	10	40	13	13	台/千克	
8413709190[暂8]	其他非农业用电动潜油泵及潜水电泵(转速<10000转/分)	10	40	17	17	台/千克	
84137099	----其他						
8413709910	其他农业用离心泵(转速<10000转/分)	8	40	13	13	台/千克	
8413709920	一次冷却剂泵(全密封驱动泵,有惯性质量系统的泵,及鉴定为NC-1泵等)	8	40	17	17	台/千克	3
8413709930	转速<10000转/分的离心式屏蔽泵(流量>0.6立方米/时,接触表面由特殊耐腐蚀材料制成)	8	40	17	17	台/千克	3
8413709940	转速<10000转/分的离心式磁力泵(流量>0.6立方米/时,接触表面由特殊耐腐蚀材料制成)	8	40	17	17	台/千克	3
8413709950	液体推进剂用泵(8000转/分<转速<10000转/分,出口压力≥7000千帕的)	8	40	17	17	台/千克	3
8413709960	其他离心泵多重密封泵(两用物项管制)	8	40	17	17	台/千克	30
8413709990	其他非农业用离心泵(转速<10000转/分)	8	40	17	17	台/千克	
84138100	--泵						
8413810010	农业用其他液体泵	8	40	13	13	台/千克	
8413810020	生产重水用多级泵(专门为利用氨-氢交换法生产重水而设计或制造的多级泵)	8	40	17	17	台/千克	3
8413810090	其他非农用液体泵	8	40	17	17	台/千克	
84138200	--液体提升机						
8413820000	液体提升机	8	30	17	17	台/千克	
84139100	--泵用						
8413910000	泵用零件	5	30	17	15	千克	
84139200	--液体提升机用						
8413920000[暂4]	液体提升机用零件	6	30	17	15	千克	
8414	**空气泵或真空泵、空气及其他气体压缩机、风机、风扇;装有风扇的通风罩或循环气罩,不论是否装有过滤器**						
84141000	-真空泵						
8414100010[暂5]	耐腐蚀真空泵(流量>5立方米/时,接触表面由特殊耐腐蚀材料制成)	8	30	17	17	台/千克	3
8414100020[暂5]	真空泵(抽气口≥38厘米,速度≥15立方米/秒,产生<10-4托极限真空度)	8	30	17	17	台/千克	3
8414100030[暂5]	能在含UF_6气氛中使用的真空泵(用耐UF_6腐蚀的材料制成或保护。这些泵可以是旋转式或正压式,可有排代式密封和碳氟化合物密封并且可以有特殊工作流体存在)	8	30	17	17	台/千克	3
8414100040[暂5]	专门设计或制造的抽气能力≥5立方米/分的真空泵(专用于同位素气体扩散浓缩)	8	30	17	17	台/千克	3
8414100050[暂5]	能在含UF_6气氛中使用的真空泵(耐UF_6腐蚀的,也可用氟碳密封和特殊工作流体)	8	30	17	17	台/千克	3
8414100060[暂5]	专门或主要用于半导体晶圆或平板显示屏制造的真空泵	6.7/5.3*	30	17	17	台/千克	
8414100090[暂5]	其他真空泵	8	30	17	17	台/千克	
84142000	-手动或脚踏式空气泵						
8414200000	手动或脚踏式空气泵	8	30	17	17	台/千克	
84143011	----冷藏箱或冷冻箱用,电动机额定功率≤0.4千瓦						
8414301100	电动机额定功率≤0.4千瓦冷藏或冷冻箱用压缩机	8	80	17	17	台/千克	A
84143012	----冷藏箱或冷冻箱用,0.4千瓦<电动机额定功率≤5千瓦						
8414301200	其他电驱动冷藏或冷冻箱用压缩机(指0.4千瓦<电动机额定功率≤5千瓦)	10	80	17	17	台/千克	A
84143013	----空气调节器用,0.4千瓦<电动机额定功率≤5千瓦						

* 最惠国税率中,"/"左边的税率截止日期为2017年6月30日,"/"右边的税率截止日期为2999年12月31日。

商品编号	商 品 名 称 及 备 注	进口关税税率(%)		增值税率(%)	出口退税率(%)	计量单位	监管条件
		最惠国	普通				
8414301300	0.4 千瓦<电动机额定功率≤5 千瓦的空调器用压缩机	10	80	17	17	台/千克	A
84143014	----空气调节器用,电动机额定功率>5 千瓦						
8414301400	电动机额定功率>5 千瓦的空调器用压缩机	10	80	17	17	台/千克	
84143015	----冷冻或冷藏设备用, 电动机额定功率>5 千瓦						
8414301500	电动机额定功率>5 千瓦的冷冻或冷藏设备用压缩机	10	30	17	17	台/千克	
84143019	----其他						
8414301900	电动机驱动其他用于制冷设备的压缩机	10	30	17	17	台/千克	A
84143090	---非电动机驱动的压缩机						
8414309000	非电动机驱动的制冷设备用压缩机	9	80	17	17	台/千克	
84144000	-装在拖车底盘上的空气压缩机						
8414400000	装在拖车底盘上的空气压缩机	8	30	17	17	台/千克	
84145110	---吊扇						
8414511000	功率≤125 瓦的吊扇(本身装有一个输出功率≤125 瓦的电动机)	20	130	17	17	台/千克	A
84145120	---换气扇						
8414512000	其他功率≤125 瓦的换气扇(装有一输出功率≤125 瓦电动机)	20	130	17	17	台/千克	A
84145130	---具有旋转导风轮的风扇						
8414513000	功率≤125 瓦有旋转导风轮的风扇(本身装有一个输出功率≤125 瓦的电动机)	12	130	17	17	台/千克	
84145191	----台扇						
8414519100	功率≤125 瓦的台扇(本身装有一个输出功率≤125 瓦的电动机)	10	130	17	17	台/千克	A
84145192	----落地扇						
8414519200	功率≤125 瓦的落地扇(本身装有一个输出功率≤125 瓦的电动机)	10	130	17	17	台/千克	A
84145193	----壁扇						
8414519300	功率≤125 瓦的壁扇(本身装有一个输出功率≤125 瓦的电动机)	10	130	17	17	台/千克	A
84145199	----其他						
8414519900	其他功率≤125 瓦其他风机、风扇(本身装有一个输出功率≤125 瓦的电动机)	10	130	17	17	台/千克	
84145910	---吊扇						
8414591000	其他吊扇(电动机输出功率>125 瓦的)	8	30	17	17	台/千克	A
84145920	---换气扇						
8414592000	其他换气扇(电动机输出功率>125 瓦的)	8	30	17	17	台/千克	A
84145930	---离心通风机						
8414593000	其他离心通风机	10	30	17	17	台/千克	
84145990	---其他						
8414599010	罗茨式鼓风机	8	30	17	17	台/千克	A
8414599020	吸气≥1 立方米/分的耐 UF_6 腐蚀的鼓风机(出口压力高达 500 千帕,设计成在 UF_6 环境中长期运行。这种鼓风机的压力比为 10∶1 或更低,用耐 UF_6 的材料制成或用这种材料进行保护)	8	30	17	17	台/千克	3A
8414599030	吸气≥2 立方米/分的耐 UF_6 腐蚀鼓风机(轴向离心式或正排量鼓风机,压力比在 1.2∶1 和 6∶1 之间)	8	30	17	17	台/千克	3A
8414599040	吸气≥56 立方米/秒的鼓风机(用于循环硫化氢气体的单级、低压头离心式鼓风机)	8	30	17	17	台/千克	3A
8414599050	电子产品散热用轴流风扇	8	30	17	17	台/千克	
8414599060	专门或主要用于微处理器、电信设备、自动数据处理设备或装置的散热扇	6.7/5.3*	30	17	17	台/千克	A
8414599091	其他台扇、落地扇、壁扇(电动机输出功率>125 瓦的)	8	30	17	17	台/千克	A
8414599099	其他风机、风扇	8	30	17	17	台/千克	
84146010	---抽油烟机						

* 最惠国税率中,"/"左边的税率截止日期为 2017 年 6 月 30 日,"/"右边的税率截止日期为 2999 年 12 月 31 日。

商品编号	商品名称及备注	进口关税税率(%)		增值税率(%)	出口退税率(%)	计量单位	监管条件
		最惠国	普通				
8414601000[暂6]	抽油烟机(指罩的平面最大边长≤120厘米,装有风扇的)	10	130	17	17	台/千克	
84146090	---其他						
8414609011	生物安全柜(符合世界卫生组织规定的生物安全水平三级标准,罩的最大边长≤120厘米)	10	130	17	17	台/千克	3
8414609012	活动(柔软的)隔离装置;手套箱(具有与三级生物安全柜类似标准,罩的最大边长≤120厘米)	10	130	17	17	台/千克	3
8414609013	层流罩(柜)(垂直流密闭通风柜,具有三级生物安全柜类似标准,罩的最大边长≤120厘米)	10	130	17	17	台/千克	3
8414609014	吸收塔(两用物项管制,罩的最大边长≤120厘米)	10	130	17	17	台/千克	3
8414609015	带有风扇的高效空气粒子过滤单元的封闭洁净设备[高效空气粒子过滤单元(HEPA),罩的最大边长≤120厘米]	10	130	17	17	台/千克	3
8414609016	厌氧微生物柜(具有与三级生物安全柜类似标准,罩的最大边长≤120厘米)	10	130	17	17	台/千克	3
8414609090	其他≤120厘米的通风罩或循环气罩(指罩的平面最大边长≤120厘米,装有风扇的)	10	130	17	17	台/千克	
84148010	---燃气轮机用的自由活塞式发生器						
8414801000	燃气轮机用的自由活塞式发生器	8	50	17	17	台/千克	
84148020	---二氧化碳压缩机						
8414802000	二氧化碳压缩机	7	30	17	17	台/千克	
84148030	---发动机用增压器						
8414803001[暂5]	乘用车机械增压器	7	30	17	17	台/千克	
8414803090	发动机用增压器	7	30	17	17	台/千克	
84148040	---空气及其他气体压缩机						
8414804010	吸气≥1立方米/分的耐UF_6腐蚀压缩机(出口压力高达500千帕,设计成在UF_6环境中长期运行。这种压缩机的压力比为10:1或更低,用耐UF_6的材料制成或用这种材料进行保护)	7	30	17	17	台/千克	3
8414804020	MLIS用UF_6/载气压缩机(能在UF_6环境中长期操作UF_6/载气混合气压缩机)	7	30	17	17	台/千克	3
8414804030	吸气≥56立方米/秒的压缩机(用于循环硫化氢气体的单级、低压头离心式压缩机)	7	30	17	17	台/千克	3
8414804040	吸气≥2立方米/分的耐UF_6腐蚀压缩机(轴向离心式或正排量压缩机,压力比在1.2:1和6:1之间)	7	30	17	17	台/千克	3
8414804090	其他空气及气体压缩机	7	30	17	17	台/千克	
84148090	---其他						
8414809051	其他生物安全柜(符合世界卫生组织规定的生物安全水平三级标准)	7	30	17	17	台/千克	3
8414809052	其他活动(柔软的)隔离装置与其他手套箱(具有与三级生物安全柜类似标准)	7	30	17	17	台/千克	3
8414809053	其他层流罩(柜)(垂直流密闭通风柜,具有与三级生物安全柜类似标准)	7	30	17	17	台/千克	3
8414809054	其他吸收塔(两用物项管制)	7	30	17	17	台/千克	3
8414809055	其他带有风扇的高效空气粒子过滤单元的封闭洁净设备[高效空气粒子过滤单元(HEPA)]	7	30	17	17	台/千克	3
8414809056	其他厌氧微生物柜(具有与三级生物安全柜类似标准)	7	30	17	17	台/千克	3
8414809090	其他空气泵及通风罩(通风罩指装有风扇的通风罩或循环气罩,平面边长>120厘米)	7	30	17	17	台/千克	
84149011	----压缩机进、排气阀片						
8414901100[暂5]	压缩机进、排气阀片(用于制冷设备的)	8	80	17	17	千克	
84149019	----其他						
8414901900[暂5]	编号84143011~84143014及84143090的零件(指84143011~84143014及84143090所列机器的其他零件)	8	80	17	15	千克	
84149020	---编号84145110~84145199及84146000所列机器的零件						
8414902000[暂6]	编号84145110~84145199及84146000机器零件(指上述编号内的吊扇换气扇等,还包括编号84146000机器零件)	12	130	17	17	千克	

商品编号	商品名称及备注	进口关税税率(%)		增值税率(%)	出口退税率(%)	计量单位	监管条件
		最惠国	普通				
84149090	---其他						
8414909010暂4	分子泵(气体离心机的静态部件,专门设计或制造的内部有已加工或挤压的螺纹槽和已加工的腔的泵体。)	7	30	17	15	千克	3
8414909090暂4	品目84.14其他未列名零件	7	30	17	15	千克	
8415	**空气调节器,装有电扇及调温、调湿装置,包括不能单独调湿的空调器**						
84151010	---独立式						
8415101000	独立式空气调节器,窗式、壁式、置于天花板或地板上的(装有电扇及调温、调湿装置,包括不能单独调湿的空调器)	15	130	17	17	台/千克	A
84151021	----制冷量≤4000大卡/时						
8415102100	制冷量≤4000大卡/时分体式空调,窗式、壁式、置于天花板或地板上的(装有电扇及调温、调湿装置,包括不能单独调湿的空调器)	15	130	17	17	台/千克	A
84151022	----制冷量>4000大卡/时						
8415102210	4000大卡/时<制冷量≤12046大卡/时(14000瓦)分体式空调,窗式、壁式、置于天花板或地板上的(装有电扇及调温、调湿装置,包括不能单独调湿的空调器)	15	90	17	17	台/千克	A
8415102290	其他制冷量>12046大卡/时(14000瓦)分体式空调,窗式、壁式、置于天花板或地板上的(装有电扇及调温、调湿装置,包括不能单独调湿的空调器)	15	90	17	17	台/千克	A
84152000	-机动车辆上供人使用的						
8415200000暂10	机动车辆上供人使用的空气调节器(指机动车辆上供人使用的空气调节器)	20	110	17	17	台/千克	
84158110	---制冷量≤4000大卡/时						
8415811000	制冷量≤4000大卡/时热泵式空调器(装有制冷装置及一个冷热循环换向阀的)	15	130	17	17	台/千克	A
84158120	---制冷量>4000大卡/时						
8415812001暂12	4000大卡/时<制冷量≤12046大卡/时(14000瓦)热泵式空调器(装有制冷装置及一个冷热循环换向阀的)	20	90	17	17	台/千克	A
8415812090暂12	其他制冷量>12046大卡/时(14000瓦)热泵式空调器(装有制冷装置及一个冷热循环换向阀的)	20	90	17	17	台/千克	A
84158210	---制冷量≤4000大卡/时						
8415821000	制冷量≤4000大卡/时的其他空调器(仅装有制冷装置,而无冷热循环装置的)	15	130	17	17	台/千克	A
84158220	---制冷量>4000大卡/时						
8415822001暂12	4000大卡<制冷量≤12046大卡/时(14000瓦)的其他空调(仅装有制冷装置,而无冷热循环装置的)	20	90	17	17	台/千克	A
8415822090暂12	其他制冷量>12046大卡/时(14000瓦)的其他空调(仅装有制冷装置,而无冷热循环装置的)	20	90	17	17	台/千克	A
84158300	--未装有制冷装置的						
8415830000	未装有制冷装置的空调器	10	90	17	17	台/千克	
84159010	---编号84151010、84151021、84158110及84158210所列设备的零件						
8415901000暂6	其他制冷量≤4千大卡/时空调的零件(指编号84151010、84151021、84158110、84158210所列设备的零件)	10	130	17	17	千克	
84159090	---其他						
8415909000暂6	其他制冷量>4千大卡/时空调的零件(指84151022、84152000、84158120、84158220、84158300所列设备的零件)	10	90	17	17	千克	
8416	**使用液体燃料、粉状固体燃料或气体燃料的炉用燃烧器;机械加煤机,包括其机械炉箅、机械出灰器及类似装置**						
84161000	-使用液体燃料的炉用燃烧器						
8416100000	使用液体燃料的炉用燃烧器	10	35	17	17	千克	6
84162011	----使用天然气的						
8416201101暂5	溴化锂空调用天然气燃烧机	10.5	35	17	17	千克	6

商品编号	商品名称及备注	进口关税税率(%)		增值税率(%)	出口退税率(%)	计量单位	监管条件
		最惠国	普通				
8416201190	其他使用天然气的炉用燃烧器	10.5	35	17	17	千克	6
84162019	----其他						
8416201900	使用其他气的炉用燃烧器	10.5	35	17	17	千克	6
84162090	---其他						
8416209001[暂5]	溴化锂空调用复式燃烧机	10.5	35	17	17	千克	6
8416209090	其他使用粉状固体燃料炉用燃烧器(包括其他复式燃烧器)	10.5	35	17	17	千克	6
84163000	-机械加煤机,包括其机械炉箅、机械出灰器及类似装置						
8416300000	机械加煤机及类似装置(包括机械炉箅、机械出灰器)	8.4	35	17	17	千克	6
84169000	-零件						
8416900000	炉用燃烧器、机械加煤机等的零件(包括机械炉箅、机械出灰器及类似装置用的零件)	6	35	17	15	千克	
8417	**非电热的工业或实验室用炉及烘箱,包括焚烧炉**						
84171000	-矿砂、黄铁矿或金属的焙烧、熔化或其他热处理用炉及烘箱						
8417100000	矿砂、金属的焙烧、熔化用炉(含烘箱及黄铁矿的焙烧、溶化或其他热处理用炉及烘箱)	10	35	17	17	台/千克	6OA
84172000	-面包房用烤炉及烘箱,包括做饼干用的						
8417200000	面包房用烤炉及烘箱等(包括做饼干用的)	10	35	17	17	台/千克	A
84178010	---炼焦炉						
8417801000	炼焦炉	10	35	17	17	台/千克	6A
84178020	---放射性废物焚烧炉						
8417802000	放射性废物焚烧炉	5	35	17	17	台/千克	6A
84178030	---水泥回转窑						
8417803000	水泥回转窑	10	35	17	17	台/千克	AO
84178040	---石灰石分解炉						
8417804000	石灰石分解炉	10	35	17	17	台/千克	A
84178050	---垃圾焚烧炉						
8417805000[暂5]	垃圾焚烧炉	10	35	17	17	台/千克	6AO
84178090	---其他						
8417809010	平均温度>1000℃的耐腐蚀焚烧炉(为销毁管制化学品或化学弹药用)	10	35	17	17	台/千克	36AO
8417809020[暂5]	热裂解炉	10	35	17	17	台/千克	6AO
8417809090	其他非电热的工业用炉及烘箱(包括实验室用炉、烘箱和焚烧炉)	10	35	17	17	台/千克	6OA
84179010	---海绵铁回转窑用						
8417901000	海绵铁回转窑的零件	7	35	17	15	千克	
84179020	---炼焦炉用						
8417902000	炼焦炉的零件	7	35	17	15	千克	
84179090	---其他						
8417909010[暂5]	垃圾焚烧炉和放射性废物焚烧炉的零件	7	35	17	15	千克	
8417909090	其他非电热工业用炉及烘箱的零件(包括实验室用炉及烘箱的零件和焚烧炉零件)	7	35	17	15	千克	
8418	**电气或非电气的冷藏箱、冷冻箱及其他制冷设备;热泵,但品目84.15的空气调节器除外**						
84181010	---容积>500升						
8418101000	容积>500升冷藏—冷冻组合机(各自装有单独外门的)	10	100	17	17	台/千克	A
84181020	---200升<容积≤500升						
8418102000	200<容积≤500升冷藏冷冻组合机(各自装有单独外门的)	15	130	17	17	台/千克	A
84181030	---容积≤200升						
8418103000	容积≤200升冷藏—冷冻组合机(各自装有单独外门的)	15	130	17	17	台/千克	A
84182110	---容积>150升						
8418211000	容积>150升压缩式家用型冷藏箱	10	130	17	17	台/千克	A
84182120	---50升<容积≤150升						

商品编号	商品名称及备注	进口关税税率(%)		增值税率(%)	出口退税率(%)	计量单位	监管条件
		最惠国	普通				
8418212000	压缩式家用型冷藏箱(50<容积≤150升)	10	130	17	17	台/千克	A
84182130	---容积≤50升						
8418213000	容积≤50升压缩式家用型冷藏箱	10	130	17	17	台/千克	A
84182910	---半导体制冷式						
8418291000	半导体制冷式家用型冷藏箱	30	130	17	17	台/千克	A
84182920	---电气吸收式						
8418292000	电气吸收式家用型冷藏箱	15	130	17	17	台/千克	A
84182990	---其他						
8418299000	其他家用型冷藏箱	30	130	17	17	台/千克	A
84183010	---制冷温度≤-40℃						
8418301000	制冷温度≤-40℃的柜式冷冻箱(客积≤800升)	9	50	17	17	台/千克	A
84183021	----容积>500升						
8418302100	制冷温度>-40℃大的其他柜式冷冻箱(大的指500升<容积≤800升)	23	100	17	17	台/千克	A
84183029	----其他						
8418302900	制冷温度>-40℃小的其他柜式冷冻箱(小的指容积≤500升)	30	130	17	17	台/千克	A
84184010	---制冷温度≤-40℃						
8418401000	制冷温度≤-40℃的立式冷冻箱(容积≤900升)	9	50	17	17	台/千克	A
84184021	----容积>500升						
8418402100	制冷温度>-40℃大的立式冷冻箱(大的指500升<容积≤900升)	15	100	17	17	台/千克	A
84184029	----其他						
8418402900	制冷温度>-40℃小的立式冷冻箱(小的指容积≤500升)	30	130	17	17	台/千克	A
84185000	-装有冷藏或冷冻装置的其他设备(柜、箱、展示台、陈列箱及类似品)用于存储及展示						
8418500000	装有冷藏或冷冻装置的其他设备,用于存储及展示(包括柜、箱、展示台、陈列箱及类似品)	10	100	17	17	台/千克	A
84186120	---压缩式						
8418612010	压缩式制冷机组的热泵(介质为氢、氦的可冷却到≤23K且排热>150瓦)	10	90	17	17	台/千克	3
8418612090	其他压缩式热泵,品目84.15的空气调节器除外	10	90	17	17	台/千克	
84186190	---其他						
8418619000	其他热泵,品目84.15的空气调节器除外	15	130	17	17	台/千克	
84186920	---制冷机组						
8418692010	其他压缩式制冷设备(介质为氢或氦,可冷却到≤23K且排热>150瓦)	10	90	17	17	台/千克	3
8418692090	其他制冷机组	10	90	17	17	台/千克	
84186990	---其他						
8418699010	带制冷装置的发酵罐(不发散气溶胶,且容积>20升)	10	130	17	17	台/千克	3
8418699020	制冰机、冰激凌机	10	130	17	17	台/千克	A
8418699090	其他制冷设备	10	130	17	17	台/千克	
84189100	--冷藏或冷冻设备专用的特制家具						
8418910000	冷藏或冷冻设备专用的特制家具	18	130	17	15	千克	
84189910	---制冷机组及热泵用						
8418991000[暂6]	制冷机组及热泵用零件	10	90	17	17	千克	
84189991	----制冷温度≤-40℃的冷冻设备用						
8418999100[暂6]	制冷温度≤-40℃冷冻设备零件	9.5	50	17	15	千克	
84189992	----制冷温度>-40℃,但容积>500升的冷藏或冷冻设备用						
8418999200[暂6]	制冷温度>-40℃大冷藏设备零件(大仅指容积>500升的冷藏或冷冻设备用的零件)	10	100	17	15	千克	
84189999	----其他						
8418999910[暂6]	耐腐蚀冷凝器(0.15平方米<换热面积<20平方米)	10	130	17	15	千克	3
8418999990[暂6]	品目84.18其他制冷设备用零件	10	130	17	15	千克	

商品编号	商品名称及备注	进口关税税率(%)		增值税率(%)	出口退税率(%)	计量单位	监管条件
		最惠国	普通				
8419	**利用温度变化处理材料的机器、装置及类似的实验室设备,例如,加热、烹煮、烘炒、蒸馏、精馏、消毒、灭菌、汽蒸、干燥、蒸发、气化、冷凝、冷却的机器设备,不论是否电热的(不包括品目85.14的炉、烘箱及其他设备),但家用的除外;非电热的快速热水器或贮备式热水器**						
84191100	--燃气快速热水器						
8419110000	非电热燃气快速热水器	35	100	17	17	台/千克	A
84191910	---太阳能热水器						
8419191000[暂5]	太阳能热水器	35	100	17	17	台/千克	A
84191990	---其他						
8419199000	其他非电热的快速或贮备式热水器	35	100	17	17	台/千克	A
84192000	-医用或实验室用消毒器具						
8419200000	医用或实验室用其他消毒器具	4	30	17	17	台/千克	A
84193100	--农产品干燥用						
8419310000	农产品干燥器	8	30	13	13	台/千克	A
84193200	--木材、纸浆、纸或纸板干燥用						
8419320000	木材、纸浆、纸或纸板用干燥器	9	30	17	17	台/千克	A
84193910	---微空气流动陶瓷坯件干燥器						
8419391000	微空气流动陶瓷坯件干燥器	9	30	17	17	台/千克	A
84193990	---其他						
8419399010	冻干设备(10千克≤24小时凝冰量≤1000千克,并可蒸汽消毒)	9	30	17	17	台/千克	3A
8419399020	烟丝烘干机	9	30	17	17	台/千克	AO
8419399030	干燥箱(具有与三级生物安全柜类似标准)	9	30	17	17	台/千克	3A
8419399040[暂4]	生产奶粉用干燥器	9	30	17	17	台/千克	A
8419399050[暂5]	污泥干燥机	9	30	17	17	台/千克	A
8419399090	其他用途的干燥器	9	30	17	17	台/千克	A
84194010	---提净塔						
8419401000	提净塔	10	30	17	17	台/千克	A
84194020	---精馏塔						
8419402000	精馏塔	10	30	17	17	台/千克	A
84194090	---其他						
8419409010	氢-低温蒸馏塔(温度≤-238℃,压力为0.5~5兆帕,内径≥1米等条件)	10	30	17	17	台/千克	3AO
8419409020	耐腐蚀蒸馏塔(内径>0.1米,接触表面由特殊耐腐蚀材料制成)	10	30	17	17	台/千克	3AO
8419409090	其他蒸馏或精馏设备	10	30	17	17	台/千克	AO
84195000	-热交换装置						
8419500010	热交换器(专用于核反应堆的一次冷却剂回路的)	10	30	17	17	台/千克	3O
8419500020	蒸汽发生器(专用于核反应堆内生成的热量输送到进水以产生蒸汽的)	10	30	17	17	台/千克	3
8419500030	冷却UF_6的热交换器(专门设计或制造的用耐UF_6材料制成或保护的热交换器,在压差为100千帕下渗透压力变化率<10帕/时)	10	30	17	17	台/千克	3A
8419500040	冷却气体用热交换器(用耐UF_6腐蚀材料制成或加以保护的)	10	30	17	17	台/千克	3AO
8419500050	耐腐蚀热交换器(0.15平方米<换热面积<20平方米)	10	30	17	17	台/千克	3AO
8419500060	用氟聚合物制造的、入口管和出口管内径≤3厘米的热交换装置	8.3/6.7*	30	17	17	台/千克	A
8419500090	其他热交换装置	10	30	17	17	台/千克	A
84196011	----制氧量≥15000立方米/小时						
8419601100	制氧机(制氧量≥15000立方米/小时)	12	30	17	17	台/千克	A

* 最惠国税率中,"/"左边的税率截止日期为2017年6月30日,"/"右边的税率截止日期为2999年12月31日。

商品编号	商品名称及备注	进口关税税率(%)		增值税率(%)	出口退税率(%)	计量单位	监管条件
		最惠国	普通				
84196019	----其他						
8419601900	其他制氧机(制氧量<15000立方米/小时)	13	30	17	17	台/千克	A
84196090	---其他						
8419609010	液化器(将来自级联的 UF_6 气体压缩并冷凝成液态 UF_6)	10	30	17	17	台/千克	3AO
8419609020[暂5]	通过冷凝分离和去除污染物的气体液化设备	10	30	17	17	台/千克	A
8419609090	其他液化空气或其他气体用的机器	10	30	17	17	台/千克	AO
84198100	--加工热饮料或烹调、加热食品用						
8419810000[暂6]	加工热饮料,烹调,加热食品的机器	10	30	17	17	台/千克	A
84198910	---加氢反应器						
8419891000	加氢反应器	0	30	17	17	台/千克	A
84198990	---其他						
8419899010	带加热装置的发酵罐(不发散气溶胶,且容积>20升)	0	30	17	17	台/千克	3AO
8419899021	凝华器(或冷阱)(从扩散级联中取出 UF_6 并可再蒸发转移)	0	30	17	17	台/千克	3AO
8419899022	低温制冷设备(能承受-120℃或更低的温度)	0	30	17	17	台/千克	3A
8419899023	UF_6 冷阱(能冻结分离出 UF_6 的冷阱)	0	30	17	17	台/千克	3AO
8419899090	其他利用温度变化处理材料的机器(包括类似的实验室设备)	0	30	17	17	台/千克	A
84199010	---热水器用						
8419901000	热水器用零件	0	100	17	17	千克	
84199090	---其他						
8419909000	品目84.19的机器设备用零件(其他利用温度变化处理材料的机器等用零件)	4	30	17	15	千克	
8420	**研光机或其他滚压机器及其滚筒,但加工金属或玻璃用的除外**						
84201000	-研光机或其他滚压机器						
8420100001[暂6]	织物轧光机	8.4	30	17	17	台/千克	
8420100020	专门或主要用于印刷电路板基板或印刷电路制造的滚压机(加工金属或玻璃用的除外)	6.3/4.2*	30	17	17	台/千克	
8420100090	其他研光机或滚压机器(加工金属或玻璃用的除外)	8.4	30	17	17	台/千克	
84209100	--滚筒						
8420910000	研光机或其他滚压机器的滚筒	8	30	17	15	个/千克	
84209900	--其他						
8420990000	研光机或其他滚压机的未列名零件	8	30	17	15	千克	
8421	**离心机,包括离心干燥机;液体或气体的过滤、净化机器及装置**						
84211100	--奶油分离器						
8421110000	奶油分离器	8.4	30	17	17	台/千克	A
84211210	---干衣量≤10千克						
8421121000	干衣量≤10千克的离心干衣机	17.5	70	17	17	台/千克	
84211290	---其他						
8421129000	干衣量>10千克的离心干衣机	8	30	17	17	台/千克	
84211910	---脱水机						
8421191000[暂6]	脱水机	10	30	17	17	台/千克	
84211920	---固液分离机						
8421192000	固液分离机	10	30	17	17	台/千克	
84211990	---其他						
8421199020	液—液离心接触器(为化学交换过程的铀浓缩而专门设计或制造的)	10	30	17	17	台/千克	3
8421199030	离心分离器,包括倾析器(不发散气溶胶,可对致病性微生物进行连续分离的)	10	30	17	17	台/千克	3
8421199090	其他离心机及离心干燥机	10	30	17	17	台/千克	

* 最惠国税率中,"/"左边的税率截止日期为2017年6月30日,"/"右边的税率截止日期为2999年12月31日。

商品编号	商品名称及备注	进口关税税率(%) 最惠国	进口关税税率(%) 普通	增值税率(%)	出口退税率(%)	计量单位	监管条件
84212110	---家用型						
8421211000[暂5]	家用型过滤或净化水的机器及装置	25	63	17	17	台/千克	A
84212191	----船舶压载水处理设备						
8421219100	船舶压载水处理设备	5	50	17	17	台/千克	
84212199	----其他						
8421219910[暂1]	喷灌设备用叠式净水过滤器	5	50	17	17	台/千克	
8421219920[暂2]	船舶压载水处理设备用过滤器	5	50	17	17	台/千克	
8421219990	其他非家用型过滤或净化水的装置	5	50	17	17	台/千克	
84212200	--过滤或净化饮料(水除外)用						
8421220000	过滤或净化饮料的机器及装置(过滤或净化水的装置除外)	12	40	17	17	台/千克	A
84212300	--内燃发动机的滤油器						
8421230000	内燃发动机的滤油器	10	40	17	17	个/千克	
84212910	---压滤机						
8421291010	用氟聚合物制造的厚度≤140微米的过滤膜或净化膜的压滤机	4.2/3.3*	40	17	17	个/千克	O
8421291090	其他压滤机	5	40	17	17	个/千克	O
84212990	---其他						
8421299010	用氟聚合物制造的厚度≤140微米的过滤膜或净化膜的其他液体过滤或净化机器及装置	4.2/3.3*	40	17	17	个/千克	
8421299040	液体截流过滤设备(可连续分离致病性微生物、毒素和细胞培养物)	5	40	17	17	个/千克	3
8421299090	其他液体的过滤、净化机器及装置	5	40	17	17	个/千克	
84213100	--内燃发动机的进气过滤器						
8421310000	内燃发动机的进气过滤器	10	40	17	17	个/千克	
84213910	---家用型						
8421391000[暂5]	家用型气体过滤、净化机器及装置	15	100	17	17	个/千克	
84213921	----静电除尘器						
8421392110	装备不锈钢外壳、入口管和出口管内径≤1.3厘米的工业用静电除尘器	4.2/3.3*	40	17	17	个/千克	
8421392190	其他工业用静电除尘器	5	40	17	17	个/千克	
84213922	----袋式除尘器						
8421392210	装备不锈钢外壳、入口管和出口管内径≤1.3厘米的工业用袋式除尘器	4.2/3.3*	40	17	17	个/千克	
8421392290	其他工业用袋式除尘器	5	40	17	17	个/千克	
84213923	----旋风式除尘器						
8421392310	装备不锈钢外壳、入口管和出口管内径≤1.3厘米的工业用旋风式除尘器	4.2/3.3*	40	17	17	个/千克	
8421392390	其他工业用旋风式除尘器	5	40	17	17	个/千克	
84213924	----电袋复合除尘器						
8421392410	装备不锈钢外壳、入口管和出口管内径≤1.3厘米的电袋复合除尘器	4.2/3.3*	40	17	17	个/千克	
8421392490	其他电袋复合除尘器	5	40	17	17	个/千克	
84213929	----其他						
8421392910	装备不锈钢外壳、入口管和出口管内径≤1.3厘米的其他工业用除尘器	4.2/3.3*	40	17	17	个/千克	
8421392990	其他工业用除尘器	5	40	17	17	个/千克	
84213930	---内燃发动机排气过滤及净化装置						
8421393001[暂3]	摩托车发动机排气过滤及净化装置	5	40	17	17	个/千克	
8421393020	装备不锈钢外壳、入口管和出口管内径≤1.3厘米的其他内燃发动机排气过滤及净化装置	4.2/3.3*	40	17	17	个/千克	
8421393090	其他内燃发动机排气过滤及净化装置	5	40	17	17	个/千克	

* 最惠国税率中,"/"左边的税率截止日期为2017年6月30日,"/"右边的税率截止日期为2999年12月31日。

商品编号	商品名称及备注	进口关税税率(%)		增值税率(%)	出口退税率(%)	计量单位	监管条件
		最惠国	普通				
84213940	---烟气脱硫装置						
8421394010	装备不锈钢外壳、入口管和出口管内径≤1.3厘米的烟气脱硫装置	4.2/3.3*	40	17	17	个/千克	
8421394090	其他烟气脱硫装置	5	40	17	17	个/千克	
84213950	---烟气脱硝装置						
8421395010	装备不锈钢外壳、入口管和出口管内径≤1.3厘米的烟气脱硝装置	4.2/3.3*	40	17	17	个/千克	
8421395090	其他烟气脱硝装置	5	40	17	17	个/千克	
84213990	---其他						
8421399010	装备不锈钢外壳、入口管和出口管内径≤1.3厘米的其他气体过滤或净化机器及装置	4.2/3.3*	40	17	17	个/千克	
8421399090	其他气体过滤、净化机器及装置	5	40	17	17	个/千克	
84219110	---干衣量≤10千克的干衣机用						
8421911000	干衣量≤10千克离心干衣机零件	0	70	17	17	千克	
84219190	---其他						
8421919011	离心机壳/收集器(容纳气体离心机的转筒组件的耐UF_6部件)	0	30	17	15	千克	3
8421919012	收集器(由内径不同的同心管组成用于供取UF_6气体的管件)	0	30	17	15	千克	3
8421919013	气体扩散膜(由耐UF_6材料制成 的多细孔过滤薄膜)	0	30	17	15	千克	3
8421919014	扩散室(专门设计或制造的密闭式容器,用于容纳气体扩散膜,由耐UF_6的材料制成或用这种材料进行保护)	0	30	17	15	千克	3
8421919090	其他离心机用零件	0	30	17	15	千克	
84219910	---家用型过滤、净化装置用						
8421991000暂5	家用型过滤、净化装置用零件	10	100	17	17	千克	
84219990	---其他						
8421999010	用氟聚合物制造的厚度≤140微米的过滤膜或净化膜的液体过滤或净化机器及装置的零件;装备不锈钢外壳、入口管和出口管内径≤1.3厘米的气体过滤或净化机器及装置的零件	4.2/3.3*	40	17	17	千克	
8421999090	其他过滤、净化装置用零件	5	40	17	17	千克	
8422	**洗碟机;瓶子及其他容器的洗涤或干燥机器;瓶、罐、箱、袋或其他容器装填、封口、密封、贴标签的机器;瓶、罐、管、筒或类似容器的包封机器;其他包装或打包机器(包括热缩包装机器);饮料充气机**						
84221100	--家用型						
8422110000暂6	家用型洗碟机	10	90	17	17	台/千克	
84221900	--其他						
8422190000	非家用型洗碟机	14	90	17	17	台/千克	
84222000	-瓶子或其他容器的洗涤或干燥机器						
8422200000	瓶子及其他容器的洗涤或干燥机器	10	35	17	17	台/千克	
84223010	---饮料及液体食品灌装设备						
8422301010暂10	乳品加工用自动化灌装设备	12	45	17	17	台/千克	OA
8422301090	其他饮料及液体食品灌装设备	12	45	17	17	台/千克	OA
84223021	----全自动灌包机						
8422302100	全自动水泥灌包机	12	45	17	17	台/千克	
84223029	----其他						
8422302900	其他水泥包装机	12	45	17	17	台/千克	
84223030	---其他包装机						
8422303001暂6	全自动无菌灌装生产线用包装机(加工速度≥20000只/小时)	10	35	17	17	台/千克	OA
8422303090	其他包装机	10	35	17	17	台/千克	OA

* 最惠国税率中,"/"左边的税率截止日期为2017年6月30日,"/"右边的税率截止日期为2999年12月31日。

商品编号	商品名称及备注	进口关税税率(%)		增值税率(%)	出口退税率(%)	计量单位	监管条件
		最惠国	普通				
84223090	---其他						
8422309001[暂6]	全自动无菌灌装生产线用贴吸管机(加工速度≥22000只/小时)	10	35	17	17	台/千克	A
8422309010	充装设备(两用物项管制)	10	35	17	17	台/千克	3
8422309090	其他瓶、罐、箱、袋或其他容器的装填、封口、密封、贴标签的机器;其他瓶、罐、管、筒或类似容器的包封机器;饮料充气机	10	35	17	17	台/千克	A
84224000	-其他包装或打包机器(包括热缩包装机器)						
8422400000	其他包装或打包机器(包括热缩包装机器)	10	35	17	13	台/千克	
84229010	---洗碟机用						
8422901000[暂6]	洗碟机用零件	10.5	90	17	17	千克	
84229020	---饮料及液体食品灌装设备用						
8422902000	饮料及液体食品灌装设备用零件	8.5	45	17	17	千克	
84229090	---其他						
8422909000	品目84.22其他未列名机器零件	8.5	35	17	15	千克	
8423	**衡器(感量为50毫克或更精密的天平除外),包括计数或检验用的衡器;衡器用的各种砝码、秤砣**						
84231000	-体重计,包括婴儿秤;家用秤						
8423100000	体重计、婴儿秤及家用秤	10.5	80	17	17	台/千克	
84232010	---电子皮带秤						
8423201000	输送带上连续称货的电子皮带秤	7.5/5*	80	17	17	台/千克	
84232090	---其他						
8423209000	输送带上连续称货的其他秤	10	80	17	17	台/千克	
84233010	---定量包装秤						
8423301010	以电子方式称重的定量包装秤	7.9/5.3*	80	17	17	台/千克	
8423301090	其他定量包装秤	10.5	80	17	17	台/千克	
84233020	---定量分选秤						
8423302000	定量分选秤	10.5	80	17	17	台/千克	
84233030	---配料秤						
8423303010	以电子方式称重的配料秤	7.9/5.3*	80	17	17	台/千克	
8423303090	其他配料秤	10.5	80	17	17	台/千克	
84233090	---其他						
8423309010	以电子方式称重的恒定秤、库秤及其他包装秤、分选秤	7.9/5.3*	80	17	17	台/千克	
8423309090	其他恒定秤、库秤及其他包装秤、分选秤	10.5	80	17	17	台/千克	
84238110	---计价秤						
8423811000	最大称量≤30千克的计价秤	7.9/5.3*	80	17	17	台/千克	
84238120	---弹簧秤						
8423812000	最大称量≤30千克的弹簧秤	10.5	80	17	17	台/千克	
84238190	---其他						
8423819010	其他以电子方式称重的衡器,最大称量≤30千克	7.9/5.3*	80	17	17	台/千克	
8423819090	最大称量≤30千克的其他衡器	10.5	80	17	17	台/千克	
84238210	---地中衡						
8423821010	其他以电子方式称重的地中衡,30千克<最大称量≤5000千克,但对车辆称重的衡器除外	7.9/5.3*	80	17	17	台/千克	
8423821090	30<最大称量≤5000千克的其他地中衡	10.5	80	17	17	台/千克	
84238290	---其他						

* 最惠国税率中,"/"左边的税率截止日期为2017年6月30日,"/"右边的税率截止日期为2999年12月31日。

商品编号	商品名称及备注	进口关税税率(%) 最惠国	进口关税税率(%) 普通	增值税率(%)	出口退税率(%)	计量单位	监管条件
8423829010	其他以电子方式称重的衡器,30 千克<最大称量≤5000 千克,但对车辆称重的衡器除外	7.9/5.3*	80	17	17	台/千克	
8423829090	30 千克<最大称量≤5000 千克的其他衡器	10.5	80	17	17	台/千克	
84238910	---地中衡						
8423891010	其他以电子方式称重的地中衡,最大称量>5000 千克,但对车辆称重的衡器除外	7.5/5*	80	17	17	台/千克	
8423891090	最大秤量>5000 千克的其他地中衡	10	80	17	17	台/千克	
84238920	---轨道衡						
8423892010	其他以电子方式称重的轨道衡,最大称量>5000 千克,但对车辆称重的衡器除外	7.5/5*	80	17	17	台/千克	
8423892090	最大秤量>5000 千克的其他轨道衡	10	80	17	17	台/千克	
84238930	---吊秤						
8423893010	其他以电子方式称重的吊秤,最大称量>5000 千克,但对车辆称重的衡器除外	7.5/5*	80	17	17	台/千克	
8423893090	最大秤量>5000 千克的其他吊秤	10	80	17	17	台/千克	
84238990	---其他						
8423899010	其他以电子方式称重的衡器,最大称量>5000 千克,但对车辆称重的衡器除外	7.5/5*	80	17	17	台/千克	
8423899090	最大秤量>5000 千克的其他衡器	10	80	17	17	台/千克	
84239000	-衡器用的各种砝码、秤砣;衡器的零件						
8423900010	以电子方式称重的衡器的零件,但对车辆称重的衡器零件除外	7.5/5*	80	17	17	千克	
8423900090	其他衡器用的各种砝码、秤砣及其零件	10	80	17	17	千克	
8424	**液体或粉末的喷射、散布或喷雾的机械器具(不论是否手工操作);灭火器,不论是否装药;喷枪及类似器具;喷汽机、喷砂机及类似的喷射机器**						
84241000	-灭火器,不论是否装药						
8424100000	灭火器(不论是否装药)	8.4	70	17	17	个/千克	A
84242000	-喷枪及类似器具						
8424200000	喷枪及类似器具	8.4	40	17	17	个/千克	
84243000	-喷汽机、喷砂机及类似的喷射机器						
8424300000	喷汽机、喷砂机及类似喷射机器	8.4	40	17	17	台/千克	
84244100	--便携式喷雾器						
8424410000	农业或园艺用便携式喷雾器	8	30	13		台/千克	
84244900	--其他						
8424490000	农业或园艺用非便携式喷雾器	8	30	13		台/千克	
84248200	--农业或园艺用						
8424820000	农业或园艺用其他喷射器具(喷雾器除外)	8	30	13		台/千克	
84248910	---家用型						
8424891000	家用型喷射、喷雾机械器具	0	80	17	17	台/千克	
84248920	---喷涂机器人						
8424892000	喷涂机器人	0	80	17	17	台/千克	
84248991	----船用洗舱机						
8424899100	船用洗舱机	0	30	17	17	台/千克	
84248999	----其他						
8424899910	分离喷嘴(由狭缝状、曲率半径极小的弯曲通道组成,内有分离楔尖)	0	30	17	17	台/千克	3
8424899990	其他用途的喷射、喷雾机械器具	0	30	17	17	台/千克	
84249010	---编号 84241000 所列器具的零件						
8424901000	灭火器用的零件	0	70	17	15	千克	
84249020	---编号 84248910 所列器具的零件						
8424902000	家用型喷射、喷雾器具的零件	0	80	17	15	千克	

* 最惠国税率中,"/"左边的税率截止日期为 2017 年 6 月 30 日,"/"右边的税率截止日期为 2999 年 12 月 31 日。

商品编号	商品名称及备注	进口关税税率（%）		增值税率（%）	出口退税率（%）	计量单位	监管条件
		最惠国	普通				
84249090	---其他						
8424909000	其他喷雾器具及喷汽机等用零件（编号84242000、84243000、84248990所列器具的零件）	0	30	17	13	千克	
8425	**滑车及提升机，但倒卸式提升机除外；卷扬机及绞盘；千斤顶**						
84251100	--电动的						
8425110000	电动滑车及提升机（倒卸式提升机及提升车辆用的提升机除外）	6	30	17	17	台/千克	
84251900	--其他						
8425190000	非电动滑车及提升机（倒卸式提升机及提升车辆用的提升机除外）	5	30	17	17	台/千克	
84253110	---矿井口卷扬装置；专为井下使用设计的卷扬机						
8425311000	矿井口卷扬装置及专为井下使用设计的卷扬机，电动的	10	30	17	17	台/千克	
84253190	---其他						
8425319000	其他电动卷扬机及绞盘	5	30	17	17	台/千克	
84253910	---矿井口卷扬装置；专为井下使用设计的卷扬机						
8425391000	矿井口卷扬装置及专为井下使用设计的卷扬机，非电动的	10	30	17	17	台/千克	
84253990	---其他						
8425399000	其他非电动卷扬机及绞盘	5	30	17	17	台/千克	
84254100	--车库中使用的固定千斤顶系统						
8425410000	车库中使用的固定千斤顶系统	3	30	17	17	台/千克	
84254210	---液压千斤顶						
8425421000	液压千斤顶	3	30	17	17	台/千克	
84254290	---其他						
8425429000	提升车辆用液压提升机	5	30	17	17	台/千克	
84254910	---其他千斤顶						
8425491000	其他千斤顶	5	30	17	17	台/千克	
84254990	---其他						
8425499000	其他提升车辆用提升机	10	30	17	17	台/千克	
8426	**船用桅杆式起重机；起重机，包括缆式起重机；移动式吊运架、跨运车及装有起重机的工作车**						
84261120	---通用桥式起重机						
8426112000	通用桥式起重机	8	30	17	17	台/千克	
84261190	---其他						
8426119000	其他固定支架的高架移动式起重机	8	30	17	17	台/千克	
84261200	--带胶轮的移动式吊运架及跨运车						
8426120000	胶轮移动式吊运架及跨运车	6	30	17	17	台/千克	
84261910	---装船机						
8426191000	装船机	5	30	17	17	台/千克	
84261921	----抓斗式						
8426192100	抓斗式卸船机	5	30	17	17	台/千克	
84261929	----其他						
8426192900	其他卸船机	5	30	17	17	台/千克	0
84261930	---龙门式起重机						
8426193000	龙门式起重机	10	30	17	17	台/千克	
84261941	----门式装卸桥						
8426194100	门式装卸桥	10	30	17	17	台/千克	
84261942	----集装箱装卸桥						
8426194200	集装箱装卸桥	10	30	17	17	台/千克	
84261943	----其他动臂式装卸桥						

商品编号	商品名称及备注	进口关税税率(%) 最惠国	进口关税税率(%) 普通	增值税率(%)	出口退税率(%)	计量单位	监管条件
8426194300	其他动臂式装卸桥	10	30	17	17	台/千克	
84261949	----其他						
8426194900	其他装卸桥	10	30	17	17	台/千克	
84261990	---其他						
8426199000	其他高架移动式起重吊运设备	10	30	17	17	台/千克	
84262000	-塔式起重机						
8426200000	塔式起重机	10	30	17	17	台/千克	O
84263000	-门座式起重机及座式旋臂起重机						
8426300000	门座式起重机及座式旋臂起重机	6	30	17	17	台/千克	
84264110	---轮胎式起重机						
8426411000	轮胎式起重机	5	30	17	17	台/千克	O
84264190	---其他						
8426419000	其他带胶轮的自推进起重机械	5	30	17	17	台/千克	
84264910	---履带式起重机						
8426491000	履带式自推进起重机械	8	30	17	17	台/千克	O
84264990	---其他						
8426499000	其他不带胶轮的自推进起重机械	13	30	17	17	台/千克	
84269100	--供装于公路车辆的						
8426910000	供装于公路车辆的其他起重机械	10	30	17	17	台/千克	
84269900	--其他						
8426990000	其他起重机械	6	30	17	17	台/千克	
8427	**叉车;其他装有升降或搬运装置的工作车**						
84271010	---有轨巷道堆垛机						
8427101000	有轨巷道堆垛机	9	30	17	17	台/千克	A
84271020	---无轨巷道堆垛机						
8427102000	无轨巷道堆垛机	9	30	17	17	台/千克	A
84271090	---其他						
8427109000	其他电动机推动的机动叉车或升降搬运车	9	30	17	17	台/千克	A
84272010	---集装箱叉车						
8427201000	集装箱叉车	9	30	17	17	台/千克	A
84272090	---其他						
8427209000	其他机动叉车及有升降装置工作车(包括装有搬运装置的机动工作车)	9	30	17	17	台/千克	A
84279000	-其他车						
8427900000	其他叉车及可升降的工作车(工作车指装有升降或搬运装置)	9	30	17	17	台/千克	A
8428	**其他升降、搬运、装卸机械(例如,升降机、自动梯、输送机、缆车)**						
84281010	---载客电梯						
8428101001[暂4]	无障碍升降机	8	30	17	17	台/千克	A
8428101090	其他载客电梯	8	30	17	17	台/千克	A
84281090	---其他						
8428109000	其他升降机及倒卸式起重机	6	30	17	17	台/千克	A
84282000	-气压升降机及输送机						
8428200000	气压升降机及输送机	5	30	17	17	台/千克	
84283100	--地下专用的						
8428310000	地下连续运货或材料升降、输送机	5	30	17	17	台/千克	
84283200	--其他,斗式						
8428320000	其他斗式连续运货升降、输送机	5	30	17	17	台/千克	

商品编号	商 品 名 称 及 备 注	进口关税税率（%）		增值税率（%）	出口退税率（%）	计量单位	监管条件
		最惠国	普通				
84283300	--其他，带式						
8428330000	其他带式连续运货升降、输送机	5	30	17	17	台/千克	
84283910	---链式						
8428391000	其他链式连续运送货升降、输送机	5	30	17	17	台/千克	
84283920	---辊式						
8428392000	辊式连续运送货升降、输送机	5	30	17	17	台/千克	
84283990	---其他						
8428399000	其他未列名连续运货升降、输送机	5	30	17	17	台/千克	
84284000	-自动梯及自动人行道						
8428400000	自动梯及自动人行道	5	30	17	17	台/千克	A
84286010	---货运架空索道						
8428601000	货运架空索道	8	30	17	17	台/千克	
84286021	----单线循环式						
8428602100	单线循环式客运架空索道	8	30	17	17	台/千克	
84286029	----其他						
8428602900	非单线循环式客运架空索道	8	30	17	17	台/千克	
84286090	---其他						
8428609000	缆车、座式升降机等用牵引装置（包括滑雪拉索）	8	30	17	17	台/千克	
84289010	---矿车推动机、铁道机车或货车的转车台、货车倾卸装置及类似的铁道货车搬运装置						
8428901000	矿车推动机、铁道机车等的转车台（包括货车转车台、货车倾卸装置及类似铁道货车搬运装置）	10	30	17	17	台/千克	
84289020	---机械式停车设备						
8428902000	机械式停车设备	5	30	17	17	台/千克	
84289031	----堆取料机械						
8428903100	堆取料机械	5	30	17	17	台/千克	
84289039	----其他						
8428903900	其他装卸机械	5	30	17	17	台/千克	
84289040	---搬运机器人						
8428904000	搬运机器人	5	30	17	17	台/千克	
84289090	---其他						
8428909010	放化分离作业和热室用遥控机械手（能贯穿 0.6 米以上热室壁或壁厚>0.6 米热室顶）	5	30	17	17	台/千克	3
8428909020	核反应堆燃料装卸机（用于在核反应堆中插入或取出燃料的操作设备）	5	30	17	17	台/千克	3
8428909090	其他升降、搬运、装卸机械	5	30	17	17	台/千克	
8429	**机动推土机、侧铲推土机、筑路机、平地机、铲运机、机械铲、挖掘机、机铲装载机、捣固机械及压路机**						
84291110	---发动机输出功率>235.36 千瓦（320 马力）的						
8429111000	功率>235.36 千瓦的履带式推土机（包括侧铲推土机，发动机输出功率 235.36 千瓦＝320 马力）	7	17	17	17	台/千克	A
84291190	---其他						
8429119000	功率≤235.36 千瓦的履带式推土机（包括侧铲推土机，发动机输出功率 235.36 千瓦＝320 马力）	7	30	17	17	台/千克	A
84291910	---发动机输出功率>235.36 千瓦（320 马力）的						
8429191000	功率>235.36 千瓦其他推土机（非履带式，包括侧铲推土机，功率 235.36 千瓦＝320 马力）	7	17	17	17	台/千克	A
84291990	---其他						

商品编号	商品名称及备注	进口关税税率(%)		增值税率(%)	出口退税率(%)	计量单位	监管条件
		最惠国	普通				
8429199000	功率≤235.36千瓦的其他推土机(非履带式,包括侧铲推土机,功率235.36千瓦=320马力)	7	30	17	17	台/千克	A
84292010	---发动机输出功率>235.36千瓦(320马力)的						
8429201000	功率>235.36千瓦的筑路机及平地机(发动机输出功率235.36千瓦=320马力)	5	17	17	13	台/千克	A
84292090	---其他						
8429209000	其他筑路机及平地机(发动机输出功率≤235.36千瓦的)	5	30	17	13	台/千克	A
84293010	---斗容量>10立方米的						
8429301000	斗容量>10立方米的铲运机	3	17	17	17	台/千克	A
84293090	---其他						
8429309000	斗容量≤10立方米的铲运机	5	30	17	17	台/千克	A
84294011	----机重≥18吨的振动压路机						
8429401100	机重≥18吨的震动式压路机	7	20	17	17	台/千克	OA
84294019	----其他						
8429401900	其他机动压路机	8	40	17	17	台/千克	OA
84294090	---其他						
8429409000	其他未列名捣固机械及压路机	6	30	17	17	台/千克	A
84295100	--前铲装载机						
8429510000	前铲装载机	5	30	17	17	台/千克	A
84295211	----轮胎式						
8429521100	轮胎式挖掘机(上部结构可转360度的)	8	30	17	17	台/千克	OA
84295212	----履带式						
8429521200	履带式挖掘机(上部结构可转360度的)	8	30	17	17	台/千克	OA
84295219	----其他						
8429521900	其他挖掘机(上部结构可转360度的)	8	30	17	17	台/千克	OA
84295290	---其他						
8429529000	其他上部结构可转360度的机械(包括机械铲及机铲装载机)	8	30	17	17	台/千克	OA
84295900	--其他						
8429590000	其他机械铲、挖掘机及机铲装载机	8	30	17	17	台	OA
8430	**泥土、矿物或矿石的运送、平整、铲运、挖掘、捣固、压实、开采或钻探机械;打桩机及拔桩机;扫雪机及吹雪机**						
84301000	-打桩机及拔桩机						
8430100000	打桩机及拔桩机	10	30	17	17	台/千克	
84302000	-扫雪机及吹雪机						
8430200000	扫雪机及吹雪机	10	30	17	17	台/千克	
84303110	---采(截)煤机						
8430311000	自推进采(截)煤机	10	30	17	17	台/千克	O
84303120	---凿岩机						
8430312000	自推进凿岩机	10	30	17	17	台/千克	O
84303130	---隧道掘进机						
8430313000	自推进隧道掘进机	10	30	17	17	台/千克	O
84303900	--其他						
8430390000	其他非自推进截煤机凿岩机(包括非自推隧道掘进机)	6	30	17	17	台/千克	
84304111	----钻探深度≥6000米的						
8430411100	钻探深度≥6000米其他石油钻探机(自推进的,包括天然气钻探机)	5	11	17	17	台/千克	
84304119	----其他						
8430411900	其他自推进石油及天然气钻探机(钻探深度<6000米)	5	17	17	17	台/千克	

商品编号	商品名称及备注	进口关税税率(%)		增值税率(%)	出口退税率(%)	计量单位	监管条件
		最惠国	普通				
84304121	----钻探深度≥6000米的						
8430412100	钻探深度≥6000米的其他钻探机(自推进的)	5	11	17	17	台/千克	
84304122	----钻探深度<6000米的履带式自推进钻机						
8430412200	深度< 6000米履带式自推进钻机(指石油及天然气钻探机)	5	17	17	17	台/千克	
84304129	----钻探深度<6000米的其他钻探机						
8430412900	钻探深度<6000米的其他钻探机(自推进的)	5	17	17	17	台/千克	
84304190	---其他						
8430419000	其他自推进的凿井机械	5	30	17	17	台/千克	
84304900	--其他						
8430490000	非自推进的其他钻探或凿井机械	5	30	17	17	台/千克	
84305010	---其他采油机械						
8430501000	其他自推进采油机械	3	17	17	17	台/千克	
84305020	---矿用电铲						
8430502000	矿用电铲	7	30	17	17	台/千克	
84305031	----牙轮直径≥380毫米						
8430503100	牙轮直径≥380毫米的采矿钻机(自推进的)	5	30	17	17	台/千克	
84305039	----其他						
8430503900	牙轮直径<380毫米的采矿钻机(自推进的)	5	30	17	17	台/千克	
84305090	---其他						
8430509000	其他自推进未列名平整、压实等机械	5	30	17	17	台/千克	
84306100	--捣固或压实机械						
8430610000	非自推进捣固或压实机械	6	30	17	17	台	
84306911	----钻筒直径≥3米						
8430691100	转筒直径≥3米的工程钻机(非自动推进)	6	30	17	17	台/千克	
84306919	----其他						
8430691900	转筒直径<3米的工程钻机(非自动推进)	6	30	17	17	台/千克	
84306920	---铲运机						
8430692000	非自推进铲运机	6	30	17	17	台/千克	
84306990	---其他						
8430699000	其他非自推进未列名机械	6	30	17	17	台/千克	
8431	**专用于或主要用于品目84.25至84.30所列机械的零件**						
84311000	-品目84.25所列机械的零件						
8431100000	滑车、绞盘、千斤顶等机械用零件(品目84.25所列机械用的)	3	30	17	15	千克	
84312010	---装有差速器的驱动桥及其零件,不论是否装有其他传动部件						
8431201000	装有差速器的驱动桥及其零件,不论是否装有其他传动部件(品目84.27所列机械用的)	6	30	17	15	千克/个	
84312090	---其他						
8431209000[暂3]	叉车及装有升降装置工作车用其他零件(品目84.27所列机械用的)	6	30	17	15	千克	
84313100	--升降机、倒卸式起重机或自动梯的零件						
8431310001[暂1]	无障碍升降机的零件	3	30	17	15	千克	
8431310090	其他升降机、倒卸式起重机零件(包括自动梯零件)	3	30	17	15	千克	
84313900	--其他						
8431390000	品目84.28所列其他机械的零件(升降机,倒卸式起重机,自动梯的零件除外)	5	30	17	15	千克	
84314100	--戽斗、铲斗、抓斗及夹斗						
8431410000	戽斗、夹斗、抓斗及其他铲斗	6	17	17	15	千克/个	
84314200	--推土机或侧铲推土机用铲						
8431420000	推土机或侧铲推土机用铲	6	17	17	15	千克/个	

商品编号	商品名称及备注	进口关税税率(%)		增值税率(%)	出口退税率(%)	计量单位	监管条件
		最惠国	普通				
84314310	---石油或天然气钻探机用						
8431431000	石油或天然气钻探机用零件	4	11	17	15	千克	
84314320	---其他钻探机用						
8431432000	其他钻探机用零件	4	11	17	15	千克	
84314390	---其他						
8431439000	其他凿井机用零件(编号843041、843049所列机械的)	5	17	17	15	千克	
84314920	---装有差速器的驱动桥及其零件,不论是否装有其他传动部件						
8431492000	装有差速器的驱动桥及其零件,不论是否装有其他传动部件	5	17	17	15	千克/个	
84314991	----矿用电铲用						
8431499100	矿用电铲用零件	5	17	17	15	千克	
84314999	----其他						
8431499900	品目84.26、84.29、84.30的其他零件(前述具体列名的机械零件除外)	5	17	17	15	千克	
8432	**农业、园艺及林业用整地或耕作机械;草坪及运动场地滚压机**						
84321000	-犁						
8432100000	犁	5	30	13	13	台/千克	
84322100	--圆盘耙						
8432210000	圆盘耙	5	30	13	13	台/千克	
84322900	--其他						
8432290000	其他耙、松土机等耕作机械(包括中耕机、除草机及耕耘机)	4	30	13	13	台/千克	
84323111	----谷物播种机						
8432311100	免耕直接谷物播种机	4	30	13		台/千克	
84323119	----其他						
8432311900	其他免耕直接播种机	4	30	13		台/千克	
84323121	----马铃薯种植机						
8432312100	免耕直接马铃薯种植机	4	30	13		台/千克	
84323129	----其他						
8432312900	其他免耕直接种植机	4	30	13		台/千克	
84323131	----水稻插秧机						
8432313100	免耕直接水稻插秧机	4	30	13		台/千克	
84323139	----其他						
8432313900	其他免耕直接移植机(栽植机)	4	30	13		台/千克	
84323911	----谷物播种机						
8432391100	非免耕直接谷物播种机	4	30	13		台/千克	
84323919	----其他						
8432391900	其他非免耕直接播种机	4	30	13		台/千克	
84323921	----马铃薯种植机						
8432392100	非免耕直接马铃薯种植机	4	30	13		台/千克	
84323929	----其他						
8432392900	其他非免耕直接种植机	4	30	13		台/千克	
84323931	----水稻插秧机						
8432393100	非免耕直接水稻插秧机	4	30	13		台/千克	
84323939	----其他						
8432393900	其他非免耕直接移植机(栽植机)	4	30	13		台/千克	
84324100	--粪肥施肥机						
8432410000	粪肥施肥机	4	30	13		台/千克	
84324200	--化肥施肥机						

商品编号	商品名称及备注	进口关税税率(%)		增值税率(%)	出口退税率(%)	计量单位	监管条件
		最惠国	普通				
8432420000	化肥施肥机	4	30	13		台/千克	
84328010	---草坪及运动场地滚压机						
8432801000	草坪及运动场地滚压机	7	40	17	17	台/千克	
84328090	---其他						
8432809000	其他未列名整地或耕作机械	4	30	13	13	台/千克	
84329000	-零件						
8432900000	整地或耕作机械、滚压机零件(品目84.32所列机械用的)	4	17	17	15	千克	
8433	**收割机、脱粒机,包括草料打包机;割草机;蛋类、水果或其他农产品的清洁、分选、分级机器,但品目84.37的机器除外**						
84331100	--机动的,切割装置在同一水平面上旋转的						
8433110000	机动旋转式割草机(旋转式指切割装置在同一水平面上旋转。用于草坪、公园)	6	30	13	17	台	
84331900	--其他						
8433190000	草坪、公园等用其他割草机(包括运动场地)	6	30	17	17	台	
84332000	-其他割草机,包括牵引装置用的刀具杆						
8433200000	其他割草机(包括牵引装置用的刀具杆)	4	30	13	13	台	
84333000	-其他干草切割、翻晒机器						
8433300000	其他干草切割、翻晒机器	5	30	13	13	台	
84334000	-草料打包机,包括收集打包机						
8433400000	草料打包机(包括收集打包机)	5	30	13	13	台	
84335100	--联合收割机						
8433510001[暂5]	功率≥160马力的联合收割机	8	17	13	13	台	
8433510090	功率<160马力的联合收割机	8	17	13	13	台	
84335200	--其他脱粒机						
8433520000	其他脱粒机	8	30	13	13	台	
84335300	--根茎或块茎收获机						
8433530001[暂4]	功率≥160马力的土豆、甜菜收获机	8	30	13	13	台	
8433530090	其他根茎或块茎收获机	8	30	13	13	台	
84335910	---甘蔗收获机						
8433591001[暂4]	功率≥160马力的甘蔗收获机	8	30	13	13	台	
8433591090	其他甘蔗收获机	8	30	13	13	台	
84335920	---棉花采摘机						
8433592000[暂5]	棉花采摘机	8	30	13	13	台	A
84335990	---其他						
8433599001[暂5]	自走式青储饲料收获机	8	30	13	13	台	
8433599002[暂4]	茶叶采摘机	8	30	13	13	台	
8433599090	其他收割机及脱粒机	8	30	13	13	台	
84336010	--- 蛋类清洁、分选、分级机器						
8433601000	蛋类清洁、分选、分级机器	5	30	13		台/千克	
84336090	--- 其他						
8433609000	水果等其他农产品的清洁、分选、分级机器(品目84.37的机器除外)	5	30	13		台/千克	
84339010	---联合收割机用						
8433901000	联合收割机用零件	5	11	17	15	千克	
84339090	---其他						
8433909000	品目84.33所列其他机械零件	3	17	17	15	千克	
8434	**挤奶机及乳品加工机器**						
84341000	-挤奶机						

商品编号	商品名称及备注	进口关税税率(%)		增值税率(%)	出口退税率(%)	计量单位	监管条件
		最惠国	普通				
8434100000	挤奶机	10	20	13	13	台	
84342000	-乳品加工机器						
8434200000[暂2]	乳品加工机器	6	30	17	17	台	A
84349000	-零件						
8434900000	挤奶机及乳品加工机器用零件	5	17	17	15	千克	
8435	**制酒、制果汁或制类似饮料用的压榨机、轧碎机及类似机器**						
84351000	-机器						
8435100000	制酒、果汁等的压榨、轧碎机(包括制类似饮料用机器)	10	30	17	17	台	A
84359000	-零件						
8435900000	制酒、果汁等压榨、轧碎机零件	6	30	17	15	千克	
8436	**农业、园艺、林业、家禽饲养业或养蜂业用的其他机器,包括装有机械或热力装置的催芽设备;家禽孵卵器及育雏器**						
84361000	-动物饲料配制机						
8436100000	动物饲料配制机	7	30	13	13	台	
84362100	--家禽孵卵器及育雏器						
8436210000	家禽孵卵器及育雏器	5	30	13	13	台	
84362900	--其他						
8436290000	家禽饲养用机器	10	30	13	13	台	
84368000	-其他机器						
8436800001[暂3]	青储饲料切割上料机	10	30	13	13	台	
8436800002[暂5]	自走式饲料搅拌投喂车	10	30	13	13	台	
8436800090	农业、林业、园艺等用的其他机器(包括装有机械或热力装置的催芽设备)	10	30	13	13	台	
84369100	--家禽饲养用机器的零件或家禽孵卵器及育雏器的零件						
8436910000	家禽饲养机,孵卵器及育雏器零件	6	17	17	15	千克	
84369900	--其他						
8436990000	品目84.36所列其他机器的零件	6	17	17	15	千克	
8437	**种子、谷物或干豆的清洁、分选或分级机器;谷物磨粉业加工机器或谷物、干豆加工机器,但农业用机器除外**						
84371010	---光学色差颗粒选别机(色选机)						
8437101000	光学色差颗粒选别机(色选机)	10	30	13	13	台	
84371090	---其他						
8437109000	种子谷物其他清洁、清选、分级机(包括干豆的清洁、分选或分级机)	10	30	13	13	台	
84378000	-其他机器						
8437800000	谷物磨粉业加工机器(包括谷物、干豆加工机器,但农业用机器除外)	10	30	17	13	台	A
84379000	-零件						
8437900000	品目84.37所列机械的零件	6	30	17	15	千克	
8438	**本章其他税号未列名的食品、饮料工业用的生产或加工机器,但提取、加工动物油脂或植物固定油脂的机器除外**						
84381000	-糕点加工机器及生产通心粉、面条或类似产品的机器						
8438100010	糕点生产线	7	30	17	17	台	A
8438100090	通心粉、面条的生产加工机器(包括类似产品的加工机)	7	30	17	17	台	A
84382000	-生产糖果、可可粉、巧克力的机器						
8438200000	生产糖果、可可粉、巧克力的机器	8	30	17	17	台	A
84383000	-制糖机器						
8438300000	制糖机器	10	30	17	17	台	A
84384000	-酿酒机器						

商品编号	商品名称及备注	进口关税税率(%)		增值税率(%)	出口退税率(%)	计量单位	监管条件
		最惠国	普通				
8438400000	酿酒机器	7	30	17	17	台	A
84385000	-肉类或家禽加工机器						
8438500000	肉类或家禽加工机器	7	30	17	17	台/千克	A
84386000	-水果、坚果或蔬菜加工机器						
8438600000	水果、坚果或蔬菜加工机器	10	30	17	17	台/千克	A
84388000	-其他机器						
8438800000	本章其他未列名食品等加工机器(包括饮料工业用加工机器,加工动、植物油脂的机器除外)	8.5	30	17	17	台/千克	A
84389000	-零件						
8438900000	食品、饮料工业用机器的零件(品目84.38所列机械的)	5	30	17	15	千克	
8439	**纤维素纸浆、纸及纸板的制造或整理机器**						
84391000	-制造纤维素纸浆的机器						
8439100000	制造纤维素纸浆的机器	8.4	30	17	17	台	O
84392000	-纸或纸板的抄造机器						
8439200000	纸或纸板的抄造机器	8.4	30	17	17	台	O
84393000	-纸或纸板的整理机器						
8439300000	纸或纸板的整理机器	8.4	30	17	17	台	O
84399100	--制造纤维素纸浆的机器用						
8439910000	制造纤维素纸浆的机器零件	6	30	17	17	千克	
84399900	--其他						
8439990000	制造或整理纸及纸板的机器零件	6	30	17	17	千克	
8440	**书本装订机器,包括锁线订书机**						
84401010	---锁线装订机						
8440101000	锁线订书机	10	35	17	17	台	
84401020	---胶订机						
8440102000	胶订机	12	35	17	17	台	
84401090	---其他						
8440109000	其他书本装订机	12	35	17	17	台	
84409000	-零件						
8440900000	书本装订机器的零件(包括锁线订书机的零件)	8	35	17	15	千克	
8441	**其他制造纸浆制品、纸制品或纸板制品的机器,包括各种切纸机**						
84411000	-切纸机						
8441100000	切纸机	12	50	17	17	台	
84412000	-制造包、袋或信封的机器						
8441200000	制造包、袋或信封的机器	12	30	17	17	台	
84413010	---制造纸塑铝复合罐的生产设备						
8441301000	纸塑铝复合罐生产设备(但模制成型机器除外)	13.5	30	17	17	台	
84413090	---其他						
8441309000	其他制造箱、盒及类似容器的机器(但模制成型机器除外)	13.5	30	17	17	台	
84414000	-纸浆、纸或纸板制品模制成型机器						
8441400000	纸浆、纸或纸板制品模制成型机器	12	30	17	17	台	O
84418010	---制造纸塑铝软包装的生产设备						
8441801000	制造纸塑铝软包装生产设备	12	30	17	17	台	
84418090	---其他						
8441809000	其他制造纸浆制品、纸制品的机器(包括制造纸板制品的机器)	12	30	17	17	台	O
84419010	---切纸机用						

商品编号	商品名称及备注	进口关税税率(%)		增值税率(%)	出口退税率(%)	计量单位	监管条件
		最惠国	普通				
8441901001[暂4]	切纸机用弧形辊	8	50	17	17	千克	
8441901002[暂3]	切纸机用横切刀单元	8	50	17	17	千克	
8441901090	其他切纸机零件	8	50	17	17	千克	
84419090	---其他						
8441909000	其他制造纸浆、纸制品的机器零件	8.4	30	17	15	千克	
8442	**制印刷版(片)、滚筒及其他印刷部件用的机器、器具及设备(品目84.56至84.65的机器除外);印刷用版(片)、滚筒及其他印刷部件;制成供印刷用(例如刨平、压纹或抛光)的板(片)、滚筒及石板**						
84423010	---铸字机						
8442301000	铸字机	6.8/4.5*	35	17	17	台	
84423021	----计算机直接制版设备						
8442302110[暂3]	凹版式计算机直接制版设备(CTP)	6.8/4.5*	35	17	17	台	
8442302190[暂5]	除凹版式以外的其他计算机直接制版设备(CTP)	6.8/4.5*	35	17	17	台	
84423029	----其他						
8442302900	其他制版机器、器具及设备	6.8/4.5*	35	17	17	台	
84423090	---其他						
8442309000	制作滚筒及其他印刷部件用机器、器具及设备(品目84.56至84.65所列机器除外)	6.8/4.5*	35	17	17	台	
84424000	-上述机器、器具及设备的零件						
8442400010[暂1]	计算机直接制版机器用零件	5.3/3.5*	20	17	15	千克	
8442400090	其他铸字、排字、制版机器的零件	5.3/3.5*	20	17	15	千克	
84425000	-印刷用版、滚筒及其他印刷部件;制成供印刷用(例如,刨平、压纹或抛光)的板、滚筒及石板						
8442500000	印刷用版、滚筒及其他印刷部件[包括制成供印刷用(如刨平、压纹或抛光)的板、滚筒及石板]	5.3/3.5*	35	17	15	千克	
8443	**用品目84.42的印刷用版(片)、滚筒及其他印刷部件进行印刷的机器;其他印刷(打印)机、复印机及传真机,不论是否组合式;上述机器的零件及附件**						
84431100	--卷取进料式胶印机						
8443110000	卷取进料式胶印机(用品目84.42项下商品进行印刷的机器)	10	35	17	17	台	
84431200	--办公室用片取进料式胶印机(以未折叠计,片尺寸一边长≤22厘米,另一边长≤36厘米)						
8443120000	办公室用片取进料式胶印机(片尺寸≤22×36厘米,用品目84.42项下商品进行印刷的机器)	12	35	17	17	台	
84431311	----单色机						
8443131100	平张纸进料式单色胶印机(用品目84.42项下商品进行印刷的机器)	10	35	17	17	台	
84431312	----双色机						
8443131200	平张纸进料式双色胶印机(用品目84.42项下商品进行印刷的机器)	10	35	17	17	台	
84431313	----四色机						
8443131301[暂7]	四色平张纸胶印机(对开单张单面印刷速度≥17000张/小时)	10	35	17	17	台	
8443131302[暂7]	四色平张纸胶印机(对开单张双面印刷速度≥13000张/小时)	10	35	17	17	台	
8443131303[暂7]	四色平张纸胶印机(全张或超全张单张单面印刷速度≥13000张/小时)	10	35	17	17	台	
8443131390	其他四色平张纸胶印机(用品目84.42项下商品进行印刷的机器)	10	35	17	17	台	
84431319	----其他						
8443131901[暂7]	五色及以上平张纸胶印机(对开单张单面印刷速度≥17000张/小时)	10	35	17	17	台	
8443131902[暂7]	五色及以上平张纸胶印机(对开单张双面印刷速度≥13000张/小时)	10	35	17	17	台	

* 最惠国税率中,"/"左边的税率截止日期为2017年6月30日,"/"右边的税率截止日期为2999年12月31日。

商品编号	商品名称及备注	进口关税税率(%)		增值税率(%)	出口退税率(%)	计量单位	监管条件
		最惠国	普通				
8443131903[暂7]	五色及以上平张纸胶印机(全张或超全张单张单面印刷速度≥13000张/小时)	10	35	17	17	台	
8443131990	其他平张纸进料式胶印机(用品目84.42项下商品进行印刷的机器)	10	35	17	17	台	
84431390	---其他						
8443139000	其他胶印机(用品目84.42项下商品进行印刷的机器)	10	35	17	17	台	
84431400	--卷取进料式凸版印刷机,但不包括苯胺印刷机						
8443140000	卷取进料式凸版印刷机,但不包括苯胺印刷机(用品目84.42项下商品进行印刷的机器)	12	35	17	17	台	
84431500	--除卷取进料式以外的凸版印刷机,但不包括苯胺印刷机						
8443150000	除卷取进料式以外的凸版印刷机,但不包括苯胺印刷机(用品目84.42项下商品进行印刷的机器)	12	35	17	17	台	
84431600	--苯胺印刷机						
8443160001[暂3]	苯胺印刷机,线速度≥350米/分钟,幅宽度≥800毫米(柔性版印刷机,用品目84.42项下商品进行印刷的机器)	10	35	17	17	台	
8443160002[暂5]	机组式柔性版印刷机,线速度≥160米/分钟,250毫米≤幅宽度<800毫米(具有烫印或全息或丝网印刷功能单元的)	10	35	17	17	台	
8443160090	其他苯胺印刷机(柔性版印刷机,用品目84.42项下商品进行印刷的机器)	10	35	17	17	台	
84431700	--凹版印刷机						
8443170001[暂9]	凹版印刷机,印刷速度≥350米/分钟(用品目84.42项下商品进行印刷的机器)	18	35	17	17	台	
8443170090	其他凹版印刷机(用品目84.42项下商品进行印刷的机器)	18	35	17	17	台	
84431921	----圆网印刷机						
8443192101[暂6]	纺织用圆网印花机	10	35	17	17	台	O
8443192190	其他圆网印刷机(用品目84.42项下商品进行印刷的机器)	10	35	17	17	台	O
84431922	----平网印刷机						
8443192201[暂6]	纺织用平网印花机	10	35	17	17	台	O
8443192210	用于光盘生产的盘面印刷机(用品目84.42项下商品进行印刷的机器)	10	35	17	17	台	
8443192290	其他平网印刷机(用品目84.42项下商品进行印刷的机器)	10	35	17	17	台	O
84431929	----其他						
8443192900	其他网式印刷机(用品目84.42项下商品进行印刷的机器)	10	35	17	17	台	O
84431980	---其他						
8443198000	未列名印刷机(网式印刷机除外,用品目84.42项下商品进行印刷的机器)	8	35	17	17	台	O
84433110	---静电感光式						
8443311010[暂3]	静电感光式多功能一体加密传真机(可与自动数据处理设备或网络连接)	8.3/6.7*	70	17	17	台	M
8443311090[暂3]	其他静电感光式多功能一体机(可与自动数据处理设备或网络连接)	8.3/6.7*	70	17	17	台	
84433190	---其他						
8443319010	其他具有打印和复印两种功能的机器(可与自动数据处理设备或网络连接)	0	17	17	17	台	A
8443319020	其他多功能一体加密传真机(兼有打印、复印中一种及以上功能的机器)	0	17	17	17	台	AM
8443319090	其他具有打印、复印或传真中两种及以上功能的机器(具有打印和复印两种功能的机器除外,可与自动数据处理设备或网络连接)	0	17	17	17	台	A
84433211	----针式打印机						
8443321100	专用于品目84.71所列设备的针式打印机(可与自动数据处理设备或网络连接)	0	14	17	17	台	A
84433212	----激光打印机						
8443321200	专用于品目84.71所列设备的激光打印机(可与自动数据处理设备或网络连接)	0	14	17	17	台	A
84433213	----喷墨打印机						
8443321300	专用于品目84.71所列设备的喷墨打印机(可与自动数据处理设备或网络连接)	0	14	17	17	台	A
84433214	----热敏打印机						

* 最惠国税率中,"/"左边的税率截止日期为2017年6月30日,"/"右边的税率截止日期为2999年12月31日。

商品编号	商品名称及备注	进口关税税率(%) 最惠国	普通	增值税率(%)	出口退税率(%)	计量单位	监管条件
8443321400	专用于品目84.71所列设备的热敏打印机(可与自动数据处理设备或网络连接)	0	14	17	17	台	A
84433219	----其他						
8443321900	专用于品目84.71所列设备的其他打印机(可与自动数据处理设备或网络连接)	0	14	17	17	台	A
84433221	----喷墨印刷机						
8443322100暂5	数字式喷墨印刷机(可与自动数据处理设备或网络连接)	6.7/5.3*	30	17	17	台	
84433222	----静电照相印刷机(激光印刷机)						
8443322200暂5	数字式静电照相印刷机(激光印刷机)(可与自动数据处理设备或网络连接)	6.7/5.3*	35	17	17	台	
84433229	----其他						
8443322900	其他数字式印刷设备(可与自动数据处理设备或网络连接)	6.7/5.3*	30	17	17	台	
84433290	---其他						
8443329010	其他加密传真机(可与自动数据处理设备或网络连接)	0	17	17	17	台	AM
8443329090	其他印刷(打印)机、复印机、传真机和电传打字机(可与自动数据处理设备或网络连接)	0	17	17	17	台	A
84433911	----将原件直接复印的(直接法)						
8443391100	将原件直接复印(直接法)的静电感光复印设备(不可与自动数据处理设备或网络连接)	0	70	17	17	台	
84433912	----将原件通过中间体转印的(间接法)						
8443391200	将原件通过中间体转印(间接法)的静电感光复印设备(不可与自动数据处理设备或网络连接)	8.8/7.5*	70	17	17	台	
84433921	----带有光学系统的						
8443392100	带有光学系统的其他感光复印设备(不可与自动数据处理设备或网络连接)	0	70	17	17	台	
84433922	----接触式的						
8443392200	接触式的其他感光复印设备(不可与自动数据处理设备或网络连接)	19.3/16.5*	70	17	17	台	
84433923	----热敏复印设备						
8443392300	热敏的其他感光复印设备(不可与自动数据处理设备或网络连接)	19.3/16.5*	70	17	17	台	
84433924	----热升华复印设备						
8443392400	热升华的其他感光复印设备(不可与自动数据处理设备或网络连接)	19.3/16.5*	70	17	17	台	
84433931	----喷墨印刷机						
8443393100	数字式喷墨印刷机(不可与自动数据处理设备或网络连接)	7/6*	30	17	17	台	
84433932	----静电照相印刷机(激光印刷机)						
8443393200	数字式静电照相印刷机(激光印刷机)(不可与自动数据处理设备或网络连接)	7/6*	35	17	17	台	
84433939	----其他						
8443393900	其他数字式印刷设备(不可与自动数据处理设备或网络连接)	7/6*	30	17	17	台	
84433990	---其他						
8443399000	其他印刷(打印)机、复印机(不可与自动数据处理设备或网络连接)	0	30	17	17	台	
84439111	----卷筒料给料机						
8443911110暂4	卷筒料自动给料机,给料线速度≥12米/秒	10/8*	35	17	17	千克/台	O
8443911190	其他卷筒料给料机	10/8*	35	17	17	千克/台	O
84439119	----其他						
8443911900暂6	其他印刷用辅助机器(用品目84.42项下商品进行印刷的机器附件)	10/8*	35	17	17	千克/台	O
84439190	---其他						
8443919010暂1	胶印机用墨量遥控装置(包括墨色控制装置,墨量调节装置、墨斗体等组成部分)	5/4*	20	17	15	千克/个	O
8443919090暂3	传统印刷机用零件及附件(胶印机用墨量遥控装置除外)	5/4*	20	17	15	千克/个	
84439910	---数字印刷设备用辅助机器						
8443991000	数字印刷设备用辅助机器(非用品目84.42项下商品进行印刷的机器附件)	10/8*	35	17	15	千克/台	O
84439921	----热敏打印头						

* 最惠国税率中,"/"左边的税率截止日期为2017年6月30日,"/"右边的税率截止日期为2999年12月31日。

商品编号	商品名称及备注	进口关税税率(%)		增值税率(%)	出口退税率(%)	计量单位	监管条件
		最惠国	普通				
8443992100	热敏打印头	5/4*	20	17	15	千克/个	
84439929	----其他						
8443992910[暂3]	压电式喷墨头(非用品目84.42项下商品进行印刷的机器零件)	5/4*	20	17	15	千克	
8443992990	其他数字印刷设备的零件(非用品目84.42项下商品进行印刷的机器零件)	5/4*	20	17	15	千克	
84439990	---其他						
8443999000	其他印刷(打印)机、复印机及传真机的零件和附件	0	35	17	15	千克	
8444	**化学纺织纤维挤压、拉伸、变形或切割机器**						
84440010	---合成纤维长丝纺丝机						
8444001000	合成纤维长丝纺丝机	10	30	17	17	台	
84440020	---合成纤维短纤纺丝机						
8444002000	合成纤维短丝纺丝机	10	30	17	17	台	
84440030	---人造纤维纺丝机						
8444003000	人造纤维纺丝机	10	30	17	17	台	
84440040	---化学纤维变形机						
8444004000	化学纤维变形机	10	30	17	17	台	
84440050	---化学纤维切断机						
8444005000	化学纤维切断机	10	30	17	17	台	
84440090	---其他						
8444009000	其他化纤挤压、拉伸、切割机器	10	30	17	17	台	
8445	**纺织纤维的预处理机器;纺纱机、并线机、加捻机及其他生产纺织纱线的机器;摇纱机、络纱机(包括卷纬机)及处理品目84.46或84.47所列机器用的纺织纱线的机器**						
84451111	----清梳联合机						
8445111100	棉纤维型清梳联合机	10	30	17	17	台	A
84451112	----自动抓棉机						
8445111200	棉纤维型自动抓棉机	10	30	17	17	台	A
84451113	----梳棉机						
8445111300	棉纤维型梳棉机	10	30	17	17	台	A
84451119	----其他						
8445111900	其他棉纤维型梳理机	10	30	17	17	台	A
84451120	---毛纤维型						
8445112000	毛纤维型梳理机	10	30	17	17	台	A
84451190	---其他						
8445119001[暂6]	宽幅非织造布梳理机(工作幅宽>3.5米,工作速度>120米/分钟)	10	30	17	17	台	A
8445119090	其他纺织纤维梳理机	10	30	17	17	台	A
84451210	---棉精梳机						
8445121000	棉精梳机	10	30	17	17	台	A
84451220	---毛精梳机						
8445122000	毛精梳机	10	30	17	17	台	A
84451290	---其他						
8445129000	其他纺织纤维精梳机	10	30	17	17	台	A
84451310	---拉伸机						
8445131000	纺织纤维拉伸机	10	30	17	17	台	A
84451321	----棉纺粗纱机						
8445132100	棉纺粗纱机	10	30	17	17	台	A

* 最惠国税率中,"/"左边的税率截止日期为2017年6月30日,"/"右边的税率截止日期为2999年12月31日。

商品编号	商品名称及备注	进口关税税率(%)		增值税率(%)	出口退税率(%)	计量单位	监管条件
		最惠国	普通				
84451322	----毛纺粗纱机						
8445132200	毛纺粗纱机	10	30	17	17	台	A
84451329	----其他						
8445132900	其他纺织纤维粗纱机	10	30	17	17	台	A
84451900	--其他						
8445190000	纺织纤维的其他预处理机器	10	30	17	17	台	A
84452031	----转杯纺纱机						
8445203101[暂5]	全自动转杯纺纱机	10	30	17	17	台	AO
8445203190	其他自由端转杯纺纱机	10	30	17	17	台	AO
84452032	----喷气纺纱机						
8445203200	自由端喷气纺纱机	10	30	17	17	台	A
84452039	----其他						
8445203900	其他自由端纺纱机	10	30	17	17	台	A
84452041	----棉细纱机						
8445204100	环锭棉细纱机	10.5	40	17	17	台	AO
84452042	----毛细纱机						
8445204200	环锭毛细纱机	10	40	17	17	台	A
84452049	----其他						
8445204900	其他环锭细纱机	10	40	17	17	台	A
84452090	---其他						
8445209000	其他纺纱机	10	30	17	17	台	A
84453000	-并线机或加捻机						
8445300000	并线机或加捻机	10	30	17	17	台	A
84454010	---自动络筒机						
8445401000	自动络筒机	10	30	17	17	台	AO
84454090	---其他						
8445409000	卷纬机及摇纱机、络纱机	10	30	17	17	台	A
84459010	---整经机						
8445901000	整经机	10	30	17	17	台	A
84459020	---浆纱机						
8445902000	浆纱机	10	30	17	17	台	A
84459090	---其他						
8445909000	其他生产及处理纺织纱线的机器(处理品目84.46或84.47所列机器用的纺织纱线的机器)	10	30	17	17	台	AO
8446	**织机**						
84461000	-所织织物宽度≤30厘米的织机						
8446100000	所织织物宽度≤30厘米的织机	8	30	17	17	台	A
84462110	---地毯织机						
8446211000	织物宽>30厘米的梭织动力地毯织机	12	35	17	17	台	A
84462190	---其他						
8446219000	织物宽>30厘米的其他梭织动力织机	10	30	17	17	台	A
84462900	--其他						
8446290000	织物宽>30厘米的梭织非动力织机	10	30	17	17	台	A
84463020	---剑杆织机						
8446302000	织物宽度>30厘米的剑杆织机	8	30	17	17	台	AO
84463030	---片梭织机						

商品编号	商品名称及备注	进口关税税率(%)		增值税率(%)	出口退税率(%)	计量单位	监管条件
		最惠国	普通				
8446303000	织物宽度>30厘米的片梭织机	8	30	17	17	台	AO
84463040	---喷水织机						
8446304000	织物宽度>30厘米的喷水织机	8	30	17	17	台	OA
84463050	---喷气织机						
8446305000[暂3]	织物宽>30厘米的喷气织机	8	30	17	17	台	AO
84463090	---其他						
8446309000	织物宽>30厘米的其他无梭织机	8	30	17	17	台	A
8447	**针织机、缝编机及制粗松螺旋花线、网眼薄纱、花边、刺绣品、装饰带、编织带或网的机器及簇绒机**						
84471100	--圆筒直径≤165毫米						
8447110000	圆筒直径≤165毫米的圆型针织机	8	30	17	17	台	A
84471200	--圆筒直径>165毫米						
8447120000	圆筒直径>165毫米的圆型针织机	8	30	17	17	台	A
84472011	----特里科经编机						
8447201100	特里科经编机	8	30	17	17	台	A
84472012	----拉舍尔经编机						
8447201200	拉舍尔经编机	8	30	17	17	台	A
84472019	----其他						
8447201900	其他经编机	8	30	17	17	台	A
84472020	---平型纬编机						
8447202000	平型纬编机	8	30	17	17	台	A
84472030	---缝编机						
8447203000	缝编机	8	30	17	17	台	A
84479011	----地毯织机						
8447901100	地毯织机	7	35	17	17	台	A
84479019	----其他						
8447901900	其他簇绒机(地毯织机除外)	8	30	17	17	台	A
84479020	---绣花机						
8447902000	绣花机	8	30	17	17	台	A
84479090	---其他						
8447909000	品目84.47其他编号未列名机器(包括制粗松螺旋花线、网眼薄纱、编织带或网的机器)	10	30	17	17	台	A
8448	**品目84.44、84.45、84.46或84.47所列机器的辅助机器(例如,多臂机、提花机、自停装置及换梭装置);专用于或主要用于品目84.44、84.45、84.46或84.47所列机器的零件、附件(例如,锭子、锭壳、钢丝针布、梳、喷丝头、梭子、综丝、综框、针织机用针)**						
84481100	--多臂机或提花机及其所用的卡片缩小、复制、穿孔或汇编机器						
8448110001[暂4]	多臂机或提花机(转速指标>500转/分钟)	8	20	17	17	千克	
8448110090	多臂机或提花机所用卡片缩小、复制、穿孔或汇编机器(包括其所用的卡片缩小、复制、穿孔或汇编机器)	8	20	17	17	千克	
84481900	--其他						
8448190000	品目84.44~84.47的机器的辅助机器	8	20	17	17	千克	
84482020	---喷丝头或喷丝板						
8448202000	喷丝头或喷丝板	6	14	17	17	个/千克	
84482090	---其他						
8448209000	纤维挤压机及辅助机器的其他零件(包括附件,品目84.44的机器用)	6	17	17	17	千克	
84483100	--钢丝针布						
8448310000	钢丝针布	6	17	17	17	千克	

商品编号	商 品 名 称 及 备 注	进口关税税率(%)		增值税率(%)	出口退税率(%)	计量单位	监管条件
		最惠国	普通				
84483200	--纺织纤维预处理机器的零件、附件,但钢丝针布除外						
8448320000	其他纺织纤维预处理机器的零件、附件(钢丝针布除外)	6	17	17	17	千克	
84483310	---络筒锭						
8448331000	络筒锭	6	17	17	17	个/千克	
84483390	---其他						
8448339000	其他锭子、锭壳、纺丝环、钢丝圈	6	17	17	17	千克	
84483910	---气流杯						
8448391000	气流杯	6	14	17	17	个/千克	
84483920	---电子清纱器						
8448392000[暂3]	电子清纱器	6	17	17	17	个/千克	
84483930	---空气捻接器						
8448393000[暂3]	空气捻接器	6	17	17	17	个/千克	
84483940	---环定细纱机紧密纺装置						
8448394000	环锭细纱机紧密纺装置	6	17	17	17	个/千克	
84483990	---其他						
8448399000[暂3]	品目84.45所机器的其他零、附件(指纺织纱线机器及预处理机的零件、附件)	6	17	17	17	千克	
84484200	--织机用箱、综丝及综框						
8448420000	织机用箱、综丝、综框	6	50	17	17	千克	
84484910	---接、投梭箱						
8448491000	接、投梭箱	6	17	17	17	个/千克	
84484920	---引纬、送经装置						
8448492000[暂3]	引纬、送经装置	6	17	17	17	个/千克	
84484930	---梭子						
8448493000	梭子	6	50	17	17	个/千克	
84484990	---其他						
8448499000[暂3]	织机及其辅助机器用其他零、附件	6	17	17	17	千克	
84485120	---针织机用28号以下的弹簧针、钩针及复合针						
8448512000	针织机用28号以下的弹簧针、钩针(包括复合针)	6	50	17	17	千克	
84485190	---其他						
8448519000	沉降片、其他织针及成圈机件	6	17	17	17	千克	
84485900	--其他						
8448590000[暂3]	品目84.47机器用的其他零件、附件(指针织等机器及其辅助机器的零件、附件)	6	17	17	17	千克	
8449	**成匹、成形的毡呢或无纺织物制造或整理机器,包括制毡呢帽机器;帽模**						
84490010	---针刺机						
8449001001[暂6]	高速针刺机,针刺频率>2000次/分钟	8	30	17	17	台/千克	
8449001090	其他针刺机	8	30	17	17	台/千克	
84490020	---水刺设备						
8449002001[暂6]	高速宽幅水刺设备(工作幅宽>3.5米,工作速度>250米/分钟,水刺压力≥400帕)	8	30	17	17	台/千克	
8449002090	其他水刺设备	8	30	17	17	台/千克	
84490090	---其他						
8449009000	其他成匹、成形的毡呢制造或整理机器(包括无纺织物制造或整理机,制毡呢帽机,帽模)	8	30	17	17	千克	
8450	**家用型或洗衣房用洗衣机,包括洗涤干燥两用机**						
84501110	---波轮式						
8450111000	干衣量≤10千克全自动波轮式洗衣机	10	130	17	17	台	A
84501120	---滚筒式						

商品编号	商品名称及备注	进口关税税率(%)		增值税率(%)	出口退税率(%)	计量单位	监管条件
		最惠国	普通				
8450112000	干衣量≤10千克全自动滚筒式洗衣机	10	130	17	17	台	A
84501190	---其他						
8450119000	其他干衣量≤10千克的全自动洗衣机	10	130	17	17	台	A
84501200	--其他机器,装有离心甩干机						
8450120000	装有离心甩干机的非全自动洗衣机(干衣量≤10千克)	30	130	17	17	台	A
84501900	--其他						
8450190000	干衣量≤10千克的其他洗衣机	30	130	17	17	台	A
84502011	----波轮式						
8450201100	全自动的波轮式洗衣机(干衣量>10千克)	10	80	17	17	台	
84502012	----滚筒式						
8450201200	全自动的滚筒式洗衣机(干衣量>10千克)	10	80	17	17	台	
84502019	----其他						
8450201900	其他全自动的洗衣机(干衣量>10千克)	10	80	17	17	台	
84502090	---其他						
8450209000	其他洗衣机(干衣量>10千克)	10	80	17	17	台	
84509010	---干衣量≤10千克的洗衣机用						
8450901000	其他干衣量≤10千克的洗衣机零件	5	130	17	17	千克	
84509090	---其他						
8450909000暂5	干衣量>10千克的洗衣机零件	16	80	17	17	千克	
8451	**纱线、织物及纺织制品的洗涤、清洁、绞拧、干燥、熨烫、挤压(包括熔压)、漂白、染色、上浆、整理、涂布或浸渍机器(品目84.50的机器除外);列诺伦(亚麻油地毡)及类似铺地制品的布基或其他底布的浆料涂布机器;纺织物的卷绕、退绕、折叠、剪切或剪齿边机器**						
84511000	-干洗机						
8451100000	干洗机	21	80	17	17	台	
84512100	--干衣量≤10千克						
8451210000	干衣量≤10千克的干燥机	15	80	17	17	台	
84512900	--其他						
8451290000	干衣量>10千克的其他干燥机	8	30	17	17	台	
84513000	-熨烫机及挤压机(包括熔压机)						
8451300000	熨烫机及挤压机(包括熔压机)	8	30	17	17	台	
84514000	-洗涤、漂白或染色机器						
8451400000	其他洗涤,漂白或染色机器	8.4	20	17	17	台	
84515000	-纺织物的卷绕、退绕、折叠、剪切或剪齿边机器						
8451500000	织物的卷绕,退绕,折叠,剪切机器(包括剪齿边机)	8	20	17	17	台	
84518000	-其他机器						
8451800001暂10	服装定型焙烘炉、服装液氨整理机、预缩机、罐蒸机	12	30	17	17	台	
8451800002暂10	剪绒、洗缩联合机,剪毛联合机,柔软整理机	12	30	17	17	台	
8451800003暂10	定型机、精炼机、丝光机、磨毛机	12	30	17	17	台	
8451800004暂8	涂层机	12	30	17	17	台	
8451800090	品目84.51未列名的其他机器	12	30	17	17	台	
84519000	-零件						
8451900000	品目84.51所列机器的零件	8	20	17	15	千克	
8452	**缝纫机,但品目84.40的锁线订书机除外;缝纫机专用的特制家具、底座及罩盖;缝纫机针**						
84521010	---多功能家用缝纫机						
8452101000	多功能家用型缝纫机	21	80	17	17	台	

商品编号	商品名称及备注	进口关税税率(%)		增值税率(%)	出口退税率(%)	计量单位	监管条件
		最惠国	普通				
84521091	----手动式						
8452109100	其他家用型手动式缝纫机	21	80	17	17	台	
84521099	----其他						
8452109900	其他家用型缝纫机	21	80	17	17	台	
84522110	---平缝机						
8452211000	非家用自动平缝机	12	40	17	17	台	
84522120	---包缝机						
8452212000	非家用自动包缝机	12	40	17	17	台	
84522130	---绷缝机						
8452213000	非家用自动绷缝机	12	40	17	17	台	
84522190	---其他						
8452219000	其他非家用自动缝纫机	12	40	17	17	台	
84522900	--其他						
8452290000	其他非自动缝纫机(家用型除外)	12	40	17	17	台	
84523000	-缝纫机针						
8452300000	缝纫机针	14	100	17	15	千克	
84529011	----旋梭						
8452901100	家用缝纫机用旋梭	14	80	17	15	千克	
84529019	----其他						
8452901900	家用缝纫机用其他零件(旋梭除外)	14	80	17	15	千克	
84529091	----旋梭						
8452909100	非家用缝纫机用旋梭	14	80	17	15	千克	
84529092	----缝纫机专用的特制家具、底座和罩盖及其零件						
8452909200	非家用缝纫机用特制家具、底座和罩盖及其零件	14	100	17	15	千克	
84529099	----其他						
8452909900	非家用缝纫机用其他零件(旋梭除外)	14	80	17	15	千克	
8453	**生皮、皮革的处理、鞣制或加工机器,鞋靴、毛皮及其他皮革制品的制作或修理机器,但缝纫机除外**						
84531000	-生皮、皮革的处理、鞣制或加工机器						
8453100000	生皮,皮革的处理或加工机器(包括鞣制机)	8.4	30	17	17	台	
84532000	-鞋靴制作或修理机器						
8453200000	鞋靴制作或修理机器(缝纫机除外)	8.4	30	17	17	台	
84538000	-其他机器						
8453800000	毛皮及其他皮革的制作或修理机器(缝纫机除外)	8.4	30	17	17	台	
84539000	-零件						
8453900000	品目84.53所列机器的零件(皮革等处理,加工或修理机器的)	8	30	17	15	千克	
8454	**金属冶炼及铸造用的转炉、浇包、锭模及铸造机**						
84541000	-转炉						
8454100000	金属冶炼及铸造用转炉	8.4	35	17	17	台	
84542010	---炉外精炼设备						
8454201010	VOD炉(真空脱气炉)	8.4	35	17	17	台	O
8454201090	其他炉外精炼设备	8.4	35	17	17	台	O
84542090	---其他						
8454209000	其他金属冶炼及铸造用锭模及浇包	8.4	35	17	17	台	
84543010	---冷室压铸机						
8454301000	冷室压铸机	12	35	17	17	台	O

商品编号	商品名称及备注	进口关税税率(%)		增值税率(%)	出口退税率(%)	计量单位	监管条件
		最惠国	普通				
84543021	----方坯连铸机						
8454302100	方坯连铸机	10	35	17	17	台	
84543022	----板坯连铸机						
8454302200	板坯连铸机	12	35	17	17	台	0
84543029	----其他						
8454302900	其他钢坯连铸机	12	35	17	17	台	0
84543090	---其他						
8454309000	其他金属冶炼及铸造用铸造机	12	35	17	17	台	
84549010	---炉外精炼设备用						
8454901000	炉外精炼设备的零件	8	20	17	17	千克	
84549021	----结晶器						
8454902100	钢坯连铸机用结晶器	8	20	17	17	千克	
84549022	----振动装置						
8454902200	钢坯连铸机用振动装置	8	20	17	17	千克	
84549029	----其他						
8454902900	钢坯连铸机用其他零件	8	20	17	17	千克	
84549090	---其他						
8454909000	其他冶炼等用转炉及铸造机的零件(包括浇包、锭模的零件)	8	20	17	17	千克	
8455	**金属轧机及其轧辊**						
84551010	---热轧管机						
8455101000	热轧管机	12	35	17	17	台	
84551020	---冷轧管机						
8455102000	冷轧管机	12	35	17	17	台	0
84551030	---定减径轧管机						
8455103000	定、减径轧管机	12	35	17	17	台	0
84551090	---其他						
8455109000	其他金属轧管机	12	35	17	17	台	0
84552110	---板材热轧机						
8455211000	其他金属板材热轧机	15	35	17	17	台	0
84552120	---型钢轧机						
8455212000	型钢轧机	15	35	17	17	台	0
84552130	---线材轧机						
8455213000	金属线材轧机	15	35	17	17	台	0
84552190	---其他						
8455219000	其他金属热轧或冷热联合轧机	15	35	17	17	台	0
84552210	---板材冷轧机						
8455221000	金属板材冷轧机	10	35	17	17	台	0
84552290	---其他						
8455229010	铝箔粗轧机	15	35	17	17	台	
8455229090	其他金属冷轧机	15	35	17	17	台	
84553000	-轧机用轧辊						
8455300000	金属轧机用轧辊	8.4	20	17	17	个	
84559000	-其他零件						
8455900000	金属轧机的其他零件	8	20	17	17	千克	
8456	**用激光、其他光、光子束、超声波、放电、电化学法、电子束、离子束或等离子弧处理各种材料的加工机床;水射流切割机**						

商品编号	商品名称及备注	进口关税税率(%) 最惠国	进口关税税率(%) 普通	增值税率(%)	出口退税率(%)	计量单位	监管条件
84561100	--用激光处理的						
8456110010	辐照元件激光切割机(切割燃料包壳以使辐照核材料能溶解,含遥控设备)	0	30	17		台/千克	3A
8456110090	其他用激光处理的机床	0	30	17		台/千克	A
84561200	--用其他光或光子束处理的						
8456120000	用其他光或光子束处理的机床	0	30	17		台/千克	A
84562000	-用超声波处理的						
8456200000	用超声波处理各种材料的加工机床	10	30	17	17	台	A
84563010	---数控的						
8456301010	数控放电加工机床(两轴或多轴成形控制的无线型放电加工机床)	9.7	30	17	17	台	3AO
8456301090	其他数控的放电处理加工机床	9.7	30	17	17	台	AO
84563090	---其他						
8456309010	非数控放电加工机床(两轴或多轴成形控制的无线型放电加工机床)	10	30	17	17	台	3A
8456309090	其他非数控的放电处理加工机床	10	30	17	17	台	A
84564010	---等离子切割机						
8456401000	等离子切割机	0	30	17		台/千克	A
84564090	---其他						
8456409000	其他用等离子弧处理的机床	0	30	17		台/千克	A
84565000	-水射流切割机						
8456500000	水射流切割机	0	30	17		台/千克	A
84569000	-其他						
8456900000	其他方法处理材料的加工机床(包括电化学法、电子束、离子束等的加工机床)	0	30	17		台/千克	A
8457	**加工金属的加工中心、单工位组合机床及多工位组合机床**						
84571010	---立式						
8457101000	立式加工金属的加工中心	9.7	20	17	17	台	AO
84571020	---卧式						
8457102000	卧式加工金属的加工中心	9.7	20	17	17	台	AO
84571030	---龙门式						
8457103000	龙门式加工金属的加工中心	9.7	20	17	17	台	AO
84571091	----铣车复合						
8457109100	铣车复合加工中心	9.7	20	17	17	台	AO
84571099	----其他						
8457109900	其他加工金属的加工中心	9.7	20	17	17	台	AO
84572000	-单工位组合机床						
8457200000	加工金属的单工位组合机床	8	20	17	17	台	OA
84573000	-多工位组合机床						
8457300000	加工金属的多工位组合机床	5	20	17	17	台	AO
8458	**切削金属的车床(包括车削中心)**						
84581100	--数控的						
8458110010	两用物项管制的切削金属的卧式数控车床(包括车削中心)	9.7	20	17		台	3O
8458110090	其他切削金属的卧式数控车床(包括车削中心)	9.7	20	17	17	台	AO
84581900	--其他						
8458190000	切削金属的其他卧式车床	12	50	17	17	台	A
84589110	---立式						
8458911010	两用物项管制的切削金属立式数控车床(包括车削中心)	5	20	17	17	台/千克	3O
8458911090	其他切削金属的立式数控车床(包括车削中心)	5	20	17	17	台/千克	AO
84589120	---其他						

商品编号	商品名称及备注	进口关税税率(%)		增值税率(%)	出口退税率(%)	计量单位	监管条件
		最惠国	普通				
8458912010	其他两用物项管制的切削金属数控车床(包括车削中心)	5	20	17	17	台/千克	3O
8458912090	其他切削金属的数控车床(包括车削中心)	5	20	17	17	台/千克	AO
84589900	--其他						
8458990000	切削金属的其他车床	12	50	17	17	台	A
8459	**切削金属的钻床、镗床、铣床、攻丝机床(包括直线移动式动力头机床),但品目84.58的车床(包括车削中心)除外**						
84591000	-直线移动式动力头机床						
8459100000	切削金属的直线移动式动力头钻床(但品目84.58的车床除外)	15	50	17	17	台	A
84592100	--数控的						
8459210000	切削金属的其他数控钻床(但品目84.58的车床除外)	9.7	20	17	17	台	AO
84592900	--其他						
8459290000	切削金属的其他钻床(但品目84.58的车床除外)	15	50	17	17	台	A
84593100	--数控的						
8459310000	切削金属的其他数控镗铣机床(但品目84.58的车床除外)	9.7	20	17	17	台	OA
84593900	--其他						
8459390000	切削金属的其他镗铣机床(但品目84.58的车床除外)	10	50	17	17	台	A
84594100	--数控的						
8459410000	切削金属的其他数控镗床(但品目84.58的车床除外)	9.7	20	17		台/千克	OA
84594900	--其他						
8459490000	切削金属的其他镗床(但品目84.58的车床除外)	15	50	17		台/千克	A
84595100	--数控的						
8459510000	切削金属的升降台式数控铣床(但品目84.58的车床除外)	9.7	20	17	17	台	OA
84595900	--其他						
8459590000	切削金属的其他升降台式铣床(但品目84.58的车床除外)	15	50	17	17	台	A
84596110	---龙门铣床						
8459611000	切削金属的其他龙门数控铣床	5	20	17	17	台	OA
84596190	---其他						
8459619000	切削金属的其他数控铣床(但品目84.58的车床及龙门铣床除外)	5	20	17	17	台	OA
84596910	---龙门铣床						
8459691000	切削金属的其他龙门非数控铣床(但品目84.58的车床除外)	12	50	17	17	台	A
84596990	---其他						
8459699000	切削金属的其他非数控铣床(但品目84.58的车床及龙门铣床除外)	12	50	17	17	台	A
84597000	-其他攻丝机床						
8459700000	切削金属的其他攻丝机床(但品目84.58的车床除外)	12	50	17	17	台	A
8460	**用磨石、磨料或抛光材料对金属或金属陶瓷进行去毛刺、刃磨、磨削、珩磨、研磨、抛光或其他精加工的机床,但品目84.61的切齿机、齿轮磨床或齿轮精加工机床除外**						
84601210	---在任一坐标的定位精度至少是0.01毫米						
8460121000	加工金属的数控平面磨床(含加工金属陶瓷,任一坐标定位精度至少0.01毫米)	9.7	20	17		台/千克	OA
84601290	---其他						
8460129000	加工金属的其他数控平面磨床(含加工金属陶瓷)	15	50	17		台/千克	
84601910	---在任一坐标的定位精度至少是0.01毫米						
8460191000	加工金属的非数控平面磨床(含加工金属陶瓷,任一坐标定位精度至少0.01毫米)	15	50	17		台/千克	
84601990	---其他						
8460199000	加工金属的其他非数控平面磨床(含加工金属陶瓷)	15	50	17		台/千克	A
84602210	---在任一坐标的定位精度至少是0.01毫米						
8460221000	加工金属的数控无心磨床(含加工金属陶瓷,任一坐标定位精度至少是0.01毫米)	9.7	20	17		台/千克	OA

商品编号	商品名称及备注	进口关税税率(%)		增值税率(%)	出口退税率(%)	计量单位	监管条件
		最惠国	普通				
84602290	---其他						
8460229000	加工金属的其他数控无心磨床(含加工金属陶瓷)	15	50	17		台/千克	A
84602311	----曲轴磨床						
8460231100	加工金属的数控曲轴磨床(属外圆磨床,含加工金属陶瓷,任一坐标定位精度至少是0.01毫米)	9.7	20	17		台/千克	OA
84602319	----其他						
8460231900	加工金属的其他数控外圆磨床(含加工金属陶瓷,任一坐标定位精度至少是0.01毫米)	9.7	20	17		台/千克	OA
84602390	---其他						
8460239000	加工金属的其他数控外圆磨床(含加工金属陶瓷)	15	50	17		台/千克	A
84602411	----内圆磨床						
8460241100	加工金属的数控内圆磨床(含加工金属陶瓷,任一坐标定位精度至少是0.01毫米)	9.7	20	17		台/千克	OA
84602419	----其他						
8460241900	加工金属的其他数控磨床(含加工金属陶瓷,任一坐标定位精度至少是0.01毫米)	9.7	20	17		台/千克	OA
84602490	---其他						
8460249000	加工金属的其他数控磨床(含加工金属陶瓷)	15	50	17		台/千克	A
84602911	----外圆磨床						
8460291100	加工金属的非数控外圆磨床(含加工金属陶瓷,任一坐标定位精度至少是0.01毫米)	15	50	17		台/千克	A
84602912	----内圆磨床						
8460291200	加工金属的非数控内圆磨床(含加工金属陶瓷,任一坐标定位精度至少是0.01毫米)	15	50	17		台/千克	A
84602913	----轧辊磨床						
8460291300	加工金属的非数控轧辊磨床(含加工金属陶瓷,任一坐标定位精度至少是0.01毫米)	13	50	17		台/千克	
84602919	----其他						
8460291900	加工金属的其他非数控磨床(含加工金属陶瓷,任一坐标定位精度至少是0.01毫米)	13	50	17		台/千克	A
84602990	---其他						
8460299000	加工金属的其他非数控磨床(含加工金属陶瓷)	13	50	17	17	台/千克	A
84603100	--数控的						
8460310000	加工金属的数控刃磨机床(含加工金属陶瓷)	9.7	20	17	17	台	A
84603900	--其他						
8460390000	加工金属的其他刃磨机床(含加工金属陶瓷)	15	50	17	17	台	A
84604010	---珩磨						
8460401000	金属珩磨机床	13	50	17	17	台	A
84604020	---研磨						
8460402000	金属研磨机床	13	50	17	17	台	A
84609010	---砂轮机						
8460901000	加工金属的砂轮机(含加工金属陶瓷)	15	50	17	17	台	
84609020	---抛光机床						
8460902000	金属抛光机床	15	50	17	17	台	A
84609090	---其他						
8460909000	其他用磨石、磨料加工金属的机床	15	50	17	17	台	A
8461	**切削金属或金属陶瓷的刨床、牛头刨床、插床、拉床、切齿机、齿轮磨床或齿轮精加工机床、锯床、切断机及其他编号未列名的切削机床**						
84612010	---牛头刨床						
8461201000	切削金属或金属陶瓷的牛头刨床	15	50	17	17	台	
84612020	---插床						
8461202000	切削金属或金属陶瓷的插床	15	50	17	17	台	
84613000	-拉床						

商品编号	商品名称及备注	进口关税税率(%)		增值税率(%)	出口退税率(%)	计量单位	监管条件
		最惠国	普通				
8461300000	切削金属或金属陶瓷的拉床	12	50	17	17	台	
84614011	----齿轮磨床						
8461401100	切削金属的数控齿轮磨床(含加工金属陶瓷)	9.7	20	17	17	台	OA
84614019	----其他						
8461401900	切削金属的数控切齿机、数控齿轮精加工机床(含加工金属陶瓷)	9.7	20	17	17	台	OA
84614090	---其他						
8461409000	切削金属的其他切齿机、齿轮磨床(含加工金属陶瓷,包括其他齿轮精加工机床)	15	50	17	17	台	A
84615000	-锯床或切断机						
8461500010	辐照元件刀具切割机[切割燃料包壳以使辐照核材料能溶解(含遥控设备)]	12	50	17	17	台	3
8461500090	其他锯床或切断机	12	50	17	17	台	
84619011	----龙门刨床						
8461901100	切削金属或金属陶瓷的龙门刨床	15	50	17	17	台	
84619019	----其他						
8461901900	切削金属或金属陶瓷的其他刨床	15	50	17	17	台	
84619090	---其他						
8461909000	切削金属或金属陶瓷的未列名机床	12	50	17	17	台	
8462	**加工金属的锻造(包括模锻)或冲压机床;加工金属的弯曲、折叠、矫直、矫平、剪切、冲孔或开槽机床;其他加工金属或硬质合金的压力机**						
84621010	---数控的						
8462101000	加工金属的数控锻造或冲压机床(包括锻锤,模锻)	9.7	20	17	17	台	
84621090	---其他						
8462109000	非数控锻造或冲压机床(指加工金属用的。包括锻锤,模锻)	12	50	17	17	台	
84622110	---矫直机						
8462211000	加工金属的数控矫直机床	9.7	20	17	17	台	
84622190	---其他						
8462219000	加工金属的数控弯曲、折叠或矫平机床	9.7	20	17	17	台	
84622910	---矫直机						
8462291000	加工金属的非数控矫直机床	10	50	17	17	台	
84622990	---其他						
8462299000	加工金属的非数控弯曲、折叠或矫平机床	10	50	17	17	台	
84623110	---板带纵剪机						
8462311000	加工金属的数控板带纵剪机(冲剪两用机除外)	7	20	17	17	台	
84623120	---板带横剪机						
8462312000	加工金属的数控板带横剪机(冲剪两用机除外)	7	20	17	17	台	
84623190	---其他						
8462319000	加工金属的其他数控剪切机床(冲剪两用机除外)	7	20	17	17	台	
84623910	---板带纵剪机						
8462391000	加工金属的非数控板带纵剪机(冲剪两用机除外)	10	50	17	17	台	
84623920	---板带横剪机						
8462392000	加工金属的非数控板带横剪机(冲剪两用机除外)	10	50	17	17	台	
84623990	---其他						
8462399000	加工金属的其他非数控剪切机床(冲剪两用机除外)	10	50	17	17	台	
84624111	----自动模式数控步冲压力机						
8462411100	自动模式数控步冲压力机(包括冲剪两用机)	9.7	20	17	17	台	
84624119	----其他						
8462411900	其他数控冲床(包括冲剪两用机)	9.7	20	17	17	台	

商品编号	商品名称及备注	进口关税税率(%)		增值税率(%)	出口退税率(%)	计量单位	监管条件
		最惠国	普通				
84624190	---其他						
8462419000	其他数控的冲孔或开槽机床,包括冲剪两用机(数控冲床除外)	9.7	20	17	17	台	
84624900	--其他						
8462490000	加工金属的非数控冲孔,开槽机(包括冲剪两用机)	10	50	17	17	台	
84629110	---金属型材挤压机						
8462911000	金属型材挤压机	10	50	17	17	台	
84629190	---其他						
8462919000	其他液压压力机(加工金属或硬质合金)	10	50	17	17	台	
84629910	---机械压力机						
8462991000	机械压力机	10	50	17	17	台	
84629990	---其他						
8462999000	品目84.62的其他机床	10	50	17	17	台	
8463	**金属或金属陶瓷的其他非切削加工机床**						
84631011	----拉拔力≤300吨						
8463101100	拉拔力≤300吨的金属冷拔管机(包括金属陶瓷的冷拔管机)	10	50	17	17	台	
84631019	----其他						
8463101900	拉拔力>300吨的金属冷拔管机(包括金属陶瓷的冷拔管机)	10	50	17	17	台	
84631020	---拔丝机						
8463102000	金属及金属陶瓷的拔丝机	10	50	17	17	台	
84631090	---其他						
8463109000	其他金属或金属陶瓷的拉拔机	10	50	17	17	台	
84632000	-螺纹滚轧机						
8463200000	金属或金属陶瓷的螺纹滚轧机	15	50	17	17	台	
84633000	-金属丝加工机						
8463300000	金属或金属陶瓷丝的加工机	10	50	17	17	台	
84639000	-其他						
8463900010	滚压成形机床(数控,装3个以上压辊)	10	50	17	17	台	3
8463900020	具有滚压功能的旋压成形机床(数控,装3个以上压辊)	10	50	17	17	台	3
8463900090	其他非切削加工机床(是指加工金属或金属陶瓷的)	10	50	17	17	台	
8464	**石料、陶瓷、混凝土、石棉水泥或类似矿物材料的加工机床、玻璃冷加工机床**						
84641010	---圆盘锯						
8464101000	圆盘锯(加工石料、陶瓷、混凝土、石棉水泥或类似矿物材料)	0	30	17	17	台	
84641020	---钢丝锯						
8464102000	钢丝锯(加工石料、陶瓷、混凝土、石棉水泥或类似矿物材料)	0	30	17	17	台	
84641090	---其他						
8464109000	加工矿物等材料的其他锯床(加工石料、陶瓷、混凝土、石棉水泥或类似矿物材料)	0	30	17	17	台	
84642010	---玻璃研磨或抛光机床						
8464201000	玻璃研磨或抛光机床	0	30	17	17	台	
84642090	---其他						
8464209000	加工矿物等材料的研磨或抛光机床(加工石料、陶瓷、混凝土、石棉水泥等似矿物材料)	0	30	17	17	台	
84649011	----切割机						
8464901100	玻璃切割机(玻璃冷加工机床)	0	30	17	17	台	
84649012	----刻花机						
8464901200	玻璃刻花机(玻璃冷加工机床)	0	30	17	17	台	
84649019	----其他						
8464901900	其他玻璃冷加工机床	0	30	17	17	台	

商品编号	商品名称及备注	进口关税税率(%) 最惠国	进口关税税率(%) 普通	增值税率(%)	出口退税率(%)	计量单位	监管条件
84649090	---其他						
8464909000	其他加工矿物等材料的机床	0	30	17	17	台	
8465	**木材、软木、骨、硬质橡胶、硬质塑料或类似硬质材料的加工机床(包括用打钉或打U形钉、胶黏或其他方法组合前述材料的机器)**						
84651000	-不需更换工具即可进行不同机械加工的机器						
8465100000	不需变换工具即可进行加工的机床(加工木材、软木、骨、硬质橡胶、硬质塑料及其他硬质材料)	10	30	17	17	台	
84652000	-加工中心						
8465200000	加工木材等材料的加工中心(加工木材、软木、骨、硬质橡胶、硬质塑料及其他硬质材料)	10	30	17		台/千克	
84659100	--锯床						
8465910000	加工木材等材料的锯床(加工木材、软木、骨、硬质橡胶、硬质塑料及其他硬质材料)	10	30	17	17	台	
84659200	--刨、铣或切削成形机器						
8465920000	加工木材等材料的刨,铣,切削机器(加工木材、软木、骨、硬质橡胶、硬质塑料及其他硬质材料)	10	30	17	17	台	
84659300	--研磨、砂磨或抛光机器						
8465930000	加工木材等材料的研磨或抛光机器,含砂磨(加工木材、软木、骨、硬质橡胶、硬质塑料及其他硬质材料)	10	30	17	17	台	
84659400	--弯曲或装配机器						
8465940000	加工木材等材料的弯曲或装配机器(加工木材、软木、骨、硬质橡胶、硬质塑料及其他硬质材料)	10	30	17	17	台	
84659500	--钻孔或凿榫机器						
8465950000	加工木材等材料的钻孔或凿榫机器(加工木材、软木、骨、硬质橡胶、硬质塑料及其他硬质材料)	10	30	17	17	台	
84659600	--剖开、切片或刮削机器						
8465960000	加工木材等材料的剖,切,刮削机器(加工木材、软木、骨、硬质橡胶、硬质塑料及其他硬质材料)	10	30	17	17	台	
84659900	--其他						
8465990000	加工木材等材料的其他机床(加工木材、软木、骨、硬质橡胶、硬质塑料及其他硬质材料)	10	30	17	17	台	
8466	**专用于或主要用于品目84.56至84.65所列机器的零件、附件,包括工件或工具的夹具、自启板牙切头、分度头及其他专用于机器的附件;各种手提工具的工具夹具**						
84661000	-工具夹具及自启板牙切头						
8466100000	工具夹具及自启板牙切头(用于品目84.56~84.65所列机器的)	7	17	17	15	千克	
84662000	-工件夹具						
8466200000	工件夹具(用于品目84.56~84.65所列机器的)	7	17	17	15	千克	
84663000	-分度头及其他专用于机器的附件						
8466300000	分度头及其他专用于机器的附件(用于品目84.56~84.65所列机器的)	7	17	17	15	千克	
84669100	--品目84.64所列机器用						
8466910000	品目84.64所列机器用的零件(加工石料等机器用零件,附件)	0	17	17	15	千克	
84669200	--品目84.65所列机器用						
8466920000	品目84.65所列机器用的零件(加工木材等机器用零件,附件)	6	17	17	15	千克	
84669310	---刀库及自动换刀装置						
8466931000	刀库及自动换刀装置(品目84.56~84.61机器用)	0	17	17	15	千克	
84669390	---其他						
8466939000	品目84.56~84.61机器用其他零件	0	17	17	15	千克	
84669400	--品目84.62或84.63所列机器用						
8466940010	滚压成形机床用芯轴(转筒成形用的芯轴,内径在75毫米至400毫米之间)	6	17	17	15	千克	3

商品编号	商品名称及备注	进口关税税率(%)		增值税率(%)	出口退税率(%)	计量单位	监管条件
		最惠国	普通				
8466940020	有滚压功能的旋压成形机用芯轴(转筒成形用的芯轴,内径在75毫米至400毫米之间)	6	17	17	15	千克	3
8466940090	品目84.62~84.63机器用其他零件	6	17	17	15	千克	
8467	**手提式风动或液压工具及本身装有电动或非电动动力装置的手提式工具**						
84671100	--旋转式(包括旋转冲击式的)						
8467110000	旋转式手提风动工具(包括旋转冲击式的)	8	30	17	17	台	
84671900	--其他						
8467190000	其他手提式风动工具	8	30	17	17	台	
84672100	--各种钻						
8467210000	手提式电动钻	10	30	17	17	台	A
84672210	---链锯						
8467221000	手提式电动链锯	10	30	17	17	台	A
84672290	---其他						
8467229000	其他手提式电锯	10	30	17	17	台	A
84672910	---砂磨工具(包括磨光机、砂光机、砂轮机等)						
8467291000	手提式电动砂磨工具	10	30	17	17	台	A
84672920	---电刨						
8467292000	手提式电刨	10	30	17	17	台	A
84672990	---其他						
8467299000	其他手提式电动工具	10	30	17	17	台	A
84678100	--链锯						
8467810000	手提式液压或其他动力链锯(电动和风动的除外)	8	30	17	17	台	
84678900	--其他						
8467890000	其他手提式液压或其他动力工具(电动和风动的除外)	8	30	17	17	台	
84679110	---电动的						
8467911000	编号84672210的链锯用零件	6	30	17	15	千克	
84679190	---其他						
8467919000	编号846781的链锯用的零件	6	30	17	15	千克	
84679200	--风动工具用						
8467920000	风动的工具零件	6	30	17	15	千克	
84679910	---电动工具用						
8467991000	其他手提式电动工具用零件	10	30	17	15	千克	
84679990	---其他						
8467999000	其他手提式动力工具用的零件	6	30	17	15	千克	
8468	**焊接机器及装置,不论是否兼有切割功能,但品目85.15的货品除外;气体加温表面回火机器及装置**						
84681000	-手提喷焊器						
8468100000	手提喷焊器	12	30	17	17	台	
84682000	-其他气体焊接或表面回火机器及装置						
8468200010	自动焊接机[将端塞焊接于燃料细棒(或棒)的自动焊接机]	12	30	17	17	台	3
8468200090	其他气体焊接或表面回火机器及装置	12	30	17	17	台	
84688000	-其他机器及装置						
8468800000	其他焊接机器及装置(品目85.15的货品除外)	12	30	17	17	台	
84689000	-零件						
8468900000[暂3]	焊接机器用零件	7	30	17	15	千克	
8470	**计算机器及具有计算功能的袖珍式数据记录、重现及显示机器;装有计算装置的会计计算机、邮资盖戳机、售票机及类似机器;现金出纳机**						

商品编号	商品名称及备注	进口关税税率(%)		增值税率(%)	出口退税率(%)	计量单位	监管条件
		最惠国	普通				
84701000	-不需外接电源的电子计算器及具有计算功能的袖珍式数据记录、重现及显示机器						
8470100000	电子计算器及袖珍式数据录放机器(不需外接电源,录放指具计算功能的数据记录,重现及显示)	0	80	17	17	台	
84702100	--装有打印装置的						
8470210000	装有打印装置的电子计算器	0	80	17	17	台	
84702900	--其他						
8470290000	其他电子计算器	0	80	17	17	台	
84703000	-其他计算机器						
8470300000	其他计算机器	0	40	17	17	台	
84705010	---销售点终端出纳机						
8470501000	销售点终端出纳机	0	40	17	17	台	
84705090	---其他						
8470509000	其他现金出纳机	0	40	17	17	台	
84709000	-其他						
8470900000	会计计算机,邮资盖戳机,售票机及类似机器	0	40	17	17	台	
8471	**自动数据处理设备及其部件;其他税号未列名的磁性或光学阅读机、将数据以代码形式转录到数据记录媒体的机器及处理这些数据的机器**						
84713010	---平板电脑						
8471301000	平板电脑(重量≤10千克,至少由一个中央处理器、键盘和显示器组成)	0	70	17	17	台	A
84713090	---其他						
8471309000	其他便携式自动数据处理设备(重量≤10千克,至少由一个中央处理器、键盘和显示器组成)	0	70	17	17	台	A
84714110	---巨型机、大型机及中型机						
8471411010	高性能数字计算机(高性能数字计算机是指调整后峰值性能(APP)大于8.0加权每秒万亿次浮点运算的数字计算机)	0	14	17	17	台	3
8471411090	其他巨大中型自动数据处理设备	0	14	17	17	台	
84714120	---小型机						
8471412000	小型自动数据处理设备	0	14	17	17	台	
84714140	---微型机						
8471414000	微型机	0	70	17	17	台	A
84714190	---其他						
8471419000	其他数据处理设备(同一机壳内至少有一个CPU和一个输入输出部件,包括组合式)	0	70	17	17	台	
84714910	---巨型机、大型机及中型机						
8471491010	系统形式报验的高性能数字计算机(计算机指自动数据处理设备,高性能数字计算机是指调整后峰值性能(APP)大于8.0加权每秒万亿次浮点运算的数字计算机)	0	29	17	17	台	3
8471491090	其他系统形式报验的巨、大、中型机(计算机指自动数据处理设备)	0	29	17	17	台	
84714920	---小型机						
8471492000	以系统形式报验的小型计算机(计算机指自动数据处理设备)	0	29	17	17	台	
84714940	---微型机						
8471494000	以系统形式报验的微型机	0	70	17	17	台	
84714991	----分散型工业过程控制设备						
8471499100	其他分散型工业过程控制设备(以系统形式报验的)	0	70	17	17	台	
84714999	----其他						
8471499900	以系统形式报验的其他计算机	0	70	17	17	台	
84715010	---巨型机、大型机及中型机的						

商品编号	商品名称及备注	进口关税税率(%) 最惠国	进口关税税率(%) 普通	增值税率(%)	出口退税率(%)	计量单位	监管条件
8471501010	高性能数字计算机处理部件(不论是否在同一机壳内有一或两个存储、输入或输出部件,高性能数字计算机是指调整后峰值性能(APP)大于8.0加权每秒万亿次浮点运算的数字计算机)	0	14	17	17	台	3
8471501090	其他巨、大、中型机处理部件(不论是否在同一机壳内有一或两个存储、输入或输出部件)	0	14	17	17	台	
84715020	---小型机的						
8471502000	小型机的处理部件(不论是否在同一机壳内有一或两个存储、输入或输出部件)	0	14	17	17	台	
84715040	---微型机的						
8471504001	含显示器和主机的微型机(不论是否在同一机壳内有一或两个存储、输入或输出部件)	0	70	17	17	台	
8471504090	其他的微型机的处理部件(不论是否在同一机壳内有一或两个存储、输入或输出部件)	0	70	17	17	台	
84715090	---其他						
8471509000	编号847141或847149以外设备的处理部件(不论是否在同一机壳内有一或两个存储、输入或输出部件)	0	70	17	17	台	
84716040	---巨型机、大型机、中型机及小型机用终端						
8471604000	巨、大、中及小型计算机用终端(输入或输出部件,不论是否在同一机壳内有存储部件)	0	14	17	17	台	
84716050	---扫描仪						
8471605000	自动数据处理设备的扫描器	0	14	17	17	台	
84716060	---数字化仪						
8471606000	自动数据处理设备的数字化仪	0	14	17	17	台	
84716071	----键盘						
8471607100	键盘	0	40	17	17	个	
84716072	----鼠标器						
8471607200	鼠标器	0	40	17	17	个	
84716090	---其他						
8471609000	计算机的其他输入或输出部件(计算机指自动数据处理设备)	0	14	17	17	台	
84717010	---硬盘驱动器						
8471701000	计算机硬盘驱动器(计算机指自动数据处理设备)	0	14	17	17	台	
84717020	---软盘驱动器						
8471702000	自动数据处理设备的软盘驱动器	0	14	17	17	台	
84717030	---光盘驱动器						
8471703000	光盘驱动器(自动数据处理设备的光盘驱动器)	0	14	17	17	台	
84717090	---其他						
8471709000	自动数据处理设备的其他存储部件	0	14	17	17	台	
84718000	-自动数据处理设备的其他部件						
8471800000	其他自动数据处理设备的部件	0	40	17	17	台	
84719000	-其他						
8471900010	专用于复制的光盘刻录机(也称光盘复读机)	0	40	17	17	台	
8471900090	未列名的磁性或光学阅读器(包括将数据以代码形式转录的机器及处理这些数据的机器)	0	40	17	17	台	
8472	**其他办公室用机器(例如,胶版复印机、油印机、地址印写机、自动付钞机、硬币分类、计数及包装机、削铅笔机、打洞机或订书机)**						
84721000	-胶版复印机、油印机						
8472100000	胶版复印机、油印机	10.5/7*	40	17	17	台	
84723010	---邮政信件分拣及封装设备						

* 最惠国税率中,“/”左边的税率截止日期为2017年6月30日,“/”右边的税率截止日期为2999年12月31日。

商品编号	商品名称及备注	进口关税税率(%)		增值税率(%)	出口退税率(%)	计量单位	监管条件
		最惠国	普通				
8472301000	邮政信件分拣及封装设备	10	40	17	17	台	
84723090	---其他						
8472309000	其他信件折叠、分类、开或闭封机(包括信件装封机及粘贴邮票机和盖销邮票机)	14	40	17	17	台	
84729010	---自动柜员机						
8472901000	自动柜员机	0	40	17	17	台	
84729021	----打洞机						
8472902100	办公室用打洞机	0	40	17	17	台	
84729022	----订书机						
8472902200	办公室用订书机	0	40	17	17	台	
84729029	----其他						
8472902900	其他装订用办公室机器	0	40	17	17	台	
84729030	---碎纸机						
8472903000	碎纸机	0	40	17	17	台	
84729040	---地址印写机及地址铭牌压印机						
8472904000	地址印写机及地址铭牌压印机	10.5/7*	40	17	17	台	
84729050	---文字处理机						
8472905000	文字处理机	0	40	17		台/千克	
84729060	---打字机,但品目84.43的打印机除外						
8472906000	打字机(品目84.43的打印机除外)	12	40	17		台/千克	
84729090	---其他						
8472909000	其他办公室用机器(包括硬币分类、计数、包装机和削笔机等)	0	40	17	17	台	
8473	**专用于或主要用于品目84.70至84.72所列机器的零件、附件(罩套、提箱及类似品除外)**						
84732100	--编号847010、847021或847029所列电子计算器的零件、附件						
8473210000	品目84.70所列电子计算器的零附件(系指编号847010、847021及847029所列的电子计算器的)	0	50	17	15	千克	
84732900	--其他						
8473290000	品目84.70所列其他机器的零附件(系指编号847030、847040、847050及847090所列机器的)	0	35	17	15	千克	
84733010	---编号84714110、84714120、84714910、84714920、84715010、84715020、84716090、84717010、84717020、84717030及84717090所列机器及装置的零件、附件						
8473301000	大、中、小型计算机的零件(包括大、中、小型机的中央处理部件的零件)	0	14	17	17	千克	
84733090	---其他						
8473309000	品目84.71所列其他机器零附件	0	40	17	17	千克	
84734010	---自动柜员机用出钞器和循环出钞器						
8473401000[暂5]	自动柜员机用出钞器和循环出钞器	7.9/5.3*	35	17	15	千克	
84734020	---编号84729050、84729060所列机器的零件、附件						
8473402000	打字机、文字处理机的零件、附件	6/4	35	17		千克	
84734090	---其他						
8473409010[暂3]	钞票清分机零附件	7.9/5.3*	35	17	15	千克	
8473409090	其他办公室用机器零附件	7.9/5.3*	35	17	15	千克	
84735000	-同样适用于品目84.70至84.72中两个或两个以上编号所列机器的零件、附件						
8473500000	品目84.70~84.72中所列机器零附件(用于品目84.70~84.72中两个或两个以上品目所列机器的)	0	35	17	15	千克	

* 最惠国税率中,"/"左边的税率截止日期为2017年6月30日,"/"右边的税率截止日期为2999年12月31日。

商品编号	商品名称及备注	进口关税税率(%)		增值税率(%)	出口退税率(%)	计量单位	监管条件
		最惠国	普通				
8474	**泥土、石料、矿石或其他固体(包括粉状、浆状)矿物质的分类、筛选、分离、洗涤、破碎、磨粉、混合或搅拌机器;固体矿物燃料、陶瓷坯泥、未硬化水泥、石膏材料或其他粉状、浆状矿产品的粘聚或成型机器;铸造用砂模的成型机器**						
84741000	-分类、筛选、分离或洗涤机器						
8474100000	分类、筛选、分离或洗涤机器(用于泥土、石料、矿石或其他固体物质的)	5	30	17	17	台	
84742010	---齿辊式						
8474201000	齿辊式破碎及磨粉机器(用于泥土、石料、矿石或其他固体物质的)	5	30	17	17	台	
84742020	---球磨式						
8474202000	球磨式磨碎或磨粉机(用于泥土、石料、矿石或其他固体物质的)	5	30	17	17	台	
84742090	---其他						
8474209000	破碎或磨粉用机器(用于泥土、石料、矿石或其他固体物质的)	5	30	17	17	台	
84743100	--混凝土或砂浆混合机器						
8474310000	混凝土或砂浆混合机器(用于泥土、石料、矿石或其他固体物质的)	7	30	17	17	台	
84743200	--矿物与沥青的混合机器						
8474320000	矿物与沥青的混合机器(用于泥土、石料、矿石或其他固体物质的)	7	30	17	17	台	
84743900	--其他						
8474390000	其他混合或搅拌机器(用于泥土、石料、矿石或其他固体物质的)	5	30	17	17	台	
84748010	---辊压成型机						
8474801000	其他辊压成型机	5	30	17	17	台	
84748020	---模压成型机						
8474802000	其他模压成型机	5	30	17	17	台	
84748090	---其他						
8474809010	纸面角线石膏板搅拌成型机	5	30	17	17	台	
8474809090	品目84.74未列名的其他机器(如矿产品的粘聚或成型机器及铸造用砂模的成型机器)	5	30	17	17	台	
84749000	-零件						
8474900000	品目84.74所列机器的零件	5	30	17	15	千克	
8475	**白炽灯泡、灯管、放电灯管、电子管、闪光灯泡及类似品的封装机器;玻璃或玻璃制品的制造或热加工机器**						
84751000	-白炽灯泡、灯管、放电灯管、电子管、闪光灯泡及类似品的封装机器						
8475100000	白炽灯泡、灯管等的封装机(包括放电灯管、电子管、闪光灯泡等)	8	30	17	17	台	
84752100	--制造光导纤维及其预制棒的机器						
8475210000	制造光导纤维及预制棒的机器	8.8/7.5*	30	17	17	台	
84752911	----连续式玻璃热弯炉						
8475291100	连续式玻璃热弯炉	10	30	17	17	台	
84752912	----玻璃纤维拉丝机(光 纤拉丝机除外)						
8475291200	玻璃纤维拉丝机(光纤拉丝机除外)	10	30	17	17	台	
84752919	----其他						
8475291900	其他玻璃及制品热加工机器	10	30	17	17	台	
84752990	---其他						
8475299000	其他玻璃及制品的制造加工机器	10	30	17	17	台	
84759000	-零件						
8475900010	编号847521所列机器的零件	6.7/5.3*	30	17	15	千克	
8475900090	其他品目84.75所列机器的零件(灯泡等封装机及玻璃等制造机器的零件)	8	30	17	15	千克	
8476	**自动售货机(例如,出售邮票、香烟、食品或饮料的机器),包括钱币兑换机**						

* 最惠国税率中,"/"左边的税率截止日期为2017年6月30日,"/"右边的税率截止日期为2999年12月31日。

商品编号	商品名称及备注	进口关税税率(%)		增值税率(%)	出口退税率(%)	计量单位	监管条件
		最惠国	普通				
84762100	--装有加热或制冷装置的						
8476210000	可加热或制冷的饮料自动销售机	14	50	17	17	台	A
84762900	--其他						
8476290000	其他饮料自动销售机(装有加热或制冷装置的除外)	15	50	17	17	台	A
84768100	--装有加热或制冷装置的						
8476810000	装有加热或制冷装置的自动售货机(饮料自动销售机除外)	14	50	17	17	台	
84768900	--其他						
8476890010	钱币兑换机	11.3/7.5*	50	17	17	台	
8476890090	其他无加热或制冷装置的自动售货机	15	50	17	17	台	
84769000	-零件						
8476900010	钱币兑换机的零件	7.5/5*	50	17	15	千克	
8476900090	其他品目84.76所列机器的零件	10	50	17	15	千克	
8477	**本章其他税号未列名的橡胶或塑料及其产品的加工机器**						
84771010	---注塑机						
8477101010	用于光盘生产的精密注塑机(加工塑料的)	0	45	17	17	台	
8477101090	其他注塑机	0	45	17	17	台	
84771090	---其他						
8477109000	其他注射机	0	30	17	17	台	
84772010	---塑料造粒机						
8477201000	塑料造粒机	5	30	17	17	台	
84772090	---其他						
8477209000	其他加工塑料或橡胶的挤出机	5	30	17	17	台	
84773010	---挤出吹塑机						
8477301000	挤出吹塑机	5	30	17	17	台	
84773020	---注射吹塑机						
8477302000	注射吹塑机	5	30	17	17	台	
84773090	---其他						
8477309000	其他吹塑机	5	30	17	17	台	
84774010	---塑料中空成型机						
8477401000	塑料中空成型机	5	30	17	17	台	
84774020	---塑料压延成型机						
8477402000	塑料压延成型机	5	30	17	17	台	
84774090	---其他						
8477409000	真空模塑及其他热成型机器	5	30	17	17	台	
84775100	--用于充气轮胎模塑或翻新的机器及内胎模塑或用其他方法成型的机器						
8477510000	用于充气轮胎模塑或翻新的机器(包括内胎模塑或用其他方法成型的机器)	5	30	17	17	台	
84775910	---三维打印机(3D打印机)						
8477591000	三维打印机(3D打印机)(加工材质以塑料或橡胶及其制品为主)	5	30	17	17	台	
84775990	---其他						
8477599000	其他模塑机、成型机	5	30	17	17	台	
84778000	-其他机器						
8477800000	未列名的橡胶或塑料加工机器	5	30	17	17	台	
84779000	-零件						
8477900000	橡胶、塑料等加工机机器的零件	0	30	17	15	千克	
8478	**本章其他编号未列名的烟草加工及制作机器**						
84781000	-机器						

商品编号	商品名称及备注	进口关税税率(%)		增值税率(%)	出口退税率(%)	计量单位	监管条件
		最惠国	普通				
8478100000	其他的烟草加工及制作机器(本章其他编号未列名的)	5	30	17	17	台	O
84789000	-零件						
8478900000[暂5]	烟草加工及制作机器用的零件	10	30	17	15	千克	O
8479	**本章其他编号未列名的具有独立功能的机器及机械器具**						
84791021	----沥青混凝土摊铺机						
8479102100	沥青混凝土摊铺机	8	30	17	17	台	O
84791022	----稳定土摊铺机						
8479102200	稳定土摊铺机	8	30	17	17	台	
84791029	----其他						
8479102900	其他摊铺机	8	30	17	17	台	O
84791090	---其他						
8479109000	其他公共工程用的机器	8	30	17	17	台	
84792000	-提取、加工动物油脂或植物固定油脂的机器						
8479200000	提取加工动物或植物油脂的机器	10	30	17	17	台	A
84793000	-木碎料板或木纤维板的挤压机及其他木材或软木处理机						
8479300000	木碎料板或木纤维板的其他挤压机(包括其他木材或软木处理机器)	10	30	17	17	台	
84794000	-绳或缆的制造机器						
8479400000[暂5]	绳或缆的制造机器	7	30	17	17	台	
84795010	---多功能工业机器人						
8479501000	多功能工业机器人	0	20	17	17	台	
84795090	---其他						
8479509010	机器人,末端操纵装置[能处理高能炸药或能抗大于 5×10^4 戈瑞(硅) 辐射的]	0	30	17	17	台	3
8479509090	其他工业机器人(多功能工业机器人除外)	0	30	17	17	台	
84796000	-蒸发式空气冷却器						
8479600000	蒸发式空气冷却器	10	30	17	17	台	A
84797100	--用于机场的						
8479710000	机场用旅客登机桥	0	30	17	17	台	A
84797900	--其他						
8479790000	非机场用旅客登机(船)桥	0	30	17	17	台	A
84798110	---绕线机						
8479811000	处理金属的其他绕线机	9.5	30	17	17	台	
84798190	---其他						
8479819000	其他处理金属的机械	9.5	30	17	17	台	
84798200	--混合、搅拌、轧碎、研磨、筛选、均化或乳化机器						
8479820010	两用物项管制搅拌器(耐腐蚀热交换器、搅拌器用,带搅拌的发酵罐)	7	30	17	17	台	3
8479820020[暂5]	用于废物和废水处理的混合、搅拌、轧碎、研磨、筛选、均化或乳化机器	7	30	17	17	台	
8479820090	其他混合、搅拌、轧碎、研磨机器(包括筛选、均化、乳化机器)	7	30	17	17	台	
84798910	---船舶用舵机及陀螺稳定器						
8479891000	船用舵机及陀螺稳定器	0	14	17	17	台	
84798920	---空气增湿器及减湿器						
8479892000	空气增湿器及减湿器	0	70	17	17	台	
84798940	---邮政用包裹、印刷品分拣设备						
8479894000	其他邮政用包裹、印刷品分拣设备	0	30	17	17	台	A
84798950	---放射性废物压实机						
8479895000	放射性废物压实机	0	30	17	17	台	
84798961	----自动插件机						

商品编号	商品名称及备注	进口关税税率(%)		增值税率(%)	出口退税率(%)	计量单位	监管条件
		最惠国	普通				
8479896100	自动插件机	0	30	17	17	台	A
84798962	----自动贴片机						
8479896200	自动贴片机	0	30	17	17	台	A
84798969	----其他						
8479896900	其他印刷电路板上装配元器件机器	0	30	17	17	台	A
84798992	----自动化立体仓储设备						
8479899200	自动化立体仓储设备(具有独立功能的)	0	30	17	17	台	A
84798999	----其他						
8479899910	用于光盘生产的金属母盘生产设备(具有独立功能的)	0	30	17	17	台	6A
8479899920	用于光盘生产的粘合机(具有独立功能的)	0	30	17	17	台	A
8479899930	用于光盘生产的真空金属溅镀机(具有独立功能的)	0	30	17	17	台	A
8479899940	保护胶涂覆机及染料层旋涂机(光盘生产用,具有独立功能的)	0	30	17	17	台	A
8479899951	等静压压力机(两用物项管制机器及机械器具)	0	30	17	17	台	3
8479899952	生物反应器(两用物项管制机器及机械器具)	0	30	17	17	台	3
8479899953	恒化器(两用物项管制机器及机械器具)	0	30	17	17	台	3
8479899954	连续灌流系统(两用物项管制机器及机械器具)	0	30	17	17	台	3
8479899955	三坐标或多坐标联动和程控的纤维缠绕机(两用物项管制机器及机械器具)	0	30	17	17	台	3
8479899959	其他两用物项管制机器及机械器具	0	30	17	17	台	3
8479899960	绕线机(能卷绕直径在75~400毫米、长度≥600毫米)	0	30	17	17	台	3A
8479899990	本章其他未列名机器及机械器具(具有独立功能的)	0	30	17	17	台	A
84799010	---船舶用舵机及陀螺稳定器用						
8479901000	船舶用舵机及陀螺稳定器零件	0	14	17	17	千克	
84799020	---空气增湿器及减湿器用						
8479902000	空气增湿器及减湿器零件	0	70	17	17	千克	
84799090	---其他						
8479909010	绕线机的精密芯轴(专用于编号8479899060绕线机的精密芯轴)	0	20	17	15	千克	3
8479909090	品目84.79所列机器的其他零件	0	20	17	15	千克	
8480	**金属铸造用型箱;型模底板;阳模;金属用型模(锭模除外)、硬质合金、玻璃、矿物材料、橡胶或塑料用型模**						
84801000	-金属铸造用型箱						
8480100000	金属铸造用型箱	10	20	17	17	千克	
84802000	-型模底板						
8480200000	型模底板	8	20	17	17	千克	
84803000	-阳模						
8480300000	阳模	10	20	17	17	千克	
84804110	---压铸模						
8480411000	压铸模(金属,硬质合金用)	8	20	17	17	千克	
84804120	---粉末冶金用压模						
8480412000	粉末冶金用压模	8	20	17	17	千克	
84804190	---其他						
8480419000	其他金属、硬质合金用注模或压模	8	20	17	17	千克	
84804900	--其他						
8480490000	其他金属、硬质合金用其他型模(注模或压模除外)	8	20	17	17	千克	
84805000	-玻璃用型模						
8480500000	玻璃用型模	8.4	20	17	17	套/千克	
84806000	-矿物材料用型模						

商品编号	商品名称及备注	进口关税税率(%)		增值税率(%)	出口退税率(%)	计量单位	监管条件
		最惠国	普通				
8480600000	矿物材料用型模	8.4	20	17	17	套/千克	
84807110	---硫化轮胎用囊式型模						
8480711000	硫化轮胎用囊式型模(注模或压模)	0	20	17	17	套/千克	
84807190	---其他						
8480719010	用于光盘生产的专用模具(注模或压模)	0	20	17	17	套/千克	
8480719090	其他塑料或橡胶用注模或压模	0	20	17	17	套/千克	
84807900	--其他						
8480790010	农用双壁波纹管生产线用其他模具	5	20	17	17	套/千克	
8480790090	塑料或橡胶用其他型模	5	20	17	17	套/千克	
8481	**用于管道、锅炉、罐、桶或类似品的龙头、旋塞、阀门及类似装置,包括减压阀及恒温控制阀**						
84811000	-减压阀						
8481100001[暂2]	喷灌设备用减压阀(用于管道、锅炉、罐、桶或类似品的)	5	30	17	15	套/千克	
8481100090	其他减压阀(用于管道、锅炉、罐、桶或类似品的)	5	30	17	15	套/千克	
84812010	---油压的						
8481201000	油压传动阀(用于管道、锅炉、罐、桶或类似品的)	5	30	17	15	套/千克	
84812020	---气压的						
8481202000	气压传动阀(用于管道、锅炉、罐、桶或类似品的)	5	30	17	15	套/千克	
84813000	-止回阀						
8481300000	止回阀(用于管道、锅炉、罐、桶或类似品的)	5	30	17	15	套/千克	
84814000	-安全阀或溢流阀						
8481400000	安全阀或溢流阀(用于管道、锅炉、罐、桶或类似品的)	5	30	17	15	套/千克	
84818021	----电磁式						
8481802110	两用物项管制的电磁式换向阀	7	30	17	15	套/千克	3
8481802190	其他电磁式换向阀(用于管道、锅炉、罐、桶或类似品的)	7	30	17	15	套/千克	
84818029	----其他						
8481802910	两用物项管制的其他换向阀	7	30	17	15	套/千克	3
8481802990	其他换向阀(用于管道、锅炉、罐、桶或类似品的)	7	30	17	15	套/千克	
84818031	----电子膨胀阀						
8481803110	两用物项管制的电子膨胀流量阀	7	30	17	15	套/千克	3
8481803190	其他电子膨胀流量阀(用于管道、锅炉、罐、桶或类似品的)	7	30	17	15	套/千克	
84818039	----其他						
8481803910	两用物项管制的其他流量阀	7	30	17	15	套/千克	3
8481803990	其他流量阀(用于管道、锅炉、罐、桶或类似品的)	7	30	17	15	套/千克	
84818040	---其他阀门						
8481804010[暂5]	两用物项管制的其他阀门	7	30	17	15	套/千克	3
8481804090[暂5]	其他阀门(用于管道、锅炉、罐、桶或类似品的)	7	30	17	15	套/千克	
84818090	---其他						
8481809000	未列名龙头、旋塞及类似装置(用于管道、锅炉、罐、桶或类似品的)	5	50	17	15	套/千克	
84819010	---阀门用						
8481901000[暂4]	阀门用零件(用于管道、锅炉、罐、桶或类似品的)	8	30	17	15	千克	
84819090	---其他						
8481909000	龙头,旋塞及类似装置的零件(用于管道、锅炉、罐、桶或类似品的)	8	50	17	15	千克	
8482	**滚动轴承**						
84821010	---调心球轴承						
8482101000	调心球轴承(滚珠轴承)	8	20	17	15	套	

商品编号	商品名称及备注	进口关税税率(%)		增值税率(%)	出口退税率(%)	计量单位	监管条件
		最惠国	普通				
84821020	---深沟球轴承						
8482102000	深沟球轴承(滚珠轴承)	8	20	17	15	套	
84821030	---角接触轴承						
8482103000	角接触轴承(滚珠轴承)	8	20	17	15	套	
84821040	---推力球轴承						
8482104010[暂1]	飞机发动机用外径30厘米的推力球轴承(滚珠轴承)	8	20	17	15	套	
8482104090	其他推力球轴承(滚珠轴承)	8	20	17	15	套	
84821090	---其他						
8482109000	其他滚珠轴承	8	20	17	15	套	
84822000	-锥形滚子轴承,包括锥形滚子组件						
8482200000	锥形滚子轴承(包括锥形滚子组件)	8	20	17	15	套	
84823000	-鼓形滚子轴承						
8482300000[暂6]	鼓形滚子轴承	8	20	17	15	套	
84824000	-滚针轴承						
8482400000[暂6]	滚针轴承	8	20	17	15	套	
84825000	-其他圆柱形滚子轴承						
8482500010[暂4]	三环、二环偏心滚动轴承	8	20	17	15	套	
8482500090	其他圆柱形滚子轴承	8	20	17	15	套	
84828000	-其他,包括球、柱混合轴承						
8482800000	其他滚动轴承及球、柱混合轴承	8	20	17	15	套	
84829100	--滚珠、滚针及滚柱						
8482910000[暂6]	滚珠、滚针及滚柱	8	20	17	15	千克	
84829900	--其他						
8482990000[暂3]	滚动轴承的其他零件	6	20	17	15	千克	
8483	**传动轴(包括凸轮轴及曲柄轴)及曲柄;轴承座及滑动轴承;齿轮及齿轮传动装置;滚珠或滚子螺杆传动装置;齿轮箱及其他变速装置,包括扭矩变换器;飞轮及滑轮,包括滑轮组;离合器及联轴器(包括万向节)**						
84831011	-----柴油机曲轴						
8483101100	船舶用柴油机曲轴	6	14	17	17	个	
84831019	-----其他						
8483101900	其他船舶用传动轴	6	14	17	17	个	
84831090	---其他						
8483109000	其他传动轴及曲柄(包括凸轮轴及曲柄轴)	6	30	17	17	个	
84832000	-装有滚珠或滚子轴承的轴承座						
8483200000	装有滚珠或滚子轴承的轴承座	6	30	17	15	个	
84833000	-未装有滚珠或滚子轴承的轴承座;滑动轴承						
8483300010[暂4]	磁悬浮轴承(轴承组合件,由悬浮在充满阻尼介质的环形磁铁组成)	6	30	17	15	个	3
8483300020[暂4]	轴承/阻尼器(安装在阻尼器上的具有枢轴、盖的轴承)	6	30	17	15	个	3
8483300090[暂4]	其他未装有滚珠或滚子轴承的轴承座;其他滑动轴承	6	30	17	15	个	
84834010	---滚子螺杆传动装置						
8483401000	滚子螺杆传动装置	8	30	17	17	个	
84834020	---行星齿轮减速器						
8483402000	行星齿轮减速器	8	30	17	17	个	
84834090	---其他						
8483409000	其他传动装置及变速装置(指齿轮及齿轮传动装置,齿轮箱和扭矩变换器)	8	30	17	17	个	
84835000	-飞轮及滑轮,包括滑轮组						

商品编号	商品名称及备注	进口关税税率(%)		增值税率(%)	出口退税率(%)	计量单位	监管条件
		最惠国	普通				
8483500000	飞轮及滑轮(包括滑轮组)	8	30	17	15	个	
84836000	-离合器及联轴器(包括万向节)						
8483600001暂4	压力机用组合式湿式离合/制动器(离合扭矩为60~300KNM,制动扭矩为30~100KNM)	8	30	17	17	个	
8483600090	离合器及联轴器(包括万向节)	8	30	17	17	个	
84839000	-单独报验的带齿的轮、链轮及其他传动元件;零件						
8483900010暂4	车用凸轮轴相位调节器(汽车发动机用)	8	30	17	17	千克	
8483900090	品目84.83所列货品用其他零件(包括单独报验的带齿的轮、链轮及其他传动元件)	8	30	17	17	千克	
8484	**密封垫或类似接合衬垫,用金属片与其他材料制成或用双层或多层金属片制成;成套或各种不同材料的密封垫或类似接合衬垫,装于袋、套或类似包装内;机械密封件**						
84841000	-密封垫或类似接合衬垫,用金属片与其他材料制成或用双层或多层金属片制成						
8484100000暂5	密封垫或类似接合衬垫(用金属片与其他材料制成或用双层及多层金属片制成)	8	30	17	17	千克	
84842000	-机械密封件						
8484200010暂5	耐UF_6腐蚀的转动轴封(专门设计的真空密封装置,缓冲气体泄漏率1000立方厘米/分钟)	8	30	17	17	千克	3
8484200020暂5	转动轴封(专门设计的带有密封式进气口和出气口的转动轴封)	8	30	17	17	千克	3
8484200030暂5	MLIS用转动轴封(专门设计的带密封进气口和出气口的转动轴封)	8	30	17	15	千克	3
8484200090暂5	其他机械密封件	8	30	17	15	千克	
84849000	-其他						
8484900000暂5	其他材料制密封垫及类似接合衬垫(成套或各种不同材料制,装于袋、套或类似包装内)	8	30	17	15	千克	
8486	**专用于或主要用于制造半导体单晶柱或晶圆、半导体器件、集成电路或平板显示器的机器及装置;本章注释九(三)规定的机器及装置;零件及附件**						
84861010	---利用温度变化处理单晶硅的机器及装置						
8486101000	利用温度变化处理单晶硅的机器及装置(制造单晶柱或晶圆用的)	0	30	17	17	台	
84861020	---研磨设备						
8486102000	制造单晶柱或晶圆用的研磨设备	0	30	17	17	台	
84861030	---切割设备						
8486103000	制造单晶柱或晶圆用的切割设备	0	30	17	17	台	
84861040	---化学机械抛光设备(CMP)						
8486104000	制造单晶柱或晶圆用的化学机械抛光设备(CMP)	0	30	17	17	台	
84861090	---其他						
8486109000	其他制造单晶柱或晶圆用的机器及装置	0	30	17	17	台	
84862010	---氧化、扩散、退火及其他热处理设备						
8486201000	氧化、扩散、退火及其他热处理设备(制造半导体器件或集成电路用的)	0	30	17	17	台	
84862021	----化学气相沉积装置(CVD)						
8486202100	制造半导体器件或集成电路用化学气相沉积装置[化学气相沉积装置(CVD)]	0	30	17	17	台	
84862022	----物理气相沉积装置(PVD)						
8486202200	制造半导体器件或集成电路用物理气相沉积装置[物理气相沉积装置(PVD)]	0	30	17	17	台	
84862029	----其他						
8486202900	其他制造半导体器件或集成电路用薄膜沉积设备	0	30	17	17	台	
84862031	----分步重复光刻机(步进光刻机)						
8486203100	制造半导体器件或集成电路用分步重复光刻机(步进光刻机)	0	100	17	17	台	
84862039	----其他						
8486203900	其他将电路图投影或绘制到感光半导体材料上的装置(制造半导体器件或集成电路用的)	0	100	17	17	台	
84862041	----等离子体干法刻蚀机						
8486204100	制造半导体器件或集成电路用等离子体干法刻蚀机	0	30	17	17	台	

商品编号	商品名称及备注	进口关税税率(%)		增值税率(%)	出口退税率(%)	计量单位	监管条件
		最惠国	普通				
84862049	----其他						
8486204900	其他制造半导体器件或集成电路用刻蚀及剥离设备	0	30	17	17	台	
84862050	---离子注入机						
8486205000	制造半导体器件或集成电路用离子注入机	0	11	17	17	台	
84862090	---其他						
8486209000	其他制造半导体器件或集成电路用机器及装置	0	30	17	17	台	
84863010	---扩散、氧化、退火及其他热处理设备						
8486301000	制造平板显示器用扩散、氧化、退火及其他热处理设备	0	30	17	17	台	
84863021	----化学气相沉积设备(CVD)						
8486302100	制造平板显示器用化学气相沉积装置(CVD)	0	30	17	17	台	
84863022	----物理气相沉积设备(PVD)						
8486302200	制造平板显示器用物理气相沉积装置(PVD)	0	30	17	17	台	
84863029	----其他						
8486302900	其他制造平板显示器用薄膜沉积设备	0	30	17	17	台	
84863031	----分布重复光刻机						
8486303100	制造平板显示器用分步重复光刻机	0	100	17	17	台	
84863039	----其他						
8486303900	其他将电路图投影或绘制到感光半导体材料上的装置(制造平板显示器用的机器及装置)	0	100	17	17	台	
84863041	----超声波清洗装置						
8486304100暂5	制造平板显示器用超声波清洗装置	8.3/6.7*	30	17	17	台	
84863049	----其他						
8486304900	其他制造平板显示器用湿法蚀刻、显影、剥离、清洗装置	0	30	17	17	台	
84863090	---其他						
8486309000	其他制造平板显示器用的机器及装置	0	30	17	17	台	
84864010	---主要用于或专用于制作和修复掩膜版(mask)或投影掩膜版(reticle)的装置						
8486401000	主要用于或专用于制作和修复掩膜版或投影掩膜版的装置[掩膜版(mask),投影掩膜版(reticle)]	0	70	17	17	台	
84864021	----塑封机						
8486402100	塑封机(主要用于或专用于装配与封装半导体器件和集成电路的设备)	4.2/3.3*	30	17	17	台	
84864022	----引线键合装置						
8486402210暂6	全自动铝丝焊接机(主要用于或专用于装配与封装半导体器件和集成电路的设备)	6.7/5.3*	30	17	17	台	
8486402220暂6	全自动铜丝焊接机(主要用于或专用于装配与封装半导体器件和集成电路的设备)	6.7/5.3*	30	17	17	台	
8486402230暂6	全自动金丝焊接机(主要用于或专用于装配与封装半导体器件和集成电路的设备)	6.7/5.3*	30	17	17	台	
8486402290	其他引线键合装置(主要用于或专用于装配与封装半导体器件和集成电路的设备)	6.7/5.3*	30	17	17	台	
84864029	----其他						
8486402900	其他主要或专用于装配封装半导体器件和集成电路的设备	0	17	17	17	台	
84864031	----集成电路工厂专用的自动搬运机器人						
8486403100	集成电路工厂专用的自动搬运机器人	0	20	17	17	台	
84864039	----其他						
8486403900	其他用于升降、装卸、搬运集成电路等的设备(升降、装卸、搬运单晶柱、晶圆、半导体器件、集成电路和平板显示器的装置)	4.2/3.3*	30	17	17	台	
84869010	---升降、搬运、装卸机器用(自动搬运设备用除外)						
8486901000	升降、搬运、装卸机器用零件或附件(编号848640项下商品用,但自动搬运设备用除外)	3.8/2.5*	30	17	17	千克	

* 最惠国税率中,"/"左边的税率截止日期为2017年6月30日,"/"右边的税率截止日期为2999年12月31日。

商品编号	商品名称及备注	进口关税税率(%)		增值税率(%)	出口退税率(%)	计量单位	监管条件
		最惠国	普通				
84869020	---引线键合装置用						
8486902000	引线键合装置用零件或附件(编号848640项下商品用)	4.5/3*	30	17	17	千克	
84869091	----带背板的溅射靶材组件						
8486909100	带背板的溅射靶材组件	0	17	17	17	千克	
84869099	----其他						
8486909900	其他品目84.86项下商品用零件和附件	0	17	17	17	千克	
8487	**本章其他税号未列名的机器零件,不具有电气接插件、绝缘体、线圈、触点或其他电气器材特征的**						
84871000	-船用推进器及桨叶						
8487100000	船用推进器及桨叶	6	14	17	17	千克	
84879000	-其他						
8487900000	本章其他编号未列名的机器零件(不具有电气接插件、绝缘体、线圈或其他电气器材特征的)	8	30	17	15	千克	

* 最惠国税率中,"/"左边的税率截止日期为2017年6月30日,"/"右边的税率截止日期为2999年12月31日。

第八十五章　电机、电气设备及其零件；录音机及放声机、电视图像、声音的录制和重放设备及其零件、附件

注释：

一、本章不包括：

（一）电暖的毯子、褥子、足套及类似品，电暖的衣服、靴、鞋、耳套或其他供人穿戴的电暖物品；

（二）品目70.11的玻璃制品；

（三）品目84.86的机器及装置；

（四）用于医疗、外科、牙科或兽医的真空设备（品目90.18）；或

（五）第九十四章的电热家具。

二、品目85.01至85.04不适用于品目85.11、85.12、85.40、85.41或85.42的货品，但金属槽汞弧整流器仍归入品目85.04。

三、品目85.07所称"蓄电池"，包括与其一同报验的辅助元件，这些辅助元件具有储电、供电功能，或保护蓄电池免遭损坏，例如，电路连接器、温控装置（例如，热敏电阻）及电路保护装置，也可包括蓄电池的部分保护外壳。

四、品目85.09仅包括通常供家用的下列电动机械器具：

（一）任何重量的地板打蜡机、食品研磨机及食品搅拌器和水果或蔬菜的榨汁机；

（二）重量不超过20千克的其他机器。

但该品目不适用于风机、风扇或装有风扇的通风罩及循环气罩（不论是否装有过滤器，品目84.14）、离心干衣机（品目84.21）、洗碟机（品目84.22）、家用洗衣机（品目84.50）、滚筒式或其他形式的熨烫机器（品目84.20或84.51）、缝纫机（品目84.52）、电剪子（品目84.67）或电热器具（品目85.16）。

五、品目85.23所称：

（一）"固态、非易失性存储器件"（例如，"闪存卡"或"电子闪存卡"）是指带有接口的存储器件，其在同一壳体内包含一块或多块闪存（FLASH E^2 PROM），以集成电路的形式装配在一块印刷电路板上。它们可以包括一个集成电路形式的控制器及分立无源元件，例如，电容器及电阻器。

（二）所称"智能卡"，是指装有一块或多块集成电路［微处理器、随机存取存储器（RAM）或只读存储器（ROM）］芯片的卡。这些卡可带有触点、磁条或嵌入式天线，但不包含任何其他有源或无源电路元件。

六、品目85.34所称"印刷电路"，是指采用各种印制方法（例如，压印、覆镀、腐蚀）或采用"膜电路"工艺，将导线、接点或其他印制元件（例如，电感器、电阻器、电容器）按预定的图形单独或互相连接地印制在绝缘基片上的电路，但能够产生、整流、调制或放大电信号的元件（例如，半导体元件）除外。

所称"印刷电路"，不包括装有非印制元件的电路，也不包括单个的分立式电阻器、电容器及电感器，但印刷电路可配有非经印刷的连接元件。

用同样工艺制得的无源元件及有源元件组成的薄膜电路或厚膜电路应归入品目85.42。

七、品目85.36所称"光导纤维、光导纤维束或光缆用连接器"，是指在有线数字通讯设备中，简单机械地把光纤端部相连成一线的连接器。它们不具备诸如对信号进行放大、再生或修正等其他功能。

八、品目85.37不包括电视接收机或其他电气设备用的无绳红外遥控器（品目85.43）。

九、品目85.41及85.42所称：

（一）"二极管、晶体管及类似的半导体器件"，是指那些依靠外加电场引起电阻率的变化而进行工作的半导体器件。

（二）"集成电路"，是指：

1. 单片集成电路，即电路元件（二极管、晶体管、电阻器、电容器、电感器等）主要整体制作在一片半导体材料或化合物半导体材料（例如，掺杂硅、砷化镓、硅锗或磷化铟）基片的表面，并不可分割地连接在一起的电路。

2. 混合集成电路，即通过薄膜或厚膜工艺制得的无源元件（电阻器、电容器、电感器等）和通过半导体工艺制得的有源元件（二极管、晶体管、单片集成电路等）用互连或连接线不可分割地组合在同一绝缘基片（玻璃、陶瓷等）上的电路。这种电路也可包括分立元件。

3. 多芯片集成电路是由两个或多个单片集成电路不可分割地组合在一片或多片绝缘基片上构成的电路，不论是否带有引线框架，但不带有其他有源或无源的电路元件。

本注释所述物品在归类时，即使本协调制度其他品目涉及上述物品，尤其是物品的功能，仍应优先考虑归入品目85.41及85.42。

4.多元件集成电路（MCOs）：由一个或多个单片、混合或多芯片集成电路及下列至少一个元件组成：硅基传感器、执行器、振荡器、谐振器或其组件所构成的组合体，或者具有品目85.32、85.33、85.41所列商品功能的元件，或品目85.04的电感器。其像集成电路一样实际上不可分割地组合成一体，作为一种元件，通过引脚、引线、焊球、底面触点、凸点或导电压点进行连接，组装到印刷电路板（PCB）或其他载体上。

在本定义中：

（1）"元件"可以是分立的，独立制造后组装到多元件（MCO）的其余部分上，或者集成到其他元件内。

（2）"硅基"是指在硅基片上制造，或由硅材料制造而成，或者制造在集成电路裸片上。

②硅基执行器是由在半导体材料内部或表面制作的微电子或机械结构组成，具有将电信号转换成物理运动的功能。

③硅基谐振器是由在半导体材料内部或表面制作的微电子或机械结构组成，具有按预先设定的频率产生机械或电振荡的功能，频率取决于响应外部输入的结构的物理参数。

④硅基振荡器是有缘器件，由在半导体材料内部或表面制作的微电子或机械结构组成，具有按预先设定的频率产生机械或电振荡的功能，频率取决于这些结构的物理参数。

十、品目85.48所称"废原电池、废原电池组及废蓄电池"，是指因破损、拆解、耗尽或其他原因而不能再使用或充电的上述电池。

子目注释：

子目8527.12仅包括有内置放大器的盒式磁带放声机但无内置扬声器的盒式磁带放声机，它不需外接电源即能工作，且外形尺寸不超过170毫米×100毫米×45毫米。

商品编号	商品名称及备注	进口关税税率(%)		增值税率(%)	出口退税率(%)	计量单位	监管条件
		最惠国	普通				
8501	**电动机及发电机(不包括发电机组)**						
85011010	---玩具用						
8501101000	输出功率≤37.5瓦玩具电动机	24.5	80	17	17	台	
85011091	----微电机,机座尺寸在20毫米及以上,但不超过39毫米						
8501109101暂5	激光视盘机机芯精密微型电机(1瓦≤功率≤18瓦,20毫米≤直径≤30毫米)	9	70	17	17	台	
8501109102暂5	摄像机、摄录一体机用精密微型电机(0.5瓦≤功率≤10瓦,20毫米≤直径≤39毫米)	9	70	17	17	台	
8501109190	其他机座最大尺寸在20毫米至39毫米微电机(输出功率≤37.5瓦)	9	70	17	17	台	
85011099	----其他						
8501109901暂5	功率≤0.5瓦非用于激光视盘机机芯的微型电机(圆柱形直径≤6毫米,高≤25毫米;扁圆型直径≤15毫米,厚度≤5毫米)	9	35	17	17	台	
8501109902暂5	激光视盘机机芯用精密微型电机(0.5瓦≤功率≤2瓦,5毫米≤直径<20毫米)	9	35	17	17	台	
8501109903暂5	摄像机、摄录一体机用精密微型电机(0.5瓦≤功率≤10瓦,5毫米≤直径<20毫米或39毫米<直径≤40毫米)	9	35	17	17	台	
8501109990	其他微电机(输出功率≤37.5瓦)	9	35	17	17	台	
85012000	-交直流两用电动机,输出功率>37.5瓦						
8501200000	输出功率>37.5瓦的交直流两用电动机	12	35	17	17	台	
85013100	--输出功率≤750瓦						
8501310000	其他输出功率≤750瓦的直流电动机、发电机	12	35	17	17	台	
85013200	--750瓦<输出功率≤75千瓦						
8501320000	750瓦<输出功率≤75千瓦的直流电动机、发电机	10	35	17	17	台	
85013300	--75千瓦<输出功率≤375千瓦						
8501330000	75千瓦<输出功率≤375千瓦的直流电动机,发电机	5	35	17	17	台	
85013400	--输出功率>375千瓦						
8501340000	输出功率>375千瓦的直流电动机、发电机	12	35	17	17	台	
85014000	-其他单相交流电动机						
8501400000	单相交流电动机	12	35	17	17	台	
85015100	--输出功率≤750瓦						
8501510010	发电机(功率≥40瓦特,频率600~2000赫兹,谐波畸变<10%等)	5	35	17	17	台	3
8501510090	其他输出功率≤750瓦多相交流电动机	5	35	17	17	台	
85015200	--750瓦<输出功率≤75千瓦						
8501520000	750瓦<输出功率≤75千瓦的多相交流电动机	10	35	17	17	台	
85015300	--输出功率>75千瓦						
8501530010暂3	高速(200千米/时及以上)电力机车的交流异步牵引电动机	12	35	17	17	台	
8501530090	其他功率>75千瓦多相交流电动机	12	35	17	17	台	
85016100	--输出功率≤75千伏安						
8501610000	输出功率≤75千伏安交流发电机	5	30	17	17	台/千瓦	
85016200	--75千伏安<输出功率≤375千伏安						
8501620000	75千伏安<输出功率≤375千伏安交流发电机	12	30	17	17	台/千瓦	
85016300	--375千伏安<输出功率≤750千伏安						
8501630000	375千伏安<输出功率≤750千伏安交流发电机	12	30	17	17	台/千瓦	
85016410	---750千伏安<输出功率≤350兆伏安						
8501641010暂5	由使用可再生燃料锅炉和涡轮机组驱动的交流发电机,750千伏安<输出功率≤350兆伏安	10	30	17	17	台/千瓦	O
8501641090	其他750千伏安<输出功率≤350兆伏安的交流发电机	10	30	17	17	台/千瓦	O
85016420	---350兆伏安<输出功率≤665兆伏安						

商品编号	商品名称及备注	进口关税税率(%)		增值税率(%)	出口退税率(%)	计量单位	监管条件
		最惠国	普通				
8501642010暂5	由使用可再生燃料锅炉和涡轮机组驱动的交流发电机,350兆伏安<输出功率≤665兆伏安	5.8	14	17	17	台/千瓦	0
8501642090	其他350兆伏安<输出功率≤665兆伏安交流发电机	5.8	14	17	17	台/千瓦	0
85016430	---输出功率>665兆伏安						
8501643010暂5	由使用可再生燃料锅炉和涡轮机组驱动的交流发电机,输出功率>665兆伏安	6	11	17	17	台/千瓦	0
8501643090	其他输出功率>665兆伏安交流发电机	6	11	17	17	台/千瓦	0
8502	**发电机组及旋转式变流机**						
85021100	--输出功率≤75千伏安						
8502110000	输出功率≤75千伏安柴油发电机组(包括半柴油发电机组)	10	45	17	17	台/千瓦	
85021200	--75千伏安<输出功率≤375千伏安						
8502120000	75千伏安<输出功率≤375千伏安柴油发电机组(包括半柴油发电机组)	10	45	17	17	台/千瓦	0
85021310	---375千伏安<输出功率≤2兆伏安						
8502131000	375千伏安<输出功率≤2兆伏安柴油发电机组(包括半柴油发电机组)	10	45	17	17	台/千瓦	0
85021320	---输出功率>2兆伏安						
8502132000	输出功率>2兆伏安柴油发电机组(包括半柴油发电机组)	10	30	17	17	台/千瓦	0
85022000	-装有点燃式活塞内燃发动机的发电机组						
8502200000	装有点燃式活塞发动机的发电机组(内燃的)	10	45	17	17	台/千瓦	
85023100	--风力驱动的						
8502310000暂5	风力发电设备	8	30	17	17	台/千瓦	
85023900	--其他						
8502390010暂5	依靠可再生能源(太阳能、小水电、潮汐、沼气、地热能、生物质/余热驱动的汽轮机)生产电力的发电机组	10	30	17	17	台/千瓦	
8502390090	其他发电机组(风力驱动除外)	10	30	17	17	台/千瓦	
85024000	-旋转式变流机						
8502400000	旋转式变流机	10	30	17	17	台	
8503	**专用于或主要用于品目85.01或85.02所列机器的零件**						
85030010	---编号85011010及85011091所列电动机用						
8503001000	玩具用电动机等微电动机零件(编号85011010及85011091所列电动机零件)	12	70	17	17	千克	
85030020	---编号85016420及85016430所列发电机用						
8503002000	输出功率>350兆伏安交流发电机零件(编号85016420及85016430所列发电机零件)	3	11	17	17	千克	
85030030	---编号85023100所列发电机组用						
8503003000暂1	风力发电设备的零件(编号85023100所列发电机组零件)	3	30	17	17	千克	
85030090	---其他						
8503009010	电动机定子(用于真空中频率600~2000赫兹、功率50~1000伏安条件下)	8	30	17	17	千克	3
8503009020暂5	由使用可再生燃料锅炉和涡轮机组驱动的输出功率超过750千伏安且不超过350兆伏安的交流发电机的零件	8	30	17	17	千克	
8503009030暂5	靠可再生能源(太阳能、小水电、潮汐、沼气、地热能、生物质/余热驱动的汽轮机)生产电力发电机组的零件	8	30	17	17	千克	
8503009090	其他电动机、发电机(组)零件	8	30	17	17	千克	
8504	**变压器、静止式变流器(例如,整流器)及电感器**						
85041010	---电子镇流器						
8504101000	电子镇流器	10	35	17	17	个	
85041090	---其他						
8504109000	其他放电灯或放电管用镇流器	10	35	17	17	个	
85042100	--额定容量≤650千伏安						
8504210000	额定容量≤650千伏安液体介质变压器	10.5	50	17	17	个	

商品编号	商品名称及备注	进口关税税率(%)		增值税率(%)	出口退税率(%)	计量单位	监管条件
		最惠国	普通				
85042200	--650千伏安<额定容量≤10兆伏安						
8504220000	650千伏安<额定电压≤10兆伏安液体介质变压器	12.6	50	17	17	个	
85042311	----10兆伏安<额定容量<220兆伏安						
8504231100	10兆伏安<额定容量<220兆伏安液体变压器	10	50	17	17	个	
85042312	----220兆伏安≤额定容量<330兆伏安						
8504231200	220兆伏安≤额定容量<330兆伏安液体变压器	10	50	17	17	个	
85042313	----330兆伏安≤额定容量<400兆伏安						
8504231300	330兆伏安≤额定容量<400兆伏安液体变压器	10	50	17	17	个	
85042321	----400兆伏安≤额定容量<500兆伏安						
8504232100	400兆伏安≤额定容量<500兆伏安液体变压器	6	11	17	17	个	
85042329	----其他						
8504232900	额定容量≥500兆伏安液体变压器	6	11	17	17	个	
85043110	---互感器						
8504311000	额定容量≤1千伏安的互感器	5	50	17	17	个	
85043190	---其他						
8504319000	额定容量≤1千伏安的其他变压器	5	50	17	17	个	
85043210	---互感器						
8504321000	1千伏安<额定容量≤16千伏安的互感器	5	50	17	17	个	
85043290	---其他						
8504329000	1千伏安<额定容量≤16千伏安的其他变压器	5	50	17	17	个	
85043310	---互感器						
8504331000	16千伏安<额定容量≤500千伏安互感器	5	50	17	17	个/千克	
85043390	---其他						
8504339000	16千伏安<额定容量≤500千伏安其他变压器	5	50	17	17	个/千克	
85043410	---互感器						
8504341000	额定容量>500千伏安的互感器	14	50	17	17	个/千克	
85043490	---其他						
8504349000	额定容量>500千伏安的其他变压器	14	50	17	17	个/千克	
85044013	----品目84.71所列机器用						
8504401300	品目84.71所列机器用的稳压电源	0	40	17	17	个	A
85044014	----其他直流稳压电源，功率<1千瓦，精度低于万分之一						
8504401400暂3	功率<1千瓦直流稳压电源(稳压系数<0.01%，品目84.71所列机器用除外)	5.8/4.7*	80	17	17	个	
85044015	----其他交流稳压电源，功率<10千瓦，精度低于千分之一						
8504401500	功率<10千瓦其他交流稳压电源(精度<0.1%)	0	80	17	17	个	
85044019	----其他						
8504401910	同位素电磁分离器离子源磁体电源(高功率直流型)	0	50	17	17	个	3
8504401920	直流高功率电源(能8小时连续产生100伏，500安电流，稳定度>0.1%)	0	50	17	17	个	3
8504401930	高压直流电源(能8小时连续产生20千伏，1安电流，稳定度>0.2%)	0	50	17	17	个	3
8504401940	同位素电磁分离器离子源高压电源	0	50	17	17	个	3
8504401990	其他稳压电源	0	50	17	17	个	
85044020	---不间断供电电源						
8504402000	不间断供电电源(UPS)	8.3/6.7*	50	17	17	台	
85044030	---逆变器						
8504403010	两用物项管制的逆变器(功率≥40瓦特，频率600~2000赫兹，谐波畸变<10%等)	8.3/6.7*	30	17	17	个	3

* 最惠国税率中，"/"左边的税率截止日期为2017年6月30日，"/"右边的税率截止日期为2999年12月31日。

商品编号	商品名称及备注	进口关税税率(%)		增值税率(%)	出口退税率(%)	计量单位	监管条件
		最惠国	普通				
8504403020[暂6]	纯电动或混合动力汽车用逆变器模块,功率密度≥8千瓦/升	8.3/6.7*	30	17	17	个	
8504403090	其他逆变器	8.3/6.7*	30	17	17	个	
85044091	----具有变流功能的半导体模块						
8504409110	具有变流功能的半导体模块(自动数据处理设备机器及组件、电讯设备用的)	0	30	17	17	个	
8504409190[暂5]	其他具有变流功能的半导体模块	8.3/6.7*	30	17	17	个	
85044099	----其他						
8504409910	静止式变流器(自动数据处理设备机器及组件、电讯设备用)	0	30	17	17	个	
8504409920	ITA产品用的印刷电路组件(包括外接组件,如符合PCMCIA标准的卡)	0	30	17	17	个	
8504409930	专用于编号8503009010电动机定子的频率变换器[多相输出≥600赫兹,高稳定性(频率控制>0.2%)]	8.3/6.7*	30	17	17	个	3
8504409940	两用物项管制的频率变换器(功率≥40瓦特,频率600~2000赫兹,谐波畸变<10%等)	8.3/6.7*	30	17	17	个	3
8504409950	电源(真空或受控环境感应炉用电源,额定输出功率≥5千瓦)	8.3/6.7*	30	17	17	个	3
8504409960	模块式电脉冲发生器(在15毫秒内输出电流>100安,密封在防尘罩内,温宽范围大)	8.3/6.7*	30	17	17	个	3
8504409970[暂3]	高速电力机车的牵引变流器[用于(200千米/时)电力机车]	8.3/6.7*	30	17	17	个	
8504409980[暂5]	汽车冲压线用压力机变频调速装置	8.3/6.7*	30	17	17	个	
8504409991[暂4]	纯电动汽车及混合动力汽车用电机控制器	8.3/6.7*	30	17	17	个	
8504409992[暂6]	纯电动汽车或插电式混合动力汽车用车载充电机	8.3/6.7*	30	17	17	个	
8504409999	其他未列名静止式变流器	8.3/6.7*	30	17	17	个	
85045000	-其他电感器						
8504500000	其他电感器	0	35	17	17	个	
85049011	----编号85042321、85042329所列变压器用						
8504901100	额定容量>400兆伏安液体介质变压器零件	4.2/3.3*	11	17	17	千克	
85049019	----其他						
8504901900	其他变压器零件	6.7/5.3*	50	17	17	千克	
85049020	---稳压电源及不间断供电电源用						
8504902000	稳压电源及不间断供电电源零件	6.7/5.3*	50	17	17	千克	
85049090	---其他						
8504909010[暂5]	用于将可再生能源发电机组输出的直流电转换成交流电的逆变器的零件	6.7/5.3*	30	17	17	千克	
8504909090	其他静止式变流器及电感器零件	6.7/5.3*	30	17	17	千克	
8505	**电磁铁;永磁铁及磁化后准备制永磁铁的物品;电磁铁或永磁铁卡盘、夹具及类似的工件夹具;电磁联轴节、离合器及制动器;电磁起重吸盘**						
85051110	---稀土的						
8505111000	稀土永磁铁及稀土永磁体	7	20	17	17	千克	
85051190	---其他						
8505119000	其他金属的永磁铁及永磁体	7	20	17	17	千克	
85051900	--其他						
8505190010	磁极块(直径>2米,用在同位素电磁分离器内)	7	20	17	17	千克	3
8505190090	其他非金属的永磁铁及永磁体	7	20	17	17	千克	
85052000	-电磁联轴节、离合器及制动器						
8505200000	电磁联轴节、离合器及制动器	8	20	17	17	千克	
85059010	---电磁起重吸盘						
8505901000	电磁起重吸盘	8	20	17	17	个/千克	
85059090	---其他						
8505909010	超导螺线电磁体(产生超过2个泰斯拉磁场,长径比≥2,内径≥300毫米等)	8	20	17	17	个/千克	3

* 最惠国税率中,"/"左边的税率截止日期为2017年6月30日,"/"右边的税率截止日期为2999年12月31日。

商品编号	商 品 名 称 及 备 注	进口关税税率(%)		增值税率(%)	出口退税率(%)	计量单位	监管条件
		最惠国	普通				
8505909020	专门或主要用于核磁共振成像装置的电磁体,但品目90.18所列其他电磁铁除外	6/4*	20	17	17	个/千克	
8505909090	其他电磁铁;电磁铁或永磁铁卡盘、夹具及类似的工件夹具;品目85.05的零件	8	20	17	17	个/千克	
8506	**原电池及原电池组**						
85061011	----扣式						
8506101110	扣式无汞碱性锌锰的原电池及原电池组(汞含量<电池重量的0.0005%)	20	80	17	15	个	A
8506101190	扣式含汞碱性锌锰的原电池及原电池组(汞含量≥电池重量的0.0005%)	20	80	17	0	个	A
85061012	----圆柱形						
8506101210	圆柱形无汞碱性锌锰的原电池及原电池组(汞含量<电池重量的0.0001%)	20	80	17	15	个	A
8506101290	圆柱形含汞碱性锌锰的原电池及原电池组(汞含量≥电池重量的0.0001%)	20	80	17	0	个	A
85061019	----其他						
8506101910	其他无汞碱性锌锰的原电池及原电池组(汞含量<电池重量的0.0001%)	20	80	17	15	个	A
8506101990	其他含汞碱性锌锰的原电池及原电池组(汞含量≥电池重量的0.0001%)	20	80	17	15	个	A
85061090	---其他						
8506109010	其他无汞二氧化锰的原电池及原电池组(汞含量<电池重量的0.0001%,扣式电池的汞含量<电池重量的0.0005%)	20	80	17	15	个	A
8506109090	其他含汞二氧化锰的原电池及原电池组(汞含量≥电池重量的0.0001%,扣式电池的汞含量≥电池重量的0.0005%)	20	80	17	15	个	A
85063000	-氧化汞的						
8506300000	氧化汞的原电池及原电池组	14	40	17	0	个	A
85064000	-氧化银的						
8506400010	氧化银的原电池及原电池组(无汞)(汞含量<电池重量的0.0001%,扣式电池的汞含量<电池重量的0.0005%)	14	40	17	15	个	A
8506400090	氧化银的原电池及原电池组(含汞)(汞含量≥电池重量的0.0001%,扣式电池的汞含量≥电池重量的0.0005%)	14	40	17	15	个	A
85065000	-锂的						
8506500000	锂的原电池及原电池组	14	40	17	15	个	A
85066000	-锌空气的						
8506600010	锌空气的原电池及原电池组(无汞)(汞含量<电池重量的0.0001%,扣式电池的汞含量<电池重量的0.0005%)	14	40	17	15	个	A
8506600090	锌空气的原电池及原电池组(含汞)(汞含量≥电池重量的0.0001%,扣式电池的汞含量≥电池重量的0.0005%)	14	40	17	15	个	A
85068000	-其他原电池及原电池组						
8506800011	无汞燃料电池(汞含量<电池重量的0.0001%,扣式电池的汞含量<电池重量的0.0005%)	14	40	17	15	个	A
8506800019	其他无汞原电池及原电池组(汞含量<电池重量的0.0001%,扣式电池的汞含量<电池重量的0.0005%)	14	40	17	15	个	A
8506800091	含汞燃料电池(汞含量≥电池重量的0.0001%,扣式电池的汞含量≥电池重量的0.0005%)	14	40	17	15	个	A
8506800099	其他含汞原电池及原电池组(汞含量≥电池重量的0.0001%,扣式电池的汞含量≥电池重量的0.0005%)	14	40	17	15	个	A
85069010	---编号850610所列电池用						
8506901000	二氧化锰原电池或原电池组的零件	14	80	17	15	千克	
85069090	---其他						
8506909000	其他原电池组或原电池组的零件	10	40	17	15	千克	

* 最惠国税率中,"/"左边的税率截止日期为2017年6月30日,"/"右边的税率截止日期为2999年12月31日。

商品编号	商品名称及备注	进口关税税率(%)		增值税率(%)	出口退税率(%)	计量单位	监管条件
		最惠国	普通				
8507	**蓄电池,包括隔板,不论是否矩形(包括正方形)**						
85071000	-铅酸蓄电池,用于启动活塞式发动机						
8507100000	启动活塞式发动机用铅酸蓄电池	10	90	17	0	个	A
85072000	-其他铅酸蓄电池						
8507200000	其他铅酸蓄电池(启动活塞式发动机用铅酸蓄电池除外)	10	90	17	0	个	A
85073000	-镍镉蓄电池						
8507300000	镍镉蓄电池	10	40	17	0	个	A
85074000	-镍铁蓄电池						
8507400000	镍铁蓄电池	12	40	17	15	个	A
85075000	-镍氢蓄电池						
8507500000	镍氢蓄电池	12	40	17	15	个	A
85076000	-锂离子蓄电池						
8507600010暂8	纯电动汽车或插电式混合动力汽车用锂离子蓄电池单体(容量≥10Ah,比能量≥110Wh/kg)	12	40	17	17	个	A
8507600020暂10	纯电动汽车或插电式混合动力汽车用锂离子蓄电池系统(包含蓄电池模块、容器、盖、冷却系统、管理系统等,比能量≥80Wh/kg)	12	40	17	17	个	A
8507600090	其他锂离子蓄电池	12	40	17	17	个	A
85078030	---全钒液流电池						
8507803000	全钒液流电池	12	40	17	15	个/千克	A
85078090	---其他						
8507809010	燃料电池	12	40	17	15	个/千克	A
8507809090	其他蓄电池	12	40	17	15	个/千克	A
85079010	---铅酸蓄电池用						
8507901001暂5	铅酸蓄电池电极	10	90	17	0	千克	
8507901090	其他铅酸蓄电池零件	10	90	17	0	千克	
85079090	---其他						
8507909000暂5	其他蓄电池零件	8	40	17	15	千克	
8508	**真空吸尘器**						
85081100	--功率≤1500瓦,且带有容积≤20升的集尘袋或其他集尘容器						
8508110000	电动的真空吸尘器(功率≤1500瓦,且带有容积≤20升的集尘袋或其他集尘容器)	10	130	17	17	台/千克	A
85081900	--其他						
8508190000	其他电动的真空吸尘器	0	30	17	17	台/千克	A
85086000	-其他真空吸尘器						
8508600000	其他真空吸尘器(非电动)	0	30	17	17	台/千克	A
85087010	---编号85081100所列吸尘器用						
8508701000	编号85081100所列吸尘器用零件	12	100	17	17	千克	
85087090	---其他						
8508709000	其他真空吸尘器零件	0	20	17	17	千克	
8509	**家用电动器具,品目85.08的真空吸尘器除外**						
85094010	---水果或蔬菜的榨汁机						
8509401000暂6	水果或蔬菜的榨汁机	10	100	17	17	台/千克	A
85094090	---其他						
8509409000暂6	食品研磨机、搅拌器	10	100	17	17	台/千克	A
85098010	---地板打蜡机						
8509801000	地板打蜡机	30	100	17	17	台/千克	
85098020	---厨房废物处理器						

商品编号	商品名称及备注	进口关税税率(%)		增值税率(%)	出口退税率(%)	计量单位	监管条件
		最惠国	普通				
8509802000	厨房废物处理器	20	100	17	17	台/千克	
85098090	---其他						
8509809000暂15	其他家用电动器具	30	100	17	17	台/千克	A
85099000	-零件						
8509900000暂6	家用电动器具的零件	12	100	17	17	千克	
8510	**电动剃须刀、电动毛发推剪及电动脱毛器**						
85101000	-剃须刀						
8510100000暂15	电动剃须刀	30	100	17	17	个	
85102000	-毛发推剪						
8510200000	电动毛发推剪	30	100	17	17	个	
85103000	-脱毛器						
8510300000	电动脱毛器	20	100	17	17	个	
85109000	-零件						
8510900000暂12	品目85.10所列货品的零件	24.5	100	17	17	千克	
8511	**点燃式或压燃式内燃发动机用的电点火及电启动装置(例如,点火磁电机、永磁直流发电机、点火线圈、火花塞、电热塞及启动电机);附属于上述内燃发动机的发电机(例如,直流发电机、交流发电机)及断流器**						
85111000	-火花塞						
8511100000	火花塞	10	30	17	17	个	
85112010	---机车、航空器及船舶用						
8511201000	点火磁电机,永磁直流发电机(包括磁飞轮,指机车、航空器及船舶用)	5	11	17	17	个	
85112090	---其他						
8511209000	其他点火磁电机、磁飞轮(包括永磁直流发电机)	10	30	17	17	个	
85113010	---机车、航空器及船舶用						
8511301000	分电器及点火线圈(指机车、航空器、船舶用)	5	11	17	17	个	
85113090	---其他						
8511309000	其他用途用分电器、点火线圈	8.4	30	17	17	个	
85114010	---机车、航空器及船舶用						
8511401000	启动电机及两用启动发电机(指机车,航空器,船舶用)	5	11	17	17	个	
85114091	----输出功率≥132.39千瓦(180马力)的发动机用启动电机						
8511409100	输出功率≥132.39千瓦启动电机(输出功率≥180马力的发动机用)	8.4	30	17	17	个	
85114099	----其他						
8511409900	其他用途的启动电机(包括两用启动发电机)	8.4	30	17	17	个	
85115010	---机车、航空器及船舶用						
8511501000	其他机车、航空器、船舶用发电机	5	11	17	17	个	
85115090	---其他						
8511509000	其他附属于内燃发动机的发电机	8.4	30	17	17	个	
85118000	-其他装置						
8511800000	发动机用电点火,启动的其他装置(指点燃式或压燃式内燃发动机用的)	8.4	30	17	17	个	
85119010	---本品目所列供机车、航空器及船舶用的各种装置零件						
8511901000	车船飞机用电点火,启动装置零件(指品目85.11所列供机车、航空器及船舶用各种装置的零件)	4.5	11	17	17	千克	
85119090	---其他						
8511909000	其他用电点火,电启动装置的零件(指品目85.11所列供其他用途的各种装置的零件)	5	30	17	17	千克	
8512	**自行车或机动车辆用的电气照明或信号装置(品目85.39的物品除外)、风挡刮水器、除霜器及去雾器**						

商品编号	商品名称及备注	进口关税税率(%)		增值税率(%)	出口退税率(%)	计量单位	监管条件
		最惠国	普通				
85121000	-自行车用照明或视觉信号装置						
8512100000	自行车用照明或视觉信号装置	10.5	45	17	17	个	
85122010	---机动车辆用照明装置						
8512201000	机动车辆用照明装置	10	45	17	17	个	
85122090	---其他						
8512209000	其他照明或视觉信号装置(包括机动车辆用视觉装置)	10	45	17	17	个	
85123011	----喇叭、蜂鸣器						
8512301100	机动车辆用喇叭、蜂鸣器	10	45	17	17	个	
85123012	----防盗报警器						
8512301200	机动车辆用防盗报警器	10	40	17	17	个	
85123019	----其他						
8512301900	机动车辆用其他音响信号装置	10	45	17	17	个	
85123090	---其他						
8512309000	其他车辆用电器音响信号装置	10	45	17	17	个	
85124000	-风挡刮水器、除霜器及去雾器						
8512400000	车辆风挡刮水器、除霜器及去雾器	10	45	17	17	个	
85129000	-零件						
8512900000	品目85.12所列装置的零件(指车辆等用照明装置、信号装置、风挡刮水器、除霜器等零件)	8	45	17	17	千克	
8513	**自供能源(例如,使用干电池、蓄电池、永磁发电机)的手提式电灯,但品目85.12的照明装置除外**						
85131010	---手电筒						
8513101000	手电筒	15	100	17	17	个	
85131090	---其他						
8513109000	其他自供能源手提式电灯(但品目85.12的照明装置除外)	17.5	70	17	17	个	
85139010	---编号85131010手电筒用						
8513901000	手电筒零件	14	100	17	17	千克	
85139090	---其他						
8513909000	其他自供能源手提式电灯零件	14	70	17	17	千克	
8514	**工业或实验室用电炉及电烘箱(包括通过感应或介质损耗工作的);工业或实验室用其他通过感应或介质损耗对材料进行热处理的设备**						
85141010	---可控气氛热处理炉						
8514101000	可控气氛热处理炉	0	30	17	17	台	
85141090	---其他						
8514109000	工业用其他电阻加热炉及烘箱(包括实验室用)	0	30	17	17	台	
85142000	-通过感应或介质损耗工作的炉及烘箱						
8514200010	真空感应炉或受控环境感应炉(工作温度>850℃,感应线圈直径≤600毫米,功率≥5千瓦)	0	30	17	17	台	3
8514200090	其他感应或介质损耗工作炉及烘箱(包括实验室用)	0	30	17	17	台	
85143000	-其他炉及烘箱						
8514300020	电弧重熔炉和铸造用炉(容量1000~20000立方厘米,使用自耗电极,工作温度>1700℃)	0	30	17	17	台	3
8514300030	电子束熔化炉(功率≥50千瓦,能在熔化温度>1200℃工作)	0	30	17	17	台	3
8514300040	等离子体雾化和熔化炉(功率≥50千瓦,能在熔化温度>1200℃工作)	0	30	17	17	台	3
8514300090	工业用其他电炉及电烘箱(包括实验室用)	0	30	17	17	台	
85144000	-其他通过感应或介质损耗对材料进行热处理的设备						
8514400001[暂7]	焊缝中频退火装置	10	30	17	17	台	

商品编号	商 品 名 称 及 备 注	进口关税税率(%)		增值税率(%)	出口退税率(%)	计量单位	监管条件
		最惠国	普通				
8514400090	其他感应或介质损耗的加热设备(包括实验室用)	10	30	17	17	台	
85149010	---炼钢电炉用						
8514901000	炼钢电炉用零件	8	30	17	17	千克	
85149090	---其他						
8514909000	工业用电阻加热炉及烘箱等零件(指品目85.14所列货品的零件)	0	30	17	17	千克	
8515	**电气(包括电热气体)、激光、其他光、光子束、超声波、电子束、磁脉冲或等离子弧焊接机器及装置,不论是否兼有切割功能;用于热喷金属或金属陶瓷的电气机器及装置**						
85151100	--烙铁及焊枪						
8515110000	钎焊机器及装置用烙铁及焊枪	10	30	17	17	个	
85151900	--其他						
8515190010	专门或主要用于印刷电路组件制造的其他波峰焊接机器	8.3/6.7*	30	17	17	台	
8515190090	其他钎焊机器及装置	10	30	17	17	台	
85152120	---机器人						
8515212001[暂5]	汽车生产线电阻焊接机器人	10	30	17	17	台	AO
8515212090	其他电阻焊接机器人	10	30	17	17	台	AO
85152191	----直缝焊管机						
8515219100	直缝焊管机(电阻焊接式,全自动或半自动的)	10	30	17	17	台	
85152199	----其他						
8515219900	其他电阻焊接机器(全自动或半自动的)	10	30	17	17	台	AO
85152900	--其他						
8515290000	其他电阻焊接机器及装置	10	30	17	17	台	A
85153120	---机器人						
8515312000	电弧(包括等离子弧)焊接机器人	10	30	17	17	台	AO
85153191	----螺旋焊管机						
8515319100	螺旋焊管机[电弧(包括等离子弧)焊接式,全自动或半自动的]	10	30	17	17	台	
85153199	----其他						
8515319900	其他电弧(包括等离子弧)焊接机及装置(全自动或半自动的)	10	30	17	17	台	AO
85153900	--其他						
8515390000	其他电弧(等离子弧)焊接机器及装置(非全自动或半自动的)	10	30	17	17	台	A
85158010	---激光焊接机器人						
8515801001[暂5]	汽车生产线激光焊接机器人	8	30	17	17	台	
8515801090	其他激光焊接机器人	8	30	17	17	台	
85158090	---其他						
8515809010	电子束、激光自动焊接机[将端塞焊接于燃料细棒(或棒)的自动焊接机]	8	30	17	17	台	3
8515809090	其他焊接机器及装置	8	30	17	17	台	
85159000	-零件						
8515900010[暂3]	专门或主要用于印刷电路组件制造的其他波峰焊接机器的零件	5/4*	30	17	17	千克	
8515900090[暂3]	其他电气等焊接机器及装置零件(包括激光、其他光、光子束、超声波、电子束磁脉冲等)	6	30	17	17	千克	
8516	**电热的快速热水器、储存式热水器、浸入式液体加热器;电气空间加热器及土壤加热器;电热的理发器具(例如,电吹风机、电卷发器、电热发钳)及干手器;电熨斗;其他家用电热器具;加热电阻器,但品目85.45的货品除外**						
85161010	---储存式电热水器						
8516101000	储存式电热水器	10	100	17	17	个	A
85161020	---即热式电热水器						

* 最惠国税率中,"/"左边的税率截止日期为2017年6月30日,"/"右边的税率截止日期为2999年12月31日。

商品编号	商品名称及备注	进口关税税率(%)		增值税率(%)	出口退税率(%)	计量单位	监管条件
		最惠国	普通				
8516102000	即热式电热水器	10	100	17	17	个	A
85161090	---其他						
8516109000	其他电热水器	10	100	17	17	个	A
85162100	--储存式散热器						
8516210000	电气储存式散热器	35	100	17	17	个	
85162910	---土壤加热器						
8516291000	电气土壤加热器	10	40	17	17	个	
85162920	---辐射式空间加热器						
8516292000	辐射式空间加热器	10	100	17	17	个	
85162931	----风扇式						
8516293100	风扇式对流空间加热器	10	100	17	17	个	
85162932	----充液式						
8516293200	充液式对流空间加热器	10	100	17	17	个	
85162939	----其他						
8516293900	其他对流式空间加热器	10	100	17	17	个	
85162990	---其他						
8516299000	电气空间加热器	10	100	17	17	个	
85163100	--吹风机						
8516310000	电吹风机	10	100	17	17	个	A
85163200	--其他理发器具						
8516320000	其他电热理发器具	35	100	17	17	个	A
85163300	--干手器						
8516330000	电热干手器	35	100	17	17	个	A
85164000	-电熨斗						
8516400000[暂17]	电熨斗	35	100	17	17	个	A
85165000	-微波炉						
8516500000[暂8]	微波炉	15	130	17	17	个	A
85166010	---电磁炉						
8516601000	电磁炉	15	130	17	17	个	A
85166030	---电饭锅						
8516603000[暂8]	电饭锅	15	130	17	17	个	A
85166040	---电炒锅						
8516604000	电炒锅	15	130	17	17	个	A
85166050	---电烤箱						
8516605000[暂8]	电烤箱	15	130	17	17	个	A
85166090	---其他						
8516609000[暂10]	其他电热炉(包括电热板、加热环、烧烤炉及烘烤器)	15	130	17	17	个	A
85167110	---滴液式咖啡机						
8516711000[暂16]	滴液式咖啡机	32	130	17	17	个	A
85167120	---蒸馏渗滤式咖啡机						
8516712000[暂16]	蒸馏渗滤式咖啡机	32	130	17	17	个	A
85167130	---泵压式咖啡机						
8516713000[暂16]	泵压式咖啡机	32	130	17	17	个	A
85167190	---其他						
8516719000[暂16]	其他电热咖啡机和茶壶	32	130	17	17	个	A
85167210	---家用自动面包机						

商品编号	商品名称及备注	进口关税税率(%)		增值税率(%)	出口退税率(%)	计量单位	监管条件
		最惠国	普通				
8516721000	家用自动面包机	32	130	17	17	个	A
85167220	---片式烤面包机(多士炉)						
8516722000	片式烤面包机(多士炉)	32	130	17	17	个	A
85167290	---其他						
8516729000	其他电热烤面包器	32	130	17	17	个	A
85167910	---电热饮水机						
8516791000	电热饮水机	32	100	17	17	台	A
85167990	---其他						
8516799000[暂16]	其他电热器具	32	100	17	17	个	A
85168000	-加热电阻器						
8516800000	加热电阻器	10	40	17	17	个	
85169010	---土壤加热器及加热电阻器用						
8516901000	土壤加热器及加热电阻器零件	8	40	17	17	千克	
85169090	---其他						
8516909000[暂8]	品目85.16所列货品的其他零件	12	100	17	17	千克	
8517	**电话机,包括用于蜂窝网络或其他无线网络的电话机;其他发送或接收声音、图像或其他数据用的设备,包括有线或无线网络(例如,局域网或广域网)的通信设备,品目84.43、85.25、85.27或85.28的发送或接收设备除外**						
85171100	--无绳电话机						
8517110010	无绳加密电话机	0	30	17	17	台	AM
8517110090	其他无绳电话机	0	30	17	17	台	A
85171210	---手持(包括车载)式无线电话机						
8517121011	GSM 数字式手持无线电话整套散件	0	20	17	17	台	O
8517121019	其他 GSM 数字式手持无线电话机	0	20	17	17	台	AO
8517121021	CDMA 数字式手持无线电话整套散件	0	20	17	17	台	O
8517121029	其他 CDMA 数字式手持无线电话机	0	20	17	17	台	AO
8517121090	其他手持式无线电话机(包括车载式无线电话机)	0	20	17	17	台	AO
85171220	---对讲机						
8517122000	对讲机(用于蜂窝网络或其他无线网络的)	0	17	17	17	台	
85171290	---其他						
8517129000	其他用于蜂窝网络或其他无线网络的电话机	0	14	17	17	台	O
85171800	--其他						
8517180010	其他加密电话机	0	30	17	17	台	AM
8517180090	其他电话机	0	30	17	17	台	A
85176110	---移动通信基站						
8517611010	GSM 式移动通信基地站	0	14	17	17	台	O
8517611020	CDMA 式移动通信基地站	0	14	17	17	台	O
8517611030	TACS 式移动通信基地站	0	14	17	17	台	
8517611090	其他移动通信基地站	0	14	17	17	台	O
85176190	---其他						
8517619000	其他基站	0	14	17	17	台	O
85176211	----局用电话交换机;长途电话交换机;电报交换机						
8517621100	局用电话交换机、长途电话交换机、电报交换机,数字式	0	17	17	17	台	
85176212	----移动通信交换机						
8517621200	数字移动通信交换机	0	40	17	17	台	O
85176219	----其他电话交换机						

商品编号	商品名称及备注	进口关税税率(%)		增值税率(%)	出口退税率(%)	计量单位	监管条件
		最惠国	普通				
8517621900	其他数字式程控电话交换机	0	40	17	17	台	A
85176221	----光端机及脉冲编码调制设备(PCM)						
8517622100	光端机及脉冲编码调制设备(PCM)	0	17	17	17	台	O
85176222	----波分复用光传输设备						
8517622200	波分复用光传输设备	0	30	17	17	台	O
85176229	----其他						
8517622910	光通讯加密路由器	0	30	17	17	台	AMO
8517622990	其他光通讯设备	0	30	17	17	台	OA
85176231	----通信网络时钟同步设备						
8517623100	非光通讯网络时钟同步设备	0	30	17	17	台	
85176232	----以太网络交换机						
8517623210	非光通讯加密以太网络交换机	0	30	17	17	台	M
8517623290	其他非光通讯以太网络交换机	0	30	17	17	台	
85176233	----IP 电话信号转换设备						
8517623300	IP 电话信号转换设备	0	30	17	17	台	A
85176234	----调制解调器						
8517623400	调制解调器	0	30	17	17	台	A
85176235	----集线器						
8517623500	集线器	0	40	17	17	台	A
85176236	----路由器						
8517623610	非光通讯加密路由器	0	40	17	17	台	M
8517623690	其他路由器	0	40	17	17	台	
85176237	----有线网络接口卡						
8517623710	为聚合高性能数字计算机性能而专门设计的有线网络接口卡(单链路单向通信速率超过2.0GB/秒,高性能数字计算机是指调整后峰值性能(APP)大于8.0加权每秒万亿次浮点运算的数字计算机)	0	30	17	17	台	3
8517623790	其他有线网络接口卡	0	30	17	17	台	
85176239	----其他						
8517623910	为聚合高性能数字计算机性能而专门设计的交换机(单链路单向通信速率超过2.0GB/秒,自定义通信协议。高性能数字计算机是指调整后峰值性能(APP)大于8.0加权每秒万亿次浮点运算的数字计算机)	0	30	17	17	台	3O
8517623990	其他有线数字通信设备	0	30	17	17	台	O
85176292	----无线网络接口卡						
8517629200	无线网络接口卡	0	14	17	17	台	
85176293	----无线接入固定台						
8517629300	无线接入固定台	0	14	17	17	台	
85176294	----无线耳机						
8517629400	无线耳机	0	14	17	17	个	
85176299	----其他						
8517629900	其他接收、转换并发送或再生音像或其他数据用的设备	0	14	17	17	台	
85176910	---其他无线设备						
8517691001	用于呼叫、提示和寻呼的便携式接收器	0	14	17	17	台	A
8517691090	其他无线通信设备	7.5/6*	14	17	17	台	AO
85176990	---其他有线设备						

* 最惠国税率中,"/"左边的税率截止日期为2017年6月30日,"/"右边的税率截止日期为2999年12月31日。

商品编号	商品名称及备注	进口关税税率(%)		增值税率(%)	出口退税率(%)	计量单位	监管条件
		最惠国	普通				
8517699000	其他有线通信设备	0	30	17	17	台	
85177010	---数字式程控电话或电报交换机用						
8517701000	数字式程控电话或电报交换机零件	0	14	17	17	千克	
85177020	---光端机及脉冲编码调制设备(PCM)用						
8517702000	光端机、脉冲编码调制设备的零件	0	14	17	17	千克	
85177030	---手持式无线电话机用(天线除外)						
8517703000	手持式无线电话机用零件(天线除外)	0	17	17	17	千克	
85177040	---对讲机用(天线除外)						
8517704000	对讲机用零件(天线除外)	6/4*	20	17	17	千克	
85177060	---光通信设备的激光收发模块						
8517706000	光通信设备的激光收发模块	0	30	17	17	千克	
85177070	---品目85.17所列设备用天线及其零件						
8517707001	无线电话电报装置的天线	0	20	17	17	千克	
8517707090	品目85.17所列设备用其他天线及其零件	1.5/1*	20	17	17	千克	
85177090	---其他						
8517709000	品目85.17所列其他通信设备零件	0	20	17	17	千克	
8518	**传声器(麦克风)及其座架;扬声器,不论是否装成音箱;耳机、耳塞机,不论是否装有传声器,由传声器及一个或多个扬声器组成的组合机;音频扩大器;电气扩音机组**						
85181000	-传声器(麦克风)及其座架						
8518100001	电讯用频率在300~3400赫兹麦克风(直径≤10毫米,高≤3毫米)	0	40	17	17	个	
8518100090[暂6]	其他传声器(麦克风)及其座架	7.5/5*	40	17	17	个	
85182100	--单喇叭音箱						
8518210000[暂6]	单喇叭音箱	7.5/5*	40	17	17	个	A
85182200	--多喇叭音箱						
8518220000[暂6]	多喇叭音箱	7.5/5*	40	17	17	个	A
85182900	--其他						
8518290000	其他扬声器	0	40	17	17	个	
85183000	-耳机、耳塞机,不论是否装有传声器,由传声器及一个或多个扬声器组成的组合机						
8518300000	耳机、耳塞机(包括传声器与扬声器的组合机)	0	40	17	17	个	
85184000	-音频扩大器						
8518400001	电器扩音器(列入ITA的有线电话重复器用的)	0	40	17	17	台	
8518400090	其他音频扩大器	9/6*	40	17	17	台	A
85185000	-电气扩音机组						
8518500000	电气扩音机组	7.5/5*	40	17	17	套	
85189000	-零件						
8518900001	编号8518400001所列货品的零件(列入ITA的有线电话重复器用的)	0	40	17	17	千克	
8518900090	品目85.18所列货品的其他零件	7.9/5.3*	40	17	17	千克	
8519	**声音录制或重放设备**						
85192000	-用硬币、钞票、银行卡、代币或其他支付方式使其工作的设备						
8519200010	以特定支付方式使其工作的激光唱机(用硬币、钞票、银行卡、代币或其他支付方式使其工作)	20	80	17	17	台	A
8519200090	其他以特定支付方式使其工作的声音录制或重放设备(用硬币、钞票、银行卡、代币或其他支付方式使其工作)	20	80	17	17	台	
85193000	-转盘(唱机唱盘)						

* 最惠国税率中,"/"左边的税率截止日期为2017年6月30日,"/"右边的税率截止日期为2999年12月31日。

商品编号	商 品 名 称 及 备 注	进口关税税率(%)		增值税率(%)	出口退税率(%)	计量单位	监管条件
		最惠国	普通				
8519300000	转盘(唱机唱盘)	30	130	17	17	台	
85195000	-电话应答机						
8519500000	电话应答机	0	80	17	17	台	
85198111	----未装有声音录制装置的盒式磁带型声音重放装置,编辑节目用放声机除外						
8519811100	未装有声音录制装置的盒式磁带型声音重放装置(编辑节目用放声机除外)	12.8/8.5*	130	17	17	台	A
85198112	----装有声音重放装置的盒式磁带型录音机						
8519811200	装有声音重放装置的盒式磁带型录音机	22.5/15*	130	17	17	台	A
85198119	----其他						
8519811900	其他使用磁性媒体的声音录制或重放设备	15/10*	80	17	17	台	6A
85198121	----激光唱机,未装有声音录制装置						
8519812100	激光唱机,未装有声音录制装置	22.5/15*	80	17	17	台	A
85198129	----其他						
8519812910	具有录音功能的激光唱机	15/10*	80	17	17	台	6A
8519812990	其他使用光学媒体的声音录制或重放设备	15/10*	80	17	17	台	A
85198131	----装有声音重放装置的闪速存储器型声音录制设备						
8519813100[暂12]	装有声音重放装置的闪速存储器型声音录制设备	15/10*	80	17	17	台	6A
85198139	----其他						
8519813900[暂12]	其他使用半导体媒体的声音录制或重放设备	15/10*	80	17	17	台	6A
85198910	---不带录制装置的其他唱机,不论是否带有扬声器						
8519891000	不带录制装置的其他唱机,不论是否带有扬声器(使用磁性、光学或半导体媒体的除外)	22.5/15*	130	17	17	台	A
85198990	---其他声音录制或重放设备						
8519899000[暂12]	其他声音录制或重放设备(使用磁性、光学或半导体媒体的除外)	15/10*	80	17	17	台	6A
8521	**视频信号录制或重放设备,不论是否装有高频调谐器**						
85211011	----广播级						
8521101100[暂15]	广播级磁带录像机(不论是否装有高频调谐放大器)	见附表2	见附表2	17	17	台	A
85211019	----其他						
8521101900	其他磁带型录像机(不论是否装有高频调谐放大器)	见附表2	见附表2	17	17	台	A
85211020	---放像机						
8521102000	磁带放像机(不论是否装有高频调谐放大器)	见附表2	见附表2	17	17	台	A
85219011	----视频高密光盘(VCD)播放机						
8521901110	具有录制功能的视频高密光盘(VCD)播放机(不论是否装有高频调谐放大器)	15/10*	130	17	17	台	A
8521901190	其他视频高密光盘(VCD)播放机(不论是否装有高频调谐放大器)	15/10*	130	17	17	台	A
85219012	----数字化视频光盘(DVD)播放机						
8521901210	具有录制功能的数字化视频光盘(DVD)播放机(不论是否装有高频调谐放大器)	15/10*	130	17	17	台	A
8521901290	其他数字化视频光盘(DVD)播放机(不论是否装有高频调谐放大器)	15/10*	130	17	17	台	A
85219019	----其他						
8521901910	具有录制功能的其他激光视盘播放机(不论是否装有高频调谐放大器)	15/10*	130	17	17	台	A
8521901990	其他激光视盘播放机(不论是否装有高频调谐放大器)	15/10*	130	17	17	台	A
85219090	---其他						
8521909010	用于光盘生产的金属母盘生产设备(不论是否装有高频调谐放大器)	15/10*	130	17	17	台	A
8521909020[暂15]	光盘型广播级录像机	15/10*	130	17	17	台	6A
8521909090	其他视频信号录制或重放设备(不论是否装有高频调谐放大器)	15/10*	130	17	17	台	6A
8522	**专用于或主要用于品目85.19或85.21所列设备的零件、附件**						
85221000	-拾音头						

* 最惠国税率中,"/"左边的税率截止日期为2017年6月30日,"/"右边的税率截止日期为2999年12月31日。

商品编号	商品名称及备注	进口关税税率(%)		增值税率(%)	出口退税率(%)	计量单位	监管条件
		最惠国	普通				
8522100000	拾音头	35	130	17	17	个/千克	
85229010	---转盘或唱机用						
8522901000	转盘或唱机用零件、附件	21.9/18.8*	130	17	17	千克	
85229021	----走带机构(机芯),不论是否装有磁头						
8522902100	录音机走带机构(机芯)(不论是否装有磁头)	21.9/18.8*	100	17	17	千克	
85229022	----磁头						
8522902200	磁头	21.9/18.8*	100	17	17	个/千克	
85229023	----磁头零件						
8522902300	磁头零件	17.5/15*	100	17	17	千克	
85229029	----其他						
8522902900	盒式磁带录音机或放声机其他零件	26.3/22.5*	100	17	17	千克	
85229031	----激光视盘机的机芯						
8522903110[暂17]	车载导航仪视频播放机机芯	26.3/22.5*	100	17	17	千克	
8522903190	其他激光视盘机的机芯	26.3/22.5*	100	17	17	千克	
85229039	----其他						
8522903900[暂15]	其他视频信号录制或重放设备的零件	26.3/22.5*	100	17	17	千克	
85229091	----车载音频转播器或发射器						
8522909100	车载音频转播器或发射器	17.5/15*	80	17	17	台/千克	
85229099	----其他						
8522909900[暂10]	品目85.19或85.21所列设备的其他零件	17.5/15*	80	17	17	千克	
8523	**录制声音或其他信息用的圆盘、磁带、固态非易失性数据存储器件、“智能卡”及其他媒体,不论是否已录制,包括供复制圆盘用的母片及母带,但不包括第三十七章的产品**						
85232110	---未录制						
8523211000	未录制的磁条卡	13.1/8.8*	70	17	17	个/千克	
85232120	---已录制						
8523212000	已录制的磁条卡	11.3/7.5*	130	13	13	个/千克	
85232911	----未录制						
8523291100	未录制磁盘	0	14	17	17	个/千克	
85232919	----其他						
8523291900	已录制磁盘	0	14	13	13	个/千克	
85232921	----未录制的宽度≤4毫米的磁带						
8523292100	未录制的宽度≤4毫米的磁带	0	130	17	17	盘/千克	
85232922	----未录制的4毫米<宽度≤6.5毫米的磁带						
8523292200	未录制的4毫米<宽度≤6.5毫米的磁带	0	130	17	17	盘/千克	
85232923	----未录制的宽度超过6.5毫米的磁带						
8523292300	未录制的宽度>6.5毫米的磁带	0	20	17	17	盘/千克	
85232928	----重放声音或图像信息的磁带						
8523292800[暂6]	重放声音或图像信息的磁带(已录制的录音带、录像带)	7.5/5*	130	13	13	盘/千克	Z
85232929	----已录制的其他磁带						
8523292900	已录制的其他磁带	0	14	17	13	盘/千克	Z
85232990	---其他						
8523299000	其他磁性媒体	0	14	17	13	盘/千克	Z
85234100	--未录制						
8523410000	未录制光学媒体	0	14	17	17	张/千克	

* 最惠国税率中,“/”左边的税率截止日期为2017年6月30日,“/”右边的税率截止日期为2999年12月31日。

商品编号	商品名称及备注	进口关税税率(%)		增值税率(%)	出口退税率(%)	计量单位	监管条件
		最惠国	普通				
85234910	---仅用于重放声音信息的						
8523491000[暂6]	仅用于重放声音信息的已录制光学媒体	7.5/5*	130	13	13	张/千克	Z
85234920	---用于重放声音、图像以外信息的,品目84.71所列机器用						
8523492000	用于重放声音、图像以外信息的光学媒体(品目84.71所列机器用,已录制)	0	14	13	13	张/千克	
85234990	---其他						
8523499000	其他已录制光学媒体	0	14	17	13	张/千克	Z
85235110	---未录制						
8523511000	未录制的固态非易失性存储器件(闪速存储器)	0	70	17	17	个/千克	
85235120	---已录制						
8523512000	已录制的固态非易失性存储器件(闪速存储器)	0	14	13	13	个/千克	
85235210	---未录制						
8523521000	未录制的"智能卡"	0	21	13	17	个/千克	
85235290	---其他						
8523529000	其他"智能卡"	0	21	13	13	个/千克	
85235910	---未录制						
8523591000	其他未录制的半导体媒体	0	70	17	17	个/千克	
85235920	---已录制						
8523592000	其他已录制的半导体媒体	0	14	13	13	个/千克	
85238011	----已录制						
8523801100	已录制唱片	11.3/7.5*	130	13	13	张/千克	Z
85238019	----其他						
8523801900	其他唱片	0	70	17	13	张/千克	
85238021	----未录制						
8523802100	未录制的品目84.71所列机器用其他媒体(磁性、光学或半导体媒体除外)	0	14	17	17	张/千克	
85238029	----其他						
8523802900	其他品目84.71所列机器用其他媒体(磁性、光学或半导体媒体除外)	0	14	17	13	张/千克	
85238091	----未录制						
8523809100	未录制的其他媒体(磁性、光学或半导体媒体除外)	0	14	13	17	张/千克	
85238099	----其他						
8523809900	其他媒体(磁性、光学或半导体媒体除外)	0	14	13	13	张/千克	Z
8525	**无线电广播、电视发送设备,不论是否装有接收装置或声音的录制、重放装置;电视摄像机、数字照相机及视频摄录一体机**						
85255000	-发送设备						
8525500000	无线电广播、电视用发送设备	0	30	17	17	台	O
85256010	---卫星地面站设备						
8525601000	无线电广播、电视用卫星地面站设备(装有接收装置的发送设备)	0	14	17	17	台	O
85256090	---其他						
8525609000	其他装有接收装置的无线电广播、电视发送设备	0	30	17	17	台	O
85258011	----特种用途的						
8525801110	抗辐射电视摄像机(能抗5×10^4戈瑞(硅)以上辐射而又不会降低使用质量)	8.3/6.7*	17	17	17	台	3A
8525801190	其他特种用途电视摄像机	8.3/6.7*	17	17	17	台	A
85258012	----非特种用途的广播级						
8525801200	非特种用途广播级电视摄像机	见附表2	见附表2	17	17	台	A
85258013	----非特种用途的其他类型						

* 最惠国税率中,"/"左边的税率截止日期为2017年6月30日,"/"右边的税率截止日期为2999年12月31日。

商品编号	商品名称及备注	进口关税税率(%)		增值税率(%)	出口退税率(%)	计量单位	监管条件
		最惠国	普通				
8525801301暂4	手机用摄像组件(由镜头+CCD/CMOS+数字信号处理电路三部分构成)	见附表2	见附表2	17	17	台	
8525801302暂10	高清摄像头(必须满足以下三个条件:镜头元件必须使用5层及以上玻璃镜头;使用USB 2.0及以上高速接口;硬件传感器像素达到130万及以上)	见附表2	见附表2	17	17	台	
8525801390	其他非特种用途电视摄像机及其他摄像组件(其他摄像组件由非广播级镜头+CCD/CMOS+数字信号处理电路构成)	见附表2	见附表2	17	17	台	
85258021	----特种用途的						
8525802100	特种用途的数字照相机	0	17	17	17	台	
85258022	----非特种用途的单镜头反光型						
8525802200	非特种用途的单镜头反光型数字照相机	见附表2	见附表2	17	17	台	
85258025	----非特种用途的,其他可换镜头的						
8525802500	非特种用途其他可换镜头数字照相机	见附表2	见附表2	17	17	台	
85258029	----非特种用途的其他类型						
8525802900	非特种用途的其他数字照相机(单镜头反光型除外)	见附表2	见附表2	17	17	台	
85258031	----特种用途的						
8525803100	特种用途视频摄录一体机	0	17	17	17	台	A
85258032	----非特种用途的广播级						
8525803200	非特种用途的广播级视频摄录一体机	见附表2	见附表2	17	17	台	A
85258033	----非特种用途的家用型						
8525803300	非特种用途的家用型视频摄录一体机	0	130	17	17	台	A
85258039	----非特种用途的其他类型						
8525803900	非特种用途的其他视频摄录一体机(非广播级、非多用途)	见附表2	见附表2	17	17	台	A
8526	**雷达设备、无线电导航设备及无线电遥控设备**						
85261010	---导航用						
8526101010	用于导弹、火箭等的导航雷达设备(用于弹道导弹、运载火箭、探空火箭、巡航导弹、无人驾驶航空飞行器的目标探测)	1.5/1*	8	17	17	台	3
8526101090	其他导航用雷达设备	1.5/1*	8	17	17	台	0
85261090	---其他						
8526109010	飞机机载雷达(包括气象雷达、地形雷达和空中交通管制应答系统)	3.8/2.5*	14	17	17	台	
8526109020	雷达生命探测仪	3.8/2.5*	14	17	17	台	0
8526109030	用于导弹、火箭等的机载雷达设备(用于弹道导弹、运载火箭、探空火箭、巡航导弹、无人驾驶航空飞行器的目标探测)	3.8/2.5*	14	17	17	台	3
8526109040	用于导弹、火箭等的其他雷达设备(用于弹道导弹、运载火箭、探空火箭、巡航导弹、无人驾驶航空飞行器的目标探测)	3.8/2.5*	14	17	17	台	3
8526109090	其他雷达设备	3.8/2.5*	14	17	17	台	0
85269110	---机动车辆用						
8526911000	机动车辆用无线电导航设备	1.5/1*	8	17	17	台	
85269190	---其他						
8526919010	制导装置(使300千米射程导弹达到≤10千米圆公算偏差)	1.5/1*	8	17	17	台	30
8526919090	其他无线电导航设备	1.5/1*	8	17	17	台	0
85269200	--无线电遥控设备						
8526920000	无线电遥控设备	4.2/3.3*	14	17	17	台	0
8527	**无线电广播接收设备,不论是否与声音的录制、重放装置或时钟组合在同一机壳内**						
85271200	--袖珍盒式磁带收放机						
8527120000	不需外接电源袖珍盒式磁带收放机	15/10*	130	17	17	台	

* 最惠国税率中,"/"左边的税率截止日期为2017年6月30日,"/"右边的税率截止日期为2999年12月31日。

商品编号	商品名称及备注	进口关税税率(%)		增值税率(%)	出口退税率(%)	计量单位	监管条件
		最惠国	普通				
85271300	--其他收录(放)音组合机						
8527130000	不需外接电源收录(放)音组合机	11.3/7.5*	130	17	17	台	
85271900	--其他						
8527190000	不需外接电源无线电收音机	11.3/7.5*	130	17	17	台	
85272100	--收录(放)音组合机						
8527210010	具备接收和转换数字广播数据系统信号功能需外接电源的汽车用收录(放)音组合机	11.3/7.5*	130	17	17	台	
8527210090	其他需外接电源汽车收录(放)音组合机	15	130	17	17	台	
85272900	--其他						
8527290000	需外接电源汽车用无线电收音机	11.3/7.5*	130	17	17	台	
85279100	--收录(放)音组合机						
8527910000	其他收录(放)音组合机	11.3/7.5*	130	17	17	台	A
85279200	--带时钟的收音机						
8527920000	带时钟的收音机	11.3/7.5*	130	17	17	台	
85279900	--其他						
8527990000	其他收音机	22.5/15*	130	17	17	台	A
8528	**监视器及投影机,未装电视接收装置;电视接收装置,不论是否装有无线电收音装置或声音、图像的录制或重放装置**						
85284200	--可直接连接且设计用于品目84.71的自动数据处理设备的						
8528420000	可直接连接且设计用于品目84.71的自动数据处理设备的阴极射线管监视器	0	40	17		台/千克	6A
85284910	---彩色的						
8528491000	其他彩色的阴极射线管监视器	22.5/15*	130	17	17	台	6A
85284990	---单色的						
8528499000	其他单色的阴极射线管监视器	14.3/9.5*	100	17	17	台	6A
85285211	----专用于或主要用于品目84.71的自动数据处理系统的						
8528521100	专用或主要用于品目84.71商品的液晶监视器	0	40	17		台/千克	A
85285212	----其他,彩色的						
8528521200	其他可直接连接且设计用于品目84.71的自动数据处理设备的彩色液晶监视器	30	130	17		台/千克	6A
85285219	----其他,单色的						
8528521900	其他可直接连接且设计用于品目84.71的自动数据处理设备的单色液晶监视器	19	100	17		台/千克	6A
85285291	----专用于或主要用于品目84.71的自动数据处理系统的,彩色的						
8528529100	专用或主要用于品目84.71商品的其他彩色监视器	0	40	17		台/千克	A
85285292	----其他,彩色的						
8528529200	其他可直接连接且设计用于品目84.71的自动数据处理设备的其他彩色监视器	30	130	17		台/千克	6A
85285299	----其他,单色的						
8528529900	其他可直接连接且设计用于品目84.71的自动数据处理设备的其他单色监视器	19	100	17		台/千克	6A
85285910	---彩色的						
8528591010[暂15]	专用于车载导航仪的液晶监视器	30	130	17	17	台	6
8528591090	其他彩色的监视器	30	130	17	17	台	6A
85285990	---单色的						
8528599000	其他单色的监视器	19	100	17	17	台	6A
85286210	---专用于或主要用于品目84.71的自动数据处理系统的						
8528621010	专用或主要用于品目84.71商品的彩色投影机	0	14	17		台/千克	A
8528621090	其他专用或主要用于品目84.71商品的投影机	0	14	17		台/千克	A
85286220	---其他,彩色的						

* 最惠国税率中,“/”左边的税率截止日期为2017年6月30日,“/”右边的税率截止日期为2999年12月31日。

商品编号	商品名称及备注	进口关税税率(%)		增值税率(%)	出口退税率(%)	计量单位	监管条件
		最惠国	普通				
8528622000	其他可直接连接且设计用于品目84.71的自动数据处理设备的彩色投影机	30	130	17		台/千克	6A
85286290	---其他,单色的						
8528629000	其他可直接连接且设计用于品目84.71的自动数据处理设备的单色投影机	15	100	17		台/千克	A
85286910	---彩色的						
8528691000	其他彩色的投影机	30	130	17	17	台	6A
85286990	---单色的						
8528699000	其他单色的投影机	15	100	17	17	台	A
85287110	---彩色卫星电视接收机						
8528711000	彩色的卫星电视接收机(在设计上不带有视频显示器或屏幕的)	25/20*	130	17	17	台	AO
85287180	---其他彩色的						
8528718000	其他彩色的电视接收装置(在设计上不带有视频显示器或屏幕的)	25/20*	130	17	17	台	A
85287190	---单色的						
8528719000	单色的电视接收装置(在设计上不带有视频显示器或屏幕的)	12.5/10*	100	17	17	台	A
85287211	----模拟电视接收机						
8528721100	其他彩色的模拟电视接收机,带阴极射线显像管的	30	130	17	17	台	6A
85287212	----数字电视接收机						
8528721200	其他彩色的数字电视接收机,阴极射线显像管的	30	130	17	17	台	6A
85287219	----其他						
8528721900	其他彩色的电视接收机,阴极射线显像管的	30	130	17	17	台	6A
85287221	----模拟电视接收机						
8528722100	彩色的液晶显示器的模拟电视接收机	30	130	17	17	台	A
85287222	----数字电视接收机						
8528722200	彩色的液晶显示器的数字电视接收机	30	130	17	17	台	A
85287229	----其他						
8528722900	其他彩色的液晶显示器的电视接收机	30	130	17	17	台	A
85287231	----模拟电视接收机						
8528723100	彩色的等离子显示器的模拟电视接收机	30	130	17	17	台	A
85287232	----数字电视接收机						
8528723200	彩色的等离子显示器的数字电视接收机	30	130	17	17	台	A
85287239	----其他						
8528723900	其他彩色的等离子显示器的电视接收机	30	130	17	17	台	A
85287291	----模拟电视接收机						
8528729100	其他彩色的模拟电视接收机	30	130	17	17	台	A
85287292	----数字电视接收机						
8528729200	其他彩色的数字电视接收机	30	130	17	17	台	A
85287299	----其他						
8528729900	其他彩色的电视接收机	30	130	17	17	台	A
85287300	--其他,单色的						
8528730000	其他单色的电视接收机	15	100	17	17	台	6A
8529	**专用于或主要用于品目85.25至85.28所列装置或设备的零件**						
85291010	---雷达设备及无线电导航设备用						
8529101000	雷达及无线电导航设备天线及零件(包括天线反射器)	1.1/0.8*	8	17	17	千克	
85291020	---无线电收音机及其组合机、电视接收机用						
8529102000	收音机、电视机天线及其零件(包括收音机的组合机用的天线及零件)	0	90	17	17	千克	

* 最惠国税率中,"/"左边的税率截止日期为2017年6月30日,"/"右边的税率截止日期为2999年12月31日。

商品编号	商品名称及备注	进口关税税率(%)		增值税率(%)	出口退税率(%)	计量单位	监管条件
		最惠国	普通				
85291090	---其他						
8529109021	卫星电视接收用天线	1.5/1*	20	17	17	千克/个	0
8529109029	其他无线广播电视用天线(品目85.25~85.28所列其他装置或设备的,包括天线反射器)	1.5/1*	20	17	17	千克/个	0
8529109090	其他无线电设备天线及其零件(品目85.25~85.28所列其他装置或设备的,包括天线反射器)	1.5/1*	20	17	17	千克/个	
85299010	---电视发送、差转设备及卫星电视地面接收转播设备用						
8529901011	卫星电视接收用解码器	0	30	17	17	千克/个	0
8529901012	卫星电视接收用收视卡	0	30	17	17	千克/个	0
8529901013	卫星电视接收用器件板卡	0	30	17	17	千克/个	0
8529901014	卫星电视接收用专用零件	0	30	17	17	千克/个	0
8529901090	其他电视发送、差转等设备零件(包括其他卫星电视地面接收转播设备零件)	0	30	17	17	千克/个	
85299041	----特种用途的						
8529904100	特种用途的电视摄像机等设备用零件(也包括视频摄录一体机、数字照相机的零件)	8	17	17	17	千克	
85299042	----非特种用途的取像模块						
8529904210暂3	电视摄像机、摄录一体机、数码相机用取像模块	12	100	17	17	千克	
8529904220暂4	手机、平板电脑用取像模块	12	100	17	17	千克	
8529904290	其他非特种用途的取像模块	12	100	17	17	千克	
85299049	----其他						
8529904900暂2	摄像机、摄录一体机、数码相机的其他零件	12	100	17	17	千克	
85299050	---雷达设备及无线电导航设备用						
8529905000	雷达及无线电导航设备零件	1.5	8	17	17	千克	
85299060	---无线电收音机及其组合机用						
8529906000暂7	收音机及其组合机的其他零件	15	130	17	17	千克	
85299081	----彩色电视接收机用(等离子显像组件及其零件、有机发光二极管显示屏除外)						
8529908100暂6	彩色电视机零件(等离子显像组件及其零件、有机发光二极管显示屏除外)(高频调谐器除外)	15	80	17	17	千克	
85299082	----等离子显像组件及其零件						
8529908200暂5	等离子显像组件及其零件(含滤光片)	15	80	17	17	千克	
85299083	----有机发光二极管显示屏						
8529908300暂5	彩色电视机的有机发光二极管显示屏	15	50	17	17	千克/个	
85299089	----其他						
8529908900	其他电视机零件(高频调谐器除外)	0	50	17	17	千克	
85299090	---其他						
8529909011	卫星电视接收用高频调谐器	0	57	17	17	千克/个	0
8529909090	品目85.25~85.28所列装置或设备其他零件	0	57	17	17	千克/个	
8530	**铁道、电车道、道路或内河航道、停车场、港口或机场用的电气信号、安全或交通管理设备(品目86.08的货品除外)**						
85301000	-铁道或电车道用的设备						
8530100000	铁道或电车道用电气信号等设备(包括安全或交通管理设备)	10	20	17	17	个	0
85308000	-其他设备						
8530800000	其他用电气信号、安全、交通设备(指道路或内河航道、停车场、港口、机场用)	8	20	17	17	个	0
85309000	-零件						
8530900000	品目85.30所列设备的零件(包括电车道、道路、港口、机场用电气信号安全、交管设备)	8	20	17	17	千克	

* 最惠国税率中,"/"左边的税率截止日期为2017年6月30日,"/"右边的税率截止日期为2999年12月31日。

商品编号	商品名称及备注	进口关税税率(%)		增值税率(%)	出口退税率(%)	计量单位	监管条件
		最惠国	普通				
8531	**电气音响或视觉信号装置(例如,电铃、电笛、显示板、防盗或防火报警器),但品目85.12或85.30的货品除外**						
85311000	-防盗或防火报警器及类似装置						
8531100000	防盗或防火报警器及类似装置	10	40	17	17	个	A
85312000	-装有液晶装置(LCD)或发光二极管(LED)的显示板						
8531200000	有液晶装置或发光管的显示板	0	70	17	17	个	
85318010	---蜂鸣器						
8531801001[暂7.5]	音量≤110db的小型蜂鸣器	15	70	17	17	个	
8531801090	其他蜂鸣器	15	70	17	17	个	
85318090	---其他						
8531809000	其他电气音响或视觉信号装置	8.8/7.5*	70	17	17	个	
85319010	---防盗或防火报警器及类似装置用						
8531901000	防盗、防火及类似装置用零件	0	40	17	17	千克	A
85319090	---其他						
8531909000	其他音响或视觉信号装置用零件	0	70	17	17	千克	
8532	**固定、可变或可调(微调)电容器**						
85321000	-固定电容器,用于50/60赫兹电路,其额定无功功率≥0.5千瓦(电力电容器)						
8532100000	固定电容器,电力电容器(用于50/60赫兹电路,额定无功功率≥0.5千瓦)	0	20	17	17	千克/千个	
85322110	---片式						
8532211000	片式钽电容器	0	35	17	17	千克/千个	
85322190	---其他						
8532219000	其他钽电容器	0	35	17	17	千克/千个	
85322210	---片式						
8532221000	片式铝电解电容器	0	35	17	17	千克/千个	
85322290	---其他						
8532229000	其他铝电解电容器	0	35	17	17	千克/千个	
85322300	--单层瓷介电容器						
8532230000	单层瓷介电容器	0	35	17	17	千克/千个	
85322410	---片式						
8532241000	片式多层瓷介电容器	0	35	17	17	千克/千个	
85322490	---其他						
8532249000	其他多层瓷介电容器	0	35	17	17	千克/千个	
85322510	---片式						
8532251000	片式纸介质或塑料介质电容器	0	35	17	17	千克/千个	
85322590	---其他						
8532259000	其他纸介质或塑料介质电容器	0	35	17	17	千克/千个	
85322900	--其他						
8532290000	其他固定电容器	0	35	17	17	千克/千个	
85323000	-可变或可调(微调)电容器						
8532300000	其他可变或可调(微调)电容器	0	35	17	17	千克/千个	
85329010	---编号85321000所列电容器用						
8532901000	编号85321000所列电容器零件	0	20	17	17	千克	
85329090	---其他						
8532909000	其他电容器零件(编号85321000所列电容器零件除外)	0	35	17	17	千克	

* 最惠国税率中,"/"左边的税率截止日期为2017年6月30日,"/"右边的税率截止日期为2999年12月31日。

商品编号	商品名称及备注	进口关税税率(%)		增值税率(%)	出口退税率(%)	计量单位	监管条件
		最惠国	普通				
8533	**电阻器(包括变阻器及电位器),但加热电阻器除外**						
85331000	-固定碳质电阻器,合成或薄膜式						
8533100000	合成或薄膜式固定碳质电阻器	0	50	17	17	千克/千个	
85332110	---片式						
8533211000	额定功率≤20 瓦片式固定电阻器	0	50	17	17	千克/千个	
85332190	---其他						
8533219000	额定功率≤20 瓦其他固定电阻器(额定功率≤20 瓦片式电阻除外)	0	50	17	17	千克/千个	
85332900	--其他						
8533290000	其他额定功率>20 瓦固定电阻器	0	50	17	17	千克/千个	
85333100	--额定功率≤20 瓦						
8533310000	额定功率≤20 瓦线绕可变电阻器(包括变阻器及电位器)	0	50	17	17	千克/千个	
85333900	--其他						
8533390000	额定功率>20 瓦电位器(包括变阻器及电位器)	0	50	17	17	千克/千个	
85334000	-其他可变电阻器,包括变阻器及电位器						
8533400000	其他可变电阻器(包括变阻器及电位器)	0	50	17	17	千克/千个	
85339000	-零件						
8533900000	各种电阻器零件(包括变阻器及电位器)	0	50	17	17	千克	
8534	**印刷电路**						
85340010	---4 层以上的						
8534001000	四层以上的印刷电路	0	35	17	17	块/千克	
85340090	---其他						
8534009000	四层及以下的印刷电路	0	50	17	17	块/千克	
8535	**电路的开关、保护或连接用的电气装置(例如,开关、熔断器、避雷器、电压限幅器、电涌抑制器、插头及其他连接器、接线盒),用于电压超过 1000 伏的线路**						
85351000	-熔断器						
8535100000	电路熔断器(电压>1000 伏)	14	50	17	17	个/千克	A
85352100	--用于电压<72.5 千伏的线路						
8535210000	电压<72.5 千伏自动断路器(用于电压>1000 伏的线路)	14	50	17	17	个/千克	A
85352910	---用于 72.5 千伏≤电压≤220 千伏的线路						
8535291000	72.5 千伏≤电压≤220 千伏的自动断路器	10	50	17	17	个/千克	
85352920	---用于 220 千伏<电压≤750 千伏的线路						
8535292000	220 千伏<电压≤750 千伏的自动断路器	10	50	17	17	个/千克	
85352990	---其他						
8535299000	电压>750 千伏的其他自动断路器	10	50	17	17	个/千克	
85353010	---用于 72.5 千伏≤电压≤220 千伏的线路						
8535301000	72.5 千伏≤电压≤220 千伏的隔离开关及断续开关	10	50	17	17	个/千克	
85353020	---用于 220 千伏<电压≤750 千伏的线路						
8535302000	220 千伏<电压≤750 千伏隔离开关及断续开关	10	50	17	17	个/千克	
85353090	---其他						
8535309000	其他隔离开关及断续开关(用于电压>1000 伏的线路)	10	50	17	17	个/千克	A
85354000	-避雷器,电压限幅器及电涌抑制器						
8535400000	避雷器,电压限幅器及电涌抑制器(用于电压>1000 伏的线路)	18	50	17	17	个/千克	
85359000	-其他						
8535900010	触发式火花隙(阳极延迟时间≤15 毫秒,阳极峰值额定电流≥500 安)	10	50	17	17	千克	3
8535900020	具有快速开关功能的模件或组件(阳极峰值电压≥2 千伏;电流≥500 安;接通时间≤1 微秒)	10	50	17	17	千克	3

商品编号	商品名称及备注	进口关税税率(%)		增值税率(%)	出口退税率(%)	计量单位	监管条件
		最惠国	普通				
8535900090	其他电压>1000伏电路开关等电气装置	10	50	17	17	千克	
8536	**电路的开关、保护或连接用的电器装置(例如,开关、继电器、熔断器、电涌抑制器、插头、插座、灯座及其他连接器、接线盒),用于电压不超过1000伏的线路;光导纤维、光导纤维束或光缆用连接器**						
85361000	-熔断器						
8536100000	熔断器(电压≤1000伏)	10	50	17	17	个/千克	A
85362000	-自动断路器						
8536200000	电压≤1000伏自动断路器	9	50	17	17	个/千克	A
85363000	-其他电路保护装置						
8536300000	电压≤1000伏其他电路保护装置	7.5/6*	50	17	17	个/千克	A
85364110	---用于电压≤36伏的线路						
8536411000	电压≤36伏的继电器	10	50	17	17	个/千克	
85364190	---其他						
8536419000	36伏<电压≤60伏的继电器	10	50	17	17	个/千克	A
85364900	--其他						
8536490000	电压>60伏的继电器(用于电压≤1000伏的线路)	10	50	17	17	个/千克	A
85365000	-其他开关						
8536500000	电压≤1000伏的其他开关	0	50	17	17	个/千克	A
85366100	--灯座						
8536610000	电压≤1000伏的灯座	10	50	17	17	个/千克	
85366900	--其他						
8536690000	电压≤1000伏的插头及插座	0	50	17	17	个/千克	
85367000	-光导纤维、光导纤维束或光缆用连接器						
8536700000	光导纤维、光导纤维束或光缆用连接器	8	30	17	17	千克	
85369011	----工作电压≤36伏的						
8536901100	工作电压≤36伏的接插件	0	50	17	17	千克	
85369019	----其他						
8536901900	其他36伏<电压≤1000伏的接插件	0	50	17	17	千克	A
85369090	---其他						
8536909000	其他电压≤1000伏电路连接器等电气装置	0	50	17	17	千克	A
8537	**用于电气控制或电力分配的盘、板、台、柜及其他基座,装有两个或多个品目85.35或85.36所列的装置,包括装有第九十章所列的仪器或装置,以及数控装置,但品目85.17的交换机除外**						
85371011	----可编程序控制器						
8537101101[暂3]	机床用可编程序控制器(PLC)	5	14	17	17	个/千克	
8537101110	调节和编程控制器(编号8479899960绕线机用)	5	14	17	17	个/千克	3
8537101190	其他可编程控制器(用于电压≤1000伏的线路)	5	14	17	17	个/千克	
85371019	----其他						
8537101901[暂3]	机床用其他数控单元(包括单独进口的CNC操作单元)	5	14	17	17	个/千克	
8537101990	其他非机床用数控装置(用于电压≤1000伏的线路)	5	14	17	17	个/千克	
85371090	---其他						
8537109001[暂4]	电梯用控制柜及控制柜专用印刷电路板(电压≤1000伏的线路)	8.4	50	17	17	个/千克	
8537109021	控制器[用于机器人或末端操纵装置(详见核两用清单)]	8.4	50	17	17	个/千克	3
8537109022	数字控制器(专用于编号8479899959电动式振动试验系统)	8.4	50	17	17	个/千克	3

* 最惠国税率中,“/”左边的税率截止日期为2017年6月30日,“/”右边的税率截止日期为2999年12月31日。

商品编号	商品名称及备注	进口关税税率(%)		增值税率(%)	出口退税率(%)	计量单位	监管条件
		最惠国	普通				
8537109090	其他电力控制或分配的装置(电压≤1000伏的线路)	8.4	50	17	17	个/千克	A
85372010	---全封闭组合式高压开关装置,用于电压≥500千伏的线路						
8537201000	电压≥500千伏高压开关装置(全封闭组合式高压开关装置电压≥500千伏的线路)	8.4	30	17	17	台/千克	
85372090	---其他						
8537209000	其他电力控制或分配装置[包括盘、板(含数控装置)]	8.4	50	17	17	千克	
8538	**专用于或主要用于品目85.35、85.36或85.37所列装置的零件**						
85381010	---编号85372010所列货品用						
8538101000	编号85372010所列装置的零件(电压≥500千伏线路用全封闭组合式高压开关装置用)	7/5.6*	50	17	17	千克	
85381090	---其他						
8538109000	品目85.37货品用的其他盘、板等(未装有开关装置)	5.8/4.7*	50	17	17	千克	
85389000	-其他						
8538900000	品目85.35、85.36、85.37装置的零件(专用于或主要用于)	7	50	17	17	千克	
8539	**白炽灯泡、放电灯管,包括封闭式聚光灯及紫外线灯管或红外线灯泡;弧光灯;发光二极管(LED)灯泡(管)**						
85391000	-封闭式聚光灯						
8539100000	封闭式聚光灯	10	45	17	17	只	
85392110	---科研、医疗专用						
8539211000	科研、医疗专用卤钨灯	8	20	17	17	只	
85392120	---火车、航空器及船舶用						
8539212000	火车、航空器及船舶用卤钨灯	8	20	17	17	只	
85392130	---机动车辆用						
8539213000	机动车辆用卤钨灯	10	45	17	17	只	
85392190	---其他						
8539219000	其他用卤钨灯	10.5	70	17	17	只	
85392210	---科研、医疗专用						
8539221000	科研、医疗用功率≤200瓦白炽灯泡(功率≤200瓦,额定电压>100伏)	10.5	20	17	17	只	
85392290	---其他						
8539229000	其他用功率≤200瓦白炽灯泡(功率≤200瓦,额定电压>100伏)	5	70	17	17	只	
85392910	---科研、医疗专用						
8539291000	科研、医疗专用其他白炽灯泡	5	20	17	17	只	
85392920	---火车、航空器及船舶用						
8539292000	火车、航空及船舶用其他白炽灯泡	10.5	20	17	17	只	
85392930	---机动车辆用						
8539293000	机动车辆用其他白炽灯泡	5	45	17	17	只	
85392991	----12伏及以下的						
8539299100	12伏及以下未列名的白炽灯泡	12	70	17	17	只	
85392999	----其他						
8539299900	其他未列名的白炽灯泡	12	70	17	17	只	
85393110	---科研、医疗专用						
8539311000	科研、医疗专用热阴极荧光灯	8	20	17	17	只	
85393120	---火车、航空器及船舶用						
8539312000	火车、航空器、船舶用热阴极荧光灯	8	20	17	17	只	
85393191	----紧凑型						
8539319100	紧凑型热阴极荧光灯	8	70	17	17	只	

* 最惠国税率中,"/"左边的税率截止日期为2017年6月30日,"/"右边的税率截止日期为2999年12月31日。

商品编号	商品名称及备注	进口关税税率(%)		增值税率(%)	出口退税率(%)	计量单位	监管条件
		最惠国	普通				
85393199	----其他						
8539319900	其他用途用热阴极荧光灯	8	70	17	17	只	
85393230	---钠蒸汽灯						
8539323000	钠蒸汽灯	8	20	17	17	只	
85393240	---汞蒸汽灯						
8539324001[暂3]	彩色投影机用的照明光源(汞蒸汽灯)	8	20	17	17	只	
8539324090	其他汞蒸汽灯	8	20	17	17	只	
85393290	---其他						
8539329000	金属卤化物灯	8	70	17	17	只	
85393910	---科研、医疗专用						
8539391000	科研、医疗专用其他放电灯	8	20	17	17	只	
85393920	---火车、航空器及船舶用						
8539392000	火车、航空器、船舶用其他放电灯	8	20	17	17	只	
85393990	---其他						
8539399010	用于平板显示器背光源的冷阴极管荧光灯	6/4*	70	17	17	只	
8539399090	其他用途的其他放电灯管	8	70	17	17	只	
85394100	--弧光灯						
8539410000	弧光灯	8	20	17	17	只	
85394900	--其他						
8539490000	紫外线或红外线灯	8	20	17	17	只	
85395000	-发光二极管(LED)灯泡(管)						
8539500000	发光二极管(LED)灯泡(管)	10	80	17		只/千克	
85399000	-零件						
8539900000	品目85.39所列货品的零件	8	20	17	17	千克	
8540	**热电子管、冷阴极管或光阴极管(例如,真空管或充气管、汞弧整流管、阴极射线管、电视摄像管)**						
85401100	--彩色的						
8540110000	彩色阴极射线电视显像管(包括视频监视器用阴极射线管)	12	40	17	17	只	6A
85401200	--单色的						
8540120000	单色阴极射线电视显像管(包括视频监视器用阴极射线管)	15	40	17	17	只	6A
85402010	---电视摄像管						
8540201000	电视摄像管	12	35	17	17	只	
85402090	---其他						
8540209010	电子条纹相机的条纹显像管(专用于编号9006590040的条纹显像管)	8	17	17	17	只	3
8540209090	其他电视摄像管;其他变像管及图像增强管;其他光阴极管	8	17	17	17	只	
85404010	---彩色的数据/图形显示管,屏幕荧光点间距<0.4毫米						
8540401000	点距<0.4毫米彩色数据/图形显示管(指屏幕荧光点间距<0.4毫米)	8	17	17	17	只	6
85404020	---单色的数据/图形显示管						
8540402000	单色数据/图形显示管	8	17	17	17	只	6
85406010	---雷达显示管						
8540601000	雷达显示管	6	14	17	17	只	
85406090	---其他						
8540609000	其他阴极射线管	8	17	17	17	只	6
85407100	--磁控管						

* 最惠国税率中,"/"左边的税率截止日期为2017年6月30日,"/"右边的税率截止日期为2999年12月31日。

商品编号	商品名称及备注	进口关税税率(%)		增值税率(%)	出口退税率(%)	计量单位	监管条件
		最惠国	普通				
8540710000	磁控管	8	17	17	17	只	
85407910	---速调管						
8540791000	速调管	8	17	17	17	只	
85407990	---其他						
8540799000	其他微波管(不包括栅控管)	8	17	17	17	只	
85408100	--接收管或放大管						
8540810000	接收管或放大管	8	17	17	17	只	
85408900	--其他						
8540890010	光电倍增管(光电阴极面积>20 平方厘米,并且阳极脉冲上升时间<1 纳秒)	8	17	17	17	只	3
8540890090	其他电子管(包括光阴极管或汞弧整流管)	8	17	17	17	只	
85409110	---电视显像管用						
8540911000	电视显像管零件	6	40	17	17	千克	
85409120	---雷达显示管用						
8540912000	雷达显示管零件	5	14	17	17	千克	
85409190	---其他						
8540919000[暂4]	其他阴极射线管零件	8	17	17	17	千克	
85409910	---电视摄像管用						
8540991000	电视摄像管零件	8	35	17	17	千克	
85409990	---其他						
8540999000	其他热电子管、冷阴极管零件(包括光阴极管或汞弧整流管)	8	17	17	17	千克	
8541	**二极管、晶体管及类似的半导体器件;光敏半导体器件,包括不论是否装在组件内或组装成块的光电池;发光二极管;已装配的压电晶体**						
85411000	-二极管,但光敏二极管或发光二极管除外						
8541100000	二极管(光敏、发光二极管除外)	0	30	17	17	个/千克	
85412100	--耗散功率<1 瓦的						
8541210000	耗散功率<1 瓦的晶体管(不含光敏晶体管)	0	30	17	17	个/千克	
85412900	--其他						
8541290000	耗散功率≥1 瓦的晶体管(不含光敏晶体管)	0	30	17	17	个/千克	
85413000	-半导体开关元件、两端交流开关元件及三端双向可控硅开关元件,但光敏器件除外						
8541300000	半导体及可控硅等开关元件(不含光敏器件)	0	30	17	17	个/千克	
85414010	---发光二极管						
8541401000	发光二极管	0	30	17	17	个/千克	
85414020	---太阳能电池						
8541402000	太阳能电池	0	30	17	17	个/千克	
85414090	---其他						
8541409000	其他光敏半导体器件(包括不论是否装在组件内或组装成块的光电池)	0	30	17	17	个/千克	
85415000	-其他半导体器件						
8541500000	其他半导体器件	0	30	17	17	个/千克	
85416000	-已装配的压电晶体						
8541600000	已装配的压电晶体	0	30	17	17	个/千克	
85419000	-零件						
8541900000	品目 85.41 所列货品零件	0	30	17	17	千克	
8542	**集成电路**						
85423111	----具有变流功能的半导体模块						
8542311110	多元件集成电路中的自动数据处理设备机器及组件、电讯设备用的具有变流功能的半导体模块	0	30	17		个/千克	

商品编号	商品名称及备注	进口关税税率(%)		增值税率(%)	出口退税率(%)	计量单位	监管条件
		最惠国	普通				
8542311190[暂5]	多元件集成电路中的其他具有变流功能的半导体模块	8.3/6.7*	30	17		个/千克	
85423119	----其他						
8542311900	其他用做处理器及控制器的多元件集成电路(不论是否带有存储器、转换器、逻辑电路、放大器、时钟及时序电路或其他电路)	3.2/2.5*	46	17		个/千克	
85423190	---其他						
8542319000	其他用做处理器及控制器的集成电路(不论是否带有存储器、转换器、逻辑电路、放大器、时钟及时序电路或其他电路)	0	24	17		个/千克	
85423210	---多元件集成电路						
8542321000	用做存储器的多元件集成电路	3.4/2.7*	45	17		个/千克	
85423290	---其他						
8542329000	其他用做存储器的集成电路	0	24	17		个/千克	
85423310	---多元件集成电路						
8542331000	用做放大器的多元件集成电路	3.4/2.7*	45	17		个/千克	
85423390	---其他						
8542339000	其他用做放大器的集成电路	0	24	17		个/千克	
85423910	---多元件集成电路						
8542391000	其他多元件集成电路	3.4/2.7*	45	17		个/千克	
85423990	---其他						
8542399000	其他集成电路	0	24	17		个/千克	
85429000	-零件						
8542900000	其他集成电路及微电子组件零件	0	30	17	17	千克	
8543	**本章其他编号未列名的具有独立功能的电气设备及装置**						
85431000	-粒子加速器						
8543100010	脉冲电子加速器(峰值能量≥500千电子伏)	5	11	17	17	台	3
8543100020	中子发生器系统,包括中子管(真空下,利用静电加速来诱发氚-氘核反应)	5	11	17	17	台	3
8543100090	其他粒子加速器	5	11	17	17	台	
85432010	---输出信号频率<1500兆赫兹的通用信号发生器						
8543201000	输出信号频率<1500兆赫的通用信号发生器	13.1/11.3*	80	17	17	台	
85432090	---其他						
8543209010	高速脉冲发生器(脉冲上升时间<500ps)	7/6*	20	17	17	台	3
8543209090	其他输出信号频率≥1500兆赫的通用信号发生器	7/6*	20	17	17	台	
85433000	-电镀、电解或电泳设备及装置						
8543300010	电化学还原槽;锂汞齐电解槽(电化学还原槽为化学交换过程的铀浓缩设计的)	0	35	17	17	台	3
8543300020	产氟电解槽(每小时产250克以上)	0	35	17	17	台	3
8543300090	其他电镀、电解或电泳设备及装置	0	35	17	17	台	
85437091	----金属、矿藏探测器						
8543709100	金属、矿藏探测器	0	17	17	17	台	
85437092	----高、中频放大器						
8543709200	其他高、中频放大器	0	17	17	17	台	
85437093	----电篱网激发器						
8543709300	电篱网激发器	10	35	17	17	台	
85437099	----其他						
8543709910	飞行数据记录器、报告器	0	35	17	17	台	
8543709920	无线广播电视用激励器(具有独立功能)	0	35	17	17	台	O

* 最惠国税率中,"/"左边的税率截止日期为2017年6月30日,"/"右边的税率截止日期为2999年12月31日。

商品编号	商品名称及备注	进口关税税率(%)		增值税率(%)	出口退税率(%)	计量单位	监管条件
		最惠国	普通				
8543709930	模/数转换器(能设计或改进成军用,或设计成抗辐射的)	0	35	17	17	台	3
8543709940	质谱仪用的离子源(原子质量单位≥230, 分辨率>2/230)	0	35	17	17	台	3
8543709950	密码机、密码卡(不包括数字电视智能卡、蓝牙模块、用于知识产权保护的加密狗)	0	35	17	17	台	M
8543709990	其他未列名的具有独立功能的电气设备及装置	0	35	17	17	台	
85439010	---粒子加速器用						
8543901000	粒子加速器用零件	0	11	17	17	千克	
85439021	----输出信号频率<1500 兆赫兹的通用信号发生器用						
8543902100	输出信号频率<1500 兆赫通用信号发生器零件	0	80	17	17	千克	
85439029	----其他						
8543902900	输出信号频率≥1500 兆赫通用信号发生器零件	0	20	17	17	千克	
85439030	---金属、矿藏探测器用						
8543903000	金属、矿藏探测器用零件	0	17	17	17	千克	
85439040	---高、中频放大器用						
8543904000	高、中频放大器用零件	0	17	17	17	千克	
85439090	---其他						
8543909000	其他品目 85.43 项下电气设备零件	0	35	17	17	千克	
8544	**绝缘(包括漆包或阳极化处理)电线、电缆(包括同轴电缆)及其他绝缘电导体,不论是否有接头;由每根被覆光纤组成的光缆,不论是否与电导体装配或装有接头**						
85441100	--铜制						
8544110000暂6	铜制绕组电线	10	70	17	17	千克	
85441900	--其他						
8544190000	其他绕组电线(非铜制)	20	70	17	17	千克	
85442000	-同轴电缆及其他同轴电导体						
8544200000	同轴电缆及其他同轴电导体	10	20	17	17	千克	
85443020	---机动车辆用						
8544302001暂5	车辆用电控柴油机的线束	10	20	17	17	千克	
8544302090	机动车辆用其他点火布线组及其他布线组	10	20	17	17	千克	
85443090	---其他						
8544309000	其他用点火布线组及其他用布线组	5	70	17	17	千克	
85444211	----电缆						
8544421100	额定电压≤80 伏有接头电缆	0	20	17	17	千克	
85444219	----其他						
8544421900	额定电压≤80 伏有接头电导体	0	70	17	17	千克	
85444221	----电缆						
8544422100	80 伏<额定电压≤1000 伏有接头电缆	0	20	17	17	千克	A
85444229	----其他						
8544422900	80 伏<额定电压≤1000 伏有接头电导体	0	70	17	17	千克	A
85444911	----电缆						
8544491100	额定电压≤80 伏其他电缆	0	20	17	17	千克	
85444919	----其他						
8544491900	额定电压≤80 伏其他电导体	0	70	17	17	千克	
85444921	----电缆						
8544492100	80 伏<额定电压≤1000 伏的其他电缆	6	20	17	17	千克	A
85444929	----其他						
8544492900	80 伏<额定电压≤1000 伏的其他电导体	12	70	17	17	千克	
85446012	----额定电压≤35 千伏						

商品编号	商品名称及备注	进口关税税率(%)		增值税率(%)	出口退税率(%)	计量单位	监管条件
		最惠国	普通				
8544601200	1千伏<额定电压≤35千伏的电缆	10	50	17	17	千克	A
85446013	----35千伏<额定电压≤110千伏						
8544601300	35千伏<额定电压≤110千伏的电缆	8.4	20	17	17	千克	
85446014	----110千伏<额定电压≤220千伏						
8544601400	110千伏<额定电压≤220千伏的电缆	8.4	20	17	17	千克	
85446019	----其他						
8544601900	额定电压>220千伏的电缆	8.4	20	17	17	千克	
85446090	---其他						
8544609001[暂10]	额定电压≥500千伏的气体绝缘金属封闭输电线	21	70	17	17	千克	
8544609090	额定电压>1千伏的其他电导体	21	70	17	17	千克	
85447000	-光缆						
8544700000	光缆	0	20	17	17	千克	
8545	**碳电极、碳刷、灯碳棒、电池碳棒及电气设备用的其他石墨或碳精制品,不论是否带金属**						
85451100	--炉用						
8545110000	炉用碳电极(不论是否带金属)	8	35	17	0	千克	3
85451900	--其他						
8545190000	其他碳电极(不论是否带金属)	10.5	35	17	0	千克	3
85452000	-碳刷						
8545200000	碳刷(不论是否带金属)	10.5	35	17	17	千克	
85459000	-其他						
8545900000	灯碳棒,电池碳棒及其他石墨制品(不论是否带金属)	10.5	35	17	17	千克	3
8546	**各种材料制的绝缘子**						
85461000	-玻璃制						
8546100000	玻璃制绝缘子	10.5	35	17	17	千克	
85462010	---输变电线路绝缘瓷套管						
8546201000	输变电线路绝缘瓷套管	6	35	17	17	千克	
85462090	---其他						
8546209001[暂3]	输变电架空线路用长棒形瓷绝缘子瓷件(单支长度为1~2米,实芯)	12	35	17	17	千克	
8546209090	其他陶瓷制绝缘子(包括非输变电线路绝缘瓷套管)	12	35	17	17	千克	
85469000	-其他						
8546900000	其他材料制绝缘子	10	35	17	17	千克	
8547	**电气机器、器具或设备用的绝缘零件,除了为装配需要而在模制时装入的小金属零件(例如,螺纹孔)以外,全部用绝缘材料制成,但品目85.46的绝缘子除外;内衬绝缘材料的贱金属制线路导管及其接头**						
85471000	-陶瓷制绝缘零件						
8547100000	陶瓷制绝缘零件	8	35	17	17	千克	
85472000	-塑料制绝缘零件						
8547200000	塑料制绝缘零件	8	35	17	17	千克	
85479010	---内衬绝缘材料的贱金属制线路导管及其接头						
8547901000	内衬绝缘材料的贱金属导管、接头	10	50	17	17	千克	
85479090	---其他						
8547909000	其他材料制绝缘配件	8	35	17	17	千克	
8548	**原电池、原电池组及蓄电池的废碎料;废原电池、废原电池组及废蓄电池;机器或设备的本章其他编号未列名的电气零件**						
85481000	-原电池、原电池组及蓄电池的废碎料;废原电池、废原电池组及废蓄电池						
8548100000	电池废碎料及废电池[指原电池(组)和蓄电池的废碎料,废原电池(组)及废蓄电]	8	36	17	17	千克	9

商品编号	商品名称及备注	进口关税税率(%)		增值税率(%)	出口退税率(%)	计量单位	监管条件
		最惠国	普通				
85489000	-其他						
8548900001[暂3]	电磁干扰滤波器	12	40	17	17	千克	
8548900002[暂6]	非电磁干扰滤波器	12	40	17	15	千克	
8548900010	可调脉冲单模染料振荡器(平均输出功率>1 瓦,重复率>1 千赫,脉宽度<100 纳秒可见光范围)	12	40	17	17	千克	3
8548900020	可调脉冲染料激光放大器和振荡器(不包括单模振荡器)(平均输出功率>30 瓦,重复率>1 千赫,脉宽度<100 纳秒可见光范围)	12	40	17	17	千克	3
8548900030	触摸感应数据输入装置(即触摸屏)无显示的性能,安装于有显示屏的设备中,通过检测显示区域内触摸动作的发生及位置进行工作。触摸感应可通过电阻、静电电容、声学脉冲识别、红外光或其他触摸感应技术来获得	10/8*	40	17	15	千克	
8548900090	第八十五章其他编号未列名的电气零件	12	40	17	15	千克	

* 最惠国税率中,“/”左边的税率截止日期为 2017 年 6 月 30 日,“/”右边的税率截止日期为 2999 年 12 月 31 日。

第十七类　车辆、航空器、船舶及有关运输设备

注释：

一、本类不包括品目95.03或95.08的物品以及品目95.06的长雪橇、平底雪橇及类似品。

二、本类所称"零件"及"零件、附件"，不适用于下列货品，不论其是否确定为供本类货品使用：

（一）各种材料制的接头、垫圈或类似品（按其构成材料归类或归入品目84.84）或硫化橡胶（硬质橡胶除外）的其他制品（品目40.16）；

（二）第十五类注释二所规定的贱金属制通用零件（第十五类）或塑料制的类似品（第三十九章）；

（三）第八十二章的物品（工具）；

（四）品目83.06的物品；

（五）品目84.01～84.79的机器或装置及其零件，但供本类所列货品使用的散热器除外；品目84.81或84.82的物品及品目84.83的物品（这些物品是构成发动机或其他动力装置所必需的）；

（六）电机或电气设备（第八十五章）；

（七）第九十章的物品；

（八）第九十一章的物品；

（九）武器（第九十三章）；

（十）品目94.05的灯具或照明装置；

（十一）作为车辆零件的刷子（品目96.03）。

三、第八十六章至第八十八章所称"零件"或"附件"，不适用于那些非专用于或非主要用于这几章所列物品的零件、附件。同时符合这几章内两个或两个以上品目规定的零件、附件，应按其主要用途归入相应的品目。

四、在本类中：

（一）既可在道路上又可在轨道上行驶的特殊构造车辆，应归入第八十七章的相应品目；

（二）水陆两用机动车辆，应归入第八十七章的相应品目；

（三）可兼作地面车辆使用的特殊构造的航空器，应归入第八十八章的相应品目。

五、气垫运输工具应按本类最相似的运输工具归类，其规定如下：

（一）在导轨上运行的（气垫火车），归入第八十六章；

（二）在陆地行驶或水陆两用的，归入第八十七章；

（三）在水上航行的，不论能否在海滩或浮码头登陆及能否在冰上行驶，一律归入第八十九章。

气垫运输工具的零件、附件，应按照上述规定，与最相类似的运输工具的零件、附件一并归类。

气垫火车的导轨固定装置及附件应与铁道轨道固定装置及附件一并归类。气垫火车运行系统的信号、安全或交通管理设备应与铁路的信号、安全或交通管理设备一并归类。

第八十六章　铁道及电车道机车、车辆及其零件；铁道及电车道轨道固定装置及其零件、附件；各种机械（包括电动机械）交通信号设备

注释：

一、本章不包括：

（一）木制或混凝土制的铁道或电车道轨枕及气垫火车用的混凝土导轨（品目44.06或68.10）；

（二）品目73.02的铁道及电车道铺轨用钢铁材料；

（三）品目85.30的电气信号、安全或交通管理设备。

二、品目86.07主要适用于：

（一）轴、轮、行走机构、金属轮箍、轮圈、毂及轮子的其他零件；

（二）车架、底架、转向架；

（三）轴箱；制动装置；

（四）车辆缓冲器；钩或其他联结器及车厢走廊联结装置；

（五）车身。

三、除上述注释一另有规定的以外，品目86.08包括：

（一）已装配的轨道、转车台、站台缓冲器、量载规；

（二）铁道及电车道、道路、内河航道、停车场、港口或机场用的臂板信号机、机械信号盘、平交道口控制器、信号及道岔控制器及其他机械（包括电动机械）信号、安全或交通管理设备，不论是否装有电力照明装置。

商品编号	商品名称及备注	进口关税税率（%）		增值税率（%）	出口退税率（%）	计量单位	监管条件
		最惠国	普通				
8601	铁道电力机车，由外部电力或蓄电池驱动						
86011011	----微型机控制的						
8601101100	微机控制的外部直流电动铁道机车	3	11	17	17	辆	
86011019	----其他						

商品编号	商品名称及备注	进口关税税率(%)		增值税率(%)	出口退税率(%)	计量单位	监管条件
		最惠国	普通				
8601101900	由外部直流电驱动的其他铁道机车	3	11	17	17	辆	
86011020	---交流电机驱动的						
8601102000	由外部交流电驱动的铁道机车	3	11	17	17	辆	O
86011090	---其他						
8601109000	由其他外部电力驱动的铁道机车	3	11	17	17	辆	O
86012000	-由蓄电池驱动						
8601200000	由蓄电池驱动的铁道电力机车	3	11	17	17	辆	
8602	**其他铁道机车;机车煤水车**						
86021010	---微型机控制的						
8602101000	微机控制的柴油电力铁道机车	3	11	17	17	辆	
86021090	---其他						
8602109000	其他柴油电力铁道机车	3	11	17	17	辆	
86029000	-其他						
8602900000	其他铁道机车及机车煤水车	3	11	17	17	辆	
8603	**铁道及电车道用的机动客车、货车、敞车,但品目86.04的货品除外**						
86031000	-由外部电力驱动						
8603100000	由外电力驱动铁道用机动客,货车(包括电车道用的,但品目86.04的货品除外)	3	11	17	17	辆	O
86039000	-其他						
8603900000	其他铁道用机动客车,货车,敞车(包括电车道用的,但品目86.04的货品除外)	3	11	17	17	辆	
8604	**铁道及电车道用的维修或服务车,不论是否机动(例如,工场车、起重机车、道碴捣固车、轨道校正车、检验车及查道车)**						
86040011	----隧道限界检查车						
8604001100	隧道限界检查车(不论是否机动)	3	14	17	17	辆	
86040012	----钢轨在线打磨列车						
8604001200	钢轨在线打磨列车(不论是否机动)	3	14	17	17	辆	
86040019	----其他						
8604001900	铁道及电车道用其他检验、查道车(不论是否机动)	5	14	17	17	辆	O
86040091	----电气化接触网架线机(轨行式)						
8604009100	电气化接触网架线机(轨行式)(不论是否机动)	5	20	17	17	辆	
86040099	----其他						
8604009900	铁道及电车道用其他维修车辆(包括服务车,不论是否机动)	7	20	17	17	辆	
8605	**铁道及电车道用的非机动客车;行李车、邮政车和其他铁道及电车道用的非机动特殊用途车辆(品目86.04的货品除外)**						
86050010	---铁道客车						
8605001000	铁道用非机动客车	5	14	17	17	辆	
86050090	---其他						
8605009000	电车道用的非机动客车,行李车等(还包括邮政车和其他铁道用的非机动特殊车辆)	5	14	17	17	辆	
8606	**铁道及电车道用的非机动有篷及无篷货车**						
86061000	-油罐货车及类似车						
8606100000	铁道用非机动油罐货车及类似车(包括电车道用,但不包括容积50立方米液化气铁路槽车)	5	14	17	17	辆	
86063000	-自卸货车,但编号86061000的货品除外						
8606300000	铁道用非机动自卸货车(包括电车道用,但编号860610的货品除外)	5	14	17	17	辆	
86069100	--带篷及封闭的						
8606910000	铁道用非机动带篷及封闭货车(包括电车道用)	5	14	17	17	辆	
86069200	--敞篷的,厢壁固定且高度>60厘米						

商品编号	商品名称及备注	进口关税税率(%)		增值税率(%)	出口退税率(%)	计量单位	监管条件
		最惠国	普通				
8606920000	铁道用非机动厢高>60厘米敞篷货车(包括电车道用)	5	14	17	17	辆	
86069900	--其他						
8606990000	品目86.06所列其他未列名非机动车	5	14	17	17	辆	
8607	**铁道及电车道机车或其他车辆的零件**						
86071100	--驾驶转向架						
8607110000	铁道及电车道机车的驾驶转向架(包括铁道及电车道其他车辆用的)	3	11	17	17	套/千克	
86071200	--其他转向架						
8607120000	铁道及电车道机车非驾驶转向架(包括铁道及电车道其他车辆用的)	3	11	17	17	套/千克	
86071910	---轴						
8607191000	铁道及电车道机车用车轴(包括铁道及电车道其他车辆用的)	3	11	17	17	根/千克	
86071990	---其他						
8607199000	铁道及电车道机车用其他轴、轮(包括其他零件,含铁道及电车道其他车辆用的)	3	11	17	17	千克	
86072100	--空气制动器及其零件						
8607210000	铁道及电车道机车用空气制动器(包括零件,含铁道及电车道其他车辆用的)	3	11	17	17	千克	
86072900	--其他						
8607290000	铁道及电车道机车用非空气制动器(包括零件,含铁道及电车道其他车辆用的)	3	11	17	17	千克	
86073000	-钩、其他联结器、缓冲器及其零件						
8607300000	铁道及电车道机车用钩、联结器(包括缓冲器及其零件,含铁道及电车道其他车辆用的)	3	11	17	17	千克	
86079100	--机车用						
8607910000	铁道及电车道机车用其他零件	3	11	17	17	千克	
86079900	--其他						
8607990000	铁道及电车道非机车用其他零件	3	11	17	17	千克	
8608	**铁道及电车道轨道固定装置及附件;供铁道、电车道、道路、内河航道、停车场、港口或机场用的机械(包括电动机械)信号、安全或交通管理设备;上述货品的零件**						
86080010	---轨道自动计轴设备						
8608001000	轨道自动计轴设备	3	20	17	17	千克/台	
86080090	---其他						
8608009000	铁道及电车道轨道固定装置及配件(包括交通机械信号,安全或交通管理设备及其零件)	4	20	17	17	千克	
8609	**集装箱(包括运输液体的集装箱),经特殊设计、装备适用于各种运输方式**						
86090011	----保温式						
8609001100	20英尺的保温式集装箱	10.5	35	17	17	个	AB
86090012	----罐式						
8609001200	20英尺的罐式集装箱	10.5	35	17	17	个	AB
86090019	----其他						
8609001900	其他20英尺集装箱	10.5	35	17	17	个	AB
86090021	----保温式						
8609002100	40英尺的保温式集装箱	10.5	35	17	17	个	AB
86090022	----罐式						
8609002200	40英尺的罐式集装箱	10.5	35	17	17	个	AB
86090029	----其他						
8609002900	其他40英尺的集装箱	10.5	35	17	17	个	AB
86090030	---45、48、53英尺的						
8609003000	45、48、53英尺的集装箱	10.5	35	17	17	个	AB
86090090	---其他						
8609009000	其他集装箱(包括运输液体的集装箱)	10.5	35	17	17	个	AB

第八十七章　车辆及其零件、附件，但铁道及电车道车辆除外

注释：

一、本章不包括仅可在钢轨上运行的铁道及电车道车辆。

二、本章所称“牵引车、拖拉机”，是指主要为牵引或推动其他车辆、器具或重物的车辆。除了上述主要用途以外，不论是否还具有装运工具、种子、肥料或其他货品的辅助装置。

用于安装在品目 87.01 的牵引车、拖拉机上，作为可替换设备的机器或作业工具，即使与牵引车、拖拉机一同进口或出口，不论是否已安装在车上，仍应归入其各自相应品目。

三、装有驾驶室的机动车辆底盘，应归入品目 87.02～87.04，而不归入品目 87.06。

四、品目 87.12 包括所有儿童两轮车，其他儿童脚踏车归入品目 95.03。

商品编号	商品名称及备注	进口关税税率（%）		增值税率（%）	出口退税率（%）	计量单位	监管条件
		最惠国	普通				
8701	**牵引车、拖拉机（品目 87.09 的牵引车除外）**						
87011000	-单轴拖拉机						
8701100000	单轴拖拉机	9	20	13	13	辆	6
87012000	-半挂车用的公路牵引车						
8701200000	半挂车用的公路牵引车	6	20	17	17	辆	46Axy
87013000	-履带式牵引车、拖拉机						
8701300010	履带式拖拉机	6	20	13	13	辆	6A
8701300090	履带式牵引车	6	20	17	13	辆	6A
87019110	---拖拉机						
8701911000	其他发动机功率≤18 千瓦的拖拉机	8	20	17		辆	6A
87019190	---其他						
8701919000	其他发动机功率≤18 千瓦的牵引车（不包括品目 87.09 的牵引车）	8	20	17		辆	6A
87019210	---拖拉机						
8701921000	其他发动机 18 千瓦<功率≤37 千瓦的拖拉机	8	20	17		辆	6A
87019290	---其他						
8701929000	其他发动机 18 千瓦<功率≤37 千瓦的牵引车（不包括品目 87.09 的牵引车）	8	20	17		辆	6A
87019310	---拖拉机						
8701931000	其他发动机 37 千瓦<功率≤75 千瓦的拖拉机	8	20	17		辆	6A
87019390	---其他						
8701939000	其他发动机功率 37 千瓦<功率≤75 千瓦的牵引车（不包括品目 87.09 的牵引车）	8	20	17		辆	6A
87019410	---拖拉机						
8701941010[暂5]	发动机 110 千瓦<功率≤130 千瓦的轮式拖拉机	8	20	17		辆	6A
8701941090	发动机 75 千瓦<功率≤130 千瓦的其他拖拉机	8	20	17		辆	6A
87019490	---其他						
8701949000	其他发动机 75 千瓦<功率≤130 千瓦的牵引车（不包括品目 87.09 的牵引车）	8	20	17		辆	6A
87019510	---拖拉机						
8701951010[暂5]	发动机功率>130 千瓦的轮式拖拉机	8	20	17		辆	6A
8701951090	发动机功率>130 千瓦的其他拖拉机	8	20	17		辆	6A
87019590	---其他						
8701959000	其他发动机功率>130 千瓦的牵引车（不包括品目 8709 的牵引车）	8	20	17		辆	6A
8702	**客运机动车辆，10 座及以上（包括驾驶座）**						
87021020	---机坪客车						
8702102000	仅装有压燃式活塞内燃发动机（柴油或半柴油发动机）的机坪客车（机场专用车）	4	90	17	17	辆	6AO
87021091	----30 座及以上						

商品编号	商 品 名 称 及 备 注	进口关税税率(%)		增值税率(%)	出口退税率(%)	计量单位	监管条件
		最惠国	普通				
8702109100	座位数≥30的仅装有压燃式活塞内燃发动机(柴油或半柴油发动机)的大型客车	25	90	17	17	辆	46AOxy
87021092	----20座及以上,但不超过29座						
8702109210	20≤座位数≤23仅装有压燃式活塞内燃发动机(柴油或半柴油发动机)的客车	25	230	17	17	辆	46AOxy
8702109290	24≤座位数≤29的仅装有压燃式活塞内燃发动机(柴油或半柴油发动机)的客车	25	230	17	17	辆	46AOxy
87021093	----10座及以上,但不超过19座						
8702109300	10≤座位数≤19的仅装有压燃式活塞内燃发动机(柴油或半柴油发动机)的客车	25	230	17	17	辆	46AOxy
87022010	---机坪客车						
8702201000	同时装有压燃式活塞内燃发动机(柴油或半柴油发动机)及驱动电动机的机坪客车(机场专用车)	4	90	17		辆	6AO
87022091	----30座及以上(大型客车)						
8702209100	座位数≥30同时装有压燃式活塞内燃发动机(柴油或半柴油发动机)及驱动电动机的大型客车(指装有柴油或半柴油发动机的座位数≥30的客运车)	25	90	17		辆	46AOxy
87022092	----20座及以上,但不超过29座						
8702209210	20≤座位数≤23同时装有压燃式活塞内燃发动机(柴油或半柴油发动机)及驱动电动机的客车	25	230	17		辆	46AOxy
8702209290	24≤座位数≤29同时装有压燃式活塞内燃发动机(柴油或半柴油发动机)及驱动电动机的客车	25	230	17		辆	46AOxy
87022093	----10座及以上,但不超过19座						
8702209300	10≤座位数≤19同时装有压燃式活塞内燃发动机(柴油或半柴油发动机)及驱动电动机的客车	25	230	17		辆	46AOxy
87023010	---30座及以上(大型客车)						
8702301000	座位数≥30同时装有点燃往复式活塞内燃发动机及驱动电动机的大型客车	25	90	17		辆	46AOxy
87023020	---20座及以上,但不超过29座						
8702302010	20≤座位数≤23同时装有点燃往复式活塞内燃发动机及驱动电动机的客车	25	230	17		辆	46AOxy
8702302090	24≤座位数≤29同时装有点燃往复式活塞内燃发动机及驱动电动机的客车	25	230	17		辆	46AOxy
87023030	---10座及以上,但不超过19座						
8702303000	10≤座位数≤19同时装有点燃往复式活塞内燃发动机及驱动电动机的客车	25	230	17		辆	46AOxy
87024010	---30座及以上(大型客车)						
8702401000	座位数≥30仅装有驱动电动机的大型客车	25	90	17		辆	46AOxy
87024020	---20座及以上,但不超过29座						
8702402010	20≤座位数≤23仅装有驱动电动机的客车	25	230	17		辆	46AOxy
8702402090	24≤座位数≤29仅装有驱动电动机的客车	25	230	17		辆	46AOxy
87024030	---10座及以上,但不超过19座						
8702403000	10≤座位数≤19仅装有驱动电动机的客车	25	230	17		辆	46AOxy
87029010	---30座及以上(大型客车)						
8702901000	座位数≥30的大型客车(其他型)(指装有其他发动机的座位数≥30的客运车)	25	90	17	17	辆	46AOxy
87029020	---20座及以上,但不超过29座						
8702902001	20≤座位数≤23装有非压燃式活塞内燃发动机的客车	25	230	17	17	辆	46AOxy
8702902090	24≤座位数≤29装有非压燃式活塞内燃发动机的客车	25	230	17	17	辆	46AOxy
87029030	---10座及以上,但不超过19座						
8702903000	10≤座位数≤19装有非压燃式活塞内燃发动机的客车	25	230	17	17	辆	46AOxy
8703	**主要用于载人的机动车辆(品目87.02的货品除外),包括旅行小客车及赛车**						
87031011	----全地形车						
8703101100	全地形车	25	150	17	17	辆	46xy
87031019	----其他						
8703101900	高尔夫球车及其他类似车	25	150	17	17	辆	6

商品编号	商品名称及备注	进口关税税率(%)		增值税率(%)	出口退税率(%)	计量单位	监管条件
		最惠国	普通				
87031090	---其他						
8703109000	其他,雪地行走专用车	25	150	17	17	辆	6
87032130	---小轿车						
8703213010	仅装有排量≤1升的点燃往复式活塞内燃发动机的小轿车	25	230	17	17	辆	46AOxy
8703213090	仅装有排量≤1升的点燃往复式活塞内燃发动机小轿车的成套散件	25	230	17	17	辆	46Oxy
87032140	---越野车(4轮驱动)						
8703214010	仅装有排量≤1升的点燃往复式活塞内燃发动机的越野车(4轮驱动)	25	230	17	17	辆	46AOxy
8703214090	仅装有排量≤1升的点燃往复式活塞内燃发动机的越野车(4轮驱动)的成套散件	25	230	17	17	辆	46Oxy
87032150	---9座及以下的小客车						
8703215010	仅装有排量≤1升的点燃往复式活塞内燃发动机的小客车(座位数≤9座)	25	230	17	17	辆	46AOxy
8703215090	仅装有排量≤1升的点燃往复式活塞内燃发动机的小客车的成套散件(座位数≤9座)	25	230	17	17	辆	46Oxy
87032190	---其他						
8703219010	仅装有排量≤1升的点燃往复式活塞内燃发动机的其他载人车辆	25	230	17	17	辆	46AOxy
8703219090	仅装有排量≤1升的点燃往复式活塞内燃发动机的其他载人车辆的成套散件	25	230	17	17	辆	46Oxy
87032230	---小轿车						
8703223010	仅装有1升<排量≤1.5升点燃往复式活塞内燃发动机小轿车	25	230	17	17	辆	46AOxy
8703223090	仅装有1升<排量≤1.5升点燃往复式活塞内燃发动机小轿车的成套散件	25	230	17	17	辆	46Oxy
87032240	---越野车(4轮驱动)						
8703224010	仅装有1升<排量≤1.5升点燃往复活塞内燃发动机四轮驱动越野车	25	230	17	17	辆	46AOxy
8703224090	仅装有1升<排量≤1.5升点燃往复活塞内燃发动机四轮驱动越野车的成套散件	25	230	17	17	辆	46Oxy
87032250	---9座及以下的小客车						
8703225010	仅装有1升<排量≤1.5升点燃往复式活塞内燃发动机小客车(座位数≤9座)	25	230	17	17	辆	46AOxy
8703225090	仅装有1升<排量≤1.5升点燃往复式活塞内燃发动机小客车的成套散件(座位数≤9座)	25	230	17	17	辆	46Oxy
87032290	---其他						
8703229010	仅装有1升<排量≤1.5升点燃往复式活塞内燃发动机其他载人车辆	25	230	17	17	辆	46AOxy
8703229090	仅装有1升<排量≤1.5升点燃往复式活塞内燃发动机其他载人车辆的成套散件	25	230	17	17	辆	46Oxy
87032341	----小轿车						
8703234110	仅装有1.5升<排量≤2升的点燃往复式活塞内燃发动机小轿车	25	230	17	17	辆	46AOxy
8703234190	仅装有1.5升<排量≤2升的点燃往复式活塞内燃发动机小轿车的成套散件	25	230	17	17	辆	46Oxy
87032342	----越野车(4轮驱动)						
8703234210	仅装有1.5升<排量≤2升的点燃往复式活塞内燃发动机越野车(4轮驱动)	25	230	17	17	辆	46AOxy
8703234290	仅装有1.5升<排量≤2升的点燃往复式活塞内燃发动机越野车的成套散件(4轮驱动)	25	230	17	17	辆	46Oxy
87032343	----9座及以下的小客车						
8703234310	仅装有1.5升<排量≤2升的点燃往复式活塞内燃发动机小客车(座位数≤9座)	25	230	17	17	辆	46AOxy
8703234390	仅装有1.5升<排量≤2升的点燃往复式活塞内燃发动机小客车的成套散件(座位数≤9座)	25	230	17	17	辆	46Oxy
87032349	----其他						
8703234910	仅装有1.5升<排量≤2升的点燃往复式活塞内燃发动机的其他载人车辆	25	230	17	17	辆	46AOxy
8703234990	仅装有1.5升<排量≤2升的点燃往复式活塞内燃发动机的其他载人车辆的成套散件	25	230	17	17	辆	46Oxy
87032351	----小轿车						
8703235110	仅装有2升<排量≤2.5升的点燃往复式活塞内燃发动机小轿车	25	230	17	17	辆	46AOxy
8703235190	仅装有2升<排量≤2.5升的点燃往复式活塞内燃发动机小轿车的成套散件	25	230	17	17	辆	46Oxy
87032352	----越野车(4轮驱动)						
8703235210	仅装有2升<排量≤2.5升的点燃往复式活塞内燃发动机越野车(4轮驱动)	25	230	17	17	辆	46AOxy
8703235290	仅装有2升<排量≤2.5升的点燃往复式活塞内燃发动机越野车的成套散件(4轮驱动)	25	230	17	17	辆	46Oxy
87032353	----9座及以下的小客车						

商品编号	商 品 名 称 及 备 注	进口关税税率(%)		增值税率(%)	出口退税率(%)	计量单位	监管条件
		最惠国	普通				
8703235310	仅装有2升<排量≤2.5升的点燃往复式活塞内燃发动机小客车(座位数≤9座)	25	230	17	17	辆	46AOxy
8703235390	仅装有2升<排量≤2.5升的点燃往复式活塞内燃发动机的小客车的成套散件(座位数≤9座)	25	230	17	17	辆	46Oxy
87032359	----其他						
8703235910	仅装有2升<排量≤2.5升的点燃往复式活塞内燃发动机的其他载人车辆	25	230	17	17	辆	46AOxy
8703235990	仅装有2升<排量≤2.5升的点燃往复式活塞内燃发动机的其他载人车辆的成套散件	25	230	17	17	辆	46Oxy
87032361	----小轿车						
8703236110	仅装有2.5升<排量≤3升的点燃往复式活塞内燃发动机小轿车	25	270	17	17	辆	46AOxy
8703236190	仅装有2.5升<排量≤3升的点燃往复式活塞内燃发动机小轿车的成套散件	25	270	17	17	辆	46Oxy
87032362	----越野车(4轮驱动)						
8703236210	仅装有2.5升<排量≤3升的点燃往复式活塞内燃发动机越野车(4轮驱动)	25	270	17	17	辆	46AOxy
8703236290	仅装有2.5升<排量≤3升的点燃往复式活塞内燃发动机越野车的成套散件(4轮驱动)	25	270	17	17	辆	46Oxy
87032363	----9座及以下的小客车						
8703236310	仅装有2.5升<排量≤3升的点燃往复式活塞内燃发动机小客车(座位数≤9座)	25	270	17	17	辆	46AOxy
8703236390	仅装有2.5升<排量≤3升的点燃往复式活塞内燃发动机小客车的成套散件(座位数≤9座)	25	270	17	17	辆	46Oxy
87032369	----其他						
8703236910	仅装有2.5升<排量≤3升的点燃往复式活塞内燃发动机的其他载人车辆	25	270	17	17	辆	46AOxy
8703236990	仅装有2.5升<排量≤3升的点燃往复式活塞内燃发动机的其他载人车辆的成套散件	25	270	17	17	辆	46Oxy
87032411	----小轿车						
8703241110	仅装有3升<排量≤4升的点燃往复式活塞内燃发动机小轿车	25	270	17	17	辆	46AOxy
8703241190	仅装有3升<排量≤4升的点燃往复式活塞内燃发动机小轿车的成套散件	25	270	17	17	辆	46Oxy
87032412	----越野车(4轮驱动)						
8703241210	仅装有3升<排量≤4升的点燃往复式活塞内燃发动机越野车(4轮驱动)	25	270	17	17	辆	46AOxy
8703241290	仅装有3升<排量≤4升的点燃往复式活塞内燃发动机越野车的成套散件(4轮驱动)	25	270	17	17	辆	46Oxy
87032413	----9座及以下的小客车						
8703241310	仅装有3升<排量≤4升的点燃往复式活塞内燃发动机的小客车(座位数≤9座)	25	270	17	17	辆	46AOxy
8703241390	仅装有3升<排量≤4升的点燃往复式活塞内燃发动机的小客车的成套散件(座位数≤9座)	25	270	17	17	辆	46Oxy
87032419	----其他						
8703241910	仅装有3升<排量≤4升的点燃往复式活塞内燃发动机的其他载人车辆	25	270	17	17	辆	46AOxy
8703241990	仅装有3升<排量≤4升的点燃往复式活塞内燃发动机的其他载人车辆的成套散件	25	270	17	17	辆	46Oxy
87032421	----小轿车						
8703242110	仅装有排量>4升的点燃往复式活塞内燃发动机小轿车	25	270	17	17	辆	46AOxy
8703242190	仅装有排量>4升的点燃往复式活塞内燃发动机小轿车的成套散件	25	270	17	17	辆	46Oxy
87032422	----越野车(4轮驱动)						
8703242210	仅装有排量>4升的点燃往复式活塞内燃发动机越野车(4轮驱动)	25	270	17	17	辆	46AOxy
8703242290	仅装有排量>4升的点燃往复式活塞内燃发动机越野车的成套散件(4轮驱动)	25	270	17	17	辆	46Oxy
87032423	----9座及以下的小客车						
8703242310	仅装有排量>4升的点燃往复式活塞内燃发动机的小客车(座位数≤9座)	25	270	17	17	辆	46AOxy
8703242390	仅装有排量>4升的点燃往复式活塞内燃发动机的小客车的成套散件(座位数≤9座)	25	270	17	17	辆	46Oxy
87032429	----其他						
8703242910	仅装有排量>4升的点燃往复式活塞内燃发动机的其他载人车辆	25	270	17	17	辆	46AOxy
8703242990	仅装有排量>4升的点燃往复式活塞内燃发动机的其他载人车辆的成套散件	25	270	17	17	辆	46Oxy
87033111	----小轿车						
8703311110	仅装有排量≤1升的压燃式活塞内燃发动机小轿车	25	230	17	17	辆	46AOxy

商品编号	商品名称及备注	进口关税税率(%) 最惠国	进口关税税率(%) 普通	增值税率(%)	出口退税率(%)	计量单位	监管条件
8703311190	仅装有排量≤1升的压燃式活塞内燃发动机小轿车的成套散件	25	230	17	17	辆	46Oxy
87033119	----其他						
8703311910	仅装有排量≤1升的压燃式活塞内燃发动机的其他载人车辆	25	230	17	17	辆	46AOxy
8703311990	仅装有排量≤1升的压燃式活塞内燃发动机的其他载人车辆的成套散件	25	230	17	17	辆	46Oxy
87033121	----小轿车						
8703312110	仅装有1升<排量≤1.5升的压燃式活塞内燃发动机小轿车	25	230	17	17	辆	46AOxy
8703312190	仅装有1升<排量≤1.5升的压燃式活塞内燃发动机小轿车的成套散件	25	230	17	17	辆	46Oxy
87033122	----越野车(4轮驱动)						
8703312210	仅装有1升<排量≤1.5升的压燃式活塞内燃发动机越野车(4轮驱动)	25	230	17	17	辆	46AOxy
8703312290	仅装有1升<排量≤1.5升的压燃式活塞内燃发动机越野车的成套散件(4轮驱动)	25	230	17	17	辆	46Oxy
87033123	----9座及以下的小客车						
8703312310	仅装有1升<排量≤1.5升的压燃式活塞内燃发动机小客车(座位数≤9座)	25	230	17	17	辆	46AOxy
8703312390	仅装有1升<排量≤1.5升的压燃式活塞内燃发动机小客车的成套散件(座位数≤9座)	25	230	17	17	辆	46Oxy
87033129	----其他						
8703312910	仅装有1升<排量≤1.5升的压燃式活塞内燃发动机的其他载人车辆	25	230	17	17	辆	46AOxy
8703312990	仅装有1升<排量≤1.5升的装压燃式活塞内燃发动机的其他载人车辆的成套散件	25	230	17	17	辆	46Oxy
87033211	----小轿车						
8703321110	仅装有1.5升<排量≤2升的压燃式活塞内燃发动机小轿车	25	230	17	17	辆	46AOxy
8703321190	仅装有1.5升<排量≤2升的压燃式活塞内燃发动机小轿车的成套散件	25	230	17	17	辆	46Oxy
87033212	----越野车(4轮驱动)						
8703321210	仅装有1.5升<排量≤2升的压燃式活塞内燃发动机越野车(4轮驱动)	25	230	17	17	辆	46AOxy
8703321290	仅装有1.5升<排量≤2升的压燃式活塞内燃发动机越野车的成套散件(4轮驱动)	25	230	17	17	辆	46Oxy
87033213	----9座及以下的小客车						
8703321310	仅装有1.5升<排量≤2升的装压燃式活塞内燃发动机小客车(座位数≤9座)	25	230	17	17	辆	46AOxy
8703321390	仅装有1.5升<排量≤2升的压燃式活塞内燃发动机小客车的成套散件(座位数≤9座)	25	230	17	17	辆	46Oxy
87033219	----其他						
8703321910	仅装有1.5升<排量≤2升的压燃式活塞内燃发动机的其他载人车辆	25	230	17	17	辆	46AOxy
8703321990	仅装有1.5升<排量≤2升的压燃式活塞内燃发动机的其他载人车辆的成套散件	25	230	17	17	辆	46Oxy
87033221	----小轿车						
8703322110	仅装有2升<排量≤2.5升的压燃式活塞内燃发动机小轿车	25	230	17	17	辆	46AOxy
8703322190	仅装有2升<排量≤2.5升的燃式活塞内燃发动机小轿车的成套散件	25	230	17	17	辆	46Oxy
87033222	----越野车(4轮驱动)						
8703322210	仅装有2升<排量≤2.5升的燃式活塞内燃发动机越野车(4轮驱动)	25	230	17	17	辆	46AOxy
8703322290	仅装有2升<排量≤2.5升的燃式活塞内燃发动机越野车的成套散件(4轮驱动)	25	230	17	17	辆	46Oxy
87033223	----9座及以下的小客车						
8703322310	仅装有2升<排量≤2.5升的燃式活塞内燃发动机小客车(座位数≤9座)	25	230	17	17	辆	46AOxy
8703322390	仅装有2升<排量≤2.5升的压燃式活塞内燃发动机小客车的成套散件(座位数≤9座)	25	230	17	17	辆	46Oxy
87033229	----其他						
8703322910	仅装有2升<排量≤2.5升的压燃式活塞内燃发动机的其他载人车辆	25	230	17	17	辆	46AOxy
8703322990	仅装有2升<排量≤2.5升的压燃式活塞内燃发动机的其他载人车辆的成套散件	25	230	17	17	辆	46Oxy
87033311	----小轿车						
8703331110	仅装有2.5升<排量≤3升的压燃式活塞内燃发动机小轿车	25	270	17	17	辆	46AOxy
8703331190	仅装有2.5升<排量≤3升的压燃式活塞内燃发动机小轿车的成套散件	25	270	17	17	辆	46Oxy
87033312	----越野车(4轮驱动)						
8703331210	仅装有2.5升<排量≤3升的压燃式活塞内燃发动机越野车(4轮驱动)	25	270	17	17	辆	46AOxy

商品编号	商 品 名 称 及 备 注	进口关税税率(%)		增值税率(%)	出口退税率(%)	计量单位	监管条件
		最惠国	普通				
8703331290	仅装有 2.5 升<排量≤3 升的压燃式活塞内燃发动机越野车的成套散件(4 轮驱动)	25	270	17	17	辆	46Oxy
87033313	----9 座及以下的小客车						
8703331310	仅装有 2.5 升<排量≤3 升的压燃式活塞内燃发动机小客车(座位数≤9 座)	25	270	17	17	辆	46AOxy
8703331390	仅装有 2.5 升<排量≤3 升的压燃式活塞内燃发动机小客车的成套散件(座位数≤9 座)	25	270	17	17	辆	46Oxy
87033319	----其他						
8703331910	仅装有 2.5 升<排量≤3 升的压燃式活塞内燃发动机的其他载人车辆	25	270	17	17	辆	46AOxy
8703331990	仅装有 2.5 升<排量≤3 升的压燃式活塞内燃发动机的其他载人车辆的成套散件	25	270	17	17	辆	46Oxy
87033321	----小轿车						
8703332110	仅装有 3 升<排量≤4 升的压燃式活塞内燃发动机小轿车	25	270	17	17	辆	46AOxy
8703332190	仅装有 3 升<排量≤4 升的压燃式活塞内燃发动机小轿车的成套散件	25	270	17	17	辆	46Oxy
87033322	----越野车(4 轮驱动)						
8703332210	仅装有 3 升<排量≤4 升的压燃式活塞内燃发动机越野车(4 轮驱动)	25	270	17	17	辆	46AOxy
8703332290	仅装有 3 升<排量≤4 升的压燃式活塞内燃发动机越野车的成套散件(4 轮驱动)	25	270	17	17	辆	46Oxy
87033323	----9 座及以下的小客车						
8703332310	仅装有 3 升<排量≤4 升的压燃式活塞内燃发动机小客车(座位数≤9 座)	25	270	17	17	辆	46AOxy
8703332390	仅装有 3 升<排量≤4 升的压燃式活塞内燃发动机小客车的成套散件(座位数≤9 座)	25	270	17	17	辆	46Oxy
87033329	----其他						
8703332910	仅装有 3 升<排量≤4 升的压燃式活塞内燃发动机的其他载人车辆	25	270	17	17	辆	46AOxy
8703332990	仅装有 3 升<排量≤4 升的压燃式活塞内燃发动机的其他载人车辆的成套散件	25	270	17	17	辆	46Oxy
87033361	----小轿车						
8703336110	仅装有排量>4 升的压燃式活塞内燃发动机小轿车	25	270	17	17	辆	46AOxy
8703336190	仅装有排量>4 升的压燃式活塞内燃发动机小轿车的成套散件	25	270	17	17	辆	46Oxy
87033362	----越野车(4 轮驱动)						
8703336210	仅装有排量>4 升的压燃式活塞内燃发动机越野车(4 轮驱动)	25	270	17	17	辆	46AOxy
8703336290	仅装有排量>4 升的压燃式活塞内燃发动机越野车的成套散件(4 轮驱动)	25	270	17	17	辆	46Oxy
87033363	----9 座及以下的小客车						
8703336310	仅装有排量>4 升的压燃式活塞内燃发动机小客车(座位数≤9 座)	25	270	17	17	辆	46AOxy
8703336390	仅装有排量>4 升的压燃式活塞内燃发动机小客车的成套散件(座位数≤9 座)	25	270	17	17	辆	46Oxy
87033369	----其他						
8703336910	仅装有排量>4 升的压燃式活塞内燃发动机其他载人车辆	25	270	17	17	辆	46AOxy
8703336990	仅装有排量>4 升的压燃式活塞内燃发动机其他载人车辆的成套散件	25	270	17	17	辆	46Oxy
87034011	----小轿车						
8703401110	同时装有点燃往复式活塞内燃发动机(排量≤1 升)及驱动电动机的小轿车(可通过接插外部电源进行充电的除外)	25	230	17		辆	46AOxy
8703401190	同时装有点燃往复式活塞内燃发动机(排量≤1 升)及驱动电动机的小轿车的成套散件(可通过接插外部电源进行充电的除外)	25	230	17		辆	46Oxy
87034012	----越野车(4 轮驱动)						
8703401210	同时装有点燃往复式活塞内燃发动机(排量≤1 升)及驱动电动机的越野车(4 轮驱动)(可通过接插外部电源进行充电的除外)	25	230	17		辆	46AOxy
8703401290	同时装有点燃往复式活塞内燃发动机(排量≤1 升)及驱动电动机的越野车(4 轮驱动)的成套散件(可通过接插外部电源进行充电的除外)	25	230	17		辆	46Oxy
87034013	----9 座及以下的小客车						
8703401310	同时装有点燃往复式活塞内燃发动机(排量≤1 升)及驱动电动机的小客车(座位数≤9 座,可通过接插外部电源进行充电的除外)	25	230	17		辆	46AOxy
8703401390	同时装有点燃往复式活塞内燃发动机(排量≤1 升)及驱动电动机的小客车的成套散件(座位数≤9 座,可通过接插外部电源进行充电的除外)	25	230	17		辆	46Oxy

商品编号	商品名称及备注	进口关税税率(%)		增值税率(%)	出口退税率(%)	计量单位	监管条件
		最惠国	普通				
87034019	----其他						
8703401910	同时装有点燃往复式活塞内燃发动机(排量≤1升)及驱动电动机的其他载人车辆(可通过接插外部电源进行充电的除外)	25	230	17		辆	46AOxy
8703401990	同时装有点燃往复式活塞内燃发动机(排量≤1升)及驱动电动机的其他载人车辆的成套散件(可通过接插外部电源进行充电的除外)	25	230	17		辆	46Oxy
87034021	----小轿车						
8703402110	同时装有点燃往复式活塞内燃发动机(1升<排量≤1.5升)及驱动电动机的小轿车(可通过接插外部电源进行充电的除外)	25	230	17		辆	46AOxy
8703402190	同时装有点燃往复式活塞内燃发动机(1升<排量≤1.5升)及驱动电动机的小轿车的成套散件(可通过接插外部电源进行充电的除外)	25	230	17		辆	46Oxy
87034022	----越野车(4轮驱动)						
8703402210	同时装有点燃往复式活塞内燃发动机(1升<排量≤1.5升)及驱动电动机的四轮驱动越野车(可通过接插外部电源进行充电的除外)	25	230	17		辆	46AOxy
8703402290	同时装有点燃往复式活塞内燃发动机(1升<排量≤1.5升)及驱动电动机的四轮驱动越野车的成套散件(可通过接插外部电源进行充电的除外)	25	230	17		辆	46Oxy
87034023	----9座及以下的小客车						
8703402310	同时装有点燃往复式活塞内燃发动机(1升<排量≤1.5升)及驱动电动机的小客车(座位数≤9座,可通过接插外部电源进行充电的除外)	25	230	17		辆	46AOxy
8703402390	同时装有点燃往复式活塞内燃发动机(1升<排量≤1.5升)及驱动电动机的小客车的成套散件(座位数≤9座,可通过接插外部电源进行充电的除外)	25	230	17		辆	46Oxy
87034029	----其他						
8703402910	同时装有点燃往复式活塞内燃发动机(1升<排量≤1.5升)及驱动电动机的其他载人车辆(可通过接插外部电源进行充电的除外)	25	230	17		辆	46AOxy
8703402990	同时装有点燃往复式活塞内燃发动机(1升<排量≤1.5升)及驱动电动机的其他载人车辆的成套散件(可通过接插外部电源进行充电的除外)	25	230	17		辆	46Oxy
87034031	----小轿车						
8703403110	同时装有点燃往复式活塞内燃发动机(1.5升<排量≤2升)及驱动电动机的小轿车(可通过接插外部电源进行充电的除外)	25	230	17		辆	46AOxy
8703403190	同时装有点燃往复式活塞内燃发动机(1.5升<排量≤2升)及驱动电动机的小轿车的成套散件(可通过接插外部电源进行充电的除外)	25	230	17		辆	46Oxy
87034032	----越野车(4轮驱动)						
8703403210	同时装有点燃往复式活塞内燃发动机(1.5升<排量≤2升)及驱动电动机的四轮驱动越野车(可通过接插外部电源进行充电的除外)	25	230	17		辆	46AOxy
8703403290	同时装有点燃往复式活塞内燃发动机(1.5升<排量≤2升)及驱动电动机的四轮驱动越野车的成套散件(可通过接插外部电源进行充电的除外)	25	230	17		辆	46Oxy
87034033	----9座及以下的小客车						
8703403310	同时装有点燃往复式活塞内燃发动机(1.5升<排量≤2升)及驱动电动机的小客车(座位数≤9座,可通过接插外部电源进行充电的除外)	25	230	17		辆	46AOxy
8703403390	同时装有点燃往复式活塞内燃发动机(1.5升<排量≤2升)及驱动电动机的小客车的成套散件(座位数≤9座,可通过接插外部电源进行充电的除外)	25	230	17		辆	46Oxy
87034039	----其他						
8703403910	同时装有点燃往复式活塞内燃发动机(1.5升<排量≤2升)及驱动电动机的其他载人车辆(可通过接插外部电源进行充电的除外)	25	230	17		辆	46AOxy
8703403990	同时装有点燃往复式活塞内燃发动机(1.5升<排量≤2升)及驱动电动机的其他载人车辆的成套散件(可通过接插外部电源进行充电的除外)	25	230	17		辆	46Oxy
87034041	----小轿车						

商品编号	商品名称及备注	进口关税税率(%) 最惠国	进口关税税率(%) 普通	增值税率(%)	出口退税率(%)	计量单位	监管条件
8703404110	同时装有点燃往复式活塞内燃发动机(2升<排量≤2.5升)及驱动电动机的小轿车(可通过接插外部电源进行充电的除外)	25	230	17		辆	46AOxy
8703404190	同时装有点燃往复式活塞内燃发动机(2升<排量≤2.5升)及驱动电动机的小轿车的成套散件(可通过接插外部电源进行充电的除外)	25	230	17		辆	46Oxy
87034042	----越野车(4轮驱动)						
8703404210	同时装有点燃往复式活塞内燃发动机(2升<排量≤2.5升)及驱动电动机的四轮驱动越野车(可通过接插外部电源进行充电的除外)	25	230	17		辆	46AOxy
8703404290	同时装有点燃往复式活塞内燃发动机(2升<排量≤2.5升)及驱动电动机的四轮驱动越野车的成套散件(可通过接插外部电源进行充电的除外)	25	230	17		辆	46Oxy
87034043	----9座及以下的小客车						
8703404310	同时装有点燃往复式活塞内燃发动机(2升<排量≤2.5升)及驱动电动机的小客车(座位数≤9座,可通过接插外部电源进行充电的除外)	25	230	17		辆	46AOxy
8703404390	同时装有点燃往复式活塞内燃发动机(2升<排量≤2.5升)及驱动电动机的小客车的成套散件(座位数≤9座,可通过接插外部电源进行充电的除外)	25	230	17		辆	46Oxy
87034049	----其他						
8703404910	同时装有点燃往复式活塞内燃发动机(2升<排量≤2.5升)及驱动电动机的其他载人车辆(可通过接插外部电源进行充电的除外)	25	230	17		辆	46AOxy
8703404990	同时装有点燃往复式活塞内燃发动机(2升<排量≤2.5升)及驱动电动机的其他载人车辆的成套散件(可通过接插外部电源进行充电的除外)	25	230	17		辆	46Oxy
87034051	----小轿车						
8703405110	同时装有点燃往复式活塞内燃发动机(2.5升<排量≤3升)及驱动电动机的小轿车(可通过接插外部电源进行充电的除外)	25	270	17		辆	46AOxy
8703405190	同时装有点燃往复式活塞内燃发动机(2.5升<排量≤3升)及驱动电动机的小轿车的成套散件(可通过接插外部电源进行充电的除外)	25	270	17		辆	46Oxy
87034052	----越野车(4轮驱动)						
8703405210	同时装有点燃往复式活塞内燃发动机(2.5升<排量≤3升)及驱动电动机的四轮驱动越野车(可通过接插外部电源进行充电的除外)	25	270	17		辆	46AOxy
8703405290	同时装有点燃往复式活塞内燃发动机(2.5升<排量≤3升)及驱动电动机的四轮驱动越野车的成套散件(可通过接插外部电源进行充电的除外)	25	270	17		辆	46Oxy
87034053	----9座及以下的小客车						
8703405310	同时装有点燃往复式活塞内燃发动机(2.5升<排量≤3升)及驱动电动机的小客车(座位数≤9座,可通过接插外部电源进行充电的除外)	25	270	17		辆	46AOxy
8703405390	同时装有点燃往复式活塞内燃发动机(2.5升<排量≤3升)及驱动电动机的小客车的成套散件(座位数≤9座,可通过接插外部电源进行充电的除外)	25	270	17		辆	46Oxy
87034059	----其他						
8703405910	同时装有点燃往复式活塞内燃发动机(2.5升<排量≤3升)及驱动电动机的其他载人车辆(可通过接插外部电源进行充电的除外)	25	270	17		辆	46AOxy
8703405990	同时装有点燃往复式活塞内燃发动机(2.5升<排量≤3升)及驱动电动机的其他载人车辆的成套散件(可通过接插外部电源进行充电的除外)	25	270	17		辆	46Oxy
87034061	----小轿车						
8703406110	同时装有点燃往复式活塞内燃发动机(3升<排量≤4升)及驱动电动机的小轿车(可通过接插外部电源进行充电的除外)	25	270	17		辆	46AOxy
8703406190	同时装有点燃往复式活塞内燃发动机(3升<排量≤4升)及驱动电动机的小轿车的成套散件(可通过接插外部电源进行充电的除外)	25	270	17		辆	46Oxy
87034062	----越野车(4轮驱动)						

商品编号	商品名称及备注	进口关税税率(%)		增值税率(%)	出口退税率(%)	计量单位	监管条件
		最惠国	普通				
8703406210	同时装有点燃往复式活塞内燃发动机(3升<排量≤4升)及驱动电动机的四轮驱动越野车(可通过接插外部电源进行充电的除外)	25	270	17		辆	46AOxy
8703406290	同时装有点燃往复式活塞内燃发动机(3升<排量≤4升)及驱动电动机的四轮驱动越野车的成套散件(可通过接插外部电源进行充电的除外)	25	270	17		辆	46Oxy
87034063	----9座及以下的小客车						
8703406310	同时装有点燃往复式活塞内燃发动机(3升<排量≤4升)及驱动电动机的小客车(座位数≤9座,可通过接插外部电源进行充电的除外)	25	270	17		辆	46AOxy
8703406390	同时装有点燃往复式活塞内燃发动机(3升<排量≤4升)及驱动电动机的小客车的成套散件(座位数≤9座,可通过接插外部电源进行充电的除外)	25	270	17		辆	46Oxy
87034069	----其他						
8703406910	同时装有点燃往复式活塞内燃发动机(3升<排量≤4升)及驱动电动机的其他载人车辆(可通过接插外部电源进行充电的除外)	25	270	17		辆	46AOxy
8703406990	同时装有点燃往复式活塞内燃发动机(3升<排量≤4升)及驱动电动机的其他载人车辆的成套散件(可通过接插外部电源进行充电的除外)	25	270	17		辆	46Oxy
87034071	----小轿车						
8703407110	同时装有点燃往复式活塞内燃发动机(排量>4升)及驱动电动机的小轿车(可通过接插外部电源进行充电的除外)	25	270	17		辆	46AOxy
8703407190	同时装有点燃往复式活塞内燃发动机(排量>4升)及驱动电动机的小轿车的成套散件(可通过接插外部电源进行充电的除外)	25	270	17		辆	46Oxy
87034072	----越野车(4轮驱动)						
8703407210	同时装有点燃往复式活塞内燃发动机(排量>4升)及驱动电动机的四轮驱动越野车(可通过接插外部电源进行充电的除外)	25	270	17		辆	46AOxy
8703407290	同时装有点燃往复式活塞内燃发动机(排量>4升)及驱动电动机的四轮驱动越野车的成套散件(可通过接插外部电源进行充电的除外)	25	270	17		辆	46Oxy
87034073	----9座及以下的小客车						
8703407310	同时装有点燃往复式活塞内燃发动机(排量>4升)及驱动电动机的小客车(座位数≤9座,可通过接插外部电源进行充电的除外)	25	270	17		辆	46AOxy
8703407390	同时装有点燃往复式活塞内燃发动机(排量>4升)及驱动电动机的小客车的成套散件(座位数≤9座,可通过接插外部电源进行充电的除外)	25	270	17		辆	46Oxy
87034079	----其他						
8703407910	同时装有点燃往复式活塞内燃发动机(排量>4升)及驱动电动机的其他载人车辆(可通过接插外部电源进行充电的除外)	25	270	17		辆	46AOxy
8703407990	同时装有点燃往复式活塞内燃发动机(排量>4升)及驱动电动机的其他载人车辆的成套散件(可通过接插外部电源进行充电的除外)	25	270	17		辆	46Oxy
87034090	---其他						
8703409010	其他同时装有点燃往复式活塞内燃发动机及驱动电动机的载人车辆(可通过接插外部电源进行充电的除外)	25	270	17		辆	46AOxy
8703409090	其他同时装有点燃往复式活塞内燃发动机及驱动电动机的载人车辆的成套散件(可通过接插外部电源进行充电的除外)	25	270	17		辆	46Oxy
87035011	----小轿车						
8703501110	同时装有压燃式活塞内燃发动机(柴油或半柴油发动机,排量≤1升)及驱动电动机的小轿车(可通过接插外部电源进行充电的除外)	25	230	17		辆	46AOxy
8703501190	同时装有压燃式活塞内燃发动机(柴油或半柴油发动机,排量≤1升)及驱动电动机的小轿车的成套散件(可通过接插外部电源进行充电的除外)	25	230	17		辆	46Oxy
87035019	----其他						

商品编号	商 品 名 称 及 备 注	进口关税税率(%)		增值税率(%)	出口退税率(%)	计量单位	监管条件
		最惠国	普通				
8703501910	同时装有压燃式活塞内燃发动机(柴油或半柴油发动机,排量≤1升)及驱动电动机的其他载人车辆(可通过接插外部电源进行充电的除外)	25	230	17		辆	46AOxy
8703501990	同时装有压燃式活塞内燃发动机(柴油或半柴油发动机,排量≤1升)及驱动电动机的其他载人车辆的成套散件(可通过接插外部电源进行充电的除外)	25	230	17		辆	46Oxy
87035021	----小轿车						
8703502110	同时装有压燃式活塞内燃发动机(柴油或半柴油发动机,1升<排量≤1.5升)及驱动电动机的小轿车(可通过接插外部电源进行充电的除外)	25	230	17		辆	46AOxy
8703502190	同时装有压燃式活塞内燃发动机(柴油或半柴油发动机,1升<排量≤1.5升)及驱动电动机的小轿车的成套散件(可通过接插外部电源进行充电的除外)	25	230	17		辆	46Oxy
87035022	----越野车(4轮驱动)						
8703502210	同时装有压燃式活塞内燃发动机(柴油或半柴油发动机,1升<排量≤1.5升)及驱动电动机的四轮驱动越野车(可通过接插外部电源进行充电的除外)	25	230	17		辆	46AOxy
8703502290	同时装有压燃式活塞内燃发动机(柴油或半柴油发动机,1升<排量≤1.5升)及驱动电动机的四轮驱动越野车的成套散件(可通过接插外部电源进行充电的除外)	25	230	17		辆	46Oxy
87035023	----9座及以下的小客车						
8703502310	同时装有压燃式活塞内燃发动机(柴油或半柴油发动机,1升<排量≤1.5升)及驱动电动机的小客车(座位数≤9座,可通过接插外部电源进行充电的除外)	25	230	17		辆	46AOxy
8703502390	同时装有压燃式活塞内燃发动机(柴油或半柴油发动机,1升<排量≤1.5升)及驱动电动机的小客车的成套散件(座位数≤9座,可通过接插外部电源进行充电的除外)	25	230	17		辆	46Oxy
87035029	----其他						
8703502910	同时装有压燃式活塞内燃发动机(柴油或半柴油发动机,1升<排量≤1.5升)及驱动电动机的其他载人车辆(可通过接插外部电源进行充电的除外)	25	230	17		辆	46AOxy
8703502990	同时装有压燃式活塞内燃发动机(柴油或半柴油发动机,1升<排量≤1.5升)及驱动电动机的其他载人车辆的成套散件(可通过接插外部电源进行充电的除外)	25	230	17		辆	46Oxy
87035031	----小轿车						
8703503110	同时装有压燃式活塞内燃发动机(柴油或半柴油发动机,1.5升<排量≤2升)及驱动电动机的小轿车(可通过接插外部电源进行充电的除外)	25	230	17		辆	46AOxy
8703503190	同时装有压燃式活塞内燃发动机(柴油或半柴油发动机,1.5升<排量≤2升)及驱动电动机的小轿车的成套散件(可通过接插外部电源进行充电的除外)	25	230	17		辆	46Oxy
87035032	----越野车(4轮驱动)						
8703503210	同时装有压燃式活塞内燃发动机(柴油或半柴油发动机,1.5升<排量≤2升)及驱动电动机的四轮驱动越野车(可通过接插外部电源进行充电的除外)	25	230	17		辆	46AOxy
8703503290	同时装有压燃式活塞内燃发动机(柴油或半柴油发动机,1.5升<排量≤2升)及驱动电动机的四轮驱动越野车的成套散件(可通过接插外部电源进行充电的除外)	25	230	17		辆	46Oxy
87035033	----9座及以下的小客车						
8703503310	同时装有压燃式活塞内燃发动机(柴油或半柴油发动机,1.5升<排量≤2升)及驱动电动机的小客车(座位数≤9座,可通过接插外部电源进行充电的除外)	25	230	17		辆	46AOxy
8703503390	同时装有压燃式活塞内燃发动机(柴油或半柴油发动机,1.5升<排量≤2升)及驱动电动机的小客车的成套散件(座位数≤9座,可通过接插外部电源进行充电的除外)	25	230	17		辆	46Oxy
87035039	----其他						
8703503910	同时装有压燃式活塞内燃发动机(柴油或半柴油发动机,1.5升<排量≤2升)及驱动电动机的其他载人车辆(可通过接插外部电源进行充电的除外)	25	230	17		辆	46AOxy
8703503990	同时装有压燃式活塞内燃发动机(柴油或半柴油发动机,1.5升<排量≤2升)及驱动电动机的其他载人车辆的成套散件(可通过接插外部电源进行充电的除外)	25	230	17		辆	46Oxy
87035041	----小轿车						

商品编号	商品名称及备注	进口关税税率(%)		增值税率(%)	出口退税率(%)	计量单位	监管条件
		最惠国	普通				
8703504110	同时装有压燃式活塞内燃发动机(柴油或半柴油发动机,2升<排量≤2.5升)及驱动电动机的小轿车(可通过接插外部电源进行充电的除外)	25	230	17		辆	46AOxy
8703504190	同时装有压燃式活塞内燃发动机(柴油或半柴油发动机,2升<排量≤2.5升)及驱动电动机的小轿车的成套散件(可通过接插外部电源进行充电的除外)	25	230	17		辆	46Oxy
87035042	----越野车(4轮驱动)						
8703504210	同时装有压燃式活塞内燃发动机(柴油或半柴油发动机,2升<排量≤2.5升)及驱动电动机的四轮驱动越野车(可通过接插外部电源进行充电的除外)	25	230	17		辆	46AOxy
8703504290	同时装有压燃式活塞内燃发动机(柴油或半柴油发动机,2升<排量≤2.5升)及驱动电动机的四轮驱动越野车的成套散件(可通过接插外部电源进行充电的除外)	25	230	17		辆	46Oxy
87035043	----9座及以下的小客车						
8703504310	同时装有压燃式活塞内燃发动机(柴油或半柴油发动机,2升<排量≤2.5升)及驱动电动机的小客车(座位数≤9座,可通过接插外部电源进行充电的除外)	25	230	17		辆	46AOxy
8703504390	同时装有压燃式活塞内燃发动机(柴油或半柴油发动机,2升<排量≤2.5升)及驱动电动机的小客车的成套散件(座位数≤9座,可通过接插外部电源进行充电的除外)	25	230	17		辆	46Oxy
87035049	----其他						
8703504910	同时装有压燃式活塞内燃发动机(柴油或半柴油发动机,2升<排量≤2.5升)及驱动电动机的其他载人车辆(可通过接插外部电源进行充电的除外)	25	230	17		辆	46AOxy
8703504990	同时装有压燃式活塞内燃发动机(柴油或半柴油发动机,2升<排量≤2.5升)及驱动电动机的其他载人车辆的成套散件(可通过接插外部电源进行充电的除外)	25	230	17		辆	46Oxy
87035051	----小轿车						
8703505110	同时装有压燃式活塞内燃发动机(柴油或半柴油发动机,2.5升<排量≤3升)及驱动电动机的小轿车(可通过接插外部电源进行充电的除外)	25	270	17		辆	46AOxy
8703505190	同时装有压燃式活塞内燃发动机(柴油或半柴油发动机,2.5升<排量≤3升)及驱动电动机的小轿车的成套散件(可通过接插外部电源进行充电的除外)	25	270	17		辆	46Oxy
87035052	----越野车(4轮驱动)						
8703505210	同时装有压燃式活塞内燃发动机(柴油或半柴油发动机,2.5升<排量≤3升)及驱动电动机的四轮驱动越野车(可通过接插外部电源进行充电的除外)	25	270	17		辆	46AOxy
8703505290	同时装有压燃式活塞内燃发动机(柴油或半柴油发动机,2.5升<排量≤3升)及驱动电动机的四轮驱动越野车的成套散件(可通过接插外部电源进行充电的除外)	25	270	17		辆	46Oxy
87035053	----9座及以下的小客车						
8703505310	同时装有压燃式活塞内燃发动机(柴油或半柴油发动机,2.5升<排量≤3升)及驱动电动机的小客车(座位数≤9座,可通过接插外部电源进行充电的除外)	25	270	17		辆	46AOxy
8703505390	同时装有压燃式活塞内燃发动机(柴油或半柴油发动机,2.5升<排量≤3升)及驱动电动机的小客车的成套散件(座位数≤9座,可通过接插外部电源进行充电的除外)	25	270	17		辆	46Oxy
87035059	----其他						
8703505910	同时装有压燃式活塞内燃发动机(柴油或半柴油发动机,2.5升<排量≤3升)及驱动电动机的其他载人车辆(可通过接插外部电源进行充电的除外)	25	270	17		辆	46AOxy
8703505990	同时装有压燃式活塞内燃发动机(柴油或半柴油发动机,2.5升<排量≤3升)及驱动电动机的其他载人车辆的成套散件(可通过接插外部电源进行充电的除外)	25	270	17		辆	46Oxy
87035061	----小轿车						
8703506110	同时装有压燃式活塞内燃发动机(柴油或半柴油发动机,3升<排量≤4升)及驱动电动机的小轿车(可通过接插外部电源进行充电的除外)	25	270	17		辆	46AOxy
8703506190	同时装有压燃式活塞内燃发动机(柴油或半柴油发动机,3升<排量≤4升)及驱动电动机的小轿车的成套散件(可通过接插外部电源进行充电的除外)	25	270	17		辆	46Oxy
87035062	----越野车(4轮驱动)						

商品编号	商品名称及备注	进口关税税率(%)		增值税率(%)	出口退税率(%)	计量单位	监管条件
		最惠国	普通				
8703506210	同时装有压燃式活塞内燃发动机(柴油或半柴油发动机,3 升<排量≤4 升)及驱动电动机的四轮驱动越野车(可通过接插外部电源进行充电的除外)	25	270	17		辆	46AOxy
8703506290	同时装有压燃式活塞内燃发动机(柴油或半柴油发动机,3 升<排量≤4 升)及驱动电动机的四轮驱动越野车的成套散件(可通过接插外部电源进行充电的除外)	25	270	17		辆	46Oxy
87035063	----9 座及以下的小客车						
8703506310	同时装有压燃式活塞内燃发动机(柴油或半柴油发动机,3 升<排量≤4 升)及驱动电动机的小客车(座位数≤9 座,可通过接插外部电源进行充电的除外)	25	270	17		辆	46AOxy
8703506390	同时装有压燃式活塞内燃发动机(柴油或半柴油发动机,3 升<排量≤4 升)及驱动电动机的小客车的成套散件(座位数≤9 座,可通过接插外部电源进行充电的除外)	25	270	17		辆	46Oxy
87035069	----其他						
8703506910	同时装有压燃式活塞内燃发动机(柴油或半柴油发动机,3 升<排量≤4 升)及驱动电动机的其他载人车辆(可通过接插外部电源进行充电的除外)	25	270	17		辆	46AOxy
8703506990	同时装有压燃式活塞内燃发动机(柴油或半柴油发动机,3 升<排量≤4 升)及驱动电动机的其他载人车辆的成套散件(可通过接插外部电源进行充电的除外)	25	270	17		辆	46Oxy
87035071	----小轿车						
8703507110	同时装有压燃式活塞内燃发动机(柴油或半柴油发动机,排量>4 升)及驱动电动机的小轿车(可通过接插外部电源进行充电的除外)	25	270	17		辆	46AOxy
8703507190	同时装有压燃式活塞内燃发动机(柴油或半柴油发动机,排量>4 升)及驱动电动机的小轿车的成套散件(可通过接插外部电源进行充电的除外)	25	270	17		辆	46Oxy
87035072	----越野车(4 轮驱动)						
8703507210	同时装有压燃式活塞内燃发动机(柴油或半柴油发动机,排量>4 升)及驱动电动机的四轮驱动越野车(可通过接插外部电源进行充电的除外)	25	270	17		辆	46AOxy
8703507290	同时装有压燃式活塞内燃发动机(柴油或半柴油发动机,排量>4 升)及驱动电动机的四轮驱动越野车的成套散件(可通过接插外部电源进行充电的除外)	25	270	17		辆	46Oxy
87035073	----9 座及以下的小客车						
8703507310	同时装有压燃式活塞内燃发动机(柴油或半柴油发动机,排量>4 升)及驱动电动机的的小客车(座位数≤9 座,可通过接插外部电源进行充电的除外)	25	270	17		辆	46AOxy
8703507390	同时装有压燃式活塞内燃发动机(柴油或半柴油发动机,排量>4 升)及驱动电动机的小客车的成套散件(座位数≤9 座,可通过接插外部电源进行充电的除外)	25	270	17		辆	46Oxy
87035079	----其他						
8703507910	同时装有压燃式活塞内燃发动机(柴油或半柴油发动机,排量>4 升)及驱动电动机的的其他载人车辆(可通过接插外部电源进行充电的除外)	25	270	17		辆	46AOxy
8703507990	同时装有压燃式活塞内燃发动机(柴油或半柴油发动机,排量>4 升)及驱动电动机的的其他载人车辆的成套散件(可通过接插外部电源进行充电的除外)	25	270	17		辆	46Oxy
87035090	---其他						
8703509010	其他同时装有压燃式活塞内燃发动机(柴油或半柴油发动机)及驱动电动机的载人车辆(可通过接插外部电源进行充电的除外)	25	270	17		辆	46AOxy
8703509090	其他同时装有压燃式活塞内燃发动机(柴油或半柴油发动机)及驱动电动机的载人车辆的成套散件(可通过接插外部电源进行充电的除外)	25	270	17		辆	46Oxy
87036000	-同时装有点燃往复式活塞内燃发动机及驱动电动机、可通过接插外部电源进行充电的其他车辆						
8703600000	同时装有点燃往复式活塞内燃发动机及驱动电动机、可通过接插外部电源进行充电的其他载人车辆	25	270	17		辆	6AO
87037000	-同时装有压燃活塞内燃发动机(柴油或半柴油发动机)及驱动电动机、可通过接插外部电源进行充电的其他车辆						

商品编号	商品名称及备注	进口关税税率(%)		增值税率(%)	出口退税率(%)	计量单位	监管条件
		最惠国	普通				
8703700000	同时装有压燃活塞内燃发动机(柴油或半柴油发动机)及驱动电动机、可通过接插外部电源进行充电的其他载人车辆	25	270	17		辆	6AO
87038000	-仅装有驱动电动机的其他车辆						
8703800000	仅装有驱动电动机的其他载人车辆	25	270	17		辆	6AO
87039000	-其他						
8703900021	其他型排量≤1升的其他载人车辆	25	270	17	17	辆	46AOxy
8703900022	其他型1升<排量≤1.5升的其他载人车辆	25	270	17	17	辆	46AOxy
8703900023	其他型1.5升<排量≤2升的其他载人车辆	25	270	17	17	辆	46AOxy
8703900024	其他型2升<排量≤2.5升的其他载人车辆	25	270	17	17	辆	46AOxy
8703900025	其他型2.5升<排量≤3升的其他载人车辆	25	270	17	17	辆	46AOxy
8703900026	其他型3升<排量≤4升的其他载人车辆	25	270	17	17	辆	46AOxy
8703900027	其他型排量>4升的其他载人车辆	25	270	17	17	辆	46AOxy
8703900029	其他无法区分排量的载人车辆	25	270	17	17	辆	6AO
8703900090	编号87039000所列车辆的成套散件	25	270	17	17	辆	6O
8704	**货运机动车辆**						
87041030	---电动轮货运自卸车						
8704103000	非公路用电动轮货运自卸车	6	20	17	17	辆	6A
87041090	---其他						
8704109000	其他非公路用货运自卸车	6	20	17	17	辆	6A
87042100	--车辆总重量≤5吨						
8704210000	柴油型其他小型货车(装有压燃式活塞内燃发动机,小型指车辆总重量≤5吨)	25	70	17	17	辆	46Axy
87042230	---5吨<车辆总重量<14吨						
8704223000	柴油型其他中型货车(装有压燃式活塞内燃发动机,中型指5吨<车辆总重量<14吨)	20	70	17	17	辆	46Axy
87042240	---14吨≤车辆总重量≤20吨						
8704224000	柴油型其他重型货车(装有压燃式活塞内燃发动机,重型指14吨≤车辆总重量≤20吨)	20	40	17	17	辆	46Axy
87042300	--车辆总重量>20吨						
8704230010[暂10]	固井水泥车、压裂车、混砂车、连续油管车、液氮泵车用底盘(车辆总重量>35吨,装驾驶室)	15	40	17	17	辆	46AOxy
8704230020[暂8]	起重重量≥55吨汽车起重机用底盘(装有压燃式活塞内燃发动机)	15	40	17	17	辆	46AOxy
8704230030[暂10]	车辆总重量≥31吨清障车专用底盘	15	40	17	17	辆	46AOxy
8704230090	柴油型的其他超重型货车(装有压燃式活塞内燃发动机,超重型指车辆总重量>20吨)	15	40	17	17	辆	46AOxy
87043100	--车辆总重量≤5吨						
8704310000	总重量≤5吨的其他货车(汽油型,装有点燃式活塞内燃发动机)	25	70	17	17	辆	46Axy
87043230	---5吨<车辆总重量≤8吨						
8704323000	5吨<总重量≤8吨的其他货车(汽油型,装有点燃式活塞内燃发动机)	20	70	17	17	辆	46Axy
87043240	---车辆总重量>8吨						
8704324000	总重量>8吨的其他货车(汽油型,装有点燃式活塞内燃发动机)	20	70	17	17	辆	46Axy
87049000	-其他						
8704900000	装有其他发动机的货车	25	70	17	17	辆	46Axy
8705	**特殊用途的机动车辆(例如,抢修车、起重车、救火车、混凝土搅拌车、道路清洁车、喷洒车、流动工场车及流动放射线检查车),但主要用于载人或运货的车辆除外**						
87051021	----最大起重重量≤50吨						
8705102100	起重重量≤50吨全路面起重车	15	30	17	17	辆	6A
87051022	----50吨<最大起重重量≤100吨						
8705102200	50吨<起重重量≤100吨全路面起重车	10	30	17	17	辆	6A
87051023	----最大起重重量>100吨						

商品编号	商品名称及备注	进口关税税率(%)		增值税率(%)	出口退税率(%)	计量单位	监管条件
		最惠国	普通				
8705102300	起重重量>100吨全路面起重车	10	30	17	17	辆	6A
87051091	----最大起重重量≤50吨						
8705109100	起重重量≤50吨其他机动起重车	15	30	17	17	辆	6A
87051092	----50吨<最大起重重量≤100吨						
8705109200	50吨<起重重量≤100吨其他起重车	10	30	17	17	辆	6A
87051093	----最大起重重量>100吨						
8705109300	起重重量>100吨其他机动起重车	10	30	17	17	辆	6A
87052000	-钻探车						
8705200000	机动钻探车	12	17	17	17	辆	6A
87053010	---装有云梯的救火车						
8705301000	装有云梯的机动救火车	3	8	17	17	辆	6A
87053090	---其他						
8705309000	其他机动救火车	3	8	17	17	辆	6A
87054000	-混凝土搅拌车						
8705400000	机动混凝土搅拌车	15	35	17	17	辆	6A
87059010	---无线电通信车						
8705901000	无线电通信车	9	35	17	17	辆	6A
87059020	---放射线检查车						
8705902000	机动放射线检查车	9	14	17	17	辆	6A
87059030	---环境监测车						
8705903000	机动环境监测车	12	20	17	17	辆	6A
87059040	---医疗车						
8705904000	机动医疗车	12	30	17	17	辆	6A
87059051	----航空电源车(频率为400赫兹)						
8705905100	航空电源车(频率为400赫兹)	12	30	17	17	辆	6
87059059	----其他						
8705905900	其他机动电源车(频率为400赫兹,航空电源车除外)	12	30	17	17	辆	6A
87059060	---飞机加油车、调温车、除冰车						
8705906000	飞机加油车、调温车、除冰车	12	35	17	17	辆	6A
87059070	---道路(包括跑道)扫雪车						
8705907000	道路(包括跑道)扫雪车	12	35	17	17	辆	6A
87059080	---石油测井车、压裂车、混沙车						
8705908000	石油测井车、压裂车、混沙车	12	35	17	17	辆	6A
87059091	----混凝土泵车						
8705909100	混凝土泵车	12	35	17	17	辆/千克	6A
87059099	----其他						
8705909901[暂10]	跑道除冰车	12	35	17	17	辆/千克	6A
8705909930	用于导弹、火箭等的车辆(为弹道导弹、运载火箭等运输、装卸和发射而设计的)	12	35	17	17	辆/千克	36
8705909990	其他特殊用途的机动车辆(主要用于载人或运货的车辆除外)	12	35	17	17	辆/千克	6A
8706	**装有发动机的机动车辆底盘,品目87.01至87.05所列车辆用**						
87060010	---非公路用自卸车底盘						
8706001000	非公路用货运自卸车底盘(装有发动机的)	8	14	17	17	台	6
87060021	----车辆总重量≥14吨的						
8706002100	车辆总重量≥14吨的货车底盘(装有发动机的)	10	30	17	17	台	46AOxy
87060022	----车辆总重量<14吨的						
8706002200	车辆总重量<14吨的货车底盘(装有发动机的)	10	45	17	17	台	46AOxy

商品编号	商品名称及备注	进口关税税率(%)		增值税率(%)	出口退税率(%)	计量单位	监管条件
		最惠国	普通				
87060030	---大型客车底盘						
8706003000	大型客车底盘(装有发动机的)	20	70	17	17	台	46Oxy
87060040	---汽车起重机底盘						
8706004000	汽车起重机底盘(装有发动机的)	20	100	17	17	台	6AO
87060090	---其他						
8706009000	其他机动车辆底盘(装有发动机的,品目87.01、87.03和87.05所列车辆用)	10	100	17	17	台	46AOxy
8707	**机动车辆的车身(包括驾驶室),品目87.01至87.05所列车辆用**						
87071000	-品目87.03所列车辆用						
8707100000	小型载人机动车辆车身(含驾驶室)(品目87.03所列车辆用)	10	100	17	17	台	6O
87079010	---编号87021092、87021093、87029020及87029030所列车辆用						
8707901000	大型客车用车身(含驾驶室)(座位数<30客车辆用)	10	70	17	17	台	6O
87079090	---其他						
8707909000	其他车辆用车身(含驾驶室)(品目87.01~87.02、87.04、87.05的车辆用)	10	70	17	17	台	6O
8708	**机动车辆的零件、附件,品目87.01至87.05所列车辆用**						
87081000	-缓冲器(保险杠)及其零件						
8708100000	缓冲器(保险杠)及其零件(品目87.01~87.05的车辆用)	10	100	17	17	千克	6
87082100	--坐椅安全带						
8708210000	坐椅安全带(品目87.01~87.05的车辆用)	10	100	17	17	千克	6A
87082930	---车窗玻璃升降器						
8708293000	机动车辆用车窗玻璃升降器	10	100	17	17	千克	6
87082941	----电动的						
8708294100	汽车电动天窗	10	100	17	17	千克/套	6
87082942	----手动的						
8708294200	汽车手动天窗	10	100	17	17	千克/套	6
87082951	----侧围						
8708295100	侧围	10	100	17	17	千克	6
87082952	----车门						
8708295200	车门	10	100	17	17	千克/个	6
87082953	----发动机罩盖						
8708295300	发动机罩盖	10	100	17	17	千克	6
87082954	----前围						
8708295400	前围	10	100	17	17	千克	6
87082955	----行李箱盖(或背门)						
8708295500	行李箱盖(或背门)	10	100	17	17	千克	6
87082956	----后围						
8708295600	后围	10	100	17	17	千克	6
87082957	----翼子板(或叶子板)						
8708295700	翼子板(或叶子板)	10	100	17	17	千克	6
87082959	----其他						
8708295900	其他车身覆盖件	10	100	17	17	千克	6
87082990	---其他						
8708299000	其他车身未列名零部件(包括驾驶室的零件、附件)	10	100	17	17	千克	6
87083010	---装在蹄片上的制动摩擦片						
8708301000	装在蹄片上的制动摩擦片	10	100	17	17	千克	6
87083021	----品目87.01、编号87041030及87041090所列车辆用						
8708302100	牵引车、拖拉机、非公路用自卸车用防抱死制动系统	6	11	17	17	千克	6

商品编号	商品名称及备注	进口关税税率(%)		增值税率(%)	出口退税率(%)	计量单位	监管条件
		最惠国	普通				
87083029	----其他						
8708302900	其他车辆用防抱死制动系统	10	100	17	17	千克	6
87083091	----品目87.01所列车辆用						
8708309100	牵引车、拖拉机用制动器及其零件(包括助力制动器及其零件)	6	14	17	17	千克	6
87083092	----编号87021091及87029010所列车辆用						
8708309200	大型客车用制动器及其零件(包括助力制动器及其零件)	10	70	17	17	千克	6
87083093	----编号87041030及87041090所列车辆用						
8708309300	非公路自卸车用制动器及其零件(包括助力制动器及其零件)	6	11	17	17	千克	6
87083094	----编号87042100、87042230、87043100及87043230所列车辆用						
8708309400	柴油、汽油轻型货车用制动器及零件(指编号87042100、87042230、87043100、87043230所列总重量≤14吨车辆用)	10	45	17	17	千克	6
87083095	----编号87042240、87042300及87043240所列车辆用						
8708309500	柴油、汽油型重型货车用制动器及其零件(指编号87042240、87042300及87043240所列车辆用)	10	30	17	17	千克	6
87083096	----品目87.05所列车辆用						
8708309600	特种车用制动器及其零件(指品目87.05所列车辆用,包括助动器及零件)	10	100	17	17	千克	6
87083099	----其他车辆用						
8708309911[暂5]	纯电动或混合动力汽车用电动制动器(由制动器电子控制单元、踏板行程模拟器、制动执行器等组成)	10	100	17	17	千克/个	60
8708309919	其他机动车辆用制动器(包括助力制动器)	10	100	17	17	千克/个	60
8708309990	其他机动车辆用制动器(包括助力制动器)的零件	10	100	17	17	千克/个	6
87084010	---品目87.01所列车辆用						
8708401010[暂3]	发动机功率≥65千瓦的动力换挡拖拉机用变速箱	6	14	17	17	个/千克	6
8708401090	其他牵引车、拖拉机用变速箱及其零件	6	14	17	17	个/千克	6
87084020	---编号87021091及87029010所列车辆用						
8708402000	大型客车用变速箱及其零件	10	70	17	17	个/千克	6
87084030	---编号87041030及87041090所列车辆用						
8708403001[暂3]	扭矩>1500牛米非公路自卸车用变速箱	6	11	17	17	个/千克	6
8708403090	其他非公路自卸车用变速箱及其零件	6	11	17	17	个/千克	6
87084040	---编号87042100、87042230、87043100及87043230所列车辆用						
8708404000	柴、汽油轻型货车用变速箱及其零件(指编号87042100、87042230、87043100、87043230所列总重量≤14吨车辆用)	10	45	17	17	个/千克	6
87084050	---编号87042240、87042300及87043240所列车辆用						
8708405000	其他柴、汽油型重型货车用变速箱及其零件(指编号87042240、87042300及87043240所列车辆用)	10	30	17	17	个/千克	6
87084060	---品目87.05所列车辆用						
8708406000	特种车用变速箱及其零件(指品目87.05所列车辆用)	10	100	17	17	个/千克	6
87084091	----小轿车用自动换挡变速箱及其零件						
8708409101[暂6.5]	小轿车用自动换挡变速箱(6档及6档以上)	10	100	17	17	个/千克	60
8708409104[暂6.5]	小轿车用自动换挡变速箱的零件(6档及6档以上)	10	100	17	17	个/千克	6
8708409191	其他小轿车用自动换挡变速箱	10	100	17	17	个/千克	60
8708409199	其他小轿车用自动换挡变速箱的零件	10	100	17	17	个/千克	6
87084099	----其他						
8708409910	其他未列名机动车辆用变速箱	10	100	17	17	个/千克	60
8708409990	其他未列名机动车辆用变速箱的零件	10	100	17	17	个/千克	6
87085071	----品目87.01所列车辆用						

商品编号	商品名称及备注	进口关税税率(%)		增值税率(%)	出口退税率(%)	计量单位	监管条件
		最惠国	普通				
8708507110[暂3]	发动机功率≥65千瓦的动力换挡拖拉机用驱动桥(装有差速器的,不论是否装有其他传动件)	6	14	17	17	个/千克	6
8708507190	其他牵引车、拖拉机用驱动桥及其零件(装有差速器的,不论是否装有其他传动件)	6	14	17	17	个/千克	6
87085072	----编号87021091及87029010所列车辆用						
8708507201[暂8]	轴荷≥10吨的中后驱动桥的零件	10	70	17	17	个/千克	6
8708507291	其他大型客车用驱动桥(装有差速器的,不论是否装有其他传动件)	10	70	17	17	个/千克	60
8708507299	其他大型客车用驱动桥的零件(装有差速器的,不论是否装有其他传动件)	10	70	17	17	个/千克	6
87085073	----编号87041030及87041090所列车辆用						
8708507300	非公路自卸车用驱动桥及其零件(装有差速器的,不论是否装有其他传动件)	6	11	17	17	个/千克	6
87085074	----编号87042100、87042230、87043100及87043230所列车辆用						
8708507410	柴油、汽油型轻型货车用驱动桥(编号87042100、87042230、87043100、87043230所列总重量≤14吨车辆用,装差速器)	10	45	17	17	个/千克	60
8708507490	柴油、汽油型轻型货车用驱动桥的零件(编号87042100、87042230、87043100、87043230所列总重量≤14吨车辆用,装差速器)	10	45	17	17	个/千克	6
87085075	----编号87042240、87042300及87043240所列车辆用						
8708507510	其他柴油、汽油型重型货车用驱动桥(指编号87042240、87042300及87043240所列车辆用)	10	30	17	17	个/千克	60
8708507590	其他柴油、汽油型重型货车用驱动桥的零件(指编号87042240、87042300及87043240所列车辆用)	10	30	17	17	个/千克	6
87085076	----品目87.05所列车辆用						
8708507610	特种车用驱动桥(指品目87.05所列车辆用,装有差速器,不论是否装有其他传动件)	10	100	17	17	个/千克	60
8708507690	特种车用驱动桥的零件(指品目87.05所列车辆用,装有差速器,不论是否装有其他传动件)	10	100	17	17	个/千克	6
87085079	----其他						
8708507910	未列名机动车辆用驱动桥(装有差速器的,不论是否装有其他传动件)	10	100	17	17	个/千克	60
8708507990	未列名机动车辆用驱动桥的零件(装有差速器的,不论是否装有其他传动件)	10	100	17	17	个/千克	6
87085081	----品目87.01所列车辆用						
8708508100	牵引车、拖拉机用非驱动桥及零件	6	14	17	17	千克	6
87085082	----编号87021091及87029010所列车辆用						
8708508200	座位数≥30的客车用非驱动桥及其零件	15	70	17	17	千克	6
87085083	----编号87041030及87041090所列车辆用						
8708508300	非公路自卸车用非驱动桥及零件	6	11	17	17	千克	6
87085084	----编号87042100、87042230、87043100及87043230所列车辆用						
8708508400	柴、汽油轻型货车用非驱动桥及零件(编号87042100、87042230、87043100、87043230所列总重量≤14吨车辆用,装差速器)	10	45	17	17	千克	6
87085085	----编号87042240、87042300及87043240所列车辆用						
8708508500	柴油、汽油重型货车用非驱动桥及零件(指编号87042240、87042300及87043240所列车辆用)	10	30	17	17	千克	6
87085086	----品目87.05所列车辆用						
8708508600	特种车用非驱动桥及其零件(指品目87.05所列车辆用)	10	100	17	17	千克	6
87085089	----其他						
8708508910	未列名机动车辆用非驱动桥	10	100	17	17	千克/个	60
8708508990	未列名机动车辆用非驱动桥的零件	10	100	17	17	千克/个	6
87087010	---品目87.01所列车辆用						
8708701000	牵引车及拖拉机用车轮及其零附件(不包括品目87.09的牵引车)	6	14	17	17	千克	6
87087020	---编号87021091及87029010所列车辆用						

商品编号	商品名称及备注	进口关税税率(%)		增值税率(%)	出口退税率(%)	计量单位	监管条件
		最惠国	普通				
8708702000	大型客车用车轮及其零、附件(指座位数≥30的客运车)	10	70	17	17	千克	6
87087030	---编号87041030及87041090所列车辆用						
8708703000	非公路货运自卸车用车轮及其零件	6	11	17	17	千克	6
87087040	---编号87042100、87042230、87043100及87043230所列车辆用						
8708704000	中小型货车用车轮及其零件(指总重量<14吨的货运车辆)	10	45	17	17	千克	6
87087050	---编号87042240、87042300及87043240所列车辆用						
8708705000	大型货车用车轮及其零件(指编号87042240、87042300及87043240所列车辆用)	10	30	17	17	千克	6
87087060	---品目87.05所列车辆用						
8708706000	特种车用车轮及其零件(指品目87.05所列车辆用)	10	100	17	17	千克	6
87087091	----铝合金制的						
8708709100	其他车辆用铝合金制车轮及其零附件	10	100	17	17	千克	6A
87087099	----其他						
8708709900	其他车辆用车轮及其零附件	10	100	17	17	千克	6
87088010	---品目87.03所列车辆用						
8708801000	品目87.03所列车辆用的悬挂系统(包括减震器)及其零件	10	100	17	17	千克	6
87088090	---其他						
8708809000	其他机动车辆用的悬挂系统(包括减震器)及其零件	10	100	17	17	千克	6
87089110	---水箱散热器						
8708911000	水箱散热器	10	100	17	17	个/千克	6
87089120	---机油冷却器						
8708912000	机油冷却器	10	100	17	17	个/千克	6
87089190	---其他						
8708919000	其他散热器及其零件(包括水箱散热器、机油冷却器的零件)	10	100	17	17	个/千克	6
87089200	--消声器(消音器)、排气管及其零件						
8708920000	机动车辆的消声器(消音器)及排气管及其零件	10	100	17	17	千克	6
87089310	---品目87.01所列车辆用						
8708931010[暂3]	发动机功率≥65千瓦的动力换挡拖拉机用离合器	6	14	17	17	千克	6
8708931090	其他牵引车、拖拉机用离合器及其零件	6	14	17	17	千克	6
87089320	---编号87021091及87029010所列车辆用						
8708932000	座位数≥30的客车用离合器及其零件	10	70	17	17	千克	6
87089330	---编号87041030及87041090所列车辆用						
8708933000	非公路自卸车用离合器及其零件	6	11	17	17	千克	6
87089340	---编号87042100、87042230、87043100及87043230所列车辆用						
8708934000	柴油、汽油轻型货车用离合器及零件(编号87042100、87042230、87043100、87043230所列总重量≤14吨车辆用)	10	45	17	17	千克	6
87089350	---编号87042240、87042300及87043240所列车辆用						
8708935000	柴油、汽油型重型货车离合器及零件(编号87042240、87042300、87043240所列车辆用)	10	30	17	17	千克	6
87089360	---品目87.05所列车辆用						
8708936000	特种车用的离合器及其零件(指品目87.05所列车辆用)	10	100	17	17	千克	6
87089390	---其他						
8708939000	未列名机动车辆用离合器及其零件	10	100	17	17	千克	6
87089410	---品目87.01所列车辆用						
8708941000	牵引车、拖拉机用转向盘、转向柱及其零件(包括转向器)	6	14	17	17	千克	6
87089420	---编号87021091及87029010所列车辆用						
8708942001[暂8]	座位数≥30的客车用转向器零件	10	70	17	17	千克	6
8708942090	大型客车用其他转向盘、转向柱及其零件(包括转向器)	10	70	17	17	千克	6

商品编号	商品名称及备注	进口关税税率(%)		增值税率(%)	出口退税率(%)	计量单位	监管条件
		最惠国	普通				
87089430	---编号 87041030 及 87041090 所列车辆用						
8708943000	非公路自卸车用转向盘、转向柱及其零件(包括转向器)	6	11	17	17	千克	6
87089440	---编号 87042100、87042230、87043100 及 87043230 所列车辆用						
8708944000	柴油、汽油轻型货车用转向盘、转向柱、转向器及其零件(编号 87042100、87042230、87043100、87043230 所列总重量≤14 吨车辆用)	10	45	17	17	千克	6
87089450	---编号 87042240、87042300 及 87043240 所列车辆用						
8708945001[暂8]	总重量≥14 吨柴油型货车转向器的零件	10	30	17	17	千克	6
8708945090	其他重型货车用转向盘、转向柱、转向器及其零件(指编号 87042240、87042300 及 87043240 所列车辆用)	10	30	17	17	千克	6
87089460	---品目 87.05 所列车辆用转向器						
8708946000	特种车用转向盘、转向柱及转向器及其零件(指品目 87.05 所列车辆用)	10	100	17	17	千克	6
87089490	---其他						
8708949001[暂8]	采用电动转向系统的转向盘、转向柱、转向器及其零件	10	100	17	17	千克	6
8708949090	其他未列名机动车辆用转向盘、转向柱及其零件(包括转向器)	10	100	17	17	千克	6
87089500	--带充气系统的安全气囊及其零件						
8708950000	机动车辆用带充气系统的安全气囊及其零件	10	100	17	17	千克	6
87089910	---品目 87.01 所列车辆用						
8708991000	牵引车及拖拉机用其他零附件(车轮及其零附件除外,不包括品目 87.09 的牵引车)	6	14	17	17	千克	6
87089921	----车架						
8708992100	编号 87021091 及 87029010 所列车辆用车架	25	70	17	17	千克	6
87089929	----其他						
8708992900	大型客车用其他零附件(车轮及其零附件除外,指座位数≥30 的客运车)	25	70	17	17	千克	6
87089931	----车架						
8708993100	非公路自卸车用车架	6	11	17	17	千克	6
87089939	----其他						
8708993900[暂3]	非公路用自卸车未列名零部件(车轮及其零件除外)	6	11	17	17	千克	6
87089941	----车架						
8708994100	中小型货车用车架(指总重量<14 吨的货运车辆用)	25	45	17	17	千克	6
87089949	----其他						
8708994900	中小型货车用其他零附件(车轮及其零附件除外,指总重量<14 吨的货运车辆)	25	45	17	17	千克	6
87089951	----车架						
8708995100	编号 87042240、87042300、87043240 所列车辆(含总重量>8 吨汽油货车)用车架	10	30	17	17	千克	6
87089959	----其他						
8708995900	总重量≥14 吨柴油货车用其他零部件(指编号 87042240、87042300、87043240 所列车辆用,含总重量>8 吨汽油货车)	10	30	17	17	千克	6
87089960	---品目 87.05 所列车辆用						
8708996000	特种车用其他零附件(指品目 87.05 所列车辆用)	15	100	17	17	千克	6
87089991	----车架						
8708999100	其他品目 87.01~87.04 所列车辆用车架	10	100	17	17	千克/个	60
87089992	----传动轴						
8708999200	其他车辆用传动轴(品目 87.01~87.04 所列车辆用)	10	100	17	17	千克	6
87089999	----其他						
8708999910[暂6]	混合动力汽车动力传动装置及其零件(由发电机、电动机和动力分配装置等组成,品目 87.01~87.04 所列车辆用)	10	100	17	17	千克	6
8708999990	机动车辆用未列名零件、附件(品目 87.01~87.04 所列车辆用)	10	100	17	17	千克	6

商品编号	商品名称及备注	进口关税税率(%)		增值税率(%)	出口退税率(%)	计量单位	监管条件
		最惠国	普通				
8709	**短距离运输货物的机动车辆,未装有提升或搬运设备,用于工厂、仓库、码头或机场;火车站台上用的牵引车;上述车辆的零件**						
87091110	---牵引车						
8709111000	电动的短距离牵引车(未装有提升或搬运设备,包括火车站台上用的电动牵引车)	10	30	17	17	辆	6
87091190	---其他						
8709119000	电动的其他短距离运货车(未装有提升或搬运设备,用于工厂、仓库、码头或机场)	10	30	17	17	辆	6
87091910	---牵引车						
8709191000	非电动的短距离牵引车(未装有提升或搬运设备,包括火车站台上用非电动牵引车)	10.5	30	17	17	辆	6
87091990	---其他						
8709199000	非电动的其他短距离运货车(未装有提升或搬运设备,用于工厂、仓库、码头或机场)	10.5	30	17	17	辆	6
87099000	-零件						
8709900000	短距离运货车、站台牵引车用零件	8.4	17	17	15	千克	6
8710	**坦克及其他机动装甲战斗车辆,不论是否装有武器;上述车辆的零件**						
87100010	---整车						
8710001000	坦克及其他机动装甲战斗车辆	15	100	17	0	辆	6
87100090	---零件						
8710009000	坦克及其他机动装甲战斗车辆零件	15	100	17	0	千克	6
8711	**摩托车(包括机器脚踏两用车)及装有辅助发动机的脚踏车,不论有无边车;边车**						
87111000	-装有往复式活塞内燃发动机,气缸容量(排量)≤50 毫升						
8711100010	微马力摩托车及脚踏两用车(装有往复式活塞发动机,微马力指排量=50 毫升)	45	150	17	17	辆	46Axy
8711100090	微马力摩托车及脚踏两用车(装有往复式活塞发动机,微马力指排量<50 毫升)	45	150	17	17	辆	6A
87112010	---50 毫升<气缸容量≤100 毫升						
8711201000	50 毫升<排量≤100 毫升装往复式活塞内燃发动机摩托车及脚踏两用车	45	150	17	17	辆	46Axy
87112020	---100 毫升<气缸容量≤125 毫升						
8711202000	100 毫升<排量≤125 毫升装往复式活塞内燃发动机摩托车及脚踏两用车	45	150	17	17	辆	46Axy
87112030	---125 毫升<气缸容量≤150 毫升						
8711203000	125 毫升<排量≤150 毫升装往复式活塞内燃发动机摩托车及脚踏两用车	45	150	17	17	辆	46Axy
87112040	---150 毫升<气缸容量≤200 毫升						
8711204000	150 毫升<排量≤200 毫升装往复式活塞内燃发动机摩托车及脚踏两用车	45	150	17	17	辆	46Axy
87112050	---200 毫升<气缸容量≤250 毫升						
8711205010	200 毫升<排量<250 毫升装往复式活塞内燃发动机摩托车及脚踏两用车	45	150	17	17	辆	46Axy
8711205090	排量=250 毫升装往复式活塞内燃发动机摩托车及脚踏两用车	45	150	17	17	辆	46Axy
87113010	---250 毫升<气缸容量≤400 毫升						
8711301000	250 毫升<排量≤400 毫升装往复式活塞内燃发动机摩托车及脚踏两用车	45	150	17	17	辆	46Axy
87113020	---400 毫升<气缸容量≤500 毫升						
8711302000	400 毫升<排量≤500 毫升装往复式活塞内燃发动机摩托车及脚踏两用车	45	150	17	17	辆	46Axy
87114000	-装有往复式活塞内燃发动机,500 毫升<气缸容量≤800 毫升						
8711400000	500 毫升<排量≤800 毫升装往复式活塞内燃发动机摩托车及脚踏两用车	40	150	17	17	辆	46Axy
87115000	-装有往复式活塞内燃发动机,气缸容量(排量)>800 毫升						
8711500000	排量>800 毫升装有往复式活塞内燃发动机摩托车及脚踏两用车	30	150	17	17	辆	46Axy
87116000	-装有驱动电动机的						
8711600010	电动自行车(包括机器脚踏两用车、脚踏车)	45	150	17		辆	6A
8711600090	其他装有电驱动电动机的摩托车	45	150	17		辆	6A
87119000	-其他						
8711900010	其他排量≤250 毫升摩托车及脚踏两用车	45	150	17		辆	6A
8711900020	其他排量>250 毫升摩托车及脚踏两用车	45	150	17		辆	6A

商品编号	商品名称及备注	进口关税税率(%)		增值税率(%)	出口退税率(%)	计量单位	监管条件
		最惠国	普通				
8711900030	其他无法区分排量的摩托车及脚踏两用车	45	150	17		辆	6A
8711900090	装有其他辅助发动机的脚踏车,边车	45	150	17		辆	6A
8712	**自行车及其他非机动脚踏车(包括运货三轮脚踏车)**						
87120020	---竞赛型自行车						
8712002000	竞赛型自行车	13	130	17	17	辆	6
87120030	---山地自行车						
8712003000	山地自行车	13	130	17	17	辆	6
87120041	----16、18及20英寸						
8712004100	16、18、20英寸越野自行车	13	130	17	17	辆	6
87120049	----其他						
8712004900	其他越野自行车(包括运货三轮车)	13	130	17	17	辆	6
87120081	----16英寸及以下						
8712008110	12~16英寸的未列名自行车	13	130	17	17	辆	6
8712008190	11英寸及以下的未列名自行车	13	130	17	17	辆	6
87120089	----其他						
8712008900	其他未列名自行车	13	130	17	17	辆	6
87120090	---其他						
8712009000	其他非机动脚踏车	23	130	17	17	辆	6
8713	**残疾人用车,不论是否机动或其他机械驱动**						
87131000	-非机械驱动						
8713100000	非机械驱动的残疾人用车	6	20	0	17	辆	6
87139000	-其他						
8713900000	其他机动残疾人用车	4	20	0	17	辆	6
8714	**零件、附件,品目87.11至87.13所列车辆用**						
87141000	-摩托车(包括机器脚踏两用车)用						
8714100001[暂10]	星型轮及碟刹件	30	100	17	15	千克	6
8714100010	摩托车架	30	100	17	15	千克	46xy
8714100090	摩托车其他零件、附件(包括机动脚踏两用车的零件、附件)	30	100	17	15	千克	6
87142000	-残疾人车辆用						
8714200000	残疾人车辆用零件、附件	5	17	17	15	千克	6
87149100	--车架、轮叉及其零件						
8714910000	非机动脚踏车车架、轮叉及其零件	12	80	17	15	千克	6
87149210	---轮圈						
8714921000	非机动脚踏车等的轮圈	12	80	17	15	千克	6
87149290	---辐条						
8714929000	非机动脚踏车等的辐条	12	80	17	15	千克	6
87149310	---轮毂						
8714931000	非机动脚踏车等的轮毂(倒轮制动毂及毂闸除外)	12	80	17	15	千克	6
87149320	---飞轮						
8714932000	非机动脚踏车等的飞轮(倒轮制动毂及毂闸除外)	12	80	17	15	千克	6
87149390	---其他						
8714939000	非机动脚踏车等的链轮(倒轮制动毂及毂闸除外)	12	80	17	15	千克	6
87149400	--制动器(包括倒轮制动毂及毂闸)及其零件						
8714940000	非机动脚踏车等的制动器及其零件(包括倒轮制动毂及毂闸)	12	80	17	15	千克	6
87149500	--鞍座						
8714950000	非机动脚踏车等的鞍座	12	80	17	15	千克/个	6

商品编号	商品名称及备注	进口关税税率(%)		增值税率(%)	出口退税率(%)	计量单位	监管条件
		最惠国	普通				
87149610	---脚蹬及其零件						
8714961000	非机动脚踏车等的脚蹬及其零件	12	80	17	15	千克	6
87149620	---曲柄链轮及其零件						
8714962000	非机动脚踏车等的曲柄链轮及其零件	12	80	17	15	千克	6
87149900	--其他						
8714990000	非机动脚踏车等的其他零件、附件	12	80	17	15	千克	6
8715	**婴孩车及其零件**						
87150000	婴孩车及其零件						
8715000000	婴孩车及其零件	20	80	17	17	千克	6A
8716	**挂车及半挂车或其他非机械驱动车辆及其零件**						
87161000	-供居住或野营用厢式挂车及半挂车						
8716100000	供居住或野营用厢式挂车及半挂车	10	35	17	17	辆	6
87162000	-农用自装或自卸式挂车及半挂车						
8716200000	农用自装或自卸式挂车及半挂车	10	35	17	13	辆	6
87163110	---油罐挂车及半挂车						
8716311000	油罐挂车及半挂车	10	20	17	17	辆	6A
87163190	---其他						
8716319000	其他罐式挂车及半挂车	10	35	17	17	辆	6A
87163910	---货柜挂车及半挂车						
8716391000	货柜挂车及半挂车	10	20	17	17	辆	6A
87163990	---其他						
8716399000	其他货运挂车及半挂车	10	35	17	17	辆	6A
87164000	-其他挂车及半挂车						
8716400000	其他未列名挂车及半挂车	10	35	17	17	辆	6A
87168000	-其他车辆						
8716800000	其他未列名非机械驱动车辆	10	80	17	17	辆	6
87169000	-零件						
8716900000	挂车、半挂车及非机动车用零件	10	35	17	15	千克	6

第八十八章　航空器、航天器及其零件

子目注释：

子目号 8802.11 至 8802.40 所称"空载重量"，是指航空器在正常飞行情况下，除去机组人员、燃料及非永久性安装设备后的重量。

商品编号	商品名称及备注	进口关税税率(%)		增值税率(%)	出口退税率(%)	计量单位	监管条件
		最惠国	普通				
8801	**气球及飞艇；滑翔机、悬挂滑翔机及其他无动力航空器**						
88010010	---滑翔机及悬挂滑翔机						
8801001000	滑翔机及悬挂滑翔机	3	11	17	17	架	
88010090	---其他						
8801009010	自然视距以外可控飞行的无人驾驶飞艇(在 30 分钟≤最大续航时间<1 小时，阵风≥46.3 千米/小时条件下具有起飞和稳定飞行能力；或者最大续航时间≥1 小时)	3	11	17	17	架	3
8801009090	气球、其他飞艇及无动力航空器(滑翔机除外)	3	11	17	17	架	
8802	**其他航空器(例如，直升机、飞机)；航天器(包括卫星)及其运载工具、亚轨道运载工具**						
88021100	--空载重量≤2000 千克						
8802110010	空载重量≤2 吨的无人驾驶直升机(两用物项和技术出口管制的)	2	11	17	17	架	30
8802110090	其他空载重量≤2 吨的直升机	2	11	17	17	架	0
88021210	---2000 千克<空载重量≤7000 千克						
8802121000	2 吨<空载重量≤7 吨的直升机	2	11	17	17	架	0
88021220	---空载重量>7000 千克						
8802122000	空载重量>7 吨的直升机	2	11	17	17	架	0
88022000	-飞机及其他航空器，空载重量≤2000 千克						
8802200011	空载重量≤2 吨的无人驾驶航空飞行器(两用物项出口管制的)	5	11	17	17	架	30
8802200019	其他无人驾驶航空飞行器(空载重量≤2 吨)	5	11	17	17	架	30
8802200090	其他小型飞机及其他航空器(小型指空载重量≤2 吨)	5	11	17	17	架	
88023000	-飞机及其他航空器，2000 千克<空载重量≤15000 千克						
8802300000	中型飞机及其他航空器(中型指 2 吨<空载重量≤15 吨)	4	11	17	17	架	0
88024010	---15000 千克<空载重量≤45000 千克						
8802401000	15 吨<空载重量≤45 吨其他大型飞机及其他航空器	5	11	17	17	架	0
88024020	---空载重量>45000 千克						
8802402000	特大型飞机及其他航空器(特大型指空载重量>45 吨)	1	11	17	17	架	0
88026000	-航天器(包括卫星)及其运载工具、亚轨道运载工具						
8802600010	通信卫星	1.5/1*	11	17	17	架	
8802600090	航天器(包括卫星，但通信卫星除外)及其运载工具(包括亚轨道运载工具)	2	11	17	17	架	
8803	**品目 88.01 或 88.02 所列货品的零件**						
88031000	-推进器、水平旋翼及其零件						
8803100000	飞机用推进器、水平旋翼及零件(指品目 88.02 所列货品用的)	1	11	17	17	千克	
88032000	-起落架及其零件						
8803200000	飞机用起落架及其零件(指品目 88.02 所列货品用的)	1	11	17	17	千克	
88033000	-飞机及直升机的其他零件						
8803300000	飞机及直升机用其他零件	1	11	17	17	千克	
88039000	-其他						
8803900010	两用物项管制的火箭及其零部件	0	11	17	17	千克	3
8803900090	其他未列名的航空器、航天器零件(指品目 88.01 或 88.02 所列货品用的)	0	11	17	17	千克	

商品编号	商 品 名 称 及 备 注	进口关税税率(%)		增值税率(%)	出口退税率(%)	计量单位	监管条件
		最惠国	普通				
8804	**降落伞(包括可操纵降落伞及滑翔伞)、旋翼降落伞及其零件、附件**						
88040000	降落伞(包括可操纵降落伞及滑翔伞)、旋翼降落伞及其零件、附件						
8804000000	降落伞及其零件、附件(包括可操纵降落伞、滑翔伞及旋翼降落伞)	2	11	17	17	千克	
8805	**航空器的发射装置、甲板停机装置或类似装置和地面飞行训练器及其零件**						
88051000	-航空器的发射装置及其零件;甲板停机装置或类似装置及其零件						
8805100000	航空器的发射装置及其零件等(包括甲板停机装置或类似装置及其零件)	1.5	11	17	17	千克	
88052100	--空战模拟器及其零件						
8805210000	空战模拟器及其零件	1.1/0.8*	11	17	17	千克	
88052900	--其他						
8805290000	其他地面飞行训练器及其零件	1.1/0.8*	11	17	17	千克	0

第八十九章　船舶及浮动结构体

注释：

已装配、未装配或已拆卸的船体、未完工或不完整的船舶以及未装配或已拆卸的完整船舶，如果不具有某种船舶的基本特征，应归入品目89.06。

商品编号	商 品 名 称 及 备 注	进口关税税率(%)		增值税率(%)	出口退税率(%)	计量单位	监管条件
		最惠国	普通				
8901	**巡航船、游览船、渡船、货船、驳船及类似的客运或货运船舶**						
89011010	---机动船舶						
8901101010	高速客船(包括主要用于客运的类似船舶)	5	14	17	17	艘	0
8901101090	其他机动巡航船游览船及各式渡船(包括主要用于客运的类似船舶)	5	14	17	17	艘	0
89011090	---非机动船舶						
8901109000	非机动巡航船、游览船及各式渡船(以及主要用于客运的类似船舶)	8	30	17	17	艘	
89012011	----载重量≤10万吨						
8901201100	载重量≤10万吨的成品油船	9	14	17	17	艘	0
89012012	----10万吨<载重量≤30万吨						
8901201200	10万吨<载重量≤30万吨成品油船	9	14	17	17	艘	
89012013	----载重量>30万吨						
8901201300	载重量>30万吨的成品油船	6	14	17	17	艘	
89012021	----载重量≤15万吨						
8901202100	载重量≤15万吨的原油船	9	14	17	17	艘	0
89012022	----15万吨<载重量≤30万吨						
8901202200	15万吨<载重量≤30万吨的原油船	9	14	17	17	艘	
89012023	----载重量>30万吨						
8901202300	载重量>30万吨的原油船	6	14	17	17	艘	
89012031	----容积≤2万立方米						
8901203100	容积≤2万立方米液化石油气船	9	14	17	17	艘	0
89012032	----容积>2万立方米						
8901203200	容积>2万立方米液化石油气船	6	14	17	17	艘	
89012041	----容积≤2万立方米						
8901204100	容积≤2万立方米液化天然气船	9	14	17	17	艘	
89012042	----容积>2万立方米						
8901204200	容积>2万立方米液化天然气船	6	14	17	17	艘	
89012090	---其他						
8901209000	其他油船	9	14	17	17	艘	0
89013000	-冷藏船，但编号890120的船舶除外						
8901300000	冷藏船(但编号890120的船舶除外)	9	14	17	17	艘	
89019021	----可载标准集装箱在6000箱及以下						
8901902100	可载6000标准箱及以下的集装箱船	9	14	17	17	艘	0
89019022	----可载标准集装箱在6000箱以上						
8901902200	可载6000标准箱以上的集装箱船	6	14	17	17	艘	
89019031	----载重量≤2万吨						
8901903100	载重量≤2万吨的滚装船	9	14	17	17	艘	0
89019032	----载重量>2万吨						
8901903200	载重量>2万吨的滚装船	6	14	17	17	艘	

商品编号	商品名称及备注	进口关税税率(%)		增值税率(%)	出口退税率(%)	计量单位	监管条件
		最惠国	普通				
89019041	----载重量≤15万吨						
8901904100	载重量≤15万吨散货船	9	14	17	17	艘	0
89019042	----15万吨<载重量≤30万吨						
8901904200	15万吨<载重量≤30万吨散货船	9	14	17	17	艘	
89019043	----载重量>30万吨						
8901904300	载重量>30万吨的散货船	9	14	17	17	艘	
89019050	---机动多用途船						
8901905000	机动多用途船	9	14	17	17	艘	0
89019080	---其他,机动的						
8901908000	其他机动货运船舶及客货兼运船舶	9	14	17	17	艘	0
89019090	---非机动的						
8901909000	非机动货运船舶及客货兼运船舶	8	30	17	15	艘	0
8902	**捕鱼船;加工船及其他加工保藏鱼类产品的船舶**						
89020010	---机动船舶						
8902001000	机动捕鱼船(包括加工船及其他加工保藏鱼类产品的船舶)	7	14	17	17	艘	0
89020090	---非机动船舶						
8902009000	非机动捕鱼船	8	30	17	13	艘	
8903	**娱乐或运动用快艇及其他船舶;划艇及轻舟**						
89031000	-充气的						
8903100000	充气的娱乐或运动用快艇(包括充气的划艇及轻舟)	10	30	17	15	艘	
89039100	--帆船,不论是否装有辅助发动机						
8903910001	8米<长度<90米的机动帆船	8	30	17	17	艘	
8903910090	其他帆船(不论是否装有辅助发动机)	8	30	17	17	艘	
89039200	--汽艇,但装有舷外发动机的除外						
8903920001	8米<长度<90米的汽艇(装有舷外发动机的除外)	10.5	30	17	17	艘	
8903920090	其他汽艇(装有舷外发动机的除外)	10.5	30	17	17	艘	
89039900	--其他						
8903990001	8米<长度<90米的娱乐或运动用其他机动船舶或快艇	10	30	17	15	艘	
8903990090	娱乐或运动用其他船舶或快艇(包括划艇及轻舟)	10	30	17	15	艘	
8904	**拖轮及顶推船**						
89040000	拖轮及顶推船						
8904000000	拖轮及顶推船	9	14	17	17	艘	0
8905	**灯船、消防船、挖泥船、起重船及其他不以航行为主要功能的船舶;浮船坞;浮动或潜水式钻探或生产平台**						
89051000	-挖泥船						
8905100000	挖泥船	3	11	17	17	艘	0
89052000	-浮动或潜水式钻探或生产平台						
8905200000	浮动或潜水式钻探或生产平台	6	11	17	17	座	0
89059010	---浮船坞						
8905901000	浮船坞	8	30	17	17	个	0
89059090	---其他						
8905909000	其他不以航行为主要功能的船舶(包括灯船、消防船、起重船)	3	11	17	17	个	0
8906	**其他船舶,包括军舰及救生船,但划艇除外**						
89061000	-军舰						
8906100000	军舰	5	14	17	17	艘	
89069010	---机动船舶						

商品编号	商品名称及备注	进口关税税率(%)		增值税率(%)	出口退税率(%)	计量单位	监管条件
		最惠国	普通				
8906901000	其他未列名的机动船舶(包括救生船,但划艇除外)	5	14	17	17	艘	
89069020	---非机动船舶						
8906902000	其他非机动船舶	8	30	17	0	艘	
89069030	---未制成或不完整的船舶,包括船舶分段						
8906903000	未制成或不完整的船舶,包括船舶分段	8	30	17	0	艘	
8907	**其他浮动结构体(例如,筏、柜、潜水箱、浮码头、浮筒及航标)**						
89071000	-充气筏						
8907100000	充气筏	8	30	17	15	艘	
89079000	-其他						
8907900000	其他浮动结构体(例如,筏、柜、潜水箱、浮筒及航标)	8	30	17	15	个	
8908	**供拆卸的船舶及其他浮动结构体**						
89080000	供拆卸的船舶及其他浮动结构体						
8908000000[暂1]	供拆卸的船舶及其他浮动结构体	3	11	17	15	艘/千克	ABP

第十八类　光学、照相、电影、计量、检验、医疗或外科用仪器及设备、精密仪器及设备；钟表；乐器；上述物品的零件、附件

第九十章　光学、照相、电影、计量、检验、医疗或外科用仪器及设备、精密仪器及设备；上述物品的零件、附件

注释：

一、本章不包括：

（一）机器、设备或其他专门技术用途的硫化橡胶（硬质橡胶除外）制品（品目40.16）、皮革或再生皮革制品（品目42.05）或纺织材料制品（品目59.11）。

（二）纺织材料制的承托带及其他承托物品，其承托器官的作用仅依靠自身的弹性（例如，孕妇用的承托带，用于胸部、腹部、关节或肌肉的承托绷带）（第十一类）。

（三）品目69.03的耐火材料制品；品目69.09的实验室、化学或其他专门技术用途的陶瓷器。

（四）品目70.09的未经光学加工的玻璃镜及品目83.06或第七十一章的非光学元件的贱金属或贵金属制的镜子。

（五）品目70.07、70.08、70.11、70.14、70.15或70.17的货品。

（六）第十五类注释二所规定的贱金属制通用零件（第十五类）或塑料制的类似品（第三十九章）。

（七）品目84.13的装有计量装置的泵；计数和检验用的衡器或单独报验的天平砝码（品目84.23）；升降、起重及搬运机械（品目84.25~84.28）；纸张或纸板的各种切割机器（品目84.41）；品目84.66的用于机床或水射流切割机上调整工件或工具的附件，包括具有读度用的光学装置的附件（例如，"光学"分度头），但其本身主要是光学仪器的除外（例如，校直望远镜）；计算机器（品目84.70）；品目84.81的阀门及其他装置；品目84.86的机器及装置（包括将电路图投影或绘制到感光半导体材料上的装置）；

（八）自行车或机动车辆用探照灯或聚光灯（品目85.12）；品目85.13的手提式电灯；电影录音机、还音机及转录机（品目85.19）；拾音头或录音头（品目85.22）；电视摄像机、数字照相机及视频摄录一体机（品目85.25）；雷达设备、无线电导航设备或无线电遥控设备（品目85.26）；光导纤维、光导纤维束或光缆用连接器（品目85.36）；品目85.37的数字控制装置；品目85.39的封闭式聚光灯；品目85.44的光缆。

（九）品目94.05的探照灯及聚光灯。

（十）第九十五章的物品。

（十一）品目96.20的独脚架、双脚架、三脚架及类似品；

（十二）容量的计量器具（按其构成的材料归类）。

（十三）卷轴、线轴及类似芯子（按其构成材料归类，例如，归入品目39.23或第十五类）。

二、除上述注释一另有规定的以外，本章各品目所列机器、设备、仪器或器具的零件、附件，应按下列规定归类：

（一）凡零件、附件本身已构成本章或第八十四章、第八十五章或第九十一章各品目（品目84.87、85.48或90.33除外）所包括的货品，应一律归入其相应的品目；

（二）其他零件、附件，如果专用于或主要用于某种或同一品目项下的多种机器、仪器或器具（包括品目90.10、90.13或90.31的机器、仪器或器具），应归入相应机器、仪器或器具的品目；

（三）所有其他零件、附件均应归入品目90.33。

三、第十六类的注释三及四的规定也适用于本章。

四、品目90.05不包括武器用望远镜瞄准具、潜艇或坦克上的潜望镜式望远镜及本章或第十六类的机器、设备、仪器或器具用的望远镜；这类望远镜瞄准具及望远镜应归入品目90.13。

五、计量或检验用的光学仪器、器具或机器，如果既可归入品目90.13，又可归入90.31，则应归入品目90.31。

六、品目90.21所称"矫形器具"，是指下列用途的器具：

——预防和矫正人体畸变；

——生病、手术或受伤后人体部位的支撑或固定；

矫形器具包括用于矫正畸形的鞋及特种鞋垫，但需符合下列任一条件：

（一）定制的。

（二）成批生产的；单独报验且不成双的、设计为左右两脚同样适用。

七、品目90.32仅适用于：

（一）液体或气体的流量、液位、压力或其他变化量的自动控制仪器及装置或温度自动控制装置，不论是否依靠要被自控的因素所发生的电现象来进行工作，这些仪器或装置将被自控因素调到并保持在一设定值上，通过持续或定期测量实际值来保持稳定，修正偏差；

（二）电量自动调节器及自动控制非电量的仪器或装置，依靠要被控制的因素所发生的电现象来进行工作，这些仪器或装置将被控制的因素调到并保持在一设定值上，通过持续或定期测量实际值来保持稳定，修正偏差。

商品编号	商品名称及备注	进口关税税率(%)		增值税率(%)	出口退税率(%)	计量单位	监管条件
		最惠国	普通				
9001	**光导纤维及光导纤维束;光缆,但品目85.44的货品除外;偏振材料制的片及板;未装配的各种材料制透镜(包括隐形眼镜片)、棱镜、反射镜及其他光学元件,但未经光学加工的玻璃制上述元件除外**						
90011000	-光导纤维、光导纤维束及光缆						
9001100001	非色散位移单模光纤(G.652,包括G652A、G652B、G652C、G652D等)	5	20	17	17	千克	
9001100002	其他单模光纤	5	20	17	17	千克	
9001100090	光导纤维束、光缆及其他光导纤维(但品目85.44的货品除外)	5	20	17	17	千克	
90012000	-偏振材料制的片及板						
9001200010[暂6]	液晶投影仪用偏光板	6.7/5.3*	20	17	15	千克	
9001200020[暂6]	数字电影放映机用偏光板	6.7/5.3*	20	17	15	千克	
9001200090	其他偏振材料制的片及板	6.7/5.3*	20	17	15	千克	
90013000	-隐形眼镜片						
9001300000[暂6]	隐形眼镜片	10	70	17	15	片	
90014010	---变色镜片						
9001401000[暂15]	玻璃制变色镜片	20	90	17	15	片	
90014091	----太阳镜片						
9001409100	玻璃制太阳镜片	20	90	17	15	片	
90014099	----其他						
9001409900	玻璃制其他眼镜片(变色镜片、太阳镜片除外)	20	70	17	15	片	
90015010	---变色镜片						
9001501000[暂15]	非玻璃材料制变色镜片	20	90	17	15	片	
90015091	----太阳镜片						
9001509100	非玻璃材料制太阳镜片	20	90	17	15	片	
90015099	----其他						
9001509900[暂12]	非玻璃材料制其他眼镜片(变色镜片、太阳镜片除外)	20	70	17	15	片	
90019010	---彩色滤光片						
9001901000	彩色滤光片	7/6*	20	17	17	千克	
90019090	---其他						
9001909010[暂1]	光通信用微光组件的光学元件(包括波长800~1700纳米薄膜滤光片、自聚焦透镜、法拉第旋转片)	7/6*	20	17	17	千克	
9001909020[暂3]	微型镜片(激光视盘机激光收发装置用)	7/6*	20	17	17	千克	
9001909030[暂6]	非涅耳透镜投影屏(屏幕对角线≥80英寸,投射比≤0.26,增益比≥0.8,镜头间距≤100微米)	7/6*	20	17	17	千克	
9001909040[暂2]	液晶显示屏背光模组的光学元件(包括导光板、反射板、扩散片、增亮片)	7/6*	20	17	17	千克	
9001909050[暂6]	液晶投影仪用偏光元件	7/6*	20	17	17	千克	
9001909060[暂6]	数字电影放映机用偏光元件	7/6*	20	17	17	千克	
9001909090	品目90.01未列名的其他光学元件(未经光学加工的玻璃制元件除外)	7/6*	20	17	17	千克	
9002	**已装配的各种材料制透镜、棱镜、反射镜及其他光学元件,作为仪器或装置的零件、配件,但未经光学加工的玻璃制上述元件除外**						
90021110	---编号90061010至90063000所列照相机用						
9002111000	特殊用途照相机用物镜(指编号90061000~90063000所列的照相机)	8	14	17	15	千克/个	
90021120	---缩微阅读机用						
9002112000	缩微阅读机用物镜	8	14	17	15	千克/个	
90021131	----单反相机镜头						

* 最惠国税率中,"/"左边的税率截止日期为2017年6月30日,"/"右边的税率截止日期为2999年12月31日。

商品编号	商品名称及备注	进口关税税率(%)		增值税率(%)	出口退税率(%)	计量单位	监管条件
		最惠国	普通				
9002113110[暂3]	单反相机镜头(整机)	15	80	17	15	千克/个	
9002113190[暂3]	单反相机镜头的零件及附件	15	80	17	15	千克/个	
90021139	----其他						
9002113900[暂3]	其他相机用镜头(单反相机除外)	15	80	17	15	千克/个	
90021190	---其他						
9002119010[暂3]	彩色投影机和数字光处理器的镜头及镜头组件	15	80	17	15	千克/个	
9002119090	其他照相机、投影仪等用物镜(包括照片放大机用物镜)	15	80	17	15	千克/个	
90021910	---摄影机或放映机用						
9002191000	摄影机或放映机用物镜	13.1/11.3*	40	17	15	千克/个	
90021990	---其他						
9002199010[暂3]	摄像机、摄录一体机的镜头	13.1/11.3*	50	17	15	千克/个	
9002199020[暂8]	手机、平板电脑用物镜(800万像素及以上)	13.1/11.3*	50	17	17	千克/个	
9002199090	品目90.02未列名的其他物镜	13.1/11.3*	50	17	15	千克/个	
90022010	---照相机用						
9002201000	照相机用滤色镜	13.1/11.3*	80	17	15	千克/个	
90022090	---其他						
9002209000	其他光学仪器或装置滤色镜	13.1/11.3*	40	17	15	千克/个	
90029010	---照相机用						
9002901010[暂10]	照相机用带屈光度调节装置的目镜(但物镜、滤色镜除外)	13.1/11.3*	80	17	17	千克	
9002901090	其他照相机用未列名光学元件(但物镜、滤色镜除外)	13.1/11.3*	80	17	17	千克	
90029090	---其他						
9002909010	抗辐射镜头[能抗 5×10^4 戈瑞(硅)以上辐射而又不会降低使用质量]	13.1/11.3*	40	17	17	千克	3
9002909020[暂10]	其他带屈光度调节装置的目镜	13.1/11.3*	40	17	17	千克	
9002909030[暂10]	掩模版	13.1/11.3*	40	17	17	千克	
9002909090	其他光学仪器用未列名光学元件(但物镜、滤色镜除外)	13.1/11.3*	40	17	17	千克	
9003	**眼镜架及其零件**						
90031100	--塑料制						
9003110000[暂12]	塑料制眼镜架	18	70	17	15	千克/副	
90031910	---金属材料制						
9003191000[暂6]	金属材料制眼镜架	10	70	17	15	千克/副	
90031920	---天然材料制						
9003192010	濒危动植物产品制眼镜架	10	70	17	0	千克/副	FE
9003192090	其他天然材料制眼镜架	10	70	17	15	千克/副	
90031990	---其他						
9003199000	其他材料制眼镜架	10	70	17	15	千克/副	
90039000	-零件						
9003900000[暂6]	眼镜架零件	10	70	17	15	千克	
9004	**矫正视力、保护眼睛或其他用途的眼镜、挡风镜及类似品**						
90041000	-太阳镜						
9004100000[暂6]	太阳镜	20	100	17	15	千克/副	
90049010	---变色镜						
9004901000	变色镜	16	100	17	15	千克/副	
90049090	---其他						
9004909000[暂12]	其他眼镜(但太阳镜、变色镜除外)	20	90	17	15	千克/副	

* 最惠国税率中,"/"左边的税率截止日期为2017年6月30日,"/"右边的税率截止日期为2999年12月31日。

商品编号	商品名称及备注	进口关税税率(%)		增值税率(%)	出口退税率(%)	计量单位	监管条件
		最惠国	普通				
9005	**双筒望远镜、单筒望远镜、其他光学望远镜及其座架;其他天文仪器及其座架,但不包括射电天文仪器**						
90051000	-双筒望远镜						
9005100000	双筒望远镜	15	50	17	15	个	
90058010	---天文望远镜及其他天文仪器						
9005801000	天文望远镜及其他天文仪器	3	8	17	17	台	
90058090	---其他						
9005809000	其他光学望远镜(包括单筒望远镜)	12	50	17	17	台	
90059010	---天文望远镜及其他天文仪器用						
9005901000	天文望远镜及其他天文仪器用零件(包括座架)	2	8	17	15	千克	
90059090	---其他						
9005909000	其他望远镜零件、附件(包括座架)	8	30	17	15	千克	
9006	**照相机(电影摄影机除外);照相闪光灯装置及闪光灯泡,但品目85.39的放电灯泡除外**						
90063000	-水下、航空测量或体内器官检查用的特种照相机;法庭或犯罪学用的比较照相机						
9006300000	特种用途的照相机(主要是指水下、航空测量或体内器官检查等用;法庭或犯罪学用的比较照相机)	9	17	17	17	台	
90064000	--一次成像照相机						
9006400000	一次成像照相机	5	70	17	17	台	
90065100	--通过镜头取景[单镜头反光式(SLR)],使用胶片宽度≤35 毫米						
9006510000	通过镜头取景的照相机[单镜头反光式(SLR),使用胶片宽度≤35 毫米]	25	100	17	17	架	
90065210	---缩微照相机,使用缩微胶卷、胶片或其他缩微品的						
9006521000	缩微照相机,使用缩微胶卷、胶片或其他缩微品(使用胶片宽度<35 毫米)	9	17	17	17	架	
90065290	---其他						
9006529000	使用胶片宽度<35 毫米的其他照相机	25	100	17	17	架	
90065300	--其他,使用胶片宽度为 35 毫米						
9006530000	其他照相机(使用胶片宽度为 35 毫米)	20	100	17	17	架	
90065910	---激光照相排版设备						
9006591000	激光照相排版设备(使用胶片宽>35 毫米)	9	35	17	17	台	
90065921	----电子分色机						
9006592100	电子分色机	12	20	17		台/千克	
90065929	----其他						
9006592900	其他制版照相机	10	20	17		台/千克	
90065990	---其他						
9006599010	分幅相机(记录速率>225000 帧/秒)	25	100	17	17	架	3
9006599020	分幅相机(记录速率>225000 帧/秒的分幅相机;帧曝光时间≤50 纳秒)	25	100	17	17	架	3
9006599090	使用胶片宽度>35 毫米的其他照相机	25	100	17	17	架	
90066100	--放电式(电子式)闪光灯装置						
9006610001[暂4]	照相手机用闪光灯组件	18	80	17	17	个	
9006610002[暂15]	照相机外置式电子闪光灯(闪光指数≥30,具有无线闪光功能,支持自动变焦)	18	80	17	17	个	
9006610090	其他放电式(电子式)闪光灯装置	18	80	17	17	个	
90066910	---闪光灯泡						
9006691000	闪光灯泡	18	80	17	15	个	
90066990	---其他						
9006699000	其他照相闪光灯装置	18	80	17	15	个	
90069110	---编号 90063000、90065921、90065929 所列照相机用						
9006911000	编号 90063000、90065921、90065929 所列照相机用的零件、附件	8	17	17	15	千克	

商品编号	商品名称及备注	进口关税税率(%)		增值税率(%)	出口退税率(%)	计量单位	监管条件
		最惠国	普通				
90069120	----一次成像照相机用						
9006912000	一次成像照相机的零件、附件	5	100	17	15	千克	
90069191	----自动调焦组件						
9006919100[暂6]	其他照相机的自动调焦组件	10	100	17	15	千克/套	
90069192	----快门组件						
9006919200[暂6]	其他照相机的快门组件	10	100	17	15	千克/套	
90069199	----其他						
9006919900[暂6]	其他照相机的其他零件、附件	10	100	17	15	千克	
90069900	--其他						
9006990000	照相闪光灯装置及闪光灯泡的零件	12	80	17	15	千克	
9007	**电影摄影机、放映机,不论是否带有声音的录制或重放装置**						
90071010	---高速摄影机						
9007101000	高速电影摄影机	14	40	17	17	台	
90071090	---其他						
9007109000	其他电影摄影机	14	40	17	17	台	
90072010	---数字式						
9007201001[暂8]	分辨率≥2K 的硬盘式数字电影放映机	14	40	17	17	台	
9007201090	其他数字式放映机	14	40	17	17	台	
90072090	---其他						
9007209000	其他放映机	14	40	17	17	台	
90079100	--摄影机用						
9007910000[暂5]	电影摄影机用零件、附件	8.4	40	17	15	千克	
90079200	--放映机用						
9007920010[暂3]	分辨率≥2K 的硬盘式数字电影放映机用零附件	8.4	40	17	15	千克	
9007920090[暂5]	电影放映机(不包括分辨率≥2K 的硬盘式)用零附件	8.4	40	17	15	千克	
9008	**影像投影仪,但电影用除外;照片(电影片除外)放大机及缩片机**						
90085010	---幻灯机						
9008501000	幻灯机	14	40	17	17	台	
90085020	---缩微胶卷、缩微胶片或其他缩微品的阅读机,不论是否可以进行复制						
9008502000	缩微品的阅读机(不论是否可以进行复制)	10	17	17	17	台	
90085031	----正射投影仪						
9008503100	正射投影仪(不包括幻灯机)	18	40	17	17	台	
90085039	----其他						
9008503900	其他影像投影仪	18	40	17	17	台	
90085040	---照片(电影片除外)放大机及缩片机						
9008504000	照片(电影片除外)放大机及缩片机	20	80	17	17	台	
90089010	---缩微阅读机用						
9008901000	缩微阅读机的零件、附件	8	17	17	15	千克	
90089020	---照片放大机及缩片机用						
9008902000	照片放大机及缩片机的零件、附件	14	80	17	15	千克	
90089090	---其他						
9008909000	其他影像投影仪的零件、附件	14	40	17	15	千克	
9010	**本章其他编号未列名的照相(包括电影)洗印用装置及设备;负片显示器;银幕及其他投影屏幕**						
90101010	---电影用						
9010101000	电影用胶卷的自动显影装置及设备(还包括成卷感光纸的自动显影装置)	14	40	17	17	台	

商品编号	商品名称及备注	进口关税税率(%)		增值税率(%)	出口退税率(%)	计量单位	监管条件
		最惠国	普通				
90101020	---特种照相用						
9010102000	特种照相胶卷自动显影装置及设备(还包括成卷感光纸的自动显影装置)	8.4	20	17	17	台	
90101091	----彩色胶卷用						
9010109100	彩色胶卷用自动显影及设备	25	100	17	17	台	
90101099	----其他						
9010109900	其他胶卷的自动显影装置及设备(还包括成卷感光纸的自动显影装置)	15	100	17	17	台	
90105010	---负片显示器						
9010501000	负片显示器	10.5/7*	50	17	17	台	
90105021	----电影用						
9010502100	电影用的洗印装置	10.5/7*	40	17	17	台	
90105022	----特种照相用						
9010502200	特种照相用的洗印装置	6.3/4.2*	20	17	17	台	
90105029	----其他						
9010502900	其他照相用的洗印装置	12.8/8.5*	100	17	17	台	
90106000	-银幕及其他投影屏幕						
9010600000	银幕及其他投影屏幕	11.7/9.3*	50	17	17	个	
90109010	---电影用						
9010901000	电影洗印用洗印装置的零件、附件	0	40	17	15	千克	
90109020	---特种照相用						
9010902000	特种照相洗印用装置的零件、附件	0	20	17	15	千克	
90109090	---其他						
9010909000	其他洗印用装置的零件、附件	0	100	17	15	千克	
9011	**复式光学显微镜,包括用于显微照相、显微电影摄影及显微投影的**						
90111000	-立体显微镜						
9011100000	立体显微镜	0	14	17	17	台	
90112000	-显微照相、显微电影摄影及显微投影用的其他显微镜						
9011200000	缩微照相等用的其他显微镜(还包括显微摄影及显微投影用)	0	14	17	17	台	
90118000	-其他显微镜						
9011800010[暂3]	高倍测量显微镜,放大倍数≥1000倍,分辨率≤0.08微米	5.8/4.7*	14	17	17	台	
9011800090	其他显微镜	5.8/4.7*	14	17	17	台	
90119000	-零件、附件						
9011900000	复式光学显微镜的零件、附件	0	14	17	15	千克	
9012	**显微镜,但光学显微镜除外;衍射设备**						
90121000	-显微镜,但光学显微镜除外;衍射设备						
9012100000	非光学显微镜及衍射设备	0	14	17	17	台	
90129000	-零件、附件						
9012900000	非光学显微镜及衍射设备的零件	0	14	17	15	千克	
9013	**其他编号未列名的液晶装置;激光器,但激光二极管除外;本章其他编号未列名的光学仪器及器具**						
90131000	-武器用望远镜瞄准具;潜望镜式望远镜;作为本章或第十六类的机器、设备、仪器或器具部件的望远镜						
9013100010	设计用为本章或第十六类的机器、设备、仪器或器具部件的望远镜	6/4*	14	17	17	个	
9013100090	武器用望远镜瞄准具及潜望镜式望远镜	8	14	17	17	个	
90132000	-激光器,但激光二极管除外						

* 最惠国税率中,"/"左边的税率截止日期为2017年6月30日,"/"右边的税率截止日期为2999年12月31日。

商品编号	商品名称及备注	进口关税税率(%)		增值税率(%)	出口退税率(%)	计量单位	监管条件
		最惠国	普通				
9013200010[暂3]	激光切割机用气体激光发生器,切割功率≥2千瓦	5/4*	11	17	17	个	
9013200020	AVLIS、MLIS和CRISLA激光系统	5/4*	11	17	17	个	3
9013200030	氩离子激光器(平均输出功率≥40瓦、工作波长400~515纳米)	5/4*	11	17	17	个	3
9013200040	紫翠玉激光器(带宽≤0.005纳米,重复率>125赫兹,功率>30瓦特等)	5/4*	11	17	17	个	3
9013200050	脉冲二氧化碳激光器(重复率>250赫兹,功率>500瓦,脉冲宽度<200纳秒等)	5/4*	11	17	17	个	3
9013200060	脉冲受激准分子激光器(XeF、XeCl、KrF型,重复率>250赫兹,功率>500瓦等)	5/4*	11	17	17	个	3
9013200070	铜蒸汽激光器(平均输出功率≥40瓦特、工作波长500~600纳米)	5/4*	11	17	17	个	3
9013200080	掺钕激光器(非玻璃激光器)(两用物项管制商品)	5/4*	11	17	17	个	3
9013200091[暂3]	用于2.5GB/S及以上SDH、波分复用光传输设备的980纳米、1480纳米的泵浦激光器	5/4*	11	17	17	个	
9013200092[暂3]	用于2.5GB/S及以上光通信设备的850纳米、1260~1625纳米,且功率≤200毫瓦的激光器(泵浦激光器除外)	5/4*	11	17	17	个	
9013200099	其他激光器(但激光二极管除外)	5/4*	11	17	17	个	
90138010	---放大镜						
9013801000	放大镜	12	50	17	15	个	
90138020	---光学门眼						
9013802000	光学门眼	12	50	17	17	个	
90138030	---液晶显示板						
9013803010	尺寸≤10.1英寸的液晶显示板	5	50	17	17	个/千克	
9013803020	10.1英寸<尺寸≤32英寸的液晶显示板	5	50	17	17	个/千克	
9013803090	其他液晶显示板	5	50	17	17	个/千克	
90138090	---其他						
9013809000	其他装置、仪器及器具(第九十章其他品目未列名的)	5	17	17	15	个	
90139010	---编号90131000及90132000所列货品用						
9013901010	武器用望远镜瞄准器具或潜望镜式望远镜用零件及附件	6	11	17	17	千克	
9013901090	激光器及作为本章或第十六类的机器、设备、仪器或器具部件的望远镜用的零件及附件(武器用望远镜瞄准器具或潜望镜式望远镜用零件及附件除外)	4.5/3*	11	17	17	千克	
90139020	---编号90138030所列货品用						
9013902000	编号90138030所列液晶显示板的零件及附件	6.3/4.2*	17	17	17	千克	
90139090	---其他						
9013909010[暂5]	太阳能定日镜的零件	6.3/4.2*	17	17	17	千克	
9013909090	品目90.13所列其他货品的零附件	6.3/4.2*	17	17	17	千克	
9014	**定向罗盘;其他导航仪器及装置**						
90141000	-定向罗盘						
9014100000	定向罗盘	1.5/1*	8	17	17	个	
90142010	---自动驾驶仪						
9014201010[暂1]	无人航空飞行器的自动驾驶仪	1.5/1*	8	17	17	个	3
9014201090[暂1]	其他自动驾驶仪	1.5/1*	8	17	17	个	
90142090	---其他						
9014209011[暂1]	航空惯性导航仪	1.5/1*	8	17	17	个	3
9014209012	其他航天惯性导航仪(天文陀螺盘及其他利用天体或卫星进行导航的装置)	1.5/1*	8	17	17	个	3
9014209013	陀螺稳定平台	1.5/1*	8	17	17	个	3
9014209015	陀螺仪(额定漂移率<0.5度/小时的陀螺仪)	1.5/1*	8	17	17	个	3
9014209016	专门设计的导航信息处理机(用于弹道导弹、运载火箭、探空火箭等的目标探测)	1.5/1*	8	17	17	个	3

* 最惠国税率中,"/"左边的税率截止日期为2017年6月30日,"/"右边的税率截止日期为2999年12月31日。

商品编号	商品名称及备注	进口关税税率(%)		增值税率(%)	出口退税率(%)	计量单位	监管条件
		最惠国	普通				
9014209017	地形等高线绘制设备(用于弹道导弹、运载火箭、探空火箭、巡航导弹、无人驾驶航空飞行器的目标探测)	1.5/1*	8	17	17	个	3
9014209018	场景绘图及相关设备(用于弹道导弹、运载火箭、探空火箭等的目标探测)	1.5/1*	8	17	17	个	3
9014209090	其他航空或航天导航仪器及装置(但罗盘除外)	1.5/1*	8	17	17	个	
90148000	-其他仪器及装置						
9014800010	比例误差<0.25%的加速度表	1.5/1*	8	17	17	个	3
9014800020	高度表(用于弹道导弹、运载火箭、探空火箭、巡航导弹、无人驾驶航空飞行器的目标探测)	1.5/1*	8	17	17	个	3
9014800090	其他导航仪器及装置	1.5/1*	8	17	17	个	
90149010	---自动驾驶仪用						
9014901000[暂1]	自动驾驶仪用的零件、附件	1.1/0.8*	8	17	17	千克	
90149090	---其他						
9014909000	其他导航仪器及装置的零件、附件	1.1/0.8*	8	17	17	千克	
9015	**大地测量(包括摄影测量)、水道测量、海洋、水文、气象或地球物理用仪器及装置,不包括罗盘;测距仪**						
90151000	-测距仪						
9015100000	测距仪	7.5/6*	14	17	17	台	
90152000	-经纬仪及视距仪						
9015200000	经纬仪及视距仪	7.5/6*	14	17	17	台	
90153000	-水平仪						
9015300000	水平仪	9	14	17	17	台	
90154000	-摄影测量用仪器及装置						
9015400000	摄影测量用仪器及装置	7.5/6*	14	17	17	千克	
90158000	-其他仪器及装置						
9015800010	机载或舰载重力仪(精度为1毫伽或更好、稳态记录时间至多为2分钟的)	4.2/3.3*	14	17	17	台	3
9015800020	机载或舰载重力梯度仪(精度为1毫伽或更好、稳态记录时间至多为2分钟的)	4.2/3.3*	14	17	17	台	3
9015800090	其他测量仪器及装置	4.2/3.3*	14	17	17	台	
90159000	-零件、附件						
9015900010	用于机、舰载重力仪和重力梯度仪的部件	4.2/3.3*	14	17	17	千克	3
9015900090	其他品目90.15所列仪器及装置的零、附件	4.2/3.3*	14	17	17	千克	
9016	**感量为50毫克或更精密的天平,不论是否带有砝码**						
90160010	---感量为0.1毫克或更精密的天平						
9016001000	感量≤0.1毫克的天平	9	14	17	17	台/千克	
90160090	---其他						
9016009000	0.1毫克<感量≤50毫克的天平	10.5	30	17	17	台/千克	
9017	**绘图、划线或数学计算仪器及器具(例如,绘图机、比例缩放仪、分度规、绘图工具、计算尺及盘式计算器);本章其他税号未列名的手用测量长度的器具(例如,量尺、量带、千分尺及卡尺)**						
90171000	-绘图台及绘图机,不论是否自动						
9017100000	绘图台及绘图机,不论是否自动	8	20	17	15	台	
90172000	-其他绘图、划线或数学计算器具						
9017200000	其他绘图、划线或数学计算器具	0	70	17	17	个	
90173000	-千分尺、卡尺及量规						
9017300000	千分尺、卡尺及量规	8	20	17	15	个	

* 最惠国税率中,"/"左边的税率截止日期为2017年6月30日,"/"右边的税率截止日期为2999年12月31日。

商品编号	商品名称及备注	进口关税税率(%)		增值税率(%)	出口退税率(%)	计量单位	监管条件
		最惠国	普通				
90178000	-其他仪器及器具						
9017800000	其他手用测量长度的器具(仅指第九十章其他品目未列名的)	8	20	17	15	个	
90179000	-零件、附件						
9017900000	绘图计算器具等仪器的零件、附件(品目90.17所列仪器及器具的零件、附件)	0	20	17	15	千克	
9018	**医疗、外科、牙科或兽医用仪器及器具,包括闪烁扫描装置、其他电气医疗装置及视力检查仪器**						
90181100	--心电图记录仪						
9018110000	心电图记录仪	3.8/2.5*	17	17	17	台/千克	6O
90181210	---B型超声波诊断仪						
9018121000	B型超声波诊断仪	6.1/5.3*	35	17	17	台/千克	6OA
90181291	----彩色超声波诊断仪						
9018129110	彩色超声波诊断仪(整机)	4.4/3.8*	17	17	17	台/千克	6OA
9018129190	彩色超声波诊断仪的零件及附件	4.4/3.8*	17	17	17	台/千克	6O
90181299	----其他						
9018129900	其他超声波扫描诊断装置	4.4/3.8*	17	17	17	台/千克	6A
90181310	---成套装置						
9018131000	成套的核磁共振成像装置(医疗、外科、牙科或兽医用)	4	17	17	17	套/千克	6OA
90181390	---零件						
9018139000	核磁共振成像装置用零件(医疗、外科、牙科或兽医用)	4	17	17	17	个/千克	6O
90181400	--闪烁摄影装置						
9018140000	闪烁摄影装置	5	17	17	17	台/千克	6A
90181930	---病员监护仪						
9018193010	病员监护仪(整机)	3.3/2.7*	17	17	17	台/千克	6A
9018193090	病员监护仪的零件及附件	3.3/2.7*	17	17	17	台/千克	6
90181941	----听力计						
9018194100	听力计	3.3/2.7*	17	17	17	台/千克	6A
90181949	----其他						
9018194900	其他听力诊断装置	3.3/2.7*	17	17	17	台/千克	6A
90181990	---其他						
9018199000	其他电气诊断装置(编号90181000中未列名的)	3.3/2.7*	17	17	17	台/千克	6A
90182000	-紫外线及红外线装置						
9018200000	紫外线及红外线装置	3/2*	17	17	17	台/千克	6A
90183100	--注射器,不论是否装有针头						
9018310000	注射器(不论是否装有针头)	8	50	17	17	个/千克	6A
90183210	---管状金属针头						
9018321000	管状金属针头	8	50	17	17	千克	6A
90183220	---缝合用针						
9018322000	缝合用针	4	17	17	17	千克	6A
90183900	--其他						
9018390000	导管、插管及类似品	4	17	17	17	个/千克	6A
90184100	--牙钻机,不论是否与其他牙科设备组装在同一底座上						
9018410000	牙钻机(不论是否与其他牙科设备组装在同一底座上)	4	17	17	17	台/千克	6A
90184910	---装有牙科设备的牙科用椅						
9018491000	装有牙科设备的牙科用椅	4	17	17	17	台/千克	6A

* 最惠国税率中,"/"左边的税率截止日期为2017年6月30日,"/"右边的税率截止日期为2999年12月31日。

商品编号	商 品 名 称 及 备 注	进口关税税率(%)		增值税率(%)	出口退税率(%)	计量单位	监管条件
		最惠国	普通				
90184990	---其他						
9018499000	牙科用其他仪器及器具(但不包括牙钻机或牙科用椅)	4	17	17	17	台/千克	6A
90185000	-眼科用其他仪器及器具						
9018500000	眼科用其他仪器及器具	3.3/2.7*	17	17	17	千克	6A
90189010	---听诊器						
9018901000	听诊器	4	17	17	17	个/千克	6
90189020	---血压测量仪器及器具						
9018902010	电血压测量仪器及器具	3.3/2.7*	17	17	17	个/千克	6A
9018902090	其他血压测量仪器及器具	4	17	17	17	个/千克	6A
90189030	---内窥镜						
9018903010	内窥镜(整机)	3.3/2.7*	17	17	17	台/千克	6A
9018903090	内窥镜的零件及附件	3.3/2.7*	17	17	17	台/千克	6
90189040	---肾脏透析设备(人工肾)						
9018904000	肾脏透析设备(人工肾)	3.3/2.7*	17	17	17	台/千克	6A
90189050	---透热疗法设备						
9018905000	透热疗法设备	3.3/2.7*	17	17	17	台/千克	6A
90189060	---输血设备						
9018906000	输血设备	3.3/2.7*	17	17	17	台/千克	6A
90189070	---麻醉设备						
9018907010	电麻醉设备	3.3/2.7*	17	17	17	台/千克	6A
9018907090	其他麻醉设备	4	17	17	17	台/千克	6A
90189080	---宫内节育器						
9018908000	宫内节育器	4	17	0	0	个/千克	6A
90189090	---其他						
9018909011	电子的其他医疗、外科用仪器器具(整机)	3.3/2.7*	17	17	17	台/千克	6A
9018909019	其他医疗、外科或兽医用仪器器具(整机)	4	17	17	17	台/千克	6A
9018909091	电子的其他医疗、外科用仪器器具的零件及附件	3.3/2.7*	17	17	17	台/千克	6A
9018909099	其他医疗、外科或兽医用仪器器具的零件及附件	4	17	17	17	台/千克	6
9019	**机械疗法器具;按摩器具;心理功能测验装置;臭氧治疗器;氧气治疗器、喷雾治疗器、人工呼吸器及其他治疗用呼吸器具**						
90191010	---按摩器具						
9019101000	按摩器具	15	40	17	17	台/千克	A
90191090	---其他						
9019109000	机械疗法器具,心理功能测验装置	4	30	17	17	台/千克	
90192000	-臭氧治疗器、氧气治疗器、喷雾治疗器、人工呼吸器及其他治疗用呼吸器具						
9019200000	臭氧治疗器,氧气治疗器等器具(还包括喷雾治疗器、人工呼吸器或其他治疗用呼吸器具)	4	17	17	17	台/千克	A
9020	**其他呼吸器具及防毒面具,但不包括既无机械零件又无可互换过滤器的防护面具**						
90200000	其他呼吸器具及防毒面具,但不包括既无机械零件又无可互换过滤器的防护面具						
9020000000[暂4]	其他呼吸器具及防毒面具(但不包括既无机械零件又无可互换过滤器的防护面具)	8	30	17	17	千克	
9021	**矫形器具,包括支具、外科手术带、疝气带;夹板及其他骨折用具;人造的人体部分;助听器及为弥补生理缺陷或残疾而穿戴、携带或植入人体内的其他器具**						
90211000	-矫形或骨折用器具						
9021100000	矫形或骨折用器具(但不包括人造关节)	4	17	17	17	千克	

* 最惠国税率中,"/"左边的税率截止日期为 2017 年 6 月 30 日,"/"右边的税率截止日期为 2999 年 12 月 31 日。

商品编号	商品名称及备注	进口关税税率(%)		增值税率(%)	出口退税率(%)	计量单位	监管条件
		最惠国	普通				
90212100	--假牙						
9021210000	假牙	4	17	17	15	千克	
90212900	--其他						
9021290000	假牙固定件	4	17	17	15	千克	
90213100	--人造关节						
9021310000	人造关节	4	17	17	17	千克/套	
90213900	--其他						
9021390000	其他人造的人体部分	4	17	17	17	千克	
90214000	-助听器,不包括零件、附件						
9021400000	助听器,不包括零件、附件	4	17	17	17	个	
90215000	-心脏起搏器,不包括零件、附件						
9021500000暂2	心脏起搏器,不包括零件、附件	3.3/2.7*	17	17	17	个	A
90219011	----血管支架						
9021901100暂2	血管支架	3.3/2.7*	17	17	17	千克/个	
90219019	----其他						
9021901900暂2	其他支架	3.3/2.7*	17	17	17	千克/个	
90219090	---其他						
9021909010暂0	人工耳蜗植入装置	3.3/2.7*	17	17	17	千克	
9021909090	其他弥补生理缺陷,残疾用器具等(包括穿戴、携带或植入人体内的器具及零件)	3.3/2.7*	17	17	17	千克	
9022	**X射线或α射线、β射线、γ射线的应用设备,不论是否用于医疗、外科、牙科或兽医,包括射线照相及射线治疗设备,X射线管及其他X射线发生器、高压发生器、控制板及控制台、荧光屏、检查或治疗用的桌、椅及类似品**						
90221200	--X射线断层检查仪						
9022120000	X射线断层检查仪	4	11	17	17	台	6OA
90221300	--其他,牙科用						
9022130000	其他牙科用X射线应用设备	3/2*	11	17	17	台	6OA
90221400	--其他,医疗、外科或兽医用						
9022140010	医用直线加速器	3.3/2.7*	11	17	17	台	6OA
9022140090	其他医疗或兽医用X射线应用设备	3.3/2.7*	11	17	17	台	6OA
90221910	---低剂量X射线安全检查设备						
9022191010	采用X光机技术或X射线加速器技术的X射线安全检查设备(能量>100千电子伏,不包括采用X射线交替双能加速器技术的第二代X射线安全检查设备)	3.3/2.7*	11	17	17	台	6A
9022191090	其他低剂量X射线安全检查设备	3.3/2.7*	11	17	17	台	6A
90221920	---X射线无损探伤检测仪						
9022192000	X射线无损探伤检测仪	3.3/2.7*	11	17	17	台	6A
90221990	---其他						
9022199010	X射线全自动燃料芯块检查台(专门设计或制造用于检验燃料芯块的最终尺寸和表面缺陷)	3.3/2.7*	11	17	17	台	36A
9022199090	其他X射线应用设备	3.3/2.7*	11	17	17	台	6A
90222100	--医疗、外科、牙科或兽医用						
9022210000	医疗用α、β、γ射线设备(外科、牙科或兽医用)	3/2*	11	17	17	台	6A
90222910	---γ射线无损探伤检测仪						
9022291000	γ射线无损探伤检测仪	5/4*	11	17	17	台	6A
90222990	---其他						

* 最惠国税率中,"/"左边的税率截止日期为2017年6月30日,"/"右边的税率截止日期为2999年12月31日。

商品编号	商品名称及备注	进口关税税率(%)		增值税率(%)	出口退税率(%)	计量单位	监管条件
		最惠国	普通				
9022299010	γ射线全自动燃料芯块检查台(专门设计或制造用于检验燃料芯块的最终尺寸和表面缺陷)	5/4*	11	17	17	台	36A
9022299090	其他非医疗用α、β、γ射线设备	5/4*	11	17	17	台	6A
90223000	-X射线管						
9022300000	X射线管	1.7/1.3*	11	17	17	个	6A
90229010	---X射线影像增强器						
9022901000	X射线影像增强器	4.5/3*	11	17	17	个/千克	6OA
90229090	---其他						
9022909001[暂1]	射线发生器的零部件	6	11	17	17	个/千克	6
9022909020	闪光X射线发生器(峰值能量≥500千电子伏)	6	11	17	17	个/千克	36O
9022909030	X射线断层检查仪专用探测器	6	11	17	17	个/千克	6O
9022909090	品目90.22所列其他设备及零件(包括高压发生器、控制板及控制台、荧光屏等)	6	11	17	17	个/千克	6
9023	**专供示范(例如,教学或展览)而无其他用途的仪器、装置及模型**						
90230010	---教习头						
9023001000	教习头	5.3/3.5*	20	17	15	千克	
90230090	---其他						
9023009000	其他专供示范的仪器、装置及模型(例如,教学或展览)而无其他用途)	5.3/3.5*	20	17	15	千克	
9024	**各种材料(例如,金属、木材、纺织材料、纸张、塑料)的硬度、强度、压缩性、弹性或其他机械性能的试验机器及器具**						
90241010	---电子万能试验机						
9024101000	电子万能试验机	5.8/4.7*	20	17	17	台	
90241020	---硬度计						
9024102000	硬度计	5.8/4.7*	20	17	17	台	
90241090	---其他						
9024109000	其他金属材料的试验用机器及器具	5.8/4.7*	20	17	17	台	
90248000	-其他机器及器具						
9024800000	非金属材料的试验用机器及器具	4.4/3.8*	20	17	17	台	
90249000	-零件、附件						
9024900000	各种材料的试验用机器零件、附件	5/4*	20	17	15	千克	
9025	**记录式或非记录式的液体比重计及类似的浮子式仪器、温度计、高温计、气压计、湿度计、干湿球湿度计及其组合装置**						
90251100	--液体温度计,可直接读数						
9025110000	可直接读数的液体温度计	4	40	17	15	个	
90251910	---工业用						
9025191000	非液体的工业用温度计及高温计	7/5.6*	20	17	15	个	
90251990	---其他						
9025199010[暂4]	红外线人体测温仪	7/5.6*	80	17	15	个	
9025199090	非液体的其他温度计、高温计	7/5.6*	80	17	15	个	
90258000	-其他仪器						
9025800000	其他温度计、比重计、湿度计等仪器	11	30	17	15	个	
90259000	-零件、附件						
9025900010[暂3]	红外线测温仪传感器元件	6.7/5.3*	20	17	15	千克	
9025900090	其他比重计、温度计等类似仪器的零件	6.7/5.3*	20	17	15	千克	

* 最惠国税率中,"/"左边的税率截止日期为2017年6月30日,"/"右边的税率截止日期为2999年12月31日。

商品编号	商品名称及备注	进口关税税率(%)		增值税率(%)	出口退税率(%)	计量单位	监管条件
		最惠国	普通				
9026	**液体或气体的流量、液位、压力或其他变化量的测量或检验仪器及装置(例如,流量计、液位计、压力表、热量计),但不包括品目 90.14、90.15、90.28 或 90.32 的仪器及装置**						
90261000	-测量、检验液体流量或液位的仪器及装置						
9026100000	测量、检验液体流量或液位的仪器	0	17	17	17	个	
90262010	---压力/差压变送器						
9026201010	锰铜压力计(压力>10GPa)	0	17	17	17	个	3
9026201020	镱制成的压力计(流体动力学实验专用仪器仪表,测量压力>10GPa 的)	0	17	17	17	个	3
9026201030	聚偏二氟乙烯制成的压力计(流体动力学实验专用仪器仪表,测量压力>10GPa 的)	0	17	17	17	个	3
9026201090	其他压力、差压变送器	0	17	17	17	个	
90262090	---其他						
9026209010	压力传感器(两用物项管制商品)	0	17	17	17	个	3
9026209090	其他测量、检验压力的仪器及装置	0	17	17	17	个	
90268010	---测量气体流量的仪器及装置						
9026801000	测量气体流量的仪器及装置	0	17	17	17	个/千克	
90268090	---其他						
9026809000	液体或气体的其他测量或检验仪器(除液体流量或液位及压力以外的其他变量的检测仪器)	0	17	17	17	个/千克	
90269000	-零件、附件						
9026900000	液体或气体的测量或检验仪器零件(主要是进行流量、液位、压力或其他变化量的测量或检验)	0	17	17	15	千克	
9027	**理化分析仪器及装置(例如,偏振仪、折光仪、分光仪、气体或烟雾分析仪);测量或检验黏性、多孔性、膨胀性、表面张力及类似性能的仪器及装置;测量或检验热量、声量或光量的仪器及装置(包括曝光表);检镜切片机**						
90271000	-气体或烟雾分析仪						
9027100010暂5	用于连续操作的气体检测器[可用于出口管制的化学品或有机化合物(含有磷、硫、氟或氯,其浓度<0.3 毫克/立方米)的检测,或为检测受抑制的胆碱酯酶的活性而设计]	6.1/5.3*	17	17	17	台	3
9027100090暂5	其他气体或烟雾分析仪	6.1/5.3*	17	17	17	台	
90272011	----气相色谱仪						
9027201100	气相色谱仪	0	17	17	17	台	
90272012	----液相色谱仪						
9027201200	液相色谱仪	0	17	17	17	台	
90272019	----其他						
9027201900	其他色谱仪	0	17	17	17	台	
90272020	---电泳仪						
9027202000	电泳仪	0	17	17	17	台	
90273000	-使用光学射线(紫外线、可见光、红外线)的分光仪、分光光度计及摄谱仪						
9027300000	分光仪、分光光度计及摄谱仪[使用光学射线(紫外线、可见光、红外线)的]	0	17	17	17	台	
90275000	-使用光学射线(紫外线、可见光、红外线)的其他仪器及装置						
9027500000	使用光学射线的其他仪器及装置(光学射线是指紫外线、可见光、红外线)	0	17	17	17	台	
90278011	----集成电路生产用氦质谱检漏台						
9027801100	集成电路生产用氦质谱检漏台	0	17	17	17	台	
90278012	----质谱联用仪						
9027801200	质谱联用仪	0	17	17	17	台	
90278019	----其他						

* 最惠国税率中,"/"左边的税率截止日期为 2017 年 6 月 30 日,"/"右边的税率截止日期为 2999 年 12 月 31 日。

商品编号	商品名称及备注	进口关税税率(%) 最惠国	进口关税税率(%) 普通	增值税率(%)	出口退税率(%)	计量单位	监管条件
9027801910	两用物项管制的 UF_6 质谱仪/离子源	0	17	17	17	台	3
9027801920	测大于230质量单位离子质谱仪(分辨率>2/230)	0	17	17	17	台	3
9027801990	其他质谱仪	0	17	17	17	台	
90278091	----曝光表						
9027809100	曝光表	11.7/9.3*	70	17	17	个	
90278099	----其他						
9027809900	其他理化分析仪器及装置(包括测量或检验黏性及类似性能的仪器及装置)	0	17	17	17	台	
90279000	-检镜切片机;零件、附件						
9027900000	检镜切片机、理化分析仪器零件	0	17	17	15	千克	
9028	**生产或供应气体、液体及电力用的计量仪表,包括它们的校准仪表**						
90281010	---煤气表						
9028101000	煤气表(包括它们的校准仪表)	10	30	17	15	个	
90281090	---其他						
9028109000	其他气量计(包括它们的校准仪表)	10	30	17	15	个	
90282010	---水表						
9028201000	水表(包括它们的校准仪表)	10	30	17	15	个	
90282090	---其他						
9028209000	其他液量计(包括它们的校准仪表)	10	30	17	15	个	
90283011	----单相感应式						
9028301100	单相感应式电度表(包括它们的校准仪表)	7.5/5*	30	17	17	个	
90283012	----三相感应式						
9028301200	三相感应式电度表(包括它们的校准仪表)	7.5/5*	30	17	17	个	
90283013	----单相电子式(静止式)						
9028301300	单相电子式(静止式)电度表(包括它们的校准仪表)	7.5/5*	30	17	17	个	
90283014	----三相电子式(静止式)						
9028301400	三相电子式(静止式)电度表(包括它们的校准仪表)	7.5/5*	30	17	17	个	
90283019	----其他						
9028301900	其他电度表(包括它们的校准仪表)	7.5/5*	30	17	17	个	
90283090	---其他						
9028309000	其他电量计(包括它们的校准仪表)	7.5/5*	30	17	17	个	
90289010	---工业用						
9028901000	工业用计量仪表零件、附件	6.3/4.2*	30	17	15	千克	
90289090	---其他						
9028909000	非工业用计量仪表零件、附件	6.3/4.2*	50	17	15	千克	
9029	**转数计、产量计数器、车费计、里程计、步数计及类似仪表;速度计及转速表,品目90.14及90.15的仪表除外;频闪观测仪**						
90291010	---转数计						
9029101000	转数计	15	50	17	15	个	
90291020	---车费计、里程计						
9029102000	车费计、里程计	15	35	17	15	个	
90291090	---其他						
9029109000	产量计数器、步数计及类似仪表	15	35	17	15	个	
90292010	---车辆用速度计						
9029201000	车辆用速度计	10	35	17	17	个	

* 最惠国税率中,"/"左边的税率截止日期为2017年6月30日,"/"右边的税率截止日期为2999年12月31日。

商品编号	商品名称及备注	进口关税税率(%)		增值税率(%)	出口退税率(%)	计量单位	监管条件
		最惠国	普通				
90292090	---其他						
9029209000	其他速度计及转速表,频闪观测仪(车辆用速度计除外)	10	35	17	17	个	
90299000	-零件、附件						
9029900000	转数计、车费计及类似仪表零件(品目90.14及90.15的仪表零件除外)	6	35	17	15	千克	
9030	**示波器、频谱分析仪及其他用于电量测量或检验的仪器和装置,但不包括品目90.28的各种仪表;α射线、β射线、γ射线、X射线、宇宙射线或其他离子射线的测量或检验仪器及装置**						
90301000	-离子射线的测量或检验仪器及装置						
9030100000	离子射线的测量或检验仪器及装置	4.2/3.3*	20	17	17	台	
90302010	---测试频率<300兆赫兹的通用示波器						
9030201000	300兆赫以下的通用示波器(指测试频率<300兆赫的示波器)	6/4*	80	17	17	台	
90302090	---其他						
9030209000	其他示波器(包括300兆赫的通用示波器)	3.8/2.5*	20	17	17	台	
90303110	---量程在五位半及以下的数字万用表						
9030311000	五位半及以下的数字万用表,不带记录装置	11.3/7.5*	130	17	17	台	
90303190	---其他						
9030319000	其他万用表,不带记录装置(五位半及以下的数字万用表除外)	3.8/2.5*	20	17	17	台	
90303200	--万用表,带记录装置						
9030320000	万用表,带记录装置	6.7/5.3*	20	17	17	台	
90303310	---量程在五位半及以下的数字电流表、电压表						
9030331000	五位半及以下的数字电流、电压表,不带记录装置	13.1/11.3*	130	17	17	台	
90303320	---电阻测试仪						
9030332000	电阻测试仪,不带记录装置(不带记录装置的)	14	80	17	17	台	
90303390	---其他						
9030339000	检测电压、电流及功率的其他仪器,不带记录装置	7.9/6.8*	20	17	17	台	
90303900	--其他,带记录装置						
9030390000	其他带记录装置的检测电压、电流、电阻或功率的仪器(万用表除外)	6.7/5.3*	20	17	17	台	
90304010	---测试频率<12.4吉赫兹的数字式频率计						
9030401000	频率<12.4千兆赫的数字式频率计	0	80	17	17	台	
90304090	---其他						
9030409000	其他无线电通讯专用仪器及装置(频率<12.4千兆赫的数字式频率计除外)	0	20	17	17	台	
90308200	--测试或检验半导体晶片或器件用						
9030820000	检测半导体晶片或器件的仪器(包括测试或检验半导体晶片或元器件用的装置)	0	20	17	17	台	
90308410	---电感及电容测试仪						
9030841000	电感及电容测试仪(装有记录装置的)	8.3/6.7*	80	17	17	台	
90308490	---其他						
9030849000	其他电量的测量或检验仪器及装置(装有记录装置的)	6.7/5.3*	20	17	17	台	
90308910	---电感及电容测试仪						
9030891000	其他电感及电容测试仪(未装有记录装置的)	11.7/9.3*	80	17	15	台	
90308990	---其他						
9030899010	中子探测和测量仪表(专用于测定核反应堆堆芯内中子通量的)	6.7/5.3*	20	17	15	台	3
9030899090	其他电量的测量或检验仪器及装置(未装有记录装置的)	6.7/5.3*	20	17	15	台	
90309000	-零件、附件						
9030900001	检测半导体晶片及器件的仪器零件(包括附件)	0	17	17	15	千克	

* 最惠国税率中,"/"左边的税率截止日期为2017年6月30日,"/"右边的税率截止日期为2999年12月31日。

商品编号	商 品 名 称 及 备 注	进口关税税率(%)		增值税率(%)	出口退税率(%)	计量单位	监管条件
		最惠国	普通				
9030900002	ITA 产品用的印刷电路组件(包括外接组件,如符合 PCMCIA 标准的卡)	0	17	17	15	千克	
9030900090	品目 90.30 所属货品的零件及附件	5.8/4.7*	17	17	15	千克	
9031	**本章其他税号未列名的测量或检验仪器、器具及机器;轮廓投影仪**						
90311000	-机械零件平衡试验机						
9031100010	陀螺动态平衡测试仪	5.8/4.7*	17	17	15	台	3
9031100090	其他机械零件平衡试验机	5.8/4.7*	17	17	15	台	
90312000	-试验台						
9031200010	陀螺、马达运转试验台	7	17	17	15	台	3
9031200020	加速度表测试台	7	17	17	15	台	3
9031200030	试车台(能试推力>90 千牛火箭发动机的或同时测量三个推力分量的)	7	17	17	15	台	3
9031200040	惯性平台测试台(测试平台包括高精度离心机和转台)	7	17	17	15	台	3
9031200090	其他试验台	7	17	17	15	台	
90314100	--制造半导体器件时检验半导体晶片、器件或检测光掩膜或光栅用						
9031410000	制造半导体器件的检测仪和器具(第九十章其他品目未列名的,包括检测光掩膜及光栅用的)	0	17	17	17	台	
90314910	---轮廓投影仪						
9031491000暂5	轮廓投影仪	8.3/6.7*	20	17	17	台	
90314920	---光栅测量装置						
9031492000	光栅测量装置(第九十章其他品目未列名的)	0	17	17	17	台	
90314990	---其他						
9031499010	光盘质量在线检测仪及离线检测仪	0	17	17	17	台	
9031499090	其他光学测量或检验仪器和器具(第九十章其他品目未列名的)	0	17	17	17	台	
90318010	---光纤通信及光纤性能测试仪						
9031801000	光纤通信及光纤性能测试仪	5	17	17	17	台	
90318020	---坐标测量仪						
9031802000	坐标测量仪	5	17	17	17	台	
90318031	----超声波探伤检测仪						
9031803100	超声波探伤检测仪	5	17	17	17	台	
90318032	----磁粉探伤检测仪						
9031803200	磁粉探伤检测仪	5	17	17	17	台	
90318033	----涡流探伤检测仪						
9031803300暂3	涡流探伤检测仪	5	17	17	17	台	
90318039	----其他						
9031803900	其他无损探伤检测仪器(射线探伤仪除外)	5	17	17	17	台	
90318090	---其他						
9031809010	惯性测量单元测试仪	5	17	17	17	台	3
9031809020	陀螺调谐测试仪	5	17	17	17	台	3
9031809030暂3	跑道摩擦系数测试仪	5	17	17	17	台	
9031809040暂2	音频生命探测仪	5	17	17	17	台	
9031809050暂2	音视频生命探测仪	5	17	17	17	台	
9031809060暂2	集成电路测试分选设备	5	17	17	17	台	
9031809090	其他测量、检验仪器、器具及机器(指第九十章其他品目未列名的)	5	17	17	17	台	
90319000	-零件、附件						
9031900020	惯性测量单元稳定元件加工夹具	0	17	17	15	千克	3

* 最惠国税率中,"/"左边的税率截止日期为 2017 年 6 月 30 日,"/"右边的税率截止日期为 2999 年 12 月 31 日。

商品编号	商品名称及备注	进口关税税率(%)		增值税率(%)	出口退税率(%)	计量单位	监管条件
		最惠国	普通				
9031900030	惯性平台平衡夹具	0	17	17	15	千克	3
9031900090	品目90.31的仪器及器具的其他零件(第九十章其他品目未列名的)	0	17	17	15	千克	
9032	**自动调节或控制仪器及装置**						
90321000	-恒温器						
9032100000	恒温器	7	17	17	17	台	
90322000	-恒压器						
9032200000	恒压器	5.8/4.7*	17	17	17	台	
90328100	--液压或气压的						
9032810000	其他液压或气压的仪器及装置(自动调节或控制用)	5.8/4.7*	17	17	17	台	
90328911	----列车自动防护系统(ATP)车载设备						
9032891100	列车自动防护系统(ATP)车载设备	7	17	17	17	台	
90328912	----列车自动运行系统(ATO)车载设备						
9032891200	列车自动运行系统(ATO)车载设备	7	17	17	17	台	
90328919	----其他						
9032891900	其他列车自动控制系统(ATC)车载设备	7	17	17	17	台	
90328990	---其他						
9032899010暂5	具有可再生能源和智能电网应用的自动电压和电流调节器;非液压或气压的自动调控流量、液位和湿度的仪器(自动控制、调节装置)	7	17	17	17	台	
9032899020	组合喷气发动机的燃烧调节装置(自动控制、调节装置)	7	17	17	17	台	3
9032899030暂3	三坐标测量机用自动控制柜	7	17	17	17	台	
9032899040暂1	飞机自动驾驶系统(包括自动驾驶、电子控制飞行、自动故障分析、警告系统配平系统及推力监控设备及其相关仪表)	7	17	17	17	台	
9032899050暂3	机床用成套数控伺服装置(包括CNC操作单元,带有配套的伺服放大器和伺服电机)	7	17	17	17	台	
9032899060暂3	电喷点火程序控制单元(自动控制、调节装置)	7	17	17	17	台	
9032899070暂3	印刷机用成套数控伺服传动装置(包括运动控制器或可编程序自动控制器、人机界面单元,带有配套的伺服驱动器和伺服电机)	7	17	17	17	台	
9032899080暂4	纯电动或混合动力汽车用电机控制器总成(自动控制、调节装置)	7	17	17	17	台	
9032899090	其他自动调节或控制仪器及装置	7	17	17	17	台	
90329000	-零件、附件						
9032900001暂1	飞机自动驾驶系统的零件(包括自动驾驶、电子控制飞行、自动故障分析、警告系统、配平系统及推力监控设备及其相关仪表的零件)	5	17	17	17	千克	
9032900090	其他自动调节或控制仪器零件、附件	5	17	17	17	千克	
9033	**第九十章所列机器、器具、仪器或装置用的本章其他品目未列名的零件、附件**						
90330000	第九十章所列机器、器具、仪器或装置用的本章其他品目未列名的零件、附件						
9033000010暂5	用于第九十章环境产品的其他品目未列名的零件、附件[太阳能定日镜,编号901580的商品,品目90.26、90.27的商品(编号90278011和90278091除外),编号903149的商品,测振仪,手振动仪,可再生能源和智能电网应用的自动电压和电流调节器,自动调控流量、液位和湿度的仪器]	6	17	17	17	千克	
9033000090	第九十章其他编号未列名零、附件(指第九十章所列机器、器具、仪器或装置用)	6	17	17	17	千克	

* 最惠国税率中,“/”左边的税率截止日期为2017年6月30日,“/”右边的税率截止日期为2999年12月31日。

第九十一章　钟表及其零件

注释：

一、本章不包括：

（一）钟表玻璃及钟锤（按其构成材料归类）；

（二）表链（根据不同情况，归入品目71.13或71.17）；

（三）第十五类注释二所规定的贱金属制通用零件（第十五类）、塑料制的类似品（第三十九章）及贵金属或包贵金属制的类似品（一般归入品目71.15）；但钟、表发条则应作为钟、表的零件归类（品目91.14）；

（四）轴承滚珠（根据不同情况，归入品目73.26或84.82）；

（五）品目84.12的物品，不需擒纵器可以工作的；

（六）滚珠轴承（品目84.82）；

（七）第八十五章的物品，本身未组装在或未与其他零件组装在钟、表机芯内，也未组装成专用于或主要用于钟、表机芯零件的。

二、品目91.01仅包括表壳完全以贵金属或包贵金属制的表，以及用贵金属或包贵金属与品目71.01至71.04的天然、养殖珍珠或宝石、半宝石（天然、合成或再造）合制的表。用贱金属上镶嵌贵金属制成表壳的表应归入品目91.02。

三、本章所称“表芯”，是指由摆轮及游丝、石英晶体或其他能确定时间间隔的装置来进行调节的机构，并带有显示器或可装机械指示器的系统。表芯的厚度不超过12毫米，长、宽或直径不超过50毫米。

四、除注释一另有规定的以外，钟、表的机芯及其他零件，既适用于钟或表，又适用于其他物品（例如精密仪器）的，均应归入本章。

商品编号	商品名称及备注	进口关税税率（%）		增值税率（%）	出口退税率（%）	计量单位	监管条件
		最惠国	普通				
9101	**手表、怀表及其他表，包括秒表，表壳用贵金属或包贵金属制成的**						
91011100	--仅有机械指示器的						
9101110000	机械指示式的贵金属电子手表（表壳用贵金属或包贵金属制成的）	11	100	17	13	只	
91011910	---仅有光电显示器的						
9101191000	光电显示式的贵金属电子手表（表壳用贵金属或包贵金属制成的）	16	100	17	13	只	
91011990	---其他						
9101199000	其他贵金属电子手表（表壳用贵金属或包贵金属制成的）	15	100	17	13	只	
91012100	--自动上弦的						
9101210010	含濒危动物皮自动上弦贵金属机械手表（表壳用贵金属或包贵金属制成的）	11	80	17	0	只	EF
9101210090	其他自动上弦贵金属机械手表（表壳用贵金属或包贵金属制成的）	11	80	17	13	只	
91012900	--其他						
9101290010	含濒危动物皮非自动上弦贵金属机械手表（表壳用贵金属或包贵金属制成的）	15	80	17	0	只	EF
9101290090	其他非自动上弦贵金属机械手表（表壳用贵金属或包贵金属制成的）	15	80	17	13	只	
91019100	--电力驱动的						
9101910000	贵金属电子怀表及其他电子表（表壳用贵金属或包贵金属制成的）	15	100	17	13	只	
91019900	--其他						
9101990000	贵金属机械怀表及其他机械表（指表壳用贵金属或包贵金属制成的）	20	80	17	13	只	
9102	**手表、怀表及其他表，包括秒表，但品目91.01的货品除外**						
91021100	--仅有机械指示器的						
9102110000	机械指示式的其他电子手表（贵金属或包贵金属制壳的除外）	12.5	100	17	13	只	
91021200	--仅有光电显示器的						
9102120000	光电显示式的其他电子手表（贵金属或包贵金属制壳的除外）	23	100	17	13	只	
91021900	--其他						
9102190000	其他电子手表（贵金属或包贵金属制壳的除外）	15	100	17	13	只	
91022100	--自动上弦的						
9102210010	含濒危动物皮其他自动上弦的机械手表（用贵金属或包贵金属制壳的除外）	11	80	17	0	只	EF
9102210090	其他自动上弦的机械手表（用贵金属或包贵金属制壳的除外）	11	80	17	13	只	
91022900	--其他						
9102290010	含濒危动物皮其他非自动上弦机械手表（用贵金属或包贵金属制壳的除外）	15	80	17	0	只	EF

商品编号	商品名称及备注	进口关税税率(%)		增值税率(%)	出口退税率(%)	计量单位	监管条件
		最惠国	普通				
9102290090	其他非自动上弦的机械手表(用贵金属或包贵金属制壳的除外)	15	80	17	13	只	
91029100	--电力驱动的						
9102910000	电力驱动的电子怀表及其他电子表(手表除外,也不包括表壳用贵金属或包贵金属制成的表)	15	100	17	13	只	
91029900	--其他						
9102990000	其他机械怀表、秒表及其他表(用贵金属或包贵金属制壳的除外)	20	80	17	13	只	
9103	**以表芯装成的钟,但不包括品目91.04的钟**						
91031000	-电力驱动的						
9103100000	以表芯装成的电子钟(不包括品目91.04的钟)	23	100	17	13	只	
91039000	-其他						
9103900000	以表芯装成的机械钟(不包括品目91.04的钟)	20	100	17	13	只	
9104	**仪表板钟及车辆、航空器、航天器或船舶用的类似钟**						
91040000	仪表板钟及车辆、航空器、航天器或船舶用的类似钟						
9104000000	仪表板钟及车辆船舶等用的类似钟(包括航空器和航天器用)	10	100	17	13	只	
9105	**其他钟**						
91051100	--电力驱动的						
9105110000	电子闹钟	23	100	17	13	只	
91051900	--其他						
9105190000	机械闹钟	20	100	17	13	只	
91052100	--电力驱动的						
9105210000	电子挂钟	23	100	17	13	只	
91052900	--其他						
9105290000	机械挂钟	20	100	17	13	只	
91059110	---天文钟						
9105911000	电子天文钟(由电力驱动)	3	8	17	13	只	
91059190	---其他						
9105919000	其他电子钟(由电力驱动, 闹钟、挂钟、天文钟除外)	23	100	17	13	只	
91059900	--其他						
9105990000	其他机械钟(闹钟、挂钟除外)	16	100	17	13	只	
9106	**时间记录器以及测量、记录或指示时间间隔的装置,装有钟、表机芯或同步电动机的(例如,考勤钟、时刻记录器)**						
91061000	-考勤钟、时刻记录器						
9106100000	考勤钟、时刻记录器	16	50	17	13	只	
91069000	-其他						
9106900000	其他时间记录器及其他类似装置(包括测量、记录或指示时间的装置)	16	50	17	13	只	
9107	**装有钟、表机芯或同步电动机的定时开关**						
91070000	装有钟、表机芯或同步电动机的定时开关						
9107000000	定时开关(装有钟、表机芯或同步电动机的)	12	50	17	13	个	
9108	**已组装的完整表芯**						
91081100	--仅有机械指示器或有可装机械指示器的装置的						
9108110000[暂10]	已组装的机械指示式完整电子表芯	16	80	17	13	只	
91081200	--仅有光电显示器的						
9108120000	已组装的光电显示式完整电子表芯	16	80	17	13	只	
91081900	--其他						
9108190000	其他已组装的完整电子表芯(编号91081100和91081200除外)	16	80	17	13	只	
91082000	-自动上弦的						

商品编号	商品名称及备注	进口关税税率(%)		增值税率(%)	出口退税率(%)	计量单位	监管条件
		最惠国	普通				
9108200000	已组装的自动上弦完整表芯	16	80	17	13	只	
91089010	---表面尺寸≤33.8毫米						
9108901000	已组装表面≤33.8毫米机械完整表芯(表面尺寸≤33.8毫米,非自动上弦)	16	80	17	13	只	
91089090	---其他						
9108909000	其他已组装完整机械表芯(表面尺寸>33.8毫米,非自动上弦)	16	80	17	13	只	
9109	**已组装的完整钟芯**						
91091000	-电力驱动的						
9109100000	已组装的完整电子钟芯	16	100	17	13	只	
91099000	-其他						
9109900000	已组装的完整机械钟芯	16	100	17	13	只	
9110	**未组装或部分组装的完整钟、表机芯(机芯套装件);已组装的不完整钟、表机芯;未组装的不完整钟、表机芯**						
91101100	--未组装或部分组装的完整机芯(机芯套装件)						
9110110000	未组装的完整表机芯(包括部分组装)	16	80	17	13	只	
91101200	--已组装的不完整机芯						
9110120000	已组装的不完整表机芯	16	70	17	13	千克	
91101900	--未组装的不完整机芯						
9110190000	未组装的不完整表机芯	16	70	17	13	千克	
91109010	---未组装或部分组装的完整机芯						
9110901000	未组装的完整的钟机芯(包括部分组装)	16	100	17	13	千克/只	
91109090	---其他						
9110909000	不完整的钟机芯(不论是否已组装)	16	80	17	13	千克	
9111	**表壳及其零件**						
91111000	-贵金属表壳或包贵金属表壳						
9111100010	按重量计含金量≥80%的黄金表壳	14	80	17	0	只	J
9111100090	其他贵金属或包贵金属制的表壳	14	80	17	0	只	
91112000	-贱金属表壳,不论是否镀金或镀银						
9111200000	贱金属制的表壳(不论是否镀金或镀银)	14	80	17	13	只	
91118000	-其他表壳						
9111800000	非金属制的表壳	14	80	17	13	只	
91119000	-零件						
9111900000	表壳的零件	14	80	17	0	千克	
9112	**钟壳和本章所列其他货品的类似外壳及其零件**						
91122000	-壳						
9112200000	钟壳和本章其他商品的类似外壳	14	80	17	13	只	
91129000	-零件						
9112900000	钟壳零件	12	80	17	13	千克	
9113	**表带及其零件**						
91131000	-贵金属或包贵金属制						
9113100010	按重量计含金量≥80%的黄金表带	20	130	17	0	千克	J
9113100090	其他贵金属或包贵金属制的表带及零件	20	130	17	0	千克	
91132000	-贱金属制,不论是否镀金或镀银						
9113200000	贱金属制的表带及其零件(不论是否镀金或镀银)	14	100	17	13	千克	
91139000	-其他						
9113900010	濒危动物皮制的表带及其零件	14	100	17	0	千克	FE
9113900090	其他非金属制的表带及其零件	14	100	17	13	千克	

商品编号	商 品 名 称 及 备 注	进口关税税率(%)		增值税率(%)	出口退税率(%)	计量单位	监管条件
		最惠国	普通				
9114	**钟、表的其他零件**						
91141000	-发条,包括游丝						
9114100000	钟、表的发条(包括游丝)	14	50	17	13	千克	
91143000	-钟面或表面						
9114300000	钟面或表面	14	50	17	13	千克	
91144000	-夹板及横担(过桥)						
9114400000	钟、表的夹板及横担(过桥)	14	50	17	13	千克	
91149010	---宝石轴承						
9114901000	钟、表的宝石轴承	14	50	17	13	千克	
91149090	---其他						
9114909000	钟、表的其他零件(品目91.14中其他未列名的)	14	70	17	13	千克	

第九十二章　乐器及其零件、附件

注释：

一、本章不包括：

（一）第十五类注释二所规定的贱金属制通用零件（第十五类）或塑料制的类似品（第三十九章）；

（二）第八十五章或第九十章的传声器、扩大器、扬声器、耳机、开关、频闪观测仪及其他附属仪器、器具或设备，虽用于本章物品但未与该物品组成一体或安装在同一机壳内；

（三）玩具乐器或器具（品目95.03）；

（四）清洁乐器用的刷子（品目96.03），或独脚架、双脚架、三脚架及类似品（品目96.20）；或

（五）收藏品或古物（品目97.05或97.06）。

二、用于演奏品目92.02、92.06所列乐器的弓、槌及类似品，如果与该乐器一同进口或出口，数量合理，用途明确，应归入有关乐器的相应品目。

品目92.09的卡片、盘或卷，即使与乐器一同进口或出口，也不视为该乐器的组成部分，而应作为单独进口或出口的物品对待。

商品编号	商品名称及备注	进口关税税率（%）		增值税率（%）	出口退税率（%）	计量单位	监管条件
		最惠国	普通				
9201	**钢琴，包括自动钢琴；拨弦古钢琴及其他键盘弦乐器**						
92011000	-竖式钢琴						
9201100000	竖式钢琴	17.5	70	17	17	台	
92012000	-大钢琴						
9201200001[暂1]	完税价格≥5万美元的大钢琴	17.5	70	17	17	台	
9201200090	其他大钢琴	17.5	70	17	17	台	
92019000	-其他						
9201900000	其他钢琴（包括自动钢琴、拨弦古钢琴及其他键盘弦乐器）	17.5	70	17	17	台	
9202	**其他弦乐器（例如，吉他、小提琴、竖琴）**						
92021000	-弓弦乐器						
9202100011[暂1]	完税价格≥1.5万美元的含濒危动物皮及濒危木的弓弦乐器	17.5	70	17	0	只	FE
9202100019	其他含濒危动物皮及濒危木的弓弦乐器	17.5	70	17	0	只	FE
9202100091[暂1]	完税价格≥1.5万美元的不含野生动物皮弓弦乐器	17.5	70	17	13	只	
9202100099	其他弓弦乐器	17.5	70	17	13	只	
92029000	-其他						
9202900010	含濒危物种成分的其他弦乐器	17.5	70	17	0	只	FE
9202900090	其他弦乐器	17.5	70	17	13	只	
9205	**管乐器（例如，键盘管风琴、手风琴、单簧管、小号、风笛），但游艺场风琴及手摇风琴除外**						
92051000	-铜管乐器						
9205100001[暂1]	完税价格≥2000美元的铜管乐器	17.5	70	17	13	只	
9205100090	其他铜管乐器	17.5	70	17	13	只	
92059010	---键盘管风琴；簧风琴及类似的游离金属簧片键盘乐器						
9205901000	键盘管风琴、簧风琴及类似乐器（包括游离金属簧片键盘乐器，游艺场风琴及手摇风琴除外）	20	80	17	13	只	
92059020	---手风琴及类似乐器						
9205902000	手风琴及类似乐器（但游艺场风琴及手摇风琴除外）	21	80	17	13	只	
92059030	---口琴						
9205903000	口琴	21	80	17	13	只	
92059090	---其他						
9205909001[暂1]	完税价格≥1万美元的其他管乐器（但游艺场风琴及手摇风琴除外）	17.5	70	17	13	只	
9205909090	其他管乐器（但游艺场风琴及手摇风琴除外）	17.5	70	17	13	只	
9206	**打击乐器（例如，鼓、木琴、钹、响板、响葫芦）**						

商品编号	商品名称及备注	进口关税税率(%)		增值税率(%)	出口退税率(%)	计量单位	监管条件
		最惠国	普通				
92060000	打击乐器(例如,鼓、木琴、钹、响板、响葫芦)						
9206000010	含濒危动物皮及濒危木的打击乐器(例如,鼓、木琴、钹、响板)	17.5	70	17	0	只	AEF
9206000090	其他打击乐器(例如,鼓、木琴、钹、响板)	17.5	70	17	13	只	
9207	**通过电产生或扩大声音的乐器(例如,电风琴、电吉他、电手风琴)**						
92071000	-键盘乐器,但手风琴除外						
9207100000[暂15]	通过电产生或扩大声音的键盘乐器(手风琴除外)	30	100	17	13	只	
92079000	-其他						
9207900000	其他通过电产生或扩大声音的乐器	30	100	17	13	个	
9208	**百音盒、游艺场风琴、手摇风琴、机械鸣禽、乐锯及本章其他税号未列名的其他乐器;各种媒诱音响器、哨子、号角、口吹音响信号器**						
92081000	-百音盒						
9208100000	百音盒	22	80	17	13	个	
92089000	-其他						
9208900000	第九十二章其他编号未列名的其他乐器(包括游节场风琴、手摇风琴、机械鸣禽、乐锯等)	22	80	17	13	个	
9209	**乐器的零件(例如,百音盒的机械装置)、附件(例如,机械乐器用的卡片、盘及带卷),节拍器、音叉及各种定音管**						
92093000	-乐器用的弦						
9209300000	乐器用的弦	17.5	70	17	13	千克	
92099100	--钢琴的零件、附件						
9209910000	钢琴的零件、附件	17.5	70	17	13	千克	
92099200	--品目92.02所列乐器的零件、附件						
9209920000	品目92.02所列乐器的零件、附件	17.5	70	17	13	千克	
92099400	--品目92.07所列乐器的零件、附件						
9209940000[暂10]	品目92.07所列乐器的零件、附件	17.5	70	17	13	千克	
92099910	---节拍器、音叉及定音管						
9209991000	节拍器、音叉及定音管	17.5	70	17	13	千克	
92099920	---百音盒的机械装置						
9209992000	百音盒的机械装置	17.5	70	17	13	千克	
92099990	---其他						
9209999000	本章其他编号未列名的乐器零件	17.5	70	17	13	千克	

第十九类　武器、弹药及其零件、附件

第九十三章　武器、弹药及其零件、附件

注释：

一、本章不包括：

（一）第三十六章的货品（例如，火帽、雷管、信号弹）；

（二）第十五类注释二所规定的贱金属制通用零件（第十五类）或塑料制的类似品（第三十九章）；

（三）装甲战斗车辆（品目87.10）；

（四）武器用的望远镜瞄准具及其他光学装置（第九十章），但安装在武器上或与武器一同进口或出口以备安装在该武器上的除外；

（五）弓、箭、钝头击剑或玩具（第九十五章）；

（六）收藏品及古物（品目97.05或97.06）。

二、品目93.06所称"零件"，不包括品目85.26的无线电设备及雷达设备。

商品编号	商品名称及备注	进口关税税率（%）		增值税率（%）	出口退税率（%）	计量单位	监管条件
		最惠国	普通				
9301	**军用武器，但左轮手枪、其他手枪及品目93.07的兵器除外**						
93011010	---自推进的						
9301101000	自推进的火炮武器	13	80	17	0	座	
93011090	---其他						
9301109000	其他火炮武器	13	80	17	0	座	
93012000	-火箭发射装置；火焰喷射器；手榴弹发射器；鱼雷发射管及类似发射装置						
9301200000	火箭发射装置；火焰喷射器（还包括手榴弹发射器、鱼雷发射管及类似发射装置）	13	80	17	0	个	
93019000	-其他						
9301900000	其他军用武器（但左轮手枪、其他手枪及品目93.07的兵器除外）	13	80	17	0	支	
9302	**左轮手枪及其他手枪，但品目93.03或93.04的货品除外**						
93020000	左轮手枪及其他手枪，但品目93.03或93.04的货品除外						
9302000000	左轮手枪及其他手枪（品目93.03或93.04的货品除外）	13	80	17	0	支	
9303	**靠爆炸药发射的其他火器及类似装置（例如，运动用猎枪及步枪、前装枪、维利式信号枪及其他专为发射信号弹的装置、发射空包弹的左轮手枪和其他手枪、弩枪式无痛捕杀器、抛缆枪）**						
93031000	-前装枪						
9303100000	前装枪	13	80	17	13	支	
93032000	-其他运动、狩猎或打靶用猎枪，包括组合式滑膛来复枪						
9303200000	其他运动、狩猎或打靶用滑膛枪（包括滑膛来复枪）	13	80	17	13	支	
93033000	-其他运动、狩猎或打靶用步枪						
9303300000	其他运动、狩猎或打靶用步枪	13	80	17	13	支	
93039000	-其他						
9303900000	其他火器及类似装置（指靠爆炸药发射的）	13	80	17	13	支	
9304	**其他武器（例如，弹簧枪、气枪、气手枪、警棍），但不包括品目93.07的货品**						
93040000	其他武器（例如，弹簧枪、气枪、气手枪、警棍），但不包括品目93.07的货品						
9304000000	其他武器，如弹簧枪、气枪、警棍等（不包括品目93.07的货品）	13	80	17	13	支	
9305	**品目93.01至93.04所列物品的零件、附件**						
93051000	-左轮手枪或其他手枪用						
9305100000	左轮手枪或其他手枪的零件及附件	13	80	17	0	千克	

商品编号	商品名称及备注	进口关税税率(%)		增值税率(%)	出口退税率(%)	计量单位	监管条件
		最惠国	普通				
93052000	-品目93.03的猎枪或步枪用						
9305200000	品目93.03的猎枪或步枪用零件及附件	13	80	17	0	千克	
93059100	--品目93.01的军用武器用						
9305910000	其他军用武器用零件、附件(品目93.01的军用武器用零件、附件)	13	80	17	0	千克	
93059900	--其他						
9305990000	其他武器的零件、附件(指品目93.02~93.04所列其他物品的零件)	13	80	17	0	千克	
9306	**炸弹、手榴弹、鱼雷、地雷、水雷、导弹及类似武器及其零件;子弹、其他弹药和射弹及其零件,包括弹丸及弹垫**						
93062100	--猎枪子弹						
9306210000	猎枪弹	13	80	17	13	千克	
93062900	--其他						
9306290000	猎枪弹的零件及气枪弹丸	13	80	17	13	千克	
93063080	---铆接机或类似工具用及弩枪式无痛捕杀器用子弹及其零件						
9306308000	铆接机或类似工具的子弹及其零件(包括弩枪式无痛捕杀器用)	13	80	17	0	千克	
93063090	---其他						
9306309000	其他子弹及其零件	13	80	17	0	千克	
93069000	-其他						
9306900010	两用物项管制的导弹及其零件(能把500千克以上有效载荷投掷到300千米以上的)	13	80	17	0	千克	3
9306900020	运载火箭(能把500千克以上有效载荷投掷到300千米以上的)	13	80	17	0	千克	3
9306900030	探空火箭(能把500千克以上有效载荷投掷到300千米以上的)	13	80	17	0	千克	3
9306900040	巡航导弹(能把500千克以上有效载荷投掷到300千米以上的)	13	80	17	0	千克	3
9306900090	其他弹药和射弹及其零件(包括炸弹、手榴弹、鱼雷、地雷、水雷、导弹等)	13	80	17	0	千克	
9307	**剑、短弯刀、刺刀、长矛和类似的武器及其零件;刀鞘、剑鞘**						
93070010	---军用						
9307001010	军用刀鞘、剑鞘,濒危动物制	13	80	17	0	千克/件	FE
9307001090	其他军用剑、刀、长矛和类似的武器及其零件(包括刀鞘、剑鞘)	13	80	17	0	千克/件	
93070090	---其他						
9307009010	其他濒危动物制的刀鞘、剑鞘	13	80	17	0	千克/件	FE
9307009090	其他剑、刀、长矛和类似的武器及其零件(包括刀鞘、剑鞘)	13	80	17	0	千克/件	

第二十类　杂项制品

第九十四章　家具；寝具、褥垫、弹簧床垫、软坐垫及类似的填充制品；未列名灯具及照明装置；发光标志、发光铭牌及类似品；活动房屋

注释：

一、本章不包括：

（一）第三十九章、第四十章或第六十三章充气或充水的褥垫、枕头及坐垫；

（二）落地镜[例如，品目70.09的试衣镜（旋转镜）]；

（三）第七十一章的物品；

（四）第十五类注释二所规定的贱金属制通用零件（第十五类）、塑料制的类似品（第三十九章）或品目83.03的保险箱；

（五）冷藏或冷冻设备专用的特制家具（品目84.18）；缝纫机专用的特制家具（品目84.52）；

（六）第八十五章的灯具及照明装置；

（七）品目85.18、85.19、85.21或品目85.25至85.28所列装置专用的特制家具（应分别归入品目85.18、85.22或85.29）；

（八）品目87.14的物品；

（九）带品目90.18所列牙科用器具或漱口盂的牙科用椅（品目90.18）；

（十）第九十一章的物品（例如，钟及钟壳）；

（十一）玩具家具、玩具灯或玩具照明装置（品目95.03）、台球桌或其他供游戏用的特制家具（品目95.04）、魔术用的特制家具或中国灯笼及类似的装饰品（电气彩灯串除外）（品目95.05）；或

（十二）独脚架、双脚架、三脚架及类似品（品目96.20）。

二、品目94.01至94.03的物品（零件除外），只适用于落地式的物品。

对下列物品，即使是悬挂的、固定在墙壁上的或叠摞的，仍归入上述各品目：

（一）碗橱、书柜、其他架式家具（包括与将其固定于墙上的支撑物一同报验的单层搁架）及组合家具；

（二）坐具及床。

三、（一）品目94.01至94.03所列货品的零件，不包括玻璃（包括镜子）、大理石或其他石料以及第六十八章及第六十九章所列任何其他材料的片、块（不论是否切割成形，但未与其他零件组装）。

（二）品目94.04的货品，如果单独进口或出口，不能作为品目94.01、94.02或94.03所列货品的零件归类。

四、品目94.06所称“活动房屋”，是指在工厂制成成品或制成部件并一同进口或出口，供以后在有关地点上组装的房屋，例如，工地用房、办公室、学校、店铺、工作棚、车房或类似的建筑物。

商品编号	商 品 名 称 及 备 注	进口关税税率（%）		增值税率（%）	出口退税率（%）	计量单位	监管条件
		最惠国	普通				
9401	**坐具（包括能做床用的两用椅，但品目94.02的货品除外）及其零件**						
94011000	-飞机用坐具						
9401100000	飞机用坐具	0	100	17	15	个/千克	
94012010	---皮革或再生皮革面的						
9401201000	皮革或再生皮革面的机动车辆用坐具	10	100	17	15	个/千克	
94012090	---其他						
9401209000	其他机动车辆用坐具	10	100	17	15	个/千克	
94013000	-可调高度的转动坐具						
9401300000	可调高度的转动坐具	0	100	17	15	个/千克	
94014010	---皮革或再生皮革面的						
9401401000	皮革或再生皮革面的能作床用的两用椅（但庭园坐具或野营设备除外）	0	100	17	15	个/千克	
94014090	---其他						
9401409000	其他能作床用的两用椅（但庭园坐具或野营设备除外）	0	100	17	15	个/千克	
94015200	--竹制的						
9401520000	竹制的坐具	0	100	17		个/千克	AB
94015300	--藤制的						
9401530000	藤制的坐具	0	100	17		个/千克	AB
94015900	--其他						
9401590000	柳条及类似材料制的坐具	0	100	17	15	个/千克	AB

商品编号	商品名称及备注	进口关税税率(%)		增值税率(%)	出口退税率(%)	计量单位	监管条件
		最惠国	普通				
94016110	---皮革或再生皮革面的						
9401611000	皮革或再生皮革面的装软垫的木框架的其他坐具	0	100	17	15	个/千克	AB
94016190	---其他						
9401619000	其他装软垫的木框架的坐具	0	100	17	15	个/千克	AB
94016900	--其他						
9401690010	其他濒危木框架的坐具	0	100	17	0	个/千克	ABEF
9401690090	其他木框架的坐具(不包括编号94011000~94015000的坐具)	0	100	17	15	个/千克	AB
94017110	---皮革或再生皮革面的						
9401711000	皮革或再生皮革面的装软垫的金属框架的坐具	0	100	17	15	个/千克	
94017190	---其他						
9401719000	其他装软垫的金属框架的坐具	0	100	17	15	个/千克	
94017900	--其他						
9401790000	其他金属框架的坐具(不包括编号94011000~94015000的坐具)	0	100	17	15	个/千克	
94018010	---石制的						
9401801000	石制的其他坐具	0	100	17	15	个/千克	
94018090	---其他						
9401809010	其他濒危木制坐具	0	100	17	0	个/千克	EF
9401809091	儿童用汽车安全坐椅	0	100	17	15	个/千克	A
9401809099	其他坐具	0	100	17	15	个/千克	
94019011	----坐椅调角器						
9401901100	机动车辆用坐椅调角器	10	100	17	15	套/千克	
94019019	----其他						
9401901900	机动车辆用其他座具零件	0	100	17	15	千克	
94019090	---其他						
9401909000	其他座具的零件	0	100	17	15	千克	
9402	**医疗、外科、牙科或兽医用家具(例如,手术台、检查台、带机械装置的病床、牙科用椅);有旋转、倾斜、升降装置的理发用椅及类似椅;上述物品的零件**						
94021010	---理发用椅及其零件						
9402101000	理发用椅及其零件	0	100	17	15	个/千克	
94021090	---其他						
9402109000	牙科及类似用途的椅及其零件	0	30	17	15	个/千克	
94029000	-其他						
9402900000	其他医疗、外科、兽医用家具及零件(如手术台、检查台、带机械装置的病床等)	0	30	17	15	件/千克	
9403	**其他家具及其零件**						
94031000	-办公室用金属家具						
9403100000	办公室用金属家具	0	100	17	15	件/千克	
94032000	-其他金属家具						
9403200000	其他金属家具	0	100	17	15	件/千克	
94033000	-办公室用木家具						
9403300010	濒危木制办公室用木家具	0	100	17	0	件/千克	ABFE
9403300090	其他办公室用木家具	0	100	17	15	件/千克	AB
94034000	-厨房用木家具						
9403400010	濒危木制厨房用木家具	0	100	17	0	件/千克	ABFE
9403400090	其他厨房用木家具	0	100	17	15	件/千克	AB
94035010	---红木制						
9403501010	卧室用濒危红木制家具	0	100	17	0	件/千克	ABFE

商品编号	商品名称及备注	进口关税税率(%)		增值税率(%)	出口退税率(%)	计量单位	监管条件
		最惠国	普通				
9403501090	其他卧室用红木制家具	0	100	17	15	件/千克	AB
94035091	----天然漆(大漆)漆木家具						
9403509100	卧室用天然漆(大漆)漆木家具	0	100	17	15	件/千克	AB
94035099	----其他						
9403509910	卧室用其他濒危木家具	0	100	17	0	件/千克	ABFE
9403509990	卧室用其他木家具	0	100	17	15	件/千克	AB
94036010	---红木制						
9403601010	濒危红木制其他家具(非卧室用)	0	100	17	0	件/千克	ABFE
9403601090	其他红木制家具(非卧室用)	0	100	17	15	件/千克	AB
94036091	----天然漆(大漆)漆木家具						
9403609100	其他天然漆(大漆)漆木家具(非卧室用)	0	100	17	15	件/千克	AB
94036099	----其他						
9403609910	濒危木制其他家具(非卧室用)	0	100	17	0	件/千克	ABFE
9403609990	其他木家具(非卧室用)	0	100	17	15	件/千克	AB
94037000	-塑料家具						
9403700000	塑料家具	0	100	17	15	件/千克	
94038200	--竹制的						
9403820000	竹制的家具	0	100	17		件/千克	AB
94038300	--藤制的						
9403830000	藤制的家具	0	100	17		件/千克	AB
94038910	---柳条及类似材料制的						
9403891000	柳条及类似材料制的家具	0	100	17	15	件/千克	AB
94038920	---石制的						
9403892000	石制的家具	0	100	17	15	件/千克	
94038990	---其他						
9403899000	其他材料制的家具	0	100	17	15	件/千克	
94039000	-零件						
9403900000	品目94.03所列物品的零件	0	100	17	15	千克	
9404	**弹簧床垫;寝具及类似用品,装有弹簧、内部用任何材料填充、衬垫或用海绵橡胶、泡沫塑料制成,不论是否包面(例如,褥垫、棉被、羽绒被、靠垫、坐垫及枕头)**						
94041000	-弹簧床垫						
9404100000[暂10]	弹簧床垫	20	100	17	15	个/千克	
94042100	--海绵橡胶或泡沫塑料制,不论是否包面						
9404210010[暂10]	蔺草包面的垫子(单件面积>1平方米,无论是否包边)	20	100	17	15	个/千克	4ABxy
9404210090[暂10]	海绵橡胶或泡沫塑料制褥垫(不论是否包面)	20	100	17	15	个/千克	
94042900	--其他材料制						
9404290000[暂10]	其他材料制褥垫	20	100	17	17	个/千克	
94043010	---羽毛或羽绒填充的						
9404301010[暂10]	濒危野禽羽毛或羽绒填充的睡袋	20	130	17	0	个/千克	FE
9404301090[暂10]	其他羽毛或羽绒填充的睡袋	20	130	17	17	个/千克	
94043090	---其他						
9404309000[暂10]	其他睡袋	20	100	17	17	个/千克	
94049010	---羽毛或羽绒填充的						
9404901010[暂10]	濒危野禽羽绒或羽毛填充其他寝具(含类似品)	20	130	17	0	千克	EF
9404901090[暂10]	其他羽绒或羽毛填充的其他寝具(含类似品)	20	130	17	17	千克	
94049020	---兽毛填充的						

商品编号	商品名称及备注	进口关税税率(%)		增值税率(%)	出口退税率(%)	计量单位	监管条件
		最惠国	普通				
9404902010[暂10]	濒危兽毛填充的寝具(用野生兽毛填充的,含盖被及类似品)	20	130	17	0	千克	EF
9404902090[暂10]	其他兽毛填充的其他寝具(含类似品)	20	130	17	17	千克	
94049030	---丝棉填充的						
9404903000[暂10]	丝棉填充的其他寝具及类似品	20	130	17	17	千克	
94049040	---化纤棉填充的						
9404904000[暂10]	化纤棉填充的其他寝具及类似品	20	130	17	17	千克	
94049090	---其他						
9404909000[暂10]	其他材料制寝具及类似品	20	130	17	17	千克	
9405	**其他编号未列名的灯具及照明装置,包括探照灯、聚光灯及其零件;装有固定光源的发光标志、发光铭牌及类似品,以及其他税号未列名的这些货品的零件**						
94051000	-枝形吊灯及天花板或墙壁上的其他电气照明装置,但不包括公共露天场所或街道上的电气照明装置						
9405100000	枝形吊灯(包括天花板或墙壁上的照明装置,但露天或街道上的除外)	10	80	17	13	个/千克	
94052000	-电气的台灯、床头灯或落地灯						
9405200010	含濒危物种成分的电气台灯、床头灯、落地灯	20	80	17	0	台/千克	EF
9405200090	其他电气台灯、床头灯、落地灯	20	80	17	13	台/千克	
94053000	-圣诞树用的成套灯具						
9405300000	圣诞树用的成套灯具	16	100	17	13	套/千克	
94054010	---探照灯						
9405401000	探照灯	17.5	70	17	13	台/千克	
94054020	---聚光灯						
9405402000	聚光灯	17.5	70	17	13	台/千克	A
94054090	---其他						
9405409000	其他电灯及照明装置	10	80	17	13	千克	A
94055000	-非电气的灯具及照明装置						
9405500000	非电气灯具及照明装置	20	80	17	13	千克	
94056000	-发光标志、发光铭牌及类似品						
9405600000	发光标志、发光铭牌及类似品	20	80	17	13	千克	
94059100	--玻璃制						
9405910000	品目94.05所列物品的玻璃制零件	20	70	17	13	千克	
94059200	--塑料制						
9405920000	品目94.05所列物品的塑料制零件	20	70	17	13	千克	
94059900	--其他						
9405990000	品目94.05所列物品其他材料制零件	20	70	17	13	千克	
9406	**活动房屋**						
94061000	-木制的						
9406100000	木制的活动房屋	10	70	17		千克	AB
94069000	-其他						
9406900010	用动植物材料制作的活动房屋(木制的除外)	10	70	17		千克	AB
9406900020	带有风扇的高效空气粒子过滤单元(HEPA)的封闭洁净室	10	70	17		千克	3
9406900090	其他活动房屋	10	70	17		千克	

第九十五章　玩具、游戏品、运动用品及其零件、附件

注释：

一、本章不包括：

(一)蜡烛(品目34.06)；

(二)品目36.04的烟花、爆竹或其他烟火制品；

(三)已切成一定长度但未制成钓鱼线的纱线、单丝、绳、肠线及类似品(第三十九章、品目42.06或第十一类)；

(四)品目42.02、43.03或43.04的运动用袋或其他容器；

(五)第六十一章或第六十二章的纺织品制的化装舞会服装；第六十一章或第六十二章的纺织品制的运动服装或特殊衣着(例如，击剑服或足球守门员球衣)，无论是否附带保护配件，例如，肘部、膝部或腹股沟部位的保护垫或填充物；

(六)第六十三章的纺织品制的旗帜及小船或滑行车用帆；

(七)第六十四章的运动鞋靴(带冰刀或滑轮的溜冰鞋除外)或第六十五章的运动用帽；

(八)手杖、鞭子、马鞭或类似品(品目66.02)及其零件(品目66.03)；

(九)品目70.18的未装配的玩偶或其他玩具用的玻璃假眼；

(十)第十五类注释二所规定的贱金属制通用零件(第十五类)或塑料制的类似货品(第三十九章)；

(十一)品目83.06的铃、钟、锣及类似品；

(十二)液体泵(品目84.13)、液体或气体的过滤、净化机器及装置(品目84.21)、电动机(品目85.01)、变压器(品目85.04)；录制声音或其他信息用的圆盘、磁带、固态非易失性数据存储器件、"智能卡"及其他媒体，不论是否已录制(品目85.23)；无线电遥控设备(品目85.26)或无绳红外线遥控器件(品目85.43)；

(十三)第十七类的运动用车辆(长雪橇、平底雪橇及类似品除外)；

(十四)儿童两轮车(品目87.12)；

(十五)运动用船艇，例如，轻舟、赛艇(第八十九章)及其桨、橹和类似品(木制的归入第四十四章)；

(十六)运动及户外游戏用的眼镜、护目镜及类似品(品目90.04)；

(十七)媒诱音响器及哨子(品目92.08)；

(十八)第九十三章的武器及其他物品；

(十九)各种电气彩灯串(品目94.05)；

(二十)独脚架、双脚架、三脚架及类似品(品目96.20)；

(二十一)球拍线、帐篷或类似的野营用品、分指手套、连指手套及露指手套(按其构成材料归类)；

(二十二)餐具、厨房用具、盥洗用品、地毯及纺织材料制的其他铺地制品、服装、床上及餐桌用织物制品、盥洗及厨房用织物制品及具有实用功能的类似货品(按其构成材料归类)。

二、本章包括珍珠、养珠、宝石或半宝石(天然、合成或再造)、贵金属或包贵金属只作为小零件的物品。

三、除上述注释一另有规定的以外，凡专用于或主要用于本章各编号所列物品的零件、附件，应与有关物品一并归类。

四、除上述注释一另有规定的以外，品目95.03特别适用于该品目物品和一项或多项其他物品组合而成的货品，但上述组合的货品不能视为归类总规则三(二)所指的成套货品，且在单独报验时应归入其他品目，只要该货品零售包装在一起，且组合后具备了玩具的基本特征，仍归入本品目。

五、品目95.03不包括因其设计、形状或构成材料可确认为专供动物使用的物品，例如，宠物玩具(归入其相应的品目)。

子目注释：

一、子目9504.50包括：

(一)在电视机、监视器或其他外部屏幕或表面上重放图像的视频游戏控制器；或

(二)自带显示屏的视频游戏设备，不论是否便携式。

本子目不包括用硬币、钞票、银行卡、代币或任何其他支付方式使其工作的视频游戏控制器或设备(子目9504.30)。

商品编号	商品名称及备注	进口关税税率(%)		增值税率(%)	出口退税率(%)	计量单位	监管条件
		最惠国	普通				
9503	**三轮车、踏板车、踏板汽车和类似的带轮玩具；玩偶车；玩偶；其他玩具；缩小(按比例缩小)的模型及类似的娱乐用模型，不论是否活动；各种智力玩具**						
95030010	---三轮车、踏板车、踏板汽车和类似的带轮玩具；玩偶车						
9503001000	三轮车、踏板车、踏板汽车和类似的带轮玩具；玩偶车	0	80	17	17	千克	
95030021	----动物						
9503002100	动物玩偶，不论是否着装	0	80	17	15	个/千克	A
95030029	----其他						
9503002900	其他玩偶，不论是否着装	0	80	17	15	个/千克	A
95030031	----电动火车						
9503003100	缩小(按比例缩小)的电动火车模型	0	80	17	17	千克	A
95030039	----其他						
9503003900	其他缩小(按比例缩小)的全套模型组件(不论是否活动)	0	80	17	15	套/千克	A
95030040	---其他建筑套件及建筑玩具						
9503004000	其他建筑套件及建筑玩具	0	80	17	15	套/千克	A

商品编号	商品名称及备注	进口关税税率(%)		增值税率(%)	出口退税率(%)	计量单位	监管条件
		最惠国	普通				
95030050	---玩具乐器						
9503005000	玩具乐器	0	80	17	15	千克	A
95030060	---智力玩具						
9503006000	智力玩具	0	80	17	15	套/千克	A
95030081	----组装成套或全套的						
9503008100	组装成套或全套的其他玩具	0	80	17	15	套/千克	A
95030082	----其他带动力装置的玩具及模型						
9503008200	其他带动力装置的玩具及模型	0	80	17	17	个/千克	A
95030089	----其他						
9503008900	其他未列名玩具	0	80	17	15	个/千克	A
95030090	---零件、附件						
9503009000	玩具、模型零件	0	80	17	15	千克	A
9504	**视频游戏控制器及设备、游艺场所、桌上或室内游戏用品,包括弹球机、台球、娱乐专用桌及保龄球自动球道设备**						
95042000	-各种台球用品及附件						
9504200010	濒危木制的台球用品及附件	0	80	17	0	千克	EF
9504200090	其他台球用品及附件	0	80	17	13	千克	
95043010	---电子游戏机						
9504301000	用特定支付方式使其工作的电子游戏机(用硬币、钞票、银行卡、代币或其他支付方式使其工作的)	0	130	17	13	台/千克	60
95043090	---其他						
9504309000	用特定支付方式工作的其他游戏用品,保龄球道设备除外(用硬币、钞票、银行卡、代币或其他支付方式使其工作的)	0	80	17	13	台/千克	60
95044000	-扑克牌						
9504400000	扑克牌	0	80	17	13	副	
95045011	----零件及附件						
9504501100	视频游戏控制器及设备的零件及附件(与电视接收机配套使用的,编号950430的货品除外)	0	130	17	15	个/千克	60
95045019	----其他						
9504501900	视频游戏控制器及设备(与电视接收机配套使用的,编号950430的货品除外)	0	130	17	15	台/千克	60
95045091	----零件及附件						
9504509100	其他视频游戏控制器及设备的零件及附件(编号950430的货品除外)	0	130	17	13	个/千克	60
95045099	----其他						
9504509900	其他视频游戏控制器及设备(编号950430的货品除外)	0	130	17	13	台/千克	60
95049010	---其他电子游戏机						
9504901000	其他电子游戏机	0	130	17	13	台/千克	60
95049021	----保龄球自动分瓶机						
9504902100	保龄球自动分瓶机	0	80	17	13	台/千克	
95049022	----保龄球						
9504902200	保龄球	0	80	17	13	个	
95049023	----保龄球瓶						
9504902300	保龄球瓶	0	80	17	13	个	
95049029	----其他						
9504902900	其他保龄球自动球道设备及器具	0	80	17	13	台/千克	
95049030	---中国象棋、国际象棋、跳棋等棋类用品						
9504903000	象棋、跳棋等棋类用品(包括中国象棋、国际象棋)	0	80	17	17	副/千克	

商品编号	商 品 名 称 及 备 注	进口关税税率(%)		增值税率(%)	出口退税率(%)	计量单位	监管条件
		最惠国	普通				
95049040	---麻将及类似桌上游戏用品						
9504904000	麻将及类似桌上游戏用品	0	80	17	17	副/千克	
95049090	---其他						
9504909000	其他游艺场、桌上或室内游戏用品(包括弹球机)	0	80	17	13	台/千克	
9505	**节日(包括狂欢节)用品或其他娱乐用品,包括魔术道具及嬉戏品**						
95051000	-圣诞节用品						
9505100010	含动植物性材料的圣诞用品(不包括成套圣诞节灯具)	0	100	17	13	千克	AB
9505100090	其他圣诞节用品(不包括成套圣诞节灯具)	0	100	17	13	千克	
95059000	-其他						
9505900000	其他节日用品或娱乐用品(包括魔术道具及嬉戏品)	0	100	17	13	千克	
9506	**一般的体育活动、体操、竞技及其他运动(包括乒乓球运动)或户外游戏用的本章其他税号未列名用品及设备;游泳池或戏水池**						
95061100	--滑雪屐						
9506110000	滑雪屐	14	50	17	13	双	
95061200	--滑雪屐扣件(滑雪屐带)						
9506120000	滑雪屐扣件(滑雪屐带)	14	50	17	13	千克	
95061900	--其他						
9506190000	其他滑雪用具	14	50	17	13	千克	
95062100	--帆板						
9506210000	帆板	12	50	17	13	个/千克	
95062900	--其他						
9506290000	其他水上运动用具(包括滑水板、冲浪板)	14	50	17	13	个/千克	
95063100	--棍,全套						
9506310000	完整的高尔夫球棍	14	50	17	13	根	
95063200	--球						
9506320000	高尔夫球	12	50	17	13	个	
95063900	--其他						
9506390000	其他高尔夫球用具	14	50	17	13	千克	
95064010	---乒乓球						
9506401000	乒乓球	12	50	17	13	百个/千克	
95064090	---其他						
9506409000[暂7]	其他乒乓球运动用品及器械	14	50	17	13	千克	
95065100	--草地网球拍,不论是否装弦						
9506510000	草地网球拍(不论是否装弦)	14	50	17	13	支	
95065900	--其他						
9506590000	其他网球拍、羽毛球拍或类似球拍	14	50	17	13	支	
95066100	--草地网球						
9506610000	草地网球	12	50	17	13	个	
95066210	---篮球、足球、排球						
9506621000[暂6]	篮球、足球、排球	12	50	17	13	个	
95066290	---其他						
9506629000	其他可充气的球	12	50	17	13	个	
95066900	--其他						
9506690000	其他球(但高尔夫球及乒乓球除外)	12	50	17	13	个	
95067010	---溜冰鞋						
9506701000	溜冰鞋(包括装有冰刀的溜冰靴)	14	50	17	13	双/千克	

商品编号	商品名称及备注	进口关税税率(%)		增值税率(%)	出口退税率(%)	计量单位	监管条件
		最惠国	普通				
95067020	---旱冰鞋						
9506702000	旱冰鞋	14	50	17	13	双/千克	
95069111	----跑步机						
9506911110[暂6]	跑步机(整机)	12	50	17	13	台/千克	
9506911190[暂6]	跑步机的零件及附件	12	50	17	13	台/千克	
95069119	----其他						
9506911900[暂6]	其他健身及康复器械(包括设备)	12	50	17	13	千克	
95069120	---滑板						
9506912000[暂6]	滑板	12	50	17	13	个/千克	
95069190	---其他						
9506919000[暂6]	一般的体育活动、体操或竞技用品(包括设备)	12	50	17	13	千克	
95069900	--其他						
9506990000	其他未列名的第九十五章用品及设备(包括户外游戏用品及设备,如游冰池、戏水池)	12	50	17	13	个/千克	
9507	**钓鱼竿、钓鱼钩及其他钓鱼用品;捞鱼网、捕蝶网及类似网;囮子"鸟"(品目92.08或97.05的货品除外)以及类似的狩猎用品**						
95071000	-钓鱼竿						
9507100010	用植物性材料制作的钓鱼竿	21	80	17	13	副/千克	AB
9507100090	其他钓鱼竿	21	80	17	13	副/千克	
95072000	-钓鱼钩,不论有无系钩丝						
9507200000	钓鱼钩(无论有无系钩丝)	21	80	17	13	千克	
95073000	-钓线轮						
9507300000	钓线轮	21	80	17	13	个/千克	
95079000	-其他						
9507900000	其他用品[包括捞鱼网、捕蝶网及类似网、囮子"鸟"(品目92.08或97.05的货品除外)及类似狩猎用品]	21	80	17	13	千克	
9508	**旋转木马、秋千、射击用靶及其他游乐场的娱乐设备;流动马戏团及流动动物园;流动剧团**						
95081000	-流动马戏团及流动动物园						
9508100010	有濒危动物的流动马戏团(包括流动动物园)	15	100	17	0	千克	FEAB
9508100090	其他流动马戏团及流动动物园	15	100	17	13	千克	AB
95089000	-其他						
9508900000	其他游乐场娱乐设备;流动剧团	15	100	17	13	千克	AB

第九十六章　杂项制品

注释：

一、本章不包括：

（一）化妆盥洗用笔（第三十三章）；

（二）第六十六章的制品（例如，伞或手杖的零件）；

（三）仿首饰（品目71.17）；

（四）第十五类注释二所规定的贱金属制通用零件（第十五类）或塑料制的类似品（第三十九章）；

（五）第八十二章的利口器及其他物品，其柄或其他零件是雕刻或模塑材料制的；但品目96.01或96.02适用于单独进口或出口的上述物品的柄或其他零件；

（六）第九十章的物品，例如，眼镜架（品目90.03）、数学绘图笔（品目90.17）、各种牙科、医疗、外科或兽医专用刷子（品目90.18）；

（七）第九十一章的物品（例如，钟壳或表壳）；

（八）乐器及其零件、附件（第九十二章）；

（九）第九十三章的物品（武器及其零件）；

（十）第九十四章的物品（例如，家具、灯具及照明装置）；

（十一）第九十五章的物品（玩具、游戏品、运动用品）；

（十二）艺术品、收藏品及古物（第九十七章）。

二、品目96.02所称"植物质或矿物质雕刻材料"，是指：

（一）用于雕刻的硬种子、硬果核、硬果壳、坚果及类似植物材料（例如，象牙果及棕榈子）；

（二）琥珀、海泡石、粘聚琥珀、粘聚海泡石、黑玉及其矿物代用品。

三、品目96.03所称"制帚、制刷用成束、成簇的材料"，仅指未装配的成束、成簇的兽毛、植物纤维或其他材料。这些成束、成簇的材料无需分开即可安装在帚、刷之上，或只需经过简单加工（例如将顶端修剪成形）即可安装的。

四、除品目96.01至96.06或96.15的货品以外，本章的物品还包括全部或部分用贵金属、包贵金属、珍珠、养珠、宝石或半宝石（天然、合成或再造）制成的物品。而且，品目96.01至96.06及96.15包括珍珠、养珠、宝石或半宝石（天然、合成或再造）、贵金属或包贵金属只作为小零件的物品。

商品编号	商品名称及备注	进口关税税率（%）		增值税率（%）	出口退税率（%）	计量单位	监管条件
		最惠国	普通				
9601	**已加工的兽牙、骨、玳瑁壳、角、鹿角、珊瑚、珍珠母及其他动物质雕刻材料及其制品（包括模塑制品）**						
96011000	-已加工的兽牙及其制品						
9601100010	已加工的濒危兽牙及其制品	20	100	17	0	千克	AFEB
9601100090	其他已加工的兽牙及其制品	20	100	17	13	千克	AB
96019000	-其他						
9601900010	其他已加工濒危动物质雕刻料（包括其制品）	20	100	17	0	千克	AFEB
9601900090	其他已加工动物质雕刻料及其制品	20	100	17	13	千克	AB
9602	**已加工的植物质或矿物质雕刻材料及其制品；蜡、硬脂、天然树胶、天然树脂或塑型膏制成的模塑或雕刻制品以及其他税号未列名的模塑或雕刻制品；已加工的未硬化明胶（品目35.03的明胶除外）及未硬化明胶制品**						
96020010	---装药用胶囊						
9602001000	装药用胶囊	10.5	40	17	13	千克	
96020090	---其他						
9602009000	已加工植物或矿物质雕刻料及制品（指已加工的，包括蜡、硬脂、天然树胶、脂制模塑或雕刻）	25	100	17	13	千克	AB
9603	**帚、刷（包括作为机器、器具、车辆零件的刷）、非机动的手工操作地板清扫器、拖把及毛掸；供制帚、刷用的成束或成簇的材料；油漆块垫及滚筒；橡皮扫帚（橡皮辊除外）**						
96031000	-用枝条或其他植物材料捆扎而成的帚及刷，不论是否有把						
9603100000	用枝条或其他植物材料捆扎成的帚（包括刷，不论是否有把）	25	100	17	13	把	AB
96032100	--牙刷，包括齿板刷						
9603210000[暂10]	牙刷（包括齿板刷）	25	100	17	13	把	
96032900	--其他						
9603290010	野生动物毛制剃须刷、发刷（包括睫毛刷等人体化妆刷）	15	100	17	13	支	FE
9603290090	剃须刷、发刷、睫毛刷等人体化妆刷（包括作为器具零件的编号960329所属的刷）	15	100	17	13	支	

商品编号	商 品 名 称 及 备 注	进口关税税率(%)		增值税率(%)	出口退税率(%)	计量单位	监管条件
		最惠国	普通				
96033010	---画笔						
9603301010	濒危动物毛制的画笔	25	100	17	0	支	FE
9603301090	其他画笔	25	100	17	13	支	
96033020	---毛笔						
9603302010	濒危动物毛制的毛笔	20	100	17	0	支	FE
9603302090	其他毛笔	20	100	17	13	支	
96033090	---其他						
9603309010	濒危动物毛制化妆用的类似笔	25	100	17	0	支	FE
9603309090	其他化妆用的类似笔	25	100	17	13	支	
96034011	----猪鬃制						
9603401100	猪鬃制漆刷及类似品	20	100	17	13	把	
96034019	----其他						
9603401900	其他材料制漆刷及类似刷	23	100	17	13	把	
96034020	---油漆块垫及滚筒						
9603402000	油漆块垫及滚筒	23	100	17	13	个	
96035011	----作为机器、器具零件的刷						
9603501100	作为机器、器具零件的金属丝刷	14	50	17	13	个	
96035019	----其他						
9603501900	作为车辆零件的金属丝刷	14	100	17	13	个	
96035091	----作为机器、器具零件的刷						
9603509110	濒危动物毛制作为机器零件的其他刷(包括器具零件的其他刷)	14	50	17	0	个	FE
9603509190	其他作为机器、器具零件的其他刷	14	50	17	13	个	
96035099	----其他						
9603509910	濒危动物毛制作为车辆零件的其他刷	14	100	17	0	个	FE
9603509990	其他作为车辆零件的其他刷	14	100	17	13	个	
96039010	---羽毛掸						
9603901010	濒危野禽羽毛掸	21	130	17	0	个	AFEB
9603901090	其他羽毛掸	21	130	17	13	个	AB
96039090	---其他						
9603909010	濒危动物毛、鬃、尾制其他帚、刷(包括拖把及其他毛掸)	15	100	17	0	个	AFEB
9603909020	其他动植物材料制帚、刷、拖把等(包括动植物材料制非机动的手工操作地板清扫器、毛掸)	15	100	17	13	个	AB
9603909090	其他材料制帚、刷、拖把及毛掸(包括其他材料制非机动的手工操作地板清扫器等)	15	100	17	0	个	
9604	**手用粗筛、细筛**						
96040000	手用粗筛、细筛						
9604000000	手用粗筛、细筛	21	100	17	13	个	AB
9605	**个人梳妆、缝纫或清洁鞋靴、衣服用的成套旅行用具**						
96050000	个人梳妆、缝纫或清洁鞋靴、衣服用的成套旅行用具						
9605000000	个人梳妆、缝纫等用成套旅行用品(包括清洁鞋靴、衣服用的)	15	100	17	13	套	
9606	**纽扣、揿扣、纽扣芯及纽扣和揿扣的其他零件;纽扣坯**						
96061000	-揿扣及其零件						
9606100000	揿扣及其零件	21	100	17	13	千克	
96062100	--塑料制,未用纺织材料包裹						
9606210000	塑料制纽扣(未用纺织材料包裹的)	21	100	17	13	千克	
96062200	--贱金属制,未用纺织材料包裹						
9606220000	贱金属制纽扣(未用纺织材料包裹的)	15	100	17	13	千克	

商品编号	商品名称及备注	进口关税税率(%)		增值税率(%)	出口退税率(%)	计量单位	监管条件
		最惠国	普通				
96062900	--其他						
9606290010	含濒危动物成分的其他纽扣	15	100	17	0	千克	FE
9606290090	其他纽扣	15	100	17	13	千克	
96063000	-纽扣芯及纽扣的其他零件;纽扣坯						
9606300000	纽扣芯及纽扣的其他零件(包括纽扣坯)	15	100	17	13	千克	
9607	**拉链及其零件**						
96071100	--装有贱金属制咪牙齿的						
9607110000	装有贱金属齿的拉链	21	130	17	13	米/千克	
96071900	--其他						
9607190000	其他拉链	21	130	17	13	米/千克	
96072000	-零件						
9607200000	拉链零件	21	130	17	13	千克	
9608	**圆珠笔;毡尖和其他渗水式笔尖笔及唛头笔;自来水笔、铁笔型自来水笔及其他钢笔;蜡纸铁笔;活动铅笔;钢笔杆、铅笔套及类似的笔套;上述物品的零件(包括帽、夹),但品目96.09的货品除外**						
96081000	-圆珠笔						
9608100000	圆珠笔	15	80	17	13	支	
96082000	-毡尖和其他渗水式笔尖笔及唛头笔						
9608200000	毡尖和其他渗水式笔尖笔及唛头笔	21	80	17	13	支	
96083010	---墨汁画笔						
9608301000	墨汁画笔	21	80	17	13	支	
96083020	---自来水笔						
9608302000	自来水笔	21	80	17	13	支	
96083090	---其他						
9608309000	其他钢笔(包括铁笔型自来水笔)	21	80	17	13	支	
96084000	-活动铅笔						
9608400000	活动铅笔	21	80	17	13	支	
96085000	-由上述两个或多个子目所列物品组成的成套货品						
9608500000	含有两种笔及以上的成套货品(指品目96.08所列的各种笔)	21	80	17	13	套	
96086000	-圆珠笔芯,由圆珠笔头和墨芯构成						
9608600000	圆珠笔芯(指由圆珠笔头和墨芯构成)	21	80	17	13	支	
96089100	--钢笔头及笔尖粒						
9608910000	钢笔头及笔尖粒	12	70	17	13	支	
96089910	---机器、仪器用笔						
9608991000	机器、仪器用笔	17.5	40	17	13	支/千克	
96089920	---蜡纸铁笔;钢笔杆、铅笔杆及类似的笔杆						
9608992000	蜡纸铁笔、钢笔杆、铅笔杆等(包括类似笔杆,但品目96.09的货品除外)	21	80	17	13	支/千克	
96089990	---其他						
9608999000	其他笔零件(包括笔帽、笔夹,但品目96.09的货品除外)	21	80	17	13	千克	
9609	**铅笔(品目96.08的铅笔除外)、颜色铅笔、铅笔芯、蜡笔、图画碳笔、书写或绘画用粉笔及裁缝划粉**						
96091010	---铅笔						
9609101000	铅笔	21	80	17	13	千克/百支	
96091020	---颜色铅笔						
9609102000	颜色铅笔	21	80	17	13	千克	
96092000	-铅笔芯,黑的或其他颜色的						

商品编号	商品名称及备注	进口关税税率(%)		增值税率(%)	出口退税率(%)	计量单位	监管条件
		最惠国	普通				
9609200000	铅笔芯,黑的或其他颜色的	21	80	17	13	千克	
96099000	-其他						
9609900000	蜡笔,图画碳笔,书写或绘画用粉笔(包括裁缝划笔)	15	80	17	13	千克	
9610	**具有书写或绘画面的石板、黑板及类似板,不论是否镶框**						
96100000	具有书写或绘画面的石板、黑板及类似板,不论是否镶框						
9610000000	具有书写或绘画面的石板、黑板(包括类似板,不论是否镶框)	15	80	17	13	千克	
9611	**手用日期戳、封缄戳、编号戳及类似印戳(包括标签压印器);手工操作的排字盘及带有排字盘的手印器**						
96110000	手用日期戳、封缄戳、编号戳及类似印戳(包括标签压印器);手工操作的排字盘及带有排字盘的手印器						
9611000010	含濒危动物成分的手用日期戳(包括封缄戳及类似印戳)	21	80	17	0	千克	FE
9611000090	手用日期戳、封缄戳及类似印戳(包括编号戳、标签压印器、手工排字盘及带有字盘的手印器)	21	80	17	13	千克	
9612	**打字机色带或类似色带,已上油或经其他方法处理能着色的,不论是否装轴或装盒;印台,不论是否已加印油或带盒子**						
96121000	-色带						
9612100000	打字机色带或类似色带(已上油或经其他方法处理能着色的,不论是否装轴或装盒)	10.5	35	17	13	个/千克	
96122000	-印台						
9612200000	印台(不论是否已加印油或带盒子)	25	100	17	13	个	
9613	**香烟打火机和其他打火器(不论是机械的,还是电气的)及其零件,但打火石及打火机芯除外**						
96131000	-袖珍气体打火机,一次性的						
9613100000	一次性袖珍气体打火机	25	130	17	13	个	B
96132000	-袖珍气体打火机,可充气的						
9613200000	可充气袖珍气体打火机	25	130	17	13	个	B
96138000	-其他打火器						
9613800000	其他打火器	25	130	17	13	个	B
96139000	-零件						
9613900000	打火机及打火器零件(但打火石及打火机芯除外)	25	130	17	13	千克	
9614	**烟斗(包括烟斗头)和烟嘴及其零件**						
96140010	---烟斗及烟斗头						
9614001010	含濒危动物成分的烟斗及烟斗头(仅指野生哺乳类牙齿制产品)	25	130	17	0	个/千克	ABEF
9614001020	用植物性材料制作的烟斗及烟斗头	25	130	17	13	个/千克	AB
9614001090	其他烟斗及烟斗头	25	130	17	13	个/千克	
96140090	---其他						
9614009010	含濒危野生动物成分的烟嘴及其零件(仅指野生哺乳类牙齿制产品)	25	130	17	0	千克	FE
9614009090	其他烟嘴及其零件	25	130	17	13	千克	
9615	**梳子、发夹及类似品;发卡、卷发夹、卷发器或类似品及其零件,但品目85.16的货品除外**						
96151100	--硬质橡胶或塑料制						
9615110000	硬质橡胶、塑料制梳子、发夹等(包括其类似品)	18	130	17	13	千克	
96151900	--其他						
9615190010	含濒危动物成分的其他材料制梳子(包括角质发夹等,金属、塑料及家畜来源的产品除外)	18	130	17	0	千克	FE
9615190090	其他材料制梳子、发夹及类似品(硬质橡胶、塑料制的除外)	18	130	17	13	千克	
96159000	-其他						
9615900000	其他发夹、卷发器等及其零件(包括卷发针、卷发夹等,但品目85.16的货品除外)	18	130	17	13	千克	

商品编号	商品名称及备注	进口关税税率(%)		增值税率(%)	出口退税率(%)	计量单位	监管条件
		最惠国	普通				
9616	**香水喷雾器或类似的化妆用喷雾器及其座架、喷头;粉扑及粉拍,施敷脂粉或化妆品用**						
96161000	-香水喷雾器或类似的化妆用喷雾器及其座架、喷头						
9616100000	香水喷雾器或类似的化妆用喷雾器(包括座架、喷头)	18	130	17	13	千克	
96162000	-粉扑及粉拍,施敷脂粉或化妆品用						
9616200000	施敷脂粉或化妆品用粉扑及粉拍	18	130	17	13	千克	
9617	**带壳的保温瓶和其他真空容器及其零件,但玻璃瓶胆除外**						
96170011	----玻璃内胆制						
9617001100	玻璃内胆制保温瓶(玻璃胆除外)	24	130	17	13	个/千克	
96170019	----其他						
9617001910[暂12]	真空保温杯(玻璃胆除外)	24	130	17	13	个/千克	
9617001990	其他保温瓶(玻璃胆除外)	24	130	17	13	个/千克	
96170090	---其他						
9617009000	其他真空容器及零件(包括保温瓶的零件)(玻璃胆除外)	18	130	17	13	千克	
9618	**裁缝用人体模型及其他人体活动模型;橱窗装饰用的自动模型及其他活动陈列品**						
96180000	裁缝用人体模型及其他人体活动模型;橱窗装饰用的自动模型及其他活动陈列品						
9618000010	用植物性材料制作的人体模型	21	80	17	13	千克	AB
9618000090	裁缝用其他人体模型(包括橱窗装饰用的自动模型及其他活动陈列品)	21	80	17	13	千克	
9619	**任何材料制的卫生巾(护垫)及止血塞、婴儿尿布及尿布衬里和类似品**						
96190011	----供婴儿使用的						
9619001100[暂2]	供婴儿使用的尿裤及尿布	7.5	80	17		千克	A
96190019	----其他						
9619001900[暂2]	其他尿裤及尿布	7.5	80	17		千克	A
96190020	---卫生巾(护垫)及止血塞						
9619002000	卫生巾(护垫)及止血塞	10	80	17	13	千克	A
96190090	---其他						
9619009000	尿布衬里及本品目商品的类似品	14	80	17	13	千克	A
9620	**独脚架、双脚架、三脚架及类似品**						
96200000	独脚架、双脚架、三脚架及类似品						
9620000000	独脚架、双脚架、三脚架及类似品	9	80	17		千克	

第二十一类　艺术品、收藏品及古物

第九十七章　艺术品、收藏品及古物

注释：

一、本章不包括：

（一）品目49.07的未经使用的邮票、印花税票、邮政信笺（印有邮票的纸品）及类似的票证；

（二）作舞台、摄影的布景及类似用途的已绘制画布（品目59.07），但可归入品目97.06的除外；

（三）天然或养殖珍珠、宝石或半宝石（品目71.01至71.03）。

二、品目97.02所称"雕版画、印制画、石印画的原本"，是指以艺术家完全手工制作的单块或数块印版直接印制出来的黑白或彩色原本，不论艺术家使用何种方法或材料，但不包括使用机器或照相制版方法制作的。

三、品目97.03不适用于成批生产的复制品及具有商业性质的传统手工艺品，即使这些物品是由艺术家设计或制造的。

四、（一）除上述注释一至三另有规定的以外，可归入本章各品目的物品，均应归入本章的相应品目而不归入本手册的其他品目；

（二）品目97.06不适用于可以归入本章其他各品目的物品。

五、已装框的油画、粉画及其他绘画、版画、拼贴画及类似装饰板，如果框架的种类及价值与作品相称，应与作品一并归类。如果框架的种类及价值与作品不相称，应分别归类。

商品编号	商 品 名 称 及 备 注	进口关税税率（%）		增值税率（%）	出口退税率（%）	计量单位	监管条件
		最惠国	普通				
9701	**油画、粉画及其他手绘画，但带有手工绘制及手工描饰的制品或品目49.06的图纸除外；拼贴画及类似装饰板**						
97011011	----唐卡						
9701101100	唐卡原件（但带有手工绘制及手工描饰的制品或品目49.06的图纸除外）	12	50	17	0	幅	
97011019	----其他						
9701101900暂3	其他手绘油画、粉画及其他画的原件（但带有手工绘制及手工描饰的制品或品目49.06的图纸除外）	12	50	17	0	幅	
97011020	---复制品						
9701102000	手绘油画、粉画及其他画的复制品（但手工绘制及手工描饰的制品或品目49.06的图纸除外）	14	50	17	0	幅	
97019000	-其他						
9701900010	含濒危动物成分的拼贴画（包括类似装饰板，指一切源自濒危动物的产品）	14	50	17	0	千克	ABFE
9701900020	用其他动植物材料制作的拼贴画（包括类似装饰板，指一切源自野生动物的产品）	14	50	17	0	千克	AB
9701900090	其他拼贴画及类似装饰板	14	50	17	0	千克	
9702	**雕版画、印制画、石印画的原本**						
97020000	雕版画、印制画、石印画的原本						
9702000000暂3	雕版画、印制画、石印画的原本	12	50	17	0	幅	
9703	**各种材料制的雕塑品原件**						
97030000	各种材料制的雕塑品原件						
9703000010暂3	濒危动植物材料制的雕塑品原件（指一切源自濒危动植物的产品）	12	50	17	0	幅	FE
9703000090暂3	其他各种材料制的雕塑品原件	12	50	17	0	幅	
9704	**使用过或未使用过的邮票、印花税票、邮戳印记、首日封、邮政信笺（印有邮票的纸品）及类似品，但品目49.07的货品除外**						
97040010	---邮票						
9704001000	邮票（指使用过的或虽未使用过但不是指运国流通及新发行的）	8	50	17	0	千克	
97040090	---其他						

商品编号	商品名称及备注	进口关税税率(%)		增值税率(%)	出口退税率(%)	计量单位	监管条件
		最惠国	普通				
9704009000	印花税票及类似票证等(指使用过的或虽未使用过但不是指运国流通及新发行的)	14	50	17	0	千克	
9705	**具有动物学、植物学、矿物学、解剖学、历史学、考古学、古生物学、人种学或钱币学意义的收集品及珍藏品**						
97050000	具有动物学、植物学、矿物学、解剖学、历史学、考古学、古生物学、人种学或钱币学意义的收集品及珍藏品						
9705000010	含濒危动植物的收藏品(具有动植物学意义的)	0	0	17	0	千克	ABFE
9705000090	具有动、植、矿物学意义的收藏品(还包括具有解剖、历史、考古、古生物学意义的收藏品)	0	0	17	0	千克	AB
9706	**超过100年的古物**						
97060000	超过100年的古物						
9706000010	超过100年的濒危野生动植古物(具收藏或文史价值的)	0	0	17	0	千克	ABFE
9706000090	其他超过100年的古物	0	0	17	0	千克	

第二十二类　特殊交易品及未分类商品

第九十八章　特殊交易品及未分类商品

商品编号	商 品 名 称 及 备 注	进口关税税率(%)		增值税率(%)	出口退税率(%)	计量单位	监管条件
		最惠国	普通				
9801001000	2000 元人民币及以下的非税、非证进口商品	0	0	0	0	千克	
9801009000	其他未分类商品	0	0	0	13	千克	
9801300000	流通中的货币现钞(包括纸币及硬币)	0	0	0	0	千克	T
9803001000	定制型系统软件(指构成计算机系统或其他数字计算装置运行环境、平台的操作系统软件,支持应用软件运行)	0	0	0	0	套	
9803002000	定制型支撑软件(指在操作系统软件和应用软件之间,提供应用软件设计、系统测试运行等辅助功能的软件)	0	0	0	0	套	
9803003000	定制型应用软件	0	0	0	0	套	
9803009000	其他定制型软件	0	0	0	0	套	

2017年出口商品关税、暂定税税率表

商品编号	商品名称及备注	出口税率(%)	2017年出口暂定税率(%)
0301921010	花鳗鲡鱼苗	20	
0301921020	欧洲鳗鲡鱼苗	20	
0301921090	其他鳗鱼(鳗鲡属)苗	20	
0506100000	经酸处理的骨胶原及骨	40	
0506901110	含牛羊成分的骨废料(未经加工或仅经脱脂等加工的)	40	
0506901190	含牛羊成分的骨粉(未经加工或仅经脱脂等加工的)	40	
0506901910	其他骨废料(未经加工或仅经脱脂等加工的)	40	
0506901990	其他骨粉(未经加工或仅经脱脂等加工的)	40	
0506909011	已脱胶的虎骨(指未经加工或经脱脂等加工的)	40	
0506909019	未脱胶的虎骨(指未经加工或经脱脂等加工的)	40	
0506909021	已脱胶的豹骨(指未经加工或经脱脂等加工的)	40	
0506909029	未脱胶的豹骨(指未经加工或经脱脂等加工的)	40	
0506909031	已脱胶的濒危野生动物的骨及角柱(不包括虎骨、豹骨,指未经加工或经脱脂等加工的)	40	
0506909039	未脱胶的濒危野生动物的骨及角柱(不包括虎骨、豹骨,指未经加工或经脱脂等加工的)	40	
0506909091	已脱胶的其他骨及角柱(不包括虎骨、豹骨,指未经加工或经脱脂等加工的)	40	
0506909099	未脱胶的其他骨及角柱(不包括虎骨、豹骨,指未经加工或经脱脂等加工的)	40	
2508500000	红柱石、蓝晶石及硅线石,不论是否煅烧		10
2508600000	富铝红柱石		10
2510101000	未碾磨磷灰石	0	15
2510109000	其他未碾磨天然磷酸钙(包括天然磷酸铝钙及磷酸盐白垩,磷灰石除外)	0	15
2510201000	已碾磨磷灰石	0	15
2510209000	其他已碾磨天然磷酸钙(包括天然磷酸铝钙及磷酸盐白垩,磷灰石除外)	0	15
2511200000	天然碳酸钡(毒重石)(不论是否煅烧,但品目28.16的氧化钡除外)	0	10
2530101000	未膨胀的绿泥石		10
2530909910	废镁砖		5
2601111000	未烧结铁矿砂及其精矿(平均粒度<0.8毫米的,焙烧黄铁矿除外)		10
2601112000	未烧结铁矿砂及其精矿(0.8毫米≤平均粒度≤6.3毫米的,焙烧黄铁矿除外)		10
2601119000	平均粒度>6.3毫米的未烧结铁矿砂及其精矿(焙烧黄铁矿除外)		10
2601120000	已烧结铁矿砂及其精矿(焙烧黄铁矿除外)		10
2601200000	焙烧黄铁矿		10
2604000001	镍矿砂及其精矿(黄金价值部分)		15
2604000090	镍矿砂及其精矿(非黄金价值部分)		15

商品编号	商品名称及备注	出口税率(%)	2017 年出口暂定税率(%)
2607000001	铅矿砂及其精矿(黄金价值部分)	30	
2607000090	铅矿砂及其精矿(非黄金价值部分)	30	
2608000001	灰色饲料氧化锌(氧化锌 ZnO 含量>80%)	30	
2608000090	其他锌矿砂及其精矿	30	
2609000000	锡矿砂及其精矿	50	20
2611000000	钨矿砂及其精矿	20	
2612100000	铀矿砂及其精矿		10
2614000000	钛矿砂及其精矿		10
2615100000	锆矿砂及其精矿		10
2615901000	水合钽铌原料(钽铌矿富集物)	30	
2615909010	铌、钽精矿及其矿砂	30	
2615909090	钒矿砂;钒精矿	30	
2616100000	银矿砂及其精矿		10
2616900001	黄金矿砂		10
2616900009	其他贵金属矿砂及其精矿		10
2617101000	生锑(锑精矿,选矿产品)	20	
2617901000	朱砂(辰砂)		10
2617909000	其他矿砂及其精矿		10
2618001001	主要含锰的冶炼钢铁产生的粒状熔渣,含锰量>25%(包括熔渣砂)		10
2618001090	其他主要含锰的冶炼钢铁产生的粒状熔渣(包括熔渣砂)		10
2618009000	其他的冶炼钢铁产生的粒状熔渣(包括熔渣砂)		10
2619000010	轧钢产生的氧化皮		10
2619000021	冶炼钢铁所产生的含钒浮渣、熔渣,五氧化二钒含量>20%(冶炼钢铁所产生的粒状熔渣除外)		10
2619000029	其他冶炼钢铁所产生的含钒浮渣、熔渣(冶炼钢铁所产生的粒状熔渣除外)		10
2619000030	含铁>80%的冶炼钢铁产生的渣钢铁		10
2619000090	冶炼钢铁产生的其他熔渣、浮渣及其他废料(冶炼钢铁所产生的粒状熔渣除外)		10
2620210000	含铅汽油淤渣及含铅抗震化合物的淤渣		10
2620290000	其他主要含铅的矿渣、矿灰及残渣(冶炼钢铁所产生的灰、渣除外)		10
2620300000	主要含铜的矿渣、矿灰及残渣(冶炼钢铁所产生的灰、渣除外)		10
2620600000	含砷、汞、铊及混合物矿渣、矿灰与残渣(用于提取或生产砷、汞、铊及其化合物)		10
2620910000	含锑、铍、镉、铬及混合物的矿渣、矿灰及残渣		10
2620999011	含其他金属及其化合物的矿渣、矿灰及残渣,五氧化二钒>20%(冶炼钢铁所产生的及含钒废催化剂除外)		10
2620999019	含其他金属及其化合物的矿渣、矿灰及残渣,10%<五氧化二钒≤20%的(冶炼钢铁所产生的及含钒废催化剂除外)		10
2620999020	含铜>10%的铜冶炼转炉渣及火法精炼渣、其他铜冶炼渣		10
2620999090	含其他金属及其化合物的矿渣、矿灰及残渣(冶炼钢铁所产生的灰、渣除外)		10
2701110010	无烟煤(不论是否粉化,但未制成型)		3
2701110090	无烟煤滤料		3
2701121000	未制成型的炼焦煤(不论是否粉化)		3
2701129000	其他烟煤(不论是否粉化,但未制成型)		3
2701190000	其他煤(不论是否粉化,但未制成型)		3
2701200000	煤砖、煤球及类似用煤制固体燃料		3
2702100000	褐煤(不论是否粉化,但未制成型)		3

商品编号	商品名称及备注	出口税率(%)	2017年出口暂定税率(%)
2702200000	制成型的褐煤		3
2703000010	泥炭(草炭)[沼泽(湿地)中,地上植物枯死、腐烂堆积而成的有机矿体(不论干湿)]		3
2703000090	泥煤(包括肥料用泥煤)(不论是否制成型)		3
2706000090	其他从煤、褐煤或泥煤蒸馏所得的焦油及矿物焦油(不论是否脱水或部分蒸馏,包括再造焦油)		15
2707100000	粗苯		10
2709000000	石油原油(包括从沥青矿物提取的原油)		5
2804701000	黄磷(白磷)	20	
2804709010	红磷	20	10
2804709090	其他磷	20	10
2809201900	其他磷酸及偏磷酸、焦磷酸(食品级磷酸除外)	0	
2814100000	氨	0	
2814200010	氨水(含量≥10%)	0	
2814200090	其他氨水	0	
2826129000	其他氟化铝	0	
2826902000	六氟磷酸锂	0	
2826909010	氟钽酸钾	30	
2826909030	氟硼酸铅,氟硼酸镉	0	
2826909090	氟铝酸盐及其他氟络盐	0	
2827101000	肥料用氯化铵	0	
2827109000	非肥料用氯化铵	0	
2834211000	肥料用硝酸钾	0	5
2834219000	非肥料用硝酸钾	0	
2902200000	苯	40	
3102100010	尿素(配额内,不论是否水溶液)	0	
3102100090	尿素(配额外,不论是否水溶液)	0	
3102400000	硝酸铵与碳酸钙等的混合物(包括硝酸铵与其他无效肥及无机物的混合物)	0	
3102500000	硝酸钠	0	
3102600000	硝酸钙和硝酸铵的复盐及混合物	0	
3102800000	尿素及硝酸铵混合物的水溶液(包括氨水溶液)	0	
3102901000	氰氨化钙	0	
3102909000	其他矿物氮肥及化学氮肥(包括上述编号未列名的混合物)	0	
3103111000	重过磷酸钙[按重量计五氧化二磷(P_2O_5)含量≥35%]	0	75
3103119000	其他按重量计五氧化二磷(P_2O_5)含量≥35%的过磷酸钙	0	75
3103190000	其他过磷酸钙	0	
3103900000	其他矿物磷肥或化学磷肥	0	
3104209000	其他氯化钾	0	
3104300000	硫酸钾	0	
3104901000	光卤石、钾盐及其他天然粗钾盐	0	30
3104909000	其他矿物钾肥及化学钾肥	0	30
3105100010	制成片状及类似形状或零售包装的硝酸铵(零售包装每包毛重≤10千克)	0	
3105100090	制成片状及类似形状或零售包装的第三十一章其他货品(零售包装每包毛重≤10千克)	0	
3105200010	化学肥料或矿物肥料(配额内,含氮、磷、钾三种肥效元素)	0	20
3105200090	化学肥料或矿物肥料(配额外,含氮、磷、钾三种肥效元素)	0	20

商品编号	商品名称及备注	出口税率(%)	2017 年出口暂定税率(%)
3105300010	磷酸氢二铵(配额内)	0	
3105300090	磷酸氢二铵(配额外)	0	
3105400000	磷酸二氢铵(包括磷酸二氢铵与磷酸氢二铵的混合物)	0	
3105510000	含有硝酸盐及磷酸盐的肥料(包括矿物肥料或化学肥料)	0	
3105590000	其他含氮、磷两种元素肥料(包括矿物肥料或化学肥料)	0	
3105600000	含磷、钾两种元素的肥料(包括矿物肥料或化学肥料)	0	5
3105901000	有机—无机复混肥料	0	
3105909000	其他肥料	0	
3824999100	按重量计含滑石>50%的混合物	0	
4103901100	退鞣山羊板皮[本章注释一(三)所述不包括的生皮除外]	20	
4103901900	非退鞣山羊板皮[本章注释一(三)所述不包括的生皮除外]	20	
4401210010	濒危针叶木木片或木粒		15
4401210090	其他针叶木木片或木粒		15
4401220010	濒危非针叶木木片或木粒		15
4401220090	其他非针叶木木片或木粒		15
4409101010	一边或面制成连续形状的濒危针叶木制地板条、块(包括未装拼的拼花地板用板条及缘板)		10
4409101090	一边或面制成连续形状的其他针叶木地板条、块(包括未装拼的拼花地板用板条及缘板)		10
4409291030	一边或面制成连续形状的其他濒危木地板条、块(包括未装拼的其他濒危木拼花地板用板条及缘板)		10
4409291090	一边或面制成连续形状的其他非针叶木地板条、块(包括未装拼的其他非针叶木拼花地板用板条及缘板)		10
4419901000	木制一次性筷子		10
4421991010	拉敏木制圆签、圆棒、冰果棒、压舌片及类似一次性制品		10
4421991020	濒危木制圆签、圆棒、冰果棒、压舌片及类似一次性制品		10
4421991090	其他木制圆签、圆棒、冰果棒、压舌片及类似一次性制品		10
4701000000	机械木浆		10
4702000001	用于生产粘胶等化学纤维(不含醋酸纤维)的化学木浆,溶解级[3.7dl/g≤浆粕的黏度<6.4dl/g,或者350ml/g≤浆粕的黏度<700ml/g,α 纤维素含量(R18,硫酸盐法)<95.5%,或者 α 纤维素含量(R18,亚硫酸盐法)<94%,灰分≤0.15%]		10
4702000090	其他化学木浆,溶解级		10
4703110000	未漂白针叶木碱木浆或硫酸盐木浆(溶解级的除外)		10
4703190000	未漂白非针叶木碱木浆等(包括硫酸盐木浆,但溶解级的除外)		10
4703210001	用于生产粘胶等化学纤维(不含醋酸纤维)的漂白针叶木碱木浆或硫酸盐木浆(包括半漂白的,溶解级的除外)[3.7dl/g≤浆粕的黏度<6.4dl/g,或者350ml/g≤浆粕的黏度<700ml/g,88%≤α 纤维素含量(R18,硫酸盐法)<95.5%,灰分≤0.15%]		10
4703210090	其他漂白针叶木碱木浆或硫酸盐木浆(包括半漂白的,溶解级的除外)		10
4703290000	漂白非针叶木碱木浆或硫酸盐木浆(包括半漂白的,溶解级的除外)		10
4704110000	未漂白的针叶木亚硫酸盐木浆(溶解级的除外)		10
4704190000	未漂白的非针叶木亚硫酸盐木浆(溶解级的除外)		10
4704210000	漂白的针叶木亚硫酸盐木浆(包括半漂白的,溶解级的除外)		10
4704290000	漂白的非针叶木亚硫酸盐木浆(包括半漂白的,溶解级的除外)		10
4705000000	机械与化学联合制浆法制的木浆		10
4706200000	从回收纸或纸板提取的纤维浆		10
4706300001	用于生产粘胶等化学纤维(不含醋酸纤维)的其他纤维状纤维素竹浆(包括机械浆、化学浆、半化学浆)[3.7dl/g≤浆粕的黏度<6.4dl/g,或者350ml/g≤浆粕的黏度<700ml/g,α 纤维素含量(R18,硫酸盐法)<95.5%,或者 α 纤维素含量(R18,亚硫酸盐法)<94%,灰分≤0.15%]		10

商品编号	商品名称及备注	出口税率(%)	2017年出口暂定税率(%)
4706300090	其他纤维状纤维素竹浆(包括机械浆、化学浆、半化学浆)		10
4706910000	其他纤维状纤维素机械浆		10
4706920000	其他纤维状纤维素化学浆		10
4706930000	用机械和化学联合法制得的其他纤维状纤维素浆		10
7201100010	高纯生铁(含锰量<0.08%,含磷量<0.03%,含硫量<0.02%,含钛量<0.03%)	20	10
7201100090	非合金生铁,含磷量≤0.5%(含锰量<0.08%,含磷量<0.03%,含硫量<0.02%,含钛量<0.03%的高纯生铁除外)	20	
7201200000	非合金生铁,按重量计含磷量>0.5%	20	
7201500010	合金生铁	20	
7201500090	镜铁	20	
7202110000	锰铁,按重量计含碳量>2%	20	
7202190000	锰铁,按重量计含碳量≤2%	20	
7202210010	硅铁,55%<含硅量<90%	25	20
7202210090	硅铁,含硅量>90%	25	20
7202290010	硅铁,30%≤含硅量≤55%	25	20
7202290090	硅铁,含硅量<30%	25	20
7202300000	硅锰铁	20	
7202410000	铬铁,按重量计含碳量>4%	40	15
7202490000	铬铁,按重量计含碳量≤4%	40	15
7202500000	硅铬铁		15
7202910000	钛铁及硅钛铁		15
7202929000	其他钒铁		15
7202930010	铁钽铌合金(钽含量<10%)		15
7202930090	其他铌铁		15
7202991100	钕铁硼合金速凝永磁片	0	
7202991200	钕铁硼合金磁粉	0	
7202991900	其他钕铁硼合金	0	
7202999110	按重量计中重稀土总含量≥ 30%的铁合金(按重量计稀土元素总含量>10%)	0	
7202999191	稀土硅铁合金(按重量计稀土元素总含量>10%)	0	
7202999199	其他按重量计稀土元素总含量>10%的铁合金	0	
7202999900	其他铁合金	0	
7203100010	热压铁块		15
7203100090	直接从铁矿还原的铁产品(铁团、铁粒及类似形状)		15
7203900000	其他海绵铁产品或纯度≥99.94%的铁(包括块、团、团粒及类似形状)		15
7204210000	不锈钢废碎料	40	
7204290000	其他合金钢废碎料	40	
7204490010	废汽车压件	40	
7204490020	以回收钢铁为主的废五金电器	40	
7204490090	未列名钢铁废碎料	40	
7204500000	供再熔的碎料钢铁锭	40	
7206100000	铁及非合金钢锭		15
7206900000	其他初级形状的铁及非合金钢		15
7207110000	宽度小于厚度两倍的矩形截面钢坯(含碳量<0.25%)		15

商品编号	商品名称及备注	出口税率(%)	2017 年出口暂定税率(%)
7207120000	其他矩形截面钢坯[含碳量<0.25%(正方形截面除外)]		15
7207190000	其他含碳量<0.25%的钢坯		15
7207200000	含碳量≥0.25%的钢坯		15
7213100000	铁或非合金钢制热轧盘条(带有轧制过程中产生的变形)		15
7213200000	其他易切削钢制热轧盘条(不带有轧制过程中产生的变形)		15
7213910000	圆截面直径<14 毫米的其他热轧盘条(不带有轧制过程中产生的变形)		15
7213990000	其他热轧盘条(不带有轧制过程中产生的变形)		15
7214200000	铁或非合金钢的热加工条、杆(带有轧制过程中产生的变形,热加工指热轧、热拉拔或热挤压)		15
7214300000	易切削钢的热加工条、杆(不带有轧制过程中产生的变形,热加工指热轧、热拉拔、热挤压)		15
7214910000	其他矩形截面的条、杆(正方形除外)		15
7214990000	其他热加工条、杆		15
7215100000	其他易切削钢制冷加工条、杆(包括冷成形)		15
7215500000	其他冷加工或冷成形的条、杆		15
7215900000	铁及非合金钢的其他条、杆		15
7218100000	不锈钢锭及其他初级形状产品		10
7218910000	矩形截面的不锈钢半制成品(正方形截面除外)		10
7218990000	其他不锈钢半制成品		10
7219131200	3 毫米≤厚度<4.75 毫米未经酸洗的热轧不锈钢卷板(除热轧外未经进一步加工,宽度≥600 毫米,含锰≥5.5%铬锰系不锈钢)		10
7219132200	3 毫米≤厚度<4.75 毫米经酸洗的热轧不锈钢卷板(除热轧外未经进一步加工,宽度≥600 毫米,含锰≥5.5%铬锰系不锈钢)		10
7219141200	厚度<3 毫米未经酸洗的热轧不锈钢卷板(除热轧外未经进一步加工,宽度≥600 毫米,含锰≥5.5%铬锰系不锈钢)		10
7219142200	厚度<3 毫米经酸洗的热轧不锈钢卷板(除热轧外未经进一步加工,宽度≥600 毫米,含锰≥5.5%铬锰系不锈钢)		10
7224100000	其他合金钢锭及其他初级形状		10
7224901000	粗铸锻件坯(单件重量≥10 吨)		10
7224909090	其他合金钢坯,直径≥700 毫米的合金钢圆坯除外(其他合金钢锭及其他初级形态的)		10
7402000001	未精炼铜、电解精炼用铜阳极(含黄金价值部分)	30	15
7402000090	未精炼铜、电解精炼用铜阳极(非黄金价值部分)	30	15
7403111101	高纯阴极铜(99.9935%<铜含量<99.9999%)(未锻轧的)	30	5
7403111190	高纯阴极铜(铜含量≥99.9999%)(未锻轧的)	30	
7403111900	其他精炼铜的阴极(未锻轧的)	30	10
7403119000	精炼铜的阴极型材(未锻轧的)	30	10
7403120000	精炼铜的线锭(未锻轧的)	30	10
7403130000	精炼铜的坯段(未锻轧的)	30	10
7403190000	其他未锻轧的精炼铜	30	10
7403210000	未锻轧的铜锌合金(黄铜)	30	5
7403220000	未锻轧的铜锡合金(青铜)	30	5
7403290000	未锻轧的其他铜合金(铜母合金除外,包括未锻轧的白铜或德银)	30	5
7404000010	以回收铜为主的废电机等(包括废电机、电线、电缆、五金电器)	30	15
7404000090	其他铜废碎料	30	15
7405000000	铜母合金		10

商品编号	商品名称及备注	出口税率(%)	2017年出口暂定税率(%)
7407101000	铬锆铜制的条、杆、型材及异型材	30	
7407109000	其他精炼铜条、杆、型材及异型材	30	
7407211100	铜锌合金(黄铜)条、杆(直线度≤0.5毫米/米)	30	
7407211900	其他铜锌合金(黄铜)条、杆(直线度>0.5毫米/米)	30	
7407219000	铜锌合金(黄铜)型材及异型材	30	
7407290000	其他铜合金条、杆、型材及异型材(包括白铜或德银的条、杆、型材及异型材)	30	
7408110000	最大截面尺寸6毫米的精炼铜丝	30	
7408190001	其他含氧量<5PPM的精炼铜丝(截面尺寸≤6毫米)	30	
7408190090	其他截面尺寸≤6毫米的精炼铜丝	30	
7408210000	铜锌合金(黄铜)丝	30	
7408221000	铜镍锌铅合金(加铅德银)丝	30	
7408229000	其他铜镍合金(白铜)丝或铜镍锌合金(德银)丝	30	
7408290000	其他铜合金丝	30	
7409111000	成卷的精炼铜板、片、带(厚度>0.15毫米,含氧量≤10PPM的)	30	
7409119000	其他成卷的精炼铜板、片、带(厚度>0.15毫米)	30	
7409190000	其他精炼铜板、片、带(厚度>0.15毫米)	30	
7409210000	成卷的铜锌合金(黄铜)板、片、带(厚度>0.15毫米)	30	
7409290000	其他铜锌合金(黄铜)板、片、带(厚度>0.15毫米)	30	
7409310000	成卷的铜锡合金(青铜)板、片、带(厚度>0.15毫米)	30	
7409390000	其他铜锡合金板、片、带(厚度>0.15毫米)	30	
7409400000	白铜或德银制板、片、带(厚度>0.15毫米)	30	
7409900000	其他铜合金板、片、带(厚度>0.15毫米)	30	
7502101000	未锻轧非合金镍,按重量计镍、钴总量≥99.99%,但钴含量≤0.005%	40	5
7502109000	其他未锻轧非合金镍	40	15
7502200000	未锻轧镍合金	40	15
7503000000	镍废碎料		10
7508901000	电镀用镍阳极	40	15
7601101000	未锻轧非合金铝(按重量计含铝量≥99.95%)	30	
7601109000	其他未锻轧非合金铝	30	15
7601200010	碱金属含量(Na+K+Ca)<10PPM,氢含量<0.12ml/100gAl的低碱精炼铝合金	30	
7601200090	其他未锻轧铝合金	30	15
7602000010	以回收铝为主的废电线等(包括废电线、电缆、五金电器)	30	15
7602000090	其他铝废碎料	30	15
7604101000	非合金制铝条、杆	20	
7604109000	非合金制铝型材、异型材	20	
7604210000	铝合金制空心异型材	20	
7604291010	柱形实心体铝合金[在293K(20摄氏度)时的极限抗拉强度能达到460兆帕(0.46×10^9牛顿/平方米)或更大]	20	
7604291090	其他铝合金制条、杆	20	
7604299000	其他铝合金制型材、异型材	20	
7605110000	最大截面尺寸>7毫米的非合金铝丝	20	
7605190000	最大截面尺寸≤7毫米的非合金铝丝	20	
7605210000	最大截面尺寸>7毫米的铝合金丝	20	

商品编号	商品名称及备注	出口税率(%)	2017 年出口暂定税率(%)
7605290000	最大截面尺寸≤7 毫米的铝合金丝	20	
7606112100	非合金铝制铝塑复合矩形板、片及带(包括正方形)(0.3 毫米≤厚度≤0.36 毫米)	20	
7606112900	其他非合金铝制矩形板、片及带(包括正方形)(0.3 毫米≤厚度≤0.36 毫米)	20	
7606119100	0.2 毫米<厚度<0.3 毫米或厚度 0.36 毫米的非合金铝制铝塑复合矩形板、片及带(包括正方形)	20	
7606119900	0.2 毫米<厚度<0.3 毫米或厚度 0.36 毫米的非合金铝制矩形其他板、片及带(包括正方形)	20	
7606122000	铝合金制矩形的薄板、片及带(包括正方形)(薄板指 0.2 毫米<厚度<0.28 毫米)	20	
7606123000	铝合金制矩形的中厚板、片及带(包括正方形)(中厚板指 0.28 毫米≤厚度≤0.35 毫米)	20	
7606125100	0.35 毫米<厚度≤4 毫米的铝合金制铝塑复合的矩形厚板、片及带(包括正方形)	20	
7606125900	其他 0.35 毫米<厚度≤4 毫米的铝合金制矩形厚板、片及带(包括正方形)	20	
7606129000	厚度 4 毫米的铝合金制矩形的厚板、片及带(包括正方形)	20	
7606910000	非合金铝制非矩形的板、片及带(厚度>0.2 毫米)	20	
7606920000	铝合金制非矩形的板、片及带(厚度>0.2 毫米)	20	
7901111000	含锌量≥99.995%的未锻轧锌	20	
7901119000	99.99%≤含锌量<99.995%的未锻轧锌	20	5
7901120000	含锌量<99.99%的未锻轧锌	20	15
7901200000	未锻轧锌合金	20	
8110101000	未锻轧锑	20	5
8110102000	锑粉末	20	
8110200000	锑废碎料	20	

附 表

附表 1

2017 年进口商品消费税税率表

商品编码	商品名称及备注	进口从价消费税税率(%)	进口从量消费税税率/低
2106902000	制造饮料用的复合酒精制品	5	
2203000000	麦芽酿造的啤酒		进口完税价格≥0.3745 美元/升的麦芽酿造啤酒,税率为 0.253 元/升 进口完税价格<0.3745 美元/升的麦芽酿造啤酒,税率为 0.2227 元/升
2204100000	葡萄汽酒	10	
2204210000	小包装的鲜葡萄酿造的酒(小包装指装入两升及以下容器的)	10	
2204220000	中等包装鲜葡萄酿造的酒(中等包装是指装入两升以上但不超过 10 升容器的)	10	
2204290000	其他包装鲜葡萄酿造的酒(其他包装指装入 10 升以上容器的)	10	
2204300000	其他酿酒葡萄汁(品目 20.09 以外的)	10	
2205100000	小包装的味美思酒及类似酒(两升及以下容器包装,加植物或香料的用鲜葡萄酿造的酒)	10	
2205900000	其他包装的味美思酒及类似酒(两升以上容器包装,加植物或香料的用鲜葡萄酿造的酒)	10	
2206001000	黄酒(以稻米、黍米、玉米、小米、小麦等为主要原料,经进一步加工制成)		0.2495 元/升
2206009000	其他发酵饮料(未列名发酵饮料混合物及发酵饮料与无酒精饮料的混合物)	10	
2208200010	装入 200 升及以上容器的蒸馏葡萄酒制得的烈性酒	20	0.912 元/升
2208200090	其他蒸馏葡萄酒制得的烈性酒	20	0.912 元/升
2208300000	威士忌酒	20	0.912 元/升
2208400000	朗姆酒及蒸馏已发酵甘蔗产品制得的其他烈性酒	20	0.912 元/升
2208500000	杜松子酒	20	0.912 元/升
2208600000	伏特加酒	20	0.912 元/升
2208700000	利口酒及柯迪尔酒	20	0.912 元/升
2208901010	濒危龙舌兰酒	20	0.912 元/升
2208901090	其他龙舌兰酒	20	0.912 元/升
2208902000	白酒	20	0.912 元/升
2208909021	含濒危野生动植物成分的薯类蒸馏酒	20	0.912 元/升
2208909029	其他薯类蒸馏酒	20	0.912 元/升
2208909091	含濒危野生动植物成分的其他蒸馏酒及酒精饮料	20	0.912 元/升
2208909099	其他蒸馏酒及酒精饮料	20	0.912 元/升
2402100000	烟草制的雪茄烟	36	

商品编码	商品名称及备注	进口从价消费税税率(%)	进口从量消费税税率/低
2402200000	烟草制的卷烟		每标准条进口完税价格≥50 元人民币,45%+150 元/标准箱 每标准条进口完税价格<50 元人民币,30%+150 元/标准箱
2402900001	烟草代用品制的卷烟		每标准条进口完税价格≥50 元人民币,45%+150 元/标准箱 每标准条进口完税价格<50 元人民币,30%+150 元/标准箱
2402900009	烟草代用品制的雪茄烟	36	
2403110000	供吸用的本章子目注释所述的水烟料(不论是否含有任何比例的烟草代用品)	30	
2403190000	其他供吸用的烟草(不论是否含有任何比例的烟草代用品)	30	
2403910010	再造烟草	30	
2403910090	均化烟草	30	
2403990090	其他烟草及烟草代用品的制品	30	
2710121000	车用汽油及航空汽油,不含生物柴油		1.52 元/升
2710122000	石脑油,不含生物柴油		1.52 元/升
2710123000	橡胶溶剂油、油漆溶剂油、抽提溶剂油,不含生物柴油		1.52 元/升
2710191200	灯用煤油,不含生物柴油		1.2 元/升
2710191910	正构烷烃(C9~C13),不含生物柴油		1.2 元/升
2710191990	其他煤油馏分的油及制品,不含生物柴油		1.2 元/升
2710192200	5~7 号燃料油,不含生物柴油		1.2 元/升
2710192300	柴油		1.2 元/升
2710192910	蜡油,不含生物柴油(350℃以下馏出物体积<20%,550℃以下馏出物体积>80%)		1.2 元/升
2710192990	其他燃料油,不含生物柴油		1.2 元/升
2710199100	润滑油,不含生物柴油		1.52 元/升
2710199200	润滑脂,不含生物柴油		1.52 元/升
2710199300	润滑油基础油,不含生物柴油		1.52 元/升
2710199900	其他重油;其他重油制品,不含生物柴油(包括按重量计含油≥70%的制品)		1.2 元/升
2710200000	石油及从沥青矿物提取的油类(但原油除外)及以上述油为基本成分(按重量计≥70%)的其他品目未列名制品(含生物柴油<30%,废油除外)		1.2 元/升
3208100010	分散于或溶于非水介质的聚酯油漆及清漆,施工状态下挥发性有机物含量>420 克/升[以聚酯为基本成分的(包括瓷漆及大漆)]	4	
3208201011	分散于或溶于非水介质的光导纤维用涂料,施工状态下挥发性有机物含量>420 克/升(主要成分为聚胺酯丙烯酸酯类化合物,以丙烯酸聚合物为基本成分)	4	
3208201091	其他以丙烯酸聚合物为基本成分的油漆、清漆等,施工状态下挥发性有机物含量>420 克/升(分散于或溶于非水介质以丙烯酸聚合物为基本成分,包括瓷漆及大漆)	4	
3208202010	溶于非水介质的聚乙烯油漆及清漆,施工状态下挥发性有机物含量>420 克/升[以乙烯聚合物为基本成分(包括瓷漆及大漆)]	4	
3208901011	分散于或溶于非水介质的光导纤维用涂料,施工状态下挥发性有机物含量>420 克/升(主要成分为聚胺酯丙烯酸酯类化合物,以聚胺酯类化合物为基本成分)	4	
3208901091	其他聚胺酯油漆、清漆等,施工状态下挥发性有机物含量>420 克/升(溶于非水介质以聚胺酯类化合物为基本成分,含瓷漆及大漆)	4	
3208909010	分散于或溶于非水介质的其他油漆、清漆溶液,施工状态下挥发性有机物含量>420 克/升(包括以聚合物为基本成分的漆,本章注释四所述溶液)	4	
3209100010	溶于水介质的聚丙烯酸油漆及清漆,施工状态下挥发性有机物含量>420 克/升[以聚丙烯酸或聚乙烯为基本成分(包括瓷漆及大漆)]	4	

商品编码	商品名称及备注	进口从价消费税税率(%)	进口从量消费税税率/低
3209901010	以环氧树脂为基本成分的油漆及清漆,施工状态下挥发性有机物含量>420克/升(包括瓷漆及大漆,分散于或溶于水介质)	4	
3209902010	以氟树脂为基本成分的油漆及清漆,施工状态下挥发性有机物含量>420克/升(包括瓷漆及大漆,分散于或溶于水介质)	4	
3209909010	溶于水介质的其他聚合物油漆及清漆,施工状态下挥发性有机物含量>420克/升(以合成聚合物或化学改性天然聚合物为基本成分)	4	
3210000011	其他光导纤维用涂料,施工状态下挥发性有机物含量>420克/升	4	
3210000091	其他油漆及清漆,皮革用水性颜料,施工状态下挥发性有机物含量>420克/升(包括以非聚合物为基料的瓷漆、大漆及水浆涂料)	4	
3214900010	非耐火涂面制剂,施工状态下挥发性有机物含量>420克/升(涂门面、内墙、地板、天花板等用)	4	
3302109001	生产食品、饮料用混合香料及制品(含以香料为基本成分的混合物,按容量计酒精浓度>0.5%)	5	
3303000010	包装标注含量以重量计的香水及花露水	15	
3303000020	包装标注含量以体积计的香水及花露水	15	
3304100011	包装标注含量以重量计的含濒危植物成分唇用化妆品	15	
3304100012	包装标注含量以体积计的含濒危植物成分唇用化妆品	15	
3304100013	包装标注规格为"片"或"张"的含濒危植物成分唇用化妆品	15	
3304100091	包装标注含量以重量计的其他唇用化妆品	15	
3304100092	包装标注含量以体积计的其他唇用化妆品	15	
3304100093	包装标注规格为"片"或"张"的其他唇用化妆品	15	
3304200011	包装标注含量以重量计的含濒危植物成分眼用化妆品	15	
3304200012	包装标注含量以体积计的含濒危植物成分眼用化妆品	15	
3304200013	包装标注规格为"片"或"张"的含濒危植物成分眼用化妆品	15	
3304200091	包装标注含量以重量计的其他眼用化妆品	15	
3304200092	包装标注含量以体积计的其他眼用化妆品	15	
3304200093	包装标注规格为"片"或"张"的其他眼用化妆品	15	
3304300001	包装标注含量以重量计的指(趾)甲化妆品	15	
3304300002	包装标注含量以体积计的指(趾)甲化妆品	15	
3304300003	包装标注规格为"片"或"张"的指(趾)甲化妆品	15	
3304910000	包装标注含量以重量计的粉,不论是否压紧	15	
3304990011	包装标注含量以重量计的护肤品(包括防晒油或晒黑油,但药品除外)	15	
3304990012	包装标注含量以体积计的护肤品(包括防晒油或晒黑油,但药品除外)	15	
3304990013	包装标注规格为"片"或"张"的护肤品(包括防晒油或晒黑油,但药品除外)	15	
3304990092	包装标注含量以重量计的其他含濒危植物成分美容品或化妆品	15	
3304990093	包装标注含量以体积计的其他含濒危植物成分美容品或化妆品	15	
3304990094	包装标注规格为"片"或"张"的其他含濒危植物成分美容品或化妆品	15	
3304990096	包装标注含量以重量计的其他美容品或化妆品	15	
3304990097	包装标注含量以体积计的其他美容品或化妆品	15	
3304990098	包装标注规格为"片"或"张"的其他美容品或化妆品	15	
3604100000	烟花、爆竹	15	
3826000090	其他生物柴油及其混合物		1.2元/升
4013100000	汽车用橡胶内胎[机动小客车(包括旅行小客车及赛车)、客运车或货运车用]	3	
4013909000	其他用橡胶内胎	3	
4409101010	一边或面制成连续形状的濒危针叶木制地板条、块(包括未装拼的拼花地板用板条及缘板)	5	

商品编码	商品名称及备注	进口从价消费税税率(%)	进口从量消费税税率/低
4409101090	一边或面制成连续形状的其他针叶木地板条、块(包括未装拼的拼花地板用板条及缘板)	5	
4409221010	一边或面制成连续形状的拉敏木地板条、块(包括未装拼的拉敏木拼花地板用板条及缘板)	5	
4409221020	一边或面制成连续形状的桃花心木地板条、块(包括未装拼的桃花心木拼花地板用板条及缘板)	5	
4409221030	一边或面制成连续形状的其他濒危热带木地板条、块(包括未装拼的其他濒危热带木拼花地板用板条及缘板)	5	
4409221090	一边或面制成连续形状的其他热带木地板条、块(包括未装拼的其他热带木拼花地板用板条及缘板)	5	
4409291030	一边或面制成连续形状的其他濒危木地板条、块(包括未装拼的其他濒危木拼花地板用板条及缘板)	5	
4409291090	一边或面制成连续形状的其他非针叶木地板条、块(包括未装拼的其他非针叶木拼花地板用板条及缘板)	5	
4419901000	木制一次性筷子	5	
7101101100	未分级的天然黑珍珠(不论是否加工,但未制成制品)	10	
7101101900	其他未分级的天然珍珠(不论是否加工,但未制成制品)	10	
7101109100	其他天然黑珍珠(不论是否加工,但未制成制品)	10	
7101109900	其他天然珍珠(不论是否加工,但未制成制品)	10	
7101211001	未分级未加工的养殖黑珍珠(未制成制品)	10	
7101211090	其他未分级未加工的养殖珍珠(未制成制品)	10	
7101219001	其他未加工的养殖黑珍珠(未制成制品)	10	
7101219090	其他未加工的养殖珍珠(未制成制品)	10	
7101221001	未分级已加工的养殖黑珍珠(未制成制品)	10	
7101221090	其他未分级已加工的养殖珍珠(未制成制品)	10	
7101229001	其他已加工的养殖黑珍珠(未制成制品)	10	
7101229090	其他已加工的养殖珍珠(未制成制品)	10	
7103100000	未加工宝石或半宝石(经简单锯开或粗制成形,未成串或镶嵌)	10	
7103910000	经其他加工的红宝石、蓝宝石、祖母绿(未成串或镶嵌)	10	
7103991000	经其他加工的翡翠(未成串或镶嵌)	10	
7103992000	经其他加工的水晶(未成串或镶嵌)	10	
7103993000	经其他加工的碧玺(未成串或镶嵌)	10	
7103994000	经其他加工的软玉(未成串或镶嵌)	10	
7103999000	经其他加工的其他宝石或半宝石(未成串或镶嵌)	10	
7104209000	未加工合成或再造其他宝石或半宝石(经简单锯开或粗制成形,未成串或镶嵌)	10	
7104901201	蓝宝石衬底(由人造刚玉加工而成)(厚度<0.5 毫米)	10	
7104901290	其他工业用蓝宝石(合成或再造宝石、半宝石)	10	
7104901900	其他工业用合成或再造宝石或半宝石	10	
7104909900	其他非工业用合成宝石或半宝石(未成串或镶嵌)	10	
7105900000	其他天然或合成宝石或半宝石粉末	10	
7113209010	镶嵌濒危物种制品以贱金属为底的包贵金属制首饰(包括零件)	10	
7113209090	其他以贱金属为底的包贵金属制首饰(包括零件)	10	
7116100000	天然或养殖珍珠制品	10	
7116200000	宝石或半宝石制品(包括天然、合成或再造的)	10	
8506101190	扣式含汞碱性锌锰的原电池及原电池组(汞含量≥电池重量的 0.0005%)	4	
8506101290	圆柱形含汞碱性锌锰的原电池及原电池组(汞含量≥电池重量的 0.0001%)	4	
8506101990	其他含汞碱性锌锰的原电池及原电池组(汞含量≥电池重量的 0.0001%)	4	

商品编码	商品名称及备注	进口从价消费税税率(%)	进口从量消费税税率/低
8506109090	其他含汞二氧化锰的原电池及原电池组(汞含量≥电池重量的0.0001%,扣式电池的汞含量≥电池重量的0.0005%)	4	
8506300000	氧化汞的原电池及原电池组	4	
8506400090	氧化银的原电池及原电池组(含汞)(汞含量≥电池重量的0.0001%,扣式电池的汞含量≥电池重量的0.0005%)	4	
8506600090	锌空气的原电池及原电池组(含汞)(汞含量≥电池重量的0.0001%,扣式电池的汞含量≥电池重量的0.0005%)	4	
8506800091	含汞燃料电池(汞含量≥电池重量的0.0001%,扣式电池的汞含量≥电池重量的0.0005%)	4	
8506800099	其他含汞原电池及原电池组(汞含量≥电池重量的0.0001%,扣式电池的汞含量≥电池重量的0.0005%)	4	
8507100000	启动活塞式发动机用铅酸蓄电池	4	
8507200000	其他铅酸蓄电池(启动活塞式发动机用铅酸蓄电池除外)	4	
8507300000	镍镉蓄电池	4	
8507400000	镍铁蓄电池	4	
8507809090	其他蓄电池	4	
8702109210	20≤座位数≤23仅装有压燃式活塞内燃发动机(柴油或半柴油发动机)的客车	5	
8702109300	10≤座位数≤19仅装有压燃式活塞内燃发动机(柴油或半柴油发动机)的客车	5	
8702209210	20≤座位数≤23同时装有压燃式活塞内燃发动机(柴油或半柴油发动机)及驱动电动机的客车	5	
8702209290	24≤座位数≤29同时装有压燃式活塞内燃发动机(柴油或半柴油发动机)及驱动电动机的客车	5	
8702209300	10≤座位数≤19同时装有压燃式活塞内燃发动机(柴油或半柴油发动机)及驱动电动机的客车	5	
8702302010	20≤座位数≤23同时装有点燃往复式活塞内燃发动机及驱动电动机的客车	5	
8702302090	24≤座位数≤29同时装有点燃往复式活塞内燃发动机及驱动电动机的客车	5	
8702303000	10≤座位数≤19同时装有点燃往复式活塞内燃发动机及驱动电动机的客车	5	
8702402010	20≤座位数≤23仅装有驱动电动机的客车	5	
8702402090	24≤座位数≤29仅装有驱动电动机的客车	5	
8702403000	10≤座位数≤19仅装有驱动电动机的客车	5	
8702902001	20≤座位数≤23装有非压燃式活塞内燃发动机的客车	5	
8702903000	10≤座位数≤19装有非压燃式活塞内燃发动机的客车	5	
8703213010	仅装有排量≤1升的点燃往复式活塞内燃发动机的小轿车	1	
8703214010	仅装有排量≤1升的点燃往复式活塞内燃发动机的越野车(4轮驱动)	1	
8703215010	仅装有排量≤1升的点燃往复式活塞内燃发动机的小客车(座位数≤9座)	1	
8703219010	仅装有排量≤1升的点燃往复式活塞内燃发动机的其他载人车辆	1	
8703223010	仅装有1升<排量≤1.5升点燃往复式活塞内燃发动机小轿车	3	
8703224010	仅装有1升<排量≤1.5升点燃往复式活塞内燃发动机4轮驱动越野车	3	
8703225010	仅装有1升<排量≤1.5升点燃往复式活塞内燃发动机小客车(座位数≤9座)	3	
8703229010	仅装有1升<排量≤1.5升点燃往复式活塞内燃发动机其他载人车辆	3	
8703234110	仅装有1.5升<排量≤2升的点燃往复式活塞内燃发动机小轿车	5	
8703234210	仅装有1.5升<排量≤2升的点燃往复式活塞内燃发动机越野车(4轮驱动)	5	
8703234310	仅装有1.5升<排量≤2升的点燃往复式活塞内燃发动机小客车(座位数≤9座)	5	
8703234910	仅装有1.5升<排量≤2升的点燃往复式活塞内燃发动机的其他载人车辆	5	
8703235110	仅装有2升<排量≤2.5升的点燃往复式活塞内燃发动机小轿车	9	
8703235210	仅装有2升<排量≤2.5升的点燃往复式活塞内燃发动机越野车(4轮驱动)	9	
8703235310	仅装有2升<排量≤2.5升的点燃往复式活塞内燃发动机小客车(座位数≤9座)	9	

商品编码	商品名称及备注	进口从价消费税税率(%)	进口从量消费税税率/低
8703235910	仅装有 2 升<排量≤2.5 升的点燃往复式活塞内燃发动机的其他载人车辆	9	
8703236110	仅装有 2.5 升<排量≤3 升的点燃往复式活塞内燃发动机小轿车	12	
8703236210	仅装有 2.5 升<排量≤3 升的点燃往复式活塞内燃发动机越野车(4 轮驱动)	12	
8703236310	仅装有 2.5 升<排量≤3 升的点燃往复式活塞内燃发动机小客车(座位数≤9 座)	12	
8703236910	仅装有 2.5 升<排量≤3 升的点燃往复式活塞内燃发动机的其他载人车辆	12	
8703236990	仅装有 2.5 升<排量≤3 升的点燃往复式活塞内燃发动机的其他载人车辆的成套散件	12	
8703241110	仅装有 3 升<排量≤4 升的点燃往复式活塞内燃发动机小轿车	25	
8703241210	仅装有 3 升<排量≤4 升的点燃往复式活塞内燃发动机越野车(4 轮驱动)	25	
8703241310	仅装有 3 升<排量≤4 升的点燃往复式活塞内燃发动机的小客车(座位数≤9 座)	25	
8703241910	仅装有 3 升<排量≤4 升的点燃往复式活塞内燃发动机的其他载人车辆	25	
8703241990	仅装有 3 升<排量≤4 升的点燃往复式活塞内燃发动机的其他载人车辆的成套散件	25	
8703242110	仅装有排量>4 升的点燃往复式活塞内燃发动机小轿车	40	
8703242210	仅装有排量>4 升的点燃往复式活塞内燃发动机越野车(4 轮驱动)	40	
8703242310	仅装有排量>4 升的点燃往复式活塞内燃发动机的小客车(座位数≤9 座)	40	
8703242910	仅装有排量>4 升的点燃往复式活塞内燃发动机的其他载人车辆	40	
8703242990	仅装有排量>4 升的点燃往复式活塞内燃发动机的其他载人车辆的成套散件	40	
8703311110	仅装有排量≤1 升的压燃式活塞内燃发动机小轿车	1	
8703311910	仅装有排量≤1 升的压燃式活塞内燃发动机的其他载人车辆	1	
8703312110	仅装有 1 升<排量≤1.5 升的压燃式活塞内燃发动机小轿车	3	
8703312210	仅装有 1 升<排量≤1.5 升的压燃式活塞内燃发动机越野车(4 轮驱动)	3	
8703312310	仅装有 1 升<排量≤1.5 升的压燃式活塞内燃发动机小客车(座位数≤9 座)	3	
8703312910	仅装有 1 升<排量≤1.5 升的压燃式活塞内燃发动机的其他载人车辆	3	
8703321110	仅装有 1.5 升<排量≤2 升的压燃式活塞内燃发动机小轿车	5	
8703321210	仅装有 1.5 升<排量≤2 升的压燃式活塞内燃发动机越野车(4 轮驱动)	5	
8703321310	仅装有 1.5 升<排量≤2 升的装压燃式活塞内燃发动机小客车(座位数≤9 座)	5	
8703321910	仅装有 1.5 升<排量≤2 升的压燃式活塞内燃发动机的其他载人车辆	5	
8703322110	仅装有 2 升<排量≤2.5 升的压燃式活塞内燃发动机小轿车	9	
8703322210	仅装有 2 升<排量≤2.5 升的压燃式活塞内燃发动机越野车(4 轮驱动)	9	
8703322310	仅装有 2 升<排量≤2.5 升的压燃式活塞内燃发动机小客车(座位数≤9 座)	9	
8703322910	仅装有 2 升<排量≤2.5 升的压燃式活塞内燃发动机的其他载人车辆	9	
8703331110	仅装有 2.5 升<排量≤3 升的压燃式活塞内燃发动机小轿车	12	
8703331210	仅装有 2.5 升<排量≤3 升的压燃式活塞内燃发动机越野车(4 轮驱动)	12	
8703331310	仅装有 2.5 升<排量≤3 升的压燃式活塞内燃发动机小客车(座位数≤9 座)	12	
8703331910	仅装有 2.5 升<排量≤3 升的压燃式活塞内燃发动机的其他载人车辆	12	
8703331990	仅装有 2.5 升<排量≤3 升的压燃式活塞内燃发动机的其他载人车辆的成套散件	12	
8703332110	仅装有 3 升<排量≤4 升的压燃式活塞内燃发动机小轿车	25	
8703332210	仅装有 3 升<排量≤4 升的压燃式活塞内燃发动机越野车(4 轮驱动)	25	
8703332310	仅装有 3 升<排量≤4 升的压燃式活塞内燃发动机小客车(座位数≤9 座)	25	
8703332910	仅装有 3 升<排量≤4 升的压燃式活塞内燃发动机的其他载人车辆	25	
8703332990	仅装有 3 升<排量≤4 升的压燃式活塞内燃发动机的其他载人车辆的成套散件	25	
8703336110	仅装有排量>4 升的压燃式活塞内燃发动机小轿车	40	
8703336210	仅装有排量>4 升的压燃式活塞内燃发动机越野车(4 轮驱动)	40	
8703336310	仅装有排量>4 升的压燃式活塞内燃发动机小客车(座位数≤9 座)	40	
8703336910	仅装有排量>4 升的压燃式活塞内燃发动机其他载人车辆	40	
8703336990	仅装有排量>4 升的压燃式活塞内燃发动机其他载人车辆的成套散件	40	
8703401110	同时装有点燃往复式活塞内燃发动机(排量≤1 升)及驱动电动机的小轿车(可通过接插外部电源进行充电的除外)	1	

商品编码	商品名称及备注	进口从价消费税税率(%)	进口从量消费税税率/低
8703401210	同时装有点燃往复式活塞内燃发动机(排量≤1升)及驱动电动机的越野车(4轮驱动)(可通过接插外部电源进行充电的除外)	1	
8703401310	同时装有点燃往复式活塞内燃发动机(排量≤1升)及驱动电动机的小客车(座位数≤9座,可通过接插外部电源进行充电的除外)	1	
8703401390	同时装有点燃往复式活塞内燃发动机(排量≤1升)及驱动电动机的小客车的成套散件(座位数≤9座,可通过接插外部电源进行充电的除外)	1	
8703401910	同时装有点燃往复式活塞内燃发动机(排量≤1升)及驱动电动机的其他载人车辆(可通过接插外部电源进行充电的除外)	1	
8703401990	同时装有点燃往复式活塞内燃发动机(排量≤1升)及驱动电动机的其他载人车辆的成套散件(可通过接插外部电源进行充电的除外)	1	
8703402110	同时装有点燃往复式活塞内燃发动机(1升<排量≤1.5升)及驱动电动机的小轿车(可通过接插外部电源进行充电的除外)	3	
8703402190	同时装有点燃往复式活塞内燃发动机(1升<排量≤1.5升)及驱动电动机的小轿车的成套散件(可通过接插外部电源进行充电的除外)	3	
8703402210	同时装有点燃往复式活塞内燃发动机(1升<排量≤1.5升)及驱动电动机的4轮驱动越野车(可通过接插外部电源进行充电的除外)	3	
8703402290	同时装有点燃往复式活塞内燃发动机(1升<排量≤1.5升)及驱动电动机的4轮驱动越野车的成套散件(可通过接插外部电源进行充电的除外)	3	
8703402310	同时装有点燃往复式活塞内燃发动机(1升<排量≤1.5升)及驱动电动机的小客车(座位数≤9座,可通过接插外部电源进行充电的除外)	3	
8703402390	同时装有点燃往复式活塞内燃发动机(1升<排量≤1.5升)及驱动电动机的小客车的成套散件(座位数≤9座,可通过接插外部电源进行充电的除外)	3	
8703402910	同时装有点燃往复式活塞内燃发动机(1升<排量≤1.5升)及驱动电动机的其他载人车辆(可通过接插外部电源进行充电的除外)	3	
8703402990	同时装有点燃往复式活塞内燃发动机(1升<排量≤1.5升)及驱动电动机的其他载人车辆的成套散件(可通过接插外部电源进行充电的除外)	3	
8703403110	同时装有点燃往复式活塞内燃发动机(1.5升<排量≤2升)及驱动电动机的小轿车(可通过接插外部电源进行充电的除外)	5	
8703403190	同时装有点燃往复式活塞内燃发动机(1.5升<排量≤2升)及驱动电动机的小轿车的成套散件(可通过接插外部电源进行充电的除外)	5	
8703403210	同时装有点燃往复式活塞内燃发动机(1.5升<排量≤2升)及驱动电动机的4轮驱动越野车(可通过接插外部电源进行充电的除外)	5	
8703403290	同时装有点燃往复式活塞内燃发动机(1.5升<排量≤2升)及驱动电动机的4轮驱动越野车的成套散件(可通过接插外部电源进行充电的除外)	5	
8703403310	同时装有点燃往复式活塞内燃发动机(1.5升<排量≤2升)及驱动电动机的小客车(座位数≤9座,可通过接插外部电源进行充电的除外)	5	
8703403390	同时装有点燃往复式活塞内燃发动机(1.5升<排量≤2升)及驱动电动机的小客车的成套散件(座位数≤9座,可通过接插外部电源进行充电的除外)	5	
8703403910	同时装有点燃往复式活塞内燃发动机(1.5升<排量≤2升)及驱动电动机的其他载人车辆(可通过接插外部电源进行充电的除外)	5	
8703403990	同时装有点燃往复式活塞内燃发动机(1.5升<排量≤2升)及驱动电动机的其他载人车辆的成套散件(可通过接插外部电源进行充电的除外)	5	
8703404110	同时装有点燃往复式活塞内燃发动机(2升<排量≤2.5升)及驱动电动机的小轿车(可通过接插外部电源进行充电的除外)	9	
8703404190	同时装有点燃往复式活塞内燃发动机(2升<排量≤2.5升)及驱动电动机的小轿车的成套散件(可通过接插外部电源进行充电的除外)	9	

商品编码	商品名称及备注	进口从价消费税税率(%)	进口从量消费税税率/低
8703404210	同时装有点燃往复式活塞内燃发动机(2 升<排量≤2.5 升)及驱动电动机的 4 轮驱动越野车(可通过接插外部电源进行充电的除外)	9	
8703404290	同时装有点燃往复式活塞内燃发动机(2 升<排量≤2.5 升)及驱动电动机的 4 轮驱动越野车的成套散件(可通过接插外部电源进行充电的除外)	9	
8703404310	同时装有点燃往复式活塞内燃发动机(2 升<排量≤2.5 升)及驱动电动机的小客车(座位数≤9 座,可通过接插外部电源进行充电的除外)	9	
8703404390	同时装有点燃往复式活塞内燃发动机(2 升<排量≤2.5 升)及驱动电动机的小客车的成套散件(座位数≤9 座,可通过接插外部电源进行充电的除外)	9	
8703404910	同时装有点燃往复式活塞内燃发动机(2 升<排量≤2.5 升)及驱动电动机的其他载人车辆(可通过接插外部电源进行充电的除外)	9	
8703404990	同时装有点燃往复式活塞内燃发动机(2 升<排量≤2.5 升)及驱动电动机的其他载人车辆的成套散件(可通过接插外部电源进行充电的除外)	9	
8703405110	同时装有点燃往复式活塞内燃发动机(2.5 升<排量≤3 升)及驱动电动机的小轿车(可通过接插外部电源进行充电的除外)	12	
8703405190	同时装有点燃往复式活塞内燃发动机(2.5 升<排量≤3 升)及驱动电动机的小轿车的成套散件(可通过接插外部电源进行充电的除外)	12	
8703405210	同时装有点燃往复式活塞内燃发动机(2.5 升<排量≤3 升)及驱动电动机的 4 轮驱动越野车(可通过接插外部电源进行充电的除外)	12	
8703405290	同时装有点燃往复式活塞内燃发动机(2.5 升<排量≤3 升)及驱动电动机的 4 轮驱动越野车的成套散件(可通过接插外部电源进行充电的除外)	12	
8703405310	同时装有点燃往复式活塞内燃发动机(2.5 升<排量≤3 升)及驱动电动机的小客车(座位数≤9 座,可通过接插外部电源进行充电的除外)	12	
8703405390	同时装有点燃往复式活塞内燃发动机(2.5 升<排量≤3 升)及驱动电动机的小客车的成套散件(座位数≤9 座,可通过接插外部电源进行充电的除外)	12	
8703405910	同时装有点燃往复式活塞内燃发动机(2.5 升<排量≤3 升)及驱动电动机的其他载人车辆(可通过接插外部电源进行充电的除外)	12	
8703405990	同时装有点燃往复式活塞内燃发动机(2.5 升<排量≤3 升)及驱动电动机的其他载人车辆的成套散件(可通过接插外部电源进行充电的除外)	12	
8703406110	同时装有点燃往复式活塞内燃发动机(3 升<排量≤4 升)及驱动电动机的小轿车(可通过接插外部电源进行充电的除外)	25	
8703406190	同时装有点燃往复式活塞内燃发动机(3 升<排量≤4 升)及驱动电动机的小轿车的成套散件(可通过接插外部电源进行充电的除外)	25	
8703406210	同时装有点燃往复式活塞内燃发动机(3 升<排量≤4 升)及驱动电动机的 4 轮驱动越野车(可通过接插外部电源进行充电的除外)	25	
8703406290	同时装有点燃往复式活塞内燃发动机(3 升<排量≤4 升)及驱动电动机的 4 轮驱动越野车的成套散件(可通过接插外部电源进行充电的除外)	25	
8703406310	同时装有点燃往复式活塞内燃发动机(3 升<排量≤4 升)及驱动电动机的小客车(座位数≤9 座,可通过接插外部电源进行充电的除外)	25	
8703406390	同时装有点燃往复式活塞内燃发动机(3 升<排量≤4 升)及驱动电动机的小客车的成套散件(座位数≤9 座,可通过接插外部电源进行充电的除外)	25	
8703406910	同时装有点燃往复式活塞内燃发动机(3 升<排量≤4 升)及驱动电动机的其他载人车辆(可通过接插外部电源进行充电的除外)	25	
8703406990	同时装有点燃往复式活塞内燃发动机(3 升<排量≤4 升)及驱动电动机的其他载人车辆的成套散件(可通过接插外部电源进行充电的除外)	25	
8703407110	同时装有点燃往复式活塞内燃发动机(排量>4 升)及驱动电动机的小轿车(可通过接插外部电源进行充电的除外)	40	

商品编码	商品名称及备注	进口从价消费税税率(%)	进口从量消费税税率/低
8703407190	同时装有点燃往复式活塞内燃发动机(排量>4 升)及驱动电动机的小轿车的成套散件(可通过接插外部电源进行充电的除外)	40	
8703407210	同时装有点燃往复式活塞内燃发动机(排量>4 升)及驱动电动机的 4 轮驱动越野车(可通过接插外部电源进行充电的除外)	40	
8703407290	同时装有点燃往复式活塞内燃发动机(排量>4 升)及驱动电动机的 4 轮驱动越野车的成套散件(可通过接插外部电源进行充电的除外)	40	
8703407310	同时装有点燃往复式活塞内燃发动机(排量>4 升)及驱动电动机的小客车(座位数≤9 座,可通过接插外部电源进行充电的除外)	40	
8703407390	同时装有点燃往复式活塞内燃发动机(排量>4 升)及驱动电动机的小客车的成套散件(座位数≤9 座,可通过接插外部电源进行充电的除外)	40	
8703407910	同时装有点燃往复式活塞内燃发动机(排量>4 升)及驱动电动机的其他载人车辆(可通过接插外部电源进行充电的除外)	40	
8703407990	同时装有点燃往复式活塞内燃发动机(排量>4 升)及驱动电动机的其他载人车辆的成套散件(可通过接插外部电源进行充电的除外)	40	
8703501110	同时装有压燃式活塞内燃发动机(柴油或半柴油发动机,排量≤1 升)及驱动电动机的小轿车(可通过接插外部电源进行充电的除外)	1	
8703501190	同时装有压燃式活塞内燃发动机(柴油或半柴油发动机,排量≤1 升)及驱动电动机的小轿车的成套散件(可通过接插外部电源进行充电的除外)	1	
8703501910	同时装有压燃式活塞内燃发动机(柴油或半柴油发动机,排量≤1 升)及驱动电动机的其他载人车辆(可通过接插外部电源进行充电的除外)	1	
8703501990	同时装有压燃式活塞内燃发动机(柴油或半柴油发动机,排量≤1 升)及驱动电动机的其他载人车辆的成套散件(可通过接插外部电源进行充电的除外)	1	
8703502110	同时装有压燃式活塞内燃发动机(柴油或半柴油发动机,1 升<排量≤1.5 升)及驱动电动机的小轿车(可通过接插外部电源进行充电的除外)	3	
8703502190	同时装有压燃式活塞内燃发动机(柴油或半柴油发动机,1 升<排量≤1.5 升)及驱动电动机的小轿车的成套散件(可通过接插外部电源进行充电的除外)	3	
8703502210	同时装有压燃式活塞内燃发动机(柴油或半柴油发动机,1 升<排量≤1.5 升)及驱动电动机的 4 轮驱动越野车(可通过接插外部电源进行充电的除外)	3	
8703502290	同时装有压燃式活塞内燃发动机(柴油或半柴油发动机,1 升<排量≤1.5 升)及驱动电动机的 4 轮驱动越野车的成套散件(可通过接插外部电源进行充电的除外)	3	
8703502310	同时装有压燃式活塞内燃发动机(柴油或半柴油发动机,1 升<排量≤1.5 升)及驱动电动机的小客车(座位数≤9 座,可通过接插外部电源进行充电的除外)	3	
8703502390	同时装有压燃式活塞内燃发动机(柴油或半柴油发动机,1 升<排量≤1.5 升)及驱动电动机的小客车的成套散件(座位数≤9 座,可通过接插外部电源进行充电的除外)	3	
8703502910	同时装有压燃式活塞内燃发动机(柴油或半柴油发动机,1 升<排量≤1.5 升)及驱动电动机的其他载人车辆(可通过接插外部电源进行充电的除外)	3	
8703502990	同时装有压燃式活塞内燃发动机(柴油或半柴油发动机,1 升<排量≤1.5 升)及驱动电动机的其他载人车辆的成套散件(可通过接插外部电源进行充电的除外)	3	
8703503110	同时装有压燃式活塞内燃发动机(柴油或半柴油发动机,1.5 升<排量≤2 升)及驱动电动机的小轿车(可通过接插外部电源进行充电的除外)	5	
8703503190	同时装有压燃式活塞内燃发动机(柴油或半柴油发动机,1.5 升<排量≤2 升)及驱动电动机的小轿车的成套散件(可通过接插外部电源进行充电的除外)	5	
8703503210	同时装有压燃式活塞内燃发动机(柴油或半柴油发动机,1.5 升<排量≤2 升)及驱动电动机的 4 轮驱动越野车(可通过接插外部电源进行充电的除外)	5	
8703503290	同时装有压燃式活塞内燃发动机(柴油或半柴油发动机,1.5 升<排量≤2 升)及驱动电动机的 4 轮驱动越野车的成套散件(可通过接插外部电源进行充电的除外)	5	

商品编码	商品名称及备注	进口从价消费税税率(%)	进口从量消费税税率/低
8703503310	同时装有压燃式活塞内燃发动机(柴油或半柴油发动机,1.5 升<排量≤2 升)及驱动电动机的小客车(座位数≤9 座,可通过接插外部电源进行充电的除外)	5	
8703503390	同时装有压燃式活塞内燃发动机(柴油或半柴油发动机,1.5 升<排量≤2 升)及驱动电动机的小客车的成套散件(座位数≤9 座,可通过接插外部电源进行充电的除外)	5	
8703503910	同时装有压燃式活塞内燃发动机(柴油或半柴油发动机,1.5 升<排量≤2 升)及驱动电动机的其他载人车辆(可通过接插外部电源进行充电的除外)	5	
8703503990	同时装有压燃式活塞内燃发动机(柴油或半柴油发动机,1.5 升<排量≤2 升)及驱动电动机的其他载人车辆的成套散件(可通过接插外部电源进行充电的除外)	5	
8703504110	同时装有压燃式活塞内燃发动机(柴油或半柴油发动机,2 升<排量≤2.5 升)及驱动电动机的小轿车(可通过接插外部电源进行充电的除外)	9	
8703504190	同时装有压燃式活塞内燃发动机(柴油或半柴油发动机,2 升<排量≤2.5 升)及驱动电动机的小轿车的成套散件(可通过接插外部电源进行充电的除外)	9	
8703504210	同时装有压燃式活塞内燃发动机(柴油或半柴油发动机,2 升<排量≤2.5 升)及驱动电动机的 4 轮驱动越野车(可通过接插外部电源进行充电的除外)	9	
8703504290	同时装有压燃式活塞内燃发动机(柴油或半柴油发动机,2 升<排量≤2.5 升)及驱动电动机的 4 轮驱动越野车的成套散件(可通过接插外部电源进行充电的除外)	9	
8703504310	同时装有压燃式活塞内燃发动机(柴油或半柴油发动机,2 升<排量≤2.5 升)及驱动电动机的小客车(座位数≤9 座,可通过接插外部电源进行充电的除外)	9	
8703504390	同时装有压燃式活塞内燃发动机(柴油或半柴油发动机,2 升<排量≤2.5 升)及驱动电动机的小客车的成套散件(座位数≤9 座,可通过接插外部电源进行充电的除外)	9	
8703504910	同时装有压燃式活塞内燃发动机(柴油或半柴油发动机,2 升<排量≤2.5 升)及驱动电动机的其他载人车辆(可通过接插外部电源进行充电的除外)	9	
8703504990	同时装有压燃式活塞内燃发动机(柴油或半柴油发动机,2 升<排量≤2.5 升)及驱动电动机的其他载人车辆的成套散件(可通过接插外部电源进行充电的除外)	9	
8703505110	同时装有压燃式活塞内燃发动机(柴油或半柴油发动机,2.5 升<排量≤3 升)及驱动电动机的小轿车(可通过接插外部电源进行充电的除外)	12	
8703505190	同时装有压燃式活塞内燃发动机(柴油或半柴油发动机,2.5 升<排量≤3 升)及驱动电动机的小轿车的成套散件(可通过接插外部电源进行充电的除外)	12	
8703505210	同时装有压燃式活塞内燃发动机(柴油或半柴油发动机,2.5 升<排量≤3 升)及驱动电动机的 4 轮驱动越野车(可通过接插外部电源进行充电的除外)	12	
8703505290	同时装有压燃式活塞内燃发动机(柴油或半柴油发动机,2.5 升<排量≤3 升)及驱动电动机的 4 轮驱动越野车的成套散件(可通过接插外部电源进行充电的除外)	12	
8703505310	同时装有压燃式活塞内燃发动机(柴油或半柴油发动机,2.5 升<排量≤3 升)及驱动电动机的小客车(座位数≤9 座,可通过接插外部电源进行充电的除外)	12	
8703505390	同时装有压燃式活塞内燃发动机(柴油或半柴油发动机,2.5 升<排量≤3 升)及驱动电动机的小客车的成套散件(座位数≤9 座,可通过接插外部电源进行充电的除外)	12	
8703505910	同时装有压燃式活塞内燃发动机(柴油或半柴油发动机,2.5 升<排量≤3 升)及驱动电动机的其他载人车辆(可通过接插外部电源进行充电的除外)	12	
8703505990	同时装有压燃式活塞内燃发动机(柴油或半柴油发动机,2.5 升<排量≤3 升)及驱动电动机的其他载人车辆的成套散件(可通过接插外部电源进行充电的除外)	12	
8703506110	同时装有压燃式活塞内燃发动机(柴油或半柴油发动机,3 升<排量≤4 升)及驱动电动机的小轿车(可通过接插外部电源进行充电的除外)	25	
8703506190	同时装有压燃式活塞内燃发动机(柴油或半柴油发动机,3 升<排量≤4 升)及驱动电动机的小轿车的成套散件(可通过接插外部电源进行充电的除外)	25	
8703506210	同时装有压燃式活塞内燃发动机(柴油或半柴油发动机,3 升<排量≤4 升)及驱动电动机的 4 轮驱动越野车(可通过接插外部电源进行充电的除外)	25	

商品编码	商品名称及备注	进口从价消费税税率(%)	进口从量消费税税率/低
8703506290	同时装有压燃式活塞内燃发动机(柴油或半柴油发动机,3升<排量≤4升)及驱动电动机的4轮驱动越野车的成套散件(可通过接插外部电源进行充电的除外)	25	
8703506310	同时装有压燃式活塞内燃发动机(柴油或半柴油发动机,3升<排量≤4升)及驱动电动机的小客车(座位数≤9座,可通过接插外部电源进行充电的除外)	25	
8703506390	同时装有压燃式活塞内燃发动机(柴油或半柴油发动机,3升<排量≤4升)及驱动电动机的小客车的成套散件(座位数≤9座,可通过接插外部电源进行充电的除外)	25	
8703506910	同时装有压燃式活塞内燃发动机(柴油或半柴油发动机,3升<排量≤4升)及驱动电动机的其他载人车辆(可通过接插外部电源进行充电的除外)	25	
8703506990	同时装有压燃式活塞内燃发动机(柴油或半柴油发动机,3升<排量≤4升)及驱动电动机的其他载人车辆的成套散件(可通过接插外部电源进行充电的除外)	25	
8703507110	同时装有压燃式活塞内燃发动机(柴油或半柴油发动机,排量>4升)及驱动电动机的小轿车(可通过接插外部电源进行充电的除外)	40	
8703507190	同时装有压燃式活塞内燃发动机(柴油或半柴油发动机,排量>4升)及驱动电动机的小轿车的成套散件(可通过接插外部电源进行充电的除外)	40	
8703507210	同时装有压燃式活塞内燃发动机(柴油或半柴油发动机,排量>4升)及驱动电动机的4轮驱动越野车(可通过接插外部电源进行充电的除外)	40	
8703507290	同时装有压燃式活塞内燃发动机(柴油或半柴油发动机,排量>4升)及驱动电动机的4轮驱动越野车的成套散件(可通过接插外部电源进行充电的除外)	40	
8703507310	同时装有压燃式活塞内燃发动机(柴油或半柴油发动机,排量>4升)及驱动电动机的小客车(座位数≤9座,可通过接插外部电源进行充电的除外)	40	
8703507390	同时装有压燃式活塞内燃发动机(柴油或半柴油发动机,排量>4升)及驱动电动机的小客车的成套散件(座位数≤9座,可通过接插外部电源进行充电的除外)	40	
8703507910	同时装有压燃式活塞内燃发动机(柴油或半柴油发动机,排量>4升)及驱动电动机的其他载人车辆(可通过接插外部电源进行充电的除外)	40	
8703507990	同时装有压燃式活塞内燃发动机(柴油或半柴油发动机,排量>4升)及驱动电动机的其他载人车辆的成套散件(可通过接插外部电源进行充电的除外)	40	
8703900021	其他型排量≤1升的其他载人车辆	1	
8703900022	其他型1升<排量≤1.5升的其他载人车辆	3	
8703900023	其他型1.5升<排量≤2升的其他载人车辆	5	
8703900024	其他型2升<排量≤2.5升的其他载人车辆	9	
8703900025	其他型2.5升<排量≤3升的其他载人车辆	12	
8703900026	其他型3升<排量≤4升的其他载人车辆	25	
8703900027	其他型排量>4升的其他载人车辆	40	
8711205090	排量=250毫升装往复式活塞内燃发动机摩托车及脚踏两用车	3	
8711301000	250毫升<排量≤400毫升装往复式活塞内燃发动机摩托车及脚踏两用车	10	
8711302000	400毫升<排量≤500毫升装往复式活塞内燃发动机摩托车及脚踏两用车	10	
8711400000	500毫升<排量≤800毫升装往复式活塞内燃发动机摩托车及脚踏两用车	10	
8711500000	800毫升<排量装往复式活塞内燃发动机摩托车及脚踏两用车	10	
8711900010	其他排量≤250毫升摩托车及脚踏两用车	3	
8711900020	其他排量>250毫升摩托车及脚踏两用车	10	
8711900030	其他无法区分排量的摩托车及脚踏两用车	3	
8903910001	8米<长度<90米的机动帆船	10	
8903920001	8米<长度<90米的汽艇(装有舷外发动机的除外)	10	
8903990001	8米<长度<90米的娱乐或运动用其他机动船舶或快艇	10	
9101110000	机械指示式的贵金属电子手表(表壳用贵金属或包贵金属制成的)	进口关税完税价格在10000元人民币及以上时,税率为20%	

商品编码	商品名称及备注	进口从价消费税税率(%)	进口从量消费税税率/低
9101191000	光电显示式的贵金属电子手表(表壳用贵金属或包贵金属制成的)	进口关税完税价格在10000元人民币及以上时，税率为20%	
9101199000	其他贵金属电子手表(表壳用贵金属或包贵金属制成的)	进口关税完税价格在10000元人民币及以上时，税率为20%	
9101210010	含濒危动物皮自动上弦贵金属机械手表(表壳用贵金属或包贵金属制成的)	进口关税完税价格在10000元人民币及以上时，税率为20%	
9101210090	其他自动上弦贵金属机械手表(表壳用贵金属或包贵金属制成的)	进口关税完税价格在10000元人民币及以上时，税率为20%	
9101290010	含濒危动物皮非自动上弦贵金属机械手表(表壳用贵金属或包贵金属制成的)	进口关税完税价格在10000元人民币及以上时，税率为20%	
9101290090	其他非自动上弦贵金属机械手表(表壳用贵金属或包贵金属制成的)	进口关税完税价格在10000元人民币及以上时，税率为20%	
9102110000	机械指示式的其他电子手表(贵金属或包贵金属制壳的除外)	进口关税完税价格在10000元人民币及以上时，税率为20%	
9102120000	光电显示式的其他电子手表(贵金属或包贵金属制壳的除外)	进口关税完税价格在10000元人民币及以上时，税率为20%	
9102190000	其他电子手表(贵金属或包贵金属制壳的除外)	进口关税完税价格在10000元人民币及以上时，税率为20%	
9102210010	含濒危动物皮其他自动上弦的机械手表(用贵金属或包贵金属制壳的除外)	进口关税完税价格在10000元人民币及以上时，税率为20%	
9102210090	其他自动上弦的机械手表(用贵金属或包贵金属制壳的除外)	进口关税完税价格在10000元人民币及以上时，税率为20%	
9102290010	含濒危动物皮其他非自动上弦机械手表(用贵金属或包贵金属制壳的除外)	进口关税完税价格在10000元人民币及以上时，税率为20%	
9102290090	其他非自动上弦的机械手表(用贵金属或包贵金属制壳的除外)	进口关税完税价格在10000元人民币及以上时，税率为20%	
9506310000	完整的高尔夫球棍	10	
9506320000	高尔夫球	10	

附表 2

2017 年进口商品从量税及复合税税率表

税则号列	商品名称(简称)	普通税率	2017 年最惠国税率
02071200	冻的整只鸡	5.6 元/千克	1.3 元/千克
02071411	冻的带骨鸡块(包括鸡胸脯、鸡大腿等)	4.2 元/千克	0.6 元/千克
02071419	冻的不带骨鸡块(包括鸡胸脯、鸡大腿等)	9.5 元/千克	0.7 元/千克
02071421	冻的鸡翼(不包括翼尖)	8.1 元/千克	0.8 元/千克
02071422	冻的鸡爪	3.2 元/千克	1 元/千克
02071429	冻的其他鸡杂碎(包括鸡翼尖、鸡肝等)	3.2 元/千克	0.5 元/千克
05040021	冷、冻的鸡肫(即鸡胃)	7.7 元/千克	1.3 元/千克
22030000	麦芽酿造的啤酒	7.5 元/升	0
27090000	石油原油(包括从沥青矿物提取的原油)	85 元/吨	0
37023190	未曝光无齿孔彩色窄胶卷(窄胶卷指宽度≤105 毫米,彩色摄影用)	433 元/平方米	56 元/平方米
37023220	照相制版涂卤化银液无齿孔窄胶卷(成卷未曝光感光胶片,窄胶卷指宽度≤105 毫米)	104 元/平方米	4.5 元/平方米
37023290	其他涂卤化银乳液无齿孔窄胶卷(成卷未曝光感光胶片,窄胶卷指宽度≤105 毫米)	202 元/平方米	21 元/平方米
37023920	照相制版用其他无齿孔窄感光胶卷(成卷未曝光感光胶片,窄胶卷指宽度≤105 毫米)	104 元/平方米	12 元/平方米
37023990	其他用无齿孔窄感光胶卷(成卷未曝光感光胶片,窄胶卷指宽度≤105 毫米)	202 元/平方米	24 元/平方米
37024100	未曝光无齿孔宽长彩色胶卷(宽长胶卷指宽度>610 毫米,长度>200 米)	202 元/平方米	7.1 元/平方米
37024221	印刷电路板制造用光致抗蚀干膜(指宽度>610 毫米,长度>200 米)	110 元/平方米	0.6 元/平方米
37024229	照相制版用其他未曝光无齿宽长胶卷(宽长胶卷指宽度>610 毫米,长度>200 米)	110 元/平方米	1.6 元/平方米
37024292	红色或红外激光胶片	213 元/平方米	2.4 元/平方米
37024299	黑白其他未曝光无齿孔宽长胶卷(宽长胶卷指宽度>610 毫米,长度>200 米)	213 元/平方米	7 元/平方米
37024321	照相制版用激光照排片(宽度>610 毫米,长度≤200 米)	104 元/平方米	10
37024329	其他照相制版用未曝光无齿孔胶卷(指宽度>610 毫米,长度≤200 米)	104 元/平方米	3.7 元/平方米
37024390	彩色或黑白其他用未曝光无齿孔中长胶卷(中长胶卷指宽度>610 毫米,长度≤200 米)	202 元/平方米	17 元/平方米
37024421	照相制版用未曝光激光照排片(105 毫米<宽度≤610 毫米)	115 元/平方米	2.0 元/平方米
37024422	印刷电路板制造用光致抗蚀干膜(105 毫米<宽度≤610 毫米)	115 元/平方米	5 元/平方米
37024429	其他照相制版用无齿孔未曝光胶卷(105 毫米<宽度≤610 毫米)	115 元/平方米	2.9 元/平方米
37024490	彩色或黑白其他用无齿孔未曝光中宽胶卷(中宽胶卷指 105 毫米<宽度≤610 毫米)	202 元/平方米	27 元/平方米
37025200	彩色摄影用未曝光彩色胶卷(宽度≤16 毫米)	433 元/平方米	95 元/平方米
37025300	幻灯片用未曝光彩色摄影胶卷(16 毫米<宽度≤35 毫米,长度≤30 米)	433 元/平方米	128 元/平方米
37025410	非幻灯片用彩色摄影胶卷(宽度=35 毫米,长度≤2 米)	433 元/平方米	18 元/平方米
37025490	其他非幻灯片用彩色摄影胶卷(16 毫米<宽度≤35 毫米,长度≤30 米)	433 元/平方米	24 元/平方米
37025520	未曝光的窄长彩色电影胶卷(窄长胶卷指 16 毫米<宽度≤35 毫米,长度>30 米)	232 元/平方米	9 元/平方米
37025590	其他未曝光窄长彩色胶卷(窄长胶卷指 16 毫米<宽度≤35 毫米,长度>30 米)	433 元/平方米	27 元/平方米
37025620	未曝光的中宽彩色电影胶卷(中宽胶卷指宽度>35 毫米)	232 元/平方米	13 元/平方米
37025690	其他未曝光的中宽彩色胶卷(中宽胶卷指宽度>35 毫米)	433 元/平方米	74 元/平方米
37029600	未曝光非彩色胶卷(宽度≤35 毫米,长度≤30 米)	210 元/平方米	21 元/平方米

税则号列	商品名称(简称)	普通税率	2017年最惠国税率
37029700	未曝光非彩色胶卷(宽度≤35毫米,长度>30米)	210元/平方米	9元/平方米
37029800	未曝光的非彩色胶卷,宽度>35毫米	210元/平方米	10元/平方米
85211011[①]	广播级磁带录像机	完税价格不高于2000美元/台:130%;完税价格高于2000美元/台:6%,加20600元	完税价格不高于2000美元/台:30%;完税价格高于2000美元/台:3%,加3283元
85211019[①]	其他磁带录像机	完税价格不高于2000美元/台:130%;完税价格高于2000美元/台:6%,加20600元	完税价格不高于2000美元/台:30%;完税价格高于2000美元/台:3%,加3283元
85211020[①]	磁带放像机	完税价格不高于2000美元/台:130%;完税价格高于2000美元/台:6%,加20600元	完税价格不高于2000美元/台:30%;完税价格高于2000美元/台:3%,加3283元
85258012[②]	非特种用途的广播级电视摄像机	完税价格不高于5000美元/台:130%;完税价格高于5000美元/台:6%,加51500元	完税价格不高于5000美元/台:35%;完税价格高于5000美元/台:3%,加9728元
85258013[②]	非特种用途的其他电视摄像机	完税价格不高于5000美元/台:130%;完税价格高于5000美元/台:6%,加51500元	完税价格不高于5000美元/台:35%;完税价格高于5000美元/台:3%,加9728元
85258022	非特种用途的单镜头反光型数字照相机	完税价格不高于5000美元/台:130%;完税价格高于5000美元/台:6%,加51500元	0
85258025	非特种用途的其他可换镜头的数字照相机	完税价格不高于5000美元/台:130%;完税价格高于5000美元/台:6%,加51500元	0
85258029	非特种用途的其他数字照相机	完税价格不高于5000美元/台:130%;完税价格高于5000美元/台:6%,加51500元	0
85258032	非特种用途的广播级视频摄录一体机	完税价格不高于5000美元/台:130%;完税价格高于5000美元/台:6%,加51500元	0
85258039	非特种用途的其他视频摄录一体机(家用型摄录一体机除外)	完税价格不高于5000美元/台:130%;完税价格高于5000美元/台:6%,加51500元	0

注:

①编号85211011、85211019、85211020项下商品,2017年6月30日前,从价税(22.5%)与复合税从低执行;2017年7月1日起,从价税(15%)与复合税从低执行。

②编号85258012、85258013项下商品,2017年6月30日前,从价税(29.2%)与复合税从低执行;2017年7月1日起,从价税(23.3%)与复合税从低执行。

附表 3

2017 年进口商品协定税率、特惠税率表

税则号列	商品描述[1]	协定税率(%)															特惠税率(%)						
		亚太	东盟	新加坡	巴基斯坦	智利	新西兰	秘鲁	哥斯达黎加	瑞士	冰岛	韩国	澳大利亚	香港	澳门	台湾	亚太2国[2]	东盟			最不发达国家		
																		老挝	柬埔寨	缅甸	LDC1[3]	LDC2[4]	LDC3[5]
01012100	改良种用马																				0	0	0
01012900	其他马		0		5	0	0	2	0	2	0	7	4								0	0	0
01013010	改良种用驴																				0	0	0
01013090	其他驴		0		5	0	0	2	0	2	0	7	4								0	0	0
01019000	骡		0		5	0	0	2	0	2	0	7	4								0	0	0
01022100	改良种用家牛																				0	0	0
01022900	其他家牛		0		5	0	0	2	0	2	0	7	4					0	0	0	0	0	0
01023100	改良种用水牛																				0	0	0
01023900	其他水牛		0		5	0	0	2	0	2	0	7	4					0	0	0	0	0	0
01029010	改良种用其他牛																				0	0	0
01029090	其他牛		0		5	0	0	2	0	2	0	7	4					0	0	0	0	0	0
01031000	改良种用猪																				0	0	0
01039110	重量<10 千克的猪		0		5	0	0	0	0	2	0	7	4						0	0	0	0	0
01039120	重量在 10~50 千克的猪,包括 10 千克		0		5	0	0	0	0	2	0	7	4						0	0	0	0	0
01039200	重量≥50 千克的猪		0		5	0	0	0	0	2	0	7	4					0	0	0	0	0	0
01041010	改良种用的绵羊																				0	0	0
01041090	其他绵羊		0		5	0	0	0	0	2	0	7	4								0	0	0
01042010	改良种用的山羊																				0	0	0
01042090	其他山羊		0		5	0	0	0	0	2	0	7	4								0	0	0
01051110	重量≤185 克的改良种用鸡																				0	0	0
01051190	重量≤185 克的其他鸡		0		5	0	0	2	0	2	0	7	4					0		0	0	0	0
01051210	重量≤185 克的改良种用火鸡																				0	0	0
01051290	重量≤185 克的其他火鸡		0		5	0	0	2	0	2	0	7	4								0	0	0
01051310	重量≤185 克的改良种用鸭																				0	0	0
01051390	重量≤185 克的其他鸭		0		5	0	0	0	0	2	0	7	4					0			0	0	0
01051410	重量≤185 克的改良种用鹅																				0	0	0
01051490	重量≤185 克的其他鹅		0		5	0	0	0	0	2	0	7	4					0			0	0	0
01051510	重量≤185 克的改良种用珍珠鸡																				0	0	0
01051590	重量≤185 克的其他珍珠鸡		0		5	0	0	0	0	2	0	7	4					0			0	0	0
01059410	重量>185 克的改良种用鸡																				0	0	0
01059490	重量>185 克的其他鸡		0		5	0	0	0	0	2	0	7	4								0	0	0
01059910	重量>185 克的其他改良种用家禽																				0	0	0
01059991	重量>185 克的非改良种用鸭		0		5	0	0	0	0	2	0	7	4								0	0	0
01059992	重量>185 克的非改良种用鹅		0		5	0	0	0	0	2	0	7	4								0	0	0
01059993	重量>185 克的非改良种用珍珠鸡		0		5	0	0	0	0	2	0	7	4								0	0	0
01059994	重量>185 克的非改良种用火鸡		0		5	0	0	0	0	2	0	7	4								0	0	0

税则号列	商品描述①	协定税率(%) 亚太	东盟	新加坡	巴基斯坦	智利	新西兰	秘鲁	哥斯达黎加	瑞士	冰岛	韩国	澳大利亚	香港	澳门	台湾	特惠税率(%) 亚太2国②	东盟 老挝	东盟 柬埔寨	东盟 缅甸	最不发达国家 LDC1③	LDC2④	LDC3⑤
01061110	改良种用灵长目动物																				0	0	0
01061190	其他灵长目动物		0		5	0	0	0	0	2	0	7	4								0	0	0
01061211	改良种用鲸、海豚及鼠海豚;海牛及儒艮		0		5	0	0	0	0	2	0	4	4								0	0	0
01061219	其他鲸、海豚及鼠海豚;海牛及儒艮		0		5	0	0	0	0	2	0	7	4								0	0	0
01061221	改良种用海豹、海狮及海象																				0	0	0
01061229	其他海豹、海狮及海象		0		5	0	0	2	0	2	0	7	4								0	0	0
01061310	改良种用骆驼及其他骆驼科动物																				0	0	0
01061390	其他骆驼及其他骆驼科动物		0		5	0	0	2	0	2	0	7	4								0	0	0
01061410	改良种用家兔及野兔																				0	0	0
01061490	其他家兔及野兔		0		5	0	0	2	0	2	0	7	4								0	0	0
01061910	改良种用哺乳动物																				0	0	0
01061990	其他哺乳动物		0		5	0	0	2	0	2	0	7	4								0	0	0
01062011	改良种用鳄鱼苗																				0	0	0
01062019	其他改良种用爬行动物																				0	0	0
01062020	食用爬行动物		0		5	0	0	0	0	2	0	7	4							0	0	0	0
01062090	其他爬行动物		0		5	0	0	0	0	2	0	7	4								0	0	0
01063110	改良种用猛禽																				0	0	0
01063190	其他猛禽		0		5	0	0	0	0	2	0	7	4								0	0	0
01063210	改良种用鹦形目鸟																				0	0	0
01063290	其他鹦形目鸟		0		5	0	0	0	0	2	0	7	4								0	0	0
01063310	改良种用鸵鸟;鸸鹋																				0	0	0
01063390	其他鸵鸟;鸸鹋		0		5	0	0	0	0	2	0	7	4								0	0	0
01063910	其他改良种用鸟																				0	0	0
01063921	乳鸽		0		5	0	0	0	0	2	0	7	4							0	0	0	0
01063923	野鸭		0		5	0	0	0	0	2	0	7	4							0	0	0	0
01063929	其他食用鸟		0		5	0	0	0	0	2	0	7	4							0	0	0	0
01063990	其他鸟		0		5	0	0	0	0	2	0	7	4								0	0	0
01064110	改良种用蜂																				0	0	0
01064190	其他蜂	9	0		5	0	0	2	0	2	0	4	4								0	0	0
01064910	改良种用其他昆虫																				0	0	0
01064990	其他昆虫	9	0		5	0	0	2	0	2	0	4	4								0	0	0
01069011	改良种用蛙苗																				0	0	0
01069019	其他改良种用动物																				0	0	0
01069090	其他动物	9	0		5	0	0	2	0	2	0	7	4								0	0	0
02011000	整头及半头鲜、冷牛肉		0			0	0	9.3	10.7	12	0	16	14					0	0		0	0	0
02012000	鲜、冷的带骨牛肉		0		6	0	0	6.4	6.4	7.2	0	9.6	8.4					0	0		0	0	0
02013000	鲜、冷的去骨牛肉		0		6	0	0	6.4	6.4	7.2	0	9.6	8.4						0		0	0	0
02021000	冻的整头及半头牛肉		0			0	0	11.7	0	15	0	21.2	17.5					0	0		0	0	0
02022000	冻的带骨牛肉		0		6	0	0	6.4	0	7.2	0	9.6	8.4					0	0		0	0	0
02023000	冻的去骨牛肉		0		6	0	0	6.4	0	7.2	0	9.6	8.4						0		0	0	0
02031110	鲜、冷的整头及半头乳猪肉		0			0	0	4	0	12	0	16	8					0	0		0	0	0

税则号列	商品描述①	协定税率(%)															特惠税率(%)						
		亚太	东盟	新加坡	巴基斯坦	智利	新西兰	秘鲁	哥斯达黎加	瑞士	冰岛	韩国	澳大利亚	香港	澳门	台湾	亚太2国②	东盟 老挝	东盟 柬埔寨	东盟 缅甸	最不发达国家 LDC1③	最不发达国家 LDC2④	最不发达国家 LDC3⑤
02031190	其他鲜、冷的整头及半头猪肉		0			0	0	0	0	12	0	16	8					0	0		0	0	0
02031200	鲜、冷的带骨猪前腿、后腿及其肉块		0			0	0	4	0	12	0	16	8					0	0		0	0	0
02031900	其他鲜、冷猪肉		0			0	0	0	0	12	0	16	8					0	0		0	0	0
02032110	冻整头及半头乳猪肉		0		6	0	0	2.4	0	7.2	0	8.4	4.8					0	0		0	0	0
02032190	其他冻整头及半头猪肉		0		6	0	0	2.4	0	7.2	0	8.4	4.8					0	0		0	0	0
02032200	冻的带骨猪前腿、后腿及其肉块		0		6	0	0	0	0	7.2	0	8.4	4.8					0	0		0	0	0
02032900	其他冻猪肉		0		6	0	0	5.6	0	7.2	0	8.4	4.8						0		0	0	0
02041000	鲜或冷的整头及半头羔羊		0		12	0	0	7	8	9	0	10.5	10								0	0	
02042100	鲜或冷的整头及半头绵羊肉		0			0	0	10.7	12.3	13.8	0	19.5	15.3								0	0	
02042200	鲜或冷的带骨绵羊肉		0		12	0	0	7	8	9	0	10.5	10								0	0	
02042300	鲜或冷的去骨绵羊肉		0		12	0	0	5	8	9	0	10.5	10								0	0	
02043000	冻的整头及半头羔羊		0		12	0	0	7.9	8	9	0	10.5	10								0	0	
02044100	冻的整头及半头绵羊肉		0			0	0	12.2	12.3	13.8	0	19.5	15.3								0	0	
02044200	冻的其他带骨绵羊肉		0		6	0	0	6.4	6.4	7.2	0	8.4	8								0	0	
02044300	冻的其他去骨绵羊肉		0		12	0	0	7.9	8	9	0	10.5	10								0	0	
02045000	鲜、冷、冻的山羊肉		0			0	0	6.7	10.7	12	0	16	13.3								0	0	
02050000	鲜、冷、冻的马、驴、骡肉		0			0	0	4	0	12	0	16	8								0	0	
02061000	鲜、冷的牛杂碎		0		6	0	0	4	0	7.2	0	8.4	4.8					0	0		0	0	0
02062100	冻牛舌		0		6	0	0	2.4	0	7.2	0	8.4	4.8					0	0		0	0	0
02062200	冻牛肝		0		6	0	0	0	0	7.2	0	8.4	4.8					0	0		0	0	0
02062900	其他冻牛杂碎		0		6	0	0	2.4	0	7.2	0	8.4	7.5					0	0		0	0	0
02063000	鲜、冷的猪杂碎		0			0	0	4	0	12	0	16	8					0	0	0	0	0	0
02064100	冻猪肝		0			0	0	4	0	12	0	16	8					0	0		0	0	0
02064900	其他冻猪杂碎		0		6	0	0	2.4	0	7.2	0	8.4	4.8					0	0		0	0	0
02068000	鲜、冷的羊、马、驴、骡杂碎		0			0	0	6.7	0	12	0	16	14						0		0	0	0
02069000	冻的羊、马、驴、骡杂碎		0		14.4	0	0	9.5	0	10.8	0	14.4	11.3						0		0	0	0
02071100	整只，鲜或冷的鸡		0			0	0	0	0	12	0	16	8					0	0	0	0	0	0
02071200	整只，冻的鸡		0			0	0	4	0	12	0	1元/千克	8					0	0	0	0	0	0
02071311	鲜或冷的带骨鸡块		0			0	0	0	0	12	0	16	8					0	0	0	0	0	0
02071319	鲜或冷的其他鸡块		0			0	0	0	0	12	0	16	8					0	0	0	0	0	0
02071321	鲜或冷的鸡翼(不包括翼尖)		0			0	0	0	0	12	0	16	8					0	0	0	0	0	0
02071329	鲜或冷的其他鸡杂碎		0			0	0	0	0	12	0	16	8					0	0	0	0	0	0
02071411	冻的带骨鸡块		0		0.3元/千克	0	0	0	0	2	0	0.4元/千克	4					0	0	0	0	0	0
02071419	冻的其他鸡块		0		0.35元/千克	0	0	2	0	2	0	0.4元/千克	4					0	0	0	0	0	0
02071421	冻的鸡翼(不包括翼尖)		0		0.4元/千克	0	0	0	0	2	0	0.5元/千克	4					0	0	0	0	0	0

税则号列	商品描述①	协定税率(%)															特惠税率(%)						
		亚太	东盟	新加坡	巴基斯坦	智利	新西兰	秘鲁	哥斯达黎加	瑞士	冰岛	韩国	澳大利亚	香港	澳门	台湾	亚太2国②	东盟			最不发达国家		
																		老挝	柬埔寨	缅甸	LDC1③	LDC2④	LDC3⑤
02071422	鲜、冷、冻鸡爪		0		0.25元/千克	0	0	2	0	2	0	0.3元/千克	4					0	0	0	0	0	0
02071429	冻的其他鸡杂碎		0		0.25元/千克	0	0	2	0	2	0	0.3元/千克	4					0	0	0	0	0	0
02072400	整只,鲜或冷的火鸡		0			0	0	0	0	12	0	16	8					0			0	0	0
02072500	整只,冻的火鸡		0			0	0	4	0	12	0	16	8					0			0	0	0
02072600	鲜或冷的火鸡块及杂碎		0			0	0	0	0	12	0	16	8					0			0	0	0
02072700	冻的火鸡块及杂碎		0		5	0	0	2	0	2	0	7	4					0			0	0	0
02074100	鲜或冷的整只鸭		0			0	0	4	0	12	0	16	8					0	0	0	0	0	0
02074200	冻的整只鸭		0			0	0	4	0	12	0	16	8					0	0	0	0	0	0
02074300	鲜或冷的鸭肥肝		0			0	0	4	0	12	0	16	8					0	0		0	0	0
02074400	鲜或冷的其他鸭		0			0	0	4	0	12	0	16	8					0	0	0	0	0	0
02074500	冻的其他鸭		0			0	0	4	0	12	0	17	8					0	0	0	0	0	0
02075100	鲜或冷的整只鹅		0			0	0	4	0	12	0	16	8					0	0	0	0	0	0
02075200	冻的整只鹅		0			0	0	4	0	12	0	16	8					0	0	0	0	0	0
02075300	鲜或冷的鹅肥肝		0			0	0	4	0	12	0	16	8					0	0		0	0	0
02075400	鲜或冷的其他鹅		0			0	0	4	0	12	0	16	8					0	0	0	0	0	0
02075500	冻的其他鹅		0			0	0	4	0	12	0	16	8					0	0	0	0	0	0
02076000	鲜、冷、冻珍珠鸡		0			0	0	4	0	12	0	16	8					0	0		0	0	0
02081010	鲜或冷藏的家兔肉或野兔,不包括兔头		0			0	0	4	0	12	0	16	8								0	0	
02081020	冻家兔或野兔,不包括兔头		0			0	0	4	0	12	0	16	8								0	0	
02081090	鲜、冷、冻的家兔及野兔食用杂碎		0			0	0	4	0	12	0	16	8								0	0	
02083000	鲜、冷、冻的灵长目动物的肉及其食用杂碎		0			0	0	4.6	0	13.8	0	16.1	9.2								0	0	
02084000	鲜、冷、冻鲸、海豚及鼠海豚;鲜、冷、冻海牛及儒艮;鲜、冷、冻海豹、海狮及海象		0			0	0	4.6	0	13.8	0	16.1	9.2								0	0	
02085000	鲜、冷、冻的爬行动物的肉及其食用杂碎		0			0	0	4.6	0	13.8	0	16.1	9.2								0	0	
02086000	鲜、冷、冻骆驼及其他骆驼科动物		0			0	0	4.6	0	13.8	0	16.1	9.2								0	0	
02089010	鲜、冷、冻的乳鸽肉及其食用杂碎		0			0	0	4	0	12	0	16	8								0	0	
02089090	其他鲜、冷、冻肉及食用杂碎		0			0	0	4.6	0	13.8	0	19.5	9.2								0	0	
02091000	未炼制猪脂肪		0			0	0	4	0	12	0	16	8								0	0	
02099000	未炼制家禽脂肪		0			0	0	4	0	12	0	16	8								0	0	
02101110	干、熏、盐制的带骨猪腿		0			0	0	0	0		0	21.2	10					0	0		0	0	0
02101190	干、熏、盐制的带骨猪腿肉块		0			0	0	0	0		0	21.2	10					0	0		0	0	0
02101200	干、熏、盐制的猪腹肉		0			0	0	0	0		0	21.2	10					0	0		0	0	0
02101900	干、熏、盐制的其他猪肉		0			0	0	5	0		0	21.2	10						0	0	0	0	0
02102000	干、熏、盐制的牛肉		0			0	0	5	0	5	0	21.2	17.5					0	0		0	0	0
02109100	干、熏、盐制的灵长目动物肉及食用杂碎		0			0	0	5	0	15	0	17.5	10					0	0		0	0	0

税则号列	商品描述①	协定税率(%)															特惠税率(%)						
		亚太	东盟	新加坡	巴基斯坦	智利	新西兰	秘鲁	哥斯达黎加	瑞士	冰岛	韩国	澳大利亚	香港	澳门	台湾	亚太2国②	东盟 老挝	东盟 柬埔寨	东盟 缅甸	最不发达国家 LDC1③	最不发达国家 LDC2④	最不发达国家 LDC3⑤
02109200	干、熏、盐制的鲸、海豚及鼠海豚的,海牛及儒艮的,海豹、海狮及海象的肉及食用杂碎		0			0	0	5	0	15	0	17.5	10					0	0		0	0	0
02109300	干、熏、盐制的爬行动物肉及食用杂碎		0			0	0	5	0	15	0	17.5	10					0	0		0	0	0
02109900	干、熏、盐制的其他肉及食用杂碎		0			0	0	5	0	15	0	21.2	10					0	0		0	0	0
03011100	淡水观赏鱼		0		14	0	0	0	5.3	10.5	0	14	7	0							0	0	0
03011900	其他观赏鱼		0		14	0	0	0	5.3	10.5	0	14	7	0							0	0	0
03019110	鳟鱼苗																				0	0	0
03019190	其他活鳟鱼	8	0		5	0	0	0	3.2	6.3	0	7.3	4.2								0	0	0
03019210	鳗鱼苗																				0	0	0
03019290	其他活鳗鱼	6.7	0		5	0	0	0	3	2	0	7	4						0	0	0	0	0
03019310	鲤科鱼鱼苗																				0	0	0
03019390	其他鲤科鱼	8	0		5	0	0	0	3.2	6.3	0	7.3	4.2						0	0	0	0	0
03019410	大西洋及太平洋蓝鳍金枪鱼鱼苗																				0	0	0
03019491	大西洋蓝鳍金枪鱼	8	0		5	0	0	0	3.2	6.3	0	7.3	4.2	0					0	0	0	0	0
03019492	太平洋蓝鳍金枪鱼	8	0		5	0	0	2.1	3.2	6.3	0	7.3	4.2	0		0			0	0	0	0	0
03019510	南方蓝鳍金枪鱼鱼苗																				0	0	0
03019590	其他活南方蓝鳍金枪鱼	8	0		5	0	0	0	3.2	6.3	0	7.3	4.2	0					0	0	0	0	0
03019911	鲈鱼鱼苗																				0	0	0
03019912	鲟鱼鱼苗																				0	0	0
03019919	其他鱼苗																				0	0	0
03019991	活罗非鱼		0		5	0	0	2.1	3.2	6.3	0	7.3	4.2	0					0	0	0	0	0
03019992	活鲀	8	0		5	0	0	0	3.2	6.3	0	7.3	4.2	0					0	0	0	0	0
03019993	其他鲤科鱼	8	0		5	0	0	0	3.2	6.3	0	7.3	4.2						0	0	0	0	0
03019999	其他活鱼	8	0		5	0	0	2.1	3.2	6.3	0	7.3	4.2	0		0			0	0	0	0	0
03021100	鲜、冷鳟鱼		0		6	0	0	2.4	3.6	7.2	0	8.4	4.8								0	0	0
03021300	鲜、冷大麻哈鱼		0		5	0	0	2	3	2	0	7	4								0	0	0
03021410	鲜、冷大西洋鲑鱼		0		5	0	0	2	3	2	0	7	4								0	0	0
03021420	鲜、冷多瑙哲罗鱼		0		5	0	0	2	3	2	0	7	4								0	0	0
03021900	其他鲜、冷鲑鱼	8	0		5	0	0	0	3.6	7.2	0	8.4	4.8								0	0	0
03022100	鲜、冷庸鲽鱼	9	0		5	0	0	0	3.6	7.2	0	8.4	4.8								0	0	0
03022200	鲜、冷鲽鱼	9	0		5	0	0	0	3.6	7.2	0	8.4	4.8								0	0	0
03022300	鲜、冷鳎鱼	9	0		5	0	0	0	3.6	7.2	0	8.4	4.8								0	0	0
03022400	鲜、冷大菱鲆	6	0		5	0	0	2.4	3.6	7.2	0	8.4	4.8						0		0	0	0
03022900	其他鲜、冷比目鱼	6	0		5	0	0	2.4	3.6	7.2	0	8.4	4.8						0		0	0	0
03023100	鲜、冷长鳍金枪鱼	9	0		5	0	0	2.4	3.6	7.2	0	8.4	4.8						0		0	0	0
03023200	鲜、冷黄鳍金枪鱼	9	0		5	0	0	0	3.6	7.2	0	8.4	4.8	0							0	0	0
03023300	鲜、冷鲣鱼或狐鲣	8	0		5	0	0	0	3.6	7.2	0	8.4	4.8								0	0	0
03023400	鲜、冷大眼金枪鱼		0		6	0	0	0	3.6	7.2	0	8.4	4.8						0	0	0	0	0
03023510	鲜、冷大西洋蓝鳍金枪鱼		0		6	0	0	0	3.6	7.2	0	8.4	4.8						0	0	0	0	0
03023520	鲜、冷太平洋蓝鳍金枪鱼	8	0		5	0	0	0	3.6	7.2	0	8.4	4.8						0	0	0	0	0
03023600	鲜、冷南方蓝鳍金枪鱼		0		6	0	0	0	3.6	7.2	0	8.4	4.8						0	0	0	0	0
03023900	其他鲜、冷金枪鱼	8	0		5	0	0	0	3.6	7.2	0	8.4	4.8						0	0	0	0	0

税则号列	商品描述[①]	协定税率(%)															特惠税率(%)						
		亚太	东盟	新加坡	巴基斯坦	智利	新西兰	秘鲁	哥斯达黎加	瑞士	冰岛	韩国	澳大利亚	香港	澳门	台湾	亚太2国[②]	东盟			最不发达国家		
																		老挝	柬埔寨	缅甸	LDC1[③]	LDC2[④]	LDC3[⑤]
03024100	鲜、冷鲱鱼(大西洋鲱鱼、太平洋鲱鱼)	8	0		5	0	0	0	3.6	7.2	0	8.4	4.8								0	0	0
03024200	鲜、冷鳀鱼	8	0		5	0	0	0	3.6	7.2	0	8.4	4.8	0		0			0	0	0	0	0
03024300	鲜、冷沙丁鱼(沙丁鱼、沙瑙鱼属)、小沙丁鱼属、黍鲱或西鲱	8	0		5	0	0	0	3.6	7.2	0	8.4	4.8								0	0	0
03024400	鲜、冷鲭鱼	8	0		5	0	0	0	3.6	7.2	0	8.4	4.8								0	0	0
03024500	鲜、冷对称竹荚鱼、新西兰竹荚鱼及竹荚鱼	8	0		5	0	0	0	3.6	7.2	0	8.4	4.8	0		0			0	0	0	0	0
03024600	鲜、冷军曹鱼	8	0		5	0	0	0	3.6	7.2	0	8.4	4.8	0		0			0	0	0	0	0
03024700	鲜、冷剑鱼	8	0		5	0	0	0	3.6	7.2	0	8.4	4.8	0							0	0	0
03024900	鲜、冷印度鲭(羽鳃鲐属)、马鲛鱼(马鲛属)、鲹属、银鲳(鲳属)、秋刀鱼、圆鲹(圆鲹属)、毛鳞鱼、鲔鱼、狐鲣(狐鲣属)、枪鱼 、旗鱼、四鳍旗鱼(旗鱼科)	8	0		5	0	0	0	3.6	7.2	0	8.4	4.8	0		0			0	0	0	0	0
03025100	鲜、冷鳕鱼(大西洋鳕鱼、格陵兰鳕鱼、太平洋鳕鱼)	8	0		5	0	0	0	3.6	7.2	0	8.4	4.8								0	0	0
03025200	鲜、冷黑线鳕鱼	8	0		5	0	0	0	3.6	7.2	0	8.4	4.8								0	0	0
03025300	鲜、冷绿青鳕鱼	8	0		5	0	0	0	3.6	7.2	0	8.4	4.8								0	0	0
03025400	鲜、冷狗鳕鱼	8	0		5	0	0	0	3.6	7.2	0	8.4	4.8	0		0			0	0	0	0	0
03025500	鲜、冷狭鳕鱼	8	0		5	0	0	0	3.6	7.2	0	8.4	4.8	0		0			0	0	0	0	0
03025600	鲜、冷蓝鳕鱼	8	0		5	0	0	0	3.6	7.2	0	8.4	4.8	0		0			0	0	0	0	0
03025900	鲜、冷其他鳕科鱼	8	0		5	0	0	0	3.6	7.2	0	8.4	4.8	0		0			0	0	0	0	0
03027100	鲜、冷罗非鱼		0		6	0	0	2.4	3.6	7.2	0	8.4	4.8						0	0	0	0	0
03027200	鲜、冷鲶鱼	8	0		5	0	0	0	3.6	7.2	0	8.4	4.8	0		0			0	0	0	0	0
03027300	鲜、冷鲤科鱼	8	0		5	0	0	0	3.6	7.2	0	8.4	4.8	0		0			0	0	0	0	0
03027400	鲜、冷鳗鱼	8	0		5	0	0	0	3.6	7.2	0	8.4	4.8	0						0	0	0	0
03027900	鲜、冷尼罗河鲈鱼及黑鱼	8	0		5	0	0	0	3.6	7.2	0	8.4	4.8	0		0			0	0	0	0	0
03028100	鲜、冷角鲨及其他鲨鱼	9	0		5	0	0	2.4	3.6	7.2	0	8.4	4.8	0							0	0	0
03028200	鲜、冷魟鱼及鳐鱼	8	0		5	0	0	0	3.6	7.2	0	8.4	4.8	0		0			0	0	0	0	0
03028300	鲜、冷南极犬牙鱼	8	0		5	0	0	0	3.6	7.2	0	8.4	4.8	0					0	0	0	0	0
03028400	鲜、冷尖吻鲈鱼	8	0		5	0	0	0	3.6	7.2	0	8.4	4.8	0		0			0	0	0	0	0
03028500	鲜、冷菱羊鲷	8	0		5	0	0	0	3.6	7.2	0	8.4	4.8	0		0			0	0	0	0	0
03028910	鲜、冷带鱼	8	0		8	0	0	2.4	3.6	7.2	0	8.4	4.8	0							0	0	0
03028920	鲜、冷黄鱼	8	0		5	0	0	2.4	3.6	7.2	0	8.4	4.8	0							0	0	0
03028930	鲜、冷鲳鱼	8	0		5	0	0	2.4	3.6	7.2	0	8.4	4.8	0							0	0	0
03028940	鲜、冷鲀	8	0		5	0	0	2.4	3.6	7.2	0	8.4	4.8	0					0	0	0	0	0
03028990	鲜、冷其他鱼	8	0		5	0	0	0	3.6	7.2	0	8.4	4.8	0		0			0	0	0	0	0
03029100	鲜、冷鱼肝、鱼卵及鱼精		0		6	0	0	0	3.6	7.2	0	8.4	4.8						0		0	0	0
03029200	鲜、冷鲨鱼翅	9	0		5	0	0	2.4	3.6	7.2	0	8.4	4.8	0							0	0	0
03029900	鲜、冷其他鱼鳍、鱼头、鱼尾、鱼鳔及其他可食用鱼杂碎		0		5	0	0	2	3	2	0	7	4								0	0	0
03031100	冻红大麻哈鱼	6.7	0		5	0	0	2	3	2	0	7	4						0		0	0	0
03031200	冻其他大麻哈鱼	6.7	0		5	0	0	2	3	2	0	7	4						0		0	0	0

税则号列	商品描述[①]	协定税率(%)															特惠税率(%)						
		亚太	东盟	新加坡	巴基斯坦	智利	新西兰	秘鲁	哥斯达黎加	瑞士	冰岛	韩国	澳大利亚	香港	澳门	台湾	亚太2国[②]	东盟 老挝	东盟 柬埔寨	东盟 缅甸	最不发达国家 LDC1[③]	最不发达国家 LDC2[④]	最不发达国家 LDC3[⑤]
03031300	冻大西洋鲑鱼及多瑙哲罗鱼		0		5	0	0	2	3	2	0	7	4								0	0	0
03031400	冻鳟鱼		0		6	0	0	2.4	3.6	7.2	0	8.4	4.8								0	0	0
03031900	冻其他鲑科鱼	6.7	0		5	0	0	0	3	2	0	7	4								0	0	0
03032300	冻罗非鱼	5	0		5	0	0	2	3	2	0	7	4				0		0	0	0	0	0
03032400	冻鲶鱼	5	0		5	0	0	0	3	2	0	4	4	0		0	0		0	0	0	0	0
03032500	冻鲤科鱼	5	0		5	0	0	0	3	2	0	4	4	0		0	0		0	0	0	0	0
03032600	冻鳗鱼	8	0		8	0	0	2.4	3.6	7.2	0	8.4	4.8	0							0	0	0
03032900	冻尼罗河鲈鱼及黑鱼	5	0		5	0	0	0	3	2	0	4	4	0		0	0		0	0	0	0	0
03033110	冻格陵兰庸鲽鱼	6.7	0		5	0	0	0	3	2	0	7	4	0							0	0	0
03033190	冻庸鲽鱼	6.7	0		5	0	0	0	3	2	3.3	7	4	0							0	0	0
03033200	冻鲽鱼	8	0		8	0	0	0	3.6	7.2	4	8.4	4.8								0	0	0
03033300	冻鳎鱼	8	0		8	0	0	0	3.6	7.2	0	8.4	4.8								0	0	0
03033400	冻大菱鲆	8	0		8	0	0	2	3	2	0	7	4								0	0	0
03033900	其他冻比目鱼	8	0		8	0	0	2	3	2	3.3	7	4								0	0	0
03034100	冻长鳍金枪鱼	9	0		5	0	0	0	3.6	7.2	0	8.4	4.8								0	0	0
03034200	冻黄鳍金枪鱼	9	0		5	0	0	0	3.6	7.2	0	8.4	4.8								0	0	0
03034300	冻鲣鱼或狐鲣	9	0		5	0	0	0	3.6	7.2	0	10.2	4.8								0	0	0
03034400	冻大眼金枪鱼		0		6	0	0	0	3.6	7.2	0	8.4	4.8	0					0	0	0	0	0
03034510	冻大西洋蓝鳍金枪鱼		0		6	0	0	0	3.6	7.2	0	8.4	4.8						0	0	0	0	0
03034520	冻太平洋蓝鳍金枪鱼	9	0		5	0	0	0	3.6	7.2	0	8.4	4.8						0	0	0	0	0
03034600	冻南方蓝鳍金枪鱼		0		6	0	0	0	3.6	7.2	0	8.4	4.8						0	0	0	0	0
03034900	其他冻金枪鱼	9	0		5	0	0	0	3.6	7.2	0	8.4	4.8						0	0	0	0	0
03035100	冻鲱鱼(大西洋鲱鱼、太平洋鲱鱼)	6.7	0		5	0	0	0	3	2	0	7	4								0	0	0
03035300	冻沙丁鱼、小沙丁鱼属、黍鲱或西鲱	8	0		5	0	0	2.4	3.6	7.2	0	8.4	4.8								0	0	0
03035400	冻鲭鱼	6.7	0		6.7	0	0	0	3	2	0	7	4								0	0	0
03035500	冻对称竹荚鱼、新西兰竹荚鱼及竹荚鱼	5	0		5	0	0	0	3	2	0	4	4	0		0	0		0	0	0	0	0
03035600	冻军曹鱼	5	0		5	0	0	0	3	2	0	4	4	0		0	0		0	0	0	0	0
03035700	冻剑鱼	5	0		5	0	0	0	3	2	0	7	4	0			0				0	0	0
03035900	冻印度鲭(羽鳃鲐属)、马鲛鱼(马鲛属)、鲹属、银鲳(鲳属)、秋刀鱼、圆鲹(圆鲹属)、毛鳞鱼、鲔鱼、狐鲣(狐鲣属)、枪鱼 、旗鱼、四鳍旗鱼(旗鱼科)	5	0		5	0	0	0	3	2	0	8	4	0		0	0		0	0	0	0	0
03036300	冻鳕鱼(大西洋鳕鱼、格陵兰鳕鱼、太平洋鳕鱼)	6.7	0		5	0	0	0	3	2	3.3	7	4								0	0	0
03036400	冻黑线鳕鱼	8	0		5	0	0	0	3.6	7.2	4	8.4	4.8								0	0	0
03036500	冻绿青鳕鱼	8	0		5	0	0	0	3.6	7.2	0	8.4	4.8								0	0	0
03036600	冻狗鳕鱼		0		6	0	0	2.4	3.6	7.2	0	8.4	4.8								0	0	0
03036700	冻狭鳕鱼	5	0		5	0	0	0	3	2	0	7	4	0		0	0		0	0	0	0	0
03036800	冻蓝鳕鱼	5	0		5	0	0	0	3	2	0	4	4	0		0	0		0	0	0	0	0
03036900	其他冻鳕鱼	5	0		5	0	0	0	3	2	0	4	4	0		0	0		0	0	0	0	0

税则号列	商品描述①	协定税率(%)															特惠税率(%)						
		亚太	东盟	新加坡	巴基斯坦	智利	新西兰	秘鲁	哥斯达黎加	瑞士	冰岛	韩国	澳大利亚	香港	澳门	台湾	亚太2国②	东盟			最不发达国家		
																		老挝	柬埔寨	缅甸	LDC1③	LDC2④	LDC3⑤
03038100	冻魟角鲨及其他鲨鱼	9	0		9	0	0	2.4	3.6	7.2	0	8.4	4.8								0	0	0
03038200	冻鱼及鳐鱼	5	0		5	0	0	0	3	2	0	4	4	0		0	0		0	0	0	0	0
03038300	冻南极犬牙鱼	5	0		5	0	0	0	3	2	0	7	4	0			0		0	0	0	0	0
03038400	冻尖吻鲈鱼	8	0		5	0	0	0	3.6	7.2	0	8.4	4.8	0							0	0	0
03038910	冻带鱼	5	0		5	0	0	2	3	2	6.4	7	4	0			0		0	0	0	0	0
03038920	冻黄鱼	5	0		5	0	0	2	3	2	0	7	4	0			0		0	0	0	0	0
03038930	冻鲳鱼	5	0		5	0	0	2	3	2	0	7	4	0			0		0	0	0	0	0
03038990	其他冻鱼	5	0		5	0	0	0	3	2	0	8	4	0		0	0		0	0	0	0	0
03039100	冻鱼肝、鱼卵及鱼精	9	0		5	0	0		3	2	3.3	7	4								0	0	0
03039200	冻鲨鱼翅	9	0		9	0	0	2.4	3.6	7.2	0	8.4	4.8								0	0	0
03039900	冻的其他鱼鳍、鱼头、鱼尾、鱼鳔及其他可食用鱼杂碎	6.7	0		5	0	0	2	3	2	0	7	4						0		0	0	0
03043100	鲜、冷罗非鱼片	9	0		5	0	0	2.4	0	7.2	0	8.4	4.8	0						0	0	0	0
03043200	鲜、冷鲶鱼片	9	0		5	0	0	2.4	0	7.2	0	8.4	4.8	0						0	0	0	0
03043300	鲜、冷尼罗河鲈鱼片	9	0		5	0	0	2.4	0	7.2	0	8.4	4.8	0						0	0	0	0
03043900	鲜、冷鲤科鱼、鳗鱼、黑鱼片	9	0		5	0	0	2.4	0	7.2	0	8.4	4.8	0						0	0	0	0
03044100	鲜、冷大麻哈鱼片	9	0		5	0	0	2.4	0	7.2	0	8.4	4.8	0						0	0	0	0
03044200	鲜、冷鳟鱼片	9	0		5	0	0	2.4	0	7.2	0	8.4	4.8	0						0	0	0	0
03044300	鲜、冷比目鱼片	9	0		5	0	0	2.4	0	7.2	0	8.4	4.8	0						0	0	0	0
03044400	鲜、冷犀鳕科等鳕科鱼片	9	0		5	0	0	2.4	0	7.2	0	8.4	4.8	0						0	0	0	0
03044500	鲜、冷剑鱼片	9	0		5	0	0	0	0	7.2	0	8.4	4.8	0						0	0	0	0
03044600	鲜、冷南极犬牙鱼片	9	0		5	0	0	0	0	7.2	0	8.4	4.8	0						0	0	0	0
03044700	鲜、冷角鲨及其他鲨鱼片	9	0		5	0	0	2.4	0	7.2	0	8.4	4.8	0						0	0	0	0
03044800	鲜、冷魟鱼及鳐鱼片	9	0		5	0	0	2.4	0	7.2	0	8.4	4.8	0						0	0	0	0
03044900	鲜、冷其他鱼片	9	0		5	0	0	2.4	0	7.2	0	8.4	4.8	0						0	0	0	0
03045100	鲜、冷罗非鱼等鱼鱼肉	9	0		5	0	0	2.4	0	7.2	0	8.4	4.8	0						0	0	0	0
03045200	鲜、冷鲑科鱼肉	9	0		5	0	0	2.4	0	7.2	0	8.4	4.8	0						0	0	0	0
03045300	鲜、冷犀鳕科等鳕科鱼肉	9	0		5	0	0	2.4	0	7.2	0	8.4	4.8	0						0	0	0	0
03045400	鲜、冷剑鱼肉	9	0		5	0	0	0	0	7.2	0	8.4	4.8	0						0	0	0	0
03045500	鲜、冷南极犬牙鱼肉	9	0		5	0	0	0	0	7.2	0	8.4	4.8	0						0	0	0	0
03045600	鲜、冷角鲨及其他鲨鱼肉	9	0		5	0	0	2.4	0	7.2	0	8.4	4.8	0						0	0	0	0
03045700	鲜、冷魟鱼及鳐鱼肉	9	0		5	0	0	2.4	0	7.2	0	8.4	4.8	0						0	0	0	0
03045900	鲜、冷其他鱼肉	9	0		5	0	0	2.4	0	7.2	0	8.4	4.8	0						0	0	0	0
03046100	冻罗非鱼等鱼鱼片		0		5	0	0	0	0	2	0	7	4	0					0	0	0	0	0
03046211	冻斑点叉尾鮰鱼片		0		5	0	0	0	0	2	0	7	4	0							0	0	0
03046219	冻其他叉尾鮰鱼片		0		5	0	0	0	0	2	0	7	4	0							0	0	0
03046290	冻其他鲶鱼片		0		5	0	0	0	0	2	0	7	4	0		0			0	0	0	0	0
03046300	冻尼罗河鲈鱼片		0		5	0	0	0	0	2	0	7	4	0		0			0	0	0	0	0
03046900	冻鲤科鱼、鳗鱼、黑鱼片		0		5	0	0	0	0	2	0	7	4	0		0			0	0	0	0	0
03047100	冻鳕鱼(大西洋鳕鱼、格陵兰鳕鱼、太平洋鳕鱼)片		0		5	0	0	0	0	2	0	7	4	0		0			0	0	0	0	0
03047200	冻黑线鳕鱼片		0		5	0	0	0	0	2	0	7	4	0		0			0	0	0	0	0
03047300	冻绿青鳕鱼片		0		5	0	0	0	0	2	0	7	4	0		0			0	0	0	0	0
03047400	冻狗鳕鱼片		0		5	0	0	0	0	2	0	7	4	0		0			0	0	0	0	0

税则号列	商品描述[1]	协定税率(%)															特惠税率(%)						
		亚太	东盟	新加坡	巴基斯坦	智利	新西兰	秘鲁	哥斯达黎加	瑞士	冰岛	韩国	澳大利亚	香港	澳门	台湾	亚太2国[2]	东盟 老挝	东盟 柬埔寨	东盟 缅甸	最不发达国家 LDC1[3]	最不发达国家 LDC2[4]	最不发达国家 LDC3[5]
03047500	冻狭鳕鱼片		0		5	0	0	0	0	2	0	7	4	0		0			0	0	0	0	0
03047900	冻其他鳕鱼片		0		5	0	0	0	0	2	0	7	4	0		0			0	0	0	0	0
03048100	冻大麻哈鱼、大西洋鲑鱼及多瑙哲罗鱼片		0		5	0	0	0	0	2	0	7	4	0		0			0	0	0	0	0
03048200	冻鳟鱼片		0		5	0	0	0	0	2	0	7	4	0		0			0	0	0	0	0
03048300	冻比目鱼片		0		5	0	0	0	0	2	0	7	4	0		0			0	0	0	0	0
03048400	冻剑鱼片		0		5	0	0	0	0	2	0	7	4	0					0	0	0	0	0
03048500	冻南极犬牙鱼片		0		5	0	0	0	0	2	0	7	4	0					0	0	0	0	0
03048600	冻鲱鱼片		0		5	0	0	0	0	2	0	7	4	0		0			0	0	0	0	0
03048700	冻金枪鱼、鲣鱼或狐鲣(鲣)片		0		5	0	0	0	0	2	0	7	4	0		0			0	0	0	0	0
03048800	冻角鲨、其他鲨鱼、魟鱼及鳐鱼片		0		5	0	0	0	0	2	0	7	4	0		0			0	0	0	0	0
03048900	冻其他鱼片		0		5	0	0	0	0	2	0	7	4	0		0			0	0	0	0	0
03049100	冻的剑鱼肉		0		5	0	0	0	0	2	0	7	4				0			0	0	0	0
03049200	冻的南极犬牙鱼肉		0		5	0	0	0	0	2	0	7	4				0			0	0	0	0
03049300	冻罗非鱼等鱼鱼肉		0		5	0	0	0	0	2	0	7	4				0			0	0	0	0
03049400	冻狭鳕鱼肉		0		5	0	0	0	0	2	0	7	4				0			0	0	0	0
03049500	冻犀鳕科等鳕科鱼肉		0		5	0	0	0	0	2	0	7	4				0			0	0	0	0
03049600	冻角鲨及其他鲨鱼肉		0		5	0	0	0	0	2	0	7	4				0			0	0	0	0
03049700	冻魟鱼及鳐鱼肉		0		5	0	0	0	0	2	0	7	4				0			0	0	0	0
03049900	其他冻鱼肉		0		5	0	0	0	0	2	0	7	4				0			0	0	0	0
03051000	供人食用的鱼粉及团粒		0		5	0	0	0	0	2	0	7	4		0						0	0	0
03052000	干、熏、盐制的鱼肝及鱼卵		0		5	0	0		3		0	7	4								0	0	0
03053100	干、盐腌罗非鱼等鱼鱼片	7.8	0		5	0	0	2	0		0	7	4	0	0		0			0	0	0	0
03053200	干、盐腌犀鳕科等鳕科鱼片	7.8	0		5	0	0	2	0		0	7	4	0	0		0			0	0	0	0
03053900	干、盐腌其他鱼片	7.8	0		5	0	0	2	0		0	7	4	0	0		0			0	0	0	0
03054110	熏大西洋鲑鱼,食用杂碎除外		0		7	0	0	0	0		0	9.8	5.6	0							0	0	
03054120	熏大麻哈鱼、多瑙哲罗鱼及鱼片,食用杂碎除外		0		11.2	0	0	0	0		0	9.8	5.6								0	0	
03054200	熏鲱鱼,食用杂碎除外		0		12.8	0	0	0	0		0	12.8	6.4								0	0	
03054300	熏鳟鱼,食用杂碎除外		0		11.2	0	0	2.8	0		0	9.8	5.6		0		0			0	0	0	0
03054400	熏罗非鱼等鱼,食用杂碎除外		0		11.2	0	0	2.8	0		0	9.8	5.6		0		0			0	0	0	0
03054900	熏其他鱼,食用杂碎除外		0		11.2	0	0	2.8	0		0	9.8	5.6		0		0			0	0	0	0
03055100	干鳕鱼(大西洋鳕鱼、格陵兰鳕鱼、太平洋鳕鱼)		0		12.8	0	0	0	0	9.6	0	12.8	6.4		0						0	0	
03055200	干罗非鱼、鲶鱼、鲤科鱼、鳗鱼、尼罗河鲈鱼(尼罗尖吻鲈)及黑鱼		0			0	0	3.2	4.8	9.6	0	12.8	6.4	0	0		0			0	0	0	0
03055300	干犀鳕科、多丝真鳕科、鳕科、长尾鳕科、黑鳕科、无须鳕科、深海鳕科及南极鳕科鱼,鳕鱼(大西洋鳕鱼、格陵兰鳕鱼、太平洋鳕鱼)除外		0			0	0	3.2	4.8	9.6	0	12.8	6.4	0	0		0			0	0	0	0

税则号列	商品描述①	协定税率(%)															特惠税率(%)					
		亚太	东盟	新加坡	巴基斯坦	智利	新西兰	秘鲁	哥斯达黎加	瑞士	冰岛	韩国	澳大利亚	香港	澳门	台湾	亚太2国②	东盟			最不发达国家		
																		老挝	柬埔寨	缅甸	LDC1③	LDC2④	LDC3⑤
03055400	干鲱鱼(大西洋鲱鱼、太平洋鲱鱼)、鳀鱼(鳀属)、沙丁鱼(沙丁鱼、沙瑙鱼属)、小沙丁鱼属、黍鲱或西鲱、鲭鱼[大西洋鲭、澳洲鲭(鲐)、日本鲭(鲐)]、印度鲭(羽鳃鲐属)、马鲛鱼(马鲛属)、对称竹荚鱼、新西兰竹荚鱼及竹荚鱼(竹荚鱼属)、鲹鱼(鲹属)、军曹鱼、银鲳(鲳属)、秋刀鱼、圆鲹(圆鲹属)、多春鱼(毛鳞鱼)、剑鱼、鲔鱼、狐鲣(狐鲣属)、枪鱼、旗鱼、四鳍旗鱼(旗鱼科)		0			0	0	3.2	4.8	9.6	0	12.8	6.4	0	0		0			0	0	0	0
03055910	干海马、干海龙		0		0	0	0	0	0	0	0	0	0				0		0	0	0	0	0
03055990	干其他鱼,食用杂碎除外		0			0	0	3.2	4.8	9.6	0	12.8	6.4	0	0		0			0	0	0	0
03056100	盐腌及盐渍的鲱鱼,食用杂碎除外	11.1	0		8	0	0	0	0	9.6	0	12.8	6.4								0	0	
03056200	盐腌及盐渍鳕鱼(大西洋鳕鱼、格陵兰鳕鱼、太平洋鳕鱼),食用杂碎除外	12	0		8	0	0	0	0	9.6	0	12.8	6.4		0						0	0	0
03056300	盐腌及盐渍的鳀鱼,食用杂碎除外	12	0		8	0	0	3.2	0	9.6	0	12.8	6.4								0	0	
03056400	盐腌及盐渍的罗非鱼等鱼,食用杂碎除外		0		12.8	0	0	3.2	0	9.6	0	12.8	6.4	0			0			0	0	0	0
03056910	盐腌及盐渍的带鱼,食用杂碎除外		0		12.8	0	0	3.2	0	9.6	0	12.8	6.4	0			0			0	0	0	0
03056920	盐腌及盐渍的黄鱼,食用杂碎除外		0		12.8	0	0	3.2	0	9.6	0	12.8	6.4	0			0			0	0	0	0
03056930	盐腌及盐渍的鲳鱼,食用杂碎除外		0		12.8	0	0	3.2	0	9.6	0	12.8	6.4	0			0			0	0	0	0
03056990	盐腌及盐渍的其他鱼,食用杂碎除外		0		12.8	0	0	3.2	0	9.6	0	12.8	6.4	0			0			0	0	0	0
03057100	鲨鱼翅		0			0	0	3	4.5	9	0				0		0		0	0	0	0	0
03057200	鱼头、鱼尾、鱼鳔		0		12.8	0	0	0	0		0	12.8	6.4								0	0	
03057900	其他可食用杂碎		0		12.8	0	0	0	0		0	12.8	6.4								0	0	
03061100	岩礁虾和其他龙虾(真龙虾属、龙虾属、岩龙虾属)		0		5	0	0	0	0	2	0	7	4						0	0	0	0	0
03061200	螯龙虾(螯龙虾属)	7.2	0		5	0	0	0	0	2	0	7	4						0		0	0	0
03061410	冻梭子蟹		0		5	0	0	2	0	2	0	7	4				0		0	0	0	0	0
03061490	其他冻蟹		0		5	0	0	2	0	2	0	8	4				0		0	0	0	0	0
03061500	冻挪威海螯虾		0		12.8	0	0	3.2	0	9.6	0	12.8	6.4						0	0	0	0	0
03061611	冻冷水小虾虾仁	4	0		0	0	0	0	0	1.6	0	3.2	3.2	0					0	0	0	0	0
03061612	冻北方长额虾虾仁	2.5	0		0	0	0	0	0	0	0	0	0	0					0	0	0	0	0
03061619	冻其他冷水小虾	2.5	0		0	0	0	0	0	0	1.7	0	0	0					0	0	0	0	0
03061621	冻冷水对虾虾仁	4	0		0	0	0	0	0	1.6	0	3.2	3.2	0					0	0	0	0	0
03061629	冻其他冷水对虾	2.5	0		0	0	0	0	0	0	0	0	0	0					0	0	0	0	0
03061711	冻小虾虾仁	4	0		0	0	0	0	0	1.6	0	3.2	3.2	0					0	0	0	0	0

税则号列	商品描述①	协定税率(%)															特惠税率(%)						
		亚太	东盟	新加坡	巴基斯坦	智利	新西兰	秘鲁	哥斯达黎加	瑞士	冰岛	韩国	澳大利亚	香港	澳门	台湾	亚太2国②	东盟			最不发达国家		
																		老挝	柬埔寨	缅甸	LDC1③	LDC2④	LDC3⑤
03061719	冻其他小虾	2.5	0		0	0	0	0	0	0	1.7	0	0	0					0	0	0	0	0
03061721	冻对虾虾仁	4	0		0	0	0	0	0	1.6	0	3.2	3.2	0					0	0	0	0	0
03061729	冻其他对虾	2.5	0		0	0	0	0	0	0	0	0	0	0					0	0	0	0	0
03061911	冻淡水小龙虾仁		0		12.8	0	0	0	0	9.6	0	12.8	6.4						0		0	0	0
03061919	冻带壳淡水小龙虾		0		12.8	0	0	0	0	9.6	0	12.8	6.4						0		0	0	0
03061990	其他冻甲壳动物		0		12.8	0	0	3.2	0	9.6	0	12.8	6.4						0		0	0	0
03063110	活鲜冷的岩礁虾和其他龙虾(真龙虾属、龙虾属、岩龙虾属)种苗																				0	0	0
03063190	活鲜冷的其他岩礁虾和其他龙虾(真龙虾属、龙虾属、岩龙虾属)		0			0	0	0	0	9	0	10.5	6	0					0	0	0	0	0
03063210	活鲜冷的鳌龙虾(鳌龙虾属)种苗																				0	0	0
03063290	活鲜冷的其他鳌龙虾(鳌龙虾属)		0		12	0	0	0	0	9	0	10.5	6	0					0	0	0	0	0
03063310	活鲜冷的蟹种苗																				0	0	0
03063391	活鲜冷的中华绒毛蟹(大闸蟹)		0		7	0	0	0	0	8.4	0	9.8	5.6						0		0	0	0
03063392	活鲜冷的梭子蟹		0		11.2	0	0	2.8	0	8.4	0	9.8	5.6	0					0		0	0	0
03063399	活鲜冷的其他蟹		0			0	0	2.8	0	8.4	0	9.8	5.6	0					0		0	0	0
03063410	活鲜冷的挪威海鳌虾种苗																				0	0	0
03063490	活鲜冷的其他挪威海鳌虾		0		11.2	0	0	0	0	8.4	0	9.8	5.6	0					0	0	0	0	0
03063510	活鲜冷的冷水小虾及对虾种苗																				0	0	0
03063520	活鲜冷的冷水对虾		0		12	0	0	0	0	9	0	10.5	6	0					0	0	0	0	0
03063590	活鲜冷的其他冷水小虾及对虾		0		6	0	0	0	0	7.2	0	8.4	4.8	0					0	0	0	0	0
03063610	活鲜冷的其他小虾及对虾种苗																				0	0	0
03063620	活鲜冷的对虾		0		12	0	0	0	0	9	0	10.5	6	0					0	0	0	0	0
03063690	活鲜冷的其他小虾及对虾		0		6	0	0	0	0	7.2	0	8.4	4.8	0					0	0	0	0	0
03063910	活鲜冷的其他食用甲壳动物种苗																				0	0	0
03063990	其他带壳或去壳的活鲜冷的甲壳动物		0		11.2	0	0	0	0	8.4	0	9.8	5.6	0					0	0	0	0	0
03069100	其他的岩礁虾和其他龙虾(真龙虾属、龙虾属、岩龙虾属)		0			0	0	0	0	9	0	10.5	6	0					0	0	0	0	0
03069200	其他鳌龙虾		0		12	0	0	0	0	9	0	10.5	6	0					0	0	0	0	0
03069310	其他中华绒鳌蟹		0		7	0	0	0	0	8.4	0	9.8	5.6						0		0	0	0
03069320	其他梭子蟹		0		11.2	0	0	2.8	0	8.4	0	9.8	5.6	0					0		0	0	0
03069390	其他蟹		0			0	0	2.8	0	8.4	0	9.8	5.6	0					0		0	0	0
03069400	其他挪威海鳌虾		0		11.2	0	0	0	0	8.4	0	9.8	5.6	0					0	0	0	0	0
03069510	其他冷水小虾及对虾		0		6	0	0	0	0	7.2	0	8.4	4.8	0					0	0	0	0	0
03069590	其他小虾及对虾		0		6	0	0	0	0	7.2	0	8.4	4.8	0					0	0	0	0	0
03069900	其他,包括适合供人食用的甲壳动物的细粉、粗粉及团粒		0		11.2	0	0	0	0	8.4	0	9.8	5.6	0					0	0	0	0	0
03071110	活、鲜或冷的牡蛎(蚝)种苗																				0	0	0
03071190	活、鲜或冷的其他牡蛎(蚝)		0		11.2	0	0	2.8	0	8.4	0	9.8	5.6	0						0	0	0	0
03071200	冻牡蛎(蚝)		0		11.2	0	0	2.8	0	8.4	0	9.8	5.6	0						0	0	0	0
03071900	其他牡蛎(蚝)		0		11.2	0	0	2.8	0	8.4	0	9.8	5.6	0						0	0	0	0

税则号列	商品描述①	协定税率(%)															特惠税率(%)						
		亚太	东盟	新加坡	巴基斯坦	智利	新西兰	秘鲁	哥斯达黎加	瑞士	冰岛	韩国	澳大利亚	香港	澳门	台湾	亚太2国②	东盟 老挝	东盟 柬埔寨	东盟 缅甸	最不发达国家 LDC1③	最不发达国家 LDC2④	最不发达国家 LDC3⑤
03072110	扇贝(包括海扇)种苗																				0	0	0
03072190	其他活、鲜、冷扇贝		0		11.2	0	0	2.8	0	8.4	0	9.8	5.6	0						0	0	0	0
03072200	冻扇贝		0		11.2	0	0	0	0	8.4	0	9.8	5.6							0	0	0	0
03072900	其他扇贝		0		11.2	0	0	0	0	8.4	0	9.8	5.6							0	0	0	0
03073110	贻贝种苗																				0	0	0
03073190	其他活、鲜、冷贻贝		0		11.2	0	0	0	0	8.4	0	9.8	5.6	0					0	0	0	0	0
03073200	冻贻贝	9.8	0		7	0	0	2.8	0	8.4	0	9.8	5.6						0	0	0	0	0
03073900	其他干、盐制的贻贝	9.8	0		7	0	0	2.8	0	8.4	0	9.8	5.6						0	0	0	0	0
03074210	活、鲜或冷墨鱼及鱿鱼种苗																				0	0	0
03074291	活、鲜或冷墨鱼(乌贼属、巨粒僧头乌贼、耳乌贼属)及鱿鱼(柔鱼属、枪乌贼属、双柔鱼属、拟乌贼属)		0		6	0	0	2.4	0	7.2	0	8.4	4.8	0					0	0	0	0	0
03074299	其他活、鲜或冷墨鱼及鱿鱼		0		11.2	0	0	2.8	0	8.4	0	9.8	5.6	0					0	0	0	0	0
03074310	冻墨鱼(乌贼属、巨粒僧头乌贼、耳乌贼属)及鱿鱼(柔鱼属、枪乌贼属、双柔鱼属、拟乌贼属)	10	0		10	0	0	2.4	0	7.2	0	10.2	4.8	0	0				0	0	0	0	0
03074390	其他冻墨鱼及鱿鱼		0			0	0	2	0	2	0	8.5	4		0				0	0	0	0	0
03074910	其他墨鱼(乌贼属、巨粒僧头乌贼、耳乌贼属)及鱿鱼(柔鱼属、枪乌贼属、双柔鱼属、拟乌贼属)	10	0		10	0	0	2.4	0	7.2	0	10.2	4.8	0	0				0	0	0	0	0
03074990	其他墨鱼及鱿鱼		0			0	0	2	0	2	0	8.5	4		0				0	0	0	0	0
03075100	活、鲜、冷章鱼		0		13.6	0	0	3.4	0	10.2	0	13.6	6.8	0							0	0	
03075200	冻章鱼		0		13.6	0	0	3.4	0	10.2	0	13.6	6.8	0	0						0	0	0
03075900	其他干、盐制的章鱼		0		13.6	0	0	3.4	0	10.2	0	13.6	6.8	0	0						0	0	0
03076010	蜗牛及螺的种苗,海螺种苗除外																				0	0	0
03076090	其他蜗牛及螺,海螺除外		0		11.2	0	0	0	0	8.4	0	9.8	5.6						0		0	0	0
03077110	活、鲜或冷的蛤、鸟蛤及舟贝种苗																				0	0	0
03077191	活、鲜或冷的蛤		0		11.2	0	0	0	0	8.4	0	9.8	5.6	0							0	0	0
03077199	活、鲜或冷的鸟蛤及舟贝		0		11.2	0	0	2.8	0	8.4	0	9.8	5.6	0					0	0	0	0	0
03077200	冻的蛤、鸟蛤及舟贝		0			0	0		0	2	0	7	4								0	0	0
03077900	干、盐腌或盐渍的蛤、鸟蛤及舟贝		0			0	0	2	0	2	0	8	4		0				0	0	0	0	0
03078110	活、鲜或冷的鲍鱼种苗																				0	0	0
03078190	活、鲜或冷的其他鲍鱼		0		11.2	0	0	2.8	0	8.4	0	9.8	5.6	0					0	0	0	0	0
03078210	活、鲜或冷的凤螺种苗																				0	0	0
03078290	活、鲜或冷的其他凤螺		0		11.2	0	0	2.8	0	8.4	0	9.8	5.6	0					0	0	0	0	0
03078300	冻鲍鱼		0		5	0	0		0	2	0	7	4	0	0				0	0	0	0	0
03078400	冻凤螺		0			0	0	2	0	2	0	8.5	4		0				0	0	0	0	0
03078700	干、盐腌或盐渍的鲍鱼		0		5	0	0		0	2	0	7	4	0	0				0	0	0	0	0
03078800	干、盐腌或盐渍的凤螺		0			0	0	2	0	2	0	8.5	4		0				0	0	0	0	0
03079110	活、鲜或冷的其他软体动物种苗																				0	0	0
03079190	活、鲜或冷的其他软体动物		0		11.2	0	0	2.8	0	8.4	0	9.8	5.6	0					0	0	0	0	0
03079200	冻的软体动物		0			0	0	2	0	2	0	8.5	4		0				0	0	0	0	0
03079900	干、盐腌或盐渍的软体动物		0			0	0	2	0	2	0	8.5	4		0				0	0	0	0	0

税则号列	商品描述①	协定税率(%)															特惠税率(%)						
		亚太	东盟	新加坡	巴基斯坦	智利	新西兰	秘鲁	哥斯达黎加	瑞士	冰岛	韩国	澳大利亚	香港	澳门	台湾	亚太2国②	东盟			最不发达国家		
																		老挝	柬埔寨	缅甸	LDC1③	LDC2④	LDC3⑤
03081110	活、鲜或冷的海参种苗																				0	0	0
03081190	活、鲜或冷的其他海参		0		11.2	0	0	2.8	0	8.4	0	9.8	5.6	0					0	0	0	0	0
03081200	冻海参		0			0	0	2	0	2	3.3	7	4						0	0	0	0	0
03081900	干、盐腌或盐渍的海参		0			0	0	2	0	2	3.3	7	4						0	0	0	0	0
03082110	活、鲜或冷的海胆种苗																				0	0	0
03082190	活、鲜或冷的其他海胆		0		11.2	0	0	2.8	0	8.4	0	9.8	5.6	0					0	0	0	0	0
03082200	冻海胆		0			0	0	2	0	2	0	8	4		0				0	0	0	0	0
03082900	干、盐腌或盐渍的海胆		0			0	0	2	0	2	0	8	4		0				0	0	0	0	0
03083011	活、鲜或冷的海蜇种苗																				0	0	0
03083019	活、鲜或冷的其他海蜇		0		11.2	0	0	2.8	0	8.4	0	9.8	5.6	0					0	0	0	0	0
03083090	冻、干、盐腌或盐渍的海蜇		0			0	0	2	0	2	0	8	4		0				0	0	0	0	0
03089011	活、鲜或冷的其他水生无脊椎动物种苗																				0	0	0
03089012	活、鲜或冷的其他沙蚕		0		11.2	0	0	2.8	0	8.4	0	9.8	5.6	0					0	0	0	0	0
03089019	活、鲜或冷的其他水生无脊椎动物		0		11.2	0	0	2.8	0	8.4	0	9.8	5.6	0					0	0	0	0	0
03089090	冻、干、盐腌或盐渍的其他水生无脊椎动物		0			0	0	2	0	2	0	8	4		0				0	0	0	0	0
04011000	脂肪含量未超1%未浓缩及未加糖的乳及奶油		0		12	0	0	3	8	9	0		10.5		0						0	0	0
04012000	脂肪含量在1%~6%未浓缩及未加糖的乳及奶油		0		12	0	0	3	8	9	0		10.5	0							0	0	0
04014000	按重量计6%<脂肪含量≤10%的未浓缩及未加糖或其他甜物质的乳及奶油		0		12	0	0	3	8	9	0		10.5		0						0	0	0
04015000	按重量计脂肪含量超过10%的未浓缩及未加糖或其他甜物质的乳及奶油		0		12	0	0	3	8	9	0		10.5		0						0	0	0
04021000	脂肪含量≤1.5%固状乳及奶油	7	0		5	0	1.7	5.3	5.3	2	0		7.5	0	0						0	0	0
04022100	脂肪量>1.5%未加糖固状乳及奶油	7	0		7	0	1.7	5.3	5.3		0		7.5	0	0						0	0	0
04022900	脂肪量>1.5%的加糖固状乳及奶油		0		5	0	1.7	5.3	5.3	2	0		7.5	0	0						0	0	0
04029100	浓缩但未加糖的非固状乳及奶油		0		5	0	1.7	2	5.3		0		7.5	0	0						0	0	0
04029900	浓缩并已加糖的非固状乳及奶油		0		5	0	0	5.3	5.3		0		7.5								0	0	0
04031000	酸乳		0		5	0	0	2	5.3	6.7	0		7	0	0						0	0	0
04039000	酪乳及其他发酵或酸化的乳及奶油		0			0	0	4	10.7		0		14	0	0						0	0	
04041000	乳清及改性乳清		0		5	0	0	0	3.2		0	4.8	2.4								0	0	
04049000	其他编号未列名的含天然乳的产品		0			0	0	4	10.7		0	16	14								0	0	
04051000	黄油		0		5	0	0	2	5.3	2	0	8	7								0	0	0
04052000	乳酱	8.1	0		5	0	0	0	5.3	2	0	8	4		0						0	0	0
04059000	其他从乳中提取的脂和油		0		5	0	0	2	5.3		0	8	7								0	0	0
04061000	鲜乳酪(未熟化或未固化的)		0		6	0	0	2.4	6.4	8	0	9.6	8.4	0	0						0	0	0

税则号列	商品描述①	协定税率(%)															特惠税率(%)						
																		东盟			最不发达国家		
		亚太	东盟	新加坡	巴基斯坦	智利	新西兰	秘鲁	哥斯达黎加	瑞士	冰岛	韩国	澳大利亚	香港	澳门	台湾	亚太2国②	老挝	柬埔寨	缅甸	LDC1③	LDC2④	LDC3⑤
04062000	各种磨碎或粉化的乳酪		0		6	0	0	5.6	6.4	8	0	9.6	8.4	0	0						0		
04063000	经加工的乳酪,但磨碎或粉化的除外		0		6	0	0	5.6	6.4	8	0	9.6	8.4								0	0	
04064000	蓝纹乳酪和娄地青霉生产的带有纹理的其他乳酪		0		12	0	0	3	8		0	12	6								0	0	
04069000	其他乳酪		0		6	0	0	2.4	6.4	8	0	9.6	8.4								0	0	0
04071100	种用鸡蛋																				0	0	0
04071900	种用其他禽蛋																				0	0	0
04072100	鲜鸡蛋		0			0	0	4	0	12	0	16	8						0	0	0	0	0
04072900	其他鲜禽蛋		0			0·	0	4	0	12	0	16	8						0	0	0	0	0
04079010	咸蛋		0			0	0	0	0	12	0	16	8							0	0	0	0
04079020	皮蛋		0			0	0	0	0	12	0	16	8								0	0	
04079090	其他蛋		0			0	0	0	0	12	0	16	8								0	0	
04081100	干蛋黄		0			0	0	4	0	12	0	16	8								0	0	
04081900	其他蛋黄		0			0	0	4	0	12	0	16	8								0	0	
04089100	干的其他去壳禽蛋		0			0	0	4	0	12	0	16	8								0	0	
04089900	其他去壳禽蛋		0			0	0	4	0	12	0	16	8	0							0	0	
04090000	天然蜂蜜		0		12	0	0	3	0	9	0	12	6		0			0	0		0	0	0
04100010	燕窝		0			0	0	5	0	15	0	17.5	10	0	0				0	0	0	0	0
04100041	鲜蜂王浆		0		12	0	0	3	0	9	0	10.5	6								0	0	
04100042	鲜蜂王浆粉		0		12	0	0	3	0	9	0	10.5	6								0	0	
04100043	蜂花粉		0			0	0	4	0	12	0	16	8								0	0	
04100049	其他蜂产品		0			0	0	4	0	12	0	16	8								0	0	
04100090	其他编号未列名的食用动物产品		0			0	0	4	0	12	0	16	8			0				0	0	0	0
05010000	未经加工的人发;废人发		0		12	0	0	3	0	9	0	10.5	6								0	0	
05021010	猪鬃		0			0	0	4	0	12	0	16	8								0	0	
05021020	猪毛		0			0	0	4	0	12	0	16	8								0	0	
05021030	猪鬃或猪毛的废料		0			0	0	4	0	12	0	16	8								0	0	
05029011	山羊毛		0			0	0	4	0	12	0	16	8								0	0	
05029012	黄鼠狼尾毛		0			0	0	4	0	12	0	16	8								0	0	
05029019	獾毛及其他制刷用兽毛		0			0	0	4	0	12	0	16	8								0	0	
05029020	獾毛及其他制刷用兽毛的废料		0			0	0	4	0	12	0	16	8								0	0	
05040011	整个或切块的盐渍猪肠衣(猪大肠头除外)	10	0		10	0	0	4	0	4	0	16	8								0	0	
05040012	整个或切块的盐渍绵羊肠衣	9	0		9	0	0	3.6	0	10.8	0	14.4	7.2								0	0	
05040013	整个或切块的盐渍山羊肠衣	9	0		9	0	0	3.6	0	10.8	0	14.4	7.2								0	0	
05040014	整个或切块的盐渍猪大肠头	10	0		10	0	0	4	0	12	0	16	8								0	0	
05040019	整个或切块的其他动物肠衣	9	0		9	0	0	3.6	0	10.8	0	14.4	7.2								0	0	
05040021	冷和冻的鸡肫	0.65元/千克	0		0.65元/千克	0	0	4	0	12	0	1元/千克	8								0	0	
05040029	鲜、冷、冻、干、盐制的其他动物胃	10	0		10	0	0	4	0	12	0	16	8								0	0	0
05040090	鲜、冷、冻、干、盐制的其他动物肠、膀胱、胃	10	0		10	0	0	4	0	4	0	16	8								0	0	

税则号列	商品描述[①]	协定税率(%)															特惠税率(%)						
		亚太	东盟	新加坡	巴基斯坦	智利	新西兰	秘鲁	哥斯达黎加	瑞士	冰岛	韩国	澳大利亚	香港	澳门	台湾	亚太2国[②]	东盟 老挝	东盟 柬埔寨	东盟 缅甸	最不发达国家 LDC1[③]	最不发达国家 LDC2[④]	最不发达国家 LDC3[⑤]
05051000	填充用羽毛;羽绒	7.5	0		5	0	0	0	0	2	0	7	4								0	0	0
05059010	羽毛或不完整羽毛的粉末及废料		0		5	0	0	0	0	2	0	7	4								0	0	0
05059090	其他羽毛、羽绒,带有羽毛、羽绒的鸟皮及鸟体其他部分		0		5	0	0	0	0	2	0	7	4								0	0	0
05061000	经酸处理的骨胶原及骨		0		6	0	0	0	0	7.2	0	8.4	4.8					0			0	0	0
05069011	含牛羊成分的骨粉及骨废料		0		6	0	0	2.4	0	7.2	0	8.4	4.8					0			0	0	0
05069019	骨粉及骨废料		0		6	0	0	2.4	0	7.2	0	8.4	4.8					0			0	0	0
05069090	其他骨及角柱		0		6	0	0	2.4	3.6	7.2	0	8.4	4.8		0			0			0	0	0
05071000	兽牙;兽牙粉末及废料		0		5	0	0	0	0	2	0	7	4								0	0	0
05079010	羚羊角及其粉末和废料		0		0	0	0	0	0	0	0	0	0								0	0	0
05079020	鹿茸及其粉末		0		5	0	0	0	0	6.6	0	7.7	4.4								0	0	0
05079090	龟壳、鲸须、鲸须毛、鹿角及其他角		0		5	0	0	0	0	2	0	7	4								0	0	0
05080010	珊瑚及水产品壳、骨的粉末及废料		0			0	0	2.4	0	7.2	0	8.4	4.8	0							0	0	0
05080090	珊瑚及介、贝、棘皮动物的壳、骨		0		6	0	0	2.4	0	7.2	0	8.4	4.8	0							0	0	0
05100010	黄药		0		0	0	0	0	0	0	0	0	0								0	0	0
05100020	龙涎香、海狸香、灵猫香		0		5	0	0	0	0	1.4	0	0	2.8								0	0	0
05100030	麝香		0		5	0	0	0	0	1.4	0	0	2.8								0	0	0
05100040	斑蝥		0		5	0	0	0	0	1.4	0	0	2.8								0	0	0
05100090	胆汁,配药用腺体及其他动物产品		0		5	0	0	0	0	1.2	0	0	2.4								0	0	0
05111000	牛的精液																				0	0	0
05119111	受精鱼卵		0		6	0	0	0	0	7.2	0	4.8	4.8								0	0	0
05119119	其他鱼产品					0	0	2.4	0	7.2	7.6	8.4	4.8								0	0	0
05119190	其他未列名水产品;第三章的死动物		0		6	0	0	2.4	0	7.2	0	8.4	4.8								0	0	0
05119910	动物精液(牛的精液除外)																				0	0	0
05119920	动物胚胎																				0	0	0
05119930	蚕种																				0	0	0
05119940	马毛及废马毛,不论是否制成有或无衬垫的毛片		0		12	0	0	3	0	9	0	10.5	6								0	0	0
05119990	其他编号未列名的动物产品;不适合供人食用的第一章的死动物		0		6	0	0	2.4	0	7.2	0	8.4	4.8								0	0	0
06011010	休眠的番红花球茎	2	0		0	0	0	0	0	0	0	0	0					0			0	0	0
06011021	种用百合球茎																				0	0	0
06011029	其他百合球茎	2.5	0		0	0	0	0	0	0	0	0	0					0			0	0	0
06011091	种用休眠的鳞茎、块茎、块根等																				0	0	0
06011099	其他休眠的鳞茎、块茎、块根等	2.5	0		0	0	0	0	0	0	0	0	0					0			0	0	0
06012000	生长或开花的鳞茎等及菊苣植物	7.5	0		7.5	0	0	3	0	9	0	10.5	6								0	0	
06021000	无根插枝及接穗																				0		0
06022010	食用水果及坚果树的种用苗木																				0	0	0
06022090	其他食用水果、坚果树及灌木	5	0		5	0	0	2	0	2	0	7	4								0	0	0
06023010	种用杜鹃																				0	0	0

税则号列	商品描述①	协定税率(%)															特惠税率(%)						
		亚太	东盟	新加坡	巴基斯坦	智利	新西兰	秘鲁	哥斯达黎加	瑞士	冰岛	韩国	澳大利亚	香港	澳门	台湾	亚太2国②	东盟			最不发达国家		
																		老挝	柬埔寨	缅甸	LDC1③	LDC2④	LDC3⑤
06023090	其他杜鹃		0		12	0	0	3	0	9	0	10.5	6								0	0	
06024010	种用玫瑰																				0	0	0
06024090	其他玫瑰		0		12	0	0	3	0	9	0	10.5	6								0	0	
06029010	蘑菇菌丝																				0	0	0
06029091	其他种用苗木																				0	0	0
06029092	兰花		0		5	0	0	2	0	2	0	7	4								0	0	0
06029093	菊花		0		5	0	0	2	0	2	0	7	4								0	0	0
06029094	百合		0		5	0	0	2	0	2	0	7	4								0	0	0
06029095	康乃馨		0		5	0	0	2	0	2	0	7	4								0	0	0
06029099	其他非种用活植物	5	0		5	0	0	2	0	2	0	7	4								0	0	0
06031100	鲜玫瑰	5	0		5	0	0	0	0	2	0	7	4					0			0	0	0
06031200	鲜康乃馨	5	0		5	0	0	0	0	2	0	7	4					0			0	0	0
06031300	鲜兰花	5	0		5	0	0	0	0	2	0	7	4			0		0			0	0	0
06031400	鲜菊花	5	0		5	0	0	0	0	2	0	7	4					0			0	0	0
06031500	鲜百合花	5	0		5	0	0	0	0	2	0	7	4					0			0	0	0
06031900	其他鲜花	5	0		5	0	0	0	0	2	0	7	4					0			0	0	0
06039000	干的及经过染色等加工的插花及花蕾	11.5	0		11.5	0	0	4.6	0	13.8	0	19.5	9.2	0	0			0			0	0	0
06042010	鲜苔藓及地衣		0			0	0	4.6	0	13.8	0	16.1	9.2								0	0	
06042090	鲜植物枝、叶等		0		5	0	0	2	0	2	0	7	4								0	0	0
06049010	其他苔藓及地衣		0			0	0	4.6	0	13.8	0	16.1	9.2								0	0	
06049090	其他植物枝、叶等		0		5	0	0	0	0	2	0	7	4	0	0						0	0	0
07011000	种用马铃薯		0		6.5	0	0	0	0	7.8		9.1	5.2								0	0	0
07019000	其他鲜或冷的马铃薯	9	0		5	0	0	0	0	7.8	0	9.1	5.2						0		0	0	0
07020000	鲜或冷藏的番茄		0		6.5	0	0	0	0	7.8	0	9.1	5.2								0	0	0
07031010	鲜或冷的洋葱	6.5	0		5	0	0	0	0	7.8	0	9.1	5.2						0	0	0	0	0
07031020	鲜或冷的青葱	6.5	0		5	0	0	0	0	7.8	0	9.1	5.2						0	0	0	0	0
07032010	鲜或冷藏的大蒜头	6.5	0		0	0	0	0	0	7.8	0	9.1	5.2								0	0	
07032020	鲜或冷藏的大蒜蒜薹及蒜苗(青蒜)	6.5	0		0	0	0	0	0	7.8	0	9.1	5.2								0	0	
07032090	其他鲜或冷藏的大蒜	6.5	0		0	0	0	0	0	7.8	0	9.1	5.2								0	0	
07039010	鲜或冷的韭葱		0		6.5	0	0	0	0	7.8	0	9.1	5.2						0		0	0	0
07039020	鲜或冷的大葱		0		6.5	0	0	0	0	7.8	0	9.1	5.2						0		0	0	0
07039090	鲜或冷的其他葱属蔬菜		0		6.5	0	0	0	0	7.8	0	9.1	5.2						0		0	0	0
07041000	鲜或冷的菜花及硬花甘蓝		0		5	0	0	0	0	2		7	4								0	0	0
07042000	鲜或冷的抱子甘蓝		0		6.5	0	0	0	0	7.8	0	9.1	5.2								0	0	
07049010	卷心菜		0		6.5	0	0	0	0	7.8	0	9.1	5.2					0			0	0	0
07049020	西兰花		0		6.5	0	0	0	0	7.8	0	9.1	5.2					0			0	0	0
07049090	鲜或冷的其他食用芥菜类蔬菜		0		6.5	0	0	0	0	7.8	0	9.1	5.2					0			0	0	0
07051100	鲜或冷的结球莴苣(包心生菜)		0		0	0	0	0	0	2	0	7	4								0	0	0
07051900	鲜或冷的其他莴苣		0		0	0	0	0	0	2	0	7	4								0	0	0
07052100	鲜或冷的维特罗夫菊苣		0		0	0	0	0	0	7.8	0	9.1	5.2								0	0	
07052900	鲜或冷的其他菊苣		0		0	0	0	0	0	7.8	0	9.1	5.2								0	0	
07061000	鲜或冷的胡萝卜及萝卜		0		6.5	0	0	0	0	7.8		9.1	5.2								0	0	

税则号列	商品描述[①]	协定税率(%)															特惠税率(%)						
		亚太	东盟	新加坡	巴基斯坦	智利	新西兰	秘鲁	哥斯达黎加	瑞士	冰岛	韩国	澳大利亚	香港	澳门	台湾	亚太2国[②]	东盟			最不发达国家		
																		老挝	柬埔寨	缅甸	LDC1[③]	LDC2[④]	LDC3[⑤]
07069000	鲜或冷的小萝卜及类似食用根茎		0		6.5	0	0	0	0	7.8	0	9.1	5.2								0	0	
07070000	鲜或冷的黄瓜及小黄瓜	6.5	0		5	0	0	0	0	7.8	0	9.1	5.2						0		0	0	0
07081000	鲜或冷的豌豆	6.5	0		0	0	0	0	0	7.8	0	9.1	5.2						0		0	0	0
07082000	鲜或冷的豇豆及菜豆	6.5	0		0	0	0	0	0	7.8	0	9.1	5.2					0	0		0	0	0
07089000	鲜或冷的其他豆类蔬菜	6.5	0		0	0	0	0	0	7.8	0	9.1	5.2						0		0	0	0
07092000	鲜或冷的芦笋	6.5	0		0	0	0	0	0	7.8	0	9.1	5.2								0	0	0
07093000	鲜或冷的茄子	6.5	0		0	0	0	0	0	7.8	0	9.1	5.2								0	0	0
07094000	鲜或冷的芹菜,但块根芹除外		0		0	0	0	0	0	2	0	7	4								0	0	0
07095100	鲜或冷的其他伞菌属蘑菇		0		0	0	0	0	0	7.8	0	9.1	5.2	0	0				0		0	0	0
07095910	鲜或冷的松茸		0		0	0	0	0	0	7.8	0	9.1	5.2						0		0	0	0
07095920	鲜或冷的香菇		0		0	0	0	0	0	7.8	0	9.1	5.2						0		0	0	0
07095930	鲜或冷的金针菇		0		0	0	0	0	0	7.8	0	9.1	5.2			0			0		0	0	0
07095940	鲜或冷的草菇		0		0	0	0	0	0	7.8	0	9.1	5.2						0		0	0	0
07095950	鲜或冷的口蘑		0		0	0	0	0	0	7.8	0	9.1	5.2						0		0	0	0
07095960	鲜或冷的块菌		0		0	0	0	0	0	7.8	0	9.1	5.2								0	0	
07095990	鲜或冷的其他蘑菇		0		0	0	0	0	0	7.8	0	9.1	5.2						0		0	0	0
07096000	鲜或冷的辣椒,包括甜椒	6.5	0		0	0	0	0	0	7.8	0	9.1	5.2						0		0	0	0
07097000	鲜或冷的菠菜		0		0	0	0	0	0	7.8	0	9.1	5.2	0							0	0	0
07099100	鲜或冷藏的洋蓟		0		0	0	0	0	0	7.8	0	9.1	5.2	0					0		0	0	0
07099200	鲜或冷藏的油橄榄		0		0	0	0	0	0	7.8	0	9.1	5.2	0					0		0	0	0
07099300	鲜或冷藏的南瓜、笋瓜及瓠瓜		0		0	0	0	0	0	7.8	0	9.1	5.2	0					0		0	0	0
07099910	鲜或冷藏的竹笋		0		0	0	0	0	0	7.8	0	9.1	5.2					0	0		0	0	0
07099990	鲜或冷藏的其他蔬菜		0		0	0	0	0	0	7.8	0	9.1	5.2	0					0		0	0	0
07101000	冷冻马铃薯		0		6.5	0	0	0	0	7.8		9.1	5.2								0	0	
07102100	冷冻豌豆		0		6.5	0	0	0	0	7.8	0	9.1	5.2								0	0	
07102210	红小豆(赤豆)		0		6.5	0	0	0	0	7.8	0	9.1	5.2						0		0	0	0
07102290	其他冷冻豇豆及菜豆		0		6.5	0	0	0	0	7.8	0	9.1	5.2						0		0	0	0
07102900	冷冻其他豆类蔬菜		0		6.5	0	0	0	0	7.8	0	9.1	5.2						0		0	0	0
07103000	冷冻菠菜		0		6.5	0	0	0	0	7.8	0	9.1	5.2								0	0	
07104000	冷冻甜玉米		0		5	0	0	0	0	2	0	7	4								0	0	0
07108010	冷冻松茸		0		6.5	0	0	0	0	7.8	0	9.1	5.2						0		0	0	0
07108020	冻其他蒜薹及蒜苗(青蒜)		0		6.5	0	0	0	0	7.8	0	9.1	5.2						0		0	0	0
07108030	冻蒜头		0		6.5	0	0	0	0	7.8	0	9.1	5.2						0		0	0	0
07108040	冻牛肝菌		0		6.5	0	0	0	0	7.8	0	9.1	5.2						0		0	0	0
07108090	冷冻未列名蔬菜		0		6.5	0	0	0	0	7.8	0	9.1	5.2						0		0	0	0
07109000	冷冻什锦蔬菜		0		5	0	0	0	0	2	0	7	4						0		0	0	0
07112000	暂时保藏的油橄榄		0		0	0	0	0	0	7.8	0	9.1	5.2								0	0	
07114000	暂时保藏的黄瓜及小黄瓜		0		0	0	0	0	0	7.8	0	9.1	5.2								0	0	
07115112	盐水小白蘑菇		0		0	0	0	0	0	7.8	0	9.1	5.2								0	0	
07115119	盐水的其他伞菌属蘑菇		0		0	0	0	0	0	7.8	0	9.1	5.2								0	0	
07115190	其他伞菌属蘑菇		0		0	0	0	0	0	7.8	0	9.1	5.2								0	0	
07115911	盐水松茸		0		0	0	0	0	0	7.8	0	9.1	5.2								0	0	
07115919	盐水其他蘑菇及菌块		0		0	0	0	0	0	7.8	0	9.1	5.2								0	0	

税则号列	商品描述[①]	协定税率(%)															特惠税率(%)						
																		东盟			最不发达国家		
		亚太	东盟	新加坡	巴基斯坦	智利	新西兰	秘鲁	哥斯达黎加	瑞士	冰岛	韩国	澳大利亚	香港	澳门	台湾	亚太2国[②]	老挝	柬埔寨	缅甸	LDC1[③]	LDC2[④]	LDC3[⑤]
07115990	暂时保藏的其他蘑菇及菌块		0		0	0	0	0	0	7.8	0	9.1	5.2								0	0	
07119031	盐水竹笋	6.5	0		0	0	0	0	0	7.8	0	9.1	5.2								0	0	
07119034	盐水大蒜	6.5	0		0	0	0	0	0	7.8	0	9.1	5.2								0	0	
07119039	盐水其他蔬菜;什锦蔬菜	6.5	0		0	0	0	0	0	7.8	0	9.1	5.2								0	0	
07119090	暂时保藏的其他蔬菜;什锦蔬菜	6.5	0		0	0	0	0	0	7.8	0	9.1	5.2								0	0	
07122000	干制洋葱		0		6.5	0	0	0	0	7.8	0	9.1	5.2								0	0	0
07123100	干伞菌属蘑菇	9	0		5	0	0	0	0	7.8	0	9.1	5.2								0	0	0
07123200	干木耳		0		6.5	0	0	0	0	7.8	0	9.1	5.2								0	0	
07123300	干银耳		0		6.5	0	0	0	0	7.8	0	9.1	5.2								0	0	
07123910	干香菇	9	0		5	0	0	0	0	7.8	0	9.1	5.2								0	0	
07123920	干金针菇	9	0		5	0	0	0	0	7.8	0	9.1	5.2								0	0	
07123930	干草菇	9	0		5	0	0	0	0	7.8	0	9.1	5.2								0	0	
07123940	干口蘑	9	0		5	0	0	0	0	7.8	0	9.1	5.2								0	0	
07123950	干牛肝菌	9	0		5	0	0	0	0	7.8	0	9.1	5.2								0	0	
07123991	干羊肚菌	9	0		9	0	0	0	0	7.8	0	9.1	5.2								0	0	
07123999	其他干制蘑菇及块菌	9	0		9	0	0	0	0	7.8	0	9.1	5.2								0	0	
07129010	笋干丝		0		6.5	0	0	0	0	7.8	0	9.1	5.2								0	0	0
07129020	紫萁(薇菜干)		0		6.5	0	0	0	0	7.8	0	9.1	5.2								0	0	
07129030	干金针菜(黄花菜)		0		6.5	0	0	0	0	7.8	0	9.1	5.2								0	0	
07129040	蕨菜干		0		6.5	0	0	0	0	7.8	0	9.1	5.2								0	0	
07129050	干制的大蒜		0		6.5	0	0	0	0	7.8	0	9.1	5.2								0	0	
07129091	干制的辣根		0		6.5	0	0	0	0	7.8	0	9.1	5.2								0	0	0
07129099	干制的其他蔬菜及什锦蔬菜		0		6.5	0	0	0	0	7.8	0	9.1	5.2								0	0	0
07131010	种用豌豆																				0	0	0
07131090	其他干豌豆		0		0	0	0	0	0	0	0	0	0								0	0	0
07132010	种用鹰嘴豆																				0	0	0
07132090	其他干鹰嘴豆		0		5	0	0	0	0	1.4	0	0	2.8								0	0	0
07133110	种用绿豆																				0	0	0
07133190	其他干绿豆	1.5	0		0	0	0	0	0	0	0	0	0						0	0	0	0	0
07133210	种用红小豆(赤豆)																				0	0	0
07133290	其他红小豆(赤豆)		0		0	0	0	0	0	0	0	0	0						0		0	0	0
07133310	种用芸豆																				0	0	0
07133390	其他干芸豆		0		5	0	0	0	0	1.5	0	0	3						0		0	0	0
07133400	干巴姆巴拉豆	3.5	0		0	0	0	0	0	1.4	0	0	2.8						0		0	0	0
07133500	干牛豆	3.5	0		0	0	0	0	0	1.4	0	0	2.8						0		0	0	0
07133900	干豇豆及菜豆	3.5	0		0	0	0	0	0	1.4	0	0	2.8						0		0	0	0
07134010	种用扁豆																				0	0	0
07134090	其他干扁豆		0		5	0	0	0	0	1.4	0	0	2.8								0	0	0
07135010	种用蚕豆																				0	0	0
07135090	其他干蚕豆		0		5	0	0	0	0	1.4	0	0	2.8								0	0	0
07136010	种用干木豆																				0	0	0
07136090	其他干木豆		0		5	0	0	0	0	1.4	0	0	2.8								0	0	0
07139010	种用干豆																				0	0	0

税则号列	商品描述[①]	协定税率(%)															特惠税率(%)						
		亚太	东盟	新加坡	巴基斯坦	智利	新西兰	秘鲁	哥斯达黎加	瑞士	冰岛	韩国	澳大利亚	香港	澳门	台湾	亚太2国[②]	东盟			最不发达国家		
																		老挝	柬埔寨	缅甸	LDC1[③]	LDC2[④]	LDC3[⑤]
07139090	其他干豆		0		5	0	0	0	0	1.4	0	0	2.8								0	0	0
07141010	鲜木薯		0		5	0	0	0	0	2	0	4	4					0	0		0	0	0
07141020	干木薯		0		0	0	0	0	0	0	0	0	0					0	0		0	0	0
07141030	冷或冻的木薯		0		5	0	0	0	0	2	0	7	4					0	0		0	0	0
07142011	种用鲜甘薯																	0	0		0	0	0
07142019	其他鲜甘薯	6.5	0		5	0	0	0	0	7.8	0	9.1	5.2					0	0		0	0	0
07142020	干甘薯	6.5	0		5	0	0	0	0	7.8	0	9.1	5.2					0	0		0	0	0
07142030	冷或冻的甘薯	6.5	0		5	0	0	0	0	7.8	0	9.1	5.2					0	0		0	0	0
07143000	山药	6.5	0		5	0	0	0	0	7.8	0	9.1	5.2					0	0		0	0	0
07144000	芋头	6.5	0		5	0	0	0	0	7.8	0	9.1	5.2								0	0	
07145000	箭叶黄体芋	6.5	0		5	0	0	0	0	7.8	0	9.1	5.2					0	0		0	0	0
07149010	鲜、干或冷、冻的荸荠	6.5	0		5	0	0	0	0	7.8	0	9.1	5.2					0	0		0	0	0
07149021	种用藕																				0	0	0
07149029	其他藕	6.5	0		5	0	0	0	0	7.8	0	9.1	5.2					0	0		0	0	0
07149090	含有高淀粉或菊粉的其他类似根茎	6.5	0		5	0	0	0	0	7.8	0	9.1	5.2					0	0		0	0	0
08011100	干的椰子	6	0		5	0	0	0	6.4	7.2	0	4.8	4.8		0				0		0	0	0
08011200	未去内壳的鲜椰子	6	0		5	0	0	0	6.4	7.2	0	4.8	4.8						0		0	0	0
08011910	种用椰子																				0	0	0
08011990	其他鲜椰子	6	0		5	0	0	0	6.4	7.2	0	4.8	4.8						0		0	0	0
08012100	鲜或干的未去壳巴西果		0		5	0	0	0	5.3	2	0	4	4		0						0	0	0
08012200	鲜或干的去壳巴西果		0		5	0	0	0	5.3	2	0	4	4		0						0	0	0
08013100	鲜或干的未去壳腰果		0			0	0	4	10.7	12	0	14	8		0				0		0	0	0
08013200	鲜或干的去壳腰果		0		5	0	0	0	5.3	2	0	7	4		0				0	0	0	0	0
08021100	未去壳扁桃仁		0			0	0	4.8	12.8	14.4	0	16.8	9.6		0						0	0	
08021200	其他扁桃仁		0		5	0	0	2	5.3	2	0	7	4		0						0	0	0
08022100	鲜或干的未去壳榛子		0			0	0	5	13.3	15	0	21.2	10		0						0	0	
08022200	鲜或干的去壳榛子		0		5	0	0	0	5.3	2	0	7	4		0						0	0	0
08023100	鲜或干的未去壳核桃		0			0	0	5	13.3	15	0	21.2	10		0						0	0	
08023200	鲜或干的去壳核桃		0			0	0	4	10.7	12	0	16	8		0						0	0	
08024110	未去壳板栗		0			0	0	5	13.3	15	0		10		0						0	0	
08024190	未去壳其他栗子		0			0	0	5	13.3	15	0	21.2	10		0						0	0	
08024210	去壳板栗		0			0	0	5	13.3	15	0	21.2	10		0						0	0	
08024290	去壳其他栗子		0			0	0	5	13.3	15	0	21.2	10		0						0	0	
08025100	未去壳阿月浑子果		0		5	0	0	0	5.3	2	0	7	4		0						0	0	
08025200	去壳阿月浑子果		0		5	0	0	0	5.3	2	0	7	4		0						0	0	
08026110	未去壳种用马卡达姆坚果																				0	0	0
08026190	未去壳其他马卡达姆坚果		0			0	0	4.8	12.8	14.4	0	16.8	9.6		0						0	0	
08026200	去壳马卡达姆坚果		0			0	0	4.8	12.8	14.4	0	16.8	9.6		0						0	0	
08027000	可乐果		0			0	0	4.8	12.8	14.4	0	20.4	9.6		0						0	0	
08028000	槟榔果	5	0		5	0	0	0	5.3	2	0	7	4		0						0	0	0
08029020	鲜或干的白果		0			0	0	5	13.3	15	0	21.2	10		0						0	0	
08029030	鲜或干的松子仁		0			0	0	5	13.3	15	0	21.2	10		0						0	0	
08029090	其他鲜或干坚果		0			0	0	4.8	12.8	14.4	0	20.4	9.6		0						0	0	

税则号列	商品描述①	协定税率(%)															特惠税率(%)						
		亚太	东盟	新加坡	巴基斯坦	智利	新西兰	秘鲁	哥斯达黎加	瑞士	冰岛	韩国	澳大利亚	香港	澳门	台湾	亚太2国②	东盟			最不发达国家		
																		老挝	柬埔寨	缅甸	LDC1③	LDC2④	LDC3⑤
08031000	鲜或干的芭蕉	6.9	0		5	0	0	2	5.3	2	0	7	4		0	0		0	0		0	0	0
08039000	鲜或干的其他香蕉	6.9	0		5	0	0	2	5.3	2	0	7	4		0	0		0	0		0	0	0
08041000	鲜或干的椰枣		0		0	0	0	3	8	9	0	10.5	6		0						0	0	
08042000	鲜或干的无花果		0		0	0	0	6	16	20.1	0	25.5	12		0						0	0	
08043000	鲜或干菠萝	7.9	0		0	0	0	0	6.4	7.2	0	8.4	4.8	0	0				0		0	0	0
08044000	鲜或干鳄梨	12.5	0		0	0	0	0	13.3	15	0	21.2	10		0				0		0	0	0
08045010	鲜或干番石榴	7.5	0		0	0	0	3	8	9	0	10.5	6		0						0	0	
08045020	鲜或干芒果	10.6	0		0	0	0	0	8	9	0	10.5	6		0						0	0	0
08045030	鲜或干山竹果	7.5	0		0	0	0	0	8	9	0	10.5	6		0						0	0	
08051000	鲜或干橙		0		0	0	0	0	5.9	6.6	0	7.7	7.3		0	0					0	0	0
08052110	鲜或干蕉柑		0		0	0	0	2.4	6.4	7.2	0	8.4	8		0						0	0	
08052190	鲜或干其他柑橘		0		0	0	0	0	6.4	7.2	0	8.4	8		0						0	0	
08052200	鲜或干克里曼丁橘		0		0	0	0	0	6.4	7.2	0	8.4	8		0						0	0	
08052900	其他鲜或干的韦尔金橘及杂交柑橘		0		0	0	0	0	6.4	7.2	0	8.4	8		0						0	0	
08054000	鲜或干的葡萄柚,包括柚		0		0	0	0	2.4	6.4	7.2	0	8.4	8	0	0						0	0	0
08055000	鲜或干的柠檬及酸橙	5.5	0		0	0	0	0	5.9	6.6	0	7.7	7.3		0	0					0	0	0
08059000	其他鲜或干的柑橘属水果	15	0		0	0	0	0	16	20.1	0	25.5	20		0						0	0	
08061000	鲜葡萄		0		6.5	0	0	0	0	7.8	0	9.1	5.2								0	0	
08062000	葡萄干		0		5	0	0	2	0	2	0	7	4		0						0	0	
08071100	鲜西瓜	12.5	0		12.5	0	0	5	0	15	0	21.2	10								0		
08071910	鲜哈密瓜	6	0		5	0	0	0	0	7.2	0	8.4	4.8			0					0	0	0
08071920	鲜罗马甜瓜及加勒比甜瓜	6	0		5	0	0	2.4	0	7.2	0	8.4	4.8								0	0	0
08071990	其他鲜甜瓜	6	0		5	0	0	2.4	3.6	7.2	0	8.4	4.8								0	0	0
08072000	鲜木瓜		0			0	0	5	0	15	0	17.5	10						0		0	0	0
08081000	鲜苹果		0		5	0	0	2	0	2	0	7	4								0	0	0
08083010	鲜鸭梨及雪梨	10	0		5	0	0	2.4	0	7.2	0	8.4	4.8								0	0	
08083020	鲜香梨	10	0		5	0	0	2.4	0	7.2	0	8.4	4.8								0	0	
08083090	其他鲜梨		0		5	0	0	2	0	2	0	7	4								0	0	
08084000	鲜榅桲		0		12.8	0	0	3.2	0	9.6	0	12.8	6.4								0	0	
08091000	鲜杏		0			0	0	5	0	15	0	21.2	10								0	0	
08092100	鲜欧洲酸樱桃		0		5	0	0	2	0	2	0	7	4								0	0	0
08092900	其他鲜樱桃		0		5	0	0	2	0	2	0	7	4								0	0	0
08093000	鲜桃,包括鲜油桃		0		5	0	0	2	0	2	0	7	4								0	0	0
08094000	鲜梅及李		0		5	0	0	2	0	2	0	7	4								0	0	
08101000	鲜草莓		0			0	0	0	0	8.4	0	9.8	5.6								0	0	0
08102000	鲜的木莓、黑莓、桑葚及罗甘莓		0			0	0	5	0	15	0	21.2	10								0	0	
08103000	鲜黑、白或红的穗醋栗(加仑子)及醋栗		0			0	0	5	0	15	0	21.2	10								0	0	
08104000	鲜蔓越橘及越橘		0			0	0	0	0	20.1	0	25.5	12								0		
08105000	鲜猕猴桃	16.5	0		16	0	0	4	0	12	0	16	8								0	0	
08106000	鲜榴莲		0			0	0	4	0	12	0	14	8						0		0	0	0
08107000	鲜柿子	16.4	0		16	0	0	0	0	12	0	16	8	0	0						0	0	
08109010	鲜荔枝	20	0		20	0	0	6	0	20.1	0	25.5	12								0	0	

税则号列	商品描述[①]	协定税率(%)															特惠税率(%)						
		亚太	东盟	新加坡	巴基斯坦	智利	新西兰	秘鲁	哥斯达黎加	瑞士	冰岛	韩国	澳大利亚	香港	澳门	台湾	亚太2国[②]	东盟 老挝	东盟 柬埔寨	东盟 缅甸	最不发达国家 LDC1[③]	最不发达国家 LDC2[④]	最不发达国家 LDC3[⑤]
08109030	鲜龙眼		0		6	0	0	0	0	7.2	0	8.4	4.8						0		0	0	0
08109040	鲜红毛丹		0			0	0	4	0	12	0	14	8								0	0	
08109050	鲜蕃荔枝		0			0	0	0	0	12	0	14	8								0	0	
08109060	鲜杨桃		0			0	0	0	0	12	0	16	8								0	0	
08109070	莲雾	16.4	0		16	0	0	4	0	12	0	14	8								0	0	
08109080	火龙果	16.4	0		16	0	0	4	0	12	0	14	8			0					0	0	
08109090	其他鲜果	16.4	0		16	0	0	0	0	12	0	16	8	0	0						0	0	
08111000	冷冻草莓		0			0	0	6	0		0	25.5	12								0	0	
08112000	冷冻其他浆果		0			0	0	6	0		0	25.5	12								0	0	
08119010	未去壳的冷冻栗子		0			0	0	6	0		0	25.5	12								0	0	
08119090	其他冷冻水果及坚果		0			0	0	6	0		0	25.5	12								0	0	
08121000	暂时保藏的樱桃		0			0	0	6	0		0	25.5	12								0	0	
08129000	暂时保藏的其他水果及坚果		0			0	0	5.4	0	15	0	21.2	10								0	0	
08131000	杏干		0			0	0	5	0	15	0	21.2	10		0						0	0	
08132000	梅干及李干		0			0	0	5	0	15	0	21.2	10		0						0	0	
08133000	苹果干		0			0	0	5	0	15	0	21.2	10		0						0	0	
08134010	龙眼干、肉		0			0	0	4	0	12	0	14	8		0				0		0	0	0
08134020	柿饼		0			0	0	5	0	15	0	21.2	10		0				0		0	0	0
08134030	干红枣		0			0	0	5	0	15	0	21.2	10		0				0		0	0	0
08134040	荔枝干		0			0	0	5	0	15	0	17.5	10		0				0		0	0	0
08134090	其他干果		0			0	0	5	0	15	0	21.2	10		0				0		0	0	0
08135000	本章的什锦坚果或干果		0		14.4	0	0	3.6	0	10.8	0	14.4	7.2		0						0	0	
08140000	柑橘属水果或甜瓜的果皮		0			0	0	5	0	15	0	21.2	10		0						0	0	
09011100	未浸除咖啡碱的未焙炒咖啡					0	0		2.4	1.6	0	3.2	3.2					0	0		0	0	0
09011200	已浸除咖啡碱的未焙炒咖啡					0	0			1.6	0	3.2	3.2					0	0		0	0	0
09012100	未浸除咖啡碱的已焙炒咖啡					0	0		4.5	11.4	0	10.5	6	0	0			0	0		0	0	0
09012200	已浸除咖啡碱的已焙炒咖啡		0		12	0	0			9	0	10.5	6		0			0	0		0	0	0
09019010	咖啡豆荚及咖啡豆皮		0	0	5	0	0	0	0	2	0	7	4					0	0		0	0	0
09019020	含咖啡的咖啡代用品		0	0		0	0				0	25.5	12		0			0	0		0	0	0
09021010	每件净重≤3千克的花茶	7.5	0	0	7.5	0	0	3	0	9	0	10.5	6		0						0	0	
09021090	每件净重≤3千克的其他绿茶	7.5	0	0	7.5	0	0	3	0	9	0	10.5	6		0	0					0	0	0
09022010	每件净重>3千克的花茶	7.5	0	0	7.5	0	0	3	0	9	0	10.5	6		0						0	0	
09022090	每件净重>3千克的其他绿茶	7.5	0	0	7.5	0	0	3	0	9	0	10.5	6		0	0					0	0	0
09023010	每件净重≤3千克的乌龙茶	7.5	0	0	7.5	0	0	3	0	9	0	10.5	6	0	0	0					0	0	
09023020	每件净重≤3千克的普洱茶	7.5	0	0	7.5	0	0	3	0	9	0	10.5	6	0	0						0	0	
09023090	每件净重≤3千克的其他发酵、半发酵红茶	7.5	0	0	7.5	0	0	3	0	9	0	10.5	6	0	0	0					0	0	0
09024010	每件净重>3千克的乌龙茶	7.5	0	0	7.5	0	0	3	0	9	0	10.5	6	0	0	0		0	0	0	0	0	0
09024020	每件净重>3千克的普洱茶	7.5	0	0	7.5	0	0	3	0	9	0	10.5	6	0	0			0	0	0	0	0	0
09024090	每件净重>3千克的其他红茶(已发酵)及半发酵茶	7.5	0	0	7.5	0	0	3	0	9	0	10.5	6	0	0	0		0	0	0	0	0	0
09030000	马黛茶		0	0	5	0	0	0	0	2	0	7	4								0	0	0
09041100	未磨胡椒					0	0	4	0	12	0	16	8								0	0	
09041200	已磨胡椒	10			10	0	0	4	0	12	0	16	8	0	0						0	0	

税则号列	商品描述①	协定税率(%)															特惠税率(%)						
		亚太	东盟	新加坡	巴基斯坦	智利	新西兰	秘鲁	哥斯达黎加	瑞士	冰岛	韩国	澳大利亚	香港	澳门	台湾	亚太2国②	东盟 老挝	东盟 柬埔寨	东盟 缅甸	最不发达国家 LDC1③	最不发达国家 LDC2④	最不发达国家 LDC3⑤
09042100	未磨干辣椒	10	0	0	10	0	0	0	0	12	0	16	8	0	0						0	0	
09042200	已磨辣椒	10	0	0	10	0	0	0	0	12	0	16	8	0	0						0	0	
09051000	未磨香子兰豆		0	0	12	0	0	3	0	9	0	10.5	6								0	0	0
09052000	已磨香子兰豆		0	0	12	0	0	3	0	9	0	10.5	6								0	0	0
09061100	未磨锡兰肉桂		0		0	0	0	0	0	0	0	0	0								0	0	0
09061900	其他未磨的肉桂及肉桂花		0		0	0	0	0	0	0	0	0	0								0	0	0
09062000	已磨肉桂及肉桂花		0	0	12	0	0	3	0	9	0	10.5	6	0	0						0	0	
09071000	未磨丁香		0		0	0	0	0	0	0	0	0	0						0		0	0	0
09072000	已磨丁香		0		0	0	0	0	0	0	0	0	0						0		0	0	0
09081100	未磨肉豆蔻		0		5	0	0	0	0	1.6	0	3.2	3.2					0	0		0	0	0
09081200	已磨肉豆蔻		0		5	0	0	0	0	1.6	0	3.2	3.2					0	0		0	0	0
09082100	未磨肉豆蔻衣		0		5	0	0	0	0	1.6	0	3.2	3.2					0	0		0	0	0
09082200	已磨肉豆蔻衣		0		5	0	0	0	0	1.6	0	3.2	3.2					0	0		0	0	0
09083100	未磨豆蔻		0		0	0	0	0	0	0	0	0	0					0	0		0	0	0
09083200	已磨豆蔻		0		0	0	0	0	0	0	0	0	0					0	0		0	0	0
09092100	未磨芫荽子		0	0	12	0	0	3	0	9	0	10.5	6								0	0	
09092200	已磨芫荽子		0	0	12	0	0	3	0	9	0	10.5	6								0	0	
09093100	未磨枯茗子	7.5	0	0	7.5	0	0	3	0	9	0	10.5	6								0	0	
09093200	已磨枯茗子	7.5	0	0	7.5	0	0	3	0	9	0	10.5	6								0	0	
09096110	未磨八角茴香		0	0		0	0	4	0	12	0	16	8								0	0	
09096190	未磨其他茴香		0	0	12	0	0	3	0	9	0	10.5	6								0	0	
09096210	已磨八角茴香		0	0		0	0	4	0	12	0	16	8								0	0	
09096290	已磨其他茴香		0	0	12	0	0	3	0	9	0	10.5	6								0	0	
09101100	未磨姜	7.5	0	0	7.5	0	0	3	0	9	0	10.5	6					0	0		0	0	0
09101200	已磨姜	7.5	0	0	7.5	0	0	3	0	9	0	10.5	6					0	0		0	0	0
09102000	番红花		0		0	0	0	0	0	0	0	0	0								0	0	0
09103000	姜黄	7.5	0	0	7.5	0	0	3	0	9	0	10.5	6	0	0				0		0	0	0
09109100	混合调味香料	7.5	0	0	7.5	0	0	3	0	9	0	10.5	6	0	0						0	0	0
09109900	其他调味香料		0	0	12	0	0	3	0	9	0	10.5	6	0	0						0	0	0
10011100	种用硬粒小麦		20																				
10011900	其他硬粒小麦		20																				
10019100	种用其他小麦及混合麦		20																				
10019900	其他小麦及混合麦		20																				
10021000	种用黑麦																				0	0	0
10029000	其他黑麦		0		0	0	0	0	0	0	0	0	0								0	0	0
10031000	种用大麦																				0	0	0
10039000	其他大麦	0	0		0	0	0	0	0	0	0	0	0								0	0	0
10041000	种用燕麦																				0	0	0
10049000	其他燕麦		0		0	0	0	0	0	0	0	0	0								0	0	0
10059000	其他玉米		50																				
10061011	种用籼米稻谷		50																				
10061019	种用稻谷		20																				
10061091	其他籼米稻谷		50																				

税则号列	商品描述[①]	协定税率(%)															特惠税率(%)						
		亚太	东盟	新加坡	巴基斯坦	智利	新西兰	秘鲁	哥斯达黎加	瑞士	冰岛	韩国	澳大利亚	香港	澳门	台湾	亚太2国[②]	东盟 老挝	东盟 柬埔寨	东盟 缅甸	最不发达国家 LDC1[③]	最不发达国家 LDC2[④]	最不发达国家 LDC3[⑤]
10061099	其他稻谷		20																				
10062010	籼型糙米		50																				
10062090	其他糙米		20																				
10063010	籼型精米		50																				
10063090	其他精米		20																				
10064010	籼米碎米		20																				
10064090	其他碎米		20																				
10071000	种用高粱																				0	0	0
10079000	其他高粱		0		0	0	0	0	0	0	0	0	0								0	0	
10081000	荞麦		0		0	0	0	0	0	0	0	0	0								0	0	0
10082100	种用谷子		0		0	0	0	0	0	0	0	0	0					0			0	0	0
10082900	其他谷子		0		0	0	0	0	0	0	0	0	0					0			0	0	0
10083000	加那利草子		0		0	0	0	0	0	0	0	0	0					0			0	0	0
10084010	种用直长马唐																				0	0	0
10084090	其他直长马唐		0		0	0	0	0	0	0	0	0	0					0			0	0	0
10085010	种用昆诺阿藜																				0	0	0
10085090	其他昆诺阿藜		0		0	0	0	0	0	0	0	0	0					0			0	0	0
10086010	种用黑小麦																				0	0	0
10086090	其他黑小麦		0		0	0	0	0	0	0	0	0	0					0			0	0	0
10089010	其他种用谷物																				0	0	0
10089090	其他谷物		0		0	0	0	0	0	0	0	0	0					0			0	0	0
11010000	小麦或混合麦的细粉		50																				
11029019	其他大米细粉		20																				
11029090	其他谷物细粉		0		0	0	0	0	0	0	0	0	0						0		0	0	0
11031100	小麦粗粒及粗粉		50																				
11031300	玉米粗粒及粗粉		50																				
11031910	燕麦粗粒及粗粉		0		0	0	0	0	0	0	0	0	0								0	0	0
11031990	其他谷物粗粒及粗粉		0		0	0	0	0	0	0	0	0	0						0		0	0	0
11032010	小麦团粒		50																				
11032090	其他谷物团粒		0	0		0	0	4	0	12	0	16	8								0	0	
11041200	滚压或制片的燕麦		0	0		0	0	4	0	12	0	16	8								0	0	
11041910	滚压或制片的大麦		0	0		0	0	4	0	12	0	16	8								0	0	
11041990	滚压或制片的其他谷物		0	0		0	0	4	0	12	0	16	8								0	0	
11042200	经其他加工的燕麦		0	0		0	0	4	0	12	0	16	8								0	0	
11042300	经其他加工的玉米		50																				
11042910	经其他加工的大麦		0	0		0	0	13	0				26								0	0	
11042990	经其他加工的其他谷物		0	0		0	0	4	0	12	0	16	8								0	0	
11043000	整粒或经加工的谷物胚芽		0	0		0	0	4	0	12	0	16	8								0	0	
11051000	马铃薯细粉、粗粉及粉末		0	0	12	0	0	0	0	9	0	10.5	6								0	0	
11052000	马铃薯粉片、颗粒及团粒		0	0	12	0	0	3	0	9	0	10.5	6								0	0	
11061000	干豆细粉、粗粉及粉末		0	0		0	0	0	0	2	0	7	4						0		0	0	0
11062000	用品目07.14的西谷茎髓、植物根茎、块茎制成的细粉、粗粉、粉末		0	0		0	0	0	0	12	0	16	8					0	0	0	0	0	0

税则号列	商品描述[①]	协定税率(%)															特惠税率(%)						
		亚太	东盟	新加坡	巴基斯坦	智利	新西兰	秘鲁	哥斯达黎加	瑞士	冰岛	韩国	澳大利亚	香港	澳门	台湾	亚太2国[②]	东盟 老挝	东盟 柬埔寨	东盟 缅甸	最不发达国家 LDC1[③]	最不发达国家 LDC2[④]	最不发达国家 LDC3[⑤]
11063000	水果及坚果的细粉、粗粉及粉末	10	0	0	10	0	0	4	0	12	0	16	8								0	0	
11071000	未焙制麦芽		0	0	5	0	0	2	0	2	0	7	4								0	0	
11072000	已焙制麦芽		0	0	5	0	0	2	0	2	0	7	4								0	0	
11081100	小麦淀粉		0	0		0	0	4	0	12	0	16	8								0	0	
11081200	玉米淀粉		0	0		0	0	0	0	12	0	16	8								0	0	
11081300	马铃薯淀粉		0	0	12	0	0	3	0	9	0	10.5	6								0	0	
11081400	木薯淀粉		0	0	5	0	0	0	0	2	0	7	4								0	0	0
11081900	其他淀粉		0	0		0	0	4	0	12	0	16	8								0	0	
11082000	菊粉		0	0		0	0	4	0	12	0	14	8								0	0	
11090000	面筋,不论是否干制		0	0	14.4	0	0	3.6	0	10.8	0	14.4	7.2								0	0	
12011000	种用大豆																				0	0	0
12019010	黄大豆	0	0		0	0	0	0	0	0	0	0						0	0		0	0	0
12019020	黑大豆	0	0		0	0	0	0	0	0	0	0						0	0		0	0	0
12019030	青大豆	0	0		0	0	0	0	0	0	0	0						0	0		0	0	0
12019090	其他大豆	0	0		0	0	0	0	0	0	0	0									0	0	0
12023000	种用花生																				0	0	0
12024100	去壳花生		0	0	12	0	0	3	0	9	0	10.5	6					0			0	0	0
12024200	未去壳花生		0	0	12	0	0	3	0	9	0	10.5	6					0			0	0	0
12030000	干椰子肉	7.5	0	0	7.5	0	0	3	0	9	0	10.5	6						0		0	0	0
12040000	亚麻子		0	0	12	0	0	3	0	9	0	10.5	6								0	0	
12051010	种用的低芥子酸油菜子																				0	0	0
12051090	其他低芥子酸油菜子	0	0		0	0	0	0	0	1.8	0	3.6									0	0	
12059010	其他种用油菜子																				0	0	0
12059090	其他油菜子	0	0		0	0	0	0	0	1.8	0	3.6									0	0	
12060010	种用葵花子																				0	0	0
12060090	其他葵花子		0	0	12	0	0	3	0	9	0	10.5	6								0	0	
12071010	种用棕榈果及棕榈仁																				0	0	0
12071090	其他棕榈果及棕榈仁		0	0	5	0	0	0	0	2	0	7	4						0		0	0	0
12072100	种用棉子																				0	0	0
12072900	其他棉子		0	0	12	0	0	3	0	9	0	10.5	6								0	0	
12073010	种用蓖麻子																				0	0	0
12073090	其他蓖麻子		0	0		0	0	3	0	9	0	10.5	6					0	0	0	0	0	0
12074010	种用芝麻																				0	0	0
12074090	其他芝麻	9	0	0	9	0	0	0	0	2	0	7	4					0	0	0	0	0	0
12075010	种用芥子																				0	0	0
12075090	其他芥子		0	0	12	0	0	3	0	9	0	10.5	6								0	0	
12076010	种用红花子																				0	0	0
12076090	其他红花子		0	0		0	0	4	0	12	0	16	8								0	0	
12077010	种用甜瓜子																				0	0	0
12077091	黑瓜子		0	0		0	0	4	0	12	0	16	8								0	0	
12077092	红瓜子		0	0		0	0	4	0	12	0	16	8								0	0	
12077099	其他瓜子		0			0	0	6	0		0	25.5	12								0	0	0
12079100	罂粟子		0	0		0	0	4	0	12	0	16	8								0	0	

税则号列	商品描述①	协定税率(%)															特惠税率(%)						
		亚太	东盟	新加坡	巴基斯坦	智利	新西兰	秘鲁	哥斯达黎加	瑞士	冰岛	韩国	澳大利亚	香港	澳门	台湾	亚太2国②	东盟			最不发达国家		
																		老挝	柬埔寨	缅甸	LDC1③	LDC2④	LDC3⑤
12079910	其他种用含油子仁及果实																				0	0	0
12079991	牛油树果		0	0		0	0	4	0	12	0	16	8							0	0	0	0
12079999	其他含油子仁及果实		0	0	5	0	0	2	0	2	0	7	4					0	0	0	0	0	0
12081000	大豆粉		0		5	0	0	0	0	1.8	0	3.6	3.6						0		0	0	0
12089000	其他含油子仁或果实的细粉及粗粉		0	0	12	0	0	3	0	9	0	10.5	6	0					0		0	0	0
12091000	糖甜菜子																				0	0	0
12092100	紫苜蓿子																				0	0	0
12092200	三叶草子																				0	0	0
12092300	羊茅子																				0	0	0
12092400	草地早熟禾子																				0	0	0
12092500	黑麦草种子																				0	0	0
12092910	甜菜子,糖甜菜子除外																				0	0	0
12092990	其他饲料植物种子																				0	0	0
12093000	草本花卉植物种子																				0	0	0
12099100	蔬菜种子																				0	0	0
12099900	其他种植用的种子、果实及孢子																				0	0	0
12101000	未研磨也未制成团粒的啤酒花		0	0		0	0	4	0	12	0	16	8								0	0	
12102000	已研磨或制成团粒的啤酒花;蛇麻腺		0	0	5	0	0	0	0	2	0	7	4									0	0
12112010	鲜、冷、冻或干的西洋参		0	0	5	0	0	0	0	1.5	0	0	3	0	0						0	0	0
12112020	鲜、冷、冻或干的野山参(西洋参除外)	16.4	0	0	16	0	0	4	0	12	0	16	8								0	0	
12112091	其他鲜人参		0	0		0	0	4	0	12	0	16	8	0	0						0	0	
12112099	其他冷、冻或干的人参		0	0		0	0	4	0	12	0		8	0	0						0	0	
12113000	鲜、冷、冻或干的古柯叶		0		5	0	0	0	0	1.8	0	3.6	3.6						0		0	0	0
12114000	鲜、冷、冻或干的罂粟杆		0		5	0	0	0	0	1.8	0	3.6	3.6						0		0	0	0
12115000	鲜、冷、冻或干的麻黄	4.5	0		4.5	0	0	0	0	1.8	0	3.6	3.6						0		0	0	0
12119011	鲜、冷、冻或干的当归	3	0		0	0	0	0	0	1.2	0	0	2.4						0		0	0	0
12119012	鲜、冷、冻或干的三七(田七)	3	0		0	0	0	0	0	1.2	0	0	2.4						0		0	0	0
12119013	鲜、冷、冻或干的党参	3	0		0	0	0	0	0	1.2	0	0	2.4								0	0	0
12119014	鲜、冷、冻或干的黄连	3	0		0	0	0	0	0	1.2	0	0	2.4								0	0	0
12119015	鲜、冷、冻或干的菊花	3	0		0	0	0	0	0	1.2	0	0	2.4						0		0	0	0
12119016	鲜、冷、冻或干的冬虫夏草	3	0		0	0	0	0	0	1.2	0	0	2.4		0				0		0	0	0
12119017	鲜、冷、冻或干的贝母	3	0		0	0	0	0	0	1.2	0	0	2.4						0		0	0	0
12119018	鲜、冷、冻或干的川芎	3	0		0	0	0	0	0	1.2	0	0	2.4						0		0	0	0
12119019	鲜、冷、冻或干的半夏	3	0		0	0	0	0	0	1.2	0	0	2.4						0		0	0	0
12119021	鲜、冷、冻或干的白芍	3	0		0	0	0	0	0	1.2	0	0	2.4						0		0	0	0
12119022	鲜、冷、冻或干的天麻	3	0		0	0	0	0	0	1.2	0	0	2.4						0		0	0	0
12119023	鲜、冷、冻或干的黄芪	3	0		0	0	0	0	0	1.2	0	0	2.4						0		0	0	0
12119024	鲜、冷、冻或干的大黄、籽黄	3	0		0	0	0	0	0	1.2	0	0	2.4						0		0	0	0
12119025	鲜、冷、冻或干的白术	3	0		0	0	0	0	0	1.2	0	0	2.4						0		0	0	0
12119026	鲜、冷、冻或干的地黄	3	0		0	0	0	0	0	1.2	0	0	2.4						0		0	0	0
12119027	鲜、冷、冻或干的槐米	3	0		0	0	0	0	0	1.2	0	0	2.4						0		0	0	0

税则号列	商品描述①	协定税率(%)															特惠税率(%)						
		亚太	东盟	新加坡	巴基斯坦	智利	新西兰	秘鲁	哥斯达黎加	瑞士	冰岛	韩国	澳大利亚	香港	澳门	台湾	亚太2国②	东盟			最不发达国家		
																		老挝	柬埔寨	缅甸	LDC1③	LDC2④	LDC3⑤
12119028	鲜、冷、冻或干的杜仲	3	0		0	0	0	0	0	1.2	0	0	2.4						0		0	0	0
12119029	鲜、冷、冻或干的茯苓	3	0		0	0	0	0	0	1.2	0	0	2.4					0	0	0	0	0	0
12119031	鲜、冷、冻或干的枸杞	3	0		0	0	0	0	0	1.2	0	0	2.4						0		0	0	0
12119032	鲜、冷、冻或干的大海子	3	0		0	0	0	0	0	1.2	0	0	2.4						0		0	0	0
12119033	鲜、冷、冻或干的沉香	1.5	0		0	0	0	0	0	0	0	0	0						0		0	0	0
12119034	鲜、冷、冻或干的沙参	3	0		0	0	0	0	0	1.2	0	0	2.4						0		0	0	0
12119035	鲜、冷、冻或干的青蒿		0		5	0	0	0	0	1.2	0	0	2.4						0		0	0	0
12119036	鲜、冷、冻或干的甘草		0		5	0	0	0	0	1.2	0	0	2.4								0	0	0
12119037	鲜、冷、冻或干的黄芩	3	0		0	0	0	0	0	1.2	0	0	2.4					0	0	0	0	0	0
12119038	鲜、冷、冻或干的椴树(欧椴)花及叶	3	0		0	0	0	0	0	1.2	0	0	2.4					0	0	0	0	0	0
12119039	其他主要用作药料的鲜、冷、冻或干的植物	3	0		0	0	0	0	0	1.2	0	0	2.4					0	0	0	0	0	0
12119050	鲜、冷、冻或干的主要用作香料的植物	4	0		0	0	0	0	0	1.6	0	3.2	3.2						0		0	0	0
12119091	鲜、冷、冻或干的鱼藤根、除虫菊	1.5	0		0	0	0	0	0	0	0	0	0						0		0	0	0
12119099	其他鲜、冷、冻或干的杀虫、杀菌用植物	4.5	0		4.5	0	0	0	0	1.8	0	3.6	3.6						0		0	0	0
12122110	适合供人食用的海带	10	0	0	10	0	0	4	0	12	0	16	8								0	0	
12122120	适合供人食用的发菜	10	0	0	10	0	0	4	0	12	0	16	8								0	0	
12122131	适合供人食用的干裙带菜	7.5	0	0	7.5	0	0	5	0	9	0	10.5	6								0	0	
12122132	适合供人食用的鲜裙带菜	7.5	0	0	7.5	0	0	5	0	9	0	10.5	6								0	0	
12122139	适合供人食用的其他裙带菜	7.5	0	0	7.5	0	0	5	0	9	0	10.5	6								0	0	
12122141	适合供人食用的干紫菜	7.5	0	0	7.5	0	0	5	0	9	0	10.5	6								0	0	
12122142	适合供人食用的鲜紫菜	7.5	0	0	7.5	0	0	5	0	9	0	10.5	6								0	0	
12122149	适合供人食用的其他紫菜	7.5	0	0	7.5	0	0	5	0	9	0	10.5	6								0	0	
12122161	适合供人食用的干麒麟菜	7.5	0		7.5	0	0	5	0	9	0	10.5	6								0	0	0
12122169	适合供人食用的其他麒麟菜	7.5	0		7.5	0	0	5	0	9	0	10.5	6								0	0	
12122171	适合供人食用的干江蓠	7.5	0		7.5	0	0	5	0	9	0	10.5	6								0	0	
12122179	适合供人食用的其他江蓠	7.5	0		7.5	0	0	5	0	9	0	10.5	6								0	0	
12122190	其他适合供人食用的海草及其他藻类	7.5	0	0	7.5	0	0	5	0	9	0	10.5	6								0	0	0
12122910	马尾藻	7.5	0	0	7.5	0	0	5	0	9	0	6	6								0	0	0
12122990	其他不适合供人食用的海草及其他藻类	7.5	0	0	7.5	0	0	5	0	9	0	6	6								0	0	0
12129100	鲜、冷、冻或干的甜菜		0	0		0	0	4	0	12	0	16	8								0	0	
12129200	刺槐豆	10	0	0	10	0	0	4	0	12	0	16	8								0	0	
12129300	甘蔗		0			0	0	4	0	12	0	14	8					0	0	0	0	0	0
12129400	菊苣根		0			0	0	6	0		0	16	8								0	0	0
12129911	主要供人食用的苦杏仁		0	0		0	0	4	0	12	0	16	8								0	0	
12129912	主要供人食用的甜杏仁		0	0		0	0	4	0	12	0	16	8	0	0						0	0	
12129919	主要供人食用的桃(包括油桃)、梅或李的核及核仁		0	0		0	0	4	0	12	0	16	8								0	0	
12129993	鲜、冷、冻或干的白瓜子		0	0		0	0	4	0	12	0	16	8								0	0	

税则号列	商品描述①	协定税率(%)															特惠税率(%)						
		亚太	东盟	新加坡	巴基斯坦	智利	新西兰	秘鲁	哥斯达黎加	瑞士	冰岛	韩国	澳大利亚	香港	澳门	台湾	亚太2国②	东盟 老挝	东盟 柬埔寨	东盟 缅甸	最不发达国家 LDC1③	最不发达国家 LDC2④	最不发达国家 LDC3⑤
12129994	鲜、冷、冻或干的莲子		0	0		0	0	4	0	12	0	16	8								0	0	
12129996	甜叶菊叶		0	0		0	0	6	0		0		12								0	0	0
12129999	鲜、冷、冻或干的其他主要供人食用的其他编号未列名的果核、果仁及植物产品		0	0		0	0	6	0		0		12								0	0	0
12130010	未经处理的稻草的茎、秆		0	0	6	0	0	0	0	7.2	0	8.4	4.8						0		0	0	0
12130090	其他未经处理的谷类植物茎、秆及谷壳		0	0	6	0	0	0	0	7.2	0	8.4	4.8						0		0	0	0
12141000	紫苜蓿粗粉及团粒		0		0	0	0	0	0	0	0	0	0						0		0	0	0
12149000	芜菁甘蓝、饲料甜菜等其他植物饲料		0		5	0	0	0	0	1.8	0	3.6	3.6						0		0	0	0
13012000	阿拉伯胶		0	0	0	0	0	0	0	9	0	10.5	6								0	0	0
13019010	胶黄耆树胶		0	0	0	0	0	0	0	9	0	10.5	6								0	0	
13019020	乳香、没药及血竭		0		0	0	0	0	0	0	0	0	0								0	0	0
13019030	阿魏		0		0	0	0	0	0	0	0	0	0								0	0	0
13019040	松脂		0	0	0	0	0	0	0	9	0	10.5	6								0	0	0
13019090	其他天然树胶、树脂		0	0	0	0	0	0	0	9	0	10.5	6								0	0	0
13021100	鸦片液汁及浸膏																				0	0	0
13021200	甘草液汁及浸膏		0		5	0	0	0	0	1.2	0	0	2.4								0	0	0
13021300	啤酒花液汁及浸膏		0	0	5	0	0	0	0	2	0	7	4								0	0	0
13021400	麻黄液汁及浸膏	15	0	0	15	0	0	4	0	4	0	16	8								0	0	
13021910	生漆		0	0		0	0	4	0	12	0	16	8								0	0	
13021920	印楝素		0		0	0	0	0	0	0	0	0	0								0	0	0
13021930	除虫菊或含鱼藤酮植物根茎的液汁及浸膏		0		0	0	0	0	0	0	0	0	0								0	0	0
13021940	银杏的液汁及浸膏	15	0	0	15	0	0	4	0	4	0	16	8								0	0	
13021990	其他植物液汁及浸膏	15	0	0	15	0	0	4	0	4	0	16	8								0	0	
13022000	果胶、果胶酸盐及果胶酸酯		0	0		0	0	4	0	12	0	16	8								0	0	
13023100	琼脂		0	0	5	0	0	2	0	2	0	7	4								0	0	0
13023200	刺槐豆、刺槐豆子或瓜尔豆制得的胶液及增稠剂	10	0	0	0	0	0	3	0	9	0	10.5	6								0	0	
13023911	卡拉胶		0	0	12	0	0	3	0	9	0	10.5	6								0	0	
13023912	褐藻胶		0	0	12	0	0	3	0	9	0	10.5	6								0	0	
13023919	其他海草及藻类制品		0	0	12	0	0	7.9	0	9	0	10.5	6								0	0	
13023990	其他植物胶液及增稠剂		0	0	12	0	0	5	0	9	0	10.5	6								0	0	
14011000	竹		0	0	5	0	0	0	0	2	0	7	4					0	0		0	0	0
14012000	藤		0	0	5	0	0	0	0	2	0	7	4					0	0		0	0	0
14019010	谷类植物的茎秆(麦秸除外)		0	0	5	0	0	2	0	2	0	7	4						0		0	0	0
14019020	芦苇		0	0	5	0	0	0	0	2	0	7	4						0		0	0	0
14019031	蔺草		0	0	5	0	0	0	0	2	0	7	4						0		0	0	0
14019039	灯芯草属的其他主要作编结用的植物材料		0	0	5	0	0	0	0	2	0	7	4						0		0	0	0

税则号列	商品描述①	协定税率(%)															特惠税率(%)						
		亚太	东盟	新加坡	巴基斯坦	智利	新西兰	秘鲁	哥斯达黎加	瑞士	冰岛	韩国	澳大利亚	香港	澳门	台湾	亚太2国②	东盟 老挝	东盟 柬埔寨	东盟 缅甸	最不发达国家 LDC1③	最不发达国家 LDC2④	最不发达国家 LDC3⑤
14019090	未列名主要用作编结用的植物材料		0	0	5	0	0	2	0	2	0	7	4						0		0	0	0
14042000	棉短绒		0		0	0	0	0	0	0	0	0	0								0	0	0
14049010	主要供染料或鞣料用的植物原料	4.3	0		0	0	0	1.7	0	0	0	0	0								0	0	0
14049090	其他植物产品		0	0		0	0	0	0	9	0	10.5	6								0	0	0
15011000	猪油		0	0		0	0	0	0	2	0	7	4	0	0						0	0	0
15012000	其他猪脂肪		0	0		0	0	0	0	2	0	7	4	0	0						0	0	0
15019000	家禽脂肪		0	0		0	0	0	0	2	0	7	4	0	0						0	0	0
15021000	牛、羊油脂	0	0		0	0	0	0	0	1.6	0	3.2	3.2		0						0	0	0
15029000	其他牛、羊脂肪	0	0		0	0	0	0	0	1.6	0	3.2	3.2		0						0	0	0
15030000	未经制作的猪油硬脂、油硬脂等		0	0		0	0	0	0	2	0	7	4		0						0	0	0
15041000	鱼肝油及其分离品		0	0		0	0	0	0	7.2	0	8.4	4.8		0						0	0	
15042000	其他鱼油、脂及其分离品		0	0		0	0	0	0	8	0	8.4	4.8		0						0	0	
15043000	海生哺乳动物的油、脂及其分离品		0	0		0	0	0	0	8.6	0	10	5.8		0						0	0	
15050000	羊毛脂及羊毛脂肪物质		0	0		0	0	4	0	12	0	16	8								0	0	
15060000	其他动物油、脂及其分离品		0	0		0	0	4	0	12	0	16	8		0						0	0	
15081000	初榨花生油的分离品		0	0																			
15089000	精制的花生油及其分离品		0	0																			
15091000	初榨油橄榄油及其分离品		0	0		0	0	2	0	2	0	7			0						0	0	
15099000	精制的油橄榄油及其分离品		0	0		0	0	0	0	2	0	7		0	0						0	0	
15100000	其他橄榄油及其分离品		0	0		0	0	0	0	2	0	7			0						0	0	
15121100	初榨葵花油或红花油的分离品		0												0								
15121900	精制的葵花油或红花油及其分离品		0												0								
15122100	初榨棉子油的分离品		0	0											0								
15122900	精制的棉子油及其分离品		0	0											0								
15131100	初榨椰子油分离品	4.5	0		4.5	0	0	0	0	1.8	0	3.6			0						0	0	
15131900	椰子油及其分离品	4.5	0		4.5	0	0	0	0	1.8	0	3.6			0						0	0	0
15132100	初榨棕榈仁油或巴巴苏棕榈果油及其分离品		0			0	0	0	0	1.8	0	3.6			0						0	0	
15132900	精制的棕榈仁油或巴巴苏棕榈果油及其分离品		0			0	0	0	0	1.8	0	3.6			0						0	0	
15151100	初榨亚麻子油及其分离品		0	0		0	0	3	0	9	0	10.5			0						0	0	
15151900	精制的亚麻子油及其分离品		0	0		0	0	3	0	9	0	10.5			0						0	0	
15152100	初榨玉米油的分离品		0	0											0			0	0		0	0	0
15152900	精制的玉米油及其分离品		0	0											0			0	0		0	0	0
15153000	蓖麻油及其分离品		0	0		0	0	0	0	2	0	7	4		0			0	0		0	0	0
15155000	芝麻油及其分离品		0	0		0	0	0	0	7.2	0	8.4	4.8		0			0	0		0	0	0
15159010	希蒙得木油及其分离品		0	0		0	0		0	12		16	8		0				0		0	0	0
15159020	印楝油及其分离品		0	0		0	0		0	12		16	8		0				0		0	0	
15159030	桐油及其分离品		0	0		0	0		0	12		16	8		0				0		0	0	0
15159090	其他固定植物油、脂及其分离品		0	0		0	0		0	12	0		8		0			0	0	0	0	0	0

税则号列	商品描述[①]	协定税率(%)															特惠税率(%)						
																	亚太	东盟			最不发达国家		
		亚太	东盟	新加坡	巴基斯坦	智利	新西兰	秘鲁	哥斯达黎加	瑞士	冰岛	韩国	澳大利亚	香港	澳门	台湾	2国[②]	老挝	柬埔寨	缅甸	LDC1[③]	LDC2[④]	LDC3[⑤]
15161000	氢化、酯化或反油酸化动物油、脂及其分离品,但未进一步加工的		0			0	0	0	0	0	0	0	0		0						0	0	0
15162000	氢化、酯化或反油酸化植物油、脂及其分离品,但未进一步加工的		0			0	0	5	0		0		10		0						0	0	
15171000	人造黄油,非液态		0	0		0	0		0				12		0						0	0	
15179010	起酥油		0			0	0	5	0	15	0		10	0	0						0	0	
15179090	混合制成的食用油脂或制品		0			0	0	5	0	16.8	0			0	0						0	0	
15180000	化学改性的动、植物油、脂及其制品;其他编号未列名的非食用油、脂或制品		0	0		0	0	2	0	2	0	8.5			0						0	0	0
15200000	粗甘油,甘油水及甘油碱液		0	0		0	0	4	0	12	0	16	8	0	0						0	0	
15211000	植物蜡		0	0		0	0	4	0	12	0	16	8								0	0	
15219010	蜂蜡		0	0		0	0	4	0	12	0	16	8								0	0	
15219090	其他虫蜡及鲸蜡		0	0		0	0	4	0	12	0	16	8								0	0	
15220000	油鞣回收脂;加工处理油脂及动、植物蜡所剩残渣		0	0		0	0	4	0	12	0	16	8								0	0	
16010010	用天然肠衣做外包装的香肠及类似产品		0	0	12	0	0	3	0	9	0	10.5	6	0	0						0	0	
16010020	其他香肠及类似产品		0	0	12	0	0	3	0	9	0	10.5	6	0	0						0	0	
16010030	用香肠制成的食品		0	0	12	0	0	3	0	9	0	10.5	6		0						0	0	
16021000	肉或食用杂碎的均化食品		0	0	12	0	0	3	0	9	0	10.5	6								0	0	
16022000	制作或保藏的动物肝		0	0	12	0	0	3	0	9	0	10.5	6	0							0	0	
16023100	制作或保藏的火鸡肉及杂碎		0	0	12	0	0	3	0	9	0	10.5	6								0	0	
16023210	鸡罐头		0	0	12	0	0	3	0	9	0	10.5	6		0						0	0	
16023291	鸡胸肉		0	0	12	0	0	3	0	9	0	10.5	6	0	0						0	0	
16023292	鸡腿肉		0	0	12	0	0	3	0	9	0	10.5	6	0	0						0	0	
16023299	其他鸡肉		0	0	12	0	0	3	0	9	0	10.5	6	0	0						0	0	
16023910	其他品目 01.05 所列家禽肉及杂碎的罐头		0	0	12	0	0	3	0	9	0	10.5	6		0						0	0	
16023991	鸭肉		0	0	12	0	0	3	0	9	0	10.5	6	0							0	0	
16023999	经制作或保藏的其他品目 01.05 所列家禽肉及杂碎		0	0	12	0	0	3	0	9	0	10.5	6		0						0	0	
16024100	制作或保藏的猪后腿及其肉块		0	0	12	0	0	3	0	9	0	10.5	6		0						0	0	
16024200	制作或保藏的猪前腿及其肉块		0	0	12	0	0	3	0	9	0	10.5	6		0						0	0	
16024910	其他猪肉及杂碎的罐头		0	0	12	0	0	3	0	9	0	10.5	6		0						0	0	
16024990	制作或保藏的其他猪肉、杂碎及血		0	0	12	0	0	3	0	9	0	10.5	6	0	0						0	0	
16025010	牛肉及牛杂碎罐头		0	0	6	0	0	2.4	0	7.2	0	8.4	4.8	0	0						0	0	
16025090	其他制作或保藏的牛肉、杂碎及血		0	0	6	0	0	2.4	0	7.2	0	8.4	4.8	0	0						0	0	
16029010	其他肉及杂碎罐头		0	0	12	0	0	3	0	9	0	10.5	6		0						0	0	
16029090	经制作或保藏的其他肉、杂碎及血		0	0	12	0	0	3	0	9	0	10.5	6		0						0	0	
16030000	肉及水产品的精、汁		0	0		0	0	4.6	0	13.8	0	19.5	9.2	0							0	0	

税则号列	商品描述①	协定税率(%)															特惠税率(%)						
																		东盟			最不发达国家		
		亚太	东盟	新加坡	巴基斯坦	智利	新西兰	秘鲁	哥斯达黎加	瑞士	冰岛	韩国	澳大利亚	香港	澳门	台湾	亚太2国②	老挝	柬埔寨	缅甸	LDC1③	LDC2④	LDC3⑤
16041110	制作或保藏的大西洋鲑鱼,整条或切块,但未绞碎		0	0	6	0	0		0		0	8.4	4.8	0	0						0	0	
16041190	制作或保藏的其他鲑鱼,整条或切块,但未绞碎		0	0	6	0	0		0		0	8.4	4.8								0	0	
16041200	制作或保藏的鲱鱼,整条或切块,但未绞碎		0	0	6	0	0	0	0	7.2	0	8.4	4.8								0	0	
16041300	制作或保藏的沙丁鱼、小沙丁鱼属、黍鲱或西鲱		0		0	0	0	0	0	0	0	0	0		0				0		0	0	0
16041400	制作或保藏的金枪鱼、鲣鱼及狐鲣		0		0	0	0	0	0	0	0	0	0	0	0				0		0	0	0
16041500	制作或保藏的鲭鱼,整条或切块,但未绞碎		0	0	6	0	0	0	0	7.2	0	8.4	4.8								0	0	
16041600	制作保藏的醍鱼(Anchovies),整条或切块,但未绞碎		0	0	6	0	0	0	0	7.2	0	8.4	4.8								0	0	
16041700	制作或保藏的鳗鱼	9.9	0	0	5	0	0		0	7.2	0	8.4	4.8	0	0						0	0	0
16041800	制作或保藏的鲨鱼翅,整条或切块,但未绞碎	9.9	0	0	5	0	0		0	7.2	0	8.4	4.8	0	0						0	0	0
16041920	制作或保藏的罗非鱼,整条或切块,但未绞碎		0	0	6	0	0		0	7.2	0	8.4	4.8	0	0						0	0	
16041931	制作或保藏的斑点叉尾鮰鱼	9.9	0	0	5	0	0		0	7.2	0	8.4	4.8	0	0						0	0	0
16041939	制作或保藏的其他叉尾鮰鱼	9.9	0	0	5	0	0		0	7.2	0	8.4	4.8	0	0						0	0	0
16041990	制作或保藏的其他鱼,整条或切块,但未绞碎	9.9	0	0	5	0	0		0	7.2	0	8.4	4.8	0	0						0	0	0
16042011	鱼翅罐头	9.9	0	0	5	0	0	2.4	0	7.2	0			0	0						0	0	
16042019	其他制作或保藏的鱼罐头	9.9	0	0	5	0	0	2.4	0	7.2	0	8.4	4.8	0	0						0	0	
16042091	鱼翅	9.9	0	0	5	0	0	2.4	0	7.2	0			0	0						0	0	
16042099	其他制作或保藏的鱼	9.9	0	0	5	0	0	2.4	0	7.2	0	8.4	4.8	0	0						0	0	
16043100	鲟鱼子酱		0	0	6	0	0	0	0	7.2	0	8.4	4.8								0	0	
16043200	鲟鱼子酱代用品		0	0	6	0	0	0	0	7.2	0	8.4	4.8								0	0	
16051000	制作或保藏的蟹		0		0	0	0	0	0	0	0	0	0	0	0						0	0	0
16052100	制作或保藏的非密封包装小虾及对虾		0		0	0	0	0	0	0	0	0	0	0	0				0		0	0	0
16052900	制作或保藏的其他小虾及对虾		0		0	0	0	0	0	0	0	0	0	0	0				0		0	0	0
16053000	制作或保藏的龙虾		0		0	0	0	0	0	0	0	0	0	0	0				0		0	0	0
16054011	制作或保藏的淡水小龙虾仁		0		0	0	0	0	0	0	0	0	0						0		0	0	0
16054019	制作或保藏的带壳淡水小龙虾		0		0	0	0	0	0	0	0	0	0						0		0	0	0
16054090	制作或保藏的其他甲壳动物		0		0	0	0	0	0	0	0	0	0						0		0	0	0
16055100	制作或保藏的牡蛎	3.9	0		0	0	0	0	0	0	0	0	0	0	0						0	0	0
16055200	制作或保藏的扇贝	3.9	0		0	0	0	0	0	0	0	0	0	0	0						0	0	0
16055300	制作或保藏的贻贝	3.9	0		0	0	0	0	0	0	0	0	0	0	0						0	0	0
16055400	制作或保藏的墨鱼及鱿鱼	3.9	0		0	0	0	0	0	0	0	0	0	0	0						0	0	0
16055500	制作或保藏的章鱼	3.9	0		0	0	0	0	0	0	0	0	0	0	0						0	0	0
16055610	制作或保藏的蛤	3.9	0		0	0	0		0	0	0	0	0	0	0						0	0	0
16055620	制作或保藏的鸟蛤及舟贝	3.9	0		0	0	0	0	0	0	0	0	0	0	0						0	0	0

税则号列	商品描述[①]	协定税率(%)															特惠税率(%)						
		亚太	东盟	新加坡	巴基斯坦	智利	新西兰	秘鲁	哥斯达黎加	瑞士	冰岛	韩国	澳大利亚	香港	澳门	台湾	亚太2国[②]	东盟			最不发达国家		
																		老挝	柬埔寨	缅甸	LDC1[③]	LDC2[④]	LDC3[⑤]
16055700	制作或保藏的鲍鱼	3.9	0		0	0	0	0	0	0	0	0	0	0	0						0	0	0
16055800	制作或保藏的蜗牛及螺	3.9	0		0	0	0	0	0	0	0	0	0	0	0						0	0	0
16055900	制作或保藏的其他软体动物	3.9	0		0	0	0	0	0	0	0	0	0	0	0						0	0	0
16056100	制作或保藏的海参	3.9	0		0	0	0	0	0	0	0	0	0	0	0						0	0	0
16056200	制作或保藏的海胆	3.9	0		0	0	0	0	0	0	0	0	0	0	0						0	0	0
16056300	制作或保藏的海蜇		0	0	12	0	0		0	9	0	10.5	6	0	0						0	0	0
16056900	制作或保藏的其他水生无脊椎动物	3.9	0		0	0	0	0	0	0	0	0	0	0	0						0	0	0
17021100	无水乳糖,按重量计含量>99%		0	0	5	0	0	0	0	2		7	4		0						0	0	0
17021900	其他乳糖及乳糖浆		0	0	5	0	0	0	0	2		7	4		0						0	0	0
17022000	槭糖及槭糖浆		0	0		0	0	6	0			25.5	12		0						0		
17023000	低果糖含量的葡萄糖及糖浆		0	0		0	0	6	0				12	0	0						0		
17024000	中果糖含量的葡萄糖及糖浆		0	0		0	0	6	0				12		0						0		
17025000	化学纯果糖		0	0		0	0	6	0		0		12		0						0		
17026000	其他果糖及糖浆		0	0		0	0	6	0		0		12		0						0		
17029000	其他固体糖;人造蜜;焦糖		0	0		0	0	15.9	0	20.1	0		12	0	0						0	0	0
17031000	甘蔗糖蜜		0		5	0	0	0	0	1.6	0	3.2	3.2								0	0	0
17039000	其他糖蜜		0		5	0	0	0	0	1.6	0	3.2	3.2								0	0	0
17041000	口香糖,不论是否裹糖	9.5	0	0	5	0	0	6.4	0	7.2	0		4.8	0	0						0	0	0
17049000	其他不含可可的糖食	8.2	0	0	8.2	0	0	2	0	0	0	8.5	4	0	0						0	0	0
18010000	生或焙炒的整颗或破碎的可可豆		0		5	0	0	0	0	1.6	0	3.2	3.2								0	0	0
18020000	可可荚、壳、皮及废料		0	0	5	0	0	0	0	2	0	7	4								0	0	0
18031000	未脱脂可可膏		0		5	0	0	0	0	2	0	7	4								0	0	
18032000	全脱脂或部分脱脂的可可膏		0		5	0	0	0	0	2	0	7	4								0	0	
18040000	可可油,可可脂		0			0	0	4.4	0	13.2	0	18.7	8.8								0	0	0
18050000	未加糖或其他甜物质的可可粉		0		12	0	0	3	0	9	0	10.5	6								0	0	
18061000	含糖或其他甜物质的可可粉		0		5	0	0	2	0	2	0	7	4								0	0	
18062000	每件净重>2千克的含可可食品	7.7	0	0	5	0	0	2	0	0	0	7	4	0	0						0	0	
18063100	其他夹心块状或条状的含可可食品	6.4	0		5	0	0	0	0	1.6	0	6.4	3.2	0	0						0	0	0
18063200	其他不夹心块状或条状含可可食品	7.7	0	0	5	0	0	2	0	0	0	8	4	0	0						0	0	
18069000	其他巧克力及含可可的食品	6.4	0		5	0	0	0	0	4.8	0	6.4	3.2	0	0						0	0	0
19011010	配方奶粉		0	0	12	0	0	3	0	9	0		6		0						0	0	
19011090	其他供婴幼儿食用的零售包装食品		0	0	12	0	0	3	0	9	0		6		0						0	0	
19012000	供焙烘面包糕点用的调制品及面团		0	0		0	0	5	0	15	0	21.2	10	0	0						0	0	
19019000	其他麦精制的其他编号未列名食品		0	0	5	0	0	2	0	2	0	8	4	0	0						0	0	
19021100	未包馅或未制作的含蛋生面食		0	0	12	0	0	3	0	9		10.5	6	0	0						0	0	0
19021900	其他未包馅或未制作的生面食		0	0	12	0	0	3	0	9		12	6	0	0						0	0	0
19022000	包馅面食		0	0	12	0	0	3	0		0	12	6	0	0						0	0	0

税则号列	商品描述[①]	协定税率(%)															特惠税率(%)						
																		东盟			最不发达国家		
		亚太	东盟	新加坡	巴基斯坦	智利	新西兰	秘鲁	哥斯达黎加	瑞士	冰岛	韩国	澳大利亚	香港	澳门	台湾	亚太2国[②]	老挝	柬埔寨	缅甸	LDC1[③]	LDC2[④]	LDC3[⑤]
19023010	米粉干		0	0	12	0	0	3	0	9	0	10.5	6		0						0	0	
19023020	粉丝		0	0	12	0	0	3	0	9	0	10.5	6		0						0	0	
19023030	即食或快熟面条	13.1	0	0	7.5	0	0	3	0	9	0	12.7	6	0	0						0	0	0
19023090	其他面食	13.1	0	0	7.5	0	0	3	0		0	12	6	0	0						0	0	
19024000	古斯古斯面食		0	0		0	0	5	0	15	0	21.2	10		0						0	0	
19030000	珍粉及淀粉制成的珍粉代用品		0	0	12	0	0	3	0	9	0	10.5	6		0						0	0	0
19041000	谷物或谷物产品经膨化或烘炒制的食品		0	0		0	0	5	0	16.7	0	21.2	10		0						0	0	
19042000	未烘炒谷物片制成的食品		0	0		0	0	14	0	6	0	25.5	12	0	0						0		
19043000	碾碎的干小麦		0	0		0	0	14	0		0	25.5	12		0						0		
19049000	其他谷物制品		0	0		0	0	10	0	6	0	25.5	12	0	0						0		
19051000	黑麦脆面包片		0	0		0	0	4	0	12	0	16	8		0						0	0	
19052000	姜饼及类似品		0	0		0	0	4	0	12	0	16	8		0						0	0	
19053100	甜饼干	12.4	0	0	12.4	0	0	3	0	10	0	12	6	0	0		7.5				0	0	0
19053200	华夫饼干及圣餐饼	12.4	0	0	7.5	0	0	3	0	0	0	12	6	0	0		7.5				0	0	0
19054000	面包干、吐司及类似的烤面包		0	0		0	0	4	0	12		16	8		0						0	0	
19059000	其他面包、糕点、饼干及其他焙烘糕饼	17.1	0	0	16	0	0	4	0	12	0	17	8	0	0		10				0	0	
20011000	用醋或醋酸制作的黄瓜及小黄瓜		0	0		0	0	5	0	15	0	21.2	10								0	0	
20019010	用醋制作的大蒜		0	0		0	0	5	0	15	0	21.2	10				12.5				0	0	
20019090	用醋制作的其他果、菜及食用植物		0	0		0	0	5	0	15	0	21.2	10		0		12.5				0	0	
20021010	非用醋制作的整个或切片番茄罐头		0	0		0	0	3.8	0	11.4	0	15.2	7.6		0						0	0	
20021090	非用醋制作的其他整个或切片番茄		0	0		0	0	5	0	15	0	21.2	10								0	0	
20029011	重量≤5 千克的番茄酱罐头		0	0		0	0	0	0	12	0	16	8		0						0	0	
20029019	重量>5 千克的番茄酱罐头		0	0		0	0	0	0	12	0	14	8		0						0	0	
20029090	非用醋制作的绞碎番茄		0	0	14.4	0	0	0	0	10.8	0	14.4	7.2		0						0	0	
20031011	伞菌属小白蘑菇罐头		0	0		0	0	5	0	15	0	17.5	10		0						0	0	
20031019	其他非用醋制作的伞菌属蘑菇罐头		0	0		0	0	5	0	15	0	17.5	10		0						0	0	
20031090	非用醋制作的其他伞菌属蘑菇		0	0		0	0	5	0	15	0	17.5	10		0						0	0	
20039010	其他蘑菇及块菌罐头		0	0		0	0	5	0	15	0	17.5	10		0						0	0	
20039090	其他蘑菇及块菌		0	0		0	0	5	0	15	0	17.5	10		0						0	0	
20041000	非用醋制作的冷冻马铃薯		0	0	6.5	0	0	2.6	0	7.8		9.1	5.2								0	0	0
20049000	非用醋制作的其他冷冻蔬菜		0	0		0	0	5	0	15	0	17.5	10								0	0	
20051000	非用醋制作的未冷冻均化蔬菜		0	0		0	0	5	0	15	0	17.5	10								0	0	
20052000	非用醋制作的未冷冻马铃薯		0	0	12	0	0	3	0	9		10.5	6	0							0	0	
20054000	非用醋制作的未冷冻豌豆		0	0		0	0	5	0	15	0	17.5	10								0	0	
20055111	非用醋或醋酸制作或保藏的未冷冻的赤豆馅罐头		0	0		0	0	5	0	15	0	17.5	10	0	0						0	0	

税则号列	商品描述①	协定税率(%)															特惠税率(%)						
																		东盟			最不发达国家		
		亚太	东盟	新加坡	巴基斯坦	智利	新西兰	秘鲁	哥斯达黎加	瑞士	冰岛	韩国	澳大利亚	香港	澳门	台湾	亚太2国②	老挝	柬埔寨	缅甸	LDC1③	LDC2④	LDC3⑤
20055119	非用醋或醋酸制作或保藏的未冷冻的其他脱荚豇豆及菜豆罐头		0	0		0	0	5	0	15	0	21.2	10	0	0						0	0	
20055191	非用醋或醋酸制作或保藏的未冷冻的赤豆馅,不包括罐头		0	0		0	0	5	0	15	0	17.5	10								0	0	
20055199	非用醋或醋酸制作或保藏的未冷冻的其他脱荚豇豆及菜豆		0	0		0	0	5	0	15		21.2	10	0	0						0	0	
20055910	非用醋制作的其他豇豆及菜豆罐头		0	0		0	0	5	0	15		17.5	10		0						0	0	
20055990	非用醋制作的其他豇豆及菜豆		0	0		0	0	5	0	15		17.5	10								0	0	
20056010	非用醋制作的芦笋罐头		0	0		0	0	5	0	15		17.5	10		0						0	0	
20056090	非用醋制作的其他芦笋		0	0		0	0	5	0	15	0	17.5	10								0	0	
20057000	非用醋制作的未冷冻油橄榄		0	0	5	0	0	2	0	2	0	7	4								0	0	
20058000	非用醋制作的未冷冻甜玉米		0	0	5	0	0	0	0	2	0	7	4								0	0	
20059110	非用醋制作或保藏的竹笋罐头		0	0		0	0	5	0	15	0	17.5	10		0						0	0	
20059190	非用醋制作或保藏的未冷冻的其他竹笋		0	0		0	0	5	0	15	0	17.5	10								0	0	
20059920	蚕豆罐头		0	0		0	0	5	0	15	0	17.5	10		0						0	0	
20059940	榨菜		0	0		0	0	5	0	15	0	17.5	10								0	0	
20059950	咸蕨菜		0	0		0	0	5	0	15	0	17.5	10								0	0	
20059960	咸荞头		0	0		0	0	5	0	15	0	17.5	10								0	0	
20059991	其他蔬菜及什锦蔬菜罐头		0	0		0	0	0	0	15	0	21.2	10		0						0	0	
20059999	非用醋制作的其他蔬菜及什锦蔬菜		0	0		0	0	0	0	16.8	0	21.2	10								0	0	
20060010	蜜枣		0	0		0	0	6	0		0	25.5	12	0	0					0	0	0	0
20060020	糖渍制橄榄		0	0		0	0	15.9	0		0	25.5	12	0	0					0	0	0	0
20060090	其他糖渍蔬菜、水果、坚果、果皮		0	0		0	0	15.9	0	0	0	25.5	12	0	0					0	0	0	0
20071000	烹煮制成的果子均化食品		0	0		0	0	15.9	0	6	0	25.5	12								0		
20079100	烹煮制成的柑橘属水果		0	0		0	0	6	0	0	0	25.5	12		0					0	0	0	0
20079910	烹煮制成的其他果酱、果冻罐头		0		0	0	0	1	0	0	0	0	0		0		2.5				0	0	0
20079990	烹煮制成的其他果酱、果冻		0		0	0	0	1	2.7	1	0	0	0		0		2.5				0	0	0
20081110	花生米罐头		0	0		0	0		0		0	25.5	12	0	0						0		
20081120	烘焙花生		0	0		0	0		0		0	25.5	12	0	0				0		0	0	0
20081130	花生酱		0	0		0	0		0		0	25.5	12								0		
20081190	其他非用醋制作的花生		0	0		0	0		0		0	25.5	12	0	0						0		
20081910	核桃仁罐头	10	0	0	10	0	0	4	0	12	0	16	8	0	0			0	0		0	0	0
20081920	其他果仁罐头	6.5	0	0	5	0	0	2.6	0	7.8	0	9.1	5.2	0	0			0	0		0	0	0
20081991	栗仁	5	0	0	5	0	0	2	0	6.7	0	7	4	0	0			0	0		0	0	0
20081992	用其他方法制作或保藏的芝麻	5	0	0	5	0	0	0	0	2		7	4	0	0						0	0	
20081999	其他坚果及子仁	5	0	0	5	0	0	2	0	2	0	7	4	0	0			0	0		0	0	0
20082010	菠萝罐头					0	0	3	8	9	0	10.5	6		0			0			0	0	0
20082090	非用醋制作的其他菠萝					0	0	3	8	9	0	10.5	6					0			0	0	0
20083010	柑橘属水果罐头		0	0		0	0	0	10.7	12	0	16	8		0			0			0	0	0
20083090	非用醋制作的其他柑橘属水果		0	0		0	0	0	0	12	0	17	8	0	0			0			0	0	0

税则号列	商品描述①	协定税率(%)															特惠税率(%)						
		亚太	东盟	新加坡	巴基斯坦	智利	新西兰	秘鲁	哥斯达黎加	瑞士	冰岛	韩国	澳大利亚	香港	澳门	台湾	亚太2国②	东盟：老挝	东盟：柬埔寨	东盟：缅甸	最不发达国家：LDC1③	最不发达国家：LDC2④	最不发达国家：LDC3⑤
20084010	梨罐头		0	0		0	0	4	0	12	0	16	8		0			0			0	0	0
20084090	非用醋制作的其他梨		0	0		0	0	4	0	12	0	16	8					0			0	0	0
20085000	非用醋制作的杏		0	0		0	0	4	0	12	0	16	8								0	0	
20086010	用其他方法制作或保藏的樱桃罐头		0	0		0	0	4	0	12	0	16	8								0	0	
20086090	用其他方法制作或保藏的其他樱桃		0	0		0	0	4	0	12	0	16	8								0	0	
20087010	桃罐头		0	0	5	0	0	2	0	2	0	7	4		0			0			0	0	0
20087090	非用醋制作的其他桃		0	0		0	0	4	0	12	0	16	8	0	0			0			0	0	0
20088000	非用醋制作的草莓		0	0	12	0	0	3	0	9	0	10.5	6								0	0	
20089100	非用醋制作的棕榈芯		0		0	0	0	0	0	0	0	0	0						0		0	0	0
20089300	用其他方法制作或保藏的蔓越橘		0	0	12	0	0	3	0	3	0	10.5	6	0	0				0		0	0	0
20089700	用其他方法制作或保藏的什锦果实		0	0	5	0	0	2	0	2	0	7	4		0				0		0	0	0
20089910	荔枝罐头		0	0		0	0	4	0	12	0	16	8	0	0						0	0	
20089920	龙眼罐头					0	0	3	0	9	0	10.5	6	0	0				0		0	0	0
20089931	调味紫菜		0	0		0	0	3	0	9	0	12.7	6	0	0				0		0	0	0
20089932	盐渍海带		0		12	0	0	3	0	9	0	10.5	6	0	0				0		0	0	0
20089933	盐渍裙带菜		0		12	0	0	3	0	9	0	10.5	6	0	0				0		0	0	0
20089939	其他海草及藻类制品		0		12	0	0	3	0	9	0	10.5	6	0	0				0		0	0	0
20089940	清水荸荠(马蹄)罐头		0	0		0	0	5	0	15	0	17.5	10		0						0	0	
20089990	未列名制作或保藏的水果、坚果		0	0	12	0	0	3	0	3	0	10.5	6	0	0				0		0	0	0
20091100	冷冻的橙汁		0		5	0	0	1.5	0	1.5	0	3	4.7	0	0			0	0		0	0	0
20091200	非冷冻的,白利糖度值≤20的橙汁		0	0		0	0	6		0	0	25.5	18.8	0	0			0	0		0	0	0
20091900	其他橙汁		0	0		0	0	6			0	25.5	18.8		0			0	0		0	0	0
20092100	白利糖度值≤20的葡萄柚(包括柚)汁		0	0	12	0	0	0	0	9	0	10.5	6	0	0			0			0	0	0
20092900	其他葡萄柚(包括柚)汁		0	0	12	0	0	0	0	9	0	10.5	6		0			0			0	0	0
20093110	白利糖度值≤20的柠檬汁	16.8	0	0	14.4	0	0	3.6	0	10.8	0	14.4	7.2	0	0		9		0		0	0	0
20093190	其他未混合的白利糖度值≤20的桔汁属水果汁	16.8	0	0	14.4	0	0	3.6	0	10.8	0	14.4	7.2	0	0		9		0		0	0	0
20093910	白利糖度值>20的柠檬汁	16.8	0	0	14.4	0	0	0	0	10.8	0	14.4	7.2		0		9		0		0	0	0
20093990	其他未混合的柑橘属水果汁,白利糖度值≤20	16.8	0	0	14.4	0	0	0	0	10.8	0	14.4	7.2		0		9		0		0	0	0
20094100	白利糖度值≤20的菠萝汁					0	0	0	0	2	0	7	4	0	0			0	0		0	0	0
20094900	其他菠萝汁					0	0	0	0	2	0	7	4		0			0	0		0	0	0
20095000	番茄汁		0	0		0	0	6	0		0	25.5	12		0		15	0			0	0	0
20096100	白利糖度值≤30的葡萄汁,包括酿酒葡萄汁		0	0		0	0	6.7	0	12	0	16	8	0	0						0	0	
20096900	葡萄汁,包括酿酒葡萄汁		0	0		0	0	6.7	0	12	0	16	8		0						0	0	
20097100	白利糖度值≤20的苹果汁		0	0		0	0	0	0	12	0	16	8	0	0						0	0	
20097900	其他苹果汁		0	0		0	0	4	0	12	0	16	8		0						0	0	

税则号列	商品描述①	协定税率(%)															特惠税率(%)						
		亚太	东盟	新加坡	巴基斯坦	智利	新西兰	秘鲁	哥斯达黎加	瑞士	冰岛	韩国	澳大利亚	香港	澳门	台湾	亚太2国②	东盟			最不发达国家		
																		老挝	柬埔寨	缅甸	LDC1③	LDC2④	LDC3⑤
20098100	蔓越橘汁	10	0	0	10	0	0	4	0	12	0	16	8	0	0			0		0	0	0	0
20098912	芒果汁	17.4	0	0	16	0	0	4	0	12	0	16	8	0	0			0		0	0	0	0
20098913	西番莲果汁	17.4	0	0	16	0	0	4	0	12	0	16	8	0	0			0		0	0	0	0
20098914	番石榴果汁	17.4	0	0	16	0	0	4	0	12	0	16	8	0	0			0		0	0	0	0
20098915	梨汁	10	0	0	10	0	0	4	0	12	0	16	8	0	0			0		0	0	0	0
20098919	其他未混合的水果汁	10	0	0	10	0	0	4	0	12	0	16	8	0	0			0		0	0	0	0
20098920	其他未混合蔬菜汁	10	0	0	10	0	0	4	0	12	0	16	8	0	0					0	0	0	0
20099010	混合水果汁	17.4	0	0	16	0	0	0	0	12	0	16	8	0	0		10	0	0		0	0	0
20099090	混合蔬菜汁,水果与蔬菜的混合汁		0	0		0	0	0	0	12	0	16	8	0	0		10	0	0		0	0	0
21011100	咖啡浓缩精汁		0	0	13.6	0	0		0		0	13.6	6.8	0	0						0	0	0
21011200	以咖啡浓缩精汁或咖啡为基本成分的制品		0	0		0	0		0		0	25.5	12	0	0						0		
21012000	茶、马黛茶浓缩精汁及其制品	16	0	0	16	0	0	6.4	0	6.4	0		12.8	0	0						0	0	
21013000	烘焙咖啡代用品及其浓缩精汁		0	0		0	0		0			27.2	12.8								0	0	
21021000	活性酵母		0	0		0	0	5	0	5	0	21.2	10	0	0						0	0	
21022000	非活性酵母;已死的其他单细胞微生物		0	0		0	0	5	0	5	0	21.2	10		0						0	0	
21023000	发酵粉		0	0		0	0	5	0		0	21.2	10		0						0	0	
21031000	酱油		0	0		0	0	5.6	0	16.8	0	23.8	11.2	0	0				0		0	0	0
21032000	番茄沙司及其他番茄调味汁		0	0	12	0	0	3	0	9		10.5	6	0	0				0		0	0	0
21033000	芥子粉及其调味品		0	0	12	0	0	3	0	9		10.5	6		0				0		0	0	0
21039010	味精	18.2	0	0	18.2	0	0	4.2	0	12.6	0	17.8	8.4	0	0						0	0	
21039020	别特油(Aromatic bitters)		0	0		0	0	11.1	0	12.6	0	17.8	8.4	0	0						0	0	
21039090	其他调味品	18.4	0	0	18.4	0	0	7	0	14	0	17.8	8.4	0	0						0	0	0
21041000	汤料及其制品		0	0	12	0	0	3	0	9	0	10.5	6	0	0						0	0	
21042000	均化混合食品		0	0		0	0	6.4	0			27.2	12.8		0						0	0	
21050000	冰淇淋及其他冰制食品,不论是否含可可		0	0		0	0	3.8	0	0	0		7.6	0	0						0	0	
21061000	浓缩蛋白质及人造蛋白物质		0	0	5	0	0	2	0	2	0	7	4		0						0	0	
21069010	制造碳酸饮料的浓缩物		0	0		0	0	7	0		0	29.7	14	0	0						0	0	
21069020	制造饮料用的复合酒精制品		0	0		0	0	4	0	12	0	16	8	0	0						0	0	
21069030	蜂王浆制剂		0		0	0	0	0	0	0	0	0	0	0	0			0			0	0	0
21069040	椰子汁	9			9	0	0	2	0	2	0	7	4	0	0			0		0	0	0	0
21069050	海豹油胶囊	18.4	0	0	18.4	0	0	4	0	13.3	0	19	8	0	0						0	0	
21069090	其他编号未列名的食品	18.4	0	0	18.4	0	0	4	0	13.3	0	19	8	0	0						0	0	
22011010	未加糖及未加味的矿泉水		0	0		0	0	4	0	12	0	17	8	0	0						0	0	0
22011020	未加糖及未加味的汽水		0	0		0	0	4	0	12	0	16	8		0						0	0	0
22019011	已包装的天然水		0	0	5	0	0	0	0	2	0	7	4	0	0								
22019019	未包装的天然水		0	0	5	0	0	0	0	2	0	7	4	0	0								
22019090	其他水、冰及雪		0	0	5	0	0	0	0	2	0	7	4	0							0	0	
22021000	加味、加糖或其他甜物质的水		0	0		0	0	4	0	12	0	17	8	0	0						0	0	
22029100	无醇啤酒	29.5	0	0	29.5	0	0	7	0	23.3	0	29.7	14	0	0						0	0	0

税则号列	商品描述①	协定税率(%) 亚太	东盟	新加坡	巴基斯坦	智利	新西兰	秘鲁	哥斯达黎加	瑞士	冰岛	韩国	澳大利亚	香港	澳门	台湾	特惠税率(%) 亚太2国②	东盟 老挝	东盟 柬埔寨	东盟 缅甸	最不发达国家 LDC1③	最不发达国家 LDC2④	最不发达国家 LDC3⑤
22029900	其他无酒精饮料	29.5	0	0	29.5	0	0	7	0	23.3	0	29.7	14	0	0						0	0	0
22030000	麦芽酿造的啤酒																				0	0	0
22041000	葡萄汽酒		0	0	11.2	0	0	2.8	0	8.4	0	9.8	5.6								0	0	
22042100	小包装的鲜葡萄酿造的酒		0	0	11.2	0	0	6.5	0	8.4	0	9.8	5.6	0	0						0	0	
22042200	装入 2 升以上但不超过 10 升容器的鲜葡萄酿造的酒		0	0		0	0	9.3	0	12	0	16	8								0	0	
22042900	其他包装的鲜葡萄酿造的酒		0	0		0	0	9.3	0	12	0	16	8								0	0	
22043000	其他酿酒葡萄汁		0	0		0	0	10	0		0	25.5	12										
22051000	小包装的味美思酒及类似酒		0	0		0	0	21.7	0			55.2	26	0									
22059000	其他包装的味美思酒及类似酒		0	0		0	0	21.7	0			55.2	26										
22060010	黄酒		0	0		0	0	8.9	0		0	34	16	0	0						0	0	
22060090	其他发酵饮料		0	0		0	0	8.9	0		0	34	16	0	0						0	0	
22071000	浓度≥80%的未改性乙醇		0	0	0	0	0	8	0		0	34	16		0						0	0	
22072000	任何浓度的改性乙醇及其他酒精		0	0	0	0	0	0	0		0	25.5	12								0	0	
22082000	蒸馏葡萄酒制得的烈性酒		0	0	5	0	0	2	0	2	0	7	4								0	0	0
22083000	威士忌酒		0	0	5	0	0	2	0	2	0	7	4								0	0	0
22084000	朗姆酒及蒸馏已发酵甘蔗产品制得的其他烈性酒		0	0	5	0	0	0	0	2	0	7	4								0	0	0
22085000	杜松子酒		0	0	5	0	0	0	0	2		7	4								0	0	0
22086000	伏特加酒	8.8	0	0	5	0	0	0	0	2		7	4								0	0	0
22087000	利口酒及柯迪尔酒	8.8	0	0	5	0	0	2	0	2	0	7	4	0							0	0	0
22089010	龙舌兰酒	8.8	0	0	5	0	0	0	0	2	0	7	4								0	0	
22089020	白酒	8.8	0	0	5	0	0	2	0	2	0	7	4		0						0	0	0
22089090	其他蒸馏酒及酒精饮料	8.8	0	0	5	0	0	2	0	2	0	8.5	4		0						0	0	0
22090000	醋及醋酸制得的醋代用品		0	0		0	0	4	0	12	0	16	8	0	0						0	0	
23011011	含牛羊成分的肉骨粉		0		0	0	0	0	0	0	0	0	0								0	0	0
23011019	其他动物的肉骨粉		0		0	0	0	0	0	0	0	0	0								0	0	0
23011020	油渣		0		0	0	0	0	0	0	0	0	0	0							0	0	0
23011090	其他不适于供人食用的肉渣粉		0		0	0	0	0	0	0	0	0	0								0	0	0
23012010	饲料用鱼粉	0	0		0	0	0	0	0.6	0	0	0	0	0	0						0	0	0
23012090	其他不适于供人食用的水产品渣粉	0	0		0	0	0	0	0	0	0	0	0	0	0						0	0	0
23021000	玉米糠、麸及其他残渣		0		0	0	0	0	0	0	0	0	0								0	0	0
23023000	小麦糠、麸及其他残渣		0		0	0	0	0	0	0	0	0	0								0	0	0
23024000	其他谷物糠、麸及其他残渣		0		0	0	0	0	0	0	0	0	0								0	0	0
23025000	豆类植物糠、麸及其他残渣		0		0	0	0	0	0	0	0	0	0	0	0						0	0	0
23031000	制造淀粉过程中的残渣及类似品		0		0	0	0	0	0	0	0	0	0								0	0	0
23032000	甜菜渣、甘蔗渣及制糖过程中的其他残渣		0		0	0	0	0	0	0	0	0	0								0	0	0
23033000	酿造及蒸馏过程中的糟粕及残渣		0		0	0	0	0	0	0	0	0	0								0	0	0
23040010	提炼豆油所得的油渣饼(豆饼)	0	0		0	0	0	0	0	0	0	0	2								0	0	0
23040090	提炼豆油所得的其他固体残渣	0	0		0	0	0	0	0	0	0	0	2								0	0	0
23050000	花生饼及类似油渣		0		0	0	0	0	0	0	0	0	2								0	0	0

税则号列	商品描述[1]	协定税率(%)															特惠税率(%)						
		亚太	东盟	新加坡	巴基斯坦	智利	新西兰	秘鲁	哥斯达黎加	瑞士	冰岛	韩国	澳大利亚	香港	澳门	台湾	亚太2国[2]	东盟 老挝	东盟 柬埔寨	东盟 缅甸	最不发达国家 LDC1[3]	最不发达国家 LDC2[4]	最不发达国家 LDC3[5]
23061000	棉子油渣饼及固体残渣		0		0	0	0	0	0	0	0	0	0								0	0	0
23062000	亚麻子油渣饼及固体残渣		0		0	0	0	0	0	0	0	0	0					0			0	0	0
23063000	葵花子油渣饼及固体残渣		0		0	0	0	0	0	0	0	0	2								0	0	0
23064100	低芥子酸的油菜子油渣饼及固体残渣		0		0	0	0	0	0	0	0	0	2								0	0	
23064900	油菜子油渣饼及固体残渣		0		0	0	0	0	0	0	0	0	2								0	0	
23065000	椰子或干椰肉油渣饼及固体残渣	2.5	0		0	0	0	0	0	0	0	0	0						0		0	0	0
23066000	油棕果或油棕仁油渣饼及固体残渣		0		0	0	0	0	0	0	0	0	2						0		0	0	0
23069000	其他油渣饼及固体残渣		0		0	0	0	0	0	0	0	0	2					0			0	0	0
23070000	葡萄酒渣、粗酒石		0		0	0	0	0	0	0	0	0	0								0	0	0
23080000	动物饲料用其他植物产品		0		0	0	0	0	0	0	0	0	0								0	0	
23091010	零售包装的狗食或猫食罐头		0	0	12	0	0	3	0	9	0	10.5	6	0	0						0	0	
23091090	零售包装的其他狗食或猫食		0	0	12	0	0	3	0	9	0	10.5	6	0	0						0	0	
23099010	制成的饲料添加剂	2.5	0		0	0	0	1	0	1	0	0	0	0	0						0	0	0
23099090	其他配制的动物饲料	3.3	0		0	0	0	1.3	0	1.3	0	4.5	2.6	0	0						0	0	0
24011010	未去梗的烤烟	9.4			9.4	0	0																
24011090	其他未去梗的烟草					0	0																
24012010	部分或全部去梗的烤烟					0	0																
24012090	部分或全部去梗的其他烟草					0	0																
24013000	烟草废料					0	0	2													0	0	0
24021000	烟草制的雪茄烟					0	0																
24022000	烟草制的卷烟					0	0																
24029000	烟草代用品制的雪茄烟及卷烟					0	0																
24031100	本章子目注释所述的水烟料	50	50		50	0	0																
24031900	其他供吸用的烟草	50	50		50	0	0																
24039100	"均化"或"再造"烟草		50			0	0																
24039900	其他烟草及烟草代用品的制品;烟草精汁		50			0	0																
25010011	食用盐																				0	0	0
25010019	其他盐																				0	0	0
25010020	纯氯化钠		0		0	0	0	0	0	0	0	0	0					0			0	0	0
25010030	海水																				0	0	0
25020000	未焙烧的黄铁矿		0		0	0	0	0	0	0	0	0	0								0	0	0
25030000	硫磺,但升华硫磺、沉淀硫磺及胶态硫磺除外		0		0	0	0	0	0	0	0	0	0								0	0	
25041010	鳞片状天然石墨		0		0	0	0	0	0	1.8	0	0	0								0	0	0
25041091	球化石墨		0		0	0	0	0	0	0	0	0	0								0	0	0
25041099	其他粉末状天然石墨		0		0	0	0	0	0	0	0	0	0								0	0	0
25049000	其他天然石墨		0		0	0	0	0	0	0	0	0	0								0	0	0
25051000	硅砂及石英砂,不论是否着色		0		0	0	0	0	0	0	0	1.2	0								0	0	0
25059000	其他天然砂,不论是否着色		0		0	0	0	0	0	0	0	0	0								0	0	0
25061000	石英		0		0	0	0	0	0	0	0	0	0								0	0	0

税则号列	商品描述[①]	协定税率(%)															特惠税率(%)						
		亚太	东盟	新加坡	巴基斯坦	智利	新西兰	秘鲁	哥斯达黎加	瑞士	冰岛	韩国	澳大利亚	香港	澳门	台湾	亚太2国[②]	东盟			最不发达国家		
																		老挝	柬埔寨	缅甸	LDC1[③]	LDC2[④]	LDC3[⑤]
25062000	石英岩,不论是否切割成矩形板、块		0		0	0	0	0	0	0	0	0	0								0	0	0
25070010	不论是否煅烧的高岭土		0		0	0	0	0	0	0	0	0	0								0	0	0
25070090	不论是否煅烧的类似土		0		0	0	0	0	0	0	0	0	0								0	0	0
25081000	膨润土,不论是否煅烧		0		0	0	0	0	0	0	0	0	0								0	0	0
25083000	耐火黏土,不论是否煅烧		0		0	0	0	0	0	0	0	0	0								0	0	0
25084000	其他黏土,不论是否煅烧		0		0	0	0	0	0	0	0	0	0								0	0	0
25085000	红柱石、蓝晶石及硅线石,不论是否煅烧		0		0	0	0	0	0	0	0	0	0								0	0	0
25086000	富铝红柱石		0		0	0	0	0	0	0	0	0	0								0	0	0
25087000	火泥及第纳斯土		0		0	0	0	0	0	1.8	0	0	0								0	0	0
25090000	白垩		0		0	0	0	0	0	0	0	0	0								0	0	0
25101010	未碾磨磷灰石		0		0	0	0	0	0	0	0	0	0								0	0	0
25101090	未碾磨天然磷酸钙、天然磷酸铝钙及磷酸盐白垩,磷灰石除外		0		0	0	0	0	0	0	0	0	0								0	0	0
25102010	已碾磨磷灰石		0		0	0	0	0	0	0	0	0	0								0	0	0
25102090	已碾磨天然磷酸钙、天然磷酸铝钙及磷酸盐白垩,磷灰石除外		0		0	0	0	0	0	0	0	0	0								0	0	0
25111000	天然硫酸钡(重晶石)		0		0	0	0	0	0	0	0	0	0								0	0	
25112000	天然碳酸钡(毒重石),不论是否煅烧		0		0	0	0	0	0	0	0	0	0								0	0	
25120010	硅藻土		0		0	0	0	0	0	0	0	0	0								0	0	0
25120090	其他硅质化石粗粉及类似的硅质土		0		0	0	0	0	0	0	0	0	0								0	0	0
25131000	浮石		0		0	0	0	0	0	0	0	0	0								0	0	0
25132000	刚玉岩、天然刚玉砂、天然石榴石及其他天然磨料		0		0	0	0	0	0	0	0	0	0								0	0	0
25140000	板岩,不论是否粗加修整或切割成矩形板、块		0		0	0	0	0	0	0	0	0	0								0	0	0
25151100	原状或粗加修整大理石及石灰华		0		0	0	0	0	0	0	0	0	0								0	0	0
25151200	矩形大理石及石灰华		0		0	0	0	0	0	0	0	0	0								0	0	0
25152000	其他石灰质碑用或建筑用石;蜡石,不论是否粗加修整或切割成矩形板、块		0		0	0	0	0	0	0	0	0	0								0	0	0
25161100	原状或粗加修整的花岗岩	2	0		0	0	0	0	0	0	0	0	0								0	0	0
25161200	矩形或正方形的花岗岩	2	0		0	0	0	0	0	0	0	0	0								0	0	0
25162000	砂岩,不论是否粗加修整或切割成矩形板、块	2.1	0		0	0	0	0	0	0	0	0	0								0	0	0
25169000	其他碑用或建筑用石,不论是否粗加修整或切割成矩形板、块	2.1	0		0	0	0	0	0	0	0	0	0								0	0	0
25171000	通常做混凝土粒料、铺路、铁道路基或其他路基用的卵石、砾石及碎石,圆石子及燧石,不论是否热处理		0		0	0	0	0	0	0	0	0	0								0	0	0

税则号列	商品描述[①]	协定税率(%)															特惠税率(%)						
		亚太	东盟	新加坡	巴基斯坦	智利	新西兰	秘鲁	哥斯达黎加	瑞士	冰岛	韩国	澳大利亚	香港	澳门	台湾	亚太2国[②]	东盟 老挝	东盟 柬埔寨	东盟 缅甸	最不发达国家 LDC1[③]	最不发达国家 LDC2[④]	最不发达国家 LDC3[⑤]
25172000	矿渣、浮渣及类似的工业残渣		0		0	0	0	0	0	0	0	0	0								0	0	0
25173000	沥青碎石		0		0	0	0	0	0	0	0	0	0								0	0	0
25174100	大理石碎粒、碎屑及粉末,不论是否热处理		0		0	0	0	0	0	0	0	0	0								0	0	0
25174900	品目25.15及26.16所列各种石料的碎粒、碎屑及粉末,大理石的除外,不论是否热处理		0		0	0	0	0	0	0	0	0	0								0	0	0
25181000	未煅烧或烧结的白云石,不论是否粗加修整或切割成矩形板、块		0		0	0	0	0	0	0	0	0	0								0	0	0
25182000	已煅烧或烧结的白云石,不论是否粗加修整或切割成矩形板、块		0		0	0	0	0	0	0	0	0	0								0	0	0
25183000	夯混白云石		0		0	0	0	0	0	0	0	0	0								0	0	0
25191000	天然碳酸镁(菱镁矿)		0		0	0	0	0	0	0	0	0	0								0	0	0
25199010	熔凝镁氧矿		0		0	0	0	0	0	0	0	0	0								0	0	0
25199020	烧结镁氧矿(重烧镁)		0		0	0	0	0	0	0	0	0	0								0	0	0
25199030	碱烧镁(轻烧镁)		0		0	0	0	0	0	0	0	0	0								0	0	0
25199091	化学纯氧化镁		0		0	0	0	0	0	0	0	0	0								0	0	0
25199099	非纯氧化镁		0		0	0	0	0	0	0	0	0	0								0	0	0
25201000	生石膏;硬石膏		0		0	0	0	0	0	0	0	0	0	0				0			0	0	0
25202010	牙科用熟石膏,不论是否着色及带有少量促凝剂或缓凝剂		0		0	0	0	0	0	0	0	2	0					0			0	0	0
25202090	其他熟石膏,不论是否着色及带有少量促凝剂或缓凝剂		0		0	0	0	0	0	0	0	3.5	0					0			0	0	0
25210000	石灰石助熔剂;通常用于制造石灰或水泥的石灰石及其他钙质石		0		0	0	0	0	0	0	1.7	0	0	0							0	0	0
25221000	生石灰		0		0	0	0	0	0	0	0	0	0								0	0	0
25222000	熟石灰		0		0	0	0	0	0	0	0	0	0								0	0	0
25223000	水硬石灰		0		0	0	0	0	0	0	0	2	0								0	0	0
25231000	水泥熟料,不论是否着色		0		5	0	0	0	0	1.6	0	3.2	3.2	0		0					0	0	0
25232100	白水泥,不论是否人工着色	4.5	0		0	0	0	0	0	1.2	0	0	2.4			0					0	0	0
25232900	其他硅酸盐水泥,不论是否着色	6	0		5	0	0	0	0	1.6	0	3.2	3.2	0	0	0					0	0	0
25233000	矾土水泥,不论是否着色		0		5	0	0	0	0	1.2	0	0	2.4								0	0	0
25239000	其他水凝水泥,不论是否着色		0		5	0	0	0	0	1.6	0	3.2	3.2								0	0	0
25241000	青石棉		0		0	0	0	0	0	0	0	2	0								0	0	
25249010	其他长纤维石棉		0		0	0	0	0	0	0	0	2	0								0	0	
25249090	其他石棉		0		0	0	0	0	0	0	0	2	0								0	0	
25251000	原状云母及劈开的云母片		0		0	0	0	0	0	0	0	0	0								0	0	0
25252000	云母粉		0		0	0	0	0	0	0	0	0	0								0	0	0
25253000	云母废料		0		0	0	0	0	0	0	0	2	0								0	0	0
25261010	未破碎及未研粉的天然冻石,不论是否粗加修整或切割成矩形板、块		0		0	0	0	0	0	0	0	0	0								0	0	0
25261020	未破碎及未研粉的滑石,不论是否粗加修整或切割成矩形板、块		0		0	0	0	0	0	0	0	0	0								0	0	0

税则号列	商品描述①	协定税率(%)															特惠税率(%)						
																	亚太2国②	东盟			最不发达国家		
		亚太	东盟	新加坡	巴基斯坦	智利	新西兰	秘鲁	哥斯达黎加	瑞士	冰岛	韩国	澳大利亚	香港	澳门	台湾		老挝	柬埔寨	缅甸	LDC1③	LDC2④	LDC3⑤
25262010	已破碎或已研粉的天然冻石		0		0	0	0	0	0	0	0	0	0								0	0	0
25262020	已破碎或已研粉的天然滑石		0		0	0	0	0	0	0	0	1.2	0								0	0	0
25280010	天然硼砂及其精矿,不论是否煅烧		0		0	0	0	0	0	0	0	0	0								0	0	0
25280090	硼酸盐(硼砂除外),不论是否煅烧;天然粗硼酸,含硼酸干重不超85%		0		0	0	0	1	0	0	0	0	0								0	0	0
25291000	长石		0		0	0	0	0	0	0	0	0	0								0	0	0
25292100	按重量计氟化钙含量≤97%的萤石		0		0	0	0	0	0	0	0	0	0								0	0	0
25292200	按重量计氟化钙含量>97%的萤石		0		0	0	0	0	0	0	0	0	0								0	0	0
25293000	白榴石;霞石及霞石正长岩		0		0	0	0	0	0	0	0	2	0								0	0	0
25301010	未膨胀的绿泥石		0		0	0	0	0	0	0	0	2	0								0	0	0
25301020	未膨胀的蛭石及珍珠岩		0		0	0	0	0	0	0	0	0	0								0	0	0
25302000	硫镁矾矿及泻盐矿(天然硫酸镁)		0		0	0	0	0	0	0	0	0	0								0	0	0
25309010	矿物性药材		0		0	0	0	0	0	0	0	0	0								0	0	0
25309020	稀土金属矿																				0	0	0
25309091	硅灰石		0		0	0	0	0	0	0	0	0	0								0	0	0
25309099	其他矿产品		0		0	0	0	0	0	0		0	0								0	0	0
26011110	平均粒径<0.8毫米的未煅烧铁矿砂及其精矿,但焙烧黄铁矿除外																				0	0	0
26011120	0.8毫米≤平均粒径≤6.3毫米的未煅烧铁矿砂及其精矿,但焙烧黄铁矿除外																				0		0
26011190	平均粒径>6.3毫米的未烧结铁矿砂及其精矿,但焙烧黄铁矿除外																				0	0	0
26011200	已烧结铁矿砂及其精矿																				0	0	0
26012000	焙烧黄铁矿																				0	0	0
26020000	锰矿砂及其精矿,包括以干重计含锰量≥20%的锰铁砂及其精矿																				0	0	0
26030000	铜矿砂及其精矿																				0	0	0
26040000	镍矿砂及其精矿																				0	0	0
26050000	钴矿砂及其精矿																				0	0	0
26060000	铝矿砂及其精矿																				0	0	0
26070000	铅矿砂及其精矿																				0	0	0
26080000	锌矿砂及其精矿																				0	0	0
26090000	锡矿砂及其精矿																				0	0	0
26100000	铬矿砂及其精矿																				0	0	0
26110000	钨矿砂及其精矿																				0	0	0
26121000	铀矿砂及其精矿																				0	0	0

税则号列	商品描述[①]	协定税率(%)															特惠税率(%)						
		亚太	东盟	新加坡	巴基斯坦	智利	新西兰	秘鲁	哥斯达黎加	瑞士	冰岛	韩国	澳大利亚	香港	澳门	台湾	亚太2国[②]	东盟 老挝	东盟 柬埔寨	东盟 缅甸	最不发达国家 LDC1[③]	最不发达国家 LDC2[④]	最不发达国家 LDC3[⑤]
26122000	钍矿砂及其精矿																				0	0	0
26131000	已焙烧钼矿砂及其精矿																				0	0	0
26139000	其他钼矿砂及其精矿																				0	0	0
26140000	钛矿砂及其精矿																				0	0	0
26151000	锆矿砂及其精矿																				0	0	0
26159010	水合钽铌原料(钽铌富集物)																				0	0	0
26159090	其他铌钽钒矿砂及其精矿																				0	0	0
26161000	银矿砂及其精矿																				0	0	0
26169000	其他贵金属矿砂及其精矿																				0	0	0
26171010	生锑(锑精矿,选矿产品)																				0	0	0
26171090	其他锑矿砂及其精矿																				0	0	0
26179010	朱砂(辰砂)		0		0	0	0	0	0	0	0	0	0								0	0	0
26179090	其他矿砂及其精矿																				0	0	0
26180010	冶炼钢铁产生的锰渣		0		0	0	0	0	0	0	0	0	0								0	0	
26180090	冶炼钢铁产生的其他粒状熔渣(熔渣砂)		0		0	0	0	0	0	0	0	0	0								0	0	
26190000	冶炼钢铁产生的熔渣、浮渣、氧化皮及其他废料		0		0	0	0	0	0	0	0	0	0								0	0	
26201100	含硬锌的矿灰及残渣		0		0	0	0	0	0	0	0	0	0								0	0	0
26201900	含其他锌的矿灰及残渣		0		0	0	0	0	0	0	0	0	0								0	0	0
26202100	含铅汽油的淤渣及含铅抗震化合物的淤渣		0		0	0	0	0	0	0	0	0	0								0	0	0
26202900	其他主要含铅的矿灰及残渣		0		0	0	0	0	0	0	0	0	0								0	0	0
26203000	主要含铜的矿灰及残渣		0		0	0	0	0	0	0	0	0	0								0	0	0
26204000	主要含铝的矿灰及残渣		0		0	0	0	0	0	0	0	0	0								0	0	0
26206000	含砷、汞、铊及其混合物,用于提取或生产砷、汞、铊及其化合物的矿灰及残渣		0		0	0	0	0	0	0	0	0	0								0	0	0
26209100	含锑、铍、镉、铬及其混合物的矿灰及残渣		0		0	0	0	0	0	0	0	0	0								0	0	0
26209910	主要含钨的矿灰及残渣		0		0	0	0	0	0	0	0	0	0								0	0	0
26209990	含其他金属及化合物的矿灰及残渣		0		0	0	0	0	0	0	0	0	0								0	0	0
26211000	焚化城市垃圾所产生的灰、渣		0		0	0	0	0	0	0	0		0								0	0	0
26219000	其他矿渣及矿灰		0		0	0	0	0	0	0	0	0	0	0							0	0	0
27011100	未制成型的无烟煤,不论是否粉化		0		0	0	0	0	0	0	0	0	0					0			0	0	0
27011210	未制成型的炼焦烟煤,不论是否粉化		0		0	0	0	0	0	0	0	0	0					0			0	0	0
27011290	未制成型的其他烟煤,不论是否粉化		0		5	0	0	0	0	1.2	0	0	0					0			0	0	0
27011900	未制成型的其他煤,不论是否粉化	3.5	0		0	0	0	0	0	0	0	0	0					0			0	0	0

税则号列	商品描述[①]	协定税率(%)															特惠税率(%)						
		亚太	东盟	新加坡	巴基斯坦	智利	新西兰	秘鲁	哥斯达黎加	瑞士	冰岛	韩国	澳大利亚	香港	澳门	台湾	亚太2国[②]	东盟 老挝	东盟 柬埔寨	东盟 缅甸	最不发达国家 LDC1[③]	最不发达国家 LDC2[④]	最不发达国家 LDC3[⑤]
27012000	煤砖、煤球及类似用煤制固体燃料		0		0	0	0	0	0	0	0	0	0					0			0	0	0
27021000	褐煤		0		0	0	0	0	0	0	0	0	0								0	0	0
27022000	制成型的褐煤		0		0	0	0	0	0	0	0	0	0								0	0	0
27030000	泥煤(包括肥料用泥煤),不论是否成型		0		0	0	0	0	0	0	0	0	0								0	0	
27040010	煤制焦炭及半焦炭,不论是否成型	2.5	0		0	0	0	0	0	0	0	0	0								0	0	
27040090	甑炭	2.5	0		0	0	0	0	0	0	0	0	0								0	0	
27050000	煤气、水煤气、炉煤气及类似气体,石油气及其他烃类气除外		0		0	0	0	0	0	0	0	0	0								0	0	
27060000	从煤、褐煤或泥煤蒸馏所得的焦油及矿物焦油,不论是否脱水或部分蒸馏,包括再造焦油		0		5	0	0	0	0	1.2	0	0	2.4								0	0	
27071000	粗苯		0		5	0	0	0	0	1.2	0	4.8	2.4								0	0	0
27072000	粗甲苯		0		5	0	0	0	0	1.2	0	2.4	2.4								0	0	0
27073000	粗二甲苯		0		5	0	0	0	0	1.2	0	4.8	2.4								0	0	0
27074000	萘	6	0		5	0	0	0	0	1.4	0	5.6	2.8								0	0	0
27075000	其他芳烃混合物,温度在250℃时蒸馏出的芳烃含量以体积计(包括损耗)在65%及以上(以美国标准实验法D86为准)		0		5	0	0	0	0	1.4	0	5.6	2.8								0	0	0
27079100	杂酚油		0		5	0	0	0	0	1.4	0	4.9	2.8								0	0	0
27079910	酚		0		5	0	0	0	0	1.4	0	2.8	2.8								0	0	0
27079990	蒸馏煤焦油所得的其他产品;芳族成分重量超过非芳族成分的类似产品		0		5	0	0	0	0	1.4	0	5.6	2.8								0	0	0
27081000	从煤焦油或其他矿物焦油所得的沥青		0		5	0	0	0	0	1.4	0	2.8	2.8								0	0	
27082000	从煤焦油或其他矿物焦油所得的沥青焦		0		5	0	0	0	0	1.2	0	4.2	2.4								0	0	
27090000	石油原油及从沥青矿物提取的原油																				0	0	0
27101210	车用汽油及航空汽油		0	0	0	0	0		0	0	0	4	0								0	0	
27101220	石脑油	5.4	0	0	0	0	0		0	1.2	0	4.8	2.4								0	0	
27101230	橡胶溶剂油、油漆溶剂油、抽提溶剂油					0	0		0	1.2	0	4.8	2.4								0		
27101291	壬烯					0	0		0	1.8	0	7.2	3.6								0		
27101299	其他轻油馏分产品					0	0		0	1.8	0	7.2	3.6								0		
27101911	航空煤油		0	0	5	0	0	0	0	1.8	0	0	3.6			0					0	0	
27101912	灯用煤油					0	0	1.8	0	1.8	0	7.2	3.6								0		
27101919	其他煤油馏分产品		0	0	5	0	0	0	0	1.2	0	0	2.4			0					0	0	
27101922	5~7号燃料油		0	0	5	0	0	0	0	1.2	0	2.4	2.4								0	0	
27101923	柴油					0	0	1.2	0	1.2	0	4.8	2.4								0		
27101929	其他柴油及其他燃料油		0	0	5	0	0	1.2	0	1.2	0	4.8	2.4		0						0		

税则号列	商品描述①	协定税率(%)															特惠税率(%)						
		亚太	东盟	新加坡	巴基斯坦	智利	新西兰	秘鲁	哥斯达黎加	瑞士	冰岛	韩国	澳大利亚	香港	澳门	台湾	亚太2国②	东盟 老挝	东盟 柬埔寨	东盟 缅甸	最不发达国家 LDC1③	最不发达国家 LDC2④	最不发达国家 LDC3⑤
27101991	润滑油	5.4	0		0	0	0	0	0	1.2	0	4.8	2.4	0	0						0	0	0
27101992	润滑脂	5.4	0		0	0	0	0	0	1.2	0	4.8	2.4								0	0	
27101993	润滑油基础油		0		5	0	0	0	0	1.2	0	4.8	2.4			0					0	0	
27101994	液体石蜡和重质液体石蜡	5.4	0		0	0	0	0	0	1.2	0	0	2.4			0					0	0	
27101999	其他重油及重油制品		0		5	0	0	0	0	1.2	0	5.1	2.4	0							0	0	
27102000	石油及从沥青矿物提取的油类,以及以上述油为基本成分(按重量计不低于70%)的其他品目未列名制品,含有生物柴油,但废油除外		0	0	0	0	0		0	0	0	4.8	2.4			0					0	0	
27109100	含多氯联苯(PCBs)、多氯三联苯(PCTs)或多溴联苯(PBBs)的废油		0		5	0	0	0	0	1.2	0		2.4								0	0	
27109900	其他废油		0		5	0	0	0	0	1.2	0	2.4	2.4								0	0	
27111100	液化天然气																				0	0	0
27111200	液化丙烷	3.5	0		0	0	0	0	0	0	0	2	0								0	0	
27111310	直接灌注香烟打火机及类似打火器用,其包装容器的容积>300立方厘米的液化丁烷		0	0	5	0	0	0	0	6.6	0	7.7	4.4								0	0	
27111390	其他液化丁烷		0		0	0	0	1	0	0	0	3.5	0								0		
27111400	液化的乙烯、丙烯、丁烯及丁二烯		0		0	0	0	0	0	0	0	4	0								0	0	
27111910	直接灌注香烟打火机及类似打火器用,其包装容器的容积>300立方厘米的其他液化燃料	7	0		5	0	0	0	0	2	0	7	4								0	0	
27111990	其他液化石油气及烃类气	2.1	0		0	0	0	0.6	0	0	0	1.2	0								0		
27112100	气态天然气																				0	0	0
27112900	其他气态石油气及烃类气		0		5	0	0	0	0	1.2	0	2.4	2.4								0	0	
27121000	凡士林		0		5	0	0	0	0	1.6	0	3.2	3.2								0	0	0
27122000	石蜡,不论是否着色,按重量计含油<0.75%		0		5	0	0	0	0	1.6	0	5.6	3.2								0	0	0
27129010	微晶石蜡,不论是否着色		0		5	0	0	0	0	1.6	0	5.6	3.2								0	0	0
27129090	其他矿物蜡及用合成或其他方法制得的类似产品,不论是否着色		0		5	0	0	0	0	1.6	0	5.6	3.2								0	0	0
27131110	硫的重量百分比<3%的未煅烧石油焦		0		0	0	0	0	0	0	0	2.4	0								0	0	0
27131190	未煅烧石油焦		0		0	0	0	0	0	0	0	2.4	0								0	0	0
27131210	硫的重量百分比<0.8%的已煅烧石油焦		0		0	0	0	0	0	0	0	2.4	0								0	0	0
27131290	已煅烧石油焦		0		0	0	0	0	0	0	0	2.4	0								0	0	0
27132000	石油沥青	5.6	0		5	0	0	0	0	1.6	0	6.4	3.2								0	0	0
27139000	其他石油或从沥青矿物提取油类的残渣		0		5	0	0	0	0	1.2	0	2.4	2.4								0	0	0
27141000	沥青页岩、油页岩及焦油砂		0		5	0	0	0	0	1.2	0	2.4	2.4								0	0	0
27149010	天然沥青(地沥青)		0		5	0	0	0	0	1.6	0	6.4	3.2								0	0	0

税则号列	商品描述①	协定税率(%)																特惠税率(%)					
																		东盟			最不发达国家		
		亚太	东盟	新加坡	巴基斯坦	智利	新西兰	秘鲁	哥斯达黎加	瑞士	冰岛	韩国	澳大利亚	香港	澳门	台湾	亚太2国②	老挝	柬埔寨	缅甸	LDC1③	LDC2④	LDC3⑤
27149020	乳化沥青																				0	0	0
27149090	沥青岩		0		0	0	0	0	0	0	0	0	0								0	0	0
27150000	以天然沥青(地沥青)、石油沥青、矿物焦油或矿物焦油沥青为基本成分的沥青混合物		0		5	0	0	0	0	1.6	0	5.6	3.2		0						0	0	0
27160000	电力																				0	0	0
28011000	氯		0		5	0	0	0	0	1.1	0	2.2	0								0	0	
28012000	碘		0		5		0		0	1.1	0	2.2	0								0	0	
28013010	氟		0		0	0	0	0	0	1.1	0	2.2	0								0	0	
28013020	溴		0		0	0	0	0	0	1.1	0	0	0								0	0	
28020000	升华、沉淀、胶态硫磺		0		0	0	0	0	0	1.1	0	2.2	0								0	0	
28030000	碳(碳黑及其他编号未列名的其他形状的碳)	4.4	0		0	0	0	0	0	1.1		4.4	0	0		0					0	0	0
28041000	氢		0		0	0	0	0	0	1.1	0	3.8	0	0							0	0	0
28042100	氩		0		5	0	0	0	0	1.1	0	2.2	0	0							0	0	0
28042900	其他稀有气体		0		5	0	0	0	0	1.1	0	2.2	0	0							0	0	0
28043000	氮		0		5	0	0	0	0	1.1	0	2.2	0	0							0	0	0
28044000	氧		0		5	0	0	0	0	1.1	0	2.2	0	0							0	0	0
28045000	硼、碲		0		0	0	0	0	0	1.1	0	0	0								0	0	0
28046117	电子工业用直径≥30厘米单晶硅棒		0		0	0	0	0	0	0	0	0	0								0	0	0
28046119	电子工业用7.5≤直径<30厘米单晶硅棒		0		0	0	0	0	0	0	0		0								0	0	0
28046120	电子工业用直径<7.5厘米单晶硅棒		0		0	0	0	0	0	0	0	0	0								0	0	0
28046190	其他含硅量≥99.99%的硅		0		0	0	0	0	0	0.8	0	3.2	0								0	0	0
28046900	其他含硅量<99.99%的硅		0		0	0	0	0	0	0	0	1.6	0								0	0	0
28047010	黄磷(白磷)		0		0	0	0	0	0	1.1	0	2.2	0								0	0	0
28047090	其他磷		0		0	0	0	0	0	1.1	0	3.8	0								0	0	0
28048000	砷		0		0	0	0	0	0	1.1	0	2.2	0								0	0	0
28049010	经掺杂用于电子工业的硒晶体棒		0		0	0	0	0.8	0	0	0	0	0								0	0	0
28049090	其他硒		0		0	0	0	3.1	0	1.1	0	0	0								0	0	
28051100	钠		0		0	0	0	0	0	1.1	0	0	0								0	0	
28051200	钙		0		0	0	0	0	0	1.1	0	0	0								0	0	
28051910	锂		0		0	0	0	0	0	1.1	0	0	0								0	0	
28051990	其他碱金属及碱土金属		0		0	0	0	0	0	1.1	0	0	0								0	0	
28053011	钕		0		0	0	0	0	0	1.1	0	0	0								0	0	
28053012	镝		0		0	0	0	0	0	1.1	0	0	0								0	0	
28053013	铽		0		0	0	0	0	0	1.1	0	0	0								0	0	
28053014	镧		0		0	0	0	0	0	1.1	0	0	0								0	0	
28053015	铈		0		0	0	0	0	0	1.1	0	0	0								0	0	
28053016	镨		0		0	0	0	0	0	1.1	0	0	0								0	0	
28053017	钇		0		0	0	0	0	0	1.1	0	0	0								0	0	

税则号列	商品描述①	协定税率(%)															特惠税率(%)						
		亚太	东盟	新加坡	巴基斯坦	智利	新西兰	秘鲁	哥斯达黎加	瑞士	冰岛	韩国	澳大利亚	香港	澳门	台湾	亚太2国②	东盟 老挝	东盟 柬埔寨	东盟 缅甸	最不发达国家 LDC1③	最不发达国家 LDC2④	最不发达国家 LDC3⑤
28053019	其他未相互混合或熔合的稀土金属、钪及钇		0		0	0	0	0	0	1.1	0	0	0								0	0	
28053021	已相互混合或熔合的稀土金属、钪及钇,电池级		0		0	0	0	0	0	1.1	0	0	0								0	0	
28053029	其他已相互混合或熔合的稀土金属、钪及钇		0		0	0	0	0	0	1.1	0	0	0								0	0	
28054000	汞		0		0	0	0	0	0	1.1	0	2.2	0								0	0	
28061000	氯化氢(盐酸)		0		5	0	0	0	0	1.1	0	2.2	0								0	0	
28062000	氯磺酸		0		0	0	0	0	0	1.1	0	2.2	0								0	0	
28070000	硫酸、发烟硫酸		0		5	0	0	0	0	1.1	0	2.2	0								0	0	
28080000	硝酸及磺硝酸		0		5	0	0	0	0	1.1	0	2.2	0								0	0	
28091000	五氧化二磷		0		0	0	0	0	0	0	0	0	0								0	0	
28092011	食品级磷酸		0		0	0	0	0	0	0	0	0	0								0	0	
28092019	其他磷酸及偏磷酸、焦磷酸		0		0	0	0	0	0	0	0	0.7	0								0	0	
28092090	其他多磷酸		0		5	0	0	0	0	1.1	0	2.2	0								0	0	
28100010	硼的氧化物		0		0	0	0	1.1	0	1.1	0	2.2	0								0	0	
28100020	硼酸		0		0	0	0	1.1	0	1.1	0	2.2	0								0	0	
28111100	氟化氢(氢氟酸)		0		0	0	0	0	0	1.1	0	2.2	0								0	0	0
28111200	氢氰酸		0		0	0	0	0	0	1.1	0	2.2	0								0	0	0
28111920	硒化氢		0		5	0	0	0	0	1.1	0	3.8	0								0	0	0
28111990	其他无机酸		0		5	0	0	0	0	1.1	0	3.8	0								0	0	0
28112100	二氧化碳		0		5	0	0	0	0	1.1	0	2.2	0	0							0	0	0
28112210	硅胶		0		5	0	0	0	0	1.1	0	2.2	0		0						0	0	0
28112290	其他二氧化硅		0		5	0	0	0	0	1.1	0	2.2	0		0						0	0	0
28112900	其他非金属无机氧化物		0		5	0	0	0	0	1.1	0	2.2	0	0							0	0	0
28121100	碳酰二氯(光气)		0		0	0	0	0	0	1.1	0	2.2	0								0	0	
28121200	氧氯化磷(磷酰氯;三氯氧磷)		0		5	0	0	0	0	1.1	0	2.2	0								0	0	
28121300	三氯化磷		0		0	0	0	0	0	1.1	0	2.2	0								0	0	
28121400	五氯化磷		0		0	0	0	0	0	1.1	0	2.2	0								0	0	
28121500	一氯化硫(氯化硫)		0		0	0	0	0	0	1.1	0	2.2	0								0	0	
28121600	二氯化硫		0		0	0	0	0	0	1.1	0	2.2	0								0	0	
28121700	亚硫酰氯		0		0	0	0	0	0	1.1	0	2.2	0								0	0	
28121900	其他非金属氯化物及氯氧化物		0		0	0	0	0	0	1.1	0	2.2	0								0	0	
28129011	三氟化氮		0		0	0	0	0	0	1.1	0	4.4	0								0	0	
28129019	其他氟化物及氟氧化物		0		0	0	0	0	0	1.1	0	2.2	0								0	0	
28129090	其他非金属卤化物及卤氧化物		0		0	0	0	0	0	1.1	0	3.8	0								0	0	
28131000	二硫化碳		0		0	0	0	0	0	1.1	0	2.2	0	0							0	0	
28139000	其他非金属硫化物,商品三硫化二磷		0		0	0	0	0	0	1.1	0	2.2	0								0	0	
28141000	氨		0		0	0	0	0	0	1.1	0	2.2	0								0	0	0
28142000	氨水		0		0	0	0	0	0	1.1	0	0	0								0	0	0
28151100	固体氢氧化钠	7			7	0	0	0	0	2	0	7	4								0	0	0
28151200	氢氧化钠水溶液及液体烧碱	5.6			5.6	0	0	0	0	1.6	0	5.6	3.2								0	0	0

税则号列	商品描述[①]	协定税率(%)															特惠税率(%)						
		亚太	东盟	新加坡	巴基斯坦	智利	新西兰	秘鲁	哥斯达黎加	瑞士	冰岛	韩国	澳大利亚	香港	澳门	台湾	亚太2国[②]	东盟			最不发达国家		
																		老挝	柬埔寨	缅甸	LDC1[③]	LDC2[④]	LDC3[⑤]
28152000	氢氧化钾(苛性钾)		0		5	0	0	0	0	1.1	0	2.2	0								0	0	0
28153000	过氧化钠及过氧化钾		0		0	0	0	0	0	1.1	0	2.2	0								0	0	0
28161000	氢氧化镁及过氧化镁		0		5	0	0	0	0	1.1	0	3.8	0								0	0	
28164000	锶或钡的氧化物、氢氧化物及过氧化物		0		5	0	0	0	0	1.1	0	0	0								0	0	
28170010	氧化锌		0		0	0	0	0	0	1.1	0	2.2	0								0	0	0
28170090	过氧化锌		0		0	0	0	1.1	0	1.1	0	2.2	0								0	0	0
28181010	棕刚玉		0		0	0	0	0	0	1.1	0	3.8	0								0	0	0
28181090	其他人造刚玉,不论是否已有化学定义		0		0	0	0	0	0	1.1	0	2.2	0								0	0	0
28182000	氧化铝,但人造刚玉除外		0	0	5	0	0	0	0	1.6	0	3.2	0								0	0	0
28183000	氢氧化铝		0		0	0	0	0	0	1.1	0	2.2	0								0	0	0
28191000	三氧化铬		0		0	0	0	0	0	1.1	0	3.8	0								0	0	0
28199000	其他铬的氧化物及氢氧化物		0		0	0	0	0	0	1.1	0	2.2	0								0	0	0
28201000	二氧化锰		0		0	0	0	0	0	1.1	0	2.2	0								0	0	0
28209000	其他锰的氧化物		0		0	0	0	0	0	1.1	0	2.2	0								0	0	0
28211000	铁的氧化物及氢氧化物		0		0	0	0	0	0	1.1	0	4.4	0								0	0	0
28212000	土色料		0		0	0	0	0	0	1.1	0	3.8	0								0	0	0
28220010	四氧化三钴		0		0	0	0	0	0	1.1	0	0	0								0	0	
28220090	其他钴的氧化物及氢氧化物;商品氧化钴		0		0	0	0	0	0	1.1	0	2.2	0								0	0	
28230000	钛的氧化物		0		0	0	0	0	0	1.1	0	2.2	0								0	0	
28241000	一氧化铅(铅黄、黄丹)		0		0	0	0	0	0	1.1	0	2.2	0								0	0	
28249010	铅丹及铅橙		0		0	0	0	0	0	1.1	0	2.2	0								0	0	
28249090	其他铅的氧化物		0		0	0	0	0	0	1.1	0	2.2	0								0	0	
28251010	水合肼		0		0	0	0	0	0	1.1	0	3.8	0								0	0	0
28251020	硫酸羟胺		0		5	0	0	0	0	1.1	0	3.8	0								0	0	0
28251090	其他肼、胲及其无机盐		0		5	0	0	0	0	1.1	0	2.2	0								0	0	0
28252010	氢氧化锂		0		0	0	0	0	0	1.1	0	2.2	0								0	0	0
28252090	锂的氧化物		0		0	0	0	0	0	1.1	0	2.2	0								0	0	0
28253010	五氧化二钒		0		0	0	0	0	0	1.1	0	3.8	0								0	0	0
28253090	其他钒的氧化物及氢氧化物		0		0	0	0	0	0	1.1	0	2.2	0								0	0	0
28254000	镍的氧化物及氢氧化物		0		0	0	0	0	0	1.1	0	2.2	0								0	0	0
28255000	铜的氧化物及氢氧化物		0		0	0	0	0	0	1.1	0	2.2	0								0	0	0
28256000	锗的氧化物及二氧化锆		0		0	0	0	0	0	1.1	0	2.2	0								0	0	0
28257000	钼的氧化物及氢氧化物		0		0	0	0	0	0	1.1	0	2.2	0								0	0	0
28258000	锑的氧化物		0		0	0	0	0	0	1.1	0	2.2	0								0	0	0
28259011	钨酸		0		0	0	0	0	0	1.1	0	2.2	0								0	0	0
28259012	三氧化钨		0		0	0	0	0	0	1.1	0	2.2	0								0	0	0
28259019	其他钨的氧化物及氢氧化物		0		0	0	0	0	0	1.1	0	2.2	0								0	0	0
28259021	三氧化二铋		0		0	0	0	0	0	1.1	0	2.2	0								0	0	0
28259029	其他铋的氧化物及氢氧化物		0		0	0	0	0	0	1.1	0	2.2	0								0	0	0
28259031	二氧化锡		0		0	0	0	0	0	1.1	0	2.2	0								0	0	0

税则号列	商品描述[1]	协定税率(%)															特惠税率(%)						
		亚太	东盟	新加坡	巴基斯坦	智利	新西兰	秘鲁	哥斯达黎加	瑞士	冰岛	韩国	澳大利亚	香港	澳门	台湾	亚太2国[2]	东盟 老挝	东盟 柬埔寨	东盟 缅甸	最不发达国家 LDC1[3]	最不发达国家 LDC2[4]	最不发达国家 LDC3[5]
28259039	其他锡的氧化物及氢氧化物		0		0	0	0	0	0	1.1	0	2.2	0								0	0	0
28259041	一氧化铌		0		0	0	0	0	0	1.1	0	2.2	0								0	0	0
28259049	其他铌的氧化物及氢氧化物		0		0	0	0	0	0	1.1	0	2.2	0								0	0	0
28259090	其他无机碱;其他金属的氧化物、氢氧化物及过氧化物		0		0	0	0	0	0	1.1	0	2.2	0								0	0	0
28261210	无水氟化铝		0		0	0	0	0	0	1.1	0	2.2	0								0	0	0
28261290	其他氟化铝		0		0	0	0	0	0	1.1	0	2.2	0								0	0	0
28261910	铵的氟化物		0		0	0	0	0	0	1.1	0	2.2	0								0	0	0
28261920	钠的氟化物		0		0	0	0	0	0	1.1	0	2.2	0								0	0	0
28261990	其他氟化物		0		5	0	0	0	0	1.1	0	2.2	0								0	0	0
28263000	六氟铝酸钠(人造冰晶石)		0		0	0	0	0	0	1.1	0	2.2	0								0	0	0
28269010	氟硅酸盐		0		5	0	0	0	0	1.1	0	3.8	0	0							0	0	0
28269020	六氟磷酸锂		0		5	0	0	0	0	1.1	0	4.4	0								0	0	0
28269090	氟铝酸盐及其他氟络盐		0		5	0	0	0	0	1.1	0	4.4	0								0	0	0
28271010	肥料用氯化铵		0		0	0	0	0	0	0	0	0	0								0	0	0
28271090	非肥料用氯化铵		0		5	0	0	0	0	1.1	0	2.2	0								0	0	0
28272000	氯化钙		0		5	0	0	0	0	1.1	0	2.2	0								0	0	0
28273100	氯化镁		0		5	0	0	0	0	1.1	0	3.8	0								0	0	0
28273200	氯化铝		0		5	0	0	0	0	1.1	0	2.2	0								0	0	0
28273500	氯化镍		0		5	0	0	0	0	1.1	0	2.2	0								0	0	0
28273910	氯化锂	4.4	0		0	0	0		0	1.1	0	2.2	0								0	0	0
28273920	氯化钡	4.4	0		0	0	0		0		0	2.2	0								0	0	0
28273930	氯化钴	4.4	0		0	0	0	0	0	1.1	0	2.2	0								0	0	0
28273990	其他未列名氯化物	4.4	0		0	0	0		0	1.1	0	2.2	0								0	0	0
28274100	铜的氯氧化物及氢氧基氯化物		0		0	0	0	1.1	0	1.1	0	2.2	0								0	0	0
28274910	锆的氯氧化物及氢氧基氯化物		0		5	0	0	0	0	1.1	0	2.2	0								0	0	0
28274990	其他氯氧化物及氢氧基氯化物		0		5	0	0	0	0	1.1	0	2.2	0								0	0	0
28275100	溴化钠及溴化钾		0		0	0	0	0	0	1.1	0	2.2	0								0	0	0
28275900	其他溴化物及溴氧化物		0		5	0	0	0	0	1.1	0	3.8	0								0	0	0
28276000	碘化物及碘氧化物		0		5	0	0		0	1.1	0	2.2	0								0	0	0
28281000	商品次氯酸钙及其他钙的次氯酸盐	8.4	0	0	5	0	0	0	0	7.2	0	8.4	4.8								0	0	
28289000	次氯酸盐;亚氯酸盐及次溴酸盐		0		5	0	0	0	0	1.1	0	2.2	0								0	0	
28291100	氯酸钠		0	0	6	0	0	0	0	7.2	0	8.4	4.8								0	0	
28291910	氯酸钾(洋硝)		0		0	0	0	0	0	1.1	0	2.2	0								0	0	
28291990	其他氯酸盐		0		0	0	0	0	0	1.1	0	2.2	0								0	0	
28299000	高氯酸盐;溴酸盐及过溴酸盐;碘酸盐及高碘酸盐		0		5	0	0	0	0	1.1	0	2.2	0								0	0	
28301010	硫化钠		0		5	0	0	0	0	1.1	0	2.2	0								0	0	0
28301090	其他钠的硫化物		0		0	0	0	0	0	1.1	0	2.2	0								0	0	0
28309020	硫化锑		0		0	0	0	0	0	1.1	0	2.2	0								0	0	0
28309030	硫化钴		0		0	0	0	0	0	1.1	0	3.8	0								0	0	0
28309090	其他硫化物、多硫化物		0		5	0	0	0	0	1.1	0	2.2	0								0	0	0

税则号列	商品描述①	协定税率(%)															特惠税率(%)						
		亚太	东盟	新加坡	巴基斯坦	智利	新西兰	秘鲁	哥斯达黎加	瑞士	冰岛	韩国	澳大利亚	香港	澳门	台湾	亚太2国②	东盟 老挝	东盟 柬埔寨	东盟 缅甸	最不发达国家 LDC1③	最不发达国家 LDC2④	最不发达国家 LDC3⑤
28311010	钠的连二硫酸盐		0		5	0	0	0	0	1.1	0	2.2	0								0	0	
28311020	钠的次硫酸盐		0		5	0	0	0	0	1.1	0	2.2	0								0	0	
28319000	其他连二亚硫酸盐及次硫酸盐		0		5	0	0	0	0	1.1	0	2.2	0								0	0	
28321000	钠的亚硫酸盐		0		5	0	0	0	0	1.1	0	2.2	0								0	0	
28322000	其他亚硫酸盐		0		0	0	0	0	0	1.1	0	2.2	0								0	0	
28323000	硫代硫酸盐		0		5	0	0	0	0	1.1	0	2.2	0								0	0	
28331100	硫酸钠		0		5	0	0	0	0	3.3	0	0	0								0	0	
28331900	钠的其他硫酸盐		0		5	0	0	0	0	1.1	0	2.2	0								0	0	
28332100	硫酸镁		0		5	0	0	0	0	1.1	0	2.2	0								0	0	0
28332200	硫酸铝		0		5	0	0	0	0	1.1	0	2.2	0								0	0	0
28332400	镍的硫酸盐		0		5	0	0	0	0	1.1	0	2.2	0								0	0	0
28332500	铜的硫酸盐		0		5	0	0	0	0	1.1	0	2.2	0								0	0	0
28332700	硫酸钡		0		5	0	0	0	0	1.1	0	3.8	0								0	0	0
28332910	硫酸亚铁		0		5	0	0	0	0	1.1	0	2.2	0								0	0	0
28332920	铬的硫酸盐		0		0	0	0	0	0	1.1	0	2.2	0								0	0	0
28332930	硫酸锌		0		5	0	0	0	0	1.1	0	3.8	0								0	0	0
28332990	其他硫酸盐		0		5	0	0	0	0	3.3	0	2.2	0								0	0	0
28333010	钾铝矾		0		0	0	0	0	0	1.1	0	3.8	0								0	0	0
28333090	其他矾		0		0	0	0	0	0	1.1	0	3.8	0								0	0	0
28334000	过硫酸盐		0		5	0	0	0	0	1.1	0	3.8	0								0	0	0
28341000	亚硝酸盐		0		5	0	0	0	0	1.1	0	2.2	0								0	0	0
28342110	肥料用硝酸钾		0		0	0	0	0	0	0	0	0	0								0	0	0
28342190	非肥料用硝酸钾		0		5	0	0	0	0	1.1	0	2.2	0								0	0	0
28342910	硝酸钴		0		0	0	0	0	0	1.1	0	2.2	0								0	0	0
28342990	其他硝酸盐		0		5	0	0	0	0	1.1	0	2.2	0								0	0	0
28351000	次磷酸盐及亚磷酸盐		0		5	0	0	0	0	1.1	0	2.2	0								0	0	0
28352200	磷酸一钠及磷酸二钠		0		5	0	0	0	0	1.1	0	3.8	0								0	0	0
28352400	钾的磷酸盐		0		5	0	0	0	0	1.1	0	2.2	0								0	0	0
28352510	饲料级的正磷酸氢钙(磷酸二钙)		0		5	0	0	0	0	1.1	0	2.2	0								0	0	0
28352520	食品级的正磷酸氢钙(磷酸二钙)		0		5	0	0	0	0	1.1	0	2.2	0								0	0	0
28352590	其他正磷酸氢钙(磷酸二钙)		0		5	0	0	0	0	3.7	0	2.2	0								0	0	0
28352600	其他磷酸钙		0		5	0	0	0	0	1.1	0	3.8	0								0	0	0
28352910	磷酸三钠		0		5	0	0	0	0	1.1	0	2.2	0								0	0	0
28352990	其他磷酸盐		0		5	0	0	0	0	1.1	0	3.8	0								0	0	0
28353110	食品级的三磷酸钠(三聚磷酸钠)		0		5	0	0	0	0	1.1	0	2.2	0								0	0	0
28353190	其他三磷酸钠(三聚磷酸钠)		0		5	0	0	0	0	1.1	0	3.8	0								0	0	0
28353911	食品级的六偏磷酸钠		0		5	0	0	0	0	1.1	0	2.2	0								0	0	0
28353919	其他六偏磷酸钠		0		5	0	0	0	0	1.1	0	3.8	0								0	0	0
28353990	其他多磷酸盐		0		5	0	0	0	0	1.1		2.2	0								0	0	0
28362000	碳酸钠(纯碱)		0		5	0	0	0	0	1.1	0	2.2	0								0	0	0

税则号列	商品描述①	协定税率(%)															特惠税率(%)						
		亚太	东盟	新加坡	巴基斯坦	智利	新西兰	秘鲁	哥斯达黎加	瑞士	冰岛	韩国	澳大利亚	香港	澳门	台湾	亚太2国②	东盟			最不发达国家		
																		老挝	柬埔寨	缅甸	LDC1③	LDC2④	LDC3⑤
28363000	碳酸氢钠(小苏打)		0		5	0	0	0	0	1.1	0	3.8	0								0	0	0
28364000	钾的碳酸盐		0		5	0	0	0	0	1.1	0	2.2	0								0	0	0
28365000	碳酸钙		0		5	0	0	0	0	1.1	0	2.2	0								0	0	0
28366000	碳酸钡		0		5	0	0	0	0	1.1	0	0	0								0	0	0
28369100	锂的碳酸盐		0		5	0	0	0	0	1.1	0	2.2	0								0	0	0
28369200	锶的碳酸盐		0		5	0	0	0	0	1.1	0	0	0								0	0	0
28369910	碳酸镁		0		5	0	0	0	0	1.1	0	3.8	0								0	0	0
28369930	碳酸钴		0		5	0	0	0	0	1.1	0	0	0								0	0	0
28369940	商品碳酸铵及其他铵的碳酸盐		0		0	0	0	0	0	1.1	0	2.2	0								0	0	0
28369950	碳酸锆		0		5	0	0	0	0	1.1	0	2.2	0								0	0	0
28369990	其他碳酸盐;过碳酸盐		0		5	0	0	0	0	1.1	0	2.2	0		0						0	0	0
28371110	氰化钠		0		0	0	0	0	0	1.1	0	4.4	0								0	0	
28371120	氧氰化钠	5	0		0	0	0	0	0	1.1	0	2.2	0								0	0	
28371910	氰化钾		0		0	0	0	0	0	1.1	0	2.2	0								0	0	
28371990	其他氰化物及氧氰化物		0		0	0	0	0	0	1.1	0	4.4	0								0	0	
28372000	氰络合物		0		0	0	0	0	0	1.1	0	2.2	0								0	0	
28391100	偏硅酸钠		0		5	0	0	0	0	1.1	0	3.8	0								0	0	
28391910	硅酸钠		0		5	0	0	0	0	1.1	0	3.8	0								0	0	
28391990	其他钠的硅酸盐;商品硅酸钠		0		5	0	0	0	0	1.1	0	3.8	0								0	0	
28399000	其他硅酸盐;商品碱金属硅酸盐		0		5	0	0	0	0	3.3	0	2.2	0								0	0	
28401100	无水四硼酸钠		0		0	0	0	0	0	1.1	0	0	0								0	0	
28401900	其他四硼酸钠		0		0	0	0	0	0	1.1	0	0	0								0	0	
28402000	其他硼酸盐		0		0	0	0	0	0	1.1	0	3.8	0								0	0	
28403000	过硼酸盐		0		0	0	0	0	0	1.1	0	2.2	0								0	0	
28413000	重铬酸钠		0		0	0	0	0	0	1.1	0	2.2	0								0	0	0
28415000	其他铬酸盐及重铬酸盐;过铬酸盐		0		5	0	0	0	0	1.1	0	2.2	0								0	0	0
28416100	高锰酸钾		0		5	0	0	0	0	1.1	0	2.2	0								0	0	0
28416910	锰酸锂		0		0	0	0	0	0	1.1	0	2.2	0								0	0	0
28416990	其他亚锰酸盐、锰酸盐及高锰酸盐		0		0	0	0	0	0	1.1	0	2.2	0								0	0	0
28417010	钼酸铵		0		5	0	0	0	0	1.1	0	0	0								0	0	0
28417090	其他钼酸盐		0		5	0	0	0	0	1.1	0	2.2	0								0	0	0
28418010	仲钨酸铵		0		0	0	0	0	0	1.1	0	2.2	0								0	0	0
28418020	钨酸钠		0		0	0	0	0	0	1.1	0	2.2	0								0	0	0
28418030	钨酸钙		0		0	0	0	0	0	1.1	0	2.2	0								0	0	0
28418040	偏钨酸铵		0		0	0	0	0	0	1.1	0	2.2	0								0	0	0
28418090	其他钨酸盐		0		0	0	0	0	0	1.1	0	0	0								0	0	0
28419000	其他金属酸盐及过金属酸盐		0		5	0	0	0	0	1.1	0	3.8	0								0	0	0
28421000	硅酸复盐及硅酸络盐(包括不论是否已有化学定义的硅铝酸盐)		0		5	0	0	0	0	3.7	0	2.2	0	0							0	0	
28429011	硫氰酸钠		0		5	0	0	0	0	1.1	0	2.2	0								0	0	
28429019	其他雷酸盐、氰酸盐及硫氰酸盐		0		5	0	0	0	0	1.1	0	2.2	0								0	0	

税则号列	商品描述①	协定税率(%)															特惠税率(%)						
		亚太	东盟	新加坡	巴基斯坦	智利	新西兰	秘鲁	哥斯达黎加	瑞士	冰岛	韩国	澳大利亚	香港	澳门	台湾	亚太2国②	东盟			最不发达国家		
																		老挝	柬埔寨	缅甸	LDC1③	LDC2④	LDC3⑤
28429020	碲化镉		0		5	0	0	0	0	1.1	0	2.2	0								0	0	
28429030	锂镍钴锰氧化物		0		5	0	0	0	0	1.1	0	2.2	0								0	0	
28429040	磷酸铁锂		0		5	0	0	0	0	1.1	0	3.8	0								0	0	
28429050	硒酸盐及亚硒酸盐		0		5	0	0	0	0	1.1	0	2.2	0								0	0	
28429090	其他无机酸盐及过氧酸盐,叠氮化物除外		0		5	0	0	0	0	1.1	0	2.2	0								0	0	
28431000	胶态贵金属		0		0	0	0	0	0	1.1	0	2.2	0								0	0	
28432100	硝酸银		0		0	0	0	0	0	1.1	0	2.2	0	0							0	0	
28432900	其他银化合物，不论是否已有化学定义		0		0	0	0	0	0	1.1	0	2.2	0	0							0	0	
28433000	金化合物,不论是否已有化学定义		0		0	0	0	0	0	1.1	0	2.2	0	0							0	0	
28439000	其他贵金属化合物,不论是否已有化学定义;贵金属汞齐		0		5	0	0	0	0		0	2.2	0	0							0	0	
28441000	天然铀及其化合物(包括其合金、分散体、陶瓷产品及混合物)		0		0	0	0	0	0	1.1	0	2.2	0								0	0	0
28442000	U235 浓缩铀、钚及它们的化合物(包括其合金、分散体、陶瓷产品及混合物)		0		0	0	0	0	0	1.1	0	2.2	0								0	0	0
28443000	U235 贫化铀、钍及它们的化合物(包括其合金、分散体、陶瓷产品及混合物)		0		0	0	0	0	0	1.1	0	2.2	0								0	0	0
28444010	镭及镭盐(包括其合金、分散体、陶瓷产品及混合物)		0		0	0	0	0	0	0	0	0	0								0	0	0
28444020	放射性钴及放射性钴盐(包括其合金、分散体、陶瓷产品及混合物)		0		0	0	0	0	0	0	0	0	0								0	0	0
28444090	其他放射性元素同位素及其化合物(包括其合金、分散体、陶瓷产品及混合物);放射性残渣		0		0	0	0	0	0	1.1	0	2.2	0								0	0	0
28445000	核反应堆已耗尽的燃料元件		0		0	0	0	0	0	1.1	0	2.2	0								0	0	
28451000	重水(氧化氘)		0		0	0	0	0	0	1.1	0	2.2	0								0	0	
28459000	其他同位素及其化合物,不论是否已有化学定义		0		0	0	0	0	0	1.1	0	2.2	0								0	0	
28461010	氧化铈	3.9	0		0	0	0	0	0	1.1	0	0	0								0	0	
28461020	氢氧化铈	3.9	0		0	0	0	0	0	1.1	0	0	0								0	0	
28461030	碳酸铈	3.9	0		0	0	0	0	0	1.1	0	0	0								0	0	
28461090	铈的其他化合物	3.9	0		0	0	0	0	0	1.1	0	0	0								0	0	
28469011	氧化钇		0		0	0	0	0	0	1.1	0	0	0								0	0	
28469012	氧化镧		0		0	0	0	0	0	1.1	0	0	0								0	0	
28469013	氧化钕		0		0	0	0	0	0	1.1	0	0	0								0	0	
28469014	氧化铕		0		0	0	0	0	0	1.1	0	0	0								0	0	
28469015	氧化镝		0		0	0	0	0	0	1.1	0	0	0								0	0	
28469016	氧化铽		0		0	0	0	0	0	1.1	0	0	0								0	0	

税则号列	商品描述①	协定税率(%)															特惠税率(%)						
		亚太	东盟	新加坡	巴基斯坦	智利	新西兰	秘鲁	哥斯达黎加	瑞士	冰岛	韩国	澳大利亚	香港	澳门	台湾	亚太2国②	东盟			最不发达国家		
																		老挝	柬埔寨	缅甸	LDC1③	LDC2④	LDC3⑤
28469017	氧化镨		0		0	0	0	0	0	1.1	0	0	0								0	0	
28469019	其他氧化稀土		0		0	0	0	0	0	1.1	0	0	0								0	0	
28469021	氯化铽		0		0	0	0	0	0	1.1	0	0	0								0	0	
28469022	氯化镝		0		0	0	0	0	0	1.1	0	0	0								0	0	
28469023	氯化镧		0		0	0	0	0	0	1.1	0	0	0								0	0	
28469024	氯化钕		0		0	0	0	0	0	1.1	0	0	0								0	0	
28469025	氯化镨		0		0	0	0	0	0	1.1	0	0	0								0	0	
28469026	氯化钇		0		0	0	0	0	0	1.1	0	0	0								0	0	
28469028	混合氯化稀土		0		0	0	0	0	0	1.1	0	0	0								0	0	
28469029	未混合氯化稀土		0		0	0	0	0	0	1.1	0	0	0								0	0	
28469031	氟化铽		0		0	0	0	0	0	1.1	0	0	0								0	0	
28469032	氟化镝		0		0	0	0	0	0	1.1	0	0	0								0	0	
28469033	氟化镧		0		0	0	0	0	0	1.1	0	0	0								0	0	
28469034	氟化钕		0		0	0	0	0	0	1.1	0	0	0								0	0	
28469035	氟化镨		0		0	0	0	0	0	1.1	0	0	0								0	0	
28469036	氟化钇		0		0	0	0	0	0	1.1	0	0	0								0	0	
28469039	其他氟化稀土		0		0	0	0	0	0	1.1	0	0	0								0	0	
28469041	碳酸镧		0		0	0	0	0	0	1.1	0	0	0								0	0	
28469042	碳酸铽		0		0	0	0	0	0	1.1	0	0	0								0	0	
28469043	碳酸镝		0		0	0	0	0	0	1.1	0	0	0								0	0	
28469044	碳酸钕		0		0	0	0	0	0	1.1	0	0	0								0	0	
28469045	碳酸镨		0		0	0	0	0	0	1.1	0	0	0								0	0	
28469046	碳酸钇		0		0	0	0	0	0	1.1	0	0	0								0	0	
28469048	混合碳酸稀土		0		0	0	0	0	0	1.1	0	0	0								0	0	
28469049	未混合碳酸稀土		0		0	0	0	0	0	1.1	0	0	0								0	0	
28469091	镧的其他化合物		0		0	0	0	0	0	1.1	0	0	0								0	0	
28469092	钕的其他化合物		0		0	0	0	0	0	1.1	0	0	0								0	0	
28469093	铽的其他化合物		0		0	0	0	0	0	1.1	0	0	0								0	0	
28469094	镝的其他化合物		0		0	0	0	0	0	1.1	0	0	0								0	0	
28469095	镨的其他化合物		0		0	0	0	0	0	1.1	0	0	0								0	0	
28469096	钇的其他化合物		0		0	0	0	0	0	1.1	0	0	0								0	0	
28469099	稀土金属、钇、钪的其他化合物		0		0	0	0	0	0	1.1	0	0	0								0	0	
28470000	过氧化氢(不论是否用尿素固化)		0		5	0	0	0	0	1.1	0	4.4	0								0	0	
28491000	碳化钙,不论是否已有化学定义		0		0	0	0	0	0	1.1	0	2.2	0								0	0	
28492000	碳化硅,不论是否已有化学定义		0		5	0	0	0	0	1.1	0	3.8	0								0	0	
28499010	碳化硼,不论是否已有化学定义		0		0	0	0	0	0	1.1	0	2.2	0								0	0	
28499020	碳化钨,不论是否已有化学定义		0		0	0	0	0	0	1.1	0	2.2	0								0	0	
28499090	其他碳化物,不论是否已有化学定义		0		0	0	0	0	0	1.1	0	2.2	0								0	0	
28500011	氮化锰	3.9	0		0	0	0	0	0	1.1	0	2.2	0	0							0	0	
28500012	氮化硼	3.9	0		0	0	0	0	0	1.1	0	2.2	0	0							0	0	

税则号列	商品描述①	协定税率(%)															特惠税率(%)						
		亚太	东盟	新加坡	巴基斯坦	智利	新西兰	秘鲁	哥斯达黎加	瑞士	冰岛	韩国	澳大利亚	香港	澳门	台湾	亚太2国②	东盟			最不发达国家		
																		老挝	柬埔寨	缅甸	LDC1③	LDC2④	LDC3⑤
28500019	其他氮化物	3.9	0		0	0	0	0	0	1.1	0	2.2	0	0							0	0	
28500090	氢化物、叠氮化物、硅化物及硼化物,不论是否已有化学定义,但可归入品目 28.49 的碳化物除外	3.9	0		0	0	0	0	0	1.1	0	4.4	0	0							0	0	
28521000	汞的有机或无机化合物,汞齐除外		0		0	0	0	0	0	1.1	0	2.2	0	0							0	0	
28529000	无化学定义的汞化合物		0		5	0	0	0	0	1.1	0	2.2	0								0	0	0
28531000	氯化氰		0		0	0	0	0	0	1.1	0	2.2	0								0	0	
28539010	饮用蒸馏水		0		0	0	0	0	0	1.1	0	2.2	0	0	0						0	0	
28539030	镍钴锰氢氧化物		0		5	0	0	0	0	1.1	0	2.6	2.6	0	0						0	0	
28539040	磷化物, 不论是否已有化学定义,但不包括磷铁		0		0	0	0	0	0	1.1	0	3.8	0								0	0	
28539090	其他无机化合物、液态空气、压缩空气,汞齐,但贵金属汞齐除外		0		5	0	0	0	0	1.1	0	2.2	0	0	0						0	0	
29011000	饱和无环烃		0		0	0	0	0	0	0	0	0	0	0							0	0	
29012100	乙烯		0		0	0	0	0	0	0	0	1.4	0								0	0	
29012200	丙烯		0		0	0	0	0	0	0	0	1.4	0			0					0	0	
29012310	1-丁烯		0		0	0	0	0	0	0	0	1.4	0								0	0	
29012320	2-丁烯		0		0	0	0	0	0	0	0	0	0								0	0	
29012330	2-甲基丙稀		0		0	0	0	0	0	0	0	0	0								0	0	
29012410	1,3-丁二烯		0		0	0	0	0	0	0	0	1.4	0			0					0	0	
29012420	异戊二烯		0		0	0	0	0	0	0	0	1.6	0			0					0	0	
29012910	异戊烯		0		0	0	0	0	0	0	0	0	0								0	0	
29012920	乙炔		0		0	0	0	0	0	0	0	0	0								0	0	
29012990	其他不饱和无环烃		0		0	0	0	0	0	0	0.7	1.4	0								0	0	
29021100	环已烷		0		0	0	0	0	0	0	0	0	0								0	0	
29021910	蒎烯		0		0	0	0	0	0	0	0.7	0	0								0	0	
29021920	4-烷基-4'-烷基双环已烷		0		0	0	0	0	0	0	0.7	0	0								0	0	
29021990	其他环烷烃、环烯及环萜烯		0		0	0	0	0	0	0	0.7	0	0								0	0	
29022000	苯		0		0	0	0	0	0	0	0	1.6	0								0	0	
29023000	甲苯		0		0	0	0	0	0	0	0	1.6	0								0	0	
29024100	邻二甲苯		0		0	0	0	0	0	0	0	1.4	0			0					0	0	
29024200	间二甲苯		0		0	0	0	0	0	0	0	0	0			0					0	0	
29024300	对二甲苯		0		0	0	0	0	0	1.2	0		0			0					0	0	
29024400	混合二甲苯异构体		0		0	0	0	0	0	0	0	0	0			0					0	0	
29025000	苯乙烯	1.4			0	0	0	0	0	1.2	0	1.7	0										
29026000	乙苯		0		0	0	0	0	0	0	0	1.4	0								0	0	
29027000	异丙基苯		0		0	0	0	0	0	0	0	0	0								0	0	
29029010	四氢萘		0		0	0	0	0	0	0	0	0	0								0	0	
29029020	精萘		0		0	0	0	0	0	0	0	1.6	0								0	0	
29029030	十二烷基苯		0		0	0	0	0	0	0	0		0			0					0	0	
29029040	4-(4'-烷基环已基)环已基乙烯		0		0	0	0	0	0	0	0	0	0								0	0	
29029090	其他芳香烃		0		0	0	0	0	0	0	0	0	0								0	0	

税则号列	商品描述[1]	协定税率(%) 亚太	东盟	新加坡	巴基斯坦	智利	新西兰	秘鲁	哥斯达黎加	瑞士	冰岛	韩国	澳大利亚	香港	澳门	台湾	特惠税率(%) 亚太2国[2]	东盟 老挝	东盟 柬埔寨	东盟 缅甸	最不发达国家 LDC1[3]	最不发达国家 LDC2[4]	最不发达国家 LDC3[5]
29031100	一氯甲烷及氯乙烷		0		0	0	0	0	0	1.1	0	2.2	0								0	0	
29031200	二氯甲烷		0		5	0	0	0	0	1.6	0	6.4	3.2	0							0	0	
29031300	氯仿(三氯甲烷)	9	0		5	0	0	0	0	2	0	7	4	0		0					0	0	
29031400	四氯化碳		0		5	0	0	0	0	1.6	0	3.2	3.2								0	0	
29031500	1,2-二氯乙烷(ISO)					0	0		0	1.1	0	2.2	0								0		
29031910	1,1,1-三氯乙烷(甲基氯仿)		0		5	0	0	0	0	1.6	0	3.2	3.2								0	0	
29031990	其他无环烃的饱和氯化衍生物		0		5	0	0	0	0	1.1	0	3.8	0								0	0	
29032100	氯乙烯	3.9	0		0	0	0	0	0	1.1	0	0	0			0					0	0	
29032200	三氯乙烯		0		5	0	0	0	0	1.6	0	6.4	3.2								0	0	
29032300	四氯乙烯		0		0	0	0	0	0	1.1	0	2.2	0								0	0	
29032910	3-氯-1-丙稀(氯丙稀)		0		0	0	0	0	0	1.1	0	2.2	0								0	0	
29032990	其他无环烃的不饱和氯化衍生物		0		0	0	0	0	0	1.1	0	2.2	0								0	0	
29033100	1,2-二溴乙烷(ISO)		0		5	0	0	0	0	1.1	0	2.2	0	0							0	0	
29033910	全氟异丁烯(八氟异丁烯)		0		0	0	0	0	0	1.1	0	2.2	0								0	0	
29033990	其他无环烃的氟化、溴化或碘化衍生物		0		5	0	0	0	0	1.1	0	2.2	0	0							0	0	
29037100	一氯二氟甲烷		0		5	0	0	0	0	1.1	0	2.2	0								0	0	
29037200	二氯三氟乙烷		0		5	0	0	0	0	1.1	0	2.2	0								0	0	
29037300	二氯一氟乙烷		0		5	0	0	0	0	1.1	0	2.2	0								0	0	
29037400	一氯二氟乙烷		0		5	0	0	0	0	1.1	0	2.2	0								0	0	
29037500	二氯五氟丙烷		0		5	0	0	0	0	1.1	0	2.2	0								0	0	
29037600	溴氯二氟甲烷、溴三氟甲烷及二溴四氟乙烷		0		0	0	0	0	0	1.1	0	2.2	0								0	0	
29037710	三氯氟甲烷		0		5	0	0	0	0	1.1	0	2.2	0								0	0	
29037720	其他仅含氟和氯的甲烷、乙烷及丙烷的全卤化物		0		0	0	0	0	0	1.1	0	2.2	0								0	0	
29037790	其他仅含氟氯的无环烃全卤化衍生物		0		5	0	0	0	0	1.1	0	3.8	0								0	0	
29037800	其他无环烃全卤化衍生物		0		0	0	0	0	0	1.1	0	2.2	0								0	0	
29037910	其他仅含氟和氯的甲烷、乙烷及丙烷的卤化衍生物		0		5	0	0	0	0	1.1	0	2.2	0								0	0	
29037990	其他含有两种或两种以上不同卤素的无环烃卤化衍生物		0		0	0	0	0	0	1.1	0	2.2	0								0	0	
29038100	1,2,3,4,5,6-六氯环已烷[六六六(ISO)],包括林丹(ISO,INN)		0		0	0	0	0	0	1.1	0	2.2	0								0	0	
29038200	艾氏剂(ISO)、氯丹(ISO)及七氯(ISO)		0		0	0	0	0	0	1.1	0	2.2	0								0	0	
29038300	灭蚁灵(ISO)		0		0	0	0	0	0	1.1	0	2.2	0								0	0	
29038900	其他环烷烃或环烯烃等卤化衍生物		0		0	0	0	0	0	1.1	0	2.2	0								0	0	
29039110	邻二氯苯		0		0	0	0	0	0	1.1	0	3.8	0								0	0	
29039190	氯苯及对二氯苯		0		5	0	0	0	0	1.1	0	2.2	0								0	0	

税则号列	商品描述①	协定税率(%)															特惠税率(%)						
		亚太	东盟	新加坡	巴基斯坦	智利	新西兰	秘鲁	哥斯达黎加	瑞士	冰岛	韩国	澳大利亚	香港	澳门	台湾	亚太2国②	东盟			最不发达国家		
																		老挝	柬埔寨	缅甸	LDC1③	LDC2④	LDC3⑤
29039200	六氯苯(ISO)及滴滴涕(ISO,INN)		0		0	0	0	0	0	1.1	0	2.2	0								0	0	
29039300	五氯苯(ISO)		0		5	0	0	0	0	1.1	0	2.2	0								0	0	
29039400	六溴联苯		0		5	0	0	0	0	1.1	0	2.2	0								0	0	
29039910	对氯甲苯		0		0	0	0	0	0	1.1	0	2.2	0								0	0	
29039920	3,4-二氯三氟甲苯		0		0	0	0	0	0	1.1	0	2.2	0								0	0	
29039930	4-(4'-烷基苯基)-1-(4'-烷基苯基)-2-氟苯		0		5	0	0	0	0	1.1	0	2.2	0								0	0	
29039990	其他芳烃卤化衍生物		0		5	0	0	0	0	1.1	0	2.2	0								0	0	
29041000	仅含磺基的衍生物及其盐和乙酯		0		5	0	0	0	0	1.1	0	2.2	0	0							0	0	
29042010	硝基苯		0		0	0	0	0	0	1.1	0	2.2	0								0	0	
29042020	硝基甲苯		0		0	0	0	0	0	1.1	0	2.2	0								0	0	
29042030	二硝基甲苯		0		0	0	0	0	0	1.1	0	2.2	0								0	0	
29042040	三硝基甲苯(TNT)		0		0	0	0	0	0	1.1	0	2.2	0								0	0	
29042090	其他仅含硝基或亚硝基衍生物		0		5	0	0	0	0	1.1	0	2.2	0								0	0	
29043100	全氟辛基磺酸		0		5	0	0	0	0	1.1	0	2.2	0								0	0	
29043200	全氟辛基磺酸铵		0		5	0	0	0	0	1.1	0	2.2	0								0	0	
29043300	全氟辛基磺酸锂		0		5	0	0	0	0	1.1	0	2.2	0								0	0	
29043400	全氟辛基磺酸钾		0		5	0	0	0	0	1.1	0	2.2	0								0	0	
29043500	其他全氟辛基磺酸盐		0		5	0	0	0	0	1.1	0	2.2	0								0	0	
29043600	全氟辛基磺酰氟		0		5	0	0	0	0	1.1	0	2.2	0								0	0	
29049100	三氯硝基甲烷(氯化苦;硝基氯仿)		0		0	0	0	0	0	1.1	0	2.2	0								0	0	
29049900	其他烃的磺化、硝化、亚硝化衍生物,不论是否卤化		0		5	0	0	0	0	1.1	0	2.2	0								0	0	
29051100	甲醇		0		0	0	0		0	1.1	0		0	0	0								
29051210	丙醇		0		0	0	0	0	0	1.1	0	4.4	0								0	0	
29051220	异丙醇		0		0	0	0	0	0	1.1	0	4.4	0			0					0	0	
29051300	正丁醇		0		0	0	0	0	0	1.1	0	4.4	0			0					0	0	
29051410	异丁醇		0		0	0	0	0	0	1.1	0	4.4	0			0					0	0	
29051420	仲丁醇		0		0	0	0	0	0	1.1	0	4.4	0								0	0	
29051430	叔丁醇		0		0	0	0	0	0	1.1	0	4.4	0								0	0	
29051610	正辛醇		0		5	0	0		0	1.1	0		0										
29051690	其他辛醇		0		5	0	0		0	1.1	0		0										
29051700	十二醇、十六醇及十八醇		0		5	0	0	0	0	1.4	0	5.6	2.8								0	0	
29051910	3,3-二甲基丁-2-醇(频哪基醇)		0		0	0	0	0	0	1.1	0	2.2	0								0	0	
29051990	其他饱和一元醇		0		5	0	0	0	0	3.3	0	2.2	0								0	0	
29052210	香叶醇、橙花醇		0		0	0	0	0	0	1.1	0	2.2	0								0	0	
29052220	香茅醇		0		5	0	0	0	0	1.1	0	2.2	0								0	0	
29052230	芳樟醇		0		5	0	0	0	0		0	2.2	0								0	0	
29052290	其他无环萜烯醇		0		5	0	0	0	0	3.7	0	2.2	0								0	0	

税则号列	商品描述①	协定税率(%)															特惠税率(%)						
		亚太	东盟	新加坡	巴基斯坦	智利	新西兰	秘鲁	哥斯达黎加	瑞士	冰岛	韩国	澳大利亚	香港	澳门	台湾	亚太2国②	东盟			最不发达国家		
																		老挝	柬埔寨	缅甸	LDC1③	LDC2④	LDC3⑤
29052900	其他不饱和一元醇(无环萜烯醇除外)		0		5	0	0	0	0	1.1	0	2.2	0								0	0	
29053100	1,2-乙二醇					0	0		0		0		0										
29053200	丙二醇		0		5	0	0	0	0	1.1	0	3.8	0								0	0	
29053910	2,5-二甲基己二醇		0		0	0	0	0	0	0	0	0	0								0	0	
29053990	其他二元醇		0		5	0	0	0	0	1.1	0		0								0	0	
29054100	三羟甲基丙烷		0		0	0	0	0	0	1.1	0	2.2	0								0	0	
29054200	季戊四醇		0		5	0	0	0	0	1.1	0	3.8	0								0	0	
29054300	甘露糖醇		0		5	0	0	0	0	1.6	0	3.2	3.2								0	0	0
29054400	山梨醇		0	0	11.2	0	0	0	0	8.4	0	9.8	5.6								0	0	
29054500	丙三醇(甘油)	11.2	0	0	7	0	0	0	0	8.4	0	9.8	5.6		0						0	0	
29054910	木糖醇		0		5	0	0	0	0	1.1	0	2.2	0								0	0	
29054990	其他多元醇		0		5	0	0	0	0	1.1	0	2.2	0								0	0	
29055100	乙氯维诺		0		0	0	0	0	0	1.1	0	2.2	0								0	0	
29055900	无环醇的卤化、磺化、硝化或亚硝化的衍生物(乙氯维诺除外)		0		5	0	0	0	0	1.1	0	3.8	0								0	0	
29061100	薄荷醇		0		0	0	0	0	0	0	0	2	0								0	0	
29061200	环己醇、甲基环己醇、二甲基环己醇		0		5	0	0	0	0	1.1	0	2.2	0								0	0	
29061310	固醇		0		0	0	0	0	0	1.1	0	3.8	0								0	0	
29061320	肌醇		0		5	0	0	0	0	1.1	0	2.2	0								0	0	
29061910	萜品醇		0		5	0	0	0	0	1.1	0	2.2	0								0	0	
29061990	其他环烷醇、环烯醇及环萜烯醇		0		5	0	0	0	0		0	2.2	0								0	0	
29062100	苄醇		0		0	0	0	0	0	0	0	2	0								0	0	
29062910	2-苯基乙醇		0		5	0	0	0	0	1.1	0	2.2	0								0	0	
29062990	其他芳香醇及它们的衍生物		0		5	0	0	0	0	3.7	0	3.8	0								0	0	
29071110	苯酚		0		0	0	0	0	0	1.1	0		0								0	0	0
29071190	苯酚的盐		0		0	0	0	0	0	3.3	0		0								0	0	0
29071211	间甲酚		0		0	0	0	0	0	1.1	0	2.2	0								0	0	0
29071212	邻甲酚		0		0	0	0	0	0	1.1	0	2.2	0								0	0	0
29071219	其他甲酚(对甲酚)		0		5	0	0	0	0	1.1	0	3.8	0								0	0	0
29071290	甲酚的盐		0		0	0	0	0	0	1.1	0	2.2	0								0	0	0
29071310	壬基酚		0		0	0	0	0	0	1.1	0		0								0	0	0
29071390	辛基酚及其异构体的盐和壬基酚盐		0		0	0	0	0	0	1.1	0	4.4	0								0	0	0
29071510	β-萘酚(2-萘酚)		0		0	0	0	0	0	1.1	0	2.2	0								0	0	0
29071590	其他萘酚及其盐		0		5	0	0	0	0	1.1	0	2.2	0								0	0	0
29071910	邻仲丁基酚、邻异丙基酚		0		0	0	0	0	0	2.4	0	0	0								0	0	0
29071990	其他一元酚		0		5	0	0	0	0	3.3	0	2.2	0								0	0	0
29072100	间苯二酚及其盐		0		5	0	0	0	0	1.1	0	3.8	0								0	0	0
29072210	对苯二酚		0		5	0	0	0	0	1.1	0	2.2	0								0	0	0
29072290	对苯二酚的盐		0		0	0	0	0	0	1.1	0	2.2	0								0	0	0

税则号列	商品描述[1]	协定税率(%)															特惠税率(%)						
		亚太	东盟	新加坡	巴基斯坦	智利	新西兰	秘鲁	哥斯达黎加	瑞士	冰岛	韩国	澳大利亚	香港	澳门	台湾	亚太2国[2]	东盟 老挝	东盟 柬埔寨	东盟 缅甸	最不发达国家 LDC1[3]	最不发达国家 LDC2[4]	最不发达国家 LDC3[5]
29072300	4,4'-异亚丙基联苯酚(双酚A)及其盐		0		5	0	0	0	0	1.1	0		0								0	0	0
29072910	邻苯二酚		0		0	0	0	0	0	0	0		0								0	0	0
29072990	其他多元酚;酚醇		0		5	0	0	0	0	1.1	0	4.4	0								0	0	0
29081100	五氯苯酚(ISO)		0		5	0	0	0	0	1.1	0	2.2	0								0	0	
29081910	对氯苯酚		0		0	0	0	0	0	0	0	0	0								0	0	
29081990	其他仅含卤素取代基的酚及酚醇衍生物及其盐		0		5	0	0	0	0	1.1	0	2.2	0								0	0	
29089100	地乐酚(ISO)及其盐		0		5	0	0	0	0	1.1	0	2.2	0								0	0	
29089200	4,6-二硝基邻甲酚[二硝酚(ISO)]及其盐		0		5	0	0	0	0	1.1	0	2.2	0								0	0	
29089910	对硝基酚、对硝基酚钠		0		0	0	0	0	0	1.1	0	2.2	0								0	0	
29089990	其他酚及酚醇的卤化、磺化、硝化或亚硝化的等衍生物		0		5	0	0	0	0	1.1	0	3.8	0								0	0	
29091100	乙醚		0		0	0	0	0	0	1.1	0	2.2	0								0	0	0
29091910	甲醚		0		5	0	0		0	1.1	0	4.4	0								0		
29091990	其他无环醚及其卤化、磺化、硝化或亚硝化衍生物		0		5	0	0		0	1.1	0	4.4	0								0		
29092000	环烷醚、环烯醚或环萜烯醚及其卤化、磺化、硝化或亚硝化衍生物		0		0	0	0	0	0	1.1	0	2.2	0								0	0	0
29093010	1-烷氧基-4-(4-乙烯基环已基)-2,3-二氟苯		0		5	0	0	0	0	1.1	0	2.2	0								0	0	0
29093090	其他芳香醚及其卤化、磺化、硝化或亚硝化衍生物		0		5	0	0	0	0	1.1	0	2.2	0								0	0	0
29094100	2,2'-氧联二乙醇(二甘醇)		0		0	0	0		0	1.1	0	0	0			0					0		
29094300	乙二醇或二甘醇的单丁醚		0		5	0	0	0	0	1.1	0	0	0		0	0					0	0	0
29094400	乙二醇或二甘醇的其他单烷基醚		0		5	0	0	0	0	1.1	0	4.4	0								0	0	0
29094910	间苯氧基苄醇		0		0	0	0	0	0	0	0	0	0								0	0	0
29094990	其他醚醇及其卤化、磺化、硝化或亚硝化的衍生物		0		5	0	0	0	0	1.1	0	4.4	0								0	0	0
29095000	醚酚、醚醇酚及其卤化、磺化、硝化或亚硝化的衍生物		0		5	0	0	0	0	1.1		4.4	0								0	0	0
29096000	过氧化醇、过氧化醚、过氧化酮及其卤化、磺化、硝化或亚硝化的衍生物		0		5	0	0	0	0	1.1	0	4.4	0								0	0	0
29101000	环氧乙烷(氧化乙烯)		0		0	0	0	0	0	1.1	0	4.4	0								0	0	
29102000	甲基环氧乙烷(氧化丙烯)		0		0	0	0	0	0	1.1	0	4.4	0								0	0	
29103000	1-氯-2,3-环氧丙烷(表氯醇)		0		5	0	0	0	0	1.1	0	3.8	0			0					0	0	
29104000	狄氏剂(ISO,INN)		0		5	0	0	0	0	1.1	0	2.2	0								0	0	
29105000	异狄氏剂(ISO)		0		5	0	0	0	0	3.7	0	2.2	0		0						0	0	
29109000	三节环环氧化物,环氧醇(酚、醚)及其卤化、磺化、硝化或亚硝化的衍生物		0		5	0	0	0	0	3.7	0	2.2	0		0						0	0	

税则号列	商品描述①	协定税率(%)															特惠税率(%)						
		亚太	东盟	新加坡	巴基斯坦	智利	新西兰	秘鲁	哥斯达黎加	瑞士	冰岛	韩国	澳大利亚	香港	澳门	台湾	亚太2国②	东盟 老挝	东盟 柬埔寨	东盟 缅甸	最不发达国家 LDC1③	最不发达国家 LDC2④	最不发达国家 LDC3⑤
29110000	缩醛、半缩醛,不论是否含有其他含氧基,以及其卤化、磺化、硝化或亚硝化的衍生物		0		5	0	0	0	0	3.7	0	3.8	0								0	0	
29121100	甲醛		0		0	0	0	0	0	1.1	0	2.2	0								0	0	
29121200	乙醛		0		0	0	0	0	0	1.1	0	2.2	0								0	0	
29121900	其他无环醛(不含其他含氧基)		0		5	0	0	0	0	3.3	0	4.4	0								0	0	
29122100	苯甲醛		0		5	0	0	0	0	1.1	0	2.2	0								0	0	
29122910	铃兰醛(对叔丁基-α-甲基-氧化肉桂醛)		0		5	0	0	0	0	1.1	0	2.2	0								0	0	
29122990	其他环醛(不含其他含氧基)		0		5	0	0	0	0	3.7	0	2.2	0								0	0	
29124100	香草醛(3-甲氧基-4-羟基苯甲醛)		0		5	0	0	0	0	1.1	0	2.2	0								0	0	
29124200	乙基香草醛		0		5	0	0	0	0	1.1	0	2.2	0								0	0	
29124910	醛醇		0		5	0	0	0	0	1.1	0	2.2	0								0	0	
29124990	其他醛醚、醛酚、其他含氧基的醛		0		5	0	0	0	0	1.1	0	2.2	0								0	0	
29125000	环聚醛		0		0	0	0	0	0		0	4.4	0								0	0	
29126000	多聚甲醛		0		5	0	0	0	0	1.1	0	4.4	0								0	0	
29130000	品目29.12所列产品的卤化、磺化、硝化或亚硝化的衍生物		0		5	0	0	0	0	1.1	0	2.2	0								0	0	
29141100	丙酮		0		0	0	0	0	0	1.1	0		0								0	0	
29141200	丁酮		0		0	0	0	0	0	1.1	0		0		0						0	0	
29141300	4-甲基-2-戊酮		0		0	0	0	0	0	1.1	0	4.4	0								0	0	
29141900	其他不含其他含氧基的无环酮		0		5	0	0	0	0	1.1	0	4.4	0								0	0	
29142200	环已酮及甲基环已酮		0		0	0	0	0	0	1.1	0	4.4	0								0	0	
29142300	芷香酮及甲基芷香酮		0		0	0	0	0	0		0	2.2	0								0	0	
29142910	樟脑		0		5	0	0	0	0	1.1	0	2.2	0								0	0	
29142990	其他不含含氧基环烷酮、环烯酮或环萜烯酮		0		5	0	0	0	0		0	3.8	0								0	0	
29143100	苯丙酮(苯基丙-2-酮)		0		0	0	0	0	0	1.1	0	2.2	0								0	0	
29143910	苯乙酮		0		0	0	0	0	0	0	0	0	0								0	0	
29143990	其他不含其他含氧基的芳香酮		0		5	0	0	0	0	3.3	0	2.2	0								0	0	
29144000	酮醇及酮醛		0		5	0	0	0	0	3.3	0	2.2	0								0	0	
29145011	覆盆子酮		0		0	0	0	0	0	1.1	0	2.2	0								0	0	
29145019	其他酮酚		0		5	0	0	0	0	3.3	0	2.2	0								0	0	
29145020	2-羟基-4-甲氧基二苯甲酮		0		5	0	0	0	0	1.1	0	2.2	0								0	0	
29145090	酮酚及含其他含氧基酮		0		5	0	0	0	0	1.1	0	3.8	0								0	0	
29146100	蒽醌		0		5	0	0	0	0	1.1	0	3.8	0								0	0	
29146200	辅酶Q10		0		0	0	0	0	0	1.1	0	3.8	0								0	0	
29146900	其他醌,不论是否含有其他含氧基及其卤化、磺化、硝化或亚硝化衍生物		0		0	0	0	0	0	1.1	0	3.8	0								0	0	
29147100	十氯酮(ISO)		0		5	0	0	0	0		0	3.8	0								0	0	
29147900	其他酮及醌的卤化、磺化、硝化或亚硝化的衍生物		0		5	0	0	0	0		0	3.8	0								0	0	

税则号列	商品描述[①]	协定税率(%)															特惠税率(%)						
		亚太	东盟	新加坡	巴基斯坦	智利	新西兰	秘鲁	哥斯达黎加	瑞士	冰岛	韩国	澳大利亚	香港	澳门	台湾	亚太2国[②]	东盟			最不发达国家		
																		老挝	柬埔寨	缅甸	LDC1[③]	LDC2[④]	LDC3[⑤]
29151100	甲酸		0		5	0	0	0	0	1.1	0	3.8	0								0	0	0
29151200	甲酸盐		0		5	0	0	0	0	1.1	0	3.8	0								0	0	0
29151300	甲酸酯		0		5	0	0	0	0	1.1	0	2.2	0								0	0	0
29152111	食品级冰乙酸		0		5	0	0	0	0	1.1	0	0	0			0					0	0	0
29152119	其他冰乙酸(冰醋酸)		0		5	0	0	0	0	1.1	0	0	0			0					0	0	0
29152190	其他乙酸		0		5	0	0	0	0	1.1	0	2.2	0								0	0	0
29152400	乙酸酐		0		0	0	0	0	0	1.1	0	2.2	0								0	0	0
29152910	乙酸钠		0		5	0	0	0	0	1.1	0	2.2	0								0	0	0
29152990	其他乙酸盐		0		5	0	0	0	0	1.1	0	3.8	0								0	0	0
29153100	乙酸乙酯		0		5	0	0	0	0	1.1	0	2.2	0								0	0	0
29153200	乙酸乙烯酯		0		5	0	0	0	0	1.1	0	0	0			0					0	0	0
29153300	乙酸正丁酯		0		0	0	0	0	0	1.1	0	4.4	0								0	0	0
29153600	地乐酚(ISO)乙酸酯		0		5	0	0	0	0	1.1	0	2.2	0								0	0	0
29153900	其他乙酸酯		0		5	0	0	0	0	3.3	0	4.4	0								0	0	0
29154000	一、二、三氯代乙酸及其盐和酯		0		5	0	0	0	0	1.1	0	2.2	0								0	0	0
29155010	丙酸		0		5	0	0	0	0	1.1	0	2.2	0								0	0	0
29155090	丙酸盐和酯		0		5	0	0	0	0	1.1	0	4.4	0								0	0	0
29156000	丁酸、戊酸及其盐和酯		0		5	0	0	0	0	1.1	0	3.8	0								0	0	0
29157010	硬脂酸		0		5	0	0	0	0	1.4	0	2.8	2.8								0	0	0
29157090	棕榈酸及其盐和酯、硬脂酸盐、酯		0		5	0	0	0	0	1.1	0	4.4	0								0	0	0
29159000	其他饱和无环一元羧酸及其酸酐		0		5	0	0	0	0	3.3	0	2.2	0		0						0	0	0
29161100	丙烯酸及其盐		0			0	0	0	0	1.3	0	5.2	2.6								0	0	
29161210	丙烯酸甲酯		0	0	5	0	0	0	0	4.4	0	5.2	2.6								0	0	
29161220	丙烯酸乙酯		0	0	5	0	0	0	0	1.3	0	5.2	2.6								0	0	
29161230	丙烯酸丁酯		0	0	5	0	0	0	0	1.3	0		2.6								0	0	
29161240	丙烯酸异辛酯		0	0	5	0	0	0	0	1.3	0	5.2	2.6								0	0	
29161290	其他丙烯酸酯		0	0	5	0	0	0	0	1.3	0		2.6								0	0	
29161300	甲基丙烯酸及其盐		0		5	0	0	0	0	1.3	0	0	2.6			0					0	0	
29161400	甲基丙烯酸酯		0		5	0	0	0	0	1.3	0	0	2.6			0					0	0	
29161500	油酸、亚油酸或亚麻酸及其盐和酯		0		5	0	0	0	0	1.3	0	5.2	2.6	0							0	0	
29161600	乐杀螨(ISO)		0		5	0	0	0	0	1.3	0	2.6	2.6								0	0	
29161900	其他不饱和无环一元羧酸(包括其酸酐、酰卤化物、过氧化物和过氧酸及它们的衍生物)		0		5	0	0	0	0		0	2.6	2.6								0	0	
29162010	DV菊酸甲酯、二溴菊酸		0		0	0	0	0	0	0	0	0	0								0	0	
29162090	其他(环烷、环烯、环萜烯)一元羧酸(包括其酸酐、酰卤化物、过氧化物和过氧酸及它们的衍生物)		0		5	0	0	0	0	4.4	0	2.6	2.6								0	0	
29163100	苯甲酸及其盐和酯		0		5	0	0	0	0		0	4.5	2.6								0	0	
29163200	过氧化苯甲酰及苯甲酰氯		0		5	0	0	0	0	1.3	0	4.5	2.6								0	0	
29163400	苯乙酸及其盐		0		5	0	0	0	0		0	2.6	2.6								0	0	

税则号列	商品描述[1]	协定税率(%)															特惠税率(%)						
		亚太	东盟	新加坡	巴基斯坦	智利	新西兰	秘鲁	哥斯达黎加	瑞士	冰岛	韩国	澳大利亚	香港	澳门	台湾	亚太2国[2]	东盟 老挝	东盟 柬埔寨	东盟 缅甸	最不发达国家 LDC1[3]	最不发达国家 LDC2[4]	最不发达国家 LDC3[5]
29163910	邻甲基苯甲酸		0		5	0	0	0	0	1.3	0	2.6	2.6								0	0	
29163920	布洛芬		0		5	0	0	0	0	1.3	0	2.6	2.6								0	0	
29163990	其他芳香一元羧酸(包括其酸酐、酰卤化物、过氧化物和过氧酸及它们的衍生物)		0		5	0	0	0	0	4.4	0	2.6	2.6								0	0	
29171110	草酸		0		5	0	0	0	0	1.3	0	4.5	2.6								0	0	
29171120	草酸钴		0		5	0	0	0	0	1.8	0	3.6	3.6								0	0	
29171190	其他草酸盐和酯		0		5	0	0	0	0	1.3	0	4.5	2.6								0	0	
29171200	己二酸及其盐和酯		0		5	0	0	0	0	1.3	0		2.6								0	0	
29171310	癸二酸及其盐和酯		0		5	0	0	0	0	1.3	0	5.2	2.6								0	0	
29171390	壬二酸及其盐和酯		0		5	0	0	0	0	1.3	0	2.6	2.6								0	0	
29171400	马来酐		0		5	0	0	0	0	1.3	0	4.5	2.6								0	0	
29171900	其他无环多元羧酸(包括其酸酐、酰卤化物、过氧化物和过氧酸及它们的衍生物)		0		5	0	0	0	0	1.3	0	2.6	2.6		0						0	0	
29172010	四氢苯酐		0		0	0	0	0	0	0	0	3.2	0								0	0	
29172090	其他(环烷、环烯、环萜烯)多元羧酸(包括其酸酐、酰卤化物、过氧化物和过氧酸及它们的衍生物)		0		5	0	0	0	0	1.3	0	5.2	2.6								0	0	
29173200	邻苯二甲酸二辛酯		0		5	0	0	0	0	1.3	0		2.6			0					0	0	
29173300	邻苯二甲酸二壬酯,邻苯二甲酸二癸酯		0		5	0	0	0	0	1.3	0	0	2.6			0					0	0	
29173410	邻苯二甲酸二丁酯		0		5	0	0	0	0	1.3	0	4.5	2.6								0	0	
29173490	其他邻苯二甲酸酯		0		5	0	0	0	0	1.3	0	0	2.6			0					0	0	
29173500	邻苯二甲酸酐(苯酐)		0		5	0	0	0	0	1.3	0		2.6								0	0	
29173611	精对苯二甲酸	6	0	0	6	0	0		0	4.4	0		2.6								0	0	
29173619	其他对苯二甲酸	6	0	0	6	0	0	0	0	4.4	0		2.6								0	0	
29173690	对苯二甲酸盐		0		5	0	0	0	0	1.3	0		2.6								0	0	
29173700	对苯二甲酸二甲酯		0		5	0	0	0	0	1.3	0	5.2	2.6								0	0	
29173910	间苯二甲酸		0		5	0	0	0	0	1.3	0		2.6								0	0	
29173990	其他芳香多元羧酸(包括其酸酐、酰卤化物、过氧化物和过氧酸及它们的衍生物)		0		5	0	0	0	0	1.3	0	5.2	2.6								0	0	
29181100	乳酸及其盐和酯		0		5	0	0	0	0	1.3	0	4.5	2.6								0	0	
29181200	酒石酸		0		5	0	0	0	0	1.3	0	2.6	2.6								0	0	
29181300	酒石酸盐及酒石酸酯		0		5	0	0	0	0	1.3	0	2.6	2.6								0	0	
29181400	柠檬酸		0		5	0	0	0	0	1.3	0	4.5	2.6								0	0	
29181500	柠檬酸盐及柠檬酸酯		0		5	0	0	0	0	1.3	0	2.6	2.6								0	0	
29181600	葡糖酸及其盐和酯		0		5	0	0	0	0	1.3	0	2.6	2.6								0	0	
29181700	2,2-二苯基-2-羟基乙酸(二苯基乙醇酸)		0		5	0	0	0	0	1.3	0	2.6	2.6								0	0	
29181800	乙酯杀螨醇(ISO)		0		5	0	0	0	0	1.3	0	2.6	2.6								0	0	

税则号列	商品描述[①]	协定税率(%)															特惠税率(%)						
																	亚太2国[②]	东盟			最不发达国家		
		亚太	东盟	新加坡	巴基斯坦	智利	新西兰	秘鲁	哥斯达黎加	瑞士	冰岛	韩国	澳大利亚	香港	澳门	台湾		老挝	柬埔寨	缅甸	LDC1[③]	LDC2[④]	LDC3[⑤]
29181900	其他含醇基但不含其他含氧基的羧酸(包括其酸酐,酰卤化物,过氧化物和过氧酸及它们的衍生物)		0		5	0	0	0	0	1.3	0	2.6	2.6								0	0	
29182110	水杨酸、水杨酸钠		0		5	0	0	0	0	4.4	0	4.5	2.6								0	0	
29182190	其他水杨酸盐		0		5	0	0	0	0	1.3	0	2.6	2.6								0	0	
29182210	邻乙酰水杨酸(阿司匹林)		0		5	0	0	0	0	1.2	0	2.4	2.4								0	0	
29182290	邻乙酰水杨酸盐和酯		0		5	0	0	0	0	1.3	0	2.6	2.6								0	0	
29182300	水杨酸其他酯及其盐		0		5	0	0	0	0		0	2.6	2.6								0	0	
29182900	其他含酚基但不含其他含氧基羧酸及其酸酐(酰卤化物、过氧化物和过氧酸及它们的衍生物)		0		5	0	0	0	0	1.3	0	5.2	2.6		0						0	0	
29183000	含醛基或酮基不含其他含氧基羧酸及其酸酐(酰卤化物、过氧化物和过氧酸及它们的衍生物)		0		5	0	0	0	0	4.4	0	2.6	2.6								0	0	
29189100	2,4,5-涕(ISO)(2,4,5-三氯苯氧基乙酸)及其盐或酯		0		5	0	0	0	0	1.3	0	2.6	2.6								0	0	
29189900	其他含其他附加含氧基羧酸及其酸酐(酰卤化物、过氧化物和过氧酸及它们的衍生物)		0		5	0	0	0	0	4.4	0	2.6	2.6								0	0	
29191000	三(2,3-二溴丙基)磷酸酯		0		5	0	0	0	0	1.3	0	2.6	2.6								0	0	
29199000	其他磷酸酯及其盐(包括乳磷酸盐),以及它们的卤化、磺化、硝化或亚硝化的衍生物		0		5	0	0	0	0	1.3	0	2.6	2.6								0	0	
29201100	对硫磷(ISO)及甲基对硫磷(ISO)		0		5	0	0	0	0	1.3	0	2.6	2.6								0	0	
29201900	其他硫代磷酸酯及其盐,以及它们的卤化、磺化、硝化或亚硝化的衍生物		0		5	0	0	0	0	1.3	0	2.6	2.6								0	0	
29202100	亚磷酸二甲酯		0		5	0	0	0	0	1.3	0	2.6	2.6								0	0	
29202200	亚磷酸二乙酯		0		5	0	0	0	0	1.3	0	2.6	2.6								0	0	
29202300	亚磷酸三甲酯		0		5	0	0	0	0	1.3	0	2.6	2.6								0	0	
29202400	亚磷酸三乙酯		0		5	0	0	0	0	1.3	0	2.6	2.6								0	0	
29202910	其他亚磷酸酯		0		5	0	0	0	0	1.3	0	2.6	2.6								0	0	
29202990	其他		0		5	0	0	0	0	1.3	0	2.6	2.6								0	0	
29203000	硫丹(ISO)		0		5	0	0	0	0	1.3	0	2.6	2.6								0	0	
29209000	其他无机酸酯(不包括卤化氢的酯)及其盐,以及它们的卤化、磺化、硝化或亚硝化的衍生物		0		5	0	0	0	0	1.3	0	2.6	2.6								0	0	
29211100	甲胺、二甲胺或三甲胺及其盐		0		5	0	0	0	0	1.3	0	2.6	2.6								0	0	
29211200	2-(N,N-二甲基氨基)氯乙烷盐酸盐		0		5	0	0	0	0	1.3	0	2.6	2.6								0	0	
29211300	2-(N,N-二乙基氨基)氯乙烷盐酸盐		0		5	0	0	0	0	1.3	0	2.6	2.6								0	0	

税则号列	商品描述[①]	协定税率(%)															特惠税率(%)						
		亚太	东盟	新加坡	巴基斯坦	智利	新西兰	秘鲁	哥斯达黎加	瑞士	冰岛	韩国	澳大利亚	香港	澳门	台湾	亚太2国[②]	东盟 老挝	东盟 柬埔寨	东盟 缅甸	最不发达国家 LDC1[③]	最不发达国家 LDC2[④]	最不发达国家 LDC3[⑤]
29211400	2-(N,N-二异丙基氨基)氯乙烷盐酸盐		0		5	0	0	0	0	1.3	0	2.6	2.6								0	0	
29211910	二正丙胺		0		0	0	0	0	0	0	0	0	0								0	0	
29211920	异丙胺		0		5	0	0	0	0	1.3	0	0	2.6								0	0	
29211930	N,N-二(2-氯乙基)乙胺		0		5	0	0	0	0	1.3	0	2.6	2.6								0	0	
29211940	N,N-二(2-氯乙基)甲胺		0		5	0	0	0	0	1.3	0	2.6	2.6								0	0	
29211950	三(2-氯乙基)胺		0		5	0	0	0	0	1.3	0	2.6	2.6								0	0	
29211960	二烷氨基乙基-2-氯及其质子化盐		0		5	0	0	0	0	1.3	0	2.6	2.6								0	0	
29211990	其他无环单胺及其衍生物,以及它们的盐		0		5	0	0	0	0	1.3	0	2.6	2.6								0	0	
29212110	乙二胺		0		5	0	0	0	0	1.3	0	5.2	2.6								0	0	
29212190	乙二胺盐		0		5	0	0	0	0	4.4	0	4.5	2.6								0	0	
29212210	己二酸己二胺盐(尼龙-6,6盐)		0		5	0	0	0	0	1.3	0	2.6	2.6								0	0	
29212290	六亚甲基二胺及其他盐		0		5	0	0	0	0	1.3	0	4.5	2.6								0	0	
29212900	其他无环多胺及其衍生物,以及它们的盐		0		5	0	0	0	0	1.3	0	4.5	2.6								0	0	
29213000	环(烷、烯、萜烯)单胺或多胺及衍生物,以及它们的盐		0		5	0	0	0	0	1.3	0	2.6	2.6								0	0	
29214110	苯胺		0		5	0	0	0	0	1.3	0	2.6	2.6								0	0	
29214190	苯胺盐		0		5	0	0	0	0		0	2.6	2.6								0	0	
29214200	苯胺衍生物及其盐		0		5	0	0	0	0		0	4.5	2.6								0	0	
29214300	甲苯胺及其衍生物,以及它们的盐		0		5	0	0	0	0	1.3	0	5.2	2.6								0	0	
29214400	二苯胺及其衍生物,以及它们的盐		0		5	0	0	0	0		0	4.5	2.6								0	0	
29214500	1-萘胺、2-萘胺及其衍生物及盐		0		5	0	0	0	0		0	2.6	2.6								0	0	
29214600	安非他明、苄非他明、右苯丙胺、乙非他明、芬坎法明、利非他明、左苯丙胺、美芬雷司、芬特明,以及它们的盐		0		5	0	0	0	0	1.3	0	2.6	2.6								0	0	
29214910	对异丙基苯胺		0		0	0	0	0	0	0	0	0	0								0	0	
29214920	二甲基苯胺		0		5	0	0	0	0	1.3	0	4.5	2.6								0	0	
29214930	2,6-甲基乙基苯胺		0		0	0	0	0	0	0	0	0	0								0	0	
29214940	2,6-二乙基苯胺		0		5	0	0	0	0		0	2.6	2.6								0	0	
29214990	其他芳香单胺及衍生物,以及它们的盐		0		5	0	0	0	0		0	2.6	2.6								0	0	
29215110	邻苯二胺		0		0	0	0	0	0	0	0	0	0								0	0	
29215190	间-、对-苯二胺、二氨基甲苯,以及其衍生物及它们的盐		0		5	0	0	0	0	1.3	0	2.6	2.6								0	0	
29215900	其他芳香多胺及衍生物及它们的盐		0		5	0	0	0	0		0	4.5	2.6								0	0	
29221100	单乙醇胺及其盐		0		5	0	0	0	0	1.3	0		2.6								0	0	
29221200	二乙醇胺及其盐		0		5	0	0	0	0	1.3	0		2.6								0	0	

税则号列	商品描述①	协定税率(%)															特惠税率(%)						
																		东盟			最不发达国家		
		亚太	东盟	新加坡	巴基斯坦	智利	新西兰	秘鲁	哥斯达黎加	瑞士	冰岛	韩国	澳大利亚	香港	澳门	台湾	亚太2国②	老挝	柬埔寨	缅甸	LDC1③	LDC2④	LDC3⑤
29221400	右丙氧吩及其盐		0		5	0	0	0	0	1.3	0	2.6	2.6								0	0	
29221500	三乙醇胺		0		5	0	0	0	0	1.3	0	5.2	2.6								0	0	
29221600	全氟辛基磺酸二乙醇铵		0		5	0	0	0	0	1.3	0	2.6	2.6								0	0	
29221700	甲基二乙醇胺和乙基二乙醇胺		0		5	0	0	0	0	1.3	0	2.6	2.6								0	0	
29221800	2-(N,N-二异丙基氨基)乙醇		0		5	0	0	0	0	1.3	0	2.6	2.6								0	0	
29221910	乙胺丁醇		0		5	0	0	0	0	1.3	0	2.6	2.6								0	0	
29221921	二甲氨基乙醇及其质子化盐		0		5	0	0	0	0	1.3	0	2.6	2.6								0	0	
29221922	二乙氨基乙醇及其质子化盐		0		5	0	0	0	0	1.3	0	2.6	2.6								0	0	
29221929	其他二烷氨基乙-2-醇及其质子化		0		5	0	0	0	0	1.3	0	2.6	2.6								0	0	
29221930	乙基二乙醇胺		0		5	0	0	0	0	1.3	0	2.6	2.6								0	0	
29221940	甲基二乙醇胺		0		5	0	0	0	0	1.3	0	2.6	2.6								0	0	
29221950	本芴醇		0		5	0	0	0	0	1.3	0	2.6	2.6								0	0	
29221990	其他氨基醇及其醚、酯和它们的盐(但含有一种以上含氧基的除外)		0		5	0	0	0	0	1.3	0	2.6	2.6								0	0	
29222100	氨基羟基萘磺酸及其盐		0		5	0	0	0	0	1.3	0	4.5	2.6								0	0	
29222910	茴香胺、二茴香胺、氨基苯乙醚及其盐		0		5	0	0	0	0	1.3	0	4.5	2.6								0	0	
29222990	其他氨基(萘酚、酚)及醚、酯、盐(但含有一种以上含氧基的除外)		0		5	0	0	0	0	1.3	0	2.6	2.6								0	0	
29223100	安非拉酮、美沙酮和去甲美沙酮，以及它们的盐		0		5	0	0	0	0	1.3	0	2.6	2.6								0	0	
29223910	4-甲基甲卡西酮		0		5	0	0	0	0	1.3	0	2.6	2.6								0	0	
29223990	其他氨基醛、氨基酮、氨基醌及其盐(但含有一种以上含氧基的除外)		0		5	0	0	0	0	1.3	0	2.6	2.6								0	0	
29224110	赖氨酸		0		0	0	0	0	0	0	0	4	0								0	0	
29224190	赖氨酸酯和赖氨酸盐		0		5	0	0	0	0	1.2	0	2.4	2.4								0	0	
29224210	谷氨酸	8.6	0	0	5	0	0	0	0	2	0	7	4								0	0	
29224220	谷氨酸钠		0	0	5	0	0	0	0	2	0	7	4	0							0	0	
29224290	其他谷氨酸盐		0		5	0	0	0	0	1.3	0	2.6	2.6								0	0	
29224310	邻氨基苯甲酸(氨茴酸)		0		5	0	0	0	0	1.3	0	2.6	2.6								0	0	
29224390	邻氨基苯甲酸(氨茴酸)盐		0		5	0	0	0	0	1.3	0	2.6	2.6								0	0	
29224400	替利定及其盐		0		5	0	0	0	0	1.3	0	2.6	2.6								0	0	
29224911	氨甲环酸		0		5	0	0	0	0	1.3	0	5.2	2.6								0	0	
29224919	其他氨基酸		0		5	0	0	0	0	1.3	0	5.2	2.6								0	0	
29224991	普鲁卡因		0		5	0	0	0	0	1.2	0	2.4	2.4								0	0	
29224999	其他氨基酸及其酯，以及它们的盐(但含有一种以上含氧基的除外)		0		5	0	0	0	0	1.3	0	2.6	2.6								0	0	
29225010	对羟基苯甘氨酸及其邓甲盐		0		5	0	0	0	0	1.3	0	2.6	2.6								0	0	
29225020	莱克多巴胺和盐酸莱克多巴胺		0		5	0	0	0	0	1.3	0	5.2	2.6								0	0	

税则号列	商品描述[①]	协定税率(%)															特惠税率(%)						
		亚太	东盟	新加坡	巴基斯坦	智利	新西兰	秘鲁	哥斯达黎加	瑞士	冰岛	韩国	澳大利亚	香港	澳门	台湾	亚太2国[②]	东盟 老挝	东盟 柬埔寨	东盟 缅甸	最不发达国家 LDC1[③]	最不发达国家 LDC2[④]	最不发达国家 LDC3[⑤]
29225090	其他氨基醇酚、氨基酸酚及其他含氧基氨基化合物		0		5	0	0	0	0	1.3	0	4.5	2.6								0	0	
29231000	胆碱及其盐		0		5	0	0	0	0	1.3	0	2.6	2.6								0	0	
29232000	卵磷脂及其他磷氨基类脂		0		5	0	0	0	0	1.3	0	4.5	2.6								0	0	
29233000	全氟辛基磺酸四乙基铵		0		5	0	0	0	0	1.3	0	2.6	2.6								0	0	
29234000	全氟辛基磺酸二癸基二甲基铵		0		5	0	0	0	0	1.3	0	2.6	2.6								0	0	
29239000	其他季铵盐及季铵碱		0		5	0	0	0	0	1.3	0	2.6	2.6								0	0	
29241100	甲丙氨酯		0		5	0	0	0	0	1.3	0	2.6	2.6								0	0	
29241200	氯乙酰胺(ISO)、久效磷(ISO)及磷胺(ISO)		0		5	0	0	0	0	1.3	0	2.6	2.6								0	0	
29241910	二甲基甲酰胺		0		5	0	0	0	0	1.3	0	0	2.6	0		0					0	0	
29241990	其他无环酰胺及其衍生物,以及它们的盐		0		5	0	0	0	0	1.3	0	5.2	2.6								0	0	
29242100	酰脲及其衍生物,及它们的盐		0		5	0	0	0	0	1.3	0	2.6	2.6								0	0	
29242300	2-乙酰氨基苯甲酸(N-乙酰邻氨基苯甲酸)及其盐		0		5	0	0	0	0		0	2.6	2.6								0	0	
29242400	炔已蚁胺		0		5	0	0	0	0	1.3	0	2.6	2.6								0	0	
29242500	甲草胺(ISO)		0		5	0	0	0	0	3.9	0	2.6	2.6		0						0	0	
29242910	对乙酰氨基苯乙醚(非那西丁)		0		5	0	0	0	0	1.2	0	2.4	2.4								0	0	
29242920	对乙酰氨基酚(扑热息痛)		0		5	0	0	0	0	1.2	0	2.4	2.4								0	0	
29242930	阿斯巴甜		0		5	0	0	0	0	3.9	0	2.6	2.6		0						0	0	
29242990	其他环酰胺(包括环氨基甲酸酯)		0		5	0	0	0	0	3.9	0	2.6	2.6		0						0	0	
29251100	糖精及其盐		0		5	0	0	0	0	1.8	0	6.3	3.6								0	0	
29251200	格鲁米特		0		5	0	0	0	0	1.3	0	2.6	2.6								0	0	
29251900	其他酰亚胺及其衍生物、盐		0		5	0	0	0	0	4.4	0	2.6	2.6								0	0	
29252100	杀虫脒		0		5	0	0	0	0	1.3	0	2.6	2.6								0	0	
29252900	其他亚胺及其衍生物,以及它们的盐		0		5	0	0	0	0	1.3	0	2.6	2.6								0	0	
29261000	丙烯腈					0	0	0	0	1.3	0		2.6								0	0	
29262000	1-氰基胍(双氰胺)		0		5	0	0	0	0	1.3	0	4.5	2.6								0	0	
29263000	芬普雷司及其盐;美沙酮中间体(4-氰基-2-二甲氨基-4,4-二苯基丁烷)		0		5	0	0	0	0	1.3	0	2.6	2.6								0	0	
29264000	α-苯基乙酰基乙腈		0		5	0	0	0	0	3.9	0	2.6	2.6	0							0	0	
29269010	对氯氰苄		0		0	0	0	0	0	0	0	0	0								0	0	
29269020	间苯二甲腈		0		5	0	0	0	0	1.3	0	2.6	2.6								0	0	
29269090	其他腈基化合物		0		5	0	0	0	0	3.9	0	2.6	2.6	0							0	0	
29270000	重氮化合物、偶氮化合物及氧化偶氮化合物		0		5	0	0	0	0	1.3	0	2.6	2.6		0						0	0	
29280000	肼(联氨)及胲(羟胺)的有机衍生物		0		5	0	0	0	0	1.3	0	4.5	2.6								0	0	
29291010	2,4和2,6甲苯二异氰酸酯混合物(甲苯二异氰酸酯TDI)		0		5	0	0	0	0	1.3	0	5.2	2.6			0					0	0	

税则号列	商品描述[①]	协定税率(%)															特惠税率(%)						
		亚太	东盟	新加坡	巴基斯坦	智利	新西兰	秘鲁	哥斯达黎加	瑞士	冰岛	韩国	澳大利亚	香港	澳门	台湾	亚太2国[②]	东盟			最不发达国家		
																		老挝	柬埔寨	缅甸	LDC1[③]	LDC2[④]	LDC3[⑤]
29291020	二甲苯二异氰酸酯(TODI)		0		5	0	0	0	0		0	2.6	2.6								0	0	
29291030	二苯基甲烷二异氰酸酯(纯MDI)		0		5	0	0	0	0	3.9	0		2.6								0	0	
29291040	六亚甲基二异氰酸酯		0		5	0	0	0	0	1.3	0	4.5	2.6								0	0	
29291090	其他异氰酸酯		0		5	0	0	0	0	1.3	0	2.6	2.6								0	0	
29299010	环己基氨基磺酸钠(甜蜜素)		0		5	0	0	0	0	1.8	0	3.6	3.6								0	0	
29299020	二烷(甲、乙、正丙或异丙)氨基膦酰二卤		0		5	0	0	0	0	1.3	0	2.6	2.6								0	0	
29299030	二烷氨基膦酸二烷酯		0		5	0	0	0	0	1.3	0	2.6	2.6								0	0	
29299040	乙酰甲胺磷		0		5	0	0	0	0	1.3	0	2.6	2.6								0	0	
29299090	其他含氮基化合物		0		5	0	0	0	0	1.3	0	5.2	2.6								0	0	
29302000	其他硫代氨基甲酸盐(或酯)		0		5	0	0	0	0	1.3	0	2.6	2.6								0	0	
29303000	(一硫化、二硫化、三硫化)二烃氨基硫羰		0		5	0	0	0	0	1.3	0	2.6	2.6								0	0	
29304000	甲硫氨酸(蛋氨酸)		0		5	0	0	0	0	1.3	0	2.6	2.6								0	0	
29306000	2-(N,N-二乙基氨基)乙硫醇		0		5	0	0	0	0	1.3	0	2.6	2.6	0							0	0	
29307000	二(2-羟乙基)硫醚[硫二甘醇(INN)]		0		5	0	0	0	0	1.3	0	2.6	2.6	0							0	0	
29308000	涕灭威(ISO)、敌菌丹(ISO)及甲胺磷(ISO)		0		5	0	0	0	0	1.3	0	2.6	2.6	0							0	0	
29309010	双巯丙氨酸(胱氨酸)		0		5	0	0	0	0	1.3	0	2.6	2.6								0	0	
29309020	二硫代碳酸酯(或盐)[黄原酸酯(或盐)]		0		5	0	0	0	0	1.3	0	2.6	2.6								0	0	
29309090	其他有机硫化合物		0		5	0	0	0	0	1.3	0	2.6	2.6	0							0	0	
29311000	四甲基铅及四乙基铅		0		5	0	0	0	0	1.3	0	2.6	2.6								0	0	
29312000	三丁基锡化合物		0		5	0	0	0	0	1.3	0	2.6	2.6								0	0	
29313100	甲基膦酸二甲酯		0		5	0	0	0	0	1.3	0	2.6	2.6								0	0	
29313200	丙基膦酸二甲酯		0		5	0	0	0	0	1.3	0	2.6	2.6								0	0	
29313300	乙基膦酸二乙酯		0		5	0	0	0	0	1.3	0	2.6	2.6								0	0	
29313400	3-(三羟基硅烷基)丙基甲基膦酸钠		0		5	0	0	0	0	1.3	0	2.6	2.6								0	0	
29313500	1-丙基磷酸环酐		0		5	0	0	0	0	1.3	0	2.6	2.6								0	0	
29313600	(5-乙基-2-甲基-2-氧代-1,3,2-二氧磷杂环己-5-基)甲基膦酸二甲酯		0		5	0	0	0	0	1.3	0	2.6	2.6								0	0	
29313700	双[(5-乙基-2-甲基-2-氧代-1,3,2-二氧磷杂环己-5-基)甲基]甲基膦酸酯(阻燃剂FRC-1)		0		5	0	0	0	0	1.3	0	2.6	2.6								0	0	
29313800	甲基膦酸和脒基尿素(1:1)生成的盐		0		5	0	0	0	0	1.3	0	2.6	2.6								0	0	
29313910	双甘膦		0		5	0	0	0	0	1.3	0	2.6	2.6								0	0	
29313990	其他含有磷原子的有机-无机化合物		0		5	0	0	0	0	1.3	0	2.6	2.6								0	0	
29319000	其他有机-无机化合物		0		5	0	0	0	0	1.3	0	2.6	2.6								0	0	

税则号列	商品描述[1]	协定税率(%)															特惠税率(%)						
		亚太	东盟	新加坡	巴基斯坦	智利	新西兰	秘鲁	哥斯达黎加	瑞士	冰岛	韩国	澳大利亚	香港	澳门	台湾	亚太2国[2]	东盟 老挝	东盟 柬埔寨	东盟 缅甸	最不发达国家 LDC1[3]	最不发达国家 LDC2[4]	最不发达国家 LDC3[5]
29321100	四氢呋喃		0		5	0	0	0	0	1.2	0	0	2.4	0		0					0	0	
29321200	2-糠醛		0		5	0	0	0	0	1.2	0	2.4	2.4								0	0	
29321300	糠醇及四氢糠醇		0		5	0	0	0	0	1.2	0	2.4	2.4								0	0	
29321400	三氯蔗糖		0		5	0	0	0	0		0	2.6	2.6								0	0	
29321900	其他结构上有非稠合呋喃环化合物(不论是否氢化)		0		5	0	0	0	0		0	2.6	2.6								0	0	
29322010	香豆素、甲基香豆素及乙基香豆素		0		5	0	0	0	0	1.3	0	2.6	2.6								0	0	
29322090	其他内酯		0		5	0	0	0	0	3.9	0	2.6	2.6								0	0	
29329100	4-丙烯基-1,2-亚甲二氧基苯		0		5	0	0	0	0	1.3	0	2.6	2.6								0	0	
29329200	1-(1,3-苯并二恶茂-5-基)丙-2-酮		0		5	0	0	0	0	1.3	0	2.6	2.6								0	0	
29329300	3,4-亚甲二氧基苯甲醛(胡椒醛)		0		5	0	0	0	0	1.3	0	2.6	2.6								0	0	
29329400	4-烯丙基-1,2-亚甲二氧基苯(黄樟脑)		0		5	0	0	0	0	1.3	0	2.6	2.6								0	0	
29329500	四氢大麻酚(所有异构体)		0		5	0	0	0	0	1.3	0	2.6	2.6								0	0	
29329910	7-羟基苯并呋喃(呋喃酚)		0		0	0	0	0	0	0	0	3.2	0								0	0	
29329920	联苯双酯		0		5	0	0	0	0	1.3	0	2.6	2.6								0	0	
29329930	蒿甲醚		0		5	0	0	0	0	3.9	0	2.6	2.6								0	0	
29329990	其他仅含氧杂原子的杂环化合物		0		5	0	0	0	0	3.9	0	2.6	2.6								0	0	
29331100	二甲基苯基吡唑酮(安替比林)及其衍生物	6	0		5	0	0	0	0	1.3	0	2.6	2.6								0	0	
29331920	安乃近		0		5	0	0	0	0	1.2	0	2.4	2.4								0	0	
29331990	其他结构上有非稠合吡唑环化合物(不论是否氢化)		0		5	0	0	0	0	1.3	0	2.6	2.6								0	0	
29332100	乙内酰脲及其衍生物		0		5	0	0	0	0	1.3	0	2.6	2.6								0	0	
29332900	其他结构上有非稠合咪唑环化合物(不论是否氢化)		0		5	0	0	0	0	4.4	0	4.5	2.6								0	0	
29333100	吡啶及其盐		0		5	0	0	0	0	1.2	0	0	2.4			0					0	0	
29333210	哌啶(六氢吡啶)		0		0	0	0	0	0	0	0	0	0								0	0	
29333220	哌啶(六氢吡啶)盐		0		5	0	0	0	0	1.3	0	2.6	2.6								0	0	
29333300	阿芬太尼、阿尼利定、氰苯双哌酰胺、溴西泮、地芬诺新、地芬诺酯、地匹哌酮、芬太尼、凯托米酮、哌醋甲酯、喷他左辛、哌替啶、哌替啶中间体 A、苯环利定、苯哌利定、哌苯甲醇、哌氰米特、丙吡兰和三甲利定,以及它们的盐		0		5	0	0	0	0	1.3	0	5.2	2.6								0	0	
29333910	二苯乙醇酸-3-奎宁环脂		0		5	0	0	0	0	1.3	0	2.6	2.6								0	0	
29333920	奎宁环-3-醇		0		5	0	0	0	0	1.3	0	2.6	2.6								0	0	
29333990	其他结构上有非稠合吡啶环化合物(不论是否氢化)		0		5	0	0	0	0	3.9	0	2.6	2.6								0	0	
29334100	左非诺及其盐		0		5	0	0	0	0	1.3	0	2.6	2.6								0	0	

税则号列	商品描述①	协定税率(%)															特惠税率(%)						
		亚太	东盟	新加坡	巴基斯坦	智利	新西兰	秘鲁	哥斯达黎加	瑞士	冰岛	韩国	澳大利亚	香港	澳门	台湾	亚太2国②	东盟			最不发达国家		
																		老挝	柬埔寨	缅甸	LDC1③	LDC2④	LDC3⑤
29334900	其他含喹琳或异喹啉环系的化合物(但未经进一步稠合)		0		5	0	0	0	0	1.3	0	2.6	2.6								0	0	
29335200	丙二酰脲(巴比土酸)及其盐		0		5	0	0	0	0	1.3	0	2.6	2.6								0	0	
29335300	阿洛巴比妥、异戊巴比妥、巴比妥、布他比妥、正丁巴比妥、环己巴比妥、甲苯巴比妥、戊巴比妥、苯巴比妥、仲丁巴比妥、司可巴比妥和乙烯比妥,以及它们的盐		0		5	0	0	0	0	1.3	0	2.6	2.6								0	0	
29335400	其他丙二酰脲的衍生物,以及它们的盐		0		5	0	0	0	0	1.3	0	2.6	2.6								0	0	
29335500	氯普唑仑、甲氯喹酮等,以及它们的盐		0		5	0	0	0	0	1.3	0	2.6	2.6								0	0	
29335910	胞嘧啶	4.6	0		0	0	0	0	0	1.3	0	2.6	2.6								0	0	
29335920	环丙氟哌酸	6	0		5	0	0	0	0	1.3	0	2.6	2.6								0	0	
29335990	其他结构上有嘧啶环或哌嗪环的化合物(不论是否氢化)	4.6	0		0	0	0	0	0	3.9	0	2.6	2.6								0	0	
29336100	三聚氰胺(蜜胺)		0		5	0	0	0	0	1.3	0	2.6	2.6								0	0	
29336910	三聚氰氯		0		5	0	0	0	0	1.2	0	2.4	2.4		0						0	0	
29336921	二氯异氰脲酸		0		5	0	0	0	0	1.3	0	2.6	2.6		0						0	0	
29336922	三氯异氰脲酸		0		5	0	0	0	0	1.3	0	2.6	2.6		0						0	0	
29336929	其他异氰脲酸氯化衍生物		0		5	0	0	0	0	1.3	0	2.6	2.6		0						0	0	
29336990	其他结构上含非稠合三嗪环化合物(不论是否氢化)		0		5	0	0	0	0	1.3	0	4.5	2.6		0						0	0	
29337100	6-己内酰胺					0	0		0	1.8	0		3.6										
29337200	氯巴占和甲乙哌酮		0		5	0	0	0	0	1.8	0	3.6	3.6								0	0	
29337900	其他内酰胺		0		5	0	0	0			0	3.6	3.6								0	0	
29339100	阿普唑仑、卡马西泮等,以及它们的盐		0		5	0	0	0	0	1.3	0	2.6	2.6								0	0	
29339200	甲基谷硫磷(ISO)		0		5	0	0	0	0	4.4	0	2.6	2.6								0	0	
29339900	其他仅含氮杂原子的杂环化合物		0		5	0	0	0	0	4.4	0	2.6	2.6								0	0	
29341000	结构上含有非稠合噻唑环的化合物(不论是否氢化)		0		5	0	0	0	0	1.3	0	5.2	2.6								0	0	
29342000	含一个苯并噻唑环系的化合物(但未经进一步稠合,不论是否氢化)		0		5	0	0	0	0	1.3	0	4.5	2.6								0	0	
29343000	含一个吩噻嗪环系的化合物(但未经进一步稠合,不论是否氢化)		0		5	0	0	0	0	1.3	0	2.6	2.6								0	0	
29349100	阿米雷司、溴替唑仑、氯噻西泮等,以及它们的盐		0		5	0	0	0	0	1.3	0	2.6	2.6								0	0	
29349910	磺内酯及磺内酰胺		0		5	0	0	0	0	1.3	0	2.6	2.6								0	0	
29349920	呋喃唑酮		0		5	0	0	0	0		0	2.4	2.4								0	0	
29349930	核酸及其盐		0		5	0	0	0	0	1.3	0	2.6	2.6								0	0	
29349940	奈韦拉平、依发韦仑、利托那韦及它们的盐		0		5	0	0	0	0	1.3	0	2.6	2.6								0	0	

税则号列	商品描述[①]	协定税率(%)															特惠税率(%)						
																		东盟			最不发达国家		
		亚太	东盟	新加坡	巴基斯坦	智利	新西兰	秘鲁	哥斯达黎加	瑞士	冰岛	韩国	澳大利亚	香港	澳门	台湾	亚太2国[②]	老挝	柬埔寨	缅甸	LDC1[③]	LDC2[④]	LDC3[⑤]
29349950	克拉维酸及其盐		0		5	0	0	0	0	1.3	0	2.6	2.6								0	0	
29349960	7-苯乙酰氨基-3-氯甲基-4-头孢烷酸对甲氧基苄酯、7-氨基头孢烷酸、7-氨基脱乙酰氧基头孢烷酸	5	0		0	0	0	0	0	1.2	0	2.4	2.4								0	0	
29349990	其他杂环化合物		0		5	0	0	0	0	1.3	0	2.6	2.6								0	0	
29351000	N-甲基全氟辛基磺酰胺		0		5	0	0	0	0	4.4	0	2.6	2.6								0	0	
29352000	N-乙基全氟辛基磺酰胺		0		5	0	0	0	0	4.4	0	2.6	2.6								0	0	
29353000	N-乙基-N-(2-羟乙基)全氟辛基磺酰胺		0		5	0	0	0	0	4.4	0	2.6	2.6								0	0	
29354000	N-(2-羟乙基)-N-甲基全氟辛基磺酰胺		0		5	0	0	0	0	4.4	0	2.6	2.6								0	0	
29355000	其他全氟辛基磺酰胺		0		5	0	0	0	0	4.4	0	2.6	2.6								0	0	
29359000	其他磺(酰)胺		0		5	0	0	0	0	4.4	0	2.6	2.6								0	0	
29362100	未混合的维生素 A 及其衍生物		0		0	0	0	0	0	2.7	0	0	0		0						0	0	0
29362200	未混合的维生素 B_1 及其衍生物		0		0	0	0	0	0	0	0	0	0		0						0	0	0
29362300	未混合的维生素 B_2 及其衍生物		0		0	0	0	0	0	0	0	1.6	0		0						0	0	0
29362400	未混合的 D 或 DL-泛酸及其衍生物		0		0	0	0	0	0	0	0	0	0		0						0	0	0
29362500	未混合的维生素 B_6 及其衍生物		0		0	0	0	0	0	0	0	0	0		0						0	0	0
29362600	未混合的维生素 B_{12} 及其衍生物		0		0	0	0	0	0	2.4	0	0	0		0						0	0	0
29362700	未混合的维生素 C 及其衍生物		0		0	0	0	0	0	0	0	0	0		0						0	0	0
29362800	未混合的维生素 E 及其衍生物		0		0	0	0	0	0	2.4	0	0	0		0						0	0	0
29362900	其他未混合的维生素及其衍生物		0		0	0	0	0	0	2.4	0	0	0		0						0	0	0
29369010	维生素 AD_3		0		0	0	0	0	0	0	0	0	0		0						0	0	0
29369090	其他维生素原、混合维生素及其衍生物		0		0	0	0	0	0	0	0	0	0		0						0	0	0
29371100	生长激素及其衍生物和类似结构物		0		0	0	0	0	0	0	0	0	0								0	0	
29371210	重组人胰岛素及其盐		0		0	0	0	0	0	0	0	0	0								0	0	
29371290	其他胰岛素及其盐		0		0	0	0	0	0	0	0	0	0								0	0	
29371900	其他多肽激素、蛋白激素、糖蛋白激素及其衍生物和类似结构物		0		0	0	0	0	0	2.4	0	0	0								0	0	
29372100	可的松、氢化可的松、脱氢可的松及脱氢皮质(甾)醇		0		0	0	0	0	0	0	0	0	0								0	0	
29372210	地塞米松		0		0	0	0	0	0	0	0	0	0								0	0	
29372290	其他皮质(甾)激素的卤化衍生物		0		0	0	0	0	0	0	0	0	0								0	0	
29372311	孕马结合雌激素		0		0	0	0	0	0	0	0	0	0								0	0	
29372319	其他动物源的雌(甾)激素和孕激素		0		0	0	0	0	0	0	0	0	0								0	0	
29372390	其他皮质甾类激素的卤化衍生物		0		0	0	0	0	0	0	0	0	0								0	0	
29372900	其他甾族激素及其衍生物和类似结构物		0		0	0	0	0	0	0	0	0	0								0	0	

税则号列	商品描述[①]	协定税率(%)															特惠税率(%)						
		亚太	东盟	新加坡	巴基斯坦	智利	新西兰	秘鲁	哥斯达黎加	瑞士	冰岛	韩国	澳大利亚	香港	澳门	台湾	亚太2国[②]	东盟 老挝	东盟 柬埔寨	东盟 缅甸	最不发达国家 LDC1[③]	最不发达国家 LDC2[④]	最不发达国家 LDC3[⑤]
29375000	前列腺素、血栓烷和白细胞三烯及其衍生物和类似结构物		0		0	0	0	0	0	0	0	1.6	0								0	0	
29379000	其他天然或合成再制的激素及其衍生物和类似结构物,包括主要用做激素的改性链多肽		0		0	0	0	0	0	0	0	0	0								0	0	
29381000	芸香苷及其衍生物		0		5	0	0	0	0	1.3	0	2.6	2.6								0	0	
29389010	齐多夫定、拉米夫定、司他夫定、地达诺新及它们的盐		0		5	0	0	0	0	1.3	0	2.6	2.6								0	0	
29389090	其他天然或合成再制的苷及其盐、醚、酯和其他衍生物		0		5	0	0	0	0	1.3	0	2.6	2.6								0	0	
29391100	罂粟秆浓缩物、丁丙诺啡、可待因等,以及它们的盐		0		0	0	0	0	0	0	0	0	0								0	0	0
29391900	其他鸦片碱及其衍生物,以及它们的盐		0		0	0	0	0	0	0	0	0	0								0	0	0
29392000	其他金鸡纳生物碱及其衍生物,以及它们的盐		0		0	0	0	0	0	0	0	0	0								0	0	0
29393000	咖啡因及其盐		0		0	0	0	0	0	0	0	0	0								0	0	0
29394100	麻黄碱及其盐		0		0	0	0	0	0	0	0	0	0								0	0	0
29394200	假麻黄碱及其盐		0		0	0	0	0	0	0	0	0	0								0	0	0
29394300	d-去甲麻黄碱(INN)及其盐		0		0	0	0	0	0	0	0	0	0								0	0	0
29394400	去甲麻黄碱及其盐		0		0	0	0	0	0	0	0	0	0								0	0	0
29394900	其他麻黄碱类及其盐		0		0	0	0	0	0	0	0	0	0								0	0	0
29395100	芬乙茶碱(INN)及其盐		0		0	0	0	0	0	0	0	0	0								0	0	0
29395900	其他茶碱和氨茶碱及其衍生物,以及它们的盐		0		0	0	0	0	0	0	0	0	0								0	0	0
29396100	麦角新碱及其盐		0		0	0	0	0	0	0	0	0	0								0	0	0
29396200	麦角胺及其盐		0		0	0	0	0	0	0	0	0	0								0	0	0
29396300	麦角酸及其盐		0		0	0	0	0	0	0	0	0	0								0	0	0
29396900	其他麦角生物碱及其衍生物,以及它们的盐		0		0	0	0	0	0	2.4	0	0	0								0	0	0
29397110	可卡因及其盐		0		0	0	0	0	0	0	0	0	0								0	0	0
29397190	芽子碱、左甲苯丙胺、去氧麻黄碱、去氧麻黄碱外消旋体,它们的盐、酯及其他衍生物;可卡因的酯及其他衍生物		0		0	0	0	0	0	0	0	0	0								0	0	0
29397910	烟碱及其盐		0		0	0	0	0	0	0	0	0	0								0	0	0
29397920	番木鳖碱(士的年)及其盐		0		0	0	0	0	0	0	0	0	0								0	0	0
29397990	其他天然或合成再制的生物碱及其盐、醚、酯和其他衍生物		0		0	0	0	0	0	2.4	0	0	0								0	0	0
29398000	其他生物碱		0		0	0	0	0	0	2.4	0	0	0								0	0	0
29400010	木糖		0		5	0	0	0	0	1.2	0	4.2	2.4								0	0	0
29400090	其他化学纯糖		0		5	0	0	0	0	1.2	0	4.2	2.4								0	0	0
29411011	氨苄青霉素	5	0		0	0	0	0	0	1.2	0	2.4	2.4								0	0	0
29411012	氨苄青霉素三水酸	5	0		0	0	0	0	0	1.2	0	2.4	2.4								0	0	0

税则号列	商品描述[①]	协定税率(%)															特惠税率(%)						
		亚太	东盟	新加坡	巴基斯坦	智利	新西兰	秘鲁	哥斯达黎加	瑞士	冰岛	韩国	澳大利亚	香港	澳门	台湾	亚太2国[②]	东盟			最不发达国家		
																		老挝	柬埔寨	缅甸	LDC1[③]	LDC2[④]	LDC3[⑤]
29411019	其他氨苄青霉素盐	5	0		0	0	0	0	0	1.2	0	2.4	2.4								0	0	0
29411091	羟氨苄青霉素		0		0	0	0	0	0	0	0	0	0								0	0	0
29411092	羟氨苄青霉素三水酸		0		0	0	0	0	0	0	0	0	0								0	0	0
29411093	6氨基青霉烷酸(6APA)		0		0	0	0	0	0	0	0	0	0								0	0	0
29411094	青霉素V		0		0	0	0	0	0	0	0	0	0								0	0	0
29411095	磺苄青霉素		0		0	0	0	0	0	0	0	0	0								0	0	0
29411096	邻氯青霉素		0		0	0	0	0	0	0	0	0	0								0	0	0
29411099	其他青霉素及其衍生物,以及它们的盐		0		0	0	0	0	0	0	0	0	0								0	0	0
29412000	链霉素及其衍生物,以及它们的盐		0		0	0	0	0	0	0	0	0	0								0	0	0
29413011	四环素		0		0	0	0	0	0	0	0	0	0		0						0	0	0
29413012	四环素盐		0		0	0	0	0	0	0	0	0	0		0						0	0	0
29413020	四环素衍生物及其盐		0		0	0	0	0	0	0	0	0	0		0						0	0	0
29414000	氯霉素及其衍生物,以及它们的盐		0		0	0	0	0	0	0	0	0	0								0	0	0
29415000	红霉素及其衍生物,以及它们的盐		0		0	0	0	0	0	0	0	0	0		0						0	0	0
29419010	庆大霉素及其衍生物,以及它们的盐		0		0	0	0	0	0	0	0	0	0								0	0	0
29419020	卡那霉素及其衍生物,以及它们的盐		0		0	0	0	0	0	0	0	0	0								0	0	0
29419030	利福平及其衍生物,以及它们的盐		0		0	0	0	0	0	0	0	0	0								0	0	0
29419040	林可霉素及其衍生物,以及它们的盐		0		0	0	0	0	0	0	0	0	0								0	0	0
29419052	头孢氨苄及其盐	5	0		0	0	0	0	0	1.2	0	2.4	2.4								0	0	0
29419053	头孢唑啉及其盐	5	0		0	0	0	0	0	1.2	0	2.4	2.4								0	0	0
29419054	头孢拉啶及其盐	5	0		0	0	0	0	0	1.2	0	2.4	2.4								0	0	0
29419055	头孢三嗪(头孢曲松)及其盐	5	0		0	0	0	0	0	4	0	2.4	2.4								0	0	0
29419056	头孢哌酮及其盐	5	0		0	0	0	0	0	1.2	0	2.4	2.4								0	0	0
29419057	头孢噻肟及其盐	5	0		0	0	0	0	0	1.2	0	2.4	2.4								0	0	0
29419058	头孢克罗及其盐	5	0		0	0	0	0	0	1.2	0	2.4	2.4								0	0	0
29419059	其他头孢菌素及其衍生物,以及它们的盐	5	0		0	0	0	0	0	1.2	0	4.2	2.4								0	0	0
29419060	麦迪霉素及其衍生物,以及它们的盐	4.2	0		0	0	0	0	0	1.2	0	2.4	2.4								0	0	0
29419070	乙酰螺旋霉素及其衍生物,以及它们的盐		0		0	0	0	0	0	0	0	0	0								0	0	0
29419090	其他抗菌素	5	0		0	0	0	0	0	1.2	0	2.4	2.4								0	0	0
29420000	其他有机化合物		0		5	0	0	0	0	1.3	0	2.6	2.6								0	0	0
30012000	腺体、其他器官及其分泌物提取物		0		0	0	0	0	0	0	0	0	0								0	0	
30019010	肝素及其盐		0		0	0	0	0	0	0	0	0	0								0	0	

税则号列	商品描述[1]	协定税率(%)															特惠税率(%)						
																	亚太2国[2]	东盟			最不发达国家		
		亚太	东盟	新加坡	巴基斯坦	智利	新西兰	秘鲁	哥斯达黎加	瑞士	冰岛	韩国	澳大利亚	香港	澳门	台湾		老挝	柬埔寨	缅甸	LDC1[3]	LDC2[4]	LDC3[5]
30019090	其他未列名的人体或动物制品(供治疗或预防疾病用)		0		0	0	0	0	0	0	0	0	0								0	0	
30021100	疟疾诊断试剂盒		0		0	0	0	0	0	2	0	0	0								0	0	0
30021200	抗血清及其他血份		0		0	0	0	0	0	2	0	0	0								0	0	0
30021300	非混合的免疫制品,未配定剂量或制成零售包装		0		0	0	0	0	0	2	0	0	0								0	0	0
30021400	混合的免疫制品,未配定剂量或制成零售包装		0		0	0	0	0	0	2	0	0	0								0	0	0
30021500	免疫制品,已配定剂量或制成零售包装		0		0	0	0	0	0	2	0	0	0								0	0	0
30021900	抗血清、其他血份及免疫制品(不论是否修饰通过生物工艺加工制得)		0		0	0	0	0	0	2	0	0	0								0	0	0
30022000	人用疫苗		0		0	0	0	0	0	1.8	0	0	0								0	0	0
30023000	兽用疫苗		0		0	0	0	0	0	0	0	0	0								0	0	0
30029010	石房蛤毒素		0		0	0	0	0	0	0	0	0	0								0	0	0
30029020	蓖麻毒素		0		0	0	0	0	0	0	0	0	0								0	0	0
30029030	细菌及病毒		0		0	0	0	0	0	1.8	0	0	0								0	0	0
30029040	遗传物质和基因修饰生物体		0		0	0	0	0	0	0	0	0	0								0	0	0
30029090	人血;治病、防病或诊断用动物血制品;其他毒素、培养微生物(不包括酵母)及类似产品		0		0	0	0	0	0	0	0	0	0	0							0	0	0
30031011	含有氨苄青霉素的混合药品(两种或两种以上成分混合而成的,治病或防病用,未配定剂量或非零售包装)	4.5	0		0	0	0	0	0	1.2	0	2.4	2.4								0	0	0
30031012	含有羟氨苄青霉素的混合药品(两种或两种以上成分混合而成的,治病或防病用,未配定剂量或非零售包装)	4.5	0		0	0	0	0	0	1.2	0	2.4	2.4								0	0	0
30031013	含有青霉素V的混合药品(两种或两种以上成分混合而成的,治病或防病用,未配定剂量或非零售包装)	4.5	0		0	0	0	0	0	1.2	0	2.4	2.4								0	0	0
30031019	含有其他青霉素及具有青霉烷酸结构的青霉素衍生物的混合药品(两种或两种以上成分混合而成的,治病或防病用,未配定剂量或非零售包装)	4.5	0		0	0	0	0	0	1.2	0	2.4	2.4								0	0	0
30031090	含有链霉素的混合药品(两种或两种以上成分混合而成的,治病或防病用,未配定剂量或非零售包装)	4.5	0		0	0	0	0	0	1.2	0	2.4	2.4								0	0	0
30032011	含有头孢噻肟的混合药品(两种或两种以上成分混合而成的,治病或防病用,未配定剂量或非零售包装)	5.4	0		0	0	0	0	0	1.2	0	2.4	2.4								0	0	0

税则号列	商品描述[①]	协定税率(%) 亚太	东盟	新加坡	巴基斯坦	智利	新西兰	秘鲁	哥斯达黎加	瑞士	冰岛	韩国	澳大利亚	香港	澳门	台湾	特惠税率(%) 亚太2国[②]	东盟 老挝	东盟 柬埔寨	东盟 缅甸	最不发达国家 LDC1[③]	最不发达国家 LDC2[④]	最不发达国家 LDC3[⑤]
30032012	含有头孢他啶的混合药品(两种或两种以上成分混合而成的,治病或防病用,未配定剂量或非零售包装)	5.4	0		0	0	0	0	0	1.2	0	2.4	2.4								0	0	0
30032013	含有头孢西丁的混合药品(两种或两种以上成分混合而成的,治病或防病用,未配定剂量或非零售包装)	5.4	0		0	0	0	0	0	1.2	0	2.4	2.4								0	0	0
30032014	含有头孢替唑的混合药品(两种或两种以上成分混合而成的,治病或防病用,未配定剂量或非零售包装)	5.4	0		0	0	0	0	0	1.2	0	2.4	2.4								0	0	0
30032015	含有头孢克罗的混合药品(两种或两种以上成分混合而成的,治病或防病用,未配定剂量或非零售包装)	5.4	0		0	0	0	0	0	1.2	0	2.4	2.4								0	0	0
30032016	含有头孢呋辛的混合药品(两种或两种以上成分混合而成的,治病或防病用,未配定剂量或非零售包装)	5.4	0		0	0	0	0	0	1.2	0	2.4	2.4								0	0	0
30032017	含有头孢三嗪(头孢曲松)的混合药品(两种或两种以上成分混合而成的,治病或防病用,未配定剂量或非零售包装)	5.4	0		0	0	0	0	0	1.2	0	2.4	2.4								0	0	0
30032018	含有头孢哌酮的混合药品(两种或两种以上成分混合而成的,治病或防病用,未配定剂量或非零售包装)	5.4	0		0	0	0	0	0	1.2	0	2.4	2.4								0	0	0
30032019	含有其他头孢菌素的混合药品(两种或两种以上成分混合而成的,治病或防病用,未配定剂量或非零售包装)	5.4	0		0	0	0	0	0	1.2	0	2.4	2.4								0	0	0
30032090	其他含有其他抗菌素的混合药品(两种或两种以上成分混合而成的,治病或防病用,未配定剂量或非零售包装)	4.2	0		0	0	0	0	0	1.2	0	2.4	2.4								0	0	0
30033100	含有胰岛素但不含抗菌素的混合药品(两种或两种以上成分混合而成的,治病或防病用,未配定剂量或非零售包装)	3.5	0		0	0	0	0	0	0	0	2	0								0	0	0
30033900	含激素(胰岛素除外)或品目29.37其他产品,但不含抗菌素的混合药品(两种或两种以上成分混合而成的,治病或防病用,未配定剂量或非零售包装)	4.2	0		0	0	0	0	0	1.2	0	2.4	2.4								0	0	0
30034100	含有麻黄碱及其盐		0		0	0	0	0	0	0	0	2	0								0	0	0
30034200	含有伪麻黄碱(INN)及其盐		0		0	0	0	0	0	0	0	2	0								0	0	0
30034300	含有去甲麻黄碱及其盐		0		0	0	0	0	0	0	0	2	0								0	0	0

税则号列	商品描述[①]	协定税率(%)															特惠税率(%)						
		亚太	东盟	新加坡	巴基斯坦	智利	新西兰	秘鲁	哥斯达黎加	瑞士	冰岛	韩国	澳大利亚	香港	澳门	台湾	亚太2国[②]	东盟			最不发达国家		
																		老挝	柬埔寨	缅甸	LDC1[③]	LDC2[④]	LDC3[⑤]
30034900	含生物碱及其衍生物(奎宁或其盐除外),但不含抗菌素及品目29.37的激素或其他产品的混合药品(两种或两种以上成分混合而成的,治病或防病用,未配定剂量或非零售包装)		0		0	0	0	0	0	0	0	2	0								0	0	0
30036010	含有青蒿素及其衍生物药品		0		0	0	0	0	0	0	0	2	0		0						0	0	0
30036090	其他含有本章子目注释二所列抗疟疾活性成分的药品		0		0	0	0	0	0	3.4	0	2	0		0						0	0	0
30039000	含其他成分混合药品(两种或两种以上成分混合而成的,治病或防病用,未配定剂量或非零售包装)		0		0	0	0	0	0	3.4	0	2	0		0						0	0	0
30041011	氨苄青霉素制剂(混合,治病或防病用,已配定剂量或制成零售包装)	4.5	0		0	0	0	0	0	1.2	0	2.4	2.4	0	0						0	0	0
30041012	羟氨苄青霉素制剂(两种或两种以上成分混合而成的,治病或防病用,已配定剂量或制成零售包装)	4.5	0		0	0	0	0	0	1.2	0	2.4	2.4	0	0						0	0	0
30041013	青霉素V制剂(两种或两种以上成分混合而成的,治病或防病用,已配定剂量或制成零售包装)	4.5	0		0	0	0	0	0	1.2	0	2.4	2.4	0	0						0	0	0
30041019	其他青霉素制剂(混合或非混合,治病或防病用,已配定剂量或制成零售包装)	4.5	0		0	0	0	0	0	1.2	0	2.4	2.4	0	0						0	0	0
30041090	含有其他青霉素及具有青霉烷酸结构的青霉素衍生物或链霉素及其衍生物的药品(混合或非混合,治病或防病用,已配定剂量或制成零售包装)	4.5	0		0	0	0	0	0	1.2	0	2.4	2.4	0	0						0	0	0
30042011	头孢噻肟制剂(混合或非混合,治病或防病用,已配定剂量或制成零售包装)	5	0		0	0	0	0	0	1.2	0	2.4	2.4	0							0	0	0
30042012	头孢他啶制剂(混合或非混合,治病或防病用,已配定剂量或制成零售包装)	5	0		0	0	0	0	0	1.2	0	2.4	2.4	0							0	0	0
30042013	头孢西丁制剂(混合或非混合,治病或防病用,已配定剂量或制成零售包装)	5	0		0	0	0	0	0	1.2	0	2.4	2.4	0							0	0	0
30042014	头孢替唑制剂(混合或非混合,治病或防病用,已配定剂量或制成零售包装)	5	0		0	0	0	0	0	1.2	0	2.4	2.4	0							0	0	0
30042015	头孢克罗制剂(混合或非混合,治病或防病用,已配定剂量或制成零售包装)	5	0		0	0	0	0	0	1.2	0	2.4	2.4	0							0	0	0

税则号列	商品描述[①]	协定税率(%)															特惠税率(%)						
		亚太	东盟	新加坡	巴基斯坦	智利	新西兰	秘鲁	哥斯达黎加	瑞士	冰岛	韩国	澳大利亚	香港	澳门	台湾	亚太2国[②]	东盟			最不发达国家		
																		老挝	柬埔寨	缅甸	LDC1[③]	LDC2[④]	LDC3[⑤]
30042016	头孢呋辛制剂(混合或非混合,治病或防病用,已配定剂量或制成零售包装)	5	0		0	0	0	0	0	1.2	0	2.4	2.4	0							0	0	0
30042017	头孢三嗪(头孢曲松)制剂(混合或非混合,治病或防病用,已配定剂量或制成零售包装)	5	0		0	0	0	0	0	1.2	0	2.4	2.4	0							0	0	0
30042018	头孢哌酮制剂(混合或非混合,治病或防病用,已配定剂量或制成零售包装)	5	0		0	0	0	0	0	1.2	0	2.4	2.4	0							0	0	0
30042019	含有其他头孢菌素制剂(混合或非混合,治病或防病用,已配定剂量或制成零售包装)	5	0		0	0	0	0	0	1.2	0	4.2	2.4	0							0	0	0
30042090	含有其他抗菌素的药品(混合或非混合,治病或防病用,已配定剂量或制成零售包装)	4.2	0		0	0	0	0	0	3.6	0	2.4	2.4	0	0						0	0	0
30043110	含有重组人胰岛素但不含抗菌素的药品(混合或非混合,治病或防病用,已配定剂量或零售包装)	3.5	0		0	0	0	0	0	0	0	2	0								0	0	0
30043190	含有其他胰岛素但不含抗菌素的药品(混合或非混合,治病或防病用,已配定剂量或零售包装)	3.5	0		0	0	0	0	0	0	0	2	0								0	0	0
30043200	含肾上腺皮质激素但不含抗菌素的药品(混合或非混合,治病或防病用,已配定剂量或零售包装)	3.5	0		0	0	0	0	0	0	0	2	0	0							0	0	0
30043900	含有品目29.37其他产品但不含抗菌素的药品(混合或非混合,治病或防病用,已配定剂量或零售包装)	3.5	0		0	0	0	0	0	3	0	2	0	0							0	0	0
30044100	含有麻黄碱及其盐		0		0	0	0	0	0	0	0	2	0	0							0	0	0
30044200	含有伪麻黄碱(INN)及其盐		0		0	0	0	0	0	0	0	2	0	0							0	0	0
30044300	含有去甲麻黄碱及其盐		0		0	0	0	0	0	0	0	2	0	0							0	0	0
30044900	含有其他生物碱及其衍生物,但不含抗菌素及品目29.37的产品的药品(混合或非混合,治病或防病用,已配定剂量或零售包装)		0		0	0	0	0	0	0	0	2	0	0							0	0	0
30045000	含有维生素或品目29.36其他产品的其他药品(混合或非混合,治病或防病用,已配定剂量或零售包装)	5	0		0	0	0	0	0	1.2	0	2.4	2.4		0						0	0	0
30046010	含有青蒿素及其衍生物的中成药		0		0	0	0	0	0	0	0	0	0	0	0						0	0	0
30046090	其他含有本章子目注释二所列抗疟疾活性成分的药品	2.8	0		0	0	0	0	0	2.4	0	0	0	0	0						0	0	
30049010	含有磺胺类的药品(两种或两种以上成分混合而成的,治病或防病用,已配定剂量或零售包装)	4.2	0		0	0	0	0	0	1.2	0	2.4	2.4	0	0						0	0	0

税则号列	商品描述①	协定税率(%)															特惠税率(%)						
		亚太	东盟	新加坡	巴基斯坦	智利	新西兰	秘鲁	哥斯达黎加	瑞士	冰岛	韩国	澳大利亚	香港	澳门	台湾	亚太2国②	东盟			最不发达国家		
																		老挝	柬埔寨	缅甸	LDC1③	LDC2④	LDC3⑤
30049020	含联苯双酯的药品(混合或非混合,治病或防病用,已配定剂量或零售包装)	2.8	0		0	0	0	0	0	0	0	0	0		0						0	0	0
30049051	中药酒(混合或非混合,治病或防病用,已配定剂量或零售包装)	2	0		0	0	0	0	0	0	0	0	0	0	0						0	0	0
30049052	片仔癀(混合或非混合,治病或防病用,已配定剂量或零售包装)	2	0		0	0	0	0	0	0	0	0	0	0	0						0	0	0
30049053	白药(混合或非混合,治病或防病用,已配定剂量或零售包装)	2	0		0	0	0	0	0	0	0	0	0	0	0						0	0	0
30049054	清凉油(混合或非混合,治病或防病用,已配定剂量或零售包装)	2	0		0	0	0	0	0	0	0	0	0	0	0						0	0	0
30049055	安宫牛黄丸	2	0		0	0	0	0	0	0	0	0	0	0	0						0	0	0
30049059	其他中式成药(混合或非混合,治病或防病用,已配定剂量或零售包装)	2	0		0	0	0	0	0	0	0	0	0	0	0						0	0	0
30049090	其他药品(混合或非混合,治病或防病用,已配定剂量或零售包装)	2.8	0		0	0	0	0	0	2.4	0	0	0	0	0						0	0	
30051010	橡皮膏(经药物浸涂或制成零售包装供医疗、外科、牙科或兽医用)		0		0	0	0	0	0	0	0	2	0		0						0	0	0
30051090	其他胶粘敷料及有胶粘涂层的物品(经药物浸涂或制成零售包装供医疗、外科、牙科或兽医用)		0		0	0	0	0	0	0		2	0		0						0	0	0
30059010	药棉、纱布、绷带(经药物浸涂或制成零售包装供医疗、外科、牙科或兽医用)	3	0		0	0	0	0	0	0	0	2	0	0							0	0	0
30059090	其他医用软填料及类似物品(经药物浸涂或制成零售包装供医疗、外科、牙科或兽医用)		0		0	0	0	0	0	0		2	0	0	0						0	0	0
30061000	无菌外科肠线;无菌昆布,无菌粘合胶布,无菌吸收性止血材料,外科或牙科用无菌抗粘连阻隔材料及类似无菌材料		0		0	0	0	0	0	1	0	2	0	0	0						0	0	0
30062000	血型试剂		0		0	0	0	0	0	1.8	0	0	0								0	0	0
30063000	X光检查造影剂;诊断试剂		0		0	0	0	0	0	0.8	0	0	0								0	0	0
30064000	牙科粘固剂及其他牙科填料(包括骨骼粘固剂)		0		0	0	0	0	0	1	0	3.5	0								0	0	0
30065000	急救药箱、药包		0		0	0	0	0	0	0	0	2	0								0	0	0
30066010	以激素等为基本成分的化学避孕药																				0	0	0
30066090	其他化学避孕药物																				0	0	0
30067000	专用于人类或作兽药用的凝胶制品,作为外科手术或体检时躯体部位的润滑剂,或者作为躯体和医疗器械之间的耦合剂		0		5	0	0	0	0	1.3	0	2.6	2.6	0							0	0	0
30069100	可确定用于造口术用具	9.2	0	0	9.2	0	0	0	0	2	0	7	4	0	0						0	0	0

税则号列	商品描述①	协定税率(%)															特惠税率(%)						
		亚太	东盟	新加坡	巴基斯坦	智利	新西兰	秘鲁	哥斯达黎加	瑞士	冰岛	韩国	澳大利亚	香港	澳门	台湾	亚太2国②	东盟			最不发达国家		
																		老挝	柬埔寨	缅甸	LDC1③	LDC2④	LDC3⑤
30069200	废药物		0		0	0	0	0	0	0	0	2	0								0	0	0
31010011	未经化学处理的鸟粪		0		0	0	0	0	0	0	0	0	0								0	0	0
31010019	未经化学处理的其他动植物肥料		0		5	0	0	0	0	1.3	0	2.6	2.6		0						0	0	0
31010090	动植物产品经混合或化学处理制成的肥料		0		0	0	0	0	0	0	0	3.2	0	0							0	0	0
31021000	尿素(不论是否水溶液)	40			40									0									
31022100	硫酸铵		0		0	0	0	0	0	0	0	0	0								0	0	
31022900	硫酸铵和硝酸铵的复盐及混合物		0		0	0	0	0	0	0	0	0	0								0	0	
31023000	硝酸铵(不论是否水溶液)		0		0	0	0	0	0	0	0	0	0								0	0	
31024000	硝酸铵与碳酸钙或其他无肥效无机物的混合物		0		0	0	0	0	0	0	0	0	0								0	0	
31025000	硝酸钠		0		0	0	0	0	0	0	0	0	0								0	0	
31026000	硝酸钙和硝酸铵的复盐及混合物		0		0	0	0	0	0	0	0	0	0								0	0	
31028000	尿素及硝酸铵混合物的水溶液或氨水溶液		0		0	0	0	0	0	0	0	0	0								0	0	
31029010	氰氨化钙		0		0	0	0	0	0	0	0	0	0								0	0	
31029090	其他矿物氮肥及化学氮肥,包括上述编号未列名的混合物		0		0	0	0	0	0	0	0	0	0								0	0	
31031110	重过磷酸钙		0		0	0	0	0	0	0	0	0	0								0	0	
31031190	其他含五氧化二磷35%以上的过磷酸钙		0		0	0	0	0	0	0	0	0	0								0	0	
31031900	其他过磷酸钙		0		0	0	0	0	0	0	0	0	0								0	0	
31039000	其他矿物磷肥或化学磷肥		0		0	0	0	0	0	0	0	0	0								0	0	
31042020	纯氯化钾		0		0	0	0	0	0	0	0	0	0								0	0	
31042090	其他氯化钾		0		0	0	0	0	0	0	0	0	0								0	0	
31043000	硫酸钾		0		0	0	0	0	0	0	0	2.4	0								0	0	
31049010	光卤石、钾盐及其他天然粗钾盐		0		0	0	0	0	0	0	0	0	0								0	0	
31049090	其他矿物钾肥及化学钾肥		0		0	0	0	0	0	0	0	0	0								0	0	
31051000	制成片状及类似形状或每包毛重≤10千克的第三十一章各货品		0		0	0	0	0	0	0	0	0	0	0							0	0	
31052000	含氮、磷、钾三种肥效元素的肥料													0									
31053000	磷酸氢二铵																						
31054000	磷酸二氢铵及磷酸二氢铵与磷酸氢二铵的混合物		0		0	0	0	0	0	0	0	0	0								0	0	
31055100	含有硝酸盐及磷酸盐的肥料		0		0	0	0	0	0	0	0	0	0	0							0	0	
31055900	其他含氮、磷两种肥效元素的矿物肥料或化学肥料		0		0	0	0	0	0	0	0	0	0								0	0	
31056000	含磷、钾两种元素的肥料		0		0	0	0	0	0	0	0	0	0	0							0	0	
31059010	有机无机复混肥		0		0	0	0	0	0	0	0	0	0	0							0	0	
31059090	其他肥料		0		0	0	0	0	0	0	0	0	0	0							0	0	
32011000	坚木浸膏		0		0	0	0	0	0	0	0	2	0								0	0	
32012000	荆树皮浸膏		0		5	0	0	0	0	1.3	0	2.6	2.6								0	0	

税则号列	商品描述[①]	协定税率(%)															特惠税率(%)						
																		东盟			最不发达国家		
		亚太	东盟	新加坡	巴基斯坦	智利	新西兰	秘鲁	哥斯达黎加	瑞士	冰岛	韩国	澳大利亚	香港	澳门	台湾	亚太2国[②]	老挝	柬埔寨	缅甸	LDC1[③]	LDC2[④]	LDC3[⑤]
32019010	其他植物鞣料浸膏		0		5	0	0	0	0	1.3	0	2.6	2.6								0	0	
32019090	鞣酸及其盐、醚、酯和其他衍生物		0		5	0	0	0	0	1.3	0	2.6	2.6								0	0	
32021000	有机合成鞣料		0		5	0	0	0	0	1.3	0	2.6	2.6	0							0	0	
32029000	无机鞣料;鞣料制剂等,不论是否含有天然鞣料;预鞣用酶制剂		0		5	0	0	0	0	1.3	0	2.6	2.6	0	0						0	0	
32030011	天然靛蓝及以其为基本成分的制品,包括染料浸膏(不论是否已有化学定义)		0		5	0	0	3.6	0	1.3	0	2.6	2.6								0	0	0
32030019	其他植物质着色料及以其为基本成分的制品,包括染料浸膏(不论是否已有化学定义);第三十二章注释三所述的以植物质着色料为基本成分的制品		0		5	0	0	3.6	0	1.3	0	2.6	2.6		0						0	0	0
32030020	动物质着色料及以其为基本成分的制品,包括染料浸膏(不论是否已有化学定义,但动物炭黑除外);第三十二章注释三所述的以动物质着色料为基本成分的制品		0		5	0	0	3.6	0	1.3	0	2.6	2.6								0	0	0
32041100	分散染料及以其为基本成分的制品(不论是否已有化学定义)	5.8	0		0	0	0	0	0		0	2.6	2.6								0	0	0
32041200	酸性染料(不论是否预金属络合)及以其为基本成分的制品(不论是否已有化学定义);媒染染料及以其为基本成分的制品(不论是否已有化学定义)	5.8	0		0	0	0	0	0	4.4	0	0	2.6	0		0					0	0	0
32041300	碱性染料及以其为基本成分的制品(不论是否已有化学定义)	6	0		0	0	0	0	0	1.3	0	2.6	2.6								0	0	0
32041400	直接染料及以其为基本成分的制品(不论是否已有化学定义)	6	0		0	0	0	0	0	3.9	0	0	2.6			0					0	0	0
32041510	合成靛蓝(还原靛蓝)(不论是否已有化学定义)	6	0		0	0	0	0	0	1.3	0	4.5	2.6								0	0	0
32041590	其他瓮染料(包括颜料用的)及以其为基本成分的制品(不论是否已有化学定义)	6	0		0	0	0	0	0	1.3	0	4.5	2.6								0	0	0
32041600	活性染料及以其为基本成分的制品(不论是否已有化学定义)	5.8	0		0	0	0	0	0	4.4	0	0	2.6	0		0					0	0	0
32041700	颜料及以其为基本成分的制品(不论是否已有化学定义)	4.6	0		0	0	0	0	0	3.9	0	0	2.6	0		0					0	0	0
32041911	硫化黑(硫化青)及以其为基本成分的制品(不论是否已有化学定义)	6	0		0	0	0	0	0	1.3	0	4.5	2.6								0	0	0
32041919	其他硫化染料及以其为基本成分的制品(不论是否已有化学定义)	6	0		0	0	0	0	0	1.3	0	4.5	2.6								0	0	0

税则号列	商品描述[1]	协定税率(%)															特惠税率(%)						
		亚太	东盟	新加坡	巴基斯坦	智利	新西兰	秘鲁	哥斯达黎加	瑞士	冰岛	韩国	澳大利亚	香港	澳门	台湾	亚太2国[2]	东盟 老挝	东盟 柬埔寨	东盟 缅甸	最不发达国家 LDC1[3]	最不发达国家 LDC2[4]	最不发达国家 LDC3[5]
32041990	由编号320411至320419中两个或多个编号所列着色料组成的混合物(不论是否已有化学定义)	6	0		0	0	0	0	0		0	0	2.6			0					0	0	0
32042000	用做荧光增白剂的有机合成产品(不论是否已有化学定义)	6	0		0	0	0	0	0	4.4	0	0	2.6	0		0					0	0	0
32049010	生物染色剂及染料指示剂(不论是否已有化学定义)	6	0		0	0	0	0	0	3.9	0	2.6	2.6								0	0	0
32049020	胡萝卜素及类胡萝卜素	6	0		0	0	0	0	0	1.3	0	2.6	2.6								0	0	0
32049090	其他用做发光体的有机合成产品(不论是否已有化学定义)	6	0		0	0	0	0	0	1.3	0	2.6	2.6								0	0	0
32050000	色淀及第三十二章注释三所述的以色淀为基本成分的制品		0		5	0	0	0	0	1.3	0	5.2	2.6								0	0	0
32061110	钛白粉		0		5	0	0	0	0	1.3	0	0	2.6			0					0	0	0
32061190	干量计二氧化钛≥80%的颜料及制品,钛白粉除外		0		5	0	0	0	0	1.3	0	2.6	2.6								0	0	0
32061900	二氧化钛为基料的颜料及制品,干量计二氧化钛<80%		0	0	5	0	0	0	0	2	0	7	4	0		0					0	0	0
32062000	铬化合物为基本成分的颜料及制品		0		5	0	0	0	0	1.3	0	2.6	2.6								0	0	0
32064100	群青及以其为基本成分的制品		0		5	0	0	0	0	1.3	0	2.6	2.6								0	0	0
32064210	锌钡白		0		5	0	0	0	0	1.3	0	2.6	2.6								0	0	0
32064290	其他以硫化锌为基本成分的颜料和制品		0		5	0	0	0	0	1.3	0	4.5	2.6								0	0	0
32064911	以钒酸铋为基本成分的颜料及制品	3.3	0		0	0	0	0	0	1.3	0	4.5	2.6	0		0					0	0	0
32064919	其他以铋化合物为基本成分的颜料及制品	3.3	0		0	0	0	0	0	1.3	0	4.5	2.6	0		0					0	0	0
32064990	其他着色料及其他制品	3.3	0		0	0	0	0	0	1.3	0	4.5	2.6	0		0					0	0	0
32065000	用做发光体的无机产品,不论是否已有化学定义	5.9	0		5	0	0	0	0	1.3	0	4.5	2.6								0	0	0
32071000	调制颜料、遮光剂、着色剂及类似制品(用于陶瓷、搪瓷及玻璃工业)		0		0	0	0	0	0	0	0	3.5	0								0	0	0
32072000	珐琅和釉料、釉底料及类似制品(用于陶瓷、搪瓷及玻璃工业)		0		0	0	0	0	0	0	0	4	0								0	0	0
32073000	光瓷釉及类似制品(用于陶瓷、搪瓷及玻璃工业)		0		0	0	0	0	0	0	0	2	0								0	0	0
32074000	呈粉、粒状搪瓷玻璃料及其他玻璃		0		0	0	0	0	0	0	0	2	0								0	0	0
32081000	分散或溶于非水介质的聚酯油漆及清漆等	9	0	0	5	0	0	2	0	2	0	8.5	4	0	0	0					0	0	0
32082010	分散或溶于非水介质的丙烯酸聚合物油漆及清漆	9	0	0	5	0	0	2	0	2	0	8.5	4			0					0	0	
32082020	分散或溶于非水介质的乙烯聚合物油漆及清漆	9	0		5	0	0	2	0	2	0	7	4								0	0	

税则号列	商品描述[①]	协定税率(%)															特惠税率(%)						
		亚太	东盟	新加坡	巴基斯坦	智利	新西兰	秘鲁	哥斯达黎加	瑞士	冰岛	韩国	澳大利亚	香港	澳门	台湾	亚太2国[②]	东盟			最不发达国家		
																		老挝	柬埔寨	缅甸	LDC1[③]	LDC2[④]	LDC3[⑤]
32089010	分散或溶于非水介质的聚胺酯类油漆及清漆	9	0	0	5	0	0	2	0	2	0	7	4								0	0	
32089090	分散或溶于非水介质的其他油漆、清漆溶液	9	0	0	5	0	0	2	0	6	0	8.5	4	0	0	0					0	0	
32091000	分散或溶于水介质的丙烯酸聚合物或乙烯聚合物油漆及清漆	9	0	0	5	0	0	2	0	2	0	7	4		0						0	0	0
32099010	以环氧树脂为基本成分的溶于水介质的其他聚合物油漆及清漆		0	0	5	0	0	0	0	2	0	8.5	4			0					0	0	
32099020	以氟树脂为基本成分的溶于水介质的其他聚合物油漆及清漆		0	0	5	0	0	0	0	2	0	7	4								0	0	
32099090	溶于水介质的其他聚合物油漆及清漆		0	0	5	0	0	0	0	6	0	8.5	4	0		0					0	0	
32100000	其他油漆及清漆(包括瓷漆、大漆及水浆涂料);皮革用水性颜料	9	0	0	5	0	0	2	0	2	0	4	4	0	0	0					0	0	0
32110000	配制的催干剂		0	0	5	0	0	0	0	6	0	8	4								0	0	
32121000	压印箔		0	0	12	0	0	3	0	9	0	10.5	6								0	0	
32129000	制漆用颜料(分散于非水介质中呈液状或浆状的)及零售形状或零售包装的染料、色料		0	0	5	0	0	0	0	2	0	7	4								0	0	
32131000	成套的颜料(艺术家、学生和广告美工用的)		0		5	0	0	2	0	2	0	7	4								0	0	
32139000	非成套颜料、调色料及类似品(艺术家、学生和广告美工用的,片状、管装、罐装、瓶装、扁盒装等类似形状或包装的)	9	0		5	0	0	0	0	2	0	7	4								0	0	0
32141010	半导体器件封装材料		0		5	0	0	0	0	1.8	0		3.6								0	0	0
32141090	其他安装玻璃用油灰、接缝用油灰、树脂胶泥、嵌缝胶及其他类似胶粘剂;漆工用填料		0		5	0	0	0	0	5.4	0	3.6	3.6								0	0	0
32149000	非耐火涂面制剂,涂门面、内墙、地板、天花板等用		0		5	0	0	0	0	1.8	0	7.2	3.6	0							0	0	0
32151100	黑色印刷油墨(不论是否固体或浓缩)	4.6	0		0	0	0	0	0	1.3	0	2.6	2.6	0	0						0	0	0
32151900	其他印刷油墨(不论是否固体或浓缩),黑色印刷油墨除外	4.6	0		0	0	0	0	0	3.9	0	4.5	2.6	0	0	0					0	0	0
32159010	书写墨水(不论是否固体或浓缩)		0		5	0	0	0	0	1.3	0	2.6	2.6	0	0						0	0	0
32159020	水性喷墨墨水		0	0	5	0	0	0	0	6	0	4	4	0	0						0	0	0
32159090	绘图墨水及其他墨类(不论是否固体或浓缩)		0	0	5	0	0	0	0	6	0	4	4	0	0						0	0	0
33011200	橙油(包括浸膏及净油)		0	0		0	0	4	0	13.3	0	16	8		0						0	0	
33011300	柠檬油(包括浸膏及净油)		0	0		0	0	0	0	4	0	16	8		0						0	0	0
33011910	白柠檬油(酸橙油)(包括浸膏及净油)		0	0		0	0	0	0	12	0	16	8		0						0	0	

税则号列	商品描述①	协定税率(%) 亚太	东盟	新加坡	巴基斯坦	智利	新西兰	秘鲁	哥斯达黎加	瑞士	冰岛	韩国	澳大利亚	香港	澳门	台湾	特惠税率(%) 亚太2国②	东盟 老挝	柬埔寨	缅甸	最不发达国家 LDC1③	LDC2④	LDC3⑤
33011990	其他柑橘属果实的精油(包括浸膏及净油)		0	0		0	0	0	0	12	0	16	8		0						0	0	
33012400	胡椒薄荷油(包括浸膏及净油)		0	0		0	0	4	0	12	0	16	8		0						0	0	
33012500	其他薄荷油(包括浸膏及净油)	14	0	0	12	0	0	3	0	9	0	10.5	6		0						0	0	0
33012910	樟脑油(包括浸膏及净油)		0	0		0	0	4	0	12	0	16	8		0						0	0	
33012920	香茅油(包括浸膏及净油)		0	0	12	0	0	3	0	9	0	10.5	6		0						0	0	0
33012930	茴香油(包括浸膏及净油)		0	0		0	0	4	0	12	0	16	8		0						0	0	
33012940	桂油(包括浸膏及净油)		0	0		0	0	4	0	12	0	16	8		0						0	0	
33012950	山苍子油(包括浸膏及净油)		0	0		0	0	4	0	12	0	16	8		0						0	0	
33012960	桉叶油(包括浸膏及净油)		0	0		0	0	4	0	12	0	16	8		0						0	0	
33012991	老鹳草油(香叶油)(包括浸膏及净油)		0	0		0	0	4	0	12	0	16	8		0						0	0	
33012999	其他非柑橘属果实的精油(包括浸膏及净油)		0	0	12	0	0	0	0	9	0	12	6		0						0	0	0
33013010	鸢尾凝脂		0	0		0	0	4	0	12	0	16	8		0						0	0	
33013090	其他香膏		0	0		0	0	4	0	12	0	16	8		0						0	0	
33019010	提取的油树脂	18	0	0	18	0	0	0	0	12	0	16	8		0						0	0	
33019020	柑橘属果实的精油脱萜所得的萜烯副产品	18	0	0	18	0	0	0	0	12	0	16	8		0						0	0	
33019090	用花香吸取法或浸渍法制定的含浓缩精油的脂肪、固定油、蜡及类似品;精油脱萜所得的萜烯副产品(柑橘属果实的除外);精油水溶液及水馏液	18	0	0	18	0	0	0	0	12	0	16	8		0						0	0	0
33021010	生产饮料用的混合香料及以香料为基本成分的制品,按容量计酒精浓度≤0.5%	12.8	0	0	7.5	0	0	3	0	9	0	10.5	6		0						0	0	
33021090	其他食品或饮料工业用混合香料及以香料为基本成分的制品		0	0	12	0	0	3	0	9	0	10.5	6		0						0	0	0
33029000	其他工业用混合香料及以香料为基本成分的混合物和制品		0	0	5	0	0	2	0	2	0	7	4	0	0						0	0	0
33030000	香水及花露水	8.2	0	0	5	0	0	0	0	2	0		4	0	0						0	0	0
33041000	唇用化妆品		0	0	5	0	0	0	0	2	0		4	0	0						0	0	
33042000	眼用化妆品		0	0	5	0	0	0	0	2	0		4	0	0						0	0	
33043000	指(趾)甲化妆品		0	0	12	0	0	3	0	9	0		6	0	0						0	0	
33049100	香粉,不论是否压紧		0	0	5	0	0	0	0	2	0		4		0						0	0	
33049900	其他美容品或化妆品及护肤品		0	0	5.2	0	0	0	0	1.3	2.2	5.7	2.6	0	0						0	0	
33051000	洗发剂(香波)	5.4	0	0	5	0	0	0	0	1.3		5.1	2.6	0	0						0	0	0
33052000	烫发剂		0	0	12	0	0	3	0	9	0		6		0						0	0	
33053000	定型剂		0	0	12	0	0	3	0	9	0		6		0						0	0	
33059000	其他护发品	8.5	0	0	5	0	0	0	0	2		7.9	4	0	0						0	0	0
33061010	牙膏	7	0	0	5	0	0	0	0	2	0	7	4	0	0						0	0	0
33061090	其他洁齿品	7	0	0	5	0	0	0	0	2	0	7	4		0						0	0	
33062000	牙线	9.2	0		5	0	0	0	0	2	0	7	4		0						0	0	

税则号列	商品描述[①]	协定税率(%)															特惠税率(%)						
		亚太	东盟	新加坡	巴基斯坦	智利	新西兰	秘鲁	哥斯达黎加	瑞士	冰岛	韩国	澳大利亚	香港	澳门	台湾	亚太2国[②]	东盟 老挝	东盟 柬埔寨	东盟 缅甸	最不发达国家 LDC1[③]	最不发达国家 LDC2[④]	最不发达国家 LDC3[⑤]
33069000	其他口腔及牙齿清洁剂		0	0	5	0	0	0	0	2	0	7	4	0	0						0	0	
33071000	剃须用制剂	7	0	0	5	0	0	0	0	2	0		4		0						0	0	
33072000	人体除臭剂及止汗剂	7	0	0	5	0	0	0	0	2	0		4		0						0	0	
33073000	香浴盐及其他沐浴用制剂	8.5	0	0	5	0	0	0	0	2	0	7.9	4	0	0						0	0	
33074100	神香及其他通过燃烧散发香气制品		0	0	5	0	0	0	0	2	0	7	4	0	0						0	0	0
33074900	室内除臭制品		0	0	5	0	0	0	0	2	0	7	4	0	0						0	0	0
33079000	脱毛剂、其他编号未列名的芳香料制品及化妆盥洗品	6.3	0		5	0	0	0	0	1.8	0	7.1	3.6		0						0	0	0
34011100	盥洗用肥皂及有机表面活性产品,条状、块状或模制形状的,以及用肥皂或洗涤剂浸渍、涂面或包覆的纸、絮胎、毡呢及无纺织物	8.3	0	0	8.3	0	0	0	0	2	0	7	4	0	0		0				0	0	0
34011910	洗衣皂		0	0	5	0	0	0	0	2	0		4		0						0	0	0
34011990	其他用肥皂及有机表面活性产品,条状、块状或模制形状的,以及用肥皂或洗涤剂浸渍、涂面或包覆的纸、絮胎、毡呢及无纺织物		0		12	0	0	3	0	9	0	10.5	6								0	0	
34012000	其他形状的肥皂	12.4	0		7.5	0	0	3	0	9	0	10.5	6	0	0		0				0	0	0
34013000	洁肤用的有机表面活性产品及制品,液状或膏状并制成零售包装的,不论是否含有肥皂		0	0	5	0	0	0	0	2	0	7	4		0						0	0	0
34021100	阴离子型有机表面活性剂	6	0		5	0	0	0	0	1.3	0	5.1	2.6	0	0						0	0	0
34021200	阳离子型有机表面活性剂	6	0		5	0	0	0	0	1.3	0	5.1	2.6	0	0						0	0	0
34021300	非离子型有机表面活性剂	5.9	0		5	0	0	0	0	3.9	0	5.2	2.6	0	0	0					0	0	0
34021900	其他有机表面活性剂	6	0		5	0	0	0	0	1.3	0	5.1	2.6		0						0	0	0
34022010	零售包装的合成洗涤粉	8.5	0	0	5	0	0	0	0	2	0	7.9	4		0						0	0	
34022090	零售包装有机表面活性剂制品(合成洗涤粉除外)	8.5	0	0	5	0	0	0	0	2	0	7.9	4	0	0						0	0	
34029000	非零售包装有机表面活性剂制品、洗涤剂及清洁剂	7.8	0	0	5	0	0	0	0	5.4	0	3.6	3.6	0	0						0	0	0
34031100	用于纺织材料、皮革、毛皮或其他材料油脂处理的制剂(含有石油或从沥青矿物提取的油类且按重量计<70%)	9.5	0	0	5	0	0	0	0	2	0	7	4	0							0	0	
34031900	润滑剂(含有石油或从沥青矿物提取的油类且按重量计<70%)		0	0	5	0	0	0	0	0	0	4	4	0							0	0	0
34039100	用于纺织、皮革、毛皮或其他材料油脂处理的制剂(不含有石油或从沥青矿物提取的油类)		0	0	5	0	0	2	0	2	0	4	4	0							0	0	
34039900	润滑剂(不含有石油或从沥青矿物提取的油类)		0	0	5	0	0	2	0	6	0	4	4		0						0	0	
34042000	聚乙二醇蜡		0		5	0	0	0	0	2	0		4								0	0	
34049000	其他人造蜡及调制蜡		0		5	0	0	2	0	2	0	4	4								0	0	0

税则号列	商品描述[1]	协定税率(%)															特惠税率(%)						
		亚太	东盟	新加坡	巴基斯坦	智利	新西兰	秘鲁	哥斯达黎加	瑞士	冰岛	韩国	澳大利亚	香港	澳门	台湾	亚太2国[2]	东盟 老挝	东盟 柬埔寨	东盟 缅甸	最不发达国家 LDC1[3]	最不发达国家 LDC2[4]	最不发达国家 LDC3[5]
34051000	鞋靴或皮革用的上光剂及类似制品		0	0	5	0	0	2	0	2	0	7	4	0							0	0	
34052000	保养木制品的上光剂及类似制品		0	0	5	0	0	2	0	2	0	7	4	0							0	0	
34053000	车身用的上光剂及类似制品		0	0	5	0	0	2	0	2	0	7	4								0	0	
34054000	擦洗膏、去污粉及类似制品		0		5	0	0	0	0	2	0	7	4								0	0	
34059000	玻璃或金属用的光洁剂	8.5	0	0	5	0	0	2	0	2	0	4	4	0							0	0	
34060000	各种蜡烛及类似品		0	0	5	0	0	0	0	2	0	7	4		0						0	0	
34070010	牙科用蜡及造型膏		0		5	0	0	0	0	3.9	0	4.5	2.6								0	0	0
34070020	以熟石膏为成分的牙科用其他制品		0		5	0	0	0	0	1.3	0	2.6	2.6								0	0	0
34070090	塑型用膏		0		5	0	0	0	0	2	0	7	4								0	0	
35011000	酪蛋白		0	0	5	0	0	0	0	2	0	7	4								0	0	
35019000	酪蛋白衍生物;酪蛋白胶		0		5	0	0	2	0	2	0	7	4								0	0	
35021100	干的卵清蛋白		0		5	0	0	0	0	2	0	7	4								0	0	
35021900	其他卵清蛋白		0		5	0	0	0	0	2	0	7	4								0	0	
35022000	乳白蛋白,包括两种或两种以上的乳清蛋白浓缩物		0		5	0	0	0	0	2	0	7	4								0	0	
35029000	其他白蛋白及白蛋白盐及其衍生物		0		5	0	0	2	0	2	0	7	4	0							0	0	
35030010	明胶及其衍生物		0	0	6	0	0	0	0	7.2	0	8.4	4.8								0	0	
35030090	鱼胶;其他动物胶		0	0	6	0	0	0	0	7.2	0	8.4	4.8								0	0	
35040010	蛋白胨		0		0	0	0	0	0	0	0	0	0		0						0	0	0
35040090	其他编号未列名蛋白质及其衍生物,皮粉		0		5	0	0	0	0	1.6	0	3.2	3.2		0						0	0	0
35051000	糊精及其他改性淀粉		0	0	6	0	0	2.4	0	7.2	0	8.4	4.8	0	0						0	0	
35052000	以淀粉、糊精或其他改性淀粉为基本成分的胶		0	0		0	0	4	0	12	0	16	8								0	0	
35061000	适于作胶或黏合剂的产品,零售包装每件净重≤1千克	9.2	0	0	5	0	0	2	0	6		4	4	0		0					0	0	0
35069110	以聚酰胺为基本成分的黏合剂	7	0	0	5	0	0	2	0	2	0	8	4	0	0	0					0	0	0
35069120	以环氧树脂为基本成分的黏合剂	7	0	0	5	0	0	2	0	6	0	8.5	4	0	0	0					0	0	0
35069190	以其他橡胶或塑料为基本成分的黏合剂	7	0	0	5	0	0	2	0	6	0	7	4	0	0	0					0	0	0
35069900	其他调制胶、黏合剂	8.6	0	0	5	0	0	2	0	6	0	8.5	4	0	0	0					0	0	0
35071000	粗制凝乳酶及其浓缩物		0		5	0	0	0	0	1.2	0	2.4	2.4								0	0	0
35079010	碱性蛋白酶		0		5	0	0	0	0	1.2	0	4.2	2.4								0	0	0
35079020	碱性脂肪酶		0		5	0	0	0	0	1.2	0	4.2	2.4								0	0	0
35079090	其他酶及未列名的酶制品		0		5	0	0	0	0	1.2	0	2.4	2.4		0						0	0	0
36010000	发射药		0		5	0	0	0	0	1.8	0	3.6	3.6								0	0	
36020010	硝铵炸药,但发射药除外		0		5	0	0	0	0	1.8	0	3.6	3.6								0	0	
36020090	其他配制炸药,但发射药除外		0		5	0	0	0	0	1.8	0	3.6	3.6								0	0	
36030000	安全导火索、导爆索;火帽或雷管;引爆器;电雷管		0		5	0	0	0	0	1.8	0	3.6	3.6								0	0	0

税则号列	商品描述[①]	协定税率(%)															特惠税率(%)						
		亚太	东盟	新加坡	巴基斯坦	智利	新西兰	秘鲁	哥斯达黎加	瑞士	冰岛	韩国	澳大利亚	香港	澳门	台湾	亚太2国[②]	东盟			最不发达国家		
																		老挝	柬埔寨	缅甸	LDC1[③]	LDC2[④]	LDC3[⑤]
36041000	烟花、爆竹		0		5	0	0	0	0	1.2	0	2.4	2.4								0	0	
36049000	信号弹、降雨火箭、浓雾信号弹及其他烟火制品		0		5	0	0	0	0	1.2	0	2.4	2.4								0	0	
36050000	火柴，但品目 36.04 的烟火制品除外		0		5	0	0	0	0	1.2	0	2.4	2.4								0	0	0
36061000	灌注打火机等用的液体或液化气体燃料，其包装容器的容积≤300立方厘米		0		5	0	0	0	0	2	0	7	4	0							0	0	
36069011	已切成形可直接使用的铈铁及其他引火合金		0		5	0	0	0	0	1.8	0	3.6	3.6								0	0	0
36069019	未切成形不可直接使用的铈铁及其他引火合金		0		5	0	0	0	0	1.8	0	3.6	3.6								0	0	0
36069090	其他易燃材料制品		0		5	0	0	0	0	1.8	0	3.6	3.6								0	0	0
37011000	未曝光的 X 光感光硬片及平面软片，用纸、纸板及纺织物以外任何材料制成					0	0	4	0	12	0	17.6	8								0	0	
37012000	未曝光的一次成像感光平片，用纸、纸板及纺织物以外任何材料制成		0		0	0	0	0	0	3.4	0	3.5	0								0	0	0
37013021	激光照排片（任何一边>255 毫米），用纸、纸板及纺织物以外任何材料制成					0	0	0	0	6	0	2.5元/平方米	4		0						0	0	
37013022	PS 版（预涂感光版）（任何一边>255 毫米），用纸、纸板及纺织物以外任何材料制成					0	0	0	0	2	0	5.6元/平方米	4		0						0	0	
37013024	CTP 版		0		5	0	0	0	0	2	0	5.6元/平方米	4		0						0	0	
37013025	柔性印刷版					0	0	0	0	6	0	10.5元/平方米	4		0						0	0	
37013029	其他未曝光照相制版用感光硬片及软片（任何一边>255 毫米），用纸、纸板及纺织物以外任何材料制成					0	0	0	0	6	0	6元/平方米	4		0						0	0	
37013090	未曝光其他用途的感光硬片及软片（任何一边>255 毫米），用纸、纸板及纺织物以外任何材料制成		0	0		0	0	4	0	12	0	16	8								0	0	
37019100	彩色摄影用未曝光彩色硬片及平面软片，用纸、纸板及纺织物以外任何材料制成，任何一边≤255毫米		0	0		0	0	4.4	0	13.2	0		8.8								0	0	

税则号列	商品描述[①]	协定税率(%)															特惠税率(%)						
		亚太	东盟	新加坡	巴基斯坦	智利	新西兰	秘鲁	哥斯达黎加	瑞士	冰岛	韩国	澳大利亚	香港	澳门	台湾	亚太2国[②]	东盟 老挝	东盟 柬埔寨	东盟 缅甸	最不发达国家 LDC1[③]	最不发达国家 LDC2[④]	最不发达国家 LDC3[⑤]
37019920	照相制版用其他未曝光软片及硬片，用纸、纸板及纺织物以外任何材料制成，任何一边≤255毫米		0		5	0	0	2	0	2	0	7	4								0	0	
37019990	其他用未曝光软片及硬片，用纸、纸板及纺织物以外任何材料制成，任何一边≤255毫米		0	0		0	0	5	0	15	0		10								0	0	
37021000	成卷的未曝光的X光感光胶片，用纸、纸板及纺织物以外任何材料制成					0	0	0	0	2	0	8	4								0	0	
37023110	彩色摄影用未曝光一次成像感光卷片，宽度≤105毫米，用纸、纸板及纺织物以外任何材料制成		0		0	0	0	0	0	0	0	2	0								0	0	0
37023190	彩色摄影用未曝光无齿孔彩色胶卷，宽度≤105毫米，用纸、纸板及纺织物以外任何材料制成		0	0		0	0	8	0		0		16								0	0	
37023210	照相制版用未曝光涂卤化银液无齿孔一次成像感光卷片，宽度≤105毫米，用纸、纸板及纺织物以外任何材料制成		0		0	0	0	0	0	0	0	2	0								0	0	0
37023220	照相制版用未曝光涂卤化银液无齿孔胶卷，宽度≤105毫米，用纸、纸板及纺织物以外任何材料制成		0		2.25元/平方米	0	0	0	0	2	0	3.1元/平方米	4								0	0	
37023290	其他未曝光涂乳液无齿孔胶卷，宽度≤105毫米，用纸、纸板及纺织物以外任何材料制成		0	0		0	0	4.4	0	13.2	0	17.8元/平方米	8.8								0	0	
37023920	照相制版用未曝光未涂卤化银无齿孔感光胶卷，宽度≤105毫米，用纸、纸板及纺织物以外任何材料制成		0		6元/平方米	0	0	0	0	2	0	8.4元/平方米	4								0	0	
37023990	其他未曝光未涂卤化银无齿孔感光胶卷，宽度≤105米，用纸、纸板及纺织物以外任何材料制成		0	0		0	0	4.4	0	13.2		20.4元/平方米	8.8								0	0	
37024100	彩色摄影用未曝光无齿孔彩色胶卷，宽度>610毫米，长度>200米，用纸、纸板及纺织物以外任何材料制成					0	0	3.2	0	9.6	0		6.4								0	0	
37024221	印刷电路板制造用未曝光光致抗蚀干膜，宽度>610毫米，长度>200米，用纸、纸板及纺织物以外任何材料制成		0	0	0.3元/平方米	0	0	0	0	2	0		4								0	0	
37024229	照相制版用其他未曝光无齿孔胶卷，宽度>610毫米，长度>200米，用纸、纸板及纺织物以外任何材料制成		0		0.8元/平方米	0	0	0	0	2	0	1.1元/平方米	4								0	0	

税则号列	商品描述①	协定税率(%)															特惠税率(%)						
		亚太	东盟	新加坡	巴基斯坦	智利	新西兰	秘鲁	哥斯达黎加	瑞士	冰岛	韩国	澳大利亚	香港	澳门	台湾	亚太2国②	东盟			最不发达国家		
																		老挝	柬埔寨	缅甸	LDC1③	LDC2④	LDC3⑤
37024292	红色或红外激光胶片		0	0		0	0	3.2	0	9.6	0	1.6元/平方米	6.4								0	0	
37024299	其他未曝光无齿孔宽长胶卷		0	0		0	0	3.2	0	9.6	0	4.9元/平方米	6.4								0	0	
37024321	照相制版用未曝光无齿孔激光照排片，宽度>610毫米，长度≤200米，用纸、纸板及纺织物以外任何材料制成		0		0.9元/平方米	0	0	0	0	2	0	1.2元/平方米	4								0	0	
37024329	其他照相制版用未曝光无齿孔胶卷，宽度>610毫米，长度≤200米，用纸、纸板及纺织物以外任何材料制成		0		1.85元/平方米	0	0	0	0	2	0	2.5元/平方米	4								0	0	
37024390	其他用未曝光无齿孔胶卷，宽度610毫米，长度≤200米，用纸、纸板及纺织物以外任何材料制成		0	0		0	0	4	0	12	0	13.6元/平方米	8								0	0	
37024421	照相制版用无齿孔未曝光激光照排片，105毫米<宽度≤610毫米，用纸、纸板及纺织物以外任何材料制成		0		1.0元/平方米	0	0	0	0	2	0	1.4元/平方米	4								0	0	
37024422	印刷电路板制造用未曝光光致抗蚀干膜，105毫米<宽度≤610毫米，用纸、纸板及纺织物以外任何材料制成		0		0.45元/平方米	0	0	0	0	2	0		4								0	0	
37024429	其他照相制版用无齿孔未曝光胶卷，105毫米<宽度≤610毫米，用纸、纸板及纺织物以外任何材料制成		0		1.45元/平方米	0	0	0	0	2	0	2元/平方米	4								0	0	
37024490	其他用无齿孔未曝光胶卷，105毫米<宽度≤610毫米，用纸、纸板及纺织物以外任何材料制成		0	0		0	0	4	0	12	0	21.6元/平方米	8								0	0	
37025200	彩色摄影用未曝光彩色胶卷，宽度≤16毫米		0	0		0	0	9.4	0		0		18.8								0	0	
37025300	幻灯片用未曝光彩色摄影胶卷，16毫米<宽度≤35毫米，长度<30米，用纸、纸板及纺织物以外任何材料制成		0	0		0	0	9.4	0		0		18.8	0							0	0	
37025410	非幻灯片用未曝光彩色胶卷，宽度35毫米，长度≤2米，用纸、纸板及纺织物以外任何材料制成					0	0	3.6	0	10.8	0	17.6元/平方米	7.2	0							0	0	

税则号列	商品描述①	协定税率(%)															特惠税率(%)						
		亚太	东盟	新加坡	巴基斯坦	智利	新西兰	秘鲁	哥斯达黎加	瑞士	冰岛	韩国	澳大利亚	香港	澳门	台湾	亚太2国②	东盟 老挝	东盟 柬埔寨	东盟 缅甸	最不发达国家 LDC1③	最不发达国家 LDC2④	最不发达国家 LDC3⑤
37025490	非幻灯片用彩色摄影用未曝光彩色胶卷,16毫米<宽度<35毫米,2米<长度≤30米,用纸、纸板及纺织物以外任何材料制成					0	0	3.6	0	10.8	0	19.2元/平方米	7.2	0							0	0	
37025520	未曝光的彩色电影胶片,16毫米<宽度≤35毫米,长度>30米,用纸、纸板及纺织物以外任何材料制成		20			0	0	5.2	0		0		10.4								0	0	
37025590	未曝光彩色摄影用胶卷,16毫米<宽度≤35毫米,长度>30米,用纸、纸板及纺织物以外任何材料制成,电影胶片除外		20			0	0		0		0		16								0		
37025620	未曝光的彩色电影胶片,宽度>35毫米,用纸、纸板及纺织物以外任何材料制成		0	0		0	0	4.8	0	14.4	0	11元/平方米	9.6								0	0	
37025690	未曝光的彩色摄影用胶卷,宽度>35毫米,用纸、纸板及纺织物以外任何材料制成,电影胶片除外		0	0		0	0	8	0		0		16								0	0	
37029600	未曝光非彩色胶卷,宽度≤35毫米,长度≤30米,用纸、纸板及纺织物以外任何材料制成					0	0	4	0	12	0	16.8元/平方米	8								0	0	
37029700	未曝光的非彩色胶卷,宽度≤35毫米,长度>30米,用纸、纸板及纺织物以外任何材料制成				9元/平方米	0	0	3.6	0	10.8	0	7.2元/平方米	7.2								0	0	
37029800	未曝光的非彩色胶卷,宽度>35毫米,用纸、纸板及纺织物以外任何材料制成		0	0	8元/平方米	0	0	3.6	0	10.8	0	7元/平方米	7.2								0	0	
37031010	成卷未曝光的感光纸及纸板,宽度>610毫米					0	0	3.6	0	10.8	0	14.4	7.2								0	0	
37031090	成卷未曝光的感光布,宽度>610毫米					0	0	3.6	0	10.8	0	14.4	7.2								0	0	
37032010	未曝光的彩色摄影用感光纸及纸板,非成卷或宽度≤610毫米		20			0	0		0		0		14	0							0		
37032090	未曝光的彩色摄影用感光布,非成卷或宽度≤610毫米					0	0	3.6	0	10.8	0	14.4	7.2	0							0	0	
37039010	未曝光的非彩色摄影用感光纸及纸板,非成卷或宽度≤610毫米		20			0	0		0		0		14								0		
37039090	未曝光的非彩色摄影用感光布,非成卷或宽度≤610毫米					0	0	3.6	0	10.8	0	14.4	7.2								0	0	
37040010	已曝光未冲洗的电影胶片		0		5	0	0	0	0	1.3	0	2.6	2.6								0	0	
37040090	已曝光未冲洗的摄影硬片、软片、纸、纸板及纺织物,电影胶片除外		0	0	14.4	0	0	3.6	0	10.8	0	12.6	7.2								0	0	
37050010	已曝光已冲洗的教学专用幻灯片																				0	0	0

税则号列	商品描述[1]	协定税率(%)															特惠税率(%)						
																		东盟			最不发达国家		
		亚太	东盟	新加坡	巴基斯坦	智利	新西兰	秘鲁	哥斯达黎加	瑞士	冰岛	韩国	澳大利亚	香港	澳门	台湾	亚太2国[2]	老挝	柬埔寨	缅甸	LDC1[3]	LDC2[4]	LDC3[5]
37050021	书籍、报刊用的已曝光已冲洗的缩微胶片																				0	0	0
37050029	已曝光已冲洗的缩微胶片,书籍、报刊用除外		0		0	0	0	0	0	0	0	0	0								0	0	
37050090	已曝光已冲洗的其他摄影硬片及软片		0	0	14.4	0	0	3.6	0	10.8	0	12.6	7.2								0	0	
37061010	已曝光已冲洗的教学专用电影胶片,宽度≥35毫米,不论是否配有声道或仅有声道																				0	0	0
37061090	已曝光已冲洗的电影胶片,宽度≥35毫米,不论是否配有声道或仅有声道,教学专用除外		0		0	0	0	0	0	0	0	4	0	0							0	0	0
37069010	已曝光已冲洗的教学专用电影胶片,宽度<35毫米,不论是否配有声道或仅有声道																				0	0	0
37069090	已曝光已冲洗的电影胶片,宽度<35毫米,不论是否配有声道或仅有声道,教学专用除外		0		0	0	0	0	0	0	0	0	0	0							0	0	0
37071000	摄影用感光乳液		0		5	0	0	0	0	4.8	0	6.4	3.2		0						0	0	0
37079010	冲洗胶卷及相片用化学制剂或摄影用未混合品(定量包装,或零售包装,可立即使用的)		0	0	12.8	0	0	3.2	0	9.6	0	12.8	6.4	0							0	0	
37079020	复印机用化学制剂或摄影用未混合品(定量包装或零售包装,可立即使用的)		0	0	5	0	0	2	0	2	0	7	4	0	0						0	0	0
37079090	其他摄影用化学制剂或摄影用未混合品(定量包装或零售包装,可立即使用的)		0		5	0	0	0	0	4.8	0	5.6	3.2	0	0						0	0	0
38011000	人造石墨		0		5	0	0	0	0	3.9	0	4.5	2.6	0							0	0	0
38012000	胶态或半胶态石墨		0		5	0	0	0	0	1.3	0	5.2	2.6								0	0	0
38013000	电极用碳糊及炉衬用的类似糊		0		5	0	0	0	0	3.9	0	2.6	2.6								0	0	0
38019010	表面处理的球化石墨		0		5	0	0	0	0	1.3	0	2.6	2.6								0	0	0
38019090	其他石墨		0		5	0	0	0	0	1.3	0	2.6	2.6								0	0	0
38021010	木质活性炭	5.5	0		5	0	0	0	0	1.3	0	2.6	2.6								0	0	
38021090	其他活性炭	5.5	0		5	0	0	0	0	1.3	0	2.6	2.6								0	0	
38029000	活性天然矿产品;动物炭黑(包括废动物炭黑)		0	0	5	0	0	2	0	2	0	7	4								0	0	
38030000	妥尔油,不论是否精炼		0		5	0	0	0	0	1.3	0	2.6	2.6								0	0	0
38040000	木浆残余碱液,不论是否浓缩、脱糖或经化学处理,包括木素磺酸盐,但不包括品目38.03的妥尔油		0		5	0	0	0	0	1.3	0	4.5	2.6								0	0	
38051000	脂松节油、木松节油和硫酸松节油		0		5	0	0	0	0	1.3	0	2.6	2.6								0	0	0
38059010	以α萜品醇为基本成分的松油,用蒸馏或其他方法从针叶木制得		0		5	0	0	0	0	1.3	0	2.6	2.6								0	0	0

税则号列	商品描述①	协定税率(%)															特惠税率(%)						
		亚太	东盟	新加坡	巴基斯坦	智利	新西兰	秘鲁	哥斯达黎加	瑞士	冰岛	韩国	澳大利亚	香港	澳门	台湾	亚太2国②	东盟 老挝	东盟 柬埔寨	东盟 缅甸	最不发达国家 LDC1③	最不发达国家 LDC2④	最不发达国家 LDC3⑤
38059090	粗制二聚戊烯;亚硫酸盐松节油及其他粗制对异丙基苯甲烷;其他萜烯油,用蒸馏或其他方法从针叶木制得		0		5	0	0	0	0	1.3	0	2.6	2.6								0	0	0
38061010	松香		0	0	5	0	0	0	0	2	0	7	4		0						0	0	
38061020	树脂酸		0		5	0	0	0	0	2	0	7	4		0						0	0	
38062010	松香盐及树脂酸盐		0		5	0	0	0	0	1.3	0	2.6	2.6		0						0	0	
38062090	松香或树脂酸衍生物的盐,但松香加合物的盐除外		0		5	0	0	0	0	1.3	0	2.6	2.6		0						0	0	
38063000	酯胶		0		5	0	0	0	0	1.3	0	2.6	2.6		0						0	0	
38069000	其他松香和树脂酸的衍生物;松香精及松香油;再熔胶		0		5	0	0	0	0	1.3	0	2.6	2.6		0						0	0	
38070000	木焦油;精制木焦油;木杂酚油;粗木精;植物沥青;以松香、树脂酸或植物沥青为基本成分的啤酒桶沥青及类似制品		0		5	0	0	0	0	1.3	0	2.6	2.6								0	0	
38085200	DDT(ISO)[滴滴涕(INN)],每包净重不超过300克		0		5	0	0	0	0	1.8	0	3.6	3.6	0							0	0	0
38085910	零售包装的本章注释一规定货物		0		5	0	0	0	0	1.8	0	3.6	3.6	0							0	0	0
38085990	非零售包装的本章注释一规定货物		0			0	0	0	0	0	0	2	0	0							0	0	0
38086100	每包净重不超过300克的注释二所列货品	7	0		5	0	0	0	0	2	0	7	4	0	0								
38086200	每包净重超过300克,但不超过7.5千克的注释二所列货品	7	0		5	0	0	0	0	2	0	7	4	0	0						0	0	0
38086900	其他注释二所列货品	4.2	0		0	0	0	0	0	3.6	0	2.4	2.4	0	0						0	0	0
38089111	蚊香	0	0		0	0	0	0	0	2	0	4	4		0						0	0	0
38089112	生物杀虫剂	7	0		5	0	0	0	0	2	0	7	4	0	0						0	0	0
38089119	零售包装杀虫剂	7	0		5	0	0	0	0	2	0	7	4	0	0						0	0	0
38089190	非零售包装杀虫剂	4.2	0		0	0	0	0	0	3.6	0	2.4	2.4	0	0						0	0	0
38089210	零售包装的杀菌剂		0		5	0	0	0	0	5.4	0	3.6	3.6	0	0						0	0	0
38089290	非零售包装的杀菌剂		0		5	0	0	0	0	3.6	0	2.4	2.4								0	0	0
38089311	零售包装的除草剂		0		5	0	0	0	0	1.8	0	3.6	3.6								0	0	0
38089319	非零售包装的除草剂	4.5	0		0	0	0	0	0	3	0	2	0								0	0	0
38089391	零售包装抗萌剂及植物生长调节剂	8.3	0		5	0	0	0	0	1.8	0	3.6	3.6								0	0	0
38089399	非零售抗萌剂及植物生长调节剂	5.5			5	0	0	0	0	1.2	0	2.4	2.4								0	0	0
38089400	消毒剂		0		5	0	0	0	0	5.4	0	3.6	3.6	0	0						0	0	0
38089910	零售包装的杀鼠剂及其他类似产品		0		5	0	0	0	0	1.8	0	3.6	3.6	0							0	0	0
38089990	非零售包装的杀鼠剂及其他类似产品		0		5	0	0	0	0	1.8	0	3.6	3.6		0						0	0	0

税则号列	商品描述①	协定税率(%)															特惠税率(%)						
		亚太	东盟	新加坡	巴基斯坦	智利	新西兰	秘鲁	哥斯达黎加	瑞士	冰岛	韩国	澳大利亚	香港	澳门	台湾	亚太2国②	东盟 老挝	东盟 柬埔寨	东盟 缅甸	最不发达国家 LDC1③	最不发达国家 LDC2④	最不发达国家 LDC3⑤
38091000	以淀粉物质为基本成分,纺织、造纸、制革及类似工业用的其他编号未列名的整理剂、染料加速着色或固色助剂及其他产品和制剂		0	0	0	0	0	0	0	2	0	7	4								0	0	0
38099100	纺织工业及类似工业用其他编号未列名整理剂、染料加速着色剂或固色助剂及其他产品和制剂	6	0		0	0	0	0	0	3.9	0	2.6	2.6	0							0	0	0
38099200	造纸工业用其他编号未列名整理剂、染料加速着色剂或固色助剂及其他产品和制剂		0		0	0	0	0	0	1.3	0	4.5	2.6	0							0	0	0
38099300	制革工业用其他编号未列名整理剂、染料加速着色剂或固色助剂及其他产品和制剂		0		0	0	0	0	0	1.3	0	2.6	2.6	0							0	0	0
38101000	金属表面酸洗剂;金属及其他材料制成的焊粉或焊膏	6	0		5	0	0	0	0	1.3	0	5.2	2.6	0	0						0	0	0
38109000	焊接用的焊剂及其他辅助剂;作焊条芯子或焊条涂料用的制品		0		5	0	0	0	0	1.3	0	5.2	2.6								0	0	0
38111100	以铅化合物为基本成分的抗震剂,用于矿物油或与矿物油同样用途的其他液体		0		5	0	0	0	0	1.3	0	2.6	2.6								0	0	
38111900	抗震剂(以铅化合物为基本成分的除外),用于矿物油或与矿物油同样用途的其他液体		0		5	0	0	0	0	1.3	0	2.6	2.6								0	0	
38112100	含有石油或从沥青矿物提取的油类的润滑油添加剂		0		5	0	0	0	0	1.3	0	2.6	2.6								0	0	
38112900	不含石油或从沥青矿物提取的油类的润滑油添加剂	5.5	0		5	0	0	0	0	1.3	0	4.5	2.6		0						0	0	
38119000	抗氧剂、防胶剂、黏度改良剂、防腐剂配制添加剂,用于矿物油或与矿物油同样用途的其他液体		0		5	0	0	0	0	1.3	0	2.6	2.6	0	0						0	0	
38121000	配制的橡胶促进剂		0		5	0	0	0	0	1.2	0	4.8	2.4								0	0	0
38122000	橡胶或塑料用复合增塑剂		0		5	0	0	0	0	1.3	0	5.2	2.6								0	0	0
38123100	2,2,4-三甲基-1,2-二氢化喹啉(TMQ)低聚体混合物		0		5	0	0	0	0	1.2	0	4.8	2.4	0							0	0	0
38123910	橡胶的防老剂		0		5	0	0	0	0	1.2	0	4.8	2.4	0							0	0	0
38123990	其他橡胶、塑料用抗氧剂及其他稳定剂	4.6	0		0	0	0	0	0	3.9	0	2.6	2.6	0							0	0	0
38130010	灭火器的装配药		0		5	0	0	0	0	1.3	0	4.5	2.6								0	0	0
38130020	已装药的灭火弹		0		5	0	0	0	0	2	0	7	4								0	0	0
38140000	其他编号未列名的有机复合溶剂及稀释剂;除漆剂	9	0	0	5	0	0	2	0	6	0	8.5	4	0	0						0	0	0
38151100	以镍及其化合物为活性物的载体催化剂		0		5	0	0	0	0	1.3	0	4.5	2.6								0	0	0
38151200	以贵金属及其化合物为活性物的载体催化剂		0		5	0	0	0	0	1.3	0	4.5	2.6	0							0	0	0
38151900	其他载体催化剂	4.6	0		0	0	0	0	0	1.3	0	2.6	2.6								0	0	0

税则号列	商品描述[①]	协定税率(%)															特惠税率(%)						
		亚太	东盟	新加坡	巴基斯坦	智利	新西兰	秘鲁	哥斯达黎加	瑞士	冰岛	韩国	澳大利亚	香港	澳门	台湾	亚太2国[②]	东盟 老挝	东盟 柬埔寨	东盟 缅甸	最不发达国家 LDC1[③]	最不发达国家 LDC2[④]	最不发达国家 LDC3[⑤]
38159000	其他未列名的反应引发剂、促进剂	6	0		5	0	0	0	0	3.9	0	2.6	2.6		0						0	0	0
38160000	耐火水泥、灰泥、混凝土及类似耐火材料,但品目38.01的产品除外		0		5	0	0	0	0	1.3	0	2.6	2.6								0	0	
38170000	混合烷基苯及混合烷基萘,但品目27.07及29.02的产品除外		0		5	0	0	0	0	1.3	0	5.2	2.6			0					0	0	0
38180011	7.5厘米≤直径≤15.24厘米的单晶硅切片																				0	0	0
38180019	经掺杂用于电子工业的,已切成圆片、薄片或类似形状,直径>15.24厘米的单晶硅片																				0	0	0
38180090	经掺杂用于电子工业的化学元素,已切成圆片、薄片或类似形状,单晶硅片除外;经掺杂用于电子工业的化合物																				0	0	0
38190000	闸用液压油及其他液压传动用液体,不含石油或从沥青矿物提取的油类,或者按重量计石油或从沥青矿物提取的油类含量<70%		0		5	0	0	0	0	1.3	0	2.6	2.6		0						0	0	
38200000	防冻剂及解冻剂		0	0	5	0	0	0	0	2	0	7	4		0						0	0	0
38210000	制成的微生物培养基		0		0	0	0	0	0	0	0	1.2	0	0							0	0	
38220010	附于衬背上的诊断或实验用试剂,但品目32.02、32.06的货品除外		0		0	0	0	0	0	0.8	1.3	1.6	0	0							0	0	0
38220090	无论是否附于衬背上的诊断或实验用配制试剂,但品目32.02、32.06的货品除外		0		0	0	0	0	0	1	1.7	2	0	0							0	0	0
38231100	硬脂酸		0		12.8	0	0	3.2	0	9.6		12.8	6.4								0	0	
38231200	油酸		0	0	12.8	0	0	3.2	0	9.6		12.8	6.4	0							0	0	
38231300	妥尔油脂肪酸		0	0	12.8	0	0	3.2	0	9.6	0	12.8	6.4								0	0	
38231900	其他工业用单羧脂肪酸;精炼所得的酸性油		0	0	12.8	0	0	3.2	0	9.6	0	12.8	6.4	0	0						0	0	
38237000	工业用脂肪醇		0	0	6.5	0	0	0	0	7.8	0	10.4	5.2								0	0	
38241000	铸模及铸芯用黏合剂		0		5	0	0	0	0	1.3	0	4.5	2.6								0	0	0
38243000	自身混合或与金属黏合剂混合的未烧结金属碳化物		0		5	0	0	0	0	1.3	0	2.6	2.6								0	0	0
38244010	高效减水剂		0		5	0	0	0	0	1.3	0	5.2	2.6	0							0	0	0
38244090	其他水泥、灰泥及混凝土用添加剂		0		5	0	0	0	0	1.3	0	2.6	2.6	0							0	0	0
38245000	非耐火的灰泥及混凝土		0		5	0	0	0	0	1.3	0	2.6	2.6	0	0						0	0	0
38246000	编号290544以外的山梨醇		0	0	11.2	0	0	0	0	8.4	0	9.8	5.6								0	0	
38247100	含全氯氟烃的,不论是否含氢氯氟烃、全氟烃或氢氟烃的含有甲烷、乙烷、丙烷卤化衍生物混合物		0		5	0	0	0	0	1.3	0	2.6	2.6	0	0						0	0	0

税则号列	商品描述①	协定税率(%)															特惠税率(%)						
																	亚太2国②	东盟			最不发达国家		
		亚太	东盟	新加坡	巴基斯坦	智利	新西兰	秘鲁	哥斯达黎加	瑞士	冰岛	韩国	澳大利亚	香港	澳门	台湾		老挝	柬埔寨	缅甸	LDC1③	LDC2④	LDC3⑤
38247200	含溴氯二氟甲烷、溴三氟甲烷或二溴四氟乙烷的含有甲烷、乙烷、丙烷卤化衍生物混合物		0		5	0	0	0	0	1.3	0	2.6	2.6								0	0	0
38247300	含氢溴氟烃的含有甲烷、乙烷、丙烷卤化衍生物混合物		0		5	0	0	0	0	1.3	0	2.6	2.6	0	0						0	0	0
38247400	含氢氯氟烃的,不论是否含全氟烃或氢氟烃,但不含全氯氟烃的含有甲烷、乙烷、丙烷卤化衍生物混合物		0		5	0	0	0	0	1.3	0	2.6	2.6	0	0						0	0	0
38247500	含四氯化碳的含有甲烷、乙烷、丙烷卤化衍生物混合物	6	0		5	0	0	0	0	1.3	0	2.6	2.6	0	0						0	0	0
38247600	含1,1,1-三氯乙烷(甲基氯仿)的含有甲烷、乙烷、丙烷卤化衍生物混合物	6	0		5	0	0	0	0	1.3	0	2.6	2.6	0	0						0	0	0
38247700	含溴化甲烷(甲基溴)或溴氯甲烷的含有甲烷、乙烷、丙烷卤化衍生物混合物		0		5	0	0	0	0	1.3	0	2.6	2.6	0	0						0	0	0
38247800	含全氟烃或氢氟烃的,但不含全氯氟烃或氢氯氟烃的含有甲烷、乙烷、丙烷卤化衍生物混合物	6	0		5	0	0	0	0	1.3	0	2.6	2.6	0	0						0	0	0
38247900	其他含有甲烷、乙烷、丙烷卤化衍生物的混合物		0		5	0	0	0	0	1.3	0	2.6	2.6	0	0						0	0	0
38248100	含环氧乙烷的混合物及制品	6	0		5	0	0	0	0	1.3	0	2.6	2.6	0	0						0	0	0
38248200	含多氯联苯、多氯三联苯或多溴联苯的混合物及制品	6	0		5	0	0	0	0	1.3	0	2.6	2.6	0	0						0	0	0
38248300	含三(2,3-二溴丙基)磷酸酯的混合物及制品	6	0		5	0	0	0	0	1.3	0	2.6	2.6	0	0						0	0	0
38248400	含艾氏剂(ISO)、毒杀芬(ISO)、氯丹(ISO)、十氯酮(ISO)、DDT(ISO)[滴滴涕(INN)、1,1,1-三氯-2,2-双(4-氯苯基)乙烷]、狄氏剂(ISO,INN)、硫丹(ISO)、异狄氏剂(ISO)、七氯(ISO)或灭蚁灵(ISO)的本章子目注释三所列货品	6	0		5	0	0	0	0		0	5.2	2.6	0	0						0	0	0
38248500	含1,2,3,4,5,6-六氯环己烷[六六六(ISO)],包括林丹(ISO,INN)的本章子目注释三所列货品	6	0		5	0	0	0	0		0	5.2	2.6	0	0						0	0	0
38248600	含五氯苯(ISO)或六氯苯(ISO)的本章子目注释三所列货品	6	0		5	0	0	0	0		0	5.2	2.6	0	0						0	0	0
38248700	含全氟辛基磺酸及其盐,全氟辛基磺胺或全氟辛基磺酰氯的本章子目注释三所列货品	6	0		5	0	0	0	0		0	5.2	2.6	0	0						0	0	0
38248800	含四、五、六、七或八溴联苯醚的本章子目注释三所列货品	6	0		5	0	0	0	0		0	5.2	2.6	0	0						0	0	0

税则号列	商品描述[①]	协定税率(%) 亚太	东盟	新加坡	巴基斯坦	智利	新西兰	秘鲁	哥斯达黎加	瑞士	冰岛	韩国	澳大利亚	香港	澳门	台湾	特惠税率(%) 亚太2国[②]	东盟 老挝	东盟 柬埔寨	东盟 缅甸	最不发达国家 LDC1[③]	LDC2[④]	LDC3[⑤]
38249100	主要由(5-乙基-2-甲基-2氧代-1,3,2-二氧磷杂环己-5-基)甲基膦酸二甲酯和双[(5-乙基-2-甲基-2氧代-1,3,2-二氧磷杂环己-5-基)甲基]甲基膦酸酯(阻燃剂FRC-1)组成的混合物及制品	6	0		5	0	0	0	0		0	5.2	2.6	0	0						0	0	0
38249910	杂醇油	5.5	0		5	0	0	0	0	1.3	0	4.5	2.6								0	0	0
38249920	除墨剂、蜡纸改正液及类似品	8.3	0	0	5	0	0	0	0	1.8	0	3.6	3.6								0	0	0
38249930	增炭剂		0		5	0	0	0	0	1.3	0	2.6	2.6								0	0	0
38249991	含滑石50%以上的混合物	6	0		5	0	0	0	0	1.3	0	2.6	2.6	0	0						0	0	0
38249992	按重量计含氧化镁70%以上的混合物	6	0		5	0	0	0	0	1.3	0	2.6	2.6	0	0						0	0	0
38249993	表层包覆钴化合物的氢氧化镍(掺杂炭)	6	0		5	0	0	0	0		0	5.2	2.6	0	0						0	0	0
38249999	其他品目未列名的化学工业及其相关工业的化学产品及配制品	6	0		5	0	0	0	0		0	5.2	2.6	0	0						0	0	0
38251000	城市垃圾		0		5	0	0	0	0	1.3	0	2.6	2.6								0	0	
38252000	下水道淤泥		0		5	0	0	0	0	1.3	0	2.6	2.6								0	0	
38253000	医疗废物		0		5	0	0	0	0	1.3	0	2.6	2.6								0	0	
38254100	含卤化物的废有机溶剂		0		5	0	0	0	0	1.3	0	2.6	2.6								0	0	
38254900	其他废有机溶剂		0		5	0	0	0	0	1.3	0	2.6	2.6								0	0	
38255000	废的金属酸洗液、液压油、制动油及防冻液		0	0	5	0	0	0	0	1.3	0	2.6	2.6								0	0	
38256100	主要含有机成分的化工及相关工业废物		0		5	0	0	0	0	1.3	0	2.6	2.6								0	0	
38256900	其他品目未列名的化工及相关工业废物		0		5	0	0	0	0	1.3	0	2.6	2.6								0	0	
38259000	其他品目未列名的化学工业及相关工业的副产品		0		5	0	0	0	0	1.3	0	2.6	2.6	0							0	0	
38260000	生物柴油及其混合物,不含或含有按重量计<70%的石油或从沥青矿物提取的油类	6	0		5	0	0	0	0		0	5.2	2.6	0	0						0	0	0
39011000	初级形状比重<0.94的聚乙烯	6			6	0	0		0	4.4	0	6.1	2.6	0	0								
39012000	初级形状比重≥0.94的聚乙烯	6			6	0	0		0	4.4	0	6.1	2.6	0	0								
39013000	初级形状乙烯—乙酸乙烯酯共聚物	6	0		5	0	0	0	0	1.3	0	6.1	2.6	0							0	0	
39014010	乙烯—丙烯共聚物(乙丙橡胶)		0	0	5	0	0	0	0	1.3	0	5.2	2.6								0	0	
39014020	线型低密度聚乙烯		0	0	5	0	0		0		0		2.6								0	0	0
39014090	其他乙烯-α-烯烃共聚物,比重小于0.94	6.3	0	0	5	0	0	0	0	1.3	0	5.1	2.6	0	0						0	0	
39019010	初级形状的乙烯丙烯共聚物(乙丙橡胶,乙烯单体单元的含量大于丙烯单体单元)		0	0	5	0	0	0	0	1.3	0	5.2	2.6								0	0	
39019090	其他初级形状的乙烯聚合物	6.3	0	0	5	0	0	0	0	1.3	0	5.1	2.6	0	0						0	0	

税则号列	商品描述[①]	协定税率(%)															特惠税率(%)						
																	亚太2国[②]	东盟			最不发达国家		
		亚太	东盟	新加坡	巴基斯坦	智利	新西兰	秘鲁	哥斯达黎加	瑞士	冰岛	韩国	澳大利亚	香港	澳门	台湾		老挝	柬埔寨	缅甸	LDC1[③]	LDC2[④]	LDC3[⑤]
39021000	初级形状的聚丙烯		0	0	5	0	0		0	4.4	0		2.6	0	0								
39022000	初级形状的聚异丁烯		0		5	0	0	0	0	1.3	0		2.6								0	0	0
39023010	初级形状的乙烯丙烯共聚物(乙丙橡胶,丙烯单体单元的含量大于乙烯单体单元))	6	0	0	5	0	0	0	0	1.3	0	5.2	2.6	0		0					0	0	0
39023090	初级形状的其他丙烯共聚物	6	0	0	5	0	0	0	0	1.3	0	6.1	2.6	0							0	0	0
39029000	其他初级形状的烯烃聚合物		0	0	5	0	0	0	0	1.3	0		2.6			0					0	0	0
39031100	初级形状的可发性聚苯乙烯	6	0	0	5	0	0	0	0	1.3	0	6.1	2.6								0	0	0
39031910	初级形状的改性非可发性聚苯乙烯	6	0	0	5	0	0	0	0	1.3	0	5.5	2.6	0							0	0	0
39031990	初级形状的其他聚苯乙烯	6	0	0	5	0	0	0	0	1.3	0	5.5	2.6	0							0	0	0
39032000	初级形状苯乙烯—丙烯腈共聚物		0	0	6	0	0	0	0	7.2	0	10.5	4.8			0					0	0	
39033010	初级形状的改性丙烯腈—丁二烯—苯乙烯共聚物	6	0	0	5	0	0	0	0	4.4	0	5.5	2.6	0	0						0	0	0
39033090	其他丙烯腈—丁二烯-苯乙烯共聚物	6	0	0	5	0	0	0	0	3.9	0	5.5	2.6	0	0						0	0	0
39039000	初级形状的其他苯乙烯聚合物	6	0	0	5	0	0	0	0	1.3	0	5.2	2.6	0		0					0	0	0
39041010	聚氯乙烯糊树脂	6	0	0	6	0	0	0	0	1.3	0	5.5	2.6								0	0	0
39041090	其他初级形状的纯聚氯乙烯	6	0	0	6	0	0	0	0	1.3	0	5.1	2.6								0	0	0
39042100	初级形状未塑化的聚氯乙烯		0	0	5	0	0	0	0	1.3	0	5.5	2.6	0							0	0	0
39042200	初级形状已塑化的聚氯乙烯		0	0		0	0	0	0	1.3	0	5.5	2.6	0							0	0	0
39043000	氯乙烯—乙酸乙烯酯共聚物	8.6	0		5	0	0	0	0	1.8	0	7.2	3.6								0	0	0
39044000	初级形状的其他氯乙烯共聚物	11.4	0	0	6	0	0	2.4	0	7.2	0	9.6	4.8								0	0	
39045000	初级形状的偏二氯乙烯聚合物		0		5	0	0	0	0	1.3	0	2.6	2.6								0	0	0
39046100	初级形状的聚四氟乙烯		0	0	5	0	0	0	0	2	0	7	4								0	0	0
39046900	初级形状的其他氟聚合物		0		5	0	0	0	0	1.3	0	2.6	2.6								0	0	0
39049000	初级形状的其他卤化烯烃聚合物		0		5	0	0	0	0	2	0	8	4								0	0	0
39051200	聚乙酸乙烯酯的水分散体		0	0		0	0	2	0	2	0	8	4								0	0	
39051900	其他初级形状聚乙酸乙烯酯		0		5	0	0	0	0	2	0	8	4								0	0	
39052100	乙酸乙烯酯共聚物的水分散体		0	0	5	0	0	0	0	2	0	8	4			0					0	0	
39052900	其他初级形状的乙酸乙烯酯共聚物		0	0	5	0	0	0	0		0	8	4								0	0	
39053000	初级形状的聚乙烯醇(不论是否含有未水解的乙酸酯基)		0	0	11.2	0	0	0	0	8.4	0	9.8	5.6			0					0	0	
39059100	其他乙烯酯或乙烯基的共聚物		0		5	0	0	0	0	2	0	8	4								0	0	
39059900	其他乙烯酯或乙烯基的聚合物		0			0	0	2	0	2	0	8	4	0							0	0	
39061000	初级形状的聚甲基丙烯酸甲酯	6	0		5	0	0	0	0	1.3	0	6.1	2.6	0		0					0	0	0
39069010	聚丙稀酰胺	6	0		5	0	0	0	0	1.3	0	6.1	2.6	0		0					0	0	0
39069090	其他初级形状的丙烯酸聚合物	6	0		5	0	0	0	0	3.9	0	4.5	2.6	0		0					0	0	0
39071010	初级形状的聚甲醛	6	0	0	5	0	0	0	0	1.3	0	5.2	2.6	0		0					0	0	0
39071090	其他初级形状的聚缩醛	6	0	0	5	0	0	0	0	1.3	0	2.6	2.6	0							0	0	0
39072010	聚四亚甲基醚二醇	6	0	0	5	0	0	0	0	1.3	0	0	2.6			0					0	0	0
39072090	其他初级形状的聚醚	6	0	0	5	0	0	0	0	3.9	0	5.2	2.6								0	0	0

税则号列	商品描述[①]	协定税率(%)															特惠税率(%)						
		亚太	东盟	新加坡	巴基斯坦	智利	新西兰	秘鲁	哥斯达黎加	瑞士	冰岛	韩国	澳大利亚	香港	澳门	台湾	亚太2国[②]	东盟			最不发达国家		
																		老挝	柬埔寨	缅甸	LDC1[③]	LDC2[④]	LDC3[⑤]
39073000	初级形状的环氧树脂	6	0	0	5	0	0	0	0	4.4	0	5.2	2.6	0		0					0	0	0
39074000	初级形状的聚碳酸酯	6.1	0		5	0	0	0	0	3.9	0	5.2	2.6	0		0					0	0	0
39075000	初级形状的醇酸树脂	9.5	0	0	5	0	0	2	0	2	0	7	4			0					0	0	0
39076110	高黏度聚对苯二甲酸乙二酯切片					0	0	0	0	1.3	0	5.5	2.6								0	0	0
39076190	其他黏数在78毫升/克或以上的聚对苯二甲酸乙二酯		0			0	0	0	0	1.3	0	5.2	2.6		0						0	0	0
39076910	其他聚对苯二甲酸乙二酯切片					0	0	0	0	1.3	0	5.5	2.6	0	0						0	0	0
39076990	其他初级形状聚对苯二甲酸乙二酯		0			0	0	0	0	1.3	0	5.2	2.6		0						0	0	0
39077000	聚乳酸	6.2	0		5	0	0	0	0	1.3	0	2.6	2.6	0	0						0	0	0
39079100	初级形状的不饱和聚酯		0	0	5	0	0	0	0	1.3	0	4.5	2.6			0					0	0	0
39079910	聚对苯二甲酸丁二酯	6.2	0		5	0	0	0	0	1.3	0	5.2	2.6	0	0						0	0	0
39079991	聚对苯二甲酸—己二醇—丁二醇酯	6.2	0		5	0	0	0	0	1.3	0	0	2.6	0	0	0					0	0	0
39079999	其他聚酯	6.2	0		5	0	0	0	0	1.3	0	0	2.6	0	0	0					0	0	0
39081011	聚酰胺-6,6切片		0	0	5	0	0	0	0	3.9	0		2.6	0							0	0	0
39081012	聚酰胺-6切片		0	0	5	0	0	0	0	4.4	0		2.6	0							0	0	0
39081019	初级形状聚酰胺切片		0	0	5	0	0	0	0	4.4	0		2.6	0							0	0	0
39081090	其他初级形状的聚酰胺		0		5	0	0	0	0	3.9	0		2.6	0							0	0	0
39089010	芳香族聚酰胺及其共聚物		0	0	5	0	0	0	0		0		4	0							0	0	0
39089020	半芳香族聚酰胺及其共聚物		0	0	5	0	0	0	0		0		4	0							0	0	0
39089090	初级形状的其他聚酰胺		0	0	5	0	0	0	0		0		4	0							0	0	0
39091000	初级形状的尿素树脂及硫尿树脂	6.1	0		5	0	0	0	0	1.3	0	0	2.6			0					0	0	0
39092000	初级形状的蜜胺树脂	6.1	0		5	0	0	0	0	1.3	0	0	2.6			0					0	0	0
39093100	聚合MDI	6	0	0	5	0	0	0	0	1.3	0	5.2	2.6	0							0	0	0
39093900	其他初级形状的其他氨基树脂		0	0	5	0	0	0	0	1.3	0	0	2.6			0					0	0	0
39094000	初级形状的酚醛树脂	6.1	0		5	0	0	0	0	1.3	0	4.5	2.6			0					0	0	0
39095000	初级形状的聚亚氨酯	6	0	0	5	0	0	0	0	1.3	0	0	2.6	0	0	0					0	0	0
39100000	初级形状的聚硅氧烷	6.1	0		5	0	0	0	0	1.3	0	4.5	2.6	0		0					0	0	0
39111000	初级形状的石油树脂、苯并呋喃—茚树脂、多萜树脂	6.1	0		5	0	0	0	0	1.3	0	5.2	2.6			0					0	0	0
39119000	其他初级形状的多硫化物、聚砜及第三十九章注释三所规定的其他编号未列名新产品		0		5	0	0	0	0	1.3	0	2.6	2.6								0	0	0
39121100	初级形状的未塑化醋酸纤维素		0		5	0	0	0	0	1.3	0	4.5	2.6								0	0	
39121200	初级形状的已塑化醋酸纤维素		0		5	0	0	0	0	1.3	0	2.6	2.6								0	0	
39122000	初级形状的硝酸纤维素		0		5	0	0	0	0	1.3	0	2.6	2.6								0	0	
39123100	初级形状的羧甲基纤维素及其盐		0		5	0	0	0	0	1.3	0	2.6	2.6								0	0	
39123900	初级形状的其他纤维素醚		0		5	0	0	0	0	1.3	0	2.6	2.6								0	0	
39129000	初级形状的其他未列名的纤维素(包括化学衍生物)		0		5	0	0	0	0	1.3	0	2.6	2.6	0							0	0	
39131000	初级形状的藻酸及盐和酯		0	0	5	0	0		0	2	0	7	4								0	0	0

税则号列	商品描述①	协定税率(%)															特惠税率(%)						
		亚太	东盟	新加坡	巴基斯坦	智利	新西兰	秘鲁	哥斯达黎加	瑞士	冰岛	韩国	澳大利亚	香港	澳门	台湾	亚太2国②	东盟			最不发达国家		
																		老挝	柬埔寨	缅甸	LDC1③	LDC2④	LDC3⑤
39139000	初级形状的其他未列名天然聚合物(包括改性天然聚合物)		0		5	0	0	0	0	1.3	2.2	2.6	2.6								0	0	0
39140000	初级形状的离子交换剂		0		5	0	0	0	0	1.3		2.6	2.6								0	0	0
39151000	乙烯聚合物的废碎料及下脚料		0	0	5	0	0	0	0	1.3	0	5.2	2.6	0	0						0	0	0
39152000	苯乙烯聚合物的废碎料及下脚料		0	0	5	0	0	0	0	1.3	0	5.2	2.6	0	0						0	0	0
39153000	氯乙烯聚合物的废碎料及下脚料		0	0	5	0	0	0	0	1.3	0	5.2	2.6	0	0						0	0	0
39159010	聚对苯二甲酸乙二酯的塑料废碎料及下脚料		0	0	5	0	0	0	0	3.9	0	5.2	2.6	0	0						0	0	0
39159090	其他塑料的废碎料及下脚料		0	0	5	0	0	0	0	3.9	0	5.2	2.6	0	0						0	0	0
39161000	乙烯聚合物制单丝、条、杆及型材		0	0	5	0	0	2	0	2	0	7	4								0	0	
39162010	聚氯乙烯异型材	7	0		5	0	0	0	0	2	0	7	4								0	0	
39162090	氯乙烯聚合物制单丝、条、杆及型材	7	0		5	0	0	0	0	2	0	7	4								0	0	
39169010	聚酰胺制的单丝、条、杆及型材		0	0	5	0	0	0	0	2	0	7	4	0							0	0	
39169090	其他塑料制单丝、条、杆及型材		0	0	5	0	0	0	0	2	0	7	4								0	0	
39171000	硬化蛋白或纤维素材料制人造肠衣		0		5	0	0	0	0	2	0	7	4								0	0	
39172100	乙烯聚合物制的硬管		0	0	5	0	0	2	0	2	0	7	4								0	0	0
39172200	丙烯聚合物制的硬管		0		5	0	0	0	0	2	0	7	4								0	0	0
39172300	氯乙烯聚合物制的硬管		0	0	5	0	0	2	0	2	0	7	4	0							0	0	0
39172900	其他塑料制的硬管		0	0	5	0	0	0	0	6	0	7	4								0	0	0
39173100	塑料制的软管	7	0	0	5	0	0	0	0	2	0	4	4	0							0	0	0
39173200	其他未装有附件的塑料制管子	4.6	0		0	0	0	0	0	3.9	0	2.6	2.6								0	0	0
39173300	其他装有附件的塑料管子	4.6	0		0	0	0	0	0	1.3	0	2.6	2.6								0	0	0
39173900	塑料制的其他管子	4.5	0	0	4.5	0	0	0	0	1.3	0	5.2	2.6								0	0	0
39174000	塑料制的管子附件	7	0	0	5	0	0	2	0	6	0	4	4								0	0	0
39181010	氯乙烯聚合物制糊墙品		0		5	0	0	2	0	2	0	7	4								0	0	
39181090	氯乙烯聚合物制的铺地制品		0		5	0	0	2	0	6	0		4								0	0	
39189010	其他塑料制的糊墙品		0		5	0	0	0	0	2	0	7	4	0							0	0	
39189090	其他塑料制的铺地制品		0		5	0	0	0	0	2	0	7	4	0							0	0	
39191010	丙烯酸树脂为基本成分的成卷胶粘板、片、条等,宽度≤20厘米		0		5	0	0	0	0	1.3	0	2.6	2.6								0	0	0
39191091	宽度≤20厘米成卷的胶囊型反光膜		0		5	0	0	0	0	1.3	0	2.6	2.6								0	0	0
39191099	其他材料制的,宽度≤20厘米的其他成卷塑料胶粘板、片等		0		5	0	0	0	0	3.9	0		2.6			0					0	0	0
39199010	其他胶囊型反光膜	4.6	0		0	0	0	0	0	1.3	0	5.2	2.6	0							0	0	0
39199090	其他自粘塑料板、片、膜等材料	4.6	0		0	0	0	0	0	1.3	0	5.2	2.6	0		0					0	0	0
39201010	乙烯聚合物制电池隔膜	4.6	0		0	0	0	0	0	1.3	0	4.5	2.6	0							0	0	0
39201090	其他乙烯聚合物制板、片、带	4.6	0		0	0	0	0	0	3.9	0	5.2	2.6	0	0	0					0	0	0
39202010	丙烯聚合物制电池隔膜		0		5	0	0	0	0	1.3	0		2.6	0							0	0	0
39202090	其他丙烯聚合物制板、片、带		0		5	0	0	0	0	3.9	0	4.5	2.6	0	0	0					0	0	0

税则号列	商品描述①	协定税率(%)															特惠税率(%)						
		亚太	东盟	新加坡	巴基斯坦	智利	新西兰	秘鲁	哥斯达黎加	瑞士	冰岛	韩国	澳大利亚	香港	澳门	台湾	亚太2国②	东盟			最不发达国家		
																		老挝	柬埔寨	缅甸	LDC1③	LDC2④	LDC3⑤
39203000	非泡沫聚苯乙烯板、片、膜、箔及扁条	4.6	0		0	0	0	0	0	1.3	0	4.5	2.6	0		0					0	0	0
39204300	按重量计增塑剂含量≥6%的聚氯乙烯板、片、膜、箔及扁条	4.5	0	0	4.5	0	0	0	0	1.3	0	4.5	2.6	0		0					0	0	0
39204900	按重量计增塑剂含量<6%的聚氯乙烯板、片、膜、箔及扁条	4.5	0		4.5	0	0	0	0	3.9	0	5.2	2.6	0	0	0					0	0	0
39205100	聚甲基丙烯酸甲酯板、片、膜、箔及扁条	4.6	0		0	0	0	0	0	1.3	0	4.5	2.6			0					0	0	0
39205900	其他丙烯酸聚合物板、片、膜、箔及扁条		0		5	0	0	0	0	1.3	0	5.2	2.6								0	0	0
39206100	聚碳酸酯制板、片、膜、箔及扁条	4.6	0		0	0	0	0	0	1.3	0	5.2	2.6			0					0	0	0
39206200	聚对苯二甲酸乙二酯板、片、膜、箔及扁条	4.6	0		0	0	0	0	0	1.3	0	5.2	2.6	0	0	0					0	0	0
39206300	不饱和聚酯板、片、膜、箔及扁条		0		5	0	0	0	0	2	0	7	4								0	0	0
39206900	其他聚酯板、片、膜、箔及扁条	9	0	0	5	0	0	2	0	2	0	8.5	4			0					0	0	0
39207100	再生纤维素制板、片、膜、箔及扁条		0		5	0	0	0	0	1.3	0	4.5	2.6								0	0	0
39207300	醋酸纤维素制板、片、膜、箔及扁条		0		5	0	0	0	0	1.3	0	2.6	2.6	0							0	0	0
39207900	纤维素衍生物制板、片、膜、箔及扁条		0		5	0	0	0	0	2	0	7	4								0	0	0
39209100	聚乙烯醇缩丁醛板、片、膜、箔及扁条		0		5	0	0	0	0	1.3	0	5.2	2.6								0	0	0
39209200	聚酰胺板、片、膜、箔及扁条		0	0	5	0	0	0	0	2	0	4	4								0	0	0
39209300	氨基树脂板、片、膜、箔及扁条		0		5	0	0	0	0	1.3	0	2.6	2.6								0	0	0
39209400	酚醛树脂板、片、膜、箔及扁条	7	0	0	5	0	0	0	0	2	0	7	4								0	0	0
39209910	聚四氟乙烯制的非泡沫塑料板、片		0		5	0	0	0	0	1.3	0	5.2	2.6								0	0	0
39209990	其他塑料制的非泡沫塑料板、片		0		5	0	0	0	0	1.3	0	4.5	2.6	0		0					0	0	0
39211100	泡沫聚苯乙烯板、片、带、箔及扁条	9	0		5	0	0	0	0	2	0	7	4								0	0	0
39211210	泡沫聚氯乙烯人造革及合成革		0	0	5	0	0	0	0	1.8	0	7.2	3.6	0		0					0	0	0
39211290	泡沫聚氯乙烯板、片、带、箔及扁条		0		5	0	0	0	0	3.9	0	2.6	2.6	0							0	0	0
39211310	泡沫聚氨酯制人造革及合成革	6.3	0	0	5	0	0	0	0	1.8	0	7.2	3.6	0		0					0	0	0
39211390	泡沫聚氨酯板、片、带、箔及扁条	4.6	0		0	0	0	0	0	1.3	0	4.5	2.6	0							0	0	0
39211400	泡沫再生纤维素板、片、膜、箔及扁条		0		5	0	0	0	0	2	0	7	4								0	0	0
39211910	其他泡沫塑料制人造革及合成革	6.3	0		5	0	0	0	0	1.8	0	7.2	3.6								0	0	0
39211990	其他泡沫塑料板、片、膜、箔及扁条	4.6	0		0	0	0	0	0	3.9	0	5.2	2.6			0					0	0	0
39219020	嵌有玻璃纤维的聚乙烯板、片	4.6	0		0	0	0	0	0	3.9	0	2.6	2.6	0							0	0	0
39219030	聚异丁烯为基本成分的附有人造毛毡的板、片、卷材	4.6	0		0	0	0	0	0	1.3	0	4.5	2.6	0							0	0	0

税则号列	商品描述①	协定税率(%)															特惠税率(%)						
		亚太	东盟	新加坡	巴基斯坦	智利	新西兰	秘鲁	哥斯达黎加	瑞士	冰岛	韩国	澳大利亚	香港	澳门	台湾	亚太2国②	东盟			最不发达国家		
																		老挝	柬埔寨	缅甸	LDC1③	LDC2④	LDC3⑤
39219090	未列名塑料板、片、膜、箔及扁条	4.6	0		0	0	0	0	0	3.9	0	5.2	2.6	0		0					0	0	0
39221000	塑料浴缸、淋浴盘及盥洗盆		0		5	0	0	0	0	2	0	7	4		0			0			0	0	0
39222000	塑料马桶坐圈及盖		0		5	0	0	2	0	2	0	7	4		0			0			0	0	0
39229000	塑料便盆、抽水箱等类似卫生洁具		0		5	0	0	0	0	2	0	7	4								0	0	0
39231000	塑料制盒、箱及类似品	7	0	0	5	0	0	2	0	2	0	8.5	4	0	0	0					0	0	0
39232100	乙烯聚合物制袋及包		0	0	5	0	0	2	0	2	0	4	4	0	0						0	0	
39232900	其他塑料制的袋及包		0	0	5	0	0	2	0	2	0	8	4	0	0						0	0	0
39233000	塑料制坛、瓶及类似品		0	0	5	0	0		0	1.3	0	5.2	2.6	0							0	0	0
39234000	塑料制卷轴、纡子、筒管及类似品	7	0	0	5	0	0	0	0	2	0	8	4								0	0	
39235000	塑料制塞子、盖子及类似品		0	0	5	0	0	2	0	6	0	7	4	0		0					0	0	0
39239000	供运输或包装货物用其他塑料制品	7	0	0	5	0	0	2	0	2	0	8.5	4	0	0	0					0	0	
39241000	塑料制餐具及厨房用具		0	0	5	0	0	2	0	2	0	8	4	0	0		0				0	0	0
39249000	塑料制其他家庭用具及卫生或盥洗用具		0	0	5	0	0	2	0	2	0	7	4	0	0						0	0	0
39251000	塑料制囤、柜、罐、桶及类似容器		0		5	0	0	2	0	2	0	7	4								0	0	0
39252000	塑料制门、窗及其框架、门槛	7	0		5	0	0	2	0	2	0	7	4								0	0	
39253000	塑料制窗板、百叶窗及类似制品		0		5	0	0	0	0	2	0	7	4								0	0	
39259000	其他未列名的建筑用塑料制品		0		5	0	0	2	0	6.7	0	7	4	0							0	0	
39261000	办公室或学校用塑料制品		0	0	5	0	0	0	0	2	0	7	4								0	0	0
39262011	聚氯乙稀制手套(包括分指手套、连指手套及露指手套)		0	0		0	0	0	0	2	0	7	4	0							0	0	
39262019	其他手套(包括分指手套、连指手套及露指手套)		0	0		0	0	0	0	2	0	7	4	0							0	0	
39262090	其他塑料制衣服及衣着附件		0	0		0	0	0	0	2	0	7	4	0							0	0	0
39263000	塑料制家具、车厢及类似品的附件		0	0	5	0	0	2	0	2	0	8	4								0	0	0
39264000	塑料制小雕塑品及其他装饰品	8.3	0		5	0	0	0	0	2	0	7	4								0	0	0
39269010	塑料制机器及仪器用零件	9	0	0	5	0	0	2	0	6	0	7	4	0	0	0					0	0	0
39269090	其他塑料制品	9.2	0	0	9.2	0	0	2	0	6	0	7	4	0	0	0					0	0	0
40011000	天然胶乳					0	0		0	12	0	16	8										
40012100	天然橡胶烟胶片	17			17	0	0		0	12	0	16	8										
40012200	技术分类天然橡胶(TSNR)					0	0		0	12	0		8										
40012900	其他初级形状的天然橡胶	17			17	0	0		0	12	0		8										
40013000	巴拉塔胶、古塔波胶、银胶菊胶、糖胶树胶及类似的天然树胶		0	0		0	0	4	0	12	0	16	8								0	0	
40021110	羧基丁苯橡胶胶乳		0		5	0	0	0	0	1.5	0	6	3	0							0	0	0
40021190	丁苯橡胶胶乳		0		5	0	0	0	0	1.5	0	6	3	0							0	0	0
40021911	未经任何加工的丁苯橡胶(溶聚的除外)		0		5	0	0	0	0	1.5	0	6	3	0							0	0	0
40021912	充油丁苯橡胶(溶聚的除外)		0		5	0	0	0	0	1.5	0	6	3	0							0	0	0
40021913	初级形状的热塑丁苯橡胶		0		5	0	0	0	0	1.5	0	6	3	0							0	0	0

税则号列	商品描述[①]	协定税率(%)															特惠税率(%)						
		亚太	东盟	新加坡	巴基斯坦	智利	新西兰	秘鲁	哥斯达黎加	瑞士	冰岛	韩国	澳大利亚	香港	澳门	台湾	亚太2国[②]	东盟			最不发达国家		
																		老挝	柬埔寨	缅甸	LDC1[③]	LDC2[④]	LDC3[⑤]
40021914	初级形状的充油热塑丁苯橡胶		0		5	0	0	0	0	1.5	0	6	3	0							0	0	0
40021915	未经任何加工的溶聚丁苯橡胶		0		5	0	0	0	0	1.5	0	6	3	0							0	0	0
40021916	充油溶聚丁苯橡胶		0		5	0	0	0	0	1.5	0	6	3	0							0	0	0
40021919	初级形状的其他丁苯橡胶及羧基丁苯橡胶					0	0	0	0	1.5	0	6	3	0							0	0	0
40021990	丁苯橡胶及羧基丁苯橡胶板、片、带	7.1	0		5	0	0	0	0	1.5	0	6	3	0							0	0	0
40022010	初级形状的丁二烯橡胶		0		5	0	0	0	0	1.5	0	6	3								0	0	0
40022090	丁二烯橡胶板、片、带	7	0		5	0	0	0	0	1.5	0	6	3								0	0	0
40023110	初级形状的异丁烯—异戊二烯橡胶	5.6	0		5	0	0	0	0	1.2	0	4.8	2.4								0	0	0
40023190	异丁烯—异戊二烯橡胶板、片、带	7.1	0		5	0	0	0	0	1.5	0	6	3								0	0	0
40023910	初级形状的其他卤代丁基橡胶		0		5	0	0	0	0	1.5	0	6	3								0	0	0
40023990	卤代丁基橡胶板、片、带	7.1	0		5	0	0	0	0	1.5	0	6	3								0	0	0
40024100	氯丁二烯橡胶胶乳	7.1	0		5	0	0	0	0	1.5	0	3	3								0	0	0
40024910	初级形状的氯丁二烯橡胶		0		5	0	0	0	0	1.5	0		3								0	0	0
40024990	氯丁二烯橡胶板、片、带	7.1	0		5	0	0	0	0	1.5	0	6	3								0	0	0
40025100	丁腈橡胶胶乳	7.1	0		5	0	0	0	0	1.5	0	6	3								0	0	0
40025910	初级形状的丁腈橡胶		0		5	0	0	0	0	1.5	0	6	3								0	0	0
40025990	丁腈橡胶板、片、带		0		5	0	0	0	0	1.5	0	6	3								0	0	0
40026010	初级形状的异戊二烯橡胶		0		0	0	0	0	0	0	0	2.4	0								0	0	0
40026090	异戊二烯橡胶板、片、带	4.5	0		0	0	0	0	0	0	0	4	0								0	0	0
40027010	初级形状的乙丙非共轭二烯橡胶		0		5	0	0	0	0	1.5	0	6	3								0	0	0
40027090	乙丙非共轭二烯橡胶板、片、带	7.1	0		5	0	0	0	0	1.5	0	6	3								0	0	0
40028000	天然橡胶与合成橡胶的混合物		0		5	0	0	0	0	1.5	0	6	3								0	0	0
40029100	其他未列名的合成橡胶胶乳		0		5	0	0	0	0	1.5	0	6	3								0	0	0
40029911	其他初级形状的合成橡胶		0		5	0	0	0	0	1.5	0	6	3	0		0					0	0	0
40029919	其他合成橡胶板、片、带		0		5	0	0	0	0	1.5	0	6	3	0							0	0	0
40029990	从油类提取的油膏		0		0	0	0	0	0	0	0	0	0								0	0	0
40030000	初级形状或板、片、带状再生橡胶		0		5	0	0	0	0	1.6	0	6.4	3.2	0							0	0	0
40040000	橡胶(硬质橡胶除外)废碎料及下脚料及其粉、粒	7.6	0		5	0	0	0	0	1.6	0	3.2	3.2								0	0	
40051000	与炭黑等混合的未硫化复合橡胶		0		5	0	0	0	0	1.6	0	6.4	3.2		0						0	0	0
40052000	未硫化的复合橡胶溶液及分散体		0		5	0	0	0	0	1.6	0	6.4	3.2								0	0	0
40059100	其他未硫化的复合橡胶板、片、带		0		5	0	0	0	0	1.6	0	3.2	3.2								0	0	0
40059900	其他未硫化的初级形状复合橡胶		0		5	0	0	0	0	1.6	0	6.4	3.2	0							0	0	0
40061000	未硫化轮胎翻新用胎面补料胎条		0		5	0	0	0	0	1.6	0	3.2	3.2								0	0	0
40069010	未硫化橡胶的杆、管或型材及异型材		0		5	0	0	0	0	1.6	0	5.6	3.2								0	0	0
40069020	未硫化橡胶制品		0	0	11.2	0	0	0	0	8.4	0	9.8	5.6								0	0	
40070000	硫化橡胶线及绳		0	0	11.2	0	0	0	0	8.4	0	9.8	5.6	0							0	0	
40081100	海绵硫化橡胶制的板、片及带		0		5	0	0	0	0	1.6	0	6.4	3.2								0	0	0

税则号列	商品描述[①]	协定税率(%) 亚太	东盟	新加坡	巴基斯坦	智利	新西兰	秘鲁	哥斯达黎加	瑞士	冰岛	韩国	澳大利亚	香港	澳门	台湾	特惠税率(%) 亚太2国[②]	东盟 老挝	东盟 柬埔寨	东盟 缅甸	最不发达国家 LDC1[③]	最不发达国家 LDC2[④]	最不发达国家 LDC3[⑤]
40081900	海绵硫化橡胶制型材、异型材及杆		0		5	0	0	0	0	1.6	0	3.2	3.2								0	0	0
40082100	非海绵硫化橡胶制板、片及带		0		5	0	0	0	0	1.6	0	3.2	3.2								0	0	0
40082900	非海绵硫化橡胶型材、异型材及杆		0		5	0	0	0	0	1.6	0	3.2	3.2								0	0	0
40091100	未加强或未与其他材料合制硫化橡胶管,未装有附件		0	0	5	0	0	0	0	6.3	0	7.3	4.2								0	0	
40091200	未加强或未与其他材料合制硫化橡胶管,装有附件		0		5	0	0	0	0	2	0	7	4								0	0	
40092100	用金属加强或只与金属合制的硫化橡胶管,未装有附件		0	0	5	0	0	2.1	0	6.3	0	7.3	4.2								0	0	
40092200	用金属加强或只与金属合制的硫化橡胶管,装有附件		0	0	5	0	0	0	0	2	0	7	4								0	0	
40093100	用纺织材料加强或只与纺织材料合制硫化橡胶管,未装有附件		0	0	5	0	0	2.1	0	6.3	0	8.9	4.2								0	0	
40093200	用纺织材料加强或只与纺织材料合制硫化橡胶管,装有附件		0		5	0	0	0	0	2	0	7	4								0	0	
40094100	用其他材料加强或与其他材料合制硫化橡胶管,未装有附件		0	0	5	0	0	2.1	0	6.3	0	7.3	4.2								0	0	
40094200	用其他材料加强或与其他材料合制硫化橡胶管,装有附件		0	0	5	0	0	2	0	2	0	7	4								0	0	
40101100	金属加强的硫化橡胶输送带及带料		0		5	0	0	2	0	6.7	0	7	4	0							0	0	
40101200	纺织材料加强的硫化橡胶输送带及带料		0		5	0	0	2	0	0	0	7	4								0	0	
40101900	其他硫化橡胶制的输送带及带料		0		5	0	0	2	0	0	0	7	4								0	0	
40103100	梯形截面的环形传动带(三角带),V形肋状的,60厘米<外周长≤180厘米		0		5	0	0	0	0	1.6	0	3.2	3.2								0	0	0
40103200	梯形截面的环形传动带(三角带),V形肋状的除外,60厘米<外周长≤180厘米		0		5	0	0	0	0	1.6	0	3.2	3.2								0	0	0
40103300	180厘米<外周长≤240厘米的三角带,V形肋状的		0		5	0	0	0	0	1.6	0	3.2	3.2								0	0	0
40103400	180厘米<外周长≤240厘米的三角带,V形肋状的除外		0		5	0	0	0	0	1.6	0	3.2	3.2								0	0	0
40103500	60厘米<外周长≤150厘米的环形同步带		0	0	5	0	0	0	0	2	0	7	4								0	0	
40103600	150厘米<外周长≤198厘米的环形同步带		0		5	0	0	0	0	2	0	7	4								0	0	
40103900	其他硫化橡胶制的传动带及带料	7.6	0		5	0	0	0	0	0	0	3.2	3.2								0	0	0
40111000	机动小客车用新的充气橡胶轮胎	9.4	0	0	5	0	0		0	2	0	8	4			0					0	0	0
40112000	客或货运车用新的充气橡胶轮胎	9.4	0	0	5	0	0	2	0	2	0	8	4			0					0	0	
40113000	航空器用新的充气橡胶轮胎		0		0	0	0	0	0	0	0	0	0								0	0	0
40114000	摩托车用新的充气橡胶轮胎		0	0	12	0	0	3	0	9	0	12	6			0					0	0	

税则号列	商品描述[1]	协定税率(%)															特惠税率(%)						
		亚太	东盟	新加坡	巴基斯坦	智利	新西兰	秘鲁	哥斯达黎加	瑞士	冰岛	韩国	澳大利亚	香港	澳门	台湾	亚太2国[2]	东盟			最不发达国家		
																		老挝	柬埔寨	缅甸	LDC1[3]	LDC2[4]	LDC3[5]
40115000	自行车用新的充气橡胶轮胎		0	0		0	0	4	0	12	0	16	8			0					0	0	
40117010	农业或林业车辆及机器用人字形胎面或类似胎面的新充气橡胶轮胎		0	0	14	0	0	3.5	0	10.5	0	12.2	7			0					0	0	
40117090	农业或林业车辆及机器用非人字形胎面或类似胎面的新充气橡胶轮胎		0	0		0	0		0		0	21.2	10			0					0	0	0
40118011	辋圈尺寸≤61 厘米的建筑或工业搬运车辆及机器用人字形胎面或类似胎面的新充气橡胶轮胎		0	0	14	0	0	3.5	0	10.5	0	12.2	7								0	0	
40118012	辋圈>61 厘米的建筑或工业搬运车辆及机器用人字形胎面或类似胎面的新充气橡胶轮胎		0	0	14	0	0	3.5	0	10.5	0	12.2	7								0	0	
40118091	辋圈尺寸≤61 厘米的建筑或工业搬运车辆及机器用非人字形胎面或类似胎面的新充气橡胶轮胎		0	0		0	0		0		0	21.2	10								0		
40118092	辋圈>61 厘米的建筑或工业搬运车辆及机器用非人字形胎面或类似胎面的新充气橡胶轮胎		0	0		0	0		0		0	21.2	10								0		
40119010	其他人字形胎面或类似胎面的新充气橡胶轮胎		0	0	14	0	0	3.5	0	10.5	0	12.2	7			0					0	0	
40119090	其他新的充气橡胶轮胎		0	0		0	0		0		0	21.2	10								0		
40121100	机动小客车(包括旅行小客车及赛车)用翻新轮胎		0	0		0	0	4	0	12	0	16	8								0	0	
40121200	机动大客车或货运机动车用翻新轮胎		0	0		0	0	4	0	12	0	16	8	0							0	0	
40121300	航空器用翻新轮胎		0	0		0	0	4	0	12	0	16	8	0							0	0	
40121900	其他翻新轮胎		0	0		0	0	4	0	12	0	16	8								0	0	
40122010	汽车用旧的充气橡胶轮胎		0	0		0	0		0		0	21.2	10	0							0		
40122090	其他用途旧的充气橡胶轮胎		0	0		0	0		0		0	21.2	10	0							0		
40129010	航空器用实心或半实心橡胶轮胎		0		0	0	0	0	0	0	0	0	0								0	0	
40129020	汽车用实心或半实心橡胶轮胎		0	0		0	0	4.4	0	13.2	0	18.7	8.8								0	0	
40129090	其他用实心或半实心橡胶轮胎		0	0		0	0	4.4	0	13.2	0	18.7	8.8								0	0	
40131000	汽车用橡胶内胎	13	0	0	7.5	0	0	3	0	9	0	12	6								0	0	
40132000	自行车用橡胶内胎		0	0	12	0	0	3	0	9	0	10.5	6								0	0	
40139010	航空器用橡胶内胎		0		0	0	0	0	0	0	0	0	0								0	0	0
40139090	其他用橡胶内胎		0	0	12	0	0	3	0	9	0	10.5	6								0	0	
40141000	硫化橡胶制避孕套																				0	0	0
40149000	硫化橡胶制其他卫生及医疗用品		0	0	14	0	0	3.5	0	10.5	0	12.2	7		0						0	0	
40151100	硫化橡胶制外科用手套		0		5	0	0	0	0	1.6	0	3.2	3.2								0	0	0
40151900	硫化橡胶制其他手套		0	0		0	0	3.6	0	10.8	0	12.6	7.2								0	0	0
40159010	医疗用硫化橡胶衣着用品及附件		0		5	0	0	0	0	1.6		3.2	3.2								0	0	0
40159090	其他硫化橡胶制衣着用品及附件		0	0		0	0	3	0	9	0	10.5	6								0	0	

税则号列	商品描述①	协定税率(%)															特惠税率(%)						
		亚太	东盟	新加坡	巴基斯坦	智利	新西兰	秘鲁	哥斯达黎加	瑞士	冰岛	韩国	澳大利亚	香港	澳门	台湾	亚太2国②	东盟			最不发达国家		
																		老挝	柬埔寨	缅甸	LDC1③	LDC2④	LDC3⑤
40161010	硫化海绵橡胶制机器及仪器用零件		0		5	0	0	0	0	1.6	0	6.4	3.2								0	0	0
40161090	硫化海绵橡胶制其他制品		0	0	12	0	0	3	0	9	0	10.5	6								0	0	
40169100	硫化橡胶制铺地制品及门垫		0	0		0	0	3.6	0	10.8	0	12.6	7.2	0							0	0	
40169200	硫化橡胶制橡皮擦		0			0	0	3.6	0	10.8	0	12.6	7.2								0	0	
40169310	硫化橡胶制机器、仪器用垫片、垫圈及其他密封垫		0		5	0	0	0	0	4.8	0	3.2	3.2	0							0	0	0
40169390	硫化橡胶制其他用垫片、垫圈及其他密封垫		0	0		0	0	3	0	9	0	6	6	0							0	0	0
40169400	硫化橡胶制船舶或码头的碰垫		0	0		0	0	3.6	0	10.8	0	12.6	7.2								0	0	
40169500	硫化橡胶制其他可充气制品		0	0		0	0	3.6	0	10.8	0	12.6	7.2		0						0	0	
40169910	硫化橡胶制机器及仪器用其他零件	7.6	0		5	0	0	0	0	4.8	0	6.4	3.2		0						0	0	0
40169990	其他未列名硫化橡胶制品	9.5	0	0	5	0	0	2	0	6	0	7	4		0						0	0	0
40170010	各种形状的硬质橡胶(包括废碎料)		0		5	0	0	0	0	1.6	0	5.6	3.2		0						0	0	
40170020	硬质橡胶制品		0	0	12	0	0	3	0	9	0	10.5	6		0						0	0	
41012011	规定重量范围内的未剖层整张生牛皮,经逆鞣处理的	6	0		5	0	0	0	0	1.6	0	3.2	5	0							0	0	0
41012019	规定重量范围内的未剖层整张生牛皮,经逆鞣处理的除外		0		0	0	0	0	0	0	0	0	3.1	0				0	0		0	0	0
41012020	规定重量范围内的未剖层整张生马皮		0		0	0	0	0	1.5	0	0	0	0	0				0	0		0	0	0
41015011	经逆鞣处理的重量>16千克的整张生牛皮	7	0		5	0	0	0	0	1.7	0	3.3	5.3								0	0	0
41015019	重量>16千克的整张生牛皮,经逆鞣处理的除外		0		0	0	0	0	0	0	0	0	3.1					0	0		0	0	0
41015020	重量>16千克的整张生马皮		0		0	0	0	0	1.5	0	0	0	2					0	0		0	0	0
41019011	其他(包括整张或半张的背皮及腹皮)经逆鞣处理的生牛皮	7	0		5	0	0	0	0	1.7	0	3.3	5.3								0	0	0
41019019	其他(包括整张或半张的背皮及腹皮)生牛皮,经逆鞣处理的除外		0		0	0	0	0	0	0	0	0	3.1					0	0		0	0	0
41019020	其他(包括整张或半张的背皮及腹皮)生马皮		0		0	0	0	0	1.5	0	0	0	2					0	0		0	0	0
41021000	带毛的绵羊或羔羊生皮		0		5	0	0		2.1	1.4	0	0	2.8								0	0	0
41022110	浸酸的不带毛绵羊或羔羊生皮,经逆鞣处理的		0	0	11.2	0	0		4.2	8.4	0	9.8	8.8								0	0	
41022190	浸酸的不带毛绵羊或羔羊生皮,经逆鞣处理的除外	8	0		5	0	0	0	2.7	1.8	0	3.6	5.6								0	0	0
41022910	其他不带毛的绵羊或羔羊生皮,经逆鞣处理的		0	0	7	0	0	0	4.2	8.4	0	9.8	8.8								0	0	
41022990	其他不带毛的绵羊或羔羊生皮,经逆鞣处理的除外	6	0		5	0	0	0	2.1	1.4	0	0	4.4								0	0	0
41032000	爬行动物的生皮		0		5	0	0	0	2.7	1.8	0	3.6	5.6								0	0	0

税则号列	商品描述[①]	协定税率(%)															特惠税率(%)						
		亚太	东盟	新加坡	巴基斯坦	智利	新西兰	秘鲁	哥斯达黎加	瑞士	冰岛	韩国	澳大利亚	香港	澳门	台湾	亚太2国[②]	东盟			最不发达国家		
																		老挝	柬埔寨	缅甸	LDC1[③]	LDC2[④]	LDC3[⑤]
41033000	生猪皮		0		5	0	0	0	2.7	1.8	0	3.6	3.6							0	0	0	0
41039011	经逆鞣处理的山羊板皮		0	0	7	0	0	0	4.2	8.4	0	9.8	8.8								0	0	
41039019	山羊板皮,经逆鞣处理的除外		0		5	0	0	0	2.7	1.8	0	3.6	4.5								0	0	0
41039021	经逆鞣处理的其他山羊或小山羊皮		0	0	7	0	0	0	4.2	8.4	0	9.8	8.8								0	0	
41039029	其他山羊或小山羊皮,经逆鞣处理的除外		0		5	0	0	0	2.7	1.8	0	3.6	4.5								0	0	0
41039090	其他生皮		0		5	0	0	0	2.7	1.8	0	3.6	3.6	0						0	0	0	0
41041111	全粒面未剖层或粒面剖层蓝湿牛皮	3.5	0		0	0	0	0	2.1	1.4	0	2.8	2.8				1.4				0	0	0
41041119	其他全粒面未剖层或粒面剖层湿牛皮革	4	0		0	0	0	0	2.4	1.6	0	3.2	3.2	0			2				0	0	0
41041120	全粒面未剖层或粒面剖层马皮革	2.5	0		0	0	0	0	1.5	0	0	2	0	0			2				0	0	0
41041911	其他蓝湿牛皮	3	0		3	0	0	0	2.1	1.2	0	2.4	2.4				1.4				0	0	0
41041919	其他湿牛皮革	3.5	0		0	0	0	0	2.1	1.4	0	2.8	2.8	0			1.8				0	0	0
41041920	其他湿马皮革	3.5	0		0	0	0	0	2.1	1.4	0	2.8	2.8	0			2.1				0	0	0
41044100	全粒面未剖层或粒面剖层干革(坯革)	3.5	0		0	0	0	0	1.5	0	0	2	0	0			2				0	0	0
41044910	其他机器带用干革(坯革)	3.5	0		0	0	0	0	1.5	0	0	2	0				0				0	0	0
41044990	其他干革(坯革)	4.9	0		4.9	0	0	0	2.1	1.4	0	5.6	2.8	0			2.1				0	0	0
41051010	蓝湿绵羊或羔羊皮	7	0	0	5	0	0		4.2	8.4	0	9.8	5.6				2.1				0	0	0
41051090	其他绵羊或羔羊湿皮革	5	0		5	0	0	0	3	2	0	7	4				2				0	0	0
41053000	绵羊或羔羊干革(坯革)	5.6	0		5.6	0	0	0	2.4	1.6	0	5.6	3.2				4.8				0	0	0
41062100	山羊或小山羊皮湿革	12	0	0	12	0	0	0	4.2	8.4	0	9.8	5.6				2.1				0	0	0
41062200	山羊或小山羊皮干革(坯革)	9.8	0	0	9.8	0	0		4.2	8.4	0	9.8	5.6				8.4				0	0	0
41063110	蓝湿猪皮		0	0	11.2	0	0	0	4.2	8.4	0	9.8	5.6				4.2				0	0	
41063190	其他猪皮湿革		0	0	7	0	0	0	4.2	8.4	0	9.8	5.6				4.2				0	0	
41063200	猪皮干革(坯革)		0	0	11.2	0	0	0	4.2	8.4	0	9.8	5.6				4.2				0	0	
41064000	爬行动物皮革		0	0	7	0	0	0	4.2	8.4	0	9.8	5.6				0				0	0	0
41069100	其他未列名动物皮湿革(包括蓝湿皮革)		0	0	11.2	0	0	0	4.2	8.4	0	9.8	5.6				0				0	0	0
41069200	其他未列名动物皮干革(坯革)		0	0	11.2	0	0	0	4.2	8.4	0	9.8	5.6				0				0	0	0
41071110	已鞣全粒面未剖层整张牛皮革		0			0	0		2.4	1.6	0	6.4	3.2	0									
41071120	已鞣全粒面未剖层整张马皮革		0		0	0	0	0	1.5	0	0	2	0	0							0	0	0
41071210	已鞣粒面剖层整张牛皮革		0			0	0		2.4	1.6	0	5.6	3.2	0									
41071220	已鞣粒面剖层整张马皮革		0		0	0	0	0	1.5	0	0	2	0	0							0	0	0
41071910	已鞣机器带用整张牛马皮革		0		0	0	0	0	1.5	0	0	3.5	0								0	0	0
41071990	其他已鞣整张牛马皮革		0			0	0		2.1	1.4	0	2.8	2.8	0									
41079100	已鞣全粒面未剖层非整张牛马皮革		0		0	0	0	0	1.5	0	0	3.5	0								0	0	0
41079200	已鞣粒面剖层非整张牛马皮革		0			0	0	0	1.5	1	0	4	0								0	0	0
41079910	已鞣机器带用非整张牛马皮革		0		0	0	0	0	1.5	0	0	2	0								0	0	0
41079990	其他已鞣非整张牛马皮革		0			0	0	0	2.1	1.4	0	5.6	2.8	0							0	0	0

税则号列	商品描述①	协定税率(%)															特惠税率(%)						
		亚太	东盟	新加坡	巴基斯坦	智利	新西兰	秘鲁	哥斯达黎加	瑞士	冰岛	韩国	澳大利亚	香港	澳门	台湾	亚太2国②	东盟			最不发达国家		
																		老挝	柬埔寨	缅甸	LDC1③	LDC2④	LDC3⑤
41120000	已鞣进一步加工的不带毛绵羊或羔羊皮革	5.6	0		5.6	0	0	0	2.4	1.6	0	6.4	3.2	0							0	0	0
41131000	已鞣进一步加工的不带毛山羊或小山羊皮革	9.8	0	0	9.8	0	0		4.2	8.4		9.8	5.6	0							0	0	0
41132000	已鞣进一步加工的不带毛猪皮革		0	0		0	0	0	4.2	8.4	0	9.8	5.6	0							0	0	
41133000	已鞣进一步加工的不带毛爬行动物皮革		0	0	11.2	0	0	0	4.2	8.4		9.8	5.6								0	0	0
41139000	其他已鞣进一步加工的不带毛动物皮革		0	0		0	0	0	4.2	8.4	4.7	9.8	5.6								0	0	0
41141000	油鞣皮革		0	0		0	0	2.8	4.2	8.4	0	9.8	5.6								0	0	
41142000	漆皮及层压漆皮;镀金属皮革	9	0	0	9	0	0		3	2	0	8.5	4								0	0	
41151000	以皮革或皮革纤维为基本成分的再生皮革,成块、成张或成条,不论是否成卷		0	0		0	0		4.2	8.4	0	9.8	5.6								0	0	
41152000	皮革或再生皮革边角料;皮革粉末		0	0		0	0	0	4.2	8.4	0	9.8	5.6				4.2				0	0	
42010000	各种材料制成的鞍具及挽具,适合各种动物用	12	0	0	10	0	0	4	0	12	0	16	8		0		8				0	0	0
42021110	以皮革、再生皮革作面的衣箱		0	0	12	0	0	3	0	9	0	10.5	6				8.3				0	0	
42021190	以皮革、再生皮革作面的箱包		0		5	0	0	0	0	6	0	7	4				8				0	0	0
42021210	以塑料或纺织材料作面的衣箱	17	0	0	16	0	0	4	0	12	0	16	8			0					0	0	
42021290	塑料或纺织材料作面的其他箱包	17	0	0	16	0	0	4	0	12	0	14	8		0	0					0	0	0
42021900	其他材料制箱包		0	0		0	0	4	0	12	0	16	8			0	8				0	0	0
42022100	以皮革、再生皮革作面的手提包	6.9	0		5	0	0	2	0	6	0	7	4	0	0						0	0	0
42022200	以塑料片或纺织材料作面的手提包	8.2	0	0	5	0	0	2	0	6	0	7	4		0	0					0	0	0
42022900	以钢纸或纸板作面的手提包	14	0	0	14	0	0	4	0	12	0	16	8		0		8				0	0	
42023100	以皮革、再生皮革作面的钱包等物品	6.9	0		5	0	0	0	0	6	0	7	4		0						0	0	0
42023200	以塑料或纺织品作面的钱包等物品	14	0	0	14	0	0	4	0	12	0	14	8		0						0	0	0
42023900	以钢纸或纸板作面的钱包等物品	14	0	0	14	0	0	4	0	12	0	16	8				8				0	0	
42029100	皮革、再生皮革作面的其他容器	8.5	0		5	0	0	0	0	6	0	7	4		0						0	0	0
42029200	以塑料或纺织材料作面的其他容器	8.5	0	0	5	0	0	2	0	2	0	7	4	0	0						0	0	0
42029900	以钢纸或纸板作面的其他容器		0	0		0	0	4	0	13.4	0	16	8		0						0	0	
42031000	皮革或再生皮革制的衣服		0		0	0	0	2	0	2	0	4	4	0	0		8				0	0	0
42032100	皮革或再生皮革制专供运动用手套	14	0	0	0	0	0	4	0	12		16	8	0	0						0	0	
42032910	皮革或再生皮革制的劳保手套		0	0	0	0	0	4	0	12		16	8	0	0		8				0	0	
42032990	皮革或再生皮革制的其他手套		0	0	0	0	0	4	0	12		16	8	0	0		8				0	0	
42033010	皮革或再生皮革制腰带		0		0	0	0	2	0	2	0	7	4	0	0		8				0	0	0
42033020	皮革或再生皮革制的腰带及子弹带		0		0	0	0	2	0	2	0	7	4	0			8				0	0	0

税则号列	商品描述①	协定税率(%)															特惠税率(%)						
		亚太	东盟	新加坡	巴基斯坦	智利	新西兰	秘鲁	哥斯达黎加	瑞士	冰岛	韩国	澳大利亚	香港	澳门	台湾	亚太2国②	东盟 老挝	东盟 柬埔寨	东盟 缅甸	最不发达国家 LDC1③	最不发达国家 LDC2④	最不发达国家 LDC3⑤
42034000	皮革或再生皮革制的其他衣着附件		0	0	0	0	0	4	0	12		16	8	0	0		8				0	0	
42050010	皮革或再生皮革制坐具套		0	0	6	0	0	0	0	7.2	0		4.8	0			7.8				0	0	0
42050020	机器、机械器具或其他专门技术用途的皮革或再生皮革制品		0		5	0	0	0	0	5.4	0	5.6	3.2								0	0	0
42050090	皮革或再生皮革的其他制品		0	0	6	0	0	2.4	0	7.2	0	9.6	4.8	0			7.8				0	0	0
42060000	肠线、肠膜、膀胱或筋腱制品		0	0		0	0	4	0	12	0	16	8								0	0	
43011000	整张生水貂皮		0	0	12	0	0	3	0	9	0	10.5	6	0							0	0	
43013000	阿斯特拉罕等羔羊的整张生毛皮,不论是否带头、尾或爪		0	0		0	0	4	0	12	0	16	8	0							0	0	
43016000	整张生狐皮		0	0		0	0	4	0	12	0	16	8	0							0	0	
43018010	整张生兔皮		0	0		0	0	4	0	12	0	16	8	0							0	0	
43018090	整张的其他生毛皮		0	0		0	0	4	0	12	0	16	8	0							0	0	
43019010	黄鼠狼尾		0	0		0	0	4	0	12	0	16	8	0							0	0	
43019090	适合加工皮货用的其他未鞣头、尾、爪		0	0		0	0	4	0	12	0	16	8	0							0	0	
43021100	已鞣未缝制的整张水貂皮		0	0	6	0	0	0	0	7.2	0	8.4	4.8	0							0	0	
43021910	已鞣未缝制的贵重毛皮(貂皮、狐皮、水獭及旱獭等)		0		5	0	0	0	0	2	0	7	4	0							0	0	
43021920	已鞣未缝制的整张兔皮		0		5	0	0	0	0	2	0	7	4	0							0	0	0
43021930	已鞣未缝制阿斯特拉罕等羔羊皮,不论是否带头、尾或爪		0	0		0	0	4	0	12		16	8	0							0	0	0
43021990	已鞣未缝制的其他毛皮		0			0	0	0	0	2	0	7	4	0							0	0	0
43022000	已鞣未缝制的头、尾、爪及其他块、片		0	0		0	0	4	0	12	0	16	8	0							0	0	
43023010	已鞣已缝制的贵重毛皮及其块、片		0	0		0	0	4	0	12	0	16	8	0							0	0	
43023090	已鞣已缝制的其他整张毛皮及块、片		0	0		0	0	4	0	12		16	8	0							0	0	
43031010	毛皮衣服		0	0		0	0	4.6	0	13.8		19.5	9.2	0			10.4				0	0	
43031020	毛皮衣着附件		0	0		0	0	3.6	0	10.8		12.6	7.2	0			9.9				0	0	
43039000	毛皮制其他物品		0	0	14.4	0	0	0	0	10.8		12.6	7.2	0			9.9				0	0	
43040010	人造毛皮		0	0		0	0	3.6	0	10.8		12.6	7.2	0			10.8				0	0	
43040020	人造毛皮制品		0	0	14.4	0	0	3.6	0	10.8		12.6	7.2	0			10.8				0	0	
44011100	针叶木薪柴																				0	0	0
44011200	非针叶木薪柴																				0	0	0
44012100	针叶木木片或木粒																				0	0	0
44012200	非针叶木木片或木粒																				0	0	0
44013100	木屑棒																				0	0	0
44013900	其他锯末、木废料及碎片,粘结成原木段、块、片或类似形状																				0	0	0
44014000	锯末、木废料及碎片,未粘结的																				0	0	0
44021000	竹炭		0	0	5	0	0	0	0	6.3	0	7.3	4.2								0	0	

税则号列	商品描述[①]	协定税率(%)															特惠税率(%)						
																		东盟			最不发达国家		
		亚太	东盟	新加坡	巴基斯坦	智利	新西兰	秘鲁	哥斯达黎加	瑞士	冰岛	韩国	澳大利亚	香港	澳门	台湾	亚太2国[②]	老挝	柬埔寨	缅甸	LDC1[③]	LDC2[④]	LDC3[⑤]
44029000	木炭		0	0	5	0	0	0	0	6.3	0	7.3	4.2								0	0	
44031100	用油漆、着色剂、防腐剂等处理的针叶木原木																				0	0	0
44031200	用油漆、着色剂、防腐剂等处理的非针叶木原木																				0	0	0
44032110	红松和樟子松原木,截面尺寸≥15厘米																				0	0	0
44032120	辐射松原木,截面尺寸≥15厘米																				0	0	0
44032130	落叶松原木,截面尺寸≥15厘米																				0	0	0
44032140	花旗松原木,截面尺寸≥15厘米																				0	0	0
44032190	其他松木原木,截面尺寸≥15厘米																				0	0	0
44032210	红松和樟子松原木,截面尺寸<15厘米																				0	0	0
44032220	辐射松原木,截面尺寸<15厘米																				0	0	0
44032230	落叶松原木,截面尺寸<15厘米																				0	0	0
44032240	花旗松原木,截面尺寸<15厘米																				0	0	0
44032290	其他松木原木,截面尺寸<15厘米																				0	0	0
44032300	冷杉和云杉原木,截面尺寸≥15厘米																				0	0	0
44032400	其他冷杉和云杉原木,截面尺寸<15厘米																				0	0	0
44032500	其他针叶木原木,截面尺寸≥15厘米																				0	0	0
44032600	其他针叶木原木,截面尺寸<15厘米																				0	0	0
44034100	深红色红柳桉木、浅红色红柳桉木及巴栲红柳桉木原木																				0	0	0
44034910	柚木原木																				0	0	0
44034920	奥克曼(奥克榄)原木																				0	0	0
44034930	龙脑香木原木																				0	0	0
44034940	山樟(香木)原木																				0	0	0
44034950	印加木(波罗格)原木																				0	0	0
44034960	大干巴豆(门格里斯或康派斯)原木																				0	0	0
44034970	异翅香木原木																				0	0	0
44034980	热带红木原木																				0	0	0
44034990	其他方法处理的其他热带原木																				0	0	0
44039100	栎木原木																				0	0	0
44039300	水青冈木(山毛榉木)原木,截面尺寸≥15厘米																				0	0	0
44039400	其他水青冈木(山毛榉木)原木,截面尺寸<15厘米																				0	0	0

税则号列	商品描述①	协定税率(%)															特惠税率(%)						
		亚太	东盟	新加坡	巴基斯坦	智利	新西兰	秘鲁	哥斯达黎加	瑞士	冰岛	韩国	澳大利亚	香港	澳门	台湾	亚太2国②	东盟 老挝	东盟 柬埔寨	东盟 缅甸	最不发达国家 LDC1③	最不发达国家 LDC2④	最不发达国家 LDC3⑤
44039500	桦木原木,截面尺寸≥15 厘米																				0	0	0
44039600	其他桦木原木,截面尺寸<15 厘米																				0	0	0
44039700	杨木原木																				0	0	0
44039800	桉木原木																				0	0	0
44039930	其他红木原木,但编号 44034980 所列热带红木原木除外																				0	0	0
44039940	泡桐木原木																				0	0	0
44039950	水曲柳原木																				0	0	0
44039960	北美硬阔叶木原木(包括樱桃木、黑胡桃木、枫木)																				0	0	0
44039980	其他未列名的温带非针叶原木																				0	0	0
44039990	其他未列名非针叶原木																				0	0	0
44041000	针叶木的箍木、木劈条、木桩、木棒及类似品,木片条		0	0	5	0	0	0	0	1.6	0	3.2	3.2								0	0	
44042000	非针叶木箍木、木劈条、木桩、木棒及类似品,木片条		0	0	5	0	0	0	0	1.6	0	3.2	3.2								0	0	
44050000	木丝及木粉		0	0	5	0	0	0	0	1.6	0	3.2	3.2								0	0	0
44061100	未浸渍的针叶木制的铁道及电车道枕木																				0	0	0
44061200	未浸渍的非针叶木制的铁道及电车道枕木																				0	0	0
44069100	已浸渍的针叶木制的铁道及电车道枕木																				0	0	0
44069200	已浸渍的非针叶木制的铁道及电车道枕木																				0	0	0
44071110	红松和樟子松厚板材,经纵锯、纵切、刨切,不论是否刨平、砂光或指榫结合,厚度>6 毫米																				0	0	0
44071120	辐射松厚板材,经纵锯、纵切、刨切,不论是否刨平、砂光或指榫结合,厚度>6 毫米																				0	0	0
44071130	花旗松厚板材,经纵锯、纵切、刨切,不论是否刨平、砂光或指榫结合,厚度>6 毫米																				0	0	0
44071190	其他松木厚板材,经纵锯、纵切、刨切,不论是否刨平、砂光或指榫结合,厚度>6 毫米																				0	0	0
44071200	冷杉和云杉厚板材,经纵锯、纵切、刨切,不论是否刨平、砂光或指榫结合,厚度>6 毫米																				0	0	0
44071900	其他针叶木厚板材,经纵锯、纵切、刨切,不论是否刨平、砂光或指榫结合,厚度>6 毫米																				0	0	0

税则号列	商品描述[①]	协定税率(%)															特惠税率(%)						
		亚太	东盟	新加坡	巴基斯坦	智利	新西兰	秘鲁	哥斯达黎加	瑞士	冰岛	韩国	澳大利亚	香港	澳门	台湾	亚太2国[②]	东盟			最不发达国家		
																		老挝	柬埔寨	缅甸	LDC1[③]	LDC2[④]	LDC3[⑤]
44072100	桃花心木板材,经纵锯、纵切、刨切,不论是否刨平、砂光或指榫结合,厚度>6毫米																				0	0	0
44072200	维罗蔻、细孔绿心樟、轻木板材,经纵锯、纵切、刨切,不论是否刨平、砂光或指榫结合,厚度>6毫米																				0	0	0
44072500	深红色红柳桉木、浅红色红柳桉木及巴栲红柳桉木板材,经纵锯、纵切、刨切,不论是否刨平、砂光或指榫结合,厚度>6毫米																				0	0	0
44072600	白柳桉木、白色红柳桉木、白色柳桉木、黄色红柳桉木及阿兰木,经纵锯、纵切、刨切,不论是否刨平、砂光或指榫结合,厚度>6毫米																				0	0	0
44072700	卡雅楝木板材,经纵锯、纵切、刨切,不论是否刨平、砂光或指榫结合,厚度>6毫米																				0	0	0
44072800	绿柄桑木板材,经纵锯、纵切、刨切,不论是否刨平、砂光或指榫结合,厚度>6毫米																				0	0	0
44072910	柚木板材,经纵锯、纵切、刨切,不论是否刨平、砂光或指榫结合,厚度>6毫米																				0	0	0
44072920	非洲桃花心木板材,经纵锯、纵切、刨切,不论是否刨平、砂光或指榫结合,厚度>6毫米																				0	0	0
44072930	波罗格板材,经纵锯、纵切、刨切,不论是否刨平、砂光或指榫结合,厚度>6毫米																				0	0	0
44072940	热带红木板材,经纵锯、纵切、刨切,不论是否刨平、砂光或指榫结合,厚度>6毫米																				0	0	0
44072990	其他列名的热带木板材,经纵锯、纵切、刨切,不论是否刨平、砂光或指榫结合,厚度>6毫米																				0	0	0
44079100	栎木板材,经纵锯、纵切、刨切,不论是否刨平、砂光或指榫结合,厚度>6毫米																				0	0	0
44079200	山毛榉木板材,经纵锯、纵切、刨切,不论是否刨平、砂光或指榫结合,厚度>6毫米																				0	0	0
44079300	槭木(枫木)板材,经纵锯、纵切、刨切,不论是否刨平、砂光或指榫结合,厚度>6毫米																				0	0	0

税则号列	商品描述[①]	协定税率(%)															特惠税率(%)						
		亚太	东盟	新加坡	巴基斯坦	智利	新西兰	秘鲁	哥斯达黎加	瑞士	冰岛	韩国	澳大利亚	香港	澳门	台湾	亚太2国[②]	东盟			最不发达国家		
																		老挝	柬埔寨	缅甸	LDC1[③]	LDC2[④]	LDC3[⑤]
44079400	樱桃木板材,经纵锯、纵切、刨切,不论是否刨平、砂光或指榫结合,厚度>6毫米																				0	0	0
44079500	白蜡木板材,经纵锯、纵切、刨切,不论是否刨平、砂光或指榫结合,厚度>6毫米																				0	0	0
44079600	桦木板材,经纵锯、纵切、刨切,不论是否刨平、砂光或指榫结合,厚度>6毫米																				0	0	0
44079700	杨木板材,经纵锯、纵切、刨切,不论是否刨平、砂光或指榫结合,厚度>6毫米																				0	0	0
44079910	其他红木板材,不论是否刨平、砂光或指榫结合,厚度>6毫米,但编号44072940所列热带红木板材除外																				0	0	0
44079920	泡桐木板材,经纵锯、纵切、刨切,不论是否刨平、砂光或指榫结合,厚度>6毫米																				0	0	0
44079930	北美硬阔叶木(含樱桃木、枫木、黑胡桃木)板材,经纵锯、纵切、刨切,不论是否刨平、砂光或指榫结合,厚度>6毫米																				0	0	0
44079980	其他温带非针叶木板材,经纵锯、纵切、刨切,不论是否刨平、砂光或指榫结合,厚度>6毫米																				0	0	0
44079990	其他木板材,经纵锯、纵切、刨切,不论是否刨平、砂光或指榫结合,厚度>6毫米																				0	0	0
44081011	用胶合板等多层板制的饰面用针叶木薄板,不论是否刨平、砂光或指榫结合,厚度≤6毫米					0	0	0	0	1.6	0	6.4	3.2								0		
44081019	饰面用针叶木薄板,不论是否刨平、砂光或指榫结合,厚度≤6毫米,用胶合板等多层板制的除外		0	0	0	0	0	0	0	0	0	0	0								0	0	
44081020	制胶合板用针叶木薄板,不论是否刨平、砂光或指榫结合,厚度≤6毫米		0	0	0	0	0	0	0	0	0	0	0								0	0	
44081090	其他针叶木薄板材,不论是否刨平、砂光或指榫结合,厚度≤6毫米		0	0	0	0	0	0	0	0	0	0	0								0	0	
44083111	用胶合板等多层板制的深红色红柳桉木、浅红色红柳桉木及巴梼红柳桉木制的饰面用薄板,不论是否刨平、砂光或指榫结合,厚度≤6毫米					0	0	0	0	2	0	8	4								0		

税则号列	商品描述[①]	协定税率(%)															特惠税率(%)						
																		东盟			最不发达国家		
		亚太	东盟	新加坡	巴基斯坦	智利	新西兰	秘鲁	哥斯达黎加	瑞士	冰岛	韩国	澳大利亚	香港	澳门	台湾	亚太2国[②]	老挝	柬埔寨	缅甸	LDC1[③]	LDC2[④]	LDC3[⑤]
44083119	深红色红柳桉木、浅红色红柳桉木及巴栲红柳桉木制的饰面用薄板,不论是否刨平、砂光或指榫结合,厚度≤6毫米,用胶合板等多层板制的除外		0	0	0	0	0	0	0	0	0	0	0								0	0	
44083120	深红色红柳桉木、浅红色红柳桉木及巴栲红柳桉木制的胶合板用薄板,不论是否刨平、砂光或指榫结合,厚度≤6毫米		0	0	0	0	0	0	0	0	0	0	0								0	0	
44083190	深红色红柳桉木、浅红色红柳桉木及巴栲红柳桉木制的其他薄板,不论是否刨平、砂光或指榫结合,厚度≤6毫米		0	0	0	0	0	0	0	0	0	0	0								0	0	
44083911	用胶合板等多层板制的其他列名的热带木制的饰面用薄板,不论是否刨平、砂光或指榫结合,厚度≤6毫米					0	0	0	0	2	0	8	4								0		
44083919	其他列名的热带木制的饰面用薄板,不论是否刨平、砂光或指榫结合,厚度≤6毫米,用胶合板等多层板制的除外		0	0	0	0	0	0	0	0	0	0	0								0	0	
44083920	其他列名热带木制的胶合板用薄板,不论是否刨平、砂光或指榫结合,厚度≤6毫米		0	0	0	0	0	0	0	0	0	0	0								0	0	
44083990	其他列名的热带木制的其他薄板材,不论是否刨平、砂光或指榫结合,厚度≤6毫米		0	0	0	0	0	0	0	0	0	0	0								0	0	
44089011	用胶合板等多层板制的其他木制饰面用薄板,不论是否刨平、砂光或指榫结合,厚度≤6毫米					0	0	0	0	0	0	3.2	0								0		
44089012	温带非针叶木制饰面用单板,不论是否刨平、砂光或指榫结合,厚度≤6毫米		0	0	0	0	0	0	0	0	0	0	0								0	0	
44089013	竹制饰面用单板,不论是否刨平、砂光或指榫结合,厚度≤6毫米					0	0	0	0	0	0	3.2	0								0		
44089019	其他木制饰面用薄板,不论是否刨平、砂光或指榫结合,厚度≤6毫米,用胶合板等多层板制的除外		0	0	0	0	0	0	0	0	0	1.2	0								0	0	
44089021	其他温带非针叶木制胶合板用单板,不论是否刨平、砂光或指榫结合,厚度≤6毫米		0	0	0	0	0	0	0	0	0	0	0								0	0	
44089029	其他木制胶合板用单板,不论是否刨平、砂光或指榫结合,厚度≤6毫米		0	0	0	0	0	0	0	0	0	0	0								0	0	
44089091	其他温带非针叶木制木材,不论是否刨平、砂光或指榫结合,厚度≤6毫米		0	0	0	0	0	0	0	0	0	0	0								0	0	

税则号列	商品描述[①]	协定税率(%)															特惠税率(%)						
		亚太	东盟	新加坡	巴基斯坦	智利	新西兰	秘鲁	哥斯达黎加	瑞士	冰岛	韩国	澳大利亚	香港	澳门	台湾	亚太2国[②]	东盟			最不发达国家		
																		老挝	柬埔寨	缅甸	LDC1[③]	LDC2[④]	LDC3[⑤]
44089099	其他木材,不论是否刨平、砂光或指榫结合,厚度≤6毫米		0	0	0	0	0	0	0	0	0	0	0								0	0	
44091010	针叶木地板条(块)		0	0	5	0	0	0	0	1.5	0	5.2	3								0	0	0
44091090	其他一边或面制成连续形状的针叶木材,不论是否刨平、砂光或指榫结合		0	0	5	0	0	0	0	1.5	0	3	3								0	0	0
44092110	竹制地板条(块)		0	0	0	0	0	0	0	0	0	0	0								0	0	0
44092190	其他一边或面制成连续形状的竹材,不论是否刨平、砂光或指榫结合		0	0	0	0	0	0	0	0	0	0	0								0	0	0
44092210	热带木地板条(块)		0	0	0	0	0	0	0	0	0	0	0								0	0	0
44092290	其他一边或面制成连续形状的热带木材,不论是否刨平、砂光或指榫结合		0	0	0	0	0	0	0	0	0	0	0								0	0	
44092910	其他非针叶木地板条		0	0	0	0	0	0	0	0	0	0	0								0	0	0
44092990	其他一边或面制成连续形状的其他非针叶木材,不论是否刨平、砂光或指榫结合		0	0	0	0	0	0	0	0	0	0	0								0	0	
44101100	木制碎料板						0			0													
44101200	木制定向刨花板						0			0													
44101900	木制其他材料板						0.8			0.8													
44111211	厚度≤5毫米的中密度木纤维板,密度>0.8克/立方厘米,未经机械加工或盖面的						0			0		3.2											
44111219	厚度≤5毫米的中密度木纤维板,密度>0.8克/立方厘米,经机械加工或盖面的						1.5			1.5		3											
44111221	辐射松制的厚度≤5毫米的中密度木纤维板,0.5克/立方厘米<密度≤0.8克/立方厘米						0			0		3.2	0								0		
44111229	其他厚度≤5毫米的中密度木纤维板,0.5克/立方厘米<密度≤0.8克/立方厘米						0			0		3.2											
44111291	厚度≤5毫米的其他中密度木纤维板,未经机械加工或盖面的						1.5			1.5		6											
44111299	厚度≤5毫米的其他中密度木纤维板,经机械加工或盖面的						0			0		3.2											
44111311	5毫米<厚度≤9毫米的中密度木纤维板,密度>0.8克/立方厘米,未经机械加工或盖面的						0			0													
44111319	5毫米<厚度≤9毫米的中密度木纤维板,密度>0.8克/立方厘米,经机械加工或盖面的						5			5													
44111321	辐射松制的5毫米<厚度≤9毫米的中密度木纤维板,0.5克/立方厘米<密度≤0.8克/立方厘米						0			0			0								0		

税则号列	商品描述①	协定税率(%)															特惠税率(%)						
																		东盟			最不发达国家		
		亚太	东盟	新加坡	巴基斯坦	智利	新西兰	秘鲁	哥斯达黎加	瑞士	冰岛	韩国	澳大利亚	香港	澳门	台湾	亚太2国②	老挝	柬埔寨	缅甸	LDC1③	LDC2④	LDC3⑤
44111329	其他5毫米<厚度≤9毫米的中密度木纤维板,0.5克/立方厘米<密度≤0.8克/立方厘米						0			0													
44111391	5毫米<厚度≤9毫米的其他中密度木纤维板,未经机械加工或盖面的						1.5			1.5													
44111399	5毫米<厚度≤9毫米的其他中密度木纤维板,经机械加工或盖面的						0			0		3.2											
44111411	厚度>9毫米的中密度木纤维板,密度>0.8克/立方厘米,未经机械加工或盖面的						0			0		3.2											
44111419	厚度>9毫米的中密度木纤维板,密度>0.8克/立方厘米,经机械加工或盖面的						5			5		6											
44111421	辐射松制的厚度>9毫米的中密度木纤维板,0.5克/立方厘米<密度≤0.8克/立方厘米						0			0		3.2	0								0		
44111429	其他厚度>9毫米的中密度木纤维板,0.5克/立方厘米<密度≤0.8克/立方厘米						0			0		3.2											
44111491	厚度>9毫米的其他中密度木纤维板,未经机械加工或盖面的						1.5			1.5		6											
44111499	厚度>9毫米的其他中密度木纤维板,经机械加工或盖面的						0			0		3.2											
44119210	其他木纤维板,密度>0.8克/立方厘米,未经机械加工或盖面的						0			0		3.2											
44119290	其他木纤维板,密度>0.8克/立方厘米,经机械加工或盖面的						1.5			1.5		6											
44119310	辐射松制的其他木纤维板,0.5克/立方厘米<密度≤0.8克/立方厘米						0			0			0								0		
44119390	其他木纤维板,0.5克/立方厘米<密度≤0.8克/立方厘米						0			0													
44119410	其他木纤维板,0.35克/立方厘米<密度≤0.5克/立方厘米						1.5			1.5		6											
44119421	其他木纤维板,密度≤0.35克/立方厘米,未经机械加工或盖面的						1.5			1.5		6											
44119429	其他木纤维板,密度≤0.35克/立方厘米,经机械加工或盖面的						0			0		3.2											
44121011	至少有一表层为热带木的竹胶合板					0	0	0	0	7.2	0	9.6	4.8								0		
44121019	其他仅由薄板制竹胶合板						0			0		3.2											
44121020	竹面多层板				5		0	0	0	2		8	4								0		
44121091	至少一层为热带木的竹面多层板						1.6			1.6		6.4											

税则号列	商品描述①	协定税率(%)															特惠税率(%)						
		亚太	东盟	新加坡	巴基斯坦	智利	新西兰	秘鲁	哥斯达黎加	瑞士	冰岛	韩国	澳大利亚	香港	澳门	台湾	亚太2国②	东盟 老挝	东盟 柬埔寨	东盟 缅甸	最不发达国家 LDC1③	最不发达国家 LDC2④	最不发达国家 LDC3⑤
44121092	至少一层为木碎板的竹面多层板						2			2		8											
44121099	其他竹面多层板		0	0	0	0	0	0	0	0	0	0	0								0	0	0
44123100	其他至少有一表层为热带木薄板制的胶合板					0	0	0	0	7.2	0	9.6	4.8								0		
44123300	其他至少有一表层是下列非针叶木:桤木、白蜡木、水青冈木(山毛榉木)、桦木、樱桃木、栗木、榆木、桉木、山核桃、七叶树、椴木、槭木、栎木(橡木)、悬铃木、杨木、刺槐木、鹅掌楸或核桃木薄板制的胶合板						0			0		3.2											
44123410	其他至少有一表层是温带非针叶木(编号44123300的非针叶木除外)薄板制的胶合板						0			0		3.2											
44123490	其他至少有一表层为编号44123300和44123410未具体列名的非针叶木薄板制的胶合板						0			0		3.2											
44123900	其他上下表层均为针叶木薄板制的胶合板		0	0	0	0	0	0	0	0	0	0	0								0	0	0
44129410	木块芯胶合板,侧板条芯胶合板及板条芯胶合板,至少有一表层是非针叶木				5		2			2		8											
44129491	木块芯胶合板,侧板条芯胶合板及板条芯胶合板,至少有一层是热带木						1.6			1.6		6.4											
44129492	木块芯胶合板,侧板条芯胶合板及板条芯胶合板,至少含有一层木碎料						2			2		8											
44129499	其他木块芯胶合板,侧板条芯胶合板及板条芯胶合板		0	0	0	0	0	0	0	0	0	0	0								0	0	0
44129910	至少有一表层是非针叶木的其他木面多层板				5		2			2		8											
44129991	至少有一层是热带木的其他木面多层板						1.6			1.6		6.4											
44129992	至少含有一层木碎料板的其他木面多层板						2			2		8											
44129999	其他木面多层板		0	0	0	0	0	0	0	0	0	0	0								0	0	
44130000	强化木		0	0	5	0	0	0	0	1.2	0	4.2	2.4								0	0	0
44140010	辐射松制的画框、相框、镜框及类似品						0						8								0		
44151000	木箱及类似的包装容器;电缆卷筒		0	0	5	0	0	0	0	1.5	0	5.2	3								0	0	0
44152010	辐射松制的木托板、箱形托盘及其他装载用木板;辐射松制的托盘护框						0						3								0		

税则号列	商品描述①	协定税率(%)															特惠税率(%)						
		亚太	东盟	新加坡	巴基斯坦	智利	新西兰	秘鲁	哥斯达黎加	瑞士	冰岛	韩国	澳大利亚	香港	澳门	台湾	亚太2国②	东盟 老挝	东盟 柬埔寨	东盟 缅甸	最不发达国家 LDC1③	最不发达国家 LDC2④	最不发达国家 LDC3⑤
44160010	辐射松制的大桶、琵琶桶、盆和其他辐射松制箍桶及其零件,包括桶板						0						6.4								0		
44170010	辐射松制的工具、工具支架、工具柄、扫帚及刷子的身及柄;辐射松制鞋靴楦及楦头						0						6.4								0		
44181010	辐射松制的窗、法兰西式(落地)窗及其框架						0						0								0		
44181090	其他木制的窗、法兰西式(落地)窗及其框架														0						0		
44182000	木门及其框架和门槛		0	0	0	0	0	0	0	0	0	0	0		0						0	0	0
44184000	水泥构件的木模板		0		0	0	0	0	0	0	0	0	0								0	0	0
44185000	木瓦及盖屋板		0		5	0	0	0	0	1.5	0	3	3								0	0	0
44186000	柱和梁		0	0	0	0	0	0	0	0	0	0	0								0	0	0
44187310	已拼装的马赛克竹地板		0	0	0	0	0	0	0	0	0	0	0								0	0	0
44187320	其他竹制已拼装的多层地板		0	0	0	0	0	0	0	0	0	0	0								0	0	
44187390	其他竹制已拼装的地板		0	0	0	0	0	0	0	0	0	0	0								0	0	
44187400	其他已拼装的马赛克地板		0	0	0	0	0	0	0	0	0	0	0								0	0	0
44187500	其他已拼装的多层地板		0	0	0	0	0	0	0	0	0	0	0								0	0	
44187900	其他已拼装的地板		0	0	0	0	0	0	0	0	0	0	0								0	0	
44189100	竹制建筑用制品		0	0	0	0	0	0	0	0	0	0	0								0	0	0
44189900	其他建筑用木工制品		0	0	0	0	0	0	0	0	0	0	0								0	0	0
44191100	竹制切面包板、砧板及类似板																				0	0	0
44191210	竹制一次性筷子																				0	0	0
44191290	其他竹制筷子																				0	0	0
44191900	其他竹制餐具及厨房用具																				0	0	0
44199010	木制一次性筷子																				0	0	0
44199090	其他木制餐具及厨房用具																				0	0	0
44201011	木刻																				0	0	0
44201012	竹刻																				0	0	0
44201020	木扇																				0	0	0
44201090	其他木制小雕像及其他装饰品																				0	0	0
44209010	镶嵌木																				0	0	0
44209090	木盒子及类似品、非落地式木家具																				0	0	0
44211000	木衣架																				0	0	0
44219110	竹制园签、园棒、冰果棒、压舌片及类似一次性制品																				0	0	0
44219190	其他未列名的竹制品																				0	0	0
44219910	木制园签、园棒、冰果棒、压舌片及类似一次性制品																				0	0	0
44219990	其他未列名的木制品																				0	0	0
45011000	未加工或简单加工的天然软木		0		5	0	0	0	0	1.2	0	0	2.4								0	0	

税则号列	商品描述[①]	协定税率(%)															特惠税率(%)						
		亚太	东盟	新加坡	巴基斯坦	智利	新西兰	秘鲁	哥斯达黎加	瑞士	冰岛	韩国	澳大利亚	香港	澳门	台湾	亚太2国[②]	东盟 老挝	东盟 柬埔寨	东盟 缅甸	最不发达国家 LDC1[③]	最不发达国家 LDC2[④]	最不发达国家 LDC3[⑤]
45019010	软木废料																				0	0	0
45019020	软木废料及碎、粒、粉状的软木																				0	0	0
45020000	除去表皮或粗切成方形或成块、板、片或条状的天然软木		0		5	0	0	0	0	1.6	0	3.2	3.2								0	0	0
45031000	天然软木塞子		0		5	0	0	0	0	1.6	0	3.2	3.2								0	0	0
45039000	其他天然软木制品		0	0	5	0	0	0	0	6.3	0	7.3	4.2								0	0	0
45041000	块、板、片及条状压制软木;任何形状的砖、瓦;实心圆柱体,包括原片		0		5	0	0	0	0	1.7	0	5.8	3.4								0	0	0
45049000	其他压制软木及其制品																				0	0	0
46012100	竹制的席子、席料、帘子		0		5	0	0	0	0	1.8	0	3.6	3.6		0			0			0	0	0
46012200	藤制的席子、席料及帘子		0		5	0	0	0	0	1.8	0	3.6	3.6		0			0			0	0	0
46012911	蔺草制的席子、席料及帘子		0		5	0	0	0	0	1.8	0	3.6	3.6		0			0			0	0	0
46012919	其他草制的席子、席料及帘子		0		5	0	0	0	0	1.8	0	3.6	3.6					0			0	0	0
46012921	苇帘		0		5	0	0	0	0	1.8	0	3.6	3.6					0			0	0	0
46012929	芦苇制的席子、席料		0		5	0	0	0	0	1.8	0	3.6	3.6					0			0	0	0
46012990	其他植物材料制席子、席料及帘子		0		5	0	0	0	0	1.8	0	3.6	3.6					0			0	0	0
46019210	竹缏条及类似产品,不论是否缝合成宽条		0		5	0	0	0	0	1.8	0	3.6	3.6		0			0			0	0	0
46019290	其他竹编结产品		0		5	0	0	0	0	1.8	0	3.6	3.6		0						0	0	0
46019310	藤缏条及类似产品,不论是否缝合成宽条		0		5	0	0	0	0	1.8	0	3.6	3.6		0			0			0	0	0
46019390	其他藤编结产品		0		5	0	0		0	1.8	0	3.6	3.6		0						0		
46019411	稻草制的鞭条(绳)		0		5	0	0	0	0	2	0	7	4								0	0	
46019419	稻草制的其他编结材料产品		0		5	0	0	0	0	2	0	7	4								0	0	
46019491	其他植物编结材料的缏条及类似产品,不论是否缝合成宽条		0		5	0	0	0	0	1.8	0	3.6	3.6					0			0	0	0
46019499	其他植物编结材料产品		0		5	0	0	0	0	1.8	0	3.6	3.6								0	0	0
46019910	其他非植物编结材料的缏条及类似产品,不论是否缝合成宽条		0		5	0	0	0	0	1.8	0	3.6	3.6					0			0	0	0
46019990	其他非植物编结材料产品		0		5	0	0	0	0	1.8	0	6.3	3.6								0	0	
46021100	竹编制的篮筐及其他制品		0		5	0	0	0	0	1.8	0	3.6	3.6						0		0	0	0
46021200	藤编制的篮筐及其他制品		0		5	0	0		0	1.8	0	3.6	3.6						0		0	0	0
46021910	草编制的篮筐及其他制品		0		5	0	0	0	0	1.8	0	3.6	3.6						0		0	0	0
46021920	玉米皮编制的篮筐及其他制品		0		5	0	0	0	0	1.8	0	3.6	3.6						0		0	0	0
46021930	柳条编制的篮筐及其他制品		0		5	0	0	0	0	1.8	0	3.6	3.6						0		0	0	0
46021990	其他植物材料编制篮筐及其他制品		0		5	0	0		0	1.8	0	3.6	3.6						0		0	0	0
46029000	其他编结材料制品及其他制品	8	0		5	0	0	0	0	1.8	0	3.6	3.6		0				0		0	0	0
47010000	机械木浆																				0	0	0
47020000	化学木浆,溶解级																				0	0	0
47031100	未漂白针叶木碱木浆或硫酸盐木浆																				0	0	0

税则号列	商品描述[1]	协定税率(%) 亚太	东盟	新加坡	巴基斯坦	智利	新西兰	秘鲁	哥斯达黎加	瑞士	冰岛	韩国	澳大利亚	香港	澳门	台湾	特惠税率(%) 亚太2国[2]	东盟 老挝	东盟 柬埔寨	东盟 缅甸	最不发达国家 LDC1[3]	最不发达国家 LDC2[4]	最不发达国家 LDC3[5]
47031900	未漂白非针叶木碱木浆或硫酸盐木浆																				0	0	0
47032100	漂白针叶木碱木浆或硫酸盐木浆																				0	0	0
47032900	漂白非针叶木碱木浆或硫酸盐木浆																				0	0	0
47041100	未漂白的针叶木亚硫酸盐木浆																				0	0	0
47041900	未漂白的非针叶木亚硫酸盐木浆																				0	0	0
47042100	漂白的针叶木亚硫酸盐木浆																				0	0	0
47042900	漂白的非针叶木亚硫酸盐木浆																				0	0	0
47050000	半化学木浆																				0	0	0
47061000	棉短绒纸浆																				0	0	0
47062000	从回收纸或纸板提取的纤维浆																				0	0	0
47063000	竹浆																				0	0	0
47069100	其他纤维状纤维素机械浆																				0	0	0
47069200	其他纤维状纤维素化学浆																				0	0	0
47069300	用机械和化学联合法制得的浆																				0	0	0
47071000	未漂白牛皮、瓦楞纸或纸板废碎品																				0	0	0
47072000	漂白化学木浆制的未经本体染色纸和纸板废碎品																				0	0	0
47073000	机械木浆制的纸或纸板的废碎品																				0	0	0
47079000	其他回收纸或纸板																				0	0	0
48022010	照相原纸													0							0		
48022090	光敏、热敏、电敏纸,纸板的原纸、板													0							0		
48024000	墙壁纸原纸													0							0		
48025400	书写、印刷等用未涂布薄纸及纸板,不含用机械方法制得的纤维或所含前述纤维不超过全部纤维重量的10%													0							0		
48025500	其他书写印刷等用未涂中厚纸(板),不含用机械方法制得的纤维或所含前述纤维不超过全部纤维重量的10%,成卷													0							0		
48025600	书写、印刷等用未涂布中厚纸及纸板,不含用机械方法制得的纤维或所含前述纤维不超过全部纤维重量的10%,成张,一边≤435毫米,另一边≤297毫米													0							0		
48025700	其他书写印刷等用未涂中厚纸(板),不含用机械方法制得的纤维或所含前述纤维不超过全部纤维重量的10%,其他成张													0							0		

税则号列	商品描述[1]	协定税率(%)															特惠税率(%)						
		亚太	东盟	新加坡	巴基斯坦	智利	新西兰	秘鲁	哥斯达黎加	瑞士	冰岛	韩国	澳大利亚	香港	澳门	台湾	亚太2国[2]	东盟			最不发达国家		
																		老挝	柬埔寨	缅甸	LDC1[3]	LDC2[4]	LDC3[5]
48025800	书写、印刷等用未涂布厚纸及纸板,不含用机械方法制得的纤维或所含前述纤维不超过全部纤维重量的10%													0							0		
48026100	其他成卷的书写、印刷等用未涂布纸及纸板,所含用机械方法制得的纤维超过全部纤维重量的10%													0							0		
48026200	其他成张的书写、印刷等用未涂布纸及纸板,所含用机械方法制得的纤维超过全部纤维重量的10%,一边≤435毫米,另一边≤297毫米(以未折叠计)													0							0		
48026900	其他尺寸成张的书写、印刷等用未涂布纸及纸板,所含用机械方法制得的纤维超过全部纤维重量的10%													0							0		
48051100	半化学的瓦楞纸(瓦楞原纸)													0							0		
48051200	草浆瓦楞原纸													0							0		
48051900	其他瓦楞原纸													0							0		
48052400	薄强韧箱纸板													0							0		
48052500	厚强韧箱纸板													0							0		
48059110	每平方米重量≤150克的电解电容器原纸													0							0		
48059190	每平方米重量≤150克的薄纸及纸板													0							0		
48059300	其他未经涂布厚纸及纸板													0							0		
48081000	瓦楞纸及纸板						5			5													
48101300	涂无机物书写(印刷)纸(板),不含用机械方法制得的纤维或所含前述纤维不超过全部纤维重量的10%,成卷的													0							0		
48101400	涂无机物书写(印刷)纸(板),不含用机械方法制得的纤维或所含前述纤维不超过全部纤维重量的10%,成张的,一边≤435毫米,另一边≤297毫米(以未折叠计)													0							0		
48101900	其他涂无机物书写(印刷)纸(板),不含用机械方法制得的纤维或所含前述纤维不超过全部纤维重量的10%,成张的													0							0		
48102900	其他涂无机物的书写、印刷纸及纸板,所含用机械方法制得的纤维超过全部纤维重量的10%													0							0		
48103100	涂无机物的薄漂白牛皮纸及纸板,书写、印刷或类似用途的除外													0	0						0		

税则号列	商品描述[①]	协定税率(%)															特惠税率(%)					
																		东盟			最不发达国家	
		亚太	东盟	新加坡	巴基斯坦	智利	新西兰	秘鲁	哥斯达黎加	瑞士	冰岛	韩国	澳大利亚	香港	澳门	台湾	亚太2国[②]	老挝	柬埔寨	缅甸	LDC1[③]	LDC2[④]	LDC3[⑤]
48103200	涂无机物的厚漂白牛皮纸及纸板,书写、印刷或类似用途的除外													0	0						0		
48103900	涂无机物的其他牛皮纸及纸板,书写、印刷或类似用途的除外													0	0						0		
48109200	其他涂无机物的多层纸及纸板													0	0						0		
48109900	其他涂无机物的纸及纸板													0	0						0		
48111000	焦油纸及纸板、沥青纸及纸板													0	0						0		
48114100	自粘的胶粘纸及纸板													0	0						0		
48114900	其他胶粘纸及纸板													0	0						0		
48115110	漂白的彩色相纸用双面涂塑厚纸													0	0						0		
48115191	纸塑铝复合材料													0	0						0		
48115199	其他漂白的,每平方米重量>150克的纸、纸板、纤维素絮纸及纤维素纤维网纸													0	0						0		
48115910	绝缘纸及纸板													0	0						0		
48115991	镀铝的用塑料涂布、浸渍的其他纸及纸板													0	0						0		
48115999	其他用塑料涂布、浸渍的其他纸及纸板													0	0						0		
48116010	用蜡或油等涂布的绝缘纸及纸板													0	0						0		
48116090	用蜡或油等涂布的其他纸及纸板													0	0						0		
48119000	其他经涂布、浸渍、覆盖的纸及纸板													0	0						0		
48185000	纸制衣服及衣着附件		0		5	0	0	0	0	1.5	0	3	3								0	0	0
48191000	瓦楞纸或纸板制的箱、盒、匣													0	0						0		
48192000	非瓦楞纸或纸板制可折叠箱、盒、匣													0	0						0		
48193000	底宽≥40厘米的纸袋		0	0	5	0	0	0	0	1.5	0	3	3								0	0	0
48204000	多联商业表格纸、页间夹有复写纸的本		0		5	0	0	0	0	1.5	0	5.2	3								0	0	0
48211000	纸或纸板印制的各种标签													0	0						0		
48236100	竹浆纸、纸板制的盘、碟、盆、杯及类似品		0		5	0	0	0	0	1.5	0	3	3								0	0	0
48236910	非木植物浆制		0		5	0	0	0	0	1.5	0	5.2	3								0	0	0
48236990	其他纸或纸板制的盘、碟、盆、杯及类似品		0		5	0	0	0	0	1.5	0	5.2	3								0	0	0
48239010	以纸或纸板为底制成的铺地制品						1.5			1.5		6											
48239020	神纸及类似用品		0		5	0	0	0	0	1.5	0	3	3								0	0	0
48239030	纸扇		0		5	0	0	0	0	1.5	0	3	3								0	0	0
48239090	其他纸及纸制品													0	0						0		
49011000	单张的书籍、小册子及类似印刷品																				0	0	0
49019100	字典、百科全书																				0	0	0

税则号列	商品描述[①]	协定税率(%)															特惠税率(%)					
		亚太	东盟	新加坡	巴基斯坦	智利	新西兰	秘鲁	哥斯达黎加	瑞士	冰岛	韩国	澳大利亚	香港	澳门	台湾	亚太2国[②]	东盟			最不发达国家		
																		老挝	柬埔寨	缅甸	LDC1[③]	LDC2[④]	LDC3[⑤]
49019900	其他书籍、小册子及类似的印刷品																				0	0	0
49021000	每周至少出版四次的报纸、杂志																				0	0	0
49029000	其他报纸、杂志及期刊																				0	0	0
49030000	儿童图画书、绘画或涂色书																				0	0	0
49040000	乐谱原稿或印本																				0	0	0
49051000	地球仪、天体仪																				0	0	0
49059100	成册的各种印刷的地图及类似图表																				0	0	0
49059900	其他各种印刷的地图及类似图表																				0	0	0
49060000	设计图纸原稿或手稿及其复制件																				0	0	0
49070010	指运国流通新发行未使用的邮票						1.5			1.5		6									0	0	
49070020	钞票																				0	0	0
49070030	证券凭证																				0	0	0
49070090	指运国流通新发行未使用的印花税票及类似票证;印有邮票或印花税票的纸品;空白支票						1.5			1.5		6									0	0	
49081000	釉转印贴花纸						1.5			1.5		6			0						0	0	
49089000	其他转印贴花纸						1.5			1.5		6		0	0						0	0	
49090010	印刷或有图画的明信片						1.5			1.5		6									0	0	
49090090	其他致贺或通告卡片						1.5			1.5		6									0	0	
49100000	印刷的各种日历,包括日历芯						4.5			4.5		6			0						0	0	0
49111010	无商业价值的广告品及类似印刷品																				0	0	0
49111090	其他商业广告品及类似印刷品						4.5			4.5		6		0	0						0	0	
49119100	印刷的图片、设计图样及照片						1.5			1.5		6			0						0	0	
49119910	纸质的其他印刷品						5			5	0	6		0	0						0	0	
49119990	其他印刷品						5			5	0	6		0	0						0	0	
50010010	适于缫丝的桑蚕茧		0		5	0	0	0	0	1.2	0	0	2.4								0	0	0
50010090	适于缫丝的其他蚕茧		0		5	0	0	0	0	1.2	0	0	2.4								0	0	0
50020011	厂丝		0		5	0	0	0	0	1.8	0	3.6	3.6								0	0	0
50020012	土丝		0		5	0	0	0	0	1.8	0	3.6	3.6								0	0	0
50020013	双宫丝		0		5	0	0	0	0	1.8	0	3.6	3.6								0	0	0
50020019	其他未加捻桑蚕丝		0		5	0	0	0	0	1.8	0	3.6	3.6								0	0	0
50020020	未加捻柞蚕丝		0		5	0	0	0	0	1.8	0	3.6	3.6								0	0	0
50020090	未加捻其他生丝		0		5	0	0	0	0	1.8	0	3.6	3.6								0	0	0
50030011	下茧、茧衣、长吐、滞头		0		5	0	0	0	0	1.8	0	3.6	3.6								0	0	0
50030012	回收纤维		0		5	0	0	0	0	1.8	0	3.6	3.6								0	0	0
50030019	其他		0		5	0	0	0	0	1.8	0	3.6	3.6								0	0	0
50030091	绵球		0		5	0	0	0	0	1.8	0	3.6	3.6								0	0	0
50030099	其他		0		5	0	0	0	0	1.8	0	3.6	3.6								0	0	0
50040000	非供零售用丝纱线		0		5	0	0	0	0	1.2	0	0	2.4		0						0	0	0
50050010	非供零售用绸丝纱线		0		5	0	0	0	0	1.2	0	0	2.4		0						0	0	0

税则号列	商品描述①	协定税率(%)															特惠税率(%)						
		亚太	东盟	新加坡	巴基斯坦	智利	新西兰	秘鲁	哥斯达黎加	瑞士	冰岛	韩国	澳大利亚	香港	澳门	台湾	亚太2国②	东盟			最不发达国家		
																		老挝	柬埔寨	缅甸	LDC1③	LDC2④	LDC3⑤
50050090	非供零售用其他绢纺纱线		0		5	0	0	0	0	1.2	0	0	2.4		0						0	0	0
50060000	零售用丝纱线、绢纺纱线;蚕胶丝		0		5	0	0	0	0	1.2	0	0	2.4		0						0	0	0
50071010	未漂白或漂白的绸丝机织物		0		5	0	0	0	0	2	0	4	4					0			0	0	0
50071090	其他绸丝机织物		0		5	0	0	0	0	2	0	4	4					0			0	0	0
50072011	未漂白或漂白的纯桑蚕丝机织物	9	0		5	0	0	0	0	2	0	4	4					0			0	0	0
50072019	其他纯桑蚕丝机织物	9	0		5	0	0	0	0	2	0	8	4	0				0			0	0	0
50072021	未漂白或漂白的纯柞蚕丝机织物	9	0		5	0	0	0	0	2	0	4	4					0			0	0	0
50072029	其他纯柞蚕丝机织物	9	0		5	0	0	0	0	2	0	4	4					0			0	0	0
50072031	未漂白或漂白的纯绢丝机织物	9	0		5	0	0	0	0	2	0	4	4					0			0	0	0
50072039	其他纯绢丝机织物	9	0		5	0	0	0	0	2	0	4	4					0			0	0	0
50072090	其他纯丝机织物	9	0		5	0	0	0	0	2	0	4	4					0			0	0	0
50079010	未漂白或漂白其他丝机织物	8.5	0		5	0	0	0	0	2	0	4	4					0			0	0	0
50079090	其他丝机织物	8.5	0		5	0	0	2	0	2	0	4	4					0			0	0	0
51011100	未梳的含脂剪羊毛		20																				
51011900	未梳的其他含脂羊毛		20																				
51012100	未梳的脱脂剪羊毛(未碳化)		20																				
51012900	未梳的其他脱脂羊毛(未碳化)		20																				
51013000	未梳碳化羊毛		20												0								
51021100	未梳喀什米尔山羊毛		0		5	0	0	0	0	1.8	0	3.6	3.6								0	0	0
51021910	未梳兔毛		0		5	0	0	0	0	1.8	0	3.6	3.6								0	0	0
51021920	未梳其他山羊绒		0		5	0	0	0	0	1.8	0	3.6	3.6								0	0	0
51021930	未梳骆驼毛、骆驼绒		0		5	0	0	0	0	1.8	0	3.6	3.6								0	0	0
51021990	未梳的其他动物细毛		0		5	0	0	0	0	1.8	0	3.6	3.6								0	0	
51022000	未梳的动物粗毛		0		5	0	0	0	0	1.8	0	3.6	3.6								0	0	0
51031010	羊毛落毛		20																				
51031090	其他动物细毛落毛		0		5	0	0	0	0	1.8	0	3.6	3.6								0	0	0
51032010	羊毛废料		0	0	6.8	0	0	2.7	0	8.1	0	9.4	5.4								0	0	
51032090	其他动物细毛废料		0		5	0	0	0	0	1.8	0	3.6	3.6								0	0	
51033000	动物粗毛废料		0		5	0	0	0	0	1.8	0	3.6	3.6								0	0	0
51040010	羊毛回收纤维		0	0	12	0	0	3	0	9	0	10.5	6								0	0	
51040090	其他动物细毛或粗毛的回收纤维		0		0	0	0	0	0	0	0	0	0								0	0	0
51053100	已梳喀什米尔山羊毛		0		0	0	0	0	0	0	0	0	0								0	0	0
51053910	已梳兔毛		0		0	0	0		0	0	0	0	0								0	0	0
51053921	已梳无毛山羊绒		0		0	0	0		0	0	0	0	0								0	0	0
51053929	其他已梳山羊绒		0		0	0	0		0	0	0	0	0								0	0	0
51053990	其他已梳动物细毛		0		0	0	0		0	0	0	0	0								0	0	
51054000	已梳动物粗毛		0		0	0	0		0	0	0	0	0								0	0	0
51061000	非供零售用粗梳纯羊毛纱线		0		0	0	0	0	0	0	0	0	0	0	0						0	0	0
51062000	非供零售用粗梳混纺羊毛纱线		0		0	0	0	0	0	0	0	0	0	0	0						0	0	0
51071000	非供零售用精梳纯羊毛纱线	2.5	0		0	0	0	0	0	0		0	0	0	0						0	0	0
51072000	非供零售用精梳混纺羊毛纱线		0		0	0	0	0	0	0	0	0	0		0						0	0	0

税则号列	商品描述①	协定税率(%)															特惠税率(%)						
		亚太	东盟	新加坡	巴基斯坦	智利	新西兰	秘鲁	哥斯达黎加	瑞士	冰岛	韩国	澳大利亚	香港	澳门	台湾	亚太2国②	东盟			最不发达国家		
																		老挝	柬埔寨	缅甸	LDC1③	LDC2④	LDC3⑤
51081011	按重量计山羊绒的含量≥85%的非供零售用的粗梳纱线	4.3	0		0	0	0	0	0	0	0	0	0		0						0	0	0
51081019	按重量计其他动物细毛含量≥85%的非供零售用的粗梳纱线	4.3	0		0	0	0	0	0	0	0	0	0		0						0	0	0
51081090	按重量计动物细毛含量<85%的非供零售用的粗梳纱线	4.3	0		0	0	0	0	0	0	0	0	0		0						0	0	0
51082011	按重量计山羊绒含量≥85%的非供零售用的精梳纱线		0		0	0	0		0	0	0	0	0		0						0	0	0
51082019	按重量计其他动物细毛含量≥85%的非供零售用的精梳纱线		0		0	0	0		0	0	0	0	0		0						0	0	0
51082090	按重量计动物细毛含量<85%的非供零售用的精梳纱线		0		0	0	0		0	0	0	0	0		0						0	0	0
51091011	按重量计山羊绒含量≥85%的供零售用的纱线		0		5	0	0	0	0	1.2	0	0	2.4								0	0	0
51091019	按重量计其他动物细毛含量≥85%的供零售用的纱线		0		5	0	0	0	0	1.2	0	0	2.4		0						0	0	0
51091090	按重量计羊毛含量≥85%的供零售用的纱线		0		5	0	0	0	0	1.2	0	0	2.4		0						0	0	0
51099011	供零售用的其他山羊绒纱线		0		5	0	0		0	1.2	0	0	2.4		0						0	0	0
51099019	供零售用的其他动物细毛纱线		0		5	0	0		0	1.2	0	0	2.4		0						0	0	0
51099090	供零售用的羊毛纱线		0		5	0	0		0	1.2	0	0	2.4		0						0	0	0
51100000	动物粗毛或马毛的纱线		0		5	0	0	0	0	1.2	0	0	2.4		0						0	0	0
51111111	按重量计山羊绒含量≥85%,每平方米重量≤300克的山羊绒机织物	8.5	0	0	5	0	0	0	0	2	0	4	4								0	0	
51111119	按重量计其他动物细毛含量≥85%,每平方米重量≤300克的其他动物细毛机织物	8.5	0	0	5	0	0	0	0	2	0	4	4								0	0	
51111190	按重量计羊毛含量≥85%,每平方米重量≤300克的羊毛机织物	8.5	0	0	5	0	0	2	0	2	0	4	4		0						0	0	
51111911	按重量计山羊绒含量≥85%,每平方米重量超过300克的山羊绒的机织物	8.5	0	0	5	0	0	0	0	2	0	4	4								0	0	
51111919	按重量计其他动物细毛含量≥85%,每平方米重量>300克的其他动物细毛机织物	8.5	0	0	5	0	0	0	0	2	0	4	4								0	0	
51111990	按重量计羊毛含量≥85%,每平方米重量>300克的羊毛机织物	8.5	0	0	5	0	0	2	0	2	0	4	4								0	0	
51112000	与化纤长丝混纺粗梳毛布		0	0	5	0	0	0	0	2	0	4	4								0	0	
51113000	与化纤短纤混纺粗梳毛布	8.5	0	0	5	0	0	0	0	2	0	4	4								0	0	
51119000	与其他纤维混纺的粗梳毛布		0	0	5	0	0	0	0	2		4	4								0	0	
51121100	重量≤200克/平方米精梳全毛布	5	0	0	5	0	0	2	0	2	0	4	4	0	0						0	0	0
51121900	重量>200克/平方米精梳全毛布	5	0	0	5	0	0	2	0	2	0	4	4	0	0			0	0	0	0	0	0
51122000	与化纤长丝混纺精梳毛布		0	0	5	0	0	0	0	2	0	4	4		0						0	0	0

税则号列	商品描述①	协定税率(%)															特惠税率(%)						
		亚太	东盟	新加坡	巴基斯坦	智利	新西兰	秘鲁	哥斯达黎加	瑞士	冰岛	韩国	澳大利亚	香港	澳门	台湾	亚太2国②	东盟			最不发达国家		
																		老挝	柬埔寨	缅甸	LDC1③	LDC2④	LDC3⑤
51123000	与化纤短纤混纺精梳毛布		0	0	5	0	0	0	0	2	0	4	4		0						0	0	0
51129000	与其他纤维混纺精梳毛布		0	0	5	0	0	2	0	2	0	4	4		0						0	0	0
51130000	动物粗毛或马毛机织物		0	0	5	0	0	0	0	2	0	4	4		0						0	0	0
52010000	未梳的棉花		20																				
52021000	废棉纱线		0	0		0	0	2	0	2	0	7	4								0	0	
52029100	棉的回收纤维		0	0		0	0	0	0	2	0	4	4	0							0	0	0
52029900	其他废棉		0	0		0	0		0	2	0	7	4										
52041100	非供零售用全棉缝纫线		0			0	0	0	0	0	0	0	0		0			0			0	0	0
52041900	非供零售用其他棉缝纫线		0			0	0	0	0	0	0	0	0		0						0	0	0
52042000	零售用棉制缝纫线		0			0	0	0	0	0	0	0	0		0			0			0	0	0
52051100	非零售粗梳粗支纯棉单纱	3.5	0		3.5	0	0	0	0	0	0	4	3.3	0	0	0		0	0	0	0	0	0
52051200	非零售粗梳中支纯棉单纱	3.5	0		3.5	0	0	0	0	0	0	4	3.3	0		0		0	0	0	0	0	0
52051300	非零售粗梳细支纯棉单纱	3.5	0		3.5	0	0	0	0	0	0	4	3.3	0							0	0	0
52051400	非零售粗梳较细支纯棉单纱	3.5	0		3.5	0	0	0	0	0	0	4.1	3.3	0				0		0	0	0	0
52051500	非零售粗梳特细支纯棉单纱	3.5	0		3.5	0	0	0	0	0	0	4	3.3								0	0	0
52052100	非零售精梳粗支纯棉单纱	3.5	0		3.5	0	0	0	0	0	0	4	3.3	0						0	0	0	0
52052200	非零售精梳中支纯棉单纱	3.5	0		3.5	0	0	0	0	0	0	4	3.3	0							0	0	0
52052300	非零售精梳细支纯棉单纱	3.5	0		3.5	0	0	0	0	0	0	3.5	3.3	0							0	0	0
52052400	非零售精梳较细支纯棉单纱	3.5	0		3.5	0	0	0	0	0	0	3.5	3.3	0				0		0	0	0	0
52052600	非零售精梳较特细支纯棉单纱		0			0	0	0	0	0	0	4	3.3	0							0	0	0
52052700	非零售精梳特细支纯棉单纱		0			0	0	0	0	0	0	4	3.3	0							0	0	0
52052800	非零售精梳超细支纯棉单纱		0			0	0	0	0	0	0	4	3.3	0							0	0	0
52053100	非零售粗梳粗支纯棉多股纱	4.5	0		4.5	0	0		0	0	0	4	3.3	0	0								
52053200	非零售粗梳中支纯棉多股纱	3.5	0		3.5	0	0	0	0	0	0	4	3.3	0	0						0	0	0
52053300	非零售粗梳细支纯棉多股纱		0			0	0	0	0	0	0	4	3.3	0	0						0	0	0
52053400	非零售粗梳较细支纯棉多股纱		0			0	0	0	0	0	0	4	3.3	0	0						0	0	0
52053500	非零售粗梳特细支纯棉多股纱		0			0	0	0	0	0	0	4	3.3		0						0	0	0
52054100	非零售精梳粗支纯棉多股纱	4.5	0		4.5	0	0		0	0	0	4	3.3	0	0						0	0	
52054200	非零售精梳中支纯棉多股纱	3.5			3.5	0	0	0	0	1	0	4.1	3.3	0	0						0	0	0
52054300	非零售精梳细支纯棉多股纱		0			0	0		0	0	0	4	3.3	0	0						0	0	0
52054400	非零售精梳较细支纯棉多股纱		0			0	0	0	0	0	0	4	3.3	0	0						0	0	0
52054600	非零售精梳较特细支纯棉多股纱	4.5	0		4.5	0	0	0	0	0	0	4	3.3	0	0						0	0	0
52054700	非零售精梳特细支纯棉多股纱	4.5	0		4.5	0	0	0	0	0	0	4	3.3	0	0						0	0	0
52054800	非零售精梳超细支纯棉多股纱	4.5	0		4.5	0	0	0	0	0	0	4	3.3	0	0						0	0	0
52061100	非零售粗梳粗支混纺棉单纱	3.5	0		3.5	0	0		0	0	0	4	3.3	0	0								
52061200	非零售粗梳中支混纺棉单纱	3.5	0		3.5	0	0	0	0	0	0	4	3.3	0	0	0					0	0	
52061300	非零售粗梳细支混纺棉单纱		0			0	0	0	0	0	0	4	3.3	0	0						0	0	0
52061400	非零售粗梳较细支混纺棉单纱		0			0	0	0	0	0	0	4	3.3	0	0						0	0	0
52061500	非零售粗梳特细支混纺棉单纱	3.5	0		3.5	0	0	0	0	0	0	4	3.3	0	0						0	0	0
52062100	非零售精梳粗支混纺棉单纱	4.5	0		4.5	0	0	0	0	0	0	4	3.3	0	0						0	0	
52062200	非零售精梳中支混纺棉单纱		0			0	0	0	0	0	0	4	3.3	0	0	0					0	0	
52062300	非零售精梳细支混纺棉单纱		0			0	0	0	0	0	0	4	3.3	0	0						0	0	0

税则号列	商品描述①	协定税率(%)															特惠税率(%)						
		亚太	东盟	新加坡	巴基斯坦	智利	新西兰	秘鲁	哥斯达黎加	瑞士	冰岛	韩国	澳大利亚	香港	澳门	台湾	亚太2国②	东盟			最不发达国家		
																		老挝	柬埔寨	缅甸	LDC1③	LDC2④	LDC3⑤
52062400	非零售精梳较细支混纺棉单纱		0			0	0	0	0	0	0	4	3.3	0	0	0					0	0	0
52062500	非零售精梳特细支混纺棉单纱		0			0	0	0	0	0	0	4	3.3	0	0						0	0	0
52063100	非零售粗梳粗支混纺棉多股纱		0			0	0	0	0	0	0	4	3.3	0	0						0	0	
52063200	非零售粗梳中支混纺棉多股纱		0			0	0	0	0	0	0	4	3.3	0	0						0	0	
52063300	非零售粗梳细支混纺棉多股纱		0			0	0	0	0	0	0	4	3.3	0	0						0	0	0
52063400	非零售粗梳较细混纺棉多股纱		0			0	0	0	0	0	0	4	3.3	0	0						0	0	0
52063500	非零售粗梳特细混纺棉多股纱		0			0	0	0	0	0	0	4	3.3	0	0						0	0	0
52064100	非零售精梳粗支混纺棉多股纱		0			0	0	0	0	0	0	4	3.3	0	0						0	0	
52064200	非零售精梳中支混纺棉多股纱		0			0	0	0	0	0	0	4	3.3	0	0						0	0	
52064300	非零售精梳细支混纺棉多股纱		0			0	0	0	0	0	0	4	3.3	0	0						0	0	0
52064400	非零售精梳较细混纺棉多股纱		0			0	0	0	0	0	0	4	3.3	0	0						0	0	0
52064500	非零售精梳特细混纺棉多股纱		0			0	0	0	0	0	0	4	3.3	0	0						0	0	0
52071000	供零售用纯棉纱线	5	0		5	0	0	0	0	1.2	0	0	2.4		0						0	0	
52079000	供零售用混纺棉纱线		0		5	0	0	0	0	1.2	0	0	2.4		0						0	0	0
52081100	未漂白轻质全棉平纹布		0		0	0	0	0	0	2	0	4	4	0							0	0	
52081200	未漂白较轻质全棉平纹布		0	0	0	0	0	0	0	2	0	4	4	0							0	0	
52081300	未漂白轻质全棉三、四线斜纹布	8.5	0		0	0	0	0	0	2	0	7	4	0							0	0	
52081900	未漂白轻质其他全棉机织物		0	0	0	0	0	0	0	2	0	4	4	0							0	0	
52082100	漂白的轻质全棉平纹布		0		0	0	0	0	0	2	0	4	4	0							0	0	
52082200	漂白的较轻质全棉平纹布		0	0	0	0	0	0	0	2	0	4	4	0				0	0	0	0	0	0
52082300	漂白的轻质全棉三、四线斜纹布		0	0	0	0	0	0	0	8	0	4.8	4.8	0							0	0	
52082900	漂白的轻质其他全棉机织物		0		0	0	0	0	0	2	0	4	4	0							0	0	
52083100	染色的轻质全棉平纹布		0		0	0	0	0	0	2	0	4	4	0		0					0	0	0
52083200	染色的较轻质全棉平纹布	8.5	0	0	0	0	0	0	0	2	0	4	4	0		0					0	0	0
52083300	染色的轻质全棉三、四线斜纹布	8.5	0		0	0	0	0	0	2	0	4	4	0				0	0	0	0	0	0
52083900	染色的轻质其他全棉机织物	8.5	0	0	0	0	0	0	0	2	0	4	4	0		0					0	0	0
52084100	色织的轻质全棉平纹布		0	0	0	0	0	0	0	6	0	4	4	0							0	0	
52084200	色织的较轻质全棉平纹布	7	0	0	0	0	0	0	0	6	0	4	4	0		0					0	0	0
52084300	色织的轻质全棉三、四线斜纹布		0		0	0	0	0	0	6	0	4	4	0							0	0	
52084900	色织的轻质其他全棉机织物	9	0	0	0	0	0	0	0	2	0	4	4	0				0	0	0	0	0	0
52085100	印花的轻全棉平纹布		0		0	0	0	0	0	2	0	4	4	0							0	0	0
52085200	印花的较轻全棉平纹布	8.5	0	0	0	0	0	0	0	2	0	8.5	4	0							0	0	0
52085910	印花的轻质全棉三、四线斜纹布		0		0	0	0	0	0	2	0	4	4	0							0	0	
52085990	印花的轻质其他全棉机织物	8.5	0		0	0	0	0	0	2	0	4	4			0					0	0	
52091100	未漂白重质全棉平纹布				0	0	0		0	2	0	8.5	4	0							0	0	0
52091200	未漂白重质全棉三、四线斜纹布	7	0	0	0	0	0	0	0	2	0	4	4	0							0	0	
52091900	未漂白重质其他全棉机织物		0	0	0	0	0	0	0	2	0	4	4	0							0	0	0
52092100	漂白的重质全棉平纹布		0	0	0	0	0	0	0	7.2	0	4.8	4.8	0							0	0	0
52092200	漂白的重质全棉三、四线斜纹布		0	0	0	0	0	0	0	7.2	0	4.8	4.8	0							0	0	
52092900	漂白的重质其他全棉机织物		0	0	0	0	0	0	0	7.2	0	4.8	4.8	0							0	0	
52093100	染色的重质全棉平纹布	8.5	0	0	0	0	0	0	0	2	0	4	4	0		0		0	0	0	0	0	0
52093200	染色的重质全棉三、四线斜纹布	8.5	0	0	0	0	0	0	0	2	0	4	4	0		0		0	0	0	0	0	0

税则号列	商品描述①	协定税率(%)															特惠税率(%)						
		亚太	东盟	新加坡	巴基斯坦	智利	新西兰	秘鲁	哥斯达黎加	瑞士	冰岛	韩国	澳大利亚	香港	澳门	台湾	亚太2国②	东盟			最不发达国家		
																		老挝	柬埔寨	缅甸	LDC1③	LDC2④	LDC3⑤
52093900	染色的重质其他全棉机织物	8.5	0	0	0	0	0	0	0	2	0	4	4	0		0		0	0	0	0	0	0
52094100	色织的重质全棉平纹布		0	0	0	0	0	0	0	2	0	4	4	0		0					0	0	
52094200	色织的重质全棉粗斜纹布(劳动布)	8.5	0	0	0	0	0	0	0	2	0	4	4	0	0	0		0	0	0	0	0	0
52094300	其他三线或四线斜纹机织物,包括双面斜纹机织物	9.3	0		0	0	0	0	0	2	0	4	4	0							0	0	
52094900	色织的重质其他全棉机织物		0	0	0	0	0	0	0	2	0	8	4	0							0	0	
52095100	印花的重质全棉平纹布	9.3	0	0	0	0	0	0	0	2	0	4	4	0							0	0	0
52095200	印花的重质全棉三、四线斜纹布		0		0	0	0	0	0	2	0	4	4	0							0	0	
52095900	印花的重质其他全棉机织物	8.5	0		0	0	0	0	0	2	0	4	4	0							0	0	0
52101100	与化纤混纺未漂白轻质平纹棉布	10.2	0	0	0	0	0	0	0	7.2	0	4.8	4.8	0							0	0	0
52101910	化纤混纺未漂白轻质三、四线斜纹棉布		0	0	0	0	0	0	0	7.2	0	4.8	4.8	0							0	0	
52101990	与化纤混纺未漂白轻质其他棉布		0	0	0	0	0	0	0	7.2	0	4.8	4.8	0							0	0	0
52102100	与化纤混纺漂白的轻质平纹棉布		0	0	0	0	0	0	0	8.4	0	9.8	5.6	0							0	0	0
52102910	化纤混纺漂白的轻质三线或线斜纹棉布		0	0	0	0	0	0	0	8.4	0	9.8	5.6	0							0	0	
52102990	与化纤混纺漂白的轻质其他棉布		0	0	0	0	0	0	0	8.4	0	9.8	5.6								0	0	
52103100	与化纤混纺染色的轻质平纹棉布	8.5	0	0	0	0	0	0	0	2	0	8.5	4	0		0					0	0	0
52103200	化纤混纺染色的轻质三线或四线斜纹棉布	8.5	0	0	0	0	0	0	0	2	0	4	4	0							0	0	
52103900	与化纤混纺染色的轻质其他棉布	8.5	0	0	0	0	0	2	0	2	0	8	4	0		0					0	0	
52104100	与化纤混纺色织的轻质平纹棉布		0	0	0	0	0	0	0	2	0	4	4	0		0					0	0	
52104910	化纤混纺色织的轻质三线或四线斜纹棉布		0	0	0	0	0	0	0	2	0	4	4	0							0	0	
52104990	与化纤混纺色织的轻质其他棉布		0	0	0	0	0	0	0	2	0	4	4	0		0					0	0	0
52105100	与化纤混纺印花的轻质平纹棉布		0		0	0	0	0	0	2	0	4	4								0	0	0
52105910	化纤混纺印花的轻质三线或四线斜纹棉布		0		0	0	0	0	0	2	0	4	4								0	0	
52105990	与化纤混纺印花的轻质其他棉布		0		0	0	0	0	0	2	0	4	4								0	0	0
52111100	与化纤混纺未漂白重质平纹棉布		0	0	0	0	0	0	0	7.2	0	9.6	4.8	0							0	0	0
52111200	化纤混纺未漂白重质三线或四线斜纹棉布		0	0	0	0	0	0	0	7.2	0	4.8	4.8	0							0	0	0
52111900	与化纤混纺未漂白重质其他棉布		0	0	0	0	0	0	0	7.2	0	4.8	4.8	0							0	0	0
52112000	与化纤混纺漂白的重质其他棉布		0	0	0	0	0	0	0	8.4	0	9.8	5.6	0							0	0	
52113100	与化纤混纺染色的重质平纹棉布	8.5	0	0	0	0	0	0	0	2	0	9.1	4	0							0	0	0
52113200	化纤混纺染色的重质三线或四线斜纹棉布	8.5	0	0	0	0	0	0	0	2	0	4	4	0							0	0	
52113900	与化纤混纺染色的重质其他棉布	8.5	0	0	0	0	0	2	0	2	0	8	4	0		0					0	0	0
52114100	与化纤混纺色织的重质平纹棉布		0		0	0	0	0	0	2	0	4	4	0							0	0	
52114200	与化纤混纺色织的重质粗斜纹棉布		0	0	0	0	0	0	0	2	0	4	4	0							0	0	
52114300	其他三线或四线斜纹机织物,包括双面斜纹机织物		0		0	0	0	0	0	2	0	4	4	0							0	0	

税则号列	商品描述[①]	协定税率(%)															特惠税率(%)						
		亚太	东盟	新加坡	巴基斯坦	智利	新西兰	秘鲁	哥斯达黎加	瑞士	冰岛	韩国	澳大利亚	香港	澳门	台湾	亚太2国[②]	东盟 老挝	东盟 柬埔寨	东盟 缅甸	最不发达国家 LDC1[③]	最不发达国家 LDC2[④]	最不发达国家 LDC3[⑤]
52114900	与化纤混纺色织的重质其他棉布		0	0	0	0	0	0	0	2	0	8	4								0	0	
52115100	与化纤混纺印花的重质平纹棉布		0		0	0	0	0	0	2	0	4	4								0	0	
52115200	化纤混纺印花的重质三线或四线斜纹棉布		0		0	0	0	0	0	2	0	4	4								0	0	
52115900	与化纤混纺印花的重质其他棉布	8.5	0		0	0	0	0	0	2	0	4	4								0	0	
52121100	未漂白的其他混纺轻质棉布		0	0	0	0	0	0	0	7.2	0	4.8	4.8	0							0	0	0
52121200	漂白的其他混纺轻质棉布		0	0	0	0	0	0	0	8.4	0	9.8	5.6	0							0	0	
52121300	染色的其他混纺轻质棉布		0		0	0	0	0	0	2	0	4	4	0							0	0	
52121400	色织的其他混纺轻质棉布		0		0	0	0	0	0	2	0	4	4								0	0	
52121500	印花的其他混纺轻质棉布		0		0	0	0	0	0	2	0	4	4								0	0	
52122100	未漂白的其他混纺重质棉布		0	0	0	0	0	0	0	7.2	0	4.8	4.8	0							0	0	0
52122200	漂白的其他混纺重质棉布		0	0	0	0	0	0	0	8.4	0	9.8	5.6	0							0	0	
52122300	染色的其他混纺重质棉布		0		0	0	0	0	0	2	0	4	4	0							0	0	
52122400	色织的其他混纺重质棉布		0		0	0	0	0	0	2	0	4	4								0	0	
52122500	印花的其他混纺重质棉布		0		0	0	0	0	0	2	0	4	4								0	0	0
53011000	生的或沤制的亚麻		0		5	0	0	0	0	1.2	0	0	2.4								0	0	0
53012100	破开或打成的亚麻		0		5	0	0	0	0	1.2	0	0	2.4								0	0	0
53012900	栉梳或经其他加工未纺制的亚麻		0		5	0	0	0	0	1.2	0	0	2.4								0	0	0
53013000	亚麻短纤及废麻		0		5	0	0	0	0	1.2	0	0	2.4								0	0	0
53021000	生的或沤制的大麻		0		5	0	0	0	0	1.2	0	0	2.4								0	0	0
53029000	经加工、未纺的大麻、大麻短纤及废麻		0		5	0	0	0	0	1.2	0	0	2.4								0	0	0
53031000	生或沤制黄麻,其他纺织用韧皮纤维		0		0	0	0	0	0	0	0	0	0				0	0	0	0	0	0	0
53039000	经加工、未纺的黄麻及其他纺织用韧皮纤维		0		0	0	0	0	0	0	0	0	0					0	0	0	0	0	0
53050011	生的苎麻		0		0	0	0	0	0	0	0	0	0								0	0	0
53050012	经加工、未纺制的苎麻		0		0	0	0	0	0	0	0	0	0								0	0	0
53050013	苎麻的短纤及废麻		0		0	0	0	0	0	0	0	0	0								0	0	0
53050019	其他苎麻		0		0	0	0	0	0	0	0	0	0								0	0	0
53050020	经加工、未纺制的蕉麻及蕉麻废料		0		0	0	0	0	0	0	0	0	0								0	0	0
53050091	经加工、未纺的西沙尔麻及其他龙舌兰类纤维		0		0	0	0	0	0	0	0	0	0								0	0	0
53050092	加工、未纺的椰壳纤维及椰壳纤维废料	4	0		0	0	0	0	0	0	0	0	0					0	0	0	0	0	0
53050099	经加工的其他未列名纺织用植物纤维及其废麻		0		0	0	0	0	0	0	0	0	0								0	0	0
53061000	亚麻单纱		0		5	0	0	0	0	1.2	0	0	2.4	0	0						0	0	0
53062000	亚麻多股纱线或缆线		0		5	0	0	0	0	2	0	4	4	0	0						0	0	0
53071000	黄麻及其他纺织用韧皮纤维单纱		0		5	0	0	0	0	1.2	0	0	2.4		0		3		0		0	0	0
53072000	黄麻及其他纺织用韧皮纤维多股纱或缆线		0		5	0	0	0	0	1.2	0	0	2.4		0		3		0		0	0	0

税则号列	商品描述[①]	协定税率(%)															特惠税率(%)						
		亚太	东盟	新加坡	巴基斯坦	智利	新西兰	秘鲁	哥斯达黎加	瑞士	冰岛	韩国	澳大利亚	香港	澳门	台湾	亚太2国[②]	东盟			最不发达国家		
																		老挝	柬埔寨	缅甸	LDC1[③]	LDC2[④]	LDC3[⑤]
53081000	椰壳纤维纱线		0		5	0	0	0	0	1.2	0	0	2.4		0						0	0	0
53082000	大麻纱线		0		5	0	0	0	0	1.2	0	0	2.4		0						0	0	0
53089011	未漂白或漂白的全苎麻纱线		0		5	0	0	0	0	1.2	0	0	2.4		0						0	0	0
53089012	全苎麻色纱线		0		5	0	0	0	0	1.2	0	0	2.4		0						0	0	0
53089013	未漂白或漂白的混纺苎麻纱线		0		5	0	0	0	0	1.2	0	0	2.4		0						0	0	0
53089014	混纺苎麻色纱线		0		5	0	0	0	0	1.2	0	0	2.4		0						0	0	0
53089091	纸纱线		0		5	0	0	0	0	1.2	0	0	2.4		0						0	0	0
53089099	其他植物纺织纤维纱线		0		5	0	0	0	0	1.2	0	0	2.4		0						0	0	0
53091110	未漂白全亚麻机织物		0		0	0	0	0	0	2	0	4	4								0	0	0
53091120	漂白的全亚麻机织物		0		0	0	0	0	0	2	0	4	4								0	0	0
53091900	其他全亚麻机织物	9.3	0		0	0	0	0	0	2	0	4	4	0							0	0	0
53092110	未漂白的混纺亚麻机织物		0		0	0	0	0	0	2	0	4	4		0						0	0	0
53092120	漂白的混纺亚麻机织物		0		0	0	0	0	0	2	0	4	4		0						0	0	0
53092900	其他混纺亚麻机织物	8.5	0		0	0	0	0	0	2	0	4	4	0	0						0	0	0
53101000	未漂白黄麻或其他韧皮纤维织物		0		5	0	0	0	0	2	0	4	4				5		0		0	0	0
53109000	其他黄麻机织物或韧皮纤维织物		0		5	0	0	0	0	2	0	4	4				5		0		0	0	0
53110012	未漂白全苎麻机织物		0		5	0	0	0	0	2	0	4	4		0						0	0	0
53110013	其他全苎麻机织物		0	0	6	0	0	0	0	7.2	0	4.8	4.8		0						0	0	0
53110014	未漂白混纺苎麻机织物		0		5	0	0	0	0	2	0	4	4								0	0	0
53110015	其他混纺苎麻机织物		0	0	6	0	0	0	0	7.2	0	4.8	4.8		0						0	0	
53110020	纸纱线机织物		0		5	0	0	0	0	2	0	4	4								0	0	0
53110030	大麻的机织物	9.3	0		5	0	0	0	0	2	0	4	4								0	0	0
53110090	其他纺织用植物纤维机织物	9.3	0		5	0	0	0	0	2	0	4	4								0	0	0
54011010	非供零售用合成纤维长丝缝纫线		0		0	0	0	0	0	1	0	4	0	0	0	0					0	0	0
54011020	供零售用合成纤维长丝缝纫线		0		0	0	0	0	0	0	0	0	0								0	0	0
54012010	非供零售用人造纤维长丝缝纫线		0		0	0	0	0	0	0	0	0	0								0	0	0
54012020	供零售用人造纤维长丝缝纫线		0		0	0	0	0	0	0	0	0	0								0	0	0
54021110	非零售用聚间苯二甲酰间苯二胺纺制的长丝高强力纱		0		0	0	0	0	0	0	0	4	0		0						0	0	0
54021120	非零售用聚对苯二甲酰对苯二胺纺制的长丝高强力纱		0		0	0	0	0	0	0	0	4	0		0						0	0	0
54021190	非零售用其他芳香族聚酰胺纺制的长丝高强力纱		0		0	0	0	0	0	0	0	4	0		0						0	0	0
54021910	非零售用聚酰胺-6 纺制的长丝高强力纱		0		0	0	0	0	0	0	0		0		0						0	0	0
54021920	非零售用聚酰胺-6,6 纺制的长丝高强力纱		0		0	0	0	0	0	0	0		0		0						0	0	0
54021990	非零售用其他尼龙长丝高强纱		0		0	0	0	0	0	0	0	4	0		0						0	0	0
54022000	非零售聚酯长丝高强力纱		0		0	0	0	0	0	1	0	4	0		0	0					0	0	0
54023111	非零售用聚酰胺-6 纺制的细弹力丝		0		0	0	0	0	0	0	0		0	0	0						0	0	0
54023112	非零售用聚酰胺-6,6 纺制的细弹力丝		0		0	0	0	0	0	0	0		0	0	0						0	0	0

税则号列	商品描述①	协定税率(%)															特惠税率(%)						
		亚太	东盟	新加坡	巴基斯坦	智利	新西兰	秘鲁	哥斯达黎加	瑞士	冰岛	韩国	澳大利亚	香港	澳门	台湾	亚太2国②	东盟			最不发达国家		
																		老挝	柬埔寨	缅甸	LDC1③	LDC2④	LDC3⑤
54023113	非零售用芳香族聚酰胺纺制的细弹力丝		0		0	0	0	0	0	0	0		0	0	0						0	0	0
54023119	非零售其他细尼龙弹力丝		0		0	0	0	0	0	0	0	4	0	0	0						0	0	0
54023190	非零售其他细尼龙变形纱线		0		0	0	0	0	0	0	0	4	0	0	0						0	0	0
54023211	非零售用聚酰胺-6纺制的粗弹力丝		0		0	0	0	0	0	0	0		0	0	0						0	0	0
54023212	非零售用聚酰胺-6,6纺制的粗弹力丝		0		0	0	0	0	0	0	0		0	0	0						0	0	0
54023213	非零售用芳香族聚酰胺纺制的粗弹力丝		0		0	0	0	0	0	0	0	4	0	0	0						0	0	0
54023219	非零售其他粗尼龙弹力丝		0		0	0	0	0	0	0	0		0	0	0						0	0	0
54023290	非零售其他粗尼龙变形纱线	4.5	0		0	0	0	0	0	0	0	3.9	0	0	0						0	0	0
54023310	非零售聚酯弹力丝		0		0	0	0	0	0	0	0	0	0		0	0					0	0	0
54023390	非零售其他聚酯变形纱线				0	0	0	0	0	0	0	3.5	0		0						0	0	0
54023400	非零售用聚丙烯变形纱线		0		0	0	0	0	0	0	0	3.5	0		0						0	0	0
54023900	非零售其他合成纤维长丝变形纱线		0		0	0	0	0	0	0	0	3.5	0		0						0	0	0
54024410	弹性氨纶纱线,未加捻或捻度每米≤50转		0		0	0	0	0	0	0	0		0		0						0	0	0
54024490	其他弹性纱线,未加捻或捻度每米≤50转	4.7	0		0	0	0	0	0	0	0	0	0	0	0						0	0	0
54024510	聚酰胺-6纺制的其他单纱,未加捻或捻度每米≤50转	4.7	0		0	0	0	0	0	0	0	3.9	0		0						0	0	0
54024520	聚酰胺-6,6纺制的其他单纱,未加捻或捻度每米≤50转	4.7	0		0	0	0	0	0	0	0	3.9	0		0						0	0	0
54024530	芳香族聚酰胺纺制的其他单纱,未加捻或捻度每米≤50转	4.7	0		0	0	0	0	0	0	0	4	0		0						0	0	0
54024590	其他尼龙或聚酰胺纱线纺制的,未加捻或捻度每米≤50转的单纱	4.7	0		0	0	0	0	0	0	0	3.9	0		0						0	0	0
54024600	其他部分定向聚酯纱线,未加捻或捻度每米≤50转				0	0	0	0	0	0	0	3.5	0		0						0	0	0
54024700	其他聚酯纱线,未加捻或捻度每米≤50转	4.7			0	0	0	0	0	3	0	3.9	0		0						0	0	0
54024800	其他聚丙烯纱线,未加捻或捻度每米≤50转		0		0	0	0	0	0	0	0	0	0		0						0	0	0
54024910	断裂强度≥22cN/dtex,且初始模量≥750cN/dtex的聚乙烯纱线		0		0	0	0	0	0	0	0		0		0						0	0	0
54024990	其他纱线,未加捻或捻度每米≤50转		0		0	0	0	0	0	0	0		0		0						0	0	0
54025110	非零售用聚酰胺-6纺制的加捻单纱				0	0	0	0	0	0	0		0		0						0	0	0
54025120	非零售用聚酰胺-6,6纺制的加捻单纱		0		0	0	0	0	0	0	0		0		0						0	0	0

税则号列	商品描述①	协定税率(%)															特惠税率(%)						
		亚太	东盟	新加坡	巴基斯坦	智利	新西兰	秘鲁	哥斯达黎加	瑞士	冰岛	韩国	澳大利亚	香港	澳门	台湾	亚太2国②	东盟			最不发达国家		
																		老挝	柬埔寨	缅甸	LDC1③	LDC2④	LDC3⑤
54025130	非零售用芳香族聚酰胺纺制的加捻单纱		0		0	0	0	0	0	0	0	4	0		0						0	0	0
54025190	非零售用其他尼龙加捻单纱		0		0	0	0	0	0	0	0	4	0		0						0	0	0
54025200	非零售加捻的其他聚酯加捻单纱	4.3			0	0	0	0	0	0	0	3.5	0		0						0	0	0
54025300	非零售用聚丙烯加捻单纱		0		0	0	0	0	0	0	0	0	0		0						0	0	0
54025920	断裂强度≥22cN/dtex,且初始模量≥750cN/dtex 的聚乙烯纱线		0		0	0	0	0	0	0	0	0	0		0						0	0	0
54025990	非零售加捻的其他合成纤维长丝单纱		0		0	0	0	0	0	0	0	0	0		0						0	0	0
54026110	非零售用聚己内酰胺(尼龙-6)制多股纱线		0		0	0	0	0	0	0	0	4	0		0						0	0	0
54026120	非零售用聚酰胺-6,6 制多股纱线		0		0	0	0	0	0	0	0	4	0		0						0	0	0
54026130	非零售用芳香族聚酰胺制多股纱线		0		0	0	0	0	0	0	0	4	0		0						0	0	0
54026190	非零售用其他尼龙制多股纱线		0		0	0	0	0	0	0	0	2	0		0						0	0	0
54026200	非零售聚酯多股纱线		0		0	0	0	0	0	0	0	2	0		0	0					0	0	0
54026300	非零售用聚丙烯多股纱线		0		0	0	0	0	0	0	0	4	0		0						0	0	0
54026920	非零售用氨纶多股纱线		0		0	0	0	0	0	0	0		0		0						0	0	0
54026990	非零售其他合成纤维长丝多股纱线		0		0	0	0	0	0	0	0	3.5	0		0						0	0	0
54031000	非零售粘胶纤维高强力纱		0		0	0	0	0	0	0	0	0	0		0						0	0	0
54033110	竹制非零售未捻的粘胶纤维单纱		0		0	0	0	0	0	0	0	0	0		0						0	0	0
54033190	其他非零售未捻的粘胶纤维单纱		0		0	0	0	0	0	0	0	0	0		0						0	0	0
54033210	竹制非零售加捻的粘胶纤维单纱		0		0	0	0	0	0	0	0	0	0		0						0	0	0
54033290	其他非零售加捻的粘胶纤维单纱		0		0	0	0	0	0	0	0	0	0		0						0	0	0
54033310	非零售二醋酸纤维单纱		0		0	0	0	0	0	0	0	0	0		0						0	0	0
54033390	非零售其他醋酸纤维单纱		0		0	0	0	0	0	0	0	0	0		0						0	0	0
54033900	非零售其他人造纤维长丝单纱		0		0	0	0	0	0	0	0	0	0		0						0	0	0
54034100	非零售粘胶长丝多股纱线或缆线		0		0	0	0	0	0	0	0	0	0		0						0	0	0
54034200	非零售醋酸长丝多股纱线或缆线		0		0	0	0	0	0	0	0	0	0		0						0	0	0
54034900	非零售其他人造纤维长丝多股纱线或缆线		0		0	0	0	0	0	0	0	0	0		0						0	0	0
54041100	细度≥67 分特、截面尺寸≤1 毫米的弹性单丝		0		0	0	0	0	0	0	0	4	0	0							0	0	0
54041200	细度≥67 分特、截面尺寸≤1 毫米的聚丙烯单丝		0		0	0	0	0	0	0	0	0	0	0							0	0	0
54041900	细度≥67 分特、截面尺寸≤1 毫米的其他合成纤维单丝		0		0	0	0	0	0	1	0	3.5	0	0							0	0	0
54049000	其他宽≤5 毫米合成纺织材料制扁条及类似品		0		0	0	0	0	0	0	0	3.5	0		0						0	0	0
54050000	细度≥67 分特、截面尺寸≤1 毫米人造纤维单丝;宽≤5 毫米扁条及类似品		0		0	0	0	0	0	0	0	0	0		0						0	0	0

税则号列	商品描述[①]	协定税率(%)															特惠税率(%)						
		亚太	东盟	新加坡	巴基斯坦	智利	新西兰	秘鲁	哥斯达黎加	瑞士	冰岛	韩国	澳大利亚	香港	澳门	台湾	亚太2国[②]	东盟			最不发达国家		
																		老挝	柬埔寨	缅甸	LDC1[③]	LDC2[④]	LDC3[⑤]
54060010	供零售用合成纤维长丝纱线		0		0	0	0	0	0	0	0	0	0		0						0	0	0
54060020	供零售用人造纤维长丝纱线		0		0	0	0	0	0	0	0	0	0		0						0	0	0
54071010	尼龙或其他聚酰胺高强力纱制机织物		0	0	0	0	0	0	0	2	0	4	4	0		0					0	0	
54071020	聚酯高强力纱制机织物		0	0	0	0	0	0	0	2	0	4	4			0					0	0	
54072000	合成纤维扁条及类似品的机织物		0	0	0	0	0	0	0	2	0	8.5	4								0	0	
54073000	多层平行纱线相互层叠并粘合机织物		0	0	0	0	0	0	0	2	0	4	4								0	0	
54074100	未漂白或漂白的纯尼龙布		0	0	0	0	0	0	0	2	0	4	4	0		0					0	0	
54074200	染色的纯尼龙布	9.5	0	0	0	0	0	0	0	2	0	8.5	4	0	0	0		0	0	0	0	0	0
54074300	色织的纯尼龙布	7	0	0	0	0	0	0	0	2	0	4	4	0		0					0	0	
54074400	印花的纯尼龙布		0	0	0	0	0	0	0	2	0	8.5	4								0	0	
54075100	未漂白或漂白纯聚酯变形长丝布	7	0	0	0	0	0	0	0	2	0	4	4			0					0	0	
54075200	染色的纯聚酯变形长丝布	9.5	0	0	0	0	0	0	0	2	0	8.5	4	0		0		0	0	0	0	0	0
54075300	色织的纯聚酯变形长丝布		0	0	0	0	0	0	0	2	0	4	4			0					0	0	
54075400	印花的纯聚酯变形长丝布		0	0	0	0	0	0	0	2	0	8	4			0					0	0	
54076100	其他纯聚酯非变形长丝布	9.5	0	0	0	0	0	0	0	2	0	8.5	4	0	0	0					0	0	0
54076900	其他纯聚酯长丝布	9.5	0	0	0	0	0	0	0	2	0	8.5	4			0					0	0	0
54077100	未漂白或漂白其他纯合成纤维长丝布	8.8	0	0	0	0	0	0	0	2	0	4	4	0		0					0	0	
54077200	染色的其他纯合成纤维长丝布	9.5	0	0	0	0	0	0	0	2	0	8.5	4	0		0		0	0	0	0	0	0
54077300	色织的其他纯合成纤维长丝布		0	0	0	0	0	0	0	2	0	8.5	4								0	0	
54077400	印花的其他纯合成纤维长丝布	9.5	0	0	0	0	0	0	0	2	0	4	4								0	0	
54078100	未漂或漂白的与棉混纺合成纤维长丝布		0	0	0	0	0	0	0	2	0	4	4	0							0	0	
54078200	染色的与棉混纺合成纤维长丝布		0	0	0	0	0	0	0	2	0	8.5	4	0		0					0	0	0
54078300	色织的与棉混纺合成纤维长丝布		0	0	0	0	0	0	0	2	0	4	4			0					0	0	
54078400	印花的与棉混纺合成纤维长丝布		0	0	0	0	0	0	0	2	0	4	4								0	0	
54079100	未漂或漂白的其他混纺合成纤维长丝布		0	0	0	0	0	0	0	2	0	8.5	4	0							0	0	
54079200	染色的其他混纺合成纤维长丝布		0	0	0	0	0	0	0	2	0	8.5	4	0		0		0	0	0	0	0	0
54079300	色织的其他混纺合成纤维长丝布		0	0	0	0	0	0	0	2	0	4	4			0					0	0	
54079400	印花的其他混纺合成纤维长丝布		0	0	0	0	0	0	0	2	0	4	4								0	0	
54081000	粘胶长丝高强力纱的机织物		0	0	0	0	0	0	0	2	0	4	4								0	0	
54082110	粘胶长丝制未漂白或漂白的机织物		0	0	0	0	0	0	0	7.2	0	4.8	4.8								0		
54082120	醋酸长丝制未漂白或漂白的机织物		0	0	0	0	0	0	0	7.2	0	10.2	4.8								0	0	
54082190	其他人造长丝制未漂白或漂白的机织物		0	0	0	0	0	0	0	7.2	0	4.8	4.8								0	0	
54082210	纯粘胶长丝制染色机织物		0	0	0	0	0	0	0	2	0	4	4	0							0	0	
54082220	纯醋酸长丝制染色机织物		0	0	0	0	0	0	0	2	0	4	4	0		0					0	0	
54082290	纯其他人造长丝制染色机织物		0	0	0	0	0	0	0	2	0	4	4	0		0					0	0	

税则号列	商品描述[①]	协定税率(%)															特惠税率(%)						
		亚太	东盟	新加坡	巴基斯坦	智利	新西兰	秘鲁	哥斯达黎加	瑞士	冰岛	韩国	澳大利亚	香港	澳门	台湾	亚太2国[②]	东盟			最不发达国家		
																		老挝	柬埔寨	缅甸	LDC1[③]	LDC2[④]	LDC3[⑤]
54082310	纯粘胶长丝制色织机织物		0	0	0	0	0	0	0	2	0	4	4								0	0	
54082320	纯醋酸长丝制色织机织物		0	0	0	0	0	0	0	2	0	4	4								0	0	
54082390	纯其他人造长丝制色织机织物		0	0	0	0	0	0	0	2	0	4	4			0					0	0	
54082410	纯粘胶长丝制印花机织物		0	0	0	0	0	0	0	2	0	4	4	0							0	0	
54082420	纯醋酸长丝制印花机织物		0	0	0	0	0	0	0	2	0	4	4	0							0	0	
54082490	纯其他人造长丝制印花机织物		0	0	0	0	0	0	0	2	0	4	4	0							0	0	
54083100	未漂白或漂白人造纤维长丝混纺布		0	0	0	0	0	0	0	2	0	4	4								0	0	
54083200	染色的人造纤维长丝混纺布	9.5	0	0	0	0	0	0	0	2	0	8	4			0					0	0	0
54083300	色织的人造纤维长丝混纺布		0	0	0	0	0	0	0	2	0	4	4								0	0	
54083400	印花的人造纤维长丝混纺布		0	0	0	0	0	0	0	2	0	4	4								0	0	
55011000	尼龙或其他聚酰胺长丝丝束		0		0	0	0	0	0	0	0	0	0								0	0	0
55012000	聚酯长丝丝束				0	0	0	0	0	0	0	3.5	0								0	0	0
55013000	聚丙烯腈长丝丝束	4.5			0	0	0		0	0	0	4	0								0	0	0
55014000	聚丙烯长丝丝束		0		0	0	0	0	0	0	0	0	0	0							0	0	0
55019000	其他合成纤维长丝丝束		0		0	0	0	0	0	0	0	3.5	0	0							0	0	0
55021010	二醋酸纤维丝束	2.1	0		0	0	0	0	0	0	0	0	0								0	0	0
55021090	其他醋酸纤维	3.5	0		0	0	0	0	0	0	0	4	0								0	0	0
55029000	其他人造纤维长丝丝束	3.5	0		0	0	0	0	0	0	0	4	0								0	0	0
55031110	未梳的聚间苯二甲酰间苯二胺纺制的合成纤维短纤		0		0	0	0	0	0	0	0		0								0	0	0
55031120	未梳的聚对苯二甲酰对苯二胺纺制的合成纤维短纤		0		0	0	0	0	0	0	0		0								0	0	0
55031190	未梳的其他芳香族聚酰胺纺制的合成纤维短纤		0		0	0	0	0	0	3	0		0								0	0	0
55031900	未梳的尼龙或其他聚酰胺合成纤维短纤		0		0	0	0	0	0	3	0	3.5	0								0	0	0
55032000	未梳的聚酯合成纤维短纤	4.5			0	0	0	0	0	0	0	4	0								0	0	0
55033000	未梳的聚丙烯腈合成纤维短纤	4.5			0	0	0	0	0	0	0	3.5	0								0	0	0
55034000	未梳的聚丙烯合成纤维短纤		0		0	0	0	0	0	0	0	3.5	0								0	0	0
55039010	聚苯硫醚制未梳的纤维短纤		0		0	0	0	0	0	0	0	3.5	0			0					0	0	0
55039090	未梳的其他合成纤维短纤		0		0	0	0	0	0	0	0	0	0			0					0	0	0
55041010	竹制未梳的粘胶纤维短纤		0		0	0	0	0	0	0	0	0	0								0	0	0
55041021	木制未梳的阻燃的粘胶纤维短纤		0		0	0	0	0	0	0	0	3.5	0								0	0	0
55041029	其他木制未梳的粘胶纤维短纤		0		0	0	0	0	0	0	0	3.5	0								0	0	0
55041090	其他未梳的粘胶纤维短纤		0		0	0	0	0	0	0	0	3.5	0								0	0	0
55049000	未梳的其他人造纤维短纤		0		0	0	0	0	0	0	0	0	0			0					0	0	0
55051000	合成纤维废料		0		0	0	0	0	0	0	0	3.5	0								0	0	0
55052000	人造纤维废料		0		0	0	0	0	0	0	0	3.5	0	0							0	0	0
55061011	已梳的聚间苯二甲酰间苯二胺纤维短纤		0		0	0	0	0	0	0	0		0								0	0	0
55061012	已梳的聚对苯二甲酰对苯二胺纤维短纤		0		0	0	0	0	0	0	0		0								0	0	0

税则号列	商品描述[①]	协定税率(%)															特惠税率(%)						
																		东盟			最不发达国家		
		亚太	东盟	新加坡	巴基斯坦	智利	新西兰	秘鲁	哥斯达黎加	瑞士	冰岛	韩国	澳大利亚	香港	澳门	台湾	亚太2国[②]	老挝	柬埔寨	缅甸	LDC1[③]	LDC2[④]	LDC3[⑤]
55061019	已梳的其他芳香族聚酰胺纤维短纤		0		0	0	0	0	0	0	0	4	0								0	0	0
55061090	已梳的尼龙或其他聚酰胺纤维短纤		0		0	0	0	0	0	0	0	2	0								0	0	0
55062000	已梳的聚酯纤维短纤	4.5			4.5	0	0	0	0	0	0	3.5	0								0	0	0
55063000	已梳的聚丙烯腈及其变性纤维短纤	4.5			4.5	0	0	0	0	0	0	3.5	0								0	0	0
55064000	聚丙烯制已梳的纤维短纤				0	0	0	0	0	0	0	4	0								0	0	0
55069010	聚苯硫醚制已梳的纤维短纤		0		0	0	0	0	0	0	0	4	0								0	0	0
55069090	已梳的其他合成纤维短纤		0		0	0	0	0	0	0	0	4	0								0	0	0
55070000	已梳的人造纤维短纤		0		0	0	0	0	0	0	0	0	0								0	0	0
55081000	合成纤维短纤纺制的缝纫线	4.5	0		0	0	0	0	0	0	0	0	0	0	0						0	0	0
55082000	人造纤维短纤纺制的缝纫线		0		0	0	0	0	0	0	0	0	0								0	0	0
55091100	非零售纯尼龙短纤单纱		0		0	0	0	0	0	0	0	0	0	0	0						0	0	0
55091200	非零售纯尼龙短纤多股纱线		0		0	0	0	0	0	0	0	0	0	0	0						0	0	0
55092100	非零售纯聚酯短纤单纱		0		0	0	0	0	0	0	0	0	0	0	0						0	0	0
55092200	非零售纯聚酯短纤多股纱线		0		0	0	0	0	0	0	0	0	0	0	0						0	0	0
55093100	非零售纯聚丙烯腈短纤单纱		0		0	0	0	0	0	0	0	0	0	0	0						0	0	0
55093200	非零售纯聚丙烯腈短纤多股纱线	4.8	0		0	0	0	0	0	0	0	0	0	0	0	0					0	0	0
55094100	非零售纯其他合成纤维短纤单纱		0		0	0	0	0	0	0	0	0	0	0	0						0	0	0
55094200	非零售纯其他合成纤维短纤多股纱线		0		0	0	0	0	0	0	0	3.5	0	0	0						0	0	0
55095100	非零售与人造纤维短纤混纺聚酯短纤纱		0		0	0	0	0	0	0	0	3.5	0	0	0						0	0	0
55095200	非零售与毛混纺聚酯短纤纱线		0		0	0	0	0	0	0	0	0	0	0	0						0	0	0
55095300	非零售与棉混纺聚酯短纤纱线	3.5	0		0	0	0	0	0	0	0	0	0	0	0	0					0	0	0
55095900	非零售其他混纺聚酯短纤纱线		0		0	0	0	0	0	0	0	0	0	0	0						0	0	0
55096100	非零售与毛混纺腈纶短纤纱线		0		0	0	0	0	0	0	0	0	0	0	0						0	0	0
55096200	非零售与棉混纺腈纶短纤纱线	4.8	0		0	0	0	0	0	0	0	0	0	0	0						0	0	0
55096900	非零售与其他混纺腈纶短纤纱线		0		0	0	0	0	0	0	0	0	0	0	0						0	0	0
55099100	非零售与毛混纺其他合成纤维短纤纱线		0		0	0	0	0	0	0		2	0	0	0						0	0	0
55099200	非零售与棉混纺其他合成纤维短纤纱线		0		0	0	0	0	0	0	0	0	0	0	0	0					0	0	0
55099900	非零售与其他混纺合成纤维短纤纱线		0		0	0	0	0	0	0	0	0	0	0	0						0	0	0
55101100	非零售纯人造纤维短纤单纱	4.5	0		0	0	0	0	0	0	0	4	0	0	0	0					0	0	0
55101200	非零售纯人造纤维短纤多股纱线		0		0	0	0	0	0	0	0	4	0	0	0	0					0	0	0
55102000	非零售与毛混纺人造纤维短纤纱线		0		0	0	0	0	0	0	0	0	0	0	0						0	0	0
55103000	非零售与棉混纺人造纤维短纤纱线	3.5	0		0	0	0	0	0	0	0	0	0	0	0	0					0	0	0
55109000	非零售与其他混纺人造纤维短纤纱线	4.5	0		0	0	0	0	0	0	0	3.5	0	0	0						0	0	0

税则号列	商品描述①	协定税率(%)															特惠税率(%)						
		亚太	东盟	新加坡	巴基斯坦	智利	新西兰	秘鲁	哥斯达黎加	瑞士	冰岛	韩国	澳大利亚	香港	澳门	台湾	亚太2国②	东盟			最不发达国家		
																		老挝	柬埔寨	缅甸	LDC1③	LDC2④	LDC3⑤
55111000	零售用纯合成纤维短纤纱线		0		0	0	0	0	0	0	0	0	0								0	0	0
55112000	零售用混纺合成纤维短纤纱线		0		0	0	0	0	0	0	0	0	0								0	0	0
55113000	零售用人造纤维短纤纱线		0		0	0	0	0	0	0	0	0	0								0	0	0
55121100	未漂或漂白的纯聚酯布	10.5	0	0	0	0	0	3.6	0	9	0	10.5	6			0					0	0	0
55121900	其他纯聚酯布		0	0	0	0	0	2	0	2	0	8.5	4	0		0					0	0	0
55122100	未漂或漂白的纯腈纶布		0	0	0	0	0	0	0	7.8	0	9.1	5.2								0	0	0
55122900	其他纯腈纶布	9.3	0	0	0	0	0	0	0	2	0	4	4								0	0	
55129100	未漂或漂白的纯其他合成纤维布		0	0	0	0	0	3.6	0	10.8	0	12.6	7.2								0	0	
55129900	其他纯合成纤维布		0	0	0	0	0	0	0	2	0	8	4	0	0	0		0	0	0	0	0	0
55131110	与棉混纺未漂白的轻质聚酯平纹布		0	0	0	0	0	3.2	0	9.6	0	11.2	6.4	0							0	0	
55131120	与棉混纺漂白的轻质聚酯平纹布		0	0	0	0	0	3	0	9	0	10.5	6	0							0	0	
55131210	与棉混纺未漂白的轻质聚酯斜纹布		0	0	0	0	0	3.2	0	9.6	0	11.2	6.4	0							0	0	
55131220	与棉混纺漂白的轻质聚酯斜纹布		0	0	0	0	0	3.6	0	10.8	0	12.6	7.2	0							0	0	
55131310	与棉混纺未漂白的其他轻质聚酯布		0	0	0	0	0	3.2	0	9.6	0	11.2	6.4								0	0	
55131320	与棉混纺漂白的其他轻质聚酯布		0	0	0	0	0	3.6	0	10.8	0	12.6	7.2								0	0	
55131900	与棉混纺未漂白或漂白的轻质其他合成纤维布		0	0	0	0	0	3.6	0	10.8	0	12.6	7.2								0	0	
55132100	与棉混纺染色的轻质聚酯平纹布	9.1	0	0	0	0	0	0	0	2	0	4	4	0	0	0					0	0	
55132310	与棉混纺染色的轻质聚酯斜纹布		0	0	0	0	0	0	0	2	0	4	4	0							0	0	
55132390	与棉混纺染色的其他轻质聚酯布		0	0	0	0	0	0	0	2	0	7	4								0	0	
55132900	与棉混纺染色的轻质其他合成纤维布		0	0	0	0	0	0	0	2	0	4	4								0	0	0
55133100	与棉混纺色织的轻质聚酯平纹布		0	0	0	0	0	0	0	2	0	4	4	0							0	0	
55133910	与棉混纺色织的轻质聚酯斜纹布	8.8	0	0	0	0	0	0	0	2	0	4	4	0							0	0	
55133920	与棉混纺色织的其他轻质聚酯布		0	0	0	0	0	0	0	2	0	4	4	0							0	0	
55133990	与棉混纺色织的轻质其他合成纤维布		0	0	0	0	0	0	0	2	0	4	4								0	0	
55134100	与棉混纺印花的轻质聚酯平纹布		0	0	0	0	0	0	0	2	0	4	4					0	0	0	0	0	0
55134910	与棉混纺印花的轻质聚酯斜纹布		0	0	0	0	0	0	0	2	0	4	4								0	0	
55134920	与棉混纺印花的其他轻质聚酯布		0	0	0	0	0	0	0	2	0	4	4								0	0	
55134990	与棉混纺印花的轻质其他合成纤维布		0	0	0	0	0	0	0	2	0	4	4								0	0	
55141110	与棉混纺未漂白的重质聚酯平纹布	14.4	0	0	0	0	0	3.2	0	9.6	0	11.2	6.4								0	0	
55141120	与棉混纺漂白的重质聚酯平纹布		0	0	0	0	0	3.6	0	10.8	0	12.6	7.2								0	0	
55141210	与棉混纺未漂白的重质聚酯斜纹布		0	0	0	0	0	3.2	0	9.6	0	11.2	6.4	0							0	0	
55141220	与棉混纺漂白的重质聚酯斜纹布		0	0	0	0	0	3.6	0	10.8	0	12.6	7.2	0							0	0	
55141911	与棉混纺未漂白的重质其他聚酯布		0	0	0	0	0	3.2	0	9.6	0	11.2	6.4								0	0	

税则号列	商品描述①	协定税率(%)															特惠税率(%)						
		亚太	东盟	新加坡	巴基斯坦	智利	新西兰	秘鲁	哥斯达黎加	瑞士	冰岛	韩国	澳大利亚	香港	澳门	台湾	亚太2国②	东盟			最不发达国家		
																		老挝	柬埔寨	缅甸	LDC1③	LDC2④	LDC3⑤
55141912	与棉混纺漂白的重质其他聚酯布		0	0	0	0	0	3.6	0	10.8	0	12.6	7.2								0	0	
55141990	与棉混纺未漂白或漂白的重质其他合成纤维布	15.2	0	0	0	0	0	3.2	0	9.6	0	11.2	6.4								0	0	
55142100	与棉混纺染色的重质聚酯平纹布		0	0	0	0	0	0	0	2	0	4	4	0							0	0	
55142200	与棉混纺染色的重质聚酯斜纹布		0	0	0	0	0	0	0	2	0	4	4	0							0	0	
55142300	与棉混纺染色的其他重质聚酯布		0	0	0	0	0	0	0	2	0	4	4					0	0	0	0	0	0
55142900	与棉混纺染色的重质其他合成纤维布		0	0	0	0	0	0	0	2	0	4	4								0	0	0
55143010	与棉混纺色织的重质聚酯平纹布		0	0	0	0	0	0	0	2	0	4	4	0							0	0	
55143020	与棉混纺色织的重质聚酯斜纹布		0	0	0	0	0	0	0	2	0	4	4	0							0	0	
55143030	与棉混纺色织的其他重质聚酯布		0	0	0	0	0	0	0	2	0	4	4								0	0	
55143090	与棉混纺色织的重质其他合成纤维布		0	0	0	0	0	0	0	2	0	4	4								0	0	
55144100	与棉混纺印花的重质聚酯平纹布		0	0	0	0	0	0	0	2	0	4	4								0	0	
55144200	与棉混纺印花的重质聚酯斜纹布		0	0	0	0	0	0	0	2	0	4	4								0	0	
55144300	与棉混纺印花的其他重质聚酯布		0	0	0	0	0	0	0	2	0	4	4								0	0	
55144900	与棉混纺印花的重质其他合成纤维布		0	0	0	0	0	0	0	2	0	4	4								0	0	
55151100	与粘胶纤维短纤混纺的聚酯布	8.8	0	0	0	0	0	0	0	2	0	4	4			0					0	0	
55151200	与化纤长丝混纺的聚酯布	9	0	0	0	0	0	0	0	2	0	4	4			0					0	0	
55151300	与毛混纺的聚酯布		0	0	0	0	0	0	0	2	0	4	4								0	0	
55151900	与其他纤维混纺的聚酯布	9	0	0	0	0	0	0	0	2	0	4	4								0	0	
55152100	与化纤长丝混纺的腈纶布		0	0	0	0	0	0	0	2	0	4	4								0	0	
55152200	与毛混纺的腈纶布		0	0	0	0	0	0	0	7.2	0	4.8	4.8								0	0	0
55152900	与其他纤维混纺的腈纶布		0	0	0	0	0	0	0	2	0	4	4								0	0	
55159100	与化纤长丝混纺的其他合成纤维短纤布		0	0	0	0	0	0	0	2	0	4	4								0	0	
55159900	与其他纤维混纺的其他合成纤维短纤布	9	0	0	0	0	0	0	0	2	0	4	4								0	0	
55161100	未漂白或漂白的纯人造纤维短纤布		0	0	0	0	0	0	0	7.2	0	4.8	4.8	0							0	0	0
55161200	染色的纯人造纤维短纤布		0	0	0	0	0	0	0	2	0	4	4	0		0					0	0	
55161300	色织的纯人造纤维短纤布		0	0	0	0	0	0	0	2	0	4	4	0							0	0	
55161400	印花的纯人造纤维短纤布		0	0	0	0	0	0	0	2	0	4	4	0							0	0	
55162100	与化纤长丝混纺未漂白或漂白的人造纤维布		0	0	0	0	0	0	0	7.2	0	4.8	4.8	0							0	0	
55162200	与化纤长丝混纺的染色人造纤维布	9.5	0	0	0	0	0	0	0	2	0	8	4	0		0					0	0	
55162300	与化纤长丝混纺的色织人造纤维布		0	0	0	0	0	0	0	2	0	4	4	0							0	0	
55162400	与化纤长丝混纺的印花人造纤维布		0	0	0	0	0	0	0	2	0	4	4	0							0	0	
55163100	与毛混纺的未漂或漂白人造纤维布		0	0	0	0	0	0	0	7.2	0	4.8	4.8	0							0	0	

税则号列	商品描述[①]	协定税率(%)															特惠税率(%)						
		亚太	东盟	新加坡	巴基斯坦	智利	新西兰	秘鲁	哥斯达黎加	瑞士	冰岛	韩国	澳大利亚	香港	澳门	台湾	亚太2国[②]	东盟			最不发达国家		
																		老挝	柬埔寨	缅甸	LDC1[③]	LDC2[④]	LDC3[⑤]
55163200	与毛混纺的染色人造纤维布		0	0	0	0	0	0	0	2	0	4	4	0							0	0	
55163300	与毛混纺的色织人造纤维布		0	0	0	0	0	0	0	2	0	4	4	0							0	0	
55163400	与毛混纺的印花人造纤维布		0	0	0	0	0	0	0	2	0	4	4	0							0	0	
55164100	与棉混纺的未漂或漂白人造纤维布		0	0	0	0	0	0	0	7.2	0	4.8	4.8	0							0	0	
55164200	与棉混纺的染色人造纤维布		0	0	0	0	0	0	0	7.2	0	4.8	4.8	0							0	0	
55164300	与棉混纺的色织人造纤维布		0	0	0	0	0	0	0	2	0	4	4	0							0	0	
55164400	与棉混纺的印花人造纤维布		0	0	0	0	0	0	0	2	0	4	4	0							0	0	
55169100	与其他纤维混纺未漂白或漂白的人造纤维布		0	0	0	0	0	0	0	7.2	0	4.8	4.8	0							0	0	
55169200	与其他纤维混纺的染色人造纤维布		0	0	0	0	0	0	0	2	0	8	4	0							0	0	0
55169300	与其他纤维混纺的色织人造纤维布		0	0	0	0	0	0	0	2	0	4	4	0							0	0	
55169400	与其他纤维混纺的印花人造纤维布	9.4	0	0	0	0	0	0	0	2	0	4	4	0							0	0	
56012100	棉制的絮胎及其他絮胎制品		0	0	5	0	0	0	0	2	0	4	4	0	0						0	0	
56012210	化学纤维制的卷烟滤嘴		0	0	6	0	0	0	0	7.2	0										0	0	
56012290	化学纤维制的絮胎及其他絮胎制品		0	0		0	0	0	0	7.2	0	9.6	4.8			0					0	0	0
56012900	其他材料制絮胎及其他絮胎制品		0	0	5	0	0	0	0	2	0	4	4								0	0	0
56013000	纺织纤维屑、纤维粉末及球结		0	0	5	0	0	0	0	2	0	4	4								0	0	
56021000	针刺机制毡呢及纤维缝编织物		0	0	5	0	0	0	0	2	0	4	4								0	0	
56022100	未浸、涂的毛制其他毡呢		0	0	5	0	0	0	0	2	0	4	4								0	0	
56022900	未浸、涂的其他纺织材料制其他毡呢		0	0	5	0	0	0	0	2	0	4	4								0	0	
56029000	经浸、涂、包覆或层压的其他毡呢		0	0	5	0	0	0	0	2	0	4	4								0	0	0
56031110	每平方米≤25克经浸渍化纤长丝无纺织物	8.5	0	0	0	0	0	0	0	2	0	4	4			0		0	0	0	0	0	0
56031190	每平方米≤25克的其他化纤长丝无纺织物	8.5	0	0	0	0	0	0	0	2	0	7	4								0	0	
56031210	25克<每平方米≤70克浸渍化纤长丝无纺织物	8.5	0	0	0	0	0	0	0	2	0	8	4	0	0			0	0	0	0	0	0
56031290	25克<每平方米≤70克其他化纤长丝无纺织物		0	0	0	0	0	0	0	2	0	4	4	0	0	0					0	0	0
56031310	70克<每平方米≤150克浸渍化纤长丝无纺织物	8.5	0	0	0	0	0	0	0	2	0	4	4		0	0					0	0	
56031390	70克<每平方米≤150克其他化纤长丝无纺织物		0	0	0	0	0	0	0	2	0	4	4		0	0					0	0	0
56031410	每平方米>150克经浸渍化纤长丝无纺织物	8.5	0	0	0	0	0	0	0	2	0	8	4			0					0	0	
56031490	每平方米>150克的其他化纤长丝无纺织物	7	0	0	0	0	0	0	0	2	0	4	4			0					0	0	0

税则号列	商品描述①	协定税率(%)															特惠税率(%)						
		亚太	东盟	新加坡	巴基斯坦	智利	新西兰	秘鲁	哥斯达黎加	瑞士	冰岛	韩国	澳大利亚	香港	澳门	台湾	亚太2国②	东盟			最不发达国家		
																		老挝	柬埔寨	缅甸	LDC1③	LDC2④	LDC3⑤
56039110	每平方米≤25克经浸渍其他无纺织物	8.5	0	0	0	0	0	0	0	2	0	7	4								0	0	
56039190	每平方米≤25克的其他无纺织物	8.5	0	0	0	0	0	0	0	2	0	7	4								0	0	
56039210	25克<每平方米≤70克浸渍其他无纺织物	8.5	0	0	0	0	0	0	0	2	0	7	4	0	0						0	0	
56039290	25克<每平方米≤70克其他无纺织物	9.3	0		0	0	0	0	0	2	0	4	4	0	0	0		0	0	0	0	0	0
56039310	70克<每平方米≤150克浸渍其他无纺织物	8.5	0	0	0	0	0	0	0	2	0	7	4	0	0						0	0	
56039390	70克<每平方米≤150克的其他无纺织物	9.3	0	0	0	0	0	0	0	2	0	4	4	0	0	0					0	0	
56039410	每平方米>150克经浸渍其他无纺织物	8.5	0	0	0	0	0	0	0	2	0	4	4	0		0					0	0	
56039490	每平方米>150克的其他无纺织物	9.3	0	0	0	0	0	0	0	2	0	8	4	0		0		0	0	0	0	0	0
56041000	用纺织材料包覆的橡胶线及绳		0		0	0	0	0	0	0	0	2	0		0			0	0	0	0	0	0
56049000	用橡、塑浸渍涂布的其他纺织纱线		0		0	0	0	0	0	0	0	3.5	0		0						0	0	0
56050000	含金属纱线		0		0	0	0	0	0	0	0	0	0		0						0	0	0
56060000	绳绒线及粗松螺旋花线		0		0	0	0	0	0	0	0	0	0		0						0	0	0
56072100	剑麻或其他龙舌兰纤维制包扎用绳		0		0	0	0	0	0	0	0	0	0		0						0	0	0
56072900	剑麻或龙舌兰纤维制其他线、绳、索、缆		0		0	0	0	0	0	0	0	0	0		0						0	0	0
56074100	聚乙烯或聚丙烯制包扎用绳		0		0	0	0	0	0	0	0	0	0		0						0	0	0
56074900	聚乙烯或聚丙烯制线、绳、索、缆		0		0	0	0	0	0	0	0	0	0		0						0	0	0
56075000	其他合纤制线、绳、索、缆		0		0	0	0	0	0	1	0	0	0		0	0					0	0	0
56079010	蕉麻或硬质纤维制线、绳、索、缆		0		0	0	0	0	0	0	0	0	0		0						0	0	0
56079090	其他纺织材料制线、绳、索、缆		0		0	0	0	0	0	0	0	0	0		0		2.5	0	0	0	0	0	0
56081100	化纤材料制成的渔网		0		5	0	0	2	0	2	0	4	4								0	0	0
56081900	化纤材料制成的其他网		0	0	6	0	0	0	0	7.2	0	4.8	4.8			0					0	0	
56089000	其他纤维制成的渔网及其他网		0		5	0	0	0	0	2	0	4	4	0							0	0	0
56090000	用纱线、扁条、绳、索、缆制其他物品		0		5	0	0	0	0	2	0	4	4				0				0	0	0
57011000	羊毛结织栽绒地毯及其他铺地制品		0	0		0	0	0	0	8.4	0	9.8	5.6								0	0	0
57019010	化纤结织栽绒地毯及其他铺地制品		0	0	12.8	0	0	3.2	0	9.6	0	11.2	6.4								0	0	0
57019020	丝制结织栽绒地毯及铺地制品		0	0	7	0	0	0	0	8.4	0	9.8	5.6								0	0	
57019090	其他材料结织栽绒地毯及铺地制品		0	0	7	0	0	0	0	8.4	0	9.8	5.6								0	0	
57021000	"开来姆"等手织地毯		0	0	0	0	0	0	0	8.4	0	9.8	5.6				0				0	0	0
57022000	椰壳纤维制的铺地制品		0	0	0	0	0	0	0	8.4	0	9.8	5.6								0	0	

税则号列	商品描述[①]	协定税率(%)															特惠税率(%)						
		亚太	东盟	新加坡	巴基斯坦	智利	新西兰	秘鲁	哥斯达黎加	瑞士	冰岛	韩国	澳大利亚	香港	澳门	台湾	亚太2国[②]	东盟			最不发达国家		
																		老挝	柬埔寨	缅甸	LDC1[③]	LDC2[④]	LDC3[⑤]
57023100	未制成的毛制起绒地毯及铺地制品		0	0	0	0	0	0	0	6	0	4	4								0	0	0
57023200	未制成的化纤起绒地毯及铺地制品		0	0	0	0	0	3.2	0	9.6	0	11.2	6.4								0	0	
57023900	未制成其他纺织材料起绒铺地制品		0	0	0	0	0	0	0	8.4	0	9.8	5.6				0				0	0	0
57024100	制成的毛制起绒地毯及铺地制品		0	0	0	0	0	0	0	2	0	4	4								0	0	0
57024200	制成的化纤起绒地毯及铺地制品		0	0	0	0	0	0	0	2	0	4	4								0	0	0
57024900	制成的其他纺织材料起绒铺地制品	9.3	0	0	0	0	0	0	0	8.4	0	9.8	5.6								0	0	
57025010	未制成毛制非起绒地毯及铺地制品		0	0	0	0	0	0	0	8.4	0	9.8	5.6								0	0	
57025020	未制成化纤非起绒地毯及铺地制品		0	0	0	0	0	3.2	0	9.6	0	11.2	6.4								0	0	
57025090	未制成其他纺织材料非起绒地毯及铺地制品		0	0	0	0	0	0	0	8.4	0	9.8	5.6								0	0	
57029100	制成的毛制非起绒地毯及铺地制品		0	0	0	0	0	0	0	8.4	0	9.8	5.6								0	0	
57029200	制成的化纤非起绒地毯及铺地制品		0	0	0	0	0	3.2	0	9.6	0	11.2	6.4								0	0	
57029900	制成的其他纺织材料非起绒地毯及铺地制品		0	0	0	0	0	0	0	8.4	0	9.8	5.6								0	0	
57031000	毛制簇绒地毯及其他簇绒铺地制品		0	0		0	0	0	0	8.4	0	9.8	5.6								0	0	0
57032000	尼龙簇绒地毯及其他簇绒铺地制品		0	0	5	0	0	0	0	2	0	8.5	4								0	0	0
57033000	化纤簇绒地毯及其他簇绒铺地制品		0	0		0	0	0	0	2	0	4	4								0	0	0
57039000	其他纺织材料簇绒地毯及其他簇绒铺地制品		0	0	11.2	0	0	0	0	8.4	0	9.8	5.6				0				0	0	0
57041000	小块毡呢地毯及其他毡呢铺地制品		0	0	7	0	0	0	0	8.4	0	9.8	5.6								0	0	
57042000	中块毡呢地毯及其他毡呢铺地制品		0	0	5	0	0	0	0	2	0	4	4								0	0	0
57049000	大块毡呢地毯及其他毡呢铺地制品		0	0	5	0	0	0	0	2	0	4	4								0	0	0
57050010	毛制其他地毯及其他铺地制品		0	0	11.2	0	0	0	0	8.4	0	9.8	5.6				0				0	0	0
57050020	化纤制其他地毯及其他铺地制品		0	0	5	0	0	0	0	2	0	4	4				0				0	0	0
57050090	其他纺织材料制其他地毯及铺地制品		0	0	11.2	0	0	0	0	8.4	0	9.8	5.6				0				0	0	0
58011000	毛制起绒机织物及绳绒织物		0	0	0	0	0	0	0	2	0	4	4								0	0	0
58012100	不割绒的棉制纬起绒织物		0	0	0	0	0	0	0	7.2	0	4.8	4.8								0	0	
58012200	割绒的棉制灯芯绒		0		0	0	0	0	0	2	0	4	4	0		0					0	0	0
58012300	其他棉制纬起绒织物		0		0	0	0	0	0	2	0	7	4								0	0	0

税则号列	商品描述①	协定税率(%)															特惠税率(%)						
		亚太	东盟	新加坡	巴基斯坦	智利	新西兰	秘鲁	哥斯达黎加	瑞士	冰岛	韩国	澳大利亚	香港	澳门	台湾	亚太2国②	东盟			最不发达国家		
																		老挝	柬埔寨	缅甸	LDC1③	LDC2④	LDC3⑤
58012600	棉制绳绒织物		0		0	0	0	0	0	2	0	4	4								0	0	0
58012710	棉制的不割绒的经起绒织物(棱纹绸)		0		0	0	0	0	0	2	0	4	4								0	0	0
58012720	棉制的割绒的经起绒织物		0		0	0	0	0	0	2	0	4	4	0							0	0	0
58013100	不割绒的化纤制纬起绒织物		0	0	0	0	0	0	0	2	0	8	4								0	0	0
58013200	割绒的化纤制灯芯绒		0	0	0	0	0	0	0	2	0	4	4								0	0	0
58013300	其他化纤纬起绒织物		0	0	0	0	0	0	0	2	0	4	4			0		0	0	0	0	0	0
58013600	化纤绳绒织物		0	0	0	0	0	0	0	2	0	4	4								0	0	0
58013710	化学纤维制的不割绒的经起绒织物(棱纹绸)		0	0	0	0	0	0	0	2	0	4	4								0	0	0
58013720	化学纤维制的割绒的经起绒织物		0	0	0	0	0	0	0	2	0	4	4								0	0	0
58019010	丝及绢丝制起绒机织物及绳绒织物		0	0	0	0	0	0	0	2	0	4	4								0	0	0
58019090	其他材料制起绒机织物及绳绒织物		0	0	0	0	0	0	0	2	0	4	4								0	0	0
58021100	未漂白棉毛巾织物及类似毛圈机织物		0	0	0	0	0	0	0	7.2	0	4.8	4.8		0		0				0	0	0
58021900	其他棉毛巾织物及类似毛圈机织物		0		0	0	0	0	0	2	0	4	4		0						0	0	0
58022010	丝及绢丝毛巾织物及类似毛圈机织物		0	0	0	0	0	0	0	7.2	0	4.8	4.8		0		0				0	0	0
58022020	羊毛等毛巾织物及类似毛圈机织物		0	0	0	0	0	0	0	7.2	0	4.8	4.8		0		0				0	0	0
58022030	化纤毛巾织物及类似毛圈机织物		0	0	0	0	0	0	0	8.4	0	9.8	5.6		0		0				0	0	0
58022090	其他纺织材料毛巾织物及类似毛圈织物		0	0	0	0	0	0	0	7.2	0	4.8	4.8		0		0				0	0	0
58023010	丝及绢丝制簇绒织物		0	0	0	0	0	0	0	2	0	4	4								0	0	0
58023020	羊毛或动物细毛制簇绒织物		0	0	0	0	0	0	0	2	0	4	4								0	0	0
58023030	棉或麻制簇绒织物		0		0	0	0	0	0	2	0	4	4								0	0	0
58023040	化学纤维制簇绒织物		0	0	0	0	0	2	0	2	0	4	4								0	0	0
58023090	其他纺织材料制簇绒织物		0	0	0	0	0	0	0	2	0	4	4								0	0	0
58030010	棉制纱罗		0		5	0	0	0	0	2	0	4	4								0	0	0
58030020	丝及绢丝制纱罗		0	0	5	0	0	0	0	2	0	4	4								0	0	0
58030030	化学纤维制纱罗		0	0	5	0	0	0	0	2	0	4	4								0	0	0
58030090	其他纺织材料制纱罗		0	0	5	0	0	0	0	2	0	4	4								0	0	0
58041010	丝及绢丝网眼薄纱及其他网眼织物	7	0	0	5	0	0	0	0	2	0	4	4								0	0	0
58041020	棉制网眼薄纱及其他网眼织物	7	0		5	0	0	0	0	6.7	0	4	4								0	0	0
58041030	化纤制网眼薄纱及其他网眼织物	8.4	0	0	5	0	0	0	0	7.2	0	10.2	4.8			0		0	0	0	0	0	0
58041090	其他纺织材料网眼薄纱及其他网眼织物	7	0	0	5	0	0	0	0	2	0	4	4			0					0	0	0
58042100	化纤机制花边		0	0	5	0	0	0	0	2	0	4	4	0	0	0					0	0	0
58042910	丝及绢丝机制花边		0	0	5	0	0	0	0	2	0	4	4								0	0	0
58042920	棉机制花边		0		5	0	0	0	0	2	0	4	4					0	0	0	0	0	0

税则号列	商品描述①	协定税率(%) 亚太	东盟	新加坡	巴基斯坦	智利	新西兰	秘鲁	哥斯达黎加	瑞士	冰岛	韩国	澳大利亚	香港	澳门	台湾	特惠税率(%) 亚太2国②	东盟 老挝	东盟 柬埔寨	东盟 缅甸	最不发达国家 LDC1③	最不发达国家 LDC2④	最不发达国家 LDC3⑤
58042990	其他纺织材料制机制花边		0	0	5	0	0	0	0	2	0	4	4								0	0	0
58043000	手工制花边		0	0	5	0	0	0	0	2	0	4	4								0	0	0
58050010	手工针绣嵌花装饰毯		0	0	6	0	0	0	0	7.2	0	4.8	4.8								0	0	0
58050090	"哥白林"等手织装饰毯		0	0	6	0	0	0	0	7.2	0	4.8	4.8								0	0	0
58061010	棉或麻狭幅起绒机织物及绳绒织物		0		5	0	0	0	0	2	0	4	4								0	0	0
58061090	其他材料狭幅起绒织物及绳绒织物	9.1	0	0	5	0	0	0	0	2	0	4	4			0		0	0	0	0	0	0
58062000	含弹性纱线≥5%的狭幅织物		0	0	5	0	0	0	0	2	0	4	4	0	0	0		0	0	0	0	0	0
58063100	棉制其他狭幅机织物		0		5	0	0	0	0	2	0	4	4					0	0	0	0	0	0
58063200	化纤制其他狭幅机织物	7	0	0	5	0	0	0	0	2	0	4	4		0	0		0	0	0	0	0	0
58063910	丝及绢丝制其他狭幅机织物		0	0	5	0	0	0	0	2	0	4	4								0	0	0
58063920	毛制其他狭幅机织物		0	0	5	0	0	0	0	2	0	4	4								0	0	0
58063990	其他材料制其他狭幅机织物		0	0	5	0	0	0	0	2	0	4	4								0	0	0
58064010	棉或麻粘合有经纱无纬纱狭幅织物		0		5	0	0	0	0	2	0	4	4								0	0	0
58064090	其他材料粘合有经纱无纬纱狭幅织物		0	0	5	0	0	0	0	2	0	4	4								0	0	0
58071000	机织非绣制纺织材料标签、徽章等	8.5	0	0	8.5	0	0	2	0	2	0	4	4	0	0	0		0	0	0	0	0	0
58079000	非机织非绣制纺织材料标签、徽章等		0	0	5	0	0	0	0	2	0	4	4								0	0	0
58081000	成匹的编带		0	0		0	0	0	0	2	0	4	4		0						0	0	0
58089000	非绣制成匹装饰带、流苏、绒球		0	0	5	0	0	0	0	2	0	4	4		0			0	0	0	0	0	0
58090010	与棉混制金属线布及含金属纱线布		0	0	5	0	0	0	0	2	0	4	4								0	0	0
58090020	与化纤混制金属线布及含金属纱布		0	0	5	0	0	0	0	2	0	4	4								0	0	0
58090090	其他金属线布及含金属纱线布		0	0	5	0	0	0	0	2	0	4	4								0	0	0
58101000	不见底布的刺绣品		0	0	5	0	0	0	0	2	0	4	4								0	0	0
58109100	棉制见底布的刺绣品		0	0		0	0	2	0	2	0	4	4								0	0	0
58109200	化学纤维制见底布刺绣品		0	0	5	0	0	0	0	2	0	8	4			0					0	0	0
58109900	其他纺织材料制见底布刺绣品		0	0	5	0	0	0	0	2	0	4	4								0	0	0
58110010	丝及绢丝制绗缝被褥状纺织品		0	0	0	0	0	0	0	2	0	4	4								0	0	0
58110020	羊毛或动物细毛制绗缝被褥状纺织品		0	0	0	0	0	0	0	2	0	4	4								0	0	0
58110030	棉制绗缝被褥状纺织品		0		0	0	0	0	0	2	0	4	4								0	0	0
58110040	化学纤维制绗缝被褥状纺织品		0	0	0	0	0	0	0	7.2	0	10.2	4.8								0	0	0
58110090	其他纺织材料制绗缝被褥状纺织品		0	0	0	0	0	0	0	2	0	4	4								0	0	0
59011010	用胶或淀粉涂布的棉或麻纺织物		0	0	5	0	0	0	0	2	0	7	4								0	0	0
59011020	用胶或淀粉涂布的化纤纺织物		0	0	5	0	0	0	0	2	0	4	4								0	0	0
59011090	用胶或淀粉涂布的其他纤维纺织物		0	0	5	0	0	0	0	2	0	4	4								0	0	0

税则号列	商品描述[①]	协定税率(%)															特惠税率(%)						
		亚太	东盟	新加坡	巴基斯坦	智利	新西兰	秘鲁	哥斯达黎加	瑞士	冰岛	韩国	澳大利亚	香港	澳门	台湾	亚太2国[②]	东盟			最不发达国家		
																		老挝	柬埔寨	缅甸	LDC1[③]	LDC2[④]	LDC3[⑤]
59019010	制成的油画布		0		5	0	0	0	0	2	0	4	4								0	0	0
59019091	棉或麻制描图布、帽里硬衬布等		0		5	0	0	0	0	2	0	4	4					0	0	0	0	0	0
59019092	化纤制描图布、帽里硬衬布等		0		5	0	0	0	0	2	0	4	4								0	0	0
59019099	其他纺织纤维制描图布、帽里硬衬布等		0		5	0	0	0	0	2	0	4	4								0	0	0
59021010	聚酰胺-6(尼龙-6)制的帘子布	9	0	0	5	0	0	0	0	2	0	7.9	4								0	0	0
59021020	聚酰胺-6,6(尼龙-6,6)制的帘子布	9	0	0	5	0	0	0	0	2	0	7.9	4								0	0	0
59021090	其他尼龙等高强力纱制的帘子布	9	0	0	5	0	0	0	0	2	0	7	4								0	0	0
59022000	聚酯高强力纱制的帘子布	9	0	0	5	0	0	0	0	2	0	8.5	4								0	0	0
59029000	粘胶纤维高强力纱制帘子布		0		5	0	0	0	0	6	0	4	4								0	0	0
59031010	用聚氯乙烯浸、涂的绝缘布或带	8.5	0		5	0	0	0	0	2	0	4	4								0	0	0
59031020	用聚氯乙烯浸、涂的人造革	8.5	0	0	5	0	0	0	0	2	0	8.5	4	0		0					0	0	0
59031090	用聚氯乙烯浸、涂的其他纺织物	8.5	0	0	5	0	0	0	0	2	0	8.5	4	0		0					0	0	0
59032010	用聚氨基甲酸酯浸、涂的绝缘布或带	8.5	0		5	0	0	0	0	2	0	4	4								0	0	0
59032020	用聚氨基甲酸酯浸、涂的人造革	8.5	0	0	5	0	0	0	0	2	0	8.5	4			0					0	0	0
59032090	用聚氨基甲酸酯浸、涂的其他纺织物	8.5	0	0	8.5	0	0	0	0	2	0	8.5	4	0		0					0	0	0
59039010	用其他塑料浸、涂的绝缘布或带	8.5	0		5	0	0	0	0	6	0	4	4								0	0	0
59039020	用其他塑料浸、涂的人造革	8.5	0	0	5	0	0	0	0	2	0	8	4			0					0	0	0
59039090	用其他塑料浸、涂的其他纺织物	8.5	0	0	8.5	0	0	0	0	2	0	8.5	4	0		0		0	0	0	0	0	0
59041000	列诺伦(亚麻油地毡)		0	0	11.2	0	0	0	0	8.4	0	9.8	5.6								0	0	
59049000	以织物为底涂布的铺地品		0	0	7	0	0	0	0	8.4	0	9.8	5.6								0	0	
59050000	糊墙织物		0	0	5	0	0	0	0	2	0	4	4								0	0	0
59061010	用橡胶处理宽≤20厘米纺织绝缘胶粘带		0		5	0	0	0	0	2	0	4	4								0	0	0
59061090	用橡胶处理宽≤20厘米其他纺丝胶粘带		0	0	5	0	0	0	0	2		4	4								0	0	0
59069100	用橡胶处理的针织或钩编的纺织物		0	0	5	0	0	0	0	2	0	4	4			0					0	0	0
59069910	用橡胶处理的其他绝缘布或带		0		5	0	0	0	0	2	0	4	4								0	0	0
59069990	用橡胶处理的其他纺织物		0	0	5	0	0	0	0	2	0	4	4			0					0	0	0
59070010	用其他材料浸、涂的绝缘布或带	8.5	0		5	0	0	0	0	6	0	4	4								0	0	0
59070020	用其他材料浸、涂的已绘制画布	8.5	0		5	0	0	0	0	2	0	4	4	0							0	0	0
59070090	用其他材料浸、涂的其他纺织物	8.5	0	0	5	0	0	0	0	2	0	8.5	4								0	0	0
59080000	纺织材料制灯芯、炉芯等和煤气灯纱筒及纱罩		0		5	0	0	0	0	2	0	4	4								0	0	0
59090000	纺织材料制水龙软管及类似管子		0		5	0	0	0	0	1.6	0	3.2	3.2		0						0	0	0
59100000	纺织材料制的传动带或输送带及带料		0		5	0	0	0	0	1.6	0	3.2	3.2			0					0	0	0
59111010	包覆纺锤用浸胶的起绒狭幅织物	7.2	0		5	0	0	0	0	1.6	0	3.2	3.2								0	0	0

税则号列	商品描述①	协定税率(%)															特惠税率(%)						
		亚太	东盟	新加坡	巴基斯坦	智利	新西兰	秘鲁	哥斯达黎加	瑞士	冰岛	韩国	澳大利亚	香港	澳门	台湾	亚太2国②	东盟			最不发达国家		
																		老挝	柬埔寨	缅甸	LDC1③	LDC2④	LDC3⑤
59111090	其他涂胶等针布及专门技术用途的纺织物起绒狭幅织物		0		5	0	0	0	0	1.6	0	3.2	3.2								0	0	0
59112000	筛布		0		5	0	0	0	0	0	0	3.2	3.2								0	0	0
59113100	造纸等机器用轻的环状或有连接装置的布或毡呢		0		5	0	0	0	0	1.6	0	3.2	3.2								0	0	0
59113200	造纸等机器用重的环状或有连接装置的布或毡呢		0		5	0	0	0	0	4.8	0	3.2	3.2								0	0	0
59114000	用于榨油机器或类似机器的滤布		0		5	0	0	0	0	1.6	0	3.2	3.2								0	0	0
59119000	其他专门技术用途纺织产品及制品		0		5	0	0	0	0	1.6	0		3.2								0	0	0
60011000	针织或钩编的长毛绒织物	8.5	0	0	0	0	0	0	0	2	0	8	4								0	0	0
60012100	棉制针织或钩编的毛圈绒头织物	8.5	0		0	0	0	0	0	2	0	4	4								0	0	0
60012200	化纤制针织或钩编毛圈绒头织物	8.5	0	0	0	0	0	0	0	2	0	4	4								0	0	0
60012900	其他材料制针织或钩编毛圈绒头布		0	0	0	0	0	0	0	7.2	0	4.8	4.8								0	0	
60019100	棉制针织或钩编起绒织物	7	0		0	0	0	0	0	2	0	4	4								0	0	0
60019200	化纤制针织或钩编起绒织物	8.5	0	0	0	0	0	0	0	2	0	8.5	4	0	0	0					0	0	0
60019900	其他纤维制针织或钩编起绒织物		0	0	0	0	0	0	0	7.2	0	4.8	4.8								0	0	
60024010	宽≤30厘米,弹性纱线≥5%棉针织、钩编织物	8.5	0		0	0	0	0	0	2	0	4	4								0	0	0
60024020	宽≤30厘米,弹性纱线≥5%丝及绢丝制针织、钩编织物	8.5	0	0	0	0	0	0	0	2	0	4	4								0	0	0
60024030	宽≤30厘米,弹性纱线≥5%合成纤维制针织、钩编织物		0	0	0	0	0	0	0	2	0	4	4								0	0	0
60024040	宽≤30厘米,弹性纱线≥5%人造纤维制针织、钩编织物		0	0	0	0	0	0	0	2	0	4	4								0	0	0
60024090	宽≤30厘米,弹性纱线≥5%其他纺织材料针织、钩编织物	7	0	0	0	0	0	0	0	2	0	4	4								0	0	0
60029010	宽≤30厘米含橡胶线的棉针织、钩编织物	8.5	0		0	0	0	0	0	2	0	4	4					0	0	0	0	0	0
60029020	宽≤30厘米含橡胶线的丝及绢丝制针织、钩编织物	8.5	0	0	0	0	0	0	0	2	0	4	4								0	0	0
60029030	宽≤30厘米含橡胶线的合成纤维制针织、钩编织物	5	0	0	0	0	0	0	0	2	0	8	4					0	0	0	0	0	0
60029040	宽≤30厘米含橡胶线的人造纤维制针织、钩编织物	5	0	0	0	0	0	0	0	2	0	4	4								0	0	0
60029090	宽≤30厘米含橡胶线的其他纺织材料针织、钩编织物	8.5	0	0	0	0	0	0	0	2	0	4	4								0	0	0
60031000	宽≤30厘米羊毛或动物细毛制的针织、钩编织物		0	0	0	0	0	0	0	2	0	4	4								0	0	0
60032000	宽≤30厘米其他棉制的针织、钩编织物		0		0	0	0	0	0	2	0	4	4								0	0	0
60033000	宽≤30厘米合成纤维制的针织、钩编织物	9.4	0	0	0	0	0	0	0	2	0	4	4								0	0	0

税则号列	商品描述①	协定税率(%)															特惠税率(%)						
		亚太	东盟	新加坡	巴基斯坦	智利	新西兰	秘鲁	哥斯达黎加	瑞士	冰岛	韩国	澳大利亚	香港	澳门	台湾	亚太2国②	东盟			最不发达国家		
																		老挝	柬埔寨	缅甸	LDC1③	LDC2④	LDC3⑤
60034000	宽≤30厘米人造纤维制的针织、钩编织物	9.4	0	0	0	0	0	0	0	2	0	4	4								0	0	0
60039000	宽≤30厘米其他针织、钩编织物		0	0	0	0	0	0	0	2	0	4	4								0	0	0
60041010	宽>30厘米,弹性纱线≥5%棉针织、钩编织物	7	0	0	0	0	0	0	0	2	0	4	4	0				0	0	0	0	0	0
60041020	宽>30厘米,弹性纱线≥5%丝及绢丝制针织、钩编织物	8.5	0	0	0	0	0	0	0	2	0	4	4								0	0	0
60041030	宽>30厘米,弹性纱线≥5%合成纤维制针织、钩编织物		0	0	0	0	0	0	0	2	0	8.5	4	0	0	0					0	0	0
60041040	宽>30厘米,弹性纱线≥5%人造纤维制针织、钩编织物		0	0	0	0	0	0	0	2	0	8	4	0	0						0	0	0
60041090	宽>30厘米,弹性纱线≥5%其他纺织材料针织、钩编织物	8.5	0	0	0	0	0	0	0	2	0	4	4	0	0	0					0	0	0
60049010	宽>30厘米含橡胶线的棉针织、钩编织物	8.5	0		0	0	0	0	0	2	0	4	4	0							0	0	0
60049020	宽>30厘米含橡胶线的丝及绢丝制针织、钩编织物	8.5	0	0	0	0	0	0	0	2	0	4	4								0	0	0
60049030	宽>30厘米含橡胶线的合成纤维制针织、钩编织物		0	0	0	0	0	0	0	2	0	8.5	4	0	0	0					0	0	0
60049040	宽>30厘米含橡胶线的人造纤维制针织、钩编织物		0	0	0	0	0	0	0	2	0	4	4	0	0						0	0	0
60049090	宽>30厘米含橡胶线的其他纺织材料针织、钩编织物	7	0	0	0	0	0	0	0	2	0	4	4	0	0	0					0	0	0
60052100	未漂白或漂白棉制的其他经编织物		0		0	0	0	0	0	2	0	4	4	0							0	0	0
60052200	染色棉制的其他经编织物		0		0	0	0	0	0	2	0	4	4	0							0	0	0
60052300	色织棉制的其他经编织物		0		0	0	0	0	0	2	0	4	4	0							0	0	0
60052400	印花棉制的其他经编织物		0		0	0	0	0	0	2	0	4	4	0							0	0	0
60053500	本章子目注释一所列用于抗疟网的合成纤维制的经编织物	8.5	0	0	0	0	0	0	0	2	0	4	4			0					0	0	0
60053600	其他未漂白或漂白合成纤维制的经编织物(ex6005.3100)	8.5	0	0	0	0	0	0	0	2	0	4	4			0					0	0	0
60053700	其他染色合成纤维制的经编织物(ex6005.3200)	8.5	0	0	0	0	0	0	0	2	0	8.5	4			0		0	0	0	0	0	0
60053800	其他色织合成纤维制的其他经编织物(ex6005.3300)	8.5	0	0	0	0	0	0	0	2	0	4	4								0	0	0
60053900	其他印花合成纤维制的其他经编织物	8.5	0	0	0	0	0	0	0	2	0	4	4								0	0	0
60054100	未漂白或漂白人造纤维制的其他经编织物	8.5	0	0	0	0	0	0	0	2	0	4	4								0	0	0
60054200	染色人造纤维制的其他经编织物	8.5	0	0	0	0	0	0	0	2	0	4	4								0	0	0
60054300	色织人造纤维制的其他经编织物	8.5	0	0	0	0	0	0	0	2	0	4	4								0	0	0
60054400	印花人造纤维制的其他经编织物	8.5	0	0	0	0	0	0	0	2	0	4	4								0	0	0
60059010	羊毛或动物细毛制的其他经编织物		0	0	0	0	0	0	0	7.2	0	4.8	4.8								0	0	

税则号列	商品描述①	协定税率(%)															特惠税率(%)						
		亚太	东盟	新加坡	巴基斯坦	智利	新西兰	秘鲁	哥斯达黎加	瑞士	冰岛	韩国	澳大利亚	香港	澳门	台湾	亚太2国②	东盟 老挝	东盟 柬埔寨	东盟 缅甸	最不发达国家 LDC1③	最不发达国家 LDC2④	最不发达国家 LDC3⑤
60059090	其他纺织材料制经编织物		0	0	0	0	0	0	0	7.2	0	4.8	4.8								0	0	
60061000	羊毛或动物细毛制的其他针织、钩编织物		0	0	0	0	0	0	0	7.2	0	4.8	4.8								0	0	
60062100	未漂白或漂白棉制的其他针织、钩编织物	7	0		0	0	0	0	0	2	0	8	4	0	0						0	0	0
60062200	染色棉制的其他针织、钩编织物	8.5	0	0	0	0	0	0	0	2	0	4	4	0	0			0	0	0	0	0	0
60062300	色织棉制的其他针织、钩编织物	7	0	0	0	0	0	0	0	2	0	4	4	0	0			0	0	0	0	0	0
60062400	印花棉制的其他针织、钩编织物	8.5	0		0	0	0	0	0	2	0	4	4	0	0	0					0	0	0
60063100	未漂白或漂白合成纤维制的其他针织、钩编织物	8.5	0	0	0	0	0	0	0	2	0	4	4	0	0	0					0	0	0
60063200	染色合成纤维制的其他针织、钩编织物	8.5	0	0	0	0	0	0	0	2	0	8.5	4	0	0	0					0	0	0
60063300	色织合成纤维制的其他针织、钩编织物	8.5	0	0	0	0	0	0	0	2	0	8.5	4	0	0	0					0	0	0
60063400	印花合成纤维制的其他针织、钩编织物	8.5	0	0	0	0	0	0	0	2	0	8.5	4	0	0	0					0	0	0
60064100	未漂白或漂白人造纤维制的其他针织、钩编织物	8.5	0	0	0	0	0	0	0	2	0	4	4	0	0						0	0	0
60064200	染色人造纤维制的其他针织、钩编织物	8.5	0	0	0	0	0	0	0	2	0	8	4	0	0	0					0	0	0
60064300	色织人造纤维制的其他针织、钩编织物	8.5	0	0	0	0	0	0	0	2	0	4	4	0	0						0	0	0
60064400	印花人造纤维制的其他针织、钩编织物	8.5	0	0	0	0	0	0	0	2	0	4	4	0	0						0	0	0
60069000	未列名针织、钩编织物	10.2	0	0	0	0	0	0	0	7.2	0	4.8	4.8								0	0	
61012000	棉制针织或钩编男式大衣、防风衣	14	0	0	14	0	0	3.5	0	10.5	0	12.2	7	0	0						0	0	0
61013000	化纤制针织或钩编男式大衣等	12.3	0	0	8.8	0	0	3.5	0	10.5	0	12.2	7	0	0						0	0	0
61019010	毛制针织或钩编男式大衣、防风衣	18	0	0	18	0	0	5	0	15	0	21.2	10	0	0						0	0	
61019090	其他纺织材料制针织或钩编男式大衣、防风衣	12.3	0	0	8.8	0	0	3.5	0	10.5	0	12.2	7	0	0						0	0	
61021000	毛制针织或钩编女式大衣、防风衣	18	0	0	18	0	0	5	0	15	0	21.2	10	0	0						0	0	
61022000	棉制针织或钩编女式大衣、防风衣	14	0	0	14	0	0		0	10.5	0	12.2	7	0	0						0	0	0
61023000	化纤制针织或钩编女式大衣等	12.3	0	0	8.8	0	0	3.5	0	10.5	0	12.2	7	0	0						0	0	0
61029000	其他纺织材料制针织或钩编女式大衣、防风衣	13.8	0	0	10	0	0	4	0	12	0	16	8	0	0						0	0	
61031010	毛制针织或钩编男式西服套装	18	0	0	18	0	0	5	0	15	0	21.2	10	0	0						0	0	
61031020	合纤制针织或钩编男西服套装	18	0	0	18	0	0	5	0	15	0	21.2	10	0	0						0	0	
61031090	其他纺织材料制针织或钩编男式西服套装	12.3	0	0	8.8	0	0	3.5	0	10.5	0	12.2	7	0	0			0			0	0	0
61032200	棉制针织或钩编男式便服套装	14.8	0	0	14.8	0	0	4	0	12	0	16	8	0	0			0			0	0	0

税则号列	商品描述[①]	协定税率(%)															特惠税率(%)						
		亚太	东盟	新加坡	巴基斯坦	智利	新西兰	秘鲁	哥斯达黎加	瑞士	冰岛	韩国	澳大利亚	香港	澳门	台湾	亚太2国[②]	东盟 老挝	东盟 柬埔寨	东盟 缅甸	最不发达国家 LDC1[③]	最不发达国家 LDC2[④]	最不发达国家 LDC3[⑤]
61032300	合纤制针织或钩编男便服套装	18	0	0	18	0	0	5	0	15	0	21.2	10	0	0						0	0	
61032910	毛制针织或钩编男式便服套装	18	0	0	18	0	0	5	0	15	0	21.2	10	0	0						0	0	
61032990	其他纺织材料制针织或钩编男式便服套装	18	0	0	18	0	0	5	0	15	0	21.2	10		0			0			0	0	0
61033100	毛制针织或钩编男式上衣	11.7	0	0	8	0	0	3.2	0	9.6	0	11.2	6.4	0	0						0	0	
61033200	棉制针织或钩编男式上衣	12	0	0	8	0	0	3.2	0	9.6	0	11.2	6.4	0	0			0	0	0	0	0	0
61033300	合纤制针织或钩编男式上衣	13.6	0	0	9.5	0	0	3.8	0	11.4	0	13.3	7.6	0	0				0		0	0	0
61033900	其他纺织材料制针织或钩编男式上衣	11.7	0	0	8	0	0	3.2	0	9.6	0	11.2	6.4	0	0			0	0		0	0	0
61034100	毛制针织或钩编男长裤、工装裤等	11.7	0	0	8	0	0	3.2	0	9.6	0	11.2	6.4	0	0		0				0	0	0
61034200	棉制针织或钩编男长裤、工装裤等	13.6	0	0	8	0	0	3.2	0	9.6	0	11.2	6.4	0	0		6.4	0	0	0	0	0	0
61034300	合纤制针织或钩编男长裤等	12.3	0	0	8.8	0	0	3.5	0	10.5	0	12.2	7	0	0		0		0		0	0	0
61034900	其他纺织材料制针织或钩编男长裤等	11.7	0	0	8	0	0	3.2	0	9.6	0	11.2	6.4	0	0		0	0	0		0	0	0
61041300	合纤制针织或钩编女西服套装	18	0	0	18	0	0	5	0	15	0	21.2	10	0	0						0	0	
61041910	毛制针织或钩编女式西服套装	12.3	0	0	8.8	0	0	3.5	0	10.5	0	12.2	7	0	0						0	0	0
61041920	棉制针织或钩编女式西服套装	14	0	0	14	0	0	3.5	0	10.5	0	12.2	7	0	0			0			0	0	0
61041990	其他纺织材料制针织或钩编女式西服套装	12.3	0	0	8.8	0	0	3.5	0	10.5	0	12.2	7	0	0			0			0	0	0
61042200	棉制针织或钩编女式便服套装	14	0	0	14	0	0	3.5	0	10.5	0	12.2	7	0	0			0			0	0	0
61042300	合纤制针织或钩编女便服套装	18	0	0	18	0	0	5	0	15	0	21.2	10	0	0						0	0	
61042910	毛制针织或钩编女式便服套装	12.3	0	0	8.8	0	0	3.5	0	10.5	0	12.2	7	0	0						0	0	
61042990	其他纺织材料制针织或钩编女式便服套装	10.4	0	0	7.5	0	0	3	0	9	0	10.5	6	0	0						0	0	0
61043100	毛制针织女式上衣	11.7	0	0	8	0	0	3.2	0	9.6	0	11.2	6.4	0	0						0	0	0
61043200	棉制针织女式上衣	13.6	0	0	13.6	0	0	3.2	0	9.6	0	11.2	6.4	0	0			0	0	0	0	0	0
61043300	合纤制针织女上衣	13.6	0	0	9.5	0	0	3.8	0	11.4	0	13.3	7.6	0	0				0		0	0	0
61043900	其他纺织材料制针织女上衣	11.7	0	0	8	0	0	3.2	0	9.6	0	11.2	6.4	0	0				0		0	0	0
61044100	毛制针织或钩编连衣裙	11.7	0	0	8	0	0	3.2	0	9.6	0	11.2	6.4	0	0						0	0	
61044200	棉制针织或钩编连衣裙	13.6	0	0	8	0	0	3.2	0	9.6	0	11.2	6.4	0	0						0	0	0
61044300	合纤制针织或钩编连衣裙	12.3	0	0	8.8	0	0	3.5	0	10.5	0	12.2	7	0	0				0		0	0	0
61044400	人纤制针织或钩编连衣裙	11.7	0	0	8	0	0	3.2	0	9.6	0	11.2	6.4	0	0				0		0	0	0
61044900	其他纺织材料制针织或钩编连衣裙	11.7	0	0	8	0	0	3.2	0	9.6	0	11.2	6.4	0	0				0		0	0	0
61045100	毛制针织或钩编裙子及裙裤	10.8	0	0	7	0	0	0	0	8.4	0	9.8	5.6	0	0						0	0	
61045200	棉制针织裙子及裙裤	10.3	0	0	7	0	0	0	0	8.4	0	9.8	5.6	0	0						0	0	0
61045300	合纤制针织或钩编裙子及裙裤	11.7	0	0	8	0	0	3.2	0	9.6	0	11.2	6.4	0	0				0		0	0	0
61045900	其他纺织材料制针织或钩编裙子及裙裤	10.8	0	0	7	0	0	0	0	8.4	0	9.8	5.6	0	0			0	0	0	0	0	0
61046100	毛制针织或钩编女长裤、工装裤等	11.7	0	0	8	0	0	3.2	0	9.6	0	11.2	6.4	0	0						0	0	0

税则号列	商品描述①	协定税率(%)															特惠税率(%)						
																	亚太2国②	东盟			最不发达国家		
		亚太	东盟	新加坡	巴基斯坦	智利	新西兰	秘鲁	哥斯达黎加	瑞士	冰岛	韩国	澳大利亚	香港	澳门	台湾		老挝	柬埔寨	缅甸	LDC1③	LDC2④	LDC3⑤
61046200	棉制针织或钩编女长裤、工装裤等	13.6	0	0	8	0	0	3.2	0	9.6	0	11.2	6.4	0	0		6.4				0	0	0
61046300	合纤制针织或钩编女长裤等	12.3	0	0	8.8	0	0	3.5	0	10.5	0	12.2	7	0	0						0	0	0
61046900	其他纺织材料制针织或钩编女长裤等	12	0	0	8	0	0	3.2	0	9.6	0	11.2	6.4	0	0		0				0	0	0
61051000	棉制针织或钩编男衬衫	13.6	0	0	13.6	0	0		0	9.6	0	11.2	6.4	0	0	0	11.2	0	0	0	0	0	0
61052000	化纤制针织或钩编男衬衫	12.3	0	0	8.8	0	0	3.5	0	10.5	0	12.2	7	0	0		0				0	0	0
61059000	其他纺织材料制针织或钩编男衬衫	11.7	0	0	8	0	0	3.2	0	9.6	0	11.2	6.4	0	0		0				0	0	0
61061000	棉制针织或钩编女衬衫	13.6	0	0	8	0	0	3.2	0	9.6	0	11.2	6.4	0	0		6.4	0	0	0	0	0	0
61062000	化纤制针织或钩编女衬衫	12.3	0	0	8.8	0	0	3.5	0	10.5	0	12.2	7	0	0		0				0	0	0
61069000	其他纺织材料制针织或钩编女衬衫	11.7	0	0	8	0	0	3.2	0	9.6	0	11.2	6.4	0	0	0	0				0	0	0
61071100	棉制针织或钩编男内裤及三角裤		0	0	11.2	0	0	2.8	0	8.4	0	9.8	5.6	0	0		5.6	0	0	0	0	0	0
61071200	化纤制针织或钩编男内裤及三角裤	10.9	0	0	8	0	0	3.2	0	9.6	0	11.2	6.4	0	0						0	0	
61071910	丝及绢丝制针织或钩编男内裤及三角裤	9.3	0	0	7	0	0	0	0	8.4	0	9.8	5.6	0	0						0	0	
61071990	其他纺织材料制针织或钩编男内裤及三角裤	9.3	0	0	7	0	0	0	0	8.4	0	9.8	5.6	0	0						0	0	
61072100	棉制针织或钩编男长睡衣及睡衣裤		0	0	11.2	0	0		0	8.4	0	9.8	5.6	0	0		5.6	0	0	0	0	0	0
61072200	化纤制针织或钩编男睡衣裤	10.9	0	0	8	0	0	3.2	0	9.6	0	11.2	6.4	0	0		0				0	0	0
61072910	丝及绢丝制针织或钩编男长睡衣及睡衣裤	9.3	0	0	7	0	0	0	0	8.4	0	9.8	5.6	0	0		0				0	0	0
61072990	其他纺织材料制针织或钩编男长睡衣及睡衣裤	9.3	0	0	7	0	0	0	0	8.4	0	9.8	5.6	0	0		0	0	0	0	0	0	0
61079100	棉制针织或钩编男浴衣、晨衣		0	0	7	0	0	0	0	8.4	0	9.8	5.6	0	0						0	0	
61079910	化纤制针织或钩编男浴衣、晨衣	10.9	0	0	8	0	0	3.2	0	9.6	0	11.2	6.4	0	0						0	0	
61079990	其他纺织材料制针织或钩编男浴衣、晨衣	9.3	0	0	7	0	0	0	0	8.4	0	9.8	5.6								0	0	
61081100	化纤制针织或钩编长衬裙及衬裙	10.9	0	0	8	0	0	3.2	0	9.6	0	11.2	6.4	0	0						0	0	
61081910	棉制针织或钩编女式长衬裙及衬裙		0	0	7	0	0	0	0	8.4	0	9.8	5.6	0	0						0	0	0
61081920	丝及绢丝制针织或钩编女式长衬裙及衬裙		0	0	7	0	0	0	0	8.4	0	9.8	5.6	0	0						0	0	
61081990	其他纺织材料制针织或钩编女式长衬裙及衬裙	9.3	0	0	7	0	0	0	0	8.4	0	9.8	5.6	0	0						0	0	
61082100	棉制针织或钩编女三角裤及短衬裤		0	0	11.2	0	0	0	0	8.4	0	9.8	5.6	0	0			0	0	0	0	0	0
61082200	化纤制针织或钩编女三角裤及短衬裤	10.9	0	0	8	0	0	3.2	0	9.6	0	11.2	6.4	0	0						0	0	0
61082910	丝及绢丝制针织或钩编女三角裤及短衬裤	9.3	0	0	7	0	0	0	0	8.4	0	9.8	5.6	0	0						0	0	

税则号列	商品描述[①]	协定税率(%)															特惠税率(%)						
		亚太	东盟	新加坡	巴基斯坦	智利	新西兰	秘鲁	哥斯达黎加	瑞士	冰岛	韩国	澳大利亚	香港	澳门	台湾	亚太2国[②]	东盟 老挝	东盟 柬埔寨	东盟 缅甸	最不发达国家 LDC1[③]	最不发达国家 LDC2[④]	最不发达国家 LDC3[⑤]
61082990	其他纺织材料制针织或钩编女三角裤及短衬裤	9.3	0	0	7	0	0	0	0	8.4	0	9.8	5.6	0	0						0	0	
61083100	棉制针织或钩编女睡衣及睡衣裤		0	0	11.2	0	0	2.8	0	8.4	0	9.8	5.6	0	0		5.6	0	0	0	0	0	0
61083200	化纤制针织或钩编女睡衣及睡衣裤	10.9	0	0	8	0	0	3.2	0	9.6	0	11.2	6.4	0	0		0				0	0	0
61083910	丝及绢丝制针织或钩编女睡衣及睡衣裤	9.3	0	0	7	0	0	0	0	8.4	0	9.8	5.6	0	0		0				0	0	0
61083990	其他纺织材料制针织或钩编女睡衣及睡衣裤	9.3	0	0	7	0	0	0	0	8.4	0	9.8	5.6	0	0		0				0	0	0
61089100	棉制针织或钩编女浴衣、晨衣		0	0	11.2	0	0	2.8	0	8.4	0	9.8	5.6	0	0			0	0	0	0	0	0
61089200	化纤制针织或钩编女浴衣、晨衣	10.9	0	0	8	0	0	3.2	0	9.6	0	11.2	6.4	0	0						0	0	0
61089900	其他纺织材料制针织或钩编女浴衣、晨衣	9.3	0	0	7	0	0	0	0	8.4	0	9.8	5.6	0	0						0	0	
61091000	棉制针织或钩编T恤衫、汗衫等	9.4	0	0	9.4	0	0	2.8	0	8.4	0	5.6	5.6	0	0			0	0	0	0	0	0
61099010	丝及绢丝制针织或钩编T恤衫、汗衫等	9.3	0	0	7	0	0	0	0	8.4	0	9.8	5.6	0	0		0				0	0	0
61099090	其他纺织材料制针织或钩编T恤衫、汗衫等	9.3	0	0	9.3	0	0	2.8	0	8.4	0	9.8	5.6	0	0		0	0	0	0	0	0	0
61101100	羊毛制针织或钩编套头衫等	9.3	0	0	0	0	0	2.8	0	8.4	0	5.6	5.6	0	0	0	0	0	0	0	0	0	0
61101200	喀什米尔山羊细毛制针织或钩编套头衫等	9.3	0	0	0	0	0	0	0	8.4	0	9.8	5.6	0	0						0	0	0
61101910	其他山羊细毛制针织或钩编套头衫等	9.3	0	0	0	0	0	0	0	8.4	0	9.8	5.6	0	0						0	0	0
61101920	兔毛制针织或钩编套头衫等	9.3	0	0	0	0	0	0	0	8.4	0	9.8	5.6	0	0						0	0	
61101990	其他毛制针织或钩编套头衫等	9.3	0	0	0	0	0	2.8	0	8.4	0	9.8	5.6	0	0						0	0	0
61102000	棉制针织或钩编套头衫等	11	0	0	0	0	0	2.8	0	8.4	0	9.8	5.6	0	0	0	5.6	0	0	0	0	0	0
61103000	化纤制针织或钩编套头衫等	10.9	0	0	0	0	0	3.2	0	9.6	0	12.8	6.4	0	0	0	0				0	0	0
61109010	丝及绢丝制针织或钩编套头衫等	9.3	0	0	0	0	0	0	0	8.4	0	9.8	5.6	0	0		0				0	0	0
61109090	其他纺织材料制针织或钩编套头衫等	9.3	0	0	0	0	0	2.8	0	8.4	0	9.8	5.6	0	0		0				0	0	0
61112000	棉制针织或钩编婴儿服装及附件		0	0	11.2	0	0	0	0	8.4	0	9.8	5.6	0	0						0	0	0
61113000	合纤制针织婴儿服装及附件	10.9	0	0	8	0	0	3.2	0	9.6	0	11.2	6.4	0	0						0	0	0
61119010	毛制针织或钩编婴儿服装及附件	9.3	0	0	7	0	0	0	0	8.4	0	9.8	5.6	0	0						0	0	0
61119090	其他纺织材料制针织或钩编婴儿服装及附件	9.3	0	0	7	0	0	2.8	0	8.4	0	9.8	5.6	0	0						0	0	
61121100	棉制针织或钩编运动服	13.6	0	0	8	0	0	3.2	0	9.6	0	11.2	6.4	0	0						0	0	
61121200	合纤制针织或钩编运动服	12.3	0	0	8.8	0	0	3.5	0	10.5	0	12.2	7	0	0						0	0	0
61121900	其他纺织材料制针织或钩编运动服	11.7	0	0	8	0	0	3.2	0	9.6	0	11.2	6.4	0	0						0	0	
61122010	棉制针织或钩编滑雪服	13.6	0	0	8	0	0	3.2	0	9.6	0	11.2	6.4								0	0	0
61122090	其他纺织材料制针织或钩编滑雪服	13.6	0	0	9.5	0	0	3.8	0	11.4	0	13.3	7.6								0	0	
61123100	合纤制针织或钩编男式游泳服	12.3	0	0	8.8	0	0	3.5	0	10.5	0	12.2	7	0	0						0	0	

税则号列	商品描述①	协定税率(%)															特惠税率(%)						
																		东盟			最不发达国家		
		亚太	东盟	新加坡	巴基斯坦	智利	新西兰	秘鲁	哥斯达黎加	瑞士	冰岛	韩国	澳大利亚	香港	澳门	台湾	亚太2国②	老挝	柬埔寨	缅甸	LDC1③	LDC2④	LDC3⑤
61123900	其他纺织材料制针织或钩编男式游泳服	11.7	0	0	8	0	0	3.2	0	9.6	0	11.2	6.4	0	0						0	0	
61124100	合纤制针织或钩编女式游泳服	12.3	0	0	8.8	0	0	3.5	0	10.5	0	12.2	7	0	0	0					0	0	
61124900	其他纺织材料制针织或钩编女式游泳服	11.7	0	0	8	0	0	3.2	0	9.6	0	11.2	6.4	0	0						0	0	
61130000	涂层经处理针织或钩编织物制服装	11.7	0	0	8	0	0	3.2	0	9.6	0	11.2	6.4	0	0		0				0	0	0
61142000	棉制针织或钩编的其他服装		0	0	12.8	0	0		0	9.6	0	11.2	6.4	0	0		6.4				0	0	0
61143000	化纤制针织或钩编的其他服装		0	0	14	0	0	3.5	0	10.5	0	12.2	7	0	0						0	0	0
61149010	毛制针织或钩编的其他服装		0	0	12.8	0	0	3.2	0	9.6	0	11.2	6.4	0	0						0	0	
61149090	其他纺织材料制针织或钩编的其他服装		0	0	12.8	0	0	3.2	0	9.6	0	11.2	6.4	0	0						0	0	
61151000	渐紧压袜类连裤袜	9.3	0	0	8	0	0	3.2	0	10.7	0	11.2	6.4	0	0						0	0	
61152100	单丝<67分特合纤制连裤袜等	14.4	0	0	12.8	0	0	3.2	0	9.6	0	11.2	6.4	0	0						0	0	
61152200	单丝≥67分特合纤制连裤袜等	10.9	0	0	8	0	0	3.2	0	9.6	0	11.2	6.4		0	0					0	0	
61152910	棉制针织或钩编连裤袜及紧身裤袜		0	0	11.2	0	0	0	0	8.4	0	9.8	5.6		0						0	0	0
61152990	其他纺织材料制针织连裤袜及紧身裤袜	9.3	0	0	7	0	0	0	0	8.4	0	9.8	5.6		0	0					0	0	
61153000	单丝<67分特制针织或钩编女筒袜	9.3	0	0	7	0	0	0	0	8.4	0	9.8	5.6				0				0	0	0
61159400	毛制针织或钩编短袜及其他袜类		0	0	11.2	0	0	0	0	8.4	0	9.8	5.6	0	0						0	0	
61159500	棉制针织或钩编短袜及其他袜类		0	0	11.2	0	0	2.8	0	8.4	0	9.8	5.6	0	0						0	0	0
61159600	合纤制针织或钩编短袜及其他袜类	10.9	0	0	8	0	0	3.2	0	9.6	0	11.2	6.4	0	0						0	0	0
61159900	其他纺织材料制针织或钩编短袜及其他袜类	9.3	0	0	7	0	0	0	0	8.4	0	9.8	5.6	0	0	0					0	0	
61161000	塑料或橡胶浸渍的针织或钩织手套		0	0		0	0	0	0	8.4	0	9.8	5.6	0	0						0	0	0
61169100	毛制其他针织或钩编手套		0	0	7	0	0	0	0	8.4	0	9.8	5.6	0	0						0	0	0
61169200	棉制其他针织或钩编手套		0	0		0	0	0	0	8.4	0	9.8	5.6	0	0						0	0	
61169300	合纤制其他针织或钩编手套	10.9	0	0	8	0	0	3.2	0	9.6	0	11.2	6.4	0	0						0	0	0
61169900	其他纺织材料制针织或钩编手套	9.3	0	0	9.3	0	0	2.8	0	8.4	0	9.8	5.6	0	0						0	0	0
61171011	山羊绒制披巾、头巾、围巾、披纱、面纱及类似品	9.3	0	0	0	0	0	2.8	0	8.4	0	9.8	5.6	0	0						0	0	0
61171019	其他动物细毛制披巾、头巾、围巾、披纱、面纱及类似品	9.3	0	0	0	0	0	2.8	0	8.4	0	9.8	5.6	0	0						0	0	0
61171020	羊毛制披巾、头巾、围巾、披纱、面纱及类似品	9.3	0	0	0	0	0	2.8	0	8.4	0	9.8	5.6	0	0						0	0	0
61171090	其他制的披巾、头巾、围巾、披纱、面纱及类似品	9.3	0	0	0	0	0	2.8	0	8.4	0	9.8	5.6	0	0						0	0	0
61178010	针织或钩编领带及领结	9.3	0	0	0	0	0	0	0	8.4	0	9.8	5.6	0	0	0					0	0	0
61178090	针织或钩编其他衣着附件	9.3	0	0	0	0	0	2.8	0	8.4	0	9.8	5.6	0	0	0					0	0	0
61179000	其他针织或钩编衣着零件	7	0	0	0	0	0	0	0	8.4	0	9.8	5.6	0	0	0					0	0	0

税则号列	商品描述[①]	协定税率(%)															特惠税率(%)						
		亚太	东盟	新加坡	巴基斯坦	智利	新西兰	秘鲁	哥斯达黎加	瑞士	冰岛	韩国	澳大利亚	香港	澳门	台湾	亚太2国[②]	东盟 老挝	东盟 柬埔寨	东盟 缅甸	最不发达国家 LDC1[③]	最不发达国家 LDC2[④]	最不发达国家 LDC3[⑤]
62011100	毛制男式大衣、斗篷及类似品	11.7	0	0	8	0	0	3.2	0	9.6	0	11.2	6.4	0	0						0	0	0
62011210	棉制男式羽绒服		0	0	12.8	0	0	3.2	0	9.6	0	11.2	6.4	0	0						0	0	
62011290	棉制男式大衣、斗篷及类似品		0	0	12.8	0	0	3.2	0	9.6	0	11.2	6.4	0	0						0	0	0
62011310	化纤制男式羽绒服	12.3	0	0	8.8	0	0	3.5	0	10.5	0	12.2	7	0	0						0	0	0
62011390	化纤制男式大衣、斗篷及类似品	12.3	0	0	8.8	0	0	3.5	0	10.5	0	12.2	7	0	0						0	0	0
62011900	其他纺织材料制男式大衣、斗篷及类似品	11.7	0	0	8	0	0	3.2	0	9.6	0	11.2	6.4	0	0						0	0	0
62019100	毛制男式带风帽防寒短上衣、防风衣	11.7	0	0	8	0	0	3.2	0	9.6	0	11.2	6.4	0	0						0	0	0
62019210	棉制男式其他羽绒服		0	0	12.8	0	0	3.2	0	9.6	0	11.2	6.4	0	0						0	0	0
62019290	棉制男式带风帽防寒短上衣、防风衣		0	0	12.8	0	0	3.2	0	9.6	0	11.2	6.4	0	0			0	0	0	0	0	0
62019310	化纤制男式其他羽绒服	12.3	0	0	8.8	0	0	3.5	0	10.5	0	12.2	7	0	0						0	0	0
62019390	化纤制男式防寒短上衣、防风衣	12.3	0	0	8.8	0	0	3.5	0	10.5	0	12.2	7	0	0						0	0	0
62019900	其他纺织材料制男式防寒短上衣、防风衣	11.7	0	0	8	0	0	3.2	0	9.6	0	11.2	6.4	0	0					0	0	0	0
62021100	毛制女式大衣、斗篷及类似品等	11.7	0	0	8	0	0	3.2	0	9.6	0	11.2	6.4	0	0						0	0	0
62021210	棉制女式羽绒服		0	0	12.8	0	0	3.2	0	9.6	0	11.2	6.4	0	0						0	0	
62021290	棉制女式大衣、斗篷及类似品等		0	0	12.8	0	0	3.2	0	9.6	0	11.2	6.4	0	0						0	0	0
62021310	化纤制女式羽绒服	13.6	0	0	9.5	0	0	3.8	0	11.4	0	13.3	7.6	0	0						0	0	0
62021390	化纤制女式大衣、斗篷及类似品	13.6	0	0	9.5	0	0	3.8	0	11.4	0	13.3	7.6	0	0						0	0	0
62021900	其他纺织材料制女式大衣、斗篷及类似品	11.7	0	0	8	0	0	3.2	0	9.6	0	11.2	6.4	0	0						0	0	0
62029100	毛制女式带风帽防寒短上衣、防风衣	11.7	0	0	8	0	0	3.2	0	9.6	0	11.2	6.4	0	0						0	0	
62029210	棉制女式其他羽绒服		0	0	12.8	0	0	3.2	0	9.6	0	11.2	6.4	0	0						0	0	
62029290	棉制女式带风帽防寒短上衣、防风衣		0	0	12.8	0	0	3.2	0	9.6	0	11.2	6.4	0	0						0	0	0
62029310	化纤制女式其他羽绒服	12.3	0	0	8.8	0	0	3.5	0	10.5	0	12.2	7	0	0						0	0	0
62029390	化纤制女式防风衣等	12.3	0	0	8.8	0	0	3.5	0	10.5	0	12.2	7	0	0						0	0	0
62029900	其他纺织材料制防风衣、防风短上衣等	11.7	0	0	8	0	0	3.2	0	9.6	0	11.2	6.4	0	0						0	0	0
62031100	毛制男式西服套装	12.3	0	0	8.8	0	0	3.5	0	0	0	12.2	7	0	0						0	0	0
62031200	合纤制男式西服套装	12.3	0	0	8.8	0	0	3.5	0	10.5	0	12.2	7	0	0						0	0	0
62031910	丝及绢丝制男式西服套装	12.3	0	0	8.8	0	0	3.5	0	10.5	0	12.2	7	0	0						0	0	
62031990	其他纺织材料制男式西服套装	12.3	0	0	8.8	0	0	3.5	0	11.7	0	12.2	7	0	0						0	0	
62032200	棉制男式便服套装		0	0	14	0	0	3.5	0	10.5	0	12.2	7	0	0						0	0	0
62032300	合纤制男式便服套装	12.3	0	0	8.8	0	0	3.5	0	10.5	0	12.2	7	0	0						0	0	0
62032910	丝及绢丝制男式便服套装	12.3	0	0	8.8	0	0	3.5	0	10.5	0	12.2	7		0						0	0	
62032920	毛制男式便服套装	12.3	0	0	8.8	0	0	3.5	0	10.5	0	12.2	7	0	0						0	0	
62032990	其他纺织材料制男式便服套装	12.3	0	0	8.8	0	0	3.5	0	10.5	0	12.2	7	0	0						0	0	
62033100	毛制男式上衣	11.7	0	0	8	0	0	3.2	0	9.6	0	11.2	6.4	0	0		9.6	0	0	0	0	0	0
62033200	棉制男式上衣	14.4	0	0	12.8	0	0	3.2	0	9.6	0	11.2	6.4	0	0		11.2	0	0	0	0	0	0

税则号列	商品描述①	协定税率(%)															特惠税率(%)						
		亚太	东盟	新加坡	巴基斯坦	智利	新西兰	秘鲁	哥斯达黎加	瑞士	冰岛	韩国	澳大利亚	香港	澳门	台湾	亚太2国②	东盟 老挝	东盟 柬埔寨	东盟 缅甸	最不发达国家 LDC1③	最不发达国家 LDC2④	最不发达国家 LDC3⑤
62033300	合纤制男式上衣	12.3	0	0	8.8	0	0	3.5	0	10.5	0	7	7	0	0						0	0	0
62033910	丝及绢丝制男式上衣	11.7	0	0	8	0	0	3.2	0	9.6	0	11.2	6.4	0	0		9.6				0	0	0
62033990	其他纺织材料制男式上衣	11.7	0	0	8	0	0	3.2	0	9.6	0	11.2	6.4	0	0		9.6				0	0	0
62034100	毛制男式长裤、工装裤等	11.7	0	0	8	0	0	3.2	0	0	0	11.2	6.4	0	0		0				0	0	0
62034210	棉制男式阿拉伯裤	12.9	0	0	8	0	0	3.2	0	9.6	0	11.2	6.4	0	0		11.2				0	0	
62034290	棉制男式长裤、工装裤等	12.9	0	0	8	0	0	3.2	0	9.6	0	11.2	6.4	0	0		11.2	0	0	0	0	0	0
62034310	合成纤维制男式阿拉伯裤	13.1	0	0	8.8	0	0	3.5	0	10.5	0	12.2	7	0	0						0	0	
62034390	合纤制男式长裤、工装裤等	13.1	0	0	8.8	0	0	3.5	0	10.5	0	12.2	7	0	0						0	0	0
62034910	其他纺织材料制男式阿拉伯裤	11.7	0	0	8	0	0	3.2	0	9.6	0	11.2	6.4	0	0		0				0	0	0
62034990	其他纺织材料制男童裤、工装裤	11.7	0	0	8	0	0	3.2	0	9.6	0	11.2	6.4	0	0		0				0	0	0
62041100	毛制女式西服套装	12.3	0	0	8.8	0	0	3.5	0	10.5	0	12.2	7	0	0						0	0	
62041200	棉制女式西服套装		0	0	14	0	0	3.5	0	10.5	0	12.2	7	0	0						0	0	
62041300	合纤制女式西服套装	12.3	0	0	8.8	0	0	3.5	0	10.5	0	12.2	7	0	0						0	0	
62041910	丝及绢丝制女式西服套装	12.3	0	0	8.8	0	0	3.5	0	10.5	0	12.2	7	0	0						0	0	
62041990	其他纺织材料制女式西服套装	12.3	0	0	8.8	0	0	3.5	0	10.5	0	12.2	7	0	0						0	0	
62042100	毛制女式便服套装	12.3	0	0	8.8	0	0	3.5	0	10.5	0	12.2	7	0	0						0	0	
62042200	棉制女式便服套装		0	0	14	0	0	3.5	0	10.5	0	12.2	7	0	0						0	0	
62042300	合纤制女式便服套装	13.8	0	0	10	0	0	4	0	12	0	16	8	0	0						0	0	
62042910	丝及绢丝制女式便服套装	13.8	0	0	10	0	0	4	0	12	0	16	8								0	0	
62042990	其他纺织材料制女式便服套装	9.9	0	0	7	0	0	0	0	8.4	0	9.8	5.6	0	0						0	0	
62043100	毛制女式上衣	11.7	0	0	8	0	0	3.2	0	9.6	0	11.2	6.4	0	0						0	0	0
62043200	棉制女式上衣		0	0	12.8	0	0	3.2	0	9.6	0	11.2	6.4	0	0		6.4	0	0	0	0	0	0
62043300	合纤制女式上衣	12.3	0	0	8.8	0	0	3.5	0	10.5	0	14	7	0	0		0				0	0	0
62043910	丝及绢丝制女式上衣	11.7	0	0	8	0	0	3.2	0	9.6	0	11.2	6.4	0	0		0				0	0	0
62043990	其他纺织材料制女式上衣	11.7	0	0	8	0	0	3.2	0	9.6	0	11.2	6.4	0	0		0				0	0	0
62044100	毛制连衣裙	11.7	0	0	8	0	0	3.2	0	9.6	0	11.2	6.4	0	0						0	0	0
62044200	棉制连衣裙		0	0	12.8	0	0	3.2	0	9.6	0	11.2	6.4	0	0			0	0	0	0	0	0
62044300	合纤制女式连衣裙	12.3	0	0	8.8	0	0	3.5	0	10.5	0	14	7	0	0						0	0	0
62044400	人纤制女式连衣裙	11.7	0	0	8	0	0	3.2	0	9.6	0	11.2	6.4	0	0						0	0	0
62044910	丝及绢丝制连衣裙	11.7	0	0	8	0	0	3.2	0	9.6	0	11.2	6.4	0	0						0	0	0
62044990	其他纺织材料制连衣裙	11.7	0	0	8	0	0	3.2	0	9.6	0	11.2	6.4	0	0						0	0	0
62045100	毛制裙子及裙裤	9.3	0	0	7	0	0	0	0	8.4	0	9.8	5.6	0	0						0	0	0
62045200	棉制裙子及裙裤		0	0	11.2	0	0	0	0	8.4	0	9.8	5.6	0	0						0	0	0
62045300	合纤制裙子及裙裤	11.7	0	0	8	0	0	3.2	0	9.6	0	11.2	6.4	0	0						0	0	0
62045910	丝及绢丝制裙子及裙裤	9.3	0	0	7	0	0	0	0	8.4	0	9.8	5.6	0	0						0	0	0
62045990	其他纺织材料制裙子及裙裤	9.3	0	0	7	0	0	2.8	0	8.4	0	9.8	5.6	0	0						0	0	0
62046100	毛制女式长裤、工装裤等	11.7	0	0	8	0	0	3.2	0	9.6	0	11.2	6.4	0	0						0	0	0
62046200	棉制女式长裤、工装裤等	14.4	0	0	12.8	0	0	3.2	0	9.6	0	6.4	6.4	0	0		11.2	0	0	0	0	0	0
62046300	合纤制女式长裤、工装裤等	12.3	0	0	8.8	0	0	3.5	0	10.5	0	12.2	7	0	0						0	0	0
62046900	其他纺织材料制女式长裤、工装裤等	12	0	0	8	0	0	3.2	0	9.6	0	11.2	6.4	0	0						0	0	0
62052000	棉制男衬衫	8	0	0	8	0	0	3.2	0	9.6	0	11.2	6.4	0	0		6.4	0	0	0	0	0	0

税则号列	商品描述①	协定税率(%)															特惠税率(%)						
		亚太	东盟	新加坡	巴基斯坦	智利	新西兰	秘鲁	哥斯达黎加	瑞士	冰岛	韩国	澳大利亚	香港	澳门	台湾	亚太2国②	东盟			最不发达国家		
																		老挝	柬埔寨	缅甸	LDC1③	LDC2④	LDC3⑤
62053000	化纤制男衬衫	11.7	0	0	8	0	0	3.2	0	9.6	0	11.2	6.4	0	0		0				0	0	0
62059010	丝及绢丝制男衬衫	11.7	0	0	8	0	0	3.2	0	9.6	0	11.2	6.4	0	0		0				0	0	0
62059020	毛制男衬衫	11.7	0	0	8	0	0	3.2	0	9.6	0	11.2	6.4	0	0		0				0	0	0
62059090	其他纺织材料制男衬衫	11.7	0	0	8	0	0	3.2	0	9.6	0	11.2	6.4	0	0		0				0	0	0
62061000	丝及绢丝制女式衬衫	11.7	0	0	8	0	0	3.2	0	9.6	0	11.2	6.4	0	0						0	0	0
62062000	毛制女衬衫	11.7	0	0	8	0	0	3.2	0	9.6	0	11.2	6.4	0	0						0	0	
62063000	棉制女衬衫	13.6	0	0	8	0	0	3.2	0	9.6	0	11.2	6.4	0	0		6.4	0	0	0	0	0	0
62064000	化纤制女衬衫	12.3	0	0	8.8	0	0	3.5	0	10.5	0	12.2	7	0	0						0	0	0
62069000	其他纺织材料制女衬衫	11.7	0	0	8	0	0	3.2	0	9.6	0	11.2	6.4	0	0		0				0	0	0
62071100	棉制男式内裤及三角裤	10.3	0	0	7	0	0	2.8	0	8.4	0	9.8	5.6	0	0						0	0	0
62071910	丝制男式内裤及三角裤		0	0	7	0	0	0	0	8.4	0	9.8	5.6	0	0						0	0	
62071920	化纤制男式内裤及三角裤		0	0	12.8	0	0	3.2	0	9.6	0	11.2	6.4	0	0						0	0	
62071990	其他纺织材料制男式内裤及三角裤		0	0	7	0	0	0	0	8.4	0	9.8	5.6	0	0						0	0	
62072100	棉制男式长睡衣及睡衣裤		0	0	11.2	0	0	0	0	8.4	0	9.8	5.6	0	0			0	0	0	0	0	0
62072200	化纤制男式长睡衣及睡衣裤		0	0	12.8	0	0	3.2	0	9.6	0	11.2	6.4	0	0						0	0	
62072910	丝及绢丝制男式长睡衣及睡衣裤		0	0	7	0	0	0	0	8.4	0	9.8	5.6								0	0	
62072990	其他纺织材料制男式长睡衣及睡衣裤		0	0	7	0	0	0	0	8.4	0	9.8	5.6					0	0	0	0	0	0
62079100	棉制男式浴衣、晨衣及类似品		0	0	11.2	0	0	0	0	8.4	0	9.8	5.6	0	0						0	0	0
62079910	丝及绢丝制男浴衣、晨衣及类似品	12.6	0	0	7	0	0	0	0	8.4	0	9.8	5.6	0	0						0	0	
62079920	化纤制男浴衣、晨衣及类似品		0	0	12.8	0	0	3.2	0	9.6	0	11.2	6.4	0	0						0	0	0
62079990	其他纺织材料制男浴衣、晨衣及类似品	12.6	0	0	7	0	0	0	0	8.4	0	9.8	5.6	0	0						0	0	0
62081100	化纤制长衬裙及衬裙		0	0	12.8	0	0	3.2	0	9.6	0	11.2	6.4	0	0						0	0	
62081910	丝及绢丝制长衬裙及衬裙		0	0	7	0	0	0	0	8.4	0	9.8	5.6	0	0						0	0	
62081920	棉制长衬裙及衬裙		0	0	7	0	0	0	0	8.4	0	9.8	5.6	0	0						0	0	0
62081990	其他纺织材料制长衬裙及衬裙		0	0	7	0	0	0	0	8.4	0	9.8	5.6	0	0						0	0	
62082100	棉制女式睡衣及睡衣裤	10.3	0	0	7	0	0	0	0	8.4	0	9.8	5.6	0	0			0	0	0	0	0	0
62082200	化纤制女式睡衣及睡衣裤		0	0	12.8	0	0	3.2	0	9.6	0	11.2	6.4	0	0			0	0	0	0	0	0
62082910	丝及绢丝制女式睡衣及睡衣裤		0	0	7	0	0	0	0	8.4	0	9.8	5.6	0	0						0	0	
62082990	其他纺织材料制女式睡衣及睡衣裤		0	0	7	0	0	0	0	8.4	0	9.8	5.6	0	0						0	0	
62089100	棉制女式背心、内衣、浴衣及类似品		0	0	11.2	0	0	2.8	0	8.4	0	9.8	5.6	0	0			0	0	0	0	0	0
62089200	化纤制女式背心、内衣及类似品		0	0	12.8	0	0	3.2	0	9.6	0	11.2	6.4	0	0	0		0	0	0	0	0	0
62089910	丝制女式背心、内衣及类似品	12.6	0	0	7	0	0	0	0	8.4	0	9.8	5.6	0	0						0	0	
62089990	其他纺织材料制女式背心、内衣及类似品	12.6	0	0	7	0	0	0	0	8.4	0	9.8	5.6	0	0						0	0	0
62092000	棉制婴儿服装及衣着附件		0	0	7	0	0	0	0	8.4	0	9.8	5.6	0	0						0	0	0
62093000	合纤制婴儿服装及衣着附件		0	0	12.8	0	0	3.2	0	9.6	0	11.2	6.4	0	0						0	0	0
62099010	毛制婴儿服装及衣着附件		0	0	7	0	0	0	0	8.4	0	9.8	5.6	0	0						0	0	

税则号列	商品描述①	协定税率(%)															特惠税率(%)						
																		东盟			最不发达国家		
		亚太	东盟	新加坡	巴基斯坦	智利	新西兰	秘鲁	哥斯达黎加	瑞士	冰岛	韩国	澳大利亚	香港	澳门	台湾	亚太2国②	老挝	柬埔寨	缅甸	LDC1③	LDC2④	LDC3⑤
62099090	其他纺织材料制婴儿服装及衣着附件		0	0	7	0	0	0	0	8.4	0	9.8	5.6	0	0						0	0	
62101010	毛制毡呢或无纺织物服装	11.7	0	0	8	0	0	3.2	0	9.6	0	11.2	6.4	0	0		0				0	0	0
62101020	棉或麻制毡呢或无纺织物服装		0	0	12.8	0	0	3.2	0	9.6	0	11.2	6.4	0	0		6.4				0	0	
62101030	化纤制毡呢或无纺织物服装	12.3	0	0	8.8	0	0	3.5	0	10.5	0	12.2	7	0	0		0				0	0	0
62101090	其他纺织材料制毡呢或无纺织物服装		0	0	12.8	0	0	3.2	0	9.6	0	11.2	6.4	0	0		0				0	0	0
62102000	用塑料、橡胶等处理的织物制男大衣等	11.7	0	0	8	0	0	3.2	0	9.6	0	11.2	6.4	0	0		0				0	0	0
62103000	用塑料、橡胶等处理的织物制女大衣等	11.7	0	0	8	0	0	3.2	0	9.6	0	11.2	6.4	0	0						0	0	0
62104000	用塑料、橡胶等处理的织物制的其他男式服装	11.7	0	0	8	0	0	3.2	0	9.6	0	11.2	6.4	0	0		0				0	0	0
62105000	用塑料、橡胶等处理的织物制的其他女式服装	11.7	0	0	8	0	0	3.2	0	9.6	0	11.2	6.4	0	0		0				0	0	0
62111100	男式游泳服	11.7	0	0	8	0	0	3.2	0	9.6	0	11.2	6.4	0	0						0	0	
62111200	女式游泳服	11.7	0	0	8	0	0	3.2	0	9.6	0	11.2	6.4	0	0						0	0	0
62112010	棉制滑雪服		0	0	12.8	0	0	3.2	0	9.6	0	11.2	6.4	0	0						0	0	0
62112090	其他纺织材料制滑雪服	13.6	0	0	9.5	0	0	3.8	0	11.4	0	13.3	7.6	0	0						0	0	
62113210	棉制男式阿拉伯袍		0	0	12.8	0	0	3.2	0	9.6	0	11.2	6.4	0	0						0	0	
62113220	棉制男式运动服		0	0		0	0	3.2	0	9.6	0	11.2	6.4	0	0						0	0	0
62113290	棉制其他男式服装		0	0		0	0	3.2	0	9.6	0	11.2	6.4	0	0						0	0	0
62113310	化纤制男式阿拉伯袍	12.3	0	0	8.8	0	0	3.5	0	10.5	0	12.2	7	0	0						0	0	
62113320	化纤制男式运动服	12.3	0	0	12.3	0	0	3.6	0	10.8	0	12.6	7.2	0	0						0	0	0
62113390	化纤制其他男式服装	12.3	0	0	12.3	0	0	3.5	0	10.5	0	12.2	7	0	0						0	0	0
62113910	丝及绢丝制男式运动服及其他服装	11.7	0	0	8	0	0	3.2	0	9.6	0	11.2	6.4	0	0						0	0	
62113920	毛制男式运动服及其他服装	11.7	0	0	8	0	0	3.2	0	9.6	0	11.2	6.4	0	0						0	0	
62113990	其他纺织材料制男式运动服及其他服装	11.7	0	0	8	0	0	3.2	0	9.6	0	11.2	6.4	0	0						0	0	
62114210	棉制女式运动服		0	0	12.8	0	0	3.2	0	9.6	0	11.2	6.4	0	0						0	0	0
62114290	棉制其他女式服装		0	0	12.8	0	0	3.2	0	9.6	0	11.2	6.4	0	0						0	0	0
62114310	化纤制女式运动服	12.3	0	0	8.8	0	0	3.5	0	10.5	0	12.2	7	0	0						0	0	0
62114390	化纤制其他女式服装	12.3	0	0	8.8	0	0	3.5	0	10.5	0	12.2	7	0	0						0	0	0
62114910	丝及绢丝制女式运动服及其他服装	11.7	0	0	8	0	0	3.2	0	9.6	0	11.2	6.4	0	0						0	0	
62114990	其他纺织材料制女式运动服及其他服装	11.7	0	0	8	0	0	3.2	0	9.6	0	11.2	6.4	0	0						0	0	0
62121010	化纤制胸罩	14.4	0	0	12.8	0	0	3.2	0	9.6	0	11.2	6.4	0	0	0		0	0	0	0	0	0
62121090	其他纺织材料制胸罩	12.6	0	0	7	0	0	0	0	8.4	0	9.8	5.6	0	0	0					0	0	0
62122010	化纤制束腰带及腹带		0	0	12.8	0	0	3.2	0	9.6	0	11.2	6.4	0	0	0					0	0	
62122090	其他纺织材料制束腰带及腹带		0	0	11.2	0	0	0	0	8.4	0	9.8	5.6	0	0	0					0	0	0
62123010	化纤制紧身胸衣		0	0	12.8	0	0	3.2	0	9.6	0	11.2	6.4	0	0						0	0	

税则号列	商品描述[1]	协定税率(%)															特惠税率(%)						
		亚太	东盟	新加坡	巴基斯坦	智利	新西兰	秘鲁	哥斯达黎加	瑞士	冰岛	韩国	澳大利亚	香港	澳门	台湾	亚太2国[2]	东盟			最不发达国家		
																		老挝	柬埔寨	缅甸	LDC1[3]	LDC2[4]	LDC3[5]
62123090	其他纺织材料制紧身胸衣		0	0	7	0	0	0	0	8.4	0	9.8	5.6	0	0						0	0	0
62129010	化纤制吊裤带、吊袜带等	14.4	0	0	12.8	0	0	3.2	0	9.6	0	11.2	6.4	0	0	0					0	0	
62129090	其他纺织材料制吊裤带、吊袜带等	12.6	0	0	7	0	0	0	0	8.4	0	9.8	5.6	0	0	0					0	0	
62132010	棉制刺绣手帕		0	0	7	0	0	0	0	8.4	0	9.8	5.6	0	0			0			0	0	0
62132090	其他棉制手帕		0	0	11.2	0	0	0	0	8.4	0	9.8	5.6	0	0			0			0	0	0
62139020	其他纺织材料制刺绣手帕		0	0	7	0	0	0	0	8.4	0	9.8	5.6		0			0			0	0	0
62139090	其他纺织材料制手帕		0	0	7	0	0	0	0	8.4	0	9.8	5.6	0	0			0			0	0	0
62141000	丝制披巾、头巾、围巾及类似品		0	0	11.2	0	0	0	0	8.4	0	9.8	5.6	0	0						0	0	0
62142010	羊毛制披巾、领巾、围巾、披纱、面纱及类似品		0	0	11.2	0	0	2.8	0	8.4	0	9.8	5.6	0	0						0	0	0
62142020	山羊绒制披巾、领巾、围巾、披纱、面纱及类似品		0	0	11.2	0	0	2.8	0	8.4	0	9.8	5.6	0	0						0	0	0
62142090	其他动物细毛制披巾、领巾、围巾、披纱、面纱及类似品		0	0	11.2	0	0	2.8	0	8.4	0	9.8	5.6	0	0						0	0	0
62143000	合纤制披巾、头巾及类似品		0	0	12.8	0	0	3.2	0	9.6	0	11.2	6.4	0	0						0	0	0
62144000	人纤制披巾、头巾及类似品		0	0	11.2	0	0	0	0	8.4	0	9.8	5.6	0	0						0	0	0
62149000	其他纺织材料制披巾、头巾及类似品		0	0	11.2	0	0	0	0	8.4	0	9.8	5.6	0	0						0	0	0
62151000	丝及绢丝制领带及领结		0	0	11.2	0	0	0	0	8.4	0	9.8	5.6	0	0						0	0	0
62152000	化纤制领带及领结	14.4	0	0	12.8	0	0	3.2	0	9.6	0	11.2	6.4	0	0						0	0	0
62159000	其他纺织材料制领带及领结		0	0	7	0	0	0	0	8.4	0	9.8	5.6	0	0						0	0	0
62160000	非针织非钩编手套		0	0		0	0	0	0	8.4	0	9.8	5.6	0	0						0	0	0
62171010	非针织非钩编袜子及袜套	12.2	0	0	7	0	0	0	0	8.4	0	9.8	5.6		0	0					0	0	
62171020	非针织非钩编和服腰带	12.2	0	0	7	0	0	0	0	8.4	0	9.8	5.6	0	0	0					0	0	0
62171090	非针织非钩编服装或衣着附件	12.2	0	0	12.2	0	0	0	0	8.4	0	9.8	5.6	0	0	0		0	0	0	0	0	0
62179000	非针织非钩编服装或衣着零件	12.6	0	0	12.6	0	0	0	0	8.4	0	11.2	5.6	0	0	0		0	0	0	0	0	0
63011000	电暖毯		0	0	12.8	0	0	3.2	0	9.6	0	11.2	6.4								0	0	
63012000	毛制毯子及旅行毯		0	0	12.8	0	0	3.2	0	9.6	0	11.2	6.4		0						0	0	0
63013000	棉制毯子及旅行毯		0	0	12.8	0	0	3.2	0	9.6	0	11.2	6.4		0						0	0	0
63014000	合纤制毯子及旅行毯		0	0	14	0	0	3.5	0	10.5	0	12.2	7		0						0	0	0
63019000	其他纺织材料制毯子及旅行毯		0	0	12.8	0	0	3.2	0	9.6	0	11.2	6.4		0	0					0	0	0
63021010	棉制针织或钩编的床上用织物制品		0	0	0	0	0	0	0	8.4	0	9.8	5.6								0	0	0
63021090	其他纺织材料制针织或钩编的床上用织物制品		0	0	0	0	0	0	0	8.4	0	9.8	5.6								0	0	
63022110	棉制印花床单		0	0	0	0	0	0	0	9.4	0	9.8	5.6								0	0	0
63022190	棉制印花床上用织物制品		0	0	0	0	0	0	0	8.4	0	9.8	5.6								0	0	0
63022210	化纤制印花床单		0	0	0	0	0	3.2	0	9.6	0	11.2	6.4								0	0	0
63022290	化纤制印花床上用织物制品		0	0	0	0	0	3.2	0	9.6	0	11.2	6.4								0	0	0
63022910	丝及绢丝制印花床上用织物制品		0	0	0	0	0	0	0	8.4	0	9.8	5.6								0	0	
63022920	麻制印花床上用织物制品		0	0	0	0	0	0	0	8.4	0	9.8	5.6								0	0	

税则号列	商品描述①	协定税率(%)															特惠税率(%)						
		亚太	东盟	新加坡	巴基斯坦	智利	新西兰	秘鲁	哥斯达黎加	瑞士	冰岛	韩国	澳大利亚	香港	澳门	台湾	亚太2国②	东盟			最不发达国家		
																		老挝	柬埔寨	缅甸	LDC1③	LDC2④	LDC3⑤
63022990	其他纺织材料制印花床上用织物制品		0	0	0	0	0	0	0	8.4	0	9.8	5.6								0	0	
63023110	棉制刺绣其他床上用织物制品		0	0	0	0	0	0	0	8.4	0	9.8	5.6								0	0	0
63023191	棉制其他床单		0	0	0	0	0	0	0	8.4	0	9.8	5.6								0	0	0
63023192	棉制其他毛巾被		0	0	0	0	0	0	0	8.4	0	9.8	5.6								0	0	
63023199	棉制其他床上用织物制品		0	0	0	0	0	0	0	8.4	0	9.8	5.6								0	0	0
63023210	化纤制刺绣其他床上用织物制品		0	0	0	0	0	3.2	0	9.6	0	11.2	6.4								0	0	0
63023290	化纤制其他床上用织物制品		0	0	0	0	0	3.2	0	9.6	0	11.2	6.4								0	0	0
63023910	丝及绢丝制其他床上用织物制品		0	0	0	0	0	0	0	8.4	0	9.8	5.6								0	0	
63023921	麻制刺绣的其他床上用织物制品		0	0	0	0	0	0	0	8.4	0	9.8	5.6								0	0	
63023929	麻制其他床上用织物制品		0	0	0	0	0	0	0	8.4	0	9.8	5.6								0	0	
63023991	其他纺织材料制刺绣床上用织物制品		0	0	0	0	0	0	0	8.4	0	9.8	5.6								0	0	
63023999	其他纺织材料制其他床上用织物制品		0	0	0	0	0	0	0	8.4	0	9.8	5.6								0	0	0
63024010	手工针织或钩编的餐桌用织物制品		0	0	0	0	0	0	0	8.4	0	9.8	5.6								0	0	
63024090	其他针织或钩编的餐桌用织物制品		0	0	0	0	0	0	0	8.4	0	9.8	5.6								0	0	0
63025110	棉制刺绣其他餐桌用织物制品		0	0	0	0	0	0	0	8.4	0	9.8	5.6	0	0						0	0	
63025190	棉制其他餐桌用织物制品		0	0	0	0	0	0	0	8.4	0	9.8	5.6	0	0						0	0	0
63025310	化纤制刺绣其他餐桌织物制品		0	0	0	0	0	0	0	8.4	0	9.8	5.6								0	0	
63025390	化纤制其他餐桌用织物制品		0	0	0	0	0	3.2	0	9.6	0	11.2	6.4								0	0	0
63025911	亚麻制刺绣其他餐桌用织物制品		0	0	0	0	0	0	0	8.4	0	9.8	5.6								0	0	
63025919	亚麻制其他餐桌用织物制品		0	0	0	0	0	0	0	8.4	0	9.8	5.6								0	0	
63025990	其他纺织材料制餐桌用织物制品		0	0	0	0	0	0	0	8.4	0	9.8	5.6								0	0	
63026010	棉制浴巾		0	0	0	0	0	0	0	8.4	0	9.8	5.6			0					0	0	0
63026090	棉制盥洗及厨房用毛巾织物		0	0	0	0	0	0	0	8.4	0	9.8	5.6			0					0	0	0
63029100	棉制其他盥洗及厨房织物制品		0	0	0	0	0	0	0	8.4	0	9.8	5.6								0	0	0
63029300	化纤制其他盥洗及厨房织物制品		0	0	0	0	0	3.2	0	9.6	0	11.2	6.4	0	0						0	0	
63029910	亚麻制其他盥洗及厨房织物制品		0	0	0	0	0	0	0	8.4	0	9.8	5.6								0	0	
63029990	其他材料制其他盥洗及厨房织物		0	0	0	0	0	0	0	8.4	0	9.8	5.6								0	0	
63031210	合纤制针织的窗帘等		0	0	0	0	0	3.2	0	9.6	0	11.2	6.4								0	0	
63031220	合纤制钩编的窗帘等		0	0	0	0	0	3.2	0	9.6	0	11.2	6.4								0	0	
63031931	棉制针织的窗帘等		0	0	0	0	0	0	0	8.4	0	9.8	5.6								0	0	0
63031932	棉制钩编的窗帘等		0	0	0	0	0	0	0	8.4	0	9.8	5.6								0	0	
63031991	其他纺织材料制针织的窗帘等		0	0	0	0	0	0	0	8.4	0	9.8	5.6								0	0	
63031992	其他纺织材料制钩编的窗帘等		0	0	0	0	0	0	0	8.4	0	9.8	5.6								0	0	
63039100	棉制非针织非钩编窗帘等		0	0	0	0	0	0	0	8.4	0	9.8	5.6								0	0	0
63039200	合纤制非针织非钩编窗帘等		0	0	0	0	0	3.2	0	9.6	0	11.2	6.4	0	0						0	0	0
63039900	其他纺织材料制非针织非钩编窗帘等		0	0	0	0	0	0	0	8.4	0	9.8	5.6								0	0	0
63041121	手工针织床罩		0	0	7	0	0	0	0	8.4	0	9.8	5.6		0						0	0	

税则号列	商品描述[①]	协定税率(%)															特惠税率(%)						
		亚太	东盟	新加坡	巴基斯坦	智利	新西兰	秘鲁	哥斯达黎加	瑞士	冰岛	韩国	澳大利亚	香港	澳门	台湾	亚太2国[②]	东盟			最不发达国家		
																		老挝	柬埔寨	缅甸	LDC1[③]	LDC2[④]	LDC3[⑤]
63041129	非手工针织床罩		0	0	7	0	0	0	0	8.4	0	9.8	5.6		0						0	0	
63041131	手工钩编床罩		0	0	7	0	0	0	0	8.4	0	9.8	5.6								0	0	0
63041139	非手工钩编床罩		0	0	7	0	0	0	0	8.4	0	9.8	5.6								0	0	0
63041910	丝及绢丝制非针织非钩编床罩		0	0	7	0	0	0	0	8.4	0	9.8	5.6								0	0	
63041921	棉或麻制非针织非钩编刺绣床罩		0	0	7	0	0	0	0	8.4	0	9.8	5.6								0	0	
63041929	棉或麻制其他非针织非钩编床罩		0	0		0	0	0	0	8.4	0	9.8	5.6								0	0	0
63041931	化纤制非针织非钩编刺绣床罩		0	0	12.8	0	0	3.2	0	9.6	0	11.2	6.4								0	0	
63041939	化纤制其他非针织非钩编床罩		0	0	12.8	0	0	3.2	0	9.6	0	11.2	6.4								0	0	
63041991	其他纺织材料制非针织非钩编刺绣床罩		0	0	7	0	0	0	0	8.4	0	9.8	5.6								0	0	
63041999	其他材料制其他非针织非钩编床罩		0	0	7	0	0	0	0	8.4	0	9.8	5.6								0	0	
63042010	抗疟手工经编针织蚊帐		0	0	7	0	0	0	0	8.4	0	9.8	5.6								0	0	0
63042090	抗疟非手工经编针织蚊帐		0	0	7	0	0	0	0	8.4	0	9.8	5.6		0						0	0	0
63049121	手工针织的其他装饰制品		0	0	7	0	0	0	0	8.4	0	9.8	5.6								0	0	0
63049129	非手工针织的其他装饰制品		0	0	7	0	0	0	0	8.4	0	9.8	5.6		0						0	0	0
63049131	手工钩编的其他装饰制品		0	0	11.2	0	0	0	0	8.4	0	9.8	5.6								0	0	
63049139	非手工钩编的其他装饰制品		0	0	7	0	0	0	0	8.4	0	9.8	5.6								0	0	
63049210	棉制非针织非钩编的其他刺绣装饰制品		0	0	7	0	0	0	0	8.4	0	9.8	5.6								0	0	
63049290	棉制非针织或钩编的其他装饰制品		0	0	11.2	0	0	0	0	8.4	0	9.8	5.6								0	0	0
63049310	合纤制非针织非钩编的其他刺绣装饰制品		0	0	12.8	0	0	3.2	0	9.6	0	11.2	6.4								0	0	
63049390	合纤制其他非针织非钩编装饰制品		0	0	12.8	0	0	3.2	0	9.6	0	11.2	6.4								0	0	
63049910	丝制非针织非钩编的装饰制品		0	0	7	0	0	0	0	8.4	0	9.8	5.6								0	0	0
63049921	麻制非针织非钩编的其他刺绣装饰制品		0	0	7	0	0	0	0	8.4	0	9.8	5.6								0	0	
63049929	麻制其他非针织非钩编的装饰制品		0	0	7	0	0	0	0	8.4	0	9.8	5.6								0	0	
63049990	其他纺织材料制非针织非钩编装饰制品		0	0	7	0	0	0	0	8.4	0	9.8	5.6								0	0	0
63051000	黄麻或其他韧皮纤维制货物包装袋		0		5	0	0	0	0	2	0	4	4				0				0	0	0
63052000	棉制货物包装袋		0	0	12.8	0	0	3.2	0	9.6	0	11.2	6.4								0	0	0
63053200	化纤制的散装货物储运软袋		0	0	12.8	0	0	3.2	0	9.6	0	11.2	6.4								0	0	0
63053300	聚乙烯或聚丙烯扁条制其他货物包装袋	13.6	0	0	8	0	0	3.2	0	9.6	0	11.2	6.4								0	0	
63053900	其他化纤制货物包装袋		0	0	12.8	0	0	3.2	0	9.6	0	11.2	6.4								0	0	
63059000	其他纺织材料制货物包装袋		0	0	11.2	0	0	0	0	8.4	0	9.8	5.6								0	0	0
63061200	合纤制油苫布、天篷及遮阳篷		0	0	0	0	0	3.2	0	9.6	0	11.2	6.4								0	0	
63061910	麻制油苫布、天篷及遮阳篷		0	0	0	0	0	0	0	8.4	0	9.8	5.6								0	0	
63061920	棉制油苫布、天篷及遮阳篷		0	0	0	0	0	0	0	8.4	0	9.8	5.6								0	0	

税则号列	商品描述[①]	协定税率(%)															特惠税率(%)						
		亚太	东盟	新加坡	巴基斯坦	智利	新西兰	秘鲁	哥斯达黎加	瑞士	冰岛	韩国	澳大利亚	香港	澳门	台湾	亚太2国[②]	东盟			最不发达国家		
																		老挝	柬埔寨	缅甸	LDC1[③]	LDC2[④]	LDC3[⑤]
63061990	其他纺织材料制油苫布、天篷及遮阳篷		0	0	0	0	0	0	0	8.4	0	9.8	5.6								0	0	
63062200	合纤制帐篷		0	0	0	0	0	3.2	0	9.6	0	11.2	6.4								0	0	0
63062910	棉制帐篷		0	0	0	0	0	0	0	8.4	0	9.8	5.6								0	0	
63062990	其他纺织材料制帐篷		0	0	0	0	0	0	0	8.4	0	9.8	5.6								0	0	0
63063010	合纤制风帆		0	0	0	0	0	3.2	0	9.6	0	11.2	6.4	0	0						0	0	
63063090	其他纺织材料制风帆		0	0	0	0	0	0	0	8.4	0	9.8	5.6								0	0	
63064010	棉制充气褥垫		0	0	0	0	0	0	0	8.4	0	9.8	5.6								0	0	
63064020	化纤制充气褥垫		0	0	0	0	0	3.2	0	9.6	0	11.2	6.4								0	0	0
63064090	其他纺织材料制充气褥垫		0	0	0	0	0	0	0	8.4	0	9.8	5.6								0	0	
63069010	棉制其他野营用品		0	0	0	0	0	0	0	8.4	0	9.8	5.6								0	0	0
63069020	麻制其他野营用品		0	0	0	0	0	0	0	8.4	0	9.8	5.6								0	0	
63069030	化学纤维制其他野营用品		0	0	0	0	0	3.2	0	9.6	0	11.2	6.4								0	0	
63069090	其他野营用品		0	0	0	0	0	0	0	8.4	0	9.8	5.6								0	0	
63071000	擦地布、擦碗布等	11.9	0	0	7	0	0	0	0	8.4	0	9.8	5.6			0					0	0	
63072000	救生衣及安全带		0	0	11.2	0	0	0	0	8.4	0	9.8	5.6								0	0	0
63079000	其他纺织材料制成品		0	0	11.2	0	0	0	0	8.4	0	11.2	5.6	0	0			0	0	0	0	0	0
63080000	零售包装成套物品		0	0	7	0	0	0	0	8.4	0	9.8	5.6								0	0	
63090000	旧衣物		0	0	7	0	0	0	0	8.4	0	9.8	5.6								0	0	
63101000	经分拣的纺织材料制碎织物等		0	0	11.2	0	0	0	0	8.4	0	9.8	5.6								0	0	0
63109000	纺织材料制其他碎织物等		0	0		0	0	0	0	8.4	0	9.8	5.6					0	0	0	0	0	0
64011010	橡胶制鞋面的装金属护头的塑料、橡胶制防水鞋靴	12	0	0	12	0	0	4.8	0	14.4	0	20.4	9.6								0	0	
64011090	塑料制鞋面的装金属护头的塑料、橡胶制防水鞋靴	12	0	0	12	0	0	4.8	0	14.4	0	20.4	9.6								0	0	
64019210	橡胶制鞋面的橡胶、塑料底及面的中、短筒防水靴	12	0	0	12	0	0	4.8	0	14.4	0	20.4	9.6								0	0	
64019290	塑料制鞋面的橡胶、塑料底及面的中、短筒防水靴	12	0	0	12	0	0	4.8	0	14.4	0	20.4	9.6								0	0	
64019900	其他橡胶、塑料制外底及鞋面防水靴	12	0	0	12	0	0	4.8	0	14.4	0	20.4	9.6								0	0	
64021200	橡胶、塑料底及面的滑雪靴	5	0		5	0	0	0	0	2	0	7	4								0	0	0
64021900	橡胶、塑料制底及面的其他运动靴	12	0	0	12	0	0	4.8	0	14.4	0	20.4	9.6								0	0	
64022000	橡胶、塑料的将鞋面条带栓塞在鞋底上的鞋	12	0	0	12	0	0	4.8	0	14.4	0	20.4	9.6								0	0	
64029100	其他橡胶、塑料短筒靴(过踝)	12	0	0	12	0	0	4.8	0	14.4	0	20.4	9.6		0						0	0	
64029910	橡胶制鞋面的其他橡胶、塑料鞋靴	12	0	0	12	0	0	4.8	0	14.4	0	20.4	9.6		0						0	0	0
64029921	以机织物或其他纺织材料作衬底的	12	0	0	12	0	0	4.8	0	14.4	0	20.4	9.6		0						0	0	0
64029929	塑料制鞋面的其他橡胶、塑料鞋靴	12	0	0	12	0	0	4.8	0	14.4	0	20.4	9.6		0						0	0	0
64031200	皮革制鞋面的滑雪靴		0	0		0	0	4.8	0	14.4	0	20.4	9.6						0		0	0	0

税则号列	商品描述①	协定税率(%)															特惠税率(%)						
		亚太	东盟	新加坡	巴基斯坦	智利	新西兰	秘鲁	哥斯达黎加	瑞士	冰岛	韩国	澳大利亚	香港	澳门	台湾	亚太2国②	东盟			最不发达国家		
																		老挝	柬埔寨	缅甸	LDC1③	LDC2④	LDC3⑤
64031900	皮革制鞋面的其他运动鞋靴		0	0	12	0	0	3	0	9	0	10.5	6		0				0		0	0	0
64032000	皮革条带为鞋面的皮底鞋		0	0		0	0	4.8	0	14.4	0	20.4	9.6		0				0		0	0	0
64034000	装有金属护鞋头的其他皮革面鞋靴		0	0		0	0	4.8	0	14.4	0	20.4	9.6						0		0	0	0
64035111	低于小腿的内底长度<24 厘米的皮革制外底皮革面的短筒靴(过踝)		0		5	0	0	0	0	2	0	7	4		0				0		0	0	0
64035119	低于小腿的内底长度≥24 厘米的皮革制外底皮革面的短筒靴(过踝)		0		5	0	0	0	0	2	0	7	4						0		0	0	0
64035191	其他内底长度<24 厘米的皮革制外底的皮革面短筒靴(过踝)		0		5	0	0	0	0	2	0	7	4						0		0	0	0
64035199	其他内底长度≥24 厘米的皮革制外底皮革面短筒靴(过踝)		0		5	0	0	0	0	2	0	7	4						0		0	0	0
64035900	皮革制外底的皮革面其他鞋靴		0		5	0	0	2	0	6	0	7	4		0				0		0	0	0
64039111	其他低于小腿的内底长度<24 厘米的皮革面的短筒靴(过踝)		0	0	5	0	0	0	0	6	0	7	4		0				0		0	0	0
64039119	其他低于小腿的内底长度≥24 厘米的皮革面的短筒靴(过踝)		0	0	5	0	0	0	0	2	0	7	4		0				0		0	0	0
64039191	其他内底长度<24 厘米的皮革面短筒靴(过踝)		0	0	5	0	0	0	0	2	0	7	4		0				0		0	0	0
64039199	其他内底长度≥24 厘米的皮革面短筒靴(过踝)		0	0	5	0	0	0	0	2	0	7	4		0				0		0	0	0
64039900	皮革制面的其他鞋靴	8.5	0	0	5	0	0	0	0	6	0	7	4		0				0		0	0	0
64041100	纺织材料制鞋面的运动鞋靴	12	0	0	12	0	0	4.8	0	14.4	0	20.4	9.6		0						0	0	
64041910	橡胶或塑料制外底的拖鞋	12	0	0	12	0	0	4.8	0	14.4	0	20.4	9.6		0						0	0	
64041990	纺织材料制鞋面胶底的其他鞋靴	12	0	0	12	0	0	4.8	0	14.4	0	20.4	9.6		0						0	0	
64042010	皮革或再生皮革制外底的拖鞋	12	0	0	12	0	0	4.8	0	14.4	0	20.4	9.6										
64042090	纺织材料制鞋面皮革底的其他鞋靴	12	0	0	12	0	0	4.8	0	14.4	0	20.4	9.6										
64051010	橡胶、塑料、皮革及再生皮革制外底的皮革或再生皮革制面的其他鞋靴	12	0	0	12	0	0	4.8	0	14.4	0	20.4	9.6								0	0	
64051090	其他材料制外底的皮革或再生皮革制面的其他鞋靴	12	0	0	12	0	0	4.8	0	14.4	0	20.4	9.6								0	0	
64052000	纺织材料制面的其他鞋靴	11	0	0	11	0	0	4.4	0	13.2	0	18.7	8.8								0	0	
64059010	橡胶、塑料、皮革及再生皮革制外底的其他材料制面的鞋靴	10.5	0	0	7.5	0	0	3	0	9	0	10.5	6								0	0	
64059090	其他材料制外底的其他材料制面的鞋靴	10.5	0	0	7.5	0	0	3	0	9	0	10.5	6								0	0	
64061000	鞋面及其零件,硬衬除外	13.2	0	0	7.5	0	0	3	0	9	0	12.7	6			0					0	0	
64062010	橡胶制的外底及鞋跟		0	0	12	0	0	3	0	9	0	10.5	6			0					0	0	0
64062020	塑料制的外底及鞋跟		0	0	12	0	0	3	0	9	0	10.5	6								0	0	0
64069010	木制鞋靴零件,活动式鞋内底等	10.5	0	0	7.5	0	0	3	0	9	0	10.5	6								0	0	

税则号列	商品描述[①]	协定税率(%)															特惠税率(%)						
		亚太	东盟	新加坡	巴基斯坦	智利	新西兰	秘鲁	哥斯达黎加	瑞士	冰岛	韩国	澳大利亚	香港	澳门	台湾	亚太2国[②]	东盟			最不发达国家		
																		老挝	柬埔寨	缅甸	LDC1[③]	LDC2[④]	LDC3[⑤]
64069091	活动式鞋内底、跟垫及类似品	10.5	0	0	7.5	0	0	3	0	9	0	12.7	6	0	0	0					0	0	
64069092	护腿、裹腿和类似品及其零件	10.5	0	0	7.5	0	0	3	0	9	0	12.7	6	0	0	0					0	0	
64069099	其他鞋靴零件(包括鞋面,不论是否带有除外底以外的其他鞋底);活动式鞋内底、跟垫及类似品;护腿、裹腿和类似品及其零件	10.5	0	0	7.5	0	0	3	0	9	0	12.7	6	0	0	0					0	0	
65010000	毡呢制帽坯及圆帽片		0	0		0	0	4.4	0	13.2	0	18.7	8.8								0	0	
65020000	编结或用条带拼制的帽坯		0	0		0	0	4	0	12	0	16	8								0	0	
65040000	编结或用条带拼制成的帽类		0	0		0	0	4	0	12	0	16	8								0	0	
65050010	发网		0		5	0	0	0	0	2	0	7	4								0	0	0
65050020	钩编的帽类	19	0	0	19	0	0	4	0	12	0	16	8								0	0	0
65050091	成品毡呢帽类		0	0		0	0	4.4	0	13.2	0	18.7	8.8								0	0	
65050099	针织或成匹织物制成的帽类	19	0	0	19	0	0	4	0	12	0	14	8		0						0	0	0
65061000	安全帽		0		5	0	0	0	0	2	0	7	4								0	0	
65069100	橡胶或塑料制帽类		0		5	0	0	0	0	2	0	7	4								0	0	
65069910	皮革制帽类		0		5	0	0	0	0	2	0	7	4								0	0	
65069920	毛皮制帽类		0		5	0	0	0	0	2	0	7	4	0							0	0	0
65069990	其他材料制的未列名帽类		0	0		0	0	4.8	0	14.4	0	20.4	9.6								0	0	0
65070000	帽类附件		0	0		0	0	4.8	0	14.4	0	20.4	9.6		0						0	0	
66011000	庭园用伞及类似品		0	0	7	0	0	0	0	8.4	0	9.8	5.6								0	0	
66019100	折叠伞		0		5	0	0	0	0	2	0	7	4								0	0	0
66019900	其他伞		0		5	0	0	0	0	2	0	7	4								0	0	
66020000	手杖、带座手杖、鞭子及类似品		0		5	0	0	0	0	2	0	7	4								0	0	
66032000	伞骨		0	0	11.2	0	0	0	0	8.4	0	9.8	5.6								0	0	
66039000	伞、手杖及鞭子的其他零件及饰品		0	0	11.2	0	0	0	0	8.4	0	9.8	5.6								0	0	0
67010000	已加工羽毛、羽绒及其制品		0	0		0	0	4	0	12	0	16	8		0						0	0	
67021000	塑料制花、叶、果实及其制品		0	0		0	0	4	0	12	0	16	8								0	0	
67029010	羽毛制花、叶、果实及其制品		0	0		0	0	4	0	12	0	16	8								0	0	
67029020	丝或绢丝制花、叶、果实及其制品		0	0		0	0	4.8	0	14.4	0	20.4	9.6								0	0	
67029030	化学纤维制花、叶、果实及其制品		0	0		0	0	4.8	0	14.4	0	20.4	9.6								0	0	
67029090	其他材料制花、叶、果实及其制品		0	0		0	0	4	0	12	0	16	8								0	0	
67030000	经梳理、稀疏等方法加工的人发及假发材料	18	0	0	18	0	0	4	0	12	0	14	8								0	0	
67041100	合成纺织材料制整头假发		0	0		0	0	5	0	16.8	0	21.2	10								0	0	0
67041900	合成纺织材料制其他假发、须等		0	0		0	0	5	0	16.8	0	21.2	10		0						0	0	0
67042000	人发制假发、须、眉及类似品		0	0	12	0	0	3	0	9	0	10.5	6		0						0	0	0
67049000	其他材料制假发、须眉及类似品		0	0		0	0	5	0	16.8	0	21.2	10		0						0	0	0
68010000	长方砌石、路缘石、扁平石		0	0	6	0	0	0	0	7.2	0	8.4	4.8		0						0	0	
68021010	大理石制砖、瓦、方块及类似品	19.2	0	0	0	0	0	0	0	14.4	0	20.4	9.6	0	0						0	0	0
68021090	其他石料制砖瓦、方块及类似品	16	0	0	0	0	0	0	0	12	0	16	8	0	0						0	0	
68022110	具有一个平面的大理石及制品		0		0	0	0	0	0	2	0	7	4		0						0	0	0
68022120	石灰华		0	0	0	0	0	0	0	14.4	0	20.4	9.6		0						0	0	

税则号列	商品描述①	协定税率(%)															特惠税率(%)						
		亚太	东盟	新加坡	巴基斯坦	智利	新西兰	秘鲁	哥斯达黎加	瑞士	冰岛	韩国	澳大利亚	香港	澳门	台湾	亚太2国②	东盟 老挝	东盟 柬埔寨	东盟 缅甸	最不发达国家 LDC1③	最不发达国家 LDC2④	最不发达国家 LDC3⑤
68022190	具有一个平面石灰华及蜡石及制品		0	0	0	0	0	0	0	14.4	0	20.4	9.6								0	0	
68022300	具有一个平面的花岗岩及制品	9.2	0		0	0	0	0	0	2	0	7	4		0						0	0	0
68022910	具有一个平面的其他石灰石及制品		0	0	0	0	0	4.8	0	14.4	0	20.4	9.6		0						0	0	
68022990	具有一个平面的其他石及制品		0	0	0	0	0	3	0	9	0	10.5	6		0						0	0	0
68029110	大理石、石灰华及蜡石制石刻		0	0	0	0	0	0	0	14.4	0	20.4	9.6		0						0	0	
68029190	其他大理石、石灰华及蜡石及制品		0		0	0	0	0	0	2	0	7	4	0	0						0	0	0
68029210	其他石灰石制石刻		0	0	0	0	0	4.8	0	14.4	0	20.4	9.6		0						0	0	
68029290	其他加工形式石灰石制品		0		0	0	0	2	0	2	0	7	4	0	0						0	0	0
68029311	花岗岩制墓碑石		0	0	0	0	0	4.8	0	14.4	0	20.4	9.6		0						0	0	
68029319	其他花岗岩制石刻		0	0	0	0	0	4.8	0	14.4	0	20.4	9.6	0	0						0	0	
68029390	其他加工形式花岗岩制品	9.2	0		0	0	0	0	0	2	0	7	4		0						0	0	0
68029910	其他石制成的石刻		0	0	0	0	0	0	0	14.4	0	20.4	9.6		0						0	0	
68029990	其他石及制品		0	0	0	0	0	0	0	14.4	0	20.4	9.6	0	0						0	0	0
68030010	板岩制品		0	0		0	0	4	0	12	0	16	8		0						0	0	
68030090	已加工板岩及板岩或粘聚板岩制品		0	0		0	0	4	0	12	0	16	8								0	0	
68041000	碾磨或磨浆用石磨、石碾		0		5	0	0	0	0	1.6	0	3.2	3.2								0	0	0
68042110	粘聚合成或天然金刚石制砂轮		0		5	0	0	0	0	4.8	0	5.6	3.2	0							0	0	0
68042190	金刚石制石磨、石碾及砂轮		0		5	0	0	0	0	4.8	0	5.6	3.2	0							0	0	0
68042210	其他砂轮		0		5	0	0	0	0	4.8	0	3.2	3.2	0							0	0	0
68042290	其他石磨、石碾及类似品		0		5	0	0	0	0	1.6	0	3.2	3.2	0							0	0	0
68042310	天然石料制的砂轮		0		5	0	0	0	0	1.6	0	3.2	3.2								0	0	0
68042390	天然石料制其他石磨、石碾等		0		5	0	0	0	0	1.6	0	5.6	3.2								0	0	0
68043010	手用琢磨油石	6.4	0		5	0	0	0	0	1.6	0	3.2	3.2								0	0	0
68043090	手用其他磨石及抛光石	6.4	0		5	0	0	0	0	1.6	0	5.6	3.2								0	0	0
68051000	砂布		0		5	0	0	0	0	4.8	0	6.4	3.2								0	0	0
68052000	砂纸		0		5	0	0	0	0	4.8	0	5.6	3.2								0	0	0
68053000	其他材料为底的天然或人造研磨料		0		5	0	0	0	0	1.6	0	5.6	3.2								0	0	0
68061010	硅酸铝纤维及其制品		0	0	5	0	0	0	0	6.3	0	7.3	4.2								0	0	0
68061090	其他矿渣棉、岩石棉及类似的矿质棉(包括其相互混合物),块状、成片或成卷		0	0	5	0	0	0	0	6.3	0	7.3	4.2								0	0	0
68062000	页状硅石、膨胀黏土、泡沫矿渣		0	0	5	0	0	0	0	6.3	0	7.3	4.2								0	0	0
68069000	其他矿物材料的混合物及制品		0		5	0	0	0	0	2	0	8	4								0	0	0
68071000	成卷的沥青或类似原料的制品		0	0	6	0	0	0	0	7.2	0	8.4	4.8								0	0	
68079000	其他形状的沥青或类似原料的制品	9.6	0	0	5	0	0	0	0	7.2	0	8.4	4.8								0	0	
68080000	镶板、平板、瓦、砖及类似品		0	0	5	0	0	0	0	6.3	0	7.3	4.2								0	0	

税则号列	商品描述[1]	协定税率(%)															特惠税率(%)						
		亚太	东盟	新加坡	巴基斯坦	智利	新西兰	秘鲁	哥斯达黎加	瑞士	冰岛	韩国	澳大利亚	香港	澳门	台湾	亚太2国[2]	东盟			最不发达国家		
																		老挝	柬埔寨	缅甸	LDC1[3]	LDC2[4]	LDC3[5]
68091100	纸贴面未饰的石膏板、片、砖、瓦及类似品		0	0		0	0	5.6	0	16.8	0		11.2								0	0	
68091900	以其他材料贴面加强的未饰石膏板		0	0		0	0	5	0		0	21.2	10		0						0	0	
68099000	其他石膏制品		0	0		0	0	5	0		0	21.2	10								0	0	
68101100	水泥制建筑用砖及石砌块	8.4	0	0	5	0	0	0	0	6.3	0	7.3	4.2	0							0	0	0
68101910	人造石制砖、瓦、扁平石及类似品	8.4	0	0	5	0	0	0	0	6.3	0	7.3	4.2		0						0	0	0
68101990	水泥制其他砖、瓦、扁平石	8.4	0	0	5	0	0	0	0	6.3	0	7.3	4.2								0	0	0
68109110	钢筋混凝土和预应力混凝土管、杆、板、桩等		0	0	5	0	0	0	0	6.3	0	7.3	4.2	0							0	0	0
68109190	其他水泥制建筑或土木工程用预制构件		0	0	5	0	0	0	0	6.3	0	7.3	4.2	0	0						0	0	0
68109910	铁道用水泥枕		0		5	0	0	0	0	1.6	0	3.2	3.2								0	0	0
68109990	水泥、混凝土或人造石制其他制品		0	0	5	0	0	0	0	6.3	0	7.3	4.2								0	0	0
68114010	含石棉的瓦楞板		0		0	0	0	0	0	0	0	2	0								0	0	
68114020	含石棉的片、板、砖、瓦及类似品		0	0	5	0	0	0	0	6.3	0	7.3	4.2								0	0	
68114030	含石棉的管子及管子配件		0		5	0	0	0	0	1.6	0	3.2	3.2								0	0	
68114090	含石棉的其他制品		0		5	0	0	0	0	1.7	0	5.8	3.4								0	0	
68118100	不含石棉的瓦楞板		0		0	0	0	0	0	0	0	2	0								0	0	
68118200	不含石棉的片、板、砖、瓦及类似品		0	0	5	0	0	0	0	7	0	7.3	4.2								0	0	
68118910	不含石棉的管子及管子配件		0		5	0	0	0	0	1.6	0	3.2	3.2								0	0	
68118990	不含石棉的其他制品		0		5	0	0	0	0	1.7	0	3.3	3.4								0	0	
68128000	青石棉或青石棉混合物制品		0	0	5	0	0	0	0	6.3	0	7.3	4.2								0	0	0
68129100	其他石棉或石棉混合物制的服装		0	0	5	0	0	0	0	6.3	0	7.3	4.2								0	0	0
68129200	其他石棉或石棉混合物制的纸、麻丝板		0	0	5	0	0	0	0	6.3	0	7.3	4.2								0	0	0
68129300	其他成片成卷的压缩石棉纤维接合材料		0	0	5	0	0	0	0	6.3	0	7.3	4.2								0	0	0
68129900	其他石棉或石棉混合物制品		0		5	0	0	0	0	2	0	7	4								0	0	0
68132010	含石棉的闸衬、闸垫		0		5	0	0	0	0	2	0	7	4								0	0	0
68132090	含石棉的磨擦料及其他用于制动等用途制品		0	0	6	0	0	0	0	7.2	0	8.4	4.8								0		
68138100	不含石棉的闸衬、闸垫		0		5	0	0	0	0	2	0	7	4								0	0	0
68138900	不含石棉的磨擦料及其他用于制动等用途制品		0	0	6	0	0	0	0	7.2	0	8.4	4.8								0		
68141000	粘聚或复制云母制的板、片、带		0	0	5	0	0	0	0	0	0	7.3	4.2								0	0	0
68149000	其他已加工的云母及其制品		0	0	5	0	0	0	0	6.3	0	7.3	4.2								0	0	0
68151000	非电器用的石墨或其他碳精制品		0	0	12	0	0	3	0	9	0		6								0	0	0
68152000	泥煤制品		0	0	12	0	0	3	0	9	0	10.5	6								0	0	
68159100	含菱镁矿、白云石或铬铁矿的制品		0	0	12	0	0	3	0	9	0	10.5	6								0	0	
68159920	碳纤维		0	0		0	0	3.5	0	10.5	0		7								0	0	0

税则号列	商品描述①	协定税率(%)															特惠税率(%)						
		亚太	东盟	新加坡	巴基斯坦	智利	新西兰	秘鲁	哥斯达黎加	瑞士	冰岛	韩国	澳大利亚	香港	澳门	台湾	亚太2国②	东盟			最不发达国家		
																		老挝	柬埔寨	缅甸	LDC1③	LDC2④	LDC3⑤
68159931	碳布		0	0		0	0	3.5	0	10.5	0		7								0	0	0
68159932	碳纤维预浸料		0	0		0	0	3.5	0	10.5	0		7								0	0	0
68159939	其他碳纤维制品		0	0		0	0	3.5	0	10.5	0		7								0	0	0
68159940	玄武岩纤维及其制品		0	0		0	0	3.5	0	10.5	0	12.2	7								0	0	0
68159990	其他未列名石制品及矿物制品		0	0		0	0	3.5	0	10.5	0	12.2	7								0	0	0
69010000	硅质化石粉或类似硅土制的砖、瓦	6.4	0		5	0	0	0	0	1.6	0	3.2	3.2								0	0	
69021000	镁、钙、铬含量>50%的耐火砖及类似品		0		5	0	0	0	0	1.6	0	3.2	3.2								0	0	0
69022000	氧化铝、硅含量>50%的耐火砖及类似品		0		5	0	0	0	0	4.8	0	3.2	3.2								0	0	0
69029000	其他耐火砖及耐火陶瓷建材制品		0		5	0	0	0	0	1.6	0	5.6	3.2								0	0	0
69031000	石墨含量>50%的其他耐火陶瓷制品		0		5	0	0	0	0	1.6	0	5.6	3.2					0			0	0	0
69032000	氧化铝含量>50%的其他耐火陶瓷制品		0		5	0	0	0	0	1.6	0	3.2	3.2					0			0	0	0
69039000	其他耐火陶瓷制品		0		5	0	0	0	0	1.6	0	3.2	3.2					0			0	0	0
69041000	陶瓷制建筑用砖		0	0	12	0	0	3	0	9	0	10.5	6								0	0	0
69049000	陶瓷制铺地砖、支撑或填充用砖		0	0		0	0	4.9	0	14.7	0	20.8	9.8								0	0	
69051000	陶瓷制屋顶瓦		0	0		0	0	4.9	0	14.7	0	20.8	9.8								0	0	
69059000	其他建筑用陶瓷制品		0	0		0	0	4.9	0	14.7	0	20.8	9.8								0	0	
69060000	陶瓷套管、导管、槽管及管子配件		0	0	12	0	0	3	0	9	0	10.5	6								0	0	
69072110	小尺寸贴面砖、铺面砖,按重量计吸水率≤0.5%,不论是否矩形,可置入边长<7厘米的方格	10.4	0	0	5	0	0	0	0	10.2	0	13.4	6.8								0	0	
69072190	大尺寸贴面砖、铺面砖,按重量计吸水率≤0.5%,不论是否矩形,无法置入边长<7厘米的方格		0	0	6	0	0	0	0	7.2	0	8.4	4.8								0	0	
69072210	小尺寸贴面砖、铺面砖,按重量计0.5%<吸水率≤10%,不论是否矩形,可置入边长<7厘米的方格	10.4	0	0	5	0	0	0	0	10.2	0	13.4	6.8								0	0	
69072290	大尺寸贴面砖、铺面砖,按重量计0.5%<吸水率≤10%,不论是否矩形,无法置入边长<7厘米的方格		0	0	6	0	0	0	0	7.2	0	8.4	4.8								0	0	
69072310	小尺寸贴面砖、铺面砖,按重量计吸水率>10%,不论是否矩形,可置入边长<7厘米的方格	10.4	0	0	5	0	0	0	0	10.2	0	13.4	6.8								0	0	
69072390	大尺寸贴面砖、铺面砖,按重量计吸水率>10%,不论是否矩形,无法置入边长<7厘米的方格		0	0	6	0	0	0	0	7.2	0	8.4	4.8								0	0	
69073010	小尺寸镶嵌砖(马赛克)及其类似品,不论是否矩形,可置入边长<7厘米的方格	10.4	0	0	5	0	0	0	0	10.2	0	13.4	6.8								0	0	

税则号列	商品描述①	协定税率(%)															特惠税率(%)						
		亚太	东盟	新加坡	巴基斯坦	智利	新西兰	秘鲁	哥斯达黎加	瑞士	冰岛	韩国	澳大利亚	香港	澳门	台湾	亚太2国②	东盟			最不发达国家		
																		老挝	柬埔寨	缅甸	LDC1③	LDC2④	LDC3⑤
69073090	大尺寸镶嵌砖(马赛克)及其类似品,不论是否矩形,无法置入边长<7 厘米的方格		0	0	6	0	0	0	0	7.2	0	8.4	4.8								0	0	
69074010	小尺寸饰面陶瓷,不论是否矩形,可置入边长<7 厘米的方格	10.4	0	0	5	0	0	0	0	10.2	0	13.4	6.8								0	0	
69074090	大尺寸饰面陶瓷,不论是否矩形,无法置入边长<7 厘米的方格		0	0	6	0	0	0	0	7.2	0	8.4	4.8								0	0	
69091100	实验室、化学或其他技术用瓷器		0		5	0	0	0	0	1.6	0	3.2	3.2								0	0	0
69091200	莫氏硬度≥9 的技术用陶瓷器		0		5	0	0	0	0	1.6	0	3.2	3.2								0	0	0
69091900	其他实验室、化学用陶瓷器		0		5	0	0	0	0	0	0	3.2	3.2								0	0	0
69099000	农业用、运输或盛装货物用陶瓷容器		0	0		0	0	4.2	0	12.6	0	17.8	8.4								0	0	
69101000	瓷制脸盆、浴缸及类似卫生器具	9	0	0	5	0	0	0	0	2	0	7	4								0	0	0
69109000	陶制脸盆、浴缸及类似卫生器具		0	0	5	0	0	0	0	2	0	7	4								0	0	0
69111011	骨瓷餐具	10	0	0	5	0	0	0	0	7.2	0	8.4	4.8								0	0	0
69111019	其他餐具	10	0	0	5	0	0	0	0	7.2	0	8.4	4.8								0	0	0
69111021	刀具	12.5	0	0	7.5	0	0	3	0	9	0	10.5	6								0	0	
69111029	其他厨房器具	12.5	0	0	7.5	0	0	3	0	9	0	10.5	6								0	0	
69119000	其他家用或盥洗用瓷器	20	0	0	20	0	0	4.9	0	14.7	0	20.8	9.8								0	0	
69120010	陶餐具		0	0	12	0	0	3	0	9	0	10.5	6								0	0	0
69120090	陶制厨房器具		0	0	12	0	0	3	0	9	0	10.5	6								0	0	
69131000	瓷塑像及其他装饰用瓷制品		0	0	12	0	0	3	0	9	0	10.5	6								0	0	0
69139000	陶塑像及其他装饰用陶制品		0	0	12	0	0	3	0	9	0	10.5	6								0	0	0
69141000	其他瓷制品		0	0		0	0	4.9	0	14.7	0	20.8	9.8								0	0	
69149000	其他陶制品		0	0	5	0	0	0	0	6	0	8	4								0	0	0
70010000	废碎玻璃及玻璃块料		0	0	6	0	0	0	0	7.2	0	8.4	4.8								0	0	
70021000	未加工的玻璃球		0	0	6	0	0	0	0	7.2	0	8.4	4.8								0	0	
70022010	光导纤维预制棒		0		5	0	0	0	0	1.2	0	2.4	2.4								0	0	
70022090	其他未加工的玻璃棒		0	0	6	0	0	0	0	7.2	0	8.4	4.8								0	0	
70023110	光导纤维用波导级石英玻璃管		0		0	0	0	0	0	0	0	2	0								0	0	
70023190	熔融石英或熔融硅石制其他玻璃管		0	0	11.2	0	0	0	0	8.4	0	9.8	5.6								0	0	
70023200	其他未加工的玻璃管		0	0	6	0	0	0	0	7.2	0	8.4	4.8								0	0	
70023900	未列名、未加工的玻璃管		0	0	6	0	0	0	0	7.2	0	8.4	4.8								0	0	
70031200	铸、轧制着色的非夹丝玻璃板、片		0	0	12	0	0	3	0	9	0	10.5	6								0	0	
70031900	铸、轧制的其他非夹丝玻璃板、片		0	0	14	0	0	3.5	0	10.5	0	12.2	7			0					0	0	
70032000	铸、轧制的夹丝玻璃板、片		0	0	12	0	0	3	0	9	0	10.5	6								0	0	
70033000	铸、轧制的玻璃型材及异型材		0	0	12	0	0	3	0	9	0	10.5	6								0	0	
70042000	拉、吹制的着色玻璃板、片		0	0	14	0	0	3.5	0	10.5	0	12.2	7								0	0	0
70049000	拉、吹制的其他玻璃板、片		0	0	14	0	0	3.5	0	10.5	0	14.8	7								0	0	
70051000	有吸收层非夹丝浮法或抛光玻璃板		0	0	12	0	0	3	0	9	0	10.5	6								0	0	
70052100	其他着色非夹丝浮法玻璃板、片		0	0	12	0	0	3	0	9	0	10.5	6								0	0	

税则号列	商品描述①	协定税率(%) 亚太	东盟	新加坡	巴基斯坦	智利	新西兰	秘鲁	哥斯达黎加	瑞士	冰岛	韩国	澳大利亚	香港	澳门	台湾	特惠税率(%) 亚太2国②	东盟 老挝	东盟 柬埔寨	东盟 缅甸	最不发达国家 LDC1③	最不发达国家 LDC2④	最不发达国家 LDC3⑤
70052900	其他非夹丝浮法玻璃板、片		0	0	12	0	0	3	0	9	0	10.5	6								0	0	
70053000	夹丝浮法玻璃板、片		0	0	14	0	0	3.5	0	10.5	0	12.2	7								0	0	
70060000	经其他加工品目70.03~70.05的玻璃		0	0	12	0	0	3	0	9	0	12	6			0					0	0	
70071110	航空航天器及船舶用钢化安全玻璃		0		0	0	0	0	0	0	0	0	0	0							0	0	0
70071190	车辆用钢化安全玻璃		0		5	0	0	0	0	2	0	8	4	0							0	0	0
70071900	其他钢化安全玻璃		0	0	11.2	0	0	0	0	8.4	0	9.8	5.6								0	0	
70072110	航空航天器及船舶用层压安全玻璃		0		0	0	0	0	0	0	0	0	0								0	0	0
70072190	车辆用层压安全玻璃		0	0		0	0	4	0	12	0	17	8								0	0	0
70072900	其他层压安全玻璃		0	0	11.2	0	0	0	0	8.4	0	9.8	5.6								0	0	
70080010	中空或真空隔温、隔音玻璃		0	0	11.2	0	0	0	0	8.4	0	9.8	5.6								0	0	
70080090	其他多层隔温、隔音玻璃组件		0	0	11.2	0	0	0	0	8.4	0	9.8	5.6		0						0	0	
70091000	车辆后视镜		0	0	5	0	0	0	0	2	0	8.5	4			0					0	0	0
70099100	其他未镶框玻璃镜(包括后视镜)		0	0		0	0	4.2	0	12.6	0	17.8	8.4								0	0	
70099200	其他镶框玻璃镜(包括后视镜)	10.8	0	0	5	0	0	0	0	7.2	0	8.4	4.8								0	0	0
70101000	玻璃安瓿		0	0	11.2	0	0	0	0	8.4	0	9.8	5.6								0	0	
70102000	玻璃制的塞、盖及类似封口器		0	0	11.2	0	0	0	0	8.4	0	9.8	5.6								0	0	
70109010	装运货物或保藏用的玻璃大容器		0	0	11.2	0	0	0	0	8.4	0	9.8	5.6								0	0	
70109020	装运货物或保藏用的玻璃中容器		0	0	11.2	0	0	0	0	8.4	0	9.8	5.6								0	0	
70109030	装运货物或保藏用的玻璃小容器		0	0	11.2	0	0	0	0	8.4	0	9.8	5.6								0	0	
70109090	装运货物或保藏用的玻璃特小容器		0	0	11.2	0	0	0	0	8.4	0	9.8	5.6								0	0	0
70111000	电灯用未封口玻璃外壳及玻璃零件		0	0		0	0	4.2	0	12.6	0	17.8	8.4								0	0	
70112010	显象管玻壳及其零件	7	0		5	0	0	0	0	2	0	7	4								0	0	
70112090	阴极射线管用玻壳及零件	7	0		5	0	0	0	0	2	0		4								0	0	
70119010	电子管未封口玻璃外壳及玻璃零件		0		5	0	0	0	0	1.6	0	3.2	3.2								0	0	
70119090	其他类似品用未封口玻璃外壳零件		0	0		0	0	4.2	0	12.6	0	17.8	8.4								0	0	
70131000	玻璃陶瓷制玻璃器皿		0	0		0	0	4.9	0	14.7	0	20.8	9.8								0	0	0
70132200	铅晶质高脚杯		0	0		0	0	4.9	0	14.7	0	20.8	9.8								0	0	
70132800	其他高脚杯		0	0	5	0	0	0	0	1.6	0	3.2	3.2								0	0	0
70133300	其他铅晶质玻璃杯		0	0		0	0	4.9	0	14.7	0	20.8	9.8								0	0	
70133700	其他玻璃杯		0	0	5	0	0	0	0	1.6	0	3.2	3.2								0	0	0
70134100	铅晶质玻璃制餐桌、厨房用器皿		0	0		0	0	4.9	0	14.7	0	20.8	9.8								0	0	
70134200	低膨胀系数玻璃制餐桌厨房用器皿		0	0	5	0	0	0	0	2	0	7	4								0	0	0
70134900	其他玻璃制餐桌、厨房用器皿		0	0	5	0	0	0	0	2	0	7	4								0	0	0
70139100	其他铅晶质玻璃器皿		0	0	5	0	0	0	0	2	0	7	4								0	0	0

税则号列	商品描述[①]	协定税率(%)															特惠税率(%)						
		亚太	东盟	新加坡	巴基斯坦	智利	新西兰	秘鲁	哥斯达黎加	瑞士	冰岛	韩国	澳大利亚	香港	澳门	台湾	亚太2国[②]	东盟			最不发达国家		
																		老挝	柬埔寨	缅甸	LDC1[③]	LDC2[④]	LDC3[⑤]
70139900	其他玻璃器皿		0	0	5	0	0	0	0	2	0	7	4								0	0	0
70140010	光学仪器用光学元件毛坯		0	0	5	0	0	0	0	2	0	4	4		0						0	0	0
70140090	其他未经光学加工的信号玻璃器		0	0	14	0	0	3.5	0	10.5	0	12.2	7								0	0	
70151010	视力矫正眼镜用变色镜片坯件		0	0		0	0	4.2	0	12.6	0	16.8	8.4								0	0	
70151090	其他视力矫正眼镜用镜片坯件		0	0	14	0	0	3.5	0	10.5	0	12.2	7								0	0	
70159010	钟表玻璃		0	0	14	0	0	3.5	0	10.5	0	12.2	7								0	0	
70159020	平光变色镜片坯件		0	0	14.4	0	0	3.6	0	10.8	0	12.6	7.2								0	0	
70159090	品目 70.15 的其他未经光学加工玻璃		0	0	6	0	0	0	0	8	0	8.4	4.8								0	0	0
70161000	供镶嵌或装饰用玻璃马赛克		0	0		0	0	4.4	0	13.2	0	18.7	8.8								0	0	
70169010	花饰铅条窗玻璃及类似品		0	0		0	0	4.8	0	14.4	0	20.4	9.6								0	0	
70169090	建筑用压制或模制铺面玻璃块、砖		0	0		0	0	3.6	0	10.8	0	12.6	7.2								0	0	
70171000	实验室、卫生及配药用玻璃器																				0	0	0
70172000	其他玻璃制实验室等用玻璃器		0		5	0	0	0	0	5.4	0	3.2	3.2								0	0	0
70179000	其他实验室、卫生及配药用玻璃器		0		5	0	0	0	0	1.6	0	5.6	3.2								0	0	0
70181000	玻璃珠、仿珍珠及类似小件玻璃品		0	0	5	0	0	0	0	2	0	4	4								0	0	0
70182000	直径≤1 毫米的玻璃珠		0	0		0	0	4	0	12	0	16	8								0	0	
70189000	玻璃假眼;灯工方法制的玻璃塑像及玻璃饰品		0	0		0	0	4	0	12	0	16	8								0	0	
70191100	长度≤50 毫米的短切玻璃纤维		0	0	6	0	0	0	0	7.2	0	8.4	4.8			0					0	0	0
70191200	玻璃纤维粗纱		0	0	6	0	0	0	0	7.2	0		4.8								0	0	0
70191900	玻璃纤维、梳条、纱线		0		5	0	0	0	0	2	0	7	4		0	0					0	0	0
70193100	玻璃纤维(包括玻璃棉)制的席		0		0	0	0	0	0	0	0	2	0								0	0	0
70193200	玻璃纤维(包括玻璃棉)制的薄片		0	0	11.2	0	0	0	0	8.4	0	9.8	5.6								0	0	
70193910	玻璃纤维制的垫		0	0	5	0	0	0	0	6.3	0	7.3	4.2			0					0	0	0
70193990	其他玻璃纤维制的网、板及类似无纺产品		0	0	5	0	0	0	0	6.3	0	7.3	4.2			0					0	0	0
70194000	玻璃纤维粗纱机织物		0	0	6	0	0	0	0	7.2	0	8.4	4.8								0	0	0
70195100	宽度≤30 毫米的玻璃纤维机织物		0	0	6	0	0	0	0	7.2	0	8.4	4.8	0							0	0	0
70195200	每平方米≤250 克的玻璃长丝平纹织物		0	0	6	0	0	0	0	7.2	0		4.8	0	0						0	0	0
70195900	其他玻璃纤维机织物	8.4	0	0	5	0	0	0	0	7.2	0	9.4	4.8	0	0						0	0	0
70199010	玻璃棉及其制品		0		5	0	0	0	0	1.4	0	5.6	2.8		0						0	0	0
70199021	每平方米重量<450 克的玻璃纤维布浸胶制品		0		5	0	0	0	0	1.4	0	5.6	2.8		0						0	0	0
70199029	其他玻璃纤维布浸胶制品		0		5	0	0	0	0	1.4	0	5.6	2.8		0						0	0	0
70199090	其他玻璃纤维及其制品		0		5	0	0	0	0	1.4	0	5.6	2.8		0						0	0	0
70200011	导电玻璃		0	0	5	0	0	0	0	6.3	0		4.2	0							0	0	0

税则号列	商品描述①	协定税率(%)															特惠税率(%)						
		亚太	东盟	新加坡	巴基斯坦	智利	新西兰	秘鲁	哥斯达黎加	瑞士	冰岛	韩国	澳大利亚	香港	澳门	台湾	亚太2国②	东盟			最不发达国家		
																		老挝	柬埔寨	缅甸	LDC1③	LDC2④	LDC3⑤
70200012	绝缘子用玻璃伞盘	9.5	0	0	5	0	0	0	0	6.3	0	7.3	4.2								0	0	0
70200013	熔融石英或其他熔融硅石制	8.9	0	0	5	0	0	0	0	6.3	0	4.2	4.2								0	0	0
70200019	其他工业用玻璃制品	8.9	0	0	5	0	0	0	0	6.3	0	4.2	4.2								0	0	0
70200091	保温瓶或其他保温器用玻璃胆		0	0		0	0	4.2	0	12.6	0	16.8	8.4	0							0	0	
70200099	其他非工业用玻璃制品	12.8	0	0	7.5	0	0	3	0	9	0	10.5	6	0							0	0	0
71011011	未分级的天然黑珍珠		0	0		0	0	4.2	0	12.6	0	16.8	8.4								0	0	
71011019	其他未分级的天然珍珠		0	0		0	0	4.2	0	12.6	0	16.8	8.4								0	0	
71011091	其他天然黑珍珠		0	0		0	0	4.2	0	12.6	0	16.8	8.4								0	0	
71011099	其他天然珍珠		0	0		0	0	4.2	0	12.6	0	16.8	8.4								0	0	
71012110	未分级、未加工的养殖珍珠		0	0		0	0	4.2	0	12.6	0	16.8	8.4								0	0	
71012190	其他未加工的养殖珍珠		0	0		0	0	4.2	0	12.6	0	16.8	8.4								0	0	
71012210	未分级、已加工的养殖珍珠		0	0		0	0	4.2	0	12.6	0	17.8	8.4								0	0	
71012290	其他已加工的养殖珍珠		0	0		0	0	4.2	0	12.6	0	17.8	8.4								0	0	
71021000	未分级钻石		0		0	0	0	0	0	0	0	0	0								0	0	0
71022100	未加工或简单加工的工业用钻石																				0	0	0
71022900	其他工业用钻石																				0	0	0
71023100	未加工或简单加工非工业用钻石		0		0	0	0	0	0	1.8	0	0	0	0							0	0	0
71023900	其他非工业用钻石	0	0		0	0	0	0	0	4.8	0	3.2	3.2								0	0	0
71031000	未加工宝石或半宝石	2.8	0		0	0	0	0	0	0	0	1.2	0					0			0	0	0
71039100	经其他加工的红宝石、蓝宝石、祖母绿	4	0		0	0	0	0	0	4.8	0	3.2	3.2					0			0	0	0
71039910	经其他加工的翡翠	4	0		0	0	0	0	0	1.6	0	3.2	3.2								0	0	0
71039920	水晶	4	0		0	0	0	0	0	4.8	0	5.6	3.2								0	0	0
71039930	碧玺	4	0		0	0	0	0	0	4.8	0	5.6	3.2								0	0	0
71039940	软玉	4	0		0	0	0	0	0	4.8	0	5.6	3.2								0	0	0
71039990	经其他加工的其他宝石或半宝石	4	0		0	0	0	0	0	4.8	0	5.6	3.2								0	0	0
71041000	压电石英		0		5	0	0	0	0	1.2	0		2.4								0	0	0
71042010	未加工合成或再造钻石																				0	0	0
71042090	未加工合成或再造其他宝石或半宝石													0							0	0	0
71049011	其他工业用合成或再造的钻石		0		5	0	0	0	0	1.2	0	2.4	2.4								0	0	0
71049012	工业用蓝宝石		0		5	0	0	0	0	1.2	0	2.4	2.4	0							0	0	0
71049019	其他工业用合成或再造的其他宝石或半宝石		0		5	0	0	0	0	1.2	0	4.2	2.4								0	0	0
71049091	其他非工业用合成钻石		0		5	0	0	0	0	1.6	0	3.2	3.2								0	0	0
71049099	其他非工业用合成其他宝石或半宝石		0		5	0	0	0	0	1.6	0	3.2	3.2								0	0	0
71051010	天然钻石																				0	0	0
71051020	人工合成的钻石																				0	0	0
71059000	天然或合成宝石或半宝石粉末																				0	0	0
71061011	平均粒径<3 微米的非片状银粉																				0	0	0
71061019	平均粒径≥3 微米的非片状银粉																				0	0	0
71061021	平均粒径<10 微米的片状银粉																				0	0	0

税则号列	商品描述①	协定税率(%)															特惠税率(%)						
		亚太	东盟	新加坡	巴基斯坦	智利	新西兰	秘鲁	哥斯达黎加	瑞士	冰岛	韩国	澳大利亚	香港	澳门	台湾	亚太2国②	东盟			最不发达国家		
																		老挝	柬埔寨	缅甸	LDC1③	LDC2④	LDC3⑤
71061029	其他银粉																				0	0	0
71069110	纯度≥99.99%的未锻造银																				0	0	0
71069190	其他未锻造银																				0	0	0
71069210	纯度≥99.99%的半制成银																				0	0	0
71069290	其他半制成银																				0	0	0
71070000	以贱金属为底的包银材料		0	0	5	0	0	0	0	6.3	0	7.3	4.2					0			0	0	0
71081100	非货币用金粉																				0	0	0
71081200	非货币用未锻造金																				0	0	0
71081300	非货币用半制成金																	0			0	0	0
71082000	货币用未锻造金(包括镀铂的金)及金粉																				0	0	0
71090000	以贱金属或银为底的包金材料		0	0	5	0	0	0	0	6.3	0	7.3	4.2								0	0	0
71101100	未锻造或粉末状铂																				0	0	0
71101910	板、片状铂																				0	0	0
71101990	其他半制成铂		0		0	0	0	0	0	0	0	0	0	0							0	0	0
71102100	未锻造或粉末状钯																				0	0	0
71102910	板、片状钯																				0	0	0
71102990	其他半制成钯		0		0	0	0	0	0	0	0	0	0	0							0	0	0
71103100	未锻造或粉末状铑																				0	0	0
71103910	板、片状铑																				0	0	0
71103990	其他半制成铑		0		0	0	0	0	0	0	0	0	0								0	0	0
71104100	未锻造或粉末状铱、锇、钌																				0	0	0
71104910	板、片状铱、锇、钌																				0	0	0
71104990	其他半制成铱、锇、钌		0		0	0	0	0	0	0	0	0	0								0	0	0
71110000	以贱金属、银或金为底的包铂材料		0		0	0	0	0	0	0	0	0	0								0	0	
71123010	含银或银化合物的灰		0		5	0	0	0	0	1.6	0	3.2	3.2								0	0	0
71123090	其他含贵金属或贵金属化合物的灰		0		5	0	0	0	0	1.2	0	2.4	2.4								0	0	0
71129110	金及包金的废碎料																				0	0	0
71129120	其他含金或金化合物的废碎料		0		5	0	0	0	0	1.2	0	2.4	2.4								0	0	0
71129210	铂及包铂的废碎料																				0	0	0
71129220	其他含铂或铂化合物的废碎料		0		5	0	0	0	0	1.2	0	0	2.4								0	0	0
71129910	含银及银化合物的废碎料		0		5	0	0	0	0	1.6	0	3.2	3.2								0	0	0
71129920	含有其他贵金属或贵金属化合物的废碎料		0		5	0	0	0	0	1.2	0	2.4	2.4								0	0	0
71129990	其他贵金属或包贵金属的废碎料																				0	0	0
71131110	镶嵌钻石的银首饰及其零件	16.5	0	0	16	0	0	4	0	13.4	0	16	8	0	0						0	0	
71131190	其他银首饰及其零件	16.5	0	0	16	0	0	4	0	4	0	16	8	0	0						0	0	0
71131911	镶嵌钻石的黄金制首饰及其零件	14	0	0	14	0	0	4	0	13.3	0	16	8	0	0						0	0	
71131919	其他黄金制首饰及其零件	16	0	0	16	0	0	4	0	4	0	14	8	0	0						0	0	
71131921	镶嵌钻石的铂制首饰及其零件	28	0	0	28	0	0	7	0		0		14	0	0						0	0	
71131929	其他铂制首饰及其零件	28	0	0	28	0	0	7	0	7	0		14	0	0						0	0	0

税则号列	商品描述①	协定税率(%) 亚太	东盟	新加坡	巴基斯坦	智利	新西兰	秘鲁	哥斯达黎加	瑞士	冰岛	韩国	澳大利亚	香港	澳门	台湾	特惠税率(%) 亚太2国②	东盟 老挝	柬埔寨	缅甸	最不发达国家 LDC1③	LDC2④	LDC3⑤
71131991	镶嵌钻石的其他贵金属制首饰及其零件	28	0	0	28	0	0	7	0		0		14	0	0						0	0	
71131999	其他贵金属制首饰及其零件	28	0	0	28	0	0	7	0	7	0		14	0	0						0	0	0
71132010	镶嵌钻石的以贱金属为底的包贵金属制首饰	30	0	0	30	0	0	7	0	23.4			14	0	0						0	0	
71132090	其他以贱金属为底的包贵金属制首饰	30	0	0	30	0	0	7	0		0		14	0	0						0	0	
71141100	银器及零件		0	0		0	0	0		7	0		14	0	0						0	0	0
71141900	其他贵金属制金银器及零件		0	0		0	0	7	0	23.3	0		14	0	0						0	0	
71142000	以贱金属为底的包贵金属制金银器		0	0		0	0	7	0	23.4	0		14	0	0						0	0	0
71151000	金属丝布或格栅状的铂催化剂		0		0	0	0	0	0	0	0	0	0	0							0	0	0
71159010	工业或实验室用贵或包贵金属制品		0		0	0	0	0	0	0	0	0	0	0	0						0	0	0
71159090	其他用途的贵或包贵金属制品		0	0		0	0	7	0		0		14	0	0						0	0	
71161000	天然或养殖珍珠制品		0	0		0	0	7	0	21	0		14	0	0						0	0	
71162000	宝石或半宝石制品		0	0		0	0	7	0	7	0		14	0	0						0	0	0
71171100	贱金属制袖扣、饰扣		0	0		0	0	7	0	23.4	0		14	0	0						0	0	
71171900	其他贱金属制仿首饰	15.3	0	0	13.6	0	0	3.4	0	10.2	0	11.9	6.8	0	0						0	0	0
71179000	未列名材料制仿首饰	30	0	0	30	0	0	7	0			27.6	14	0	0						0	0	0
71181000	非法定货币的硬币(金币除外)																				0	0	0
71189000	其他硬币																				0	0	0
72011000	非合金生铁,含磷量≤0.5%		0		0	0	0	0	0	0	0	0	0								0	0	0
72012000	非合金生铁,含磷量>0.5%		0		0	0	0	0	0	0	0	0	0								0	0	0
72015000	合金生铁、镜铁		0		0	0	0	0	0	0	0	0	0								0	0	0
72021100	锰铁,含碳量>2%		0		0	0	0	0	0	0	0	0	0								0	0	0
72021900	锰铁,含碳量≤2%		0		0	0	0	0	0	0	0	0	0								0	0	0
72022100	硅铁,含硅量>55%		0		0	0	0	0	0	0	0	0	0								0	0	0
72022900	硅铁,含硅量≤55%		0		0	0	0	0	0	0	0	0	0								0	0	0
72023000	硅锰铁		0		0	0	0	0	0	0	0	0	0								0	0	0
72024100	铬铁,含碳量>4%		0		0	0	0	0	0	0	0	0	0								0	0	0
72024900	铬铁,含碳量≤4%		0		0	0	0	0	0	0	0	0	0								0	0	0
72025000	硅铬铁		0		0	0	0	0	0	0	0	0	0								0	0	0
72026000	镍铁		0		0	0	0	0	0	0	0	0	0								0	0	0
72027000	钼铁		0		0	0	0	0	0	0	0	0	0								0	0	0
72028010	钨铁		0		0	0	0	0	0	0	0	0	0								0	0	0
72028020	硅钨铁		0		0	0	0	0	0	0	0	0	0								0	0	0
72029100	钛铁及硅钛铁		0		0	0	0	0	0	0	0	0	0								0	0	0
72029210	按重量计含钒量≥75%的钒铁		0		5	0	0	0	0	1.8	0	3.6	3.6								0	0	0
72029290	其他钒铁		0		5	0	0	0	0	1.8	0	3.6	3.6								0	0	0
72029300	铌铁		0		0	0	0	0	0	0	0	0	0								0	0	0
72029911	钕铁硼速凝永磁片		0		0	0	0	0	0	0	0	0	0								0	0	0
72029912	钕铁硼磁粉		0		0	0	0	0	0	0	0	0	0								0	0	0

税则号列	商品描述①	协定税率(%)															特惠税率(%)						
		亚太	东盟	新加坡	巴基斯坦	智利	新西兰	秘鲁	哥斯达黎加	瑞士	冰岛	韩国	澳大利亚	香港	澳门	台湾	亚太2国②	东盟			最不发达国家		
																		老挝	柬埔寨	缅甸	LDC1③	LDC2④	LDC3⑤
72029919	其他钕铁硼合金		0		0	0	0	0	0	0	0	0	0								0	0	0
72029991	按重量计稀土元素总含量>10%的其他铁合金		0		0	0	0	0	0	0	0	0	0								0	0	0
72029999	其他铁合金		0		0	0	0	0	0	0	0	0	0								0	0	0
72031000	直接从铁矿还原的铁产品		0		0	0	0	0	0	0	0	0	0								0	0	
72039000	其他海绵铁,产品纯度>99.94%		0		0	0	0	0	0	0	0	0	0								0	0	
72041000	铸铁废碎料		0		0	0	0	0	0	0	0	0	0								0	0	0
72042100	不锈钢废碎料																				0	0	0
72042900	其他合金钢废碎料																				0	0	0
72043000	镀锡钢铁废碎料		0		0	0	0	0	0	0	0	0	0								0	0	0
72044100	机械加工中产生的废料		0		0	0	0	0	0	0	0	1.4	0								0	0	0
72044900	其他钢铁废碎料																				0	0	0
72045000	供再熔的碎料钢铁锭																				0	0	0
72051000	生铁、镜铁及钢铁颗粒		0		0	0	0	0	0	0	0	0	0								0	0	0
72052100	合金钢粉末		0		0	0	0	0	0	0	0	0	0	0							0	0	0
72052900	生铁、镜铁及其他钢铁粉末		0		0	0	0	0	0	0	0	1.4	0								0	0	0
72061000	铁及非合金钢锭		0		0	0	0	0	0	0	0	0	0								0	0	
72069000	其他初级形状的铁及非合金钢		0		0	0	0	0	0	0	0	0	0								0	0	
72071100	宽度<厚度两倍的矩形截面钢坯,含碳量<0.25%		0		0	0	0	0	0	0	0	0	0								0	0	
72071200	其他矩形截面钢坯,含碳量<0.25%		0		0	0	0	0	0	0	0	0	0								0	0	
72071900	其他含碳量<0.25%的钢坯		0		0	0	0	0	0	0	0	1.6	0								0	0	
72072000	含碳量≥0.25%的钢坯		0		0	0	0	0	0	0	0	0	0								0	0	
72081000	轧压花纹的热轧卷材		0		0	0	0	0	0	0	0	3.5	0								0	0	0
72082500	厚度≥4.75毫米其他经酸洗的热轧卷材		0		0	0	0	0	0	0	0		0								0	0	0
72082610	屈服强度>355牛顿/平方毫米,3毫米≤厚度<4.75毫米其他经酸洗的热轧卷材		0		0	0	0	0	0	0	0		0								0	0	0
72082690	其他3毫米≤厚度<4.75毫米其他经酸洗的热轧卷材		0		0	0	0	0	0	0	0		0								0	0	0
72082710	厚度<1.5毫米的其他经酸洗的热轧卷材		0		0	0	0	0	0	0	0	4	0								0	0	0
72082790	其他厚度<3毫米的其他经酸洗的热轧卷材		0		0	0	0	0	0	0	0		0			0					0	0	0
72083600	厚度>10毫米的其他热轧卷材		0		5	0	0	0	0	1.2	0	4.2	2.4								0	0	0
72083700	4.75毫米≤厚度≤10毫米的其他热轧卷材		0		0	0	0	0	0	0	0	3.5	0								0	0	0
72083810	屈服强度>355牛顿/平方毫米,3毫米≤厚度<4.75毫米的其他卷材		0		0	0	0	0	0	0	0	3.5	0								0	0	0
72083890	其他3毫米≤厚度<4.75毫米的其他卷材		0		0	0	0	0	0	0	0	3.5	0			0					0	0	0

税则号列	商品描述①	协定税率(%)															特惠税率(%)						
		亚太	东盟	新加坡	巴基斯坦	智利	新西兰	秘鲁	哥斯达黎加	瑞士	冰岛	韩国	澳大利亚	香港	澳门	台湾	亚太2国②	东盟			最不发达国家		
																		老挝	柬埔寨	缅甸	LDC1③	LDC2④	LDC3⑤
72083910	厚度<1.5毫米的其他热轧卷材		0		0	0	0	0	0	0	0	2.1	0								0	0	0
72083990	其他厚度<3毫米的其他热轧卷材		0		0	0	0	0	0	0	0	2.1	0			0					0	0	0
72084000	轧有凸起花纹的热轧非卷材		0		5	0	0	0	0	1.2	0	4.2	2.4								0	0	0
72085110	厚度>50毫米的其他热轧非卷材		0		5	0	0	0	0	1.2	0	4.8	2.4								0	0	0
72085120	20毫米<厚度≤50毫米的其他热轧非卷材		0		5	0	0	0	0	1.2	0	4.8	2.4								0	0	0
72085190	其他厚度>10毫米的其他热轧非卷材		0		5	0	0	0	0	1.2	0	4.2	2.4								0	0	0
72085200	4.75毫米≤厚度≤10毫米的热轧非卷材		0		5	0	0	0	0	1.2	0	4.2	2.4								0	0	0
72085310	屈服强度>355牛顿/平方毫米,3毫米≤厚度<4.75毫米的热轧非卷材	5.1	0		0	0	0	0	0	1.2	0	4.2	2.4								0	0	0
72085390	其他3毫米≤厚度<4.75毫米的热轧非卷材	5.1	0		0	0	0	0	0	1.2	0	4.2	2.4								0	0	0
72085410	厚度<1.5毫米的热轧非卷材	5.1	0		0	0	0	0	0	1.2	0	2.4	2.4								0	0	0
72085490	其他厚度<3毫米的热轧非卷材	5.1	0		0	0	0	0	0	1.2	0	4.8	2.4								0	0	0
72089000	其他热轧铁或非合金钢宽平板轧材		0		5	0	0	0	0	1.2	0		2.4								0	0	0
72091510	屈服强度>355牛顿/平方毫米,厚度≥3毫米的冷轧卷材		0		5	0	0	0	0	1.2	0	4.2	2.4								0	0	0
72091590	其他厚度≥3毫米的冷轧卷材		0		5	0	0	0	0	1.2	0	4.2	2.4								0	0	0
72091610	屈服强度>275牛顿/平方毫米,1毫米<厚度<3毫米的冷轧卷材	4.2	0		0	0	0	0	0	1.2	0	4.2	2.4								0	0	0
72091690	其他1毫米<厚度<3毫米的冷轧卷材	4.2	0		0	0	0	0	0	1.2	0	4.9	2.4			0					0	0	0
72091710	屈服强度>275牛顿/平方毫米,0.5毫米≤厚度≤1毫米的冷轧卷材	2.1	0		0	0	0	0	0	0	0	2.4	0								0	0	0
72091790	其他0.5毫米≤厚度≤1毫米的冷轧卷材	2.1	0		0	0	0	0	0	0	0	2.1	0			0					0	0	0
72091810	厚度<0.3毫米的冷轧卷材	4.2	0		0	0	0	0	0	1.2	0	4.9	2.4								0	0	0
72091890	其他厚度<0.5毫米的冷轧卷材	4.2	0		0	0	0	0	0	1.2	0	4.9	2.4			0					0	0	0
72092500	厚度≥3毫米的冷轧非卷材		0		5	0	0	0	0	1.2	0	4.2	2.4								0	0	0
72092600	1毫米<厚度<3毫米的冷轧非卷材		0		5	0	0	0	0	1.2	0		2.4								0	0	0
72092700	0.5毫米≤厚度≤1毫米的冷轧非卷材	4.2	0		0	0	0	0	0	1.2	0	4.9	2.4								0	0	0
72092800	厚度<0.5毫米的冷轧非卷材		0		5	0	0	0	0	1.2	0		2.4								0	0	0
72099000	其他冷轧铁或非合金钢宽平板轧材	4.2	0		0	0	0	0	0	1.2	0	4.2	2.4								0	0	0
72101100	镀锡的铁或非合金钢厚宽平板轧材		0	0	5	0	0	0	0	2	0	7	4								0	0	0

税则号列	商品描述①	协定税率(%)															特惠税率(%)						
		亚太	东盟	新加坡	巴基斯坦	智利	新西兰	秘鲁	哥斯达黎加	瑞士	冰岛	韩国	澳大利亚	香港	澳门	台湾	亚太2国②	东盟 老挝	东盟 柬埔寨	东盟 缅甸	最不发达国家 LDC1③	最不发达国家 LDC2④	最不发达国家 LDC3⑤
72101200	镀锡的铁或非合金钢薄宽平板轧材		0		0	0	0	0	0	0	0		0								0	0	0
72102000	镀铅的铁或非合金钢宽平板轧材		0		0	0	0	0	0	0	0	1.6	0								0	0	0
72103000	电镀锌的铁或非合金钢宽板材		0		5	0	0	0	0	1.6	0		3.2			0					0	0	0
72104100	镀锌的瓦楞形铁或非合金钢宽板材		0		5	0	0	0	0	1.6	0	3.2	3.2								0	0	0
72104900	镀锌的其他形铁或非合金钢宽板材		0		0	0	0	0	0	0	0		0			0					0	0	0
72105000	镀氧化铬的铁或非合金钢宽板材		0		5	0	0	0	0	1.6	0	5.6	3.2								0	0	0
72106100	镀或涂铝锌合金的铁宽平板轧材		0		5	0	0	0	0	1.6	0		3.2								0	0	0
72106900	其他镀或涂铝的铁宽平板轧材		0		5	0	0	0	0	1.6	0		3.2								0	0	0
72107010	厚度<1.5毫米涂漆或涂塑的宽度≥600毫米的铁或非合金钢平板轧材，经包覆、镀层或涂层		0		0	0	0	0	0	0.8	0	3.2	0	0							0	0	0
72107090	其他涂漆或涂塑的宽度≥600毫米的铁或非合金钢平板轧材，经包覆、镀层或涂层		0		0	0	0	0	0	0.8	0	3.2	0	0							0	0	0
72109000	涂镀其他材料铁或非合金钢宽板材		0		5	0	0	0	0	1.6	0	6.4	3.2								0	0	0
72111300	未轧花纹的四面轧制的热轧非卷材		0		5	0	0	0	0	1.2	0	4.2	2.4								0	0	0
72111400	厚度≥4.75毫米的其他热轧板材		0		5	0	0	0	0	1.2	0	4.2	2.4								0	0	0
72111900	其他热轧铁或非合金钢窄板材		0		5	0	0	0	0	1.2	0	4.8	2.4								0	0	0
72112300	冷轧含碳量<0.25%的板材		0		5	0	0	0	0	1.2	0	4.8	2.4								0	0	0
72112900	冷轧其他铁或非合金钢窄板材		0		5	0	0	0	0	1.2	0	4.8	2.4								0	0	0
72119000	冷轧的铁或非合金钢其他窄板材		0		5	0	0	0	0	1.2	0	4.2	2.4								0	0	0
72121000	镀或涂锡的铁或非合金钢窄板材		0		0	0	0	0	0	0	0	3.5	0								0	0	0
72122000	电镀锌的铁或非合金钢窄板材		0		5	0	0	0	0	1.6	0	6.4	3.2								0	0	0
72123000	其他镀或涂锌的铁窄板材		0		5	0	0	0	0	1.6	0	5.6	3.2								0	0	0
72124000	涂漆或涂塑的铁或非合金钢窄板材		0		0	0	0	0	0	0	0	3.2	0	0							0	0	0
72125000	涂镀其他材料铁或非合金钢窄板材		0		5	0	0	0	0	1.6	0	6.4	3.2								0	0	0
72126000	经包覆的铁或非合金钢窄板材		0		5	0	0	0	0	1.6	0	5.6	3.2								0	0	0
72131000	带有轧制花纹的热轧盘条		0		0	0	0	0	0	0	0	1.2	0								0	0	0
72132000	其他易切削钢制热轧盘条		0		0	0	0	0	0	0	0	2.4	0								0	0	0
72139100	直径<14毫米圆截面的其他热轧盘条	4.3	0		0	0	0	0	0	0	0	3.5	0								0	0	0
72139900	其他热轧盘条		0		0	0	0	0	0	0	0	4	0								0	0	0
72141000	锻造的铁或非合金钢条、杆		0		5	0	0	0	0	1.4	0	4.9	2.8								0	0	0
72142000	热加工带有轧制花纹的条、杆	0	0		0	0	0	0	0	0	0	0	0	0							0	0	0
72143000	热加工易切削钢的条、杆		0		5	0	0	0	0	1.4	0	4.9	2.8								0	0	0
72149100	热加工其他矩形截面的条杆		0		0	0	0	0	0	0	0	0	0								0	0	0

税则号列	商品描述[①]	协定税率(%)															特惠税率(%)						
		亚太	东盟	新加坡	巴基斯坦	智利	新西兰	秘鲁	哥斯达黎加	瑞士	冰岛	韩国	澳大利亚	香港	澳门	台湾	亚太2国[②]	东盟			最不发达国家		
																		老挝	柬埔寨	缅甸	LDC1[③]	LDC2[④]	LDC3[⑤]
72149900	热加工其他条、杆		0		0	0	0	0	0	0	0	1.2	0								0	0	0
72151000	冷加工其他易切削钢制条、杆		0		5	0	0	0	0	4.2	0	4.9	2.8								0	0	0
72155000	冷加工或冷成形的其他条、杆		0		5	0	0	0	0	1.4	0	5.6	2.8								0	0	0
72159000	铁及非合金钢的其他条、杆		0		0	0	0	0	0	0	0	1.2	0								0	0	0
72161010	截面高度<80 毫米的 H 形钢		0		0	0	0	0	0	0	0	0	0								0	0	0
72161020	截面高度<80 毫米的工字钢		0		0	0	0	0	0	0	0	0	0								0	0	0
72161090	截面高度<80 毫米的 U 形钢		0		0	0	0	0	0	0	0	0	0								0	0	0
72162100	热加工截面高度<80 毫米的角钢		0		5	0	0	0	0	1.2	0	4.2	2.4								0	0	0
72162200	热加工截面高度<80 毫米的丁字钢		0		5	0	0	0	0	1.2	0	2.4	2.4								0	0	0
72163100	热加工截面高度≥80 毫米的槽型钢		0		5	0	0	0	0	1.2	0	4.2	2.4								0	0	0
72163210	截面高度>200 毫米的工字钢		0		5	0	0	0	0	1.2	0	4.2	2.4								0	0	0
72163290	热加工截面高度≥80 毫米的工字钢		0		5	0	0	0	0	1.2	0	4.2	2.4								0	0	0
72163311	截面高度>800 毫米的 H 形缸		0		5	0	0	0	0	1.2	0	2.4	2.4								0	0	0
72163319	截面高度≥200 毫米的 H 形钢		0		5	0	0	0	0	1.2	0	4.8	2.4								0	0	0
72163390	其他截面高度≥80 毫米的 H 形钢		0		5	0	0	0	0	1.2	0	4.2	2.4								0	0	0
72164010	热加工截面高度≥80 毫米的角钢		0		0	0	0	0	0	0	0	0	0								0	0	
72164020	热加工截面高度≥80 毫米的丁字钢		0		0	0	0	0	0	0	0	0	0								0	0	
72165010	热加工乙字钢		0		5	0	0	0	0	1.2	0	2.4	2.4								0	0	0
72165020	热加工球扁钢		0		0	0	0	0	0	0	0	0	0								0	0	0
72165090	热加工其他角材、型材及异型材		0		0	0	0	0	0	0	0	1.2	0								0	0	0
72166100	冷加工板材制的角材、型材及异型材		0		0	0	0	0	0	0	0	0	0								0	0	0
72166900	冷加工其他角材、型材及异型材		0		0	0	0	0	0	0	0	1.2	0								0	0	0
72169100	冷加工其他板材制角材、型材及异型材		0		0	0	0	0	0	0	0	0	0								0	0	0
72169900	其他角材、型材及异型材		0		0	0	0	0	0	0	0	0	0								0	0	0
72171000	未镀或涂层的铁或非合金钢丝		0		5	0	0	0	0	1.6	0		3.2			0					0	0	0
72172000	镀或涂锌的铁或非合金钢丝		0		5	0	0	0	0	1.6	0	5.6	3.2								0	0	0
72173010	镀或涂铜的铁丝和非合金钢丝	6.4	0		5	0	0	0	0	1.6	0	7	3.2								0	0	0
72173090	镀或涂其他贱金属的铁丝和非合金钢丝	6.4	0		5	0	0	0	0	1.6	0	6.4	3.2								0	0	0
72179000	其他铁丝或非合金钢丝		0		5	0	0	0	0	1.6	0	5.6	3.2	0							0	0	0
72181000	不锈钢锭及其他初级形状产品		0		0	0	0	0	0	0	0	0.8	0								0	0	0
72189100	矩形截面的不锈钢半制成品		0		0	0	0	0	0	0	0	0.8	0								0	0	0
72189900	其他不锈钢半制成品		0		0	0	0	0	0	0	0	0.8	0								0	0	0
72191100	厚度>10 毫米的热轧不锈钢卷板		0		0	0	0	0	0	0	0	1.6	0								0	0	0

税则号列	商品描述①	协定税率(%)															特惠税率(%)						
																	亚太2国②	东盟			最不发达国家		
		亚太	东盟	新加坡	巴基斯坦	智利	新西兰	秘鲁	哥斯达黎加	瑞士	冰岛	韩国	澳大利亚	香港	澳门	台湾		老挝	柬埔寨	缅甸	LDC1③	LDC2④	LDC3⑤
72191200	4.75毫米≤厚度≤10毫米的热轧不锈钢卷板		0		0	0	0	0	0	0	0	2.8	0			0					0	0	0
72191312	按重量计含锰量≥5.5%的未经酸洗3毫米≤厚度<4.75毫米的铬锰系不锈钢		0		0	0	0	0	0	0	0	1.6	0								0	0	0
72191319	3毫米≤厚度<4.75毫米的未径酸洗的其他不锈钢卷板		0		0	0	0	0	0	0	0	2.8	0			0					0	0	0
72191322	按重量计含锰量≥5.5%的经酸洗3毫米≤厚度<4.75毫米的铬锰系不锈钢		0		0	0	0	0	0	0	0	1.6	0								0	0	0
72191329	3毫米≤厚度<4.75毫米的经酸洗的其他不锈钢卷板		0		0	0	0	0	0	0	0	2.8	0			0					0	0	0
72191412	按重量计含锰量≥5.5%的未经酸洗厚度<3毫米的铬锰系不锈钢		0		0	0	0	0	0	0	0	0	0								0	0	0
72191419	厚度<3毫米的未径酸洗的其他不锈钢卷板		0		0	0	0	0	0	0	0	1.6	0								0	0	0
72191422	按重量计含锰量≥5.5%的经酸洗厚度<3毫米的铬锰系不锈钢		0		0	0	0	0	0	0	0	0	0								0	0	0
72191429	厚度<3毫米的经酸洗的其他不锈钢卷板		0		0	0	0	0	0	0	0	1.6	0								0	0	0
72192100	厚度>10毫米的热轧不锈钢平板	9.3	0	0	5	0	0	0	0	2	0	8	4	0							0	0	
72192200	4.75毫米≤厚度≤10毫米的热轧不锈钢平板	9.3	0	0	5	0	0	2	0	2	0	8.5	4	0							0	0	
72192300	3毫米≤厚度<4.75毫米的热轧不锈钢平板	9.3	0	0	5	0	0	0	0	2	0	8	4			0					0	0	
72192410	1毫米<厚度<3毫米的热轧不锈钢平板	9.3	0	0	5	0	0	0	0	2	0	8	4			0					0	0	
72192420	0.5毫米≤厚度≤1毫米的热轧不锈钢平板	9.3	0	0	5	0	0	0	0	2	0	8.5	4								0	0	
72192430	厚度<0.5毫米的热轧不锈钢平板	9.3	0	0	5	0	0	0	0	2	0	8	4								0	0	
72193100	厚度≥4.75毫米的冷轧不锈钢板		0	0	5	0	0	2	0	2	0	7	4			0					0	0	
72193200	3毫米≤厚度<4.75毫米的冷轧不锈钢板材		0	0	5	0	0	2	0	2	0	7	4			0					0	0	
72193310	1毫米<厚度<3毫米冷轧按重量计含锰量≥5.5%的铬锰系不锈钢板材		0	0	5	0	0	2	0	2	0	7	4	0		0					0	0	
72193390	其他1毫米<厚度<3毫米的冷轧不锈钢板材		0	0	5	0	0	2	0	2	0	8	4	0		0					0	0	
72193400	0.5毫米≤厚度≤1毫米的冷轧不锈钢板材		0	0	5	0	0	2	0	2	0	8.5	4	0		0					0	0	
72193500	厚度<0.5毫米的冷轧不锈钢板材		0	0	5	0	0	2	0	2	0	8.5	4	0		0					0	0	

税则号列	商品描述[①]	协定税率(%)															特惠税率(%)						
		亚太	东盟	新加坡	巴基斯坦	智利	新西兰	秘鲁	哥斯达黎加	瑞士	冰岛	韩国	澳大利亚	香港	澳门	台湾	亚太2国[②]	东盟			最不发达国家		
																		老挝	柬埔寨	缅甸	LDC1[③]	LDC2[④]	LDC3[⑤]
72199000	其他不锈钢冷轧板材		0	0	5	0	0	0	0	2	0	7	4			0					0	0	
72201100	厚度≥4.75毫米的热轧不锈钢带材		0	0	5	0	0	0	0	2	0		4	0							0	0	
72201200	厚度<4.75毫米的热轧不锈钢带材		0	0	5	0	0	0	0	2	0	7	4								0	0	
72202020	厚度≤0.35毫米的冷轧不锈钢带材		0	0	5	0	0	0	0	2	0	8	4								0	0	
72202030	0.35毫米<厚度<3毫米的冷轧不锈钢带材		0	0	5	0	0	0	0	2	0	8	4								0	0	
72202040	厚度≥3毫米的冷轧不锈钢带材		0	0	5	0	0	0	0	2	0	7	4								0	0	
72209000	其他不锈钢带材		0	0	5	0	0	0	0	2	0	7	4			0					0	0	
72210000	不锈钢热轧条、杆	8	0	0	5	0	0	0	0	2	0	8.8	4								0	0	
72221100	热加工的圆形截面不锈钢条、杆	9	0	0	5	0	0	0	0	2	0	9.4	4								0	0	
72221900	热加工其他截面形状不锈钢条杆	9	0	0	5	0	0	0	0	2	0	9.4	4								0	0	
72222000	冷成形或冷加工的不锈钢条、杆		0	0	5	0	0	0	0	2	0		4								0	0	
72223000	其他不锈钢条、杆	8.9	0	0	5	0	0	0	0	2	0	9.4	4								0	0	
72224000	不锈钢角材、型材及异型材		0	0	5	0	0	0	0	2	0		4								0	0	
72230000	不锈钢丝		0	0	5	0	0	0	0	2	0		4	0							0	0	0
72241000	其他合金钢锭及其他初级形状		0		0	0	0	0	0	0	0	0	0								0	0	0
72249010	单重≥10吨的粗铸锻件坯		0		0	0	0	0	0	0	0	0	0								0	0	0
72249090	其他合金钢坯		0		0	0	0	0	0	0	0	0	0								0	0	0
72251100	取向性硅电钢宽板	2.1	0		0	0	0	0	0	0	0	2.4	0								0	0	0
72251900	其他硅电钢宽板		0		5	0	0	0	0	1.2	0		2.4			0					0	0	0
72253000	宽度≥600毫米的热轧其他合金钢卷材		0		0	0	0	0	0	0	0		0								0	0	0
72254010	工具钢		0		0	0	0	0	0	0	0	1.2	0								0	0	0
72254091	含硼合金钢		0		0	0	0	0	0	0	0	1.2	0								0	0	0
72254099	其他非卷材,除热轧外未经进一步加工		0		0	0	0	0	0	0	0	1.2	0								0	0	0
72255000	宽度≥600毫米的冷轧其他合金钢板材		0		0	0	0	0	0	0	0		0								0	0	0
72259100	电镀锌的其他合金钢宽平板轧材		0		5	0	0	0	0	1.4	0	4.9	2.8								0	0	0
72259200	其他镀或涂锌的其他合金钢宽板材		0		5	0	0	0	0	1.4	0	5.6	2.8								0	0	0
72259910	宽度≥600毫米的高速钢平板轧材		0		0	0	0	0	0	0	0	1.2	0								0	0	0
72259990	宽度≥600毫米的其他合金钢平板轧材		0		5	0	0	0	0	1.4	0	4.9	2.8								0	0	0
72261100	取向性硅电钢窄板		0		0	0	0	0	0	0	0		0								0	0	0
72261900	其他硅电钢窄板		0		0	0	0	0	0	0	0		0								0	0	0
72262000	宽度<600毫米的高速钢平板轧材		0		0	0	0	0	0	0	0	2.1	0								0	0	0
72269110	工具钢		0		0	0	0	0	0	0	0	2.1	0								0	0	0
72269191	含硼合金钢		0		0	0	0	0	0	0	0	2.1	0								0	0	0

税则号列	商品描述[①]	协定税率(%)															特惠税率(%)						
		亚太	东盟	新加坡	巴基斯坦	智利	新西兰	秘鲁	哥斯达黎加	瑞士	冰岛	韩国	澳大利亚	香港	澳门	台湾	亚太2国[②]	东盟			最不发达国家		
																		老挝	柬埔寨	缅甸	LDC1[③]	LDC2[④]	LDC3[⑤]
72269199	宽度<600毫米的其他除热轧外未经进一步加工的合金钢平板轧材		0		0	0	0	0	0	0	0	2.1	0								0	0	0
72269200	宽度<600毫米的冷轧其他合金钢板材		0		0	0	0	0	0	0	0	2.4	0								0	0	0
72269910	电镀锌的其他合金钢窄平板轧材		0		5	0	0	0	0	1.4	0	4.9	2.8								0	0	0
72269920	其他镀或涂锌的其他合金钢窄板材		0		5	0	0	0	0	1.4	0	4.9	2.8								0	0	0
72269990	宽度<600毫米的其他合金板材		0		5	0	0	0	0	1.4	0	4.9	2.8								0	0	0
72271000	高速钢的热轧盘条		0		0	0	0	0	0	0	0	0	0								0	0	0
72272000	硅锰钢的热轧盘条		0		5	0	0	0	0	1.2	0	4.8	2.4								0	0	0
72279010	含硼合金钢制不规则盘卷的其他合金钢热轧条、杆		0		0	0	0	0	0	0	0	0	0								0	0	0
72279090	其他不规则盘卷的其他合金钢热轧条、杆		0		0	0	0	0	0	0	0	0	0								0	0	0
72281000	其他高速钢的条、杆		0		0	0	0	0	0	0	0	2.1	0								0	0	0
72282000	其他硅锰钢的条、杆		0		5	0	0	0	0	1.2	0	4.2	2.4								0	0	0
72283010	含硼合金钢制其他条、杆，除热轧、热拉拔或热挤压外未经进一步加工		0		0	0	0	0	0	0	0	2.1	0								0	0	0
72283090	其他条、杆，除热轧、热拉拔或热挤压外未经进一步加工		0		0	0	0	0	0	0	0	2.1	0								0	0	0
72284000	其他合金钢锻造条、杆		0		0	0	0	0	0	0	0	2.1	0								0	0	0
72285000	其他合金钢冷成形或冷加工条、杆		0		0	0	0	0	0	0	0	2.1	0								0	0	0
72286000	其他合金钢条、杆		0		0	0	0	0	0	0	0	2.1	0								0	0	0
72287010	履带板型钢		0		5	0	0	0	0	1.2	0	2.4	2.4								0	0	0
72287090	其他合金钢角材、型材及异型材		0		5	0	0	0	0	1.2	0	4.2	2.4								0	0	0
72288000	其他合金钢空心钻钢		0		5	0	0	0	0	1.4	0	2.8	2.8								0	0	0
72292000	硅锰钢丝		0		5	0	0	0	0	1.4	0	5.6	2.8								0	0	
72299010	高速钢丝		0		0	0	0	0	0	0	0	2.1	0								0	0	
72299090	其他合金钢丝		0		5	0	0	0	0	1.4	0		2.8								0	0	
73011000	钢铁板桩	6.3	0		5	0	0	0	0	1.4	0	4.9	2.8								0	0	0
73012000	焊接的钢铁角材、型材及异型材		0		5	0	0	0	0	1.4	0	4.9	2.8								0	0	0
73021000	钢轨		0		5	0	0	0	0	1.2	0	4.2	2.4								0	0	0
73023000	道岔尖轨、辙叉、尖轨拉杆		0		5	0	0	0	0	1.6	0	3.2	3.2								0	0	0
73024000	钢铁制鱼尾板、钢轨垫板		0		5	0	0	0	0	1.4	0	4.9	2.8								0	0	0
73029010	钢铁轨枕	5.1	0		0	0	0	0	0	1.2	0	2.4	2.4								0	0	0
73029090	其他铁道电车道铺轨用钢铁材料	6	0		5	0	0	0	0	4.2	0	2.8	2.8								0	0	0
73030010	内径>500毫米的铸铁圆型截面管		0		0	0	0	0	0	0	0	0	0								0	0	0
73030090	其他铸铁管及空心异型材		0		0	0	0	0	0	0	0	1.6	0								0	0	0
73041110	215.9毫米≤外径≤406.4毫米的不锈钢制石油或天然气套管		0		0	0	0	0	0	0	0	3.5	0								0	0	0

税则号列	商品描述[①]	协定税率(%)															特惠税率(%)						
		亚太	东盟	新加坡	巴基斯坦	智利	新西兰	秘鲁	哥斯达黎加	瑞士	冰岛	韩国	澳大利亚	香港	澳门	台湾	亚太2国[②]	东盟 老挝	东盟 柬埔寨	东盟 缅甸	最不发达国家 LDC1[③]	最不发达国家 LDC2[④]	最不发达国家 LDC3[⑤]
73041120	114.3毫米<外径<215.9毫米的不锈钢制石油或天然气套管		0		0	0	0	0	0	0	0	3.5	0								0	0	0
73041130	外径≤114.3毫米的不锈钢制石油或天然气套管		0		0	0	0	0	0	0	0	3.5	0								0	0	0
73041190	其他不锈钢制石油或天然气套管		0		0	0	0	0	0	0	0	2	0								0	0	0
73041910	215.9毫米≤外径≤406.4毫米的非不锈钢制石油或天然气套管		0		0	0	0	0	0	0	0	3.5	0								0	0	0
73041920	114.3毫米<外径<215.9毫米的非不锈钢制石油或天然气套管		0		0	0	0	0	0	0	0	3.5	0								0	0	0
73041930	外径≤114.3毫米的非不锈钢制石油或天然气套管		0		0	0	0	0	0	0	0	3.5	0								0	0	0
73041990	其他非不锈钢制石油或天然气套管		0		0	0	0	0	0	0	0	2	0								0	0	0
73042210	外径≤168.3毫米的不锈钢制钻管		0		0	0	0	0	0	0	0	0	0								0	0	0
73042290	其他不锈钢制钻管		0		0	0	0	0	0	0	0	0	0								0	0	0
73042310	外径≤168.3毫米的非不锈钢制钻管		0		0	0	0	0	0	0	0	0	0								0	0	0
73042390	其他非不锈钢制钻管		0		0	0	0	0	0	0	0	0	0								0	0	0
73042400	其他不锈钢制钻探石油用天然气套管、导管	2	0		0	0	0	0	0	0	0	0	0								0	0	0
73042910	屈服强度<552兆帕的钻探石油及天然气用的套管、导管及钻管	2	0		0	0	0	0	0	0	0	0	0								0	0	0
73042920	552兆帕≤屈服强度<758兆帕的钻探石油及天然气用的套管、导管及钻管	2	0		0	0	0	0	0	0	0	0	0								0	0	0
73042930	屈服强度≥758兆帕的钻探石油及天然气用的套管、导管及钻管	2	0		0	0	0	0	0	0	0	0	0								0	0	0
73043110	冷轧的钢铁制无缝锅炉管		0		0	0	0	0	0	0	0	0	0								0	0	0
73043120	冷轧的铁制无缝地质钻管、套管		0		5	0	0	0	0	1.6	0	3.2	3.2								0	0	0
73043190	其他冷轧的铁制无缝圆形截面管		0		0	0	0	0	0	0.8	0	1.6	0								0	0	0
73043910	非冷轧的铁制无缝锅炉管		0		0	0	0	0	0	0	0	0	0	0							0	0	0
73043920	非冷轧的铁制无缝地质钻管套管		0		0	0	0	0	0	0	0	2	0	0							0	0	0
73043990	非冷轧的铁制其他无缝管		0		0	0	0	0	0	0	0	2.8	0	0							0	0	0
73044110	冷轧的不锈钢制无缝锅炉管		0	0	5	0	0	0	0	2	0	7	4								0	0	
73044190	冷轧的不锈钢制的其他无缝管		0	0	5	0	0	0	0	2	0	8.5	4								0	0	
73044910	非冷轧的不锈钢制无缝锅炉管		0	0	5	0	0	0	0	2	0	7	4								0	0	
73044990	非冷轧的不锈钢制其他无缝管		0	0	5	0	0	0	0	2	0	7	4								0	0	
73045110	冷轧的其他合金钢无缝锅炉管		0		0	0	0	0	0	0	0	0	0								0	0	0
73045120	冷轧的其他合金钢无缝地质钻套管		0		0	0	0	0	0	0	0	0	0								0	0	0
73045190	冷轧的其他合金钢制其他无缝管		0		0	0	0	0	0	0.8	0	0	0								0	0	0
73045910	非冷轧其他合金钢无缝锅炉管		0		0	0	0	0	0	0	0	0	0								0	0	0

税则号列	商品描述[①]	协定税率(%)															特惠税率(%)						
		亚太	东盟	新加坡	巴基斯坦	智利	新西兰	秘鲁	哥斯达黎加	瑞士	冰岛	韩国	澳大利亚	香港	澳门	台湾	亚太2国[②]	东盟			最不发达国家		
																		老挝	柬埔寨	缅甸	LDC1[③]	LDC2[④]	LDC3[⑤]
73045920	非冷轧其他合金钢无缝地质钻套管		0		0	0	0	0	0	0	0	0	0								0	0	0
73045990	非冷轧其他合金钢制无缝圆形截面		0		0	0	0	0	0	0	0	1.6	0								0	0	0
73049000	未列名无缝钢铁管及空心异型材		0		0	0	0	0	0	0	0	1.6	0								0	0	0
73051100	纵向埋弧焊接石油、天然气粗钢管		0		5	0	0	0	0	1.4	0	5.6	2.8								0	0	0
73051200	其他纵向焊接石油、天然气粗钢管		0		0	0	0	0	0	0	0	1.2	0								0	0	0
73051900	其他石油、天然气粗钢管		0		5	0	0	0	0	1.4	0	2.8	2.8								0	0	0
73052000	其他钻探石油、天然气用粗套管		0		5	0	0	0	0	1.4	0	2.8	2.8								0	0	0
73053100	纵向焊接的其他粗钢铁管		0		5	0	0	0	0	1.2	0	4.8	2.4								0	0	0
73053900	其他方法焊接其他粗钢铁管		0		5	0	0	0	0	1.2	0	4.8	2.4								0	0	0
73059000	未列名圆形截面粗钢铁管		0		5	0	0	0	0	1.2	0	2.4	2.4								0	0	0
73061100	不锈钢焊缝石油、天然气管道管		0		5	0	0	0	0	1.4	0	4.9	2.8								0	0	0
73061900	其他石油、天然气管道管		0		5	0	0	0	0	1.4	0	5.6	2.8								0	0	0
73062100	不锈钢焊缝钻探石油天然气用套、导管		0		0	0	0	0	0	0	0	0	0								0	0	0
73062900	其他钻探石油天然气用套、导管		0		0	0	0	0	0	0	0	0	0								0	0	0
73063011	壁厚≤0.7 毫米,外径≤10 毫米的其他铁或非合金刚圆形截面焊缝管		0		0	0	0	0	0	0	0	1.2	0								0	0	0
73063019	壁厚>0.7 毫米,外径≤10 毫米的其他铁或非合金刚圆形截面焊缝管		0		0	0	0	0	0	0	0	2.4	0								0	0	0
73063090	外径>10 毫米的其他铁或非合金刚圆形截面焊缝管		0		0	0	0	0	0	0	0	2.4	0								0	0	0
73064000	不锈钢其他圆形截面细焊缝管		0		5	0	0	0	0	1.2	0		2.4								0	0	0
73065000	其他合金钢的圆形截面细焊缝管		0		0	0	0	0	0	0	0	2.4	0								0	0	0
73066100	矩形或正方形截面的其他焊缝管		0		0	0	0	0	0	0	0	1.2	0								0	0	0
73066900	其他非圆形截面的其他焊缝管		0		0	0	0	0	0	0	0	2.4	0								0	0	0
73069000	未列名其他钢铁管及空心异型材		0		5	0	0	0	0	1.2	0		2.4								0	0	0
73071100	无可锻性铸铁制管子附件		0		0	0	0	0	0	0	0	2	0								0	0	0
73071900	可锻性铸铁及铸钢管子附件		0		5	0	0	0	0	4.8	0	3.2	3.2								0	0	0
73072100	不锈钢制法兰	6.7	0		5	0	0	0	0	1.7	0	3.3	3.4								0	0	0
73072200	不锈钢制螺纹肘管、弯管、管套		0		5	0	0	0	0	1.7	0	3.3	3.4	0							0	0	0
73072300	不锈钢制对焊件		0		5	0	0	0	0	1.7	0	3.3	3.4								0	0	0
73072900	不锈钢制其他管子附件		0		5	0	0	0	0	5	0		3.4	0							0	0	0
73079100	未列名钢铁制法兰		0		5	0	0	0	0	1.4	0	5.6	2.8								0	0	0
73079200	未列名钢铁制螺纹肘管、弯管、管套		0			0	0	0	0	0.8	0	1.6	0								0	0	0
73079300	未列名钢铁制对焊件		0		5	0	0	0	0	1.4	0	2.8	2.8								0	0	0
73079900	未列名钢铁制其他管子附件		0		0	0	0	0	0	0.8	0	1.6	0								0	0	0
73081000	钢铁制桥梁及桥梁体段		0		0	0	0	0	0	1.6	0	3.2	3.2								0	0	0

税则号列	商品描述①	协定税率(%)															特惠税率(%)						
		亚太	东盟	新加坡	巴基斯坦	智利	新西兰	秘鲁	哥斯达黎加	瑞士	冰岛	韩国	澳大利亚	香港	澳门	台湾	亚太2国②	东盟 老挝	东盟 柬埔寨	东盟 缅甸	最不发达国家 LDC1③	最不发达国家 LDC2④	最不发达国家 LDC3⑤
73082000	钢铁制塔楼及格构杆		0		0	0	0	0	0	1.7	0	5.8	3.4								0	0	0
73083000	钢铁制门窗及其框架、门槛		0	0	0	0	0	0	0	2	0	7	4	0	0						0	0	0
73084000	钢铁制脚手架模板坑凳用支柱及类似品		0		0	0	0	0	0	1.7	0	3.3	3.4								0	0	0
73089000	其他钢铁结构体及部件		0		0	0	0	0	0	0.8	0	1.6	0	0							0	0	0
73090000	容积>300 升的钢铁制盛物容器		0	0	5	0	0	2.1	0	6.3	0	7.3	4.2								0	0	0
73101000	容积 50~300 升的钢铁制盛物容器		0	0	5	0	0	2.1	0	6.3	0	8.9	4.2	0							0	0	0
73102110	易拉罐及罐体		0	0	14	0	0	3.5	0	10.5	0	12.2	7	0							0	0	
73102190	其他容积<50 升焊边或卷边接合的罐		0	0	14	0	0	3.5	0	10.5	0	12.2	7	0							0	0	
73102910	易拉罐及罐体		0	0	14	0	0	3.5	0	11.7	0	12.2	7	0							0	0	0
73102990	其他盛装物料用的钢铁柜、桶、罐、听、盒及类似容器(装压缩气体或液化气体的除外),容积≤300 升,不论是否衬里或隔热,但无机械或热力装置		0	0	14	0	0	3.5	0	11.7	0	12.2	7	0							0	0	0
73110010	装压缩或液化气的钢铁容器		0	0	14	0	0	3.5	0	10.5	0	12.2	7	0							0	0	
73110090	其他装压缩或液化气的容器		0		5	0	0	0	0	1.6	0	6.4	3.2	0							0	0	
73121000	非绝缘的钢铁绞股线、绳、缆		0		0	0	0	0	0	0.8	0	1.6	0								0	0	
73129000	非绝缘钢铁编带、吊索及类似品		0		0	0	0	0	0	0.8	0	1.6	0								0	0	0
73130000	带刺钢铁丝、围篱用钢铁绞带	6.3	0		5	0	0	0	0	1.4	0	2.8	2.8								0	0	0
73141200	不锈钢制的机器用环形带		0	0	6	0	0	0	0	8	0	8.4	4.8								0	0	0
73141400	不锈钢制的机织品		0	0	6	0	0	0	0	0	0	8.4	4.8								0	0	0
73141900	其他钢铁丝制机织品		0		3.5	0	0	0	0		0	2.8	2.8								0	0	0
73142000	交点焊接的粗钢铁丝网、篱及格栅		0		5	0	0	0	0	1.4	0	2.8	2.8	0							0	0	0
73143100	交点焊接的镀或涂锌细钢铁丝网		0		5	0	0	0	0	1.4	0	2.8	2.8	0							0	0	0
73143900	交点焊接的其他细钢铁丝网、篱		0		5	0	0	0	0	1.4	0	4.9	2.8	0							0	0	0
73144100	其他镀锌的钢铁丝网、荔及格栅	6	0		5	0	0	0	0	1.6	0	3.2	3.2								0	0	0
73144200	其他涂塑的钢铁丝网、篱及格栅		0		5	0	0	0	0	4.8	0	5.6	3.2								0	0	0
73144900	其他钢铁丝网、篱及格栅		0		5	0	0	0	0	4.8	0	3.2	3.2								0	0	0
73145000	网眼钢铁板		0		5	0	0	0	0	1.6	0	3.2	3.2	0							0	0	0
73151110	自行车滚子链		0	0	6	0	0	0	0	7.2	0	8.4	4.8	0							0	0	
73151120	摩托车滚子链		0	0	6	0	0	0	0	7.2	0	9.6	4.8	0							0	0	
73151190	其他滚子链		0	0	6	0	0	0	0	7.2	0	8.4	4.8	0							0	0	
73151200	其他铰接链		0	0	6	0	0	0	0	7.2	0	10.2	4.8								0	0	
73151900	铰接链零件		0	0	6	0	0	0	0	7.2	0	8.4	4.8								0	0	
73152000	防滑链		0	0	6	0	0	0	0	7.2	0	8.4	4.8								0	0	
73158100	日字环节链		0	0	6	0	0	0	0	7.2	0	8.4	4.8								0	0	
73158200	其他焊接链		0	0	6	0	0	0	0	7.2	0	8.4	4.8								0	0	0
73158900	未列名链		0	0	6	0	0	2.4	0	7.2	0	8.4	4.8								0	0	
73159000	非铰接链零件		0		5	0	0	0	0	2	0	7	4								0	0	

税则号列	商品描述[①]	协定税率(%)															特惠税率(%)						
																		东盟			最不发达国家		
		亚太	东盟	新加坡	巴基斯坦	智利	新西兰	秘鲁	哥斯达黎加	瑞士	冰岛	韩国	澳大利亚	香港	澳门	台湾	亚太2国[②]	老挝	柬埔寨	缅甸	LDC1[③]	LDC2[④]	LDC3[⑤]
73160000	钢铁锚、多爪锚及其零件		0		5	0	0	0	0	2	0	7	4								0	0	
73170000	铁钉、图钉、平头钉及类似品		0		5	0	0	2	0	2	0	7	4								0	0	
73181100	方头螺钉		0		5	0	0	2	0	2	0		4								0	0	
73181200	其他木螺钉		0		5	0	0	2	0	2	0	7	4								0	0	
73181300	钩头螺钉及环头螺钉		0		5	0	0	0	0	2	0		4								0	0	
73181400	自攻螺钉		0	0	5	0	0	2	0	6	0		4								0	0	
73181510	抗拉强度≥800兆帕的螺钉及螺栓,不论是否带有螺母或垫圈	4	0		0	0	0	0	0	4.8	0	6.4	3.2	0							0	0	0
73181590	其他螺钉及螺栓	4	0		0	0	0	0	0	4.8	0	6.4	3.2	0							0	0	0
73181600	螺母		0		5	0	0	0	0	4.8	0		3.2								0	0	0
73181900	未列名螺纹制品		0		0	0	0	0	0	1	0	2	0								0	0	0
73182100	弹簧垫圈及其他防松垫圈		0	0	5	0	0	0	0	2	0		4	0							0	0	0
73182200	其他垫圈		0	0	5	0	0	2	0	2			4								0	0	0
73182300	铆钉		0	0	5	0	0	0	0	2	0		4	0							0	0	0
73182400	销及开尾销		0	0	5	0	0	0	0	6	0	8.5	4								0	0	0
73182900	其他无螺纹紧固件		0	0	5	0	0	0	0	2	0		4								0	0	0
73194010	安全别针		0		5	0	0	0	0	2	0	7	4		0						0	0	0
73194090	其他别针		0		5	0	0	0	0	2	0	7	4								0	0	
73199000	未列名钢铁制针及类似品		0		5	0	0	2	0	6	0		4								0	0	0
73201010	铁道车辆用片簧及簧片		0		5	0	0	0	0	1.2	0	2.4	2.4								0	0	0
73201020	汽车用片簧及弹簧		0		5	0	0	0	0	2	0	8.5	4								0	0	0
73201090	其他片簧及簧片		0	0	5	0	0	0	0	6	0		4								0	0	0
73202010	铁道车辆用螺旋弹簧		0		5	0	0	0	0	1.2	0	2.4	2.4								0	0	0
73202090	其他螺旋弹簧	8.5	0	0	5	0	0	0	0	6	0	8.5	4								0	0	0
73209010	铁道车辆用其他弹簧		0		5	0	0	0	0	1.2	0	2.4	2.4								0	0	0
73209090	其他弹簧		0	0	6	0	0	0	0	7.2	0		4.8								0	0	0
73211100	可使用气体燃料的家用炉灶		0	0	12	0	0	3	0	9	0	10.5	6								0	0	
73211210	煤油炉		0	0		0	0	4.2	0	12.6	0	17.8	8.4								0	0	
73211290	其他使用液体燃料的家用炉灶		0	0		0	0	4.2	0	12.6	0	17.8	8.4								0	0	
73211900	其他炊事用具及加热板		0	0		0	0	4.2	0	12.6	0	17.8	8.4								0	0	
73218100	可使用气体燃料的其他家用器具	13.8	0	0	11.5	0	0	4.6	0	13.8	0	19.5	9.2								0	0	
73218200	使用液体燃料的其他家用器具		0	0		0	0	4.2	0	12.6	0	17.8	8.4								0	0	
73218900	其他非电热家用器具		0	0		0	0	4.2	0	12.6	0	17.8	8.4								0	0	
73219000	非电热家用器具零件	9.6	0	0	5	0	0	2.4	0	7.2	0	8.4	4.8								0	0	0
73221100	非电热铸铁制集中供暖用散热器		0	0		0	0	4.2	0	12.6	0	17.8	8.4								0	0	
73221900	非电热钢制集中供暖用散热器		0	0		0	0	4.2	0	12.6	0	17.8	8.4								0	0	
73229000	非电热空气加热器、暖气分布器		0	0		0	0	4	0	12	0	16	8								0	0	0
73231000	钢铁丝绒、擦锅器、洗擦用块垫等		0	0	11.2	0	0	2.8	0	8.4	0	9.8	5.6								0	0	
73239100	餐桌、厨房等家用铸铁制器具		0	0		0	0	4	0	12	0	16	8								0	0	
73239200	餐桌、厨房等家用铸铁制搪瓷器		0	0		0	0	4	0	12	0	16	8								0	0	
73239300	餐桌、厨房等家用不锈钢器具	8.4	0	0	5	0	0	0	0	7.2	0	8.4	4.8	0	0						0	0	0
73239410	钢铁制搪瓷面盆		0	0		0	0	4	0	12	0	16	8								0	0	

税则号列	商品描述[1]	协定税率(%)															特惠税率(%)						
		亚太	东盟	新加坡	巴基斯坦	智利	新西兰	秘鲁	哥斯达黎加	瑞士	冰岛	韩国	澳大利亚	香港	澳门	台湾	亚太2国[2]	东盟			最不发达国家		
																		老挝	柬埔寨	缅甸	LDC1[3]	LDC2[4]	LDC3[5]
73239420	钢铁制搪瓷烧锅		0	0		0	0	4	0	12	0	16	8								0	0	
73239490	其他餐桌、厨房等家用钢铁制搪瓷器		0	0		0	0	4	0	12	0	16	8								0	0	
73239900	其他餐桌、厨房等用钢铁器具		0	0		0	0	4	0	12	0	16	8								0	0	
73241000	不锈钢制洗涤槽及脸盆		0	0		0	0	3.6	0	10.8	0	12.6	7.2	0							0	0	0
73242100	铸铁制浴缸		0	0	5	0	0	2	0	2	0	7	4								0	0	
73242900	其他钢铁制浴缸		0	0		0	0	6	0	18	0	25.5	12								0	0	
73249000	其他钢铁制卫生器具及零件		0	0		0	0	5	0	15	0	21.2	10								0	0	
73251010	工业用无可锻性制品		0		5	0	0	0	0	1.4		5.6	2.8								0	0	0
73251090	其他无可锻性铸铁制品		0	0		0	0	4	0	12	0	16	8								0	0	
73259100	可锻性铸铁及铸钢研磨机的研磨球		0	0	5	0	0	2.1	0	6.3	0	7.3	4.2								0	0	
73259910	工业用未列名可锻性铸铁制品	8.9	0	0	5	0	0	2.1	0	6.3	0	7.3	4.2								0	0	
73259990	非工业用未列名可锻性铸铁制品	12	0	0	10	0	0	4	0	12	0	16	8								0	0	
73261100	钢铁制研磨机用研磨球及类似品		0	0	5	0	0	2.1	0	6.3	0	7.3	4.2								0	0	
73261910	工业用未列名钢铁制品		0	0	5	0	0	2.1	0	6.3	0		4.2								0	0	
73261990	非工业用未列名钢铁制品		0	0		0	0	4	0	12	0	14	8								0	0	
73262010	工业用钢铁丝制品	5	0		5	0	0	0	0	2	0	7	4								0	0	
73262090	非工业用钢铁丝制品	12.6	0	0	9	0	0	3.6	0	10.8	0	12.6	7.2								0	0	
73269011	钢铁纤维及其制品	8.9	0	0	5	0	0	2.1	0	6.3	0	7.3	4.2	0							0	0	0
73269019	其他工业用钢铁制品	8.9	0	0	5	0	0	2.1	0	6.3	0	7.3	4.2	0							0	0	0
73269090	其他非工业用钢铁制品	6.8	0	0	5	0	0	0	0	4.8	0	3.2	3.2	0							0	0	0
74010000	铜锍、沉积铜(泥铜)		0		0	0	0	0	0	0	0	0	0					0			0	0	0
74020000	未精炼铜、电解精炼用铜阳极		0		0	0	0		0	0	0	0	0								0	0	0
74031111	按重量计铜含量>99.9935%的阴极精炼铜		0		0	0	0	0	0	0	0	0	0								0	0	0
74031119	其他阴极精炼铜		0		0	0	0	0	0	0	0	0	0								0	0	0
74031190	精炼铜阴极型材		0		0	0	0	0	0	0	0	0	0								0	0	0
74031200	精炼铜的线锭		0		0	0	0	0	0	1.2	0	0	0								0	0	0
74031300	精炼铜的坯段		0		0	0	0	0	0	0	0	0	0								0	0	0
74031900	其他未锻轧的精炼铜		0		0	0	0	0	0	0	0	0	0								0	0	0
74032100	未锻轧的铜锌合金(黄铜)		0		0	0	0	0	0	0	0	0	0		0						0	0	0
74032200	未锻轧的铜锡合金(青铜)		0		0	0	0	0	0	0	0	0	0								0	0	0
74032900	未锻轧的其他铜合金		0		0	0	0	0	0	0	0	0	0								0	0	0
74040000	铜废碎料		0		0	0	0	0	0	0	0	0	0	0				0			0	0	0
74050000	铜母合金		0		0	0	0	0	0	0	0	0	0	0							0	0	0
74061010	精炼铜制非片状粉末		0		0	0	0	0	0	0	0	0	0								0	0	0
74061020	白铜或德银制非片状粉末		0		5	0	0	0	0	1.2	0	2.4	2.4								0	0	0
74061030	铜锌合金(黄铜)制非片状铜粉粉末		0		5	0	0	0	0	1.2	0	4.2	2.4								0	0	0
74061040	铜锡合金(青铜)制非片状铜粉粉末		0		5	0	0	0	0	1.2	0	2.4	2.4								0	0	0
74061090	其他铜合金制非片状粉末		0		5	0	0	0	0	1.2	0	2.4	2.4								0	0	0

税则号列	商品描述①	协定税率(%)															特惠税率(%)						
		亚太	东盟	新加坡	巴基斯坦	智利	新西兰	秘鲁	哥斯达黎加	瑞士	冰岛	韩国	澳大利亚	香港	澳门	台湾	亚太2国②	东盟			最不发达国家		
																		老挝	柬埔寨	缅甸	LDC1③	LDC2④	LDC3⑤
74062010	精炼铜制片状粉末		0		0	0	0	0	0	0	0	0	0								0	0	0
74062020	白铜或德银制片状粉末		0		5	0	0	0	0	1.2	0	2.4	2.4								0	0	0
74062090	其他铜合金制片状粉末		0		5	0	0	0	0	1.2	0	2.4	2.4								0	0	0
74071010	铬锆铜制条、杆及型材及异型材		0		0	0	0	0	0	0.8	0	0	0			0					0	0	0
74071090	其他精炼铜条、杆及型材及异型材		0		0	0	0	0	0	0.8	0	0	0			0					0	0	0
74072111	直线度≤0.5毫米/米的铜锌合金条、杆		0		5	0	0	0	0	4.2	0		2.8		0	0					0	0	0
74072119	其他铜锌合金条、杆		0		5	0	0	0	0	4.2	0		2.8		0	0					0	0	0
74072190	其他黄铜条、杆及型材及异型材		0		5	0	0	0	0	4.2	0		2.8		0	0					0	0	0
74072900	其他铜合金条杆、型材及异型材		0		5	0	0	0	0	4.2	0	0	2.8			0					0	0	0
74081100	最大截面尺寸>6毫米的精炼铜丝	2.8	0		0	0	0	0.8	0	0	0	0	0			0					0	0	0
74081900	截面尺寸≤6毫米的精炼铜丝	3.4	0		0	0	0	0	0	0.8	0	0	0	0		0					0	0	0
74082100	黄铜丝		0		5	0	0	0	0	1.4	0	5.6	2.8			0					0	0	0
74082210	铜镍锌铅合金(加铅德银)丝		0		5	0	0	0	0	1.6	0	3.2	3.2								0	0	0
74082290	其他白铜丝或德银(铜镍锌合金)丝		0		5	0	0	0	0	1.6	0	3.2	3.2								0	0	0
74082900	其他铜合金丝		0		5	0	0	0	0	1.4	0	4.9	2.8								0	0	0
74091110	含氧量≤10PPM,厚度>0.15毫米的盘卷精炼铜板、片、带		0		0	0	0	0	0	0	0	1.6	0								0	0	0
74091190	厚度>0.15毫米的其他盘卷精炼铜板、片、带		0		0	0	0	0	0	0	0	1.6	0								0	0	0
74091900	其他精炼铜板、片、带		0		0	0	0	0	0	0.8	0	0	0			0					0	0	0
74092100	成卷的黄铜板、片、带		0		5	0	0	0	0	4.2	0	5.6	2.8	0		0					0	0	0
74092900	其他黄铜板、片、带		0		5	0	0	0	0	1.4	0	5.6	2.8	0		0					0	0	0
74093100	成卷的青铜板、片、带		0		5	0	0	0	0	1.4	0	4.9	2.8			0					0	0	0
74093900	其他青铜板、片、带		0		5	0	0	0	0	1.4	0	0	2.8			0					0	0	0
74094000	白铜或德银制板、片、带		0		5	0	0	0	0	1.4	0	0	2.8			0					0	0	0
74099000	其他铜合金板、片、带		0		5	0	0	0	0	1.4	0	4.9	2.8	0		0					0	0	0
74101100	无衬背的精炼铜箔	2.8	0		0	0	0	0	0	0.8	0	0	0	0		0					0	0	
74101210	无衬背的白铜或德银铜箔		0		5	0	0	0	0	1.4	0	0	2.8			0					0	0	
74101290	无衬背的其他铜合金箔		0		5	0	0	0	0	1.4	0	0	2.8			0					0	0	
74102110	印刷电路用覆铜板	3.4	0		0	0	0	0	0	0	0	0	0	0	0	0					0	0	
74102190	有衬背的其他精炼铜箔	3.4	0		0	0	0	0	0	0	0	0	0	0	0	0					0	0	
74102210	有衬背的白铜或德银铜箔		0		5	0	0	0	0	1.4	0	2.8	2.8								0	0	
74102290	有衬背的其他铜合金箔		0		5	0	0	0	0	1.4	0	2.8	2.8								0	0	
74111011	外径≤25毫米的带有内(外)螺纹或翅片的精炼铜管	2.8	0		0	0	0	0	0	0	0	1.6	0								0	0	0
74111019	外径≤25毫米的其他精炼铜管	2.8	0		0	0	0	0	0	0	0	1.6	0								0	0	0
74111020	外径>70毫米的精炼铜管	2.8	0		0	0	0	0	0	0	0	0	0								0	0	0
74111090	其他精炼铜管	2.8	0		0	0	0	0	0	2.4	0	0	0								0	0	0
74112110	盘卷黄铜管		0		5	0	0	0	0	1.4	0	2.8	2.8	0							0	0	0

税则号列	商品描述①	协定税率(%)															特惠税率(%)						
		亚太	东盟	新加坡	巴基斯坦	智利	新西兰	秘鲁	哥斯达黎加	瑞士	冰岛	韩国	澳大利亚	香港	澳门	台湾	亚太2国②	东盟			最不发达国家		
																		老挝	柬埔寨	缅甸	LDC1③	LDC2④	LDC3⑤
74112190	铜锌合金(黄铜)管		0		5	0	0	0	0	1.4	0	5.6	2.8	0							0	0	0
74112200	白铜或德银管		0		5	0	0	0	0	1.4	0	2.8	2.8								0	0	0
74112900	其他铜合金管		0		5	0	0	0	0	1.4	0	2.8	2.8								0	0	0
74121000	精炼铜管子附件		0		0	0	0	0	0	2.4	0	1.6	0								0	0	0
74122010	白铜或德银管子配件	6	0		5	0	0	0	0	4.2	0	2.8	2.8								0	0	0
74122090	其他铜合金管子配件	6	0		5	0	0	0	0	1.4	0	2.8	2.8								0	0	0
74130000	非绝缘的铜丝绞股线、缆、编带等		0		0	0	0	0	0	1	0	4	0								0	0	0
74151000	铜钉、平头钉、图钉、U形钉及类似品		0		5	0	0	0	0	1.6	0	3.2	3.2								0	0	0
74152100	铜垫圈(包括弹簧垫圈)		0	0	5	0	0	0	0	2	0	7	4	0							0	0	0
74152900	铜制其他无螺纹制品		0	0	5	0	0	0	0	2	0	7	4	0							0	0	0
74153310	铜制木螺钉		0		5	0	0	0	0	1.6	0	3.2	3.2	0							0	0	0
74153390	铜制其他螺钉、螺栓、螺母		0		5	0	0	0	0	1.6	0	3.2	3.2	0							0	0	0
74153900	其他铜制螺纹制品		0		5	0	0	0	0	2	0	7	4	0							0	0	0
74181010	擦锅器及洗刷擦光用的块垫、手套		0	0	14.4	0	0	3.6	0	10.8	0	12.6	7.2								0	0	0
74181020	非电热的铜制家用烹饪、供暖器具		0	0		0	0	4	0	12	0	16	8								0	0	
74181090	餐桌厨房等家用铜制器具及其零件		0	0	14.4	0	0	3.6	0	10.8	0	12.6	7.2								0	0	0
74182000	铜制卫生器具及其零件		0	0		0	0	3.6	0	10.8	0	12.6	7.2								0	0	0
74191000	铜链条及其零件		0	0	11.2	0	0	0	0	8.4	0	9.8	5.6	0							0	0	
74199110	工业用铸造、模压、冲压其他铜制品		0	0	5	0	0	0	0	2	3.3	4	4								0	0	0
74199190	非工业用铸造、模压、冲压铜制品		0	0		0	0	4	0	12	0	16	8								0	0	
74199920	铜弹簧		0		5	0	0	0	0	6	0	7	4								0	0	
74199930	铜丝制的布(包括环形带)		0		5.6	0	0	0	0	1.4	0	2.8	2.8								0	0	0
74199940	铜丝制的网、格栅、网眼和铜板		0		6.4	0	0	0	0	1.6	0	5.6	3.2								0	0	0
74199950	非电热的铜制家用供暖器及其零件		0	0		0	0	4	0	12	0	16	8								0	0	
74199991	工业用其他铜制品	8.5	0	0	5	0	0	0	0	6		4	4								0	0	0
74199999	非工业用其他铜制品	17	0	0	16	0	0	4	0	12	0	17	8								0	0	0
75011000	镍锍		0		0	0	0	0	0	0	0	0	0								0	0	0
75012010	镍湿法冶炼中间品		0		0	0	0	0	0	0	0	0	0								0	0	0
75012090	氧化镍烧结物、镍的其他中间产品		0		0	0	0	0	0	0	0	0	0								0	0	0
75021010	按重量计镍、钴总量≥99.99%,但钴含量≤0.005%的非合金镍		0		0	0	0	0	0	0	0	0	0								0	0	0
75021090	其他非合金镍		0		0	0	0	0	0	0	0	0	0								0	0	0
75022000	未锻轧镍合金		0		0	0	0	0	0	0	0	1.2	0								0	0	0
75030000	镍废碎料		0		0	0	0	0	0	0	0	0	0								0	0	0
75040010	非合金镍粉及片状粉末		0		0	0	0	0	0	0	0	0	0								0	0	
75040020	合金镍粉及片状粉末		0		0	0	0	0	0	0	0	0	0								0	0	

税则号列	商品描述①	协定税率(%)															特惠税率(%)						
		亚太	东盟	新加坡	巴基斯坦	智利	新西兰	秘鲁	哥斯达黎加	瑞士	冰岛	韩国	澳大利亚	香港	澳门	台湾	亚太2国②	东盟			最不发达国家		
																		老挝	柬埔寨	缅甸	LDC1③	LDC2④	LDC3⑤
75051100	纯镍条、杆、型材及异型材		0		5	0	0	0	0	1.2	0	4.2	2.4								0	0	0
75051200	合金镍条、杆、型材及异型材		0		5	0	0	0	0	1.2	0	4.2	2.4								0	0	0
75052100	纯镍丝		0		5	0	0	0	0	3.6	0	2.4	2.4								0	0	0
75052200	镍合金丝		0		5	0	0	0	0	1.2	0	2.4	2.4								0	0	0
75061000	纯镍板、片、带、箔		0		5	0	0	0	0	1.2	0	4.2	2.4								0	0	
75062000	镍合金板、片、带、箔		0		5	0	0	0	0	1.2	0	2.4	2.4	0							0	0	
75071100	纯镍管		0		5	0	0	0	0	4	0	2.4	2.4								0	0	
75071200	镍合金管		0		5	0	0	0	0	1.2	0	4.2	2.4								0	0	
75072000	镍及镍合金管子附件		0		5	0	0	0	0	1.2	0	2.4	2.4								0	0	
75081010	镍丝制的布		0		5	0	0	0	0	1.2	0	2.4	2.4								0	0	
75081080	工业用镍丝制的网及格栅		0		5	0	0	0	0	1.2	0	2.4	2.4								0	0	
75081090	其他镍丝制的网及格栅		0		5	0	0	0	0	1.2	0	2.4	2.4								0	0	
75089010	电镀用镍阳极		0		0	0	0	0	0	0	0	1.6	0								0	0	
75089080	其他工业用镍制品		0		5	0	0	0	0	1.2	0	2.4	2.4								0	0	
75089090	其他非工业用镍制品		0		5	0	0	0	0	1.2	0	2.4	2.4								0	0	
76011010	按重量计含铝量≥99.95%的未煅轧非铝合金		0		0	0	0	0	0	0	0	3.5	0	0							0	0	0
76011090	其他非煅轧非铝合金		0		0	0	0	0	0	0	0	0	0	0							0	0	0
76012000	未锻轧铝合金	6	0		5	0	0	0	0	1.4	0	2.8	2.8		0						0	0	0
76020000	铝废碎料		0		0	0	0		0	0	0	0	0	0							0	0	0
76031000	非片状铝粉		0		5	0	0	0	0	1.2	0	2.4	2.4								0	0	0
76032000	片状铝粉末		0		5	0	0	0	0	1.4	0	2.8	2.8								0	0	0
76041010	非合金铝条、杆		0		0	0	0	0	0	0	0	2	0								0	0	0
76041090	非合金铝型材及异形材		0		0	0	0	0	0	0	0	4	0								0	0	0
76042100	铝合金制空心异型材		0		0	0	0	0	0	0	0	4	0								0	0	0
76042910	铝合金条、杆	3.5	0		0	0	0	0	0	1	0	4	0								0	0	0
76042990	铝合金型材及异形材	3.5	0		0	0	0	0	0	1	0	2	0								0	0	0
76051100	纯铝制的粗丝		0		5	0	0	0	0	1.6	0	3.2	3.2								0	0	
76051900	纯铝制的细丝	6.8	0		5	0	0	0	0	1.6	0	3.2	3.2	0							0	0	
76052100	铝合金制的粗丝		0		5	0	0	0	0	1.6	0	3.2	3.2								0	0	
76052900	铝合金制的细丝		0		5	0	0	0	0	1.6	0	3.2	3.2								0	0	
76061121	0.3毫米≤厚度<0.36毫米的非合金铝与塑料复合的矩形板、片、带	4.2	0		0	0	0	0	0	1.2	0	2.4	2.4								0	0	0
76061129	其他0.3毫米≤厚度<0.36毫米的非合金铝制矩形铝板、片、带	4.2	0		0	0	0	0	0	1.2	0	4.8	2.4								0	0	0
76061191	其他非合金铝与塑料复合的矩形板、片、带	4.2	0		0	0	0	0	0	1.2	0	0	2.4	0		0					0	0	0
76061199	纯铝制矩形的其他板、片及带	4.2	0		0	0	0	0	0	1.2	0	4.2	2.4	0		0					0	0	0
76061220	厚度<0.28毫米的铝合金制矩形铝板、片、带	4.2	0		0	0	0	0	0	1.2	0	4.8	2.4	0		0					0	0	0
76061230	0.28毫米≤厚度≤0.35毫米的铝合金制矩形铝板、片、带	4.2	0		0	0	0	0	0	1.2	0	4.8	2.4	0		0					0	0	0

税则号列	商品描述[①]	协定税率(%)															特惠税率(%)						
		亚太	东盟	新加坡	巴基斯坦	智利	新西兰	秘鲁	哥斯达黎加	瑞士	冰岛	韩国	澳大利亚	香港	澳门	台湾	亚太2国[②]	东盟			最不发达国家		
																		老挝	柬埔寨	缅甸	LDC1[③]	LDC2[④]	LDC3[⑤]
76061251	0.35毫米<厚度≤0.4毫米的铝合金与塑料复合的矩形板、片、带	4.2	0		0	0	0	0	0	3.6	0	4.2	2.4	0							0	0	0
76061259	其他0.35毫米<厚度≤0.4毫米的铝合金制矩形铝板、片、带	4.2	0		0	0	0	0	0	3.6	0	4.8	2.4	0							0	0	0
76061290	厚度>0.4毫米的铝合金制矩形铝板、片、带	4.2	0		0	0	0	0	0	3.6	0	2.4	2.4	0							0	0	0
76069100	纯铝制非矩形的板、片及带		0		5	0	0	0	0	1.2	0	4.8	2.4	0		0					0	0	0
76069200	铝合金制非矩形的板、片及带		0	0	5	0	0	0	0	2	0	8	4	0		0					0	0	0
76071110	厚度≤0.007毫米的无衬背铝箔	5.7	0		5	0	0	0	0	3.6	0	4.8	2.4								0	0	
76071120	0.007毫米<厚度≤0.01毫米的无衬背铝箔	5.7	0		5	0	0	0	0	1.2	0	2.4	2.4								0	0	
76071190	轧制后未进一步加工的无衬背铝箔	5.7	0		5	0	0	0	0	1.2		0	2.4			0					0	0	
76071900	其他无衬背铝箔	5.1	0		5	0	0	0	0	1.2		4.2	2.4			0					0	0	
76072000	有衬背铝箔		0		5	0	0	0	0	3.6		4.8	2.4	0		0					0	0	
76081000	纯铝管		0		5	0	0	0	0	1.6	0	6.4	3.2								0	0	0
76082010	外径≤10厘米的铝合金管		0		5	0	0	0	0	1.6	0	6.4	3.2								0	0	0
76082091	外径>10厘米,壁厚≤25毫米的铝合金管		0		5	0	0	0	0	1.6	0	3.2	3.2								0	0	0
76082099	其他铝合金管		0		5	0	0	0	0	1.6	0	3.2	3.2								0	0	0
76090000	铝制管子附件		0		5	0	0	0	0	1.6	0	5.6	3.2								0	0	0
76101000	铝制门窗及其框架、门槛		0	0		0	0	5	0	15	0	21.2	10		0						0	0	
76109000	其他铝制结构体及其部件		0		5	0	0	0	0	1.2	0	2.4	2.4								0	0	0
76110000	容积>300升的铝制囤、罐等容器		0	0	6	0	0	0	0	7.2	0	8.4	4.8								0	0	
76121000	铝制软管容器		0	0	6	0	0	2.4	0	7.2	0	8.4	4.8								0	0	0
76129010	铝制易拉罐及罐体		0	0		0	0	6	0	18	0		12								0	0	
76129090	容积≤300升的铝制囤、罐等容器		0	0	6	0	0	2.4	0	7.2	0	8.4	4.8								0	0	0
76130010	零售包装装压缩、液化气体铝容器		0	0	6	0	0	0	0	8	0	8.4	4.8								0	0	
76130090	非零售装装压缩、液化气体铝容器		0		5	0	0	0	0	1.2	0	2.4	2.4								0	0	
76141000	带钢芯的铝制绞股线、缆、编带		0		5	0	0	0	0	1.2	0	2.4	2.4								0	0	0
76149000	不带钢芯的铝制绞股线、缆、编带		0		5	0	0	0	0	1.2	0	2.4	2.4								0	0	0
76151010	擦锅器及洗刷擦光用的块垫、手套		0	0	14.4	0	0	3.6	0	10.8	0	12.6	7.2								0	0	0
76151090	餐桌厨房等家用铝制器具及其零件		0	0	12	0	0	3	0	9	0	12.7	6								0	0	0
76152000	铝制卫生器具及其零件		0	0	14.4	0	0	3.6	0	10.8	0	12.6	7.2								0	0	
76161000	铝钉、螺钉、螺母、垫圈等紧固件	8.5	0	0	5	0	0	0	0	2	0	7	4	0							0	0	0
76169100	铝丝制的布、网、篱及格栅		0	0		0	0	0	0	2	0	7	4								0	0	0
76169910	其他工业用铝制品	8.5	0	0	5	0	0	2	0	6	0	8.5	4								0	0	0
76169990	其他非工业用铝制品	12.8	0	0	7.5	0	0	3	0	9	0	10.5	6								0	0	0
78011000	未锻轧精炼铅		0		0	0	0	0	0	0	0	1.2	0								0	0	0

税则号列	商品描述[①]	协定税率(%)															特惠税率(%)						
		亚太	东盟	新加坡	巴基斯坦	智利	新西兰	秘鲁	哥斯达黎加	瑞士	冰岛	韩国	澳大利亚	香港	澳门	台湾	亚太2国[②]	东盟			最不发达国家		
																		老挝	柬埔寨	缅甸	LDC1[③]	LDC2[④]	LDC3[⑤]
78019100	未锻轧铅锑合金		0		0	0	0	0	0	0	0	0	0								0	0	0
78019900	未锻轧的其他铅合金		0		0	0	0	0	0	0	0	1.2	0								0	0	0
78020000	铅废碎料		0		0	0	0	0	0	0	0	0	0								0	0	
78041100	铅片、带及厚度≤0.2毫米的箔		0		5	0	0	0	0	1.2	0	2.4	2.4								0	0	0
78041900	铅及铅合金板、厚度>0.2毫米的箔		0		5	0	0	0	0	1.2	0	2.4	2.4								0	0	0
78042000	铅及铅合金粉末、片状粉末		0		5	0	0	0	0	1.2	0	2.4	2.4								0	0	0
78060010	铅及铅合金条、杆、丝、型材		0		5	0	0	0	0	1.2	0	4.2	2.4								0	0	0
78060090	其他铅制品		0		5	0	0	0	0	1.2	0	2.4	2.4								0	0	0
79011110	按重量计含锌量≥99.995%的未锻轧锌		0		0	0	0	0	0	0	0	0	0								0	0	0
79011190	99.99%≤含锌量<99.995%的未锻轧锌		0		0	0	0	0	0	0	0	0	0								0	0	0
79011200	含锌量<99.99%的未锻轧锌		0		0	0	0	0	0	0	0	1.2	0								0	0	0
79012000	未锻轧锌合金		0		0	0	0	0	0	0	0	0	0	0							0	0	0
79020000	锌废碎料		0		0	0	0	0	0	0	0	0	0								0	0	0
79031000	锌末		0		5	0	0	0	0	1.2	0	4.2	2.4								0	0	0
79039000	锌粉及片状粉末		0		5	0	0	0	0	3.6	0	4.2	2.4								0	0	0
79040000	锌及锌合金条、杆、型材、丝		0		5	0	0	0	0	1.2	0	4.8	2.4								0	0	
79050000	锌板、片、带、箔		0		5	0	0	0	0	1.2	0	2.4	2.4								0	0	0
79070020	锌管及锌制管子附件		0		5	0	0	0	0	1.2	0	2.4	2.4								0	0	0
79070030	电池壳体坯料(锌饼)		0		5	0	0	3.4	0	1.2	0	2.4	2.4								0	0	0
79070090	其他非工业用锌制品		0		5	0	0	0	0	1.2	0	2.4	2.4								0	0	0
80011000	未锻轧非合金锡		0		0	0	0	0	0	0	0	1.2	0	0							0	0	0
80012010	锡基巴毕脱合金		0		0	0	0	0	0	0	0	0	0	0							0	0	0
80012021	按重量计含铅量<0.1%的焊锡		0		0	0	0	0	0	0	0	1.2	0	0	0						0	0	0
80012029	其他焊锡		0		0	0	0	0	0	0	0	1.2	0	0	0						0	0	0
80012090	其他锡合金		0		0	0	0	0	0	0	0	1.2	0	0							0	0	0
80020000	锡废碎料		0		0	0	0	0	0	0	0	0	0	0							0	0	
80030000	锡及锡合金条、杆、型材、丝		0		5	0	0	0	0	1.6	0	5.6	3.2	0							0	0	0
80070020	锡及锡合金板、片及带,厚度>0.2毫米		0		5	0	0	0	0	1.6	0	3.2	3.2								0	0	
80070030	锡箔、锡粉及片状粉末		0		5	0	0	0	0	1.6	0	3.2	3.2								0	0	
80070040	锡及锡合金管、管子附件		0		5	0	0	0	0	4.8	0	3.2	3.2								0	0	
80070090	其他锡制品		0		6.4	0	0	0	0	1.6	0	6.4	3.2	0							0	0	
81011000	钨粉		0		5	0	0	0	0	1.2	0	2.4	2.4								0	0	
81019400	未锻轧钨		0		0	0	0	0	0	1.8	0	0	0								0	0	
81019600	钨丝		0		5	0	0	0	0	1.6	0	3.2	3.2								0	0	
81019700	钨废碎料		0		0	0	0	0	0	0	0	0	0								0	0	
81019910	锻轧钨条、杆、型材;废碎料		0		0	0	0	0	0	1	0	2	0								0	0	
81019990	其他钨制品		0		5	0	0	0	0	1.6	0	3.2	3.2								0	0	
81021000	钼粉		0		5	0	0	0	0	1.2	0	2.4	2.4								0	0	
81029400	未锻轧钼、钼废碎料		0		0	0	0	0	0	0	0	0	0								0	0	

税则号列	商品描述[①]	协定税率(%)															特惠税率(%)						
		亚太	东盟	新加坡	巴基斯坦	智利	新西兰	秘鲁	哥斯达黎加	瑞士	冰岛	韩国	澳大利亚	香港	澳门	台湾	亚太2国[②]	东盟			最不发达国家		
																		老挝	柬埔寨	缅甸	LDC1[③]	LDC2[④]	LDC3[⑤]
81029500	锻轧钼条杆、型材、板、片、带箔		0		5	0	0	0	0	1.6	0	5.6	3.2								0	0	
81029600	钼丝		0		5	0	0	0	0	1.6	0	3.2	3.2								0	0	
81029700	钼废碎料		0		0	0	0	0	0	0	0	0	0								0	0	
81029900	钼制品		0		5	0	0	0	0	1.6	0	3.2	3.2								0	0	
81032011	松装密度<2.2克/立方厘米的钽粉		0		5	0	0	0	0	1.2	0	2.4	2.4								0	0	
81032019	松装密度≥2.2克/立方厘米的钽粉		0		5	0	0	0	0	1.2	0	2.4	2.4								0	0	
81032090	未锻轧钽		0		5	0	0	0	0	1.2	0	2.4	2.4								0	0	
81033000	钽废碎料		0		5	0	0	0	0	1.2	0	0	2.4								0	0	
81039011	直径<0.5毫米的钽丝		0		5	0	0	0	0	1.6	0	3.2	3.2								0	0	
81039019	直径≥0.5毫米的钽丝		0		5	0	0	0	0	1.6	0	3.2	3.2								0	0	
81039090	其他锻轧钽及其制品		0		5	0	0	0	0	1.6	0	3.2	3.2								0	0	
81041100	含镁量≥99.8%的未锻轧镁	4.2	0		0	0	0	0	0	1.2	0	0	2.4								0	0	
81041900	其他未锻轧的镁及镁合金		0		5	0	0	0	0	1.2	0	2.4	2.4								0	0	
81042000	镁废碎料		0		0	0	0	0	0	0	0	0	0								0	0	
81043000	已分级的镁锉屑、车屑、颗粒;粉末		0		5	0	0	0	0	1.6	0	3.2	3.2								0	0	
81049010	锻轧镁		0		5	0	0	0	0	1.6	0	3.2	3.2								0	0	
81049020	镁制品		0		5	0	0	0	0	1.7	0	3.3	3.4								0	0	
81052010	钴湿法冶炼中间品		0		0	0	0	0	0	0	0	0	0								0	0	0
81052020	未锻轧钴		0		0	0	0	0	0	0	0	0	0								0	0	0
81052090	钴锍及其他钴冶炼时所得的中间产品、粉末		0		0	0	0	0	0	0	0	0	0								0	0	0
81053000	钴锍废碎料		0		0	0	0	0	0	0	0	0	0								0	0	0
81059000	其他钴及制品		0		5	0	0	0	0	1.6	0	5.6	3.2								0	0	0
81060010	未锻轧铋、废碎料、粉末		0		0	0	0	0	0	0	0	0	0								0	0	
81060090	其他铋及铋制品		0		5	0	0	0	0	1.6	0	5.6	3.2								0	0	
81072000	未锻轧镉、粉末		0		0	0	0		0	0	0	1.2	0								0	0	
81073000	镉废碎料		0		0	0	0	0	0	0	0	0	0								0	0	
81079000	其他镉及镉制品		0		5	0	0	0	0	1.6	0	3.2	3.2								0	0	
81082021	海绵钛		0		0	0	0	0	0	0	0	0	0								0	0	
81082029	其他未锻轧钛		0		0	0	0	0	0	0	0	1.2	0								0	0	
81082030	钛粉末		0		0	0	0	0	0	0	0	0	0								0	0	
81083000	钛废碎料		0		0	0	0	0	0	0	0	0	0								0	0	
81089010	钛条、杆、型材及异型材		0		5	0	0	0	0	1.6	0	5.6	3.2								0	0	
81089020	钛丝		0		5	0	0	0	0	1.6	0	3.2	3.2								0	0	
81089031	厚度≤0.8毫米的钛板、片、带、箔		0		5	0	0	0	0	1.6	0	3.2	3.2								0	0	
81089032	厚度>0.8毫米的钛板、片、带、箔		0		5	0	0	0	0	1.6	0	3.2	3.2								0	0	
81089040	钛管		0		5	0	0	0	0	1.6	0	5.6	3.2								0	0	
81089090	其他钛及钛制品		0		5	0	0	0	0	1.6	0	3.2	3.2								0	0	
81092000	未锻轧锆、粉末		0		0	0	0	0	0	0	0	1.2	0								0	0	

税则号列	商品描述①	协定税率(%)															特惠税率(%)						
		亚太	东盟	新加坡	巴基斯坦	智利	新西兰	秘鲁	哥斯达黎加	瑞士	冰岛	韩国	澳大利亚	香港	澳门	台湾	亚太2国②	东盟			最不发达国家		
																		老挝	柬埔寨	缅甸	LDC1③	LDC2④	LDC3⑤
81093000	锆废碎料		0		0	0	0	0	0	0	0	0	0								0	0	
81099000	锻轧锆及锆制品		0		5	0	0	0	0	1.6	0	5.6	3.2								0	0	
81101010	未锻轧锑		0		0	0	0	0	0	0	0	0	0								0	0	
81101020	锑粉末		0		0	0	0	0	0	0	0	0	0								0	0	
81102000	锑废碎料		0		0	0	0	0	0	0	0	0	0								0	0	
81109000	其他锑及锑制品		0		5	0	0	0	0	1.6	0	3.2	3.2								0	0	
81110010	未锻轧锰、锰废碎料、粉末		0		0	0	0	0	0	0	0	0	0								0	0	0
81110090	其他锰及制品		0		5	0	0	0	0	1.6	0	3.2	3.2								0	0	0
81121200	未锻轧铍、粉末		0		0	0	0	0	0	0	0	0	0								0	0	0
81121300	铍废碎料		0		0	0	0	0	0	0	0	0	0								0	0	0
81121900	其他铍及其制品		0		5	0	0	0	0	1.6	0	3.2	3.2								0	0	0
81122100	未锻轧铬、粉末		0		0	0	0	0	0	0	0	1.2	0								0	0	0
81122200	铬废碎料		0		0	0	0	0	0	0	0	0	0								0	0	0
81122900	其他铬制品		0		0	0	0	0	0	0	0	0	0								0	0	0
81125100	未锻轧铊、粉末		0		0	0	0	0	0	0	0	0	0								0	0	0
81125200	铊废碎料		0		0	0	0	0	0	0	0	0	0								0	0	0
81125900	其他铊制品		0		5	0	0	0	0	1.6	0	3.2	3.2								0	0	0
81129210	未锻轧锗		0		0	0	0	0	0	0	0	0	0								0	0	0
81129220	未锻轧钒		0		0	0	0	0	0	0	0	0	0								0	0	0
81129230	未锻轧铟、铟废碎料、粉末		0		0	0	0	0	0	0	0	0	0								0	0	0
81129240	未锻轧铌、铌废碎料、粉末		0		0	0	0	0	0	0	0	0	0								0	0	0
81129290	未锻轧的未列名贱金属及其制品		0		0	0	0	0	0	0	0	0	0								0	0	0
81129910	锗及其制品		0		0	0	0	0	0	0	0	0	0								0	0	0
81129920	钒及其制品		0		0	0	0	0	0	0	0	0	0								0	0	0
81129930	锻扎铟及其制品		0		5	0	0	0	0	1.6	0	3.2	3.2								0	0	0
81129940	锻扎铌及其制品		0		5	0	0	0	0	1.6	0	3.2	3.2								0	0	0
81129990	锻轧的未列名贱金属及其制品		0		0	0	0	0	0	1.6	0	3.2	3.2								0	0	0
81130010	金属陶瓷颗粒、粉末		0		5	0	0	0	0	1.7	0		3.4			0					0	0	
81130090	其他金属陶瓷及其制品,包括废碎料		0		5	0	0	0	0	1.7	0		3.4			0					0	0	
82011000	锹及铲		0		5	0	0	0	0	1.6	0	3.2	3.2								0	0	0
82013000	镐、锄、耙		0		5	0	0	0	0	1.6	0	3.2	3.2								0	0	0
82014000	斧子、钩刀及类似砍伐工具		0		5	0	0	0	0	1.6	0	3.2	3.2								0	0	0
82015000	修枝剪等单手操作农用剪		0		5	0	0	0	0	1.6	0	3.2	3.2								0	0	0
82016000	修枝等双手操作农用剪		0		5	0	0	0	0	1.6	0	3.2	3.2								0	0	0
82019010	农用叉		0		5	0	0	0	0	1.6	0	3.2	3.2								0	0	0
82019090	其他农业、园艺、林业用手工工具		0		5	0	0	0	0	1.6	0	5.6	3.2								0	0	0
82021000	手工锯		0		5	0	0	0	0	1.7	0	5.8	3.4								0	0	0
82022010	双金属带锯条		0		5	0	0	0	0	4.8	0	5.6	3.2								0	0	0
82022090	其他带锯片手工锯		0		5	0	0	0	0	4.8	0	5.6	3.2								0	0	0
82023100	带有钢制工作部件的圆锯片		0		5	0	0	0	0	1.6	0	5.6	3.2								0	0	0
82023910	带有天然或合成金刚石、立方氮化硼制工作部件的圆锯片		0		5	0	0	0	0	1.6	0	3.2	3.2	0							0	0	0

税则号列	商品描述①	协定税率(%)															特惠税率(%)						
		亚太	东盟	新加坡	巴基斯坦	智利	新西兰	秘鲁	哥斯达黎加	瑞士	冰岛	韩国	澳大利亚	香港	澳门	台湾	亚太2国②	东盟 老挝	东盟 柬埔寨	东盟 缅甸	最不发达国家 LDC1③	最不发达国家 LDC2④	最不发达国家 LDC3⑤
82023990	其他圆锯片,包括部件		0		5	0	0	0	0	1.6	0	3.2	3.2	0							0	0	0
82024000	链锯片		0		5	0	0	0	0	4.8	0	3.2	3.2								0	0	0
82029110	加工金属用的机械锯的直锯片	7	0		5	0	0	0	0	4.8	0	5.6	3.2								0	0	0
82029190	加工金属用的非机械锯的直锯片		0		5	0	0	0	0	4.8	0	3.2	3.2								0	0	0
82029910	机械锯用的其他锯片		0		5	0	0	0	0	5	0	5.8	3.4								0	0	0
82029990	非机械锯用的其他锯片		0	0	5	0	0	0	0	6.3	0	7.3	4.2								0	0	
82031000	钢锉、木锉及类似工具		0	0	5	0	0	0	0	6.3	0	7.3	4.2								0	0	0
82032000	钳子、镊子及类似工具		0	0		0	0	0	0	6.3	0	7.3	4.2		0	0					0	0	
82033000	白铁剪及类似工具		0	0	5	0	0	0	0	6.3	0	7.3	4.2								0	0	
82034000	切管器、螺栓切头器、打孔冲子等		0	0	5	0	0	0	0	6.3	0	7.3	4.2								0	0	
82041100	固定式的手动扳手及板钳		0	0	5	0	0	0	0	6.3	0	7.3	4.2								0	0	0
82041200	可调式的手动扳手及板钳		0		5	0	0	0	0	2	0	7	4			0					0	0	0
82042000	可互换的扳手套筒		0		5	0	0	0	0	2	0	7	4								0	0	
82051000	手工钻孔或攻丝工具		0		5	0	0	0	0	2	0	7	4								0	0	
82052000	手工锤子		0		5	0	0	0	0	2	0	7	4			0					0	0	0
82053000	木工用刨子、凿子及类似切削工具		0	0	5	0	0	0	0	6.3	0	7.3	4.2								0	0	
82054000	手工螺丝刀		0	0	5	0	0	0	0	6.3	0	7.3	4.2			0					0	0	0
82055100	其他家用手工工具		0	0	5	0	0	0	0	6.3	0	7.3	4.2								0	0	
82055900	其他手工工具	8.5	0		5	0	0	0	0	6	0	7	4			0					0	0	
82056000	喷灯		0		5	0	0	0	0	6	0	7	4								0	0	
82057000	台钳、夹钳及类似品		0	0	5	0	0	0	0	7	0	7.3	4.2								0	0	
82059000	成套手工工具		0	0	5	0	0	0	0	6.3	0	7.3	4.2								0	0	
82060000	成套工具组成的零售包装货品		0	0	5	0	0	0	0	7	0	7.3	4.2								0	0	
82071300	带金属陶瓷工作部件的凿岩工具		0		5	0	0	0	0	1.6	0	3.2	3.2								0	0	0
82071910	带超硬材料部件的凿岩或钻探工具		0		5	0	0	0	0	1.6	0	3.2	3.2								0	0	0
82071990	带其他材料工作部件的凿岩工具		0		5	0	0	0	0	1.6	0	5.6	3.2								0	0	0
82072010	带超硬部件的金属拉拔或挤压用模		0		5	0	0	0	0	1.6	0	3.2	3.2			0					0	0	0
82072090	其他金属拉拔或挤压用模		0		5	0	0	0	0	4.8	0	3.2	3.2			0					0	0	0
82073000	锻压或冲压工具	6.8	0		5	0	0	0	0	1.6	0	6.4	3.2	0		0					0	0	0
82074000	攻丝工具		0		5	0	0	0	0	1.6	0		3.2			0					0	0	0
82075010	带超硬材料部件的钻孔工具		0		5	0	0	0	0	0	0		3.2	0		0					0	0	0
82075090	带其他材料工作部件的钻孔工具		0		5	0	0	0	0	1.6	0		3.2	0		0					0	0	0
82076010	带超硬材料部件的镗孔或铰孔工具		0		5	0	0	0	0	1.6	0		3.2			0					0	0	0
82076090	其他镗孔或铰孔工具		0		5	0	0	0	0	1.6	0	6.4	3.2								0	0	0
82077010	带有天然或合成金刚石、立方氮化硼制的工作部件的铣削工具		0		5	0	0	0	0	1.6	0		3.2	0		0					0	0	0
82077090	其他铣削工具		0		5	0	0	0	0	1.6	0		3.2	0		0					0	0	0
82078010	带有天然或合成金刚石、立方氮化硼制的车削工具	6.8	0		5	0	0	0	0	1.6	0	6.3	3.2			0					0	0	0

税则号列	商品描述[①]	协定税率(%)															特惠税率(%)						
		亚太	东盟	新加坡	巴基斯坦	智利	新西兰	秘鲁	哥斯达黎加	瑞士	冰岛	韩国	澳大利亚	香港	澳门	台湾	亚太2国[②]	东盟			最不发达国家		
																		老挝	柬埔寨	缅甸	LDC1[③]	LDC2[④]	LDC3[⑤]
82078090	其他车削工具	6.8	0		5	0	0	0	0	1.6	0	6.3	3.2			0					0	0	0
82079010	带超硬材料部件的其他可互换工具	6.8	0		5	0	0	0	0	1.6	0	6.3	3.2	0		0					0	0	0
82079090	其他可互换工具	6.8	0		5	0	0	0	0	4.8	0	6.3	3.2	0		0					0	0	0
82081011	经镀或涂层的硬质合金制的金工机械用刀及刀片		0		5	0	0	0	0	4.8	0	6.4	3.2	0							0	0	
82081019	其他硬质合金制的金工机械用刀及刀片		0		5	0	0	0	0	4.8	0	6.4	3.2	0							0	0	
82081090	其他金工机械用刀及刀片		0		5	0	0	0	0	4.8	0	6.4	3.2	0							0	0	
82082000	木工机械用刀及刀片		0		5	0	0	0	0	1.6	0	3.2	3.2			0					0	0	0
82083000	厨房或食品加工机器用刀及刀片		0		5	0	0	0	0	1.6	0	5.6	3.2								0	0	0
82084000	农、林业机器用刀及刀片		0		5	0	0	0	0	4.8	0	3.2	3.2			0					0	0	
82089000	其他机器或机械器具用刀及刀片	7.2	0		5	0	0	0	0	4.8	0	3.2	3.2			0					0	0	
82090010	未装配的工具用金属陶瓷板	7.2	0		5	0	0	0	0	1.6	0	5.6	3.2								0	0	0
82090021	晶粒度<0.8微米的金属陶瓷条、杆	7.2	0		5	0	0	0	0	4.8	0	3.2	3.2								0	0	0
82090029	其他未装配的工具用金属陶瓷条、杆	7.2	0		5	0	0	0	0	4.8	0	3.2	3.2								0	0	0
82090030	未装配的工具用金属陶瓷刀头	7.2	0		5	0	0	0	0	1.6	0	6.4	3.2								0	0	
82090090	其他未装配的工具用金属陶瓷类似品	7.2	0		5	0	0	0	0	1.6	0	3.2	3.2								0	0	0
82100000	加工调制食品、饮料用手动机械	16.2	0	0	14.4	0	0	3.6	0	10.8	0	12.6	7.2		0						0	0	
82111000	以刀为主的成套货品		0	0	0	0	0	3.6	0	10.8	0	12.6	7.2								0	0	
82119100	刃面固定的餐刀		0	0	0	0	0	3.6	0	10.8	0	12.6	7.2								0	0	
82119200	刃面固定的其他刀		0	0	0	0	0	0	0	8	0	8.4	4.8								0	0	0
82119300	可换刃面刀		0	0	0	0	0	3.6	0	3.6	0	12.6	7.2								0	0	
82119400	品目82.11所列刀的刀片		0	0	0	0	0	0	0	8.4	0	9.8	5.6								0	0	
82119500	贱金属制的刀柄		0	0	0	0	0	0	0	8	0	8.4	4.8								0	0	0
82121000	剃刀		0	0	0	0	0	0	0	7.2	0	8.4	4.8								0	0	0
82122000	安全剃刀片		0	0	0	0	0	0	0	8.4	0	9.8	5.6								0	0	
82129000	剃刀零件		0	0	0	0	0	0	0	7.2	0	8.4	4.8								0	0	0
82130000	剪刀、裁缝剪刀及类似品、剪刀片	10.8	0	0	0	0	0	0	0	7.2	0	8.4	4.8								0	0	0
82141000	裁纸刀、信刀、铅笔刀及刀片	10.8	0	0	5	0	0	0	0	7.2	0	8.4	4.8								0	0	0
82142000	修指甲及修脚用具(包括指甲锉)	16.2	0	0	16.2	0	0	3.6	0	10.8	0	12.6	7.2								0	0	0
82149000	理发推子、切菜刀等其他利口器		0	0		0	0	3.6	0	10.8	0	12.6	7.2								0	0	
82151000	成套含镀贵金属制厨房或餐桌用具		0	0	0	0	0	3.6	0	10.8	0	12.6	7.2								0		
82152000	成套的其他厨房或餐桌用具		0	0	0	0	0	3.6	0	10.8	0	12.6	7.2								0	0	
82159100	非成套镀贵金属制厨房或餐桌用具		0	0	0	0	0	3.6	0	10.8	0	12.6	7.2								0		
82159900	其他非成套的厨房或餐桌用具		0	0	0	0	0	3.6	0	10.8	0	12.6	7.2	0							0	0	0
83011000	挂锁		0	0	11.2	0	0	0	0	8.4	0	9.8	5.6								0	0	

税则号列	商品描述[1]	协定税率(%)															特惠税率(%)						
		亚太	东盟	新加坡	巴基斯坦	智利	新西兰	秘鲁	哥斯达黎加	瑞士	冰岛	韩国	澳大利亚	香港	澳门	台湾	亚太2国[2]	东盟			最不发达国家		
																		老挝	柬埔寨	缅甸	LDC1[3]	LDC2[4]	LDC3[5]
83012010	机动车用中央控制门锁					0	0	0	0	2	0	8.5	4								0	0	0
83012090	其他机动车用锁					0	0	0	0	2	0	8.5	4								0	0	0
83013000	家具用锁		0	0	11.2	0	0	0	0	8.4	0	9.8	5.6								0	0	0
83014000	其他锁		0	0	11.2	0	0	0	0	8.4	0	9.8	5.6								0	0	0
83015000	带锁的扣环及扣环框架		0	0	11.2	0	0	0	0	8.4	0	9.8	5.6	0							0	0	
83016000	锁零件		0	0	6	0	0	0	0	7.2	0	8.4	4.8								0	0	0
83017000	钥匙		0		5	0	0	0	0	2	0	8	4								0	0	0
83021000	铰链(折叶)		0		5	0	0	0	0	2	0	4	4	0							0	0	0
83022000	用贱金属支架的小脚轮		0	0	6	0	0	0	0	7.2	0	8.4	4.8								0	0	0
83023000	机动车辆用贱金属附件及架座		0		5	0	0	0	0	2	0	8	4								0	0	0
83024100	建筑用贱金属配件及架座		0	0	11.2	0	0	0	0	8.4	0	9.8	5.6								0	0	
83024200	家具用贱金属配件及架座		0	0	6	0	0	0	0	7.2	0	8.4	4.8								0	0	0
83024900	其他用贱金属配件及架座		0	0	6	0	0	0	0	7.2	0	8.4	4.8								0	0	0
83025000	帽架、帽钩、托架及类似品		0	0	11.2	0	0	0	0	8.4	0	9.8	5.6								0	0	
83026000	自动闭门器		0	0	6	0	0	0	0	7.2	0	8.4	4.8								0	0	0
83030000	保险箱、柜、保险库的门		0	0	11.2	0	0	0	0	8.4	0	9.8	5.6								0	0	
83040000	贱金属档案柜、文件箱等办公用具		0	0	5	0	0	0	0	6.3	0	7.3	4.2	0							0	0	0
83051000	活页夹或宗卷夹的附件		0	0	5	0	0	0	0	6.3	0	7.3	4.2								0	0	0
83052000	成条订书钉		0	0	5	0	0	0	0	6.3	0	7.3	4.2								0	0	0
83059000	信夹、信角、文件夹等办公用品		0	0	5	0	0	0	0	6.3	0	7.3	4.2	0							0	0	0
83061000	非电动铃、钟、锣及其类似品		0		5	0	0	0	0	1.6	0	5.6	3.2								0	0	0
83062100	镀贵金属的雕塑像及其他装饰品		0		5	0	0	0	0	1.6	0	3.2	3.2								0	0	0
83062910	景泰蓝雕塑像及其他装饰品		0		5	0	0	0	0	1.6	0	3.2	3.2								0	0	0
83062990	其他雕塑像及其他装饰品		0	0	5	0	0	0	0	1.6	0	5.6	3.2								0	0	0
83063000	相框、画框及类似框架、镜子		0		5	0	0	0	0	1.6	0	5.6	3.2								0	0	0
83071000	钢铁制软管,可有配件		0		5	0	0	0	0	5	0	5.8	3.4								0	0	0
83079000	其他贱金属软管,可有配件		0		5	0	0	0	0	1.7	0	5.8	3.4	0							0	0	0
83081000	贱金属制钩、环及眼		0	0	5	0	0	0	0	6.3	0	8.9	4.2	0							0	0	0
83082000	贱金属制管形铆钉及开口铆钉		0	0	5	0	0	0	0	6.3	0	7.3	4.2	0							0	0	0
83089000	贱金属制珠子及亮晶片		0	0	5	0	0	0	0	6.3	0	8.9	4.2	0							0	0	0
83091000	贱金属制冠形瓶塞		0	0	14.4	0	0	0	0	10.8	0	12.6	7.2	0							0	0	
83099000	盖子、瓶帽、螺口塞封志等包装用配件		0	0	6	0	0	0	0	7.2	0	8.4	4.8	0							0	0	0
83100000	标志牌、铭牌、号码、字母等标志		0	0		0	0	3.6	0	10.8	0	12.6	7.2								0	0	
83111000	焊剂涂面的贱金属电极、电弧焊用		0		5	0	0	0	0	1.6	0	3.2	3.2	0							0	0	0
83112000	以焊剂为芯的贱金属制焊丝		0		5	0	0	0	0	1.6	0	6.4	3.2	0							0	0	0
83113000	以焊剂涂面或作芯的贱金属条或丝		0		5	0	0	0	0	1.6	0		3.2	0							0	0	0
83119000	贱金属粘聚成的丝或条	5.6	0		5	0	0	0	0	1.6	0	3.2	3.2	0							0	0	0
84011000	核反应堆		0		0	0	0	0	0	0	0	0	0								0	0	
84012000	同位素分离机器、装置及其零件		0		0	0	0	0	0	0	0	0	0								0	0	

税则号列	商品描述[1]	协定税率(%)															特惠税率(%)						
		亚太	东盟	新加坡	巴基斯坦	智利	新西兰	秘鲁	哥斯达黎加	瑞士	冰岛	韩国	澳大利亚	香港	澳门	台湾	亚太2国[2]	东盟			最不发达国家		
																		老挝	柬埔寨	缅甸	LDC1[3]	LDC2[4]	LDC3[5]
84013010	未辐照燃料元件(释热元件)		0		0	0	0	0	0	0	0	0	0								0	0	
84013090	未辐照燃料元件的零件		0		0	0	0	0	0	0	0	0	0								0	0	
84014010	未辐照相关组件		0		0	0	0	0	0	0	0	0	0								0	0	
84014020	堆内构件		0		0	0	0	0	0	0	0	0	0								0	0	
84014090	其他核反应堆零件		0		0	0	0	0	0	0	0	0	0								0	0	
84021110	蒸发量≥900吨/小时的发电锅炉	2.5	0		0	0	0	0	0	0	0	0	0								0	0	
84021190	45吨/小时<蒸发量<900吨/小时的发电锅炉	13.3	0	0	7	0	0	0	0	8.4	0	9.8	5.6								0	0	
84021200	蒸发量≤45吨/小时的水管锅炉	3.9	0		0	0	0	0	0	0	0	4	0								0	0	
84021900	其他蒸汽锅炉		0		0	0	0	0	0	0	0	4	0								0	0	
84022000	过热水锅炉		0	0	12.8	0	0	3.2	0	9.6	0	11.2	6.4								0	0	
84029000	蒸汽锅炉及过热水锅炉的零件		0		0	0	0	0	0	0	0	0	0								0	0	
84031010	家用型集中供暖用热水锅炉	9.5	0		5	0	0	0	0	2	0	7	4								0	0	
84031090	其他集中供暖用的热水锅炉	9.5	0		5	0	0	0	0	2	0	7	4								0	0	
84039000	集中供暖用热水锅炉的零件		0		5	0	0	0	0	1.2	0	4.2	2.4								0	0	
84041010	蒸汽锅炉、过热水锅炉的辅助设备	3.5	0		0	0	0	0	0	4.2	0	2.8	2.8								0	0	
84041020	集中供暖用热水锅炉的辅助设备	5	0		5	0	0	0	0	2	0	7	4								0	0	
84042000	水及其他蒸汽动力装置的冷凝器		0	0	11.2	0	0	0	0	8.4	0	9.8	5.6								0	0	
84049010	集中供暖热水锅炉辅助设备的零件	0	0		0	0	0	0	0	2	0	4	4								0	0	
84049090	其他辅助设备用零件	0	0		0	0	0	0	0	1.4	0	0	2.8								0	0	
84051000	煤气、乙炔及类似水解气体发生器		0	0	11.2	0	0	0	0	8.4	0	11.9	5.6								0	0	
84059000	煤气、乙炔等气体发生器的零件		0		5	0	0	0	0	1.6	0	3.2	3.2								0	0	
84061000	船舶动力用汽轮机		0		0	0	0	0	0	0	0	3.5	0								0	0	0
84068110	40兆瓦<输出功率≤100兆瓦的汽轮机		0		0	0	0	0	0	0	0	2	0								0	0	0
84068120	100兆瓦<输出功率≤350兆瓦的汽轮机		0		0	0	0	0	0	0	0	2	0								0	0	0
84068130	输出功率>350兆瓦的汽轮机		0		5	0	0	0	0	1.2	0	2.4	2.4								0	0	0
84068200	输出功率≤40兆瓦的汽轮机		0		0	0	0	0	0	3.4	0	2	0								0	0	0
84069000	汽轮机用的零件		0		0	0	0	0	0	1.2	0	0	0								0	0	0
84071010	输出功率≤298千瓦的航空器点燃式发动机		0		0	0	0	0	0	0	0	0	0								0	0	
84071020	输出功率>298千瓦的航空器点燃式发动机		0		0	0	0	0	0	0	0	0	0								0	0	
84072100	船舶用舷外点燃式发动机		0		5	0	0	0	0	1.6	0		3.2								0	0	
84072900	船舶用其他未列名点燃式发动机		0		5	0	0	0	0	1.6	0		3.2								0	0	
84073100	排量≤50毫升的往复式活塞发动机		0		5	0	0	0	0	2	0	8.5	4								0	0	
84073200	排量50~250毫升的往复式活塞发动机		0		5	0	0	0	0	2	0	8.5	4								0	0	

税则号列	商品描述[①]	协定税率(%)															特惠税率(%)						
		亚太	东盟	新加坡	巴基斯坦	智利	新西兰	秘鲁	哥斯达黎加	瑞士	冰岛	韩国	澳大利亚	香港	澳门	台湾	亚太2国[②]	东盟 老挝	东盟 柬埔寨	东盟 缅甸	最不发达国家 LDC1[③]	最不发达国家 LDC2[④]	最不发达国家 LDC3[⑤]
84073300	排量250~1000毫升的往复式活塞发动机		0	0	8	0	0	0	0	2	0	8.5	4	0							0	0	
84073410	排量1000~3000毫升的往复式活塞发动机	7			7	0	0		0	2	0	8.5	4	0									
84073420	排量>3000毫升的往复式活塞发动机	7			7	0	0		0	2	0	8.5	4	0							0		
84079010	沼气发动机		0	0	6	0	0	0	0	7.2	0	8.4	4.8								0	0	
84079090	其他点燃往复或旋转式内燃发动机		0	0		0	0	3.6	0	10.8	0	14.4	7.2								0	0	
84081000	船舶用压燃式内燃发动机	2.5	0	0	0	0	0	0	0	1	0	3.5	0								0	0	
84082010	输出功率≥132.39千瓦的车用柴油发动机	6.3			6.3	0	0	0	0	1.8	0	7.2	3.6	0							0	0	
84082090	输出功率<132.39千瓦的车用柴油发动机	17.5	20		17.5	0	0		0		0	21.2	10								0		
84089010	机车用柴油发动机	5.4	0		0	0	0	0	0	1.2	0	2.4	2.4								0	0	
84089091	功率≤14千瓦的其他用柴油发动机	4.5	0		0	0	0	0	0	0	0	4	0								0	0	
84089092	14千瓦<功率<132.39千瓦的其他柴油发动机	7.6	0		5	0	0	0	0	1.7	0	6.7	3.4								0	0	
84089093	功率≥132.39千瓦其的他用柴油发动机	4.5	0		0	0	0	0	0	1	0	4	0								0		
84091000	航空器发动机用零件		0		0	0	0	0	0	0	0	0	0								0	0	0
84099110	船舶用点燃式发动机专用零件	4.2	0		0	0	0	0	0	1.2	0	4.7	2.4								0	0	0
84099191	电控燃油喷射装置	3.5	0	0	0	0	0	0	0	0	0	4	0								0	0	0
84099199	其他点燃式活塞内燃发动机用零件	3.5	0	0	0	0	0	0	0	3	0	3.5	0								0	0	0
84099910	其他船舶发动机专用零件	4.5	0	0	0	0	0	0	0	3	0	4	0								0	0	0
84099920	其他机车发动机专用零件	1.5	0		0	0	0	0	0	0	0	0	0								0	0	0
84099991	功率≥132.39千瓦的发动机的专用零件	1.5	0		0	0	0	0	0	0	0	1.4	0								0	0	0
84099999	其他未列名发动机的专用零件	8	0	0	5	0	0	0	0	1.7	0	6.7	3.4								0	0	0
84101100	功率≤1000千瓦的水轮机及水轮		0		5	0	0	0	0	2	0	7	4								0	0	
84101200	功率1000千瓦~1万千瓦的水轮机及水轮		0	0	5	0	0	0	0	2	0	7	4								0	0	
84101310	功率>3万千瓦的冲击式水轮机及水轮		0	0	5	0	0	0	0	2	0	7	4								0	0	
84101320	功率>3.5万千瓦的贯流水轮机及水轮		0	0	5	0	0	0	0	2	0	7	4								0	0	
84101330	功率>20万千瓦的水泵式水轮机及水轮		0		5	0	0	0	0	2	0	7	4								0	0	
84101390	其他功率>1万千瓦的水轮机及水轮		0		5	0	0	0	0	2	0	7	4								0	0	
84109010	水轮机及水轮的调节器		0		5	0	0	0	0	1.2	0	2.4	2.4								0	0	

税则号列	商品描述[①]	协定税率(%)															特惠税率(%)						
		亚太	东盟	新加坡	巴基斯坦	智利	新西兰	秘鲁	哥斯达黎加	瑞士	冰岛	韩国	澳大利亚	香港	澳门	台湾	亚太2国[②]	东盟			最不发达国家		
																		老挝	柬埔寨	缅甸	LDC1[③]	LDC2[④]	LDC3[⑤]
84109090	水轮机及水轮的其他零件		0		5	0	0	0	0	1.2	0	4.2	2.4								0	0	
84111110	推力≤25千牛顿的涡轮风扇发动机		0		0	0	0	0	0	0	0	0	0								0	0	0
84111190	推力≤25千牛顿的其他的涡轮喷气发动机		0		0	0	0	0	0	0	0	0	0								0	0	0
84111210	推力>25千牛顿的涡轮风扇发动机	0	0		0	0	0	0	0	0	0	0	0								0	0	0
84111290	推力>25千牛顿的其他涡轮喷气发动机	.5	0		0	0	0	0	0	0	0	0	0								0	0	0
84112100	功率≤1100千瓦的涡轮螺桨发动机		0		0	0	0	0	0	0	0	0	0								0	0	0
84112210	功率1100~2238千瓦的涡轮螺桨发动机		0		0	0	0	0	0	0	0	0	0								0	0	0
84112220	功率2238~3730千瓦的涡轮螺桨发动机		0		0	0	0	0	0	0	0	0	0								0	0	0
84112230	功率>3730千瓦的涡轮螺桨发动机		0		0	0	0	0	0	0	0	0	0								0	0	0
84118100	功率≤5000千瓦的其他燃气轮机		0	0	12	0	0	3	0	9	0	10.5	6								0	0	
84118200	功率>5000千瓦的其他燃气轮机		0		0	0	0	0	0	0	0	0	0								0	0	0
84119100	涡轮喷气或涡轮螺桨发动机用零件		0		0	0	0	0	0	0	0	0	0								0	0	0
84119910	涡轮轴发动机用零件		0		0	0	0	0	0	0	0	0	0								0	0	0
84119990	其他燃气轮机用零件		0		0	0	0	0	0	1	0	3.5	0								0	0	0
84121010	航空、航天器用喷气发动机		0		0	0	0	0	0	0	0	0	0								0	0	0
84121090	非航空、航天器用喷气发动机		0		5	0	0	0	0	2	0	7	4								0	0	
84122100	直线作用的液压动力装置(液压缸)		0	0	6	0	0	2.4	0	7.2	0	10.2	4.8	0		0					0	0	
84122910	液压马达		0	0	5	0	0	0	0	6	0	8.5	4								0	0	
84122990	其他液压动力装置		0	0	11.2	0	0	0	0	8.4	0	11.2	5.6								0	0	
84123100	直线作用的气压动力装置(气压缸)	13.3	0	0	7	0	0	0	0	2.8	0	5.6	5.6			0					0	0	
84123900	其他气压动力装置		0	0	11.2	0	0	0	0	2.8	0	9.8	5.6								0	0	
84128000	其他发动机及动力装置		0		5	0	0	0	0	2	0	7	4								0	0	
84129010	航空、航天器用喷气发动机的零件		0		0	0	0	0	0	0	0	0	0								0	0	0
84129090	其他发动机及动力装置的零件		0		5	0	0	0	0	1.6	0	6.4	3.2								0	0	0
84131100	分装燃料或润滑油的泵		0	0	5	0	0	0	0	2	0	7	4								0	0	0
84131900	其他装有或可装计量装置的泵		0	0	5	0	0	0	0	6	0	8.5	4								0	0	0
84132000	手泵		0	0	5	0	0	0	0	2	0	7	4								0	0	0
84133021	输出功率≥132.39千瓦(180马力)的发动机用燃油泵	2.5	0		0	0	0	0	0	0	0	1.2	0								0	0	0
84133029	其他燃油泵		0		0	0	0	0	0	0	0	1.2	0								0	0	0
84133030	润滑油泵		0		0	0	0	0	0	0	0	1.2	0								0	0	0

税则号列	商品描述[①]	协定税率(%)															特惠税率(%)						
		亚太	东盟	新加坡	巴基斯坦	智利	新西兰	秘鲁	哥斯达黎加	瑞士	冰岛	韩国	澳大利亚	香港	澳门	台湾	亚太2国[②]	东盟			最不发达国家		
																		老挝	柬埔寨	缅甸	LDC1[③]	LDC2[④]	LDC3[⑤]
84133090	其他燃油泵、润滑油泵或冷却剂泵	2.5	0		0	0	0	0	0	0	0	1.2	0								0	0	0
84134000	混凝土泵		0		5	0	0	0	0	1.6	0	5.6	3.2	0							0	0	0
84135010	气动式往复式排液泵		0	0	5	0	0	0	0	2	0	8	4								0	0	0
84135020	电动式往复式排液泵		0	0	5	0	0	0	0	6.7	0	7	4	0							0	0	0
84135031	往复式柱塞泵		0	0	5	0	0	0	0	2	0	8.5	4								0	0	0
84135039	其他液压式往复泵		0	0	5	0	0	0	0	2	0	8	4								0	0	0
84135090	其他往复式排液泵		0	0	5	0	0	2	0	2	0	8.5	4								0	0	0
84136021	电动式齿轮回转泵		0	0	5	0	0	0	0	2		8.5	4								0	0	0
84136022	液压式齿轮回转泵		0		5	0	0	0	0	2	0	8	4								0	0	0
84136029	其他齿轮回转泵		0		5	0	0	0	0	2	0	7	4								0	0	0
84136031	电动式叶片回转泵		0		5	0	0	0	0	2	0	7	4								0	0	0
84136032	液压式叶片回转泵		0		5	0	0	0	0	2	0	8.5	4								0	0	0
84136039	其他叶片回转泵		0		5	0	0	0	0	2	0	8.5	4								0	0	0
84136040	螺杆回转泵		0		5	0	0	0	0	2	0	8.5	4								0	0	0
84136050	径向柱塞泵		0		5	0	0	0	0	2	0	8.5	4								0	0	0
84136060	轴向柱塞泵		0		5	0	0	0	0	2	0	8	4								0	0	0
84136090	其他回转式排液泵		0	0	5	0	0	0	0	6	0	8	4								0	0	0
84137010	转速≥10000 转/分的离心泵	7.6	0		5	0	0	0	0	1.6	0	3.2	3.2								0	0	0
84137091	电动潜油泵及潜水电泵		0	0	5	0	0	0	0	2	0	7	4								0	0	0
84137099	其他离心泵	7.6	0		5	0	0	0	0	4.8	0	3.2	3.2	0							0	0	0
84138100	其他液体泵	4	0		0	0	0	0	0	4.8	0	3.2	3.2			0					0	0	0
84138200	液体提升机		0		5	0	0	0	0	5.4	0	5.6	3.2								0	0	0
84139100	液体泵用零件	2.5	0		0	0	0	0	0	3	0	0	0	0		0					0	0	0
84139200	液体提升机用零件		0		5	0	0	0	0	1.2	0	2.4	2.4								0	0	0
84141000	真空泵		0		5	0	0	0	0	4.8	0	5.6	3.2			0					0	0	0
84142000	手动或脚踏式空气泵		0		5	0	0	0	0	1.6	0	3.2	3.2								0	0	
84143011	功率≤0.4 千瓦的冷藏、冷冻箱用压缩机	5.9	0	0	5	0	0	0	0	1.6	0	6.4	3.2	0							0	0	0
84143012	功率 0.4~5 千瓦的冷藏、冷冻箱用压缩机	8.5	0	0	5	0	0	2	0	2	0	8.5	4	0							0	0	0
84143013	功率 0.4~5 千瓦的空气调节器用压缩机	8.5	0	0	5	0	0	2	0	2	0	4	4			0					0	0	0
84143014	功率>5 千瓦的空气调节器用压缩机	8.5	0	0	5	0	0	2	0	2	0	7	4			0					0	0	0
84143015	冷冻或冷藏设备用,电动机额定功率>5 千瓦的电动机驱动压缩机	9.2	0		5	0	0	2	0	2	0	7	4	0							0	0	0
84143019	其他制冷设备用压缩机	9	0	0	5	0	0	2	0	2	0	8.5	4	0							0	0	0
84143090	非电机驱动的压缩机	8.1	0	0	5	0	0	0	0	1.8	0	7.2	3.6	0							0	0	0
84144000	装在拖车底盘上的空气压缩机		0		5	0	0	0	0	1.6	0	5.6	3.2	0							0	0	
84145110	功率≤125 瓦的吊扇		0	0		0	0	4	0	12	0	16	8					0			0	0	0
84145120	功率≤125 瓦的换气扇		0	0		0	0	4	0	12	0	16	8			0		0			0	0	0

税则号列	商品描述[①]	协定税率(%)															特惠税率(%)						
		亚太	东盟	新加坡	巴基斯坦	智利	新西兰	秘鲁	哥斯达黎加	瑞士	冰岛	韩国	澳大利亚	香港	澳门	台湾	亚太2国[②]	东盟 老挝	东盟 柬埔寨	东盟 缅甸	最不发达国家 LDC1[③]	最不发达国家 LDC2[④]	最不发达国家 LDC3[⑤]
84145130	功率≤125瓦,有旋转导风轮的风扇		0	0	6	0	0	0	0	7.2	0	8.4	4.8					0			0	0	0
84145191	功率≤125瓦的台扇		0		5	0	0	0	0	2	0	7	4					0			0	0	0
84145192	功率≤125瓦的落地扇		0		5	0	0	0	0	2	0	7	4					0			0	0	0
84145193	功率≤125瓦的壁扇		0		5	0	0	0	0	2	0	7	4					0			0	0	0
84145199	功率≤125瓦其他风扇、风机		0	0	5	0	0	0	0	2	0	7	4			0		0			0	0	0
84145910	其他吊扇	7.2	0		5	0	0	0	0	1.6	0	3.2	3.2								0	0	
84145920	其他换气扇	7.2	0		5	0	0	0	0	1.6	0	3.2	3.2								0	0	
84145930	离心通风机	9.5	0	0	5	0	0	2	0	2	0	4	4		0						0	0	
84145990	其他扇、风机	7.2	0		5	0	0	0	0	4.8	0	3.2	3.2			0					0	0	0
84146010	抽油烟机		0		5	0	0	0	0	2	0	7	4					0			0	0	0
84146090	罩最大边长≤120厘米的通风罩或循环气罩		0	0	5	0	0	0	0	2	0	7	4					0			0	0	0
84148010	燃气轮机用的自由活塞式发生器	5.6	0		5	0	0	0	0	1.6	0	3.2	3.2								0		
84148020	二氧化碳压缩机	4.9	0		0	0	0	0	0	1.4	0	4.9	2.8								0	0	
84148030	发动机用增压器	4.9	0		0	0	0		0		0	5.6	2.8								0		
84148040	空气及其他气体压缩机	4.9	0		0	0	0	0	0	4.7	0	0	2.8	0		0					0	0	
84148090	其他气体压缩机及通风罩或循环气罩	4.9	0		0	0	0	0	0	4.7	0	0	2.8	0		0					0	0	
84149011	用于制冷设备的压缩机进、排气阀片	7.2	0		5	0	0	0	0	1.6	0	3.2	3.2					0			0	0	0
84149019	其他用于制冷设备的压缩机零件	7.2	0		5	0	0	0	0	4.8	0	0	3.2			0					0	0	
84149020	风机、风扇、通风罩及循环气罩零件	11.4	0	0	6	0	0	2.4	0	7.2	0	8.4	4.8			0					0	0	
84149090	品目84.14其他所列机器零件	6.5	0		5	0	0	0	0	4.7	0	0	2.8	0		0					0	0	
84151010	独立窗式或壁式空气调节器	13.5	0	0	7.5	0	0	3	0	9	0	10.5	6								0	0	
84151021	分体式制冷量制冷量≤4000大卡/时的窗式或壁式空气调节器	13.5	0	0	7.5	0	0	3	0	9	0	10.5	6								0	0	
84151022	分体式制冷量制冷量>4000大卡/时的窗式或壁式空气调节器	13.5	0	0	7.5	0	0	3	0	9	0	10.5	6								0	0	
84152000	机动车辆上供人使用的空气调节器					0	0		0	12	0	17	8	0							0		
84158110	制冷量≤4000大卡/时的热泵式空调器		0	0	12	0	0	3	0	9	0	10.5	6								0	0	
84158120	制冷量>4000大卡/时的热泵式空调器		0	0		0	0	4	0	12	0	17	8								0	0	
84158210	制冷量≤4000大卡/时的其他空调器		0	0	12	0	0	3	0	9	0		6								0	0	
84158220	制冷量>4000大卡/时的其他空调器		0	0		0	0	4	0	12	0		8								0	0	
84158300	未装有制冷装置的空调器		0	0	5	0	0	0	0	2	0	7	4								0	0	0
84159010	制冷量≤4000大卡/时等空调的零件	8	0	0	5	0	0	0	0	2	0	7	4	0							0	0	0

税则号列	商品描述①	协定税率(%)															特惠税率(%)						
		亚太	东盟	新加坡	巴基斯坦	智利	新西兰	秘鲁	哥斯达黎加	瑞士	冰岛	韩国	澳大利亚	香港	澳门	台湾	亚太2国②	东盟			最不发达国家		
																		老挝	柬埔寨	缅甸	LDC1③	LDC2④	LDC3⑤
84159090	制冷量>4000大卡/时等空调的零件	8	0	0	5	0	0	0	0	2	0	7	4	0		0					0	0	0
84161000	使用液体燃料的炉用燃烧器	9.5	0	0	5	0	0	0	0	2	0	7	4								0	0	
84162011	使用天然气的燃烧器		0	0	5	0	0	0	0	6.3	0	7.3	4.2								0	0	
84162019	其他使用气体燃料的炉用燃烧器		0	0	5	0	0	0	0	6.3	0	7.3	4.2								0	0	
84162090	使用粉状固体燃料的炉用燃烧器		0	0	5	0	0	0	0	2.1	0	7.3	4.2								0	0	
84163000	机械加煤机及类似装置		0		5	0	0	0	0	1.7	0	3.3	3.4								0	0	
84169000	炉用燃烧器、机械加煤机等的零件		0		5	0	0	0	0	1.2	0	2.4	2.4								0	0	
84171000	矿砂、金属的热处理用炉及烤箱		0	0	5	0	0	0	0	2	0	7	4								0	0	
84172000	面包房用烤炉及烘箱等		0		5	0	0	0	0	2	0	7	4								0	0	
84178010	炼焦炉		0		5	0	0	0	0	2	0	7	4								0	0	
84178020	放射性废物焚烧炉		0		0	0	0	0	0	0	0	2	0								0	0	
84178030	水泥回转窑		0	0	5	0	0	0	0	2	0	7	4								0	0	
84178040	石灰石分解炉		0		5	0	0	0	0	2	0	7	4								0	0	
84178050	垃圾焚烧炉		0	0	5	0	0	0	0	6.7	0	8.5	4			0					0	0	
84178090	其他非电热的工业用炉及烘箱		0	0	5	0	0	0	0	6.7	0	8.5	4			0					0	0	
84179010	海绵铁回转窑的零件		0		5	0	0	0	0	1.4	0	2.8	2.8								0	0	
84179020	炼焦炉的零件		0		5	0	0	0	0	1.4	0	2.8	2.8								0	0	
84179090	其他非电热工业用炉及烘箱的零件		0		5	0	0	0	0	4.2	0	2.8	2.8								0	0	
84181010	容积>500升的冷藏—冷冻组合机		0	0	5	0	0	2	0	2	0	8.5	4								0	0	0
84181020	200升<容积≤500升的冷藏—冷冻组合机		0	0	12	0	0	3	0	9	0	10.5	6								0	0	
84181030	容积≤200升的冷藏—冷冻组合机		0	0	12	0	0	3	0	9	0		6								0	0	
84182110	容积>150升的压缩式家用型冷藏箱		0	0	5	0	0	0	0	2	0	7	4								0	0	0
84182120	50升<容积≤150升的压缩式家用型冷藏箱	9	0	0	5	0	0	0	0	2	0	7	4								0	0	0
84182130	容积≤50升的压缩式家用型冷藏箱	9	0	0	5	0	0	0	0	2	0	7	4								0	0	0
84182910	半导体制冷式家用型冷藏箱		0	0		0	0	6	0	18	0		12								0	0	
84182920	电气吸收式家用型冷藏箱		0	0	12	0	0	3	0	9	0	10.5	6								0	0	
84182990	其他家用型冷藏箱		0	0		0	0	6	0	18	0		12								0	0	
84183010	制冷温度≤-40℃,容积≤800升的柜式冷冻箱		0		5	0	0	0	0	1.8	0		3.6		0						0	0	0
84183021	制冷温度>-40℃,容积500~800升的柜式冷冻箱		0	0		0	0	4.6	0	13.8	0	19.5	9.2		0						0	0	
84183029	制冷温度>-40℃,容积≤500升的柜式冷冻箱		0	0		0	0	6	0	20.1	0		12		0						0	0	
84184010	制冷温度≤-40℃,容积≤900升的立式冷冻箱		0		5	0	0	0	0	1.8	0		3.6		0						0	0	0

税则号列	商品描述①	协定税率(%)															特惠税率(%)						
		亚太	东盟	新加坡	巴基斯坦	智利	新西兰	秘鲁	哥斯达黎加	瑞士	冰岛	韩国	澳大利亚	香港	澳门	台湾	亚太2国②	东盟 老挝	东盟 柬埔寨	东盟 缅甸	最不发达国家 LDC1③	最不发达国家 LDC2④	最不发达国家 LDC3⑤
84184021	制冷温度>-40℃,容积500~900升的立式冷冻箱		0	0	12	0	0	3	0	9	0		6		0						0	0	
84184029	制冷温度>-40℃,容积≤500升的立式冷冻箱		0	0		0	0	6	0		0		12		0						0	0	
84185000	其他装有冷藏或冷冻装置的柜、箱、展示台		0	0	5	0	0	2	0	2	0	7	4	0	0						0	0	0
84186120	压缩式热泵,品目84.15的空气调节器除外	7	0	0	5	0	0	0	0	2	0	7	4								0	0	0
84186190	其他热泵,品目84.15的空气调节器除外	7	0	0	7	0	0	3	0	9	0	10.5	6		0						0	0	
84186920	其他制冷机组	7	0	0	5	0	0	0	0	2	0	7	4		0						0	0	0
84186990	其他制冷设备	7	0	0	5	0	0	2	0	6	0	7	4		0						0	0	0
84189100	冷藏或冷冻设备用特制家具零件	17.1	0	0	14.4	0	0	3.6	0	10.8	0	12.6	7.2								0	0	
84189910	制冷机组及热泵用零件		0	0	5	0	0	2	0	2	0	7	4								0	0	0
84189991	制冷温度≤-40℃的冷冻设备零件		0		5	0	0	0	0	1.9	0	3.8	3.8		0						0	0	0
84189992	制冷温度>-40℃,容积>500升的冷藏设备零件		0		5	0	0	2	0	2	0	7	4		0						0	0	0
84189999	品目84.18其他制冷设备用零件		0	0	5	0	0	2	0	2	0	7	4		0						0	0	0
84191100	燃气快速热水器		0	0		0	0	7	0	23.4	0	29.7	14								0	0	
84191910	太阳能热水器		0	0		0	0	7	0	21	0		14			0					0	0	
84191990	其他非电热的快速或贮备式热水器		0	0		0	0	7	0	23.4	0		14			0					0	0	
84192000	医用或实验室用消毒器具		0		0	0	0	0	0	0.8	0	0	0								0	0	
84193100	农产品干燥器		0		5	0	0	0	0	1.6	0	5.6	3.2					0			0	0	0
84193200	木材、纸浆、纸或纸板用干燥器		0		5	0	0	0	0	1.8	0	3.6	3.6			0		0			0	0	0
84193910	微空气流动陶瓷坯件干燥器	4.5	0		4.5	0	0	0	0	1.8	0	3.6	3.6								0	0	
84193990	其他用途的干燥器	4.5	0		4.5	0	0	0	0	1.8	0	6.3	3.6			0					0	0	
84194010	提净塔		0	0	5	0	0	0	0	2	0	7	4								0	0	
84194020	精馏塔		0	0	5	0	0	0	0	2	0	7	4								0	0	
84194090	其他蒸馏或精馏设备		0	0	5	0	0	0	0	2	0	7	4								0	0	
84195000	热交换装置	9.5	0	0	5	0	0	2	0	6.7	0	4	4	0		0		0			0	0	0
84196011	制氧量≥15000立方米/小时的制氧机		0	0	6	0	0	0	0	7.2	0	8.4	4.8	0							0	0	
84196019	制氧量<15000立方米/小时的制氧机		0	0	6.5	0	0	0	0	7.8	0	9.1	5.2	0							0	0	
84196090	其他液化空气或其他气体的机器		0	0	5	0	0	0	0	2	0	7	4	0							0	0	
84198100	加工热饮料、烹调、加热食品的机器		0	0	5	0	0	2	0	0	0	7	4		0			0			0	0	0
84198910	加氢反应器																	0			0	0	0
84198990	其他利用温度变化处理材料的机器																	0			0	0	0
84199010	热水器用零件																				0	0	0

税则号列	商品描述[①]	协定税率(%)															特惠税率(%)						
		亚太	东盟	新加坡	巴基斯坦	智利	新西兰	秘鲁	哥斯达黎加	瑞士	冰岛	韩国	澳大利亚	香港	澳门	台湾	亚太2国[②]	东盟 老挝	东盟 柬埔寨	东盟 缅甸	最不发达国家 LDC1[③]	最不发达国家 LDC2[④]	最不发达国家 LDC3[⑤]
84199090	品目84.19的其他机器设备用零件		0		0	0	0	0	0	0.8	0	0	0	0		0					0	0	
84201000	研光机或其他滚压机器		0		5	0	0	0	0	1.7	0	3.3	3.4			0					0	0	0
84209100	研光机或其他滚压机器的滚筒		0		5	0	0	0	0	1.6	0	3.2	3.2								0	0	0
84209900	研光机或其他滚压机的未列名零件		0		5	0	0	0	0	1.6	0	3.2	3.2								0	0	0
84211100	奶油分离器		0		5	0	0	0	0	1.7	0	3.3	3.4								0	0	
84211210	干衣量≤10千克的离心干衣机		0	0	14	0	0	3.5	0	10.5	0	12.2	7								0	0	
84211290	干衣量>10千克的离心干衣机		0		5	0	0	0	0	1.6	0	5.6	3.2								0	0	
84211910	脱水机		0		5	0	0	0	0	2	0	7	4								0	0	
84211920	固液分离机		0	0	5	0	0	0	0	2	0	7	4								0	0	
84211990	其他离心机		0	0	5	0	0	0	0	6	0	7	4								0	0	
84212110	家用型过滤或净化水的机器及装置	17.5	0	0	17.5	0	0	5	0	16.8	0	21.2	10	0	0						0	0	
84212191	船舶压载水处理设备	3.5	0		0	0	0	0	0	1	0	4	0	0	0	0					0	0	
84212199	其他过滤或净化水的装置	3.5	0		0	0	0	0	0	1	0	4	0	0	0	0					0	0	
84212200	过滤或净化饮料的机器及装置		0	0	6	0	0	0	0	2.4	0	8.4	4.8		0						0	0	
84212300	内燃发动机的燃油过滤器		0	0	5	0	0	2	0	2	0	7	4	0							0	0	
84212910	其他压滤机	3.5	0		0	0	0	0	0	0	0	3.5	0	0							0	0	
84212990	其他液体的过滤、净化机器及装置	3.5	0		0	0	0	0	0	3	0	0	0	0		0					0	0	0
84213100	内燃发动机的进气过滤器		0		5	0	0	2	0	2	0	8.5	4	0							0	0	
84213910	家用型气体过滤、净化机器及装置	10.5	0	0	7.5	0	0	3	0	9	0	11.8	6	0		0					0	0	
84213921	工业用静电除尘器	3.5	0		0	0	0	0	0	1	0	0	0	0		0					0	0	
84213922	工业用袋式除尘器	3.5	0		0	0	0	0	0	0	0	2	0	0							0	0	
84213923	工业用旋风式除尘器	3.5	0		0	0	0	0	0	1	0	0	0	0		0					0	0	
84213924	电袋复合除尘器	3.5	0		0	0	0	0	0	0	0	4	0	0		0					0	0	
84213929	工业用其他除尘器	3.5	0		0	0	0	0	0	0	0	4	0	0	0	0					0	0	
84213930	内燃发动机排气过滤及净化装置	3.5	0		0	0	0	0	0	0	0	4	0	0							0	0	0
84213940	烟气脱硫装置	3.5	0		0	0	0	0	0	0	0	0	0	0		0					0	0	0
84213950	烟气脱硝装置	3.5	0		0	0	0	0	0	1	0	0	0	0		0					0	0	0
84213990	其他气体的过滤、净化机器及装置	3.5	0		0	0	0	0	0	1	0	3.5	0	0	0	0					0	0	0
84219110	干衣量≤10千克离心干衣机零件																				0	0	0
84219190	其他离心机用零件																				0	0	0
84219910	家用型过滤、净化装置用零件	9	0	0	5	0	0	2	0	2	0	7	4	0							0	0	
84219990	其他过滤、净化装置用零件	4.5	0		0	0	0	0	0	1	0	0	0	0		0					0	0	0
84221100	家用型洗碟机		0		5	0	0	0	0	2	0		4								0	0	0
84221900	非家用型洗碟机		0	0	11.2	0	0	0	0	0	0	9.8	5.6								0	0	
84222000	瓶子及其他容器的洗涤或干燥机器		0	0	5	0	0	2	0	2	0	7	4		0						0	0	0

税则号列	商品描述[①]	协定税率(%)															特惠税率(%)						
		亚太	东盟	新加坡	巴基斯坦	智利	新西兰	秘鲁	哥斯达黎加	瑞士	冰岛	韩国	澳大利亚	香港	澳门	台湾	亚太2国[②]	东盟			最不发达国家		
																		老挝	柬埔寨	缅甸	LDC1[③]	LDC2[④]	LDC3[⑤]
84223010	饮料及液体食品罐装设备	8.4	0	0	5	0	0	0	0	7.2	0	8.4	4.8	0							0	0	0
84223021	水泥全自动灌包机	8.4	0	0	5	0	0	2.4	0	7.2	0	8.4	4.8	0							0	0	0
84223029	其他水泥包装机	8.4	0	0	5	0	0	2.4	0	7.2	0	8.4	4.8	0							0	0	0
84223030	其他包装机	7	0	0	5	0	0	2	0	2	0	4	4	0							0	0	0
84223090	其他装填密封等包封机器	7	0	0	5	0	0	2	0	0	0	4	4	0							0	0	0
84224000	其他包装或打包机器	9.5	0	0	5	0	0	2	0	2	0	7	4	0							0	0	0
84229010	洗碟机用零件		0	0	5	0	0	2.1	0	6.3	0	7.3	4.2								0	0	0
84229020	饮料及液体食品灌装设备用零件		0		5	0	0	0	0	1.7	0	5.9	3.4								0	0	0
84229090	品目84.22其他未列名机器零件		0		5	0	0	0	0	5.1		3.4	3.4	0							0	0	0
84231000	体重计、婴儿秤及家用秤		0	0	5	0	0	0	0	6.3	0	7.3	4.2		0						0	0	0
84232010	电子皮带秤		0		5	0	0	0	0	2	0	7	4								0	0	0
84232090	其他输送带上连续称货的秤		0		5	0	0	0	0	2	0	7	4								0	0	0
84233010	定量包装秤		0	0	5	0	0	0	0	6.3	0	7.3	4.2								0	0	0
84233020	定量分选秤		0	0	5	0	0	0	0	6.3	0	7.3	4.2								0	0	0
84233030	配料秤		0	0	5	0	0	0	0	6.3	0	7.3	4.2								0	0	0
84233090	其他恒定秤、物料定量装袋或容器用秤		0	0	5	0	0	0	0	6.3	0	7.3	4.2								0	0	0
84238110	最大称量≤30千克的计价秤		0	0	5	0	0	0	0	6.3	0	7.3	4.2								0	0	0
84238120	最大称量≤30千克的弹簧秤		0	0	5	0	0	0	0	6.3	0	7.3	4.2								0	0	0
84238190	最大称量≤30千克的其他衡器		0	0	5	0	0	0	0	8	0	7.3	4.2								0	0	0
84238210	30千克<最大称量≤5000千克的地中衡		0	0	5	0	0	0	0	6.3	0	7.3	4.2								0	0	0
84238290	30千克<最大称量≤5000千克的其他衡器		0	0	5	0	0	0	0	0	0	7.3	4.2								0	0	0
84238910	其他地中衡		0		5	0	0	2	0	2	0	7	4								0	0	0
84238920	其他轨道衡		0		5	0	0	2	0	2	0	7	4								0	0	0
84238930	其他吊秤		0		5	0	0	2	0	2	0	7	4								0	0	0
84238990	其他衡器		0		5	0	0	2	0	2	0	7	4								0	0	0
84239000	衡器用的各种砝码、秤砣及其零件		0	0	5	0	0	0	0	6	0	7	4								0	0	0
84241000	灭火器		0		5	0	0	0	0	1.7	0	6.7	3.4								0	0	
84242000	喷枪及类似器具	8	0		5	0	0	0	0	1.7	0	3.3	3.4								0	0	
84243000	喷汽机、喷砂机及类似喷射机		0		5	0	0	0	0	5	0	5.8	3.4			0					0	0	
84244100	农业或园艺用便携式喷雾器	7.6	0		5	0	0	0	0	1.6	0	3.2	3.2	0							0	0	
84244900	其他农业或园艺用喷雾器	7.6	0		5	0	0	0	0	1.6	0	3.2	3.2	0							0	0	
84248200	其他农业或园艺用液体或粉末的喷射、散布机械器具	7.6	0		5	0	0	0	0	1.6	0	3.2	3.2	0							0	0	
84248910	家用型喷射、喷雾机械器具																				0	0	0
84248920	喷涂机器人																				0	0	0
84248991	船用洗舱机																				0	0	0
84248999	其他液体粉末喷射机械																				0	0	0
84249010	灭火器用的零件																				0	0	0
84249020	家用型喷射、喷雾器具的零件																				0	0	0

税则号列	商品描述[①]	协定税率(%)															特惠税率(%)						
		亚太	东盟	新加坡	巴基斯坦	智利	新西兰	秘鲁	哥斯达黎加	瑞士	冰岛	韩国	澳大利亚	香港	澳门	台湾	亚太2国[②]	东盟			最不发达国家		
																		老挝	柬埔寨	缅甸	LDC1[③]	LDC2[④]	LDC3[⑤]
84249090	其他喷雾器具及喷气机等用的零件																				0	0	0
84251100	电动滑车及提升机		0		5	0	0	0	0	1.2	0	4.8	2.4								0	0	0
84251900	非电动滑车及提升机		0		0	0	0	0	0	0	0	3.5	0								0	0	0
84253110	矿井口电动卷扬装置及专为井下使用设计的电动卷扬机		0		5	0	0	0	0	2	0	7	4								0	0	0
84253190	其他电动卷扬机及绞盘		0		0	0	0	0	0	1	0	4	0								0	0	0
84253910	其他矿井口卷扬装置及其他专为井下使用设计的卷扬机		0		5	0	0	0	0	2	0	7	4								0	0	0
84253990	其他非电动卷扬机及绞盘		0		0	0	0	0	0	0	0	4	0	0							0	0	0
84254100	车库中使用的固定千斤顶系统	2.5	0		0	0	0	0	0	0	0	0	0								0	0	0
84254210	其他液压千斤顶		0		0	0	0	0	0	0	0	1.2	0								0	0	0
84254290	提升车辆用液压提升机		0		0	0	0	0	0	0	0	4	0								0	0	0
84254910	其他千斤顶		0		0	0	0	0	0	1	0	3.5	0								0	0	0
84254990	其他提升车辆用提升机		0		5	0	0	2	0	2	0	7	4								0	0	0
84261120	通用桥式起重机		0		5	0	0	0	0	1.6	0	6.4	3.2								0	0	0
84261190	其他固定支架的高架移动式起重机		0		5	0	0	0	0	1.6	0	6.4	3.2								0	0	0
84261200	胶轮移动式吊运架及跨运车		0		5	0	0	0	0	1.2	0	4.8	2.4								0	0	0
84261910	装船机	2.5	0		0	0	0	0	0	0	0	4	0								0	0	0
84261921	抓斗式卸船机	3.5	0		0	0	0	0	0	0	0	4	0								0	0	0
84261929	其他卸船机	3.5	0		0	0	0	0	0	0	0	4	0								0	0	0
84261930	龙门式起重机	7	0		5	0	0	0	0	2	0	8	4								0	0	0
84261941	门式装卸桥	7	0		5	0	0	0	0	2	0	8	4								0	0	0
84261942	集装箱装卸桥	7	0		5	0	0	0	0	2	0	8	4								0	0	0
84261943	其他动臂式装卸桥	7	0		5	0	0	0	0	2	0	8.5	4								0	0	0
84261949	其他装卸桥	7	0		5	0	0	0	0	2	0	8	4								0	0	0
84261990	其他高架移动式起重机等	7	0	0	5	0	0	0	0	2	0	8.5	4								0	0	0
84262000	塔式起重机		0		5	0	0	0	0	2	0	8.5	4								0	0	0
84263000	门座式起重机及座式旋臂起重机		0		5	0	0	0	0	1.2	0	4.8	2.4								0	0	0
84264110	轮胎式起重机		0		0	0	0	0	0	0	0	4	0								0	0	0
84264190	其他带胶轮的自推进起重机		0		0	0	0	0	0	0	0	4	0								0	0	0
84264910	履带式起重机		0		5	0	0	0	0	1.6	0	6.4	3.2	0							0	0	0
84264990	其他不带胶轮的自推进起重机		0	0	6.5	0	0	2.6	0	7.8	0	10.4	5.2	0							0	0	0
84269100	供装于公路车辆的其他起重机		0		5	0	0	0	0	2	0	8.5	4								0	0	0
84269900	其他起重设备		0		5	0	0	0	0	1.2	0	4.8	2.4								0	0	0
84271010	有轨巷道堆垛机		0		5	0	0	0	0	1.8	0	3.6	3.6								0	0	0
84271020	无轨巷道堆垛机		0		5	0	0	0	0	1.8	0	7.2	3.6								0	0	0
84271090	其他电动机推进的叉车及可升降工作车		0		5	0	0	0	0	1.8	0	3.6	3.6								0	0	0
84272010	集装箱叉车	8.6	0		5	0	0	0	0	1.8	0	3.6	3.6								0	0	0
84272090	其他机动叉车及有类似装置工作车	8.6	0		5	0	0	0	0	1.8	0	3.6	3.6								0	0	0

税则号列	商品描述[①]	协定税率(%) 亚太	东盟	新加坡	巴基斯坦	智利	新西兰	秘鲁	哥斯达黎加	瑞士	冰岛	韩国	澳大利亚	香港	澳门	台湾	特惠税率(%) 亚太2国[②]	东盟 老挝	东盟 柬埔寨	东盟 缅甸	最不发达国家 LDC1[③]	最不发达国家 LDC2[④]	最不发达国家 LDC3[⑤]
84279000	其他叉车及可升降的工作车		0		5	0	0	0	0	1.8	0	3.6	3.6								0	0	0
84281010	载客电梯	5.6	0	0	5	0	0	0	0	4.8	0	5.6	3.2	0	0						0	0	0
84281090	其他升降机及倒卸式起重机	4.2	0		0	0	0	0	0	1.2	0	0	2.4	0	0	0					0	0	0
84282000	气压升降机及输送机		0		0	0	0	0	0	1	0	4	0								0	0	0
84283100	地下连续运货或材料升降、输送机		0		0	0	0	0	0	0	0	2	0								0	0	0
84283200	其他斗式连续运货升降、输送机		0		0	0	0	0	0		0	3.5	0	0							0	0	0
84283300	其他带式连续运货升降、输送机	4.3	0		0	0	0	0	0	1	0	4	0	0		0					0	0	0
84283910	链式连续运送货物的升降机及输送机	3.5	0		0	0	0	0	0	0	0	4	0	0		0					0	0	0
84283920	辊式连续运送货物的升降机及输送机	3.5	0		0	0	0	0	0	0	0	3.5	0	0		0					0	0	0
84283990	其他未列名连续运货升降、输送机	3.5	0		0	0	0	0	0	3.4	0	0	0	0		0					0	0	0
84284000	自动梯及自动人行道		0		0	0	0	0	0	0	0	2	0								0	0	0
84286010	货运架空索道		0		5	0	0	0	0	1.6	0	3.2	3.2								0	0	0
84286021	单线循环式客运架空索道		0		5	0	0	0	0	1.6	0	3.2	3.2								0	0	0
84286029	其他客运架空索道		0		5	0	0	0	0	1.6	0	3.2	3.2								0	0	0
84286090	其他缆车、座式升降机用牵引装置		0		5	0	0	0	0	1.6	0	5.6	3.2								0	0	0
84289010	矿车推动机、铁道机车等的转车台		0		5	0	0	0	0	2	0	7	4								0	0	0
84289020	机械式停车设备		0		0	0	0	0	0	0	0	3.5	0	0							0	0	0
84289031	堆取料机械		0		0	0	0	0	0	3	0	4	0	0		0					0	0	0
84289039	其他装卸机械		0		0	0	0	0	0	3	0	4	0	0		0					0	0	0
84289040	搬运机器人		0		0	0	0	0	0	3	0	4	0	0		0					0	0	0
84289090	其他升降、搬运、装卸机械		0		0	0	0	0	0	3	0	4	0	0		0					0	0	0
84291110	功率>235.36千瓦的履带式推土机		0		5	0	0	0	0	1.4	0	2.8	2.8								0	0	0
84291190	功率≤235.36千瓦的履带式推土机		0		5	0	0	0	0	1.4	0	2.8	2.8								0	0	0
84291910	功率>235.36千瓦的其他推土机		0		5	0	0	0	0	1.4	0	2.8	2.8								0	0	0
84291990	功率≤235.36千瓦的其他推土机		0		5	0	0	0	0	1.4	0	2.8	2.8								0	0	0
84292010	功率>235.36千瓦的筑路机及平地机		0		0	0	0	0	0	0	0	2	0								0	0	0
84292090	其他筑路机及平地机		0		0	0	0	0	0	0	0	2	0								0	0	0
84293010	斗容量>10立方米的铲运机		0		0	0	0	0	0	0	0	0	0								0	0	0
84293090	斗容量≤10立方米的铲运机		0		0	0	0	0	0	0	0	2	0								0	0	0
84294011	机重≥18吨的震动式压路机		0		5	0	0	0	0	1.4	0	2.8	2.8								0	0	0
84294019	其他机动压路机		0		5	0	0	0	0	1.6	0	3.2	3.2								0	0	0
84294090	其他未列名捣固机械及压路机		0		5	0	0	0	0	1.2	0	2.4	2.4								0	0	0
84295100	前铲装载机		0		0	0	0	0	0	0	0	3.5	0								0	0	0

税则号列	商品描述[①]	协定税率(%)															特惠税率(%)						
		亚太	东盟	新加坡	巴基斯坦	智利	新西兰	秘鲁	哥斯达黎加	瑞士	冰岛	韩国	澳大利亚	香港	澳门	台湾	亚太2国[②]	东盟			最不发达国家		
																		老挝	柬埔寨	缅甸	LDC1[③]	LDC2[④]	LDC3[⑤]
84295211	轮胎式挖掘机	7.2	0		5	0	0	0	0	1.6	0	7.5	3.2								0	0	0
84295212	履带式挖掘机		0		5	0	0	0	0	1.6	0		3.2	0							0	0	0
84295219	其他挖掘机	7.2	0		5	0	0	0	0	1.6	0	6.3	3.2								0	0	0
84295290	其他上部结构可转360度的挖掘机类似机械	7.2	0		5	0	0	0	0	1.6	0	6.3	3.2								0	0	0
84295900	其他机械铲、挖掘机及机铲装载机		0		5	0	0	0	0	1.6	0	3.2	3.2								0	0	0
84301000	打桩机及拔桩机		0		5	0	0	0	0	2	0	7	4								0	0	0
84302000	扫雪机及吹雪机		0		5	0	0	0	0	2	0	7	4								0	0	0
84303110	采(截)煤机		0	0	5	0	0	2	0	2	0	7	4								0	0	0
84303120	凿岩机		0	0	5	0	0	2	0	2	0	7	4								0	0	0
84303130	隧道掘进机		0	0	5	0	0	2	0	2	0	7	4								0	0	0
84303900	其他非自推进截煤机、采石机及掘进机		0		5	0	0	0	0	1.2	0	4.2	2.4								0	0	0
84304111	钻探深度≥6000米的自推进石油钻探机		0		0	0	0	0	0	0	0	2	0	0							0	0	0
84304119	其他自推进石油及天然气钻探机		0		0	0	0	0	0	0	0	2	0	0							0	0	0
84304121	钻探深度≥6000米的其他钻探机		0		0	0	0	0	0	0	0	2	0	0							0	0	0
84304122	钻探深度<6000米的履带式自推进钻机		0		0	0	0	0	0	0	0	3.5	0	0							0	0	0
84304129	钻探深度<6000米的其他自推进钻机		0		0	0	0	0	0	0	0	2	0	0							0	0	0
84304190	其他自推进的凿井机械		0		0	0	0	0	0	0	0	2	0	0							0	0	0
84304900	非自推进的钻探或凿井机械		0		0	0	0	0	0	0	0	3.5	0								0	0	0
84305010	其他自推进采油机械		0		0	0	0	0	0	0	0	0	0								0	0	0
84305020	矿用电铲		0		5	0	0	0	0	1.4	0	2.8	2.8								0	0	0
84305031	牙轮直径≥380毫米的采矿牙轮钻机		0		0	0	0	0	0	0	0	2	0								0	0	0
84305039	牙轮直径<380毫米的采矿牙轮钻机		0		0	0	0	0	0	0	0	2	0								0	0	0
84305090	其他自推进未列名机械		0		0	0	0	0	0	0	0	4	0								0	0	0
84306100	非自推进捣固或压实机械		0		5	0	0	0	0	1.2	0	2.4	2.4								0	0	0
84306911	钻筒直径>3米的工程钻机		0		5	0	0	0	0	1.2	0	2.4	2.4								0	0	0
84306919	钻筒直径≤3米的工程钻机		0		5	0	0	0	0	1.2	0	4.2	2.4								0	0	0
84306920	非自推进铲运机		0		5	0	0	0	0	1.2	0	2.4	2.4								0	0	0
84306990	其他非自推进未列名机械		0		5	0	0	0	0	1.2	0	2.4	2.4								0	0	0
84311000	滑车、绞盘、千斤顶等机械用零件		0		0	0	0	0	0	0	0	1.2	0								0	0	0
84312010	品目84.27所列机械的装有差速器的驱动桥及其零件,不论是否装有其他传动部件	5.4	0		0	0	0	0	0	1.2	0	4.8	2.4								0	0	0
84312090	其他品目84.27所列机械的零件	5.4	0		0	0	0	0	0	1.2	0	4.8	2.4								0	0	0
84313100	升降机、倒卸式起重机或自动梯的零件		0		0	0	0	0	0	0	0	0	0								0	0	0

税则号列	商品描述[①]	协定税率(%)															特惠税率(%)						
		亚太	东盟	新加坡	巴基斯坦	智利	新西兰	秘鲁	哥斯达黎加	瑞士	冰岛	韩国	澳大利亚	香港	澳门	台湾	亚太2国[②]	东盟 老挝	东盟 柬埔寨	东盟 缅甸	最不发达国家 LDC1[③]	最不发达国家 LDC2[④]	最不发达国家 LDC3[⑤]
84313900	品目84.28所列其他机械的零件	2.5	0		0	0	0	0	0	1	0	4	0	0							0	0	0
84314100	戽斗、铲斗、抓斗及夹斗	5.4	0		0	0	0	0	0	1.2	0	4.2	2.4								0	0	0
84314200	推土机或侧铲推土机用铲		0		5	0	0	0	0	1.2	0	2.4	2.4								0	0	0
84314310	石油或天然气钻探机用零件	2.8	0		0	0	0	0	0	0	0	1.6	0	0							0	0	0
84314320	其他钻探机用零件	2.8	0		0	0	0	0	0	0	0	0	0	0							0	0	0
84314390	其他凿井机用零件	3.5	0		0	0	0	0	0	0	0	3.5	0	0							0	0	0
84314920	品目84.26、84.29或84.30所列机械的装有差速器的驱动桥及其零件,不论是否装有其他传动部件	4.5	0		0	0	0	0	0	1	0	4	0	0							0	0	0
84314991	矿用电铲用零件	4.5	0		0	0	0	0	0	0	0	3.5	0	0							0	0	0
84314999	其他品目84.26、84.29或84.30所列机械的零件	4.5	0		0	0	0	0	0	1	0	4	0	0							0	0	0
84321000	犁		0		0	0	0	0	0	0	0	3.5	0								0	0	0
84322100	圆盘耙		0		0	0	0	0	0	0	0	2	0								0	0	0
84322900	其他耙、松土机等耕作机械		0		0	0	0	0	0	0	0	0	0								0	0	
84323111	免耕谷物播种机	3.5	0		0	0	0	0	0	0	0	0	0								0	0	
84323119	其他免耕直接播种机	3.5	0		0	0	0	0	0	0	0	2.8	0								0	0	
84323121	免耕马铃薯种植机	3.5	0		0	0	0	0	0	0	0	0	0								0	0	
84323129	其他免耕直接种植机	3.5	0		0	0	0	0	0	0	0	0	0								0	0	
84323131	免耕水稻插秧机	3.5	0		0	0	0	0	0	0	0	1.6	0								0	0	
84323139	其他免耕直接移植机	3.5	0		0	0	0	0	0	0	0	3.2	0								0	0	
84323911	其他谷物播种机	3.5	0		0	0	0	0	0	0	0	0	0								0	0	
84323919	其他播种机	3.5	0		0	0	0	0	0	0	0	2.8	0								0	0	
84323921	其他马铃薯种植机	3.5	0		0	0	0	0	0	0	0	0	0								0	0	
84323929	其他种植机	3.5	0		0	0	0	0	0	0	0	0	0								0	0	
84323931	其他水稻插秧机	3.5	0		0	0	0	0	0	0	0	1.6	0								0	0	
84323939	其他移植机	3.5	0		0	0	0	0	0	0	0	3.2	0								0	0	
84324100	粪肥施肥机		0		0	0	0	0	0	0	0	0	0								0	0	
84324200	化肥施肥机		0		0	0	0	0	0	0	0	0	0								0	0	
84328010	草坪及运动场地滚压机		0		5	0	0	0	0	1.4	0	5.6	2.8								0	0	
84328090	其他未列名整地或耕作机械		0		0	0	0	0	0	0	0	0	0								0	0	
84329000	整地或耕作机械、滚压机零件		0		0	0	0	0	0	0	0	1.6	0								0	0	
84331100	机动旋转式割草机		0		5	0	0	0	0	1.2	0	2.4	2.4								0	0	
84331900	草坪、公园等用其他割草机		0		5	0	0	0	0	1.2	0	2.4	2.4								0	0	
84332000	其他割草机		0		0	0	0	0	0	0	0	0	0								0	0	
84333000	其他干草切割、翻晒机器		0		0	0	0	0	0	0	0	2	0								0	0	
84334000	草料打包机		0		0	0	0	0	0	0	0	4	0								0	0	
84335100	联合收割机	7.6	0		5	0	0	0	0	1.6	0	6.4	3.2								0	0	
84335200	其他脱粒机		0		5	0	0	0	0	1.6	0	3.2	3.2								0	0	
84335300	根茎或块茎收获机		0		5	0	0	0	0	1.6	0	5.6	3.2								0	0	
84335910	甘蔗收获机		0		5	0	0	0	0	1.6	0	3.2	3.2								0	0	
84335920	棉花采摘机		0		5	0	0	0	0	1.6	0	3.2	3.2								0	0	

税则号列	商品描述[①]	协定税率(%)															特惠税率(%)						
		亚太	东盟	新加坡	巴基斯坦	智利	新西兰	秘鲁	哥斯达黎加	瑞士	冰岛	韩国	澳大利亚	香港	澳门	台湾	亚太2国[②]	东盟			最不发达国家		
																		老挝	柬埔寨	缅甸	LDC1[③]	LDC2[④]	LDC3[⑤]
84335990	其他收割机		0		5	0	0	0	0	1.6	0	3.2	3.2								0	0	
84336010	蛋类清洁、分选、分级机器		0		0	0	0	0	0	0	0	3.5	0										
84336090	水果或其他农产品的清洁、分选、分级机器		0		0	0	0	0	0	0	0	3.5	0										
84339010	联合收割机用零件		0		0	0	0	0	0	0	0	4	0								0	0	
84339090	品目84.33所列其他机械零件		0		0	0	0	0	0	0	0	0	0								0	0	0
84341000	挤奶机		0		5	0	0		0	2	0	7	4								0	0	
84342000	乳品加工机器		0		5	0	0	0	0	1.2	0	0	2.4								0	0	
84349000	挤奶机及乳品加工机器用零件		0		0	0	0	0	0	0	0	2	0								0	0	
84351000	制酒、果汁等的压榨、轧碎机		0		5	0	0	0	0	2	0	7	4		0						0	0	
84359000	制酒、果汁等压榨、轧碎机零件		0		5	0	0	0	0	1.2	0	2.4	2.4								0	0	
84361000	动物饲料配制机		0		5	0	0	0	0	4.7	0	5.6	2.8								0	0	
84362100	家禽孵卵器及育雏器		0		0	0	0	0	0	0	0	4	0								0	0	
84362900	家禽饲养用机器		0		5	0	0	0	0	2	0	8.5	4								0	0	
84368000	农、林业、园艺等用的其他机器		0		5	0	0	0	0	2	0	7	4								0	0	
84369100	家禽饲养机、孵卵器及育雏器零件		0		5	0	0	0	0	1.2	0	4.8	2.4								0	0	
84369900	品目84.36所列其他机器的零件		0		5	0	0	0	0	4	0	4.2	2.4								0	0	
84371010	光学色差颗粒选别机(色选机)		0		5	0	0	0	0	2	0	7	4								0	0	
84371090	其他种子、谷物或干豆的清洁、分选或分级机		0		5	0	0	0	0	2	0	8.5	4								0	0	
84378000	谷物磨粉业加工机器	8.5	0		5	0	0	0	0	2	0	8.5	4								0	0	
84379000	品目84.37所列机械的零件		0		5	0	0	0	0	3.6	0	4.2	2.4								0	0	
84381000	糕点、通心粉、面条的生产加工机器		0		5	0	0	0	0	4.2	0	5.6	2.8								0	0	0
84382000	生产糖果、可可粉、巧克力的机器		0		5	0	0	0	0	0	0	3.2	3.2								0	0	0
84383000	制糖机器		0		5	0	0	0	0		0	7	4								0	0	0
84384000	酿酒机器		0		5	0	0	0	0	1.4	0	4.9	2.8								0	0	0
84385000	肉类或家禽加工机器		0		5	0	0	0	0	1.4	0	4.9	2.8								0	0	0
84386000	水果、坚果或蔬菜加工机器		0	0	5	0	0	2	0	2	0	7	4								0	0	0
84388000	八十四章其他未列名食品等加工机器	8.1	0		5	0	0	0	0	5.1	0	3.4	3.4			0					0	0	0
84389000	食品、饮料工业用机器的零件		0		0	0	0	0	0	0	0	2	0								0	0	0
84391000	制造纤维素纸浆的机器		0		5	0	0	0	0	1.7	0	5.8	3.4								0	0	0
84392000	纸或纸板的抄造机器		0		5	0	0	0	0	5	0	3.3	3.4			0					0	0	0
84393000	纸或纸板的整理机器		0		5	0	0	0	0	1.7	0	3.3	3.4			0					0	0	0
84399100	制造纤维素纸浆的机器零件		0		5	0	0	0	0	1.2	0	4.8	2.4								0	0	0
84399900	制造或整理纸及纸板的机器零件	3	0		0	0	0	0	0	3.6	0	4.8	2.4								0	0	0
84401010	锁线装订机		0		5	0	0	0	0	2	0	7	4								0	0	
84401020	胶订机		0	0	6	0	0	0	0	2.4	0	8.4	4.8								0	0	
84401090	其他书本装订机器		0	0	6	0	0	0	0	0	0	8.4	4.8								0	0	
84409000	书本装订机器的零件		0		5	0	0	0	0	4.8	0	3.2	3.2								0	0	
84411000	切纸机		0	0	6	0	0	0	0		0	8.4	4.8			0					0	0	0

税则号列	商品描述①	协定税率(%)															特惠税率(%)						
		亚太	东盟	新加坡	巴基斯坦	智利	新西兰	秘鲁	哥斯达黎加	瑞士	冰岛	韩国	澳大利亚	香港	澳门	台湾	亚太2国②	东盟			最不发达国家		
																		老挝	柬埔寨	缅甸	LDC1③	LDC2④	LDC3⑤
84412000	制造包、袋或信封的机器	11.4	0	0	6	0	0	2.4	0	7.2	0	8.4	4.8								0	0	0
84413010	纸塑铝复合罐生产设备	12.8	0	0	6.8	0	0	2.7	0	8.1	0	9.4	5.4								0	0	
84413090	其他制造箱、盒、桶及类似容器的机器	12.8	0	0	6.8	0	0	2.7	0	8.1	0	11.4	5.4								0	0	
84414000	纸浆、纸或纸板制品模制成型机器		0	0	6	0	0	0	0	7.2	0	10.2	4.8								0	0	0
84418010	制造纸塑铝软包装的生产设备	11.4	0	0	6	0	0	0	0	7.2	0	8.4	4.8								0	0	0
84418090	其他制造纸浆制品、纸制品的机器	11.4	0	0	6	0	0	0	0	7.2	0	8.4	4.8			0					0	0	0
84419010	切纸机零件		0		5	0	0	0	0	1.6	0	5.6	3.2								0	0	0
84419090	其他制造纸浆、纸制品的机器零件		0		5	0	0	0	0		0	3.3	3.4								0	0	0
84423010	铸字机		0		5	0	0	0	0	1.8	0	3.6	3.6								0	0	0
84423021	计算机直接制版设备		0		5	0	0	0	0	5.4	0	3.6	3.6								0	0	0
84423029	其他制版机器、器具及设备		0		5	0	0	0	0	1.8	0	7.2	3.6								0	0	0
84423090	其他铸字、制版用机器、器具及设备		0		5	0	0	0	0	1.8	0	7.2	3.6								0	0	0
84424000	铸字、排字、制版机器的零件		0		5	0	0	0	0	1.4	0	0	2.8								0	0	0
84425000	活字、印刷用版、片及其他部件		0		5	0	0	0	0	1.4	0	2.8	2.8	0							0	0	0
84431100	卷取进料式胶印机	7	0		5	0	0	2	0	2	0	7	4								0	0	0
84431200	办公室用片取进料式胶印机		0	0	6	0	0	0	0	7.2	0	8.4	4.8								0	0	0
84431311	平张纸进料式单色胶印机	7	0		5	0	0	0	0	2	0	7	4								0	0	0
84431312	平张纸进料式双色胶印机	7	0		5	0	0	0	0	2	0	7	4								0	0	0
84431313	平张纸进料式四色胶印机	7	0		5	0	0	0	0	2	0	7	4								0	0	0
84431319	平张纸进料式其他胶印机	7	0		5	0	0	0	0	2	0	7	4								0	0	0
84431390	其他胶印机	7	0		5	0	0	0	0	2	0	7	4								0	0	0
84431400	卷取进料式凸版印刷机		0	0	6	0	0	0	0	7.2	0		4.8	0							0	0	0
84431500	其他凸版印刷机		0	0	6	0	0	0	0	7.2	0		4.8								0	0	0
84431600	苯胺印刷机		0		5	0	0	0	0	2	0		4								0	0	0
84431700	照相凹版印刷机	16.2	0	0	14.4	0	0	3.6	0	10.8	0	14.2	7.2								0	0	0
84431921	圆网印刷机	9	0		5	0	0	0	0	2	0	7	4								0	0	0
84431922	平网印刷机	9	0		5	0	0	0	0	6	0	8	4			0					0	0	0
84431929	其他网式印刷机	9	0	0	5	0	0	0	0	2	0	7	4			0					0	0	0
84431980	其他印刷机	7.2	0		5	0	0	0	0	1.6	0	3.2	3.2	0		0					0	0	0
84433110	静电感光式多功能机		0	0	5	0	0	0	0	2	0		4								0	0	0
84433190	其他多功能机																				0	0	0
84433211	针式打印机																				0	0	0
84433212	激光打印机																				0	0	0
84433213	喷墨打印机																				0	0	0
84433214	热敏打印机																				0	0	0
84433219	其他打印机																				0	0	0
84433221	可以网络连接的喷墨印刷机		0	0	5	0	0	0	0	1.6	0	5.6	3.2								0	0	0

税则号列	商品描述①	协定税率(%)															特惠税率(%)						
		亚太	东盟	新加坡	巴基斯坦	智利	新西兰	秘鲁	哥斯达黎加	瑞士	冰岛	韩国	澳大利亚	香港	澳门	台湾	亚太2国②	东盟			最不发达国家		
																		老挝	柬埔寨	缅甸	LDC1③	LDC2④	LDC3⑤
84433222	可以网络连接的静电照相印刷机(激光印刷机)	6	0		5	0	0	0	0	1.6	0	6.4	3.2								0	0	0
84433229	可以网络连接的其他数字印刷设备	6	0		5	0	0	0	0	1.6	0	5.6	3.2								0	0	0
84433290	其他可与网络连接的传真机或打字机																				0	0	0
84433911	直接法静电感光复印设备																				0	0	0
84433912	间接法静电感光复印设备		0	0	5	0	0	0	0	2	0		4								0	0	0
84433921	带有光学系统的感光复印设备																				0	0	0
84433922	接触式感光复印设备		0	0		0	0	4	0	12	0	8	8								0	0	
84433923	热敏复印设备		0	0		0	0	4	0	12	0	8	8								0	0	
84433924	热升华复印设备		0	0		0	0	4	0	12	0	8	8								0	0	
84433931	其他独立的喷墨印刷机		0	0	5	0	0	0	0	1.6	0	3.2	3.2								0	0	0
84433932	其他独立的静电照相印刷机(激光印刷机)	6.3	0		5	0	0	0	0	1.6	0	3.2	3.2								0	0	0
84433939	其他独立的数字印刷设备	6.3	0	0	5	0	0	0	0	1.6	0	5.6	3.2								0	0	0
84433990	其他独立的电传打字机																				0	0	0
84439111	卷筒料给料机		0	0	6	0	0	0	0	7.2	0	8.4	4.8								0	0	0
84439119	其他传统印刷机用辅助机器		0	0	6	0	0	0	0	2.4	0	8.4	4.8								0	0	0
84439190	传统印刷机用零件及附件		0		5	0	0	0	0	3.6	0	4.2	2.4								0	0	0
84439910	数字印刷设备用辅助机器		0	0	6	0	0	0	0	2.4	0	8.4	4.8								0	0	0
84439921	热敏打印头		0		5	0	0	0	0	1.2	0	4.2	2.4								0	0	0
84439929	数字印刷设备的其他零件		0		5	0	0	0	0	1.2	0	4.2	2.4								0	0	0
84439990	其他打印机、复印机、传真机用零件																				0	0	0
84440010	合成纤维长丝纺丝机	7	0		5	0	0	0	0		0	4	4			0					0	0	
84440020	合成纤维短丝纺丝机	7	0		5	0	0	0	0	2	0	7	4								0	0	
84440030	人造纤维纺丝机	7	0		5	0	0	0	0	2	0	7	4								0	0	
84440040	化学纤维变形机	7	0		5	0	0	0	0	6	0	7	4								0	0	
84440050	化学纤维切断机	7	0		5	0	0	0	0	6	0	7	4								0	0	
84440090	其他化学纤维挤压、拉伸、变形或切割机器	7	0		5	0	0	0	0	6	0	7	4								0	0	
84451111	棉纤维清梳联合机	9	0		5	0	0	0	0	2	0	7	4								0	0	0
84451112	棉纤维自动抓棉机	9	0		5	0	0	0	0		0	7	4								0	0	0
84451113	棉纤维梳棉机	9	0		5	0	0	0	0	6	0	7	4								0	0	0
84451119	其他棉纤维梳理机	9	0		5	0	0	0	0	2	0	7	4								0	0	0
84451120	毛纤维梳理机	9	0		5	0	0	0	0	2	0	7	4								0	0	0
84451190	其他纺织纤维梳理机	9	0		5	0	0	0	0	2	0		4								0	0	0
84451210	棉纺织纤维精梳机		0		5	0	0	0	0		0	7	4								0	0	0
84451220	毛纺织纤维精梳机		0		5	0	0	0	0	2	0	7	4								0	0	0
84451290	其他纺织纤维精梳机		0		5	0	0	0	0	2	0	7	4								0	0	0
84451310	拉伸机		0		5	0	0	0	0	2	0	7	4								0	0	0
84451321	棉纺粗纱机		0		5	0	0	0	0		0	7	4								0	0	0

税则号列	商品描述①	协定税率(%)															特惠税率(%)						
		亚太	东盟	新加坡	巴基斯坦	智利	新西兰	秘鲁	哥斯达黎加	瑞士	冰岛	韩国	澳大利亚	香港	澳门	台湾	亚太2国②	东盟			最不发达国家		
																		老挝	柬埔寨	缅甸	LDC1③	LDC2④	LDC3⑤
84451322	毛纺粗纱机		0		5	0	0	0	0	2	0	7	4								0	0	0
84451329	其他粗纱机		0		5	0	0	0	0	2	0	7	4								0	0	0
84451900	纺织纤维的其他预处理机器	9	0		5	0	0	2	0		0		4								0	0	0
84452031	转杯纺纱机	9	0		5	0	0	0	0	2	0	7	4								0	0	0
84452032	喷气纺纱机		0		5	0	0	0	0		0	7	4								0	0	0
84452039	其他自由端纺纱机		0		5	0	0	0	0	2	0	7	4								0	0	0
84452041	棉环锭细纱机	9.5	0	0	5	0	0	0	0	6.3	0	7.3	4.2								0	0	0
84452042	毛环锭细纱机		0		5	0	0	0	0	2	0	7	4								0	0	0
84452049	其他环锭细纱机		0		5	0	0	0	0	2	0	7	4								0	0	0
84452090	其他纺纱机	9	0		5	0	0	0	0		0	7	4								0	0	0
84453000	并线机或加捻机	9	0		5	0	0	0	0	2	0	7	4								0	0	0
84454010	自动络筒机	9	0		5	0	0	2	0	2	0	8.5	4								0	0	0
84454090	其他络纱机(包括卷纬机)或摇纱机	9	0		5	0	0	2	0	2	0	7.9	4								0	0	0
84459010	整经机	9	0		5	0	0	0	0		0	7	4								0	0	0
84459020	浆纱机	9	0		5	0	0	0	0		0	7	4								0	0	0
84459090	其他生产及处理纺织纱线的机器	9	0		5	0	0	0	0	6	0	7.9	4								0	0	0
84461000	所织织物宽度≤30 厘米的织机	7.2	0		5	0	0	0	0	4.8	0	5.6	3.2								0	0	
84462110	所织织物宽度>30 厘米的梭织动力地毯织机	10.8	0	0	5	0	0	2.4	0	7.2	0	8.4	4.8								0	0	
84462190	所织织物宽度>30 厘米的其他梭织动力织机	9	0	0	5	0	0	2	0		0	7	4								0	0	
84462900	所织织物宽度>30 厘米的梭织非动力织机		0		5	0	0	2	0	2	0	7	4								0	0	
84463020	所织织物宽度>30 厘米的剑杆织机	6.8	0		5	0	0	0	0	4.8	0	5.6	3.2								0	0	
84463030	所织织物宽度>30 厘米的片梭织机	5.6	0		5	0	0	0	0		0	3.2	3.2								0	0	
84463040	所织织物宽度>30 厘米的喷水织机	6.8	0		5	0	0	0	0	1.6	0	3.2	3.2			0					0	0	
84463050	所织织物宽度>30 厘米的喷气织机	6.8	0		5	0	0	0	0	1.6	0	6.4	3.2								0	0	
84463090	所织织物宽度>30 厘米的其他无梭织机	6.8	0		5	0	0	0	0	1.6	0	3.2	3.2								0	0	
84471100	圆筒直径≤165 毫米的圆型针织机	7	0		5	0	0	0	0	1.6	0	3.2	3.2			0					0	0	0
84471200	圆筒直径>165 毫米的圆型针织机		0		5	0	0	0	0	1.6	0	3.2	3.2			0					0	0	0
84472011	特里科经编机	6.8	0		5	0	0	0	0	1.6	0	3.2	3.2								0	0	0
84472012	拉舍尔经编机	6.8	0		5	0	0	0	0	1.6	0	5.6	3.2								0	0	0
84472019	其他经编机	6.8	0		5	0	0	0	0	1.6	0	5.6	3.2								0	0	0
84472020	平型纬编机	6.8	0		5	0	0	0	0	4.8	0	3.2	3.2			0					0	0	0
84472030	缝编机	6.8	0		5	0	0	0	0	1.6	0	3.2	3.2								0	0	0
84479011	地毯织机	4.9	0		0	0	0	0	0	1.4	0	2.8	2.8								0	0	0

税则号列	商品描述①	协定税率(%)															特惠税率(%)						
		亚太	东盟	新加坡	巴基斯坦	智利	新西兰	秘鲁	哥斯达黎加	瑞士	冰岛	韩国	澳大利亚	香港	澳门	台湾	亚太2国②	东盟 老挝	东盟 柬埔寨	东盟 缅甸	最不发达国家 LDC1③	最不发达国家 LDC2④	最不发达国家 LDC3⑤
84479019	其他簇绒机	5.6	0		5	0	0	0	0	1.6	0	3.2	3.2								0	0	0
84479020	绣花机	6.8	0		5	0	0	0	0		0	5.6	3.2								0	0	0
84479090	品目84.47其他未列名机器	5	0		5	0	0	0	0		0	7	4								0	0	0
84481100	多臂机或提花机		0		5	0	0	0	0	1.6	0	5.6	3.2								0	0	0
84481900	品目84.44~84.47所列的其他辅助机器		0		5	0	0	0	0	4.8	0	5.6	3.2								0	0	0
84482020	喷丝头或喷丝板		0		5	0	0	0	0	3.6	0	4.2	2.4								0	0	0
84482090	纤维挤压机及其辅助机器的其他零附件		0		5	0	0	0	0	3.6	0	4.8	2.4								0	0	0
84483100	钢丝针布		0		5	0	0	0	0	4.4	0	4.2	2.4								0	0	0
84483200	纺织纤维预处理机器的其他零附件		0		5	0	0	0	0	3.6	0	4.8	2.4								0	0	0
84483310	络筒锭		0		5	0	0	0	0	1.2	0	2.4	2.4								0	0	0
84483390	其他锭子、锭壳、纺丝环、钢丝圈		0		5	0	0	0	0	3.6	0	4.2	2.4								0	0	0
84483910	气流杯		0		5	0	0	0	0	1.2	0	2.4	2.4								0	0	0
84483920	电子清纱器		0		5	0	0	0	0	4.4	0	2.4	2.4								0	0	0
84483930	空气捻接器		0		5	0	0	0	0	1.2	0	2.4	2.4								0	0	0
84483940	环锭细纱机紧密纺装置		0		5	0	0	0	0	4	0	0	2.4								0	0	0
84483990	品目84.45所机器的其他零附件		0		5	0	0	0	0	4.4	0	4.8	2.4								0	0	0
84484200	织机用筘、综丝及综框		0		5	0	0	0	0	3.6	0	4.8	2.4								0	0	0
84484910	接、投梭箱		0		5	0	0	0	0	3.6	0	2.4	2.4								0	0	0
84484920	引纬、送经装置		0		5	0	0	0	0	3.6	0	4.2	2.4								0	0	0
84484930	梭子		0		5	0	0	0	0	1.2	0	2.4	2.4								0	0	0
84484990	织机及其辅助机器用其他零附件		0		5	0	0	0	0	3.6	0	4.8	2.4								0	0	0
84485120	针织机用28号以下的弹簧针、钩针及复合针		0		5	0	0	0	0	1.2	0	4.2	2.4								0	0	0
84485190	沉降片、其他织针及成圈机件		0		5	0	0	0	0	1.2	0	4.8	2.4								0	0	0
84485900	品目84.47机器用的其他零附件		0		5	0	0	0	0	3.6	0	0	2.4	0		0					0	0	0
84490010	针刺机		0		5	0	0	0	0	1.6	0	5.6	3.2								0	0	
84490020	水刺设备		0		5	0	0	0	0	1.6	0	3.2	3.2								0	0	
84490090	其他毡呢或无纺织物制造或整理机器;帽模		0		5	0	0	0	0	1.6	0	6.4	3.2								0	0	
84501110	干衣量≤10千克的波轮式全自动洗衣机	8.7	0	0	5	0	0	0	0	2	0	7	4								0	0	0
84501120	干衣量≤10千克的滚筒式全自动洗衣机	8.7	0	0	5	0	0	0	0	2	0	7.9	4								0	0	0
84501190	干衣量≤10千克的其他全自动洗衣机	8.7	0	0	5	0	0	0	0	2	0		4								0	0	0
84501200	装有离心甩干机的非全自动洗衣机	24.9	0	0	24.9	0	0	6	0	20.1	0		12								0	0	
84501900	干衣量≤10千克的其他洗衣机		0	0		0	0	6	0	20.1	0		12								0	0	
84502011	波轮式洗衣机		0		5	0	0	0	0	2	0		4								0	0	0
84502012	滚筒式洗衣机		0		5	0	0	0	0	2	0		4								0	0	0

税则号列	商品描述①	协定税率(%)															特惠税率(%)						
		亚太	东盟	新加坡	巴基斯坦	智利	新西兰	秘鲁	哥斯达黎加	瑞士	冰岛	韩国	澳大利亚	香港	澳门	台湾	亚太2国②	东盟 老挝	东盟 柬埔寨	东盟 缅甸	最不发达国家 LDC1③	最不发达国家 LDC2④	最不发达国家 LDC3⑤
84502019	其他全自动洗衣机		0		5	0	0	0	0	2	0		4								0	0	0
84502090	其他干衣量>10千克的洗衣机		0		5	0	0	0	0	2	0		4								0	0	0
84509010	干衣量≤10千克的洗衣机零件	4.2	0		0	0	0	0	0	0	0	4	0								0	0	0
84509090	干衣量>10千克的洗衣机零件	14.4	0	0	12.8	0	0	3.2	0	9.6	0	11.2	6.4								0	0	
84511000	干洗机	16	0	0	16	0	0	4.2	0	12.6	0	16.8	8.4								0	0	
84512100	干衣量≤10千克的干燥机	13.5	0	0	7.5	0	0	3	0	9	0	10.5	6								0	0	
84512900	干衣量>10千克的干燥机	7.2	0		5	0	0	0	0	1.6	0	5.6	3.2								0	0	0
84513000	熨烫机及挤压机(包括熔压机)	7.2	0	0	5	0	0	0	0	1.6	0	5.6	3.2								0	0	0
84514000	洗涤、漂白或染色机器	7	0		5	0	0	0	0	1.7	0	3.3	3.4	0	0	0					0	0	0
84515000	纺织物卷绕、退绕、折叠、剪切或剪齿边机器	7.2	0		5	0	0	0	0	1.6	0	3.2	3.2			0					0	0	0
84518000	品目84.51所列其他未列名的机器	10.8	0	0	5	0	0	2.4	0		0	10.2	4.8	0		0					0	0	0
84519000	品目84.51所列机器的零件	7.2	0		5	0	0	0	0	1.6	0	5.6	3.2								0	0	0
84521010	多功能家用缝纫机	17	0	0	16.8	0	0	4.2	0	12.6	0	16.8	8.4								0	0	
84521091	手动式家用型缝纫机	17	0	0	16.8	0	0	4.2	0	12.6	0	16.8	8.4								0	0	
84521099	其他家用型缝纫机	17	0	0	16.8	0	0	4.2	0	12.6	0	16.8	8.4								0	0	
84522110	非家用自动平缝机	10.7	0	0	5	0	0	0	0	7.2	0	8.4	4.8								0	0	0
84522120	非家用自动包缝机	10.7	0	0	5	0	0	0	0	7.2	0	8.4	4.8			0					0	0	0
84522130	非家用自动绷缝机	10.7	0	0	5	0	0	0	0	7.2	0	8.4	4.8			0					0	0	0
84522190	其他非家用自动缝纫机	10.7	0	0	5	0	0	0	0	7.2	0	8.4	4.8			0					0	0	0
84522900	其他非家用非自动缝纫机	10.8	0	0	5	0	0	0	0	7.2	0	8.4	4.8	0							0	0	0
84523000	缝纫机针	12.6	0	0	7	0	0	0	0	8.4	0	9.8	5.6								0	0	
84529011	家用型缝纫机用旋梭	9.8	0	0	7	0	0	0	0	8.4	0	9.8	5.6								0	0	
84529019	家用型缝纫机用其他零件	9.8	0	0	7	0	0	0	0	8.4	0	9.8	5.6								0	0	
84529091	其他缝纫机用旋梭	9.8	0	0	7	0	0	0	0	8.4	0	9.8	5.6								0	0	0
84529092	其他缝纫机专用的特制家具、底座和罩盖及其零件		0	0	11.2	0	0	0	0	8.4	0	9.8	5.6								0	0	
84529099	其他缝纫机用其他零件	9.8	0	0	7	0	0	0	0	8.4	0	9.8	5.6			0					0	0	0
84531000	生皮、皮革的处理、鞣制或加工机器	8	0		5	0	0	0	0	1.7	0	5.8	3.4								0	0	
84532000	鞋靴制作或修理机器	8	0		5	0	0	0	0	1.7	0	5.8	3.4								0	0	
84538000	毛皮及其他皮革的制作或修理机器		0		5	0	0	0	0	1.7	0	5.8	3.4								0	0	
84539000	品目84.53所列机器的零件		0		5	0	0	0	0	1.6	0	5.6	3.2								0	0	
84541000	金属冶炼及铸造用转炉		0		5	0	0	0	0	1.7	0	3.3	3.4								0	0	0
84542010	炉外精炼设备		0		5	0	0	0	0	1.7	0	3.3	3.4								0	0	0
84542090	其他金属冶炼及铸造用锭模及浇包		0		5	0	0	0	0		0	5.8	3.4								0	0	0
84543010	冷室压铸机	11.4	0	0	6	0	0	0	0	7.2	0	8.4	4.8								0	0	0
84543021	方坯连铸机	9.5	0		5	0	0	0	0	6	0	7	4								0	0	0
84543022	板坯连铸机	11.4	0	0	6	0	0	0	0	7.2	0	8.4	4.8								0	0	0
84543029	其他钢坯连铸机	11.4	0	0	6	0	0	0	0	7.2	0	8.4	4.8								0	0	0

税则号列	商品描述①	协定税率(%)															特惠税率(%)						
		亚太	东盟	新加坡	巴基斯坦	智利	新西兰	秘鲁	哥斯达黎加	瑞士	冰岛	韩国	澳大利亚	香港	澳门	台湾	亚太2国②	东盟			最不发达国家		
																		老挝	柬埔寨	缅甸	LDC1③	LDC2④	LDC3⑤
84543090	其他金属冶炼及铸造用铸造机	11.4	0	0	6	0	0	0	0	7.2	0	10.2	4.8								0	0	0
84549010	炉外精炼设备用零件		0		5	0	0	0	0	1.6	0	5.6	3.2								0	0	0
84549021	结晶器		0		5	0	0	0	0	1.6	0	3.2	3.2								0	0	0
84549022	振动装置		0		5	0	0	0	0	1.6	0	3.2	3.2								0	0	0
84549029	其他钢坯连铸机用零件		0		5	0	0	0	0	4.8	0	5.6	3.2								0	0	0
84549090	其他冶炼等用转炉及铸造机的零件		0		5	0	0	0	0	4.8	0	3.2	3.2								0	0	0
84551010	热轧管机	8.4	0	0	5	0	0	0	0	7.2	0	8.4	4.8								0	0	0
84551020	冷轧管机	8.4	0	0	5	0	0	0	0	7.2	0	8.4	4.8								0	0	0
84551030	定、减径轧管机	8.4	0	0	5	0	0	0	0	7.2	0	8.4	4.8								0	0	0
84551090	其他金属轧管机	8.4	0	0	5	0	0	0	0	7.2	0	8.4	4.8								0	0	0
84552110	板材热轧机	10.5	0	0	7.5	0	0	3	0	9	0	10.5	6								0	0	
84552120	型钢轧机	10.5	0	0	7.5	0	0	3	0	9	0	10.5	6								0	0	
84552130	线材轧机	10.5	0	0	7.5	0	0	3	0	9	0	10.5	6								0	0	
84552190	其他金属热轧或冷热联合轧机	10.5	0	0	7.5	0	0	3	0	9	0	10.5	6								0	0	
84552210	板材冷轧机		0		5	0	0	0	0	2	0	7	4								0	0	
84552290	其他金属冷轧机		0	0	12	0	0	3	0	9	0	10.5	6								0	0	
84553000	金属轧机用轧辊		0		5	0	0	0	0	1.7	0	3.3	3.4								0	0	0
84559000	金属轧机的其他零件	4	0		0	0	0	0	0	1.6	0	3.2	3.2								0	0	0
84561100	用激光处理的各种材料的加工机床																				0	0	0
84561200	用其他光或光子束处理各种材料的加工机床																				0	0	0
84562000	用超声波处理各种材料的加工机床		0	0	5	0	0	0	0		0		4								0	0	
84563010	数控的用放电处理各种材料的加工机床		0		5	0	0	0	0		0		3.9								0	0	
84563090	非数控的用放电处理各种材料的加工机床		0	0	5	0	0	0	0	2	0		4								0	0	
84564010	等离子切割机																				0	0	0
84564090	其他用等离子弧处理各种材料的加工机床																				0	0	0
84565000	水射流切割机																				0	0	0
84569000	其他用电化学法、电子束处理各种材料的机床																				0	0	0
84571010	立式加工中心	6.8	0		5	0	0	0	0		0	7.9	3.9								0	0	
84571020	卧式加工中心	8.8	0		5	0	0	0	0		0	7.9	3.9								0	0	
84571030	龙门式加工中心	6.8	0		5	0	0	0	0	1.9	0	7.9	3.9								0	0	
84571091	铣车复合加工中心	6.8	0		5	0	0	0	0		0	7.9	3.9								0	0	
84571099	其他加工中心	6.8	0		5	0	0	0	0		0	7.9	3.9								0	0	
84572000	加工金属的单工位组合机床		0		5	0	0	0	0	1.6	0	6.8	3.2								0	0	
84573000	加工金属的多工位组合机床		0		0	0	0	0	0		0		0								0	0	
84581100	切削金属的数控卧式车床		0		5	0	0	0	0	6.5	0		3.9	0		0					0	0	0

税则号列	商品描述①	协定税率(%)															特惠税率(%)						
		亚太	东盟	新加坡	巴基斯坦	智利	新西兰	秘鲁	哥斯达黎加	瑞士	冰岛	韩国	澳大利亚	香港	澳门	台湾	亚太2国②	东盟			最不发达国家		
																		老挝	柬埔寨	缅甸	LDC1③	LDC2④	LDC3⑤
84581900	切削金属的非数控卧式车床		0	0	6	0	0	0	0	7.2	0	10.2	4.8	0							0	0	0
84589110	立式数控机床		0		0	0	0	0	0	1	0		0			0					0	0	0
84589120	其他数控机床		0		0	0	0	0	0	1	0		0			0					0	0	0
84589900	切削金属的其他车床		0	0	6	0	0	0	0	7.2	0	10.2	4.8								0	0	0
84591000	切削金属的直线移动式动力头钻床		0	0	12	0	0	3	0	9	0	12.7	6								0	0	
84592100	切削金属的数控钻床		0		5	0	0	0	0	1.9	0		3.9			0					0	0	0
84592900	切削金属的其他钻床		0	0	12	0	0	3	0	9	0	12.7	6								0	0	
84593100	切削金属的数控镗铣机床		0		5	0	0	0	0	5.8	0		3.9								0	0	0
84593900	切削金属的其他镗铣机床		0		5	0	0	0	0	2	0		4								0	0	0
84594100	切削金属的数控镗床		0		5	0	0	0	0	1.9	0		3.9								0	0	0
84594900	切削金属的其他镗床		0	0	12	0	0	3	0	9	0		6								0	0	
84595100	切削金属的升降台式数控铣床		0		5	0	0	0	0		0		3.9								0	0	0
84595900	切削金属的其他升降台式铣床		0	0	12	0	0	3	0	9	0		6								0	0	
84596110	切削金属的数控龙门铣床		0		0	0	0	0	0	0	0		0								0	0	0
84596190	切削金属的其他数控铣床		0		0	0	0	0	0	1	0		0								0	0	0
84596910	切削金属的非数控龙门铣床	10	0	0	5	0	0	0	0	7.2	0		4.8								0	0	0
84596990	切削金属的其他铣床	11	0	0	6	0	0	0	0	7.2	0	11.4	4.8								0	0	0
84597000	切削金属的其他攻丝机床		0	0	6	0	0	0	0		0		4.8								0	0	0
84601210	在任一坐标的定位精度至少是0.01毫米的数控平面磨床		0		5	0	0	0	0	1.9	0		3.9			0					0	0	0
84601290	其他数控平面磨床		0	0	12	0	0	3	0	9	0	12.7	6								0	0	
84601910	在任一坐标的定位精度至少是0.01毫米(编号84601900)的其他平面磨床		0	0	12	0	0	3	0	9	0		6								0	0	
84601990	其他平面磨床		0	0	12	0	0	3	0	9	0	12.7	6								0	0	
84602210	在任一坐标的定位精度至少是0.01毫米的数控无心磨床		0		5	0	0	0	0	6.5	0		3.9								0	0	0
84602290	其他数控无心磨床		0	0	12	0	0	3	0	9	0	12.7	6								0	0	
84602311	在任一坐标的定位精度至少是0.01毫米的曲轴磨床		0		5	0	0	0	0		0		3.9								0	0	0
84602319	在任一坐标的定位精度至少是0.01毫米的其他数控外圆磨床		0		5	0	0	0	0		0		3.9								0	0	0
84602390	其他数控外圆磨床		0	0	12	0	0	3	0	9	0	12.7	6								0	0	
84602411	在任一坐标的定位精度至少是0.01毫米的内圆磨床		0		5	0	0	0	0		0		3.9								0	0	0
84602419	在任一坐标的定位精度至少是0.01毫米的其他数控磨床		0		5	0	0	0	0	6.5	0		3.9								0	0	0
84602490	其他数控磨床		0	0	12	0	0	3	0	9	0	12.7	6								0	0	
84602911	其他外圆磨床,在任一坐标的定位精度至少是0.01毫米的		0	0	12	0	0	3	0	9	0		6	0							0	0	
84602912	其他内圆磨床,在任一坐标的定位精度至少是0.01毫米的		0	0	12	0	0	3	0	9	0		6								0	0	

税则号列	商品描述[①]	协定税率(%)															特惠税率(%)						
		亚太	东盟	新加坡	巴基斯坦	智利	新西兰	秘鲁	哥斯达黎加	瑞士	冰岛	韩国	澳大利亚	香港	澳门	台湾	亚太2国[②]	东盟 老挝	东盟 柬埔寨	东盟 缅甸	最不发达国家 LDC1[③]	最不发达国家 LDC2[④]	最不发达国家 LDC3[⑤]
84602913	其他轧辊磨床,在任一坐标的定位精度至少是0.01毫米的		0	0	6.5	0	0	0	0	7.8	0		5.2								0	0	
84602919	其他磨床,在任一坐标的定位精度至少是0.01毫米的		0	0	6.5	0	0	0	0		0		5.2								0	0	
84602990	其他磨床		0	0	6.5	0	0	0	0		0		5.2								0	0	
84603100	数控刃磨(工具或刀具)机床		0		5	0	0	0	0		0		3.9								0	0	0
84603900	其他刃磨(工具或刀具)机床		0	0	12	0	0	3	0		0		6	0							0	0	
84604010	珩磨机床		0	0	6.5	0	0	0	0	7.8	0		5.2								0	0	
84604020	研磨机床		0	0	6.5	0	0	0	0	7.8	0		5.2			0					0	0	
84609010	砂轮机		0	0	12	0	0	3	0	9	0	10.5	6			0					0	0	
84609020	抛光机床		0	0	12	0	0	3	0	9	0	6	6			0					0	0	
84609090	其他磨削等精加工机床		0	0	12	0	0	3	0	9	0	12.7	6								0	0	
84612010	牛头刨床		0	0	12	0	0	3	0	9	0	10.5	6								0	0	
84612020	插床		0	0	12	0	0	3	0	9	0	10.5	6			0					0	0	
84613000	拉床		0	0	6	0	0	0	0	7.2	0	8.4	4.8			0					0	0	
84614011	齿轮磨床		0		5	0	0	0	0		0		3.9								0	0	0
84614019	其他数控的切齿机、齿轮磨床或齿轮精加工机床		0		5	0	0	0	0		0		3.9								0	0	0
84614090	非数控切齿机、齿轮磨床齿轮精加工机床		0	0	12	0	0	3	0		0		6								0	0	
84615000	锯床或切断机		0	0	6	0	0	0	0	7.2	0		4.8			0					0	0	
84619011	龙门刨床		0	0	12	0	0	3	0	9	0	10.5	6			0					0	0	
84619019	其他刨床		0	0	12	0	0	3	0	3	0	10.5	6			0					0	0	
84619090	品目84.61的未列名机床		0	0	6	0	0	0	0	7.2	0	10.2	4.8								0	0	
84621010	数控锻造或冲压机床及锻锤	6.8	0		5	0	0	0	0	5.8	0	7.9	3.9			0					0	0	0
84621090	非数控锻造或冲压机床及锻锤	8.4	0	0	5	0	0	2.4	0	7.2	0	9.8	4.8			0					0	0	0
84622110	数控矫直机		0		5	0	0	0	0	5.8	0		3.9								0	0	0
84622190	数控的其他弯曲、折叠、矫直或矫平机床		0		5	0	0	0	0	5.8	0		3.9								0	0	0
84622910	非数控矫直机		0		5	0	0	2	0	6.7	0		4								0	0	0
84622990	非数控的其他弯曲、折叠、矫直或矫平机床		0	0	5	0	0	2	0	2	0		4								0	0	0
84623110	数控的板带纵剪机		0		5	0	0	0	0	1.4	0		2.8								0	0	0
84623120	数控的板带横剪机		0		5	0	0	0	0	1.4	0		2.8								0	0	0
84623190	数控的其他剪切机床		0		5	0	0	0	0	1.4	0		2.8								0	0	0
84623910	非数控板带纵剪机	9.5	0		5	0	0	0	0	2	0		4								0	0	0
84623920	非数控板带横剪机	9.5	0		5	0	0	0	0	2	0		4								0	0	0
84623990	其他剪切机床	9.5	0		5	0	0	0	0	2	0		4								0	0	0
84624111	自动换模式数控步冲压力机		0		5	0	0	0	0	5.8	0		3.9								0	0	0
84624119	其他数控冲床		0		5	0	0	0	0	1.9	0		3.9								0	0	0
84624190	其他数控冲孔、开槽机、冲剪两用机		0		5	0	0	0	0	1.9	0		3.9								0	0	0
84624900	非数控冲孔、开槽机、冲剪两用机		0	0	5	0	0	0	0	2	0		4			0					0	0	0

税则号列	商品描述[①]	协定税率(%)															特惠税率(%)						
		亚太	东盟	新加坡	巴基斯坦	智利	新西兰	秘鲁	哥斯达黎加	瑞士	冰岛	韩国	澳大利亚	香港	澳门	台湾	亚太2国[②]	东盟 老挝	东盟 柬埔寨	东盟 缅甸	最不发达国家 LDC1[③]	最不发达国家 LDC2[④]	最不发达国家 LDC3[⑤]
84629110	金属型材挤压机	9.2	0		5	0	0	0	0	2	0	9.5	4								0	0	0
84629190	其他液压压力机	9.2	0	0	5	0	0	0	0	6	0	9.5	4								0	0	0
84629910	其他机械压力机	9.5	0	0	5	0	0	0	0	2	0	9.5	4			0					0	0	0
84629990	品目84.62的未列名机床	9.5	0	0	5	0	0	0	0	2	0	9.5	4								0	0	0
84631011	拉拔力≤300吨的冷拔管机		0		5	0	0	0	0	2	0	8.5	4								0	0	
84631019	其他冷拔管机		0	0	5	0	0	0	0	2	0		4			0					0	0	
84631020	拔丝机		0		5	0	0	0	0	2	0		4								0	0	
84631090	其他金属杆、管、型材及类似品的拉拔机		0		5	0	0	0	0	2	0		4								0	0	
84632000	金属或金属陶瓷的螺纹滚轧机		0	0	12	0	0	3	0	9	0		6								0	0	
84633000	金属丝加工机		0		5	0	0	0	0	2	0		4								0	0	
84639000	其他非切削加工机床		0		5	0	0	2	0	6	0		4								0	0	
84641010	圆盘锯																				0	0	0
84641020	钢丝锯																				0	0	0
84641090	其他加工矿物等材料的锯床																				0	0	0
84642010	玻璃研磨或抛光机床																				0	0	0
84642090	其他加工矿物等材料的研磨或抛光机床																				0	0	0
84649011	切割机																				0	0	0
84649012	刻花机																				0	0	0
84649019	玻璃的其他冷加工机床																				0	0	0
84649090	其他品目84.64的未列名机床																				0	0	0
84651000	不需变换工具即可进行加工的机床		0	0	5	0	0	2	0	2	0	8.5	4	0							0	0	
84652000	加工中心		0	0		0	0	2	0	2	0	8.5	4	0							0	0	
84659100	加工木材等材料的锯床		0		5	0	0	2	0	2	0	8.5	4	0							0	0	
84659200	加工木材等材料的刨、铣或切削机器		0	0	5	0	0	0	0	2	0	8.5	4	0							0	0	
84659300	加工木材等材料的研磨或抛光机器		0		5	0	0	0	0	2	0	8.5	4	0							0	0	
84659400	加工木材等材料的弯曲或装配机器		0	0	5	0	0	0	0	2	0	8.5	4								0	0	
84659500	加工木材等材料的钻孔或凿榫机器		0	0	5	0	0	0	0	6	0	8.5	4	0							0	0	
84659600	加工木材等材料的剖、切或刮削机器		0	0	5	0	0	0	0	2	0	8.5	4								0	0	
84659900	加工木材等材料的其他机床		0	0	5	0	0	2	0	2	0	8.5	4	0							0	0	
84661000	工具夹具及自启板牙切头		0		5	0	0	0	0	4.2	0	5.6	2.8								0	0	0
84662000	工件夹具	4.9	0		0	0	0	0	0	4.2	0	4.9	2.8			0					0	0	0
84663000	分度头及其他专用于机床的附件		0		5	0	0	0	0	4.2	0	5.6	2.8								0	0	0
84669100	品目84.64所列机器用的零附件																				0	0	0
84669200	品目84.65所列机器用的零附件		0		5	0	0	0	0	1.2	0	4.8	2.4	0							0	0	0
84669310	刀库及自动换刀装置																				0	0	0

税则号列	商品描述[①]	协定税率(%)															特惠税率(%)						
		亚太	东盟	新加坡	巴基斯坦	智利	新西兰	秘鲁	哥斯达黎加	瑞士	冰岛	韩国	澳大利亚	香港	澳门	台湾	亚太2国[②]	东盟			最不发达国家		
																		老挝	柬埔寨	缅甸	LDC1[③]	LDC2[④]	LDC3[⑤]
84669390	品目84.56~84.61机器用其他零附件																				0	0	0
84669400	品目84.62~84.63机器用其他零附件		0		5	0	0	0	0	3.6	0	0	2.4			0					0	0	0
84671100	旋转式手提风动工具		0		5	0	0	0	0	1.6	0	6.4	3.2								0	0	0
84671900	其他手提式风动工具		0		5	0	0	0	0	1.6	0	3.2	3.2								0	0	0
84672100	电动钻	9	0	0	5	0	0	2	0	2	0	7	4	0							0	0	0
84672210	电动链锯	9	0		5	0	0	2	0	2	0	7	4	0							0	0	0
84672290	其他电动锯	9	0	0	5	0	0	2	0	2	0	7	4	0							0	0	0
84672910	电动砂磨工具	8	0	0	5	0	0	2	0	6.7	0	7	4	0							0	0	0
84672920	电刨	8	0		5	0	0	2	0	2	0	7	4	0							0	0	0
84672990	其他电动工具	8	0	0	5	0	0	2	0	2	0	7	4	0							0	0	0
84678100	手提式液压或其他动力链锯		0		5	0	0	0	0	1.6	0	3.2	3.2								0	0	0
84678900	其他手提式液压或其他动力工具		0		5	0	0	0	0	1.6	0	6.4	3.2								0	0	0
84679110	电动链锯用零件	4.8	0		0	0	0	0	0	1.2	0	2.4	2.4	0							0	0	0
84679190	其他链锯用零件		0		5	0	0	0	0	3.6	0	2.4	2.4								0	0	0
84679200	风动工具零件		0		5	0	0	0	0	1.2		2.4	2.4								0	0	0
84679910	其他手提式电动工具用零件	9	0	0	5	0	0	0	0	6	0	7	4	0							0	0	0
84679990	其他手提式工具用零件		0		5	0	0	0	0	1.2	0	4.2	2.4								0	0	0
84681000	手提喷焊器		0	0	6	0	0	0	0	7.2	0	8.4	4.8								0	0	0
84682000	其他气体焊或表面回火机器及装置		0	0	6	0	0	0	0	2.4	0	8.4	4.8								0	0	0
84688000	其他焊接机器及装置		0	0	6	0	0	0	0	7.2	0		4.8								0	0	0
84689000	焊接机器用零件		0		5	0	0	0	0	1.4	0	2.8	2.8								0	0	0
84701000	电子计算器及袖珍式数据录放机器																				0	0	0
84702100	装有打印装置的电子计算器																				0	0	0
84702900	其他电子计算器																				0	0	0
84703000	其他计算机器																				0	0	0
84705010	销售点终端出纳机																				0	0	0
84705090	其他现金出纳机																				0	0	0
84709000	邮资盖戳机、售票机及类似机器																				0	0	0
84713010	平板电脑																				0	0	0
84713090	其他重量≤10公斤的便携数字式自动数据处理设备,至少由一个中央处理部件、一个键盘及一个显示器组成自动数据处理设备及其部件																				0	0	0
84714110	巨、大、中型计算机																				0	0	0
84714120	小型机																				0	0	0
84714140	微型机																				0	0	0
84714190	其他自动数据处理单体机																				0	0	0

税则号列	商品描述①	协定税率(%)															特惠税率(%)						
		亚太	东盟	新加坡	巴基斯坦	智利	新西兰	秘鲁	哥斯达黎加	瑞士	冰岛	韩国	澳大利亚	香港	澳门	台湾	亚太2国②	东盟			最不发达国家		
																		老挝	柬埔寨	缅甸	LDC1③	LDC2④	LDC3⑤
84714910	以系统形式进口的巨、大、中型计算机																				0	0	0
84714920	以系统形式进口的小型计算机																				0	0	0
84714940	以系统形式进口的微型机																				0	0	0
84714991	分散型工业过程控制设备																				0	0	0
84714999	以系统形式报验的其他计算机																				0	0	0
84715010	巨、大、中型机处理部件																				0	0	0
84715020	小型机的处理部件																				0	0	0
84715040	微型机的处理部件																				0	0	0
84715090	编号847141、847149以外设备的其他处理部件																				0	0	0
84716040	巨、大、中及小型计算机用终端																				0	0	0
84716050	扫描仪																				0	0	0
84716060	数字化仪																				0	0	0
84716071	键盘																				0	0	0
84716072	鼠标器																				0	0	0
84716090	自动处理设备的其他输入或输出部件																				0	0	0
84717010	硬盘驱动器																				0	0	0
84717020	软盘驱动器																				0	0	0
84717030	光盘驱动器																				0	0	0
84717090	自动数据处理设备的其他存储部件																				0	0	0
84718000	其他自动数据处理设备的其他部件																				0	0	0
84719000	未列名的磁性或光学阅读器及其他数据处理设备																				0	0	0
84721000	胶版复印机、油印机		0	0	11.2	0	0	0	0	8.4	0	9.8	5.6								0	0	
84723010	邮政信件分拣及封装设备		0		5	0	0	0	0		0	7	4								0	0	0
84723090	其他信件分类、折叠、信封装封机等机器		0	0	7	0	0	0	0	2.8	0	9.8	5.6								0	0	
84729010	自动柜员机																				0	0	0
84729021	打洞机																				0	0	0
84729022	订书机																				0	0	0
84729029	其他装订用机器																				0	0	0
84729030	碎纸机																				0	0	0
84729040	地址印写机及地址铭牌压印机		0	0	11.2	0	0	0	0	8.4	0	9.8	5.6								0	0	
84729050	文字处理机																				0	0	0
84729060	打字机，但品目84.43的打印机除外		0	0	6	0	0	0	0	7.2	0		4.8								0	0	
84729090	其他办公室用机器																				0	0	0
84732100	品目84.70所列电子计算器的零附件																				0	0	0

税则号列	商品描述①	协定税率(%)															特惠税率(%)						
																		东盟			最不发达国家		
		亚太	东盟	新加坡	巴基斯坦	智利	新西兰	秘鲁	哥斯达黎加	瑞士	冰岛	韩国	澳大利亚	香港	澳门	台湾	亚太2国②	老挝	柬埔寨	缅甸	LDC1③	LDC2④	LDC3⑤
84732900	品目84.70所列其他机器的零附件																				0	0	0
84733010	数字式大、中、小型计算机零附件																				0	0	0
84733090	品目84.71所列计算机的其他零附件																				0	0	0
84734010	自动柜员机用出钞器和循环出钞机		0	0	5	0	0	0	0	6.3	0	8.9	4.2								0	0	0
84734020	编号84729050、84729060所列机器的零件、附件		0		5	0	0	0	0	1.6	0	6.4	3.2								0	0	0
84734090	品目84.72所列其他办公室用机器零附件		0	0	5	0	0	0	0	6.3	0	7.3	4.2								0	0	0
84735000	品目84.69~84.72中所列机器零附件																				0	0	0
84741000	固体矿物的分类、筛选、分离或洗涤机器		0		0	0	0	0	0	1	0	3.5	0								0	0	0
84742010	齿辊式破碎及磨粉机器		0		0	0	0	0	0	0	0	3.5	0								0	0	0
84742020	球磨式破碎及磨粉机器		0		0	0	0	0	0	1	0	4	0								0	0	0
84742090	其他破碎及磨粉机器		0		0	0	0	0	0	1	0	3.5	0								0	0	0
84743100	混凝土或砂浆混合机器		0		5	0	0	0	0	1.4	0	4.9	2.8								0	0	0
84743200	矿物与沥青的混合机器		0		5	0	0	0	0		0	4.9	2.8								0	0	0
84743900	其他混合或搅拌机器		0		0	0	0	0	0	3.4	0	3.5	0								0	0	0
84748010	固体矿物的辊压成型机	4.5	0		0	0	0	0	0	0	0	3.5	0								0	0	0
84748020	模压成型机	4.5	0		0	0	0	0	0	0	0	4	0								0	0	0
84748090	品目84.74所列的其他机器	4.5	0		0	0	0	0	0	0	0	3.5	0								0	0	0
84749000	品目84.74所列机器的零件		0		0	0	0	0	0	3	0	3.5	0								0	0	0
84751000	白炽灯泡、灯管等的封装机		0		5	0	0	0	0	1.6	0	5.6	3.2								0	0	0
84752100	制造光导纤维及其预制棒的机器		0	0	5	0	0	0	0	2	0	7	4								0	0	0
84752911	连续式玻璃热弯炉		0		5	0	0	0	0	2	0	7	4								0	0	0
84752912	玻璃纤维拉丝机(光纤拉丝机除外)		0		5	0	0	0	0	2	0	7	4								0	0	0
84752919	其他玻璃热加工设备		0	0	5	0	0	0	0	2	0	7	4								0	0	0
84752990	其他玻璃及其制品的制造或热加工机器		0		5	0	0	0	0	2	0	7	4								0	0	0
84759000	品目84.75所列机器的零件		0		5	0	0	0	0	1.6	0	5.6	3.2								0	0	0
84762100	装有加热或制冷装置的饮料自动销售机		0	0	11.2	0	0	0	0	8.4	0	9.8	5.6								0	0	
84762900	其他饮料自动销售机		0	0	12	0	0	3	0	9	0	10.5	6								0	0	
84768100	装有加热或制冷装置的自动售货机		0	0	7	0	0	0	0	8.4	0	9.8	5.6								0	0	
84768900	其他自动售货机		0	0	12	0	0	3	0	3	0	10.5	6								0	0	
84769000	品目84.76所列机器的零件		0		5	0	0	0	0	0	0	7	4								0	0	0
84771010	注塑机																				0	0	0
84771090	其他加工橡胶或塑料的注射机																				0	0	0
84772010	塑料造粒机	4.5	0		0	0	0	0	0	0	0	0	0	0		0					0	0	0

税则号列	商品描述[1]	协定税率(%)															特惠税率(%)						
		亚太	东盟	新加坡	巴基斯坦	智利	新西兰	秘鲁	哥斯达黎加	瑞士	冰岛	韩国	澳大利亚	香港	澳门	台湾	亚太2国[2]	东盟			最不发达国家		
																		老挝	柬埔寨	缅甸	LDC1[3]	LDC2[4]	LDC3[5]
84772090	其他加工橡胶或塑料的挤出机	4.5	0		0	0	0	0	0	3.4	0	0	0	0		0					0	0	0
84773010	挤出吹塑机		0		0	0	0	0	0	1	0	3.5	0	0							0	0	0
84773020	注射吹塑机		0		0	0	0	0	0	1	0	2	0	0							0	0	0
84773090	其他吹塑机		0		0	0	0	0	0	1	0	3.5	0	0							0	0	0
84774010	塑料中空成型机	4.5	0		0	0	0	0	0		0	0	0			0					0	0	0
84774020	塑料压延成型机	4.5	0		0	0	0	0	0	3	0	0	0			0					0	0	0
84774090	其他真空模塑及热成型机器	4.5	0		0	0	0	0	0	3.4	0	0	0			0					0	0	0
84775100	用于充气轮胎或内胎模塑或翻新的机器		0		0	0	0	0	0	0	0	3.5	0								0	0	0
84775910	三维打印机(3D打印机)	3.5	0		0	0	0	0	0	1	0	4	0	0		0					0	0	0
84775990	其他模塑或成型机器	3.5	0		0	0	0	0	0	1	0	4	0	0		0					0	0	0
84778000	其他橡胶或塑料加工机器	4.5	0		0	0	0	0	0	3.4	0	0	0	0		0					0	0	0
84779000	橡胶、塑料等加工机器的零件																				0	0	0
84781000	其他未列名的烟草加工及制作机器	2.5	0		0	0	0	0	0	0	0										0	0	
84789000	烟草加工及制作机器用的零件		0		5	0	0	0	0	2	0										0	0	
84791021	沥青混凝土摊铺机	5.6	0		5	0	0	0	0	1.6	0	3.2	3.2								0	0	0
84791022	稳定土摊铺机	5.6	0		5	0	0	0	0	1.6	0	3.2	3.2								0	0	0
84791029	其他摊铺机	5.6	0		5	0	0	0	0	1.6	0	3.2	3.2								0	0	0
84791090	其他公共工程用的机器	5.6	0		5	0	0	0	0	1.6	0	5.6	3.2								0	0	0
84792000	提取加工动物或植物油脂的机器		0	0	5	0	0	0	0	2	0	7	4								0	0	0
84793000	木碎料板或木纤维板的挤压机		0		5	0	0	0	0	2	0	7	4								0	0	0
84794000	绳或缆的制造机器		0		5	0	0	0	0	1.4	0	2.8	2.8								0	0	0
84795010	多功能工业机器人																				0	0	0
84795090	其他工业机器人																				0	0	0
84796000	蒸发式空气冷却器	9	0		5	0	0	0	0	2	0	7	4								0	0	0
84797100	机场用旅客登机桥																				0	0	0
84797900	其他旅客登机(船)桥																				0	0	0
84798110	绕线机	9	0		5	0	0	0	0	5.7	0	6.6	3.8	0		0					0	0	0
84798190	其他处理金属的机械	9	0		5	0	0	0	0	5.7	0	6.6	3.8	0		0					0	0	0
84798200	其他混合、研磨、筛选、均化等机器	4.9	0		0	0	0	0	0		0	0	2.8			0					0	0	0
84798910	船舶用舵机及陀螺稳定器																				0	0	0
84798920	空气增湿器及减湿器																				0	0	0
84798940	邮政用包裹、印刷品分拣设备																				0	0	0
84798950	放射性废物压实机																				0	0	0
84798961	自动插件机																				0	0	0
84798962	自动贴片机																				0	0	0
84798969	印刷电路电路板的其他加工设备																				0	0	0
84798992	自动化立体仓储设备																				0	0	0
84798999	本章其他编号未列名机器及机械器具																				0	0	0
84799010	船舶用舵机及陀螺稳定器零件																				0	0	0

税则号列	商品描述[①]	协定税率(%)															特惠税率(%)						
		亚太	东盟	新加坡	巴基斯坦	智利	新西兰	秘鲁	哥斯达黎加	瑞士	冰岛	韩国	澳大利亚	香港	澳门	台湾	亚太2国[②]	东盟 老挝	东盟 柬埔寨	东盟 缅甸	最不发达国家 LDC1[③]	最不发达国家 LDC2[④]	最不发达国家 LDC3[⑤]
84799020	空气增湿器及减湿器零件																				0	0	0
84799090	品目84.79所列机器的其他零件																				0	0	0
84801000	金属铸造用型箱		0		5	0	0	0	0	2	0	7	4								0	0	0
84802000	型模底板		0		5	0	0	0	0	1.6	0	5.6	3.2								0	0	0
84803000	阳模		0	0	5	0	0	0	0	2	0	7	4								0	0	0
84804110	压铸模	5.6	0		5	0	0	0	0	1.6	0	6.4	3.2	0		0					0	0	0
84804120	粉末冶金用压模	5.6	0		5	0	0	0	0	1.6	0	6.4	3.2	0		0					0	0	0
84804190	其他金属、硬质合金用注模或压模	5.6	0		5	0	0	0	0	1.6	0	6.4	3.2	0		0					0	0	0
84804900	金属、硬质合金用其他型模	5.6	0		5	0	0	0	0	1.6	0	6.4	3.2								0	0	0
84805000	玻璃用型模		0		5	0	0	0	0	1.7	0	6.7	3.4								0	0	0
84806000	矿物材料用型模		0		5	0	0	0	0	1.7	0	5.8	3.4								0	0	0
84807110	硫化轮胎用囊式型模																				0	0	0
84807190	其他塑料或橡胶用注模或压模																				0	0	0
84807900	塑料或橡胶用其他型模	3.5	0		0	0	0	0	0	1		0	0	0		0					0	0	0
84811000	减压阀		0		0	0	0	0	0	3	0	4	0								0	0	0
84812010	油压传动阀		0		0	0	0	0	0	3	0	4	0			0					0	0	0
84812020	气压传动阀		0		0	0	0	0	0	3	0	4	0								0	0	0
84813000	止回阀		0		0	0	0	0	0	3	0	4	0			0					0	0	0
84814000	安全阀或溢流阀		0		0	0	0	0	0	1	0	4	0			0					0	0	0
84818021	电磁换向阀	4.9	0		0	0	0	0	0	4.2	0	5.6	2.8	0		0					0	0	0
84818029	其他换向阀	4.9	0		0	0	0	0	0	4.2	0	5.6	2.8	0		0					0	0	0
84818031	电子膨胀阀	4.9	0		0	0	0	0	0	1.4	0	5.6	2.8	0		0					0	0	0
84818039	其他流量阀	4.9	0		0	0	0	0	0	4.2	0	5.6	2.8	0		0					0	0	0
84818040	其他阀门	4.9	0		0	0	0	0	0	4.2	0	0	2.8	0		0					0	0	0
84818090	未列名龙头、旋塞及类似装置		0		0	0	0	0	0	1	0	2	0	0							0	0	0
84819010	阀门用零件		0		5	0	0	0	0	4.8	0	0	3.2			0					0	0	0
84819090	龙头、旋塞及类似装置的零件		0		5	0	0	0	0	1.6	0	3.2	3.2			0					0	0	0
84821010	调心球轴承	7.6	0	0	5	0	0	0	0	1.6	0	3.2	3.2	0							0	0	0
84821020	深沟球轴承	7.6	0	0	5	0	0	0	0	1.6	0	3.2	3.2	0							0	0	0
84821030	角接触轴承	7.6	0	0	5	0	0	0	0	1.6	0	3.2	3.2	0							0	0	0
84821040	推力球轴承	7.6	0	0	5	0	0	0	0	1.6	0	3.2	3.2	0							0	0	0
84821090	其他滚珠轴承	7.6	0	0	5	0	0	0	0	4.8	0	3.2	3.2	0							0	0	0
84822000	锥形滚子轴承		0		5	0	0	0	0	1.6	0	3.2	3.2								0	0	0
84823000	鼓形滚子轴承		0		5	0	0	0	0	1.6	0	3.2	3.2								0	0	0
84824000	滚针轴承		0		5	0	0	0	0	1.6		3.2	3.2			0					0	0	0
84825000	其他圆柱形滚子轴承		0	0	5	0	0	0	0	4.8	0	6.4	3.2								0	0	0
84828000	其他滚动轴承及球、柱混合轴承	5.6	0		5	0	0	0	0	4.8	0	6.4	3.2								0	0	0
84829100	滚珠、滚针及滚柱		0		5	0	0	0	0	1.6	0	3.2	3.2								0	0	0
84829900	滚动轴承的其他零件		0		5	0	0	0	0	3.6	0	0	2.4			0					0	0	0
84831011	船舶用柴油机曲轴	5.1	0		5	0	0	0	0	1.2	0	4.7	2.4	0	0						0	0	0
84831019	其他船舶用传动轴	5.1	0		5	0	0	0	0	1.2	0	4.8	2.4	0	0						0	0	0

税则号列	商品描述[①]	协定税率(%)															特惠税率(%)						
		亚太	东盟	新加坡	巴基斯坦	智利	新西兰	秘鲁	哥斯达黎加	瑞士	冰岛	韩国	澳大利亚	香港	澳门	台湾	亚太2国[②]	东盟			最不发达国家		
																		老挝	柬埔寨	缅甸	LDC1[③]	LDC2[④]	LDC3[⑤]
84831090	其他传动轴及曲柄	5.4	0		5	0	0	0	0	3.6	0	4.8	2.4	0	0						0	0	0
84832000	装有滚珠或滚子轴承的轴承座		0		5	0	0	0	0	3.6	0	2.4	2.4		0						0	0	0
84833000	未装滚珠或滚子轴承的轴承座		0		5	0	0	0	0	3.6	0	2.4	2.4		0						0	0	0
84834010	滚子螺杆传动装置	5.6	0		5	0	0	0	0	4.8	0	3.2	3.2	0	0	0					0	0	0
84834020	行星齿轮减速器	5.6	0		5	0	0	0	0	4.8	0	6.3	3.2	0	0						0	0	0
84834090	其他齿轮及齿轮传动装置	5.6	0		5	0	0	0	0	4.8	0	6.4	3.2	0	0	0					0	0	0
84835000	飞轮、滑轮及滑轮组		0		5	0	0	0	0	4.8	0	5.6	3.2		0						0	0	0
84836000	离合器及联轴器(包括万向节)		0		5	0	0	0	0	4.8	0	6.4	3.2		0						0	0	0
84839000	单独报验的带齿的轮及其他传动元件;零件		0		5	0	0	0	0	4.8	0	3.2	3.2	0	0	0					0	0	0
84841000	金属片密封垫或类似接合衬垫		0		5	0	0	0	0	4.8	0	6.4	3.2			0					0	0	0
84842000	机械密封件		0		5	0	0	0	0	4.8	0	6.4	3.2								0	0	0
84849000	其他材料制密封垫及类似接合衬垫		0		5	0	0	0	0	1.6	0	6.4	3.2								0	0	0
84861010	利用温度变化处理单晶硅的机器及装置																	0			0	0	0
84861020	制作单晶硅或晶圆的研磨设备																				0	0	0
84861030	制作单晶硅或晶圆的切割设备																				0	0	0
84861040	制作单晶硅或晶圆的化学机械抛光设备																				0	0	0
84861090	制作单晶硅或晶圆的其他设备																				0	0	0
84862010	制造半导体器件或集成电路用的热处理设备																	0			0	0	0
84862021	制造半导体器件或集成电路用的化学气相沉积装置																				0	0	0
84862022	制造半导体器件或集成电路用的物理气相沉积装置																				0	0	0
84862029	制造半导体器件或集成电路用的其他薄膜沉积设备																				0	0	0
84862031	制造半导体器件或集成电路用的分步重复光刻机																				0	0	0
84862039	制造半导体器件或集成电路用的其他光刻设备																				0	0	0
84862041	制造半导体器件或集成电路用的等离子体干法刻蚀机																				0	0	0
84862049	制造半导体器件或集成电路用的其他刻蚀及剥离设备																				0	0	0
84862050	制造半导体器件或集成电路用的离子注入机																				0	0	0
84862090	制造半导体器件或集成电路用的其他机器及装置																				0	0	0
84863010	制造平板显示器用的热处理设备																	0			0	0	0
84863021	制造平板显示器用的化学气相沉积装置																				0	0	0

税则号列	商品描述[①]	协定税率(%)															特惠税率(%)						
		亚太	东盟	新加坡	巴基斯坦	智利	新西兰	秘鲁	哥斯达黎加	瑞士	冰岛	韩国	澳大利亚	香港	澳门	台湾	亚太2国[②]	东盟			最不发达国家		
																		老挝	柬埔寨	缅甸	LDC1[③]	LDC2[④]	LDC3[⑤]
84863022	制造平板显示器用的物理气相沉积装置																				0	0	0
84863029	制造平板显示器用的其他薄膜沉积设备																				0	0	0
84863031	制造平板显示器用的分步重复光刻机																				0	0	0
84863039	制造平板显示器用的其他光刻设备																				0	0	0
84863041	制造平板显示器用的超声波清洗装置		0	0	5	0	0	0	0	2	0		4								0	0	0
84863049	制造平板显示器用的其他湿法蚀刻、显影、剥离、清洗装置																				0	0	0
84863090	制造平板显示器用的其他机器及装置																				0	0	0
84864010	专用于制作和修复掩膜版的装置																				0	0	0
84864021	专用于装配与封装半导体器件或集成电路的塑封机	3.8	0		0	0	0	0	0	0	0	4.7	0								0	0	0
84864022	专用于装配与封装半导体器件或集成电路的引线键合设备	6.3	0		5	0	0	0	0	4.8	0		3.2	0							0	0	0
84864029	专用于装配与封装半导体器件或集成电路的机器及装置																				0	0	0
84864031	集成电路工厂专用的自动搬运机器人																				0	0	0
84864039	其他集成电路或液晶显示屏工厂专用升降、装卸、搬运装置	3.5	0		0	0	0	0	0	1	0	4.1	0								0	0	0
84869010	升降、搬运、装卸机器用零件及附件(自动搬运设备用除外)	2.5	0		0	0	0	0	0	1	0	2	0								0	0	0
84869020	引线键合装置用零件及附件	4.3	0		5	0	0	0	0	1.2	0	2.4	2.4								0	0	0
84869091	带背板的溅射靶材组件																				0	0	0
84869099	其他半导体器件、集成电路、液晶显示器生产专用设备的零件及附件																				0	0	0
84871000	船用推进器及桨叶		0		5	0	0	0	0	1.2	0	4.8	2.4								0	0	0
84879000	本章其他编号未列名机器零件		0		5	0	0	0	0	4.8	0	5.6	3.2	0		0					0	0	0
85011010	输出功率≤37.5瓦的玩具电动机	23.3	0	0	23.3	0	0	4.9	0	14.7	0	20.8	9.8	0		0					0	0	
85011091	20毫米≤机座直径<39毫米的微电机	8.6	0	0	5	0	0	0	0	5.4	0	7.2	3.6	0							0	0	0
85011099	其他输出功率≤37.5瓦的微电机	8.6	0	0	5	0	0	0	0	5.4	0	7.2	3.6	0		0					0	0	0
85012000	输出功率>37.5瓦的交直流两用电动机		0	0	6	0	0	2.4	0	7.2	0	8.4	4.8								0	0	0
85013100	输出功率≤750瓦的直流电动机、发电机	11	0	0	6	0	0	0	0	2.4	0	9.4	4.8	0	0	0					0	0	0

税则号列	商品描述[①]	协定税率(%)															特惠税率(%)						
																		东盟			最不发达国家		
		亚太	东盟	新加坡	巴基斯坦	智利	新西兰	秘鲁	哥斯达黎加	瑞士	冰岛	韩国	澳大利亚	香港	澳门	台湾	亚太2国[②]	老挝	柬埔寨	缅甸	LDC1[③]	LDC2[④]	LDC3[⑤]
85013200	750瓦<输出功率≤75千瓦的直流电动机、发电机		0	0	5	0	0	0	0	2	0	7	4								0	0	0
85013300	75千瓦<输出功率≤375千瓦的直流电动机、发电机		0		0	0	0	0	0	0	0	2	0								0	0	0
85013400	输出功率>375千瓦的直流电动机、发电机		0	0	6	0	0	0	0	7.2	0	10.2	4.8								0	0	0
85014000	单相交流电动机		0	0	6	0	0	2.4	0	7.2	0	9.6	4.8								0	0	0
85015100	输出功率≤750瓦的多相交流电动机		0		0	0	0	0	0	1	0		0								0	0	0
85015200	750瓦<输出功率≤75千瓦的多相交流电动机		0	0	5	0	0	0	0	6	0	8.5	4								0	0	0
85015300	输出功率>75千瓦的多相交流电动机	11.4	0	0	6	0	0	0	0	7.2	0	9.6	4.8								0	0	0
85016100	输出功率≤75千伏安的交流发电机		0		0	0	0	0	0	0	0	3.5	0								0	0	0
85016200	75千伏安<输出功率≤375千伏安的交流发电机		0	0	6	0	0	2.4	0	7.2	0	10.2	4.8								0	0	0
85016300	375千伏安<输出功率≤750千伏安的交流发电机		0	0	6	0	0	2.4	0	7.2	0	10.2	4.8								0	0	0
85016410	750千伏安<输出功率<350兆伏安的交流发电机		0	0	5	0	0	2	0	2	0	8.5	4								0	0	0
85016420	350千伏安≤输出功率<665兆伏安的交流发电机		0		5	0	0	0	0	1.2	0	2.3	2.3								0	0	0
85016430	输出功率≥665兆伏安的交流发电机		0		5	0	0	0	0	1.2	0	2.4	2.4								0	0	0
85021100	输出功率≤75千伏安的柴油发电机组		0	0	5	0	0	0	0	2	0	7	4	0							0	0	0
85021200	75千伏安<输出功率≤375千伏安的柴油发电机组		0	0	5	0	0	2	0	2	0	8	4	0							0	0	0
85021310	375千伏安<输出功率≤2兆伏安的柴油发电机组	7	0	0	5	0	0	0	0	2	0	8.5	4	0							0	0	0
85021320	输出功率>2兆伏安的柴油发电机组	7	0	0	5	0	0	0	0	2	0	8.5	4	0							0	0	0
85022000	装有点燃式活塞发动机的发电机组		0	0	5	0	0	0	0	2	0	7	4								0	0	0
85023100	风力驱动的发电机组		0		5	0	0	0	0	1.6	0	6.4	3.2								0	0	0
85023900	其他发电机组		0		5	0	0	0	0	2	0	8	4								0	0	0
85024000	旋转式变流机		0		5	0	0	0	0	2	0	7	4								0	0	0
85030010	玩具用电动机微电机零件	11.4	0	0	6	0	0	2.4	0	7.2	0	9.4	4.8	0		0					0	0	0
85030020	输出功率>350兆伏安的交流发电机零件	2.5	0		0	0	0	0	0	1.8	0	0	0	0							0	0	0
85030030	风力驱动发电机组的零件	2.5	0		0	0	0	0	0	0	0	0	0	0							0	0	0
85030090	其他电动机、发电机(组)零件	7.6	0		5	0	0	0	0	4.8		3.2	3.2	0		0					0	0	0
85041010	电子镇流器		0	0	5	0	0	2	0	2	0	7	4		0						0	0	0

税则号列	商品描述①	协定税率(%)															特惠税率(%)						
		亚太	东盟	新加坡	巴基斯坦	智利	新西兰	秘鲁	哥斯达黎加	瑞士	冰岛	韩国	澳大利亚	香港	澳门	台湾	亚太2国②	东盟			最不发达国家		
																		老挝	柬埔寨	缅甸	LDC1③	LDC2④	LDC3⑤
85041090	其他放电灯或放电管用镇流器		0		5	0	0	2	0	2	0	7	4		0						0	0	0
85042100	额定容量≤650千伏安的液体介质变压器		0	0	5	0	0	2.1	0	6.3	0	7.3	4.2								0	0	0
85042200	650千伏安<额定容量≤10兆伏安的液体介质变压器		0	0	6.3	0	0	2.5	0	7.6	0	8.8	5								0	0	0
85042311	10兆伏安<额定容量≤220兆伏安的液体变压器	7	0		5	0	0	0	0		0	8	4								0	0	0
85042312	200兆伏安≤额定容量<330兆伏安的液体变压器	7	0		5	0	0	0	0	2	0	7	4								0	0	0
85042313	330兆伏安≤额定容量<400兆伏安的液体变压器	7	0		5	0	0	0	0	2	0	7	4								0	0	0
85042321	400兆伏安≤额定容量<500兆伏安的液体变压器	4.2	0		0	0	0	0	0	1.2	0	2.4	2.4								0	0	0
85042329	其他额定容量≥500兆伏安的液体变压器	4.2	0		0	0	0	0	0	1.2	0	2.4	2.4								0	0	0
85043110	额定容量≤1千伏安的互感器	4.3	0		0	0	0	0	0	1	0	0	0		0	0					0	0	0
85043190	额定容量≤1千伏安的其他变压器	4.3	0	0	0	0	0	0	0	1	0	0	0	0	0	0					0	0	0
85043210	1千伏安<额定容量≤16千伏安的互感器		0		0	0	0	0	0	0	0	4	0		0						0	0	0
85043290	1千伏安<额定容量≤16千伏安的其他变压器		0		0	0	0	0	0	1	0	2	0		0						0	0	0
85043310	16千伏安<额定容量≤500千伏安的互感器		0		0	0	0	0	0	1	0	4	0		0						0	0	0
85043390	其他16千伏安<额定容量≤500千伏安的变压器、静止式变流器(如整流器)及电感器		0		0	0	0	0	0	1	0	4	0		0						0	0	0
85043410	额定容量>500千伏的安互感器		0	0	11.2	0	0	0	0	2.8	0	11.2	5.6		0						0	0	
85043490	其他额定容量>500千伏安的变压器、静止式变流器(如整流器)及电感器		0	0	11.2	0	0	0	0	2.8	0	11.2	5.6		0						0	0	
85044013	品目84.71所列机器用的稳压电源																				0	0	0
85044014	功率<1千瓦的高精度直流稳压电源	5.6	0		5	0	0	0	0	4.2	0	5.6	2.8								0	0	0
85044015	功率<10千瓦高精度交流稳压电源																				0	0	0
85044019	其他稳压电源																				0	0	0
85044020	不间断供电电源(UPS)	7.1	0	0	5	0	0	0	0		0	8	4	0							0	0	0
85044030	逆变器		0	0	5	0	0	2	0	6	0	8	4	0	0						0	0	0
85044091	具有变流功能的半导体模块		0	0	5	0	0	2	0	6	0	4	4	0	0						0	0	0
85044099	其他未列名静止式变流器		0	0	5	0	0	2	0	6	0	8	4	0	0						0	0	0
85045000	其他电感器																				0	0	0
85049011	额定容量>400千伏安的液体介质变压器零件	3.8	0		0	0	0	0	0	3	0	4	0	0							0	0	0

税则号列	商品描述①	协定税率(%)															特惠税率(%)						
																		东盟			最不发达国家		
		亚太	东盟	新加坡	巴基斯坦	智利	新西兰	秘鲁	哥斯达黎加	瑞士	冰岛	韩国	澳大利亚	香港	澳门	台湾	亚太2国②	老挝	柬埔寨	缅甸	LDC1③	LDC2④	LDC3⑤
85049019	其他变压器零件	4.5	0		3.76875	0	0	0	0	4.8	0	6.4	3.2	0		0					0	0	0
85049020	稳压电源及不间断供电电源零件	5.6	0		5	0	0	0	0	4.8	0	6.4	3.2	0	0	0					0	0	0
85049090	其他静止式变流器及电感器零件	5.6	0		5	0	0	0	0	4.8	0	6.4	3.2	0	0	0					0	0	0
85051110	稀土的永磁铁及磁化后准备制永磁铁的物品		0		5	0	0	0	0	1.4	0	0	2.8			0					0	0	0
85051190	其他金属的永磁体及磁化后准备制永磁体的物品		0		5	0	0	0	0	1.4	0	0	2.8	0		0					0	0	0
85051900	非金属永磁体	6.7	0		5	0	0	0	0	1.4	0	4.9	2.8	0							0	0	0
85052000	电磁联轴节、离合器及制动器	7.6	0		5	0	0	0	0	1.6	0	6.4	3.2								0	0	0
85059010	电磁起重吸盘		0		5	0	0	0	0	1.6	0	3.2	3.2								0	0	0
85059090	电磁夹具等及品目85.02的零件	7.6	0		5	0	0	0	0	4.8	0	3.2	3.2								0	0	0
85061011	扣式碱性锌锰电池		0	0		0	0	4	0	12	0	17	8	0							0	0	
85061012	圆柱形碱性锌锰电池		0	0		0	0	4	0	12	0	17	8	0							0	0	
85061019	其他碱性锌锰电池		0	0		0	0	4	0	12	0		8	0							0	0	
85061090	二氧化锰的原电池及原电池组		0	0		0	0	4	0	12	0	17	8	0							0	0	
85063000	氧化汞的原电池及原电池组		0	0	11.2	0	0	0	0	8.4	0	9.8	5.6								0	0	
85064000	氧化银的原电池及原电池组		0	0	11.2	0	0	0	0	8.4	0	9.8	5.6								0	0	
85065000	锂的原电池及原电池组		0	0	11.2	0	0	0	0	8.4	0		5.6								0	0	
85066000	锌空气的原电池及原电池组		0	0	11.2	0	0	0	0		0	9.8	5.6								0	0	
85068000	其他原电池及原电池组		0	0	11.2	0	0	0	0	8.4	0	9.8	5.6	0							0	0	0
85069010	二氧化锰原电池或原电池组的零件		0	0	11.2	0	0	0	0	8.4	0		5.6								0	0	
85069090	其他原电池组或原电池组的零件		0	0	5	0	0	0	0	2	0	8.5	4								0	0	
85071000	启动活塞式发动机用铅酸蓄电池	6.9	0	0	5	0	0	2	0	2	0	8.5	4		0						0	0	
85072000	其他铅酸蓄电池	6.9	0	0	5	0	0	0	0	2	0	7	4		0						0	0	
85073000	镍镉蓄电池	8	0	0	5	0	0	0	0	2	0	7	4	0							0	0	
85074000	镍铁蓄电池	9.6	0	0	5	0	0	0	0	7.2	0	8.4	4.8								0	0	
85075000	镍氢蓄电池	9.6	0	0	5	0	0	0	0	7.2	0	8.4	4.8	0							0	0	
85076000	锂离子蓄电池	9.6	0	0	5	0	0	0	0	7.2	0	10.5	4.8	0		0					0	0	
85078030	全钒液流电池	9	0	0	5	0	0	0	0	7.2	0	8.4	4.8	0							0	0	
85078090	其他蓄电池	9	0	0	5	0	0	0	0	7.2	0	8.4	4.8	0							0	0	
85079010	铅酸蓄电池零件		0		5	0	0	0	0	2	0	7	4	0			5				0	0	
85079090	其他蓄电池零件		0		5	0	0	0	0	1.6	0	6.4	3.2	0			4				0	0	0
85081100	功率≤1500瓦,且带有容积≤20升的电动真空吸尘器	8.2	0	0	5	0	0	0	0	2	0	7	4	0		0					0	0	0
85081900	其他电动真空吸尘器																				0	0	0
85086000	其他真空吸尘器																				0	0	0
85087010	编号85081100所列电动真空吸尘器用零件		0	0	6	0	0	0	0	7.2	0	8.4	4.8	0							0	0	
85087090	其他真空吸尘器用零件																				0	0	0
85094010	水果或蔬菜榨汁机		0	0	5	0	0	0	0	2	0	8.5	4		0						0	0	
85094090	食品研磨机及搅拌器或果、菜榨汁器		0	0	5	0	0	0	0	0	0	7	4			0					0	0	

税则号列	商品描述[①]	协定税率(%)															特惠税率(%)						
		亚太	东盟	新加坡	巴基斯坦	智利	新西兰	秘鲁	哥斯达黎加	瑞士	冰岛	韩国	澳大利亚	香港	澳门	台湾	亚太2国[②]	东盟			最不发达国家		
																		老挝	柬埔寨	缅甸	LDC1[③]	LDC2[④]	LDC3[⑤]
85098010	地板打蜡机		0	0		0	0	6	0	20.1	0		12								0	0	
85098020	厨房废物处理器		0	0		0	0	4	0	12	0	17	8								0	0	
85098090	其他家用电动器具		0	0		0	0	6	0		0		12								0	0	
85099000	家用电动器具的零件		0	0	6	0	0	0	0	7.2	0	8.4	4.8	0							0	0	
85101000	电动剃须刀		0	0		0	0	6	0	20.1			12								0	0	
85102000	电动毛发推剪		0	0		0	0	6	0	20.1	0		12	0							0	0	
85103000	电动脱毛器		0	0		0	0	4	0	12	0	16	8		0						0	0	
85109000	品目85.10所列货品的零件		0	0		0	0	4.9	0	14.7	0	20.8	9.8								0	0	
85111000	火花塞		0	0	5	0	0	2	0	2	0	7	4								0	0	
85112010	车、船、飞机等用点火磁电机、永磁直流发电机、磁飞轮		0		0	0	0	0	0	0	0	2	0								0	0	0
85112090	其他点火磁电机、磁飞轮		0		5	0	0	0	0	2	0	7	4								0	0	0
85113010	分电器及点火线圈		0		0	0	0	0	0	0	0	2	0								0	0	0
85113090	其他用途用分电器、点火线圈		0		5	0	0	0	0	1.7	0	6.7	3.4								0	0	0
85114010	机车等用启动电机及两用启动发电机		0		0	0	0	0	0	0	0	3.5	0								0	0	0
85114091	输出功率≥132.39千瓦的启动电机		0		5	0	0	0	0	1.7	0	5.8	3.4								0	0	0
85114099	其他用途的启动电机		0		5	0	0	0	0	1.7	0	6.7	3.4								0	0	0
85115010	其他机车、航空器、船舶用发电机		0		0	0	0	0	0	0	0	3.5	0								0	0	0
85115090	其他附属于内燃发动机的发电机		0		5	0	0	0	0	1.7	0		3.4								0	0	0
85118000	发动机用电点火、启动的其他装置		0		5	0	0	0	0	1.7	0	5.8	3.4								0	0	0
85119010	机车、船、航空器用电点火、启动装置零件		0		0	0	0	0	0	0	0		0								0	0	0
85119090	其他用电点火、电启动装置的零件		0		0	0	0	0	0	0	0	3.5	0								0	0	0
85121000	自行车用照明或视觉信号装置		0	0	5	0	0	0	0	6.3	0	7.3	4.2								0	0	0
85122010	机动车辆用照明装置					0	0	0	0	2	0	8.5	4			0					0	0	0
85122090	其他机动车用照明或视觉信号装置					0	0	0	0	2	0	8.5	4								0	0	0
85123011	机动车辆用喇叭、蜂鸣器	8.5			8.5	0	0	0	0	2	0	8	4								0	0	0
85123012	防盗报警器	9	0		5	0	0	0	0	2	0	8	4								0	0	0
85123019	其他机动车辆用音响信号装置	8.5			8.5	0	0	0	0	2	0	8	4								0	0	0
85123090	其他车辆用音响信号装置	8.5			8.5	0	0	0	0	2	0		4								0	0	0
85124000	车辆风挡刮水器、除霜器及去雾器					0	0	0	0	2	0		4								0	0	0
85129000	品目85.12所列装置的零件		0		5	0	0	0	0	1.6	0	5.6	3.2			0					0	0	0
85131010	手电筒	13.2	0	0	7.5	0	0	3	0	9	0	10.5	6		0						0	0	0
85131090	其他自供能源手提式电灯		0	0	14	0	0	3.5	0	10.5	0	12.2	7		0						0	0	
85139010	手电筒零件		0	0	11.2	0	0	0	0	8.4	0	9.8	5.6	0	0						0	0	0
85139090	其他自供能源手提式电灯零件		0	0	11.2	0	0	0	0	8.4	0	9.8	5.6	0	0						0	0	
85141010	可控气氛热处理炉																				0	0	0

税则号列	商品描述①	协定税率(%)															特惠税率(%)						
		亚太	东盟	新加坡	巴基斯坦	智利	新西兰	秘鲁	哥斯达黎加	瑞士	冰岛	韩国	澳大利亚	香港	澳门	台湾	亚太2国②	东盟			最不发达国家		
																		老挝	柬埔寨	缅甸	LDC1③	LDC2④	LDC3⑤
85141090	工业、实验室用其他电阻加热炉及烘箱																				0	0	0
85142000	工业、实验室用通过感应或介质损耗工作的炉及烘箱																				0	0	0
85143000	工业、实验室用其他电炉及电烘箱																				0	0	0
85144000	其他通过感应或介质损耗工作的加热设备		0	0	5	0	0	0	0	2	0	4	4								0	0	0
85149010	炼钢电炉用零件		0		5	0	0	0	0	1.6	0	3.2	3.2								0	0	0
85149090	工业用电阻加热炉及烘箱等零件																				0	0	0
85151100	钎焊机器及装置用烙铁及焊枪		0	0	5	0	0	0	0	2	0	7	4								0	0	0
85151900	其他钎焊机器及装置		0	0	5	0	0	0	0	7.3	0		4								0	0	0
85152120	电阻焊接机器人		0	0	5	0	0	0	0		0	8.5	4	0							0	0	0
85152191	直缝焊管机		0		5	0	0	0	0	2	0	8.5	4	0							0	0	0
85152199	其他全自动或半自动电阻焊接机器及装置		0	0	5	0	0	0	0		0	8.5	4	0							0	0	0
85152900	其他电阻焊接机器及装置	9.5	0	0	5	0	0	0	0	2	0	8.5	4								0	0	0
85153120	电弧(包括等离子弧)焊接机器人					0	0	0	0	2	0	8.5	4								0	0	0
85153191	螺旋焊管机		0		5	0	0	0	0	2	0	7	4								0	0	0
85153199	其他全自动或半自动的电弧(包括等离子弧)焊接机器及装					0	0	0	0	2	0	8.5	4								0	0	0
85153900	其他电弧焊接机器及装置		0		5	0	0	0	0	2	0	7	4								0	0	0
85158010	激光焊接机器人	7.6	0		5	0	0	0	0	5.9	0	3.2	3.2	0		0					0	0	0
85158090	其他机器及装置	7.6	0		5	0	0	0	0	5.9	0	3.2	3.2	0		0					0	0	0
85159000	电气等焊接机器及装置零件	5.7	0		5	0	0	0	0	3.6	0	2.4	2.4	0							0	0	0
85161010	储存式电热水器		0	0	5	0	0	0	0	2	0	7	4								0	0	0
85161020	即热式电热水器		0	0	5	0	0	0	0	2	0	7	4								0	0	0
85161090	其他电热的快速热水器、浸入式液体加热器		0	0	5	0	0	0	0	2	0		4								0	0	0
85162100	电气储存式散热器		0	0		0	0	7	0	23.4	0		14		0	0					0	0	
85162910	电气土壤加热器		0		5	0	0	0	0	2	0	7	4	0	0						0	0	0
85162920	辐射式空间加热器		0	0	5	0	0	0	0	2	0	7	4	0	0						0	0	0
85162931	风扇式对流式空间加热器		0	0	5	0	0	0	0	2	0	7	4	0	0						0	0	0
85162932	充液式对流式空间加热器		0	0	5	0	0	0	0	2	0	7	4	0	0						0	0	0
85162939	其他对流式空间加热器		0	0	5	0	0	0	0	2	0	7	4	0	0						0	0	0
85162990	电气空间加热器		0	0	5	0	0	0	0	2	0	7	4	0	0						0	0	0
85163100	电吹风机		0	0	5	0	0	0	0	6	0	7	4		0						0	0	0
85163200	其他电热理发器具		0	0		0	0	7	0	23.4	0	29.7	14		0						0	0	
85163300	电热干手器		0	0		0	0	7	0	23.4	0		14		0						0	0	
85164000	电熨斗		0	0		0	0	7	0	21	0		14		0	0					0	0	
85165000	微波炉	13.5	0	0	7.5	0	0	3	0	9	0	10.5	6								0	0	
85166010	电磁炉		0	0	12	0	0	3	0	9	0	10.5	6		0						0	0	

税则号列	商品描述[①]	协定税率(%)															特惠税率(%)						
		亚太	东盟	新加坡	巴基斯坦	智利	新西兰	秘鲁	哥斯达黎加	瑞士	冰岛	韩国	澳大利亚	香港	澳门	台湾	亚太2国[②]	东盟			最不发达国家		
																		老挝	柬埔寨	缅甸	LDC1[③]	LDC2[④]	LDC3[⑤]
85166030	电饭锅		0	0	12	0	0	3	0	9	0	10.5	6		0	0					0	0	
85166040	电炒锅		0	0	12	0	0	3	0	9	0	10.5	6		0						0	0	
85166050	电烤箱		0		12	0	0	3	0	9	0	10.5	6		0	0					0	0	
85166090	其他电热炉		0	0	12	0	0	3	0	9	0	10.5	6		0						0	0	
85167110	滴液式咖啡机		0	0		0	0	6.4	0	6.4			12.8		0						0	0	
85167120	蒸馏渗滤式咖啡机		0	0		0	0	6.4	0	6.4			12.8		0						0	0	
85167130	泵压式咖啡机		0	0		0	0	6.4	0	6.4	0		12.8		0						0	0	
85167190	其他电热咖啡机或茶壶		0	0		0	0	6.4	0	6.4	0		12.8		0						0	0	
85167210	家用自动面包机		0	0		0	0	6.4	0	21.4			12.8		0	0					0	0	
85167220	片式烤面包机(多士炉)		0	0		0	0	6.4	0	21.4			12.8		0						0	0	
85167290	电热烤面包器		0	0		0	0	6.4	0	21.4			12.8		0						0	0	
85167910	电热饮水机		0	0		0	0	6.4	0	19.2			12.8		0						0	0	
85167990	其他电热器具		0	0		0	0	6.4	0				12.8	0	0						0	0	
85168000	加热电阻器		0	0	5	0	0	0	0	6	0	7	4								0	0	0
85169010	土壤加热器及加热电阻器零件		0		5	0	0	0	0	1.6	0	5.6	3.2	0							0	0	0
85169090	品目85.16所列货品的其他零件		0	0	6	0	0	0	0	2.4	0	8.4	4.8	0							0	0	0
85171100	无绳电话机																				0	0	0
85171210	手持(包括车载)式无线电话机																				0	0	0
85171220	对讲机																				0	0	0
85171290	用于蜂窝网络或无线网络的其他电话机																				0	0	0
85171800	其他电话机																				0	0	0
85176110	移动通信基站																				0	0	0
85176190	其他通信基站																				0	0	0
85176211	数字式局用电话交换机、长途电话交换机、电报交换机																				0	0	0
85176212	数字式移动通信交换机																				0	0	0
85176219	数字式其他电话交换机																				0	0	0
85176221	光端机及脉冲编码调制设备																				0	0	0
85176222	波分复用光传输设备																				0	0	0
85176229	其他光通讯设备																				0	0	0
85176231	通信网络时钟同步设备																				0	0	0
85176232	以太网络交换机																				0	0	0
85176233	IP电话信号交换机																				0	0	0
85176234	调制解调器																				0	0	0
85176235	集线器																				0	0	0
85176236	路由器																				0	0	0
85176237	有线网络接口卡																				0	0	0
85176239	其他有线数字通信设备																				0	0	0
85176292	无线网络接口卡																				0	0	0
85176293	无线接入固定台																				0	0	0
85176294	无线耳机																				0	0	0

税则号列	商品描述①	协定税率(%)															特惠税率(%)						
		亚太	东盟	新加坡	巴基斯坦	智利	新西兰	秘鲁	哥斯达黎加	瑞士	冰岛	韩国	澳大利亚	香港	澳门	台湾	亚太2国②	东盟			最不发达国家		
																		老挝	柬埔寨	缅甸	LDC1③	LDC2④	LDC3⑤
85176299	其他接收、转换并且发送或再生声音、图像或数据用的设备																				0	0	0
85176910	其他无线设备		0		0	0	0	0	0	1.8	0	3.6	3.6								0	0	0
85176990	其他有线设备																				0	0	0
85177010	数字式程控电话或电报交换机零件																				0	0	0
85177020	光端机、脉冲编码调制设备的零件																				0	0	0
85177030	手持式无线电话机用(天线除外)																				0	0	0
85177040	对讲机用(天线除外)	5.6	0		5	0	0	0	0	1.6	0	5.6	3.2	0							0	0	0
85177060	光通信设备的激光收发模块																				0	0	0
85177070	品目85.17所列设备用天线及其零件		0		0	0	0	0	0	0	0	0.8	0								0	0	0
85177090	发送或接收声音、图像或数据的设备用其他零件																				0	0	0
85181000	传声器(麦克风)及其座架		0	0	5	0	0	0	0	2	0	4	4	0		0					0	0	0
85182100	单喇叭音箱		0	0	5	0	0	0	0	2	0	7	4	0							0	0	0
85182200	多喇叭音箱		0	0	5	0	0	2	0	2	0	7	4	0							0	0	0
85182900	其他扬声器																				0	0	0
85183000	其他耳机、耳塞机																				0	0	0
85184000	音频扩大器		0	0	6	0	0	2.4	0	2.4	0	8.4	4.8	0		0					0	0	0
85185000	电气扩音机组		0	0	5	0	0	0	0	2	0	8.5	4								0	0	0
85189000	品目85.18所列货品的零件		0	0	5	0	0	0	0	6.3	0	9.2	4.2	0		0					0	0	0
85192000	用硬币、钞票、银行卡、代币使其工作的声音录放设备	16.4	0	0	16.4	0	0	4	0	12	0	16	8								0	0	
85193000	转盘(唱机唱盘)		0	0		0	0	6	0	20.1	0		12								0	0	
85195000	电话应答机																				0	0	0
85198111	不带录音功能的盒式磁带型声音重放装置,编辑节目用放声机除外		0	0	13.6	0	0	3.4	0	10.2	0	11.9	6.8								0	0	
85198112	装有声音重放装置的盒式磁带型录音机		0	0		0	0	6	0	20.1	0	25.5	12								0	0	
85198119	其他使用磁性媒体的声音录放机	12.3	0	0	16.4	0	0	4	0	12	0	16	8								0	0	
85198121	不带录音功能的激光唱机	19.5	0	0	19.5	0	0	6	0	20.1	0	25.5	12								0	0	
85198129	使用光学媒体的其他声音录放装置	12.3	0	0	12	0	0	4	0	12	0	16	8								0	0	
85198131	闪速存储器型声音录放机		0	0		0	0	4	0	12	0	17	8								0	0	
85198139	使用半导体媒体的其他声音录放装置	12.3	0	0	16.4	0	0	4	0	12	0	16	8								0	0	
85198910	不带录制装置的其他唱机,不论是否带有扬声器		0	0		0	0	6	0	20.1	0	25.5	12								0	0	
85198990	其他声音录制或重放设备	12.3	0	0	12	0	0	4	0	12	0	16	8								0	0	
85211011	广播级录像机	⑥	0	0	⑦	0	0	6	0	20.1	0	⑧	12								0	0	

税则号列	商品描述①	协定税率(%)															特惠税率(%)						
		亚太	东盟	新加坡	巴基斯坦	智利	新西兰	秘鲁	哥斯达黎加	瑞士	冰岛	韩国	澳大利亚	香港	澳门	台湾	亚太2国②	东盟			最不发达国家		
																		老挝	柬埔寨	缅甸	LDC1③	LDC2④	LDC3⑤
85211019	其他磁带录像机	18.3	0	0	⑨	0	0	6	0	20.1	0	⑧	12								0	0	
85211020	磁带放像机	⑩	0	0	⑪	0	0	6	0	20.1	0	⑧	12								0	0	
85219011	视频高密光盘机 VCD	12	0	0	12	0	0	4	0	12	0	16	8								0	0	
85219012	数字化视频光盘机 DVD	12	0	0	12	0	0	4	0	12	0	17	8								0	0	
85219019	其他激光视盘放像机	12	0	0	12	0	0	4	0	12	0	16	8								0	0	
85219090	其他视频信号录制或重放设备	12	0	0	12	0	0	4	0	12	0	17	8	0							0	0	
85221000	拾音头		0	0		0	0	7	0	23.4	0		14	0							0	0	
85229010	转盘或唱机用零附件	20	0	0	17.52	0	0	5	0	16.8	0	20	10	0							0	0	
85229021	录音机走带机构(机芯)	19.7	0	0	19.71	0	0	5	0	16.8	0	20	10	0							0	0	
85229022	磁头	19.7	0	0	19.71	0	0	5	0	16.8	0	19.7	10	0							0	0	
85229023	磁头零件	15.8	0	0	15.75	0	0	4	0	12	0	16	8	0							0	0	
85229029	盒式磁带录音机或放声机其他零件	23.6	0	0	23.58	0	0	6	0	20.1	0	23.7	12	0							0	0	
85229031	激光视盘机的机芯	21	0	0	18.41	0	0	6	0	20.1	0	23.7	12	0							0	0	
85229039	其他视频信号录放设备的零件附件	21	0	0	18.41	0	0	6	0		0	23.7	12	0							0	0	
85229091	车载音频转播器或发射器	16	0	0	14	0	0	4	0	12	0	16	8	0							0	0	0
85229099	声音录制或重放设备用其他零件	16	0	0	14	0	0	4	0	12	0	16	8	0							0	0	0
85232110	未录制的磁条卡		0	0	14	0	0	3.5	0	10.5	0	12.2	7	0	0						0	0	
85232120	已录制的磁条卡		0	0	12	0	0	3	0	9	0	10.5	6	0	0						0	0	
85232911	未录制磁盘																				0	0	0
85232919	已录制磁盘																				0	0	0
85232921	宽度≤4 毫米的未录制磁带																				0	0	0
85232922	4 毫米<宽度≤6.5 毫米的未录制磁带																				0	0	0
85232923	宽度>6.5 毫米的未录制磁带																				0	0	0
85232928	用于重放声音或图像信息的磁带		0	0	5	0	0	0	0	2	0	8	4	0							0	0	0
85232929	已录制其他信息的磁带																				0	0	0
85232990	其他磁性媒体																				0	0	0
85234100	未录制的光学媒体																				0	0	0
85234910	仅用于重放声音信息的光学媒体		0		5	0	0	0	0	2	0	7	4	0	0						0	0	
85234920	用于重放声音、图像以外信息的,品目 84.71 所列机器用的光学媒体																				0	0	0
85234990	其他已录制的光学媒体																				0	0	0
85235110	未录制信息的闪速存储器																				0	0	0
85235120	已录制信息的闪速存储器																				0	0	0
85235210	未录制内容的"智能卡"																				0	0	0
85235290	已录制内容的"智能卡"																				0	0	0
85235910	未录制信息的其他半导体媒体																				0	0	0
85235920	已录制信息的其他半导体媒体																				0	0	0
85238011	已录制的唱片		0	0	12	0	0	3	0	9	0	10.5	6		0						0	0	
85238019	未录制的唱片																				0	0	0

税则号列	商品描述①	协定税率(%)															特惠税率(%)					
		亚太	东盟	新加坡	巴基斯坦	智利	新西兰	秘鲁	哥斯达黎加	瑞士	冰岛	韩国	澳大利亚	香港	澳门	台湾	亚太2国②	东盟			最不发达国家		
																		老挝	柬埔寨	缅甸	LDC1③	LDC2④	LDC3⑤
85238021	品目84.71所列机器用未录制内容的其他媒体																				0	0	0
85238029	品目84.71所列机器用已录制内容的其他媒体																				0	0	0
85238091	其他未录制内容的媒体																				0	0	0
85238099	其他已录制内容的媒体																				0	0	0
85255000	广播电视发送设备																				0	0	0
85256010	卫星地面站设备																				0	0	0
85256090	其他装有接收装置的广播电视发送设备																				0	0	0
85258011	特种用途电视摄像机	7.5	0	0	5	0	0	0	0	2	0		4								0	0	
85258012	非特种用途的广播级电视摄像机	24.8	0	0	⑫	0	0	7	0	25.7	0		14								0	0	
85258013	非特种用途的其他电视摄像机	24.8	0	0	⑫	0	0	7	0	26.6	0	⑬	14	0	0	0					0	0	
85258021	特种用途的数字照相机																				0	0	0
85258022	非特种用途的单反数字照相机																				0	0	0
85258025	非特种用途的其他可换镜头的数字照相机																				0	0	0
85258029	非特种用途的其他数字照相机																				0	0	0
85258031	特种用途的视频摄录一体机																				0	0	0
85258032	非特种用途的广播级视频摄录一体机																				0	0	0
85258033	非特种用途的家用视频摄录一体机																				0	0	0
85258039	非特种用途的其他视频摄录一体机																				0	0	0
85261010	导航用雷达设备		0		0	0	0	0	0	0	0	1.6	0								0	0	
85261090	其他雷达设备		0		0	0	0	0	0	0	0	4	0								0	0	
85269110	机动车辆用		0		0	0	0	0	0	0	0	0	0								0	0	
85269190	其他无线电导航设备		0		0	0	0	0	0	1.2	0	1.4	0								0	0	
85269200	无线电遥控设备		0		0	0	0	0	0	0	0	3.5	0								0	0	
85271200	不需外接电源袖珍盒式磁带收放机		0	0		0	0	4	0	12	0	16	8								0	0	
85271300	不需外接电源收录(放)音组合机		0	0	12	0	0	3	0	9	0	10.5	6								0	0	
85271900	不需外接电源无线电收音机		0	0	12	0	0	3	0	9	0	12	6								0	0	
85272100	需外接电源汽车收录(放)音组合机		0	0	12	0	0	3	0	9	0	12	6								0	0	
85272900	需外接电源汽车用无线电收音机		0	0	12	0	0	3	0	9	0	12	6								0	0	
85279100	其他收录(放)音组合机		0	0	12	0	0	3	0	9	0	10.5	6								0	0	
85279200	带时钟的收音机		0	0	12	0	0	3	0	9	0	10.5	6								0	0	
85279900	其他收音机		0	0		0	0	5.4	0	18.1	0	22.9	10.8								0	0	
85284200	可直接连接且设计用于于品目84.71的自动数据处理设备的阴极射线管监视器																				0	0	0

税则号列	商品描述[①]	协定税率(%)															特惠税率(%)						
		亚太	东盟	新加坡	巴基斯坦	智利	新西兰	秘鲁	哥斯达黎加	瑞士	冰岛	韩国	澳大利亚	香港	澳门	台湾	亚太2国[②]	东盟 老挝	东盟 柬埔寨	东盟 缅甸	最不发达国家 LDC1[③]	最不发达国家 LDC2[④]	最不发达国家 LDC3[⑤]
85284910	其他彩色阴极射线管监视器	19.5	0	0	19.5	0	0	6	0	18	0	25.5	12		0						0	0	
85284990	单色的阴极射线管监视器	11.4	0	0	11.36	0	0	3.8	0	11.4	0	13.3	7.6		0						0	0	
85285211	专用于或主要用于品目84.71的自动数据处理系统的液晶监视器																				0	0	0
85285212	其他彩色液晶监视器,可直接连接且设计用于品目84.71的自动数据处理设备的	26	0	0	26	0	0	6			0	23.7	12	0	0						0	0	
85285219	其他单色液晶监视器,可直接连接且设计用于品目84.71的自动数据处理设备的	15.2	0	0	15.2	0	0	3.8	0	11.4	0		7.6	0	0						0	0	
85285291	其他监视器,专用于或主要用于品目84.71的自动数据处理系统的																				0	0	0
85285292	其他彩色监视器	26	0	0	26	0	0	6			0	23.7	12	0	0						0	0	
85285299	其他单色监视器	15.2	0	0	15.2	0	0	3.8	0	11.4	0		7.6	0	0						0	0	
85285910	其他彩色监视器	26	0	0	26	0	0	6			0	23.7	12	0	0						0	0	
85285990	单色的其他监视器	15.2	0	0	15.2	0	0	3.8	0	11.4	0		7.6	0	0						0	0	
85286210	专用于或主要用于品目84.71的自动数据处理系统的投影机																				0	0	0
85286220	其他投影机,彩色的	25.5	0	0	25.5	0	0	6	0		0	23.7	12	0	0						0	0	
85286290	其他投影机,单色的		0	0	12	0	0	3	0	9	0		6		0						0	0	
85286910	其他彩色投影机	25.5	0	0	25.5	0	0	6	0		0	23.7	12	0	0						0	0	
85286990	单色的其他投影机		0	0	12	0	0	3	0	9	0		6		0						0	0	
85287110	不带显示屏的彩色卫星电视接收机	24			20	0	0		0		0		12								0		
85287180	不带显示屏的其他彩色电视接收机	21	0	0	17.5	0	0		0		0		12								0		
85287190	单色的不带视频显示器的电视接收机		0	0	12	0	0	3	0	9	0	10.5	6		0						0	0	
85287211	其他彩色模拟电视接收机,带阴极射线显像管的	21			21	0	0		0	20.1	0		12								0		
85287212	其他彩色数字电视接收机,带阴极射线显像管的	21			21	0	0		0	20.1	0		24								0		
85287219	其他彩色电视接收机,带阴极射线显像管的	21			21	0	0		0	20.1	0		12								0		
85287221	其他彩色模拟电视接收机,带液晶显示器的	21	20		21	0	0				0		12		0						0		
85287222	其他彩色数字电视接收机,带液晶显示器的	21	20		21	0	0				0	24.6	24								0		
85287229	其他彩色电视接收机,带液晶显示器的	21	20		21	0	0				0		12		0						0		
85287231	其他彩色模拟电视接收机,带等离子显示器的	21	20		21	0	0				0		12		0						0		
85287232	其他彩色数字电视接收机,带等离子显示器的	21	20		21	0	0				0		24								0		

税则号列	商品描述①	协定税率(%)															特惠税率(%)						
		亚太	东盟	新加坡	巴基斯坦	智利	新西兰	秘鲁	哥斯达黎加	瑞士	冰岛	韩国	澳大利亚	香港	澳门	台湾	亚太2国②	东盟			最不发达国家		
																		老挝	柬埔寨	缅甸	LDC1③	LDC2④	LDC3⑤
85287239	其他彩色电视接收机,带等离子显示器的	21	20		21	0	0				0	24.6	12		0						0		
85287291	其他彩色模拟电视接收机	21	20		21	0	0	6	0		0		12								0	0	
85287292	其他彩色数字电视接收机	21	20		21	0	0				0		24								0		
85287299	其他彩色电视接收机	21	20		21	0	0		0		0		12								0		
85287300	其他单色的电视接收装置		0	0	12	0	0	3	0	9	0	10.5	6		0						0	0	
85291010	雷达及无线电导航设备天线及零件		0		0	0	0	0	0	0	0	1	0	0							0	0	
85291020	收音机、电视机天线及其零件																				0	0	0
85291090	其他无线电设备天线及其零件		0		0	0	0	0	0	0	0	0	0								0	0	
85299010	电视发送、差转等设备零件																				0	0	0
85299041	特种用途电视摄像机、静像视频摄像机及其他视频摄录一体机、数字相机零件	6.8	0		5	0	0	0	0	1.6	0	6.3	3.2	0							0	0	
85299042	非特种用途的取像模块	10.8	0	0	5	0	0	2.4	0	7.2	0	8.4	4.8	0		0					0	0	
85299049	其他电视摄像机、静像视频摄像机及其他视频摄录一体机、数字相机零件	10.8	0	0	5	0	0	0	0	7.2	0	9.6	4.8	0		0					0	0	
85299050	雷达及无线电导航设备零件	1.4	0		0	0	0	0	0	0	0	1	0								0	0	
85299060	收音机及其组合机的其他零件	12	0	0	7.5	0	0	3	0	9	0	10.5	6	0							0	0	0
85299081	彩色电视接收机用(等离子显像组件及其零件、有机发光二极管显示屏除外)	12	0	0	7.5	0	0	3		9	0		6								0	0	
85299082	等离子显像组件及其零件	12	0		7.5	0	0			9	0	13.2	6										
85299083	有机发光二极管显示屏	12	0	0	7.5	0	0	3		9	0										0	0	
85299089	其他电视机零件																				0	0	0
85299090	品目85.25至85.28所列设备的零件																				0	0	0
85301000	铁道或电车道用电气信号等设备		0		5	0	0	0	0	2	0	7	4								0	0	
85308000	其他用电气信号、安全、交通设备		0		5	0	0	0	0	1.6	0	5.6	3.2								0	0	0
85309000	品目85.30所列设备的零件		0		5	0	0	0	0	1.6	0	5.6	3.2								0	0	0
85311000	防盗或防火报警器及类似装置		0	0	5	0	0	0	0	2	0	7	4	0							0	0	0
85312000	有液晶装置或发光管的显示板																				0	0	0
85318010	蜂鸣器		0	0	12	0	0	3	0	9	0	10.5	6	0							0	0	
85318090	其他电气音响或视觉信号装置		0	0	5	0	0	0	0	2	0	7	4	0							0	0	
85319010	防盗、防火及类似装置用零件																				0	0	0
85319090	其他音响或视觉信号装置用零件																				0	0	0
85321000	固定电容器(电力电容器)																				0	0	0
85322110	片式钽电容器																				0	0	0
85322190	其他钽电容器																				0	0	0
85322210	片式铝电解电容器																				0	0	0
85322290	其他铝电解电容器																				0	0	0
85322300	单层瓷介电容器																				0	0	0
85322410	片式多层瓷介电容器																				0	0	0

税则号列	商品描述[①]	协定税率(%)															特惠税率(%)						
		亚太	东盟	新加坡	巴基斯坦	智利	新西兰	秘鲁	哥斯达黎加	瑞士	冰岛	韩国	澳大利亚	香港	澳门	台湾	亚太2国[②]	东盟			最不发达国家		
																		老挝	柬埔寨	缅甸	LDC1[③]	LDC2[④]	LDC3[⑤]
85322490	其他多层瓷介电容器																				0	0	0
85322510	片式纸介质或塑料介质电容器																				0	0	0
85322590	其他纸介质或塑料介质电容器																				0	0	0
85322900	其他固定电容器																				0	0	0
85323000	其他可变或可调(微调)电容器																				0	0	0
85329010	编号85321000所列电容器零件																				0	0	0
85329090	其他电容器零件																				0	0	0
85331000	合成或薄膜式固定碳质电阻器																				0	0	0
85332110	额定功率≤20瓦片式固定电阻器																				0	0	0
85332190	额定功率≤20瓦其他固定电阻器																				0	0	0
85332900	其他额定功率>20瓦固定电阻器																				0	0	0
85333100	额定功率≤20瓦线绕可变电阻器																				0	0	0
85333900	额定功率>20瓦电位器																				0	0	0
85334000	其他可变电阻器																				0	0	0
85339000	各种电阻器零件																				0	0	0
85340010	四层以下的印刷电路																				0	0	0
85340090	四层及以上的印刷电路																				0	0	0
85351000	电路熔断器(电压>1000伏)		0	0	11.2	0	0	0	0	8.4	0	9.8	5.6								0	0	
85352100	电压<72.5千伏的自动断路器		0	0	11.2	0	0	0	0	2.8	0	9.8	5.6								0	0	
85352910	用于72.5千伏≤电压≤220千伏的线路的自动断路器		0		5	0	0	0	0	2	0	9.8	4								0	0	0
85352920	用于220千伏<电压≤750千伏的线路的自动断路器		0		5	0	0	0	0	2	0	9.8	4								0	0	0
85352990	其他电压≥72.5千伏的自动断路器		0		5	0	0	0	0	2	0	7	4								0	0	0
85353010	用于72.5千伏≤电压≤220千伏的线路的隔离开关及断续开关		0		5	0	0	0	0	6.7	0	7	4								0	0	0
85353020	用于220千伏<电压≤750千伏的线路的隔离开关及断续开关		0		5	0	0	0	0	6.7	0	7	4								0	0	0
85353090	其他隔离开关及断续开关		0		5	0	0	0	0	6.7	0	7	4								0	0	0
85354000	避雷器、电压限幅器及电涌抑制器		0	0		0	0	3.6	0	10.8	0	12.6	7.2	0							0	0	
85359000	其他>1000伏的电路开关等电气装置	9.5	0	0	5	0	0	2	0	6	0	8.5	4	0							0	0	0
85361000	熔断器(电压≤1000伏)		0	0	5	0	0	0	0	6	0		4	0		0					0	0	0
85362000	电压≤1000伏的自动断路器		0		5	0	0	0	0	5.4	0	3.6	3.6	0							0	0	0
85363000	电压≤1000伏的其他电路保护装置		0		5	0	0	0	0	1.8	0	7.2	3.6	0							0	0	0
85364110	用于电压≤36伏线路的继电器		0	0	5	0	0	0	0	2	0	8	4								0	0	0
85364190	用于36伏<电压≤60伏线路的继电器		0	0	5	0	0	0	0	2	0	8.5	4								0	0	0

税则号列	商品描述①	协定税率(%)															特惠税率(%)						
		亚太	东盟	新加坡	巴基斯坦	智利	新西兰	秘鲁	哥斯达黎加	瑞士	冰岛	韩国	澳大利亚	香港	澳门	台湾	亚太2国②	东盟 老挝	东盟 柬埔寨	东盟 缅甸	最不发达国家 LDC1③	最不发达国家 LDC2④	最不发达国家 LDC3⑤
85364900	电压>60 伏的继电器		0	0	5	0	0	2	0	2	0	8	4	0							0	0	0
85365000	电压≤1000 伏的其他开关																				0	0	0
85366100	电压≤1000 伏的灯座		0	0	5	0	0	0	0	2	0	8	4								0	0	0
85366900	电压≤1000 伏的插头及插座																				0	0	0
85367000	光导纤维、光导纤维束或光缆用连接器		0		5	0	0	0	0	4.8	0		3.2	0	0						0	0	0
85369011	工作电压不超过 36 伏的接插件																				0	0	0
85369019	其他接插件																				0	0	0
85369090	其他电路的开关、保护或连接用的电气装置																				0	0	0
85371011	可编程序控制器	2.5	0		0	0	0	0	0	3	0	3.5	0	0		0					0	0	0
85371019	其他数控装置	2.5	0		0	0	0	0	0	3.4	0	3.5	0	0		0					0	0	0
85371090	其他电力控制或分配的装置	4.2	0		0	0	0	0	0	5.6	0	6.7	3.4	0	0						0	0	0
85372010	电压≥500 千伏的高压开关装置	4.2	0		0	0	0	0	0	5.6	0	6.7	3.4								0	0	0
85372090	其他电力控制或分配装置	4.2	0		0	0	0	0	0	1.7	0	6.7	3.4	0							0	0	0
85381010	编号 85372010 所列装置的零件	4.2	0		0	0	0	0	0	1.7	0	5.8	3.4								0	0	0
85381090	品目 85.37 货品用的其他盘、板等	3.5	0		0	0	0	0	0	4.2	0	4.9	2.8								0	0	0
85389000	品目 85.35、85.36 或 85.37 装置的零件		0		5	0	0	0	0	5.1	0	0	2.8	0		0					0	0	0
85391000	封闭式聚光灯		0		5	0	0	0	0	2	0	7	4								0	0	0
85392110	科研、医疗专用卤钨灯		0		5	0	0	0	0	1.6	0	3.2	3.2								0	0	0
85392120	火车、航空器及船舶用卤钨灯		0		5	0	0	0	0	1.6	0	5.6	3.2								0	0	0
85392130	机动车辆用卤钨灯		0		5	0	0	0	0	2	0	8.5	4								0	0	0
85392190	其他卤钨灯		0	0		0	0	0	0	6.3	0	7.3	4.2								0	0	0
85392210	科研、医疗用功率≤200 瓦的白炽灯泡		0	0	5	0	0	0	0	6.3	0		4.2								0	0	0
85392290	其他用功率≤200 瓦白炽灯泡		0		0	0	0	0	0	0	0	2	0								0	0	0
85392910	科研、医疗专用其他白炽灯泡		0		0	0	0	0	0	0	0	2	0								0	0	0
85392920	火车、航空及船舶用其他白炽灯泡		0	0	5	0	0	0	0	6.3	0	7.3	4.2								0	0	0
85392930	机动车辆用其他白炽灯泡		0		0	0	0	0	0	0	0	4	0								0	0	0
85392991	电压≤12 伏的未列名的白炽灯泡		0	0	6	0	0	0	0	7.2	0	8.4	4.8	0							0	0	0
85392999	其他未列名的白炽灯泡		0	0	6	0	0	0	0	7.2	0	8.4	4.8								0	0	0
85393110	科研、医疗专用热阴极荧光灯		0		5	0	0	0	0	1.6	0		3.2								0	0	0
85393120	火车、航空器、船舶用热阴极荧光灯		0		5	0	0	0	0	1.6	0		3.2								0	0	0
85393191	紧凑型荧光灯		0		5	0	0	0	0	1.6	0	3.2	3.2								0	0	0
85393199	其他热阴极荧光灯		0		5	0	0	0	0	1.6	0	3.2	3.2								0	0	0
85393230	钠蒸气灯		0		5	0	0	0	0	1.6	0	5.6	3.2								0	0	0
85393240	汞蒸气灯		0		5	0	0	0	0	1.6	0	5.6	3.2								0	0	0
85393290	金属卤化物灯		0		5	0	0	0	0	1.6	0	3.2	3.2								0	0	0

税则号列	商品描述①	协定税率(%)															特惠税率(%)						
		亚太	东盟	新加坡	巴基斯坦	智利	新西兰	秘鲁	哥斯达黎加	瑞士	冰岛	韩国	澳大利亚	香港	澳门	台湾	亚太2国②	东盟			最不发达国家		
																		老挝	柬埔寨	缅甸	LDC1③	LDC2④	LDC3⑤
85393910	科研、医疗专用其他放电灯		0		5	0	0	0	0	1.6	0		3.2								0	0	0
85393920	火车、航空器、船舶用其他放电灯		0		5	0	0	0	0	1.6	0		3.2								0	0	0
85393990	其他用途的其他放电灯管		0		5	0	0	0	0	1.6	0	6.4	3.2		0	0					0	0	0
85394100	弧光灯		0		5	0	0	0	0	1.6	0		3.2								0	0	0
85394900	紫外线或红外线灯		0		5	0	0	0	0	1.6	0		3.2								0	0	0
85395000	发光二极管(LED)灯泡(管)		0	0	5	0	0	0	0	2	0	4	4	0	0						0	0	0
85399000	品目85.39所列货品的零件		0		5	0	0	0	0	1.6	0		3.2			0					0	0	0
85401100	彩色阴极射线电视显像管		0	0	6	0	0	0	0	7.2	0	9.6	4.8								0	0	
85401200	黑白或单色阴极射线电视显像管		0	0	12	0	0	3	0	9	0	10.5	6								0	0	
85402010	电视摄像管		0	0	6	0	0	0	0	7.2	0	8.4	4.8								0	0	
85402090	变像管、图像增强管及光阴极管		0		5	0	0	0	0	1.6	0	3.2	3.2								0	0	0
85404010	彩色的数据/图形显示管,屏幕荧光点间距<0.4毫米		0		5	0	0	0	0	1.6	0	3.2	3.2	0							0	0	0
85404020	单色的数据/图形显示管		0		5	0	0	0	0	1.6	0	3.2	3.2								0	0	0
85406010	雷达显示管		0		5	0	0	0	0	1.2	0	2.4	2.4								0	0	0
85406090	其他阴极射线管		0		5	0	0	0	0	1.6	0	3.2	3.2								0	0	0
85407100	磁控管		0		5	0	0	0	0	1.6	0	6.4	3.2								0	0	0
85407910	调速管		0		5	0	0	0	0	1.6	0	3.2	3.2								0	0	
85407990	其他微波管		0		5	0	0	0	0	1.6	0	3.2	3.2								0	0	0
85408100	接收管或放大管		0		5	0	0	0	0	1.6	0		3.2								0	0	0
85408900	其他电子管		0		5	0	0	0	0	1.6	0	3.2	3.2			0					0	0	0
85409110	电视显像管零件		0		5	0	0	0	0	1.2	0	2.4	2.4								0	0	0
85409120	雷达显示管零件		0		0	0	0	0	0	0	0	2	0								0	0	0
85409190	其他阴极射线管零件		0		5	0	0	0	0	1.6	0		3.2								0	0	0
85409910	电视摄像管零件		0		5	0	0	0	0	1.6	0	3.2	3.2								0	0	0
85409990	其他热电子管、冷阴极管零件		0		5	0	0	0	0	1.6	0		3.2								0	0	0
85411000	二极管																				0	0	0
85412100	耗散功率<1瓦的晶体管																				0	0	0
85412900	耗散功率≥1瓦的晶体管																				0	0	0
85413000	半导体及可控硅等开关元件																				0	0	0
85414010	发光二极管																				0	0	0
85414020	太阳能电池																				0	0	0
85414090	其他光敏半导体器件,包括不论是否装在组件内或组装成块的光电池																				0	0	0
85415000	其他半导体器件																				0	0	0
85416000	已装配的压电晶体																				0	0	0
85419000	品目85.41所列货品零件																				0	0	0
85423111	多元件集成电路,具有变流功能的半导体模块		0	0	5	0	0	2	0	6	0	4	4	0	0						0	0	0

税则号列	商品描述[①]	协定税率(%)															特惠税率(%)						
		亚太	东盟	新加坡	巴基斯坦	智利	新西兰	秘鲁	哥斯达黎加	瑞士	冰岛	韩国	澳大利亚	香港	澳门	台湾	亚太2国[②]	东盟			最不发达国家		
																		老挝	柬埔寨	缅甸	LDC1[③]	LDC2[④]	LDC3[⑤]
85423119	其他多元件集成电路,集成电路处理器及控制器,不论是否带有存储器、转换器、逻辑电路、放大器、时钟及时序电路或其他电路	2.4	0	0	2.1	0	0	0	0	2	0	2.3	4	0							0	0	0
85423190	其他集成电路处理器及控制器,不论是否带有存储器、转换器、逻辑电路、放大器、时钟及时序电路或其他电路																				0	0	0
85423210	多元件集成电路存储器	2.6	0	0	2.1	0	0	0	0	2	0	2.3	4	0							0	0	0
85423290	其他集成电路存储器																				0	0	0
85423310	多元件集成电路放大器	2.6	0	0	2.1	0	0	0	0	2	0	2.3	4	0							0	0	0
85423390	其他集成电路放大器																				0	0	0
85423910	其他,多元件集成电路	2.6	0	0	2.1	0	0	0	0	2	0	2.3	4	0							0	0	0
85423990	其他集成电路																				0	0	0
85429000	集成电路的零件																				0	0	0
85431000	其他粒子加速器		0		0	0	0	0	0	0	0	3.5	0								0	0	0
85432010	输出信号频率<1500兆赫兹的通用信号发生器		0	0	12	0	0	3	0	9	0		6			0					0	0	
85432090	输出信号频率≥1500兆赫兹的通用信号发生器		0		5	0	0	0	0	1.6	0	3.2	3.2			0					0	0	0
85433000	电镀、电介或电泳设备及装置																				0	0	0
85437091	金属、矿藏探测器																				0	0	0
85437092	高、中频放大器																				0	0	0
85437093	电篱网激发器		0	0	5	0	0	0	0	2	0	7	4								0	0	0
85437099	未列名的电气设备及装置																				0	0	0
85439010	粒子加速器用零件																				0	0	0
85439021	输出信号频率<1500兆赫通用信号发生器零件																				0	0	0
85439029	输出信号频率≥1500兆赫通用信号发生器零件																				0	0	0
85439030	金属、矿藏探测器用零件																				0	0	0
85439040	高、中频放大器用零件																				0	0	0
85439090	第八十五章其他未列名电气设备的零件																				0	0	0
85441100	铜制绕组电线	7	0	0	5	0	0	0	0	6	0	8	4	0	0	0					0	0	0
85441900	其他绕组电线		0	0		0	0	4	0	12	0	17	8								0	0	
85442000	同轴电缆及其他同轴电导体	9	0	0	5	0	0	2	0	7.3	0	7	4			0					0	0	0
85443020	机动车辆用点火布线组及其他布线组					0	0	0	0	2	0	8	4								0	0	0
85443090	车辆用点火布线组					0	0	0	0	1	0	4	0								0	0	0
85444211	耐压≤80伏有接头电缆																				0	0	0
85444219	耐压≤80伏有接头电导体																				0	0	0
85444221	80伏<耐压≤1000伏有接头电缆																				0	0	0

税则号列	商品描述①	协定税率(%) 亚太	东盟	新加坡	巴基斯坦	智利	新西兰	秘鲁	哥斯达黎加	瑞士	冰岛	韩国	澳大利亚	香港	澳门	台湾	特惠税率(%) 亚太2国②	东盟 老挝	东盟 柬埔寨	东盟 缅甸	最不发达国家 LDC1③	LDC2④	LDC3⑤
85444229	80伏<耐压≤1000伏有接头电导体																				0	0	0
85444911	耐压≤80伏无接头电缆																				0	0	0
85444919	耐压≤80伏无接头电导体																				0	0	0
85444921	80伏<耐压≤1000伏的无接头电缆	4.2	0		0	0	0	0	0	3.6	0	4.7	2.4	0							0	0	0
85444929	80伏<耐压≤1000伏的无接头电导体	8.4	0	0	5	0	0	0	0	7.2	0	4.8	4.8	0	0	0					0	0	0
85446012	额定电压≤35千伏的电缆	8.9	0	0	5	0	0	0	0	6	0	7	4	0							0	0	0
85446013	35千伏<额定电压≤110千伏的电缆	8	0		5	0	0	0	0	1.7	0	5.8	3.4	0							0	0	0
85446014	110千伏<额定电压≤220千伏的电缆	8	0		5	0	0	0	0	1.7	0	3.3	3.4	0							0	0	0
85446019	其他额定电压>1000伏的电缆	8	0		5	0	0	0	0		0	6.6	3.4	0							0	0	0
85446090	耐压>1000伏的其他电导体	20	0	0	20	0	0	4.2	0	4.2	0	17.8	8.4	0							0	0	
85447000	光缆																				0	0	0
85451100	炉用碳电极		0		5	0	0	0	0	1.6	0	5.6	3.2								0	0	0
85451900	其他碳电极		0	0	5	0	0	0	0	6.3	0	7.3	4.2								0	0	0
85452000	碳刷		0	0	5	0	0	0	0	6.3	0	7.3	4.2								0	0	0
85459000	灯碳棒、电池碳棒及其他石墨制品		0	0	5	0	0	0	0	6.3	0	7.3	4.2								0	0	0
85461000	玻璃制绝缘子		0	0	5	0	0	0	0	6.3	0	7.3	4.2								0	0	0
85462010	输变电线路绝缘瓷套管		0		5	0	0	0	0	3.6	0	4.2	2.4								0	0	0
85462090	其他陶瓷制绝缘子		0	0	6	0	0	2.4	0	7.2	0	8.4	4.8								0	0	0
85469000	其他材料制绝缘子		0	0	5	0	0	0	0	6	0	7	4								0	0	0
85471000	陶瓷制绝缘零件		0		5	0	0	0	0	4.8	0	6.4	3.2	0							0	0	0
85472000	塑料制绝缘零件		0		5	0	0	0	0	4.8	0	6.4	3.2	0							0	0	0
85479010	内衬绝缘材料的贱金属导管及其接头		0	0	5	0	0	0	0	0	0	7	4								0	0	0
85479090	其他材料制绝缘配件		0		5	0	0	0	0	0	0	3.2	3.2								0	0	0
85481000	电池废碎料及废电池		0		5	0	0	0	0	1.6	0	3.2	3.2				4				0	0	0
85489000	八十五章其他未列名的电气零件		0	0	6	0	0	0	0	7.2	0	10.2	4.8								0	0	
86011011	微机控制的外部直流电动铁道机车		0		0	0	0	0	0	0	0	0	0								0	0	0
86011019	由外部直流电驱动的其他铁道机车		0		0	0	0	0	0	0	0	0	0								0	0	0
86011020	由外部交流电驱动的铁道机车		0		0	0	0	0	0	0	0	0	0								0	0	0
86011090	由其他外部电力驱动的铁道机车		0		0	0	0	0	0	0	0	0	0								0	0	0
86012000	由蓄电池驱动的铁道电力机车		0		0	0	0	0	0	0	0	0	0								0	0	0
86021010	微机控制的柴油电力铁道机车		0		0	0	0	0	0	0	0	0	0								0	0	0
86021090	其他柴油电力铁道机车		0		0	0	0	0	0	0	0	0	0								0	0	0
86029000	其他铁道机车及机车煤水车		0		0	0	0	0	0	0	0	0	0								0	0	0

税则号列	商品描述①	协定税率（%）															特惠税率（%）						
		亚太	东盟	新加坡	巴基斯坦	智利	新西兰	秘鲁	哥斯达黎加	瑞士	冰岛	韩国	澳大利亚	香港	澳门	台湾	亚太2国②	东盟 老挝	东盟 柬埔寨	东盟 缅甸	最不发达国家 LDC1③	最不发达国家 LDC2④	最不发达国家 LDC3⑤
86031000	由外电力驱动铁道及电车道用机动客车、货车、敞车		0		0	0	0	0	0	0	0	0	0								0	0	0
86039000	其他铁道及电车道用机动客车、货车、敞车		0		0	0	0	0	0	0	0	0	0								0	0	0
86040011	隧道限界检查车		0		0	0	0	0	0	0	0	0	0								0	0	0
86040012	钢轨在线打磨列车		0		0	0	0	0	0	0	0	0	0								0	0	0
86040019	铁道及电车道用其他检验车及查道车		0		0	0	0	0	0	0	0	2	0								0	0	0
86040091	电气化接触网架线机（轨行式）		0		0	0	0	0	0	0	0	2	0								0	0	0
86040099	铁道及电车道用其他维修或服务车		0		5	0	0	0	0	1.4	0	2.8	2.8								0	0	0
86050010	铁道及电车道用非机动客车		0		0	0	0	0	0	0	0	2	0								0	0	0
86050090	铁道及电车道用其他非机动客车		0		0	0	0	0	0	0	0	2	0								0	0	0
86061000	铁道及电车道用非机动油罐货车及类似车		0		0	0	0	0	0	0	0	2	0								0	0	0
86063000	铁道及电车道用非机动自卸货车		0		0	0	0	0	0	0	0	2	0								0	0	0
86069100	铁道及电车道用非机动带篷及封闭货车		0		0	0	0	0	0	0	0	2	0								0	0	0
86069200	铁道及电车道用非机动厢高>60厘米敞篷货车		0		0	0	0	0	0	0	0	2	0								0	0	0
86069900	品目 86.06 所列其他未列名非机动车		0		0	0	0	0	0	0	0	2	0								0	0	0
86071100	铁道及电车道机车的驾驶转向架		0		0	0	0	0	0	0	0	0	0								0	0	0
86071200	铁道及电车道机车非驾驶转向架		0		0	0	0	0	0	0	0	0	0								0	0	0
86071910	铁道及电车道机车用车轴		0		0	0	0	0	0	0	0	0	0								0	0	0
86071990	转向轮及其零件		0		0	0	0	0	0	0	0	0	0								0	0	0
86072100	铁道及电车道机车用空气制动器及其零件		0		0	0	0	0	0	0	0	0	0								0	0	0
86072900	铁道及电车道机车用非空气制动器		0		0	0	0	0	0	0	0	0	0								0	0	0
86073000	铁道及电车道机车用钩、联结器、缓冲器及其零件		0		0	0	0	0	0	0	0	0	0								0	0	0
86079100	铁道及电车道机车用其他零件		0		0	0	0	0	0	0	0	1.2	0								0	0	0
86079900	铁道及电车道非机车用其他零件		0		0	0	0	0	0	1.8	0	0	0								0	0	0
86080010	轨道自动计轴设备		0		0	0	0	0	0	0	0	0	0								0	0	0
86080090	铁道及电车道轨道固定装置及附件		0		0	0	0	0	0	0.8	0	0	0								0	0	0
86090011	20 英尺保温式集装箱		0	0	5	0	0	0	0	6.3	0	7.3	4.2								0	0	0
86090012	20 英尺罐式集装箱		0	0	5	0	0	0	0	6.3	0	7.3	4.2								0	0	0
86090019	20 英尺其他集装箱		0	0	5	0	0	0	0	6.3	0	7.3	4.2								0	0	0
86090021	40 英尺保温式集装箱		0	0	5	0	0	0	0	6.3	0	7.3	4.2								0	0	0
86090022	40 英尺罐式集装箱		0	0	5	0	0	0	0	6.3	0	7.3	4.2								0	0	0
86090029	40 英尺其他集装箱		0	0	5	0	0	0	0	6.3	0	7.3	4.2								0	0	0
86090030	45、48、53 英尺的集装箱		0	0	5	0	0	0	0	6.3	0	7.3	4.2								0	0	0

税则号列	商品描述[1]	协定税率(%)															特惠税率(%)						
		亚太	东盟	新加坡	巴基斯坦	智利	新西兰	秘鲁	哥斯达黎加	瑞士	冰岛	韩国	澳大利亚	香港	澳门	台湾	亚太2国[2]	东盟			最不发达国家		
																		老挝	柬埔寨	缅甸	LDC1[3]	LDC2[4]	LDC3[5]
86090090	其他集装箱		0	0	5	0	0	0	0	6.3	0	7.3	4.2								0	0	0
87011000	手扶拖拉机		0		5	0	0	0	0	1.8	0	6.3	3.6								0	0	
87012000	半挂车用的公路牵引车					0	0		0	1.2	0	4.8	2.4								0		
87013000	履带式牵引车、拖拉机		0		5	0	0	0	0	1.2	0	2.4	2.4								0	0	
87019110	发动机功率≤18千瓦的拖拉机		0		5	0	0	0	0	1.6	0	3.2	3.2								0	0	
87019190	发动机功率≤18千瓦的其他车辆		0		5	0	0	0	0	1.6	0	3.2	3.2								0	0	
87019210	18千瓦<发动机功率≤37千瓦的拖拉机		0		5	0	0	0	0	1.6	0	3.2	3.2								0	0	
87019290	18千瓦<发动机功率≤37千瓦的其他车辆		0		5	0	0	0	0	1.6	0	3.2	3.2								0	0	
87019310	37千瓦<发动机功率≤75千瓦的拖拉机		0		5	0	0	0	0	1.6	0	3.2	3.2								0	0	
87019390	37千瓦<发动机功率≤75千瓦的其他车辆		0		5	0	0	0	0	1.6	0	3.2	3.2								0	0	
87019410	75千瓦<发动机功率≤130千瓦的拖拉机		0		5	0	0	0	0	1.6	0	3.2	3.2								0	0	
87019490	75千瓦<发动机功率≤130千瓦的其他车辆		0		5	0	0	0	0	1.6	0	3.2	3.2								0	0	
87019510	发动机功率>130千瓦的拖拉机		0		5	0	0	0	0	1.6	0	3.2	3.2								0	0	
87019590	发动机功率>130千瓦的其他车辆		0		5	0	0	0	0	1.6	0	3.2	3.2								0	0	
87021020	机坪客车		0		0	0	0	0	0	0	0	3.2	0								0	0	
87021091	座位数≥30座的大型客车(柴油型)					0	0		0		0	21.2	10								0		
87021092	20座≤座位数≤29座的客车					0	0		0		0	21.2	10								0		
87021093	10座≤座位数≤19座的客车					0	0		0		0	21.2	10								0		
87022010	同时装有压燃式活塞内燃发动机(柴油或半柴油发动机)及驱动电动机的机坪客车		0		0	0	0	0	0	0	0	3.2	0								0	0	
87022091	同时装有压燃式活塞内燃发动机(柴油或半柴油发动机)及驱动电动机的其他座位数≥30座的大型客车					0	0		0		0	21.2	10								0		
87022092	同时装有压燃式活塞内燃发动机(柴油或半柴油发动机)及驱动电动机的20座≤座位数<29座的客车					0	0		0		0	21.2	10								0		
87022093	同时装有压燃往复式活塞内燃发动机及驱动电动机的车辆10座≤座位数<19座的客车					0	0		0		0	21.2	10								0		
87023010	同时装有点燃往复式活塞内燃发动机及驱动电动机的座位数≥30座(大型客车)		20			0	0		0		0	21.2	10								0		

税则号列	商品描述①	协定税率(%)															特惠税率(%)						
		亚太	东盟	新加坡	巴基斯坦	智利	新西兰	秘鲁	哥斯达黎加	瑞士	冰岛	韩国	澳大利亚	香港	澳门	台湾	亚太2国②	东盟			最不发达国家		
																		老挝	柬埔寨	缅甸	LDC1③	LDC2④	LDC3⑤
87023020	同时装有点燃往复式活塞内燃发动机及驱动电动机的20座≤座位数<29座的客车		20			0	0		0		0	21.2	10								0		
87023030	同时装有点燃往复式活塞内燃发动机及驱动电动机的10座≤座位数<19座的客车		20			0	0	5	0		0	21.2	10								0	0	
87024010	仅装有驱动电动机的座位数≥30座的大型客车		20			0	0		0		0	21.2	10								0		
87024020	仅装有驱动电动机的20座≤座位数<29座的客车		20			0	0		0		0	21.2	10								0		
87024030	仅装有驱动电动机的10座≤座位数<19座的客车		20			0	0	5	0		0	21.2	10								0	0	
87029010	座位数≥30座的大型客车(非柴油型)		20			0	0		0		0	21.2	10								0		
87029020	20座≤座位数≤29座的客车(非柴油型)		20			0	0		0		0	21.2	10								0		
87029030	10座≤座位数≤19座的客车(非柴油型)		20			0	0	5	0		0	21.2	10								0	0	
87031011	全地形车		0	0		0	0	5	0		0	21.2	10								0	0	
87031019	其他高尔夫球车及类似车辆		0	0		0	0	5	0		0		10								0	0	
87031090	雪地行走专用车		0	0		0	0	5	0		0		10								0	0	
87032130	排量≤1000毫升的小轿车	22.5			22.5	0	0		0				10										
87032140	排量≤1000毫升的越野车(4轮驱动)	22.5			22.5	0	0		0				10										
87032150	排量≤1000毫升,座位数≤9座的小客车	22.5			22.5	0	0		0		0		10										
87032190	排量≤1000毫升的其他车辆	22.5			22.5	0	0		0		0		10										
87032230	1升<排量≤1.5升的小轿车	22.5			22.5	0	0		0		0	23.5	10										
87032240	1升<排量≤1.5升的越野车	22.5			22.5	0	0		0		0		10										
87032250	1升<排量≤1.5升,座位数≤9座的小客车	22.5			22.5	0	0		0		0		10										
87032290	1升<排量≤1.5升的其他车辆	22.5			22.5	0	0		0		0		10										
87032341	1.5升<排量≤2升的小轿车	22.5			22.5	0	0		0		0	23.5	17.5										
87032342	1.5升<排量≤2升的越野车	22.5			22.5	0	0		0		0	23.5	17.5										
87032343	1.5升<排量≤2升,座位数≤9座的小客车	22.5			22.5	0	0		0		0	23.5	17.5										
87032349	1.5升<排量≤2升的其他车辆	22.5			22.5	0	0		0		0		17.5										
87032351	2升<排量≤2.5升的小轿车	22.5			22.5	0	0		0		0	23.5	17.5										
87032352	2升<排量≤2.5升的越野车	22.5			22.5	0	0		0		0	23.5	17.5										
87032353	2升<排量≤2.5升,座位数≤9座的小客车	22.5			22.5	0	0		0		0	23.5	17.5										
87032359	2升<排量≤2.5升的其他车辆	22.5			22.5	0	0		0		0		17.5										
87032361	2.5升<排量≤3升的小轿车	22.5			22.5	0	0		0		0	23.5	17.5										
87032362	2.5升<排量≤3升的越野车	22.5	0	0	22.5	0	0		0		0		17.5										

税则号列	商品描述[①]	协定税率(%)															特惠税率(%)						
		亚太	东盟	新加坡	巴基斯坦	智利	新西兰	秘鲁	哥斯达黎加	瑞士	冰岛	韩国	澳大利亚	香港	澳门	台湾	亚太2国[②]	东盟			最不发达国家		
																		老挝	柬埔寨	缅甸	LDC1[③]	LDC2[④]	LDC3[⑤]
87032363	2.5升<排量≤3升,座位数≤9座的小客车	22.5	0	0	22.5	0	0		0		0	23.5	17.5										
87032369	2.5升<排量≤3升的其他车辆	22.5	0	0	22.5	0	0		0		0		17.5										
87032411	3升<排量≤4升的小轿车	22.5			22.5	0	0		0		0	23.5	17.5								0		
87032412	3升<排量≤4升的越野车	22.5			22.5	0	0		0		0	23.5	17.5								0		
87032413	3升<排量≤4升,座位数≤9座的小客车	22.5			22.5	0	0		0		0		17.5								0		
87032419	3升<排量≤4升的其他车辆	22.5			22.5	0	0		0		0		17.5								0		
87032421	排量>4升的小轿车	22.5			22.5	0	0		0		0	23.5	17.5								0		
87032422	排量>4升的越野车	22.5			22.5	0	0		0		0		17.5								0		
87032423	排量>4升,座位数≤9座的小客车	22.5			22.5	0	0		0		0		17.5								0		
87032429	排量>4升的其他车辆	22.5			22.5	0	0		0		0		17.5								0		
87033111	排量≤1升的柴油型小轿车					0	0		0		0		17.5								0		
87033119	排量≤1升的柴油型其他车辆		0	0		0	0	5	0		0		17.5								0	0	
87033121	1升<排量≤1.5升的柴油型小轿车					0	0		0		0		17.5										
87033122	1升<排量≤1.5升的柴油型越野车					0	0		0		0		17.5										
87033123	1升<排量≤1.5升,座位数≤9座的柴油型小客车					0	0		0		0		17.5										
87033129	1升<排量≤1.5升的柴油型其他车辆		0	0		0	0	5	0		0		17.5								0	0	
87033211	1.5升<排量≤2升的柴油型小轿车	22.5			22.5	0	0		0		0		17.5										
87033212	1.5升<排量≤2升的柴油型越野车	22.5			22.5	0	0		0		0	23.5	17.5										
87033213	1.5升<排量≤2升,座位数≤9座的柴油型小客车	22.5			22.5	0	0		0		0	23.5	17.5										
87033219	1.5升<排量≤2升的柴油型其他车辆	22.5			22.5	0	0		0		0		17.5										
87033221	2升<排量≤2.5升的柴油型小轿车	22.5			22.5	0	0		0		0		17.5										
87033222	2升<排量≤2.5升的柴油型越野车	22.5			22.5	0	0		0		0		17.5										
87033223	2升<排量≤2.5升,座位数≤9座的柴油型小客车	22.5			22.5	0	0		0		0	23.5	17.5										
87033229	2升<排量≤2.5升的柴油型其他车辆	22.5			22.5	0	0		0		0		17.5										
87033311	2.5升<排量≤3升的柴油型小轿车	22.5	0	0	22.5	0	0		0		0		17.5										
87033312	2.5升<排量≤3升的柴油型越野车	22.5	0	0	22.5	0	0		0		0	23.5	17.5										
87033313	2.5升<排量≤3升,座位数≤9座的柴油型小客车	22.5	0	0	22.5	0	0		0		0		17.5										

税则号列	商品描述①	协定税率(%)															特惠税率(%)						
		亚太	东盟	新加坡	巴基斯坦	智利	新西兰	秘鲁	哥斯达黎加	瑞士	冰岛	韩国	澳大利亚	香港	澳门	台湾	亚太2国②	东盟 老挝	东盟 柬埔寨	东盟 缅甸	最不发达国家 LDC1③	最不发达国家 LDC2④	最不发达国家 LDC3⑤
87033319	2.5升<排量≤3升的柴油型其他车辆	22.5	0	0	22.5	0	0		0		0		17.5										
87033321	3升<排量≤4升的柴油型小轿车	22.5	0	0	22.5	0	0		0		0		17.5								0		
87033322	3升<排量≤4升的柴油型越野车	22.5	0	0	22.5	0	0		0		0		17.5								0		
87033323	3升<排量≤4升,座位数≤9座的柴油型小客车	22.5	0	0	22.5	0	0		0		0		17.5								0		
87033329	3升<排量≤4升的柴油型其他车辆	22.5	0	0	22.5	0	0		0		0		17.5								0		
87033361	排量>4升的柴油型小轿车	22.5	0	0	22.5	0	0		0		0		10								0		
87033362	排量>4升的柴油型越野车	22.5	0	0	22.5	0	0		0		0		10								0		
87033363	排量>4升,座位数≤9座的柴油型小客车	22.5	0	0	22.5	0	0		0		0		10								0		
87033369	排量>4升的柴油型其他车辆	22.5	0	0	22.5	0	0		0		0		10								0		
87034011	同时装有点燃往复式活塞内燃发动机及驱动电动机的其他车辆,可通过接插外部电源进行充电的除外,气缸容量(排量)≤1000毫升的小轿车	22.5			22.5	0	0		0		0		10										
87034012	同时装有点燃往复式活塞内燃发动机及驱动电动机的其他车辆,可通过接插外部电源进行充电的除外,气缸容量(排量)≤1000毫升的越野车(4轮驱动)	22.5			22.5	0	0		0		0		10										
87034013	同时装有点燃往复式活塞内燃发动机及驱动电动机的其他车辆,可通过接插外部电源进行充电的除外,气缸容量(排量)≤1000毫升,座位数≤9座的小客车	22.5			22.5	0	0		0		0		10										
87034019	同时装有点燃往复式活塞内燃发动机及驱动电动机的其他车辆,可通过接插外部电源进行充电的除外,气缸容量(排量)≤1000毫升的其他车辆	22.5			22.5	0	0		0		0		10										
87034021	同时装有点燃往复式活塞内燃发动机及驱动电动机的其他车辆,可通过接插外部电源进行充电的除外,1000毫升<气缸容量(排量)≤1500毫升的小轿车	22.5			22.5	0	0		0		0	23.5	10										
87034022	同时装有点燃往复式活塞内燃发动机及驱动电动机的其他车辆,可通过接插外部电源进行充电的除外,1000毫升<气缸容量(排量)≤1500毫升的越野车(4轮驱动)	22.5			22.5	0	0		0		0		10										

税则号列	商品描述①	协定税率(%)															特惠税率(%)						
		亚太	东盟	新加坡	巴基斯坦	智利	新西兰	秘鲁	哥斯达黎加	瑞士	冰岛	韩国	澳大利亚	香港	澳门	台湾	亚太2国②	东盟 老挝	东盟 柬埔寨	东盟 缅甸	最不发达国家 LDC1③	最不发达国家 LDC2④	最不发达国家 LDC3⑤
87034023	同时装有点燃往复式活塞内燃发动机及驱动电动机的其他车辆，可通过接插外部电源进行充电的除外，1000毫升<气缸容量(排量)≤1500毫升，座位数≤9座的小客车	22.5			22.5	0	0		0		0		10										
87034029	同时装有点燃往复式活塞内燃发动机及驱动电动机的其他车辆，可通过接插外部电源进行充电的除外，1000毫升<气缸容量(排量)≤1500毫升的其他车辆	22.5			22.5	0	0		0		0		10										
87034031	同时装有点燃往复式活塞内燃发动机及驱动电动机的其他车辆，可通过接插外部电源进行充电的除外，1000毫升<气缸容量(排量)≤1500毫升的小轿车	22.5			22.5	0	0		0		0	23.5	17.5										
87034032	同时装有点燃往复式活塞内燃发动机及驱动电动机的其他车辆，可通过接插外部电源进行充电的除外，1000毫升<气缸容量(排量)≤1500毫升的越野车(4轮驱动)	22.5			22.5	0	0		0		0	23.5	17.5										
87034033	同时装有点燃往复式活塞内燃发动机及驱动电动机的其他车辆，可通过接插外部电源进行充电的除外，1000毫升<气缸容量(排量)≤1500毫升的，座位数≤9座的小客车	22.5			22.5	0	0		0		0	23.5	17.5										
87034039	同时装有点燃往复式活塞内燃发动机及驱动电动机的其他车辆，可通过接插外部电源进行充电的除外，1000毫升<气缸容量(排量)≤1500毫升的其他车辆	22.5			22.5	0	0		0		0		17.5										
87034041	同时装有点燃往复式活塞内燃发动机及驱动电动机的其他车辆，可通过接插外部电源进行充电的除外，1000毫升<气缸容量(排量)≤2500毫升的小轿车	22.5			22.5	0	0		0		0	23.5	17.5										
87034042	同时装有点燃往复式活塞内燃发动机及驱动电动机的其他车辆，可通过接插外部电源进行充电的除外，2000毫升<气缸容量(排量)≤2500毫升的越野车(4轮驱动)	22.5			22.5	0	0		0		0	23.5	17.5										

税则号列	商品描述①	协定税率(%)															特惠税率(%)						
		亚太	东盟	新加坡	巴基斯坦	智利	新西兰	秘鲁	哥斯达黎加	瑞士	冰岛	韩国	澳大利亚	香港	澳门	台湾	亚太2国②	东盟 老挝	东盟 柬埔寨	东盟 缅甸	最不发达国家 LDC1③	最不发达国家 LDC2④	最不发达国家 LDC3⑤
87034043	同时装有点燃往复式活塞内燃发动机及驱动电动机的其他车辆,可通过接插外部电源进行充电的除外,2000毫升<气缸容量(排量)≤2500毫升,座位数≤9座的小客车	22.5			22.5	0	0		0		0	23.5	17.5										
87034049	同时装有点燃往复式活塞内燃发动机及驱动电动机的其他车辆,可通过接插外部电源进行充电的除外,2000毫升<气缸容量(排量)≤2500毫升的其他车辆	22.5			22.5	0	0		0		0		17.5										
87034051	同时装有点燃往复式活塞内燃发动机及驱动电动机的其他车辆,可通过接插外部电源进行充电的除外,2500毫升<气缸容量(排量)≤3000毫升的小轿车	22.5			22.5	0	0		0		0	23.5	17.5										
87034052	同时装有点燃往复式活塞内燃发动机及驱动电动机的其他车辆,可通过接插外部电源进行充电的除外,2500毫升<气缸容量(排量)≤3000毫升的越野车(4轮驱动)	22.5	0	0	22.5	0	0		0		0		17.5										
87034053	同时装有点燃往复式活塞内燃发动机及驱动电动机的其他车辆,可通过接插外部电源进行充电的除外,2500毫升<气缸容量(排量)≤3000毫升的,座位数≤9座的小客车	22.5	0	0	22.5	0	0		0		0	23.5	17.5										
87034059	同时装有点燃往复式活塞内燃发动机及驱动电动机的其他车辆,可通过接插外部电源进行充电的除外,2500毫升<气缸容量(排量)≤3000毫升的其他车辆	22.5	0	0	22.5	0	0		0		0		17.5										
87034061	同时装有点燃往复式活塞内燃发动机及驱动电动机的其他车辆,可通过接插外部电源进行充电的除外,3000毫升<气缸容量(排量)≤4000毫升的小轿车	22.5			22.5	0	0		0		0	23.5	17.5								0		
87034062	同时装有点燃往复式活塞内燃发动机及驱动电动机的其他车辆,可通过接插外部电源进行充电的除外,3000毫升<气缸容量(排量)≤4000毫升的越野车(4轮驱动)	22.5			22.5	0	0		0		0	23.5	17.5								0		

税则号列	商品描述[①]	协定税率(%)															特惠税率(%)						
		亚太	东盟	新加坡	巴基斯坦	智利	新西兰	秘鲁	哥斯达黎加	瑞士	冰岛	韩国	澳大利亚	香港	澳门	台湾	亚太2国[②]	东盟			最不发达国家		
																		老挝	柬埔寨	缅甸	LDC1[③]	LDC2[④]	LDC3[⑤]
87034063	同时装有点燃往复式活塞内燃发动机及驱动电动机的其他车辆,可通过接插外部电源进行充电的除外,3000毫升<气缸容量(排量)≤4000毫升,座位数≤9座的小客车	22.5			22.5	0	0		0		0		17.5								0		
87034069	同时装有点燃往复式活塞内燃发动机及驱动电动机的其他车辆,可通过接插外部电源进行充电的除外,3000毫升<气缸容量(排量)≤4000毫升的其他车辆	22.5			22.5	0	0		0		0		17.5								0		
87034071	同时装有点燃往复式活塞内燃发动机及驱动电动机的其他车辆,可通过接插外部电源进行充电的除外,气缸容量(排量)>4000毫升的小轿车	22.5			22.5	0	0		0		0	23.5	17.5								0		
87034072	同时装有点燃往复式活塞内燃发动机及驱动电动机的其他车辆,可通过接插外部电源进行充电的除外,气缸容量(排量)>4000毫升的越野车(4轮驱动)	22.5			22.5	0	0		0		0		17.5								0		
87034073	同时装有点燃往复式活塞内燃发动机及驱动电动机的其他车辆,可通过接插外部电源进行充电的除外,气缸容量(排量)>4000毫升,座位数≤9座的小客车	22.5			22.5	0	0		0		0		17.5								0		
87034079	同时装有点燃往复式活塞内燃发动机及驱动电动机的其他车辆,可通过接插外部电源进行充电的除外,气缸容量(排量)>4000毫升的其他车辆	22.5			22.5	0	0		0		0		17.5								0		
87034090	同时装有点燃往复式活塞内燃发动机及驱动电动机的其他车辆,可通过接插外部电源进行充电的除外	22.5	0	0	22.5	0	0	5	0		0	23.5	10								0	0	
87035011	同时装有压燃式活塞内燃发动机(柴油或半柴油发动机)及驱动电动机的其他车辆,可通过接插外部电源进行充电的除外,气缸容量(排量)≤1000毫升的小轿车					0	0		0		0		17.5								0		
87035019	同时装有压燃式活塞内燃发动机(柴油或半柴油发动机)及驱动电动机的其他车辆,可通过接插外部电源进行充电的除外,气缸容量(排量)≤1000毫升的其他车辆		0	0		0	0	5	0		0		17.5								0	0	

税则号列	商品描述[①]	协定税率(%)															特惠税率(%)						
																		东盟			最不发达国家		
		亚太	东盟	新加坡	巴基斯坦	智利	新西兰	秘鲁	哥斯达黎加	瑞士	冰岛	韩国	澳大利亚	香港	澳门	台湾	亚太2国[②]	老挝	柬埔寨	缅甸	LDC1[③]	LDC2[④]	LDC3[⑤]
87035021	同时装有压燃式活塞内燃发动机(柴油或半柴油发动机)及驱动电动机的其他车辆,可通过接插外部电源进行充电的除外,1000毫升<气缸容量(排量)≤1500毫升的小轿车					0	0		0		0		17.5										
87035022	同时装有压燃式活塞内燃发动机(柴油或半柴油发动机)及驱动电动机的其他车辆,可通过接插外部电源进行充电的除外,1000毫升<气缸容量(排量)≤1500毫升的越野车(4轮驱动)					0	0		0		0		17.5										
87035023	同时装有压燃式活塞内燃发动机(柴油或半柴油发动机)及驱动电动机的其他车辆,可通过接插外部电源进行充电的除外,1000毫升<气缸容量(排量)≤1500毫升,座位数≤9座的小客车					0	0		0		0		17.5										
87035029	同时装有压燃式活塞内燃发动机(柴油或半柴油发动机)及驱动电动机的其他车辆,可通过接插外部电源进行充电的除外,1000毫升<气缸容量(排量)≤1500毫升的其他车辆		0	0		0	0	5	0		0		17.5								0	0	
87035031	同时装有压燃式活塞内燃发动机(柴油或半柴油发动机)及驱动电动机的其他车辆,可通过接插外部电源进行充电的除外,1500毫升<气缸容量(排量)≤2000毫升的小轿车	22.5			22.5	0	0		0		0		17.5										
87035032	同时装有压燃式活塞内燃发动机(柴油或半柴油发动机)及驱动电动机的其他车辆,可通过接插外部电源进行充电的除外,1500毫升<气缸容量(排量)≤2000毫升的越野车(4轮驱动)	22.5			22.5	0	0		0		0	23.5	17.5										
87035033	同时装有压燃式活塞内燃发动机(柴油或半柴油发动机)及驱动电动机的其他车辆,可通过接插外部电源进行充电的除外,1500毫升<气缸容量(排量)≤2000毫升,座位数≤9座的小客车	22.5			22.5	0	0		0		0	23.5	17.5										
87035039	同时装有压燃式活塞内燃发动机(柴油或半柴油发动机)及驱动电动机的其他车辆,可通过接插外部电源进行充电的除外,1500毫升<气缸容量(排量)≤2000毫升,座位数≤9座的其他车辆	22.5			22.5	0	0		0		0		17.5										

税则号列	商品描述①	协定税率(%)															特惠税率(%)						
		亚太	东盟	新加坡	巴基斯坦	智利	新西兰	秘鲁	哥斯达黎加	瑞士	冰岛	韩国	澳大利亚	香港	澳门	台湾	亚太2国②	东盟 老挝	东盟 柬埔寨	东盟 缅甸	最不发达国家 LDC1③	最不发达国家 LDC2④	最不发达国家 LDC3⑤
87035041	同时装有压燃式活塞内燃发动机(柴油或半柴油发动机)及驱动电动机的其他车辆,可通过接插外部电源进行充电的除外,2000毫升<气缸容量(排量)≤2500毫升的小轿车	22.5			22.5	0	0		0		0		17.5										
87035042	同时装有压燃式活塞内燃发动机(柴油或半柴油发动机)及驱动电动机的其他车辆,可通过接插外部电源进行充电的除外,2000毫升<气缸容量(排量)≤2500毫升的越野车(4轮驱动)	22.5			22.5	0	0		0		0		17.5										
87035043	同时装有压燃式活塞内燃发动机(柴油或半柴油发动机)及驱动电动机的其他车辆,可通过接插外部电源进行充电的除外,2000毫升<气缸容量(排量)≤2500毫升,座位数≤9座小客车	22.5			22.5	0	0		0		0	23.5	17.5										
87035049	同时装有压燃式活塞内燃发动机(柴油或半柴油发动机)及驱动电动机的其他车辆,可通过接插外部电源进行充电的除外,2000毫升<气缸容量(排量)≤2500毫升的其他车辆	22.5			22.5	0	0		0		0		17.5										
87035051	同时装有压燃式活塞内燃发动机(柴油或半柴油发动机)及驱动电动机的其他车辆,可通过接插外部电源进行充电的除外,2500毫升<气缸容量(排量)≤3000毫升的小轿车	22.5	0	0	22.5	0	0		0		0		17.5										
87035052	同时装有压燃式活塞内燃发动机(柴油或半柴油发动机)及驱动电动机的其他车辆,可通过接插外部电源进行充电的除外,2500毫升<气缸容量(排量)≤3000毫升的越野车(4轮驱动)	22.5	0	0	22.5	0	0		0		0	23.5	17.5										
87035053	同时装有压燃式活塞内燃发动机(柴油或半柴油发动机)及驱动电动机的其他车辆,可通过接插外部电源进行充电的除外,2500毫升<气缸容量(排量)≤3000毫升,座位数≤9座的小客车	22.5	0	0	22.5	0	0		0		0		17.5										
87035059	同时装有压燃式活塞内燃发动机(柴油或半柴油发动机)及驱动电动机的其他车辆,可通过接插外部电源进行充电的除外,2500毫升<气缸容量(排量)≤3000毫升的其他车辆	22.5	0	0	22.5	0	0		0		0		17.5										

税则号列	商品描述[1]	协定税率(%)															特惠税率(%)						
		亚太	东盟	新加坡	巴基斯坦	智利	新西兰	秘鲁	哥斯达黎加	瑞士	冰岛	韩国	澳大利亚	香港	澳门	台湾	亚太2国[2]	东盟			最不发达国家		
																		老挝	柬埔寨	缅甸	LDC1[3]	LDC2[4]	LDC3[5]
87035061	同时装有压燃式活塞内燃发动机(柴油或半柴油发动机)及驱动电动机的其他车辆,可通过接插外部电源进行充电的除外,3000毫升<气缸容量(排量)≤4000毫升的小轿车	22.5	0	0	22.5	0	0		0		0		17.5								0		
87035062	同时装有压燃式活塞内燃发动机(柴油或半柴油发动机)及驱动电动机的其他车辆,可通过接插外部电源进行充电的除外,3000毫升<气缸容量(排量)≤4000毫升的越野车(4轮驱动)	22.5	0	0	22.5	0	0		0		0		17.5								0		
87035063	同时装有压燃式活塞内燃发动机(柴油或半柴油发动机)及驱动电动机的其他车辆,可通过接插外部电源进行充电的除外,3000毫升<气缸容量(排量)≤4000毫升的,座位数≤9座的小客车	22.5	0	0	22.5	0	0		0		0		17.5								0		
87035069	同时装有压燃式活塞内燃发动机(柴油或半柴油发动机)及驱动电动机的其他车辆,可通过接插外部电源进行充电的除外,3000毫升<气缸容量(排量)≤4000毫升,座位数≤9座的其他车辆	22.5	0	0	22.5	0	0		0		0		17.5								0		
87035071	同时装有压燃式活塞内燃发动机(柴油或半柴油发动机)及驱动电动机的其他车辆,可通过接插外部电源进行充电的除外,气缸容量(排量)>4000毫升的小轿车	22.5	0	0	22.5	0	0		0		0		10								0		
87035072	同时装有压燃式活塞内燃发动机(柴油或半柴油发动机)及驱动电动机的其他车辆,可通过接插外部电源进行充电的除外,气缸容量(排量)>4000毫升的越野车(4轮驱动)	22.5	0	0	22.5	0	0		0		0		10								0		
87035073	同时装有压燃式活塞内燃发动机(柴油或半柴油发动机)及驱动电动机的其他车辆,可通过接插外部电源进行充电的除外,气缸容量(排量)>4000毫升,座位数≤9座的小客车	22.5	0	0	22.5	0	0		0		0		10								0		
87035079	同时装有压燃式活塞内燃发动机(柴油或半柴油发动机)及驱动电动机的其他车辆,可通过接插外部电源进行充电的除外,气缸容量(排量)>4000毫升的其他车辆	22.5	0	0	22.5	0	0		0		0		10								0		

税则号列	商品描述[①]	协定税率(%)															特惠税率(%)						
		亚太	东盟	新加坡	巴基斯坦	智利	新西兰	秘鲁	哥斯达黎加	瑞士	冰岛	韩国	澳大利亚	香港	澳门	台湾	亚太2国[②]	东盟 老挝	东盟 柬埔寨	东盟 缅甸	最不发达国家 LDC1[③]	最不发达国家 LDC2[④]	最不发达国家 LDC3[⑤]
87035090	同时装有压燃式活塞内燃发动机(柴油或半柴油发动机)及驱动电动机的其他车辆,可通过接插外部电源进行充电的除外	22.5	0	0	22.5	0	0	5	0		0	23.5	10								0	0	
87036000	同时装有点燃往复式活塞内燃发动机及驱动电动机,可通过接插外部电源进行充电的其他车辆	22.5			22.5	0	0		0		0		10										
87037000	同时装有压燃往复式活塞内燃发动机及驱动电动机,可通过接插外部电源进行充电的其他车辆	22.5	0	0	22.5	0	0	5	0		0	23.5	10								0	0	
87038000	仅装驱动电动机的其他车辆	22.5	0	0	22.5	0	0	5	0		0	23.5	10								0	0	
87039000	其他车辆	22.5	0	0	22.5	0	0	5	0		0	23.5	10								0	0	
87041030	非公路用电动轮货运自卸车		0		5	0	0	0	0	1.2	0	2.4	2.4								0	0	0
87041090	其他非公路用货运自卸车		0		5	0	0	0	0	1.2	0	2.4	2.4								0	0	0
87042100	柴油型其他小型货车					0	0		0		0	21.2	10								0		
87042230	柴油型其他中型货车	18			18	0	0	4	0	12	0	16	8								0	0	
87042240	柴油型其他重型货车	18			18	0	0	4	0	12	0	16	8								0	0	
87042300	柴油型的其他超重型货车					0	0		0	9	0	12	6								0		
87043100	汽油型总重量≤5吨的其他货车		20			0	0		0		0	21.2	10								0		
87043230	5吨<汽油型总重量≤8吨的其他货车					0	0	4	0	12	0	16	8								0	0	
87043240	汽油型总重量>8吨的其他货车					0	0	4	0	12	0	16	8								0	0	
87049000	装有其他发动机的货车		0	0		0	0	5	0		0	21.2	10								0	0	
87051021	最大起重重量≤50吨的全路面汽车起重车		0	0	12	0	0	3	0	9	0	12	6								0	0	
87051022	50吨<最大起重重量≤100吨的全路面汽车起重车		0	0	5	0	0	0	0	2	0	8	4								0	0	0
87051023	最大起重重量>100吨的全路面汽车起重车		0	0	5	0	0	0	0	2	0	8	4								0	0	0
87051091	最大起重重量≤50吨的其他汽车起重车		0	0	12	0	0	3	0	9	0	12	6								0	0	
87051092	50吨<最大起重重量≤100吨的其他汽车起重车		0	0	5	0	0	0	0	2	0	8	4								0	0	0
87051093	最大起重重量>100吨的其他汽车起重车		0	0	5	0	0	0	0	2	0	8	4								0	0	0
87052000	机动钻探车		0	0	6	0	0	0	0	7.2	0	9.6	4.8								0	0	0
87053010	装有云梯的救火车		0		0	0	0	0	0	0	0	2.4	0								0	0	0
87053090	其他机动救火车		0		0	0	0	0	0	0	0	2.4	0								0	0	0
87054000	机动混凝土搅拌车	13.5	0	0	7.5	0	0	3	0	9	0	12	6								0	0	
87059010	无线电通信车	8.1	0	0	5	0	0	0	0	1.8	0	7.2	3.6								0	0	0
87059020	机动放射线检查车	8.1	0		5	0	0	0	0	1.8	0	7.2	3.6								0	0	0
87059030	机动环境监测车	10.8	0	0	5	0	0	0	0	7.2	0	9.6	4.8								0	0	
87059040	机动医疗车	10.8	0	0	5	0	0	0	0	7.2	0	10.2	4.8								0	0	
87059051	航空电源车(频率为400赫兹)	10.8	0	0	5	0	0	0	0	7.2	0	9.6	4.8								0	0	
87059059	其他机动电源车	10.8	0	0	5	0	0	0	0	7.2	0	9.6	4.8								0	0	

税则号列	商品描述[①]	协定税率(%)															特惠税率(%)					
		亚太	东盟	新加坡	巴基斯坦	智利	新西兰	秘鲁	哥斯达黎加	瑞士	冰岛	韩国	澳大利亚	香港	澳门	台湾	亚太2国[②]	东盟 老挝	东盟 柬埔寨	东盟 缅甸	最不发达国家 LDC1[③]	最不发达国家 LDC2[④]	最不发达国家 LDC3[⑤]
87059060	飞机加油车、调温车、除冰车	10.8	0	0	5	0	0	0	0	7.2	0	9.6	4.8								0	0	
87059070	道路(包括跑道)扫雪车	10.8	0	0	5	0	0	0	0	7.2	0	9.6	4.8								0	0	
87059080	石油测井车、压裂车、混沙车	10.8	0	0	5	0	0	0	0	7.2	0	9.6	4.8								0	0	
87059091	混凝土泵车	10.8	0	0	5	0	0	0	0	7.2	0	9.6	4.8								0	0	
87059099	其他特殊用途的机动车辆	10.8	0	0	5	0	0	0	0	7.2	0	9.6	4.8								0	0	
87060010	非公路用货运自卸车底盘		0		5	0	0	0	0	1.6	0	6.4	3.2								0	0	
87060021	车辆总重量≥14吨的货车底盘					0	0		0	2	0	8	4								0		
87060022	车辆总重量<14吨的货车底盘					0	0	0	0	2	0	8	4								0	0	
87060030	大型客车底盘		0	0		0	0		0	12	0	16	8	0							0		
87060040	汽车起重机底盘		0	0		0	0	4	0	12	0	16	8								0	0	
87060090	其他机动车辆底盘		0	0		0	0	0	0	2	0	8	4	0							0	0	
87071000	品目87.03所列车辆用车身(含驾驶室)		0	0		0	0	0	0	2	0	8	4								0	0	
87079010	编号87021092、87021093、87029020及87029030所列车辆用车身	9	0	0	5	0	0	0	0	2	0	8	4								0	0	
87079090	其他车辆用车身(含驾驶室)	9	0	0	5	0	0	0	0	2	0	8	4								0	0	
87081000	缓冲器(保险杠)及其零件	9.6	0	0	5	0	0	0	0	2	0	8.5	4			0					0	0	0
87082100	坐椅安全带		0	0	5	0	0	0	0	2	0	8	4		0						0	0	0
87082930	车窗玻璃升降器	9			9	0	0	0	0	2	0	8	4	0		0					0	0	0
87082941	汽车电动天窗	9	0	0	5	0	0	0	0	2	0	9.4	4	0		0					0	0	0
87082942	汽车手动天窗	9	0	0	5	0	0	0	0	2	0	8	4	0		0					0	0	0
87082951	侧围	9	0	0	5	0	0	0	0	2	0	8.5	4			0					0	0	0
87082952	车门	9	0	0	5	0	0	0	0	2	0	8.5	4			0					0	0	0
87082953	发动机罩盖	9	0	0	5	0	0	0	0	2	0	8.5	4			0					0	0	0
87082954	前围	9	0	0	5	0	0	0	0	2	0	8.5	4			0					0	0	0
87082955	行李箱盖(或背门)	9	0	0	5	0	0	0	0	2	0	8.5	4			0					0	0	0
87082956	后围	9	0	0	5	0	0	0	0	2	0	8.5	4			0					0	0	0
87082957	翼子板(或叶子板)	9	0	0	5	0	0	0	0	2	0	8.5	4			0					0	0	0
87082959	车身的其他覆盖件	9	0	0	5	0	0	0	0	2	0	8.5	4			0					0	0	0
87082990	车身的未列名零部件	9	0	0	5	0	0	0	0	6	0	9.4	4			0					0	0	0
87083010	装在蹄片上的制动摩擦片		0	0	5	0	0	2	0	2	0	7	4								0	0	0
87083021	牵引车、拖拉机、非公路自卸车用防抱死制动系统(ABS)	5.4	0		0	0	0	0	0	1.2	0	4.8	2.4								0	0	0
87083029	其他车辆用防抱死制动系统(ABS)	9			9	0	0	0	0	2	0	9.4	4								0	0	0
87083091	牵引车、拖拉机用制动器及其零件	5.4	0		0	0	0	0	0	1.2	0	4.8	2.4								0	0	0
87083092	大型客车用制动器及其零件	9			9	0	0	0	0	2	0	8.5	4								0	0	0
87083093	非公路自卸车用制动器及其零件	5.4	0		0	0	0	0	0	1.2	0	4.8	2.4								0	0	0
87083094	柴、汽油轻型货车用制动器及零件	9			9	0	0	0	0	2	0	8.5	4								0	0	0
87083095	柴油型重型货车用制动器及其零件	9	0	0	5	0	0	0	0	2	0	7	4								0	0	0
87083096	特种车用制动器及其零件	9	0	0	5	0	0	0	0	2	0	8	4								0	0	0

税则号列	商品描述[①]	协定税率(%)															特惠税率(%)						
		亚太	东盟	新加坡	巴基斯坦	智利	新西兰	秘鲁	哥斯达黎加	瑞士	冰岛	韩国	澳大利亚	香港	澳门	台湾	亚太2国[②]	东盟 老挝	东盟 柬埔寨	东盟 缅甸	最不发达国家 LDC1[③]	最不发达国家 LDC2[④]	最不发达国家 LDC3[⑤]
87083099	其他未列名机动车辆用制动器及零件	9			9	0	0	0	0	6	0	8.5	4								0	0	0
87084010	牵引车、拖拉机用变速箱及零件		0		5	0	0	0	0	1.2	0		2.4			0					0	0	0
87084020	大型客车用变速箱及零件					0	0		0	2	0		4			0					0		
87084030	非公路自卸车用变速箱及零件		0		5	0	0		0	1.2	0	5.2	2.4			0					0		
87084040	柴、汽油轻型货车用变速箱及零件					0	0		0	2	0		4			0					0		
87084050	其他柴油型重型货车用变速箱及零件					0	0		0	2	0		4			0					0		
87084060	特种车用变速箱及零件		0	0	5	0	0	0	0	2	0		4			0					0	0	0
87084091	自动换挡变速箱及零件					0	0		0	2	0	8.8	4								0		
87084099	未列名机动车辆用变速箱及零件		0	0		0	0		0	2	0		4			0					0		
87085071	牵引车、拖拉机用驱动桥及零件	5.4	0		0	0	0	0	0	1.2	0	4.8	2.4								0	0	0
87085072	其他大型客车用驱动桥及零件	9			9	0	0	0	0	2	0	9.4	4								0	0	0
87085073	非公路自卸车用驱动桥及零件	5.4	0		0	0	0	0	0	1.2	0	4.8	2.4								0	0	0
87085074	柴、汽油型轻型货车用驱动桥及零件	9			9	0	0	0	0	2	0	8.5	4								0	0	0
87085075	其他柴油型重型货车用驱动桥及零件	9			9	0	0	0	0	2	0	8.5	4								0	0	0
87085076	特种车用驱动桥及零件	9	0	0	5	0	0	0	0	2	0	8	4								0	0	0
87085079	未列名机动车辆用驱动桥及零件	9			9	0	0	0	0	7.3	0	9.4	4								0	0	0
87085081	牵引车、拖拉机用非驱动桥及零件		0		5	0	0	0	0	1.2	0	4.8	2.4								0	0	0
87085082	座位数≥30座的客车用非驱动桥及零件		0	0	9.7	0	0	3	0	9	0	12.7	6								0	0	
87085083	非公路自卸车用非驱动桥及零件		0		5	0	0	0	0	1.2	0	4.8	2.4								0	0	0
87085084	柴、汽油轻货车用非驱动桥及零件		0	0	5	0	0	0	0	2	0	8	4								0	0	0
87085085	柴油重型货车用非驱动桥及零件		0	0	5	0	0	0	0	2	0	8	4								0	0	0
87085086	特种车用非驱动桥及其零件		0	0	5	0	0	0	0	2	0	8	4								0	0	0
87085089	未列名机动车辆用非驱动桥及零件		0	0	5	0	0	0	0	2	0		4								0	0	0
87087010	牵引车及拖拉机用车轮及其零附件		0		5	0	0	0	0	1.2	0	4.8	2.4			0					0	0	0
87087020	大型客车用车轮及其零附件		0	0	5	0	0	0	0	2	0	8	4			0					0	0	0
87087030	非公路货运自卸车用车轮及其零件		0		5	0	0	0	0	1.2	0	4.8	2.4			0					0	0	0
87087040	中小型货车用车轮及其零件		0	0	5	0	0	0	0	2	0	7	4			0					0	0	0
87087050	大型货车用车轮及其零件		0	0	5	0	0	0	0	2	0	8	4			0					0	0	0
87087060	特种车用车轮及其零件		0	0	5	0	0	0	0	2	0	8	4			0					0	0	0
87087091	铝合金制的车轮及其零件、附件		0	0	5	0	0	0	0	2	0		4			0					0	0	0
87087099	其他车轮及其零件、附件		0	0	5	0	0	0	0	2	0		4			0					0	0	0
87088010	品目87.03所列车辆用的悬挂减震器及零件	9	0	0	5	0	0	0	0	2	0	7	4								0	0	0

税则号列	商品描述[①]	协定税率(%)															特惠税率(%)						
		亚太	东盟	新加坡	巴基斯坦	智利	新西兰	秘鲁	哥斯达黎加	瑞士	冰岛	韩国	澳大利亚	香港	澳门	台湾	亚太2国[②]	东盟 老挝	东盟 柬埔寨	东盟 缅甸	最不发达国家 LDC1[③]	最不发达国家 LDC2[④]	最不发达国家 LDC3[⑤]
87088090	机动车辆用的其他悬挂减震器及零件	9	0	0	5	0	0	0	0	2	0	7	4								0	0	0
87089110	水箱散热器		0	0	5	0	0	0	0	2	0	8	4								0	0	0
87089120	机油冷却器		0	0	5	0	0	0	0	2	0	8	4								0	0	0
87089190	其他散热器及其零件		0	0	5	0	0	0	0	2	0	8	4								0	0	0
87089200	机动车辆的消声器及排气管及零件		0	0	5	0	0	0	0	2	0		4								0	0	0
87089310	牵引车、拖拉机用离合器及其零件		0		5	0	0	0	0	1.2	0	4.8	2.4								0	0	0
87089320	座位数≥30座的客车用离合器及其零件		0	0	5	0	0	0	0	2	0	8.5	4								0	0	0
87089330	非公路自卸车用离合器及其零件		0		5	0	0	0	0	1.2	0	4.8	2.4								0	0	0
87089340	柴、汽油轻型货车用离合器及零件		0	0	5	0	0	0	0	2	0	8	4								0	0	0
87089350	总重≥14吨的柴油货车离合器及零件		0	0	5	0	0	0	0	2	0	8.5	4								0	0	0
87089360	特种车用的离合器及其零件		0	0	5	0	0	0	0	2	0	8.5	4								0	0	0
87089390	未列名机动车辆用离合器及其零件		0	0	5	0	0	0	0	2	0		4								0	0	0
87089410	牵引车、拖拉机用转向盘、转向柱及转向器及零件		0		5	0	0	0	0	1.2	0	4.8	2.4								0	0	0
87089420	大型客车用转向盘、转向柱及转向器及零件		0	0	5	0	0	0	0	2	0	8	4								0	0	0
87089430	非公路自卸车用转向盘、转向柱及转向器及零件		0		5	0	0	0	0	1.2	0	4.8	2.4								0	0	0
87089440	柴、汽油轻货车用转向盘、转向柱及转向器及零件		0	0	5	0	0	0	0	2	0	8	4								0	0	0
87089450	柴油型重型货车用转向盘、转向柱及转向器及零件		0	0	5	0	0	0	0	2	0	8	4								0	0	0
87089460	特种车用转向盘、转向柱及转向器及零件		0	0	5	0	0	0	0	2	0	8	4								0	0	0
87089490	未列名机动车辆用转向盘、转向柱及转向器及零件		0	0	5	0	0	0	0	7.3	0		4								0	0	0
87089500	机动车辆的安全气囊装置	9			9	0	0		0	2	0	9.4	4	0							0		
87089910	牵引车及拖拉机用其他零附件		0		5	0	0	0	0	1.2	0	4.2	2.4								0	0	0
87089921	编号87021091及87029010所列车辆用车架		0	0		0	0	5	0		0	21.2	10								0	0	
87089929	大型客车用其他零附件		0	0		0	0	5	0		0	21.2	10								0	0	
87089931	编号87041030及87041090所列车辆用车架		0		5	0	0	0	0	1.2	0	4.8	2.4								0	0	0
87089939	非公路货运自卸车用其他零附件		0		5	0	0	0	0	1.2	0	4.8	2.4								0	0	0
87089941	编号87042100、87042230、87043100及87043230所列车辆用车架		0	0		0	0	5	0		0	21.2	10								0	0	
87089949	中小型货车用其他零附件		0	0		0	0	5	0		0	21.2	10								0	0	

税则号列	商品描述[①]	协定税率(%)															特惠税率(%)						
		亚太	东盟	新加坡	巴基斯坦	智利	新西兰	秘鲁	哥斯达黎加	瑞士	冰岛	韩国	澳大利亚	香港	澳门	台湾	亚太2国[②]	东盟			最不发达国家		
																		老挝	柬埔寨	缅甸	LDC1[③]	LDC2[④]	LDC3[⑤]
87089951	编号87042240、87042300及87043240所列车辆用车架		0	0	5	0	0	0	0	2	0	8	4								0	0	0
87089959	总重≥14吨的货车用其他零附件		0	0	5	0	0	0	0	2	0	8	4								0	0	0
87089960	特种车用其他零附件		0	0	12	0	0	3	0	9	0	10.5	6								0	0	
87089991	其他编号所列车辆用车架		0	0	5	0	0	0	0	2	0	8	4			0					0	0	0
87089992	汽车传动轴		0	0	5	0	0	0	0	2	0	8	4			0					0	0	0
87089999	机动车辆用未列名零附件		0	0	5	0	0	0	0	2	0	8	4			0					0	0	0
87091110	短距离运输货物电动牵引车		0	0	5	0	0	0	0	2	0	7	4								0	0	0
87091190	其他电动短矩离运货车		0	0	5	0	0	0	0	2	0	7	4								0	0	0
87091910	短距离运输货物其他牵引车		0	0	5	0	0	0	0	6.3	0	8.4	4.2								0	0	0
87091990	其他非电动短矩离运货车		0	0	5	0	0	0	0	6.3	0	8.4	4.2								0	0	0
87099000	短距离运货车、站台牵引车用零件		0		5	0	0	0	0	1.7	0	5.8	3.4								0	0	0
87100010	坦克及其他机动装甲战斗车辆		0	0	12	0	0	3	0	9	0	10.5	6								0	0	
87100090	坦克及其他机动装甲战斗车辆零件		0	0	12	0	0	3	0	9	0	10.5	6								0	0	
87111000	汽油型微马力摩托车及脚踏两用车		0	0		0	0	9	0	30.2	0	38.2	18								0	0	
87112010	装有往复式活塞发动机,50毫升<气缸容量≤100毫升的汽油型小马力摩托车及脚踏两用车		0	0		0	0	9	0	30.2	0	38.2	18								0	0	
87112020	装有往复式活塞发动机,100毫升<气缸容量≤125毫升的汽油型小马力摩托车及脚踏两用车		0	0		0	0	9	0	30.2	0	38.2	18								0	0	
87112030	装有往复式活塞发动机,125毫升<气缸容量≤150毫升的汽油型小马力摩托车及脚踏两用车		0	0		0	0	9	0	30.2	0	38.2	18								0	0	
87112040	装有往复式活塞发动机,150毫升<气缸容量≤200毫升的汽油型小马力摩托车及脚踏两用车		0	0		0	0		0	30.2	0	38.2	18								0		
87112050	装有往复式活塞发动机,200毫升<气缸容量≤250毫升的汽油型小马力摩托车及脚踏两用车		0	0		0	0		0	30.2	0	38.2	18								0		
87113010	汽油型中小马力摩托车及脚踏两用车	32.8	0	0	32.8	0	0		0		0	38.2	18								0		
87113020	汽油型中大马力摩托车及脚踏两用车	32.8	0	0	32.8	0	0		0		0	38.2	18								0		
87114000	汽油型大马力摩托车及脚踏两用车		0	0		0	0		0		0	34	16								0		
87115000	汽油型超大马力摩托车及类似车		0	0		0	0		0		0	25.5	12								0		
87116000	装有驱动电动机的其他摩托车(包括机器脚踏两用车)及装有辅助发动机的脚踏车,不论有无边车;边车		0	0		0	0		0		0		18								0		

税则号列	商品描述[①]	协定税率(%)															特惠税率(%)						
		亚太	东盟	新加坡	巴基斯坦	智利	新西兰	秘鲁	哥斯达黎加	瑞士	冰岛	韩国	澳大利亚	香港	澳门	台湾	亚太2国[②]	东盟			最不发达国家		
																		老挝	柬埔寨	缅甸	LDC1[③]	LDC2[④]	LDC3[⑤]
87119000	其他摩托车(包括机器脚踏两用车)及装有辅助发动机的脚踏车,不论有无边车		0	0		0	0		0		0		18								0		
87120020	竞赛型自行车	9.1	0	0	5	0	0	0	0	7.8	0	9.1	5.2			0					0	0	
87120030	山地自行车	9.1	0	0	5	0	0	0	0	7.8	0	9.1	5.2			0					0	0	
87120041	16、18、20 英寸自行车	9.1	0	0	5	0	0	0	0	7.8	0	9.1	5.2			0					0	0	0
87120049	其他越野自行车	9.1	0	0	5	0	0	0	0	7.8	0	9.1	5.2			0					0	0	
87120081	16 英寸及以下的未列名自行车	9.1	0	0	5	0	0	0	0	7.8	0	9.1	5.2		0	0					0	0	
87120089	其他未列名自行车	9.1	0	0	5	0	0	0	0	7.8	0	9.1	5.2		0	0					0	0	
87120090	其他非机动脚踏车	16.1	0	0	16.1	0	0	4.6	0	13.8	0		9.2		0	0					0	0	
87131000	非机械驱动的残疾人用车		0		5	0	0	0	0	1.2	0	2.4	2.4								0	0	
87139000	其他机动残疾人用车		0		0	0	0	0	0	0	0	2.8	0								0	0	
87141000	摩托车及机动脚踏两用车用零附件		0	0		0	0	6	0		0	25.5	12								0	0	
87142000	残疾人车辆用零附件		0		0	0	0	0	0	0	0	2	0								0	0	0
87149100	非机动脚踏车车架、轮叉及其零件		0	0	6	0	0	0	0	7.2	0	8.4	4.8			0					0	0	
87149210	轮圈		0	0	6	0	0	0	0	7.2	0	8.4	4.8			0					0	0	
87149290	辐条		0	0	6	0	0	0	0	7.2	0	8.4	4.8			0					0	0	
87149310	非机动脚踏车的轮毂		0	0	6	0	0	0	0	7.2	0	8.4	4.8			0					0	0	
87149320	飞轮		0	0	6	0	0	0	0	7.2	0	8.4	4.8			0					0	0	
87149390	其他非机动脚踏车的飞轮		0	0	6	0	0	0	0	7.2	0	8.4	4.8			0					0	0	
87149400	非机动脚踏车的制动器及其零件		0	0	6	0	0	0	0	7.2	0	8.4	4.8			0					0	0	
87149500	非机动脚踏车的鞍座		0	0	6	0	0	0	0	7.2	0	8.4	4.8			0					0	0	
87149610	非机动脚踏车脚蹬及其零件		0	0	6	0	0	0	0	7.2	0	8.4	4.8			0					0	0	
87149620	非机动脚踏车曲柄、链轮及其零件		0	0	6	0	0	0	0	7.2	0	8.4	4.8			0					0	0	
87149900	非机动脚踏车的其他零附件	8.4	0	0	5	0	0	0	0	7.2	0	8.4	4.8			0					0	0	
87150000	婴孩车及其零件		0	0		0	0	4	0	12	0	16	8		0						0	0	
87161000	供居住或野营用厢式挂车及半挂车		0	0	5	0	0	0	0	2		8	4								0	0	
87162000	农用自装或自卸式挂车及半挂车		0		5	0	0	0	0	2	0	8	4								0	0	
87163110	油罐挂车及半挂车		0	0	5	0	0	0	0	2	0	8	4								0	0	
87163190	其他罐式挂车及半挂车		0		5	0	0	0	0	2	0	7	4								0	0	
87163910	货柜挂车及半挂车		0		5	0	0	0	0	2	0	7	4								0	0	
87163990	其他货运挂车及半挂车		0		5	0	0	0	0	2	0	7	4								0	0	
87164000	其他未列名挂车及半挂车		0		5	0	0	0	0	2	0	7	4								0	0	
87168000	其他未列名非机械驱动车辆		0	0	5	0	0	0	0	2	0	7	4		0						0	0	
87169000	挂车、半挂车及非机动车用零件		0	0	5	0	0	0	0	2	0	7	4								0	0	0
88010010	滑翔机及悬挂滑翔机		0		0	0	0	0	0	0	0	0	0								0	0	0
88010090	气球、飞艇及其他无动力航空器		0		0	0	0	0	0	0	0	0	0								0	0	0
88021100	空载重量≤2 吨的直升机		0		0	0	0	0	0	0	0	0	0								0	0	0
88021210	2 吨<空载重量≤7 吨的直升机		0		0	0	0	0	0	0	0	0	0								0	0	0
88021220	空载重量>7 吨的直升机		0		0	0	0	0	0	0	0	0	0								0	0	0

税则号列	商品描述[①]	协定税率(%)															特惠税率(%)						
		亚太	东盟	新加坡	巴基斯坦	智利	新西兰	秘鲁	哥斯达黎加	瑞士	冰岛	韩国	澳大利亚	香港	澳门	台湾	亚太2国[②]	东盟			最不发达国家		
																		老挝	柬埔寨	缅甸	LDC1[③]	LDC2[④]	LDC3[⑤]
88022000	小型飞机及其他航空器		0		0	0	0	0	0	0	0	3.5	0								0	0	0
88023000	中型飞机及其他航空器		0		0	0	0	0	0	0	0	0	0								0	0	0
88024010	大型飞机及其他航空器	3.5	0		0	0	0	0	0	0	0	0	0								0	0	0
88024020	特大型飞机及其他航空器	.7	0		0	0	0	0	0	0	0	0	0								0	0	0
88026000	航天器(包括卫星)及其运载工具		0		0	0	0	0	0	0	0	0	0								0	0	0
88031000	飞机等用推进器、水平旋翼及零件		0		0	0	0	0	0	0	0	0	0								0	0	0
88032000	飞机等用起落架及其零件		0		0	0	0	0	0	0	0	0	0								0	0	0
88033000	飞机及直升机的其他零件		0		0	0	0	0	0	0	0	0	0								0	0	
88039000	其他未列名的航空器、航天器零件																				0	0	0
88040000	降落伞及其零附件		0		0	0	0	0	0	0	0	0	0								0	0	0
88051000	航空器的发射装置及其零件等		0		0	0	0	0	0	0	0	0	0								0	0	0
88052100	空战模拟器及其零件		0		0	0	0	0	0	0	0	0	0								0	0	
88052900	其他地面飞行训练器及其零件		0		0	0	0	0	0	0	0	0	0								0	0	0
89011010	机动巡航船、游览船及各式渡船		0	0	0	0	0	0	0	0	0	4	0	0							0	0	
89011090	非机动巡航船、游览船及各式渡船		0		5	0	0	0	0	1.6	0	6.4	3.2								0	0	
89012011	载重≤10万吨的成品油船					0	0	0	0	1.8	0	7.2	3.6								0	0	
89012012	10万吨<载重≤30万吨的成品油船					0	0	0	0	1.8	0	7.2	3.6								0	0	
89012013	载重>30万吨的成品油船					0	0	0	0	1.2	0	4.8	2.4								0	0	
89012021	载重≤15万吨的原油船					0	0	0	0	1.8	0	7.2	3.6								0	0	
89012022	15万吨<载重≤30万吨的原油船					0	0	0	0	1.8	0	7.2	3.6								0	0	
89012023	载重>30万吨的原油船					0	0	0	0	1.2	0	4.8	2.4								0	0	
89012031	容积≤20000立方米的液化石油气船					0	0	0	0	1.8	0	7.2	3.6								0	0	
89012032	容积>20000立方米的液化石油气船					0	0	0	0	1.2	0	4.8	2.4								0	0	
89012041	容积≤20000立方米的液化天然气船					0	0	0	0	1.8	0	7.2	3.6								0	0	
89012042	容积>20000立方米的液化天然气船					0	0	0	0	1.2	0	4.8	2.4								0	0	
89012090	其他液货船					0	0	0	0	1.8	0	7.2	3.6								0	0	
89013000	冷藏船		0	0	5	0	0	0	0	1.8	0	7.2	3.6								0	0	
89019021	可载标准集装箱≤6000箱的机动集装箱船					0	0	0	0	1.8	0	7.2	3.6								0	0	
89019022	可载标准集装箱>6000箱的机动集装箱船					0	0	0	0	1.2	0	4.8	2.4								0	0	
89019031	载重≤2万吨的机动滚装船					0	0	0	0	1.8	0	7.2	3.6								0	0	
89019032	载重>2万吨的机动滚装船					0	0	0	0	1.2	0	4.8	2.4								0	0	
89019041	载重≤15万吨的机动散货船					0	0	0	0	1.8	0	7.2	3.6								0	0	

税则号列	商品描述[①]	协定税率(%)															特惠税率(%)						
		亚太	东盟	新加坡	巴基斯坦	智利	新西兰	秘鲁	哥斯达黎加	瑞士	冰岛	韩国	澳大利亚	香港	澳门	台湾	亚太2国[②]	东盟			最不发达国家		
																		老挝	柬埔寨	缅甸	LDC1[③]	LDC2[④]	LDC3[⑤]
89019042	15万吨<载重≤30万吨的机动散货船					0	0	0	0	1.8	0	7.2	3.6								0	0	
89019043	载重>30万吨的机动散货船					0	0	0	0	1.8	0	7.2	3.6								0	0	
89019050	机动多用途船					0	0	0	0	1.8	0	7.2	3.6								0	0	
89019080	其他机动货运船舶		0	0	5	0	0	0	0	1.8	0	7.2	3.6								0	0	
89019090	非机动货运船舶及客货兼运船舶		0	0	5	0	0	0	0	1.6	0	6.4	3.2								0	0	
89020010	机动捕鱼船		0	0	5	0	0	0	0	1.4	0	5.6	2.8								0	0	
89020090	非机动捕鱼船		0		5	0	0	0	0	1.6	0	6.4	3.2								0	0	
89031000	充气的娱乐或运动用快艇		0		5	0	0	0	0	2	0	8	4								0	0	0
89039100	帆船		0		5	0	0	0	0	1.6	0	6.4	3.2								0	0	0
89039200	汽艇		0	0	5	0	0	2.1	0	6.3	0	8.4	4.2	0							0	0	0
89039900	娱乐或运动用其他船舶或快艇		0		5	0	0	0	0	2	0		4								0	0	0
89040000	拖轮及顶推船		0	0	5	0	0	0	0	1.8	0	7.2	3.6								0	0	0
89051000	挖泥船		0		0	0	0	0	0	0	0	2.4	0								0	0	0
89052000	浮动或潜水式钻探或生产平台		0		5	0	0	0	0	1.2	0	4.8	2.4								0	0	0
89059010	浮船坞					0	0	0	0	1.6	0	6.4	3.2								0	0	0
89059090	其他不以航行为主要功能的船舶		0		0	0	0	0	0	0	0	2.4	0								0	0	0
89061000	军舰		0		0	0	0	0	0	0	0	4	0								0	0	
89069010	其他未列名的机动船舶		0		0	0	0	0	0	0	0		0								0	0	0
89069020	非机动船舶		0		5	0	0	0	0	1.6	0	6.4	3.2								0	0	0
89069030	未制成或不完整的船舶,包括船舶分段		0		5	0	0	0	0	1.6	0	6.4	3.2								0	0	0
89071000	充气筏		0		5	0	0	0	0	1.6	0	6.4	3.2								0	0	0
89079000	其他浮动结构体		0		5	0	0	0	0	1.6	0	6.4	3.2								0	0	0
89080000	供拆卸的船舶及其他浮动结构体		0		0	0	0	0	0	0	0	2.4	0								0	0	0
90011000	光导纤维束及光缆	4.5	0		0	0	0	0	0	1	0	4.7	0	0							0	0	0
90012000	偏振材料制的片及板	6.3	0		5	0	0	0	0	1.6	0	5.6	3.2	0							0	0	0
90013000	隐形眼镜片		0	0	5	0	0	0	0	2	0	8.5	4	0							0	0	0
90014010	玻璃制变色镜片		0	0		0	0	4	0	12	0	16	8	0							0	0	
90014091	玻璃制太阳镜片		0	0		0	0	4	0	12	0	16	8	0							0	0	
90014099	玻璃制其他眼镜片		0	0		0	0	4	0	12	0	16	8	0							0	0	
90015010	非玻璃材料制变色镜片		0	0		0	0	4	0	12	0	16	8	0							0	0	
90015091	非玻璃材料制太阳镜片		0	0		0	0	4	0	12	0	16	8	0							0	0	
90015099	非玻璃材料制其他眼镜片		0	0		0	0	4	0	12	0	14	8								0	0	
90019010	彩色滤光片	6.7	0		5	0	0	0	0	1.6	0	6.4	3.2	0							0	0	0
90019090	其他光学元件	6.7	0		5	0	0	0	0	4.8	0	5.6	3.2	0							0	0	0
90021110	特殊用途照相机用物镜		0		5	0	0	0	0	1.6	0	3.2	3.2								0	0	0
90021120	缩微阅读机用物镜		0		5	0	0	0	0	1.6	0	3.2	3.2								0	0	0
90021131	单反相机镜头		0	0	12	0	0	3	0	9	0		6								0	0	
90021139	其他照相机用镜头		0	0	12	0	0	3	0	9	0	10.5	6								0	0	0
90021190	其他照相机、投影仪等用物镜		0	0	12	0	0	3	0	9	0	12	6			0					0	0	0
90021910	摄影机或放映机用物镜		0	0	12	0	0	3	0	9	0	10.5	6								0	0	
90021990	品目90.02未列名的其他物镜		0	0	12	0	0	3	0	9	0	12	6	0		0					0	0	0
90022010	照相机用滤色镜	12.5	0	0	12	0	0	3	0	9	0	12	6								0	0	

税则号列	商品描述①	协定税率(%)															特惠税率(%)						
																		东盟			最不发达国家		
		亚太	东盟	新加坡	巴基斯坦	智利	新西兰	秘鲁	哥斯达黎加	瑞士	冰岛	韩国	澳大利亚	香港	澳门	台湾	亚太2国②	老挝	柬埔寨	缅甸	LDC1③	LDC2④	LDC3⑤
90022090	其他光学仪器或装置滤色镜	12.5	0	0	12	0	0	3	0	9	0	12	6								0	0	
90029010	照相机用未列名光学元件		0	0	12	0	0	3	0	9	0	12	6	0		0					0	0	
90029090	其他光学仪器用未列名光学元件		0	0	12	0	0	3	0	9	0	12	6	0		0					0	0	0
90031100	塑料制眼镜架		0	0		0	0	3.6	0	10.8	0	12.6	7.2	0	0						0	0	
90031910	金属材料制眼镜架		0		5	0	0	0	0	2	0	7	4	0	0						0	0	
90031920	天然材料制眼镜架		0		5	0	0	0	0	2	0	7	4	0	0						0	0	
90031990	其他眼镜架		0		5	0	0	0	0	2	0	7	4	0	0						0	0	
90039000	眼镜架零件		0		5	0	0	0	0	2	0	7	4	0							0	0	
90041000	太阳镜		0	0		0	0	4	0	12	0	16	8	0	0						0	0	
90049010	变色镜		0	0	12.8	0	0	3.2	0	9.6	0	11.2	6.4	0	0						0	0	
90049090	其他眼镜		0	0		0	0	4	0	12	0	14	8	0	0						0	0	
90051000	双筒望远镜		0	0	12	0	0	3	0	9	0	10.5	6								0	0	
90058010	天文望远镜及其他天文仪器		0		0	0	0	0	0	0	0	0	0								0	0	0
90058090	其他光学望远镜		0	0	6	0	0	0	0	7.2	0	8.4	4.8		0						0	0	0
90059010	天文望远镜及其他天文仪器用零件		0		0	0	0	0	0	0	0	0	0								0	0	0
90059090	其他望远镜零附件		0		5	0	0	0	0	1.6	0	3.2	3.2								0	0	0
90063000	特种用途的照相机		0		5	0	0	0	0	1.8	0		3.6								0	0	0
90064000	一次成像照相机		0		0	0	0	0	0	0	0	3.5	0								0	0	0
90065100	通过镜头取景的照相机		0	0		0	0		0	16.8	0	21.2	10								0		
90065210	缩微照相机		0		5	0	0	0	0	1.8	0	3.6	3.6								0	0	0
90065290	使用胶片宽<35 毫米的其他照相机		0	0		0	0		0	16.8		21.2	10								0		
90065300	其他照相机		0	0		0	0	4	0	12	0	16	8								0	0	
90065910	激光照排设备		0	0	5	0	0	0	0	1.8	0	7.2	3.6								0	0	0
90065921	电子分色机		0	0	6	0	0	0	0	7.2	0	8.4	4.8								0	0	0
90065929	其他制版照相机		0		5	0	0	0	0	2	0	7	4								0	0	0
90065990	其他照相机		0	0		0	0		0		0	21.2	10								0		
90066100	放电式(电子式)闪光灯装置		0	0		0	0	3.6	0	10.8	0	12.6	7.2								0	0	
90066910	闪光灯泡、方形闪光灯及类似品		0	0	14.4	0	0	3.6	0	10.8	0	15.3	7.2								0	0	
90066990	其他照相闪光灯装置		0	0	14.4	0	0	3.6	0	10.8	0	12.6	7.2								0	0	
90069110	编号 90063000、90065921、90065929 所列照相机用零附件	5.6	0		5	0	0	.0	0	1.6	0	5.6	3.2	0			0				0	0	0
90069120	一次成像照相机的零附件	3.5	0		0	0	0	0	0	0	0	2	0	0			0				0	0	0
90069191	照相机自动调焦组件	7	0	0	5	0	0	0	0	2	0	7	4	0			0				0	0	0
90069192	其他照相机的快门组件	7	0	0	5	0	0	0	0	2	0	7	4	0			0				0	0	0
90069199	其他照相机的其他零附件	7	0	0	5	0	0	0	0	2	0	7	4	0			0				0	0	0
90069900	照相闪光灯装置及闪光灯泡的零件		0	0	6	0	0	0	0	7.2	0	8.4	4.8								0	0	0
90071010	高速摄影机		0	0	7	0	0	0	0	8.4	0	9.8	5.6								0	0	
90071090	其他摄影机		0	0	11.2	0	0	0	0	8.4	0	9.8	5.6								0	0	
90072010	数字式放映机		0	0	11.2	0	0	0	0	8.4	0	9.8	5.6	0							0	0	
90072090	放映机		0	0	11.2	0	0	0	0	8.4	0	9.8	5.6								0	0	
90079100	电影摄影机用零附件		0		5	0	0	0	0	1.7	0	5.8	3.4								0	0	

税则号列	商品描述①	协定税率(%)															特惠税率(%)						
		亚太	东盟	新加坡	巴基斯坦	智利	新西兰	秘鲁	哥斯达黎加	瑞士	冰岛	韩国	澳大利亚	香港	澳门	台湾	亚太2国②	东盟			最不发达国家		
																		老挝	柬埔寨	缅甸	LDC1③	LDC2④	LDC3⑤
90079200	电影放映机用零附件		0		5	0	0	0	0	1.7	0	3.3	3.4								0	0	
90085010	幻灯机		0	0	7	0	0	0	0	8.4	0	9.8	5.6								0	0	
90085020	缩微胶卷、缩微胶片或其他缩微品的阅读机,不论是否可以进行复制		0		5	0	0	0	0	2	0	7	4								0	0	
90085031	正射投影仪		0	0		0	0	3.6	0	10.8	0		7.2								0	0	
90085039	其他影像投影仪		0	0		0	0	3.6	0	10.8	0		7.2								0	0	
90085040	照片(电影片除外)放大机及缩片机		0	0		0	0	4	0	12	0	16	8								0	0	
90089010	缩微阅读机的零附件		0		5	0	0	0	0	1.6	0	3.2	3.2								0	0	
90089020	照片放大机及缩片机的零附件		0	0	7	0	0	0	0	8.4	0	9.8	5.6								0	0	
90089090	其他影像投影仪的零附件		0	0	11.2	0	0	0	0	8.4	0	9.8	5.6								0	0	
90101010	电影用胶卷的自动显影装置及设备		0	0	7	0	0	0	0	8.4	0	9.8	5.6	0							0	0	
90101020	特种照相胶卷自动显影装置及设备		0		5	0	0	0	0	1.7	0	3.3	3.4	0							0	0	0
90101091	彩色胶卷用自动显影及设备		0	0		0	0	5	0	16.8	0	21.2	10	0							0	0	
90101099	其他胶卷的自动显影装置及设备		0	0	12	0	0	3	0	9	0	12.7	6	0							0	0	
90105010	负片显示器		0	0	7	0	0	0	0	8.4	0	9.8	5.6								0	0	
90105021	电影用的洗印装置		0	0	11.2	0	0	0	0	8.4	0	9.8	5.6								0	0	
90105022	特种照相用的洗印装置		0		5	0	0	0	0	1.7	0	5.8	3.4								0	0	0
90105029	其他照相用的洗印装置		0	0	13.6	0	0	3.4	0	10.2	0	11.9	6.8								0	0	
90106000	银幕及其他投影屏幕		0	0	11.2	0	0	0	0	8.4	0	9.8	5.6								0	0	
90109010	电影洗印用洗印装置的零附件																				0	0	0
90109020	特种照相洗印用装置的零附件																				0	0	0
90109090	其他洗印用装置的零附件																				0	0	0
90111000	立体显微镜																				0	0	0
90112000	缩微照相等用的其他显微镜																				0	0	0
90118000	其他显微镜		0		5	0	0	0	0	4.2	0	4.9	2.8								0	0	
90119000	复式光学显微镜的零附件																				0	0	0
90121000	其他非光学显微镜及衍射设备																				0	0	0
90129000	非光学显微镜及衍射设备的零件																				0	0	0
90131000	武器用望远镜瞄准具及其他望远镜		0		5	0	0	0	0	1.6	0	3.2	3.2								0	0	
90132000	激光器		0		5	0	0	0	0	3.6	0	4.2	2.4		0						0	0	
90138010	放大镜	8.4	0	0	5	0	0	0	0	7.2	0	8.4	4.8	0	0						0	0	
90138020	光学门眼	8.4	0	0	5	0	0	0	0	7.2	0	8.4	4.8								0	0	
90138030	液晶显示板		0		0	0	0				0		4	0	0								
90138090	其他液晶装置及光学仪器		0		0	0	0	0	0	1	0		0	0	0						0	0	
90139010	激光器、望远镜等装置的零附件		0		5	0	0	0	0	1.2	0	4.2	2.4	0	0						0	0	
90139020	编号 90138030 所列货品用零附件		0		5	0	0	0	0	1.6	0	6.4	3.2	0	0						0	0	
90139090	品目 90.13 所列其他货品的零附件		0		5	0	0	0	0	1.6	0	8	3.2	0	0						0	0	

税则号列	商品描述①	协定税率(%)															特惠税率(%)						
		亚太	东盟	新加坡	巴基斯坦	智利	新西兰	秘鲁	哥斯达黎加	瑞士	冰岛	韩国	澳大利亚	香港	澳门	台湾	亚太2国②	东盟			最不发达国家		
																		老挝	柬埔寨	缅甸	LDC1③	LDC2④	LDC3⑤
90141000	定向罗盘		0		0	0	0	0	0	0	0	1.6	0								0	0	0
90142010	自动驾驶仪		0		0	0	0	0	0	0	0	1.6	0								0	0	0
90142090	其他航空或航天导航仪器及装置(罗盘除外)		0		0	0	0	0	0	0	0	0	0								0	0	0
90148000	其他导航仪器及装置		0		0	0	0	0	0	0	0	0.8	0								0	0	0
90149010	自动驾驶仪用零件、附件		0		0	0	0	0	0	0	0	0	0								0	0	0
90149090	其他导航仪器及设备用零件、附件		0		0	0	0	0	0	0	0	0	0								0	0	
90151000	测距仪		0		5	0	0	0	0	6	0	6.3	3.6								0	0	0
90152000	经纬仪及视距仪		0		5	0	0	0	0	1.8	0	3.6	3.6								0	0	0
90153000	水平仪		0		5	0	0	0	0	1.8	0	6.3	3.6								0	0	0
90154000	摄影测量用仪器及装置		0		5	0	0	0	0	1.8	0	3.6	3.6								0	0	0
90158000	其他大地测量仪器及装置	3.5	0		0	0	0	0	0		0	3.5	0								0	0	0
90159000	大地测量仪器及装置的零附件		0		0	0	0	0	0	1	0	3.5	0								0	0	0
90160010	感量为0.1毫克或更精密的天平		0		5	0	0	0	0		0	6.3	3.6								0	0	0
90160090	0.1毫克<感量≤50毫克的天平		0	0	5	0	0	0	0	2.1	0	7.3	4.2								0	0	0
90171000	绘图台及绘图机,不论是否自动		0		5	0	0	0	0	1.6	0	5.6	3.2								0	0	0
90172000	其他绘图、划线或数学计算器具																				0	0	0
90173000	千分尺、卡尺及量规		0		5	0	0	0	0	4.8	0	5.6	3.2								0	0	0
90178000	其他手用测量长度的器具		0		5	0	0	0	0	4.8	0	3.2	3.2								0	0	0
90179000	绘图计算器具等仪器的零附件																				0	0	0
90181100	心电图记录仪		0		0	0	0	0	0	1	0	2	0								0	0	0
90181210	B型超声波诊断仪	6	0		0	0	0	0	0	1.4	2.3	5.6	2.8								0	0	0
90181291	彩色超声波诊断仪	3.9	0		0	0	0	0	0	0	0	4.7	0								0	0	0
90181299	其他超声扫描装置	3.9	0		0	0	0	0	0	0	0	4.7	0								0	0	0
90181310	核磁共振成像成套装置		0		0	0	0	0	0	0.8	0	3.2	0	0							0	0	0
90181390	其他核磁共振成象装置		0		0	0	0	0	0	0.8	0	3.2	0	0							0	0	0
90181400	闪烁摄影装置		0		0	0	0	0	0	0	0	4	0								0	0	0
90181930	病员监护仪	2.9	0		0	0	0	0	0	0.8	0	1.6	0								0	0	0
90181941	听力计	2.9	0		0	0	0	0	0	0	0	0	0								0	0	0
90181949	其他听力诊断装置	2.9	0		0	0	0	0	0	0	0		0								0	0	0
90181990	其他电气诊断装置	2.9	0		0	0	0	0	0	0.8	0	0	0								0	0	0
90182000	紫外线及红外线装置		0		0	0	0	0	0	0	0	1.6	0								0	0	0
90183100	注射器	7.6	0		0	0	0	0	0	4.8	0	5.6	3.2								0	0	0
90183210	管状金属针头	7	0		0	0	0	0	0	1.6	0	5.6	3.2								0	0	0
90183220	缝合用针	3.5	0		0	0	0	0	0	0	0	0	0								0	0	0
90183900	导管、插管及类似品		0		0	0	0	0	0	2.4	1.3	1.6	0								0	0	0
90184100	牙钻机		0		0	0	0	0	0	0.8	0	0	0								0	0	0
90184910	装有牙科设备的牙科用椅		0		0	0	0	0	0	2.4	0	2.8	0								0	0	0
90184990	牙科用其他仪器及器具		0		0	0	0	0	0	2.4	0	1.6	0								0	0	0
90185000	眼科用其他仪器及器具	2.9	0		0	0	0	0	0	2.4	0	3.1	0								0	0	0
90189010	听诊器	3.5	0		0	0	0	0	0	0	0	0	0	0							0	0	0
90189020	血压测量仪器及器具	3.5	0		0	0	0	0	0	0	0	0	0	0							0	0	0
90189030	内窥镜	2.9	0		0	0	0	0	0	0.8	0	0	0	0							0	0	0

税则号列	商品描述[1]	协定税率(%)															特惠税率(%)						
		亚太	东盟	新加坡	巴基斯坦	智利	新西兰	秘鲁	哥斯达黎加	瑞士	冰岛	韩国	澳大利亚	香港	澳门	台湾	亚太2国[2]	东盟			最不发达国家		
																		老挝	柬埔寨	缅甸	LDC1[3]	LDC2[4]	LDC3[5]
90189040	肾脏透析设备(人工肾)	2.9	0		0	0	0	0	0	0.8	0	0	0	0							0	0	0
90189050	透热疗法设备	2.9	0		0	0	0	0	0	0	0	0	0	0							0	0	0
90189060	输血设备	2.9	0		0	0	0	0	0	2.4	0	0	0	0							0	0	0
90189070	麻醉设备	3.5	0		0	0	0	0	0	0	0	1.6	0	0							0	0	0
90189080	宫内节育器	2	0		0	0	0	0	0	0	0	0	0	0							0	0	0
90189090	品目90.18中未列名的医疗仪器	3.5	0		0	0	0	0	0	2.4	0	1.6	0	0	0						0	0	0
90191010	按摩器具		0	0	12	0	0	3	0	9	0	10.5	6	0							0	0	
90191090	机械疗法器具、心理功能测验装置		0		0	0	0	0	0	2.4	1.3	1.6	0	0							0	0	0
90192000	臭氧治疗器、氧气治疗器等器具		0		0	0	0	0	0	2.4	0	3.2	0		0						0	0	0
90200000	其他呼吸器具及防毒面具		0		5	0	0	0	0	1.6	0	5.6	3.2	0	0						0	0	0
90211000	矫形或骨折用器具		0		0	0	0	0	0	2.7	0	3.2	0								0	0	0
90212100	假牙		0		0	0	0	0	0	0	0	0	0	0							0	0	0
90212900	牙齿固定件		0		0	0	0	0	0	2.4	0	1.6	0								0	0	0
90213100	人造关节		0		0	0	0	0	0	2.4	0	0	0			0					0	0	0
90213900	其他人造的人体部分		0		0	0	0	0	0	0.8	0	2.8	0								0	0	0
90214000	助听器,不包括零附件		0		0	0	0	0	0	2.4	0	0	0	0							0	0	0
90215000	心脏起搏器,不包括零附件		0		0	0	0	0	0	2.4	0	0	0								0	0	0
90219011	血管支架		0		0	0	0	0	0	2.4	0	0	0								0	0	0
90219019	其他支架		0		0	0	0	0	0	2.4	0	2.8	0								0	0	0
90219090	其他品目90.21中未列名的矫形器具		0		0	0	0	0	0	2.4	1.3	1.6	0								0	0	0
90221200	X射线断层检查仪	2.8	0		0	0	0	0	0	0	0	3.2	0								0	0	0
90221300	其他牙科用X射线应用设备		0		0	0	0	0	0	0	0	1.6	0								0	0	0
90221400	其他医疗或兽医用X射线应用设备		0		0	0	0	0	0	0.8	0	1.6	0								0	0	0
90221910	低剂量X射线安全检查设备		0		0	0	0	0	0	0	0	3.2	0								0	0	0
90221920	X射线无损探伤检测仪		0		0	0	0	0	0	2.4	0		0	0							0	0	0
90221990	其他非医疗用X射线设备		0		0	0	0	0	0	2.4	0		0	0							0	0	0
90222100	医疗用α、β、γ射线设备		0		0	0	0	0	0	0	0	0	0								0	0	0
90222910	γ射线无损探伤检测仪		0		5	0	0	0	0	1.2	0	2.4	2.4								0	0	0
90222990	其他非医疗用α、β、γ射线设备		0		5	0	0	0	0	1.2	0	2.4	2.4								0	0	0
90223000	X射线管		0		0	0	0	0	0	0	0	1.4	0								0	0	0
90229010	X射线影像增强器		0		5	0	0	0	0	1.2	0	4.8	2.4								0	0	0
90229090	品目90.22所列其他设备及零件		0		5	0	0	0	0	3.6	2	4.8	2.4								0	0	0
90230010	教习头		0		5	0	0	0	0	4.2	0	2.8	2.8								0	0	0
90230090	其他专供示范(例如教学或展览)而无其他用途的仪器、装置及模型		0		5	0	0	0	0	4.2	0	2.8	2.8								0	0	0
90241010	电子万能试验机	5.4	0		5	0	0	0	0	1.4	0	4.9	2.8								0	0	0
90241020	硬度计	5.4	0		5	0	0	0	0	4.2	0	4.9	2.8								0	0	0
90241090	其他金属材料的试验用机器及器具	5.4	0		5	0	0	0	0	1.4	0	5.5	2.8								0	0	0
90248000	非金属材料的试验用机器及器具		0		0	0	0	0	0	1	0	4	0								0	0	0

税则号列	商品描述①	协定税率(%)															特惠税率(%)						
		亚太	东盟	新加坡	巴基斯坦	智利	新西兰	秘鲁	哥斯达黎加	瑞士	冰岛	韩国	澳大利亚	香港	澳门	台湾	亚太2国②	东盟			最不发达国家		
																		老挝	柬埔寨	缅甸	LDC1③	LDC2④	LDC3⑤
90249000	各种材料的试验用机器零附件		0		5	0	0	0	0	3.6	0		2.4								0	0	0
90251100	可直接读数的液体温度计		0		0	0	0	0	0	0.8	0	0	0		0						0	0	0
90251910	非液体的工业用温度计及高温计	6.7	0		5	0	0	0	0	1.7	0	3.3	3.4								0	0	0
90251990	非液体的其他温度计、高温计	6.7	0		5	0	0	0	0	1.7	0	3.3	3.4		0						0	0	0
90258000	其他温度计、比重计、湿度计等仪器		0	0	5	0	0	2.2	0	6.6	0	9.3	4.4								0	0	
90259000	比重计、温度计等类似仪器的零件	6.3	0		5	0	0	0	0	4.8	0	3.2	3.2								0	0	0
90261000	测量、检验液体流量或液位的仪器																				0	0	0
90262010	压力、差压变送器																				0	0	0
90262090	测量、检验压力的仪器及装置																				0	0	0
90268010	测量气体流量的仪器及装置																				0	0	0
90268090	测量或检验气体的除流量、压力以外其他变化量的仪器及装置																				0	0	0
90269000	液体或气体的测量或检验仪器零件																				0	0	0
90271000	气体或烟雾分析仪		0		5	0	0	0	0	4.2	0	5.6	2.8	0							0	0	0
90272011	气相色谱仪																				0	0	0
90272012	液相色谱仪																				0	0	0
90272019	其他色谱仪																				0	0	0
90272020	电泳仪																				0	0	0
90273000	分光仪、分光光度计及摄谱仪																				0	0	0
90275000	使用光学射线的其他仪器及装置																				0	0	0
90278011	集成电路生产用氦质谱检漏台																				0	0	0
90278012	质谱联用仪																				0	0	0
90278019	其他质谱仪																				0	0	0
90278091	曝光表		0	0	11.2	0	0	0	0	8.4	0	9.8	5.6								0	0	
90278099	其他理化分析仪器及装置																				0	0	0
90279000	检镜切片机;理化分析仪器零件																				0	0	0
90281010	煤气表		0		5	0	0	0	0	2	0	7	4								0	0	
90281090	其他气量计		0	0	5	0	0	0	0	2	0	7	4								0	0	
90282010	水表		0	0	5	0	0	0	0	2	0	7	4								0	0	
90282090	其他液量计		0	0	5	0	0	2	0	2			4								0	0	
90283011	单相感应式电度表		0		5	0	0	0	0	2	0	7	4	0							0	0	
90283012	三相感应式电度表		0		5	0	0	0	0	2	0	7	4	0							0	0	
90283013	单相电子式(静止式)电度表		0		5	0	0	0	0	2	0	7	4	0							0	0	
90283014	三相电子式(静止式)电度表		0		5	0	0	0	0		0	7	4	0							0	0	
90283019	其他电度表		0		5	0	0	0	0	2	0	8.5	4	0							0	0	
90283090	其他电量计		0	0	5	0	0	0	0	2	0	7	4	0							0	0	
90289010	工业用计量仪表零附件		0		5	0	0	0	0	1.7	0	5.8	3.4								0	0	0
90289090	非工业用计量仪表零附件		0		5	0	0	0	0	1.7	0	3.3	3.4								0	0	0
90291010	转数计		0	0	12	0	0	3	0	11	0	10.5	6								0	0	
90291020	车费计、里程计		0	0	12	0	0	3	0	9	0		6								0	0	

税则号列	商品描述①	协定税率(%)															特惠税率(%)						
		亚太	东盟	新加坡	巴基斯坦	智利	新西兰	秘鲁	哥斯达黎加	瑞士	冰岛	韩国	澳大利亚	香港	澳门	台湾	亚太2国②	东盟 老挝	东盟 柬埔寨	东盟 缅甸	最不发达国家 LDC1③	最不发达国家 LDC2④	最不发达国家 LDC3⑤
90291090	产量计数器、步数计及类似仪表		0	0	12	0	0	3	0	9	0		6								0	0	
90292010	车辆用速度计		0		5	0	0	0	0	2	0	8.5	4								0	0	
90292090	其他速度计及转速表、频闪观测仪		0		5	0	0	0	0	2	0	7	4								0	0	
90299000	转数计、车费计及类似仪表零件		0		5	0	0	0	0	3.6	0		2.4								0	0	0
90301000	离子射线的测量或检验仪器及装置		0		0	0	0	0	0	0	0		0								0	0	0
90302010	测试频率<300兆赫的通用示波器		0	0	5	0	0	0	0	1.6	0	5.6	3.2								0	0	0
90302090	其他阴极射线示波器		0		0	0	0	0	0	1	0	3.5	0								0	0	0
90303110	量程为五位半及以下的数字万用表，不带记录装置		0	0	12	0	0	3	0	9	0	10.5	6		0						0	0	
90303190	其他不带记录装置的万用表		0		0	0	0	0	0	0	0	4	0								0	0	0
90303200	带记录装置的万用表		0		5	0	0	0	0	1.6	0	5.6	3.2								0	0	0
90303310	量程为五位半及以下的数字电流表、电压表，不带记录装置		0	0	12	0	0	3	0	9	0	10.5	6	0							0	0	
90303320	不带记录装置的电阻测试仪		0	0	11.2	0	0	0	0	8.4	0		5.6	0							0	0	
90303390	检测电压、电流及功率的其他仪器，不带记录装置		0		5	0	0	0	0	5.4	0		3.6	0							0	0	0
90303900	检测电压、电流、电阻或功率的其他仪器，带记录装置		0		5	0	0	0	0	4.8	0		3.2								0	0	0
90304010	测试频率<12.4千兆赫兹数字式频率计																				0	0	0
90304090	其他无线电通讯专用仪器及装置																				0	0	0
90308200	检测半导体晶片或器件的仪器																				0	0	0
90308410	电感及电容测试仪		0	0	5	0	0	0	0	2	0		4								0	0	
90308490	其他电量的测量或检验仪器及装置		0		5	0	0	0	0	4.8	0	6.4	3.2								0	0	0
90308910	其他电感及电容测试仪		0	0	11.2	0	0	0	0	8.4	0		5.6								0	0	
90308990	其他电量的测量或检验仪器及装置		0		5	0	0	0	0	1.6	0		3.2								0	0	0
90309000	品目90.30所属货品的零件及附件		0		5	0	0	0	0	4.2	0	4.9	2.8	0							0	0	0
90311000	机械零件平衡试验机	5.4	0		5	0	0	0	0	1.4	0	2.8	2.8								0	0	0
90312000	试验台		0		5	0	0	0	0	4.7	0	5.6	2.8								0	0	0
90314100	制造半导体器件时检验半导体晶片、器件或检验光掩模或光栅用																				0	0	0
90314910	轮廓投影仪		0		5	0	0	0	0	2	0	8	4								0	0	0
90314920	光栅测量装置																				0	0	0
90314990	其他光学测量或检验仪器和器具																				0	0	0
90318010	光纤通信及光纤性能测试仪	4	0		0	0	0	0	0	0	0	4	0	0							0	0	0
90318020	坐标测量仪		0		0	0	0	0	0	1	0	4	0	0							0	0	0
90318031	超声波探伤检测仪	4	0		0	0	0	0	0	0	0	3.9	0	0							0	0	0
90318032	磁粉探伤检测仪	4	0		0	0	0	0	0	0	0	3.9	0	0							0	0	0

税则号列	商品描述[①]	协定税率(%) 亚太	东盟	新加坡	巴基斯坦	智利	新西兰	秘鲁	哥斯达黎加	瑞士	冰岛	韩国	澳大利亚	香港	澳门	台湾	特惠税率(%) 亚太2国[②]	东盟 老挝	东盟 柬埔寨	东盟 缅甸	最不发达国家 LDC1[③]	LDC2[④]	LDC3[⑤]
90318033	涡流探伤检测仪	4	0		0	0	0	0	0	0	0	3.9	0	0							0	0	0
90318039	其他无损探伤检测仪器(射线探伤仪除外)	4	0		0	0	0	0	0	0	0		0	0							0	0	0
90318090	未列名测量、检验仪器器具及机器	4	0		0	0	0	0	0	3.4		3.5	0	0		0					0	0	0
90319000	品目90.31的仪器及器具的零件																				0	0	0
90321000	恒温器		0		5	0	0	0	0	4.2	0	2.8	2.8	0							0	0	0
90322000	恒压器		0		5	0	0	0	0	1.4	0	4.9	2.8	0							0	0	0
90328100	液压或气压的其他仪器及装置	5.4	0		5	0	0	0	0	4.2	0	5.5	2.8	0							0	0	0
90328911	列车自动防护系统(ATP)车载设备		0		5	0	0	0	0		0	5.6	2.8	0							0	0	0
90328912	列车自动运行系统(ATO)车载设备		0		5	0	0	0	0		0	5.6	2.8	0							0	0	0
90328919	其他列车自动控制系统(ATC)车载设备		0		5	0	0	0	0		0	5.6	2.8	0							0	0	0
90328990	非液压或气压的其他自动调节或控制仪器及装置		0		5	0	0	0	0		0	5.6	2.8	0							0	0	0
90329000	自动调节或控制仪器零附件		0		0	0	0	0	0	3	0	4	0								0	0	0
90330000	九十章未列名零附件		0		5	0	0	0	0	3.6	0	2.4	2.4								0	0	0
91011100	机械指示式的贵金属电子手表	9.9	0	0	5	0	0	0	0	7.4	0	7.7	4.4								0	0	
91011910	光电显示式的贵金属电子手表		0	0	12.8	0	0	3.2	0	9.6	0	11.2	6.4								0	0	
91011990	其他贵金属电子手表		0	0	12	0	0	3	0	10	0	10.5	6								0	0	
91012100	自动上弦的贵金属机械手表		0	0	5	0	0	0	0	7.4	0	7.7	4.4								0	0	
91012900	非自动上弦贵金属机械手表		0	0	12	0	0	3	0	10	0	10.5	6								0	0	
91019100	贵金属电子怀表及其他电子表		0	0	12	0	0	3	0	9	0	10.5	6								0	0	
91019900	贵金属机械怀表及其他机械表		0	0		0	0	4	0	13.4	0	16	8								0	0	
91021100	机械指示式的其他电子手表	11.1	0	0	6.2	0	0	0	0	8.4	0	8.7	5	0	0						0	0	
91021200	光电显示式的其他电子手表		0	0		0	0	4.6	0	13.8	0	19.5	9.2	0	0						0	0	
91021900	其他电子手表		0	0	12	0	0	3	0	9	0	10.5	6								0	0	
91022100	其他自动上弦的机械手表		0	0	5	0	0	0	0	7.4	0	7.7	4.4	0	0						0	0	
91022900	其他非自动上弦的机械手表		0	0	12	0	0	3	0	10	0	10.5	6	0	0						0	0	
91029100	电力驱动的电子怀表及其他电子表		0	0	12	0	0	3	0	10	0	10.5	6								0	0	
91029900	其他机械怀表、秒表及其他表		0	0		0	0	4	0	13.4	0	16	8								0	0	
91031000	以表芯装成的电子钟		0	0		0	0	4.6	0	15.4	0	19.5	9.2	0	0						0	0	
91039000	以表芯装成的机械钟		0	0		0	0	4	0	13.4	0	16	8								0	0	
91040000	仪表板钟及车辆船舶等用的类似钟		0.		5	0	0	0	0	2	0	7	4								0	0	
91051100	电子闹钟		0	0		0	0	4.6	0	15.4	0	19.5	9.2	0	0						0	0	0
91051900	机械闹钟		0	0		0	0	4	0	12	0	16	8								0	0	
91052100	电子挂钟		0	0		0	0	4.6	0	13.8	0	19.5	9.2								0	0	
91052900	机械挂钟		0	0		0	0	4	0	12	0	16	8								0	0	
91059110	电子天文钟		0		0	0	0	0	0	1.8	0	0	0								0	0	0
91059190	其他电子钟		0	0		0	0	4.6	0	13.8	0	19.5	9.2								0	0	

税则号列	商品描述[①]	协定税率(%)															特惠税率(%)						
		亚太	东盟	新加坡	巴基斯坦	智利	新西兰	秘鲁	哥斯达黎加	瑞士	冰岛	韩国	澳大利亚	香港	澳门	台湾	亚太2国[②]	东盟			最不发达国家		
																		老挝	柬埔寨	缅甸	LDC1[③]	LDC2[④]	LDC3[⑤]
91059900	其他机械钟		0	0	12.8	0	0	3.2	0	10.7	0	11.2	6.4								0	0	
91061000	考勤钟、时刻记录器		0	0	12.8	0	0	3.2	0	9.6	0	11.2	6.4								0	0	
91069000	其他时间记录器及其他类似装置		0	0	12.8	0	0	3.2	0	10.7	0	11.2	6.4								0	0	
91070000	定时开关		0	0	6	0	0	0	0	7.2	0	8.4	4.8								0	0	
91081100	已组装的机械指示式完整电子表芯		0	0	12.8	0	0	3.2	0	9.6	0	11.2	6.4	0	0						0	0	
91081200	已组装的光电显示式完整电子表芯		0	0	12.8	0	0	3.2	0	10.7	0	11.2	6.4	0	0						0	0	
91081900	其他已组装的完整电子表芯	12	0	0	8	0	0	3.2	0	10.7	0	11.2	6.4	0	0						0	0	
91082000	已组装的自动上弦完整表芯		0	0	12.8	0	0	3.2	0	10.7	0	11.2	6.4								0	0	
91089010	已组装表面尺寸≤33.8 毫米机械完整表芯		0	0	12.8	0	0	3.2	0	10.7	0	11.2	6.4								0	0	
91089090	其他已组装完整机械表芯		0	0	12.8	0	0	3.2	0	10.7	0	11.2	6.4	0	0						0	0	
91091000	已组装的完整电子钟芯		0	0	12.8	0	0	3.2	0	9.6	0	11.2	6.4								0	0	
91099000	已组装的完整机械钟芯		0	0	12.8	0	0	3.2	0	9.6	0	11.2	6.4								0	0	
91101100	未组装的完整表机芯		0	0	12.8	0	0	3.2	0	10.7	0	11.2	6.4								0	0	
91101200	已组装的不完整表机芯		0	0	12.8	0	0	3.2	0	9.6	0	11.2	6.4								0	0	
91101900	未组装的不完整表机芯		0	0	12.8	0	0	3.2	0	9.6	0	11.2	6.4								0	0	
91109010	未组装的完整的钟机芯		0	0	12.8	0	0	3.2	0	9.6	0	11.2	6.4								0	0	
91109090	不完整的钟机芯		0	0	12.8	0	0	3.2	0	9.6	0	11.2	6.4								0	0	
91111000	贵金属或包贵金属制的表壳		0	0	11.2	0	0	0	0	9.4	0	9.8	5.6								0	0	
91112000	贱金属制的表壳	10	0	0	7	0	0	0	0	8.4	0	9.8	5.6	0	0						0	0	
91118000	非金属制的表壳		0	0	11.2	0	0	0	0	8.4	0	9.8	5.6								0	0	
91119000	表壳的零件		0	0	11.2	0	0	0	0	8.4	0	9.8	5.6								0	0	
91122000	钟壳		0	0	11.2	0	0	0	0	8.4	0	9.8	5.6								0	0	
91129000	钟壳零件		0	0	6	0	0	0	0	7.2	0	8.4	4.8								0	0	
91131000	贵金属或包贵金属制的表带及零件		0	0		0	0	4	0		0	16	8								0	0	
91132000	贱金属制的表带及其零件		0	0	11.2	0	0	0	0	8.4	0	9.8	5.6	0	0						0	0	
91139000	非金属制的表带及其零件		0	0	11.2	0	0	0	0	8.4	0	9.8	5.6	0	0						0	0	0
91141000	钟、表的发条		0	0	7	0	0	0	0	8.4	0	9.8	5.6								0	0	
91143000	钟面或表面		0	0	11.2	0	0	0	0	9.4	0	9.8	5.6								0	0	
91144000	钟、表的夹板及横担(过桥)		0	0	11.2	0	0	0	0	8.4	0	9.8	5.6								0	0	
91149010	钟、表的宝石轴承		0	0	7	0	0	0	0	8.4	0	9.8	5.6								0	0	
91149090	钟、表的其他零件		0	0	11.2	0	0	0	0	9.4	0	9.8	5.6	0	0						0	0	
92011000	竖式钢琴		0	0	14	0	0	3.5	0	10.5	0	12.2	7		0						0	0	
92012000	大钢琴		0	0	14	0	0	3.5	0	10.5	0	12.2	7								0	0	
92019000	其他钢琴		0	0	14	0	0	3.5	0	10.5	0	12.2	7								0	0	
92021000	弓弦乐器		0	0	14	0	0	3.5	0	10.5	0	7	7								0	0	0
92029000	其他弦乐器		0	0	14	0	0	3.5	0	10.5	0	12.2	7								0	0	0
92051000	铜管乐器		0	0	14	0	0	3.5	0	10.5	0	7	7								0	0	0
92059010	键盘管风琴、簧风琴及类似乐器		0	0		0	0	4	0	12	0	16	8								0	0	
92059020	手风琴及类似乐器		0	0		0	0	4.2	0	12.6	0	16.8	8.4								0	0	
92059030	口琴		0	0		0	0	4.2	0	12.6	0	16.8	8.4								0	0	

税则号列	商品描述①	协定税率(%)															特惠税率(%)						
		亚太	东盟	新加坡	巴基斯坦	智利	新西兰	秘鲁	哥斯达黎加	瑞士	冰岛	韩国	澳大利亚	香港	澳门	台湾	亚太2国②	东盟			最不发达国家		
																		老挝	柬埔寨	缅甸	LDC1③	LDC2④	LDC3⑤
92059090	其他管乐器，但游艺场风琴和手摇风琴除外		0	0	14	0	0	3.5	0	10.5	0	7	7								0	0	
92060000	打击乐器		0	0	14	0	0	0	0	10.5	0	12.2	7								0	0	0
92071000	通过电产生或扩大声音的键盘乐器		0	0		0	0	6	0	20.1	0		12								0	0	
92079000	其他通过电产生或扩大声音的乐器		0	0		0	0	6	0	20.1	0		12								0	0	
92081000	百音盒		0	0		0	0	4.4	0	13.2	0	18.7	8.8								0	0	
92089000	九十二章未列名的其他乐器		0	0		0	0	4.4	0	13.2	0	18.7	8.8								0	0	
92093000	乐器用的弦		0	0	14	0	0	3.5	0	10.5	0	12.2	7								0	0	
92099100	钢琴的零附件		0	0	14	0	0	3.5	0	10.5	0	12.2	7								0	0	
92099200	品目92.02所列乐器的零附件		0	0	14	0	0	3.5	0	10.5	0	12.2	7								0	0	0
92099400	品目92.07所列乐器的零附件		0	0	14	0	0	3.5	0	10.5	0	14	7								0	0	
92099910	节拍器、音叉及定音管		0	0	14	0	0	3.5	0	10.5	0	12.2	7								0	0	
92099920	百音盒的机械装置		0	0	14	0	0	3.5	0	10.5	0	12.2	7								0	0	
92099990	本章其他编号未列名的乐器零件		0	0	14	0	0	3.5	0	10.5	0	12.2	7								0	0	0
93011010	自动推进的火炮武器		0	0	6.5	0	0	0	0	7.8	0	9.1	5.2								0	0	
93011090	其他火炮武器		0	0	6.5	0	0	0	0	7.8	0	9.1	5.2								0	0	
93012000	火箭发射装置、火焰喷射器等		0	0	6.5	0	0	0	0	7.8	0	9.1	5.2								0	0	
93019000	其他军用武器		0	0	6.5	0	0	0	0	7.8	0	9.1	5.2								0	0	
93020000	左轮手枪及其他手枪		0	0	6.5	0	0	0	0	7.8	0	9.1	5.2								0	0	
93031000	前装枪		0	0	6.5	0	0	0	0	7.8	0	9.1	5.2								0	0	
93032000	其他运动、狩猎或打靶用滑膛枪		0	0	6.5	0	0	0	0	8.7	0	9.1	5.2								0	0	
93033000	其他运动、狩猎或打靶用步枪		0	0	6.5	0	0	0	0	7.8	0	9.1	5.2								0	0	
93039000	其他火器及类似装置		0	0	6.5	0	0	0	0	7.8	0	9.1	5.2								0	0	
93040000	其他武器(如弹簧枪、气枪、警棍等)		0	0	6.5	0	0	0	0		0	9.1	5.2								0	0	
93051000	左轮手枪或其他手枪的零件及附件		0	0	6.5	0	0	0	0	7.8	0	9.1	5.2								0	0	
93052000	猎枪或步枪用零件及附件		0	0	6.5	0	0	0	0	7.8	0	9.1	5.2								0	0	
93059100	军用武器的零附件		0	0	6.5	0	0	0	0	7.8	0	9.1	5.2								0	0	
93059900	其他武器的零附件		0	0	6.5	0	0	0	0	7.8	0	9.1	5.2								0	0	
93062100	猎枪弹		0	0	6.5	0	0	0	0	7.8	0	9.1	5.2								0	0	
93062900	猎枪弹的零件及气枪弹丸		0	0	6.5	0	0	0	0	7.8	0	9.1	5.2								0	0	
93063080	接机或类似工具用子弹及其零件		0	0	6.5	0	0	0	0	7.8	0	9.1	5.2								0	0	
93063090	其他子弹及其零件		0	0	6.5	0	0	0	0	7.8	0	9.1	5.2								0	0	
93069000	其他弹药和射弹及其零件		0	0	6.5	0	0	0	0	7.8	0	9.1	5.2								0	0	
93070010	军用剑、短弯刀、刺刀、长矛和类似的武器及其零件；军用刀鞘、剑鞘		0	0	6.5	0	0	0	0	7.8	0	9.1	5.2								0	0	0
93070090	其他剑、短弯刀、刺刀、长矛和类似的武器及其零件；其他刀鞘、剑鞘		0	0	6.5	0	0	0	0	7.8	0	9.1	5.2								0	0	0
94011000	飞机用坐具																				0	0	0

税则号列	商品描述①	协定税率(%)															特惠税率(%)						
		亚太	东盟	新加坡	巴基斯坦	智利	新西兰	秘鲁	哥斯达黎加	瑞士	冰岛	韩国	澳大利亚	香港	澳门	台湾	亚太2国②	东盟			最不发达国家		
																		老挝	柬埔寨	缅甸	LDC1③	LDC2④	LDC3⑤
94012010	皮革或再生皮革面的机动车辆用坐具					0	0	0	0	2	0	8.5	4		0						0	0	
94012090	机动车辆用坐具					0	0	0	0	2	0	8	4		0						0	0	
94013000	可调高度的转动坐具																				0	0	0
94014010	皮革或再生皮革面的能作床用的两用椅																				0	0	0
94014090	能作床用的两用椅																				0	0	0
94015200	竹制坐具																	0			0	0	0
94015300	藤制坐具																	0			0	0	0
94015900	柳条及类似材料制的坐具																	0			0	0	0
94016110	皮革或再生皮革面的装软垫的木框架其他坐具																				0	0	0
94016190	装软垫的木框架的其他坐具																				0	0	0
94016900	其他木框架的坐具																				0	0	0
94017110	皮革或再生皮革面的装软垫的金属框架其他坐具																				0	0	0
94017190	带软垫的金属框架的坐具																				0	0	0
94017900	其他金属框架的坐具																				0	0	0
94018010	石制坐具																				0	0	0
94018090	其他坐具																				0	0	0
94019011	机动车辆的坐椅调角器					0	0	2	0	2	0		4	0							0	0	0
94019019	机动车辆用坐具的其他零件																				0	0	0
94019090	其他用途坐具的零件																				0	0	0
94021010	理发用椅及其零件																				0	0	0
94021090	牙科及类似用途的椅及其零件																				0	0	0
94029000	其他医疗、外科或兽医用家具及零件																				0	0	0
94031000	办公室用金属家具																				0	0	0
94032000	其他金属家具																				0	0	0
94033000	办公室用木家具																	0	0		0	0	0
94034000	厨房用木家具																		0		0	0	0
94035010	卧室用红木制家具																		0		0	0	0
94035091	卧室用漆木家具																		0		0	0	0
94035099	卧室用其他木家具																		0		0	0	0
94036010	其他红木制家具																		0		0	0	0
94036091	其他漆木家具																		0		0	0	0
94036099	其他木家具																		0		0	0	0
94037000	塑料家具																				0	0	0
94038200	竹制家具																		0		0	0	0
94038300	藤制家具																		0		0	0	0
94038910	柳条及类似材料制家具																		0		0	0	0
94038920	石制的家具																				0	0	0
94038990	其他材料制的家具																				0	0	0
94039000	品目94.03所列物品的零件																				0	0	0

税则号列	商品描述[①]	协定税率(%)															特惠税率(%)						
		亚太	东盟	新加坡	巴基斯坦	智利	新西兰	秘鲁	哥斯达黎加	瑞士	冰岛	韩国	澳大利亚	香港	澳门	台湾	亚太2国[②]	东盟			最不发达国家		
																		老挝	柬埔寨	缅甸	LDC1[③]	LDC2[④]	LDC3[⑤]
94041000	弹簧床垫		0	0		0	0	4	0	12	0	16	8								0	0	
94042100	海绵橡胶或泡沫塑料制褥垫		0	0		0	0	4	0	12	0	16	8	0	0						0	0	0
94042900	其他材料制褥垫	14	0	0	14	0	0	4	0	12	0	16	8	0	0						0	0	0
94043010	羽毛或羽绒填充的睡袋		0	0		0	0	4	0	12	0	16	8		0						0	0	0
94043090	其他睡袋		0	0		0	0	4	0	12	0	16	8		0						0	0	0
94049010	羽绒或羽毛填充的寝具及类似品		0	0		0	0	4	0	12		16	8	0	0						0	0	0
94049020	兽毛填充的寝具及类似品		0	0		0	0	4	0	12	0	16	8	0	0						0	0	0
94049030	丝棉填充的寝具及类似品		0	0		0	0	4	0	12	0	16	8	0	0						0	0	0
94049040	化纤棉填充的寝具及类似品		0	0		0	0	4	0	12	0	16	8	0	0						0	0	0
94049090	其他材料制的寝具及类似品		0	0		0	0	4	0	12	0	16	8	0	0						0	0	0
94051000	枝形吊灯		0		5	0	0	0	0	2	0	7	4								0	0	0
94052000	电气台灯、床头灯、落地灯		0	0		0	0	4	0	12	0	17	8								0	0	0
94053000	圣诞树用的成套灯具		0	0	12.8	0	0	3.2	0	9.6	0	11.2	6.4								0	0	0
94054010	探照灯		0	0	14	0	0	3.5	0	10.5	0	12.2	7		0						0	0	0
94054020	聚光灯		0	0	14	0	0	3.5	0	10.5	0	12.2	7		0						0	0	0
94054090	其他电灯及照明装置		0	0	5	0	0	0	0	2	0	4	4	0	0						0	0	0
94055000	非电气灯具及照明装置		0	0		0	0	4	0	12	0	17	8								0	0	
94056000	发光标志、发光铭牌及类似品		0	0		0	0	4	0	12	0	16	8	0	0						0	0	
94059100	品目94.05所列物品的玻璃制零件		0	0		0	0	4	0	12	0	17	8								0	0	
94059200	品目94.05所列物品的塑料制零件		0	0		0	0	4	0	12	0	16	8		0						0	0	
94059900	品目94.05所列物品其他材料制零件		0	0		0	0	4	0	12	0	16	8		0						0	0	0
94061000	木制活动房屋	7	0	0	5	0	0	2	0	2	0	7	4		0						0	0	0
94069000	其他活动房屋	7	0	0	5	0	0	2	0	2	0	7	4		0						0	0	0
95030010	供儿童乘骑的带轮玩具及玩偶车																				0	0	0
95030021	玩具动物																				0	0	0
95030029	其他玩偶																				0	0	0
95030031	玩具电动火车																				0	0	0
95030039	其他缩小(按比例缩小)的全套模型组件																				0	0	0
95030040	其他建筑套件及建筑玩具																				0	0	0
95030050	玩具乐器																				0	0	0
95030060	智力玩具																				0	0	0
95030081	组装成套的其他玩具																				0	0	0
95030082	其他带动力装置的玩具及模型																				0	0	0
95030089	其他未列名玩具																				0	0	0
95030090	玩具的零件																				0	0	0
95042000	台球用品及附件																				0	0	0
95043010	投币式电子游戏机																				0	0	0
95043090	投币式其他游戏用品																				0	0	0
95044000	扑克牌																				0	0	0

税则号列	商品描述[1]	协定税率(%)															特惠税率(%)						
		亚太	东盟	新加坡	巴基斯坦	智利	新西兰	秘鲁	哥斯达黎加	瑞士	冰岛	韩国	澳大利亚	香港	澳门	台湾	亚太2国[2]	东盟			最不发达国家		
																		老挝	柬埔寨	缅甸	LDC1[3]	LDC2[4]	LDC3[5]
95045011	与电视接收机配套使用的视频游戏控制器及设备零件及附件																				0	0	0
95045019	其他与电视接收机配套使用的游戏机																				0	0	0
95045091	其他视频游戏控制器及设备零件、附件																				0	0	0
95045099	其他游戏机																				0	0	0
95049010	其他电子游戏机																				0	0	0
95049021	保龄球自动分瓶机																				0	0	0
95049022	保龄球																				0	0	0
95049023	保龄球瓶																				0	0	0
95049029	其他保龄球自动球道设备及器具																				0	0	0
95049030	中国象棋、国际象棋、跳棋等棋类用品																				0	0	0
95049040	麻将及类似桌上游戏用品																				0	0	0
95049090	其他游艺场、桌上或室内游戏用品																				0	0	0
95051000	圣诞节用品																				0	0	0
95059000	其他节日用品或娱乐用品																				0	0	0
95061100	滑雪屐		0	0	0	0	0	0	0	8.4		9.8	5.6								0	0	
95061200	滑雪屐扣件(滑雪屐带)		0	0	0	0	0	0	0	8.4	0	9.8	5.6								0	0	
95061900	其他滑雪用具		0	0	0	0	0	0	0	8.4	0	9.8	5.6								0	0	
95062100	帆板		0	0	0	0	0	0	0	7.2	0	8.4	4.8								0	0	
95062900	其他水上运动用具		0	0	0	0	0	0	0	8.4	0	9.8	5.6	0	0						0	0	
95063100	完整的高尔夫球棍		0	0	0	0	0	0	0	8.4		9.8	5.6								0	0	0
95063200	高尔夫球		0	0	0	0	0	0	0	7.2	0	8.4	4.8								0	0	
95063900	其他高尔夫球用具		0	0	0	0	0	0	0	8.4		9.8	5.6			0					0	0	0
95064010	乒乓球		0	0	0	0	0	0	0	7.2	0	8.4	4.8								0	0	
95064090	其他乒乓球运动用品及器械		0	0	0	0	0	0	0	8.4	0	9.8	5.6								0	0	
95065100	草地网球拍		0	0	0	0	0	0	0	8.4	0	9.8	5.6								0	0	
95065900	其他网球拍、羽毛球拍或类似球拍		0	0	0	0	0	0	0	8.4	0	9.8	5.6								0	0	
95066100	草地网球		0	0	0	0	0	0	0	7.2	0	8.4	4.8								0	0	
95066210	篮球、足球、排球		0	0	0	0	0	0	0	7.2	0	8.4	4.8								0	0	
95066290	其他可充气的球		0	0	0	0	0	0	0	7.2	0	8.4	4.8								0	0	
95066900	其他球		0	0	0	0	0	0	0	7.2	0	8.4	4.8								0	0	
95067010	溜冰鞋	12	0	0	0	0	0	0	0	8.4	0	9.8	5.6								0	0	
95067020	旱冰鞋	12	0	0	0	0	0	0	0	8.4	0	9.8	5.6								0	0	
95069111	跑步机		0	0	0	0	0	0	0	7.2	0	8.4	4.8	0		0					0	0	
95069119	其他健身及康复器械		0	0	0	0	0	0	0	7.2	0	8.4	4.8	0	0	0					0	0	
95069120	滑板		0	0	0	0	0	0	0	7.2	0	8.4	4.8	0	0						0	0	
95069190	一般的体育活动、体操或竞技用品		0	0	0	0	0	0	0	7.2	0	8.4	4.8	0	0						0	0	0

税则号列	商品描述[1]	协定税率(%)															特惠税率(%)						
		亚太	东盟	新加坡	巴基斯坦	智利	新西兰	秘鲁	哥斯达黎加	瑞士	冰岛	韩国	澳大利亚	香港	澳门	台湾	亚太2国[2]	东盟 老挝	东盟 柬埔寨	东盟 缅甸	最不发达国家 LDC1[3]	最不发达国家 LDC2[4]	最不发达国家 LDC3[5]
95069900	其他未列名的九十五章用品及设备		0	0	0	0	0	0	0	2.4	0	8.4	4.8	0	0						0	0	
95071000	钓鱼竿		0	0		0	0	4.2	0	12.6			8.4								0	0	
95072000	钓鱼钩		0	0		0	0	4.2	0	12.6		17.8	8.4								0	0	0
95073000	钓线轮		0	0		0	0	4.2	0	12.6		17.8	8.4								0	0	
95079000	其他钓鱼用品	18.9	0	0	18.9	0	0	4.2	0	12.6	0	17.8	8.4								0	0	
95081000	流动马戏团及流动动物园		0	0	12	0	0	3	0	9	0	10.5	6								0	0	
95089000	其他旋转木马、秋千等游乐场娱乐设备		0	0	12	0	0	3	0	9	0	10.5	6								0	0	
96011000	已加工的兽牙及其制品		0	0		0	0	4	0	12	0	16	8								0	0	
96019000	其他已加工动物质雕刻料及其制品		0	0		0	0	4	0	12	0	16	8								0	0	0
96020010	装药用胶囊		0	0	5	0	0	0	0	6.3	0	7.3	4.2								0	0	
96020090	已加工植物或矿物质雕刻料及制品		0	0		0	0	5	0	15	0	21.2	10								0	0	0
96031000	用枝条或其他植物材料捆扎成的帚		0	0		0	0	5	0	15	0	21.2	10		0						0	0	
96032100	牙刷,包括齿板刷		0	0		0	0	5	0	15	0	21.2	10	0	0						0	0	
96032900	剃须刷、发刷、睫毛刷等人体化妆用刷	13.5	0	0	7.5	0	0	3	0	9	0	10.5	6		0						0	0	0
96033010	画笔	15	0	0	15	0	0	5	0	15	0	21.2	10								0	0	
96033020	毛笔	18	0	0	18	0	0	4	0	12	0	16	8								0	0	
96033090	化妆用的类似笔	22.5	0	0	22.5	0	0	5	0	15	0	21.2	10								0	0	
96034011	猪鬃制漆刷及类似刷		0	0		0	0	4	0	12	0	16	8								0	0	
96034019	其他材料制漆刷及类似刷		0	0		0	0	4.6	0	13.8	0	19.5	9.2								0	0	
96034020	油漆块垫及滚筒		0	0		0	0	4.6	0	13.8	0	19.5	9.2								0	0	
96035011	作为机器、器具零件的金属丝刷		0	0	11.2	0	0	0	0	8.4	0	9.8	5.6								0	0	
96035019	作为车辆零件的金属丝刷		0	0	7	0	0	0	0	9.4	0	9.8	5.6								0	0	
96035091	作为机器、器具零件的其他刷		0	0	11.2	0	0	0	0	8.4	0	9.8	5.6								0	0	
96035099	作为车辆零件的其他刷		0	0	7	0	0	0	0	8.4	0	9.8	5.6								0	0	
96039010	羽毛掸	18.9	0	0	18.9	0	0	4.2	0	12.6	0	16.8	8.4								0	0	
96039090	其他帚、刷、拖把及其他毛掸		0	0		0	0	3	0	9	0	10.5	6								0	0	
96040000	手用粗筛、细筛		0	0		0	0	4.2	0	12.6	0	17.8	8.4								0	0	
96050000	个人梳妆、缝纫等用成套旅行用品		0	0	12	0	0	3	0	9	0	10.5	6								0	0	
96061000	揿扣及其零件		0	0		0	0	4.2	0	12.6	0	17.8	8.4								0	0	
96062100	塑料制纽扣,未用纺织材料包裹		0	0		0	0	4.2	0	12.6	0	17.8	8.4			0					0	0	0
96062200	贱金属制,未用纺织材料包裹的纽扣		0	0	12	0	0	3	0	9	0	10.5	6	0	0	0					0	0	0
96062900	其他纽扣		0	0	12	0	0	3	0	9	0	10.5	6	0							0	0	0
96063000	纽扣芯及纽扣的其他零件		0	0	12	0	0	3	0	9	0	10.5	6	0							0	0	0
96071100	装有贱金属齿的拉链		0	0		0	0	4.2	0	12.6	0	17.8	8.4	0	0						0	0	0
96071900	其他拉链	14.7	0	0	14.7	0	0	4.2	0	12.6	0	17.8	8.4	0	0						0	0	
96072000	拉链零件		0	0		0	0	4.2	0	12.6	0	17.8	8.4								0	0	

税则号列	商品描述①	协定税率(%)															特惠税率(%)						
																		东盟			最不发达国家		
		亚太	东盟	新加坡	巴基斯坦	智利	新西兰	秘鲁	哥斯达黎加	瑞士	冰岛	韩国	澳大利亚	香港	澳门	台湾	亚太2国②	老挝	柬埔寨	缅甸	LDC1③	LDC2④	LDC3⑤
96081000	圆珠笔	13.5	0	0	7.5	0	0	3	0	9	0	10.5	6		0						0	0	0
96082000	毡尖和其他渗水式笔尖笔及唛头笔		0	0		0	0	4.2	0	12.6	0	17.8	8.4		0						0	0	
96083010	墨汁画笔		0	0		0	0	4.2	0	12.6	0	16.8	8.4		0						0	0	
96083020	自来水笔		0	0		0	0	4.2	0	12.6	0	17.8	8.4		0						0	0	0
96083090	其他钢笔		0	0		0	0	4.2	0	12.6	0	17.8	8.4		0						0	0	0
96084000	活动铅笔		0	0		0	0	4.2	0	12.6	0	17.8	8.4		0						0	0	
96085000	含有两种及以上笔的成套货品		0	0		0	0	4.2	0	12.6	0	17.8	8.4		0						0	0	
96086000	圆珠笔芯		0	0		0	0	4.2	0	12.6	0	17.8	8.4	0	0						0	0	
96089100	钢笔头及笔尖粒		0	0	6	0	0	0	0	7.2	0	8.4	4.8	0	0						0	0	
96089910	机器、仪器用笔		0	0	14	0	0	3.5	0	10.5	0	12.2	7	0	0						0	0	
96089920	蜡纸铁笔、钢笔杆、铅笔杆等		0	0		0	0	4.2	0	12.6	0	17.8	8.4	0	0						0	0	
96089990	其他笔零件		0	0		0	0	4.2	0	0	0	17.8	8.4	0	0						0	0	
96091010	铅笔		0	0		0	0	4.2	0	12.6	0	17.8	8.4								0	0	0
96091020	颜色铅笔		0	0		0	0	4.2	0	12.6	0	17.8	8.4								0	0	
96092000	铅笔芯,黑的或其他颜色的		0	0		0	0	4.2	0	12.6	0	17.8	8.4								0	0	
96099000	蜡笔、图画碳笔、书写或绘画用粉笔		0	0	12	0	0	3	0	9	0	10.5	6								0	0	
96100000	具有书写或绘画面的石板、黑板		0	0	12	0	0	3	0	9	0	10.5	6								0	0	
96110000	手用日期戳、封缄戳、编号戳及类似印戳		0	0		0	0	4.2	0	12.6	0	17.8	8.4								0	0	
96121000	打字机色带或类似色带		0	0	5	0	0	0	0	6.3	0	8.4	4.2		0						0	0	0
96122000	印台		0	0		0	0	5	0	15	0	21.2	10								0	0	
96131000	一次性袖珍气体打火机		0	0		0	0	5	0	15	0	21.2	10								0	0	
96132000	可充气袖珍气体打火机		0	0		0	0	5	0	15	0	21.2	10								0	0	
96138000	其他打火器		0	0		0	0	5	0	15	0	21.2	10								0	0	
96139000	打火机及打火器零件		0	0		0	0	5	0	15	0	21.2	10								0	0	
96140010	烟斗及烟斗头		0	0		0	0	5	0	15	0		10								0	0	
96140090	烟嘴及其零件		0	0		0	0	5	0	15	0		10								0		
96151100	硬质橡胶或塑料制梳子、发夹及类似品	16.2	0	0	14.4	0	0	3.6	0	10.8	0	12.6	7.2								0	0	0
96151900	其他材料制梳子、发夹及类似品		0	0		0	0	3.6	0	10.8	0	12.6	7.2								0	0	0
96159000	其他发夹、卷发器等及其零件	16.2	0	0	14.4	0	0	3.6	0	10.8	0	12.6	7.2								0	0	0
96161000	香水喷雾器或类似的化妆用喷雾器	16.2	0	0	14.4	0	0	3.6	0	10.8	0	12.6	7.2								0	0	
96162000	施敷脂粉或化妆品用粉扑及粉拍	16.2	0	0	14.4	0	0	3.6	0	10.8	0	12.6	7.2								0	0	
96170011	玻璃内胆制保温瓶		0	0		0	0	4.8	0	14.4	0	20.4	9.6	0	0						0	0	
96170019	其他保温瓶		0	0		0	0	4.8	0	14.4	0	20.4	9.6	0	0						0	0	
96170090	其他真空容器及零件		0	0		0	0	3.6	0	10.8	0	12.6	7.2	0	0						0	0	
96180000	裁缝用人体模型及其他人体模型		0	0		0	0	4.2	0	12.6	0	17.8	8.4								0	0	
96190011	婴儿尿布及尿裤		0			0	0						3	0	0	0					0	0	0
96190019	其他尿布及尿裤		0			0	0						3	0	0	0					0	0	0
96190020	卫生巾(护垫)及止血塞		0		7.5	0	0	0	0	2	0	7	4	0	0	0					0	0	0
96190090	任何材料制的卫生巾或尿布的类似品	9.3	0	0	7.5	0	0	3.2	0	10.6	0	9.8	5.6	0	0	0					0	0	0

税则号列	商品描述①	协定税率(%)															特惠税率(%)						
		亚太	东盟	新加坡	巴基斯坦	智利	新西兰	秘鲁	哥斯达黎加	瑞士	冰岛	韩国	澳大利亚	香港	澳门	台湾	亚太2国②	东盟			最不发达国家		
																		老挝	柬埔寨	缅甸	LDC1③	LDC2④	LDC3⑤
96200000	独脚架、双脚架、三脚架及类似品							0	0	0	0	0	0								0	0	0
97011011	唐卡		0	0	6	0	0	2.4	0	7.2	0	8.4	4.8								0	0	0
97011019	其他手绘油画、粉画及其他画		0	0	6	0	0	2.4	0	7.2	0	8.4	4.8								0	0	0
97011020	手绘油画、粉画及其他画的复制品		0	0	11.2	0	0	0	0	8.4	0	9.8	5.6								0	0	0
97019000	拼贴画及类似装饰板		0	0	11.2	0	0	0	0	8.4	0	9.8	5.6								0	0	0
97020000	雕版画、印制画、石印画的原本		0	0	6	0	0	2.4	0	7.2	0	8.4	4.8								0	0	
97030000	各种材料制的雕塑品原件		0	0	6	0	0	0	0	7.2	0	8.4	4.8								0	0	0
97040010	使用或未使用的邮票		0		5	0	0	0	0	1.6	0	3.2	3.2	0	0						0	0	0
97040090	其他使用或未使用的印花税票及类似票证		0	0	7	0	0	0	0	8.4	0	9.8	5.6	0	0						0	0	
97050000	具有动、植、矿物学意义的收藏品																				0	0	0
97060000	超过一百年的古物																				0	0	0

①商品名称仅供参考,具体商品范围以《中华人民共和国进出口税则》中的税则号列对应的商品范围为准。

②亚太2国:孟加拉人民共和国、老挝人民民主共和国。

③LDC1:埃塞俄比亚联邦民主共和国、布隆迪共和国、赤道几内亚共和国、刚果民主共和国、吉布提共和国、几内亚共和国、几内亚比绍共和国、莱索托王国、马达加斯加共和国、马拉维共和国、马里共和国、莫桑比克共和国、南苏丹共和国、塞拉利昂共和国、塞内加尔共和国、苏丹共和国、索马里联邦共和国、坦桑尼亚联合共和国、乌干达共和国、乍得共和国、中非共和国、阿富汗伊斯兰共和国、也门共和国、瓦努阿图共和国、科摩罗联盟、毛里塔尼亚伊斯兰共和国、多哥共和国、利比里亚共和国、卢旺达共和国、安哥拉共和国、赞比亚共和国、尼泊尔联邦民主共和国、尼日尔共和国、厄立特里亚国、柬埔寨王国(共35国)。

④LDC2:贝宁共和国、东帝汶民主共和国、缅甸联邦共和国(共3国)。

⑤LDC3:孟加拉人民共和国(共1国)。

⑥完税价格不高于2000美元/台:16%;完税价格高于2000美元/台:3%,加1581元。

⑦完税价格不高于2000美元/台:12%;完税价格高于2000美元/台:3%,加1098元。

⑧完税价格不高于2000美元/台:25.5%;完税价格高于2000美元/台:2.5%,加3717.9元/台。

⑨完税价格不高于2000美元/台:18.4%;完税价格高于2000美元/台:3%,加1879元。

⑩完税价格不高于2000美元/台:18%;完税价格高于2000美元/台:3%,加1824元。

⑪完税价格不高于2000美元/台:13.5%;完税价格高于2000美元/台:3%,加1281元。

⑫完税价格不高于5000美元/台:24.9%;完税价格高于5000美元/台:3%,加1095元。

⑬完税价格不高于5000美元/台:29.7%;完税价格高于5000美元/台:2.5%,加11016元/台。

附表 4

关税配额商品税目税率表

商品类别	税则号列	普通税率(%)	最惠国税率(%)	关税配额税率(%)	国别关税配额税率	
					新西兰(%)	澳大利亚
小麦	10011100	180	65	1		
	10011900	180	65	1		
	10019100	180	65	1		
	10019900	180	65	1		
	11010000	130	65	6		
	11031100	130	65	9		
	11032010	180	65	10		
玉米	10051000	180	20	1		
	10059000	180	65	1		
	11022000	130	40	9		
	11031300	130	65	9		
	11042300	180	65	10		
稻谷和大米	10061011	180	65	1		
	10061019	180	65	1		
	10061091	180	65	1		
	10061099	180	65	1		
	10062010	180	65	1		
	10062090	180	65	1		
	10063010	180	65	1		
	10063090	180	65	1		
	10064010	180	65	1		
	10064090	180	65	1		
	11029011	130	40	9		
	11029019	130	40	9		
	11031921	70	10	9		
	11031929	70	10	9		

商品类别	税则号列	普通税率(%)	最惠国税率(%)	关税配额税率(%)	国别关税配额税率	
					新西兰(%)	澳大利亚
糖	17011200	125	50	15		
	17011300	125	50	15		
	17011400	125	50	15		
	17019100	125	50	15		
	17019910	125	50	15		
	17019920	125	50	15		
	17019990	125	50	15		
羊毛	51011100	50	38	1	0	0
	51011900	50	38	1	0	0
	51012100	50	38	1	0	0
	51012900	50	38	1	0	0
	51013000	50	38	1	0	0
	51031010	50	38	1	0	0
毛条	51051000	50	38	3	0	
	51052100	50	38	3	0	
	51052900	50	38	3	0	
棉花	52010000	125	40①	1		
	52030000	125	40	1		
化肥	31021000	150	50	4②		
	31052000	150	50	4③		
	31053000	150	50	4④		

注：

①对配额外进口的一定数量棉花，适用滑准税形式暂定关税，具体方式如下：

1. 当进口棉花完税价格高于或等于15.000元/千克时，按0.570元/千克计征从量税；
2. 当进口棉花完税价格低于15.000元/千克时，暂定从价税率按下式计算：

$Ri = 9.337/Pi + 2.77\% \times Pi - 1$

对上式计算结果四舍五入保留3位小数。其中Ri为暂定从价税率，当按上式计算值高于40%时，Ri取值40%；Pi为关税完税价格，单位为元/千克。

②③④：暂定税率为1%。

附表 5

信息技术产品最惠国税率表

税则号列	EX[注4]	信息技术产品名称	2017 年 1 月 1 日至 6 月 30 日最惠国税率(%)	2017 年 7 月 1 日至 12 月 31 日最惠国税率(%)
32151100	ex	黑色,用于装入编号 844331、844332 或 844339 所列设备的工程形态的固体油墨	5.4	4.3
32151900	ex	其他,用于装入编号 844331、844332 或 844339 所列设备的工程形态的固体油墨	5.4	4.3
35069190	ex	专门或主要用于显示屏或触摸屏制造的光学透明膜黏合剂和光固化液体黏合剂	7.5	5
37013021		激光照排片(任何一边>255 毫米),用纸、纸板及纺织物以外任何材料制成	7.5	5
37013022		PS 版(预涂感光版)(任何一边>255 毫米),用纸、纸板及纺织物以外任何材料制成	7.5	5
37013024		CTP 版	7.5	5
37013025		柔性印刷版	7.5	5
37013029		其他未曝光照相制版用感光硬片及软片(任何一边>255 毫米),用纸、纸板及纺织物以外任何材料制成	7.5	5
37013090		未曝光其他用途的感光硬片及软片(任何一边>255 毫米),用纸、纸板及纺织物以外任何材料制成	15	10
37019920		照相制版用其他未曝光软片及硬片,用纸、纸板及纺织物以外任何材料制成,任何一边≤255 毫米	8.8	7.5
37019990		其他用未曝光软片及硬片,用纸、纸板及纺织物以外任何材料制成,任何一边≤255 毫米	21.9	18.8
37050010		已曝光已冲洗的教学专用幻灯片	0	0
37050021		书籍、报刊用的已曝光已冲洗的缩微胶片	0	0
37050029		已曝光已冲洗的缩微胶片,书籍、报刊用除外	3	2
37050090		已曝光已冲洗的其他摄影硬片及软片	13.5	9
37079010		冲洗胶卷及相片用化学制剂或摄影用未混合品(定量包装或零售包装可立即使用的)	14	12
37079020		复印机用化学制剂或摄影用未混合品(定量包装或零售包装可立即使用的)	8.8	7.5
37079090		其他摄影用化学制剂或摄影用未混合品(定量包装或零售包装可立即使用的)	7	6
39079991	ex	热塑性液晶芳香族聚酯共聚物	5.4	4.3
39079999	ex	热塑性液晶芳香族聚酯共聚物	5.4	4.3
39199090	ex	半导体晶圆制造用自粘式圆形抛光垫	5.4	4.3
39231000	ex	编号 392310 或 848690 的,具有特定形状或装置,供运输或包装半导体晶圆、掩模或光罩的塑料盒、箱、板条箱及类似物品	7.5	5
49070090	ex	给予存取、安装、复制或使用软件(含游戏)、数据、互联网内容物(含游戏内或应用程序内内容物)、服务或电信服务(含移动服务)权利的印刷品[注1]	6.3	5
49119910	ex	给予存取、安装、复制或使用软件(含游戏)、数据、互联网内容物(含游戏内或应用程序内内容物)、服务或电信服务(含移动服务)权利的印刷品[注1]	6.3	5
49119990	ex	给予存取、安装、复制或使用软件(含游戏)、数据、互联网内容物(含游戏内或应用程序内内容物)、服务或电信服务(含移动服务)权利的印刷品[注1]	6.3	5
59119000	ex	半导体晶圆制造用自粘式圆形抛光垫	6.7	5.3
84141000	ex	专门或主要用于半导体晶圆或平板显示屏制造的真空泵	6.7	5.3
84145990	ex	专门或主要用于微处理器、电信设备、自动数据处理设备或装置的散热扇	6.7	5.3
84195000	ex	用氟聚合物制造的、入口管和出口管内径≤3 厘米的热交换装置	8.3	6.7

税则号列	EX[注4]	信息技术产品名称	2017 年 1 月 1 日至 6 月 30 日最惠国税率(%)	2017 年 7 月 1 日至 12 月 31 日最惠国税率(%)
84201000	ex	专门或主要用于印刷电路板基板或印刷电路制造的滚压机	6.3	4.2
84212910	ex	用氟聚合物制造的厚度≤140 微米的过滤膜或净化膜的液体过滤或净化机器及装置	4.2	3.3
84212990	ex	用氟聚合物制造的厚度≤140 微米的过滤膜或净化膜的液体过滤或净化机器及装置	4.2	3.3
84213921	ex	装备不锈钢外壳、入口管和出口管内径≤1.3 厘米的气体过滤或净化机器及装置	4.2	3.3
84213922	ex	装备不锈钢外壳、入口管和出口管内径≤1.3 厘米的气体过滤或净化机器及装置	4.2	3.3
84213923	ex	装备不锈钢外壳、入口管和出口管内径≤1.3 厘米的气体过滤或净化机器及装置	4.2	3.3
84213924	ex	装备不锈钢外壳、入口管和出口管内径≤1.3 厘米的气体过滤或净化机器及装置	4.2	3.3
84213929	ex	装备不锈钢外壳、入口管和出口管内径≤1.3 厘米的气体过滤或净化机器及装置	4.2	3.3
84213930	ex	装备不锈钢外壳、入口管和出口管内径≤1.3 厘米的气体过滤或净化机器及装置	4.2	3.3
84213940	ex	装备不锈钢外壳、入口管和出口管内径≤1.3 厘米的气体过滤或净化机器及装置	4.2	3.3
84213950	ex	装备不锈钢外壳、入口管和出口管内径≤1.3 厘米的气体过滤或净化机器及装置	4.2	3.3
84213990	ex	装备不锈钢外壳、入口管和出口管内径≤1.3 厘米的气体过滤或净化机器及装置	4.2	3.3
84219990	ex	用厚度≤140 微米的氟聚合物制造的液体过滤或净化机器及装置的零件；装备不锈钢外壳、入口管和出口管内径≤1.3 厘米的气体过滤或净化机器及装置的零件	4.2	3.3
84232010		电子皮带秤	7.5	5
84233010	ex	以电子方式称重的恒定秤、物料定量装袋或装容器用的衡器，包括库秤	7.9	5.3
84233030	ex	以电子方式称重的恒定秤、物料定量装袋或装容器用的衡器，包括库秤	7.9	5.3
84233090	ex	以电子方式称重的恒定秤、物料定量装袋或装容器用的衡器，包括库秤	7.9	5.3
84238110		最大称量≤30 千克的计价秤	7.9	5.3
84238190	ex	其他以电子方式称重的衡器，最大称量≤30 千克	7.9	5.3
84238210	ex	其他以电子方式称重的衡器，30 千克<最大称量≤5000 千克，但对车辆称重的衡器除外	7.9	5.3
84238290	ex	其他以电子方式称重的衡器，称量大于 30 千克<最大称量≤5000 千克，但对车辆称重的衡器除外	7.9	5.3
84238910	ex	其他以电子方式称重的衡器，最大称量>5000 千克，但对车辆称重的衡器除外	7.5	5
84238920	ex	其他以电子方式称重的衡器，最大称量>5000 千克，但对车辆称重的衡器除外	7.5	5
84238930	ex	其他以电子方式称重的衡器，最大称量>5000 千克，但对车辆称重的衡器除外	7.5	5
84238990	ex	其他以电子方式称重的衡器，最大称量>5000 千克，但对车辆称重的衡器除外	7.5	5
84239000	ex	以电子方式称重的衡器的零件，但对车辆称重的衡器零件除外	7.5	5
84248920	ex	喷涂机器人	0	0
84248999	ex	专门或主要用于印刷电路或印刷电路组件制造的喷射、散布或喷雾机械器具	0	0
84249090	ex	专门或主要用于印刷电路或印刷电路组件制造的喷射、散布或喷雾机械器具的零件	0	0
84423010		铸字机	6.8	4.5

税则号列	EX[注4]	信息技术产品名称	2017 年 1 月 1 日至 6 月 30 日最惠国税率(%)	2017 年 7 月 1 日至 12 月 31 日最惠国税率(%)
84423021		计算机直接制版设备	6.8	4.5
84423029		其他制版机器、器具及设备	6.8	4.5
84423090		其他铸字、制版用机器、器具及设备	6.8	4.5
84424000		铸字、排字、制版机器的零件	5.3	3.5
84425000		活字、印刷用版、片及其他部件	5.3	3.5
84433110		静电感光式多功能机	8.3	6.7
84433190		其他多功能机	0	0
84433211		针式打印机	0	0
84433212		激光打印机	0	0
84433213		喷墨打印机	0	0
84433214		热敏打印机	0	0
84433219		其他打印机	0	0
84433221		可以网络连接的喷墨印刷机	6.7	5.3
84433222		可以网络连接的静电照相印刷机(激光印刷机)	6.7	5.3
84433229		可以网络连接的其他数字印刷设备	6.7	5.3
84433290		其他可与网络连接的传真机或打字机	0	0
84433911		直接法静电感光复印设备	0	0
84433912		间接法静电感光复印设备	8.8	7.5
84433921		带有光学系统的感光复印设备	0	0
84433922		接触式感光复印设备	19.3	16.5
84433923		热敏复印设备	19.3	16.5
84433924		热升华复印设备	19.3	16.5
84433931		其他独立的喷墨印刷机	7	6
84433932		其他独立的静电照相印刷机(激光印刷机)	7	6
84433939		其他独立的数字印刷设备	7	6
84433990		其他独立的电传打字机	0	0
84439111		卷筒料给料机	10	8
84439119		其他传统印刷机用辅助机器	10	8
84439190		传统印刷机用零件及附件	5	4
84439910		数字印刷设备用辅助机器	10	8
84439921		热敏打印头	5	4
84439929		数字印刷设备的其他零件	5	4
84439990		其他打印机、复印机、传真机用零件	0	0
84561100	ex	用激光、其他光、光子束处理的专门或主要用于印刷电路或印刷电路组件、品目 85.17 所列货品的零件及自动数据处理机器的零件的加工机床	0	0
84561200	ex	用激光、其他光、光子束处理的专门或主要用于印刷电路或印刷电路组件、品目 85.17 所列货品的零件及自动数据处理机器的零件的加工机床	0	0

税则号列	EX[注4]	信息技术产品名称	2017年1月1日至6月30日最惠国税率(%)	2017年7月1日至12月31日最惠国税率(%)
84669310	ex	专门或主要用于制造印刷电路、印刷电路组件、品目85.17所列货品的零件、自动数据处理设备的零件的,用激光、其他光或光子束处理的加工机床的零件及附件;专门或主要用于制造印刷电路、印刷电路组件、品目85.17所列货品的零件、自动数据处理设备的零件的,以超声工艺处理的加工机床的零件及附件;专门或主要用于制造品目85.17所列货品的零件、自动数据处理设备的零件的加工中心的零件及附件;专门或主要用于制造品目85.17所列货品的零件、自动数据处理设备的零件的加工中心的零件及附件;专门或主要用于制造品目85.17所列货品的零件、自动数据处理设备的零件的数控机床(其他车床)的零件及附件;专门或主要用于品目85.17所列货品的零件、自动数据处理设备的零件制造的数控机床(其他钻床)的零件及附件;专门或主要用于制造品目85.17所列货品的零件、自动数据处理设备的零件的数控机床(其他铣床)的零件及附件;专门或主要用于制造品目85.17所列货品的零件、自动数据处理设备的零件的锯床或切断车床的零件及附件;专门或主要用于制造印刷电路、印刷电路组件、品目85.17所列货品的零件、自动数据处理设备的零件的以放电方式处理的加工机床的零件及附件	0	0
84669390	ex	专门或主要用于制造印刷电路、印刷电路组件、品目85.17所列货品的零件、自动数据处理设备的零件的,用激光、其他光或光子束处理的加工机床的零件及附件;专门或主要用于制造印刷电路、印刷电路组件、品目85.17所列货品的零件、自动数据处理设备的零件的,以超声工艺处理的加工机床的零件及附件;专门或主要用于制造品目85.17所列货品的零件、自动数据处理设备的零件的加工中心的零件及附件;专门或主要用于制造品目85.17所列货品的零件、自动数据处理设备的零件的加工中心的零件及附件;专门或主要用于制造品目85.17所列货品的零件、自动数据处理设备的零件的数控机床(其他车床)的零件及附件;专门或主要用于品目85.17所列货品的零件、自动数据处理设备的零件制造的数控机床(其他钻床)的零件及附件;专门或主要用于制造品目85.17所列货品的零件、自动数据处理设备的零件的数控机床(其他铣床)的零件及附件;专门或主要用于制造品目85.17所列货品的零件、自动数据处理设备的零件的锯床或切断车床的零件及附件;专门或主要用于制造印刷电路、印刷电路组件、品目85.17所列货品的零件、自动数据处理设备的零件的以放电方式处理的加工机床的零件及附件	0	0
84721000		胶版复印机、油印机	10.5	7
84729010		自动柜员机	0	0
84729021		打洞机	0	0
84729022		订书机	0	0
84729029		其他装订用机器	0	0
84729030		碎纸机	0	0
84729040		地址印写机及地址铭牌压印机	10.5	7
84729090		其他办公室用机器	0	0
84734010		自动柜员机用出钞器和循环出钞机	7.9	5.3
84734020		打字机、文字处理机的零附件	6	4
84734090		品目84.72所列其他办公室用机器零附件	7.9	5.3
84752100		制造光导纤维及其预制棒的机器	8.8	7.5
84759000	ex	编号847521所列机器的零件	6.7	5.3
84768900	ex	钱币兑换机	11.3	7.5
84769000	ex	钱币兑换机的零件	7.5	5
84798961	ex	专门或主要用于印刷电路组件制造的电子元件自动装配机	0	0
84798962	ex	专门或主要用于印刷电路组件制造的电子元件自动装配机	0	0
84798969	ex	专门或主要用于印刷电路组件制造的电子元件自动装配机	0	0
84798999	ex	用于从电子显微样品或样品基板上去除有机污染物的等离子清洗机器	0	0
84799090	ex	专门或主要用于印刷电路组件制造的电子元件自动装配机的零件	0	0

税则号列	EX[注4]	信息技术产品名称	2017年1月1日至6月30日最惠国税率(%)	2017年7月1日至12月31日最惠国税率(%)
84861010		利用温度变化处理单晶硅的机器及装置	0	0
84861020		制作单晶硅或晶圆的研磨设备	0	0
84861030		制作单晶硅或晶圆的切割设备	0	0
84861040		制作单晶硅或晶圆的化学机械抛光设备	0	0
84861090		制作单晶硅或晶圆的其他设备	0	0
84862010		制造半导体器件或集成电路用的热处理设备	0	0
84862021		制造半导体器件或集成电路用的化学气相沉积装置	0	0
84862022		制造半导体器件或集成电路用的物理气相沉积装置	0	0
84862029		制造半导体器件或集成电路用的其他薄膜沉积设备	0	0
84862031		制造半导体器件或集成电路用的分步重复光刻机	0	0
84862039		制造半导体器件或集成电路用的其他光刻设备	0	0
84862041		制造半导体器件或集成电路用的等离子体干法刻蚀机	0	0
84862049		制造半导体器件或集成电路用的其他刻蚀及剥离设备	0	0
84862050		制造半导体器件或集成电路用的离子注入机	0	0
84862090		制造半导体器件或集成电路用的其他机器及装置	0	0
84863010		制造平板显示器用的热处理设备	0	0
84863021		制造平板显示器用的化学气相沉积装置	0	0
84863022		制造平板显示器用的物理气相沉积装置	0	0
84863029		制造平板显示器用的其他薄膜沉积设备	0	0
84863031		制造平板显示器用的分步重复光刻机	0	0
84863039		制造平板显示器用的其他光刻设备	0	0
84863041		制造平板显示器用的超声波清洗装置	8.3	6.7
84863049		制造平板显示器用的其他湿法蚀刻、显影、剥离、清洗装置	0	0
84863090		制造平板显示器用的其他机器及装置	0	0
84864010		专用于制作和修复掩膜版的装置	0	0
84864021		专用于装配与封装半导体器件或集成电路的塑封机	4.2	3.3
84864022		专用于装配与封装半导体器件或集成电路的引线键合设备	6.7	5.3
84864029		专用于装配与封装半导体器件或集成电路的机器及装置	0	0
84864031		集成电路工厂专用的自动搬运机器人	0	0
84864039		其他集成电路或液晶显示屏工厂专用升降、装卸、搬运装置	4.2	3.3
84869010		升降、搬运、装卸机器用零件及附件(自动搬运设备用除外)	3.8	2.5
84869020		引线键合装置用零件及附件	4.5	3
84869091		带背板的溅射靶材组件	0	0
84869099		其他半导体器件、集成电路、液晶显示器生产专用设备的零件及附件	0	0
85044013		品目84.71所列机器用的稳压电源	0	0
85044014		功率<1千瓦高精度直流稳压电源	5.8	4.7
85044015		功率<10千瓦高精度交流稳压电源	0	0
85044019		其他稳压电源	0	0
85044020		不间断供电电源(UPS)	8.3	6.7
85044030		逆变器	8.3	6.7
85044091	ex	自动数据处理设备机器及组件、电讯设备用的具有变流动能的半导体模块	0	0
85044091	ex	其他具有变流功能的其他半导体模块	8.3	6.7
85044099	ex	自动数据处理设备机器及组件、电讯设备用的其他静止变流器;ITA产品用的印刷电路组件,包括外接组件,如符合PCMCIA标准的卡	0	0
85044099	ex	其他未列名静止式变流器	8.3	6.7
85045000		其他电感器	0	0

税则号列	EX[注4]	信息技术产品名称	2017年1月1日至6月30日最惠国税率(%)	2017年7月1日至12月31日最惠国税率(%)
85049011		额定容量>400KVA液体介质变压器零件	4.2	3.3
85049019		其他变压器零件	6.7	5.3
85049020		稳压电源及不间断供电电源零件	6.7	5.3
85049090		其他静止式变流器及电感器零件	6.7	5.3
85059090	ex	专门或主要用于核磁共振成像装置的电磁体,但品目90.18所列电磁铁除外	6	4
85143000	ex	专门或主要用于印刷电路或印刷电路组件制造的其他炉及烘箱	0	0
85149090	ex	专门或主要用于印刷电路或印刷电路组件制造的其他炉及烘箱的零件	0	0
85151900	ex	专门或主要用于印刷电路组件制造的其他波峰焊接机器	8.3	6.7
85159000	ex	专门或主要用于印刷电路组件制造的其他波峰焊接机器的零件	5	4
85176110		移动通信基站	0	0
85176190		其他通信基站	0	0
85176211		数字式局用电话交换机;长途电话交换机;电报交换机	0	0
85176212		数字式移动通信交换机	0	0
85176219		数字式其他电话交换机	0	0
85176221		光端机及脉冲编码调制设备	0	0
85176222		波分复用光传输设备	0	0
85176229		其他光通讯设备	0	0
85176231		通信网络时钟同步设备	0	0
85176232		以太网络交换机	0	0
85176233		IP电话信号交换机	0	0
85176234		调制解调器	0	0
85176235		集线器	0	0
85176236		路由器	0	0
85176237		有线网络接口卡	0	0
85176239		其他有线数字通信设备	0	0
85176292		无线网络接口卡	0	0
85176293		无线接入固定台	0	0
85176294		无线耳机	0	0
85176299		其他接收、转换并且发送或再生声音、图像或数据用的设备	0	0
85176910	ex	用于呼叫、提示和寻呼的便携式接收器	0	0
85176910	ex	其他无线设备	7.5	6
85176990		其他有线设备	0	0
85177010		数字式程控电话或电报交换机零件	0	0
85177020		光端机、脉冲编码调制设备的零件	0	0
85177030		手持式无线电话机用(天线除外)	0	0
85177040		对讲机用(天线除外)	6	4
85177060		光通信设备的激光收发模块	0	0
85177070	ex	无线电话电报装置的天线	0	0
85177070	ex	品目85.17所列设备用其他天线及其零件	1.5	1
85177090		发送或接收声音、图像或数据的设备用其他零件	0	0
85181000	ex	电讯用麦克风,频率范围在300赫兹到3.4千赫之间,直径≤10毫米,高度≤3毫米	0	0
85181000	ex	其他传声器(麦克风)及其座架	7.5	5
85182100		单喇叭音箱	7.5	5
85182200		多喇叭音箱	7.5	5
85182900		其他扬声器	0	0

税则号列	EX[注4]	信息技术产品名称	2017 年 1 月 1 日至 6 月 30 日最惠国税率(%)	2017 年 7 月 1 日至 12 月 31 日最惠国税率(%)
85183000		其他耳机、耳塞机	0	0
85184000	ex	列入 ITA 的有线电话重复器用的电器扩音器	0	0
85184000	ex	其他音频扩大器	9	6
85185000		电气扩音机组	7.5	5
85189000	ex	列入 ITA 的有线电话重复器用的电器扩音器的零件	0	0
85189000	ex	品目 85.18 所列货品的其他零件	7.9	5.3
85198111		不带录音功能的盒式磁带型声音重放装置,编辑节目用放声机除外	12.8	8.5
85198112		装有声音重放装置的盒式磁带型录音机	22.5	15
85198119		其他使用磁性媒体的声音录放机	15	10
85198121		不带录音功能的激光唱机	22.5	15
85198129		使用光学媒体的其他声音录放装置	15	10
85198131		闪速存储器型声音录放机	15	10
85198139		使用半导体媒体的其他声音录放装置	15	10
85198910		不带录制装置的其他唱机,不论是否带有扬声器	22.5	15
85198990		其他声音录制或重放设备	15	10
85211011		广播级录像机	22.5%与复合税 1[注3]从低执行	15.0%与复合税 1[注3]从低执行
85211019		其他磁带录像机	22.5%与复合税 1[注3]从低执行	15.0%与复合税 1[注3]从低执行
85211020		磁带放像机	22.5%与复合税 1[注3]从低执行	15.0%与复合税 1[注3]从低执行
85219011		视频高密光盘机 VCD	15	10
85219012		数字化视频光盘机 DVD	15	10
85219019		其他激光视盘放像机	15	10
85219090		其他视频信号录制或重放设备	15	10
85229010		转盘或唱机用零附件	21.9	18.8
85229021		录音机走带机构(机芯)	21.9	18.8
85229022		磁头	21.9	18.8
85229023		磁头零件	17.5	15
85229029		盒式磁带录音机或放声机其他零件	26.3	22.5
85229031		激光视盘机的机芯	26.3	22.5
85229039		其他视频信号录放设备的零件附件	26.3	22.5
85229091		车载音频转播器或发射器	17.5	15
85229099		声音录制或重放设备用其他零件	17.5	15
85232110		未录制的磁条卡	13.1	8.8
85232120		已录制的磁条卡	11.3	7.5
85232911		未录制磁盘	0	0
85232919		已录制磁盘	0	0
85232921		宽度≤4 毫米的未录制磁带	0	0
85232922		4 毫米<宽度≤6.5 毫米的未录制磁带	0	0
85232923		宽度>6.5 毫米的未录制磁带	0	0
85232928		用于重放声音或图像信息的磁带	7.5	5
85232929		已录制其他信息的磁带	0	0
85232990		其他磁性媒体	0	0
85234100		未录制的光学媒体	0	0
85234910		仅用于重放声音信息的光学媒体	7.5	5

税则号列	EX[注4]	信息技术产品名称	2017年1月1日至6月30日最惠国税率(%)	2017年7月1日至12月31日最惠国税率(%)
85234920		用于重放声音、图像以外信息的,品目84.71所列机器用的光学媒体	0	0
85234990		其他已录制的光学媒体	0	0
85235110		未录制信息的闪速存储器	0	0
85235120		已录制信息的闪速存储器	0	0
85235210		未录制内容的“智能卡”	0	0
85235290		已录制内容的“智能卡”	0	0
85235910		未录制信息的其他半导体媒体	0	0
85235920		已录制信息的其他半导体媒体	0	0
85238011		已录制的唱片	11.3	7.5
85238019		未录制的唱片	0	0
85238021		品目84.71所列机器用未录制内容的其他媒体	0	0
85238029		品目84.71所列机器用已录制内容的其他媒体	0	0
85238091		其他未录制内容的媒体	0	0
85238099		其他已录制内容的媒体	0	0
85255000		广播电视发送设备	0	0
85256010		卫星地面站设备	0	0
85256090		其他装有接收装置的广播电视发送设备	0	0
85258011		特种用途电视摄像机	8.3	6.7
85258012		非特种用途的广播级电视摄像机	29.2%与复合税2[注3]从低执行	23.3%与复合税2[注3]从低执行
85258013		非特种用途的其他电视摄像机	29.2%与复合税2[注3]从低执行	23.3%与复合税2[注3]从低执行
85258021		特种用途的数字照相机	0	0
85258022		非特种用途的单反数字照相机	0	0
85258025		非特种用途的,其他可换镜头的数字照相机	0	0
85258029		非特种用途的其他数字照相机	0	0
85258031		特种用途的视频摄录一体机	0	0
85258032		非特种用途的广播级视频摄录一体机	0	0
85258033		非特种用途的家用视频摄录一体机	0	0
85258039		非特种用途的其他视频摄录一体机	0	0
85261010		导航用雷达设备	1.5	1
85261090		其他雷达设备	3.8	2.5
85269110		机动车辆用	1.5	1
85269190		其他无线电导航设备	1.5	1
85269200		无线电遥控设备	4.2	3.3
85271200		不需外接电源袖珍盒式磁带收放机	15	10
85271300		不需外接电源收录(放)音组合机	11.3	7.5
85271900		不需外接电源无线电收音机	11.3	7.5
85272100	ex	具备接收和转换数字广播数据系统信号功能需外接电源的汽车用收录(放)音组合机	11.3	7.5
85272900		需外接电源汽车用无线电收音机	11.3	7.5
85279100		其他收录(放)音组合机	11.3	7.5
85279200		带时钟的收音机	11.3	7.5
85279900		其他收音机	22.5	15
85284910		其他彩色阴极射线管监视器	22.5	15
85284990		单色的阴极射线管监视器	14.3	9.5

税则号列	EX[注4]	信息技术产品名称	2017年1月1日至6月30日最惠国税率(%)	2017年7月1日至12月31日最惠国税率(%)
85287110		不带显示屏的彩色卫星电视接收机	25	20
85287180		不带显示屏的其他彩色电视接收机	25	20
85287190		单色的不带视频显示器的电视接收机	12.5	10
85291010		雷达及无线电导航设备天线及零件	1.1	.8
85291020		收音机、电视机天线及其零件	0	0
85291090		其他无线电设备天线及其零件	1.5	1
85299010		电视发送、差转等设备零件	0	0
85299041		特种用途电视摄像机、静像视频摄像机及其他视频摄录一体机,数字相机零件	8	8
85299042		非特种用途的取像模块	12	12
85299049		其他电视摄像机、静像视频摄像机及其他视频摄录一体机、数字相机零件	12	12
85299050		雷达及无线电导航设备零件	1.5	1.5
85299060		收音机及其组合机的其他零件	15	15
85299081	ex	其他,但编号852872或852873的装置用有机发光二极管模组和显示屏除外	15	15
85299082		等离子显像组件及其零件	15	15
85299089		其他电视机零件	0	0
85299090		品目85.25~85.28所列设备的零件	0	0
85318090		其他电气音响或视觉信号装置	8.8	7.5
85319010		防盗、防火及类似装置用零件	0	0
85319090		其他音响或视觉信号装置用零件	0	0
85363000		电压≤1000伏其他电路保护装置	7.5	6
85365000		电压≤1000伏的其他开关	0	0
85369011	ex	其他装置,但品目87.02、87.03、87.04和87.11所列的机动车用电池夹除外	0	0
85369019	ex	其他装置,但品目87.02、87.03、87.04和87.11所列的机动车用电池夹除外	0	0
85369090	ex	其他装置,但品目87.02、87.03、87.04和87.11所列的机动车用电池夹除外	0	0
85381010		编号85372010所列装置的零件	7	5.6
85381090		品目85.37货品用的其他盘、板等	5.8	4.7
85393990	ex	用于平板显示器背光源的冷阴极管荧光灯	6	4
85423111	ex	多元件集成电路中的自动数据处理设备机器及组件、电讯设备用的具有变流动能的半导体模块	0	0
85423111	ex	多元件集成电路中的其他具有变流功能的半导体模块	8.3	6.7
85423119		其他多元件集成电路处理器及控制器[注2]	3.2	2.5
85423190		集成电路处理器及控制器,不论是否带有存储器、转换器、逻辑电路、放大器、时钟及时序电路或其他电路	0	0
85423210		多元件集成电路存储器[注2]	3.4	2.7
85423290		集成电路存储器	0	0
85423310		多元件集成电路放大器[注2]	3.4	2.7
85423390		集成电路放大器	0	0
85423910		其他多元件集成电路[注2]	3.4	2.7
85423990		其他集成电路	0	0
85429000		集成电路的零件	0	0
85432010		输出信号频率<1500兆赫的通用信号发生器	13.1	11.3
85432090		输出信号频率≥1500兆赫的通用信号发生器	7	6
85433000	ex	专门或主要用于印刷电路制造的电镀、电解设备	0	0
85437092	ex	微波放大器	0	0
85437099	ex	可与有线或无线网络连接具备混音功能的数字信号声音处理设备	0	0
85437099	ex	以红外线传送的无线视频游戏控制器	0	0

税则号列	EX[注4]	信息技术产品名称	2017年1月1日至6月30日最惠国税率(%)	2017年7月1日至12月31日最惠国税率(%)
85437099	ex	设计主要供儿童使用的便携交换式电子教学设备	0	0
85437099	ex	用于录放文本、图像和声音用便携式电池驱动式电子阅读器	0	0
85437099	ex	专门设计用于连接电报或电话装置或设备连接或电信网络的连接器	0	0
85437099	ex	飞行数据记录仪	0	0
85439010		粒子加速器用零件	0	0
85439021		输出信号频率<1500兆赫通用信号发生器零件	0	0
85439029		输出信号频率≥1500兆赫通用信号发生器零件	0	0
85439030		金属、矿藏探测器用零件	0	0
85439040		高、中频放大器用零件	0	0
85439090		八十五章其他未列名电气设备的零件	0	0
85489000	ex	触摸感应数据输入装置(即触摸屏)无显示的性能,安装于有显示屏的设备中,通过检测显示区域内触摸动作的发生及位置进行工作。触摸感应可通过电阻、静电电容、声学脉冲识别、红外光或其他触摸感应技术来获得	10	8
88026000	ex	通信卫星	1.5	1
88039000	ex	通信卫星的零件	0	0
88052100		空战模拟器及其零件	1.1	.8
88052900		其他地面飞行训练器及其零件	1.1	.8
90012000		偏振材料制的片及板	6.7	5.3
90019010		彩色滤光片	7	6
90019090		其他光学元件	7	6
90021910		摄影机或放映机用物镜	13.1	11.3
90021990		品目90.02未列名的其他物镜	13.1	11.3
90022010		照相机用滤色镜	13.1	11.3
90022090		其他光学仪器或装置滤色镜	13.1	11.3
90029010		照相机用未列名光学元件	13.1	11.3
90029090		其他光学仪器用未列名光学元件	13.1	11.3
90105010		负片显示器	10.5	7
90105021		电影用的洗印装置	10.5	7
90105022		特种照相用的洗印装置	6.3	4.2
90105029		其他照相用的洗印装置	12.8	8.5
90106000		银幕及其他投影屏幕	11.7	9.3
90109010	ex	编号901050和901060所列货品的零件及附件	0	0
90109020	ex	编号901050和901060所列货品的零件及附件	0	0
90109090	ex	编号901050和901060所列货品的零件及附件	0	0
90111000		立体显微镜	0	0
90118000		其他显微镜	5.8	4.7
90119000		复式光学显微镜的零附件	0	0
90121000		其他非光学显微镜及衍射设备	0	0
90129000		非光学显微镜及衍射设备的零件	0	0
90131000	ex	设计用为本章或第十六类的机器、设备、仪器或器具部件的望远镜	6	4
90132000		激光器	5	4
90139010	ex	零件及附件,但武器用望远镜瞄准器具或潜望镜式望远镜用零件及附件除外	4.5	3
90139020		编号90138030所列液晶显示板用零件及附件	6.3	4.2
90139090		零件及附件,但武器用望远镜瞄准器具或潜望镜式望远镜用零件及附件除外	6.3	4.2
90141000		定向罗盘	1.5	1
90142010		自动驾驶仪	1.5	1

税则号列	EX[注4]	信息技术产品名称	2017年1月1日至6月30日最惠国税率(%)	2017年7月1日至12月31日最惠国税率(%)
90142090		其他航空或航天导航仪器及装置(罗盘除外)	1.5	1
90148000		其他导航仪器及装置	1.5	1
90149010		自动驾驶仪用零件、附件	1.1	.8
90149090		其他导航仪器及设备用零件、附件	1.1	.8
90151000		测距仪	7.5	6
90152000		经纬仪及视距仪	7.5	6
90154000		摄影测量用仪器及装置	7.5	6
90158000		其他大地测量仪器及装置	4.2	3.3
90159000		大地测量仪器及装置的零附件	4.2	3.3
90181100		心电图记录仪	3.8	2.5
90181210		B型超声波诊断仪	6.1	5.3
90181291		彩色超声波诊断仪	4.4	3.8
90181299		其他超声扫描装置	4.4	3.8
90181310		核磁共振成像成套装置	4	4
90181390		其他核磁共振成象装置	4	4
90181930		病员监护仪	3.3	2.7
90181941		听力计	3.3	2.7
90181949		其他听力诊断装置	3.3	2.7
90181990		其他电气诊断装置	3.3	2.7
90182000		紫外线及红外线装置	3	2
90185000		眼科用其他仪器及器具	3.3	2.7
90189020	ex	电血压测量仪器及器具	3.3	2.7
90189030		内窥镜	3.3	2.7
90189040		肾脏透析设备(人工肾)	3.3	2.7
90189050		透热疗法设备	3.3	2.7
90189060		输血设备	3.3	2.7
90189070	ex	电麻醉设备	3.3	2.7
90189090	ex	电外科或电子医疗仪器及器具及其零件及附件	3.3	2.7
90215000		心脏起搏器,不包括零附件	3.3	2.7
90219011		血管支架	3.3	2.7
90219019		其他支架	3.3	2.7
90219090		其他品目90.21中未列名的矫形器具	3.3	2.7
90221200		X射线断层检查仪	4	4
90221300		其他牙科用X射线应用设备	3	2
90221400		其他医疗或兽医用X射线应用设备	3.3	2.7
90221910		低剂量X射线安全检查设备	3.3	2.7
90221920		X射线无损探伤检测仪	3.3	2.7
90221990		其他非医疗用X射线设备	3.3	2.7
90222100		医疗用α、β、γ射线设备	3	2
90222910		γ射线无损探伤检测仪	5	4
90222990		其他非医疗用α、β、γ射线设备	5	4
90223000		X射线管	1.7	1.3
90229010		X射线影像增强器	4.5	3
90230010		教习头	5.3	3.5
90230090		其他专供示范(例如,教学或展览)而无其他用途的仪器、装置及模型	5.3	3.5
90241010		电子万能试验机	5.8	4.7

税则号列	EX[注4]	信息技术产品名称	2017年1月1日至6月30日最惠国税率(%)	2017年7月1日至12月31日最惠国税率(%)
90241020		硬度计	5.8	4.7
90241090		其他金属材料的试验用机器及器具	5.8	4.7
90248000		非金属材料的试验用机器及器具	4.4	3.8
90249000		各种材料的试验用机器零附件	5	4
90251910		非液体的工业用温度计及高温计	7	5.6
90251990		非液体的其他温度计、高温计	7	5.6
90259000		比重计、温度计等类似仪器的零件	6.7	5.3
90271000		气体或烟雾分析仪	6.1	5.3
90278011		集成电路生产用氦质谱检漏台	0	0
90278012		质谱联用仪	0	0
90278019		其他质谱仪	0	0
90278091		曝光表	11.7	9.3
90278099		其他理化分析仪器及装置	0	0
90279000		检镜切片机;理化分析仪器零件	0	0
90283011		单相感应式电度表	7.5	5
90283012		三相感应式电度表	7.5	5
90283013		单相电子式(静止式)电度表	7.5	5
90283014		三相电子式(静止式)电度表	7.5	5
90283019		其他电度表	7.5	5
90283090		其他电量计	7.5	5
90289010		工业用计量仪表零附件	6.3	4.2
90289090		非工业用计量仪表零附件	6.3	4.2
90301000		离子射线的测量或检验仪器及装置	4.2	3.3
90302010		测试频率<300兆赫的通用示波器	6	4
90302090		其他阴极射线示波器	3.8	2.5
90303110		量程≤五位半的数字万用表,不带记录装置	11.3	7.5
90303190		其他不带记录装置的万用表	3.8	2.5
90303200		带记录装置的万用表	6.7	5.3
90303310		量程≤五位半的数字电流表、电压表,不带记录装置	13.1	11.3
90303390		检测电压、电流及功率的其他仪器,不带记录装置	7.9	6.8
90303900		检测电压、电流、电阻或功率的其他仪器,带记录装置	6.7	5.3
90308410		电感及电容测试仪	8.3	6.7
90308490		其他电量的测量或检验仪器及装置	6.7	5.3
90308910		其他电感及电容测试仪	11.7	9.3
90308990		其他电量的测量或检验仪器及装置	6.7	5.3
90309000	ex	用于检测半导体晶片及器件的仪器的零件和附件;ITA产品用的印刷电路组件,包括外接组件,如符合PCMCIA标准的卡	0	0
90309000	ex	品目90.30所属货品的其他零件及附件	5.8	4.7
90311000		机械零件平衡试验机	5.8	4.7
90314910		轮廓投影仪	8.3	6.7
90314920		光栅测量装置	0	0
90314990		其他光学测量或检验仪器和器具	0	0
90318010		光纤通信及光纤性能测试仪	5	5
90318020		坐标测量仪	5	5
90318031		超声波探伤检测仪	5	5
90318032		磁粉探伤检测仪	5	5

税则号列	EX[注4]	信息技术产品名称	2017年1月1日至6月30日最惠国税率(%)	2017年7月1日至12月31日最惠国税率(%)
90318033		涡流探伤检测仪	5	5
90318039		其他无损探伤检测仪器(射线探伤仪除外)	5	5
90318090		未列名测量、检验仪器器具及机器	5	5
90319000		品目90.31的仪器及器具的零件	0	0
90322000		恒压器	5.8	4.7
90328100		液压或气压的其他仪器及装置	5.8	4.7
95043010		投币式电子游戏机	0	0
95043090		投币式其他游戏用品	0	0
95045011		与电视接收机配套使用的视频游戏控制器及设备零件及附件	0	0
95045019		其他与电视接收机配套使用的游戏机	0	0
95045091		其他视频游戏控制器及设备零件及附件	0	0
95045099		其他游戏机	0	0
95049010		其他电子游戏机	0	0

注1:取消印刷品的关税仅影响参加方有关货物贸易的权利和义务,即不影响关税以外的其他市场准入。ITA扩围协议不妨碍ITA成员监管此类货物的内容物,其中包括互联网内容物。ITA扩围协议不影响一成员有关服务贸易市场准入的权利和义务,也不妨碍其监管服务市场。

注2:多元件集成电路(MCOs):由一个或多个单片、混合或多芯片集成电路以及下列至少一个元件组成:硅基传感器、执行器、振荡器、谐振器或其组件所构成的组合体,或者具有品目85.32、85.33、85.41所列商品功能的元件,或品目85.04的电感器。其像集成电路一样实际上不可分割地组合成一体,作为一种元件,通过引脚、引线、焊球、底面触点、凸点或导电压点进行连接,组装到印刷电路板(PCB)或其他载体上。

在本定义中:

1."元件"可以是分立的,独立制造后组装到多元件(MCO)的其余部分上,或者集成到其他元件内。

2."硅基"是指在硅基片上制造,或由硅材料制造而成,或者制造在集成电路裸片上。

3.(1)硅基传感器是由在半导体材料内部或表面制作的微电子或机械结构组成,具有探测物理量和化学量并将其转换成电信号(因电特性变化或机械结构位移而产生)的功能。"物理量或化学量"与现实世界的现象相关,例如,压力、声波、加速度、振动、运动、方向、张力、磁场强度、电场强度、光、放射性、湿度、流量和化学浓度等。

(2)硅基执行器是由在半导体材料内部或表面制作的微电子或机械结构组成,具有将电信号转换成物理运动的功能。

(3)硅基谐振器是由在半导体材料内部或表面制作的微电子或机械结构组成,具有按预先设定的频率产生机械或电振荡的功能,频率取决于响应外部输入的结构的物理参数。

(4)硅基振荡器是有缘器件,由在半导体材料内部或表面制作的微电子或机械结构组成,具有按预先设定的频率产生机械或电振荡的功能,频率取决于这些结构的物理参数。

注3:复合税1,完税价格不高于2000美元/台:30%;完税价格高于2000美元/台:3%,加3283元/台

复合税2,完税价格不高于5000美元/台,35%;完税价格高于5000美元/台:3%,加9728元/台

注4:"ex"表示本表所列实施最惠国税率的商品应在该税号范围内,以具体商品描述为准。

附表 6

中华人民共和国进境物品归类表

税号	物品类别	范围	税率
01000000	食品、饮料	食品:包括乳制品、糖制品、调味品,冬虫夏草、高丽参、红参、西洋参、人参、鹿茸、阿胶、奶粉及其他保健品、补品等; 饮料:包括矿泉水、汽水,咖啡、茶,其他无酒精饮料。	15%
02000000	酒	包括啤酒、葡萄酒(香槟酒)、黄酒、果酒、清酒、米酒、白兰地、威士忌、伏特加、朗姆酒、金酒、白酒、药酒、保健酒、鸡尾酒、利口酒、龙舌兰、柯迪尔酒、梅子酒等用粮食、水果等含淀粉或糖的物质发酵或配制而制成的含乙醇的酒精饮料。	60%
03000000	烟	包括卷烟、雪茄烟、再造烟草、均化烟草、其他烟草及烟草代用品的制品,烟丝、斗烟、水烟、烟末等。	60%
04000000	纺织品及其制成品	衣着:包括外衣、外裤、内衣裤、衬衫/T恤衫、其他衣着等; 配饰:包括帽子、丝巾、头巾、围巾、领带、腰带、手套、袜子、手帕等; 家纺用品:包括毛毯、被子、枕头、床罩、睡袋、幔帐等; 其他:包括毛巾、浴巾、桌布、窗帘、地毯等。	30%
05000000	皮革服装及配饰	包括各式皮革服装及皮质配饰。	30%
06000000	箱包及鞋靴	箱:包括各种材质的箱子; 挎包、背包、提包:包括各种材质的挎包、背包、提包; 钱包、钥匙包:包括各种材质的钱包、钥匙包、卡片包; 其他:包括化妆包、包装袋(盒、箱)等。	30%
		鞋靴:包括皮鞋、皮靴、运动鞋、其他鞋靴等。	
07000000	表、钟及其配件、附件	高档手表:完税价格在人民币10000元及以上的手表。	60%
		表:包括高档手表外其他各种表; 钟:包括座钟、挂钟、台钟、落地钟等; 配件附件:包括各种表、钟的配件、附件。	30%
08000000	金银、贵重首饰及珠宝玉石	贵重首饰及珠宝玉石(不含钻石):包括天然或养殖珍珠、宝石或半宝石(不含钻石),用天然或养殖珍珠、宝石或半宝石(不含钻石)制成的物品,以贱金属为底的非镶嵌钻石的包贵金属首饰。	60%
		钻石及钻石首饰。	30%
		金银:包括金、银、铂等贵金属及包贵金属,贵金属及包贵金属制的首饰(以贱金属为底的非镶嵌钻石的包贵金属首饰除外)、金银器和其他制品。	15%
09000000	化妆品、洗护用品	化妆品:包括芳香类化妆品、唇用化妆品、眼用化妆品、指(趾)甲化妆品、粉状化妆品和特殊功能类化妆品等。 芳香类化妆品:香水和花露水; 唇用化妆品:唇膏、唇彩、唇线笔等; 眼用化妆品:睫毛膏(液、油)、眼线笔(液)、眉笔、眼影、眼睑膏等; 指(趾)甲化妆品:洗甲(趾)液、去指(趾)甲油、指(趾)甲油、指(趾)甲膏等; 粉状化妆品:粉底、粉饼、扑面粉、胭脂(粉)、腮红(粉)等; 其他美容品或化妆品:用于消除皱纹、美化唇型的皮内注射美容制品。	60%或30%
		洗护用品:包括清洁用品、护肤用品、护发用品和其他洗护用品。 清洁用品:洗面奶(乳、皂)、洁面霜(露、蜜、粉、者哩)、卸妆水(乳、膏、液、油)、鼻贴膜、去黑头膏(液)、剃须膏(泡沫)、磨砂膏、按摩膏、去角质膏(粉),牙膏、牙粉、牙线、漱口水,香皂、浴液、洗手液; 护肤用品:化妆水(含爽肤水、柔肤水、紧肤水、护肤水、收缩水)、须后水、面霜、眼霜、日霜、晚霜、冷霜、防晒霜(油)、晒黑油、祛斑霜、护肤膏(霜、露、乳液、喷雾)、精油、隔离霜、面膜、面膜膏(粉)、眼膜、颈膜、护手霜、润唇膏,痱子粉、爽身粉、防蚊液、皮肤护理软膏; 护发用品:洗/护发液、发乳、发油、发蜡、焗油膏,发胶、发泥、定型水(啫喱、摩丝)、烫发剂、染发剂; 其他用品:丰(美、健)乳霜、纤体霜(膏)、健美霜、紧致霜、除臭露(剂)等。	30%

税号	物品类别	范　围	税率
10000000	家用医疗、保健及美容器材	医疗器材:包括呼吸器具、矫形器具、夹板及其他骨折用具,血糖计、血糖试纸、电动洗眼器、红外线耳探热针、空气制氧机、治疗用雾化机、电动血压计、病人用拐杖、病人用轮椅等及上述物品的配件、附件; 保健器材:包括按摩床、按摩椅等及上述物品的配件、附件; 美容器材:包括蒸汽仪、喷雾器、化妆/美容专用工具等及上述物品的配件、附件。	30%
11000000	厨卫用具及小家电	厨房用具:包括各种材料制的餐具、刀具、炊具、灶具,锅、壶、杯、盘、碗、筷子、勺、铲、餐刀、餐叉、切菜刀、案板、削皮刀、绞肉机、食品研磨机、搅拌器、净水器、煤气灶、煤气点火器等,电饭煲、微波炉、电磁炉、抽油烟机、消毒碗柜、家用洗碗机、电烤箱、面包机、豆浆机、酸奶机、榨汁机、咖啡机、制冰机、饮水机、食品调理机、煮蛋器等厨房用具及配件、附件; 卫生用具,洁具:包括热水器、水龙头、淋浴用具、座便器及配件、附件等。 小家电:包括灯具、风扇、电暖器、电热毯、电烫斗、电吹风机、电动剃须刀、电动毛发推剪器,增湿机、除湿机、增除湿一体机、空气清新机、家用吸尘器、扫地机器人、地板打蜡机、电动剪草机等电器及上述物品的配件、附件等。	30%
		电话机等信息技术产品:包括固定电话机、手持移动电话机、可视电话机、寻呼机等。	15%
12000000	家具	包括各种材料制的沙发、组合式家具、柜、橱、台、桌、椅、书架、床、床垫、坐具等。	15%
13000000	空调及其配件、附件	包括空气调节器及其配件、附件等。	30%
14000000	电冰箱及其配件、附件	包括各式电冰箱、冰柜、红酒柜及其配件、附件等。	30%
15000000	洗衣设备及其配件、附件	包括波轮式洗衣机、滚筒式洗衣机、干衣机/烘干机、脱水机、家用地毯洗涤机等及上述物品的配件、附件。	30%
16000000	电视机及其配件、附件	包括各式电视机、电视收音联合机、电视收音录音联合机、电视录像联合机等及上述物品的配件、附件。	30%
17000000	摄影(像)设备及其配件、附件	包括电视摄像机、照相机(数字照相机除外)、照相制版机、放大机,胶卷、胶片、感光纸、镜箱、闪光灯、滤色镜、测光表、曝光表、遮光罩、水下摄影罩、半身镜、接镜环、取景器、自拍器、洗像盒、显影罐等。	30%
		视频摄录一体机、数字照相机、存储卡等信息技术产品。	15%
18000000	影音设备及其配件、附件	包括录音笔、录音机、收音机、MP3播放机、MP4播放机、收录音机、数码录放音器、电唱机、激光电唱机、放像机、录像机、激光视盘机、(单)功能座、音箱、自动伴唱机、卡拉OK混音器等及上述物品的配件、附件。	30%
		耳机及耳塞机,磁盘、磁带、半导体媒体及其他影音类信息技术产品。	15%
19000000	计算机及其外围设备	包括个人计算机及其存储、输入、输出设备和附件、零部件。	15%
20000000	书报、刊物及其他各类印刷品	包括书报、刊物及其他各类印刷品。	15%
21000000	教育用影视资料	包括教育专用的电影片、幻灯片、原版录音带、录像带、磁盘、磁带、光学媒体、半导体媒体、唱片、地球仪、解剖模型、人体骨骼模型、教育用示意牌等。	15%
22000000	文具用品、玩具、游戏品、节日或其他娱乐用品	文具用品:包括各种书写用具及材料、照相簿、集邮簿、印刷日历、月历、放大镜、望远镜、绘图用颜料、装订用具、誊写钢板等各种文具用品。	30%
		玩具:包括三轮车、单脚滑行车、踏板车及类似的带轮玩具,玩偶车,玩偶,缩小(按比例缩小)的模型及类似娱乐用模型,智力玩具等及上述物品的零件及附件。 游戏品(视频游戏控制器及设备、桌上或室内游戏用品):包括电子游戏机和视频游戏控制器,扑克牌,中国象棋、国际象棋、跳棋等棋类用品,麻将及类似桌上游戏用品等及上述游戏品的零件、附件。 节日或其他娱乐用品:包括圣诞节、狂欢节等节日用品,魔术道具及嬉戏品等。	15%
23000000	邮票、艺术品、收藏品	包括中国大陆及境外各种邮票、小型张、纪念封等,纪念币,以及艺术品、收藏品。	30%
24000000	乐器	包括各种键盘类、弓弦类、拨弦类、打击类、管乐类等乐器及节拍器、音叉、定音器等器具及上述乐器的配件、附件。	30%
25000000	运动用品、钓鱼用品	高尔夫球及球具:包括高尔夫球杆和高尔夫球。	60%
		除高尔夫球以外各种球类,各种棋类、健身器具、航空和航海模型、钓鱼用品等,一般体育活动、体操、竞技、游泳、滑冰、滑雪及其他户内外活动用具及其配件、附件。	30%
26000000	自行车	包括不带发动机、电动机的自行车、三轮脚踏车、婴孩车及其他非机动脚踏车,以及上述物品的配件、附件。	30%
27000000	其他物品	其他不能归入上述类别的物品。	30%

附表 7

中华人民共和国进境物品完税价格表

税号	品名及规格	单位	完税价格（人民币:元）	税率
01000000	食品、饮料			
01010000	-食品			
01010100	--水产品			
01010110	---干鱼翅	千克	3000	15%
01010120	---干鲍鱼	千克	5000	15%
01010130	---干海参	千克	1500	15%
01010140	---干瑶柱	千克	700	15%
01010150	---干海马、干海龙	千克	1500	15%
01010160	---鱼肚（花胶）	千克	1500	15%
01010190	---其他水产品	千克	另行确定	15%
01010200	--燕窝			
01010210	---燕盏	千克	30000	15%
01010220	---燕饼（燕丝、燕条）	千克	15000	15%
01010230	---燕碎	千克	5000	15%
01010290	---其他燕窝制品	千克	另行确定	15%
01010300	--冬虫夏草	千克	100000	15%
01010400	--参	千克	1500	15%
01010500	--鹿茸	千克	2000	15%
01010600	--阿胶	千克	250	15%
01010700	--奶粉	千克	200	15%
01010800	--调味品	千克	200	15%
01019900	--其他食品	盒、瓶	另行确定	15%
01020000	-饮料			
01020100	--茶叶	千克	200	15%
01020200	--咖啡	千克	200	15%
01029900	--其他饮料	千克	另行确定	15%
02000000	酒			
02010000	-啤酒			
02010100	--12 度以下（不含 12 度）	瓶（不超过 750 毫升）	5	60%
02010200	--12 度至 22 度（不含 22 度）	瓶（不超过 750 毫升）	10	60%
02020000	-葡萄酒			
02020100	--12 度以下（不含 12 度）	瓶（不超过 750 毫升）	100	60%
02020200	--12 度至 22 度（含 22 度）	瓶（不超过 750 毫升）	200	60%

税号	品名及规格	单位	完税价格 (人民币:元)	税率
02030000	-清酒			
02030100	--12度以下(不含12度)	瓶(不超过750毫升)	30	60%
02030200	--12度至22度(不含22度)	瓶(不超过750毫升)	50	60%
02030300	--22度及以上	瓶(不超过750毫升)	80	60%
02040000	-白兰地	瓶(不超过750毫升)	500	60%
02050000	-威士忌	瓶(不超过750毫升)	300	60%
02060000	-伏特加	瓶(不超过750毫升)	100	60%
02070000	-白酒	瓶(不超过750毫升)	300	60%
02080000	-药酒	瓶(不超过750毫升)	200	60%
02990000	-其他酒	瓶(不超过750毫升)	另行确定	60%
03000000	烟			
03010000	-卷烟	支	0.5	60%
03020000	-雪茄烟	支	10	60%
03030000	-烟丝	克	0.5	60%
03990000	-其他烟	克、支	另行确定	60%
04000000	纺织品及其制成品			
04010000	-衣着			
04010100	--外衣	件	300	30%
04010200	--外裤	条	200	30%
04010300	--内衣裤	条/件	100	30%
04010400	--衬衫/T恤衫	件	200	30%
04019900	--其他衣着	件	另行确定	30%
04020000	-配饰			
04020100	--帽子	件	100	30%
04020200	--丝巾、头巾、围巾	条	100	30%
04020300	--领带	条	100	30%
04020400	--腰带	条	100	30%
04020500	--手套	双	100	30%
04029900	--其他配饰	件	另行确定	30%
04030000	-家纺用品			
04030100	--毛毯、被子、床罩、睡袋	床、件	400	30%
04030200	--枕头、床单、毛巾被、被套	条、件	100	30%
04030300	--地毯	平方米	200	30%
04030400	--窗帘	千克	100	30%
04039900	--其他家纺用品	件	另行确定	30%

税号	品名及规格	单位	完税价格（人民币:元）	税率
04990000	**-其他纺织品及其制成品**	件	另行确定	30%
05000000	**皮革服装及配饰**			
05010000	**-皮革服装**			
05010100	--裘皮衣	件	另行确定	30%
05010200	--皮大衣	件	2000	30%
05010300	--皮上衣	件	1500	30%
05010400	--皮背心	件	1000	30%
05010500	--皮裤	件	1000	30%
05010600	--皮裙	件	1000	30%
05019900	--其他皮革服装	件	另行确定	30%
05020000	**-皮革配饰**			
05020100	--皮帽	件	200	30%
05020200	--皮带	条	100	30%
05020300	--皮手套	双	100	30%
05029900	--其他皮革配饰	件	另行确定	30%
05990000	**-其他皮革制品(箱包和鞋靴除外)**	件	另行确定	30%
06000000	**箱包和鞋靴**			
06010000	**-箱包**			
06010100	--箱	个	500	30%
06010200	--挎包、背包、提包	个	200	30%
06010300	--钱包、钥匙包	个	100	30%
06019900	--其他箱包	个	另行确定	30%
06020000	**-鞋靴**			
06020100	--皮鞋	双	300	30%
06020200	--皮靴	双	400	30%
06020300	--运动鞋	双	200	30%
06029900	--其他鞋靴	双	另行确定	30%
07000000	**表、钟及其配件、附件**			
07010000	**-表**			
07010100	--高档手表(审定价格在人民币 10000 元及以上)	块	另行确定	60%
07010200	--其他表			
07010210	---石英表(电子表)	块	200	30%
07010220	---机械表	块	500	30%
07010290	---其他表	块	另行确定	30%
07020000	**-钟**			

税号	品名及规格	单位	完税价格（人民币:元）	税率
07020100	--座钟、挂钟、台钟	个、台	200	30%
07020200	--落地钟	台	600	30%
07029900	--其他钟	台	另行确定	30%
07030000	**-钟表配件、附件**	件	另行确定	30%
08000000	**金银、贵重首饰及珠宝玉石**			
08010000	**-金银**	件	另行确定	15%
08020000	**-贵重首饰及珠宝玉石**			
08020100	--钻石及钻石首饰	件	另行确定	30%
08020200	--贵重首饰及珠宝玉石	件	另行确定	60%
09000000	**化妆品、洗护用品**			
09010000	**-化妆品**			
09010100	--芳香类化妆品			
09010110	---香水及花露水			
09010111	----香水及花露水	瓶	300	完税价格≥10 元/毫升(克)的，税率为 60%
09010112	----香水及花露水	瓶	300	完税价格<10 元/毫升(克)的，税率为 30%
09010200	--唇用化妆品			
09010210	---唇膏、唇彩			
09010211	----唇膏、唇彩	支	150	完税价格≥10 元/毫升(克)的，税率为 60%
09010212	----唇膏、唇彩	支	150	完税价格<10 元/毫升(克)的，税率为 30%
09010220	---唇线笔			
09010221	----唇线笔	支	100	完税价格≥10 元/毫升(克)的，税率为 60%
09010222	----唇线笔	支	100	完税价格<10 元/毫升(克)的，税率为 30%
09010290	---其他唇用化妆品			
09010291	----其他唇用化妆品	件	另行确定	完税价格≥10 元/毫升(克)，完税价格≥15 元/片(张)的，税率为 60%
09010299	----其他唇用化妆品	件	另行确定	完税价格<10 元/毫升(克)，完税价格<15 元/片(张)的，税率为 30%
09010300	--眼用化妆品			
09010310	---睫毛膏(液、油)			
09010311	----睫毛膏(液、油)	支	100	完税价格≥10 元/毫升(克)的，税率为 60%
09010312	----睫毛膏(液、油)	支	100	完税价格<10 元/毫升(克)的，税率为 30%
09010320	---眼线笔(液)			
09010321	----眼线笔(液)	支	100	完税价格≥10 元/毫升(克)的，税率为 60%
09010322	----眼线笔(液)	支	100	完税价格<10 元/毫升(克)的，税率为 30%
09010330	---眉笔(眉粉)			
09010331	----眉笔(眉粉)	支	100	完税价格≥10 元/毫升(克)的，税率为 60%

税号	品名及规格	单位	完税价格（人民币:元）	税率
09010332	----眉笔(眉粉)	支	100	完税价格<10 元/毫升(克)的,税率为 30%
09010340	---眼影			
09010341	----眼影	盒	100	完税价格≥10 元/毫升(克)的,税率为 60%
09010342	----眼影	盒	100	完税价格<10 元/毫升(克)的,税率为 30%
09010390	---其他眼用化妆品			
09010391	----其他眼用化妆品	件	另行确定	完税价格≥10 元/毫升(克),完税价格≥15 元/片(张)的,税率为 60%
09010392	----其他眼用化妆品	件	另行确定	完税价格<10 元/毫升(克),完税价格<15 元/片(张)的,税率为 30%
09010400	--指(趾)甲化妆品			
09010410	---洗甲(趾)液			
09010411	----洗甲(趾)液	支	50	完税价格≥10 元/毫升(克)的,税率为 60%
09010412	----洗甲(趾)液	支	50	完税价格<10 元/毫升(克)的,税率为 30%
09010420	---指(趾)甲油			
09010421	----指(趾)甲油	支	20	完税价格≥10 元/毫升(克)的,税率为 60%
09010422	----指(趾)甲油	支	20	完税价格<10 元/毫升(克)的,税率为 30%
09010490	---其他指(趾)甲化妆品			
09010491	----其他指(趾)甲化妆品	件	另行确定	完税价格≥10 元/毫升(克),完税价格≥15 元/片(张)的,税率为 60%
09010492	----其他指(趾)甲化妆品	件	另行确定	完税价格<10 元/毫升(克),完税价格<15 元/片(张)的,税率为 30%
09010500	--粉状化妆品			
09010510	---粉底及粉底液			
09010511	----粉底及粉底液	盒、支	200	完税价格≥10 元/克的,税率为 60%
09010512	----粉底及粉底液	盒、支	200	完税价格<10 元/克的,税率为 30%
09010520	---粉饼			
09010521	----粉饼	盒	150	完税价格≥10 元/克的,税率为 60%
09010522	----粉饼	盒	150	完税价格<10 元/克的,税率为 30%
09010530	---扑面粉			
09010531	----扑面粉	盒	150	完税价格≥10 元/克的,税率为 60%
09010532	----扑面粉	盒	150	完税价格<10 元/克的,税率为 30%
09010540	---胭脂(粉)、腮红(粉)			
09010541	----胭脂(粉)、腮红(粉)	盒、支	100	完税价格≥10 元/克的,税率为 60%
09010542	----胭脂(粉)、腮红(粉)	盒、支	100	完税价格<10 元/克的,税率为 30%
09010590	---其他粉状化妆品			
09010591	----其他粉状化妆品	件	另行确定	完税价格≥10 元/克的,税率为 60%
09010592	----其他粉状化妆品	件	另行确定	完税价格<10 元/克的,税率为 30%

税号	品名及规格	单位	完税价格（人民币:元）	税率
09010600	--其他美容品或化妆品			
09010610	---其他美容品或化妆品	件	另行确定	完税价格≥10 元/毫升(克)，完税价格≥15 元/片(张)的，税率为 60%
09010620	---其他美容品或化妆品	件	另行确定	完税价格<10 元/毫升(克)，完税价格<15 元/片(张)的，税率为 30%
09020000	**-洗护用品**			
09020100	--清洁用品			
09020110	---洗面奶、洁面霜	支、瓶	100	30%
09020120	---卸妆水	支、瓶	150	30%
09020190	---其他清洁用品	支、瓶	另行确定	30%
09020200	--护肤用品			
09020210	---化妆水	支、瓶	150	30%
09020220	---眼霜	支、瓶	200	30%
09020230	---面霜及乳液	支、瓶	200	30%
09020240	---精华液(素)	支、瓶	300	30%
09020250	---防晒霜(露、乳液)	支	150	30%
09020260	---面膜	张、瓶	20	30%
09020270	---润唇膏	支	20	30%
09020280	---护手霜	支、瓶	50	30%
09020290	---其他护肤用品	支、瓶	另行确定	30%
09020300	--护发用品			
09020310	---洗/护发液	支、瓶	30	30%
09020390	---其他护发用品	支、瓶	另行确定	30%
09029900	--其他清洁护理品	件	另行确定	30%
10000000	**家用医疗、保健及美容器材**			
10010000	**-家用医疗器材**			
10010100	--血糖计	个	500	30%
10010200	--血糖试纸	张	5	30%
10010300	--红外线耳探热针	个	200	30%
10010400	--家用雾化机	台	2000	30%
10010500	--血压计	个	500	30%
10019900	--其他家用医疗器材	件	另行确定	30%
10020000	**-家用保健器材**			
10020100	--按摩床	张	10000	30%
10020200	--按摩椅	张	5000	30%
10029900	--其他家用保健器材	件	另行确定	30%

税号	品名及规格	单位	完税价格（人民币:元）	税率
10030000	**-家用美容器材**			
10030100	--蒸汽仪	台	200	30%
10030200	--喷雾器	台	400	30%
10039900	--其他家用美容器材	台	另行确定	30%
11000000	**厨卫用具及小家电**			
11010000	**-厨房用具**			
11010100	--餐具/刀具	个、把	20	30%
11010200	--炊具	件	100	30%
11010300	--灶具	件	1000	30%
11010400	--净水器(含过滤芯)	个	500	30%
11010500	--净水器过滤芯	个	200	30%
11011100	--电饭煲	个	500	30%
11011200	--微波炉	台	600	30%
11011300	--电磁炉	台	800	30%
11011400	--抽油烟机	台	1000	30%
11011500	--家用洗碗机	台	1500	30%
11011600	--电动榨汁机	台	100	30%
11011700	--咖啡机	台	4000	30%
11019900	--其他厨房用具	件、个	另行确定	30%
11020000	**-卫生用具、洁具**			
11020100	--热水器	台	1000	30%
11021120	--电吹风机	个	200	30%
11021130	--电动剃须刀	个	200	30%
11020400	--电动牙刷	个	200	30%
11029900	--其他卫生间用具	件、个	另行确定	30%
11030000	**-小家电**			
11030100	--电话机			
11030110	---普通电话机	台	200	15%
11030120	---手持移动电话机			
11030121	----键盘式手持移动电话机	台	1000	15%
11030122	----触屏式手持移动电话机	台	另行确定	15%
11030130	---电话传真机	台	1000	15%
11030140	---可视电话机	台	1000	15%
11030150	---电话机配件、附件	件	另行确定	15%
11030190	---其他电话机	台	另行确定	15%

税号	品名及规格	单位	完税价格（人民币:元）	税率
11031200	--电风扇	台	400	30%
11031300	--电熨斗	台	200	30%
11031400	--电暖器	台	400	30%
11031500	--增/除湿机、增除湿一体机	台	1500	30%
11031600	--空气清新机	台	1000	30%
11031700	--吸尘器	台	500	30%
11031800	--地板打蜡机	台	500	30%
11031900	--电动剪草机	台	2000	30%
11032000	--电缝纫机、编织机	台	2000	30%
11032100	--灯具	台、件	另行确定	30%
11039900	--其他小家电			
11039910	---其他家电类信息技术产品	件、个	另行确定	15%
11039990	---其他小家电	件、个	另行确定	30%
12000000	家具			
12010000	-实木家具	件	另行确定	15%
12020000	-皮质家具	件	1000	15%
12030000	-藤、竹质家具	件	600	15%
12990000	-其他家具	件	另行确定	15%
13000000	空调及其配件、附件			
13010000	-空调			
13010100	--1匹及以下	台	2000	30%
13010200	--1匹以上2匹以下（含2匹）	台	4000	30%
13010300	--2匹以上3匹以下（含3匹）	台	6000	30%
13010400	--3匹以上	台	另行确定	30%
13020000	-空调配件、附件	个	另行确定	30%
13990000	-其他空调	台	另行确定	30%
14000000	电冰箱及其配件、附件			
14010000	-电冰箱、冰柜			
14010100	--100公升及以下	台	1000	30%
14010200	--101~200公升	台	2000	30%
14010300	--201~250公升	台	3000	30%
14010400	--251~300公升	台	5000	30%
14010500	--301~400公升	台	10000	30%
14010600	--401~500公升	台	15000	30%
14010700	--501公升及以上	台	另行确定	30%

税号	品名及规格	单位	完税价格（人民币:元）	税率
14020000	**-红酒柜**			
14020100	--12瓶及以下	台	1000	30%
14020200	--13~18瓶	台	2000	30%
14020300	--19~45瓶	台	3000	30%
14020400	--46~75瓶	台	4000	30%
14020500	--76~120瓶	台	5000	30%
14020600	--121瓶及以上	台	另行确定	30%
14030000	**-电冰箱配件、附件**	件	另行确定	30%
14990000	**-其他电冰箱**	台	另行确定	30%
15000000	**洗衣设备及其配件、附件**			
15010000	**-洗衣机**			
15010100	--波轮式	台	1000	30%
15010200	--滚筒式	台	3000	30%
15020000	**-干衣机/烘干机**	台	2000	30%
15030000	**-洗衣设备配件、附件**	件	另行确定	30%
15990000	**-其他洗衣设备**	台	另行确定	30%
16000000	**电视机及其配件、附件**			
16010000	**-电视机**			
16010100	--22英寸及以下	台	1000	30%
16010200	--23英寸至32英寸	台	2000	30%
16010300	--33英寸至39英寸	台	4000	30%
16010400	--40英寸至42英寸	台	6000	30%
16010500	--43英寸至45英寸	台	8000	30%
16010600	--46英寸至49英寸	台	10000	30%
16010700	--50英寸至54英寸	台	20000	30%
16010800	--55英寸至59英寸	台	30000	30%
16010900	--60英寸至64英寸	台	35000	30%
16011000	--65英寸以上	台	另行确定	30%
16020000	**-电视机配件、附件**	件、个	另行确定	30%
16990000	**-其他电视机**	台	另行确定	30%
17000000	**摄影(像)设备及其配件、附件**			
17010000	**-照相机**			
17010100	--数字照相机			
17010110	---一体式数字照相机	台	2000	15%
17010120	---镜头可拆卸式数字照相机			

税号	品名及规格	单位	完税价格（人民币:元）	税率
17010121	----可拆卸式数字照相机机身	台	5000	15%
17010122	----可拆卸式数码照相机镜头	个	2000	30%
17010200	--照相机(非数字照相机)			
17010210	---反光式胶片照相机	台	5000	30%
17010220	---一次成像照相机	台	1000	30%
17010290	---其他照相机	台	另行确定	30%
17020000	**-摄像机**			
17020100	--电视摄像机	台	另行确定	30%
17020200	--视频摄录一体机	台	4000	15%
17029900	--其他摄像机	台	另行确定	30%
17030000	**-其他摄影(像)设备**			
17030100	--其他摄影(像)类信息技术产品	台、件	另行确定	15%
17030200	--其他摄影(像)设备	台、件	另行确定	30%
17990000	**-摄影(像)设备配件、附件**			
17990100	--数码存储卡			
17990110	---存储容量 8G 及以下	个	50	15%
17990120	---存储容量 8G 以上	个	200	15%
17990200	--闪光灯	个	500	30%
17990300	--支架	个	300	30%
17990400	--胶卷	个	20	30%
17999900	--其他摄影(像)设备配件、附件	件	另行确定	30%
18000000	**影音设备及其配件、附件**			
18010000	**-便携式影音设备**			
18010100	--录音笔	台	200	30%
18010200	--录音机	台	200	30%
18010300	--收音机	台	200	30%
18010400	--MP3 播放器(音频多媒体播放器)	台	100	30%
18010500	--MP4 播放器(视频多媒体播放器)	台	500	30%
18019900	--其他便携式影音设备	台	另行确定	30%
18020000	**-音响设备**			
18020100	--电唱机(含便携式激光唱机)	台	500	30%
18020200	--放像机	台	500	30%
18020300	--录像机	台	800	30%
18020400	--激光视盘机(LD、VCD、DVD 等)	台	500	30%
18020500	--(单)功能座(功放、调谐、均衡等)	台	1000	30%

税号	品名及规格	单位	完税价格（人民币:元）	税率
18020600	--音箱	个	1000	30%
18020700	--便携式收音、录音、激光唱盘一体机	台	1000	30%
18029900	--其他音响设备	件	另行确定	30%
18030000	**-影音设备配件、附件**			
18030100	--耳机及耳塞机	个	50	15%
18030200	--磁盘	盘	30	15%
18030300	--磁带			
18030310	---重放声音或图像信息的磁带	盘	50	30%
18030320	---其他磁带	盘	10	15%
18030400	--半导体媒体	张	30	15%
18030500	--唱片			
18030510	---已录制唱片	张	50	30%
18030520	---其他唱片	张	50	15%
18039900	--其他影音设备配件、附件	个、件	另行确定	30%
18990000	**-其他影音设备**			
18990100	--其他影音类信息技术产品	台、件	另行确定	15%
18990200	--其他影音设备	个、台	另行确定	30%
19000000	**计算机及其外围设备**			
19010000	**-计算机**			
19010100	--台式个人计算机主机	台	2000	15%
19010200	--主机、显示器一体机	台	3000	15%
19010300	--笔记本电脑(含平板电脑、掌上电脑、上网本等)			
19010310	---键盘式笔记本电脑	台	2000	15%
19010320	---触屏式笔记本电脑	台	另行确定	15%
19010400	--计算机配件			
19010410	---主板	块	500	15%
19010420	---中央处理器(CPU)	个	500	15%
19010430	---内存条			
19010431	----4G 及以下	条	200	15%
19010432	----4G 以上	条	300	15%
19010440	---功能卡	块	300	15%
19010490	---其他计算机配件	块、个	另行确定	15%
19019900	--其他计算机	台	另行确定	15%
19020000	**-计算机外围设备**			
19020100	--鼠标	个	50	15%

税号	品名及规格	单位	完税价格（人民币:元）	税率
19020200	--键盘	个	80	15%
19020300	--音箱	个	50	15%
19020400	--显示器			
19020410	---液晶显示器			
19020411	----19英寸及以下	台	800	15%
19020412	----19英寸以上,24英寸及以下	台	1200	15%
19020413	----24英寸以上	台	另行确定	15%
19020420	---显像管(CRT)显示器			
19020421	----17英寸及以下	台	300	15%
19020422	----17英寸以上	台	500	15%
19020490	---其他显示器	台	另行确定	15%
19020500	--打印机			
19020510	---激光打印机			
19020511	----黑白激光打印机	台	1000	15%
19020512	----彩色激光打印机	台	3000	15%
19020520	---喷墨打印机	台	500	15%
19020530	---针式打印机	台	1000	15%
19020540	---多功能一体打印机			
19020541	----喷墨多功能一体打印机	台	600	15%
19020542	----激光多功能一体打印机	台	1500	15%
19020590	---其他打印机	台	另行确定	15%
19020600	--扫描仪	台	1000	15%
19020700	--视频投影仪	台	5000	15%
19020800	--驱动器			
19020810	---CD	台	100	15%
19020820	---DVD	台	200	15%
19020890	---其他驱动器	台	另行确定	15%
19020900	--存储器			
19020910	---硬盘/移动硬盘			
19020911	----1T及以下	个	300	15%
19020912	----1T以上2T以下(含2T)	个	500	15%
19020913	----2T以上	个	另行确定	15%
19020920	---U盘	个	50	15%
19020990	---其他存储器	个、盒	另行确定	15%
19029900	--其他计算机外围设备	台	另行确定	15%

税号	品名及规格	单位	完税价格（人民币:元）	税率
20000000	书报、刊物及其他各类印刷品		另行确定	15%
21000000	教育用影视资料			
21010000	-幻灯片	片	10	15%
21020000	-录音带	盘	10	15%
21030000	-录像带	盘	50	15%
21990000	-其他教育专用影视资料	件	另行确定	15%
22000000	文具用品、玩具、游戏品、节日或其他娱乐用品			
22010000	-文具用品			
22010100	--电子计算器	个	200	15%
22010200	--电子字典/记事簿	个	300	15%
22010300	--电子(纸)书	台	800	15%
22010400	--笔	支	50	30%
22019900	--其他文具用品	件	另行确定	30%
22020000	-玩具			
22020100	--带轮玩具			
22020110	---单脚滑行车、踏板车	个	100	15%
22020190	---其他带轮玩具	个	另行确定	15%
22020200	--玩偶	个	100	15%
22020300	--缩小(按比例缩小)的模型及类似娱乐用模型	套	300	15%
22020400	--智力玩具	套	100	15%
22020500	--玩具乐器	个	100	15%
22029900	--其他玩具	件	另行确定	15%
22030000	-游戏品			
22030100	--游戏机			
22030110	---便携式游戏机	台	1000	15%
22030120	---电脑游戏机	台	2000	15%
22030130	---其他游戏机	台	另行确定	15%
22030190	---游戏机配件、附件			
22030191	----游戏碟、盘、卡	张、个	60	15%
22030192	----游戏机遥控器、控制器	个	200	15%
22030199	----其他游戏机配件、附件	件	另行确定	15%
22030200	--桌上或室内游戏用品			
22030210	---纸牌游戏用品	套	50	15%
22030220	---棋类产品	套	50	15%
22030290	---其他桌上或室内游戏用品	件、套	另行确定	15%

税号	品名及规格	单位	完税价格（人民币：元）	税率
22030900	--游戏品的配件、附件	件	另行确定	15%
22040000	**-节日或其他娱乐用品**			
22040100	--节日用品			
22040110	---节日装饰品	件	30	15%
22040120	---圣诞节传统用品	件	50	15%
22040130	---化装舞会及类似场合用品	件	20	15%
22040190	---其他节日用品	件	另行确定	15%
22040200	--魔术道具及嬉戏品	件	另行确定	15%
22040900	--其他娱乐用品	件	另行确定	15%
23000000	**邮票、艺术品、收藏品**			
23010000	**-邮票**			
23010100	--中国邮票、小型张、纪念封	张	另行确定	30%
23010200	--港澳台、外国邮票	张	5	30%
23010300	--港澳台、外国小型张、纪念封	张	10	30%
23020000	**-艺术品、收藏品**	件	另行确定	30%
24000000	**乐器**			
24010000	**-钢琴**			
24010100	--三角钢琴	架	90000	30%
24010200	--立式钢琴	架	15000	30%
24010300	--电子钢琴	架	5000	30%
24019900	--其他钢琴	架	另行确定	30%
24020000	**-电子琴**			
24020100	--49 键以下	台	800	30%
24020200	--49 键及以上	台	3000	30%
24030000	**-萨克斯**	把	10000	30%
24040000	**-电子吉他**	把	2000	30%
24050000	**-数码小提琴**	把	5000	30%
24060000	**-长、短笛**	支	5000	30%
24070000	**-单簧管**	支	4000	30%
24080000	**-双簧管**	支	10000	30%
24090000	**-古筝**	架	2000	30%
24990000	**-其他乐器**	件	另行确定	30%
25000000	**运动用品、钓鱼用品**			
25010000	**-高尔夫球及球具**			
25010100	--球杆	根	1000	60%

税号	品名及规格	单位	完税价格（人民币:元）	税率
25010200	--球	个	20	60%
25019900	--其他高尔夫球具	件	另行确定	60%
25020000	**-运动器具**			
25020100	--网球拍	个	500	30%
25020200	--羽毛球拍	个	300	30%
25029900	--其他运动器具	件	另行确定	30%
25030000	**-多功能健身器具**			
25030100	--跑步机	件	2000	30%
25030200	--健身车	件	1000	30%
25030300	--综合训练器	件	3000	30%
25039900	--其他多功能健身器具	件	另行确定	30%
25040000	**-钓鱼用品**	件	另行确定	30%
25990000	**-其他运动用品**	件	另行确定	30%
26000000	**自行车**			
26010000	**-自行车**	辆	500	30%
26020000	**-三轮车**	辆	500	30%
26030000	**-婴孩车**	辆	200	30%
26090000	**-自行车配件、附件**	件	另行确定	30%
27000000	**其他物品**	件	另行确定	30%

注：对02000000税号项下的各类酒，单瓶容量超出750毫升的，每满750毫升按照1瓶计征税赋，超出部分不足750毫升的不予计算。

附表 8

2017 年进口关税与进口环节代征税（消费税及增值税）计税常数表

关税税率（%）	消费税税率（%）											
	1	3	5	9	10	12	15	20	25	30	36	40
0	0.1818	0.2062	0.2316	0.2857	0.3000	0.3295	0.3765	0.4625	0.5600	0.6714	0.8281	0.9500
1.0	0.1936	0.2182	0.2439	0.2986	0.3130	0.3428	0.3902	0.4771	0.5756	0.6881	0.8464	0.9695
1.5	0.1995	0.2243	0.2501	0.3050	0.3195	0.3495	0.3971	0.4844	0.5834	0.6965	0.8555	0.9793
2.0	0.2055	0.2303	0.2562	0.3114	0.3260	0.3561	0.4040	0.4918	0.5912	0.7049	0.8647	0.9890
3.0	0.2173	0.2424	0.2685	0.3243	0.3390	0.3694	0.4178	0.5064	0.6068	0.7216	0.8830	1.0085
4.0	0.2291	0.2544	0.2808	0.3371	0.3520	0.3827	0.4315	0.5210	0.6224	0.7383	0.9013	1.0280
4.5	0.2350	0.2605	0.2870	0.3436	0.3585	0.3894	0.4384	0.5283	0.6302	0.7466	0.9104	1.0378
5.0	0.2409	0.2665	0.2932	0.3500	0.3650	0.3960	0.4453	0.5356	0.6380	0.7550	0.9195	1.0475
5.5	0.2468	0.2725	0.2993	0.3564	0.3715	0.4027	0.4522	0.5429	0.6458	0.7634	0.9287	1.0573
5.8	0.2504	0.2761	0.3030	0.3603	0.3754	0.4067	0.4563	0.5473	0.6505	0.7684	0.9342	1.0631
6.0	0.2527	0.2786	0.3055	0.3629	0.3780	0.4093	0.4591	0.5503	0.6536	0.7717	0.9378	1.0670
6.5	0.2586	0.2846	0.3116	0.3693	0.3845	0.4160	0.4659	0.5576	0.6614	0.7801	0.9470	1.0768
7.0	0.2645	0.2906	0.3178	0.3757	0.3910	0.4226	0.4728	0.5649	0.6692	0.7884	0.9561	1.0865
7.5	0.2705	0.2966	0.3239	0.3821	0.3975	0.4293	0.4797	0.5722	0.6770	0.7968	0.9652	1.0963
8.0	0.2764	0.3027	0.3301	0.3886	0.4040	0.4359	0.4866	0.5795	0.6848	0.8051	0.9744	1.1060
8.4	0.2811	0.3075	0.3350	0.3937	0.4092	0.4412	0.4921	0.5854	0.6910	0.8118	0.9817	1.1138
8.5	0.2823	0.3087	0.3363	0.3950	0.4105	0.4426	0.4935	0.5868	0.6926	0.8135	0.9835	1.1158
9.0	0.2882	0.3147	0.3424	0.4014	0.4170	0.4492	0.5004	0.5941	0.7004	0.8219	0.9927	1.1255
9.5	0.2941	0.3208	0.3486	0.4079	0.4235	0.4559	0.5072	0.6014	0.7082	0.8302	1.0018	1.1353
9.7	0.2965	0.3232	0.3510	0.4104	0.4261	0.4585	0.5100	0.6044	0.7113	0.8336	1.0055	1.1392
10.0	0.3000	0.3268	0.3547	0.4143	0.4300	0.4625	0.5141	0.6088	0.7160	0.8386	1.0109	1.1450
10.5	0.3059	0.3328	0.3609	0.4207	0.4365	0.4691	0.5210	0.6161	0.7238	0.8469	1.0201	1.1548
11.0	0.3118	0.3389	0.3671	0.4271	0.4430	0.4758	0.5279	0.6234	0.7316	0.8553	1.0292	1.1645
12.0	0.3236	0.3509	0.3794	0.4400	0.4560	0.4891	0.5416	0.6380	0.7472	0.8720	1.0475	1.1840
12.5	0.3295	0.3570	0.3855	0.4464	0.4625	0.4957	0.5485	0.6453	0.7550	0.8804	1.0566	1.1938
12.6	0.3307	0.3582	0.3868	0.4477	0.4638	0.4971	0.5499	0.6468	0.7566	0.8820	1.0585	1.1957
13.0	0.3355	0.3630	0.3917	0.4529	0.4690	0.5024	0.5554	0.6526	0.7628	0.8887	1.0658	1.2035
13.5	0.3414	0.3690	0.3978	0.4593	0.4755	0.5090	0.5623	0.6599	0.7706	0.8971	1.0749	1.2133
14.0	0.3473	0.3751	0.4040	0.4657	0.4820	0.5157	0.5692	0.6673	0.7784	0.9054	1.0841	1.2230
14.4	0.3520	0.3799	0.4089	0.4709	0.4872	0.5210	0.5747	0.6731	0.7846	0.9121	1.0914	1.2308
15.0	0.3591	0.3871	0.4163	0.4786	0.4950	0.5290	0.5829	0.6819	0.7940	0.9221	1.1023	1.2425
16.0	0.3709	0.3992	0.4286	0.4914	0.5080	0.5423	0.5967	0.6965	0.8096	0.9389	1.1206	1.2620

关税税率（%）	消费税税率（%）											
	1	3	5	9	10	12	15	20	25	30	36	40
17.0	0.3827	0.4112	0.4409	0.5043	0.5210	0.5556	0.6105	0.7111	0.8252	0.9556	1.1389	1.2815
17.5	0.3886	0.4173	0.4471	0.5107	0.5275	0.5622	0.6174	0.7184	0.8330	0.9639	1.1480	1.2913
18.0	0.3945	0.4233	0.4533	0.5171	0.5340	0.5689	0.6242	0.7258	0.8408	0.9723	1.1572	1.3010
19.0	0.4064	0.4354	0.4656	0.5300	0.5470	0.5822	0.6380	0.7404	0.8564	0.9890	1.1755	1.3205
20.0	0.4182	0.4474	0.4779	0.5429	0.5600	0.5955	0.6518	0.7550	0.8720	1.0057	1.1938	1.3400
21.0	0.4300	0.4595	0.4902	0.5557	0.5730	0.6088	0.6655	0.7696	0.8876	1.0224	1.2120	1.3595
22.0	0.4418	0.4715	0.5025	0.5686	0.5860	0.6220	0.6793	0.7843	0.9032	1.0391	1.2303	1.3790
23.0	0.4536	0.4836	0.5148	0.5814	0.5990	0.6353	0.6931	0.7989	0.9188	1.0559	1.2486	1.3985
24.0	0.4655	0.4957	0.5272	0.5943	0.6120	0.6486	0.7068	0.8135	0.9344	1.0726	1.2669	1.4180
24.5	0.4714	0.5017	0.5333	0.6007	0.6185	0.6553	0.7137	0.8208	0.9422	1.0809	1.2760	1.4278
25.0	0.4773	0.5077	0.5395	0.6071	0.6250	0.6619	0.7206	0.8281	0.9500	1.0893	1.2852	1.4375
27.0	0.5009	0.5319	0.5641	0.6329	0.6510	0.6885	0.7481	0.8574	0.9812	1.1227	1.3217	1.4765
28.0	0.5127	0.5439	0.5764	0.6457	0.6640	0.7018	0.7619	0.8720	0.9968	1.1394	1.3400	1.4960
30.0	0.5364	0.5680	0.6011	0.6714	0.6900	0.7284	0.7894	0.9013	1.0280	1.1729	1.3766	1.5350
32.0	0.5600	0.5922	0.6257	0.6971	0.7160	0.7550	0.8169	0.9305	1.0592	1.2063	1.4131	1.5740
35.0	0.5955	0.6284	0.6626	0.7357	0.7550	0.7949	0.8582	0.9744	1.1060	1.2564	1.4680	1.6325
38.0	0.6309	0.6645	0.6996	0.7743	0.7940	0.8348	0.8995	1.0183	1.1528	1.3066	1.5228	1.6910
40.0	0.6545	0.6887	0.7242	0.8000	0.8200	0.8614	0.9271	1.0475	1.1840	1.3400	1.5594	1.7300
45.0	0.7136	0.7490	0.7858	0.8643	0.8850	0.9278	0.9959	1.1206	1.2620	1.4236	1.6508	1.8275
50.0	0.7727	0.8093	0.8474	0.9286	0.9500	0.9943	1.0647	1.1938	1.3400	1.5071	1.7422	1.9250
57.0	0.8555	0.8937	0.9336	1.0186	1.0410	1.0874	1.1611	1.2961	1.4492	1.6241	1.8702	2.0615
65.0	0.9500	0.9902	1.0321	1.1214	1.1450	1.1938	1.2712	1.4131	1.5740	1.7579	2.0164	2.2175

注：

1. 鉴于应征消费税的进口商品的法定增值税税率均为17%，故本表省略了增值税税率一栏，但所列常数均已包括增值税在内。
2. 常数计算公式为：

$$常数=\frac{进口关税税率+消费税税率+增值税税率+进口关税税率\times 增值税税率}{1-消费税税率}$$

附表 9

2017 年进口关税与进口环节代征税（增值税）计税常数表

关税税率（%）	增值税税率（%）		关税税率（%）	增值税税率（%）		关税税率（%）	增值税税率（%）	
	13	17		13	17		13	17
0	0.1300	0.1700	9.5	0.2374	0.2812	20.0	0.3560	0.4040
1.0	0.1413	0.1817	9.7	0.2396	0.2835	21.0	0.3673	0.4157
1.5	0.1470	0.1876	10.0	0.2430	0.2870	22.0	0.3786	0.4274
2.0	0.1526	0.1934	10.5	0.2487	0.2929	23.0	0.3899	0.4391
3.0	0.1639	0.2051	11.0	0.2543	0.2987	24.0	0.4012	0.4508
4.0	0.1752	0.2168	12.0	0.2656	0.3104	24.5	0.4069	0.4567
4.5	0.1809	0.2227	12.5	0.2713	0.3163	25.0	0.4125	0.4625
5.0	0.1865	0.2285	12.6	0.2724	0.3174	27.0	0.4351	0.4859
5.5	0.1922	0.2344	13.0	0.2769	0.3221	28.0	0.4464	0.4976
5.8	0.1955	0.2379	13.5	0.2826	0.3280	30.0	0.4690	0.5210
6.0	0.1978	0.2402	14.0	0.2882	0.3338	32.0	0.4916	0.5444
6.5	0.2035	0.2461	14.4	0.2927	0.3385	35.0	0.5255	0.5795
7.0	0.2091	0.2519	15.0	0.2995	0.3455	38.0	0.5594	0.6146
7.5	0.2148	0.2578	16.0	0.3108	0.3572	40.0	0.5820	0.6380
8.0	0.2204	0.2636	17.0	0.3221	0.3689	45.0	0.6385	0.6965
8.4	0.2249	0.2683	17.5	0.3278	0.3748	50.0	0.6950	0.7550
8.5	0.2261	0.2695	18.0	0.3334	0.3806	57.0	0.7741	0.8369
9.0	0.2317	0.2753	19.0	0.3447	0.3923	65.0	0.8645	0.9305

注：

常数=进口关税税率+增值税税率+进口关税税率×增值税税率

附表 10

计量单位换算表

面(地)积换算

公制		英美制			
平方米	平方厘米	平方码	平方英尺	平方英寸	平方尺
1	10000	1.1960	10.7639	1550	9
0.0001	1	0.00012	0.00108	0.155	0.0009
0.8361	8361	1	9	1296	7.525
0.0929	929	0.1111	1	144	0.836
0.00065	6.45	0.00077	0.00694	1	0.0058
0.111	1111	0.133	1.196	172.2	1

长度换算

公制		中国市制	英美制		
米	厘米	尺	码	英尺	英寸
1	100	3	1.094	3.2808	39.37
0.01	1	0.03	0.01094	0.03281	0.3937
0.3333	33.33	1	0.3646	1.094	13.123
0.9144	91.44	2.743	1	3	36
0.3048	30.48	0.9144	0.3334	1	12
0.0254	2.54	0.0762	0.0278	0.833	1

1 米=100 厘米=1000 毫米

重量换算(一)

公制	英制	美制	港制
公吨	长吨	短吨	司马担
1	0.9842	1.1023	16.535
1.016	1	1.12	16.8
0.9072	0.8929	1	15
0.05	0.04921	0.0551	0.8267
0.0508	0.05	0.056	0.8402
0.0605	0.0594	0.0667	1

港制 1 司马担=100 司马斤
公制 1 公吨=10 公担
英制 1 长吨=20 英担(CWT)
1 英担=50.8024 千克
美制 1 短吨=20 短担(CWT)
1 短担=100 磅=45.36 千克

公制	中国市制	英美制
千克	斤	磅
1000	2000	2204.6
1016	2032	2242
907	1814	2000
50	100	110.23
50.8	101.6	112
60.48	120.96	133.33
1	2	2.2046
0.5	1	1.1023
0.4536	0.9072	1

重量换算(二)

公制		英美制常衡		英美制金衡或药衡		中国市制
千克	克	磅	啢	磅	啢	两
1	1000	2. 2046	35. 2736	2. 679	31. 1507	20
0. 001	1	0. 0022	0. 03527	0. 00268	0. 0321	0. 02
0. 4536	453. 59	1	16	1. 2153	14. 5833	9. 072
0. 02835	28. 35	0. 0625	1	0. 07595	0. 9114	0. 567
0. 3732	373. 24	0. 82286	13. 1657	1	12	7. 465
0. 0311	31. 10	0. 06857	1. 0971	0. 08333	1	0. 622
0. 05	50	0. 1102	1. 76368	0. 13396	1. 6075	1

宝石:1 克拉=0. 2 克　　1 金衡=155. 5 克拉

容(体)积换算(一)

公制	中国市制	英制	美制
升	升	英加仑	美加仑
1	1	0. 22	0. 264
4. 546	4. 546	1	1. 201
3. 785	3. 785	0. 833	1

1000 升=1 立方米　　1 升=1000 毫升=1000 立方厘米(c. c.)

英制 1 加仑=277. 42 立方英寸　　英制 1 加仑=231 立方英寸

容(体)积换算(二)

公制		英美制			中国市制
立方米	立方厘米	立方码	立方英尺	立方英寸	立方尺
1	1000000	1. 303	35. 3147	61024	27
0. 000001	1	0. 0000013	0. 00004	0. 06102	0. 000027
0. 7636	764555	1	27	46656	20. 643
0. 02832	28317	0. 037	1	1728	0. 7646
0. 000016	16. 387	0. 00002	0. 00058	1	0. 00044
0. 037	37037	0. 0484	1. 308	2260	1

木材体积单位换算

板(Board Foot Measure,BFM):

指厚一英寸、面积一平方英尺的木材

板材的换算:1000 板=2. 36 立方米

原木的换算:1000 板=5 立方米(近似值)

功率换算

1 千瓦(kW)=1. 34 英制马力(hp)=1. 36 公制马力(hp)

1 英制马力=0. 746 千瓦(kW)

1 公制马力=0. 735 千瓦(kW)

$$1\text{千伏安(kVA)}=\frac{\text{千瓦(kW)}}{0.80}$$

粮谷重量容积换算

品名	1公吨折合蒲式耳	1蒲式耳折合	
		磅	千克
小麦、大豆	36.743	60	27.216
玉米	39.368	56	25.402
大麦(英制)	44.092	50	22.68
大麦(美制)	45.931	48	21.773

1英制蒲式耳(1.0321美制蒲式耳)合36.3677升。

石(原)油重量、容积换算

国别	1公吨折合			
	千升	美制桶	英制加仑	美制加仑
美国、印度尼西亚	1.18	7.4	259.1	310.6
伊朗、沙特阿拉伯	1.19	7.49	261.8	314.5
日本	1.11	6.99	244.5	293.3
英国、科威特	1.16	7.31	255.8	306.7
委内瑞拉	1.09	6.84	239.2	287.4

注:世界平均比重的原油通常以1公吨=7.35桶(每桶为42美制加仑)或1174升计。

常用度量衡英文名称和简写

名称	英文名称	简写	名称	英文名称	简写
克	gram	g.	码	yard	yd.
千克	kilogram	kg.	英尺	foot	ft.
公担	quintal	q.	英寸	inch	in.
公吨	metric ton	m. t.	平方米	square metre	sq.m.
长吨	long ton	l.t.	平方英尺	square foot	sq.ft
短吨	short ton	sh.t.	平方码	square yard	sq.yd
英担	hundredweight	cwt.	立方米	cubic metre	cu.m.
美担	hundredweight	cwt.	立方英尺	cubic toor	cu.ft.
磅	pound	lb.	升	litre	l.
唡(常衡)	ounce	oz.	毫升	millilitre	ml.
(金衡)	ounce	oz.t	加仑	gallon	gal.
司马担	picul		蒲式耳	bushel	bu.
米	metre	m.	克拉	carat	car.
公里	kilometre	km.	马力	horse power	hp.
厘米	centimetre	cm.	千瓦	kilowatt	kw.
毫米	millimetre	mm.	公吨度	metric ton unit	m.t.u.